Jansen/Seibel
VOB/B

VOB/B

Vergabe- und Vertragsordnung
für Bauleistungen Teil B

Kommentar

herausgegeben von

Günther Arnold Jansen

Dr. iur. Mark Seibel

6. Auflage 2025

Zitiervorschlag: Jansen/Seibel VOB/B § ... Rn. ...

beck.de

ISBN 978 3 406 81750 2

© 2025 Verlag C.H.Beck oHG
Wilhelmstraße 9, 80801 München
info@beck.de
Druck und Bindung: Friedrich Pustet GmbH & Co. KG
Gutenbergstraße 8, 93051 Regensburg

Satz: Meta Systems Publishing & Printservices GmbH, Wustermark
Umschlag: Druckerei C.H.Beck Nördlingen

chbeck.de/nachhaltig
produktsicherheit.beck.de

Gedruckt auf säurefreiem, alterungsbeständigem Papier
(hergestellt aus chlorfrei gebleichtem Zellstoff)

Alle urheberrechtlichen Nutzungsrechte bleiben vorbehalten.
Der Verlag behält sich auch das Recht vor, Vervielfältigungen dieses Werkes
zum Zwecke des Text and Data Mining vorzunehmen.

Bearbeiterverzeichnis

Dr. Amneh Abu Saris
Rechtsanwältin in Hamburg
Fachanwältin für Bau- und Architektenrecht

Dr. Hans-Friedrich Funke
Vorsitzender Richter am OLG Hamm a. D., Bochum

Benjamin Gartz
Rechtsanwalt in München
Fachanwalt für Bau- und Architektenrecht

Dr. Thomas Hildebrandt
Rechtsanwalt in Hamburg
Fachanwalt für Bau- und Architektenrecht
Fachanwalt für Vergaberecht

Prof. Philipp Hummel
Rechtsanwalt in Bonn
Fachanwalt für Bau- und Architektenrecht

Günther Arnold Jansen
Vorsitzender Richter am OLG Hamm a. D., Münster

Stephan Kaminsky
Rechtsanwalt in München
Fachanwalt für Bau- und Architektenrecht

Roland Kandel
Rechtsanwalt in Hamm
Fachanwalt für Bau- und Architektenrecht

Jarl-Hendrik Kues, LL.M.
Rechtsanwalt in Frankfurt a. M.
Fachanwalt für Bau- und Architektenrecht
Fachanwalt für Vergaberecht

Prof. Dr. Oliver Moufang
Rechtsanwalt in Frankfurt a. M.
Fachanwalt für Bau- und Architektenrecht

Dr. Wiebke Mund
Rechtsanwältin in Berlin
Fachanwältin für Bau- und Architektenrecht

Bearbeiterverzeichnis

Dr. Mark Seibel
Vizepräsident des LG Siegen

Dr. Gerolf Sonntag
Rechtsanwalt in Mönchengladbach
Fachanwalt für Bau- und Architektenrecht

Felix S. Thomas
Rechtsanwalt in Frankfurt a. M.
Fachanwalt für Bau- und Architektenrecht

Dr. Achim Olrik Vogel
Rechtsanwalt in München
Fachanwalt für Bau- und Architektenrecht

Dr. Johannes Wieseler
Vorsitzender Richter am OLG Hamm

Vorwort

Das Erscheinen der Vorauflage liegt nunmehr fünf Jahre zurück. In dieser Zeit ist es zu keinen Änderungen des seit dem 1.1.2018 geltenden neuen Bauvertragsrechts gekommen. Überdies hat der Deutsche Vergabe- und Vertragsausschuss (DVA) die dringend notwendige Überarbeitung der VOB/B zurückgestellt, um die Auswirkungen der gesetzlichen Neuregelung auf die Praxis abzuwarten. Dieser Schwebezustand zieht eine Fülle von schwierigen Rechtsfragen nach sich und stellt die baurechtliche Praxis vor große Probleme. Nur beispielhaft sei erwähnt, dass die am 1.1.2018 in Kraft getretene gesetzliche Neuregelung die Abwicklung von Nachträgen in wesentlichen Punkten anders gestaltet als die VOB/B. Ob und welche Folgen das für die AGB-Kontrolle einzelner VOB-Regelungen hat, ist nach wie vor unklar. Die gesetzliche Regelung des einstweiligen Verfügungsverfahrens in § 650d BGB hat sich als nicht praxistauglich erwiesen und bedarf dringend der Überarbeitung. Verschärft werden diese Probleme noch durch einige folgenreiche Entscheidungen des BGH und der Oberlandesgerichte. So hat der BGH (Urt. v. 26.10.2017 – VII ZR 16/17) den zeitlichen Anwendungsbereich des § 642 Abs. 1 BGB erheblich eingeschränkt und die mit der Abwicklung von Bauablaufstörungen befassten Baujuristen damit vor nur schwer lösbare Probleme gestellt. Das alles hat Verlag und Herausgeber bewogen, nicht länger auf die Änderung der gesetzlichen Vorschriften bzw. die Anpassung der Regelungen der VOB/B zu warten, sondern mit der nunmehr vorliegenden 6. Auflage allen Baurechtlern eine wichtige Hilfestellung bei ihrer täglichen Arbeit zu leisten.

Auch wenn das Werk an nur noch unter den Namen der jetzigen Herausgeber *Jansen/Seibel* erscheint, verbleibt es bei der schon von den früheren Herausgebern Prof. Dr. Fritz Nicklisch und Prof. Dr. Günter Weick verfolgten Zielsetzung, den Baurechtlern eine kompakte, aber gleichwohl wissenschaftlich fundierte Kommentierung der VOB/B an die Hand zu geben. Wir hoffen, dass uns das auch mit dieser Neuauflage gelungen ist.

Unser Dank gilt dem gesamten Autorenteam für die sorgfältige Überarbeitung des Werkes und dem Verlag C.H.Beck für die bereitwillige Förderung dieses Projektes. Der Autorenkreis hat sich nur wenig verändert. So haben in der aktuellen Auflage neu Dr. Wiebke Mund und Felix S. Thomas Teile der vormaligen Bearbeitung von Bastian von Hayn übernommen, der aus dem Autorenkreis ausgeschieden ist. Ebenso ausgeschieden ist Dr. Oliver Koos. Beiden Autoren ist für die Mitarbeit an den Vorauflagen noch einmal herzlich gedankt.

Wir hoffen, dass auch diese 6. Auflage am Markt freundlich aufgenommen wird und dass wir unseren Lesern damit eine wichtige Hilfestellung bei ihrer täglichen Arbeit leisten können.

Für weiterführende Hinweise, Anregungen oder Kritik sind wir wie immer sehr dankbar.

Wenden/Münster im September 2024   Die Herausgeber
                                                    Dr. Mark Seibel
                                                    Günther Jansen

Inhaltsverzeichnis

Bearbeiterverzeichnis V
Vorwort VII
Abkürzungsverzeichnis XI
Literaturverzeichnis XIX

Einführung *(Jansen)* 1
§ 1 Art und Umfang der Leistung *(Funke)* 28
§ 2 Vergütung *(Kues)* 147
§ 3 Ausführungsunterlagen *(Gartz)* 296
§ 4 Ausführung *(Gartz)* 312
§ 5 Ausführungsfristen *(Gartz)* 372
§ 6 Behinderung und Unterbrechung der Ausführung *(Sonntag)* 390
§ 7 Verteilung der Gefahr *(Jansen)* 513
§ 8 Kündigung durch den Auftraggeber *(Vogel)* 525
§ 9 Kündigung durch den Auftragnehmer *(Thomas)* 588
§ 10 Haftung der Vertragsparteien *(Jansen)* 640
§ 11 Vertragsstrafe *(Wieseler)* 664
§ 12 Abnahme *(Abu Saris)* 698
§ 13 Mängelansprüche *(Mund/Seibel/Moufang)* 733
§ 14 Abrechnung *(Kandel)* 908
§ 15 Stundenlohnarbeiten *(Kandel)* 943
§ 16 Zahlung *(Hummel)* 973
§ 17 Sicherheitsleistung *(Hildebrandt)* 1037
Anhang § 17, §§ 650e, 650f BGB *(Hildebrandt)* 1081
§ 18 Streitigkeiten *(Kaminsky)* 1116
Anhang § 18 Übersicht und Erläuterungen zu den FIDIC Conditions of
    Contract *(Kaminsky)* 1132

Anhang: Textfassungen VOB/B 1215

Sachregister 1289

Abkürzungsverzeichnis

aA	anderer Ansicht
Abs.	Absatz
AcP	Archiv für die civilistische Praxis
aE	am Ende
aF	alte Fassung
AG	Amtsgericht (mit Ortsnamen); Aktiengesellschaft, Ausführungsgesetz
AGB	Allgemeine Geschäftsbedingungen
AHB	Allgemeine Haftpflichtversicherungs-Bedingungen
allg.	allgemein
allgA	allgemeine Ansicht
allgM	allgemeine Meinung
Alt.	Alternative
aM	anderer Meinung
Anh.	Anhang
Anl.	Anlage
Anm.	Anmerkung
Anw. Bl.	Anwaltsblatt
Arg.	Argumentation
Arge	Arbeitsgemeinschaft
Art.	Artikel
ATV	Allgemeine Technische Vertragsbedingungen für Bauleisungen (= VOB/C)
Auff.	Auffassung
Aufl.	Auflage
aufgeh.	aufgehoben
Aufs.	Aufsatz
ausdr.	ausdrücklich
ausschl.	ausschließlich
AVA	Allgemeine Vertragsbestimmungen zum Einheitsarchitektenvertrag
AVB	Allgemeine Versicherungsbedingungen
Az.	Aktenzeichen
BAG	Bundesarbeitsgericht
BAnz.	Bundesanzeiger
Bay.	Bayern, bayerisch
BayObLG	Bayerisches Oberstes Landgericht
BauGB	Baugesetzbuch
BauR	Baurecht, Zeitschrift für das gesamte öffentliche und private Baurecht
BB	Betriebs-Berater
BBauG	Bundesbaugesetz
Bd.	Band
Bde.	Bände
Bearb.	Bearbeiter
bearb.	bearbeitet
BeckOK	Beck'scher Online-Kommentar
Begr.	Begründung
ber.	berichtigt
Beschl.	Beschluss
Betr.	Betreff

Abkürzungsverzeichnis

betr.	betreffend
BeurkG	Beurkundungsgesetz
BFH	Bundesfinanzhof
BGB	Bürgerliches Gesetzbuch
BGH	Bundesgerichtshof
BGBl.	Bundesgesetzblatt
BGHZ	Entscheidungen des Bundesgerichtshofes in Zivilsachen
BGL	Baugeräteliste
BHO	Bundeshaushaltsordnung
Bl.	Blatt
BMJV	Bundesministerium der Justiz und für Verbraucherschutz
BRD	Bundesrepublik Deutschland
BR-Drs.	Bundesratsdrucksache
BRAGO	Bundesgebührenordnung für Rechtsanwälte
Bschl.	Beschluss
BSP	Beispiel
BT	Bundestag
BT-Drs.	Bundestagsdrucksache
Buchst.	Buchstabe
B. v.	Beschluss vom
BVB	Besondere Vertragsbedingungen
BVerfG	Bundesverfassungsgericht
BVerfGE	Entscheidungen des Bundesverfassungsgerichts
BVerwG	Bundesverwaltungsgericht
BVerwGE	Entscheidungen des Bundesverwaltungsgerichts
bzgl.	bezüglich
bzw.	beziehungsweise
ca.	circa
cic	culpa in contrahendo
d.	der/die/das/den/des/durch
DB	Der Betrieb
DGVZ	Deutsche Gerichtsvollzieherzeitschrift
d h	das heißt
diff.	differenziert; differenzierend
DIN	Deutsches Institut für Normung
DNotZ	Deutsche Notar-Zeitschrift
Dok.	Dokument
DÖV	Die öffentliche Verwaltung
Drs.	Drucksache
DVA	Deutscher Verdingungsausschuss für Bauleistungen
E.	Entwurf
EBE/BGH	Eildienst: Bundesgerichtliche Entscheidungen
Ed.	Edition
EG	Einführungsgesetz; Europäische Gemeinschaften
e. G.	eingetragene Genossenschaft
ehem.	ehemalig/e/er/es
Einf.	Einführung
eing.	eingehend
Einl.	Einleitung
einschl.	einschließlich
entspr.	entspricht, entsprechend
ErbbauVO	Erbbaurechtsverordnung

Abkürzungsverzeichnis

ErlZ	Erläuterungsziffer
EP	Europäisches Parlament
Erg.	Ergebnis
erg.	ergänzend
Erl.	Erlass, Erläuterung
EstG	Einkommensteuergesetz
ETB	Einheitliche Technische Baubestimmungen
etc	et cetera (und so weiter)
EU	Europäische Union
EuG	Gericht erster Instanz der Europäischen Gemeinschaften
EuGH	Europäischen Gerichtshof
EuG-Übk.	Übereinkommen der Europäischen Gemeinschaften über die gerichtliche Zuständigkeit und die Vollstreckung gerichtlicher Entscheidungen in Zivil- und Handelssachen
eV	eingetragener Verein
EVM	Einheitliche Verdingungsmuster für Bauleistungen der Finanzbauverwaltungen
evtl.	eventuell
EWGV	Vertrag zur Gründung einer Europäischen Wirtschaftsgemeinschaft
f., ff.	folgend(e)
FKZG	Franke/Kemper/Zanner/Grünhagen, VOB-Kommentar
Fn.	Fußnote
Form	Formular
FS	Festschrift
G	Gesetz
geänd.	geändert
Gegenäußerung	Gegenäußerung der Bundesregierung zur Stellungnahme des Bundesrates zum SRMG vom 13.7.2001 (BR-Drs. 338/01)
gem.	gemäß
GenG	Genossenschaftsgesetz
GBl.	Gesetzblatt
GbR	Gesellschafts bürgerlichen Rechts
GG	Grundgesetz für die Bundesrepublik Deutschland
ggf.	gegebenenfalls
ggü.	gegenüber
GKG	Gerichtskostengesetz
GmbH	Gesellschaft mit beschränkter Haftung
GO	Gemeindeordnung (der Länder)
GoA	Geschäftsführung ohne Auftrag
GrEStG	Grunderwerbsteuergesetz
GrdstVG	Grundstücksverkehrsgesetz
grdl.	grundlegend
grds.	grundsätzlich
GS	Großer Senat
GSB	Gesetz über die Sicherung der Bauforderungen
GVG	Gerichtsverfassungsgesetz
GWG	Gesetz gegen Wettbewerbsbeschränkungen
Gz.	Geschäftszeichen
hA	herrschende Ansicht/Auffassung
Hs.	Halbsatz
HandwO	Handwerksordnung
HGB	Handelsgesetzbuch

Abkürzungsverzeichnis

HGrG	Haushaltsgrundsätze Gesetz
Hinw.	Hinweis
HinO	Hinterlegungsordnung
hM	herrschende Meinung
HOAI	Honorarordnung für Architekten und Ingenieure
HRR	Heiermann/Riedl/Rusam, Handkommentar zur VOB Teile A und B
Hs.	Halbsatz
ibrOK	ibr-Online-Kommentar
IBR	Zeitschrift für Immobilien- und Baurecht
ic	in concreto/in casu
idF	in der Fassung
idR	in der Regel
iE	im einzelnen
idS	im diesem Sinne
ieS	im engeren Sinne
iErg	im Ergebnis
IHK	Industrie- und Handelskammer
iHv	in Höhe von
IMR	Zeitschrift für Immobilien- und Mietrecht
insbes.	insbesondere
InsO	Insolvenzordnung
IPR	Praxis des Internationalen Privat- und Verfahrensrechts
iS	im Sinne
iÜ	im Übrigen
iVmin	Verbindung mit
imS	im weiteren Sinne
iZw	im Zweifel
jew.	jeweils
JG	Jahrgang
JMBl.	Justizministerialblatt
JM	Justizministerium
JR	Juristische Rundschau
Juris	Datenbank der Juris-GmbH
JuS	Juristische Schulung
JW	Juristische Wochenschrift
Kap.	Kapitel, Kapital
KG	Kammergericht; Kommenditgesellschaft
KGaA	Kommanditgesellschaft in Aktien
KO	Konkursordnung
Komm.	Kommentar
KTS	Konkurs-, Treuhand- und Schiedsgerichtswesen
KV	Kostenverzeichnis zum Gerichtskostengesetz
lfd.	laufend
Locher/Koeble/Frik	Locher/Koeble/Frik, Kommentar zur HOAI
LM	Lindenmaier/Möhring, Nachschlagewerk des Bundesgerichtshofs in Zivilsachen
LSP-Bau	Leitsätze für die Ermittlung von Preisen für Bauleistungen aufgrund von Selbstkosten
mÄnd	mit Änderungen
mAnm	mit Anmerkung
MABl.	Ministerialamtsblatt der bayerischen inneren Verwaltung

Abkürzungsverzeichnis

MaBV	Makler- und Bauträgerverordnung
Mat.	Materialien
MDR	Monatsschrift für Deutsches Recht
mwH	mit weiteren Hinweisen
mwN	mit weiteren Nachweisen
mWv	mit Wirkung von
nachf.	nachfolgend
Nds.	Niedersachsen, niedersächsisch
nF	neue Fassung
NJW	Neue Juristische Wochenschrift
NJW-RR	NJW-Rechtsprechungs-Report-Zivilrecht
Nr.(n).	Nummer(n)
NRW	Nordrhein-Westfalen, nordrhein-westfälisch
nv	nicht veröffentlicht
NZBau	Neue Zeitschrift für Baurecht und Vergaberecht
o.	oben
oÄ	oder Ähnliches
oa	oben angegeben
öffentl.	öffentlich
o. g.	oben genannt
OHG	Offene Handesgesellschaft
OLG	Oberlandesgericht
OLGR	OLG-Rechtsprechungsreport
OLGZ	Rechtsprechung der Oberlandesgerichte in Zivilsachen, Amtliche Entscheidungssammlung
OVG	Oberverwaltungsgericht
PatG	Patentgesetz
pVV	positive Vertragsverletzung
qm	Quadratmeter
Rn.	Randnummer(n)
RegE	Regierungsentwurf eines Gesetzes zur Modernisierung des Schuldrechts mit Begründung, zitiert nach BR-Drs. 338/01 vom 11.5.2001 und Seitenzahl
RG	Reichsgericht
RGZ	Entscheidungen des Reichsgerichts in Zivilsachen
Rpfl.	Der Deutsche Rechtspfleger
RPflG	Rechtspflegergesetz
Rs.	Rechtssache
Rspr.	Rechtsprechung
RVG	Rechtsanwaltsvergütungsgesetz
RVO	Reichsversicherungsordnung
s.	siehe
S.	Satz; Seite
Sch/F bzw. Sch/F/H	Schäfer/Finnern, Rechtsprechung der Bauausführung bzw. Schäfer/Finnen/Hochstein, Rechtsprechung zum privaten Baurecht
SchwArbG	Gesetz zur Bekämpfung der Schwarzarbeit
SGO	Schiedsgerichtsordnung
s. auch	siehe auch
s. oben	siehe oben
s. unten	siehe unten

Abkürzungsverzeichnis

SOBau	Schieds- und Schlichtungsordnung für Baustreitigkeiten
sog.	so genannt
StB	Straßenbau
StGB	Strafgesetzbuch
SKR	EG-Sektoren-Richtlinie
SRM	Schuldrechtsmodernisierung
SRMG	Gesetz zur Modernisierung des Schuldrechts
StLB	Standardleistungsbuch
StLk	Standardleistungskatalog
str.	streitig, strittig
stRspr	ständige Rechtsprechung
s. unten	siehe unten
teilw.	teilweise
TVR	Technische Vorschriften und Richtlinien
u.	und, unter, unten
u.a.	und andere; unter anderem
uÄ	und Ähnliches
UAbs.	Unterabsatz
uam	und anderes mehr
überarb.	überarbeitet
Übers.	Übersicht
Urk.	Urkunde
Urt.	Urteil
usw	und so weiter
uU	unter Umständen
UVgO	Unterschwellenvergabeordnung
uvam	und vieles andere mehr
uvm	und viele mehr
UWG	Gesetz gegen den unlauteren Wettbewerb
v.	vom; von; vor
va	vor allem
VDE	Verband Deutscher Elektrotechniker
VDI	Verband Deutscher Ingenieure
VEP	Vorhaben- und Erschließungsplan
VersR	Versicherungsrecht
vertragl.	vertraglich
vgl.	vergleiche
VgV	Vergabeverordnung
vH	vom Hundert
VHB	Vergabehandbuch für die Durchführung von Bauaufgaben des Bundes im Zuständigkeitsbereich der Finanzbauverwaltungen
VO	Verordnung
VOB (/A bzw./B bzw./C)	Verdingungsordnung für Bauleistungen (Teil A bzw. Teil B bzw. Teil C)
VOL	Verdingungsordnungen für Leistungen
Vorb.	Vorbemerkungen
vorl.	vorläufig
VÜA	Vergabeüberwachungsausschuss
VU	Versäumnisurteil
VVG	Versicherungsvertragsgesetz
WEG	Wohnungseigentümergemeinschaft; Wohnungseigentumsgesetz

Abkürzungsverzeichnis

WM	Wertpapiermitteilungen
WRP	Wettbewerb in Recht und Praxis
WuW/E	Wirtschaft und Wettbewerb/Entscheidungssammlung zum Kartellrecht
WZG	Warenzeichengesetz
zB	zum Beispiel
ZfBR	Zeitschrift für deutsches und internationales Baurecht
ZfIR	Zeitschrift für Immobilienrecht
ZGS	Zeitschrift für das gesamte Schuldrecht
Ziff.	Ziffer
ZIP	Zeitschrift für Wirtschaftsrecht (bis 1982: Zeitschrift für Wirtschaftsrecht und Insolvenzpraxis)
zit.	zitiert
ZMR	Zeitschrift für Miet- und Baurecht
ZPO	Zivilprozessordnung
ZRP	Zeitschrift für Rechtspolitik
zT	zum Teil
ZuSEG	Gesetz über die Entschädigung von Zeugen und Sachverständigen
ZVB	Zusätzliche Vertragsbedingungen
ZV-VOB	Zusätzliche Vertragsbedingungen zur VOB/B
zw.	zweifelhaft
zzgl.	zuzüglich
ZZP	Zeitschrift für Zivilprozess

Literaturverzeichnis

Althaus/Bartsch/Kattenbusch	Althaus/Bartsch/Kattenbusch, Nachträge im Bauvertragsrecht, 2. Auflage, 2022
Althaus/Heindl Bauauftrag	Althaus/Heindl Bauauftrag, Der öffentliche Bauauftrag, 2. Auflage 2013
Ax/Schneider/Nette VergabeR-HdB	Ax/Schneider/Nette Handbuch Vergaberecht 2002
Basty	Der Bauträgervertrag, 11. Auflage 2023
Baumgärtel	Baumgärtel/Laumen/Prütting, Handbuch der Beweislast, 5. Auflage 2023
Bechtold/Bosch	Bechtold/Bosch, GWB, 10. Auflage 2021
Beck VergabeR	Burgi/Dreher/Opitz, Beck'scher Vergaberechtskommentar, Band 1, 4. Auflage 2022, Band 2, 3. Auflage 2019
Beck VOB/A	Dreher/Motzke, Beck'scher VOB-Kommentar, Teil A, online, 2. Auflage 2013
Beck VOB/B	Ganten/Jansen/Voit, Beck'scher VOB-Kommentar, Teil B, 4. Auflage 2023
Beck VOB/C	Englert/Katzenbach/Motzke, Beck'scher VOB-Kommentar, Teil C, 4. Auflage 2021
BeckOK BauVertrR	Leupertz/Preussner/Sienz, Beck'scher Online-Kommentar zum Bauvertragsrecht, 24. Auflage 2024
BeckOK BGB	Hau/Poseck, Beck'scher Online-Kommentar BGB, 70. Auflage 2024
BeckOK HAOI	Messerschmidt/Niemöller/Preussner, Beck'scher Online-Kommentar zur HOAI, 11. Auflage 2024
BeckOK VergabeR	Gabriel/Mertens/Prieß/Stein, Beck'scher Online-Kommentar Vergaberecht, 31. Auflage 2024
BeckOK VOB/B	Cramer/Kandel/Preussner, Beck'scher Online-Kommentar VOB/B, 55. Auflage 2024
Bock/Zons Anlagenbau-HdB	Praxishandbuch Anlagenbau, 2. Auflage 2021
Boesen	Boesen, Vergaberecht, 2000
Byok/Jaeger	Byok/Jaeger, Kommentar zum Vergaberecht, 4. Auflage 2018
Dähne/Schelle VOB	Dähne/Schelle VOB, VOB von A-Z, 3. Auflage 2001
Daub/Eberstein	Daub/Eberstein, VOL/A, 5. Auflage 2000
Daub/Piel/Soergel	Daub/Piel/Soergel, Kommentar zur VOB Teil A, 1981
Daub/Piel/Soergel/Steffani	Daub/Piel/Soergel/Steffani, Kommentar zur VOB Teil B, 2. Auflage 1978
Dauner-Lieb	Dauner-Lieb/Heidel/Ring, Anwaltskommentar BGB, Bd. 2, 2005
Englert/Grauvogl/Maurer Baugrund- und TiefbauR-HdB	Englert/Grauvogl/Maurer Baugrund- und TiefbauR-HdB, Handbuch des Baugrund- und Tiefbaurechts, 5. Auflage 2016
Franke/Kemper/Zanner/Grünhagen	Franke/Kemper/Zanner/Grünhagen, VOB-Kommentar, Bauvergabe, Bauvertragsrecht, 7. Auflage 2020
Gauch	Gauch, Der Werkvertrag, 6. Auflage 2019 (Schweiz)

Literaturverzeichnis

Glatzel/Hofmann/Frikell	Glatzel/Hofmann/Frikell, Unwirksame Bauvertragsklauseln, 11. Auflage 2008
Grüneberg	Grüneberg, Bürgerliches Gesetzbuch, 83. Auflage 2024
Hereth/Ludwig/Naschold	Hereth/Ludwig/Naschold, Kommentar zur VOB, Band II, 1954
Hertwig	Hertwig, Praxis der öffentlichen Auftragsvergabe, 7. Auflage 2021
Hildebrandt/Abu Saris	Hildebrandt/Abu Saris, Die Abnahme von Bauleistungen, 3. Auflage 2020
HK-VergabeR/Bearbeiter	Pünder/Schellenberg, Vergaberecht, 3. Auflage 2019
HRR	Heiermann/Riedl/Rusam, Handkommentar zur VOB Teile A und B, 14. Auflage 2017
ibrOK BauVertrR	Jurgeleit, ibr-online-Kommentar zum Bauvertragsrecht, 28. Auflage 2024
ibrOK VergabeR	Weyand, ibr-online-Kommentar Vergaberecht, 17. Auflage 2015
ibrOK VOB Bauleiter	Kimmich/Bach, ibr-online-Kommentar VOB für Bauleiter, 8. Auflage 2021
Immenga/Mestmäcker	Körber/Schweitzer/Zimmer, GWB, Band 2, GWB Teil 2, 7. Auflage 2024
Ingenstau/Korbion	Leupertz/v. Wietersheim, VOB Teile A und B, 22. Auflage 2021
Jagenburg/Schröder/Baldringer ARGE-Vertrag	Jagenburg/Schröder/Baldringer, Der ARGE-Vertrag, 3. Auflage 2012
Kaiser MängelhaftungsR	Kaiser, Das Mängelhaftungsrecht in Baupraxis und Bauprozess, 7. Auflage 1992
Kapellmann	Kapellmann, Schlüsselfertiges Bauen, 3. Auflage 2013
Kapellmann/Langen VOB/B	Kapellmann/Langen VOB/B, Einführung in die VOB/B, 29. Auflage 2023
Kapellmann/Messerschmidt	Kapellmann/Messerschmidt/Markus, VOB Teile A und B Kommentar, 8. Auflage 2022
Kapellmann/Schiffers	Kapellmann/Schiffers, Vergütung, Nachträge und Behinderungsfolgen beim Bauvertrag, Band 1: Einheitspreisvertrag, 7. Auflage 2017
Kapellmann/Schiffers	Kapellmann/Schiffers, Vergütung, Nachträge und Behinderungsfolgen beim Bauvertrag, Band 2: Pauschalvertrag einschließlich Schlüsselfertigbau, 6. Auflage 2017
Kleine-Möller/Merl/Glöckner	Kleine-Möller/Merl/Glöckner, Handbuch des privaten Baurechts, 6. Auflage 2019
Kniffka/Koeble Kompendium BauR	Kniffka/Koeble, Kompendium des Baurechts, 4. Auflage 2014
Korbion/Locher/Sienz	Korbion/Locher/Sienz, AGB-Gesetz und Baurichtungsverträge, 4. Auflage 2006
Kulartz/Marx/Portz/Prieß	Kulartz/Marx/Portz/Prieß, Kommentar zur VOB/A, 2. Auflage 2014
Lampe-Helbig/Wörmann Bauvergabe-HdB	Lampe-Helbig/Wörmann, Handbuch der Bauvergabe, 2. Auflage 2009
Kues/von Kiedrowski/Bolz	Kues/von Kiedrowski/Bolz, RhB AGB Klauseln in Bauverträgen, 2023

Literaturverzeichnis

Langen/Schiffers Bauplanung	Langen/Schiffers, Bauplanung und Bauausführung, 2005
Leinemann/Kues	BGB-Bauvertragsrecht, 2. Auflage 2023
Leinemann	Leinemann, Die Vergabe öffentlicher Aufträge, 7. Auflage 2020
Leinemann	Leinemann, VOB/B – mit FIDIC-Conditions, 8. Auflage 2022
Leupertz/Mettler	Leupertz/Mettler, Der Bausachverständige vor Gericht, 2. Auflage 2013
Locher/Koeble/Frik	Locher/Koeble/Frik, Kommentar zur HOAI, 15. Auflage 2021
Löffelmann/Fleischmann ArchitektenR	Löffelmann/Fleischmann, Architektenrecht 6. Auflage 2012
MAH VergütungsR	Teubel/Scheungrab, Vergütungsrecht, 2. Auflage 2011
Markus/Kaiser/Kapellmann AGB-HdB	Markus/Kaiser/Kapellmann, AGB-Handbuch Bauvertragsklauseln, 4. Auflage 2014
Messerschmidt/Voit	Messerschmidt/Voit, Privates Baurecht, 4. Auflage 2022
MHdB GesR I	Gummert/Schäfer, Münchener Handbuch zum Gesellschaftsrecht, Band 1, 6. Auflage 2021
MüKoBGB	Säcker/Rixecker/Oetker/Limperg, Münchener Kommentar zum BGB, Schuldrecht, Band 1, 2, 4, 5, 9. Auflage 2021
Müller-Wrede	Müller-Wrede, Verdingungsordnungen für Leistungen, 4. Auflage 2014
Nicklisch/Weick/Jansen/Seibel	Nicklisch/Weick/Jansen/Seibel, VOB/B, 5. Auflage 2019
Noch VergabeR-HdB	Noch, Vergaberecht kompakt, 9. Auflage 2022
PHdB-BauS	Motzke/Seewald/Tschäpe, Prozesse in Bausachen, 4. Auflage 2024
Prieß	Prieß, Handbuch des Europäischen Vergaberechts, 3. Auflage 2005
Prütting/Wegen/Weinreich	Prütting/Wegen/Weinreich, BGB, 18. Auflage 2023
RGRK Reichsgerichtsrätekommentar	RGRK Reichsgerichtsrätekommentar, BGB Band II, 4. Teil, 12. Auflage 2010
RKPP	Röwekamp/Kus/Portz/Prieß, Kommentar zum GWB-Vergaberecht, 5. Auflage 2020
Roquette/Otto PrivBauR	Roquette/Otto, Vertragsbuch Privates Baurecht, 2. Auflage 2011
Roquette/Viering/Leupertz Bauzeit-HdB	Roquette/Viering/Leupertz, Handbuch Bauzeit, 4. Auflage 2021
RSG	Reidt/Stickler/Glahs, Vergaberecht, 4. Auflage 2017
Seibel	Seibel, Baumängel und anerkannte Regeln der Technik, 2. Auflage 2013
Seibel/Koos	Seibel/Koos, Selbständiges Beweisverfahren im privaten Baurecht, 2. Auflage 2024
Siebert/Eichberger AnwForm BauR/ArchitektenR	Siebert/Eichberger, AnwaltFormulare Bau- und Architektenrecht, 3. Auflage 2019

Literaturverzeichnis

Staudinger	Staudinger, Kommentar zum Bürgerlichen Gesetzbuch, 18. Auflage 2018
Staudt/Seibel Bausachverständigen-HdB	Staudt/Seibel, Handbuch für den Bausachverständigen, 4. Auflage 2018
Stein/Jonas	Bork/Roth, Kommentar zur ZPO, 23. Auflage 2020
Ulmer/Brandner/Hensen	Ulmer/Brandner/Hensen, AGB-Recht, 13. Auflage 2022
Ulrich Beweisverfahren	Ulrich, Selbständiges Beweisverfahren mit Sachverständigen, 2. Auflage 2018
Vygen/Joussen	Vygen/Joussen, Bauvertragsrecht nach VOB und BGB, 6. Auflage 2023
Vygen/Joussen/Lang/Rasch Bauverzögerung	Vygen/Joussen/Lang/Rasch, Bauverzögerung und Leistungsänderung, 8. Auflage 2021
Werner/Pastor BauProz	Werner/Pastor, Der Bauprozess, 18. Auflage 2023
Weyand	Weyand, Praxiskommentar Vergaberecht 4. Auflage 2013
Willenbruch/Wieddekind/Hübner	Willenbruch/Wieddekind/Hübner, Vergaberecht, 5. Auflage 2022
Winkelmüller/van Schewick/Müller	Bauproduktrecht, 2015
Wolf/Lindacher/Pfeiffer	Wolf/Lindacher/Pfeiffer, AGB-Recht, 7. Auflage 2020
Ziekow/Völlink	Ziekow/Völlink, Vergaberecht, 5. Auflage 2024
Zöller	Zöller, ZPO, 35. Auflage 2024
Zöller/Boldt	Zöller/Boldt, Baurechtliche und -technische Themensammlung (vormals: Seibel/Zöller und Staudt/Seibel Bausachverständigen-HdB; Heftsammlung fortlaufend erweitert, Grundwerk: Köln/Stuttgart 2011)

Einführung

Literatur: Althaus, Analyse der Preisfortschreibung in Theorie und Praxis, BauR 2012, 359; Anker/Zumschlinge, Die „VOB/B als Ganzes" eine unpraktikable Rechtsfigur? BauR 1995, 323; Bröker, Öffnungsklausel – Wegfall der VOB/B „als Ganzes"? BauR 2009, 1916; Bunte, Die Begrenzung des Kompensationseinwandes bei der richterlichen Vertragskontrolle, FS Korbion 1986, S. 17; Dammann/Ruzik, Vereinbarung der VOB/B ohne inhaltliche Abweichung i. S. des § 310 I 3 BGB, NZBau 2013, 265; Flach, Zur Anwendbarkeit des § 9 AGB-Gesetz auf die VOB/B, NJW 1984, 156; Fuchs, Die Demontage der VOB/B, NZBau 2023, 353; Heinrichs, Die Entwicklung des Rechts der Allgemeinen Geschäftsbedingungen im Jahre 1995, NJW 1996, 1381; Kapellmann, Die AGB-Festigkeit von § 1 III, IV und § 2 V, VI angesichts des neuen BGB-Bauvertragsrechts, NZBau 2017, 635; Kniffka, Ist die VOB/B eine sichere Grundlage für Nachträge?, BauR 2012, 411; Kniffka, Irrungen und Wirrungen in der Rechtsprechung des Bundesgerichtshofs zur Auslegung von Bauverträgen, BauR 2015, 1893; Kniffka, Ist die VOB/B eine sichere Grundlage für Nachträge? BauR 2012, 411;Koch, Zum Verbot der isolierten Inhaltskontrolle der VOB/B, BauR 2001, 162; Koenen, Das neue Bauvertragsrecht: Anfang vom Ende der VOB/B?, BauR 2018, 1033; Kraus, Der Diskussionsentwurf eines Schuldrechtsmodernisierungsgesetzes, BauR 2001, 1; Kraus/Sienz, Der Deutsche Verdingungsausschuss für Bauleistungen: Bremse der VOB/B? BauR 2000, 631; Kraus/Vygen/Oppler, Ergänzungsentwurf Kraus/Vygen/Oppler zum Entwurf eines Gesetzes zur Beschleunigung fälliger Zahlungen der Fraktionen der SPD und Bündnis 90/Die Grünen, BauR 1999, 964; Kuffer, Hat die Privilegierung der VOB/B weiter Bestand? NZBau 2009, 73; Kutschker, Die Gesamtabwägung der VOB/B nach dem AGB-Gesetz und der EG-Verbraucherschutzrichtlinie, 1998; Kutschker, Richterliche Befugnisse zur Einschränkung des § 23 Abs. 2 Nr. 5 AGBG und der bisherigen Gesamtabwägungsrechtsprechung bei Änderung der VOB/B durch den Verdingungsausschuss? BauR 1999, 454; Leupertz, Zur Rechtsnatur der VOB – Die Bestimmungen der VOB/B „als Ganzes" sind keine Allgemeinen Geschäftsbedingungen, Jahrbuch BauR 2004, 43; Leupertz/Vygen, Der Bauvertrag und sein gesetzliches Leitbild, FS Franke 2009 S. 229; Miernik, Die Anwendbarkeit der VOB/B auf Planungsleistungen des Bauunternehmers, NZBau 2004, 409; Niebling, Die VOB/B-Einbeziehung durch kaufmännisches Bestätigungsschreiben, NZBau 2012, 410; Peters, Die VOB/B und die wesentlichen Grundgedanken der gesetzlichen Regelung, BauR 2015, 739; Ryll, Renaissance der AGB-rechtlichen Privilegierung der VOB/B?, NZBau 2018, 187; Schlünder, Die VOB in der heutigen Beratungs- und Prozesspraxis, BauR 1998, 1123; Schlünder, Gestaltung von Nachunternehmerverträgen in der Praxis, NJW 1995, 1057; Schmidt, Die dynamische Verweisung des Forderungssicherungsgesetzes auf die VOB/B und ihre verfassungsrechtliche Bewertung, ZfBR 2009, 113; Schulze-Hagen, Aktuelle Probleme des Bauträgervertrages, BauR 1992, 320; Siegburg, Zum AGB-Charakter der VOB/B und deren Privilegierung durch das AGB-Gesetz, BauR 1993, 9; Tomic, § 13 Nr. 4 Abs. 2 VOB/B - eine „tickende Zeitbombe"? BauR 2001, 14; Oberhauser, Preisfortschreibung als „Vergütungsmodell" für geänderte und zusätzliche Leistungen – sieht das die VOB/B wirklich vor? BauR 2011, 1547; von Rintelen, Die Preisfortschreibung nach § 2 V und VI VOB/B im Lichte des neuen Bauvertragsrechts, NZBau 2017, 315; Weglage/Sitz, Kaufrecht am Bau -Teil I: Die Rechtsfolgen des § 651 BGB, NZBau 2011, 457; Winz/Scheef, Die Rügepflicht im Anlagenbau, BauR 2013, 655; Zeidler, Die Gesamtprivilegierung der Vergabe- und Vertragsordnung für Bauleistungen Teil B auf dem Prüfstand 2008.

Übersicht

	Rn.
A. Allgemeine Einführung in die VOB/B – Ziel und Zweck	1
B. Die Dreiteilung der VOB – VOB/A, VOB/B und VOB/C	2

Einführung VOB Teil B

	Rn.
C. Die verschiedenen Fassungen der VOB/B	5
D. Der Rechtscharakter der VOB/B	7
E. Das Verhältnis der VOB/B zum Werkvertragsrecht des BGB	10
F. AGB-rechtliche Fragen	11
I. Die wirksame Einbeziehung der VOB/B	11
1. Die Einbeziehung in einen Verbrauchervertrag	12
2. Die Einbeziehung in einen Vertrag mit einem Unternehmer, einer juristischen Person des öffentlichen Rechts oder einem öffentlich-rechtlichen Sondervermögen	16
3. Die nachträgliche Einbeziehung	17
4. Die Bestimmung der jeweils einbezogenen Fassung der VOB/B	18
a) Maßgeblicher Zeitpunkt für die Bestimmung der einzubeziehenden Fassung	20
b) Bestimmung der einbezogenen Fassung	21
II. Vorrang der Individualabrede, § 305b BGB	24
III. Keine überraschende Klausel, § 305c Abs. 1 BGB	25
IV. Die Inhaltskontrolle der VOB/B	26
1. Allgemeine Grundsätze	26
a) Inhaltskontrolle nur zu Lasten des Verwenders	27
b) Auslegung der jeweiligen Klausel	30
c) Beurteilungsmaßstab für die Überprüfung der Einzelregelungen der VOB/B	32
d) Rechtsfolgen der Unwirksamkeit	40
e) Von der Rechtsprechung überprüfte VOB-Regelungen	42
2. Die Beschränkung der Inhaltskontrolle – „Privilegierung der VOB/B"	45
a) Die Rechtslage bis zum Inkrafttreten des Forderungssicherungsgesetzes (FoSiG) am 1.1.2009	46
b) Die Rechtslage nach Inkrafttreten des Forderungssicherungsgesetzes (FoSiG) am 1.1.2009	50
G. Die Einbeziehung der VOB/B in andere Verträge als Bauwerkverträge	57
I. Die Einbeziehung der VOB/B in Bauträgerverträge	60
II. Die Einbeziehung der VOB/B in Verträge über Planungsleistungen bzw. kombinierte Verträge	63
III. Die Einbeziehung der VOB/B in Verträge über die Herstellung und Lieferung von Bauteilen im Sine von § 650 BGB	65

A. Allgemeine Einführung in die VOB/B – Ziel und Zweck

1 Im 19. Jahrhundert führte das deutsche Machtgefälle zwischen den öffentlichen Auftraggebern und den privaten Auftragnehmern dazu, dass von staatlicher Seite „Verdingungsordnungen" für den Vertragsschluss vorgegeben wurden, die von wirtschaftsliberalen Leitgedanken geprägt und konsequent darauf ausgerichtet waren, nach dem Prinzip des „freien Spiels der Kräfte" die Vertragsgestaltung einseitig auf die eigenen wirtschaftlichen Interessen des Auftraggebers auszurichten. So waren langjährige unverzinsliche Sicherheitsleistungen, der Ausschluss von Abschlagszahlungen und bis zu 30 Jahre dauernde Gewährleistungsfristen an der Tagesordnung. Nicht selten entzogen die staatlichen Regelwerke die Verträge

Einführung

überdies durch Ausschluss des ordentlichen Rechtswegs jeder gerichtlichen Kontrolle. Schon in der zweiten Hälfte des 19. Jahrhunderts setzten Reformbestrebungen ein, die zunächst auf eine umfassende gesetzliche Regelung des Vergabeverfahrens und des Bauvertragsrechts gerichtet waren. Entsprechende Gesetzentwürfe scheiterten aber. Der Reichstag beschloss deshalb im Jahre 1921 auf Vorschlag der Zentrumspartei, die Reichsregierung zu ersuchen, einen Ausschuss einzuberufen, bestehend aus den sachverständigen Vertretern der beteiligten Ressorts und Vertretern der zuständigen Arbeitgeber- und Arbeitnehmerorganisationen, um für die Vergabe von Leistungen und Lieferungen einheitliche Grundsätze für Reich und Länder aufzustellen. Dieser **„Reichsverdingungsausschuss (RVA)"** bestand aus Vertretern der öffentlichen Auftraggeber, der Bauwirtschaft, der Gewerkschaften sowie der Architekten und Ingenieure. Die Leitung lag bis 1923 beim Reichsschatzministerium, danach beim Reichsfinanzministerium. Der Ausschuss war aber nicht in die Reichsverwaltung eingegliedert. Nach längeren Verhandlungen wurde im Mai 1926 die **„Verdingungsordnung für Bauleistungen"** verabschiedet und durch die zuständigen Ministerien als Dienstvorschrift für die jeweiligen Bereiche übernommen.[1] Mit dem Ende des zweiten Weltkriegs waren die Rechtsgrundlagen für den RVA entfallen. Im Jahre 1947 wurde aber als Nachfolgeorganisation der „Deutsche Verdingungsausschuss für Bauleistungen (DVA)" gegründet, der im Jahre 1952 eine Neufassung der VOB vorlegte. Zu den Mitgliedern gehören seitdem auch Vertreter der privaten Auftraggeber. Im Jahre 2000 wurde der Ausschuss umbenannt in **„Deutscher Vergabe- und Vertragsausschuss für Bauleistungen (DVA)"**. Der Ausschuss hat derzeit über 80 Mitglieder. Die Mehrheit stammt aus dem Bereich der öffentlichen Verwaltung. Vertreten sind weiter die Verbände der Bauwirtschaft und als nicht stimmberechtigte Mitglieder die Bundesarchitektenkammer, der Verband beratender Ingenieure, die Industriegewerkschaft Bauen – Agrar – Umwelt, der Bundesrechnungshof sowie verschiedene Normungsinstitute und sonstige Betroffene. Ziel ist die ständige Überarbeitung und Aktualisierung der VOB/B und die Bereitstellung eines transparenten und ausgewogenen Regelwerks, das die Interessen der Bauvertragsparteien angemessen berücksichtigt.[2] Die Verwirklichung dieser Zielvorstellung bereitet dem DVA aber ersichtlich Probleme.[3] Der mitunter schwierige Ausgleich der widerstreitenden Interessen, das sehr komplizierte Entscheidungsverfahren und das ausgeprägte Beharrungsvermögen der stimmberechtigten Mitglieder führen immer wieder dazu, dass auch dringend notwendige Anpassungen der VOB/B unterbleiben oder aufgeschoben werden.[4] Das hat zur Folge, dass selbst die Änderung überholter, intransparenter, sinnentleerter oder einer Einzelkontrolle nicht standhaltender Regelungen wie der in § 2 Abs. 8 oder § 16 Abs. 3 seit Jahren aufgeschoben wird. Zu Recht hat der frühere Vorsitzende des VII. Senats des BGH Kniffka wiederholt moniert, dass die VOB/B in einem ihrer Kernbereiche, dem Vergütungsrecht, eine Vielzahl von nicht durchdachten und widersprüchlichen Formulierungen enthalte.[5] Das stellt die Bauwirtschaft vor große[6] Probleme.[7]

---

[1] Ganten/Jansen/Voit/Sacher VOB/B Einl. Rn. 10 ff.
[2] Ganten/Jansen/Voit/Sacher VOB/B Einl. Rn. 10 ff.
[3] So auch Kapellmann/Messerschmidt/von Rintelen Einl. Rn. 1 ff.
[4] Kraus/Sienz BauR 2000, 631.
[5] Kniffka, BauR 2012, 411 ff.
[6] Fuchs, NZBau 2023, 353 (Editorial).
[7] Kniffka BauR 2012, 411 (420); dazu auch Kuffer NZBau 2009, 73 (78).

Einführung

Die Erfahrungen der vergangenen Jahrzehnte sprechen daher dafür, dass eine grundlegende Überarbeitung der VOB/B dringend erforderlich ist, aber wohl eine Strukturreform innerhalb des DVA vorausetzt. Das Bestreben, nach Möglichkeit nur einvernehmliche Entscheidungen herbeizuführen, darf nicht dazu führen, dass am Ende überhaupt keine substanziellen Veränderungen mehr vorgenommen werden, weil von irgendeiner Seite – oft im letzten Moment – doch noch Bedenken geäußert werden.[8] Bei dieser Gelegenheit könnte man dann auch die Verbraucherorganisationen noch enger einbinden, als das bislang der Fall ist.[9]

B. Die Dreiteilung der VOB – VOB/A, VOB/B und VOB/C

2   Schon die VOB-Fassung 1926 sah die Dreiteilung der VOB in die VOB/A, VOB/B und VOB/C vor. Dabei ist es bis heute geblieben. Die Neufassungen der Teile A und B werden jeweils im Bundesanzeiger veröffentlicht. Alle drei Teile der VOB werden gemeinsam mit dem Deutschen Institut für Normung auch als DIN-Norm herausgegeben.

Die **VOB/A „Allgemeine Bestimmungen für die Vergabe von Bauleistungen"** – **auch DIN 1960** – enthält Regelungen für die Vergabe von Bauleistungen durch die öffentlichen Auftraggeber. Für diese ist die Anwendung der VOB/A – abhängig vom Auftragsvolumen gem. §§ 97 ff. GWB iVm der Vergabeverordnung oder aufgrund bindender haushaltsrechtlicher Anordnungen – verbindlich.[10]

3   Die **VOB/B „Allgemeine Vertragsbedingungen für die Ausführung von Bauleistungen"** – **auch DIN 1961** – enthält eine Reihe von bauvertraglichen Regelungen, die das gesetzliche Werkvertragsrecht der §§ 631 ff. BGB ergänzen und auf die besonderen Bedingungen des Bauvertrages ausrichten sollen. Dazu gehören Regelungen über das einseitige Anordnungsrecht des Auftraggebers, die Entstehung und Berechnung von Nachtragsforderungen, Behinderungen, Mängelansprüche, Abschlagszahlungen, die Schlusszahlung und Sicherheitsleistungen. Die öffentlichen Auftraggeber sind gemäß § 8a Abs. 1 VOB/A zur Einbeziehung der VOB/B in die abzuschließenden Verträge verpflichtet. Auch von privaten Auftraggebern wird die VOB/B aber häufig zur Vertragsgrundlage gemacht, in der Regel allerdings mit mehr oder weniger umfangreichen Abweichungen.[11]

4   Die **VOB/C „Allgemeine Technische Vertragsbedingungen für Bauleistungen"** – **auch DIN 18299 ff.** – besteht aus einer größeren Anzahl von DIN-Normen, die – beginnend mit der DIN 18299 „Allgemeine Regelungen für Bauarbeiten jeder Art" – in den DIN 18300 ff. spezielle Regelungen für die Ausführung und Abrechnung bestimmter Gewerke enthalten. Diese DIN-Normen sind durchgehend in bestimmte Abschnitte gegliedert und zwar in „Hinweise für die Aufstellung der Leistungsbeschreibung" (0), „Erläuterungen zum jeweiligen

---

[8] Ein unrühmliches Beispiel ist das Scheitern verschiedener Änderungsvorschläge zur Zusammenfassung geänderter und zusätzlicher Leistungen und zur Erweiterung des Anordnungsrechts des Auftraggebers in der Schlussabstimmung vom 27.6.2000 (Beschluss des Hauptausschusses Allgemeines vom 17.5.2006 und Beschluss vom 27.6.2006, abrufbar bei ibr-online.de/ibrmaterialien).

[9] Dazu auch Leupertz Jahrbuch BauR 2004, 43 (66).

[10] Ganten/Jansen/Voit/Sacher VOB/B Einl. Rn. 6 mwN.

[11] Ganten/Jansen/Voit/Sacher VOB/B Einl. Rn. 7.

Geltungsbereich der DIN" (1), „Technische Vorschriften zu Baustoffen und Bauteilen" (2), „zur fachgerechten Bauausführung" (3), „zur Abgrenzung von Nebenleistungen und Besonderen Leistungen" (4) und zur „Abrechnung" (5). Soweit es sich dabei – insbesondere in den Abschnitten 2 und 3 – um technische Vorschriften zu Baustoffen und zur Bauausführung handelt, die ohnehin zu den anerkannten Regeln der Technik zu zählen sind, sind diese schon deshalb Vertragsgrundlage. Soweit es sich aber – insbesondere in den Abschnitten 4 und 5 – nicht um technische, sondern um vertragsrechtliche Regelungen handelt, sind sie als Allgemeine Geschäftsbedingungen zu behandeln,[12] die nur bei entsprechender Vereinbarung über ihre Einbeziehung in den Vertrag gelten und die ggf. auch der Inhaltskontrolle unterliegen.[13] An einer wirksamen Einbeziehung fehlt es, wenn individualvertraglich abweichende Abrechnungsvereinbarungen getroffen sind.[14]

C. Die verschiedenen Fassungen der VOB/B

Die genaue Kenntnis der jeweiligen Fassung der VOB/B und ihrer Besonderheiten ist schon deshalb wichtig, weil auch heute noch bei langwierigen Rechtsstreitigkeiten ältere Fassungen der VOB/B – etwa aus 2012 oder 2016 – zugrunde zu legen sind. Die genaue Kenntnis der Entwicklung der VOB/B ist aber auch deshalb erforderlich, weil nur so ältere Entscheidungen und überkommene Meinungsstreitigkeiten nachvollzogen werden können.[15]
- **Die VOB/B Ausgabe 1926** enthielt eine aus heutiger Sicht eher rudimentäre Regelung, die bis 1952 unverändert blieb. Schon die ursprüngliche Fassung enthielt aber die bis heute beibehaltene Dreiteilung in Teil A für die Vergabe, Teil B für die Vertragsbestimmungen und Teil C für die technischen Vorschriften.
- **Die VOB/B Ausgabe 1952** enthielt zahlreiche Änderungen und Erweiterungen.[16] So wurden Regelungen zur Abgrenzung von Leistungsänderungen und Zusatzleistungen, zur Berechnung zusätzlich angefallener Vergütungsansprüche und zur Sicherheitsleistung eingefügt. Die Fassung des Teiles B blieb danach bis 1973 unverändert.
- **Die VOB/B Ausgabe 1973** enthielt erneut zahlreiche Änderungen, die weitgehend auf die Aufnahme der Bundesrepublik Deutschland in die EG und die Entwicklung in der baurechtlichen Rechtsprechung zurückzuführen waren, so insbesondere in § 2 Nr. 7, § 15, § 16, § 17.[17] So wurde in dem neu geschaffenen § 2 Nr. 7 erstmals geregelt, unter welchen Voraussetzungen beim Pauschalpreisvertrag eine Preisanpassung verlangt werden kann.
- **Die VOB/B Ausgabe 1979** enthielt nur wenige Änderungen, die dem AGB-Gesetz und dem neuen Umsatzsteuergesetz geschuldet waren, § 6 Nr. 6, § 14 Nr. 1, § 16 Nr. 1, § 17 Nr. 6.

---

[12] BGH 17.6.2004 – VII ZR 75/03, NZBau 2004, 500.
[13] Leinemann/Leinemann § 1 Rn. 27.
[14] So die allerdings unglücklich formulierte Entscheidung BGH 28.2.2002 – VII ZR 376/00, NZBau 2002, 324 (Konsoltraggerüst), noch einmal richtiggestellt durch BGH 10.4.2014 – VII ZR 144/12, NZBau 2014, 427; dazu grundlegend Kniffka, Irrungen und Wirrungen in der Rechtsprechung des Bundesgerichtshofs, BauR 2015, 1893 (1899).
[15] So zu Recht Kapellmann/Messerschmidt/von Rintelen Einl. Rn. 1 ff.
[16] Kapellmann/Messerschmidt/von Rintelen Einl. Rn. 6.
[17] Kapellmann/Messerschmidt/von Rintelen Einl. Rn. 1 ff. mwN.

Einführung

VOB Teil B

- **Die VOB/B Ausgabe 1988** enthielt nur wenige und überwiegend redaktionelle Änderungen, § 16, § 17. Systematisch neu gegliedert wurde die VOB/C. Sie trägt seitdem die Bezeichnung „Allgemeine Technische Vertragsbedingungen für Bauleistungen (ATV)" – auch DIN 18299 ff.
- **Die VOB/B Ausgabe 1990** enthielt im Wesentlichen Änderungen der VOB/A, aber auch einige geringfügige Änderungen der VOB/B, § 16 Nr. 1 Abs. 3, § 17 Nr. 2.
- **Die VOB/B Ausgabe 1992** enthielt nur kleinere Anpassungen und Klarstellungen, § 3 Nr. 6, § 7 Nr. 2 und 3. Der **Ergänzungsband 1996** brachte dann aber auch inhaltliche Änderungen, so die Öffnung in § 2 Nr. 8 Abs. 3 und die Verkürzung der Verjährungsfrist für Mängel an maschinellen Anlagen in § 13 Nr. 4. Der **Ergänzungsband 1998** brachte lediglich eine unbedeutende Ergänzung des § 17 Nr. 2.
- **Die VOB/B Ausgabe 2000** sollte eigentlich den umfassenden Reformvorschlägen des Instituts für Baurecht in Freiburg aus dem Jahre 1999 Rechnung tragen, brachte dann aber nur eine Reihe von kleineren und überwiegend redaktionellen Änderungen, § 2 Nr. 8 Abs. 2, § 4 Nr. 8 iVm § 8 Nr. 3, § 4 Nr. 10 iVm § 12 Nr. 2, § 6 Nr. 2 Abs. 1, § 7 Nr. 1, § 8 Nr. 2 Abs. 1, § 12 Nr. 5 Abs. 1 und – besonders erwähnenswert – die Anhebung des Zinssatzes in § 16 Nr. 5 Abs. 3.
- **Die VOB/B Ausgabe 2002** enthielt zahlreiche Änderungen, die aber wiederum überwiegend redaktioneller Natur waren oder der Anpassung an das am 1.1.2002 in Kraft getretene Schuldrechtsmodernisierungsgesetz dienten, § 10 Nr. 2 Abs. 2, § 12 Nr. 5 Abs. 2, § 13 Nr. 1–7, § 16 Nr. 1 Abs. 3 und 4, § 16 Nr. 2 Abs. 1, § 16 Nr. 3 Abs. 1, § 17 Nr. 1, § 18 Nr. 2. Erwähnenswert ist die Verlängerung der Verjährungsfrist für Mängelansprüche auf vier Jahre bzw. zwei Jahre für maschinelle bzw. elektrotechnische Anlagen, § 13 Nr. 4. Der Verzugszinssatz wird noch einmal heraufgesetzt, § 16 Nr. 5 Abs. 3. Die Bürgschaft auf erstes Anfordern wird ausdrücklich ausgeschlossen, § 17 Nr. 4. Die VOB wurde umbenannt in **„Vergabe- und Vertragsordnung für Bauleistungen"**.
- **Die VOB/B Ausgabe 2006** enthielt nur wenige redaktionelle Änderungen bzw. Klarstellungen, Überschrift, § 1 Nr. 1, § 4 Nr. 8 Abs. 2, § 6 Nr. 6 S. 3, § 8 Nr. 2, § 13 Nr. 4, § 16 Nr. 1 Abs. 1, § 16 Nr. 3 Abs. 1 und 6, § 16 Nr. 5 Abs. 5, § 17 Nr. 5 S. 1, § 18 Nr. 3 (Hinweis auf das baubegleitende Schlichtungsverfahren). Die grundlegenden Änderungsvorschläge des Hauptausschusses des DVA insbesondere zur Neuregelung der Anordnungsrechte und zur Ausgestaltung des zeitlichen Anordnungsrechts wurden sämtlich nicht umgesetzt.
- **Die VOB/B Ausgabe 2009** brachte lediglich die Umstellung der Gliederungssystematik. Die bisherigen Nummern werden seitdem als Absätze bezeichnet, die bisherigen Absätze als Nummern. Inhaltlich erfolgten kaum Änderungen. Es wurde lediglich im Hinblick auf die in § 310 Abs. 1 S. 3 BGB zwischenzeitlich getroffene gesetzliche Regelung über die „Privilegierung" der VOB/B eine „Fußnote zum Anwendungsbereich der VOB/B" eingefügt, in der die Anwendung der VOB/B ausdrücklich nur gegenüber Unternehmen, Juristischen Personen des öffentlichen Rechts und dem öffentlich-rechtlichen Sondervermögen empfohlen wurde.
- **VOB Ausgabe 2012** brachte erhebliche Änderungen im Teil A. Die Änderungen in § 16 Abs. 3 sind auf die Vorgaben der Richtlinie 2011/7/EU vom 16.2.2011 („Zahlungsverzugsrichtlinie") zurückzuführen.

VOB Teil B   **Einführung**

- Die Verabschiedung der vielfach erwarteten **VOB/B Fassung 2014** wurde wegen des „weiterhin großen Diskussionsbedarfs" verschoben.[18]
- Die **VOB/B Ausgabe 2016** brachte aber nur kleinere Änderungen in den §§ 4, 5 und 8, die der Umsetzung der Richtlinie 2014/24/EU des Europäischen Parlamentes und des Rates vom 26.2.2014 dienten.
- In der VOB Ausgabe 2019 blieb die VOB/B unverändert, da der DVA zunächst die Entwicklung der Rechtsprechung zum neuen Bauvertragsrecht abwarten wollte.

Wegen der **Änderungen in den einzelnen Vorschriften der VOB/B** wird 6
auf die nachfolgende Kommentierung und die im Anhang abgedruckten einzelnen Fassungen der VOB/B verwiesen.

D. Der Rechtscharakter der VOB/B

Die VOB/B hat – anders als die VOB/A – **keine Rechtsnormqualität**.[19] 7
Daran ändert auch die Bezugnahme in § 8a Abs. 1 VOB/A nichts. Es handelt sich vielmehr um ein vom DVA bereit gestelltes standardisiertes Regelwerk, das nur dann zur Vertragsgrundlage wird, wenn die Parteien seine Geltung vereinbaren. Es handelt sich dabei – wie sich auch aus der Einordnung in § 310 Abs. 1 S. 3 BGB ergibt – um Allgemeine Geschäftsbedingungen.[20] Wegen der damit zusammenhängenden AGB-rechtlichen Fragen wird auf die nachfolgenden Ausführungen unter Ziffer VI. verwiesen. Die VOB/B ist auch **kein Gewohnheitsrecht**.[21] Ihre Geltung kann ebenso wenig mit einem **Handelsbrauch im Sinne von § 346 HGB** oder einer entsprechenden **Verkehrssitte** begründet werden. Das wird in der baurechtlichen Literatur überwiegend damit begründet, dass es an der für die Feststellung eines Gewohnheitsrechtes bzw. eines Handelsbrauchs erforderlichen Verbreitung von mindestens 75 % fehle, weil die Quote der Bauverträge, denen die VOB/B nicht zugrunde gelegt werde, 30 % und mehr betrage.[22] Dem liegen allerdings keine repräsentativen Erhebungen, sondern lediglich Schätzwerte zugrunde, bei denen auch nicht näher zwischen den verschiedenen Arten von Bauvorhaben differenziert wird. So wird bei Bauvorhaben öffentlicher Auftraggeber die VOB/B immer einbezogen, § 8a Abs. 1 VOB/A. Überzeugender ist daher die Erwägung, dass auch die ständige Einbeziehung eines Klauselwerkes, das nach allgemeiner Auffassung nur bei entsprechender Vereinbarung der Parteien gilt, nicht dazu führen kann, dass dieses Klauselwerk nunmehr auch ohne eine solche

---

[18] BMUB, DVA-Geschäftsstelle, Mitteilung vom 12.12.2014, NZBau 2015, Heft 1 Seite VIII.
[19] BGH BauR 1997, 1037; Kapellmann/Messerschmidt/von Rintelen Einl. Rn. 39 ff.; Ganten/Jansen/Voit/Sacher VOB/B Einl. Rn. 35; Leupertz Jahrbuch Baurecht 2004, 45 (48).
[20] BGH 16.12.1982 – VII ZR 92/82, NJW 1983, 816; BGH 2.10.1997 – VII ZR 44/97, NJW-RR 1998, 235; BGH 24.7.2008 – VII ZR 55/07, DNotZ 2009, 107; Kapellmann/Messerschmidt/von Rintelen Einl. Rn. 39, 40; Leupertz Jahrbuch BauR 2004, 43 ff., der die VOB/B, sofern nicht in ihren Regelungsgehalt eingegriffen wird, als eine nicht den §§ 305 ff. BGB unterfallende Vertragsordnung sui generis ansieht.
[21] BGH 10.6.1999 – VII ZR 365/98, NJW 1999, 3260; Ganten/Jansen/Voit/Sacher VOB/B Einl. Rn. 35 mwN.
[22] Kapellmann/Messerschmidt/von Rintelen VOB/B Einl. Rn. 39 ff. mwN; Ganten/Jansen/Voit/Sacher VOB/B Einl. Rn. 35 ff. mwN.

Einführung

Vereinbarung „automatisch" zum Vertragsinhalt wird.[23] Es fehlt dann gerade an dem Bewusstsein, dass die in dem Klauselwerk enthaltenen Regelungen im Rechtsverkehr ohnehin – also auch ohne entsprechende Vereinbarung – gelten. Auch die **Branchenüblichkeit** reicht für sich allein für die Geltung Allgemeiner Geschäftsbedingungen nicht aus.[24]

8 Einzelne Regelungen der VOB/B können hingegen durchaus den Charakter eines Handelsbrauchs haben, so etwa die in § 15 Abs. 3 geregelte Pflicht des Unternehmers zur Erstellung und Einreichung von Stundenzetteln.[25]

9 Unerheblich ist insoweit, dass die **VOB/B als DIN 1961** veröffentlicht wird. Das macht sie nicht zu einer auch ohne ausdrückliche Vereinbarung verbindlichen technischen Regel. Es bleibt vielmehr dabei, dass es sich um „Allgemeine Vertragsbedingungen für die Ausführung von Bauleistungen" handelt, die als Allgemeine Geschäftsbedingungen im Sinne der §§ 305 ff. BGB zu behandeln sind.[26]

E. Das Verhältnis der VOB/B zum Werkvertragsrecht des BGB

10 Die VOB/B ist ein vom DVA vorgegebenes Regelwerk, das jedenfalls bis zum Inkrafttreten des neuen BGB-Bauvertragsrechts am 1.1.2018 erklärtermaßen dazu dienen sollte, die unzureichenden Regelungen des Werkvertragsrechts des BGB den besonderen Bedingungen des Bauvertrags anzupassen. Das Werkvertragsrecht des BGB war nämlich auf eine Vielzahl von „Herstellungsverträgen" – von der Schuhreparatur bis zur Errichtung eines Kraftwerks – zugeschnitten und eher auf einen punktuellen Leistungsaustausch ausgerichtet als auf einen jahrelangen Herstellungsvorgang mit allen damit verbundenen Unwägbarkeiten. So war die Vergütungsfrage nur sehr rudimentär geregelt, ohne auf die Besonderheiten des Bauvertrages näher einzugehen. Es fehlten brauchbare Regelungen zur Behandlung von Mehr- und Minderleistungen, zu dem nachträglichen Anordnungsrecht des Auftraggebers und zur Berechnung von Nachträgen. Unzureichend waren auch die gesetzlichen Regelungen über die Zahlungsmodalitäten, die Mängelhaftung und die Sicherungen. Alle Versuche, den Gesetzgeber zur Schaffung eines einheitlichen Bauvertragsrechts zu bewegen, waren bis zur Schaffung des am 1.1.2018 in Kraft getretenen neuen BGB-Bauvertragsrechts-erfolglos verlaufen.[27] Die VOB/B sollte deshalb die unzureichenden gesetzlichen Regelungen modifizieren, ergänzen und konkretisieren und so den Besonderheiten des Bauvertrags anpassen. Sie enthielt daher von Anfang an zahlreiche Regelungen, die die gesetzlichen Vorschriften abänderten oder ergänzten, so die Regelungen über das Anordnungsrecht in § 1 Abs. 3 und 4, die Nachtragsforderungen in § 2 Abs. 3, 5 und 6 und die Mängelhaftung in § 13. Insoweit wird auf die Ausführungen zu den einzelnen Vorschriften verwiesen. Die VOB/B enthielt andererseits aber auch

---

[23] Dazu Weick FS Korbion, 1986, 451 (453); Oberhauser, Bauvertragsrecht im Umbruch, S. 23; Kapellmann/Messerschmidt/von Rintelen Einl. Rn. 40; Ganten/Jansen/Voit/Sacher Einl. Rn. 36.
[24] BGH NJW 2014, 1296 f.
[25] Ganten/Jansen/Voit/Sacher VOB/B Einl. Rn. 37.
[26] Ganten/Jansen/Voit/Sacher VOB/B Einl. Rn. 38.
[27] So die Vorschläge des Instituts für Baurecht in Freiburg NZBau 2001, 183; BauR 1999, 699; BauR Sonderheft 4/2000 sowie des 3., 4. und 5. Deutschen Baugerichtstagsaus den Jahren 2010, 2012 und 2014, so in BauR Sonderheft 9a/2014.

keine umfassende eigenständige Regelung des gesamten Bauvertragsrechts. Sie baut vielmehr auf dem gesetzlichen Werkvertragsrecht auf und sollte dessen Lücken schließen.[28]

An dieser Zielsetzung hat sich auch mit dem Inkrafttreten des neuen BGB-Bauvertragsrechts am 1.1.2018 nichts geändert. Auch das neue BGB-Bauvertragsrecht enthält nämlich keine umfassende und abschließende Regelung aller bauvertraglichen Probleme, sondern bedarf nach wie vor in vielen Punkten der Ergänzung. Die Bereitstellung eines entsprechenden Regelwerks ist daher nach wie vor sinnvoll. Der Gesetzgeber hat aber eine ganze Reihe von bislang offenen Fragen aufgegriffen und geregelt und sich dabei nicht an der korrespondierenden Regelung in der VOB/B orientiert, so etwa bei der Regelung über das Anordnungsrecht in § 650b BGB und die sich daraus ergebenden Vergütungsfolgen in § 650c BGB. Hinsichtlich der sich hieraus ergebenden schwierigen AGB-rechtlichen Fragen, wird auf die nachfolgenden Ausführungen verwiesen. Das Verhältnis der VOB/B zum BGB-Werkvertragsrecht hat sich dadurch aber nicht grundlegend geändert. Die gesetzliche Neuregelung zwingt jedoch zu einer besonders kritischen Betrachtung zahlreicher Einzelregelungen der VOB/B.

F. AGB-rechtliche Fragen

I. Die wirksame Einbeziehung der VOB/B

Da es sich – wie oben dargelegt – bei der VOB/B um allgemeine Geschäftsbedingungen im Sinne der §§ 305 ff. BGB handelt, wird sie nur dann Vertragsbestandteil, wenn sie wirksam in das Vertragsverhältnis einbezogen worden ist.[29] Das gilt auch dann, wenn nur einzelne Regelungen in den Vertrag einbezogen werden sollen.[30] Die Einbeziehung der VOB/B setzt schon nach allgemeinen vertragsrechtlichen Grundsätzen einen **wirksamen Vertrag** und die **einvernehmliche Einbeziehung** der VOB/B voraus.[31] Darüber hinaus stellt § 305 Abs. 2 BGB für die Einbeziehung von Allgemeinen Geschäftsbedingungen besondere Anforderungen, die allerdings gemäß § 310 Abs. 1 S. 1 BGB dann nicht gelten, wenn der Vertragspartner des Verwenders ein Unternehmer, eine Juristische Person des öffentlichen Rechts oder ein öffentlich-rechtliches Sondervermögen ist.

1. Die Einbeziehung in einen Verbrauchervertrag. Als **Verbraucher** gilt jede natürliche Person, die ein Rechtsgeschäft zu einem Zwecke abschließt, der weder ihrer gewerblichen noch selbständigen Tätigkeit zugerechnet werden kann, § 13 BGB. Soll die VOB/B gegenüber einem Verbraucher[32] verwandt und in den mit ihm abzuschließenden Vertrag einbezogen werden, sind die besonderen Anforde-

---

[28] Kapellmann/Messerschmidt/von Rintelen Einl. Rn. 42.
[29] Leinemann/Leinemann § 1 Rn. 19 ff.
[30] BGH 17.9.1987 – VII ZR 166/86, DNotZ 1988, 301; BGH 7.5.1987 – VII ZR 129/86, NJW 1987, 2373.
[31] BGH NJW 1992, 1232; BGH NJW-RR 2003, 754.
[32] Erfolgt die Einbeziehung hingegen durch den Verbraucher als Auftraggeber, ist dieser selbst Verwender. Er kann sich dann nicht darauf berufen, die Einbeziehung sei unwirksam, selbst wenn er den Text der VOB/B nicht kennt, BGH NJW 2009, 354; Kniffka/Koeble/Jurgeleit/Sacher Kompendium 2. Teil Rn. 187; Kapellmann/Messerschmidt/von Rintelen Einl. Rn. 84; Ganten/Jansen/Voit/Sacher VOB/B Einl. Rn. 94.

Einführung

rungen des § 305 Abs. 2 BGB zu beachten.[33] Danach werden Allgemeine Geschäftsbedingungen nur dann Bestandteil eines Vertrages, wenn der Verwender bei Vertragsschluss die andere Partei ausdrücklich oder, wenn ein ausdrücklicher Hinweis wegen der Art des Vertragsschlusses nur unter unverhältnismäßigen Schwierigkeiten möglich ist, durch deutlich sichtbaren Aushang am Orte des Vertragsschlusses auf sie hinweist, der anderen Partei die Möglichkeit verschafft, in zumutbarer Weise von ihrem Inhalt Kenntnis zu nehmen und die andere Vertragspartei mit ihrer Geltung einverstanden ist. Das bedeutet für die Einbeziehung der VOB/B:

13 a) Der **Hinweis auf die Geltung** der VOB/B muss **bei Vertragsschluss** erfolgen.[34] Er muss klar erkennen lassen, dass die VOB/B in den Vertrag einbezogen werden soll. Er darf nicht im übrigen Vertragstext versteckt, sondern muss auch für einen **Durchschnittskunden selbst bei flüchtiger Betrachtung erkennbar** sein.[35]

14 b) Dem **Verbraucher** muss die Möglichkeit gegeben werden, **in zumutbarer Weise von dem Inhalt** der VOB/B **Kenntnis zu nehmen.** Die wirksame Einbeziehung der VOB/B setzt damit voraus, dass der Verbraucher vor oder bei Vertragsschluss Gelegenheit hatte, die VOB/B inhaltlich zur Kenntnis zu nehmen.[36] Das gilt auch bei Abschluss eines notariellen Vertrages.[37] Ob es genügt, wenn der Text bei Vertragsschluss ausliegt, ist zweifelhaft.[38] Es ist daher ratsam, den Text der VOB/B in das Vertragsformular mit aufzunehmen oder es mit diesem fest zu verbinden.[39] Keinesfalls reicht es, dem Verbraucher die VOB/B nur teilweise zu überlassen[40] oder ihn auf die Möglichkeit des Erwerbs im Buchhandel zu verweisen.[41] Es reicht für die wirksame Einbeziehung auch nicht aus, wenn im Vertrag vorgesehen ist, dass dem Erwerber der Text der VOB/B auf Anfordern kostenlos zur Verfügung gestellt werde.[42] Ebenso wenig genügt der Hinweis darauf, dass die VOB/B in den Geschäftsräumen des Verwenders eingesehen werden könne, wenn es sich dabei nicht um den Ort des gemeinsamen Vertragsschlusses handelt.[43]

15 Etwas anderes gilt allerdings dann, wenn der **Vertragspartner des Verwenders im Baugewerbe tätig** ist oder sich durch einen **erfahrenen Fachmann vertreten** lässt.[44] Das ist beispielsweise der Fall, wenn der Bauherr bei Vertrags-

---

[33] Leinemann/Leinemann § 1 Rn. 22.

[34] BGH NJW-RR 1987, 113.

[35] BGH NJW-RR 1987, 113.

[36] BGH 9.11.1989 – VII ZR 16/89, NJW 1990, 713; BGH 14.2.1991 – VII ZR 132/90, NJW-RR 1991, 727; BGH 26.6.2003 – VII ZR 281/02, NJW-RR 2003, 1321.

[37] BGH 26.3.1992 – VII ZR 258/90, NJW-RR 1992, 913; Ganten/Jansen/Voit/Sacher VOB/B Einl. Rn. 87.

[38] Dazu OLG Saarbrücken 25.11.2011 – 2 U 11/11; Ganten/Jansen/Voit/Sacher VOB/B Einl. Rn. 90.

[39] Kniffka, Bauvertragsrecht Einf. vor § 631 Rn. 38.

[40] BGH NJW 1991, 727.

[41] Kapellmann/Messerschmidt/von Rintelen Einl. Rn. 86; OLG Düsseldorf Hinweisbeschl. v. 12.2.2021 – I – 22 U 245/20, BauR 2021, 1812.

[42] BGH 10.6.1999 – VII ZR 170/98, NJW-RR 1999, 1246; OLG Hamburg Urt. v. 22.7.2020 – 4 U 63/19, IBR 2021, 401 (rkr. durch Beschl. BGH 10.2.2021 – VII ZR 129/20); OLG Bamberg Urt. v. 24.8.2023 – 12 U 58/22, NZBau 2023, 782.

[43] Kapellmann/Messerschmidt/von Rintelen Einl. Rn. 86; Ganten/Jansen/Voit/Sacher VOB/B Einl. Rn. 90.

[44] BGH 16.12.1982 – VII ZR 92/82; 10.6.1999 – VII ZR 170/98; OLG Hamm 17.1.1990 – 26 U 112/89; 14.6.1995 – 12 U 142/89; 3.12.1997 – 12 U 125/97; OLG Düsseldorf 5.3.1993 – 22 U 221/92.

schluss durch einen Architekten rechtsgeschäftlich vertreten wird. Es genügt aber nicht, wenn der Architekt lediglich mit der Planung und Bauüberwachung beauftragt ist.[45] Auch eine allgemeine Beratung durch den Architekten reicht nicht.[46] Bislang ungeklärt ist, welche Anforderungen an die **Einbeziehung der VOB/C** zu stellen sind. In der Praxis dürfte diese und damit auch die Geltung der in den Abschnitten 4 und 5 regelmäßig vorgesehenen Aufmaß- und Abrechnungsregelungen aber ohnehin schon daran scheitern, dass die Allgemeinen Technischen Vertragsbedingungen entgegen § 305 Abs. 2 Nr. 2 BGB bei Vertragsschluss überhaupt nicht vorgehalten werden.[47]

2. Die Einbeziehung in einen Vertrag mit einem Unternehmer, einer 16 **juristischen Person des öffentlichen Rechts oder einem öffentlich-rechtlichen Sondervermögen.** Nach der Legaldefinition des § 14 BGB ist ein **Unternehmer** eine Person, die bei Abschluss eines Rechtsgeschäfts in Ausübung ihrer gewerblichen oder selbständigen beruflichen Tätigkeit handelt. Die Organisationsform ist unerheblich, es kann sich um eine natürliche oder juristische Person handeln, eine BGB-Gesellschaft, eine oHG oder eine KG. **Juristische Personen des öffentlichen Rechts** sind alle Körperschaften, Anstalten und Stiftungen des öffentlichen Rechts. **Öffentlich-rechtliche Sondervermögen** haben erst frühere Bedeutung verloren, nachdem die Deutsche Bundespost und die Deutsche Bundesbahn in Aktiengesellschaften überführt worden sind.[48] Gegenüber diesen Vertragspartnern gelten gemäß § 310 Abs. 1 S. 1 BGB die strengen Einbeziehungsvoraussetzungen des § 305 Abs. 2 BGB nicht. Es ist daher weder ein bestimmter Hinweis noch die Überlassung des Textes der VOB/B erforderlich.[49] Das ändert aber nichts daran, dass selbst im kaufmännischen Verkehr Allgemeine Geschäftsbedingungen **nur durch rechtsgeschäftliche Vereinbarung** der Parteien zum Vertragsbestandteil werden.[50] Es reicht dafür aber aus, dass der Verwender hinreichend deutlich zum Ausdruck bringt, seine allgemeinen Geschäftsbedingungen – hier die VOB/B – einbeziehen zu wollen, und der Vertragspartner damit einverstanden ist.[51] Dafür genügt es, wenn der Text der VOB/B dem Angebot beigefügt ist.[52] Ist bei laufender Geschäftsbeziehung die VOB/B regelmäßig in die Verträge einbezogen worden und hat der Verwender klar zu erkennen gegeben, dass er nur auf dieser Grundlage abschließen will, kann bei weiteren Vertragsabschlüssen sogar ein erneuter Hinweis auf die Einbeziehung der VOB/B entbehrlich sein.[53] Im kaufmännischen Verkehr ist es nicht erforderlich, dem Vertragspartner die Möglichkeit zu verschaffen, von dem Text der VOB/B Kenntnis zu nehmen. Im kaufmännischen Verkehr kann die Einbeziehung auch durch **kaufmännisches Bestätigungsschreiben** erfolgen, selbst wenn die Einbeziehung der VOB/B

---

[45] OLG Saarbrücken NJW-RR 2011, 1659 und BauR 2006, 2060.
[46] Ganten/Jansen/Voit/Sacher VOB/B Einl. Rn. 93 unter Hinweis auf die missverständliche Entscheidung BGH NJW 1990, 715.
[47] Dazu Markus/Kaiser/Kapellmann, AGB Handbuch Bauvertragsklauseln, 4. Aufl., Rn. 34; Kniffka/Koeble/Jurgeleit/Sacher Kompendium 2. Teil Rn. 191.
[48] Erman/Roloff/Looschelders § 310 Rn. 5 ff.
[49] BGH NZBau 2002, 28.
[50] BGH NJW 2014, 1296 f.
[51] BGH NJW 1992, 1232; BGH NJW-RR 2003, 754.
[52] Ganten/Jansen/Voit/Sacher VOB/B Einl. Rn. 80 mwN.
[53] BGH NJW 1992, 1232; NJW-RR 2003, 754.

Einführung

nicht Gegenstand der Vertragsverhandlungen war.[54] Etwas anderes gilt allerdings, wenn die Bestätigung bewusst unrichtig ist, weil der Vertragspartner der Einbeziehung der VOB/B ausdrücklich widersprochen hatte.[55] Zu prüfen ist aber immer, ob es sich überhaupt um ein kaufmännisches Bestätigungsschreiben handelt, in dem der Inhalt der bereits getroffenen Vereinbarungen festgehalten werden soll. Das ist nicht der Fall, wenn der Absender erstmals in einer **Auftragsbestätigung** auf die Einbeziehung der VOB/B hinweist. Dabei handelt es sich nämlich um die Ablehnung des vorliegenden Angebotes verbunden mit einem neuen Angebot, § 150 Abs. 2 BGB. Dieses kann dann aber auch konkludent, etwa durch Aufnahme der Arbeiten, angenommen werden mit der Folge, dass die VOB/B wirksam in den Vertrag einbezogen ist.[56]

17   3. **Die nachträgliche Einbeziehung.** Die VOB/B kann auch **nachträglich in den Bauvertrag einbezogen** werden. Das setzt voraus, dass die Parteien sich darüber verständigen und – liegt ein Verbrauchervertrag vor – die Voraussetzungen des § 305 Abs. 2 BGB erfüllt werden.[57] Die nachträgliche Einbeziehung setzt aber immer eine entsprechende **vertragliche Vereinbarung** voraus. Dafür reicht es nicht aus, wenn im späteren Prozess beide Prozessbevollmächtigte von der unrichtigen Annahme ausgehen, die VOB/B sei Vertragsgrundlage.[58]

18   4. **Die Bestimmung der jeweils einbezogenen Fassung der VOB/B.** Wird **ausdrücklich eine bestimmte Fassung** der VOB/B einbezogen, gilt diese, auch wenn sie längst überholt ist.[59] Etwas anderes gilt allerdings dann, wenn die Parteien übereinstimmend die neueste Fassung wollten, diese aber versehentlich – falsa demonstratio – falsch bezeichnet haben.

19   Probleme können aber die Fälle bereiten, in denen ohne nähere Angaben **„die VOB/B"** oder die **„VOB/B neueste Fassung"** in den Vertrag einbezogen worden ist. Insoweit ist zu klären, ob maßgebend auf den **Zeitpunkt der Abgabe des ersten Angebots** abzustellen ist, das den Hinweis auf die Einbeziehung der VOB/B enthielt, oder auf den **Zeitpunkt des späteren Vertragsschlusses**. Es ist weiter zu klären, ob es für die Bestimmung des genauen Zeitpunkts des „Inkrafttretens" der „neuesten Fassung" auf den **Zeitpunkt der Beschlussfassung des DVA**, den **Zeitpunkt der Bekanntgabe im Bundesanzeiger** oder auf einen möglicherweise **noch anderen Zeitpunkt** abzustellen ist.

20   a) **Maßgeblicher Zeitpunkt für die Bestimmung der einzubeziehenden Fassung.** Nach der überwiegenden Auffassung in der baurechtlichen Literatur ist für die Bestimmung der einbezogenen Fassung der VOB/B generell nicht auf den Zeitpunkt des Vertragsschlusses, sondern auf den **Zeitpunkt der Abgabe des ersten Angebots** abzustellen, das den Hinweis auf die Einbeziehung der VOB/B enthielt.[60] Dem ist für die Fälle der **öffentlichen Auftragsvergabe** zuzustim-

---

[54] BGH NJW 1978, 2244; Hopt/Leyens HGB § 346 Rn. 17; zweifelnd Niebling NZBau 2012, 410.

[55] Niebling NZBau 2012, 410.

[56] Ganten/Jansen/Voit/Sacher VOB/B Einl. Rn. 83.

[57] BGH NJW 1983, 816; 1984, 1112; BauR 1999, 1294; Ganten/Jansen/Voit/Sacher VOB/B Einl. Rn. 96.

[58] BGH BauR 1999, 1294; OLG Hamm OLGR 1998, 90; OLG München BauR 1992, 70; aA OLG Düsseldorf IBR 2012, 187 mit ablehnender Anmerkung Sienz.

[59] Ganten/Jansen/Voit/Sacher VOB/B Einl. Rn. 99.

[60] Kapellmann/Messerschmidt/von Rintelen Einl. Rn. 95 ff.; Ganten/Jansen/Voit/Sacher VOB/B Einl. Rn. 100.

men, da dem Bieter hier der Zuschlag auf eine Ausschreibung erteilt wird, der eine frühere Fassung der VOB/B zugrunde lag. Anders dürfte es aber im **privaten Rechtsverkehr** liegen. Liegt nach längeren Verhandlungen im Zeitpunkt des Vertragsschlusses eine neue Fassung der VOB/B vor, dürfte es in der Regel dem Willen der Parteien entsprechen, die nunmehr aktuelle Fassung in ihren Vertrag einzubeziehen, §§ 133, 157 BGB.

b) Bestimmung der einbezogenen Fassung. Das beantwortet aber noch nicht die Frage, welche Fassung der VOB/B im entscheidenden Zeitpunkt – Zugang des ersten Angebots mit dem Hinweis auf die VOB/B oder Vertragsschluss – „vorlag", „aktuell", „verabschiedet", „erlassen" oder „gültig" war. Hier könnte man auf den Zeitpunkt der Beschlussfassung des DVA, den Zeitpunkt der Bekanntgabe der neuen Fassung im Bundesanzeiger oder einen noch anderen Zeitpunkt abstellen, etwa den, der für den öffentlichen Auftraggeber nach den vergaberechtlichen Vorschriften maßgebend ist. 21

Hierzu wird in der baurechtlichen Literatur überwiegend die Auffassung vertreten, dass es im **privaten Rechtsverkehr** regelmäßig dem nach §§ 133, 157 BGB maßgeblichen Willen der Parteien entspreche, auf die **Bekanntmachung im Bundesanzeiger** abzustellen, da die Neufassung erst zu diesem Zeitpunkt als allgemein bekannt und neueste „offizielle" Version angesehen werde.[61] Das kann so sein. Es kann aber ebenso gut dem Willen der Parteien entsprechen, die vom DVA bereits verabschiedete neueste Version der VOB/B zugrunde zu legen, obwohl diese im Bundesanzeiger noch nicht bekannt gegeben worden ist.[62] Das gilt umso mehr, als zwischen der Verabschiedung der Neufassung durch den DVA und der Bekanntgabe im Bundesanzeiger Monate liegen können.[63] Überdies zählt der Bundesanzeiger bei den am privaten Rechtsverkehr Beteiligten auch nicht zur Standardlektüre. 22

Anders liegt es in den Fällen der **öffentlichen Auftragsvergabe.** Hier wird der redliche Bieter[64] die Ausschreibungsunterlagen so zu verstehen haben, dass maßgeblich die Fassung der VOB/B ist, zu deren Einbeziehung der Auftraggeber nach den vergaberechtlichen Regeln verpflichtet ist. Das wiederum hängt davon ab, ob die Vergabeverordnung und die dazu ergangene Anwendungsanordnung eingreifen bzw. was sich aus den entsprechenden Einführungserlassen ergibt. So setzte die Anwendung der Neufassung 2002 der Abschnitte 2–4 der VOB/A eine entsprechende Änderung der Vergabeverordnung voraus, die erst zum 15.2.2003 erfolgt ist.[65] Um die einheitliche Geltung der Neufassung sicherzustellen, wurde auch erst von diesem Zeitpunkt an die Anwendung des Abschnittes 1 der VOB/A und der VOB/B vorgeschrieben. Da die Ausschreibungsunterlagen VOB/A-konform auszulegen sind, war daher auch aus Sicht der Bieter für die bis zum 14.2.2003 abgeschlossenen Verträge die VOB/B 2000 zugrunde zu legen. Anders liegt es natürlich, wenn in den Ausschreibungsunterlagen ausdrücklich die Fassung 23

---

[61] Kapellmann/Messerschmidt/von Rintelen Einl. Rn. 96; Ganten/Jansen/Voit/Sacher VOB/B Einl. Rn. 101.
[62] Kapellmann/Messerschmidt/von Rintelen Einl. Rn. 97.
[63] So wurde die Neufassung der VOB/B 2002 am 2.5.2002 durch den DVA beschlossen, aber erst am 29.10.2002 im Bundesanzeiger bekanntgegeben. Die VOB/B 2006 ist vom Hauptausschuss Allgemeines am 27.6.2006 beschlossen, vom Vorstand am 30.6.2006 freigegeben und im Bundesanzeiger am 18.10.2006 bekannt gemacht worden.
[64] BGH 12.9.2013 – VII ZR 227/11, NZBau 2013, 695.
[65] BGBl. 2003 I 168.

Einführung

2002 genannt war.[66] Die Neufassung 2006 ist aufgrund des Einführungserlasses vom 30.10.2006 erst ab 1.11.2006 zugrunde zu legen.[67]

II. Vorrang der Individualabrede, § 305b BGB

24 Es gilt grundsätzlich der Vorrang der Individualabrede, § 305b BGB. Eine Allgemeine Geschäftsbedingung – und damit auch die VOB/B – wird jedoch nicht dadurch zu einer Individualabrede, dass die Parteien die Geltung des Rechts der Allgemeinen Geschäftsbedingungen ausschließen wollen. Dessen Geltung ist vielmehr zwingend und kann weder durch eine Allgemeine Geschäftsbedingung noch durch Individualvereinbarung ausgeschlossen werden.[68]

III. Keine überraschende Klausel, § 305c Abs. 1 BGB

25 Nach § 305c BGB werden Bestimmungen in Allgemeinen Geschäftsbedingungen, die nach den Umständen, insbesondere nach dem äußeren Erscheinungsbild des Vertrages so ungewöhnlich sind, dass der Vertragspartner des Verwenders mit ihnen nicht zu rechnen brauchte, nicht Vertragsbestandteil. Diese Regelung dürfte aber angesichts der weiten Verbreitung der VOB/B für deren Einbeziehung keine Bedeutung haben.[69]

IV. Die Inhaltskontrolle der VOB/B

26 **1. Allgemeine Grundsätze.** Die Inhaltskontrolle Allgemeiner Geschäftsbedingungen spielt in der baurechtlichen Praxis eine große Rolle. Es verwundert daher nicht, dass auch die Einzelregelungen der VOB/B durch die Gerichte immer wieder kritisch überprüft worden sind. Es gelten dafür die nachfolgenden Grundsätze:

27 a) **Inhaltskontrolle nur zu Lasten des Verwenders.** Die Inhaltskontrolle findet grundsätzlich **nur zu Lasten des Verwenders** statt, da das Gesetz dessen Vertragspartner vor einer Übervorteilung schützen will. Für den Verwender nachteilige Klauseln sind daher nicht zu überprüfen und als wirksam zu behandeln.[70] Verwender ist derjenige, auf dessen Veranlassung die Einbeziehung der VOB/B in den Vertrag zurückzuführen ist.[71]

28 In der Praxis kommt es immer wieder zum Streit darüber, wer Verwender der VOB/B ist. Hat der Auftraggeber die Leistungen ausgeschrieben und dabei die Einbeziehung seiner AGB bzw. der VOB/B vorgegeben, ist er als Verwender anzusehen.[72] Das gilt ebenso, wenn eine Vertragspartei Verträge regelmäßig nur unter Verwendung bestimmter Geschäftsbedingungen abschließt und der Vertrags-

---

[66] OLG Koblenz BauR 1999, 1026.
[67] Kapellmann/Messerschmidt/von Rintelen Einl. Rn. 95.
[68] BGH 20.3.2014 – VII ZR 248/13, NJW 2014, 1725.
[69] Kapellmann/Messerschmidt/von Rintelen Einl. Rn. 110.
[70] BGH 4.12.1986 – VII ZR 354/85, NJW 1987, 837; BGH 9.3.2006 – VII ZR 268/04, NJW-RR 2006, 740.
[71] BGH 5.4.1977 – VII ZR 308/77, NJW 1979, 1406; BGH 17.2.2020 – VIII ZR 67/09, NJW 2010, 1131; Kniffka/Koeble/Jurgeleit/Sacher Kompendium 2. Teil Rn. 171.
[72] OLG Jena 8.2.2000 – 3 U 745/99; Kniffka/Koeble/Jurgeleit/Sacher Kompendium 2. Teil Rn. 171 ff.

partner diese deshalb „im Wege vorauseilenden Gehorsams" in sein Angebot aufgenommen hat.[73]

Wünschen beide Parteien übereinstimmend die Einbeziehung der VOB/B, ist 29 keine von ihnen als Verwender anzusehen.[74] Eine Inhaltskontrolle entfällt deshalb. Dafür reicht es aber nicht, dass eine Partei die VOB/B zum Vertragsbestandteil machen will und die andere Partei nicht widerspricht. Es muss vielmehr festgestellt werden, dass auch die andere Partei den Vertrag nur unter Einbeziehung der VOB/B geschlossen hätte. Die **öffentliche Hand** ist danach in der Regel als Verwender anzusehen, weil sie in ihren Ausschreibungen die Einbeziehung der VOB/B verlangt, § 8 Abs. 3 VOB/A. Der Nachweis, dass der Unternehmer den Vertrag ebenfalls nur unter Einbeziehung der VOB/B geschlossen hätte, ist im Regelfall schwer zu führen, weil die VOB/B von Unternehmern regelmäßig nur in abgeänderter Form verwandt wird.[75]

b) **Auslegung der jeweiligen Klausel.** Bei der Inhaltskontrolle ist **schritt-** 30 **weise vorzugehen.** Es ist zunächst durch **Auslegung der zutreffende Inhalt der jeweiligen Klausel** zu ermitteln. Danach ist zu **prüfen,** ob die Regelung den **Anforderungen der §§ 307 ff. BGB standhält.** Grundsätzlich sind Allgemeine Geschäftsbedingungen nach §§ 133, 157 BGB so auszulegen, wie sie von verständigen und redlichen Vertragspartnern unter Abwägung der Interessen der beteiligten Verkehrskreise verstanden werden.[76] Unklarheiten und Zweifel gehen zu Lasten des Verwenders, § 305 Abs. 2 BGB. Bleiben verschiedene Auslegungsmöglichkeiten offen, ist für die Inhaltskontrolle die für den Verwender ungünstigste Auslegungsmöglichkeit zugrunde zu legen.[77] Das gilt allerdings nur für die Auslegung von AGB. Anderweitige Unklarheiten in der Leistungsbeschreibung sind im Wege der Vertragsauslegung zu klären, ohne dass dafür der Grundsatz der bieterfreundlichsten Auslegung gälte.[78]

Diese Grundsätze gelten auch für die **Auslegung der in der VOB/B bzw.** 31 **VOB/C enthaltenen Regelungen.** Hier kommt, wenn der Wortlaut oder der Sinn der Regelung nicht eindeutig feststehen, der Verkehrssitte und dem Verständnis der beteiligten Verkehrskreise maßgebende Bedeutung zu. Diese kann das Gericht häufig nur mit Hilfe eines Sachverständigen ermitteln. Dabei ist aber darauf zu achten, dass es nicht genügt, dass dieser seine subjektive Einschätzung wiedergibt. Erforderlich ist vielmehr, dass in geeigneter Weise – etwa durch Umfrage in den beteiligten Verkehrskreisen – ermittelt wird, wie die jeweilige Regelung dort verstanden wird. Kommentierungen der VOB/C bieten nur dann eine verlässliche Entscheidungsgrundlage, wenn sich aus ihnen entnehmen lässt, wie die Regelung **in den jeweiligen Verkehrskreisen** üblicherweise verstanden

---

[73] BGH 9.3.2006 – VII ZR 268/04, NJW-RR 2006, 740; BGH 4.3.1997 – X ZR 141/95, NJW 1997, 2043; Kapellmann/Messerschmidt/von Rintelen Einl. Rn. 101 ff.
[74] BGH NJW 2010, 1131 (1132).
[75] Kniffka/Koeble/Jurgeleit/Sacher Kompendium 2. Teil Rn. 171 ff.
[76] BGH NJW 2002, 441; BGH 23.3.2004 – XI ZR 14/03, NJW-RR 2004, 1347; BGH 17.6.2004 – VII ZR 75/03, NZBau 2004, 500; BGH 5.5.2011 – VII ZR 181/10, NJW 2011, 1954.
[77] BGH 20.3.2014 – VII ZR 248/13, NJW 2014, 1725.
[78] BGH 10.4.2014 – VII ZR 144/12, NZBau 2014, 427; BGH 12.9.2013 – VII ZR 227/11, NZBau 2013, 695; BGH 13.3.2008 – VII ZR 194/06, NJW 2008, 2106; dazu grundlegend: Kniffka, Irrungen und Wirrungen in der Rechtsprechung des Bundesgerichtshofs, BauR 2015, 1893 (1903).

Einführung

wird und worauf diese Erkenntnis beruht.[79] Bloße subjektive Einschätzungen des jeweiligen Verfassers reichen nicht aus.

32 **c) Beurteilungsmaßstab für die Überprüfung der Einzelregelungen der VOB/B.** Die in der VOB/B enthaltenen Einzelregelungen unterliegen damit grundsätzlich der Inhaltskontrolle nach den §§ 307 ff. BGB.

33 **aa) § 307 Abs. 1 S. 1, Abs. 2 BGB – unangemessene Benachteiligung.** Sie sind **gemäß § 307 Abs. 1 S. 1 BGB** unwirksam, wenn sie den Vertragspartner des Verwenders **entgegen den Geboten von Treu und Glauben unangemessen benachteiligen.** Das ist der Fall, wenn der Verwender missbräuchlich eigene Interessen durchzusetzen versucht, ohne die Interessen des Vertragspartners hinreichend zu berücksichtigen oder ihm einen angemessenen Ausgleich zu gewähren.[80] Nach § 307 Abs. 2 ist eine unangemessene Benachteiligung im Zweifel anzunehmen, wenn eine Bestimmung mit wesentlichen Grundgedanken der gesetzlichen Regelung, von der abgewichen wird, nicht zu vereinbaren ist oder wesentliche Rechte und Pflichten, die sich aus der Natur des Vertrages ergeben, so einschränkt, dass die Erreichung des Vertragszwecks gefährdet ist. Dabei führt nicht jede Abweichung vom gesetzlichen Leitbild zur Unwirksamkeit der Klausel. Vielmehr kann die Abweichung sachlich gerechtfertigt sein,[81] etwa aufgrund der besonderen Verhältnisse im Bauwesen. Dabei kommt es auf eine generalisierende Betrachtungsweise an, nicht auf die Besonderheiten des jeweiligen Einzelfalles.[82]

34 Problematisch kann aber die **Bestimmung des gesetzlichen Leitbildes** sein. Zwar ist der Bauvertrag rechtlich als Werkvertrag einzuordnen, so dass das gesetzliche Leitbild eigentlich aus den Vorschriften des allgemeinen Schuldrechts und den §§ 631 ff. BGB gebildet wird.

Da dieses aber bis zu dem Inkrafttreten des neuen BGB-Bauvertragsrechts am 1.1.2018 den Besonderheiten des Baugeschehens nur unzureichend Rechnung trug, sprach vieles dafür, für die bis zu diesem Zeitpunkt geschlossenen Verträge als Leitbild ein modifiziertes Werkvertragsrecht heranzuziehen, das auf die Besonderheiten des Baugeschehens ausgerichtet war.[83] Die genaue Bestimmung dieses Leitbildes bereitete aber erhebliche Probleme. Die VOB/B gab dafür nur Anhaltspunkte. Sie war aber nicht Maßstab, sondern Gegenstand der Inhaltskontrolle. Leitbildfähige Rechtsgrundsätze ließen sich daher eher aus der Rechtsprechung des BGH zu den im Baurecht geltenden Grundsätzen von Treu und Glauben und zum Äquivalenzprinzip herleiten. Die baurechtliche Literatur und die Rechtsprechung boten für ihre Bestimmung aber wenig konkrete Hilfestellung.

Mit dem am 1.1.2018 in Kraft getretenen neuen BGB-Bauvertragsrecht hat der Gesetzgeber aber ein deutlich umfangreicheres gesetzliches Leitbild geschaffen, an dem sich zumindest für die nach diesem Zeitpunkt geschlossenen Bauverträge auch die Einzelregelungen der zur Vertragsgrundlage gemachten VOB/B messen lassen müssen. Das hat schon jetzt zu heftigen Diskussionen in der baurechtlichen

---

[79] BGH 17.6.2004 – VII ZR 75/03, NZBau 2004, 500.
[80] BGH 20.3.2014 – VII ZR 111/11; BGH 9.12.2010 – VII ZR 7/10, NJW 2011, 2125.
[81] BGH 7.3.2013 – VII ZR 162/12, NJW 2013, 1431.
[82] BGH 20.1.2000 – VII ZR 46/98, NZBau 2000, 327; BGH 17.1.2002 – VII ZR 198/00, NJW-RR 2002, 806; BGH 23.1.2003 – VII ZR 210/01, NJW 2003, 1805; BGH 30.3.2006 – VII ZR 44/05, NZBau 2006, 504; Kniffka/Koeble/Jurgeleit/Sacher Kompendium 2. Teil Rn. 201 f.
[83] Ganten/Jansen/Voit/Sacher VOB/B Einl. Rn. 126.

Literatur geführt, etwa zur AGB-Festigkeit der §§ 1 Abs. 3 und 4, 2 Abs. 5 und 6.[84] Insoweit kann hier aber nur auf die nachfolgenden Ausführungen zu den Einzelregelungen der VOB/B verwiesen werden. Es bleibt vor allem abzuwarten, wie sich die Rechtsprechung insoweit positionieren wird. Schon jetzt lässt sich aber sagen, dass die Bauvertragsparteien noch nie so intensiver rechtlicher Beratung bedurften, wie es nach dem Inkrafttreten des neuen BGB-Bauvertragsrechts der Fall ist. Zumindest das sollten die Baujuristen wohlwollend zur Kenntnis nehmen.

Nicht jede Abweichung von dem wie auch immer gearteten gesetzlichen Leitbild lässt auf eine unangemessene Benachteiligung im Sinne von § 307 Abs. 1 S. 1 BGB schließen. Erforderlich ist vielmehr, dass von **wesentlichen Grundgedanken des gesetzlichen Leitbilds** abgewichen wird. Auch hier ist wieder auf die Besonderheiten des Bauvertrages abzustellen.[85] 35

bb) § 307 Abs. 1 S. 2 BGB – Verstoß gegen das Transparenzgebot. Nach § 307 Abs. 1 S. 2 BGB kann sich eine unangemessene Benachteiligung auch daraus ergeben, dass die Bestimmung **nicht hinreichend klar und verständlich** ist. Das gilt nach § 307 Abs. 3 BGB nicht nur für Nebenabreden, sondern auch für Leistungs- und Preisbestimmungen in Allgemeinen Geschäftsbedingungen, die im Übrigen nicht der Inhaltskontrolle unterliegen.[86] Erforderlich ist, dass die fragliche Klausel für den durchschnittlichen Verbraucher verständlich ist und die wirtschaftlichen Nachteile und Belastungen hinreichend erkennbar macht.[87] 36

Ob diese allgemeinen Grundsätze uneingeschränkt auch auf die Einbeziehung der VOB/B und ihrer Einzelregelungen anzuwenden sind, ist zweifelhaft. Der BGH hat bislang jedenfalls dem Transparenzgebot bei der Prüfung der Wirksamkeit einbezogener VOB-Regelungen wenig Bedeutung beigemessen. Sacher[88] weist zu Recht beispielhaft auf die Rechtsprechung des BGH zu § 2 Nr. 6 Abs. 1 VOB/B aF hin.[89] Die vom BGH hier faktisch vorgenommene „geltungserhaltende Reduktion" widerspricht AGB-rechtlichen Grundsätzen. Die hier vom BGH entwickelten Auslegungsbemühungen mögen Erstaunen auslösen und Respekt verdienen. Das Ergebnis ist aber für den durchschnittlichen Vertragspartner nicht mehr nachzuvollziehen, selbst ausgewiesene Baujuristen tun sich damit schwer. Bei dieser Art der Auslegung hätte die Vorschrift vielmehr – wendet man die üblichen Grundsätze an – als intransparent und unwirksam angesehen werden müssen. Das gilt ebenso für andere VOB-Regelungen.[90] 37

Das wirft allerdings die Frage auf, ob das Transparenzgebot des § 307 Abs. 1 S. 2 BGB uneingeschränkt auf die Regelungen der VOB/B anzuwenden ist oder ob diese nicht eher wie Rechtsnormen zu behandeln sind, die ebenfalls verständlich sein sollen, für die aber das Transparenzgebot des § 307 Abs. 1 S. 2 BGB nicht 38

---

[84] Dazu Kapellmann NZBau 2017, 635.
[85] Ganten/Jansen/Voit/Sacher VOB/B/Einl. Rn. 127.
[86] BGH 26.10.2005 – VIII ZR 48/05, NJW 2006, 996.
[87] BGH 8.5.2013 – IV ZR 84/12, NJW 2013, 2739; BGH 23.2.2011 – VII ZR 101/09; BGH 9.5.2001 – IV ZR 121/00, NJW 2001, 2014; BGH 9.5.2001 – IV ZR 138/99, NJW 2001, 2012.
[88] Ganten/Jansen/Voit/Sacher VOB/B Einl. Rn. 116 ff.
[89] BGH NJW 1996, 2158; dazu auch Oberhauser, Bauvertragsrecht im Umbruch, S. 58; Kapellmann/Messerschmidt/von Rintelen Einl. Rn. 110a und b.
[90] Dazu Kniffka BauR 2012, 411.

Einführung

gilt.[91] Dafür spricht, dass die VOB/B ein abstrakt formuliertes Regelwerk ist, das von einem Dritten – dem DVA – für eine Vielzahl von Bauvorhaben entwickelt worden ist und das – so jedenfalls der Anspruch – die Interessen beider Vertragsparteien angemessen berücksichtigen soll. Unbestritten genießt die VOB/B deshalb bei öffentlichen Auftraggebern und in der gesamten Bauwirtschaft hohes Ansehen. Diese Erwägungen könnten es rechtfertigen, der VOB/B „Ersatzrechtsfunktion" beizumessen[92] und das Transparenzgebot nur sehr zurückhaltend anzuwenden. Dass – worauf Sacher/Eimler[93] verweisen – der Gesetzgeber in § 310 Abs. 1 S. 3 BGB ausdrücklich nur eine Privilegierung hinsichtlich einer isolierten Inhaltskontrolle einzelner Bestimmungen der VOB/B angeordnet und weitere Einschränkungen der Anforderungen an ihre wirksame Einbeziehung – insbesondere hinsichtlich der Transparenz – nicht vorgesehen hat, steht dem nicht zwingend entgegen. Richtig ist aber auch, dass der Streit keine große praktische Bedeutung hat,[94] da im kaufmännischen Verkehr die Anforderungen an die Konkretisierung Allgemeiner Geschäftsbedingungen ohnehin geringer sind, jedenfalls soweit in den beteiligten Verkehrskreisen ein übereinstimmendes Verständnis über ihren Inhalt und ihre Rechtsfolgen besteht. Bei Verträgen mit Verbrauchern gelten allerdings andere Maßstäbe. Hier erfordert das Transparenzgebot, dass die entsprechende Klausel auch für einen Durchschnittskunden klar und verständlich abgefasst ist. Diesen Anforderungen dürften verschiedene VOB-Regelungen nicht gerecht werden, etwa § 2 Abs. 8 und § 4 Abs. 7.[95] Das könnte dazu führen, dass diese Regelungen bei Verwendung gegenüber einem Verbraucher einer Inhaltskontrolle nicht standhalten, obwohl sie im kaufmännischen Verkehr als wirksam anzusehen sind.

39 **cc) Die Regelbeispiele der §§ 308, 309 BGB.** Darüber hinaus enthalten die **§§ 308, 309 BGB** einen umfangreichen **Katalog mit Regelungen,** die **zwingend unwirksam** sind, ohne dass sie noch auf ihre Angemessenheit überprüft werden müssten. Nach § 310 Abs. 1 BGB gelten diese Vorschriften zwar nicht im Verkehr mit Unternehmern im Sinne von § 14 BGB, juristischen Personen des öffentlichen Rechts oder dem öffentlich-rechtlichen Sondervermögen. Die Aufführung in dem Katalog der §§ 308, 309 BGB hat jedoch Indizwirkung und lässt **auch im kaufmännischen Verkehr** auf eine unangemessene Benachteiligung des Vertragspartners schließen, wenn die Regelung nicht wegen der Besonderheiten des unternehmerischen Geschäftsverkehrs ausnahmsweise als angemessen angesehen werden kann.[96]

40 **d) Rechtsfolgen der Unwirksamkeit.** Hält eine Klausel der Inhaltskontrolle nicht stand, ist sie **insgesamt unwirksam.** Eine „**geltungserhaltende Reduktion**" durch Rückführung auf den gerade noch zulässigen Restgehalt ist **unzulässig.**[97] **Inhaltlich voneinander trennbare Teile,** die auch aus sich heraus ver-

---

[91] So Ganten/Jansen/Voit/JansenVOB/B 3. Aufl. § 1 Abs. 3 Rn. 32 ff.
[92] Siegburg BauR 1993, 9.
[93] Ganten/Jansen/Voit/Sacher/Eimler VOB/B Einl. Rn. 118.
[94] Kapellmann/Messerschmidt/von Rintelen Einl. Rn. 110.
[95] Kapellmann/Messerschmidt/von Rintelen Einl. Rn. 111.
[96] BGH 10.10.2013 – VII ZR 19/12, NJW 2014, 206; BGH 19.9.2007 – VIII ZR 141/06, NJW 2007, 3774; BGH 28.10.2004 – VII ZR 385/02, NJW-RR 2005, 247.
[97] BGH 5.11.2011 – VII ZR 181/10; BGH 23.1.2003 – VII ZR 210/01, NJW 2003, 1805; BGH 6.12.1984 – VII ZR 227/83, NJW 1985, 855.

VOB Teil B **Einführung**

ständliche Regelungen enthalten, die für sich allein im Gesamtgefüge des Vertrages sinnvoll sind, sind **gesondert auf ihre Wirksamkeit zu überprüfen.** Das kann dazu führen, dass ein Teil der Klausel wirksam, ein anderer unwirksam ist.[98] Ist eine Klausel danach ganz oder teilweise unwirksam, bleibt der **Vertrag gemäß § 306 Abs. 1 BGB im Übrigen wirksam.** Die Vertragslücke ist dann im Wege der ergänzenden Vertragsauslegung zu schließen.[99]

Auch diese Grundsätze wendet die Rechtsprechung aber nur sehr zurückhaltend auf kollektiv ausgehandelte Vertragswerke wie die VOB/B an. Das **Verbot der geltungserhaltenden Reduktion** sei **nicht uneingeschränkt anwendbar auf Regelwerke,** die unter Mitwirkung der beteiligten Verkehrskreise zustande gekommen und auf einen im Ganzen ausgewogenen Interessenausgleich ausgerichtet seien.[100] Entsprechende Erwägungen dürften auch bei der Entscheidung des BGH zu § 2 Abs. 6[101] eine Rolle gespielt haben.[102] Diese Einschränkung des Transparenzgebotes wird in der Literatur teilweise heftig kritisiert.[103] Die Rechtsprechung lässt insoweit eine „klare Linie" vermissen. Es ist mitunter schwer abzusehen, ob eine zweifelhafte VOB-Regelung einer Inhaltskontrolle nicht standhält oder ob sie durch kunstvolle Auslegung auf einen gerade noch hinnehmbaren Gehalt zurückgeführt werden kann, was letztlich einer geltungserhaltenden Reduktion gleichkommt.[104] 41

e) Von der Rechtsprechung überprüfte VOB-Regelungen. Die Gerichte nehmen die Klauselkontrolle sehr ernst und haben schon eine ganze Reihe von Einzelregelungen der VOB/B einer Überprüfung unterzogen. 42

Einer **gerichtlichen Überprüfung nicht standgehalten** haben folgende Regelungen der VOB/B: 43
- § 2 Nr. 8 Abs. 1 S. 1 VOB/B aF[105]
- § 4 Nr. 7 S. 3 iVm § 8 Nr. 3 Abs. 1 S. 1Var. 1VOB/B (2002)[106]
- § 13 Nr. 4 VOB/B aF[107]
- § 16 Nr. 3 Abs. 2 VOB/B aF[108]
- § 16 Nr. 3 Abs. 2 VOB/B nF[109]

---

[98] BGH 27.11.2013 – VII ZB 371/12; BGH 7.11.2013 – VII ZR 167/11, NJW 2014, 1728; BGH 18.1.2001 – VII ZR 238/00, NJW-RR 2001, 738.

[99] BGH 8.6.2006 – VII ZR 13/05, NJW 2006, 2978.

[100] BGH NJW 1995, 3117 zu ADSp; BGHZ 129, 323 zu AGNB.

[101] BGH NJW 1996, 2158 = BauR 1998, 542.

[102] Kapellmann/Messerschmidt/von Rintelen Einl. Rn. 112.

[103] Heinrichs NJW 1996, 1381; Ulmer/Brandner/Hensen AGBG § 6 Rn. 15a.

[104] Dazu auch Kapellmann/Messerschmidt/von Rintelen Einl. Rn. 113.

[105] BGH 31.1.1991 – VII ZR 291/88, NJW 1991, 1812; geändert durch § 2 Abs. 8 Nr. 3 nF.

[106] BGH 19.1.2023 – VII ZR 34/20, NJW 2023, 1356.

[107] BGH 10.10.1985 – VII ZR 325/84, NJW 1986, 315; BGH 28.11.2002 – VII ZR 4/00, NZBau 2003, 150; BGH 15.4.2004 – VII ZR 129/02, NJW-RR 2004, 957 hinsichtlich der zweijährigen Verjährungsfrist; BGH 8.3.1984 – VII ZR 349/82, NJW 1984, 1750 hinsichtlich der Verwendung gegenüber Kaufleuten.

[108] BGH 17.9.1987 – VII ZR 155/86, NJW 1988, 55.

[109] BGH 19.3.1998 – VII ZR 116/97, NJW 1998, 2053; BGH 9.10.2001 – X ZR 153/99, IBR 2002, 1; BGH 22.1.2004 – VII ZR 419/02, DNotI-Report 2004, 61; BGH 10.5.2007 – VII ZR 226/05, NJW-RR 2007, 1317; BGH 12.7.2007 – VII ZR 186/06, NZI 2007, 583.

Einführung

- § 16 Nr. 5 Abs. 3 VOB/B aF[110]
- § 16 Nr. 6 VOB/B aF[111]

44 Einer **gerichtlichen Überprüfung standgehalten** haben folgende Regelungen der VOB/B:
- § 1 Nr. 4[112]
- § 2 Nr. 5 VOB/B hat der BGH in einer älteren Entscheidung[113] für unbedenklich gehalten. Ob die Vorschrift auch bei erneuter Überprüfung einer Inhaltskontrolle standhalten würde, ist aber sehr zweifelhaft.[114]
- § 2 Abs. 6 VOB/B[115]
- § 8 Abs. 2 Nr. 1 Fall 2 iVm § 8 Abs. 2 Nr. 2 (Fassung 2009)[116]
- § 10 Nr. 2 Abs. 2 aF = § 10 Abs. 2 Nr. 2 nF[117]
- § 13 Nr. 4 S. 1 aF[118]
- § 18 Abs. 4[119]

45 **2. Die Beschränkung der Inhaltskontrolle – „Privilegierung der VOB/B".** Die Frage der **Beschränkung der Inhaltskontrolle** wird in der baurechtlichen Literatur vielfach auch unter dem Stichwort **„Privilegierung der VOB/B"** behandelt. Diese Bezeichnung ist aber ungenau und sollte vermieden werden. Es geht vielmehr zunächst nur um die Frage, ob und unter welchen Voraussetzungen die Einzelregelungen der VOB/B einer Inhaltskontrolle nach den §§ 307 ff. BGB entzogen sind bzw. wegen der Ausgewogenheit des gesamten Regelwerkes einer Inhaltskontrolle standhalten. Das hat aber wenig mit der Frage zu tun, ob die VOB/B insgesamt „privilegiert" und damit einer Inhaltskontrolle entzogen ist. Das ist – wie sich aus den nachfolgenden Ausführungen ergibt – vielmehr ein ganz anderes Problem. Auch wenn die Einzelregelungen der VOB/B einer Inhaltskontrolle entzogen sind, kann diese nämlich möglicherweise als komplettes Regelwerk durchaus einer eigenständigen Inhaltskontrolle unterliegen. Handelt man die Gesamtproblematik unter dem Oberbegriff „Privilegierung der VOB/B" ab, werden diese Unterschiede verwischt.

46 **a) Die Rechtslage bis zum Inkrafttreten des Forderungssicherungsgesetzes (FoSiG) am 1.1.2009.** Bei der VOB/B handelt es sich um vorformulierte Allgemeine Geschäftsbedingungen, die im Prinzip der Inhaltskontrolle unterliegen.[120] Der BGH[121] hat diesen Grundsatz aber schon sehr früh eingeschränkt und für den damals noch geltenden § 9 AGBG erklärt, eine Überprüfung der Einzelregelungen der VOB/B – damals ging es um § 16 Nr. 3 Abs. 2 VOB/B

---

[110] BGH 20.8.2009 – VII ZR 212/07, NJW 2009, 3717; durch die Neufassung überholt.
[111] BGH 21.6.1990 – VII ZR 109/89, NJW 1990, 2384; eine Entscheidung zur Neufassung steht noch aus.
[112] BGH NJW 1996, 1346 = BauR 1996, 378.
[113] BGH BauR 1996, 378.
[114] Ganten/Jansen/Voit/Althaus/Jansen § 2 Abs. 5 Rn. 144 ff; Oberhauser BauR 2011, 1547 (1560); Kniffka BauR 2012, 411 ff; Althaus BauR 2012, 359.
[115] BGH NJW 1996, 2158 = BauR 1996, 542.
[116] BGH 7.4.2016 – VII ZR 56/15, NJW 2016, 1945.
[117] BGH 17.12.1998 – VII ZR 243/97, NJW 1999, 942.
[118] BGH NJW 1989, 1602 = BauR 1989, 322.
[119] BGH 25.1.1996 – VII ZR 233/94, NJW 1996, 1346.
[120] BGH BauR 1997, 1027; Kapellmann/Messerschmidt/von Rintelen Einl. Rn. 44; Leinemann/Leinemann § 1 Rn. 14.
[121] BGH 16.12.1982 – VII ZR 92/82, NJW 1983, 816.

VOB Teil B **Einführung**

aF — sei verfehlt, wenn der Verwender die VOB/B ohne ins Gewicht fallende Einschränkungen übernommen habe. Die VOB/B unterscheide sich nämlich von sonstigen Allgemeinen Geschäftsbedingungen in einem wichtigen Punkt. Regelmäßig berücksichtigten Allgemeine Geschäftsbedingungen vorrangig die Interessen des Verwenders. Demgegenüber sei die VOB/B aber gerade kein Vertragswerk, das den Vorteil nur einer Vertragsseite verfolge. Bei ihrer Ausarbeitung seien vielmehr Interessengruppen der Besteller wie der Unternehmer beteiligt. Sie enthalte daher einen auf die Besonderheiten des Bauvertragsrechts abgestimmten, im Ganzen einigermaßen ausgewogenen Ausgleich der beteiligten Interessen. Es sei deshalb schon früher betont worden, dass sie nicht ohne weiteres mit einseitigen Allgemeinen Geschäftsbedingungen auf eine Stufe zu stellen sei.[122] Es sei daher verfehlt, einzelne Bestimmungen einer Billigkeitskontrolle zu unterwerfen. Das alles gelte freilich nur dann, wenn der Verwender die VOB/B ohne ins Gewicht fallende Einschränkungen übernommen habe. Würden hingegen einzelne ihrer Bestimmungen nicht oder nur abgeändert Vertragsbestandteil, so sei zu prüfen, ob die VOB/B im Kern Vertragsgrundlage geblieben und der von ihr verwirklichte Interessenausgleich nicht wesentlich beeinträchtigt worden sei. Anderenfalls sei es nicht mehr gerechtfertigt, bei der Prüfung im Rahmen des § 9 AGBG den Hinweis auf den hinlänglich ausgewogenen Charakter des Regelwerks genügen zu lassen.

Diese weit reichende Entscheidung war zwar durch die damalige gesetzliche 47 Regelung — nach § 23 Abs. 2 Nr. 5 AGBG waren lediglich die §§ 10 Nr. 5, 11 Nr. 10 f. AGBG auf Leistungen nicht anzuwenden, für die die VOB/B Vertragsgrundlage war — nicht zwingend vorgegeben,[123] der BGH ging das davon aus, dass auch der Gesetzgeber[124] entsprechende Überlegungen angestellt habe.[125]

Diese in der baurechtlichen Literatur[126] umstrittene Rechtsprechung hat der 48 BGH im Jahre 2004 zumindest für die Rechtslage vor Inkrafttreten des Schuldrechtsmodernisierungsgesetzes dahin fortentwickelt, dass jede vertragliche Abweichung von der VOB/B ohne Rücksicht auf ihr Gewicht dazu führe, dass die VOB/B nicht mehr als Ganzes vereinbart sei.[127] In einer weiteren Entscheidung vom 24.7.2008 hat der BGH dann ergänzend ausgeführt, dass sich an dem von ihm entwickelten Richterrecht durch die am 1.1.2002 in Kraft getretene Schuldrechtsreform nichts geändert habe. Er hat in dieser Entscheidung seine Rechtsprechung zur Beschränkung der Inhaltskontrolle weiter dahin präzisiert, dass es — da dem Vergabe- und Vertragsausschuss keine Interessenvertreter der Verbraucher angehörten, so dass diese ihre Interessen bei der Ausgestaltung der VOB/B nicht unmittelbar einbringen könnten — generell nicht gerechtfertigt sei, die VOB/B der Inhaltskontrolle zu entziehen, wenn sie gegenüber einem Verbraucher verwendet werde.[128]

---

[122] BGHZ 55, 198 (200); BauR 1971, 124.
[123] Dazu grundlegend Kapellmann/Messerschmidt/von Rintelen Einl. Rn. 47 ff.
[124] Begründung zum Gesetzentwurf der Bundesregierung, BT-Drs. 7/3919, 42; Bericht des Rechtsausschusses, BT-Drs. 7/5422, 14.
[125] BGH 16.12.1982 — VII ZR 92/82, NJW 1983, 816.
[126] Siegburg BauR 1993, 9 (10, 16); Bunte FS Korbion, 1986, 18; Anker/Zumschlinge BauR 1995, 323 (325); Schlünder NJW 1995, 1057; Kraus/Vygen/Oppler BauR 1999, 964 (967); Kraus BauR 2001, 1 (10); Tomic BauR 2001, 14 (16); Kniffka/Quack FS 50 Jahre BGH, 2000, 17 (25).
[127] BGH 22.1.2004 — VII ZR 419/02, DNotI-Report 2004, 61; Leinemann/Leinemann § 1 Rn. 15.
[128] BGH 24.7.2008 — VII ZR 55/07, DNotZ 2009, 107.

Einführung

49 Der Streit über dieses in der baurechtlichen Literatur weiterhin umstrittene Richterrecht[129] fand dann aber dadurch sein zumindest vorläufiges Ende, dass der Gesetzgeber die vom BGH entwickelten Grundsätze durch das zum 1.1.2009 in Kraft getretene Forderungssicherungsgesetz in § 310 BGB Abs. 1 S. 3 BGB kodifiziert hat.

50 **b) Die Rechtslage nach Inkrafttreten des Forderungssicherungsgesetzes (FoSiG) am 1.1.2009.** Nach dem durch das FoSiG eingefügten § 310 Abs. 1 S. 3 BGB findet in den Fällen des S. 1 – also auf **Geschäftsbedingungen, die gegenüber einem Unternehmer, einer juristischen Person des öffentlichen Rechts oder einem öffentlich-rechtlichen Sondervermögen verwendet werden – § 307 Abs. 1 und 2 BGB auf Verträge, in die die Vergabe- und Vertragsordnung für Bauleistungen Teil B (VOB/B) in der jeweils zum Zeitpunkt des Vertragsschlusses geltenden Fassung ohne inhaltliche Abweichungen insgesamt einbezogen ist, in Bezug auf eine Inhaltskontrolle einzelner Bestimmungen keine Anwendung.** Danach sind – geht es um die Inhaltskontrolle – drei verschiedene Anwendungsbereiche der VOB/B zu unterscheiden:

51 – Wird die VOB/B gegenüber einem nicht in § 310 Abs. 1 S. 1 BGB aufgeführten Vertragspartner – also vor allem **gegenüber einem Verbraucher-** verwandt, unterliegt sie **in vollem Umfang der Inhaltskontrolle gemäß §§ 307 ff. BGB.**
– Wird die VOB/B **gegenüber einem der in § 310 Abs. 1 S. 1 BGB aufgeführten Vertragspartner –** also insbesondere gegenüber einem **Unternehmer oder einer juristischen Person des öffentlichen Rechts – ohne inhaltliche Abweichungen insgesamt einbezogen, findet § 307 Abs. 1 und 2 BGB in Bezug auf eine Inhaltskontrolle einzelner Bestimmungen keine Anwendung**
– Wird die VOB/B **gegenüber einem der in § 310 Abs. 1 S. 1 BGB aufgeführten Vertragspartner –** also insbesondere gegenüber einem **Unternehmer oder einer juristischen Person des öffentlichen Rechts – mit inhaltlichen Abweichungen oder nur teilweise einbezogen,** unterliegen ihre **Einzelbestimmungen der Inhaltskontrolle** im Sinne von § 307 Abs. 1 und 2 BGB.

Diese gesetzliche Neuregelung führt zu einer begrüßenswerten Klarstellung, lässt aber eine Reihe von Problemen und Fragen offen:

52 **aa) Ohne inhaltliche Abweichungen.** Wird die VOB/B gegenüber einem der in § 310 Abs. 1 S. 1 BGB aufgeführten Vertragspartner – also insbesondere gegenüber einem Unternehmer oder einer juristischen Person des öffentlichen Rechts – **ohne inhaltliche Abweichungen einbezogen, findet § 307 Abs. 1 und 2 BGB in Bezug auf eine Inhaltskontrolle einzelner Bestimmungen keine Anwendung.** Eine Inhaltskontrolle einzelner Bestimmungen entfällt.

53 Nach der früheren Rechtsprechung des BGH[130] kam es – wie oben schon dargelegt – für die Beurteilung der Frage, ob die VOB/B ohne Abweichungen

---
[129] Flach NJW 1984, 156 (157); Siegburg BauR 1993, 9 (13) und FS Locher, 1990, 349 (371); Schlosser ZIP 1985, 449 (453) spricht sogar von einer „merkwürdigen Verbeugung vor der VOB"; Koch BauR 2001, 162 (165 f.).
[130] BGH 16.12.1982 – VII ZR 92/82.

VOB Teil B **Einführung**

„als Ganzes" einbezogen worden ist, darauf an, ob **„eine ins Gewicht fallende Abweichung"** von der VOB/B vorlag oder ob **„in ihren Kernbereich eingegriffen"** wurde. Dieser Rechtsprechung ist in der baurechtlichen Literatur heftig kritisiert worden, weil sie keine zuverlässige Prognose ermöglichte.[131] Der BGH hat diesen Bedenken Rechnung getragen und seine Rechtsprechung dahin geändert, dass eine Inhaltskontrolle auch dann zu erfolgen habe, wenn **nur geringfügige inhaltliche Abweichungen vorliegen.**[132] Diese Grundsätze gelten fort für die Auslegung des § 310 Abs. 1 S. 3 BGB.[133] Schon **geringfügige inhaltliche Abweichungen** führen deshalb dazu, dass eine Inhaltskontrolle zu erfolgen hat. In der Praxis erfolgen – übrigens auch bei Vertragswerken der öffentlichen Hand[134] – die **inhaltlichen Abweichungen häufig durch AGB,** die den Regelungen in der VOB/B vorgehen und diese zum Vorteil des Verwenders modifizieren sollen. Auch darin liegt ein Eingriff in den Regelungsgehalt der VOB/B, selbst wenn die AGB-Regelung ihrerseits unwirksam ist.[135] Es spielt auch keine Rolle, ob die Änderung durch AGB oder individualvertraglich erfolgt.[136] Inhaltliche Abweichungen vom Regelungsgehalt der VOB/B liegen insbesondere vor, wenn durch Vereinbarung förmlicher Abnahme die fiktive Abnahme ausgeschlossen sein soll,[137] für die Ankündigung von Nachtragsforderungen die Schriftform vorgeschrieben wird,[138] der Vorbehalt der Vertragsstrafe bis zur Schlusszahlung hinausgeschoben oder durch eine Komplettheitsklausel der geschuldete Leistungsumfang erweitert wird. Bloße **sprachliche Änderungen,** die nicht zu einer inhaltlichen Abänderung führen, sind unerheblich.[139]

bb) Öffnungsklausel. Umstritten ist, ob eine inhaltliche Änderung auch dann **54** vorliegt, wenn die Regelung in der VOB/B nur gelten soll, wenn die Parteien – **Öffnungsklausel** – nichts anderes vereinbart haben, zB § 13 Abs. 4, § 17 Abs. 8 Nr. 2.[140] In diesen Fällen wird man eine inhaltliche Abweichung grundsätzlich verneinen müssen, da die VOB/B den Parteien ausdrücklich Raum für eigene Vereinbarungen lässt.[141] Unbedenklich ist es deshalb, wenn statt der vierjährigen Verjährungsfrist eine solche von fünf Jahren vereinbart wird. Etwas anderes gilt

---

[131] Siegburg BauR 1993, 9 (10, 16); Bunte FS Korbion, 1986, 18; Anker/Zumschlinge BauR 1995, 325; Schlünder NJW 1995, 1057; Kraus BauR 2001, 1 (10); Kraus/Vygen/Oppler BauR 1999, 967; Tomic BauR 2001, 14 (16); Kniffka/Quack FS 50 Jahre BGH, 2000, 17 (25).

[132] BGH 19.1.2023 – VII ZR 34/20; 22.1.2004 – VII ZR 419/02; 15.4.2004 – VII ZR 129/02; 10.5.2007 – VII ZR 226/05.

[133] Kniffka/Koeble/Jurgeleit/Sacher Kompendium 2. Teil Rn. 229; Ganten/Jansen/Voit/Sacher VOB/B Einl. Rn. 146.

[134] Schulze-Hagen IBR 2007, 412.

[135] BGH 17.11.1994 – VII ZR 245/93; BGH NZBau 2003, 150.

[136] Kniffka/Quack FS 50 Jahre BGH, 2000, 17 (24).

[137] OLG Hamm BauR 2009, 137; OLG Brandenburg IBR 2008, 514.

[138] OLG Düsseldorf BauR 2007, 1254.

[139] Ganten/Jansen/Voit/Sacher VOB/B Einl. Rn. 148.

[140] Der BGH hat diese Frage bislang offengelassen, so BGH 19.1.2023 VII ZR 34/20; 23.2.1989 – VII ZR 89/87; verneinend: OLG Brandenburg 8.11.2007 – 12 U 30/07, IBR 2008, 320; OLG Koblenz OLGR 1997, 192; OLG Hamm OLGR 1997, 62; bejahend: OLG Hamm BauR 2009, 1913; OLG Dresden BauR 2008, 848 (849); OLG München NJW-RR 1995, 1302; OLG Hamm OLGR 1995, 75.

[141] Bröker BauR 2009, 1916 (1917); OLG Hamm BauR 2009, 137.

Einführung

aber dann, wenn diese Vereinbarung so weit von der in der VOB/B „hilfsweise" vorgesehenen Regelung abweicht, dass die angestrebte **Ausgewogenheit der Gesamtregelung in Frage gestellt** wird. Das kann im Einzelfall zu schwierigen Abwägungsproblemen führen.

55   cc) **Statische oder dynamische Verweisung auf die VOB/B?** Mit der Einführung des § 310 Abs. 1 S. 3 BGB hat der Gesetzgeber auch diese lange umstrittene Frage geklärt. Die Inhaltskontrolle nach § 307 Abs. 1 und 2 BGB entfällt bei Verträgen, in die die VOB/B **in der jeweils zum Zeitpunkt des Vertragsschlusses geltenden Fassung** ohne inhaltliche Abweichungen insgesamt einbezogen ist. Eine solche dynamische Verweisung ist verfassungsrechtlich nicht zu beanstanden,[142] zumal auch in den Fällen, in denen die Inhaltskontrolle einzelner Bestimmungen entfällt, die VOB/B als Ganzes immer noch der Überprüfung durch die Gerichte unterliegt.[143]

56   dd) **Inhaltskontrolle der insgesamt vereinbarten VOB/B.** Der Gesetzgeber hat in § 310 Abs. 1 S. 3 BGB die für die Inhaltskontrolle geltenden Regelungen gemäß § 307 Abs. 1 und 2 BGB ausdrücklich nur „in Bezug auf eine Inhaltskontrolle einzelner Bestimmungen" für unanwendbar erklärt. Das lässt die Möglichkeit offen, dass auch in diesen Fällen eine **Inhaltskontrolle der insgesamt vereinbarten VOB/B** möglich ist mit der Folge, dass das gesamte Regelwerk darauf zu überprüfen ist, ob es insgesamt ausgewogen ist oder ob es zu einer unangemessenen Benachteiligung des Vertragspartners im Sinne von § 307 Abs. 1 BGB führt.[144] Diese Frage ist in der baurechtlichen Literatur in der Vergangenheit vornehmlich für Verbraucherverträge diskutiert worden.[145] Diese Diskussion hat sich aber durch die gesetzliche Neuregelung erledigt, da die VOB/B bei Verwendung gegenüber einem Verbraucher nunmehr immer einer Inhaltskontrolle unterliegt. Für die verbliebenen Fälle, in denen die Einzelregelungen einer Inhaltskontrolle entzogen sind, bleibt aber die Frage, ob die VOB/B in ihrer Gesamtheit einer solchen Überprüfung standhält. Der BGH hat sich damit bislang nur beiläufig in einer älteren Entscheidung befasst und ist dabei ohne nähere Begründung von der Angemessenheit der Gesamtregelung ausgegangen.[146] Eine umfassende Überprüfung und abschließende Bewertung steht daher noch aus. Kniffka[147] weist insoweit zu Recht darauf hin, dass die VOB/B bei öffentlichen Auftraggebern und in der Bauwirtschaft höchstes Ansehen genieße, die Ausgewogenheit der Gesamtregelung von den Gerichten bislang nicht in Frage gestellt worden sei und das vom DVA erarbeitete Ergebnis auch künftig grundsätzlich akzeptiert und nicht mit „penibler Dogmatik torpediert" werden sollte. Gleichwohl müsse der DVA aber dafür Sorge tragen, dass die VOB/B als Ganzes nicht in Konflikt gerate mit den tragenden Grundsätzen des AGB-Rechts. Die Ausgewogenheit müsse auch immer im Lichte der aktuellen Verhältnisse gesehen werden. Vormals ausgewogene Regelungen könnten sich bei heutiger Betrachtung als nicht mehr angemessen

---

[142] Zeidler, Die Gesamtprivilegierung der Vergabe- und Vertragsordnung für Bauleistungen Teil B auf dem Prüfstand, S. 35 f., 53; Schmidt ZfBR 2009, 113.
[143] Ganten/Jansen/Voit/Sacher VOB/B Einl. Rn. 157.
[144] Tomic BauR 2001, 14 (22); Weyer BauR 2002, 857 (861); Kuffer NZBau 2009, 73 (78); Ganten/Jansen/Voit/Sacher VOB/B Einl. Rn. 152 ff.
[145] Kutschker BauR 1999, 454 ff.; Tomic BauR 2001, 23.
[146] BGH 16.12.1982 – VII ZR 92/82, NJW 1983, 816.
[147] Kniffka, ibr-OK BauVertrR, Stand 31.5.2015, BGB Einf. vor § 631 Rn. 40, 64 mwN.

erweisen, etwa § 16 Abs. 3, auch die unklaren Vergütungsregelungen in § 2 Abs. 3–8, und die Ausgewogenheit der Gesamtregelung in Frage stellen. Auch das Transparenzgebot erlange eine immer größere Bedeutung. Dem ist uneingeschränkt zuzustimmen.

Die Rechtsprechung wird aber gut beraten sein, wenn sie bei der Gesamtbewertung berücksichtigt, dass die VOB/B bei allen Baubeteiligten hohes Ansehen genießt, von Auftraggeber- und Auftragnehmerseite gleichermaßen gern verwendet wird und viele Zweifelsfragen und Widersprüche durch das in Jahrzehnten gewachsene übereinstimmende Verständnis unter den Baubeteiligten überwunden werden können.

Die Frage der Inhaltskontrolle der VOB/B als Gesamtwerk kann sich nach Einführung des neuen Bauvertragsrechts in einem anderen Licht stellen. Dabei wird aber zu berücksichtigen sein, dass der Gesetzgeber auch bei der gesetzlichen Neuregelung weiterhin von einem Fortbestand der Privilegierung der VOB/B gemäß § 310 Abs. 1 Satz 3 BGB ausgegangen ist[148] und sich Gesetz und VOB/B in einigen wesentlichen Punkten – etwa der Einführung des Anordnungsrechts – sogar angenähert haben.[149]

G. Die Einbeziehung der VOB/B in andere Verträge als Bauwerkverträge

Die VOB/B ist ein vom DVA bereit gestelltes Regelwerk, das – wie sich schon aus der Überschrift „Allgemeine Vertragsbedingungen für die Ausführung von Bauleistungen" ergibt – dazu dienen soll, Bauwerkverträge den baurechtlichen Besonderheiten anzupassen. Sie ist daher auf die gesetzliche Regelung in den §§ 631 ff. BGB zugeschnitten und soll diese ergänzen und modifizieren. Das hat in der Vergangenheit immer wieder zu Diskussionen darüber geführt, ob die VOB/B überhaupt und – wenn ja – mit welchen Folgen auch in andere Verträge als Bauwerkverträge einbezogen werden kann. Dabei geht es insbesondere um die Frage, ob die VOB/B in Verträge über Planungsleistungen, in Bauträgerverträge oder in Verträge im Sinne von § 650 BGB einbezogen werden kann, da auch Verträge über die Herstellung und Lieferung von Bauteilen nach neuerer BGH-Rechtsprechung grundsätzlich als Kaufverträge anzusehen sind.[150] 57

Die **individualvertragliche Einbeziehung der VOB/B in andere als Bauwerkverträge** dürfte vertragsrechtlich unbedenklich sein. Die Parteien sind nämlich – Privatautonomie – nicht gehindert, in ihren Vertrag ein von Dritten – hier dem DVA – vorgegebenes Regelwerk einzubeziehen, das nicht richtig passt, unzweckmäßig oder sogar ungeeignet ist. Sie müssen dann aber auch die sich daraus ergebenden Nachteile – etwa schwer kalkulierbare Auslegungsprobleme – in Kauf nehmen. Von praktischer Bedeutung ist diese Frage aber nicht, weil eine individualvertragliche Einbeziehung der VOB/B in andere als Bauwerkverträge sehr selten vorkommt. In aller Regel wird die VOB/B vielmehr einseitig durch Allgemeine Geschäftsbedingungen einer der Vertragsparteien in das Vertragsverhältnis einbezogen. 58

Von der **Einbeziehung der VOB/B in andere als Bauwerkverträge durch vom Verwender gestellte Allgemeine Geschäftsbedingungen** kann aber nur 59

---

[148] BT-Drs. 18/11437 S. 42.
[149] Ganten/Jansen/Voit/Sacher VOB/B Einf. Rn. 156.
[150] BGH 23.7.2009 – VII ZR 151/08, NJW 2009, 2877.
[151] So auch Ganten/Jansen/Voit/Sacher VOB/B Einl. Rn. 173.

dringend abgeraten werden. Zum einen führt die Einbeziehung der VOB/B in solche Verträge in aller Regel zu einer kaum zu durchschauenden und deshalb intransparenten Gesamtregelung im Sinne von § 307 Abs. 1 S. 2 BGB, weil unklar ist, welche Regelungen wie weit auf dieses Vertragsverhältnis passen bzw. „ins Leere laufen", ob und in welchem Umfang wenig passende Regelungen durch Auslegung doch noch angepasst werden können und an welchem gesetzlichen Leitbild diese Regelungen gemessen werden sollen.[152] Zum anderen führt die pauschale Einbeziehung der VOB/B in derartige Verträge auch dazu, dass die Einzelregelungen der VOB/B auch im kaufmännischen Geschäftsverkehr zwingend der Inhaltskontrolle unterliegen, weil ganze Regelungsbereiche der VOB/B von vornherein nicht passen bzw. als konkludent abbedungen angesehen werden müssen.[153] Das wiederum kann dazu führen, dass alle für den Verwender eigentlich günstigen VOB-Regelungen entfallen, alle für ihn ungünstigen aber aufrechterhalten bleiben.[154]

I. Die Einbeziehung der VOB/B in Bauträgerverträge

60 Ob die VOB/B überhaupt in einen Bauträgervertrag einbezogen werden kann, ist zweifelhaft. Der BGH hat diese Frage in einigen älteren Entscheidungen offengelassen, aber doch starke Zweifel an der Zulässigkeit einer solchen Einbeziehung geäußert.[155]

61 In der baurechtlichen Literatur[156] wird die Zulässigkeit der Einbeziehung der VOB/B in einen Bauträgervertrag – auch beschränkt auf den „Bauerrichtungsteil" – mit der Begründung verneint, dass die VOB/B von der Übertragung von Bauleistungen ausgehe, beim Bauträgervertrag aber die Ausführung von Bauleistungen im Sinne der VOB/B nicht beauftragt werde. Der Natur des Bauträgervertrages widersprächen die Befugnisse des Bauherrn, den Bauentwurf einseitig zu ändern und zusätzliche Leistungen in Auftrag geben zu können, § 1 Abs. 3 und Abs. 4, die umfassenden Anordnungsrechte nach § 4 Abs. 1, seine Überwachungsrechte und die Auskunftspflichten des Unternehmers nach § 4 Abs. 1 Nr. 2, das freie Kündigungsrecht des Bestellers nach § 8 Abs. 1 und das Recht des Bauherrn zur unmittelbaren Vergütung der Gläubiger des Unternehmers gemäß § 16 Abs. 6. Letztlich könne und solle der Erwerber beim Erwerb vom Bauträger – vertragsgemäß – keine Bauherrenstellung haben.[157] Auf die geschuldeten weiteren Leistungen – etwa die Planungsleistungen – könne die VOB/B ohnehin nicht angewandt werden. Sie lasse sich daher insgesamt nicht wirksam in einen Bauträgervertrag einbeziehen.

---

[152] BGH 7.2.2019 – III ZR 38/18, NJW-RR 2019, 942; Ganten/Jansen/Voit/Sacher VOB/B Einl. Rn. 175.

[153] Ganten/Jansen/Voit/Sacher VOB/B Einl. Rn. 176.

[154] BGH NJW 1987, 837; 1998, 2280.

[155] BGH 4.11.1982 – VII ZR 53/82, NJW 1983, 453; BGH 10.11.1983 – VII ZR 373/82, NJW 1984, 725; BGH 17.9.1987 – VII ZR 166/86, DNotZ 1988, 301.

[156] Ganten/Jansen/Voit/Sacher VOB/B Einl. Rn. 179 ff.; Basty, Der Bauträgervertrag Kap. 13 Rn. 98; Pause/Vogel Bauträgerkauf und Baumodelle Kap. 3 Rn. 185 ff.; Kleine-Möller/Merl/Glöckner Priv.BauR-Hdb/Glöckner § 4 Rn. 72 ff.; Schulze-Hagen BauR 1992, 320 (328) und IBR 2004, 270.

[157] Nach BGH NZBau 2002, 89 erbringt der Bauträger keine Bauleistungen im Sinne von §§ 309 Nr. 8b bb bzw. ff BGB.

Dem ist zuzustimmen. Zwar ist es den Parteien unbenommen, ungeeignete 62
Regelwerke, die von Dritten – hier dem DVA – vorgegeben worden und für ganz andere Fälle vorgesehen sind, zum Gegenstand ihres Vertrages zu machen. Sie müssen dann aber – wie oben dargelegt – mit den sich daraus ergebenden nachteiligen Folgen leben. Noch anders verhält es sich aber, wenn das in den Vertrag einbezogene Regelwerk für diesen Verwendungszweck völlig ungeeignet ist, etwa weil es von gänzlich anderen Voraussetzungen ausgeht und ganz andere Problemstellungen regeln will. In diesen Fällen führt die Einbeziehung zu einer intransparenten Gesamtregelung und ist damit gegenstandslos. Im Übrigen kann – die Wirksamkeit der Einbeziehung unterstellt – aus den oben dargelegten Gründen jedem Bauträger nur dringend von der Einbeziehung der VOB/B abgeraten werden, weil ihre Einzelregelungen regelmäßig der Inhaltskontrolle gemäß §§ 307 ff. BGB unterlägen, die dazu führen würde, dass alle für ihn günstigen Regelungen – soweit sie mit einem wie auch immer gearteten gesetzlichen Leitbild nicht in Einklang stehen – für unwirksam erklärt, alle für ihn ungünstigen Regelungen aber aufrechterhalten würden.

II. Die Einbeziehung der VOB/B in Verträge über Planungsleistungen bzw. kombinierte Verträge

In der Rechtsprechung und der baurechtlichen Literatur besteht weitgehend 63
Einigkeit darüber, dass die VOB/B nicht „als Ganzes" formularmäßig in reine **Planungsverträge** einbezogen werden kann.[158] Dem ist zuzustimmen, weil – ähnlich wie beim Bauträgervertrag – viele ihrer Einzelregelungen nicht anwendbar sind und „ins Leere" laufen würden. Die VOB/B besteht nämlich nicht aus einer Vielzahl von zufällig nebeneinanderstehenden Regelungen, die nichts miteinander zu tun haben, sondern stellt ein kompliziertes und in sich vernetztes Regelwerk dar. So hängt das einseitige Anordnungsrecht im Sinne von § 1 Abs. 3, das man sich, isoliert betrachtet, auch in einem Architektenvertrag vorstellen könnte, eng zusammen mit der darauf zugeschnittenen Vergütungsregelung in § 2 Abs. 5. Bei formularmäßiger Einbeziehung der VOB/B „als Ganzes" in einen Architektenvertrag wäre deshalb eine Vielzahl von Einzelregelungen unanwendbar. Insgesamt würde ein Regelwerk einbezogen, das in großen Teilen „ins Leere laufen", in seinem anwendbaren Teil der Inhaltskontrolle unterliegen und zu einer insgesamt völlig intransparenten Gesamtregelung im Sinne von § 307 Abs. 1 S. 2 BGB führen würde. Das schließt aber nicht aus, dass einzelne Bestimmungen der VOB/B, soweit sie den Architektenvertrag sinnvoll modifizieren oder ergänzen, auch formularmäßig in das Vertragsverhältnis einbezogen werden können.[159]

Anders verhält es sich aber bei **kombinierten Verträgen über Planungs-** 64
und Bauleistungen. Grundsätzlich ist die VOB/B – wie schon die Überschrift zeigt – zugeschnitten auf Verträge über Bauleistungen iSd § 1 VOB/A. Die zusätzliche Übernahme **unselbständiger Planungsleistungen** steht dem nicht entgegen.[160] Ist der Vertrag hingegen – etwa ein Generalunternehmervertrag über die Planungs- und Bauleistungen – auch auf die Erbringung **selbständiger Pla-**

---

[158] BGH 17.9.1987 – VII ZR 166/86; OLG Hamm BauR 1990, 104; OLG Karlsruhe BauR 2005, 893; Ganten/Jansen/Voit/Sacher VOB/B Einl. Rn. 184 mwN.
[159] BGH BauR 2007, 1761.
[160] BGH BauR 1987, 702.

nungsleistungen gerichtet, ist nach überwiegender Auffassung die Einbeziehung der VOB/B nur hinsichtlich des Bauleistungsteils möglich bzw. ratsam.[161] Die Gegenmeinung verweist darauf, dass die VOB – wie sich aus §§ 1 Abs. 1 Nr. 1 VOB/A, 99 Abs. 3 GWB ergebe – durchaus auch auf Bauverträge mit selbständiger Planungsverpflichtung zugeschnitten sei. Es sei daher interessengerecht, die VOB/B auch auf die Planungsleistungen anzuwenden, zumal die Abgrenzung zwischen selbständigen und unselbständigen Planungsleistungen schwierig sei.[162] Insoweit dürfte aber Sacher[163] darin zuzustimmen sein, dass in diesen Fällen ohnehin zunächst im Wege der Auslegung zu klären ist, ob die Vereinbarung der Parteien überhaupt dahin auszulegen ist, dass die Einbeziehung der VOB/B auch für den Planungsteil gelten soll. Ist das der Fall, wird aber jedenfalls nicht von einer Einbeziehung „als Ganzes" ausgegangen werden können mit der Folge, dass die Einzelregelungen der VOB/B der Inhaltskontrolle unterliegen. Zu prüfen ist insbesondere, ob die durch die Erstreckung der VOB/B auch auf den Planungsteil geschaffene Vertragslage überhaupt noch als hinreichend transparente Gesamtregelung angesehen werden kann. Hinsichtlich des isoliert zu betrachtenden Bauleistungsteils kann aber – wenn die gesetzlichen Voraussetzungen vorliegen – die VOB/B wirksam vereinbart werden. Unbenommen ist es den Parteien auch, die Geltung einzelner Bestimmungen der VOB/B auch für den Planungsteil zu vereinbaren.

III. Die Einbeziehung der VOB/B in Verträge über die Herstellung und Lieferung von Bauteilen im Sine von § 650 BGB

65 Von der formularmäßigen Einbeziehung der VOB/B in Bauteillieferungsverträge, die nach § 650 BGB dem Kaufrecht unterliegen, kann nur **dringend abgeraten** werden.[164] Ob die VOB/B in solche Verträge überhaupt wirksam einbezogen werden kann, ist schon sehr streitig. Das OLG Rostock hat das mit der Begründung verneint, die VOB/B sei nur auf Bauleistungen anwendbar.[165] Das OLG Nürnberg hat sich auf den Standpunkt gestellt, die Bezugnahme auf die VOB/B „gehe ins Leere".[166] Selbst wenn man aber die Einbeziehung für möglich und die formularmäßige Regelung entgegen den sich aufdrängenden Bedenken für hinreichend transparent hielte, unterlägen die Einzelregelungen der VOB/B der Inhaltskontrolle. Der Verwender liefe dabei Gefahr, dass alle ihn benachteiligenden VOB-Regelungen aufrechterhalten blieben, die ihn begünstigenden Klauseln aber der Inhaltskontrolle – gesetzliches Leitbild Kaufrecht – zum Opfer fielen.[167]

§ 1 Art und Umfang der Leistung

(1) ¹**Die auszuführende Leistung wird nach Art und Umfang durch den Vertrag bestimmt.** ²**Als Bestandteil des Vertrags gelten auch die Allgemeinen Technischen Vertragsbedingungen für Bauleistungen (VOB/C).**

---

[161] BGH NJW 1988, 142; Heiermann/Riedl/Rusam/Weyand VOB/A § 1 Rn. 3.
[162] Miernik NZBau 2004, 409.
[163] Ganten/Jansen/Voit/Sacher VOB/BEinl. Rn. 186 ff.
[164] Dazu auch Joussen BauR 2014, 1195.
[165] OLG Rostock BauR 2010, 1223.
[166] OLG Nürnberg BauR 2007, 122.
[167] Jansen IBR 2010, 1361 online; Weglage/Sitz NZBau 2011, 457; Ganten/Jansen/Voit/Sacher VOB/B Einl. Rn. 211.

Art und Umfang der Leistung § 1

(2) **Bei Widersprüchen im Vertrag gelten nacheinander:**
1. **die Leistungsbeschreibung,**
2. **die Besonderen Vertragsbedingungen,**
3. **etwaige Zusätzliche Vertragsbedingungen,**
4. **etwaige Zusätzliche Technische Vertragsbedingungen,**
5. **die Allgemeinen Technischen Vertragsbedingungen für Bauleistungen,**
6. **die Allgemeinen Vertragsbedingungen für die Ausführung von Bauleistungen.**

(3) **Änderungen des Bauentwurfs anzuordnen, bleibt dem Auftraggeber vorbehalten.**

(4) **¹Nicht vereinbarte Leistungen, die zur Ausführung der vertraglichen Leistung erforderlich werden, hat der Auftragnehmer auf Verlangen des Auftraggebers mit auszuführen, außer wenn sein Betrieb auf derartige Leistungen nicht eingerichtet ist. ²Andere Leistungen können dem Auftragnehmer nur mit seiner Zustimmung übertragen werden.**

Übersicht

	Rn.
A. Bedeutung der Regelung	1
I. Regelungsgehalt	2
II. Verhältnis zum neuen BGB-Bauvertragsrecht	4
B. Das vereinbarte Bausoll (§ 1 Abs. 1 und 2)	8
I. Zustandekommen und Wirksamkeit des Bauvertrages	9
1. Angebot und Annahme	10
2. Vertragsschluss beim öffentlichen Vergabeverfahren	13
3. Form des Abschlusses und der Änderung eines Bauvertrages	14
a) Verbraucherbauvertrag	14a
b) Bauträgervertrag und andere auf einen Grundstückserwerb gerichtete Verträge	15
c) Andere Bauverträge, gewillkürte Formbedürftigkeit	16
4. Vertretung beim Abschluss und der Änderung des Vertrages	17
5. Vertretung öffentlich-rechtlich verfasster Rechtsträger	21
6. Widerruflichkeit, Nichtigkeit und Anfechtbarkeit	23
a) Widerruflichkeit von Verbraucherverträgen	24
b) SchwarzArbG, „ohne Rechnung Abrede"	25
c) Bauforderungssicherungsgesetz	27
d) Koppelungsverbot	28
e) Makler- und Bauträgerverordnung (MaBV)	29
f) Verstöße gegen das Vergaberecht	30
g) Unerlaubte Preisabsprachen	31
h) Fehlende Gewerbeanmeldung oder Eintragung in Handwerksrolle; vorgetäuschte Fachkunde oder Liquidität	32
i) Versehentlich unterpreisiges Angebot	33
j) Schmiergeldzahlungen	34
k) Sittenwidrig überhöhter Werklohn	35
l) Überhöhter Preis nur einer Werklohnposition	36
m) Ungewöhnlich niedriger Werklohn	37
II. Bestimmung der auszuführenden Leistung durch Auslegung des Vertrages	38

§ 1 VOB Teil B

	Rn.
1. Bauvertragsspezifische Auslegung	39
a) Pflicht, ein funktionsfähiges Werk zu erstellen	39a
b) Funktionsvereinbarung und Verwirklichungsrisiko	41
c) Unmöglichkeit der Umsetzung einer Funktionsvereinbarung	42
d) Auf die Funktionalität bezogene Risikozuweisungen	44
e) Baugrundrisiko	47
2. Unklare Bestimmung des Bausolls und Beweislast	48
3. Besonderheiten beim Verbraucherbauvertrag	52
4. Auslegung des Vertrages bei einer Vergabe nach der VOB/A	53
a) Vermutung einer vergaberechtskonformen Ausschreibung	53a
b) Auslegung der Ausschreibung hinsichtlich der Boden- und Wasserverhältnisse	54
c) Unklarheit der Ausschreibung oder des Gebots	57
d) Vergaberechtskonforme Auslegung ausnahmsweise auch bei freihändig geschlossenen Verträgen	58
5. Auslegung Allgemeiner Geschäftsbedingungen	59
III. VOB/C (ATV) als Vertragsbestandteil (§ 1 Abs. 1 S. 2)	60
1. Inhalt und Auslegung der ATV, Verhältnis zu den anerkannten Regeln der Technik	61
2. AGB-rechtliche Einbeziehungsvoraussetzungen der ATV	62
3. AGB-rechtliche Inhaltskontrolle der ATV	65
IV. Unter § 1 Abs. 2 genannte Vertragsbestandteile und ihr Verhältnis zueinander	66
1. Bedeutung der Rangklausel	67
2. Bedeutung der in § 1 Abs. 2 genannten Vertragsbestandteile	69
C. Änderung des Bauentwurfs, § 1 Abs. 3	73
I. Verhältnis zwischen dem Vertragsänderungsrecht nach §§ 650a ff. BGB und nach §§ 1 Abs. 3 u. 4, 2 Abs. 5 u. 6	74
1. Vergleichende Darstellung §§ 650a ff. BGB und §§ 1 Abs. 3 u. 4, 2 Abs. 5 u. 6	75
a) Erfasste Vertragstypen	75a
b) Änderungsgegenstand, Art und Voraussetzungen einer Änderung	76
c) Berücksichtigung der Interessen des Auftragnehmers	78
d) Änderungsverfahren	79
e) Ermittlung der neuen Vergütung	80
f) Abschläge, einstweiliger Rechtsschutz	81
2. Auswirkungen der §§ 650a ff. BGB auf die Bestimmungsrechte nach §§ 1 Abs. 3 u. 4 S. 1, 2 Abs. 5 u. 6	83
3. Abwartende Haltung des DVA	86
II. Änderungsrecht des § 1 Abs. 3 in Abgrenzung zu anderen Anordnungen und Vorkommnissen auf der Baustelle	87
1. Abgrenzung des § 1 Abs. 3 von § 1 Abs. 4, § 2 Abs. 3 und § 4 Abs. 1 Nr. 3	88
2. Abgrenzung des § 1 Abs. 3 von einer Teilkündigung (§ 8 Abs. 1) und einer Selbstübernahme (§ 2 Abs. 4)	89
3. Abgrenzung des § 1 Abs. 3 u. 4 von Schadensersatz- und Entschädigungsansprüchen	90

	Rn.
4. Abgrenzung des § 1 Abs. 3 von Störung der Geschäftsgrundlage und Unmöglichkeit	93
III. Abgrenzung des § 1 Abs. 3 von einverständlichen und eigenmächtigen Änderungen	94
IV. Wirksamkeitserfordernisse der Änderungsanordnung	96
1. Textformbedürftigkeit der Anweisungen nach § 1 Abs. 3 u. Abs. 4 S. 1	97
a) Textform als Wirksamkeitsvoraussetzung für die BGB-Änderungsanordnung	97a
b) Prinzipielle Identität zwischen den Regelungsgegenständen des BGB- und des VOB/B-Vertragsänderungsrechtes	97b
c) Keine Abbedingung des gesetzlichen Textformerfordernisses durch § 1 Abs. 3 und Abs. 4 S. 1	97c
d) Hilfserwägung: Wäre eine Aufhebung des gesetzlichen Textformerfordernisses individualvertraglich oder durch AGB zulässig?	97d
e) Folgen der Nichteinhaltung der Textform für seit dem 1.1.2018 geschlossene VOB/B-Bauverträge	97e
f) Kein Textformerfordernis für bis zum 31.12.2017 geschlossene VOB/B-Bauverträge	98
g) Kein Textformerfordernis für von § 650b BGB nicht erfasste Anordnungen und für von § 650a BGB nicht erfasste Verträge	98b
2. Anforderungen an Abgabe und Zugang der Anordnung ...	99
3. Anordnungsrecht nach § 1 Abs. 3 ohne Verhandlungsphase nach § 650b Abs. 1 und 2 BGB	101
4. Konkretisierungsbedürftigkeit der Anordnung in Abhängigkeit von der Planungsverantwortung	102
V. Bauentwurf als Gegenstand des Änderungsrechtes	103
1. Anordnungen zur Gestaltung des Bauwerks	104
2. Anordnungen zur Bauablaufgestaltung	105
3. Anordnungen zu Arbeitsmitteln, Arbeitskräften, Nachunternehmern	108
4. Anordnung zur Weiterarbeit bei nicht vertragsgerechtem Zustand des Baugrundes, einer zu bearbeitenden Sache oder der äußeren Bauumstände	109
5. Anordnungen zur Bauzeit	112
6. § 650b Abs. 1 S. 1 BGB keine Vorgabe für ein enges Verständnis des Begriffs „Bauentwurf" iSv § 1 Abs. 3	114
VI. Subjektive und objektive Anordnungserfordernisse in Abgrenzung von anderen Erklärungen und Vorfällen	116
VII. Zumutbarkeit der Änderung für den Auftragnehmer	122
1. Allgemeine Zumutbarkeitskriterien	122a
2. Unmittelbare Geltung der durch § 650b Abs. 1 und 2 BGB normierten Zumutbarkeitsregeln für VOB/B-Bauverträge .	124
3. Umdeutbarkeit einer unzumutbaren Anordnung in eine Teilkündigung	125
VIII. Rechtsfolgen einer wirksamen Änderungsanordnung	126
1. Befolgungspflicht	127
2. Ermittlung des neuen Preises	127a

	Rn.
a) Gemeinsame Preisfindung, Angebotspflicht des Auftragnehmers	128
b) Methode der vorkalkulatorischen Preisfortschreibung	130
c) Lückenschluss in § 2 Abs. 5 und 6 durch Preisfortschreibung nach tatsächlich erforderlichen Mehrkosten zzgl. angemessener Zuschläge	136
d) Preisfortschreibung für seit dem 1.1.2018 geschlossene VOB/B-Bauverträge unmittelbar nach § 650c Abs. 1 BGB	137
e) Isolierte AGB-Inhaltskontrolle der in § 2 Abs. 5 u. 6 formulierten Preisermittlungskriterien	140
3. Anspruch auf Abschläge für die Mehrvergütung	141
4. Anspruch auf Sicherheiten für die Mehrvergütung	141b
5. Anpassung der Ausführungsdauer	142
IX. Streit über die Wirksamkeit einer Änderungsanordnung	145
1. Leistungsverweigerungs- und Kündigungsrecht	146
2. Befolgung einer unberechtigten Änderungsanordnung	147
X. Streit, ob eine gewünschte Leistung zum bepreisten Bausoll gehört oder eine Änderungsanordnung erforderlich ist	148
XI. Streit allein über die Höhe der für eine Änderung geschuldeten Vergütung	152
XII. Streitbeilegungsverfahren	153
1. Außergerichtliche Streitbeilegung	154
2. Bisherige Möglichkeiten der gerichtliche Streitbeilegung	155
3. Vereinfachte Regeln zur Einstweiligen Verfügung nach § 650d BGB	156
a) Geltung des § 650d BGB auch für VOB/B-Bauverträge	157
b) Die Erweiterung des einstweiligen Rechtsschutzes durch § 650d BGB	159
XIII. AGB-rechtliche Inhaltskontrolle des § 1 Abs. 3	166
1. Grundsätze	167
2. Prüfung der VOB/B als Ganzes	168
3. Isolierte AGB-Kontrolle für bis zum 31.12.2017 geschlossene Verträge	169
4. Isolierte AGB-Kontrolle für nach dem 31.12.2017 geschlossene Verträge	171
D. Zusätzliche Leistungen nach § 1 Abs. 4	173
I. Wirksamkeitsvoraussetzungen des Verlangens nach § 1 Abs. 4 S. 1	174
1. Allgemeine Wirksamkeitsvoraussetzungen	175
2. Erforderlichkeit und Zumutbarkeit nach § 1 Abs. 4 S. 1	176
a) Nachträglich erforderlich werdende Leistungen	177
b) Von vornherein im Vertrag fehlende Leistungen	178
II. Rechtsfolgen des Verlangens nach zusätzlichen Leistungen	179
III. Andere Leistungen nach § 1 Abs. 4 S. 2	180
IV. Isolierte AGB-Inhaltskontrolle des § 1 Abs. 4	182
1. Isolierte Inhaltskontrolle des § 1 Abs. 4 S. 2	183
2. Isolierte Inhaltskontrolle des § 1 Abs. 4 S. 1	184

Art und Umfang der Leistung § 1

A. Bedeutung der Regelung

§ 1 enthält in den Absätzen 1 und 2 Regelungen zum vereinbarten Bausoll und **1** zu den Bestandteilen eines VOB-Vertrages, während sich die Absätze 3 und 4 auf Änderungen und Erweiterungen des ursprünglich vereinbarten Leistungsumfangs beziehen.

I. Regelungsgehalt

§ 1 Abs. 1 S. 1 verweist hinsichtlich der Bestimmung des Bausolls auf die allge- **2** meinen Regelungen des BGB zum Zustandekommen und zur Auslegung von Verträgen. § 1 Abs. 1 S. 2 und § 1 Abs. 2 nennen ohne Anspruch auf Vollständigkeit einige Vertragsbestandteile, die nach § 1 Abs. 1 S. 2 auch ohne Erwähnung im Vertrag Bestandteil eines VOB-Vertrages werden (Allgemeine Technische Vertragsbedingungen für Bauleistungen, VOB/C) bzw. die die Parteien häufig als Vertragsdokumente in den VOB-Vertrag einbeziehen.

§ 1 Abs. 3 und § 1 Abs. 4 regeln zusammen mit den auf sie bezogenen § 2 Abs. 5 und § 2 Abs. 6 eine für den Bauwerkvertrag sehr wichtige und immer wieder vorkommende Problematik. Da die Bauausführung in der Regel als dynamischer Prozess einen längeren Zeitraum in Anspruch nimmt, die notwendigen Einzelmaßnahmen zu Beginn nicht immer in allen Einzelheiten überschaubar sind und sich die Wünsche sowie die tatsächlichen und finanziellen Möglichkeiten des Auftraggebers in Bezug auf das zu erstellende Bauwerk verändern können, ist von besonderer Bedeutung, inwieweit der Auftraggeber nach Vertragsschluss Vertragsänderungen und zusätzliche Leistungen verlangen und unter welchen Umständen und nach welcher Berechnungsmethode der Auftragnehmer daraufhin einen neuen Preis fordern kann. Insoweit stellen die Bedingungen der §§ 1 Abs. 3, 2 Abs. 5 und §§ 1 Abs. 4, 2 Abs. 6 keine reine Konkretisierung des dem Bauvertrag innewohnenden Kooperationsgebotes dar, sondern gehen über dieses hinaus, indem sie die Vertragsparteien nicht lediglich zu einer einverständlichen Problembewältigung beim Auftreten unerwarteter Bauablaufschwierigkeiten verpflichten, sondern dem Auftraggeber unter bestimmten Voraussetzungen ein einseitiges Anordnungsrecht zubilligen, das im Falle des § 1 Abs. 3 nicht nur bei objektiver Notwendigkeit, sondern grundsätzlich auch dann ausgeübt werden kann, wenn der Änderungswunsch des Auftraggebers auf rein subjektiven Motiven beruht. Da das Bauvertragsänderungsrecht nunmehr durch §§ 650b, 650c und 650d für seit dem 1.1.2018 geschlossene Verträge auch gesetzlich geregelt ist, muss das Verhältnis der VOB/B-Klauseln zum Gesetz neu betrachtet werden → Rn. 4 ff.

Häufig streiten die Vertragsparteien darüber, ob eine vom Auftraggeber erwar- **3** tete Leistung zum Bausoll des Ursprungsvertrages gehört oder ob der Auftragnehmer die in Rede stehende Leistung als geänderte bzw. zusätzliche Leistung (§ 1 Abs. 3, Abs. 4) nur gegen eine entsprechend geänderte Vergütung ausführen muss (§ 2 Abs. 5, Abs. 6). Leider wird bei der Formulierung eines Bauvertrages auf die Beschreibung der auszuführenden Leistungen – auch wenn es um größere Vorhaben geht – immer wieder zu wenig Wert gelegt, sodass dann später die Baujuristen gefragt sind. Bei der Verhandlung eines Einheitspreis- oder Detailpauschalvertrages können die Parteien ein unterschiedliches Interesse an einer möglichst vollständigen und detaillierten Regelung der zu erbringenden Leistungen haben. Während der Auftraggeber mit einer **hohen Regelungsdichte,** mit

Funke 33

§ 1

der die absehbaren technischen Notwendigkeiten sachgerecht dargestellt werden, der Gefahr späterer Nachforderungen entgegenwirken kann, kann sich ein zu „lässiges" Leistungsverzeichnis als Einfallstor für **Nachträge** des Auftragnehmers erweisen, die die Baukosten für den Auftraggeber überraschend und erheblich erhöhen können. Abzuraten ist auch von einer innerhalb des Vertrages **variierenden Beschreibungstiefe,** weil die Verwendung eines unklaren Oberbegriffs ohne Aufführung ihn ausfüllender konkreter Leistungsteile umso weniger als umfassend ausgelegt werden kann, je detaillierter die Aufgliederung in anderen Bereichen der Ausschreibung erfolgt ist. Letztlich lassen sich die Einzelleistungen im Falle eines komplexen Großbauvorhabens im Vorfeld der Vergabe niemals in jeder Hinsicht komplett aufführen, so dass es zwangsläufig zu gewissen Nachträgen kommen wird und eine Erhöhung der ursprünglich kalkulierten Kosten gleichsam systemimmanent ist, falls sich der Auftragnehmer nicht auf eine funktionale Leistungsbeschreibung einlässt, durch die er im AGB-rechtlich und ansonsten zulässigen Rahmen das Risiko im Vorfeld nicht absehbarer Unwägbarkeiten und Ausführungsprobleme übernehmen kann. Da der öffentliche Auftraggeber schon vergaberechtlich daran gehindert ist, dieses Risiko im Anwendbarkeitsbereich der VOB/A auf den Auftragnehmer zu übertragen, §§ 4 Abs. 1, 7 Abs. 1 Nr. 3 VOB/A, sollte gerade er zwecks Geringhaltung späterer Nachtragsforderungen im Vorfeld der Vergabe größten Wert auf eine sorgfältige Abklärung der tatsächlichen, technischen und rechtlichen Bauumstände legen und darauf aufbauend die notwendigen Baumaßnahmen in Leistungsbeschreibung und Leistungsverzeichnis möglichst „nachtragssicher" beschreiben. Zur Bestimmung des ursprünglichen Bausolls bedarf es im späteren Streitfall einer Auslegung der Ausgangsvereinbarung, die sich umso schwieriger gestaltet, desto allgemeiner, unklarer und ungleichmäßiger die Regelungstiefe der Vertrag formuliert ist.

II. Verhältnis zum neuen BGB-Bauvertragsrecht

4   Mit den zum 1.1.2018 in Kraft getretenen **§§ 650b, 650c und 650d BGB** hat der Gesetzgeber für Bauverträge iSv § 650a BGB erstmals auch konkrete gesetzliche Vorschriften geschaffen, die den Bedürfnissen nach einer Bauvertragsänderung gerecht werden sollen. Damit hat sich das Gesetz einerseits den Regelungen des § 1 Abs. 3 und 4 und des § 2 Abs. 5 und 6 angenähert, hat die Problematik aber andererseits in vielfacher Hinsicht abweichend, konkreter und umfassender verglichen mit dem VOB/B-Klauselwerk, das vorformulierte Vertragsbedingungen iSv § 305 Abs. 1 S. 1 BGB enthält,[1] geregelt. Die neue Gesetzeslage wirft zahlreiche Rechtsfragen und damit verbundene Probleme hinsichtlich einer sinnvollen Vertragsgestaltung auf. Angesichts des neuen gesetzlichen Leitbildes stellt sich verschärft die Frage, ob **§ 1 Abs. 3 und Abs. 4 S. 1 sowie § 2 Abs. 5 und Abs. 6,** die rechtstechnisch allgemeine Geschäftsbedingungen darstellen, der isolierten Inhaltskontrolle nach § 307 BGB oder als Bestandteile einer ohne inhaltliche Abweichungen im Ganzen in den Vertrag einbezogenen VOB/B, die dann gemäß § 310 Abs. 1 S. 3 BGB im persönlichen Anwendungsbereich des § 310 Abs. 1 S. 1 BGB nur in ihrer Gesamtheit einer Regelungskontrolle unterliegt, einer **AGB-rechtlichen Prüfung** standhalten.

Zudem werden die Gerichte zu prüfen haben, ob einzelne **in §§ 650b, 650c und 650d BGB enthaltene Regelungen,** wie insbesondere

---

[1] BGH NZBau 2008, 640 Rn. 10.

Art und Umfang der Leistung **§ 1**

- die Angebotspflicht des Auftragnehmers (§ 650b Abs. 1 S. 2–4 BGB),
- das Textformerfordernis der Anordnung des Auftraggebers (§ 650b Abs. 2 S. 1 BGB),
- die Zumutbarkeitsregeln (§ 650b Abs. 1 S. 2 und 3, Abs. 2 S. 2 und 3 BGB),
- die Methode der Vergütungsanpassung (§ 650c Abs. 1 und 2 BGB),
- die vereinfachte Berechnung von Abschlägen (80 %-Regelung nach § 650c Abs. 3 BGB),
- die erleichterten Möglichkeiten zum Erwirken einer einstweiligen Verfügung (§ 650d BGB),

unmittelbar auch für VOB/B-Verträge gelten, weil die VOB/B hierzu womöglich keine abschließenden oder abweichenden Vorgaben enthält bzw. bestimmte gesetzliche Bestimmungen nicht dispositiv sind (Einzelverweise bei → Rn. 85).

Schließlich liegt nahe, dass sich bei der **Auslegung von VOB/B-Regelungen,** die zB hinsichtlich
- des Begriffs „Bauentwurf" (§ 1 Abs. 3, anders „Werkerfolg" § 650b Abs. 1 S. 1 BGB),
- der Wendung „zur Ausführung der vertraglichen Leistung erforderlich werden" (§ 1 Abs. 4; § 650b Abs. 1 S. 1 Nr. 2 BGB „zur Erreichung des vereinbarten Werkerfolgs notwendig")

streitig sind, **eher gesetzesnahe Vorstellungen** durchsetzen werden.

Die **§§ 650b, 650c, 650d BGB** können **Auswirkungen** nicht nur auf BGB-, 5 sondern auch **auf VOB/B-Verträge** haben. Nach hiesiger Auffassung müssen sich die Bauvertragsparteien bei der Anwendung des § 1 Abs. 3 und Abs. 4 S. 1 und des § 2 Abs. 5 und Abs. 6 von einigen vermeintlich gesicherten Verfahrensweisen und über die letzten Jahrzehnte rechtstheoretisch und rechtspraktisch festgefügten Vorstellungen verabschieden. Mit dem BGB und der VOB/B gibt es – entgegen noch verbreiteter Meinung[2] – eben **nicht zwei unabhängig nebeneinander bestehende Regelungsmaterien,** von denen man sich eine beim Abschluss des Bauvertrages aussuchen kann.[3] Vielmehr gelten im Ausgangspunkt die gesetzlichen Bestimmungen. sodass die Einbeziehung der VOB/B, soweit sie vom Gesetz abweicht, zu einer vertraglichen Modifizierung[4] dispositiver gesetzlicher Vorgaben führt. Zu Recht wird inzwischen wohl überwiegend die Meinung vertreten, dass das VOB/B-Vertragsänderungsrecht nach Inkrafttreten des BGB-Bauvertragsänderungsrechts eine vertragliche Ausgestaltung des Zweitgenannten darstellt.[5] Diese Sicht auf das Verhältnis der VOB/B zum Gesetz wird idR zur Begründung der Anwendbarkeit des § 650d BGB auf VOB/B-Verträge herangezogen → Rn. 157, ohne dass aber weitergehend erörtert wird, ob auch andere der neuen gesetzliche Regelungen mangels entgegenstehender Festlegungen durch das VOB/B-Klauselwerk für VOB/B-Verträge gelten. Bei der insoweit anzustellenden Betrachtung dürfte davon auszugehen sein, dass **nicht** allein deshalb, weil die VOB/B zu zahlreichen Punkten schweigt, die nun gesetzlich normiert sind, die

---

[2] zB Kapellmann NZBau 2017, 635, der die Ansicht vertritt, es bleibe alles beim Alten, wenn die VOB/B unverändert als Ganzes vereinbart werde.

[3] Zum Verhältnis allgemein Beck VOB/B/Sacher/Eimler Einleitung Rn. 110.

[4] zB Kniffka/Jurgeleit/Manteufel BauVertrR § 650d Rn. 8; Kniffka/Koeble/Jurgeleit/Sacher Kompendium BauR/Sacher Teil 12 Rn. 112; Retzlaff BauR 2017, 1814 (1821).

[5] So auch KG NZBau 2021, 523 Rn. 30; KG NZBau 2022, 92 Rn. 107; Rodemann BauR 2024, 3; Oppler NZBau 2021, 514 (515) hält die Sichtweise jedenfalls für diskutabel.

§ 1

neuen gesetzlichen Anforderungen als – schon mit Aufstellen der VOB/B – **antizipiert abbedungen** gelten können. Das teils **rudimentäre und interpretationsbedürftige Bauvertragsänderungskonzept** der §§ 1 Abs. 3 und 4, 2 Abs. 5 und 6 enthält zahlreiche offene Flanken und Lücken, die die Gerichte früher zwecks Schaffung einer den Interessen beider Bauvertragsparteien gerecht werdenden, hinreichend rechtssicheren Regelungssystematik im Wege ergänzender Auslegung durch eine wohlwollende **richterliche Klauselfortbildung** geschlossen haben, in die nun aber mit ergänzender und auffüllender Wirkung das neue gesetzliche Bauvertragsänderungsrecht stößt. Die VOB/B ist als AGB-Klauselwerk kein in sich abgeschlossenes, autonomes Regelungssystem, das gesetzliche Vorschriften, wie sie nun geschaffen wurden, aus sich heraus insgesamt oder in Teilen abbedingen würde. Die prinzipiell auf dieselben Rechtsmaterien bezogenen **Regelungssysteme des BGB und der VOB/B greifen** vielmehr **ineinander.** Das Zusammenspiel von BGB und VOB/B hat sich für das Bauvertragsänderungsrecht erheblich geändert, nachdem dem Gesetz nicht mehr nur in der Anwendung unklare allgemeine Prinzipien für ein kooperatives Zusammenwirken bei einem unabweisbaren Änderungsbedarf entnommen werden können, sondern das Gesetz nun das Recht der bauvertraglichen Vertragsänderung selbst dezidiert regelt. Während §§ 1 Abs. 3 und Abs. 4, 2 Abs. 5 und Abs. 6 früher insbesondere einer am eigenen Regelungsgehalt orientierten (ergänzenden) Auslegung und Wirksamkeitskontrolle zu unterziehen waren, stellen sich nun neue Fragen. Es geht jetzt insbesondere darum, ob die VOB/B-Klauseln dem neuen gesetzlichen Leitbild entsprechen und im Ganzen oder isoliert für einzelne Bestimmungen einer AGB-Kontrolle standhalten (§ 310 Abs. 1 S. 3 BGB), ob ein in Rede stehender Aspekt von der VOB/B unter wirksamer Abbedingung des Gesetzes abschließend geregelt ist und ob und inwieweit Lücken des VOB/B-Vertragsanpassungsrechts, deren Bestehen auf Grundlage der aktuellen Gesetzeslage zu beurteilen ist, durch die neuen gesetzlichen Bestimmungen geschlossen werden. Soweit keine explizite VOB/B-Regelung existiert, gilt das neue Gesetz auffüllend unmittelbar auch für VOB/B-Verträge, falls es mit der Systematik der VOB/B nicht dermaßen kollidiert, dass es als im Vorhinein abbedungen angesehen werden kann. Soweit § 1 Abs. 3 und Abs. 4 S. 1 sowie § 2 Abs. 5 und Abs. 6 von der Rechtsprechung ergänzend ausgelegt wurden, ist das obsolet, soweit Regelungslücken nun durch das Gesetz geschlossen sind.

Es gibt aus naheliegenden Gründen Beharrungskräfte, die die VOB/B unverändert und unabhängig von den neuen gesetzlichen Vorschriften anwenden wollen, nachdem sich die VOB/B als früher alleiniges Regelungskonzept für Nachträge über Jahrzehnte eingespielt und als allgemein anerkanntes Regelwerk etabliert hat. Letztlich kann eine Beibehaltung dieser Stellung der VOB/B aber auch nicht daraus hergeleitet werden, dass sie schon vor dem Inkrafttreten der neuen Gesetzesnormen infolge wohlwollender richterlicher Auslegungen einschließlich durch den Wortlaut teilweise kaum gedeckter Ergänzungen als umfassend funktionierendes Klauselwerk verstanden wurde. AGB-Klauseln und damit auch die VOB/B sind nur insoweit geeignet, gesetzliche Bestimmungen zu modifizieren oder abzubedingen, wie sie unabhängig davon, ob die gesetzlichen Regelungen früher oder später erlassen wurden, einen Aspekt ausgehend vom Klauselwortlaut abweichend vom Gesetz regeln.

6   Beim Abschluss von Bauverträgen nach § 650a BGB, an denen die öffentliche Hand nicht beteiligt ist, und erst recht von Verbraucherbauverträgen nach § 650i BGB sollten die Vertragsparteien aufgrund des zu vielen Punkten noch ungeklär-

ten Verhältnisses von BGB und VOB/B kritisch prüfen, ob die Vereinbarung der VOB/B für sie derzeit sinnvoll ist.[6] Das gesetzliche Bauvertragsrecht umfasst zwar noch nicht alle spezifisch für das Bauen relevanten Regelungsbereiche der VOB/B, mit ua der Änderung des Vertrages jedoch einen sehr wesentlichen Aspekt. Die Vereinbarung der VOB/B kann mit Unsicherheiten und Fehlerquellen verbunden sein. Diese beziehen sich insbesondere auf die AGB-rechtlich wirksame Einbeziehung in den Vertrag, auf das Zusammenspiel der BGB- und der VOB/B-Regelungen und auf die AGB-rechtliche Wirksamkeit einzelner VOB/B-Klauseln, die bei der Verwendung gegenüber einem Unternehmen, einer juristischen Person des öffentlichen Rechts und einem öffentlich-rechtlichen Sondervermögen außerhalb der Privilegierung des § 310 Abs. 1 S. 3 BGB und gegenüber anderen Personen stets zu prüfen ist → Rn. 167. Die Privilegierung entfällt bei jeder – auch nur geringfügigen – Abweichung des Vertrages von der VOB/B. Eine derartige Abweichung wird den Parteien häufig gar nicht bewusst sein, wenn sie im Vertrag irgendwelche Fragen regeln, ohne deren Bezüge zu VOB/B-Klauseln zu bemerken. Im Anwendungsbereich der VOB/A ist die Vergabe auf Grundlage der VOB/B nach § 8a Abs. 1 VOB/A vorgeschrieben.[7] Auch insoweit kann die Rechtfertigung für die Anwendung eines vom Gesetz abweichenden Sonderrechts in Gestalt der VOB/B in Zukunft einmal entfallen, wenn das BGB-Bauvertragsrecht zu einer umfassend bauspezifischen Regelung ausgebaut wird. Zurzeit müssen die Parteien im Anwendungsbereich der VOB/A mit den Unsicherheiten zurechtkommen, soweit die Beziehung des BGB- zum VOB/B-Bauvertragsrecht noch ungeklärt ist.

Aufgrund dieser Problematik wäre es sinnvoll gewesen, wenn der **Deutsche** 7 **Vergabe- und Vertragsausschuss für Bauleistungen (DVA)** zügig daran gegangen wäre, die Klauseln der VOB/B an die neue Rechtslage anzupassen und damit die Rechtsunsicherheiten, die insbesondere für seit dem 1.1.2018 geschlossene VOB/B-Verträge bestehen, zu begrenzen. Der Hauptausschuss Allgemeines (HAA) des DVA hat jedoch am 18.1.2018 und erneut am 13.11.2018 den Beschluss gefasst, die VOB/B zunächst unverändert zu lassen und die weitere Entwicklung zum BGB-Bauvertrag in der Fachwelt und der Rechtsprechung zu beobachten. An dieser abwartenden Haltung hat er bis heute festgehalten → näher dazu Rn. 86.

B. Das vereinbarte Bausoll (§ 1 Abs. 1 und 2)

§ 1 Abs. 1 S. 1 hat keinen eigenständigen Regelungsgehalt, sondern formuliert 8 die zivilrechtliche Selbstverständlichkeit, dass die auszuführende Leistung nach Art und Umfang durch den Vertrag bestimmt wird. Das Zustandekommen und die Wirksamkeit – selbstverständlich auch eines VOB-Vertrages – richten sich nach den allgemeinen Bestimmungen der §§ 104 ff. BGB → Rn. 9 ff. Die zum Vertragsschluss führenden Willenserklärungen sind, falls die Parteien eine Erklärung nicht übereinstimmend abweichend verstanden haben, gemäß den allgemeinen Grundsätzen der §§ 133, 157 BGB danach auszulegen, wie der Erklärungsempfänger die Erklärung von seinem objektivierten Empfängerhorizont aus unter Berücksichtigung der von ihm – auch bautechnisch – erwartbaren Kenntnisse

---

[6] Dazu auch Pioch NZBau 2024, 64 ff.
[7] Kritisch dazu Opitz NZBau 2024, 250.

nach Treu und Glauben unter Berücksichtigung der Verkehrssitte verstehen musste → Rn. 38 ff. § 1 Abs. 1 S. 2 bestimmt, dass zum Vertragsinhalt auch die Allgemeinen Technischen Vertragsbedingungen für Bauleistungen (VOB/C) gehören → Rn. 60 ff. Unter § 1 Abs. 2 werden – ohne Anspruch auf Vollständigkeit – weitere in Betracht kommende Vertragsbestandteile genannt, wobei vorgegeben wird, welcher Vertragsteil einem anderen bei Widersprüchen im Vertrag vorgehen soll → Rn. 66 ff.

I. Zustandekommen und Wirksamkeit des Bauvertrages

9   Für das Zustandekommen und die Wirksamkeit des Bauvertrages gelten die **allgemeinen Regeln des BGB.** Daneben hat der Gesetzgeber, wie im Folgenden darzustellen sein wird, einige besondere Vorschriften erlassen, die speziell für den Bauvertrag relevant sind. Hinzu kommt, dass bei der Anbahnung und dem Abschluss von Verträgen mit öffentlichen Auftraggebern vergaberechtliche Vorgaben zu beachten sind, die das Vorgehen des Ausschreibenden und der Bieter zwar verfahrensmäßig in ein vergaberechtliches Korsett zwingen, jedoch unbeschadet des Umstandes, dass der Vertrag durch zwei sich deckende Willenserklärungen zustande kommt → Rn. 13, ohne dass ein Verstoß gegen das Vergaberecht in der Regel unmittelbar die Wirksamkeit des Vertrages berührt → Rn. 30.

10   **1. Angebot und Annahme.** Nach allgemeinen Regeln kommt der Bauwerkvertrag durch **Angebot und Annahme** zustande, wobei sich die **Annahmefrist** unter Berücksichtigung der für Bauverträge allgemein üblichen oder im Einzelfall bestehenden Gegebenheiten nach § 147 BGB bemisst, es sei denn, sie ist im Angebot ausdrücklich benannt oder im Vorfeld vereinbart worden. Vielfach wird von einer Annahmefrist von maximal drei bis vier Wochen ausgegangen.[8] Lässt sich eine Partei in einer von ihr vorformulierten AGB-Klausel eine unangemessen lange Annahmefrist einräumen[9] oder ist die Klausel nicht hinreichend bestimmt,[10] führt die Unwirksamkeit der Klausel zu einer Annahmefrist nach § 147 Abs. 2 BGB.

11   Unterbreitet eine Partei zu einzelnen Vertragspassagen ein **Gegenangebot**, ist davon auszugehen, dass sie die anderen Passagen des Ausgangsangebotes in ihr Gegenangebot aufnehmen will, falls sich nicht aus den Umständen etwas anderes ergibt.[11] **Nimmt ein Vertragspartner das Angebot** des anderen **nur unter Änderungen an,** stellt dies einen neuen Antrag dar, der zwecks Zustandekommen des Vertrages seinerseits einer einschränkungslosen Annahme bedarf, § 150 Abs. 2 BGB.[12] Das gilt auch dann, wenn die Abweichungen unwesentlich sind.[13] Beginnt der Auftragnehmer mit den Arbeiten, ohne einer modifizierten Annahmeerklärung des Auftraggebers zu widersprechen, stellt dies in der Regel die Annahme des neuen Angebotes dar. Ein Vertrag kommt jedoch mit dem Inhalt des ursprünglichen Angebotes zustande, wenn der **Annehmende seinen abweichenden Vertragswillen nicht so deutlich zum Ausdruck bringt,** dass er

---

[8] Grüneberg/Ellenberger § 147 Rn. 6; OLG Schleswig NZBau 2023, 668.
[9] BGH NZBau 2014, 282 Rn. 11 (zum Bauträgervertrag).
[10] OLG Düsseldorf BauR 2014, 110.
[11] BGH NJW 2015, 2584 Rn. 53.
[12] Ausnahmen von § 150 Abs. 2 BGB gelten bei sich widersprechenden AGB Grüneberg/Grüneberg BGB § 305 Rn. 54.
[13] OLG Frankfurt a. M. IBR 2018, 305.

davon ausgehen kann, der Anbietende bemerke den abweichenden Willen, und der Anbietende den abweichenden Willen auch tatsächlich nicht erkennt. Das kommt etwa in Betracht, wenn der Annehmende eine Abweichung vom Angebot mit demselben Schriftbild in den Text der dem Angebot ansonsten entsprechenden Annahmeerklärung einfügt, dadurch bewusst oder unbewusst den Anschein einer Identität von Angebot und Annahme erweckt und auch aus den sonstigen Umständen, zB dem Begleitschreiben, – ausgehend von der vom Erklärungsempfänger zu erwartenden Sorgfalt – der Änderungswille des Annehmenden nicht hinreichend deutlich hervorgeht.[14] Zu beachten ist außerdem, dass auch ein Bauvertrag nach den Regeln über das **Schweigen auf ein kaufmännisches Bestätigungsschreiben** zustande kommen[15] oder geändert[16] werden kann. Das gilt selbst dann, wenn mit dem Bestätigungsschreiben eine Gegenbestätigung erbeten wurde, diese ersichtlich aber keine konstitutive Bedeutung mehr haben, sondern lediglich den Zugang beweisen sollte.[17] Das **Schweigen** eines Kaufmanns **auf ein Angebot** zum Abschluss eines Bauvertrages gilt hingegen nicht als Annahme, weil es nicht um eine Geschäftsbesorgung iSv § 362 HGB geht.[18] Für den Zugang einer versandten E-Mail streitet nach weiterhin überwiegender Auffassung kein Anscheinsbeweis.[19]

Die allgemeinen Vorschriften gelten auch für den Vertragsschluss über eine **Internetplattform**. **Handwerkerbörsen** sind zumeist so ausgerichtet, dass derjenige, der eine Handwerkerleistung zu vergeben hat, die gewünschte Leistung möglichst detailliert darstellt und an dem Auftrag interessierte Handwerker verbindliche Angebote abgeben, wobei sie sich gegenseitig unterbieten können. Der Vertrag kommt zustande, wenn der Auftraggeber eines der Angebote annimmt, wobei ihm die von den Portalen aufgestellten Rahmenbedingungen idR freie Hand lassen, so dass er sich nicht zwangsläufig allein am günstigsten Preis orientieren muss. Teilweise ist dies aber auch anders in der Weise geregelt, dass der Auftraggeber den preisgünstigsten Anbieter beauftragen muss bzw. der Vertrag direkt mit diesem zustande kommt, weil der Auftraggeber mit der Einstellung seines Leistungswunsches vorweg die Annahme des preisgünstigsten Angebotes erklärt. Auf derartige Handwerkerbörsen sollte ein potentieller Auftraggeber besser nicht zugreifen, weil er damit Gefahr läuft, an einen unseriösen Anbieter zu geraten, ohne dass er den Vertragsschluss verhindern kann. Er müsste schon darlegen, dass das Angebot aus bestimmten Gründen – etwa wegen Verstoßes gegen gesetzliche Vorschriften oder wegen Sittenwidrigkeit – nichtig ist, dass das Angebot nach den Bedingungen der Internetplattform ausgeschlossen ist oder dass die Allgemeinen Geschäftsbedingungen der Internetplattform, die ihm eine freie Auswahl des Handwerkers oder die Entscheidung, von einer Auftragsvergabe ganz abzusehen, verwehren, auch im Verhältnis zu den Anbietern unwirksam sind.

2. Vertragsschluss beim öffentlichen Vergabeverfahren. Die allgemeinen zivilrechtlichen Voraussetzungen für das Zustandekommen eines Vertrages gelten auch für den Fall, dass ein Bauvertrag im Zuge eines nach der VOB/A durchzuführenden **öffentlichen Vergabeverfahrens** geschlossen wird. Der Bieter gibt mit

---

[14] BGH NJW 2014, 2100 Rn. 17 f.; NZBau 2017, 559 Rn. 15.
[15] OLG Dresden IBR 2014, 589; OLG Celle IBR 2022, 281.
[16] OLG Celle IBR 2022, 281.
[17] OLG Frankfurt IBR 2019, 698.
[18] OLG München IBR 2024, 163.
[19] zB OLG Rostock IBR 2024, 320.

§ 1

seinem Gebot ein Angebot ab, dass der Ausschreibende mit dem Zuschlag annimmt. Erfolgt der Zuschlag allerdings erst nach Ablauf einer in der Ausschreibung genannten **Zuschlags- und Bindefrist,** handelt es sich gemäß § 150 Abs. 1 BGB um einen neuen Antrag, den der Bieter zwecks Zustandekommens eines Vertrages annehmen muss.[20] Wird der **Zuschlag** rechtzeitig aber **mit Änderungen erteilt,** indem zB ohne Grundlage in der Ausschreibung einzelne Leistungen verändert,[21] hinzugefügt oder gestrichen werden, handelt es sich gemäß § 150 Abs. 2 BGB ebenfalls um ein neues Angebot (s. auch § 18 Abs. 2 VOB/A), das zwecks Zustandekommen des Vertrages der Annahme durch den Auftragnehmer bedarf.[22] Das gilt auch für die Änderung von Ausführungsfristen. In der Regel darf der Bieter allerdings davon ausgehen, dass der Auftraggeber angesichts des vergaberechtlichen Nachverhandlungsverbotes mit dem Zuschlag nicht von dem auf der Ausschreibung basierenden Gebot abweichen will. So nimmt der BGH auch für den Fall, dass **Ausführungsfristen zum Zeitpunkt des Zuschlages bereits überholt** sind, an, dass der Zuschlag mit den bereits überholten Fristen erteilt wird und die insoweit bestehende Vertragsunstimmigkeit in einem zweiten Schritt durch eine ergänzende Vertragsauslegung zu schließen ist, wobei dem Auftragnehmer wegen der Vertragsänderung entsprechend § 2 Abs. 5 eine angepasste Vergütung zustehen kann.[23] Der Vertrag soll mit dem Zuschlag im Zweifel selbst dann zunächst mit dem Inhalt der Ausschreibung zustande kommen, wenn der Auftraggeber im Zuschlagsschreiben eine neue Bauzeit nennt[24] oder ankündigt, in Kürze neue Termine mitzuteilen,[25] weil damit in der Regel lediglich Verhandlungen über die Anpassung bereits überholter Fristen angekündigt würden. Kommt im Zuschlagsschreiben allerdings klar und eindeutig zum Ausdruck, dass eine neue Bauzeit verbindlich vorgegeben werden soll, handelt es sich um ein neues Angebot, das der erneuten Annahme durch den Bieter bedarf.[26]

Gibt der Bieter ein Gebot ab, das von der Ausschreibung dem Wortlaut nach oder inhaltlich abweicht, ist er damit gemäß den Vergabevorschriften auszuschließen, es sei denn, dass die Ausschreibung unklar und das Verständnis des Bieters vertretbar ist.[27] Auch ein ungewöhnlich niedriges Gebot kann nach den für das öffentliche Vergabeverfahren maßgeblichen Vorschriften zu einem Angebotsausschluss führen. Der Zuschlag auf ein als irrtümlich erkanntes Gebot kann rechtsmissbräuchlich sein → Rn. 30, 57.

14 **3. Form des Abschlusses und der Änderung eines Bauvertrages.** Eine Einigung über das Zustandekommen und die Änderung eines Bauvertrages ist grundsätzlich formfrei möglich. Etwas anderes gilt für bestimmte Konstellationen und Vertragstypen sowie für gemäß § 650b BGB **einseitig angeordnete Änderungen,** für die Absatz 2 S. 1 – nach hiesiger Ansicht auch mit Wirkung für VOB/B-Verträge → Rn. 97 ff. – die **Textform** vorsieht.

---

[20] zB OLG Dresden IBR 2019, 301.
[21] Zu vermeintlich geringfügigen Änderungen OLG Celle NZBau 2023, 350.
[22] BGH NZBau 2012, 694 Rn. 15.
[23] BGH NZBau 2009, 370 Rn. 49; NZBau 2009, 771 Rn. 21; NZBau 2010, 102 Rn. 13; NZBau 2015, 220 Rn. 25 zum Baukonzessionsvertrag; NZBau 2018, 459 Rn. 15.
[24] BGH NZBau 2010, 628 Rn. 31.
[25] BGH NZBau 2011, 503 Rn. 18.
[26] BGH NZBau 2020, 570 Rn. 23.
[27] zB VK Westfalen IBR 2024, 35.

a) **Verbraucherbauvertrag.** Für den Abschluss eines **Verbraucherbauvertrages** iSv § 650i Abs. 1 BGB, der die Gesamtbeauftragung eines Unternehmers mit dem Bau eines neues Gebäudes oder mit erheblichen Umbaumaßnahmen an einem bestehenden Gebäude voraussetzt, wofür nach der Rechtsprechung des BGH weder ausreicht, dass die Baumaßnahme gewerkeweise an mehrere Unternehmer[28] noch dass sie sukzessive nach und nach an einen Unternehmer[29] vergeben wird (Ausnahme § 650o BGB), schreibt das Gesetz gemäß § 650i Abs. 2 BGB die Einhaltung der **Textform** nach § 126b BGB vor. Wird diese Form nicht gewahrt, ist der Vertrag nach § 125 BGB unwirksam, ohne dass das Gesetz Heilungsmöglichkeiten vorsieht.[30] Soweit der Unternehmer die ihm nach § 650j BGB, Art. 249 § 1 EG BGB auferlegte Pflicht verletzt, dem Verbraucher eine Baubeschreibung in Textform zu übergeben, führt dies hingegen nicht zur Formunwirksamkeit des Vertrages. Dem Verbraucher kann jedoch ein Schadensersatzanspruch nach §§ 280 Abs. 1, 241 Abs. 2, 311 Abs. 2 BGB wegen einer vorvertraglichen Pflichtverletzung des Unternehmers zustehen. Teilweise wird auch angenommen, in entsprechender Anwendung des § 650k Abs. 2 S. 2 BGB gingen bei unterbliebener Übergabe einer Baubeschreibung Zweifel bei der Auslegung des Vertrages zu Lasten des Unternehmers.[31]

14a

b) **Bauträgervertrag und andere auf einen Grundstückserwerb gerichtete Verträge.** Der nun in § 650u Abs. 1 BGB definierte **Bauträgervertrag** und seine Änderung bedürfen gemäß § 311b Abs. 1 BGB insgesamt, also einschließlich einer im Regelfall[32] aufgestellten Baubeschreibung, der **notariellen Beurkundung,** weil er neben der Errichtens- oder Umbauverpflichtung die Verpflichtung des Unternehmers enthält, dem Besteller das Eigentum an dem Grundstück zu übertragen oder ein Erbbaurecht zu bestellen oder zu übertragen. Ein Formverstoß wird gemäß § 311b Abs. 1 S. 2 BGB geheilt, sobald die Auflassung und die Eintragung ins Grundbuch erfolgen. Auch **andere Bauerrichtungsverträge** müssen notariell beurkundet werden, wenn der Errichtungsvertrag mit einem Vertrag, durch den sich ein Teil verpflichtet, das Eigentum an einem Grundstück zu übertragen oder zu erwerben – seien beide Verträge auch äußerlich selbständig geschlossen – eine rechtliche Einheit in dem Sinne bildet, dass die Verträge nach dem Willen der Parteien dermaßen verknüpft sind, dass sie miteinander „stehen und fallen sollen",[33] also ein beiderseitiges Abhängigkeitsverhältnis der Verträge bestehen soll. Das Formbedürfnis des Bauvertrages besteht bei nur einseitiger Abhängigkeit eines der beiden Verträge vom anderen Vertrag nur dann, wenn das Grundstücksgeschäft an den Abschluss des Bauvertrages geknüpft ist, nicht jedoch bei lediglich umgekehrter Abhängigkeit des Bauvertrages vom Grundstücksgeschäft.[34] Lassen die Parteien des Bauträgervertrages bewusst eine nicht gewollte Regelung, wie zB einen zu niedrigen Preis, beurkunden, sind die beurkundete Fassung gemäß § 117 Abs. 1 BGB als Scheingeschäft und die gewollte Fassung gemäß §§ 117 Abs. 2, 125 S. 1 BGB wegen Formmangels nichtig. Ist ihnen die Abweichung zwischen dem Erklärungstext und dem tatsächlich Gewollten hinge-

15

---

[28] BGH NZBau 2023, 375 Rn. 20.
[29] BGH NZBau 2024, 213 Rn. 24.
[30] Omlor NJW 2018, 817 (819); Retzlaff BauR 2017, 1832.
[31] So Retzlaff BauR 2017, 1835; anders Omlor NJW 2018, 817 (819).
[32] Zu Ausnahmen OLG Oldenburg IBR 2024, 296.
[33] BGH NZBau 2002, 502 Rn. 12 ff.
[34] BGH NZBau 2011, 154 Rn. 8; OLG Braunschweig IBR 2024, 3.

gen nicht bewusst, weil sie zB versehentlich nicht den letzten Verhandlungsstand in den zu beurkundeten Text aufgenommen haben, ist das übereinstimmend Gewollte nach den Grundsätzen der **falsa demonstratio non nocet** selbst dann formwirksam vereinbart, wenn sich aus dem Vertragstext keine Andeutung für das tatsächliche Gewollte ergibt.[35] Veranlasst der Bauträger seinen Vertragspartner – etwa, weil die geplante Bauausführung noch nicht genehmigt ist – zur Beurkundung einer tatsächlich nicht gewollten Ausführung, kann er sich nach Treu und Glauben uU nicht auf die Nichtigkeit berufen,[36] es sei denn, dass der Vertrag auch aus anderen Gründen, zB wegen eines Verstoßes gegen das SchwArbG, unwirksam ist.

16 **c) Andere Bauverträge, gewillkürte Formbedürftigkeit.** Einer besonderen Form bedarf der Bauwerkvertrag ansonsten grundsätzlich nicht, es sei denn die Parteien haben die Einhaltung einer bestimmten **Form als Wirksamkeitsvoraussetzung** und nicht nur zu Beweiszwecken **vereinbart**, § 154 Abs. 2 BGB. Ein als konstitutiv vereinbartes Formerfordernis können die Parteien nicht nur auf den **Vertragsschluss,** sondern auch auf die spätere **Vereinbarung von Vertragsänderungen** beziehen. Das gewillkürte Formerfordernis wird aber in der Regel konkludent dadurch aufgehoben, dass sich die Parteien – ohne Einhaltung der Form – über einen Vertragsschluss oder eine Vertragsänderung einigen. Geht es um eine AGB-Klausel, gilt das – auch im Falle einer qualifizierten Schriftformklausel – wegen des Vorrangs der Individualabrede, § 305b BGB,[37] auch dann, wenn die Parteien bei der Änderung des Vertrages nicht an die vereinbarte Schriftform gedacht haben.[38] Handelt es sich allerdings um eine individualvertraglich vereinbarte qualifizierte Schriftformklausel in dem Sinne, dass nicht nur für die sachliche Einigung, sondern zusätzlich auch für die Aufhebung des Schriftformerfordernisses die Schriftform vereinbart ist, bedarf es einer bewussten Abweichung der Parteien von der qualifizierten Schriftformklausel[39] und damit – bezogen auf die konkret beabsichtigte Vereinbarung – ihrer willentlichen Aufhebung, die jedoch ebenfalls konkludent und formlos erfolgen kann.[40] Da zudem die nachträgliche Berufung auf die vereinbarte Form im Einzelfall wegen Verstoßes gegen Treu und Glauben (§ 242 BGB) unbeachtlich sein kann, wird das unschöne, aber gleichwohl nicht seltene prozessuale Verteidigungsvorbringen, man habe sich zwar mündlich auf eine Vertragsänderung geeinigt, die Vereinbarung sei aber mangels Einhaltung der **gewillkürten Form** unwirksam, kaum einmal Erfolg haben können. Eine AGB-Klausel, die bei Nichteinhaltung der vereinbarten Form nicht nur einen vertraglichen, sondern auch jeglichen anderen Anspruch versagen soll, ist ohnehin unwirksam.[41] Eine Formvereinbarung ist von einer – AGB-rechtlich unbedenklichen – Klausel zu unterscheiden, die eine **Vollmacht** des Architekten

---

[35] Staudinger/Hertel § 125 Rn. 85.
[36] KG IBR 2020, 348 = BeckRS 2019, 45951.
[37] Im Übrigen ist das Abhängigmachen einer zusätzlichen Vergütung von einer schriftlichen Beauftragung durch AGB gemäß § 307 BGB unwirksam, BGH NZBau 2004, 146 Rn. 32; NZBau 2005, 148 Rn. 14.
[38] BGH NJW 2006, 138 Rn. 17; OLG Brandenburg IBR 2019, 119 = BeckRS 2018, 33172.
[39] BGH GuT 2004, 117 Rn. 20; NJW 2006, 138 Rn. 17.
[40] Enger OLG Koblenz IBR 2015, 650.
[41] BGH NZBau 2004, 146 Rn. 34; NZBau 2005, 148 Rn. 14.

oder Bauleiters nur für Erklärungen vorsieht, die unter Einhaltung einer näher bestimmten Form abgegeben werden → Rn. 18.

Eine **AGB**, die für das **einseitige Anweisungsrecht des Auftraggebers nach § 1 Abs. 3 und Abs. 4 S. 1** die **Textform** vorsieht, ohne einschließlich § 2 Abs. 8 jegliche Ansprüche des Auftragnehmers, der Anweisungen trotz des Formmangels ausführt, auszuschließen, ist wirksam, weil sie dem neuen gesetzlichen Leitbild des § 650b Abs. 2 S. 1 BGB entspricht. Nach hiesiger Ansicht gilt die Textform, die als gesetzliches Formerfordernis schon nicht dispositiv sein dürfte,[42] ohnehin von Gesetzes wegen auch für das auf VOB/B-Verträge bezogene Anweisungsrecht → Rn. 97 ff. Die Textform erfordert eine lesbare Erklärung auf einem dauerhaften Datenträger. Sieht eine AGB für Anweisungen statt der gesetzlichen Textform die **Schriftform** vor, dürfte das keine wesentliche, zur AGB-rechtlichen Unwirksamkeit führende Abweichung vom gesetzlichen Leitbild darstellen. Die Abgabe von Erklärungen unter Einhaltung der gesetzliche Textform nach § 126b BGB und unter Einhaltung einer gewillkürten Schriftform nach §§ 126, 127 BGB unterscheiden sich vom Aufwand her eher geringfügig. Beide Formen dienen auch in ähnlicher Weise der Dokumentation und Beweisbarkeit. Da ein gewillkürtes Schriftformerfordernis die niedere Form[43] des gesetzlichen Textformerfordernisses[44] nicht verwässert, sondern auf – eher geringfügige – zusätzliche Anforderungen zielt, dürfte auch kein Verstoß gegen eine nicht dispositive Formvorschrift gegeben sein. Wird dagegen vereinbart, dass statt der gesetzlich bestimmten Textform Formfreiheit herrschen soll, dürfte die Abrede wegen Verstoßes gegen eine wohl als unabänderbar zu bewertende Gesetzesnorm unwirksam sein → Rn. 97d. Im Falle einer AGB kann die Unwirksamkeit dann auch aus dem Verstoß gegen ein gesetzliches Leitbild folgen.

Im Falle der **gewillkürten Schriftform** ist gemäß § 127 Abs. 2 BGB, soweit nicht ein anderer Wille anzunehmen ist, auch eine telekommunikative Übermittlung ausreichend. Demnach werden eine **E-Mail, ein Fax oder eine SMS** für möglich gehalten, ebenso wie bei der Textform nicht jedoch eine Nachricht über einen **Messenger-Dienst** wie zB WhatsApp, weil eine solche hinter der im Geschäftsverkehr einem Brief zuerkannten Bedeutung deutlich zurückbleibe, noch nach dem Versand der Zugriffsmöglichkeit des Absenders unterliege und auch nicht ohne Weiteres ausgedruckt und abgespeichert werden könne.[45] Das gilt auch, soweit die gewillkürte Schriftform infolge der Einbeziehung der VOB/B, die rechtstechnisch ein AGB-Klauselwerk darstellt, für bestimmte Erklärungen vorgesehen ist, wie zB gemäß § 8 Abs. 5 für die Kündigung.

Unabhängig von einer Formbedürftigkeit des Bauvertrages und seiner Änderung ist in jedem Fall davon abzuraten, den Vertrag nur mündlich zu schließen oder zu ändern. Kommt es später zum Streit über den Inhalt der beiderseitigen Vertragspflichten, bemerken die Parteien häufig erst zu spät, wie wichtig schriftliche oder textliche Vereinbarungen mit einer klaren, unmissverständlichen Regelung des Bausolls einschließlich der dafür zu zahlenden Vergütung, der Zuordnung der absehbaren bauablaufbeeinflussenden Risiken und aller anderen relevanten

---

[42] Insoweit auch Kniffka/Jurgeleit/von Rintelen BauVertrR § 650b Rn. 166 unter Bezugnahme auf die allgemeinen Ausführungen bei MüKoBGB/Einsele § 125 Rn. 57.
[43] Staudinger/Hertel § 125 Rn. 8.
[44] Zu den Anforderungen VK Westfalen IBR 2024, 186.
[45] OLG Frankfurt NZBau 2024, 270; Bolz ZfBR 2024, 189; Rehbein IBR 2024, 1034 (nur online).

Fragen gewesen wäre, um einen einvernehmlichen Bauablauf zu gewährleisten und einer häufig langwierigen und teuren rechtlichen Auseinandersetzung vorzubeugen.

17 **4. Vertretung beim Abschluss und der Änderung des Vertrages.** Bei einem **unternehmensbezogenen Geschäft** geht der Wille der Beteiligten im Zweifel dahin, dass der Vertrag mit dem Inhaber des Unternehmens zustande kommt. Das gilt auch dann, wenn der Vertragspartner die für das Unternehmen auftretende Person unrichtigerweise für den Inhaber hält, weil sie nicht deutlich gemacht hat, im fremden Namen handeln zu wollen. Sie haftet dann aber ggf. nach Rechtsscheingrundsätzen neben dem Unternehmen.[46]

Wird der Auftraggeber beim Abschluss oder bei der Änderung eines Bauvertrages, zB im Falle des § 1 Abs. 3 oder 4, durch einen Dritten, etwa seinen **Architekten**, vertreten, stellt sich die Frage, ob eine entsprechende **Vollmacht** bestand. Architekt und Auftragnehmer stehen in häufigem Kontakt über die Umstände des Bauablaufs und vor Ort während der Bauphase zu regelnder Fragen. Dabei werden die Kompetenzgrenzen des Architekten und **Bauleiters** immer wieder verkannt. Nach allgemeiner Ansicht ist er zwar **Sachwalter des Auftraggebers,** jedoch im Wesentlichen **beschränkt auf den technischen Bereich.** Er ist dagegen **nicht schon originär kraft seines Amtes** zur Abgabe oder zur Entgegennahme von rechtsgeschäftlichen Willenserklärungen **bevollmächtigt.** Soweit ihm der Auftraggeber nicht eigens Vollmacht erteilt hat, ist er zu dessen Vertretung nicht berechtigt. Die Tatsache, dass er im Rahmen seiner technischen Überwachungsaufgaben Ausführungsmängel rügt und die Nachbesserung überwacht, lässt den Schluss auf eine rechtsgeschäftliche Vertretungsmacht nicht zu.[47] Eine konkludent erteilte Vollmacht oder eine Anscheinsvollmacht wird allerdings in der Regel anzunehmen sein, soweit **Gefahr im Verzug** ist, weil Leistungen unaufschiebbar dringend und zur Abwendung einer Gefahr für den Auftraggeber zwingend geboten sind (zB Rohrbruch oder Eindringen von Oberflächenwasser), oder wenn es sich um **kleinere, wirtschaftlich nicht ins Gewicht fallende Nachträge**[48] handelt,[49] über die vor Ort kurzfristig zwecks geordneter Fortführung der Bauarbeiten entschieden werden muss und die somit in engem Zusammenhang mit der technischen Bauaufsicht stehen.

18 Ansonsten kann von einer **Vollmacht des Architekten und Bauleiters nur bei einer eindeutig erklärten Befugnis** ausgegangen werden und dann im Zweifel auch nur im Umfang der üblicherweise zum Zwecke der Bauausführung erforderlichen rechtsgeschäftlichen Erklärungen.[50] Dazu reicht im Zweifel nicht, dass der Architekt zur „Wahrnehmung der Rechte des Auftraggebers" berechtigt sein soll oder pauschal als dessen Vertreter oder Sachwalter vor Ort bezeichnet wird. Wenn sich nicht aus den konkreten Umständen etwas anderes ergibt, sind derartige Erklärungen als auf den technischen Bereich der Planung und Bauaufsicht bezogen zu verstehen. Die Bezeichnung als „Ansprechpartner für alle vertragsrelevanten Erklärungen" darf hingegen als Bevollmächtigung auch zur Erteilung von Nachträgen verstanden werden.[51] Wird dem Architekten eine Vollmacht

---

[46] BGH NJW 2012, 3308 Rn. 10.
[47] OLG Köln IBR 2023, 6 = BeckRS 2022, 58315.
[48] Dazu BGH NJW 1978, 1631.
[49] OLG Celle BauR 2018, 139; OLG Brandenburg NZBau 2017, 417 Rn. 19.
[50] BGH NZBau 2002, 571 Rn. 24.
[51] OLG Dresden IBR 2019, 479 = BeckRS 2018, 47669.

erteilt, kann diese wirksam – ohne Kundgebung nach außen – auf bestimmte Bereiche beschränkt werden, wobei im Falle einer Vollmachtüberschreitung jedoch näher zu prüfen ist, ob die Grundsätze zur Duldungs- oder Anscheinsmacht einschlägig sind. Die Vollmacht kann, selbst wenn sie mittels AGB erteilt wird, dahin beschränkt werden, dass der Architekt **nur zu schriftlichen oder textlichen Vereinbarungen ermächtigt** ist, weil der Auftraggeber ein berechtigtes Interesse an einer klaren Nachvollziehbarkeit der für ihn abgegebenen Erklärungen hat → Rn. 99. Um eine echte Vollmachtbeschränkung handelt es sich ohnehin nicht, soweit schon das Gesetz – etwa für einseitige Änderungsanweisungen nach § 650b BGB – eine besondere Form vorsieht → Rn. 16, 97 ff. (zum durch AGB vorgesehenen Formerfordernis für Erklärungen der Vertragsparteien selbst → Rn. 16).

Eine **Duldungs- oder Anscheinsvollmacht des Architekten** kann – abgesehen von eher unwesentlichen oder unaufschiebbaren Erklärungen, die einem Architekten üblicherweise überlassen werden – nur angenommen werden, wenn der Auftraggeber ein Auftreten des Architekten im rechtsgeschäftlichen Bereich duldet oder jedenfalls hätte erkennen und verhindern können und sich der Auftragnehmer auf den so gesetzten Rechtsscheintatbestand verlassen durfte. Dazu reicht nicht, dass der Auftraggeber dem Architekten die Einholung von Angeboten überlässt oder dieser bei Verhandlungen lediglich unterstützend anwesend ist.[52] Etwas anderes kommt in Betracht, wenn der Auftraggeber bereits vor seiner strittigen Vertretung anderes rechtsgeschäftliches Handeln des Architekten hingenommen hat[53] oder der Auftraggeber den Architekten zu einer Baubesprechung entsendet, bei der nach dem objektiv gerechtfertigten Verständnis des Auftragnehmers unmittelbar auch rechtsgeschäftliche Dinge zu regeln sind.[54] Das gilt ebenso, wenn ein Vertragspartner einen **Mitarbeiter** zu einem Termin entsendet, bei dem auch rechtsgeschäftliche Fragen abschließend geklärt werden sollen.[55] Auf eine Vollmacht kann aber nicht allein deshalb geschlossen werden, weil ein Mitarbeiter laut einem im Internet eingestellten **Organigramm** oder gemäß anderen durch ein Unternehmen veranlassten Informationen in gehobener Positionen tätig ist, solange diese Position nicht eindeutig mit einer rechtsgeschäftlichen Befugnis verbunden ist.[56] Sind nach den objektiven Gegebenheiten Zweifel an einer Vollmacht angezeigt, muss beim Vertretenen nachgefragt werden.[57]

Problematisch kann auch sein, inwieweit ein **Ehepartner** an rechtsgeschäftliche Erklärungen des anderen Ehepartners gebunden ist. Falls der Vertragspartner eine Vollmacht nicht beweisen kann, kommt entsprechend den oben ausgeführten Kriterien auch in dieser Konstellation eine Anscheins- oder Duldungsvollmacht in Betracht. Außerdem kann sich eine Haftung des zweiten Ehepartners aus § 1357 Abs. 1 S. 2 BGB ergeben, wobei die dafür bestehende Voraussetzung, dass es sich um ein Geschäft zur angemessenen Deckung des Lebensbedarfs der Familie han-

---

[52] OLG Brandenburg BauR 2012, 545.
[53] KG BauR 2008, 97; OLG Karlsruhe IBR 2018, 432; OLG Köln IBR 2019, 118 = BeckRS 2017, 152357; OLG Oldenburg 8.11.22 – 2 U 10/22.
[54] BGH NZBau 2011, 303 Rn. 18; OLG Zweibrücken IBR 2020, 288 = BeckRS 2017, 160097; OLG Frankfurt IBR 2022, 500 = BeckRS 2020, 59263.
[55] OLG München IBR 2022, 462.
[56] OLG München IBR 2021, 613 = BeckRS 2021, 2998.
[57] OLG Bamberg IBR 2024, 55.

delt, von der Rechtsprechung im Einzelfall auch für Bauaufträge im Wert von mehreren 10.000 € bejaht wird.[58]

20 Hat der Architekt oder eine andere Person ohne Vollmacht gehandelt, wird man eine gegenüber dem Unternehmer oder gegenüber dem vollmachtlosen Vertreter durch Abgabe einer einseitigen empfangsbedürftigen Willenserklärung mögliche **Genehmigung des vollmachtlosen Handelns** durch den Auftraggeber nach § 177 Abs. 1 BGB zB darin sehen können, dass er eine ihm zugutekommende Bauleistung bemerkt und billigend entgegennimmt,[59] eine (Abschlags-)Rechnung akzeptiert, durch die er von der ausgeführten Leistung erfährt,[60] auf ein Abnahmeverlangen des Unternehmers eingeht oder dem vollmachtlosen Vertreter gegenüber sein Einverständnis zum Ausdruck bringt. Erforderlich ist allerdings stets ein (potentielles) Genehmigungsbewusstsein, das das Wissen des Auftraggebers voraussetzt, dass jemand in seinem Namen eine Vertragserklärung abgegeben hat und sein Verhalten deshalb als Genehmigung verstanden werden kann. Hat der vollmachtlose Vertreter eine einseitige Anordnung nach § 1 Abs. 3 oder Abs. 4 S. 1 getroffen, ist § 180 BGB zu beachten. Ansprüche des Unternehmers gegen den Bauherrn können sich auch aus § 2 Abs. 8 ergeben. **Verweigert der Bauherr die Genehmigung,** kann der Unternehmer den vollmachtlosen Architekten gemäß § 179 Abs. 1 BGB auf Erfüllung oder Schadensersatz in Anspruch nehmen, falls nicht der Unternehmer angesichts des Umstandes, dass ein Architekt nicht schon von Amts wegen bevollmächtigt ist, den Mangel der Vertretungsmacht im Einzelfall hätte erkennen müssen, § 179 Abs. 3 S. 1 BGB.

21 **5. Vertretung öffentlich-rechtlich verfasster Rechtsträger.** Besondere **Zuständigkeits- und Vertretungsregelungen** sind häufig beim Abschluss von Verträgen mit **öffentlich-rechtlich verfassten Körperschaften, Anstalten oder Stiftungen sowie Kirchen** einzuhalten. So sehen die Gemeindeordnungen, Kreisordnungen und Zweckverbandsgesetze der Länder regelmäßig vor, dass eine wirksame Verpflichtung nur entsteht, wenn ein schriftlicher Vertrag geschlossen wird und bestimmte zusätzliche Erfordernisse (zB Unterschrift des Bürgermeisters und weiterer Personen, Dienstsiegel,[61] Amtsbezeichnung) eingehalten werden.[62] Nach überwiegender Meinung handelt es sich um Vertretungsregelungen,[63] so dass das für die Willensbildung zuständige Organ, wie zB der Gemeinderat, einen ohne Einhaltung der Regeln geschlossenen Vertrag gemäß § 177 Abs. 1 BGB genehmigen kann. Soweit sich der Verstoß des Vertretungsorgans nicht auf die Art des Auftretens gegenüber dem Vertragspartner, sondern auf die interne Willensbildung bezieht, führt er nicht zwangsläufig zur schwebenden Unwirksamkeit des Vertrages. Hätte der Gemeinderat im Vorfeld der Vertretung zustimmen müssen, betrifft das in der Regel nur die interne Geschäftsführungsbefugnis, nicht

---

[58] OLG Frankfurt IBR 2021, 395 = BeckRS 2018, 58971.
[59] OLG Brandenburg NZBau 2017, 417 Rn. 20; OLG Celle BauR 2010, 632 für den Einbau von Heizungsanlage.
[60] OLG Brandenburg NZBau 2009, 313.
[61] Zur Unverzichtbarkeit des Dienstsiegels OLG Naumburg IBR 2019, 514 = BeckRS 2018, 44019.
[62] BGH NZBau 2004, 449 Rn. 22; 2002, 562 Rn. 15 für einen Zweckverband, OLG Düsseldorf BauR 2019, 539 für eine Kirchengemeinde; OLG Hamm IBR 2022, 132 = BeckRS 2021, 47826.
[63] BGH NJW 1998; 3058; NJW 1994, 1528; NJW 1986, 1758; NJW 1980, 117 differenzierend MüKo/BGB/Einsele § 125 Rn. 32.

Art und Umfang der Leistung § 1

jedoch die nach außen bestehende Vertretungsmacht. So hat der Bundesgerichtshof, dem Bedürfnis nach Rechtssicherheit und angemessenem Verkehrsschutz folgend, für Art. 38 Abs. 1 BayGO entschieden, die organschaftliche Vertretungsmacht des ersten Bürgermeisters sei unbeschadet der Tatsache unbeschränkt, dass er intern zunächst eine Beschlussfassung des Gemeinderates herbeizuführen habe.[64] Zumeist ist in den Gemeindeordnungen normiert, dass die Formvorschriften nicht für die Geschäfte der laufenden Verwaltung gelten (zB § 64 Abs. 2 GO NW), so dass kleinere Aufträge, die den Haushalt nicht wesentlich belasten, ausgenommen sind.

Auch die Nichteinhaltung der in **kirchenrechtlichen Vorschriften** vorgesehenen Schriftform, Siegelung etc. führt zur schwebenden Unwirksamkeit eines Vertrages,[65] während die Verabsäumung intern vorgesehener Abklärungsprozesse, wie zB eine vorgesehene schriftliche Genehmigung des Erzbischöflichen Ordinariats, die nach außen wirkende Vertretungsmacht nur dann beeinträchtigen kann, wenn dem Vertragspartner bewusst ist, dass der Vertreter seine Vertretungsbefugnis missbraucht.[66]

Häufig wird übersehen, dass die besonderen für öffentlich-rechtlich verfasste 22 Rechtsträger geltenden Vertretungsregeln auch bei **einverständlichen Vertragsänderungen** und bei **einseitigen ändernden und erweiternden Anordnungen nach § 1 Abs. 3 und 4, §§ 650b, 650c BGB** einzuhalten sind. Wird eine Genehmigung abgelehnt, kann die Unwirksamkeit in der Regel auch nicht durch die Annahme einer Anscheinsvollmacht geheilt werden,[67] weil sich der Auftragnehmer wegen einer ihm erkennbaren, nach außen hervortretenden Abweichung von einer gesetzlich bestimmten Vertretungsregelung nicht auf einen abweichenden Rechtsschein berufen kann. Die Berufung auf die Vertretungsregeln kann deshalb in der Regel auch nicht als Verstoß gegen Treu und Glauben angesehen werden. Ist ein Vertrag nicht zustande gekommen, kann dem Auftragnehmer allerdings ein Anspruch nach § 2 Abs. 8 oder auch ein Schadensersatzanspruch nach §§ 31, 89, 839 BGB oder §§ 280 Abs. 1, 311 Abs. 2 und 3 BGB zustehen, weil der Amtswalter eine nicht eingehaltene Zuständigkeits- oder Vertretungsregel besser kennen muss als derjenige, dem gegenüber er die unwirksame Erklärung abgegeben hat.[68]

6. Widerruflichkeit, Nichtigkeit und Anfechtbarkeit. Ein **Bauvertrag** 23 kann **widerruflich** und aus vielerlei Gründen **nach § 134 oder § 138 BGB nichtig** oder nach **§§ 119 ff. BGB anfechtbar** sein. Neben den allgemeinen können speziell beim Bauvertrag insbesondere folgende Problemkreise relevant werden:

a) Widerruflichkeit von Verbraucherverträgen. Ein **Verbraucherbau-** 24 **vertrag iSv § 650i BGB** ist gemäß §§ 650l, 355 BGB innerhalb 14 Tagen nach

---

[64] BGH NZBau 2017, 559 in Abweichung von der Vorinstanz OLG Stuttgart BauR 2016, 1315; BGH NJW 2017, 2412 Rn. 12.
[65] OLG Düsseldorf IBR 2019, 20 = BeckRS 2018, 28679.
[66] Enger KG IBR 2001, 614; LG Berlin NJW-RR 2023, 30 mit kritischer Anm. Heiliger IBR 2023, 139.
[67] OLG Düsseldorf BauR 2009, 986.
[68] BGH NJW 1985, 1778; NVwZ 2005, 484; Kniffka/Jurgeleit/von Rintelen BauVertrR § 631 Rn. 188.

Funke 47

Vertragsschluss **widerruflich**.[69] Wie der BGH inzwischen entschieden hat, ist ein Verbrauchervertrag nur anzunehmen, wenn die Leistungen für den Bau eines neuen Gebäudes oder für erhebliche Umbaumaßnahmen an einem bestehenden Gebäude in einem Zuge an einen Unternehmer und nicht gewerkeweise an mehrere Unternehmer[70] oder nur sukzessive an einen Unternehmer[71] vergeben werden. Erfolgt die nach Art. 249 § 3 BGB vorgeschriebene Widerrufsbelehrung erst nach Vertragsschluss, beginnt die Frist erst zu diesem Zeitpunkt. Sie endet gemäß § 356e BGB spätestens zwölf Monate und 14 Tage nach Vertragsschluss. Ferner kommt gemäß §§ 312g, 355 BGB auch außerhalb des Anwendungsbereichs des § 650i BGB die Widerruflichkeit eines Bauleistungen betreffenden **Verbrauchervertrages** in Betracht, wenn er außerhalb von Geschäftsräumen (§ 312b BGB)[72] oder als Fernabsatzvertrag (§ 312c BGB) geschlossen worden ist.[73] **Nachtragsvereinbarungen** können – anders als einseitige Anordnungen – selbständig widerruflich sein.[74] Gestützt auf eine unterlassene Belehrung kann grundsätzlich auch eine Person, wie zB ein Rechtsanwalt, vom verlängerten Widerrufsrecht Gebrauch machen, von der angenommen werden kann, dass sie ihre Rechte auch ohne Belehrung kennt, es sei denn, sie hat es von vornherein in betrügerischer Absicht auf das Erschleichen an sich vergütungspflichtiger Leistungen angelegt.[75] Der EuGH vertritt insgesamt die Richtung, dass die Umsetzung der dem nationalen Recht zugrunde liegenden Richtlinie wirksame, verhältnismäßige und abschreckende Sanktionen gegen den seine Belehrungspflicht vernachlässigenden Unternehmer erfordert.[76] Beim **Bauträgervertrag,** der nun in § 650u Abs. 1 BGB definiert ist, besteht gemäß § 650u Abs. 2 BGB kein Widerrufsrecht nach § 650l BGB, weil der Erwerber wegen des Erfordernisses der notariellen Beurkundung des aus kauf- und werkvertraglichen Elementen bestehenden Vertrages hinreichend vor Übereilung geschützt ist.

25 **b) SchwarzArbG, „ohne Rechnung Abrede".** Nach ständiger Rechtsprechung des BGH ist ein Werkvertrag gemäß § 134 BGB idR nichtig, wenn er unter Verstoß gegen eine Regelung des **SchwarzArbG** geschlossen wird. Das gilt nicht nur dann, wenn beide Parteien[77] gegen das Gesetz verstoßen, sondern auch bei einem einseitigen Verstoß, wenn die andere Partei den Verstoß bei Vertragsschluss kennt und ihn bewusst zum eigenen Vorteil ausnutzt.[78] Umstritten ist, ob diese Rechtsprechung für alle Fälle der seit dem 1.8.2004 geltenden Fassung des SchwarzArbG[79] gleichermaßen gilt. Fehlt dem Auftragnehmer eine gesetzlich vorgeschriebene persönliche oder fachliche Qualifikation, weil er entgegen § 1 Abs. 2 Nr. 5 SchwarzArbG ein zulassungspflichtiges Handwerk betreibt, ohne

---

[69] Dazu Omlor NJW 2018, 817 (821).
[70] BGH NZBau 2023, 375 Rn. 20; dazu Meier/Getcosgun/Bücken NZBau 2023, 503 ff.
[71] BGH NZBau 2024, 213 Rn. 28.
[72] Dazu BGH NZBau 2024, 22 Rn. 15 ff.
[73] umfassend zum Widerrufsrecht beim Bauleistungen betreffenden Vertrag Reuter BauR 2023, 1431 ff.
[74] OLG Karlsruhe NZBau 2024, 27; Hermann/Wiegard NZBau 2024, 15 ff.
[75] OLG Frankfurt 21 U 49/23 – 30.1.2024.
[76] EuGH NZBau 2023, 450.
[77] BGH NJW 1983, 109 Rn. 24; 1984, 1175 Rn. 14; NZBau 2002, 149.
[78] BGH NZBau 2013, 627 Rn. 13.
[79] Dazu zusammenfassend Kraft/Adamski NZBau 2011, 321.

in die **Handwerksrolle** eingetragen zu sein,[80] weil er, ohne im Besitz eines **Meistertitels** zu sein, dem Meisterzwang unterliegende Arbeiten ausführt[81] oder weil er entgegen gemäß § 35 Abs. 1 S. 1 GewO erfolgter **Gewerbeuntersagung** Leistungen erbringt,[82] wird eine Nichtigkeit des Vertrages teilweise verneint, weil lediglich ein Verstoß gegen öffentlich-rechtliche Ordnungsvorschriften in Rede stehe.[83] Diese Auffassung überzeugt nicht, weil der Auftragnehmer seine Arbeiten wegen der Minderqualifikation mit der Gefahr des Entstehens eines „Schwarzmarktes" häufig unter Marktpreisen anbieten wird und deshalb die Gefahr besteht, dass die handwerkliche Qualität, die der Gesetzgeber mit der vorgeschriebenen Qualifikation gewährleisten wollte, über den Einzelfall hinaus leiden kann. Allerdings wird der Vertrag häufig deshalb wirksam sein, weil der Auftraggeber die fehlende Qualifikation des Auftragnehmers bei Vertragsschluss nicht kennt oder sie zumindest nicht zum eigenen Vorteil ausnutzt.[84]

Da gemäß § 1 Abs. 2 Nr. 2 SchwarzArbG nunmehr auch als Schwarzarbeit gilt, **25a** wenn ein Steuerpflichtiger eine sich aufgrund der Leistung ergebende **Steuerpflicht** vernachlässigt, liegt ein zur Nichtigkeit des Vertrages führender Verstoß gegen dieses Verbotsgesetz vor, wenn die Parteien eine **„ohne-Rechnung-Abrede"** oder auch die Abrede einer **teilweisen Schwarzgeldzahlung** mit dem Ziel treffen, dass keine oder eine zu geringe Umsatzsteuer abgeführt wird.[85] Damit ist die frühere – sich allein auf den Verstoß gegen steuerliche Vorschriften beziehende – Rechtsprechung[86] hinfällig, nach der ein verabredeter Verstoß gegen steuerliche Pflichten zunächst allein zur Unwirksamkeit der „ohne-Rechnung-Abrede" führte und eine Gesamtnichtigkeit des Vertrages nur anzunehmen war, wenn die erstrebte Steuerhinterziehung Hauptzweck des Vertrages war oder nicht angenommen werden konnte, dass der Vertrag auch ohne die „ohne-Rechnung-Abrede" geschlossen worden wäre. Abweichend von der früheren Rechtsprechung ist es dem Auftragnehmer auch nicht nach Treu und Glauben verwehrt, sich zur Abwehr von Nachbesserungsforderungen auf eine Nichtigkeit des Vertrages zu berufen. Andererseits kann er einen Vergütungsanspruch weder aus dem nichtigen Vertrag noch aus den Vorschriften über die Geschäftsführung ohne Auftrag und wegen § 817 S. 2 BGB auch nicht aus ungerechtfertigter Bereicherung herleiten,[87] braucht aber eine bereits vereinnahmten Vorschuss oder Abschlag nicht zurückzuzahlen.[88] Zeigen sich Mängel, nachdem der Auftraggeber den Werklohn bereits bezahlt hat, stehen ihm gegen den Auftragnehmer auch unter dem Gesichtspunkt der ungerechtfertigten Bereicherung keine Rückzahlungsansprüche wegen eines Minderwertes der Leistung zu.[89]

---

[80] OLG Zweibrücken IBR 2019, 57 = BeckRS 2015, 126529; OLG Hamburg IBR 2020, 60 = BeckRS 2018, 49605.
[81] OLG Köln NZBau 2022, 222.
[82] OLG Rostock NJW 2023, 213.
[83] Dazu in einer früheren Entscheidung BGH NJW 1984, 230.
[84] Kniffka/Koeble/Jurgeleit/Sacher Kompendium BauR/Kniffka Teil 4 Rn. 33; Beyer/Hoffmann NJW 2021, 2026; OLG Köln NZBau 2022, 222 Rn. 25 f.; OLG Frankfurt NZBau 2023, 786 Rn. 6 ff.; enger OLG Frankfurt IBR 2018, 305, das annimmt, der Vertrag sei unabhängig von der subjektiven Vorstellung des Auftraggebers unwirksam.
[85] BGH NZBau 2013, 627 Rn. 13.
[86] BGH NZBau 2001, 195 Rn. 18; 2008, 434 Rn. 6; 2008, 436 Rn. 9.
[87] BGH NJW 2014, 1805 Rn. 19; NZBau 2015, 551 Rn. 14.
[88] OLG Stuttgart IBR 2022, 298 = BeckRS 2022, 6328.
[89] BGH NZBau 2015, 551 Rn. 12.

Schwarzgeldzahlungen führen auch beim **Architektenvertrag**[90] und beim **Kaufvertrag** zur Unwirksamkeit.[91] Ist ein Gebäude unter (teilweisem) Verstoß gegen das SchwarzArbG errichtet worden, kann sich ein späterer Erwerber der Immobilie jedoch nicht darauf berufen, der Kaufgegenstand sei deshalb mangelbehaftet.[92]

26 Beiderseits bestehen auch dann keine Ansprüche, wenn zunächst ein wirksamer **Vertrag** geschlossen wurde, dieser dann jedoch so **abgeändert** wird, dass er **nunmehr gegen das SchwarzArbG verstößt.** Dem kann nach Auffassung des Bundesgerichtshofes[93] nicht entgegengehalten werden, nur die Änderungsvereinbarung sei unwirksam, so dass der wirksame Ursprungsvertrag bestehen bleibe. Für die Nichtigkeit der Abrede reicht aus, dass nur ein Teil der Vergütung als Schwarzgeld gezahlt werden soll.[94] In Prozessen wird das Gericht nicht selten den Verdacht hegen, dass die Parteien eine Steuerhinterziehung vereinbart haben. Eine Unwirksamkeit des Vertrages kann jedoch nur angenommen werden, wenn sich dem Sachverhalt alle Voraussetzungen des § 1 Abs. 2 Nr. 2 SchwarzArbG entnehmen lassen. Im Rahmen einer Parteianhörung kann das Gericht die Verdachtsmomente erörtern. Behaupten die Parteien einen Sachverhalt, demgemäß kein Verstoß gegeben wäre, ist das Gericht hieran gemäß dem Beibringungsgrundsatz grundsätzlich auch dann gebunden, wenn gewisse Zweifel an der Richtigkeit des Parteivortrages bleiben.[95] Lässt aber das aus den Akten ersichtliche Verhalten der Parteien plausibel einzig den Schluss zu, dass eine Steuerverkürzung beabsichtigt war und können die Parteien diesen Schluss nicht entkräften, muss das Gericht die Schwarzgeldabrede – angesichts des Verstoßes gegen ein gesetzliches Verbot – **von Amts wegen** auch dann berücksichtigen, wenn beide Parteien sie pauschal in Abrede stellen.[96]

26a Ohne dass dies ein Wertungswiderspruch wäre, sollten im Falle einer Nichtigkeit des Vertrages jedoch beiderseits **Ansprüche aus §§ 823 ff. BGB** zugelassen werden. Der Auftragnehmer hat dem Auftraggeber Eigentumsschäden zu ersetzen. Das gilt zum einen für Schäden, die er bei Gelegenheit der Arbeiten verursacht, zum anderen aber auch für Schäden an anderen als den bearbeiteten Bauteilen, soweit über das Erfüllungs- und Äquivalenzinteresse hinaus ein damit nicht stoffgleiches Integritätsinteresse des Auftraggebers beeinträchtigt wird[97] (zB später auftretende Mangelfolge, die vom Unwert des ursprünglichen, nur auf einen Teil der Sache beschränkten und behebbaren Mangels nicht erfasst war). Andererseits kann es im Einzelfall gerechtfertigt sein, dass der Auftraggeber dem Auftragnehmer gemäß § 826 BGB oder §§ 823 Abs. 2 BGB, 263 StGB Schadensersatz in Höhe der Vermögenseinbuße schuldet, die der Auftragnehmer infolge der Arbeiten

---

[90] OLG Karlsruhe IBR 2019, 144; OLG Celle IBR 2020, 80.
[91] OLG Hamm NJW 2023, 1891.
[92] BGH NJW 2021, 3397.
[93] BGH NZBau 2017, 350 Rn. 17.
[94] Ebenfalls Nichtigkeit bejahend OLG Stuttgart NZBau 2016, 173; OLG Hamm BeckRS 2016, 112660; OLG Hamm NZBau 2018, 160; anders Dölle BauR 2015, 393 (399 f.).
[95] Dazu KG NZBau 2018, 153 Rn. 32 mit Anm. Eimler NZBau 2018, 155.
[96] OLG Düsseldorf NZBau 2020, 576; OLG Düsseldorf NZBau 2021, 265; OLG Düsseldorf IBR 2022, 227 = BeckRS 2021, 47386; OLG Brandenburg IBR 2023, 648 = BeckRS 2023, 26095; OLG Hamm IBR 2024, 330.
[97] Allgemein zur Abgrenzung BGH NZBau 2021, 452 Rn. 16; OLG Celle IBR 2024, 307; Grüneberg/Sprau vor § 633 Rn. 17 und § 823 Rn. 177.

erlitten hat, wenn der Auftraggeber den zunächst gesetzeskonform handeln wollenden Auftragnehmer zu einem Steuervergehen überredet und damit in sittenwidriger oder betrügerischer Weise die Absicht verfolgt, eine Bezahlung der Leistungen später unter Ausnutzung des von ihm zielgericht veranlassten Verstoßes gegen das SchwarzArbG zu verweigern.

c) Bauforderungssicherungsgesetz. Das Bauforderungssicherungsgesetz 27 (BauFordSiG) verpflichtet Empfänger von Baugeld (§ 1 Abs. 3 S. 1 BaufordSiG) zu einer zweckentsprechenden Verwendung des erhaltenen Geldes. Ein Generalunternehmer darf vom Bauherrn gezahlte Beträge zunächst nur in Höhe des angemessenen Wertes der von ihm erbrachten Leistungen für sich selbst verwenden. Im Übrigen hat er das Geld treuhänderisch für die anderen Baubeteiligten, insbesondere also die Nachunternehmer, zu verwalten. Ein Bauvertrag kann nach § 134 BGB unwirksam sein, wenn die Parteien eine Vorgehensweise vereinbaren, die eine zweckwidrige Verwendung von Baugeld entgegen Regelungen des **BauFordSiG** ermöglichen oder zumindest begünstigen soll.[98] Im Falle einer Fehlverwendung von Baugeld kann dem Baugeldgläubiger ein Schadensersatzanspruch nach § 823 Abs. 2 BGB in Verbindung mit § 1 Abs. 1 BauFordSiG gegen die Person, idR den Geschäftsführer,[99] persönlich zustehen, die beim Generalunternehmer für die zweckwidrige Verwendung des Baugeldes verantwortlich war.[100]

d) Koppelungsverbot. Wegen des nach **Art. 10 § 3 MRVG** (Mietrechtsver- 28 besserungsgesetz) bestehenden **Koppelungsverbotes (Verbot der Architektenbindung),**[101] das nach der Rechtsprechung des Bundesverfassungsgerichtes verfassungsgemäß ist,[102] kann auch ein mit einem Grundstückserwerb verbundener Bauvertrag (zur dann bestehenden Formbedürftigkeit → Rn. 15) über die (schlüsselfertige) Errichtung eines Gebäudes, der seinerseits mit einem gegen das Koppelungsverbot verstoßenden Architektenvertrag verbunden ist, zusammen mit diesem nichtig sein, wenn nicht gemäß § 139 BGB anzunehmen ist, dass er auch ohne den Architektenvertrag geschlossen worden wäre.[103] Das Koppelungsverbot ist **berufstandsbezogen nur auf Ingenieure und Architekten gerichtet,** sodass Generalübernehmer, Bauträger oder Baubetreuer eine Grundstücksveräußerung grundsätzlich mit einem Vertrag über die Planung und Errichtung eines Gebäudes verbinden können.[104] Nach Auffassung des OLG Hamm soll jedoch ein Unternehmen dann an das Koppelungsverbot gebunden sein, wenn es eigens zur Umgehung des Koppelungsverbotes gegründet worden ist oder wenn es trotz eines umfassenderen Unternehmensgegenstandes ohne weitere Beteiligung an der Bauwerkserrichtung im Wesentlichen reine Architektenleistungen erbringen soll und damit in Konkurrenz zum Architektenstand tritt. Das soll erst recht gelten, wenn das Unternehmen von einem bauvorlageberechtigten Ingenieur geführt

---

[98] BGH NJW 1986, 1104 Rn. 22.
[99] OLG München IBR 2024, 125 mit Anm. Stammkötter.
[100] BGH NJW 2018, 2115 Rn. 10; OLG Hamm IBR 2019, 136 = BeckRS 2018, 31995; OLG Köln BauR 2022, 120 = IBR 2021, 630.
[101] Zu den Voraussetzungen BGH NJW 2008, 3633 Rn. 13 ff.; OLG Köln BauR 2015, 144.
[102] BVerfG NZBau 2011, 563 Rn. 9 auf die Verfassungsbeschwerde gegen die zum selben Ergebnis gekommene Entscheidung des BGH NZBau 2010, 633 Rn. 20.
[103] BGH NJW 1978, 1434 Rn. 27.
[104] BGH NJW 1984, 732; 1993, 2240 Rn. 16.

wird.[105] Dem Architekten[106] und dem Unternehmer ist es nach Treu und Glauben aber verwehrt, sich – gestützt auf den von ihnen zu verantwortenden Verstoß gegen das Koppelungsverbot – gegenüber Mangelforderungen des Auftraggebers auf eine Nichtigkeit des Vertrages zu berufen.

29 **e) Makler- und Bauträgerverordnung (MaBV).** Ein **Bauträger** im Sinne von § 650u Abs. 1 BGB, der für den Auftraggeber ein Bauwerk auf einem diesem erst später noch zu übereignenden Grundstück errichtet, darf Abschlagszahlungen nur im Rahmen der §§ 3 Abs. 1 und 2, 12 MaBV vereinbaren. Nach § 632a Abs. 2 BGB aF, der zum 1.1.2018 durch § 650v BGB ersetzt worden ist, kann der Bauträger Abschlagszahlungen nur verlangen, soweit sie gemäß einer Verordnung auf Grund von Art. 244 EGBGB vereinbart sind. Von der Ermächtigung ist durch die Hausbauverordnung vom 23.5.2001[107] Gebrauch gemacht worden, die den Bauträgervertrag hinsichtlich des Rechts, Abschlagszahlungen zu verlangen, dem Anwendungsbereich des § 632a BGB entzieht und dem Regime der Makler- und Bauträgerverordnung unterstellt. Eine davon abweichende Vereinbarung führt – unabhängig davon, ob der Erwerber als Verbraucher zu qualifizieren ist[108] – gemäß § 134 BGB zur Nichtigkeit einer solchen Vereinbarung, lässt die Wirksamkeit des Vertrages im Übrigen aber unberührt.[109] Da § 641 Abs. 1 BGB an die Stelle der nichtigen Abrede tritt und beim Bauträgervertrag § 632a Abs. 1 BGB nicht greift, können dann keine Abschläge verlangt werden und kann die Vergütung erst nach vollständiger Fertigstellung und Vorliegen der weiteren Fälligkeitsvoraussetzungen verlangt werden.

Der Bauträger darf Raten nur dann vereinnahmen, wenn die Freistellung des Vertragsobjektes von allen Grundpfandrechten gesichert ist, die der zugunsten des Auftraggebers eingetragenen Vormerkung im Rang vor- oder gleichstehen können. Die Verpflichtung des Bauträgers zur Pfandrechtsfreistellung darf nicht durch Regelungen beschränkt werden, die die **Makler- und Bauträgerverordnung (MaBV)** nicht kennt. Demgemäß unwirksame (Teil-)Befreiungen des Bauträgers von der MaBV führen zur Teilnichtigkeit der unzulässigen Regelungen.[110]

30 **f) Verstöße gegen das Vergaberecht.** Ein Verstoß gegen das **Vergaberecht** kann zu **Schadensersatzansprüchen des übergangenen Bieters** gegen den öffentlichen Auftraggeber nach §§ 311 Abs. 2, 241 Abs. 2, 280 Abs. 1 BGB führen **(Sekundärrechtsschutz)**.[111] Daneben kann der Bieter die zuständige Vergabekammer mit dem Ziel anrufen, dem öffentlichen Auftraggeber den zugunsten eines anderen Bieters beabsichtigten Zuschlag zu verbieten. Voraussetzung ist, dass der Schwellenwert hinsichtlich des in Rede stehenden Bauvertrages erreicht oder überschritten ist (gemäß § 106 Abs. 2 GWB iVm EU-VO vom 15.11.2023 seit Anfang 2024 für Bauaufträge 5.538.000 EUR Nettogesamtauftragswert, wobei ergänzende Vorschriften bei der Ausschreibung nach Einzellosen gelten). Unterhalb des Schwellenwertes kommt ein derartiger **Primärrechtsschutz** nach allge-

---

[105] OLG Hamm BauR 2014, 1027.
[106] OLG Köln BauR 2015, 144.
[107] BGBl. 2001 I 981.
[108] OLG Oldenburg 27.10.2022 – 8 U 38/21.
[109] BGH NZBau 2007, 437 Rn. 19 ff.; OLG Oldenburg IBR 2024, 297.
[110] BGH NZBau 2014, 218 Rn. 14 ff.
[111] Dazu BGH NZBau 2011, 498 Rn. 9; Kapellmann/Messerschmidt/Schneider Einl. VOB/A Rn. 30, 35.

Art und Umfang der Leistung § 1

meinen Grundsätzen in Betracht.[112] Erteilt der öffentliche Auftraggeber den Zuschlag auf ein Gebot, das offensichtlich auf einem erheblichen Kalkulationsirrtum beruht, verhält er sich rechtsmissbräuchlich und kann daraus keine vertraglichen Rechte herleiten[113] → Rn. 13 (zur Auslegung des im Vergabeverfahren zustande gekommenen Vertrages → Rn. 53).

Im Falle beiderseits erheblicher Verstöße gegen das Vergaberecht kann der mit dem öffentlichen Auftraggeber zustande gekommene **Vertrag** wegen Sittenwidrigkeit gemäß § 138 Abs. 1 BGB **unwirksam** sein.[114] Verstößt der öffentliche Auftraggeber gegen die Pflicht, Bieter, die er nicht berücksichtigen will, vor dem Zuschlag gemäß § 19 Abs. 2 und 3 VOB/A EU/§ 134 GWB zu unterrichten, kann ein antragsbefugter Unternehmer die Unwirksamkeit im Nachprüfungsverfahren mit ex-tunc-Wirkung feststellen lassen (§ 135 Abs. 1 Nr. 1 GWB).[115] Der Vertrag ist auch unwirksam, wenn ein Vergabeverfahren insgesamt versäumt worden ist (§ 135 Abs. 1 Nr. 2, Abs. 2 GWB).

g) Unerlaubte Preisabsprachen. Treffen mehrere Unternehmen entgegen 31 den Bestimmungen des Kartellrechts (Gesetz gegen Wettbewerbsbeschränkungen, GWB) **unerlaubte Preisabsprachen,** um einen gegenüber den Marktpreisen überhöhten Preis zu erzielen oder um den Markt zwischen sich aufzuteilen, führt dies auch dann nicht unmittelbar zur Nichtigkeit des mit dem Ausschreibenden geschlossenen Vertrages, wenn die verbotswidrig abgesprochene Vergütung vereinbart wird oder der Vertrag entsprechend der vereinbarten Marktaufteilung mit dem davon begünstigten Unternehmer zustande kommt. Der Auftraggeber ist aber zur außerordentlichen Kündigung (dazu auch § 8 Abs. 4) oder wegen arglistiger Täuschung auch zur Anfechtung des Werkvertrages berechtigt oder kann Schadensersatz in Höhe der Differenz zwischen dem vereinbarten und der im ungestörten Wettbewerb erzielbaren Vergütung verlangen.[116]

h) Fehlende Gewerbeanmeldung oder Eintragung in Handwerksrolle; 32 **vorgetäuschte Fachkunde oder Liquidität.** Eine **Anfechtung des Bauvertrages** wegen arglistiger Täuschung nach § 123 BGB oder wegen eines Eigenschaftsirrtums nach § 119 Abs. 2 BGB kann, falls das Geschäft nicht gemäß § 144 BGB bestätigt worden ist, im Falle unter **zu Unrecht in Anspruch genommener Fachkunde**[117] (zB: ein ungelernter Auftragnehmer bezeichnet sich als „Fachbetrieb"), einer **fehlenden Eintragung in die Handwerksrolle**[118] oder einer **fehlenden Gewerbeanmeldung** in Betracht kommen, ebenso bei einer **Täuschung über die finanziellen Voraussetzungen** für die Durchführung des Auftrages.[119] Ist eine Pflicht zur Gewerbeanmeldung oder zur Eintragung in die Handwerksrolle verletzt, liegt zudem ein Verstoß gegen **§ 1 Abs. 2 Nr. 4** bzw. **Nr. 5 SchwArbG** vor, so dass der Vertrag wegen Verstoßes gegen ein gesetzliches

---

[112] Kapellmann/Messerschmidt/Schneider Einl. VOB/A Rn. 33.
[113] BGH NZBau 2015, 248; OLG Dresden IBR 2020, 32 = BeckRS 2019, 30814.
[114] OLG Saarbrücken NZBau 2016, 792; OLG Brandenburg NZBau 2016, 184 Rn. 33.
[115] Kapellmann/Messerschmidt/Stickler VOB/A-EU § 19 Rn. 27; kritisch dazu Jansen/Knoblauch NZBau 2023, 211 f.
[116] Beck VOB/B/May zu § 1 Rn. 94.
[117] OLG Nürnberg BauR 1985, 322.
[118] OLG Stuttgart NJW-RR 1989, 917; OLG Hamm NJW-RR 1990, 523; OLG Düsseldorf DB 1990, 1661; KG BauR 2007, 1419 = IBR 2007, 181; OLG Hamburg IBR 2020, 60 = BeckRS 2018, 49605.
[119] BGH NJW 2001, 2021 Rn. 8.

Verbot nichtig sein kann.[120] Das dürfte aber nur in Betracht kommen, wenn der Verstoß auch dem Auftraggeber bekannt war und er ihn zum eigenen Vorteil ausnutzt → Rn. 25, weil er zB die Leistung ansonsten nicht zu einem ähnlich günstigen Preis hätte erhalten können.

33 **i) Versehentlich unterpreisiges Angebot.** Bietet der Auftragnehmer hinsichtlich der Gesamtauftragssumme oder eines unmittelbar rechnerisch in die Gesamtauftragssumme eingehenden Angebotstitels irrtümlich einen von ihm nicht gewollten Preis an, weil er sich verschreibt, indem ihm zB ein Zahlendreher unterläuft oder er sich um eine Dezimalstelle vertut, kann er sein Angebot wegen eines **Inhalts- bzw. Erklärungsirrtums** nach § 119 Abs. 1 BGB anfechten. Will er einen Preis für eine physikalische Einheit nennen, obwohl tatsächlich eine andere Einheit abgefragt ist (zB Volumeneinheit statt Gewichtseinheit oder kg statt t) geht es hingegen idR. um einen Fehler der Kalkulation, der lediglich Motiv eines unterpreisigen Angebots wird, das der Anbieter als solches aber tatsächlich abgeben will.[121] Ein **Kalkulationsirrtum,** also ein dem angebotenen Preis zugrundeliegender Berechnungsfehler, berechtigt den Auftragnehmer in der Regel auch dann nicht zur Anfechtung, wenn der Irrtum dem Auftraggeber bei Vertragsschluss bekannt war.[122] Erkennt der Auftraggeber den Kalkulationsirrtum, kann die Annahme des Angebotes aber im Einzelfall rechtsmissbräuchlich sein oder wegen Verstoßes gegen das Rücksichtnahmegebot des § 241 Abs. 2 BGB einen Schadensersatzanspruch begründen, wobei es darauf ankommt, was bedeutend der Irrtum für das vereinbarte Geschäft und die Parteien ist und inwieweit der Auftragnehmer – etwa wegen einer Vergabe nach der VOB/A (zu den insoweit engeren Anforderungen → Rn. 30) oder wegen der Art des geschäftlichen Verhältnisses der Parteien – auf Rücksichtnahme vertrauen darf. Soweit der BGH[123] diese Rechtsprechung über positive Kenntnis hinaus auch auf Fälle erstrecken will, bei denen sich der Auftraggeber der Kenntnis des Kalkulationsirrtums treuwidrig verschließt, ist dies auf Sonderfälle zu begrenzen, weil der Auftraggeber die Gründe für die Höhe der angebotenen Preise, soweit diese nicht deutlich aus dem Rahmen fallen, grundsätzlich nicht hinterfragen muss. Im Falle eines **beiderseitigen Irrtums** kommt eine Vertragsanpassung wegen einer **Störung der Geschäftsgrundlage** nach § 313 BGB in Betracht.

34 **j) Schmiergeldzahlungen.** Kommt ein Bauvertrag mit einem für den Auftraggeber ungünstigen Inhalt zustande, weil der Auftragnehmer zB an einen Mitarbeiter oder den Architekten des Auftraggebers ein **Schmiergeld** zahlt oder in anderer Weise **kollusiv** zum Nachteil des Auftraggebers mit anderen zusammenarbeitet, ist der Vertrag nach der bisherigen Rechtsprechung des BGH gemäß § 138 Abs. 1 BGB **sittenwidrig**[124] und deshalb nichtig.[125] Diese Auffassung kann jedoch für den Auftraggeber nachteilig sein, wenn er weiter mit dem Auftragneh-

---

[120] Dazu OLG Frankfurt a. M. IBR 2018, 306 mit Anm. Eimler; KG IBR 2018, 307; OLG Düsseldorf IBR 2016, 265; OLG Zweibrücken IBR 2019, 57.

[121] Dazu zB OLG Stuttgart IBR 2024, 337.

[122] OLG Stuttgart IBR 2020, 406 = BeckRS 2018, 51995; OLG Stuttgart IBR 2022, 501 = BeckRS 2021, 52105.

[123] BGH NZBau 2015, 248 Rn. 6 ff.; NJW 1998, 3192 Rn. 13 ff.; OLG Celle BauR 2015, 258; OLG Brandenburg NZBau 2016, 432 Rn. 11; 2016, 217 Rn. 21.

[124] Dagegen keine Sittenwidrigkeit, wenn der Vertrag den Auftraggeber trotz der Umstände nicht benachteiligt: BGH NJW 1999, 2266 Rn. 15; NJW-RR 2012, 18 Rn. 10.

[125] BGH NJW 1989, 26 Rn. 7; NJW-RR 1990, 442 Rn. 8.

Art und Umfang der Leistung **§ 1**

mer zusammenarbeiten und den Werklohn unter Schadensersatzgesichtspunkten lediglich um die bestechungsbedingten Mehrkosten kürzen will. Es liegt deshalb nahe, § 138 Abs. 1 BGB nicht gegen seinen Willen anzuwenden, sondern ihm – ebenso, wie bei Kartellrechtsverstößen → Rn. 31 – die Wahl zu belassen, sich durch Anfechtung, außerordentliche Kündigung oder die Verweigerung der Genehmigung der Vertragserklärung seines bestochenen Vertreters, § 177 Abs. 1 BGB, von der Vereinbarung zu lösen oder an dieser, eventuell unter Geltendmachung anderer Rechte (zB Schadensersatz in Höhe der bestechungsbedingten Mehrkosten), festzuhalten.[126] Dies ließe sich in Fortentwicklung der Kipp'schen Lehre von den Doppelwirkungen im Recht[127] begründen. Wenn von der Sittenwidrigkeit des Vertrages auszugehen ist, stellt sich die Frage, ob der sittenwidrig handelnde Unternehmer für seine Leistung Wertersatz nach §§ 812 Abs. 1 S. 1 Alt. 1, 818 Abs. 2 BGB verlangen kann oder ob dem § 817 S. 2 BGB entgegensteht.[128]

k) Sittenwidrig überhöhter Werklohn. Ab einer **Überhöhung des Werk-** 35 **lohns** um ca. 100% gegenüber dem objektiven Wert der vereinbarten Leistung ist auch beim Bauvertrag die widerlegbare tatsächliche Vermutung einer dahinterstehenden verwerflichen Gesinnung des Auftragnehmers gerechtfertigt, so dass dann von einer zur Nichtigkeit führenden **Sittenwidrigkeit** ausgegangen werden kann.[129] Beim Hinzutreten eines oder mehrerer weiterer Umstände kann auch eine geringere Überschreitung reichen.[130] Ist der Benachteiligte Vollkaufmann, kann das jedoch die Vermutung begründen, dass der Begünstigte nicht in verwerflicher Weise eine persönliche oder geschäftliche Unterlegenheit ausgenutzt hat.[131] Auch in Fällen des Wuchers stellt sich – ebenso wie bei Kartellrechtsverstößen → Rn. 31 und Schmiergeldzahlungen → Rn. 34 – die Frage, ob der Auftraggeber das Recht hat, am Vertrag festzuhalten und im Wege des Schadensersatzes eine Herabsetzung auf eine marktübliche Vergütung zu verlangen.

l) Überhöhter Preis nur einer Werklohnposition. Ist nicht der gesamte 36 Werklohn, sondern **nur ein Einheitspreis überhöht,** ist bei einer deutlichen Überschreitung, deren Relevanz abhängig von den Umständen des Einzelfalls zu bemessen ist, die tatsächliche widerlegbare Vermutung gerechtfertigt, dass der Auftragnehmer bei Vertragsschluss **sittenwidrig** spekuliert hat, dass es gerade zu dieser Position mit der Folge einer Perpetuierung des überhöhten Preises, der § 2 Abs. 3 Nr. 2 in einem derartigen Fall nur unzureichend entgegenwirken kann, zu einer Mengenmehrung kommen kann. Das gilt nicht nur bei einer direkten Anwendbarkeit einer Einheitspreisposition, sondern auch dann, wenn die überhöhte Position als Bezugsposition für die Berechnung des neuen Preises nach § 2 Abs. 5, Abs. 6 oder Abs. 8 Nr. 2 relevant wird. Der sittenwidrig überhöhte Einheitspreis führt allerdings nicht zu einer Gesamtnichtigkeit des Vertrages, sondern nur dazu, dass für die Mehrmenge – im Falle des § 2 Abs. 3 Nr. 2 die 110 %

---

[126] Siehe auch Kniffka/Jurgeleit/von Rintelen BauVertrR § 631 Rn. 134; Beck VOB/B/May Vor § 1 Rn. 104.
[127] Kipp FS v. Martitz, 1911, 211 f.; zu dieser Lehre MüKoBGB/Busche § 142 Rn. 12 mwN.
[128] Offen gelassen von OLG Hamburg IBR 2018, 431.
[129] BGH NJW 2010, 363 Rn. 6.
[130] BGH NJW 2012, 1570 Rn. 8.
[131] OLG Köln 14.3.22 – 11 U 28/21.

Funke

übersteigende Mehrmenge – an die Stelle des überhöhten Einheitspreises gemäß § 632 Abs. 2 BGB der übliche Preis tritt.[132] Kann der Auftragnehmer die Vermutung einer sittenwidrigen Gesinnung widerlegen (zB reiner Berechnungsfehler), kann er dennoch nach **Treu und Glauben** gehalten sein, für Mehrmengen nicht den objektiv wucherähnlich überhöhten Einheitspreis, sondern nur den üblichen Preis zu berechnen.[133]

Im Einzelfall kann sich eine Begrenzung des Preises für **Mehrmengen** zudem daraus ergeben, dass die Parteien als Geschäftsgrundlage von einem nach oben begrenzten Mengengerüst ausgegangen sind, wobei eine **Störung der Geschäftsgrundlage** gemäß § 313 Abs. 1 BGB aber nur dann in Betracht kommt, wenn einem Vertragspartner – insbesondere unter Berücksichtigung der vertraglichen oder gesetzlichen Risikoverteilung – ein Festhalten am Pauschal-/Einheitspreis bezogen auf die Mehrmenge unzumutbar ist.[134] Dabei ist zu berücksichtigen, dass § 2 Abs. 3 eine grundsätzlich abschließende Regelung für Mengenabweichungen über 10% enthält, sodass § 313 BGB im Anwendungsbereich des § 2 Abs. 3 nur ausnahmsweise Anwendung finden kann.[135]

37 **m) Ungewöhnlich niedriger Werklohn.** Ein **ungewöhnlich niedriger Werklohn** rechtfertigt ab einer Überschreitung des tatsächlichen Wertes gegenüber der vereinbarten Vergütung um etwa das Doppelte die zur Sittenwidrigkeit führende widerlegbare tatsächliche Vermutung einer verwerflichen Gesinnung des Auftraggebers.[136] Treten weitere Umstände hinzu, wie etwa ein besonderes Abhängigkeitsverhältnis (zB fehlende Vertragsbeziehungen zu anderen Personen, Angewiesensein auf den Auftrag wegen einer besonders problematischen Unternehmenssituation), kann auch eine geringere Differenz genügen. Ein über eine im Internet aktive **Handwerkerbörse** geschlossener Vertrag (→ Rn. 12) ist auch im Falle eines sehr niedrigen Werklohns idR wirksam. Dabei ist zu berücksichtigen, dass der Auftraggeber aufgrund der prinzipiellen Anonymität des Verfahrens idR nicht weiß, warum der Handwerker ein auffällig günstiges Angebot abgibt. Die Annahme eines derartigen Angebotes lässt deshalb jedenfalls dann nicht den zur Sittenwidrigkeit führenden Schluss auf eine verwerfliche Gesinnung des Auftraggebers zu, wenn er aufgrund seiner Kenntnisse und der Umstände – ohne die Augen vor den Gegebenheiten offensichtlich verschließen zu müssen – für realistisch halten darf, dass der Preis jedenfalls im Rahmen einer Mischkalkulation des Unternehmers mit anderweitig erhaltenen oder erwarteten Aufträgen auskömmlich sein kann, und nicht auf der Hand liegt, dass das „Schnäppchen" nur durch einen Verstoß zB gegen Steuervorschriften, das SchwArbG, den Mindestlohn oder die Verpflichtung zur Abführung von Sozialbeiträgen erklärlich ist.

II. Bestimmung der auszuführenden Leistung durch Auslegung des Vertrages

38 Leider wird das Leistungssoll bei Vertragsschluss häufig nicht hinreichend klar fixiert (§ 2 Abs. 1), so dass die Vertragsparteien oftmals später in Streit darüber

---

[132] BGH NZBau 2009, 232 Rn. 29; 2010, 367; 2013, 366 Rn. 11.
[133] BGH NZBau 2013, 369 Rn. 35.
[134] BGH NZBau 2011, 53 Rn. 9; 2013, 366 Rn. 18; zum Pauschalfestpreis BGH NZBau 2011, 553 Rn. 20.
[135] BGH NZBau 2021, 725 Rn. 36 f.
[136] Kniffka/Jurgeleit/von Rintelen BauVertrR § 631 Rn. 149.

geraten, welche Leistungen der Unternehmer für die vereinbarte Vergütung schuldet und wegen welcher Leistungen er nach § 2 Abs. 5, Abs. 6 oder Abs. 8 bzw. beim BGB-Bauvertrag nach §§ 650b, 650c BGB eine angepasste Vergütung verlangen kann. Was als geschuldete Bauleistung anzusehen ist, ist durch Auslegung des Bauvertrages zu ermitteln (dazu auch → § 2 Rn. 34 ff.). Wenngleich es maßgeblich auf die besonderen Umstände des Einzelfalls ankommt, lassen sich doch einige allgemeine Auslegungsgrundsätze für die Ermittlung der geschuldeten Bauleistung aufstellen.[137]

1. Bauvertragsspezifische Auslegung. Nach § 1 Abs. 1 S. 1 wird die auszuführende Leistung nach Art und Umfang durch den Vertrag bestimmt. Bei der Auslegung eines konkreten Bauvertrages ist unter Berücksichtigung der werkvertragstypischen Eigenheiten vom Wortlaut, der beiderseitigen Interessenlage und vom Sinn und Zweck des geschlossenen Vertrages auszugehen. Vom Auftragnehmer geschuldete Anforderungen können sich nicht nur aus ausdrücklich getroffenen schriftlichen, mündlichen und zeichnerischen Abreden (nebst einbezogenen Vertragsbedingungen zB iSv § 1 Abs. 2 und gemäß § 1 Abs. 1 S. 2 Vertragsbestandteil gewordenen ATV → Rn. 60 ff.), sondern auch aus sonstigen vertragsbegleitenden Umständen, den konkreten Verhältnissen des Bauwerks und seines Umfelds, dem qualitativen Zuschnitt, dem architektonischen Anspruch und der Zweckbestimmung des Gebäudes ergeben.[138]

a) Pflicht, ein funktionsfähiges Werk zu erstellen. Seinem Wesen nach ist der Werkvertrag wegen der **Erfolgsverpflichtung** des Unternehmers darauf angelegt, dem Auftraggeber ein mangelfreies und **funktionsfähiges Werk** zu verschaffen,[139] das, wie aus §§ 4 Abs. 2 Nr. 1 S. 2, 13 Abs. 7 Nr. 2b folgt, den **allgemein anerkannten Regeln der Technik** entsprechen muss, die als Mindeststandard geschuldet sind, sofern nicht ein anderer Standard vereinbart ist.[140] Maßgeblich sind gemäß § 13 Abs. 1 die **zum Zeitpunkt der Abnahme**[141] geltenden allgemein anerkannten Regeln der Technik. Es kann die widerlegliche Vermutung gerechtfertigt sein, dass **DIN,** die zeitnah überarbeitet worden sind, diesem Stand entsprechen,[142] so dass dann derjenige, der dies im Prozess bestreitet, sachverständig überprüfbare Tatsachen vortragen muss, die die tatsächliche Vermutung erschüttern können. Vor einer allgemeinen DIN-Gläubigkeit ist aber angesichts des Einflusses von Interessenkreisen auf die Formulierung in den Normenausschüssen und der mit dem technischen Fortschritt zuweilen nicht schritthaltenden Dauer mancher Überarbeitung zu warnen. Es handelt sich nicht um Rechtsnormen, sondern um private technische Regelungen mit Empfehlungscharakter, die hinter den allgemein anerkannten Regeln der Technik zurückbleiben können,[143] wie dies der BGH verschiedentlich etwa für die Mindestanforderungen nach DIN 4109 zum Schallschutz angenommen hat, die jedenfalls keine Aussage dazu treffen, welcher Schallschutz zur Erreichung eines üblichen oder

---

[137] Zur Auslegung von Bauverträgen Kniffka BauR 2015, 1893 ff.
[138] BGH NJW 2014, 620 Rn. 11.
[139] BGH NZBau 2000, 74 Rn. 20; 2011, 746 Rn. 11.
[140] BGH NZBau 2014, 568 Rn. 17; 2013, 295.
[141] BGH NZBau 2018, 207 Rn. 25; kritisch zum Zeitpunkt Karczewski NZBau 2021, 165 ff.
[142] BGH NZBau 2013, 697 Rn. 25.
[143] BGH NJW 1998, 2814 Rn. 16.

sogar gehobenen Standards einzuhalten sind.[144] Andererseits kann eine DIN speziell auf die Ausführung eines gehobenen Standards angelegt sein und die allgemein anerkannten Regeln der Technik übertreffen.[145] Mit Ausnahme der in der VOB/C zusammengefassten DIN (Allgemeine Technische Vertragsbedingungen für Bauleistungen, ATV → Rn. 61), die nach § 1 Abs. 1 S. 2 Bestandteil des Vertrages werden können, sind andere DIN als solche nicht vertraglich vereinbart, sondern sind nur mittelbar relevant, soweit sie die allgemein anerkannten Regeln der Technik umschreiben. Neben anderen technischen Normen (zB VDI-Richtlinien, VDE-Vorschriften, Flachdachrichtlinie) können auch nicht schriftlich fixierte technische Regeln und sich auf dieser Grundlage herausgebildete übliche Verfahrensweisen eine Konkretisierung der allgemein anerkannten Regeln der Technik darstellen.

40 Dass das Bausoll die **Funktionsfähigkeit** des zu erstellenden Werkes umfasst, versteht sich im Falle einer **funktionalen Leistungsbeschreibung** und eines **Globalpauschalvertrages** von selbst, gilt grundsätzlich aber auch beim **Detailpauschal-** und beim **Einheitspreisvertrag.** Ist die Leistungsbeschreibung – auch unter Berücksichtigung anderer Vertragsbestandteile – hinsichtlich der Benennung der auszuführenden Leistungen unrichtig oder unvollständig im Hinblick auf die Bewirkung der vom Auftragnehmer beim Vertragsschluss erkennbaren **Funktionalitätserwartung des Auftraggebers,** darf sich der Auftragnehmer, der der Erwartung des Auftraggebers nicht widersprochen hat, nicht auf die Abarbeitung des im Vertrag aufgeführten Leistungskataloges beschränken, weil das Gesamtwerk wegen Verfehlung der vereinbarten Funktionsanforderungen mangelhaft wäre.[146] Die nach dem Vertrag im Einzelfall vorausgesetzte oder die mangels Erkennbarkeit besonderer Vorstellungen des Auftraggebers gewöhnliche Funktionsverwendbarkeit wird grundsätzlich als übergeordnetes Beschaffenheitssoll vereinbart,[147] das nach dem Willen der Parteien in der Regel alle weiteren vertraglichen Abreden der Parteien überlagern soll. Die technische Funktionalität steht jedenfalls im Industrie- und Gewerbebau im Vordergrund, während bei privaten Bauvorhaben gestalterische Fragen und das **optische Erscheinungsbild als „ästhetische Funktionalität"** von ähnlicher oder gar überwiegender Bedeutung sein können. Die auch in der Rechtsprechung häufig anzutreffende Wertung, ein nur optischer Mangel sei zu vernachlässigen, ist jedenfalls bei zu Wohnzwecken genutzten Gebäuden idR verfehlt, weil es dem Auftraggeber – auch ohne ausdrückliche Erwähnung – neben der technischen Funktion wesentlich auch auf das Erscheinungsbild ankommt.

41 **b) Funktionsvereinbarung und Verwirklichungsrisiko.** Allerdings wird eine bestimmte **Funktionserwartung des Auftraggebers** nur dann zum vertraglich vereinbarten Bausoll, wenn der Auftraggeber sie dem Auftragnehmer deutlich macht oder sie für den Auftragnehmer wegen sonstiger Umstände ersichtlich ist, zB weil sie eine übliche oder gar selbstverständliche Eigenschaft des zu errichtenden Bauwerkes darstellt. So ist klar, dass ein Dach dicht sein oder ein Objekt im Normalfall den den allgemeinen technischen Regeln des Schallschutzes

---

[144] BGH NZBau 2007, 574 Rn. 25; 2009, 648 Rn. 12 ff.; OLG Hamburg IBR 2024, 168.
[145] So OLG Düsseldorf NZBau 2023, 454 für die DIN 18015–2.
[146] zB Kniffka/Jurgeleit/von Rinteln BauVertrR § 631 Rn. 219, 807; mittlerweile mehren sich kritische Stimmen wie zB Beck VOB/B/Kues § 1 Abs. 1 Rn. 4 ff., Abs. 4 Rn. 40 ff.
[147] BGH NZBau 2014, 492 Rn. 14.

Art und Umfang der Leistung **§ 1**

entsprechenden Anforderungen entsprechen muss, auch wenn nicht alle dafür erforderlichen Arbeiten im Leistungsverzeichnis ausgewiesen sind. Wenn dem Auftragnehmer nach den Umständen bei Vertragsschluss die Absicht des Auftraggebers, eine Lagerhalle mit schweren Gabelstaplern zu befahren, bekannt sein muss, reichen eine dieser Anforderung nicht gerecht werdende Betonqualität und eine unzureichend dicke oder bewehrte Bodenplatte grundsätzlich auch dann nicht aus, wenn sie den Angaben im Leistungsverzeichnis entsprechen.[148] Der Auftragnehmer schuldet dann, abweichend vom Leistungsverzeichnis, auch andere oder zusätzliche (→ Rn. 178) Maßnahmen, die für ein funktionsfähiges Werk erforderlich sind. Dass die für die Funktionsfähigkeit des Werkes erforderlichen Arbeiten demgemäß auch ohne Benennung im Vertrag zum Bausoll gehören, heißt aber nicht, dass sie im Vertrag bereits bepreist sind. Haben die Parteien den Preis – etwa wegen technischer Fehlvorstellungen über Art und Umfang der erforderlichen Leistungen – ohne Berücksichtigung bestimmter Maßnahmen ermittelt, müssen diese idR zusätzlich vergütet werden → Rn. 43. Insoweit ist zwischen dem **Ausführungsrisiko** und dem **Vergütungsrisiko für von den Parteien vergessene oder unrichtig eingeschätzte Arbeiten** zu unterscheiden, die erste nachträglich als erforderlich erkennen. Das erstere trägt grundsätzlich der Auftragnehmer, das zweite dagegen idR der Auftraggeber, wenn sich aus dem Vertrag keine andere Regelung ergibt. Diese Risikoverteilung entspricht einer interessengerechten Auslegung des Bauvertrages. Entgegen früher teilweise vertretener Meinung ist die Vertragslücke, die hinsichtlich der im Vertragstext nicht benannten, aber erforderlichen Ausführung und hinsichtlich des deshalb anzupassenden Werklohns besteht, nicht im Wege der ergänzenden Vertragsauslegung, sondern gemäß den Sonderregeln der §§ 1 Abs. 3 und 4, 2 Abs. 5 und 6 (VOB/B-Bauvertrag)[149] bzw. der §§ 650b, 650c BGB (BGB-Bauvertrag) zu schließen (Rn. 120, 178 ff.). Der Auftragnehmer darf also das von ihm oder auch vom Auftraggeber zu verantwortende planerische oder ausschreibungs- bzw. angebotstechnische Defizit nicht nach eigenem Gutdünken beheben, sondern hat dem Auftraggeber einen Bedenkenhinweis zu erteilen und eine Anweisung nach § 1 Abs. 3 bzw. § 1 Abs. 4 S. 1 oder § 650b BGB abzuwarten → Rn. 178a.

c) Unmöglichkeit der Umsetzung einer Funktionsvereinbarung. Gibt 42 es für eine in den Vertrag einbezogene Funktionalitätserwartung des Auftraggebers **keine vertragsgerechte, funktionierende technische Lösung,** handelt es sich um einen Fall der **objektiven Unmöglichkeit,** die nach Meinung des BGH – unter Ausschluss von (Nach-) Erfüllungsansprüchen – zur Schadensersatzpflicht des die Funktionsfähigkeit schuldenden Auftragnehmers nach § 311a Abs. 2 BGB führen kann.[150] Diese Lösung ist allerdings nur gerechtfertigt, wenn das **Werk als solches** auch bei Änderung einer im Vertrag beschriebenen technischen Ausführung nicht funktionieren kann, nicht jedoch schon dann, wenn nur **einzelne Funktionalitäten,** deren Fehlen die Parteien im Falle des Wissens um die technische Unmöglichkeit ganz oder teilweise für verzichtbar gehalten hätten, nicht gewährleistet werden können. Der Auftragnehmer wird nicht gemäß § 275 Abs. 1 BGB von der Herstellungspflicht frei, wenn der Auftraggeber gemäß § 1 Abs. 3 oder 4 eine Ausführungsvariante anordnet, die als Modifikation des Vertrages angesehen werden kann. So kann man zB zu einem interessengerechten Ergebnis

---

[148] Anders OLG München NZBau 2013, 703.
[149] BGH NZBau 2013, 366 Rn. 11.
[150] BGH NZBau 2014, 492 Rn. 23 ff.; dazu kritisch Althaus BauR 2014, 1369.

Funke 59

kommen, wenn der Auftraggeber für sein nach Süden gelegenes Wohnzimmer eine große repräsentative Glasfront bestellt hat, die nicht nur einen bestimmten Dämmwert (Schutz vor Wärmeverlust im Winter und Schutz vor Aufheizen im Sommer), sondern auch eine hohe Lichtdurchflutung gewährleisten soll. Lassen sich beide Funktionalitäten technisch nicht miteinander kombinieren, weil ein Aufheizen im Sommer nur bei einer zu einer gewissen Abdunkelung führenden Scheibenbeschichtung vermeidbar ist, kann der Auftraggeber eine Anordnung treffen, die aus seiner Sicht einen möglichst guten Kompromiss zwischen beiden Vorgaben darstellt.

43　Im Falle eines **technisch fehlerhaften Leistungsverzeichnisses** sind **Schadensersatzansprüche** sowohl des Auftraggebers als auch des Auftragnehmers denkbar (näher zur Risikotragung der Bauvertragsparteien → Rn. 45 f.). Beschreibt der technisch versierte Auftraggeber seinen Leistungswunsch gegenüber einem an der Auftragserteilung interessierten bzw. später tatsächlich beauftragten Unternehmer nicht funktional, sondern inhaltlich detailliert, verletzt er seine (vor)vertraglichen Pflichten, wenn die aufgeführten Leistungspositionen aus technischer Sicht unzureichend sind. Daraus kann der Unternehmer einen Schadensersatzanspruch ausnahmsweise dann herleiten, wenn er den Fehler nicht auch selbst wegen der von ihm zu erwartenden Sachkunde hätte erkennen müssen und ihm ein Schaden entsteht, etwa weil er sich auf kostenträchtige Verhandlungen oder den Vertragsschluss nicht eingelassen hätte, wenn er von der Notwendigkeit anderer oder zusätzlicher Leistungen gewusst hätte. Eher kommen allerdings Ansprüche des Auftraggebers gegen den Auftragnehmer in Betracht, von dem grundsätzlich angenommen werden kann, dass er die technischen Anforderungen an eine Baumaßnahme, um deren Ausführung er sich bewirbt, vor Erstellung eines Angebotes durchdringt. Der Auftragnehmer, dem erkennbar ist, dass mit den ausgeschriebenen Leistungen kein funktionstaugliches Werk erstellt werden kann, muss den Auftraggeber **möglichst frühzeitig auf ein unrichtiges oder unvollständiges Leistungsverzeichnis hinweisen.** Verletzt der Auftragnehmer seine Bedenkenhinweispflicht, kann der Auftraggeber Schadensersatz verlangen, falls er den Auftrag ansonsten nicht oder jedenfalls nicht in diesem Umfang erteilt hätte.[151]

44　**d) Auf die Funktionalität bezogene Risikozuweisungen.** Fraglich ist, ob und inwieweit der Auftraggeber durch die Vereinbarung einer sog. **Komplettheitsklausel** Mehrvergütungsansprüche des Auftragnehmers für im Leistungsverzeichnis vergessene oder in abweichender Weise auszuführende Leistungen ausschließen kann, indem dem Auftragnehmer über die ihn ohnehin treffende Ausführungsverpflichtung hinaus auch das **Vergütungsrisiko** für bei Vertragsschluss nicht bedachte, notwendige Leistungen auferlegt wird. Die **individualvertragliche Vereinbarung** von Komplettheitsklauseln ist grundsätzlich unbedenklich, weil der Auftragnehmer auch nicht kalkulierbare Risiken übernehmen kann.[152] Im Einzelfall ist die Klausel jedoch dahin auszulegen, ob sie nur Risiken erfassen sollte, die bei Vertragsschluss bereits in Betracht kamen, oder ob und inwieweit auch gänzlich überraschende Probleme zu Lasten des Auftragnehmers gehen sollten.

Wird eine Komplettheitsklausel in Form einer **AGB** für einen Vertrag vereinbart, in dem die Leistungspositionen ansonsten detailliert aufgeführt sind, wird

---

[151] KG NZBau 2021, 606.
[152] BGH NZBau 2008, 437.

Art und Umfang der Leistung **§ 1**

sie gemäß §§ 305c, 307 Abs. 1 S. 2 BGB häufig **überraschend oder intransparent** sein. So hat der BGH die Klausel „Auch bei einem Einheitspreisvertrag ist die Auftragssumme limitiert" als überraschend angesehen.[153] Komplettheitsklauseln müssen zudem einer Inhaltskontrolle nach §§ 307–309 BGB standhalten. Entgegen teilweise vertretener Meinung[154] wird man die Klausel im Falle einer detaillierten Leistungsbeschreibung idR als **Preis- und Leistungsnebenabrede** und nicht als unmittelbare Preis- und Leistungsbestimmung, die nur im Rahmen des § 307 Abs. 3 BGB überprüfbar wäre,[155] einordnen müssen.[156] Die somit eröffnete Inhaltskontrolle führt zur Unwirksamkeit der Klausel, wenn sie in Abweichung von der grundsätzlichen Vertragskonzeption zur Übertragung zB eines beim Auftraggeber liegenden Planungsrisikos führen würde. Auch bei wirksam vereinbarter Komplettheitsklausel verbleibt dem Auftragnehmer nicht nur der Vortrag einer vorrangigen Individualvereinbarung, sondern auch der Einwand, die Parteien hätten bei der Festlegung des Preises ein bestimmtes **Leistungssoll zur Geschäftsgrundlage des Vertrages** gemacht.[157] AGB-rechtlich unzulässig sind zudem Klauseln, die beim Einheitspreisvertrag auch für Fälle nicht vorhersehbarer, wesentlicher vertragsrelevanter Umstände eine Unveränderlichkeit der Preise für die gesamte Bauzeit anordnen. Zwar sind Einheitspreise, wenn nicht Besonderheiten eintreten, die die Anwendung des § 2 Abs. 3 oder des § 313 BGB rechtfertigen, grundsätzlich Festpreise. Klauseln sind aber unzulässig, wenn zumindest bei kundenfeindlichster Auslegung eine Anpassung selbst für den Fall einer Störung der Geschäftsgrundlage ausgeschlossen sein soll.[158]

Weist das **fertig gestellte Werk Funktionsdefizite** auf, liegt ein Verstoß **45** gegen die von den Vertragsparteien getroffene Erfolgsvereinbarung auch dann vor, wenn der Auftragnehmer ein vereinbartes Leistungsverzeichnis komplett abgearbeitet hat. Der Auftragnehmer wird von Treu und Glauben ausnahmsweise nur dann von seiner **Nacherfüllungspflicht** frei, wenn er nachweisen kann, seiner Prüfungs- und Bedenkenhinweispflicht umfassend nachgekommen zu sein, und der Auftraggeber trotz eines eindeutigen und konkreten – auch auf die fehlende Funktionalität und ihre Folgen bezogenen – **Bedenkenhinweises** an der ausgeschriebenen Qualität festgehalten und damit das Funktionsrisiko übernommen hat.[159]

Im Rahmen der Vertragsfreiheit kann der **Auftraggeber** im Einzelfall in Abweichung von der grundsätzlich bestehenden Erfolgsverpflichtung des Auftragnehmers auch schon bei Vertragsschluss ausdrücklich[160] oder konkludent das **Risiko der Funktionsfähigkeit** des Werkes **übernehmen,** so dass der Auftragnehmer dann später keine Nacherfüllung schuldet. Zwar ist es werkvertragstypisch, dass der Unternehmer eine Erfolgsverpflichtung auch hinsichtlich der Funktionalität des Werkes trägt. Das schließt jedoch nicht aus, dass der Vertrag in untypischen Konstellationen anders ausgelegt werden kann. Das kann etwa in Betracht kommen, wenn der Auftraggeber – sei es persönlich oder durch einen von ihm beauf-

---

[153] BGH NZBau 2005, 148.
[154] OLG Düsseldorf IBR 2015, 3.
[155] Zur insoweit eingeschränkten Wirksamkeitskontrolle BGH NJW 2006, 996.
[156] Zur Abgrenzung allgemein BGH NZBau 2019, 632 Rn. 18 ff.
[157] BGH NZBau 2011, 533.
[158] BGH NZBau 2018, 29 Rn. 28; 2016, 96.
[159] BGH NZBau 2008, 109 Rn. 12 ff.
[160] BGH NZBau 2011, 533 Rn. 11.

§ 1

tragten Architekten – die Planung des Gesamtobjekts und des Zusammenspiels der einzelnen Gewerke erkennbar in ausschließlich eigener Kompetenz übernimmt. Dann wird er in der Regel das Risiko übernehmen, dass ein vom Unternehmer **auszuführendes Gewerk funktional als Grundlage für weitere daran anschließende Gewerke geeignet** ist, wenn es entsprechend den Vorgaben des Auftraggebers ausgeführt wird und dem Unternehmer – ausgehend von den von ihm für sein Gewerk zu erwartenden Fachkenntnissen – nach dem geschlossenen Vertrag nicht abverlangt werde sollte, dass er Schwierigkeiten für ein fachfremdes Nachfolgegewerk erkennt.[161]

46   Soweit es dagegen nicht um die Geeignetheit eines Gewerkes für ein darauf aufbauendes anderes Gewerk geht, die nicht selten nur von dem die Gesamtplanung erstellenden Auftraggeber beurteilt werden kann, sondern um die **Funktion eines Einzelgewerkes als solches,** wird man eine konkludente Freistellung des ausführenden Unternehmers vom Funktionalitätsrisiko in der Regel selbst dann nicht annehmen können, wenn ein unzureichendes Leistungsverzeichnis vom Auftraggeber stammt (§§ 13 Abs. 3, 4 Abs. 3). Das wird man im Einzelfall aber anders sehen können, wenn der Auftraggeber verglichen mit dem Auftragnehmer offenbar über eine überlegene Sachkunde verfügt, die Planung im Detail vorgibt und angesichts der dem Auftraggeber erkennbaren Umstände – sei es, weil er einen fachlich nicht versierten Billiganbieter ausgewählt hat oder es sich um eine besondere Spezialmaterie handelt, mit der der Auftraggeber, nicht jedoch der Auftragnehmer vertraut ist – schlechterdings nicht erwartet werden kann, dass der planerisch und fachlich unterlegene Auftragnehmer, der gleichsam nur als Handlanger der Vorstellungen des Auftraggebers tätig wird, die ihm gemachten Vorgaben fachlich überprüfen und ohne eine die Funktionsfähigkeit des Werkes beeinträchtigenden Ausschreibungsfehler erkennen kann.[162] Will ein Auftraggeber trotz einer bestehenden fachlichen Überlegenheit das Funktionalitätsrisiko einer ausgeschriebenen Variante erkennbar nicht tragen, ist auch der unbedarfte Auftragnehmer grundsätzlich in der Pflicht, wenn er nicht seinerseits einen Risikoausschluss durchsetzt[163] oder die Geltendmachung von Mängelansprüchen durch den Auftraggeber angesichts seines Wissensvorsprungs treuwidrig ist bzw. der Auftragnehmer seiner Prüfungs- und Bedenkenhinweispflicht nachgekommen ist.

Allein aus der Tatsache, dass eine nicht funktionsgerechte Planung für das vom Auftragnehmer zu erstellende Werk vom Auftraggeber oder seinem Erfüllungsgehilfen, zB seinem Architekten, stammt, kann der Auftragnehmer mit Ausnahme der oben dargestellten Sonderfälle aber nicht herleiten, er habe nach der geschlossenen Vereinbarung nur die Abarbeitung des unzureichenden Leistungskataloges schulden sollen. Der Auftraggeber muss sich allerdings sein oder seines Erfüllungsgehilfen planerisches Mitverschulden anrechnen lassen.

47   **e) Baugrundrisiko.** Häufig geraten die Bauvertragsparteien darüber in Streit, welche Partei das Risiko trägt, dass etwa beim Ausschachten einer Baugrube und der Errichtung des Kellers oder der Verwertung bzw. Entsorgung von Aushubmaterial andere **Wasserverhältnisse** (zB Lastfall drückendes Wasser) oder andere **Bodenqualitäten** (zB eine einem Wiedereinbau generell oder in einem Wasser-

---

[161] Funke BauR 2017, 172.
[162] Dazu näher Funke BauR 2017, 172; s. auch Beck VOB/B/Kues § 1 Abs. 1 Rn. 7.; Beck VOB/B/Funke vor § 2 Rn. 174, 3. Aufl.; ähnlich Kapellmann/Schiffers Bd. 1 Rn. 100.
[163] BGH NZBau 2014, 492 Rn. 19.

Art und Umfang der Leistung § 1

schutzgebiet entgegenstehende Kontamination) als vom Auftragnehmer beim Vertragsschluss angenommen angetroffen werden. Entgegen teilweise vertretener Meinung, nach der das Bodenrisiko entsprechend § 645 Abs. 1 BGB grundsätzlich beim Auftraggeber liegen soll,[164] kommt es für die Risikozuweisung auf die konkreten Umstände des Einzelfalls und die jeweils getroffenen Vereinbarungen an.[165] Es ist durch Auslegung zu ermitteln, ob dem Auftragnehmer das Risiko für die Bewältigung der Problematik schon nach dem Ursprungsvertrag zu der darin festgelegten Vergütung auferlegt worden ist. Von einer im Vertrag noch nicht bepreisten Leistung ist etwa auszugehen, wenn im Leistungsverzeichnis nicht nur die Menge des Bodenaushubs, sondern auch die Bodenklasse und der Grundwasserhorizont genannt werden oder wenn der Auftraggeber dem Aufragnehmer ein insoweit aussagekräftiges Bodengutachten übergibt und bei der Ausführung der Arbeiten ungünstigere Boden- oder Grundwasserverhältnisse angetroffen werden.[166] Auch bei einer funktionalen Leistungsbeschreibung will der Auftragnehmer zumeist erkennbar nicht das Preisrisiko übernehmen, wenn ihm der Auftraggeber, zB unter Vorlage eines Bodengutachtens, aus der berechtigten Sicht des Auftragnehmers verlässliche und für seine Kalkulation erhebliche Informationen zur Verfügung gestellt hat.[167] Die nach dem Bodengutachten anzunehmende Bodenqualität wird dann als vertragliche Randbedingung vereinbart und ist grundsätzlich nicht nur als Geschäftsgrundlage[168] des Vertrages anzusehen → Rn. 109. Anders verhält es sich, wenn die Boden- oder Grundwasserverhältnisse bei Vertragsschluss ungeklärt waren und sich im Vertrag dazu weder ausdrücklich noch mittelbar (zB konkrete Positionen zur Wasserhaltung oder zur Verwendung des Bodens) Angaben finden (zu Besonderheiten bei einer Vergabe nach der VOB/A → Rn. 53 ff.). Der Auftragnehmer darf den Umstand, dass der Auftraggeber Angaben zu den Boden- und Grundwasserverhältnissen unterlässt, nicht ohne Weiteres dahin verstehen, dass mit den günstigsten in Betracht kommenden Verhältnissen zu rechnen ist.[169] Soweit allerdings bei der Bauausführung eine Schadstoffbelastung festgestellt wird, die der Auftraggeber gemäß § 1 Abs. 1 S. 2 iVm DIN 18299 vor Vertragsschluss hätte klären müssen und deren Beseitigung die DIN 18299 als besondere, zusätzlich zu vergütende Leistung bezeichnet (zur Bedeutung der in der ATV [VOB/C] aufgeführten DIN 18299 ff. für die Bestimmung des Leistungssolls → Rn. 61; zur AGB-rechtlich wirksamen Einbeziehung → Rn. 62 ff.), steht dem Auftragnehmer eine zusätzliche Vergütung zu.[170] Ansonsten kann der Auftraggeber aber dann, wenn bei Vertragsschluss – für den Auftragnehmer erkennbar – ungeklärt ist, mit welchem Aufwand die Ausführung der vereinbarten Leistungen durch den Auftraggeber verbunden sein wird und die Aufwendungen vertraglich nicht festgelegt sind, idR davon ausgehen, dass der Auftragnehmer, der sich dennoch auf den Vertrag einlässt, bereit ist, die nach dem objektiven Empfängerhorizont damit verbundenen Risiken zu über-

---

[164] Siehe Grüneberg/Retzlaff § 645 Rn. 7; OLG Hamburg IBR 2021, 511 = BeckRS 2021, 36351; OLG Schleswig IBR 2024, 5.
[165] BGH NZBau 2009, 707 Rn. 77 ff.; Kuffer NZBau 2006, 1 ff.; Bolz NJW 2022, 1709, 1710; Beck VOB/B/Kues § 1 Abs. 3 Rn. 97 ff.
[166] BGH NZBau 2012, 102; OLG Naumburg IBR 2020, 390 = BeckRS 2019, 47033.
[167] BGH NZBau 2009, 707 Rn. 78; Beck VOB/B/Kues § 1 Abs. 3 Rn. 98.
[168] So aber OLG Celle BauR 2014, 1305.
[169] So zB OLG Bamberg IBR 2022, 392 = BeckRS 2019, 63668.
[170] Anders wohl OLG Frankfurt IBR 2022, 170 = BeckRS 2020, 48730.

Funke 63

nehmen, ohne später eine zusätzliche Vergütung verlangen zu können.[171] Eine solche Risikovereinbarung gilt nicht für Belastungen, die den bei Vertragsschluss vorhersehbaren Rahmen sprengen. Falls eine Kontamination in den Vertragsunterlagen nicht ausdrücklich genannt ist, sie sich aber aus den dem Auftragnehmer ersichtlichen Umständen ergibt, liegt das Risiko idR bei ihm.[172] Führt die Auslegung dazu, dass das Risiko für eine Bodenproblematik beim Auftraggeber liegt, stellt seine Anweisung, die Arbeiten fortsetzen, eine ändernde Anordnung iSv § 1 Abs. 3 dar → Rn. 109 ff.

Der Auftraggeber trägt idR das Risiko, dass der Untergrund bei Ausführung einer von ihm beauftragten Leistung, die ersichtlich zum **Einsatz schweren Gerätes** (zB Kran) erbracht werden soll, hinreichend tragfähig und geeignet ist. Eine **AGB-Klausel** des Auftragnehmers, der einen Kran einzusetzen beabsichtigt, nach der das Risiko der Bodentragfähigkeit unabhängig vom Einzelfall ausnahmslos und hinsichtlich aller Rechtsfolgen dem Auftraggeber zugewiesen wird, hält der 1. Zivilsenat des BGH jedoch für unwirksam.[173]

48   **2. Unklare Bestimmung des Bausolls und Beweislast.** Zunächst bestehende Unklarheiten hinsichtlich der Funktionsanforderungen, der Art der zu erbringenden Leistungen und des Leistungsumfangs wirken sich nicht allein deshalb zum Nachteil einer Partei aus, weil sie den **Vertrag entworfen** hat.[174] Eine derartige Sanktion sieht das Gesetz außerhalb des AGB-Rechts, § 305c Abs. 2 BGB, und des Verbraucherschutzrechts, § 650k Abs. 2 S. 2 BGB, im Rahmen der Auslegung grundsätzlich nicht vor. Führt die Auslegung ausgehend vom objektiven Empfängerhorizont letztlich doch nach allgemeinen Maßstäben hinreichend sicher zu einem Ergebnis, kann dieses auch zum Nachteil desjenigen ausfallen, der auf einen fremden Vertragstext eingegangen ist. Bleibt es jedoch trotz Anlegung aller im Einzelfall maßgeblichen Auslegungskriterien dabei, dass von einer hinsichtlich des Leistungsumfangs oder der Funktionalitätserwartung **unklaren Leistungsbeschreibung** auszugehen ist, wirkt sich das zum Nachteil des Auftraggebers aus, der aus dem Vertrag eine weitergehende Verpflichtung des Auftragnehmers herleiten will.[175] Der Auftragnehmer braucht Leistungen, deren Vereinbarung der Auftraggeber nicht darlegen oder beweisen kann, nicht ohne zusätzliche Vergütung auszuführen[176] (zu den Auslegungsrisiken des Auftraggebers bei innerhalb des Vertrages **variierender Beschreibungstiefe** → Rn. 3). Auch für nachträgliche Änderungsvereinbarungen trägt stets die Partei die Beweislast, die aus ihr Ansprüche herleitet.

49   Keinesfalls gehen Unklarheiten allein deshalb einseitig zu Lasten des Auftragnehmers, weil er sich **vor Vertragsschluss nicht um eine Klärung der Problematik gekümmert** und nicht nachgefragt hat.[177] Er begibt sich damit zwar in die Gefahr, dass die Auslegung später nicht in seinem Sinne erfolgt. Dasselbe Risiko hat prinzipiell aber auch der Auftraggeber zu tragen, der einen Vertrag

---

[171] OLG Düsseldorf IBR 2023, 555.
[172] OLG Naumburg IBR 2020, 115 = Beck RS 2019, 32031.
[173] BGH NZBau 2016, 283 Rn. 42.
[174] KG NZBau 2019, 771; teilweise anders OLG Koblenz NZBau 2007, 517 = IBR 2007, 234 mit ablehnender Anmerkung Althaus; OLG Oldenburg BauR 2011, 530 (532); OLG Zweibrücken IBR 2019, 58 = BeckRS 2016, 135363.
[175] Dazu auch Joussen BauR 2013, 1583 (1584).
[176] OLG Dresden IBR 2020, 627 = BeckRS 2018, 56986.
[177] BGH NZBau 2008, 437 Rn. 38.

Art und Umfang der Leistung **§ 1**

schließt, ohne dass mehrdeutige Formulierungen oder sich aus unterschiedlichen Vertragsbestandteilen ergebende Widersprüche ausgeräumt sind. Bei der Auslegung ist das nachträgliche Verhalten der Parteien zu berücksichtigen, wenn es Rückschlüsse auf den tatsächlichen Willen und das tatsächliche Verständnis zum Zeitpunkt des Vertragsschlusses zulässt.[178] Ist die Ausschreibung hinsichtlich der **Art der technischen Ausführung nicht eindeutig,** bedeutet dies idR nicht, dass der Auftraggeber zur Konkretisierung oder gemäß § 315 BGB zur Auswahl einer von mehreren in Betracht kommenden Methoden befugt sein soll. Vielmehr ist der Auftragnehmer mangels einengender Vertragsbestimmungen, auch wenn es sich ansonsten nicht um eine funktionale Leistungsbeschreibung handelt, frei, die technische Methode zu bestimmen, soweit sie zur Erreichung des vorgegeben Bauergebnisses geeignet ist.[179] Will der Auftraggeber dieses Recht nachträglich beschneiden, kann er dies allenfalls gemäß § 1 Abs. 3 im Wege einer ändernden Anordnung tun → Rn. 105.

Geht es darum, welche **Unterlagen** die Parteien **in den Vertrag einbeziehen** 50 wollten und in welchem Verhältnis sie zueinanderstehen sollten (zur Rangklausel § 1 Abs. 2 → Rn. 67), kann die Verhandlungshistorie von Bedeutung sein, also zB, in welcher zeitlichen Abfolge und in welchen Zusammenhängen Aufzeichnungen im Laufe der Verhandlungen erstellt und ob ältere durch jüngere hinfällig oder modifiziert worden sind. Soweit Unterlagen in den Vertrag einbezogen worden sind, wird man grundsätzlich davonausgehen können, dass der Vertragsbestandteil vorrangig ist, in dem die jeweilige Leistung **konkreter oder detaillierter** dargestellt wird.[180] So kommt der **Leistungsbeschreibung** gegenüber **Plänen** dann die größere Bedeutung zu, wenn die Leistung im Einzelnen genauer beschrieben wird.[181] Pläne haben für die Auslegung des Vertrages aber grundsätzlich dieselbe Bedeutung wie textliche Formulierungen, so dass bei Widersprüchen jeweils im Einzelfall zu prüfen ist, was die Parteien als vorrangig angesehen haben.[182] Das von den Parteien anerkannte Ergebnis einer **Bemusterung** ersetzt abweichende Angaben im Leistungsverzeichnis.[183] Gemäß § 305b BGB hat eine Individualabrede Vorrang vor Allgemeinen Geschäftsbedingungen.

Fehlt es an der Benennung von **Qualitäts- und Komfortstandards,** kann 51 erwartet werden, dass die zum Zeitpunkt des Vertragsschlusses für gleichartige Bauwerke üblichen Errichtungsstandards erfüllt sein sollen. Wird dem Interessenten eines zu errichtenden Gebäudes durch Exposés,[184] Verkaufsprospekte,[185] Werbeprospekte[186] oder auf anderem Wege der Eindruck einer gehobenen Qualität vermittelt, ist diese geschuldet. Allgemein gehaltene Qualitätsbeschreibungen

---

[178] BGH ZfBR 2012, 138 Rn. 9.
[179] OLG Naumburg IBR 2022, 124 = BeckRS 2021, 38770.
[180] Kniffka/Jurgeleit/von Rintelen, Bauvertragsrecht, § 631 Rn. 814.
[181] BGH NZBau 2003, 149 Rn. 11.; OLG Köln IBR 2023, 554 sieht einen Vorrang des LV gegenüber Zeichnungen.
[182] OLG Düsseldorf BauR 2015, 719.
[183] OLG Bremen IBR 2012, 249.
[184] BGH NJW 2017, 150 Rn. 7; NJW-RR 2018, 752 Rn. 10.; KG IBR 2019, 496 = BeckRS 2019, 12693.
[185] OLG München BauR 2011, 1505; IBR 2018, 392 „Stadtwohnungen der Spitzenklasse".
[186] OLG Düsseldorf IBR 2015, 129 zu Abdichtungswirkungen eines eingesetzten Materials.

können dem Vertrag ein umfassendes Gepräge geben,[187] so dass ein bauunerfahrener Auftraggeber im Vertrag (versteckt) genannte konkrete Anforderungen, die den suggerierten Wohnkomfort hinsichtlich bestimmter Faktoren negativ beeinflussen können, ohne hinreichende Erläuterung nicht als Beschränkung erkennen und verstehen muss. Wird ein üblicher oder gar ein gehobener Qualitäts- und Komfortstandard versprochen, wird dies nicht dadurch wirksam eingeschränkt, dass der Vertrag im Weiteren eine technische Norm, zB zum Schallschutz, nennt, die den Standard gerade nicht gewährleistet, es sei denn der Auftragnehmer kann nach den Umständen davon ausgehen, dass der Bauherr die Bedeutung der Norm von sich aus erkennt, oder er dem Bauherrn die Bedeutung erläutert.[188] Wird eine Leistungsbeschreibung dagegen zwecks Abschluss eines Vertrages mit einer bauerfahrenen bzw. technisch versierten Person aufgestellt, kann davon ausgegangen werden, dass sie von dieser im Rahmen ihrer Kenntnisse geprüft und verstanden wird. Welche Bedeutung bestimmten technischen Formulierungen in Fachkreisen üblicherweise beigemessen wird, wird in einem Rechtsstreit häufig nicht ohne Einholung eines Sachverständigengutachtens zu klären sein. Selbst erfahrene Richter, die langjährig in einem Bausenat tätig sind, dürfen einen entsprechenden Beweisantrag unter Hinweis auf eine besondere eigene Sachkunde grundsätzlich nicht ablehnen.[189]

52 3. Besonderheiten beim Verbraucherbauvertrag. Besondere Regeln gelten gemäß §§ 650j, 650k BGB, Art. 249 EGBGB für den Abschluss und die Auslegung eines **Verbraucherbauvertrages** iSv § 650i BGB → Rn. 14a. Falls nicht der Verbraucher oder ein von ihm Beauftragter die wesentlichen Planungsvorgaben macht, muss der Unternehmer dem Verbraucher rechtzeitig vor Vertragsschluss eine Baubeschreibung in Textform zukommen lassen, deren Mindestgehalt aus Art. 249 § 2 EGBGB folgt. Bei außerhalb von Geschäftsräumen geschlossenen Verträgen und bei Fernabsatzverträgen bestehen weitere Informationspflichten nach § 312d BGB, Art. 246a EGBGB. Der Inhalt der nach § 650j BGB ausgehändigten Baubeschreibung wird gemäß § 650k Abs. 1 BGB in Bezug auf die Bauausführung Inhalt des Vertrages, wenn die Parteien nicht ausdrücklich etwas anderes vereinbaren. Soweit die Baubeschreibung unvollständig oder unklar ist, hat die Auslegung gemäß § 650k Abs. 2 S. 1 BGB unter Berücksichtigung sämtlicher vertragsbegleitender Umstände, insbesondere des allgemeinen Komfort- und Qualitätsstandards, zu erfolgen. Diese Regelung enthält keine Neuerungen. Als besonderer Verbraucherschutz folgt jedoch in § 650k Abs. 2 S. 2 BGB die Beweislastverteilung, dass Zweifel hinsichtlich der vom Unternehmer geschuldeten Leistung zu dessen Lasten gehen. Das soll nach teilweise vertretener Meinung nicht nur im Falle einer unvollständigen oder unklaren Leistungsbeschreibung gelten, sondern über den Wortlaut hinaus erst recht, wenn der Unternehmer dem Verbraucher entgegen § 650j BGB überhaupt keine Leistungsbeschreibung übergeben hat, weil der Vertrag dann gesteigert auslegungsbedürftig sei.[190] Diese Auslegung widerspricht jedoch dem Willen des Gesetzgebers, der den Verbraucher durch einen Schadensersatzanspruch nach §§ 280 Abs. 1, 241 Abs. 2, 311

---
[187] BGH NJW 2014, 620 Rn. 11.
[188] BGH NZBau 2009, 648 Rn. 14; OLG München BauR 2012, 266, rechtskräftig aufgrund Beschlusses des BGH 28.7.2011 – VII ZR 104/09 jeweils zum Schallschutz nach DIN 4109.
[189] Siehe BGH NJW 2015, 1311; NJW 2018, 2730; IBR 2024, 101.
[190] *Retzlaff* BauR 2017, 1835.

Art und Umfang der Leistung § 1

Abs. 2 BGB schützen wollte, wenn der Unternehmer seine vorvertragliche Pflicht zur Übergabe einer Leistungsbeschreibung verletzt.[191]

4. Auslegung des Vertrages bei einer Vergabe nach der VOB/A. Bei einer **öffentlichen Ausschreibung nach VOB/A** kommt dem Wortlaut der Leistungsbeschreibung eine vergleichsweise große Bedeutung zu. Bei ihrer Auslegung ist der objektive Empfängerhorizont der potentiellen Bieter maßgeblich. Soweit sich auf Grund einer allgemeinen Ausschreibungspraxis eine bestimmte Darstellungsart oder die Benennung bestimmter Umstände für den potentiellen Bieterkreis als üblich darstellt oder sich eine Üblichkeit gar zur Verkehrssitte verfestigt hat, können die Bieter Ausschreibungsunterlagen mangels entgegenstehender Anhaltspunkte entsprechend verstehen.[192]

53

a) Vermutung einer vergaberechtskonformen Ausschreibung. Ein wesentlicher Auslegungsgrundsatz ist, dass der Bieter grundsätzlich eine § 7 ff. VOB/A entsprechende und damit **vergaberechtskonforme Ausschreibung** erwarten und deshalb die Ausschreibung im Zweifelsfall auch dermaßen verstehen darf.[193] Nach § 7 Abs. 1 Nr. 1 VOB/A ist die Leistung eindeutig und so erschöpfend zu beschreiben, dass alle Bewerber die Beschreibung im gleichen Sinne verstehen müssen und ihre Preise sicher und ohne umfangreiche Vorarbeiten berechnen können.[194] Der potentielle Auftragnehmer darf wegen § 7 Abs. 1 Nr. 3 VOB/A in der Regel davon ausgehen, dass ihm **kein ungewöhnliches Wagnis** für Umstände und Ereignisse aufgebürdet werden soll, auf die er keinen Einfluss hat und deren Einwirkung auf die Preise und Fristen er nicht im Voraus abschätzen kann. Dies gilt auch für den Zustand, die Erreichbarkeit, die Möglichkeit des Einsatzes von Arbeitsgerät und die sonstigen **Verhältnisse der Baustelle,** soweit diese Umstände für die Leistungserbringung von wesentlicher Bedeutung sind (siehe § 7 Abs. 1 Nr. 6 VOB/A). Der Bieter ist grundsätzlich zu der Annahme berechtigt, dass sich der öffentliche Auftraggeber bei der Leistungsbeschreibung gemäß § 7 Abs. 1 Nr. 7 VOB/A an die „Hinweise für das Aufstellen der Leistungsbeschreibung" in Abschnitt 0 der Allgemeinen Technischen Vertragsbedingungen für Bauleistungen, DIN 18299 ff. gehalten hat. Der Bieter darf sich auf die Richtigkeit der in der Ausschreibung genannten technischen Daten verlassen, falls diese – ausgehend von den von einem Bieter zu erwartenden Kenntnissen – nicht offensichtlich unrichtig sind.[195]

53a

b) Auslegung der Ausschreibung hinsichtlich der Boden- und Wasserverhältnisse. Der BGH hat dementsprechend in mehreren Entscheidungen zu Recht (siehe auch § 7 Abs. 1 Nr. 6 VOB/A) darauf hingewiesen, dass die **Boden- und Wasserverhältnisse** einschließlich der Kontamination des auszuhebenden und eventuell wieder zum Einbau vorgesehenen Bodens (allgemein zum Baugrundrisiko → Rn. 47) so zu beschreiben sind, dass der Bewerber ihre Auswirkungen auf die bauliche Anlage und die Bauausführung hinreichend beurteilen kann.[196] Das gilt auch für die **Bohrbarkeit des Bodens.** So muss zB ersichtlich

54

---

[191] Omlor NJW 2018, 817 (820); Leinemann/Kues/Abu Saris, BGB-Bauvertragsrecht, § 650k Rn. 21.
[192] S. BGH NZBau 2012, 102 Rn. 15.
[193] BGH NZBau 2013, 695 Rn. 17; 2013, 428 Rn. 16; 2012, 102 Rn. 15 mwN.
[194] VK Berlin IBR 2022, 258.
[195] OLG Celle IBR 2019, 601 = BauR 2020, 476.
[196] BGH NZBau 2013, 428 Rn. 17; 2012, 102 Rn. 21.

§ 1

sein, ob die Möglichkeit besteht, dass der Boden im Bohrloch auftreibt oder seitlich eintreibt. Nur wenn der Bieter damit rechnen muss, hat er ein Bohren unter Wasserauflast auf Grundlage der als Teil der ATV vereinbarten DIN 18301 Nr. 3.2.4 als Nebenleistung in sein Gebot einzukalkulieren.[197] Wird die Bodenqualität in der Leistungsbeschreibung nicht erwähnt, kann der Bieter grundsätzlich davon ausgehen, dass keine wesentliche für die Bauausführung oder die Kosten relevante Kontamination oder sonstige Erschwernis vorliegt. Nach den Ausschreibungsregeln der VOB/A iVm DIN 18299 ff. müssen Kontaminationen und Erschwernisse jedenfalls aufgeführt werden, wenn dies für den Bieter zwecks sachgerechter Kalkulation seines Gebots erforderlich ist. Früher wurde angenommen, ausdrückliche Angaben könnten unterbleiben, wenn sich die Kontaminationen und Erschwernisse schon aus den Umständen klar ergäben. Das hat der BGH ausgehend von einem in den Tatsacheninstanzen eingeholten Sachverständigengutachten für die Kontamination des Bodens unterhalb der Asphaltdecke einer Ortsdurchfahrt angenommen. In technischer Hinsicht ist allerdings fraglich, ob die angesichts der Prozesslage vom BGH nicht mehr zu überprüfende Annahme zutrifft, dass unter Asphalt tatsächlich in der Regel mit Belastungen entsprechend bestimmten LAGA-Zuordnungswerten zu rechnen ist.

55 Inzwischen entspricht es – anders als in dem vom BGH[198] am 22.12.2011 entschiedenen, aus dem Jahre 2002 stammenden Fall – wohl der Verkehrssitte, dass LAGA-Zuordnungswerte oder andere Klassifizierungen (zB Einteilung in unterschiedliche Homogenbereiche) in öffentlichen Ausschreibungen im Prinzip generell anzugeben sind, so dass der Bieter bei Fehlen derartiger Angaben von einem unbelasteten Boden ausgehen darf, wenn nicht der Ausschreibende ersichtlich die ihn nach § 7 Abs. 1 Nr. 6 VOB/A treffenden Pflichten verletzt hat und die Möglichkeit einer Verschmutzung nach den äußeren Umständen auf der Hand liegt.[199]

In einer weiteren Entscheidung hat der BGH[200] – wiederum unter Zugrundelegung eines in der Vorinstanz eingeholten Sachverständigengutachtens – angenommen, der Auftragnehmer brauche im Bereich einer Straße nicht schon wegen des dort üblichen Winterdienstes mit einer relevanten Chloridbelastung zu rechnen.

Passiert hinsichtlich des Baugrundes etwas Unvorhergesehenes, für das der Unternehmer nicht verantwortlich und nicht risikobelastet ist, sehen die einschlägigen ATV der VOB/C ein gestuftes Verfahren vor. Der Auftragnehmer muss zwecks Abwendung einer Gefahr im Verzuge Sofortmaßnahmen ergreifen und den Auftraggeber unterrichten. Anschließend haben beide Seiten an einer Problemlösung mitzuwirken. Bei den vom Unternehmer zu erbringenden Sofortmaßnahmen und den weiteren Maßnahmen handelt es sich um Besondere Leistungen, so dass der Unternehmer dafür eine zusätzliche Vergütung verlangen kann.

56 Ist für den Auftragnehmer ausnahmsweise klar ersichtlich, dass der öffentliche Auftraggeber bei der Ausschreibung entgegen Vorgaben der VOB/A eine **Bodenproblematik offenbar übergangen** hat, darf er die Ausschreibung nicht vergaberechtskonform verstehen. Er kann dann wegen später angetroffener ungünstiger

---

[197] Dazu KG NZBau 2017, 719 Rn. 32 mit Anmerkung Kandel NZBau 2018, 92; OLG Düsseldorf NZBau 2015, 556.
[198] BGH NZBau 2012, 102 Rn. 21.
[199] OLG Düsseldorf IBR 2023, 555.
[200] BGH NZBau 2013, 428 Rn. 20.

Art und Umfang der Leistung **§ 1**

Verhältnisse keine Mehrforderung aus §§ 1 Abs. 3, 2 Abs. 5 herleiten und wegen des ihm erkennbaren Vergaberechtsverstoßes in der Regel auch keinen Schadensersatz beanspruchen,[201] falls er die Ausschreibung so verstehen musste, dass er auch das Vergütungsrisiko für die dann tatsächlich eingetretene Problematik tragen sollte → Rn. 47. Muss er in einem derartigen Fall eine Kontamination bei seiner Kalkulation in Betracht ziehen, darf er nicht davon ausgehen, dass nur die geringst denkbare Verschmutzung besteht. Er lässt sich vielmehr auf eine Bodenqualität bis zum höchsten nach der Ausschreibung in Betracht zu ziehenden Verschmutzungsgrad ein. Ergibt die Auslegung hingegen, dass der Auftragnehmer – wie wegen des grundsätzlich berechtigten Vertrauens auf eine vergaberechtskonforme Ausschreibung idR anzunehmen ist – nicht das Risiko für in der Ausschreibung unerwähnte Kontaminationen übernommen hat, handelt es sich bei zusätzlichen Arbeiten um Besondere Leistungen iSv § 1 Abs. 1 S. iVm DIN 18299 ff., für die er eine zusätzliche Vergütung verlangen kann. Ist der Boden nach der Ausschreibung zum Wiedereinbau vorgesehen, reicht die Risikotragung des Auftragnehmers allenfalls bis zu der Bodenqualität, die zum Einbau an dem vertraglich vorgesehenen Ort geeignet ist.[202]

Im Rahmen einer öffentlichen Ausschreibung sind auch **Hindernisse für den Einsatz von Baugerät** aufzuführen, dessen Verwendungsabsicht nach den Umständen üblich erscheint. So kann mangels gegenteiliger Angaben grundsätzlich davon ausgegangen werden, dass der Auftraggeber für die gesamte Zeit der Bauarbeiten die für den voraussehbar gewünschten Einsatz eines Krans erforderliche Luftfreiheit und Standsicherheit gewährleistet. Ansonsten würde dem Auftragnehmer entgegen § 7 Abs. 1 Nr. 3 VOB/A ein ungewöhnliches Wagnis aufgebürdet, das eine hinreichend sichere Kostenkalkulation ausschlösse.[203]

c) Unklarheit der Ausschreibung oder des Gebots. Ist eine **Ausschrei-** 57 **bung mehrdeutig**, geht diese Unklarheit entgegen teilweise vertretener Ansicht[204] nicht schon deshalb einseitig zu Lasten des Auftragnehmers, weil er sein Gebot ohne weitere Nachfrage und Aufklärung abgegeben hat.[205] Das gilt im Rahmen einer öffentlichen Ausschreibung in besonderem Maße, weil das förmliche Vergabeverfahren den Ausschreibenden zu hinreichender Klarheit verpflichtet und er grundsätzlich keine Vorteile daraus ziehen darf, wenn der Bieter die Unsicherheiten einer mehrdeutigen Ausschreibung hinnimmt. Bleibt die Unklarheit bis zum Zuschlag bestehen, ist der Vertrag interessengerecht auszulegen, wobei sich eine entgegen § 7 VOB/A fehlende Problemdarstellung nach dem Grundsatz der vergaberechtskonformen Auslegung in der Regel zum Nachteil des Auftraggebers auswirken wird. Auch ansonsten werden sich Unklarheiten grundsätzlich zum Nachteil des öffentlichen Auftraggebers auswirken, weil er darzulegen und zu beweisen hat, warum der Auftragnehmer eine Leistung schuldet, die im Vertrag nicht deutlich benannt ist.

Ist das **Angebot des Bieters widersprüchlich,** ist der öffentliche Auftraggeber nach § 15 Abs. 5 S. 1 VgV nicht nur berechtigt, sondern sogar verpflichtet, Aufklärung über das Angebot zu verlangen. Dabei ist eine Klarstellung zulässig,

---

[201] Dazu Joussen BauR 2013, 1583 (1588).
[202] BGH NZBau 2012, 102 Rn. 26.
[203] BGH NZBau 2013, 695 Rn. 15.
[204] OLG Celle IBR 2020, 281 = BeckRS 2019, 29588; OLG Karlsruhe IBR 2022, 387 = BeckRS 2021, 54444.
[205] BGH NZBau 2013, 695 Rn. 17.

wenn das tatsächlich Gemeinte gemäß §§ 133, 157 BGB durch Auslegung bestimmt werden kann. Eine nachträgliche Änderung des Angebotsinhaltes ist dagegen unzulässig. Das gilt auch dann, wenn eine Angabe offensichtlich falsch aber doch eindeutig ist und die richtige Angabe auch nicht aus anderen Passagen des Angebotes abgeleitet werden kann.[206] Weicht das Gebot des Bestbietenden deutlich vom Preis des Angebotes des nächstgünstigen Bieters ab, ist der öffentliche Auftraggeber nach § 60 VgV verpflichtet, das Angebot des Bestbieters als ungewöhnlich niedriges Angebot[207] zu überprüfen.[208] Auf ein Gebot, dem offensichtlich ein erheblicher Kalkulationsirrtum zugrunde liegt, darf der Zuschlag nicht erteilt werden.[209] Werden diese vergaberechtlichen Vorgaben nicht eingehalten, kommt der Vertrag dennoch mit dem Zuschlag zustande. Seine Umsetzung ist dann aber nicht nur wegen seiner Defizite von vornherein mit Schwierigkeiten belastet, sondern wegen der anderen Bietern zustehenden Rechtsbehelfe auch insgesamt gefährdet → Rn. 30. Erteilt der Auftraggeber den Zuschlag auf ein erkennbar niedriges Angebot, kann das wegen Verstoßes gegen § 241 Abs. 2 BGB zu einem Schadensersatzanspruch des Auftragnehmers führen → Rn. 33.

58 **d) Vergaberechtskonforme Auslegung ausnahmsweise auch bei freihändig geschlossenen Verträgen.** Bei **außerhalb des öffentlichen Vergabeverfahrens** erfolgenden Vertragsschlüssen kann **§ 7 VOB/A ausnahmsweise mittelbar von Bedeutung** sein, wenn der Auftragnehmer eines öffentlichen Vergabeverfahrens den Auftrag ganz oder teilweise ohne Änderung der ihm vom öffentlichen Auftraggeber gemachten technischen Vorgaben an einen Subunternehmer weitergibt, der dann ebenfalls davon ausgehen kann, dass die Ausschreibung, auf deren Grundlage der Hauptauftragnehmer den Zuschlag erhalten hat, vergaberechtskonform abgefasst ist. Dasselbe gilt, wenn der private Auftraggeber, etwa durch sein Ausschreibungsverhalten, auf andere Weise zum Ausdruck bringt, sich an die Regeln des § 7 VOB/A halten zu wollen.[210] Auch wenn die VOB/B außerhalb eines öffentlichen Vergabeverfahrens in den Vertrag einbezogen wird, gelten über § 1 Abs. 1 S. 2 die DIN 18299 ff. (zur wirksamen Einbeziehung → Rn. 62) mit ihren Vorgaben für die Beschreibung u.a. der Bodenbeschaffenheit (→ Rn. 61 ff.), ohne dass allerdings die aus § 7 VOB/A folgenden Auslegungskriterien herangezogen werden können.

59 **5. Auslegung Allgemeiner Geschäftsbedingungen.** Allgemeine Geschäftsbedingungen – als solche sind auch die Regelungen der VOB/B zu qualifizieren – bedürfen, ebenso wie andere Vertragsbestandteile, keiner am Wortlaut orientierten Auslegung, wenn die Vertragsparteien sie übereinstimmend in einem bestimmten Sinne verstanden haben. Dann gilt das gemeinsam Gewollte.[211] Ansonsten sind die besonderen Auslegungsregeln der §§ 305b, 305c, 307 Abs. 1 S. 2 BGB maßgeblich. Auch in der Geschäftsbeziehung zwischen Unternehmern (§ 14 Abs. 1 BGB) kann die Geltung des AGB-Rechts nicht wirksam ausgeschlossen wer-

---

[206] OLG Düsseldorf NZBau 2018, 169 Rn. 26.
[207] Dazu EuGH NZBau 2018, 111 Rn. 50.
[208] BGH NZBau 2017, 230; OLG Düsseldorf NZBau 2018, 169 Rn. 29; Lausen NZBau 2018, 585 ff.
[209] OLG Dresden IBR 2020, 32 = BeckRS 2019, 30814.
[210] BGH NZBau 2006, 456 Rn. 11.
[211] BGH NZBau 2009, 784 Rn. 16; 2013, 366 Rn. 17; 2013, 364 Rn. 14.

Art und Umfang der Leistung **§ 1**

den.[212] Auch beim Bauvertrag gilt also unabdingbar, dass individuelle Abreden Vorrang haben, überraschende und intransparente Klauseln nicht Vertragsbestandteile werden und Auslegungszweifel zu Lasten des Verwenders gehen. Allgemeine Geschäftsbedingungen sind gemäß ihrem objektiven Inhalt und typischen Sinn einheitlich so auszulegen, wie sie von verständigen und redlichen Vertragspartnern unter Abwägung der Interessen der normalerweise beteiligten Verkehrskreise verstanden werden, wobei die Verständnismöglichkeiten des durchschnittlichen Vertragspartners des Verwenders – bei einer öffentlichen Ausschreibung der potentiellen Bieter – zugrunde zu legen sind.[213]

III. VOB/C (ATV) als Vertragsbestandteil (§ 1 Abs. 1 S. 2)

Die formale Aufzählung der Bestandteile des VOB/B-Vertrages in § 1 Abs. 1 S. 2 und Abs. 2 macht eine darüberhinausgehende sachliche Prüfung des Vertragsinhalts nicht entbehrlich. Vielmehr ist jeweils im Einzelfall zu ermitteln, welche Absprachen, Regelwerke, Unterlagen, Belege, Pläne, Bemusterungen, Urkunden etc. die Parteien in den Vertrag einbezogen haben. Das gilt in besonderem Maße, wenn der Vertrag nicht innerhalb eines der VOB/A unterfallenden Vergabeverfahrens, für das gemäß §§ 7 ff. VOB/A bestimmte Vertragsunterlagen und Regelungsinhalte vorgeschrieben sind, geschlossen worden ist, sondern die Bauvertragsparteien die Geltung der VOB/B außerhalb eines derartigen Verfahrens vereinbart haben. **60**

§ 1 Abs. 1 S. 2 sieht allerdings vor, dass bei Vereinbarung der VOB/B im Prinzip ohne Weiteres auch die unter § 1 Abs. 2 an Rangstelle 5 aufgeführten **Allgemeinen Technischen Vertragsbedingungen für Bauleistungen (VOB/C), DIN 18299 ff.**, (im Folgenden ATV mit vereinbart sind, wobei die bei Vertragsschluss geltende Fassung maßgeblich ist, in technischer Hinsicht aber letztlich die Einhaltung der zum Zeitpunkt der Abnahme allgemein anerkannten Regeln der Technik als Mindeststandard geschuldet wird.[214] Für das öffentliche Vergabeverfahren bestimmt zudem § 8a Abs. 1 VOB/A, dass die Vergabeunterlagen neben der VOB/B[215] auch die ATV (VOB/C) als Bestandteil des Vertrages vorzuschreiben haben.

1. Inhalt und Auslegung der ATV, Verhältnis zu den anerkannten Regeln der Technik. Die **ATV** enthalten unter DIN 18299 allgemeine Regelungen für Bauarbeiten und unter DIN 18300 ff. besondere Regelungen für näher bezeichnete Arten von Bauarbeiten. Die DIN 18299 ff. sind jeweils gleich gegliedert. In den Abschnitten 0 und 1 finden sich „Hinweise für das Aufstellen der Leistungsbeschreibung" und zum „Geltungsbereich". Unter Abschnitten 2 und 3 folgen technische Anleitungen zur Qualität von „Stoffen und Bauteilen" und zur Art der „Ausführung" Sie dienen in erster Linie der standardmäßigen Beschreibung und entsprechen dem daher nicht generell dem vom Auftragnehmer ohnehin zu beachtenden anerkannten Regeln der Technik. Daneben enthalten die ATV unter Abschnitten 4 und 5 vertragsrechtliche Regeln zur Vergütung (Abgrenzung von „Nebenleistungen und Besonderen **61**

---

[212] BGH NZBau 2014, 348 Rn. 30.
[213] BGH NJW 2006, 1056 Rn. 9; NZBau 2010, 47 Rn. 18.
[214] BGH NZBau 2018, 207 Rn. 25; Kapellmann/Messerschmidt/von Rintelen § 1 Rn. 26.
[215] Kritisch dazu Opitz NZBau 2024, 249.

Funke 71

§ 1

Leistungen") und „Abrechnung". Die ATV sind somit allenfalls teilweise Bestandteil der anerkannten Regeln der Technik und umschreiben auch nicht insgesamt einen Handelsbrauch oder eine gewerbliche Verkehrssitte, sodass sie zwischen den Parteien eines Bauvertrages nicht automatisch gelten,[216] sofern nicht einzelne ihrer Regelungen wegen einer insoweit verfestigten Praxis im Geschäftsverkehr üblicherweise als mit vereinbart gelten. Insofern hat die Einbeziehungsregelung des § 1 Abs. 1 S. 2 einen wesentlichen Regelungsgehalt. Entsprechen technische Regelungen der ATV mangels entsprechender Anpassung nicht (mehr) den einer ständigen Fortentwicklung unterliegenden **allgemein anerkannten Regeln der Technik**, gehen die letztgenannten vor, weil der Auftragnehmer ansonsten berechtigt wäre, ein mangelhaftes Werk zu erstellen.[217] Indem unter Abschnitt 4 der DIN jeweils ausgeführt wird, welche Leistungen vom Ursprungsvertrag auch hinsichtlich der Vergütung bereits umfasste **Nebenleistungen** und welche Leistungen **Besondere Leistungen** darstellen, die zusätzlich zu vergüten sind[218] (zur notwendigen Beschreibung der **Boden- und Wasserverhältnisse** nach den ATV und zur insoweit bestehenden Risikoverteilung → Rn. 54 ff.), sind die ATV, was häufig übersehen wird, auch von wesentlicher Bedeutung für die Bestimmung des bepreisten Bausolls.[219] Es ist aber stets zu prüfen, ob eine andere vertragliche Bestimmung eine den ATV vorgehende Regelung enthält.[220] Auch unter Abschnitt 5 nehmen die DIN 18299 ff. durch **Abrechnungsbestimmungen** Einfluss auf die Höhe der Vergütung, wobei zB vorgegeben wird, dass bei der Bestimmung der als bearbeitet abrechenbaren Fläche gewisse Bereiche, wie unter Umständen die Fenster, übermessen werden können,[221] so dass dann letztlich mehr als die tatsächlich erbrachte Leistung abgerechnet werden kann.

Für die **Auslegung der ATV** kann sich zwischen **Vertragspartnern des Baugewerbes** eine bestimmte **Verkehrssitte** herausgebildet haben. In gerichtlichen Verfahren kann hierzu die Einholung von Stellungnahmen der Handwerkskammer, der IHK oder anderer Institutionen notwendig werden. Zur Feststellung einer Verkehrssitte reicht die subjektive Meinung eines einzelnen Sachverständigen grundsätzlich nicht aus. Möglich ist aber, einen Sachverständigen mit der Auswertung aussagekräftiger Quellen zu beauftragen.[222] Eine gewerbliche Verkehrssitte kann nach den allgemeinen AGB-rechtlichen Auslegungskriterien aber nur entscheidend sein, soweit nicht der Wortlaut oder Sinn und Zweck einer Regelung zu einem eindeutigen Auslegungsergebnis führen oder die Vertragsparteien die Regelung übereinstimmend im Sinne einer von ihnen angenommenen Verkehrssitte verstanden haben. Werden die ATV außerhalb eines öffentlichen Vergabeverfahrens in einen mit einer **bauunerfahrenen Partei** geschlossenen Bauvertrag

---

[216] Kapellmann/Messerschmidt/von Rintelen § 1 Rn. 19 ff.

[217] Kapellmann/Messerschmidt/von Rintelen § 1 Rn. 33.

[218] Zu Gerüstarbeiten BGH NZBau 2006, 777 Rn. 27; allgemein zur Auslegung der ATV und im Besonderen zu Naturwerksteinarbeiten BGH NZBau 2004, 500 Rn. 9 ff.

[219] Anders noch die inzwischen durch die Entscheidung vom 27.7.2006 korrigierte Darstellung in BGH NZBau 2002, 324 Rn. 17 f.

[220] Zum möglichen Vorrang anderer Vertragsbestandteile BGH NZBau 2014, 427 Rn. 9; OLG Braunschweig IBR 2018, 64; KG NZBau 2017, 719 Rn. 30; OLG Köln IBR 2012, 378.

[221] Dazu OLG Karlsruhe NZBau 2013, 582.

[222] Kniffka/Jurgeleit/von Rintelen BauVertR § 631 Rn. 90; BGH NZBau 2004, 500 Rn. 22.

Art und Umfang der Leistung § 1

einbezogen, ist eine gewerbliche Verkehrssitte irrelevant, sodass es für die Auslegung allein darauf ankommt, wie eine im Baubereich nicht vorgebildete Partei die Regelung bei verständiger Sicht verstehen darf.[223]

2. AGB-rechtliche Einbeziehungsvoraussetzungen der ATV. Bei den ATV, die – wie oben beschrieben – neben technischen Regelungen auch Vorgaben für Aufmaß, Abrechnung und Auftragsumfang enthalten, handelt es sich rechtstechnisch um **AGB**,[224] so dass sich die Frage stellt, ob die Regelungen, soweit einzelne Festlegungen nicht schon wegen einer Übereinstimmung mit den allgemein anerkannten Regeln der Technik Geltung beanspruchen können, über den gleichfalls als AGB zu qualifizierenden § 1 Abs. 1 S. 2 AGB-rechtlich wirksam in den Vertrag einbezogen worden sind und der AGB-rechtlichen Inhaltskontrolle standhalten. Wird ein **Unternehmer** innerhalb eines öffentlichen Vergabeverfahrens, für das § 8a Abs. 1 VOB/A die Einbeziehung der ATV in die Vergabebedingungen vorschreibt, oder außerhalb eines derartigen Verfahrens unter wirksamer Verwendung der VOB/B durch den Auftraggeber beauftragt, werden die ATV – auch bei unterlassener Übergabe eines Textes – wegen § 1 Abs. 1 S. 2 ohne Weiteres in den Vertrag einbezogen, weil § 305 Abs. 2 BGB gemäß § 310 Abs. 1 BGB keine Anwendung findet, wenn AGB gegenüber einem Unternehmer verwendet werden. 62

Wird die VOB/B dagegen einem **Verbraucher** gestellt, kann die Regelung des § 1 Abs. 1 S. 2 wegen § 305 Abs. 2 BGB grundsätzlich nur dann zu wirksamer Einbeziehung der ATV führen, wenn der Verbraucher ausdrücklich sowohl auf die VOB/B als auch die ATV hingewiesen wird, ihm die Möglichkeit verschafft wird, in zumutbarer Weise vom Inhalt der Klauselwerke Kenntnis zu nehmen und er sich dann mit ihrer Geltung einverstanden erklärt. Dafür ist es idR erforderlich, dass für den Verbraucher neben dem Text der VOB/B auch der Text der ATV vorgehalten oder ihm übergeben wird,[225] wobei das hinsichtlich der ATV angesichts ihrer Komplexität, ihrer Abstraktheit und ihres Umfangs teilweise noch nicht einmal für ausreichend gehalten wird.[226] Eine Übergabe oder ein Vorhalten der ATV erfolgt in der Praxis so gut wie nie, so dass sich der Unternehmer selbst dann, wenn er dem Verbraucher die VOB/B wirksam gestellt hat, in der Regel schon mangels Einbeziehung nicht auch auf die Regeln der ATV berufen kann. Zur wirksamen Einbeziehung der VOB/B und der ATV bedarf es allerdings dann keiner Übergabe der Texte, wenn ein ersichtlich **bauerfahrener Verbraucher** mit dem Inhalt der Regelungen erkennbar vertraut ist, weil er häufiger mit ihnen befasst ist, eigenen Zugang zu ihnen hat und sich über Einzelheiten ohne Weiteres selbst informieren kann, so dass eine Übergabe eine überflüssige Förmelei wäre. Das kommt etwa in Betracht, wenn der Auftraggeber, ohne selbst Unternehmer zu sein, im Baugewerbe versiert ist, auch selbst schon Bauverträge unter Verwendung der Texte von VOB/B und ATV geschlossen hat oder aus sonstigen Gründen, etwa als Architekt oder Fachanwalt für Baurecht, die Materie der VOB/B einschließlich der ATV offensichtlich beherrscht. Der bauunerfahrene Auftragnehmer muss sich als Verbraucher gemäß § 166 Abs. 1 BGB die **Kenntnis einer** 63

---

[223] OLG Köln IBR 2024, 447.
[224] BGH NZBau 2004, 500 Rn. 15; Kapellmann/Messerschmidt/von Rintelen § 1 Rn. 20; Beck VOB/B/Kues § 1 Abs. 1 Rn. 55.
[225] So auch Kapellmann/Messerschmidt/von Rintelen § 1 Rn. 21 mwN.; Kniffka/Jurgeleit/von Rintelen BauVertrR § 631 Rn. 90.
[226] Dazu Beck VOB/B/Kues § 1 Abs. 1 Rn. 64.

Funke 73

Person, zB eines Architekten, zurechnen lassen, die ihn bei der Aushandlung oder beim Abschluss eines Bauvertrages rechtsgeschäftlich vertritt. Dagegen kommt es nur auf seine eigene Kenntnis an, wenn der Architekt – wie üblich – lediglich mit der Planung und deren Umsetzung befasst ist, ohne mit der vertragsrechtlichen Ausgestaltung der Vereinbarungen mit den einzelnen Unternehmern betraut zu sein. Die Ausnahmen sind wegen der Strenge des gesetzlich mit bestimmten Formalien versehenen Verbraucherschutzes eng zu ziehen.[227] Dabei wird man wegen ihrer allgemeinen Zugänglichkeit die AGB-rechtlichen Einbeziehungsvoraussetzungen für die VOB/B eher einmal bejahen können als für die ATV, deren Text aus urheberrechtlichen Gründen bisher nur unter Aufwendung von Kosten beschaffbar und einsehbar ist. Insoweit bleibt abzuwarten, ob die Entscheidung des EuGH,[228] harmonisierte technische Normen müssten als Teil des EU-Rechts kostenlos zugänglich sein, Auswirkungen auf die Einsehbarkeit der ATV haben wird.

64 Die ATV werden wirksam in den Vertrag einbezogen, wenn nicht der Unternehmer, sondern der **Verbraucher**, zB über ein von seinem Architekten zur Verfügung gestelltes Vertragsformular, **als Verwender** der VOB/B und damit über § 1 Abs. 1 S. 2 auch der ATV auftritt oder wenn beide Parteien einvernehmlich die Einbeziehung der VOB/B oder auch nur der ATV vereinbaren, ohne dass einer dem anderen die Bedingungen gestellt hat. Eine einvernehmliche Einbeziehung dürfte beim Abschluss eines Verbrauchervertrages aber schon wegen § 310 Abs. 3 Nr. 1 BGB kaum einmal anzunehmen sein.[229]

65 **3. AGB-rechtliche Inhaltskontrolle der ATV.** Werden die Bedingungen dem **Verbraucher** vom Unternehmer gestellt und können ausnahmsweise die Einbeziehungsvoraussetzungen des § 305 Abs. 2 BGB bejaht werden, ist weiter zu prüfen, ob eine Klausel der ATV, auf die sich der Unternehmer später beruft, der **AGB-rechtlichen Inhaltskontrolle** genügt.

Auch bei der Verwendung gegenüber einem **Unternehmer** unterliegen die einzelnen Bestimmungen der ATV der Inhaltskontrolle prinzipiell selbst dann, wenn die VOB/B mit ihrem Verweis auf die ATV und die ATV selbst insgesamt unverändert in den Vertrag einbezogen worden sind. Die Privilegierung der VOB/B in § 310 Abs. 1 S. 3 BGB gilt nicht für die in der VOB/C zusammengefassten ATV.[230] Einer näheren Inhaltskontrolle bedürfen insbesondere ATV-Klauseln, die vertragsrechtlicher Natur sind oder der Bestimmung der vom Auftragnehmer abrechenbaren Massen dienen, wenn sie dazu führen können, dass zwecks Vereinfachung des Aufmaßes nicht nur unerhebliche Ungenauigkeiten hingenommen werden sollen. Dabei handelt es sich um Preisnebenabreden, die anders als direkte Preis- und Leistungsbestimmungen der vollen AGB-rechtlichen Inhaltskontrolle unterliegen (zur Abgrenzung → Rn. 44). Dagegen stellt die Abgrenzung von Nebenleistungen und Besonderen Leistungen in den ATV idR eine der Inhaltskontrolle entzogene Preis- und Leistungsbestimmung dar.

---

[227] Dazu Beck VOB/B/Sacher/Eimler Einleitung Rn. 92 ff.; Kapellmann/Messerschmidt/von Rintelen Einleitung Rn. 110 ff.; Kniffka/Jurgeleit BauVertrR/Jurgeleit Einf. Vor § 631 Rn. 43 ff.
[228] EuGH C-588/21 P – 5.3.2024.
[229] In der 3. Auflage → § 1 Rn. 12a ist die gemeinschaftliche Vereinbarung dagegen noch als Normalfall angesehen worden.
[230] Beck VOB/C/Vogel/Vogel Syst. V Rn. 27.

… Art und Umfang der Leistung § 1

IV. Unter § 1 Abs. 2 genannte Vertragsbestandteile und ihr Verhältnis zueinander

§ 1 Abs. 2 listet, ergänzt durch § 2 Abs. 1 um die „gewerbliche Verkehrssitte" **66**
(→ § 2 Rn. 26 ff.), insgesamt sechs unterschiedliche Vertragsbestandteile auf und
bestimmt als Rangklausel, dass ein in der Klausel vor einem anderen aufgeführter
Vertragsbestandteil bei Widersprüchen vorgeht. Dabei greift § 1 Abs. 2 die Vertragsbestandteile auf, die §§ 7 ff. VOB/A für das öffentliche Vergabeverfahren
vorsehen. Da die vergaberechtlichen Vorgaben der VOB/A bei einer freihändigen
Vereinbarung der VOB/B außerhalb eines öffentlichen Vergabeverfahrens grundsätzlich keine Bedeutung haben und auch die zivilrechtliche Wirksamkeit eines
innerhalb eines öffentlichen Vergabeverfahrens zustande gekommenen Vertrages
weitgehend unabhängig von vergaberechtlichen Ausschreibungsanforderungen ist,
werden sich die in §§ 7 ff. VOB/A und im Anschluss daran in § 1 Abs. 2 aufgeführten Vertragsbestandteile in einem Bauvertrag häufig nicht oder jedenfalls nicht
idealtypisch wiederfinden.

1. Bedeutung der Rangklausel. Der eigenständige Regelungsgehalt des § 1 **67**
Abs. 2 ist eher gering. Die in ihm enthaltene Aufzählung der Bestandteile eines
VOB-Vertrages ist weder abschließend noch ist es für den VOB-Vertrag zivilrechtlich zwingend, dass er alle Vertragsbestandteile der genannten Art enthält. Vielmehr ist jeweils im Einzelfall zu prüfen, welche Unterlagen die Parteien wirksam
in einen Vertrag einbezogen haben. Vertragliche Vereinbarungen können sich
mit vertragsrechtlichen oder mit technischen Fragen befassen. § 1 Abs. 2 nennt
Vertragsbestandteile, die sich im Wesentlichen jeweils auf einen der beiden Problemkreise beziehen, so dass es für die Vorrangigkeit einer Regelung jeweils nur
auf die diesem Regelungsstrang zugehörigen Bestimmungen ankommen kann. Es
ist jedoch davor zu warnen, dabei allein der formalen Bezeichnung eines Vertragsbestandteils zu folgen, weil als technisch bezeichnete Vertragsbestandteile – wie
bereits für die ATV ausgeführt → Rn. 61 – durchaus auch vertragsrechtliche
Klauseln und umgekehrt enthalten können. Enthalten die Regelungen Widersprüche, ist vorrangig durch Auslegung des Vertrages als „sinnvolles Ganzes"[231]
zu ermitteln, ob und wie die Vertragsparteien eine bestimmte Frage unter Berücksichtigung ihrer beiderseitigen Interessen regeln wollten, bevor auf die allgemeine
Rangklausel des § 1 Abs. 2 zurückgegriffen werden kann.[232] Insofern kann die
Rangklausel erst in einem zweiten Schritt, wenn ein Widerspruch auch durch eine
einzelfallbezogene Auslegung nicht geklärt werden kann, Bedeutung erlangen.[233]
Die Rangklausel folgt dem Prinzip, dass konkretere und detailliertere vertragliche
Regelungen Vorrang vor abstrakteren und allgemeineren und individualvertragliche Absprachen Vorrang vor Allgemeinen Geschäftsbedingungen haben sollen.

Da ein VOB-Vertrag oft nicht alle in § 1 Abs. 2 genannten Vertragsbestandteile **68**
enthält oder Regelungen von den Vertragsparteien häufig in Vertragsbestandteilen
untergebracht werden, in die sie nach der Systematik der §§ 7 ff. VOB/A nicht
gehören, bereitet die Anwendung der Rangklausel in der Regel, insbesondere bei
einem außerhalb eines öffentlichen Vergabeverfahrens geschlossenen Bauvertrag,
Schwierigkeiten. Die Klausel kann ohnehin nicht helfen, wenn der Widerspruch

---

[231] Kapellmann/Messerschmidt/von Rintelen § 1 Rn. 29.
[232] OLG Köln IBR 2023, 554.
[233] Quack ZfBR 2008, 219; Steffen BauR 2011, 579 (588); OLG Oldenburg BauR 2011, 530.

§ 1 VOB Teil B

nicht zwischen unterschiedlichen, sondern innerhalb eines Vertragsbestandteils, wie zB der Leistungsbeschreibung, angelegt ist. Ist die Rangklausel bei Widersprüchen anzuwenden, kommt es für die Vorrangigkeit einer Regelung grundsätzlich darauf an, in welchen Vertragsbestandteil sie bei sinnvoller Abfassung des Vertrages gehört hätte. Ein Vertragspartner kann sich für die Auslegung des Vertrages und die Anwendung der Rangklausel nicht dadurch einen Vorteil verschaffen, dass er eine Regelung sinnwidrig in einem Vertragsbestandteil unterbringt, obwohl sie vernünftigerweise in einen anderen gehört hätte.[234]

69 **2. Bedeutung der in § 1 Abs. 2 genannten Vertragsbestandteile.** Die in § 1 Abs. 2 an erster Stelle genannte **Leistungsbeschreibung** (auch → § 2 Rn. 4 ff.), für deren Aufstellung § 7 ff. VOB/A für das öffentliche Vergabeverfahren vergaberechtliche Anforderungen bestimmt, dient der Festlegung des Bausolls. Da die vom Auftragnehmer zu erfüllende Bauaufgabe durch eine mehr oder weniger detaillierte Darstellung zu erbringender Einzelleistungen bzw. – vorbehaltlich vergaberechtlicher Einschränkungen – ganz oder teilweise funktional beschrieben werden kann, kann die Leistungsbeschreibung sehr unterschiedlich ausgestaltet sein.[235] Auch wenn es sich um einen Einheitspreisvertrag handelt, wird häufig eine Vorbemerkung vorangestellt, die abhängig von der Handhabung im Einzelfall allgemeiner Natur, aber auch konkret auf das jeweilige Bauvorhaben bezogen sein kann, so dass ihre Regelungen – abhängig vom jeweiligen Inhalt – systematisch entweder der Leistungsbeschreibung, aber auch unter § 1 Abs. 2 Nr. 2–4 genannten Vertragsbedingungen zuzurechnen sein können. Bei Widersprüchen innerhalb der Leistungsbeschreibung, zu der zB ein beschreibender Langtext, ein Leistungsverzeichnis, in dem Einzelpositionen konkret benannt und bepreist werden können, Pläne, Zeichnungen, Gutachten und sonstige Unterlagen gehören können, verbietet sich die pauschale Annahme einer bestimmten Rangfolge. Vielmehr ist durch Auslegung zu ermitteln, welche Regelung konkreter als eine andere gefasst ist bzw. dem Vertrag ein vorrangiges allgemeines Gepräge geben soll und deshalb auch unter Berücksichtigung der sonstigen Umstände vorzugehen hat → Rn. 48 ff.

70 An zweiter Stelle nennt § 1 Abs. 2 **Besondere Vertragsbedingungen (BVB)** (auch → § 2 Rn. 17 ff.), durch die der Auftraggeber einer öffentlichen Vergabe gemäß § 8a Abs. 4 VOB/A die Allgemeinen Vertragsbedingungen der VOB/B sowie etwaige Zusätzliche Vertragsbedingungen (ZVB), die er allgemein für seine Aufträge aufstellen kann, für die Erfordernisse des Einzelfalls ergänzen kann. Nach § 8a Abs. 7 Nr. 1 VOB/A sollen in den ZVB und den BVB zahlreiche das Vertragsverhältnis betreffende Fragen, wie zB die Benutzung von Zufahrtswegen, Ausführungsfristen, Vertragsstrafen, Abnahme, Vergütungsfragen, Sicherheitsleistung und Gerichtsstand geregelt werden. Die BVB, bei denen es sich wegen ihrer Einzelfallbezogenheit um individualvertragliche Bestimmungen handeln kann, in die der Auftraggeber häufig aber von ihm auch anderweitig verwandte und damit als AGB zu qualifizierende Klauseln einstellt, gehen den allgemeinen vertragsrechtlichen Regelungen der VOB/B und der ZVB vor. Zu den BVB kann nicht nur ein in sich abgeschlossenes Schriftstück gehören, sondern von der Bedeutung her (zusätzlich) auch Teile der Vorbemerkung zur Leistungsbeschreibung, andere im Rahmen der Verhandlungen überreichte Unterlagen, das Auftragsschreiben oder auch ein Begleitschreiben, soweit sie in den Vertrag einbezogen worden sind.

---

[234] Beck VOB/B/Kues § 1 Abs. 2 Rn. 14.
[235] S. auch § 7 Abs. 9–12 einerseits und Abs. 13–15 VOB/A andererseits.

Art und Umfang der Leistung **§ 1**

An dritter Stelle folgen in § 1 Abs. 2 etwaige **Zusätzlichen Vertragsbedin-** 71
gungen (ZVB) (auch → § 2 Rn. 20 ff.), die ein Auftraggeber, der ständig Bauleistungen vergibt, als AGB allgemein für die von ihm zu schließenden Bauverträge aufgestellt hat. Die ZVB dürfen nach dem Vergaberecht (§ 8a Abs. 2 Nr. 1 S. 2 VOB/A) den Regelungen der VOB/B nicht widersprechen. Damit wäre ihre Regelungsmaterie eng auf Sachverhalte begrenzt, für die die VOB/B keine oder eine allgemeine konkretisierbare Regelung bzw. eine ausfüllungsfähige Öffnungsklausel enthält oder für die die VOB/B eine besondere Regelung voraussetzt (zB § 17). Jedenfalls soweit die Geltung der VOB/B für außerhalb eines öffentlichen Vergabeverfahrens geschlossene Bauverträge vereinbart wird, nutzt der Auftraggeber aber häufig allgemein verfasste Klauselwerke, die von den Bestimmungen der VOB/B mehr oder weniger stark abweichen. Dann läuft er allerdings Gefahr, dass nicht nur die abweichenden Regelungen, sondern auch unverändert gebliebene Regelungen der VOB/B, die dann wegen § 310 Abs. 1 S. 3 BGB auch einzeln überprüfbar sind, einer AGB-rechtlichen Inhaltskontrolle nicht mehr standhalten.

Es folgen unter § 1 Abs. 2 Nr. 4 etwaige **Zusätzliche Technische Vertrags-** 72
bedingungen (ZTV) (auch → § 2 Rn. 22 ff.), die nach § 8a Abs. 3 VOB/A der Ergänzung der ATV (VOB/C) für die allgemeinen Bedürfnisse eines Auftraggebers dienen, der ständig Bauleistungen vergibt, und als solche der AGB-rechtlichen Überprüfung unterliegen. Soweit es um abweichende oder ergänzende technische Regelungen speziell für ein bestimmtes Bauvorhaben geht, sieht § 8a Abs. 3 S. 3 VOB/A nicht etwa die Abfassung besonderer technischer Vertragsbedingungen, sondern die Aufnahme in die Leistungsbeschreibung vor, die der umfassenden Festlegung des konkreten Bausolls dient und insofern den ZTV vorgeht.

Die Rangfolgenklausel des § 1 Abs. 2 schließt unter Nr. 5) und 6) mit den **Allgemeinen Technischen Vertragsbedingungen (ATV, VOB/C** → Rn. 48; → § 2 Rn. 23) und den **Allgemeinen Vertragsbedingungen für die Ausführung von Bauleistungen,** also den Bestimmungen der VOB/B (auch → § 2 Rn. 24 f.).

C. Änderung des Bauentwurfs, § 1 Abs. 3

§ 1 Abs. 3 soll dem Auftraggeber die Möglichkeit verschaffen, nach Vertrags- 73
schluss Änderungen anzuordnen, die sich aus seiner Sicht als notwendig oder auch nur als wünschenswert erweisen. Die Vorschrift korrespondiert mit § 2 Abs. 5, wonach unter Berücksichtigung der beiderseitigen Interessen ein den geänderten Leistungen gerecht werdender Preis zu vereinbaren ist. In ähnlicher Weise gewährt § 1 Abs. 4 S. 1 dem Auftraggeber das Recht, die Ausführung einer nicht vereinbarten Leistung zu verlangen, wenn sie zur Ausführung der vertraglichen Leistung erforderlich wird. In diesem Fall hat der Auftragnehmer einen Anspruch auf besondere Vergütung nach § 2 Abs. 6. Falls eine womöglich vereinbarte Ausführungszeit nicht mehr zum neuen Leistungsumfang passt, ist insoweit ebenfalls eine angemessene Anpassung vorzunehmen. Wie im Folgenden noch näher auszuführen sein wird, ist die Frage, ob der Auftragnehmer auf die Änderungsanordnung oder das Verlangen eingehen muss, davon abhängig, ob ihm die Befolgung unter Berücksichtigung der beiderseitigen Interessen zumutbar ist. Es gilt die Pflicht zur gegenseitigen Rücksichtnahme.

In Annäherung an, in weiten Teilen aber auch in Abweichung von §§ 1 Abs. 3 und 4, 2 Abs. 5 und 6, enthält das am 1.1.2018 in Kraft getretene BGB-Bauvertragsrechts mit §§ 650b, 650c, 650d BGB auch für Bauverträge, in die die VOB/B nicht einbezogen worden ist, Bestimmungen für eine Änderung des Bauvertrages.

I. Verhältnis zwischen dem Vertragsänderungsrecht nach §§ 650a ff. BGB und nach §§ 1 Abs. 3 u. 4, 2 Abs. 5 u. 6

74 Anders als in der Regel beim gewöhnlichen Werkvertrag ergibt sich bei der Durchführung eines Bauvertrages aufgrund komplexer technischer Zusammenhänge, eines dynamischen Bauablaufs, einer häufig langen Bauzeit und sich vor diesem Hintergrund ändernder Bedürfnisse und Wünsche des Auftraggebers nicht selten das Bedürfnis für eine Modifizierung des Bauvorhabens gegenüber dem ursprünglich Vereinbarten. Diesem Erfordernis wurde bis zum Inkrafttreten des neuen Bauvertragsrechts am 1.1.2018 nur die VOB/B mit §§ 1 Abs. 3 und 4, 2 Abs. 5 und 6 hinreichend gerecht. Für BGB-Bauverträge konstruierte man eine Verpflichtung des Unternehmers, einer gebotenen und ihm zumutbaren Änderung des Vertrages zuzustimmen, mithilfe von Treu und Glauben und des Kooperationsgebotes und erreichte so für dringliche Fälle eine gewisse Angleichung an die Regelungen der VOB/B.[236]

75 **1. Vergleichende Darstellung §§ 650a ff. BGB und §§ 1 Abs. 3 u. 4, 2 Abs. 5 u. 6.** Im Folgenden sollen die Unterschiede und Gemeinsamkeiten des in der VOB/B und im BGB geregelten Vertragsänderungsrechtes zusammenfassend gegenübergestellt werden.[237]

75a **a) Erfasste Vertragstypen.** Der **gegenständliche und zeitliche Anwendungsbereich** der neuen BGB-Änderungsregelungen beschränkt sich auf den in § 650a BGB definierten **Bauvertrag,** soweit er nach dem 31.12.2017 ohne aufschiebende Bedingung wirksam zustande gekommen ist. Dagegen kann die **VOB/B** im Rahmen der Privatautonomie für **alle Bauwerkverträge,** also zB auch für Instandhaltungsmaßnahmen, die entgegen § 650a Abs. 2 BGB von unwesentlicher Bedeutung für die Konstruktion, den Bestand oder den bestimmungsgemäßen Gebrauch eines Bauwerks sind, vereinbart werden. Darüber hinaus kommt eine Einbeziehung der VOB/B selbst in andere als Bauwerkverträge in Betracht → Einführung Rn. 52 ff., wobei sich dann allerdings die Frage stellt, ob und inwieweit die VOB/B von ihrem Regelungsgehalt überhaupt passen kann.[238] Soweit die Geltung der VOB/B für einen Vertrag vereinbart ist, der kein Bauvertrag nach § 650a BGB ist, sowie für vor dem 1.1.2018 geschlossene VOB/B-Verträge hat das neue gesetzliche Bauvertragsrecht keine direkte Bedeutung für die Auslegung und Anwendung des als AGB vereinbarten VOB/B-Regelwerkes. Es kommt aber in Betracht, dass die Gerichte streitige Fragen bei der Auslegung und Anwendung der VOB/B auch für Altfälle und für Verträge, die § 650a BGB nicht unterfallen, möglichst konform mit den neuen BGB-Vorschriften beantworten werden.

---

[236] Zu Altfällen OLG Hamm NZBau 2023, 378.
[237] S. auch Manteufel BauR 2024, 335 ff.
[238] Dazu Beck VOB/B/Sacher Einleitung Rn. 171 ff.; siehe auch OLG München IBR 2020, 295; OLG Koblenz IBR 2023, 292 = BeckRS 2021, 63003; OLG Brandenburg IBR 2023, 445 = BeckRS 2023, 18421; OLG Oldenburg 5.3.2024 – 2 U 115/23.

Art und Umfang der Leistung **§ 1**

b) Änderungsgegenstand, Art und Voraussetzungen einer Änderung. 76
Die VOB/B und das nun im BGB geregelte Bauvertragsrecht unterscheiden sich hinsichtlich des **Änderungsgegenstandes**, der **Art der möglichen Veränderung des Ursprungsvertrages** und der **Voraussetzungen, unter denen eine Veränderung verlangt werden kann**. § 1 Abs. 3 und 4 S. 1 benennen zwei Arten einer Vertragsmodifikation. § 1 Abs. 3 bezieht sich auf die **Änderung** des Bauentwurfs, während § 1 Abs. 4 S. 1 die **Erweiterung** des Vertrages um nicht vereinbarte Leistungen, die zur Ausführung der vertraglichen Leistungen erforderlich werden, regelt. Die Abgrenzung ist häufig schwierig → Rn. 88. Dagegen unterscheidet **§ 650b Abs. 1** BGB unter Nummern 1 und 2 zwischen einer **Änderung des vereinbarten Werkerfolges** einerseits und einer **Änderung, die zur Erreichung des vereinbarten Werkerfolges notwendig** ist, anderseits. Der Begriff „Änderung" ist im BGB umfassender zu verstehen. Er umfasst nicht nur die Änderung im engeren Sinne, sondern auch die Auftragserweiterung.

Auch die Änderungsgegenstände des Rechts zur Vertragsmodifikation sind nicht deckungsgleich gefasst. Der Begriff **Werkerfolg** iS des BGB umfasst zwar nicht nur das Werkergebnis als solches, sondern auch die Art der Ausführung, wenn sie auf einen bestimmten Werkerfolg zielt,[239] nicht jedoch die eigentliche Bauablaufgestaltung einschließlich der Ausführungszeit.[240] Der in § 1 Abs. 3 verwandte Begriff **Bauentwurf** hat nach hiesiger Auffassung eine umfassendere Bedeutung. → Rn. 105 ff., 112 f.

Somit benennen zwar beide Regelungsmaterien jeweils zwei Anwendungsfälle, grenzen diese aber nach unterschiedlichen Kriterien voneinander ab und knüpfen die Ausübungsrechte an unterschiedliche Merkmale. Im Rahmen der VOB/B erfolgt die Unterscheidung im Ausgangspunkt danach, ob der ursprünglich geschlossene Vertrag eine qualitative oder eine quantitative Veränderung hinsichtlich des Bauentwurfes erfahren soll. Im BGB geht es dagegen darum, ob die Anpassung der Umsetzung des ursprünglichen oder eines geänderten Vertragszweckes dienen soll.

Wenn § 1 Abs. 3 an die Änderung des Bauentwurfs und § 650b Abs. 1 Nr. 1 77 BGB an die Änderung des vereinbarten Werkerfolges anknüpfen, führt das zwar häufig aber längst nicht immer zum selben Ergebnis, weil der Begriff Bauentwurf mehr umfasst als den Werkerfolg → Rn. 105 ff. Es kommt hinzu, dass der weite Änderungsbegriff des § 650b BGB anders als § 1 Abs. 3 neben Änderungen im engen Sinne auch zusätzliche Leistungen erfasst.[241] Ebenso wenig sind § 1 Abs. 4 S. 1 und § 650b Abs. 1 Nr. 2 BGB bezüglich einer in Betracht kommenden Vertragsmodifikation deckungsgleich. Beide Regelungen sollen zwar gewährleisten, dass der ursprünglich geschlossene Vertrag im Falle erkennbar gewordener Hindernisse sinnvoll umgesetzt werden kann. Soweit die Regelungen zum einen bei der Erforderlichkeit zur Ausführung der vertraglichen Leistung (§ 1 Abs. 4 S. 1) und zum anderen bei der Notwendigkeit zur Erreichung des vereinbarten Werkerfolges (§ 650b Abs. 1 Nr. 2 BGB) ansetzen, dürfte das kaum einmal zu unterschiedlichen Ergebnissen führen, weil der funktionale Herstellungsbegriff selbstverständlich auch bei der Anwendung des § 1 Abs. 4 S. 1 zu berücksichtigen ist. Allerdings gilt § 1 Abs. 4 S. 1 vom Wortlaut her nur für nicht vereinbarte, also zusätzliche

---

[239] Kniffka/Jurgeleit/von Rintelen BauVertrR § 650b Rn. 38; s. auch Langen BauR 2019, 303 ff.; Popescu BauR 2019, 317 ff.
[240] Oberhauser NZBau 2019, 3 (4); Kues/Thomas NZBau 2021, 155 (157).
[241] Kniffka/Jurgeleit/von Rintelen BauVertrR § 650b Rn. 36.

Leistungen, während § 650b Abs. 1 Nr. 2 BGB von einer Leistungsänderung spricht und damit sowohl zusätzliche als auch im eigentlichen Sinne geänderte Leistungen meint. Soweit es nicht um zusätzliche, sondern um geänderte Leistungen im Sinne der VOB/B geht, fallen diese deshalb, selbst wenn die Änderung zur Vertragsausführung erforderlich ist, unter § 1 Abs. 3 und nicht § 1 Abs. 4 S. 1. Die Abgrenzungskriterien und die Änderungsvoraussetzungen der jeweils zwei Varianten unterscheiden sich in der VOB/B und im BGB somit deutlich.

78 **c) Berücksichtigung der Interessen des Auftragnehmers.** Unterschiedlich sind die Regelungen auch hinsichtlich der Kriterien, unter denen ein **Weigerungsrecht des Unternehmers** hinsichtlich vom Besteller gewünschter Änderungen oder zusätzlicher Leistungen besteht. Der Wortlaut des § 1 Abs. 3 nennt insoweit keine Beschränkungen des Anordnungsrechtes des Bestellers. Dennoch kann eine Abwägung auf Grundlage der beiderseitigen Interessen notwendig werden → Rn. 122. § 1 Abs. 4 S. 1 sieht dagegen ausdrücklich vor, dass der Unternehmer zur Ausführung der vertraglichen Leistungen erforderliche zusätzliche Maßnahmen nicht auszuführen braucht, wenn sein Betrieb auf derartige Leistungen nicht eingestellt ist. § 650b Abs. 2 S. 2 BGB (siehe auch § 650b Abs. 1 S. 2 und 3 BGB) zieht eine nicht nur auf betriebsinterne Vorgänge bezogene **Zumutbarkeitsschranke** für die Änderung des vereinbarten Werkerfolges nach § 650b Abs. 1 Nr. 1 BGB, nicht jedoch für eine Änderung, die gemäß § 650b Abs. 1 Nr. 2 BGB zur Umsetzung des vereinbarten Werkerfolges notwendig ist. Die fixierten Zumutbarkeitsregeln unterscheiden sich demnach hinsichtlich ihrer inhaltlichen Kriterien und auch ihres Anwendungsbereichs, weil die Vertragsanpassungstatbestände, wie unter der vorherigen Randnummer dargestellt, nicht deckungsgleich ausgestaltet sind.

79 **d) Änderungsverfahren.** Beträchtliche Unterschiede[242] weisen die VOB/B- und die BGB-Regelungen hinsichtlich der **Ausgestaltung des Verfahrens** auf, das zur Modifikation des Vertrages führt. **§ 1 Abs. 3 und 4 S. 1** gewähren dem Besteller das Recht, eine Änderung des Bauentwurfs **einseitig anzuordnen** bzw. mit ebenfalls verbindlicher Wirkung die Ausführung einer nicht vereinbarten Leistung, die zur Ausführung der vertraglichen Leistung erforderlich wird, zu verlangen. Lediglich für die Bestimmung des neuen Preises sehen § 2 Abs. 5 S. 2 und § 2 Abs. 6 Nr. 2 S. 2 als Sollvorschriften Einigungsbemühungen der Vertragsparteien vor. Eine besondere Form bestimmt die VOB/B für die Änderungsanordnung und das Verlangen einer zusätzlichen Leistung nicht, wobei sich aber die Frage stellt, ob das Textformerfordernis des § 650b Abs. 2 S. 1 BGB auch für VOB/B-Verträge gilt → Rn. 97 ff. Lediglich § 1 Abs. 4 S. 2 unterfallende andere Leistungen können dem Auftragnehmer nur mit seiner Zustimmung übertragen werden.

Dagegen sieht **§ 650b BGB** ein **mehraktiges Verfahren** vor, das zunächst auf eine einvernehmliche Lösung angelegt ist. Am Anfang steht das an den Unternehmer gerichtete, auch formfrei mögliche Begehren des Bestellers nach einer Änderung. Anschließend sind beide Seiten zur Mitwirkung an einer **Einigungssuche** hinsichtlich der Änderung und der Auswirkungen auf die Vergütung verpflichtet. In dieser Phase hat der Unternehmer im Rahmen des § 650b Abs. 1 S. 2–4 BGB ein **Angebot über die Mehr- oder Mindervergütung** zu erstellen. Erst wenn die Parteien **binnen 30 Tagen** nach Zugang des Änderungsbegehrens beim

---

[242] Dazu Oberhauser NZBau 2019, 3 ff.

Art und Umfang der Leistung § 1

Unternehmer **keine Einigung** erzielt haben, **kann der Besteller die Änderung in Textform anordnen.** Die Rechtsprechung wird zu klären haben, ob die Frist von 30 Tagen unter bestimmten Voraussetzungen, wie zB einer Weigerung des Unternehmers zur Erstellung eines Angebotes[243] oder zur Aufnahme oder Fortführung ernsthafter Verhandlungen,[244] nicht eingehalten zu werden braucht. Jedenfalls priorisiert das BGB eine am Kooperationsgebot orientierte konsensuale Lösung, während die VOB/B dem Besteller ein unmittelbares einseitiges Vertragsanpassungsrecht zugestehen will.

e) Ermittlung der neuen Vergütung. Ausgehend von der früher zu § 2 Abs. 5 und 6 vertretenen herrschenden Meinung, nach der die **Preisanpassung** gemäß einer **vorkalkulatorischen Preisfortschreibung** erfolgen sollte (→ Rn. 130), wären auch die **Vergütungsfolgen** einer vom Besteller gewünschten Modifikation des Vertrages unterschiedlich ausgestaltet. Nach **§ 650c Abs. 1 BGB** sind bezogen auf den Mehr- oder Minderaufwand die **tatsächlich erforderlichen Kosten mit angemessenen Zuschlägen für allgemeine Geschäftskosten, Wagnis und Gewinn** maßgeblich, wobei die Zuschläge in Anlehnung an § 648 S. 3 BGB mit mindestens etwa 5 % angesetzt werden können.[245] Zwar kann der Unternehmer gemäß § 650c Abs. 2 S. 1 BGB für die Berechnung des Nachtrages auch auf eine vereinbarungsgemäß hinterlegte Urkalkulation zurückgreifen. Das bedeutet aber nicht, dass er ein echtes Wahlrecht zwischen einer kostenbasierten Berechnung und einer vorkalkulatorischen Preisfortschreibung hat. Nach § 650c Abs. 2 S. 2 BGB wird lediglich vermutet, dass eine nach der Urkalkulation fortgeschriebene Vergütung einer kostenbasierten Berechnung entspricht. Der Besteller kann diese Vermutung widerlegen, so dass dann doch die tatsächlichen Kosten die Berechnungsgrundlage bilden. Nach der bereits in der Vorauflage vertretenen Ansicht besteht aber letztlich kein Widerspruch zwischen § 2 Abs. 5 und 6 einerseits und § 650c Abs. 1 und 2 BGB andererseits, weil die VOB/B die Art und Weise der Preisanpassung offenlässt und deshalb auffüllend § 650c Abs. 1 und 2 BGB auf seit dem 1.1.2018 geschlossene VOB/B-Verträge Anwendung findet → Rn. 137. Im Ergebnis entspricht das weitgehend der mittlerweile ergangenen Rechtsprechung des BGH. Für den Fall von Mengenmehrungen iSv § 2 Abs. 3 Nr. 2 hat er unter Aufgabe der früheren Rechtsprechung zur vorkalkulatorischen Preisfortschreibung entschieden, dass die Berechnung des neuen Preises in § 2 Abs. 3 Nr. 2 nicht geregelt ist. Soweit eine Einigung der Vertragsparteien über die Berechnungsmethode oder einzelne Elemente der Preisbildung fehlten, enthalte der Vertrag eine im Wege der ergänzenden Vertragsauslegung zu schließende Lücke. Die demgemäß nach Treu und Glauben vorzunehmende Abwägung der beiderseitigen Interessen führe dazu, dass die tatsächlichen Kosten zuzüglich angemessener Zuschläge maßgeblich seien.[246] Diese Rechtsprechung wird zumeist → Rn. 136 f. auch auf die Berechnung des neuen Preises nach § 2 Abs. 5 und § 2 Abs. 6 Nr. 2 übertragen,[247] sodass man die

---

[243] Kniffka/Jurgeleit/von Rintelen BauVertrR § 650b Rn. 154; Langen BauR 2019, 311.
[244] Kniffka/Jurgeleit/von Rintelen BauVertrR § 650b Rn. 151.
[245] Retzlaff BauR 2017, 1801; Kniffka/Jurgeleit/von Rintelen BauVertrR § 650c Rn. 82.
[246] BGH NZBau 2019, 706 Rn. 18 ff.; BGH NZBau 2020, 84 Rn. 15 ff.
[247] zB Kniffka/Koeble/Jurgeleit/Sacher Kompendium BauR/Kniffka Teil 4 Rn. 355; OLG Düsseldorf IBR 2020, 334 = BeckRS 2019, 40371; OLG Brandenburg NZBau 2020, 639; OLG Düsseldorf IBR 2022, 113 = BeckRS 2021, 32326.

Funke

§ 1 VOB Teil B

VOB/B-Preisanpassungsmethode jedenfalls auf diesem Wege an § 650c Abs. 1 BGB angeglichen hat.

81 **f) Abschläge, einstweiliger Rechtsschutz.** Die VOB/B- und BGB-Regeln differieren zudem hinsichtlich des Rechts, **Abschlagszahlungen** für Nachträge verlangen zu können. Insoweit gibt § 650c Abs. 3 BGB dem Unternehmer, der dem Grunde nach Abschläge verlangen kann, wahlweise neben dem Anspruch auf 100 % Abschlag (§ 632a Abs. 1 S. 1 BGB) einen Anspruch auf **Zahlung von 80 %** des Betrages, den er gemäß § 650b Abs. 1 S. 2 BGB in seinem Angebot errechnet hat, das er während der Verhandlungsphase der Parteien abgegeben hat. Etwas anderes gilt nur dann, wenn der Besteller nachweisen kann, dass die Parteien eine geringere Höhe vereinbart haben, oder wenn eine anderslautende gerichtliche Entscheidung ergeht. Eine derartige Erleichterung bei der Durchsetzung von Abschlagszahlungen für Nachträge ist in der VOB/B (§ 16) nicht festgeschrieben. Streitig ist jedoch, ob die VOB/B die gesetzliche 80 %-Regel für VOB/B-Verträge wirksam abbedingt[248] → Rn. 141.

82 Schließlich enthält das Bauvertragsrecht des BGB mit § 650d Erleichterungen hinsichtlich des **einstweiligen Rechtsschutzes** bei Streitigkeiten über das Anordnungsrecht gemäß § 650b BGB oder die Vergütungsanpassung gemäß § 650c BGB. Nach Beginn der Bauausführung ist es nicht erforderlich, dass der Verfügungsgrund glaubhaft gemacht wird. Zudem sprechen die umfassende Formulierung sowie Sinn und Zweck der Vorschrift dafür, dass auch feststellende Verfügungen und Leistungsverfügungen möglich sein sollen, die dem einstweiligen Verfügungsverfahren ansonsten grundsätzlich fremd sind → Rn. 159. Streitig ist, ob § 650d BGB auch auf VOB/B-Verträge anwendbar ist → Rn. 157.

83 **2. Auswirkungen der §§ 650a ff. BGB auf die Bestimmungsrechte nach §§ 1 Abs. 3 u. 4 S. 1, 2 Abs. 5 u. 6.** Der Gesetzgeber hat mit der erstmaligen Kodifizierung eines speziellen Bauvertragsrechts im BGB, das gemäß Art. 229 § 39 EGBGB für seit dem 1.1.2018 geschlossene Verträge gilt, gemäß **§§ 650b, 650c und 650d BGB** bezogen auf Bauverträge iSd § 650a BGB gesetzliche Vorschriften geschaffen, die dem Bedürfnis nach einer umstandsangemessenen Bauvertragsänderung gerecht werden sollen. Damit hat sich das Gesetz den Regelungen des § 1 Abs. 3 und 4 einerseits angenähert, hat die Problematik aber andererseits in vielfacher Hinsicht abweichend von der VOB/B geregelt. Die neue Gesetzeslage wirft zahlreiche Rechtsfragen und damit verbundene Probleme hinsichtlich einer sinnvollen Vertragsgestaltung auf: Da nun ein gesetzliches Leitbild für Änderungen eines Bauvertrages besteht, stellt sich verschärft die Frage, ob § 1 Abs. 3 und 4 S. 1 sowie § 2 Abs. 5 und 6, die rechtstechnisch allgemeine Geschäftsbedingungen darstellen, der **isolierten Inhaltskontrolle** nach § 307 ff. BGB → Rn. 169, 182 ff. oder im Falle der Privilegierung der VOB/B durch § 310 Abs. 1 S. 3 BGB, die dann besteht, wenn sie ohne inhaltliche Abweichungen einbezogen ist, als deren Bestandteile einer **AGB-rechtlichen Gesamtprüfung** standhalten → Rn. 168.

84 Außerdem ist problematisch, ob und inwieweit die durch §§ 650b, 650c und 650d BGB aufgestellten Regelungen **inhaltliche Bedeutung auch für VOB/B-Verträge** haben. Das kommt unter zwei Gesichtspunkten in Betracht. Zum einen ist zu prüfen, ob neue gesetzliche Bestimmungen unmittelbar auch für VOB/B-Verträge gelten, weil sie von der VOB/B nicht behandelte Aspekte regeln

---

[248] Dazu Kniffka/Jurgeleit/von Rintelen BauVertrR § 650c Rn. 228 ff.

Art und Umfang der Leistung **§ 1**

(Auffüllfunktion des Gesetzes für von der VOB/B ungeregelte Punkte). Zum anderen kann das neue BGB-Bauvertragsänderungsrecht womöglich Auswirkungen auf die Auslegung von VOB/B-Regelungen haben und sich damit mittelbar auf VOB/B-Verträge auswirken **(Tendenz zur an das Gesetz angelehnten Auslegung der VOB/B).** Es liegt nahe, dass sich zunehmend eine mit der neuen Gesetzeslage konforme Auslegung der VOB/B durchsetzen wird, um einen Verstoß der Klauseln gegen das neue gesetzliche Leitbild möglichst zu vermeiden, der bei isolierter Inhaltskontrolle zur Unwirksamkeit nach § 307 ff. BGB führen würde. Dem sind jedoch Grenzen gesetzt, weil sich das BGB und die VOB/B vom Wortlaut und vom Regelungskonzept teilweise deutlich unterscheiden und bei der AGB-rechtlichen Wirksamkeitskontrolle von VOB/B-Klauseln die kundenfeindlichste Auslegung maßgeblich ist.

Eine direkte Geltung der Bestimmungen des neuen gesetzlichen Bauvertragsan- 85 passungsrechts für VOB/B-Verträge oder zumindest eine indirekte Bedeutung als Auslegungshilfe soll in den folgenden Kapiteln jeweils unter den einzelnen Voraussetzungen des § 1 Abs. 3 und 4 S. 1 untersucht werden. Dabei wird es darum gehen, ob die neue Gesetzeslage insbesondere hinsichtlich folgender Punkte auch für die Ausübung der Rechte nach § 1 Abs. 3 und 4 S. 1 relevant ist:
– Einigungssuche nach § 650b Abs. 1 und 2 BGB → Rn. 101
– Angebotspflicht des Unternehmers nach § 650b Abs. 1 S. 2 BGB → Rn. 128
– Textformerfordernis der Anordnung des Bestellers nach § 650b Abs. 2 S. 1 BGB → Rn. 97 ff.
– Möglicher Änderungsgegenstand (zB auch Bauablauf und Bauzeit?) → Rn. 114
– Behandlung von Fällen mit unzureichendem Leistungsverzeichnis → Rn. 120, 177
– Zumutbarkeit der Änderung für den Unternehmer nach § 650b Abs. 2 S. 2 BGB → Rn. 124
– Methode der Vergütungsanpassung nach § 650c Abs. 1 und 2 BGB → Rn. 137
– 80 %-Regelung nach § 650c Abs. 3 S. 1 BGB → Rn. 141
– Einstweilige Verfügung nach § 650d BGB → Rn. 157
Nach hiesiger Auffassung kommt eine Relevanz für mehrere der aufgeführten Punkte in Betracht, sodass die §§ 650b, 650c, 650d BGB nicht unerhebliche Auswirkungen auch auf das VOB/B-Vertragsänderungsrecht haben können (zum grundsätzlichen Verhältnis → Rn. 5).

3. Abwartende Haltung des DVA. In dieser Situation wäre es sinnvoll, wenn 86 der Deutsche Vergabe- und Vertragsausschuss für Bauleistungen (DVA) zügig daran ginge, die Klauseln der VOB/B an die neue Rechtslage anzupassen und damit die zusätzlichen Rechtsunsicherheiten, die für seit dem 1.1.2018 geschlossene VOB/B-Verträge bestehen, zu begrenzen. Der Hauptausschuss Allgemeines (HAA) des DVA hat jedoch am 18.1.2018 und erneut am 13.11.2018 den Beschluss gefasst, die VOB/B zunächst unverändert zu lassen und die weitere Entwicklung zum BGB-Bauvertrag in der Fachwelt und der Rechtsprechung zu beobachten. Damit sollte verhindert werden, dass sich die Praxis zeitgleich zum Inkrafttreten des gesetzlichen Bauvertragsrechts auch auf eine veränderte VOB/B hätte einstellen müssen. Mit der VOB 2019 hat es Änderungen lediglich der VOB/A und der VOB/C gegeben. Von seiner abwartenden Haltung ist der DVA bis heute nicht abgerückt. Die Gerichte und die Literatur haben sich in den letzten Jahren noch nicht umfassend damit beschäftigt, welche Auswirkungen das neue gesetzliche auf das VOB/B-Bauvertragsänderungsrecht hat. Bis die ersten relevanten Entscheidungen durch die Oberlandesgerichte und dann durch den Bundesgerichtshof ergehen werden, kann noch einige Zeit dauern. Um mögliche Überraschungen zu vermeiden, wäre es besser, der DVA näherte §§ 1 und 2 zügig an den sachlichen und verfahrensmäßigen Regelungsmechanismus des BGB-Bauvertragsrechts an.[249] Dabei könnte man für VOB/B-Verträge Schwächen des Gesetzes, wie zB die vom Wortlaut des § 650b Abs. 2 S. 1 BGB her starre Frist von 30 Tagen, durch sachgerechtere und praktikablere Festlegungen oder entsprechende Öffnungsklauseln ausgleichen, sollte sich dabei aber eng am durch das Gesetz geschaffenen Leitbild orientieren. Auf einer solchen Basis könnte die VOB/B weitgehend gerichtsfest gemacht und das Zusammenspiel mit dem BGB-Bauvertragsrecht klarer gestaltet werden. Der Arbeitskreis Ib – Bauvertragsrecht des 7. Deutschen Baugerichtstages, der am 4./5.2018 in Hamm stattgefunden hat, hat dem DVA zahlreiche der neuen Situation angemessene Angleichungen des VOB/B-Anordnungsrechtes an die neue Gesetzeslage empfohlen.[250] Auch auf einen Änderungsvorschlag des Bundesministeriums des Innern, für Bau und Heimat aus Dezember 2020[251] ist der DVA untätig geblieben.[252] Die VOB/B könnte bei sachgerechter Angleichung an das gesetzliche Leitbild und behutsamer Beschneidung einer im Gesetz manchmal anzutreffenden praxisfernen Überregulierung ihre Berechtigung neben den BGB-Regeln behalten. Ihren überragenden Sonderstatus für das Baurecht wird sie allerdings verlieren, wenn der Gesetzgeber Normen schafft, die den Besonderheiten des Baurechts insgesamt gerecht werden. Mit dem am 1.1.2018 in Kraft getretenen Gesetz zur Reform des Bauvertragsrechts ist man einen deutlichen Schritt in diese Richtung gegangen.

II. Änderungsrecht des § 1 Abs. 3 in Abgrenzung von anderen Anordnungen und Vorkommnissen auf der Baustelle

87 § 1 Abs. 3 räumt dem Auftraggeber einen **Änderungsvorbehalt** ein, der durch eine **einseitige empfangsbedürftige Willenserklärung** auszuüben ist, die den bestehenden Vertrag unmittelbar rechtsgestaltend an die Wünsche des Auftraggebers anpasst. Nach überwiegender Meinung soll es sich um ein Leistungsbestimmungsrecht nach § 315 BGB handeln.[253] Die Konzeption des § 315 BGB ist aber teilweise eine andere. Zwar wird § 315 BGB teilweise erweiternd auch auf das Recht zur nachträglichen Änderung des Leistungsinhaltes angewandt, wie sie auch § 1 Abs. 3 ermöglichen soll. § 315 Abs. 2 S. 2 BGB sieht jedoch vor, dass der Inhalt der Leistungsbestimmung, die der Bestimmende im Zweifel nach billigem Ermessen zu treffen hat, durch das Gericht korrigiert bzw. ersetzt werden kann, wenn sie nicht der Billigkeit entspricht oder verzögert wird. Dieses Verfahren passt auf das prinzipiell frei ausübbare Leistungsänderungsrecht des § 1 Abs. 3

---

[249] Ebenfalls kritisch zur Vorgehensweise des DAV zB Kniffka/Koeble/Jurgeleit/Sacher Kompendium BauR/Kniffka Teil 4 Rn. 149 f.; Manteufel BauR 2024, 352; Opitz NZBau 2024, 250.

[250] Empfehlungen des 7. Baugerichtstages, BauR 2018, 1484 ff.

[251] Dazu Janssen/Fischer NZBau 2021, 219 ff. mit Anmerkung Langen NZBau 2021, 427 ff.

[252] Kritisiert zB durch Fuchs NZBau 2023, 353 f.

[253] Beck VOB/B/Kues § 1 Abs. 3 Rn. 7; kritisch dazu Kapellmann/Messerschmidt/von Rintelen § 1 Rn. 55.

Art und Umfang der Leistung **§ 1**

nicht. Ist die geforderte Änderung des Bausolls nicht durch § 1 Abs. 3 gedeckt, ist die Anordnung des Auftraggebers schlicht unwirksam, ohne dass eine Partei eine gerichtliche Billigkeitsentscheidung veranlassen kann. Im Rahmen des § 1 Abs. 3 kann das Gericht auch keine Bestimmung treffen, wenn der Auftraggeber eine für den weiteren geordneten Bauablauf notwendige Anordnung verzögert oder verweigert. Lediglich die im Falle einer wirksamen Änderung des Bausolls nach § 2 Abs. 5 zu erfolgende Bestimmung des neuen Preises ist im Streitfall einer gerichtlichen Entscheidung zugänglich. Die mit § 650d BGB eingeführte vereinfachte Möglichkeit zur Erwirkung einer einstweiligen Verfügung, die auch für VOB/B-Verträge gilt → Rn. 157, lässt ebenfalls keine abändernde Bestimmung der Bauleistung durch das Gericht zu, sondern schafft lediglich die Möglichkeit, Streitigkeiten hinsichtlich des Erfordernisses einer vom Auftraggeber verweigerten Anordnung, der Wirksamkeit einer erteilten Anordnung oder der Rechtsfolgen einer Anordnung vorläufig auszuräumen.

1. Abgrenzung des § 1 Abs. 3 von § 1 Abs. 4, § 2 Abs. 3 und § 4 Abs. 1 Nr. 3. Änderungsanordnungen nach § 1 Abs. 3 sind nicht immer einfach von dem **Verlangen zusätzlicher Leistungen** nach § 1 Abs. 4 abzugrenzen. Die **Abgrenzung** kann jedoch von praktischer Bedeutung sein, weil die Voraussetzungen einer wirksamen Ausübung der Rechte nach § 1 Abs. 3 und Abs. 4 und die Anspruchsvoraussetzungen für eine höhere Vergütung in § 2 Abs. 5 und Abs. 6 nicht vollständig deckungsgleich geregelt sind. Allgemein wird man sagen können, dass § 1 Abs. 3 konkret bauwerksgestalterische Vertragsänderungen einzelner vereinbarter Leistungsteile (zB andere Fliesenqualität), Änderungen einer Funktionsanforderung des Werkes (zB höhere Bodenbelastbarkeit einer Lagerhalle) und womöglich auch Änderungen der äußeren Bauumstände (zB Baugrund und Erreichbarkeit der Baustelle) → Rn. 109) oder des Bauablaufs (zeitlich, technisch, personell → Rn. 112) erfassen kann, während § 1 Abs. 4 für die Erweiterung um Leistungen gilt, die die Parteien bei Vertragsschluss noch nicht, also auch nicht in andersartiger Weise, vereinbart haben → Rn. 174 ff. Wenngleich zur Ausführung einer geänderten Leistung häufig auch gewisse zusätzliche Maßnahmen erforderlich werden (zB zusätzliche Vorbereitungsmaßnahmen vor Aufbringen eines geänderten Bodenbelags), ist auf die Änderung insgesamt nur § 1 Abs. 3 anwendbar, wenn zusätzliche Leistungen lediglich zwecks bautechnischer Umsetzbarkeit der Änderung erforderlich werden[254] → Rn. 177 aE. 88

Eine **Anordnung nach § 4 Abs. 1 Nr. 3** unterscheidet sich dadurch von den nach § 1 Abs. 3 und 4 bestehenden Rechten, dass sie nicht auf eine Änderung oder Erweiterung des Vertrages, sondern auf die Umsetzung des Vertrages mit seinem bereits bestehenden Inhalt gerichtet ist. Dasselbe gilt für Nachbesserungsverlangen.

§ 2 Abs. 3 erfasst den Fall der reinen Mengenänderung bei den Vordersätzen der bei Vertragsschluss festgelegten Leistungen, ohne dass es zu einem Eingriff in den ursprünglichen Leistungsbestand kommt.[255] Sobald eine **Überschreitung des Kostenanschlags** absehbar ist, hat der Auftragnehmer dies dem Auftraggeber gemäß § 649 Abs. 2 BGB unverzüglich anzuzeigen.[256] Kommt es zu der Mengenänderung hingegen nicht deshalb, weil Mengen im Leistungsverzeichnis ungenau

---

[254] Anders Beck VOB/B/Kues § 1 Abs. 4 Rn. 14.; Kapellmann/Messerschmidt/von Rintelen § 1 Rn. 147.
[255] BGH NZBau 2018, 461 Rn. 20; 2004, 207 Rn. 18.
[256] Dazu umfassend Beck VOB/B/Funke 3. Aufl. vor § 2 Rn. 181 ff.

Funke

oder fehlerhaft prognostiziert worden sind, sondern weil der Auftraggeber durch eine ändernde Anordnung oder ein Zusatzverlangen in den Leistungsbestand eingreift, handelt es sich um Fälle des § 1 Abs. 3 oder Abs. 4, deren Vergütungsfolgen sich nach § 2 Abs. 5 oder Abs. 6 richten.[257]

89 **2. Abgrenzung des § 1 Abs. 3 von einer Teilkündigung (§ 8 Abs. 1) und einer Selbstübernahme (§ 2 Abs. 4).** Abgrenzungsprobleme können sich auch gegenüber dem **Teilkündigungsrecht** des Auftraggebers **nach § 648 BGB, § 8 Abs. 1** und dem **Selbstübernahmerecht nach § 2 Abs. 4** ergeben. Wünscht der Auftraggeber, dass eine Position oder eine Positionsgruppe des Leistungsverzeichnisses oder ein Teil der funktional beschriebenen Leistung ersatzlos entfällt und stellt das eine echte gegenständliche Beschränkung des Auftrages dar (zB kleineres Bauwerk, geringer Ausbau, leistungsrelevante Absenkung des Standards oder der Funktionalität), bedarf es dazu einer Teilkündigung → Rn. 119,[258] für die § 8 Abs. 5 die Schriftform vorsieht. Dagegen handelt es sich um eine § 1 Abs. 3 unterfallende Änderung, wenn der vollständige oder partielle Wegfall von Leistungen positionsgerecht oder an anderer Stelle durch geänderte, eventuell auch preisgünstigere Leistungen ersetzt wird, wobei beide Vorgänge in einem sachlichen Zusammenhang miteinander stehen müssen, indem statt einer zunächst vereinbarten nun eine andere Ausführung angeordnet wird. Fehlt ein solcher Zusammenhang und geht es um zwei voneinander unabhängige Modifikationen des Vertrages, handelt es sich nicht um einen einheitlichen Vorgang im Sinne einer Änderungsanordnung, sodass dann zum einen eine Teilkündigung und zum anderen eine Erklärung vonnöten ist, die abhängig davon, ob es sich um eine Änderung oder um eine Erweiterung handelt, § 1 Abs. 3 oder Abs. 4 unterfällt. Soweit es zu einer (Teil)Kündigung oder in einer solchen Situation zu einer einvernehmlichen (Teil)Vertragsaufhebung[259] kommt, richtet sich die Vergütung für die entfallene Leistung nach § 8 Abs. 1 Nr. 2, wenn die Parteien keine anderweitige Regelung treffen. Es erfolgt keine Preisanpassung nach § 2 Abs. 5 oder 6. Vielmehr steht dem Auftragnehmer im durch § 8 Abs. 1 Nr. 2 gezogenen Rahmen die vereinbarte Vergütung für die gekündigte Teilleistung zu. Dafür spricht auch die Regelung des § 2 Abs. 4, die die entsprechende Anwendung des § 8 Abs. 1 Nr. 2 für den Fall vorsieht, dass der Auftraggeber **vertragliche Leistungen** später **selbst übernimmt**. Nach der Systematik der VOB/B ist § 2 Abs. 4 ein gesondert geregelter Fall der Teilauftragsentziehung, der lediglich hinsichtlich der Vergütungsfolgen, nicht aber der Ausübungsvoraussetzungen auf § 8 verweist. Die Erklärung des Auftraggebers, eine Leistung selbst übernehmen zu wollen, bedarf deshalb nicht der Schriftform nach § 8 Abs. 5.

90 **3. Abgrenzung des § 1 Abs. 3 u. 4 von Schadensersatz- und Entschädigungsansprüchen.** Als schwierig erweist sich häufig die **Abgrenzung** zwischen **Mehrvergütungsansprüchen,** die aufgrund wirksam vom Auftraggeber nach § 1 Abs. 3 oder Abs. 4 angeordneter Vertragsänderungen oder -erweiterungen ausgehend von § 2 Abs. 5 bzw. Abs. 6 zu berechnen sind, und **Schadensersatzforderungen nach § 6 Abs. 6** sowie **Entschädigungsansprüchen nach § 642**

---

[257] OLG Dresden IBR 2021, 169 = BeckRS 2019, 55496.
[258] So auch OLG München IBR 2019, 307 = BeckRS 2019, 25771; OLG Hamm IBR 2024, 279; OLG Hamm IBR 2024, 450.
[259] Dazu BGH NZBau 2018, 461 Rn. 19.

Art und Umfang der Leistung **§ 1**

BGB.[260] Macht der Auftraggeber wirksam von seinem Recht Gebrauch, den Vertrag durch eine einseitige Erklärung nach § 1 Abs. 3 oder Abs. 4 zu modifizieren, verhält er sich insoweit vertragsgemäß, so dass er damit nicht schuldhaft einen hindernden Umstand nach § 6 Abs. 6 schafft und auch nicht unmittelbar gemäß § 642 BGB[261] wegen des Unterlassens einer erforderlichen Mitwirkungshandlung in Annahmeverzug geraten kann. Das gilt im Prinzip auch dann, wenn der Auftraggeber zum Mittel einer **Anordnung nach § 1 Abs. 3 oder Abs. 4 wegen äußerer Umstände** (zB Anordnung zum Weiterbau bei unerwarteter Bodenbeschaffenheit → Rn. 109 ff.)**, einer zunächst defizitären Planung** oder **zeitlicher Verzögerungen** (Anordnung zur Bauzeit → Rn. 112 ff.) greift, die er selbst hätte voraussehen können bzw. selbst schuldhaft verursacht hat. Ebenso wie § 642 BGB stellt auch § 6 Abs. 6 gegenüber Ansprüchen aus §§ 1 Abs. 3 und 4, 2 Abs. 5 und 6 keine abschließende Sonderregelung dar.[262] Zwar ist dann, wenn der Auftraggeber eine Baustellenproblematik schuldhaft verursacht und den Auftragnehmer dadurch in Schwierigkeiten gebracht hat, streng zu prüfen, ob die Anordnung des Auftraggebers, mit der er von ihm zu verantwortende Probleme „reparieren" will, für den Auftragnehmer zumutbar und somit wirksam ist → Rn. 113. Soweit dies zu bejahen ist, kann der Auftragnehmer aber für die geänderte Leistung nicht wahlweise statt einer vertraglichen Mehrvergütung Schadensersatz oder eine Entschädigung verlangen. Soweit der Auftraggeber in einer Lage, die durch eine von ihm zu vertretende Behinderung oder sein Unterlassen einer Mitwirkungshandlung entstanden ist, wirksam zum Mittel einer Veränderung des Vertrages gegriffen hat, kann der Auftragnehmer für die ihn nach Vertragsänderung treffenden Erschwernisse Rechte nur noch aus § 2 Abs. 5 oder Abs. 6 herleiten. Für die Zeit vor Ausübung eines Vertragsänderungsrechtes des Auftraggebers können dem Auftragnehmer dagegen, zB wegen Stillstandskosten, Ansprüche auf Schadensersatz oder Entschädigung zustehen. Eine der Ursprungsvereinbarung widersprechende Erschwernis oder Behinderung kann demgemäß auf dem Wege des § 1 Abs. 3 oder Abs. 4 für die Zukunft zu einer vertragsgemäßen Randbedingung etc. des Vertrages werden. Soweit es dagegen um vom Auftraggeber zu vertretende Erschwernisse und Behinderungen geht, die durch die vertragsändernde Anordnung nicht betroffen sind, verbleibt es diesbezüglich auch für die Zukunft bei Schadensersatzansprüchen nach § 6 Abs. 6 und eventuell Entschädigungsansprüchen nach § 642 BGB. Es ist also auch im Anschluss an eine wirksame Änderungsanordnung jeweils im Einzelfall in zeitlicher und gegenständlicher Hinsicht zwischen Ansprüchen nach § 2 Abs. 5 und 6 einerseits und § 6 Abs. 6, § 642 BGB andererseits abzugrenzen, wobei auf das zeitliche Wirksamwerden und den Umfang der vertragsändernden Anordnung abzustellen ist. Soweit der Auftraggeber eine nach den Umständen für eine Weiterarbeit des Auftragnehmers erforderliche Entscheidung, wie zB eine **ändernde Anordnung** nach § 1 Abs. 3, **verzögert oder gänzlich verweigert** oder in dieser Situation **einen Baustopp anordnet,** kann dieses Verhalten Ansprüche des Auftragnehmers nach § 6 Abs. 6, § 642 BGB begründen.[263]

---

[260] Dazu BGH NZBau 2018, 25; NZBau 2020, 362.
[261] Zum nunmehr durch den BGH eingeschränkten Entschädigungsanspruch nach § 642 BGB: BGH NZBau 2017, 596; 2018, 25 Rn. 19; 2017, 596 Rn. 18; Schneider BauR 2019, 947 ff.; Sienz BauR 2019, 360 ff.
[262] BGH NZBau 2022, 521, 523.
[263] OLG Düsseldorf NZBau 2018, 607.

Funke

91 Zumal Ansprüche nach § 2 Abs. 5, Abs. 6, § 6 Abs. 6 und 642 BGB von unterschiedlichen Voraussetzungen abhängig sind und zu einer unterschiedlichen Forderungsberechnung führen, ist dem Kläger im Prozess abzuverlangen, zu den von ihm geltend gemachten Forderungspositionen differenziert unter Berücksichtigung der jeweiligen Tatbestandsvoraussetzungen vorzutragen und den jeweils geltend gemachten Betrag gemäß der in Betracht kommenden Anspruchsgrundlage auch der Höhe nach zu begründen. Verfolgt der Auftragnehmer Forderungen wegen einer **Bauzeitverlängerung,** muss er auch bei Großbauvorhaben **konkret bauablaufbezogen darlegen,** dass und in welchem Umfang sich eine bestimmte Änderungsanordnung nach § 1 Abs. 3 bzw. ein Erweiterungsverlangen nach § 1 Abs. 4 oder ein bestimmter Behinderungstatbestand nach § 6 Abs. 6 auf den von ihm realistisch geplanten zeitlichen Bauverlauf – auch unter Berücksichtigung der sonstigen Umstände und ggf. anderer im Bauverlauf aufgetretener Abweichungen vom kalkulierten Bauablaufplan sowie ihm möglicher und zumutbarer Ausgleichsmaßnahmen – ausgewirkt hat.[264] Erfahrungsgemäß gelingt ein schlüssiger Vortrag hierzu selbst nach Einholung eines Privatgutachtens[265] selten, weil eine im Ergebnis eingetretene Verzögerung vom Auftragnehmer häufig monokausal mit einem Verhalten des Auftraggebers begründet wird, ohne ganzheitlich zu erörtern, wie sich der komplexe Bauprozess möglicherweise ohnehin in Abweichung vom Bauablaufplan entwickelt hätte. Besondere Schwierigkeiten bereitet bei der vorzunehmenden Prüfung auch die Frage, ob und inwieweit der Auftragnehmer zur Geringhaltung von Verzögerungen auf sogenannte **Pufferzeiten,** also nach dem Ursprungsvertrag bestehende Zeitreserven, verzichten und ob er andere ihm mögliche Ausgleichsmaßnahmen, wie zB das Vorziehen erst später vorgesehener und das Zurückstellen zuvor geplanter Leistungen, ergreifen muss → Rn. 143.

92 Gemäß obiger Darstellung stehen Mehrvergütungsansprüche nach § 2 Abs. 5, Abs. 6 und Schadensersatzansprüche bzw. Entschädigungsansprüche nicht wahlweise nebeneinander. Auch soweit sich § 2 Abs. 5 neben **„Änderungen des Bauentwurfs"** nach § 1 Abs. 3 auf **„andere Anordnungen"** bezieht, kann es sich nur um vertraglich zulässige Anordnungen handeln, zu denen der Auftraggeber auf anderer Grundlage als § 1 Abs. 3 berechtigt ist. Würde man gemäß teilweise vertretener Ansicht auch vertragswidrige Anordnungen unter den Begriff „andere Anordnungen" subsumieren, würde dies die systematische Abgrenzung zu Schadensersatzansprüchen unterlaufen.[266] Eine gleichzeitige Anwendbarkeit von § 2 Abs. 5 bzw. Abs. 6 und § 6 Abs. 6, § 642 BGB auf dieselbe Forderungsposition kommt ausnahmsweise nur dann in Betracht, wenn der Auftragnehmer ein durch § 1 Abs. 3 und 4 VOB/B nicht gedecktes vertragswidriges Ansinnen des Auftraggebers widerwillig ohne rechtliches Einverständnis hinnimmt und nur unter erkennbarem Protest ausführt. Dann begibt er sich nicht seiner Rechte nach § 6 Abs. 6 VOB/B, § 642 BGB. Gleichzeitig ist es dem Auftraggeber nach Treu und Glauben verwehrt, sich gegenüber einem Begehren nach § 2 Abs. 5 bzw. Abs. 6 auf eine Unwirksamkeit seiner Anordnung zu berufen → Rn. 147. In der Regel kann die Befolgung einer Anordnung des Auftraggebers durch den Auftragnehmer jedoch als Zustimmung des Auftragnehmers zu einer eventuell auch vertragswidri-

---

[264] Dazu ausf. OLG Köln NJW 2014, 3039; OLG Karlsruhe IBR 2018, 131; OLG Köln IBR 2024, 345.
[265] Zu baubetrieblichen Gutachten Eschenbruch/Saalbach/Heck NZBau 2023, 3 ff.
[266] Grdl. Thode ZfBR 2004, 214; OLG Hamm NZBau 2006, 180 Rn. 38; anders zB Ingenstau/Korbion/Döring § 6 Abs. 6 Rn. 39.

gen Anordnung verstanden werden → Rn. 147, 97b, sodass es dann auf diesem Wege zu einer wirksamen Vertragsänderung kommt und der Auftragnehmer im Rahmen des zeitlichen und gegenständlichen Umfangs der Vertragsänderung Rechte nur noch aus § 2 Abs. 5 oder Abs. 6 herleiten kann.

4. Abgrenzung des § 1 Abs. 3 von Störung der Geschäftsgrundlage und Unmöglichkeit. Hat der Auftraggeber die **Änderung einer für die Werkleistung relevanten Randbedingung** nicht zu vertreten und ist die Randbedingung auch nicht vertraglich vereinbart, sondern lediglich **Geschäftsgrundlage**[267] des Vertrages (denkbar zB für die Sperrung einer öffentlichen Straße, die für die Erreichbarkeit der Baustelle wesentlich ist, oder für außergewöhnliche Witterungsbedingungen[268]), stellt der auf Weiterführung des Bauvorhabens gerichtete Wunsch des Auftraggebers keine Anordnung nach § 1 Abs. 3, § 2 Abs. 5 dar. Einen Mehrbetrag kann der Auftragnehmer mangels Verantwortlichkeit des Auftraggebers dann auch nicht nach § 6 Abs. 6 oder § 642 BGB, sondern allenfalls nach § 313 BGB verlangen.

Auch durch **staatliche Corona-Maßnahmen** oder den **Ukraine-Krieg** verursachte Erschwernisse, zB bei einer termingerechten und preislich zumutbaren Materialbeschaffung oder beim Arbeitskräfteeinsatz, können sich als Störung der Geschäftsgrundlage – im Falle eines „harten Lockdowns" eventuell sogar als objektive Unmöglichkeit – darstellen.[269] Mit historisch beispiellosen gesundheits- und wirtschaftspolitischen Beschränkungen oder der Abschaltung und der Zerstörung einer zuvor für unverzichtbar gehaltenen Säule der Energieversorgung und den jeweiligen teils schwerwiegenden volks- und betriebswirtschaftlichen Folgen brauchte im Vorhinein bei Vertragsschluss nicht gerechnet zu werden.

Ist es **aus technischen Gründen unmöglich,** ein Werk hinsichtlich aller vereinbarten Funktionsanforderungen oder der Gesamtgestaltung vertragsgerecht auszuführen, kann dem Auftraggeber ein Schadensersatzanspruch nach § 311a Abs. 2 BGB zustehen.[270] Es kommt jedoch auch in Betracht, dass er gemäß § 1 Abs. 3 oder 4 eine Variante anordnet, die seinen Bedürfnissen unter Hinnahme notwendiger technischer Einschränkungen weitgehend gerecht wird → Rn. 42.

III. Abgrenzung des § 1 Abs. 3 von einverständlichen und eigenmächtigen Änderungen

§ 1 Abs. 3 gilt nicht für **frei vereinbarte Vertragsänderungen,** sondern nur für einseitige Änderungsanordnungen des Auftraggebers. Wird der Bauvertrag durch Angebot und Annahme modifiziert, findet deshalb auch § 2 Abs. 5 keine unmittelbare Anwendung. Vielmehr ist dann, wenn sich die Parteien nicht (ausdrücklich) auch über die Vergütungsfolgen geeinigt haben, diese Vertragslücke durch eine (ergänzende) Vertragsauslegung zu schließen.[271] Die Auslegung wird idR aber dazu führen, dass die neue Vergütung entsprechend dem neuen Verständ-

---

[267] Umfassend zur Störung der Geschäftsgrundlage am Bau Franz/Langen BauR 2023, 845 ff.
[268] BGH NZBau 2017, 596 Rn. 19 f.
[269] Lühmann/Egle/Thomas NZBau 2022, 251 ff.; OLG Köln IBR 2024, 465; Bericht zur 24. Sitzung des Arbeitskreises internationales Baurecht in BauR 2024, 589 ff.; für Gewerberaummiete BGH NJW 2022, 1370.
[270] BGH NZBau 2014, 492 Rn. 23 ff.
[271] OLG Karlsruhe IBR 2012, 189.

nis des § 2 Abs. 5 → Rn. 136 ff unter Berücksichtigung der tatsächlich erforderlichen Mehrkosten zuzüglich angemessener Zuschläge zu berechnen ist. Schließen die Parteien dagegen einen **eigenständigen Anschluss- oder Folgevertrag** kommt § 632 Abs. 2 BGB zur Anwendung → Rn. 181.

Eine zweiseitig vereinbarte Vertragsänderung liegt nach der Systematik des § 1 Abs. 3 nicht allein deshalb vor, weil sich der Auftragnehmer auf die einseitig erklärte Änderungsanordnung des Auftraggebers tatsächlich einlässt und diese ausführt. Die Anwendbarkeit des § 1 Abs. 3 ist vielmehr auch dann gegeben, wenn die Parteien zunächst über die Berechtigung und Wirksamkeit der Änderungsanordnung gestritten haben, sich der Auftragnehmer ihr aber später beugt. Etwas anderes ist dann anzunehmen, wenn die Parteien den Inhalt einer Änderungsanordnung im Rahmen von Verhandlungen modifizieren oder sogar durch eine gänzlich andere Regelung ersetzen und dabei eine einverständliche Vertragsänderung zur rechtlichen Basis der geänderten Ausführung machen.

95 §§ 1 Abs. 3, 2 Abs. 5 sind nicht anwendbar, wenn der Auftragnehmer, weil er den vereinbarten Bauentwurf zu Recht oder zu Unrecht für änderungsbedürftig hält, quasi **„auf eigene Faust"** eine geänderte Leistung ausführt, ohne den Auftraggeber zu informieren und dessen Entscheidung abzuwarten. Zeigt sich der Auftraggeber nach Ausführung mit einer vom Auftragnehmer eigenmächtig vorgenommenen Änderung einverstanden, wird man das beiderseitige Verhalten häufig als vereinbarte Vertragsänderung qualifizieren können. Stimmt der Auftraggeber einer Änderung nicht zu, kann der Auftragnehmer eine Mehrvergütung allenfalls nach § 2 Abs. 8 beanspruchen.[272] Das kommt nicht in Betracht, wenn der Auftraggeber zum Ausdruck gebracht hatte, die Vermeidung einer Mehrvergütung sei für ihn vorrangig gegenüber der Funktionstauglichkeit des Werkes.[273]

IV. Wirksamkeitserfordernisse der Änderungsanordnung

96 Für die Erteilung der Änderungsanordnung durch den Auftraggeber nach § 1 Abs. 3 gelten zunächst die auch für andere **einseitige empfangsbedürftige Willenserklärungen** geltenden Regeln. Das Anweisungsrecht kann im Zeitraum zwischen Vertragsschluss und Abnahme ausgeübt werden. Der Auftraggeber kann eine Änderung nach § 1 Abs. 3 grundsätzlich frei nach eigenem Gutdünken anordnen (enger § 1 Abs. 4), ohne dass dafür technische oder andere Notwendigkeiten bestehen müssen.[274] Er braucht auch keine Gründe zu nennen. Die nach § 1 Abs. 3 bestehenden Rechte finden erst dann eine Grenze, wenn der Auftraggeber dem Auftragnehmer unzumutbare oder gar schikanöse Anweisungen erteilt oder entgegen der vertraglichen Absprache in eine Dispositionsbefugnis des Auftragnehmers eingreifen will, die bei interessengerechter Auslegung des Ursprungsvertrages unantastbar sein sollte. → Rn. 122 ff.

97 **1. Textformbedürftigkeit der Anweisungen nach § 1 Abs. 3 u. Abs. 4 S. 1.** Die Änderungsanordnung nach § 1 Abs. 3 und das Verlangen nach § 1 Abs. 4 S. 1 bedurften **bis zum Inkrafttreten** des gesetzlichen Bauvertragsänderungsrechtes **keiner besonderen Form** und waren auch mündlich oder konkludent möglich. Das hat sich nach hiesiger Auffassung für **seit dem 1.1.2018 geschlos-**

---

[272] OLG Köln IBR 2015, 8; einen Anspruch nach § 2 Abs. 6 VOB/B bejahend OLG Hamm IBR 2020, 5 = BeckRS 2017, 162090.
[273] KG NZBau 2021, 782.
[274] zB Beck VOB/B/Kues § 1 Abs. 3 Rn. 121 ff.

sene **Verträge** geändert, weil das nach § 650b Abs. 2 S. 1 BGB vorgesehene **Textformerfordernis** unmittelbar auch für die nach § 1 Abs. 3 und Abs. 4 S. 1 möglichen Erklärungen gilt. Zur Einhaltung der in § 126b BGB definierten Textform ist die Verwendung eines dauerhaften Datenträgers erforderlich, wozu zB Papier, Fax, USB-Stick, CD-ROM, Speicherkarten, Festplatten, E-Mails und SMS, nicht jedoch Messenger-Nachrichten gerechnet werden → Rn. 16a, 16b. Eine ohne Beachtung der vorgeschriebenen Form gegebene Anweisung ist gemäß § 125 S. 1 BGB nichtig. Die hiesige Ansicht eines für die Wirksamkeit – auch der Erklärungen nach § 1 Abs. 3 und Abs. 4 S. 1 – konstitutiven Textformerfordernisses findet zunehmend Anhänger,[275] wird aber überwiegend (noch) nicht geteilt,[276] wobei das Zusammenspiel des Gesetzes mit dem AGB-Klauselwerk der VOB/B nicht immer hinreichend in den Blick genommen wird. Wie im Folgenden näher darzulegen ist, stellt die durch § 650b Abs. 2 S. 1 BGB angeordnete Textform eine echte Wirksamkeitsvoraussetzung dar, die auch für das VOB/B-Vertragsänderungsrecht gilt, weil die neuen gesetzlichen Bestimmungen die prinzipiell identische Rechtsmaterie regeln, §§ 1 Abs. 3 und 4 S. 1, 2 Abs. 5 und 6 das BGB-Vertragsänderungsrecht lediglich in Teilen modifizieren, ohne gegenteilige Aussagen zu Formerfordernissen zu treffen, und das gesetzliche Formerfordernis zudem nicht dispositiv sein dürfte.

a) Textform als Wirksamkeitsvoraussetzung für die BGB-Änderungsanordnung. Teilweise wird eine für die Wirksamkeit von Erklärungen nach § 1 Abs. 3 und Abs. 4 S. 1 erforderliche Textform für VOB/B-Verträge schon deshalb verneint, weil eine Nichtbeachtung noch nicht einmal beim BGB-Vertrag zur Nichtigkeit führe. § 650b Abs. 2 S. 1 BGB sehe die Textform lediglich aus Gründen der Dokumentation, der Klarstellung und des Übereilungsschutzes vor, ohne die Rechtsfolge des § 125 BGB anordnen zu wollen.[277] Zwar werden diese Zwecke in der Gesetzesbegründung genannt. Gleichzeitig wird aber im Hinblick auf eine angenommene Formunwirksamkeit ausgeführt, die Abrechnung müsse bereicherungsrechtlich erfolgen[278] und damit zum Ausdruck gebracht, dass es sich nicht um eine letztlich vernachlässigbare reine Ordnungsvorschrift handeln soll. Nach deutschem Recht ist die Beachtung gesetzlicher Formvorschriften gemäß § 125 S. 1 BGB grundsätzlich Wirksamkeitsvoraussetzung, ohne dass dies in der einzelnen Vorschrift nochmals wiederholt werden muss.[279] Wenngleich § 650b Abs. 2 S. 1 BGB dennoch teilweise für interpretationsbedürftig gehalten wird,[280] wird die Wahrung der angeordneten Form zu Recht ganz überwiegend als Wirksamkeitsvoraussetzung betrachtet.[281] Andernfalls wäre der Auftragnehmer verpflichtet, eine nicht der Textform entsprechende, also zB auch eine mündliche Anordnung, zu befolgen, ohne eine Formunwirksamkeit einwenden zu können. Der Zweck der gesetzlich angeordneten Textform, der ua darin besteht, späteren

---

[275] Voit in Messerschmidt/Voit § 1 Rn. 2; Rehbein IBR 2024, 1034 (nur online) unter IV.; LG München I 31.8.2023 – 24 O 9551/23; siehe auch Manteufel BauR 2024, 348.
[276] Siehe zB Kapellmann/Messerschmidt/von Rintelen § 1 Rn. 112; Retzlaff BauR 2017, 1794.
[277] Beck VOB/B/Kues § 1 Abs. 3 Rn. 26 und § 1 Abs. 4 Rn. 38.
[278] BT-Drs. 18/11437 S. 47.
[279] Staudinger/Hertel § 125 Rn. 97.
[280] Kniffka/Koeble/Jurgeleit/Sacher Kompendium BauR/Kniffka Teil 4 Rn. 267.
[281] Kniffka/Jurgeleit/von Rintelen BauVertrR § 650b Rn. 162; Kniffka/Koeble/Jurgeleit/Sacher Kompendium BauR/Kniffka Teil 4 Rn. 269; MüKoBGB/Busche § 650b Rn. 16.

Streit wegen einer ungenügenden Dokumentation und inhaltlichen Unklarheit der Anordnung zu vermeiden, würde verfehlt, sodass die Nichtigkeitsfolge auch dann gerechtfertigt ist, wenn man sie gemäß teilweise vertretener Meinung[282] an einen Verstoß gegen den Formzweck knüpft. Im Übrigen sind Formvorschriften aus Gründen der Rechtssicherheit grundsätzlich streng anzuwenden, sodass die Nichtigkeitsfolge nach überwiegender Meinung zu Recht grundsätzlich auch unabhängig vom Formzweck greift.[283]

97b **b) Prinzipielle Identität zwischen den Regelungsgegenständen des BGB- und des VOB/B-Vertragsänderungsrechtes.** Das VOB/B-Vertragsänderungsrecht regelt verglichen mit dem BGB-Bauvertragsänderungsrecht kein aliud, sondern die im Ausgangspunkt prinzipiell identische Rechtsmaterie, sodass die gesetzlichen Vorschriften einschließlich der Formvorschrift des § 650b Abs. 2 S. 1 BGB auch bei Vereinbarung des Klauselwerkes der VOB/B gelten, soweit sie nicht wirksam durch dieses abbedungen werden. Regelungssystematisch stellen sich die VOB/B-Vertragsanpassungsregelungen nach Inkrafttreten der §§ 650a ff. BGB als den Wesenskern des gesetzlichen Regelungsgegenstandes nicht tangierende vertragliche Modifikationen[284] durch zwischen den Parteien vereinbarte AGB dar → Rn. 5. Die VOB/B-Klauseln stellen für ihren jeweiligen Regelungsgehalt eine besondere Ausgestaltung der gesetzlichen Bestimmungen dar.[285] Die Normenwerke verfolgen im Ausgangspunkt denselben Zweck, dem Bedürfnis nach einer Vertragsanpassung gerecht zu werden, das sich während eines komplexen und längeren Bauvorhabens ergeben oder das wegen eines nicht alle Problemkreise hinreichend umfassenden Vertragsinhalts von vornherein bestehen kann. Auch die inhaltliche und regelungstechnische Umsetzung erfolgt nach demselben Grundprinzip. Dass der Anordnung nach § 650 Abs. 2 S. 1 BGB ein bestimmtes Verfahren vorauszugehen hat, während dieses nach § 1 Abs. 3 vom Wortlaut her nicht vorgesehen ist, bedeutet nicht, dass die Regelungsmaterien selbständig nebeneinanderstehen, sondern nur, dass die VOB/B einige gesetzlich vorgesehene Verfahrensschritte für ihren Anwendungsbereich abbedingt. Die Zwecke der gesetzlichen Textform, für hinreichende Klarheit zu sorgen, der Beweisbarkeit der Anordnung zu dienen und vor einer möglicherweise übereilten Anordnung zu schützen,[286] sind nicht weniger relevant, weil die VOB/B die nach dem Gesetz vorgesehene Einigungsphase abbedingt. Im Gegenteil ist der Übereilungsschutz wegen des unmittelbar bestehendes VOB/B-Anweisungsrechts beim VOB/B-Vertrag sogar von gesteigerter Bedeutung.

97c **c) Keine Abbedingung des gesetzlichen Textformerfordernisses durch § 1 Abs. 3 und Abs. 4 S. 1.** Gegen die Geltung des durch § 650b Abs. 2 S. 1 BGB angeordneten Textformerfordernisses für VOB/B-Verträge wird weiter eingewandt, die VOB/B stelle eine hinsichtlich eines Formerfordernisses abschlie-

---

[282] So MüKoBGB/Einsele § 125 Rn. 68.
[283] Staudinger/Hertel § 125 Rn. 34, 110 ff.
[284] Insoweit, ohne daraus den Schluss auf ein Textformerfordernis zu ziehen, zB auch Kniffka/Jurgeleit/Manteufel BauVertrR § 650d Rn. 8; Kniffka/Koeble/Jurgeleit/Sacher Kompendium BauR/Sacher Teil 12 Rn. 112; Retzlaff BauR 2017, 1814 (1821).
[285] So auch KG NZBau 2021, 523 Rn. 30; KG NZBau 2022, 92 Rn. 107; Rodemann BauR 2024, 3; offen gelassen von Oppler NZBau 2021, 514; OLG Karlsruhe NJW 2023, 372 Rn. 13.
[286] BT-Drs. 18/11437 S. 47.

ßende Regelung dar. Die Annahme eines Formerfordernisses liefe zudem der grundsätzlich bestehenden Formfreiheit von Rechtsgeschäften zuwider.[287] Das überzeugt nicht. Zum einen hat das Gesetz mit § 650b Abs. 2 S. 1 BGB die grundsätzlich bestehende Formfreiheit gerade bezogen auf das Vertragsänderungsrecht ausdrücklich aufgehoben. Zum anderen kann auch nicht angenommen werden, die gesetzliche Textform sei abbedungen, weil das in §§ 1 Abs. 3 und 4 S. 1, 2 Abs. 5 und 6 geregelte VOB/B-Vertragsänderungsrecht ein in sich abgeschlossenes Klauselwerk sei, das alle Aspekte einschließlich der Form lückenlos behandele. Wie auch an anderer Stelle ausgeführt → Rn. 5, 137 enthält die VOB/B weder insgesamt noch für den Bereich der §§ 1 Abs. 3 und 4 S. 1, 2 Abs. 5 und 6 vom Gesetz unabhängige, in sich geschlossene Regeln für den Bauvertrag. Einzelne Klauseln ergänzen, konkretisieren oder ändern die gesetzlichen Bestimmungen. Soweit die VOB/B keine speziellen Regelungen enthält, ist auf das Gesetz abzustellen, für nach dem 1.1.2018 geschlossene Verträge also auch auf das neue Bauvertragsrecht.[288] Gemäß der zu § 2 Abs. 3 Nr. 2 ergangenen Rechtsprechung des BGH,[289] die jedenfalls auf § 2 Abs. 5 und wohl auch auf § 2 Abs. 6 übertragbar ist → 131 ff., ist das VOB/B-Vertragsänderungsrecht zB auch hinsichtlich der Methode der Bestimmung des neuen Preises lückenhaft. Zur Form einer Änderungsanordnung fehlt in der VOB/B ebenfalls eine Festlegung. Die Form richtet sich somit allein nach den gesetzlichen Vorgaben, die bei Aufstellung der VOB/B Formfreiheit, nun aber die Textform vorsehen. Das diesbezügliche Schweigen der AGB-Klauseln § 1 Abs. 3 und 4 S. 1 kann nicht dahin interpretiert werden, dass für den Fall der Änderung des Gesetzes die Rechtslage festgeschrieben werden sollte, die bei Aufstellung der Klauseln galt.

Für ein antizipiertes Abbedingen der Textform lassen sich weder der Formulierung der VOB/B-Normen noch den Umständen zureichende Anhaltspukte entnehmen.[290] Allgemeine Geschäftsbedingungen unter Einschluss der VOB/B sind gemäß ihrem objektiven Inhalt und typischen Sinn einheitlich so auszulegen, wie sie von verständigen und redlichen Vertragspartnern unter Abwägung der Interessen der normalerweise beteiligten Verkehrskreise verstanden werden, wobei die Verständnismöglichkeiten des durchschnittlichen Vertragspartners des Verwenders zugrunde zu legen sind.[291] Dabei ist in erster Linie der Wortlaut der auszulegenden Klausel maßgeblich.[292] Beim unbefangenen Vergleich des heutigen Gesetzestextes mit der heutigen Fassung der VOB/B muss man – jedenfalls ohne Einbeziehung des Wissens über die Normenhistorie – wohl zwangläufig zu dem Ergebnis kommen, dass das gesetzliche Textformerfordernis durch die VOB/B unberührt bleibt, weil die VOB/B schlicht keine Aussage zur Form enthält. Zweifelhaft ist, ob von einem Durchschnittskunden beim Verständnis der VOB/B über den Wortlaut hinaus die Kenntnis erwartet werden kann, dass das AGB-Klauselwerk vor dem Hintergrund einer anderen als der heute aktuellen Gesetzeslage geschaffen wurde. Selbst wenn man dies wegen der für Bauverträge über Jahrzehnte großen Bedeutung der VOB/B und des lange als Manko empfundenen Fehlens gesetzlicher Bauvertragsänderungsregeln annähme, wäre deshalb keine

---

[287] Beck VOB/B/Kues § 1 Abs. 3 Rn. 27.
[288] Beck VOB/B/Sacher/Eimler Einl. Rn. 110.
[289] BGH NZBau 2019, 706 Rn. 18; BGH NZBau 2020, 84 Rn. 14.
[290] So im Ergebnis auch Voit in Messerschmidt/Voit § 1 Rn. 2.
[291] BGH NJW 2006, 1056 Rn. 9; NZBau 2010, 47 Rn. 18.
[292] BGH NZBau 2010, 47 Rn. 18.

andere Auslegung geboten. Auch unter Einbeziehung des Wissens über die Normenhistorie folgt weder aus § 1 Abs. 3 und 4 S. 1 noch aus dem Regelungszusammenhang innerhalb der VOB/B, dass eine Formfreiheit der Anweisung festgeschrieben und eine eventuell einmal abweichende gesetzliche Regelung im Vorhinein abbedungen werden sollte. Der DVA dürfte die Möglichkeit einer späteren gesetzlichen Formvorschrift bei Aufstellung der VOB/A kaum in Betracht gezogen haben. Auch die Systematik der VOB/B ist hinsichtlich der Form der Anordnungserklärung indifferent. Eine Festlegung der Formfreiheit für Anweisungen nach § 1 Abs. 3 und Abs. 4 S. 1 kann insbesondere nicht damit begründet werden, dass die VOB/B an anderer Stelle, etwa in § 4 Abs. 3 für die Erteilung eines Bedenkenhinweises und in § 8 Abs. 6 für die Kündigungserklärungen des Auftraggebers, die Schriftform vorsieht. Vielmehr nimmt die VOB/B, soweit sie ansonsten zur Form schweigt, schlicht keinen Einfluss auf die nach der jeweiligen Gesetzeslage geltende Form.

97d **d) Hilfserwägung: Wäre eine Aufhebung des gesetzlichen Textformerfordernisses individualvertraglich oder durch AGB zulässig?** Wenn man dagegen annähme, § 1 Abs. 3 und Abs. 4 S. 1 bestimmten Formfreiheit und seien deshalb nach Inkrafttreten der §§ 650a ff. BGB als Klauseln zu verstehen, die die gesetzlich angeordnete Textform antizipiert abbedungen hätten, wären die Klauseln insoweit wohl unwirksam, sodass die Textform dennoch zu gelten hätte. Gesetzliche Formanforderungen sind nämlich als solche nicht dispositiv.[293] Die Beachtung von Formvorschriften ist im Interesse der Rechtssicherheit und zwecks Einhaltung des Formzwecks auch im Interesse der Parteien grundsätzlich unerlässlich.[294] Falls man § 1 Abs. 3 und Abs. 4 S. 1 entgegen hiesiger Meinung die Festlegung einer Formfreiheit entnehmen will, kann die Unwirksamkeit eines solchen Regelungsgehaltes bei isolierter AGB-Inhaltskontrolle zudem aus dem Verstoß gegen ein womöglich zu bejahendes gesetzliches Leitbild folgen, nach dem die Wirksamkeit einer Anweisung von der Beachtung der gesetzlich festgelegten Form abhängig ist → Rn. 16 ff.

97e **e) Folgen der Nichteinhaltung der Textform für seit dem 1.1.2018 geschlossene VOB/B-Bauverträge.** Ist die Textform für seit dem 1.1.2018 geschlossene BGB- oder VOB/B-Bauverträge nicht gewahrt, braucht der Unternehmer die Anordnung nicht zu befolgen. Das bedeutet aber entgegen der in der Gesetzesbegründung angedeuteten Abwicklung nach Bereicherungsrecht[295] idR nicht, dass dem Auftragnehmer, der eine formnichtige Anordnung ausführt, keine vertraglichen Ansprüche auf eine angepasste Vergütung zustehen → Rn. 147. Kommt der Auftragnehmer der Anordnung nach, dürfte das beiderseitige Verhalten vielfach als konkludente Vertragsänderung verstanden werden können, die wirksam ist, weil § 650b Abs. 2 S. 1 BGB das Formerfordernis nur für das einseitig ausübbare Änderungsrecht des Bestellers normiert.[296] Das kommt allerdings nur in Betracht, wenn der Auftragnehmer der Änderungsanordnung nicht nur faktisch folgt, sondern

---

[293] so auch Kniffka/Jurgeleit/von Rintelen BauVertrR § 650b Rn. 166; Rehbein IBR 2024, 1034 (nur online) unter III. 3.
[294] MüKoBGB/Einsele § 125 Rn. 57; Staudinger/Hertel § 125 Rn. 34, 99.
[295] BT-Drs. 18/11437 S. 47.
[296] Kniffka/Jurgeleit BauVertrR § 650b Rn. 165; Kniffka/Koeble/Jurgeleit/Sacher Kompendium BauR/Kniffka Teil 4 Rn. 269; Beck VOB/B/Kues § 1 Abs. 3 Rn. 29; Leinemann/Kues § 650b Rn. 152; Rehbein IBR 2024, 1034 (nur online).

Art und Umfang der Leistung **§ 1**

sich mit der Änderung mittels einer Willenserklärung einverstanden erklärt. Davon kann ausgegangen werden, wenn sich die Parteien im Bewusstsein der (etwaigen) Unwirksamkeit der Anordnung über die geänderte Ausführung einig werden oder wenn die Parteien inhaltlich über die Anordnung verhandeln und diese einverständlich durch eine andere Regelung ersetzen. Eine im Anschluss an eine einseitige Anordnung erzielte konkludente Einigung, in der die Vergütung nicht ausdrücklich mitgeregelt ist, ist im Zweifel dahin auszulegen, dass die Vergütung so berechnet werden soll, wie sie im Falle einer wirksamen einseitigen Änderungsanordnung zu berechnen wäre. In Betracht kommt auch, dass dem Auftraggeber, der sich später gegenüber der Vergütungsforderung auf die Formunwirksamkeit seiner erteilten, aber gleichwohl befolgten Anordnung beruft, der Einwand der Treuwidrigkeit entgegengehalten werden kann. Greifen diese Rechtskonstruktionen nicht, kann der Unternehmer Mehraufwendungen ggf. nach § 2 Abs. 8 ersetzt verlangen.

Wegen der bestehenden rechtlichen Unsicherheit ist zu begrüßen, dass der Arbeitskreis Ib -Bauvertragsrecht des 7. Baugerichtstages am 5.5.2018 in Hamm dem DVA mit überwältigender Mehrheit empfohlen hat, das Textformerfordernis für Leistungsänderungen in der VOB/B zu verankern. Wegen der ungeklärten Rechtslage und unabhängig davon auch zwecks Vermeidung unnötiger tatsächlicher Missverständnisse ist dem Auftraggeber schon jetzt dringend anzuraten, eine Änderungsanordnung in Textform zu erteilen.

f) Kein Textformerfordernis für bis zum 31.12.2017 geschlossene **98** **VOB/B-Bauverträge.** Dagegen bedürfen Anordnungen nach § 1 Abs. 3 und 4 S. 1 keiner besonderen Form, wenn die Ursprungsverträge vor dem 1.1.2018 geschlossen wurden. **Formlose Erklärungen** des Auftraggebers reichen bei Altverträgen selbst dann, wenn sie nicht ausdrücklich, sondern **konkludent,**[297] etwa durch die Übergabe oder Freigabe von Plänen, die eine vom Ursprungsvertrag abweichende Leistung vorsehen, abgegeben werden.[298] Darf der Auftragnehmer davon ausgehen, dass der Auftraggeber um die technische Notwendigkeit einer Änderung weiß, liegt häufig nahe, dass schon der unmissverständliche auf einen Weiterbau gerichtete Wunsch des Auftraggebers als konkludente Änderungsanordnung verstanden werden darf. Bei der Wertung des Verhaltens des Auftraggebers ist zu berücksichtigen, dass er sich der Abgabe einer für einen geordneten Weiterbau erforderlichen Änderungsanordnung nicht verweigern oder ihre Notwendigkeit nicht durch Schweigen in der Hoffnung übergehen darf, der Auftragnehmer werde sich den tatsächlichen Erfordernissen auch ohne eine vergütungsrelevante Anordnung fügen. Es muss jedoch ersichtlich sein, dass der Auftraggeber nicht lediglich unverbindlich Modifikationen des Bausolls erwägt und dass er sich die Entscheidung nicht noch vorbehalten, sondern diese mit Rechtsbindungswillen treffen will → Rn. 99, 116.

Eine in bis zum 31.12.2017 geschlossene Verträge einbezogene **AGB-Klausel,** **98a** nach der dem Auftragnehmer für die Ausführung von Änderungs- und Zusatzleistungen keine Vergütungsanpassung zustehen soll, wenn die Änderung nicht **schriftlich oder textlich angeordnet** worden ist, benachteiligt den Auftragnehmer unangemessen und ist unwirksam.[299] Auch für seit dem 1.1.2018 geschlossene

---

[297] zB Kapellmann/Messerschmidt/von Rintelen § 1 Rn. 111.
[298] KG IBR 2019, 59 = BeckRS 2016, 135165; KG IBR 2019, 362 = BeckRS 2016, 136059; OLG Schleswig IBR 2024, 162.
[299] Ingenstau/Korbion/Keldungs B § 2 Abs. 5 Rn. 2; Beck VOB/B/Althaus/Jansen § 2 Abs. 5 Rn. 142; BGH NZBau 2004, 146; OLG München IBR 2021, 451 = BeckRS 2021, 19660.

Verträge kann für den Fall des Formmangels ein Anspruchsausschluss durch AGB trotz der nun geltenden Textform nicht wirksam erfolgen, wenn auch Ansprüche aus § 2 Abs. 8 und Geschäftsführung ohne Auftrag erfasst sein sollen. Es war jedoch schon nach alter Rechtslage zulässig, eine zB dem Architekten erteilte Anordnungsvollmacht durch eine in den Bauvertrag einbezogene AGB nur auf schriftliche oder textliche Erklärungen zu erstrecken → Rn. 18, wobei auch dies aber nicht mit einem Ausschluss jeglicher in Betracht kommender Mehrvergütungsansprüche verbunden werden durfte. Erteilt im Falle eines Altvertrages der Architekt oder der Auftraggeber eine Anordnung, ohne die vertraglich bestimmte Form zu wahren, kann gemäß § 2 Abs. 5 oder 6 ein Anspruch auf eine angepasste Vergütung bestehen, weil das Verhalten der Parteien häufig so auszulegen sein wird, dass sie das gewillkürte Formerfordernis konkludent aufgehoben haben, oder weil dem Auftraggeber eine Berufung auf die Formunwirksamkeit seiner Anordnung im Einzelfall nach Treu und Glauben verwehrt ist[300] → Rn. 16 ff. Andernfalls kommt ein Anspruch jedenfalls nach § 2 Abs. 8 in Betracht. Individualvertraglich ist bei Vertragsschluss ein Ausschluss von Nachforderungen bis zur Grenze des Wegfalls der Geschäftsgrundlage möglich.[301]

98b **g) Kein Textformerfordernis für von § 650b BGB nicht erfasste Anordnungen und für von § 650a BGB nicht erfasste Verträge.** Das gesetzliche Textformerfordernis gilt nicht, wenn die VOB/B für einen **anderen als einen Bauvertrag** iSv § 650a BGB vereinbart ist, weil das Gesetz insoweit keine besondere Form vorschreibt. Auch für **Bauträgerverträge** gilt das gesetzliche Änderungsrecht gemäß § 650u S. 3 BGB nicht. Falls die VOB/B wirksam in einen solchen Vertrag einbezogen wird, können Änderungsanordnungen demnach auch im Falle von Neuverträgen formlos erteilt werden. Das Textformerfordernis kommt auch insoweit nicht ohne Weiteres zur Anwendung, wie das nach § 1 Abs. 3 und Abs. 4 vorgesehene Anweisungsrecht die gesetzlich vorgesehenen Änderungsmöglichkeiten erweitert, indem zB entgegen § 650b Abs. 1 BGB nicht nur auf den vereinbarten Werkerfolg Einfluss genommen, sondern darüber hinaus der Bauentwurf, der eine weitere Auslegung zulässt (→ Rn. 103 ff.), geändert werden kann.

99 **2. Anforderungen an Abgabe und Zugang der Anordnung.** Eine Bewertung als rechtsgeschäftliche Änderungsanordnung ist nur dann gerechtfertigt, wenn der Auftragnehmer die Aufforderung des Auftraggebers zur Ausführung bestimmter Leistungen aus objektivierter Sicht als von einem **Rechtsbindungs- und Änderungswillen** des Auftraggebers getragen verstehen darf.[302] An einer Willenserklärung fehlt es hingegen, wenn der Auftraggeber ersichtlich davon ausgeht, der Auftragnehmer schulde die fragliche Leistung schon als Teil des ursprünglich bespreisten Bausolls oder als Mangelbeseitigung, oder die Leistung sei wegen einer Störung, einer Bauzeitverzögerung oder der Verwirklichung eines Risikos erforderlich, deren Verantwortlichkeit beim Auftragnehmer liege. Selbst wenn der Auftraggeber eine Problematik selbst zu vertreten hat, kann aus den Umständen folgen, dass er die gewünschte Behebung des Problems nicht für eine kostenpflichtige Maßnahme hält und sein Verhalten nicht als Anordnung nach § 1 Abs. 3 verstanden wissen will → Rn. 116.

---

[300] OLG Hamm IBR 2020, 5 = BeckRS 2017, 162090; KG NZBau 2021, 782.
[301] Beck VOB/B/Althaus/Jansen § 2 Abs. 5 Rn. 143.
[302] zB OLG Schleswig IBR 2024, 162; BGH 19.9.2024 – VII ZR 10/24.

Art und Umfang der Leistung **§ 1**

Wenn die Änderung durch einen **nicht bevollmächtigten Dritten,** wie zB einen nicht qua Amt vertretungsberechtigten Architekten oder sonstigen Bauleiter (zu dessen Vollmacht → Rn. 17), oder eine zwar vertretungsberechtigte Person, die sich aber nicht an nach außen wirkende Vertretungsregeln hält (siehe zB Vertretungsregeln der öffentlichen Hand und der Kirchen → Rn. 21), angeordnet wird, ist dies dem Auftraggeber nur zuzurechnen, wenn er sich das vollmachtlose Handeln später zu eigen macht (siehe auch § 180 BGB). Auch Baubehörden oder Prüfingenieure sind selbstverständlich nicht befugt, dem Auftragnehmer Anweisungen zu erteilen, die der Auftraggeber zivilrechtlich gegen sich gelten lassen muss. Eine vom Auftraggeber gestellte AGB-Bestimmung, nach der eine dritte Person nicht bzw. nur unter bestimmten einengenden Voraussetzungen oder bei Einhaltung einer bestimmten Form anordnungsbevollmächtigt ist, ist AGB-rechtskonform, weil die Klausel bei angeordneter Textform der durch § 650b Abs. 2 S. 1 BGB geschaffenen – nach hiesiger Auffassung auch für VOB/B-Verträge geltenden – Gesetzeslage entspricht und im Übrigen Vollmachten jedenfalls unter Einschränkungen erteilt werden dürfen, wenn diese für den Vertragspartner transparent sind und der Nachvollziehbarkeit der für den Vertretenen abgegebenen Erklärungen dienen.[303]

Die Anordnung muss entweder an den Auftragnehmer selbst oder an eine **100 empfangsbefugte Person** gerichtet werden. Der vom Auftragnehmer gemäß § 4 Abs. 1 Nr. 3 S. 2 für die Leitung der Ausführung bestellte Vertreter ist nach dem Wortlaut des § 4 Abs. 1 Nr. 3 S. 1 nur zur Entgegennahme von Anordnungen ermächtigt, die zur vertragsgemäßen Ausführung der Leistung notwendig sind. Dazu gehören technisch erforderliche Konkretisierungen und wohl auch Anordnungen, die von einer defizitären Leistungsbeschreibung abweichen, aber getroffen werden müssen, um ein funktionsfähiges und damit vertragsgerechtes Werk erstellen zu können. Zur Entgegennahme von Änderungsanordnungen, die der Auftraggeber zwecks einer „echten" Änderung des Vertrages erteilt, die also nicht der funktionsgerechten Umsetzung des ursprünglich Vereinbarten, sondern der Umsetzung eines vertraglich modifizierten Werkes dienen, ist der nach § 4 Abs. 1 Nr. 3 S. 2 bestellte Vertreter nach hiesiger Auffassung dagegen nicht ohne Weiteres ermächtigt.[304] Häufig wird der Auftraggeber die Bestellung eines Bauleiters durch den Auftragnehmer wegen der Umstände aber doch als konkludente Bestellung eines **Empfangsboten** für ändernde Anordnungen verstehen können.

3. Anordnungsrecht nach § 1 Abs. 3 ohne Verhandlungsphase nach 101 § 650b Abs. 1 und 2 BGB. Nach § 1 Abs. 3 soll dem Auftraggeber ein Recht zur verbindlichen Änderungsanordnung unmittelbar zustehen, ohne dass zuvor Einvernehmen über die inhaltliche Änderung des Bauentwurfs angestrebt werden muss. Nach § 2 Abs. 5 haben sich die Parteien lediglich über die aus der Anordnung folgende Preisänderung auseinanderzusetzen und sollen den neuen Preis möglichst vor der Ausführung vereinbaren. Die Ausgestaltung des Anordnungsrechtes in §§ 1 Abs. 3, 2 Abs. 5 ist insoweit eindeutig und abschließend.[305] Sie stellt diesbezüglich eine Abweichung von der gesetzlichen Regelung des § 650b Abs. 1 und 2 BGB dar, die ein Anordnungsrecht erst dann gewährt, wenn die Parteien nicht binnen 30 Tagen nach Zugang des Änderungsbegehrens beim

---

[303] BGH NJW-RR 1995, 80.
[304] aA zB Kapellmann/Messerschmidt/von Rintelen § 1 Rn. 115; Beck VOB/B/Kues § 1 Abs. 3 Rn. 21; Ingenstau/Korbion/Keldungs § 1 Abs. 3 Rn. 22.
[305] So auch Popescu BauR 2019, 325 f.; Beck VOB/B/Kues § 1 Abs. 3 Rn. 158 ff.

Funke 97

§ 1 VOB Teil B

Unternehmer eine Einigung über die Änderung und die infolge der Änderung zu leistende Mehr- oder Mindervergütung erzielen. Diese Abweichung von der gesetzlichen Regelung spricht neben weiteren Aspekten dafür, dass § 1 Abs. 3 einer isolierten AGB-Inhaltskontrolle nicht standhält → Rn. 171.

102 **4. Konkretisierungsbedürftigkeit der Anordnung in Abhängigkeit von der Planungsverantwortung.** Zur Wirksamkeit der Änderungsanordnung bedarf es einer **hinreichenden Konkretisierung der gewünschten Änderung** durch den Auftraggeber. Zur Ermittlung der dafür zu erfüllenden Anforderungen ist darauf abzustellen, welche Partei nach dem Ursprungsvertrag in welchem Umfang und mit welcher Detailgenauigkeit die **Planungsverantwortung** übernommen hat. Mittels einer Änderungsanordnung darf der Auftraggeber nicht in diese Grundstruktur des Vertrages eingreifen. Enthält der Ursprungsvertrag eine rein funktionale Leistungsbeschreibung, bei der der Auftragnehmer die Planung übernommen hat, reicht es, wenn der Auftraggeber ein geändertes Leistungsziel benennt, ohne dass er die Maßnahmen ausarbeiten muss, die für die Ausführung erforderlich sind. Soll der Auftragnehmer zB eine Lagerhalle errichten, die der Auftraggeber nur mit leichten Gabelstaplern befahren will und ändert der Auftraggeber sein Vorhaben nach Vertragsschluss dahingehend, dass er nun auch schwerere Baumaterialien unterbringen und mit schweren Gabelstaplern transportieren will, braucht er im Falle einer rein funktionalen Leistungsbeschreibung nur diese neue Anforderung an den Auftragnehmer zu übermitteln. Soweit dagegen der Auftraggeber die Planung ganz oder teilweise übernommen und die zu erbringenden Teilleistungen in einer Leistungsbeschreibung aufgeführt hat, muss er diese vertraglichen Vorgaben zwecks Wirksamkeit einer Änderungsanordnung[306] selbst entsprechend anpassen, so dass er dann ggf. die Fundamente neu berechnen und die nun richtige Betonqualität auswählen sowie dem Auftragnehmer entsprechend angepasste Pläne überlassen muss. Dementsprechend normiert das **neue BGB-Bauvertragsänderungsrecht** in **§ 650b Abs. 1 S. 4 BGB** nun ausdrücklich, dass der Auftragnehmer, der die Planungsverantwortung nicht trägt, bei einen Änderungswunsch des Auftraggebers erst einzugehen braucht, wenn ihm eine modifizierte Planung vorgelegt wird. Übernimmt der Auftragnehmer dennoch auf Wunsch des eigentlich verantwortlichen Auftraggebers die für den Nachtrag erforderliche Umplanung, kann er die ihm dafür entstandenen Kosten in seine Mehrvergütungsforderung einbeziehen.[307]

V. Bauentwurf als Gegenstand des Änderungsrechtes

103 Nach § 1 Abs. 3 kann der Auftraggeber eine Änderung des **Bauentwurfs** anordnen. Von der Wortbedeutung her kann „Bauentwurf" weiter verstanden werden als **„Werkerfolg"**, der im Rahmen des § 650b Abs. 1 BGB geändert werden kann. Die Auslegung des Begriffs „Bauentwurf" ist in Teilen streitig.

104 **1. Anordnungen zur Gestaltung des Bauwerks.** Zum „Bauentwurf" gehören jedenfalls die bautechnischen Festlegungen, seien sie textlicher, zeichnerischer, mündlicher oder sonstiger Natur, die Gegenstand der von den Parteien vereinbarten **bauwerksbezogenen Leistungsbeschreibung** oder des vereinbarten **Leis-**

---

[306] Beck VOB/B/Kues § 1 Abs. 3 Rn. 33; **anders** Kapellmann/Messerschmidt/von Rintelen § 1 Rn. 111, der meint, auch ohne Planungsvorgaben sei die Anordnung wirksam, sofern der Änderungsinhalt anderweitig bestimmbar sei.

[307] Mund NZBau 2024, 71 ff.

Art und Umfang der Leistung § 1

tungserfolgs sind. Zum Bauentwurf gehört deshalb zumindest das, was die Parteien als Ergebnis und gegenständliche Teile der vom Auftragnehmer zu erbringenden Leistungen vereinbart haben, also die Gestaltung des Bauwerks hinsichtlich Aussehens, zu erfüllender Funktionalitätsanforderungen, Qualität und Art des zu verbauenden Materials. Der Bauentwurf ist somit betroffen, wenn in Abweichung von der Ursprungsvereinbarung Maßnahmen angeordnet werden, die sich im Bauwerk niederschlagen, indem zB der Einsatz einer anderen Materialart oder -qualität oder eine andere Teilleistung bestimmt wird, es sei denn, dass der Auftragnehmer das Risiko einer (notwendigen) Ausführungsänderung übernommen hat.[308] Der Bauentwurf ist dagegen nicht betroffen, wenn sich bei Ausführung des Bauvorhabens ergibt, dass abweichend von irrtümlichen Vorstellungen bei Vertragsschluss gegenüber den im Leistungsverzeichnis eines Einheitspreisvertrages aufgeführten Massen **Mehr- oder Mindermengen** auftreten → Rn. 88, 118. **Vertragsrechtliche Vereinbarungen,** wie zB Absprachen über Vertragsstrafe, Sicherheitsleistung, Abschlagszahlungen, Abnahmeerfordernisse, gehören nicht zum Bauentwurf und unterliegen deshalb nicht dem Anordnungsrecht des § 1 Abs. 3. Sie können lediglich mittelbar betroffen sein, indem sich zB die Grundlagen für die Vergütung oder eine Vertragsstrafe infolge einer Modifikation des Bauentwurfs ändern.

2. Anordnungen zur Bauablaufgestaltung. Streitig ist dagegen, inwieweit 105 zum Bauentwurf auch der **Bauablauf,** also die Art und Weise und die zeitliche Gestaltung der Bauwerkserrichtung, die **Bauumstände,** also die äußeren Bedingungen, die den Bauablauf auf der Baustelle beeinflussen können (zB die Erreichbarkeit der Baustelle, die Zustände auf der Baustelle, der Baugrund und die Möglichkeit des Geräteeinsatzes), und die **bauvorbereitenden Maßnahmen** gehören, die zwecks Durchführung der Baumaßnahme zu ergreifen sind. Nach hiesiger Auffassung sollte der Begriff „Bauentwurf", ausgehend vom Wortlaut und entsprechend Sinn und Zweck des § 1 Abs. 3, der dem Auftraggeber unter Berücksichtigung der Interessen des Auftragnehmers eine flexible Gestaltung und situationsveranlasste Änderungen der Bauvorgaben ermöglichen soll, dahin verstanden werden, dass prinzipiell all das umfasst ist, was dem Auftragnehmer durch die in den Vertrag einbezogene Vorhabenbeschreibung des Auftraggebers ausdrücklich oder konkludent bauwerks- und bauausführungsbezogen vorgegeben ist und dadurch schon durch den Ursprungsvertrag der freien unternehmerischen Disposition des Auftragnehmers entzogen ist. „Bauentwurf" wäre demnach die Summe aller vertraglich erfassten, in tatsächlicher Hinsicht relevanten Vorgaben zu Bauwerk und Bauprozess.

Soweit es um den Bauprozess geht, kann als „Änderung des Bauentwurfs" auch eine Anordnung zur Veränderung oder erstmaligen Regelung von Bauabläufen verstanden werden, falls dadurch die Dichte der dem Auftragnehmer auferlegten Regelungen und somit seine Dispositionsfreiheit nicht in einer Weise beeinträchtigt werden, die nicht mehr als Fortentwicklung des originären Vertragsgefüges verstanden werden kann. Der Auftraggeber kann durch eine Anordnung nach § 1 Abs. 3 nicht solche das Bauwerk und den Bauprozess betreffende Abreden unterlaufen, die der Auftragnehmer bei Vertragsschluss ersichtlich als wesentliche Voraussetzung der Vereinbarung angesehen hat oder sogar eigens in den Vertrag „hinein verhandelt" hat.

---

[308] BGH NZBau 2008, 437.

Funke

106 Die Subsumierung auch der bauablauf- und bauumständebezogenen Kriterien unter den Begriff „Bauentwurf" überspannt den Wortlaut des § 1 Abs. 3 entgegen teilweise vertretener Ansicht[309] nicht, weil die vom Auftraggeber entwickelten Bauvorstellungen in ihrer Gesamtheit, also bestehend einerseits aus der Art und Weise und den Umständen der Errichtung und andererseits aus dem dabei entstehenden Bauwerk, bei interessengerechter und am Wortlaut orientierter Auslegung zwanglos als sein Bauentwurf zusammengefasst werden können.[310] Diese Auslegung ist – auch wenn der Auftraggeber die VOB/B stellt – unbeschadet der Tatsache gerechtfertigt, dass die Änderungsermächtigung des § 1 Abs. 3 eine AGB darstellt, die gemäß § 305c Abs. 2 BGB im Zweifel eng zu Lasten des Verwenders auszulegen ist. Neben dem Wortlaut ist für das objektive Verständnis der beteiligten Verkehrskreise zwar auch zu berücksichtigen, dass der Begriff „Bauentwurf" in der Literatur früher zumeist enger verstanden wurde, ohne dass dies aber näher begründet wurde und ohne dass sich die Rechtsprechung damit befasst hatte. Wenngleich die vor Inkrafttreten der §§ 650a ff. BGB im Vordringen begriffene weite Auslegung kaum auf die in § 310 Abs. 1 S. 3 BGB in anderem Zusammenhang vorgesehene Privilegierung der VOB/B gestützt werden kann,[311] zwingt die frühere enge Auslegung des Begriffs „Bauentwurf" schon deshalb nicht zu einem fortdauernden Festhalten daran, weil eine Änderung der Bauablauf- und Bauumstandsverhältnisse erst in den letzten Jahren verstärkt in den Fokus geraten ist und die Baujuristen die Planung dieser Umstände einerseits und die Planung der Bauinhalte andererseits erst spät als kaum trennbare Gesamtplanung vermehrt in den Blick genommen haben. Das umfassende Verständnis entspricht dem Wortlaut, auf den es für die Auslegung einer AGB in besonderer Weise ankommt.

Dem im Einzelfall bestehenden Bedürfnis des Auftraggebers, Änderungen der vertraglich vorgesehenen Bauablaufgestaltung anordnen zu können, wird § 4 Abs. 1 Nr. 3 S. 1 entgegen teilweise vertretener Ansicht[312] nicht hinreichend gerecht, weil die Bestimmung nur Anordnungen zulässt, die zur „vertragsgemäßen" Ausführung, also der Umsetzung des ursprünglich Vereinbarten, notwendig sind. Falls man § 1 Abs. 3 nicht für einschlägig hielte, könnte der Auftraggeber eine Änderung der Bauablaufgestaltung auch nicht darauf stützen, dass § 2 Abs. 5 nicht nur auf eine Änderung des Bauentwurfs nach § 1 Abs. 3, sondern auch auf „andere Anordnungen" abstellt. Die Vergütungsregelung des § 2 Abs. 5 begründet nämlich kein Recht zu „anderen Anordnungen", sondern setzt dieses voraus und regelt lediglich die Vergütungsfolge. Ein den Vertrag änderndes Anordnungsrecht

---

[309] Kapellmann/Messerschmidt/von Rintelen § 1 Rn. 54 ff.; im Gegensatz zur Darstellung von Kniffka in den Vorauflagen auch Kniffka/Jurgeleit/von Rintelen BauVertrR § 650b Rn. 198 ff. (mit umfangreicher Darstellung des Meinungsstandes); Beck VOB/B/Kues § 1 Abs. 3 Rn. 63 u.a. rechnen nur den vereinbarten Bauinhalt und nicht die Bauumstände dem Bauentwurf zu.

[310] Ähnlich die durch Beck VOB/B/Kues § 1 Abs. 3 Rn. 58 ff. aus der Vorauflage wiedergegebene Ansicht von Jansen; Ingenstau/Korbion/Keldungs § 1 Abs. 3 Rn. 3 ff.; **abl.** für zeitliche Anordnungen Kniffka/Koeble/Jurgeleit/Sacher Kompendium BauR/Kniffka Teil 5 Rn. 167; Beck VOB/B/Althaus/Jansen § 2 Abs. 5 Rn. 19 ff.; **für** die Zulassung von Beschleunigungsanordnungen Joussen BauR 2018, 151; OLG Hamm IBR 2013, 136; OLG Hamm IBR 2014, 724.

[311] So allerdings die von Beck VOB/B/Kues § 1 Abs. 3 Rn. 60 aus der Vorauflage dargestellte Meinung von Jansen.

[312] Beck VOB/B/Kues § 1 Abs. 3 Rn. 67.

zur Bauablaufgestaltung konstituiert die VOB/B außer in § 1 Abs. 3 aber an keiner Stelle.

Die Grenze ist dort zu ziehen, wo weder das **bauwerkbezogene Gestaltungs-** 107
interesse noch das nach den baustellenspezifischen Notwendigkeiten eines koordinierten Bauablaufs anzuerkennende **Ablaufinteresse des Auftraggebers** betroffen ist, und auch dort, wo in ein nach dem Ursprungsvertrag unveränderbar bestehen bleiben sollendes **Dispositionsrecht des Auftragnehmers** hinsichtlich der Art der Bauausführungsgestaltung, die nach § 4 Abs. 2 Nr. 1 grundsätzlich in der eigenen Verantwortung des Auftragnehmers liegt, eingegriffen wird. Die Grenze wird umso eher überschritten sein, je weniger bauablaufbezogene Vorgaben der Ursprungsvertrag enthält. Ist die Regelungsdichte des Ursprungsvertrages gering und die dem Auftragnehmer überlassene Gestaltungsfreiheit somit relativ hoch, kann der Auftraggeber in dieses Vertragskonzept durch eine ändernde Anordnung nicht grundlegend eingreifen. Demgemäß ist jeweils im Einzelfall abzuwägen, ob es sich um eine dem Auftragnehmer zumutbare und damit zulässige Anordnung zum „Bauentwurf" handelt → Rn. 122.

Soweit die zu erbringende Bauleistung in Teilen oder insgesamt **funktional ausgeschrieben** ist, kann der Auftragnehmer grundsätzlich selbst entscheiden, auf welche Weise er ein funktionierendes Werk schafft. In den ihm dadurch eröffneten weiten Gestaltungsspielraum kann der Auftraggeber grundsätzlich nicht eingreifen. Wenn der Vertrag mehrere **Montagevarianten** nennt, kann der Auftraggeber das Wahlrecht des Auftragnehmers durch eine ändernde Anordnung nach § 1 Abs. 3 allenfalls einschränken, wenn der Betrieb des Auftragnehmers mit dieser Variante nicht überfordert ist, wobei im Falle eines Mehraufwandes gegenüber der vom Auftragnehmer kalkulierten Variante eine Mehrvergütung nach § 2 Abs. 5 geschuldet wird. Das gilt selbstverständlich nicht, wenn der Auftraggeber lediglich einer vom Auftragnehmer vorgeschlagenen Ausführungsart ohne Vertragsänderungswillen zustimmt.[313]

3. Anordnungen zu Arbeitsmitteln, Arbeitskräften, Nachunterneh- 108
mern. In der Regel geht es ausgehend von der obigen Definition nicht um den Bauentwurf, wenn der Auftraggeber dem Auftragnehmer bestimmte ihm genehme **Lieferanten** oder den **Einsatz bestimmter Arbeitsmittel oder Arbeitskräfte** vorgeben will, sodass insoweit kein Anordnungsrecht nach § 1 Abs. 3 besteht. Dabei handelt es sich um eine Auswahlentscheidung, die der alleinigen Disposition des Auftragnehmers unterliegt und auf die der Auftraggeber im Rahmen der §§ 4 Abs. 1 Nr. 3 S. 1, 5 Abs. 3 nur Einfluss nehmen kann, wenn dies zur frist- oder fachgerechten Ausführung der vertragsgemäßen Leistung notwendig ist. Anders kann es sich verhalten, wenn schon der Ursprungsvertrag die freie Auswahl durch den Auftragnehmer beschränkt, indem der Auftraggeber für gewisse Gewerke einen bestimmten Subunternehmer oder für Baumaschinen einen bestimmten Vermieter vorgegeben hat. Insoweit hat der Auftraggeber dann Vorgaben für die Bauwerkserrichtung gemacht, die zu dem von ihm erarbeiteten „Bauentwurf" gehören. Sollten die weiteren Voraussetzungen des § 1 Abs. 3 vorliegen, kommt dann eine Änderungsanordnung in Form der Bestimmung eines anderen Subunternehmers etc. in Betracht. Auch die Zahl und die Person der zum Einsatz kommenden Arbeitskräfte stehen grundsätzlich zur Disposition des Auftragnehmers, soweit der Auftragnehmer mit ihnen die geschuldete Qualität

---

[313] BGH NZBau 2015, 229 Rn. 20.

und die vereinbarten Fristen einhalten kann. Unter den Voraussetzungen von § 5 Abs. 3 oder § 4 Abs. 1 Nr. 3 kann der Auftraggeber nur bei unzureichender Qualität oder Quantität Abhilfe verlangen.

109 **4. Anordnung zur Weiterarbeit bei nicht vertragsgerechtem Zustand des Baugrundes, einer zu bearbeitenden Sache oder der äußeren Bauumstände.** Wenn die Parteien durch eine entsprechende Leistungsbeschreibung oder in anderer Weise die Bodenverhältnisse hinsichtlich des **Bodentyps**, der etwaigen **Kontamination mit Schadstoffen**, des **Grundwasserlastfalls** oder anderer für den Baugrund relevanter Umstände festgeschrieben haben, ist dieser Baugrund vertraglich vereinbart. Ebenso verhält es sich für den **Zustand des zu bearbeitenden Bauwerks**[314] (zB nicht ausgeschriebene Asbestbelastung eines abzureißenden Gebäudes) oder **eines Vorgewerkes**, auf dem der Auftragnehmer mit dem von ihm auszuführenden Gewerk aufbauen soll. Auch wenn eine Bauleistung funktional oder ohne nähere Beschreibung des Leistungsaufwands beschrieben ist, kann die Auslegung – abhängig von den Umständen des Einzelfalls – ergeben, dass bestimmte Bodenverhältnisse, etwa durch Bezugnahme auf ein Bodengutachten oder andere Unterlagen, nicht nur zur Geschäftsgrundlage, sondern zum Leistungsinhalt erhoben worden sind → Rn. 47, für nach der VOB/A vergebene Aufträge → 54 ff. Liegen bei Vertragsschluss keine für die Bodenqualität aussagekräftigen Unterlagen vor, ist das Baugrundsoll unter Berücksichtigung aller maßgeblichen Umstände durch Auslegung des Vertrages zu ermitteln, wobei sich entgegen teilweise vertretener Ansicht eine pauschale Wertung verbietet, das Baugrundrisiko liege entsprechend § 645 BGB prinzipiell beim Auftraggeber → Rn. 47. § 645 BGB setzt eine vertragswidrige Beschaffenheit der dem Auftragnehmer vom Auftraggeber zur Weiterbearbeitung überlassenen Sache voraus, ohne festzulegen, unter welchen Voraussetzungen eine vertragswidrige Abweichung anzunehmen ist. Das hängt davon ab, von welchem Baugrund die Parteien bei Vertragsschluss ausgegangen sind und ob bei Ausführung andere Verhältnisse angetroffen werden. Grundsätzlich wird man sagen können, dass die Parteien, wenn nicht der Auftragnehmer ein weitergehendes Risiko übernehmen will, einen Baugrund mit den Merkmalen vereinbaren, mit denen der Auftragnehmer aufgrund der Erklärungen des Auftraggebers unter Berücksichtigung der Umstände aus Empfängersicht rechnen muss. In der Regel handelt es sich im Falle unvorhergesehener Vorfälle und Gegebenheiten um eine Abweichung vom bepreisten Vertragssoll. Dies kommt auch in den ATV zum Ausdruck, die notwendige Sofortmaßnahmen und weitere sich anschließende Mehrleistungen als zusätzlich zu bezahlende **Besondere Leistungen** definieren → Rn. 54.

Eine Abweichung von der vertraglich vorausgesetzten Beschaffenheit einer zu bearbeitenden Sache wird man auch dann, wenn es nicht um den Baugrund geht, idR bejahen können, wenn sich wesentliche vertrags- und ausführungsrelevante Verhältnisse – verglichen mit den aus Sicht der Parteien erwartbaren – überraschend darstellen, es sei denn, der Auftragnehmer hat zum Ausdruck gebracht, das Risiko auch insoweit übernehmen zu wollen.

110 Weichen die tatsächlich vorgefundenen Verhältnisse von dem vereinbarten Baugrund oder einer anderen vertraglichen Zustandsannahme ab, stellt die Anordnung des Auftraggebers, die Arbeiten trotzdem auszuführen, gemäß § 1 Abs. 3 eine

---

[314] OLG Koblenz BauR 2015, 975 zum von der Leistungsbeschreibung abweichenden Zustand eines abzureißenden Daches.

Art und Umfang der Leistung **§ 1**

Änderung des Bauentwurfes dar,[315] es sei denn, dass seine Äußerung nur faktischer und nicht rechtsgeschäftlicher Natur ist → Rn. 116. Bezieht sich die Änderung auf den Baugrund, sehen die ATV, die im Falle wirksamer Einbeziehung → Rn. 62 ff. gemäß § 1 Abs. 1 S. 2 Bestandteil eines VOB/B-Vertrages sind, zunächst ein gemeinsames Bemühen der Vertragsparteien bei der Festlegung der erforderlichen Leistungen vor. Dagegen kann der Auftraggeber verstoßen, wenn er unmittelbar eine Anordnung nach § 1 Abs. 3 trifft. Zu prüfen ist auch jeweils, ob ein bestimmter Baugrundzustand oder die Eigenschaft einer anderen Sache nur Geschäftsgrundlage iSv § 313 BGB ist oder gar vom Auftragnehmer einzukalkulieren gewesen wäre. Das Anordnungsrecht gilt auch für die Weiterarbeit, wenn geänderte Leistungen wegen der **Verhältnisse auf der Baustelle** und anderer äußerer Bauumstände, wie zB der **Erreichbarkeit der Baustelle** und der **Einsatzfähigkeit von Personal, Material und Baumaschinen (zB Kran)**,[316] erforderlich werden, es sei denn, ungestörte Umstände sind nicht vertraglich vereinbart, sondern lediglich Geschäftsgrundlage des Vertrages, wie dies etwa für die Befahrbarkeit einer zur Baustelle führenden öffentlichen Straße in Betracht kommt → Rn. 93, oder sie sind gar dem Risikobereich des Auftragnehmers zugewiesen.

§ 7 Abs. 1 Nr. 6 VOB/A sieht für die öffentliche Vergabe ausdrücklich vor, **111** dass die für die Ausführung der Leistung wesentlichen Verhältnisse der Baustelle in der Leistungsbeschreibung beschrieben werden müssen. Einige die Baustelle betreffende Pflichten des Auftraggebers sind in § 4 Abs. 4 festgelegt. Soweit die Verhältnisse dagegen weder ausdrücklich noch konkludent vertraglich vereinbart sind, handelt es sich bei vom Auftragnehmer nicht vorhergesehenen Schwierigkeiten nicht um Änderungen des Bauentwurfs, sondern allenfalls um hindernde Umstände, die Ansprüche nach § 6 Abs. 6, § 642 BGB und eventuell wegen einer Störung der Geschäftsgrundlage nach § 313 BGB begründen können → Rn. 93.

5. Anordnungen zur Bauzeit. Heftig umstritten ist,[317] inwieweit der Auf- **112** traggeber gemäß § 1 Abs. 3 eine die Bauzeit nicht mittelbar, sondern unmittelbar betreffende Anordnung erteilen darf. Ob unmittelbar auf die Veränderung der Bauzeit gerichtete **Beschleunigungsanordnungen** oder Veränderungen von **Anfangs- Zwischen- und Fertigstellungsterminen** zulässig sind, hat der BGH noch nicht entschieden. Auch die meisten Vertreter der Auffassung, die die Frage verneinen (zu Anordnungen zur Bauablaufgestaltung → Rn. 105 ff.), gewähren dem Auftragnehmer jedoch einen Mehrvergütungsanspruch nach § 2 Abs. 5, wenn er eine die Bauzeit betreffende Anordnung des Auftraggebers befolgt[318] → Rn. 147.

Soweit sich eine **Änderung der Bauzeit lediglich als Folge** einer auf den bautechnischen Leistungsinhalt (Gestaltung des Bauwerks) bezogenen Änderungs-

---

[315] Für Gründungsarbeiten: BGH NZBau 2009, 707 Rn. 80; 2011, 553 Rn. 11; 2013, 565 Rn. 16.

[316] BGH NZBau 2013, 695 Rn. 17; dazu auch BGH NZBau 2016, 283 Rn. 42.

[317] Zum Meinungsstand Kniffka/Jurgeleit/von Rintelen BauVertrR § 650b Rn. 203 ff.; Kapellmann/Messerschmidt/von Rintelen § 1 Rn. 57 ff.; Joussen BauR 2018, 152 jeweils mit zahlreichen Nachweisen; zur Diskussion im Arbeitskreis I des 5. Deutschen Baugerichtstages BauR 2014, 1544; bejahend zB OLG Hamm IBR 2013, 136; OLG Brandenburg NZBau 2021, 106.

[318] Kapellmann/Messerschmidt/von Rintelen § 1 Rn. 76; Beck VOB/B/Kues § 1 Abs. 3 Rn. 80, der von einer „anderen Anordnung" iSv § 2 Abs. 5 ausgeht; OLG Köln IBR 2024, 280.

anordnung, wie zB dem Einsatz eines einfacher und damit schneller oder umgekehrt langwieriger zu verarbeitenden Materials, ergibt, handelt es sich unstrittig um eine Änderung des Bauentwurfs iSv § 1 Abs. 3. Der Auftragnehmer ist dann verpflichtet, die geänderte Leistung innerhalb ggf. anzupassender Fristen (→ Rn. 142) auszuführen und kann gemäß § 2 Abs. 5 oder Abs. 6 auch wegen der bauzeitlichen Auswirkungen eine angepasste Vergütung verlangen.[319] Bauinhaltbezogene Anordnungen stellen – abgesehen von Missbrauchsfällen – auch dann eine Änderung des Bauentwurfs dar, wenn der Auftraggeber mit ihnen primär oder ausschließlich eine Beschleunigung bezweckt, weil die Anordnungsbefugnis des Auftraggebers grundsätzlich unabhängig von seiner Motivation besteht.

113 Umstritten ist dagegen, ob der Auftraggeber gemäß § 1 Abs. 3 neben einer geänderten Leistung eine **geänderte Bauausführungsgeschwindigkeit** – etwa die Fertigstellung einer umfangreicheren und deshalb zeitintensiveren Leistung innerhalb der für die Ursprungsleistung vorgesehenen Zeit – oder gar ohne Änderung des Bauinhalts eine **isolierte Änderung der Bauzeit** oder vertraglich vereinbarter Anfangs-, Zwischen- oder Endtermine anordnen bzw. eine allgemeine **Beschleunigungsanordnung** erteilen kann. Ein solches Recht sollte innerhalb im Interesse des Auftragnehmers eng zu ziehender Zumutbarkeitsgrenzen bejaht werden. Wie schon dargestellt (→ Rn. 105 ff.), sollte zwar all das zum gemäß § 1 Abs. 3 prinzipiell änderbaren Bauentwurf gerechnet werden, was bauwerks- und bauablaufbezogen für die Bauausführung relevant ist. Dazu gehört auch die Bauzeit. Eine dem Auftragnehmer unzumutbare Überbeschleunigung, die die seiner Dispositionsbefugnis unterliegende Bauablaufplanung durcheinanderbringt, ist jedoch unzulässig → Rn. 122. Eine **Beschleunigungsanordnung** ist besonders problematisch, wenn der Auftraggeber mit ihr Verzögerungen aufholen will, die er selbst als Behinderungen iSv § 6 Abs. 1 zu vertreten hat, und der dem Auftragnehmer gemäß § 6 Abs. 2 zugutegekommene Ausführungsfristverlängerungen wieder nehmen will. Das ist zwar nicht schon prinzipiell unzulässig (→ Rn. 90), weil der Auftragnehmer gemäß § 2 Abs. 5 eine geänderte Vergütung verlangen kann, wobei zB höhere Kosten für die zunächst nicht vorgesehene Intensivierung des Arbeitseinsatzes zu beachten sind. Soweit dadurch die Bauablaufgestaltung des Auftragnehmers entgegen der Intention des § 6 Abs. 2 unangemessen gestört wird, kann er die Anordnung jedoch als unzumutbar zurückweisen. Der Auftraggeber kann gemäß § 1 Abs. 3 unter Beachtung der grundsätzlichen Dispositionsbefugnis des Auftragnehmers auch eine **Bauzeitverlängerung** oder eine temporäre **Bauzeitunterbrechung** anordnen, wobei bei der ggf. anzupassenden Vergütung insbesondere zu berücksichtigen ist, dass die Verlängerung zu höheren Kosten zB für ein Baubüro, Gerüstmiete, Vorhaltung von Maschinen, Werkzeug, Material und Personal und zu höheren Verbrauchskosten führen kann. Grenzt man die auf die Bauzeit bezogenen Anordnungsbefugnisse des Auftraggebers dermaßen ein, besteht im Ergebnis kein sehr wesentlicher Unterschied zu der Meinung, die ein nach § 1 Abs. 3 bestehendes Anordnungsrecht grundsätzlich verneint und meint, der Auftragnehmer könne sich aber wegen des Kooperationsgebotes nachvollziehbaren und zumutbaren Zeitanpassungswünschen des Auftraggebers nicht ohne Weiteres verweigern.

---

[319] BGH NZBau 2022, 521 Rn. 23 unter Darstellung der entsprechenden Meinungen in Rechtsprechung und Literatur.

Art und Umfang der Leistung §1

6. § 650b Abs. 1 S. 1 BGB keine Vorgabe für ein enges Verständnis des 114
Begriffs „Bauentwurf" iSv § 1 Abs. 3. Das prinzipiell weite Verständnis für
den gemäß § 1 Abs. 3 änderbaren „Bauentwurf" muss nicht deshalb revidiert
werden, weil das neue BGB-Vertragsänderungsrecht Änderungen allein auf den
„Werkerfolg" bezogen ermöglicht. Die Begrifflichkeit „Werkerfolg" ist enger als
„Bauentwurf" → Rn. 76 f. Zwar regelt § 650b BGB für das BGB-Bauvertragsänderungsrecht nicht ausdrücklich, ob und ggf. welche Änderungen bezogen auf
die Bauablaufgestaltung oder die Bauzeit erfasst sein sollen. Im Laufe des Gesetzgebungsverfahrens gab es zunächst Bestrebungen, ausdrücklich auch die Bauzeit
betreffende Änderungen zu regeln. Das ist letztlich nicht geschehen, ohne dass
der Gesetzgeber eigens festgeschrieben hätte, dass derartige Änderungen über
§ 650b BGB generell nicht möglich sein sollen.[320] Allerdings bezieht § 650b BGB
die Änderung ausdrücklich nur auf den „Werkerfolg". Das dürfte dahin zu verstehen sein, dass es allein um das Ergebnis des Bauens und nicht um den Bauablauf als
solchen gehen soll.[321] Eine Änderung des Bauablaufs kann deshalb nicht verlangt
werden, wenn er keine Auswirkungen auf das Bauergebnis hat. Dagegen kann
ein Änderungsbegehren auf den Bauablauf bezogen werden, wenn die Bauablaufänderung auf den Werkerfolg zielt. Davon ausgehend dürfte § 650b Abs. 1 S. 1
Nr. 2 BGB unter bestimmten Voraussetzungen auch die Bauzeit betreffende
Änderungen zulassen. Das gilt etwa dann, wenn eine zunächst geplante zeitliche
Abfolge, zB im Zusammenspiel mehrerer aufeinander aufbauender Gewerke und
Unternehmen, in einer Weise außer Kontrolle geraten ist, dass dadurch der Werkerfolg als solcher in Gefahr geraten ist und zur Überwindung einer Bauablaufkrise, die den Werkerfolg infrage stellt, bauzeitbezogene Umstellungen, Verschiebungen, vorgezogene Ausführungen oder Beschleunigungen erforderlich sind.[322]
Da § 650b Abs. 1 S. 1 BGB – anders als § 1 Abs. 3 – allein den Werkerfolg und
nicht den Bauentwurf im Ganzen als potentiellen Änderungsgegenstand benennt,
ist der Wortlaut aber insoweit eindeutig, dass das „Wie" und das „Wann" der
Herbeiführung des gegenständlichen Werkerfolgs ansonsten nicht umfasst ist.

Mit seiner Anknüpfung an den Werkerfolg ist das **BGB-Vertragsänderungs-** 115
recht demnach **restriktiver als das VOB/B-Vertragsänderungsrecht.** Angesichts der unterschiedlichen Begrifflichkeiten und ihrer differierenden Wortbedeutungen ist das aber **kein durchschlagender Grund**, nun auch **§ 1 Abs. 3
entsprechend eng zu verstehen**.[323] § 1 Abs. 3 knüpft in seiner derzeitigen
Fassung nicht an den „Werkerfolg", sondern an den „Bauentwurf" an, der nach
den obigen Ausführungen gemäß Wortlaut sowie Sinn und Zweck nicht nur die
bauergebnis- sondern auch die bauablaufbezogenen Festlegungen umfasst. Die
Begrifflichkeiten und die Regelungszusammenhänge unterscheiden sich so deutlich, dass der Vertragspartner des Verwenders der VOB/B unmittelbar erkennen
kann, dass § 1 Abs. 3 bezogen auf den Änderungsgegenstand weitergreift als § 650b
Abs. 1 S. 1 BGB und das gesetzliche Anordnungsrecht insoweit erweitert. Diese
weitergehende Befugnis des Auftraggebers kann neben weiteren Aspekten eventuell dafürsprechen, § 1 Abs. 3 wegen einer Abweichung vom gesetzlichen Leitbild
bei isolierter Inhaltskontrolle für AGB-rechtswidrig zu halten → Rn. 171 f. Dagegen streitet jedoch, dass auch beim BGB-Vertrag nach Treu und Glauben eine

---

[320] Retzlaff BauR 2017, 1789; dazu auch Langen BauR 2019, 314.
[321] Leinemann/Kues § 650b Rn. 60; Abel/Schönfeld BauR 2017, 2066.
[322] Zu dieser Problematik auch Joussen BauR 2018, 151 ff.
[323] Anders Kniffka/Jurgeleit/von Rintelen BauVertrR § 650b Rn. 203.

Verpflichtung des Auftragnehmers bestehen kann, wenn der Auftraggeber ein erhebliches Interesse an einer zeitlichen Anpassung hat.[324] Es bleibt abzuwarten, ob und wie der DVA die begrifflichen und nach hiesiger Ansicht auch inhaltlichen Differenzen zwischen den Änderungstatbeständen des § 650b Abs. 1 S. 1 Nr. 1 und 2 BGB einerseits und des § 1 Abs. 3 und Abs. 4 andererseits zum Anlass für eine Anpassung der VOB/B an das gesetzliche Bauvertragsänderungsrecht nehmen wird. Wegen der streitigen Fragen, wie weit die neue Gesetzeslage auf die Auslegung und Anwendung der VOB/B durchschlägt und ob die Anordnungsrechte der VOB/B einer isolierten AGB-Inhaltskontrolle standhalten, dürfte zwecks Wiederherstellung eines rechtssicheren VOB/B-Systems ein baldiges Handeln geboten sein. Der DVA sollte erwägen, der mit deutlicher Mehrheit abgegebenen Empfehlung des Arbeitskreises Ib – Bauvertragsrecht des 7. Deutschen Baugerichtstages in Hamm vom 5.5.2018 zu folgen, in die VOB/B die Unterscheidung von Anordnungen gemäß § 650b Abs. 1 S. 1 Nr. 1 und Nr. 2 BGB einschließlich der gesetzlichen Ausgestaltung der Zumutbarkeit in § 650b BGB zu übernehmen. Allerdings sollte sorgfältig überlegt werden, ob es in der Sache sinnvoll ist, das VOB/B-Anordnungsrecht durch Auswechselung des Begriffs „Bauentwurf", der inhaltlich allerdings konkretisiert werden könnte, durch den Begriff „Werkerfolg" hinsichtlich der in Betracht kommenden Änderungsgegenstände zu verkürzen.

VI. Subjektive und objektive Anordnungserfordernisse in Abgrenzung von anderen Erklärungen und Vorfällen

116 Um eine **Änderungsanordnung** handelt es sich gemäß den allgemeinen Anforderungen an eine Willenserklärung nur dann, wenn es aus **objektiver Sicht** um eine **Änderung** des Bauentwurfs geht und wenn der Auftragnehmer die Aufforderung des Auftraggebers aus objektiver Empfängersicht als von einem **rechtsgeschäftlichen Änderungswillen getragen** verstehen darf.[325] Selbst wenn objektiv eine Änderungsanordnung in Rede steht, der Auftraggeber aber ersichtlich meint, die abgeforderte Leistung schon nach dem Ursprungsvertrag verlangen zu können, finden die §§ 1 Abs. 3, 2 Abs. 5 keine unmittelbare Anwendung, weil dem Auftraggeber erkennbar ein Erklärungsbewusstsein für eine kostenrelevante Vertragsänderung fehlt. Ob es sich um eine Änderungsanordnung handelt, muss jeweils im Einzelfall – auch unter Berücksichtigung von Nebenabreden, wie zB einer einbezogenen **Komplettheitsklausel** → Rn. 44, und der Abgrenzung der Nebenleistungen von Besonderen Leistungen in den **ATV** → Rn. 61 – durch Auslegung beantwortet werden.

117 Dementsprechend ist ein Leistungsverlangen des Auftraggebers nicht als Änderungsanordnung zu verstehen, wenn der Auftragnehmer – sei es berechtigt oder unberechtigt – erkennbar davon ausgeht, die Leistung auch ohne Vertragsänderung zur **Erfüllung des Vertrages,** im Wege der **Mangelbeseitigung** oder zur **Behebung von Bauablaufstörungen,** zB nach § 4 Abs. 1 Nr. 3 oder § 5 Abs. 3, fordern zu können, für die er nicht sich, sondern den Auftragnehmer in der Verantwortung sieht. Selbst wenn eine Störung darauf beruht, dass eine **Vorunternehmerleistung** verspätet oder fehlerhaft erbracht wird[326] oder der Auftraggeber selbst nicht rechtzeitig notwendige Unterlagen vorlegt oder sonstige Voraussetzun-

---

[324] Kniffka/Jurgeleit/von Rintelen BauVertrR § 650b Rn. 70.
[325] zB OLG Schleswig IBR 2024, 162; BGH 19.9.2024 – VII ZR 10/24.
[326] OLG Köln IBR 2024, 280 mwN; BGH 19.9.2024 – VII ZR 10/24.

Art und Umfang der Leistung **§ 1**

gen für eine Aufnahme oder zügige Fortsetzung der Arbeiten schafft, stellt seine Mitteilung, die Leistung könne nur auf einer erschwerten Basis oder erst später beginnen, nur dann eine Änderungsanordnung dar, wenn zum Ausdruck kommt, dass er sein Verhalten als vergütungsrelevante Änderung ansieht (zur Vergütungsproblematik im Falle einer Fehleinschätzung des Auftraggebers → Rn. 147).

Fallen **Mehr- oder Mindermengen** wegen einer Änderung oder Erweiterung 118 des Bauentwurfs an, richtet sich die neue Vergütung nach § 2 Abs. 5 bzw. Abs. 6 → Rn. 88. Um eine ändernde oder erweiternde Anordnung handelt es sich aber nicht, wenn ohne Abweichung vom Bauentwurf entgegen den vorläufigen Annahmen bei Abschluss eines Einheitspreisvertrages Mehr- oder Mindermengen notwendig werden. Eine Anpassung des Einheitspreises kommt dann nach § 2 Abs. 3 in Betracht.

Auch wenn zur Umsetzung des Bauentwurfs entgegen den Vorstellungen bei 119 Vertragsschluss zu einer Position überhaupt keine Massen verwendet werden müssen, es sich also um eine **Nullmenge** handelt, kann eine Preisanpassung entsprechend § 2 Abs. 3 Nr. 3 geboten sein, wobei die Vorschrift nicht wörtlich, sondern nur sinngemäß angewandt werden kann, weil die Multiplikation einer Nullmenge mit einem höheren Einheitspreis sinnwidrig „null" ergäbe. Falls eine Äquivalenzstörung vorliegt und keine Kompensation an anderer Stelle zu verzeichnen ist, kann der Unternehmer vielmehr einen Ausgleich für die anteilig auf die entfallende Position einkalkulierten Zuschläge für Baustellengemeinkosten und allgemeinen Geschäftskosten verlangen.[327] Noch nicht geklärt ist, ob der Unternehmer auch die für Wagnis und Gewinn eintretende Unterdeckung geltend machen kann.[328]

Beruht das Auftreten einer Nullmenge dagegen darauf, dass der Auftraggeber das **Bauvorhaben verkleinert,** indem er einen vereinbarten Leistungsteil nicht mehr ausführen lassen will, handelt es sich um eine Teilkündigung.[329] Dann bemisst sich die Vergütung des gekündigten Teils nach § 8 Abs. 1 Nr. 2, § 648 BGB. Dasselbe gilt gemäß § 2 Abs. 4, wenn der Auftraggeber im Vertrag ausbedungene Leistungen selbst übernimmt. Entfällt die Position nicht ersatzlos, sondern soll speziell sie oder das Werk in seiner Gesamtheit in geänderter Form zur Ausführung kommen, finden §§ 1 Abs. 3, 2 Abs. 5 Anwendung (zur Abgrenzung → Rn. 88, 89).

Übt der Auftraggeber ein ihm durch den Vertrag eingeräumtes Recht zur **Konkretisierung** (zB Farbe des Anstrichs), zur **Bemusterung** oder zur Auswahl einer von mehreren in Betracht kommenden Ausführungsarten aus, handelt es sich um keine Änderungsanordnung, sondern um eine Leistungsbestimmung nach § 315 BGB, wobei etwaige Vergütungsfolgen, die bei der Auswahl einer gegenüber einer bepreisten Grundausstattung höherpreisigen Leistung in Betracht kommen, nach §§ 315 ff. BGB zu bestimmen sind. Die Beauftragung einer im Vertrag bereits formulierten **Alternativ-, Wahl- oder Eventualposition** unterfällt ebenfalls nicht § 1 Abs. 3.

Ist die **Leistungsbeschreibung** insofern **fehlerhaft,** dass in ihr Teilleistungen 120 festgelegt sind, durch die die vertraglich vereinbarte Funktionalitätserwartung des Auftraggebers ohne Korrektur nicht erfüllt werden kann (zB unzureichende Maß-

---

[327] BGH NZBau 2012, 226 Rn. 13; OLG Brandenburg NZBau 2016, 358 Rn. 11.
[328] Dazu Jansen NZBau 2012, 345 (347); Roquette NZBau 2016, 361 (362).
[329] OLG München IBR 2019, 307 = BeckRS 2019, 25791; OLG Hamm IBR 2024, 279; OLG Hamm 2024, 450.

Funke 107

§ 1 VOB Teil B

nahmen zur Außenabdichtung eines Gebäudes gegen drückendes Wasser), hat der Auftragnehmer prinzipiell schon nach dem Ursprungsvertrag zwecks Vermeidung einer mangelhaften Leistung eine den anerkannten Regeln der Technik entsprechende andere Ausführung vorzunehmen. Bei gesetzessystematischer Betrachtung wären zur Ermittlung der geschuldeten, zur Erstellung eines funktionsgerechten Werkes erforderlichen Leistungen, wie auch der Verfasser noch in der 4. Auflage vertreten hat, vorrangig die Grundsätze der ergänzenden Vertragsauslegung heranzuziehen. Nun hat der Gesetzgeber gemäß § 650b Abs. 1 Nr. 1 BGB zum Ausdruck gebracht, dass das Bauvertragsänderungsrecht auch für Fälle gelten soll, in denen das Leistungsverzeichnis lückenhaft oder fehlerhaft ist und seine Abarbeitung deshalb nicht den vereinbarten Werkerfolg herbeiführen würde. Das sollte für VOB/B-Verträge nicht anders gesehen werden, so dass derartige Fälle auch im Falle der Vereinbarung der VOB/B nicht mehr über eine ergänzende Vertragsauslegung, sondern über § 1 Abs. 3 und 4 zu lösen sind → Rn. 178 ff.

121 Die Änderung einer vereinbarten Leistung nach § 1 Abs. 3 ist vom Verlangen einer zusätzlichen Leistung nach § 1 Abs. 4 S. 1 abzugrenzen → Rn. 88. Weder § 1 Abs. 3 noch § 1 Abs. 4 S. 1 sind einschlägig, wenn der Auftraggeber sein bisheriges Planungsziel ganz oder im Wesentlichen aufgibt und durch eine **Neuplanung** ersetzt → Rn. 89.[330] Ist ein Auftragnehmer allein mit der Errichtung eines Carports beauftragt, wünscht der Auftraggeber später jedoch den Bau einer Betongarage, stellt dies idR ein Angebot für eine entsprechende Vertragsänderung dar. Geht der Auftragnehmer nicht darauf ein, bleibt dem Auftraggeber nur die Kündigung des Ursprungsauftrages nach § 8 Abs. 1 und die Abgabe eines Angebotes zum Abschluss eines neuen Vertrages, das er an einen anderen geeigneten Unternehmer richten kann. Ist dagegen ein Generalunternehmer mit dem Bau eines Einfamilienhauses und der Nebenanlagen betraut, kann das Verlangen nach einer Garage statt eines Carports noch als Änderung des Bauentwurfs iSv § 1 Abs. 3 zu werten sein. Es kommt also nicht allein auf das Maß einer bauinhaltlichen Veränderung, sondern maßgeblich darauf an, welche Bedeutung diese unter Berücksichtigung der Gesamtheit des Ursprungsauftrages hat. Ordnet der Auftraggeber das **ersatzlose Entfallen einer (Teil-)Leistung** an (zB: Carport soll nicht mehr ausgeführt werden), wird man dies im Regelfall als (Teil-)Kündigung und nicht als Änderungsanordnung verstehen müssen.[331]

VII. Zumutbarkeit der Änderung für den Auftragnehmer

122 Wenngleich der Wortlaut des § 1 Abs. 3 den dem Auftraggeber eingeräumten Änderungsvorbehalt nicht ausdrücklich hinsichtlich der Auswirkungen auf den Auftragnehmer begrenzt und auch zweifelhaft ist, ob § 1 Abs. 3 ein Leistungsbestimmungsrecht iSv § 315 BGB mit dem darin im Zweifel geltenden Erfordernis „billigen Ermessens" darstellt → Rn. 87, kann die **Änderungsbefugnis nicht schrankenlos** sein. → Rn. 107[332]

122a **1. Allgemeine Zumutbarkeitskriterien.** Die Änderungsanordnung muss unter Berücksichtigung der beiderseitigen Interessen und der **technischen und betrieblichen Kapazitäten des Auftragnehmers** der Billigkeit entsprechen

---

[330] Beck VOB/B/Kues § 1 Abs. 3 Rn. 118 ff.
[331] Kapellmann/Messerschmidt/von Rintelen § 1 Rn. 96 hält dagegen uU auch §§ 1 Abs. 3, 2 Abs. 5 für anwendbar.
[332] zB Beck VOB/B/Kues § 1 Abs. 3 Rn. 126.

Art und Umfang der Leistung **§ 1**

und ihm zumutbar sein. So braucht sich der Auftragnehmer jedenfalls keine Änderungen gefallen zu lassen, die außerhalb seines handwerklichen Fachgebietes (Anordnung an Schreiner, Beton- statt Holztreppe einzubauen) oder seiner qualitativen oder quantitativen Betriebsstruktur liegen oder die er aufgrund seiner aktuellen Auftragslage nicht oder nur im Falle unzumutbarer Anstrengungen bewältigen könnte (Aufbau zusätzlichen Personals oder Geräts, das anschließend überflüssig sein und deshalb den Betrieb auf Dauer belasten würde; Kündigungsnotwendigkeit hinsichtlich anderer Aufträge, die er entgegen bereits getroffener unternehmerischer Dispositionen wegen der angeordneten Mehrarbeit oder einer damit verbundenen verlängerten Leistungszeit nicht ausführen könnte). Da es letztlich um eine Abwägung der beiderseitigen Interessen zum Zeitpunkt der Anordnung geht, sind auch betriebliche Beschränkungen zu berücksichtigen, die dem Auftraggeber bei Vertragsschluss nicht bekannt waren, es sei denn, der Auftragnehmer hat dem Auftraggeber bei Vertragsschluss einen anderen Eindruck über seine betrieblichen Möglichkeiten vermittelt. Dabei muss allerdings berücksichtigt werden, dass sich der Auftragnehmer bei einer wirksamen Einbeziehung des § 1 Abs. 3 auf die Möglichkeit von Änderungen eingelassen hat und der Auftraggeber deshalb mangels anderer Hinweise davon ausgehen kann, der Auftragnehmer sei zur Bewältigung nicht außergewöhnlicher Änderungen in der Lage.

Eine Änderungsanordnung wird häufig nicht mehr in Betracht kommen, wenn **123** der Auftragnehmer bereits mit Nachunternehmern auf die Ursprungsleistung bezogene Verträge geschlossen hat und sich dermaßen betrieblich darauf eingestellt hat, dass eine erforderlich werdende Umorganisation durch eine nach § 2 Abs. 5 geänderte Vergütung nicht mehr kompensiert werden könnte. Durch eine ändernde Anordnung darf der Auftraggeber generell nicht in die dem Auftragnehmer zustehende **Dispositionsbefugnis** eingreifen → Rn. 107.

Will der Auftraggeber an der Änderung selbst nicht mehr festhalten, kann er grundsätzlich eine **nochmalige Änderung** anordnen, die jedoch wiederum den Anforderungen des § 1 Abs. 3 entsprechen muss. Das Änderungsrecht ist mit der erstmaligen Ausübung nicht verbraucht. Eine Rückkehr zur ursprünglich vorgesehenen Ausführung oder eine dritte Variante für den betroffenen Leistungsteil kann für den Auftragnehmer unzumutbar sein, wenn er bereits Dispositionen getroffen hat oder die erneute Änderung für ihn mit Problemen verbunden wäre, hinter denen das grundsätzliche Änderungsrecht des Auftraggebers unter Berücksichtigung eines diesem anzulastenden „Hin und Her" zurückzutreten hat.

2. Unmittelbare Geltung der durch § 650b Abs. 1 und 2 BGB normier- 124 ten Zumutbarkeitsregeln für VOB/B-Bauverträge. Da der Wortlaut des § 1 Abs. 3 im Gegensatz zu § 1 Abs. 4 S. 1 (dazu → Rn. 176) keine Bestimmungen zu den Zumutbarkeitskriterien und der Darlegungslast enthält, ist nach hiesiger Auffassung zur Auffüllung dieser Regelungslücke (zur Begründung des diesbezüglichen Verhältnisses von BGB und VOB/B siehe → Rn. 5, 97b) die **direkte Anwendung des § 650b Abs. 1 S. 2 bis 4 BGB** geboten, der im Grundsatz eine Bewertung im Sinne der obigen Grundsätze zulässt und weitere inhaltliche und darlegungstechnische Gesichtspunkte nennt. Eine unmittelbare Anwendung des § 650b Abs. 1 S. 2 bis 4 BGB kommt allerdings nicht in Betracht, wenn die VOB/B für andere als Bauverträge iSv 650a BGB vereinbart ist oder nach § 1 Abs. 3 Änderungen des „Bauentwurfs" angeordnet werden, die weiterreichen als die für BGB-Verträge vorgesehenen auf den „Werkerfolg" beschränkten Änderungen → Rn. 98b. Nach dem neuen BGB-Bauvertragsänderungsrecht muss der Auftragnehmer ihm unzumutbaren Änderungswünschen[333] des Auftraggebers nicht nachkommen, wobei ihn gemäß § 650b Abs. 1 S. 3 BGB die Beweislast trifft, wenn er betriebsinterne Vorgänge für die Unzumutbarkeit geltend macht. Gemäß § 650b Abs. 2 S. 2 und Abs. 1 S. 2 BGB kann er sich auf die Unzumutbarkeit jedoch nicht berufen, wenn die Änderung zur Erreichung des vereinbarten Werkerfolges notwendig ist (§ 650 Abs. 1 Nr. 2 BGB). Auch in einem derartigen Fall ist der Auftragnehmer aber nicht schrankenlos verpflichtet. Jedenfalls kann er sich auf § 275 BGB berufen, der in Abs. 2 und 3 ebenfalls, allerdings nur unter recht strengen Voraussetzungen, auf Zumutbarkeitsgesichtspunkte abstellt. Die Voraussetzungen des § 275 Abs. 3 BGB sollten nicht zu eng gezogen werden, wenn den Auftragnehmer keine Verantwortlichkeit dafür trifft, dass eine Änderung für eine Erreichung des vereinbarten Vertragserfolges notwendig wird und er kein entsprechendes Risiko übernommen hat. Eine Änderung des Bauentwurfs ist dem Auftragnehmer bei der gebotenen Abwägung der beiderseitigen Interessen umso eher zumutbar, je mehr der Auftraggeber sie nicht aus irgendwelchen subjektiv motivierten Gründen, sondern deshalb wünscht, weil sie zur Umsetzung des Bauvorhabens objektiv erforderlich ist.

125 **3. Umdeutbarkeit einer unzumutbaren Anordnung in eine Teilkündigung.** Ist eine vom Auftraggeber gewünschte Änderung für den Auftragnehmer unzumutbar und weist dieser sie deshalb als unwirksam zurück, bleibt dem Auftraggeber nur die **Möglichkeit, nach § 8 Abs. 1, § 648 BGB eine (Teil-)Kündigung des Bauvertrages zu erklären** → Rn. 89, um die geänderte Leistung an einen anderen Unternehmer vergeben zu können.[334] Das hat für ihn allerdings den Nachteil, dass er nach Maßgabe der §§ 8 Abs. 1, 648 BGB auch die ursprüngliche Leistung an den ersten Auftragnehmer bezahlen muss. Entgegen teilweise vertretener Ansicht[335] kann ein **unberechtigtes Änderungsverlangen** des Auftraggebers **nicht ohne Weiteres gemäß § 140 BGB in eine Teilkündigung** hinsichtlich der betroffenen Ursprungsleistung **umgedeutet werden.**[336] Denn die Leistung soll nach seinem Willen nicht entfallen, sondern in geänderter Weise durch den ersten Auftragnehmer zur Ausführung kommen, so dass eine Auftragsentziehung ersichtlich nicht beabsichtigt ist. Insoweit liegt der Fall anders als bei der Umdeutung einer unberechtigten außerordentlichen Kündigung in eine freie Kündigung, die von der Rechtsprechung in der Regel für möglich gehalten wird. Solange der Auftraggeber nicht zum Ausdruck bringt, die Ursprungsleistung auch dann nicht mehr zu wollen, wenn er eine Änderung nicht wirksam anordnen kann, hat der Vertrag über die Ursprungsleistung zwischen den Parteien weiter Bestand.

VIII. Rechtsfolgen einer wirksamen Änderungsanordnung

126 Eine wirksame Änderungsanordnung führt in mehrfacher Hinsicht zu einer Modifikation des Ursprungsvertrages.

127 **1. Befolgungspflicht.** Eine wirksame Änderungsanordnung muss der Auftragnehmer **inhaltlich befolgen.** Sie führt unmittelbar zu einer Vertragsände-

---

[333] Dazu Englert/Englert NZBau 2017, 579.
[334] Dazu Beck VOB/B/Kues § 1 Abs. 3 Rn. 137.
[335] Ingenstau/Korbion/Keldungs B § 1 Abs. 3 Rn. 20.
[336] So auch Kapellmann/Messerschmidt/von Rintelen § 1 Rn. 118.

Art und Umfang der Leistung **§ 1**

rung. Folgt der Auftragnehmer einer wirksamen Änderungsanordnung nicht, hat der Auftraggeber prinzipiell dieselben Rechte, insbesondere § 5 Abs. 4, § 6 Abs. 6, § 8 Abs. 3, wie bei der Verweigerung einer von vornherein vereinbarten Leistung. Dem Auftragnehmer kann jedoch ein auf die geänderte Leistung bezogenes Leistungsverweigerungsrecht zustehen, wenn der Auftraggeber eine nach § 2 Abs. 5 bestehende Vergütungspflicht in Abrede stellt → Rn. 152.

2. Ermittlung des neuen Preises. Eine wirksame Änderungsanordnung **127a** führt gemäß § 2 Abs. 5 zu einer **Preisanpassung.** Dabei bleibt es auch, wenn der Auftraggeber nach Wirksamwerden einer nach § 1 Abs. 3 erklärten Anordnung gemäß §§ 8 Abs. 1, 648 BGB eine **Kündigung** des Vertrages erklärt. Er muss dann auch die geänderte, aber noch nicht ausgeführte Leistung nach Maßgabe der §§ 8 Abs. 1 Nr. 2, 648 S. 2 und 3 BGB bezahlen.[337]

Wird das nach hiesiger Auffassung für seit dem 1.1.2018 geschlossene VOB/B-Verträge geltende **Textformerfordernis** → Rn. 97 ff. nicht eingehalten bzw. kann das Verhalten des Auftraggebers noch nicht einmal mit hinreichender Sicherheit als konkludente Anordnung verstanden werden, kann es einem widersprüchlich agierenden Auftraggeber im Einzelfall nach Treu und Glauben verwehrt sein, sich gegenüber einem Preisanpassungsverlangen des Auftragnehmers, der eine geänderte Leistung ausgeführt hat, auf eine **fehlende Anordnung** zu berufen,[338] sodass dann dennoch ein Anspruch auf Preisanpassung in Betracht kommt → Rn. 97e, 147.

Der **Ausschluss einer Preisanpassung** wegen geänderter oder zusätzlicher Leistungen **durch AGB** stellt eine unangemessene Benachteiligung iSv. § 307 BGB dar und ist deshalb unwirksam. Das gilt auch dann, wenn jegliche Ansprüche des Auftragnehmers, einschließlich solcher aus § 2 Abs. 8, ausgeschlossen sein sollen, falls der Auftraggeber eine vom Auftragnehmer befolgte Anordnung unter Außerachtlassung der gesetzlichen Textform oder eines anderen gewillkürten Formerfordernisses erteilt hat → Rn. 16. Auch **individualvertraglich** kann der Ausschluss von Ansprüchen im Vorfeld nur bis zur Grenze des Wegfalls der Geschäftsgrundlage vereinbart werden.

a) Gemeinsame Preisfindung, Angebotspflicht des Auftragnehmers. **128** Werden durch die Anordnung des Auftraggebers die Grundlagen des Preises für eine im Vertrag vorgesehene Leistung geändert, ist gemäß § 2 Abs. 5 S. 1 unter Berücksichtigung der Mehr- und Minderkosten grundsätzlich **vor Ausführung** ein **neuer Preis zu vereinbaren,** es sei denn, diejenige Vertragspartei, die davon profitieren würde, hat im Vorfeld oder im Rahmen der Änderung auf eine Preisanpassung verzichtet. Die Preisvereinbarung soll gemäß § 2 Abs. 5 S. 2 BGB vor der Ausführung getroffen werden, ohne dass tatsächlich stattgefundene Einigungsversuche eine Anspruchsvoraussetzung für eine zusätzliche Vergütung darstellen, deren Höhe später ggf. gerichtlich bestimmt werden muss. Der auf Verlangen zusätzlicher Leistungen nach § 1 Abs. 4 S. 1 bezogene § 2 Abs. 6 Nr. 1 S. 2, Nr. 2 S. 2 sieht darüber hinaus vor, dass der Auftragnehmer seinen Mehrvergütungsanspruch anzukündigen hat.[339] Der neue Preis ist – ähnlich formuliert wie in § 2 Abs. 5 S. 2 – möglichst vor Beginn der Ausführung zu vereinbaren.

---

[337] Dazu Rosendahl NZBau 2022, 450.
[338] OLG Hamm IBR 2020, 5 = BeckRS 2017, 162090; KG NZBau 2021, 782.
[339] Zur Entbehrlichkeit der Ankündigung im Falle eines fehlenden Schutzbedürfnisses des Auftraggebers zB OLG Hamm IBR 2021, 615 = BeckRS 2019, 56317.

Funke 111

Auch das neue BGB-Bauvertragsänderungsrecht sieht eine gemeinsame Preisfindung vor. Diese hat gemäß § 650b S. 1 BGB bereits stattzufinden, wenn der Besteller einen Änderungswunsch äußert. Das Scheitern der Verhandlungen über das Änderungsbegehren und den neuen Preis ist gemäß § 650b Abs. 2 S. 1 BGB Voraussetzung für eine nun erst mögliche einseitige Änderungsanordnung des Bestellers. Dagegen sehen § 2 Abs. 5 und 6 Preisverhandlungen im Anschluss an die direkt ohne Einigungsphase mögliche Änderungsanordnung vor. Dass die VOB/B ein unmittelbares Anordnungsrecht gewährt und deshalb die Preisverhandlungen anders in den Verfahrensgang einordnet als das BGB, bedeutet jedoch nicht, dass die im BGB für die Preisgespräche als solche aufgestellten Regeln durch die VOB/B abbedungen sind. Nach **§ 650b Abs. 1 S. 2 BGB** hat der Auftragnehmer als Einstieg in die Preisfindungsphase ein **Angebot über die Mehr- oder Mindervergütung** zu erstellen. Das gilt nach hiesiger Auffassung auch für VOB/B-Verträge bei der nach § 2 Abs. 5 und 6 vorgesehenen Einigungssuche, weil die gesetzlich vorgeschriebene Angebotspflicht zwanglos in das von der VOB/B ohne konkrete Ausgestaltung nur lückenhaft angeordnete Preisfindungsverfahren passt. Selbst wenn man eine direkte Geltung der gesetzlichen Angebotspflicht für VOB/B-Bauverträge dennoch verneinte, sollte man bei mit dem neuen BGB-Bauvetragsänderungsrecht vergleichender Auslegung von § 2 Abs. 5 und 6 dazu kommen, dass die in den VOB/B-Klauseln vorgesehene Einigungssuche auch schon aus sich heraus eine Angebotspflicht des Auftragnehmers umfasst, falls man das nicht ohnehin auch schon früher so gesehen hat.

Falls der Auftraggeber die Planungsverantwortung trägt, muss der Auftragnehmer das Angebot erst fertigen, wenn ihm der Auftraggeber die für die geänderte Leistung erforderliche Planung übergeben hat → Rn. 102. Kommt eine Einigung über den neuen Preis zustande, kann der Auftraggeber diese hinsichtlich der in Rede stehenden Veränderungen, Erschwernisse und ihren Folgen für abschließend halten, falls sich der Auftragnehmer keine weitergehenden Forderungen vorbehält. Der Auftragnehmer kann deshalb später idR nicht noch zusätzliche Forderungen, etwa wegen einer mit der Änderung verbundenen Bauzeitverlängerung, erheben[340] oder weitere Nachträge durchsetzen, die der Auftraggeber nach den Umständen durch den vereinbarten neuen Preis als abgegolten betrachten durfte.[341]

129 Eine **Einigung** über den neuen Preis kann **auch während oder nach Ausführung** der geänderten Leistung erzielt werden. Nennt der Auftragnehmer einen Preis und lässt der Auftraggeber die entsprechenden Leistungen anschließend widerspruchslos ausführen, stellt dies in der Regel eine konkludente Vergütungseinigung dar.[342] Stellt der Auftragnehmer seine Preisvorstellung in die Schlussrechnung ein, kann dies als Angebot zu verstehen sein, das der Auftraggeber annimmt, wenn er die Rechnung hinsichtlich dieser Position einschränkungslos bezahlt oder die Zahlung ankündigt und der Auftragnehmer davon ausgehen kann, dass der Auftraggeber die ändernde Abrechnung selbst oder durch eine vertretungsberechtigte Person bemerkt hat. Ausreichend kann im Einzelfall auch sein, wenn der Auftraggeber dem Auftragnehmer eine Schlussrechnungsprüfung seines Architekten übersendet. Zwar stellt der Prüfvermerk des Architekten lediglich eine Wis-

---

[340] OLG München IBR 2014, 652; KG IBR 2020, 226 = BeckRS 2018, 36278.
[341] OLG Düsseldorf IBR 2015, 6; OLG Köln IBR 2019, 414 = BeckRS 2017, 156097.
[342] OLG Brandenburg NZBau 2022, 728.

Art und Umfang der Leistung **§ 1**

senserklärung gegenüber seinem Vertragspartner, also dem Auftraggeber, dar.[343] Etwas anderes hat aber zu gelten, wenn sich der Auftraggeber die Erklärung seines Architekten zu eigen und dem Auftragnehmer unter Umständen zugänglich macht, aus denen der Auftragnehmer ein rechtsgeschäftliches Einverständnis entnehmen kann.[344] Die Begleichung einer Abschlagsrechnung stellt dagegen idR kein endgültiges Einverständnis mit den erst vorläufig abgerechneten Leistungs- und Preispositionen dar.

b) Methode der vorkalkulatorischen Preisfortschreibung. Können sich die Parteien über den Preis nicht einigen, muss die **Preisbestimmung durch Urteil** erfolgen.[345] Nach früherer Auffassung soll es sich bei den Preisanpassungsregeln der VOB/B um ein modifiziertes Modell der ergänzenden Vertragsauslegung in Form einer zwingenden Auslegungsregel handeln. Über Jahrzehnte entnahmen die **herrschende Meinung in der Literatur** und auch die **Rechtsprechung** zumeist einschließlich des **BGH**[346] dem hinsichtlich der Berechnungsmethode kaum aussagekräftigen Wortlaut des § 2 Abs. 5, Abs. 6 und Abs. 3, der neue Preis sei unter Berücksichtigung allgemeiner Billigkeitsgesichtspunkte durch eine sog. **vorkalkulatorische Preisfortschreibung** zu ermitteln. Dabei sollte nach dem Korbion zugeschriebenen Motto „guter Preis bleibt guter Preis, schlechter Preis bleibt schlechter Preis" – soweit wie möglich – an die kalkulatorische Bewertung der von der Änderung betroffenen und für die neue Preisbildung relevanten Kostenelemente vorrangig in der geänderten Position bzw. in einer (eventuell besser passenden) **Bezugsposition** und beim Fehlen von passenden kalkulatorischen Einzelansätzen an das allgemeine Preisniveau (je nach den Umständen des Leistungstitels, des jeweiligen Gewerks oder des Gesamtauftrages) angeknüpft werden. 130

Nunmehr vertritt der **BGH** unter Aufgabe der grundsätzlichen Geltung der vorkalkulatorischen Preisfortschreibung – ausdrücklich bisher allerdings nur für § 2 Abs. 3 Nr. 2 – die Meinung, eine in der VOB/B zur Methode der Preisfortschreibung bestehende Lücke sei im Wege der ergänzenden Vertragsauslegung in der Weise zu schließen, dass es für den neuen Preis auf **die tatsächlich erforderlichen Kosten zuzüglich angemessener Zuschläge** ankomme.[347] Mit dem Anknüpfen an die tatsächlich erforderlichen Kosten, die ohne Weiteres ermittelt werden könnten, werde die Kostenwirklichkeit abgebildet, ohne dass eine Partei Gefahr laufe, durch die Ausdehnung einer nicht kostengemäß kalkulierten Einzelposition bzw. eines der Kostenwirklichkeit widersprechenden Gesamtpreisniveaus auf im Ursprungsvertrag noch nicht kalkulierte Leistungen benachteiligt zu werden. Die gerechtfertigten Zuschläge auf die tatsächlich erforderlichen Kosten seien gemäß § 287 Abs. 2 ZPO zu schätzen. Der BGH hat klargestellt, dass Zuschläge im Rahmen einer Preisanpassung nach § 2 Abs. 3 Nr. 2 etwa für allgemeine 131

---

[343] BGH NZBau 2002, 338 Rn. 24.
[344] S. auch OLG Düsseldorf IBR 2015, 241.
[345] BGH NZBau 2009, 232 Rn. 8; 2009, 707 Rn. 61; 2013, 364 Rn. 12; 2013, 369 Rn. 33.
[346] S. Zitate bei BGH NZBau 2013, 364 Rn. 14.
[347] BGH NZBau 2019, 706 Rn. 27 ff.; BGH NZBau 2020, 84 Rn. 14 ff.; für § 2 Abs. 5 und Abs. 6 offengelassen BGH NZBau 2022, 521 Rn. 23; andere Grundsätze gelten bei einer Unterschreitung des Mengenansatzes nach § 2 Abs. 3 Nr. 3: BGH NZBau 2021, 725 Rn. 26 ff.

Geschäftskosten und Gewinn, nicht aber für Baustellengemeinkosten in Betracht kommen.[348]

132 Obwohl diese Rechtsprechung auf § 2 Abs. 5 und wohl auch Abs. 6 übertragbar sein dürfte → Rn. 136 f., hat die vorkalkulatorische Preisfortschreibung ihre Bedeutung für BGB- und VOB/B-Verträge nicht vollends verloren. Zwar nennt auch § 650c Abs. 1 BGB die „tatsächlich erforderlichen Kosten mit angemessenen Zuschlägen für allgemeine Geschäftskosten, Wagnis und Gewinn" als die für die Preisfortschreibung entscheidenden Parameter. Andererseits billigt § 650c Abs. 2 BGB weiterhin aber auch einer vereinbarungsgemäß hinterlegten Urkalkulation eine Bedeutung zu, indem sie zur Nachtragsberechnung verwendet werden kann und vermutet wird, dass die auf Basis der Urkalkulation fortgeschriebene Vergütung derjenigen Vergütung nach § 650c Abs. 1 BGB entspricht, die sich gemäß den tatsächlich erforderlichen Kosten mit angemessenen Zuschlägen ergäbe. Außerdem können die Parteien ausdrücklich oder konkludent die Anwendung der vorkalkulatorischen Preisfortschreibung vereinbaren. → Rn. 136

133 Soweit die vorkalkulatorische Preisfortschreibung weiterhin anwendbar ist, muss berücksichtigt werden, dass das Anknüpfen an einen bestimmten Einheitspreis die Fortführung des ursprünglichen Preisgefüges nur dann gewährleistet, wenn der Auftragnehmer über alle Einheitspreise hinweg kostengerecht einheitlich kalkuliert hat. Entscheidend sollte letztlich sein, dass das **Gesamtpreisniveau** gewahrt bleibt,[349] so dass den Parteien gegenüber einer Nachtragsberechnung, die an einzelnen Einheitspreisen ansetzt, der Einwand gestattet sein sollte, dadurch werde das bisherige Gesamtpreisgefüge verzerrt. Es kommt hinzu, dass das Preisgefüge auch unter Beachtung erschwerter oder verlängerter Ausführungsbedingungen erhalten bleiben soll, so dass es auch deshalb nicht allein auf die Veränderung der Einzelkosten der Teilleistung (EKT) ankommen kann, sondern der vom Auftragnehmer realistisch kalkulierte Anteil für Wagnis und Gewinn (WuG) auch unter Berücksichtigung insbesondere der Baustellengemeinkosten (BGK) erhalten bleiben muss.

134 Wenn der Auftraggeber seine Urkalkulation im Zuge eines öffentlichen Vergabeverfahrens oder zwecks Ermöglichung eines späteren Vorgehens nach § 650c Abs. 2 BGB vereinbarungsgemäß hinterlegt hat und diese hinsichtlich der maßgeblichen Kostenfaktoren einschließlich Nebenkosten sowie Wagnis und Gewinn ausreichend aufgeschlüsselt ist, steht eine Basis für die Ermittlung des neuen Preises zur Verfügung. Soweit eine vorkalkulatorische Preisfortschreibung vorzunehmen ist, eine aussagekräftige Urkalkulation aber fehlt, muss dem Auftragnehmer die **nachträgliche Erstellung einer Kalkulation** erlaubt sein,[350] die plausibel ist, über alle Einzelpositionen dem Gesamtpreisniveau entspricht und damit eine sachgerechte Preisfortschreibung ermöglicht.

135 **Ohne Vorlage einer Urkalkulation** oder einer erstmals nachträglich erstellten Kalkulation soll eine Klage auf Mehrvergütung, die im Wege der vorkalkulatorischen Preisfortschreibung zu berechnen ist, nach teilweiser gerichtlicher Praxis mangels schlüssigen Vortrages ohne Weiteres abweisungsreif sein.[351] Die **Vorlage der Urkalkulation** ist allerdings **kein Selbstzweck,** sondern soll im Interesse

---

[348] BGH NZBau 2019, 706 Rn. 36, berichtigt durch BGH NZBau 2020, 84, Rn. 22; näher dazu Beck VOB/B/Althaus/Jansen § 2 Abs. 5 Rn. 48 ff.

[349] von Rintelen NZBau 2017, 315 (323).

[350] BGH NJW 1997, 733 Rn. 10.

[351] S. zB OLG Düsseldorf IBR 2015, 119 mwN.

Art und Umfang der Leistung § 1

des Auftraggebers gewährleisten, dass eine Nachtragsforderung auf das Preisniveau des Ausgangsvertrages begrenzt bleibt. Sie sollte deshalb von den Gerichten, soweit es ausnahmsweise noch auf eine vorkalkulatorische Preisfortschreibung ankommen wird, nur dann gefordert werden, wenn die Veränderung von Kostenelementen im Raum steht, deren kalkulatorische Bewertung nicht schon hinreichend aus den vereinbarten Vertragspreisen ersichtlich ist.[352]

c) Lückenschluss in § 2 Abs. 5 und 6 durch Preisfortschreibung nach tatsächlich erforderlichen Mehrkosten zzgl. angemessener Zuschläge. 136
Schon vor der neuen Rechtsprechung des BGH zur auf § 2 Abs. 3 Nr. 2 bezogenen Preisfortschreibung gemäß den tatsächlich erforderlichen Kosten zuzüglich angemessener Zuschläge (→ Rn. 131) und vor Inkrafttreten des neuen BGB-Preisanpassungsrecht nach §§ 650b, 650c BGB am 1.1.2018 mehrten sich die Stimmen, die die Methode der vorkalkulatorischen Preisfortschreibung für nicht sachgerecht hielten. Kniffka[353] hat schon vor einiger Zeit herausgearbeitet, aus der Fassung von § 2 Abs. 5 und 6 folge lediglich, dass ein neuer Preis zu bestimmen sei. Wie der Preis unter Berücksichtigung der Mehr- und Minderkosten zu ermitteln sei, bestimme die VOB/B nicht. Insoweit enthalte sie eine Lücke und nenne lediglich Verhandlungspostulate und eher unklare Vorgaben dazu, was bei der Verhandlung zu berücksichtigen sei. Der seit dem Jahre 1952 unverändert gebliebene Wortlaut des § 2 Abs. 5 und 6 war zunächst auch nicht darauf angelegt, die Methode einer automatischen Preisanpassung festzulegen.[354] Die Rechtspraxis hat letztlich im Wege der ergänzenden Klauselauslegung die Methode der vorkalkulatorischen Preisfortschreibung entwickelt, ohne dass diese durch die VOB/B festgeschrieben ist. Auch der BGH[355] hat schon im Jahre 2013 offengelassen, ob er § 2 Abs. 5 tatsächlich weiterhin eine Preisfortschreibung durch Fortentwicklung der Vertragspreise entnehmen will.

Eine strikte Anknüpfung an das Preisniveau des Ursprungsauftrages ohne 136a Berücksichtigung der Marktpreise oder der tatsächlichen Mehrkosten war in der Tat nicht interessengerecht, weil ein für die eine oder andere Partei günstiger Preis auch auf umfangreichere Leistungen übertragen wurde, obwohl sich die davon benachteiligte Partei auf das Preisniveau – aus welchen Gründen auch immer (zB Ausfüllung einer temporären Auftragsflaute, Zeitdruck des Auftraggebers) – möglicherweise nur für den begrenzteren Ursprungsauftrag einlassen wollte und sie eine für sie noch nicht absehbare Ausweitung bei Eingehung des Vertrages nicht einkalkulieren konnte. Die neue Rechtsprechung des BGH ist deshalb im Ergebnis zu begrüßen.[356] Auch wenn der BGH bisher offengelassen hat, ob für die Preisfortschreibung nach § 2 Abs. 5 und 6 dasselbe zu gelten hat wie für § 2 Abs. 3 Nr. 2,[357] wird dies in Literatur und Rechtsprechung mit Hinweis auf die weitgehend identische Interessenlage zumindest für **§ 2 Abs. 5** überwiegend ange-

---

[352] näher dazu in der 5. Aufl. § 1 Rn. 133 ff.
[353] Kniffka/Koeble Kompendium BauR 5. Aufl. Teil 5 Rn. 136 f.; s. auch Kniffka BauR 2012, 411 ff.
[354] von Rintelen NZBau 2017, 315 (318), der § 2 Abs. 5 u. 6 Grundprinzipien der Preisermittlung entnahm, die durch eine ergänzende Vertragsauslegung zu schließen seien.
[355] BGH NZBau 2013, 364 Rn. 14; so auch BGH NZBau 2013, 366 Rn. 17 für § 2 Abs. 6.
[356] Kritisch zur Herleitung der Entscheidung Kniffka/Koeble/Jurgeleit/Sacher Kompendium BauR/Kniffka Teil 4 Rn. 350.
[357] BGH NZBau 2022, 521 Rn. 23.

nommen.[358] Dafür spricht auch, dass die Formulierung „ein neuer Preis unter Berücksichtigung der Mehr- und Minderkosten zu vereinbaren" in § 2 Abs. 3 Nr. 2 und § 2 Abs. 5 S. 1 identisch ist. Eine Formulierung, die innerhalb einer Klauselwerkes, wie zB der VOB/B, mehrfach verwendet wird, ist grundsätzlich für alle Klauseln einheitlich auszulegen.[359]

136b Darüber hinaus kann kaum angenommen werden, dass der BGH für **§ 2 Abs. 6 Nr. 2 S. 1** in Abweichung von der „Zwillingsklausel" des § 2 Abs. 5 gestützt auf den abweichenden Klauseltext trotz des gleichen Regelungszwecks an der Berechnungsmethode der vorkalkulatorischen Preisfortschreibung festhalten wird. Die Formulierung „Die Vergütung bestimmt sich nach den Grundlagen der Preisermittlung für die vertragliche Leistung und den besonderen Kosten der geforderten Leistung" ist zwar ein wenig umfangreicher, ist aber hinsichtlich konkreter Vorgaben, wie der alte Preis und die tatsächlichen Mehrkosten in die Preisanpassung einfließen sollen, ebenfalls lückenhaft. Ihr kann die Anordnung einer vorkalkulatorischen Preisfortschreibung nicht entnommen werden.[360]

Geht es allerdings um **VOB/B-Verträge**, die **vor** derzeit **noch ausstehenden, endgültig klarstellenden Entscheidungen des BGH** zu § 2 Abs. 5 und 6 oder gar **vor dem am 8.8.2019** zu § 2 Abs. 3 Nr. 2 ergangenen Urteil **geschlossen** werden bzw. wurden, ist denkbar, dass sich eine Vertragspartei im Streit über die Auslegung von § 2 Abs. 5 und Abs. 6 gegenüber dem Verwender der VOB/B darauf berufen kann, angesichts der den Regelungen über Jahrzehnte entnommenen vorkalkulatorischen Preisfortschreibung seien die Klauseln gemäß § 305c Abs. 2 BGB für den in Rede stehenden Vertrag ebenso auszulegen,[361] bzw. es sei offensichtlich, dass die Parteien die Klauseln mit vertraglich bindender Wirkung (falsa demonstratio non nocet) übereinstimmend entsprechend den bei Vertragsschluss gängigen Vorstellungen durchschnittlicher Marktteilnehmer verstanden hätten.[362]

137 **d) Preisfortschreibung für seit dem 1.1.2018 geschlossene VOB/B-Bauverträge unmittelbar nach § 650c Abs. 1 BGB.** Nach hiesiger Auffassung braucht die in § 2 Abs. 5 und Abs. 6 hinsichtlich der Preisfortschreibungsmethode bestehende Regelungslücke für seit dem 1.1.2018 geschlossene Verträge nicht mehr durch eine ergänzende Vertragsauslegung geschlossen zu werden. Vielmehr ist die Lücke nun durch § 650c Abs. 1 und Abs. 2 BGB beseitigt.[363] Auch in diesem Zusammenhang ist darauf hinzuweisen, dass das gesetzliche Preisanpassungsrecht nach §§ 650b f. BGB und das VOB/B-Preisanpassungsrecht nach §§ 1

---

[358] zB Beck VOB/B/Althaus/Jansen § 2 Abs. 5 Rn. 47; Althaus NZBau 2022, 505 ff. mwN; KG NZBau 2019, 771; OLG Brandenburg NZBau 2020, 639; OLG Düsseldorf IBR 2020, 334 = BeckRS 2019, 40371; OLG Düsseldorf IBR 2022, 113 = BeckRS 2021, 32326; OLG Köln IBR 2024, 345.

[359] BGH NZBau 2010, 47 Rn. 19 für die Formulierung „in sich abgeschlossener Teil der Leistung" in § 8 Abs. 3 Nr. 1 S. 2 und § 12 Abs. 2.

[360] Beck VOB/B/Althaus/Jansen § 2 Abs. 6 Rn. 72; OLG Köln IBR 2021, 171; OLG Düsseldorf 18.12.23 – 22 U 98/23; siehe auch OLG München 3.2.2023 – 28 U 5927/22; anders KG IBR 2024, 111 = IBRRS 2024, 0434 mit kritischer Anm. Bolz.

[361] Dazu Kniffka/Koeble/Jurgeleit/Sacher Kompendium BauR/Kniffka Teil 4 Rn. 351.

[362] Siehe zu derartigen Fällen BGH NZBau 2013, 354 Rn. 14; NZBau 2019, 706 Rn. 22; OLG Hamm BeckRS 2021, 64986.

[363] So auch Kniffka/Koeble/Jurgeleit/Sacher Kompendium BauR/Kniffka Teil 4 Rn. 208g; anders Beck VOB/B/Althaus/Jansen § 2 Abs. 5 Rn. 47a f.

Abs. 3 und Abs. 4 S. 1, 2 Abs. 5 und Abs. 6 nicht eigenständig und unabhängig nebeneinanderstehen, sondern das Gesetz unmittelbar auch für VOB/B-Verträge gilt, soweit das Gesetz die prinzipiell selben Rechte wie die VOB/B regelt und die VOB/B die gesetzlichen Bestimmungen nicht abbedingt → Rn. 5, 97 ff. Die **Preisanpassungsregeln des § 650c Abs. 1 und 2 BGB** (→ Rn. 80) können somit nicht nur indirekt als praktikabler und interessengerechter Maßstab für eine Auslegung von § 2 Abs. 5 und 6 herangezogen werden.[364] Vielmehr **gelten sie für VOB/B-Verträge unmittelbar.** Das ist nur dann nicht der Fall, wenn die VOB/B für andere als Bauverträge vereinbart ist oder nach § 1 Abs. 3 Änderungen des „Bauentwurfs" angeordnet werden, die weiterreichen als die für BGB-Verträge vorgesehenen auf den „Werkerfolg" beschränkten Änderungen → Rn. 98b.

Dass § 650b BGB im Gegensatz zu § 1 Abs. 3 und Abs. 4 S. 1 ein besonderes **138** Verfahren vorsieht, bis ein einseitiges Anordnungsrecht des Auftraggeber nach § 650b Abs. 2 BGB ausgeübt werden kann, bedeutet nicht, dass die Anordnungsrechte als solche unterschiedlicher Qualität wären und deshalb die gesetzlichen Vorschriften für die Anordnung selbst und erst recht für die preislichen Folgen nicht auffüllend für Lücken der VOB/B-Regelungen herangezogen werden könnten. Auch die Tatsache, dass § 650c BGB in Absatz 1 auf eine „Anordnung des Bestellers nach § 650b Abs. 2" Bezug nimmt, steht der Anwendbarkeit auf Anordnungen und Verlangen nach § 1 Abs. 3 und 4 nicht entgegen. Trotz der insoweit ähnlichen Formulierung wird auch § 650d BGB von der überwiegenden Meinung zu Recht auch auf VOB/B-Verträge für anwendbar gehalten → Rn. 157. Wenn nämlich durch die VOB/B, also durch Allgemeine Geschäftsbedingungen, das Bauvertragsänderungsrecht nur lückenhaft in Abweichung vom Gesetz geregelt wird, bleibt das Gesetz Ausgangspunkt der Rechtsanwendung und ist für die Bereiche, die die VOB/B nicht mit geregelt hat, maßgeblich → Rn. 5, 97 ff. Das Anweisungsrecht nach § 1 Abs. 3 und Abs. 4 S. 1 stellt sich auf Grundlage der neuen Gesetzeslage nicht als ein aliud, sondern als Teilmodifikation der §§ 650b, 650c BGB dar, sodass es bei § 1 Abs. 3 und Abs. 4 wesensmäßig um Anordnungen im Sinne des Wortlauts des § 650c Abs. 1 S. 1 BGB geht.[365] Gegen dieses Verständnis zum Verhältnis des BGB- und des VOB/B-Anordnungsrechts spricht auch nicht, dass der Regierungsentwurf unter § 650c Abs. 4 BGB-E zunächst eine Einzelprivilegierung der VOB/B-Vertragsänderungsregeln auch deshalb vorsah, weil man meinte, dadurch die Möglichkeit einer vorkalkulatorischen Preisfortschreibung nach § 2 Abs. 5 und Abs. 6 perpetuieren zu können. Dieses Vorhaben, dem eine unrichtige Vorstellung vom Regelungsumfang der VOB-Klauseln zugrunde lag, hat man nicht umgesetzt, so dass einer Grundlagen- und Auffüllfunktion von § 650c Abs. 1 und 2 BGB für das VOB/B-Anweisungsrecht nichts im Wege steht.

Die Methode der **vorkalkulatorischen Preisfortschreibung** ist nach hiesiger **139** Auffassung demnach nur noch maßgeblich, wenn der Unternehmer von der ihm auch im Falle eines VOB/B-Vertrages zustehenden Möglichkeit Gebrauch macht, in Abweichung von § 650c Abs. 1 BGB auf eine **vereinbarungsgemäß hinterlegte Urkalkulation** zurückzugreifen (§ 650c Abs. 2 S. 1 BGB) und der Auftraggeber die Vermutung des § 650c Abs. 2 S. 2 BGB nicht widerlegen kann. Zudem kommt in Betracht, dass die Parteien für die Fälle des § 2 Abs. 5 und Abs. 6 bei oder nach Vertragsschluss eine **vorkalkulatorische Preisfortschreibung** ver-

---

[364] In diese Richtung Retzlaff BauR 2017, 1810.
[365] ähnlich KG NZBau 2021, 523 mit Anm. Oppler NZBau 2021, 514 (515).

einbaren. Das kann zB über entsprechende **Vergabebedingungen,** wie sie häufig von der öffentlichen Hand verwendet werden,[366] oder auch **stillschweigend** dadurch geschehen, dass die Parteien die VOB/B in ihren Vertrag einbeziehen und § 2 Abs. 5 und Abs. 6 übereinstimmend dahin verstehen, die Regelungen sähen eine vorkalkulatorische Preisfortschreibung vor. Dann gilt nicht der objektive Regelungsgehalt von §§ 650b f. BGB und § 2 Abs. 5 und Abs. 6, sondern nach allgemeinem Vertragsrecht das übereinstimmend Gewollte.[367] Eine Einigung über eine vorkalkulatorische Preisfortschreibung kommt aber nicht schon dadurch zustande, dass der Auftraggeber die Urkalkulation des Auftragnehmers lediglich anfordert.[368] Erfolgt die **Vereinbarung einer vorkalkulatorischen Preisfortschreibung** zwecks Fortschreibung des früheren Verständnisses der VOB/B **durch AGB,** dürfte diese Klausel, wenn sich der Verwender zum Nachteil seines Vertragspartners auf sie beruft, einer Inhaltskontrolle nicht standhalten, weil sie dem nunmehr durch § 650c Abs. 1 und 2 BGB geschaffenen gesetzlichen Leitbild widerspricht[369] und die Anwendung der vorkalkulatorischen Preisfortschreibung zu einer unangemessenen Benachteiligung des Vertragspartners des Verwenders führen kann → Rn. 136.

140 e) **Isolierte AGB-Inhaltskontrolle der in § 2 Abs. 5 u. 6 formulierten Preisermittlungskriterien.** Ausgehend von der **früher gängigen,** aber schon lange umstrittenen **Vorstellung,** trotz der bei unbefangener Analyse wenig aussagekräftigen Fassung könne § 2 Abs. 5 und 6 durch Auslegung die Festlegung einer **vorkalkulatorischen Preisfortschreibung** entnommen werden, lag es nahe, die Klauseln bei einer isolierten Inhaltskontrolle, die außerhalb der Privilegierung des § 310 Abs. 1 S. 3 BGB zu erfolgen hat → Rn. 167, zu Gunsten der Vertragspartei, der die VOB/B gestellt wurde, für unwirksam zu halten.[370] Der Wortlaut war hinsichtlich der Preisfortschreibung unklar und missverständlich, sodass die Klauseln zu Recht teilweise für intransparent iSv. § 307 Abs. 1 S. 2 BGB gehalten wurden.[371] Im Übrigen hätten auch ihre inhaltlichen, nicht interessengerechten Schwächen dazu führen sollen, die Klauseln gemäß § 307 Abs. 1 S. 1 BGB für unangemessen zu erachten. Die problematische Ausgestaltung von § 2 Abs. 5 und Abs. 6 ist mit dem 1.1.2018 nicht ohne Weiteres erledigt, weil bei der im Rahmen der AGB-Inhaltskontrolle gebotenen kundenfeindlichsten Auslegung als unklar angesehen werden kann, ob die gesetzliche Preisfortschreibung nach § 650c BGB auch für VOB/B-Verträge gilt.

140a Noch nicht endgültig geklärt ist, ob die Defizite durch die **neue Entscheidung des BGH** vom 8.8.2019 ausgeräumt sind und § 2 Abs. 5 und Abs. 6 jetzt bei isolierter Inhaltskontrolle als AGB-rechtskonform gelten können. Falls man die Klauseln unter Übertragung der zu § 2 Abs. 3 Nr. 2 ergangenen Rechtsprechung des BGH nun so versteht, dass sie die konkrete Art der Preisfortschreibung ungeregelt lassen und die insoweit bestehende Lücke nach allgemeinen Regeln zu schließen ist, liegt nahe, dass sie bezogen auf die Preisermittlungsmaßstäbe einer isolier-

---

[366] Siehe Kniffka/Koeble/Jurgeleit/Sacher Kompendium BauR/Kniffka Teil 4 Rn. 350 a.E.; OLG Schleswig IBR 2022, 503 mit Anm. Luz.

[367] BGH NZBau 2013, 354 Rn. 14; NZBau 2019, 706 Rn. 22; OLG Hamm BeckRS 2021, 64986; allg. für AGB BGH NZBau 2009, 784 Rn. 16 mwN.

[368] OLG Bamberg IBR 2023, 119.

[369] Beck VOB/B/Althaus/Jansen § 2 Abs. 5 Rn. 147.

[370] Anders in älteren Entscheidungen BGH NJW 1996, 1346 Rn. 26; 1996, 2158 Rn. 15.

[371] Siehe Kniffka/Koeble/Jurgeleit/Sacher Kompendium BauR/Kniffka Teil 4 Rn. 351a.

ten AGB-Inhaltskontrolle standhalten, weil sie insoweit schlicht keine relevanten Vorgaben enthalten. Solange der BGH aber weiterhin ausdrücklich offenlässt,[372] ob die Preisanpassung im Rahmen von § 2 Abs. 5 und Abs. 6 unter Abkehr von der früher gängigen vorkalkulatorischen Preisfortschreibung ebenso vorzunehmen ist, wie er das jetzt für § 2 Abs. 3 Nr. 2 entschieden hat, ist zweifelhaft, ob die unklaren VOB/B-Bestimmungen – auch ohne Zutun des DVA – bereits als soweit „repariert" angesehen werden können, dass sie auch bei der für die Wirksamkeitsbeurteilung maßgeblichen kundenfeindlichsten Auslegung einer AGB-Kontrolle standhalten. Wie den neuen Entscheidungen des BGH zu § 2 Abs. 3 Nr. 2 zu entnehmen sein dürfte, hält er derartige Zweifel aber offenbar auch für Altverträge, die vor Erlass der Urteile geschlossen wurden, nicht für durchgreifend und wird deshalb, wenn er seine Rechtsprechung aller Voraussicht nach auf § 2 Abs. 5 und 6 übertragen wird, wohl auch insoweit davon ausgehen, dass den Klauseln entgegen dem über Jahrzehnte vorherrschenden Verständnis offensichtlich keine Vorgaben für die Methode der Preisanpassung zu entnehmen sind und sie demnach – auch bezogen auf Altverträge – hinreichend transparent und angemessen sind. Die neue Auslegung soll nämlich rückwirkend auch für die Zeit vor der Entscheidung des BGH vom 8.8.2019 gelten, wie daraus folgt, dass der BGH die darin neu aufgestellten Grundsätze auf einen Altfall angewendet hat.[373]

3. Anspruch auf Abschläge für die Mehrvergütung. Der Auftragnehmer **141** kann gemäß § 16 Abs. 1, § 632a Abs. 1 BGB **Abschläge** in Höhe des gesamten Wertes der jeweils nachgewiesenen vertragsgemäßen Leistungen auch **bezogen auf Nachträge** fordern, zu denen es aufgrund von Anordnungen und Verlangen nach § 1 Abs. 3 und 4 S. 1 gekommen ist. Zur erleichterten Durchsetzbarkeit von Abschlagsforderungen, die sich (auch) auf geänderte oder zusätzliche Leistungen beziehen, gewährt das Gesetz dem Auftragnehmer zudem gemäß § 650c Abs. 3 BGB die Möglichkeit, 80 % einer in einem Angebot nach § 650b Abs. 1 S. 1 BGB genannten Mehrvergütung anzusetzen, wenn sich die Parteien nicht über die Höhe geeinigt haben oder keine anderslautende gerichtliche Entscheidung ergeht. Der Auftragnehmer kann zwischen beiden Möglichkeiten wählen. Wenn man der hiesigen Ansicht folgt, dass die in § 650b Abs. 1 S. 2 BGB normierte Angebotspflicht des Auftragnehmers prinzipiell auch für VOB/B-Verträge gilt → Rn. 128, ist es entgegen teilweise vertretener Ansicht[374] konsequent, auch die **80 %-Regelung des § 650c Abs. 3 BGB** auf **VOB/B-Bauverträge** anzuwenden.[375] Erforderlich ist allerdings, dass innerhalb einer Preisfindungsphase, die auch nach § 2 Abs. 5 und Abs. 6 stattfinden soll, tatsächlich ein Angebot abgegeben wurde. Eine nachträgliche Erstellung allein zwecks Durchsetzung eines 80%-Abschlags reicht nicht. Soweit weiter einengend die Meinung vertreten wird, die Anwendbarkeit der 80%-Regelung auf VOB/B-Bauverträge erfordere, dass der Unternehmer das Angebot gemäß § 650b Abs. 1 S. 2 BGB bereits im Vorfeld einer Änderungsanordnung abgegeben habe,[376] dürfte das nicht richtig sein. Die 80%-Regelung würde dann bei Anwendung des von der VOB/B vorgesehenen

---

[372] BGH NZBau 2022, 521 Rn. 23.
[373] BGH NZBau 2019, 706.
[374] zB Kniffka/Koeble/Jurgeleit/Sacher Kompendium BauR/Kniffka Teil 4 Rn. 324; Kniffka/Jurgeleit/von Rintelen BauVertrR § 650c Rn. 151.
[375] Im Ergebnis zB auch KG NJW 2022, 548; KG NZBau 2021, 523; OLG München12.3.2024 – 9 U 3791/23; Ingenstau/Korbion/Locher VOB/B § 16 Abs. 1 Rn. 6.
[376] So OLG München 12.3.2024 – 9 U 3791/23.

Vertragsänderungsverfahren generell nicht greifen, wenn nicht ausnahmsweise abweichend von der VOB/B-Konzeption Vertragsverhandlungen bereits im Vorfeld der Änderungsanordnung und nicht erst danach geführt werden. Dass § 2 Abs. 5 und Abs. 6 Preisverhandlungen – insoweit unter Modifizierung des Gesetzes – erst im Anschluss an die einseitige Anweisung des Auftraggebers vorsehen, kann nicht so verstanden werden, dass bei Einhaltung dieses Verfahrensgangs die 80%-Regelung abbedungen sein soll. Falls die Erstellung eines Angebotes im Anschluss an eine auf § 2 Abs. 5 oder Abs. 6 gestützte Anweisung des Auftraggebers den ernsthaften Wunsch des Auftragnehmers nach einer Preisvereinbarung erkennen lässt, kann sein Angebot nach Scheitern der Verhandlungen Grundlage einer Forderung nach 80% Abschlag sein.

141a Aus § 16 Abs. 1 folgt nichts anderes. Die Klausel regelt das Recht auf Abschlagszahlungen nicht abschließend in dem Sinne, dass die gesetzlich mit § 650c Abs. 3 BGB nun zusätzlich geschaffene Möglichkeit ausgeschlossen sein soll. Vielmehr enthält § 16 Abs. 1 nur Modifizierungen und Ergänzungen bezogen auf den im Gesetz unter § 632a Abs. 1 BGB geregelten Anspruch auf 100 % des Wertes der erbrachten Leistungen, der insgesamt nachgewiesen werden muss. Soweit das Gesetz dem Auftragnehmer nunmehr mit § 650c Abs. 3 BGB auch eine andere Vorgehensweise einräumt, findet sich in der VOB/B keine darauf bezogene, dies abbedingende Klausel.[377] Gegen die Anwendbarkeit der 80%-Regelung spricht auch nicht, dass § 650c Abs. 1 BGB auf eine „Anordnung nach § 650b Abs. 2 BGB" Bezug nimmt → Rn. 138. Dieses Argument wird von der überwiegenden Meinung jedenfalls in anderem Zusammenhang für nicht stichhaltig gehalten, indem man annimmt, § 650d BGB sei auf VOB/B-Verträge anwendbar, obwohl sein Wortlaut als Anwendungsbereich das Anordnungsrecht nach § 650b BGB und die Vergütungsanpassung nach § 650c BGB nennt → Rn. 157. Dann kann eine derartige Anknüpfung auch eine Anwendung des § 650c Abs. 3 BGB auf VOB/B-Verträge nicht hindern. Das ist auch inhaltlich richtig, weil die als AGB vereinbarten VOB/B-Klauseln lediglich vertragliche Ausgestaltungen der nun geltenden gesetzlichen Bestimmungen sind → Rn. 5, 97b. Zwecks Vermeidung von Auseinandersetzungen über die Anwendbarkeit der 80 %-Regelung wäre es aber sinnvoll, wenn der DVA der vom Arbeitskreis Ib – Bauvertragsrecht des 7. Deutschen Baugerichtstages am 5.5.2018 in Hamm mit deutlicher Mehrheit ausgesprochenen Empfehlung folgen würde, die Regelung des § 650c Abs. 3 BGB in die VOB/B aufzunehmen bzw. auf andere Weise klarzustellen, dass die Regelung auch für VOB/B-Verträge gilt.

141b **4. Anspruch auf Sicherheiten für die Mehrvergütung.** Hinsichtlich der durch eine **Nachtragsleistung** eingetretenen Wertsteigerung bzw. einer Nachtragsvergütung gelten die in §§ 650e, 650f BGB normierten **Sicherungsrechte** grundsätzlich ebenso wie für eine infolge Leistungen auf den Ursprungsvertrag erfolgte Wertsteigerung oder verdiente Vergütung. Zu § 648a BGB a.F., der Vorgängerregelung des § 650f BGB, hat der BGH ausgeführt, der Auftragnehmer, der eine Bauhandwerkersicherung für eine Nachtragsleistung fordere, müsse den Rechtsgrund, insbesondere eine durch den Auftraggeber erfolgte Anordnung nach § 1 Abs. 3 oder ein Verlangen nach § 1 Abs. 4 S. 1 darlegen und ggf. beweisen, während für die Höhe des nach § 2 Abs. 5 oder § 2 Abs. 6 bestehenden Vergütungsanspruchs ein schlüssiger Vortrag reiche.[378]

---

[377] So auch Retzlaff BauR 2017, 1812; Manteufel BauR 2024, 349; anders zB Kniffka/Jurgeleit/von Rintelen BauVertrR § 650c Rn. 151 mwN zum Meinungsstand.
[378] BGH NZBau 2023, 162 Rn. 28 ff in Fortführung von NZBau 2014, 343 Rn. 29; NZBau 2024, 208 Rn. 47.

Art und Umfang der Leistung **§ 1**

5. **Anpassung der Ausführungsdauer.** Eine ursprünglich ausdrücklich oder 142
konkludent vereinbarte **Ausführungsdauer** ist gemäß der für die Ursprungsleistung vorgesehenen Baugeschwindigkeit anzupassen, wobei dies jedoch nicht als rein schematische Fortschreibung des ursprünglichen Zeitplans verstanden werden darf, sondern betriebliche Besonderheiten des Auftragnehmers, bereits im Rahmen seiner Dispositionsbefugnis getroffene Vorbereitungsmaßnahmen und Erschwernisse, die sich bei Ausführung der geänderten Leistung ergeben (zB Materialbeschaffung), zu berücksichtigen sind. Der Auftragnehmer muss nicht schon im Vorfeld einer für ihn zumeist nicht absehbaren Leistungsänderung betriebliche Kapazitäten vorhalten. Er hat lediglich im Rahmen seiner Möglichkeiten eine angemessene und zügige Ausführungsdauer für die neue Leistung sicherzustellen. Insoweit sind weitgehend dieselben Kriterien relevant, die § 6 Abs. 2–4 für behinderungsbedingte Fristverlängerungen nennt. Die Leistungsänderung kann zu einer **Verlängerung der Bauzeit** führen (zur Darlegung einer Bauzeitverlängerung auch → Rn. 91), aber auch zu einer **Verkürzung,**[379] wenn die geänderte Maßnahme weniger aufwändig ist, es sei denn durch eine Verkürzung der Bauzeit würde entgegen den betrieblichen Erfordernissen des Auftragnehmers in seinen Ablaufplan oder aus anderen Gründen in seine Dispositionsbefugnis eingegriffen.[380]

Sogenannte **Pufferzeiten,** also Zeitreserven, die nach Maßgabe des von den 143
Vertragsparteien vereinbarten Zeitplans bestehen, braucht der Auftragnehmer zur Geringhaltung von Bauzeitverlängerungen, die der Auftraggeber durch eine Änderungsanordnung oder auf andere Weise (zB Behinderungen) verursacht, grundsätzlich nicht abzugeben, soweit er bei Vertragsschluss davon ausgehen durfte, er könne über die Reserven im Rahmen seiner unternehmerischen Disposition – ggf. auch zur Behebung selbst zu vertretender Schwierigkeiten – verfügen und er die Zeitreserven dann auch tatsächlich benötigt. Etwas anderes gilt dann, wenn der ursprüngliche Zeitplan nach den dem Auftragnehmer bekannten Umständen deshalb Zeitreserven enthielt, weil der Auftraggeber diese bei Bedarf selbst zur Klärung noch offener Bauablauffragen, zwecks etwaiger Änderungen oder Ergänzungen oder zwecks Koordinierung verschiedener Gewerke in Anspruch würde nehmen wollen, und der Auftragnehmer deshalb erkennen musste, dass Zeitreserven ihm nur vorbehaltlich einer schon bei Vertragsschluss in Betracht kommenden Inanspruchnahme durch den Auftraggeber zur Verfügung stehen würden. Demgemäß ist im Falle einer bauzeitrelevanten Änderungsanordnung bei der Anpassung der Ausführungsdauer im Einzelfall zu prüfen, wessen Interesse etwaige Pufferzeiten dienen sollten, inwieweit Pufferzeiten schon verbraucht sind, ob der schon eingetretene Verbrauch von Pufferzeiten vertraglich zulässig war und ob dem Auftragnehmer angesichts der zum Zeitpunkt der Änderungsanordnung bestehenden unternehmerischen Situation im Lichte einer interessengerechten Auslegung der Ursprungsvereinbarung eine Abgabe von Pufferzeiten (noch) zumutbar ist. Auch soweit Pufferzeiten nach Auslegung des Ursprungsvertrages zur freien Verwendung des Auftragnehmer stehen sollten, darf er sie nicht grundlos verfallen lassen, sondern muss sie, wenn er sie absehbar anderweitig nicht mehr benötigt, wegen der von ihm zu erwartenden Kooperationsbereitschaft auch zur Bewältigung von ihm nicht zu verantwortender Probleme

---

[379] Kapellmann/Messerschmidt/von Rintelen § 1 Rn. 126.
[380] Einschränkend auch Beck VOB/B/Kues § 1 Abs. 3 Rn. 149.

einsetzen, um Verzögerungen gering zu halten.[381] Will der Auftraggeber von der nach der jeweiligen Sachlage gebotenen Anpassung der Ausführungsdauer abweichen, kann er unter den oben bereits beschriebenen Voraussetzungen eine auf die Bauzeit bezogene Änderung anordnen → Rn. 113.

144 Entsprechend dem Kooperationsgebot sollen sich die Parteien nicht nur gemäß § 2 Abs. 5 auf einen neuen Preis verständigen, sondern unter Berücksichtigung der ursprünglichen Baugeschwindigkeit und der beiderseitigen Gegebenheiten und Interessen auch auf **neue Randbedingungen** der Auftragserfüllung, soweit die ursprünglich vereinbarten Randbedingungen nicht mehr zu der geänderten Leistung passen. Sind für die Ursprungsleistung Ausführungsfristen, § 5, im Wege einer **kalendermäßigen Bestimmung** vereinbart, § 286 Abs. 2 Nr. 1 BGB, wird diese hinfällig, wenn eine Anweisung nach § 1 Abs. 3 oder Abs. 4 die bisherigen Zeitplanung durcheinanderbringt. Die Fristen verlängern sich dann nicht ohne Weiteres im Sinne einer kalendermäßigen Bestimmung um einen bestimmten Zeitraum. Hierzu bedarf es unter Berücksichtigung der Auftragsänderung oder -erweiterung einer erneuten kalendermäßigen Bestimmung durch die Parteien. Fehlt diese, bedarf es einer **verzugsbegründenden Mahnung.**[382] Dasselbe gilt zB, wenn der Auftragnehmer den Zeitplan schuldlos wegen den Baufortschritt hindernder Corona-Maßnahmen nicht einhalten konnte.[383]

IX. Streit über die Wirksamkeit einer Änderungsanordnung

145 Hält der Auftragnehmer eine Änderungsanordnung des Auftraggebers für unwirksam, zB weil sie wegen ihrer Art oder ihres Umfangs nicht unter den Begriff „Änderung des Bauentwurfs" subsumiert werden könne → Rn. 103 ff., weil sie nicht der nach hiesiger Ansicht erforderlichen Textform entspreche → Rn. 97 ff., weil sie mangels hinreichender Konkretisierung oder vom Auftraggeber geschuldeter Planung nicht umsetzbar sei → Rn. 102 oder weil ihre Befolgung unzumutbar sei → Rn. 122 ff., hält der Auftraggeber aber an ihr fest, stellt sich die Frage, wie die Parteien mit dieser Situation umgehen können.

146 **1. Leistungsverweigerungs- und Kündigungsrecht.** Der **Auftraggeber,** der seine Änderungsanordnung für wirksam hält, kann dem Auftragnehmer gemäß § 5 Abs. 4 eine angemessene **Frist zur Vertragserfüllung** setzen und den Vertrag nach fruchtlosem Ablauf der Frist gemäß § 8 Abs. 3 **(teil)kündigen.** Dadurch läuft er allerdings Gefahr, später Ansprüche des Auftragnehmers bedienen zu müssen, falls die Gerichte die Änderungsanordnung doch als unwirksam ansehen oder aus anderen Gründen die Voraussetzungen einer Kündigung aus wichtigem Grund verneinen und die Kündigung deshalb in eine freie Kündigung nach §§ 8 Abs. 1, 648 BGB umdeuten sollten. Sinnvoll ist es deshalb, wenn der Auftraggeber bei hinsichtlich der Wirksamkeit seiner Änderungsanordnung unsicherer Rechtslage von der nun durch § 650d BGB vereinfachten Möglichkeit Gebrauch macht, die Pflicht des Auftragnehmers zur Ausführung einer Änderungsanordnung vorläufig

---

[381] Dazu OLG Bremen IBR 2021, 509 = BeckRS 2019, 58053; OLG Köln BauR 2014, 1309; OLG Düsseldorf BauR 2011, 1969; KSM/Markus BauV Bd. 1 Rn. 1483 ff.; RVL Bauzeit-HdB Rn. 655 ff.; zumeist werden Pufferzeiten entgegen der obigen Differenzierung einseitig dem Verfügungsbereich des Auftragnehmers zugerechnet, so auch Ingenstau/Korbion/Döring § 6 Abs. 4 Rn. 3.
[382] BGH NZBau 2003, 498; OLG Bremen IBR 2021, 509 = BeckRS 2019, 58053.
[383] KG NZBau 2022, 590.

durch Erwirken einer **einstweiligen Verfügung** klären zu lassen. § 650d BGB wird zu Recht von der wohl überwiegenden Meinung in Rechtsprechung und Literatur für anwendbar auch auf VOB/B-Bauverträge gehalten → Rn. 157 f. Er ermöglicht nach wohl ebenfalls überwiegender Meinung grundsätzlich auch Leistungs- und Feststellungsverfügungen → Rn. 163 ff. In Fortführung der beiderseits bestehenden Kooperationspflicht kann es in Zweifelsfällen sogar rechtlich geboten sein, dass vor einer Kündigung aus wichtigem Grund eine Klärung der dem geordneten Baufortgang entgegenstehenden Meinungsverschiedenheiten nicht konfrontativ, sondern über § 650d BGB, der eigens zur praktikablen Bewältigung von Auseinandersetzungen über das Anordnungsrecht und die Vergütungsanpassung geschaffen worden ist, mithilfe der Gerichte gesucht wird. Eine solche Verpflichtung dürfte allerdings erst in Betracht kommen, wenn die zahlreichen offenen Rechtsfragen → Rn. 159 ff., deren Klärung der Gesetzgeber aufgrund der unbefriedigenden Formulierung des § 650d BGB den Gerichten überlassen hat, rechtssicher beantwortet sind.

Der **Auftragnehmer** kann die Ausführung einer ihm unberechtigt abverlangten 146a Änderung verweigern. Der Streit um die Änderung berechtigt ihn grundsätzlich aber nicht, auch andere von der Anordnung nicht berührte **Leistungen einzustellen**, § 18 Abs. 5. Soweit aber eine Ausführung der ursprünglich vereinbarten Leistungen wegen der geänderten Wünsche des Auftraggebers nicht mehr in Betracht kommt, kann der Auftragnehmer gemäß § 6 Abs. 1 und 6 Behinderung anmelden und Schadensersatz oder gemäß § 642 BGB eine Entschädigung verlangen.[384] Wenn der Auftraggeber ernsthaft und endgültig allein die Ausführung der von ihm rechtsgrundlos gewünschten Änderung zulassen will, ohne die vertragswidrige Problematik durch vertragsgemäße Erklärungen zu beheben oder den Streit über die Beantragung einer einstweiligen Verfügung (§ 650d BGB) zu klären, und damit seine bauvertragliche Kooperationspflicht verletzt,[385] kann der Auftragnehmer im Anschluss an eine fruchtlose Fristsetzung (§ 9 Abs. 2 S. 2) gemäß § 9 Abs. 1 Nr. 1 die **Teilkündigung** aussprechen und im Falle einer allgemeinen Zerrüttung des Vertragsverhältnisses oder von wesentlichen Auswirkungen der Änderungsproblematik auf die zu erbringende Gesamtleistung die Arbeiten ausnahmsweise auch insgesamt einstellen[386] und schließlich eine **Gesamtkündigung** erklären. Auch der Auftragnehmer sollte aber in Zweifelsfällen – auch in seinem eigenen Interesse zwecks Vermeidung ihn womöglich treffender Schadensersatzforderungen – erwägen, in Fortführung des Kooperationsgebotes eine **einstweilige Verfügung** herbeizuführen, bevor er tatsächliche Maßnahmen ergreift oder das Vertragsverhältnis betreffende Erklärungen abgibt, die das Bauvorhaben massiv stören und dadurch erhebliche Kosten verursachen können.

2. Befolgung einer unberechtigten Änderungsanordnung. Falls der Auf- 147 tragnehmer eine durch § 1 Abs. 3 nicht gedeckte Anordnung ausführt, kann er entsprechend § 2 Abs. 5 eine **Anpassung der Vergütung** verlangen. Selbst wenn man richtigerweise → Rn. 92 meint, § 2 Abs. 5 erfasse nur die Fälle einer vertraglich gerechtfertigten, wirksamen Änderung des Bauentwurfs oder einer wirksamen anderen Anordnung,[387] kann der Auftragnehmer nicht schlechter stehen, wenn

---

[384] Beck VOB/B/Kues § 1 Abs. 3 Rn. 143; Ingenstau/Korbion/Keldungs B § 1 Abs. 3 Rn. 17.
[385] Kuffer ZfBR 2004, 110 (116 ff.).
[386] OLG Koblenz IBR 2015, 9.
[387] Zu dieser Problematik Beck VOB/B/Kues § 1 Abs. 3 Rn. 54.

er sich – bei möglicherweise unklarer Rechtslage – auf die Änderung einlässt.[388] Sind sich die Parteien bewusst, dass die einseitige Anordnung des Auftraggebers möglicherweise unwirksam ist und einigen sie sich dennoch auf die Ausführung des Ansinnens, kann man das damit begründen, dass die Parteien eine zweiseitig vereinbarte Vertragsänderung zur Grundlage des Weiterbaus machen, sodass es auf die Wirksamkeit der vorherigen einseitigen Anordnung nicht mehr ankommt. Zumindest ist es dem Auftraggeber idR nach Treu und Glauben verwehrt, gegenüber dem Vergütungsverlangen des Auftragnehmers eine Unwirksamkeit seiner, des Auftraggebers, Anordnung einzuwenden (siehe auch → Rn. 97e).

X. Streit, ob eine gewünschte Leistung zum bepreisten Bausoll gehört oder eine Änderungsanordnung erforderlich ist

148 Sind die Vertragsparteien einig, dass eine bestimmte Leistung auszuführen ist, streiten aber darüber, ob der Auftragnehmer die Leistung auch ohne Änderungsanordnung und Mehrvergütung schon nach dem Ursprungsvertrag schuldet, können sie ihren **Streit endgültig beilegen** und sich auf die eine oder die andere Ansicht verständigen.[389] Dann gilt diese **nachträgliche Einigung**, so dass der Auftragnehmer, wenn er sich auf die Rechtsmeinung des Auftraggebers eingelassen hat, keinen Anspruch auf eine geänderte Vergütung hat. Eine derartige Einigung kann auch dadurch zustande kommen, dass der Auftraggeber bei Verhandlungen von seiner Forderung nach Unentgeltlichkeit nicht abweicht und der Auftragnehmer die Leistung dann ausführt, ohne sein Bezahlverlangen noch einmal zum Ausdruck zu bringen. Hat sich dagegen der Auftraggeber dem Verständnis des Auftragnehmers angeschlossen, kann dieses Eingeständnis als Änderungsanordnung zu verstehen sein, so dass der Auftragnehmer dann eine geänderte Vergütung nach §§ 1 Abs. 3, 2 Abs. 5 verlangen kann (zur vorbehaltlosen Bezahlung einer den Nachtrag enthaltenden Schlussrechnung und zur Übersendung einer geprüften und insoweit akzeptierten Schlussrechnung → Rn. 129). Zwar gilt das Textformerfordernis des § 650b Abs. 2 S. 1 BGB, das für seit dem 1.1.2018 geschlossene BGB-Verträge normiert ist, nach hiesiger Ansicht auch für das Anordnungs- und Verlangensrecht nach § 1 Abs. 3 und 4 S. 1 → Rn. 97 ff. Wenn die Parteien den Streit über die Notwendigkeit oder Wirksamkeit einer Anweisung aber einverständlich beilegen, gilt die Textform für diese zweiseitige Absprache nicht. An die Vereinbarung sind die Parteien vorbehaltlich einer Nichtigkeit, Anfechtbarkeit, Widerruflichkeit, Störung der Geschäftsgrundlage (§§ 313, 779 BGB) oder eines auf Aufhebung gerichteten Schadensersatzanspruches auch dann gebunden, wenn sie der Rechtslage nicht entsprach. Verständigen sich die Parteien auf die Notwendigkeit oder Wirksamkeit einer Anweisung nach § 1 Abs. 3 oder Abs. 4 S. 1, ist das im Zweifel so zu verstehen, dass die Preisanpassung nach den dafür geltenden Regelungen erfolgen soll.

149 Können die Parteien ihren Streit nicht abschließend beilegen, ob das Ansinnen des Auftraggebers einer kostenrelevanten Änderungsanordnung bedarf oder ob es sich um eine kostenneutrale Anweisung, zB gemäß § 4 Abs. 1 Nr. 3 S. 1, die zur vertragsgemäßen Ausführung der schon ursprünglich bepreisten Leistung notwendig ist, handelt, kann es sinnvoll sein, eine den Baufortschritt beeinträchtigende Auseinandersetzung zurückzustellen und die Anwendung von §§ 2 Abs. 5, 650c

---

[388] So auch zum BGB-Vortrag Langen BauR 2019, 316.
[389] Dazu BGH NZBau 2012, 432 Rn. 16; 2005, 453 Rn. 26.

Art und Umfang der Leistung **§ 1**

BGB mittels einer **Zwischeneinigung** einverständlich davon abhängig zu machen, ob die Arbeiten im Rahmen eines von den Parteien zu führenden Rechtsstreits als geänderte Leistungen bewertet werden.[390] Eine solche Vereinbarung kann konkludent auch dadurch geschlossen werden, dass der Auftragnehmer die strittige Leistung unter der Bedingung späterer gerichtlicher Überprüfung anbietet und der Auftraggeber die Leistung insoweit widerspruchslos entgegennimmt. Diese Verfahrensweise hat für den Auftragnehmer allerdings den Nachteil, dass er für eine letztlich womöglich zusätzlich zu vergütende Leistung ohne den Erhalt von Abschlagszahlungen und Sicherheiten zunächst in Vorleistung tritt, falls die Parteien nicht auch insoweit eine vorläufige (Teil)Lösung finden (zB Stellung einer Bürgschaft, Zahlung auf ein Treuhandkonto, Zahlung an den Auftragnehmer gegen eine von diesem zu stellende Bürgschaft). Ausgehend von der hiesigen und wohl auch herrschenden Meinung (→ Rn. 156 ff.), dass § 650d BGB auf VOB/B-Verträge anwendbar ist, sollten die Parteien bei Streitigkeiten über die Notwendigkeit einer kostenrelevanten Anordnung versuchen, im Wege der einstweiligen Verfügung eine vorläufige Klärung herbeizuführen. Ob § 650d BGB eine Feststellungsverfügung zulässt und wie sich die Rechtslage darstellt, wenn sich die Feststellung in einem späteren Hauptsacheverfahren als unrichtig erweist, ist bisher allerdings ungeklärt. → Rn. 163 ff.

Bleibt der **Streit,** ob eine Leistung bereits im Ursprungsvertrag bepreist ist, **150** dagegen **ungelöst** und stellt der Auftragnehmer eine Ausführung der ihm abverlangten Leistung einseitig gegen den Widerspruch des Auftraggebers unter den Vorbehalt einer Mehrforderung, fehlt es an einer Änderungsanordnung des Auftraggebers. Selbst wenn die Auffassung des Auftraggebers unrichtig sein sollte und sachlich eine Änderung in Rede steht, liegen die Voraussetzungen der §§ 1 Abs. 3, 2 Abs. 5 mangels einer Änderungswillens des Auftraggebers erkennbar nicht vor → Rn. 116 f. Dennoch kann dem Auftragnehmer in derartigen Fällen, die letztlich durch die Kooperationsunwilligkeit und eine unrichtige Vertragsauslegung seitens des Auftraggebers problematisch geworden sind, gemäß § 242 BGB ein Recht auf eine entsprechend §§ 2 Abs. 5, 650a BGB **geänderte Vergütung** zustehen, wenn er die ihm abverlangte Leistung ausführt. Einem widersprüchlich agierenden Auftraggeber kann es nach Treu und Glauben uU verwehrt sein, sich gegenüber einem Preisanpassungsverlangen des Auftragnehmers auf eine fehlende Anordnung zu berufen.[391] Andernfalls kann ein Anspruch nach § 2 Abs. 8 in Betracht kommen.

Der **Auftragnehmer** braucht sich auf die mit einer solchen Vorgehensweise **150a** verbundenen Risiken indes nicht einzulassen, sondern kann im Falle der Weigerung des Auftraggebers zur Erteilung einer in der Sache gebotenen, vergütungspflichtigen Anweisung die **Ausführung der Leistung ablehnen,** die ihm der Auftraggeber ohne Mehrvergütung abverlangen will. Solange keine wirksame Änderungsanordnung bzw. kein Verlangen nach Ausführung einer zusätzlichen Leistung erklärt wird, gehört die in Rede stehende Leistung nicht zum Bausoll. Das Recht zur Arbeitseinstellung umfasst auch andere Leistungen, die ohne Klärung des Streits nicht sinnvoll erledigt werden können. Bleibt der Auftraggeber trotz der partiellen Arbeitseinstellung des Auftragnehmers bei seiner Ansicht, er brauche keine vergütungspflichtige Anweisung zu erteilen, kann der Auftragnehmer den Vertrag im Umfang der berechtigten Arbeitseinstellung nach fruchtlosem

---

[390] Zu einer ähnlichen Konstellation BGH NJW 1999, 416 Rn. 12.
[391] OLG Hamm IBR 2020, 5 = BeckRS 2017, 162090; KG NZBau 2021, 782.

Ablauf einer zunächst gemäß § 9 Abs. 2 S. 2 zu setzenden Frist gemäß § 9 Abs. 1 Nr. 1 **teilkündigen**[392] und wegen des Unterlassens einer notwendigen Mitwirkungshandlung ggf. **Ansprüche nach § 6 Abs. 6, § 642 BGB** geltend machen[393] → Rn. 90. Er braucht nicht etwas auszuführen, was mangels rechtsgeschäftlicher Anordnung nicht Gegenstand des Vertrages ist, andererseits aber auch nicht das, was der Auftraggeber so nicht mehr wünscht. Dem steht § 18 Abs. 5 nicht entgegen, wonach Streitfälle den Auftragnehmer nicht berechtigen, die geschuldeten Arbeiten einzustellen.[394] Diese Regelung kann den Auftragnehmer nur innerhalb eines wirksam in den Vertrag einbezogenen Vertragssolls, an dem der Auftraggeber festhalten will, zur Weiterarbeit verpflichten. Die Einstellung der Arbeiten auch hinsichtlich der weiteren, von dem Streit nicht betroffenen Leistungsteile und eine **Gesamtkündigung** kommen dagegen nur ausnahmsweise in Betracht → Rn. 146, insbesondere wenn der unstrittige Leistungsteil ohne Klärung der Angelegenheit aus technischer Sicht oder wegen unabwendbarer kaufmännischer Interessen des Auftragnehmers keinen Sinn macht oder der Umfang der streitigen Nachträge im Verhältnis zur insgesamt ausstehenden Leistung einen überragenden Anteil ausmacht[395] bzw. der Auftraggeber wegen des Streits in Verzug mit Abschlagszahlungen gerät.

150b Stellt der **Auftragnehmer** unter **überschießender Wahrnehmung seiner Rechte** auch die nach dem jeweiligen Vertragsstand geschuldeten Arbeiten ein, kann das den Auftraggeber zur Kündigung aus wichtigem Grund berechtigen, wobei aber zu berücksichtigen ist, dass auch der einen notwendigen Nachtrag verweigernde Auftraggeber pflichtwidrig und vertragsuntreu handelt. Soweit die Parteien – auch eines VOB/B-Vertrages – gemäß § 650d BGB Streitigkeiten über das Anordnungsrecht im Wege einer **einstweiligen Verfügung** vorläufig beilegen können → Rn. 157 ff., können Kündigungserklärungen, die trotz zweifelhafter Rechtslage ohne vorherige Nutzung dieses Weges ausgesprochen werden, beiderseits eine überschießende Rechtsausübung darstellen. In Fortführung des **Kooperationspflicht** können die Parteien gehalten sein, § 650d BGB entsprechend dem Gesetzeszweck zu nutzen, um die Voraussetzungen für eine rechtssichere Fortsetzung des Vertragsverhältnisses zu schaffen. Eine entsprechende Verpflichtung dürfte allerdings erst in Betracht kommen, sobald die im Gesetz nur unvollkommen geregelten Möglichkeiten des § 650d BGB durch den Gesetzgeber oder die Rechtsprechung rechtssicher konkretisiert sind. Jedenfalls braucht eine Klärung nicht mehr angestrebt zu werden, wenn das **Vertrauen in die Vertragstreue** des Vertragspartners **endgültig erschüttert** oder die Annahme gerechtfertigt ist, dass er sich auch einer gerichtlichen Entscheidung nicht beugen wird.

151 Wenn umgekehrt der Auftragnehmer zu Unrecht einen Nachtrag fordert, obwohl die in Rede stehende Leistung bereits im Ursprungsvertrag bepreist ist, und seine Arbeiten teilweise oder ganz einstellt, kann der **Auftraggeber** den Vertrag uU nach §§ 5 Abs. 4, 8 Abs. 3 nach Ablauf einer zunächst zu setzenden Frist aus wichtigem Grund (teil)kündigen.[396] Auch für diese Konstellation bietet es sich in Zweifelsfällen aber an, zuvor eine Klärung der Situation über ein einst-

---

[392] Kapellmann/Schiffers Bd. 1 Rn. 972, 975; OLG Düsseldorf BauR 2014, 700 (702 f.); OLG Koblenz NZBau 2015, 88.
[393] OLG Düsseldorf NZBau 2018, 607.
[394] Anders KG NZBau 2017, 659 Rn. 29.
[395] OLG Düsseldorf NZBau 2018, 607.
[396] OLG Hamm BauR 2012, 1406.

Art und Umfang der Leistung § 1

weiliges Verfügungsverfahren nach § 650d BGB anzustreben, wenn das Vertrauen in die Vertragstreue nicht schon als endgültig erschüttert angesehen werden kann. Letztlich kann ein **Konfrontationskurs** für beide Seiten äußerst **gefährlich** werden, wenn die eigene Rechtsansicht in einer späteren gerichtlichen Auseinandersetzung verworfen wird und deshalb der Gegenseite im Anschluss an das Scheitern der bauvertraglichen Zusammenarbeit eventuell Ansprüche in erheblicher Höhe zugesprochen werden. Die Parteien sollten sich deshalb schon im eigenen Interesse möglichst kooperativ verhalten.

XI. Streit allein über die Höhe der für eine Änderung geschuldeten Vergütung

Sind sich die Parteien über die Wirksamkeit einer vergütungsrelevanten Änderungsanordnung einig, streiten jedoch über die Höhe des nach § 2 Abs. 5, § 650c BGB neu zu berechnenden Preises, berechtigt dies den vorleistungspflichtigen Auftragnehmer nicht ohne Weiteres zu einer Einstellung der betroffenen Arbeiten,[397] § 18 Abs. 5. Da die Vergütungsforderung direkt aufgrund der Änderungsanordnung entsteht[398] und die nach § 2 Abs. 5 vorgesehene Vereinbarung keine Anspruchsvoraussetzung ist, kann ein **Leistungsverweigerungsrecht** nicht schon darauf gestützt werden, dass sich der Auftraggeber bei Preisverhandlungen zunächst nicht hinreichend kooperativ zeigt.[399] Erst wenn der Auftraggeber eine Mehrvergütungspflicht unter Anlegung eines strengen Maßstabs ganz oder in angemessener Höhe ernsthaft und endgültig in Abrede stellt oder Nachtragsangebote komplett und beharrlich ignoriert, kann dem Auftragnehmer ein auf die geänderte Leistung beschränktes Leistungsverweigerungsrecht[400] und schließlich auch ein derart beschränktes **außerordentliches Kündigungsrecht** zustehen. Verweigert der Auftraggeber zu Unrecht eine nach § 650f Abs. 1 BGB für einen Nachtrag geforderte Sicherheit, kann ein Leistungsverweigerungs- oder Kündigungsrecht des Auftragnehmers auch aus § 650f Abs. 5 BGB folgen. Dem Auftragnehmer kann angesichts seines Liquiditätsinteresses und des Insolvenzrisikos des Auftraggebers nicht abverlangt werden, die Leistung zunächst auszuführen, obwohl deutlich erkennbar die Bereitschaft des Auftraggebers fehlt, dafür ohne gerichtliche Auseinandersetzung auf eine Abschlags- oder Schlussrechnung angemessene Zahlungen zu leisten oder gemäß § 650f BGB eine Sicherheit zu stellen. Auch wenn der Auftraggeber dem Auftragnehmer nur eine unzumutbar niedrige Mehrvergütung bzw. einen zu geringen Abschlag oder eine zu geringe Sicherheit zubilligen will, kann die Vorleistungspflicht des Auftragnehmers entfallen.[401] Hat der Auftragnehmer den Nachtrag bereits ausgeführt und kommt der Auftraggeber mit der Bezahlung einer Rechnung in Verzug, kann der Auftragnehmer die weiteren Arbeiten nach Maßgabe des § 16 Abs. 5 Nr. 4 bis zur Zahlung einstellen. Bevor aber die Lage mit häufig gravierenden Folgen für das gesamte Bauvorhaben eskaliert, können die Parteien im Rahmen des Kooperationsgebotes in Zweifelsfällen gehalten sein, die Unstimmigkeiten möglichst durch praktikable Maßnahmen

152

---

[397] Umfassend zum Leistungsverweigerungsrecht des Auftragnehmers, dessen Mehrleistungen der Auftraggeber nicht bezahlen will: Leinemann BauR 2022, 303 ff.
[398] zB BGH NZBau 2023, 162 Rn. 20.
[399] OLG Stuttgart IBR 2023, 61.
[400] BGH NZBau 2008, 437 Rn. 45; 2004, 612 Rn. 31; OLG Düsseldorf IBR 2018, 353.
[401] So unter engen Voraussetzungen auch Beck VOB/B/Kues § 1 Abs. 3 Rn. 142; Pause BauR 2018, 882; grundsätzlich ablehnend Kuffer ZfBR 2004, 110.

auszuräumen. Sobald die vielen zu § 650d BGB noch offenen Rechtsfragen → Rn. 156 ff. rechtssicher beantwortet sein werden, kann dazu gehören, Streitigkeiten über die Vergütungsanpassung vorläufig durch eine einstweilige Verfügung auszuräumen.

Der Auftragnehmer kann aus der Ablehnung einer Mehrvergütung keine Rechte herleiten, wenn der Auftraggeber eine angemessene Preisanpassung nicht grundsätzlich verweigert, sondern zu Recht beanstandet, der Auftragnehmer wirke bei der nach § 2 Abs. 5 bzw. Abs. 6 Nr. 2 vorgesehenen Ermittlung des neuen Preises nicht hinreichend mit. Angesichts des im Baurecht herrschenden Kooperationsgebotes und des Umstands, dass der Auftragnehmer nach hiesiger Meinung auch bei VOB/B-Bauverträgen gemäß § 650b Abs. 1 S. 2 und 4 BGB der Pflicht zur Erstellung eines Nachtragsangebotes unterliegt → Rn. 128, sollten die in § 2 Abs. 5 und Abs. 6 genannten Einigungsbemühungen entgegen bisher wohl herrschender Meinung insgesamt als echte Verpflichtungen der Parteien verstanden werden,[402] aus deren Verletzung die andere Partei ggf. Leistungsverweigerungsrechte herleiten kann.

XII. Streitbeilegungsverfahren

153 In den letzten Jahren vereinbaren Bauvertragsparteien insbesondere für größere Bauvorhaben immer häufiger außergerichtliche Streitbeilegungsverfahren, weil ihnen die bei den staatlichen Gerichten bestehenden prozessualen Möglichkeiten für eine praktikable, zügige und qualifizierte Erledigung von Kontroversen, die während des komplexen Baugeschehens auftauchen können, nicht ausreichend erscheinen.[403] Ua um dieser Tendenz entgegenzuwirken, wurde – auch auf Betreiben des Deutschen Baugerichtstages – lange erwogen, zwecks Ermöglichung einer schnellen Klärung von Auseinandersetzungen, die im Hinblick auf eine anstehende Änderung des ursprünglichen Bauentwurfs entstehen können, ein neues prozessuales Rechtsinstitut in Gestalt einer sog. **Bauverfügung** einzuführen.[404] Die Bauverfügung hätte nicht nur eine sachliche Erweiterung des einstweiligen Rechtsschutzes für Bauverträge darstellen sollen, sondern hätte durch spezielle flankierende Maßnahmen, wie den Einsatz im Bauvertragsrecht besonders versierter Richter, die Eingangszuständigkeit der Oberlandesgerichte, die pragmatische Zusammenarbeit mit hinzu zu ziehenden Sachverständigen und beschleunigende Regelungen, eine schnelle, aber auch qualifizierte Lösung ermöglichen sollen. Auf diesem Wege zustande gekommene Entscheidungen hätten eine erhebliche Befriedungswirkung haben können, so dass es die Parteien wohl vielfach nicht mehr für notwendig gehalten hätten, eine Überprüfung im Hauptsacheverfahren herbeizuführen. Allerdings hat sich die konkrete Ausgestaltung des Verfahrens einer Bauverfügung, das allen Anforderungen hätte gerecht werden können, als schwierig erwiesen. Letztlich hat der Gesetzgeber nun mit § 650d BGB für Streitigkeiten, die das Anordnungsrecht und die Vergütungsanpassung betreffen, die prozessualen Möglichkeiten einer einstweiligen Verfügung zwar vereinfacht und erweitert, hat aber angesichts der pauschalen Gesetzesfassung die konkrete Ausgestaltung den Gerichten überlassen. Die Regelung soll beiden Seiten zwecks Vermeidung von Baustillständen und Liquiditätsengpässen schnellen Rechtsschutz

---

[402] Dazu Leinemann BauR 2022, 303 (304 f.).
[403] Siehe Leinemann NZBau 2021, 425 f.
[404] Siehe Abschlussbericht der Arbeitsgruppe Bauvertragsrecht beim BMJ vom 18.6.2013 S. 28 ff.

Art und Umfang der Leistung § 1

gewährleisten.[405] Fachkenntnisse der beteiligten Richter sollen dadurch gewährleistet sein, dass die funktionale Zuständigkeit in erster Instanz gemäß § 72a Abs. 1 Nr. 2 GVG bei verbindlich eingeführten Baukammern der Landgerichte und in zweiter Instanz gemäß § 119a Abs. 1 Nr. 2 GVG bei Bausenaten der Oberlandegerichte liegt. Nun ist die Diskussion um die Einführung einer Bauverfügung im Anschluss an den 9. Deutschen Baugerichtstag, der im Mai 2023 in Hamm stattgefunden hat,[406] wieder aufgeflammt.[407]

1. Außergerichtliche Streitbeilegung. Tatsachenfragen können die Parteien 154 zügig durch ein als verbindlich vereinbartes **Schiedsgutachten** klären lassen. Außerdem haben sich in der Baupraxis weitere Streitbeilegungsverfahren etabliert, die zu einer schnellen vorläufigen oder endgültigen Lösung von Streitfragen führen sollen. Die Möglichkeiten sind vielfältig (zB **Mediation** und **Adjudikation**). Interessant ist auch die aus dem nordamerikanischen Raum stammende Streitbeilegungsmethode in Form der sog. **Final-Offer-Arbitration,** bei die beide Seiten jeweils ein letztes Angebot über die Höhe einer Nachtragsvergütung vorlegen und der bestellte Entscheider, als der im hiesigen Rechtsraum je nachdem, ob es allein um tatsächliche oder auch um rechtliche Fragen geht, ein Schiedsgutachter oder ein sachverständig beratener Schiedsrichter fungieren kann, das Angebot bestimmt, das den Gegebenheiten besser gerecht wird. Weil der Entscheider bei diesem Verfahren keine vermittelnde Lösung entwickeln kann, müssen beide Seiten bestrebt sein, mit ihrem letzten Angebot einer angemessenen Berechnung möglichst nahe zu kommen. Soweit es maßgeblich um Rechtsfragen geht, kann die Durchführung eines **Schiedsverfahrens** in Betracht kommen, das innerhalb einer Instanz eine verbindliche Entscheidung gewährleisten soll, die nur noch im engen Rahmen des § 1059 ZPO überprüft werden kann. Auch § 18 Absätze 2–4 verweisen auf Verfahren, mittels derer Streitigkeiten ausgeräumt werden können. Hingewiesen sei zudem auf die vom „internationalen Verband nationaler Vereinigungen beratender Ingenieure im Bauwesen" (Sitz in Genf) entwickelten **FIDIC Conditions of Contract,** die unter Nr. 20 ein dreistufiges Streitbeilegungsverfahren vorsehen → Anh. § 18 Rn. 380 ff.

2. Bisherige Möglichkeiten der gerichtliche Streitbeilegung. Die **staat-** 155 **lichen Gerichte** konnten bisher bei einem die Fortführung des Bauvorhabens behindernden Streit über die Wirksamkeit oder Notwendigkeit einer ändernden Anordnung oder über vergütungsrechtliche Fragen,[408] wie zB die Höhe der neuen Vergütung oder die Pflicht zur Abschlagszahlung für geänderte oder zusätzlich erbrachte Leistungen, nicht immer hinreichend zu einer angemessen zügigen Streitbeilegung beitragen. **Bauprozesse** können über mehrere Instanzen recht lange dauern und können häufig nicht ohne die Einholung umfangreicher Sachverständigengutachten entschieden werden. Geht es um die Fachwissen voraussetzende Beurteilung einer technischen Frage, darf das Gericht auf die Einholung eines Sachverständigengutachtens ausnahmsweise nur dann verzichten, wenn es entsprechende eigene besondere Sachkunde aufzuweisen vermag.[409] Im Rahmen der §§ 1 Abs. 3 und 4, 2 Abs. 5 und 6 können zahlreiche tatsächliche und rechtli-

---

[405] BT-Drs. 18/11437, 49.
[406] Rodemann in Thesenheft zum 9. Deutschen Baugerichtstag S. 22 f.
[407] Dazu Schröder NZBau 2023, 633 f.
[408] Zur isolierten Einklagbarkeit von Nachtragsforderungen OLG Köln IBR 2023, 496.
[409] BGH BauR 2018, 1317 Rn. 15; NJW 2015, 1311 Rn. 5.

Funke

§ 1 VOB Teil B

che Streitpunkte maßgeblich sein. Angemessen zügigen, aber gleichwohl sachgerechten Entscheidungen kann neben der Bauprozessen häufig immanenten Komplexität des Streitstoffs entgegenstehen, dass die Möglichkeiten effektiver gerichtlicher Abläufe bisweilen nicht hinreichend ausgeschöpft werden. Insoweit hat eine Diskussion über einen modernen und digitalen Bauprozess eingesetzt. Gemäß den Thesen des Arbeitskreises III Bauprozess des 9. Deutschen Baugerichtstag,[410] der im Mai 2023 in Hamm stattgefunden hat, könnten eine stärkere Strukturierung des Parteivortrags, des Verfahrensgangs und der Aktenführung bis hin zum Einsatz von KI sowie schon zu einem frühen Zeitpunkt bestehende gerichtliche Hinweispflichten zu einer Straffung und Effizienzsteigerung der Entscheidungsfindung, aber auch zu einer erhöhten und früheren Einigungsbereitschaft der Parteien führen. Entsprechende Bestrebungen dürfen allerdings nicht dazu führen, dass der Parteivortrag in der Sache nicht nur geordnet, sondern auch außerhalb von Verspätungsregeln eingeschränkt wird, und erst recht nicht dazu, dass sich hinsichtlich der korrekten Einordnung in eine vorgegebene Akten- und Prozessstruktur ein neues, ineffektives Feld der Auseinandersetzung bildet.

Das Rechtsinstitut der **einstweiligen Verfügung** konnte in seiner allgemeinen Ausgestaltung, die vor Normierung des § 650d BGB nicht auf die besonderen Praxisbedürfnisse eines geordneten Bauablaufs angelegt war, kaum einmal greifen, weil nach den allgemeinen Regeln die Glaubhaftmachung eines Verfügungsgrundes erforderlich, die Vorwegnahme der Hauptsache grundsätzlich ausgeschlossen und eine Leistungs- oder Feststellungsverfügung idR unzulässig ist. Eine schnelle Klärung ließ sich auch nicht durch auf Nachträge bezogene Sicherheitsverlangen herbeiführen. Zwar kann der Auftragnehmer gemäß § 650f Abs. 1 BGB (früher § 648a BGB) auch für Zusatzaufträge eine Sicherheit verlangen und gemäß § 650f Abs. 5 S. 1 BGB im Falle der Weigerung des Auftraggebers unter diesem Aspekt die Leistung einstellen oder den Vertrag kündigen. Die zwischen den Parteien streitige Frage, ob es sich tatsächlich um eine zusätzliche Leistung handelt, konnte aber dadurch kurzfristig nicht gelöst werden, weil die Parteien den Streit über die Sicherheit nach der bisherigen Rechtslage nicht im Wege einer einstweiligen Verfügung, sondern nur auf dem normalen Klageweg klären lassen konnten. Dasselbe galt für die Möglichkeit, die Wirksamkeit einer zu einem Mehrvergütungsanspruch führenden ändernden Anordnung durch eine **(negative) Feststellungsklage**[411] klären zu lassen.

156 **3. Vereinfachte Regeln zur Einstweiligen Verfügung nach § 650d BGB.** Mit § 650d BGB wollte der Gesetzgeber die Möglichkeit eines effektiven einstweiligen Rechtsschutzes schaffen. Der Wortlaut lässt allerdings viele Fragen offen, die die Rechtsprechung zukünftig wird beantworten müssen.[412] Dabei geht es zum einen darum, welche konkreten Streitigkeiten in welcher Weise und mit welcher Rechtsbindung einer Entscheidung im einstweiligen Verfügungsverfahren zugänglich sind, zum anderen aber auch darum, ob § 650d nur für das BGB-Vertragsanpassungsrecht (§§ 650b, 650c BGB) oder auch für VOB/B-Verträge (§ 1 Abs. 3 und 4 S. 1, § 2 Abs. 5 und 6) gilt.

157 **a) Geltung des § 650d BGB auch für VOB/B-Bauverträge.** Die mit § 650d BGB erfolgte Ausweitung und Vereinfachung des einstweiligen Rechts-

---

[410] Thesenpapier des 9. Deutschen Baugerichtstages S. 29 ff.
[411] Dazu BGH NZBau 2015, 229 Rn. 19.
[412] Manteufel BauR 2019, 334 ff.; Rodemann in Thesenheft zum 9. Baugerichtstag S. 22 f.

Art und Umfang der Leistung **§ 1**

schutzes gilt nach inzwischen wohl überwiegender Meinung nicht nur für BGB-Verträge, sondern prinzipiell auch für VOB/B-Bauverträge.[413] Diese Auffassung entspricht dem hiesigen Verständnis zum Verhältnis des BGB- zum VOB/B-Bauvertragsänderungsrecht. → Rn. 5, 97b f. Vordergründig betrachtet könnte zwar dagegensprechen, dass § 650d BGB ausdrücklich auf Streitigkeiten über „das Anordnungsrecht gemäß § 650b BGB" und „die Vergütungsanpassung gemäß § 650c BGB" bezugnimmt. Die Anknüpfung an das BGB-Anordnungsrecht schließt die Anwendbarkeit des § 650d BGB für VOB/B-Verträge aber ebenso wenig aus, wie – nach hiesiger Ansicht – die ähnliche Anknüpfung in § 650c Abs. 1 S. 1 BGB die gesetzlichen Regelungen zur Vergütungsanpassung → Rn. 138 und zum Recht auf einen Abschlag von 80% → Rn. 141 für VOB/B-Bauverträge ausschließt. Mit der Vertragsanpassung nach dem BGB und der VOB/B existieren nicht zwei gleichrangige, voneinander unabhängige Rechtsmaterien → Rn. 5, 97 ff. Vielmehr gilt im Ausgangspunkt das gesetzliche BGB-Bauvertragsänderungsrecht, das in den Grenzen des AGB-Rechts und sonstiger Vorgaben dispositiv ist. Auch die Klauseln der VOB/B, die als Allgemeine Geschäftsbedingungen in einen Vertrag einbezogen werden, stellen seit Inkrafttreten der §§ 650a ff. BGB vertraglich vereinbarte Modifikationen der gesetzlichen Bestimmungen dar. Dass § 1 Abs. 3 und Abs. 4 S. 1 BGB dem Auftraggeber auch ohne die nach § 650b Abs. 1 BGB vorgesehene Verhandlungsphase ein einseitiges Änderungs- bzw. Verlangensrecht einräumen, ändert prinzipiell nichts daran, dass die VOB/B das Änderungsrecht des § 650b Abs. 2 S. 1 BGB nicht ersetzt, sondern lediglich hinsichtlich einiger verfahrensmäßiger und inhaltlicher Voraussetzungen modifiziert. Auch auf §§ 1 Abs. 3 und Abs. 4 S. 1, 2 Abs. 5 und 6 gestützte Begehren fußen demnach auf dem Anordnungsrecht des § 650b BGB und der Preisanpassungsregel des § 650c BGB, so dass in unmittelbarer Anwendung des § 650d BGB unter den dort genannten Vorgaben eine einstweilige Verfügung beantragt werden kann. Im Übrigen ist eine das Gesetz modifizierende Preisanpassungsregel in der VOB/B – ausgehend von der neuen Rechtsprechung des BGH zu § 2 Abs. 3, die auf Abs. 5 und Abs. 6 übertragbar ist – noch nicht einmal enthalten. → Rn. 131 ff.

Etwas anderes käme nur in Betracht, wenn die VOB/B die Möglichkeit, eine einstweilige Verfügung zu erwirken, abweichend von § 650d BGB regeln würde. Dazu finden sich in der VOB/B jedoch keine Bestimmungen, so dass offen bleiben kann, ob §§ 935 ff. ZPO, 650d BGB durch AGB abdingbar wären.

Eine Einschränkung gilt aber insoweit, dass die Vereinbarung der VOB/B nicht **158** zu einer Erweiterung des Anwendungsbereichs des § 650d BGB führen kann. Das Bauvertragsanpassungsrecht des BGB einschließlich des § 650d BGB gilt nur für den in § 650a BGB definierten Bauvertrag,[414] während die VOB/B auch für

---

[413] So auch Rodemann BauR 2024, 3; Abel/Schindler BauR 2023, 723 (832); Retzlaff BauR 2017, 1821; Grüneberg/Retzlaff § 650d Rn. 1; Leinemann/Kues/Laudi, § 650d Rn. 50; Franz/Göpner BauR 2018, 557; Sacher/Jansen NZBau 2019, 20; Jansen NZBau 2020, 755; Kniffka/Koeble/Jurgeleit/Sacher Kompendium BauR/Sacher Teil 12 Rn. 112; Manteufel BauR 2019, 326; ders. BauR 2024, 349; Kniffka/Jurgeleit/Manteufel BauVertrR § 650d Rn. 8; KG NZBau 2021, 523 Rn. 30; KG NZBau 2022, 92 Rn. 107; OLG München 12.3.2024 – 9 U 3791/23, MDR 2024, 772; offen gelassen durch OLG Karlsruhe NZBau 2023, 226 Rn. 13; anders Popescu BauR 2019, 328; MüKoBGB/Busche § 650d Rn. 4.

[414] Kniffka/Koeble/Jurgeleit/Sacher Kompendium BauR/Sacher Teil 12 Rn. 100; Kniffka/Jurgeleit/Manteufel BauVetrR § 650d Rn. 11.

§ 1 VOB Teil B

andere bauwerksbezogene und theoretisch sogar bauwerkfremde Verträge vereinbart werden kann → Rn. 75a. Außerdem ist der Änderungsgegenstand in § 650b Abs. 1 BGB enger gefasst als in § 1 Abs. 3 und 4 S. 1, weil § 650b Abs. 1 BGB den „Werkerfolg" nennt, während § 1 Abs. 3 den weiter gefassten Begriff „Bauentwurf" verwendet → Rn. 76 f. Nach hiesiger Auffassung lässt § 1 Abs. 3 im Gegensatz zu § 650b Abs. 1 BGB im Rahmen enger Zumutbarkeitskriterien Anordnungen etwa auch zur Bauablaufgestaltung einschließlich der Bauzeit zu → Rn. 105 ff. Auch insoweit findet § 650d BGB keine Anwendung,[415] weil die AGB-Regeln der VOB/B die staatliche Justizgewährung nicht erweitern können. § 650d BGB gilt auch nicht für reine Mengenmehrungen.

159 **b) Die Erweiterung des einstweiligen Rechtsschutzes durch § 650d BGB.** § 650d BGB bezieht sich auf Streitigkeiten über das Anordnungsrecht und über die Vergütungsanpassung.[416] Streitig ist die Geltung für Architekten- und Ingenieurverträge.[417] Anwendbar ist die Vorschrift nach Beginn der Bauausführung. In Abänderung der allgemeinen Regeln der §§ 935, 940, 936, 920 Abs. 2 ZPO befreit § 650d BGB den Antragsteller von dem Erfordernis, einen Verfügungsgrund glaubhaft zu machen. Damit besteht – wie bei den ähnlich formulierten §§ 885 Abs. 1 S. 2, 899 Abs. 2 S. 2 BGB – eine **gesetzliche Vermutung für das Bestehen eines Verfügungsgrundes.** Der Antragsgegner kann die Dringlichkeit widerlegen.[418] Der Gesetzgeber hat jedoch zum Ausdruck gebracht, dass ein hinreichender Anlass für die Beantragung einer einstweiligen Verfügung besteht, wenn ein Streit der Parteien zu ernsthaften Unsicherheiten über die Rechtslage führt und die Auseinandersetzung die sachgerechte Fortführung des Bauvorhabens gefährden kann oder wenn die finanziellen Belange einer Seite aufgrund des Verhaltens der anderen Seite in nicht unerheblicher Weise berührt sind. Um dem Regelungszweck des § 650d BGB gerecht zu werden, sollte die Vorschrift insgesamt eher weit ausgelegt werden.[419]

160 Zwar kommt in Betracht, dass die **Dringlichkeitsvermutung** allein dadurch **widerlegt** ist, dass der Antragsteller durch ein längeres Zuwarten selbst zum Ausdruck gebracht hat, dass keine – eine einstweilige Verfügung rechtfertigende – Eilbedürftigkeit besteht.[420] Diesen Aspekt sollten die Gerichte jedoch keinesfalls schematisch als Grund für die Ablehnung einer einstweiligen Verfügung heranziehen. Es ist insbesondere nicht gerechtfertigt, allein auf die Zeitdauer nach Eintritt eines Sachverhalts abzustellen, der den Antrag auf Erlass einer einstweiligen Verfügung gerechtfertigt hätte. Auch im Falle von **VOB/B-Verträgen**, für die keine Pflicht zu einer auf die Änderung selbst bezogenen Einigungssuche besteht (§ 650b Abs. 1 S. 1 BGB → Rn. 101), für die aber die Angebotspflicht des Auftragnehmers (§ 650b Abs. 1 S. 2 und 4 BGB → Rn. 128) und die Preisverhandlungspflicht (§ 2 Abs. 5, Abs. 6 Nr. 2 S. 2) gilt, begeben sich die Parteien nicht dadurch des Rechtes auf einstweiligen Rechtsschutz, dass sie sich auf eine angesichts der

---

[415] Kniffka/Jurgeleit/Manteufel Kompendium BauVertrR § 650d Rn. 12.
[416] Zu Möglichkeiten und Grenzen umfassend Sacher/Jansen NZBau 2019, 20 ff.
[417] Umfassend dazu Pause NZBau 2019, 755 (756 ff.).
[418] Dazu umfassend Kniffka/Koeble/Jurgeleit/Sacher Kompendium BauR/Sacher Teil 12 Rn. 113 ff.
[419] Kniffka/Jurgeleit/Manteufel BauVertrR § 650d Rn. 14.
[420] Kniffka/Koeble/Jurgeleit/Sacher Kompendium BauR/Sacher Teil 12 Rn. 48; OLG Karlsruhe NZBau 2023, 226 Rn. 26 f.; zur Selbstwiderlegung der Dringlichkeitsvermutung des § 885 Abs. 1 S. 2 BGB jüngst auch OLG Schleswig NZBau 2023, 788.

Umstände angemessen lange Einigungssuche einlassen. Zudem ist zu berücksichtigen, dass inhaltlich oder hinsichtlich ihrer Vergütungsfolgen streitige Anweisungen nicht in jedem Fall unmittelbar den Baufortschritt und Liquiditätsbelange beinträchtigen, weil sie eventuell erst in einiger Zeit umzusetzen sein werden. Sind Verhandlungen jedoch gescheitert und ist die Situation eskaliert, muss zügig einstweiliger Rechtsschutz gesucht werden.

Die Prüfung des **Verfügungsanspruchs** wird häufig die **vorläufige Klärung komplizierter technischer und rechtlicher Fragen** erfordern, die sich innerhalb eines komplexen und längerfristigen Bauablaufs ergeben haben. Die Bewertung einer Änderungsanordnung und ihrer vergütungsrechtlichen Folgen wird im Hinblick auf Anspruchsgrund und Anspruchshöhe die Durchdringung der einschlägigen Vertragsgestaltung, der Bauwerksplanung und des bisherigen Baugeschehens notwendig machen. Es kommt hinzu, dass sich der Antragsgegner prinzipiell mit allen Einwendungen und Einreden verteidigen kann, die er im Hauptsacheverfahren geltend machen kann. Auch die summarische Prüfung, ob ein Verfügungsanspruch glaubhaft gemacht ist, ist bezogen auf komplexe baurechtliche Problemgestaltungen in dem kurzen Zeitraum, der im einstweiligen Verfügungsverfahren für eine Entscheidung zur Verfügung steht, mit erheblichen Schwierigkeiten verbunden. Es wird häufig dazu kommen, dass die Gerichte von beiden Seiten mit nicht nur umfangreichen, sondern auch vielschichtigen Schriftsätzen eingedeckt werden und kurzfristig im Anschluss an eine breitgefächerte Vernehmung gestellter Zeugen und Privatsachverständiger eine Entscheidung zu treffen haben, die in einem Hauptsacheverfahren zumeist erst nach langwieriger Aufarbeitung des Streitstoffs und umfänglicher Beweisaufnahme unter Hinzuziehung eines gerichtlich bestellten Sachverständigen möglich wäre. Es ist deshalb wünschenswert, dass gerade im Eilverfahren besonders praxiserfahrene und im Baurecht versierte Richter zum Einsatz kommen, die neben der Kompetenz für eine rasche technische und rechtliche Durchdringung des Streitstoffs ein Gespür dafür besitzen, wie Baustellenprobleme – möglichst endend mit einem Konsens – im Verhandlungstermin mit den Parteien, die idR an einer weiteren Zusammenarbeit interessiert sind, erörtert werden können. Insofern ist zu begrüßen, dass die Verfahren erstinstanzlich gemäß § 72a Abs. 1 Nr. 2 GVG vor spezialisierten Kammern der Landgerichte und in zweiter Instanz gemäß § 119a Abs. 1 Nr. 2 GVG vor spezialisierten OLG-Senaten zu führen sind, wobei allerdings gemäß §§ 94, 95 Abs. 1 Nr. 1 GVG auch bei den Landgerichten gebildete Kammern für Handelssachen angerufen werden können.[421] Die Landgerichte sind in 1. Instanz gemäß § 71 Abs. 2 Nr. 5a) und b) GVG unabhängig vom Wert des Streitgegenstandes zuständig. Die örtliche Zuständigkeit richtet sich nach den einschlägigen Gerichtsständen der ZPO und ggf. nach § 18 Abs. 1. Neben der Spezialzuständigkeit von Spruchkörpern ist es sehr hilfreich, wenn die eingesetzten Richter durch spezielle, wiederholte Fortbildungen auf die auf sie zukommenden Anforderungen vorbereitet sind.

Wird der Erlass einer einstweiligen Verfügung beantragt, sollten die Gerichte im Rahmen einer regelmäßig **gebotenen mündlichen Verhandlung** zunächst einmal intensiv versuchen, den Parteien bei der Suche nach einer Lösung behilflich zu sein. Um etwaige Schnellschüsse der Landgerichte zu vermeiden, sollte eine Bauvertragspartei, die vermutet, dass die andere Seite die Beantragung einer einstweiligen Verfügung erwägt, eine Schutzschrift hinterlegen.

---

[421] Oppler NZBau 2018, 67 (68).

§ 1 VOB Teil B

Die neuen Möglichkeiten zum Erwirken einer einstweiligen Verfügung ändern nichts daran, dass im Vorfeld der Inanspruchnahme der Gerichte weiterhin eine – eventuell durch gemeinsam beauftragte Streitschlichter unterstützte – eigenständige Einigungskompetenz der Bauvertragsparteien gefragt ist. Auch die jeweiligen Anwälte sollten im Interesse ihrer Mandanten, nicht später für die Schäden eines verzögerten oder gar gescheiterten Bauvorhabens verantwortlich gemacht zu werden, und damit auch im eigenen Interesse einer anwaltlichen Regressverhinderung Kompromisse fördern.

163 § 650d BGB enthält keine ausdrückliche Aussage dazu, ob in Ausdehnung der nach §§ 935, 940 ZPO möglichen Regelungs- und Sicherungsverfügungen für den Bereich der Streitigkeiten über das Anordnungsrecht und die Vergütungsanpassung vermehrt auch **Leistungsverfügungen** und **feststellende Verfügungen** (Ausnahme § 650c Abs. 3 S. 2 BGB, der den Auftraggeber auf einen negativen Feststellungsantrag verweist[422]) zulässig sein sollen, die ansonsten nur in engen Grenzen für möglich gehalten werden.[423] Dies ist zu bejahen, soweit der Zweck der Vorschrift, änderungsbedingte Verzögerungen bis hin zum Baustillstand zu vermeiden und die Durchsetzung von Abschlagszahlungen bezogen auf Nachträge zu gewährleisten, ansonsten nicht hinreichend erreicht werden könnte.[424] Der Gesetzgeber wollte dadurch, dass er eine Glaubhaftmachung des Verfügungsgrundes mit § 650d BGB für entbehrlich erklärt hat, auch die damit im Zusammenhang stehenden engen Voraussetzungen für Leistungs- und Feststellungsverfügungen soweit lockern, wie es für die vorläufige Klärung den Baufortschritt hindernder Anordnungs- und daraus folgender Vergütungsstreitigkeiten oder die Wahrung der finanziellen Belange der Parteien erforderlich ist.[425] Eine **Feststellungsverfügung** hinsichtlich Ausführungs- und Vergütungspflichten ist zwar nicht vollstreckbar und auch nicht endgültig bindend, kann aber dennoch geeignet sein, einen etwaigen Streit zB darüber vorläufig auszuräumen, ob ein Recht zur Arbeitseinstellung oder sogar (Teil-)Kündigung besteht.[426] Aufgrund des Kooperationsgebotes dürften die Parteien verpflichtet sein, sich bis zur Entscheidung in der Hauptsache an die Feststellungsverfügung zu halten. In welchem Verhältnis mögliche Schadensersatzansprüche wegen einer Verletzung dieser vorläufigen Pflicht und aus § 945 ZPO stehen, ist indes eine spannende, ungeklärte Frage.[427]

164 Weigert sich der Auftragnehmer, eine **BGB- oder VOB/B-Änderungsanordnung** umzusetzen, kann der Auftraggeber beantragen, dem Auftragnehmer im Wege der **Leistungsverfügung** aufzugeben, die Anordnung auszuführen. Das Gericht wird zu prüfen haben, ob eine den Auftragnehmer verpflichtende Anordnung nach Maßgabe des § 650b Abs. 2 BGB glaubhaft gemacht ist und wird ggf. dem Auftragnehmer deren Ausführung – vorläufig verbindlich – aufgeben kön-

---

[422] Dazu OLG München 12.3.2024 – 9 U 3791/23, MDR 2024, 772.

[423] zB Zöller/G. Vollkommer ZPO § 935 Rn. 2, § 940 Rn. 6.

[424] So zB auch Kniffka/Jurgeleit/Manteufel BauVertrR § 650d Rn. 29 ff. mit Darstellung des Meinungsstandes; für strenge Anforderungen OLG Karlsruhe NZBau 2023, 226 Rn. 22.

[425] Beschränkt auf Leistungsverfügungen so auch Rodemann BauR 2024, 3 (9 f.); strenger OLG Karlsruhe NZBau 2023, 226 Rn. 22.

[426] Zweifelnd an der Zulässigkeit einer Feststellungsverfügung zB KG NZBau 2020, 783 Rn. 13; Jansen NZBau 2020, 755.

[427] Zur vorläufigen Gestaltungswirkung einer Feststellungsverfügung Kniffka/Koeble/Jurgeleit/Sacher Kompendium BauR/Sacher Teil 12 Rn. 125; grundsätzlich ablehnend dazu Rodemann BauR 2024, 3 (5 ff.).

nen. Die Leistungsverfügung darf jedoch eine dem Auftragnehmer zustehende Dispositionsbefugnis hinsichtlich der Art und Weise und des zeitlichen Ablauf der Leistungserbringung nicht beeinträchtigen.[428] Soweit die Hauptsache faktisch vorweggenommen wird, kann es geboten sein, gleichzeitig Rechte des Auftragnehmers zu sichern, bezüglich derer er glaubhaft macht, sie im Falle einer abweichenden Entscheidung im Hauptsacheverfahren geltend machen zu können. Fraglich ist, ob auch der Auftragnehmer eine an ihn gerichtete Anordnung im Wege der einstweiligen Verfügung überprüfen lassen kann, indem er den **negativen Feststellungsantrag** stellt, die Anordnung nicht befolgen zu müssen.[429] Das dürfte insbesondere dann zulässig sein, wenn der Auftragnehmer zwecks Fortführung seiner Arbeiten Gewissheit benötigt, ob das Bauwerk entsprechend der ursprünglichen Vereinbarung oder nachträglichen Vorgaben des Auftraggebers weiterzubauen ist und der Auftraggeber nicht selbst eine gerichtliche Entscheidung herbeiführt.

Bei Auseinandersetzungen über die **Vergütungsanpassung** kann der Auftragnehmer eine – vorläufig verbindliche – **Leistungs- oder Sicherungsverfügung** hinsichtlich einer streitigen **Abschlagsforderung** beantragen.[430] Streitig ist, ob der Auftragnehmer eine einstweilige Verfügung zwecks Sicherung seiner Liquidität auch noch **nach** Fertigstellung und **Schlussrechnungsreife** erwirken kann.[431] Der Auftragnehmer kann zwischen einem 100 %-Abschlag nach §§ 632a Abs. 1 BGB, 16 Abs. 1 und einem 80 %-Abschlag nach § 650c Abs. 3 BGB (zur Anwendbarkeit auf VOB/B-Verträge → Rn. 141) wählen.[432] Da sich § 650d BGB aber allein auf die anordnungsbedingte Vergütungsanpassung bezieht, kann im Wege der einstweiligen Verfügung allenfalls ein Teilbetrag in Höhe der darauf bezogenen Rechnungspositionen verfolgt werden. Das steht im Spannungsverhältnis dazu, dass wegen der Einheitlichkeit der jeweiligen Abschlagsforderung kein separater Anspruch auf den Nachtrag besteht. Er beinhaltet lediglich unselbständige Rechnungspositionen,[433] die als solche keiner isolierten Entscheidung zugänglich sind.[434] Will der Auftragnehmer auf Basis des § 650d BGB eine Leistungsverfügung erwirken, muss er also zum einen glaubhaft machen, dass ihm – ausgehend von einer Gesamtberechnung – ein Abschlagsanspruch zusteht, und zum anderen, dass im offenen Saldo Nachtragspositionen in Höhe des Verfügungsantrages enthalten sind.[435] Stützt sich der Auftragnehmer auf die 80%-Regelung des § 650c Abs. 3 S. 1 BGB erleichtert dies seine Darlegungs- und Glaubhaftmachungslast hinsichtlich der unselbständigen Nachtragspositionen, entbindet ihn aber nicht von der Abschlagsberechnung im Übrigen. Der Auftraggeber kann bei Anwendung der 80 %-Regelung durch den Auftragnehmer sowohl in dem von diesem

---

[428] Sacher/Jansen NZBau 2019, 20 (21).
[429] Bejaht auch von Kniffka/Jurgeleit/Manteufel BauVertrR § 650d Rn. 34.
[430] Leinemann/Kues/Laudi § 650d Rn. 37; MüKoBGB/Busche § 650d Rn. 5; Grüneberg/Retzlaff § 650d Rn. 1.
[431] Ablehnend Kniffka/Koeble/Jurgeleit/Sacher Kompendium BauR/Sacher Teil 12 Rn. 111; OLG Karlsruhe NZBau 2023, 226 Rn. 14 mit Anm. Bardarsky NZBau 2023, 229 und Anm. Rodemann NJW 2023, 376; anders KG NZBau 2021, 523 Rn. 40; Oppler NZBau 2021, 514 (515); Rodemann BauR 2024, 3 (9).
[432] Rodemann BauR 2024, 3 (10); siehe auch KG NZBau 2021, 523; KG NJW 2022, 548.
[433] BGH NJW 1999, 417; NZBau 2009, 707.
[434] Kniffka/Jurgeleit/Manteufel BauVertrR § 650d Rn. 30; Rodemann BauR 2024, 3.
[435] Zu den damit verbundenen Schwierigkeiten Rodemann BauR 2024, 3 (4).

angestrengten als auch in einem von ihm, dem Auftraggeber, initiierten einstweiligen Verfügungsverfahren eine anderslautende gerichtliche Entscheidung iSv § 650c Abs. 3 S. 2 BGB erwirken. Die Durchsetzung von Nachtragspositionen im Wege der Leistungsverfügung kann für den Auftragnehmer demnach mit erheblichen Schwierigkeiten verbunden sein. Ließe man eine **Feststellungsverfügung** dahingehend zu,[436] dass dem Auftragnehmer bei Ausführung einer vom Auftraggeber gewünschten Leistung eine Mehrvergütung als solche oder auch konkret in einer bestimmten Höhe zustehen wird, könnte das zu keiner hinreichenden Klärung führen, da es im Zuge eines späteren Hauptsacheverfahrens zu einer abweichenden Entscheidung kommen kann.[437] Erlässt das Gericht eine auf Zahlung gerichtete Leistungsverfügung, ist zu erwägen, diese mit einer Sicherung etwaiger Rückzahlungsansprüche des Auftraggebers zu verbinden, die für den Fall bestehen, dass sich die vorläufige Annahme einer Verbindlichkeit des Auftraggebers im Hauptsacheverfahren nicht bestätigt. In Betracht kommt auch, dass im Wege der einstweiligen Verfügung keine Leistungsverfügung auf unmittelbare Zahlung eines streitigen Mehrbetrages, sondern als weniger schwerwiegende Maßnahme gemäß § 650f BGB auf Stellung einer darauf bezogenen Bauhandwerkersicherung[438] ergeht. Nach der Gesetzesbegründung[439] sollen einstweilige Verfügungen zur Durchsetzung von „Sicherheitsleistungen, die sich wegen Anordnungen des Bestellers geändert haben", erleichtert werden.

Wegen seiner auch die Nachtragspositionen umfassenden Vergütung kann der Auftragnehmer gemäß **§§ 650e, 885 Abs. 1 S. 2 BGB** zudem eine einstweilige Verfügung erwirken, die auf Eintragung einer **Vormerkung** zwecks Sicherung seines Anspruchs auf Eintragung einer **Sicherungshypothek** gerichtet ist.

XIII. AGB-rechtliche Inhaltskontrolle des § 1 Abs. 3

166 Die VOB/B, bei der es sich rechtstechnisch um AGB handelt, kann als Ganzes, mit Änderungen oder nur in Teilen in den Vertrag einbezogen werden. Es gelten jeweils die allgemeinen Einbeziehungsvoraussetzungen für AGB (§§ 305 Abs. 2, 310 Abs. 1 S. 1 BGB).

167 1. **Grundsätze.** Hinsichtlich der Inhaltskontrolle ist die VOB/B gemäß § 310 Abs. 1 S. 3 BGB teilweise privilegiert. Wird die VOB/B gegenüber einem Unternehmen, einer juristischen Person des öffentlichen Rechts oder einem öffentlich-rechtlichen Sondervermögen ohne auch nur geringfügige inhaltliche Abweichung insgesamt verwandt, findet keine **isolierte Inhaltskontrolle** statt. Dagegen ist jede Regelung der VOB/B gemäß §§ 307–310 BGB einzeln auf ihre Wirksamkeit zu prüfen, wenn die VOB/B – sei es mit inhaltlichen Abweichungen oder auch als Ganzes – gegenüber einer anderen Person oder mit inhaltlichen Abweichungen gegenüber einem Unternehmen etc. verwandt wird.

Allerdings hat eine **Inhaltskontrolle nur zugunsten des Vertragspartners** stattzufinden, dem AGB – hier die VOB/B – vom anderen Vertragspartner gestellt worden sind, wobei zugunsten des Verbrauchers § 310 Abs. 3 Nr. 1 BGB zu beachten ist. Der Verwender der VOB/B kann sich also nicht darauf berufen,

---

[436] Bejaht durch KG NZBau 2021, 782 Rn. 56; grundsätzlich abgelehnt durch Rodemann BauR 2024, 3 (5 f.).
[437] Dazu Sacher/Jansen NZBau 2019, 20 (23 ff.).
[438] Siehe Sacher/Jansen NZBau 2019, 20 (22 f.).
[439] BT-Drs. 18/8486, 57.

Art und Umfang der Leistung **§ 1**

er werde durch die Regelung des § 1 Abs. 3 oder Abs. 4 S. 1 unangemessen benachteiligt.[440]

2. Prüfung der VOB/B als Ganzes. Wird die **VOB/B** einem **Unterneh-** 168 **men** etc. **als Ganzes,** also ohne jede auch geringfügige Abweichung,[441] gestellt, unterliegt § 1 Abs. 3 somit keiner isolierten Inhaltskontrolle. § 310 Abs. 1 S. 3 BGB erübrigt jedoch nicht die Prüfung, ob die VOB/B als Ganzes einen angemessenen Ausgleich zwischen den Interessen von Auftraggeber und Auftragnehmer darstellt. Die Ausgewogenheit ist von den Gerichten für die bisherigen Fassungen der VOB/B allerdings niemals ernsthaft infrage gestellt worden.[442] Daran dürfte sich auch nach Inkrafttreten des gesetzlichen Bauvertragsrechts kaum etwas ändern.[443] Soweit nun in §§ 650a ff. BGB, insbesondere für eine nachträgliche Änderung des Bauvertrages, erstmals gesetzliche Regeln normiert worden sind, weicht die neue Gesetzeslage zwar nicht unerheblich von den Regelungen der VOB/B ab. Dass sich der Gesetzgeber nach langen, vielfach kontrovers geführten Diskussionen für die dann letztlich zustande gekommene Fassung entschieden hat, bedeutet jedoch nicht, dass die VOB/B, falls sie ohne Abweichungen als Ganzes vereinbart wird, unter Einschluss von § 1 Abs. 3 und 4 S. 1 sowie § 2 Abs. 5 und 6 in ihrer Gesamtheit nicht mehr als ausgewogen erachtet werden könnte. Gegen eine durch die neue Gesetzeslage herbeigeführte Unangemessenheit der VOB/B als insgesamt zu betrachtendes Regelungskonzept spricht, dass es durch §§ 650a ff. BGB trotz der bestehenden Differenzen – ausgehend von einer Gesamtbeurteilung – eher zu einer Angleichung des Gesetzes an die VOB/B gekommen ist und die VOB/B nach hiesiger Auffassung nicht eigenständig neben den gesetzlichen Bestimmungen steht, sondern durch diese zu zahlreichen Punkten konkretisiert und ergänzt wird (siehe zB → Rn. 5, 97 ff., 138).

3. Isolierte AGB-Kontrolle für bis zum 31.12.2017 geschlossene Ver- 169 **träge.** Hat wegen einer **nur partiellen oder mit Änderungen erfolgten Verwendung** der VOB/B gegenüber dem bauausführenden Unternehmen nach § 307 BGB eine isolierte Inhaltskontrolle des § 1 Abs. 3 stattzufinden, wurde die AGB-Rechtskonformität für vor Inkrafttreten der §§ 650a ff. BGB geschlossene Verträge zumeist bejaht.[444] Es galt für Recht weitgehend als unproblematisch, dass die Regelung dem Auftraggeber entgegen ansonsten geltenden Grundsätzen nicht nur Rechte auf eine einverständliche, kooperative Lösung im Bauverlauf auftretender Probleme, sondern unmittelbar ein einseitiges Änderungsrecht gewährt. Bedenklich ist aber, dass dem Wortlaut der Regelung keine ausdrückliche Beschränkung auf dem Auftragnehmer zumutbare Änderungen und auch keine sonstigen einengenden Voraussetzungen zu entnehmen sind. Gegenüber der Maßgeblichkeit der entsprechenden kundenfeindlichsten Auslegung für die Inhaltskon-

---

[440] Analyse der sich daraus ergebenden Folgen: Langen NZBau 2019, 10 ff.
[441] BGH NZBau 2023, 301 Rn. 18; BGH NZBau 2007, 581 Rn. 20; BGH NZBau 2004, 267 Rn. 11.
[442] BGHZ 86, 135 (142); NZBau 2008, 640 Rn. 23, 27 mit gewissen einschränkenden Voraussetzungen.
[443] Siehe dazu Voit/Retzlaff, Thesen des Arbeitskreises Ib zum 7. Deutschen Baugerichtstag 2018, 14; **kritisch** allerdings Langen NZBau 2019, 11.
[444] zB Kapellmann/Messerschmidt/von Rintelen § 1 Rn. 130 ff.; Kniffka/Jurgeleit/von Rintelen BauVertrR § 650b Rn. 263; Ingenstau/Korbion/Keldungs B § 1 Abs. 4 Rn. 8 ff.

trolle⁴⁴⁵ (für die einzelvertragliche Auslegung ist ein anderer Maßstab gerechtfertigt → Rn. 122) wurde zwar eingewandt, die VOB/B als kollektiv ausgehandeltes Bedingungswerk werde traditionell rein objektiv, ohne Berücksichtigung von **Transparenzregeln** und des **Verbotes der geltungserhaltenden Reduktion** ausgelegt, weil sie aus einer halbamtlichen Dienstvorschrift hervorgegangen sei und als inhaltlich und im Aufstellungsprozess insgesamt ausgewogenes Regelwerk eine Sonderstellung genieße.⁴⁴⁶ Fraglich ist aber, ob diese Auffassung gesetzeskonform ist. Der Gesetzgeber hat die VOB/B lediglich in § 310 Abs. 1 S. 3 BGB privilegiert. Daraus kann keine weitergehende Sonderbehandlung abgeleitet werden. Wie andere AGB müssen auch die Klauseln der VOB/B den AGB-rechtlichen Erfordernissen der Transparenz, Regelungsklarheit und Angemessenheit entsprechen.⁴⁴⁷ Dem entsprach § 1 Abs. 3 schon nach der bis zum 31.12.2017 geltenden Rechtslage nicht.⁴⁴⁸

170 Dafür spricht auch eine Entscheidung des Bundesgerichtshofes zur Unwirksamkeit eines Änderungsvorbehaltes, den im entschiedenen Fall ein Bauträger außerhalb der VOB/B mit einem Verbraucher vereinbart hatte. Der BGH hat gemäß § 308 Nr. 4 BGB für unverzichtbar gehalten, dass die Klausel triftige Gründe für das einseitige Leistungsbestimmungsrecht nenne und in ihren Voraussetzungen und Folgen erkennbar die Interessen des Vertragspartners angemessen berücksichtige.⁴⁴⁹ Wenngleich § 308 Nr. 4 BGB gegenüber einem Unternehmer nicht unmittelbar zur Anwendung kommt, dürften die aufgestellten Grundsätze auch insoweit übertragbar sein. Jedenfalls dürfte ein weitgehend schrankenlos formulierter Änderungsvorbehalt nicht allein deshalb als zulässig angesehen werden können, weil er sich in der VOB/B findet. Ansonsten würden die Unterschiede zwischen einer isolierten Inhaltskontrolle des § 307 BGB und der Inhaltskontrolle der VOB/B im Ganzen nach § 310 Abs. 1 S. 2 BGB verwischt. Soweit der Regierungsentwurf in § 650c Abs. 4 BGB-E zunächst auch eine Einzelprivilegierung der Vertragsänderungsregelungen der VOB/B vorsah, ist das letztlich nicht umgesetzt worden. Dass die Formulierung des § 1 Abs. 3 schon für vor dem 1.1.2018 geschlossene Verträge einer isolierten Inhaltskontrolle nach § 307 BGB nicht standhält, ist erst recht anzunehmen, wenn man § 1 Abs. 3 zusammen mit § 2 Abs. 5 als unteilbare,⁴⁵⁰ einheitliche Gesamtregelung versteht und die Regelung des § 2 Abs. 5 hinsichtlich der Ermittlung der geänderten Vergütung entgegen einer schon älteren Entscheidung des BGH⁴⁵¹ für unangemessen oder intransparent hält → Rn. 140.

171 **4. Isolierte AGB-Kontrolle für nach dem 31.12.2017 geschlossene Verträge.** Hinsichtlich der isolierten Inhaltskontrolle bei Verwendung der VOB/B

---

⁴⁴⁵ Kundenfeindlichste Auslegung für die Wirksamkeitskontrolle von VOB/B-Klauseln einschließlich § 1 Abs. 3 und 4 zu Recht angemahnt durch Beck VOB/B/Kues § 1 Abs. 3 Rn. 154; Kniffka/Koeble/Jurgeleit/Sacher Kompendium BauR/Kniffka Teil 4 Rn. 339.

⁴⁴⁶ Kapellmann/Messerschmidt/von Rintelen Einl. Rn. 47 ff., 107 ff., § 1 Rn. 101b; siehe auch Manteufel BauR 2024, 337.

⁴⁴⁷ BGH NZBau 2008, 640 Rn. 32, 40.

⁴⁴⁸ So zB auch Kniffka/Koeble/Jurgeleit/Sacher Kompendium BauR/Kniffka Teil 4 Rn. 340 ff.; Beck VOB/B/Kues § 1 Abs. 3 Rn. 154.

⁴⁴⁹ BGH NZBau 2005, 511 Rn. 18.

⁴⁵⁰ Dazu zB Vygen in Sonderausgabe zur VOB/B 2002 BauR 2002, 23; Popescu BauR 2019, 323.

⁴⁵¹ BGH NJW 1996, 1346 Rn. 26.

Art und Umfang der Leistung **§ 1**

gegenüber einem Auftragnehmer haben sich die Bedenken an der AGB-rechtlichen Wirksamkeit des § 1 Abs. 3 für seit dem 1.1.2018 geschlossene Verträge wegen des nun gemäß §§ 650a ff. BGB im Gesetz geregelten Bauvertragsänderungsrechtes weiter verschärft. Wie bereits ausgeführt (→ Rn. 75 ff.) unterscheiden sich die Möglichkeiten des Auftraggebers hinsichtlich der Voraussetzungen, des Änderungsgegenstandes und des verfahrensmäßigen Ablaufs einer von ihm gewünschten Vertragsmodifikation deutlich. Es besteht nun ein durch AGB grundsätzlich nicht abänderbares gesetzgeberisches Leitbild, das zunächst und vorrangig auf eine einverständliche Beilegung der Problematik angelegt ist und dem Auftraggeber ein einseitiges Anordnungsrecht grundsätzlich erst nach 30 Tagen gewährt, wenn die Parteien keine Einigung erzielt haben. Dagegen gewährt § 1 Abs. 3 dem Auftraggeber ohne jeglichen Vorlauf und ohne dem Wortlaut zu entnehmende Einschränkungen hinsichtlich des Bauentwurfs ein einseitig ausübbares Anordnungsrecht. Man kann die nach § 650b BGB vorgesehene Verhandlungsphase nicht als untergeordnete Regelung verstehen, die für das gesetzliche Bauvertragsänderungsrecht nicht essenziell ist.[452] Vielmehr unterscheiden sich die Konzepte des BGB und des VOB/B erheblich, indem sie den Schwerpunkt auf ein zunächst konsensuales Verfahren bzw. unter Abbedingung desselben auf ein unmittelbares Anordnungsrecht legen. Zudem kommt – jedenfalls bei der im Rahmen der Inhaltskontrolle angezeigten kundenfeindlichsten Auslegung (ansonsten → Rn. 122 ff.) – weiterhin ein Verständnis in Betracht, dass das Anordnungsrecht des § 1 Abs. 3 unabhängig davon bestehen soll, ob die Anordnung für den Auftragnehmer zumutbar ist, und dass der in § 1 Abs. 3 genannte Änderungsgegenstand „Bauentwurf" weiter greift als die mit § 650b Abs. 1 BGB erfolgte Anknüpfung an den „Werkerfolg" → Rn. 103 ff. § 1 Abs. 3 hält somit entgegen teilweise vertretener Ansicht[453] auch für seit dem 1.1.2018 geschlossene Verträge einer isolierten AGB-Kontrolle nicht stand.[454]

Dass § 1 Abs. 3 gegen ein gesetzliches Leitbild verstößt, wird man auch nicht **172** damit verneinen können, dass sich das BGB mit der erstmaligen Aufstellung eines Bauvertragsänderungsrechtes der VOB/B angenähert habe. Das ist zwar richtig. Bisher fehlte im BGB jedoch entgegen den baurechtlichen und baupraktischen Erfordernissen ein konkretes Leitbild für den Umgang mit Änderungsnotwendigkeiten und -wünschen gänzlich, so dass ein Leitbildverstoß nach § 307 Abs. 2 Nr. 1 BGB schon aus diesem Grunde kaum in Betracht kam. Nachdem nunmehr ein gesetzliches Leitbild existiert, muss sich § 1 Abs. 3 daran messen lassen. § 1 Abs. 3 versagt dem Auftragnehmer klar definierte Rechte zur Einflussnahme auf eine sachgerechte, ihm zumutbare Lösung, wie sie ihm bei einem Änderungsbegehren nach § 650b BGB zustünden. Dabei handelt es sich nach hiesiger Auffassung um eine gemäß § 307 Abs. 2 Nr. 1 BGB unangemessene Benachteiligung,

---

[452] zB Beck VOB/B/Kues § 1 Abs. 3 Rn. 158; **anders aber** Kniffka/Jurgeleit/von Rintelen, BauVertrR § 650b Rn. 265; Kapellmann/Messerschmidt/von Rintelen § 1 Rn. 136; Kapellmann NZBau 2017, 635, 638; Manteufel BauR 2024, 346.
[453] Kniffka/Jurgeleit/von Rintelen, BauVertrR § 650b Rn. 265; Kapellmann/Messerschmidt/von Rintelen § 1 Rn. 136; Kapellmann NZBau 2017, 635, 638; Retzlaff BauR 2017, 1795; Putzier NZBau 2018, 131 (132); Manteufel BauR 2024, 348.
[454] Beck VOB/B/Kues § 1 Abs. 3 Rn. 155 ff.; Kniffka/Koeble/Jurgeleit/Sacher Kompendium BauR/Kniffka Teil 4 Rn. 342 ff.; Popescu BauR 2019, 317 ff.; Oberhauser NZBau 2019, 3 (9); Langen NZBau 2019, 10, 11; Ganten Baurecht Aktuell Sonderausgabe 2018, 13; Abel/Schönfeld BauR 2018, 12; Orlowski BauR 2017, 1427 (1436).

die mit wesentlichen Grundgedanken der gesetzlichen Regelung unvereinbar ist. Führt die isolierte Inhaltskontrolle des § 1 Abs. 3 zur Unwirksamkeit der Klausel, ist der Auftraggeber dadurch nicht rechtlos gestellt. Vielmehr gilt dann uneingeschränkt das in §§ 650a ff. BGB normierte gesetzliche Bauvertragsänderungsrecht.

D. Zusätzliche Leistungen nach § 1 Abs. 4

173 Unter den Voraussetzungen des § 1 Abs. 4 S. 1 (zur Abgrenzung von § 1 Abs. 3 → Rn. 88) kann der Auftraggeber die Ausführung **zusätzlicher Leistungen verlangen, die zur Ausführung der vertraglichen Leistung erforderlich werden** und die nach § 2 Abs. 6 besonders zu vergüten sind. **Andere Zusatzleistungen**, die über das ursprünglich gegenständlich und hinsichtlich der Funktionalität vereinbarte Bausoll hinausgreifen, können dem Auftragnehmer gemäß § 1 Abs. 4 S. 2 **nur mit seiner Zustimmung** übertragen werden.

I. Wirksamkeitsvoraussetzungen des Verlangens nach § 1 Abs. 4 S. 1

174 Das nach § 1 Abs. 4 S. 1 erklärte Verlangen führt zu einer Erweiterung des Vertrages, wenn die allgemeinen Wirksamkeitsvoraussetzungen für eine einseitige empfangsbedürftige Willenserklärung und die besonders durch die Klausel selbst aufgestellten Anforderungen erfüllt sind.

175 **1. Allgemeine Wirksamkeitsvoraussetzungen.** Hinsichtlich der allgemeinen Wirksamkeitsvoraussetzungen eines Verlangens nach § 1 Abs. 4 S. 1 kann weitgehend auf die Ausführungen zur Anordnung nach § 1 Abs. 3 verwiesen werden → Rn. 96 ff., 116 ff. Für seit dem 1.1.2018 geschlossene Verträge muss das Verlangen nach hiesiger, bisher allerdings nicht überwiegend vertretener Auffassung dem **Textformerfordernis** des § 650b Abs. 2 S. 1 BGB entsprechen → Rn. 97 ff. Das Verlangen wird – in Abgrenzung von einer vereinbarten Vertragserweiterung – ebenso wie die Anordnung nach § 1 Abs. 3 durch eine **einseitige empfangsbedürftige Willenserklärung** ausgeübt. Das Verlangen nach § 1 Abs. 4 S. 1, das im Falle seiner Wirksamkeit unmittelbar die Pflicht des Auftragnehmers zur Ausführung zusätzlicher Leistungen gegen eine entsprechend angepasste Vergütung begründet, muss als Willenserklärung – für den Auftragnehmer erkennbar – vom Willen des Auftraggebers getragen sein, bisher im Vertrag noch nicht aufgeführte und noch nicht bepreiste Leistungen ausführen zu lassen, sodass ein Zusatzverlangen zB zu verneinen ist, wenn der Auftraggeber ersichtlich – zu Recht oder auch zu Unrecht – meint, die in Rede stehende Leistung sei schon im Ursprungsvertrag bepreist oder der Auftragnehmer schulde sie als Mangelbeseitigung → Rn. 116 f. Auch reine Mengenmehrungen iSv § 2 Abs. 3 oder Anordnungen, die gemäß § 4 Abs. 1 Nr. 3 der vertragsmäßigen Ausführung der vereinbarten Leistungen dienen sollen, unterfallen nicht §§ 1 Abs. 4 S. 1, 2 Abs. 6 → Rn. 88. Das Verlangen nach § 1 Abs. 4 S. 1 muss in Abhängigkeit davon, welche Partei die Planungsverantwortung trägt, **hinreichend konkret** erklärt werden → Rn. 102. Das Verlangen ist durch den Auftraggeber oder eine **vertretungsberechtigte Person** → Rn. 17 ff., 99 gegenüber dem Auftragnehmer oder einer anderen **empfangsbefugten Person** → Rn. 100 auszusprechen. Die Regelung des § 650b Abs. 1 und 2 BGB, die für BGB-Verträge vorsieht, dass eine einseitige Anweisung des Auftraggebers erst nach erfolgloser Verhandlungsphase

zulässig ist, ist ebenso wie durch § 1 Abs. 3 → Rn. 101 auch durch § 1 Abs. 4 S. 1 abbedungen.

2. Erforderlichkeit und Zumutbarkeit nach § 1 Abs. 4 S. 1. Eine nach 176 dem Ursprungsvertrag noch nicht vorgesehene Leistung ist gemäß § 1 Abs. 4 S. 1 **erforderlich,** wenn sie aus technischen Gründen notwendig ist, um ein komplettes, mangelfreies und funktionsgerechtes Werk zu gewährleisten. Dabei ist ein eher weiter Maßstab anzulegen. Die Erforderlichkeit zusätzlicher Leistungen kann aber auch aus Rechtsgründen oder wegen behördlicher Auflagen bestehen. § 1 Abs. 4 S. 1 BGB formuliert – insoweit anders als § 1 Abs. 3 – ausdrücklich die Einschränkung, dass der Auftragnehmer erforderlich werdende Leistungen nicht auszuführen braucht, wenn sein **Betrieb auf derartige Leistungen nicht eingerichtet** ist. Diesen Ausnahmefall muss der Auftragnehmer darlegen und beweisen. Prinzipiell gelten dieselben **Zumutbarkeitskriterien** wie bei § 1 Abs. 3 → Rn. 122 ff. Hinsichtlich der Zumutbarkeit der Ausführung einer für den vereinbarten Werkerfolg notwendigen Leistung ist § 1 Abs. 4 S. 1 enger gefasst als § 650b Abs. 1 BGB, der für die Ausführungspflicht des Auftragnehmers insoweit keine einschränkenden Zumutbarkeitskriterien nennt.

a) Nachträglich erforderlich werdende Leistungen. Von der durch § 1 177 Abs. 4 S. 1 eröffneten Möglichkeit eines Zusatzverlangens hinsichtlich „**nicht vereinbarter Leistungen, die zur Ausführung der vertraglichen Leistung erforderlich werden**", sind jedenfalls Arbeiten umfasst, die als zu vergütende Maßnahmen nach der Ursprungsvereinbarung noch nicht vorgesehen waren und deren nachträgliche Vergabe sich wegen **veränderter Bauumstände, geänderter rechtlicher oder technischer Normen** oder **behördlicher Auflagen** zwecks Erstellung eines funktionsgerechten, kompletten und mangelfreien Werkes als notwendig erweisen. Wenn ein derartiger Fall eintritt und zB wegen eines vom Auftragnehmer nicht zu vertretenden Wassereinbruchs, der Verschärfung gesetzlicher Vorgaben, der Veränderung der allgemein anerkannten Regeln der Technik oder zusätzlicher Genehmigungsauflagen zunächst nicht geplante Maßnahmen erforderlich werden, ist allerdings zunächst zu prüfen, ob der Auftragnehmer die weiteren Leistungen nach der dem Ursprungsvertrag zugrunde liegenden **Risikoverteilung** (zum Baugrundrisiko[455] → Rn. 47, für nach der VOB/A erteilte Aufträge → Rn. 54 ff.) auf eigene Kosten auszuführen hat, ohne dass es eines Zusatzverlangens des Auftraggebers nach § 1 Abs. 4 S. 1 bedarf. Auch im Falle einer funktionalen Leistungsbeschreibung und eines Globalpauschalvertrages ist aber der Auftragnehmer bei Vertragsschluss grundsätzlich nicht bereit, Risiken zu übernehmen, von deren Eintritt die Parteien bei Vertragsschluss nicht ausgegangen sind und deren vorherige Abklärung durch den Auftragnehmer seitens des Auftraggebers nicht erwartet wurde → Rn. 109. Musste der Auftragnehmer einen nach Vertragsschluss eintretenden Umstand nicht einkalkulieren, erweitern sich durch den nicht in seinem Risikobereich liegenden Umstand die Leistungserfordernisse. Die bei Vertragsschluss objektiv noch nicht notwendigen Maßnahmen sind dann gegenständlich nicht vom ursprünglichen Bausoll umfasst und auch noch nicht bepreist, sodass es eines Zusatzverlangens nach § 1 Abs. 4 S. 1 bedarf.

Teilweise werden auch Leistungen, die infolge der Ausführung einer Änderungsanordnung nach § 1 Abs. 3 zusätzlich notwendig sind, unter § 1 Abs. 4 S. 1

---

[455] zum Genehmigungsrisiko OLG Saarbrücken IBR 2020, 391.

subsumiert.[456] Das ist aber nicht sachgerecht, wenn die Ausführung einer im Ausgangspunkt als Änderungsanordnung zu verstehenden Anweisung zwangsläufig mit gewissen zusätzlichen Maßnahmen verbunden ist (zB zusätzliche Vorbereitungsmaßnahmen oder Arbeitsgänge vor Aufbringen eines geänderten Bodenbelags) → Rn. 88. Dann ist die Modifikation in ihrer Gesamtheit nach § 1 Abs. 3 zu bewerten, sodass für eine an sich einheitliche Maßnahme nicht noch gleichzeitig auf die Voraussetzungen des § 1 Abs. 4 S. 1 abgestellt werden muss.

178 **b) Von vornherein im Vertrag fehlende Leistungen.** Hingegen wird teilweise infrage gestellt, dass § 1 Abs. 4 S. 1 auch für **im Leistungsverzeichnis vergessene** oder **aufgrund defizitärer Planung übersehene Leistungen** gilt, deren Ausführung schon bei Vertragsschluss als für den Werkerfolg erforderlich hätte vereinbart und bepreist werden müssen.[457] Dagegen kann sprechen, dass die zur Ausführung der vertraglich geschuldeten Gesamtleistung erforderlichen Einzelleistungen ausgehend vom funktionalen Herstellungsbegriff prinzipiell von vorherein mit vereinbart sind. Die für die Herstellung der bei Vertragsschluss vorausgesetzten Funktionalität, Normgerechtigkeit und gegenständlichen Gesamtheit des Werkes erforderlichen Leistungen sind an sich auch dann auszuführen, wenn sie im Leistungsverzeichnis nicht aufgeführt oder gar vergessen wurden aber gleichwohl bestimmbar sind, weil die vereinbarte Funktionalitätserwartung etc. die einzelnen Leistungspositionen als übergeordnetes Auslegungskriterium überlagert → Rn. 39 ff.

Ausgehend von dieser Überlegung wurde noch in der 4. Auflage vertreten,[458] § 1 Abs. 4 S. 1 sei insoweit unanwendbar. Die hinsichtlich des Ursprungsbausolls bestehende Vertragslücke sei aus rechtssystematischen Gründen vorrangig durch eine **ergänzende Vertragsauslegung** zu schließen. Das sollte zum einen für den Preis der vom Vertragstext nicht erfassten, gleichwohl aber schon unmittelbar geschuldeten Leistungsteile, zum anderen aber auch für die inhaltliche Konkretisierung der vergessenen oder übersehenen Leistungen selbst gelten. Nach dieser Ansicht passte § 1 Abs. 4 S. 1, der gemäß seinem Wortlaut nur für nachträglich erforderlich werdende Leistungen gilt, nicht für diese von vornherein erforderlichen und damit zum Ursprungsbausoll gehörenden Leistungen.

178a Dieses **enge Verständnis** des Anwendungsbereichs des § 1 Abs. 4 S. 1 wird **vom BGH nicht geteilt.** Er will die Vorschrift auch auf „vergessene und übersehene Leistungen" anwenden, die zur Ausführung des schon ursprünglich geschuldeten Werkerfolgs erforderlich, jedoch im Leistungsverzeichnis nicht erwähnt und bepreist sind.[459] Dieses Konzept liegt nun auch dem neuen § 650b Abs. 1 S. 2 BGB zugrunde, wie daraus folgt, dass der Gesetzestext im Gegenteil zu § 1 Abs. 4 S. 1 das Merkmal „zur Erreichung des vereinbarten Werkerfolgs notwendig" nicht im Futur, sondern im Präsens formuliert, sodass vom Gesetz offenbar auch Leistungen erfasst sein sollen, die zwecks funktionsgerechter Ausführung schon von vornherein und nicht erst aufgrund geänderter Umstände angezeigt erscheinen. § 650b Abs. 1 S. 2 BGB unterstellt demnach auch bei Vertragsschluss vergessene

---

[456] Kapellmann/Messerschmidt/von Rintelen § 1 Rn. 147; Beck VOB/B/Kues § 1 Abs. 4 Rn. 14.

[457] Beck VOB/Kues § 1 Abs. 4 Rn. 13; siehe aber auch Beck VOB/B/Kues § 2 Abs. 6 Rn. 17 ff.

[458] So auch in der 3. Aufl. Beck VOB/B/Jansen § 2 Abs. 6 Rn. 17 und Funke vor § 2 Rn. 175.

[459] BGH NZBau 2013, 369 Rn. 14; 2013, 366 Rn. 11.

Art und Umfang der Leistung **§ 1**

und übersehene Leistungen, die zur Erreichung des vereinbarten Werkerfolges erforderlich sind, dem Regime des Bauvertragsänderungsrechtes,[460] das insoweit einer ergänzenden Vertragsauslegung vorgeht. Diese gesetzgeberische Entscheidung, die allerdings mit dem funktionalen Herstellungsbegriff wenig kompatibel ist, sollte auch der Auslegung des § 1 Abs. 4 S. 1 zugrunde gelegt werden. Eines Verlangens des Auftraggebers nach § 1 Abs. 4 S. 1 bedarf es deshalb auch dann, wenn aus objektiver Sicht schon bei Vertragsschluss hätte klar sein müssen, dass eine konkrete zusätzliche Maßnahme zur Herbeiführung des vereinbarten Werkerfolges erforderlich ist. Der Auftragnehmer darf insoweit nicht von sich aus tätig werden. Er muss den Auftraggeber im Rahmen seiner Bedenkenhinweispflicht jedoch zügig auf die Notwendigkeit einer Erweiterung des bepreisten Leistungsumfangs und einer darauf bezogenen Erklärung des Auftraggebers hinweisen → Rn. 43. Der Auftraggeber ist dann rasch gehalten, eine Entscheidung zu treffen, ob er an seinen Vorstellungen zum Bauergebnis festhalten und ein dafür erforderliches Verlangen aussprechen will.

Gegen eine Anwendung des § 1 Abs. 4 S. 1 auf zunächst vergessene oder übersehene Leistungen, die von vornherein zwecks Erstellung eines funktionsgerechten, kompletten und mangelfreien Werkes erforderlich waren, spricht letztlich nicht entscheidend, dass der Wortlaut des § 1 Abs. 4 S. 1 von erforderlich werdenden Leistungen spricht. § 1 Abs. 4 S. 1 ist als AGB mit dem Inkrafttreten des gesetzlichen Bauvertragsänderungsrechtes als eine Klausel zu verstehen, die an § 650b Abs. 1 Nr. 2 BGB anknüpft und diese modifiziert (→ Rn. 5, 97b, 85 mit weiteren Verweisen zum Zusammenspiel des BGB- und VOB/B-Bauvertragsänderungsrechts). Die Umschreibungen „zur Ausführung der vertraglichen Leistung erforderlich werden" in der VOB/B und „zur Erreichung des vereinbarten Werkerfolges notwendig" im BGB sind weitgehend gleich gefasst, so dass es gerechtfertigt ist, die Formulierung in der VOB/B insofern konform mit dem Gesetzestext zu verstehen, dass auch erst nachträglich als erforderlich erkannte Leistungen umfasst sind. Jedenfalls ist der Wortlaut des § 1 Abs. 4 S. 1 nicht eindeutig dahingehend, dass die Ausgangsnorm § 650b Abs. 1 Nr. 2 BGB hinsichtlich ihres Anwendungsbereichs eingeschränkt werden soll. **178b**

Gemäß diesem Verständnis erfasst § 1 Abs. 4 S. 1 zB auch den Fall, dass eine Leistung zwar schon bei Vertragsschluss notwendig war, ohne dass sie jedoch hinreichend klar dem Aufgabenbereich eines von mehreren in Betracht kommenden Auftragnehmern zugewiesen war, weil sie an der **Schnittstelle zwischen mehreren Gewerken** zu erledigen ist, und deshalb die Vergabe an einen bestimmten Auftragnehmer nachgeholt werden muss. Dasselbe gilt, wenn eine Leistung zunächst **in unsachgemäßer Weise gegenständlich oder räumlich beschränkt** vergeben wurde (zB vergessenes Zimmer bei Vergabe von Ausbauleistungen in einem Neubau).[461] **178c**

II. Rechtsfolgen des Verlangens nach zusätzlichen Leistungen

Ist das **Verlangen** des Auftraggebers **wirksam,** muss der Auftragnehmer die ihm abverlangten **zusätzlichen Leistungen ausführen,** es sei denn sein Betrieb ist auf derartige Leistungen nicht eingerichtet. Eine ursprünglich vereinbarte **Ausführungsdauer** ist ggf. **anzupassen** → Rn. 142 ff. Kommt der Auftragnehmer **179**

---

[460] So auch die Gesetzesbegründung in BT-Drs. 18/8486 S. 53 zu § 650b BGB-E 3. Abs.
[461] So auch Beck VOB/B/Kues § 1 Abs. 4 Rn. 15 f.

dem Verlangen nach, hat er bei Vorliegen der weiteren Voraussetzungen des § 2 Abs. 6 Nr. 1 Anspruch auf eine **besondere Vergütung,** wegen der er **Abschläge und Sicherheiten** verlangen kann → Rn. 141. Äußert der Auftraggeber kein Verlangen nach § 1 Abs. 4 S. 1, ist der Auftragnehmer nicht berechtigt, von sich aus zusätzliche von ihm für erforderlich gehaltene Leistungen auszuführen. Tut er es dennoch, kann er eine Vergütung idR allenfalls nach § 2 Abs. 8 verlangen.[462] Wie schon zu § 1 Abs. 3 ausgeführt → Rn. 127a, kann einem widersprüchlich handelnden Auftraggeber aber im Einzelfall nach Treu und Glauben verwehrt sein, sich gegenüber einer auf § 2 Abs. 6 gestützten Vergütungsforderung auf das Fehlen einer Anweisung zu berufen.

179a Den Anspruch auf eine besondere Vergütung hat der Auftragnehmer dem Auftraggeber gemäß § 2 Abs. 6 Nr. 1 S. 2 **dem Grunde nach anzukündigen,** bevor er mit der Ausführung der Leistung beginnt. Streitig ist, ob es sich dabei um eine echte Anspruchsvoraussetzung handelt → § 2 Rn. 385 ff. (verneinend[463]). Jedenfalls ist ein Unterbleiben der Ankündigung gemäß der BGH-Rechtsprechung[464] dann unschädlich, wenn sie im konkreten Fall für den Schutz des Auftraggebers entbehrlich und deshalb ohne Funktion wäre, weil der Auftragnehmer davon ausgehen konnte, der Auftraggeber wolle die zusätzlich verlangten Leistungen ausführen lassen, obwohl er schon ohne Ankündigung von der Vergütungspflicht wisse. Die **Vergütungshöhe** ist gemäß § 2 Abs. 6 Nr. 2 S. 2 **möglichst vor Beginn der Ausführung zu vereinbaren.** Kommt keine Einigung zustande oder bemühen sich die Parteien erst gar nicht um eine solche, schließt das den Anspruch auf eine besondere Vergütung, deren Höhe dann ggf. gerichtlich festzulegen ist, nicht aus. Wenn der Auftraggeber darauf besteht, ist der Auftragnehmer jedoch gemäß den Vorgaben in § 650b Abs. 1 Sätze 2 und 4 BGB, die nach hiesiger Ansicht weder durch § 1 Abs. 4 S. 1 noch durch § 1 Abs. 4 S. 1 abbedungen sind → Rn. 128, verpflichtet, ein Angebot über den neuen Preis zu erstellen, bevor er mit der Ausführung beginnt. Eine Einigung der Parteien über die Zahlung einer bestimmten zusätzlichen Vergütung ist grundsätzlich auch dann bindend, wenn sie der Rechtslage dem Grunde oder der Höhe nach nicht entsprach → Rn. 128.

179b Nach der vor Inkrafttreten der §§ 650a ff. BGB herrschenden Meinung sollte die nach § 2 Abs. 6 zu berechnende Vergütung – ebenso wie im Falle des § 2 Abs. 5 → Rn. 130 ff. – im Wege der **vorkalkulatorischen Preisfortschreibung** aus der Urkalkulation hergeleitet werden, wobei der Preis ggf. unter Heranziehung einer vergleichbaren Position des Leistungsverzeichnisses ermittelt werden sollte. Das führte dazu, dass das Preisniveau der Urkalkulation auch auf die zusätzliche Leistung übertragen wurde, obwohl die Parteien dieses Niveau, das von den üblichen Preisen nach oben oder unten abweichen kann, zunächst nur für einen geringeren Auftragsumfang vereinbart hatten. Der BGH[465] hat schon vor dem am 1.1.2018 erfolgten Inkrafttreten des BGB-Bauvertragsänderungsrechts offengelassen, ob er diese Auslegung des § 2 Abs. 6 teilt. Mit Urteil vom 8.8.2019 hat der BGH[466] nun, allerdings vorerst nur für § 2 Abs. 3 Nr. 2, entschieden, die

---

[462] Beck VOB/B/Kues § 1 Abs. 4 Rn. 9.
[463] Verneint auch durch Beck VOB/B/Althaus/Jansen § 2 Abs. 6 Rn. 50 ff. unter Darstellung des Meinungsstandes.
[464] BGH NJW 1996, 2158; so auch OLG Hamm IBR 2021, 615 = BeckRS 2019, 56317.
[465] BGH NZBau 2013, 366 Rn. 17.
[466] BGH NZBau 2019, 706 Rn. 28 ff.

Vorschrift lasse die Art der Preisfortschreibungsmethode offen. Die Regelungslücke sei im Wege der ergänzenden Vertragsauslegung in der Weise zu schließen, dass – wenn nichts anderes vereinbart sei – die **tatsächlich erforderlichen Kosten zuzüglich angemessener Zuschläge** maßgeblich seien. Wenngleich der BGH bisher noch nicht über eine Übertragbarkeit seiner Entscheidung auf § 2 Abs. 5 und Abs. 6 entschieden hat, dürfte kaum in Betracht kommen, die an § 650c BGB angelehnte Auslegung ausgerechnet nicht für das VOB/B-Bauvertragsänderungsrecht gelten zu lassen. Zwar ist § 2 Abs. 6 Nr. 2 hinsichtlich der Preisanpassung etwas anders formuliert als § 2 Abs. 3 Nr. 2 und § 2 Abs. 5 S. 1. Eine bestimmte Berechnungsmethode ist gleichermaßen jedoch in keiner der drei Klauseln genannt, sodass jeweils eine ergänzende Vertragsauslegung geboten ist, die wegen der prinzipiell gleichen Interessenlage gemäß der für § 2 Abs. 3 Nr. 2 entwickelten Rechtsprechung erfolgen sollte → Rn. 136. Auf **seit dem 1.1.2018 geschlossene VOB/B-Bauverträge** ist nach hiesiger Auffassung zudem direkt auf die Vergütungsanpassungsregeln des § 650c BGB abzustellen, weil sie durch die AGB-Klauseln § 2 Abs. 5 S. 1 und § 2 Abs. 6 Nr. 2 nicht abbedungen sind → Rn. 137. Es ist also an die tatsächlichen Kosten nebst angemessenen Zuschlägen für allgemeine Geschäftskosten, Wagnis und Gewinn anzuknüpfen.

Hinsichtlich der Rechtslage beim **Streit über die Wirksamkeit eines Verlangens** → Rn. 145 ff., beim Streit, ob dem Wunsch des Auftraggebers nach Ausführung einer Maßnahme erst auf ein **vergütungsrelevantes Zusatzverlangen** zu folgen ist → Rn. 148 ff., und beim **Streit über die Höhe der zusätzlichen Vergütung** → Rn. 152 kann auf die Kommentierung zu § 1 Abs. 3 verwiesen werden. Die durch § 650d BGB erweiterten Möglichkeiten zum Erwirken einer **einstweiligen Verfügung** gelten auch für Streitigkeiten aus § 1 Abs. 4 S. 1 → Rn. 156 ff. 179c

III. Andere Leistungen nach § 1 Abs. 4 S. 2

§ 1 Abs. 4 S. 2 bestimmt ausdrücklich, dass dem Auftragnehmer von S. 1 nicht erfasste **andere Leistungen,** also insbesondere solche, die nicht iSv S. 1 erforderlich sind, **nur mit seiner Zustimmung** übertragen werden können. Erteilt der Auftragnehmer die Zustimmung hat er seinen Anspruch auf eine besondere Vergütung dem Auftraggeber vor Ausführungsbeginn grundsätzlich gemäß § 2 Abs. 6 Nr. 1 S. 2 anzukündigen → Rn. 179a. Da der Auftragnehmer frei über das Eingehen auf das Ansinnen des Auftraggebers entscheiden kann, steht es ihm auch frei, die Zustimmung von der Vereinbarung eines bestimmten Werklohns oder gewünschter Rahmenbedingungen abhängig zu machen, soweit er mit seinem Verhalten nicht gegen das Kooperationsgebot verstößt oder sich gar sittenwidrig oder treuwidrig verhält. 180

Falls die Parteien im Falle des § 1 Abs. 4 S. 2 entgegen § 2 Abs. 6 Nr. 2 S. 2 → Rn. 179a keine Vereinbarung über die **Höhe der zusätzlichen Vergütung** treffen, richtet sich die Vergütung für die zusätzliche Leistung nach § 2 Abs. 6 Nr. 2 S. 1, wonach es jetzt auf die tatsächlich erforderlichen Kosten zuzüglich angemessener Zuschläge ankommt → Rn. 136b. Ergibt sich aus den Umständen, dass die Parteien eine andere Berechnungsmethode (zB das Preisniveau des Vertrages oder § 632 Abs. 2 BGB) bevorzugt haben, ist diese maßgeblich.[467] Dagegen 181

---

[467] Zur Preisbestimmung zB Kapellmann/Messerschmidt/von Rintelen § 1 Rn. 159 ff.; Kniffka/Koeble/Jurgeleit/Sacher Kompendium BauR/Kniffka Teil 4 Rn. 148c; Beck VOB/B/Kues § 1 Abs. 4 Rn. 26 f.

bleibt es bei der Ausgangsvergütung, wenn der Auftragnehmer zum Ausdruck gebracht hat, zur Ausführung der zusätzlichen Leistung ohne Mehrvergütung bereit zu sein. Meint der Auftraggeber, die infrage stehende Leistung schulde der Auftragnehmer ohne zusätzliche Vergütung schon nach dem Ursprungsvertrag, handelt es sich aber tatsächlich um eine „andere Leistung" iSv § 1 Abs. 4 S. 2, braucht der Auftragnehmer auf das Ansinnen des Auftraggebers nicht einzugehen. Hat der Auftraggeber mit seiner Auffassung dagegen recht, kann ihm gemäß §§ 5 Abs. 4, 8 Abs. 3 nach fruchtloser Fristsetzung ein Kündigungsrecht zustehen, infolge dessen der Auftragnehmer erheblichen Ansprüchen aus § 8 Abs. 3 Nr. 2 ausgesetzt sein kann → Rn. 151. In Zweifelsfällen ist also Vorsicht geboten, sodass erwogen werden sollte, Unklarheiten vorläufig durch eine einstweilige Verfügung auszuräumen. § 650d BGB, der nach überwiegender Auffassung auch auf VOB/B-Verträge anwendbar ist – Rn. 157, schafft insoweit vereinfachte Möglichkeiten, wobei allerdings zu den Einzelheiten noch vieles unklar ist → Rn. 150a, 159 ff. Handelt es sich nicht um eine Auftragserweiterung nach § 1 Abs. 4 S. 1 oder 2, sondern um einen **eigenständigen Anschluss- oder Folgeauftrag**, gilt für die nicht mitgeregelte Zusatzvergütung nicht § 2 Abs. 6, sondern § 632 Abs. 2 BGB.

IV. Isolierte AGB-Inhaltskontrolle des § 1 Abs. 4

182 Eine **isolierte Inhaltskontrolle** einzelner VOB/B-Klauseln und damit auch von § 1 Abs. 4 S. 1 und S. 2 hat wegen der nach § 310 Abs. 1 S. 3 BGB vorgesehenen Privilegierung gegenüber einem Unternehmer, einer juristischen Person des öffentlichen Rechts und einem öffentlich-rechtlichen Sondervermögen – anders als zu Gunsten einer anderen Person – nur stattzufinden, wenn die VOB/B nicht in Gänze oder unter Vereinbarung einer eine VOB/B-Klausel – auch nur geringfügig[468] – modifizierenden Regelung gestellt wurde → Rn. 167. Die ansonsten lediglich vorgesehene Beurteilung der VOB/B im Ganzen dürfte zur AGB-rechtlichen Konformität führen → Rn. 168.

183 **1. Isolierte Inhaltskontrolle des § 1 Abs. 4 S. 2.** Der Wortlaut des **§ 1 Abs. 4 S. 2** ist AGB-rechtlich unbedenklich, weil die Klausel an das allgemeine Vertragsrecht anknüpft, wonach die Erweiterung eines Vertrages grundsätzlich nur im Einverständnis beider Parteien möglich ist. § 1 Abs. 4 S. 2 schränkt die dem Auftraggeber nun gemäß § 650b Abs. 1 Nr. 1 und Nr. 2 BGB zustehenden einseitigen Änderungsrechte auch nicht unangemessen ein, weil § 1 Abs. 3 und § 1 Abs. 4 S. 1 die gesetzlichen Änderungsrechte als solche nahezu vollständig oder jedenfalls dem gesetzlichen Leitbild entsprechend abdecken und nicht wesentlich verkürzen. Problematisch ist aber, dass der an § 1 Abs. 4 S. 2 anknüpfenden und mit ihr AGB-rechtlich einheitlich zu betrachtenden Vergütungsregelung § 2 Abs. 6 aus sich heraus keine transparenten Preisbestimmungskriterien zu entnehmen sind → Rn. 140.

184 **2. Isolierte Inhaltskontrolle des § 1 Abs. 4 S. 1.** Hinsichtlich **vor** Inkrafttreten des BGB-Vertragsänderungsrechts am **1.1.2018 geschlossener Verträge** hält nach einer früheren Entscheidung des BGH[469] **§ 1 Abs. 4 S. 1** einer **isolierten AGB-Inhaltskontrolle** stand, weil sich beim Bauvertrag typischerweise die Notwendigkeit zusätzlicher, zunächst nicht in Erwägung gezogener Leistungen

---

[468] BGH NZBau 2023, 301 Rn. 18; BGH NZBau 2007, 581 Rn. 20; BGH NZBau 2004, 267 Rn. 11.
[469] BGH NJW 1996, 1346 Rn. 34.

ergeben könne, eine Ausführungspflicht des Auftragnehmers häufig schon aus dem Kooperationsgebot und aus Treu und Glauben folge, die betrieblichen Interessen des Auftragnehmers nach § 1 Abs. 4 S. 1 zu beachten seien und § 2 Abs. 6 dem Auftragnehmer eine besondere Vergütung zugestehe. § 1 Abs. 4 S. 1, der die Rechte des Auftraggebers enger fasst als § 1 Abs. 3, wird überwiegend auch von der Literatur für vor dem 1.1.2018 geschlossene Verträge – auch wenn die VOB/B vom Auftraggeber gegenüber dem Auftragnehmer verwendet wurde – als AGB-rechtskonform angesehen.[470] Bedenken werden zu Recht teilweise aber deshalb geäußert, weil die korrespondierende Vergütungsregelung des § 2 Abs. 6 keine transparenten Preisbestimmungskriterien nennt → Rn. 140 und auch der Wortlaut des § 1 Abs. 4 S. 1 unter mehreren Gesichtspunkten unklar gefasst ist.[471]

Seit dem 1.1.2018 besteht mit § 650b BGB ein gesetzliches Leitbild, das mit der gemeinsamen Suche nach einer einvernehmlichen Lösung, die einer Anweisung des Auftraggebers vorauszugehen hat, wesentliche Bestandteile enthält, die aus Sicht eines typischen Marktteilnehmers, der die Texte miteinander vergleicht, durch das sofortige einseitige Bestimmungsrecht des § 1 Abs. 4 S. 1 abbedungen sind.[472] Hinzu kommen Unklarheiten und Abweichungen bezüglich weiterer Bestandteile des gesetzlichen Leitbildes, wie zB des Textformerfordernisses, der Angebotspflicht, des Zeitpunktes, zu dem die Erforderlichkeit einer zusätzlichen Leistung eingetreten ist → Rn. 178 ff., und der Methode der Ermittlung des neuen Preises, sodass § 1 Abs. 4 S. 1 jedenfalls bei der insoweit maßgeblichen kundenfeindlichsten Auslegung einer isolierten AGB-Inhaltskontrolle bezogen auf seit dem 1.1.2018 geschlossene Verträge nicht standhält. Das gilt sowohl zu Gunsten des Auftragnehmers als auch des Auftraggebers, wenn die VOB/B durch die jeweils andere Partei gestellt wurde. Wegen der näheren Einzelheiten und des Meinungsstandes wird auf die entsprechenden Ausführungen zu § 1 Abs. 3 verwiesen → Rn. 171 f. 185

§ 2 Vergütung

(1) Durch die vereinbarten Preise werden alle Leistungen abgegolten, die nach der Leistungsbeschreibung, den Besonderen Vertragsbedingungen, den Zusätzlichen Vertragsbedingungen, den Zusätzlichen Technischen Vertragsbedingungen, den Allgemeinen Technischen Vertragsbedingungen für Bauleistungen und der gewerblichen Verkehrssitte zur vertraglichen Leistung gehören.

(2) Die Vergütung wird nach den vertraglichen Einheitspreisen und den tatsächlich ausgeführten Leistungen berechnet, wenn keine andere Berechnungsart (zB durch Pauschalsumme, nach Stundenlohnsätzen, nach Selbstkosten) vereinbart ist.

(3)
1. Weicht die ausgeführte Menge der unter einem Einheitspreis erfassten Leistung oder Teilleistung um nicht mehr als 10 v.H. von dem im

---

[470] zB Kapellmann/Messerschmidt/von Rintelen § 1 Rn. 162; Beck VOB/B/Kues § 1 Abs. 4 Rn. 28; Manteufel BauR 2024, 346.
[471] Kniffka/Koeble/Jurgeleit/Sacher Kompendium BauR/Kniffka Teil 4 Rn. 339.
[472] Nach Kniffka/Jurgeleit/von Rintelen BauVertrR § 650b Rn. 264 soll die Einigungsphase für das gesetzliche Leitbild dagegen nicht essenziell sein.

§ 2

Vertrag vorgesehenen Umfang ab, so gilt der vertragliche Einheitspreis.
2. Für die über 10 v.H. hinausgehende Überschreitung des Mengenansatzes ist auf Verlangen ein neuer Preis unter Berücksichtigung der Mehr- oder Minderkosten zu vereinbaren.
3. [1]Bei einer über 10 v.H. hinausgehenden Unterschreitung des Mengenansatzes ist auf Verlangen der Einheitspreis für die tatsächlich ausgeführte Menge der Leistung oder Teilleistung zu erhöhen, soweit der Auftragnehmer nicht durch Erhöhung der Mengen bei anderen Ordnungszahlen (Positionen) oder in anderer Weise einen Ausgleich erhält. [2]Die Erhöhung des Einheitspreises soll im Wesentlichen dem Mehrbetrag entsprechen, der sich durch Verteilung der Baustelleneinrichtungs- und Baustellengemeinkosten und der Allgemeinen Geschäftskosten auf die verringerte Menge ergibt. [3]Die Umsatzsteuer wird entsprechend dem neuen Preis vergütet.
4. Sind von der unter einem Einheitspreis erfassten Leistung oder Teilleistung andere Leistungen abhängig, für die eine Pauschalsumme vereinbart ist, so kann mit der Änderung des Einheitspreises auch eine angemessene Änderung der Pauschalsumme gefordert werden.

(4) Werden im Vertrag ausbedungene Leistungen des Auftragnehmers vom Auftraggeber selbst übernommen (zB Lieferung von Bau-, Bauhilfs- und Betriebsstoffen), so gilt, wenn nichts anderes vereinbart wird, § 8 Absatz 1 Nummer 2 entsprechend.

(5) [1]Werden durch Änderung des Bauentwurfs oder andere Anordnungen des Auftraggebers die Grundlagen des Preises für eine im Vertrag vorgesehene Leistung geändert, so ist ein neuer Preis unter Berücksichtigung der Mehr- oder Minderkosten zu vereinbaren. [2]Die Vereinbarung soll vor der Ausführung getroffen werden.

(6)
1. [1]Wird eine im Vertrag nicht vorgesehene Leistung gefordert, so hat der Auftragnehmer Anspruch auf besondere Vergütung. [2]Er muss jedoch den Anspruch dem Auftraggeber ankündigen, bevor er mit der Ausführung der Leistung beginnt.
2. [1]Die Vergütung bestimmt sich nach den Grundlagen der Preisermittlung für die vertragliche Leistung und den besonderen Kosten der geforderten Leistung. [2]Sie ist möglichst vor Beginn der Ausführung zu vereinbaren.

(7)
1. [1]Ist als Vergütung der Leistung eine Pauschalsumme vereinbart, so bleibt die Vergütung unverändert. [2]Weicht jedoch die ausgeführte Leistung von der vertraglich vorgesehenen Leistung so erheblich ab, dass ein Festhalten an der Pauschalsumme nicht zumutbar ist (§ 313 BGB), so ist auf Verlangen ein Ausgleich unter Berücksichtigung der Mehr- oder Minderkosten zu gewähren. [3]Für die Bemessung des Ausgleichs ist von den Grundlagen der Preisermittlung auszugehen.
2. Die Regelungen der Absatz 4, 5 und 6 gelten auch bei Vereinbarung einer Pauschalsumme.
3. Wenn nichts anderes vereinbart ist, gelten die Nummern 1 und 2 auch für Pauschalsummen, die für Teile der Leistung vereinbart sind; Absatz 3 Nummer 4 bleibt unberührt.

Vergütung §2

(8)
1. ¹Leistungen, die der Auftragnehmer ohne Auftrag oder unter eigenmächtiger Abweichung vom Auftrag ausführt, werden nicht vergütet. ²Der Auftragnehmer hat sie auf Verlangen innerhalb einer angemessenen Frist zu beseitigen; sonst kann es auf seine Kosten geschehen. ³Er haftet außerdem für andere Schäden, die dem Auftraggeber hieraus entstehen.
2. ¹Eine Vergütung steht dem Auftragnehmer jedoch zu, wenn der Auftraggeber solche Leistungen nachträglich anerkennt. ²Eine Vergütung steht ihm auch zu, wenn die Leistungen für die Erfüllung des Vertrags notwendig waren, dem mutmaßlichen Willen des Auftraggebers entsprachen und ihm unverzüglich angezeigt wurden. ³Soweit dem Auftragnehmer eine Vergütung zusteht, gelten die Berechnungsgrundlagen für geänderte oder zusätzliche Leistungen der Absätze 5 oder 6 entsprechend.
3. Die Vorschriften des BGB über die Geschäftsführung ohne Auftrag (§§ 677 ff. BGB) bleiben unberührt.

(9)
1. Verlangt der Auftraggeber Zeichnungen, Berechnungen oder andere Unterlagen, die der Auftragnehmer nach dem Vertrag, besonders den Technischen Vertragsbedingungen oder der gewerblichen Verkehrssitte, nicht zu beschaffen hat, so hat er sie zu vergüten.
2. Lässt er vom Auftragnehmer nicht aufgestellte technische Berechnungen durch den Auftragnehmer nachprüfen, so hat er die Kosten zu tragen.

(10) Stundenlohnarbeiten werden nur vergütet, wenn sie als solche vor ihrem Beginn ausdrücklich vereinbart worden sind (§ 15).

Übersicht

Rn.

A. BGB-Regelungen der Vergütung	1
B. Generalklausel für die Vergütung in der VOB/B (§ 2 Abs. 1)	3
I. Regelungsgehalt der Vorschrift	3
II. Durch vereinbarte Preise abgegoltene Vergütung	4
1. Leistungsbeschreibung	4
a) Leistungsbeschreibung mittels Leistungsverzeichnis	7
b) Leistungsbeschreibung mit Leistungsprogramm (funktionale Leistungsbeschreibung)	9
2. Besondere Vertragsbedingungen (BVB)	17
3. Zusätzliche Vertragsbedingungen (ZVB)	20
4. Zusätzliche Technische Vertragsbedingungen (ZTV)	22
5. Allgemeine Vertragsbedingungen für die Ausführung von Bauleistungen (VOB/B)	24
6. Gewerbliche Verkehrssitte	26
a) Auffangtatbestand	27
b) Auslegungshilfe	28
c) Umsatzsteuer	30
III. Exkurs: Auslegung der Leistungsbeschreibung	34
1. Wortlaut	38
2. Rangfolgeregelungen (speziell vor allgemein)	40

§ 2 VOB Teil B

	Rn.
3. Grundsatz: Unklarheiten gehen zu Lasten des Auftraggebers	44
C. Die Berechnung der Vergütung (§ 2 Abs. 2)	51
I. Regelungsgehalt der Vorschrift	51
II. Abrechnung nach den vertraglichen Einheitspreisen	54
1. Vertragliche Einheitspreise	55
2. Tatsächlich ausgeführte Leistungen	58
3. Geänderte/zusätzliche Leistungen	62
III. Abrechnung bei fehlender Vergütungsvereinbarung	64
IV. Abrechnung bei streitiger Vergütungsabrede	65
V. Andere Abrechnungsarten nur bei positiver Vereinbarung	68
D. Einführung zu Preis-/Vergütungsänderungen (§ 2 Abs. 3–8)	70
I. Rechtsprechung des Bundesgerichtshofs: Tatsächlich erforderliche Kosten nebst angemessene Zuschläge	76
1. Exkurs: Überblick über die Regelungen des § 650c BGB	81
2. Konkrete Berechnung der Vergütung	94
a) Differenzbetrachtung auf Basis tatsächlicher Kosten	94
b) Entfallene Vertragsleistung – Abgrenzung Teilkündigung	95
c) Hypothetische Kosten der Vertragsleistung	97
d) Zuschläge für Allgemeine Geschäftskosten, Wagnis und Gewinn	114
e) Entfall des Anspruchs auf Mehrvergütung	121
f) Darlegungs- und Beweislast	130
II. Traditionelles Verständnis	131
1. Historie	131
2. Aktuelle Relevanz	137
3. Konkrete Berechnung der Vergütung	138
a) Mengenänderungen	138
b) Geänderte/Zusätzliche Leistung	150
c) Kalkulationsfreiheit und Grenze der Bindung an die Preisermittlungsgrundlagen	152
d) Ausnahme von der Bindung an den „alten Preis"/Preiskorrektur nach oben	177
4. Probleme des Berechnungsmodells der „vorkalkulatorischen Preisfortschreibung" bei zusätzlichen/geänderten Leistungen	197
a) Bezugspositionen	198
b) Rückgriff auf Vertragspreisniveau/Vertragspreisniveaufaktor	202
c) Fortschreibung der Kostenansätze	204
d) Fortschreibung der Leistungsansätze	205
e) Leistungsänderungen und Baustellengemeinkosten	206
f) Leistungsänderungen und Allgemeine Geschäftskosten sowie für Wagnis und Gewinn	209
5. Vereinbarung der vorkalkulatorischen Preisfortschreibung	211
E. Beim Einheitspreisvertrag (§ 2 Abs. 3)	213
I. Allgemeines	214
II. Basisregel, § 2 Abs. 3 Nr. 1	218
III. Mengenmehrung, § 2 Abs. 3 Nr. 2	222
1. Überschreitung Leistungsmenge ab 110 %	223
2. Ermittlung des neuen (Einheits-)Preises	224

Vergütung § 2

	Rn.
3. Vereinbarung des neuen Preises auf Verlangen	226
IV. Mengenminderung, § 2 Abs. 3 Nr. 3	229
1. Einheitspreiserhöhung auf Verlangen des Auftragnehmers	231
2. Grundsatz: Erhöhung des Einheitspreises	232
3. Vereinbarung des Preises auf Verlangen	237
V. Ausgleichsberechnung, § 2 Abs. 3 Nr. 3	238
1. Allgemein	238
2. Differenzierung nach Vergütungsfolgen	243
VI. Null-Position	248
VII. Änderungen der Pauschalsumme, § 2 Abs. 3 Nr. 4	252
VIII. Schadensersatzhaftung des Auftraggebers bei schuldhaft falsch ermittelten Mengen	254
IX. Besonderheit bei der Preiserhöhung bei nicht kurzfristig abbaubaren Kosten bei unterdeckten Preisen/Einzelkosten	256
X. Beweislast	257
XI. Frist zur Geltendmachung/Verjährung/Verwirkung des Preisänderungsanspruchs	259
XII. Ausschluss/Änderung § 2 Abs. 3 durch AGB oder Individualvereinbarung	261
F. Selbstübernahme von Leistungsteilen durch den Auftraggeber (§ 2 Abs. 4)	265
I. Tatbestandsvoraussetzungen	267
II. Rechtsfolgen	270
III. AGB-Problematik	272
G. Vergütung für geänderte Leistungen (§ 2 Abs. 5)	274
I. Allgemeines	276
II. Abgrenzung zu § 2 Abs. 3, § 2 Abs. 6 und § 2 Abs. 8	282
III. Änderungsanordnung	288
1. Änderung des Bauentwurfs	292
2. Andere Anordnungen des Auftraggebers	304
3. Nicht zur Anordnung gehörende Maßnahmen des Auftraggebers	305
IV. Rechtsfolge Preisanpassung bei Änderung der Preisgrundlagen	306
V. Vereinbarung des neuen Preises	309
VI. Umgang mit Nachlässen	316
VII. Nachtragsbearbeitungskosten	317
1. Regelungen der VOB/B	319
a) Nachtragsverfolgungskosten	320
b) Nachtragserstellungskosten	323
2. Regelungen des BGB zur Planung der Nachtragsleistung	328
a) Grundsatz: Wer einmal plant, plant immer	330
b) Alleinige Planungsverantwortung des Auftraggebers	332
c) Planungsverantwortung des Auftragnehmers	333
d) Geteilte Planungsverantwortung zwischen Auftraggeber und Auftragnehmer	337
e) Zusammenfassung Nachtragsbearbeitungskosten	339
VIII. Leistungsverweigerungsrecht des AN wegen vergaberechtswidrig beauftragter Auftragserweiterungen nach § 132 GWB	343
IX. Leistungsverweigerungsrechte bei verweigerter Preisvereinbarung/Nachtragsbeauftragung dem Grund und/bzw. der Höhe nach	350

§ 2 VOB Teil B

	Rn.
1. Nachtragsfähige Leistung gemäß § 2 Abs. 5, 6	356
2. Prüffähiges Nachtragsangebot	357
3. Aufforderung zur Nachtragsverhandlung	358
4. Weitere Leistung ist unzumutbar	361
5. Keine Gegenforderungen und/oder Einbehalte des Auftraggebers	362
X. Bindungswirkung Nachtragsvereinbarung	363
XI. Darlegungs- und Beweislast	366
XII. Verwirkung/Verjährung des Preisänderungsanspruchs	368
XIII. AGB-Problematik	370
1. Allgemeines	370
2. Auswirkungen des neuen Bauvertragsrecht im Verhältnis zur VOB/B	373
a) Keine Einigungsfrist hinsichtlich der Vergütung	374
b) Anknüpfungspunkt: Vergütungsfolgen	381
XIV. Exkurs: Mehrkosten aufgrund Vergabeverzögerung/Vergabeverfahrensrisiko	382
1. Kein Vertragsschluss bei Dissens über Zuschlagsschreiben	385
2. Kein Mehrvergütungsanspruch, wenn sich zwar der Zuschlag, aber nicht die Bauzeit verschiebt	390
3. Die Berechnung des Anspruchs aus verzögerter Vergabe	393
H. Vergütung für zusätzliche Leistungen (§ 2 Abs. 6)	404
I. Verlangen einer im Vertrag nicht vorgesehenen Leistung	405
1. Im Vertrag nicht vorgesehene Leistung	406
2. Zusätzliche Leistung vom Auftraggeber gefordert/verlangt	409
3. Grund für zusätzliche Leistung unerheblich	412
II. Abgrenzung zu § 2 Abs. 3, § 2 Abs. 5 und § 2 Abs. 8	414
III. Pflicht zur vorherigen Ankündigung des Mehrvergütungsanspruchs	415
1. Anforderungen an die Mehrkostenankündigung	417
2. Ankündigung als Anspruchsvoraussetzung/Ausnahmen von der Ankündigspflicht	419
IV. Besondere Leistung = Zusätzlicher Vergütungsanspruch	425
V. Preisvereinbarung möglichst vor Ausführung	426
VI. Leistungsverweigerungsrechte bei verweigerter Preisvereinbarung/Nachtragsbeauftragung dem Grund und/bzw. der Höhe nach	429
VII. Nachtragsbearbeitungskosten – Gutachterkosten	430
VIII. Bindungswirkung Nachtragsvereinbarung	431
IX. Darlegungs- und Beweislast	432
X. Verjährung und Verwirkung des zusätzlichen Vergütungsanspruchs	433
XI. AGB-Problematik	437
I. Änderungen beim Pauschalpreisvertrag (§ 2 Abs. 7)	449
I. Regelungsgehalt	449
II. Begriff und Erscheinungsform des Pauschalpreisvertrages	452
III. Leistungs-Soll beim Pauschalpreisvertrag	462
1. Detail-Pauschalvertrag	466
2. Global-Pauschalvertrag	472
a) Bau-Soll Bauleistungen beim Global-Pauschalvertrag	473
b) Bau-Soll Planungsleistungen beim Global-Pauschalvertrag	482

	Rn.
IV. Ausgleichsanspruch nach § 2 Abs. 7 Nr. 1 S. 2 VOB/B, Störung der Geschäftsgrundlage	483
1. Geschäftsgrundlage des Vertrages	485
2. Änderung/Wegfall der Geschäftsgrundlage	489
3. Opfergrenze des § 2 Abs. 7 Nr. 1 S. 2	490
4. Verlangen iSv § 2 Abs. 7 Nr. 1 S. 2	493
V. Geltung von § 2 Abs. 4–6 beim Pauschalpreisvertrag (§ 2 Abs. 7 Nr. 2)	494
1. Keine Opfergrenze bei Anwendung von § 2 Abs. 4–6	496
a) Schwelle bei § 2 Abs. 4 (Selbstübernahme von Leistungen durch den Auftraggeber)	498
b) Schwelle bei § 2 Abs. 5 (Änderung des Bauentwurfs und andere Anordnungen des Auftraggebers)	499
c) Schwelle bei § 2 Abs. 6 (Zusätzliche Leistungen)	502
2. Berechnung der Mehr- oder Minderkosten beim Pauschalvertrag	503
VI. Teilpauschalen (§ 2 Abs. 7 Nr. 3)	504
VII. AGB-Problematik	506
J. Ausführung nicht beauftragter bzw. unter eigenmächtiger Abweichung vom Vertrag ausgeführter Leistungen (§ 2 Abs. 8)	507
I. Einleitung	507
II. Vertraglich nicht geschuldete Leistung	514
III. Rechtsfolgen	519
1. Keine Vergütung, § 2 Abs. 8 Nr. 1 S. 1	519
2. Pflicht zur Beseitigung, § 2 Abs. 8 Nr. 1 S. 2	521
3. Schadensersatzanspruch des Auftraggebers, § 2 Abs. 8 Nr. 1 S. 3	523
IV. Ausnahmsweise: Vergütungsanspruch des Auftragnehmers, § 2 Abs. 8 Nr. 2	526
1. Nachträgliches Anerkenntnis des Auftraggebers, § 2 Abs. 8 Nr. 2 S. 1	527
2. Leistung war notwendig und entspricht dem Willen des Auftraggebers, § 2 Abs. 8 Nr. 2 S. 2	532
3. Höhe der Vergütung, § 2 Abs. 8 Nr. 2 S. 3	536
V. Vergütungsanspruch aus §§ 677 ff. BGB	538
1. Voraussetzungen	539
2. Rechtsfolge	542
VI. Beweislast	544
VII. Verjährung	546
VIII. AGB-Problematik	547
K. Vergütung von Planungsleistungen (§ 2 Abs. 9)	551
I. Einführung	551
II. Regelungsinhalt des § 2 Abs. 9	552
III. Definition des Planungssolls gemäß § 2 Abs. 9	554
IV. Eigentum und Nutzungsrechte	557
1. Verlangen des Auftraggebers	558
2. Vergütungsanspruch des Auftragnehmers	559
3. Nachtragsbearbeitungskosten	560
V. AGB-Problematik	562
L. Stundenlohnvereinbarung (§ 2 Abs. 10)	563
I. Einführung	563
II. Ausdrückliche Vereinbarung	566

	Rn.
III. Vor Ausführungsbeginn	570
IV. Rechtsfolge bei fehlender vorheriger Vereinbarung	572
V. Beweislast	573
VI. AGB-Problematik	574

A. BGB-Regelungen der Vergütung

1 Das **Gesetz zur Reform des Bauvertragsrechts und zur Änderung der baurechtlichen Mängelhaftung** hat zum 1.1.2018 einige wichtige Änderungen/Ergänzungen des gesetzlichen Werkvertragsrechts gebracht, insbesondere ein **Anordnungsrecht des Auftraggebers in § 650b BGB** sowie die **Berechnung der Vergütung des Auftragnehmers bei Anordnungen des Auftraggebers in § 650c BGB bei Bauverträgen gem. § 650a BGB.**[1] Darüber hinaus regelt das BGB – wie schon vor dem 1.1.2018 – in § 632 Abs. 1 BGB im Zusammenhang mit der Definition des Werkvertrages, dass die vereinbarte Vergütung zu zahlen ist. Gem. § 632 Abs. 1 BGB gilt eine Vergütung als stillschweigend vereinbart, wenn eine Vereinbarung über die Vergütungspflicht fehlt, jedoch die Herstellung des Werkes den Umständen nach aber nur gegen Vergütung zu erwarten war. Sofern sich die Vertragsparteien zwar über den Inhalt eines Werkvertrages und damit auch grundsätzlich über die Vergütungspflicht geeinigt haben, dessen Höhe aber nicht bestimmt haben, regelt § 632 Abs. 2 BGB das weitere Procedere. Dann ist bei Bestimmen einer Taxe die taxmäßige Vergütung zu zahlen – welche jedoch bei Bauverträgen nicht in der Praxis vorkommt –, sonst die übliche Vergütung.

2 Die **Regelungen der VOB/B bleiben von dem BGB-Bauvertragsrecht im Grunde** zwar unberührt. Soweit Einzelregelungen des BGB-Bauvertragsrechts Einfluss auf die VOB/B haben, wird darauf nachfolgend an den entsprechenden Stellen eingegangen. Dies betrifft zum einen insbesondere die Auslegung der VOB/B sowie zum anderen – wenn die **VOB/B nicht als Ganzes** vereinbart ist – die Frage der Wirksamkeit der einzelnen Regelungen, insbesondere von § 2 Abs. 5, 6, als vom Auftraggeber oder Auftragnehmer dem jeweiligen Vertragspartner gestellten AGB.

Im Deutschen Vergabe- und Vertragsausschuss für Bauleistungen (DVA) hat der Hauptausschuss Allgemeines (HAA) am 18.1.2018 im Übrigen den Beschluss gefasst, von einer Anpassung der VOB/B vorerst abzusehen, da er die weitere Diskussion zum BGB-Bauvertrag in der Fachwelt und Rechtsprechung und damit eine gesicherte Auslegung abwarten will, an der sich die Regelungen der VOB/B orientieren sollen.

B. Generalklausel für die Vergütung in der VOB/B (§ 2 Abs. 1)

I. Regelungsgehalt der Vorschrift

3 Beim VOB-Werkvertrag ergibt sich der Umfang der vertraglich geschuldeten Gesamtbauleistung des Auftragnehmers aus § 1 Abs. 2. Die Erbringung der

---

[1] Vgl. zu den Tatbestandsvoraussetzungen eines BGB-Bauvertrags Leinemann/Kues/Lüders BGB § 650a Rn. 4 ff.

Vergütung **§ 2**

Gesamtbauleistung erfolgt seitens des Auftragnehmers als Gegenleistung zu der durch den Auftraggeber vertraglich geschuldeten Vergütung. Die vor diesem Hintergrund vom Auftragnehmer geschuldeten Bauleistungen stellen das **„Vertrags-Soll"** da. Aus § 2 Abs. 1 wiederum ergibt sich der Umfang der vom Auftraggeber für das Vertrags-Soll geschuldeten Vergütung. Soweit § 2 Abs. 1 hierbei die Aufzählung der einzelnen in Frage kommenden Vertragsunterlagen im Hinblick auf den Umfang der Vergütung vornimmt, so korrespondiert die Aufzählung zutreffend auf der Aufzählung in § 1 Abs. 2 für den Umfang der geschuldeten Leistungen des Auftragnehmers.[2] Welche konkreten Leistungen dabei geschuldet und durch die **„vereinbarte Vergütung"** abgegolten sind, ist dabei maßgeblich vom jeweiligen konkreten Vertragsinhalt und der rechtlichen Einordnung des von ihm geschlossenen Vertrages abhängig (Einheitspreisvertrag/Pauschalvertrag).[3] Die mit § 1 Abs. 2 gleichlautende Aufzählung der Vertragsbestandteile ergänzt **§ 2 Abs. 1** noch um die nach der gewerblichen Verkehrssitte geschuldeten Leistungen. Was die Rangfolge bei Widersprüchen angeht, so ist auch hinsichtlich des Vergütungsanspruchs die in § 2 Abs. 1 enthaltene Reihenfolge maßgeblich.[4]

II. Durch vereinbarte Preise abgegoltene Vergütung

1. Leistungsbeschreibung. Die **Leistungsbeschreibung** bestimmt weit 4 überwiegend den Umfang der geschuldeten bzw. **verpreisten** Leistung. Hierbei kann es sich entweder um eine Beschreibung mit Leistungsverzeichnis im Sinne von § 7 Abs. 9–12 VOB/A oder aber um eine Beschreibung mit Leistungsprogramm im Sinne von § 7 Abs. 13–15 VOB/A handeln. Der Begriff der „Beschreibung mit Leistungsprogramm" ist dabei gleichbedeutend mit dem Begriff der funktionalen Leistungsbeschreibung.[5]

Obwohl hinsichtlich des auf Basis der Leistungsbeschreibung geschuldeten Leis- 5 tungsumfanges nicht selten Streit besteht und die Leistungsbeschreibung vielfach auslegungs- und ergänzungsbedürftig ist, bleibt sie dennoch ein wesentlicher Bestandteil des Bauvertrages.[6]

Ungeachtet des jeweils abweichenden sachlichen Pauschalierungsgrades wird 6 sowohl durch die Verwendung eines Leistungsverzeichnisses wie auch einer funktionalen Leistungsbeschreibung mit der Beschreibung der Bauaufgabe die Leistung insoweit konkretisiert, als sie mit dem **Vertragspreis** abgegolten ist.[7] Der Umstand, dass die Leistungsbeschreibung dergestalt zum Bestandteil des Vertrages geworden ist, führt dazu, dass diese ebenfalls zu berücksichtigen ist, wenn das Vertragswerk im Hinblick auf das Bau-Soll oder die diesem gegenüberstehende Vergütungspflicht gem. §§ 133, 157 BGB ausgelegt wird.[8] Gleiches hat der BGH für das Angebotsbegleitschreiben des Auftragnehmers erkannt, weil sich hieraus ergibt, von welchen Grundlagen der Auftragnehmer bei seiner Auftragskalkulation ausgegangen ist. Nimmt der Auftraggeber das Angebot nebst Begleitschreiben mit

---

[2] Leinemann/Leinemann § 2 Rn. 71; Ingenstau/Korbion/Keldungs § 2 Abs. 1 Rn. 1; Beck VOB/B/Althaus/Jansen § 2 Abs. 1 Rn. 4.
[3] Beck VOB/B/Althaus/Jansen § 2 Abs. 1 Rn. 4.
[4] Leinemann/Leinemann § 2 Rn. 71.
[5] Beck VOB/B/Althaus/Jansen § 2 Abs. 1 Rn. 5; Leinemann/Leinemann § 2 Rn. 72.
[6] Beck VOB/B/Althaus//Jansen § 2 Abs. 1 Rn. 5.
[7] Leinemann/Leinemann § 2 Rn. 72.
[8] BGH BauR 2002, 1394 (1395); BauR 1993, 595 (596); Leinemann/Leinemann § 2 Rn. 72.

§ 2

entsprechendem Inhalt an, so werden diese der im Hinblick auf die Bestimmung der geschuldeten Bauleistung sowie die hierfür vereinbarte Vergütung gleichzeitig Vertragsgrundlage.[9]

7 **a) Leistungsbeschreibung mittels Leistungsverzeichnis.** In den Varianten des Einheitspreisvertrages und des Detail-Pauschalvertrages ergeben sich Art und Umfang der geschuldeten Leistung in erster Linie aus dem Leistungsverzeichnis. In diesem hat der vom Auftraggeber üblicherweise mit der Erstellung des Leistungsverzeichnisses beauftragte Planer im Einzelnen festgelegt und spezifiziert, welche konkreten Bauleistungen angeboten und ausgeführt werden sollen.[10] Das Leistungsverzeichnis dient dabei gleichsam als spiegelbildliche Ausführungsplanung, um hiermit für den Auftragnehmer eine belastbare Preisermittlungsgrundlage zu schaffen.[11] Da das Bau-Soll grundsätzlich aber durch die **Gesamtheit** aller zum Vertragsinhalt gewordenen Unterlagen bestimmt wird – „Totalitätsprinzip"[12] –, können sich aus anderen/weiteren Vertragsunterlagen (etwa Vergabeprotokoll, Vorbemerkungen, Planunterlagen, DIN-Normen, etc) Abweichungen und/oder Ergänzungen ergeben.[13]

8 Gleichwohl hat das OLG Jena insoweit festgehalten, dass ein detailreich aufgestelltes Leistungsverzeichnis den Vorbemerkungen zu den Ausschreibungsunterlagen vorgeht.[14]

9 **b) Leistungsbeschreibung mit Leistungsprogramm (funktionale Leistungsbeschreibung).** Im Falle der Festlegung des Bau-Solls mittels Leistungsbeschreibung mit Leistungsprogramm – gemeinhin auch als funktionale Leistungsbeschreibung bezeichnet – benennt der Auftraggeber, orientiert an § 7 Abs. 14 VOB/A, einzig die Bauaufgabe als solche und die an diese aus seiner Sicht zu stellenden technischen, wirtschaftlichen, gestalterischen und funktionsbedingten Anforderungen.[15]

10 Im Übrigen – hier liegt der Hauptunterschied zur Leistungsbeschreibung mit Leistungsverzeichnis – obliegt es dem Auftragnehmer, auf diesen Grundlagen **die Planung zu entwickeln** und das Objekt entsprechend zu bauen.

11 Während solche „rein funktionalen" Leistungsbeschreibungen in der Praxis verhältnismäßig selten vorkommen, ist es doch gang und gäbe, dass zumindest Teile der Gesamtbauleistung mittels (teil-)funktionalen Leistungsbeschreibungen definiert werden.[16]

12 Typisches Merkmal einer solchen funktionalen Leistungsbeschreibung ist der erhebliche gestalterische Spielraum, der sich zugunsten des Auftragnehmers daraus ergibt, das der Auftraggeber den zu erzielenden Nutzungszweck des Bauwerks oder dessen grundlegende Eigenschaften (etwa Geschosszahl, gestalterischer Stil, Ausstattungsniveau) nur grob festlegt und den Bietern/dem Auftragnehmer letzt-

---

[9] OLG Schleswig 22.12.2005 – 5 U 55/05, IBR 2007, 62; Leinemann/Leinemann § 2 Rn. 72.
[10] Ingenstau/Korbion/Keldungs § 2 Abs. 1 Rn. 5; Leinemann/Leinemann § 2 Rn. 72.
[11] Ingenstau/Korbion/Keldungs § 2 Abs. 1 Rn. 5.
[12] Kapellmann/Messerschmidt/Markus § 2 Rn. 96.
[13] So auch Ingenstau/Korbion/Keldungs § 2 Abs. 1 Rn. 5.
[14] OLG Jena 10.3.2003 – 4 U 246/01; Ingenstau/Korbion/Keldungs § 2 Abs. 1 Rn. 5.
[15] Kapellmann/Messerschmidt/Markus § 2 Rn. 97 ff.
[16] Kapellmann/Messerschmidt/Markus § 2 Rn. 97 ff.

lich die technische, funktionsgerechte, gestalterische und wirtschaftlich Lösung zur Erreichung des Bau-Solls überlässt.[17]

Da derlei Vorgaben meist in lediglich grob abgefassten Rahmenentwürfen enthalten sind, die keine konstruktiven Einzelheiten enthalten, muss der Auftragnehmer, um eine Basis für seine tatsächliche Bautätigkeit zu erhalten, auf eigene Verantwortung die Entwurfs- bzw. die Ausführungsplanung erarbeiten, mithin selbst Planungsleistungen in erheblichem Umfang erbringen und insoweit auch ein entsprechendes Risiko übernehmen.[18] 13

Auch wenn dem Auftragnehmer im Falle der funktionalen Leistungsbeschreibung umfangreiche Planungsaufgaben übertragen werden, so muss die funktionale Leistungsbeschreibung des Auftraggebers gleichwohl eindeutig und erschöpfend iSv § 7 Abs. 1 VOB/A sein, dies jedenfalls entsprechend der ihr innewohnenden Planungstiefe.[19] 14

Besteht die Leistungsbeschreibung, wie üblich, aus mehreren Teilen (etwa Baubeschreibung, Leistungsverzeichnis, Planunterlagen, etc), so stellt sich **innerhalb der Leistungsbeschreibung** das Problem der **Widersprüchlichkeit einzelner Bestandteile** der Leistungsbeschreibung. Anders als etwa im Verhältnis zwischen der Leistungsbeschreibung und den weiteren technischen Vertragsunterlagen (vgl. die Aufzählung jeweils in § 1 Abs. 1 und § 2 Abs. 1) nimmt die VOB/B eine Differenzierung der Bestandteile der Leistungsbeschreibung gerade nicht vor und scheint sie daher als gleichrangig anzusehen.[20] 15

Bestehen vor diesem Hintergrund Widersprüche – etwa zwischen Textteil und Plänen der Baubeschreibung – so sind diese mittels Auslegung zu lösen.[21] Eine Aufklärungspflicht des Auftragnehmers besteht grundsätzlich nicht.[22] Lediglich, wenn die Unklarheiten des Leistungsverzeichnisses einer zuverlässigen Kalkulation entgegenstehen, darf der Bieter nach – einer noch aktuellen – jedoch nicht rechtskräftigen – Entscheidung des OLG Celle[23] für den Fall einer teil-funktionalen Ausschreibung (funktional beschriebene Einzelposition in einem ansonsten detaillierten Leistungsverzeichnis) diese nicht einfach hinnehmen, sondern muss sich daraus ergebende Zweifelsfragen vor Angebotsabgabe klären bzw. eine unterbliebene Aufklärung geht ausnahmsweise unmittelbar zu seinen Lasten. 16

2. Besondere Vertragsbedingungen (BVB). Außer denjenigen Leistungen, die sich aus der Leistungsbeschreibung ergeben, gehören zu den durch die „vereinbarten Preise" abgegoltenen Leistungen auch solche Leistungen, die nach den (Vertragsbestandteil gewordenen) **Besonderen Vertragsbedingungen (BVB)** zur vertraglichen Gesamtleistung gehören.[24] 17

Gem. § 8 Abs. 4 Nr. 2 VOB/A kann der Auftraggeber für ein einzelnes oder mehrere Projekte mit **Besonderen Vertragsbedingungen (BVB)** besondere Regelungen treffen. Gegenüber den Zusätzlichen Vertragsbedingungen (ZVB), 18

---

[17] Ingenstau/Korbion/Keldungs § 2 Abs. 1 Rn. 10.
[18] Hierzu auch → § 2 Rn. 330 ff.; Ingenstau/Korbion/Keldungs § 2 Abs. 1 Rn. 10.
[19] Ingenstau/Korbion/Keldungs § 2 Abs. 1 Rn. 14.
[20] So auch Kapellmann/Messerschmidt/Markus § 2 Rn. 100.
[21] Vgl. hierzu Kapellmann/Messerschmidt/Markus § 2 Rn. 188.
[22] BGH 12.9.2013 – VII ZR 227/11, NZBau 2013, 695.
[23] OLG Celle 15.3.2017 – 14 U 42/14, IBR 2018, 126 gegen das Urteil wurde Nichtzulassungsbeschwerde beim BGH eingelegt und abgewiesen Beschluss vom 20.11.2019 – VII ZR 87/17.
[24] Beck VOB/B/Althaus/Jansen § 2 Abs. 1 Rn. 6.

§ 2 VOB Teil B

die für alle Projekte eines Auftraggebers gelten sollen, stellen sie daher die speziellere Regelung dar.[25] Sinngemäß ergibt sich daher aus § 1 Abs. 2, dass die Besonderen Vertragsbedingungen in Zweifelsfällen gegenüber den zusätzlichen Vertragsbedingungen vorrangig sind.

19   Zu den Besonderen Vertragsbedingungen gehören auch etwaige **Vorbemerkungen zur Leistungsbeschreibung** und die besonderen einzelvertraglichen Regelungen des Auftragsschreibens bzw. des Bauvertrages selbst.[26] Auch diese gehen damit im Regelfall den Zusätzlichen Vertragsbedingungen (ZVB) vor. Üblicherweise handelt es sich bei den Besonderen Vertragsbedingungen (BVB) um Allgemeine Geschäftsbedingungen, was nur dann nicht der Fall ist, wenn sie tatsächlich nur für ein Projekt verwendet und dabei auch nur einem Vertragsverhältnis (nicht etwa gegenüber mehreren Vertragspartnern) zugrunde gelegt werden. Etwas anderes gilt, wenn der Auftraggeber die Besonderen Vertragsbedingungen (BVB) – wie dies bei Bauvorhaben ab einer gewissen Größe üblich ist – bei ein und demselben Projekt gegenüber mehreren Vertragspartnern verwendet oder gar bei mehreren Projekten verwendet/verwenden will.[27]

20   **3. Zusätzliche Vertragsbedingungen (ZVB).** Wie bereits dargestellt, handelt es sich bei den **Zusätzlichen Vertragsbedingungen (ZVB)** um allgemeine, vom Auftraggeber für eine Vielzahl von Projekten gestellte Regelungen. Dies ergibt sich bereits aus der Definition des § 8 Abs. 4 Nr. 2 VOB/A. Abgesehen von Ausnahmefällen werden diese üblicherweise bei allen Verträgen solcher Auftraggeber, die regelmäßig Bauaufträge vergeben, als **Allgemeine Geschäftsbedingungen** zu qualifizieren sein, weswegen sie auch der Inhaltskontrolle nach §§ 307 ff. BGB unterfallen.[28]

21   Bei Zusätzlichen Vertragsbedingungen (ZVB) handelt es sich schon ihrer Natur nach um Allgemeine Geschäftsbedingungen iSv §§ 305 ff. BGB, was insbesondere unabhängig von ihrer jeweiligen Bezeichnung (in der Praxis oft etwa als „Besondere Vertragsbedingungen") durch den Verwender gilt.[29] Um nicht der Unklarheitenregel des § 305 Abs. 1 BGB zu Lasten des Verwenders zum Opfer zu fallen, müssen die Zusätzlichen Vertragsbedingungen (ZVB) inhaltlich klar von den üblichen Vertragsbedingungen, insbesondere den Allgemeinen Vertragsbedingungen der VOB/B, abgrenzbar sein.[30]

22   **4. Zusätzliche Technische Vertragsbedingungen (ZTV).** Nach den insoweit einschlägigen Regelungen der VOB/A ergänzen die **Zusätzlichen Technischen Vertragsbedingungen (ZTV)** generell die „Allgemeinen Technischen Vertragsbedingungen", mithin die VOB/C.[31] Auch die Leistungen, die sich aus den Zusätzlichen Technischen Vertragsbedingungen (ZTV) ergeben, werden durch die „vereinbarten Preise" iSv § 2 Abs. 1 abgegolten. Auch für diese gilt, wie auch für die ZVB, dass sie – jedenfalls soweit sie nicht nur technische Spezifi-

---

[25] Kapellmann/Messerschmidt/Markus § 2 Rn. 116.
[26] Beck VOB/B/Althaus/Jansen § 2 Abs. 1 Rn. 6.
[27] Leinemann/Leinemann § 2 Rn. 94; Beck VOB/B/Althaus/Jansen § 2 Abs. 1 Rn. 6.
[28] Leinemann/Leinemann § 2 Rn. 95; Kapellmann/Messerschmidt/Markus § 2 Rn. 116.
[29] Beck VOB/B/Althaus/Jansen § 2 Abs. 1 Rn. 7.
[30] Beck VOB/B/Althaus/Jansen § 2 Abs. 1 Rn. 7.
[31] So auch Kapellmann/Messerschmidt/Markus § 2 Rn. 118; Leinemann/Leinemann § 2 Rn. 96.

Vergütung § 2

kationen enthalten – AGB-Charakter haben und deshalb gleichermaßen einer Inhaltskontrolle gem. § 305 ff. BGB unterliegen.[32]

In ihrer Gestalt als Ergänzungen der VOB/C gehen die Zusätzlichen Techni- 23 schen Vertragsbedingungen (ZTV) der VOB/C im Übrigen vor.[33] Bei den **Allgemeinen Technischen Vertragsbedingungen (ATV)** handelt es sich um die DIN 18299 ff. und damit um die 58 in der VOB/C enthaltenen technischen Vorschriften.[34] Als mit dem vereinbarten Vertragspreis abgegoltene Leistungen gehören jedoch solche Leistungen nicht, die nach der VOB/C als **Nebenleistungen** einzuordnen sind. Um nicht besonders zu vergütende Nebenleistungen handelt es sich bei sämtlichen Leistungen, die ihrerseits in Verbindung mit anderen vergütungspflichtigen Leistungen zu erbringen, jedoch in der Leistungsbeschreibung nicht gesondert erwähnt sind.[35] Demgegenüber berechtigt die Ausführung **Besonderer Leistungen** im Sinne der VOB/C den Auftragnehmer regelmäßig, hierfür besondere Vergütung zu verlangen.[36] Eine Vergütung für die Ausführung besonderer Leistungen gem. der Abschnitte 0.4 und 4.2 der VOB/C steht demgegenüber nur dann aus, wenn dies bzgl. der jeweiligen besonderen Leistung im Vertrag ausdrücklich vereinbart ist.[37]

5. Allgemeine Vertragsbedingungen für die Ausführung von Bauleis- 24 **tungen (VOB/B).** Was die Relevanz der VOB/B für den Vergütungsbereich angeht, so besteht die Besonderheit, dass diese für den Leistungsbereich zwar in der Aufzählung des § 1 Abs. 2 enthalten ist, in § 2 Abs. 1 aber nicht erwähnt ist. Dies bedeutet aber nicht, dass die VOB/B in vergütungsrechtlicher Hinsicht unbeachtlich bleibt. Hintergrund der fehlenden Erwähnung in § 2 Abs. 1 ist allein derjenige, dass § 2 Abs. 1 ohnehin nur dann gilt, wenn die VOB/B vereinbart ist. Ihre Geltung wird in § 2 Abs. 1 also von vornherein vorausgesetzt, weswegen eine ausdrückliche Erwähnung hier unterbleiben konnte.[38] Die fehlende Erwähnung in § 2 Abs. 1 wirft aber die Frage auf, an welcher Stelle innerhalb der Reihenfolge der Vertragsbestandteile die VOB/B einzuordnen ist. Da aber im Übrigen ein Gleichlauf innerhalb der Reihenfolge von § 2 Abs. 1 und § 1 Abs. 2 besteht, ist es angemessen, die VOB/B auch für den Vergütungsbereich dort einzuordnen, wo § 1 Abs. 2 dies bereits für den Leistungsbereich getan hat. Dies gilt umso mehr in Anbetracht des Umstandes, dass § 1 Abs. 2 anerkanntermaßen bei Widersprüchen innerhalb des Vertragswerkes nicht nur für die Ermittlung der Leistungspflichten des Auftragnehmers, sondern vielmehr als **generelle Auslegungsregel** auch für die Vergütungspflichten des Auftraggebers im Rahmen von § 2 Abs. 1 herangezogen wird.[39]

Notwendigerweise resultiert hieraus, dass auch die sich aus der VOB/B selbst 25 ergebenden Leistungspflichten des Auftragnehmers zur vertraglichen Leistung gehören, die iSv § 2 Abs. 1 mit den „vereinbarten Preisen abgegolten" sind.

---

[32] Beck VOB/B/Althaus/Jansen § 2 Abs. 1 Rn. 8.
[33] Leinemann/Leinemann § 2 Rn. 96; Kapellmann/Schiffers/Markus Bd. 1 Rn. 125.
[34] Leinemann/Leinemann § 2 Rn. 96.
[35] BGH NJW-RR 1992, 1437.
[36] Leinemann/Leinemann § 2 Rn. 96.
[37] Leinemann/Leinemann § 2 Rn. 96.
[38] Ingenstau/Korbion/Keldungs § 2 Abs. 1 Rn. 16; Beck VOB/B/Althaus/Jansen § 2 Abs. 1 Rn. 38 f.
[39] Beck VOB/B/Jansen § 2 Abs. 1 Rn. 38.

Hierzu zählen vor dem Hintergrund des § 4 Abs. 1 vor allem solche Leistungen, die erforderlich sind, um die allgemein anerkannten Regeln der Technik sowie die gesetzlichen und behördlichen Bestimmungen zu erfüllen.[40]

26 6. **Gewerbliche Verkehrssitte.** Letztrangig erwähnt § 2 Abs. 1 diejenigen durch die „vereinbarten Preise" abgegoltenen Leistungen, die nach der **gewerblichen Verkehrssitte** zur vertraglichen Leistung gehören. Damit sind Teil der vereinbarten Vergütung iSv § 2 Abs. 1 auch diejenigen Leistungen des Auftragnehmers, die „nach der Auffassung der betreffenden Fachkreise am Ort der Leistung mit zu der Bauleistung zählen".[41]

27 a) **Auffangtatbestand.** Hintergrund der Erwähnung der gewerblichen Verkehrssitte in § 2 Abs. 1 ist zunächst, etwaige verbliebene Lücken in den Vertragsunterlagen zu schließen, wobei es sich hierbei um solche Fälle handelt, in denen aus den Vertragsunterlagen nicht ohne Weiteres ersichtliche geringfügige Leistungen durch die vereinbarten Preise iSv § 2 Abs. 1 mit abgegolten sind.[42] Hierdurch wird verhindert, dass solche Leistungen größeren Umfangs, die sich aus den Vertragsunterlagen nicht ergeben, gleichwohl vom Auftragnehmer auszuführen und durch die vereinbarte Vergütung abgegolten sind.[43]

28 b) **Auslegungshilfe.** Da sich aus der Einbeziehung des Begriffs der **gewerblichen Verkehrssitte** in § 2 Abs. 1 die Grundaussage entnehmen lässt, dass durch die vereinbarten Preise insgesamt nur solche Leistungen als abgegolten angesehen werden können, die angesichts der Vertragsunterlagen nach der Verkehrssitte zur vertraglichen Leistung gehören, ist die gewerbliche Verkehrssitte als **Auslegungsmaßstab** immer dann heranzuziehen, wenn die Frage beantwortet werden soll, welche Leistungen von den vereinbarten Preisen iSv § 2 Abs. 1 abgegolten sind und welche Leistungen Mehrvergütungsansprüche des Auftragnehmers auslösen.[44]

29 Eine Rolle spielt die gewerbliche Verkehrssitte insbesondere bei der **Auslegung des Umfanges abgegoltener Leistungen,** die nicht etwa detailliert beschrieben, sondern lediglich „generalklauselartig" aufgeführt und in keiner Norm weiter definiert werden (etwa „Arbeiten an Dach und Fach", „Schlüsselfertige Leistung", „fix und fertige Arbeit", „gehobener Standard", etc).[45]

30 c) **Umsatzsteuer.** In der bauvertraglichen Praxis stellt sich immer wieder die Frage, ob sich der Vertragspreis inklusive **gesetzlicher Umsatzsteuer** versteht, wenn dies nicht eindeutig im Vertrag geregelt ist. Dies ist in Rechtsprechung und Literatur streitig. Die hM geht aber davon aus, dass sowohl beim Einheitspreis- als auch beim Pauschalvertrag sowie für Stundenlohnvereinbarungen in Ermangelung anderslautender, ausdrücklicher oder stillschweigender Vereinbarungen grundsätzlich von einem **Bruttopreis** auszugehen ist.[46]

---

[40] Beck VOB/B/Althaus/Jansen § 2 Abs. 1 Rn. 38 f.
[41] Ingenstau/Korbion/Keldungs § 2 Abs. 1 Rn. 25; Beck VOB/B/Althaus/Jansen § 2 Abs. 1 Rn. 40.
[42] Beck VOB/B/Althaus/Jansen § 2 Abs. 1 Rn. 42.
[43] Beck VOB/B/Althaus/Jansen § 2 Abs. 1 Rn. 42.
[44] Hierzu BGH NZBau 2004, 500; ebenfalls: Beck VOB/B/Althaus/Jansen § 2 Abs. 1 Rn. 42.
[45] Hierzu ausführlich Beck VOB/B/Althaus/Jansen § 2 Abs. 1 Rn. 40 ff.
[46] BGH WM 1973, 677; OLG Düsseldorf NJW 1976, 1268; Leinemann/Leinemann § 2 Rn. 97; Beck VOB/B/Althaus/Jansen § 2 Abs. 1 Rn. 47.

Vergütung **§ 2**

Zwar wird auch von der hM zugestanden, dass sich die Vertragspreise im **31** Geschäftsverkehr, also unter vorsteuerabzugsberechtigten Vertragspartnern gemeinhin als Nettopreise verstehen.[47] Es verbietet sich indes, diese Praxis ohne Einschränkung auf die gesamte Baubranche anzuwenden.[48]

Die aA geht davon aus, dass im Falle einer fehlenden Vereinbarung bzgl. der **32** Umsatzsteuer generell davon auszugehen ist, dass dieser typischerweise zwischen Bauvertragsparteien praktizierte Handelsbrauch zur Anwendung kommt, soweit es sich um vorsteuerabzugsberechtigte Unternehmen handelt.[49]

Zwar verhält es sich in der Tat so, dass das beschriebene sog. **Nettodenken** **33** zwischen den Bauvertragsparteien in der Praxis häufig vorherrscht. Weder tatsächlich noch empirisch kann aber letztgültig festgestellt werden, ob sich dieses Vorgehen als Handelsbrauch durchgesetzt hat. Auftragnehmern ist daher dringend zu raten, auf diesbezüglich klare und ausdrückliche Regelungen hinzuwirken.[50]

III. Exkurs: Auslegung der Leistungsbeschreibung

In der Praxis stellt sich zwischen den Bauvertragsparteien häufig das Problem **34** abweichender Ansichten über das vertragliche Bau-Soll. Dies oft vor dem Hintergrund behaupteter oder tatsächlicher Unklarheiten oder Widersprüchen innerhalb der Vertragsregelungen. Während bereits an verschiedenen Stellen darauf hingewiesen wurde, dass im Hinblick auf die geschuldete Vergütung in vielen Fällen eine Auslegung des Vertragswerks erfolgen muss, sollen die hierfür geltenden Grundsätze im Folgenden noch einmal extrahiert dargestellt werden.

Liegen Unklarheiten in Form eines Widerspruchs zwischen einzelnen Vertrags- **35** bestandteilen vor, so ist dieser zunächst anhand der Rangfolgenregelung im § 1 Abs. 2 oder – soweit vorhanden – anhand einer Rangfolgenregelung aus dem Bauvertrag selbst zu lösen.

Verbleiben allerdings Widersprüche und/oder Unklarheiten, so muss der Ver- **36** trag anhand von §§ 133, 157 BGB ausgelegt werden.[51]

Die insoweit anzustellende **Vertragsauslegung** hat dabei zunächst anhand **37** objektiver Auslegungskriterien zu erfolgen. Im Einzelnen sind daher in einem ersten Schritt der **Wortlaut** des Vertragswerks, der **Vorrang speziellerer Regelungen** vor allgemeinen Regelungen sowie die zu Lasten des Auftraggeber wirkende Richtigkeits- und Vollständigkeitsvermutungen im Hinblick auf die Leistungsbeschreibung zu überprüfen. Ergibt sich auf dieser ersten Ebene, dass die vom Auftraggeber angestellte Auslegung zutrifft, so muss der Auftragnehmer dasjenige, was sich im Rahmen der Auslegung als Bau-Soll herausgestellt hat, ohne Ansprüche auf Mehrvergütung bauen.[52] Erst wenn sich auf dieser ersten Ebene ergibt, dass die Auslegung des Auftraggebers nicht zutrifft, so ist im Hinblick auf in Streit stehende Unklarheiten in einem zweiten Schritt zu eruieren, ob und in welchem Umfang der Bieter im Rahmen der ihm obliegenden **Prüfpflicht** die Widersprüche oder Unklarheiten in der Ausschreibung hätte erkennen können.[53]

---

[47] Leinemann/Leinemann § 2 Rn. 97.
[48] Zutreffend: OLG Frankfurt a. M. BauR 1997, 524; Leinemann/Leinemann § 2 Rn. 97.
[49] So wohl Ingenstau/Korbion/Keldungs § 2 Abs. 1 Rn. 28.
[50] Leinemann/Leinemann § 2 Rn. 97.
[51] Kapellmann/Messerschmidt/Markus § 2 Rn. 144.
[52] Kapellmann/Messerschmidt/Markus § 2 Rn. 146.
[53] Kapellmann/Messerschmidt/Markus § 2 Rn. 147.

§ 2

38 **1. Wortlaut.** Ohne, dass dies gesondert erläutert werden müsste, leuchtet ein, dass der Wortlaut des Vertragswerks für dessen Auslegung immense Bedeutung hat.[54] Zunächst gilt bei einer Auslegung nach Wortlaut, dass der Wortlaut **exakt so** zugrunde gelegt werden muss, wie er von den Parteien im Vertrag vorgefunden wird. Insbesondere sind in die vertraglichen Regelungen weder **Einschränkungen** noch **Erweiterungen** „hereinzulesen". Solche sind im Rahmen einer Auslegung des Wortlauts deswegen unbeachtlich.[55]

39 Bei der Auslegung orientiert am Wortlaut des Vertragswerkes ist dasjenige **sprachliche Verständnis** anzuwenden, dass von den mit der Leistungsposition angesprochenen Fachleuten in einem spezifisch technischen Sinn zu erwarten ist. Gleiches gilt für Formulierungen, die in den einschlägigen Fachkreisen verkehrsüblich sind oder für deren Verständnis es sogar technische Regeln (etwa DIN-Normen) gibt.[56]

40 **2. Rangfolgeregelungen (speziell vor allgemein).** In der weit überwiegenden Anzahl der Fälle enthalten Bauverträge eine Regelung zur Frage, welche der verschiedenen Vertragsbestandteile **im Falle von Widersprüchen** oder **Unklarheiten** jeweils im Verhältnis zu den übrigen Regelungen vorrangig sind. Oft wird (sowohl von Auftraggeber- wie von Auftragnehmerseite) im Rahmen eigener Argumentation jeweils der Fehler gemacht, die im Vertrag enthaltene Rangfolgeregelung „von sich aus" anzuwenden, um so in den Genuss vermeintlich vorteilhafter Regelungen zu kommen.

41 Anlehnend an den Wortlaut von § 1 Abs. 2 und die so gut wie immer hieran orientierten Formulierungen in bauvertraglichen Rangfolgeklauseln sind diese indes **nur beim Vorliegen von Widersprüchen und/oder Unklarheiten anwendbar.** In einem ersten Schritt ist daher stets zu prüfen, ob bezüglich der fraglichen Regelung überhaupt Widersprüche oder Unklarheiten in den Vertragsunterlagen vorliegen. Oft ist dies, obwohl dies von Seiten der Parteien behauptet wird, nicht der Fall, weil bestimmte vertragliche Regelungen andere Regelungen lediglich spezifizieren, nicht jedoch diesen widersprechen.

42 Enthält der Bauvertrag keine Rangfolgeregelung, ist aber die VOB/B vereinbart, so gilt die Rangfolgeregelung von § 1 Abs. 2. Existiert jedoch eine vertragliche Rangfolgeklausel, so geht diese als speziellere Regelung (die VOB/B ist hierin meist nachrangig aufgeführt) § 1 Abs. 2 vor.[57] Enthält der Vertrag allerdings eine Rangfolgeregelung, so gilt die von dieser aufgestellten Hierarchie unabhängig davon, ob eine nach der Rangfolgeklausel nachrangige Regelung möglicherweise speziellere Regelungen zur Einzelfrage enthält, als die gemäß der Rangfolgeklausel vorrangige Regelung.

43 Da die Frage, ob bei Widerspruch **Texte oder Pläne vorgehen,** nicht über die Rangfolgeklausel in § 1 Abs. 2 zu lösen ist, ist als Auslegungshilfe insoweit § 7 Abs. 1 VOB/A heranzuziehen. Dieser regelt für den Fall des Fehlens einer entsprechenden Regelung im Bauvertrag, dass „Zeichnungen und Proben, die für die Ausführung maßgeblich sein sollen, eindeutig zu bezeichnen" sind. Hieraus ergibt sich, dass Pläne, die im Vertrag nicht als maßgeblich bezeichnet sind, stets nur maximal eine „Ergänzung" zum Vertragstext darstellen können. Sind Pläne

---

[54] BGH BauR 1993, 595; Kapellmann/Messerschmidt/Markus § 2 Rn. 149.
[55] BGH BauR 1999, 897; 1997, 466; Kapellmann/Messerschmidt/Markus § 2 Rn. 149.
[56] BGH NZBau 2003, 376; BauR 1994, 62; Kapellmann/Messerschmidt/Markus § 2 Rn. 153.
[57] So auch Kapellmann/Messerschmidt/Markus § 2 Rn. 156.

demgegenüber ausdrücklich als **maßgeblich/leistungsbestimmend** aufgeführt, so sind sie auch **allein maßgeblich**.[58] Es gilt also im Regelfall **bei Zweifeln Text vor Plänen**.[59]

3. Grundsatz: Unklarheiten gehen zu Lasten des Auftraggebers.

Selbst wenn man die voran dargestellten Auslegungsmethoden durchexerziert, besteht die (in der Praxis allerdings seltene) Möglichkeit, dass auch diese nicht zu einem klaren Ergebnis führen. Zur Lösung wird insoweit gemeinhin die Regel des § 307 Abs. 1 S. 2 BGB **(Transparenzgebot)** herangezogen.[60] 44

Liegt in Gestalt unklarer Vertragsunterlagen ein Verstoß gegen das Transparenzgebot vor, so gehen solche Unklarheiten gem. § 305c Abs. 2 BGB zu Lasten des Verwenders, bei Bauverträgen damit üblicherweise **zu Lasten des Auftraggebers**. 45

Ohne dass dies einzig für solche Vertragsbestandteile gelten muss, die ihrerseits AGB-Charakter haben, lässt sich dieser Gedanke auf sämtliche Vertragsbestandteile verallgemeinern.[61] Der Bieter darf die Leistungsbeschreibung im Zweifel so verstehen, dass der Auftraggeber den Anforderungen der VOB/A entsprechen will, dh insbesondere, dass die Leistung „eindeutig und erschöpfend" iSv § 7 Abs. 1 Nr. 1 VOB/A beschrieben ist, sodass er seine Preise ohne umfangreiche Vorarbeiten oder Recherchen bilden kann.[62] 46

Der Auftraggeber, der eine (bei Bauleistungen regelmäßig komplexe) Ausschreibung erstellt, trägt in seiner Gestalt als Verfasser der Leistungsbeschreibung notwendigerweise die Verantwortung dafür, dass die Ausschreibung für den Bieterkreis verständlich, widerspruchsfrei und in sich schlüssig ist.[63] 47

Sowohl die öffentliche, wie auch die private **Auftraggeber,** der diesen Anforderungen bei Erstellung der Leistungsbeschreibung – auch für Teile, die keinen AGB-Charakter haben – nicht erfüllt, muss sich hieraus resultierende **Unklarheiten zu seinen Lasten** entgegenhalten lassen.[64] 48

Zwar ist etwa der Auftragnehmer, der bei der Durchsicht der Ausschreibungsunterlagen Widersprüche innerhalb des Leistungsverzeichnisses erkennt, dazu verpflichtet, den Auftraggeber hierauf hinzuweisen.[65] Für den Fall aber, dass dem Bieter solche Unklarheiten nicht auffallen, hat der BGH festgehalten, dass eine unklare Ausschreibung nicht deshalb zum Nachteil des Bieters gewertet werden darf, weil dieser etwaige Unklarheiten in der Ausschreibung nicht aufgeklärt hat.[66] Vielmehr müssen sich dem Auftragnehmer Lücken und/oder Unklarheiten innerhalb der Ausschreibungsunterlagen geradezu „aufdrängen" und diesem „ins Auge springen", um eine Hinweispflicht des Auftragnehmers zu begründen.[67] 49

---

[58] Kapellmann/Messerschmidt/Markus § 2 Rn. 188.
[59] BGH NZBau 2003, 149; OLG Koblenz BauR 2004, 1346; Kapellmann/Messerschmidt/Markus § 2 Rn. 16.
[60] Beck VOB/B/Kues § 1 Abs. 2 Rn. 16; Kapellmann/Messerschmidt/Markus § 2 Rn. 192 ff.
[61] Kapellmann/Messerschmidt/Markus § 2 Rn. 192 ff.
[62] BGH BauR 1999, 897.
[63] Kapellmann/Messerschmidt/Markus § 2 Rn. 192 ff.
[64] BGH NZBau 2001, 132; Kapellmann/Messerschmidt/Markus § 2 Rn. 192 ff.
[65] OLG Dresden 31.5.2011 – 6 U 1798/10, IBR 2012, 499.
[66] BGH NZBau 2013, 695.
[67] OLG Jena 19.12.2001 – 7 U 614/98, IBR 2003, 122.

50 Ist solches nicht der Fall, so bleibt es dabei, dass Unklarheiten und/oder Auslegungszweifel bzgl. der Leistungsbeschreibung **grundsätzlich zu Lasten des Auftraggebers** gehen.[68]

Zu weit geht die Entscheidung des OLG Celle,[69] das die Unwirksamkeit von Bauvertragsklauseln dann nicht prüfen will, wenn der Bieter diese nicht zuvor in einem Nachprüfungsverfahren gerügt hat. Ungeachtet der Frage, ob der individuelle Bieter die Unwirksamkeit einer Klausel im Vergabeverfahren erkennt, wird der öffentliche Auftraggeber mit der vom OLG Celle erkannten Rügepflicht AGB-rechtlich privilegiert, ohne dass ein sachlich rechtfertigender Grund hierfür besteht. Überdies werden Lücken im Rechtsschutz bei solchen Klauseln entstehen, die zwar vergaberechtlich nicht zu beanstanden, AGB-rechtlich jedoch unwirksam sind.

C. Die Berechnung der Vergütung (§ 2 Abs. 2)

I. Regelungsgehalt der Vorschrift

51 Wörtlich heißt es in § 2 Abs. 2, dass die Vergütung „nach den vertraglichen Einheitspreisen und den tatsächlich ausgeführten Leistungen berechnet (wird), wenn keine andere Berechnungsart (z. B. durch Pauschalsumme, nach Stundenlohnsätzen, nach Selbstkosten) vereinbart ist".

52 Eine nähere Lektüre der Vorschrift zeigt, dass diese nicht geglückt und deswegen inhaltslich unklar ist. Sind nämlich **Einheitspreise vertraglich vereinbart,** so kann nicht gleichzeitig für dieselbe Leistung eine **andere Berechnungsart** (Pauschalpreis, Stundenlohn) **vereinbart sein.**[70]

53 In der baurechtlichen Literatur[71] wird deshalb eine Umformulierung dergestalt vorgenommen, dass § 2 Abs. 2 wie folgt zu verstehen ist:
1. Beim Einheitspreisvertrag wird die Vergütung nach den Einheitspreisen und den tatsächlich ausgeführten Mengen abgerechnet.
2. Haben die Parteien die Art der Abrechnung (Einheitspreisvertrag, Pauschalvertrag, Stundenlohnvertrag, etc) nicht vereinbart, so gilt als Abrechnungsart die Vergütung nach Einheitspreisen als vereinbart.

Dem ist zuzustimmen.

II. Abrechnung nach den vertraglichen Einheitspreisen

54 Den Regelfall stellt nach vorgenanntem Verständnis von § 2 Abs. 2 die Abrechnung nach den vertraglichen Einheitspreisen sowie den tatsächlich ausgeführten Leistungen in all jenen Fällen dar, in denen eine andere Abrechnungsart nicht vereinbart ist.

55 **1. Vertragliche Einheitspreise.** Soweit § 2 Abs. 2 hinsichtlich der Berechnung der Vergütung auf **die vertraglichen Einheitspreise** abstellt, so ist voraus-

---

[68] BGH NZBau 2013, 695; Beck VOB/B/Jansen § 1 Abs. 2 Rn. 17; Kapellmann/Messerschmidt/Markus § 2 Rn. 192 ff.

[69] OLG Celle 18.1.2018 – 11 U 121/17, ZfBR 2018, 400 (noch nicht rechtskräftig – Revision: BGH X ZR 21/18).

[70] Kapellmann/Messerschmidt/Markus § 2 Rn. 203; Beck VOB/B/Althaus/Jansen § 2 Abs. 2 Rn. 2.

[71] Kapellmann/Messerschmidt/Markus § 2 Rn. 204; zustimmend: Beck VOB/B/Jansen/Althaus § 2 Abs. 2 Rn. 3.

Vergütung **§ 2**

zusetzen, dass die Einheitspreise bzgl. der einzelnen Positionen der Ausschreibung auch Gegenstand der zwischen den Parteien stattgefundenen Vertragsverhandlungen waren und demgemäß **Vertragsinhalt** geworden sind.[72]

Im Vorfeld der Erstellung des Leistungsverzeichnisses erfolgt die **Bestimmung** 56 **der einzelnen Positionen der Leistungsbeschreibung** üblicherweise dergestalt, dass das zu erstellende Werk in einzelne, sinnvolle Teilleistungen aufgegliedert wird, denen jeweils – soweit ermittelbar – ein Einheitspreis zugeordnet wird. Gem. § 4 Abs. 1 Nr. 1 VOB/A hat die Ausschreibung beim Einheitspreisvertrag dabei so zu erfolgen, dass die Vergütung nach Leistung bemessen wird, wobei die Vergabe zu Einheitspreisen für technische und wirtschaftliche Teilleistungen erfolgt, deren Menge wiederum nach Maß, Gewicht oder Stückzahl in den Ausschreibungsunterlagen anzugeben ist.[73]

Der Einheitspreis, der der jeweiligen Position zugeordnet wird, setzt sich dabei 57 üblicherweise aus einem Lohnanteil und einem Materialanteil zusammen. Hinzu kommen die (anteiligen) **Baustellengemeinkosten (BGK)** sowie die **Allgemeinen Geschäftskosten (AGK)** des Auftragnehmers.[74] Wenngleich Baustellengemeinkosten (BGK) und Allgemeine Geschäftskosten (AGK) bisweilen auch gesondert ausgewiesen werden, sind sie doch im Wege der sog. „Zuschlagskalkulation" immer dann in die Einheitspreise einzurechnen, wenn die Ausschreibung hierfür keine besonderen Positionen vorsieht. Schließlich wird noch der Aufschlag für Wagnis und Gewinn hinzugerechnet.[75]

2. Tatsächlich ausgeführte Leistungen. Gem. § 2 Abs. 2 soll die Vergütung 58 nach den vertraglichen Einheitspreisen und „den tatsächlich ausgeführten Leistungen" berechnet werden. Hiermit ist nichts anderes gemeint, als eine Berechnung nach **Aufmaß.** Dies ist hier auch die angezeigte Verfahrensweise, da es der Natur des Einheitspreisvertrages entspricht, dass die dem Leistungsverzeichnis zugrunde gelegten Massen und Mengen nur geschätzt sind und in Gestalt der letztlich gewählten Vordersätze „vorläufig" angegeben sind.[76] Deswegen sind auch die sich durch Multiplikation der Vordersätze mit den jeweiligen Einheitspreisen vor der Maßnahme ermittelten Positionspreise, aus denen sich in ihrer Gesamtheit die Angebotssumme ergibt, auch nur vorläufiger Natur. Einzig „feste" Größe sind hier die Einheitspreise selbst.[77]

Die endgültige Vergütung kann naturgemäß erst nach Fertigstellung der Leis- 59 tung durch Aufmaß ermittelt werden, indem die Menge der tatsächlich ausgeführten Leistungen mit den vertraglich vereinbarten (festen) Einheitspreisen multipliziert und so der vertragliche Endpreis ermittelt wird.[78]

Auch wenn dies in der Praxis sowohl von Auftraggeber- wie auch von Auftrag- 60 nehmerseite bisweilen so verstanden wird, handelt es sich bei **Mengenüber- oder Unterschreitungen** gemessen an den Vordersätzen des Leistungsverzeichnisses **nicht etwa um eine Vertragsänderung.** Es handelt sich hierbei vielmehr ebenfalls um den originär vertraglich geschuldeten Umfang der Leistung, der in diesen

---

[72] BGH BauR 1983, 384; Beck VOB/B/Jansen/Althaus § 2 Abs. 2 Rn. 6; Ingenstau/Korbion/Keldungs § 2 Abs. 2 Rn. 1.
[73] Beck VOB/B/Jansen/Althaus § 2 Abs. 2 Rn. 7.
[74] Beck VOB/B/Jansen/Althaus § 2 Abs. 2 Rn. 8.
[75] Zum Ganzen: Beck VOB/B/Jansen/Althaus § 2 Abs. 2 Rn. 8.
[76] Beck VOB/B/Jansen/Althaus § 2 Abs. 2 Rn. 9.
[77] Beck VOB/B/Jansen/Althaus § 2 Abs. 2 Rn. 9.
[78] Beck VOB/B/Jansen/Althaus § 2 Abs. 2 Rn. 10.

Fällen lediglich im Hinblick auf die Mengen von den bei Vertragsschluss geschätzten Vordesätzen abweicht.[79]

61 Hieran zeigt sich, dass sich der geschuldete **Leistungsumfang** letztlich erst **durch die Ausführung** selbst ergibt und durch **diese festgelegt** wird.

62 **3. Geänderte/zusätzliche Leistungen.** Die voran beschriebenen Abrechnungsgrundsätze (Abrechnung nach Einheitspreisen und Aufmaß) gilt über § 1 Abs. 3 iVm § 2 Abs. 5 bzw. über § 1 Abs. 4 iVm § 2 Abs. 6 auch für geänderte und/oder zusätzliche Leistungen. Da im Rahmen der Abrechnung nach § 2 Abs. 5, 6 auf die „Grundlagen der Preisermittlung" abzustellen ist, gilt auch hier die bei Einheitspreisen anzuwendende Abrechnungsmethodik.[80]

63 Ob die Abrechnung nach Einheitspreisen und Aufmaß für geänderte oder zusätzliche Leistungen iSv § 2 Abs. 5, 6 auch dann anzuwenden ist, wenn für die ursprüngliche Leistung eine andere Berechnungsart (etwa Pauschalsumme oder Stundenlohn) vereinbart ist, kann nur durch **Vertragsauslegung** im konkreten Einzelfall beantwortet werden.[81]

III. Abrechnung bei fehlender Vergütungsvereinbarung

64 Fehlt es gänzlich an einer Vergütungsvereinbarung, so schuldet der Auftraggeber die **übliche Vergütung gem. § 632 Abs. 2 BGB,** wobei diese unter Bildung von Einheitspreisen zu berechnen ist.[82]

IV. Abrechnung bei streitiger Vergütungsabrede

65 In der Praxis ist es nicht selten der Fall, dass die Vertragsparteien darüber streiten, welche Abrechnungsart vereinbart ist. Dies etwa dergestalt, dass der Auftragnehmer eine Abrechnung nach Einheitspreisen vornimmt, während der Auftraggeber behauptet, dass eine (niedrigere) Pauschalsumme vereinbart sei.[83]

66 Bei der oben gezeigten korrekten Lesart (→ § 2 Rn. 50) von § 2 Abs. 2 ergibt sich aus Regel Nr. 2, dass immer dann, wenn eine **Abrechnungsart** nicht vereinbart ist, die Abrechnung nach Einheitspreisen erfolgt.[84] § 632 Abs. 2 BGB demgegenüber regelt, dass dann, wenn die Abrechnungs**höhe** nicht vereinbart ist, eine Abrechnung nach üblicher Vergütung zu erfolgen hat.

67 Die damit zunächst verhältnismäßig schwer zu erfüllende **Beweislast des Auftragnehmers** wird dadurch relativiert, dass der die Pauschalvergütung behauptende Auftraggeber seinerseits die einzelnen Umstände der Vereinbarung der Pauschale vortragen muss, während der Auftragnehmer sodann einzig die Unrichtigkeit dieser Behauptung nachweisen muss.[85]

V. Andere Abrechnungsarten nur bei positiver Vereinbarung

68 Wie gezeigt, erfolgt eine Abrechnung nach Einheitspreisen immer dann, wenn keine Vereinbarung bzgl. der Abrechnungsart vorliegt **und** nichts Gegenteiliges

---

[79] Beck VOB/B/Jansen/Althaus § 2 Abs. 2 Rn. 11.
[80] Hierzu sei auf die entsprechenden Ausführungen unter → § 2 Rn. 70 ff. verwiesen.
[81] Beck VOB/B/Jansen/Althaus § 2 Abs. 2 Rn. 13.
[82] Kapellmann/Messerschmidt/Markus § 2 Rn. 204.
[83] Zu Beispielen siehe Kapellmann/Messerschmidt/Markus § 2 Rn. 486 ff.
[84] Kapellmann/Messerschmidt/Markus § 2 Rn. 205.
[85] BGH BauR 1992, 505; 1983, 366; Kapellmann/Messerschmidt/Markus § 2 Rn. 205.

Vergütung § 2

vereinbart ist. Eine **andere Abrechnungsart** gilt daher nur dann, wenn diese **positiv vereinbart** ist.[86]

Eine Abrechnung mittels Pauschalvergütung, nach Stundenlohn oder Selbstkos- 69 ten muss daher ausdrücklich vereinbart sein. Ist dies nicht der Fall, so erfolgt mangels Vereinbarung einer „anderen Berechnungsart" eine Abrechnung nach Einheitspreisen.[87]

D. Einführung zu Preis-/Vergütungsänderungen (§ 2 Abs. 3–8)

In § 2 Abs. 3–8 werden Vergütungsänderungen infolge von Mengenmehrungen 70 und -minderungen sowie geänderter und zusätzlicher Leistungen geregelt. Sofern sich Preis oder Vergütung ändern, wird nach der Systematik der VOB/B an die tatsächlich erforderlichen Kosten zzgl angemessenen Zuschlägen für Allgemeine Geschäftskosten, Wagnis und Gewinn angeknüpft, um den geänderten, neuen Vergütungsanspruch des Auftragnehmers zu bestimmen. Diese Vergütungsfolge stellt seit dem Urteil des BGH vom 8.8.2019, Az. VII ZR 34/18, die höchstrichterliche und obergerichtliche Rechtsprechung dar.[88]

Die vorstehend angeführten Vorschriften nehmen auf einzelne Kalkulationsbe- 71 griffe Bezug, zB Baustelleneinrichtungskosten, Baustellengemeinkosten (BGK) und Allgemeine Geschäftskosten (AGK). Verbindliche Vorgaben zur anzuwendenden **Kalkulationsmethodik** durch den Auftragnehmer gibt die VOB/B jedoch nicht ausdrücklich vor. Ein mehr oder weniger einheitliches Vorgehen bei der Kalkulation von Preisen für Bauleistungen hat sich jedoch in der Praxis durchgesetzt.[89] Eine Kalkulation setzt sich in der Regel zusammen aus den Einzelkosten der Teilleistung, den Gemeinkosten (Baustellengemeinkosten und Allgemeine Geschäftskosten) sowie Wagnis und Gewinn.[90]

Einzelkosten der Teilleistung sind diejenigen Kosten, die bei der Herstellung 72 der Leistung unmittelbar anfallen und zwar bezogen auf eine Einheit (Teil-)Leistung. Als Teilleistung wird die einzelne, durch eine Ordnungszahl (Position) gekennzeichnete Position des Leistungsverzeichnisses (LV) bezeichnet. Der Leistungsumfang dieser Position ist wiederum durch die Bemessungseinheiten (zB Quadratmeter) und durch den Vordersatz (ausgeschriebene LV-Menge) gekennzeichnet. Die bei der Herstellung der Leistung anfallenden Einzelkosten der Teilleistung werden auch als direkte Kosten bezeichnet. Die Einzelkosten der Teilleistung bzw. die **direkten Kosten** werden üblicherweise aufgegliedert in Lohnkosten, Stoffkosten, Gerätekosten, Nachunternehmerkosten sowie sonstige Kosten (insbesondere Bauhilfsstoffe und Betriebsstoffe).

Baustellengemeinkosten (BGK) entstehen durch den Betrieb der Baustelle. 73 Sie werden bezogen auf das konkrete Bauvorhaben kalkuliert, sind aber nicht einzelnen Teilleistungen direkt zuzuordnen. Sie stehen nicht in unmittelbarer Abhängigkeit zu den einzelnen Bauteilen, sondern sind eine geschätzte Ausstattung der Baustelle über die geplante Bauzeit mit Bauleitungspersonal, Medien,

---

[86] Kapellmann/Messerschmidt/Markus § 2 Rn. 203.
[87] Kapellmann/Messerschmidt/Markus § 2 Rn. 203.
[88] u.A. BGH NJW 2020, 337; OLG Köln BeckRS 2023, 45039; OLG Frankfurt IBRRS 2021, 3634.
[89] Vgl. auch grundlegend: Rodde/Saalbach FS Kochendorfer, S. 269.
[90] Franz/Kues BauR 2006, 1376.

allgemeinen Geräten und gesondert kalkulierten Risiken. Die Baustellengemeinkosten sind zum Teil einmalige Fixkosten.[91] Andere Teile der Baustellengemeinkosten hängen von der Bauzeit ab.[92] Ein dritter Kostenanteil ist vom Leistungsumfang mithin mengenabhängig.[93] Zwischen diesen drei Bereichen ist die Grenze fließend, da es Kosten gibt, die bis zu einem gewissen Umfang als fix zu betrachten sind, bei der Überschreitung dieses Leistungsumfangs aber sprunghaft ansteigen können, zB beim Aufbau eines zusätzlichen Turmdrehkrans für die Baustellenrichtung. Die Baustellengemeinkosten werden in der Regel auf die Einzelkosten der Teilleistung mittels eines Prozentsatzes umgelegt. In der Praxis werden die Einzelbaustellengemeinkosten auf die Einzelkosten der Teilleistung unterschiedlich und nicht gleichmäßig verteilt. Die Summe von Einzelkosten der Teilleistung und Baustellengemeinkosten ergibt die **Herstellkosten**.[94]

74 Bei den **Allgemeinen Geschäftskosten** (AGK) handelt es sich um diejenigen Aufwendungen, die dem Auftragnehmer nicht durch einen bestimmten Auftrag sondern durch den Betrieb seines Gewerbes entstehen.[95] Sie decken die Kosten der Geschäftsleitung, Verwaltung der Hilfsbetriebe, des Fuhrparks usw, die nicht unmittelbar auf der Baustelle anfallen oder auf diese zu verrechnen sind. Die Allgemeinen Geschäftskosten werden je Geschäftsperiode (in der Regel ein Jahr) im Voraus geplant. In einem zweiten Kalkulationsschritt werden die Allgemeinen Geschäftskosten dann in Bezug zu dem für diese Geschäftsperiode geplanten Umsatz (in der Regel die Herstellkosten) gesetzt, also anteilig auf die Herstellkosten aufgeschlüsselt. So ergibt sich mathematisch ein Umlageprozentsatz für die Allgemeinen Geschäftskosten. Die Herstellkosten werden prozentual mit den Allgemeinen Geschäftskosten beaufschlagt. Die Summe aus den beaufschlagten Herstellkosten mit den Geschäftskosten ergibt die **Selbstkosten**.[96]

75 Die Selbstkosten werden in der Regel prozentual mit einer Umlage für „**Wagnis und Gewinn**" beaufschlagt. Der Gewinn ist kein Kostenfaktor sondern ein angemessenes Entgelt für auftragnehmerische Leistungen. Bei Wagnis und Gewinn handelt es sich um den Versuch der kalkulatorischen Erfassung des allgemeinen Auftragnehmerrisikos, welches sich entweder in Verlust oder Gewinn realisiert. Wagnis ist in diesem kalkulatorischen Sinn ein Bestandteil des potenziellen Gewinns. Betriebswirtschaftlich sind Wagnis und Gewinn folglich gleich zu stellen.[97]

I. Rechtsprechung des Bundesgerichtshofs: Tatsächlich erforderliche Kosten nebst angemessene Zuschläge

76 Der Bundesgerichtshof hat in seinem **Urteil vom 8.8.2019, Az. VII ZR 34/18**,[98] festgestellt, dass die Anwendung der Methode der vorkalkulatorischen Preisfortschreibung zur Berechnung von Vergütungsanpassungen gemäß § 2 Abs. 3 Nr. 2 entgegen der zuvor herrschenden Meinung nicht ohne weiteres möglich ist. Das Gericht identifiziert eine **vertragliche Lücke** bezüglich der

---

[91] Franz/Kues BauR 2006, 1376.
[92] Franz/Kues BauR 2006, 1376.
[93] Franz/Kues BauR 2006, 1376.
[94] Kapellmann/Messerschmidt/Markus § 2 Rn. 217.
[95] Franz/Kues BauR 2006, 1376.
[96] Kapellmann/Messerschmidt/Markus § 2 Rn. 217.
[97] Franz/Kues BauR 2006, 1376.
[98] BGH NJW 2020, 337.

Vergütung **§ 2**

Berechnung der Vergütungsanpassung bei Mengenmehrungen, für den Fall, dass keine Einigung über einen neuen Einheitspreis erzielt werden kann. Die VOB/B überlässt es den Vertragsparteien, unter Berücksichtigung geänderter Umstände einen neuen Preis auszuhandeln, um etwaigen Störungen des Äquivalenzverhältnisses entgegenzuwirken. Wenn keine Einigung erzielt werden kann, muss das Gericht den neuen Preis festlegen.

Nur wenn die Vertragsparteien explizit (individuell) vereinbart haben, dass die 77 Berechnung der Vergütungsanpassung nach der Methode der vorkalkulatorischen Preisfortschreibung erfolgen soll, finden diese nachfolgend unter → Rn. 131 beschriebenen Grundsätze Anwendung. Fehlt eine solche Vereinbarung, stellt § 2 Abs. 3 Nr. 2 VOB/B keinen Maßstab für die Einheitspreisbildung bereit. In diesem Fall muss die Lücke durch **ergänzende Vertragsauslegung** geschlossen werden, um zu bestimmen, was redliche Vertragsparteien vereinbart hätten.

Der Bundesgerichtshof bevorzugt die **Berechnung der Vergütungsanpas-** 78 **sung nach tatsächlich erforderlichen Kosten mit angemessenen Zuschlägen,** da dies den wechselseitigen Interessen der Vertragsparteien am besten entspricht. Die Anwendung der vorkalkulatorischen Preisfortschreibung wird kritisiert, da sie gegen den Grundsatz von Treu und Glauben verstoßen könnte. Eine übliche Vergütung nach § 632 Abs. 2 BGB wird ebenfalls abgelehnt, da die Anknüpfung an tatsächlich erforderliche Kosten gerechter erscheint.

Der BGH übernimmt die Begriffe „tatsächlich erforderliche Kosten" und 79 „angemessene Zuschläge" **aus dem BGB** und orientiert sich an dessen Normzweck. Einige Kritiker argumentieren, dass die identifizierte Lücke zur Einheitspreisbildung in Wahrheit nicht existiere und die VOB/B klare Kriterien liefere. Der BGH sieht das anders und betont, dass § 2 Abs. 3 Nr. 2 VOB/B keine Voraussetzungen für die Bildung eines neuen Einheitspreises festlegt, außer der Mengenüberschreitung. Erst danach müssen die Mehr- oder Minderkosten berücksichtigt werden. Ein weiterer Einwand betrifft die Verletzung der Vertragsautonomie der Parteien. Der BGH greift jedoch nicht in das vertragliche Regelungssystem ein, sondern legt es nur ergänzend aus.

Diese Vergütungsfolge hat die obergerichtliche Rechtsprechung nunmehr 80 **auch für Ansprüche aus § 2 Abs. 5**[99] **und 6**[100] festgestellt.

1. Exkurs: Überblick über die Regelungen des § 650c BGB. Mit der 81 Einführung des BGB-Bauvertragsrechts zum 1.1.2018 hat der Gesetzgeber den seit Jahrzehnten in §§ 1, 2 bereits geregelten Bedarf der Baupraxis, den Leistungsumfang eines Bauvertrags auch nachträglich noch verändern zu können, durch ein zweistufiges Änderungsmodell anerkannt und geregelt. Wenn der Auftraggeber eine Änderung des Werkerfolgs wünscht oder eine Änderung, die zur Erreichung des werkvertraglich vereinbarten Erfolges notwendig ist, haben die Parteien nach § 650b Abs. 1 BGB zunächst innerhalb von **30 Tagen möglichst eine Einigung herbeizuführen.** Wenn es innerhalb dieser **30-tägigen Frist nicht zu einer Einigung** kommt, steht dem Auftraggeber im Grundsatz nach **§ 650b Abs. 2 BGB ein einseitiges Änderungsrecht** zu. Ein gesetzlicher Regelungsbedarf für die Vergütungsfolgen einer Änderung besteht mithin nur für die Fälle, in denen die Parteien sich nicht bereits nach § 650b Abs. 1 BGB über die Leistungsänderung und deren Vergütung geeinigt haben. Deshalb lautet auch die Überschrift des

---

[99] OLG Köln BeckRS 2023, 45039, NZBau 2024, 340; OLG Frankfurt IBRRS 2021, 3634.
[100] KG ZfBR 2018, 670.

§ 2 VOB Teil B

§ 650c BGB „Vergütungsanpassung bei Anordnungen nach § 650b Abs. 2 BGB".

82 § 650c trägt insoweit dem **Äquivalenzinteresse** des Auftragnehmers, der sich einer von ihm bei Vertragsschluss nicht kalkulierten, einseitigen Änderungsanordnung gemäß § 650b Abs. 2 gegenübersieht, Rechnung und sorgt für eine der Änderung entsprechenden **Anpassung der Vergütung des Auftragnehmers kraft Gesetzes.**

83 Als **Regelungsmodelle für die Ermittlung der Höhe der Vergütung** standen im Vorfeld insbesondere folgende Ansätze zur **Diskussion:**

84 – **marktübliche Vergütung** gemäß § 632 Abs. 2 BGB,
 – **Preisfortschreibung auf Basis Urkalkulation**
 – **Selbstkostenpreise** ggf. mit **Zuschlägen für Geschäftskosten,**
 – **Preisfortschreibung anhand von statistischen Preisindizes.**

85 Die Vergütungsanpassung in § 650c BGB erfolgt **auf Basis der tatsächlichen Kosten.** Damit hat sich der Gesetzgeber in § 650c Abs. 1 und 2 BGB für das vom 4. Deutschen Baugerichtstag sowie der Arbeitsgruppe Bauvertragsrecht des BMJV favorisierten Modells entschieden. Die Empfehlung des 4. Deutschen Baugerichtstags lässt sich wie folgt zusammenfassen:

86 – **Preise für den geänderten Aufwand in Folge einer Anordnung des Auftraggebers sollen nach der Ausführung der Nachtragsleistungen anhand der tatsächlich erforderlichen Mehr- oder Minderkosten ermittelt werden.**

87 – Der Auftragnehmer kann zur Darlegung der tatsächlich erforderlichen Kosten auf eine vereinbarungsgemäß hinterlegte Urkalkulation zurückgreifen. Die dort enthaltenen Kostenansätze begründen eine widerlegbare Vermutung, dass diese Beträge den tatsächlichen Mehr- und Minderkosten entsprechen.

88 – Die **Zuschläge für allgemeine Geschäftskosten sowie Wagnis und Gewinn** werden der vereinbarungsgemäß hinterlegten Kalkulation entnommen. Wenn eine Kalkulation fehlt oder die Vermutungswirkung der Kalkulation entfällt, müssen auch die Allgemeinen Geschäftskosten sowie Wagnis und Gewinn auf andere Weise **schlüssig dargelegt** werden. Ein **Vertragspreisniveaufaktor** soll für die Berechnung der Mehr- oder Minderkosten nicht **maßgebend** sein.

89 – Die Parteien können abweichende Regelungen hinsichtlich der Ermittlung der Vergütung vereinbaren. In Allgemeinen Geschäftskosten vereinbarte andere Berechnungsmethoden sollen jedoch der Inhaltskontrolle nach § 307 BGB unterliegen.

90 Der Gesetzgeber hat dieses Modell übernommen und in § 650c Abs. 1 BGB geregelt, dass sich die geänderte Vergütung nach den tatsächlich erforderlichen Kosten mit Zuschlägen für Allgemeine Geschäftskosten sowie Wagnis und Gewinn richtet. Zugleich hat es in § 650c Abs. 2 BGB diesen Grundsatz modifiziert. Nach § 650c Abs. 2 S. 1 BGB kann der Auftragnehmer zur Berechnung der Vergütung für den Nachtrag auf die Ansätze einer vereinbarungsgemäß hinterlegten Urkalkulation zurückgreifen. Gemäß § 650c Abs. 2 S. 2 BGB wird vermutet, dass die auf Basis der Urkalkulation fortgeschriebene Vergütung der Vergütung nach § 650c Abs. 1 BGB entspricht. Dem Auftragnehmer steht somit ein **Wahlrecht zu zwischen der Ermittlung der Nachtragsvergütung auf Basis der tatsächlich erforderlichen Kosten nebst angemessenen Zuschlägen für Allgemeine Geschäftskosten sowie Wagnis und Gewinn oder der Preisfortschreibung gemäß der vereinbarungsgemäß hinterlegten Urkalkulation.** Da es sich aber

nur um eine widerlegbare Vermutung handelt, kann der Auftraggeber auch selbst eine eigene Berechnung der tatsächlich erforderlichen Mehr- und Minderkosten anstellen und auf diese Weise die mglw. niedrigere Vergütung auf Basis tatsächlicher Kosten gemäß Abs. 1 nachweisen. Mit dem Abstellen auf tatsächliche Kosten will das Gesetz den Auftragnehmer vor der Fortschreibung unterkalkulierter Preise und damit einer Vergrößerung von Verlusten bewahren und zugleich den Auftraggeber vor spekulativen Kalkulationen des Auftragnehmers schützen.[101, 102] Die beiden grundsätzlich verschiedenen Ermittlungsarten für die Nachtragsvergütung hat der Gesetzgeber dadurch in eine Reihenfolge gebracht, dass zugunsten der in § 650c Abs. 2 BGB beschriebenen vorkalkulatorische Preisfortschreibung die Vermutung bestehen soll, dass die auf Basis der Urkalkulation fortgeschriebene Vergütung den tatsächlich erforderlichen Kosten nebst Zuschlägen entspricht.

Völlig unabhängig von den Regelungen in § 650c Abs. 1 und 2 BGB ermöglicht die Regelung in Abs. 3 dem Auftragnehmer eine erleichterte, vorläufige Berechnung seiner Abschlagsforderung für die (ausgeführte) geänderte Leistung. Ihm ist gestattet, für **den Nachtrag 80 % der in seinem (nicht angenommenen) Angebot nach § 650b Abs. 1 S. 2 BGB enthaltenen Preise** anzusetzen. Damit ist abweichend von der Überschrift zu § 650c BGB in dem Absatz 3 nicht die Vergütungsanpassung bei Anordnungen nach § 650b Abs. 2 BGB, sondern das **Recht des Auftragnehmers auf Abschlagszahlung** für bereits ausgeführte Änderungsleistungen geregelt. Hintergrund der Regelung ist der Umstand, dass in der Praxis häufig Meinungsverschiedenheiten zwischen den Bauvertragsparteien über den Grund- und Höhe der geänderten Vergütung des Auftragnehmers bestehen und der Auftraggeber dann häufig entweder gar keine Zahlungen leistet oder lediglich eine Teilzahlung, die deutlich unter den Forderungen des Auftragnehmers liegt. Das ist für den Auftragnehmer besonders misslich, weil er seine Leistungen bereits erbracht und vorfinanziert hat, während die Zahlung einer zu geringen Nachtragsvergütung für den Auftraggeber in der Vergangenheit relativ risikolos war. 91

Mit **§ 650c Abs. 3 BGB** hat der Gesetzgeber damit ein **Novum** geschaffen. Dem Auftragnehmer steht ein Anspruch auf Abschlagszahlung in Höhe von 80 % der nach § 650b Abs. 1 S. 2 BGB von ihm angebotenen Mehrvergütung auch dann zu, wenn der Vergütungsanspruch des Auftragnehmers schon dem Grunde nach streitig ist oder der Auftraggeber einwendet, dass die geforderte Vergütung deutlich überhöht ist. Sein Vorleistungsrisiko ist damit erstmals und bewusst durch eine gesetzliche Regelung gemindert worden. Diese Regelung ist bereits während des Gesetzgebungsverfahrens, als auch im Nachgang, kritisiert worden.[103] Tatsächlich ist jedoch das angeführte Hauptargument von den Kritikern, dass der Auftragnehmer so deutlich überhöhte Nachtragsforderungen durchsetzen könnte, kritisch zu hinterfragen. Denn der Gesetzgeber hat dieses Problem erkannt und zugleich geregelt, dass ein etwa **zu viel erhaltener Betrag vom Auftragnehmer zu verzinsen** und an den Auftraggeber zurückzuzahlen ist. Diese drohende Verzinsung dürfte, anders als von Langen[104] gemutmaßt, Auftragnehmer davon abhalten, deutlich überhöhte Abschlagsforderungen zu stellen. Leicht überhöhte Abschlagsforderungen sind jedoch hinzunehmen und interessensgerecht. Hierbei ist zu 92

---

[101] Leinemann/Kues/Leinemann/Kues § 650c Rn. 6 ff.
[102] BT-Drs. 18/8486.
[103] Kniffka BauR 2016, 1533; Kimpel NZBau 2016, 734.
[104] L/B/DL/Langen § 650c Rn. 9.

beachten, dass in aller Regel der Auftragnehmer in Vorleistung geht und seine Ansprüche im Wege von Abschlagsforderungen lediglich sukzessive nach Leistungserbringung geltend machen kann. Im Falle einer Änderungsanordnung, die gerade vom Auftraggeber begehrt wird, erscheint es daher nicht unangemessen, dem Auftraggeber geringfügige und lediglich vorübergehende Überzahlungen zuzumuten. Vor allem aber müssen sich die Kritiker der Neuregelung entgegenhalten lassen, weshalb sie die Rechtslage vor dem 1.1.2018 unbedenklich fanden, als der Auftragnehmer regelmäßig überhöhte Kürzungen oder gar die Nichtzahlung seiner Abschlagsrechnungen auf Nachträge hinnehmen musste, was rechtspolitisch nicht mehr zu vertreten war.

93 Darüber hinaus hat der Auftraggeber, neben dem gesetzlichen Zinsanspruch, im Falle überhöhter Nachtragsansprüche des Auftragnehmers auch die Möglichkeit, gemäß § 650d BGB **eine einstweilige Verfügung** zu erwirken. Es handelt sich um ein beschleunigtes Mittel zur Streitentscheidung bei Streitigkeiten über die Vergütungsanpassung im Rahmen einer einstweiligen Verfügung (sog. Bauverfügung). Somit besteht ein effektiver Rechtsschutz.

94 **2. Konkrete Berechnung der Vergütung. a) Differenzbetrachtung auf Basis tatsächlicher Kosten.** Die Höhe des Vergütungsanspruchs für den in Folge einer Anordnung des Bestellers oder einer Leistungsmehrung, bzw. -minderung, geänderten Aufwand bestimmt sich nach den tatsächlich erforderlichen Kosten mit Zuschlägen für Allgemeine Geschäftskosten sowie Wagnis und Gewinn. Bei Anordnungen, die **reine Zusatzleistungen ohne Auswirkung auf die Vertragsleistungen** darstellen, also solche nach § 2 Abs. 6, ist die Berechnung der geänderten Vergütung in der Regel einfach. Es sind die tatsächlichen Mehrkosten im Sinne der **effektiven Selbstkosten** anzusetzen, da nur Mehrleistungen und nicht auch Minderleistungen berücksichtigt werden müssen. Vielfach haben jedoch Änderungen auch Auswirkungen auf die Vertragsleistung. Denn bestimmte Vertragsleistungen entfallen, während andere Arbeitsschritte neu hinzukommen. In diesem Fall ist die Vergütung auf Basis des veränderten Aufwands zu ermitteln. Es ist ein **Saldo von Mehr- und Minderleistungen** zu bilden, der zu dem Vergütungsanspruch des Unternehmers führt. Dabei wäre eine **Differenzbetrachtung zwischen kalkulierten Kosten einerseits und tatsächlichen Kosten andererseits** methodisch falsch. Denn bei tatsächlichen Mehrkosten und Minderkosten auf Basis der Kalkulation handelt es sich letztendlich um unterschiedliche, weil vorkalkulatorisch ermittelte, Kosten. Deshalb muss der Vergütungsanspruch, wie sich aus der Gesetzesbegründung ergibt, anhand der **Differenz zwischen den hypothetischen Kosten, die ohne die Anordnung des Bestellers entstanden wären und den Ist-Kosten,** die auf Grund der Änderung entstanden sind, ermittelt werden.[105] Für die Ermittlung der Minderleistungen ist es unerheblich, welche Kosten der Unternehmer hier für seine Kalkulation angesetzt hat. Es ist allein darauf abzustellen, welche Kosten der Unternehmer bei einer tatsächlichen Ausführung der unveränderten Leistung gehabt hätte.[106] Die hypothetischen Kosten des Unternehmers bei tatsächlicher Ausführung der unveränderten Leistung, muss dieser konkret vortragen. **Abgeschlossene Verträge mit Lieferanten oder Subunternehmern** für die von der Änderung betroffenen Leistungen kann er zum Nachweis ersparter Kosten vorlegen. Ansprüche, die

---

[105] BT-Drs. 18/8486; Kniffka/Jurgeleit-von Rintelen, § 650c Rn. 31.
[106] Dammert/Lenkeit/Oberhauser/Pause/Stretz Neues BauVertrR/Oberhauser Rn. 101; Retzlaff BauR 2017, 1747; Retzlaff BauR 2024, 1279.

Vergütung **§ 2**

beispielsweise ein Subunternehmer nach § 649 BGB gegenüber dem Unternehmer geltend machen kann, verringern die Ersparnis. Ebenfalls ausreichend für die Darlegung der hypothetischen Kosten ist die Vorlage von **Angeboten von Lieferanten oder Subunternehmern,** jedenfalls dann, wenn der Unternehmer darlegen kann, dass er diese ohne Änderungen hätte annehmen können. Auch auf Marktpreise zum Zeitpunkt der geplanten Ausführung kann abgestellt werden, wenn es keine Anhaltspunkte für tatsächlich andere Kosten gibt. Im Grundsatz gelten die gleichen Regeln wie bei der Ermittlung einer Ersparnis im Rahmen der Anspruchsberechnung nach § 648 S. 2 BGB.[107]

b) Entfallene Vertragsleistung – Abgrenzung Teilkündigung. Infolge 95 einer Änderungsanordnung des Bestellers können **Leistungsteile entfallen,** die im Zusammenhang mit der angeordneten Änderung stehen. Langen[108] bildet hierzu folgendes Beispiel, in dem der Besteller wie folgt anordnet: Entfall der vorgesehenen Holztreppen und stattdessen die Erstellung von Betontreppen. In diesem Fall entfällt eine Leistung und es kommt eine neue hinzu. Damit ist der Anwendungsbereich von § 2 Abs. 5 gegeben. Die durch den Entfall einerseits entstehenden Minderkosten und durch die hinzukommenden Neuleistungen andererseits entstehenden Mehrkosten sind nach den tatsächlich erforderlichen Kosten zu erfassen und der Nachtragsvergütung zugrunde zu legen.

Abzugrenzen ist jedoch die Leistungsänderung nach § 2 Abs. 5 von der **Teil-** 96 **kündigung** nach § 648 BGB, wenn es aufgrund einer Änderung des Bestellers zum ersatzlosen Entfall beauftragter Leistungen kommt. In dem vorstehend erwähnten Beispielsfall wäre dies der Fall, wenn eine Schreinerfirma mit der Errichtung der Holztreppe beauftragt war. Dann würde in dem Leistungsumfang des Schreiners die Holztreppe entfallen und die Betontreppe zum Leistungsumfang des Rohbauers hinzukommen. Der Rohbauer wäre dann berechtigt, seine Mehrvergütungsansprüche nach den tatsächlichen Kosten nebst angemessener Zuschläge zu berechnen. In dem Vertragsverhältnis des Bestellers mit der Schreinerfirma wäre hingegen von einer Kündigung auszugehen. Der Vergütungsanspruch der gekündigten Schreinerfirma richtet sich dann nach § 648 BGB. Der Schreinerfirma steht dann die vereinbarte Vergütung abzüglich kündigungsbedingter Aufwendungen zu. Nach aktueller Rechtsprechung des BGH[109] richten sich die **ersparten Aufwendungen** nach § 648a nach den tatsächlich ersparten Kosten und nicht den kalkulierten Kosten. Etwas anderes gilt nur, wenn keine Anhaltspunkte dafür vorliegen, dass die tatsächlichen Kosten von den kalkulierten Kosten abweichen. Im **Ergebnis entspricht** somit die Berechnung der **Kündigungsvergütung** nach § 648a den **Abrechnungsgrundlagen für Leistungsänderung** (Entfall von Leistungen) nach § 2 Abs. 5.[110]

c) Hypothetische Kosten der Vertragsleistung. Wenn sich infolge einer 97 Anordnung des Bestellers oder der Mengenänderung nach § 2 Abs. 3 von über 10 % die **Herstellkosten ändern,** sind für die geänderten Kosten nicht mehr die vom Unternehmer kalkulierten Kosten maßgebend, sondern die **tatsächlich mit der Leistungsänderung verbundenen und erforderlichen Kosten.** Die Ermittlung des veränderten Aufwands nach den tatsächlichen Kosten ergibt sich

---

[107] Kniffka/Jurgeleit-von Rintelen, § 650c Rn. 44.
[108] LBD BauVertrR/Langen § 650c Rn. 30.
[109] BGH BauR 2015, 660.
[110] Vgl. LBD BauVertrR/Langen § 650c Rn. 31.

aus der Differenz zwischen den hypothetischen Kosten, die ohne Änderung des Bestellers entstanden wären und den Ist-Kosten, die aufgrund der Anordnung tatsächlich angefallen sind. Diese Differenz ist die Grundlage der Vergütung für den geänderten Aufwand.[111] Bei den hypothetischen Kosten könnte es sich einerseits um die von dem Unternehmer kalkulierten Kosten handeln, andererseits auch um die tatsächlichen Kosten, die entstanden wären, wenn die Leistung unverändert ausgeführt worden wäre. Aus dem auch hier zugrunde zu legenden Gesetzestext ergibt sich, dass das Gesetz im Rahmen der Vergütungsermittlung nach § 650c Abs. 1 S. 1 die Kalkulation des Unternehmers als maßgebliche Berechnungsgrundlage verlässt und vielmehr stattdessen auf einen Vergleich zwischen den erforderlichen (tatsächlichen) Ist-Kosten im Verhältnis zu den hypothetischen (tatsächlichen) Ist-Kosten abstellt. Es ist unerheblich, ob die hypothetischen Kosten der geänderten Leistung höher oder niedriger sind, als die entsprechend kalkulierten Kosten. **Maßgeblich sind also die hypothetischen Kosten im Verhältnis zu den tatsächlich entstehenden Kosten.**

98 aa) **Ist-Kosten der Änderungsleistung.** Aus der Differenz zwischen den **hypothetischen Kosten** der ursprünglichen Leistung und den **Ist-Kosten** der gemäß Anordnung des Bestellers ausgeführten Leistung **ergeben sich die tatsächlich erforderlichen Kosten** im Sinne von § 650c Abs. 1 S. 1,[112] entsprechend im Sinne der § 2 Abs. 3, 5 und 6. § 650c Abs. 1 S. 1 regelt, dass die tatsächlichen Ist-Kosten auch erforderlich sein müssen.

99 bb) **Erforderlichkeit.** Zum Schutz des Bestellers vor unnötigem Aufwand sind die tatsächlichen Kosten nur im Rahmen der Erforderlichkeit zu berücksichtigen. Im Grundsatz handelt es sich um eine Selbstverständlichkeit, denn für einen Vergütungsanspruch des Unternehmers für nicht erforderliche Kosten fehlt es an einer **Rechtfertigung.**[113] Mit der Klarstellung der Erforderlichkeit ist eine **Missbrauchskontrolle** eingeführt, die verhindert, dass beispielsweise **Gefälligkeitsrechnungen von Nachunternehmern mit Phantasiepreisen** als vermeintlich tatsächlich erforderliche Kosten vom Unternehmer gegenüber dem Besteller geltend gemacht werden können.[114] Für die **Erforderlichkeit** tatsächlich entstandener Kosten ist der **Unternehmer darlegungs- und beweispflichtig.** Der Aufwand zur Ausführung der geänderten Leistung muss objektiv erforderlich gewesen sein. Abzustellen ist auf die Ex-Ante-Betrachtung eines verständigen Unternehmers und nicht auf eine Ex-Post-Sicht.[115] Von Rintelen[116] begründet dies zutreffend damit, dass sich das Adjektiv „tatsächlich" auf die Kosten und nicht auf deren Erforderlichkeit bezieht. Der Maßstab für die Erforderlichkeit ist strenger als der subjektive Maßstab für den Aufwendungserstattungsanspruch des Beauftragten. Denn dieser umfasst nach § 670 BGB Ersatz derjenigen Aufwendungen, „die er den Umständen nach für erforderlich halten darf". Wenn teilweise eine „unbedingte Notwendigkeit" der Kosten gefordert wird,[117] stellt dies keine gestei-

---

[111] BT-Drs. 18/8486; Retzlaff BauR 2024, 1279.
[112] BT-Drs. 18/8486; Retzlaff BauR 2024, 1279.
[113] LBD BauVertrR/Langen § 650c Rn. 39; Dammert/Lenkeit/Oberhauser/Pause/Stretz Neues BauVertrR/Oberhauser § 2 Rn. 106.
[114] LBD BauVertrR/Langen § 650c Rn. 39.
[115] Kniffka/Jurgeleit-von Rintelen, § 650c Rn. 68.
[116] Kniffka/Jurgeleit-von Rintelen, § 650c Rn. 29.
[117] Kniffka/Jurgeleit-von Rintelen, § 650c Rn. 68.

gerten Anforderungen dar, sondern umschreibt lediglich den Begriff der Erforderlichkeit und trägt damit nicht zur Präzisierung bei.

Die Frage der tatsächlich erforderlichen Kosten infolge der vom Besteller angeordneten Änderungsleistung hängt regelmäßig auch davon ab, ob der Unternehmer die entsprechenden Leistungen im Eigenbetrieb ausführt oder durch den Nachunternehmer erbringen lässt. Bei **Eigenleistung** hat der Unternehmer die aufgrund der Änderungsleistung entstandenen Kosten für Lohnaufwand, Realaufwand und Geräteaufwand in geeigneter Form nachzuweisen. Bei **Nachunternehmerleistungen** und Fremdleistungen wie Mietkosten für Geräte, Container usw kann dies anhand der entsprechenden Rechnungen erfolgen. Bei Nachunternehmerleistungen kann es dazu kommen, dass den **Unternehmer mit seinem Nachunternehmer die Abrechnung nach einer vorkalkulatorischen Preisfortschreibung vereinbart hat.** Wenn der Nachunternehmer dann auf Basis dessen seine Nachtragspreise ermittelt, handelt es sich im Zweifel um erforderliche **Ist-Kosten des Unternehmers im Verhältnis zum Besteller.**[118] Dies hat, wenn der Unternehmer seine Nachtragsvergütung gegenüber dem Besteller nach den tatsächlich erforderlichen Kosten nebst angemessener Zuschläge, und nicht im Rahmen der auch in der VOB/B anzuwendenden Vermutungswirkung nach § 650c Abs. 2 BGB nach einer vorkalkulatorischen Preisfortschreibung, berechnet, zur Folge, dass hier zwei verschiedene **Berechnungsmodelle** in der Leistungskette Anwendung finden.[119] Im Übrigen kommt es im Rahmen der Erforderlichkeit auf eine Gesamtbetrachtung an. Es ist abzustellen auf die Gesamtvergütung für die Änderungs- oder Mehrleistung.[120] Der Besteller ist mithin gehindert, sich einzelne, sehr günstige Preise gutzuschreiben und andere im Wege eines **Rosinenpickens** als überhöht zu rügen. Vielmehr muss er darlegen, dass die Gesamtvergütung für den Nachtrag nicht erforderlich und unangemessen ist. 100

Wendet der Besteller ein, dass ihm für die Änderungsleistung ein **preisgünstigeres Angebot eines Drittunternehmers vorläge, so beeinträchtigt dies nicht die Erforderlichkeit** der Kosten des Unternehmers. Durch die Anordnung der nachträglichen Änderung oder der Mengenänderung bewirkt der Besteller den Vergütungsanspruch nach § 2 Abs. 3, 5 oder 6. Der Unternehmer kann vor diesem Hintergrund nicht zu einem Wechsel von Vertragspartnern oder Nachunternehmern gezwungen werden, nur um dem Besteller begehrte Kostenvorteile zu ermöglichen.[121] 101

Für den Fall, dass der Unternehmer hinsichtlich einer geänderten oder zusätzlichen Leistung ein Angebot eines Nachunternehmers erwirkt, dass deutlich unter dem Marktüblichen liegt, stellt sich die Frage, welcher Betrag für erforderlich gehalten werden darf: die nunmehr tatsächlich angefallenen Kosten oder die marktüblichen. Indem die Erforderlichkeit **ex-ante** bestimmt wird, handelt es sich bei der Bewertung quasi um eine Prognoseentscheidung. Dabei muss zwangsläufig auf gewisse allgemein geltende **Indizes** abgestellt werden, wozu möglicherweise die Marktüblichkeit gehören könnte. Jedoch hat der Gesetzgeber und die Rechtsprechung bei Einführung des Erforderlichkeitsmaßstabes **ausdrücklich** 102

---

[118] Vgl. LBD BauVertrR/Langen § 650c Rn. 41.
[119] Vgl. LBD BauVertrR/Langen § 650c Rn. 41; Dammert/Lenkeit/Oberhauser/Pause/Stretz Neues BauVertrR/Oberhauser § 2 Rn. 107.
[120] Kniffka/Jurgeleit-von Rintelen, § 650c Rn. 71; BGH 20.12.2016 – VI ZR 612/15, NJW-RR 2017, 918.
[121] LBD BauVertrR/Langen § 650c Rn. 39a.

auf die Marktüblichkeit verzichtet, wie sie Teil des § 632 Abs. 2 BGB ist. Hingegen beeinträchtigt, wie eben dargelegt, ein anderweitiges, preisgünstigeres Angebot nicht die Erforderlichkeit der Kosten. Insofern könnte vertreten werden, dass die **Marktüblichkeit als Indiz** der Erforderlichkeit ein Korrektiv dahingehend darstellt, dass der Auftragnehmer die Kosten nicht unangemessen drücken muss. Bspw dem monopolartigen Auftraggeber würde diesbezüglich ein Missbrauch von möglicher Marktmacht erschwert. Die Differenz zwischen dem unterdurchschnittlichen und dem üblichen Preis wird ohnehin aufgrund der fehlenden Tatsächlichkeit nicht auf den Auftraggeber umgelegt. Möglicherweise kommt aber eine Berücksichtigung bei der Bewertung eines **angemessenen Gewinnzuschlags in Betracht, wenn der Auftragnehmer für den Auftraggeber einen kostensenkenden, überobligatorischen Handlungsgewinn** bei Nachunternehmern erzielt.

103 **cc) Kosten der Änderungsleistung/Mengenänderung.** Bei der Ermittlung der tatsächlich erforderlichen Kosten der Änderungsleistung oder Mengenänderung sind grundsätzlich alle Mehr- und Minderkosten ansatzfähig, die durch die Änderung projektbezogen für den konkreten Vertrag verursacht werden. Dies entspricht der Rechtsprechung des BGH zur Vergabeverzögerung.[122] Es kommt darauf an, dass die angesetzten Kosten **letztendlich kausal durch die Änderungsanordnung oder Mengenänderung** entstanden sind. Mithin müssen die Kosten entweder auf das geänderte Leistungsziel/Menge zurückzuführen sein oder durch die Veränderung des Leistungsziels/Menge verursacht worden sein. Aufwendungen, die nicht die Vertragsänderung betreffen, sondern die bisherigen Leistungen oder außervertragliche Umstände, sind nicht ansetzbar. **Die Mehrkosten müssen durch die Änderungsleistung oder geänderte Menge verursacht und dürfen nicht bei dieser lediglich angefallen sein.** Von Rintelen[123] bietet hier das Beispiel, dass der Handwerker bei der Durchführung einer Änderungsleistung sein Gerät fallen lässt und bereits erbrachte Leistungen beschädigt. Diese Leistung ist nur bei der Gelegenheit der Änderungsleistung entstanden. Es fehlt der erforderliche Zurechnungszusammenhang. Zudem ist der Mehraufwand mit der Reparatur der beschädigten Teile auch nicht erforderlich im Sinne des Gesetzes. Sämtliche durch die Änderung verursachten Mehr- und Minderkosten sind zu berücksichtigen. Dies gilt auch für mittelbare Auswirkungen der Leistungsänderung auf bauinhaltlich unveränderte Leistungen.[124] Zu den mittelbaren Auswirkungen gehören auch sonstige **Störungen des Bauablaufs, oder bauzeitliche Auswirkungen** auf die nachfolgenden Leistungen.[125] Wenn der Unternehmer Leistungen nicht selber erbringt, sondern durch Nachunternehmer erbringen lässt, **ist auf deren Kostenveränderung abzustellen.** Wenn der Besteller die Leistungen so stark verändert, dass der Unternehmer in dieser Konstellation einen anderen Nachunternehmer beauftragen muss, wird die **Kündigungsvergütung des Nachunternehmers** nach § 649 S. 2 berücksichtigt. Im Übrigen ist zwischen den Selbstkosten des Unternehmers und den Zuschlägen für Allgemeine Geschäftskosten sowie Wagnis und Gewinn zu unterscheiden.

---

[122] BGH NJW 2010, 522.
[123] Kniffka/Jurgeleit-von Rintelen, § 650c Rn. 49.
[124] LBD BauVertrR/Langen § 650c Rn. 27; ibrOK BauVertrR/von Rintelen § 650c Rn. 35.
[125] Kniffka/Jurgeleit-von Rintelen, § 650c Rn. 51.

Vergütung **§ 2**

(1) Selbstkosten des Unternehmers. Die tatsächlichen Mehr- und Minderkosten sind die **effektiven Selbstkosten des Unternehmers** ohne die Zuschläge für Allgemeine Geschäftskosten sowie Wagnis und Gewinn. Bei den Selbstkosten des Unternehmers ist wiederum zu unterscheiden zwischen Eigenleistungen des Unternehmers und Nachunternehmerleistungen.

Bei Nachunternehmerleistungen ist es für die Nachweisführung der Mehrkosten durch den Besteller ausreichend, wenn er **Rechnungen des Nachunternehmers** vorlegt, die er erfüllt hat. Die Kosten, die der Nachunternehmer berechtigt in Rechnung stellt, sind die **tatsächlichen Kosten**.[126] Soweit Oberhauser[127] problematisiert, dass die Gefahr fingierter Verträge, Rechnungen und Buchungsbelege bestehe, die über „Nebengeschäfte" bei anderen Bauvorhaben „ausgeglichen" werden, mag es hier und da zu solchen Vorfällen gekommen sein. Dies ist jedoch keinesfalls die Praxis. Allein der Umstand, dass im geschäftlichen Verkehr – in allen Branchen – betrügerische Handlungen vorkommen, spricht nicht gegen die grundsätzliche Akzeptanz buchhalterisch üblicher und formell korrekter Belege. Wer Verträge und Abrechnungen fälscht, macht sich wegen Betrugs strafbar.[128] In der Praxis schwieriger und aufwändiger ist die Abrechnung bei Eigenleistungen des Unternehmers. Zu den **Eigenleistungen des Unternehmers** gehören in der Regel Lohnkosten, Materialkosten, Gerätekosten und auch Baustellengemeinkosten.

(2) Lohnkosten. Bei den Lohnkosten ist der Unternehmer berechtigt, den – in der Regel tariflichen – **Mittellohn** für eingesetzte Arbeitnehmer der jeweiligen Qualifikation anzusetzen. Auch der Gesetzgeber wollte bei § 650c BGB dem Unternehmer nicht in der Praxis völlig unübliche, unnötig aufwändige und gänzlich neue Abrechnungsmethoden aufzwingen. Deshalb ist die Ermittlung eines **tatsächlichen Stundenlohns** für jeden einzelnen ebenso wenig erforderlich, wie die Ermittlung eines Stundenlohns für den konkreten Monat aus dem Gehalt eines Angestellten. Dies ergibt sich auch daraus, dass der Gesetzgeber durch die Vermutung in § 650c Abs. 2 klargestellt hat, dass das Ergebnis einer ordnungsgemäßen Kalkulation **im Prinzip** den tatsächlich erforderlichen Kosten gemäß § 650c Abs. 1 entspricht. Da bei der Vorkalkulation konkret eingesetztes Personal regelmäßig noch nicht feststeht, muss dies auf Basis eines Mittelohns erfolgen.[129] Eine solche Berechnung ist auch preisrechtlich für die Ermittlung von Selbstkosten anerkannt.[130] Nur in der **Rechtsprechung zum Schadensersatz** wird das Ansetzen betrieblicher Mittellöhne vielfach abgelehnt und stattdessen auf das konkret eingesetzte Personal abgestellt.[131] Wenn der Unternehmer persönlich Leistungen erbringt, muss eine Bewertung in Höhe eines durchschnittlichen Gehalts eines Angestellten mit gleichwertiger Tätigkeit erfolgen oder eine Bewertung mit Hilfe eines anderen, objektiven Leistungsmaßstabs, der die Größe des Betriebs, den Umsatz und die Zahl der in dem Unternehmen Beschäftigten berücksichtigt.

---

[126] Kniffka/Jurgeleit-von Rintelen, § 650c Rn. 53; Leupertz/Preussner/Sienz-Althaus/Kattenbusch, § 650c Rn. 19a.

[127] Dammert/Lenkeit/Oberhauser/Pause/Stretz Neues BauVertrR./Oberhauser § 2 Rn. 113.

[128] Kniffka/Jurgeleit-von Rintelen, § 650c Rn. 53.

[129] vgl. auch Kniffka/Jurgeleit-von Rintelen, § 650c Rn. 55.

[130] Kniffka/Jurgeleit-von Rintelen, § 650c Rn. 57.

[131] KG 8. 7. 2015 – 29 U 34/14; OLG Zweibrücken 3. 9. 2014 – 1 U 162/32; vgl. auch Kniffka/Jurgeleit-von Rintelen, § 650c Rn. 57 mwN.

§ 2　VOB Teil B

Die Lohnkostenansätze gem. Kalkulation für einen vergleichbaren Angestellten sind dann anzusetzen.[132] Nacht- oder Wochenendarbeitszuschläge, die auf den Nachtrag zurückzuführen sind, stellen Sonderkosten dar, die im Rahmen der tatsächlich erforderlichen Kosten geltend gemacht werden können. Dies entspricht der Maßgeblichkeit der konkreten Verursachung im Rahmen des Vergütungsanspruchs. **Mehrarbeitszuschläge**, die hingegen nicht in Bezug auf den konkreten Auftrag entstehen, sondern durch allgemeine Notwendigkeiten, sind auf alle Kostenträger **verhältnismäßig aufzuteilen**.[133]

107　**(3) Gerätekosten.** Beim Einsatz eigener Geräte sind Kosten für **Abschreibung und Verzinsung** sowie die Kosten für **Instandhaltung und Instandsetzung** anzusetzen. Hier kann gegebenenfalls auch auf die Baugeräteliste zurückgegriffen werden. Alternativ kann der Unternehmer eine Berechnung der Gerätekosten auch anhand derjenigen Mietkosten durchführen, die im Falle einer Anmietung bei einem Dritten entstanden wären.[134] **Betriebsstoffe** müssen nicht exakt ermittelt werden. Sofern eine direkte Verbrauchsbestimmung durch Zähler oder Messungen von Betriebsstoffen mangels entsprechender Aufzeichnung nicht möglich, zu schwierig oder unwirtschaftlich ist, ist eine **indirekte Verbrauchsermittlung** zulässig. Dieses Vorgehen entspricht auch dem Interesse des Bestellers. Denn anderenfalls müsste er sowohl die aufwändigen, unwirtschaftlichen Kosten für die konkrete Verbrauchsbestimmung, als auch die Kosten des Nachtrags selbst auch tragen.[135]

108　**(4) Materialkosten.** Bei Material sind die tatsächlichen Anschaffungskosten vor allem der eingesetzten Baustoffe einschließlich etwaiger Nebenkosten oder Aufwendungen für Transport, Verpackungen etc anzusetzen. Etwaige **Mengenrabatte, Preisnachlässe, Gutschriften** für zurückgesendete Verpackungen etc sind zugunsten des Bestellers zu berücksichtigen. **Skonti** sind nicht zugunsten des Bestellers zu berücksichtigen. Denn hier handelt es sich um eine Gutschrift für eine **beschleunigte Bezahlung des Kaufpreises.** Dies ist allein dem Unternehmer und dessen Finanzbereich zuzurechnen.[136] Sofern es bei der Materialverarbeitung zu Verschnitt- oder Verarbeitungsabfall kommt, ist dieser im Rahmen normaler Fertigungsbedingungen zu berücksichtigen bzw. bei höherem Aufwand konkret zu ermitteln. **In der Regel ist notwendiger Verschnitt zu vergüten.** Lediglich solche Reststoffe, die für eine Weiterverwendung geeignet sind, sind bei den Materialkosten zugunsten des Bestellers gutzuschreiben,[137] wie zB wieder ausgebauter Stahl von Spundwänden. Kann der Unternehmer auf eigene Materiallagerbestände zurückgreifen, so sind diese Materialkosten auf Basis aktueller Marktpreise zu verrechnen, die ursprünglichen Anschaffungskosten sind nicht in Ansatz zu bringen.[138]

109　**(5) Baustellengemeinkosten.** Bei den angemessenen Zuschlägen, die der Unternehmer geltend machen kann, sind nur Allgemeine Geschäftskosten sowie

---

[132] Kniffka/Jurgeleit-von Rintelen, § 650c Rn. 59; Leupertz/Preussner/Sienz-Althaus/Kattenbusch, § 650c Rn. 24.
[133] Kniffka/Jurgeleit-von Rintelen, § 650c Rn. 58.
[134] BeckOK BauvertrR/Althaus/Kattenbusch § 650c Rn. 25.
[135] Kniffka/Jurgeleit-von Rintelen, § 650c Rn. 61.
[136] Näher zum Skonto vgl. Leinemann/Leinemann VOB/B § 16 Rn. 211.
[137] Kniffka/Jurgeleit-von Rintelen, § 650c Rn. 64.
[138] Kniffka/Jurgeleit-von Rintelen, § 650c Rn. 65.

Wagnis und Gewinn aufgeführt. Nicht hingegen sind Baustellengemeinkosten gemeint, deren Nennung im Urteil vom 8.8.2019 lediglich ein redaktionelles Versehen darstellen.[139] Deshalb dürfen Baustellengemeinkosten auch nicht durch allgemeine Zuschläge angesetzt werden.[140] Vielmehr sind die im Zusammenhang mit der geänderten Leistung entstehenden erhöhten Baustellengemeinkosten nach den **Grundsätzen der Ermittlung von Selbstkosten** zu beziffern.[141]

Baustellengemeinkosten entstehen durch den Betrieb der Baustelle. Sie werden in der Regel bezogen auf das konkrete Bauvorhaben kalkuliert, sind aber nicht einzelnen Teilleistungen zuzuordnen. Sie stehen nicht in unmittelbarer Abhängigkeit zu den einzelnen Bauteilen, sondern sind eine **geschätzte Ausstattung der Baustelle** über die geplante Bauzeit mit Bauleitungspersonal, Medien, allg. Geräten und gesondert kalkulierten Risiken.[142] Die Baustellengemeinkosten sind zum Teil einmalige Fixkosten anderer Baustellengemeinkosten und hängen von der Bauzeit ab. Ein dritter Kostenanteil ist vom Leistungsumfang mithin von den tatsächlichen Mengen abhängig. Zwischen diesen drei Bereichen ist **die Grenze fließend**, da es Kosten gibt, die einem gewissen Umfang als fix zu betrachten sind, bei der Überschreitung des Leistungsumfangs aber sprunghaft ansteigen können, zB beim Aufbau eines zusätzlichen Turmdrehkrans für die Baustelleneinrichtung. Die Summe von Einzelkosten der Teilleistungen in Baustellengemeinkosten ergibt die Herstellkosten. Da die Rechtsprechung zwischen den tatsächlichen erforderlichen Herstellkosten auf der einen Seite und den Zuschlägen für Allgemeine Geschäftskosten sowie Wagnis und Gewinn auf der anderen Seiten differenziert, sind die für die Änderungsleistung anfallenden **Baustellengemeinkosten nach der tatsächlich erforderlichen Höhe** und nicht als Zuschlag anzusetzen. Aufgrund einer vom Besteller angeordneten Leistungsänderung kommen Änderungen der Baustellengemeinkosten insbesondere in Betracht, wenn sich die Vorhaltekosten der Baustelle aufgrund der Leistung verlängern oder wenn zusätzliches Gerät beschafft werden muss, um die geänderte Leistung auszuführen. Ferner kommt erhöhter Bauleitungsaufwand in Betracht. All dies ist, wie auch die Änderung der Einzelkosten der Teilleistung, vom Einzelfall abhängig und durch den Unternehmer nachzuweisen.

(6) Planungskosten. Zu den tatsächlich erforderlichen Kosten gehören auch die erforderlich werdenden **Planungskosten für Änderungsleistungen oder Mengenänderungen** und zwar auch dann, wenn der Unternehmer die Planung übernommen hat. Die vertraglich vereinbarte Vergütung gilt nur für die Planung im Umfang des ursprünglichen Vertragssolls. Zusätzlich erforderlich werdende **Planungsleistungen infolge einer Änderungsanordnung des Bestellers oder einer erheblichen Mengenänderung, sind von der Vergütungsabrede gerade nicht umfasst.** Sie gehören zu den Mehrkosten des Unternehmers. Diese sind entweder auf Basis von Lohnkosten etc zu ermitteln, oder im Fall von Nachunternehmereinsätzen abhängig von den Aufwendungen, die an den Nachunternehmer zu zahlen sind. Hier kann es auch dazu kommen, dass der Unternehmer Planungsleistungen des Nachunternehmers auf **Basis der HOAI** zu vergüten hat.

---

[139] BGH 21.11.2019 – VII ZR 10/19, NJW 2020, 468.
[140] BGH 21.11.2019 – VII ZR 10/19, NJW 2020, 468.
[141] LBD BauVertrR/Langen § 650c Rn. 44; Kniffka/Jurgeleit-von Rintelen, § 650c Rn. 66; Althaus BauR 2017, 412; Retzlaff BauR 2017, 1747.
[142] Näher zu Baustellengemeinkosten vgl. Leinemann/Reister/Silbe VOB/B § 2 Rn. 532 f.

§ 2

112 Wenn der Besteller die Planungsverantwortung trägt, hat er jedenfalls gemäß § 650b Abs. 1 BGB dem Unternehmer bereits zur Erstellung des Angebots über die Nachtragsvergütung die erforderliche Änderungsplanung vorzulegen. Häufig legt jedoch der Besteller keine Änderungsplanung vor oder nur die Ausführungsplanung, nicht jedoch eine Leistungsbeschreibung und Mengenermittlung. Wenn der Unternehmer gleichwohl einer Anordnung des Bestellers gemäß § 650b folgt, so fallen entsprechende Planungskosten des Unternehmers für die Erstellung dieser zusätzlichen Unterlagen **ebenfalls unter die tatsächlichen Kosten.**[143]

113 **(7) Skonti/Nachlässe.** Indem die Urkalkulation, also die Angebotspreise, nicht fortgeschrieben werden, sind Skonti und Nachlässe zwischen Auftragnehmer und Auftraggeber bei der Angebotserstellung des Auftragnehmers gegenüber dem Auftraggeber **nicht zu berücksichtigen.** Selbiges gilt hingegen nicht für Skonti, Nachlässe und Jahresrückvergütungen, die der Auftragnehmer von Nachunternehmern oder Zulieferern erhält. Werden dem Auftragnehmer solche Vergünstigungen gewährt, müssen diese auch bei Berechnung der tatsächlich erforderlichen Kosten berücksichtigt werden,[144] weil die Kostendifferenz zwischen dem Grundpreis bspw. des Nachunternehmers und dem nachgelassenen Preis **nicht tatsächlich angefallen** ist. Die Höhe der Kostenreduzierung bei Jahresrückvergütungen ist in der Regel bei Ermittlung der tatsächlich erforderlichen Kosten noch unbekannt. Deshalb kann der Auftragnehmer lediglich die zu erwartende Rückvergütung zur Berechnungsgrundlage bestimmen oder die Vertragsparteien können einen entsprechenden Vorbehalt vereinbaren.[145]

114 **d) Zuschläge für Allgemeine Geschäftskosten, Wagnis und Gewinn. aa) Allgemeine Geschäftskosten (AGK).** Nach der Rechtsprechung des BGH vom 8.8.2019 sind den tatsächlich erforderlichen Kosten der Änderungsleistung unter Abzug der hypothetischen Kosten der ursprünglichen Leistung ein angemessener Zuschlag für Allgemeine Geschäftskosten sowie Wagnis und Gewinn hinzuzufügen. Bei den **tatsächlichen Kosten** handelt es sich um **Selbstkosten,** die noch ohne Zuschläge des Unternehmers sind. Bewusst ist vorgesehen, dass dem Unternehmer **angemessene Zuschläge** zustehen. Das ist durchweg üblich in der Praxis der Bildung und Berechnung von Baupreisen. Die vom BGH adressierten Zuschläge sind nicht zwingend identisch mit dem vom Unternehmer für den Ursprungsvertrag kalkulierten Zuschlägen. Ein bloßer **Verweis des Unternehmers auf die Urkalkulation genügt somit nicht,** um die Angemessenheit der Zuschlagsätze darzulegen, so jedenfalls in Bezug auf den in der Rechtsfolge gleichlautenden § 650c BGB.[146] Es sollte wahrscheinlich innerhalb einer Nachtragsberechnung keine Kombination zwischen den tatsächlich erforderlichen Kosten einerseits und den kalkulierten Kosten geschaffen werden, um Anreize für spekulative Kostenverschiebungen zu vermeiden.

115 Bei den Allgemeinen Geschäftskosten handelt es sich um diejenigen Aufwendungen, die dem Unternehmer nicht durch einen bestimmten Auftrag, sondern durch den **Betrieb seines Gewerbes** entstehen.[147] Sie decken die Kosten der Geschäftsleitung, Verwaltung der Hilfsbetriebe, einer Rechtsabteilung, des Fuhr-

---

[143] Kniffka/Jurgeleit-von Rintelen, § 650c Rn. 102.
[144] Bolz/Jurgeleit/Bolz VOB/B § 2 Abs. 3 Rn. 91.
[145] Althaus/Bartsch/Kattenbusch Teil 3. Rn. 224.
[146] Vgl. BT-Drs. 18/8486.
[147] Franz/Kues BauR 2006, 1376.

Vergütung **§ 2**

parks usw, die nicht unmittelbar auf der Baustelle anfallen oder auf diese zu verrechnen sind. Die Allgemeinen Geschäftskosten werden je Geschäftsperiode in der Regel innerhalb für ein Jahr im Voraus anhand der Vorjahreszahlen geplant. Rückwirkend können diese Kosten auch unter Umständen als Bestandteil eines Wirtschaftsprüfungstestats nachgewiesen werden, sodass diese als Indiz der zutreffenden (angemessenen) Prognose der Allgemeinen Geschäftskosten hinzugezogen werden können. In einem **zweiten Kalkulationsschritt** werden die Allgemeinen Geschäftskosten dann in der Regel in Bezug zu dem für diese Geschäftsperiode geplanten Umsatz (in der Regel die **Herstellkosten**) gesetzt, also anteilig auf die Herstellkosten umgelegt. So ergibt sich der **mathematische Umlageprozentsatz** für die Allgemeinen Geschäftskosten. Bei der Berechnung der Vergütung sollen dem Unternehmer „angemessene" Zuschläge zustehen. Es ist offen geblieben, ob deshalb hier anders, und wenn ja, wie, gerechnet werden soll.

Der auch hier anwendbaren widerlegbaren Vermutung von § 650c Abs. 2 S. 1, **116** dass die Berechnung der Vergütung im Rahmen der vorkalkulatorischen Preisfortschreibung den tatsächlich erforderlichen Kosten nebst angemessenen Zuschlägen entspricht, lässt sich zwar entnehmen, dass die in einer ordnungsgemäßen Kalkulation enthaltenen Zuschläge angemessen sind, insbesondere wenn der Vertragspreis im Wettbewerb zustande gekommen ist. Dennoch können die Zuschlagssätze nicht automatisch übernommen werden.[148] Die in der Urkalkulation enthaltenen Zuschlagssätze sind deshalb **allenfalls ein Indiz**, wenn die Kalkulation tatsächlich ordnungsgemäß ist. Jedoch kommt es für die Angemessenheit der Zuschläge auf **objektive Umstände wie branchenübliche Ansätze** an.[149] Althaus[150] bietet einen Überblick verschiedener Kalkulationsmöglichkeiten und weist zutreffend darauf hin, dass auch übliche Ansätze des betroffenen Unternehmens zu berücksichtigen sind, die Angemessenheit also vertragsbezogen zu ermitteln ist.[151] Ausgangspunkt ist danach die hypothetisch ursprünglich erzielte Kostendeckung im Vergleich zur tatsächlichen Deckung der (weiterhin hypothetischen) Kosten unter Berücksichtigung der eingetretenen Veränderung.[152] Diese Verfahrensweise ermöglicht es, tatsächliche Kosten einerseits und die konkret vereinbarte Vergütung gleichermaßen zu berücksichtigen.

Retzlaff kommt im Hinblick auf die Vermutung des § 648 S. 3 BGB, wonach **117** der Unternehmer zumindest 5 % seiner Vergütung im Kündigungsfall nicht erspart hat, zu dem Ergebnis, dass ein Zuschlagssatz von 1/19 oder 5,26 % als Minimum in jedem Fall angemessen ist.[153] In der Praxis sind die Zuschläge für Allgemeine Geschäftskosten, Wagnis und Gewinn aber kaum je mit unter 10 % in Summe anzutreffen, oft noch mehr deutlich höher. Der Gesetzesbegründung ist zu entnehmen, dass man davon ausgeht, dass der Zuschlag für Allgemeine Geschäftskosten auch weiterhin für Baupreise einschlägig ist. Insofern werden die kalkulierten Zuschläge für AGK entsprechend auf die Preise aufgeschlagen werden können. Der Besteller kann die Vermutung der Angemessenheit der Zuschläge widerlegen.

Die letzte Begründung zum Gesetzentwurf des § 650c BGB lautete insoweit **118** wie folgt:

---

[148] Vgl. BT-Drs. 18/8486.
[149] Kniffka/Jurgeleit-von Rintelen, § 650c Rn. 80, krit. Leupertz/Preussner/Sienz-Althaus/Kattenbusch, § 650c Rn. 42.
[150] Althaus NZBau 2019, 15.
[151] Althaus BauR 2017, 412.
[152] Kues/Thomas NZBau 2021, 155.
[153] Retzlaff BauR 2017.

§ 2

"*Hinsichtlich eines Zuschlags für allg. Geschäftskosten wird (im Rahmen von § 650c Abs. 2 BGB) vermutet, dass er weiterhin zutreffend ist. Haben sich die allg. Geschäftskosten erhöht, hat der Unternehmer die Möglichkeit die Berechnungsmethode nach Abs. 1 zu wählen und sie auf andere Weise schließlich darzulegen.*"[154]

119 In Anbetracht dieser Unsicherheiten bei der Bestimmung der angemessenen Zuschläge, kann es sich empfehlen, die **Zuschlagssätze für Allgemeine Geschäftskosten, Wagnis und Gewinn bereits im Vertrag festzulegen** und sie damit dem Streit zu entziehen. Auch ohne eine derartige Festlegung spricht vieles dafür, die Zuschlagssätze aus der Kalkulation des Unternehmers auch bei der Preisermittlung der tatsächlich erforderlichen Kosten zugrunde zu legen, es sei denn, dass deren Fehlerhaftigkeit leicht erkannt werden kann.

120 **bb) Wagnis und Gewinn.** Baubetrieblich stellen die Einzelkosten der Teilleistung sowie Baustellengemeinkosten die sog. **Herstellkosten** der entsprechenden Bauleistung dar. Nach dem Zuschlag der Allgemeinen Geschäftskosten spricht man von den **Selbstkosten** des Unternehmers, dh wenn die tatsächlichen Herstellkosten und die tatsächlich Allgemeinen Geschäftskosten exakt dem entsprechen, was der Unternehmer kalkuliert hatte, dann werden ausschließlich Selbstkosten des Unternehmers abgedeckt. Bei dieser Betrachtung ist der unternehmerische Zuschlag für Wagnis einerseits und Gewinn andererseits noch nicht betrachtet. In der Baupraxis kalkulieren die Unternehmen Wagnis und Gewinn typischerweise einheitlich, bspw. mit einem Zuschlag in Höhe von 6 % auf die Selbstkosten. Grundsätzlich kann der Zuschlag für Wagnis und Gewinn einheitlich über die Gesamtauftragssumme oder über die verschiedenen Positionen hinweg unterschiedlich kalkuliert sein. Die gesetzgeberische Intention in § 650c Abs. 1 S. 1 BGB, deren Argumentation bei VOB/B-Verträgen gefolgt werden kann, ist, unabhängig vom Volumen der Änderungsleistung und unabhängig davon, ob sich ein Mehr- oder Mindervergütungsanspruch des Unternehmers ergibt, die **ursprüngliche Gewinn- und Verlustspanne für die jeweilige Bezugsposition als Absolutbetrag** zu erhalten und das Preisrisiko der Parteien zu begrenzen.[155] Zuschläge für Allgemeine Geschäftskosten auf Mehrleistungen sind in üblicher Höhe immer angemessen. Die Angemessenheit der Zuschläge für Wagnis und Gewinn hängt hingegen von der unternehmerisch geschätzten Gewinn- und Verlustsituation des Auftrags ab. Hierbei kommt es allerdings nicht auf die kalkulierte Gewinn- und Verlustsituation an, sondern, wie bei der Abrechnung nach freier Kündigung, auf die **hypothetische Ist-Situation.** Diese unterschiedliche Bewertung der Angemessenheit kommt im Gesetzestext nicht zum Ausdruck. Sie entspricht aber der Wertung des § 648 Abs. 2 BGB. Nach dem Willen des Gesetzgebers soll im Hinblick auf Wagnis und Gewinn nur der absolute Gewinn- oder Verlustbetrag für die jeweilige Position berechnet werden und zwar unabhängig davon, ob sich diese Bezugsposition aufgrund der Änderungsanordnung des Bestellers nach oben oder nach unten entwickelte. Das bedeutet auf der anderen Seite aber, dass sich der entsprechende Absolutbetrag nur aus der Urkalkulation des Unternehmers ergibt und auch nur aus dieser hergeleitet werden kann.[156]

---

[154] BT-Drs. 18/8486, 57.
[155] BT-Drs. 18/8486.
[156] LBD BauVertrR/Langen § 650c Rn. 53; Kimpel NZBau 2016, 734; Althaus BauR 2017, 412.

Vergütung §2

e) Entfall des Anspruchs auf Mehrvergütung. Dem Unternehmer steht bei einer Änderungsanordnung des Bestellers oder einer Mengenänderung, die zur Erreichung des vereinbarten Werkerfolgs notwendig ist, **kein Vergütungsanspruch für vermehrten Aufwand** zu, wenn die Leistungspflicht des Unternehmers auch die **Planung des Bauwerks** oder der Außenanlage umfasst. Auch das Gesetz geht davon aus, dass es sich um eine **kostenlos zu erbringende Nachbesserung** einer bislang unzureichenden Planung handelt. Diese Regelung wurde, ebenso wie diejenige in § 650b Abs. 1 S. 5, auf Vorschlag des Bundesrats in das Gesetz aufgenommen. In der Gesetzesbegründung heißt es dazu: 121

„Obliegt dem Unternehmer nicht nur die Ausführung der vom Besteller erstellten Planung, sondern auch die Erstellung der Planung selbst, so ist er zu einer mangelfreien Gesamtleistung von Planung und Ausführung verpflichtet. Falls der Besteller eine Planung aufdeckt und den Unternehmer auffordert, zum Zweck der Erreichung eines mangelfreien Werkerfolgs (§ 650b Abs. 1 S. 1 Nr. 2 BGB-E) seine Planung und Ausführung zu ändern, kann dem Unternehmer daraus kein Mehrvergütungsanspruch erwachsen, da die Planung und Ausführung eines mangelfreien Werks ohnehin bereits Gegenstand seiner vertraglichen Leistungspflicht ist. Durch den neu eingefügten S. 2 wird in Ergänzung des ebenfalls neu eingefügten § 650b Abs. 1 S. 5 BGB-E – dieser stellt den Unternehmer von der Verpflichtung zur Erstellung eines Mehrvergütungsangebots frei – klargestellt, dass dem Unternehmer in dieser Konstellation kein Mehrvergütungsanspruch zusteht." 122

Die gesetzgeberische Begründung ist für den Fall nicht zu beanstanden, wenn für ein vollständiges und funktionstaugliches Werk ein Pauschalpreis vereinbart worden ist. In dieser Konstellation ist auch nach der bisherigen Rechtslage der Unternehmer nicht berechtigt, für den Nachbesserungsaufwand eine Mehrvergütung geltend zu machen.[157] Die Begründung des Gesetzgebers träfe vom Wortlaut her auch für die Fälle zu, in denen der Unternehmer die Planungsverantwortung im Rahmen eines Einheitspreisvertrages übernommen hat. Dies kann jedoch nicht uneingeschränkt auch für diejenigen Fälle gelten, in denen zwischen Besteller und Unternehmer die Planungsverantwortung geteilt wird. In letzterem Fall wird es entscheidend darauf ankommen, welche Planungsteile betroffen sind und wer für den jeweiligen Planungsteil die Planungsverantwortung trägt. Im Fall einer geteilten Planungsverantwortung ist ggf. eine Quote zu bilden, die sich letztlich in den tatsächlich erforderlichen Kosten wiederspiegelt. 123

aa) Leistungspflicht des Unternehmers erfasst die Planung. Hat der Unternehmer die **Planungsverantwortung,** so muss er die Planung auch für die geänderte Leistung übernehmen, gemäß dem Grundsatz, **„wer einmal plant, plant immer".** Der Anspruch auf Vergütung für vermehrten Aufwand ist mithin ausgeschlossen, falls die Änderung zur Erreichung des vereinbarten Werkerfolgs im Rahmen einer Anordnung nach § 2 Abs. 5 erforderlich ist. 124

Grundsätzlich trägt derjenige, zu dessen Leistungspflicht die Planung gehört, auch die Planungsverantwortung. Etwas anderes gilt nur für die Ausnahmefälle, in denen beispielsweise der Besteller die Planung erstellt, der Unternehmer aber im Rahmen einer zulässigen **Risikoverantwortung die Planungsverantwortung für die bestellerseitige Planung übernommen** hat. Dann gehört zwar nach wie vor die Planung nicht zum Leistungsumfang des Unternehmers, er hat jedoch die Verantwortung für diese Planung übernommen und damit auch die 125

---

[157] Kniffka/Jurgeleit-von Rintelen, § 650c Rn. 104; BGH 30. 6. 1994 – VII ZR 116/93, NJW 1994, 2825; BGH 25. 1. 2007 – VII ZR 41/06, NZBau 2007, 243.

Risiken, die sich aus der Unvollständigkeit bzw. der Mangelhaftigkeit der Planung ergeben. Vor diesem Hintergrund besteht kein Mehrvergütungsanspruch auch in den Fällen, in denen die Planung nicht zum originären Leistungsumfang gehörte, sondern in denjenigen Fällen, in denen der Unternehmer aufgrund einer vertraglichen Regelung die Planungsverantwortung vom Besteller übernommen hat.

126 Jedoch können auch bei **vollständiger Planungsverantwortung des Unternehmers** im Rahmen der Planung Kosten entstehen, die auch bei von Anfang an mangelfreier und vollständiger Planung entstanden und vom Besteller zu tragen gewesen wären, sogenannte **Sowieso-Kosten.** Denn bei einem Detailpauschalvertrag beschränkt sich die Abgeltungswirkung der vereinbarten Vergütung beispielsweise auf die detailliert beschriebene Leistung. Ist die konkret beschriebene und bepreiste Leistung für eine mangelfreie Werkgestaltung nicht ausreichend, handelt es sich bei den Mehraufwendungen zur Erreichung der Mangelfreiheit um Sowieso-Kosten, wobei wiederrum auf die Grundlagen zu § 650c BGB Bezug genommen werden kann. Nach der Rechtslage vor der Einführung des § 650c BGB gingen diese zu Lasten des Bestellers.[158] Durch die Einführung von § 650c Abs. 1 S. 2 BGB sollte die Rechtslage nicht geändert werden. Deshalb ist § 650c Abs. 1 S. 2 BGB in den entsprechenden Fällen so auszulegen, dass dem **Unternehmer ein Anspruch auf Erstattung von Sowieso-Kosten** nicht abgeschnitten werden soll.[159] § 650c Abs. 1 S. 2 BGB regelt somit nur den Grundsatz (keine Vergütung für vermehrten Aufwand), nicht aber die Ausnahme (Sowieso-Kosten).

127 Dieses Verständnis folgt auch aus den Gesetzgebungsmaterialien. § 650c Abs. 1 S. 2 wurde erst spät im Gesetzgebungsverfahren aufgrund eines Vorschlages des Bundesrats eingefügt. Klargestellt werden sollte damit, dass der Unternehmer die Planung und Ausführung der mangelfreien Leistung bereits nach dem unveränderten Vertrag schuldet und deshalb selbstverständlich keinen Mehrvergütungsanspruch für die bloße Erbringung der Vertragsleistung haben kann.[160] **Der Besteller sollte jedoch nicht von ihn grundsätzlich treffenden Sowieso-Kosten befreit werden.** Von Rintelen[161] weist darauf hin, dass dies auch materiellrechtlich völlig ungerechtfertigt wäre, da entgegen Sinn und Zweck der Regelung damit die Vergütungsabrede nicht aufrechterhalten, sondern verhindert werden würde.

128 § 650c Abs. 1 S. 2 BGB schließt dem Wortlaut nach eine Vergütung nur für den **vermehrten** Aufwand des Unternehmers aus. Es sind jedoch Fälle denkbar, in denen aufgrund anfänglicher mangelhafter Planung des Unternehmers diesem insgesamt ein verminderter Aufwand entsteht. Langen[162] bildet hierzu ein Beispiel, bei dem die nach Planung des Unternehmers basierende Leistungsbeschreibung die Erstellung eines Wärmedämmverbundsystems (WDVS) mit einer Gesamtstärke von 16 cm vorsieht. Der Grenzverlauf des zu dämmenden Gebäudes lässt aber nur ein WDVS in einer Gesamtstärke von 10 cm zu. Die erforderliche Umplanung führt dennoch zu einer mangelfreien Leistung und gleichzeitig gemindertem Aufwand des Unternehmers. Hier ist fraglich, ob dies einen geminderten Vergütungsanspruch des Unternehmers zur Folge hat, oder ob eine erwei-

---

[158] vgl. BGH 17. 5. 1984 – VII ZR 169/82, NJW 1984, 2457.
[159] LBD BauVertrR/Langen § 650c Rn. 63; Kniffka/Jurgeleit-von Rintelen, § 650c Rn. 105; Retzlaff BauR 2017, 1749; Orlowski BauR 2017, 1421.
[160] BT-Drs. 18/11437.
[161] Kniffka/Jurgeleit-von Rintelen, § 650c Rn. 105.
[162] LBD BauVertrR/Langen § 650c Rn. 63c.

Vergütung   § 2

terte Anwendung des § 650c Abs. 1 S. 2 BGB dem selbst dann entgegensteht, wenn die mangelhafte Planung des Unternehmers letztlich auch zu einer überhöhten Vergütung führt. Viel spricht dafür, dass aus der Planungshaftung des Unternehmers folgt, dass die Vergütung auf den Betrag reduziert wird, den die Parteien bei von Anfang an fehlerfreier Planung und Leistungsbeschreibung vereinbart hätten.[163] Demnach führt der Ausschluss der Mehrvergütung in § 650c Abs. 1 S. 2 BGB nicht zu einem Ausschluss einer entsprechenden Minderverütung.

bb) Geteilte Planungsverantwortung zwischen Unternehmer und Besteller. Auch bei geteilter Planungsverantwortung kann auf die Grundsätze des BGB zurückgegriffen werden. § 650c Abs. 1 S. 2 BGB wie auch § 650b Abs. 1 S. 4 und 5 BGB regeln diejenigen Fälle, in denen entweder der Besteller oder der Unternehmer die **volle Planungsverantwortung** bzw. eine entsprechende Leistungsverpflichtung übernommen haben. In der Praxis treten aber häufig Fälle der **geteilten Planungsverantwortung** auf. Der Besteller erbringt einen Teil der Planung, beispielsweise die Planungsleistungen bis zur Entwurfsplanung und die weitere Planung übernimmt der Unternehmer. In dieser Konstellation müssen Unternehmer und Besteller ihren jeweiligen Teil der Planungsverantwortung tragen. § 650c Abs. 1 S. 2 BGB ist einschränkend dahin auszulegen, dass dem Unternehmer im Fall von § 650b Abs. 1 S. 1 Nr. 2 BGB nur insoweit kein Mehrvergütungsanspruch zusteht, als er auch die Planungsverantwortung trägt. Wenn Mehrkosten aus Bereichen herrühren, für die nicht er, sondern der Besteller die Planungsverantwortung trägt, werden die entsprechenden Vergütungsansprüche des Unternehmers gemäß § 650c Abs. 1 S. 2 BGB gerade nicht ausgeschlossen. 129

f) Darlegungs- und Beweislast. Jede Partei trägt grundsätzlich die Beweislast für die Begründung der von ihr geltend gemachten Ansprüche. Der **Unternehmer** muss, wenn er aufgrund einer Leistungs- oder Mengenänderung Mehrvergütungsansprüche geltend macht, die tatbestandlichen Voraussetzungen hierfür darlegen und ggf. beweisen. Er hat die **Mehr- und Minderkosten** nachzuweisen. Dies betrifft insbesondere auch den Aufwand in zeitlicher Hinsicht: Der Unternehmer muss hierfür in nachvollziehbarer Weise dokumentieren, welcher zeitliche Aufwand beim Einsatz von Personal, Geräten oder Nachunternehmern für eine bestimmte zusätzliche oder geänderte Leistung angefallen ist. Ebenso ist die tatsächliche Höhe der jeweiligen Kosten für Personal, Gerät und Nachunternehmer darzulegen und im Bestreitensfalle nachzuweisen.[164] Wenn die Änderung im Ergebnis zu Minderkosten führt, kann der Besteller die Minderkosten nicht ermitteln, da es gerade auf die konkreten hypothetischen Ist-Kosten des Unternehmers ankommt. In diesen Fällen trifft somit den Unternehmer eine **primäre Darlegungslast der konkreten Minderkosten.** Es gelten die Grundsätze, die der BGH für die Ersparnis aufgrund nicht erbrachter Leistungen bei einer freien Kündigung entwickelt hat.[165] Grundsätzlich muss der Unternehmer die Mehr- und Minderkosten detailliert und nicht nur in einer Summe angeben. Dem Besteller muss eine Kontrolle und Überprüfung der Abrechnung ermöglicht werden. Der Unternehmer ist grundsätzlich nicht verpflichtet die Grundlagen seiner Kalkulation zur Plausibilisierung seiner Abrechnung offen zu legen. § 2 Abs. 3, 5 und 6 stellen allein auf die tatsächlichen Kosten bzw. die hypothetischen Ist-Kosten 130

---

[163] LBD BauVertrR/Langen § 650c Rn. 63d.
[164] Leupertz/Preussner/Sienz-Althaus/Kattenbusch, § 650c Rn. 18a.
[165] BGH NJW 1997, 733.

ab. Es besteht kein berechtigtes Informationsbedürfnis hinsichtlich der Angaben in der Kalkulation des Unternehmers.[166]

II. Traditionelles Verständnis

131 1. **Historie.** Die VOB/B gibt keine genaue Anleitung dafür, wie die Vergütung als Rechtsfolge der § 2 Abs. 3, 5 und 6 festzulegen ist. Dies führte zu verschiedenen Theorien darüber, wie der neue Preis zu bestimmen ist, wobei der Grundsatz des Äquivalenzprinzips, also die Aufrechterhaltung der Preisvereinbarung, im Vordergrund stand.

132 Traditionell wurde bis zur vorbeschriebenen Rechtsprechung des BGH vom 8.8.2019 angenommen, dass der neue Preis durch Fortschreibung der Vertragspreise und ihrer Bestandteile gemäß der ursprünglichen Kalkulation des Auftragnehmers zu ermitteln sei. Dies führte jedoch dazu, dass die Kalkulation des Auftragnehmers, die dem Auftraggeber oft nicht bekannt war, als Grundlage verwendet wurde. Es ist jedoch fraglich, ob dies zwingend erforderlich ist und ob der Auftraggeber sich dieser Kalkulation bewusst unterwerfen will.

133 Maßgebend für die Bestimmung veränderter Preise bei Mengenmehrungen/Mengenminderungen und geänderten bzw. zusätzlichen Leistungen war als Basis die Ermittlung der voraussichtlichen Kosten durch den Auftragnehmer in der für die Bildung des Vertragspreises zugrunde gelegten **Angebotskalkulation** (synonym häufig auch Urkalkulation bezeichnet). Sofern nach Abgabe des Angebots Verhandlungen zur Abweichung vom angebotenen Bau-Soll und/oder Angebotspreis geführt werden, ist die Angebotskalkulation zur Auftragskalkulation zu überarbeiten. Die Angebotskalkulation ermittelt als **Vorauskalkulation** Soll-Kosten, also künftig erwartete Kosten. Grundlagen des Preises iSd § 2 sind also alle Kostenelemente, die Bestandteil der Kalkulation des Auftragnehmers sind und auch die Kalkulationsmethode.[167] Ebenso wurden nach herrschender Auffassung beim Nachtrag die Mehrkosten kalkulativ erfasst.[168]

134 Die Anknüpfung an die Kalkulation wurde in der Literatur in Frage gestellt mit dem Argument, dass die Berechnung von Nachträgen anhand von Marktpreisen oder ortsüblichen Preisen richtig sei.[169] Die beim **Bundesjustizministerium** angesiedelte „**Arbeitsgruppe Bauvertragsrecht**" hat schon im Sommer 2013 vorgeschlagen, künftig die Nachtragsberechnung nicht mehr an die Auftragskalkulation, sondern an die tatsächlich erforderlichen (nicht die entstandenen) Mehr- oder Minderkosten anzuknüpfen. Wobei der Auftragnehmer zur Darlegung der Nachtragsvergütung allerdings auf seine Kalkulation zurückgreifen könne. Diese enthält die widerlegliche Vermutung, dass die dort ermittelten Werte auch den tatsächlich angefallenen Mehr- oder Minderkosten entsprechen. Dieser Vorschlag basierte insbesondere auch auf den Empfehlungen des Arbeitskreis I des 4. **Deutschen Baugerichtstag** im Mai 2012.

135 Dieser nunmehr in § 650c BGB und in der Rechtsprechung umgesetzte Vorschlag wird insbesondere von Kapellmann anhand des BGH-Urteils vom 8.8.2019 kritisiert.[170] Er vertritt die Auffassung, dass in § 2 Abs. 3 Nr. 2 VOB/B keine

---

[166] Kniffka/Jurgeleit-von Rintelen, § 650c Rn. 109.
[167] Vgl. Kapellmann/Messerschmidt/Markus § 2 Rn. 213.
[168] Kapellmann/Messerschmidt/Markus § 2 Rn. 219.
[169] Franz/Kues BauR 2010, 678; Oberhauser BauR 2011, 1547; vgl. auch Althaus BauR 2012, 359.
[170] Kapellmann/Messerschmidt/Markus § 2 Rn. 220, 310 ff.

Regelungslücke hinsichtlich der Vergütungsfolge besteht, erschließt aus dem Wortlaut der AGB eine Vergütung anhand der vorkalkulatorischen Preisfortschreibung[171] und wies – dies jedenfalls wohl zutreffend – darauf hin, dass das Kriterium der „Erforderlichkeit" noch nicht hinreichend konkretisiert wurde.[172]

Die traditionelle Lehre berücksichtigt nicht, dass für Mengenabweichungen 136 über 10 % ein neuer Preis unter Berücksichtigung der Mehr- oder Minderkosten vereinbart werden soll. Die Formulierung „ist zu vereinbaren" legt nahe, dass die Parteien frei sind, einen neuen Preis nach billigem Ermessen zu vereinbaren, ohne an eine bestimmte Berechnungsmethode gebunden zu sein.

2. Aktuelle Relevanz. Die zuletzt herrschende Berechnungsmethodik zur 137 Bestimmung einer Nachtragsvergütung weist aber trotz Wandel der Rechtsprechung[173] und herrschenden Literaturansicht[174] hin zur Berechnung anhand der tatsächlich erforderlichen Kosten zzgl angemessener Zuschläge noch eine hohe tatsächliche Bedeutung auf. Dies gilt nicht zuletzt wegen der auch in VOB/B-Verträgen anzuwendende **widerlegliche Vermutungswirkung nach § 650c Abs. 2 BGB**.[175] Demnach wird vermutet, dass die Berechnung der tatsächlich erforderlichen Kosten nebst angemessenen Zuschlägen für Allgemeine Geschäftskosten, Wagnis und Gewinn als Vergütungsfolge einer Anordnung nach § 650b BGB durch die Methode der vorkalkulatorischen Preisfortschreibung zutreffend ist. Das heißt, der Auftragnehmer, der einen Anspruch auf Ersatz der tatsächlich erforderlichen Kosten nebst angemessenen Zuschlägen wegen Anordnungen oder Mengenänderungen nach § 2 Abs. 3, 5 oder 6 hat, kann diese durch Darlegung der vorkalkulatorischen Preisfortschreibung geltend machen. Dieser Vermutungswirkung kann der Auftraggeber sodann entgegentreten. Ferner ist es denn Vertragsparteien grundsätzlich unbenommen, die Vergütungsbestimmung anhand der vorkalkulatorischen Preisfortschreibung (individuell) zu vereinbaren.

3. Konkrete Berechnung der Vergütung. a) Mengenänderungen. 138 Gemäß der früheren Auslegung sollte die vorkalkulatorische Preisfortschreibung im Rahmen des § 2 Abs. 3 VOB/B ein typisches Problem des Einheitspreisvertrags lösen: Die geschätzten Mengen im Leistungsverzeichnis können von den tatsächlich ausgeführten Mengen abweichen, die erst nach dem Bau präzise ermittelt werden können. Diese Abweichungen haben verschiedene Auswirkungen, von zusätzlichem Materialbedarf bei Mehrmengen bis hin zu ungedeckten Gemeinkosten bei Mindermengen. Die Regelung sieht vor, dass bis zu einer Grenze von 10 % des vereinbarten Einheitspreises das Risiko von Mengenabweichungen von den Parteien getragen wird. Für Abweichungen **über diese Grenze hinaus** kann auf Verlangen ein neuer Preis unter Berücksichtigung der Mehr- oder Minderkosten vereinbart werden.

---

[171] Kapellmann/Messerschmidt/Markus § 2 Rn. 314.
[172] Kapellmann/Messerschmidt/Markus § 2 Rn. 318.
[173] u.a. OLG Köln BeckRS 2023, 45039; OLG Frankfurt IBRRS 2021, 3634; KG ZfBR 2018, 670; BGH NJW 2020, 337.
[174] u.a. Kniffka/Koeble/Jurgeleit/Sacher Kompendium BauR/Kniffka Teil 4 Rn. 183; BeckOK VOB/B/Kandel § 2 Abs. 3 Rn. 20 ff.; Bolz/Jurgeleit/Bolz § 2 Abs. 3 Rn. 84; a.A. Kapellmann/Messerschmidt/Markus VOB/B § 2 Rn. 220.
[175] Köhler NJW-Spezial 2023, 364; Kniffka/Koeble/Jurgeleit/Sacher Kompendium BauR/Kniffka Teil 4 Rn. 208g.

139 Sofern die Vergütung auf Grundlage der vorkalkulatorischen Preisfortschreibung wirksam vereinbart ist oder der Auftragnehmer wählt, die tatsächlich erforderlichen Kosten nebst Zuschläge auf Grundlage dieser Kalkulationsmethode darzulegen, ist Ausgangspunkt für die Ermittlung des neuen Preises der Grundsatz **„schlechter Preis bleibt schlechter Preis"** und **„guter Preis bleibt guter Preis".**[176] Ein Auftragnehmer, der den Einheitspreis der betroffenen (Teil-)Leistung nicht auskömmlich kalkuliert hat, ist bei der Berechnung des neuen Preises an diese Berechnungsgrundlagen des alten, jedenfalls nicht gut oder sogar schlecht kalkulierten Preises gebunden. Wobei im Einzelfall eine Preisanpassung, dh Erhöhung, bei stark unterkalkulierten Preisen für die Mehrmenge über 110 % in Betracht kommt, wenn der Auftraggeber einen **Preisirrtum** des Auftragnehmer erkannt und ausgenutzt hat,[177] sowie dann, wenn schuldhafte Fehler des Auftraggebers bei der Mengenermittlung feststellbar sind.[178] Gleiches gilt auch umgekehrt, wenn der Auftragnehmer mehr als auskömmlich kalkuliert hat. Sofern die Weiterführung eines besonders auskömmlich, eventuell auch **spekulativen Einheitspreises** in Kombination mit **ungewöhnlich großen Mengenmehrungen** zu einer offensichtlichen Unausgewogenheit führt, so kommt bei spekulativen Preisen nach dem BGH eine Sittenwidrigkeit und im Übrigen eine Störung der Geschäftsgrundlage in Betracht.[179]

140 Für die Berechnung des Preises für die Mehrmengen über 110 % sind die Vertragspreise und deren Einzelbestandteile, die sich aus der ursprünglichen Kalkulation des Auftragnehmers ergeben, Ausgangspunkt. Ausgehend von den **bauüblichen Grundsätzen** wird der jeweilige Einheitspreis auf Basis der Einzelkosten der Teilleistungen (EKT), der Baustellengemeinkosten (BGK), der Allgemeinen Geschäftskosten (AGK) und einem Zuschlag für Wagnis und Gewinn gebildet.[180]

141 **Einzelkosten der Teilleistung** sind diejenigen Kosten, die bei der Herstellung der Leistung unmittelbar anfallen und zwar bezogen auf eine Einheit (Teil-)Leistung. Als Teilleistung wird die einzelne, durch eine Ordnungszahl (Position) gekennzeichnete Position des Leistungsverzeichnisses (LV) bezeichnet. Der Leistungsumfang dieser Position ist wiederum durch die Bemessungseinheiten (zB Quadratmeter) und durch den Vordersatz (ausgeschriebene LV-Menge) gekennzeichnet. Die **Einzelkosten der Teilleistung steigen proportional** mit der ausgeführten Menge. Sie sind meistens je Mengeneinheit konstant. Von diesem Grundsatz gibt es aber auch Ausnahmen. Durch Abnahme größerer Mengen sinkt teilweise der **Einkaufspreis** für das Material. Auf der anderen Seite können durch größere Transportentfernungen oder durch den **Einsatz zusätzlicher, nicht ausgelasteter Geräte** (nicht abbaubare Kosten) sich die Kosten erhöhen.[181]

142 Keldungs weist im Zusammenhang mit günstigeren Preisen beim Einkauf von Material darauf hin, dass diese Preise im Rahmen des § 2 Abs. 3 keine Rolle spiele dürfen, da sich günstigere Preise allenfalls beim Einkauf des Gesamtmaterials ergeben könnten, nicht hingegen, wenn wegen zusätzlich erforderlichen Mengen nachgekauft werden müsse.[182] Weder die grundsätzliche Aussage, dass wegen

---

[176] Beck VOB/B/Jansen § 2 Abs. 5 Rn. 60, Abs. 3 Rn. 45 ff.
[177] BGH BauR 1998, 1089.
[178] BGH BauR 1998, 1089.
[179] Auch → § 2 Rn. 155 ff.
[180] Auch → § 2 Rn. 141 ff.
[181] Kapellmann/Messerschmidt/Markus § 2 Rn. 273.
[182] Ingenstau/Korbion/Keldungs § 2 Abs. 3 Rn. 21.

Abnahme größerer Mengen die Einkaufspreise sinken, noch, dass sie konstant bleiben oder eventuell steigen, ist richtig. Vielmehr ist stets im Einzelfall zu prüfen, ob und inwieweit durch die Beschaffung einer anderen als der ursprünglich vorgesehenen Menge sich der Einkaufspreis – in welche Richtung auch immer – verändert.

Die Behandlung von Baustellengemeinkosten bei dem neu zu bildenden Einheitspreis für die über 110 % hinausgehende Menge ist umstritten. Zutreffend ist die grundsätzliche Aussage, dass, wenn die Menge sich um mehr als 10 % erhöht, es nicht automatisch bedeutet, dass sich auch die Baustellengemeinkosten überhaupt oder proportional erhöhen.[183] Nicht zutreffend ist hingegen die Auffassung, dass die Baustellengemeinkosten mit dem zum ursprünglichen Einheitspreis vergüteten Mengenanteil von 110 % bereits erlöst sind, sodass sie bei der Bildung des neuen Preises unberücksichtigt bleiben müssten, anderenfalls eine Überdeckung einträte.[184] Die Baustellengemeinkosten müssten nach einer teilweise vertretenen Auffassung im neuen Preis eliminiert werden, weil sonst eine zusätzliche Deckung ohne entsprechende Mehrkosten des Auftragnehmers eintreten würde.[185] Denn die Herstellung der zusätzlichen Menge über 110 % hinaus würde keine zusätzlichen Baustellengemeinkosten erzeugen. Richtig ist eine differenzierte Betrachtung.[186] Bei der Ermittlung der Vergütung für geänderte und zusätzliche Leistungen ist es herrschende Auffassung, dass dem Auftragnehmer zusätzliche **Baustellengemeinkosten** bei entsprechendem Nachweis durchaus zugebilligt werden. Es ist nicht ersichtlich, warum dieser Gedanke nicht auch bei Mengenmehrungen Anwendung finden sollte.[187] Bei der Bestimmung des Preises für die über 110 % hinausgehende Menge ist dem Auftragnehmer zuzugestehen, dass Baustellengemeinkosten zumindest immer dann Berücksichtigung finden müssen, wenn der Auftragnehmer in Folge der Mengenüberschreitung Nachweis für zusätzlich angefallene Baustellengemeinkosten erbringen kann.[188] **143**

Allgemeine Geschäftskosten werden vom Auftragnehmer je Geschäftsperiode geplant und prozentual auf den gesamten geplanten Umsatz in dieser Geschäftsperiode umgelegt. Zu einer geplanten Jahresgesamtleistung gehören aufgrund von Erfahrungswerten auch auftretende Mengenmehrungen oder -minderungen. Demzufolge müssen systemgerecht alle Herstellkosten, auch die von Nachträgen oder Mengenmehrungen, mit **Allgemeinen Geschäftskosten** beaufschlagt werden.[189] Der Zuschlag von Allgemeinen Geschäftskosten erfolgt nicht baustellenbezogen konkret, sondern abstrakt. Bei der Berechnung des Einheitspreises für Mehrmengen über 110 % werden Allgemeine Geschäftskosten mit dem kalkulatorisch vorgesehenen Prozentaufschlag berücksichtigt.[190] **144**

---

[183] Vgl. Kapellmann/Messerschmidt/Markus § 2 Rn. 274.
[184] Vgl. Beck VOB/B/Althaus/Jansen § 2 Abs. 3 Rn. 48; s. Franz/Kues BauR 2006, 1376.
[185] Drittler BauR 2005, 307.
[186] Franz/Kues BauR 2006, 1376.
[187] Franz/Kues BauR 2006, 1376; Leinemann/Leinemann § 2 Rn. 150.
[188] Kapellmann/Messerschmidt/Markus § 2 Rn. 274.
[189] Franz/Kues BauR 2006, 1376; Kapellmann/Messerschmidt/Markus § 2 Rn. 275; OLG Nürnberg 18.12.2002 – 4 U 2049/02, IBR 2003, 55; OLG Schleswig BauR 1996, 127; Ingenstau/Korbion/Keldungs § 2 Abs. 3 Rn. 23.
[190] Franz/Kues BauR 2006, 1376; Kapellmann/Messerschmidt/Markus § 2 Rn. 275; OLG Nürnberg 18.12.2002 – 4 U 2049/02, IBR 2003, 55; OLG Schleswig BauR 1996, 127; Ingenstau/Korbion/Keldungs § 2 Abs. 3 Rn. 23.

§ 2

145 Den kalkulierten Zuschlag für Wagnis und Gewinn bekommt ein Auftragnehmer auch für die über 110 % hinausgehende Menge vergütet, da die Ausführung von Mehrmengen nicht ohne kalkulierten Gewinn von diesem erwartet werden kann.[191]

146 Häufig wird in Fällen von unwillkürlichen Mengenmehrungen iSd § 2 Abs. 3 ein verlängerter Geräte- und Maschineneinsatz und verlängerter Einsatz des Bauleitungspersonals etc verursacht. **Mengenmehrungen** können sich dann bauzeitverzögernd auswirken. Ein solcher Anspruch kann von dem Auftragnehmer direkt aus § 2 Abs. 3 beansprucht werden.[192] Es wird allgemein vertreten, dass Mehrmengen einen **Bauzeitverlängerungsanspruch** nach sich ziehen können.[193] Jedoch sind die Voraussetzungen und die Tragweite dieses Bauzeitverlängerungsanspruches streitig.[194] Diesseitig wird die Auffassung vertreten, dass jede Mengenmehrung sich bauzeitverlängernd auswirken kann und nicht erst ab einer Mengenüberschreitung von 110 % ein Anspruch des Auftragnehmers besteht. Die Behinderungsanzeige ist in diesen Fällen keine Anspruchsvoraussetzung.[195] Wenn einerseits darlegbar ist, dass es zu unwillkürlichen Mengenmehrungen gekommen ist, und der Auftragnehmer ferner nachweisen kann, dass die Mengenmehrungen zu Bauzeitverzögerungen geführt haben, ist kein Grund ersichtlich, warum diese auf Tatsachen beruhende Kausalverknüpfung nur dann zu einer Verlängerung der Ausführungsfristen zu Gunsten des Auftragnehmers führen sollte, wenn der Auftraggeber hierüber rechtzeitig und schriftlich informiert worden ist. Denn Sinn und Zweck der Behinderungsanzeige gemäß § 6 ist es, den Auftraggeber rechtzeitig über die verzögernden Umstände zu informieren und ihm die Gelegenheit zu geben, Abhilfe zu schaffen. Bei einer unwillkürlichen Mengenmehrung ist dies jedoch ohnehin nicht möglich.[196]

147 Der Auftraggeber und der Auftragnehmer sind bei der Ermittlung des zweiten Einheitspreises, dh des Preises für die Mengenüberschreitung über 10 % hinaus, an die Grundlagen der Preisermittlung des ersten, vertraglich vereinbarten Einheitspreises, gebunden.[197] Es ist von dem ursprünglichen Preis der entsprechenden Position auszugehen. Eine völlig neue Preisermittlung ist nicht anzustellen, sondern als **Ausgangspunkt bleiben die Preisermittlungsgrundlagen des bisherigen Einheitspreises** maßgebend.[198] Die Ermittlung des neuen Einheitspreises für die 10 % übersteigende Mehrmenge ist so vorzunehmen, wie wenn bei Angebotsabgabe und Vertragsschluss die erhöhte Ausführungsmenge dem Auftragnehmer bekannt gewesen und der Einheitspreis auf dieser Grundlage kalkuliert worden wäre. Wenn ein Auftragnehmer nach § 2 Abs. 3 Nr. 2 die Vereinbarung eines höheren Einheitspreises wegen einer Überschreitung des Mengenansatzes verlangt, ist er gehalten, die Kalkulation des ursprünglichen Angebots offen zu legen.[199]

---

[191] Franz/Kues BauR 2006, 1376; Kapellmann/Messerschmidt/Markus § 2 Rn. 276; Leinemann/Leinemann § 2 Rn. 153.

[192] Leinemann/Leinemann § 2 Rn. 154.

[193] Kapellmann/Schiffers/Markus Bd. 1 Rn. 565.

[194] Vgl. wegen der näheren Einzelheiten auch Leinemann/Leinemann § 2 Rn. 154.

[195] Leinemann/Leinemann § 2 Rn. 154.

[196] Leinemann/Leinemann § 2 Rn. 154.

[197] OLG Schleswig BauR 1996, 127; Leinemann/Leinemann § 2 Rn. 147; Beck VOB/B/Althaus/Jansen § 2 Abs. 3 Rn. 42.

[198] BGH MDR 1996, 655; OLG Schleswig BauR 1996, 127; Beck VOB/B/Althaus/Jansen § 2 Abs. 3 Rn. 42; Leinemann/Leinemann § 2 Rn. 147.

[199] OLG München BauR 1993, 726.

Vergütung **§ 2**

Auf der Grundlage der Kalkulation des ursprünglichen Angebots wird – gegebenenfalls im Streitfall auch durch das Gericht – der neue Einheitspreis festgesetzt.[200] Wenn der Auftragnehmer die ursprüngliche Kalkulation nicht offenlegt, und zudem eine Schätzung dieser Kalkulation nicht möglich ist, hat das Erhöhungsverlangen keine Aussicht auf Erfolg bzw. ist unbegründet.

Im Einzelfall ist es in der Praxis problematisch, zu bestimmen, was überhaupt zu **148** den Preisermittlungsgrundlagen des bisherigen Einheitspreises gehört. Sofern ein Auftragnehmer ein detailliertes Angebot vorgelegt hat, was eventuell sogar noch zwischen den Parteien verhandelt wurde und zur Grundlage des Vertrages gemacht worden ist, ist die Frage nach den **Preisermittlungsgrundlagen** des **bisherigen Einheitspreises** noch relativ einfach zu beantworten. Die vereinbarten Einheitspreise sind Teil der vertraglichen Vereinbarung der Parteien. Auf dieser Grundlage ist für die über 10 von 100 hinausgehende Überschreitung des Mengenansatzes unter Berücksichtigung der zugrundeliegenden Kalkulation ein neuer Preis zu bilden. Problematisch wird es jedoch, wenn die Einheitspreise bei den Verhandlungen überhaupt keine Rolle gespielt haben, insbesondere weil den Auftraggeber lediglich der Endpreis interessierte. Gleichwohl ist dieser Endpreis das Ergebnis der vorliegenden Einheitspreise und der diesen insoweit **zugrunde liegenden Kalkulation.** Deshalb wird sich ein Auftraggeber auch in diesen Fällen für die über 10 % hinausgehende Überschreitung des Mengenansatzes daran festhalten lassen müssen.

Etwas Anderes muss jedoch wohl gelten, wenn einzelne Bauabschnitte und/ **149** oder Gewerke grob zusammengefasst und dafür quasi pauschalierend ein Einheitspreis genannt wird, dem wiederrum keine Kalkulation, sondern allenfalls **Erfahrungswerte/Schätzungen** zugrunde liegen. In diesen Fällen wird im Falle des Streits über die Mehrvergütung häufig eine nachträglich erstellte detaillierte Kalkulation vorgelegt. Dieses ist grundsätzlich sachgerecht. Wobei die dort erstmals ausgewiesenen Einheitspreise und die zugrundeliegende Kalkulation nicht automatisch zu den Preisermittlungsgrundlagen gehören. Preisermittlungsgrundlage ist vielmehr der **Vertragspreis für die einzelnen Bauabschnitte.** Ausgehend von diesem Preis ist im Streitfalle mit sachverständiger Hilfe und unter kritischer Würdigung der nachträglich vorgelegten Kalkulation der neue Preis für die über 10 % hinausgehende Mehrmenge zu bilden,[201] wobei die **nachträglich erstellte Kalkulation** des Auftragnehmers kritisch zu würdigen ist, da diese die **Möglichkeit zur Manipulation** bietet.[202]

b) Geänderte/Zusätzliche Leistung. Ist die vorkalkulatorische Preisfort- **150** schreibung wirksam vereinbart oder bedient sich der Auftragnehmer dieser Methode, um die tatsächlich erforderlichen Kosten nebst angemessenen Zuschlägen darzulegen, ergeben sich bei § 2 Abs. 5, 6 hinsichtlich der konkreten Berechnung im Vergleich zu § 2 Abs. 3 gewisse Eigenheiten.

Die **Vertragspreise und deren Einzelbestandteile,** die sich aus der Kalkula- **151** tion des Auftragnehmers ergeben, sind Ausgangspunkt der Preisfortschreibung, dh der Berechnung des Preises für die geänderte bzw. zusätzliche Leistung. Die Angaben des Auftragnehmers in der Kalkulation bilden die Grundlage für die Berechnung des Preises für die geänderte bzw. zusätzliche Leistung. Insoweit wird von vorkalkulatorischer Preisfortschreibung gesprochen. Denn die **Kostenansätze werden nicht aus dem tatsächlichen Aufwand heraus ermittelt.** Dies

---

[200] BGH NZBau 2005, 456; Beck VOB/B/Althaus/Jansen § 2 Abs. 3 Rn. 42.
[201] S. auch Beck VOB/B/Althaus/Jansen § 2 Abs. 3 Rn. 44.
[202] Beck VOB/B/Althaus/Jansen § 2 Abs. 3 Rn. 44.

erfolgt vielmehr, wie bei der Angebotskalkulation, bereits vor der Ausführung selbst vorausschauend auf Basis von bekannten oder prognostizierten Kosten Leistungs- und Aufwandswerten.[203]

152 **c) Kalkulationsfreiheit und Grenze der Bindung an die Preisermittlungsgrundlagen.** Der Auftragnehmer ist in der Kalkulation seines Angebots grundsätzlich frei. Diese Kalkulationsfreiheit des Auftragnehmers wird zwar zutreffend im Schrifttum und in der Rechtsprechung bejaht. Eine indirekte Begrenzung erfährt diese jedoch nach einer neueren Entwicklung in der Rechtsprechung – die insbesondere vom BGH geprägt wird –, wenn es zu Mengenmehrungen oder geänderten/zusätzlichen Leistungen kommt und dort dann **spekulativ gebildete Einheitspreise**, die der BGH unter bestimmten Voraussetzungen auch als „sittenwidrige Einheitspreise" bezeichnet, als Preisermittlungsgrundlagen für die Berechnung der geänderten Vergütung fortzuschreiben wären. Denn dann sind nach dem BGH die spekulativ gebildeten Einheitspreise nicht heranzuziehen bzw. der Auftragnehmer kann sich auf diese nicht berufen. Wobei nach hiesiger Auffassung diese Rechtsprechung des BGH vielfach nicht überzeugt und sie insbesondere unberücksichtigt lässt, dass die Spekulation eines Bieters deswegen nur „aufgehen" könnte, da es zu Mengen- und Leistungsänderungen bzw. zusätzlichen Leistungen kommt. Sowohl die Mengen- und Leistungsänderungen als auch die zusätzlichen Leistungen, kommen letztlich aus der Sphäre des Auftraggebers, was zumindest iSd § 254 BGB als eine Art **Mitverschulden** bei der Preisfortschreibung nach hiesiger Auffassung zu berücksichtigen ist. Diese Begrenzungen bleiben nach hiesiger Ansicht trotz expliziter (individueller) Vereinbarung der vorkalkulatorischen Preisfortschreibung bestehen.

153 **aa) Kalkulationsfreiheit.** Verbindliche rechtliche Vorgaben an eine (kostendeckende) Kalkulation von Bietern um einen Bauauftrag existieren im deutschen Recht nicht. Es liegt im Verantwortungsbereich des Bieters, wie er seine Preise kalkuliert und zu welchen Preisen er Leistungen anbietet. Deshalb kann auch ein unter den Selbstkosten liegender Preis unbedenklich sein. Es unterfällt der **Kalkulationsfreiheit** des jeweiligen Auftragnehmers, ob er seine Leistungen jeweils billig oder teuer anbieten möchte. Der Auftraggeber kann nicht verlangen, die Angebote an einem bestimmten **Preisniveau** auszurichten. Einheitspreise unterhalb der Einstandspreise sind damit ebenso möglich wie solche, die deutlich über dem Durchschnitt liegen. Ein Bieter kann nicht vom Vergabeverfahren ausgeschlossen werden, wenn er nach Ansicht des Auftraggebers zu viel oder zu wenig Gewinn kalkuliert hat.

154 Es bleibt einem Bieter überlassen, wie er eine bestimmte Leistung anbietet. Entscheidend ist, dass sich die Preisangabe in der Kalkulation wiederfindet. Der insoweit angegebene Preis wurde vom Bieter bei der Kalkulation für die in Rede stehende Leistung ermittelt. Dies bedeutet nicht, dass der **Preis angemessen oder ortsüblich** sein muss. Deshalb hat der BGH auch zutreffend entschieden, dass der Auftraggeber eine Kalkulation des Auftragnehmers nicht zurückweisen kann, weil sie den Vorstellungen des Auftraggebers nicht entspricht, beispielsweise weil **bestimmte Zuschläge** nicht näher aufgegliedert sind.[204] Sofern es keine ausdrücklich wirksame vertragliche Vereinbarung gibt, hat ein Auftraggeber die Kalkulation so zu akzeptieren, wie sie vom Auftragnehmer gefertigt wurde.

---

[203] Althaus BauR 2012, 359.
[204] BGH BauR 2009, 491.

Vergütung § 2

bb) Spekulationspreise/sittenwidrige Einheitspreise. Es ist in der Praxis 155
nicht unüblich, dass die Mengenangaben im Leistungsverzeichnis nur grob
geschätzt oder gar mehr oder weniger wahllos gegriffen sind oder das Bau-Soll
eigentlich noch gar nicht feststeht und damit eine Vergabereife eigentlich zu
verneinen ist. In diesen Fällen geben Auftraggeber Auftragnehmern die Möglichkeit, die Leistung zu einem satten oder sogar zu einem **völlig übersetzten Einheitspreis** anzubieten, ohne dass dem Auftraggeber dies zunächst auffallen muss,
da der Positionspreis im Leistungsverzeichnis wegen der geringen Mengenangabe
nicht ins Gewicht fällt. Wenn es in Bezug auf solche Preise zu Mengenmehrungen
oder geänderten/zusätzlichen Leistungen kommt, stellt sich die Frage, ob der
Auftragnehmer für diese Leistungen eine Vergütung verlangen kann, die auf Basis
des (spekulativ) übersetzten Vertragspreises zu ermitteln ist.[205]

Bei besonders krass übersetzten Einheitspreisen im Fall von erheblichen Mengenmehrungen nach § 2 Abs. 3 oder aber auch bei angeordneten zusätzlichen 156
bzw. geänderten Leistungen gemäß § 2 Abs. 5, 6 stellt sich die Frage, ob und
inwieweit Spekulationspreise/sittenwidrige Einheitspreise unverändert fortzuschreiben sind. Denn diese Fälle bedeuten, dass von einem ehemals nicht ins
Gewicht fallenden Preis in einer LV-Position ein gänzlich unausgewogener Anteil
aus der Gesamtvergütung und insbesondere aus dem Gewinn errechnet wird und
damit die innere Relation der Positionsgrößen völlig aus dem Gleichgewicht
gerät.[206] Kapellmann vertritt die Auffassung, dass es sich hierbei um Fälle der
Störung der Geschäftsgrundlage handelt.[207] Der BGH geht hingegen in seiner
seit dem Jahr 2008[208] erstmalig begründeten und im Jahre 2013[209] fortentwickelten Rechtsprechung davon aus, dass **spekulativ erhöhte Preise sittenwidrig**
und damit nichtig iSd § 138 Abs. 1 BGB sind. In der dritten Konstellation kam
der BGH ebenfalls im Jahr 2013[210] zur Schlussfolgerung, dass diese Preise zwar
dort nicht sittenwidrig und damit nichtig, aber auch nicht durchsetzungsfähig gemäß § 242 BGB sind.

In dem der Entscheidung aus dem Jahre 2008 zugrunde liegenden Sachverhalt 157
hatte der Auftragnehmer im Rahmen eines größeren Straßenbauvorhabens Betonstahl in zwei untergeordneten Einzelpositionen für exorbitante Preise, die ca. 800-fach höher waren als die Marktpreise, angeboten. Nach Vertragsschluss kam es zu
erheblichen Mengenmehrungen in beiden Positionen. Tatsächlich dürfte es sich
um zusätzliche Leistungen gemäß § 2 Abs. 6 gehandelt haben. In dem Fall kam
es jedoch zu einer Anwendung von § 2 Abs. 3 und dabei blieb der Positionspreis
im Wesentlichen um das 800-fache überhöht. Nach der Ansicht des BGH kann
eine solche Vereinbarung eines Preises sittenwidrig sein, wenn der Preis in einem
auffälligen Missverhältnis zur Gegenleistung steht. Diese Annahme begründet der BGH mit den Besonderheiten des Bauvertrages. Er meint damit offensichtlich die Besonderheiten des Einheitspreisvertrages gemäß § 5 Abs. 1 Nr. 1 lit. a
VOB/A, § 2 Abs. 2.[211] Seine Entscheidung hat der BGH[212] wie folgt begründet:

---

[205] Beck VOB/B/Althaus/Jansen § 2 Abs. 5 Rn. 121.
[206] Kapellmann/Messerschmidt/Markus § 2 Rn. 300 ff.
[207] Kapellmann/Messerschmidt/Markus § 2 Rn. 300 ff.
[208] BGH BauR 2008, 491.
[209] BGH NZBau 2013, 366.
[210] BGH NZBau 2013, 369.
[211] Leinemann/Leinemann § 2 Rn. 163.
[212] BGH BauR 2008, 491.

§ 2

"Die Vereinbarung eines außerordentlich überhöhten Preises für Mehrmengen fußt auf der Vereinbarung eines außerordentlich überhöhten Einheitspreises in der dem Preisanpassungsverlangen zugrunde liegenden Position des Leistungsverzeichnisses. Regelmäßig beruht die Vereinbarung des Einheitspreises auf einem entsprechenden Angebot des Bieters, dem das Leistungsverzeichnis zum Zwecke der Bepreisung übergeben worden ist. In dem Fall, dass der Bieter in einer Position des Leistungsverzeichnisses einen außerordentlich überhöhten Einheitspreis angegeben hat, besteht die widerlegbare Vermutung, dass er in dieser Position auf eine Mengenmehrung hofft und durch Preisfortschreibung auch für diese Mengenmehrung einen außerordentlich überhöhten Preis erzielen will. Diese Spekulation ist jedenfalls dann sittlich verwerflich, wenn sie zu dermaßen überhöhten Preisen führt, wie das hier der Fall ist. (…)

Regelmäßig beruht die Bildung überhöhter Preise auch auf einem nicht offen gelegten Informationsvorsprung des Bieters, der Anlass zu der Spekulation gibt, sei es die auf Tatsachen oder Erfahrungssätze gegründete Erwartung oder sogar die Gewissheit von Mengenmehrungen. Dieses Verhalten eines Bieters und späteren Auftragnehmers widerspricht eklatant dem gesetzlichen Leitbild eines Vertrages, das – nicht anders als die Vergabe- und Vertragsordnung für Bauleistungen – einen fairen, von Treu und Glauben geprägten Leistungsaustausch im Blick hat, vgl. § 157 BGB. Es begründet die Vermutung, der Auftraggeber, der über entsprechende Informationen möglicherweise nicht verfügt oder die mit der Preisgestaltung verfolgte Absicht im Einzelfall nicht erkennt, solle aus sittlich verwerflichem Gewinnstreben übervorteilt werden.

Ein Auftragnehmer, der sich einen außerordentlich überhöhten Preis versprechen lässt, muss daher Umstände darlegen, die die Vermutung des sittlich verwerflichen Gewinnstrebens ausräumen. "[213]

158 Dass ein vorheriges **Gewinnstreben bei der Preisbildung** nicht gegeben war, kann alleine vom Auftragnehmer vorgetragen bzw. widerlegt werden. Der Auftragnehmer konnte in dem Fall vor dem OLG Jena, nach der Zurückweisung durch den BGH mit der vorstehend zitierten Begründung, jeden Vorwurf einer unkorrekten Verhaltensweise widerlegen. In Anbetracht dieses Sachverhalts verneinte das OLG Jena[214] in der Sache eine vorgebliche sittenwidrige Preisbildung des Auftragnehmers, weil schlicht keine Anhaltspunkte für eine spekulative Preisbildung vorhanden waren. Gleichwohl wies es die Klage nahezu vollständig ab. Begründet hat es dies damit, dass die einzelnen Bestandteile der Kalkulation (Lohn, Material und Gerät) übersetzt seien, sodass sie nicht Grundlage einer Preisfortschreibung sein könnten. Die Nichtzulassungsbeschwerde des klagenden Auftragnehmers wies der BGH durch Beschluss vom 25.3.2010[215] zurück. Begründet hat dies der BGH mit der Argumentation, dass das OLG Jena im Ergebnis zwar richtig entschieden habe, aber zu Unrecht die verwerfliche Preisbildung verneint. Denn dieser Vorwurf könne nämlich nur widerlegt werden, wenn der Auftragnehmer nachweise, die vorgelegte Kalkulation zur Preisbildung tatsächlich benutzt zu haben, wenn der Auftragnehmer also plausibel die Einheitspreise erläutern könne. Dies ist im Ergebnis nichts anderes als eine **unzulässige gerichtliche Billigkeitskontrolle der Kalkulation.**[216] Der BGH hat in seiner Entscheidung übersehen, dass die Preisbildung auf Basis der Leistungsbeschreibung und der sonstigen örtlichen Umstände geschieht. In dem entschiedenen Fall gab es schlicht keine

---

[213] BGH BauR 2008, 491.
[214] OLG Jena 11.8.2009 – 5 U 899/05, ZfBR 2009, 820.
[215] BGH 25.3.2010 – VII ZR 360/09.
[216] Kapellmann/Messerschmidt/Markus § 2 Rn. 300 ff.

Anhaltspunkte für spekulative Preise. Dies hätte nach hiesiger Auffassung für die Widerlegung der Vermutung einer verwerflichen Preisbildung ausreichen müssen.

Hiervon unabhängig ist das Abstellen **auf eine Sittenwidrigkeitsvermutung** äußerst problematisch. Denn alle weiteren Merkmale, die gemäß § 138 Abs. 2 BGB ein sittenwidriges Rechtsgeschäft charakterisieren, waren nicht gegeben.[217] Es lag keine erhebliche Willensschwäche der Beklagten vor. Es wurden für die Leistungen keine Vermögensteile versprochen oder gewährt, die **im auffälligen Missverhältnis** zur Leistung stehen. Der Preis wurde auch nicht unter Ausbeutung der Zwangslage oder der Unerfahrenheit oder mangels Urteilsvermögen der Beklagten bzw. des Straßenbauamts beauftragt.[218] Also fehlt es an den allgemeinen Tatbestandsmerkmalen des Verstoßes gegen die guten Sitten. Ferner ist auch die subjektive Seite des Wuchertatbestandes nicht gegeben. Danach muss der Wucherer die bei dem anderen Teil bestehende Schwächesituation ausgebeutet haben. Es ist nicht einmal im Ansatz eine Schwächeposition des dort beklagten Straßenbauamts bzw. der Bundesrepublik Deutschland erkennbar. In öffentlichen Vergabeverfahren nach der VOB/A ist für die Annahme des Wuchertatbestandes nach § 138 BGB von vornherein kein Raum, denn weder eine irgendwie **geartete Zwangssituation oder Hilflosigkeit des Auftraggebers** besteht, noch kann diese von einem Auftragnehmer ausgenutzt werden.[219] 159

Das erste Urteil aus dem Jahr 2008, insbesondere auch die Zurückweisung der Nichtzulassungsbeschwerde gegen das „zweite" Urteil des OLG Jena aus dem Jahre 2010, ist zurecht auf Ablehnung gestoßen. Es war deshalb absehbar, dass der BGH bei nächster Gelegenheit seine Rechtsprechung weiterentwickeln würde. 160

Mit Urteil vom 7.3.2013 nutzte der BGH die erste Gelegenheit hierzu.[220] In diesem Urteil ging es um zusätzliche Leistungen bei einem überhöhten Einheitspreis um das – nur noch – 8-fache. In dem entschiedenen Sachverhalt führe der Trockenbauarbeiten aus, bei welchen vorgesehen war, dass 50 Wanddurchführungen angelegt werden sollten. Der hierfür veranschlagte Einheitspreis iHv 67,99 EUR war im Vergleich zum marktüblichen Preis stark überhöht, da er auf einem Zeitaufwand von 130 Minuten pro Durchdringung statt der üblichen 7 Minuten basierte. Bei der Bauausführung stellte sich dann heraus, dass die Durchdringungen zwar in einer etwas geringeren Größe, dafür aber im Umfang von 4.725 (statt 50) Stück erforderlich waren. Der Auftragnehmer forderte hierfür den – wegen der verringerten Größe leicht gekürzten – Einheitspreis für die Position „Wanddurchführungen" und damit insgesamt 355.767,43 EUR. 161

Anders als in der ersten Entscheidung aus dem Jahre 2008 stellte der BGH fest, dass der Nachtragspreis in Relation zur Gesamtvergütung wucherähnlich ist. Er arbeitete heraus und stellte fest, dass die relevante Überschreitung 39 % der Gesamtsumme ausmacht. Auf dieser Grundlage stellte der BGH fest, dass die Vereinbarung eines überhöhten Einheitspreises auf der Grundlage eines vom Auftragnehmer gepreisten Leistungsverzeichnisses die widerlegbare Vermutung begründet, dass dieser aufgrund eines nicht offen gelegten Informationsvorsprungs auf eine Mengenmehrung hofft. Die Vereinbarung des überhöhten Einheitspreises erfolgte in Erwartung des Auftragnehmers, über Mehrmengen außerordentlich überhöhten Gewinn zu erzielen. Dieser würde zu **nicht eingeplanten erhebli-** 162

---

[217] Leinemann/Leinemann § 2 Rn. 168.
[218] Leinemann/Leinemann § 2 Rn. 168.
[219] Leinemann/Leinemann § 2 Rn. 170.
[220] BGH NZBau 2013, 366.

chen **Mehrkosten** seitens des Auftraggebers führen und ihm stünde auch kein entsprechender Mehrwert gegenüber. Dies gelte für geänderte bzw. zusätzliche Leistungen wie auch reine Mengenmehrung, wenn die Vergütung für diese auf der Grundlage **überhöhten Einheitspreises** kalkuliert werden soll, da die Vertragsparteien nach allgemeiner Erfahrung von vornherein damit rechnen, dass geänderte bzw. zusätzliche Leistungen zur Ausführung kommen. Der BGH stellt in dieser Entscheidung allerdings einschränkend fest, dass es der Kontrolle bedarf, ob der aufgrund dieses auffälligen Missverhältnisses über das **übliche Maß hinausgehende Preisanteil** sowohl absolut gesehen als auch im Vergleich **zur Gesamtauftragssumme** in der Weise erheblich ist, dass dies von der Rechtsordnung nicht mehr hingenommen werden kann. Dies sieht der BGH bei der Überschreitung des ortsüblichen Preises um 313.456,00 EUR bzw. 39 % der Gesamtauftragssumme als gegeben an. Konkret hat der BGH Folgendes ausgeführt:

„(...) 2. Beträgt die nach § 2 Nr. 6 Abs. 2 VOB/B zu bestimmende Vergütung nahezu das Achtfache des ortsüblichen und angemessenen Preises, kann ein auffälliges Missverhältnis vorliegen. Ein auffälliges Missverhältnis ist nur dann wucherähnlich, wenn der aufgrund dieses auffälligen Missverhältnisses über das übliche Maß hinausgehende Preisanteil sowohl absolut gesehen als auch im Vergleich zur Gesamtauftragssumme in einer Weise erheblich ist, dass dies von der Rechtsordnung nicht mehr hingenommen werden kann. Unter diesen Voraussetzungen besteht eine Vermutung für ein sittlich verwerfliches Gewinnstreben des Auftragnehmers."[221]

163 Dem Auftragnehmer bleibt mithin die Möglichkeit, ein sittlich verwerfliches Gewinnstreben zu widerlegen. Hierfür ist jedoch die Kalkulation eines zu hohen Zeitansatzes für die Leistung nicht geeignet.

164 Es ist nach hiesiger Auffassung nicht überzeugend, bei 8-facher Überhöhung im Verhältnis zum ortsüblichen und angemessenen Preis diesen Einheitspreis für sittenwidrig zu erklären. Nach wie vor ist unklar, wo die Grenzlinie zwischen dem verwerflichen Gewinnstreben und dem **rechtlich erlaubten „guten Geschäft"** liegt. Denn ein solches gutes Geschäft lässt der **Grundsatz der Vertragsfreiheit** auch unter Störung des Äquivalenzinteresses zu. Zudem lässt der BGH unberücksichtigt, dass der Auftraggeber nicht gezwungen ist, die Zusatzleistung dem Auftragnehmer anzuordnen. Er könnte vielmehr auch ein Drittunternehmen mit diesen Leistungen beauftragen. Die Rechtsprechung des BGH schafft erhebliche Unsicherheit. Denn sie gibt insbesondere auch Auftraggebern die Möglichkeit, die Leistung, die sie als zu hoch empfunden haben, kurzerhand unter Berufung auf diese Rechtsprechung nicht zu bezahlen. In Verhandlungen und im Rechtsstreit ist es zukünftig umso wichtiger, bei der Feststellung ortsüblicher Einheitspreise, die Maßstab für preisliche Angemessenheit sind, große Sorgfalt walten zu lassen.

165 Am 14.3.2013 fällte der BGH ein weiteres Urteil zur Problematik sittenwidriger Einheitspreise.[222] Der dortige Auftragnehmer war mit Trockenbauarbeiten beauftragt. Unter anderem sollten 16 Stück T-Verbindungen für Trockenbauwände hergestellt werden. Während der marktübliche Preis hierfür bei 41,81 EUR lag, belief sich der Angebotspreis des Auftragnehmers auf 975,35 EUR. Eine Zulageposition hierzu sah die Ausführung von weiteren neun Stück verstärkten T-Verbindungen zum Preis von 308,00 EUR pro Stück (üblich hier: 25,50 EUR) vor. Aufgrund eingetretener Planänderungen kamen letztlich 261 Stück T-Ver-

---

[221] BGH NZBau 2013, 366.
[222] BGH NZBau 2013, 369.

Vergütung **§ 2**

bindungen und 364 Stück verstärkte T-Verbindungen zur Ausführung. Der Auftragnehmer machte hierfür Forderungen iHv rd. 300.000,00 EUR und 112.000,00 EUR geltend. Auch hier nimmt der BGH Bezug auf seine Rechtsprechung, wonach stark überhöhte Einheitspreise die Vermutung einer sittenwidrigen Preisbildung seitens des Auftragnehmers gegen sich hätten. Aus dieser Entscheidung lässt sich aber deutlich entnehmen, dass es nicht allein auf den Fakt des überhöhten einzelnen Einheitspreises ankommt. Vielmehr ist darauf abzustellen, ob sich aus der Mehrvergütungsforderung im Vergleich zur Gesamtauftragssumme ein erhebliches Ungleichgewicht ergibt. Hier hatte die Vergütung der zusätzlichen T-Anschlüsse Mehrkosten von rund 300.000,00 EUR bedeutet und dies bei einem Gesamtangebotspreis von rund 426.000,00 EUR.

Nach der Ansicht des BGH ist das auffällige Missverhältnis sowohl über die 166 drastische Erhöhung des Einheitspreises als auch absolut gesehen über die Preiserhöhung **im Vergleich zur Gesamtauftragssumme** zu beurteilen. Ausschlaggebend ist nach dem BGH der Mehrpreis im Verhältnis zum **Gesamtpreis.** Dies folgt aus der Formulierung des BGH, dass je größer der absolute Betrag ist, desto kleiner die **relative Überschreitung** sein kann, bis zu der die Auswirkungen noch hingenommen werden können.[223]

Ausgehend von diesem Gedanken ist im Übrigen der Versuch des Auftragneh- 167 mers auch gescheitert, sich der Zahlungspflicht des Einheitspreises für die ausgeschriebenen Mengen zu entziehen. Diesem Ansehen hat der BGH eine Absage erteilt. Die Rechtsprechung zur **Vermutungswirkung für ein sittlich verwerfliches Gewinnstreben** bezieht sich nur auf die Vereinbarung zur Bildung des neuen Preises für Mehrmengen, geänderte Leistungen oder zusätzliche Leistungen.[224] Die Höhe der Einheitspreise für ausgeschriebene Mengen ist irrelevant in der Praxis. Nur wenn sich die Mengen erhöhen, kann der angebotene Preis zu einem sittenwidrigen Preis für die dann ausgeführte zusätzliche Menge werden. Auch in dieser Entscheidung hatte der BGH zugelassen, dass der Auftragnehmer die Vermutung einer sittenwidrigen Preisbildung widerlegt. Es besteht zwar nach dem BGH theoretisch die Möglichkeit der **widerlegbaren Vermutung,** in der Praxis wird dies jedoch häufig scheitern. Zudem führen die weiteren Erwägungen des BGH dazu, dass eine solche Widerlegung praktisch, jedenfalls wirtschaftlich, folgenlos ist. Denn ist beispielsweise der hohe Einheitspreis aufgrund eines Rechenfehlers entstanden, soll der Auftragnehmer **diesen Rechenfehler** nicht zu Lasten des Auftraggebers durch Fortschreibung der hohen Preisforderung durchsetzen können. Auch wenn der Auftragnehmer aufgrund eines ungenauen Leistungsverzeichnisses einen „Angstzuschlag" auf den Einheitspreis kalkuliert, soll dessen Fortschreibung nach dem BGH nicht legitim sein. Denn es verstößt gem. dem BGH gegen **Treu und Glauben** und stellt eine unzulässige Rechtsausübung dar, wenn der Auftragnehmer einen auf einem Berechnungsfehler zu seinen Gunsten beruhenden Preis, der in einem auffälligen, wucherähnlichen Missverhältnis zur Bauleistung steht, für Mehrmengen oder geänderte Leistungen verlangt. Wörtlich ist der BGH zu folgender Schlussfolgerung gelangt:

„(...) 3. Hat der Auftragnehmer diese Vermutung durch den Nachweis entkräftet, ihm sei bei der Preisbildung zu seinen Gunsten ein Berechnungsfehler unterlaufen, so verstößt es gegen Treu und Glauben und stellt eine unzulässige Rechtsausübung dar, wenn er den

---

[223] BGH NZBau 2013, 369.
[224] Leinemann/Leinemann § 2 Rn. 176.

§ 2

hierauf beruhenden, in einem auffälligen, wucherähnlichen Missverhältnis zur Bauleistung stehenden Preis für Mehrmengen oder geänderte Leistungen verlangt.
    4. Vorbehaltlich anderer Anhaltspunkte zum mutmaßlichen Parteiwillen ist in diesen Fällen entsprechend § 632 Abs. 2 BGB die übliche Vergütung geschuldet (im Anschluss an BGH, Urteil vom 7.3.2013 – VII ZR 68/10 …)."[225]

168 Nach der Rechtsprechung des BGH dürfte also ein weit überhöhter Einheitspreis nur noch in absoluten **Ausnahmefällen** für die Bestimmung des neuen Preises bei Mengenmehrungen oder sonstigen Leistungsänderungen heranzuziehen sein. Ein denkbarer Fall, der in der Praxis durchsetzbar sein dürfte, ist, wenn der Auftragnehmer seinen Preis auf beispielsweise eingeholten **Nachunternehmerangeboten** kalkuliert und diese jeweils bereits in sich den überhöhten Einheitspreis haben.

169 Im vergaberechtlichen Kontext hat der X. Zivilsenat des BGH mit einem aktuellen Urteil im Jahr 2018[226] entschieden, dass ein Angebot, das so spekulativ ausgestaltet ist, dass dem Auftraggeber bei Eintritt bestimmter, zumindest nicht gänzlich fernliegender Umstände erhebliche Übervorteilungen drohen, nicht zuschlagsfähig ist. Nach dieser Entscheidung verhält sich ein Bieter – unabhängig von der schon seit langem vergaberechtswidrigen Mischkalkulation, dh einer Preisverlagerung, auch dann vergaberechtswidrig, wenn er den Preis für einzelne Positionen – etwa in der Erwartung, dass die dafür im Leistungsverzeichnis (LV) angesetzten Mengen bei der Leistungsausführung überschritten werden – drastisch erhöht und den daraus resultierenden höheren Gesamtpreis zur Wahrung der Wettbewerbsfähigkeit dadurch kompensiert, dass er andere Positionen – vorzugsweise solche, bei denen gegebenenfalls Mindermengen zu erwarten sind – mehr oder minder deutlich verbilligt. Dies ist zwar kein Fall falscher Angaben, denn die angebotenen Preise entsprechen dem vom Bieter Gewollten. Auch ist es nicht von vornherein anstößig, wenn der Bieter Unschärfen des LV erkennt und durch entsprechende Kalkulation Vorteile zu erringen sucht. Dies findet mit Blick auf den Zweck des Vergaberechts, das günstigste Angebot zu bezuschlagen, und die Rücksichtnahmepflichten aus § 241 Abs. 2 BGB seine Grenze aber dort, wo der Bieter die Ausgestaltung des LV zu unredlicher Spekulation ausnutzt. Ein Angebot, das spekulativ so ausgestaltet ist, dass dem Auftraggeber bei Eintritt bestimmter, zumindest nicht gänzlich fernliegender Umstände erhebliche Übervorteilungen drohen, ist nicht zuschlagsfähig. Der Bieter verletzt seine Pflichten aus § 241 Abs. 2 BGB, wenn er für eine Position, bei der in der Ausführung nicht unerhebliche Mehrmengen anfallen können, einen Preis ansetzt, der so überhöhte Nachforderungen nach sich ziehen kann, dass das Ziel des Vergabeverfahrens, im Wettbewerb das günstigste Angebot hervorzubringen, verfehlt wird und dem zu einem verantwortungsvollen Einsatz der Haushaltsmittel verpflichteten Auftraggeber nicht mehr zugemutet werden kann, sich auf ein derartiges Angebot einzulassen. Vorliegend besteht eine relativ hohe Wahrscheinlichkeit, dass die Bedarfsposition anfällt und das Gerüst länger vorgehalten werden muss. Folglich muss der Auftraggeber das Angebot des B nicht bezuschlagen. Die Entscheidung ist jedoch zu kritisieren, denn der BGH spricht zwar die Aufgabe und das Risiko des Auftraggebers an, Spielräume in Form von Unschärfen des LV, die dem Bieter Anlass zur Spekulation bieten, zu vermeiden. Dieses Risiko beschränkt er jedoch durch den Vergabe-

---

[225] BGH NZBau 2013, 369.
[226] BGH 19.6.2018 – X ZR 100/16, NZBau 2018, 776.

zweck und das Rücksichtnahmegebot. Damit wird das Planungsrisiko von den Schultern des Auftraggebers faktisch auf die des Bieters übertragen. Im vorliegenden Fall, in dem die Vorhaltung Gegenstand einer Bedarfsposition war, hätte der Auftraggeber die Spekulation dadurch vermeiden können, dass er einen prognostizierten Zeitraum der Vorhaltung in der Angebotswertung – entsprechend vorheriger Bekanntmachung – berücksichtigt. Regelmäßig müssen Auftraggeber sich fragen lassen, warum die Bieter in der Kürze der Angebotsbearbeitung mehr sehen als der Auftraggeber im Zuge der Vorbereitung der Vergabe. Gerechtfertigt wäre daher im Falle der Nutzung von Spielräumen der Ausschreibung allenfalls eine Aufhebung der Vergabe und Neuausschreibung verbunden mit der Verpflichtung, die Angebotsbearbeitungskosten zu erstatten.

cc) Fazit Spekulationspreise/sittenwidrige Einheitspreise. Nach hiesiger Auffassung überzeugt die Rechtsprechung des BGH zu den spekulativen/überhöhten Einheitspreisen vielfach nicht. Sie scheint vielfach um Einzelfallgerechtigkeit bemüht bzw. primär getragen von dem Gedanken zu sein, dass Leistung und Gegenleistungen in einem **wirtschaftlichen Äquivalenzverhältnis** stehen müssen. Jedenfalls lässt sie unberücksichtigt, dass es zu Spekulation eines Bieters nur deshalb kommt bzw. diese nur deswegen „aufgehen" könnten, da es zu Mengen- und Leistungsänderungen bzw. zusätzlichen Leistungen kommt. Sowohl die Mengen- und Leistungsänderungen als auch die zusätzlichen Leistungen kommen letztlich aus der **Sphäre des Auftraggebers**, was zumindest iSd **§ 254 BGB als eine Art Mitverschulden bei der Preisfortschreibung** nach hiesiger Auffassung zu berücksichtigen ist.

170

Im Übrigen bleibt abzuwarten, wie in Zukunft die Entscheidung des X. Zivilsenats vom BGH[227] aus dem vergaberechtlichen Kontext bei der Frage der Kalkulationsfreiheit und Grenze der Bindung an die Preisermittlungsgrundlagen ein Rolle spielt. Nach der hier vertretenen Auffassung dürfte die vom BGH thematisierte **Pflichtverletzung gem. § 241 Abs. 2 BGB im Vergabeverfahren** nicht dazu führen, dass die angebotenen und vom Auftraggeber geprüften, beauftragten Preise – selbst wenn eine Spekulation des Bieters vorlag – nicht Grundlage für die Preisfortschreibung sind. Denn zum einen hat der Auftraggeber durch seine Ausschreibung und die vorgegebenen Mengen überhaupt erst die Voraussetzungen für eine Spekulation des Bieters geschaffen und zum anderen wäre es Sache des Auftraggebers gewesen, im Rahmen der Angebotsprüfung diese Spekulation des Bieters zum Anlass zu nehmen, dessen Angebot im Sinne der vorgenannten Rechtsprechung des BGH vom Vergabeverfahren auszuschließen. Vielmehr sind die angebotenen Preise die Preisermittlungsgrundlagen im Sinne von § 2 und auch Grundlage für die Preisfortschreibung nach § 2 Abs. 3, 5, 6 und 8. Etwas anderes würde nur dann gelten, wenn die vom VII. Zivilsenat definierten Tatbestandsvoraussetzungen für sittenwidrige Einheitspreise und eine unzulässige Preisfortschreibung zu bejahen wären.[228]

171

dd) Cent-Preise. Ob Cent-Preise sittenwidrig sein können, ist noch ungeklärt. Der BGH[229] hat hierzu bislang noch nichts festgelegt. Das Urteil vom 18.12.2008 enthält lediglich den Hinweis, dass, wenn ein verwerfliches Gewinnstreben des Auftraggebers im Zusammenhang mit starken Mengenerhöhungen

172

---

[227] BGH 19.6.2018 – X ZR 100/16, NZBau 2018, 776.
[228] Vgl. BGH NZBau 2013, 366 und BGH NZBau 2013, 369.
[229] BGH BauR 2008, 491.

§ 2

festzustellen wäre, dasselbe gelten dürfte wie bei überhöhten Preisen. Mithin kann ein **Auftragnehmer zukünftig Preisanpassung** verlangen, wenn der Auftraggeber krass untersetzte Einheitspreise ausnutzt oder so leichtfertig ausschreibt, dass die Vordersätze von vornherein erkennbar viel zu niedrig waren und deshalb der Auftragnehmer zur Bildung von Cent-Preisen verleitet wurde.[230]

173 **ee) Wegfall der Geschäftsgrundlage.** Mit Beschluss vom 23.3.2011[231] wies der BGH eine Nichtzulassungsbeschwerde gegen ein vorangegangenes Urteil des OLG Schleswig zurück. In dem Fall des OLG Schleswig war eine Menge von 5 Tonnen zu entsorgender Pflanzenabfälle ausgeschrieben worden und der klagende Auftragnehmer hatte hierfür einen Einheitspreis in Höhe von 2.413,00 EUR pro Tonne angegeben. Nach Vertragsschluss stellte sich heraus, dass die tatsächlich auszuführende Menge ca. 610 Tonnen betragen würde. Nachdem bereits 265 Tonnen ausgeführt waren, kam es zur Kündigung des Vertrages. Das OLG Schleswig hielt für eine Menge von 5 Tonnen + 10 %, dh für 5,5 Tonnen, den vertraglichen Einheitspreis in Höhe von 2.413,00 EUR pro Tonne für angemessen. Für weitere 9,5 Tonnen sprach es einen Einheitspreis in Höhe von 2.296,43 EUR pro Tonne zu. Für die restliche Menge von 250,14 ausgeführten Tonnen bejahte das OLG Schleswig eine **Störung der Geschäftsgrundlage** und setzte einen Preis in Höhe von 275,35 EUR fest. Das OLG Schleswig kam in dem Urteil zu der Schlussfolgerung, dass bei Abgabe des Angebots und Erteilung des Zuschlags die Parteien ersichtlich davon ausgegangen seien, dass die ausgeschriebenen Vordersätze von 5 Tonnen ungefähr den zu **erwartenden Massen** entsprechen würden und zum anderen der angebotene Einheitspreis von 2.413,00 EUR auf einem **realistisch kalkulierten Nachunternehmer-Angebot** beruht habe, wobei sich dies in diesem Prozess als falsch herausstellte. Tatsächlich erhielt der Generalunternehmer einen Einheitspreis in Höhe von lediglich 62,10 EUR pro Tonne von seinem Nachunternehmer.[232]

174 Nach Auffassung des OLG Schleswig habe keine Partei zum Zeitpunkt des Vertragsschlusses eine derart gravierende Abweichung der auszuführenden Mengen und Nachunternehmerpreise vorausgesehen. Die Nichtzulassungsbeschwerde des Auftragnehmers gegen das Urteil des OLG Schleswig wies der BGH zurück. In der Begründung erläutert der BGH seine ständige Rechtsprechung, wonach die Grundsätze über den Wegfall der Geschäftsgrundlage neben den vertraglichen Preisvereinbarungen nach § 2 Abs. 3 nicht zur Anwendung kommen könnten.[233] Diese Erläuterungen führten **zu einem neuen, bisher nicht verstandenen Sinn der Rechtsprechung**. Nach dem BGH soll sich aus der Rechtsprechung nämlich nicht ergeben, dass eine Veränderung des Einheitspreises nicht stattfinden könne, da eine bestimmte Menge zur Geschäftsgrundlage erhoben worden sei und wegen der Überschreitung dieser Menge ein Wegfall der Geschäftsgrundlage vorliege. Auch wenn der BGH in den Urteilsgründen anderes behauptet, hat er damit eine Kehrtwende gegenüber seiner bisherigen jahrzehntelangen Rechtsprechung vorgenommen. Die Anwendung des Wegfalls der Geschäftsgrundlage trotz der geltenden Regelung in § 2 Abs. 3 führt dazu, dass eine bisher abgelehnte, **zweite Preis- und Mengenprüfung** vorgenommen wird. Dies, obwohl der

---

[230] Leinemann/Leinemann § 2 Rn. 172.
[231] BGH 23.3.2011 – VII ZR 216/2008; Vorinstanz. OLG Schleswig 10.10.2008 – 16 U 6/2008.
[232] Leinemann/Leinemann § 2 Rn. 179.
[233] Leinemann/Leinemann § 2 Rn. 179.

Vergütung **§ 2**

VOB/B-Vertrag durch die Einbeziehung von § 2 Abs. 3 eindeutig sowohl von einer fehlenden Verbindlichkeit der in einer Ausschreibung enthaltenen Mengenvordersätze ausgeht, als auch einen vertraglichen Mechanismus zur Preisanpassung für den Fall von Mengenüber- und -unterschreitungen vorsieht. Der BGH hatte in der Vergangenheit wiederholt entschieden, dass die **Kalkulation eines Preises durch den Auftragnehmer keine Geschäftsgrundlage** des Vertrages darstelle.[234]

Gemäß dem nunmehrigen Verständnis des BGH soll zwar die Kalkulation des **175** Auftragnehmers keine Geschäftsgrundlage sein. Die vom Auftraggeber in dem Leistungsverzeichnis eingesetzten Mengenvordersätze könnten hingegen als Geschäftsgrundlage in Betracht kommen. Überraschend ist an der Entscheidung des BGH insbesondere, dass er die Annahme des OLG Schleswig unbeanstandet gelassen hatte, dass keine Partei die Möglichkeit einer derart weitgehenden und schwerwiegenden Abweichung von Mengen und Nachunternehmerpreisen habe voraussehen können mit der nachfolgenden Überlegung im Beschluss, dass bei einer außergewöhnlichen Preisbildung, wie hier, durch die **stärkeren Auswirkungen von Mengenverschiebungen eine Äquivalenzstörung** eintreten könne. Diese Überlegung des OLG Schleswig konsequent weitergedacht, bedeutet, dass die Frage, ob ein Mengenvordersatz als Geschäftsgrundlage anzusehen ist, im Wesentlichen davon abhängt, welchen Einheitspreis der Bieter für die Mengeneinheit anbietet.[235] Bei einem niedrigen Einheitspreis ist es zu verneinen, dass der **Mengenvordersatz Geschäftsgrundlage** werden kann. Bei einem hohen Einheitspreis kann dementgegen dies der Fall sein. Dies bedeutet im kuriosen Ergebnis, dass bei einem öffentlichen Vergabeverfahren, beispielsweise in Bezug auf das eine Angebot, die Mengenvordersätze Geschäftsgrundlage werden können, nämlich dann, wenn der Bieter hohe Einheitspreise anbietet. In anderen Konstellationen, wenn in dem gleichen Verfahren ein anderer Bieter einen niedrigen Einheitspreis unterbreitet, wird der Mengenvordersatz hingegen keine Geschäftsgrundlage.[236]

Sowohl das Urteil des OLG Schleswig als auch der Beschluss des BGH vom **176** 23.3.2011 sind nicht mit rechtsdogmatischen Überlegungen sondern durch Blick auf den entschiedenen Sachverhalt erklärbar. Die Suche nach Einzelfallgerechtigkeit ist zwar verständlich. Es sollte aber darauf geachtet werden, dies in einer konsistenten Dogmatik zu erreichen.[237] Denn die Praxis neigt dazu, richterliche Entscheidungen schematisch auf alltägliche Fälle zu übertragen. Es dürfte kaum vom BGH beabsichtigt worden sein, die Grundlage für die nun drohende Hinterfragung eines jeden Mengenvordersatzes daraufhin, ob dieser wohl in Anbetracht des Einheitspreises als Geschäftsgrundlage anzusehen sei und ab welcher Schwelle der Höhe des Einheitspreises dies der Fall sein könnte, geschaffen zu haben. Deshalb kann und darf die Entscheidung nicht als verallgemeinerungsfähig angesehen werden. Hohe **Einheitspreise bleiben bis zur Grenze der Sittenwidrigkeit** Teil der unternehmerischen Freiheit des anbietenden Auftragnehmers. Der in einem Leistungsverzeichnis eingetragene Einheitspreis ist als festgeschriebener,

---

[234] BGH BauR 1987, 683; BGH im Zusammenhang mit verzögerter Vergabe BauR 2009, 1896.
[235] Leinemann/Leinemann § 2 Rn. 180; Beck VOB/B/Althaus/Jansen § 2 Abs. 5 Rn. 115.
[236] Vgl. Leinemann/Leinemann § 2 Rn. 180.
[237] Leinemann/Leinemann § 2 Rn. 180.

übereinstimmender Wille der Vertragsparteien nur in ganz krassen Ausnahmesituationen auszuhebeln.

177 **d) Ausnahme von der Bindung an den „alten Preis"/Preiskorrektur nach oben.** In einigen Fallkonstellationen ist eine Abkehr von der Bindung an den „alten Preis" als Preisermittlungsgrundlage für die Mehrmenge zu bejahen. Der Grundsatz **„guter Preis bleibt guter Preis, schlechter Preis bleibt schlechter Preis"** kann nicht in allen Sachverhalten Anwendung finden. Vielmehr ist in bestimmten eine Preiskorrektur nach oben sachgerecht.

Denn ein öffentlicher AG ist bei Kenntnis vom Kalkulationsirrtum des AN nach dem Grundsatz von Treu und Glauben (§ 242 BGB) daran gehindert, den AN an seinen Preisen festzuhalten, jedenfalls dann, wenn ein deutliches Missverhältnis zwischen Leistung und Gegenleistung besteht.[238]

178 **aa) Kalkulationsirrtum.** Unter bestimmten engen Grenzen kann der Auftragnehmer für die Berechnung des neuen Preises einen ihm unterlaufenden Kalkulationsirrtum bei der Auftragskalkulation korrigieren. Kalkulationsirrtum meint insoweit, dass der Auftragnehmer vergessen hat, etwaige Kosten zu berücksichtigen. Kein Fall des Kalkulationsirrtums ist es, wenn der Auftragnehmer nach dem Submissionstermin zu der Kenntnis kommt, er hätte höhere Preise verlangen sollen/können.

179 Der BGH hat kürzlich die lange umstrittene Frage, ob ein Bieter sein Angebot gemäß § 119 BGB wegen eines **Kalkulationsirrtums** anfechten kann, zwar verneint, aber dennoch dem Bieter in Einzelfällen über einen anderen Weg geholfen.[239] Der BGH hat entschieden, dass es dem Auftraggeber unter dem Gesichtspunkt der Haftung für das Verschulden bei Vertragsschluss und im Hinblick auf den **Rechtsgedanken der unzulässigen Rechtsausübung** untersagt ist, den Bieter dann an seinem irrtümlichen Angebot festzuhalten und dessen Vertragsangebot anzunehmen bzw. auf Durchsetzung des Vertrages zu bestehen, wenn zwei kumulative Voraussetzungen gegeben sind. Zum einen muss die Durchführung des Vertrages, mithin die Beibehaltung des Irrtums, für den **Auftragnehmer unzumutbare Folgen** haben, etwa weil er dadurch in erhebliche wirtschaftliche Schwierigkeiten geraten würde. Zum anderen muss der Auftraggeber entweder durch eigene positive Kenntnis oder durch den Bieter über den Kalkulationsirrtum und die damit verbundenen erheblichen wirtschaftlichen Nachteile des Auftragnehmers Kenntnis erlangt haben. Hierbei genügt es auch, wenn der Auftraggeber sich solcher Kenntnis treuwürdig verschließt, indem er naheliegende Rückfragen, beispielsweise im Hinblick auf die Auswirkung der Angebote, unterlässt. Insoweit darf es sicherlich nur um auf der Hand liegende, durch einfache Nachfrage zu realisierende, Kenntnismöglichkeiten gehen.[240] Insgesamt wird ein Bieter seinen Kalkulationsirrtum im Zusammenhang mit dem Abschluss des Vertrages nur in seltenen Fällen ungeschehen machen können. Als Faustformel könnte dienen, dass der wirtschaftliche Schaden bei einem Angebot von ca. 500.000,00 EUR zumindest 20 bis 30 % Preisdifferenz zum Marktpreis bedeuten muss.

180 Die Gedanken des BGH aus der vorgenannten **Grundsatzentscheidung**[241] dürften im Übrigen bedeuten, dass der Auftragnehmer sich auch in Fällen der

---

[238] BGH 11.11.2014 – X ZR 32/14, NJW 2015, 1513.
[239] Kapellmann/Messerschmidt/Markus § 2 Rn. 325; BGH BauR 2015, 479.
[240] Kapellmann/Messerschmidt/Markus § 2 Rn. 325.
[241] BGH BauR 2015, 479.

notwendig werdenden Neuberechnung des Einheitspreises bei Mengenmehrung im Sinne von § 2 Abs. 3 darauf berufen kann, dass der neue Preis für die Menge ab 110 % nicht auf Basis der Preisermittlungsgrundlagen des ursprünglichen alten Einheitspreises, sondern auf einem korrigierten, nämlich den Kalkulationsirrtum eliminierenden höheren „**Basispreis**" zu berechnen ist.[242] Für die „neue" Preisberechnung muss dasselbe gelten, was für die ursprüngliche vertragliche Preisvereinbarung gegolten hat. Überlegenswert ist lediglich, ob der Auftragnehmer dann von seinem Anpassungsanspruch nach § 2 Abs. 3 ausgeschlossen ist, wenn er vor der Annahmeerklärung des Auftraggebers die „**Anfechtungslage**" kannte und nicht „angefochten" hat.[243]

Kapellmann vertritt insoweit die Auffassung, dass dies zu verneinen sei, da der Auftragnehmer durch die unterlassene Anfechtung lediglich das Risiko übernommen habe, auch noch 10 % mehr als die Vordersatzmenge zu dem „falschen" Preis auszuführen, aber nicht für eine darüber hinausgehende weitere Mengenmehrung.[244] Zudem sei zu überlegen, ob nicht grundsätzlich eine Anpassungsmöglichkeit im Rahmen von § 2 Abs. 3 zu bejahen ist, wenn das Festhalten am alten, nicht auskömmlichen Preis nicht unzumutbare, aber schon belastende Folgen hätte. Denn zur Anwendung von § 2 Abs. 3 komme es nur deshalb, weil der Auftraggeber seiner Pflicht zur richtigen Mengenermittlung und Ausschreibung nicht nachgekommen ist. Wenn der Auftragnehmer schon verpflichtet sei, auf höhere vertraglich nicht vorgesehene Mengen generell an den alten Preis gebunden zu sein, spräche viel für eine Korrekturmöglichkeit nach Treu und Glauben im Sinne der Ausgewogenheit, wenn das Festhalten am alten Preis zumindest wirtschaftlich nachteilige Folgen hätte.[245] Eine Korrekturmöglichkeit muss es im Übrigen ohne jede Einschränkung immer dann geben, wenn der Auftraggeber den Kalkulationsirrtum erkannt und den Bieter vor Auftragserteilung nicht darauf hingewiesen hat.[246] 181

nicht belegt 182–19

In den vorgenannten Fällen handelt es sich immer um eine **Anpassung der Preisermittlungsgrundlagen nach Treu und Glauben und nicht um eine echte Irrtumsanfechtung.** Deshalb kommt es auf die Frage der Anfechtungserklärung und damit auch deren Rechtzeitigkeit nicht an.[247] 191

bb) Erhöhung der Personal- und Materialkosten. Sofern sich Löhne oder Materialkosten gegenüber dem Preisniveau bei Vertragsschluss erhöht haben, ist der Auftragnehmer für die über 110 % überschreitende Menge berechtigt, diese Erhöhung bei der Berechnung des neuen Einheitspreises zu berücksichtigen. Der Auftragnehmer trägt nur das Risiko für **Kostensteigerungen in Bezug auf Personal und Material für Mehrmengen bis 110 %.** Diese hat er zu unveränderten Preisen auch bei Veränderung der angenommenen Einstandspreise auszuführen. Für die darüber hinausgehende Mengenveränderung trägt er das Risiko nicht und muss dies auch bei der Kalkulation nicht berücksichtigen. Denn es ist Sache des Auftraggebers, mindestens aber dessen **Risikobereich,** Mengen genau auszuschreiben. Deshalb ist die **Korrekturmöglichkeit bei Kostensteigerun-** 192

---

[242] Kapellmann/Messerschmidt/Markus § 2 Rn. 325.
[243] Kapellmann/Messerschmidt/Markus § 2 Rn. 325.
[244] Kapellmann/Messerschmidt/Markus § 2 Rn. 325.
[245] Kapellmann/Messerschmidt/Markus § 2 Rn. 325; Beck VOB/B/Althaus/Jansen § 2 Abs. 3 Rn. 62.
[246] BGH BauR 1998, 1098; Kapellmann/Messerschmidt/Markus § 2 Rn. 325.
[247] Kapellmann/Messerschmidt/Markus § 2 Rn. 325.

§ 2 VOB Teil B

gen zuzulassen.[248] Diese Korrekturmöglichkeit besteht jedenfalls dann, wenn Mehrmengen in einer verlängerten Ausführungszeit ausgeführt werden.[249]

193 **cc) Unsorgfältige Mengenermittlung/Planung.** Der Auftragnehmer ist – wie Kapellmann zutreffend ausführt – nicht an die Berechnung des neuen Einheitspreises bei der 110 % überschreitenden Menge gebunden, wenn die Mengenabweichung gegenüber dem Vordersatz auf unsorgfältiger Planung des Auftraggebers beruht.[250] Dies ist insbesondere immer dann zu bejahen, wenn der Auftraggeber Mengen ausgeschrieben hat, ohne vorher die entsprechende Ausführungsplanung fertiggestellt zu haben. In allen anderen Fällen bedarf es einer Abwägung des Einzelfalls. Es **ist Aufgabe des Auftraggebers, eine sachgerechte Planung** (Leistungsbeschreibung) zu stellen. Verletzt der Auftraggeber diese Pflicht (schuldhaft), so kann dem Auftragnehmer ein Anspruch auf Preisanpassung aus **Verschulden bei Vertragsschluss** (§ 311 Abs. 2 BGB) oder bei schon laufendem Vertrag **aus positiver Vertragsverletzung** (§ 280 Abs. 2 BGB) zustehen.[251]

194 **dd) Mehrmenge sprengt jeden äquivalenten Rahmen.** Ferner ist der Auftragnehmer an den alten Preis nur solange gebunden, wie der resultierende neue Preis für die Mehrmengen über 110 % noch in einem bei Vertragsschluss annähernd voraussehbaren Risikorahmen liegt.[252] Wenn das Ausmaß der Mehrmenge und die auf Basis des alten Preises ermittelte Mehrvergütung das **Prinzip von äquivalenter Leistung zur Gegenleistung gröblich verletzt,** entfällt trotz § 2 Abs. 3 die Bindung des Auftragnehmers an den alten Preis. Wenn die Summe der Vergütung aller Mehrmengen ermittelt auf Basis des alten Preises 30 % der gesamten Vertragsvergütung übersteigt, ist von einer entsprechenden Äquivalenzstörung auszugehen.[253] Der nicht auskömmlich kalkulierte Preis kann also in diesen Fällen aufgebessert werden. Letztendlich handelt es sich um einen Fall der Anwendung der **Störung der Geschäftsgrundlage.**[254]

195 **ee) Skonti/Nachlässe.** Skonti sind vereinbarte **Zahlungsmodalitäten.** Sie betreffen nicht die Kosten laut Auftragskalkulation als Ausgangsbasis. Sie wirken sich also nicht auf die Feststellung eines neuen Einheitspreises aus. Sie sind aber für den neuen Einheitspreis als Zahlungsmodalität zu beachten.

196 **Nachlässe sind die summenmäßig oder prozentual unbedingte Kürzung** des Angebots bzw. Vertragspreises bei unverändert bleibender Leistung. Es handelt sich anders als bei Skonti nicht um eine Zahlungsmodalität. Der summenmäßig gewährte Nachlass bleibt auf die Summe beschränkt. Für die Berechnung neuer Einheitspreise sind die Kosten laut Auftragskalkulation ohne Berücksichtigung des Nachlasses heranzuziehen.[255] Prozentuale Nachlässe finden bei der Berechnung neuer Einheitspreise nur insoweit Berücksichtigung, als die vertragli-

---

[248] Beck VOB/B/Althaus/Jansen § 2 Abs. 3 Rn. 50; Leinemann/Leinemann § 2 Rn. 155; Kapellmann/Messerschmidt/Markus § 2 Rn. 329.

[249] Leinemann/Leinemann § 2 Rn. 155.

[250] OLG Rostock IBR 2009, 257; OLG Koblenz BauR 2001, 1442.

[251] Kapellmann/Messerschmidt/Markus § 2 Rn. 330.

[252] Kapellmann/Messerschmidt/Markus § 2 Rn. 331.

[253] Leinemann/Leinemann § 2 Rn. 155; Kapellmann/Messerschmidt/Markus § 2 Rn. 331; im Grundsatz bestätigt vom BGH NZBau 2001, 353.

[254] Kapellmann/Messerschmidt/Markus § 2 Rn. 331.

[255] Beck VOB/B/Althaus/Jansen § 2 Abs. 3 Rn. 64; Kapellmann/Messerschmidt/Markus § 2 Rn. 332 f.

Vergütung § 2

che **Gesamtvergütung nicht überschritten** wird.[256] Ein Auftragnehmer will nicht unbegrenzt große und **unprognostizierbare "Kürzungen"** auf Leistungen über das ursprüngliche Bau-Soll zu Gunsten des Auftraggebers einräumen. Der Auftragnehmer kennt sein Preisentgegenkommen, das er in die Auftragschance investiert, in Summe genau. Wenn der Nachlass sich auch auf Mehrmengen, die über die ursprüngliche Auftragssumme hinausgehen, erstrecken würde, wäre diese Investition für den Auftragnehmer unkalkulierbar hoch.[257]

4. Probleme des Berechnungsmodells der „vorkalkulatorischen Preisfortschreibung" bei zusätzlichen/geänderten Leistungen. Das Preisberechnungsmodell der vorkalkulatorischen Preisfortschreibung wirft bei Leistungsänderungen oder zusätzlichen Leistungen eine Vielzahl von Problemen auf. 197

a) Bezugspositionen. Die zur vorkalkulatorischen Preisfortschreibung entwickelten Grundsätze sehen vor, wenn der Vertrag **keine identische Vergleichsposition** enthält, auf die Kostenansätze, Aufwands- und Leistungswerte einer vergleichbaren bzw. ähnlichen Leistungsposition als Bezugsposition zurückzugreifen. 198

Als Bezugsposition kommen für die geänderten Leistungen die geänderte Leistungsposition oder aber die aus dem gesamten Vertragswerk, insbesondere dem kompletten Leistungsverzeichnis, am ehesten passende Position in Betracht. Wobei zunächst viel dafür spricht, bei der Leistungsänderung auf die geänderte Leistungsposition abzustellen. Bei zusätzlichen Leistungen scheint hingegen die am ehesten passende Position aus dem kompletten Leistungsverzeichnis die zutreffende Position zu sein. Die Frage der Vorgehensweise insoweit kann im Einzelfall erhebliche Bedeutung haben und ist gerade nicht rein akademisch, weil die **verschiedenen heranzuziehenden Vergleichspositionen häufig auf recht unterschiedlichem Preisniveau** kalkuliert sein können. 199

Sinn und Zweck von § 2 Abs. 5 sprechen dafür, dass im Fall der Leistungsänderung an die geänderte Position angeknüpft wird. Dann ist jedoch wohl die Berechnung eines Vergütungsanspruchs für eine geänderte Leistung anders zu ermitteln, als für eine zusätzliche Leistung nach § 2 Abs. 6. Obwohl eigentlich die Auffassung vertreten wird, dass die **Berechnung für geänderte und zusätzliche Leistungen gleichermaßen** erfolgen soll und eine Differenzierung zwischen den Nachtragstatbeständen nicht notwendig ist. Da bei geänderten Leistungen gemäß den vorstehenden Ausführungen eventuell vorzugswürdig auf die geänderte Position abzustellen ist, aber bei den zusätzlichen Leistungen viel dafür spricht, auf die aus dem gesamten Leistungsverzeichnis am ehesten passende Position abzustellen, ist eine Differenzierung eventuell doch grundsätzlich notwendig. Wobei eine Abgrenzung zwischen dem Nachtragstatbestand des § 2 Abs. 5 bzw. § 2 Abs. 6 häufig im Hinblick auf eine nicht klare Trennlinie mit ehrlichen Problemen verbunden ist und es können nicht immer widerspruchsfreie Ergebnisse gefunden werden. 200

Zudem kommen für die Ermittlung des neuen Preises nicht selten mehrere Positionen in Betracht, die durchaus vergleichbar sind, nicht aber auf einem **einheitlichen Vertragspreisniveau** kalkuliert sind.[258] Naturgemäß finden die Parteien **häufig ergebnisorientiert** die jeweils für sie günstig kalkulierte Position für am besten vergleichbar.[259] In diesen Fällen muss sorgfältig untersucht werden, 201

---

[256] AA Rodde/Saalbach FS Kochendorfer S. 269.
[257] Kapellmann/Messerschmidt/Markus § 2 Rn. 444 ff. mwN.
[258] Franz/Kues BauR 2010, 678; Leinemann/Leinemann § 2 Rn. 336.
[259] Kapellmann/Schiffers/Markus Bd. 1 Rn. 1000; Franz/Kues BauR 2010, 678; Büchner/Gralla/Kattenbusch, Sundermeier BauR 2010, 688.

welche der herangezogenen Bezugsposition tatsächlich vergleichbar ist. Bei dem Streit hierüber handelt es sich um eine Rechtsfrage.[260] Häufig stellt sich dabei heraus, dass Differenzierungen angezeigt sind. Sofern die jeweils herangezogenen Positionen gleichermaßen vergleichbar sind, sollte der **Berechnung ein unter Berücksichtigung der jeweiligen Mengenansätze gebildeter Mittelwert** gemäß Jansen zugrunde gelegt werden.[261] Umstritten ist im Übrigen, wie zu verfahren ist, wenn keine vergleichsweise Bezugsposition sich finden lässt.[262] Jansen vertritt insoweit die Auffassung, dass bei konsequenter Umsetzung der Grundsätze zur „vorkalkulatorischer Preisfortschreibung" immer eine Bezugsposition gefunden werden kann, da Preise vereinbart sind, die – wenn auch teilweise mit gutem Willen – zur Grundlage einer Preisfortschreibung gemacht werden können.[263]

202 **b) Rückgriff auf Vertragspreisniveau/Vertragspreisniveaufaktor.** Sofern sich keine unmittelbar vergleichbare Bezugsposition findet, soll nach einigen Stimmen in der baubetrieblichen und juristischen Literatur auf das Vertragspreisniveau bzw. einen Vertragspreisniveaufaktor zurückgegriffen werden. Im Zusammenhang mit der Frage eines **Vertragspreisniveaus bzw. eines Vertragspreisniveaufaktors** stellt sich eine Vielzahl von ungelösten Einzelfragen.[264]

203 Ungeklärt ist zunächst, ob zur Ermittlung des Vertragspreisniveaus auf einzelne Leistungstitel, das jeweilige Werk oder den Gesamtauftragswert abzustellen ist.[265] Diese Differenzierung kann von erheblicher Bedeutung sein, weil die in Betracht kommenden Vergleichsleistungen auf einem gänzlich unterschiedlichen Vertragspreisniveau von dem Auftragnehmer kalkuliert sein können. Die Rechtsprechung gibt hierfür keine klaren Antworten.[266] In der baurechtlichen Literatur werden lediglich nur bedingt hilfreiche Ratschläge erteilt.[267] Entsprechend weist auch die Baubetriebslehre darauf hin, dass diese Art der Preisfortschreibung ein erhebliches Konfliktpotenzial birgt.[268] Zudem ist Konsequenz der Anwendung eines Vertragspreisniveaus, dass kalkulierte **Gewinne oder Verluste in Folge ihrer Fortschreibung potenziert** werden.[269] Damit allerdings entfernt man sich von der Preisermittlung zum Zeitpunkt der Auftragskalkulation jedenfalls dann, wenn man davon ausgeht, dass der Auftragnehmer seiner Kalkulation die Leistung wie ausgeschrieben zugrunde gelegt hat. Denn dann hat der Auftragnehmer sowohl den Gewinn, wie auch den Verlust allein auf Basis seiner Auftragskalkulation kalkuliert.

204 **c) Fortschreibung der Kostenansätze.** Die von der Ausführungsänderung betroffenen Kostenansätze sind im Rahmen der Nachtragskalkulation fortzuschreiben. Die Preisanpassung beschränkt sich dabei auf den von der Änderungsanordnung betroffenen Teil. Der Preis für den nicht betroffenen Teil der Leistung

---

[260] Althaus BauR 2012, 359.

[261] Beck VOB/B/Althaus/Jansen § 2 Abs. 5 Rn. 69; vgl. auch Franz/Kues BauR 2010, 678; Kapellmann/Schiffers/Markus Bd. 1 Rn. 1000.

[262] Reister, Nachträge beim Bauvertrag, S. 279.

[263] Beck VOB/B/Althaus/Jansen § 2 Abs. 5 Rn. 70.

[264] Franz/Kues BauR 2010, 678.

[265] Franz/Kues BauR 2010, 678.

[266] Leinemann/Leinemann § 2 Rn. 336.

[267] Kapellmann/Messerschmidt/Markus § 2 Rn. 450; Leinemann/Leinemann § 2 Rn. 336.

[268] Kattenbusch BauR 2010, 1406; Beck VOB/B/Althaus/Jansen § 2 Abs. 5 Rn. 72.

[269] Vgl. hierzu insbes. Franz/Kues BauR 2010, 678.

Vergütung § 2

bleibt dagegen unverändert. Sinn und Zweck der Preisvereinbarung ist es, den vom Auftragnehmer **ursprünglich kalkulierten Gewinn oder Verlust zu erhalten**.[270] Hierfür sind die von der Leistungsänderung betroffene Leistung in der ursprünglichen und der geänderten Form gegenüberzustellen, im Wege der Vergleichsrechnung die Mehr- oder Minderkosten und so die Vergütung für die geänderte bzw. zusätzliche Leistung zu ermitteln.[271] Für jede einzelne Position und dort für jeden einzelnen Kostenansatz ist der Vergleich grundsätzlich getrennt vorzunehmen. Die Kostenansätze dürfen nicht schematisch fortgeschrieben werden. Vielmehr müssen alle für die Kalkulation wesentlichen Faktoren in die Berechnung einbezogen werden.[272]

d) Fortschreibung der Leistungsansätze. Herrschende Meinung[273] im 205 baubetrieblichen und baurechtlichen Schrifttum ist es, dass im Rahmen der Nachtragskalkulation bei vereinbarter vorkalkulatorischer Preisfortschreibung für geänderte oder zusätzliche Leistung **neben den Kostenansätzen** innerhalb der Kostenarten auch die **kalkulierten Leistungsansätze**, also die Anzahl der benötigten Arbeiten- und Gerätestunden **fortzuschreiben** sind. Deshalb würde es für die Nachtragskalkulation auch nicht auf den später tatsächlich anfallenden Mehraufwand ankommen.[274] Andere Stimmen vertreten die Auffassung, es käme vielmehr auf den konkret verursachten tatsächlichen Mehraufwand an und nur der nachgewiesene tatsächliche Mehraufwand für zusätzliche Arbeitsstunden bzw. Geräteinsatz darf der Nachtragskalkulation zugrunde gelegt werden.[275] Für beide Auffassungen gibt es Pro und Contra Argumente. Die von der zweiten Auffassung vertretene Berechnungsweise erschwert die Fortschreibung **spekulativer Aufwands- und Leistungsansätze.** Zugleich sprechen gegen die Fortschreibung der Leistungsansätze andere Argumente, da die kalkulierten Aufwandswerte und Leistungsansätze den tatsächlich angefallenen nicht einfach gegenübergestellt werden dürfen.[276] In der gerichtlichen Praxis spielt der tatsächlich angefallene Mehraufwand eine mehr oder weniger bedeutende Rolle.[277] Die außergerichtliche Praxis neigt insbesondere bei kleineren und mittleren Vorhaben zu einer Anknüpfung an den tatsächlichen Mehraufwand. Wie Althaus herausgearbeitet hat, enthält auch das Vergabe-Vertragshandbuch für Baumaßnahmen des Bundes VHB unter VHB 510, Nr. 7.4.1 entsprechende Berechnungsvorschläge.[278]

e) Leistungsänderungen und Baustellengemeinkosten. In der Regel wer- 206 den die Baustellengemeinkosten projektbezogen ermittelt und dann auf die einzel-

---

[270] BGH 26.1.2012 – VII ZR 18/2011; Leinemann/Leinemann § 2 Rn. 334.

[271] Beck VOB/B/Althaus/Jansen § 2 Abs. 5 Rn. 74; Kapellmann/Messerschmidt/Markus § 2 Rn. 418.

[272] Beck VOB/B/Althaus/Jansen § 2 Abs. 5 Rn. 77 mit einem sehr instruktiven Beispiel; OLG Koblenz IBR 2006, 191.

[273] Kapellmann/Schiffers/Markus Bd. 1 Rn. 1000; Althaus BauR 2012, 359; Beck VOB/B/Althaus/Jansen § 2 Abs. 5 Rn. 78.

[274] Kapellmann/Schiffers/Markus Bd. 1 Rn. 1000; Althaus BauR 2012, 359; Beck VOB/B/Althaus/Jansen § 2 Abs. 5 Rn. 78.

[275] OLG Frankfurt a. M. 25.5.2007 – 19 U 127/06; OLG München 14.7.2009 – 28 U 3805/08.

[276] So jedenfalls Althaus BauR 2012, 359.

[277] OLG Frankfurt a. M. 25.5.2007 – 19 U 127/06, IBR 2008, 375; OLG Oldenburg 16.2.2010 – 12 U 18/07, IBR 2011, 567.

[278] Beck VOB/B/Althaus/Jansen § 2 Abs. 5 Rn. 79.

§ 2 VOB Teil B

nen Leistungspositionen bzw. die darin enthaltenen Kostenarten umgelegt, soweit sie nicht im Leistungsverzeichnis ausgewiesen sind.

207 Ob und inwieweit der Auftragnehmer die Vergütung von als Zuschlag bezogen auf den jeweiligen Auftrag kalkulierten Baustellengemeinkosten bei geänderten und zusätzlichen Leistungen Erfolg verlangt werden kann, hängt maßgeblich davon ab, ob es sich um **fixe, mengen- oder zeitabhängige Baustellengemeinkosten** handelt. Die fixen Baustellengemeinkosten bleiben grundsätzlich unberührt, da diese sich nicht durch geänderte oder zusätzliche Leistungen erhöhen. Etwas anderes gilt hinsichtlich der mengen- und zeitabhängigen Baustellengemeinkosten. Zusätzliche Leistungen gemäß § 2 Abs. 6 führen zu einem erhöhten Leistungsumfang, was jedoch nicht in jedem Fall auch für geänderte Leistung nach § 2 Abs. 5 gilt.

208 **Die mengenabhängig kalkulierten Baustellengemeinkosten** kann der Auftragnehmer bezogen auf das erhöhte Leistungssoll vollumfänglich vergütet verlangen. Falls sich durch eine geänderte oder zusätzliche Leistung auch die Bauzeit verlängert, hat der Auftragnehmer ferner auch einen Anspruch auf die Vergütung der **zeitabhängig kalkulierten Baustellengemeinkosten**. Sofern der Auftragnehmer die Baustellengemeinkosten nicht differenziert und fixe Mengen oder zeitabhängige Baustellengemeinkosten kalkuliert hat, kann er deren Vergütung nur auf besonderen Nachweis verlangen.[279]

209 **f) Leistungsänderungen und Allgemeine Geschäftskosten sowie für Wagnis und Gewinn.** Die prozentualen Zuschläge für Allgemeine Geschäftskosten ebenso wie die prozentualen Zuschläge für Wagnis und Gewinn stehen dem Auftragnehmer in der kalkulierten prozentualen Höhe vollumfänglich auf die geänderten und zusätzlichen Leistungen zu, ohne dass der Auftragnehmer hierfür einen konkreten Nachweis zu erbringen hätte.[280]

210 Die Allgemeinen Geschäftskosten sind nicht an konkrete Vertragsleistungen gebunden, sondern stehen in enger Beziehung zur Gesamtleistung des Unternehmens, wozu auch das erhöhte Leistungssoll durch angeordnete und zusätzliche Leistungen zählt. Dem Auftragnehmer steht bei Umsatzmehrungen folglich die Vergütung von zusätzlichen Allgemeinen Geschäftskosten in **Höhe des kalkulierten Zuschlagssatzes ohne Nachweis** der tatsächlichen Inanspruchnahme zu. Auch den kalkulierten Zuschlag für Wagnis und Gewinn bekommt der Auftragnehmer für die erhöhte Leistung vergütet, da die Mehrleistung nicht ohne kalkulierten Gewinn von diesem verlangt werden kann. Das Preiselement Gewinnzuschlag des Einheitspreises bleibt also unverändert. Da man richtigerweise Wagnis als verkappten Gewinn ansehen muss, versteht sich von selbst, dass höhere Mengen auch mit dem kalkulierten Zuschlag für Wagnis zu beaufschlagen sind.

211 **5. Vereinbarung der vorkalkulatorischen Preisfortschreibung.** Die Vergütung allein Basis der vorkalkulatorischen Preisfortschreibung kann nur **individuell** vereinbart werden. Eine Vereinbarung im Wege von Allgemeinen Geschäfts-

---

[279] Vgl. Franz/Kues BauR 2006, 1376.
[280] OLG Schleswig BauR 1996, 127; OLG Nürnberg 18.12.2002 – 4 U 2049/02, IBR 2003, 55; Franz/Kues BauR 2006, 1376; aA: Franz/Althaus/Oberhauser/Berner BauR 2015, 1221, die wohl nur dann einen einheitlichen Betrag für die AuftraggeberK, Wagnis und Gewinn zugestehen, indem dem Auftragnehmer aufgrund der Leistungsänderung Deckungsbeiträge hierfür in der betroffenen Bauzeit entgangen sind.

bedingungen ist **unwirksam**.[281] Eine solche Klausel benachteiligt den Auftragnehmer unangemessen im Sinne des § 307 Abs. 1 BGB, indem bei Angebotserstellung kalkulatorisch angelegte Verluste sich bei Fortschreibung der Urkalkulation potenzieren, eine auftragnehmerseitige Kostendeckung würde unter Umständen unmöglich.[282] Umgekehrt würde es auch den Auftraggeber unbillig benachteiligen, wenn sich überproportional angelegte Gewinne in der Urkalkulation bei Fortschreibung dessen maximieren. In jedweder Hinsicht wäre das Äquivalenzverhältnis durch Vervielfachung der Gewinn-/Verlustspannen gestört. Ferner verstößt eine Abrechnung allein aufgrund der vorkalkulatorischen Preisfortschreibung gegen das Leitbild des § 650c Abs. 1 BGB. Mit der Bestimmung der Vergütungsfolge auf Grundlage der tatsächlich erforderlichen Kosten nebst angemessenen Zuschlägen wollte der Gesetzgeber den vorbeschriebenen Spekulationspreisen vorbeugen und eine interessensgerechte Kostenfolge schaffen. Die Fortschreibung von Verlusten sollte gerade nicht mehr stattfinden.[283] Die diesbezüglich anderslautende Rechtsprechung[284] ist spätestens mit der Bauvertragsrechtsreform vom 1.1.2018 überholt.

Die teilweise vertretene Gegenansicht, die Vereinbarung der vorkalkulatorischen Preisfortschreibung sei AGB-rechtlich wirksam,[285] ist **unzutreffend**. Dabei wird argumentiert, der Gesetzgeber sehe mit § 650c BGB zwei zulässige Vergütungsberechnungsmethoden vor: die Berechnung anhand tatsächlich erforderlicher Kosten zzgl angemessener Zuschläge sowie die vorkalkulatorische Preisfortschreibung. Wenn der Gesetzgeber die vorkalkulatorische Preisfortschreibung schon in § 650c Abs. 2 BGB ausdrücklich erwähne, bestärke das die AGB-rechtliche Wirksamkeit einer entsprechenden Vereinbarung. Das ist nach hiesiger Ansicht unzutreffend. Die Argumentation lässt außen vor, dass § 650c Abs. 2 BGB eine **widerlegliche Vermutungswirkung** darstellt. Die Vergütungsfolge ist auf den Ersatz tatsächlich erforderlicher Kosten nebst angemessener Zuschläge **beschränkt**. Die Vermutungswirkung der vorkalulatorischen Preisfortschreibung, der Vergütungsfolge nach Abs. 1 zu entsprechen, ist widerleglich, damit jene soeben beschriebenen Spekulationen und Äquivalenzverschiebungen nicht stattfinden, bzw. sich die Gegenseite gegen solche **wehren** kann. Eine AGB, die sich zwingend auf die vorkalulatorische Preisfortschreibung als Vergütungsfolge beschränkt, ermöglicht diesen Interessensausgleich nicht. Eine AGB-rechtliche wirksame Formulierung kann nur mittels einer Klausel erreicht werden, die den Ausgleich einer Unter- oder Überdeckung durch **Darlegung tatsächlich erforderlich Kosten und Zuschläge abweichend des Ergebnisses der vorkalulatorischen Preisfortschreibung ermöglicht.**[286] 212

E. Beim Einheitspreisvertrag (§ 2 Abs. 3)

Die Vorschrift des § 2 Abs. 3 ist lediglich auf den Einheitspreisvertrag anwendbar. Geregelt wird nur die Veränderung der Einheitspreise. Voraussetzung ist 213

---

[281] Kniffka/Koeble/Jurgeleit/Sacher Kompendium BauR/Kniffka 4. Teil Rn. 346 ff.
[282] Kues/von Kiedrowski/Bolz AGB-Klauseln/Rosendahl, § 5 Rn. 272.
[283] BT-Drs. 18/8486; Kues/von Kiedrowski/Bolz AGB-Klauseln/Rosendahl, § 5 Rn. 273.
[284] BGH NJW 1996, 1346.
[285] vgl. Kapellmann/Messerschmidt/Markus VOB/B § 2 Rn. 50.
[286] Kues/von Kiedrowski/Bolz AGB-Klauseln/Rosendahl, § 5 Rn. 283.

§ 2

VOB Teil B

grundsätzlich stets, dass sich die in dem Einheitspreisvertrag vorgesehenen/ausgeschriebenen Mengen unwillkürlich, dh nicht etwa aufgrund von zusätzlichen und/oder geänderten Leistungen, erhöhen oder mindern. In allen Fällen der unwillkürlichen Mengenänderung kommt eine Anpassung der Einheitspreise der betroffenen (Teil-)Leistung gemäß § 2 Abs. 3 nach oben oder nach unten in Betracht.[287]

I. Allgemeines

214 Beim Einheitspreisvertrag werden für die einzelnen Positionen des Leistungsverzeichnisses mit den jeweiligen Angaben der **Vordersätze** die als **Bau-Soll** definierten Mengen festgelegt. Auf dieser Basis wird sodann vom Auftragnehmer kalkuliert. Maßgeblich sind mithin insoweit die Mengenvordersätze und die auf dieser Grundlage vom Auftragnehmer kalkulierten Einheitspreise. Der Auftragnehmer erhält sodann nach Ausführung der Leistung seine Vergütung, in dem die ausgeführten Mengen mit den Einheitspreisen multipliziert werden. So wird die vertraglich geschuldete Vergütung für die einzelnen Positionen oder Teilleistungen ermittelt.

215 § 2 Abs. 3 regelt die Abweichung der unter dem Einheitspreis erfassten Leistung in Bezug auf die beauftragte Menge. Eine „überschläglich angegebene" oder „ca." Menge ist der Vordersatz im Sinne der Vorschrift.[288] Die Vorschrift ist nur auf die unter eigener Position mit einem eigenen Vordersatz erfassten Leistungen anwendbar. Für die jeweiligen Positionen erfolgt sodann eine separate Abweichungsprüfung. Sofern die **Mengenänderung** sich (auch) auf **andere Positionen** auswirkt, werden Kostenveränderungen dort über Ansprüche aus Pflichtverletzung gemäß §§ 311 Abs. 2, 280 BGB erfasst.[289]

216 Sofern ein Einheitspreisvertrag abgeschlossen und die VOB/B nicht vereinbart wird, kann eine etwaige unwillkürliche Mengenabweichung nur über das Rechtsinstitut des Wegfalls der Geschäftsgrundlage berücksichtigt werden.[290] Hierbei ist sodann anerkannt, dass als Maßstab für eine etwaige Erhöhung oder Verringerung des betroffenen Einheitspreises die Regelung § 2 Abs. 3 zugrunde gelegt werden kann. Begründet wird dies damit, dass die **VOB/B als Regelwerk im Baugewerbe** allgemein anerkannt wird.

217 Das OLG Celle hat jedoch im Zusammenhang mit einem **BGB-Einheitspreisvertrag** im Jahr 2012 entschieden, dass der Auftragnehmer nicht ohne Weiteres davon ausgehen darf, dass ein Auftraggeber mit Erbringung der Mehrarbeiten einverstanden ist, wenn es im Rahmen der Ausführung gegenüber den im Vertrag angenommenen Mengen zu erheblichen Mehrmengen kommt.[291] Sofern ein Auftragnehmer solche Leistungen ohne Einverständnis des Auftraggebers ausführe, könne der Auftragnehmer lediglich für die Mengen gemäß dem ursprünglich beauftragten Bau-Soll eine Vergütung verlangen. Über diese Vergütung stehe dem Auftragnehmer weder ein vertraglicher Vergütungsanspruch, noch ein Anspruch aus **Geschäftsführung ohne Auftrag** zu.[292] Die Entscheidung des OLG Celle überzeugt überhaupt nicht, da das Gericht unberücksichtigt lässt, dass es sich um

---

[287] OLG Celle BauR 1982, 381.
[288] BGH BauR 1991, 210; Kapellmann/Messerschmidt/Markus § 2 Rn. 278 ff.
[289] Kapellmann/Messerschmidt/Markus § 2 Rn. 266 ff.
[290] KG BauR 2001, 1591; Leinemann/Leinemann § 2 Rn. 145.
[291] OLG Celle 9.8.2012 – 16 U 197/2011.
[292] OLG Celle 9.8.2012 – 16 U 197/2011.

Vergütung § 2

einen Einheitspreisvertrag und damit um einen Abrechnungsauftrag handelt. Bei einem solchen werden die ausgeschriebenen Mengenvordersätze in der Regel geschätzt. Gegenstand der Beauftragung sind jedoch nicht die geschätzten, sondern die technisch erforderlichen Mengen, zur Erbringung des Werkerfolges.[293]

II. Basisregel, § 2 Abs. 3 Nr. 1

Aus § 2 Abs. 3 Nr. 1 folgt zunächst, dass der vertraglich vereinbarte Einheitspreis auch bei Mengenabweichungen unverändert gilt, soweit die tatsächlich ausgeführten Mehrleistungen um nicht mehr als 10 % von dem im Vertrag beauftragten Umfang abweicht. Eine „überschläglich angegebene" oder „ca." Menge ist der Vordersatz im Sinne der Vorschrift.[294] Geringe Abweichungen spielen mithin keine Rolle. Dies gilt auch dann, wenn beispielsweise **alle LV-Positionen eine Abweichung von 9 %** haben. Dies soll **akzeptabel** sein, da § 2 Abs. 3 nur gröbere Unzulänglichkeiten ausgleichen solle.[295] 218

Die **Basisregel** des § 2 Abs. 3 Nr. 1 bedeutet aber mithin nicht, dass Mengenabweichungen bis zu 10 % nicht bezahlt werden, sondern sie sieht lediglich vor, dass die entsprechende (Teil-)Leistung nach den vertraglichen (unveränderten) Einheitspreisen zu vergüten ist. § 2 Abs. 3 wird nur dann angewendet, wenn die Abweichung zwischen der ausgeführten Menge und dem Vordersatz darauf beruht, dass der Vordersatz falsch war. Dies, weil entweder die Berechnung, Ermittlung, Schätzung etc unzutreffend oder die vorgefundenen Verhältnisse anders als angenommen waren. Das **Bau-Soll muss unverändert** sein. Zudem muss die **Mengenänderung für beide Vertragsparteien unerwartet** sein.[296] 219

Sofern das Bau-Ist vom Bau-Soll abweicht, weil beispielsweise der Auftraggeber Änderungen angeordnet hat, so ist § 2 Abs. 5 einschlägig und nicht § 2 Abs. 3.[297] Auf die Differenzierung, ob § 2 Abs. 5, 6 oder § 2 Abs. 3 Anwendung finden, kommt es deshalb an, weil die Vergütungsfolgen nicht vollständig identisch sind. Dies deshalb, weil **§ 2 Abs. 5, 6 keine 10 %-Grenze** vorsehen, bis zu der der Einheitspreis unverändert bliebe. Wobei die Berechnungsmethodik von der Systematik her gleich ist.[298] 220

Um **Unbilligkeiten durch Zufälligkeiten** auszuschließen, ist es angezeigt, auch bei ausdrücklichen Anordnungen von Mengenmehrungen die Menge zwischen 100 % und 110 % noch nach dem alten Einheitspreis zu berechnen. Dies insbesondere, wenn die ausgeschriebenen Mengen fehlerhaft ermittelt wurde. Daher ist es sachgerecht, auf diese Fälle trotz einer Anordnung gemäß § 1 Abs. 4 S. 1 für die Vergütungsfolge nicht § 2 Abs. 6, sondern § 2 Abs. 3 Nr. 2 anzuwenden.[299] 221

III. Mengenmehrung, § 2 Abs. 3 Nr. 2

Bei Mengenmehrungen von mehr als 10 % als ursprünglich in dem Leistungsverzeichnis beauftragt, findet § 2 Abs. 3 Nr. 2 Anwendung und regelt, dass auf 222

---

[293] Vgl. auch Leinemann/Leinemann § 2 Rn. 142.
[294] BGH BauR 1991, 210; Kapellmann/Messerschmidt/Markus § 2 Rn. 278 ff.
[295] Kapellmann/Messerschmidt/Markus § 2 Rn. 266 ff.
[296] BGH 11.10.2017 – XII ZR 8/17, NJW 2018, 296.
[297] Vgl. OLG Düsseldorf BauR 1991, 219.
[298] Auch → § 2 Rn. 210 ff. Kapellmann/Messerschmidt/Markus § 2 Rn. 230.
[299] So auch Kapellmann/Messerschmidt/Markus § 2 Rn. 266-269.

Verlangen einer der beiden Vertragsparteien für die Mehrmenge über 110 % ein neuer Einheitspreis unter Berücksichtigung der Mehr- und Minderkosten zu vereinbaren ist.[300] Eine „überschläglich angegebene" oder „ca." Menge ist der Vordersatz im Sinne der Vorschrift.[301]

223 **1. Überschreitung Leistungsmenge ab 110 %.** Für den Fall einer Mengenüberschreitung ist gemäß § 2 Abs. 3 Nr. 2 „für die über 10 von 100 hinausgehende Überschreitung des Mengenansatzes ein neuer Preis unter Berücksichtigung der Mehr- oder Minderkosten zu vereinbaren". Es wird ein **zweiter Einheitspreis** für die über 10 von 100 hinausgehende Mehrmengen vereinbart, der neben dem vertraglich festgelegten Einheitspreis zusätzlich unter der jeweiligen Leistungsposition Berücksichtigung finden muss. Wenn es beispielsweise zu einer Überschreitung des vertraglichen Mengenansatzes von 40 % kommt, ist für die ersten 10 % gemäß der Basisregel in § 2 Abs. 3 Nr. 1 der vertraglich festgelegte Einheitspreis anzusetzen. Für die darüber hinausgehende Mehrmenge, hier die weiteren 30 %, ist – auf Verlangen einer Partei – ein zweiter neuer Einheitspreis unter Berücksichtigung der **Mehr- oder Minderkosten** zu vereinbaren.[302]

224 **2. Ermittlung des neuen (Einheits-)Preises.** Mit Urteil vom 8.8.2019 des BGH wird der neue Preis im Wege der Ermittlung tatsächlich erforderlicher Kosten zzgl Zuschlägen für Allgemeine Geschäftskosten, Wagnis und Gewinn bestimmt. Wegen der Einzelheiten wird auf → Rn. 76 ff. verwiesen. Ergänzend ist zu beachten, dass es einer Darlegung der hypothetisch-tatsächlichen Kosten bei Mengenüberschreitungen von über 10 % nicht braucht, weil ähnlich einer zusätzlichen Leistung die Ausführung jener Mehrmengen vertraglich nicht vorgesehen war.[303]

225 Die zuvor gängige Praxis der vorkalkulatorischen Preisfortschreibung kann nur noch im Wege der Vermutungswirkung nach § 650c Abs. 2 BGB der Darlegung der tatsächlich erforderlichen Kosten nebst angemessenen Zuschlägen dienen oder individuell als Berechnungsgrundlage vereinbart werden. Für Einzelheiten wird auf → Rn. 131 verwiesen.

226 **3. Vereinbarung des neuen Preises auf Verlangen.** Auf Verlangen einer der beiden Vertragsparteien ist der neue Preis für die Mehrmengen über 110 % zu vereinbaren. Eine Preisanpassung erfolgt nicht automatisch, sie muss verlangt werden. In der Praxis wird es sich danach richten, wer das Interesse – Preisminderung oder Preiserhöhung – hat.

227 Gemäß dem Wortlaut des § 2 Abs. 3 Nr. 2 setzt der **neue Einheitspreis** eine Vereinbarung der Parteien voraus. Wenn sich die Parteien nicht einigen, erfolgt die **Festsetzung** durch einen Dritten – sofern dies im Vertrag vorgesehen ist oder durch ein **Gericht**.[304] In Fällen, in denen eine Behörde der Auftraggeber ist, kommt zudem die Möglichkeit in Betracht, die vorgesetzte Stelle gemäß **§ 18 Abs. 2** anzurufen.

228 Denkbar ist in Ausnahmefällen ferner auch eine stillschweigende Vereinbarung dadurch, dass der Auftragnehmer vor Ausführung der Mehrmengen ein Nachtragsangebot einreicht und der Auftraggeber gegen dieses keine Einwände

---

[300] Beck VOB/B/Althaus/Jansen § 2 Abs. 3 Rn. 8.
[301] BGH BauR 1991, 210; Kapellmann/Messerschmidt/Markus § 2 Rn. 278 ff.
[302] Beck VOB/B/Althaus/Jansen § 2 Abs. 3 Rn. 13.
[303] VOB/B/Bolz/Jurgeleit/Bolz § 2 Abs. 3 Rn. 86.
[304] Vgl. OLG Celle BauR 1982, 381; OLG Schleswig BauR 1996, 265.

Vergütung § 2

erhebt.[305] Dies kommt nach dem BGH aber wohl nur bei privaten Auftraggebern in Betracht, weil öffentliche Auftraggeber in der Regel an die Einhaltung bestimmter Verwaltungsvorschriften, vor allem die Schriftform, gebunden sind.[306]

IV. Mengenminderung, § 2 Abs. 3 Nr. 3

Bei einer über 10 % hinausgehenden Unterschreitung des vorgesehenen Mengenansatzes ist auf Verlangen des Auftragnehmers für die gesamte ausgeführte Menge der Einheitspreis zu erhöhen, soweit der Aufragnehmer nicht durch Erhöhung der Mengen bei anderen Ordnungszahlen (LV-Position) **oder in anderer Weise einen Ausgleich** erhält. Gemäß dem Wortlaut der Vorschrift soll die Erhöhung des Einheitspreises im Wesentlichen dem Mehrbetrag entsprechen, der sich durch die Verteilung der Baustelleneinrichtungs- und Baustellengemeinkosten sowie der Allgemeinen Geschäftskosten auf die verringerte Menge ergibt. 229

Ausgangspunkt ist wie bei der Mengenmehrung der Vordersatz. Eine **„überschläglich angegebene"** oder **„ca."** Menge ist der Vordersatz im Sinne der Vorschrift.[307] Anders als bei der Mehrmenge über 110 % gibt es bei der Mengenminderung nur einen neuen Einheitspreis. Sofern die ausgeführte Menge geringer als 90 % des Vordersatzes ist, wird auf Verlangen des Auftragnehmers für die tatsächlich ausführte Menge der neue Einheitspreis ermittelt. 230

1. Einheitspreiserhöhung auf Verlangen des Auftragnehmers. Wie bei der Mengenüberschreitung um mehr als 10 % ist auch bei der Mengenunterschreitung von mehr als 10 % Voraussetzung für eine Preisanpassung, dass diese verlangt wird. Wobei, anders als bei der Mengenüberschreitung, das Verlangen nur durch den Auftragnehmer geäußert werden kann. Dies ist systematisch auch richtig, denn naturgemäß hat auch nur dieser, jedenfalls vorrangig, ein Interesse an einer Erhöhung des Einheitspreises. Im Übrigen ist, wie ebenfalls bei der Mengenüberschreitung, auch bei der Mengenunterschreitung eine Einigung über den Einheitspreis zu erzielen. Sofern diese nicht gütlich erfolgt, ist wiederum der Einheitspreis durch das **Gericht festzusetzen** bzw. in Fällen von Verträgen mit öffentlichen Auftraggebern im Rahmen eines **Verfahrens nach § 18 Abs. 2** die vorgesetzte Stelle anzurufen. 231

2. Grundsatz: Erhöhung des Einheitspreises. Die **Erhöhung des Einheitspreises** soll im Wesentlichen dem Mehrbetrag entsprechen, der sich durch die Verteilung der Baustelleneinrichtungs- und Baustellengemeinkosten und der Allgemeinen Geschäftskosten auf die verringerte Menge ergibt. Sinn und Zweck des § 2 Abs. 3 Nr. 3 bei über 10 % hinausgehender Unterschreitung der Menge ist es, für den Auftragnehmer eine Unterdeckung in Bezug auf **Allgemeine Geschäftskosten, Baustellengemeinkosten** und Wagnis und Gewinn zu verhindern. Dem Auftragnehmer soll also der gesamte **Deckungsbeitrag** erhalten bleiben, der sich aus den kalkulierten Zuschlägen für Allgemeine Geschäftskosten, Baustellengemeinkosten und Wagnis und Gewinn – welche in der Regel prozentual auf die Einheitspreise umgelegt werden – ergibt und bei unveränderter Menge über den beauftragten Einheitspreis multipliziert mit den beauftragen Mengen erwirtschaftet worden wäre. Der in Folge der geringeren Menge geringer ausfallende Deckungsbeitrag für Baustellengemeinkosten ist voll auszugleichen und zwar 232

---

[305] Vgl. Ingenstau/Korbion/Keldungs § 2 Abs. 3 Rn. 29.
[306] Vgl. BGH BauR 1992, 761; Ingenstau/Korbion/Keldungs § 2 Abs. 3 Rn. 29.
[307] BGH BauR 1991, 210; Kapellmann/Messerschmidt/Markus § 2 Rn. 278 ff.

§ 2 VOB Teil B

errechnet auf der Basis zu 100 % Menge, nicht zu 90 %.[308] Bei einer geringeren (Teil-)Leistung verändern/verringern sich in der Regel die Baustellengemeinkosten nicht. Dies folgt auch bereits vom Grundsatz her aus dem Wortlaut des § 2 Abs. 3 Nr. 3. Der entfallende, nicht erwirtschaftete Deckungsbeitrag für Allgemeine Geschäftskosten ist voll auszugleichen. Dies ergibt sich ebenfalls schon aus dem Wortlaut der Vorschrift.[309] Die Deckungsbeiträge für Wagnis und Gewinn sind ebenfalls voll auszugleichen, obwohl dies in § 2 Abs. 3 Nr. 3 nicht ausdrücklich erwähnt ist.[310]

233 Zwar werden in § 2 Abs. 3 Nr. 3 Wagnis und Gewinn nicht ausdrücklich erwähnt, es ist jedoch herrschende Auffassung, dass alle ausfallenden Deckungsbeiträge ausgleichpflichtig sind.[311] Für eine **Ausgleichspflicht** der Deckungsbeiträge von **Wagnis und Gewinn** spricht der Wortlaut des § 2 Abs. 3 Nr. 3. Es ist dort formuliert, dass der Ausgleich „im Wesentlichen" für die dort aufgeführten Deckungsbeiträge erfolgen soll. Im Übrigen müssten diejenigen Stimmen in der juristischen Literatur, die auf eine Berücksichtigung der Deckungsbeiträge für Wagnis und Gewinn bei der Erhöhung des Einheitspreises nicht zurückgreifen wollen, konsequenterweise auch nicht abbaubare Kosten im Zusammenhang mit den Einzelkosten der Teilleistung unberücksichtigt lassen. Dieses wird jedoch – soweit ersichtlich – nicht ernsthaft im juristischen Schrifttum vertreten.

234 Wenn die zu erbringende Menge sinkt, **ändern** sich häufig und im einfachsten Fall die **Einzelkosten** der Teilleistung **proportional**. Es fallen für die geringere Menge auch entsprechend proportional geringere Lohn- oder Materialkosten an. Voraussetzung hierfür ist jedoch, dass die für diese Position kalkulierten Kosten kurzfristig abbaubar sind. Dies ist beispielsweise der Fall, wenn die entsprechenden Arbeiter nicht nur die betroffene Teilleistung ausführen, statt der ursprünglich vorgesehene Gesamtmenge zu leisten, ohne Zeitverluste, dh kurzfristig, woanders auf der Baustelle tätig werden können. Kosten sind jedoch keinesfalls immer kurzfristig abbaubar. Dies ist zB bei geliefertem, nicht anderweitig einsetzbarem Material der Fall. Auch in den **Einzelkosten** der Teilleistung kalkulierte Geräte, wie beispielsweise ein Lkw für Transporte etc, sind **vielfach nicht abbaubar.** Entsprechendes gilt für spezielle Nachunternehmer etc. Solche Kosten, die nicht kurzfristig abbaubar sind, sind vollständig auszugleichen. Auch insoweit ist der **Einheitspreis zu erhöhen.**[312] Vorlaufkosten/Kosten der Arbeitsvorbereitung führen wie nicht kurzfristig abbaubare Kosten, zu einer Erhöhung des Einheitspreises. Es sei denn, diese Kosten sind in den Baustellengemeinkosten erfasst. Wenn nicht, handelt es sich um direkte Kosten, die wie die klassischen Einzelkosten der Teilleistungen, Lohn, Material etc zu behandeln sind.[313]

235 Eine Besonderheit stellen **nicht kurzfristig abbaubare Kosten** dar, die zu **unterdeckten Preisen/Einzelkosten** der Teilleistungen beauftragt wurden. Bei einer Mengenreduzierung profitiert zunächst der Auftragnehmer, da er die mit

---

[308] Kapellmann/Messerschmidt/Markus § 2 Rn. 290.

[309] Vgl. im Übrigen OLG Schleswig BauR 1996, 127; Franz/Kues BauR 2006, 1378.

[310] S. auch Kapellmann/Messerschmidt/Markus § 2 Rn. 281-283, 292; Franz/Kues BauR 2006, 1376.

[311] Kapellmann/Messerschmidt/Markus § 2 Rn. 281-283; Franz/Kues BauR 2006, 1376; Beck VOB/B/Althaus/Jansen § 2 Abs. 3 Rn. 76.

[312] Kapellmann/Messerschmidt/Markus § 2 Rn. 284 ff.

[313] Kapellmann/Messerschmidt/Markus § 2 Rn. 289; Beck VOB/B/Althaus/Jansen § 2 Abs. 3 Rn. 77.

Vergütung **§ 2**

Verlust kalkulierten/beauftragten Leistungen nicht ausführen muss. Dieser theoretische Verlust ist in einem ersten Schritt betragsmäßig zu erfassen. Die Summe aus der beauftragten Menge multipliziert mit dem Einheitspreis, dh der Gesamtpreis der Position, ist den (theoretischen) Kosten bei Ausführung der Position gegenüber zu stellen. Bei einem Preiserhöhungsverlangen des Auftragnehmers ist sodann dieser Betrag gegenüber dem Anspruch in Abzug zu bringen. Denn nur so wird sichergestellt – was der Systematik der VOB/B entspricht –, dass im Grundsatz alle Einzeltatbestände des § 2 Abs. 3–8 und auch die Abrechnung bei Kündigungen gemäß §§ 8 und 9 einheitlich behandelt werden.[314] Es ist nicht ausreichend, auf die unterdeckt kalkulierten Aufwendungen abzustellen. Bei der Ermittlung **der Kündigungsvergütung gem. § 8 Abs. 1** ist in Bezug auf die ersparten Aufwendungen nicht auf die kalkulierten sondern auf die **konkret zu erwartenden Aufwendungen** abzustellen.[315] Wenn der theoretische, infolge der Mengenminderung ersparte Verlust bei dem Preisanpassungsverlangen des Auftragnehmers unberücksichtigt bliebe, würde der Auftragnehmer von den Mengenmehrungen finanziell profitieren. Dieses Ergebnis gäbe es hingegen nicht, wenn die Teilleistung – soweit rechtlich möglich – vom Auftraggeber gekündigt worden wäre. Um diese Ungleichbehandlung zu vermeiden, ist auch bei der Mengenmehrung und nicht kurzfristig abbaubaren Kosten der Verlust aus konkret zu erwartenden Aufwendungen für die ursprüngliche Menge gegenüber dem Anspruch des Auftragnehmers auf Preiserhöhung gem. § 2 Abs. 3 Nr. 3 betragsmäßig in Abzug zu bringen.

In Bezug auf nicht kurzfristig abbaubare Kosten ist mithin ähnlich wie bei einer **236** **freien Kündigung** gemäß § 8 Abs. 1 zu verfahren. Ob der Auftraggeber nun die Leistung teilkündigt oder ob der Auftragnehmer wegen der vorgefundenen Verhältnisse eine geringere Menge ausführt, es handelt sich immer um **den vergleichbaren Vorgang**. Die Vergütungsfolgen müssen vom Grundsatz her mithin auch gleich sein. Etwas anderes gilt nur in Bezug auf die Ausgleichsrechnung gemäß § 2 Abs. 3 Nr. 3 S. 3. Eine entsprechende Regelung gibt es im Zusammenhang mit einer freien Kündigung des Auftraggebers und der dortigen Vergütungsfolge gem. § 8 Abs. 1 nicht.

3. Vereinbarung des Preises auf Verlangen. Der **neue Preis** ist auf **Verlan- 237 gen** zu vereinbaren. Auf die Kommentierung in Bezug auf das Preisanpassungsverlangen bei der Mengenüberschreitung wird verwiesen. Einzige Ausnahme ist jedoch, dass hier nur der **Auftragnehmer** das Verlangen äußern kann. Dies ist aber auch nicht nachteilig für den Auftraggeber, da einzige Rechtsfolge sein kann, dass der Preis erhöht wird.

V. Ausgleichsberechnung, § 2 Abs. 3 Nr. 3

1. Allgemein. Aus § 2 Abs. 3 Nr. 3 folgt, dass bei einer über 10 % hinausge- **238** henden Unterschreitung des Mengenansatzes der Einheitspreis für die wirklich ausgeführte Menge nur dann zu erhöhen ist, wenn und soweit der Auftragnehmer nicht durch Erhöhung der Mengen bei anderen Position oder in anderer Weise einen Ausgleich erhält. Wobei diesseitig die Auffassung vertreten wird, dass danach zu differenzieren ist, ob und inwieweit die **Gemeinkosten** zeit- bzw. mengenab-

---
[314] Kapellmann/Messerschmidt/Markus § 2 Rn. 230; auch → § 2 Rn. 133.
[315] Vgl. BGH BauR 2005, 1916; 1999, 1294; Leinemann/Franz § 8 Rn. 91; Kapellmann/Messerschmidt/Lederer § 8 Rn. 34; Beck VOB/B/Althaus § 8 Abs. 1 Rn. 43.

§ 2 VOB Teil B

hängig kalkuliert sind. Grundsätzlich kommt ein Ausgleich der umsatzabhängig kalkulierten Gemeinkosten (nur bei Anwendung der vorkalkulatorischen Preisfortschreibung) in Betracht, unter keinen Umständen jedoch der zeitabhängigen.[316]

239 Die Regelung über die Ausgleichberechnung ist grundsätzlich sachgerecht. Wenn der Auftragnehmer durch Überdeckung an anderer Stelle desselben Vertrages einen Ausgleich erreicht, ist es gerecht, die Überdeckung mit der Unterdeckung zu verrechnen. § 2 Abs. 3 Nr. 3 S. 1 und der dortigen Vorgabe der **Ausgleichsberechnung** liegt die Überlegung zugrunde, dass im Idealfall in der einen Position sich die Mengen zB um 15 % verringern und zugleich die anderen Positionen um 25 % erhöhen und damit auch die kalkulierten Gemeinkosten gedeckt sind. In der Praxis **verschieben** sich jedoch im Regelfall die Mengen gerade **nicht gleichmäßig.** Ob und inwieweit der Auftragnehmer durch Mengenerhöhung bei einer Position Ausgleich erhält, bedarf somit im Einzelfall einer genauen Ausgleichsberechnung. Diese ist schon deshalb erforderlich, weil die Regelung über Mehr- und Mindermengen über 10 % vom Wortlaut her nicht deckungsgleich sind.[317] Ohnehin ist eine Ausgleichsberechnung bei Berechnung der Vergütungsfolgen anhand der tatsächlich erforderlichen Kosten nebst angemessenen Zuschläge obsolet. Zur weiteren Begründung wird auf → § 2 Rn. 243 ff. verwiesen.

240 Kommt eine Ausgleichsberechnung in Betracht, also ist der Mengenansatz um über 10 % unterschritten und eine von der VOB/B abweichende Vergütungsfolge vereinbart, stehen zum Ausgleich **sämtliche Mehrmengen** nach § 2 Abs. 3 Nr. 2 zur Verfügung.[318] Dabei kommt es wiederrum nicht auf eine 10 prozentige Überschreitung des Mengenansatzes an. Die gegenteilige Rechtsprechung von 1987[319] hat der BGH mit Urteil vom 26.1.2012 aufgegeben:

*„Der Auftragnehmer kann keine Vergütung beanspruchen, soweit er durch Erhöhung der Mengen bei anderen Positionen oder in anderer Weise einen Ausgleich erhält (…). Zu ersterem zählen **insbesondere** die über 110 % liegenden Mehrmengen im Sinne von § 2 Nr. 3 Abs. 2 VOB/B"*[320]

Der sich daraus ergebende Umkehrschluss – mit dem Begriff „insbesondere" betont der BGH, dass auch unter 10 % liegende Mehrmengen zum Ausgleich zur Verfügung stehen – ist auch zielführend. Zweck der Ausgleichsregelung ist eine gesamtvertragsbezogene Überdeckung der Gemeinkosten zu verhindern, also das Äquivalenzverhältnis zu erhalten.[321] Dazu kann es nicht ausschlaggebend sein, ob die Mehrmengen 10% oder 11% betragen. Eine Überdeckung der Gemeinkosten kann bereits bei einer Mengenerhöhung von unter 10 % eintreten. Der Wortlaut des § 2 Abs. 3 Nr. 3 beinhaltet auch keine Feststellungen hinsichtlich eines auszuhaltenden Mengenrisikos beim Gemeinkostenausgleich.[322]

241 Es ist aber zu beachten, dass nach Auffassung des BGH im Rahmen der **Ausgleichsberechnung** nach § 2 Abs. 3 Nr. 3 nur solche Mengenerhöhungen

---

[316] Vgl. auch Franz/Kues BauR 2006, 1376.
[317] BGH NJW 1987, 1820.
[318] Lindner ZfBR 2019, 629.
[319] BGH NJW 1987, 1820.
[320] BGH ZfBR 2012, 353.
[321] OLG Karlsruhe BauR 2013, 1680.
[322] Lindner ZfBR 2019, 629.

Vergütung **§ 2**

berücksichtigt werden können, bei denen für die über 110 % hinausgehenden Mengen gemäß § 2 Abs. 3 Nr. 2 nicht bereits ein neuer Preis vereinbart worden ist. Bei einer bereits erfolgten Preisanpassung sind diese für den Ausgleich der Mindermassen nach § 2 Abs. 3 Nr. 3 verbraucht.[323]

Eine Erhöhung des Einheitspreises für die um mehr als 10 % verringerte Restmenge kann der Auftragnehmer auch dann nicht verlangen, wenn er einen **Ausgleich in anderer Weise** erhält. Ein Ausgleich in anderer Weise kann dadurch entstehen, dass der Auftragnehmer für geänderte oder zusätzliche Leistungen eine Vergütung gemäß § 2 Abs. 5, 6, 7 oder 8 erhält und diese Vergütung einen auf der vorkalkulatorischen Preisfortschreibung basierenden **Umlageanteil für Gemeinkosten** enthält.[324] 242

2. Differenzierung nach Vergütungsfolgen. Eine pauschale Berücksichtigung von einer Vergütung für geänderte und zusätzliche Leistungen sowie von Mehrmengen ist nach hiesiger Auffassung nicht richtig. Zutreffend ist seit dem Urteil des BGH vom 8.8.2019, Az. VII ZR 34/18 vielmehr eine **differenzierte Betrachtung** hinsichtlich der vereinbarten Vergütungsfolge, aufgrund der tatsächlich erforderlichen Kosten nebst angemessenen Zuschlägen oder aufgrund der vorkalkulatorischen Preisfortschreibung, vorzunehmen. 243

Bei einer Vergütung in Höhe der tatsächlich erforderlichen Kosten zzgl angemessenen Zuschlägen für Allgemeine Geschäftskosten, Wagnis und Gewinn **stehen keine Positionen zum Ausgleich zur Verfügung.** Für jede mögliche Position, sei es aufgrund einer Mengenminderung, Mengenmehrung, Leistungsänderung oder zusätzliche Leistung, wird ohnehin lediglich ein angemessener Zuschlag für Allgemeine Geschäftskosten, Wagnis und Gewinn erteilt. Indem **jeder Zuschlag angemessen** hoch ist, ist kein Zuschlag bei einer anderweitigen Mengenminderung unangemessen. Eine Über- oder Unterkompensation wird durch den angemessenen Zuschlag ausgeglichen. Mithin ist eine nachträgliche Ausgleichsberechnung der angemessenen Zuschläge miteinander obsolet, bzw. unzulässig, weil es zur **Doppelberücksichtigung** von Vertragsumständen führen würde. Baustellengemeinkosten sind auch nicht der Ausgleichsberechnung zugänglich, weil sie ohnehin nur im Rahmen ihres tatsächlichen und erforderlichen Anfallens vergütet werden. Ersparungen bspw. bei geänderten Leistungen, weil anderweitige Baustelleneinrichtung wegen einer Mengenminderung genutzt werden können, sind sowieso zu berücksichtigen, bzw. fallen tatsächlich nicht an. Ist die vorkalkulatorische Preisfortschreibung nicht vereinbart, sondern wird zur Abrechnung wegen ihrer Vermutungswirkung nach § 650c Abs. 2 BGB genutzt, kann auch keine Ausgleichsberechnung vorgenommen werden. Schließlich wird vermutet, dass die dort veranschlagen Pauschalen für Allgemeine Geschäftskosten, Wagnis und Gewinn angemessen und die Baustellengemeinkosten tatsächlich erforderlich angefallen sind. 244

Anders verhält es sich, wenn eine Vergütung auf Basis der vorkalkulatorischen Preisfortschreibung wirksam vereinbart wurde. Dabei sind sowohl umsatzbezogene Allgemeine Geschäftskosten, Wagnis und Gewinn als auch umsatzbezogene Baustellengemeinkostenpauschalen im Rahmen der Ausgleichsberechnung heran- 245

---

[323] BGH NJW 1987, 1820, vgl. auch die Erläuterungen im Beck VOB/B/Althaus/Jansen § 2 Abs. 3 Rn. 81.
[324] OLG Karlsruhe IBR 2013, 548; Kapellmann/Messerschmidt/Markus § 2 Rn. 293 ff.; differenziertere Auffassung Franz/Kues BauR 2006, 1376; nunmehr aA Franz BauR 2017, 380.

zuziehen. Schließlich könnte sonst diesbezüglich eine unbillige Überdeckung stattfinden, weil die diesbezüglichen Pauschalen weder notwendigerweise angemessen oder tatsächlich angefallen sind.

246 Ohnehin nicht ausgleichfähig sind hingegen „echte" zusätzliche Baustellengemeinkosten, die erstmals mit der konkreten Nachtragsleistung entstehen. Sie sind wie direkte Kosten zu behandeln.[325]

247 Einen Ausgleich über die **Vergütung aus anderen Bauvorhaben** derselben Vertragsparteien gibt es nach herrschender, zutreffender Auffassung, nicht.[326]

VI. Null-Position

248 In Literatur und in der Rechtsprechung ist umstritten, wie sog. Null-Positionen abzurechnen sind. Null-Positionen sind solche Positionen des Leistungsverzeichnisses, deren Ausführung aufgrund der Verhältnisse, die auf der Baustelle angetroffen werden, sich als nicht notwendig oder nicht ausführbar erweisen und daher **außerplanmäßig entfallen**, ohne dass eine der Parteien einen Einfluss genommen hat. Insbesondere entfallen die Positionen nicht, weil beispielsweise der Auftraggeber eine Leistungsänderung angeordnet hat und deswegen die eine Leistung komplett wegfällt und dafür eine andere ausgeführt wird.

249 Als Folge der entfallenden Leistungen bei einer Null-Position kann der Auftragnehmer die bei der üblichen **Kalkulationsmethodik in der Bauwirtschaft** auf diese Position anfallenden Gemeinkosten (Allgemeine Geschäftskosten sowie Baustellengemeinkosten) nicht decken. Zudem kann er den insoweit kalkulierten Anteil für Wagnis und Gewinn ebenfalls nicht erwirtschaften. Einigkeit herrscht in Literatur und Rechtsprechung im Zusammenhang mit Null-Positionen dahingehend, dass der Auftragnehmer durch die in dieser LV-Position nicht erwirtschafteten Deckungsbeiträge für Gemeinkosten sowie Wagnis und Gewinn keinen Nachteil erleiden soll. Umstritten ist jedoch, auf welcher Grundlage dies geschehen soll. Teilweise wird die Auffassung vertreten, dass **§ 8 Abs. 1 Nr. 2 entsprechend** anzuwenden ist. Andere Stimmen vertreten, dass § 2 Abs. 3 Nr. 3 die zutreffende Vorschrift ist.[327] Der BGH hat den Streit vermeintlich entschieden.[328] Er vertritt die Auffassung, dass der Auftragnehmer beim Wegfall einzelner Positionen des Leistungsverzeichnisses in entsprechender Anwendung von § 2 Abs. 3 Nr. 3 die hierfür in Ansatz gebrachten Beiträge für die Deckung der Baustellengemeinkosten und der Allgemeinen Geschäftskosten geltend machen kann. Nicht ausdrücklich hat er hingegen entschieden, ob der Auftragnehmer auch die Ansätze für Wagnis und Gewinn entsprechend beanspruchen kann.[329]

250 Die Entscheidung des BGH überzeugt für den konkreten Sachverhalt. Sie ist jedoch nicht auf alle denkbaren Sachverhaltskonstellationen betreffend Null-Positionen anwendbar. Der Streit, ob bei Null-Positionen entweder **§ 8 Abs. 1 oder § 2 Abs. 3 Nr. 3** entsprechend anzuwenden ist, ist auch nicht, wie Kapellmann meint, ein Streit um des Kaisers Bart.[330]

---

[325] Leinemann/Leinemann § 2 Rn. 199.
[326] Kapellmann/Messerschmidt/Markus § 2 Rn. 293-2935; Beck VOB/B/Althaus/Jansen § 2 Abs. 3 Rn. 83.
[327] Ingenstau/Korbion/Keldungs § 2 Abs. 3 Rn. 39; für Heranziehung im Wege der ergänzenden Vertragsauslegung Messerschmidt/Voit § 2 Rn. 11.
[328] BGH BauR 2012, 640.
[329] Beck VOB/B/Althaus/Jansen § 2 Abs. 3 Rn. 90.
[330] Kapellmann/Messerschmidt/Markus § 2 Rn. 284 ff.

Hintergrund ist, dass diesseitig die Ausgleichsberechnung des § 2 Abs. 3 Nr. 3 **251**
so verstanden wird, dass es immer nur um die Frage geht, ob und inwieweit der
Auftragnehmer anderweitig (zusätzliche) Deckungsbeiträge für Geschäftskosten
sowie Wagnis und Gewinn erwirtschaftet hat. Bei einer **Null-Position** können
jedoch dem Auftragnehmer auch noch andere Nachteile entstehen, insbesondere,
wenn er **nicht abbaubare Kosten** hat. Deshalb unterstellt Kapellmann auch in
seinen Ausführungen, dass § 2 Abs. 3 Nr. 3 immer dann anzuwenden sei, wenn
bei Null-Positionen die Einzelkosten der Teilleistung schnell abbaubar sind.[331]
Sofern die Einzelkosten der Teilleistung jedoch nicht schnell abbaubar sind, erhält
der Auftragnehmer über die Ausgleichsberechnung im vorstehenden Sinne keine
hinreichende Kompensation. Denn es ist nicht ersichtlich, wie bei einer entsprechenden Anwendung des **§ 2 Abs. 3 Nr. 3** und einem Vordersatz Null in der
entsprechenden Position der Auftragnehmer diese nicht abbaubaren Kosten
gegenüber dem Auftraggeber abrechnen soll. Dies wäre nur dann möglich, wenn
die Ausgleichsberechnung eine weitere Komponente enthielte und dort dann die
nicht abbaubaren Kosten beansprucht werden könnten.

VII. Änderungen der Pauschalsumme, § 2 Abs. 3 Nr. 4

Sind von der unter einem Einheitspreis erfassten (Teil-)Leistung andere Leistun- **252**
gen **abhängig**, für die eine **Pauschalsumme** vereinbart ist, so kann mit der
Änderung des Einheitspreises auch eine angemessene Änderung der Pauschalsumme gefordert werden. Die Änderung einer Pauschalsumme kann nach § 2
Abs. 3 Nr. 4 verlangt werden, wenn diese von **Leistungen**, für die ein Einheitspreis vereinbart wurde, abhängig ist, deren Mengen sich wiederum um mehr
als 10 % geändert haben, so dass für diese eine Änderung und Anpassung des
Einheitspreises gemäß § 2 Abs. 3 Nr. 2 oder Nr. 3 verlangt werden kann. Voraussetzung ist also, dass der Vertrag teils Einheitspreise, teils (abhängige) Pauschalen
enthält.

Die Änderung der Pauschale ist (nur) dann erforderlich, wenn dies von einem **253**
der Vertragspartner ausdrücklich verlangt wird. Ein Änderungsverlangen wegen
Mengenmehrung und Mengenminderung gemäß § 2 Abs. 3 Nr. 3 bzw. Nr. 2
enthält nicht zugleich auch das Begehren auf Änderung der Pauschale gemäß § 2
Abs. 3 Nr. 4.[332] Voraussetzung für das Bestehen eines **Abhängigkeitsverhältnisses** ist ein unmittelbarer sachlicher Zusammenhang. Ein solcher könnte beispielsweise zu bejahen sein, wenn für die Einrichtung und Räumung der Baustelle, die
Vorhaltekosten der Baustelleneinrichtung etc ein Pauschalpreis vereinbart
wurde.[333] Voraussetzung ist nicht jedoch, dass zugleich auch die Erhöhung des
Einheitspreises für eine solche Mengenüberschreitung bzw. Unterschreitung tatsächlich geändert wurde.[334]

VIII. Schadensersatzhaftung des Auftraggebers bei schuldhaft falsch ermittelten Mengen

Die Frage, ob dem Auftragnehmer Schadensersatzansprüche gemäß den §§ 280 **254**
Abs. 1, 311 Abs. 2 und 3 BGB zustehen, wenn die Änderungen der Mengen auf

---

[331] Kapellmann/Messerschmidt/Markus § 2 Rn. 293 ff.
[332] Ingenstau/Korbion/Keldungs § 2 Abs. 3 Rn. 47.
[333] Leinemann/Leinemann § 2 Rn. 206.
[334] Leinemann/Leinemann § 2 Rn. 206.

schuldhaft unsorgfältige Planung und Leistungsermittlung zurückzuführen sind, wird kontrovers diskutiert. In der Regel wird dies verneint, da die korrekte Ermittlung der erforderlichen Mengen bei einem Einheitspreisvertrag weder eine Vertragspflicht ist (da die Mengenermittlung vor Vertragsschluss erfolgt), noch eine Verletzung von Pflichten im Rahmen eines vorvertraglichen Vertrauensverhältnisses darstellt.[335] Der Auftraggeber übernimmt im Rahmen von Vertragsverhandlungen normalerweise weder ausdrücklich noch stillschweigend eine Verpflichtung zur sorgfältigen Planung gegenüber dem Auftragnehmer. Seine Haftung kann daher nur in den Fällen bejaht werden, in denen er durch eine sachgerechte Ausschreibung oder anderweitig den Eindruck erweckt hat, dass die von ihm angegebenen Mengen korrekt oder zumindest annähernd korrekt sind. Dies kann nicht ohne weiteres angenommen werden.[336] Zudem erfolgt die Mengenermittlung für die Zwecke des Vertragsschlusses ohnehin nur vorläufig, wie die vertraglichen Regelungen in § 2 Abs. 3 VOB/B zeigen.

255   Obwohl im Einzelfall eine Verletzung der vergaberechtlichen Pflichten des Auftraggebers im Rahmen eines öffentlichen Vergabeverfahrens möglich ist, ist der private Auftraggeber nicht verpflichtet, sich an die Vergabevorschrift des § 7 VOB/A zu halten. Auch bei öffentlichen Auftraggebern kommt ein solcher Schadensersatzanspruch nur in Betracht, wenn sich die fehlerhaften Mengenansätze im Einzelfall als Verstoß gegen § 7 VOB/A darstellen.[337] Ein Schadensersatzanspruch gemäß den §§ 280 Abs. 1, 311 Abs. 2 und 3 BGB setzt außerdem voraus, dass der Bieter bei korrekter Ausschreibung nur zu einem höheren Preis angeboten und zu diesem dann auch den Auftrag erhalten hätte. Dies ist jedoch oft zweifelhaft, da kaum feststellbar ist, wie sich die Ausschreibung erheblich abweichender Mengen unter einer bestimmten Position auf die Kalkulation der beteiligten Bieter ausgewirkt hätte.[338]

IX. Besonderheit bei der Preiserhöhung bei nicht kurzfristig abbaubaren Kosten bei unterdeckten Preisen/Einzelkosten

256   Eine Besonderheit stellen **nicht kurzfristig abbaubare Kosten** dar, die zu **unterdeckten Preisen/Einzelkosten** der Teilleistungen beauftragt wurden. Bei einer Mengenreduzierung profitiert zunächst der Auftragnehmer, da er die mit Verlust kalkulierten/beauftragten Leistungen nicht ausführen muss. Dieser **theoretische Verlust** ist in einem ersten Schritt betragsmäßig zu erfassen. Die Summe aus der beauftragten Menge multipliziert mit dem Einheitspreis, dh der Gesamtpreis der Position, ist den (theoretischen) Kosten bei Ausführung der Position gegenüber zu stellen. Bei einem Preiserhöhungsverlangen des Auftragnehmers ist sodann dieser ermittelte Betrag gegenüber dem Anspruch in Abzug zu bringen. Denn nur so wird sichergestellt – was der Systematik der VOB/B entspricht –, dass im Grundsatz alle Einzeltatbestände des § 2 Abs. 3–8 und auch die Abrechnung bei Kündigungen gemäß §§ 8 und 9 einheitlich behandelt werden.[339] Bei der **Ermittlung der Kündigungsvergütung gem. § 8 Abs. 1** ist in Bezug auf die ersparten Aufwendungen nicht auf die kalkulierten sondern auf die konkret zu erwartenden

---

[335] Beck VOB/B/Althaus/Jansen § 2 Abs. 3 Rn. 109.
[336] aA Ingenstau/Korbion/Keldungs § 2 Abs. 3 Rn. 9.
[337] Vgl. hierzu BGH 9.6.2011 – X ZR 143/10, VergabeR 2011, 703.
[338] Vgl. BGH 26.1.2010 – X ZR 86/08, Rn. 18, NZBau 2010, 387; Kniffka/Koeble/Jurgeleit/Sacher Kompendium BauR/Kniffka 4. Teil Rn. 135 ff.
[339] Kapellmann/Messerschmidt/Markus § 2 Rn. 230; auch → § 2 Rn. 133, 155.

Vergütung §2

Aufwendungen abzustellen.[340] Wenn der theoretische, infolge der Mengenminderung ersparte Verlust bei dem Preisanpassungsverlangen des Auftragnehmers unberücksichtigt bliebe, würde der Auftragnehmer von den Mengenmehrungen finanziell profitieren. Dieses Ergebnis gäbe es hingegen nicht, wenn die Teilleistung – soweit rechtlich möglich – vom Auftraggeber gekündigt worden wäre. Um diese Ungleichbehandlung zu vermeiden, ist auch bei der Mengenmehrung und nicht kurzfristig abbaubaren Kosten der Verlust aus konkret zu erwartenden Aufwendungen für die ursprüngliche Menge gegenüber dem Anspruch des Auftragnehmers auf Preiserhöhung gem. § 2 Abs. 3 Nr. 3 betragsmäßig in Abzug zu bringen.

X. Beweislast

Bei einem Preisanpassungsanspruch gem. § 2 Abs. 3 muss die Über-/Unterschreitung der beauftragten Menge um mehr als 10 % aufgrund vorgefundener Verhältnisse dargelegt und bewiesen werden. Ferner ist die **Differenz** zwischen den **bisher kalkulierten** Kostenbestandteilen und dem **nunmehrigen tatsächlichen Aufwand** darzulegen und zu beweisen. Diejenige Vertragspartei, die für sich günstige Tatsachen behauptet, muss diese auch darlegen und beweisen. Bei Mengenüberschreitungen von mehr als 10 % trägt also die Darlegungs- und Beweislast diejenige Vertragspartei, die sich darauf beruft.[341] 257

Sofern der Auftraggeber eine Preisanpassung begehrt, kann er zuvor vom Auftragnehmer **Auskunft zur Kalkulation** verlangen, für deren Richtigkeit der Auftragnehmer beweispflichtig ist. Sofern der Auftragnehmer die Auskunft nicht erteilt, kann er gemäß § 427 S. 2 ZPO als beweisfällig behandelt werden.[342] Die Behauptungen des Auftraggebers über die Kostenzusammensetzung, dh die Kalkulation des Auftragnehmers, können dann als bewiesen angenommen werden.[343] Sofern sich der Auftraggeber bei einer Mengenunterschreitung gegenüber dem Preisanpassungsverlangen des Auftragnehmers damit verteidigt, es habe einen Ausgleich in anderer Weise gegeben, muss er darlegen, in welcher Weise dies erfolgt ist. Sodann muss der Auftragnehmer beweisen, dass es einen solchen Ausgleich nicht gegeben hat, da er für die Voraussetzung eines Anspruchs aus § 2 Abs. 3 in dieser Konstellation beweisbelastet ist.[344] 258

XI. Frist zur Geltendmachung/Verjährung/Verwirkung des Preisänderungsanspruchs

Der Auftragnehmer kann Ansprüche nach § 2 Abs. 3 jederzeit in Abschlagsrechnungen geltend machen. Der Auftragnehmer ist nicht gezwungen, einen entsprechenden **Nachtrag bis zur Abnahme** geltend zu machen.[345] 259

Der Anspruch des Auftragnehmers auf Preisanpassung ist ein Vergütungsanspruch wie jeder andere und verjährt entsprechend. Der Anspruch des Auftraggebers auf Herabsetzung des Preises verjährt in der **regelmäßigen Verjährungsfrist** 260

---

[340] Vgl. BGH BauR 2005, 1916; 1999, 1294; Leinemann/Franz § 8 Rn. 91; aA Kapellmann/Messerschmidt/Lederer § 8 Rn. 35; Beck VOB/B/Althaus § 8 Abs. 1 Rn. 43.
[341] OLG Schleswig BauR 1996, 625.
[342] Ingenstau/Korbion/Keldungs § 2 Abs. 3 Rn. 48.
[343] Ingenstau/Korbion/Keldungs § 2 Abs. 3 Rn. 48.
[344] Ingenstau/Korbion/Keldungs § 2 Abs. 3 Rn. 48.
[345] AA OLG Dresden IBR 2012, 198 Rn. 70; wie hier Kapellmann/Messerschmidt/Markus § 2 Rn. 336.

des § 195 BGB. Zudem kommt bei einem nach mehreren Jahren geltend gemachten Rückforderungsanspruch des Auftraggebers im Einzelfall eine Verwirkung in Betracht.[346] In der Praxis spielt die Verwirkung jedoch im Hinblick auf die Kürze der regelmäßigen Verjährungsfrist von drei Jahren praktisch keine Rolle.

XII. Ausschluss/Änderung § 2 Abs. 3 durch AGB oder Individualvereinbarung

261 § 2 Abs. 3 an sich ist auch bei isolierter AGB-Kontrolle unproblematisch wirksam, indem die Vergütungsfolge, Anspruch in Höhe der tatsächlich erforderlichen Kosten nebst angemessener Zuschläge für Allgemeine Geschäftskosten, Wagnis und Gewinn, seit dem vorbehandelten Urteil des BGH vom 8.8.2019 einheitlich zur gesetzlichen Vergütungsfolge nach § 650c BGB behandelt wird.[347] In der Praxis wird vielfach die Regelung des § 2 Abs. 3 betreffend die Einheitspreisanpassung bei Mengenänderung über 10 % hinaus gänzlich ausgeschlossen oder dahingehend abgeändert, dass die 10 %ige **Toleranzgrenze erhöht**, beispielsweise auf 20 % heraufgesetzt, wird oder einseitig lediglich Einheitspreiserhöhungen, nicht aber auch die Herabsetzung der Einheitspreise, ausgeschlossen werden.

262 Der **vollständige Ausschluss der Preisanpassungsregel** des § 2 Abs. 3 ist in Allgemeinen Geschäftsbedingungen des Auftraggebers unbestritten **wirksam**.[348] Der BGH[349] begründet den fehlenden Verstoß gegen § 307 BGB und damit die Wirksamkeit einer entsprechenden Allgemeinen Geschäftsbedingung damit, dass der Auftragnehmer nach zusätzlichem Leitbild des Werk- und Bauvertragsrechts in den §§ 631 ff. BGB eine Anpassung von Einheitspreisen bei Mengenänderungen nur nach den Grundsätzen des Wegfalls der Geschäftsgrundlage verlangen könne und dem BGB eine Regelung wie in § 2 Abs. 3 fremd sei. Gegenüber den **Regelungen des BGB-Werk- und Bauvertragsrechts** folge **keine Schlechterstellung**, wenn in Allgemeinen Geschäftsbedingungen § 2 Abs. 3 ausgeschlossen werde. Es läge unangemessene Benachteiligung iSd § 307 BGB vor. Gegen diese Argumentation des BGH wird unter anderem von Kapellmann zu Recht eingewendet, dass das BGB den Vertragstyp „Einheitspreis" gar nicht kennt. Schon diese Vereinbarung stelle also eine Abweichung von dem Vergütungsmodell des BGB dar. Diese Abweichung könne aber nicht so vereinbart werden, dass der Auftraggeber Manipulationsmöglichkeiten erhalte und gerade das für den Einheitspreis unentbehrliche Korrektiv ausschließe.[350]

263 Eine **unangemessene Benachteiligung** des Auftragnehmers und damit ein Verstoß gegen § 307 BGB liegt hingegen vor, wenn in den AGB des Auftraggebers vereinbart wird, dass im VOB-Vertrag lediglich das **Recht**, dass eine **Erhöhung der Einheitspreise** gemäß § 2 Abs. 3 bei Mengenänderungen **ausgeschlossen** ist, zugleich dem Auftraggeber aber das Recht auf Herabsetzung der Einheitspreise bei Mehrmengen erhalten bleibt.[351] Unwirksam sind auch Klauseln, nach denen

---

[346] Kapellmann/Messerschmidt/Markus § 2 Rn. 336 sowie Kapellmann/Messerschmidt/Messerschmidt § 16 Rn. 124 mit weiteren Nachweisen.

[347] Kues/von Kiedrowski/Bolz AGB-Klauseln/Bolz, § 2 Rn. 42.

[348] Beck VOB/B/Althaus/Jansen § 2 Abs. 3 Rn. 104; vgl. auch BGH BauR 1993, 723; KG BauR 2001, 1591; aA Kapellmann/Messerschmidt/Markus § 2 Rn. 261; Leinemann/Leinemann § 2 Rn. 208.

[349] BGH BauR 1993, 723.

[350] Kapellmann/Messerschmidt/Markus § 2 Rn. 261.

[351] Leinemann/Leinemann § 2 Rn. 212.

Vergütung **§ 2**

der Anspruch auf Preisanpassung vor einer Anzeige vor Beginn der Arbeiten abhängig gemacht wird.[352] Die in **Allgemeinen Geschäftsbedingungen des Auftraggebers eines Einheitspreis-Bauvertrags** enthaltene Klausel „Die dem Angebot des Auftragnehmers zu Grunde liegenden **Preise sind grundsätzlich Festpreise und bleiben für die gesamte Vertragsdauer verbindlich.**" benachteiligt den Auftragnehmer **unangemessen** und ist daher **unwirksam**.[353]

Individualvertraglich ist es dagegen grundsätzlich möglich, § 2 Abs. 3 auszuschließen oder insoweit zu ändern, dass die Toleranzgrenzen heraufgesetzt werden, wobei bei einer Änderung zu beachten ist, dass diese nur im Rahmen der Grenzen von Treu und Glauben (§ 242 BGB) zulässig ist, dh nur bis zur Grenze des Wegfalls der Geschäftsgrundlage gemäß § 313 BGB, da die Berufung hierauf weder durch AGB noch einzelvertraglich abbedungen werden kann.[354] **264**

F. Selbstübernahme von Leistungsteilen durch den Auftraggeber (§ 2 Abs. 4)

Der Auftraggeber ist nach § 2 Abs. 4 berechtigt, dem Auftragnehmer vertraglich übertragene Leistungen selbst auszuführen. Ob § 2 Abs. 4 als **Sonderfall der (Teil-) Kündigung des Auftraggebers**[355] **oder als Sonderfall des Änderungsvorbehalts** zugunsten des Auftraggebers im Sinne von §§ 1 Abs. 3 und 2 Abs. 5[356] einzuordnen ist oder aber die Wahrnehmung vertraglich vereinbarter Befugnisse[357] darstellt, wird in der Literatur und Rechtsprechung unterschiedlich beurteilt. **265**

Gegen eine Einordnung als Teilkündigung spricht, dass die Selbstübernahme von Leistungen nach § 2 Abs. 4 keine schriftliche Entziehung der Teilleistung wie bei einer Kündigung gem. § 8 Abs. 5 bedarf.[358] Letztlich spricht auch der **Wortlaut** der Vorschrift gegen die Annahme, es handele sich hier um einen **Unterfall der Teilkündigung.** So verweist § 2 Abs. 4 nicht auf § 8 Abs. 1, sondern explizit auf § 8 Abs. 2.[359] Eine Einordnung kann aber letztlich dahinstehen, da jedenfalls die Rechtsfolgen wie bei einer Kündigung sind. **266**

I. Tatbestandsvoraussetzungen

Tatbestandsvoraussetzung für die Selbstübernahme nach § 2 Abs. 4 ist, dass die betreffende Leistung ursprünglich Vertragsgegenstand war und somit vom Auftragnehmer geschuldet wurde. Der Auftraggeber muss unmissverständlich durch eine **einseitig empfangsbedürftige Willenserklärung** erklären, welche genau bezeichnete (Teil-) Leistung er selbst übernehmen will. Diese Erklärung ist rechtzeitig vor Ausführung der Leistung abzugeben. Hinsichtlich des rechtzeitigen Zugangs trägt der Auftraggeber die Darlegungs- und Beweislast. **267**

---

[352] Vgl. Beck VOB/B/Althaus/Jansen § 2 Abs. 3 Rn. 107.
[353] BGH 20.7.2017 – VII ZR 259/16, NJW 2017, 2762.
[354] Beck VOB/B/Althaus/Jansen § 2 Abs. 3 Rn. 103.
[355] Ingenstau/Korbion/Keldungs § 2 Abs. 4 Rn. 2.
[356] Beck VOB/B/Jansen/Althaus § 2 Abs. 4 Rn. 4.
[357] Heiermann/Riedl/Rusam/Kuffer § 2 Rn. 137.
[358] Leinemann/Leinemann § 2 Rn. 252; Heiermann/Riedl/Rusam/Kuffer § 2 Rn. 137.
[359] Leinemann/Leinemann § 2 Rn. 252; Heiermann/Riedl/Rusam/Kuffer § 2 Rn. 137.

268 Treffen die Parteien nach Vertragsschluss die Vereinbarung, dass der Auftragnehmer eine Teilleistung nicht mehr ausführen soll, so handelt es sich dabei nicht um einen Fall von § 2 Abs. 4, da es dann gerade an der erforderlichen Selbstübernahme der Leistung durch den Auftraggeber fehlt.[360] Der **Auftraggeber muss die Teilleistungen tatsächlich selbst übernehmen**, dh in eigener Person oder in eigenem Betrieb ohne anderweitige Vergabe.[361] Selbst wenn der Auftragnehmer zur Beauftragung von Nachunternehmern befugt gewesen wäre, ist es dem Auftraggeber verwehrt, die Leistung an einen Subunternehmer weiterzureichen.[362] Ist der Auftraggeber aber aus von ihm nicht zu vertretenen Gründen nachträglich gezwungen, die von ihm übernommene Leistung doch anderweitig zu vergeben, so steht § 2 Abs. 4 nicht entgegen.[363]

269 Beispielhaft nennt § 2 Abs. 4 die Lieferung von Bau-, Bauhilfs- und Baubetriebsstoffen als Leistungen, die der Auftraggeber übernehmen kann. Möglich ist aber auch die Übernahme anderer vom Auftragnehmer geschuldeter Teilleistungen. Voraussetzung ist insofern nur, dass die zu **übernehmende Leistung in sich abgeschlossen** ist, mithin trennbar von den weiteren geschuldeten Leistungselementen. Andernfalls wäre es nicht möglich, die dem Auftragnehmer nach § 8 Abs. 1 Nr. 2 zustehende Vergütung zu ermitteln.[364] Die gesamte Leistungserbringung kann der Auftraggeber jedoch nicht gemäß § 2 Abs. 4 an sich ziehen. Dazu bedarf es dann einer schriftlichen Kündigung nach § 8 Abs. 1, Abs. 5. Ebenso wenig greift § 2 Abs. 4 ein, wenn der Auftraggeber die Leistungen „gezwungenermaßen" übernimmt, weil der Auftragnehmer zur Erbringung der geschuldeten (Teil-) Leistung nicht in der Lage ist.

II. Rechtsfolgen

270 Als Rechtsfolge der Selbstübernahme durch den Auftraggeber steht dem Auftragnehmer wie bei einer Teilkündigung gemäß § 8 Abs. 1 auch für den übernommenen Leistungsteil die vereinbarte Vergütung zu.[365] Über die Verweisung auf § 8 Abs. 1 Nr. 2 gilt die Vergütungsfolge des § 649 S. 2 BGB unmittelbar. Folglich behält der Auftragnehmer den Anspruch auf die Vergütung, muss sich aber dasjenige anrechnen lassen, was er infolge anderweitiger Tätigkeit erworben oder zu erwerben böswillig unterlassen hat.

271 Selbstverständlich stehen dem Auftraggeber für die selbstübernommenen Leistungen keinerlei Mängelhaftungsansprüche gegen den Auftragnehmer zu. Unter Umständen kann die Selbstübernahme aber zu Behinderungen des Auftragnehmers im Sinne von § 6 und damit zu Schadensersatzansprüchen des Auftragnehmers gegen den Auftraggeber gem. § 6 Abs. 6 führen. So ist es denkbar, dass die „übrig gebliebenen" Leistungen des Auftragnehmers auf die übernommenen Leistungen des Auftraggebers aufbauen, so dass im Falle einer verspäteten Leistungserbringung durch den Auftraggeber der Auftragnehmer in seiner Bauausführung behindert wird. Solch eine Konstellation kann den Auftragnehmer darüber hinaus berechtigen, den Bauvertrag gemäß § 9 Abs. 1b zu kündigen, soweit der

---

[360] BGH BauR 1999, 1021.
[361] Leinemann/Leinemann § 2 Rn. 254; Heiermann/Riedl/Rusam/Kuffer § 2 Rn. 140, Beck VOB/B/Jansen/Althaus § 2 Abs. 4 Rn. 19.
[362] Leinemann/Leinemann § 2 Rn. 254; Heiermann/Riedl/Rusam/Kuffer § 2 Rn. 140.
[363] Ingenstau/Korbion/Keldungs § 2 Abs. 4 Rn. 9.
[364] Heiermann/Riedl/Rusam/Kuffer § 2 Rn. 139.
[365] Leinemann/Leinemann § 2 Rn. 255.

Vergütung § 2

Auftraggeber in Verzug mit der Leistungserbringung ist und damit seine durch die Leistungsübernahme begründete Bereitstellungs- und Mitwirkungspflicht iSd § 9 verletzt hat.[366] Ist die Vorleistung des Auftraggebers darüber hinaus mangelhaft und genügt der Auftragnehmer seiner aus § 4 Abs. 3 resultierenden Hinweis- und Prüfungspflicht, dann kann der Auftragnehmer von der Haftung von Mängeln seiner eigenen Leistung befreit werden.[367]

III. AGB-Problematik

Innerhalb der Grenzen der §§ 138, 242 BGB ist § 2 Abs. 4 durch eine **Indivi- 272 dualvereinbarung ohne weiteres einschränkbar bzw. ausschließbar.**

Für den Ausschluss durch **Allgemeine Geschäftsbedingungen** hat der BGH 273 im Hinblick auf § 8 Abs. 1 erklärt, dass ein solcher Ausschluss – gemessen an der Inhaltskontrolle des § 307 BGB – **unwirksam** ist.[368] Soweit der Auftraggeber § 2 Abs. 4 formularmäßig ausschließen will, um den Vergütungsanspruch des Auftragnehmers einzuschränken, ist die Rechtsprechung des Bundesgerichtshofes zu der Unwirksamkeit der Abbedingung des § 8 Abs. 1 auf § 2 Abs. 4 übertragbar. In beiden Fällen geht es dem Auftraggeber darum, dem Auftragnehmer einen Ausgleich für die Kündigung bzw. den Entzug der beauftragten Leistung zu versagen. Laut BGH ist eine solche Klausel mit dem Grundgedanken von § 649 BGB nicht vereinbar und benachteiligt den Auftragnehmer entgegen dem Gebot von Treu und Glauben unangemessen.[369] Eine solche Klausel ist daher gemäß § 307 BGB unwirksam. Andererseits ist es in relativ engen Grenzen zulässig, den Anspruch des Auftragnehmers auf Vergütung gemäß § 8 Abs. 1 Nr. 2 vor Vertragsschluss durch AGB für den Fall der Selbstübernahme bzw. der Teilkündigung zu pauschalisieren.[370] So hat der BGH entschieden, dass eine **Pauschalisierung auf mindestens 18 % der Gesamtvergütung unzulässig** ist,[371] während eine vorvertragliche Festlegung auf einen Vergütungsanspruch zwischen 5 % und 10 % der Gesamtvergütung zulässig sein dürfte.[372]

G. Vergütung für geänderte Leistungen (§ 2 Abs. 5)

§ 2 Abs. 5 regelt die Vergütungsfolgen, wenn durch „Änderung des Bauent- 274 wurfs" oder „andere Anordnungen" des Auftraggebers die Grundlagen des Preises für eine im Vertrag vorgesehene Leistung geändert werden. In diesen Fällen ist unter Berücksichtigung der Mehr- oder Minderkosten ein **neuer Preis** zu vereinbaren. Falls eine solche Vereinbarung nicht zustande kommt, besteht ein **klagbares Recht** – je nach Interessenlage – des Auftragnehmers oder des Auftraggebers. Die Vereinbarung über die Vergütung der geänderten Leistung soll vor der Ausführung der Leistung getroffen werden.

---

[366] Leinemann/Leinemann § 2 Rn. 257; Heiermann/Riedl/Rusam/Kuffer § 2 Rn. 145.
[367] Leinemann/Leinemann § 2 Rn. 257.
[368] BGH BauR 1985, 79.
[369] BGH BauR 1985, 79; Kues/von Kiedrowski/Bolz AGB-Klauseln/Mund, § 10 Rn. 33.
[370] Leinemann/Leinemann § 2 Rn. 256; näher dazu: Kues/von Kiedrowski/Bolz AGB-Klauseln/Mund, § 10 Rn. 52 ff.
[371] BGH BauR 1985, 79.
[372] Leinemann/Leinemann § 2 Rn. 256; anders Heiermann/Riedl/Rusam/Kuffer § 2 Rn. 143.

§ 2 VOB Teil B

275   In dem gesetzlichen Bauvertragsrecht ist § 650c BGB die entsprechende Vorschrift für die Ermittlung der Vergütung des Auftragnehmers (Vergütungsanpassung) bei Anordnungen des Auftraggebers nach § 650b Abs. 2 BGB. Die Regelungen des BGB-Bauvertragsrechts unterscheiden sich jedoch inhaltlich von § 2 Abs. 5. Dies betrifft insbesondere die Ermittlung der Vergütungsanpassung.

I. Allgemeines

276   Die Vorschrift des § 2 Abs. 5 greift immer dann ein, wenn sich durch eine Änderung der Bauleistung auf **Anordnung des Auftraggebers** die Grundlagen der Preisermittlung des Vertrages ändern. Dem Recht des Auftraggebers gemäß § 1 Abs. 3 die Änderung der bisher vom Auftragnehmer geschuldeten Leistung anzuordnen, wird das **Recht des Auftragnehmers auf Vergütungsanpassung** gegenübergestellt. Wobei in denjenigen Fällen, in denen die Änderungsanordnung des Auftraggebers gemäß § 1 Abs. 3 zu Minderkosten führt, auch dieser gemäß § 2 Abs. 5 eine Preisanpassung verlangen kann.

277   Eine Änderung der Preisgrundlagen für eine im Vertrag vorgesehene Leistung setzt grundsätzlich zudem voraus, dass bereits in dem Vertrag eine entsprechende Vereinbarung über Art und Umfang der Leistung und der Vergütung hierfür getroffen worden ist. Sofern keine Preisvereinbarung vorliegt, ist stattdessen der Preis einzusetzen, der bei Vertragsschluss für die vorgesehene Leistung iSd § 632 Abs. 2 BGB üblich ist.[373] Voraussetzung für einen Anspruch aus § 2 Abs. 5 ist eine Leistungsänderung, die dazu führt, dass die der **Preisberechnung/Kalkulation der Hauptvertragsleistung** zugrunde gelegten Umstände verändert werden. § 2 Abs. 1 ist insoweit der Maßstab.[374] Die Umstände iSd § 2 Abs. 5 können sowohl Art und Umfang als auch die Art und Weise der Vertragsleistung betreffen.

278   Weitere Voraussetzung ist, dass eine **Bau-Ist-Bau-Soll-Abweichung** vorliegt. Beide Vertragspartner müssen der Preisvereinbarung also eine andere Vertragsleistung zugrunde gelegt haben, als sie später ausgeführt wurde. Die Leistungsänderung kann sich sowohl auf Material-, Personal- und Geräteeinsatz auswirken. Betroffen kann auch die Bauzeit sein, wenn Leistungsänderungen eine zeitliche Verschiebung der ursprünglich vorgesehenen Bauzeit hervorrufen. Ferner kann die Leistungsänderung auch Auswirkung auf Art und Weise der Ausführung, etwa die Änderung der Verfahrenstechnik, zum Gegenstand haben.

279   Unter „**Grundlagen des Preises**" versteht man die Preisermittlungsgrundlagen. Zu den Preisermittlungsgrundlagen gehören die Lohn- und Materialkosten, die Baustellengemeinkosten und auch die Allgemeinen Geschäftskosten. Diese sind ausweislich des Wortlauts des § 2 Abs. 5 aufgrund der Änderung des Bauentwurfs oder einer anderen Anordnung geändert.

280   Ausgangspunkt für die Berechnung des Preises für die geänderte Leistung sind die tatsächlich erforderlichen Kosten zzgl angemessener Zuschläge für Allgemeine Geschäftskosten, Wagnis und Gewinn. Die früher vertretene herrschende Meinung und Rechtsprechung, dass der neuen Preis die vorkalkulatorische Preisfortschreibung zugrunde zu legen ist, ist überholt.[375]

281   Für eine Preisermittlung nach § 2 Abs. 5 genügt beim Einheitspreis die **Änderung der genannten Umstände im Rahmen eines Leistungsteils,** der nach dem Vertrag zu einer Position zusammengefasst ist, um § 2 Abs. 5 zur Anwendung

---

[373] Ingenstau/Korbion/Keldungs § 2 Abs. 5 Rn. 3.
[374] Motzke NZBau 2002, 646; Ingenstau/Korbion/Keldungs § 2 Abs. 5 Rn. 6.
[375] Hierzu auch → § 2 Rn. 76ff.

Vergütung § 2

zu bringen. Eine Änderung der Preisgrundlagen bei einer vorgesehenen Leistung gibt grundsätzlich nur Anlass für diese Leistung einen neuen Preis zu vereinbaren. § 2 Abs. 5 wirkt sich grundsätzlich nur auf diejenige Position aus, bei der Änderungen vorgenommen worden sind.

II. Abgrenzung zu § 2 Abs. 3, § 2 Abs. 6 und § 2 Abs. 8

Die Abgrenzung des Anspruchs aus § 2 Abs. 5 zu den anderen Preisanpassungsansprüchen Mehrvergütungsansprüchen aus § 2 Abs. 3, § 2 Abs. 6 sowie § 2 Abs. 8 ist häufig mit erheblichen Problemen verbunden, denn die Grenze zwischen den verschiedenen Ansprüchen ist fließend. Die praktische Bedeutung dieser Abgrenzung ist hingegen gering und steht regelmäßig in keinem vertretbaren Verhältnis zu dem in der Bauliteratur häufig dazu betriebenen argumentativen Aufwand.[376] 282

§ 2 Abs. 3 behandelt den Fall, dass sich die **geschätzten Mengen** der Vordersätze im Leistungsverzeichnis ändern, ohne dass eine Einwirkung des Auftraggebers oder eine Änderung der Leistung selbst vorliegt. 283

§ 2 Abs. 5 setzt hingegen eine **nachträgliche Änderung** der im Vertrag vorgesehenen Leistung durch eine Anordnung des Auftraggebers voraus. Wenn beispielsweise die Massen einer Erdaushubleistung in dem Leistungsverzeichnis zu gering angegeben sind, weil sich der Auftraggeber insoweit vermessen, verschätzt oder verrechnet hat, liegt ein Fall des § 2 Abs. 3 vor. Wenn der Auftraggeber hingegen anordnet, dass die Grube größer (breiter oder tiefer) auszuheben ist, ist ein Fall des § 2 Abs. 5 zu bejahen. 284

Von **größerer praktischer Bedeutung ist diese Differenzierung nicht.** Denn auch, wenn grundsätzlich die Vorschrift des § 2 Abs. 3 anzuwenden ist, sind letztlich sämtliche ausgeführten Mengen zu vergüten. Der wesentliche Unterschied ist allein, dass erst ab einer Mengenmehrung von über 110 % für diese Menge ein neuer Preis zu vereinbaren ist. Bei der angeordneten Leistungsänderung iSd § 2 Abs. 5 ist hingegen für die gesamte ausgeführte Leistung ggf. ein neuer Preis iSd § 2 Abs. 5 zu vereinbaren. 285

§ 2 Abs. 6 behandelt immer diejenigen Fälle, in denen eine **Leistung gefordert** wird, die ursprünglich nicht zum Bau-Soll gehörte. Es liegt mithin eine Leistungserweiterung vor. § 2 Abs. 5 behandelt hingegen die Konstellationen, in denen eine Leistung anstatt der vertraglich ursprünglich vorgesehenen Leistung erbracht wird. Die Abgrenzung zwischen einer geänderten und zusätzlichen Leistung iSd § 1 Abs. 3 bzw. 1 Abs. 4 S. 1 und den entsprechenden Vergütungsfolgen, dh § 2 Abs. 5 oder § 2 Abs. 6 kann im Einzelfall erhebliche Schwierigkeiten bereiten. Grund hierfür ist, dass die Anwendungsbereiche beider Vorschriften sich aufgrund ihrer sprachlichen Fassung nicht sauber trennen lassen. Die **Ermittlung der Vergütungsansprüche** im Fall einer geänderten Leistung gemäß § 2 Abs. 5 oder einer zusätzlichen Leistung gemäß § 2 Abs. 6 erfolgt **im Ergebnis gleich.** Von daher ist die Differenzierung von keiner größeren praktischen Relevanz. Maßgeblich wird diese nur dann, wenn es auf die Frage ankommt, ob – wie bei einer zusätzlichen Leistung gefordert – der Auftragnehmer vor Ausführung der Leistung gemäß § 2 Abs. 6 die Mehrkosten angezeigt hat. 286

§ 2 Abs. 8 findet immer dann Anwendung, wenn der Auftraggeber **ohne vorherige Anordnung** des Auftraggebers eine **geänderte oder zusätzliche** 287

---

[376] Beck VOB/B/Althaus/Jansen § 2 Abs. 5 Rn. 39; Kapellmann/Messerschmidt/Markus § 2 Rn. 351.

§ 2 VOB Teil B

Leistung ausgeführt hat. § 2 Abs. 8 kommt also immer dann zur Anwendung, wenn der Auftraggeber nicht zuvor willentlich das Bau-Soll geändert hat.

III. Änderungsanordnung

288 Voraussetzung für eine Anwendbarkeit von § 2 Abs. 5 ist, dass sich durch eine **Änderung des Bauentwurfs** oder **andere Anordnungen** die Grundlagen des Preises für eine im Vertrag vorgesehene Leistung ändern.

289 Bloße Erschwernisse, die schon bei der ursprünglich beauftragten Leistung ohne Einwirkung des Auftraggebers eintreten, sind keine Fälle des § 2 Abs. 5.[377] Dies betrifft aber nur Erschwernisse bei Ausführung der ausgeschriebenen Leistung. Wenn Erschwernisse mit der Anordnung des Auftraggebers zusammentreffen, wird diese zur Überwindung der Erschwernisse erteilt, so können je nach Sachlage Ansprüche gemäß § 2 Abs. 5 ausgelöst werden. Entscheidend ist insoweit, ob der Auftragnehmer beispielsweise eine spezielle Art der Ausführung auch ohne die Anordnung des Auftraggebers nach den ihm bereits obliegenden Vertragspflichten wählen musste. In diesen Fällen hat die Anordnung lediglich Charakter eines Hinweises auf eine bereits bestehende vertragliche Pflicht des Auftragnehmers.[378]

290 Aus der Formulierung „oder andere Anordnung" folgt, dass auch die Änderung des Bauentwurfs auf eine Anordnung des Auftraggebers beruhen muss. Eine Änderung kann denklogisch auch nur nachträglich, dh nach Vertragsschluss, erfolgen, da sich die Vertragsparteien andernfalls bereits über das insoweit „geänderte" Bau-Soll bei Vertragsschluss verständigt hätten.

291 Bei der **Anordnung** iSd § 1 Abs. 3, § 2 Abs. 5 handelt es sich um eine einseitige **empfangsbedürftige Willenserklärung.** Sie muss daher den an rechtsgeschäftliche Erklärungen zu stellenden Anforderungen genügen und ist nur wirksam, wenn ein entsprechendes Erklärungsbewusstsein vorliegt. Die Anordnung ist nicht formgebunden. Sie kann sowohl mündlich als auch durch schlüssiges Verhalten zum Ausdruck gebracht werden.[379] Die Anordnung muss nicht begründet werden.[380] Wie konkret der Auftraggeber die nunmehr geforderte Leistung beschreiben muss und wie er die dafür erforderliche Ausführungsplanung sowie das Leistungsverzeichnis erstellen bzw. beschaffen muss, ist eine Frage der Vertragsauslegung. Wobei hier zunächst die Grundsatzregel gilt: Wer einmal plant, plant immer. Sofern die ursprüngliche Leistungsbeschreibung und die Ausführungsplanung vom Auftraggeber stammen, ist es mithin nicht getan, dass dieser einen Änderungswunsch äußert. Er muss dann auch die erforderliche Leistungsbeschreibung bzw. Pläne zur Verfügung stellen. Andernfalls ist seine Anordnung unwirksam und muss nicht befolgt werden. Sofern die Ausführungsplanung ganz oder teilweise vom Auftragnehmer erstellt wird, hat er dann auch für die geänderte Leistung – wohl aber nur gegen zusätzliche Vergütung – die geänderte Planung zu erstellen bzw. zu beschaffen.[381]

292 **1. Änderung des Bauentwurfs.** Was unter dem Begriff Bauentwurf zu verstehen ist, ist sehr umstritten. Dies wird in der VOB/B nicht näher geregelt.

---

[377] OLG Schleswig 23.8.2005 – 3 U 76/03, IBR 2007, 12.
[378] Ingenstau/Korbion/Keldungs § 2 Abs. 5 Rn. 15.
[379] BGH BauR 1982, 561; Beck VOB/B/Althaus/Jansen § 2 Abs. 5 Rn. 8.
[380] Leinemann/Schoofs § 1 Rn. 47.
[381] Vgl. insbes. Beck VOB/B/Althaus/Jansen § 2 Abs. 5 Rn. 10.

Vergütung **§ 2**

Problematisch ist häufig die Beantwortung der Frage, ob die Anordnung auf eine Änderung des Bauentwurfs gerichtet ist oder lediglich die Erfüllung der ohnehin bestehenden Herstellungsverpflichtung gefordert wird.

Der **Begriff des Bauentwurfs** umfasst nach wohl einhelliger Auffassung in 293 jedem Fall den **gesamten bautechnischen Leistungsumfang** wie er sich aus dem Leistungsverzeichnis, den Plänen und Zeichnungen, den einschlägigen technischen Regelwerken, aber auch den weiteren Vereinbarungen der Parteien ergibt.[382]

§ 1 Abs. 3 räumt dem Auftraggeber ein **weitreichendes Anordnungsrecht** 294 ein, den bautechnischen Leistungsumfang abzuändern. Der Auftraggeber kann insoweit beispielsweise **Materialänderungen** anordnen, aber auch die vorgesehene **Ausführungsart.**

Umstritten ist jedoch, ob § 1 Abs. 3 auch **Anordnungen zu den Bauum-** 295 **ständen** und insbesondere zum zeitlichen Ablauf des Bauvorhabens ermöglicht. Nach den Vertretern einer sehr engen Auffassung sind unter dem Bauentwurf nur bautechnische Festlegungen zu verstehen, wie sich diese insbesondere aus den zugrunde liegenden Plänen und sonstigen Bestandteilen der Leistungsbeschreibung ergeben. Begründet wird dies unter anderem von Kapellmann mit dem Terminus „Entwurf". Dieser betrifft nach dessen Auffassung und dem seiner Ansicht nach eindeutigen Wortlaut nach nur die inhaltliche Gestaltung des Bauobjekts.[383] Nach der auch vertretenen weiteren Auffassung/Auslegung des Wortlauts des § 1 Abs. 3 gehören zu dem Anordnungsrecht des Auftraggebers auch die Bauumstände und damit auch die Bauzeit.[384] Die praktische Bedeutung dieses Streits ist jedoch überschaubar.

Selbst wenn § 1 Abs. 3 dem Auftraggeber das Recht zugesteht, **Anordnung** 296 **zur Bauzeit** zu treffen, unterliegt dieses jedoch engen Grenzen. Nämlich den Grenzen, die durch § 315 BGB bzw. durch Treu und Glauben gemäß § 242 BGB gezogen werden.[385] Anordnung zur Bauzeit dürfen also den Auftragnehmer nicht unzumutbar belasten. Die Verschiebung durch Anordnung des Auftraggebers der vertraglich vereinbarten Fristen und Termine muss sich in engen Grenzen halten. Anordnungen zu Beschleunigungsmaßnahmen, die der Verkürzung der Bauzeit bzw. der Ausführungsfristen des Auftragnehmers dienen, sind von dem Anordnungsrecht des § 1 Abs. 3 des Auftraggebers nach zutreffend herrschender Meinung nicht gedeckt.[386]

Eine Änderung des Bauentwurfs iSd § 2 Abs. 5 ist dann zu bejahen, wenn der 297 Auftraggeber nachträglich durch einseitige Anordnung das Bau-Soll, den technischen Leistungsteil oder nach der weiten Auffassung/Auslegung die Baubestände, ändert. Dies, indem er eine andere Art der Ausführung anordnet.

---

[382] Beck VOB/B/Althaus/Jansen § 2 Abs. 5 Rn. 16 f.; Messerschmidt/Voit/Leupertz Syst. Teil K Rn. 63.

[383] Kapellmann/Messerschmidt/Markus § 2 Rn. 352-355; Markus NJW 2007, 545; Kimmich BauR 2008, 263.

[384] Beck VOB/B/Althaus/Jansen § 2 Abs. 5 Rn. 18; Zanner/Keller NZBau 2004, 353, Ingenstau/Korbion/Keldungs § 1 Abs. 3 Rn. 7.

[385] Beck VOB/B/Althaus/Jansen § 2 Abs. 5 Rn. 18.

[386] Kapellmann/Messerschmidt/Markus § 2 Rn. 352 ff. mwN; auch Jansen der zwar auf der einen Seite grundsätzlich ein bauzeitliches Anordnungsrecht des Auftraggebers bejaht, verneint auf der anderen Seite ein Anordnungsrecht zu Beschleunigungsleistungen, vgl. hierzu Beck VOB/B/Althaus/Jansen § 2 Abs. 5 Rn. 21.

298 **Keine Anordnung** iSd § 2 Abs. 5 ist dann zu bejahen, wenn der Auftraggeber die ohnehin geschuldete Leistung abfordert. In diesen Fällen macht der Auftraggeber lediglich den **bereits bestehenden Herstellungsanspruch** geltend.[387] Keine Änderung des Bauentwurfs liegt ferner vor, wenn der Auftraggeber während der Ausführung die Beseitigung von Mängeln verlangt.[388]

299 Das geschuldete Bau-Soll ergibt sich nach § 1 Abs. 1 S. 1 aus dem Vertrag nebst alle dazugehörigen Vertragsbestandteile.[389] Die Abgrenzung der Änderung des Bauentwurfs iSd § 2 Abs. 5 von dem Abfordern der vom Auftragnehmer ohnehin geschuldeten Leistung ist also eine **Frage der Vertragsauslegung**.[390] Schwierigkeiten kann aber die Abgrenzung der geänderten Anordnung iSd § 1 Abs. 3, § 2 Abs. 5 von der Geltendmachung eines ohnehin bestehenden Anspruchs in denjenigen Fällen bereiten, in dem ein funktionsfähiges Werk nur in anderer Weise hergestellt werden kann, als im Vertrag dort im Leistungsverzeichnis etc. vorgesehen ist.

300 Nach dem **funktionalen Herstellungsbegriff** schuldet der Auftragnehmer ein mangelfreies und funktionsfähiges Werk, dass die vereinbarte Beschaffenheit aufweist und sich für die nach dem Vertrag vorausgesetzte bzw. gewöhnliche Verwendung eignet.[391] Die vorstehenden Anforderungen an das Werk des Auftragnehmers gelten auch dann, wenn die Angaben in der Leistungsbeschreibung etc. unvollständig oder ungeeignet sind, den vereinbarten Erfolg herbeizuführen. Der Auftragnehmer darf sich in solchen Fällen nicht darauf beschränken, lediglich die Leistungsbeschreibung abzuarbeiten. Der Auftragnehmer schuldet alles, was erforderlich ist, um den vereinbarten Leistungserfolg herbeizuführen. Diese Pflicht kann nach Jansen im Einzelfall soweit gehen, dass der Auftragnehmer von sich aus und ohne Anordnung des Auftraggebers verpflichtet ist, eine andere Art der Ausführung zu wählen, weil nur so der geschuldete Erfolg herbeigeführt werden kann.[392] Nach der hier vertretenen Auffassung ginge eine Pflicht des Auftragnehmers im Sinne der von Jansen vertretenen Auffassung zu weit. Vielmehr dürfte der Auftragnehmer in diesen Fällen (lediglich) verpflichtet sein, Bedenken gem. § 4 Abs. 3 anzuzeigen und sodann abzuwarten, wie der Auftraggeber sich positioniert.

301 In den Fällen, in denen es ein **Auseinanderfallen des bepreisten Bau-Solls und dem im Sinne des funktionalen Herstellungsbegriffs geschuldeten Bau-Solls** gibt, sind die Rechtsgrundlagen des Anspruchs des Auftragnehmers auf Anpassung der Vergütung und wie dieser konkret zu berechnen ist, unklar. Häufig wird § 2 Abs. 5 in diesen Fällen von der Rechtsprechung und der Literatur direkt angewendet. Dies ist problematisch, denn häufig liegt (gerade) keine Änderungsanordnung des Auftraggebers vor. Eine solche Anordnung ist jedoch auch nicht erforderlich, da es für die Frage, ob der Auftragnehmer für die geänderte Ausführung einen Anspruch auf Anpassung der Vergütung bzw. einen zusätzlichen Vergütungsanspruch geltend machen kann, maßgeblich ist, ob die geänderte Aus-

---

[387] Vgl. auch OLG Celle 31.1.2017 – 14 U 200/15, IBR 2017, 300.

[388] OLG Frankfurt a. M. 16.6.2011 – 18 U 35/10, NJW 2012, 863.

[389] BGH 20.12.2010 – VII ZR 77/10, NZBau 2011, 160; Clemm BauR 1989, 125; Kapellmann/Messerschmidt/Markus § 2 Rn. 345.

[390] Vgl. auch Beck VOB/B/Althaus/Jansen § 2 Abs. 5 Rn. 26.

[391] BGH NZBau 2000, 74; 2007, 243; BauR 2008, 344; Fuchs BauR 2009, 404; Leupertz BauR 2010, 273; einschränkend: Peters NZBau 2008, 609; Motzke NZBau 2011, 705.

[392] Beck VOB/B/Althaus/Jansen § 2 Abs. 5 Rn. 28.

Vergütung §2

führung nach dem Willen der Parteien von der bereits vereinbarten Vergütung umfasst und damit verpreist ist oder nicht. Dies ist über eine Vertragsauslegung zu bestimmen. Beim Einheitspreisvertrag sind nach dem Willen der Parteien durch die Vergütung in der Regel nur die Leistungen abgegolten, die nach der Leistungsbeschreibung, den besonderen Vertragsbedingungen etc. zur vertraglichen Leistung gehören. Die weitergehenden Leistungen zur Erbringung eines mangelfreien und funktionsfähigen Werks sind beim Einheitspreisvertrag nach § 1 Abs. 1 zwar geschuldet. Hingegen sind sie nicht nach § 2 Abs. 1 verpreist.

Der Auftragnehmer ist also zur Ausführung dieser Leistung verpflichtet. § 2 Abs. 5 ist insoweit – jedenfalls nicht direkt – nicht anwendbar.[393] Die Frage des Vergütungsanspruchs des Auftragnehmers ist in dieser Konstellation vielmehr über die Anwendung der zur ergänzenden Vertragsauslegung entwickelten Grundsätze zu lösen. Maßgeblich ist also, was die Parteien vereinbart hätten, hätten sie die **Lücke im Vertrag** rechtzeitig bemerkt. Beim Einheitspreisvertrag hätten sie für diese geänderte Leistung eine entsprechende und gegebenenfalls höhere Vergütung vereinbart. Es ist davon auszugehen, dass sie einen anderen Preis unter **Berücksichtigung der Mehr- und Minderkosten** vereinbart hätten. Der im Wege der ergänzenden Vertragsvermittlung zu ermittelnde neue Preis ist aber auf Grundlage der Vertragspreise grundsätzlich zu bestimmen. Wenn das Leistungsverzeichnis keine Anhaltspunkte für die Ermittlung eines neuen Preises in Ausnahmefällen gibt, dürfte es dem mutmaßlichen Willen der Parteien entsprechen, für die Berechnung des neuen Preises auf die übliche Vergütung bzw. den Marktpreis zurückzugreifen. 302

Die zur **ergänzenden Vertragsauslegung entwickelten Grundsätze** finden ferner Anwendung, wenn sich nach Vertragsschluss – aber vor Abnahme der Leistungen des Auftragnehmers – die anerkannten Regeln der Technik ändern. Denn für Mängelansprüche nach § 13 Abs. 1 kommt es auch bei einer **Änderung der anerkannten Regeltechnik nach Vertragsschluss** auf den Stand dieser Regeln und Zeitpunkt der Abnahme an.[394] Die Frage des Vergütungsanspruchs des Auftragnehmers für die Ausführung der Leistung nach den geänderten Regeln der Technik richtet sich nach den Grundsätzen zur ergänzenden Vertragsauslegung. Bei einer auftraggeberseitigen Detailplanung sind nach dem Willen der Parteien nur die im Vertragsbestandteil ausgeführten Leistungen verpreist. Weitergehende Leistungen sind hingegen gesondert zu vergüten. Änderungen in den anerkannten Regeln der Technik sind nicht von den Parteien antizipiert und also auch nicht verpreist. Dem Auftragnehmer steht in diesen Fällen ein entsprechender Vergütungsanspruch zu.[395] Jansen vertritt die Auffassung, dass bei einer auftragnehmerseitigen Detailplanung, bzw. einem Vertrag mit funktionaler Leistungsbeschreibung, dem Auftragnehmer kein Vergütungsanspruch in diesen Konstellationen zustünde.[396] Gegen diese Auffassung spricht, dass auch bei einer Detailplanung des Auftragnehmers oder einer funktionalen Leistungsbeschreibung nur der zum Zeitpunkt des Vertragsschlusses bekannte Stand der anerkannten Regeln der Technik bepreist ist. Denn der Auftragnehmer konnte und musste bei der Kalkulation die sich (eventuell) ändernden anerkannten Regeln der Technik nicht vorhersehen. Er hat mithin einen **Anspruch aus § 2 Abs. 5, 6,** wenn er die 303

---

[393] Beck VOB/B/Jansen § 2 Abs. 5 Rn. 29.
[394] BGH BauR 1998, 872; Leinemann/Schliemann § 13 Rn. 27.
[395] Vgl. Miernik BauR 2012, 151.
[396] Beck VOB/B/Althaus/Jansen § 2 Abs. 5 Rn. 33.

§ 2 VOB Teil B

Leistung entsprechend den geänderten anerkannten Regeln der Technik ausführt. Wobei auch hier der Auftraggeber zu entscheiden/anzuordnen hat, wie verfahren werden soll. Der Auftragnehmer ist nach der hier vertretenen Auffassung in diesen Fällen verpflichtet, Bedenken gem. § 4 Abs. 3 anzuzeigen und sodann abzuwarten, wie der Auftraggeber sich positioniert. Wenn der Auftraggeber die Ausführung gem. den geänderten anerkannten Regeln der Technik wünscht, handelt es sich um eine Anordnung iSd § 1 Abs. 3, 4 S. 1 und der entsprechenden Vergütungsfolge gem. § 2 Abs. 5, 6.

304 **2. Andere Anordnungen des Auftraggebers.** Gemäß dem Wortlaut erfasst § 2 Abs. 5 auch andere Anordnungen des Auftraggebers, die eine Änderung der bisherigen Preisgrundlagen herbeiführen. Was jedoch unter „anderer Anordnung" im Sinne von § 2 Abs. 5 zu verstehen ist, ist unklar. Dies gilt selbst dann, wenn er den Begriff des Bauentwurfs eng auslegt und Anordnungen zum zeitlichen Ablauf nicht darunter gefasst werden. Jedenfalls können andere Anordnungen nur solche sein, zu denen der Auftraggeber vertraglich berechtigt ist,[397] wobei die Berechtigung auch dann anzunehmen ist, wenn sich der Auftragnehmer nachträglich zustimmend auf eine Abänderung des Bau-Solls einlässt. Dabei müssen die anderen Anordnungen aber außerhalb des Bereichs des § 1 Abs. 3 liegen, weil es sich anderenfalls schon um Änderung des Bauentwurfs handeln würde. Hierfür bleibt auch bei einer **engen Auslegung des Begriffs „Bauentwurf"** wenig Spielraum. Bei einer **weiten Auslegung des Begriffs „Bauentwurf"** verengt sich der Spielraum für „andere Anordnungen" noch weiter gegen Null. Kniffka sieht deshalb kaum Anwendungsmöglichkeiten.[398] Kapellmann[399] wendet ein, dass vor diesem Hintergrund die weite Auslegung des Begriffs „Bauentwurf" nicht richtig sein kann. Denn anderenfalls bliebe für die Regelung betreffend das Anordnungsrecht für „andere Anordnung" kein Raum.[400] Keldungs versteht unter „andere Anordnung" zB eine Änderung der nach dem bisherigen Vertrag vorgesehenen bautechnischen oder baubetrieblichen Produktionsbedingungen, etwa die Änderung der bisher vorgesehenen Vollsperrung einer Straße in eine Teilsperrung.[401] Auch lärmmindernde Maßnahmen, die für den Auftragnehmer nicht erkennbar waren, weil sie erst durch spätere Maßnahmen des Auftraggebers erforderlich werden, fallen nach Keldungs unter diese Vorschrift.[402] Gleiches kann für, aufgrund einer späteren Anordnung, eingetretene erschwerte Transportbedingungen oder ähnliche Sachverhalte gelten.[403]

305 **3. Nicht zur Anordnung gehörende Maßnahmen des Auftraggebers.** Wenn ein Auftragnehmer auf die Unzweckmäßigkeit einer vom Auftraggeber erteilten Anordnung gemäß **§ 4 Abs. 1 Nr. 4 S. 1** hinweist und sich die Unzweckmäßigkeit bestätigt, so hat der Auftraggeber die dem Auftragnehmer daraus sich ergebenden Mehrkosten zu tragen. Anspruchsgrundlage ist insoweit § 4 Abs. 1 Nr. 4 S. 1 und nicht § 2 Abs. 5. In dem vorgenannten Fall werden die Kosten auch nicht auf Basis der Preisermittlungsgrundlagen ermittelt, sondern

---

[397] Beck VOB/B/Althaus/Jansen § 2 Abs. 5 Rn. 34.
[398] Beck VOB/B/Althaus/Jansen § 2 Abs. 5 Rn. 34; Kniffka BauR 2012, 417.
[399] Kapellmann/Messerschmidt/Markus § 2 Rn. 352 ff.
[400] Kapellmann/Messerschmidt/Markus § 2 Rn. 352 ff.
[401] Ingenstau/Korbion/Keldungs § 2 Abs. 5 Rn. 39.
[402] Ingenstau/Korbion/Keldungs § 2 Abs. 5 Rn. 39.
[403] Ingenstau/Korbion/Keldungs § 2 Abs. 5 Rn. 39.

Vergütung § 2

vielmehr hat der Auftragnehmer Anspruch auf **Ersatz der tatsächlich entstehenden Mehrkosten.** Kein Fall des § 2 Abs. 5 ist es ferner, wenn der Auftraggeber lediglich die sich aus § 3 Abs. 1–4, § 4 Abs. 1 Nr. 1 ergebenden oder die sonstigen vertraglichen Mitwirkungspflichten nicht rechtzeitig erfüllt.[404] Dann liegt ein Fall des § 6 vor und unter den Voraussetzungen des § 6 Abs. 1, Abs. 6 bzw. § 642 BGB steht dem Auftragnehmer dann ein Schadensersatz- oder Entschädigungsanspruch zu.[405]

IV. Rechtsfolge Preisanpassung bei Änderung der Preisgrundlagen

§ 2 Abs. 5 setzt für dessen Anwendung voraus, dass die Grundlagen des Preises für eine im Vertrag vorgesehene Leistung durch eine Anordnung des Auftraggebers geändert wurden. Damit wird klargestellt, dass kostenneutrale Anordnungen (naturgemäß) keinen Anspruch auf Vereinbarung eines neuen Preises auslösen. **306**

Wenn die in § 2 Abs. 5 aufgeführten Voraussetzungen vorliegen, haben sich die Parteien eines VOB-Vertrages verpflichtet, unter Berücksichtigung der Mehr- oder Minderkosten einen neuen Preis zu vereinbaren.[406] Die **Pflicht zur Vereinbarung eines neuen Preises** besteht auch dann, wenn sich die Änderungsanordnung des Auftraggebers lediglich auf die Bauzeit auswirkt. Denn § 2 Abs. 5 erfasst neben den **leistungsbezogenen auch die zeitabhängigen Kosten.**[407] **307**

Maßgeblicher Zeitpunkt für die neue Berechnung des Preises ist im Allgemeinen der Beginn der Ausführung der veränderten Leistung. Dies sind die dann maßgebenden Preisverhältnisse im Bereich des Eigenaufwandes des Auftragnehmers dh Löhne, Materialkosten, Kosten der Baustelle und Allgemeine Geschäftskosten. Dies ist sachgerecht, da die Leistungsänderung, auf die die Vergütungsänderung beruht, aus dem Bereich des Auftraggebers stammt und er auch das Risiko im Hinblick auf die Vergütung zu tragen hat.[408] Insbesondere muss er etwaige Mehrkosten beim **Eigenaufwand des Auftragnehmers** hinnehmen. Deshalb kann es auch nicht auf den Beginn der Ausführung vorgelagerten Zeitpunkt der Änderungsanordnung ankommen.[409] Die Berechnung des neuen Preises für die geänderte sowie auch für die zusätzliche Leistung gemäß § 2 Abs. 6 soll wie auch bei § 2 Abs. 3 nach den tatsächlich erforderlichen Kosten zzgl angemessenen Zuschlägen für Allgemeine Geschäftskosten, Wagnis und Gewinn erfolgen.[410] Wegen der Einzelheiten wird auf → Rn. 76 verwiesen. **308**

Auch bei § 2 Abs. 5 kann die vorkalkulatorische Preisfortschreibung wie unter → Rn. 131 beschrieben zur Darlegung der tatsächlich erforderlichen Kosten nebst angemessener Zuschläge genutzt oder als Vergütungsgrundlage wirksam individuell vereinbart werden.

---

[404] Ingenstau/Korbion/Keldungs § 2 Abs. 5 Rn. 42; OLG Düsseldorf BauR 1996, 115.
[405] Vgl. auch Leinemann/Kues/Thomas § 6 Rn. 5; Leinemann/Kues/Thomas § 642 Rn. 6 f.
[406] OLG Zweibrücken BauR 1995, 251.
[407] Ingenstau/Korbion/Keldungs § 2 Abs. 5 Rn. 43.
[408] Ingenstau/Korbion/Keldungs § 2 Abs. 5 Rn. 46.
[409] Ingenstau/Korbion/Keldungs § 2 Abs. 5 Rn. 46.
[410] OLG Köln BeckRS 2023, 45039; OLG Frankfurt IBRRS 2021, 3634; KG ZfBR 2018, 670; Retzlaff BauR 2024, 1279.

V. Vereinbarung des neuen Preises

309 § 2 Abs. 5 sieht vor, dass bei Vorliegen der dortigen Voraussetzung ein neuer Preis zu vereinbaren ist. Dies bedeutet jedoch nicht, dass die Parteien zur Vereinbarung eines neuen Preises verpflichtet sind, wenn sie übereinstimmend dies nicht wollen. Die Parteien können es also bei dem bisherigen Preis belassen.[411]

310 Ein neuer Preis gemäß § 2 Abs. 5 ist dann zu vereinbaren, wenn eine der Vertragsparteien den diesbezüglichen Preisänderungsanspruch geltend macht. Der Auftragnehmer wird entsprechend verfahren, wenn er eine Preiserhöhung beansprucht. Der Auftraggeber wird einen Preisänderungsanspruch fordern, wenn eine Minderung der Vergütung in Betracht kommt. Es können ebenso gut aber auch beide zugleich eine Preisänderung jeweils zu ihren Gunsten verlangen.[412]

311 Der **Preisanpassungsanspruch** gemäß § 2 Abs. 5 ist von der jeweiligen sich hierauf **berufenden Vertragspartei substantiiert zu begründen.** Mittels eines nachvollziehbaren Preisvergleiches sind die Mehr- oder Minderkosten nachzuweisen. Die lediglich Behauptung, der geforderte Preis sei angemessen oder üblich, reicht zur substantiierten Begründung des Anspruchs nicht aus.

312 Wenn eine der Parteien gemäß § 2 Abs. 5 begründet eine Preisanpassung verlangt, so wird der alte Preis unwirksam und verliert seine Gültigkeit. Es besteht **kein einseitiges Preisbestimmungsrecht** zugunsten derjenigen Partei, die das Preisanpassungsverlangen geltend macht. Vielmehr ist ein neuer Preis zwischen den Parteien zu vereinbaren, der Vertrag entsprechend zu ändern oder zu ergänzen.[413] Falls es zu keiner Einigung kommt, kann ein neuer Preis gemäß § 315 BGB durch einen Dritten als Schlichter nach billigem Ermessen festgesetzt werden. Voraussetzung hierfür ist, dass der Vertrag für diesen Fall eine entsprechende Regelung enthält, entweder in Form einer Schiedsgutachterklausel oder die Parteien dies nachträglich vereinbaren. Die praktisch relevantere Variante ist, falls es zu keiner gütlichen Einigung zwischen den Parteien kommt, dass der neue Preis durch eine gerichtliche Entscheidung festgesetzt wird.[414] Wenn das Preisanpassungsverlangen begründet ist, besteht hierauf **ein klagbarer Anspruch.** Der Auftragnehmer kann in diesen Fällen sogleich auf Zahlung klagen, wenn die Leistung bereits ausgeführt ist.

313 Gemäß § 2 Abs. 5 S. 2 soll die Preisvereinbarung über die geänderte Vergütung vor deren Ausführung getroffen werden. Die Preisvereinbarung muss mithin nicht vorher getroffen werden. Es besteht in der Rechtsprechung und in der Literatur Einigkeit darüber, dass die **Preisvereinbarung keine Voraussetzung für einen Vergütungsanspruch** nach § 2 Abs. 5 ist.[415] In der Praxis ist es regelmäßig so, dass die Preisvereinbarung gerade – dies aber meist zulasten des Auftragnehmers – nicht vor der Ausführung getroffen wird. Die Soll-Vorschrift des § 2 Abs. 5 empfiehlt die Einigung, um späteren Streitigkeiten vorzubeugen.

314 Einigung in Literatur und Rechtsprechung besteht zudem darüber, dass es **keine Ankündigungspflicht des Auftragnehmers** gibt, dass er einen Anspruch auf Vereinbarung eines neuen Preises aufgrund der Leistungsänderungsanordnung

---

[411] Beck VOB/B/Althaus/Jansen § 2 Abs. 5 Rn. 131; Leinemann/Leinemann § 2 Rn. 349.
[412] Vgl. auch Marbach ZfBR 1989, 2; Beck VOB/B/Althaus/Jansen § 2 Abs. 5 Rn. 131 f.
[413] BGH BauR 2000, 409; Beck VOB/B/Althaus/Jansen § 2 Abs. 5 Rn. 134.
[414] BGH NJW 1968, 1234; Beck VOB/B/Althaus/Jansen § 2 Abs. 5 Rn. 134.
[415] BGH NJW-RR 1991, 535; NJW 1968, 1234; OLG Frankfurt a. M. BauR 1986, 352; Leinemann NJW 1998, 3672; Leinemann/Leinemann § 2 Rn. 349.

Vergütung **§ 2**

hat.[416] Etwas anderes gilt nach Jansen jedoch in den Fällen, in denen der Auftraggeber erkennbar im Unklaren darüber ist, dass die Änderung des Bauentwurfs oder die sonstige Änderungsanordnung kostenmäßig nicht ohne Weiteres voraussehbare Folgen hat und der Auftraggeber bei ordnungsgemäßer Hinweiserteilung von der Durchsetzung der Anordnung Abstand genommen hätte.[417] Wenn der Auftragnehmer den Auftraggeber dann wieder besseren Wissens in dessen Glauben lässt, begeht der Auftragnehmer eine **Vertragsverletzung iSd § 280 Abs. 1 BGB** und macht sich schadensersatzpflichtig. Folge der Schadensersatzpflicht ist, dass er dann die aus der Änderung des Bauentwurfs/Änderungsanordnung folgenden Mehrvergütungsansprüche nicht geltend machen kann.[418]

Soweit die Änderung des **Bauentwurfs/Änderungsanordnung** für den Auftragnehmer **zugleich eine Behinderung** darstellt, wird unter anderem von Jansen vertreten, dass der Auftragnehmer dann auch zu einer Behinderungsanzeige verpflichtet wäre.[419] Anderenfalls würde der Auftragnehmer Gefahr laufen, seinen Anspruch auf Verlängerung der Ausführungsfristen gemäß § 6 Abs. 2 lit. a zu verlieren. Entsprechendes soll auch bei Verschulden des Auftraggebers in Bezug auf mögliche Schadensersatzansprüche betreffend etwaige Behinderungs- und Stillstandskosten nach **§ 6 Abs. 6** gelten.[420] Diese Auffassung überzeugt nicht. Denn eine Anordnung zu welcher der Auftraggeber gemäß § 1 Abs. 3 berechtigt ist, stellt keine Behinderung dar.[421] 315

VI. Umgang mit Nachlässen

Hinsichtlich der Frage, ob ein gewährter Nachlass auch bei der Berechnung von Nachträgen zu berücksichtigen ist, kann auf die Ausführungen unter → Rn. 113 verwiesen werden. 316

VII. Nachtragsbearbeitungskosten

Bei den Nachtragsbearbeitungskosten handelt es sich um Aufwendungen, die dem Auftragnehmer dadurch verursacht werden, dass bei der **Erstellung eines Nachtragsangebots** und der **Abwicklung der Nachtragsleistungen Bearbeitungskosten** entstehen. Es geht daher um den Kostenaufwand, der im Zusammenhang mit der Bearbeitung einer Bau-Soll-Bau-Ist-Abweichung anfällt. Folglich umfasst der Begriff der Nachtragsbearbeitungskosten den gesamten Planungs-, Koordinierungs- und Kalkulationsaufwand, der für die Ausführung der geänderten bzw. zusätzlichen Leistungen erforderlich ist. Zu den Nachbearbeitungskosten gehören in der Praxis somit die Vergütung desjenigen Aufwands für die Planung für die Nachtragsleistungen (Erstellung der Entwurfs-/Ausführungsplanung, Aufstellung Leistungsverzeichnis nebst Mengenermittlung), sogenannte **Nachtragserstellungskosten,** sowie der Aufwand für die **Verfolgung der Nachtragsvergütung** (Ermittlung und Verfolgung der Ansprüche gem. § 2 Abs. 5, 6, Erfassung 317

---

[416] BGH BauR 1978, 314; Beck VOB/B/Althaus/Jansen § 2 Abs. 5 Rn. 96.
[417] Beck VOB/B/Althaus/Jansen § 2 Abs. 5 Rn. 97.
[418] Beck VOB/B/Althaus/Jansen § 2 Abs. 5 Rn. 97.
[419] Beck VOB/B/Althaus/Jansen § 2 Abs. 5 Rn. 98.
[420] Pauly BauR 2012, 851.
[421] Vgl. Leinemann/Kues/Thomas § 6 Rn. 16.

der Kosten der geänderten und zusätzlichen Leistungen), genannt **Nachtragsverfolgungskosten.**[422]

318 Wobei der **Auftraggeber** gegenüber dem Auftragnehmer **grundsätzlich nicht gem. § 1 Abs. 3, Abs. 4 S. 1 die Planung der Nachtragsleistungen** (Erstellung der Entwurfs-/Ausführungsplanung, Aufstellung Leistungsverzeichnis nebst Mengenermittlung) **anordnen kann,** denn damit würde der Auftraggeber sonst den Grundsatz **"Wer einmal plant, plant immer"** durchbrechen und dem Auftragnehmer eine Planungsverantwortung übertragen können, die der Auftragnehmer nach dem Ursprungsvertrag gerade nicht übernommen hat. Dieses Grundverständnis deckt sich auf mit dem neuen gesetzlichen Leitbild des § 650b Abs. 1 S. 4 BGB,[423] welches auch für VOB/B-Verträge gilt. Dies selbst wenn die VOB/B als Ganzes vereinbart wurde. Wegen der näheren Einzelheiten betreffend die Regelungen des § 650b Abs. 1 S. 4 BGB wird auf die Ausführungen → § 2 Rn. 328 ff. verwiesen.

319 **1. Regelungen der VOB/B.** Bei der Beanspruchung von Nachtragsbearbeitungskosten in VOB-Verträgen ist hinsichtlich der Nachtragserstellungs- und Nachtragsverfolgungskosten zu unterscheiden.

320 **a) Nachtragsverfolgungskosten.** Entgegen früher vertretenen Ansichten, auch vom hiesigen Verfasser, hat der BGH mit Urteil vom 22.10.2020[424] entschieden, dass die Privatgutachterkosten zur Ermittlung der Vergütung von Änderungsleistungen im VOB-Vertrag **nicht nach der VOB/B** zu erstatten sind. Nunmehr auch vom Verfasser als zurecht erachtet, meint der BGH, dass der Auftraggeber mit der Änderungsanordnung nicht die Durchsetzung der auftragnehmerseitigen Ansprüche notfalls mittels eines Privatgutachtens begehrt.

321 Der BGH stellt im selben Urteil aber klar, dass solche Nachtragsverfolgungskosten, wie die Erstellung eines Privatgutachtens, als **materiell-rechtlicher Anspruch,** bspw. eines Schadensersatzanspruchs, im Rahmen der allgemeinen Grundsätze über Rechtsverfolgungskosten in Betracht kommt, aber vom **prozessualen Kostenersatzanspruch** verdrängt wird, sofern ein Prozess geführt wird oder geführt worden ist. Dieser Vorrang des prozessualen Kostenersatzanspruchs gilt nicht bei solchen Aufwendungen, die zur Abwendung des Rechtsstreits dienen:

322 *"In solchen Fällen, in denen neben dem materiell-rechtlichen Kostenerstattungsanspruch ein sich mit ihm deckender, im Kostenfestsetzungsverfahren verfolgbarer prozessualer Erstattungsanspruch besteht, ist stets zu prüfen, ob für die selbstständige Geltendmachung des (materiell-rechtlichen) Anspruchs ein Rechtsschutzbedürfnis vorhanden ist. Dieses wird in der Regel zu bejahen sein, wenn die vorprozessual entstandenen Aufwendungen, mögen sie auch aus nachträglicher Sicht im Ergebnis der Vorbereitung eines Rechtsstreits gedient haben, primär zu dessen Abwendung bestimmt waren"*[425]

323 **b) Nachtragserstellungskosten.** In der vorzitierten Rechtsprechung wurde das Thema der **Nachtragserstellungskosten nicht behandelt.**[426] Vielmehr erschließt sich im Umkehrschluss aus dem Urteil, dass die Kosten zur **Nachtrags-**

---

[422] So beispielhaft als einer von vielen: Marbach BauR 2003, 1794 (1796).
[423] Leinemann/Kues/Leinemann/Kues § 650b Rn. 137.
[424] BGH NZBau 2021, 24.
[425] BGH NZBau 2021, 24.
[426] Mund NZBau 2024, 71.

erstellung nach § 2 Abs. 5 VOB/B zu vergüten sind, indem die Kosten dessen auf die Änderungsanordnung zurückzuführen sind. Der Auftraggeber begehrt mit der Anordnung auch entsprechende Planungs-, Koordinierungs- und Kalkulationsleistungen, die der Umsetzung, nicht der Verfolgung, der Änderungsanordnung dienen.[427]

Nach einer Gegenauffassung in der Literatur handelt es sich bei Nachträgen 324 lediglich um (Preis-)Angebote, deren Kosten nach § 632 Abs. 3 BGB im Zweifel nicht vergütet würden.[428] Diese Ansicht verkennt jedoch, dass § 632 Abs. 3 BGB auf den VOB-Vertrag keine Anwendung findet.[429]

Nachtragserstellungskosten sind somit als **Einzelkosten der Teilleistung** 325 gesondert zu erfassen und fließen als eigener Nachtragsrechnungsposten, zB bei Lohnkosten oder auch Gutachterkosten, in den Preis der Nachtragsleistung ein. Sie sind als Quasi-Einzelkosten der Teilleistung abzurechnen.[430]

Auch **§ 2 Abs. 9 Nr. 1** wird als **mögliche Anspruchsgrundlage** für die 326 Erstattung der Nachtragsbearbeitungskosten vertreten. Danach ist der Aufwand für die Beschaffung von Zeichnungen, Berechnungen oder andere Unterlagen gesondert zu vergüten. Teilweise wird das Bestehen dieses Anspruches in Bezug auf Kalkulationskosten und Kosten der Aufstellung von Leistungsverzeichnissen abgelehnt. Dies jedoch ohne eingehende Begründung.[431] Dieser Auffassung hat der BGH aber eine Absage erteilt.[432]

Die Berechnung der Ansprüche der Höhe nach des Auftragsnehmers für Pla- 327 nungsleistungen als Teil der Nachtragsbearbeitungskosten würde sich dann an der HOAI orientieren, da die Leistungen vom Besteller grundsätzlich nicht angeordnet werden können, siehe Ausführungen → § 2 Rn. 337 ff. Der Auftragnehmer ist somit auch nicht insoweit an eine Kalkulation gebunden. Die Berechnung der Ansprüche für die Nachtragskalkulation/Nachtragsverfolgungskosten erfolgt auf Basis der Urkalkulation.

2. Regelungen des BGB zur Planung der Nachtragsleistung. Die soeben 328 dargelegten Grundsätze und Unterscheidungen sind auch in Bezug auf reine BGB-Verträge anzuwenden. Auch hier sind die Nachtragsverfolgungskosten im Rahmen des materiell-rechtlichen oder prozessual-rechtlichen Kostenanspruchs auszugleichen. Hinsichtlich der Nachtragserstellungskosten sind aber nachfolgende Besonderheiten zu beachten.

Gem. den Regelungen des BGB und damit dem seit dem 1.1.2018 klar 329 formulierten **gesetzlichen Leitbild** ist der Auftragnehmer zwar zur Erstellung eines **Angebots über die Mehr- oder Mindervergütung** verpflichtet, wenn der **Auftraggeber die für die Änderung erforderliche Planung vorgenommen und dem Auftragnehmer zur Verfügung gestellt hat,** sofern der Auftraggeber die Verantwortung für die Planung des Bauwerks oder der Außenanlage trägt, § 650b Abs. 1 S. 4 BGB. Voraussetzung für die Pflicht des Auftragnehmers, das Angebot vorzulegen, ist mithin, dass der Auftraggeber zunächst die entsprechende Planung vorlegt. Wenn der Auftraggeber die Planung entgegen seiner gesetzlichen Verpflichtungen **nicht vorlegt,** ist der Auftragneh-

---

[427] vgl. Kapellmann/Messerschmidt/Markus § 2 Rn. 460.
[428] Weise NJW Spezial 2007, 444.
[429] S. auch Jahn/Klein NZBau 2013, 474.
[430] Jahn/Klein NZBau 2013, 476.
[431] Vgl. Jahn/Klein NZBau 2013, 474.
[432] BGH NZBau 2021, 24.

mer auch **nicht verpflichtet,** dem Auftraggeber die Kosten für die begehrte Änderung **zu beziffern.**

330 **a) Grundsatz: Wer einmal plant, plant immer.** Die Regelung in § 650b Abs. 1 S. 4 BGB geht als Grundlage für das Angebot über die Mehr- oder Mindervergütung von dem von Jansen[433] formulierten Grundsatz aus **„Wer einmal plant, plant immer".**[434]

331 In dem Gesetzentwurf der Bundesregierung, wie auch in der Gesetzesbegründung, finden sich zu diesem Aspekt keine weitergehenden Erläuterungen.[435] Aus § 650b Abs. 1 S. 4 BGB und der dortigen Formulierung „für die Änderung erforderliche Planung" folgt, dass man davon ausgehen muss, dass der Grundsatz „Wer einmal plant, plant immer" im Gesetz umgesetzt werden sollte. Dies bedeutet, dass diejenige Vertragspartei die Planung als Grundlage des Angebots zu erstellen hat, die auch die Planung für den ursprünglichen Vertrag vorgenommen hat. Diese Verantwortlichkeit für die Planung entspricht auch der Systematik, die zu VOB/B-Verträgen entwickelt wurde. In § 650b BGB wurde keine andere, jedenfalls keine weitergehende Regelung zur Planung der Änderung getroffen. Deshalb liegt es nahe, dass mit der **„für die Änderung erforderlichen Planung"** – obgleich unterschiedliche Planungssachverhalte vorliegen (nämlich für das ursprüngliche Leistungssoll und für die Änderung) – auch die Aufgabenverteilung für die Planung der Änderung erfolgt. Diese vermeintlich stringent zugewiesene Planungsverantwortung ist umsetzbar, wenn nur eine der beiden Vertragsparteien die Planung vor Vertragsschluss erstellt hat. Wenn aber, wie häufig in der Praxis, nicht nur eine der beiden Vertragsparteien die Planungsverantwortung in diesem Sinne trägt und auch keine rein funktionale Leistungsbeschreibung vorliegt, kann die Erstellung der Planung unter Berücksichtigung des oben genannten Grundsatzes gerade nicht ausnahmslos nur einer Vertragspartei zugewiesen werden. Dies betrifft sowohl die Planung für das Angebot wie auch für die Ausführung der Änderung. Gleiches gilt für die Sachverhalte, in denen ein Vertrag zwar auf Basis einer **funktionalen Leistungsbeschreibung** geschlossen wurde, der Auftraggeber aber nach Abschluss des Vertrages trotzdem in Teilen die Ausführungsplanung zu erbringen hat, oder wenn der Auftraggeber die Leistung vor Vertragsschluss detailliert geplant und beschrieben hat, der Auftragnehmer aber durch den Vertrag verpflichtet wird, die weiterführende Ausführungsplanung zu erstellen. In derartigen Fällen wird entweder die bisherige Verteilung der Planungsverantwortung auch bei der Planung für das Nachtragsangebot fortgeführt oder es hat nur noch eine Partei die Planung für das Angebot vorzunehmen. Vor diesem Hintergrund ist in der Praxis wie folgt zu differenzieren:

332 **b) Alleinige Planungsverantwortung des Auftraggebers.** Weder aus dem Gesetz selbst noch aus den Gesetzgebungsmaterialien ergibt sich eindeutig, was unter Planungsverantwortung genau zu verstehen ist. In der Gesetzesbegründung zu § 650b Abs. 1 S. 4 BGB wird ausgeführt, dass mit dieser Regelung dem Umstand Rechnung getragen wird, dass der Auftragnehmer nach dem Änderungsbegehren des Auftraggebers erst dann ein Angebot über die Mehr-

---

[433] vgl. Beck VOB/B/Kues § 1 Abs. 3 Rn. 31.
[434] vgl. auch DLOPS/Oberhauser § 2 Rn. 72; Leinemann/Kues/Leinemann/Kues § 650b Rn. 138.
[435] Leinemann/Kues/Leinemann/Kues § 650b Rn. 139; BT-Drs. 18/8486.

oder Mindervergütung erstellen kann, wenn er die konkret vorgesehene, geänderte Leistung auf Basis der entsprechenden Planung kennt.[436] Die gesetzliche Regelung im Hinblick auf die Planungsverantwortung ist mithin so zu verstehen, dass mit **Planungsverantwortung die vertragliche Regelung der Parteien gemeint ist, wer die Planung der entsprechenden Leistungen zu erbringen hat.** Maßgeblich ist für die etwaige spätere Pflicht des Auftragnehmers zur Ausführung der geänderten Leistung, wer die Ausführungsplanung sowie die daraus abgeleitete Mengenermittlung nebst Leistungsbeschreibung gemäß Leistungsphasen 5 und 6 der HOAI zu erbringen hat. Wenn der Auftraggeber diese Leistung nach den ursprünglichen vertraglichen Abreden zu erbringen hatte, so ist er auch verpflichtet, sein Änderungsbegehren zu planen und die damit verbundenen Mengen zu ermitteln. Die Planung muss die Qualität haben, dass der Auftragnehmer ohne umfangreiche Vorarbeiten die Mehr- und Minderkosten sicher ermitteln kann.[437]

c) **Planungsverantwortung des Auftragnehmers.** Die Planungsverantwor- 333
tung kann auch vollständig beim Auftragnehmer liegen. In der Praxis sind dies in der Regel diejenigen Fälle, in denen der Auftragnehmer neben der Bauausführung auch die entsprechende Planung des Bauvorhabens übernommen hat. Eine vollständige Planungsverantwortung des Auftragnehmers kann in Einzelfällen auch durch Individualvereinbarung dergestalt erfolgen, dass der **Auftragnehmer die Verantwortung auch für eine vom Auftraggeber bereitgestellte Planung übernommen hat.**[438] Der Auftragnehmer kann also **die Planungsverantwortung als Folge einer eigenen Leistungspflicht bzw. Obliegenheit** oder aufgrund einer vertraglichen Vereinbarung tragen.

Wenn der Auftragnehmer die Planungsverantwortung übernommen hat und 334
der Auftraggeber in diesen Konstellationen ein Änderungsbegehren äußert, ist für die weiteren Rechtsfolgen danach zu unterscheiden, ob die Änderung zur Erreichung des vereinbarten Werkerfolgs iSd § 650b Abs. 1 S. 1 Nr. 2 BGB notwendig ist oder es sich um eine Änderung des vereinbarten Werkerfolgs nach § 650b Abs. 1 S. 1 Nr. 1 BGB handelt.

Wenn der Auftraggeber in dieser Konstellation die Änderung des vereinbarten 335
Werkerfolgs begehrt, so bleibt es bei dem Grundsatz des § 650b Abs. 1 S. 2 BGB, wonach der Auftragnehmer ein Angebot über die Mehr- oder Mindervergütung vorzulegen hat, die mit der gewünschten Änderung verbunden ist. Der Unterschied zu dem Fall des § 650b Abs. 1 S. 4 BGB besteht darin, dass die Ausführungsplanung nebst Mengenermittlung und Leistungsbeschreibung vom Auftragnehmer im Rahmen seiner Gesamtverantwortung für die Planung selbst zu erstellen und nicht vom Auftraggeber vorzulegen ist. Die dem Auftragnehmer in dieser Konstellation entstehenden Kosten für die Planung hat der Auftraggeber zu tragen und dem Auftragnehmer zu vergüten.

Bei einer Änderung, die zur Erreichung des vereinbarten Werkerfolgs notwen- 336
dig ist, handelt es sich in der vom Gesetzgeber adressierten Konstellation der alleinigen Planungsverantwortung des Auftragnehmers um die Korrektur eines vom Auftragnehmer zu verantwortenden **Planungsmangels.** Für diesen Fall folgt

---

[436] Leinemann/Kues/Leinemann/Kues § 650b Rn. 139; BT-Drs. 18/8486.
[437] Dieser Grundsatz ergibt sich bei öffentlichen Aufträgen aus § 7 VOB/A, ist aber auch für Bauverträge unter Privaten sinngemäß anwendbar; vgl. auch Leinemann/Kues/Leinemann/Kues § 650b Rn. 140.
[438] vgl. auch LBDL/Langen § 650b Rn. 45.

aus § 650b Abs. 1 S. 5 BGB sowie § 650c Abs. 1 S. 2 BGB, dass dem Auftragnehmer kein geänderter Vergütungsanspruch zusteht und sich dessen Angebot folglich nur auf die begehrte Leistungsänderung als solche beziehen muss.[439] Im Rahmen des Angebots über die Leistungsänderung als solche muss der Auftragnehmer dem Auftraggeber einen Weg aufzeigen, der zur Herbeiführung des vereinbarten Werkerfolgs geeignet ist. Die gegenteilige Auffassung, nach der der Auftragnehmer dem Auftraggeber verschiedene Möglichkeiten aufzeigen müsse und das Auswahlrecht beim Auftraggeber liege, überzeugt nicht. Vielmehr dürfte hier das **Leistungsbestimmungsrecht** des Auftragnehmers aus § 315 BGB vorgehen. Dem Auftragnehmer können im Übrigen natürlich auch bei vollständig eigener Planungsverantwortung Kosten im Rahmen der **Korrektur der Planung** entstehen, die der Auftraggeber tragen muss, wenn er diese auch bei einer von Anfang an ordnungsgemäßen Planung des Auftragnehmers hätte tragen müssen.[440] Die Kostentragungspflicht des Auftraggebers umfasst in diesen Fällen diese **Sowieso-Kosten**. Hieraus folgt, dass § 650b Abs. 1 S. 5 BGB dahingehend einschränkend auszulegen ist, dass dem Auftragnehmer trotz einer von ihm übernommenen, alleinigen Planungsverantwortung ein Vergütungsanspruch hinsichtlich der Mehrkosten auch bei von Anfang an ordnungsgemäßer Planung zustehen kann. In diesem Fall muss der Auftragnehmer im Rahmen des Änderungsangebots die vom Auftraggeber zu tragenden Sowieso-Kosten gemäß den Vorgaben des § 650c BGB beziffern.[441]

337 **d) Geteilte Planungsverantwortung zwischen Auftraggeber und Auftragnehmer.** Die Planungsverantwortung ist in der Praxis häufig zwischen Auftraggeber und Auftragnehmer geteilt. Hierauf wurde bereits im Gesetzgebungsverfahren hingewiesen.[442] Praxisrelevant sind insbesondere diejenigen Fälle, in denen der Auftraggeber selbst oder durch seine Erfüllungsgehilfen, Architekten und Ingenieure, die Leistungsphasen 1 bis 4 der HOAI erbringt, während der vom Auftraggeber später beauftragte Auftragnehmer die Erstellung der Ausführungsplanung gemäß Leistungsphase 5 HOAI sowie die daraus abgeleitete Mengenermittlung nebst Leistungsbeschreibung gemäß Leistungsphase 6 HOAI übernimmt und sodann auf dieser Basis die Erstellung des Bauwerks oder der Außenanlage schuldet.[443] In diesen Konstellationen bedarf § 650b Abs. 1 S. 4 BGB einer entsprechenden Auslegung, unter Anwendung des bereits erwähnten Grundsatzes „wer einmal plant, plant immer". Mithin ist hier von einer Verlängerung der jeweiligen Planungszuständigkeit in die Vertragsabwicklungs-/Ausführungsphase auszugehen. Daraus folgt, dass bei solchen Konstellationen eine für ein Änderungsbegehren erforderliche Entwurfsplanung, ggf. auch eine behördliche Nachtragsgenehmigung, vom Auftraggeber vorzulegen ist. Auf dieser Basis hat dann der Auftragnehmer die Fortschreibung der Ausführungsplanung, einschließlich der Erstellung der Leistungsbeschreibung nebst Mengenermittlung und Leistungsverzeichnis im Sinne der Leistungsphasen 5 und 6, zu erbringen. Denn nur so ist sichergestellt, **dass jeder Vertragspartner seinen ursprünglichen Anteil der**

---

[439] DLOPS/Oberhauser § 2 Rn. 71; L/B/DL/Langen § 650b Rn. 47; Leinemann/Kues/Leinemann/Kues § 650b Rn. 144.
[440] BGH BauR 1993, 722; 2010, 1583.
[441] Leinemann/Kues/Leinemann/Kues § 650b Rn. 141; LBDL/Langen § 650b Rn. 48.
[442] Leinemann/Kues/Leinemann/Kues § 650b Rn. 145; BT-Drs. 18/8486.
[443] vgl. Abel/Schönfeld BauR 2018, 1 (4 f.); Leinemann/Kues/Leinemann/Kues § 650b Rn. 145.

Vergütung **§ 2**

Planungsverantwortung auch fortführt. Erst wenn dann der Auftraggeber den Änderungsentwurf vorlegt, ist der Auftragnehmer seinerseits zur Erstellung einer Ausführungsplanung nebst etwaig erforderlicher Mengenermittlung und Leistungsbeschreibung verpflichtet, um dann auf dieser Basis das Angebot über die Mehr- und Minderkosten für die vom Änderungsbegehren umfassten Leistungen zu erstellen. Wenn die vom Auftraggeber zunächst beizubringenden Unterlagen nicht vorliegen, fehlen die Grundlagen für das vom Auftragnehmer vorzulegende Angebot mit der Folge, dass die gesetzliche Frist von 30 Tagen zur Herbeiführung der Einigung nicht zu laufen beginnt. In der weiteren Folge bedeutet dies, dass dem Auftraggeber nach Ablauf der 30 Tage auch kein Anordnungsrecht iSd § 650b BGB zusteht. Um in solchen Fällen Rechtssicherheit zu schaffen ist dem **Auftragnehmer indes anzuraten,** nach einem etwaigen Änderungsbegehren des Auftraggebers die **Notwendigkeit der Vorlage der vom Auftraggeber beizubringenden Planung hinzuweisen und Behinderung anzuzeigen.**

Für den Mehraufwand bei der Erstellung der Planung können dem Auftragnehmer in dieser Konstellation ebenfalls Vergütungsansprüche zustehen. Es gelten die oben dargestellten Grundsätze im Zusammenhang mit der alleinigen Planungsverantwortung des Auftragnehmers entsprechend. **338**

e) Zusammenfassung Nachtragsbearbeitungskosten. Die Nachtragserstellungskosten des Auftragnehmers hat der Auftraggeber entsprechend der ursprünglichen Planungsverteilung zu erstatten. Weder die Nachtragserstellungskosten noch die Nachtragsverfolgungskosten sind Gegenstand der vom Auftragnehmer kalkulierten Hauptvertragsleistungen. Insbesondere sind diese naturgemäß **nicht Gegenstand der vom Auftragnehmer kalkulierten AGK oder BGK,** da der Auftragnehmer bei Kalkulation und Angebotsabgabe nicht kannte. **339**

Der Auftraggeber kann gegenüber dem Auftragnehmer grundsätzlich nicht gem. § 1 Abs. 3, Abs. 4 S. 1 die Planung der Nachtragsleistungen (Erstellung der Entwurfs-/Ausführungsplanung, Aufstellung Leistungsverzeichnis nebst Mengenermittlung) anordnen, denn damit würde der Auftraggeber sonst den Grundsatz „Wer einmal plant, plant immer" durchbrechen dem Auftragnehmer eine Planungsverantwortung übertragen können, die der Auftragnehmer nach dem Ursprungsvertrag gerade nicht übernommen hat. Dieses Grundverständnis deckt sich auch mit dem neuen gesetzlichen Leitbild des § 650b Abs. 1 S. 4 BGB,[444] welches auch für VOB/B-Verträge gilt. Dies selbst wenn die VOB/B als Ganzes vereinbart wurde. Wenn der Auftragnehmer gleichwohl entsprechende Leistungen erbringt, hat der Auftraggeber diese gem. § 2 Abs. 5, 6 oder 9 dem Grunde nach zu vergüten. **340**

Die **Berechnung der Ansprüche der Höhe nach** des Auftragnehmers für Planungsleistungen als Teil der Nachtragsbearbeitungskosten orientiert sich an der **HOAI,** da die Leistungen vom Besteller grundsätzlich nicht angeordnet werden können. Der Auftragnehmer ist somit auch nicht insoweit an seine Kalkulation gebunden. **341**

Die Nachtragsverfolgungskosten können auch im BGB-Vertrag lediglich über den materiell-rechtlichen oder prozessual-rechtlichen Kostenerstattungsanspruch ausgeglichen werden.[445] **342**

---

[444] Leinemann/Kues/Leinemann/Kues § 650b Rn. 137.
[445] vgl. § 2 Rn. 320.

§ 2

VOB Teil B

VIII. Leistungsverweigerungsrecht des AN wegen vergaberechtswidrig beauftragter Auftragserweiterungen nach § 132 GWB

343 Mit Inkrafttreten der Vergaberechtsmodernisierung seit dem 18.4.2016 ist durch § 133 GWB nF ein bisher nicht existierendes Kündigungsrecht für bestehende Verträge mit öffentlichen Auftraggeber geschaffen worden, das auch eine Ergänzung von § 8 mit sich gebracht hat. Das wirft die Problematik auf, wie der Auftragnehmer eines nach einem förmlichen Vergabeverfahren zustande gekommenen Bauvertrags mit der Situation umgehen soll, wenn vom Auftraggeber in erheblichem Umfang zusätzliche und/oder geänderte Leistungen gefordert werden, die nach Art und Umfang das besondere Kündigungsrecht des Auftraggebers nach § 133 GWB auslösen könnten. Zur Beurteilung dieser Frage muss zunächst das neue Kündigungsrecht betrachtet werden.

344 Nach § 133 Abs. 1 Nr. 1 GWB können öffentliche Auftraggeber einen nach europaweitem Vergabeverfahren abgeschlossenen Vertrag während der Vertragslaufzeit kündigen, wenn eine wesentliche Änderung vorgenommen wurde, die nach den Kriterien von § 132 GWB ein neues Vergabeverfahren erfordert hätte. § 132 GWB zählt Beispiele für wesentliche Änderungen auf. Sie liegen vor, wenn
1. mit der Änderung Bedingungen eingeführt werden, die, wenn sie für das ursprüngliche Vergabeverfahren gegolten hätten,
   a) die Zulassung anderer Bewerber oder Bieter ermöglicht hätten,
   b) die Annahme eines anderen Angebotes ermöglicht hätten oder
   c) das Interesse weiterer Teilnehmer am Vergabeverfahren geweckt hätten,
2. mit der Änderung das wirtschaftliche Gleichgewicht des öffentlichen Auftrags zu Gunsten des Auftragnehmers in einer Weise verschoben wird, die im ursprünglichen Auftrag nicht vorgesehen war,
3. mit der Änderung der Umfang des öffentlichen Auftrags erheblich ausgeweitet wird oder
4. ein neuer Auftragnehmer, den Auftragnehmer in einer anderen als den in Absatz 2 S. 1 Nr. 4 vorgesehenen Fällen ersetzt.

345 Damit sind typische, im üblichen Rahmen erfolgende Auftragswerthöhungen in Bauverträgen, wie beispielsweise die Wahl teurerer Ausstattungsgegenstände, teurerer Baustoffe oder aber auch Mehrleistungen, die ein unerwartet schwieriger Baugrund erfordert, grundsätzlich nicht als wesentliche Änderungen einzustufen.[446] Sie hätten, selbst wenn sie bereits zum Vergabezeitpunkt bekannt gewesen wären, keine wettbewerbliche Auswirkung gehabt und auch keine anderen Bieter angezogen. Dann besteht auch kein Kündigungsrecht des AG nach § 133 GWB bzw. § 8 Abs. 3.

346 Änderungen eines öffentlichen Auftrags sind nach § 132 Abs. 2 GWB immer zulässig, wenn bereits im ursprünglichen Vertrag entsprechende Regelungen (Optionen) enthalten sind. Das ist aber bei Nachträgen meist nicht der Fall. Von einer nicht wesentlichen und damit zulässigen Vertragsänderung ist gemäß § 132 Abs. 2 GWB auch dann auszugehen, wenn

2. zusätzliche Liefer-, Bau- oder Dienstleistungen erforderlich geworden sind, die nicht in den ursprünglichen Vergabeunterlagen vorgesehen waren, und ein Wechsel des Auftragnehmers (a) aus wirtschaftlichen oder technischen Gründen nicht erfolgen kann und (b)

---

[446] Leinemann, Die Vergabe, 7. Aufl., Rn. 175; ähnl. Ziekow VergabeR 2016, 278 (282).

Vergütung **§ 2**

mit erheblichen Schwierigkeiten oder beträchtlichen Zusatzkosten für den öffentlichen Auftraggeber verbunden wäre,
3. *die Änderung aufgrund von Umständen erforderlich geworden ist, die der öffentliche Auftraggeber im Rahmen seiner Sorgfaltspflicht nicht vorhersehen konnte, und sich aufgrund der Änderung der Gesamtcharakter des Auftrags nicht verändert.*
In diesen Fällen darf der Preis um nicht mehr als 50 Prozent des Wertes des ursprünglichen Auftrags erhöht werden. Bei mehreren aufeinander folgenden Änderungen des Auftrags gilt diese Beschränkung für den Wert jeder einzelnen Änderung, sofern die Änderungen nicht mit dem Ziel vorgenommen werden, die Vorschriften dieses Teils zu umgehen.

Damit sind die typischen Nachträge im Bauvertrag erfasst, die der Auftraggeber **347** gemäß § 1 Abs. 3 und Abs. 4 anordnen darf und die zu Mehrvergütungsansprüchen nach § 2 Abs. 5 und Abs. 6 führen. Bei solchen Änderungen kann meist auch aus wirtschaftlichen oder technischen Gründen im laufenden Projekt kein Wechsel des Auftragnehmers erfolgen. Zumindest wäre dies mit erheblichen Schwierigkeiten oder beträchtlichen Zusatzkosten für den Auftraggeber verbunden. Weil diese Änderungsmöglichkeiten nach der gesetzlichen Formulierung „unbeschadet des § 132 Abs. 1 GWB" gelten, kann es sich dabei auch um „wesentliche" Änderungen des Vertrags handeln. Nach § 132 Abs. 5 GWB muss der Auftraggeber allerdings die Beauftragung solcher Nachträge im EU-Amtsblatt bekannt machen. Dabei handelt es sich um eine deklaratorische Bekanntmachung. Sie schützt die Beteiligten davor, dass ein Dritter (potenzieller Bieter) eine Unwirksamkeit des Vertrags nach § 135 Abs. 1 GWB erfolgreich durch einen Nachprüfungsantrag geltend machen kann. Für die 50 %-Grenze kommt es nach dem eindeutigen Wortlaut des letzten Satzes von § 132 Abs. 2 GWB nur auf den einzelnen Nachtrag an; es können somit auch mehrere Nachträge zulässigerweise beauftragt werden, die in Summe mehr als 50 % der Auftragssumme ausmachen, solange keiner davon für sich 50 % überschreitet.[447] Die 50 %-Grenze gilt nicht für Sektorenauftraggeber wie zB die Deutsche Bahn, so § 142 Nr. 3 GWB. Dort können also noch höhere Nachträge beauftragt werden. Allerdings bleibt es auch hier bei der Bekanntmachungspflicht.

Nach der eigenständigen Regelung des § 132 Abs. 3 GWB kann ein Auftrag **348** ohne neues Vergabeverfahren zulässigerweise geändert werden, wenn sich sein Gesamtcharakter nicht ändert und der Wert der Änderung bei Bauaufträgen nicht mehr als 15 % des ursprünglichen Auftragswerts beträgt. Zusätzlich darf die Änderung den Schwellenwert für Bauaufträge nach § 106 GWB (5.225.000 EUR) nicht überschreiten. Dann ist kein neues Vergabeverfahren erforderlich und es entsteht auch kein Kündigungsrecht des AG.

Kommt es im Einzelfall jedoch zu einer Überschreitung der Wertgrenzen oder **348a** zu Änderungen, die von vornherein als „wesentlich" anzusehen sind, kann der Auftraggeber (nicht der Auftragnehmer!) nach § 133 Abs. 1 GWB kündigen. Dem Auftragnehmer steht aus diesem Grund kein Kündigungsrecht zu. Voraussetzung einer zulässigen Kündigung durch den Auftraggeber ist, dass eine – wesentliche – Änderung vorgenommen wurde, die nach § 132 GWB ein neues Vergabeverfahren erfordert hätte und dass keine der Ausnahmen vorliegt. Faktisch kann damit ein öffentlicher AG selbst durch die Anordnung von Nachtragsleistungen eine wesentliche Vertragsänderung im Rechtssinne herbeiführen und damit ein sonst nicht bestehendes Kündigungsrecht begründen. Selbst wenn er nicht kündigt,

---

[447] Ziekow VergabeR 2016, 278 (287); Leinemann, Die Vergabe, 7. Aufl., Rn. 175.

§ 2

aber jegliche Bekanntmachung der Auftragswerterhöhung unterlässt, trägt der AN das volle Risiko einer möglichen Unwirksamkeit des gesamten Bauvertrags nach § 135 GWB, ohne dass er eine Heilungsmöglichkeit hätte. Der Auftragnehmer führt in solchen Situationen die Arbeiten bereits aus und dennoch kann der Auftraggeber nach dem Gesetzeswortlaut jederzeit den gesamten Vertrag kündigen.[448] Kommt es aber zu solch einer Kündigung, gilt dafür § 133 Abs. 2 GWB. Danach kann der Auftragnehmer nur seine bisher erbrachten Leistungen abrechnen, mehr jedoch nicht. Entgangene Allgemeine Geschäftskosten, Wagnis und Gewinn erhält der Auftragnehmer nicht mehr.

348b Damit stellt sich die Frage, ob dem Auftragnehmer in dieser Situation nicht ein „umgekehrtes Leistungsverweigerungsrecht" aus § 242 BGB zustehen muss. Er bekommt hier zwar Nachträge beauftragt, sie sind aber vertragsrechtlich nach Grund und Höhe nicht „sicher". Der Auftragnehmer kann nicht zuverlässig beurteilen, ob diese vielleicht eine erneute Ausschreibungspflicht des Auftraggebers begründen und deshalb mindestens nach § 132 Abs. 5 GWB im EU-Amtsblatt bekannt gemacht werden müssten, um die Gefahr einer Unwirksamkeit der Beauftragung auszuschließen. Dem Auftragnehmer ist daher bei derartigen Nachträgen, die ein Kündigungsrecht eröffnen könnten, vor Ausführung ein Leistungsverweigerungsrecht jedenfalls dann zuzugestehen, wenn er den Auftraggeber auf die Gefahr des Vorliegens einer wesentlichen Vertragsänderung/Wertüberschreitung aufmerksam macht und dieser dennoch nicht adäquat reagiert. Der Auftragnehmer muss in solchen Fällen eine Erklärung des Auftraggebers verlangen können, dass dieser auf eine Kündigung nach § 133 GWB verzichtet.

348c § 8 Abs. 4 begrenzt dieses Kündigungsrecht des Auftraggebers zwar zeitlich auf 12 Werktage nach Bekanntwerden des Kündigungsgrunds; ob diese Vorschrift aber im Lichte von § 307 ff. BGB das gesetzliche Kündigungsrecht nach § 133 GWB außer Kraft setzt, kann zweifelhaft erscheinen und dürfte einstweilen gerichtlich ungeklärt bleiben. Diese Unsicherheit muss ein Auftragnehmer nicht hinnehmen, sondern er kann einen individuellen Kündigungsverzicht des Auftraggebers verlangen. Das ist wirksam, weil das Gesetz dem AG keine Verpflichtung zur Kündigung auferlegt, so dass er darauf auch verzichten kann. Ferner kann der Auftragnehmer als Voraussetzung für eine Fortsetzung seiner Arbeit verlangen, dass der Auftraggeber vor Beauftragung und Durchführung solcher werterhöhenden Leistungen diesen beabsichtigten Nachtrag im EU-Amtsblatt bekannt macht. Erst dann ist der Auftragnehmer vor den Folgen einer späteren Kündigung allein wegen der Nachtragsbeauftragung und den negativen Kündigungsfolgen nach § 133 Abs. 2 GWB und/oder § 135 Abs. 3 Nr. 3 GWB geschützt.

349 Gegen ein so begründetes Leistungsverweigerungsrecht wegen möglicherweise wesentlicher Vertragserweiterungen durch einen öffentlichen Auftraggeber spricht nicht, dass dem Auftragnehmer ein Schadensersatzanspruch gegen den Auftraggeber zustehen könnte, wenn dieser nach § 133 Abs. 1 GWB kündigt. In § 133 Abs. 2 GWB heißt es: „die Berechtigung, Schadensersatz zu verlangen, wird durch die Kündigung nicht ausgeschlossen." Die Verpflichtung zu gesetzeskonformem Verhalten stellt eine solche vertragliche Pflicht des Auftraggebers gemäß § 280 BGB dar.[449] Nimmt der Auftraggeber ohne Rücksicht auf die Regelung des § 132 GWB Auftragserweiterungen vor, verletzt er seine gesetzlichen Verpflichtungen ebenso wie die vertragliche Rücksichtnahmepflicht. Der Auftragnehmer kann

---

[448] § 8 Abs. 4 begrenzt dieses Kündigungsrecht zeitlich auf 12 Werktage; dazu sogleich.
[449] Leinemann, Die Vergabe, 7. Aufl., Rn. 175.

Vergütung §2

dann wegen § 133 Abs. 3 GWB nach § 280 BGB alle ihm entstandenen Kosten sowie entgangene Allgemeine Geschäftskosten, Wagnis und Gewinn als Schadensersatz vom öffentlichen Auftraggeber ersetzt verlangen, wenn ihm infolge der unzulässigen Auftragserweiterung gekündigt wurde. Dennoch kann der Auftraggeber ein Leistungsverweigerungsrecht des Auftragnehmers nicht unter Hinweis auf diese Schadensersatzmöglichkeit abwenden. Der Auftragnehmer hat aus seinem Vertrag ein Erfüllungsinteresse, das er auch im Wege des Zurückbehaltungsrechts nach § 273 BGB berechtigt geltend machen kann. Das Risiko, einen bestehenden Vertrag vergaberechtswidrig zu erweitern, muss wie das Vergabeverfahrensrisiko allein dem öffentlichen Auftraggeber zugeordnet werden.

IX. Leistungsverweigerungsrechte bei verweigerter Preisvereinbarung/Nachtragsbeauftragung dem Grund und/bzw. der Höhe nach

Bei der Beantwortung der Frage, ob und inwieweit dem Auftragnehmer ein 350 Leistungsverweigerungsrecht zusteht, wenn sich der Auftraggeber seinerseits verschließt, Nachtragsangebote für geänderte oder zusätzliche Leistungen dem Grunde und/bzw. Höhe nach zu beauftragen, ist nicht zwischen geänderten oder zusätzlichen Leistungen zu differenzieren.[450] Die Antwort für insoweit völlig identische Sachverhalte kann nicht von der äußerst zweifelhaften und rechtlich äußerst umstrittenen Einordnung als geänderte oder zusätzliche Leistung im Einzelfall abhängen. Es handelt sich um eine Frage, welche sowohl bei geänderten als auch bei zusätzlichen Leistungen identisch zu beantworten ist.

Sofern der Auftraggeber schon dem Grunde nach eine Einigung **zur Vergü-** 351 **tungsfähigkeit** der angeordneten, geänderten oder zusätzlichen Leistung **ablehnt**, hat der Auftragnehmer nach unbestrittener Auffassung das Recht, die Ausführung zu verweigern.[451] Das Leistungsverweigerungsrecht wird lediglich unter den Angemessenheitsvorbehalt gestellt, dh es wäre unbillig, die Leistung zu verweigern, wenn nur geringfügige Ansprüche in Rede stehen.[452]

Weniger einheitlich sind die Auffassungen, wenn „nur" eine Einigung über 352 die Höhe nicht erfolgt. Kuffer[453] vertritt die Auffassung, dass nur die Verweigerung der Einigung dem Grunde nach das Leistungsverweigerungsrecht rechtfertige, **Uneinigkeiten zur Höhe** jedoch nicht. Zur Begründung seiner Auffassung verweist er auf die Vorleistungspflicht des Auftragnehmers, die erhalten bleiben müsse. Sofern darüber zu entscheiden ist, ob dem Auftragnehmer ein Leistungsverweigerungsrecht zusteht, wenn der Auftraggeber eine Einigung über die Höhe der Vergütung von Nachtragsleistungen ablehnt, ist dies keine Frage der Vorleistungspflicht. Selbstverständlich muss der Auftragnehmer auch bei geänderten oder zusätzlichen Leistungen grundsätzlich vorleisten. Es gilt nach wie vor der **Grundsatz: Erst die Leistungen, dann die Bezahlung.** Sofern der Auftraggeber sich jedoch von vornherein nicht mit dem Auftragnehmer darüber einigen will, wie viel Vergütung der Auftragnehmer für die noch auszuführende Leistung bekom-

---

[450] Kaminsky/Kues BauR 2008, 1368.
[451] BGH BauR 2008, 1131; 2004, 1613; Kuffer ZfBR 2004, 110; Kapellmann/Messerschmidt/Markus § 2 Rn. 404; Leinemann/Leinemann § 2 Rn. 384; Eufinger/Jahn BauR 2024, 1263.
[452] BGH BauR 2008, 1131; Leinemann NJW 1998, 3672; näher dazu: Eufinger/Jahn BauR 2024, 1263.
[453] Kuffer ZfBR 2004, 110.

men soll, kann es dem Auftragnehmer nicht zugemutet werden, gleichwohl in „Vorleistung" zu treten.[454]

353 Dem Leistungsverweigerungsrecht bei einer ausstehenden Einigung der Höhe nach steht auch nicht die Regelung in **§ 18 Abs. 5** entgegen. Bereits 1996 hat der BGH entschieden, dass die damalige Regelung des § 18 Nr. 4 – die dem heutigen § 18 Abs. 5 entspricht – weder der Geltendmachung eines gesetzlichen noch eines in der VOB/B geregelten Leistungsverweigerungsrechts entgegensteht.[455]

354 Ob die tatsächlichen und rechtlichen Voraussetzungen für die Ausübung des Leistungsverweigerungsrechts gegeben sind, ist eine Frage des Einzelfalls. Typischerweise beruft sich der Auftraggeber bei einer angedrohten Leistungsverweigerung darauf, dass die fragliche Leistung bereits im Leistungsumfang des Hauptvertrages enthalten sei, während der Auftragnehmer eine zusätzliche Vergütung beansprucht. Noch häufiger aber ist die Konstellation, dass zwar grundsätzlich Mehrkosten anerkannt werden, jedoch in erheblich geringerer Höhe als vom Auftragnehmer angeboten. Insoweit stellt sich die Frage, ob der Auftragnehmer im Hinblick auf die sich aus § 1 Abs. 3, 4 S. 1 ergebenden vertraglichen Verpflichtungen, zusätzliche bzw. geänderte Leistungen auf Anordnung des Auftraggebers ausführen zu müssen, eine Preisvereinbarung durch **Drohung mit der Einstellung der Arbeiten** vor Ausführung „erzwingen" kann.

355 Gemäß § 2 Abs. 5 ist für geänderte Leistungen ein neuer Preis zu vereinbaren. Wörtlich heißt es dort: „Die Vereinbarung soll vor der Ausführung getroffen werden." In § 2 Abs. 6 Abs. 2 wird wie folgt formuliert: „Sie ist **möglichst vor Beginn der Ausführungen zu vereinbaren.**" Nach allgemeiner Auffassung sind beide Formulierungen nicht dahingehend auszulegen, dass die Parteien einen klagbaren Anspruch auf Abschluss der Preisvereinbarung noch vor Ausführung hätten.[456] Indes gibt es Stimmen in der juristischen Literatur[457] und eine Tendenz in der Rechtsprechung,[458] die ein Leistungsverweigerungsrecht bei Nichtbeauftragung von Nachträgen unter folgenden kumulativen Voraussetzungen bejahen:

356 1. **Nachtragsfähige Leistung gemäß § 2 Abs. 5, 6.** Die Tatbestandsvoraussetzungen einer **nachtragsfähigen Leistung** gemäß § 2 Abs. 5 und/oder Abs. 6 sind gegeben. Es besteht demnach ein Nachtragsanspruch zumindest dem Grunde nach.[459]

357 2. **Prüffähiges Nachtragsangebot.** Es muss ein **prüfbares Nachtragsangebot** des Auftragnehmers vorliegen. Der Auftragnehmer muss also in seinem Nachtragsangebot die modifizierte Vergütung vertrags- und sachgerecht ermittelt und für den Auftraggeber auf Basis der Auftragskalkulation nachvollziehbar angeboten haben.[460] Ist der Nachtrag des Auftragnehmers nicht im Einklang mit den vereinbarten **Preisermittlungsgrundsätzen des Hauptvertrages** kalkuliert und

---

[454] AA. Eufinger/Jahn BauR 2024, 1263.

[455] BGH BauR 1996, 378.

[456] BGH NJW 1968, 1234; OLG Frankfurt a. M. BauR 1986, 352.

[457] Vgl. hierzu mit weiteren Nachweisen Leinemann/Leinemann § 2 Rn. 386.

[458] BGH BauR 2000, 409; OLG Düsseldorf BauR 1995, 706; OLG Dresden NJW-RR 1998, 672.

[459] Leinemann NJW 1998, 3672; Leinemann/Leinemann § 2 Rn. 386; Kaminsky/Kues BauR 2008, 1368; Kapellmann/Messerschmidt/Markus § 2 Rn. 404.

[460] BGH BauR 1996, 378; Leinemann NJW 1998, 3672; Leinemann/Leinemann § 2 Rn. 384; Kaminsky/Kues BauR 2008, 1368.

Vergütung **§ 2**

nachgewiesen, und wird deshalb eine überhöhte Forderung gestellt, so ist der Auftraggeber nicht verpflichtet, eine entsprechende Preisvereinbarung abzuschließen.[461] Verweigert der Auftragnehmer dennoch seine Leistung, so gerät er unter den Voraussetzungen des § 5 Abs. 4 in Verzug, was den Auftraggeber berechtigen kann, den Vertrag unter Nachfristsetzung zu kündigen (vgl. § 8 Abs. 3).

3. Aufforderung zur Nachtragsverhandlung. Der Auftragnehmer – erstens – muss seiner Kooperationspflicht genügt haben, dh dem Auftraggeber angemessene Zeit zur Prüfung seines Nachtragsangebotes eingeräumt und ihn sodann – zweitens – vergeblich aufgefordert haben, diesbezügliche Preisverhandlungen aufzunehmen.[462] 358

Eine **angemessene Frist zur Prüfung eines Nachtragsangebotes** dürfte vorliegen, wenn hierfür eine Frist von 14 Kalendertagen gesetzt wurde.[463] Problematisch ist in diesem Zusammenhang, welche Bemühungen der Auftragnehmer unternehmen muss, bis die Vergeblichkeit seines Unterfangens bzw. die Verletzung der Mitwirkungspflicht des Auftraggebers feststeht. Der BGH stellt insoweit fest,[464] dass der Versuch einer einvernehmlichen Lösung erst dann als gescheitert gilt, wenn sich der Auftraggeber endgültig weigert, seiner Kooperationspflicht nachzukommen. Kapellmann geht davon aus, dass der Auftragnehmer immer dann zur Leistungsverweigerung bereits berechtigt ist, wenn der **Auftraggeber** auf ein entsprechendes Preisanpassungsverlangen des Auftragnehmers **erst gar nicht antwortet.**[465] 359

Sofern der Auftraggeber berechtigt Fragen hat, nachvollziehbar Erklärungen oder Nachweise erbittet, so ist der Auftragnehmer im Sinne **der Kooperationspflichten** gehalten, unter entsprechender Erläuterung einen Einigungsversuch zu unternehmen.[466] 360

4. Weitere Leistung ist unzumutbar. Die Ausführung der Nachtragsleistung trotz verweigerter Preisvereinbarung muss für den Auftragnehmer zudem im konkreten Fall unzumutbar sein.[467] Dies bedeutet, dass der Nachtrag eine **gewisse Wertgrenze** im Verhältnis zum bisherigen vertraglichen Auftragsvolumen überschreiten muss. Eine Unsicherheit über die Vergütung von Nachträgen in einer Größenordnung von mehr als 5 % der Auftragssumme dürfte regelmäßig die Zumutbarkeitsgrenze erreichen. Ein höherer Ansatz dürfte angesichts der in der Bauindustrie üblichen, geringen kalkulativen Ansätze für Wagnis und Gewinn in einer **Größenordnung von 3–5 %** nicht zu fordern sein. Auch insoweit empfiehlt es sich gleichwohl, den konkreten Einzelfall abzuwägen und mit einem Sicherheitszuschlag zu arbeiten.[468] 361

---

[461] Leinemann NJW 1998, 3672; Kaminsky/Kues BauR 2008, 1368; Leinemann/Leinemann § 2 Rn. 384; Kapellmann/Messerschmidt/Markus § 2 Rn. 404.

[462] BGH BauR 2000, 409 (410); Kaminsky/Kues BauR 2008, 1368; Leinemann/Leinemann § 2 Rn. 384.

[463] BGH BauR 1996, 378; Kaminsky/Kues BauR 2008, 1368; Leinemann/Leinemann § 2 Rn. 384; vgl. auch Kapellmann/Messerschmidt/Markus § 2 Rn. 404.

[464] BGH BauR 2000, 409 (410); vgl. auch Kaminsky/Kues BauR 2008, 1368; Leinemann/Leinemann § 2 Rn. 384.

[465] Kapellmann/Messerschmidt/Markus § 2 Rn. 407.

[466] Kapellmann/Messerschmidt/Markus § 2 Rn. 407.

[467] Virneburg ZfBR 2004, 419 (420); vgl. auch Kaminsky/Kues BauR 2008, 1368.

[468] Kaminsky/Kues BauR 2008, 1368; Leinemann/Leinemann § 2 Rn. 384.

§ 2 VOB Teil B

362 5. Keine Gegenforderungen und/oder Einbehalte des Auftraggebers. Es dürfen **keine berechtigten Gegenforderungen** und Einbehalte des Auftraggebers in Höhe des geltend gemachten Nachtrags vorliegen, aufgrund derer er eine Zahlung ohnehin verweigern könnte. Die Einstellung der Arbeiten wäre auch dann unverhältnismäßig, wenn der Auftragnehmer durch die Nachtragsvereinbarung lediglich einen **Verrechnungsposten** bestätigt erhielte, aus dem aber wegen geltend gemachter Gegenforderungen des Auftraggebers gleichwohl keine Zahlung beansprucht werden könnte.[469]

X. Bindungswirkung Nachtragsvereinbarung

363 Eine Preisvereinbarung iSd § 2 Abs. 5 ist dann bindend, wenn sie einvernehmlich durch **Angebot und Annahme** getroffen wurde. Zudem kann nach der Rechtsprechung des Kammergerichts im Einzelfall eine Bindungswirkung dadurch zustande kommen, dass der Auftragnehmer die Kosten in einem Nachtragsangebot berechnet und nach mehrfachen Verhandlungen und Schriftwechsel eine Abschlagsrechnung stellt und der Auftraggeber diese Rechnung vollständig bezahlt.[470] Abschlagsrechnungen sind zwar nur vorläufiger Natur und der Auftragnehmer hat die endgültige Vergütung durch seine Schlussrechnung festzustellen, was erst nach der Beendigung der Leistung möglich ist. Hieraus folgt grundsätzlich, dass Abschlagszahlungen des Auftraggebers nicht als **Anerkenntnis** der ihnen zugrunde liegenden Leistung zu werten sind. In Einzelfällen können **Abschlagszahlungen** jedoch einen rechtsgeschäftlichen Erklärungswert haben. Dies ist dann der Fall, wenn die Zahlung nach lang andauernden Verhandlungen über die Mehrkosten erfolgt und der Auftragnehmer aufgrund des Ablaufs der Verhandlungen gemäß dessen **objektiven Empfängerhorizont** die vollständige Begleichung der Abschlagsrechnung als Annahme des in der Rechnungsübersendung liegenden wiederholten Angebots des Auftragnehmers auf die Preisvereinbarung verstehen musste.[471]

364 Die **Lösung von einer schon getroffenen Nachtragsvereinbarung** ist in bestimmten Grenzen **möglich.** Dies betrifft insbesondere die Fälle, in denen der Auftraggeber eine vermeintlich modifizierte (geänderte oder zusätzliche) Leistung anordnet, der Auftragnehmer die Nachtragsvergütung berechnet, der Auftraggeber sie bezahlt und sich erst dann herausstellt, dass die Nachtragsleistung in Wirklichkeit vom ursprünglichen Bau-Soll schon umfasst war.[472] Entscheidend für die Berechtigung des Vergütungsanspruchs des Auftragnehmers ist zunächst, ob die Anordnung des Auftraggebers das Bau-Soll abändert oder nicht. Beim VOB-Vertrag ist der Auftraggeber gemäß § 1 Abs. 3, Abs. 4 S. 1 gegenüber dem Auftragnehmer berechtigt, Anordnungen zur Ausführung von geänderten und zusätzlichen Leistungen zu treffen. Für die Rechtsfolge einer Anordnung kommt es allein auf den objektiven Sachverhalt ohne Berücksichtigung der subjektiven Willensrichtung des Auftraggebers an.[473] Liegt die **Anordnung innerhalb des Bau-Solls,** beurteilen sich die Folgen nach § 4 Abs. 1 Nr. 3. Liegt sie außerhalb des Bau-Solls, greift im Ergebnis die Rechtsfolge des § 2 Abs. 5, 6 ein.

---

[469] Kaminsky/Kues BauR 2008, 1368; Leinemann/Leinemann § 2 Rn. 384.
[470] KG BauR 2009, 650.
[471] Vgl. Leinemann/Leinemann § 2 Rn. 349.
[472] BGH NZBau 2005, 543; vgl. auch Kapellmann/Messerschmidt/Markus § 2 Rn. 368.
[473] BGH BauR 2008, 1131; Kapellmann/Messerschmidt/Markus § 2 Rn. 368.

Vergütung § 2

Deshalb kann der Auftraggeber in denjenigen Fällen, in denen er eine Leistung 365
angeordnet und der Auftragnehmer hierauf ein Nachtragsangebot gelegt hat, welches der Auftraggeber auch beauftragt bzw. bezahlt hat, die Vergütung zurückfordern, wenn sich bei objektiver Betrachtung herausstellt, dass die Leistung bereits zum Bau-Soll gehörte. Etwas anderes gilt jedoch dann, wenn der Auftraggeber nach **Prüfung der Nachtragsberechnung** ausnahmsweise eine Erklärung abgibt, mit der er eine Meinungsverschiedenheit zum Grund und zur Höhe zu Gunsten beenden will. Dies ist dann ein **kausales Schuldanerkenntnis**, das bekannte Einwendungen für die Zukunft ausschließt.[474] Sofern sich die Parteien nach kontroverser Diskussionen über Nachtragsforderungen im Wege eines gegenseitigen Nachgebens sogar geeinigt haben, so ist das ein **Vergleich**. Dieser ist nur gemäß **§ 779 BGB** angreifbar.[475]

XI. Darlegungs- und Beweislast

Für den auf Leistungsänderungen beruhenden **Mehrvergütungsanspruch** ist 366
der **Auftragnehmer darlegungs- und beweispflichtig**. Wenn ein Auftragnehmer eine diesen Grundsätzen entsprechend substantiierte Neuberechnung der Vergütung für die geänderte Leistung vorlegt, muss sich der Auftraggeber soweit wie möglich mit dieser auseinandersetzen. Ein **pauschales Bestreiten der Mehr- und Minderkosten** eines Auftragnehmers oder auf ein angeblich günstigeres anderes Angebot zu verweisen ist nicht ausreichend.[476] Weil der Auftragnehmer nicht nur die durch die Leistungsänderung verursachten Mehrkosten sondern auch die damit verbundenen **Minderkosten berücksichtigen** muss, ist er für die gesamte Vergleichsrechnung darlegungs- und beweispflichtig.

Im umgekehrten Fall, dh wenn es aufgrund der Leistungsänderung lediglich 367
zur **Minderleistung** gekommen ist, ist der **Auftraggeber darlegungs- und beweispflichtig**, wenn er eine Minderung der Vergütung beansprucht. Wie bei der Kündigung gemäß § 8 Abs. 1 muss der Auftraggeber in diesen Fällen darlegen und beweisen, dass die von ihm behaupteten ersparten Aufwendungen des Auftragnehmers höher sind als das, was der Auftragnehmer ihm insoweit zugesteht.[477]

XII. Verwirkung/Verjährung des Preisänderungsanspruchs

Die Verwirkung des Anspruchs auf Preisanpassung richtet sich nach den allge- 368
meinen Grundsätzen. Neben dem Zeitablauf setzt sie voraus, dass aus dem Verhalten des Berechtigten beruhende Umstände hinzutreten, die das Vertrauen des Verpflichteten rechtfertigen, der Berechtigte werde seinen Anspruch nicht mehr geltend machen.[478] In der **Praxis** spielt die **Verwirkung** jedoch im Hinblick auf die Kürze der regelmäßigen Verjährungsfrist von drei Jahren **praktisch keine Rolle**.

Der Anspruch auf Preisanpassung in Folge von Leistungsänderungen zugunsten 369
des Auftragnehmers verjährt grundsätzlich in derselben Frist wie der Hauptvergütungsanspruch, weil **alle Forderungen** des Auftragnehmers, die in der Schluss-

---

[474] Kapellmann/Messerschmidt/Markus § 2 Rn. 467 ff.
[475] Vgl. auch BGH NZBau 2005, 453; Kues/Steffen BauR 2010, 10; Kapellmann/Messerschmidt/Markus § 2 Rn. 467 ff.
[476] Beck VOB/B/Jansen § 2 Abs. 5 Rn. 99.
[477] KG IBR 2007, 64; Beck VOB/B/Jansen § 2 Abs. 5 Rn. 100.
[478] BGH BauR 2003, 397.

§ 2 VOB Teil B

rechnung **bereits abgerechnet** und diejenigen die dort etwaig nicht enthalten sind, wenn und soweit sie aus ein und demselben Vertrag stammen, also Hauptforderungen und Nachtragsforderungen, einheitlich verjähren.[479] Die **Verjährung beginnt am 1.1.** des Jahres, das dem Jahr folgt, in dem die Zweimonatsfrist nach Einreichung der Schlussrechnung gemäß § 16 Abs. 3 Nr. 1 S. 1 abgelaufen ist bzw. dem Auftragnehmer das Prüfergebnis des Auftraggebers zugegangen ist. Die Verjährungsfrist beträgt gemäß **§ 195 BGB** drei Jahre. Die **Ansprüche des Auftraggebers auf Herabsetzung** der Vergütung sollen nach Jansen ebenfalls in **drei Jahren** verjähren.[480]

XIII. AGB-Problematik

370 **1. Allgemeines.** Klauseln, die den **Vergütungsanspruch** des Auftragnehmers für vom Auftraggeber angeordnete geänderte oder zusätzliche Leistungen **ausschließen**, sind **unwirksam** wegen Verstoßes gegen § 307 BGB.[481]

371 **Individualvertraglich** ist es hingegen möglich, Preisanpassungs- und Mehrvergütungsansprüche bei Leistungsänderungen nach § 2 Abs. 5 auszuschließen oder zu ändern.[482] Wobei ein Ausschluss oder eine Abänderung von § 2 Abs. 5 nur im **Rahmen von Treu und Glauben bis zur Grenze des Wegfalls der Geschäftsgrundlage** zulässig ist.[483] Denn die Berufung hierauf kann auch individualvertraglich nicht wirksam abbedungen werden.

372 Zudem bleiben auch bei einem wirksamen Ausschluss oder einer Abänderung von § 2 Abs. 5 **Schadensersatzansprüche des Auftragnehmers** aus Verschulden bei Vertragsschluss wegen unsorgfältiger Leistungsermittlung, Planung unberührt, wenn die Leistungsänderungen und die dadurch verursachten Mehrkosten des Auftragnehmers hierauf zurückzuführen sind.[484]

373 **2. Auswirkungen des neuen Bauvertragsrecht im Verhältnis zur VOB/B.** Wenn die Bestimmungen der **VOB/B** in ihrer jeweiligen gültigen Fassung im gewerblichen Bauvertrag **als Ganzes vereinbart** werden, so findet gemäß § 310 Abs. 1 S. 3 BGB keine Einzelkontrolle der einzelnen VOB/B Regelung gemäß § 307 Abs. 1 und 2 BGB sowie § 308 Nr. 1a und 1b BGB statt. Da sich jedoch die Vergütungsvoraussetzungen für Nachtragsleistungen nach einer Anordnung des Auftraggebers gemäß § 650b Abs. 2 BGB in § 650c Abs. 1 und 2 BGB von denjenigen in § 2 Abs. 5, 6 unterscheidet, stellt sich die Frage, ob die Vergütungsregelung für Nachtragsleistungen in der VOB/B nach in Kraft treten des § 650c BGB einer isolierten **Inhaltskontrolle nach § 305 ff. BGB** standhält.

374 **a) Keine Einigungsfrist hinsichtlich der Vergütung.** Das Verhältnis des § 1 Abs. 3, 4 zu § 2 Abs. 5, 6 entspricht im Wesentlichen dem Verhältnis des § 650b BGB zum § 650c BGB. Beide Systeme gewährleisten ein Äquivalenzgefüge zwi-

---

[479] BGH BauR 1970, 113; Leinemann/Leinemann § 2 Rn. 407.
[480] Beck VOB/B/Althaus/Jansen § 2 Abs. 5 Rn. 109.; Kapellmann/Schiffers/Markus Bd. 1 Rn. 661.
[481] Kues/von Kiedrowski/Bolz AGB-Klauseln/Rosendahl, § 5 Rn. 189 ff.;Markus/Kaiser/Kapellmann AGB-HdB/Markus Rn. 255, 296; Kapellmann/Messerschmidt/Markus § 2 Rn. 473.
[482] Kues/von Kiedrowski/Bolz AGB-Klauseln/Rosendahl, § 5 Rn. 196.
[483] Beck VOB/B/Althaus/Jansen § 2 Abs. 5 Rn. 143.
[484] Beck VOB/B/Althaus/Jansen § 2 Abs. 5 Rn. 143.

schen Anordnungsrecht und Vergütung, das im Wesentlichen gleichartig ausgestaltet ist.

Hinsichtlich der Fragestellung, ob die Vergütungsregeln des § 2 Abs. 5, 6 einer isolierten Inhaltskontrolle standhalten, sind diese Vorschriften somit an § 650c BGB zu messen, während die Frage, inwiefern von dem im § 650b BGB normierten Verhandlungsgebot abgewichen werden kann, von der Vergütungsfrage isoliert betrachtet werden kann und muss. Dies folgt bereits daraus, dass die Frage, ob verhandelt wurde, lediglich Voraussetzung für das Anordnungsrecht des Auftraggebers ist. Die Frage der Vergütung spielt für den Aspekt, ob Verhandlungen stattgefunden haben, gerade keine Rolle. Dies ergibt sich bereits aus § 650c BGB, der gerade beschreibt, dass der Preis im Nachhinein, also nach Anordnung, ermittelt werden muss, sofern eine Anordnung ergeht und eine Einigung hinsichtlich der Vergütung nicht getroffen werden konnte. 375

Dagegen kann auch nicht das Argument ins Feld geführt werden, dass nach § 650b BGB sowohl bezüglich der Anordnung als solcher als auch hinsichtlich der Höhe der Vergütung ein Verhandlungsgebot vorgesehen wird, weil § 650b BGB beide Aspekte zusammenführt. Gleichwohl führt das nicht zu einem Abweichen des **§ 2 Abs. 5, 6** vom gesetzlichen Leitbild, weil diese Vorschriften zur Ermittlung der Höhe der Vergütung im VOB/B-Vertrag erst dann zur Anwendung kommen, wenn feststeht, dass eine (wirksame) Anordnung ergangen ist, die dann hinsichtlich ihrer Rechtsfolge nach § 2 Abs. 5, 6 zu vergüten ist. Prägnant formuliert: § 2 Abs. 5, 6 treffen ausschließlich eine Regelung dazu, wie die Mehr- oder Minderkosten nach einer Anordnung für geänderte oder zusätzliche Leistungen zu berechnen sind. 376

Insofern sind die gemäß **§ 650b BGB und somit nach dem gesetzlichen Leitbild zwingend durchzuführenden Verhandlungen** – zumindest hinsichtlich der Mehr- und Mindervergütung – in jedem Falle bereits vor der Vergütungsberechnung gemäß § 2 Abs. 5, 6 geschieht, sodass es auf eine gesonderte „Preisverhandlung", die auch dem BGB, das eine umfassenden Einigung auf Angebots- und Nachfrageseite fordert, fremd ist, ohnehin nicht mehr ankommt. Die bislang herrschende Auffassung, nach der es im Rahmen des § 2 Abs. 5 S. 2 und des § 2 Abs. 6 Nr. 2 S. 2 ohnehin nicht darauf ankomme, ob ein tatsächlicher Einigungsversuch hinsichtlich der Vergütung unternommen wurde, trifft daher weiterhin zu; im Ergebnis dürfte sich der Streit zumindest in der Praxis erledigt haben, da § 1 Abs. 3 isoliert betrachtet unwirksam ist[485] und zur Schaffung der Anordnungsvoraussetzungen gemäß § 650b BGB jedenfalls dann zu verhandeln ist, wenn der Auftragnehmer die Unwirksamkeit des § 1 Abs. 3 einwendet. 377

Im Übrigen enthalten auch § 2 Abs. 5, und Abs. 6 Einigungsempfehlungen, sodass der wesentliche Grundgedanke der vorrangigen Einigung nach VOB/B dem des BGB entspricht. Im Rahmen der VOB/B begründet die Einigungsempfehlung zwar kein eigenständiges **Leistungsverweigerungsrecht;** hierauf kann es jedoch bei der Frage nach dem grundsätzlichen gesetzlichen Leitbild nicht mehr ankommen. Auch nach § 650b BGB kann daraus, dass der Auftragnehmer zwar die Änderungsanordnung befolgt, aber nicht die damit verbundene Vergütung akzeptiert, der Auftraggeber zu zahlen bereit ist, kein Leistungsverweigerungsrecht abgeleitet werden. Entweder führt der Auftragnehmer dann aus und verhandelt oder streitet später über seine Vergütung oder er verweigert bereits 378

---

[485] Leinemann/Kues/Leinemann/Kues 650b Rn. 237 ff.

die Ausführung der Änderung, was den Auftraggeber dann zur Erteilung der Änderungsanordnung berechtigt.

379 Letzteres beschreibt gerade den Regelfall im VOB/B-Vertrag, sodass eine wesentliche Abweichung zum gesetzlichen Leitbild nicht erkennbar ist; im Gegenteil entspricht die **Anordnungsfolge im Falle der Nichteinigung im Wesentlichen der VOB/B,** während es im Fall einer Einigung in Bezug auf Leistung und Vergütung bereits von vorn herein keine Abweichung geben kann, da die Einigung in beiden Systemen Vorrang genießt.

380 Im Ergebnis wäre es somit unangemessen, auch für die Frage der Berechnung der Nachtragsvergütung nach § 2 Abs. 5 und Abs. 6 eine vorherige Verhandlung zwischen den Parteien zum Leitbild für die Preisbestimmung zu erheben, sodass sich eine Unwirksamkeit aus diesem Grund nicht begründen lässt.[486]

381 b) **Anknüpfungspunkt: Vergütungsfolgen.** Der AGB-rechtliche Anknüpfungspunkt der Vergütungsfolgen des § 2 Abs. 5 im Vergleich zu § 650c Abs. 1 BGB hat sich aufgrund der Rechtsprechung des BGH vom 8.8.2019 und der nunmehr herrschenden Meinung und Rechtsprechung, dass § 2 Abs. 5 einen Vergütungsanspruch in Höhe der tatsächlich erforderlichen Kosten nebst angemessenen Zuschlägen auslöst, wie auch § 650c Abs. 1 BGB es vorsieht, **erledigt. Eine Divergenz zwischen den Vergütungsfolgen liegt nicht mehr vor.**[487]

Zur Wirksamkeit der Vereinbarung der vorkalkulatorischen Preisfortschreibung siehe → Rn. 211.

XIV. Exkurs: Mehrkosten aufgrund Vergabeverzögerung/Vergabeverfahrensrisiko

382 Nicht immer ist es möglich, dass der Zuschlag auf einen ausgeschriebenen Auftrag innerhalb der in den Vergabeunterlagen angegebenen Zuschlagsfrist erfolgt. In der Praxis sind somit viele Konstellationen denkbar, die zu einem Vertragsschluss führen, der um mehrere Monate später liegt, als es nach den Ausschreibungsunterlagen vorgesehen war. Dann ist in der Regel auch der geplante Baubeginn verstrichen, wenn der Auftrag schließlich nach Ablauf der ursprünglichen Zuschlagsfrist erteilt wird. Dieses Risiko, dass der Auftraggeber nicht in dem von ihm vorgesehenen Zeitfenster zur Auftragserteilung gelangt, wird auch als **Vergabeverfahrensrisiko** bezeichnet. Die **Rechtsprechung weist dieses Risiko dem öffentlichen Auftraggeber zu.** Der ersten hierzu ergangenen Grundsatzentscheidung des BGH vom 11.5.2009[488] zu einem Neubaulos der A 113 in Berlin (Tunnel Rudower Höhe) sind mittlerweile zahlreiche weitere Urteile gefolgt, die diese Linie bestätigt haben, so dass von einer gefestigten Rechtsprechung ausgegangen werden kann.

383 In dem entschiedenen Fall zur Vergabe des Tunnels Rudower Höhe verzögerte sich der Zuschlag schon in der Wertungsphase, sodann kam aber auch noch der (im Ergebnis erfolglose) Nachprüfungsantrag eines wegen Mischkalkulation ausgeschlossenen Bieters hinzu. Nach der vom BGH entwickelten Systematik ist der nach einer Bindefristverlängerung ergehende Zuschlag regelmäßig so auszulegen, dass er sich auch auf die wegen Zeitablaufs obsolet gewordenen Fristen und Ter-

---

[486] Kapellmann NZBau 2017, 635; aA LBD/Langen § 650c Rn. 133; DLOPS/Oberhauser § 2 Rn. 129.
[487] Kues/von Kiedrowski/Bolz AGB-Klauseln/Rosendahl, § 5 Rn. 276.
[488] BGH BauR 2009, 1131; vorangehend KG BauR 2008, 838.

Vergütung § 2

mine bezieht. Weil diese Fristen aber nicht mehr realisierbar sind, müssen sie im Wege einer ergänzenden Vertragsauslegung angepasst werden.[489] Dahinter steht die Überlegung, dass der Bieter sein Angebot nur auf die ursprüngliche Ausschreibung mit den darin enthaltenen zeitlichen Vorgaben anbieten konnte, so dass auch nur auf Leistungen in diesem zeitlichen Rahmen der Zuschlag erteilt werden kann. Der (verzögerte) Zuschlag ist eben nicht als neues Angebot des Auftraggebers zur Ausführung zu neuen Terminen gemäß § 150 Abs. 2 BGB einzuordnen. Diese Betrachtungsweise erreicht das auch seitens des Auftraggebers mit Durchführung des Vergabeverfahrens gewünschte Ziel, mit dem Zuschlagsschreiben einen rechtssicheren Vertragsschluss ohne weitere Annahmeerklärung herbeizuführen, selbst wenn die zugrunde liegenden Fristen der Ausschreibung bereits überholt sind.[490] Nur auf diese Weise ist die Grundregel des Vergabeverfahrens sicherzustellen, dass ein Zuschlagsschreiben stets sofort zu einem Vertrag führt.

Erklärt ein Bieter im laufenden Vergabeverfahren seine **Zustimmung zu einer** 384 **Verlängerung der Zuschlagsfrist,** so umfasst diese Erklärung **nicht etwa zugleich einen Verzicht auf Mehrvergütungsansprüche wegen der Fristverschiebung.** Die Angebotspreise des Bieters können sich notwendig nur auf die angebotenen Vertragsbedingungen beziehen (die Bauleistungen und die Fristen für ihre Erbringung). Deshalb ergeht der Zuschlag trotz tatsächlich eingetretener Verzögerung zunächst auch und nur auf die zunächst vorgesehenen Fristen. Damit bedeutet eine **Zustimmung des Bieters zur Zuschlagsfristverlängerung nur, dass der Bieter auch weiterhin am Vergabeverfahren beteiligt bleiben will.** Mehr Inhalt kann der Fristverlängerung nicht entnommen werden.[491] Das Angebot des Bieters erfasst von vornherein nur bis zum Ablauf der Bindefrist evtl. eintretende Preis- und Terminrisiken.[492] Ein Auftraggeber kann somit nicht argumentieren, dass der Bieter durch seine Zustimmung zur Zuschlagsfristverlängerung automatisch einer Verschiebung der Ausführungsfristen zugestimmt hätte, vielleicht sogar noch ohne Anspruch auf Mehrvergütung. Das stünde gegen die Auslegung der Rechtsprechung des BGH.

1. Kein Vertragsschluss bei Dissens über Zuschlagsschreiben. Nur wenn 385 der Auftraggeber in der **Annahmeerklärung klar und unzweideutig** zum Ausdruck bringt, dass ein Vertragsschluss durch Zuschlag nur erfolgen soll, wenn sich die Preise des Bieters trotz der eingetretenen Verzögerung nicht verändern, kann er den Auftragnehmer bei dessen Zustimmung an den ursprünglich angebotenen Preisen festhalten.[493] Das **Zuschlagsschreiben** muss dann sowohl **geänderte Termine,** wie den Vorbehalt umfassen, dass die verspätete Zuschlagserteilung keine Mehrkosten zu Folge haben darf. Ein solcher Vorbehalt ist nicht hinreichend deutlich, wenn im Zuschlagsschreiben nur Aussagen zu angepassten Vertragsterminen enthalten sind.[494] Die Notwendigkeit zur Verschiebung und Anpassung der

---

[489] BGH 11.5.2009 – VII ZR 11/08; Leinemann/Silbe/Kues/Thomas § 6 Rn. 366.

[490] Leinemann BauR 2009, 1032.

[491] Leinemann, Das Neue Vergaberecht, Rn. 583; Würfele BauR 2005, 1253 (1257); OLG Hamm BauR 2008, 1622.

[492] OLG Hamm 26.6.2008 – 21 U 17/08, NZBau 2008, 508; vgl. auch OLG Brandenburg 26.1.2017 – 12 U 179/15, NJW-RR 2017, 399.

[493] BGH BauR 2009, 1131, unter Verweis auf BGH BauR 1983, 252.

[494] Leinemann BauR 2009, 1032 (1033); solche Terminanpassungen ergeben sich verzögerungsbedingt schon aus der Natur der Sache.

Termine ist evident und der Bieter wird solche Aussagen nicht als Aufforderung zu einem stillschweigenden Verzicht auf Mehrvergütungsansprüche verstehen.

386 Will der Auftraggeber einen Mehrvergütungsverzicht des Bieters, so müsste er dies ausdrücklich im Zuschlagsschreiben fordern. Vergaberechtlich kann indes kein Zweifel daran bestehen, dass ein solches Zuschlagsschreiben eine unzulässige Nachverhandlung darstellen würde.

387 Der Bieter kann ein unter den **Vorbehalt des Verzichts** auf Mehrvergütung gestelltes Zuschlagsschreiben entweder ganz **zurückweisen oder den Zuschlag annehmen**. Dabei ist er frei, die im Zuschlagsschreiben enthaltenen Modifikationen zurückzuweisen. Der Bieter, der einen deutlich modifizierten Zuschlag einerseits annimmt, zugleich aber die darin enthaltenen Modifikationen ausdrücklich zurückweist, führt auf diese Weise gleichwohl einen Vertragsschluss herbei.

388 Der (hinreichend deutlich) formulierte, abweichende Zuschlag des Auftraggebers kann nicht anders ausgelegt werden, als dass der Auftraggeber in jedem Fall einen Vertragsschluss herbeiführen möchte, zugleich aber den weiteren Antrag an den Bieter stellt, die von ihm gewünschten Modifikationen als Vertragsänderung anzunehmen. Auch wenn der Bieter die Änderungswünsche des Auftraggebers ablehnt, kommt somit ein Vertrag zustande, und zwar mit dem Inhalt des ursprünglichen Angebots. Ein **entgegenstehender Wille des Auftraggebers bleibt unbeachtlich**, weil er vergaberechtswidrig ist und damit nicht zulässig in den Vertrag einfließen kann.[495] Es ist nicht zulässig, dass der Auftraggeber entgegen seiner Ausschreibung einen Zuschlag erteilt, dessen Annahme durch den Bieter mit Veränderungen des Auftrags (insbesondere hinsichtlich Ausführungsfrist und Kosten der Fristverschiebung) verbunden ist, die nicht angeboten und nicht einkalkuliert waren.

389 Widerspricht der Auftragnehmer dem Vorbehalt des Auftraggebers, nimmt den Zuschlag aber im Übrigen an und wird dann die Bauleistung ausgeführt, so ist der Vertrag zustande gekommen, ohne dass der Auftragnehmer auf seine Mehrvergütungsansprüche aus verzögerter Vergabe verzichtet hat.

390 **2. Kein Mehrvergütungsanspruch, wenn sich zwar der Zuschlag, aber nicht die Bauzeit verschiebt.** Der BGH hat in naher zeitlicher Folge zu seiner Grundsatzentscheidung in zwei weiteren Urteilen vom 10.9.2009[496] eine wichtige, neue Voraussetzung für einen Anspruch aus verzögerter Vergabe aufgestellt. Ein Bieter muss nun berücksichtigen, dass infolge der verschobenen Zuschlagserteilung auch die **Ausführungsfrist infolge der verzögerten Zuschlagserteilung beeinflusst** worden sein muss. Bleiben die Ausführungsfristen trotz ein- oder mehrfacher Bindefristverlängerung während des Vergabeverfahrens unverändert, ist nach Ansicht des BGH kein Raum für einen Anspruch des Auftragnehmers auf Zahlung von Mehrkosten.[497] Die Verzögerung eines Vergabeverfahrens soll nur dann **nicht zu Lasten des Bieters** und späteren Auftragnehmers gehen, wenn sie auch eine Verschiebung der Ausführungsfristen zur Folge hat.[498]

391 Ohne Verschiebung der Ausführungsfrist bleibt nach der Rechtsprechung des BGH der Vertragsinhalt gegenüber dem Ausschreibungsinhalt unverändert, denn weder der Inhalt der Leistung noch ihre Termine ändern sich allein deshalb, weil die Zuschlagsfrist sich verschiebt. Erst die **Verschiebung des Termins für den**

---

[495] Das ergibt sich im Umkehrschluss auch aus BGH BauR 2009, 1896.
[496] BauR 2009, 1896 und BauR 2009, 1901.
[497] BGH BauR 2009, 1896.
[498] Vgl. auch BGH 26.4.2018 – VII ZR 81/17, NJW 2018, 2561.

Vergütung §2

Baubeginn verändert den Vertragsinhalt gegenüber den ausgeschriebenen Fristen. Verschiebt sich nur die Zuschlagsfrist, verwirklicht sich nach Auffassung des BGH dadurch nur ein Risiko, das verfahrensimmanent jeder Bieter zu tragen hat.[499] Bieter sollten daher ihre Preise nicht im Hinblick auf den Ablauf der Zuschlagsfrist, sondern auf den Beginn der Ausführungsfrist hin kalkulieren.

Es erscheint jedoch zweifelhaft, ob diese Auffassung des BGH zutreffend ist. 392 Geschäftsgrundlage im förmlichen Vergabeverfahren ist nun einmal die Beachtung des Ausschreibungsinhalts durch den Auftraggeber wie den Bieter, die Ermöglichung einer sicheren Preiskalkulation durch die Ausschreibungsunterlagen des Auftraggebers, eine Preisbindung des Bieters bis zur bekannt gemachten Zuschlagsfrist und die Erteilung des Zuschlags auf das unveränderte Angebot innerhalb der bekannt gemachten Zuschlagsfrist durch den Auftraggeber.[500] Die Zuschlagsfrist ist eine vom Auftraggeber vorgegebene, bei der Kalkulation zu berücksichtigende, Zeitspanne der Preisbindung. Ein **Preisanpassungsanspruch nach § 313 BGB** sollte deshalb auch dann in Betracht gezogen werden, wenn **nur die Zuschlagsfrist überschritten,** aber die Ausführungsfrist als solche durch die Vergabeverzögerung (noch) nicht beeinträchtigt wird.[501] Dennoch: Die Praxis hat sich vorerst darauf einzustellen, dass der BGH als Voraussetzung für einen Anspruch die Feststellung fordert, dass sich die Ausführungsfristen infolge der Vergabeverzögerung verschoben haben.

3. Die Berechnung des Anspruchs aus verzögerter Vergabe. Verschiebt 393 sich die ausgeschriebene Ausführungsfrist, muss der Vertrag hinsichtlich der verschobenen Leistungszeit und der Einflüsse der verzögerten Zuschlagserteilung im Wege ergänzender Vertragsauslegung angepasst werden. Dies erfolgt im Wege gerichtlicher Auslegung, wenn die Parteien sich untereinander nicht einigen können.[502] Die Ausführungszeit ist unter Berücksichtigung der Umstände des Einzelfalls anzupassen, ebenso der vertragliche Vergütungsanspruch, wobei hier eine **Anlehnung an die Grundsätze des § 2 Abs. 5** im Bauvertrag erfolgen soll.

In dem Urteil vom 10.9.2009[503] zur A 1 Münster äußert sich der BGH am 394 Ende der Urteilsgründe obiter dictum zu der Frage, wie in Fällen der verzögerten Vergabe die Anpassung der Vergütung in Anlehnung an **§ 2 Abs. 5 der Höhe nach** zu ermitteln ist. Im dort entschiedenen Fall war auch eine Änderung der Leistungszeit eingetreten, so dass ein Preisanpassungsanspruch in Anlehnung an § 2 Abs. 5 gegeben war. Seitdem sind noch einige weitere Entscheidungen vor allem der Oberlandesgerichte ergangen, die diese Grundsätze aufgenommen haben. Der BGH führt dazu aus:

„Zu ermitteln sind nach § 2 Nr. 5 VOB/B diejenigen Mehrkosten, die ursächlich auf die Verschiebung der Bauzeit zurückzuführen sind. Sie ergeben sich aus der Differenz zwischen den Kosten, die dem Auftragnehmer für die Ausführung der Bauleistung tatsächlich angefallen sind und denjenigen Kosten, die er bei der Erbringung der Bauleistungen in dem nach der Ausschreibung ursprünglich vorgesehenen Zeitraum hätte aufwenden müssen."[504]

---

[499] BGH 10.9.2009 – VII ZR 82/08, NJW 2010, 519.
[500] Leinemann NJW 2010, 471 (473); Leinemann/Leinemann § 2 Rn. 295.
[501] Leinemann BauR 2009, 1032.
[502] BGH BauR 2009, 1132.
[503] BGH BauR 2009, 1901.
[504] BGH BauR 2009, 1901.

§ 2

395 Den **vereinbarten Einkaufspreisen für Lieferanten- und Nachunternehmerleistungen** sind daher diejenigen **Preise gegenüberzustellen,** die bei der Einhaltung der **ursprünglich vorgesehenen Bauzeit** gezahlt worden wären. Da der Preisanpassungsanspruch mit Vertragsschluss entsteht und vor Ausführung eine Vereinbarung getroffen werden soll, ist es zweifelhaft, ob die Vorlage von Rechnungen der Lieferanten u. Nachunternehmer zur Darlegung der tatsächlichen Kosten gefordert werden kann.

396 Die in der Angebotskalkulation angesetzten **Beschaffungskosten** finden nur insoweit Anwendung, als sie bei unverzögerter Beauftragung hätten realisiert werden können. Das kann der Auftragnehmer durch Vorlage seiner Lieferantenangebote oder Zeugenbeweis seiner Einkäufer belegen. Fehlt es hier an Belegen, sollen nach dem BGH die **Marktpreise im Zeitpunkt des geplanten Baubeginns** zugrunde gelegt werden. Das ist bei größeren Baumaßnahmen unrealistisch, da der Auftragnehmer mit Zuschlagserteilung stets versucht, durch feste Beauftragungen seiner Lieferanten Preissicherheit zu schaffen, sodass es auf diesen Beauftragungszeitpunkt ankommt. Auch dafür hat der BGH einen Ansatz: Falls dargelegt werden kann, dass bei dem geplanten Bauablauf im konkreten Einzelfall erforderliche Leistungen zu einem früheren Zeitpunkt oder zu anderen Preisen eingekauft worden wären, ist dies zu berücksichtigen.[505] Damit können auch besonders attraktive Angebotspreise der Lieferanten als Grundlage dienen. Diesen ohne eine Verzögerung fiktiv ermittelten Kosten sind die späteren „Einkaufskonditionen" des Bieters respektive Auftragnehmers nach Zuschlagserteilung als Berechnungsgrundlage für die Preisanpassung gegenüberzustellen.[506] Der aus der Kalkulation ermittelte Zuschlag des Auftragnehmers auf seine Herstellkosten bleibt auch für den neuen Preis erhalten.[507]

397 Kann der Zuschlag nicht innerhalb der vereinbarten Bindefrist erfolgen, ist es durchaus möglich, dass bislang sehr günstige Nachunternehmer zwischenzeitlich andere Aufträge erlangen konnten und deshalb ihre günstigen Preise nicht mehr aufrechterhalten. Wenn der Bieter seine Angebotspreise auf der Basis eines verbindlichen Nachunternehmerangebots kalkuliert hat, kann er als Verzögerungsmehrkosten auch diejenigen Mehrkosten geltend machen, die ihm durch den **Einsatz eines anderen** Nachunternehmers mit höheren Preisen entstehen.[508] Dabei kann es sich bei dem nun teurer gewordenen Nachunternehmer um einen anderen oder sogar denselben handeln, der ursprünglich die besonders vorteilhaften Preise angeboten hatte.

398 Auch zwischenzeitlich stattgefundene **Lohnerhöhungen des eigenen Personals des Auftragnehmers, erhöhte Gerätekosten, Veränderungen bei den zu kalkulierenden Treibstoffkosten** etc begründen den Anspruch, wie er nach § 2 Abs. 5 zu ermitteln ist.[509]

399 Ein **Wechsel von Nachunternehmern,** etwa um die aus Vergabeverzögerungen entstehenden Mehrkosten zu verringern oder gar zu vermeiden, verstößt nicht gegen Vergaberecht und ist vom Auftraggeber zu genehmigen, sofern er sich

---

[505] BGH BauR 2009, 1901.
[506] Leinemann/Leinemann § 2 Rn. 311.
[507] OLG Oldenburg 14.10.2008 und 25.1.2011 – 12 U 76/08. Das Urteil betrifft einen Stahlpreisanstieg; die Zuschläge ergeben sich aus dem in der Regel mit dem Angebot einzureichenden Formblatt EFP Preis.
[508] BGH 8.3.2012 – VII ZR 202/09, NJW 2012, 1436.
[509] BGH 8.3.2012 – VII ZR 202/09, NJW 2012, 1436.

Vergütung § 2

eine Genehmigung vorbehalten hat. Grundsätzlich kann der Auftragnehmer nach Vertragsschluss mit Zustimmung des Auftraggebers stets andere Nachunternehmer einsetzen. Der Auftraggeber seinerseits darf die Zustimmung zu einem solchen Antrag **nicht rechtsmissbräuchlich verweigern.** Nach Vertragsschluss sind vergaberechtliche Fragestellungen, die sich bezüglich vorgesehener Nachunternehmer nur hinsichtlich der Eignung des Bieters gestellt haben, nicht mehr relevant. Das Vergabeverfahren ist durch Zuschlag beendet. In der Phase nach Vertragsschluss gilt nur noch § 4 Abs. 8 Nr. 1 S. 2.

Es ist daher rechtsmissbräuchlich, wenn ein Auftraggeber nach Vertragsschluss **400** pauschal die Zustimmung zum Einsatz eines (anderen) Nachunternehmers verweigert und sich dabei nur darauf bezieht, dass im Angebot kein Nachunternehmer oder ein anderer angegeben worden sei als derjenige, der nun zum Einsatz kommen soll. Ein solches Verhalten des Auftraggebers würde sich in Folge seiner evidenten Auswirkungen auf die Kalkulationsgrundlagen als Änderungseingriff nach § 2 Abs. 5 qualifizieren, denn der Auftraggeber fordert damit den Einsatz eines bestimmten, von ihm gewünschten Nachunternehmers gegen den erklärten Willen des Auftragnehmers, obwohl Letzterer einen anderen Nachunternehmer vorgeschlagen hat, der nicht aus wichtigem Grund zurückgewiesen werden kann. Für die Fälle der Vergabeverzögerung ergibt sich daraus, dass einem Auftraggeber schon im eigenen Interesse daran gelegen sein muss, dass nicht mehr mit Nachunternehmern gearbeitet wird, die aufgrund der eingetretenen Vergabeverzögerung erheblich höhere Preise fordern, sondern, dass preiswertere Nachunternehmer, die gleichwohl eine ordnungsgemäße Leistungsausführung erwarten lassen, zum Einsatz kommen.

Hinsichtlich der erhöhten **Materialpreise** eignet sich ein nach Nichtzulas- **401** sungsbeschwerde durch den BGH gebilligtes Urteil des OLG Oldenburg[510] zu Stahlpreissteigerungen bei Spundwandelementen als gutes Berechnungsmuster. Maßgeblich ist eine **Vergleichsrechnung auf der Grundlage der für den Hauptauftrag geltenden Kalkulationsmethode.** Es kommt darauf an, wie der Kalkulator die Preise kalkuliert hätte, wenn ihm die Leistungsänderung von Anfang an bekannt gewesen wäre. Dieser kalkulatorische Ansatz ist deshalb für alle Mehrkosten fortzuschreiben. Betrachtet wird der in der Angebotskalkulation eingestellte Einkaufspreis für die Spundbohlen. Die **Preissteigerung ist nachzuweisen,** zB durch ein Angebot, eine Auftragsbestätigung oder eine Rechnung. Wenn keine Anhaltspunkte dafür bestehen, dass tatsächlich niedrigere Preise vereinbart wurden, so besteht kein Anlass, Mutmaßungen des Auftraggebers nachzugehen. Ob der Auftragnehmer vorgelegte Rechnungen seiner Lieferanten vollständig bezahlt hat, ist für den kalkulativ zu ermittelnden Anspruch unerheblich. Entscheidend ist, ob ein vertraglicher Zahlungsanspruch in der geltend gemachten Höhe besteht.[511] Zu den nachgewiesenen Preissteigerungen kommen weitere kalkulatorische Zuschläge hinzu. Auch die vom Auftragnehmer kalkulierten Zuschläge für Baustellengemeinkosten sowie **Allgemeine Geschäftskosten** sind bei der Nachtragspreisbildung zu berücksichtigen.[512] Ebenso geht auch das OLG Celle

---

[510] OLG Oldenburg 14.10.2008 – 12 U 76/08, nach Zurückverweisung durch erneutes Urteil des OLG vom 25.1.2011 bekräftigt, inzwischen rechtskräftig durch Zurückweisung der Nichtzulassungsbeschwerde, BGH 10.1.2013 – VII ZR 37/11, NZBau 2013, 190; ebenso OLG Dresden 28.6.2012 – 16 U 831/11, IBR 2013, 263.
[511] Leinemann, Das neue Vergaberecht, Rn. 599.
[512] Vgl. OLG Oldenburg 14.10.2008 und 25.1.2011 – 12 U 76/08.

§ 2

in einer Entscheidung zu Mehrkosten wegen verzögerter Vergabe aus Preissteigerungen bei Zement vor: Die in der Kalkulation enthaltenen Abschläge auf Lieferantenangebote können bei der Ermittlung des neuen Vertragspreises vertragsmäßig fortgeschrieben werden.[513]

402 Der Auftragnehmer kann alle **Preissteigerungen seit dem Zeitpunkt der Angebotsabgabe** fordern. Es ist nicht etwa ein Abzug für den Zeitraum der ursprünglich ausgeschriebenen Bindefrist vorzunehmen. Dieser Zeitraum ist preislich für den Auftragnehmer nicht „konservierbar", wenn die Bindefrist erst einmal überschritten ist. Lieferanten und Nachunternehmer des Bieters bieten auch nur im Rahmen einer Bindefrist an und deren Angebot wird nach Fristablauf unverbindlich. Eine „Anrechnung" von Preissteigerungen für einen bestimmten Zeitraum, innerhalb dessen ursprünglich eine Preisbindung zugesagt wurde, ist sachwidrig und irreal.[514] Der Bindungszeitraum definiert eine Preisbindung, nicht etwa eine auch in die Zukunft fortwirkende Preisgleitung. Weil der BGH eine Preisanpassung nur zulässt, wenn sich die Ausführungsfrist verschiebt, muss für einen Anspruch des Auftragnehmers nicht nur die Überschreitung der Bindefrist, sondern auch eine spätere Ausführung der Leistungen gegeben sein, die den Lieferanten und/oder Nachunternehmer dazu bewegt hat, höhere Preise zu fordern oder die Zusammenarbeit im verschobenen Tätigkeitszeitraum ganz abzulehnen.

403 Die **Anpassung von Einzelpreisen** eines Vertrages nach verzögerter Zuschlagserteilung erfolgt anhand der **Kalkulation,** nicht etwa anhand von geeigneten – gegebenenfalls der Verständigung zwischen den Parteien unterliegenden – Indizes des statistischen Bundesamtes. Der Auftragnehmer hat Anspruch auf Vergütung der tatsächlichen Mehrkosten und ist nicht lediglich auf einen Ausgleich auf Grundlage des jeweiligen **Preissteigerungsindex** beschränkt.[515] Eine Vergütung in Anlehnung an einen Index kommt damit nur dann in Betracht, wenn auf die zutreffende Weise nach § 2 Abs. 5 keine Ergebnisse erzielt werden können. Das kann der Fall sein bei Beweisverlusten, zB Insolvenz des ursprünglich vorgesehenen Lieferanten oder nach Wegfall benötigter Zeugen.

H. Vergütung für zusätzliche Leistungen (§ 2 Abs. 6)

404 § 2 Abs. 6 behandelt diejenigen Fälle, in denen im Gegensatz zu § 2 Abs. 5 nicht eine ursprünglich vereinbarte Leistung vom Auftraggeber geändert sondern von diesem eine zusätzliche Leistung gefordert wird. Wenn der Auftragnehmer diese im Vertrag nicht vorgesehene Leistung nach vorheriger Anordnung des Auftraggebers ausführt, steht ihm gemäß § 2 Abs. 6 Nr. 1 ein **Anspruch auf besondere Vergütung** zu. Der Auftragnehmer muss gegenüber dem Auftraggeber diesen Anspruch jedoch ankündigen, bevor er mit der Ausführung der Leistung beginnt.

404a In dem gesetzlichen Bauvertragsrecht ist § 650c BGB die entsprechende Vorschrift für die Ermittlung der Vergütung des Auftragnehmers (Vergütungsanpassung) bei Anordnungen des Auftraggebers nach § 650b Abs. 2 BGB. Die Regelungen des BGB-Bauvertragsrechts unterscheiden sich jedoch inhaltlich von § 2

---

[513] OLG Celle 25.5.2011 – 14 U 62/08, NZBau 2011, 614.
[514] Leinemann, Das neue Vergaberecht, Rn. 602.
[515] OLG Celle 25.5.2011 – 14 U 62/08, NZBau 2011, 614; OLG Oldenburg 25.1.2011 – 12 U 76/08; vgl. auch Leinemann BauR 2009, 1032.

Abs. 6. Dies betrifft insbesondere die in § 650c BGB nicht vorgesehene Ankündigungspflicht.

I. Verlangen einer im Vertrag nicht vorgesehenen Leistung

§ 2 Abs. 6 Nr. 1 S. 1 setzt voraus, dass eine im Vertrag nicht vorgesehene Leistung gefordert wird. Anknüpfend an § 1 Abs. 4 S. 1 wird damit klargestellt, dass die Leistungserweiterung nicht auf einer **einvernehmlichen Vertragsänderung** sondern auf einer einseitigen Anordnung des Auftraggebers beruhen muss. Denklogisch muss diese Anordnung nach Vertragsschluss erfolgt sein, da anderenfalls – wenn sich die Parteien darüber verständigt haben – diese zusätzliche Leistung schon Bestandteil des abgeschlossenen Vertrages wäre. 405

1. Im Vertrag nicht vorgesehene Leistung. Voraussetzung für eine Anwendbarkeit des § 2 Abs. 6 Nr. 1 S. 1 ist es, dass es sich um Leistungen handelt, die nach dem bisher **im Vertrag festgelegten Leistungsinhalt nicht vorgesehen** sind. Nicht erfasst sind hingegen Fälle, wie **Bedarfspositionen** oder ein **Wahlschuldverhältnis**. Ein solches unterliegt nicht § 2 Abs. 6. Die Bestimmung, welche Leistungen von der vertraglich vereinbarten Vergütung umfasst sind und welche Leistungen zusätzlich zu vergüten sind, richtet sich nach dem insoweit maßgeblichen Vertragsinhalt. Heranzuziehen sind vor allem die Leistungsbeschreibung, die Technischen Vertragsbedingungen, die Besonderen und/oder Zusätzlichen Vertragsbedingungen sowie die gewerbliche Verkehrssitte, also jenes, was im § 2 Abs. 1 umschrieben ist. Dabei ist das Vertragswerk insgesamt auszulegen. Insbesondere gehören die allgemein technischen Bestimmungen für Bauleistungen, VOB/C zum **Bau-Soll**. Nach DIN 18209, Abschnitt 4.2 gehören diese Leistungen aber nur dann zum Vertragsinhalt, wenn sie in der Leistungsbeschreibung besonders erwähnt sind. Es ist mithin immer regelmäßig im Hinblick auf die einschlägigen **DIN** zu prüfen, ob eine Leistung **Nebenleistung oder Besondere Leistung** ist.[516] Ist die geforderte Leistung der DIN als Besondere Leistung gekennzeichnet und nicht im Leistungsverzeichnis erwähnt, gehört sie nicht zum Vertragsinhalt. 406

Ein besonderes Problem stellen die zusätzlichen Leistungen dar, die zwar in den Vertragsbestandteilen nicht aufgeführt, zur Herbeiführung des vereinbarten Werkerfolges aber von vornherein erforderlich waren. Nach dem **funktionalen Herstellungsbegriff** schuldet der Auftragnehmer ein mangelfreies und funktionsfähiges Werk, das die vereinbarte Beschaffenheit aufweist und sich für die nach dem Vertrag vorausgesetzte bzw. gewöhnliche Verwendung eignet.[517] Die vorstehenden Anforderungen an das Werk des Auftragnehmers gelten auch dann, wenn die Angaben in der Leistungsbeschreibung etc unvollständig oder ungeeignet sind, den vereinbarten Erfolg herbeizuführen. Der Auftragnehmer darf sich in solchen Fällen nicht darauf beschränken, lediglich die Leistungsbeschreibung abzuarbeiten. Der Auftragnehmer schuldet alles, was erforderlich ist, um den vereinbarten Leistungserfolg herbeizuführen. In den Fällen in denen es ein **Auseinanderfallen des bepreisten Bau-Solls und des im Sinne des funktionalen Herstellungsbegriffs** geschuldeten **Bau-Solls** gibt, ist die Rechtsgrundlage des Anspruchs des Auftragnehmers auf Anpassung der Vergütung und wie dieser 407

---

[516] Hierzu auch → § 2 Rn. 19.
[517] BGH NZBau 2000, 74; 2007, 243; BauR 2008, 344; Fuchs BauR 2009, 404; Leupertz BauR 2010, 273; einschränkend: Peters NZBau 2008, 609; Motzke NZBau 2011, 705.

konkret zu berechnen ist unklar. Festzuhalten ist, dass der Vergütungsanspruch des Auftragnehmers für die in den Vertragsunterlagen nicht aufgeführte, zur Herbeiführung des vereinbarten Leistungserfolgs aber notwendige, Leistung **nicht unmittelbar von § 2 Abs. 6 geregelt** wird und deshalb auch nicht davon abhängt, ob diese Leistung nachträglich gefordert worden ist oder nicht. Es kommt somit auch nicht darauf an, ob der Anspruch vor Ausführungsbeginn vom Auftragnehmer angekündigt worden ist. Die Entscheidung über die Vergütungspflicht und die Art und Höhe der Vergütung ist vielmehr eine **Frage der ergänzenden Vertragsauslegung,** die im Einzelfall für andere Arten der Preisberechnung Raum lassen kann.[518]

408 Wegen der weiteren Einzelheiten betr. die Rechtslage betr. den Vergütungsanspruch des Auftragnehmers beim Auseinanderfallen vom geschuldeten Leistungsumfang im Sinne des funktionalen Herstellungsbegriffs/Mangelbegriffs wird auf die Ausführungen unter → § 2 Rn. 221, verwiesen. Die dortigen Ergebnisse im Zusammenhang mit dem Vergütungsanspruch des Auftragnehmers bei geänderten Leistungen gem. § 2 Abs. 5 gelten auch hier bei dem Vergütungsanspruch betr. die zusätzliche Leistung gem. § 2 Abs. 6 entsprechend.

409 **2. Zusätzliche Leistung vom Auftraggeber gefordert/verlangt.** Voraussetzung für die Anwendbarkeit des § 2 Abs. 6 ist, dass der Auftraggeber von dem Auftragnehmer die Ausführung der bisher nicht im Vertrag vorgesehenen Leistung verlangt wird. Es muss eine **rechtswirksame Anordnung des Auftraggebers** oder eines dazu bevollmächtigten Vertreters vorliegen. **Unverbindliche Wünsche oder Anregungen** des Auftraggebers reichen nicht aus, um das erforderliche Verlangen nach einer bestimmten Leistung zu bejahen.[519]

410 Wenn ein Auftraggeber die **Beseitigung eines Mangels verlangt,** ist darin keine Anordnung iSd § 2 Abs. 6 Nr. 1 zu sehen. Dies gilt auch für den Fall, dass die Forderung des Auftraggebers unberechtigt ist, weil tatsächlich eine mangelhafte Leistung gerade nicht vorliegt.[520]

411 Der Auftragnehmer ist im Rahmen der Geltendmachung seines Vergütungsanspruchs darlegungs- und beweisbelastet dafür, dass der Auftraggeber die Ausführung der zusätzlichen Leistung gefordert hat. Geeignete Unterlagen, dies zu beweisen, sind Baustellenprotokolle, Schreiben des Auftraggebers etc.

412 **3. Grund für zusätzliche Leistung unerheblich.** Unerheblich ist, warum der Auftraggeber eine zusätzliche Leistung verlangt. § 2 Abs. 6 erfasst alle vom Auftragnehmer erbrachten zusätzlichen Leistungen, dh diejenigen, die über das ursprüngliche Bau-Soll hinausgehen. Es kann sein, dass der Auftraggeber die Ausführung der zusätzlichen Leistung unter den Voraussetzungen des **§ 1 Abs. 4 S. 1** verlangt. Denkbar ist aber auch, dass aus einem sonstigen Grund, der **nicht der bisherigen vertraglichen Vereinbarung** entspricht, es zur Ausführung der zusätzlichen Leistung kommt. Dies allerdings mit der Voraussetzung, dass sich der Auftragnehmer mit der Erbringung der zusätzlichen Leistung einverstanden erklärt hat. Das **Einverständnis** ist in der Regel durch die tatsächlich erfolgte **Ausfüh-**

---

[518] Vgl. auch Fuchs BauR 2009, 405; Leitzke BauR 2008, 914 (Regeln über den Wegfall der Geschäftsgrundlage); Steffen BauR 2010, 579, § 42 BGB; Beck VOB/B/Jansen § 2 Abs. 6 Rn. 19.
[519] Leinemann/Leinemann § 2 Rn. 383; Ingenstau/Korbion/Keldungs § 2 Abs. 6 Rn. 8.
[520] Ingenstau/Korbion/Keldungs § 2 Abs. 6 Rn. 8.

Vergütung **§ 2**

rung dokumentiert.[521] Unter § 2 Abs. 6 fallen alle vom Auftragnehmer erbrachten zusätzlichen Leistungen, die zu dem vertraglich festgelegten Leistungsinhalt hinzukommen.

Erforderlich ist jedoch, dass es sich um eine typische Zusatzleistung handelt. 413
Es muss im Hinblick auf die beabsichtigte Nutzung oder in technischer Hinsicht eine unmittelbare Abhängigkeit zu der bisher vereinbarten Leistung bestehen. Nachträglich verlangte gänzlich selbständige Leistungen, die mit dem ursprünglich vereinbarten Leistungssoll nichts zu tun haben, etwa **echte zusätzliche Aufträge,** fallen nicht unter § 2 Abs. 6.[522] Diese Leistungen sind ohnehin vergütungspflichtig. Bei diesen selbständigen Leistungen ist es auch **nicht erforderlich,** dass der Auftragnehmer vor ihrer Ausführung dem Auftraggeber seinen **Vergütungsanspruch ankündigt.** Sofern der Auftraggeber die Leistung gefordert/angeordnet hat, folgt der Vergütungsanspruch des Aufragnehmers in diesen Fällen aus § 632 Abs. 2 BGB. Eine echte Zusatzleistung ist es auch, wenn der Auftragnehmer beispielsweise nach Beendigung der ihm in Auftrag gegebenen vertraglichen Leistungen Schutt und Sondermüllentsorgungen vornimmt, ohne dass dies seine eigene in Auftrag gegebene Leistung betrifft. In diesen Fällen gründet sich der **Vergütungsanspruch des Aufragnehmers** in der Regel auf §§ **677, 683, 670 BGB.**[523]

II. Abgrenzung zu § 2 Abs. 3, § 2 Abs. 5 und § 2 Abs. 8

Wegen der Einzelheiten betr. die Abgrenzung zu §§ 2 Abs. 3, § 2 Abs. 5 und 414
§ 2 Abs. 8 wird auf die Ausführungen unter → § 2 Rn. 282 ff., verwiesen. Die dortigen Ergebnisse gelten auch hier entsprechend.

III. Pflicht zur vorherigen Ankündigung des Mehrvergütungsanspruchs

Der Auftragnehmer muss nach § 2 Abs. 6 Nr. 1 S. 2, wenn eine im Vertrag 415
nicht vorgesehene Leistung vom Auftraggeber gefordert wird, dem Auftraggeber **vor Ausführung der Leistung den Anspruch ankündigen.** Durch diese Regelung soll der Auftraggeber vor Ansprüchen des Auftragnehmers geschützt werden, mit denen er nicht gerechnet hat.[524] Diese Regelung ist durchaus sinnvoll.

Wobei Kniffka und Jansen beide zutreffend darauf hinweisen, dass es **nicht** 416
nachvollziehbar ist, warum die **Pflicht zur Ankündigung** nur bei der zusätzlichen Leistung gemäß § 2 Abs. 6 und nicht bei der Leistungsänderung gemäß § 2 Abs. 5 besteht.[525] Ein Auftraggeber, der eine zusätzliche Leistung anordnet, muss damit rechnen, dass hierfür auch ein Vergütungsanspruch des Auftragnehmers entsteht. Weniger offensichtlich und für einen Auftraggeber weniger überschaubar ist, dass der Auftragnehmer in Folge einer Leistungsänderungsanordnung iSd § 2 Abs. 5 ebenfalls eine höhere Vergütung, als ursprünglich im Vertrag vorgesehen, beansprucht.[526]

---

[521] KG 31.10.2008 – 7 U 169/07, IBR 2009, 7.
[522] Ingenstau/Korbion/Keldungs § 2 Abs. 6 Rn. 12.
[523] OLG Düsseldorf BauR 1996, 270; Ingenstau/Korbion/Keldungs § 2 Abs. 6 Rn. 12.
[524] BGH BauR 1996, 542.
[525] Beck VOB/B/Althaus/Jansen § 2 Abs. 6 Rn. 42; Kniffka BauR 2012, 411.
[526] Beck VOB/B/Althaus/Jansen § 2 Abs. 6 Rn. 42; Kniffka BauR 2012, 411.

§ 2 VOB Teil B

417 **1. Anforderungen an die Mehrkostenankündigung.** § 2 Abs. 6 formuliert keine ausdrücklichen Anforderungen an die Mehrkostenanzeige, von deren Wirksamkeit diese abhängen soll. Nach dem ausdrücklichen Wortlaut fordert § 2 Abs. 6 lediglich, dass die Ankündigung des Mehrvergütungsanspruchs **zeitlich vor Beginn der Ausführung** der Zusatzleistung zu erfolgen hat. Gemeint ist damit der Beginn der betreffenden Arbeit selbst. Nicht jedoch die erforderliche Arbeitsvorbereitung oder Materialbeschaffung.[527] Die **Mehrkostenankündigung** ist im Übrigen **formfrei**. Sie kann schriftlich oder mündlich erfolgen. Aus Beweisgründen empfiehlt sich die schriftliche Mehrkostenanzeige, wobei es nicht auf das Schriftformerfordernis gemäß § 126 BGB ankommt. Inhaltlich muss die Ankündigung noch **keine Geltendmachung des Mehrvergütungsanspruchs der konkreten Höhe nach** enthalten. Es muss jedoch zum Ausdruck kommen, dass die Zusatzleistung durch die bisherige Preisvereinbarung nicht abgedeckt ist und es zu zusätzlichen Vergütungsansprüchen des Auftragnehmers kommen wird. Weder die genaue noch die ungefähre Höhe des Mehrvergütungsanspruchs muss der Auftragnehmer in der Mehrkostenanzeige nennen. Es reicht also aus, dass der Auftragnehmer darauf hinweist, dass die zusätzliche Leistung nicht im Vertrag enthalten bzw. von der Vergütungsabrede umfasst ist.[528] Die Mehrkostenanzeige durch den Auftragnehmer muss gegenüber dem Auftraggeber erfolgen.

418 Umstritten ist insoweit, ob der Auftraggeber der alleinige Adressat oder auch der ansonsten zur rechtsgeschäftlichen Vertretung des Auftraggebers nicht bevollmächtigte Architekt etc **Empfänger** sein kann. Im Zusammenhang mit der Behinderungsanzeige gemäß § 6 Abs. 1 wird vielfach die Auffassung vertreten, dass diese nur gegenüber dem Auftraggeber oder dessen **rechtsgeschäftlich bevollmächtigten Vertreter** wirksam erfolgen kann. Dies mag sinnvoll sein, da bei der Behinderungsanzeige nach § 6 Abs. 1 unter Umständen die Behinderung ihre Ursache auch in der Sphäre bzw. im Verantwortungsbereich des Architekten hat. Beim Mehrvergütungsanspruch wegen einer angeordneten zusätzlichen Leistung kann dies zwar ebenfalls so sein, doch geht diesem in jedem Fall entsprechendes Verlangen des Auftraggebers voraus. Deshalb genügt es nach der hier vertretenen Auffassung in der Regel, wenn die Ankündigung des Mehrvergütungsanspruchs nach § 2 Abs. 6 gegenüber dem **Architekten** des Auftraggebers etc erfolgt, wenn dieser zumindest als **Empfangsbote** des Auftraggebers angesehen werden kann.[529]

419 **2. Ankündigung als Anspruchsvoraussetzung/Ausnahmen von der Ankündigungspflicht.** In Rechtsprechung und Literatur ist umstritten, ob es sich bei dem Ankündigungserfordernis um eine selbständige Anspruchsvoraussetzung handelt oder nicht und welche Folgen aus der Verletzung dieser Pflicht bzw. Obliegenheit herzuleiten sind.

420 Nach herrschender Meinung ist die Ankündigungspflicht eine echte Tatbestandsvoraussetzung für die besondere Vergütung von Leistungen, die nach Vertragsschluss zusätzlich durch den Auftraggeber angeordnet werden.[530] Die Ankündigung soll den Auftraggeber davor schützen, dass er von Ansprüchen auf erhöhte Vergütung des Auftragnehmers, mit denen er nicht gerechnet hat, überrascht wird. Der Auftragnehmer hat demzufolge grundsätzlich **keinen Anspruch auf**

---
[527] Beck VOB/B/Althaus/Jansen § 2 Abs. 6 Rn. 45.
[528] OLG Düsseldorf BauR 1991, 797; Beck VOB/B/Althaus/Jansen § 2 Abs. 6 Rn. 47.
[529] Vgl. auch Beck VOB/B/Althaus/Jansen § 2 Abs. 6 Rn. 49.
[530] BGH BauR 1996, 542; Ingenstau/Korbion/Keldungs § 2 Abs. 6 Rn. 17; Kapellmann/Messerschmidt/Markus § 2 Rn. 385 ff.

Vergütung § 2

zusätzliche Vergütung für nachträglich angeordnete zusätzliche Leistung, wenn er nicht vor der Ausführung dem **Ankündigungserfordernis** gemäß § 2 Abs. 6 nachkommt.

Grundsätzlich ist also von einem Ankündigungserfordernis als Anspruchsvoraussetzung auszugehen. Die Rechtsprechung hat jedoch auch deutlich hervorgehoben, dass entscheidendes Kriterium hier der **Vertrauensschutz** des Auftraggebers ist und eine Entbehrlichkeit der Ankündigung angenommen werden kann, wenn ein schützenswertes Vertrauen auf eine evtl. **Unentgeltlichkeit** der zusätzlichen Leistung nicht vorliegt. 421

Die Rechtsprechung hat im Zusammenhang mit dem Bauvertrag als Langzeitvertrag herausgearbeitet, dass es eine besondere Kooperationspflicht beider Vertragspartner gibt. Hierzu gehören Informations-, Mitwirkungs- und Rügeobliegenheiten und -pflichten.[531] In diesem Kontext ist auch die Pflicht zur Ankündigung der Mehrkosten des Auftragnehmers gemäß § 2 Abs. 6 Nr. 1 S. 2 zu sehen. **Sinn und Zweck der Klausel** ist es, den Auftraggeber zu schützen, weil dieser über drohende Kostenerhöhungen rechtzeitig informiert sein soll, um entsprechend disponieren zu können. Auf der anderen Seite sind aber auch die berechtigten Interessen des Auftragnehmers, dass seine gewerblichen Bauleistungen regelmäßig nicht ohne Vergütung zu erwarten sind, zu berücksichtigen und begrenzen den Anwendungsbereich der Ankündigungspflicht vor Ausführung. Ein **Verlust des Vergütungsanspruchs** des Auftragnehmers nach unterbliebener Mehrkostenankündigung ist demnach **nicht angezeigt,** wenn und soweit die Ankündigung im konkreten Fall für den Schutz des Auftraggebers entbehrlich und daher ohne Funktion war.[532] Von einer Entbehrlichkeit und Funktionslosigkeit ist immer dann auszugehen, wenn der Auftraggeber bei der Forderung der Leistung von ihrer Entgeltlichkeit ausging oder ausgehen musste und insbesondere auch dann, wenn ihm nach Lage der Dinge keine Alternative zur sofortigen Ausführung der Leistung durch den Auftragnehmer blieb. Der Auftragnehmer trägt hierfür die Darlegungs- und Beweislast,[533] wobei der Auftraggeber zunächst darlegen muss, dass ihm tatsächlich preiswertere Ausführungsalternativen zur Verfügung standen, die er im konkreten Fall hätte heranziehen können und so die Kosten der zusätzlichen Leistung unterschreiten können. Lediglich abstrakt denkbare Möglichkeiten genügen nicht.[534] Der Auftragnehmer muss sodann darlegen, dass auch eine **rechtzeitige Ankündigung die Lage des Auftraggebers nicht verbessert** hätte. Sofern eine **preiswertete Alternative** zur Verfügung stand, so soll der Vergütungsanspruch des Auftragnehmers höhenmäßig entsprechend beschränkt sein.[535] In jedem Fall geht der Auftragnehmer in solchen Fällen trotz der fehlenden Ankündigung der Mehrkosten nicht leer aus. 422

In der Literatur wird diese Rechtsprechung des BGH teilweise erheblich kritisiert.[536] Es wird insoweit angeführt, dass sie das Erfordernis einer Mehrkostenanzeige vor Ausführung als Anspruchsvoraussetzung vollständig aushöhle und erkläre die Regel zur Ausnahme. Die vom BGH angestellten Verschuldenserwägungen seien dogmatisch inkonsequent. Sinnvoll sei es vielmehr, die Vorschrift im Wege 423

---

[531] BGH BauR 1996, 542.
[532] Leinemann/Leinemann § 2 Rn. 422.
[533] BGH BauR 1996, 542.
[534] BGH BauR 2002, 312.
[535] BGH BauR 2002, 312.
[536] Vgl. u.a. Kapellmann/Messerschmidt/Markus § 2 Rn. 390.

Kues 263

der Auslegung nur in solchen Fällen einzuschränken, in denen eine Ankündigung eine sinnlose und funktionslose Förmelei darstelle.[537]

424 Aus **hiesiger Sicht** ist das **Ankündigungserfordernis des § 2 Abs. 6 nicht als Anspruchsvoraussetzung** anzusehen. Hierfür ist der Wortlaut heranzuziehen, der keineswegs zu einer solchen Annahme zwingt. Wie Jansen zutreffend darauf hinweist, legt das Wort „jedoch" viel mehr das Gegenteil nahe. Denn in anderen Vorschriften der VOB/B, beispielsweise § 4 Abs. 1 Nr. 4, § 8 Abs. 3 Nr. 2, ist die Bedingung, die für Entstehung oder Wegfall verschiedener Ansprüche definiert wird, mit der Formulierung „wenn" bzw. „wenn nicht" deutlich(er) zum Ausdruck gebracht.[538] Im Ergebnis spricht auch der Sinn der Regelung eher gegen die Annahme, dass es sich bei dem Ankündigungserfordernis um eine Anspruchsvoraussetzung handelt. Der Auftraggeber soll über drohende Kostenerhöhungen rechtzeitig informiert werden, um danach entsprechend disponieren zu können. Weshalb er aber eine zusätzliche Leistung, die er wollte und auch anderweitig nicht billiger hätte erhalten können, nur deshalb kostenlos bekommen soll, weil der Auftragnehmer den zusätzlichen Anspruch nicht angekündigt hat, ist nicht einzusehen.[539]

IV. Besondere Leistung = Zusätzlicher Vergütungsanspruch

425 Gemäß § 2 Abs. 6 Nr. 2 S. 1 steht dem Auftragnehmer für die zusätzlich erbrachte Leistung eine Vergütung nach den Grundlagen der Preisermittlung für die vertragliche Leistung und den besonderen Kosten der geforderten Leistung zu. Die Vergütungsfolge ist gleichlaufend zu § 2 Abs. 5: Dem Auftragnehmer steht ein Anspruch auf Ersatz der tatsächlich erforderlichen Kosten nebst angemessenen Zuschlägen für Allgemeine Geschäftskosten, Wagnis und Gewinn zu.[540]

Auf die Ausführung unter → § 2 Rn. 76 ff. kann insoweit verwiesen werden. Auch hinsichtlich des Vergütungsanspruchs nach § 2 Abs. 6 kann die vorkalkulatorische Preisfortschreibung, wie unter → § 2 Rn. 131 ff. beschrieben, individuell vereinbart werden.

V. Preisvereinbarung möglichst vor Ausführung

426 Gemäß § 2 Abs. 6 Nr. 2 S. 2 ist möglichst vor Beginn der Ausführung die Vergütung über die Zusatzleistung zu vereinbaren. Wie bei der Vereinbarung **muss** die Vergütung für die geänderte Leistung gemäß § 2 Abs. 5 auch für die Zusatzleistung gemäß § 2 Abs. 6 **nicht** im **Vorfeld die Preisvereinbarung getroffen** werden. Teilweise wird im Schrifttum die Auffassung vertreten, es handelt sich um eine vertragliche Verpflichtung, dass die Preisvereinbarung vor Ausführung zu treffen ist. Andere Stimmen folgen aus der Formulierung „**möglichst",** da es sich insoweit lediglich um eine Empfehlung handele.

427 Wobei diesseitig die Auffassung vertreten wird, dass der Streit nicht entschieden werden muss. Denn Einigkeit besteht, dass dem Auftraggeber kein Leistungsverweigerungsrecht oder gar ein Kündigungsrecht zugebilligt werden kann, wenn eine vorherige Preisvereinbarung für Zusatzleistung nicht zustande kommt, weil die Vergütung hier für die im Grunde und/oder der Höhe nach unklar oder

---

[537] Kapellmann/Messerschmidt/Markus § 2 Rn. 397.
[538] gl. auch Beck VOB/B/Althaus/Jansen § 2 Abs. 6 Rn. 57.
[539] aA Beck VOB/B/Jansen § 2 Abs. 6 Rn. 41.
[540] KG ZfBR 2018, 670; Retzlaff BauR 2024, 1279.

streitis ist.[541] Im Übrigen wird auf die Erläuterungen unter → § 2 Rn. 309 ff. verwiesen. Die dortigen Ausführungen gelten hier entsprechend.

Sofern eine **Einigung** der Parteien über die Vergütung für die Zusatzleistung **nicht zustande** kommt, kann, wie bei der Bestimmung der Vergütung für die geänderte Leistung, entweder ein **Dritter als Sachverständiger** oder Schlichter bzw. Schiedsgutachter diesen Streit auflösen, wenn die Parteien sich hierauf entsprechend verständigt haben oder verständigen. Anderenfalls bleibt nur der Klageweg unter Bestimmung durch das **Gericht**. Wobei eine entsprechende Klage nach Ausführung der Leistung auch sogleich auf Zahlung gerichtet sein kann. Zudem ist davon auszugehen, dass das Gericht im Regelfall mit Hilfe eines Sachverständigen die Vergütung bestimmt. 428

VI. Leistungsverweigerungsrechte bei verweigerter Preisvereinbarung/Nachtragsbeauftragung dem Grund und/bzw. der Höhe nach

Wegen der Einzelheiten betr. Leistungsverweigerungsrechte bei verweigerter Preisvereinbarung/Nachtragsbeauftragung dem Grund und/bzw. der Höhe nach wird auf die Ausführungen → § 2 Rn. 350 ff., verwiesen. Die dortigen Ausführungen gelten hier entsprechend. 429

VII. Nachtragsbearbeitungskosten – Gutachterkosten

Wegen der Einzelheiten betr. die Nachtragsbearbeitungskosten – Gutachterkosten wird auf die Ausführungen → § 2 Rn. 317 ff., verwiesen. Die dortigen Ausführungen gelten hier entsprechend. 430

VIII. Bindungswirkung Nachtragsvereinbarung

Wegen der Einzelheiten betr. die Bindungswirkung von Nachtragsvereinbarung wird auf die Ausführungen → § 2 Rn. 363 ff. verwiesen. Die dortigen Ausführungen gelten hier entsprechend. 431

IX. Darlegungs- und Beweislast

Wegen der Einzelheiten betr. die Darlegungs- und Beweislast wird auf die Ausführungen → § 2 Rn. 366 ff. verwiesen. Die dortigen Ausführungen gelten hier entsprechend. 432

X. Verjährung und Verwirkung des zusätzlichen Vergütungsanspruchs

Alle Vergütungsansprüche des Auftragnehmers, sei es für Hauptvertragsleistung oder Nachtragsforderungen für Leistungsänderung und Zusatzleistung, verjähren einheitlich. Die Verjährung der **Vergütungsansprüche für Zusatzleistungen von § 2 Abs. 6 beginnt auch dann mit dem für die Schlussrechnung maßgeblichen Zeitpunkt,** wenn diese Forderungen in der Schlussrechnung nicht enthalten sind.[542] Lediglich für Zusatzleistungen, die erst nach Schlussrechnungsstellung angefallen und erbracht worden sind, gilt etwas anderes. 433

---

[541] Kimmich BauR 2009, 1494, vgl. auch Kues/Kaminsky BauR 2009, 1368.
[542] BGH BauR 1970, 113.

434 Der Lauf der Frist für die Verjährung einer Vergütungsforderung beginnt im VOB/B-Vertrag gemäß § 16 Abs. 3 Nr. 1 – von der Abnahme der Leistung abgesehen– erst mit Vorlage einer prüfbaren Abrechnung und nachdem die Rechnung durch den AG geprüft wurde, bzw. unabhängig von einer Prüfung jedenfalls mit Ablauf der Prüffrist.[543] Wenn Nachtragsforderungen jedoch keinen separaten Auftrag betreffen und mit der Schlussrechnung hätten geltend gemacht werden können, kann die Verjährung nicht dadurch hinausgeschoben werden, dass sie nicht als Teil der Schlussrechnung behandelt, sondern selbstständig fakturiert werden. Vielmehr verjähren solche nachträglich geltend gemachten Forderungen in derselben Zeit, wie diejenigen, die mit der Schlussrechnung geltend gemacht wurden.[544]

435 Die Einrede der Verjährung kann auch erstmalig im Berufungsrechtszug erhoben werden, wenn die Erhebung der Verjährungseinrede und die den Verjährungseintritt begründenden tatsächlichen Umstände zwischen den Prozessparteien unstreitig sind.[545] Nach gefestigter Rechtsprechung des BGH sind unstreitige Tatsachen, die erstmals in der Berufungsinstanz vorgetragen werden, unabhängig von den Zulassungsvoraussetzungen des § 531 ZPO zu berücksichtigen. Aus der den Zweck des Zivilprozesses und der Präklusionsvorschriften berücksichtigenden Auslegung der §§ 529 Abs. 1 Nr. 2, 531 ZPO ergibt sich, dass unter „neue Angriffs- und Verteidigungsmittel" iSd § 531 ZPO lediglich streitiges und damit beweisbedürftiges Vorbringen fällt. Nicht beweisbedürftiges Vorbringen in der Berufungsinstanz hat das Berufungsgericht gem. § 529 Abs. 1 ZPO seiner Entscheidung ohne weiteres zugrunde zu legen.[546]

436 Die **Verwirkung** des Anspruchs auf Vereinbarung einer besonderen Vergütung für die Zusatzleistung richtet sich nach den allgemeinen Grundsätzen. Voraussetzung ist mithin, dass zum Zeitablauf insbesondere, auf dem Verhalten des Berechtigten, dh vorliegend des Auftragnehmers, beruhende Umstände hinzutreten, die das Vertrauen des Verpflichteten, dh dem Auftraggeber, rechtfertigen, der Berechtigte werde seinen Anspruch nicht mehr geltend machen.[547] In der **Praxis** spielt jedoch wegen der kurzen Verjährungsfrist der Ansprüche die **Verwirkung de facto keine Rolle.**

XI. AGB-Problematik

437 Vereinbarungen die von § 2 Abs. 6 abweichen, finden sich häufig vor allem zum Nachteil des Auftragnehmers. Typisch sind insoweit Regelungen, die den Mehrvergütungsanspruch des Auftragnehmers davon abhängig machen, dass vom Auftraggeber ein dahingehender Nachtragsauftrag erteilt worden ist.

438 Wegen der Frage, ob und inwieweit § 2 Abs. 6 einer **isolierten Inhaltskontrolle** standhält, ist zunächst festzuhalten, dass der BGH in einem älteren Urteil § 2 Abs. 6 AGB-rechtlich für unbedenklich gehalten hat.[548]

---

[543] OLG Frankfurt a. M. 20.5.2014 – 6 U 124/13, NJOZ 2015, 664.
[544] OLG Düsseldorf 13.11.2007 – I-21 U 256/06, IBR 2008, 714 unter Verweis auf u.a.: BGH 22.4.1982 – VII ZR 191/81, NJW 1982, 1815; BGH 12.2.1970 – VII ZR 168/67, NJW 1970, 938.
[545] BGH 23.6.2008 – GSZ 1/08, NJW 2008, 3434.
[546] BGH 23.6.2008 – GSZ 1/08, NJW 2008, 3434.
[547] BGH BauR 2003, 379.
[548] BGH BauR 1996, 542 Kues/von Kiedrowski/Bolz AGB-Klauseln/Bolz, § 2 Rn. 45.

Die Frage, ob § 2 Abs. 6 **möglicherweise** eine **Preisabrede** darstellt, die 439
gemäß § 307 Abs. 3 S. 2 BGB einer **Inhaltskontrolle entzogen** ist, weiterhin
nicht abschließend geklärt.

Nach Ansicht des BGH ist eine formularmäßige Abrede, die Art und Umfang 440
der vertraglichen Hauptleistung und der hierfür zu zahlenden Vergütung unmittelbar bestimmt, von der gesetzlichen Inhaltskontrolle nach § 307 Abs. 3 S. 1 BGB ausgenommen.[549]

Zusätzliche Leistungen sind gerade nicht Gegenstand des ursprünglichen 441
Hauptangebots, sodass die Ansicht vertreten wird, dass die nachträgliche Preisermittlung gerade eine neue Preishauptabrede hinsichtlich der zusätzlichen Leistungen darstelle. Dieser Ansicht folgend handelt es sich bei § 2 Abs. 5 und Abs. 6
gerade **nicht** um eine kontrollfähige **Preisnebenabrede**, sondern um eine nicht
kontrollfähige **Preishauptabrede**, die der Inhaltskontrolle grundsätzlich entzogen
ist, § 307 Abs. 3 S. 2 BGB.

Im Zusammenhang mit Gaslieferungsleistungen entschied der BGH, dass 442
zumindest dann von einer **kontrollfähigen Preisnebenabrede** auszugehen sei,
wenn die Abrede zwar unmittelbare Auswirkungen auf Preis und Leistung
hat, an der sich Stelle aber, wenn eine wirksame vertragliche Regelung fehlt, dispositives Gesetzesrecht treten kann.[550] Hierbei mache es keinen Unterschied, ob die
Abrede dem Verwender einseitig das Recht zu einer Preisänderung einräume oder
eine automatische Preisanpassung aus ihr folge.[551]

Im entschiedenen Falle bestand der fortzuschreibende Gaspreis aus einem fest- 443
gelegten „Arbeitspreis", der zu Beginn der Vertragslaufzeit vereinbart wurde, und
aus variablen Komponenten, insbesondere einer künftigen Preisanpassung jenseits
des Arbeitspreises, deren Höhe und Umfang bei Vertragsschluss noch nicht absehbar war.

Während der **BGH den Arbeitspreis bei isolierter Betrachtung als nicht** 444
kontrollfähige Preishauptabrede ansah, unterliegen die variablen und zum
Zeitpunkt des Vertragsschlusses **unbekannten Preisbestandteile als kontrollfä-**
hige Preisnebenabreden der Inhaltskontrolle.

Auch wenn die Entscheidung in anderem Zusammenhang erging, beanspru- 445
chen die allgemeinen Ausführungen des BGH zur Ausnahmeregelung des § 307
Abs. 3 S. 1 BGB allgemeine Gültigkeit, sodass sie auch im Rahmen der AGB-
rechtlichen Überprüfung der VOB/B zu berücksichtigen sind:

Bezogen auf § 2 Abs. 6 bedeutet die Entscheidung, dass es naheliegender 446
erscheint, dass die Regelung insgesamt der AGB-Kontrolle unterliegt. Schließlich
liegt es in der Natur der zusätzlichen Leistungen, dass zumindest deren Umfang
bei Vertragsschluss nicht bekannt ist.

Es sprechen daher aufgrund der Unvorhersehbarkeit der Notwendigkeit, der 447
Art, des Umfanges und der Höhe der Kosten etwaiger zusätzlicher Leistungen,
die **besseren Argumente dafür, dass § 2 Abs. 6 nicht gemäß § 307 Abs. 1**
S. 3 BGB von der Inhaltskontrolle befreit ist.

Jedoch bestehen nach hiesiger Einschätzung keine Bedenken hinsichtlich der 448
Wirksamkeit des § 2 Abs. 6 auch bei isolierter Inhaltskontrolle. Die Vergütungsfolge ist gleichlautend mit der gesetzlichen Grundlage nach § 650c BGB. Die

---

[549] BGH NJW 2014, 209 Rn. 17.
[550] BGH 14.5.2014 – VIII ZR 114/13, NJW 2014, 2708.
[551] BGH 24.3.2010 – VIII ZR 178/08 mwN, NJW 2010, 2789; BGH 24.3.2010 – VIII ZR 304/08 mwN, NJW 2010, 2793.

Vergütungsvoraussetzung einer Mehrkostenanzeige – sofern eine solche Voraussetzung angenommen wird – führt auch nicht zur AGB-rechtlichen Unwirksamkeit, indem sie aus auftraggeberschützenden Gründen[552] interessensgerecht, dem Auftragnehmer zumutbar und nicht intransparent ist.[553] Dies entspricht auch höchstrichterlicher Rechtsprechung, soweit die § 2 Abs. 6 dahingehend ausgelegt wird, dass die Ankündigungspflicht nur dann zu einem Anspruchsverlust des Auftragnehmers führt, wenn die Ankündigung den Schutzinteressen des Auftraggebers dient oder die Ankündigung unentschuldigt versäumt wurde.[554]

I. Änderungen beim Pauschalpreisvertrag (§ 2 Abs. 7)

I. Regelungsgehalt

449 § 2 Abs. 7 konstatiert den Grundsatz, dass die vereinbarte Vergütung bei einem Pauschalvertrag, jedenfalls grundsätzlich, unverändert bleibt, § 2 Abs. 7 Nr. 1 S. 1. Unter Rechtsgrundverweis auf § 313 BGB (Störung der Geschäftsgrundlage) legt § 2 Abs. 7 Nr. 1 S. 2 die hieraus resultierenden Folgen (Preisausgleich unter Berücksichtigung der Mehr- oder Minderkosten) fest. Hinsichtlich der Bemessung der Preisanpassung verweist Nr. 1 S. 3 auf die Grundlagen der Preisermittlung.

450 Aus der in der Praxis am häufigsten relevant werdenden Regelung in Nr. 2 ergibt sich ferner, dass auch im Falle der Vereinbarung eines Pauschalpreises die Vorschriften zur Preisänderung gem. § 2 Abs. 4–6 anwendbar bleiben.

451 Abschließend regelt § 2 Abs. 7 Nr. 3 die Selbstverständlichkeit, dass Nr. 1 und 2 auch für Teilpauschalen gelten.

II. Begriff und Erscheinungsform des Pauschalpreisvertrages

452 Die VOB/B enthält keine explizierte Regelung zum Vertragstyp „Pauschalvertrag". Während die Formulierung in § 2 Abs. 2, wonach „die Vergütung nach den vertraglichen Einheitspreisen" berechnet wird, eine Grundentscheidung zugunsten des Einheitspreisvertrages zu enthalten scheint, wird dort lediglich einschränkend darauf hingewiesen, dass dies dann nicht gilt, wenn eine „andere Berechnungsart" vereinbart ist. Hierbei wird als Beispiel die Vergütung durch eine **Pauschalsumme** genannt. Die nächste Erwähnung findet sich erst wieder in § 2 Abs. 7.

453 Vordergründig verleitet der Wortlaut von § 2 Abs. 7 Nr. 1 S. 1 („Ist als Vergütung der Leistung eine Pauschalsumme vereinbart, so bleibt die Vergütung unverändert") zu der Erkenntnis, ein einmal vereinbarter Pauschalpreis könne sich nicht ändern. Wie sich dies aber bereits aus § 2 Abs. 7 Nr. 2 ergibt, ist dies nicht der Fall.

454 Für den gegenüber dem Einheitspreisvertrag als Ausnahmefall[555] zu betrachtenden Pauschalpreisvertrag wird hier mittels unglücklicher Formulierung festgehalten, dass die Vergütung beim Pauschalpreisvertrag schon **vor Ausführung** der Leistung in Gestalt einer vermeintlich festen Summe (des Pauschalpreises) feststeht,

---

[552] Leinemann/Leinemann, § 2 Rn. 422.
[553] aA Beck VOB/B/Jansen § 2 Abs. 6 Rn. 41.
[554] BGH 23.5.1996 – VII ZR 245/94, NJW 1996, 2158; Kues/von Kiedrowski/Bolz AGB-Klauseln/Bolz, § 2 Rn. 43.
[555] Leinemann/Leinemann, § 2 Rn. 619.

Vergütung **§ 2**

während die Vergütung beim Einheitspreisvertrag naturgemäß erst **nach** Ausführung der Leistung feststeht. Dies, weil die Vergütung gemäß § 2 Abs. 2 anhand der ausgeführten Mengen zum jeweiligen Einheitspreis ermittelt wird.[556]

Die Antwort auf die Frage, was genau **Gegenstand der Pauschalierung** gem. § 2 Abs. 7 ist, ergibt sich unmittelbar aus dem Wortlaut der Vorschrift, wo es heißt „ist als Vergütung der Leistung eine Pauschalsumme vereinbart, so bleibt die Vergütung unverändert". **Pauschal** im Wortsinne ist daher stets **nur die Vergütung.** Eine Pauschalierung der Leistung erfolgt im Rahmen des § 2 Abs. 7 gerade nicht.[557] **455**

Die Pauschalvergütung ist unabhängig von der ausgeführten Menge.[558] Gleichwohl muss die auszuführende Menge auch beim Pauschalvertrag festgelegt sein.[559] Ebenfalls folgt hieraus, dass sich der Pauschalpreisvertrag vom Einheitspreisvertrag in struktureller Hinsicht einzig auf der Vergütungsebene unterscheidet. Dies, indem die vereinbarte Vergütung unabhängig von der ausgeführten Menge festgelegt wird. Die technische Beschreibung des Bau-Solls an sich ist insoweit kein systematisches Unterscheidungskriterium.[560] **456**

Auch beim Pauschalpreisvertrag führt eine Abweichung des Bau-Ist vom Bau-Soll (jedenfalls soweit sie nicht dem Risikobereich des Auftragnehmers entstammt) zu einer modifizierten Vergütung.[561] **457**

Da die Beschreibung des Bau-Solls **kein systematisches Unterscheidungskriterium** darstellt, kann diese mit unterschiedlichen Detaillierungsgrad erfolgen. Die Formen der Leistungsbeschreibung variieren dabei im Bereich zwischen einer Leistungsbeschreibung mittels **Detailpauschalvertrag** bis hin zur Leistungsbeschreibung in der Variante eines **Global-Pauschalvertrages.** **458**

Da die Pauschalierung allein die Vergütung, nicht jedoch die Leistung betrifft,[562] bleibt es beim vereinbarten Pauschalpreis insbesondere dann, wenn dem Auftragnehmer bei Herstellung seines Pauschalpreisangebotes **Fehler** unterlaufen sind.[563] **459**

Der Einheitspreisvertrag, dem die Möglichkeit von Schwankungen bei den auszuführenden Mengen naturgemäß innewohnt, hat mit § 2 Abs. 3 eine eigene Regelung zur Abrechnung stärkerer Mengenabweichungen. Eine solche fehlt beim Pauschalpreisvertrag. Dieser geht von nur sehr geringen Schwankungen des Leistungsinhalts aus und eine Preisangleichungsvorschrift für Mengenänderungen, wie sie § 2 Abs. 3 beinhaltet, nicht.[564] **460**

Auf dieser Basis entwickelte sich die Faustregel „**Im Pauschalpreisvertrag trägt der Auftragnehmer das Mengenrisiko**".[565] Soweit die zu erbringende Bauleistung hinreichend konkret beschrieben ist, ändern auch größere Leistungsmengen zunächst grundsätzlich nichts an der vereinbarten Pauschale, sofern dies **461**

---

[556] So auch Kapellmann/Messerschmidt/Markus § 2 Rn. 477; Leinemann/Leinemann § 2 Rn. 664.
[557] Leinemann/Leinemann § 2 Rn. 485.
[558] Kapellmann/Messerschmidt/Markus § 2 Rn. 477.
[559] Hierzu unter → § 2 Rn. 385.
[560] Kapellmann/Messerschmidt/Markus § 2 Rn. 477.
[561] Hierzu unter → § 2 Rn. 415.
[562] Leinemann/Leinemann § 2 Rn. 621.
[563] Ingenstau/Korbion/Keldungs § 2 Abs. 7 Rn. 15.
[564] Leinemann/Leinemann § 2 Rn. 624.
[565] BGH VersR 1965, 803 (804); Leinemann/Leinemann § 2 Rn. 624; Ingenstau/Korbion/Keldungs § 2 Abs. 7 Rn. 15.

Kues

für den Auftragnehmer bei sachgerechter Prüfung erkennbar war.[566] Gleichwohl muss auch beim Pauschalpreisvertrag die auszuführende Menge grundsätzlich zumindest in Grundzügen festgelegt sein, damit der Auftragnehmer weiß, in welchem Umfang er die geschuldete Bauleistung erbringen muss (bspw. Tiefgarage mit 10 Stellplätzen oder Tiefgarage mit 50 Stellplätzen).

III. Leistungs-Soll beim Pauschalpreisvertrag

462 Die Pauschalierung betrifft **allein die Vergütung,** nicht jedoch die Leistung. Die Formulierung „ist als Vergütung der Leistung eine Pauschalsumme vereinbart, so bleibt die Vergütung unverändert" bedeutet indes nicht, dass der Abschluss eines Pauschalpreisvertrages vor Mehrkosten aus Nachträgen schützt. Es hängt vielmehr allein von der Qualität und der Darstellungstiefe der zugrundeliegenden Planung bzw. Leistungsbeschreibung ab, ob – bei unveränderter Bauaufgabe – Mehrkosten bei der Ausführung entstehen oder nicht.[567] Der vereinbarte Pauschalpreis betrifft einzig den **vertragsgegenständlichen** Leistungsinhalt. Verändert sich die Leistung, ändert sich auch der Pauschalpreis.[568]

463 Was die Ermittlung der zu leistenden Bau-Soll-Menge angeht, so können sich **Mengenermittlungsparameter** aus dem Vertrag als solchem ergeben. Im Regelfall ist dies in Gestalt der (Vertragsgrundlage gewordenen) Pläne der Fall. Auch wenn diese gemeinhin eher grob skaliert sind (1 zu 200), so enthalten sie doch hinreichende Anhaltspunkte dafür, was und in welcher Menge der Auftragnehmer leisten muss. Es ist daher seine Sache, zu ermitteln, welche konkrete Bau-Soll-Menge er schuldet.[569] Ungenauigkeiten bei der hierauf basierten Ermittlung der Bau-Soll-Menge sind vom Auftragnehmer zu verantworten; seine Vertragspflicht tangieren diese nicht.[570]

464 Unwillkürliche Mengenmehrungen an sich lassen die vereinbarte Pauschale unbeeinflusst.[571] Wie sich dies ausdrücklich aus § 2 Abs. 7 Nr. 2 ergibt, haben einzig die Selbstübernahme von Leistungen durch den Auftraggeber (§ 2 Abs. 4), der Anfall geänderter (§ 2 Abs. 5) oder die Anordnung zusätzlicher Leistungen (§ 2 Abs. 6) durch den Auftraggeber preisverändernde Wirkung.[572] Typisch sind vor diesem Hintergrund Diskussionen der Parteien eines Pauschalpreisvertrages darum, ob eine Leistung, deren Erforderlichkeit sich aus Sicht des Auftragnehmers erst nach Vertragsschluss herausgestellt hat, vom Vertrags-Soll umfasst ist oder einen Vergütungsanspruch nach § 2 Abs. 5/6 auslöst. Die Ermittlung des **vertraglichen Leistungsinhalts** hat dabei im Wege der **Auslegung** zu erfolgen.[573] Gleichwohl steht auch bei einer groben Beschreibung der Leistungsinhalt nach erfolgter Vertragsauslegung konkret fest, wenn der Leistungsinhalt anhand der vorliegenden Unterlagen ermittelbar ist.

---

[566] Ingenstau/Korbion/Keldungs § 2 Abs. 7 Rn. 15.
[567] Leinemann/Leinemann § 2 Rn. 627.
[568] Leinemann/Leinemann § 2 Rn. 628.
[569] Kapellmann/Messerschmidt/Markus § 2 Rn. 479 f.; vgl. zur Bestimmung der auszuführenden Leistung auch OLG Köln 17.10.2018 – 16 U 3/18, IBR 2019, 4.
[570] BGH VersR 1965, 803 (804); Kapellmann/Messerschmidt/Markus § 2 Rn. 479 f.
[571] Leinemann/Leinemann § 2 Rn. 628.
[572] Leinemann/Leinemann § 2 Rn. 628.
[573] OLG Düsseldorf 19.7.2011 – 21 U 76/09, NZBau 2011, 692; Leinemann/Leinemann § 2 Rn. 629.

Weil die Vergütung mittels einer **Pauschalsumme nur ein Preismodel** darstellt, reichen die Möglichkeiten, das verpreiste Leistungs-Soll zu beschreiben von einer umfassenden Detaillierung bis zu einer lediglich globalen Beschreibung wie folgt: 465

1. Detail-Pauschalvertrag. Typisch für den **Detail-Pauschalvertrag** ist, dass dem Auftragnehmer eine **detaillierte Leistungsbeschreibung mittels Leistungsverzeichnis** zur Verfügung gestellt wird. Gemäß dem Grundgedanken des § 4 Abs. 1 VOB/A kann der Auftraggeber die Art der Ausführung im Form von Bauinhalt und Bauumständen im Einzelnen, etwa durch eine Leistungsbeschreibung mit Leistungsverzeichnis, also eine in Teilleistungen zerlegte und durch Positionen gegliederte Auflistung und Beschreibung der verlangten Leistungen (aber auch durch vollständige Ausführungspläne) vorgeben. 466

Wird im Falle eines Vorliegens eines Pauschalpreisvertrages die Leistung derart differenziert beschrieben, so spricht man von einem **Detail-Pauschalpreisvertrag**.[574] Da bei einem Detail-Pauschalvertrag der Auftraggeber die detaillierte Planung nebst entsprechend detaillierter Ausschreibung selbst übernommen hat, muss er sich (wie auch beim Einheitspreisvertrag) die **Vermutung der Richtigkeit und Vollständigkeit** dieser Ausschreibung entgegenhalten lassen.[575] Mit anderen Worten: Entscheidet sich der Auftraggeber bei seiner Leistungsbeschreibung für das System der „Einheitspreisvertrags-Ausschreibung", verlegt er also die verlangte Leistung in Teilleistungen und bildet Positionen, so drückt er aus, dass er seine Planungsidee im Detail umgesetzt hat.[576] Wählt der Auftraggeber diese Methode der Detail-Leistungsbeschreibung, so besteht für den Auftragnehmer schon gar kein Anlass zur eingehenden Prüfung daraufhin, ob irgendwo ein weiteres „Leistungsziel versteckt sein könnte".[577] Der Auftragnehmer darf sich darauf verlassen, dass der Auftraggeber seine Planungswünsche richtig umgesetzt und seine Leistungsanforderung differenziert und vor allem vollständig ausgedrückt hat.[578] Einzig das in dieser Form „näher Bestimmte" ist Bau-Soll.[579] 467

Widersprechen sich die zur Bestimmung des Leistungs-Solls vom Auftraggeber beigestellten **Pläne und die Leistungsbeschreibung,** so geht der Text der Leistungsbeschreibung (der vom Auftraggeber selbst aus den Ausführungsplänen entwickelt wurde) genauso wie beim Einheitspreisvertrag der Festlegungen in den Planunterlagen vor.[580] Insoweit bestehende **Zweifel** bei der Auslegung des Bau-Solls gehen zu Lasten des ausschreibenden Auftraggebers.[581] 468

Beim Detail-Pauschalvertrag geht der Auftragnehmer daher vertraglich nur dasjenige **Risiko** ein, dass die in dem vom Auftraggeber erstellten Leistungsverzeichnis angegebenen Mengen unrichtig sind, woraus üblicherweise Mehrleistungen resultieren, die der Auftragnehmer erbringen muss, in seiner Kalkulation aber nicht berücksichtigt hat.[582] 469

---

[574] Vgl. zur Definition Kapellmann/Schiffers/Markus Band 2 Rn. 206.
[575] Kapellmann/Messerschmidt/Markus § 2 Rn. 489.
[576] Kapellmann/Schiffers/Markus Band 2 Rn. 255.
[577] Kapellmann/Schiffers/Markus Band 2 Rn. 256.
[578] Kapellmann/Messerschmidt/Markus § 2 Rn. 489; Kapellmann/Schiffers/Markus Band 2 Rn. 212 (mit umfassender Rechtsprechungsübersicht zur differenzierten Leistungsbeschreibung) in → Rn. 256.
[579] Kapellmann/Messerschmidt/Markus § 2 Rn. 489.
[580] BGH NZBau 2003, 149; Kapellmann/Messerschmidt/Markus § 2 Rn. 491.
[581] Kapellmann/Messerschmidt/Markus § 2 Rn. 491.
[582] Beck VOB/B/Althaus/Jansen § 2 Abs. 7 Rn. 29.

§ 2 VOB Teil B

470 Der Auftraggeber kann sein Ziel, eine nach seiner Vorstellung vollständige Klausel zu erhalten, bei einer Ausschreibung in Form eines Detail-Pauschalvertrages mit aufraggeberseitiger Ausführungsplanung nur dann erreichen, wenn er seinen (nachvollziehbaren) Vollständigkeitswunsch in eine konkret-detaillierte Leistungsbeschreibung münden lässt.[583] Vereinbart der Auftraggeber in Gestalt einer sogenannten **Komplettheitsklausel** eine von den auftraggeberseitig geforderten Details insoweit nicht begrenzte, komplette und „funktionsfähige" Leistung ohne zusätzliche Vergütung, so **wälzt er damit konkludent Planungsaufgaben auf den Auftragnehmer ab.**[584] Während die Übernahme planerischer Funktionen seitens des Auftragnehmers grundsätzlich Kennzeichen des Global-Pauschalvertrages ist, ist es im Falle des Vorliegens einer Komplettheitsklausel auch beim Detail-Pauschalvertrag angemessen, den Auftragnehmer für die Richtigkeit und die Vollständigkeit seiner Planung haften zu lassen, wenn er Planungsleistungen in Folge einer Komplettheitsklausel selbst erbringt.[585]

471 In **Allgemeinen Geschäftsbedingungen** des Auftraggebers sind derlei Klauseln unwirksam, wenn der Auftraggeber, wie dies beim Detailpauschalvertrag üblich ist, selber plant und seine Planung in detaillierten Leistungsverzeichnissen münden lässt. Dies, weil die Klausel ansonsten bewirken würde, dass dem Auftragnehmer im Falle von Fehlern bei der Leistungsbeschreibung die Verantwortung für fehlerhaftes Handeln des Auftraggebers treffen würde.[586] Unberührt hiervon bleiben selbstverständlich diesbezügliche individuelle Vereinbarungen zwischen den Parteien, wenngleich diese daraufhin zu überprüfen bleiben, welches konkrete „komplette" Ergebnis vom Auftragnehmer herzustellen ist.[587]

472 **2. Global-Pauschalvertrag.** Beim Global-Pauschalvertrag (auch „Vertrag mit funktionaler Leistungsbestimmung") besteht die Besonderheit darin, dass der Auftragnehmer eigenverantwortlich für sämtliche Leistungen ermitteln und erbringen muss, die zur Herstellung eines mangelfreien und funktionfähigen Werkes[588] erforderlich sind.

473 **a) Bau-Soll Bauleistungen beim Global-Pauschalvertrag.** Während funktionale Leistungsbestimmungen in der Praxis so gut wie nie vorkommen,[589] ist der Regelfall eine detaillierte Leistungsbeschreibung (wobei der Detaillierungsgrad variieren kann), auf die eine **funktionale Leistungsbestimmung** „aufgesetzt" wurde.[590] Im Falle dieses Vertragstyps hat der Auftragnehmer sich dazu verpflichtet, für die vereinbarte Pauschalsumme das im Leistungsverzeichnis sowie den sonstigen Vertragsunterlagen beschriebene Werk so zu errichten, dass es insbesondere auch den Zweck erfüllt, der sich aus der „aufgesetzten" funktionalen Leistungsbestimmung ergibt.[591]

---

[583] Kapellmann/Messerschmidt/Markus § 2 Rn. 492.
[584] Kapellmann/Messerschmidt/Markus § 2 Rn. 492.
[585] Kapellmann/Messerschmidt/Markus § 2 Rn. 492.
[586] BGH BauR 1997, 1036; OLG München BauR 1990, 776; Leinemann/Leinemann § 2 Rn. 731; Kapellmann/Messerschmidt/Markus § 2 Rn. 492.
[587] Kapellmann/Schiffers/Markus Band 2 Rn. 272; Kapellmann/Messerschmidt/Markus § 2 Rn. 493 f. (der hier für den Begriff des „einfachen Global-Pauschalvertrages" wählt).
[588] Zum Begriff des funktionalen Herstellungsbegriffs vgl. Beck VOB/B/Kues § 1 Abs. 1 Rn. 4.
[589] Leinemann/Leinemann § 2 Rn. 619.
[590] Beck VOB/B/Althaus/Jansen § 2 Abs. 7 Rn. 35.
[591] Beck VOB/B/Althaus/Jansen § 2 Abs. 7 Rn. 35.

Vergütung §2

Die dem Global-Pauschalvertrag damit innewohnende grundsätzliche **Risiko-** 474
übernahme durch den Auftragnehmer hat gleichwohl dort ihre **Grenzen,** wo
die Beschreibung des Umfanges der geschuldeten Leistungen durch die Vereinbarungen der Parteien bestimmt und begrenzt ist. Über die entsprechende Vereinbarung der Parteien hinausgehende Leistungen sind nicht geschuldet und müssen zusätzlich vergütet werden, wenn sie vom Auftraggeber verlangt werden. Hinzuweisen ist insoweit darauf, dass die **Opfergrenze** des § 2 Abs. 7 Nr. 1 S. 2 hier gerade nicht gilt, weil auch die globale und/oder funktionale Leistungsbeschreibung nur bis zu der sich aus ihr selbst ergebenden Grenze reicht.

Im Gegensatz zum Detail-Pauschalvertrag ist die Leistungsseite (die Vergütungs- 475
seite ist ja pauschaliert) weder ganz noch in Teilbereichen detailliert ausgearbeitet,
sondern mehr oder minder global, teilweise auch nur funktional definiert.[592] Es
versteht sich von selbst, dass der Auftragnehmer allein auf Basis derlei indifferenter
Anforderungen keine Bauleistungen erbringen kann. Es obliegt daher dem Auftragnehmer eines Global-Pauschalvertrages, die Leistungsanforderungen in eine umsetzbare Detail-Planung zu überführen. Grundsätzliches Kennzeichen – unabhängig von verschiedenen „Globalisierungsgraden" – ist für den Globalpauschalvertrag daher eine **Verlagerung der** grundsätzlich dem Auftraggeber obliegenden
(vgl. § 3 Abs. 1) **Planungsaufgabe auf den Auftragnehmer.**[593]

Der Global-Pauschalvertrag hat nicht etwa deswegen eine „**Lücke",** weil er 476
eine Regelung zur Übertragung der Planungsverantwortung vermissen lässt. Vielmehr liegt in der Wahl der Variante des globalisiert/funktional beschriebenen
Bau-Solls die bewusste Regelung, dass nicht der Auftraggeber, sondern der Auftragnehmer die Planung insoweit zu erstellen oder zu vervollständigen hat, als dies zur sachgerechten Bauausführung notwendig ist.[594]

Eine **Grenze** erreicht die Leistungspflicht des Auftragnehmers bei einer globa- 477
len/funktionalen Leistungsbeschreibung, durch die bei Vertragsschluss vorliegenden Pläne. In der insoweit instruktiv formulierten **„Bistro-Entscheidung"**[595]
hat der BGH dies für den Fall festgestellt, in dem es in der Leistungsbeschreibung heißt „Planung, Lieferung und Einbau einer Lüftungsanlage je nach Erfordernis für Bistro und Bistro-Küche". Unter Abweichung von dieser Formulierung weisen die bei Vertragsschluss vorliegenden Planunterlagen gleichwohl nur die Ausführung einer Lüftungsanlage in der Bistro-Küche vor. Nach dem BGH war angesichts der insoweit vorzunehmenden Auslegung des Willens der Parteien tatsächlich auch nur eine Lüftungsanlage in der Bistro-Küche verpreist, während die Ausführung einer Lüftungsanlage im Bistro selbst nur gegen Zahlung einer zusätzlichen Vergütung im Sinne von § 2 Abs. 7 Nr. 2 iVm § 2 Abs. 5, 6 VOB/B geschuldet war.[596]

Wie gezeigt, ist es auch im Rahmen des Global-Pauschalvertrages für den 478
Auftragnehmer möglich, Risiken zu übernehmen.[597] Dies gilt insbesondere für das **Risiko,** aufgrund einer für den Auftragnehmer **erkennbaren unklaren oder unvollständigen Leistungsbeschreibung.** Es ist Aufgabe des Auftragnehmers,

---

[592] Kapellmann/Messerschmidt/Markus § 2 Rn. 495.
[593] Kapellmann/Messerschmidt/Markus § 2 Rn. 495.
[594] Kapellmann/Messerschmidt/Markus § 2 Rn. 495.
[595] BGH BauR 2008, 1131; vgl. bezgl. vertragl. Ausschluss v. Mehrvergütung auch OLG Brandenburg 21.11.2018 – 4 U 19/18, NJW-RR 2019, 136.
[596] Vgl. hierzu auch Beck VOB/B/Althaus/Jansen § 2 Abs. 7 Rn. 40.
[597] BGH BauR 1997, 126; Beck VOB/B/Althaus/Jansen § 2 Abs. 7 Rn. 43.

auch ein Leistungsverzeichnis, welches in sprachlicher und/oder struktureller Hinsicht Mängel aufweist, gründlich zu lesen, seine Erkenntnisse gegebenenfalls zu dokumentieren und die Vereinbarungen zur Leistungspflicht anhand der insoweit maßgeblichen Faktoren auszulegen.[598]

479 Ebenfalls instruktiv ist insoweit die „**Kammerschleusen-Entscheidung**" des BGH,[599] in der es um den Einbau unerwartet großer Mengen von Bewehrungsstahl bei der Erstellung der Wände einer Schleuse ging. Hintergrund war derjenige, dass die Erstellung der für die Ausführung erforderlichen Statik zu den Aufgaben des Auftragnehmers gehörte, was für ihn erkennbar war. Zwar war in der Ausschreibung bereits eine Menge erforderlichen Bewehrungsstahls angegeben. Auch für Auftragnehmer war aber erkennbar, dass die Menge des erforderlichen Bewehrungsstahls erst anhand der von ihm zu erstellenden Statik errechnet werden konnte. Das mit der Angebotsabgabe zu einem Pauschalpreis hiermit einhergehende Risiko war daher für den Auftragnehmer erkennbar und letztlich von diesem auch zu tragen.[600]

480 Sind die Risiken für den Auftragnehmer indes auch bei hinreichend sorgfältiger Prüfung der Angebotsunterlagen nicht erkennbar, so sind diese von ihm nicht zu tragen. So liegt etwa in der auftraggeberseitigen Anordnung zur Leistungserbringung bei **Bodenverhältnissen**, die von dem der Ausschreibung beiliegenden Bodengutachten **abweichen**, eine **Änderung des Bauentwurfs**, die selbst dann einen Anspruch des Auftragnehmers auf besondere Vergütung erzeugt, wenn der entsprechende Leistungsteil globalisiert beschrieben wurde.[601] Dies leuchtet ein, weil es sich bei der Änderung der für den Auftragnehmer nicht nachvollziehbaren und verdeckt liegenden Bodenverhältnisse um einen Umstand handelt, der der Prüfung des Auftragnehmers und damit auch einer entsprechenden Risikoübernahme entzogen ist.

481 Letztlich bleibt der **Umfang der Risikoübernahme des Auftragnehmers** eine Frage der Vertragsauslegung.[602] Ergibt eine solche **Auslegung,** dass bestimmte vom Auftraggeber angeordnete Leistungen nicht Bestandteil des vertraglich vereinbarten „Bau-Erfolgs" waren, so sind diese ohne Berücksichtigung der Opfergrenze des § 2 Abs. 7 Nr. 1 S. 2 besonders zu vergüten. Die Opfergrenze gilt nur bei Mengenmehrungen, die sich ihrerseits allerdings innerhalb bis grundsätzlich geschuldeten Bau-Solls (ansonsten geänderte/zusätzliche Leistungen iSv § 2 Abs. 5, 6) bewegen müssen.

482 **b) Bau-Soll Planungsleistungen beim Global-Pauschalvertrag.** Welche **konkreten Planungsleistungen** vom Auftragnehmer im Einzelnen zu erbringen sind, ist – soweit sich dies nicht ohnehin schon aus den vertraglichen Regelungen ergibt – aus dem Vertragstyp zu schließen und im Übrigen durch Auslegung zu ermitteln.[603]

---

[598] Beck VOB/B/Althaus/Jansen § 2 Abs. 7 Rn. 40.
[599] BGH BauR 1997, 126.
[600] Beck VOB/B/Althaus/Jansen § 2 Abs. 7 Rn. 43.
[601] BGH 20.8.2009 – VII ZR 205/07, NJW 2010, 227; BGH 30.6.2011 – VII ZR 13/10, NJW 2011, 3287; Beck VOB/B/Althaus/Jansen § 2 Abs. 7 Rn. 44.
[602] Beck VOB/B/Althaus/Jansen § 2 Abs. 7 Rn. 46; Kohlhammer BauR 2012, 845 (851).
[603] Eine Übersicht zur Ermittlung des für den jeweiligen Typ des Global-Pauschalvertrages gehörenden Umfangs der geschuldeten Planungsleistungen, wenn keine speziellen Regelungen getroffen sind, findet sich bei Kapellmann/Schiffers/Markus Bd. 2 Rn. 447–471.

Vergütung §2

IV. Ausgleichsanspruch nach § 2 Abs. 7 Nr. 1 S. 2 VOB/B, Störung der Geschäftsgrundlage

In § 2 Abs. 7 Nr. 1 S. 2 findet sich die Regelung, wonach die **Grundsätze des** 483
§ 313 BGB auch auf einen Pauschalvertrag Anwendung finden. Voraussetzung hierfür ist ausweislich des Wortlautes, dass die „ausgeführte Leistung von der vertraglich vorgesehenen Leistung so erheblich abweicht, dass ein Festhalten an der Pauschalsumme nicht zumutbar ist".

Hinzuweisen ist dabei auf den Umstand, dass hiervon nicht etwa diejenigen 484
Fälle erfasst sind, in denen die ausgeführte Leistung von der ursprünglich geschuldeten Leistung abweicht, was sich entweder durch Änderungen des Bauentwurfs (§ 2 Abs. 5) oder Zusatzaufträge (§ 2 Abs. 6) ergeben kann.[604] Während also § 2 Abs. 7 Nr. 2 lex specialis für Zusatzleistungen im Sinne von § 2 Abs. 5, 6 ist, erfasst § 2 Abs. 7 Nr. 1 S. 2 nur diejenigen Fälle, in denen **ohne Eingriff des Auftraggebers** die tatsächlich ausgeführten Leistungen von den im Vertrag vorgesehenen Leistungen in unzumutbarer Weise abweichen.[605] Dies sind üblicherweise solche Fälle, in denen sich im Stadium der Bauausführung die im Leistungsverzeichnis niedergeschlagenen und letztlich auf Vermutungen beruhende Vordersätze erhöhen. Durch die ausdrückliche Bezugnahme auf § 313 BGB ist die dort enthaltene Regelung insoweit Maßstab für die Frage, ob ein Festhalten der Pauschalsumme noch zumutbar oder die Opfergrenze bereits überschritten ist.[606] Die von der Rechtsprechung entwickelten Grundsätze zum Wegfall der Geschäftsgrundlage gelten in all jenen Fällen auch für VOB-Verträge.[607]

1. Geschäftsgrundlage des Vertrages. Zur **Geschäftsgrundlage** des Ver- 485
trages gehören sämtliche Umstände, die in objektiver sowie auch in subjektiver Hinsicht Grundlage des Vertrages sind. **Subjektive Geschäftsgrundlage** sind dabei die bei Abschluss des Vertrages vorherrschenden, dem anderen Teil erkennbar gewordenen und von ihm daraufhin nicht beanstandeten Vorstellungen einer Partei oder beider Parteien vom Vorhandensein unter dem Eintritt bestimmter Umstände, sofern der Wille zum Vertragsschluss (ebenfalls erkennbar) auf diesen Vorstellungen aufgebaut hat.[608] Die **objektive Geschäftsgrundlage** bilden diejenigen Umstände und Verhältnisse, deren Bestand und Fortdauer in objektiver Hinsicht erforderlich sind, damit der Vertrag als sinnvolle Regelung bestehen kann.[609] Ob ein bestimmter Umstand Geschäftsgrundlage geworden ist, ist eine Frage der **Vertragsauslegung**.[610]

Ebenso wie im Rahmen des BGB-Bauvertrages sind die Regelungen über die 486
Änderungen und den Wegfall der Geschäftsgrundlage dann nicht anwendbar, wenn

---

[604] Für diese Fälle sieht § 2 Abs. 7 Nr. 2 eine besondere Regelung vor vgl. BGH 30.6.2011 – VII ZR 13/10, NJW 2011, 3287; BGH 29.6.2000 – VII ZR 186/99, NJW 2000, 3277; Leinemann/Leinemann § 2 Rn. 635; Beck VOB/B/Althaus/Jansen § 2 Abs. 7 Rn. 50.
[605] Beck VOB/B/Althaus/Jansen § 2 Abs. 7 Rn. 50.
[606] Beck VOB/B/Althaus/Jansen § 2 Abs. 7 Rn. 51.
[607] BGH 30.6.2011 – VII ZR 13/10, NJW 2011, 3287; Leinemann/Leinemann § 2 Rn. 701; Beck VOB/B/Althaus/Jansen § 2 Abs. 7 Rn. 51.
[608] BGH NJW 1995, 592 (593); 2001, 1204; NJW-RR 2006, 1037 (1038); Beck VOB/B/Althaus/Jansen § 2 Abs. 7 Rn. 52.
[609] Beck VOB/B/Althaus/Jansen § 2 Abs. 7 Rn. 52.
[610] BGH 10.9.2009 – VII ZR 82/08, NJW 2010, 519.

diese jeweils auf Umständen beruhen, die dem Risikobereich einer der beiden Parteien zuzurechnen sind.[611] Bei der Betrachtung ist dabei wegen des Charakters des Pauschalvertrages nicht bereits die einzelne Leistungsposition einer Beurteilung zugänglich, vielmehr hat die **Beurteilung anhand Gesamtvertrages** zu erfolgen, wobei zwangsläufig der jeweilige Einzelfall zu berücksichtigen ist.[612]

487 Eine Auslegung des Vertrages muss deshalb erfolgen, weil der Auftragnehmer grundsätzlich nicht gehindert ist, Risiken einzugehen.[613] Er kann sich vielmehr auch dann zur Ausführung einer Bauleistung zum Pauschalpreis verpflichten, obwohl für den Leistungsumfang erhebliche Umstände noch nicht hinreichend geklärt sind.[614]

488 Detaillierte Angaben in einer Leistungsbeschreibung zu einem Pauschalvertrag bezüglich der Mengen oder der die Mengen beeinflussenden Faktoren können insbesondere dann Geschäftsgrundlage sein, wenn der Auftragnehmer davon ausgehen darf, der Auftraggeber habe Gewähr für die Richtigkeit der Kalkulationsgrundlage geben wollen.[615]

489 **2. Änderung/Wegfall der Geschäftsgrundlage.** Voraussetzung für den Mehr- oder Minderkostenausgleich nach § 2 Abs. 7 Nr. 1 S. 2 ist, dass sich die **Geschäftsgrundlage geändert** hat bzw. weggefallen ist. An die hieraus resultierende Änderung des Pauschalpreises sind **strenge Anforderungen** zu stellen. Konkret muss ein **objektiv feststellbares Missverhältnis zwischen Leistung und Gegenleistung** bestehen, dass für einen oder beide Vertragspartner unerträglich ist und für diesen nicht vorhersehbar war.[616] Auch hierbei hat eine Beurteilung anhand des jeweiligen Einzelfalles zu erfolgen.[617] Da gegenseitigen Verträgen die Vermutung der Gleichwertigkeit von Leistung und Gegenleistung zugrunde liegt,[618] liegt eine Störung der Geschäftsgrundlage bei einem Bauvertrag dann vor, wenn die tatsächlich erbrachten Leistungen über die im Vertrag vorgesehenen und zur Kalkulationsgrundlage gewordenen Leistungen deutlich hinaus gehen.[619]

490 **3. Opfergrenze des § 2 Abs. 7 Nr. 1 S. 2.** Eine Vertragsanpassung rechtfertigt eine solche Störung des Äquivalenzverhältnisses gemäß § 313 BGB nur dann, wenn ein **objektiv feststellbares Missverhältnis** zwischen Leistung und Gegenleistung besteht, dass für einen Vertragspartner unerträglich ist und für diesen nicht vorhersehbar war.[620] Ein Festhalten am unveränderten Vertrag bzw. ein Festhalten an der Pauschalsumme darf für die Parteien nicht mehr zumutbar sein, wobei hieran strenge Anforderungen zu stellen sind.[621]

491 Nicht geklärt ist dabei, ab welchem Ausmaß der Mengenabweichungen die Schlussfolgerung erlaubt ist, dass ein Festhalten am Pauschalpreis nicht zumutbar

---

[611] BGH 10.7.1961 – VII ZR 96/60; BGH NJW 2010, 1874.
[612] Ingenstau/Korbion/Keldungs § 2 Abs. 7 Rn. 38.
[613] BGH 13.3.2008 – VII ZR 194/06 – Bistro-Fall, NJW 2008, 2106.
[614] So auch Beck VOB/B/Althaus/Jansen § 2 Abs. 7 Rn. 54.
[615] Kapellmann/Schiffers/Markus Bd. 2 Rn. 1513; Beck VOB/B/Althaus/Jansen § 2 Abs. 7 Rn. 56.
[616] Ingenstau/Korbion/Keldungs § 2 Abs. 7 Rn. 39.
[617] Ingenstau/Korbion/Keldungs § 2 Abs. 7 Rn. 39.
[618] BGH NJW 1958, 906.
[619] BGH BauR 2011, 1646; Beck VOB/B/Althaus/Jansen § 2 Abs. 7 Rn. 60.
[620] Ingenstau/Korbion/Keldungs § 2 Abs. 7 Rn. 39.
[621] Beck VOB/B/Althaus/Jansen § 2 Abs. 7 Rn. 62, vgl. auch FS Messerschmidt/Kniffka, S. 109 ff.

Vergütung **§ 2**

ist. Ein Teil der Rechtsprechung geht insoweit davon aus, dass jedenfalls ab einer Überschreitung der Gesamtauftragssumme um 20 % von einer Störung der Geschäftsgrundlage zu sprechen sei.[622] Während der BGH eine Kosten/Mengensteigerung in Höhe von 20 % des Gesamtpauschalpreises für den Wegfall der großen bzw. objektiven Geschäftsgrundlage als Anhaltspunkt sieht,[623] ist er im Übrigen der Auffassung, dass es keine feste und allgemein gültige „Opfergrenze" gibt, bis zu der ein Festhalten an der Pauschalsumme zumutbar sei.[624]

Es kann also festgehalten werden, dass **keine starre Grenze** für die Annahme **492** einer Störung der Geschäftsgrundlage besteht, was im Übrigen auch nicht praktikabel wäre.[625] Vielmehr bleibt die Frage – auch wegen der Diversität der in der Rechtsprechung jeweils zur Beurteilung stehenden Sachverhalte – anhand einer **wertenden Gesamtbetrachtung** im Einzelfall zu beurteilen.[626] Bei einer solchen Betrachtung wird die Zumutbarkeitsgrenze niedrig anzusetzen sein, wenn die „Fehlkalkulation" des Auftragnehmers einzig auf **irreführenden Angaben in der Ausschreibung** des Auftraggebers beruht.[627] Schreibt der Auftraggeber zielgerichtet in für den Auftragnehmer nicht überschaubaren Leistungspositionen übermäßig niedrigere Mengen aus, um auf dieser Grundlage eine für ihn günstige Preisvereinbarung zu treffen, gilt dies logischerweise ebenfalls.[628] Umgekehrt kann eine Anpassung dann nicht erfolgen, wenn die in monetärer Hinsicht vordergründig für den Auftragnehmer nicht hinzunehmende Änderung seines Gesamtergebnisses nur daraus resultiert, dass dieser von vornherein nicht auskömmlich kalkuliert hat.[629]

4. Verlangen iSv § 2 Abs. 7 Nr. 1 S. 2. Der Ausgleich im Sinne von § 2 **493** Abs. 7 Nr. 1 S. 2 ist nur auf jeweiliges „Verlangen" zu gewähren.[630] Im Umkehrschluss folgt hieraus, dass es bei der vereinbarten Vergütung bleibt, wenn ein solches nicht erfolgt.[631] Das Verlangen kann auch noch nach Ausführung der Leistung, jedenfalls bis zur Schlussrechnung, geltend gemacht werden und muss vorher nicht angekündigt werden.[632]

V. Geltung von § 2 Abs. 4–6 beim Pauschalpreisvertrag (§ 2 Abs. 7 Nr. 2)

Die größte praktische Relevanz innerhalb der Regelungen des § 2 Abs. 7 **494** genießt § 2 Abs. 7 Nr. 2, wonach die Regelungen der Absätze 4, 5 und 6 auch im Rahmen eines Pauschalvertrages gelten. § 2 Abs. 7 Nr. 2 geht dabei von dem

---

[622] OLG Düsseldorf BauR 1995, 286; OLG München NJW-RR 1987, 98; OLG Stuttgart IBR 2000, 593.

[623] BGH 2.11.1995 – VII ZR 29/95, NJW-RR 1996, 401.

[624] BGH 30.6.2011 – VII ZR 13/10, NJW-RR 1996, 401; BGH BauR 1996, 250 (251); weitere Rechtsprechungsnachweise bei Beck VOB/B/Althaus/Jansen § 2 Abs. 7 Rn. 65.

[625] So auch Ingenstau/Korbion/Keldungs § 2 Abs. 7 Rn. 39.

[626] BGH BauR 1996, 250 (251); BGH 30.6.2011 – VII ZR 13/10, NJW 2011, 3287; Beck VOB/B/Althaus/Jansen § 2 Abs. 7 Rn. 67.

[627] BGH 30.6.2011 – VII ZR 13/10, NJW 2011, 3287; Beck VOB/B/Althaus/Jansen § 2 Abs. 7 Rn. 67.

[628] So auch Beck VOB/B/Althaus/Jansen § 2 Abs. 7 Rn. 67.

[629] Ebenfalls: Beck VOB/B/Althaus/Jansen § 2 Abs. 7 Rn. 67.

[630] Leinemann/Leinemann § 2 Rn. 697.

[631] Ingenstau/Korbion/Keldungs § 2 Abs. 7 Rn. 37; Beck VOB/B/Althaus/Jansen § 2 Abs. 7 Rn. 68.

[632] Leinemann/Leinemann § 2 Rn. 697.

§ 2 VOB Teil B

Grundgedanken aus, dass auch die Variante, in der sich der Auftragnehmer an einen Pauschalpreis bindet, darauf beruht, dass der Leistungsinhalt von vornherein feststeht, wie dies im Übrigen auch § 4 Abs. 1 Nr. 2 VOB/A grundsätzlich vorsieht.[633] Da das bei Vertragsschluss naturgemäß von den Parteien vorausgesetzte **Äquivalenzverhältnis** zwischen Leistung und (Pauschal-)Preis üblicherweise immer dann beeinträchtigt wird, wenn von Seiten des Auftraggebers (gemäß § 1 Abs. 3, 4 zulässigerweise) einseitig **Eingriffe in den vertraglich festgelegten Leistungsinhalt- und Umfang** vorgenommen werden, bestimmt § 2 Abs. 7 Nr. 2, dass die insoweit einschlägigen Bestimmungen in § 2 Abs. 4–6 auch auf den Pauschalvertrag anwendbar sind.

495 Bei der Regelung in § 2 Abs. 7 Nr. 2, wo es heißt, dass die Regelungen der Absätze 4, 5 und 6 auch bei Vereinbarung einer Pauschalsumme gelten, handelt es sich nicht um eine Ausnahme von der grundsätzlichen Unveränderbarkeit des Pauschalpreises. Vielmehr handelt es sich um eine eigenständige Sonderregelung. Die Anwendung der Vorschriften erfolgt daher **in gleicher Weise wie beim Einheitspreisvertrag**.[634] Im Ergebnis bedeutet dies, dass es in Fällen einer Selbstübernahme durch den Auftragnehmer (§ 2 Abs. 4) auch beim Pauschalvertrag zu einer Verminderung des Pauschalpreises kommt, während Leistungen aufgrund von Leistungsänderungen (§ 2 Abs. 5) oder Zusatzleistungen (§ 2 Abs. 6) gleichermaßen einer Erhöhung des Pauschalpreises zur Folge haben können.[635]

496 **1. Keine Opfergrenze bei Anwendung von § 2 Abs. 4–6.** Bei einem Einheitspreisvertrag gibt es keinen Zweifel daran, dass die jeweiligen Fälle der § 2 Abs. 4, 5 und 6 grundsätzlich einen Anspruch auf Preisanpassung/besondere Vergütung erzeugen. In tatbestandlicher Hinsicht ist hierfür jeweils erforderlich, dass durch die selbst übernommenen oder geänderten/zusätzlichen Leistungen die **„Grundlagen der Preisermittlung"** tangiert werden. Anders als dies § 2 Abs. 7 Nr. 1 S. 2 für den Pauschalvertrag regelt, sehen die Vorschriften von § 2 Abs. 4–6 nicht vor, dass die „Änderungen" auch nach Umfang und/oder Gewicht erheblich sein müssen. Vielmehr erzeugen sie unmittelbar **ohne weitere Erheblichkeitshürde** einen Anspruch auf Preisänderung.

497 Wegen der Regelung in § 2 Abs. 7 Nr. 1 S. 2 stellt sich allerdings die Frage, ob im Rahmen des Vorliegens eines Pauschalvertrages nicht etwa, wie dort grundsätzlich vorgesehen, im Sinne von § 2 Abs. 4–6 zunächst eine gewisse **Erheblichkeitsschwelle** überschritten sein muss. Wie sich dies aber aus § 2 Abs. 7 Nr. 1 S. 2 entnehmen lässt, gilt dieser nur für den Fall von reinen **Mengenänderungen**, welche ihrerseits einzig über den Weg des Wegfalls oder der Änderung der Geschäftsgrundlage zu einer Preisanpassung führen können. Für Leistungsänderungen und Zusatzleistungen iSd § 2 Abs. 4–6 gilt dies gerade nicht.[636]

498 **a) Schwelle bei § 2 Abs. 4 (Selbstübernahme von Leistungen durch den Auftraggeber).** Während in der Literatur die Auffassung vertreten wird, der Wegfall der Teilleistungen müsse nach den im Vertrag zugrundeliegenden Berech-

---

[633] Ingenstau/Korbion/Keldungs § 2 Abs. 7 Rn. 24.
[634] Leinemann/Leinemann § 2 Rn. 628; Kapellmann/Messerschmidt/Markus § 2 Rn. 562.
[635] Beck VOB/B/Althaus/Jansen § 2 Abs. 7 Rn. 86.
[636] BGH NZBau 2000, 467; BauR 2000, 1754; NZBau 2000, 669; Beck VOB/B/Althaus/Jansen § 2 Abs. 7 Rn. 95.

nungsgrundlagen merklich in Erscheinung treten,[637] wird dies einzig für den Fall reiner „Bagatell-Leistungen" der Fall sein, die sich kalkulatorisch nicht niedergeschlagen haben und deswegen eine Anpassung nicht rechtfertigen können.[638] In sämtlichen anderen Fällen bleibt es aber, wie voran dargelegt, dabei, dass eine **Erheblichkeitsschwelle nicht überschritten werden muss.**

b) Schwelle bei § 2 Abs. 5 (Änderung des Bauentwurfs und andere Anordnungen des Auftraggebers). Was Leistungsänderungen im Sinne von § 2 Abs. 5 angeht, so ist umstritten, ob beim Pauschalvertrag eine Preisanpassung nur dann erfolgen kann, wenn die Leistungsänderung in Gestalt erheblicher Mehr- oder Minderleistungen vorliegen, die eine wesentliche Änderung des Leistungsinhalts bedingen und so zu einer erheblichen **Veränderung der Preisgrundlagen** führen. 499

Zwar hat der BGH in mehreren älteren Entscheidungen[639] die Meinung vertreten, erhebliche Leistungsänderungen könnten einen erhöhten Vergütungsanspruch auslösen. Die Rechtsprechung verschiedener Instanzgerichte[640] und auch des X. Zivilsenates BGH[641] haben sich hierauf fehlerhaft gestützt, obwohl die seinerzeitige Rechtsprechung des BGH § 2 Abs. 7 Nr. 2 mangels Existenz noch gar nicht berücksichtigen konnte.[642] Diese Auffassung ist daher abzulehnen. 500

In seinen neueren Entscheidungen hat der BGH deshalb richtigerweise klargestellt, dass ein Anspruch auf besondere Vergütung für geänderte Leistungen ungeachtet einer wie auch immer gearteten „Wesentlichkeitsschwelle" besteht.[643] Wie auch im Falle des § 2 Abs. 4 bleiben einzig Bagatell-Fälle außen vor, die Änderungen zum Gegenstand haben, welche sich in der Ursprungskalkulation nicht wiedergespiegelt haben. 501

c) Schwelle bei § 2 Abs. 6 (Zusätzliche Leistungen). Die vorangetroffenen Erkenntnisse gelten ebenfalls für zusätzliche Leistungen. Auch im Rahmen eines Pauschalvertrages sind solche in vollem Umfange zusätzlich zu vergüten, ohne dass hierbei eine wie auch immer geartete Erheblichkeitsschwelle überschritten sein müsste.[644] Hieran zeigt sich, dass über den Weg der Vorschrift des § 2 Abs. 7 Nr. 2 sämtliche Fälle von § 2 Abs. 4–6 einheitlich zu behandeln sind. Dies ergibt sich unmittelbar aus der Vorschrift des § 2 Abs. 7 Nr. 2, die Regel, dass § 2 Abs. 4–6 beim Pauschalvertrag in gleicher Weise wie beim Einheitsvertrag **ohne** Einschränkung anwendbar ist, da es – abweichend von § 2 Abs. 7 Nr. 1 keinen „mit dem Pauschalpreis üblicherweise abgegoltenen Risikorahmen" gibt. 502

2. Berechnung der Mehr- oder Minderkosten beim Pauschalvertrag. Da § 2 Abs. 7 Nr. 2 die Vorschriften von § 2 Abs. 4–6 in vollem Umfange und ohne Einschränkungen in Bezug nimmt, erfolgt auch beim Pauschalvertrag die Berechnung der Mehr- oder Minderkosten in gleicher Weise wie beim Einheitsvertrag, sodass auf die folgenden Ausführungen betreffend § 2 Abs. 4–6 verwiesen wird. 503

---

[637] Ingenstau/Korbion/Keldungs § 2 Abs. 7 Rn. 25.
[638] So auch Beck VOB/B/Althaus/Jansen § 2 Abs. 7 Rn. 90.
[639] BGH BauR 1972, 118; NJW 1974, 1864.
[640] OLG München NJW-RR 1987, 598; OLG Nürnberg ZfBR 1987, 155; OLG Saarbrücken NJW-RR 1999, 668.
[641] BGH BauR 2002, 787 (790).
[642] Hierzu im Einzelnen: Beck VOB/B/Althaus/Jansen § 2 Abs. 7 Rn. 91–94.
[643] BGH BauR 2000, 1754; 2000, 1847; NZBau 2007, 653 (655).
[644] BGHZ NJW 1984, 1676; Leinemann/Leinemann § 2 Rn. 670, 680; Beck VOB/B/Althaus/Jansen § 2 Abs. 7 Rn. 95.

§ 2

VI. Teilpauschalen (§ 2 Abs. 7 Nr. 3)

504 § 2 Abs. 7 Nr. 3 regelt die Selbstverständlichkeit, dass die Regelungen im § 2 Abs. 7 Nr. 1 und Nr. 2 auch für Pauschalpreisvereinbarungen gelten, die nur Teile der insgesamt geschuldeten Bauleistung betreffen. Damit ein Pauschalpreis wirksam auf Teilleistungen vereinbart werden kann, muss es sich hierbei um **„in sich abgeschlossene Teilleistungen"** handeln.[645] Möglich ist dabei etwa, dass für verschiedene Teile der Leistung jeweils **mehrere Teil-Pauschalsummen** vereinbart werden (bspw. für in gleichem Auftrag enthaltene Beton- und Maurerarbeiten).[646]

505 Unbetroffen hiervon bleibt die Regelung in § 2 Abs. 3 Nr. 4, wie § 2 Abs. 7 Nr. 3 dies am Ende auch ausdrücklich klarstellt. Verändert sich daher ein Einheitspreis gemäß einem der Fälle in § 2 Abs. 3, so kann dies im Einzelfall zur Folge haben, dass eine übergeordnete Leistung, die den Einheitspreis enthält und für die eine Pauschalsumme vereinbart ist, eine **Änderung des Pauschalpreises** erfährt.

VII. AGB-Problematik

506 Entgegen von Stimmen aus der Literatur hat der BGH mit Entscheidung vom 30.6.2011, Az. VII ZR 13/10, § 2 Abs. 7 als wirksam eingeschätzt. Mithin ist die Klausel als wirksam zu behandeln.[647] Dem wird entgegengehalten, dass die Regelung intransparent iSd § 307 Abs. 1 S. 1 BGB sei, weil nicht über das in § 313 Abs. 3 BGB vorgesehene Recht zur Lösung vom Vertrag informiert werde, was auch eine unangemessene Benachteiligung nach § 307 Abs. 2 Nr. 1 BGB darstelle.[648]

J. Ausführung nicht beauftragter bzw. unter eigenmächtiger Abweichung vom Vertrag ausgeführter Leistungen (§ 2 Abs. 8)

I. Einleitung

507 Nach den allgemeinen zivilrechtlichen Grundsätzen hat der Auftragnehmer für nicht bestellte Leistungen keinen vertraglichen Vergütungsanspruch. Er kann seinem Vertragspartner nicht Leistungen aufdrängen und dafür noch eine vertragliche Gegenleistung verlangen. Es bleiben ihm in solchen Fällen allenfalls Ansprüche aufgrund der Vorschriften über **Geschäftsführung ohne Auftrag (GoA) nach § 677 ff. BGB oder wegen ungerechtfertigter Bereicherung gem. § 812 ff. BGB**. Wobei jedoch bei der ungerechtfertigten Bereicherung die Einschränkungen für aufgedrängte Bereicherungen zu beachten sind. In Ergänzung hierzu stellt § 2 Abs. 8 eine zusätzliche Regelung für den VOB/B-Vertrag auf.

508 § 2 Abs. 8 behandelt – auch beim Pauschalpreisvertrag – die Fälle, in denen der Auftragnehmer ohne Auftrag oder unter eigenmächtiger Abweichung vom Vertrag Leistungen ausführt. Die Formulierung in § 2 Abs. 8 Nr. 1 S. 1 **„ohne**

---

[645] Beck VOB/B/Althaus/Jansen § 2 Abs. 7 Rn. 44.
[646] Beispiel aus Ingenstau/Korbion/Keldungs § 2 Abs. 7 Rn. 49.
[647] BGH NJW 2011, 3287; Kues/von Kiedrowski/Bolz AGB-Klauseln/Bolz, § 2 Rn. 46.
[648] Beck VOB/B/Althaus/Jansen § 2 Abs. 7 Rn. 119.

Vergütung **§ 2**

Auftrag" oder unter **"eigenmächtige Abweichung vom Vertrag"** ist **unpräzise,** denn der Auftragnehmer erbringt keine Leistungen mit oder ohne „Auftrag". Vielmehr führt der Auftragnehmer entweder Leistungen aus, die er nach dem Vertrag schuldet, er leistet also entsprechend dem Bau-Soll, oder er erbringt Leistungen, die er nicht schuldet. Dann liegt eine Bau-Soll-Bau-Ist-Abweichung vor.

Ob der Anwendungsbereich des § 2 Abs. 8 überhaupt eröffnet ist, muss mithin 509
auf **Basis des vertraglichen Bau-Solls** – unter Einbeziehung sämtlicher Vertragsbestandteile und -Grundlagen – ermittelt werden. Sofern das festgestellte Bau-Ist von dem Bau-Soll abweicht, und sich diese Abweichung weder über § 1 Abs. 3, 4 S. 1 bzw. § 2 Abs. 5, 6 noch über § 2 Abs. 3 begründen lässt, ist § 2 Abs. 8 anzuwenden.[649]

Zudem bestehen Überschneidungen mit den Vorschriften über die **Mängel-** 510
haftung nach § 4 Abs. 7 bzw. § 13. Sofern die Vorschriften über die Mängelhaftung Anwendung finden, gelten diese vorrangig. In diesem Fall hat dann § 2 Abs. 8 Nr. 1 S. 1 lediglich **klarstellende Funktion.** Wobei selbstverständlich nicht jede vom ursprünglichen Bau-Soll abweichend ausgeführte Leistung einen Mangel iSd § 4 Abs. 7 bzw. § 13 darstellt.

§ 2 Abs. 8 Nr. 1 ist Teil der Vergütungsregelung gemäß § 2 und stellt zunächst 511
klar, dass der Auftragnehmer für Leistungen, die er ohne oder unter eigenmächtiger Abweichung vom Auftrag ausführt, grundsätzlich keine Vergütung erhält. Ferner sieht § 2 Abs. 8 Nr. 1 vor, dass auf Verlangen des Auftraggebers der Auftragnehmer die auftragslose bzw. unter eigenmächtiger Abweichung vom Vertrag ausgeführten Leistungen binnen einer **angemessenen Frist** zu beseitigen hat. Sofern diese **Frist fruchtlos ablaufen** sollte, ist der Auftraggeber zudem berechtigt, auf Kosten des Auftragnehmers die Leistung zurückzubauen. Schließlich haftet der Auftragnehmer für andere Schäden, die dem Auftraggeber mit den entsprechend ausgeführten Leistungen des Auftragnehmers entstehen.

Diese Rechtsfolgen sind für den Auftragnehmer zwar nachteilig, sie entsprechen 512
jedoch der Billigkeit und treten unter den Voraussetzungen des § 2 Abs. 8 Nr. 2 lediglich dann nicht ein, wenn die Leistungen vom Auftraggeber nachträglich **anerkannt** werden oder diese für die Erfüllung des **Vertrages notwendig waren, dem mutmaßlichen Willen des Auftraggebers entsprachen** und vom Auftragnehmer unverzüglich angezeigt wurden. Ferner bleibt nach § 2 Abs. 8 Nr. 3 die Anwendung der Vorschriften über Geschäftsführung ohne Auftrag (GoA) gem. § 677 ff. BGB ausdrücklich unberührt. Der Auftragnehmer kann somit bei Vorliegen der Voraussetzung auch hierüber **eine Vergütung (Aufwendungsersatzanspruch)** erhalten, § 683 BGB.

Die Regelungen des § 2 Abs. 8 sind zudem auf den Pauschalpreisvertrag 513
anwendbar.[650] Zwar verweist § 2 Abs. 7 lediglich auf § 2 Abs. 5, 6 und nicht auf § 2 Abs. 8. Dies ist jedoch entbehrlich. Denn § 2 Abs. 8 ist, wie erwähnt, eine **Sonderregelung** für **auftragslose oder unter eigenmächtiger Abwicklung vom Vertrag erbrachte Leistungen.** Es kommt insoweit nicht darauf an, ob diese im Zusammenhang mit einem **Einheitspreis** oder einem **Pauschalpreisvertrag** ausgeführt werden.

---

[649] Kapellmann/Messerschmidt/Markus § 2 Rn. 571; Leinemann/Leinemann/Hilgers § 2 Rn. 753.
[650] BGH NZBau 2001, 496.

II. Vertraglich nicht geschuldete Leistung

514 Die Regelung des § 2 Abs. 8 Nr. 1 basiert auf dem Gedanken, dass dem Auftragnehmer dann grundsätzlich kein Vergütungsanspruch zustehen soll, wenn er Leistungen ohne vertragliche Basis erbringt.[651]

515 Dem Wortlaut des § 2 Abs. 8 Nr. 1 nach gibt es zwei Fallgruppen, nämlich Leistungen ohne Auftrag und Leistung unter eigenmächtiger Abweichung vom Vertrag. Vor dem Hintergrund der Einheitlichkeit der Rechtsfolgen ist diese Differenzierung jedoch überflüssig.[652] In Fällen, in denen der Auftragnehmer von dem vertraglich vereinbarten Bau-Soll eigenmächtig abweicht, erbringt er Leistungen ohne hierzu beauftragt gewesen zu sein. Die auftragslose Erbringung von **Zusatz-, Mehr- oder Änderungsleistungen** ist ebenfalls eine eigenmächtige Abweichung vom Vertrag. Wenn ein Auftragnehmer entgegen seiner ausdrücklichen vertraglichen Verpflichtungen beispielsweise geringeres- oder höherwertiges Material verwendet, ohne dass dieses auf eine Anordnung des Auftraggebers zurückzuführen ist, weicht er genauso eigenmächtig von dem vertraglich vereinbarten Leistungs-Soll ab wie zB bei dem Einbau einer zu geringen oder zu hohen Anzahl von Steckdosen.[653]

516 § 2 Abs. 8 Nr. 1 regelt daher den Fall, in dem eine Abweichung vom vertraglich vereinbarten Leistungs-Soll keine zusätzliche bzw. geänderte Leistung des § 2 Abs. 5, 6 darstellt, die ihrerseits auf einer entsprechenden vorherigen Anordnung des Auftraggebers gemäß § 1 Abs. 3, Abs. 4 S. 1 basiert.

517 Der praxisrelevanteste Anwendungsfall des § 2 Abs. 8 Nr. 1 ist die Anordnung von zusätzlichen oder geänderten Leistungen durch einen hierzu **nicht bevollmächtigten Architekten oder Bauleiter des Auftraggebers** und anschließende Ausführung durch den Auftragnehmer. Erklärungen des Architekten und/ oder Bauleiters – abgesehen von ausdrücklich zur rechtsgeschäftlichen Vertretung Bevollmächtigten Dritten – sind dem Auftraggeber mangels Vertretungsmacht nicht zuzurechnen.[654] Im Ergebnis liegt mithin auch keine Leistung iSd § 2 Abs. 5, 6 vor. Sofern in diesen Fällen der Auftraggeber nicht die Anordnung gemäß § 184 BGB genehmigt, führt der Auftragnehmer seine Leistung ohne Auftrag (des Auftraggebers) aus.

518 Um von einem Einwendungsfall des § 2 Abs. 8 Nr. 1 auszugehen, darf sich zudem die **Abweichung vom vertraglichen Bau-Soll nicht als geringfügig** darstellen.[655] Wann von einer geringfügigen Abweichung vom Bau-Soll auszugehen ist, lässt sich nicht über eine allgemein gültige Regel beantworten. Es ist immer eine Frage des Einzelfalls, ob eine Abweichung als geringfügig bzw. unbeachtlich einzuordnen ist. Hierfür ist maßgeblich auf die Interessenslage des Auftraggebers abzustellen, so wie diese im Auftrag zum Ausdruck gekommen ist, aber auch das **Gesamtwerk des Bauwerks im Verhältnis zum Leistungswert der Abweichung** sowie deren technische Tauglichkeit sind zu berücksichtigen. Wobei es insoweit einer engen Auslegung bedarf.[656] Eine **Geringfügigkeit** ist beispielsweise dann **zu bejahen**, wenn der Auftragnehmer bei einer Nebenleistung ein technisch völlig gleichwertiges Material an einer äußerlich nicht sichtbaren Stelle verwendet.[657]

---

[651] Vgl. OLG Köln BauR 2005, 1173.
[652] Kapellmann/Messerschmidt/Markus § 2 Rn. 571.
[653] Leinemann/Hilgers § 2 Rn. 758.
[654] OLG Karlsruhe 11.5.2005 – 17 U 294/03, IBR 2006, 81.
[655] Leinemann/Hilgers § 2 Rn. 760.
[656] Ingenstau/Korbion/Keldungs § 2 Abs. 8 Rn. 4.
[657] Leinemann/Hilgers § 2 Rn. 760.

III. Rechtsfolgen

1. Keine Vergütung, § 2 Abs. 8 Nr. 1 S. 1. Grundsätzlich erhält der Auftrag- 519
nehmer für Leistungen, die er ohne Auftrag oder unter eigenmächtiger Abweichung vom Vertrag ausführt, keine Vergütung, vgl. § 2 Abs. 8 Nr. 1 S. 1. Dies entspricht auch der grundsätzlichen Logik, wobei im ersteren Fall der ohne Auftrag erbrachte Leistungsteil überhaupt nicht vergütet wird. In dem zweiten Fall wird die vom **Vertrag abweichende Leistung nicht bezahlt**, wobei von der Frage des rein vertraglichen Vergütungsanspruchs die Vorschriften des BGB über die Geschäftsführung ohne Auftrag (§ 677 ff.) unberührt bleiben, wie § 2 Abs. 8 Nr. 3 ausdrücklich klarstellt.

Ansprüche aus ungerechtfertigter Bereicherung kommen hingegen nicht in 520
Betracht, da es sich bei § 2 Abs. 8 um eine abschließende Vorschrift handelt.[658] Wenn die **VOB/B als Ganzes** vereinbart ist, ist der **Ausschluss des Bereicherungsrechts wirksam.** Sofern hingegen die **VOB/B nicht als Ganzes** vereinbart ist und der Auftraggeber die VOB/B der Auftragnehmerin gestellt hat, hält die Vorschrift des § 2 Abs. 8 einer **isolierten Inhaltskontrolle über die Verwendung von Allgemeinen Geschäftsbedingungen nicht stand.** Es liegt ein Verstoß gegen § 307 BGB mit der Rechtsfolge vor, dass § 2 Abs. 8 Nr. 1 und Nr. 2 als unwirksam zu qualifizieren sind und damit die Regelung des Bereicherungsrechts, § 812 ff. BGB, (wieder) aufleben.[659]

2. Pflicht zur Beseitigung, § 2 Abs. 8 Nr. 1 S. 2. Gemäß § 2 Abs. 8 Nr. 1 521
S. 2 erhält der Auftragnehmer nicht nur keine Vergütung für die auftragslos bzw. vertragswidrig erbrachten Leistungen, er hat darüber hinaus auch diese auf Verlangen des Auftraggebers binnen einer angemessenen Frist zu beseitigen. Die Beseitigungspflicht ist eine weitere Folge des **vertragsuntreuen Verhaltens des Auftragnehmers.** Die Pflicht zur Beseitigung bzw. der entsprechende Anspruch des Auftraggebers hängen nicht davon ab, ob die vertragswidrige Leistung für den Auftraggeber objektiv einen Nachteil bzw. einen Schaden darstellt.[660] Korrespondierend zum Beseitigungsanspruch des Auftraggebers besteht eine **entsprechende Beseitigungspflicht** des Auftragnehmers. Der Auftraggeber entscheidet insoweit, ob er die Leistung beseitigen lässt oder nicht. Es ist seine Entscheidung, wie mit der vertragswidrig erbrachten Leistung verfahren wird.[661] Der Auftraggeber muss mithin die Beseitigung verlangen. Wenn der Auftragnehmer einem Beseitigungsverlangen des Auftraggebers innerhalb einer angemessenen Frist nicht nachkommt, kann der Auftraggeber die Leistung wegen Ersatzvornahmen auf Kosten des Auftragnehmers beseitigen lassen.[662]

Für die Fristbestimmung gelten die allgemeinen Regeln der §§ 186 ff. BGB. 522
Eine Frist ist angemessen, wenn der Auftragnehmer bei aller ihm billigerweise zumutenden Beschleunigung unter allgemein anzuerkennenden und voraussehbaren Umständen in der Lage ist, die **vertragswidrig erbrachte Leistung innerhalb der bestimmten Frist zu beseitigen.**[663] Dabei sind die Interessen des

---

[658] BGH BauR 1991, 331. Kapellmann/Messerschmidt/Markus § 2 Rn. 572.
[659] BGH BauR 1991, 331. Die Entscheidung des BGH ist noch zu § 9 AGBG ergangen, ist jedoch auf die nunmehrige Regelung in § 307 BGB uneingeschränkt übertragbar.
[660] Leinemann/Hilgers § 2 Rn. 762; Ingenstau/Korbion/Keldungs § 2 Abs. 8 Rn. 7.
[661] Kapellmann/Messerschmidt/Markus § 2 Rn. 573.
[662] Kapellmann/Messerschmidt/Markus § 2 Rn. 573.
[663] Ingenstau/Korbion/Keldungs § 2 Abs. 8 Rn. 9.

§ 2 VOB Teil B

Auftraggebers an einer schnellen Beseitigung den Interessen des Auftragnehmers überzuordnen. Voraussetzung für die spätere Ersatzvornahme und den **Anspruch auf Ersatz der Ersatzvornahmekosten** gegenüber dem Auftragnehmer ist nicht, dass der Auftraggeber mit der Fristsetzung für den Fall des fruchtlosen Fristablaufs der Frist zugleich androht, dass die Beseitigung dann auf dessen Veranlassung durch einen Dritten auf Kosten des Auftragnehmers oder durch den Auftraggeber erfolgt. Im Falle der Nichtbeseitigung innerhalb der angemessenen Frist ist der Auftraggeber im Übrigen auch berechtigt, den Auftragnehmer auf Beseitigung oder Freistellung von den Kosten der Beseitigung zu verklagen. Darüber hinaus ist davon auszugehen, dass der Auftraggeber berechtigt ist, den Auftragnehmer, entsprechend § 669 BGB oder jedenfalls gemäß § 242 BGB, auf **Vorschuss auf die Beseitigungskosten** in Anspruch zu nehmen – dies ggf. auch klageweise, also ähnlich wie beim **Vorschuss auf Mängelbeseitigungskosten.**[664]

523 **3. Schadensersatzanspruch des Auftraggebers, § 2 Abs. 8 Nr. 1 S. 3.**
Dem Auftraggeber steht gegenüber dem Auftragnehmer neben dem Anspruch auf Beseitigung auch ein **Anspruch auf Schadensersatz für alle Nachteile** zu, die kausal auf die vertraglich nicht geschuldete Leistung des Auftragnehmers zurückzuführen sind. Hierzu gehören sämtliche Schäden des Auftraggebers, die ihre Ursache in dem vertragswidrigen Verhalten des Auftragnehmers haben und über die **Beseitigungspflicht** hinausgehen.

524 Neben diesem Anspruch aus der VOB/B steht dem Auftraggeber in Fällen der Ausführung von Leistungen, die der Auftragnehmer ohne Auftrag und eigenmächtiger Abwicklung vom Vertrag erbracht hat, zudem der gesetzliche Schadensersatzanspruch gem. § 678 BGB zu. Gemäß § 678 BGB **schuldet der Geschäftsführer Schadensersatz, wenn die Geschäftsführung mit dem wirklichen oder mutmaßlichen Willen in Widerspruch steht** und der Auftragnehmer dies hätte erkennen müssen. Damit genügt kraft gesetzlicher Bestimmung für die Schadensersatzhaftung des Auftragnehmers also ein Übernahmeverschulden. Ein Ausführungsverschulden ist hingegen nicht erforderlich. Vor dem Hintergrund, dass § 2 Abs. 8 Nr. 1 S. 3 jedoch ein solches Verschulden erfordert, geht die umfassendere Regelung des § 678 BGB vor.[665]

525 Eine nicht vom vertraglich vereinbarten Bau-Soll umfasste Leistung stellt zudem häufig zugleich einen Mangel der Werkleistung dar. In diesem Fall gehen die Schadensersatzansprüche gemäß den Mängelrechten, § 4 Abs. 7 bzw. § 13 Abs. 7 dem Schadensersatz nach § 2 Abs. 8 Nr. 1 S. 3 vor, soweit die jeweiligen Voraussetzungen erfüllt sind. Der **Umfang des Schadensersatzanspruchs gemäß § 2 Abs. 8 Nr. 1 S. 3** folgt aus den **allgemeinen Vorschriften über das Schadensersatzrecht.** Gemäß **§ 249 BGB** ist der Auftraggeber demnach so zu stellen, wie er ohne die erbrachte Leistung gestanden hätte.[666]

IV. Ausnahmsweise: Vergütungsanspruch des Auftragnehmers, § 2 Abs. 8 Nr. 2

526 Dem Auftragnehmer steht **ausnahmsweise** dann eine **Vergütung für seine ohne Auftrag oder unter eigenmächtiger Abweichung vom Vertrag erbrachten Leistung** zu, wenn der Auftraggeber entweder die Leistung nachträg-

---

[664] Ingenstau/Korbion/Keldungs § 2 Abs. 8 Rn. 11.
[665] Kapellmann/Messerschmidt/Markus § 2 Rn. 574.
[666] Leinemann/Hilgers § 2 Rn. 768.

Vergütung §2

lich anerkennt oder wenn diese Leistung notwendig war, mutmaßlich dem Willen des Auftraggebers entspricht und unverzüglich angezeigt wurde. In diesen Fällen entfallen zudem die Verpflichtungen zur Beseitigung ebenso wie die Verpflichtung zur Leistung eines Schadensersatzes.[667]

1. Nachträgliches Anerkenntnis des Auftraggebers, § 2 Abs. 8 Nr. 2 S. 1. Dem Auftragnehmer steht ein Vergütungsanspruch zu, wenn der Auftraggeber die Leistung nachträglich anerkennt. Von einem nachträglichen Anerkenntnis muss ausgegangen werden, da ein **Anerkenntnis vor Beginn der Ausführung der Leistung als Anordnung iSd § 1 Abs. 3, 4** zu werten ist und dann § 2 Abs. 8 konsequenterweise keine Anwendung findet.[668]

527

Für das Anerkenntnis gemäß § 2 Abs. 8 Nr. 2 ist keine bestimmte Form vorgeschrieben. Es handelt sich insoweit um **kein Schuldanerkenntnis nach § 781 BGB.**[669] Das Anerkenntnis kann demzufolge auch mündlich oder durch schlüssiges Handeln erfolgen. Hiervon ist beispielsweise auszugehen, wenn der Auftraggeber klar und eindeutig die Notwendigkeit der ausgeführten Leistungen erkennt und gerade deswegen weiter bauen lässt. Der Auftraggeber muss eindeutig zu erkennen geben, dass er mit der ausgeführten Leistung und Beachtung der Abweichung einverstanden ist und diese als vertragsgerecht anerkennt. Sofern diese Voraussetzungen vorliegen, wird die vom Auftragnehmer erbrachte **außervertragliche Leistung in eine vertragliche Leistung umgewandelt.**

528

Kein Anerkenntnis iSd § 2 Abs. 8 Nr. 2 S. 1 sind:
– ein gemeinsames Aufmaß,[670]
– Prüfung der Rechnung,[671]
– das Ausführen der Leistung ohne Protest[672] und
– das Durchstellen der Nachauftragnehmerrechnung seitens des Generalauftragnehmers gegenüber dem Auftraggeber.[673]

529

Das Anerkenntnis bedarf im Übrigen nicht der Schriftform, es kann sogar konkludent abgegeben werden.[674] Ein Anerkenntnis iSd § 2 Abs. 8 Nr. 2 S. 1 sind:
– Abnahme der betreffenden Leistung,[675]
– Mängelrügen bezüglich der betreffenden Leistung und
– Zahlungen/Abschlagszahlungen auf die als solche gekennzeichnete Nachtragsabrechnung.[676]

530

Von einem nachträglichen Anerkenntnis ist im Übrigen auch dann nicht auszugehen, wenn der Auftragnehmer durch einen hierzu nicht bevollmächtigten Architekten oder Bauleiter beauftragt wird, zusätzlich eine Leistung zu erbringen und der Auftraggeber das Handeln des insoweit **vollmachtlosen Vertreters gemäß § 177 BGB genehmigt.** Die Genehmigung gemäß § 184 Nr. 1 BGB wirkt auf den Zeitpunkt des vollmachtlosen Handelns zurück. Mithin liegt im Rechtssinne

531

---

[667] Leinemann/Hilgers § 2 Rn. 769.
[668] Kapellmann/Messerschmidt/Markus § 2 Rn. 575 ff.; Leinemann/Hilgers § 2 Rn. 770.
[669] Kapellmann/Messerschmidt/Markus § 2 Rn. 575 ff.
[670] BGH BauR 1974, 201.
[671] BGH NZBau 2002, 153.
[672] OLG Stuttgart BauR 1993, 743.
[673] Leinemann/Hilgers § 2 Rn. 771.
[674] BGH NZBau 2002, 153.
[675] OLG Hamburg OLGR 1996, 18.
[676] BGH BauR 2002, 465; Kapellmann/Messerschmid/Markus § 2 Rn. 575 ff.; aA: Ingenstau/Korbion/Keldungs § 2 Abs. 8 Rn. 24.

sodann ein berechtigtes Handeln des Vertreters vor, mit der Folge, dass es sich insoweit um eine Anordnung gemäß § 1 Abs. 3, 4 S. 1 handelt und die Vergütung der Leistung sich gemäß § 2 Abs. 5, 6 bestimmt.

532 **2. Leistung war notwendig und entspricht dem Willen des Auftraggebers, § 2 Abs. 8 Nr. 2 S. 2.** § 2 Abs. 8 Nr. 2 S. 2 bestimmt, dass der Auftragnehmer einen vertraglichen Vergütungsanspruch erhält, wenn 1. die Leistung notwendig gewesen ist, 2. dem mutmaßlichen Willen des Auftraggebers entsprach und 3. diesem unverzüglich angezeigt wurde. Der BGH bezeichnet diesen Anspruch des Auftragnehmers als einen auf dem ursprünglichen Bauvertrag beruhenden Vergütungsanspruch eigener Art.[677] Ob die Leistung für die Erfüllung des Vertrages **notwendig** war, ist nach engen **objektiven Maßstäben zu beurteilen.** Nicht ausreichend ist eine Leistung, welche die Erfüllung des Vertrages lediglich erleichtert oder dem Leistungserfolg quantitativ oder qualitativ verbessert. Diese ist nicht notwendig. Die Erforderlichkeit ist vielmehr im Hinblick auf die vertragsgerechte Erfüllung des Vertrages, vor allem in technischer Hinsicht zu beurteilen. Es ist darauf abzustellen, ob die mit der Bauerrichtung verfolgte **Ziel- und Zwecksetzung des Auftraggebers** nur dann erreicht werden kann, wenn der Auftragnehmer die zusätzliche Leistung ausführt.[678] Es ist mithin eine enge Auslegung des Begriffs der Notwendigkeit der vom Vertrag abweichenden Leistung geboten.

533 Von einer Notwendigkeit ist dann auszugehen, wenn im Einzelfall der Auftragnehmer nach Treu und Glauben mit Recht davon ausgehen konnte, dass im wohlverstandenen Interesse des Auftraggebers die vom Auftragnehmer gewählte und technisch erforderliche Ausführung geboten und erforderlich war. Sie darf nicht lediglich nur zweckmäßig und/oder nützlich gewesen sein.[679] Eine Leistung ist jedenfalls dann notwendig, wenn der Auftraggeber selbst die Auffassung vertritt, dass die ausgeführten Leistungen im Vertragssoll enthalten waren.[680] Ferner muss die **notwendige Leistung dem mutmaßlichen Willen des Auftraggebers** entsprechen. Es ist mithin **nicht ausreichend,** wenn der Auftragnehmer **lediglich annimmt,** die von ihm erbrachte Leistung entspräche dem mutmaßlichen Willen des Auftraggebers. Es muss vielmehr derjenige Wille des Auftraggebers bestimmt werden, der bei objektiver Beurteilung aller gegebenen Umstände von einem verständigen Betrachter vorauszusetzen ist.[681] Der mutmaßliche Wille ist dann zu bejahen, wenn man **bei objektiver Würdigung** dazu kommt, dass diese vom Auftraggeber geäußert worden wäre, wenn er die Notwendigkeit der abweichenden Leistung gekannt hätte.[682] **Äußert der Auftraggeber einen entgegenstehenden Willen** gegenüber dem Auftragnehmer, ist kein Raum für die Ermittlung eines mutmaßlichen Willens.[683]

534 Der Auftragnehmer ist im Rahmen des § 2 Abs. 8 Nr. 2 S. 2 darlegungs- und beweispflichtig dafür, dass die Ausführung der zusätzlichen Leistung dem mutmaßlichen Willen des Auftraggebers entspricht. Grundsätzlich muss der Auftragneh-

---

[677] BGH NZBau 2001, 496; Leinemann/Hilgers § 2 Rn. 773.
[678] Ingenstau/Korbion/Keldungs § 2 Abs. 8 Rn. 34.
[679] OLG Stuttgart BauR 1993, 743; Ingenstau/Korbion/Keldungs § 2 Abs. 8 Rn. 34.
[680] OLG Schleswig BauR 2010, 1937; OLG Düsseldorf 25.11.2008 – 23 U 13/08; Ingenstau/Korbion/Keldungs § 2 Abs. 8 Rn. 35.
[681] Leinemann/Hilgers § 2 Rn. 775.
[682] Ingenstau/Korbion/Keldungs § 2 Abs. 8 Rn. 36.
[683] Leinemann/Hilgers § 2 Rn. 775.

Vergütung **§ 2**

mer bei den Vorausführungen der Leistung diesem Willen mit zumutbarem Aufwand erforschen und selbst dann beachten, wenn ihm das **erkennbare Verhalten des Auftraggebers unvernünftig oder interessenwidrig** erscheint. Etwas anderes gilt nur dann, wenn dem § 679 BGB entgegensteht.[684] Schließlich muss der Auftragnehmer dem Auftraggeber die Ausführung unverzüglich anzeigen. Die Anzeige ist Anspruchsvoraussetzung.[685]

Die **Anzeige** muss gemäß **§ 121 BGB ohne schuldhaftes Zögern** erfolgen.[686] An die Anzeige selbst sind keine Formerfordernisse gestellt. Insbesondere ist keine Schriftform vorgesehen. Aus Beweisgründen sollte sie jedoch eingehalten werden. Sofern der Auftragnehmer der Anzeigepflicht nicht nachkommt, entfällt grundsätzlich sein Vergütungsanspruch.[687] Sofern die VOB/B als Ganzes vereinbart und vom Auftraggeber gestellt wurde, ist der Anspruchsausschluss wegen unterbliebener Anzeige AGB-widrig und damit unwirksam.[688] 535

3. Höhe der Vergütung, § 2 Abs. 8 Nr. 2 S. 3. In § 2 Abs. 8 Nr. 2 S. 3 ist geregelt, dass die dem Auftragnehmer gemäß § 2 Abs. 8 Nr. 2 S. 1 oder S. 2 zustehende Vergütung entsprechend den Regelungen für geänderte oder zusätzliche Leistungen gemäß § 2 Abs. 5 bzw. Abs. 6 errechnet wird. Die sich hiernach ergebende Vergütung wird **wie eine Vergütung für eine vertraglich vereinbarte Leistung** geschuldet.[689] Sofern die Parteien für die Berechnung der Vergütung eine abweichende Regelung von § 2 Abs. 5, 6 getroffen haben, ist diese auch für die Vergütung gemäß § 2 Abs. 8 Nr. 2 S. 2 maßgeblich. Denn Sinn und Zweck der Einführung dieser Regelung durch den damaligen Verdingungsausschuss war, dass die Vergütung gemäß dieser Vorschrift entsprechend der Berechnung der Nachtragsvergütung erfolgen soll.[690] 536

Wegen der näheren Einzelheiten betr. die **Berechnung der Vergütung gem. § 2 Abs. 5, 6** wird auf die Ausführungen unter → § 2 Rn. 76 ff. verwiesen. 537

V. Vergütungsanspruch aus §§ 677 ff. BGB

Die Praxisrelevanz der Regelung über den vorbeschriebenen, ausnahmsweise gegebenen Vergütungsanspruch des Auftragnehmers gemäß § 2 Abs. 8 Nr. 2 S. 2 und den dort beiden **alternativen Tatbestandsvoraussetzungen** ist nach Kapellmann gering.[691] Denn im Jahr 1996 ist in § 2 Abs. 8 die damalige neue Nr. 3 eingeführt worden, wonach die Vorschriften des BGB über die Geschäftsführung ohne Auftrag unberührt bleiben. Aus §§ 677 ff. BGB erwächst dem Auftragnehmer auch ein Vergütungsanspruch in Höhe der tatsächlich entstandenen Kosten nebst angemessenen Zuschlag für Allgemeine Geschäftskosten, Wagnis und Gewinn bei niedrigeren Anspruchsvoraussetzungen. 538

1. Voraussetzungen. Die Anspruchsvoraussetzungen der Geschäftsführung ohne Auftrag gemäß §§ 677, 683 BGB sind im Wesentlichen gleichlaufend zu § 2 Abs. 8 S. 2, ergeben sich aber aus dem Gesetz und haben keine solch hohen 539

---

[684] OLG Düsseldorf BauR 2015, 494.
[685] BGH NJW 1991, 1812.
[686] BGH BauR 1994, 625.
[687] BGH BauR 1991, 331.
[688] BGH NZBau 2004, 324; 2004, 31.
[689] BGH BauR 1974, 273.
[690] Kapellmann/Messerschmidt/Markus § 2 Rn. 585.
[691] Kapellmann/Messerschmidt/Markus § 2 Rn. 580.

§ 2 VOB Teil B

Hürden.[692] So muss die Übernahme des fremden Geschäfts lediglich dem **Interesse und dem wirklichen oder mutmaßlichen Willen des Auftraggebers als Geschäftsherrn entsprechen.**[693]

540 Dabei darf der Auftragnehmer **nicht eigenmächtig vom Vertrag abweichen,** das heißt, das Geschäft darf sich nicht als Verletzung der vertraglich festgelegten Leistungspflicht darstellen. Eine solche Vertragsverletzung kann nicht dem Interesse oder (mutmaßlichen) Willen des Auftraggebers entsprechen und eine Umgehung des Leistungssolls nach den Regeln der Geschäftsführung ohne Auftrag wäre nicht interessensgerecht.[694]

541 Im Gegensatz zur Parallelregelung aus der VOB/B braucht es zur Anspruchsentstehung aber **nicht der Notwendigkeit** zur vertraglichen Leistungserfüllung. Auch die Anzeigepflichten nach § 681 BGB sind nicht von der Unverzüglichkeit sondern von der „Tunlichkeit" geprägt. Der Begriff ist Ausfluss eines Bewertungsmaßstabes im Einzelfall. Dabei richtet sich der „tunliche" Zeitpunkt idR nach der Erreichbarkeit des Geschäftsherrn und der Bedeutung der Angelegenheit für ihn.[695] Insofern ist das Kriterium „tunlich" weniger streng als „unverzüglich". **Ferner ist die Anzeige keine Anspruchsvoraussetzung, sondern stellt nur eine Nebenpflicht dar.**[696]

542 **2. Rechtsfolge.** In der Rechtsfolge sind § 2 Abs. 8 Nr. 2 S. 2 und §§ 677, 683 BGB **identisch.** Zwar wird dem Auftragnehmer dem Wortlaut nach nur ein Aufwendungsersatz, also Ersatz der tatsächlich erforderlichen Kosten, zugebilligt. Aber wenn das Geschäft eine Tätigkeit darstellt, die **typischerweise nur gegen Entgelt** erbracht wird, besteht darüber hinaus ein Vergütungsanspruch.[697]

543 Beim typischerweise nur gegen Entgelt ausgeführten Bauvertrag wäre das gemäß § 632 Abs. 2 BGB die übliche Vergütung. Aber nach höchstrichterlicher Rechtsprechung wird im Rahmen der Geschäftsführung ohne Auftrag im Zusammenhang mit Leistungen aus einem VOB/B-Vertrag auf die **Preisermittlungsgrundlagen, also den Regelungen der VOB/B, zurückgegriffen.**[698] Das bedeutet der Aufwendungsersatzanspruch nach § 683 BGB entspricht der Höhe nach den tatsächlich erforderlichen Kosten nebst angemessenen Zuschlägen für Allgemeine Geschäftskosten, Wagnis und Gewinn. Wegen den Einzelheiten zur Berechnung wird auf → § 2 Rn. 76 verwiesen.

VI. Beweislast

544 Für das Vorliegen der Voraussetzungen des § 2 Abs. 8 Nr. 2 sowohl für den Fall des Anerkenntnisses des Auftraggebers als auch für den Fall der notwendigen Leistungen sowie für die Voraussetzung des Abs. 3 trägt der Auftragnehmer, der für die ohne Auftrag oder in Abweichung von diesen ausgeführten Leistungen Vergütung verlangt.[699]

---

[692] Kapellmann/Messerschmidt/Markus § 2 Rn. 580.
[693] Ingenstau/Korbion/Keldungs § 2 Abs. 8 Rn. 15.
[694] Ingenstau/Korbion/Keldungs § 2 Abs. 8 Rn. 16.
[695] BeckOK BGB/Gehrlein § 681 Rn. 2.
[696] Kapellmann/Messerschmidt/Markus § 2 Rn. 580.
[697] BGH 24.11.1995 – V ZR 88/95, NJW 1996, 921.
[698] Ingenstau/Korbion/Keldungs § 2 Abs. 8 Rn. 20; BGH 11.6.1992 – VII ZR 110/91, NJW-RR 1992, 1435.
[699] Leinemann/Hilgers § 2 Rn. 780; Kapellmann/Messerschmidt/Markus § 2 Rn. 590.

Vergütung §2

Für einen Anspruch auf Vergütung, sei es aus § 2 Abs. 8 Nr. 2 oder Nr. 3, muss 545
mithin der Auftragnehmer beweisen, dass
- eine Bau-Soll – Bau-Ist-Abweichung vorliegt, wobei die Besonderheiten beim Pauschalvertrag zu beachten sind,
- die Leistung entweder nachträglich vom Auftraggeber anerkannt wurde oder
- die Leistung notwendig war, dem mutmaßlichen Willen des Auftraggebers entsprach und ihm unverzüglich angezeigt wurde oder, dass die Leistung interessengemäß war und dem wirklichen oder mutmaßlichen Willen des Auftraggebers entsprach.[700]

VII. Verjährung

Der Anspruch aus § 2 Abs. 8 Nr. 2 verjährt grundsätzlich in derselben Frist 546
wie der (Haupt-)Vergütungsanspruch, weil alle Forderungen des Auftragnehmers, die dort abgerechneten und die dort nicht enthaltenen, wenn und soweit sie aus ein- und demselben Vertrag stammen, also (Haupt-)Forderung und Nachtragsforderung einheitlich verjähren. Die Verjährung beginnt am **1.1. des Jahres,** das dem Jahr folgt, in dem die Frist nach Einreichung der Schlussrechnung gemäß **§ 16 Abs. 3 Nr. 1** abgelaufen ist bzw. der Auftragnehmer evtl. früher das Prüfexemplar zur Schlussrechnung erhalten hat. Die Verjährungsfrist beträgt gemäß **§ 195 BGB** 3 Jahre.

VIII. AGB-Problematik

Im Vergleich zur gesetzlichen Regelung **benachteiligt** § 2 Abs. 8 Nr. 1 und 547
2 den **Auftragnehmer** entgegen den Geboten von **Treu und Glauben** insofern **unangemessen,** als der Auftragnehmer hiernach selbst bei notwendigen Leistungen keinen Vergütungsanspruch hat, wenn er die Leistung nicht unverzüglich angezeigt hat. Bei der Anzeige handelt es sich nach herrschender Meinung um eine **echte Anspruchsvoraussetzung,** deren Sinn ist jedoch, wie Jansen zutreffend feststellt, nicht erkennbar.[701] Gesetzliche Ansprüche aus Geschäftsführung ohne Auftrag bzw. ungerechtfertigte Bereicherung bestehen nämlich ohne eine solche Einschränkung, dh **Anzeigepflicht,** wenn die Leistung zur ordnungsgemäßen Erfüllung des Vertrages notwendig war.[702] Nicht nachvollziehbar ist, warum derartige Leistungen beim Bauvertrag dem Auftraggeber kostenlos zu Gute kommen sollen.

Zwar ist durch die Neuregelung des § 2 Abs. 8 Nr. 3 im Jahr 1996 klargestellt 548
worden, dass Ansprüche aus **Geschäftsführung ohne Auftrag** unberührt bleiben, um die Übereinstimmung mit den gesetzlichen Regelungen herzustellen. Der gesetzliche Anspruch aus **Bereicherungsrecht** gemäß § 812 ist jedoch nach wie vor ausgeschlossen und damit hält die Regelung einer isolierten Inhaltskontrolle nicht stand, weil sie mit **dem Grundgedanken der gesetzlichen Regelungen** nicht zu vereinbaren ist.[703]

Kapellmann meint zwar, § 2 Abs. 8 Nr. 1 S. 1 sei dahingehend auszulegen, dass 549
nur Vergütungsansprüche, nicht aber **gesetzliche Ansprüche aus Geschäfts-**

---

[700] Vgl. zusammenfassend bei Kapellmann/Messerschmidt/Markus § 2 Rn. 590.
[701] Beck VOB/B/Althaus/Jansen § 2 Abs. 8 Rn. 81.
[702] BGH NZBau 2004, 146; Kues/von Kiedrowski/Bolz AGB-Klauseln/Bolz, § 2 Rn. 47.
[703] BGH NZBau 2004, 324; Kues/von Kiedrowski/Bolz AGB-Klauseln/Rosendahl, § 5 Rn. 373.

§ 2 VOB Teil B

führung ohne Auftrag und ungerechtfertigter Bereicherung ausgeschlossen sein sollten. Gegen diese Annahme spricht jedoch die **Historie der Vorschrift.**[704] Denn Grund für die im Jahre 1996 erfolgte Änderung der Vorschrift war die Rechtsprechung des BGH, nach der – wenn die VOB/B nicht als Ganzes vereinbart wurde bzw. damals in deren Kernbereich eingegriffen wurde – die Regelung des § 2 Abs. 8 Nr. 1 S. 1 gegen § 9 AGB-Gesetz (jetzt § 307 BGB) verstieß und deshalb unwirksam war. Der **BGH** hatte seine Bedenken damals schwerpunktmäßig mit dem Ausschluss der gesetzlichen Ansprüche aus Geschäftsführung ohne Auftrag begründet. Diese Rechtsprechung wollte der DVA durch die Einführung des jetzigen Absatzes 3 genügen bzw. diese ausräumen.

550   Selbst wenn man mit Kapellmann den Ausschluss der Ansprüche aus ungerechtfertigter Bereicherung verneint und deshalb nicht zu einer unangemessenen Benachteiligung käme, wäre die Regelung – wie Jansen ausführt und auch hier vertreten wird – im Sinne von § 307 Abs. 1 S. 2 BGB intransparent, da sich nicht erkennen lässt, dass neben Ansprüchen aus GoA auch solche aus § 812 BGB in Betracht kommen.[705]

K. Vergütung von Planungsleistungen (§ 2 Abs. 9)

I. Einführung

551   Grundsätzlich sind Planungsleistungen durch den Auftraggeber zu erbringen, dieser ist gemäß **§ 3 Abs. 1** verpflichtet, dem Auftragnehmer vor Baubeginn sämtliche für die Ausführung erforderlichen Unterlagen zu übergeben. Überträgt der Auftraggeber diese Verpflichtung auf externe Architekten oder Planer, werden diese jedenfalls insoweit als **Erfüllungsgehilfen** angesehen.[706] Das Leistungssoll des Auftragnehmers kann vertraglich jedoch auch auf Planungsleistungen erweitert werden, zB die Erstellung der Ausführungsplanung.

II. Regelungsinhalt des § 2 Abs. 9

552   Zeichnungen, Berechnungen oder andere Unterlagen, die durch den Auftragnehmer nicht bereits nach dem Vertrag, den besonderen Technischen Vertragsbedingungen oder aber der gewerblichen Verkehrssitte gegenüber dem Auftraggeber geschuldet werden, sind gemäß **§ 2 Abs. 9 Nr. 1** auf Verlangen des Auftraggebers an diesen zu übergeben; dem Auftragnehmer steht im Gegenzug jedoch ein **(zusätzlicher) Vergütungsanspruch** zu. Selbstverständlich umfasst die insoweit erweiterte Leistungspflicht nicht nur die Übergabe der Unterlagen im weiteren Sinne, sondern ggf. auch deren Herstellung. Gemäß **§ 2 Abs. 9 Nr. 2** kann der Auftraggeber den Auftragnehmer dazu verpflichten, bauherrenseitig bereits aufgestellte Berechnungen nachzuprüfen.

553   § 2 Abs. 9 regelt in Bezug auf Zeichnungen, Berechnungen oder andere Unterlagen mithin die Konstellation, in der das vertragliche Leistungs-Soll des Auftragnehmers hinter den ggf. nach Vertragsschluss geänderten Anforderungen des Auf-

---

[704] Vgl. Beck VOB/B/Althaus/Jansen § 2 Abs. 8 Rn. 82.
[705] Beck VOB/B/Althaus/Jansen § 2 Abs. 8 Rn. 83.
[706] BGH NJW-RR 1991, 276.

traggebers zurückbleibt. Zutreffend wird die Regelung daher als Unterfall der zusätzlichen Leistung und **teilweise** sogar als **entbehrlich** angesehen.[707]

III. Definition des Planungssolls gemäß § 2 Abs. 9

Der Anwendungsbereich des § 2 Abs. 9 umfasst alle VOB/B-Vertragstypen iSd **554** § 2 Abs. 2, mithin insbesondere auch den **Pauschalvertrag**.[708] Erste Voraussetzung des § 2 Abs. 9 ist jeweils, dass die angeforderten Unterlagen im weiteren Sinne[709] nicht bereits nach dem Bauvertrag durch den Auftragnehmer geschuldet werden. Dabei konkretisiert § 2 Abs. 9 die Maßstäbe, nach denen insoweit das Leistungs-Soll zu definieren ist: Grundsätzlich ist der **Bauvertrag** maßgeblich,[710] ergänzen die **Technischen Vertragsbedingungen** mithin insbesondere die **VOB/C**.[711] Ein Rückgriff auf die **Verkehrssitte** ist erfahrungsgemäß praktisch nur in Ausnahmefällen relevant.

In der VOB/C werden die durch Auftragnehmer auch ohne ausdrückliche **555** Beschreibung neben der Leistung mitgeschuldeten Planungsleistungen als (nicht gesondert vergütungspflichtige) **Nebenleistungen** umschrieben. Beispielhaft kann für solche Nebenleistungen auf die Werkstattplanung des Erstellers raumlufttechnischer Anlagen[712] oder des Heizungsbauers[713] verwiesen werden. Ein Standsicherheitsnachweis stellt demgegenüber gemäß DIN 18300, Nr. 4.2.13 regelmäßig eine besondere Leistung dar. Ob und inwieweit eine weder nach dem Vertrag noch nach den Technischen Vertragsbedingungen durch den Auftragnehmer geschuldete Planungsleistung ausnahmsweise nach der Verkehrssitte (ohne zusätzliche Vergütung) zu erbringen ist, kann nur im Einzelfall bestimmt werden. In Betracht kommt hier eine Verpflichtung des Auftragnehmers, ihm ohnehin vorliegende Montagepläne ohne weitere Vergütung an den Auftraggeber zu übergeben, beispielsweise wenn diese bereits durch den Hersteller mitgeliefert wurden. In solchen Fällen handelt es sich insoweit um Anforderungen, denen der Auftragnehmer faktisch **ohne nennenswerten Eigenaufwand** nachkommen kann und daher wohl auch muss.[714] Möglicherweise wird nach der Verkehrssitte auch dann eine Übergabe von Planungsunterlagen in Betracht kommen, wenn die durch den Auftragnehmer angebotene Lösung derart individuell ist, dass diese ohne weitere (schriftliche) Erläuterungen später für den Auftraggeber nicht vertragsgerecht nutzbar ist.

Verlangt der Auftraggeber vom Auftragnehmer die Nachprüfung bereits vor- **556** handener Planungsleistungen bzw. Berechnungen, ist zu beachten, dass eine Anwendung des § 2 Abs. 9 Nr. 2 voraussetzt, dass die entsprechende Leistung über die dem Auftragnehmer ohnehin obliegenden **Prüf- und Hinweispflichten des §§ 3 Abs. 3 und 4 Abs. 3** hinausgeht.[715]

---

[707] Von einer vollständigen Entbehrlichkeit ausgehend: Kapellmann/Messerschmidt/Markus § 2 Rn. 592.
[708] Leinemann/Hilgers § 2 Rn. 782.
[709] Vgl. hierzu: Leinemann/Hilgers § 2 Rn. 781.
[710] Hierzu auch → § 2 Rn. 34 ff.
[711] Vgl. § 1 Abs. 1 S. 2 VOB/B.
[712] Vgl. DIN 18379 Abschnitt 3.1.2.
[713] Vgl. DIN 18380 Abschnitt 3.1.2.
[714] Hierzu näher: Ingenstau/Korbion/Keldungs § 2 Abs. 9 Rn. 5.
[715] OLG Düsseldorf NZBau 2015, 30.

§ 2 VOB Teil B

IV. Eigentum und Nutzungsrechte

557 Bei sämtlichen durch den Auftragnehmer übergebenen Planungsunterlagen, dh insbesondere auch solchen auf Verlangen nach § 2 Abs. 9 übergebenen Unterlagen ist § 3 Abs. 6 zu beachten. Der Auftraggeber erwirbt danach mit der Übergabe der Unterlagen zwar das Eigentum hieran, kann diese jedoch nicht ohne **Zustimmung des Urhebers** für weitere Vorhaben verwenden.

558 **1. Verlangen des Auftraggebers.** Jeweils setzt eine Pflicht zur Übergabe von ursprünglich nicht geschuldeten Planungsunterlagen ein **Verlangen des Auftraggebers** bzw. eines von diesem ordnungsgemäß Bevollmächtigten voraus. Dabei ist nicht ersichtlich, warum die VOB/B hier ohne ersichtliche Notwendigkeit neben der Anordnung (vgl. § 1 Abs. 3, 4) einen weiteren Terminus einführt. Tatsächlich sind die Voraussetzungen letztlich nämlich die gleichen.[716] Dies bedeutet zunächst, dass auch ein Verlangen iSd § 2 Abs. 9 ausdrücklich und bestimmt zum Ausdruck bringen muss, welche konkreten Planungsleistungen der Auftragnehmer zu erbringen hat. Ein berechtigtes Verlangen setzt ferner voraus, dass der Betrieb des Auftragnehmers auf die Anfertigung der gewünschten Planungsunterlagen überhaupt eingerichtet ist, vgl. § 1 Abs. 4. Ferner müssen die durch den Auftraggeber verlangten Planungsunterlagen einen konkreten Bezug zur Bauleistung aufweisen. Grundsätzlich nicht statthaft ist es, vom Auftragnehmer eigenständige Architekten- oder Ingenieurleistungen im Sinne der HOAI zu verlangen.[717]

559 **2. Vergütungsanspruch des Auftragnehmers.** § 2 Abs. 9 enthält keine Angaben zur Berechnung der Vergütung des Auftragnehmers. Soweit hinsichtlich des monetären Ausgleichs in der ersten Variante einerseits auf eine Vergütung und in der zweiten Variante andererseits auf eine Kostentragung abgestellt wird, handelt es sich nach allgemeiner Auffassung um eine weitere sprachliche Ungenauigkeit.[718] Tatsächlich berechnet sich die Vergütung des Auftragnehmers für die zusätzliche Planungsleistung nach den allgemeinen Grundsätzen der Ermittlung von Mehrvergütungsansprüchen. Wo dies nicht möglich ist, ist auf die „übliche Vergütung" iSd § 632 Abs. 2 BGB abzustellen. Soweit im Einzelfall ein Rückgriff auf das HOAI-Leistungsbild referenziert werden kann, kommt diesem mit etwaigen im Einzelfall gebotenen Anpassungen für die Ermittlung der „üblichen Vergütung" eine nicht unerhebliche Indizwirkung zu. Jedenfalls handelt es sich in allen Fallkonstellationen unabhängig vom Wortlaut des § 2 Abs. 9 um einen zusätzlichen Vergütungsanspruch des Auftragnehmers, der insoweit auch Gewinn umfasst.

560 **3. Nachtragsbearbeitungskosten.** Die Erstellung eines Nachtragsangebotes beinhaltet regelmäßig auch Planungsleistungen. Diese sind ebenso wie die Ausführung der zusätzlichen bzw. geänderten Leistung vom ursprünglichen Leistungs-Soll des Auftragnehmers umfasst, diesem steht daher auch hierfür ein zusätzlicher Vergütungsanspruch zu.[719] Hierzu bedarf es jedoch keines Rückgriffs auf

---

[716] Kapellmann/Messerschmidt/Markus § 2 Rn. 592.
[717] BGH BauR 1987, 702.
[718] Kapellmann/Messerschmidt/Markus § 2 Rn. 593; Leinemann/Hilgers § 2 Rn. 787; Ingenstau/Korbion/Keldungs § 2 Abs. 9 Rn. 11.
[719] Jahn/Klein NZBau 2013, 473; Ingenstau/Korbion/Keldungs § 2 Abs. 5 Rn. 57; aA Merkens NZBau 2012, 529.

Vergütung § 2

§ 2 Abs. 9, die entsprechenden Mehrkosten sind über § 2 Abs. 6 dem Grunde nach vergütungsfähig.[720]

Die Berechnung der Ansprüche der Höhe nach des Auftragnehmers für Planungsleistungen als Teil der Nachtragsbearbeitungskosten orientiert sich an der HOAI, da die Leistungen vom Besteller grundsätzlich nicht angeordnet werden können, siehe auch Ausführungen → § 2 Rn. 270 ff., 289 Der Auftragnehmer ist somit auch nicht insoweit an seine Kalkulation gebunden.   561

V. AGB-Problematik

Allgemeine Geschäftsbedingungen des Auftraggebers, wonach dem Auftragnehmer kein Anspruch auf Mehrvergütung für nachträgliche durch den Auftraggeber geforderte Planungsleistungen zustehen soll, sind – wenn die VOB/B nicht „als Ganzes" vereinbart wurde – unwirksam.[721] Eine solche Klausel widerspricht wesentlichen Grundgedanken der gesetzlichen Regelung des § 632 BGB.   562

L. Stundenlohnvereinbarung (§ 2 Abs. 10)

I. Einführung

Gemäß § 4 Abs. 2 VOB/A können nur Bauleistungen geringeren Umfangs, die überwiegend Lohnkosten verursachen, im Stundenlohn vergeben werden (**Stundenlohnvertrag**). Der Regelfall in der VOB/A und mithin auch in der Praxis sind demgegenüber Einheits- oder ggf. Pauschalverträge, vgl. § 4 Abs. 1 VOB/A.   563

§ 2 Abs. 10 regelt die für eine Vergütung auf Stundenlohnbasis erforderlichen Voraussetzungen nicht abschließend, sondern stellt dogmatisch insoweit die zwingenden Einstiegsvoraussetzungen dar, die für einen **Anspruch dem Grunde nach** zwingend erfüllt sein müssen. Erst wenn die Voraussetzungen des § 2 Abs. 10 erfüllt sind, ist der Anwendungsbereich des § 15 hinsichtlich weiterer Voraussetzungen bzw. Konkretisierungen eröffnet.   564

Die Vorschrift des § 2 Abs. 10 ist **weit auszulegen** und gilt anerkanntermaßen für alle Fälle, in denen der Auftragnehmer eine Vergütung auf Stundenlohnbasis geltend machen will.[722]   565

II. Ausdrückliche Vereinbarung

§ 2 Abs. 10 setzt voraus, dass die Parteien eine Abrechnung auf Stundenlohnbasis ausdrücklich vereinbaren. Hieraus kann entnommen werden, dass eine **stillschweigende Vereinbarung** über Stundenlohnarbeiten **nicht möglich** ist.[723] Eine konkludente Einigung ist nach allgemeinen Erwägungen hingegen wohl möglich.[724] Dies gilt umso mehr unter Berücksichtigung des BGH-Urteils[725] zu den Anforderungen an einen schlüssigen Vortrag. Danach muss der Auftragnehmer lediglich Tatsachen vortragen, die in Verbindung mit einem Rechtssatz geeignet   566

---

[720] Jahn/Klein NZBau 2013, 473 mwN.
[721] Leinemann/Hilgers § 2 Rn. 787; Bolz/Jurgeleit/Bolz VOB/B § 2 Abs. 9 Rn. 266.
[722] Ingenstau/Korbion/Keldungs § 2 Abs. 10 Rn. 1.
[723] Vgl. Leinemann/Hilgers § 2 Rn. 791.
[724] LG Mannheim IBR 2014, 655; aA wohl Leinemann/Hilgers § 2 Rn. 791.
[725] BGH IBR 2013, 718.

sind, das geltend gemachte Recht als entstanden erscheinen zu lassen, zB durch die Vorlage von unterzeichneten Stundenlohnzetteln mit ergänzendem Beweisangebot etwa durch Zeugnis der die Leistungen ausführenden Mitarbeiter. Unstreitig ist jedoch, dass die Parteien jedenfalls unmissverständlich und zweifelsfrei ihren Willen zum Ausdruck gebracht haben müssen, bestimmte Leistungen des Auftragnehmers auf Stundenlohnbasis zu vergüten.[726] Dies beinhaltet insbesondere, dass die Parteien auch ausdrücklich regeln müssen, welche **konkreten Arbeiten** hiermit abgegolten werden sollen.[727]

567 Auf Seiten des Auftraggebers ist regelmäßig weder der Bauleiter,[728] noch der etwaig vom Auftraggeber für das Bauvorhaben beauftragte Architekt[729] zum Abschluss einer Vereinbarung über Stundenlohnarbeiten bevollmächtigt. Dabei beinhaltet insbesondere die Ermächtigung der Bauleitung zur Abzeichnung von Stundenlohnnachweisen durch den Auftraggeber keine **Vollmacht zum Abschluss einer Stundenlohnvereinbarung** iSd § 2 Abs. 10.[730] Entsprechende Stundenzettel belegen damit regelmäßig lediglich Art und Umfang der erbrachten Leistungen, nicht jedoch, dass hierzu auch eine korrespondierende Vereinbarung getroffen wurde.[731] Die Unterzeichnung von Montageberichten durch den Auftraggeber bzw. den durch diesen ordnungsgemäß bevollmächtigten Vertreter stellt ein **deklaratorisches Schuldanerkenntnis** hinsichtlich der darin aufgeführten Stundenlohnarbeiten dar.[732]

568 Die **Schriftform** ist für eine Vereinbarung nach § 2 Abs. 10 nicht zwingend erforderlich.[733] Nachdem der Auftragnehmer für das Zustandekommen einer Vereinbarung jedoch die Darlegungs- und Beweislast trägt,[734] sollte dieser auf eine schriftlichen Vereinbarung bestehen. Allgemeine Geschäftsbedingungen des Auftraggebers enthalten zudem regelmäßig Klauseln, wonach die Schriftform für eine Vereinbarung nach § 2 Abs. 10 ohnehin zwingend ist; eine solche Klausel ist auch wirksam.[735]

569 Der Stundenlohn selbst muss zwischen den Parteien nicht im Einzelnen ausdrücklich vereinbart werden, dies ergibt sich aus dem Wortlaut des § 2 Abs. 10 und ferner aus § 15 Abs. 1 Nr. 2, der gerade von einer diesbezüglich fehlenden Vereinbarung ausgeht.

III. Vor Ausführungsbeginn

570 Der Wortlaut des § 2 Abs. 10 setzt nicht nur eine ausdrückliche **Vereinbarung** zwischen den Parteien voraus, sondern darüber hinaus, dass dies **vor** deren **Ausführung** zu geschehen hat. Nach zutreffender Auffassung[736] wäre § 2 Abs. 10

---

[726] Ingenstau/Korbion/Keldungs § 2 Abs. 10 Rn. 4.
[727] Kapellmann/Messerschmidt/Markus § 2 Rn. 595.
[728] BGH BauR 1994, 760; OLG Hamm IBR 2015, 7.
[729] BGH BauR 2003, 1892.
[730] BGH BauR 2003, 1892; OLG Frankfurt a. M. 5.12.2006 – 5 U 70/06, NJOZ 2007, 4914; OLG Hamm 19.6.2012 – 21 U 85/11.
[731] BGH BauR 1994, 760 (761); 2003, 1892 (1896); aA: OLG Hamburg BauR 2000, 1491; LG Mannheim IBR 2014, 655.
[732] KG BauR 2009, 1338.
[733] Leinemann/Hilgers § 2 Rn. 792.
[734] KG IBR 2008, 3226.
[735] OLG Zweibrücken BauR 1994, 509 (512).
[736] Kapellmann/Messerschmidt/Markus § 2 Rn. 596.

allein vor diesem Hintergrund unwirksam, soweit die VOB/B nicht als Ganzes vereinbart ist.

Regelmäßig dürfte dies allerdings dahinstehen können, da es den Vertragsparteien im Lichte der Privatautonomie unter keinem Gesichtspunkt verwehrt sein kann, auch noch nach der Ausführung von Stundenlohnarbeiten eine Vereinbarung iSd § 2 Abs. 10 abzuschließen. Eine solche **individualvertragliche Abrede** wäre jedenfalls vorrangig vor der Quasi-AGB-Regelung der VOB/B.[737] **571**

IV. Rechtsfolge bei fehlender vorheriger Vereinbarung

Liegt eine (wirksame) Stundenlohnvereinbarung iSd § 2 Abs. 10 nicht vor, bzw. konnte der Auftragnehmer das Bestehen einer solchen nicht darlegen und beweisen, schließt dies eine Vergütung der entsprechend erfassten Tätigkeiten des Auftragnehmers gleichwohl nicht abschließend aus.[738] Die **§ 2 Abs. 5, 6 und 8** sind insoweit neben § 2 Abs. 10 **anwendbar.**[739] Nach zutreffender Auffassung sind die Stundenlohnarbeiten – soweit eine der vorstehenden Anspruchsgrundlagen greift – auf Basis einer fortgeschriebenen Auftragskalkulation zu vergüten.[740] Soweit eine Ableitung aus der Urkalkulation nicht erfolgen kann, besteht ein Anspruch auf die übliche Vergütung iSd § 632 Abs. 2 BGB.[741] **572**

V. Beweislast

Der Auftragnehmer ist für das Vorliegen, dh den Abschluss einer vor der Ausführung der Stundenlohnarbeiten getroffenen Vergütung, darlegungs- und beweispflichtig. Soweit der Auftraggeber jedoch lediglich die Wirtschaftlichkeit bzw. Effizienz, dh den Umfang der geleisteten Tätigkeit bestreitet, trifft insoweit ihn die **Darlegungs- und Beweislast.**[742] **573**

VI. AGB-Problematik

Ist die VOB/B nicht als Ganzes vereinbart, hält § 2 Abs. 10 – soweit der Auftraggeber als Verwender anzusehen ist – im Hinblick auf den vermeintlichen Zwang einer vorherigen Vereinbarung einer Inhaltskontrolle nicht stand und ist **unwirksam.**[743] Ferner kann die Norm im Sinne der gebotenen kundenfeindlichsten Auslegung dahingehend verstanden werden, dass bei fehlender vorangegangener Vereinbarung jegliche Vergütungsansprüche ausgeschlossen werden, nicht nur eine Abrechnung von Stundenlohnarbeiten.[744] Soweit der Abschluss einer Vereinbarung iSd § 2 Abs. 10 hingegen innerhalb von Allgemeinen Geschäftsbedingungen einem Schriftformerfordernis unterworfen wird, ist dies wirksam.[745] **574**

---

[737] OLG Schleswig 2.6.2005 – 11 U 90/04, IBR 2005, 1186.
[738] Leinemann/Hilgers § 2 Rn. 795; OLG Schleswig 2.6.2005 – 11 U 90/04, IBR 2005, 1186; Bolz/Jurgeleit/Bolz VOB/B § 2 Abs. 10 Rn. 279.
[739] BGH 14.6.2007 – VII ZR 230/06, NZBau 2007, 637; Kapellmann/Messerschmidt/Markus § 2 Rn. 598.
[740] Hammacher BauR 2013, 682 ff.
[741] Kapellmann/Messerschmidt/Markus § 2 Rn. 598.
[742] BGH NZBau 2009, 450.
[743] Kapellmann/Messerschmidt/Markus § 2 Rn. 596.
[744] Kues/von Kiedrowski/Bolz AGB-Klauseln/Bolz, S. § 2 Rn. 48.
[745] OLG Zweibrücken BauR 1994, 509 (512).

§ 3 Ausführungsunterlagen

(1) Die für die Ausführung nötigen Unterlagen sind dem Auftragnehmer unentgeltlich und rechtzeitig zu übergeben.

(2) Das Abstecken der Hauptachsen der baulichen Anlagen, ebenso der Grenzen des Geländes, das dem Auftragnehmer zur Verfügung gestellt wird, und das Schaffen der notwendigen Höhenfestpunkte in unmittelbarer Nähe der baulichen Anlagen sind Sache des Auftraggebers.

(3) [1]Die vom Auftraggeber zur Verfügung gestellten Geländeaufnahmen und Absteckungen und die übrigen für die Ausführung übergebenen Unterlagen sind für den Auftragnehmer maßgebend. [2]Jedoch hat er sie, soweit es zur ordnungsgemäßen Vertragserfüllung gehört, auf etwaige Unstimmigkeiten zu überprüfen und den Auftraggeber auf entdeckte oder vermutete Mängel hinzuweisen.

(4) Vor Beginn der Arbeiten ist, soweit notwendig, der Zustand der Straßen und Geländeoberfläche, der Vorfluter und Vorflutleitungen, ferner der baulichen Anlagen im Baubereich in einer Niederschrift festzuhalten, die vom Auftraggeber und Auftragnehmer anzuerkennen ist.

(5) Zeichnungen, Berechnungen, Nachprüfungen von Berechnungen oder andere Unterlagen, die der Auftragnehmer nach dem Vertrag, besonders den Technischen Vertragsbedingungen, oder der gewerblichen Verkehrssitte oder auf besonderes Verlangen des Auftraggebers (§ 2 Absatz 9) zu beschaffen hat, sind dem Auftraggeber nach Aufforderung rechtzeitig vorzulegen.

(6)
1. Die in Absatz 5 genannten Unterlagen dürfen ohne Genehmigung ihres Urhebers nicht veröffentlicht, vervielfältigt, geändert oder für einen anderen als den vereinbarten Zweck benutzt werden.
2. [1]An DV-Programmen hat der Auftraggeber das Recht zur Nutzung mit den vereinbarten Leistungsmerkmalen in unveränderter Form auf den festgelegten Geräten. [2]Der Auftraggeber darf zum Zwecke der Datensicherung zwei Kopien herstellen. [3]Diese müssen alle Identifikationsmerkmale enthalten. [4]Der Verbleib der Kopien ist auf Verlangen nachzuweisen.
3. Der Auftragnehmer bleibt unbeschadet des Nutzungsrechts des Auftraggebers zur Nutzung der Unterlagen und der DV-Programme berechtigt.

Literatur: Nicklisch, Mitwirkungspflichten des Bestellers beim Werkvertrag, insbesondere beim Bau- und Industrieanlagenvertrag, BB 1979, 533; Nestler, Der Schutz nicht urheberrechtsfähiger Bauzeichnungen, BauR 1994, 589; Maxem, Rechtsfolgen bei Verletzung von Mitwirkungspflichten durch den Besteller beim (Bau-)Werkvertrag, BauR 2003, 952; Leitzke, Leitsätze neuer Entscheidungen zum Öffentlichen und Privaten Baurecht sowie verwandter Rechtsgebiete, BauR 2004, 542; Mundt, Die Planfreigabe im Stahlbau: Auswirkungen auf die Projektabwicklung und rechtliche Bedeutung, BauR 2008, 599; Greskamp, Ausgewählte Probleme der Werkstattplanung im Stahlbau, BauR 2008, 1806; Gartz, Obliegenheitsverletzungen des Bauherrn nach dem „Glasfassadenurteil" des Bundesgerichtshofs, BauR 2010, 703; Leupertz, Mitwirkung und Obliegenheit im Bauvertragsrecht, BauR 2010, 1999; Kapellmann, Die erforderliche Mitwirkung nach § 642 BGB, § 6 VI. VOB/B – Vertragspflichten und keine Obliegenheiten, NZBau 2011, 193; Peters, Die Mitwirkung des Bestellers bei der

Ausführungsunterlagen **§ 3**

Durchführung eines Bauvertrags, NZBau 2011, 641; Lotz, Bauunterlagen und Dokumentation, BauR 2012, 157; Sass, Der Einfluss des Planungsfehlers auf die Mängelhaftung des Unternehmers, BauR 2015, 171.

Übersicht

	Rn.
A. Regelungsinhalt/Planungsverantwortung	1
I. Regelungsinhalt	1
II. Abgrenzung der Planungs- und Ausführungsverantwortung	3
B. Übergabe von Ausführungsunterlagen an den Auftragnehmer (§ 3 Abs. 1)	7
I. Ausführungsunterlagen	7
II. „Nötige" Unterlagen/Unentgeltliche und rechtzeitige Übergabe	9
1. Nötige Unterlagen	9
2. Unentgeltliche und rechtzeitige Übergabe	10
C. Grundstücksbezogene Vorbereitungsmaßnahmen des Auftraggebers (§ 3 Abs. 2)	12
D. Rechtsfolgen bei fehlender oder fehlerhafter Vornahme der Mitwirkungshandlungen nach Abs. 1 und Abs. 2	14
I. Rechtsfolgen aus der VOB/B	14
II. Weitergehende Rechtsfolgen/Einklagbarkeit der Mitwirkungshandlungen	15
III. Mitwirkungshandlungen durch Dritte	22
E. Maßgeblichkeit der Ausführungsunterlagen/Prüf- und Hinweispflicht des Auftragnehmers (§ 3 Abs. 3)	23
I. Maßgeblichkeit der Ausführungsunterlagen	23
II. Prüf- und Hinweispflicht des Auftragnehmers	25
III. Rechtsfolgen aus der Prüf- und Hinweispflicht	28
F. Zustandssicherung (§ 3 Abs. 4)	30
G. Unterlagen des Auftragnehmers (§ 3 Abs. 5)	35
H. Urheberschutz/Schutz zu DV-Programmen	40
I. Urheberschutz	40
II. Datenverarbeitungsprogramme	43
III. Nutzungsrecht des Auftragnehmers	45
I. AGB-Recht	46

A. Regelungsinhalt/Planungsverantwortung

I. Regelungsinhalt

Die Regelungen des § 3 beinhalten wesentliche Rechte und Pflichten der 1 Vertragsparteien im Rahmen der **Ausführungsvorbereitung.** Dies insbes. in Abgrenzung zu § 4, der Vorgaben für die Ausführungsphase selbst enthält. Allerdings gehen die Rechtswirkungen des § 3 über die reine Vorbereitungsphase hinaus. So bleibt auch während der Ausführung weiterhin die Übergabe von – ggf. erst dann fertig gestellten – Ausführungsunterlagen erforderlich und der Auftragnehmer ist auch im Hinblick auf diese nachgereichten Unterlagen weiterhin zur Prüfung verpflichtet.

Entsprechend seiner Überschrift regelt § 3 im Wesentlichen die Übergabe der 2 für die Ausführung nötigen Unterlagen (Abs. 1). Abs. 2 beinhaltet erforderliche

Vorbereitungsmaßnahmen des Auftraggebers in Bezug auf das Baugrundstück. Abs. 3 erklärt die dem Auftragnehmer übergebenen Ausführungsunterlagen sowie die ihm bekannten Ergebnisse zu den Vorbereitungsmaßnahmen gem. Abs. 2 für verbindlich. Daneben enthält Abs. 3 die wichtige Verpflichtung des Auftragnehmers, die ihm übergebenen Unterlagen und Informationen zu prüfen und den Auftraggeber auf entdeckte oder vermutete Mängel hinzuweisen. Abs. 4 enthält Vorbereitungsmaßnahmen zur Beweissicherung von Anlagen und Bauwerken im Nahbereich der Baustelle. Abs. 5 regelt in Bezug auf Planungs- oder Beistellungsverpflichtungen des Auftragnehmers seine Pflicht, dem Auftraggeber diese Unterlagen vorzulegen. Abschließend enthält Abs. 6 zu den Unterlagen des Auftragnehmers gem. Abs. 5 einschränkende Regelungen in Bezug auf deren Benutzung durch den Auftraggeber.

II. Abgrenzung der Planungs- und Ausführungsverantwortung

3   Die VOB/B folgt dem zum Werkvertragsrecht des BGB angenommenen Grundsatz, dass zur Erledigung der vertragsgegenständlichen Bauaufgabe **der Auftraggeber die Planungsverantwortung und der Auftragnehmer die Ausführungsverantwortung** trägt. Das deckt sich mit der ständigen Rechtsprechung des BGH, wonach „der Bauherr dem Unternehmen zuverlässige Pläne zur Verfügung zu stellen und diejenigen Entscheidungen zu treffen hat, die für die reibungslose Ausführung des Bauvorhabens erforderlich sind".[1]

Daran anknüpfend wird § 3 Abs. 1 auch teilweise als echte – und für den Auftragnehmer einklagbare – Leistungspflicht des Auftraggebers bewertet, dem Auftragnehmer vollständige und mangelfreie Ausführungsunterlagen zur Verfügung zu stellen.

4   Zu Recht wird es aber kritisch bewertet, ob sich tatsächlich aus dem allgemeinen Werkvertragsrecht des BGB eine Planungsverpflichtung des Auftraggebers ergibt.[2] Mit einem Werkvertrag verpflichtet sich der Besteller/Auftraggeber gegenüber dem Unternehmer/Auftragnehmer zur Entrichtung der vereinbarten Vergütung (§ 631 Abs. 1 BGB) und zur Abnahme der Werkleistung (§ 640 BGB). §§ 642, 643 und 645 BGB regeln zwar bestimmte Rechtsfolgen in Bezug auf erforderliche Mitwirkungshandlungen des Auftraggebers bzw. dessen Verantwortlichkeit für von ihm beigestellte Baustoffe oder dem Auftragnehmer gemachte Ausführungsanweisungen. Diese Regelungen beinhalten aber **nicht die unmittelbare Verpflichtung** des Auftraggebers, Mitwirkungshandlungen vorzunehmen oder Ausführungsanweisungen zu geben. Die VOB/B selbst geht, wie § 3 Abs. 5 und § 4 Abs. 2 zeigen, davon aus, dass durchaus auch den Auftragnehmer Planungsaufgaben treffen (können). In der seit dem 1.1.2018 geltenden Fassung knüpft nun auch das Bauvertragsrecht des BGB im Zusammenhang mit Vertragsänderungen und Vergütungsanpassungen bei Änderungsanordnungen des Bestellers/Auftraggebers an die Vorklärung an, ob die Leistungspflicht des Unternehmers/Auftragnehmers auch die Planung des Bauwerks umfasst (§ 650b Abs. 1 S. 4 und § 650c Abs. 1 S. 2 BGB). Es bedarf somit im jeweiligen Einzelfall einer Vertragsauslegung und Klärung, welche Vertragspartei in welchem Umfang Planungsaufgaben übernommen und zu leisten hat.

5   Selbstverständlich obliegt es insoweit zunächst dem Auftraggeber, seinen „Bestellerwillen" mitzuteilen, also dem Auftragnehmer zu erläutern, welche Bau-

---
[1] BGH NJW 1985, 2475; zuletzt auch BGH NZBau 2014, 776 Rn. 24.
[2] Leitzke BauR 2004, 542 und Sass BauR 2015, 171.

leistung mit welchem Ziel/Ergebnis – und damit geschuldeten Erfolg – zu erbringen ist. Auch wird es dem Auftraggeber obliegen, alle in seinem Besitz befindlichen Unterlagen, die Bezug auf die Ausführungsleistung haben, dem Auftragnehmer zu übergeben (etwa Bestandspläne bei Umbauten, Ergebnisse aus Voruntersuchungen – zB Baugrundgutachten –, Baugenehmigung und sonstige Genehmigungsunterlagen etc). Ebenso, wie aber der Auftragnehmer eines Großprojekts – etwa der Rohbauunternehmer eines Flughafenneubaus – praxisgerecht erwarten kann, dass die Planungsaufgaben weitgehend bis vollständig durch den Auftraggeber und dessen beauftragte Planer erbracht werden, wird umgekehrt der Auftraggeber, der ein Fachunternehmen mit einer kleinen Bauaufgabe beauftragt – etwa mit der neuen Dacheindeckung eines Privathauses – erwarten können, dass der Auftragnehmer alle für die Ausführung erforderlichen planerischen Vorbereitungsmaßnahmen selbst vornimmt. Es wäre in letzterem Fall kaum verständlich, wenn der Auftragnehmer nach Auftragserteilung unmittelbar die Leistung verweigern bzw. eine Behinderung geltend machen könnte, gestützt auf die Begründung, zunächst müsse der Auftraggeber ihm eine Detailplanung dazu übergeben, mit welchen technischen Detaillösungen das Dach neu einzudecken ist.

Abgesehen von den vorstehenden Extremfällen kann es im Einzelfall ohne konkrete vertragliche Vereinbarungen – die sich somit dringend empfehlen – oft schwierig sein, festzustellen, wem welche Planungsaufgabe und damit -verantwortung obliegt.

Folgende Überlegungen können hierbei zu berücksichtigen sein: 6
- **spezialisierter Unternehmer:**
  Neben konkreten schriftlichen Vereinbarungen über die Verteilung der Planungspflichten kommen auch konkludente Vereinbarungen in Betracht. Beauftragt der Auftraggeber etwa ein für ein Fachgebiet spezialisiertes Unternehmen, dessen Fachwissen er sich zu Nutze machen will, werden den Auftragnehmer entsprechende Planungsaufgaben treffen.[3]
- **Bauträger:**
  Im üblichen Bauträgervertrag verspricht der Auftragnehmer/Bauträger seinen Auftraggebern/Käufern das „Planen und Bauen aus einer Hand". Planungsaufgaben des Auftraggebers kommen hier grds. nicht in Betracht.
- **„Schlüsselfertige" Generalunternehmerleistung/Pauschalverträge:**
  Begriffe wie „Schlüsselfertigkeit" oder „Global"-Pauschalierungen geben mangels gesetzlicher Definition keine eindeutige Zuordnung der Planungsaufgabe wieder. Erfolgt jedoch eine Ausschreibung auf rein funktionaler Leistungsbeschreibung und verpflichtet sich der Auftragnehmer zur schlüsselfertigen Ausführung der so beschriebenen Leistung, kann dies Anhaltspunkt dafür sein, dass insofern auch keine weiteren Planungsaufgaben durch den Auftraggeber zu erbringen sind (so iS einer Beauftragung des Auftragnehmers als Totalunternehmer oder -übernehmer[4])
- **Sondervorschläge des Auftragnehmers:**
  Unterbreitet der Auftragnehmer mit seinem Angebot in der Ausschreibung oder später im Bauablauf eigene Sondervorschläge, trägt er hierfür grds. die Planungsverantwortung.[5]

---

[3] Heiermann/Riedl/Rusam/Mansfeld § 3 Rn. 1.
[4] Kapellmann/Schiffers/Markus, Vergütung, Nachträge und Behinderungsfolgen beim Bauvertrag, Rn. 441 ff.
[5] Ingenstau/Korbion/Döring § 3 Rn. 2.

§ 3 VOB Teil B

- **VOB/C:**
Die nach § 1 Abs. 1 S. 2 unmittelbar in einem VOB/B-Vertrag geltenden Allgemeinen Technischen Vertragsbedingungen für Bauleistungen (VOB/C; nachstehend zitiert in der Fassung der Ausgabe 2019 unter Berücksichtigung des Ergänzungsbandes 2023) enthalten diverse auf Planungsaufgaben bezogene Nebenleistungspflichten des Auftragnehmers. So etwa für Betonarbeiten die Lieferung von statischen Verformungsberechnungen und Zeichnungen für Hilfskonstruktionen (Abschn. 4.1.8 der ATV-DIN 18331), die Erstellung von Herstellungsunterlagen zu Stahlbauarbeiten (Abschn. 3.1.4 der ATV-DIN 18335), Montagezeichnungen und Beschreibungen für vorgehängte hinterlüftete Fassaden (Abschn. 3.1.2 der ATV-DIN 18351), Werkstattzeichnungen für Beschlagarbeiten (Abschn. 4.1.3 der ATV-DIN 18357), elektrotechnische Planung und Pläne für Aussparungen zu Rollladenarbeiten (Abschn. 3.10 und 4.1.7 der ATV-DIN 18358), Zeichnungen und/oder Beschreibungen zu bestimmten Bauteilen bei Metallbauarbeiten (Abschn. 3.1.7 der ATV-DIN 18360), Erstellung der Montage- und Werkstattplanung zu Anlagen der Technischen Ausrüstung (vgl. jeweils Abschn. 3.1.2 der ATV-DIN 18379 bis 18381 sowie Abschn. 3.1.5 der ATV-DIN 18382, Abschn. 3.1.1 der ATV-DIN 18385 und Abschn. 3.1.4 der ATV-DIN 18386), die umfassende Planungspflicht des Auftragnehmers bei Blitzschutzanlagen (Abschn. 3.2 der ATV-DIN 18384) und die Planung des Gebrauchs von Gerüsten (Abschn. 4.1.3 der ATV-DIN 18451). Ferner enthalten einzelne Regelungen der VOB/C die Klarstellung, dass die Wahl des Bauverfahrens und des Bauablaufs sowie die Wahl und der Einsatz der erforderlichen Geräte Sache des Auftragnehmers ist (so insbesondere zu allen baugrundbezogenen Arbeiten gemäß Abschn. 3.1 der ATV-DIN 18300 ff., bei Abbruch- und Rückbauarbeiten gem. Abschn. 3.1.3 der ATV-DIN 18459 und – nach Maßgabe der vorgegebenen Sanierungsmethode – bei Arbeiten an schadstoffbelasteten baulichen und technischen Anlagen gemäß Abschn. 3.1.2 der ATV-DIN 18448). Auch hieraus begründen sich entsprechende Planungspflichten des Auftragnehmers.
- **Allgemein anerkannte Regeln der Technik:**
Neben den Vorgaben aus der VOB/C können auch andere – geschriebene wie ungeschriebene – allgemein anerkannte Regeln der Technik Planungsaufgaben des Auftragnehmers vorsehen. So hat der BGH in Bezug auf das Gewerk „Holztreppe" entschieden, dass es einen Mangel der Leistung darstellt, wenn bei Unterschreitung einer nach den allgemein anerkannten Regeln der Technik vorzusehenden Dicke der Wangenträger der dann nach denselben Regeln erforderliche Standsicherheitsnachweis durch den Auftragnehmer nicht eingeholt und vorgelegt wird. Der Standsicherheitsnachweis gehöre in diesem Fall zur „geschuldeten Beschaffenheit".[6]

B. Übergabe von Ausführungsunterlagen an den Auftragnehmer (§ 3 Abs. 1)

I. Ausführungsunterlagen

7   Nach § 3 Abs. 1 hat der Auftraggeber dem Auftragnehmer die für die Ausführung nötigen Unterlagen (= Ausführungsunterlagen) zu übergeben. Allgemein wird der **Begriff der Ausführungsunterlagen** in diesem Sinne **weit verstanden**. Er

---

[6] BGH NZBau 2013, 295 Rn. 11.

Ausführungsunterlagen **§ 3**

umfasst in jedem Fall sämtliche schriftlichen Unterlagen, die in Bezug auf die Ausführung erstellt oder aus anderem Grund für sie erforderlich sind. So insbes. die Ausführungspläne der Objekt- und Fachplanung iSd jeweiligen Leistungsphasen 5 aus den Teilen 3 und 4 der HOAI (soweit für die vertragsgegenständliche Bauaufgabe erforderlich). Ferner gehören auch alle einschlägigen Berechnungen und Gutachten (etwa Statik, Schallschutzgutachten, Berechnungen nach EnEV, Brandschutzgutachten etc) zu den Ausführungsunterlagen. Weiter werden aus dem öffentlich-rechtlichen Bereich Unterlagen für die Ausführung nötig sein, so insbes. die für das Vorhaben erteilte Baugenehmigung mit ihren Auflagen und Nebenbestimmungen sowie etwaige Sondergenehmigungen (zB zum Wasserrecht).

Soweit daneben auch mündliche Angaben zu den Ausführungsunterlagen nach **8** § 3 Abs. 1 zählen sollen,[7] kann dem nicht gefolgt werden. Insoweit bezieht sich der Wortlaut der Regelung eindeutig auf „Unterlagen" und deren (physische) „Übergabe". Das schließt selbstverständlich nicht aus, dass auch mündliche Angaben des Auftraggebers (etwa über das Anordnungsrecht nach § 1 Abs. 3) Verbindlichkeit für den Auftragnehmer haben und dass auch deren etwaige Fehlerhaftigkeit nachteilige Rechtsfolgen für den Auftraggeber begründen kann. Jedoch sind solche mündlichen Angaben keine „Unterlagen". Gleiches gilt für erforderliche Entscheidungen des Auftraggebers im Bauablauf (etwa Bemusterungsentscheidungen oder Anordnungen zu Eventual- oder Alternativpositionen). Auch hierbei handelt es sich nicht um Ausführungsunterlagen iSv § 3.[8]

II. „Nötige" Unterlagen/Unentgeltliche und rechtzeitige Übergabe

1. Nötige Unterlagen. Nötig iSv § 3 Abs. 1 sind alle Unterlagen, die **objektiv** **9** **zur Erfüllung der beauftragten Bauleistung erforderlich** sind. Insbes. zählen hierzu auch die nach öffentlichem Recht notwendigen Unterlagen (Baugenehmigung, ggf. Genehmigung nach Wasserrecht).[9] Ausführungspläne müssen – damit sie für den Auftragnehmer verwendbar sind – grundsätzlich im Maßstab 1: 50 vorliegen.[10]

2. Unentgeltliche und rechtzeitige Übergabe. Sofern in Ausschreibungsbe- **10** dingungen (etwa in einer öffentlichen Ausschreibung nach § 8b Abs. 1 Nr. 1 VOB/A) und/oder in den vertraglichen Vereinbarungen nichts anderes geregelt ist, erfolgt die Übergabe von Ausführungsunterlagen **unentgeltlich**, so dass vom Auftragnehmer keine Entschädigung oder Kostenerstattung zu leisten ist. In der Praxis machen jedoch private Bauherren insbes. bei größeren Projekten von Planservern und Kommunikationsplattformen Gebrauch, in die sämtliche projektbezogenen Unterlagen und Informationen zum Abruf für die Baubeteiligten eingestellt werden. Für die Nutzung dieser Einrichtungen erfolgt oft eine prozentuale Umlage der Kosten auf die Baubeteiligten oder die Erhebung einer pauschalen Nutzungsgebühr.

Im idealisierten Bauablauf der VOB wird die „rechtzeitige" Übergabe der Aus- **11** führungsunterlagen (und aller weiteren für das Bauvorhaben erforderlichen Informationen) bereits im Rahmen der Ausschreibung erfüllt (siehe §§ 7 und 8 VOB/

---

[7] Kapellmann/Messerschmidt/Havers § 3 Rn. 19.
[8] AA Kapellmann/Messerschmidt/Havers § 3 Rn. 19; Ingenstau/Korbion/Döring § 3 Abs. 1 Rn. 3.
[9] Ingenstau/Korbion/Döring § 3 Abs. 1 Rn. 7.
[10] Heiermann/Riedl/Rusam/Mansfeld § 3 Rn. 2.

A). In der Praxis zeigt sich jedoch oft eine sukzessive oder „baubegleitende" Übergabe von Ausführungsunterlagen.[11] Für die Rechtzeitigkeit der Übergabe iSv Abs. 1 ist es ausreichend, dass die für die jeweilige Ausführungsleistung oder ggf. Teilleistung nötigen Unterlagen dem Auftragnehmer mit dem **objektiv angemessenen Zeitvorlauf** so vorliegen, dass von ihm die entsprechenden Vorbereitungsmaßnahmen und Prüfungen der Unterlagen vorgenommen werden können, um dann die jeweilige Leistung termingerecht zu erbringen. Zur Vermeidung von Unklarheiten empfiehlt sich die Vereinbarung eines Terminplans, der die Liefertermine für Ausführungsunterlagen des Auftraggebers – ggf. auch mit Abrufpflichten des Auftragnehmers[12] – regelt.

C. Grundstücksbezogene Vorbereitungsmaßnahmen des Auftraggebers (§ 3 Abs. 2)

12 Die Regelung betrifft erforderliche Vorbereitungshandlungen des Auftraggebers in Bezug auf das Grundstück, nämlich das Abstecken der Hauptachsen für die zu errichtende bauliche Anlage, das Festlegen der Grenzen des Geländes zu dem Baugrundstück und die Schaffung der notwendigen Höhenfestpunkte. Die Erfüllung dieser Vorbereitungshandlungen setzt vermessungstechnische Maßnahmen durch den Auftraggeber voraus.

13 Mit den Hauptachsen und den Grundstücksgrenzen erhält der Auftragnehmer die erforderlichen Angaben, wo auf dem Grundstück die bauliche Anlage errichtet werden soll. Die zu schaffenden Höhenfestpunkte legen das Höhenniveau fest, von dem ausgehend die bauliche Anlage und ihre Einrichtungen auszuführen sind. Letzteres hat insbes. Bedeutung für die zutreffende Berücksichtigung der Entwässerungsebene, um die erforderlichen Rückstausicherungsmaßnahmen vorzunehmen,[13] sowie zur Einhaltung der Höhenvorgaben aus der Baugenehmigung. Sind bereits amtliche Höhenfestpunkte mit ausreichender Aussagekraft auch für das Baugrundstück – also insbes. in dessen Nähe – vorhanden, kann auf diese zurückgegriffen werden. Auf deren Richtigkeit kann sich der Auftraggeber verlassen.[14]

13a Die Vorbereitungsmaßnahmen und Angaben nach § 3 Abs. 2 haben ihre wesentliche Bedeutung für die Gewerke zum Rohbau eines Bauwerks. Auch für die Gewerke des Innenausbaus sind jedoch Höhenbezugspunkte (sog Meterriss) als Angabe des Auftraggebers erforderlich, um die Einbauhöhe einzubauender Bauteile festzustellen (vgl. beispielhaft die Verpflichtungen zur Bedenkenanzeige des Auftragnehmers iSv § 4 Abs. 3 bei fehlenden Höhenbezugspunkten gemäß Abschn 3.1.1 der ATV-DIN 18332, ATV-DIN 18333 und ATV-DIN 18334).

D. Rechtsfolgen bei fehlender oder fehlerhafter Vornahme der Mitwirkungshandlungen nach Abs. 1 und Abs. 2

I. Rechtsfolgen aus der VOB/B

14 Unabhängig von der Frage, welchen Rechtscharakter die Mitwirkungshandlungen des Auftraggebers nach § 3 Abs. 1 und Abs. 2 haben (dazu nachfolgend

---

[11] Vgl. etwa Kapellmann/Messerschmidt/Havers § 3 Rn. 24.
[12] Kapellmann/Messerschmidt/Havers § 3 Rn. 24.
[13] Heiermann/Riedl/Rusam/Mansfeld § 3 Rn. 4.
[14] Strittig, so etwa Kapellmann/Messerschmidt/Havers § 3 Rn. 29; aA Heiermann/Riedl/Rusam/Mansfeld § 3 Rn. 4.

→ Rn. 15 ff.), ergeben sich bei einer fehlenden Vornahme dieser Handlungen folgende Rechtsfolgen aus der VOB/B: Der Auftragnehmer kann dem Auftraggeber eine **Behinderung** nach § 6 Abs. 1 anzeigen und hierdurch nach § 6 Abs. 2 Nr. 1a eine Verlängerung der Ausführungsfristen beanspruchen. Entsteht durch die fehlende Mitwirkung des Auftraggebers eine längere Unterbrechung, kommt eine **Abrechnung der ausgeführten Leistungen** für den Auftragnehmer nach § 6 Abs. 5 in Betracht, bei einer Unterbrechung von mehr als 3 Monaten auch die **Kündigungsmöglichkeit nach § 6 Abs. 7**. Hat der Auftraggeber die fehlende Mitwirkung zu vertreten, besteht für den Auftragnehmer ein **Schadensersatzanspruch nach § 6 Abs. 6** (jedoch – nach dieser Regelung – auf entgangenen Gewinn nur bei Vorsatz oder grober Fahrlässigkeit des Auftraggebers). Will der Auftragnehmer auch bei nur kürzerer Behinderung/Unterbrechung das Vertragsverhältnis nicht fortsetzen, hat er die Möglichkeit, dem Auftraggeber nach § 9 Abs. 2 eine angemessene Frist zur Bewirkung der Mitwirkungshandlung zu setzen und ihm für den Fall der nicht fristgerechten Bewirkung eine Kündigung anzudrohen. Verstreicht die Frist erfolglos, besteht für den Auftragnehmer das **Kündigungsrecht** nach § 9 Abs. 1 (das unabhängig von der Frage greift, ob dessen Nr. 1 oder Nr. 2 einschlägig ist). Ferner besteht mit dieser Kündigung die Abrechnungsmöglichkeit für den Auftragnehmer nach § 9 Abs. 3 (sowie für den Zeitraum eines Annahmeverzuges des Auftraggebers bis zur Kündigung ein **Entschädigungsanspruch** nach § 642 BGB, bei Vorliegen von dessen weiteren Voraussetzungen).

II. Weitergehende Rechtsfolgen/Einklagbarkeit der Mitwirkungshandlungen

Weitere Rechtsfolgen aus einer fehlenden Vornahme der Mitwirkungshandlungen sind abhängig davon, ob man diese als **echte Nebenpflichten** ansieht **oder** aber als **Obliegenheiten,** die der Auftraggeber „nur" in seinem eigenen Interesse wahrzunehmen hat, um sich vor Rechtsnachteilen zu schützen. Bei der Einordnung als Nebenpflicht ist dann noch weiter streitig, ob diese für den Auftragnehmer selbständig einklagbar ist.

Der BGH hat sich abschließend zu § 3 noch nicht geäußert. Vereinzelt werden Mitwirkungshandlungen des Auftraggebers als Obliegenheiten bewertet. Die herrschende Meinung geht jedoch wohl von einklagbaren Nebenpflichten aus.

Im Bereich der Mängelhaftung des Auftragnehmers hat die Unterscheidung des Rechtscharakters der Mitwirkungshandlungen dadurch an Bedeutung verloren, als der BGH mittlerweile auch bei einer Obliegenheitsverletzung – die einen Mangel mitverursacht hat – von einem Mitverschulden des Auftraggebers nach § 254 BGB ausgeht und ihm auch im Rahmen der Obliegenheiten das Fehlverhalten der von ihm hierzu eingesetzten Erfüllungsgehilfen zurechnet.[15] Wesentlich bleibt die Einordnung aber für die Frage, ob dem Auftragnehmer bei fehlender Mitwirkung des Auftraggebers Ansprüche aus Schuldnerverzug zustehen und ob der Auftragnehmer mit einer einklagbaren Nebenpflicht die Situation verhindern kann, dass der Auftraggeber eine freie Kündigung des Vertrages (mit der dann für den Auftragnehmer gegebenen günstigeren Abrechnungsmöglichkeit des § 8

---

[15] BGH NZBau 2009, 185; hierzu Gartz BauR 2010, 703 und Leupertz BauR 2010, 1999.

§ 3 VOB Teil B

Abs. 1 Nr. 2) dadurch umgeht, dass er die Vertragsfortführung durch fehlende Mitwirkung verhindert.

17 Allgemein sind **Mitwirkungshandlungen** des Auftraggebers iSv § 642 BGB **als Obliegenheiten** einzuordnen.[16] Der Auftraggeber verpflichtet sich mit Abschluss eines BGB-Werkvertrages zur Zahlung der vereinbarten Vergütung sowie zur Abnahme der fertiggestellten und abnahmereifen Werkleistung.[17] Alle weiteren Mitwirkungshandlungen (etwa Bereitstellen des Baugrundstücks, Beschaffung der Baugenehmigung, Klärung der Nachbarsituation, Planübergaben) erfolgen ausschließlich im Eigeninteresse des Auftraggebers, eine ungestörte und erfolgreiche Vertragsdurchführung zu ermöglichen. Der Auftraggeber will sich mit der Vornahme dieser Handlungen vor Rechtsnachteilen schützen. Es ist im Regelfall kein Grund dafür ersichtlich, warum sich der Auftraggeber über dieses Eigeninteresse hinaus gegenüber seinem Auftragnehmer einklagbar zur Erbringung dieser Handlungen verpflichten sollte. Bei fehlender Vornahme einer Mitwirkungshandlung ist der Auftragnehmer ausreichend über die in → Rn. 14 dargestellten Rechtsfolgen geschützt. Die Einschränkung zum Schadensersatz in § 6 Abs. 6 (entgangener Gewinn nur bei Vorsatz oder grober Fahrlässigkeit) wird im Einzelfall nicht greifen, wenn der Auftraggeber die unterlassene Mitwirkungshandlung – etwa nach einem entsprechenden Hinweis des Auftragnehmers – willentlich nicht vornimmt. Auch eine Umgehung der freien Kündigung und der Abrechnungsmöglichkeit des Auftragnehmers nach § 8 Abs. 1 Nr. 1 ist nicht zu befürchten. Verweigert der Auftraggeber durch unterlassene Mitwirkung die Vertragsdurchführung, ist der Auftragnehmer nach der Rechtsprechung des BGH berechtigt, unabhängig von seiner Vorleistungspflicht die Vorauszahlung des Werklohns zu fordern,[18] wobei er sich – wie bei einer freien Kündigung – ersparten Aufwand und anderweitigen Erwerb anrechnen lassen muss.[19]

18 Unabhängig von der grundsätzlichen Einordnung von Mitwirkungshandlungen als Obliegenheiten steht es den Parteien eines Bauvertrages selbstverständlich frei, bestimmte Handlungen des Auftraggebers über die Einbeziehung der VOB/B doch als echte **Nebenpflichten zu vereinbaren**. In diesem Sinne müssen die Regelungen zu § 3 Abs. 1 und Abs. 2 jeweils gesondert bewertet werden. Abs. 2 definiert die dort genannten Vorbereitungshandlungen als „Sache des Auftraggebers". Dies spricht für Obliegenheiten, da es somit im Eigeninteresse des Auftraggebers seine Sache ist, die entsprechenden Vorbereitungsmaßnahmen durchzuführen. Anders liegt es bei den Mitwirkungshandlungen des Abs. 1. Die vertragliche Regelung der VOB/B ist hier so ausgestaltet, dass sie imperativ regelt, dass Ausführungsunterlagen dem Auftragnehmer zu übergeben „sind". Hinzu kommen ggf. über § 1 Abs. 1 einzelne Regelungen aus den Abschnitten 3 der jeweils einschlägigen ATV-DIN der VOB/C, die ebenfalls die Übergabe bestimmter Ausführungsunterlagen durch den Auftraggeber verbindlich vorgeben (so insbesondere zu den Gewerken der technischen Anlagen in den Abschn. 3.1.2 der ATV-DIN 18379 bis ATV-DIN 18384). Mit diesem Regelungsgehalt ist die Mitwirkungshandlung aus § 3 Abs. 1 als Nebenpflicht ausgestaltet.[20]

---

[16] BGHZ 50, 175 (178) und Grüneberg/Retzlaff § 642 Rn. 2 sowie Leupertz BauR 2010, 1999 und Peters NZBau 2011, 641.
[17] Vgl. auch Leupertz BauR, 2010, 1999.
[18] BGHZ 50, 175.
[19] BGH NZBau 2005, 335 (336).
[20] Kniffka/Koeble Kompendium BauR, Teil 7, Rn. 68.

Aus der Nebenpflicht ergibt sich jedoch **kein Anspruch** des Auftragnehmers 19
auf Zurverfügungstellung „fehlerfreier" Ausführungsunterlagen.[21] Sind
die Ausführungsunterlagen fehlerhaft, treffen den Auftraggeber hieraus anderweitige Rechtsnachteile, etwa dahingehend, dass er sich bei einer mangelhaften Leistung des Auftragnehmers, die ihre Ursache in den Fehlern der Ausführungsunterlagen hat, ein unter Umständen erhebliches Mitverschulden entgegenhalten lassen muss. ISe Auslegung der Vertragsregelung dahingehend, was die Parteien vernünftigerweise gewollt haben, wird man jedoch dem Auftraggeber nicht den Willen unterstellen können, sich gegenüber dem Auftragnehmer einklagbar zu verpflichten, mangelfreie Ausführungsunterlagen zur Verfügung zu stellen. Der Auftragnehmer wiederum ist durch die Verbindlichkeit der Ausführungsunterlagen nach § 3 Abs. 3 und bei ordnungsgemäßer Erfüllung seiner Prüf- und Hinweispflicht ausreichend vor Rechtsnachteilen aus der Fehlerhaftigkeit von Ausführungsunterlagen geschützt. Von einem Anspruch auf fehlerfreie Ausführungsunterlagen kann somit nicht ausgegangen werden.

Das gänzliche **Fehlen erforderlicher Ausführungsunterlagen** oder von Teil- 20
aspekten in Ausführungsunterlagen begründet grds. ein Mitverschulden des Auftraggebers, wenn hierdurch ein Mangel der Leistung verursacht wird. Allerdings ist in diesem Zusammenhang darauf hinzuweisen, dass dann, wenn der Auftragnehmer in Kenntnis fehlender Ausführungsunterlagen seine Leistung erbringt, dieses Mitverschulden auch entfallen kann.[22] Gleiches kann gelten, wenn vertraglich festgelegt ist, dass der Auftragnehmer bestimmte Ausführungsunterlagen bei dem Auftraggeber abrufen muss. Unterlässt er diesen Abruf, kann ebenfalls ein Mitverschulden des Auftraggebers wegen fehlender Ausführungsunterlagen ausgeschlossen sein.[23]

Als eigenständige Nebenpflicht ist die Mitwirkungshandlung aus § 3 Abs. 1 für 21
den Auftragnehmer **einklagbar.** In der Praxis wird dies kaum Bedeutung haben, nachdem ein Auftragnehmer auch in einem längeren Bauvorhaben sicherlich nicht die Ausführungsunterlagen in einem mehrjährigen Prozess erstreiten wird. In Betracht kommt aber ein einstweiliger Rechtsschutz mit einer Leistungsverfügung für den Fall, dass ein dringendes Bedürfnis für die unmittelbare Befriedigung des Anspruchs aus der Nebenpflicht besteht. Im Einzelfall kann dieses Bedürfnis fraglich sein, wenn der Auftragnehmer ausreichend durch anderweitige Möglichkeiten vor Rechtsnachteilen geschützt ist (etwa durch ein Leistungsverweigerungsrecht oder durch die Begründung eines Annahmeverzuges zu Lasten des Auftraggebers).

III. Mitwirkungshandlungen durch Dritte

Lässt der Auftraggeber die ihm obliegenden oder von ihm geschuldeten Mitwir- 22
kungshandlungen durch Dritte durchführen, **haftet er** für deren Fehlverhalten
nach § 278 BGB. Dies wird bei den Mitwirkungshandlungen aus § 3 Abs. 1 und
Abs. 2 regelmäßig der Fall sein, nachdem die Ausführungsunterlagen meist von
den im Auftrag des Auftraggebers tätigen Planern (Architekten, Ingenieuren einschließlich Statikern) erstellt werden und auch die Vorbereitungshandlungen nach
Abs. 2 vermessungstechnische Leistungen voraussetzen, die der Auftraggeber in
der Regel nicht selbst vornehmen wird.

---

[21] AA die hM; siehe auch OLG Hamm IBR 2011, 260.
[22] OLG Celle BauR 2005, 397.
[23] OLG Hamburg NZBau 2020, 302.

E. Maßgeblichkeit der Ausführungsunterlagen/Prüf- und Hinweispflicht des Auftragnehmers (§ 3 Abs. 3)

I. Maßgeblichkeit der Ausführungsunterlagen

23 Die Ergebnisse aus den Vorbereitungsmaßnahmen des Auftraggebers nach § 3 Abs. 2 (die dann als Ausführungsunterlagen iSv Abs. 1 vorliegen werden) sowie die weiteren zur Ausführung übergebenen Unterlagen (§ 3 Abs. 1) sind gemäß § 3 Abs. 3 für den Auftragnehmer „maßgebend". Die so vereinbarte **Verbindlichkeit der Ausführungsunterlagen** betrifft sowohl den darin definierten Leistungserfolg wie auch die vorgegebene Art und Weise, auf die der Leistungserfolg erreicht werden soll. Weicht der Auftragnehmer von Vorgaben ab, die den Leistungserfolg betreffen, ist seine Leistung mangelhaft, da sie dann nicht die vereinbarte Beschaffenheit hat (§ 13 Abs. 1 S. 1).[24]

24 Die Einhaltung der verbindlichen Ausführungsunterlagen befreit den Auftragnehmer jedoch nicht von der Mängelhaftung, wenn die Leistung aus anderen Gründen mangelhaft ist (etwa wegen Nichteinhaltung der allgemein anerkannten Regeln der Technik oder wegen fehlender Funktionstauglichkeit der Leistung). Ist in diesem Fall die Mangelhaftigkeit jedoch durch **Fehler der Ausführungsunterlagen** (mit-)verursacht, trifft den Auftraggeber ein Mitverschulden.

Von den verbindlichen Ausführungsunterlagen darf der Auftragnehmer nur mit Einverständnis des Auftraggebers abweichen.[25]

Die Verbindlichkeit gemäß § 3 Abs. 3 gilt für alle Ausführungsunterlagen, auch für solche, die entgegen Abs. 1 nicht rechtzeitig übergeben werden.

II. Prüf- und Hinweispflicht des Auftragnehmers

25 § 3 Abs. 3 S. 2 verpflichtet den Auftragnehmer zur Prüfung der Ausführungsunterlagen sowie zu einem Hinweis auf entdeckte oder vermutete Mängel (in der Praxis: „Bedenkenanzeige"). Diese Pflicht des Auftragnehmers ist von wesentlicher Bedeutung, was sich auch darin zeigt, dass sie in den ATV-DIN-Regelungen der VOB/C nochmals zu den einzelnen Gewerken hervorgehoben ist, in denen die Übergabe von Ausführungsunterlagen typisch ist (so insbes. zu den Gewerken der Technischen Ausrüstung; vgl. jeweils in den Abschn. 3.1 der ATV-DIN 18379 bis 18386). Die **Prüf- und Hinweispflicht** bezieht sich auf Fehler, Widersprüche, Unklarheiten sowie Lücken/Unvollständigkeit der Ausführungsunterlagen, wobei der Auftragnehmer insbes. auch die Ausführungsunterlagen mit weiteren ihm vorliegenden Unterlagen und Informationen sowie im Hinblick auf andere Vertragsgrundlagen (einschließlich der allgemein anerkannten Regeln der Technik und öffentlich-rechtlichen Vorgaben) abzustimmen und zu überprüfen hat. Insgesamt muss daher durch die Prüf- und Hinweispflicht sichergestellt sein, dass die konkret zu prüfenden Ausführungsunterlagen nicht dem sich aus der Gesamtschau der Vertragsgrundlagen ergebenden Vertragszweck (Leistungserfolg) zuwiderlaufen.[26] Inhaltlich begrenzt ist die Prüf- und Hinweispflicht nach Abs. 3 dahingehend, dass sie nur gilt „soweit es zur ordnungsgemäßen Vertragserfüllung gehört". Das ist immer der Fall, wenn die jeweils einschlägige ATV-DIN-Regelung der VOB/C (regelmäßig in den Abschn. 3.1) eine Prüf- und Hinweispflicht anordnet.

---

[24] FKZGM/Bschorr § 3 Rn. 25.
[25] BGH NJW 1982, 1702.
[26] Vgl. Kapellmann/Messerschmidt/Havers § 3 Rn. 37.

Ansonsten kommt es im Einzelfall darauf an, ob der Auftragnehmer mit dem objektiv zu seinem Gewerk zu erwartenden Fachwissen den jeweiligen Mangel erkennen kann. Dass nach dem Wortlaut von § 3 Abs. 3 S. 2 auch auf „vermutete Mängel" hinzuweisen ist, impliziert, dass der Auftragnehmer bei Zweifeln Rücksprache mit dem Auftraggeber halten muss.

Die Hinweispflicht nach § 3 Abs. 3 wird auch durch mündliche Hinweise erfüllt. Aus Beweisgründen empfiehlt sich jedoch die Schriftform.[27] Hinweise des Auftragnehmers sind gemäß § 3 Abs. 3 immer **an den Auftraggeber zu richten,** wenn nicht im Einzelfall ein Dritter, etwa der Planer des Auftraggebers, zur Entgegennahme von Hinweisen bevollmächtigt ist. Dies schon deshalb, da Mängel der Ausführungsunterlagen durch den jeweiligen Ersteller/Planer verursacht sind und somit bei einem Hinweis an ihn, gerade auch bei technischen Meinungsverschiedenheiten, eine Weitergabe an den Auftraggeber zur Entscheidung nicht gewährleistet ist.[28]

Die Prüf- und Hinweispflicht nach § 3 Abs. 3 unterscheidet sich systematisch von der **Pflicht aus § 4 Abs. 3,** nachdem letztere nicht auf Ausführungsunterlagen beschränkt ist und damit erheblich weitergeht und insbes. auch das gesamte Ausführungsstadium betrifft (vgl. dazu → § 4 Rn. 58). Dennoch ist nicht zu verkennen, dass sich beide Pflichten regelmäßig überschneiden, so dass es sich auch aus diesem Grund empfiehlt, einen Hinweis zu Mängeln der Ausführungsunterlagen immer als Hinweis nach § 4 Abs. 3 und somit auch als schriftlichen Hinweis zu formulieren.[29]

III. Rechtsfolgen aus der Prüf- und Hinweispflicht

Die Prüf- und Hinweispflicht ist **vertragliche Nebenpflicht** des Auftragnehmers.[30] Folgt aus der Verletzung der Prüf- oder Hinweispflicht ein Mangel der Leistung des Auftragnehmers, ergibt sich die Haftung insofern aus § 13. Daneben können, soweit von der Mängelhaftung nicht erfasst, Schadensersatzansprüche aus Pflichtverletzung nach § 280 BGB bestehen.[31] Dies auch bei verspäteter Erfüllung der Prüf- und Hinweispflicht.[32]

Erfüllt der Auftragnehmer seine Prüf- und Hinweispflicht, obliegt es dem Auftraggeber, über die Folgen aus dem Hinweis zu entscheiden, also entweder etwaige Mängel der Ausführungsunterlagen zu beseitigen oder aber den Auftragnehmer zur Ausführung nach den Unterlagen anzuweisen. Ist der Auftragnehmer durch den Mangel der Ausführungsunterlagen und ggf. bis zu einer Entscheidung des Auftraggebers in der Ausführung behindert – was im jeweiligen Einzelfall zu prüfen ist, sich aber nicht zwingend unmittelbar aus einem Mangel der Ausführungsunterlagen ergeben muss –, ist der Auftragnehmer zu einer Behinderungsanzeige nach § 6 Abs. 1 gehalten, auch um die für ihn günstigen Rechtsfolgen (Fristverlängerung, ggf. Schadensersatz) herbeizuführen. Ein allgemeines **Leistungsverweigerungsrecht** des Auftragnehmers bei Mängeln der Ausführungs-

---

[27] Vgl. FKZGM/Bschorr § 3 Rn. 28.
[28] BGH NJW 1975, 1217 zu § 4 Abs. 3.
[29] FKZGM/Bschorr § 3 Rn. 38.
[30] Heiermann/Riedl/Rusam/Mansfeld § 3 Rn. 15.
[31] Allgemein zur Verletzung einer Hinweispflicht im Bauvertrag BGH NZBau 2004, 39 (40).
[32] FKZGM/Bschorr § 3 Rn. 35.

unterlagen ist abzulehnen.[33] § 4 Abs. 1 Nr. 4 zeigt, dass der Auftragnehmer insoweit zur Ausführung der angeordneten Leistung verpflichtet ist,[34] zumal der Auftragnehmer auch bei entsprechend schriftlichem Hinweis nach § 4 Abs. 3 vor den Rechtsfolgen einer Mängelhaftung geschützt ist (§ 13 Abs. 3). Eine Ausnahme kommt nur dann in Betracht, wenn die Ausführung nach den verbindlichen Unterlagen für den Auftragnehmer und/oder Dritte zu einer Gefahr für Leib und Leben führen würde oder wenn der Ausführung öffentlich-rechtliche Vorgaben entgegenstehen, die unmittelbar Sanktionen gegen den Auftragnehmer auslösen können (vgl. auch § 4 Abs. 1 Nr. 4 S. 1).

F. Zustandssicherung (§ 3 Abs. 4)

30 § 3 Abs. 4 regelt eine **gemeinsame Beweissicherung** der Vertragsparteien zu bestimmten baulichen Anlagen und Bauwerken im Nahbereich des Bauvorhabens. Vereinzelt ist diese Beweissicherung auch als Nebenpflicht des Auftragnehmers in Abschn. 4.1 der ATV-DIN-Regelungen der VOB/C vorgegeben (vgl. etwa die baugrund- bzw. grundstücksbezogenen Arbeiten der ATV-DIN 18300 und 18301 sowie ATV-DIN 18303 bis 18326). Soweit es nicht Nebenpflicht des Auftragnehmers oder anderweitig im Vertrag geregelt ist, trägt der Auftraggeber die Kosten der Beweissicherung.

31 Mit der Einschränkung **„soweit notwendig"** in Abs. 4 bezieht sich die Beweissicherung auf alle baulichen Anlagen und Bauwerke, die tatsächlich von einer Schädigung durch Leistungen des Auftragnehmers betroffen sein können. Über die Regelungen des Abs. 4 hinaus können sich für den Auftraggeber auch aus anderen Gründen Dritten gegenüber Beweissicherungspflichten ergeben. So etwa gegenüber der Kommune (zB „Pflasterprotokoll" zum Bereich der Baustellenzufahrt oder zu Baustelleneinrichtungsflächen im öffentlichen Bereich) oder aus Nachbarschaftsvereinbarungen. Für den Auftraggeber empfiehlt es sich dann, diese Beweissicherungen auch im Verhältnis zum Auftragnehmer als verbindlich zu vereinbaren.

32 Das Ergebnis der Zustandssicherung ist in einer Niederschrift festzuhalten, die von den Vertragsparteien anzuerkennen ist. Mit dieser Anerkennung wird eine für beide Parteien **verbindliche Beweisgrundlage** zur Richtigkeit des festgehaltenen Zustands der Anlagen/Bauwerke begründet. Allerdings ergibt sich hieraus bei später festgestellten Beschädigungen kein unmittelbarer Beweis für deren Verursachung durch den Auftragnehmer. Insoweit empfiehlt es sich daher, über § 3 Abs. 4 hinaus eine weitere Beweissicherung nach Abschluss der Leistungen des Auftragnehmers zu vereinbaren und deren Rechtswirkung konkret zu regeln (etwa als Schiedsgutachten der Parteien).

33 Die nach Abs. 4 angeordnete Mitwirkung der Parteien an der Zustandsfeststellung ist eine **vertragliche Nebenpflicht**. Ihre Verletzung kann somit Schadensersatzansprüche nach § 280 BGB auslösen. Praktisch sind Vermögensschäden einer Partei bei fehlender Mitwirkung der anderen Partei aber kaum denkbar. Ferner ergibt sich bei fehlender Mitwirkung keine Behinderung iSv § 6, da auch bei einer fehlenden Zustandsfeststellung die Leistung ausgeführt werden kann.[35] Auch Ansprüche des Auftraggebers aus §§ 5 Abs. 4 und 6 Abs. 6 dürften regelmäßig

---

[33] AA wohl Kapellmann/Messerschmidt/Havers § 3 Rn. 42.

[34] FKZGM/Bschorr § 3 Rn. 31.

[35] AA die hM; vgl. etwa Kapellmann/Messerschmidt/Havers § 3 Rn. 50 und FKZGM/Bschorr § 3 Rn. 46.

nicht in Betracht kommen, wenn der Auftragnehmer „nur" die Mitwirkung an der Zustandsfeststellung, nicht aber die Ausführung der Leistung selbst verweigert.[36]

Da sich insgesamt die Zustandsfeststellung nicht unmittelbar auf die Leistungs- 34
ausführung auswirkt, ist eine Einklagbarkeit der Nebenpflicht sowie ein Kündigungsrecht der von der Verweigerung der Mitwirkung betroffenen anderen Vertragspartei nach § 8 bzw. § 9 abzulehnen.[37] Allerdings kann bei verweigerter Mitwirkung eine Beweislastumkehr zu Gunsten der anderen Vertragspartei im Hinblick auf später festgestellte Schäden eintreten[38] oder es können die Grundsätze der Beweisvereitelung (§ 444 ZPO) gelten.[39] Ferner steht es jeder Partei frei, eigene Beweissicherungsmaßnahmen zu ergreifen (etwa durch Einleitung eines selbständigen Beweisverfahrens oder mittels Privatbegutachtung).

G. Unterlagen des Auftragnehmers (§ 3 Abs. 5)

Unterlagen, die nach den vertraglichen Vereinbarungen, der gewerblichen Ver- 35
kehrssitte oder aufgrund von Anordnungen des Auftraggebers nach § 2 Abs. 9 **vom Auftragnehmer zu beschaffen** sind, hat der Auftragnehmer dem Auftraggeber rechtzeitig nach Aufforderung vorzulegen.

Dies betrifft zunächst sämtliche **Planungspflichten des Auftragnehmers** (vgl. dazu auch → Rn. 6) sowie ggf. vertraglich vereinbarte Verpflichtungen des Auftragnehmers zur Beschaffung von Unterlagen bei Dritten. Entsprechende Pflichten können sich insbes. aus den über § 1 Abs. 1 geltenden Allgemeinen Technischen Vertragsbedingungen für Bauleistungen (VOB/C) ergeben (vgl. → Rn. 6).

Die „**Rechtzeitigkeit**" **der Vorlage** ergibt sich im Einzelfall unter Berück- 36
sichtigung der erforderlichen Prüf- und ggf. Freigabefristen auf Seiten des Auftraggebers. Ferner können die ATV-DIN-Regelungen der VOB/C hierzu Vorgaben enthalten.

Die Vorlagepflicht aus § 3 Abs. 5 ist eine **vertragliche Nebenleistungs-** 37
pflicht,[40] die als solche einklagbar ist und bei Nichterfüllung Schadensersatzansprüche aus Pflichtverletzung gem. § 280 BGB auslöst. Die Verpflichtung kann auch zur Hauptleistungspflicht erstarken, wenn entsprechende Planungs- oder sonstige Pflichten zur Beschaffung von Unterlagen konkret im Vertrag geregelt sind, was jedoch an den vorstehend genannten Rechtsfolgen nichts ändert. Sind Unterlagen des Auftragnehmers mangelhaft, werden sich Mängelansprüche nach § 13 schon regelmäßig deshalb ergeben, da dann auch die hierauf aufbauende Leistung Mängel aufweisen wird. Bereits in der Ausführung können aber auch mangelhafte Unterlagen schon eine hierauf gerichtete Mängelbeseitigungsverpflichtung des Auftragnehmers nach § 4 Abs. 7 begründen.[41]

Der herrschenden Auffassung, dass nach § 3 Abs. 5 nur eine Vorlage, nicht aber 38
eine Herausgabe und Eigentumsübertragung zu den Unterlagen des Auftragnehmers geschuldet ist,[42] kann nur dann gefolgt werden, wenn es sich um Unterlagen

---

[36] Auch hier aA die hM, s. Fußnote 35.
[37] Kapellmann/Messerschmidt/Havers § 3 Rn. 50; aA Ingenstau/Korbion/Döring § 3 Abs. 4 Rn. 6.
[38] FKZGM/Bschorr § 3 Rn. 47.
[39] Beck VOB/B/Hartung § 3 Nr. 4 Rn. 19.
[40] Vgl. etwa FKZGM/Bschorr § 3 Rn. 51.
[41] Kapellmann/Messerschmidt/Havers § 3 Rn. 55.
[42] FKZGM/Bschorr § 3 Rn. 51; Ingenstau/Korbion/Döring § 3 Abs. 5 Rn. 8.

handelt, die ausschließlich im internen Ausführungsprozess des Auftragnehmers für die Ausführung seiner Leistung benötigt werden. Sofern es sich aber um vertraglich vereinbarte oder nach § 2 Abs. 9 geforderte und damit auch regelmäßig dem Auftragnehmer vergütete Planungs- oder Beschaffungspflichten handelt, besteht zu dieser vertraglichen und im Gegenseitigkeitsverhältnis stehenden Leistung selbstverständlich eine **Herausgabepflicht** für den Auftragnehmer sowie der Anspruch des Auftraggebers, **Eigentum** an diesen Unterlagen zu erhalten. Hat etwa der Auftragnehmer nach den vertraglichen Vereinbarungen für die von ihm zu errichtende Fassade eine Statik zu erstellen und prüfen zu lassen, ist nicht ersichtlich, dass/warum diese nicht dem Auftraggeber herauszugeben ist. Gleiches gilt für etwaige Verpflichtungen des Auftragnehmers zur Einholung abnahmerelevanter Prüfbescheinigungen. Vereinzelt sehen auch die ATV-DIN-Regelungen der VOB/C zu Unterlagen, die der Auftragnehmer zu beschaffen oder zu erstellen hat, Herausgabepflichten vor (so zB Abschn. 3.4.2 der ATV-DIN 18382 zu Prüfergebnissen und Dokumentationen für Elektro-, Sicherheits- und informationstechnische Anlagen). Es wird mithin der Regelfall sein, dass zu Unterlagen iSv § 3 Abs. 5 eine Herausgabepflicht besteht.

39   Grund und Höhe einer **Vergütung des Auftragnehmers** zur Beschaffung und Vorlage von Unterlagen nach § 3 Abs. 5 bestimmen sich nach den Vereinbarungen der Parteien. Soweit es sich um Nebenleistungen nach den ATV-DIN-Regelungen der VOB/C handelt, findet keine gesonderte Vergütung statt. Werden gesonderte Unterlagen nach § 2 Abs. 9 vom Auftraggeber verlangt, ergibt sich die Vergütungspflicht unmittelbar aus dieser Vorschrift.

H. Urheberschutz/Schutz zu DV-Programmen

I. Urheberschutz

40   Unabhängig von der Frage, ob der Auftragnehmer die von ihm zu beschaffenden Unterlagen nach § 3 Abs. 5 herauszugeben hat oder ob solche Unterlagen Eigentum des Auftraggebers werden, bestehen nach § 3 Abs. 6 Nr. 1 bestimmte **Urheberschutzrechte des Auftragnehmers.**

41   Der Begriff „Urheber" ist dabei nicht iSd UrhG zu verstehen, so dass die Regelung des § 3 Abs. 6 Nr. 1 auch solche Unterlagen des Auftragnehmers erfasst, die keinen Urheberrechtsschutz nach dem UrhG haben.[43] Ferner sind auch **Dritte als „Urheber"** der Unterlagen iSd § 3 Abs. 5 in den Schutzbereich des § 3 Abs. 6 Nr. 1 einbezogen und können daher – wie der Auftragnehmer – dem Auftraggeber die Veröffentlichung, Vervielfältigung, Änderung und Nutzung der Unterlagen für einen anderen als den vereinbarten Zweck untersagen.[44] Zulässig sind die nach Nr. 1 verbotenen Handlungen nur bei Genehmigung des Auftragnehmers bzw. des Dritten, wobei auch dies nicht rechtstechnisch zu verstehen ist, sondern jede Art der Zustimmung iSv § 182 BGB ausreichend ist.

42   Neben dem Schutz aus § 3 Abs. 6 Nr. 1 können dem Auftragnehmer bzw. dem Dritten **weitergehende Rechte und Ansprüche** aus dem UrhG oder dem gewerblichen Rechtsschutz (insbes. dem UWG) zustehen. Bei einem nach dem UrhG geschützten Werk ist zu beachten, dass auch bei Einräumung eines aus-

---

[43] BGH NJW 1986, 2701 (2702).
[44] BGH NJW 1986, 2701 (2702).

schließlichen Nutzungsrechtes, dieses zeitlich beschränkt ist, wenn dazu nichts anderes vereinbart wird (§ 40a Abs. 1 und Abs. 3 Nr. 2 UrhG)

II. Datenverarbeitungsprogramme

§ 3 Abs. 6 Nr. 2 regelt gesondert die Nutzungsrechte des Auftraggebers an Datenverarbeitungs-Programmen (DV-Programmen) des Auftragnehmers. Die Regelung betrifft nicht jegliche Form der elektronischen Datenübermittlung[45] (etwa nicht den als pdf- oder dwg-Dokument übersandten Plan; dieser ist Unterlage iSv Abs. 5), sondern **speziell vom Auftragnehmer hergestellte DV-Programme,** wie sie typischerweise in der Gebäudeautomation (Mess-, Steuer- und Regeltechnik, vgl. Abschn. 3.5 der DIN 18386) zu finden sind.[46] Die Nutzung der DV-Programme durch den Auftraggeber ist nur mit den vereinbarten Leistungsmerkmalen in unveränderter Form und auf den zur Nutzung festgelegten Geräten gestattet. Zur Datensicherung ist der Auftraggeber berechtigt, zwei Kopien herzustellen (vgl. zur Sicherungskopie auch § 69d Abs. 2 und § 69g Abs. 2 UrhG). Zu Recht wird darauf hingewiesen, dass auch ohne Festlegung von Leistungsmerkmalen eine Nutzung für den Auftraggeber im Rahmen des Vertragszwecks möglich sein muss, nachdem der Auftraggeber vom Auftragnehmer die DV-Programme gerade auch für eine zweckgerechte Nutzung erhält.[47] In Anlehnung an die urheberrechtliche Zweckübertragungslehre[48] (neuerdings bezeichnet als Übertragungszwecklehre) wird hier zumindest stillschweigend mit der Übergabe der DV-Programme ein zweckgerichtetes Nutzungsrecht eingeräumt.

Neben der Festlegung von Leistungsmerkmalen empfehlen sich weitere vertragliche Regelungen zur Nutzung, insbesondere im Hinblick auf Wartungsmöglichkeiten und Anpassungen der Programme (Updates oder Upgrades).[49] Im Übrigen gelten für DV-Programme die **Regelungen des UrhG,** insbesondere dessen Abschn. 8 („Besondere Bestimmungen für Computerprogramme").

III. Nutzungsrecht des Auftragnehmers

Nach § 3 Abs. 6 Nr. 3 verbleibt dem Auftragnehmer das Nutzungsrecht an allen Unterlagen und DV-Programmen unbeschadet der an den Auftraggeber übertragenen Nutzungsmöglichkeiten. Sofern es sich bei den Unterlagen um besondere Planungsleistungen des Auftragnehmers in Bezug auf das vertragsgegenständliche Bauvorhaben handelt, empfiehlt sich die individualvertragliche Vereinbarung zeitlich unbeschränkter ausschließlicher Nutzungsrechte des Auftraggebers.

I. AGB-Recht

Gegen die Regelungen des § 3 werden allgemein keine AGB-rechtlichen Bedenken vorgebracht.[50] Bedenken könnten sich allerdings gegen die Wirksam-

---

[45] FKZGM//Bschorr § 3 Rn. 57.
[46] Ingenstau/Korbion/Döring § 3 Abs. 6 Rn. 14.
[47] FKZGM/Bschorr § 3 Rn. 59; aA aber wohl die hM; s. etwa Ingenstau/Korbion/Döring § 3 Abs. 6 Rn. 13; Heiermann/Riedl/Rusam/Mansfeld § 3 Rn. 33; Kapellmann/Messerschmidt/Havers § 3 Rn. 64.
[48] Vgl. etwa BGH NJW-RR 2007, 1530.
[49] Ingenstau/Korbion/Döring § 3 Abs. 6 Rn. 14.
[50] FKZGM/Bschorr § 3 Rn. 66.

§ 4 VOB Teil B

keit von § 3 Abs. 6 Nr. 1 bei Verwendung durch den Auftragnehmer ergeben, da diese Regelung auch über das UrhG hinaus zu nicht urheberrechtlich geschützten Unterlagen des Auftragnehmers Nutzungseinschränkungen enthält. Nachdem die Regelung insofern auch nicht unterscheidet, ob es sich bei den Unterlagen des Auftragnehmers um solche handelt, die er als Leistungspflicht dem Auftraggeber schuldet und herauszugeben hat, könnte die Regelung insgesamt eine unangemessene Benachteiligung des Auftraggebers nach § 307 BGB darstellen.

§ 4 Ausführung

(1)
1. ¹Der Auftraggeber hat für die Aufrechterhaltung der allgemeinen Ordnung auf der Baustelle zu sorgen und das Zusammenwirken der verschiedenen Unternehmer zu regeln. ²Er hat die erforderlichen öffentlich-rechtlichen Genehmigungen und Erlaubnisse – zB nach dem Baurecht, dem Straßenverkehrsrecht, dem Wasserrecht, dem Gewerberecht – herbeizuführen.
2. ¹Der Auftraggeber hat das Recht, die vertragsgemäße Ausführung der Leistung zu überwachen. ²Hierzu hat er Zutritt zu den Arbeitsplätzen, Werkstätten und Lagerräumen, wo die vertragliche Leistung oder Teile von ihr hergestellt oder die hierfür bestimmten Stoffe und Bauteile gelagert werden. ³Auf Verlangen sind ihm die Werkzeichnungen oder andere Ausführungsunterlagen sowie die Ergebnisse von Güteprüfungen zur Einsicht vorzulegen und die erforderlichen Auskünfte zu erteilen, wenn hierdurch keine Geschäftsgeheimnisse preisgegeben werden. ⁴Als Geschäftsgeheimnis bezeichnete Auskünfte und Unterlagen hat er vertraulich zu behandeln.
3. ¹Der Auftraggeber ist befugt, unter Wahrung der dem Auftragnehmer zustehenden Leitung (Absatz 2) Anordnungen zu treffen, die zur vertragsgemäßen Ausführung der Leistung notwendig sind. ²Die Anordnungen sind grundsätzlich nur dem Auftragnehmer oder seinem für die Leitung der Ausführung bestellten Vertreter zu erteilen, außer wenn Gefahr im Verzug ist. ³Dem Auftraggeber ist mitzuteilen, wer jeweils als Vertreter des Auftragnehmers für die Leitung der Ausführung bestellt ist.
4. ¹Hält der Auftragnehmer die Anordnungen des Auftraggebers für unberechtigt oder unzweckmäßig, so hat er seine Bedenken geltend zu machen, die Anordnungen jedoch auf Verlangen auszuführen, wenn nicht gesetzliche oder behördliche Bestimmungen entgegenstehen. ²Wenn dadurch eine ungerechtfertigte Erschwerung verursacht wird, hat der Auftraggeber die Mehrkosten zu tragen.

(2)
1. ¹Der Auftragnehmer hat die Leistung unter eigener Verantwortung nach dem Vertrag auszuführen. ²Dabei hat er die anerkannten Regeln der Technik und die gesetzlichen und behördlichen Bestimmungen zu beachten. ³Es ist seine Sache, die Ausführung seiner vertraglichen Leistung zu leiten und für Ordnung auf seiner Arbeitsstelle zu sorgen.
2. ¹Er ist für die Erfüllung der gesetzlichen, behördlichen und berufsgenossenschaftlichen Verpflichtungen gegenüber seinen Arbeitnehmern

Ausführung **§ 4**

allein verantwortlich. ²Es ist ausschließlich seine Aufgabe, die Vereinbarungen und Maßnahmen zu treffen, die sein Verhältnis zu den Arbeitnehmern regeln.

(3) Hat der Auftragnehmer Bedenken gegen die vorgesehene Art der Ausführung (auch wegen der Sicherung gegen Unfallgefahren), gegen die Güte der vom Auftraggeber gelieferten Stoffe oder Bauteile oder gegen die Leistungen anderer Unternehmer, so hat er sie dem Auftraggeber unverzüglich – möglichst schon vor Beginn der Arbeiten – schriftlich mitzuteilen; der Auftraggeber bleibt jedoch für seine Angaben, Anordnungen oder Lieferungen verantwortlich.

(4) ¹Der Auftraggeber hat, wenn nichts anderes vereinbart ist, dem Auftragnehmer unentgeltlich zur Benutzung oder Mitbenutzung zu überlassen:
1. die notwendigen Lager- und Arbeitsplätze auf der Baustelle,
2. vorhandene Zufahrtswege und Anschlussgleise,
3. vorhandene Anschlüsse für Wasser und Energie. Die Kosten für den Verbrauch und den Messer oder Zähler trägt der Auftragnehmer, mehrere Auftragnehmer tragen sie anteilig.

(5) ¹Der Auftragnehmer hat die von ihm ausgeführten Leistungen und die ihm für die Ausführung übergebenen Gegenstände bis zur Abnahme vor Beschädigung und Diebstahl zu schützen. ²Auf Verlangen des Auftraggebers hat er sie vor Winterschäden und Grundwasser zu schützen, ferner Schnee und Eis zu beseitigen. ³Obliegt ihm die Verpflichtung nach Satz 2 nicht schon nach dem Vertrag, so regelt sich die Vergütung nach § 2 Absatz 6.

(6) ¹Stoffe oder Bauteile, die dem Vertrag oder den Proben nicht entsprechen, sind auf Anordnung des Auftraggebers innerhalb einer von ihm bestimmten Frist von der Baustelle zu entfernen. ²Geschieht es nicht, so können sie auf Kosten des Auftragnehmers entfernt oder für seine Rechnung veräußert werden.

(7) ¹Leistungen, die schon während der Ausführung als mangelhaft oder vertragswidrig erkannt werden, hat der Auftragnehmer auf eigene Kosten durch mangelfreie zu ersetzen. ²Hat der Auftragnehmer den Mangel oder die Vertragswidrigkeit zu vertreten, so hat er auch den daraus entstehenden Schaden zu ersetzen. ³Kommt der Auftragnehmer der Pflicht zur Beseitigung des Mangels nicht nach, so kann ihm der Auftraggeber eine angemessene Frist zur Beseitigung des Mangels setzen und erklären, dass er nach fruchtlosem Ablauf der Frist den Vertrag kündigen werde (§ 8 Absatz 3).

(8)
1. ¹Der Auftragnehmer hat die Leistung im eigenen Betrieb auszuführen. ²Mit schriftlicher Zustimmung des Auftraggebers darf er sie an Nachunternehmer übertragen. ³Die Zustimmung ist nicht notwendig bei Leistungen, auf die der Betrieb des Auftragnehmers nicht eingerichtet ist. ⁴Erbringt der Auftragnehmer ohne schriftliche Zustimmung des Auftraggebers Leistungen nicht im eigenen Betrieb, obwohl sein Betrieb darauf eingerichtet ist, kann der Auftraggeber ihm eine angemessene Frist zur Aufnahme der Leistung im eigenen Betrieb setzen

§ 4

und erklären, dass er nach fruchtlosem Ablauf der Frist den Vertrag kündigen werde (§ 8 Absatz 3).

2. Der Auftragnehmer hat bei der Weitervergabe von Bauleistungen an Nachunternehmer die Vergabe- und Vertragsordnung für Bauleistungen Teile B und C zugrunde zu legen.

3. ¹Der Auftragnehmer hat dem Auftraggeber die Nachunternehmer und deren Nachunternehmer ohne Aufforderung spätestens bis zum Leistungsbeginn des Nachunternehmers mit Namen, gesetzlichen Vertretern und Kontaktdaten bekannt zu geben. ²Auf Verlangen des Auftraggebers hat der Auftragnehmer für seine Nachunternehmer Erklärungen und Nachweise zur Eignung vorzulegen.

(9) ¹Werden bei Ausführung der Leistung auf einem Grundstück Gegenstände von Altertums-, Kunst- oder wissenschaftlichem Wert entdeckt, so hat der Auftragnehmer vor jedem weiteren Aufdecken oder Ändern dem Auftraggeber den Fund anzuzeigen und ihm die Gegenstände nach näherer Weisung abzuliefern. ²Die Vergütung etwaiger Mehrkosten regelt sich nach § 2 Absatz 6. ³Die Rechte des Entdeckers (§ 984 BGB) hat der Auftraggeber.

(10) ¹Der Zustand von Teilen der Leistung ist auf Verlangen gemeinsam von Auftraggeber und Auftragnehmer festzustellen, wenn diese Teile der Leistung durch die weitere Ausführung der Prüfung und Feststellung entzogen werden. ²Das Ergebnis ist schriftlich niederzulegen.

Literatur: Kaiser, Adressat für Anzeigen des Auftragnehmers nach §§ 4, 6 VOB, NJW 1974, 445; Dähne, Einige Einzelprobleme zu § 4 Nr. 3 VOB/B, BauR 1976, 225; Kaiser, Die Prüfungs- und Anzeigepflicht des Auftragnehmers nach § 4 VOB, BauR 1981, 311; Clemm, Mängelbeseitigung auf Kosten des Auftragnehmers vor der Abnahme des Bauwerks nach der VOB/B, BauR 1986, 136; Clemm, Die rechtliche Einordnung der Prüfungs- und Hinweispflicht des Auftragnehmers im Bauvertrag (§ 4 Nr. 3 VOB/B) und die Rechtsfolgen ihrer Verletzung, BauR 1987, 609; Motzke, Prüfungs-, Aufklärungs- und Überwachungspflichten des Unternehmers, ZfBR 1988, 244; Kaiser, Der Schadensersatzanspruch nach § 4 Nr. 7 S. 2 VOB/B – grundsätzliche Rechtsfragen, BauR 1991, 391; Byhl, Grenzen der Hinweispflicht des Bieters, BauR 1992, 26; Klaft/Maxem, Die Gewährleistung des Unternehmers für die Tauglichkeit von ihm verwendeter Baustoffe oder Produkte bei Anordnung des Bestellers nach § 13 Nr. 3 VOB/B, BauR 1999, 1074; Vogel, Zur Prüfungs- und Hinweispflicht des Bauunternehmers nach VOB/B § 4 Nr. 3, § 13 Nr. 3, EWiR 2001, 337; Grauvogl, § 4 Nr. 10 VOB/B – Zustandsfeststellung und Umkehr der Beweislast bei unsichtbaren Tiefbauleistungen, BauR 2003, 1481; Kaminsky/Kues, Die Vergütung von Maßnahmen des Auftragnehmers zum Schutz der eigenen Leistung vor Abnahme beim VOB/B-Vertrag, NZBau 2006, 747; Hönes, Vereinbarungen über Altertumsfunde nach § 4 Nr. 9 VOB/B, BauR 2007, 1177; Joussen, Mängelansprüche vor der Abnahme, BauR 2009, 319; Gartz, Obliegenheitsverletzungen des Bauherrn nach dem „Glasfassadenurteil" des Bundesgerichtshofs, BauR 2010, 703; Leupertz, Mitwirkung und Obliegenheit im Bauvertragsrecht, BauR 2010, 1999; Voit, Die Rechte des Bestellers bei Mängeln vor der Abnahme, BauR 2011, 1063; Seibel, Die „Bedenkenhinweispflicht" des Bauunternehmers im Fall der vertraglichen Vereinbarung einer funktionsuntauglichen Werkleistung, ZfBR 2011, 529; Gartz, Zur Funktionalität verpflichtet!, NZBau 2012, 90; Kohlhammer, Wer trägt das Baugrundrisiko?, BauR 2012, 845; Peters, Die Rechte des Bestellers während der Herstellung des Werkes, BauR 2012, 1297; Reichert/Wedemeyer, Öffentlich-rechtliche Bauvorschriften in der Mangelsystematik des privaten Baurechts, BauR 2013, 1; Thierau, Die Bedeutung der Technischen Abnahme für die Abwicklung von Bauverträgen, BauR 2013, 372; Schlie, Der Anspruch des Auftraggebers

Ausführung **§ 4**

auf Herausgabe von Bauunterlagen, BauR 2014, 905; Sprajcar/Brugger, Erfüllung der Schutzpflichten nach § 4 V VOB/B: Vergütungsgefahr bei Auftraggeber!, NZBau 2014, 17; Hammmacher, Prüf- und Hinweispflichten des Auftragnehmers, Der Bausachverständige 2014, 56; Sass, Technische Regeln und das Werkvertragsrecht, NZBau 2014, 137; Schröder, Die Dogmatik der Bedenkenanmeldung und deren Folgen, BauR 2015, 319; Hummel, Der Bedenkenhinweis in der praktischen Abwicklung von Bauverträgen, BauR 2015, 329; Klein, Zum deutlichen Zeichen, dass nichts daraus werden sollte: Das Kündigungsrecht nach § 4 VII 3 VOB/B als unangemessene Benachteiligung des Werkunternehmers, ZfBR 2015, 627; Hammacher, Prüf- und Hinweispflichten für Auftraggeber und Auftragnehmer in Allgemeinen Technischen Vertragsbedingungen, NZBau 2016, 20; Halstenberg, Die aktuellen Entwicklungen im Bauproduktenrecht und die zivilrechtlichen Konsequenzen, BauR 2017, 356; Popescu, Vom falschen Dogma der Prüf- und Hinweispflicht, BauR 2017, 443; Duve, Zur Frage, ob die Abwehr außergewöhnlicher Witterungseinflüsse eine Obliegenheit des Bauherrn darstellt, NJW 2017, 2028; Schwenker, Keine Mängelrechte vor Abnahme, NJW 2017, 1579; Mayr/von Berg, Mängelrechte vor Abnahme in AGB des Bestellers, BauR 2018, 877; Pauly, Die anerkannten Regeln der Technik beim Bauvertrag – Grundlegendes und Spezielles, ZfBR 2018, 315; Gartz, Keine Mängelrechte vor Abnahme auch bei Insolvenz des Unternehmers, NZBau 2018, 404; Zmuda, Europäisches Bauproduktenrecht, BauR 2018, 1170; Langjahr, Bedenkenhinweispflicht und Mitverschulden, BauR 2022, 387; Winkelmüller/Finster, Geplante Verschärfungen des Arbeitsschutzes bei Asbest-Arbeiten, ARP 2022, 339; Rupa-Sträßer, Lieferkettensorgfaltspflichtengesetz-Dokumentations- und Berichtspflicht im Überblick, ZfBR 2023, 419; Tschäpe/Trefzger, Die Sorgfaltspflicht des Lieferkettengesetzes – Rechtsnatur, Inhalt und Haftung, ZfBR 2023, 423; Mahnken, Fehlende oder fehlerhafte CE-Kennzeichnung als Sachmangel?, NZBau 2024, 540; Bolz, WhatsApp und VOB/B oder: Wenn ein modernes Kommunikationsmittel auf ein altbewährtes Vertragsmuster trifft, ZfBR 2024, 189.

Übersicht

	Rn.
A. Allgemeines	1
B. Koordinationspflichten sowie Überwachungs- und Anordnungsrechte des Auftraggebers (§ 4 Abs. 1)	4
I. Allgemeines	4
II. Koordinations- und Mitwirkungspflichten des Auftraggebers (§ 4 Abs. 1 Nr. 1)	6
1. Die Pflichten des Auftraggebers aus § 4 Abs. 1 Nr. 1	6
2. Rechtsnatur der Pflichten des Auftraggebers/Rechtsfolgen	14
III. Überwachungsrecht des Auftraggebers (§ 4 Abs. 1 Nr. 2)	17
IV. Anordnungsrecht des Auftraggebers (§ 4 Abs. 1 Nr. 3)	25
V. Bedenkenmitteilung (§ 4 Abs. 1 Nr. 4)	31
C. Eigenverantwortliche Ausführungsverpflichtung des Auftragnehmers (§ 4 Abs. 2)	39
I. Allgemeines	39
II. Eigenverantwortliche Leistungsausführung (§ 4 Abs. 2 Nr. 1)	41
III. Verantwortlichkeit des Auftragnehmers gegenüber seinen Arbeitnehmern (§ 4 Abs. 2 Nr. 2)	47
D. Prüfungs- und Hinweispflicht/Bedenkenanzeige des Auftragnehmers (§ 4 Abs. 3)	51
I. Allgemeines/Anwendungsbereich	51
1. Allgemeines	51
2. Anwendungsbereich	58
II. Rahmen und Grenzen der Prüfungs- und Hinweispflicht	63

	Rn.
III. Tatbestände der Prüfungs- und Hinweispflicht	71
1. Bedenken gegen die vorgesehene Art der Ausführung	71
2. Sicherung gegen Unfallgefahren	76
3. Güte der vom Auftraggeber gelieferten Stoffe oder Bauteile	78
4. Bedenken gegen die Leistungen anderer Unternehmer	81
IV. Bedenkenmitteilung des Auftragnehmers	85
V. Rechtsfolgen	89
1. Reaktion des Auftraggebers	89
2. Befreiung von der Mängelhaftung (§ 13 Abs. 3)	93
3. Rechtsfolge bei fehlender/unzureichender Bedenkenanzeige	94
4. Mitverschulden des Auftraggebers	97
VI. Beweislast	101
VII. Beispiele aus der Rechtsprechung	103
E. Überlassungspflichten des Auftraggebers (§ 4 Abs. 4)	105
I. Unentgeltliche Überlassung bestimmter Anlagen	105
II. Anderweitige vertragliche Vereinbarung	109
III. Abschließender Anwendungsbereich	110
F. Schutzpflichten des Auftragnehmers (§ 4 Abs. 5)	111
I. Allgemeines/Zusammenhang mit Gefahrtragung	111
1. Allgemeines	111
2. Zusammenhang mit der Gefahrtragung	114
II. Allgemeine Schutzpflicht nach § 4 Abs. 5 S. 1	117
III. Besondere Schutzpflicht des § 4 Abs. 5 S. 2	122
G. Pflicht des Auftragnehmers zur Beseitigung vertragswidriger Stoffe und Bauteile (§ 4 Abs. 6)	126
I. Allgemeines	126
II. Beseitigungsanspruch des Auftraggebers	128
III. Selbsthilferecht des Auftraggebers	132
IV. Meinungsverschiedenheiten	136
H. Mängelrechte des Auftraggebers vor Abnahme (§ 4 Abs. 7)	137
I. Allgemeines/Rechtslage nach BGB	137
II. Mängelbeseitigungspflicht des Auftragnehmers (§ 4 Abs. 7 S. 1)	143
III. Schadensersatzverpflichtung des Auftragnehmers (§ 4 Abs. 7 S. 2)	149
IV. Kündigungsrecht des Auftraggebers (§ 4 Abs. 7 S. 3)	152
I. Verpflichtung zur Eigenleistung/Nachunternehmereinsatz (§ 4 Abs. 8)	163
I. Verpflichtung zur Eigenleistung (§ 4 Abs. 8 Nr. 1)	163
II. Einbeziehung der VOB/B und VOB/C in die Nachunternehmerverträge (§ 4 Abs. 8 Nr. 2)	172
III. Bekanntgabe der Nachunternehmer (§ 4 Abs. 8 Nr. 3)	176
J. Funde bei Leistung auf einem Grundstück (§ 4 Abs. 9)	179
I. Anzeige- und Ablieferungspflicht des Auftragnehmers	179
II. Entdeckerrechte des Auftraggebers bei „Schatzfund" nach § 984 BGB	183
III. Mehrkosten und sonstige Rechtsfolgen	186
K. Zustandsfeststellung (§ 4 Abs. 10)	188
I. Zustandsfeststellung/Protokoll	188
II. Verlangen der Zustandsfeststellung	198

	Rn.
III. Rechtsfolgen	200
L. AGB-Recht	203
I. § 4 Abs. 7	203
1. Der Auftraggeber als Verwender	203
2. Der Auftragnehmer als Verwender	205
II. § 4 Abs. 8 Nr. 1 S. 4	206

A. Allgemeines

§ 4 regelt wesentliche **Rechte und Pflichten der Bauvertragsparteien für** 1
die Zeit der Leistungsausführung. Der Bedarf für diese Regelungen ergibt sich aus den Besonderheiten des Bauvertrages. Das Leitbild des Gesetzgebers zum Werkvertragsrecht nach den §§ 631 BGB ff. war die „Neuherstellung handwerklicher Gegenstände überschaubaren Umfangs".[1] Im Vergleich zu diesem Leitbild unterscheidet sich die Durchführung eines Bauvertrages wesentlich dadurch, dass die Leistungsausführung zumeist längere Zeit in Anspruch nimmt, die Ausführung selbst nicht (nur) in der Werkstatt des Auftragnehmers, sondern auf fremdem Grund stattfindet und zumeist auch mehrere Gewerke arbeitsteilig zur Herstellung eines Gesamtbauvorhabens in unterschiedlichen Rechtsverhältnissen zusammenwirken. Insoweit erschöpfen sich die Pflichten/Handlungen des Auftraggebers anders als beim Werkvertrag nach BGB nicht nur in der Beauftragung des Auftragnehmers, der Abnahme von dessen Werkleistung und der Bezahlung des Werklohns, sondern beinhalten regelmäßig diverse weitere Vorbereitungs-, Koordinations- und sonstige Mitwirkungshandlungen, um Leistungsgrundlagen und -vorgaben für den Auftragnehmer zu schaffen. Zwar wurde mit der Änderung des Werkvertragsrechts zum 1.1.2018 in den §§ 650a BGB ff. der Bauvertrag als (wesentliche) Unterform des Werkvertrags geregelt. Allerdings enthalten auch die Neuregelungen keine spezifischen Regelungen zu den Verantwortungsbereichen der Bauvertragsparteien in der Leistungsausführung.

In diesem Sinne trifft § 4 für die Baupraxis Regelungen zur Abgrenzung der 2
Verantwortlichkeiten und Zuständigkeiten zwischen Auftraggeber und Auftragnehmer (§ 4 Abs. 1 Nr. 1 und Abs. 2), zu besonderen Überwachungs- und Anordnungsrechten des Auftraggebers (§ 4 Abs. 1 Nr. 2 und Nr. 3), zu Möglichkeiten des Auftraggebers, frühzeitig Mängelrechte in Anspruch zu nehmen bzw. Mängel zu vermeiden (§ 4 Abs. 6 und Abs. 7 einschließlich Zustandsfeststellungen nach § 4 Abs. 10), zu Überlassungspflichten des Auftraggebers (§ 4 Abs. 4), zu Schutzpflichten des Auftragnehmers in Bezug auf seine Leistung (§ 4 Abs. 5) und enthält Vorgaben zum Nachunternehmereinsatz durch den Auftragnehmer (§ 4 Abs. 8). Wesentlicher Regelungsinhalt des § 4 sind ferner die Prüfungs- und Hinweispflichten des Auftragnehmers zu Leistungsvorgaben und -grundlagen sowie Anordnungen des Auftraggebers (§ 4 Abs. 1 Nr. 4 und Abs. 3). Schließlich wird auch der Sonderfall von etwaigen Schatzfunden geregelt (§ 4 Abs. 9).

Trotz der Regelungsdichte des § 4 wird die Abstimmung der Bauvertragspar- 3
teien zur Leistungsausführung ergänzungsbedürftig sein. Mag den Parteien bei Vertragsabschluss vieles klar sein bzw. erscheinen, wird es im Streitfall oft unklar. Daher empfehlen sich ergänzende vertragliche Regelungen zu den jeweiligen Besonderheiten eines Bauvorhabens. Dies auch im Hinblick darauf, dass der Auf-

---

[1] Staudinger/Peters/Jacoby, (2014), Vorb. zu §§ 631 ff. Rn. 5.

tragnehmer nachweisbar in die Lage versetzt wird, etwaige Erschwernisse in seiner Termin- und Vergütungskalkulation zu berücksichtigen. So kann sich **Ergänzungsbedarf** (nur beispielhaft) zu Folgendem ergeben: Besondere Sicherheitsbestimmungen der Baustelle mit Zugangskontrollen, Kameraüberwachungen etc., den Leistungsbereich des Auftragnehmers betreffende Regelungen aus Nachbarschaftsvereinbarungen des Auftraggebers, erforderliche Spezialtransporte zu den Leistungen des Auftragnehmers, besondere Baustelleneinrichtungsmaßnahmen, Geheimhaltungsbedürfnisse zum Geschäftsbetrieb des Auftraggebers etc. Beispielhafte ergänzende Regelungsgegenstände ergeben sich auch aus den jeweiligen Abschn. 0.2 der ATV-DIN 18299 der VOB/C und der einschlägigen ATV-DIN-Regelung des Gewerks, mit besonderen „Angaben zur Ausführung".

B. Koordinationspflichten sowie Überwachungs- und Anordnungsrechte des Auftraggebers (§ 4 Abs. 1)

I. Allgemeines

4   § 4 Abs. 1 regelt die wesentlichen Koordinations- und Mitwirkungspflichten des Auftraggebers (Nr. 1) und beschreibt seine Überwachungs- (Nr. 2) sowie Anordnungsrechte (Nr. 3). In Bezug auf Anordnungen des Auftraggebers besteht eine besondere Prüfungs- und Hinweispflicht des Auftragnehmers (Nr. 4).

5   Ergänzt werden diese Pflichten des Auftraggebers in § 4 Abs. 1 um bestimmte Beistellungsverpflichtungen sowie um die in § 3 geregelten Pflichten zur Übergabe von Ausführungsunterlagen und zu Geländevorbereitungsmaßnahmen. Die Koordinations- und Mitwirkungspflichten des Auftraggebers sind abzugrenzen von den Pflichten und Verantwortlichkeiten des Auftragnehmers aus § 4 Abs. 2. Weiter bleibt der Auftragnehmer auch im Verantwortungsbereich des Auftraggebers zur Prüfung und ggf. zur Erteilung von Bedenkenanzeigen gem. § 4 Abs. 3 verpflichtet.

II. Koordinations- und Mitwirkungspflichten des Auftraggebers (§ 4 Abs. 1 Nr. 1)

6   **1. Die Pflichten des Auftraggebers aus § 4 Abs. 1 Nr. 1.** Die **Koordinationspflicht des Auftraggebers** erfasst die Aufrechterhaltung der allgemeinen Ordnung auf der Baustelle und die Regelung des Zusammenwirkens der dort tätigen verschiedenen Unternehmer. „**Baustelle**" meint dabei nicht nur den unmittelbaren Ort der Bauausführung, sondern alle damit im Zusammenhang stehenden Geländeteile (einschließlich Lagerplätze, Material- und Unterbringungscontainer, Baustellenbüros, Sanitär- und sonstige Versorgungseinrichtungen etc).[2] Nicht entscheidend ist, ob es sich um Grundstücke im Eigentum des Auftraggebers handelt. Mit der „Aufrechterhaltung der allgemeinen Ordnung" ist auch deren erstmalige Schaffung erfasst, was planerische und koordinatorische Aufgaben des Auftraggebers voraussetzt, um die verschiedenen Arbeitsbereiche der auf der Baustelle tätigen Unternehmer festzulegen.

7   Im Zusammenhang damit steht die Regelungspflicht des Auftraggebers für das **Zusammenwirken der verschiedenen Unternehmer** auf der Baustelle. Dies beinhaltet die erforderlichen Maßnahmen, um Behinderungen oder Störungen

---

[2] Kapellman/Messerschmidt/Merkens § 4 Rn. 5.

Ausführung **§ 4**

der zeitgleich oder nacheinander tätigen Unternehmer auszuschließen.³ Betroffen ist hier insbesondere die zeitliche Koordination von Anschlussgewerken, um das ggf. erforderliche nahtlose Ineinandergreifen der Bauleistungen sicherzustellen. Die Abwehr schlechter Witterungsverhältnisse ist hingegen keine dem Auftraggeber obliegende Mitwirkungshandlung.⁴

Die örtliche Koordination wird regelmäßig durch einen **Baustellenordnungs-** **oder Baustelleneinrichtungsplan** vorgegeben, der festlegt, wo und wie Aufstellungsflächen für Lager- und Baucontainer, Lagerplätze, Zufahrtswege, Leitungsführungen von Baumedien etc vorhanden bzw. zu schaffen sind. Zur terminlichen Koordination der Unternehmer wird der Auftraggeber, insbesondere bei größeren Baumaßnahmen, regelmäßig einen **Bauzeitenplan** (zumindest als Rahmenterminplan mit den wesentlichen Meilensteinen des Bauvorhabens) aufstellen, der den zeitlichen Ablauf und die Abhängigkeiten der verschiedenen Gewerke darstellt. **8**

Besondere Vorgaben zum Sicherheits- und Gesundheitsschutz als Aufgabe des Auftraggebers enthält in ihrem Anwendungsbereich die **Baustellenverordnung (BaustellV),** und der hiernach aufzustellende Sicherheits- und Gesundheitsschutzplan, mit dem im Wesentlichen bestimmte Arbeitsabläufe zu gefährdungsrelevanten Tätigkeiten näher geregelt werden, um Gesundheitsgefahren für die baubeteiligten Arbeitnehmer auszuschließen. **9**

Weitere wesentliche Mitwirkungspflicht des Auftraggebers aus § 4 Abs. 1 Nr. 1 ist die Herbeiführung der erforderlichen **öffentlich-rechtlichen Genehmigungen und Erlaubnisse.** Als Beispiele hierfür nennt die Regelung solche nach dem Baurecht, dem Straßenverkehrsrecht und dem Wasser- sowie Gewerberecht. Darüber hinaus erfasst die Mitwirkungspflicht aber auch alle sonstigen für das konkrete Bauvorhaben einschlägigen Genehmigungen oder Erlaubnisse nach dem öffentlichen Recht. Hierzu gehören für die Entsorgung kontaminierten Erdaushubmaterials auch die nach den Richtlinien der Landesarbeitsgemeinschaft Abfall (LAGA) erforderlichen LAGA-Analysen⁵ oder die Vorlage eines Standsicherheitsnachweises bei der Entfernung eines Deckenbalkens,⁶ sowie etwaige denkmalschutzrechtliche Erlaubnisse. **10**

Die Einholung der öffentlich-rechtlichen Genehmigungen/Erlaubnisse setzt die Prüfung des Auftraggebers zur Genehmigungs- bzw. Erlaubnispflicht nach den einschlägigen Vorschriften voraus. Diese Aufgabe wird der Auftraggeber regelmäßig durch seinen Architekten und/oder Fachplaner durchführen lassen. Aufgabe und haftungsrechtliche Verantwortlichkeit der Planer ist dabei sowohl die Klärung der Genehmigungserfordernisse,⁷ wie auch die Erstellung einer dauerhaft genehmigungsfähigen Planung,⁸ **11**

Wesentliche öffentlich-rechtliche Genehmigung ist die nach Bauplanungs- und Bauordnungsrecht erforderliche **Baugenehmigung.** Da § 4 Abs. 1 Nr. 1 insofern die Mitwirkungspflichten des Auftraggebers aber nur beispielhaft regelt, erfasst die Genehmigungsherbeiführung nach zutreffender Auffassung auch etwaige privatrechtlich erforderliche Nachbarzustimmungen.⁹ **12**

---

³ Ingenstau/Korbion/Oppler § 4 Abs. 1 Rn. 9.
⁴ BGH NZBau 2017, 596 Rn. 17 für § 642 BGB.
⁵ OLG Koblenz IBR 2013, 10.
⁶ KG NJW-RR 2010, 1677.
⁷ BGH NJW 1973, 237.
⁸ BGH NZBau 2003, 38.
⁹ Ingenstau/Korbion/Oppler § 4 Abs. 1 Rn. 20; aA Kapellmann/Messerschmidt/Merkens § 4 Rn. 11.

§ 4

13 Sämtliche Koordinations- und Mitwirkungspflichten des § 4 Abs. 1 Nr. 1 stehen unter dem Vorbehalt, dass zwischen Auftraggeber und Auftragnehmer vertraglich nicht eine **andere Aufgabenverteilung vereinbart** ist. So werden bei GU- oder GÜ-Verträgen die Pflichten teilweise oder weitgehend beim Auftragnehmer liegen. Ferner können auch die Einholung von Genehmigungen oder zumindest die Erbringung der hierfür erforderlichen Voraussetzungen bei speziellen Gewerken (zB die Erstellung einer Fassadenstatik durch den Fassadenbauer) Aufgabe des Auftragnehmers sein, insbesondere wenn solche besonderen Koordinations- oder Mitwirkungspflichten Leistungen betreffen, die auf einem von der ursprünglichen Ausschreibung abweichenden Sondervorschlag des Auftragnehmers beruhen. Gleiches kann für spezielle Genehmigungen/Erlaubnisse zu Erfordernissen aus dem Leistungsbereich des Auftragnehmers gelten, etwa für straßenrechtliche Sondernutzungsgenehmigungen zu Spezialtransporten oder arbeitsrechtliche Erlaubnisse für Nacht- oder Schichtarbeiten. Sofern die Besonderen Leistungen im Sinne der Abschnitte 4 der ATV-DIN-Regelungen der VOB/C Koordinations- und Mitwirkungspflichten des Auftragnehmers vorsehen, sind diese nur dann vom ihm geschuldet, wenn sie vertraglich vereinbart sind, was jedoch auch der Fall ist, wenn sie in den Vorbemerkungen bei der vertragsgegenständlichen Leistungsbeschreibung erwähnt werden.[10]

13a Vom Auftraggeber gestellte vertragliche Regelungen zur Verlagerung seiner Pflichten aus § 4 Abs. 1 Nr. 1 auf den Auftragnehmer können jedoch zu einer Abweichung von der VOB/B führen, mit der Folge, dass die Regelungen der VOB/B der AGB-rechtlichen Kontrolle des BGB unterliegen.[11]

14 **2. Rechtsnatur der Pflichten des Auftraggebers/Rechtsfolgen.** Bei den Koordinations- und Mitwirkungspflichten des Auftraggebers aus § 4 Abs. 1 Nr. 1 handelt es sich nach richtiger Auffassung um **Obliegenheiten**.[12] Der BGH hat mit seinem sogenannten „Glasfassadenurteil" zutreffend darauf hingewiesen, dass den Besteller/Auftraggeber zur Erfüllung eines Bauvertrages in zahlreichen Fällen Mitwirkungshandlungen treffen. Sofern sich jedoch aus dem Gesetz oder den vertraglichen Vereinbarungen nichts anderes ergibt „handelt es sich bei diesen Mitwirkungshandlungen regelmäßig um Obliegenheiten des Bestellers".[13] Der Auffassung, dass es sich bei diesen Mitwirkungshandlungen um Nebenpflichten bzw. um für den Auftragnehmer einklagbare Pflichten des Auftraggebers handelt, kann nicht gefolgt werden.[14] Etwas anderes ergibt sich auch nicht aus der imperativen Formulierung des § 4 Abs. 1 Nr. 1 („hat").[15] Als vertragliche Regelung unterliegt § 4 Abs. 1 Nr. 1 auch der Auslegung nach der Interessenlage der Vertragsparteien unter Berücksichtigung dessen, was sie vernünftigerweise gewollt haben.[16] Dabei wird aus dem Zusammenspiel von § 4 Abs. 1 Nr. 1 S. 1 und Abs. 2 Nr. 1 S. 3 deutlich, dass mit diesen Regelungen die Zuständigkeitsbereiche der Vertragsparteien zu der Baustelle und dem Bau-

---

[10] BGH NZBau 2014, 427 Rn. 9.
[11] OLG Stuttgart NJW-Spezial 2024, 206.
[12] Ingenstau/Korbion/Oppler § 4 Abs. 1 Rn. 30; Staudinger/Peters/Jacoby (2014), § 642 Rn. 17; Leinemann/Leinemann § 4 Rn. 26.
[13] BGH NZBau 2009, 185 Rn. 34.
[14] So aber Kapellmann/Messerschmidt/Merkens § 4 Rn. 12; FKZGM/Bschorr § 4 Rn. 19.
[15] So jedoch insbes. FKZGM/Bschorr § 4 Rn. 19.
[16] Grüneberg/Grüneberg BGB § 133 Rn. 18.

Ausführung **§ 4**

vorhaben abgegrenzt werden sollen. Es ist jedoch nicht ersichtlich, dass/warum es aus der Sicht des Auftragnehmers etwa eine Vertragspflicht des Auftraggebers sein sollte, die erforderlichen öffentlich-rechtlichen Genehmigungen für den Auftragnehmer herbeizuführen. Dies bleibt selbstverständlich eigenes Interesse des Auftraggebers – im Sinne einer Obliegenheit –, um das Bauvorhaben durchführen zu können. Sofern jedoch nicht ausdrücklich etwas anderes vertraglich geregelt ist, ist aber kein Interesse des Auftragnehmers erkennbar, dass/warum sich der Auftraggeber ihm gegenüber zur Einholung von Genehmigungen verpflichten sollte. Wäre etwa das Vorhaben nur mit Änderungen der Planung genehmigungsfähig, würde eine einklagbare Nebenpflicht in der Konsequenz bedeuten, dass der Auftraggeber dem Auftragnehmer auch verpflichtet wäre, erforderliche Umplanungen seines Bauvorhabens durchzuführen, um eine Genehmigung zu erhalten. Derartige Regelungsabsichten der Parteien lassen sich allein bei Anwendung von § 4 Abs. 1 Nr. 1 auch aus der dortigen Formulierung nicht entnehmen.

Konkret zur Baugenehmigung hat der BGH schon entschieden, dass es sich **15** hierbei in § 4 Abs. 1 Nr. 1 nicht um eine gegenüber dem Auftragnehmer zu erfüllende Vertragspflicht, sondern lediglich um eine Klarstellung handelt, wer für die Einholung der Genehmigung zuständig ist.[17] Entsprechendes gilt für die Koordinierungspflichten des Auftraggebers aus § 4 Abs. 1 Nr. 1 S. 1. Auch hierbei handelt es sich nach richtiger Auffassung um Obliegenheiten.

Der Auftragnehmer wird durch die Einordnung der Pflichten des Auftragge- **16** bers als **Obliegenheiten im Gegensatz zu Nebenpflichten** nicht schlechter gestellt. Mit Ausnahme einer fehlenden Einklagbarkeit muss sich der Auftraggeber insbesondere auch bei Obliegenheiten das Verschulden von Erfüllungsgehilfen zurechnen lassen, die er zur Einhaltung der Obliegenheiten (etwa zur Koordination) einsetzt.[18] Insbesondere ein speziell vom Auftraggeber für seine Baustelle beauftragter Baulogistiker kann Erfüllungsgehilfe für die Obliegenheiten aus § 4 Abs. 1 Nr. 1 sein.[19] Kommt der Auftraggeber seinen Obliegenheiten nicht nach und wird der Auftragnehmer hierdurch in der Ausführung seiner Leistung behindert, kann dieser mit einer entsprechenden Behinderungsanzeige oder bei Offenkundigkeit der Behinderung eine Fristverlängerung nach § 6 Abs. 2 geltend machen. Auch bei fehlender Behinderungsanzeige trifft den Auftragnehmer an einem etwaigen Leistungsverzug in diesem Fall kein Verschulden.[20] Insbesondere ist der Auftragnehmer ohne Vorliegen einer Baugenehmigung nicht verpflichtet, mit seiner Leistung zu beginnen.[21] Weiter hat der Auftragnehmer im Falle einer Behinderung Schadensersatzansprüche nach § 6 Abs. 6 bzw. Anspruch auf Entschädigung nach § 642 BGB. Kommt der Auftraggeber einer Aufforderung zur Bewirkung der Obliegenheit innerhalb angemessener Frist nicht nach, besteht für den Auftragnehmer die Kündigungsmöglichkeit nach § 9 Abs. 1 Nr. 2.

Der Bauvertrag bleibt jedoch auch bei fehlender oder sogar rechtskräftig versagter Genehmigung wirksam.[22]

---

[17] BGH NJW 1974, 180.
[18] BGH NZBau 2009, 185 Rn. 35.
[19] Miernik NZBau 2021, 291.
[20] VJLR, Bauverzögerung Rn. 613.
[21] BGH NJW 1974, 1080.
[22] Kapellmann/Messerschmidt/Merkens § 4 Rn. 13.

III. Überwachungsrecht des Auftraggebers (§ 4 Abs. 1 Nr. 2)

17 § 4 Abs. 1 Nr. 2 gibt dem Auftraggeber das Recht, die **Herstellung der Werkleistung schon in der Erfüllungsphase zu überwachen.** Seinen besonderen Zweck hat dieses Überwachungsrecht darin, dass es bei Bauleistungen, die regelmäßig über eine längere Zeit und mit erforderlichen Abstimmungsprozessen erbracht werden, nicht ausreichend ist, wenn der Auftraggeber erst und nur das fertiggestellte Ergebnis im Rahmen der Abnahme kontrollieren kann. Viele Mängel lassen sich nämlich bereits in der Bauphase frühzeitig erkennen und abstellen, so dass es nach den Besonderheiten des Bauvertrages geboten ist, dem Auftraggeber hierzu auch entsprechende Kontrollbefugnisse zu geben.[23]

18 Das Überwachungsrecht gibt dem Auftraggeber gegenüber dem Auftragnehmer einen – notfalls einklagbaren – Anspruch, dass dieser die Zulassung der entsprechenden Überwachungsmaßnahmen duldet bzw. die hierzu erforderlichen Handlungen vornimmt.

19 Das Überwachungsrecht begründet jedoch andererseits **keine Überwachungspflicht des Auftraggebers.** Außerhalb seiner Obliegenheit zur Koordination (§ 4 Abs. 1 Nr. 1) ist der Auftraggeber nicht verpflichtet, die Entstehung des Werkerfolges zu überwachen. Auch wenn der Auftraggeber einen Planer mit der Bauüberwachung im Sinne der einschlägigen Leistungsphase 8 der HOAI beauftragt hat, kann sich der Auftragnehmer bei einer mangelhaften Bauleistung nicht darauf berufen, dass er durch den Bauüberwacher nicht oder nur unzureichend überwacht wurde.[24] Etwas anderes kann nur dann gelten, wenn der Auftraggeber selbst tatsächlich im Bauablauf Fehler des Auftragnehmers erkennt, ihn jedoch darauf nicht hinweist. Dies wäre jedoch keine Verletzung einer Überwachungspflicht – die es nicht gibt –, sondern stellt im Einzelfall eine Nebenpflichtverletzung des Auftraggebers gem. § 241 Abs. 2 BGB dar, mit der Schadensersatzfolge, dass sich der Auftraggeber dann ggf. ganz oder zum Teil nicht auf Mängelansprüche berufen kann.[25]

Das Überwachungsrecht aus § 4 Abs. 1 Nr. 2 beinhaltet

20 – ein **Zutrittsrecht des Auftraggebers** zu allen Plätzen und Räumen, in denen die vertragliche Leistung oder Teile von ihr hergestellt oder die hierfür bestimmten Stoffe und Bauteile gelagert werden. Dieses Zutrittsrecht bezieht sich nur auf solche Räume und Plätze, die der Verfügungsgewalt des Auftragnehmers unterliegen.[26] Insbesondere nicht erfasst sind somit Fertigungsanlagen von Baustoffherstellern oder Lager von Baustofflieferanten. Hierzu empfehlen sich ergänzende vertragliche Regelungen, wenn für den Auftraggeber ein besonderes Interesse zur Überwachung der Fertigungs- oder Lieferprozesse besteht.

21 – ein **Recht auf Vorlage von Werkzeichnungen, anderen Ausführungsunterlagen und Ergebnissen von Güteprüfungen.** Die Regelung spricht nur von der Vorlage „zur Einsicht", so dass fraglich erscheint, ob sich hieraus auch das Recht auf eine vorübergehende Überlassung bzw. Übersendung der entsprechenden Unterlagen ergibt.[27] Zu den Ausführungsunterlagen des Auftrag-

---

[23] Ingenstau/Korbion/Oppler § 4 Abs. 1 Rn. 51.
[24] BGH BeckRS 1982, 31075059 = BauR 82, 514; NZBau 2002, 514; Gartz BauR 2010, 703.
[25] Anders wohl Staudinger/Peters/Jacoby (2014), § 633 Rn. 40, die in diesem Fall offenbar von einem Mitverschulden des Auftraggebers ausgehen.
[26] Ingenstau/Korbion/Oppler § 4 Abs. 1 Rn. 57.
[27] So aber Ingenstau/Korbion/Oppler § 4 Abs. 1 Rn. 61.

Ausführung **§ 4**

nehmers besteht jedoch eine entsprechende weitergehende Vorlagepflicht schon aus § 3 Abs. 5.
- ein **Recht auf Verlangen erforderlicher Auskünfte** des Auftragnehmers. 22
Mit „erforderlich" sind die Auskünfte gemeint, die notwendig sind, damit der Auftraggeber das ihm aus der oben (→ Rn. 17) genannten Zwecksetzung eingeräumte Überwachungsrecht ausüben kann.[28] Nachdem es sich um Überwachungsrechte im Rahmen der Ausführung handelt, erstreckt sich das Auskunftsrecht nicht auf die Zeit nach Abnahme.[29]

Das Recht zur Vorlage von Unterlagen sowie das Auskunftsrecht werden durch 23 die erforderliche **Geheimhaltung von Geschäftsgeheimnissen** des Auftragnehmers begrenzt. Da der Begriff des Geschäftsgeheimnisses in diesem Zusammenhang weit zu verstehen ist und auch besondere Arbeitsabläufe zu dem Betrieb des Auftragnehmers erfasst,[30] wird man, um das Überwachungsrecht des Auftraggebers in diesem Bereich nicht wirkungslos werden zu lassen, fordern können, dass der Auftragnehmer die erforderliche Geheimhaltung von behaupteten Geschäftsgeheimnissen konkret begründet. Wie S. 4 des § 4 Abs. 1 Nr. 2, dem der Auftraggeber die vertrauliche Behandlung von Geschäftsgeheimnissen aufgibt, zeigt, hat auch im Einzelfall eine Abwägung stattzufinden, ob bzw. inwieweit Geschäftsgeheimnisse die Überwachungsrechte des Auftraggebers einschränken oder ausschließen. Im Einzelfall kann sich ein Interessensausgleich durch Schwärzen von bestimmten Passagen in Unterlagen erzielen lassen. Nach dem Wortlaut zutreffend nicht beschränkt durch Geschäftsgeheimnisse ist das Zutrittsrecht des Auftraggebers aus § 4 Abs. 1 Nr. 2 S. 2.[31]

Das Überwachungsrecht selbst gibt dem Auftraggeber **kein Recht zu aktiven** 24
Eingriffen in den Ausführungsprozess.

IV. Anordnungsrecht des Auftraggebers (§ 4 Abs. 1 Nr. 3)

§ 4 Abs. 1 Nr. 3 gibt dem Auftraggeber das Recht, Anordnungen zu treffen, 25 die zur vertragsgemäßen Ausführung der Leistung notwendig sind.

„**Anordnung**" in diesem Sinne meint nach der Rspr. des BGH „eine eindeutige, die Befolgung durch den Auftragnehmer heischende Anordnung des Auftraggebers …, die dem Auftragnehmer keine Wahl lässt".[32] Insbesondere nicht ausreichend sind bloße Vorschläge des Auftraggebers[33] oder Einverständniserklärungen des Auftraggebers zu bestimmten ihm vorgeschlagenen Baustoffen.[34]

In Abgrenzung zum Anordnungsrecht des Auftraggebers bei geänderten Leistun- 26
gen nach § 1 Abs. 3 sowie zum Recht des Auftraggebers nach § 1 Abs. 4, zusätzliche Leistungen zu verlangen, bezieht sich das Anordnungsrecht nach § 4 Abs. 1 Nr. 3 nur auf solche Umstände, die konkret für die Vertragsgemäßheit der beauftragten Leistung notwendig sind, ohne dass hierfür zusätzliche und/oder geänderte Leistungen erforderlich werden. Diese Abgrenzung bestimmt sich zutreffenderweise objek-

---

[28] Kapellmann/Messerschmidt/Merkens § 4 Rn. 18.
[29] AA Ingenstau/Korbion/Oppler § 4 Rn. 62.
[30] Ingenstau/Korbion/Oppler § 4 Abs. 1 Rn. 64; Kapellmann/Messerschmidt/Merkens § 4 Rn. 20.
[31] FKZGM/Bschorr § 4 Rn. 32; Kapellmann/Messerschmidt/Merkens § 4 Rn. 19; aA Ingenstau/Korbion/Oppler § 4 Abs. 1 Rn. 66.
[32] BGH BeckRS 1975, 31118548 = BauR 75, 421.
[33] BGH NJW 1984, 2457 (2459).
[34] BGH BeckRS 1975, 31118548 = BauR 75, 421.

Gartz

tiv, so dass es nicht auf die subjektiven Vorstellungen des Auftraggebers ankommt, ob er **Zusatz- und/oder Änderungsleistungen** anordnen oder „nur" eine Anordnung zur Konkretisierung und Sicherstellung der vertragsgemäßen Leistungsausführung treffen will.[35] Wesentlich ist diese Unterscheidung für den Auftragnehmer aufgrund der an die Anordnungen nach § 1 Abs. 3 oder Abs. 4 anknüpfenden Vergütungsfolgen des § 2 Abs. 5 und Abs. 6. Dem Auftragnehmer ist daher eine kritische Überprüfung zu empfehlen, welchen Rechtscharakter die ihm erteilte Anordnung hat, damit er für sich auch sicherstellen kann, ob im Fall des § 2 Abs. 6 die Ankündigung eines Anspruchs auf besondere Vergütung erforderlich wird. In der Übermittlung geänderter Bauablaufpläne, mit denen der Auftraggeber auf behinderungsbedingte Störungen reagieren will, liegt dabei keine Anordnung einer geänderten Leistung nach § 2 Abs. 5.[36]

27 Das Anordnungsrecht nach § 4 Abs. 1 Nr. 3 ist weiter von einer etwaigen Mängelbeseitigungsaufforderung nach § 4 Abs. 7 abzugrenzen. Diese Abgrenzung muss sich objektiv danach bestimmen, ob bereits ein Mangel der Leistung des Auftragnehmers vorliegt oder ob durch Anordnungen zur vertragsgemäßen Ausführung die Entstehung einer mangelhaften Leistung verhindert werden soll.

28 Die Voraussetzung der **„Notwendigkeit"** einer Anordnung bestimmt sich ebenfalls mit einer objektiven Sichtweise dahingehend, dass die Anordnung erforderlich sein muss, um die Vertragsgemäßheit der beauftragten Leistung sicherzustellen.[37]

29 Im Umfang begrenzt ist das Anordnungsrecht durch die originären Leitungsbefugnisse des Auftragnehmers gem. § 4 Abs. 2 (→ Rn. 42).

30 Notwendige Anordnungen sind **dem Auftragnehmer selbst oder seinem für die Leitung der Ausführung bestellten Vertreter** zu erteilen (§ 4 Abs. 1 Nr. 3 S. 2). Da auch die in gehobener Position zu einem Bauvorhaben für den Auftragnehmer tätigen Mitarbeiter (etwa Projekt- oder Bauleiter, Polier etc) in keinem Fall Vertretungsbefugnisse für den Auftragnehmer haben müssen, enthält § 4 Abs. 1 Nr. 3 S. 3 die Verpflichtung des Auftragnehmers, dem Auftraggeber mitzuteilen, wer Vertreter des Auftragnehmers für die Leitung der Ausführung ist. Ausgenommen von dem Erfordernis, Mitteilungen an den Auftragnehmer bzw. dessen Vertreter zu machen, sind die Fälle von „Gefahr in Verzug", also alle Fälle, in denen eine Mitteilung an den Auftragnehmer bzw. dessen Vertreter zeitlich nicht ausreichend ist, um eine Gefahr schnellstmöglich abzuwenden oder zu vermeiden.

V. Bedenkenmitteilung (§ 4 Abs. 1 Nr. 4)

31 Nach § 4 Abs. 1 Nr. 4 hat der Auftragnehmer die Pflicht, **Bedenken gegen eine Anordnung des Auftraggebers** nach § 4 Abs. 1 Nr. 3 geltend zu machen, wenn der Auftragnehmer die Anordnung entweder für unberechtigt oder für unzweckmäßig hält.

32 Mit der Formulierung, dass der Auftragnehmer die Anordnung nur für unberechtigt oder unzweckmäßig „halten" muss, ergibt sich, dass hier auf eine **subjektive Sicht des Auftragnehmers** abzustellen ist.[38] Mit der dementsprechend frühzeitig einsetzenden Pflicht zur Bedenkenanzeige soll dem Auftraggeber Gelegenheit gegeben werden, seine Anordnung noch einmal zu überdenken.

---

[35] Kapellmann/Messerschmidt/Merkens § 4 Rn. 25.
[36] BGH BeckRS 2024, 29259.
[37] Ingenstau/Korbion/Oppler § 4 Abs. 1 Rn. 75.
[38] Ingenstau/Korbion/Oppler § 4 Abs. 1 Rn. 84; Kapellmann/Messerschmidt/Merkens § 4 Rn. 35.

Ausführung **§ 4**

§ 4 Abs. 1 Nr. 4 fordert keine schriftliche Bedenkenanzeige. Aus Gründen der 33
Nachweisbarkeit empfiehlt sich für den Auftragnehmer jedoch dringlich die
Schriftlichkeit der Anzeige sowie die Sicherstellung eines Zugangsnachweises.

§ 4 Abs. 1 Nr. 4 steht in einem Näheverhältnis zu der **Prüfungs- und Hin-** 34
weispflicht des Auftragnehmers aus § 4 Abs. 3. Die Bedenkenanzeige aus § 4
Abs. 1 Nr. 4 setzt zunächst auch wie die Prüfungs- und Hinweispflicht aus Abs. 3
voraus, dass der Auftragnehmer die Anordnung des Auftraggebers in ihren Auswirkungen prüft. Der **Prüfungsrahmen** wird hier mit demselben Maßstab anzulegen
sein, wie bei § 4 Abs. 3 (vgl. → Rn. 63 ff.). Die Bedenkenanzeige nach § 4 Abs. 1
Nr. 4 bezieht sich ausschließlich auf die Anordnungen des Auftraggebers im Bauablauf, wohingegen die Prüfungs- und Hinweispflicht aus Abs. 3 sämtliche Leistungsvorgaben und -grundlagen erfasst, insbesondere also auch solche, die bereits
bei Beauftragung des Auftragnehmers vorliegen. Spätestens dann aber, wenn der
Auftraggeber auch auf eine Bedenkenanzeige des Auftragnehmers nach § 4 Abs. 1
Nr. 4 hin auf die Ausführung seiner Anordnung besteht, muss der Auftragnehmer,
um die Enthaftungsmöglichkeit nach § 13 Abs. 3 zu erhalten, nochmals einen
Bedenkenhinweis unter Einhaltung der Vorgaben des § 4 Abs. 3 erteilen, insbesondere also auch eine schriftliche Bedenkenanzeige mit einem ausreichenden Hinweis
auf die Folgen der Anordnung des Auftraggebers vornehmen.

Zu den **Reaktionsmöglichkeiten und -erfordernissen des Auftraggebers** 35
entspricht die Rechtslage derjenigen zu § 4 Abs. 3 (→ Rn. 89 ff.). Insbesondere
gilt: Verbleibt der Auftraggeber nach einem Bedenkenhinweis bei seiner Anordnung, hat der Auftragnehmer die Anordnung auszuführen, es sei denn, dass gesetzliche oder behördliche Bestimmungen der Ausführung entgegenstehen. Ergänzend hierzu wird ein **Leistungsverweigerungsrecht des Auftragnehmers**
dann anzunehmen sein, wenn die Ausführung der Anordnung Leib oder Leben
in Gefahr bringen würde. Das wird beispielsweise anzunehmen sein, wenn der
Auftragnehmer bzw. dessen Arbeitnehmer bei Befolgung der Anordnung mit
gesundheitsgefährdenden Gefahrstoffen arbeiten müssten.[39] Weitergehende Leistungsverweigerungsrechte, wie sie zum Teil dann angenommen werden, wenn
etwa gravierende Mängel absehbar sind,[40] sind abzulehnen (vgl. auch § 18 Abs. 5).
Der Auftragnehmer ist hierzu ausreichend über die Möglichkeit geschützt, sich
nach § 4 Abs. 3 von einer Mängelhaftung zu befreien.[41] Sollte im Einzelfall die
Anordnung zu Behinderungen des Auftragnehmers führen, verbleiben ergänzend
die Möglichkeiten nach § 6 (Fristverlängerung, Schadensersatz, Entschädigung).
Im Extremfall kann auch ein Kündigungsrecht nach § 9 einschlägig sein, wenn die
verfehlte Anordnung des Auftraggebers zugleich das Unterlassen einer eigentlich
erforderlichen Mitwirkungshandlung darstellt. Für weitergehende Leistungsverweigerungsrechte ist somit kein Bedarf, zumal auch wesentliche Fälle bereits über
das Leistungsverweigerungsrecht wegen eines Gesetzesverstoßes abgedeckt sein
werden. So ist zu beachten, dass es nach dem einschlägigen Bauordnungsrecht
bereits eine allgemeine Anforderung ist, die Errichtung baulicher Anlagen nach
den anerkannten Regeln der Technik und nach den eingeführten technischen
Baubestimmungen vorzunehmen (vgl. etwa Art. 3 der BayBO). Entspricht somit
die Anordnung des Auftraggebers nicht diesen Vorgaben, wird der Auftragnehmer

---

[39] Winkelmüller/Finster ARP 2022, 339.
[40] So etwa Ingenstau/Korbion/Oppler § 4 Abs. 1 Rn. 88; OLG Düsseldorf NZBau 2018, 607.
[41] BGH BeckRS 2024, 6400.

ein Leistungsverweigerungsrecht mit Verweis auf den Verstoß gegen gesetzliche Bestimmungen geltend machen können.

36 Besteht der Auftraggeber trotz Bedenkenanzeige auf die Ausführung seiner Anordnung, kann dem Auftragnehmer nach § 4 Abs. 1 Nr. 4 S. 2 ein Anspruch auf **Ausgleich der Mehrkosten** zustehen, die ihm durch ungerechtfertigte Erschwernisse entstehen. Voraussetzung des Ausgleichsanspruchs ist, dass der Auftragnehmer eine Anordnung, auf deren fehlende Berechtigung oder Zweckmäßigkeit er den Auftraggeber hingewiesen hat, dennoch auf Verlangen des Auftraggebers ausführt und dass die Mehrkosten konkret aus Erschwernissen dieser anordnungsbedingten Ausführung anfallen. Abzugrenzen davon sind wiederum Vergütungsänderungen, die sich aus nach § 1 Abs. 3 oder Abs. 4 angeordneten geänderten bzw. zusätzlichen Leistungen ergeben. Der Mehrkostenausgleichsanspruch nach § 4 Abs. 1 Nr. 4 S. 2 betrifft somit ausschließlich Erschwernisse im Rahmen der Ausführung der bereits ursprünglich vertraglich beauftragten Leistung. Zu Recht wird darauf hingewiesen, dass mit dieser Abgrenzung die praktische Relevanz des Mehrkostenausgleichsanspruchs aus § 4 Abs. 1 Nr. 4 eingeschränkt ist.[42] Dennoch verbleibt durchaus ein Anwendungsbereich zu Erschwernissen der geschuldeten Leistung aus Anordnungen des Auftraggebers, wenn etwa der Auftraggeber (unberechtigt) anordnet, dass der Auftragnehmer bestimmte Baustoffe verwenden soll, die in der Verarbeitung aufwendiger sind.

37 Keine Voraussetzung für den Ausgleichsanspruch ist, dass dem Auftragnehmer kein Leistungsverweigerungsrecht zustehen darf.[43] Vielmehr gibt die Regelung dem Auftragnehmer insofern nur ein Recht zur Leistungsverweigerung, nicht aber die Pflicht, die Leistung bei einem Verstoß gegen gesetzliche oder behördliche Bestimmungen zu verweigern.

38 Der Ausgleichsanspruch zu Mehrkosten ist ein **eigener Vergütungs- und kein Schadensersatzanspruch,** so dass es auch nicht auf ein Verschulden des Auftraggebers zu seiner unberechtigten/unzweckmäßigen Anordnung ankommt. Der Umfang der Mehrkosten ist vom Auftragnehmer darzulegen und nachzuweisen.[44] Die Regelungen aus § 2 Abs. 5 und Abs. 6 finden hierauf keine Anwendung.[45]

C. Eigenverantwortliche Ausführungsverpflichtung des Auftragnehmers (§ 4 Abs. 2)

I. Allgemeines

39 § 4 Abs. 2 beschreibt die Eigenverantwortung des Auftragnehmers in der Leistungsausführung und seine umfassende Zuständigkeit im eigenen Arbeitsbereich (§ 4 Abs. 2 Nr. 1), sowie die Verantwortlichkeit gegenüber seinen Arbeitnehmern (§ 4 Abs. 2 Nr. 2).

40 Die Regelung wird zutreffend als **„Generalklausel" der eigenverantwortlichen Leistungserfüllung** des Auftragnehmers bezeichnet.[46] Diese Generalklau-

---

[42] FKZGM/Bschorr § 4 Rn. 66.
[43] So aber wohl FKZGM/Bschorr § 4 Rn. 66.
[44] Ingenstau/Korbion/Oppler § 4 Abs. 1 Rn. 101.
[45] Kapellmann/Messerschmidt/Merkens § 4 Rn. 45; Ingenstau/Korbion/Oppler § 4 Abs. 1 Rn. 96; aA FKZGM/Bschorr § 4 Rn. 70.
[46] Ingenstau/Korbion/Oppler § 4 Abs. 2 Rn. 1.

sel beschreibt aber nicht nur die – auch aus anderen Regelungen der VOB/B und des Werkvertragsrechts – ohnehin bestehende verschuldensunabhängige Erfolgshaftung des Auftragnehmers, sondern gilt mit der Vorgabe zur Einhaltung der allgemein anerkannten Regeln der Technik und der gesetzlichen und behördlichen Bestimmungen auch für die tatsächliche Leistungsausführung selbst, insofern als hierzu auch weitergehende Regelungen beachtet werden müssen, um Störungen oder Schäden für Dritte zu vermeiden (etwa Lärm- oder Erschütterungsvorgaben aus Gesetz und/oder Verwaltungsvorschriften).

Im Wesentlichen hat die Regelung eine klarstellende Funktion.

II. Eigenverantwortliche Leistungsausführung (§ 4 Abs. 2 Nr. 1)

Nr. 1 des § 4 Abs. 2 beschreibt die **Eigenverantwortung des Auftragneh-** 41
mers im Rahmen der Leistungsausführung.

S. 1 der Regelung stellt zunächst klar, was selbstverständlich ist, dass nämlich der Auftragnehmer die Leistung „nach dem Vertrag auszuführen" hat, also alle leistungsbezogenen Vorgaben – sei es im Hinblick auf den geschuldeten Erfolg oder die Modalitäten der Leistungsausführung (letzteres etwa zu vereinbarten Arbeitszeiten, Baustelleneinrichtungen etc) – zu berücksichtigen bzw. umzusetzen hat. Die Eigenverantwortlichkeit findet danach zunächst ihre Grenze in den Zuständigkeiten, die § 4 Abs. 1 Nr. 1 als Aufgaben des Auftraggebers regelt. So ist es insbesondere, wenn nicht vertraglich anders geregelt, nicht Aufgabe des Auftragnehmers, im Rahmen der eigenverantwortlichen Leistungsausführung die hierfür erforderlichen öffentlich-rechtlichen Genehmigungsvoraussetzungen zu schaffen. Weiter kann die eigenverantwortliche Ausführung eine Beschränkung durch bindende vertragliche Vorgaben oder Anordnungen des Auftraggebers nach § 4 Abs. 1 Nr. 3 finden, wobei wiederum die Anordnungsbefugnis des Auftraggebers im Wechselspiel mit den Leitungsbefugnissen des Auftragnehmers nach § 4 Abs. 2 beschränkt ist (vgl. § 4 Abs. 1 Nr. 3 S. 1). Zu all diesen möglichen Beschränkungen der Eigenverantwortlichkeit ist der Auftragnehmer jedoch zur Prüfung und ggf. zur Bedenkenanzeige verpflichtet, wenn die Eingriffe oder Vorgaben des Auftraggebers den werkvertraglich geschuldeten Leistungserfolg einschränken oder gar vereiteln (§ 4 Abs. 1 Nr. 4 und § 4 Abs. 3). Dies gilt alles auch entsprechend für Anordnungen oder Vorgaben des Auftraggebers zu Modalitäten der Leistungsausführung (etwa zu Lärm- oder Arbeitszeitvorgaben, Anordnungen zum Einsatz bestimmter Baugeräte etc).

Nach S. 2 des § 4 Abs. 2 Nr. 1 hat der Auftragnehmer zur eigenverantwortlichen Leistungsausführung Folgendes zu berücksichtigen:

– **Die „anerkannten Regeln der Technik":** Gemeint sind nach heute gängiger 42
Diktion und zur Abgrenzung von anderen Technikstandards („Stand der Technik" und „Stand von Wissenschaft und Technik") die sog. „allgemein anerkannten Regeln der Technik".[47] Diese Vorgabe entspricht der Voraussetzung zur Mängelfreiheit in § 13 Abs. 1, so dass auf die dortige ausführliche Kommentierung verwiesen werden kann. Hier soll nur zusammengefasst werden, dass es sich bei den allgemein anerkannten Regeln der Technik nach gängiger Definition um „die Summe der im Bauwesen anerkannten wissenschaftlichen, technischen und handwerklichen Erfahrungen" handelt, „die durchwegs bekannt und

---

[47] Ausführlich zu den allgemein anerkannten Regeln der Technik und ihrer Bedeutung für die Mängelhaftung: Seibel, Baumängel und anerkannte Regeln der Technik (2009).

als richtig und notwendig anerkannt sind".[48] Maßgeblich ist die wissenschaftliche Anerkennung und gleichzeitige Praxisbewährung der Regel, so dass es sich nicht nur um eine theoretische Lehrmeinung handeln darf, sondern dieses auch ihre Anerkennung in der Praxis gefunden haben muss. Eine schriftliche Fixierung der Regel ist für ihre Berücksichtigung als allgemein anerkannte Regel der Technik nicht erforderlich.[49] Auch DIN-Vorschriften müssen nicht zwingend die geltende allgemein anerkannte Regel der Technik darstellen.[50] Regelmäßig werden sich die allgemein anerkannten Regeln der Technik aber in Regelwerken, wie eben DIN-Vorschriften, technischen Baubestimmungen oder Richtlinien von Fachverbänden (zB des VDI oder des VdS) finden. Die allgemein anerkannten Regeln der Technik stellen nach ständiger Rspr. des BGH den „vertraglichen Mindeststandard" für eine mangelfreie Leistung dar.[51] Sie sind somit auch das Mindestmaß für den Umfang der Prüfungs- und Hinweispflichten des Auftragnehmers (dazu → Rn. 65). Wie § 13 Abs. 1 S. 2 bestätigt, sind vom Auftragnehmer die zum Zeitpunkt der Abnahme geltenden allgemein anerkannten Regeln der Technik einzuhalten. Dies gilt jedoch mit Blick auf die Mängelhaftung und für den fertiggestellten Leistungserfolg. In der Ausführungsvorschrift des § 4 Abs. 2 Nr. 1 liegt der Schwerpunkt hingegen auf den für die Modalitäten der Leistungsausführung zum jeweiligen Zeitpunkt der Ausführung geltenden allgemein anerkannten Regeln der Technik (etwa den bei der Ausführung geltenden Lärmschutzvorgaben).

43 – **Gesetzliche und behördliche Bestimmungen:** Die Berücksichtigung bzw. Umsetzung dieser Vorgaben ist zunächst selbstverständlich, soweit es sich um Bestimmungen handelt, die unmittelbar den Auftragnehmer als Adressaten betreffen (etwa gesetzliche Vorgaben zum Maschineneinsatz). Wesentlich sind auch hier die Bestimmungen, die auf den Leistungserfolg selbst Einwirkung haben, wie namentlich die Baugenehmigung mit ihren Auflagen und Nebenbestimmungen. Zu diesen besteht grds. auch eine Erkundigungspflicht des Auftragnehmers.[52] Gleiches gilt zur Berücksichtigung bauordnungsrechtlich eingeführter Baubestimmungen und zur Verwendung normgerechter und ggf. bauordnungsrechtlich geprüfter Baustoffe einschließlich etwaig erforderlicher CE-Kennzeichnungen.[53] Daneben muss der Auftragnehmer jedoch auch in eigener Verantwortung die für die Modalitäten der tatsächlichen Leistungsausführung geltenden gesetzlichen und behördlichen Bestimmungen beachten, wie zB Verwaltungsvorschriften zu Baulärmgeräusch-Immissionen (etwa die AVV-Baulärm), die 15. BImSchVO (Geräte- und MaschinenlärmschutzVO), Gewässerschutzverordnungen und allgemein das Wasserrecht, weitere einschlägige Bundesimmissionsschutzgesetze und auch Sicherheitsvorschriften, wie etwa die Gerüstordnung DIN 4420, die Unfallverhütungsvorschriften oder die DIN 4150 zum Erschütterungsschutz.

44 Unabhängig von der weitgehenden Eigenverantwortlichkeit des Auftragnehmers zur Leistungsausführung verbleiben ihm selbstverständlich Einwendungsmöglichkeiten in den Fällen, in denen den Auftraggeber ein **Mitverschulden** (§ 254

---

[48] Werner/Pastor BauProz, Der Bauprozess, 16. Aufl., Rn. 1926.
[49] BGH NZBau 2014, 160 Rn. 14.
[50] BGH NJW 1998, 2814 (2815).
[51] BGH NJW 1998, 2814 (2815); NZBau 2013, 295 Rn. 9.
[52] BGH NJW-RR 1998, 738 (739).
[53] LG Mönchengladbach BeckRS 2015, 12238 = IBR 2015, 483.

Ausführung §4

BGB) wegen fehlender oder fehlerhafter Mitwirkungshandlungen oder anderweitiger Mangel- bzw. Schadensmitverursachung trifft.

Abschließend zu § 4 Abs. 2 Nr. 1 regelt dessen S. 3 die **Leitungspflicht aber** 45 **auch -befugnis des Auftragnehmers zu seiner Ausführungsleistung** und die Verpflichtung, für Ordnung auf seiner Arbeitsstelle zu sorgen. Dies schafft zunächst die erforderliche Abgrenzung zur Koordinationsverpflichtung des Auftraggebers aus § 4 Abs. 1 Nr. 1 dahingehend, dass der **Auftraggeber für die übergeordnete allgemeine Ordnung auf der Baustelle verantwortlich** ist, den Auftragnehmer jedoch die Eigenverantwortung zu seiner konkreten Arbeitsstelle trifft, also zu dem Teil bzw. Bereich der Baustelle, in dem der Auftragnehmer sein Gewerk ausführt. Zum anderen schafft die Regelung als Leitungsbefugnis aber auch die Abgrenzung zu Gunsten des Auftragnehmers, dass dem Auftraggeber insoweit Eingriffe in den Leitungsbereich des Auftragnehmers nicht gestattet sind. Der Auftraggeber kann somit insbesondere nicht im Sinne eines Direktionsrechtes Anordnungen gegenüber den einzelnen Mitarbeitern des Auftragnehmers treffen, was auch die Regelung in § 4 Abs. 1 Nr. 3 S. 2 bestätigt.

Nach allgemeinem Zivilrecht bleibt der Auftragnehmer befugt, für seine Lei- 46 tungsaufgabe einen Vertreter zu bestellen, der in diesem Fall Erfüllungsgehilfe des Auftragnehmers zur Umsetzung dieser Nebenpflicht ist.

III. Verantwortlichkeit des Auftragnehmers gegenüber seinen Arbeitnehmern (§ 4 Abs. 2 Nr. 2)

Die Regelung des § 4 Abs. 2 Nr. 2 stellt klar, dass es selbstverständliche **Allein-** 47 **verantwortlichkeit des Auftragnehmers** ist, **gegenüber seinen Arbeitnehmern** die gesetzlichen, behördlichen und berufsgenossenschaftlichen Verpflichtungen zu erfüllen. Ferner enthält auch S. 2 der Regelung nur die Klarstellung der Selbstverständlichkeit, dass Regelungen des Arbeitsverhältnisses zwischen dem Auftragnehmer und seinen Arbeitnehmern ausschließlich in diesem Rechtsverhältnis getroffen werden.

Nicht ausgeschlossen wird hierdurch allerdings die **bürgenähnliche Haftung** 48 **eines Auftraggebers**, der Unternehmer ist, aus § 14 Arbeitnehmer-Entsendegesetz (AEntG) oder § 13 Mindestlohngesetz (MiLoG), für den Fall, dass der Auftragnehmer seine Verpflichtung zur Zahlung von Mindestentgelten oder von Beiträgen an gemeinsame Einrichtungen der Tarifvertragsparteien nicht erfüllt. Gleiches gilt für die Bürgenhaftung des Auftraggebers, sofern er selbst Unternehmer des Baugewerbes ist, für die ordnungsgemäße Abführung von Sozialversicherungsbeiträgen durch den Auftragnehmer (§ 28e Abs. 3a–f SGB IV). Hierzu empfehlen sich gesonderte vertragliche Regelungen für Beibringung von Unbedenklichkeitsbescheinigungen über die Beitragsleistungen. Weiter empfiehlt sich eine Freistellungsverpflichtung des Auftragnehmers für den Fall einer entsprechenden Bürgenhaftung des Auftraggebers mit gleichzeitiger Absicherung dieses Freistellungs- bzw. Erstattungsanspruches im Rahmen der Vertragserfüllungssicherheit.

Im Anwendungsbereich des Lieferkettensorgfaltspflichtengesetzes (LkSG) kön- 49 nen auch mittelständische Bauunternehmen im Rahmen einer Lieferkette (etwa beim Bezug oder Einsatz von Baumaschinen und Materialien größerer Hersteller) von Dokumentations- und Sorgfaltspflichten des Gesetzes betroffen sein, um die Einhaltung menschenrechtlicher und umweltbezogener Pflichten sicherzustellen.[54]

---

[54] Rupa-Sträßer ZfBR 2023, 419 und Tschäpe/Trefzger ZfBR 2023, 423.

§ 4

50 Nach hM kann sich abweichend von der Eigenverantwortlichkeit des Auftragnehmers für den Schutz seiner Arbeitnehmer eine unmittelbare Rechtsbeziehung zwischen dem Auftraggeber und den Arbeitnehmern des Auftragnehmers nach den **Grundsätzen des Vertrages mit Schutzwirkung für Dritte** ergeben, wenn der Auftraggeber sich gegenüber dem Auftragnehmer zu Leistungen/Handlungen verpflichtet, die den Arbeitnehmern zu Gute kommen sollen, wie etwa bei der Einrichtung von Aufenthaltsräumen oder der Zurverfügungstellung von Baumaschinen durch den Auftraggeber.[55]

D. Prüfungs- und Hinweispflicht/Bedenkenanzeige des Auftragnehmers (§ 4 Abs. 3)

I. Allgemeines/Anwendungsbereich

51 **1. Allgemeines.** § 4 Abs. 3 verpflichtet den Auftragnehmer, dem Auftraggeber eine Mitteilung zu machen, wenn er zu den in der Regelung genannten Tatbeständen (kurzgefasst: zu den Leistungsvorgaben und -grundlagen) Bedenken hat. Auch wenn § 4 Abs. 3 vom Wortlaut her anders als § 3 Abs. 3 S. 2 keine Prüfungspflicht des Auftragnehmers zu den geregelten Tatbeständen enthält, ist es doch denknotwendige Voraussetzung, dass der Auftragnehmer für die Bewertung der Frage, ob er Bedenken mitteilen muss oder nicht, zunächst die bedenkenrelevanten Gegebenheiten prüft. Auch § 4 Abs. 3 enthält somit inzident eine Prüfungspflicht,[56] so dass die Praxis auch folgerichtig von einer **Prüfungs- und Hinweispflicht** des Auftragnehmers spricht. Die Mitteilung der Bedenken wird weithin als „Bedenkenanzeige" bezeichnet.

52 Die Prüfungs- und Hinweispflicht des Auftragnehmers ist eine der wichtigsten Regelungen der VOB/B, da ihre konsequente Berücksichtigung auf Seiten des Auftragnehmers vielfach die Entstehung von Mängeln vermeiden kann. Entsprechend darf diese Pflicht des Auftragnehmers, worauf zutreffend hingewiesen wird, auch nicht bagatellisiert werden.[57]

53 § 4 Abs. 3 ist eine Konkretisierung des allgemeinen Grundsatzes von Treu und Glauben (§ 242 BGB) und der Schutzpflichten nach § 241 Abs. 2 BGB, mit der **Zwecksetzung,** den Auftraggeber als Vertragspartner vor Schaden zu bewahren.[58] Die Leistungsausführung des Auftragnehmers darf sich somit nicht in einem reinen „Abarbeiten" bzw. Verwenden der Leistungsvorgaben und -grundlagen erschöpfen. Vielmehr ist der Auftragnehmer zum „Mitdenken" verpflichtet.[59] Daher wurde die Prüfungs- und Hinweispflicht iSd § 4 Abs. 3 auch in einem reinen BGB-Werkvertrag[60] für einschlägig gehalten, was entsprechend auch für den seit 2018 geregelten BGB-Bauvertrag nach § 650a BGB gilt.

54 Neben diesem Schutzcharakter der Prüf- und Hinweispflicht ist die Möglichkeit zur Bedenkenanzeige aber auch ein **erforderliches Korrektiv** zu der sonst im Einzelfall sehr weitgehenden verschuldensunabhängigen Erfolgshaftung des

---

[55] Kapellmann/Messerschmidt/Merkens § 4 Rn. 65; Leinemann/Leinemann § 4 Rn. 121.
[56] BGH NJW 1987, 643.
[57] Kniffka/Koeble Kompendium BauR, Kompendium des Baurechts, 5. Teil, Rn. 64 mit Verweis auf BGH NZBau 2005, 400 (402).
[58] BGH BB 1957, 524.
[59] Staudinger/Peters/Jacoby (2014), § 633 Rn. 63.
[60] BGH NJW 1987, 643; NZBau 2008, 109 Rn. 22.

Ausführung § 4

Auftragnehmers. Dies insbesondere im Zusammenhang mit der Rechtsprechung des BGH zur Funktionstauglichkeit einer Werkleistung als Voraussetzung für deren Mängelfreiheit.[61] Nach dieser Rechtsprechung haftet der Auftragnehmer grds. auch dann für Mängel, wenn sie nicht auf einem originär von ihm verursachten Ausführungsfehler beruhen, sondern ihre Ursache in Leistungsvorgaben oder -grundlagen Dritter (etwa fehlerhafter Planung des Architekten oder fehlerhafter Vorunternehmerleistung) haben. Es würde hier die Grenze der Zumutbarkeit übersteigen, wenn sich der Auftragnehmer nicht mit einer ausreichenden Bedenkenanzeige zu den Fehlern Dritter von einer eigenen Mängelhaftung entlasten könnte. Seinen wesentlichen Anwendungsbereich hat § 4 Abs. 3 daher auch im Rahmen der Mängelhaftung. Nach § 13 Abs. 3 erfolgt in diesen Fällen, in denen die eigentliche Mangelursache aus einem fremden Verantwortungsbereich stammt, eine Haftungsbefreiung des Auftragnehmers, wenn er nachweisen kann, dass er seiner Prüfungs- und Hinweispflicht aus § 4 Abs. 3 ausreichend nachgekommen ist.

Die allgemeine Prüfungs- und Hinweispflicht aus § 4 Abs. 3 wird zu den in **55** der **VOB/C** geregelten Baugewerken jeweils in den **Abschnitten 3** der ATV-DIN-Regelungen mit den dort genannten Prüfungsgegenständen konkretisiert (vgl. auch → Rn. 66 und → Rn. 72).

Nach zutreffender Auffassung ist die Prüfungs- und Hinweispflicht eine **ver- 56 tragliche Nebenpflicht des Auftragnehmers**.[62] Die gegenteilige Auffassung, die sich aber auch nicht vollumfänglich für eine Einordnung als Hauptpflicht ausspricht,[63] dürfte nicht die hM darstellen.[64] Der Begründung, eine Hauptleistungspflicht ergebe sich aus den originären Planungspflichten des Auftragnehmers im Rahmen des Werkvertrages,[65] steht entgegen, dass es hier nicht um eigene Planungspflichten des Auftragnehmers, sondern vielmehr um die Prüfung fremder Planungsleistungen und sonstiger Leistungsvorgaben geht. Hat der Auftragnehmer freilich eigene Planungspflichten und erfüllt er diese nicht ordnungsgemäß, ist das die (verletzte) Hauptleistungspflicht, ohne dass dadurch die Prüfungs- und Hinweispflicht aus § 4 Abs. 3 zu einer Hauptleistungspflicht wird. Im Gegenteil könnte § 13 Abs. 3 eher für eine Einordnung als Obliegenheit sprechen, da insofern die Prüfungs- und Hinweispflicht eine im Eigeninteresse des Auftragnehmers liegende Verpflichtung ist, die ihn von der negativen Rechtsfolge der Mängelhaftung befreien kann.[66] Dem jedoch steht wiederum entgegen, dass § 4 Abs. 3 vom Wortlaut her die Bedenkenanzeige als Verpflichtung formuliert und über die Enthaftung nach § 13 Abs. 3 hinaus ihren Ursprung eben auch in den allgemeinen vertraglichen Schutzpflichten (§ 241 Abs. 2 BGB) hat.

Letztlich wird der Meinungsstreit für die Praxis irrelevant bleiben, nachdem **57** sich die wesentliche Rechtsfolge für die Mängelhaftung mit § 13 Abs. 3 unabhängig vom Rechtscharakter der Prüfungs- und Hinweispflicht regelt und auch die

---

[61] Grundlegend BGH NZBau 2008, 109; zur funktionalen Mängelhaftung: Gartz NZBau 2012, 90.
[62] BGH NJW 1974, 747; Kapellmann/Messerschmidt/Merkens § 4 Rn. 71; Leinemann/Leinemann § 4 Rn. 73; FKZGM/Bschorr § 4 Rn. 176; Werner/Pastor BauProz, Rn. 2012; Staudinger/Peters/Jacoby (2014), § 633 Rn. 65.
[63] Ingenstau/Korbion/Oppler § 4 Abs. 3 Rn. 4 und 5.
[64] So aber Leinemann/Leinemann § 4 Rn. 73.
[65] So Ingenstau/Korbion/Oppler § 4 Abs. 3 Rn. 4.
[66] Heiermann/Riedl/Rusam/Mansfeld § 4 Rn. 70.

Verletzung von Nebenpflichten zu einer Schadensersatzhaftung des Auftragnehmers nach § 280 BGB führt (dazu → Rn. 85). Auf eine eigene Einklagbarkeit der Bedenkenanzeige (als Hauptleistungspflicht) wird es regelmäßig nicht ankommen.

58 2. **Anwendungsbereich.** Wie die Verortung der Prüfungs- und Hinweispflicht in § 4 unter der Überschrift „Ausführung" zeigt, gilt diese Nebenpflicht des Auftragnehmers **erst nach Abschluss des Bauvertrages.** Sie gilt insbesondere nicht schon im Rahmen eines Vergabeverfahrens,[67] auch nicht in einem Verfahren nach der VOB/A. Vielmehr kann der Auftragnehmer dort grds. davon ausgehen, dass der Auftraggeber den Anforderungen der VOB/A an die Ausschreibung entsprechen will und daher mit der Leistungsbeschreibung alle erforderlichen Detailhinweise aus den einschlägigen Abschnitten 0 der VOB/C ATV-DIN 18299 ff. berücksichtigt.[68] In diesen Fällen können allein allgemeine schuldrechtliche Regelungen zu einer Hinweispflicht führen, wenn etwa der Auftragnehmer positiv Kenntnis von Fehlern der Ausschreibung hat (§ 311 Abs. 2 Nr. 1 iVm § 241 Abs. 2 BGB).[69] Erkennt der Auftragnehmer ferner vor/bei Vertragsschluss die Ungeeignetheit einer Vorleistung oder hätte sie zu diesem Zeitpunkt erkennen können, kann der fehlende Hinweis an den Auftraggeber eine vorvertragliche Aufklärungspflicht verletzen, mit der Folge, dass der Auftraggeber mit seinem hieraus entstehenden Schadensersatzanspruch so zu stellen ist, als wäre der Vertrag nicht geschlossen worden.[70]

59 Die **Prüfungs- und Hinweispflicht gilt über die Dauer des gesamten Vertrages,** also auch in dem Fall, dass dem Auftragnehmer erst während oder kurz vor Schluss der Ausführung mitteilungspflichtige Bedenken kommen. Dies wäre etwa auch dann der Fall, wenn eine erforderliche Vorunternehmerleistung für den Auftragnehmer in der Ausschreibung fehlerfrei beschrieben ist, im Bauablauf dann aber festgestellt werden muss (oder hätte festgestellt werden müssen), dass diese Vorunternehmerleistung doch nicht den Ankündigungen der Ausschreibung entspricht.

60 Die **Prüfungs- und Hinweispflicht endet mit der Abnahme der Leistungen** des Auftragnehmers **oder bei vorzeitiger Beendigung des Vertrages,** etwa im Falle einer Kündigung.[71] Die Pflicht aus § 4 Abs. 3 gilt daher nicht für erkannte/erkennbare Fehler zu Nachfolgearbeiten Dritter.[72] In solchen Fällen können sich jedoch nachwirkende Hinweispflichten aus anderen Rechtsgründen ergeben, so etwa aus einer Auskunfts-, Aufklärungs- oder Obhutspflicht in Auslegung des Bauvertrages nach Treu und Glauben[73] oder aus einer allgemeinen Leistungstreuepflicht des Auftragnehmers, gerichtet darauf, den Vertragszweck nicht durch nachgehende Umstände zu vereiteln.[74] Diese Fälle begründen jedoch keine Mangelhaftigkeit der Werkleistung und damit auch keine Mängelhaftung des Auftragnehmers. Es besteht dann vielmehr ein Schadensersatzanspruch wegen Verletzung der Aufklärungspflicht.[75]

---

[67] Kapellmann/Messerschmidt/Merkens § 4 Rn. 69.
[68] BGH NZBau 2013, 428 Rn. 16 im Hinblick auf Vergütungsansprüche; Kniffka BauR 2015, 1893.
[69] Kniffka/Koeble Kompendium BauR, Kompendium des Baurechts, 5. Teil, Rn. 67.
[70] BGH NZBau 2008 Rn. 38.
[71] BGH NJW 1983, 875 (876).
[72] BGH NJW 1983, 875 (876); NZBau 2011, 483 Rn. 20.
[73] BGH NZBau 2011, 483 Rn. 25.
[74] BGH NJW 1983, 875 (876).
[75] Ingenstau/Korbion/Oppler § 4 Abs. 3 Rn. 2; BGH NZBau 2011, 483 Rn. 24.

Inhaltlich ist die Prüfungs- und Hinweispflicht **auf den Leistungsbereich des** 61
Auftragnehmers beschränkt. Sie bezieht sich somit nicht auf Bedenken zu
Gewerken oder Bereichen des Bauwerks, die in keinem Zusammenhang mit der
vom Auftragnehmer geschuldeten Leistung stehen.[76] Auch hier können sich aber
mit der Folge eines Schadensersatzanspruchs des Auftraggebers aus den vorgenannten allgemeinen Leistungstreuepflichten des Auftragnehmers anderweitig Aufklärungspflichten ergeben.

Zunächst **ähnliche Hinweispflichten** zu § 4 Abs. 3 finden sich in § 3 Abs. 3 62
S. 2 mit der Prüfungs- und Hinweispflicht zu den Ausführungsunterlagen (vgl.
dazu → § 3 Rn. 25 ff.) und in § 4 Abs. 1 Nr. 4 mit der dort geregelten Pflicht
zur Bedenkenanzeige bei unberechtigten oder unzweckmäßigen Anordnungen
des Auftraggebers (vgl. hierzu → Rn. 31 ff.). Da die beiden vorgenannten Regelungen einen engeren Anwendungsbereich als die hiesige Prüfungs- und Hinweispflicht haben und zudem keine schriftliche Mitteilung fordern, wird es sich für
den Auftragnehmer immer empfehlen, die Bedenkenanzeige inhaltlich und in der
Form nach Maßgabe des § 4 Abs. 3 zu verfassen, um sicherzustellen, dass hierdurch
auch die Rechtswirkungen einer Enthaftung nach § 13 Abs. 3 ausgelöst werden.

II. Rahmen und Grenzen der Prüfungs- und Hinweispflicht

Der Rahmen und die Grenzen der Prüfungs- und Hinweispflicht bestimmen 63
sich nach ständiger Rechtsprechung des BGH „aus dem Grundsatz der Zumutbarkeit, wie sie sich nach den besonderen Umständen des Einzelfalls darstellt".[77]
Maßgeblich ist das von dem Auftragnehmer zu erwartende Fachwissen und sind
die ihm bekannten oder für ihn erkennbaren Umstände, die für ihn bei hinreichend sorgfältiger Prüfung als bedeutsam zu bewerten sind.[78] Das **Mindestmaß
der Prüfungspflicht** des Auftragnehmers bestimmt sich somit (kumulativ)
- **nach dem gewerbe- oder branchenüblich zu erwartenden Fachwissen,**[79] 64
  **das von einem Unternehmer zu der jeweiligen Bauaufgabe erwartet
  werden kann:** Dieses erwartbare Fachwissen bestimmt sich objektiv, führt also
  nicht zu einer verminderten Prüfpflicht, wenn der jeweilige Auftragnehmer –
  aus welchen Gründen auch immer – subjektiv nicht über das ausreichende
  Fachwissen verfügt, etwa weil er eine nicht in seinen üblichen Betrieb fallende
  Bauaufgabe übernimmt. So hat auch ein Generalunternehmer die Prüfungspflicht nach Maßgabe des erwartbaren Fachwissens zu allen von ihm übernommenen Gewerken, auch wenn er sie ganz oder teilweise durch Nachunternehmer durchführen lässt und sein Betrieb speziell nur auf ein Gewerk (zB den
  Rohbau) ausgelegt ist. Die Klärung der Frage, was das erwartbare Fachwissen
  ist, ist sicherlich eine Rechtsfrage. Jedoch wird sich das Gericht im Streitfall
  durchaus die Meinung eines Sachverständigen einholen können, ob bestimmte
  technische Gesichtspunkte in das gewerbe-/branchenübliche Fachwissen des
  betroffenen Unternehmers fallen.
- **nach den zu dem betroffenen Gewerk einschlägigen allgemein aner-** 65
  kannten Regeln der Technik: Nach der Rechtsprechung des BGH stellen
  die zu der jeweiligen Vertragsleistung einschlägigen allgemein anerkannten

---

[76] BGH NJW 1974, 747.
[77] BGH NZBau 2008, 109 Rn. 24.
[78] BGH NJW 1987, 643; NZBau 2008, 109 Rn. 24.
[79] FKZGM/Bschorr § 4 Rn. 131.

Regeln der Technik den „vertraglichen Mindeststandard" dar[80] (zur Definition der allgemein anerkannten Regeln der Technik → Rn. 42 und die Kommentierung bei § 13). Dementsprechend ist es auch objektiv erwartbar, dass der Unternehmer, der sich einer bestimmten Bauaufgabe annimmt, die hierzu einschlägigen allgemein anerkannten Regeln der Technik kennen muss.[81] Der BGH hat hierzu klargestellt, dass die Verpflichtung zur Einhaltung der allgemein anerkannten Regeln der Technik für den Auftragnehmer auch dann gilt, wenn sich diese Regeln nach dem Vertragsabschluss ändern.[82] Für die Fälle einer solchen Änderung der allgemein anerkannten Regeln der Technik hat der BGH einen Abstimmungsprozess der Vertragsparteien entwickelt: Der Auftragnehmer hat den Auftraggeber über die Änderung der allgemein anerkannten Regeln der Technik und die damit verbundenen Konsequenzen und Risiken für die Bauausführung zu informieren, sofern nicht dem Auftraggeber diese Folgen schon nachweislich bekannt sind oder sich diese ohne Weiteres aus den Umständen ergeben. Mit diesen Hinweisen des Auftragnehmers hat dann der Auftraggeber zu entscheiden, ob er die Einhaltung der neuen allgemein anerkannten Regeln der Technik verlangt oder aber von deren Umsetzung absieht. Fordert der Auftraggeber die Einhaltung der neuen allgemein anerkannten Regeln der Technik und werden hierzu für den Auftragnehmer Leistungen erforderlich, die nicht von der ursprünglichen Vergütungsvereinbarung umfasst sind, hat der Auftragnehmer im Regelfall einen Anspruch auf Anpassung der Vergütung nach § 2 Abs. 5 bzw. Abs. 6.[83] Diese Rechtsprechung des BGH verdeutlicht die Prüfungs- und Hinweispflicht des Auftragnehmers im Bereich der allgemein anerkannten Regeln der Technik.

66 – **nach den Prüfungs- und Hinweispflichten aus der VOB/C:** Alle ATV-DIN-Regelungen der VOB/C enthalten im Abschn. 3 (zumeist in Abschn. 3.1) für das jeweils einschlägige Gewerk besondere Prüfungs- und Hinweispflichten, die durchgängig mit dem Satz eingeleitet werden „Als Bedenken nach § 4 Abs. 3 VOB/B können insbesondere in Betracht kommen …". Die Formulierung „insbesondere" macht deutlich, dass es sich bei den dann jeweils geregelten Tatbeständen um solche handelt, die der Auftragnehmer in jedem Fall zu überprüfen hat. Mit dem Ergänzungsband 2015 zur VOB-Ausgabe 2012 (veröffentlicht im September 2015) und den nachfolgenden Gesamtausgaben (aktuell 2019 mit Ergänzungsband 2023) wurde in der Überarbeitung einzelner Normen der VOB/C der frühere Einleitungssatz zu den Prüfungs- und Hinweispflichten des Auftragnehmers in den Abschnitten 3 („Der Auftragnehmer hat bei seiner Prüfung Bedenken (siehe § 4 Abs. 3 VOB/B) insbesondere geltend zu machen bei …") in die heutige Fassung geändert. Auch wenn seit dieser Änderung nicht mehr die frühere imperative Formulierung („hat … Bedenken … geltend zu machen") verwendet wird, ergibt sich keine sachliche Änderung dazu, dass es sich bei den hier geregelten Prüfungs- und Hinweispflichten um Mindestvorgaben handelt. Es ist nicht erkennbar, dass der Deutsche Vergabe- und Vertragsausschuss für Bauleistungen mit der Umformulierung eine sachliche Änderung bzw. Entwertung der Mindestvorgaben zur Prüfungs- und Hinweispflicht des Auftragnehmers vornehmen wollte.

---

[80] BGH NJW 1998, 2814 (2815); NZBau 2013, 295 Rn. 9.
[81] Ingenstau/Korbion/Oppler § 4 Abs. 3 Rn. 10; FKZGM/Bschorr § 4 Rn. 132.
[82] BGH NZBau 2018, 207 Rn. 25.
[83] BGH NZBau 2018, 207 Rn. 26 ff.

Ausführung **§ 4**

Über diesen objektiv zu erwartenden Mindeststandard der Prüfungspflicht hinaus **67** können auch **besondere Spezialkenntnisse** des jeweiligen Auftragnehmers den Rahmen der Prüfungs- und Hinweispflicht bestimmen. Hat der Auftragnehmer über das objektiv zu erwartende Fachwissen hinaus besondere Kenntnisse, etwa aus Fortbildungen oder da sein Betrieb über die vertragliche Bauaufgabe hinaus auch weitere Bauleistungen erbringt, muss auch diese subjektive Komponente bei der Bewertung Berücksichtigung finden, wie weit die Prüfungspflicht des Auftragnehmers im Einzelfall gehen kann.

Die **Zumutbarkeit als Grenze der Prüfungs- und Hinweispflicht** wird **68** jedoch regelmäßig dann überschritten sein, wenn der Auftragnehmer zur Erfüllung dieser Pflicht fremde Leistungsbereiche übernehmen bzw. wiederholen müsste.[84] Erhält der Auftragnehmer etwa durch den Auftraggeber eine statische Berechnung, muss er diese zwar im Rahmen der einschlägigen Prüf- und Hinweispflicht überprüfen. Er wird jedoch nicht verpflichtet sein, einen eigenen Statiker mit einer Nachberechnung zu beauftragen. Ebenfalls wird man wohl keine Prüfungspflicht des Auftragnehmers annehmen können, wenn diese zu ihrer Erfüllung Leistungen erforderlich macht, die in der VOB/C als Besondere Leistungen geregelt sind (so etwa besondere Bodenuntersuchungen nach Abschn. 4.2.9 der ATV-DIN 18300).[85]

Nachdem sich der Umfang der Prüfungs- und Hinweispflicht anhand des Ein- **69** zelfalls bestimmt, verbietet sich eine abgestufte Intensität der Prüfungspflichten nach den in § 4 Abs. 3 genannten Tatbeständen.[86]

Ebenfalls nicht gefolgt werden kann der Auffassung, dass die Prüfungs- und **70** Hinweispflicht des Auftragnehmers einen geringeren Umfang hat oder gar entfällt, wenn der Auftraggeber über **eigene Fachkunde** verfügt oder sich fachkundiger Dritter bedient.[87] Führt das Fachwissen des Auftraggebers oder Dritter zu mangelfreien Leistungsvorgaben/-grundlagen, wird sich die Frage, ob Prüfungs- und Hinweispflichten bestanden haben bzw. erfüllt wurden, nicht stellen. Entsteht jedoch ein Mangel der Werkleistung mit einer Ursache aus den fehlerhaften Leistungsvorgaben/-grundlagen des Auftraggebers bzw. von Dritten, hat das Fachwissen des Auftraggebers/der Dritten ganz offensichtlich „versagt", so dass nicht ersichtlich ist, warum hier eine Prüfungs- und Hinweispflicht des Auftragnehmers entfallen oder eingeschränkt sein soll.[88] Etwas anderes gilt freilich dann, wenn der Auftraggeber nachweislich eigene Bedenken gegen die Leistungsvorgaben/-grundlagen hat und dennoch vom Auftragnehmer die hieraus folgende Ausführung fordert. Dies wäre dann letztlich eine Risikoübernahme des Auftraggebers, so dass es nicht mehr auf eine eigene Bedenkenanzeige des Auftragnehmers ankommt (vgl. dazu auch → Rn. 96).

III. Tatbestände der Prüfungs- und Hinweispflicht

1. Bedenken gegen die vorgesehene Art der Ausführung. Der Auftrag- **71**
nehmer hat zunächst eine Prüfungs- und Hinweispflicht zu der vorgesehenen Art der Ausführung. Dieser Tatbestand ist weit auszulegen und erfasst letztlich **alle**

---

[84] Insoweit allerdings strenger OLG Düsseldorf BauR 2018, 1433.
[85] Kapellmann/Messerschmidt/Merkens § 4 Rn. 83.
[86] FKZGM/Bschorr § 4 Rn. 133; aA Ingenstau/Korbion/Oppler § 4 Abs. 3 Rn. 12.
[87] IdS aber wohl BGH NJW 1977, 1966 (1967); ebenso Staudinger/Peters/Jacoby (2014), § 633 Rn. 67; FKZGM/Bschorr § 4 Rn. 129.
[88] Ähnlich zweifelt auch Ingenstau/Korbion/Oppler § 4 Abs. 3 Rn. 18.

§ 4

Leistungsvorgaben aus der Sphäre des Auftraggebers, sei es durch Planung,[89] einschließlich der Vorgaben durch Leistungsbeschreibungen[90] oder durch spätere Anordnungen des Auftraggebers im Bauablauf. Diesen insoweit bindenden Vorgaben des Auftraggebers stehen auch Anordnungen Dritter gleich, an die der Auftragnehmer vertraglich gebunden ist, wie etwa Vorgaben aus einer Baugenehmigung, die Vertragsgrundlage ist[91] oder Anordnungen von Prüfsachverständigen (Prüfstatiker oder Brandschutzgutachter).

72 Wie die besonderen Prüfungspflichten aus den Abschn. 3 der ATV-DIN-Regelungen der VOB/C zeigen, hat der Auftragnehmer insbesondere die Angaben aus den Ausführungsunterlagen (also im Wesentlichen aus der Leistungsbeschreibung) **vor Ort zu überprüfen**[92] (vgl. etwa Abschn. 3.1.1 der ATV-DIN 18332 „Natursteinarbeiten" vor der Prüfung, ob die Gefällesituation von den Angaben der Ausführungsunterlagen abweicht; Abschn. 3.1.2 der ATV-DIN 18300 „Erdarbeiten" – und ähnlich auch die ATV-DIN 18301 bis 18324 zu weiteren auf den Baugrund bezogenen Gewerken –, Abschn. 3.1.2 der ATV-DIN 18349 „Betonerhaltungsarbeiten", Abschn. 3.1.1 der ATV-DIN 18351 „Vorgehängte hinterlüftete Fassaden", Abschn. 3.1.1 der ATV-DIN 18353 „Estricharbeiten", Abschn. 3.1.1 der ATV-DIN 18354 „Gussasphaltarbeiten", Abschn. 3.1.1 der ATV-DIN 18357 „Beschlagarbeiten", Abschn. 3.1.1 der ATV-DIN 18364 „Korrosionsschutzarbeiten an Stahlbauten" und Abschn. 3.1.2 der ATV-DIN 18459 „Abbruch- und Rückbauarbeiten" jeweils mit einer Prüfungspflicht zu Abweichungen des Bestandes gegenüber den Vorgaben sowie Abschn. 3.1.3 der ATV-DIN 18448 „ Arbeiten an schadstoffbelasteten baulichen und technischen Anlagen" mit einer Prüfungspflicht zur abweichenden Beschaffenheit des zu bearbeitenden Untergrundes von den Vorgaben). Besondere Planprüfungspflichten ergeben sich ferner für die Gewerke der Technischen Ausrüstung. Hier sieht jeweils Abschn. 3.1.4 der einschlägigen ATV-DIN-Regelungen vor, dass der Auftragnehmer Bedenken insbesondere zu „Unstimmigkeiten in den vom Auftraggeber gelieferten Planungsunterlagen und Berechnungen" geltend zu machen hat und dabei auch „dem Auftragnehmer bekannt gewordene Änderungen von Voraussetzungen, die der Planung zugrunde gelegen haben", berücksichtigen bzw. hierauf hinweisen muss (vgl. ATV-DIN 18379 zu „Raumlufttechnische Anlagen", ATV-DIN 18380 zu „Heizanlagen und zentrale Wassererwärmungsanlagen", ATV-DIN 18381 zu „Gas-, Wasser- und Entwässerungsanlagen innerhalb von Gebäuden", sowie Abschn. 3.1.2 der ATV-DIN 18385 zu „Aufzugsanlagen, Fahrtreppen und Fahrsteige sowie Förderanlagen" und – seit der Neufassung 2015 textlich anders gefasst – Abschn. 3.1.4 der ATV-DIN 18384 zu „Blitzschutz-, Überspannungsschutz- und Erdungsanlagen", Abschn. 3.1.6 und 3.1.7 der ATV-DIN 18386 „Gebäudeautomation" und Abschn. 3.1.4 der ATV-DIN 18382 „ Elektro-, Sicherheits- und Informationstechnische Anlagen").

73 Zu der vorgesehenen Art der Ausführung gehören auch die vom Auftraggeber für die Leistung des Auftragnehmers **vorgeschriebenen Stoffe oder Bauteile,**[93] was sich indirekt aus § 13 Abs. 3 ergibt. In Abgrenzung dazu betrifft der zweite Tatbestand des § 4 Abs. 3 die vom Auftraggeber „gelieferten" Stoffe und Bauteile

---

[89] BGH NJW 1973, 518.
[90] BGH NJW-RR 1991, 276; NJW 1975, 1217.
[91] Kniffka/Koeble Kompendium BauR, Kompendium des Baurechts, 5. Teil, Rn. 60.
[92] AA Kapellmann/Messerschmidt/Merkens § 4 Rn. 85.
[93] BGH NJW 1973, 754.

Ausführung **§ 4**

(dazu → Rn. 78). „Vorgeschrieben" sind Baustoffe im Rahmen der Art der Ausführung, wenn der Auftragnehmer keinen Einfluss auf die Auswahl des Baustoffs hat, was nach der Rechtsprechung des BGH „eine eindeutige, die Befolgung durch den Auftragnehmer heischende Anordnung des Auftraggebers" voraussetzt.[94] Nicht ausreichend sind somit bloße Vorschläge des Auftraggebers oder in einer Leistungsbeschreibung genannte Leitfabrikate.

Hat der Auftraggeber einen bestimmten Baustoff zur Verwendung angeordnet, greift § 13 Abs. 3 – und damit auch die Enthaftungsmöglichkeit über § 4 Abs. 3 – nicht für die Fälle, in denen der Baustoff an sich zur Verwendung geeignet ist, jedoch ein im Einzelfall auftretender Fehler des Stoffes als sogenannter **„Ausreißer"** einen Mangel der Werkleistung des Auftragnehmers verursacht.[95] Für den durch den Ausreißer verursachten Werkmangel bleibt es bei der verschuldensunabhängigen Erfolgshaftung des Auftragnehmers. **74**

Insbesondere unter Berücksichtigung der durchaus strengen Rechtsprechung zur erforderlichen Funktionstauglichkeit der Werkleistung des Auftragnehmers (→ Rn. 54) hat die Prüfungspflicht des Auftragnehmers zur Art der Ausführung einen hohen Stellenwert. Mit der weiteren Verpflichtung des Auftragnehmers aus § 4 Abs. 2 Nr. 1, seine Leistung unter Beachtung der anerkannten Regeln der Technik und der gesetzlichen und behördlichen Bestimmungen auszuführen, ist der Auftragnehmer regelmäßig verpflichtet, die Art der Ausführung auf diese Vorgaben hin zu überprüfen. Vor allem dann, wenn die Leistungsvorgaben des Auftraggebers von den allgemein anerkannten Regeln der Technik abweichen, wird den Auftragnehmer immer eine Hinweispflicht treffen. **75**

2. Sicherung gegen Unfallgefahren. Nach dem Wortlaut von § 4 Abs. 3 ist die Prüfungs- und Hinweispflicht bzgl. der Bedenken wegen der Sicherung gegen Unfallgefahren ein Unterfall des Tatbestandes der „vorgesehenen Art der Ausführung". Dies bestätigt zunächst, dass § 4 Abs. 3 seinen Anwendungsbereich nicht ausschließlich im Rahmen der Mängelhaftung hat, sondern darüber hinaus als Nebenpflicht den Auftraggeber auch allgemein vor Schaden schützen soll. **76**

Im Vergleich zu § 4 Abs. 2 Nr. 1 S. 2 und Nr. 2 zeigt sich, dass die Prüfungspflicht zur Sicherung gegen Unfallgefahren in § 4 Abs. 3 nicht eigene Sicherungsmaßnahmen des Auftragnehmers, sondern solche aus dem Bereich des Auftraggebers betrifft.[96] **77**

Die Prüfungspflicht betrifft hier insbesondere die Einhaltung der **Verkehrssicherungspflichten des Auftraggebers**[97] sowie die Berücksichtigung der **Vorgaben aus der BaustellV.**[98]

3. Güte der vom Auftraggeber gelieferten Stoffe oder Bauteile. Auch dieser Tatbestand ist inhaltlich letztlich ein Unterfall zu Leistungsvorgaben des Auftraggebers für die vorgesehene Art der Ausführung, hier konkret im Bezug auf die für die Ausführung gelieferten Stoffe oder Bauteile. In Abgrenzung zu den Ausführungsvorgaben geht es hier jedoch um **unmittelbar vom Auftraggeber oder von Dritten im Auftrag des Auftraggebers gelieferte** Stoffe und Bauteile. Es gelten zunächst die Prüfungspflichten, wie unter → Rn. 73 und 74 **78**

---

[94] BGH BeckRS 1975, 31118548 = BauR 75, 421.
[95] BGH NJW 1996, 2372.
[96] Ingenstau/Korbion/Oppler § 4 Abs. 3 Rn. 36 u. 37.
[97] FKZGM/Bschorr § 4 Rn. 148.
[98] Ingenstau/Korbion/Oppler § 4 Abs. 3 Rn. 37.

dargestellt. Ergänzend wird der Auftragnehmer hier die konkret angelieferten Stoffe und Bauteile zumindest äußerlich auf Qualitätsmängel hin überprüfen müssen.[99] Auch hat der Auftragnehmer auf fehlende bauordnungsrechtliche Zulassungen oder fehlende CE-Kennzeichnungen hinzuweisen (→ Rn. 43). Mit den erforderlichen Qualitätsprüfungen übernimmt der Auftragnehmer jedoch nicht für den Auftraggeber die möglicherweise in dessen Rechtsverhältnis zu dem Baustofflieferanten geltende handelsrechtliche Prüfungs- und Rügeobliegenheit aus § 377 HGB.

79 Zutreffend wird darauf hingewiesen, dass bei **neuartigen Stoffen und Bauteilen,** bei denen also eine weitergehende Praxiserfahrung noch fehlt, erhöhte Prüfungspflichten des Auftragnehmers bestehen und er sich ggf. auch fachkundigen Rat einholen muss.[100]

80 Auch der **Baugrund** ist ein vom Auftraggeber gelieferter/beigestellter (Bau-)Stoff. Hierzu werden die Prüfungs- und Hinweispflichten des Auftragnehmers jedoch regelmäßig nur mit sehr geringem Umfang angesetzt. Der Auftragnehmer soll sich insofern weitgehend auf die Vorgaben des Auftraggebers (zumeist in Baugrunduntersuchungen oder Plänen) verlassen können. Das „Baugrundrisiko" treffe insoweit den Auftraggeber.[101] Tatsächlich lassen sich derartige Fälle jedoch nicht über das Schlagwort des „Baugrundrisikos" lösen.[102] Vielmehr ist es eine Frage des Einzelfalls unter Berücksichtigung der getroffenen Vereinbarungen, in wessen Verantwortungsbereich bestimmte Risiken aus dem Baugrund fallen können. Im Übrigen wird der Auftragnehmer auch hier, wenn er konkrete Hinweise auf erforderliche Bedenkenanzeigen hat, zu entsprechenden Mitteilungen verpflichtet sein.[103] Andererseits wird ein Auftragnehmer im Rahmen einer öffentlichen Ausschreibung nach VOB/A unter Berücksichtigung der Ausschreibungsvorgaben der Abschnitte 0 in den ATV-DIN 18299 und ATV-DIN 18300 davon ausgehen können, dass die Leistungsbeschreibung alle für die Ausführung der Leistungen wesentlichen Bodenverhältnisse beschreibt.[104] Nochmals muss jedoch betont werden, dass sich die Prüfungs- und Hinweispflichten des Auftragnehmers auch hier nach dem Einzelfall bestimmen und keinesfalls mit der pauschalen Zuordnung eines „Baugrundrisikos" an den Auftraggeber als nicht einschlägig angesehen werden können.

81 **4. Bedenken gegen die Leistungen anderer Unternehmer.** Mit der Begrenzung des Umfangs der Prüfungs- und Hinweispflichten auf den Leistungsbereich des Auftragnehmers gilt die Pflicht zur Bedenkenanzeige in Bezug auf „andere Unternehmer" nicht vollumfänglich für sämtliche zu dem jeweiligen Bauvorhaben tätigen Unternehmer.

---

[99] Kapellmann/Messerschmidt/Merkens § 4 Rn. 89.
[100] Ingenstau/Korbion/Oppler § 4 Abs. 3 Rn. 41; FKZGM/Bschorr § 4 Rn. 150; Kapellmann/Messerschmidt/Merkens § 4 Rn. 87.
[101] Kapellmann/Messerschmidt/Merkens § 4 Rn. 82; FKZGM/Bschorr § 4 Rn. 145; OLG Celle IBR 2014, 332; OLG Koblenz IBR 2013, 730; aA etwa OLG München BeckRS 2015, 10192 = IBR 2015, 345; vgl. auch Bolz NJW 2022, 1709.
[102] Vgl. zum Vergütungsrecht BGH NZBau 2009, 707 Rn. 77 ff.; Joussen NZBau 2013, 465; Leupertz Jahrbuch Baurecht 2013, 1 ff.; Kohlhammer BauR 2012, 845; Kuffer NZBau 2006, 1.
[103] OLG München IBR 1999, 522.
[104] BGH NZBau 2013, 428 Rn. 16.

Einen wesentlichen Anwendungsbereich hat dieser Tatbestand der Prüfungs- und Hinweispflicht bei den sog. **Vorunternehmerleistungen,** also den Leistungen anderer Unternehmer, auf denen der Auftragnehmer mit seiner eigenen Leistung aufbaut oder anschließt. Nachdem das Werk eines Auftragnehmers nach der funktionalen Mängelhaftung auch dann mangelhaft ist, „wenn es die vereinbarte Funktion nur deshalb nicht erfüllt, weil die vom Besteller zur Verfügung gestellten Leistungen anderer Unternehmer, von denen die Funktionsfähigkeit des Werkes abhängt, unzureichend sind",[105] muss für den Auftragnehmer auch hier ein Korrektiv bestehen, sich von der Mängelhaftung durch eine ausreichende Bedenkenanzeige zu mangelhaften Vorunternehmerleistungen zu befreien. Daneben hat die Prüfungspflicht zu Vorunternehmerleistungen aber auch einen wesentlichen Schutzzweck zugunsten des Auftraggebers, da gerade der Auftragnehmer, der auf Vorunternehmerleistungen aufbaut, ein unmittelbares Näheverhältnis sowohl in örtlicher wie in technischer Hinsicht zu diesen Leistungen hat und daher im Bauablauf regelmäßig am besten bewerten kann, ob die Vorunternehmerleistungen mangelfrei durchgeführt sind, damit auch er sein Werk hierauf mangelfrei aufbauen kann. Entsprechend der Wichtigkeit dieser Prüfungs- und Hinweispflicht enthalten auch die **Abschnitte 3 der ATV-DIN-Regelungen aus der VOB/C** insbesondere in Bezug auf die vorhandenen Gegebenheiten, auf denen der Auftragnehmer seine Leistung aufbaut, diverse konkrete Prüfungspflichten (so zB die vielfältigen Prüfungspflichten zur Beschaffenheit des Untergrundes bei hierauf aufbauenden Arbeiten; siehe etwa ATV-DIN 18353 zu „Estricharbeiten", ATV-DIN 18356 zu „Parkett- und Holzpflasterarbeiten", ATV-DIN 18365 zu „Bodenbelagarbeiten" etc; vgl. auch die in der Neufassung 2015 zur ATV-DIN 18386 „Gebäudeautomation" geregelte Prüfungs- und Hinweispflicht zu Folgendem: „offensichtlich mangelhafte Ausführung, nicht rechtzeitige Fertigstellung oder Fehlen von notwendigen bauseitigen Vorleistungen".).

Nach der Rechtsprechung des BGH gilt für die Prüfungspflicht zu Vorunternehmerleistungen: „Jeder Werkunternehmer, der seine Arbeit in engem Zusammenhang mit der Vorarbeit eines anderen oder überhaupt aufgrund dessen Planungen auszuführen hat, muss ... prüfen und ggf. auch geeignete Erkundigungen einziehen ..., ob diese Vorarbeiten, Stoffe oder Bauteile **eine geeignete Grundlage für sein Werk bieten** und keine Eigenschaften besitzen, die den Erfolg seiner Arbeit in Frage stellen können".[106] Dabei entlastet es den Auftragnehmer auch nicht, wenn er den Auftraggeber bereits vorbeugend darauf hingewiesen hat oder mit dem Vorunternehmer abgesprochen hat, dass bzw. welche Voraussetzungen für sein Werk vorliegen müssen. Vielmehr muss er sich hier selbst im Rahmen seiner Prüfungspflicht davon überzeugen, dass die Voraussetzungen auch tatsächlich geschaffen wurden.[107] Mit einem „Erst-recht-Schluss" gilt die **Prüfungspflicht zu Vorleistungen auch dann, wenn diese durch den Auftraggeber** selbst erbracht wurden.

Die Prüfungspflicht des Auftragnehmers zu Vorunternehmerleistungen beschränkt sich nicht darauf, ob diese mangelfrei sind, sondern erfasst allgemein die erforderliche Feststellung, ob die – möglicherweise für sich gesehen auch mangelfreie – Vorleistung insoweit geeignet ist, dass der Auftragnehmer mit seinen

---

[105] BGH NZBau 2008, 109 Rn. 19.
[106] BGH NJW 1987, 643; NZBau 2008, 109 Rn. 24.
[107] BGH NZBau 2008, 109 Rn. 24.

darauf aufbauenden Leistungen ein insgesamt mangelfreies (insbesondere funktionstaugliches) Werk schafft.[108]

IV. Bedenkenmitteilung des Auftragnehmers

85   Seine Bedenken muss der Auftragnehmer nach § 4 Abs. 3 **schriftlich** mitteilen. Die Einbeziehung dieser Regelung in den Vertrag führt somit zur rechtsgeschäftlich vereinbarten Schriftform nach § 127 BGB. Schriftlich ist auch die Übersendung der Bedenkenanzeige per Telefax, E-Mail oder Computerfax.[109] Eine Bedenkenanzeige über Messenger Dienste wie WhatsApp oder iMessage, die insbesondere eine nachträgliche Veränderung der Nachricht zulassen, ist für die Einhaltung der Schriftform nicht ausreichend.[110] In Bezug auf eine Erklärung per E-Mail ist zu § 127 Abs. 2 BGB streitig, ob die Übermittlung der Erklärung als reiner E-Mailtext (also ohne Unterschrift) im Sinne der Textform des § 126b BGB der Schriftform genügt[111] oder ob die Zulässigkeit einer telekommunikativen Übermittlung nach § 127 Abs. 2 BGB in Bezug auf einen E-Mailversand nur bedeutet, dass der Zugang eines Dokuments mit Unterschrift als Anhang an eine E-Mail ausreichend ist, weiterhin aber eine unterschriebene Erklärung zur Erfüllung der Schriftform vorliegen muss.[112] Bei wesentlichen Bedenken mit entsprechenden Auswirkungen ist es dem Auftragnehmer zu empfehlen, auch für einen ausreichenden Zugangsnachweis seiner Bedenkenanzeige zu sorgen.

86   Zeitlich hat die Bedenkenanzeige **unverzüglich**, also nach der Definition des § 121 Abs. 1 S. 1 BGB „ohne schuldhaftes Zögern" und – wie § 4 Abs. 3 ergänzt – möglichst schon vor Beginn der Arbeiten zu erfolgen. Daraus ergibt sich, dass der Auftragnehmer die vorgeschaltete Prüfung möglichst umgehend nach Vertragsabschluss vornehmen muss, um noch eine Bedenkenanzeige vor Ausführungsbeginn zu ermöglichen. Was ansonsten „unverzüglich" ist, bestimmt sich nach den Umständen des Einzelfalls. Möglicherweise werden zunächst Erkundigungen und weitere Überprüfungen erforderlich sein, um die Bedenkenanzeige inhaltlich ausreichend (dazu → Rn. 88) abfassen zu können, was die Frist zur Anzeige entsprechend verlängern kann. Da „Bedenken" insofern aber keine „Gewissheit" über Unrichtigkeiten oder Unzulänglichkeiten der Leistungsvorgaben und -grundlagen erfordern und auch § 3 Abs. 3 bereits bei „vermuteten Mängeln" eine Hinweispflicht des Auftragnehmers vorgibt, wird der Auftragnehmer grundsätzlich gehalten sein, seine Bedenken möglichst umgehend mitzuteilen.

87   **Adressat** der Bedenkenanzeige ist immer der Auftraggeber oder dessen im Einzelfall bevollmächtigter Vertreter.[113] Dabei kann sich der Auftragnehmer nicht auf eine Vertretungsbefugnis des Architekten, Projektsteuerers oder sonstiger vom Auftraggeber in den Bauablauf eingeschalteter Personen verlassen. Regelmäßig sind im Gegenteil in den mit diesen Personen abgeschlossenen Verträgen Vertretungsbefugnisse für die Abgabe oder Entgegennahme von Willenserklärungen

---

[108] Ingenstau/Korbion/Oppler § 4 Abs. 3 Rn. 47 mit zutreffendem Hinweis auf BGH NZBau 2008, 109 Rn. 19.

[109] Grüneberg/Ellenberger BGB § 127 Rn. 2.

[110] OLG Frankfurt a.M. NZBau 2024, 270 (für § 13 Abs. 5 Nr. 1 S. 1); Bolz ZfBR 2024, 189.

[111] So aber BGH NJW 2016, 3713 Rn. 28.

[112] So etwa OLG Frankfurt a. M. NZBau 2012, 503 für eine schriftliche Mängelrüge nach § 13 Abs. 5 Nr. 1 S. 2; OLG München BeckRS 2013, 18379 = MMR 2014, 109.

[113] BGH NJW 1975, 1217.

gegenüber Baubeteiligten ausgeschlossen. Nicht ausreichend sind ferner Hinweise an diejenige Person, die für die Ursache der Bedenkenanzeige – etwa Planungsfehler oder Fehler der Leistungsbeschreibung – verantwortlich ist, da der Auftragnehmer in diesem Fall nicht davon ausgehen kann, dass eine Weitergabe der Bedenkenanzeige an den Auftraggeber gewährleistet ist. Spätestens dann, wenn sich der vom Auftragnehmer mit der Bedenkenanzeige angesprochene Dritte den Hinweisen des Auftragnehmers verschließt, muss sich der Auftragnehmer unmittelbar an den Auftraggeber wenden.[114]

Inhaltlich muss die Bedenkenanzeige so ausreichend gestaltet sein, „dass die Tragweite einer Nichtbefolgung klar wird".[115] Nicht erforderlich sind eigene Vorschläge des Auftragnehmers, wie den Bedenken abgeholfen werden kann. Solche Vorschläge sind dem Auftragnehmer auch nicht zu empfehlen, da er hiermit, wenn der Auftraggeber dem Vorschlag folgt, eine Planungsverantwortung mit entsprechendem Haftungsrisiko übernimmt.[116]

V. Rechtsfolgen

1. Reaktion des Auftraggebers. Hat der Auftragnehmer seine Bedenken ausreichend mitgeteilt, **obliegt es dem Auftraggeber,** über die Folgen aus dem Hinweis **zu entscheiden.** Der Auftraggeber kann entweder den Bedenken abhelfen oder entgegen den Bedenken des Auftragnehmers die Leistungsausführung anordnen (zu dem besonderen Abstimmungsprocedere der Vertragsparteien bei Änderungen der allgemein anerkannten Regeln der Technik während der Ausführung → Rn. 65).

Reagiert der Auftraggeber überhaupt nicht auf die Bedenkenanzeige, wird regelmäßig auch eine Behinderung der Ausführung nach § 6 Abs. 1 vorliegen, mit der Folge, dass es sich dann für den Auftragnehmer empfiehlt, diese Behinderung schriftlich anzuzeigen, um die für ihn günstigen Rechtsfolgen der Verlängerung von Ausführungsfristen und etwaiger Schadensersatzansprüche auszulösen.

Ansonsten besteht jedoch **kein allgemeines Leistungsverweigerungsrecht** des Auftragnehmers, wenn der Auftraggeber die Ausführung entgegen den Bedenken des Auftragnehmers anordnet.[117] Entsprechend § 4 Abs. 1 Nr. 4 kann nur dann etwas anderes gelten, wenn der angeordneten Ausführung gesetzliche oder behördliche Bestimmungen entgegenstehen sowie dann, wenn Gefahren für Leib und Leben drohen. Ein weitergehendes Leistungsverweigerungsrecht in Fällen, in denen die Ausführung einen erheblichen Leistungsmangel oder einen nicht nur geringfügigen Schaden auslösen würde, ist abzulehnen,[118] da der Auftragnehmer insoweit über die Enthaftung nach § 13 Abs. 3 geschützt ist (→ Rn. 93).

Hilft der Auftraggeber den Bedenken ab, besteht für die hiernach geänderte Leistungsausführung erneut eine Prüf- und Hinweispflicht des Auftragnehmers nach § 4 Abs. 3.[119]

---

[114] BGH NJW 1973, 518; OLG Düsseldorf IBR 2023, 79.
[115] BGH NJW 1975, 1217.
[116] Kniffka/Koeble Kompendium BauR, Kompendium des Baurechts, 5. Teil, Rn. 69.
[117] BGH BeckRS 2024, 6400 = NJW 2024, 1348.
[118] So aber Ingenstau/Korbion/Oppler § 4 Abs. 3 Rn. 78; Kapellmann/Messerschmidt/Merkens § 4 Rn. 114.
[119] BGH NJW 1974, 188; aA OLG München NZBau 2014, 563.

§ 4   VOB Teil B

93 **2. Befreiung von der Mängelhaftung (§ 13 Abs. 3).** Wesentliche Rechtsfolge bei einer ausreichenden Bedenkenanzeige des Auftragnehmers ist die **Enthaftung nach § 13 Abs. 3** sofern der Mangel der Werkleistung des Auftragnehmers auf der Ursache beruht, zu der der Auftragnehmer Bedenken angezeigt hat, denen der Auftraggeber aber nicht nachgekommen ist. Die Enthaftung gilt aber insbesondere dann nicht, wenn der Auftragnehmer zwar Bedenken zu einer Leistungsvorgabe/-grundlage mitgeteilt hat, jedoch der Mangel auf einem anderen Umstand beruht.

94 **3. Rechtsfolge bei fehlender/unzureichender Bedenkenanzeige.** Die Verletzung der Prüf- und Hinweispflicht des Auftragnehmers ist kein Tatbestand, der unmittelbar eine Mängelhaftung begründen kann.[120] Entscheidende Rechtsfolge ist aber, dass für den Auftragnehmer **die Enthaftungsmöglichkeit nach § 13 Abs. 3 entfällt**, wenn er seiner Prüfungspflicht nicht nachgekommen ist oder aber trotz Prüfung und Erkennens bzw. Erkennenmüssens von Bedenken keinen Hinweis erteilt hat oder die Bedenkenanzeige nicht den inhaltlichen Vorgaben an einen ausreichenden Hinweis entsprochen hat. Ferner haftet der Auftragnehmer wegen der Nebenpflichtverletzung auf **Schadensersatz** (§ 280 BGB). In Abgrenzung dazu wird jedoch eine **unberechtigte Bedenkenanzeige** des Auftragnehmers regelmäßig kein Recht des Auftraggebers begründen, den Vertrag aus wichtigem Grund zu kündigen.[121]

95 Hat der Auftragnehmer seine ansonsten ausreichende Bedenkenanzeige nicht unverzüglich sondern verspätet übermittelt, bestand jedoch noch Zeit für den Auftraggeber, bei entsprechend richtiger Entscheidung einen Mangel der Werkleistung durch Abhilfe der Bedenken zu vermeiden, greift trotz verspäteter Anzeige die Enthaftung nach § 13 Abs. 3. Kommt der Auftraggeber einer verspäteten Bedenkenanzeige noch nach, so dass mit Abhilfe der Bedenken ein Mangel vermieden werden kann, verbleibt es bei etwaigen durch die Verspätung verursachten Schadensersatzansprüchen des Auftraggebers (zB wegen zeitlichen Verzögerungen).

96 Auch bei einer fehlenden oder unzureichenden Bedenkenanzeige kann eine Enthaftung des Auftragnehmers in folgenden Fällen in Betracht kommen:
– Der Auftraggeber kennt selbst die Bedenken und erklärt, die sich hieraus ergebenden **Risiken zu übernehmen**.[122]
– Dem Auftragnehmer gelingt der Nachweis, dass eine Verletzung der Prüfungs- und Hinweispflicht für die Ausführungsentscheidung des Auftraggebers **nicht kausal** geworden ist,[123] dass sich der Auftraggeber also auch bei einer Bedenkenanzeige für die – schließlich mangelhafte – Ausführung entschieden hätte.[124]

All dies liegt in der Darlegungs- und Beweislast des Auftragnehmers und dürfte, sofern nicht dokumentierte Erklärungen des Auftraggebers vorliegen, in der Praxis nur schwer nachzuweisen sein.[125]

97 **4. Mitverschulden des Auftraggebers.** Wie § 4 Abs. 3 Hs. 2 zeigt, bleibt der Auftraggeber für seine Angaben, Anordnungen oder Lieferungen verantwort-

---

[120] BGH NZBau 2016, 2183 Rn. 18.
[121] OLG Schleswig NZBau 2022, 210.
[122] BGH NZBau 2011, 746 Rn. 20.
[123] BGH NZBau 2008, 109 Rn. 35.
[124] BGH BauR 1975, 419.
[125] Gartz NZBau 2012, 90.

Ausführung **§ 4**

lich. Dies meint zunächst, dass der Auftragnehmer auch mit einer ordnungsgemäßen Bedenkenanzeige nicht die Verantwortung zu den von ihm angezeigten Umständen übernimmt.

Daneben zeigt die Regelung aber auch, dass es selbst bei einer fehlenden oder 98 unzureichenden Bedenkenanzeige und der dann weiterhin bestehenden Mängelhaftung des Auftragnehmers dennoch bei einem möglichen **Mitverschulden** des Auftraggebers verbleibt.

Insbesondere bei **Mängelursachen aus der Planung oder aus Vorgaben** 99 **der Leistungsbeschreibung,** die von dem Auftraggeber zur Verfügung gestellt werden, trifft ihn ein Mitverschulden, da es dem Auftraggeber obliegt, dem Auftragnehmer zuverlässige Pläne und Unterlagen zur Verfügung zu stellen,[126] wenn nicht eine andere Verteilung der Planungsverantwortung vereinbart ist (vgl. dazu → § 3 Rn. 4 und → Rn. 5). Werden die Planungsaufgaben zur Festlegung der vorgesehenen Art der Ausführung (im Sinne von § 4 Abs. 3) durch einen Dritten (Architekten oder Fachplaner) erbracht, ist dieser Erfüllungsgehilfe des Auftraggebers in dessen Rechtsverhältnis zum Auftragnehmer, so dass sich der Auftraggeber das Verschulden dieses Dritten zurechnen lassen muss.[127] Dies gilt auch für Planungsänderungen während der Bauzeit, zu denen der Planer des Auftraggebers die Planungsverantwortung übernimmt, selbst wenn diese Änderung einvernehmlich zwischen Auftraggeber und Auftragnehmer vereinbart wird.[128] Behauptet der Auftragnehmer jedoch in einer Auseinandersetzung über eine Mängelhaftung, er habe den mangelverursachenden Planungsfehler erkannt und kann er seine weitere Behauptung zu einer Bedenkenanzeige nicht nachweisen, ist es ihm nach Treu und Glauben auch verwehrt, sich in diesem Fall auf ein Mitverschulden des Auftraggebers wegen fehlerhafter Pläne zu berufen.[129]

Streitig ist, ob den Auftraggeber auch in Bezug auf **mangelhafte Vorunter-** 100 **nehmerleistungen** ein Mitverschulden trifft. Nach der Rechtsprechung des BGH ist der Vorunternehmer nicht Erfüllungsgehilfe des Auftraggebers in dessen Rechtsverhältnis zum Auftragnehmer, so dass der Auftraggeber auch nicht im Rahmen eines Mitverschuldens für Fehler des Vorunternehmers haftet.[130] Fraglich wurde die Aufrechterhaltung dieser Rechtsprechung nach dem sogenannten „Glasfassadenurteil" des BGH aus dem Jahr 2008.[131] Mit dieser Entscheidung hat der BGH hervorgehoben, dass nicht nur die Verletzung von Haupt- oder Nebenpflichten des Auftraggebers zu einem Mitverschulden führen kann, sondern auch die Nichtbeachtung einer Obliegenheit. Der Sachverhalt betraf zwar die Obliegenheit des Auftraggebers, dem bauüberwachenden Architekten fehlerfreie Pläne zur Verfügung zu stellen. Jedoch wird seitdem diskutiert, ob nicht auch die Zurverfügungstellung einer fehlerfreien Vorunternehmerleistung eine Obliegenheit des Auftraggebers im Verhältnis zu dem auf der Vorunternehmerleistung aufbauenden Auftragnehmer darstellt.[132] Nach hier vertretener Auffassung stellt

---

[126] BGH NZBau 2014, 776 Rn. 24.
[127] BGH NJW 1984, 1676 (1677); 1985, 2475; NZBau 2002, 31 (32).
[128] BGH NZBau 2014, 776 Rn. 24.
[129] OLG Stuttgart NZBau 2014, 570; aA KG BauR 2018, 840; BeckRS 2017, 137365 = BauR 2018, 840.
[130] BGH NJW 1985, 2475.
[131] BGH NZBau 2009, 185.
[132] Vgl. zu dieser Diskussion auch Kniffka/Koeble Kompendium BauR, Kompendium des Baurechts, 5. Teil, Rn. 100.

die Zurverfügungstellung einer fehlerfreien Vorunternehmerleistung keine Obliegenheit dar, zumindest nicht eine solche, die im Sinne von § 254 Abs. 1 BGB den Schutzzweck hat, den Auftragnehmer vor eigener mangelhafter Leistung zu sichern.[133]

Zu beachten ist, dass auch mündlich erteilte Bedenkenanzeigen des Auftragnehmers ein mitwirkendes Verschulden des Auftraggebers auslösen, wenn dieser den berechtigten Bedenken nicht nachkommt.[134]

VI. Beweislast

101 Im Rahmen der Mängelhaftung des Auftragnehmers ist die ordnungsgemäße Erfüllung der Prüfungs- und Hinweispflicht gem. § 13 Abs. 3 ein Entlastungstatbestand. Der Auftragnehmer trägt daher vollumfänglich die Darlegungs- und Beweislast für alle Umstände der Prüfungs- und Hinweispflicht.[135] Aufgrund der Erfolgshaftung gilt dies auch für die Frage, ob überhaupt eine Prüfungs- und Hinweispflicht nach § 4 Abs. 3 einschlägig ist.[136] Ferner besteht die Darlegungs- und Beweislast des Auftragnehmers auch in Bezug auf weitere Tatbestände einer Haftungsbefreiung (→ Rn. 96).

102 Anders verhält es sich, wenn der Auftraggeber einen Schadensersatzanspruch auf die Verletzung der Nebenpflicht aus § 4 Abs. 3 stützt. Für die Voraussetzungen dieses Schadensersatzanspruches ist der Auftraggeber beweisbelastet, wobei jedoch das Verschulden des Auftragnehmers zunächst (widerlegbar) vermutet wird (§ 280 Abs. 1 S. 2 BGB).

VII. Beispiele aus der Rechtsprechung

103 Wie oben dargestellt, sind der Rahmen und die Grenzen der Prüfungs- und Hinweispflicht stets einzelfallabhängig, so dass die Vielzahl der hierzu ergangenen Urteile auch jeweils auf die Anwendbarkeit für den eigenen Sachverhalt überprüft werden muss. Dennoch sollen als Überblick – ohne eigene Bewertung – folgende **Beispiele aus der Rechtsprechung** genannt werden:

104 Keine Pflicht des Zimmermanns zur **Erstellung einer eigenen Wärmeschutzberechnung** für die Wärmedämmung eines Daches (OLG Karlsruhe IBR 1990, 16); Hinweispflicht des Betonbauers auf die **Risiken einer Rissbildung bei Verwendung von Leichtbetonelementen** – als neuen, unerprobten Werkstoff – für Fassaden aus Sichtbeton (OLG Hamm IBR 1990, 355); Hinweispflicht des Auftragnehmers zu einer **für den Bodenanstrich ungeeigneten Dispersionsfarbe** (BGH IBR 1991, 56); Hinweispflicht des Fliesenlegers zur **fehlenden Verlegung einer Dichtungsbahn** aus dem Vorgewerk (OLG Hamm IBR 1991, 73); Prüfungs- und Hinweispflicht des Auftragnehmers bei der Verwendung neuer und weitgehend unerprobter Techniken, hier einer **mit weiteren**

---

[133] Vgl. im Einzelnen Gartz BauR 2010, 703; wie hier: Liebheit IBR 2010, 604; aA Sohn/Holtmann BauR 2010, 1480; Kapellmann/Messerschmidt/Langen § 13 Rn. 127; noch offen: Kniffka/Koeble Kompendium BauR, Kompendium des Baurechts, 5. Teil, Rn. 100; Ingenstau/Korbion/Joussen/Vygen § 9 Abs. 1 Rn. 7; Leupertz BauR 2010, 1999; Kniffka/Krause-Allenstein, ibr-OK BauVertrR, Stand 22.4.2024, BGB § 634 Rn. 123; Vygen/Joussen, Bauvertragsrecht nach VOB und BGB, Rn. 2334.
[134] BGH NJW 1960, 1813; 1975, 1217.
[135] BGH NZBau 2008, 109 Rn. 26; 2011, 746 Rn. 14.
[136] AA Ingenstau/Korbion/Oppler § 4 Abs. 3 Rn. 19.

Ausführung **§ 4**

Wärmeerzeugern kombinierten Wärmepumpenanlage (BGH IBR 1992, 485); Hinweispflicht eines Malermeisters auf das **Risiko von Abblättern und Reißen des neu aufgebrachten Fensteraußenanstrichs** bei fehlendem fachgerechten Innenanstrich und Sanierung der Holzteile (OLG Köln IBR 1994, 60); Prüfungs- und Hinweispflicht des mit der **Herstellung eines Balkonbelags** beauftragten Auftragnehmers zur ausreichenden Abdichtung des vorhandenen Aufbaus und dessen Tauglichkeit als Grundlage für die Herstellung des Oberbelages (OLG Düsseldorf IBR 1994, 156); Hinweispflicht des Auftragnehmers auf **vorhandenen Bauschutt in einem aufzufüllenden Arbeitsraum** (OLG Düsseldorf IBR 1994, 504); Hinweispflicht des Auftragnehmers auf unzureichend verdichteten Untergrund vor **Verlegung eines Plattenbelags** (OLG Köln IBR 1994, 504); Hinweispflicht des Rohbauers und Fußbodenlegers auf **fehlende Planung einer Dehnungsfuge in der Betonsohle** und im Oberbelag zwischen einem Alt- und Neubau (OLG Düsseldorf IBR 1995, 59); Hinweispflicht des Auftragnehmers auf günstige **Sanierungsmöglichkeit einer feuchten Wand** durch Innenisolierung mittels Bohrlochinjektion anstelle aufwendigerer Außenwandisolierung (OLG Hamm IBR 1995, 112); Hinweispflicht des Auftragnehmers darauf, dass er das in einem Leistungsverzeichnis angegebene **Schalldämmmaß** nicht als im Endzustand zu erreichendes Dämmmaß (Bauschalldämmmaß) ansieht, sondern als sogenanntes Laborschalldämmmaß (BGH IBR 1995, 325); Hinweispflicht des Auftragnehmers zur **mangelnden Wetterfestigkeit** des planerisch vorgesehenen Außenmauerwerks (OLG Köln IBR 1995, 468); Prüfungs- und Hinweispflicht des Heizungsinstallateurs zur **Eignung der vorhandenen Ölleitungen** für eine neue Heizungsanlage (OLG Düsseldorf IBR 1996, 145); Hinweispflicht des Auftragnehmers auf die zu erwartende **Verfärbung von Carrara-Marmor** (OLG München IBR 1996, 286); Hinweispflicht des Auftragnehmers zu ungeeigneter Verwendung von **massivem Bauholz für einen Wintergarten** (OLG Düsseldorf IBR 1997, 239); keine Prüfpflicht des Putzers zu dem **Feuchtigkeitsgehalt der Holz-Fachwerkteile,** an die der Putz anschließt (OLG Düsseldorf IBR 1997, 416); Hinweispflicht des Auftragnehmer für die Rohbau- und Entwässerungsarbeiten auf das **Fehlen einer erforderlichen Drainage** (OLG Frankfurt a. M. IBR 1999, 261); Prüf- und Hinweispflicht des Rohbauunternehmers zu **optischen und mechanischen „Boden-Alarmsignalen"** des **Baugrundes** vor Aufbringen einer Bodenplatte (OLG München IBR 1999, 522); Hinweispflicht des Fliesenlegers auf das **nicht ausreichende Gefälle der Abdichtungsschicht** aus dem Vorgewerk (OLG Düsseldorf IBR 2000, 71); Hinweispflicht des Gartenbauers zu fehlerhaft geplanter **Entwässerung der Sohle an den Lichtgräben** einer Souterrainwohnung (OLG Düsseldorf IBR 2001, 72); Hinweispflicht des Auftragnehmers zu **fehlender Horizontalabdichtung im Keller** bei der Sanierung eines Altbaus (BGH IBR 2001, 177); Prüfpflicht des Parkettverlegers zur **Restfeuchte des Estrichs** und dem Aufheizprotokoll der verlegten Fußbodenheizung (OLG Hamm IBR 2001, 363); Prüfpflicht des Rohbauunternehmers zur ausreichenden Dichtigkeit eines von dem Vorunternehmer durchgeführten **Bodenaustausches** (OLG Bremen IBR 2001, 664); Hinweispflicht des Zimmerers darauf, dass die Statik keine Lastannahmen für die von ihm eingebrachte **Schüttung von Zwischenböden** enthält (OLG Celle IBR 2002, 246); Prüfungspflicht sowohl des mit dem Unterbau für einen Hallenboden beauftragten Auftragnehmers wie auch des mit dem Bodenbelag beauftragten Auftragnehmers dazu, ob das für den Unterbau verwendete, vom Auftraggeber gestellte Material **(Hausmüllverbrennungsasche statt Recyclingmaterial)** für den

Gartz 345

§ 4 VOB Teil B

Verwendungszweck geeignet ist (OLG Hamm IBR 2003, 12); Hinweispflicht des Treppenbau-Auftragnehmers zu unzureichend geplanten **Mindestauftrittsbreiten** (OLG Bamberg IBR 2003, 13); Hinweispflicht des Landschaftsbauers auf für ihn erkennbare unzureichende **Abdichtung des Sockelputzes** (OLG Dresden IBR 2004, 615); Hinweispflicht des Installationsunternehmers auf die **Gefahr des Einfrierens von Leitungen** während der Bauphase (OLG Köln IBR 2004, 1003 – nur online); Hinweispflicht des Fliesenlegers auf mangelhafte Eignung eines **Anhydritestrichs für Nassräume** (OLG Koblenz IBR 2005, 13); Prüfungspflicht des mit der **Anbringung von Fußbodenleisten** beauftragten Auftragnehmer zu rückseitig einwirkender Feuchtigkeit aus der Wand (OLG Köln IBR 2006, 323); Hinweispflicht des Betonbauunternehmers zu der Gefahr von Schäden durch **witterungsbedingte Temperatureinflüsse auf die Betonbodenplatte** (OLG Düsseldorf IBR 2006, 552); Hinweispflicht des Auftragnehmers auf das Risiko von **Spontanbrüchen bei Einscheiben-Sicherheits-Gläsern** (OLG Stuttgart IBR 2007, 361); Prüfpflicht des Spezialtiefbauunternehmers zu einem **Bodengutachten auf Plausibilität und etwaige Unvollständigkeit** (OLG Köln IBR 2007, 420); Hinweispflicht des auf Lüftungstechnik spezialisierten Auftragnehmers zu **Unzulänglichkeiten eines vom Fachplaner erstellten Lüftungskonzeptes** (LG Rottweil IBR 2008, 148); Prüfungs- und Hinweispflicht des **Estrichlegers zur Abdichtung** bei fehlenden Regelungen/Vorgaben im Vertrag (OLG Bremen IBR 2008, 382); Hinweispflicht des mit Putz- und Trockenbauarbeiten beauftragten Auftragnehmers auf das **Fehlen einer Abdichtung zwischen Fensterbauteil und Außenmauerwerk** aus dem Vorgewerk (OLG Düsseldorf IBR 2008, 432); Prüfungs- und Hinweispflicht des Auftragnehmers zu **Maßabweichungen und einer fehlenden Tragschicht bei Pflasterarbeiten** (OLG Düsseldorf IBR 2008, 1190 – nur online); Prüfungspflicht des Verlegers eines Bodenbelages zur **Verlegereife des Estrichs** (LG Koblenz IBR 2008, 1209 – nur online); Prüfungs- und Hinweispflicht des Dachdeckers zu einer zu geringen Bemessung der **Trapezbleche für die zu erwartende Schneeanhäufung** auf einem Dach (OLG Jena IBR 2011, 636); Prüfungspflicht des Fliesenlegers, ob die planerischen **Vorgaben zur Gefälleausbildung** dem übrigen Vertragsinhalt und den allgemein anerkannten Regeln der Technik entsprechen (OLG Brandenburg IBR 2012, 82); Hinweispflicht des Auftragnehmers darauf, dass die vertraglich vorgegebene Ausführung eines **Bodens zu dessen Nutzungszweck für eine LKW-Werkstatt** nicht für die vorgesehene Belastung ausreichend ist (OLG Naumburg IBR 2012, 383); Hinweispflicht des Auftragnehmers zu widersprüchlichen Planangaben in Bezug auf die **Sohlenhöhe eines Gebäudes** (OLG Bremen IBR 2012, 578); Hinweispflicht des Rohrleitungsbauers zur **fehlenden Eignung von Edelstahlrohren wegen höherer Korrosionsanfälligkeit** (OLG Frankfurt a. M. IBR 2013, 15); Hinweispflicht des mit der Erstellung eines Holzdaches beauftragten Auftragnehmers auf die im Vorgewerk planwidrig **zu hoch gebauten Innenwände** (OLG Stuttgart IBR 2013, 467); Pflicht des Heizungsbauers zur überschlägigen **Überprüfung der Wärmebedarfsberechnung** des Fachplaners (OLG Jena IBR 2013, 534); Prüfungs- und Hinweispflicht eines Fensterbauers zu der **Sonderkonstruktion einer Hebe-Schiebe-Fenstertüranlage** im Hinblick auf Undichtigkeiten (OLG Düsseldorf IBR 2013, 676); Hinweispflicht einer Spezialfirma für Abdichtungen zur **Untauglichkeit der Abdichtungsplanung** des Architekten (OLG Naumburg IBR 2014, 732); Hinweispflicht eines mit den Außenanlagen beauftragten Auftragnehmers zur **fehlenden Abdichtung des Putzes** aus dem Vorgewerk (OLG Koblenz IBR 2015, 68);

Ausführung § 4

Prüfungs- und Hinweispflicht des Straßenbauunternehmens zu **unzureichendem Längsgefälle einer Straßenpflasterung** und regelwidrig vorgeschriebener **Einschlämmung des Pflasters mit Steinmehl** (OLG Braunschweig IBR 2015, 414); Hinweispflicht des Rohbauunternehmers auf fehlende Verbundabdichtung zwischen Estrich und Fliesenlage (OLG Celle IBR 2015, 351); Hinweispflicht des Auftragnehmers auf zusätzliche konstruktive Maßnahmen für die **Abdichtung eines Kellers in WU-Beton** (OLG Frankfurt a. M. IBR 2015, 540); keine Hinweispflicht des **TGA-Auftragnehmers gegen Vorgaben des Fachplaners** (OLG Köln IBR 2015, 544); Hinweispflicht des Auftragnehmers **in Bezug auf Statik** nur bei „ins Auge springenden Mängeln" (OLG Köln IBR 2015, 545); keine Hinweispflicht des Auftragnehmers auf **mögliche Planabweichungen zur Kosteneinsparung** (OLG Dresden IBR 2015, 591); keine Hinweispflicht des Auftragnehmers gegen **Vorgaben eines Baugrundgutachtens** (OLG Dresden IBR 2015, 654); Hinweispflicht des Auftragnehmers auf **Schwundbewegungen der Geschoßdecken**/Hinweis darauf, dass „Risse entstehen können" nicht ausreichend (OLG München IBR 2016, 136); Hinweispflicht des Auftragnehmers auf **Widersprüche zwischen Leistungsverzeichnis und Planung** zu unterschiedlichen Abdichtungsvorgaben (OLG Brandenburg IBR 2016, 143); keine Hinweispflicht des Auftragnehmers auf Verschattung und damit **verminderte Stromausbeute einer Photovoltaikanlage**, die durch Sonderfachmann geplant wurde (OLG Bamberg IBR 2016, 208); keine Hinweispflicht des Heizungsbauers einer **Wärmepumpenheizung auf fehlerhafte Verkabelung** des Elektrikers zum Anschluss von Raumthermostaten (OLG Hamm IBR 2016, 387); Hinweispflicht des Auftragnehmers auf Notwendigkeit eines **drainagefähigen Unterbaus für eine Gussasphaltschicht** (OLG Düsseldorf IBR 2016, 449); Hinweispflicht des Auftragnehmers zu Dachdeckerarbeiten auf fortgeschrittenen **Schädlingsbefall des Dachstuhls** (OLG Saarbrücken IBR 2016, 452); Hinweispflicht des Auftragnehmers auf **fehlende Neigung des Unterbodens** (OLG Dresden IBR 2016, 634); Prüfungspflicht des Auftragnehmers, ob **Herstellerangaben zur Verarbeitung eines Beschichtungsmaterials** unter Berücksichtigung der Baustellenbedingungen umgesetzt werden können (KG IBR 2016, 689); keine Prüfungspflicht des Fliesenlegers auf **fehlende Abdichtungsbahnen unterhalb des Estrichs** (OLG Celle IBR 2017, 126); Prüf- und Hinweispflicht eines Auftragnehmers zu ausreichendem **Chloridschutz einer Tiefgarage** (OLG Köln IBR 2017, 239); Hinweispflicht des Auftragnehmers auf **offensichtliche Fehler einer Ausschreibung** (OLG Celle IBR 2017, 300); Prüfungspflicht des Auftragnehmers zum **Putzgrund vor Fassadenanstrich** (OLG Köln IBR 2017, 429); keine Hinweispflicht des Auftragnehmers auf „Grundwissen über physikalische Eigenschaften" zur höheren **Wärmeleitfähigkeit von Stahl gegenüber Beton** (OLG Zweibrücken IBR 2017, 492); Hinweispflicht des Estrichlegers auf **fehlende Trenn-/Bewegungsfugen** (OLG München IBR 2018, 205); keine Prüfpflicht des Zimmermanns, ob eine vollständig bemaßte **Dachstuhlzeichnung** mit der statischen Berechnung übereinstimmt (OLG Naumburg IBR 2018, 248); Prüfungspflicht des Tiefbauunternehmers, ob die zur Verfügung stehenden Höhendifferenzen nach den einschlägigen DIN-Normen für die **fachgerechte Verlegung der Schmutzwasserleitungen und Schächte** ausreichen, um die **vorgeschriebene Mindestfließgeschwindigkeit** einzuhalten (OLG Schleswig IBR 2018, 249); keine Prüfungspflicht des Auftragnehmers zu einer Fachplanung auf physikalische Berechnungen der **Ausdehnungskoeffizienten von Wasser** (KG IBR 2018, 438); Hinweispflicht des Auftragnehmers auf

§ 4 VOB Teil B

Schwierigkeiten eines Wasserabflusses bei unzureichendem **Gefälle einer Dachterrasse** (OLG Frankfurt IBR 2019, 421); Hinweispflicht des Auftragnehmers auf die **notwendige Aktivierung einer Eventualposition** in einem Leistungsverzeichnis (OLG Dresden IBR 2019, 540); Hinweispflicht des Estrichlegers auf nicht fachgerecht möglichen Estricheinbau wegen **unterschiedlicher Einbauhöhen** (OLG Hamm IBR 2019, 607); keine Hinweispflicht des nur mit der Installation beauftragten Auftragnehmers einer Wärmepumpenanlage auf den von einem Fachingenieur fehlerhaft **unterdimensioniert geplanten Erdwärmespeicher** und die zu geringe Rückspeisung von Wärme aus Solarkollektoren (OLG Brandenburg IBR 2019, 667); Hinweispflicht des Auftragnehmers einer Beschichtung von verzinkten Stahlbauteilen auf **unzureichende chemische Vorbehandlung der Bauteile** (OLG München IBR 2020, 121); Hinweispflicht des Auftragnehmers zu Zimmerer- und Innenausbauarbeiten auf **Schädlingsbefall im Dachstuhl** (LG Bremen IBR 2020, 291); Hinweispflicht des Auftragnehmers auf **fehlende Eignung der ausgeschriebenen Abdichtungsmethode** (OLG Düsseldorf IBR 2020, 518); Hinweispflicht des Auftragnehmers zu Putzarbeiten auf die wegen zu geringem Dachüberstand eintretende **Beaufschlagung der Putzfassade durch Wasser** mit der Folge von Flecken auf der Fassade (OLG Frankfurt IBR 2020, 519); keine Hinweispflicht des Auftragnehmers zu Wärmedämmarbeiten auf die infolge der vom Auftraggeber nachträglich geänderten Stärke der Dämmung nicht mehr gegebene **Einhaltung der Vorgaben des Wärmedämmkonzeptes** (OLG München IBR 2020, 577); keine Prüfpflicht des Fußbodenlegers mit **Ziehung von Bohrkernen des Bodens,** wenn die Ungeeignetheit des als Vorleistung verlegten Estrichs optisch nicht erkennbar ist (OLG Oldenburg IBR 2020, 579); keine Prüfungs- und Hinweispflicht des Rohbauunternehmers auf **nicht offenkundige Fehler, Lücken oder Widersprüche eines Baugrundgutachtens** (OLG Jena IBR 2021, 295); Hinweispflicht des Auftragnehmers zur Reinigung einer Fassade auf die im Leistungsverzeichnis **fehlende Position der Entsorgung des Spülwassers** (OLG Dresden IBR 2022, 504); keine Hinweispflicht des Auftragnehmers auf den **Wartungsbedarf einer Leistung,** wenn die Wartung üblicherweise nicht durch ein Bauunternehmen durchgeführt wird (OLG Hamm IBR 2023, 65); Hinweispflicht des Auftragnehmers, der mit der Herstellung einer Fußbodenheizung und eines Estrichs beauftragt ist, auf den im Vorgewerk **fehlenden Einbau einer Lastverteilungsplatte unter der Fußbodenheizung** (OLG Hamm IBR 2023, 285); Hinweispflicht des Rohbauunternehmers auf die nachteiligen Folgen für die Statik des Gebäudes aufgrund der vom Architekten des Auftraggebers gegebenen Anweisung zur **Unterbrechung eines Ringankers** (OLG Karlsruhe IBR 2023, 502).

E. Überlassungspflichten des Auftraggebers (§ 4 Abs. 4)

I. Unentgeltliche Überlassung bestimmter Anlagen

105 § 4 Abs. 4 benennt konkret die **Anlagen,** die der Auftraggeber dem Auftragnehmer unentgeltlich, also ohne gesonderte Vergütung, **zur Benutzung oder Mitbenutzung** zu überlassen hat, nämlich
– die notwendigen Lager- und Arbeitsplätze auf der Baustelle,
– vorhandene Zufahrtswege und Anschlussgleise,
– vorhandene Anschlüsse für Wasser und Energie.

Ausführung § 4

Nach hM bezieht sich die Überlassungspflicht allein auf **vorhandene Anlagen**, 106
so dass der Auftraggeber nicht verpflichtet ist, diese (neu) zu schaffen.[137] Für die
Anlagen nach § 4 Abs. 4 Nr. 2 und 3 ergibt sich das unmittelbar aus dem Wortlaut.
Anders verhält es sich aber für die Lager- und Arbeitsplätze[138] auf der Baustelle
die dem Auftragnehmer nach § 4 Abs. 4 Nr. 1 sofern „notwendig" zu überlassen,
also ggf. dafür auch zu schaffen sind. Entsprechend sieht auch die ATV-DIN 18299
der VOB/C in Abschnitt 0.1.8 zumindest für die öffentliche Ausschreibung Angaben zu Lage und Ausmaß der überlassenen Flächen und Räume vor. Ferner
geht auch die Nebenleistung nach Abschnitt 4.1.9 der ATV-DIN 18299 zum
Befördern der Stoffe und Bauteile auf der Baustelle davon aus, dass dies „von den
Lagerstellen auf der Baustelle" erfolgt. Im Hinblick auf die Lager- und Arbeitsplätze empfehlen sich somit dringlich vertragliche Abstimmungen und Festlegungen der Parteien, insbesondere wenn der Auftraggeber solche Plätze gerade nicht
zur Verfügung stellen kann.

Kosten für die Nutzung von Wasser und Energie (in der Praxis regelmäßig: 107
„Bauwasser" und „Baustrom") sowie der **Mess- und Zähleinheiten** sind gem.
§ 4 Abs. 4 Nr. 3 S. 2 ausdrücklich nicht Bestandteil der Überlassungspflicht des
Auftraggebers und somit vom Auftragnehmer zu tragen. Die Überlassungspflicht
beschränkt sich ferner ausdrücklich auf die Zurverfügungstellung der Anschlüsse,
so dass die Heranführung von Bauwasser und/oder Baustrom von diesen Anschlüssen zu dem jeweiligen Verwendungsort des Auftragnehmers gem. Abschnitt 4.1.6
der ATV-DIN 18299 eine Nebenleistung des Auftragnehmers darstellt, die er
ohne gesonderte Vergütung selbst zu erbringen hat. Nutzen mehrere Auftragnehmer gleichzeitig die Bauwasser- und/oder Baustromeinrichtungen, erfolgt die
Beteiligung an den Verbrauchskosten und den Kosten der Mess- und Zähleinheiten anteilig. Dies macht entweder technisch den Einbau eigener Zählereinheiten
pro Auftragnehmer erforderlich oder aber die Regelung einer Umlageklausel,
regelmäßig prozentual bezogen auf den Umfang des Gewerks (vgl. dazu nachfolgend → Rn. 109).

Bei der Überlassungspflicht des Auftraggebers handelt es sich um eine **Neben-** 108
pflicht.[139] Daher kann für den Auftragnehmer bei einer Pflichtverletzung insbesondere eine Behinderung nach § 6 Abs. 2 Nr. 1 lit. a vorliegen. Ferner kann
sich für den Auftragnehmer eine Kündigungsmöglichkeit nach § 9 Abs. 1 Nr. 1
ergeben.

II. Anderweitige vertragliche Vereinbarung

§ 4 Abs. 4 steht unter dem Vorbehalt, dass „nichts anderes vereinbart ist". Es 109
steht den Parteien somit frei, zu den in der Regelung genannten Anlagen und
Einrichtungen – wie auch zu anderen ggf. erforderlichen Hilfestellungen für die
Leistungen des Auftragnehmers – **vertraglich abweichende Regelungen** zu
treffen. Dies ist in der Praxis regelmäßig für die Bauwasser- und Baustrombenutzung der Fall, da hier meist **Umlageklauseln** mit einer prozentualen Beteiligung
des Auftragnehmers an den Gesamtkosten vereinbart werden. Dabei wird die
Umlage üblicherweise mit einem Prozentsatz von der Vergütung des Auftragnehmers angesetzt (zB 0,3 % der Netto-Pauschalvergütung). Derartige Umlagerege-

---
[137] Heiermann/Riedl/Rusam/Mansfeld § 4 Rn. 70; FKZGM/Bschorr § 4 Rn. 180; Leinemann/Leinemann § 4 Rn. 108.
[138] Kapellmann/Messerschmidt/Merkens § 4 Rn. 125.
[139] Ingenstau/Korbion/Oppler § 4 Abs. 4 Rn. 2.

§ 4 VOB Teil B

lungen sind auch als AGB wirksam, da sie nach der Rechtsprechung des BGH keine, von Rechtsvorschriften abweichenden Bestimmungen und auch keine Preisnebenabreden (mit unmittelbaren Auswirkungen auf den Preis und die Leistung des Auftragnehmers) darstellen und somit nicht der Inhaltskontrolle nach den §§ 307 ff. BGB unterliegen.[140] Anders kann dies jedoch dann sein, wenn eine Umlagenregelung zu Bauwasser und Baustrom mit weiteren AGB-rechtlich unwirksamen Umlagen für andere Themen (beispielsweise Umlagen für die Beseitigung von Bauabfällen durch den Auftraggeber) in einem Prozentsatz vermischt werden, so dass die AGB-rechtliche Unwirksamkeit einer Umlage dann die gesamte Umlagenregelung infiziert.

III. Abschließender Anwendungsbereich

110 Der Anwendungsbereich des § 4 Abs. 4 ist abschließend **beschränkt** auf die dort genannten Anlagen und Einrichtungen. Zu Arbeitsplätzen iSv § 4 Abs. 4 Nr. 1 zählen allerdings auch zugehörige Sanitäreinrichtungen und Tagesunterkünfte.[141] Insbesondere nicht erfasst von der Regelung sind jedoch weitere Fördereinrichtungen auf der Baustelle (wie etwa Aufzüge oder Förderbänder) oder allgemein sonstige Maßnahmen der Baustelleneinrichtung (zB Baukräne). Es empfehlen sich hierzu vertragliche Abstimmungen der Parteien (vgl. für die öffentliche Ausschreibung zB Abschnitte 0.1.6, 0.2.7 und 0.2.8 der ATV-DIN 18299), um Fehlvorstellungen des Auftragnehmers über die Nutzungsmöglichkeit von vorhandenen Einrichtungen (wie etwa die Nutzung eines auf der Baustelle vorhandenen Aufzugs für den Transport von Baustoffen) zu vermeiden. Dies gilt auch allgemein für Regelungen zum Transport von Baustoffen in einem Gebäude im Hinblick auf die möglichen (oder gerade ausgeschlossen) Transportwege und Transportzeiten.

F. Schutzpflichten des Auftragnehmers (§ 4 Abs. 5)

I. Allgemeines/Zusammenhang mit Gefahrtragung

111 **1. Allgemeines.** § 4 Abs. 5 regelt in S. 1 zunächst die **allgemeinen Schutzpflichten** des Auftragnehmers für die von ihm ausgeführten Leistungen und zu den ihm für die Ausführung übergebenen Gegenstände. S. 2 der Regelung enthält sodann **besondere Schutzpflichten** des Auftragnehmers, die nur bei entsprechender Vereinbarung oder auf Verlangen des Auftraggebers gegen gesonderte Vergütung zu leisten sind.

112 Die Regelung der VOB/B wird vielfach **ergänzt durch** verschiedene Schutzpflichten, die sich in den **ATV-DIN-Regelungen der VOB/C** finden. So enthalten etwa alle auf Bodenflächen bezogenen Arbeiten (wie etwa Fliesen- und Plattenarbeiten, Natursteinarbeiten, Arbeiten zu Holzpflastern oder Parkettarbeiten) die ohne gesonderte Vergütung zu erbringende Nebenleistung, die bearbeiteten Flächen bis zur Begehbarkeit zu schützen, etwa durch Absperren der betroffenen Räume (vgl. beispielhaft Abschn. 4.1.8 der ATV-DIN 18332, Abschn. 4.1.4 der ATV-DIN 18356).

113 § 4 Abs. 5 ist eine vertragliche **Nebenpflicht des Auftragnehmers** deren schuldhafte Verletzung Schadensersatzpflichten des Auftragnehmers nach §§ 280,

---

[140] BGH NJW 1999, 3260 für eine Umlageregelung zu Bauwasser mit „1,2 % des Endbetrages der Schlussrechnung".
[141] Leinemann/Leinemann § 4 Rn. 108; Ingenstau/Korbion/Oppler § 4 Abs. 4 Rn. 1.

Ausführung **§ 4**

241 Abs. 2 BGB auslöst.[142] Ein besonderer Zusammenhang besteht mit den Gefahrtragungsregelungen der VOB/B und des BGB (vgl. nachfolgend → Rn. 114).

2. Zusammenhang mit der Gefahrtragung. Die Schutzpflichten des Auftragnehmers aus § 4 Abs. 5 stehen in einem sachlichen Zusammenhang mit den **Gefahrtragungsregelungen nach §§ 7 und 12 Abs. 6.** Nach § 12 Abs. 6 trägt der Auftragnehmer bis zur Abnahme die Gefahr, dass er beschädigte oder untergegangene Leistungen nochmals erbringen muss (Leistungsgefahr) und hierfür keine zusätzliche Vergütung fordern kann (Vergütungsgefahr). § 7 enthält abweichend hiervon einen vorzeitigen Übergang der Vergütungsgefahr auf den Auftraggeber, wenn die Beschädigung oder Zerstörung der Leistung des Auftragnehmers vor der Abnahme durch höhere Gewalt, Krieg, Aufruhr oder andere objektiv unabwendbare vom Auftragnehmer nicht zu vertretende Umstände verursacht wird. Daneben gilt – auch im VOB/B-Bauvertrag[143] – § 645 BGB, der die Vergütungsgefahr auch vor Abnahme auf den Auftraggeber übergehen lässt, wenn der Untergang, die Verschlechterung oder die Unausführbarkeit der Werkleistung durch einen Mangel des von dem Auftraggeber gelieferten Stoffes oder durch eine von dem Auftraggeber für die Ausführung erteilte Anweisung verursacht wurde. Der BGH hat den Anwendungsbereich des § 645 BGB ferner auf Fälle erweitert, in denen Leistungen des Auftragnehmers aus Umständen untergehen oder unmöglich werden, die in der Person des Auftraggebers liegen oder auf Handlungen des Auftraggebers zurückgehen.[144] Zur näheren Erläuterung der Gefahrtragungsregelungen ist auf die Kommentierungen der vorstehenden VOB-Regelungen zu verweisen. **114**

Im Zusammenspiel des § 4 Abs. 5 mit den Gefahrtragungsregeln ist zu sehen, dass auch bei schuldhafter Verletzung der Schutzpflichten aus § 4 Abs. 5 möglicherweise kein Schaden des Auftraggebers vorliegt, da der Auftragnehmer ohnehin noch die **Leistungs- und Vergütungsgefahr** trägt und daher seine Leistung ganz oder teilweise nochmals ohne gesonderte Vergütung erbringen muss.[145] Eine Schadensersatzpflicht bliebe dann noch im Hinblick auf mögliche weitergehende Schäden des Auftraggebers relevant (etwa Schäden aus Bauzeitstörungen). **115**

Die Vergütungsgefahr verbleibt auch dann beim Auftragnehmer, wenn zwar grundsätzlich die Beschädigung oder Zerstörung des Werkes auf einem vom Auftraggeber zu verantwortenden Umstand iSd § 645 BGB beruht, hierbei jedoch (zumindest auch) eine vom Auftragnehmer zu vertretende Verletzung der Schutzpflichten nach § 4 Abs. 5 mitgewirkt hat, da dann der Gefahrenübergang nach § 645 Abs. 1 S. 1 BGB nicht stattfindet.[146] Ferner wird auch ein für den Auftragnehmer zum vorzeitigen Gefahrübergang führender objektiv unabwendbarer Umstand im Sinne von § 7 Abs. 1 dann nicht vorliegen, wenn dieser Umstand darauf beruht, dass der Auftragnehmer seine Schutzpflichten aus § 4 Abs. 5 nicht erfüllt hat. **116**

Im Rahmen der Gefahrtragung bleibt somit vorrangig zu prüfen, ob der Auftragnehmer die Nebenpflichten aus § 4 Abs. 5 erfüllt hat.[147]

---

[142] FKZGM/Bschorr § 4 Rn. 202.
[143] BGH NJW 1997, 3018.
[144] BGH NJW 1997, 3018; 1998, 456 (457).
[145] FKZGM/Bschorr § 4 Rn. 202 und 204.
[146] Grüneberg/Retzlaff BGB § 645 Rn. 7.
[147] Ähnlich Ingenstau/Korbion/Oppler § 4 Abs. 5 Rn. 3.

§ 4

II. Allgemeine Schutzpflicht nach § 4 Abs. 5 S. 1

117 S. 1 der Regelung enthält die allgemeine und **auch ohne gesonderte Vereinbarung geltende** Nebenpflicht des Auftragnehmers, die von ihm ausgeführten Leistungen und die ihm für die Ausführung übergebenen Gegenstände bis zur Abnahme vor Beschädigung und Diebstahl zu schützen.

118 „Ausgeführte Leistungen" meint nicht nur abnahmereif fertiggestellte Leistungen im Sinne von § 12 Abs. 1, sondern erfasst die **Leistung des Auftragnehmers in jeder Fertigungs- bzw. Ausführungsstufe.**[148] Die dem Auftragnehmer „für die Ausführung übergebenen Gegenstände" meinen alle Dinge und Sachmittel, die der Auftragnehmer von Dritten, einschließlich des Auftraggebers, zur Leistungsausführung erhält. Dies sind insbesondere alle von Dritten zur Verfügung gestellten Stoffe oder Bauteile, sowie Maschinen, Geräte und Werkzeuge. Ferner fallen hierunter das Baugrundstück oder der dem Auftragnehmer überlassene Grundstücksteil, sowie Vorleistungen Dritter, die dem Auftragnehmer zur Weiterführung seiner Leistung zur Verfügung gestellt werden.[149] Von § 4 Abs. 5 S. 1 nicht erfasst sind jedoch die Stoffe und Bauteile, die sich der Auftragnehmer selbst – also im eigenen Leistungsumfang – durch seine Lieferanten zuliefern lässt.[150] Hier bleibt der Auftragnehmer jedoch schon in seinem originären Leistungsumfang verpflichtet, seine eigenen Stoffe und Bauteile für die Leistungsausführung zu schützen.

119 Die Nebenpflicht erfasst den **Schutz vor Beschädigung und Diebstahl.** Inhalt und Umfang dessen, was der Auftragnehmer hierzu eigenverantwortlich leisten muss, bestimmen sich nach hM zutreffend nach den Umständen des Einzelfalls unter Berücksichtigung der jeweiligen örtlichen Besonderheiten und der anerkannten Gewerbesitte.[151] Ist etwa aus der Umgebung ein erhöhter „Graffiti-Einsatz" bekannt, wird der Auftragnehmer ggf. seine Werkleistung (etwa die verputzte Fassade) auch durch Bewachung besonders schützen müssen. Gleiches kann bei einem erhöhten Diebstahlsrisiko am Ort des Bauvorhabens gelten. Daneben sind Inhalt und Umfang der Schutzpflicht aber auch an der wirtschaftlichen Zumutbarkeit auszurichten.[152] In jedem Fall wird der Auftragnehmer aber das zu erfüllen haben, was konkret die ATV-DIN-Regelungen der VOB/C für das einschlägige Gewerk an Nebenleistungspflichten zu Schutzmaßnahmen vorgeben (vgl. auch → Rn. 112). Von besonderer Bedeutung ist hierbei auch die Schutzpflicht zur Sicherung der Arbeiten gegen Niederschlagswasser, mit dem normalerweise gerechnet werden muss (vgl. Abschn. 4.1.10 der ATV-DIN 18299).

120 Zeitlich gelten die Schutzpflichten **bis zur Abnahme.** Findet zu in sich abgeschlossenen Teilen der Leistung des Auftragnehmers eine rechtsgeschäftliche Teilabnahme nach § 12 Abs. 2 statt, endet in Bezug auf diese teilabgenommenen Leistungen die Schutzpflicht des Auftragnehmers, unabhängig davon, welche Leistungen der Auftragnehmer noch auszuführen hat. Der hierzu bestehende Streit

---

[148] Ingenstau/Korbion/Oppler § 4 Abs. 5 Rn. 4.
[149] FKZGM/Bschorr § 4 Rn. 186; Kapellmann/Messerschmidt/Merkens § 4 Rn. 134; Kaminsky/Kues NZBau 2006, 747 (748).
[150] Heiermann/Riedl/Rusam/Mansfeld § 4 Rn. 71; aA Ingenstau/Korbion/Oppler § 4 Abs. 5 Rn. 8.
[151] Kapellmann/Messerschmidt/Merkens § 4 Rn. 135; Ingenstau/Korbion/Oppler § 4 Abs. 5 Rn. 9 und 10.
[152] Kaminsky/Kues NZBau 2006, 747.

in der Kommentarliteratur, ob dies anders zu sehen ist, wenn der Auftragnehmer weiterhin auf den teilabgenommenen Leistungen aufbaut oder wenn sonst seine weitere Leistung in enger räumlicher Beziehung zu dem abgenommenen Teil steht,[153] kann in der Praxis letztlich nicht relevant werden, nachdem in den vorgenannten Fällen dann mangels in sich abgeschlossener Teilleistung eine Teilabnahme nach § 12 Abs. 2 und den strengen Kriterien der Rechtsprechung hierzu kaum denkbar ist.[154]

Die allgemeine Schutzpflicht nach S. 1 des § 4 Abs. 5 hat der Auftragnehmer **ohne gesonderte Vergütung** zu leisten. Im Anwendungsbereich der VOB/C ergibt sich dies unmittelbar aus den Abschn. 4.1 der jeweils einschlägigen ATV-DIN-Regelung. Verlangt der Auftraggeber jedoch eine vorzeitige Benutzung der Leistung ist deren weiterer Schutz durch den Auftragnehmer nach Abschn. 4.2.13 der ATV-DIN 18299 eine besondere Leistung, die – wenn nicht anders vereinbart – eine zusätzliche Vergütung des Auftragnehmers begründet. Bei technischen Anlagen gilt dies insbesondere für das Betreiben der Anlage vor Abnahme einschließlich erforderlicher Instandhaltungsleistungen (vgl. etwa Abschn. 4.2.15 und 4.2.16 der ATV-DIN 183382 „Elektro-, Sicherheits- und Informationstechnische Anlagen" sowie ähnlich in den Abschn. 4.2 der ATV-DIN 18379 bis 18386 zu weiteren Anlagen der technischen Ausrüstung). 121

III. Besondere Schutzpflicht des § 4 Abs. 5 S. 2

Im Unterschied zu S. 1 der Regelung hat § 4 Abs. 5 S. 2 **besondere Schutzpflichten** zum Inhalt, die der Auftragnehmer nur auf Verlangen des Auftraggebers als Nebenpflichten zu leisten hat. Namentlich betrifft dies den Schutz der ausgeführten Leistungen und der von der Regelung betroffenen Gegenstände (dazu → Rn. 118) vor Winterschäden und Grundwasser sowie die Beseitigung von Schnee und Eis. 122

Die Ausführung **„auf Verlangen"** des Auftraggebers meint eine Forderung des Auftraggebers im Bauablauf. Daneben bleibt aber auch eine unmittelbare vertragliche Vereinbarung möglich, wie sich aus S. 3 der Regelung ergibt. 123

Die Abgrenzung der besonderen Schutzpflichten von den allgemeinen korrespondiert mit den entsprechenden Festlegungen und Unterscheidungen der in den ATV der VOB/C geregelten Schutzpflichten aus den jeweils einschlägigen Abschn. 4. Dort finden sich besondere Schutzpflichten, die besonders vergütungspflichtige Leistungen darstellen in Abschn. 4.2. Beispielhaft ist auf Abschn. 4.2.6 der ATV-DIN 18299 hinzuweisen, wonach „besondere Schutzmaßnahmen gegen Witterungsschäden, Hochwasser und Grundwasser" besondere Leistungen darstellen (vgl. auch → Rn. 121). 124

Fordert der Auftraggeber die entsprechenden Schutzmaßnahmen im Bauablauf, regelt sich die **Vergütung des Auftragnehmers nach § 2 Abs. 6** (§ 4 Abs. 5 S. 3). Die Bezugnahme auf diese Vergütungsvorschrift ist ein Rechtsgrundverweis, mit der Folge, dass der Auftragnehmer seinen Anspruch auf besondere Vergütung – sofern dieser nicht offenkundig ist – dem Auftraggeber vor Ausführung der Schutzmaßnahme ankündigen muss.[155] 125

---

[153] Vgl. etwa Leinemann/Leinemann § 4 Rn. 115.
[154] Ähnlich Ingenstau/Korbion/Oppler § 4 Abs. 5 Rn. 5.
[155] Ingenstau/Korbion/Oppler § 4 Abs. 5 Rn. 21; aA FKZGM/Bschorr § 4 Rn. 200.

G. Pflicht des Auftragnehmers zur Beseitigung vertragswidriger Stoffe und Bauteile (§ 4 Abs. 6)

I. Allgemeines

126 Nach § 4 Abs. 6 hat der Auftragnehmer Stoffe oder Bauteile, die dem Vertrag oder Proben nicht entsprechen, auf Anordnung des Auftraggebers innerhalb der ihm gesetzten Frist von der Baustelle zu entfernen. Kommt der Auftragnehmer dieser Aufforderung nicht nach, ist der Auftraggeber berechtigt, die vertragswidrigen Stoffe oder Bauteile auf Kosten des Auftragnehmers zu entfernen oder auf dessen Rechnung zu veräußern.

127 Nach allgM dient die Regelung im Wesentlichen der **frühzeitigen Verhinderung von Mängeln der Leistung des Auftragnehmers,** die zwangsläufig dann entstehen, wenn er für die Ausführung der Bauleistungen vertragswidrige Stoffe oder Bauteile verwendet.[156] § 4 Abs. 7 findet in diesem Stadium, also vor tatsächlicher Verwendung der Stoffe und Bauteile und vor Entstehen eines dadurch begründeten Mangels keine Anwendung. Sind die Stoffe oder Bauteile jedoch verwendet, gilt hiernach ausschließlich § 4 Abs. 7.[157] Ferner gilt § 4 Abs. 6 nach seinem Regelungsgehalt nicht für Stoffe oder Bauteile, die nach bereits erfolgtem Einbau – etwa im Rahmen einer Mängelbeseitigung – wieder ausgebaut werden sowie auch nicht für solche Materialien, die aufgrund einer vorzeitigen Vertragsbeendigung vom Auftragnehmer nicht mehr verbaut aber auch nicht abtransportiert werden.

II. Beseitigungsanspruch des Auftraggebers

128 Erste Voraussetzung für den Anspruch des Auftraggebers auf Beseitigung der betroffenen Stoffe oder Bauteile ist, dass diese nicht „dem Vertrag oder den Proben entsprechen". Die Frage der **Vertragswidrigkeit** bestimmt sich aus allen dem Vertrag zugrundeliegenden Vereinbarungen, vorrangig selbstverständlich der Leistungsbeschreibung (zB dem Leistungsverzeichnis). Daneben können sich auch aus den einschlägigen ATV-DIN-Regelungen der VOB/C Vorgaben an Stoffe und Bauteile ergeben (vgl. die jeweiligen Abschnitte 2 der ATV-DIN-Regelungen). Regelmäßig finden sich dort auch Verweise auf weitere DIN-Regelungen außerhalb der VOB/C mit Vorgaben an Baustoffe. Ferner sind die allgemein anerkannten Regeln der Technik als vertraglich geschuldeter Mindeststandard jeder Bauleistung[158] zu beachten. Zu Recht wird weiter auf die wachsende Bedeutung der Vorgaben aus dem Bauproduktengesetz (BauPG) hingewiesen,[159] mit dem die Harmonisierung des Bauprodukterechts für den EU-Binnenmarkt gemäß der Europäischen Bauproduktenverordnung (BauPVO) umgesetzt wird. Noch unklar ist die Rechtslage zu bislang weitergehenden prüfungspflichtigen Anforderungen und Kennzeichnungspflichten an Bauprodukte, die durch die Länder-Bauordnungen gestellt wurden („Ü-Zeichen" und Übereinstimmungen mit sog. Bauregellisten),[160] nachdem der EuGH entschieden hat, dass durch nationales Recht keine weitergehenden Anforderungen an Bau-

---

[156] FKZGM/Bschorr § 4 Rn. 207; Ingenstau/Korbion/Oppler § 4 Abs. 6 Rn. 2.
[157] FKZGM/Bschorr § 4 Rn. 209.
[158] BGH NZBau 2014, 568 Rn. 17.
[159] Kapellmann/Messerschmidt/Merkens § 4 Rn. 148.
[160] vgl. Zmuda BauR 2018, 1170.

Ausführung **§ 4**

produkte gestellt werden dürfen, wenn diese die harmonisierten Vorgaben gem. BauPVO erfüllen.[161] Da unabhängig von dem Wegfall einer weitergehenden nationalen Prüfungs- und Kennzeichnungspflicht zu Bauprodukten die bauordnungsrechtlichen Anforderungen an ein Bauwerk bestehen bleiben und möglicherweise allein auf Grundlage einer europäischen Harmonisierung zulässige Bauprodukte diese (strengeren) bauordnungsrechtlichen Anforderungen nicht erfüllen, kommt mit Wegfall der nationalen Bauproduktvorgaben neben dem Planer eines Bauwerks auch dem Auftragnehmer (insbesondere unter Berücksichtigung von § 4 Abs. 2 Nr. 1) eine erhöhte Verantwortung zur Prüfung der von ihm eingesetzten Bauprodukte auf Übereinstimmung mit den bauordnungsrechtlichen Anforderungen zu.[162]

Den **Proben nicht entsprechende Stoffe oder Bauteile** liegen dann vor, wenn diese nach Maß, Gewicht oder Qualität nicht dem entsprechen, was mit der zum Vertragsinhalt gewordenen Probe hierzu vereinbart wurde.[163] Dies betrifft insbesondere Bemusterungen, die zur vertraglichen Leistung des Auftragnehmers vorweg festgelegt werden (vgl. beispielhaft die Festlegung der Bandbreite zu Farb-, Struktur- und Texturschwankungen von Natursteinen gem. Abschn. 2.1.4 der ATV-DIN 18332). 129

Zweite Voraussetzung für die Beseitigungspflicht des Auftragnehmers ist eine entsprechende **Anordnung des Auftraggebers mit Fristsetzung.** Schriftform ist für die Anordnung des Auftraggebers nicht vorgegeben. Sie empfiehlt sich jedoch – wie immer – schon aus Nachweisgründen. Mit dem Wortlaut von § 4 Abs. 6, wonach eine vom Auftraggeber „bestimmte Frist" zu setzen ist, könnte man annehmen, dass die Fristdauer im freien Ermessen des Auftraggebers liegt. Tatsächlich wird aber zu Recht nach allgM die Setzung einer angemessenen Frist gefordert.[164] Angemessen ist dabei eine Frist, die objektiv erforderlich ist, um die jeweiligen Stoffe und Bauteile von der Baustelle zu entfernen. Eine unangemessene Frist setzt den Lauf der objektiv erforderlichen Frist in Gang.[165] 130

Unter Berücksichtigung, dass der Auftraggeber bei fehlender Beseitigung durch den Auftragnehmer berechtigt ist, die vertragswidrigen Stoffe oder Bauteile selbst auf Kosten des Auftragnehmers zu entfernen, ist davon auszugehen, dass auch die Beseitigung durch den Auftragnehmer grundsätzlich auf seine eigenen Kosten zu erfolgen hat. Streitig kann dies aber dann sein, wenn die Vertragswidrigkeit (zumindest auch) auf Umstände zurückzuführen ist, die vom Auftraggeber oder ihm zurechenbaren Dritten verursacht sind. Entspricht etwa ein Bauteil zwar exakt den Vorgaben des Leistungsverzeichnisses, widerspricht dessen Verwendung aber den allgemein anerkannten Regeln der Technik (so dass bereits die Ausschreibung durch den Planer des Auftraggebers fehlerhaft war), müsste sich der Auftraggeber bei einem Mängelanspruch nach Einbau des Bauteils ein **Mitverschulden** entgegenhalten lassen. Dies muss somit auch im Vorstadium bei einer Entfernung des Bauteils vor Einbau Berücksichtigung finden, so dass der Auftraggeber in diesem Fall in Höhe seines Mitverschuldensanteils an den Beseitigungskosten zu beteiligen wäre. 131

---

[161] EuGH NZBau 2014, 692.
[162] Zmuda BauR 2018, 1170.
[163] Ingenstau/Korbion/Oppler § 4 Abs. 6 Rn. 5.
[164] Vgl. allein FKZGM/Bschorr § 4 Rn. 218.
[165] BGH NJW 1984, 48 (49).

Gartz 355

§ 4 VOB Teil B

III. Selbsthilferecht des Auftraggebers

132 Kommt der Auftragnehmer der Beseitigungsanordnung des Auftraggebers nicht innerhalb angemessener Frist nach, ist der Auftraggeber nach § 4 Abs. 6 S. 2 berechtigt, die vertrags- oder probewidrigen Stoffe oder Bauteile selbst auf Kosten des Auftragnehmers von der Baustelle zu entfernen oder diese für Rechnung des Auftragnehmers zu veräußern.

133 Nach hM besteht das **Selbsthilferecht des Auftraggebers** unmittelbar nach Ablauf der angemessenen Frist und insbesondere auch unabhängig davon, ob Verzugsvoraussetzungen vorliegen.[166] Nach hier vertretener Auffassung kann dies jedoch nur im Hinblick auf den Fristablauf sowie dahingehend gelten, dass dem Auftraggeber grundsätzlich das Recht zur eigenen Entfernung bzw. Veräußerung zusteht. Ist die Vertragswidrigkeit jedoch auf ein Mitverschulden des Auftraggebers zurückzuführen (→ Rn. 131), trägt der Auftraggeber auch einen Anteil an den Entfernungs- bzw. Veräußerungskosten.

134 Im Rahmen des Selbsthilferechts treffen den Auftraggeber **Fürsorgepflichten zugunsten des Auftragnehmers.**[167] Der Auftraggeber hat insbesondere die Entfernung so durchzuführen, dass keine Beschädigung der Stoffe oder Bauteile eintritt. Ferner sind entfernte Stoffe und Bauteile ordnungsgemäß zu lagern. Entfernung und Lagerungsort sind dem Auftragnehmer mitzuteilen, damit dieser die Stoffe oder Bauteile am Lagerungsort abholen kann. Bei einer Veräußerung ist der Auftraggeber nicht berechtigt, die Stoffe/Bauteile selbst zu erwerben (§§ 181, 450 BGB entsprechend).[168] Für die Rechenschaftslegung über den Verkauf gilt § 259 BGB.

135 Den zum Teil angenommenen Reduzierungen des Haftungsmaßstabes des Auftraggebers iRd Selbsthilferechts unter entsprechender Anwendung von entweder § 300 Abs. 1 BGB[169] oder § 680 BGB[170] kann nicht gefolgt werden,[171] da die Anwendungsbereiche dieser Normen hier nicht einschlägig sind und auch keine vergleichbare Interessenlage besteht.

IV. Meinungsverschiedenheiten

136 Der Beseitigungsanspruch des Auftraggebers aus § 4 Abs. 6 S. 1 ist grundsätzlich klageweise durchsetzbar. Bei Meinungsverschiedenheiten empfiehlt sich aber mit der hM eine **Durchführung des Verfahrens nach § 18 Abs. 4** unter Einschaltung einer staatlichen oder staatlich anerkannten Materialprüfungsstelle.[172]

H. Mängelrechte des Auftraggebers vor Abnahme (§ 4 Abs. 7)

I. Allgemeines/Rechtslage nach BGB

137 Nach § 4 Abs. 7 ist der Auftragnehmer zunächst verpflichtet, schon während der Ausführung als mangelhaft oder vertragswidrig erkannte Leistungen auf seine

---

[166] FKZGM/Bschorr § 4 Rn. 220; Ingenstau/Korbion/Oppler § 4 Abs. 6 Rn. 14.
[167] Ingenstau/Korbion/Oppler § 4 Abs. 6 Rn. 15.
[168] Kapellmann/Messerschmidt/Merkens § 4 Rn. 157; FKZGM/Bschorr § 4 Rn. 223.
[169] Vgl. etwa Ingenstau/Korbion/Oppler § 4 Abs. 6 Rn. 15.
[170] Kapellmann/Messerschmidt/Merkens § 4 Rn. 160.
[171] Zweifelnd auch FKZGM/Bschorr § 4 Rn. 222.
[172] Kapellmann/Messerschmidt/Merkens § 4 Rn. 152.

Ausführung **§ 4**

Kosten durch mangelfreie zu ersetzen (S. 1). Bei schuldhafter Verursachung des Mangels oder der Vertragswidrigkeit hat der Auftragnehmer ferner Schadensersatz zu leisten (S. 2). Kommt der Auftragnehmer seiner Mängelbeseitigungsverpflichtung nicht nach, besteht für den Auftraggeber ein Kündigungsrecht nach erfolglos abgelaufener Nachfrist (S. 3).

Die Mängelbeseitigungsverpflichtung des Auftragnehmers vor Abnahme und **138** der entsprechende Mängelbeseitigungsanspruch des Auftraggebers sind für den Bauvertrag von erheblicher Bedeutung, da sich aus dem Werkvertragsrecht des BGB seit der Schuldrechtsmodernisierung zum 1.1.2002 keine entsprechenden Mängelrechte des Bestellers/Auftraggebers vor Abnahme herleiten lassen (vgl. → Rn. 140). Auch das seit 2018 geltende Bauvertragsrecht des BGB regelt keine Mängelrechte vor Abnahme.

§ 4 Abs. 7 gilt **für den Zeitraum der Ausführung,** also beginnend vom **139** Abschluss des Vertrages bis zur Abnahme. Von der Abnahme an bestimmen sich die Mängelrechte des Auftraggebers nach § 13.

Zu dem Werkvertragsrecht des BGB war lange Zeit umstritten, ob dem Besteller/Auftraggeber die **Mängelrechte des § 634 BGB erst nach der Abnahme** **140** der Werkleistung zustehen oder auch schon im Ausführungsstadium.[173] Der BGH hat diese Rechtsfrage mit zunächst drei Entscheidungen vom 19.1.2017 dahingehend geklärt, dass werkvertragsrechtliche Mängelrechte grds. erst nach der Abnahme des Werks geltend gemacht werden können.[174] Neben dem Wortlautargument, dass eine „Nacherfüllung" iSv § 635 BGB erst nach dem durch Abnahme beendeten Erfüllungsstadium in Betracht kommen kann, begründet der BGH seine Entscheidungen im Wesentlichen mit der Interessenlage des Unternehmers/Auftragnehmers, der bis zur Abnahme frei wählen kann, wie er den Anspruch des Auftraggebers auf mangelfreie Herstellung gem. § 631 Abs. 1 BGB erfüllt. Die Interessen des Auftraggebers werden hierdurch auch nicht eingeschränkt, da seine Rechte angemessen durch das allgemeine Leistungsstörungsrecht gewahrt sind: Vor Abnahme stehen ihm hiernach Schadensersatz neben der Leistung nach § 280 Abs. 1 BGB, Schadensersatz statt der Leistung nach §§ 281, 280 BGB, Schadensersatz wegen Verzögerung der Leistung nach § 280 Abs. 2, § 286 BGB sowie Rücktritt nach § 323 BGB oder Kündigung aus wichtigem Grund entsprechend § 314 BGB (heute: § 648a BGB) zu. Das Verschuldenserfordernis zu Schadensersatzansprüchen schränkt den Auftraggeber nach Auffassung des BGH nicht relevant ein, da eine den Schadensersatzanspruch begründende Pflichtverletzung des Auftragnehmers auch schon dann vorliege, wenn er die ihm nach § 281 Abs. 1 S. 1 BGB gesetzte Frist verstreichen lässt. Neben dieser Interessenabwägung spricht nach dem BGH für die Anbindung der Mängelrechte an die Abnahme auch, dass die Abnahme im Übrigen eine Zäsur im Werkvertrag, insbesondere zum Gefahrenübergang und zur Beweislastumkehr darstellt und dass die Verjährung der Mängelrechte an die Abnahme anknüpft.[175]

Wesentliche Rechtsfolge der fehlenden Anwendbarkeit der Mängelrechte **141** des BGB vor Abnahme ist, dass dem Auftraggeber die verschuldensunabhängigen Ansprüche auf Minderung und auf Selbstvornahme zur Mängelbeseitigung mit entsprechendem Kostenerstattungs- oder Vorschussanspruch (§ 637 BGB) nicht

---

[173] eingehend Kniffka/Koeble Kompendium BauR, 5. Teil, Rn. 2 ff.
[174] BGH NZBau 2017, 211; ZfBR 2017, 340; NZBau 2017, 216.
[175] Vgl. zur neuen Rechtsprechung des BGH auch: Schwenker NJW 2017, 1579; Voit NZBau 2017, 521; Gartz NZBau 2018, 404.

zustehen. Ein der Selbstvornahme wirtschaftlich ähnliches Ergebnis ließe sich für den Auftraggeber im Werkvertragsrecht des BGB allenfalls über das allgemeine Schuldrecht und den „Umweg" des Rücktrittsrechts vor Fälligkeit (§ 323 Abs. 4 BGB) mit gleichzeitiger Geltendmachung eines Schadensersatzanspruches (§§ 280, 281 Abs. 1 BGB) erzielen. Hierzu bedarf es jedoch im Einzelfall der Feststellung, ob tatsächlich die Voraussetzungen des Rücktrittsrechts vor Fälligkeit nach § 323 Abs. 4 BGB gegeben sind, was wohl nur bei einer erklärten Mängelbeseitigungsverweigerung des Auftragnehmers der Fall sein dürfte.[176] Im Einzelfall könnte überlegt werden, ob Mängelbeseitigungsmaßnahmen des Auftraggebers vor einer Abnahme als Schadensabwendung oder -minderung zu bewerten sind und die Aufwendungen dieser Maßnahmen vom Auftragnehmer als Schadensersatz zu erstatten sind.[177]

142 Nach der seit 2017 nunmehr verfestigten Rechtsprechung des BGH kommen ausnahmsweise Mängelrechte auch vor der Abnahme in Betracht, wenn das Vertragsverhältnis in ein sog. Abrechnungsverhältnis übergegangen und hierdurch das Erfüllungsstadium des Vertrages beendet ist. Das ist nach Auffassung des BGH dann der Fall, wenn der Auftraggeber einen Schadensersatz statt der Leistung nach §§ 281 Abs. 1, 280 Abs. 1 BGB geltend macht, so dass nach § 281 Abs. 4 BGB ein Anspruch auf die Leistungserfüllung ausgeschlossen ist oder wenn der Auftraggeber ausschließlich im Wege der Minderung eine Herabsetzung des Werklohns fordert, da er auch in diesem Fall auf eine Erfüllung des Vertrages verzichtet, vielmehr das mangelhafte Werk unter Reduzierung des Werklohns hinnimmt.[178] Der BGH hat aber auch klargestellt, dass der Ausnahmefall eines Abrechnungsverhältnisses gerade nicht dadurch eintritt, dass der Auftraggeber gegenüber dem Auftragnehmer einen Kostenvorschussanspruch zur Mängelbeseitigung nach § 637 Abs. 3 BGB fordert. Der Auftraggeber sei in diesem Fall nicht gehindert, später doch noch die Erfüllung des Vertrages zu fordern, so dass auch noch kein endgültiges Abrechnungsverhältnis entstanden ist. Bei einer Vorschussforderung kommt nach Auffassung des BGH ein Abrechnungsverhältnis nur dann zustande, wenn der Auftragnehmer das Werk als fertiggestellt zur Abnahme angeboten hat und der Auftraggeber ausdrücklich oder konkludent zum Ausdruck bringt, dass er unter keinen Umständen mehr mit dem Auftragnehmer zusammenarbeiten will und somit endgültig und ernsthaft eine Nacherfüllung durch den Auftragnehmer ablehnt, selbst für den Fall, dass die Selbstvornahme nicht zu einer mangelfreien Herstellung des Werks führt.[179] Allein die Eröffnung eines Insolvenzverfahrens über das Vermögen des Auftragnehmers begründet kein Abrechnungsverhältnis.[180] Es bleibt abzuwarten, ob der BGH noch weitere Ausnahmefälle für Mängelrechte vor der Abnahme feststellen wird.

II. Mängelbeseitigungspflicht des Auftragnehmers (§ 4 Abs. 7 S. 1)

143 In Konkretisierung des Erfüllungsanspruchs des Auftraggebers verpflichtet § 4 Abs. 7 S. 1 den Auftragnehmer schon während der Ausführung zur Beseitigung von Mängeln seiner Leistung. Wie S. 2 der Vorschrift zeigt, ist diese Mängelbesei-

---

[176] Kniffka/Koeble Kompendium BauR, 5. Teil, Rn. 14.
[177] Grüneberg/Grüneberg BGB § 254 Rn. 36.
[178] BGH NZBau 2017, 211.
[179] BGH ZfBR 2017, 340 und BGH NZBau 2017, 216.
[180] BGH NZBau 2018, 143; Gartz NZBau 2018, 404.

Ausführung §4

tigungsverpflichtung – auch aufgrund der werkvertraglichen Erfolgshaftung des Auftragnehmers – **verschuldensunabhängig**.

Die Verpflichtung des Auftragnehmers begründet einen entsprechenden **Män-** **144** **gelbeseitigungsanspruch des Auftraggebers** für die Ausführungsphase. Voraussetzung ist eine mangelhafte oder vertragswidrige Leistung des Auftragnehmers. Für die Frage, wann ein Mangel vorliegt, gelten dieselben Grundsätze und Voraussetzungen wie zur Mängelhaftung nach § 13 einschließlich der Enthaftungsmöglichkeit des Auftragnehmers nach § 13 Abs. 3 VOB/B iVm § 4 Abs. 3 VOB/B sowie des möglichen Einwandes einer etwaigen Unverhältnismäßigkeit der Mängelbeseitigung und eines möglichen Mitverschuldens des Auftraggebers. Insoweit kann auf die Kommentierung zu § 13 verwiesen werden. Der alternative Anwendungsbereich auf eine „vertragswidrige" Leistung hat keine eigenständige Bedeutung, da eine Leistung, die nicht der vertraglich geschuldeten Beschaffenheit entspricht, immer auch eine mangelhafte Leistung darstellt (vgl. § 13 Abs. 1 S. 2).

Da sich der Auftragnehmer noch im Erfüllungsstadium befindet, gilt es jedoch **145** gesondert zu prüfen, ob bereits ein Mangel vorliegt oder die **Leistung nur noch nicht fertiggestellt** ist, da in letzterem Fall der Auftragnehmer noch bis zum Ablauf der Fertigstellungsfrist und somit bis zur Fälligkeit die Leistung vollenden kann.

Eine **Neuherstellung** kann der Auftraggeber im Rahmen der Mängelbeseiti- **146** gung nur dann fordern, wenn eine vertragsgerechte Erfüllung auf andere Weise nicht möglich ist. Insofern gilt auch bei der Mängelbeseitigung nach § 4 Abs. 7 wie bei den Mängelrechten nach Abnahme, dass der Auftraggeber keine bestimmte Art der Mängelbeseitigung verlangen kann, sondern es Sache des Auftragnehmers ist, wie er den Vertrag erfüllt.[181]

Der Auftragnehmer hat die Mängelbeseitigung **auf eigene Kosten** durchzu- **147** führen. Dies erfasst zunächst alle Eigenkosten des Auftragnehmers aus und im Zusammenhang mit den erforderlichen Maßnahmen, wie etwa Transport- und Gerätekosten. Ferner hat der Auftragnehmer die dem Auftraggeber notwendig entstandenen Kosten zu erstatten.[182]

Nachdem die Mängelbeseitigungsverpflichtung des Auftragnehmers ihre **148** Grundlage in dem Erfüllungsanspruch des Auftraggebers hat, kann der Auftraggeber bis zur ordnungsgemäßen Erfüllung gegenüber Zahlungsforderungen des Auftragnehmers, insbesondere Abschlagsforderungen, **die Einrede des nicht erfüllten Vertrages (§ 320 BGB)** geltend machen.[183]

III. Schadensersatzverpflichtung des Auftragnehmers (§ 4 Abs. 7 S. 2)

Hat der Auftragnehmer den **Mangel der Leistung verschuldet,** wobei er **149** sich auch das Verschulden seiner Erfüllungsgehilfen nach § 278 BGB zurechnen lassen muss, hat er dem Auftraggeber den daraus entstehenden Schaden zu ersetzen.

Der Anspruch erfasst die Schäden, die dem Auftraggeber auch nach einer **150** Mängelbeseitigung des Auftragnehmers verbleiben,[184] mithin die **Begleit- und**

---

[181] BGH NZBau 2013, 430 Rn. 15.
[182] Kapellmann/Messerschmidt/Merkens § 4 Rn. 174.
[183] Ingenstau/Korbion/Oppler § 4 Abs. 7 Rn. 4.
[184] FKZGM/Bschorr § 4 Rn. 242.

Folgeschäden aus der mangelhaften Leistung,[185] wie Miet- und sonstige Nutzungsausfallschäden oder Gutachter- und Koordinationsaufwendungen. Die Haftungsbeschränkung des § 6 Abs. 6 findet hier keine Anwendung, da die Verzögerung auf einer mangelhaften Leistung des Auftragnehmers beruht.

151 Kein Schadensersatz im Sinne der Regelung sind Fremdnachbesserungskosten, sofern der Auftraggeber die Mängelbeseitigung ohne vorherige Auftragsentziehung in Selbstvornahme durchführt.[186]

IV. Kündigungsrecht des Auftraggebers (§ 4 Abs. 7 S. 3)

152 Für den Fall, dass der Auftragnehmer seiner Mängelbeseitigungsverpflichtung nicht nachkommt, ist der Auftraggeber berechtigt, dem Auftragnehmer unter Kündigungsandrohung eine angemessene Frist zur Mängelbeseitigung zu setzen und nach fruchtlosem Fristablauf den Auftrag gem. § 8 Abs. 3 zu kündigen.

153 Erst über die Kündigung nach § 8 Abs. 3 erhält der Auftraggeber die Möglichkeit, die Mängel auch ohne Abnahme in **Selbstvornahme** beseitigen zu lassen und für die angefallenen Mängelbeseitigungskosten einen Erstattungsanspruch geltend zu machen (→ Rn. 161; zur jüngst durch den BGH festgestellten AGB-rechtlichen Unwirksamkeit der Regelung bei Verwendung durch den Auftraggeber → Rn. 208). Vor dieser schweren Rechtsfolge will die VOB/B – die in ihrem Grundgedanken auf die Aufrechterhaltung von Verträgen ausgerichtet ist – den Auftragnehmer ausreichend durch die Mängelbeseitigungsaufforderung mit Fristsetzung und Kündigungsandrohung gewarnt wissen.

154 Erste Voraussetzung der Auftragsentziehung ist daher eine **Mängelbeseitigungsaufforderung.** Ausreichend ist hierzu eine Beschreibung des Mangelsymptoms, also des Schadensbildes, das sich durch den Mangel zeigt. Die Ursache eines Mangels muss der Auftraggeber nicht ermitteln und angeben. Es gelten hier dieselben Grundsätze wie zur Mängelbeseitigungsaufforderung nach § 13 Abs. 5, mit der Ausnahme, dass die Aufforderung nach § 4 Abs. 7 S. 3 keine Schriftform erfordert. Auch hier bleibt die schriftliche Mängelbeseitigungsaufforderung jedoch schon aus Nachweisgründen empfohlen.

155 Die Mängelbeseitigungsaufforderung muss mit einer **angemessenen Fristsetzung** verbunden werden. Die Angemessenheit bestimmt sich nach der objektiv erforderlichen Zeit für die zur Mängelbeseitigung notwendigen Maßnahmen. Dabei können von dem Auftragnehmer, der sich mit der mangelhaften Leistung ja bereits vertragswidrig verhalten hat, durchaus erhöhte Anstrengungen gefordert werden.[187] Eine unangemessene Frist ist nicht unwirksam, sondern löst vielmehr den Lauf der angemessenen Frist aus.[188]

156 Die Aufforderung muss ferner mit einer Erklärung des Auftraggebers verbunden sein, dass er dem Auftragnehmer den Vertrag kündigt, wenn die Mängelbeseitigung nicht innerhalb angemessener Frist abgeschlossen ist. Aufgrund der Warnfunktion dieser **Androhung** muss dem Auftragnehmer aus der Erklärung erkennbar sein, dass Folge einer nicht fristgerechten Mängelbeseitigung die Vertragskündigung sein kann.[189] Andererseits erfordert die Androhung für ihre Wirksamkeit nicht zwingend die Verwendung des Begriffs der „Kündigung".

---

[185] Kapellmann/Messerschmidt/Merkens § 4 Rn. 174.
[186] BGH NJW-RR 1986, 1148; NZBau 2012, 157 Rn. 9.
[187] OLG Hamm NZBau 2007, 709 (711); Schmitz BauR 2024, 179.
[188] BGH NJW 1984, 48 (49).
[189] Kapellmann/Messerschmidt/Merkens § 4 Rn. 191.

Ausführung **§ 4**

Wie der Vergleich zu S. 2 des § 4 Abs. 7 zeigt, ist für die Mängelbeseitigungsaufforderung mit Fristsetzung ein Verschulden des Auftragnehmers in Bezug auf die Mangelhaftigkeit der Leistung nicht Voraussetzung. Dies begründet sich auch mit der im Werkvertragsrecht geltenden **verschuldensunabhängigen Erfolgshaftung des Auftragnehmers**. 157

Ist eine Mängelbeseitigung nicht innerhalb der angemessenen Frist erfolgt, führt dies (anders etwa als bei § 643 BGB) **nicht zu einer automatischen Vertragskündigung**. Vielmehr bedarf es dazu einer weiteren Kündigungserklärung des Auftraggebers nach § 8 Abs. 3 unter Beachtung der Schriftform nach § 8 Abs. 5. Der Auftraggeber ist jedoch keinesfalls zur Kündigung verpflichtet. Er kann dem Auftragnehmer auch erneute Gelegenheit zur Mängelbeseitigung geben. Ein Kündigungsrecht kann insofern aber auch **verwirkt** werden, wenn der Auftraggeber längere Zeit nach Fristablauf nicht reagiert oder sonst den Eindruck beim Auftragnehmer erweckt, er wolle doch am Vertrag festhalten.[190] 158

In früherer Rechtsprechung war es die Auffassung des BGH, dass im Einzelfall eine **Fristsetzung und Kündigung entbehrlich** sein kann, wenn der Auftragnehmer die vertragsgemäße Fertigstellung endgültig verweigert, so dass es auch nicht zu einem parallelen Arbeiten von ihm und einem Drittunternehmer mit möglichen Streitigkeiten auf der Baustelle – was die Kündigung grds. gerade ausschließen will – kommen kann.[191] Zuletzt hat der BGH jedoch festgestellt, dass an dieser früheren Rechtsprechung nicht uneingeschränkt festgehalten wird, vielmehr grds. ein Anspruch aus §§ 4 Abs. 7, 8 Abs. 3 Nr. 2 eine schriftliche Kündigungserklärung des Auftraggebers voraussetzt und selbst bei ernsthafter und endgültiger Erfüllungsverweigerung des Auftragnehmers der Auftraggeber zumindest konkludent zum Ausdruck bringen muss, dass er den Vertrag mit dem Auftragnehmer beenden will.[192] 159

Mit § 8 Abs. 3 Nr. 1 S. 2 ist der Auftraggeber berechtigt, die Kündigung „auf einen in sich abgeschlossenen Teil der vertraglichen Leistung" zu beschränken. Nach der Rechtsprechung des BGH bestimmt sich die Voraussetzung eines **in sich abgeschlossenen Leistungsteils** nach den Vorgaben des § 12 Abs. 2, was eine Selbständigkeit des Leistungsteils dahingehend erfordert, dass er – wie für eine Teilabnahme – einer eigenständigen Beurteilung unterzogen werden kann.[193] Nicht in sich abgeschlossene Teile der Bauleistung sind hiernach zB Teile eines Rohbaus, wie etwa eine Betondecke oder ein Stockwerk.[194] Ebenfalls nicht ausreichend sind in einzelne Bauabschnitte eingeteilte Wärmedämmarbeiten.[195] Letztlich werden alle Einzelleistungen innerhalb eines Gewerks nicht als in sich abgeschlossene Leistungsteile betrachtet werden können, was die Möglichkeit einer berechtigten Teilkündigung erheblich erschwert. Insbesondere gerade nicht möglich ist es für den Auftraggeber, den Bauvertrag nur in Bezug auf den mangelhaften Leistungsteil zu kündigen, um dann im Rahmen der Selbstvornahme die Mängelbeseitigung zu betreiben. Eine Kündigung des gesamten Vertrages wird für den Auftraggeber gerade bei kleineren Mängeln kaum möglich bzw. sinnvoll sein.[196] 160

---

[190] FKZGM/Bschorr § 4 Rn. 270 und 271.
[191] BGH NZBau 2000, 421 (422); 2012, 157 Rn. 9.
[192] BGH NZBau 2018, 207 Rn. 33.
[193] BGH NZBau 2010, 47 Rn. 17 ff.
[194] BGH NJW 1968, 1524 (1525).
[195] BGH NZBau 2010, 47 Rn. 23.
[196] Ingenstau/Korbion/Oppler § 4 Abs. 7 Rn. 63.

161 Wesentliche Rechtsfolge der Kündigung nach § 8 Abs. 3 ist die Möglichkeit für den Auftraggeber, die **Mängelbeseitigung** wie auch die **Restfertigstellung durch Dritte** ausführen zu lassen. Die hieraus entstehenden Kosten und Mehrkosten hat der Auftragnehmer zu tragen. Sollten sich jedoch im Rahmen der Restfertigstellung weitere Mängel der Leistung des Auftragnehmers zeigen, die nicht Gegenstand der Mängelbeseitigungsaufforderung nach § 4 Abs. 7 und der hierauf gestützten Kündigung waren, muss dem Auftragnehmer Gelegenheit zur Mängelbeseitigung gegeben werden.[197] Kommt dann der Auftragnehmer erneut der Mängelbeseitigungsaufforderung nicht nach, ist zu empfehlen, auch für die entsprechende Mängelbeseitigungsleistung (nochmals) den Vertrag nach § 4 Abs. 7 S. 3 VOB/B iVm § 8 Abs. 3 VOB/B zu kündigen. Erweist sich später eine Mängelrüge, auf die die Kündigung gestützt wurde, als unberechtigt, kommt ein Nachschieben von Kündigungsgründen in Betracht, allerdings nur dann, wenn für die zur Begründung nachgeschobene Mängelrüge sämtliche Voraussetzungen des § 4 Abs. 7 zum Zeitpunkt der Kündigung vorlagen (also insbesondere eine angemessene Fristsetzung mit Kündigungsandrohung).[198]

162 Die **Verjährung** des Anspruchs des Auftraggebers auf Ersatz der Mängelbeseitigungskosten aus § 8 Abs. 3 Nr. 2 beginnt auch im Fall der Mängelbeseitigungsaufforderung nach § 4 Abs. 7 grds. nicht vor der Abnahme.[199]

I. Verpflichtung zur Eigenleistung/Nachunternehmereinsatz (§ 4 Abs. 8)

I. Verpflichtung zur Eigenleistung (§ 4 Abs. 8 Nr. 1)

163 Nach § 4 Abs. 8 Nr. 1 ist der Auftragnehmer verpflichtet, die vertraglichen Leistungen im eigenen Betrieb auszuführen. Damit weicht die VOB/B von dem Werk- und Bauvertragsrecht des BGB ab, das keine Pflicht zur Selbstausführung kennt. Die **Selbstausführung** ist konsequente Folge aus einem Vergabeprozess nach der VOB/A, in dem die Eignung der Bieter im Hinblick auf die erforderliche Fachkunde, Leistungsfähigkeit und Zuverlässigkeit ein entscheidendes Prüfungskriterium der Vergabe ist, so dass gewährleistet bleiben muss, dass der Bieter, der die Eignungskriterien erfüllt, nach Zuschlagserteilung die Leistung auch selbst ausführt und nicht an einen möglicherweise ungeeigneten Dritten abgibt. Aber auch außerhalb der Auftragsvergabe nach VOB/A wird es dem Auftraggeber regelmäßig darauf ankommen, dass der Auftragnehmer, mit dem er verhandelt und dessen Eignung ihn zur Beauftragung überzeugt, dann auch tatsächlich die Leistung ausführt.

164 Mit der Vorgabe einer Ausführungsverpflichtung „im eigenen Betrieb" ist **keine höchstpersönliche Ausführung** gemeint, so dass sich der Auftragnehmer aller personellen Mittel seines Betriebes bedienen kann.[200] Sachliche Betriebsmittel (wie etwa Maschinen, Geräte und sonstige Bauhilfsmittel) fallen nicht unter § 4 Abs. 8 und können daher vom Auftragnehmer fremdbezogen werden.[201] Anders kann dies aber sein, wenn der Bezug dieser Bauhilfsmittel einschließlich Fremd-

---

[197] Ingenstau/Korbion/Oppler § 4 Abs. 7 Rn. 60.
[198] BGH NZBau 2018, 32 Rn. 25.
[199] BGH NZBau 2012, 157 Rn. 11 ff.
[200] Ingenstau/Korbion/Oppler § 4 Abs. 8 Rn. 4.
[201] Kapellmann/Messerschmidt/Merkens § 4 Rn. 204.

Ausführung **§ 4**

personal erfolgt und insofern zwischen dem Auftragnehmer und dem „Entleiher" auch eine werkvertragliche Beziehung besteht, da dann ggf. ein wesentlicher Teil der Leistung (etwa die vollständigen Baggerleistungen zu Erdarbeiten) nicht mehr „im eigenen Betrieb" ausgeführt werden. Nicht erfasst von der eigenbetrieblichen Leistung werden aber die regelmäßig fremdbezogenen Baumaterialien und sonstigen Baustoffe. Ebenfalls setzt die eigenbetriebliche Leistungspflicht nicht voraus, dass die Leistung in der Betriebsstätte des Auftragnehmers erbracht werden muss.[202]

Ausgenommen von der Verpflichtung zur Selbstausführung sind Leistungen, „auf die der Betrieb des Auftragnehmers nicht eingerichtet ist" (§ 4 Abs. 8 Nr. 1 S. 3). Mit der hM soll diese Ausnahme nach ihrem Sinn und Zweck nur untergeordnete Leistungen erfassen.[203] Dementgegen hat die Ausnahme jedoch gerade auch bei Generalunternehmervergaben oder der Beauftragung von Leistungspaketen ihren Anwendungsbereich. Wird etwa die gesamte technische Ausrüstung eines Gebäudes als Leistungspaket einem Elektrofachunternehmer in Auftrag gegeben, wird dieser die nicht in seinem Eigenbetrieb zu erbringenden Leistungsteile (etwa Heizung, Lüftung und Sanitär) an Nachunternehmer vergeben müssen. **165**

Als Ausnahme von dem Grundsatz der Eigenleistungsverpflichtung ist der **Auftragnehmer darlegungs- und beweisbelastet** dafür, dass sein Betrieb auf eine bestimmte Leistung, die er an einen Nachunternehmer vergeben will, nicht eingerichtet ist. **166**

Außerhalb dieser Ausnahme ist ein Nachunternehmereinsatz sonst nur mit **schriftlicher Zustimmung des Auftraggebers** möglich. Die Zustimmung kann sowohl vorher als Einwilligung (§ 183 BGB) wie auch nachträglich als Genehmigung (§ 184 BGB) erteilt werden. „Schriftlich" meint die gewillkürte Schriftform des § 127 BGB, mit der Folge, dass die Parteien später auch von dem Formzwang abweichen können. Ein Anspruch des Auftragnehmers auf eine Zustimmung besteht nicht, auch dann nicht, wenn ihm unvorhersehbar Personal- oder Sachmittel nicht zur Verfügung stehen sollten, da das seinem eigenen betrieblichen Risiko unterliegt. Dies schließt es nicht aus, dass im Einzelfall eine Zustimmungsverweigerung des Auftraggebers rechtsmissbräuchlich sein kann.[204] **167**

Da es aber grundsätzlich der Entscheidungsfreiheit des Auftraggebers unterliegt, ob er einem Nachunternehmereinsatz zustimmt oder nicht, kann der Auftraggeber seine **Zustimmung auch an Bedingungen oder Auflagen knüpfen**.[205] Sinnvolle Auflagen/Bedingungen können hier sein, dass der Auftragnehmer mit seinem Nachunternehmer bestimmte vertragliche Vereinbarungen zu treffen hat (zB ein Verbot weiterer Untervergaben durch den Nachunternehmer) oder Regelungen zur Erbringung von Nachweisen in Bezug auf die Einhaltung arbeits- und sozialversicherungsrechtlicher Vorschriften.[206] **168**

Eine erteilte Zustimmung verpflichtet den Auftragnehmer nicht, den Nachunternehmer auch tatsächlich einzusetzen.

Liegt kein Ausnahmefall nach § 4 Abs. 8 Nr. 1 S. 3 vor und setzt der Auftragnehmer dennoch ohne Zustimmung des Auftraggebers Nachunternehmer ein, ist **169**

---

[202] Ingenstau/Korbion/Oppler § 4 Abs. 8 Rn. 4.
[203] Ingenstau/Korbion/Oppler § 4 Abs. 8 Rn. 16; Kapellmann/Messerschmidt/Merkens § 4 Rn. 208; ähnlich FKZGM/Bschorr § 4 Rn. 297.
[204] Leinemann/Leinemann § 4 Rn. 175.
[205] Ingenstau/Korbion/Oppler § 4 Abs. 8 Rn. 11; Kapellmann/Messerschmidt/Merkens § 4 Rn. 207.
[206] Ingenstau/Korbion/Oppler § 4 Abs. 8 Rn. 11.

der Auftraggeber nach § 4 Abs. 8 Nr. 1 S. 4 berechtigt, dem Auftragnehmer eine angemessene Frist zur Aufnahme der Leistungen im eigenen Betrieb zu setzen und für den Fall des fruchtlosen Fristablaufes eine **Kündigung nach § 8 Abs. 3** anzudrohen. Die fristgebundene Aufforderung zur Eigenleistung muss nicht schriftlich erfolgen. Dennoch empfiehlt sich zu Nachweiszwecken die Schriftform. Die Angemessenheit der Frist bestimmt sich nach den Umständen des Einzelfalles mit der objektiv erforderlichen Zeit, die für eine Arbeitsaufnahme im eigenen Betrieb des Auftragnehmers notwendig ist. Besondere Problemstellungen des Auftragnehmers (etwa die erforderliche Beschaffung von Personal und Material) finden bei der Bemessung der Frist ebenso wenig Berücksichtigung wie mögliche Schwierigkeiten aus und im Zusammenhang mit der Beendigung der Nachunternehmerverträge.[207] Eine unangemessene Frist ist nicht wirkungslos, sondern setzt die objektiv angemessene Frist in Gang.[208] Ausgenommen den Fall, dass der Auftragnehmer eindeutig erklärt, nicht von seinem vertragswidrigen Nachunternehmereinsatz abzurücken, wird man selten von einer ausnahmsweisen Entbehrlichkeit der Fristsetzung ausgehen können.

170 Als Voraussetzung für das Kündigungsrecht muss die Aufforderung zur Eigenleistung mit einer **Kündigungsandrohung** versehen werden. Läuft die Frist ergebnislos ab, endet der Vertrag nicht automatisch. Es bedarf dann noch der gesonderten Kündigungserklärung nach Maßgabe des § 8 Abs. 3, die gem. § 8 Abs. 5 schriftlich zu erfolgen hat. Gem. § 8 Abs. 3 Nr. 1 S. 2 kann die Kündigung auch auf in sich abgeschlossene Teile der Leistung beschränkt werden (vgl. dazu aber → Rn. 160 und die Kommentierung zu § 8).

171 Neben dem Kündigungsrecht des Auftraggebers können ihm wegen der Pflichtverletzung des Auftragnehmers bei einem ungenehmigten Nachunternehmereinsatz Schadensersatzansprüche zustehen. Unabhängig davon bleibt der Auftragnehmer auch bei einem ungenehmigten Nachunternehmereinsatz in der **Haftung für seinen Erfüllungsgehilfen** (§ 278 BGB). Leistet der Nachunternehmer etwa mangelhaft, begründet dies im Rechtsverhältnis mit dem Auftraggeber die Mängelhaftung des Auftragnehmers.

II. Einbeziehung der VOB/B und VOB/C in die Nachunternehmerverträge (§ 4 Abs. 8 Nr. 2)

172 Nach § 4 Abs. 8 Nr. 2 hat der Auftragnehmer bei einer Weitervergabe von Bauleistungen an Nachunternehmer den jeweiligen Nachunternehmerverträgen die VOB/B und die VOB/C zugrunde zu legen. Die Regelung nimmt ausdrücklich Bezug auf „Bauleistungen", was sich zwingend daraus ergibt, dass nur für Bauleistungen die Teile B und C der VOB Anwendung finden können.

Die VOB/A ist ausdrücklich nicht Bestandteil der Verpflichtung aus § 4 Abs. 8 Nr. 2. Diese findet somit nur Anwendung, wenn sie aus ihren eigenen Regelungen heraus einschlägig ist (vgl. § 1 EU VOB/A).

173 Der **Hinweis auf die VOB/C** ist eigentlich unnötig, nachdem diese unmittelbar über § 1 Abs. 1 S. 2 als Bestandteil des Vertrages gilt. Jedoch könnte der Verweis auf die VOB/C insoweit einen weiteren Regelungsgehalt haben, wenn man daraus ableiten wollte, dass der Auftragnehmer bei seiner Nachunternehmervergabe auch die in den jeweiligen Abschnitten 0 der ATV-DIN-Regelungen

---

[207] Kapellmann/Messerschmidt/Merkens § 4 Rn. 211.
[208] BGH NJW 1984, 48 (49).

enthaltenen Hinweise für das Aufstellen der Leistungsbeschreibung zu berücksichtigen hat. Sollte der Auftragnehmer dem nicht nachkommen und sollten sich insoweit Leistungslücken zwischen den Vertragsverhältnissen des Auftraggebers mit dem Auftragnehmer sowie des Auftragnehmers mit seinem Nachunternehmer ergeben, könnte dies Schadensersatzverpflichtungen des Auftragnehmers gegenüber dem Auftraggeber auslösen.

Weitergehende Berechtigungen des Auftraggebers für Vorgaben zur Vertragsgestaltung der Nachunternehmerbeauftragung ergeben sich aus der VOB/B nicht,[209] können vom Auftraggeber aber ggf. durch Auflagen oder Bedingungen durchgesetzt werden, die er mit seiner Zustimmungserklärung zum Nachunternehmereinsatz nach § 4 Abs. 8 Nr. 1 verknüpft (dazu → Rn. 168). 174

Auch sonst bleiben die Vertragsverhältnisse Auftraggeber und Auftragnehmer einerseits und Auftragnehmer und Nachunternehmer andererseits voneinander vollständig rechtlich selbständig. 175

III. Bekanntgabe der Nachunternehmer (§ 4 Abs. 8 Nr. 3)

Der Auftragnehmer ist nach § 4 Abs. 8 Nr. 3 verpflichtet, dem Auftraggeber **die eingesetzten Nachunternehmer bekanntzugeben.** Die Bekanntgabe erfordert die Mitteilung des Namens, der gesetzlichen Vertreter und der Kontaktdaten des Nachunternehmers. Diese Mitteilung ist dem Auftraggeber unaufgefordert zu machen, setzt also – anders als frühere Fassungen der VOB/B – kein Verlangen des Auftraggebers voraus. Neben der Bekanntgabe des Nachunternehmers sind dem Auftraggeber – hier aber nur auf dessen Verlangen – Erklärungen und Nachweise zur Eignung der vorgesehenen Nachunternehmer vorzulegen. Dies gibt dem Auftraggeber die Möglichkeit, die Eignung der Nachunternehmer frühzeitig überprüfen zu können. 176

Ob darüber hinaus weitergehend gefordert werden kann, dass der Auftragnehmer dem Auftraggeber auch diejenigen Umstände mitzuteilen hat, die es dem Auftraggeber ermöglichen, für sich überprüfen zu können, ob der Nachunternehmereinsatz gem. § 4 Abs. 8 berechtigt ist und ob der Auftragnehmer seinen Pflichten aus dieser Regelung nachgekommen ist, erscheint mit der aktuellen Fassung des § 4 Abs. 8 Nr. 3 fraglich, nachdem dort nun konkret geregelt ist, was der Auftragnehmer im Hinblick auf seinen Nachunternehmereinsatz mitzuteilen hat. Weitergehende Aufklärungspflichten können sich aber aus dem Allgemeinen Schuldrecht des BGB (§ 241 Abs. 2 BGB) ergeben. 177

Eine Vorlage des mit dem Nachunternehmer abgeschlossenen Vertrages kann der Auftraggeber über § 4 Abs. 8 Nr. 3 nicht fordern. **Weitergehende Mitteilungspflichten** kann er jedoch ggf. über Auflagen und Bedingungen zu seiner Zustimmungserklärung nach § 4 Abs. 8 Nr. 1 durchsetzen (dazu → Rn. 168). 178

J. Funde bei Leistung auf einem Grundstück (§ 4 Abs. 9)

I. Anzeige- und Ablieferungspflicht des Auftragnehmers

Entdeckt der Auftragnehmer bei Leistungen auf einem Grundstück (regelmäßig denkbar nur bei Abbruch- oder Erdarbeiten) Gegenstände von Altertums-, Kunst- oder wissenschaftlichem Wert, so hat er vor jeder weiteren Maßnahme dem Auf- 179

---

[209] Ingenstau/Korbion/Oppler § 4 Abs. 8 Rn. 29.

traggeber diesen **Fund anzuzeigen.** Die von der hM angenommene Pflicht zur „unverzüglichen" Anzeige iSv § 121 BGB („ohne schuldhaftes Zögern"),[210] kann dem Wortlaut der Regelung nicht entnommen werden. Da der Auftragnehmer jedoch vor der Anzeige nicht zu einem weiteren Aufdecken oder einer Veränderung des Fundes berechtigt ist, so dass sich hieraus für ihn auch eine Behinderung iSv § 6 ergibt, die er nach § 6 Abs. 1 unverzüglich anzuzeigen hat, wird die Anzeige nach § 4 Abs. 9 regelmäßig mit der entsprechenden Behinderungsanzeige zusammenfallen.

180 Auf die Fundanzeige des Auftragnehmers hat der Auftraggeber nach Maßgabe des § 4 Abs. 9 mit einer **Entscheidung** zu reagieren, **wie mit dem Fund umzugehen ist.** Fordert der Auftraggeber die Ablieferung hat der Auftragnehmer dem grundsätzlich nachzukommen (jedoch → Rn. 182).

181 Dass die Regelung des § 4 Abs. 9, wie von der hM angenommen,[211] auch für unbewegliche Sachen gelten soll, erscheint fraglich, da eine Ablieferungspflicht bei unbeweglichen Gegenständen (etwa Gebäuderesten) nicht recht denkbar ist.

182 Ohnehin wird jedoch § 4 Abs. 9 weitgehend von den Regelungen des für den Fundort einschlägigen **Landesdenkmalschutzgesetzes** verdrängt werden, da es sich bei den in der Regelung genannten Gegenständen meist auch um Bodendenkmäler iSd Gesetzes handeln wird. So schreibt etwa das Bayerische Gesetz zum Schutz und zur Pflege der Denkmäler (Denkmalschutzgesetz-DSchG) bei Auffinden von Bodendenkmälern vor, dass der Finder zu einer unverzüglichen Anzeige an die zuständige Denkmalschutzbehörde verpflichtet ist (vgl. Art. 8 Abs. 1 DSchG). Aufgefundene Gegenstände und der Fundort sind grds. bis zum Ablauf von 1 Woche nach der Anzeige unverändert zu belassen (Art. 8 Abs. 2 DSchG). Ferner kann der betroffene Grundstückseigentümer verpflichtet werden, Maßnahmen zur sachgemäßen Bergung des Fundgegenstandes sowie zur Klärung der Fundumstände und zur Sicherung weiterer auf dem Grundstück vorhandener Bodendenkmäler zu dulden (Art. 8 Abs. 4 DSchG), was je nach Fundgegenstand in der Praxis zu erheblichen Unterbrechungen der Baumaßnahme führen kann. Mit den Regelungen des Denkmalschutzrechts wird es somit für den Fortgang der Baumaßnahmen bei einem Fund selten auf die Entscheidung/Anordnung des Auftraggebers nach § 4 Abs. 9 ankommen, zumal die gesetzlichen Regelungen auch Vorrang vor jeglicher Anordnung des Auftraggebers haben (vgl. auch § 4 Abs. 1 Nr. 4; dazu → Rn. 35).

II. Entdeckerrechte des Auftraggebers bei „Schatzfund" nach § 984 BGB

183 § 984 BGB („Schatzfund") regelt den Fund einer (ausschließlich) beweglichen Sache „die solange verborgen gelegen hat, dass der Eigentümer nicht mehr zu ermitteln ist". Der Schatz muss keinen „Wert" haben,[212] so dass in den Fällen des § 4 Abs. 9, der einen „Wert" der Sache voraussetzt, immer auch § 984 BGB Anwendung findet, umgekehrt jedoch bei fehlendem Wert des Fundes iSv § 4 Abs. 9 auch ausschließlich § 984 BGB gelten kann.

---

[210] Vgl. etwa Heiermann/Riedl/Rusam/Mansfeld § 4 Rn. 126 und Leinemann/Leinemann § 4 Rn. 184.
[211] Vgl. etwa Ingenstau/Korbion/Oppler § 4 Abs. 9 Rn. 2; FKZGM/Bschorr § 4 Rn. 313; Kapellmann/Messerschmidt/Merkens § 4 Rn. 222.
[212] Leinemann/Leinemann § 4 Rn. 184.

Ausführung **§ 4**

Bei einem Schatzfund iSv § 984 BGB steht das **Eigentum an dem Fund** grds. 184
zur Hälfte dem Entdecker und zur Hälfte dem Eigentümer der Sache zu, in welcher der Schatz verborgen war (hier regelmäßig bei Baumaßnahmen dem Eigentümer des Baugrundstücks). Abweichend davon regelt § 4 Abs. 9 S. 3 jedoch, dass der „**Entdeckeranteil**" des **Eigentums dem Auftraggeber zukommt**. Ist der Auftraggeber somit zugleich der Grundstückseigentümer, wird er einziger Eigentümer des Schatzfundes.[213] Jedoch gilt § 4 Abs. 9 S. 3 nur im Verhältnis der Vertragsparteien des Bauvertrages. Keine Wirkung hat sie somit für den Finder selbst, der regelmäßig ein Arbeitnehmer des Auftragnehmers sein wird. Bestehen insoweit zu dem Arbeitsverhältnis keine abweichenden Regelungen, gilt zugunsten des Finders weiterhin § 984 BGB.[214]

Auch hier bleiben ferner die einschlägigen **Landesregelungen des Denkmal-** 185
schutzrechts vorrangig. Diese können etwa Enteignungsrechte vorsehen (so zB Art. 18 des Bayerischen DSchG) oder aber sogenannte Schatzregale, die hoheitliche Eigentumsrechte der Länder an Schätzen begründen.[215]

III. Mehrkosten und sonstige Rechtsfolgen

Die **Vergütung von Mehrkosten des Auftragnehmers** aus einer Anordnung 186
des Auftraggebers nach der Fundanzeige regeln sich gem. § 4 Abs. 9 S. 2 nach § 2 Abs. 6. Mit diesem Verweis verbleibt es bei der Vergütungsvoraussetzung des § 2 Abs. 6 Nr. 1 S. 2, wonach der Auftragnehmer dem Auftraggeber den Vergütungsanspruch anzukündigen hat, bevor er mit der Ausführung der Leistung beginnt.[216] Die Anzeige des Fundes selbst nach § 4 Abs. 9 S. 1 kann die Ankündigung des Vergütungsanspruchs nicht ersetzen.[217]

Der Fund und die sich hieraus ergebenden Folgen (etwa der Zeitraum bis zur 187
Entscheidung des Auftraggebers und/oder die denkmalschutzrechtliche Behandlung von Funden) werden regelmäßig eine **Behinderung der Leistungen** des Auftragnehmers iSv § 6 darstellen. Da den Auftraggeber an einem Fund kein Verschulden trifft, wird § 6 Abs. 6 für den Auftragnehmer nicht in Betracht kommen. Möglich bleiben aber Ansprüche des Auftragnehmers aus § 642 BGB.[218] Bei einer Unterbrechung der Baumaßnahme von mehr als 3 Monaten besteht für beide Vertragsparteien ein Kündigungsrecht nach § 6 Abs. 7. Trifft der Auftraggeber auf die Fundanzeige des Auftragnehmers hin keine Entscheidung, kann der Auftragnehmer ferner nach § 9 Abs. 1 Nr. 1 den Vertrag kündigen.

K. Zustandsfeststellung (§ 4 Abs. 10)

I. Zustandsfeststellung/Protokoll

Nach § 4 Abs. 10 ist der „Zustand von Teilen der Leistung" festzustellen „wenn 188
diese Teile der Leistung durch die weitere Ausführung der Prüfung und Feststellung entzogen werden".

---

[213] FKZGM/Bschorr § 4 Rn. 315.
[214] BGH NJW 1988, 1204.
[215] Vgl. die Zusammenstellung der Landesregelungen bei MüKoBGB/Oechsler § 984 Rn. 12.
[216] Leinemann/Leinemann § 4 Rn. 185; Heiermann/Riedl/Rusam/Mansfeld § 4 Rn. 126; aA FKZGM/Bschorr § 4 Rn. 320.
[217] aA Kapellmann/Messerschmidt/Merkens § 4 Rn. 226.
[218] OLG Braunschweig BauR 2004, 1621.

§ 4

189 Es handelt sich somit um Zustandsfeststellungen zu Leistungsteilen, die **durch den weiteren Baufortschritt** (sei es durch die weiteren eigenen Leistungen des Auftragnehmers oder durch fremde Gewerke) **verdeckt** werden. Als Beispiele zu nennen sind die verschiedenen Schichten eines Bodenaufbaus und hier insbesondere die Ausführung von Abdichtungsschichten oder die Ausführung technischer Anlagen in zu verschließenden Bauteilen (insbesondere Leitungsführungen). Von wesentlichem Interesse sind im Hinblick auf ihre hohe Wichtigkeit aber auch die Feststellungen zu Brandschutzmaßnahmen, die in später verschlossenen Schächten und Deckenbereichen nicht mehr überprüft werden können.

190 Mit dieser Zwecksetzung unterscheidet sich die Zustandsfeststellung nach § 4 Abs. 10 von der im neuen Bauvertragsrecht des BGB in § 650g BGB geregelten Zustandsfeststellung. Die Zustandsfeststellung nach BGB betrifft Fälle, in denen Streit der Parteien über die Abnahmefähigkeit der Leistungen des Auftragnehmers besteht und der Auftraggeber entsprechend eine Abnahme verweigert hat. § 650g BGB ist somit auch kein gesetzliches Leitbild für die Zustandsfeststellung nach VOB/B.

191 Die Zustandsfeststellung erfolgt nach § 4 Abs. 10 S. 2 **schriftlich**, in der Praxis regelmäßig durch ein Protokoll, ggf. ergänzt durch sonstige Dokumentationen (Videos, Fotografien, Pläne). Da es sich mit der Regelung um eine gewillkürte Schriftform handelt, können die Parteien hiervon auch jederzeit abweichen,[219] was sich jedoch aus Gründen der Nachweisbarkeit nicht empfiehlt.

192 Für die schriftliche Niederlegung zum Ergebnis der Zustandsfeststellung ist eine Unterzeichnung der Feststellung durch beide Parteien erforderlich (§§ 127 Abs. 1, 126 BGB). Sind sich die Parteien über das Ergebnis der Zustandsfeststellung uneinig, empfiehlt sich die Aufnahme der beiderseitigen Standpunkte. Keinesfalls besteht eine Verpflichtung zur Einigung über ein Ergebnis der Feststellung.[220]

193 Anders als bei der rechtsgeschäftlichen Teilabnahme nach § 12 Abs. 2 ist die Zustandsfeststellung nicht auf in sich abgeschlossene Teile der Leistung beschränkt, sondern kann vielmehr **für jegliche sinnvolle Teilleistung** durchgeführt werden.

194 Vom Wortlaut der Regelung des § 4 Abs. 10 her könnte sich die Feststellung mit Bezug auf den „Zustand" auf eine rein objektive dh augenscheinlich erkennbare Feststellung der Leistung (etwa nach Art und Maß) beschränken. Zu Recht wird jedoch weitergehend angenommen, dass die Zustandsfeststellung auch eine **Funktionsprüfung** der Teilleistung und allgemein die **Feststellung der Mangelfreiheit** beinhalten kann.[221]

195 Hinzuweisen ist in diesem Zusammenhang auch auf § 14 Abs. 2 S. 3, der – sachlich ähnlich zu der hiesigen Regelung – für die Abrechenbarkeit von verdeckten Leistungen eine gemeinsame Feststellung fordert.

196 Ihre eigenen **Kosten,** die aus und im Zusammenhang mit der Zustandsfeststellung entstehen, tragen die Parteien, sofern nicht anders vereinbart, jeweils selbst. Werden besondere Maßnahmen erforderlich, wie etwa die Hinzuziehung eines Sachverständigen, wird eine hälftige Kostenteilung angemessen sein, da die Zustandsfeststellung den Interessen beider Parteien dient.

---

[219] Leinemann/Leinemann § 4 Rn. 193.
[220] FKZGM/Bschorr § 4 Rn. 334.
[221] Heiermann/Riedl/Rusam/Mansfeld § 4 Rn. 127; Ingenstau/Korbion/Oppler § 4 Abs. 10 Rn. 7.

Ausführung **§ 4**

Zu beachten ist aber, dass die ATV-DIN-Regelungen der VOB/C (die über 197
§ 1 Abs. 1 S. 2 unmittelbare Anwendung finden) vereinzelt **besondere Prüfmaßnahmen zur Vorbereitung einer Abnahme** als Leistung des Auftragnehmers einordnen, so dass in diesem Fall auch der Auftragnehmer die Kosten dieser Maßnahmen trägt (vgl. etwa Abschn. 3.3.2 der ATV-DIN 18382, Abschn. 3.4 der ATV-DIN 18381, Abschn. 3.4 der ATV-DIN 18380, Abschn. 3.5 der ATV-DIN 18379). Dabei handelt es sich aber auch nicht um Zustandsfeststellungen iSd § 4 Abs. 10, sondern um Vorbereitungsmaßnahmen für die rechtsgeschäftliche Abnahme.[222]

II. Verlangen der Zustandsfeststellung

Die Zustandsfeststellung ist „auf Verlangen" durchzuführen. Das entsprechende 198
Recht steht somit **beiden Vertragsparteien** zu und kann auch noch während der Bauausführung gefordert werden.

Zweckmäßigerweise empfehlen sich jedoch vertragliche Regelungen zur gemeinsamen Festlegung der Leistungsteile, die einer Zustandsfeststellung unterzogen werden sollen.

Wenn der Auftragnehmer mit seinem Fachwissen erkennen muss, dass ein tech- 199
nisches Bedürfnis für eine Zustandsfeststellung besteht, hat er den Auftraggeber als Nebenpflicht hierauf **hinzuweisen**. Bei einer Verletzung dieser Nebenpflicht können sich Schadensersatzansprüche des Auftraggebers aus §§ 241 Abs. 2, 280 BGB ergeben, so etwa im Hinblick auf Mehrkosten für später nur noch erschwert mögliche Überprüfungen zum Zustand der Leistung des Auftragnehmers.[223] Im Einzelfall kann den Auftraggeber jedoch ein Mitverschulden treffen, wenn etwa auch der von ihm eingeschaltete Bauüberwacher nicht auf das Bedürfnis einer Zustandsfeststellung hingewiesen hat.[224] Dem steht auch nicht entgegen, dass der Bauüberwacher im Rahmen der Mängelhaftung des Auftragnehmers kein Erfüllungsgehilfe des Auftraggebers ist, so dass sich der Auftragnehmer gegenüber dem Auftraggeber auch nicht auf ein mitwirkendes Verschulden des Bauüberwachers berufen kann. Vielmehr geht es hier um eine Koordinationspflichtverletzung des Auftraggebers, für die ein Bauüberwacher Erfüllungsgehilfe ist.

III. Rechtsfolgen

Die Rechtsfolgen einer Zustandsfeststellung nach § 4 Abs. 10 sind streitig. 200
Einigkeit besteht, dass die reine Zustandsfeststellung iS dieser Regelung **keine rechtsgeschäftliche Teilabnahme** gem. § 12 Abs. 2 darstellt und somit grundsätzlich auch nicht die allgemeinen Rechtsfolgen einer Abnahme/Teilabnahme auslöst (Beginn der Mängelhaftungsfrist, Beweislastumkehr zur Mängelhaftung, Fälligkeit des Vergütungsanspruchs, Gefahrübergang, Ausschlusswirkungen des § 640 Abs. 2 BGB). Andererseits bleibt es selbstverständlich den Vertragsparteien überlassen, welche Rechtswirkung sie der Zustandsfeststellung zukommen lassen wollen, was ggf. auch durch Auslegung im Einzelfall festzustellen ist. Besteht etwa Streit der Parteien über den Zustand eines Bauteils und wird dieses dann im

---

[222] AA wohl Kapellmann/Messerschmidt § 4 Rn. 232 und Ingenstau/Korbion/Oppler § 4 Abs. 10 Rn. 2.
[223] Ingenstau/Korbion/Oppler § 4 Abs. 10 Rn. 4 allerdings bezogen auf eine „Teilabnahme".
[224] Leinemann/Leinemann § 4 Rn. 192.

§ 4

Rahmen der Zustandsfeststellung (ggf. auch unter Hinzuziehung eines Sachverständigen) gemeinsam begutachtet, kann das Ergebnis dieser Feststellung durchaus eine **Anerkenntniswirkung** haben.

201 Ansonsten kommt der Zustandsfeststellung nach § 4 Abs. 10 nach zutreffender hM eine Rechtswirkung dahingehend zu, dass derjenige, der später von den festgestellten Tatsachen abweichen will, hierfür die **Darlegungs- und Beweislast** trägt.[225] Zu berücksichtigen ist aber, dass sich diese Rechtsfolge nur auf den Gegenstand und Umfang der jeweiligen Zustandsfeststellung beziehen kann. So enthält etwa die äußerliche Feststellung zum Zustand eines Bauteils keine allgemeine Aussage über dessen grundsätzliche Mängelfreiheit. Wird zB zu einer Betonwand festgehalten, dass diese zum Zeitpunkt der Zustandsfeststellung keine Risse aufweist, hat dies keine Aussage für die allgemeine Mängelfreiheit der Betonageleistung (etwa die ordnungsgemäße Betonrezeptur, die Ausführung nach den allgemein anerkannten Regeln der Technik etc). Zeigen sich somit später vor Abnahme Risse, liegt es nicht in der Darlegungs- und Beweislast des Auftraggebers, die Mangelursache nachzuweisen. Vielmehr beschränkt sich die „Beweiskraft" der Zustandsfeststellung in diesem Fall darauf, dass die Betonwand zum Zeitpunkt der Feststellung rissfrei war.

202 Die Auffassung, dass denjenigen, der seine Teilnahme an einer Zustandsfeststellung verweigert, die Darlegungs- und Beweislast für die Abweichung von einseitigen Feststellungen trifft,[226] ist abzulehnen. Im Einzelfall kann sich hier zwar wegen einer Beweisvereitelung eine Beweislastumkehr auf den nicht mitwirkenden Vertragspartner ergeben, wenn spätere Feststellungen nicht mehr möglich sind.[227] Dies wird jedoch bei Zustandsfeststellungen eher selten der Fall sein, da diese meist – wenn auch nur mit erheblich größerem Aufwand und entsprechenden Mehrkosten – später weiterhin vorgenommen werden können.[228] Die **einseitige Zustandsfeststellung** unterliegt allerdings freier richterlicher Beweiswürdigung nach § 286 ZPO.[229] Ferner stellt die fehlende Mitwirkung bei einer verlangten Zustandsfeststellung eine Nebenpflichtverletzung dar, mit der Folge, dass etwaige Mehrkosten aus einer späteren Feststellung als Schadensersatz von der nichtmitwirkenden Vertragspartei zu tragen sind (§§ 241 Abs. 2, 280 BGB).

L. AGB-Recht

I. § 4 Abs. 7

203 **1. Der Auftraggeber als Verwender.** Wird das mängelbedingte Kündigungsrecht nach § 4 Abs. 7 S. 3 bei Vertragsabschluss durch den Auftraggeber vorgegeben, so dass er Verwender im Sinne von § 305 Abs. 1 BGB ist, ist dieses Kündigungsrecht (und die damit zusammenhängende Regelung des § 8 Abs. 3 Nr. 1 S. 1 Var. 1) nach neuerer Entscheidung des BGH wegen unangemessener Benach-

---

[225] Kapellmann/Messerschmidt/Merkens § 4 Rn. 235; Leinemann/Leinemann § 4 Rn. 193; FKZGM/Bschorr § 4 Rn. 336.

[226] Vgl. etwa Leinemann/Leinemann § 4 Rn. 194; Ganten/Jansen/Voit/Junghen § 4 Abs. 10 Rn. 8.

[227] BGH NZBau 2003, 497 (498) für den Fall einer verweigerten Mitwirkung bei einer Aufmaßnahme.

[228] AA Ingenstau/Korbion/Oppler § 4 Abs. 10 Rn. 6.

[229] Kapellmann/Messerschmidt/Merkens § 4 Rn. 236.

Ausführung **§ 4**

teiligung des Auftragnehmers im Sinne von § 307 BGB unwirksam.[230] Nach Auffassung des BGH verstößt die Regelung gegen das gesetzliche Leitbild zum Kündigungsrecht aus wichtigem Grund (heute für den Werkvertrag/Bauvertrag geregelt in § 648a BGB). Dieses gesetzliche Leitbild fordert für eine Kündigung aus wichtigem Grund eine so tiefgehende Störung des Vertragsverhältnisses, dass es dem Auftraggeber auch nach Abwägung der beiderseitigen Interessen nicht mehr zumutbar ist, an dem Vertragsverhältnis festzuhalten. Dementgegen würde aber bei der zur AGB-rechtlichen Prüfung gebotenen kundenfeindlichsten Auslegung ein Kündigungsrecht nach § 4 Abs. 7 S. 3 schon bei jeder auch nur geringfügigsten Vertragswidrigkeit vorliegen, insbesondere auch bei völlig unwesentlichen Kleinstmängeln. Da es in der Praxis so gut wie unmöglich ist, die VOB/B ohne Abänderungen und damit „als Ganzes" zu verwenden – um so die AGB-rechtliche Prüfung gem. § 310 Abs. 1 S. 3 BGB auszuschließen – ist eine mängelbedingte Kündigung und daran anknüpfende Selbstvornahme des Auftraggebers nach § 4 Abs. 7 S. 3 nicht mehr möglich. Denkbar bleibt eine Kündigung aus wichtigem Grund nach § 648a BGB, wenn die jeweilige Vertragswidrigkeit im Einzelfall die Voraussetzungen dieses Kündigungsrechts erfüllt.

In der vorgenannten Entscheidung war es für den BGH offenbar nicht relevant, **204** dass das Kündigungsrecht aus § 4 Abs. 7 S. 3 eine Mängelbeseitigungsverweigerung des Auftragnehmers zur Voraussetzung hat, obwohl nach der Rechtsprechung des BGH das gesetzliche Werkvertragsrecht vor Abnahme gerade keine Mängelrechte gewährt (dazu → Rn. 140). Nachdem das Kündigungsrecht nach erfolgter Kündigung eine Selbstvornahme durch den Auftraggeber ermöglicht, ohne dass vorher die Leistung des Auftragnehmers abgenommen sein muss, bestehen auch mit dieser Abweichung vom gesetzlichen Leitbild Bedenken gegen die AGB-rechtliche Wirksamkeit des § 4 Abs. 7 S. 3. Auch wenn der BGH dies in seiner Entscheidung zu § 4 Abs. 7 S. 3 nicht behandelt hat, wird man nicht davon ausgehen können, dass er eine vertragliche Regelung von Mängelrechten vor Abnahme für AGB-rechtlich zulässig halten würde. Offenkundig hat der BGH die Regelung des § 4 Abs. 7 S. 3 ausschließlich unter dem Gesichtspunkt einer Kündigungsregelung bewertet.

2. Der Auftragnehmer als Verwender. Soweit der Auftragnehmer Verwen- **205** der der VOB/B ist, wird die Regelung deshalb für unwirksam gehalten, da sie anders als das Rücktrittsrecht nach § 323 BGB als Voraussetzung der Kündigung regelt, dass der Auftraggeber dem Auftragnehmer mit der Mängelbeseitigungsfrist auch die Vertragskündigung androhen muss.[231] Dem kann nicht gefolgt werden. Zwar ist es richtig, dass das Rücktrittsrecht nach BGB, anders als vor der Schuldrechtsmodernisierung, keine Ablehnungsandrohung mehr fordert. Die Ablehnungsandrohung hatte jedoch unmittelbar mit Fristablauf zu einem Erlöschen des Vertrages geführt, so dass diese Androhung nicht mit der heutigen Kündigungsandrohung aus § 4 Abs. 7 S. 3 vergleichbar ist.[232] Ferner führt nicht jede Abweichung von einem gesetzlichen Leitbild zur ABG-rechtlichen Unwirksamkeit, sondern nur eine Abweichung, mit der in nicht unerheblichem Maß in rechtlich geschützte Interessen des Vertragspartners (hier des Auftraggebers) eingegriffen

---

[230] BGH NZBau 2023, 301.
[231] FKZGM/Bschorr § 4 Rn. 344.
[232] Differenzierend danach, ob Auftraggeber = Verbraucher Regelung unwirksam/Auftraggeber = Unternehmer Regelung wirksam: Ingenstau/Korbion/Sienz Anhang 3 Recht der AGB Rn. 73.

wird.[233] Dabei ist zu beachten, dass die in § 4 Abs. 7 geregelten Mängelrechte vor Abnahme dem Auftraggeber ein erheblich probateres Mittel an die Hand geben, als das Rücktrittsrecht nach BGB. Es steht somit auch in der Praxis eher nicht zu erwarten, dass sich ein Auftraggeber auf die AGB-rechtliche Unwirksamkeit der Regelung berufen wird.

II. § 4 Abs. 8 Nr. 1 S. 4

206 Ist der Auftraggeber Verwender der Regelung des § 4 Abs. 8 Nr. 1 S. 4, wird man dieses Kündigungsrecht unter Berücksichtigung der Gründe aus dem Urteil des BGH zur Unwirksamkeit von § 4 Abs. 7 Satz 3 (dazu → Rn. 208) ebenfalls für AGB-rechtlich unwirksam erachten müssen. Auch hier wäre bei kundenfeindlichster Auslegung dem Auftraggeber eine Kündigung schon dann möglich, wenn der Auftragnehmer nur eine ganz untergeordnete Leistung, auf die sein Betrieb eigentlich eingerichtet ist, an einen Nachunternehmer vergibt, ohne dass tatsächlich eine so gewichtige Störung des Vertrages vorliegen muss, die dem Auftraggeber ein Festhalten an dem Vertrag unzumutbar macht. Somit weicht auch dieses Kündigungsrecht vom gesetzlichen Leitbild der Kündigung aus wichtigem Grund gem. § 648a BGB ab.

§ 5 Ausführungsfristen

(1) ¹**Die Ausführung ist nach den verbindlichen Fristen (Vertragsfristen) zu beginnen, angemessen zu fördern und zu vollenden.** ²**In einem Bauzeitenplan enthaltene Einzelfristen gelten nur dann als Vertragsfristen, wenn dies im Vertrag ausdrücklich vereinbart ist.**

(2) ¹**Ist für den Beginn der Ausführung keine Frist vereinbart, so hat der Auftraggeber dem Auftragnehmer auf Verlangen Auskunft über den voraussichtlichen Beginn zu erteilen.** ²**Der Auftragnehmer hat innerhalb von 12 Werktagen nach Aufforderung zu beginnen.** ³**Der Beginn der Ausführung ist dem Auftraggeber anzuzeigen.**

(3) **Wenn Arbeitskräfte, Geräte, Gerüste, Stoffe oder Bauteile so unzureichend sind, dass die Ausführungsfristen offenbar nicht eingehalten werden können, muss der Auftragnehmer auf Verlangen unverzüglich Abhilfe schaffen.**

(4) **Verzögert der Auftragnehmer den Beginn der Ausführung, gerät er mit der Vollendung in Verzug, oder kommt er der in Absatz 3 erwähnten Verpflichtung nicht nach, so kann der Auftraggeber bei Aufrechterhaltung des Vertrages Schadensersatz nach § 6 Absatz 6 verlangen oder dem Auftragnehmer eine angemessene Frist zur Vertragserfüllung setzen und erklären, dass er nach fruchtlosem Ablauf der Frist den Vertrag kündigen werde (§ 8 Absatz 3).**

Literatur: Kühne, Die Fälligkeit der Werkherstellung, insbesondere bei fehlender Zeitvereinbarung, BB 1988, 711; Langen, Die Bauzeit im Rahmen der Vertragsgestaltung, NZBau 2009, 145; Wessel, Bauzeitverzögerungen, Ausführungsfristen und „Zeitpuffer", ZfBR 2010, 527; Peters, Die Rechte des Bestellers während der Herstellung des Werkes, BauR 2012, 1297; Diehr, Die Arbeitseinstellung wegen nicht rechtzeitiger Zahlung im VOB-Vertrag im

---

[233] Grüneberg/Grüneberg BGB § 307 Rn. 31.

Licht der vertraglichen Kooperation, ZfBR 2013, 107; Grosse, Kündigung wegen Nichteinhaltung vereinbarter Ausführungsfristen, NJW-Spezial 2018, 108; Eschenbruch, Die vertragsjuristische Bewältigung der Bauzeit, BauR 2019, 1213; Kues/Freiheit, Die vertragsrechtliche Bedeutung des Bauzeitenplans, BauR 2019, 1671; Kuhn, Die Rechte des Auftraggebers nach § 5 Abs. 4 VOB/B im Fall der Vereinbarung von Einzelfristen als Vertragsfristen, ZfBR 2022, 214; Schmitz Die angemessene Frist – eine Betrachtung für das Werk- und Bauvertragsrecht, BauR 2024, 179

Übersicht

	Rn.
A. Allgemeines/Fristenregelungen	1
I. Unzulänglichkeiten der Regelungen des BGB für Baufristen	1
II. Allgemeine Fristendefinitionen	3
B. Verbindliche Fristen der Ausführung/Vertragsfristen (§ 5 Abs. 1)	6
I. Ausführungsfristen	6
II. Vertragsfristen	11
C. Ausführungsbeginn bei fehlender Fristvereinbarung (§ 5 Abs. 2)	17
D. Abhilfepflicht des Auftragnehmers (§ 5 Abs. 3)	22
E. Rechtsfolgen bei Nichteinhaltung der Ausführungsfristen oder fehlender Abhilfe (§ 5 Abs. 4)	25
I. Allgemeines/Grundlagen	25
1. Geregelte Fallgruppen	25
2. Wahlrecht des Auftraggebers	27
3. Verschuldens-/Verzugserfordernis?	28
4. Beidseitige Verursachung von Verzögerungen	35
5. Ausnahmen vom Erfordernis der Mahnung und Nachfristsetzung	38
6. Beweislast	41
II. Die Verzögerungsfälle des § 5 Abs. 4	43
1. Verzögerung des Ausführungsbeginns	44
2. Verzug der Ausführungsvollendung	45
3. Nichtbefolgung der Abhilfepflicht	49
III. Schadensersatzanspruch und Kündigungsrecht	50
1. Schadensersatzanspruch nach § 6 Abs. 6	50
2. Kündigungsrecht nach § 8 Abs. 3	51
IV. Weitergehende Rechte des Auftraggebers	55
F. AGB-Problematik	58

A. Allgemeines/Fristenregelungen

I. Unzulänglichkeiten der Regelungen des BGB für Baufristen

Zu dem zeitlichen Ablauf eines Bauvorhabens und insbesondere zu möglichen 1 Rechtsfolgen bei einer Störung des Bauablaufs werden die Regelungen des BGB den Besonderheiten des Bauvertrages nicht gerecht (auch das seit 2018 geltende neue Werk- und Bauvertragsrecht hat hierzu nichts neues geregelt). Sind keine Fristen vereinbart, muss der Auftragnehmer mit der Herstellung der geschuldeten Leistung alsbald nach Vertragsschluss beginnen und diese in angemessener Zeit zügig zu Ende führen,[1] was die konkrete Bestimmung der Leistungszeiten und

---

[1] BGH NZBau 2001, 389.

des Bauablaufs schwierig macht. Will der Auftragnehmer abweichend von der nach § 271 Abs. 1 BGB geltenden alsbaldigen Fälligkeit einen nach seiner Behauptung anders vereinbarten oder fälligen Leistungszeitpunkt durchsetzen, trifft ihn hierzu die Beweislast.[2]

2 Bei Verzögerungen im Bauablauf ist ein Rücktritt für den Auftraggeber gemäß § 323 Abs. 4 BGB meist erst kurz vor eigentlich vorgesehener Fertigstellung der Leistung möglich, da auch erst dann absehbar sein wird, ob bzw. dass der Auftragnehmer seine Leistungen nicht termingerecht fertigstellen kann. Ein Rücktritt nach § 323 BGB ist auch mit allgemeinen Schwierigkeiten dahingehend verbunden, dass eine Fristsetzung zur Leistungsfertigstellung erst nach Fälligkeit, also erst nach Ablauf des eigentlich vorgesehenen Fertigstellungszeitpunkts, erfolgen kann und vorherige Fristsetzungen wirkungslos sind.[3]

§ 5 gibt daher sinnvolle Regelungen für die Handhabung terminlicher Belange zu einem Bauvorhaben.[4]

II. Allgemeine Fristendefinitionen

3 Fristen können allgemein
– eine Zeitspanne ab einem bestimmten Startzeitpunkt bezeichnen (zB: 3 Monate ab dem 10. März 2008)
– mit einem Termin als Endpunkt einer Zeitspanne angegeben werden (zB: „Fertigstellung bis zum 19. Februar 2010")
oder
– als ein Zeitraum mit Anfangs- und Endzeitpunkt angegeben sein (zB: „Ausführung vom 29. Oktober 2018 bis zum 31. Juli 2019").

4 Im VOB/B-Vertrag zählen bei einer in **Werktagen** angegebenen Frist **auch Samstage** mit (vgl. § 11 Abs. 3). Für die Bestimmung eines Verzugs ist die Unterscheidung zwischen Kalender- und sog. Nicht-Kalenderfristen wesentlich. Nur bei Kalenderfristen, also Fristen, die nach dem Kalender bestimmt sind oder sich von einem bestimmten Ereignis an nach dem Kalender berechnen lassen, tritt gemäß § 286 Abs. 2 Nr. 1 und 2 BGB unmittelbar bei Ablauf der Frist Verzug des Schuldners/Auftragnehmers ein. Bei allen anderen Fristen, die nicht in diesem eindeutigen Sinne bestimmt bzw. bestimmbar sind, erfordert der Verzug zunächst eine Mahnung des Gläubigers/Auftraggebers mit Nachfristsetzung (§ 286 Abs. 1 BGB), sofern nicht eine ernsthafte und endgültige Erfüllungsverweigerung des Schuldners festgestellt werden kann, was im Einzelfall immer mit Bewertungsrisiken verbunden ist. **Kalenderfristen** sind somit alle Fristen, die mit konkreten Kalenderdaten angegeben sind oder die sich mit der Angabe eines Zeitraums von einem kalendermäßig konkret bestimmbaren Ereignis aus berechnen lassen (letzteres zB bei einer Frist: „Fertigstellung innerhalb von 2 Monaten ab Zugang des schriftlichen Abrufs der Leistungen durch den Auftraggeber"). Nicht gefolgt werden kann der Auffassung, dass ein an den Beginn der Bauarbeiten anknüpfender Zeitraum keine Kalenderfrist darstelle, wenn der Baubeginn nicht mit einem konkreten Datum im Vertrag angegeben sei.[5] Vielmehr handelt es sich auch hier

---

[2] BGH NZBau 2004, 155 (156).
[3] BGH NZBau 2012 Rn. 16.
[4] Vgl. auch FKZGM/Kemper § 5 Rn. 1.
[5] So aber FKZGM/Kemper § 5 Rn. 14, 15.

um ein – wenn auch erst später definiertes – Ereignis, von dem ab eine Frist konkret nach dem Kalender berechnet werden kann.[6]

Keine Kalenderfrist und somit eine **Nicht-Kalenderfrist** liegt in allen Fällen vor, in denen die vorstehende Bestimm- bzw. Berechenbarkeit nicht gegeben ist oder in denen die Fristbestimmung Einschränkungen enthält (zB: Fertigstellung „bis voraussichtlich", „ca.", „angestrebt bis zum", „je nach Witterung", „im Juni", „bis Mai/Juni"; auch bei der Angabe einer bestimmten Kalenderwoche als Frist kann unklar bleiben, ob damit der Beginn oder das Ende der Kalenderwoche gemeint ist). Kein bestimmbares Ereignis liegt ferner dann vor, wenn ein Fristbeginn an zwei unterschiedliche Ereignisse angeknüpft wird, die zwar jeweils für sich bestimmbar sind, bei denen aber unklar bleibt, welches Ereignis maßgeblich sein soll.[7]

B. Verbindliche Fristen der Ausführung/Vertragsfristen (§ 5 Abs. 1)

I. Ausführungsfristen

Ausführungsfristen im Sinne der VOB/B sind die Fristen für den Beginn, die angemessene Förderung und die Vollendung der Ausführung (vgl. § 5 Abs. 1), jeweils unter der Voraussetzung, dass diese auch vertraglich vereinbart sind (dazu nachfolgend → Rn. 11).

Was als Beginn der Ausführung zu verstehen ist, definiert § 5 nicht.[8] Mit der Bezugnahme auf „Ausführung" ist der **Beginn** so zu verstehen, dass hiermit die tatsächliche Aufnahme der Leistungen vor Ort gemeint ist. Sofern nichts anderes vereinbart ist, sind daher bloße Vorbereitungsmaßnahmen (etwa die Erstellung und Vorlage von Unterlagen gem. § 3 Abs. 5[9] oder interne Vorarbeiten[10]) nicht ausreichend. Ferner genügen Vorfertigungsleistungen im Werk des Auftragnehmers oder seines Produzenten/Lieferanten nicht. Die Aufnahme vorbereitender Planungsleistungen stellt sich ebenfalls nicht als Baubeginn dar, da nach der Rechtsprechung des BGH[11] die VOB/B für Planungsleistungen keine Anwendung findet.[12] Dies ist allerdings in der Rechtsprechung streitig. Ob bereits Maßnahmen der Baustelleneinrichtung als Beginn der Ausführung anzusehen sind,[13] ist zweifelhaft, da die Ausführung an die konkrete Arbeitsleistung auf der Baustelle anknüpft und eine Baustelleneinrichtung als bloße Vorbereitungsmaßnahme für den Auftragnehmer dient und durchaus auch mit einigem zeitlichen Vorlauf eingerichtet sein kann, ohne dass sich hieran unmittelbar die weitere Ausführungsleistung anschließen muss.

All dies steht unter dem Vorbehalt anderweitiger vertraglicher Vereinbarungen der Parteien. Es steht Auftraggeber und Auftragnehmer frei, vertraglich zu definieren, was sie als Baubeginn (bzw. auch allgemein als Vertragsfrist) bewerten. Im Hinblick auf die vorstehend aufgezeigten Unklarheiten zur Definition des Baube-

---

[6] BGH NZBau 2002, 265 (266); 2016, 93 Rn. 26.
[7] OLG Saarbrücken NZBau 2024, 149 = BeckRS 2023, 28124.
[8] OLG Hamburg NZBau 2023, 658 = BeckRS 2023, 15707.
[9] OLG Düsseldorf IBR 2020, 580.
[10] AA OLG Koblenz BeckRS 2020, 19200.
[11] BGH NJW-RR 1996, 853 (854).
[12] AA noch die Vorauflage.
[13] So aber die hM; vgl. Kapellmann/Messerschmidt/Sacher § 5 Rn. 122 mwN.

ginns ist eine vertragliche Vereinbarung auch zu empfehlen. Für den Fall, dass keine Beginnfrist vereinbart ist, vgl. → Rn. 17 ff.

9 Im Rahmen der verbindlichen Vertragsfristen hat der Auftragnehmer **die Ausführung angemessen zu fördern.** Vgl. hierzu → Rn. 22 ff.

10 Die **Vollendung der Ausführung** meint die abnahmereife Fertigstellung der Leistungen des Auftragnehmers.[14] Voraussetzung ist somit eine Fertigstellung ohne wesentliche Mängel (vgl. § 12 Abs. 3).

II. Vertragsfristen

11 Die Ausführungsfristen werden zu **Vertragsfristen,** sofern und soweit sie vertraglich vereinbart sind. Erst an die so vereinbarten Vertragsfristen knüpfen die Rechtsfolgen des § 5 (und weitere Regelungen, etwa §§ 8 und 9 sowie § 11 und § 12) an.

12 Die Vereinbarung von Fristen wird regelmäßig im Bauvertrag erfolgen. Möglich sind selbstverständlich auch mündliche Vereinbarungen (die wegen ihrer schwächeren Nachweisbarkeit jedoch nicht zu empfehlen sind). Mit der „Verbindlichkeit" einer Frist als Voraussetzung zur Bewertung als Vertragsfrist, wird zu Recht eine **Eindeutigkeit der Fristenvereinbarung** gefordert.[15] Vertragsfristen müssen mithin immer Kalenderfristen im Sinne der in → Rn. 4 dargestellten Definition sein. Mit Einschränkungen einer Frist durch Zusätze wie „ca." oder „voraussichtlich" fehlt es an einer Eindeutigkeit und damit Verbindlichkeit, so dass eine derart bezeichnete Frist nicht als Vertragsfrist iSd § 5 zu bewerten ist.

13 Besonderheiten bestehen für **Einzelfristen.** Sind diese in einem **Bauzeitenplan** enthalten, gelten sie nur dann als Vertragsfristen, wenn dies im Vertrag ausdrücklich vereinbart ist (§ 5 Abs. 1 S. 2). Da die VOB/B insoweit von einem schriftlichen Vertrag ausgeht, genügt in diesem Fall, anders als bei allgemeiner Fristenvereinbarung, eine mündliche Vereinbarung zur Geltung der Fristen des Bauzeitenplans als Vertragsfristen nicht. Von einer unüberlegten vollständigen Bezugnahme auf den Bauzeitenplan zur Definition von Vertragsfristen ist grds. abzuraten. Insbesondere wenn der Bauzeitenplan nicht im Zusammenwirken mit dem Auftragnehmer erstellt wurde, wird hierdurch fachlich kreatives Potential des Auftragnehmers zu sinnvollen Bauabläufen eingeschränkt. Auch für den Auftraggeber kann eine vollständige Verbindlichkeit der Einzelfristen eines Bauzeitenplans ungewollte Probleme schaffen, wenn etwa Vorleistungen oder Vorbereitungsmaßnahmen aus der Sphäre des Auftraggebers für die jeweilige Einzelfrist fehlen, so dass der Auftragnehmer entsprechende Behinderungen anzeigen und Fristverlängerungen (ggf. auch mit Auswirkung auf die Frist zur Fertigstellung) erwirken kann.

14 Auch ohne Bezugnahme auf einen Bauzeitenplan bleibt es den Parteien aber unbenommen, wesentliche Einzelfristen im Sinne von **Zwischenfristen** vertraglich zu vereinbaren. Dies ist sinnvoll für alle Fristen, an die Anschlussgewerke anknüpfen oder die sonst für den Auftraggeber von Bedeutung sind (etwa für eine Inbetriebnahme von Teilleistungen, die Übergabe einzelner Flächen eines Objekts an Nutzer oÄ).[16]

15 Die Parteien können verbindliche Vertragsfristen auch dergestalt vereinbaren, dass dem Auftraggeber das Recht eingeräumt wird, Fristen erst zu einem späteren

---

[14] FKZGM/Kemper § 5 Rn. 9; Kapellmann/Messerschmidt/Sacher § 5 Rn. 96; Heiermann/Riedl/Rusam/Mansfeld § 5 Rn. 7.

[15] Vgl. etwa Ingenstau/Korbion/Döring § 5 Abs. 1–3 Rn. 3; FKZGM/Kemper § 5 Rn. 11.

[16] Vgl. etwa den Sachverhalt von BGH NZBau 2013, 222.

Zeitpunkt nach Abschluss des Vertrages zu bestimmen.[17] Insofern handelt es sich um ein **Leistungsbestimmungsrecht** des Auftraggebers nach § 315 BGB, das nach billigem Ermessen auszuüben ist, was im Streitfall der gerichtlichen Kontrolle unterliegen kann. Ferner kommen **Fristvereinbarungen der Parteien auch während der Ausführung** in Betracht. So auch durch Festlegungen in einem Baustellenprotokoll[18] des Auftraggebers, wobei auf das Baustellenprotokoll auch die Grundsätze eines kaufmännischen Bestätigungsschreibens Anwendung finden können.[19] Dies kann dazu führen, dass auch fehlerhaft festgehaltene Verhandlungsergebnisse zu Fristvereinbarungen rechtswirksam werden, wenn der Auftragnehmer dem Inhalt des Besprechungsprotokolls nicht unverzüglich widerspricht.

Es steht den Parteien frei, vereinbarte **Fristen im Bauablauf einvernehmlich** **16** **zu ändern** bzw. neu festzulegen.[20] Fraglich kann in diesen Fällen sein, ob Vereinbarungen, die an die ursprünglichen Fristen anknüpfen (etwa Vertragsstrafen) auch für die neu festgelegten Fristen gelten. Bei einer Vertragsstrafenregelung dürfte dies der Fall sein, wenn sie nicht nur an ein bestimmtes Datum anknüpft, sondern (zumindest auch) an die Benennung einer bestimmten Frist (zB Vertragsstrafe für „den Fertigstellungstermin") und der Vertrag eine entsprechende Regelung zur Fortgeltung der Vertragsstrafen bei Neuvereinbarungen von Fristen vorsieht.[21]

Wird bei Störungen im Bauablauf, die der Auftragnehmer zu verantworten **16a** hat, ein Terminplan an die neuen terminlichen Gegebenheiten angepasst (insbesondere um Neben- oder Folgegewerke zu koordinieren), wird sich hieraus im Regelfall keine Neufestlegung bzw. Änderung der Vertragstermine mit einer Aufhebung bereits zulasten des Auftragnehmers eingetretener Rechtsfolgen ableiten lassen. Der Auftraggeber kommt in diesen Fällen grundsätzlich nur seiner Koordinationspflicht nach, ohne dass er damit zugleich auf Rechtsfolgen aus bereits bestehendem Verzug des Auftragnehmers verzichten will. Ferner stellt auch allgemein die Übermittlung von Terminplänen an den Auftragnehmer, mit denen auf Störungen aus dem Bauablauf reagiert wird, keine Anordnung des Auftraggebers iSv § 2 Abs. 5 dar und löst entsprechend auch keine Vergütungsfolgen zugunsten des Auftragnehmers aus.[22]

C. Ausführungsbeginn bei fehlender Fristvereinbarung (§ 5 Abs. 2)

Fehlt es an einer vertraglichen Vereinbarung der Frist zum Ausführungsbeginn **17** und ist auch keine einseitige Festlegung durch den Auftraggeber – etwa durch Abruf; dazu § 5 Abs. 2 S. 2 (nachfolgend → Rn. 19) – vereinbart, gilt zunächst nach § 5 Abs. 2 S. 1, dass der Auftragnehmer berechtigt ist, den Auftraggeber zu einer **Auskunft über den voraussichtlichen Beginn der Ausführung** aufzufordern. Der Auftraggeber hat dann eine entsprechende Mitteilung zu machen. Streitig ist, ob er die Auskunft unverzüglich (iSv § 121 BGB) erteilen muss[23] oder

---

[17] OLG Hamburg IBR 2004, 680= BauR 2004, 1618.
[18] KG IBR 2014, 9 (rechtskräftig).
[19] BGH NZBau 2011, 303 Rn. 21 ff.
[20] KG IBR 2024, 166.
[21] Sehr streitig; vgl. Roquette/Otto PrivBauR, Vertragsbuch Privates Baurecht, 3. Aufl. (2020), C.II.Rn. 204 mit Verweis auf BGH NZBau 2006, 504 Rn. 13 f.
[22] BGH BeckRS 2024, 29259.
[23] So etwa Ingenstau/Korbion/Döring § 5 Abs. 1–3 Rn. 11.

ob eine Erklärung innerhalb angemessener Zeit ausreicht.[24] Letzterem ist zu folgen, da sich die Parteien in den Fällen des § 5 Abs. 2 bei Vertragsabschluss bewusst auf eine – auch für den Auftragnehmer – ungewisse Bauzeit einigen und somit der Auftraggeber auch nicht unmittelbar nach Vertragsabschluss über die Aufforderung des Auftragnehmers nach § 5 Abs. 2 S. 1 gehalten sein kann, im Sinne der Unverzüglichkeit gem. § 121 BGB („ohne schuldhaftes Zögern") alles ihm zumutbare zu unternehmen, um unverzüglich eine voraussichtliche Ausführungszeit für den Auftragnehmer zu ermitteln. Er wird dies in angemessener Frist erledigen müssen und können, die auch die weitere Entwicklung des Bauvorhabens (etwa Planungsfertigstellung, Baufeldfreimachung etc) berücksichtigt.

18 Nach dem Wortlaut der Regelung („hat") ist die Auskunftspflicht des Auftraggebers **vertragliche Nebenpflicht,** mit der Folge, dass sie grds. selbständig durch den Auftragnehmer eingeklagt werden kann und bei Nichterteilung der Auskunft Schadensersatz- und Entschädigungsansprüche (§§ 280, 642 BGB) oder ein Kündigungsrecht des Auftragnehmers (§ 9) auslöst. Unklar erscheint jedoch, wie sich aus einer Verletzung dieser Nebenpflicht für den Auftragnehmer eine Verlängerung der Ausführungsfrist nach § 6 Abs. 1, Abs. 2 oder ein Schadensersatzanspruch aus § 6 Abs. 6 ergeben kann,[25] nachdem die Parteien mit § 5 Abs. 2 S. 2 in ungewisser Terminsituation dem Auftraggeber gerade ein Recht auf jederzeitigen Abruf der Leistung eingeräumt haben. Der Auftragnehmer müsste insoweit nachweisen, dass es ihm mangels Auskunft über den voraussichtlichen Ausführungsbeginn nicht möglich war, innerhalb der Frist des § 5 Abs. 2 S. 2 nach Abruf zu beginnen.

Zu Recht wird aber auch insgesamt auf die geringe praktische Relevanz der Auskunftspflicht aus § 5 Abs. 2 S. 1 hingewiesen,[26] zumal der Auftraggeber auch nur gehalten ist, einen „voraussichtlichen" Ausführungsbeginn mitzuteilen.

19 Neben der Auskunftspflicht des Auftraggebers besteht ein **Abrufrecht** aus § 5 Abs. 2 S. 2. Ruft der Auftraggeber die Leistung ab, ist der Auftragnehmer verpflichtet, innerhalb von 12 Werktagen (Montag bis Samstag ohne Feiertage, vgl. § 11 Abs. 3) mit der Ausführung zu beginnen. Die Frist berechnet sich nach §§ 187, 188 BGB, gerechnet ab Zugang der Abruferklärung des Auftraggebers beim Auftragnehmer.[27] Mit dem Abruf und der daran anknüpfenden Frist von 12 Werktagen bis zum Ausführungsbeginn wird der sich daraus berechnende Termin für den Beginn der Leistung eine Kalenderfrist (→ Rn. 4) mit der Rechtsfolge, dass der Auftragnehmer bei Nichteinhaltung des Beginntermins ohne weitere Mahnung in Verzug gerät. Mit diesem vereinbarten Abrufrecht des Auftraggebers ist § 271 Abs. 1 BGB nicht einschlägig, so dass der Auftragnehmer auch nicht berechtigt ist, die Leistung sofort nach Vertragsabschluss bzw. bereits vor Abruf des Auftraggebers zu erbringen. Denn insoweit ist mit dem Abrufrecht ein **Bestimmungsrecht des Auftraggebers** vereinbart, so dass – auch ohne konkrete Vertragsfrist – eine Leistungszeit bestimmt bzw. noch zu bestimmen ist.[28] Der Auftragnehmer wird durch dieses Bestimmungsrecht auch nicht unangemessen benachteiligt.[29]

---

[24] So wohl mittlerweile die hM, vgl. Leinemann/Jansen § 5 Rn. 42; Kapellmann/Messerschmidt/Sacher § 5 Rn. 140.
[25] So aber die hM, etwa Ingenstau/Korbion/Döring § 5 Abs. 1–3 Rn. 11; Heiermann/Riedl/Rusam/Mansfeld § 5 Rn. 11.
[26] Kapellmann/Messerschmidt/Sacher § 5 Rn. 143.
[27] Ingenstau/Korbion/Döring § 5 Abs. 1–3 Rn. 12.
[28] Grüneberg/Grüneberg BGB § 271 Rn. 6.
[29] OLG Frankfurt a. M. NZBau 2017, 543.

Ausführungsfristen **§ 5**

Das Abrufrecht des Auftraggebers nach § 5 Abs. 2 S. 2 stellt nach einem älteren 20
Urteil des BGH[30] und der hM[31] zugleich eine **Nebenpflicht des Auftraggebers**
dar, mit der Folge, dass der Auftragnehmer diese grds. einklagen und bei Pflichtverletzung Schadensersatz-, sowie Entschädigungsansprüche geltend machen
kann. Ferner können sich hieraus Fristverlängerungen nach § 6 Abs. 2 Nr. 1 sowie
ein Kündigungsrecht nach § 9 ergeben. Der BGH weist in der genannten Entscheidung zutreffend darauf hin, dass gerade die Schadensersatz- und Entschädigungsansprüche für den Auftragnehmer wichtig sein werden, um bei unterlassenem bzw. verzögertem Abruf gestiegene Lohn- und Materialpreise gegenüber
dem Auftraggeber durchsetzen zu können. Allerdings wird sich in der Praxis die
Frage stellen, wann der Abruf als Nebenpflicht des Auftraggebers fällig wird. Da
sich die Parteien mit der fehlenden vertraglichen Bestimmung eines Ausführungsbeginns bewusst auf eine ungewisse Bauzeit einlassen, wird es regelmäßig schwierig festzustellen sein, wann der Auftraggeber zu einem Abruf im Sinne einer
Nebenpflicht verpflichtet ist. Es wird auf die Umstände des Einzelfalls ankommen.
Insbesondere können hier im Vertrag angegebene Bauzeiten oder sonst bei Vertragsabschluss vorhandene Beweggründe für die fehlende Festlegung des Ausführungsbeginns Anhaltspunkte sein. Ferner kommt der vom Auftraggeber auf Aufforderung nach § 5 Abs. 2 S. 1 mitgeteilte Ausführungsbeginn als Indiz in
Betracht. Da der Auftraggeber hier aber nur einen voraussichtlichen Beginn mitteilen muss, kann dieser auch späteren Korrekturen unterliegen.[32]

In allen Fällen des § 5 Abs. 2 hat der Auftragnehmer nach dessen S. 3 dem 21
Auftraggeber immer den **Beginn der Ausführung anzuzeigen.**

D. Abhilfepflicht des Auftragnehmers (§ 5 Abs. 3)

Nach § 5 Abs. 3 hat der Auftragnehmer auf Verlangen des Auftraggebers unver- 22
züglich **Abhilfe zu schaffen,** wenn sein **Einsatz von Arbeitskräften, Geräten,
Gerüsten, Stoffen oder Bauteilen** so unzureichend ist, dass Ausführungsfristen
offenbar nicht eingehalten werden können. Diese Verpflichtung des Auftragnehmers ist für den Auftraggeber einklagbar. Praktisch relevant ist jedoch vor allem
die hieran anknüpfende Kündigungsmöglichkeit nach § 5 Abs. 4. Damit hat der
Auftraggeber ein Mittel, die Pflicht des Auftragnehmers zur Förderung der Ausführung (aus § 5 Abs. 1), die für sich gesehen nicht einklagbar ist, über ein entsprechendes Verlangen und die Androhung der Kündigung durchzusetzen.

Allerdings besteht ein Spannungsverhältnis der Abhilfepflicht zu der Regelung 23
des § 4 Abs. 2, wonach die Ausführung der Leistung grds. der eigenen Verantwortung des Auftragnehmers unterliegt. Auch die VOB/C sieht in den einzelnen
ATV-DIN-Regelungen regelmäßig vor, dass die Wahl des Bauverfahrens, des
Bauablaufes und der Einsatz der Geräte Sache des Auftragnehmers sind (vgl. etwa
Abschn. 3.1.1 der ATV-DIN 18300). Für die Anwendung des § 5 Abs. 3 bedarf
es daher einer gesicherten – und im Streitfall beweisbaren! – Erkenntnis des Auftraggebers, dass durch eine unzureichende Ausführungsförderung des Auftragnehmers die Fristen erwartbar nicht eingehalten werden können. Andererseits erfor-

---

[30] BGH NJW 1972, 99.
[31] Vgl. etwa Kapellmann/Messerschmidt/Sacher § 5 Rn. 133 f.; Ingenstau/Korbion/
Döring § 5 Abs. 1–3 Rn. 13 mwN.
[32] Vgl. etwa Ingenstau/Korbion/Döring § 5 Abs. 1–3 Rn. 11; Leinemann/Jansen § 5
Rn. 42.

Gartz

§ 5   VOB Teil B

dert die Abhilfepflicht aus § 5 Abs. 3 **kein Verschulden** des Auftragnehmers und auch rechtlich **keinen Verzug**, da die Verpflichtung nicht an einen bereits eingetretenen Terminverzug anknüpft, sondern an eine objektiv zu erwartende Nichteinhaltung der Ausführungsfristen.

24   Mit Bezug auf „Ausführungsfristen" meint die Regelung **ausschließlich verbindliche Fristen**, also Vertragsfristen iSd § 5 Abs. 1 (dazu → Rn. 11 ff.) und nicht auch unverbindliche Einzelfristen, etwa jede Frist eines Bauzeitenplans. Jedoch können gerade derartige auch unverbindliche Einzelfristen ein Indiz für die Feststellung zur offenbaren Nichteinhaltung der (verbindlichen) Ausführungsfristen sein. Hat der Auftragnehmer etwa bereits mehrere Einzelfristen nicht eingehalten, kann dies dafürsprechen, dass auch die nächstfolgende verbindliche Frist nicht erfüllt werden wird. Daneben empfiehlt es sich, zur objektiven Überprüfbarkeit der Förderungspflicht des Auftragnehmers vertraglich zu regeln, welchen durchschnittlichen Einsatz von Arbeitskräften der Auftragnehmer vorsieht. Ferner sollte der Auftraggeber von seinem Kontrollrecht nach § 4 Abs. 1 Nr. 2 Gebrauch machen, um etwa den ausreichenden Einsatz von Stoffen und Bauteilen bereits in der Produktion überprüfen zu können.

E. Rechtsfolgen bei Nichteinhaltung der Ausführungsfristen oder fehlender Abhilfe (§ 5 Abs. 4)

I. Allgemeines/Grundlagen

25   **1. Geregelte Fallgruppen.** Für die Fälle, dass
– der Auftragnehmer den **Beginn der Ausführung verzögert**
– der Auftragnehmer mit der **Vollendung der Ausführung in Verzug** gerät oder
– der Auftragnehmer der **Abhilfepflicht aus § 5 Abs. 3 nicht nachkommt**
gibt § 5 Abs. 4 dem Auftraggeber die Möglichkeit, bei Fortführung des Vertrages Schadensersatz nach § 6 Abs. 6 geltend zu machen oder den Vertrag nach erfolgloser Setzung einer Nachfrist mit den weiteren Rechtsfolgen des § 8 Abs. 3 zu kündigen. § 5 Abs. 4 ist hierbei aber **kein reiner Rechtsfolgenverweis**. Für die Geltendmachung der Rechte aus § 6 Abs. 6 bzw. § 8 Abs. 3 müssen somit auch die jeweiligen Voraussetzungen dieser Vorschriften erfüllt sein.

26   Vom Wortlaut des § 5 Abs. 4 nicht erfasst ist der Fall der **Verzögerung von Einzelfristen** (auch wenn diese gem. § 5 Abs. 1 zu Vertragsfristen erklärt worden sein sollten). Der Überlegung, eine Verzögerung zu Einzelfristen dem verzögerten Beginn der Ausführung gleichzustellen[33] oder § 5 Abs. 4 für diesen Fall in ergänzender Vertragsauslegung analog anzuwenden,[34] kann im Hinblick auf den klaren Wortlaut des § 5 Abs. 4 nicht gefolgt werden. Der „Beginn der Ausführung" stellt gem. § 5 Abs. 1 und Abs. 2 auf den Ausführungsbeginn der Gesamtleistung ab. Die Aufzählung der Fälle in § 5 Abs. 4, für die die genannten Rechtsfolgen gelten sollen, ist abschließend. Jedoch wird eine Nichteinhaltung der (unverbindlichen oder verbindlichen) Einzelfristen regelmäßig auch eine unzureichende Förderung der Ausführung im Sinne von § 5 Abs. 3 darstellen, so dass der Auftraggeber über die Abhilfeaufforderung zu § 5 Abs. 4 gelangen kann, wenn der Auftragnehmer

---

[33] Vgl. etwa Heiermann/Riedl/Rusam/Mansfeld § 5 Rn. 17.
[34] Kapellmann/Messerschmidt/Sacher § 5 Rn. 229.

Ausführungsfristen **§ 5**

der Aufforderung nicht nachkommt. Daneben können dem Auftraggeber in diesem Fall die Rechte des BGB zustehen (dazu → Rn. 55 f.).

2. Wahlrecht des Auftraggebers. Nach richtiger Auffassung stehen die 27 Rechte des § 6 Abs. 6 (Schadensersatz) und § 8 Abs. 3 (Kündigung) für den Auftraggeber **nicht** dergestalt **in einem Ausschlussverhältnis,** dass sich der Auftraggeber zunächst verbindlich entscheiden muss, welche Rechtsfolge er für sich in Anspruch nehmen will.[35] Insofern zeigt schon § 8 Abs. 3 Nr. 2, dass dem Auftraggeber auch bei einer Vertragskündigung weiterhin Schadensersatzansprüche bleiben. Im Einzelfall kann jedoch ein Kündigungsgrund verwirkt sein, wenn der Auftraggeber zunächst am Vertrag festhält und den Auftragnehmer (unter Geltendmachung von Schadensersatzansprüchen) weiterarbeiten lässt.[36]

3. Verschuldens-/Verzugserfordernis? Zu § 5 Abs. 4 wird – mit nicht 28 immer klarer Zuordnung – diskutiert, ob für alle in der Regelung genannten Fälle von Verzögerungen der Ausführungsfristen ein **Verschulden** oder ein **Verzug** des Auftragnehmers erforderlich sind. Richtigerweise muss jedoch zunächst zwischen beiden Voraussetzungen unterschieden werden,[37] da Verzug neben einem Verschulden des Auftragnehmers weiter auch die Fälligkeit der Leistung und, sofern nicht nach § 286 Abs. 2 BGB entbehrlich, eine Mahnung des Auftraggebers erfordert. Die Voraussetzung „Verzug" deckt mithin die Voraussetzung „Verschulden" ab, umgekehrt jedoch nicht.

Die streitige Frage, ob für alle Fälle des § 5 Abs. 4 Verschulden bzw. Verzug 29 des Auftragnehmers erforderlich sind, entzündet sich am Wortlaut der Regelung. Nach herrschender Auffassung ist ein Verschulden/Verzug nur in Bezug auf die Vertragsfrist zur Vollendung erforderlich, da nur zu dieser Fallvariante § 5 Abs. 4 von „Verzug" spricht.[38] Zunächst hat dieser Wortlaut aber allenfalls Bedeutung für die streitige „Verzugs"voraussetzung, nicht aber für ein Verschuldenserfordernis. Das Wortlautargument erscheint jedoch auch deshalb im Hinblick auf das Verschuldenserfordernis fraglich, da § 5 Abs. 4 auch für die Verzögerung des Ausführungsbeginns eine Verzögerung durch den Auftragnehmer und für die unzureichende Förderung der Ausführung ein Nichtnachkommen zu der Abhilfepflicht durch den Auftragnehmer voraussetzt, also jeweils ein bewusstes und zurechenbares Handeln bzw. Unterlassen des Auftragnehmers im Blick hat. Mit dieser Formulierung der Regelung erscheint es gerade nicht naheliegend, dass die Verfasser der VOB/B tatsächlich unterschiedliche Anforderungen an die Fallvarianten des § 5 Abs. 4 stellen wollten. Es würde nach hier vertretener Auffassung auch einen Wertungswiderspruch darstellen, wenn die Vertragskündigung bei dem in der Praxis relevantesten Fall, nämlich der Nichteinhaltung der Fertigstellungsfrist, allein bei Verzug des Auftragnehmers gerechtfertigt wäre, jedoch schon jede vorherige unzureichende Förderung der Ausführung auch ohne Verschulden eine Vertragskündigung begründen könnte.

Die Auseinandersetzung über ein Verschuldenserfordernis verliert jedoch auch 30 an Praxisrelevanz, wenn man berücksichtigt, dass ein **Verschulden des Auftrag-**

---

[35] So aber offenbar Ingenstau/Korbion/Döring § 5 Abs. 4 Rn. 8.
[36] Heiermann/Riedl/Rusam/Mansfeld § 5 Rn. 26; Ingenstau/Korbion/Döring § 5 Abs. 4 Rn. 17.
[37] Kapellmann/Messerschmidt/Sacher § 5 Rn. 202 ff.
[38] Vgl. etwa Ingenstau/Korbion/Döring § 5 Abs. 4 Rn. 4; FKZGM/Kemper § 5 Rn. 37; Heiermann/Riedl/Rusam/Mansfeld § 5 Rn. 20.

§ 5

nehmers etwa **auch schon bei fehlendem Material- oder Personalvorrat** vorliegt,[39] und ihm auch ein **Verschulden seiner Nachunternehmer zuzurechnen** ist (§ 278 BGB). Ferner wäre zu berücksichtigen, dass auch dann, wenn man kein Verschulden für die Verzögerung des Ausführungsbeginns bzw. die fehlende Abhilfe für erforderlich halten wollte, zumindest die verzögernden Umstände aus dem Bereich des Auftragnehmers stammen müssen und keinesfalls dem Bereich des Auftraggebers zuzuordnen sein dürfen (letzteres wäre etwa der Fall, wenn verspätete/fehlende Vorleistungen anderer Auftragnehmer, eine fehlende Baugenehmigung oder fehlende vom Auftraggeber zur Verfügung zu stellende Ausführungsunterlagen die Terminverzögerung verursachen).[40] Nicht zuletzt führen auch sämtliche angezeigten oder offenkundigen Behinderungen des Auftragnehmers im Sinne von § 6 Abs. 1 zu einer Verlängerung der Ausführungsfristen, mit der Folge, dass die Rechtsfolgen des § 5 Abs. 4 für die ursprünglichen Ausführungsfristen nicht greifen. Selbst bei fehlender Anzeige oder Offenkundigkeit einer Behinderung könnte sich der Auftragnehmer immer noch auf ein fehlendes Verschulden an der Verzögerung berufen (→ Rn. 46).[41] Es dürften somit in der Praxis kaum Fälle verbleiben, in denen tatsächlich über eine Anwendung der Rechtsfolgen des § 5 Abs. 4 bei fehlendem Verschulden des Auftragnehmers nachzudenken wäre.

31 Richtigerweise ist somit die Frage, ob ein Verschulden des Auftragnehmers erforderlich ist, auch von der **Rechtsfolgenseite** her zu beantworten. Sofern der Auftraggeber einen Schadensersatz nach § 6 Abs. 6 beanspruchen will, ist ohnehin ein Vertretenmüssen des Auftragnehmers Voraussetzung, was auch im Ergebnis in der Literatur nicht streitig ist.[42] Zur Rechtsfolge der Kündigung nach § 8 Abs. 3 wird jedoch überwiegend ein Verschulden des Auftragnehmers nicht für erforderlich erachtet. Abgestellt wird darauf, dass nach dem Leitbild der Kündigung aus wichtigem Grund (allgemein § 314 BGB und jetzt speziell für den Werkvertrag § 648a BGB) eine schuldhafte Pflichtverletzung keine Kündigungsvoraussetzung ist (was zutrifft)[43] und dass auch das werkvertragliche Rücktrittsrecht (§ 636 BGB) als Gegenstück zum Kündigungsrecht des § 8 Abs. 3 der verschuldensunabhängigen Haftung des Auftragnehmers unterliegt.[44] Dabei bleibt jedoch unberücksichtigt, dass § 8 Abs. 3 Nr. 2 (anders als §§ 314, 648a und § 636 BGB) den Auftragnehmer verpflichtet, die Mehrkosten zu übernehmen, die dem Auftraggeber durch die von einem Drittunternehmen vorgenommene Fertigstellung der Leistungen des Auftragnehmers entstehen. Hierbei handelt es sich der Sache nach um einen Schadensersatzanspruch, für den nicht ersichtlich ist, warum er auch ohne Verschulden des Auftragnehmers zur Anwendung kommen kann/soll.[45] Wollte man insofern § 8 Abs. 3 Nr. 2 als verschuldensunabhängige Haftung des Auftragnehmers bewerten, würde dies bei auftraggeberseitiger Verwendung der VOB/B (sofern nicht ausnahmsweise die Privilegierung der VOB/B greift) zu einer AGB-rechtlichen Unwirksamkeit der Regelung führen.[46] Im Ergebnis ist somit **für alle**

---

[39] BGH BauR 1979, 324.
[40] Vgl. etwa Ingenstau/Korbion/Döring § 5 Abs. 4 Rn. 7.
[41] BGH ZfBR 1999, 188.
[42] Vgl. statt aller, Kapellmann/Messerschmidt/Sacher § 5 Rn. 203.
[43] Grüneberg/Grüneberg BGB § 314 Rn. 7.
[44] Kapellmann/Messerschmidt/Sacher § 5 Rn. 117; anders jetzt allerdings für § 648a BGB Grüneberg/Retzlaff BGB § 648a Rn. 3.
[45] Ingenstau/Korbion/Döring § 5 Abs. 4 Rn. 6.
[46] So wohl auch Ingenstau/Korbion/Döring § 5 Abs. 4 Rn. 10.

Ausführungsfristen **§ 5**

Varianten des § 5 Abs. 4 ein Verschulden des Auftragnehmers Voraussetzung.
Eine andere Frage ist, ob auch die weiteren Voraussetzungen des Verzugs (Fällig- 32
keit und Mahnung) für alle Fälle des § 5 Abs. 4 vorliegen müssen. Hiergegen ließe sich tatsächlich der Wortlaut der Regelung anführen, wonach explizit nur für die Fallvariante der Ausführungsfrist zur Vollendung von einem „Verzug" die Rede ist. Praxisrelevant wird sich diese Frage jedoch nur in den Fällen stellen, in denen die betroffene Ausführungsfrist nicht als Kalenderfrist vereinbart ist (→ Rn. 4), da nur dann für einen Verzug tatsächlich noch eine Mahnung erforderlich wäre. Für die Vertragsfrist zum Ausführungsbeginn wird dies selten der Fall sein, nachdem entweder im Vertrag eine entsprechende Frist vereinbart sein wird oder aber über § 5 Abs. 2 die Beginnfrist mit 12 Werktagen ab der Aufforderung des Auftraggebers zumindest iSv § 286 Abs. 2 Nr. 2 BGB nach dem Kalender bestimmbar ist. Anders kann sich das für die angemessene Förderung der Ausführung und die Abhilfepflicht des Auftragnehmers aus § 5 Abs. 3 darstellen, wenn bzw. soweit im Vertrag keine verbindlichen Einzelfristen (als Vertragsfristen) vereinbart sind. Für einen Verzug müsste hier der Auftraggeber dem Auftragnehmer somit zunächst eine weitere Mahnung mit Fristsetzung zukommen lassen, wenn der Auftragnehmer der Abhilfeaufforderung aus § 5 Abs. 3 nicht nachgekommen ist.

Auch hier ist jedoch eine Betrachtung von der **Rechtsfolgenseite** her geboten. 33
Danach gilt für die Vertragskündigung gem. § 8 Abs. 3, dass ohnehin nach § 5 Abs. 4 dem Auftragnehmer zunächst eine angemessene Frist zur Vertragserfüllung mit Kündigungsandrohung gesetzt werden muss. Nachdem eine Mahnung auch mit der die Fälligkeit begründenden Handlung verbunden werden kann,[47] erfüllt somit die Nachfristsetzung als Voraussetzung der Kündigung auch die Voraussetzung einer verzugsbegründenden Mahnung.[48] Auch für einen Schadensersatzanspruch sieht das gesetzliche Leitbild des BGB (§ 280 Abs. 2, § 286 BGB) grds. eine verzugsbegründende Mahnung vor. Wollte die VOB/B hiervon abweichen, hätte dies bei Verwendung der VOB/B durch den Auftraggeber die Folge der AGB-rechtlichen Unwirksamkeit (§ 309 Nr. 4 BGB, dessen Regelungsgehalt auch im Geschäftsverkehr zwischen Unternehmern gilt).[49] Es bleibt aber auch hier festzustellen, dass kein Grund ersichtlich ist, warum ein Schadensersatzanspruch des Auftraggebers für die in der Praxis wichtigste Frist der Ausführungsvollendung als einzige Frist an strengere Voraussetzungen gebunden sein soll als die vorhergehenden Fristen aus dem Bauablauf,[50] zumal für die Frist zur Vollendung auch regelmäßig eine Kalenderfrist bestimmt sein wird, so dass dann eine verzugsbegründende Mahnung ohnehin nach § 286 Abs. 2 Nr. 1 BGB entbehrlich wäre. Die besseren Gründe sprechen daher dafür, dass **für alle Fallvarianten des § 5 Abs. 4 ein Verzug Voraussetzung** für einen Schadensersatzanspruch und ein Kündigungsrecht des Auftraggebers ist.[51]

Es bleibt somit festzuhalten, dass es sich für den Auftraggeber als rechtssicheren 34
Weg immer empfehlen wird, die Ansprüche aus § 6 Abs. 6 bzw. § 8 Abs. 3 über

---

[47] BGH NJW 2010, 2940 Rn. 14.
[48] Vgl. auch Kapellmann/Messerschmidt/Sacher § 5 Rn. 252.
[49] BGH NJW 1986, 842.
[50] Kapellmann/Messerschmidt/Sacher § 5 Rn. 206.
[51] Vgl. etwa Ingenstau/Korbion/Döring § 5 Abs. 4 Rn. 9; Heiermann/Riedl/Rusam/Mansfeld § 5 Rn. 21; aA Kapellmann/Messerschmidt/Sacher § 5 Rn. 206.

§ 5 VOB Teil B

§ 5 Abs. 4 nur dann geltend zu machen, wenn für den jeweiligen Verzögerungsfall auch ein Verschulden des Auftragnehmers sowie ein Verzug vorliegen bzw. durch den Auftraggeber die Verzugsvoraussetzungen mit einer Mahnung geschaffen sind. Dies auch vor dem Hintergrund, dass eine vom Auftraggeber zu Unrecht ausgesprochene Kündigung nach § 8 Abs. 3 regelmäßig in eine freie Kündigung nach § 8 Abs. 1 umzudeuten ist, mit der Folge, dass der Auftraggeber dem Auftragnehmer dann nach § 8 Abs. 1 Nr. 2 die vereinbarte Vergütung abzüglich ersparter Aufwendungen und anderweitigen Erwerbs des Auftragnehmers schulden würde.[52]

35 **4. Beidseitige Verursachung von Verzögerungen.** Ein gestörter Bauablauf kann auch **auf mehreren Ursachen beruhen,** die einerseits vom Auftraggeber andererseits vom Auftragnehmer zu vertreten sind. Die jeweiligen Verursachungsbeiträge können sich dabei überlagern oder parallel laufen, was im Einzelfall zu komplexen Sachverhalten im Hinblick auf die wechselseitigen Ansprüche der Vertragsparteien führt.[53]

36 Stehen ein Verursachungsbeitrag des Auftraggebers (zB Nichtzurverfügungstellung des Baugrundstücks) und ein Ursachenbeitrag des Auftragnehmers (zB fehlendes Personal) parallel nebeneinander, kommen Ansprüche des Auftraggebers aus § 5 Abs. 4 solange nicht in Betracht, wie sein eigener Ursachenbeitrag andauert.[54] Eine Anwendung von § 254 BGB scheidet aus, da sich aus dieser Norm nicht beantworten lässt, ob der Auftraggeber zur Kündigung berechtigt ist oder nicht und ferner auch für einen Schadensersatzanspruch mangels Mitwirkung des Gläubigers/Auftraggebers kein Verzug des Schuldners/Auftragnehmers vorliegen kann.[55]

37 § 254 BGB kann jedoch für einen Schadensersatzanspruch Anwendung finden, wenn beiderseitige Verursachungsbeiträge vorliegen, die nur in ihrem gemeinsamen Zusammenwirken zu einer Verzögerung führen.[56] Ein Kündigungsrecht nach § 8 Abs. 3 (mit dem Anspruch des Auftraggebers auf Erstattung der Fertigstellungsmehrkosten) greift in diesem Fall jedoch nicht.

38 **5. Ausnahmen vom Erfordernis der Mahnung und Nachfristsetzung.** Sofern es für die Rechtsfolgen des § 5 Abs. 4 auf einen Verzug des Auftragnehmers ankommt (vgl. dazu → Rn. 33; nach hier vertretener Auffassung ist das zu allen Rechtsfolgen der Fall), kann im Einzelfall mit den Ausnahmetatbeständen des § 286 Abs. 2 BGB auch ohne eine Mahnung des Auftraggebers ein Verzug des Auftragnehmers vorliegen. Neben den Fällen einer kalendermäßig bestimmten oder bestimmbaren Leistungsfrist (dazu → Rn. 4), ist eine Mahnung auch dann entbehrlich, wenn der Auftragnehmer die **Leistung ernsthaft und endgültig verweigert** (§ 286 Abs. 2 Nr. 3 BGB) oder aus besonderen Gründen unter Abwägung der beiderseitigen Interessen der sofortige Eintritt des Verzugs gerechtfertigt ist (§ 286 Abs. 2 Nr. 4 BGB).

39 Beide Ausnahmefälle dürfen jedoch nicht leichtfertig angenommen werden. Insbesondere das Vorliegen einer Erfüllungsverweigerung ist an **strenge Anforde-**

---

[52] BGH NZBau 2003, 665.
[53] R/V/L Bauzeit-HdB, 4. Aufl., Rn. 781 ff.
[54] Roquette/Viering/Leupertz Bauzeit-HdB, Handbuch Bauzeit, 3. Aufl., Rn. 787.
[55] BGH NJW 1996, 1745 (1746).
[56] BGH NJW 1993, 2674 (2676).

rungen geknüpft.[57] Nicht ausreichend ist etwa eine Meinungsverschiedenheit der Vertragsparteien über den Inhalt des Vertrages oder die Leistungsvoraussetzungen[58] oder die Erklärung des Auftragnehmers, er werde zum Fälligkeitszeitpunkt nicht leisten können.[59] Gleichfalls liegt keine Erfüllungsverweigerung vor, wenn der Auftragnehmer die weitere Erfüllung an Bedingungen knüpft, mögen sie auch unberechtigt sein (hieraus kann sich jedoch im Einzelfall ein wichtiger Grund für eine außerordentliche Vertragskündigung ergeben).

Befindet sich der Auftraggeber vor Fälligkeit der Leistung des Auftragnehmers 40 in der unklaren Situation, dass für ihn absehbar, die fristgerechte Erfüllung durch Hindernisse in Frage gestellt ist, die im Verantwortungsbereich des Auftragnehmers liegen, hat der Auftraggeber nach der Rechtsprechung des BGH die Möglichkeit, dem Auftragnehmer ausnahmsweise eine angemessene Frist zur **Erklärung der Leistungsbereitschaft** und zum Nachweis fristgerechter Vertragserfüllung zu setzen.[60]

Die vorstehenden Erwägungen gelten entsprechend für die Nachfristsetzung und Kündigungsandrohung gem. § 5 Abs. 4 als Voraussetzung der Kündigung gem. § 8 Abs. 3.[61]

6. Beweislast. Grds. trägt der Auftraggeber die Beweislast für die Voraussetzun- 41 gen eines Verzugs.[62] Besteht jedoch Streit über den Leistungszeitpunkt und beruft sich der Auftragnehmer abweichend von § 271 Abs. 1 BGB darauf, dass die Leistung nicht sofort, sondern zu einem späteren Zeitpunkt zu erbringen ist, ist hierfür der Auftragnehmer darlegungs- und beweispflichtig.[63]

Das Verschulden des Auftragnehmers wird vermutet (§ 286 Abs. 4 BGB), so 42 dass er für die Behauptung fehlenden Verschuldens beweispflichtig ist. Etwas anderes gilt, wenn der Auftraggeber im Rahmen von § 6 Abs. 6 Schadensersatz für entgangenen Gewinn fordert (vgl. dazu → Rn. 39). In diesem Fall muss der Auftraggeber beweisen, dass die Verzögerung auf Vorsatz oder grober Fahrlässigkeit des Auftragnehmers beruht.

II. Die Verzögerungsfälle des § 5 Abs. 4

Die wesentlichen Gesichtspunkte und Voraussetzungen zu den Fallvarianten 43 des § 5 Abs. 4 sind bereits vorstehend unter → Rn. 25 bis → Rn. 40 erläutert. Ferner knüpfen die Fälle des § 5 Abs. 4 an die in den Abs. 1–3 des § 5 definierten Ausführungsfristen an, so dass ergänzend auf die obigen Ausführungen unter → Rn. 6 bis → Rn. 24 verwiesen werden kann.

Nachfolgend ist daher nur auf einzelne Sonderthemen hinzuweisen.

1. Verzögerung des Ausführungsbeginns. Fehlen zum vereinbarten Aus- 44 führungsbeginn **Leistungsvoraussetzungen aus dem Bereich des Auftraggebers** (fehlt etwa die Baugenehmigung, steht das Baugrundstück nicht zur Verfügung oder fehlen Vorleistungen anderer Gewerke), stehen dem Auftraggeber weder ein Schadensersatzanspruch noch ein Kündigungsrecht zu, auch wenn der

---

[57] Vgl. allein Grüneberg/Grüneberg BGB § 286 Rn. 24 und § 281 Rn. 14.
[58] BGH NJW 1971, 798.
[59] BGH NZBau 2012, 638 Rn. 22.
[60] BGH NJW 1983, 989 (990) sowie zuletzt BGH NZBau 2012, 638 Rn. 18.
[61] Ingenstau/Korbion/Döring § 5 Abs. 4 Rn. 19.
[62] Grüneberg/Grüneberg BGB § 286 Rn. 49.
[63] BGH NZBau 2004, 155.

§ 5

Auftragnehmer zu diesem Zeitpunkt selbst nicht leistungsbereit sein sollte (vgl. auch → Rn. 35 ff.).[64]

Beginnt der Auftragnehmer verzögert mit der Leistungsausführung, kommt für die anfängliche Verzögerung eine Kündigung des Vertrages nicht mehr in Betracht.[65]

45 **2. Verzug der Ausführungsvollendung.** Diese Fallvariante setzt (unstreitig) nach dem Wortlaut der Regelung einen **Verzug** im Rechtssinn voraus. Erforderlich für die Inanspruchnahme der Rechtsfolgen des § 5 Abs. 4 ist somit grds. eine Fälligkeit der Ausführungsvollendung, eine Mahnung bei Nichteinhaltung der Frist sowie ein Verschulden des Auftragnehmers zu der Verzögerung. Ist für die Vollendung (in der Praxis regelmäßig als „Fertigstellung" bezeichnet) ein Kalenderdatum vereinbart oder eine Frist nach dem Kalender bestimmbar (vgl. dazu → Rn. 4), ergibt sich hieraus die Fälligkeit und wird eine Mahnung gem. § 286 Abs. 2 Nr. 1 bzw. Nr. 2 BGB entbehrlich. Für ein fehlendes Verschulden muss sich der Auftragnehmer entlasten (→ Rn. 42).

46 Kommt es jedoch im Bauablauf zu **Behinderungen,** die gem. § 6 Abs. 2 die Ausführungsfristen verlängern, ist die verlängerte Ausführungsfrist zur Vollendung keine Kalenderfrist mehr, mit der Folge, dass der Auftraggeber grds. nach Fälligkeit bei einer Verzögerung eine Mahnung auszusprechen hat. Die Verlängerung der Ausführungsfrist setzt die Anzeige der Behinderung durch den Auftragnehmer oder aber deren Offenkundigkeit für den Auftraggeber voraus (§ 6 Abs. 1). Selbst wenn jedoch eine Behinderung vom Auftragnehmer nicht angezeigt bzw. nicht offenkundig ist, kann er sich dennoch gegenüber dem Auftraggeber auf ein fehlendes Verschulden an der Verzögerung berufen[66] und damit gegen sich gerichtete Ansprüche abwehren.

47 Zu Recht wird darauf hingewiesen, dass praxisrelevante Streitpunkte im Bauablauf die Planliefer- bzw. Planfreigabefristen sind, was regelmäßig zu gestörten Bauabläufen führt.[67] Grds. ist der Auftragnehmer auch nicht verpflichtet, auf der Grundlage nicht freigegebener Pläne oder von Vorabzügen zu leisten.[68]

48 Zu beachten ist, dass der Auftragnehmer, wie nach § 271 Abs. 2 BGB, auch im VOB/B-Vertrag **berechtigt ist, seine Leistung bereits vor der vereinbarten Frist fertig zu stellen** (vgl. § 12 Abs. 1). Dies kann für den Auftraggeber zu Problemen führen, wenn er etwa aus technischer Sicht im Bauablauf auf ein nahtloses Ineinandergreifen von Leistungsgewerken angewiesen ist oder wenn die Finanzierung seines Projekts von einer bestimmten Terminschiene abhängig ist. Ferner kann es für einen Auftraggeber (etwa einen Bauträger) problematisch sein, wenn der Nutzer/Käufer bei einer vorzeitigen Fertigstellung noch nicht zur Übernahme der fertiggestellten Leistungen verpflichtet ist. Für all diese Fälle ist daher eine vertragliche Regelung geboten, dass der Auftragnehmer nicht zur vorzeitigen Fertigstellung berechtigt ist.

49 **3. Nichtbefolgung der Abhilfepflicht.** Diese Variante der Regelung betrifft den Fall, dass der Auftragnehmer der Aufforderung des Auftraggebers zur Abhilfe

---

[64] Heiermann/Riedl/Rusam/Mansfeld § 5 Rn. 15.
[65] Leinemann/Jansen § 5 Rn. 66; Heiermann/Riedl/Rusam/Mansfeld § 5 Rn. 17.
[66] Vygen/Schubert/Lang, Bauverzögerung und Leistungsänderung, Rn. 613; BGH ZfBR 1999, 188.
[67] Leinemann/Jansen § 5 Rn. 70.
[68] Kapellmann/Schiffers, Vergütung, Nachträge und Behinderungsfolgen beim Bauvertrag, Rn. 1298.

gem. § 5 Abs. 3 nicht nachkommt (vgl. dazu → Rn. 22 ff.). Kommt es hier nach der Aufforderung **nur** zu einer **kurzfristigen Verbesserung der Förderung der Ausführung,** kann dies im Einzelfall nicht ausreichend sein, so dass der Auftraggeber auch ohne erneute Abhilfeaufforderung die Rechte aus § 5 Abs. 4 geltend machen kann.[69] Hier wird der Auftraggeber jedoch – wie überhaupt im Rahmen von § 5 Abs. 3 (dazu → Rn. 23) – vorsichtig vorgehen müssen. Unternimmt der Auftragnehmer auf eine Abhilfeaufforderung hin Anstrengungen und wird etwa eine nächste Zwischenfrist gehalten, kommt es danach jedoch wieder zu einer unzureichenden Förderung, wird der Auftraggeber in jedem Fall zur Vermeidung von Risiken erneut zur Abhilfe auffordern müssen. Andererseits wird man dem Auftraggeber bei erheblichen Ablaufstörungen durch den Auftragnehmer und dadurch verursachten ernsthaften Zweifeln an der Einhaltung des Fertigstellungstermins einen Anspruch zugestehen müssen, den Auftragnehmer zu einem Nachweis über die rechtzeitige Erfüllung des Vertrages auffordern zu können.[70]

III. Schadensersatzanspruch und Kündigungsrecht

1. Schadensersatzanspruch nach § 6 Abs. 6. Neben den Ausführungen in → Rn. 28 bis → Rn. 34 ist zu den Voraussetzungen und dem Umfang des Schadensersatzanspruches auf die Kommentierung zu § 6 zu verweisen.   50

Als wesentliche Unterscheidung zum BGB sieht die Sonderregelung des § 6 Abs. 6 vor, dass ein Anspruch auf den entgangenen Gewinn nur bei einem vorsätzlichen oder grob fahrlässigen Leistungsverzug des Auftragnehmers gegeben ist. Dies kann sich als nachteilige Haftungslücke erweisen, wenn die wesentlichen Schäden des Auftraggebers bei einer verzögerten Fertigstellung eines Objekts gerade in einem Nutzungsausfall (etwa entgangenen Miet- oder Pachteinnahmen) bestehen.

2. Kündigungsrecht nach § 8 Abs. 3. In den Verzögerungsfällen des § 5 Abs. 4 hat der Auftraggeber die Möglichkeit zur Vertragskündigung nach § 8 Abs. 3, wenn er dem Auftragnehmer zuvor eine angemessene Frist zur Vertragserfüllung gesetzt hat und diese Fristsetzung mit der Erklärung verbunden hat, dass er dem Auftragnehmer nach ergebnislosem Fristablauf den Auftrag entzieht. Im Rahmen der Kündigung bleibt dem Auftraggeber der etwaige Schadensersatz aus der Verzögerung erhalten (vgl. § 8 Abs. 3 Nr. 2).   51

Die **Fristsetzung und Kündigungsandrohung** ist für ihre Wirksamkeit nicht an die Schriftform gebunden. Zur Nachweisbarkeit empfiehlt sich jedoch eine schriftliche Erklärung und deren beweisbarer Zugang beim Auftragnehmer.   52

Die Kündigungsandrohung muss dergestalt formuliert sein, dass der Wille des Auftraggebers erkennbar wird, bei ergebnislosem Fristablauf die Leistungen des Auftragnehmers nicht mehr anzunehmen.[71] Die Kündigungserklärung selbst kann mit der Nachfristsetzung nicht verbunden werden. Ferner tritt auch mit Ablauf der Nachfrist nicht automatisch die Kündigung des Vertrages ein, sondern es bedarf der gesonderten (gem. § 8 Abs. 5 sowie § 650h BGB schriftlichen!) Kündigungserklärung des Auftraggebers.   53

---

[69] Heiermann/Riedl/Rusam/Mansfeld § 5 Rn. 19.
[70] OLG Karlsruhe IBR 2023, 123.
[71] Heiermann/Riedl/Rusam/Mansfeld § 5 Rn. 26.

54 **Angemessen ist eine Nachfrist,** die es dem Auftragnehmer objektiv ermöglicht, die geforderte Leistung zu bewirken bzw. zu beenden. Dabei ist der Auftragnehmer durchaus gefordert, erhöhte Anstrengungen zu unternehmen, insbesondere auch die Zahl der Arbeitskräfte und die Arbeitszeit einschließlich zusätzlicher Schichten und Samstagsarbeiten, zu erhöhen.[72] Bei verzögertem Beginn wird die angemessene Nachfrist entsprechend kurz bemessen werden können.[73]

War die gesetzte **Frist objektiv nicht angemessen, ist sie nicht wirkungslos.** Vielmehr wird dann durch die Festsetzung eine entsprechend angemessene Frist ausgelöst.[74]

In Ausnahmefällen kann die Nachfristsetzung entbehrlich sein (vgl. → Rn. 38 ff.). Fraglich kann eine Nachfristsetzung auch in den Fällen sein, in denen sich der Auftragnehmer in Verzug mit der Ausführungsvollendung befindet und bis zum Überschreiten des Fertigstellungstermins noch überhaupt keine Leistungen erbracht hat. Eine angemessene Nachfristsetzung, die – wenn auch mit Beschleunigung – nochmals die vollständige Ausführungsfrist berücksichtigen müsste, würde hier dem Auftragnehmer trotz schuldhafter Verzögerung zu einer „zweiten Chance" verhelfen. In diesen Fällen könnte es unter Berücksichtigung einer normativen Komponente daher auch geboten sein, dem Auftraggeber unmittelbar die Rechtsfolgen einer Kündigung zuzugestehen.[75] Auch wenn der Auftraggeber dann bei Beauftragung eines Folgeunternehmers ebenfalls erneut eine Ausführungsfrist vereinbaren müsste, wäre er zumindest von dem Risiko befreit, dass der vorher unzuverlässige Auftragnehmer erneut auch die angemessene Nachfrist nicht einhält. Soweit ersichtlich, gibt es hierzu jedoch nur selten Überlegungen in der Rechtsprechung.[76]

IV. Weitergehende Rechte des Auftraggebers

55 In seinem Anwendungsbereich ist § 5 Abs. 4 **vor den Regelungen des BGB vorrangig.**[77] Keine Anwendung soll § 5 Abs. 4 insoweit aber nach herrschender Meinung auf Planungsleistungen des Auftragnehmers finden.[78] Hierfür gilt mithin das Gesetzesrecht.

56 Im Regelungsbereich des § 5 Abs. 4 sind somit das Rücktrittsrecht des Auftraggebers aus § 323 Abs. 1 BGB sowie der Anspruch auf Schadensersatz statt der Leistung nach §§ 280, 281 BGB ausgeschlossen (hier insbesondere auch mit der Folge der nach § 6 Abs. 6 eingeschränkten Erstattungsfähigkeit von entgangenem Gewinn). Einen Ausnahmefall hat der BGH in einer älteren Entscheidung dann gesehen, wenn der Auftragnehmer die Leistungsausführung ernsthaft und endgültig verweigert.[79] Dies dürfte jedoch der Sonderkonstellation der Entscheidung geschuldet sein, in der der Auftragnehmer die Wirksamkeit des Vertragsabschlusses bestritten und von vornherein jegliche Leistungsausführung abgelehnt hat. Ansonsten würde eine Erfüllungsverweigerung ausschließlich den automatischen Verzug begründen, im Übrigen aber unter die Regelungen und Rechtsfolgen des § 5 Abs. 4 fallen.

---

[72] OLG Hamm NZBau 2007, 709 (711).
[73] BGH BeckRS 2024, 6400.
[74] BGH NJW 1984, 48 (49).
[75] Vgl. Schmitz BauR 2014, 179.
[76] Vgl. aber OLG Karlsruhe IBR 2023, 123.
[77] BGH MDR 1968, 486.
[78] BGH NJW-RR 1996, 853 (854).
[79] BGH MDR 1969, 385.

Auch im Anwendungsbereich des § 5 Abs. 4 möglich, bleiben dem Auftraggeber 57 der **Anspruch auf Vertragserfüllung,** den er auch klageweise durchsetzen und vollstrecken kann[80] sowie die **Einrede des nicht erfüllten Vertrages** (§ 320 BGB).

F. AGB-Problematik

Zu § 5 wird allgemein vertreten, dass dieser einer Inhaltskontrolle nach den 58 AGB-rechtlichen Vorschriften der §§ 305 ff. BGB standhält.[81] Dies erscheint fraglich, wenn man mit der herrschenden Meinung annehmen wollte, dass § 5 Abs. 4 für die Rechtsfolge des Schadensersatzanspruchs (sowie auch im Hinblick auf den Mehrkostenerstattungsanspruch aus § 8 Abs. 3 Nr. 2 bei Kündigung des Vertrages) nur für die verzögerte Vollendung einen Verzug im Rechtssinne und somit auch nur dort eine Fristsetzung mit Mahnung fordert. Dies würde – bei Verwendung durch den Auftraggeber – nach hier vertretener Auffassung einen Verstoß gegen § 309 Nr. 4 BGB darstellen.

Ferner ergeben sich Bedenken, wenn im Rahmen von § 5 Abs. 4 für eine 59 Kündigung bei verzögertem Ausführungsbeginn und nicht ausreichender Ausführungsförderung auf ein Verschulden des Auftragnehmers verzichtet wird. Da § 8 Abs. 3 dem Auftraggeber unmittelbar einen Anspruch auf Erstattung der Fertigstellungsmehrkosten gibt, würde dies somit eine verschuldensunabhängige Haftung des Auftragnehmers begründen, was als AGB bei Verwendung durch den Auftraggeber als unangemessene Benachteiligung des Auftragnehmers gem. § 307 Abs. 2 Nr. 1 BGB AGB-rechtlich unwirksam wäre.[82]

Mit der Rechtsprechung des BGH zur Unwirksamkeit des Kündigungsrechts aus 60 § 4 Abs. 7 S. 3[83] und der dortigen Begründung steht auch die Wirksamkeit des § 5 Abs. 4 in Frage. Die Unwirksamkeit des § 4 Abs. 7 Satz 3 ergibt sich aus einer Abweichung vom gesetzlichen Leitbild der Kündigung aus wichtigem Grund (§ 648a BGB), da nach der VOB/B-Regelung bei der zur Wirksamkeitsprüfung gebotenen kundenfeindlichsten Auslegung die Kündigung schon bei einem kleinsten und unwesentlichen Mangel möglich wäre, obwohl in diesen Fällen sehr wahrscheinlich keine Unzumutbarkeit der Fortsetzung des Vertrages im Sinne einer Kündigung aus wichtigem Grund gegeben ist (vgl. dazu näher → § 4 Rn. 208). Ebenso wäre aber auch bei § 5 Abs. 4 nach kundenfeindlichster Auslegung der Regelung eine Kündigung schon bei nur minimaler Fristüberschreitung (auch bei Überschreitung um nur einen Tag) möglich, ohne dass die Fortsetzung des Vertragsverhältnisses für den Auftraggeber unmittelbar unzumutbar sein muss. Sofern daher die VOB/B nicht als Ganzes vereinbart ist, spricht auch hier einiges dafür, dass eine Abweichung vom gesetzlichen Leitbild der Kündigung aus wichtigem Grund vorliegt, was zur Unwirksamkeit der Regelung führen muss.

Bei Stellung der VOB/B durch den Auftragnehmer als Verwender ergeben 61 sich AGB-rechtliche Bedenken daraus, dass der Auftraggeber im Rahmen des Schadensersatzanspruchs aus § 6 Abs. 6 den entgangenen Gewinn in Abweichung von den Regelungen des BGB nur bei Vorsatz oder grober Fahrlässigkeit des Auftragnehmers geltend machen kann.[84]

---

[80] Ingenstau/Korbion/Döring § 5 Abs. 4 Rn. 26.
[81] Vgl. etwa FKZGM/Kemper § 5 Rn. 54.
[82] Grüneberg Grüneberg BGB § 307 Rn. 96.
[83] BGH NZBau 2023, 301 = NJW 2023, 1356.
[84] Deckers NZBau 2008, 627.

§ 6

§ 6 Behinderung und Unterbrechung der Ausführung

(1) ¹Glaubt sich der Auftragnehmer in der ordnungsgemäßen Ausführung der Leistung behindert, so hat er es dem Auftraggeber unverzüglich schriftlich anzuzeigen. ²Unterlässt er die Anzeige, so hat er nur dann Anspruch auf Berücksichtigung der hindernden Umstände, wenn dem Auftraggeber offenkundig die Tatsache und deren hindernde Wirkung bekannt waren.

(2)
1. Ausführungsfristen werden verlängert, soweit die Behinderung verursacht ist:
    a) durch einen Umstand aus dem Risikobereich des Auftraggebers,
    b) durch Streik oder eine von der Berufsvertretung der Arbeitgeber angeordnete Aussperrung im Betrieb des Auftragnehmers oder in einem unmittelbar für ihn arbeitenden Betrieb,
    c) durch höhere Gewalt oder andere für den Auftragnehmer unabwendbare Umstände.
2. Witterungseinflüsse während der Ausführungszeit, mit denen bei Abgabe des Angebots normalerweise gerechnet werden musste, gelten nicht als Behinderung.

(3) ¹Der Auftragnehmer hat alles zu tun, was ihm billigerweise zugemutet werden kann, um die Weiterführung der Arbeiten zu ermöglichen. ²Sobald die hindernden Umstände wegfallen, hat er ohne weiteres und unverzüglich die Arbeiten wieder aufzunehmen und den Auftraggeber davon zu benachrichtigen.

(4) Die Fristverlängerung wird berechnet nach der Dauer der Behinderung mit einem Zuschlag für die Wiederaufnahme der Arbeiten und die etwaige Verschiebung in eine ungünstigere Jahreszeit.

(5) Wird die Ausführung für voraussichtlich längere Dauer unterbrochen, ohne dass die Leistung dauernd unmöglich wird, so sind die ausgeführten Leistungen nach den Vertragspreisen abzurechnen und außerdem die Kosten zu vergüten, die dem Auftragnehmer bereits entstanden und in den Vertragspreisen des nicht ausgeführten Teils der Leistung enthalten sind.

(6) ¹Sind die hindernden Umstände von einem Vertragsteil zu vertreten, so hat der andere Teil Anspruch auf Ersatz des nachweislich entstandenen Schadens, des entgangenen Gewinns aber nur bei Vorsatz oder grober Fahrlässigkeit. ²Im Übrigen bleibt der Anspruch des Auftragnehmers auf angemessene Entschädigung nach § 642 BGB unberührt, sofern die Anzeige nach Absatz 1 Satz 1 erfolgt oder wenn Offenkundigkeit nach Absatz 1 Satz 2 gegeben ist.

(7) ¹Dauert eine Unterbrechung länger als 3 Monate, so kann jeder Teil nach Ablauf dieser Zeit den Vertrag schriftlich kündigen. ²Die Abrechnung regelt sich nach den Absätzen 5 und 6; wenn der Auftragnehmer die Unterbrechung nicht zu vertreten hat, sind auch die Kosten der Baustellenräumung zu vergüten, soweit sie nicht in der Vergütung für die bereits ausgeführten Leistungen enthalten sind.

Behinderung und Unterbrechung der Ausführung § 6

Literatur: Armbrüster/Bickert, Unzulängliche Mitwirkung des Auftraggebers beim Bau- und Architektenvertrag, NZBau 2006, 153; Ganten/Jansen/Voit, Beck'scher VOB-Kommentar, 4. Aufl. 2023; Breyer, Bauzeitliche Folgen aus geänderten und zusätzlichen Leistungen gem. §§ 2 Abs. 5 und 2 Abs. 6 VOB/B, BauR 2013, 1924; Duve, Es war einmal § 642 BGB ... und wenn er nicht gestorben ist, dann lebt er heute noch?, NZBau 2018, 516; Duve, Ansprüche aus Bauzeitänderungen – ewiger Stolperstein?, NJW 2014, 2992; Duve, Wieder § 642 BGB – Sind jetzt alle Fragen gelöst?, NZBau 2020, 355; Englert, Baugrundrisiko: Schimäre oder Realität beim (Tief-)Bauen?, NZBau 2016, 131; Eschenbruch/Gerstberger, 2018: Zeitenwende für baubetriebliche Gutachten, Bauwirtschaft 2018, 45; Eschenbruch/Fandrey, Zur Geltendmachung von Ansprüchen wegen ungedeckter allgemeiner Geschäftskosten im Rahmen des § 6 Abs. 6 VOB/B, BauR 2011, 1223; Eschenbruch/von Rintelen, Bauablaufstörung und Terminfortschreibung nach der VOB/B – Stresstest für die baubetrieblichen Gutachten – NZBau 2010, 401; Franke/Kemper/Zanner/Grünhagen/Merkens, VOB-Kommentar, 7. Auflage 2020; Fuchs/Schottke, Wem „gehört" der Puffer?, Jahrbuch Baurecht 2011, 63; Gerhardter, § 642 Abs. 1 BGB – Die Quadratur des Kreises, BauR 2023, 1577; Hartmann, Der Gegenleistungsanspruch des Werkunternehmers bei unterlassener Mitwirkung des Bestellers, BB 1997, 326; Hartwig, Der Entschädigungsanspruch aus § 642 BGB, BauR 2014, 1055; Havers, Bauzeitnachträge: Produktivitätsverluste aus rechtlicher Sicht, Jahrbuch Baurecht, 2011, 21; Ingenstau/Korbion/Leupertz/v. Wietersheim, VOB Teile A und B, 22. Auflage 2021, Kapellmann, Die BGH-Entscheidung zu § BGB § 642 BGB: Konsequenzen für § VOBB § 6 VOBB § 6 Absatz VI VOB/B, NZBau 2018, 338; Kapellmann, Die erforderliche Mitwirkung nach § 642 BGB, § 6 Abs. 6 VOB/B/- Vertragspflichten und keine Obliegenheiten, NZBau 2011, 193; Kapellmann/Messerschmidt/Markus, VOB Teile A und B, 4. Auflage, 2022; Kapellmann/Schiffers/Markus, Vergütung, Nachträge und Behinderungsfolgen beim Bauvertrag, Bd. 1, Einheitspreisvertrag, 7. Aufl., 2017; Bd. 2, Pauschalvertrag, 6. Aufl., 2017; Keldungs, Die Bedeutung von Produktivitätsverlusten im Zusammenhang mit Bauzeitnachträgen, Jahrbuch Baurecht 2011, 1; Keldungs: Obliegenheit oder Pflicht? – Gedanken zu § 642 BGB, BauR 2024, 561; Kniffka/Jurgeleit, Bauvertragsrecht, 4. Auflage, 2022; Krebs, Die Entschädigung „unproduktiv bereitgehaltener Produktionsmittel" nach § 642 BGB, ZfBR 2021, 494; Krebs/Steinke, Aktuelle Entwicklungen zum Entschädigungsanspruch aus § BGB § 642 BGB, ZfBR 2018, 115; Kuhmlehn/Guicking/Schwerdtner, Normale und außergewöhnliche Witterung: Fortwährender Streit um richtige Abgrenzung, NZBau 2018, 269; Kues/Simlesa, Schwierige Zeiten für Bauverträge aufgrund von Sanktionen und Krieg, NZBau 2022, 319; Lang, Die Wahrheit über Pufferzeiten bei Bauverzögerungen aus baubetrieblicher Sicht, Jahrbuch Baurecht, 2011, 41; Leinemann, VOB/B, Kommentar, 8. Auflage, 2022; Leinemann, Die Ermittlung und Berechnung von Ansprüchen aus gestörtem Bauablauf, NZBau 2009, 563, 624; Lührmann/Egle/Thomas, Störung der Geschäftsgrundlage: Preisanpassung durch Ukraine-Krieg, NZBau 2022, 251; Maase, Das bauzeitliche Bestimmungsrecht des Bestellers gem. §§ 157, 242 BGB – Teil 2, BauR 107, 929; Markus, Anforderungen an die Begründung von Ansprüchen wegen bauzeitverlängernden Behinderungen, NZBau 2014, 688; Markus, Zeitreserven („Puffer") im gestörten Bauablauf, NZBau 2014, 92; Markus, Anforderungen an die Begründung von Ansprüchen wegen bauzeitverlängernden Behinderungen, NZBau 2014, 688; Messerschmidt/Voit, Privates Baurecht, 4. Aufl. 2022; Motzke, Bauumstände, Bauzeit und das Wetter – Folgen aus dem Äquivalenzgebot, BauR 2018, 581; Mechnig/Völker/Mack/Zielke, Ist das Bauzeitlabyrinth ein Irrgarten? Bauzeitverlängerungsansprüche mit dem Adaptionsverfahren schlüssig und bauablaufbezogen visualisieren, NZBau 2014, 85; Oldings/Hornschuh, Der Entschädigungsanspruch nach § 642 BGB: Wie gewonnen – so zerronnen?, BauR 2018, 407; Reister, Nachträge beim Bauvertrag, 4. Auflage 2018; Roquette/Bescher, Yes we can!, BauR 2018, 422; Roquette, Vom Mythos der AGK, BauR 2010, 1468; Säcker/Rixecker/Oetker/Limperg, Münchener Kommentar zum BGB, 9. Aufl. 2023; Seidel, Die vom Besteller verweigerte Nachbesserung beim Werkvertrag, JZ 1994, 383; Schilder, Die Liquidation von „Behinderungsschäden" über § 642 BGB; Schneider, Die neue Rechtsprechung des BGH zu § 642

Sonntag 391

§ 6 VOB Teil B

BGB – Ein Sieg der Dogmatik über das Rechtsempfinden?, BauR 2018, 411; Skauradszun/Eix, Unterlassene Mitwirkung des Bestellers: Alternativen zur Kündigung?, NZBau 2010, 86; Sonntag, Gemeinkostenunterdeckung bei Zeitnachträgen, NZBau 2017, 525; Sonntag/Sindermann, Juristische und baubetriebliche Anforderungen an die Anspruchsdarlegung des Auftraggebers bei Verzugsschäden aufgrund von gestörten Bauabläufen, Bauwirtschaft 2018, 101; Steiner, Sind § 642 BGB und § 6 Abs. 6 VOB/B vergütungsgleiche Ansprüche?, BauR 2023, 1; Tschäpe, Bauzeitverlängerungsanspruch und § 648a BGB, ZfBR 2016, 532; Werner/Pastor, Bauprozess, 18. Aufl. 2023; Wessel, Bauzeitverzögerungen, Ausführungsfristen und „Zeitpuffer", ZfBR 2010, 527; Wilhelm/Götze, bauzeit- und kostenrechtliche Behandlung von außergewöhnlichen Witterungseinflüssen, NZBau 2010, 721; Würfele/Gralla/Sundermeier, Nachtragsmanagement, 2. Auflage, 2012.

Übersicht

	Rn.
A. Allgemeines	1
I. Überblick	1
II. Entstehungsgeschichte	5
III. Vergleich zu den Regelungen des BGB	6
IV. Regelungszweck	7
V. Abgrenzung zu anderen Normen	8
B. Abs. 1 – Behinderungsanzeige und Offenkundigkeit	10
I. Begriff der Behinderung	10
II. Abgrenzung zum Stillstand und zur Unmöglichkeit	17
III. Anzeigepflicht des Auftragnehmers bei Behinderungen	22
1. Inhalt	24
2. Schriftform	25
3. Zeitpunkt	27
4. Erklärender	28
5. Adressat	29
IV. Unschädlichkeit der fehlenden Anzeige bei Offenkundigkeit	30
V. Folgen einer wirksamen Anzeige	33
VI. Folgen der unwirksamen oder unterlassenen Anzeige	34
VII. Beweislast	40
C. Abs. 2 – Verlängerung der Ausführungsfristen	41
I. Nr. 1a – Umstände aus dem Risikobereich des Auftraggebers	44
II. Nr. 1b – Streik, Aussperrung	46
III. Nr. 1c – Höhere Gewalt, unabwendbare Umstände	51
IV. Nr. 2: Gewöhnliche Witterungseinflüsse	55
V. Automatische Fristverlängerung	60
VI. Sonderfall: Von beiden zu verantwortende oder zu vertretende Störungen	61
1. Gesamtkausalität	62
2. Doppelkausalität	63
VII. Sonderfall: Verkürzung der Ausführungsfrist	
VIII. Beweislast	64
D. Abs. 3 – Anpassungspflicht des Auftragnehmers	65
I. Pflicht zur Umstellung des Bauablaufes	65
II. Anordnungsrecht des Auftraggebers, Beschleunigungen	68
III. Informationspflicht des Auftragnehmers	77
IV. Schadensersatzanspruch des Auftraggebers	78
V. Beweislast	79
E. Abs. 4 – Berechnung der Fristverlängerung	80

Behinderung und Unterbrechung der Ausführung § 6

	Rn.
I. Ausgangspunkt	81
II. Sonderfälle: Puffer und Schneller Auftragnehmer	83
III. Primärverzögerung	84
IV. Sekundärverzögerungen	86
1. Zuschlag für die Wiederaufnahme der Arbeit	87
2. Zuschlag wegen Verschiebung in ungünstigere Jahreszeit	88
3. Berücksichtigung günstiger Jahreszeiten?	89
4. Berücksichtigung von Produktivitätsverlusten	90
V. Berechnung der Fristverlängerung	91
VI. Auswirkungen auf Kalendertermine und Vertragsstrafen, Verzug	96
VII. Beweislast	101
F. Abs. 5 – Unterbrechung der Ausführung	102
I. Überblick und Regelungszweck	102
II. Tatbestandsvoraussetzungen	103
1. Ausführungsbeginn	103
2. Unterbrechung	104
3. Voraussichtlich längere Zeit	106
4. Erwartung der Fortsetzung	107
5. kein Verschulden des Auftragnehmers	108
6. Verlangen des Auftragnehmers	109
III. Rechtsfolgen	110
1. Erbrachte Leistungen	110
2. Nicht-erbrachte Leistungen	111
3. Abnahmepflicht und Rechnungsstellung	112
G. Abs. 6 Abs. 1 – Schadensersatzanspruch des Auftragnehmers	113
I. Regelungszweck und Konkurrenzen	113
II. Tatbestandsvoraussetzungen	116
1. Hindernde Umstände	116
2. Behinderungsanzeige	117
3. Pflichtverletzung	118
4. Vertretenmüssen	124
5. Rechtswidrigkeit/Vertragswidrigkeit	129
6. Eigene Leistungsbereitschaft	132
III. Kausalität	133
1. Planverzüge	134
2. Aufholung der Verzögerung durch Beschleunigungsmaßnahmen	135
3. Verursachung der Verzögerung durch Auftraggeber und Auftragnehmer	136
IV. Rechtsfolgen: Schaden des Auftragnehmers	137
1. Personalkosten	147
2. Material- und Gerätekosten	152
3. An- und Abtransport	156
4. Baustellengemeinkosten	157
5. Allgemeine Geschäftskosten	158
6. Wagnis	159
7. Schadensermittlungskosten	160
8. Vorfinanzierungszinsen	161
9. Beschleunigungskosten	162
10. Folgen bei Anschlussaufträgen	163
11. Mehrwertsteuer	164

	Rn.
12. Schadensminderungspflicht des Auftragnehmers	165
V. Entgangener Gewinn	166
VI. Fälligkeit Abschlagszahlungen Verjährung Sicherheit	170
1. Fälligkeit	170
2. Abschlagszahlungen	171
3. Verjährung	173
4. Sicherheit	175
5. 80 %-Regelung nach § 650c BGB	176
VII. Beweislast	177
VIII. Prozessuales: Grund- oder Teilurteil, einstweilige Verfügung	186
IX. Konkurrenzen – Alternative Anspruchsgrundlagen des Auftragnehmers	188
1. Anspruch auf zusätzliche Vergütung nach § 2 Abs. 5, 6 oder 8	188
2. Vertragsauslegung nach §§ 133, 157	191
3. Störung der Geschäftsgrundlage	192
4. Aufwendungsersatz nach § 304 BGB	193
5. Vergütung wegen Gefahrtragung nach § 7 oder §§ 644, 645 BGB	194
6. Kündigung nach § 643 BGB oder § 9	195
7. Vorleistungspflicht des Bestellers nach § 322 BGB	196
8. Verhältnis zu S. 2 iVm § 642 BGB	197
H. Abs. 6 S. 1 – Schadensersatzanspruch des Auftraggebers	199
I. Anwendungsbereich und Konkurrenzen	199
II. Tatbestandsvoraussetzungen des Verzugsschadensersatzanspruchs	200
1. Überschreitung der Vertragsfristen	200
2. Mahnung nach Fälligkeit	202
3. Verschulden	204
III. Sonderfälle der Kausalität	205
1. Verursachung der Verzögerung durch mehrere Unternehmer	205
2. Verursachung der Verzögerung durch Auftraggeber und Auftragnehmer	206
IV. Schadenshöhe	207
1. Direkte Mehrkosten	207
2. Vertragsstrafe und andere Nachteile eines Hauptunternehmers	208
3. Beschleunigungskosten	211
4. Nutzungsausfall	212
5. Schadenermittlungskosten	213
6. Vorteilsausgleich	214
7. Restfertigstellungsmehrkosten	215
8. Entgangener Gewinn	216
9. Umsatzsteuer	219
V. Beweislast, Fälligkeit und Verjährung	220
I. Abs. 6 S. 2 – Entschädigungsanspruch des Auftragnehmers aus § 642 BGB	223
I. Allgemeines	223
1. Überblick	223
2. Normhistorie	225
3. Regelungszweck und dogmatische Grundlagen	229

	Rn.
II. Tatbestandsvoraussetzungen	231
1. Unterlassen einer gebotenen Mitwirkungshandlung	231
2. Annahmeverzug	239
3. Leistungsbereitschaft und eigenes Verschulden des Auftragnehmers	243
4. Kausalität	245
5. Im Herstellungsprozess	246
6. Behinderungsanzeige	247
7. Kein Verschulden erforderlich	248
III. Rechtsfolgen	249
1. Berechnungskriterien	249
2. Dauer des Annahmeverzuges	251
3. Berechnungsbasis	254
4. Ersparte Aufwendungen	257
5. Abgrenzung zu § 304	258
IV. Einzelheiten zur Höhe	259
1. Direkte Kosten der Baustellenvorhaltung	260
2. Beschleunigungskosten	263
3. Baustellengemeinkosten	264
4. Allgemeine Geschäftskosten	265
5. Umsatzverlust	
6. Wagnis und (entgangener) Gewinn	266
7. Mehrwertsteuer	268
8. Sachverständigenkosten	269
9. Ersparte Aufwendungen	270
10. Kosten der Ersatzvornahme	271
11. Vertragliche Abzüge	272
V. Beweislast	273
VI. Fälligkeit, Abschlagszahlungen und Sicherheit	276
VII. Verjährung	277
J. Abs. 7 – Kündigungsrecht bei längerer Unterbrechung	278
I. Regelungszweck und Konkurrenzen	278
II. Tatbestandsvoraussetzungen	279
III. Rechtsfolgen	282
K. Allgemeine Geschäftsbedingungen	286
I. AGB-Widrigkeit der VOB/B Regelungen?	286
II. Wirksamkeit von abweichenden Regelungen	287
1. Klauseln des Auftraggebers	287
2. Klauseln des Auftragnehmers	295

A. Allgemeines

I. Überblick

Die Bestimmungen des § 6 befassen sich mit den Folgen von nachträglichen **1** (also nach Vertragsschluss auftretenden, unerwarteten), in der Regel negativen (also die Bauzeit verlängernden), Veränderungen bzw. Störungen, im **Bauablauf** und zwar sowohl in zeitlicher als auch in finanzieller Hinsicht. Die Regelungen stehen deshalb in engem Kontext zu den Bestimmungen des § 5, der Regelungen zur Bauzeit und zu den Terminen beinhaltet, sind aber auch in engem Zusammenhang mit den §§ 1 und 2 zu sehen, die Art und Umfang der geschuldeten Leistung

§ 6

regeln und nicht nur das mit der vertraglichen Vergütung abgegoltene Bausoll definieren, sondern sich auch mit nachträglichen Veränderungen des **Bauinhaltes** befassen. Zum **Bausoll** gehören aber nicht nur der in §§ 1 und 2 VOB/B geregelte Bauinhalt (also die Frage, „was" ausgeführt wird), sondern auch das Bauverfahren und die Bauumstände, damit auch der Bauablauf, (also die Frage, „wie" ausgeführt werden soll). Das sind mithin die Bedingungen, die bei einer Modifikation oder ihrem gänzlichen Ausbleiben eine Störung des vertragsgemäßen Bauablaufes und damit eine Behinderung nach § 6 darstellen können.

Umstände, die nach §§ 1, 2 vertraglich vereinbartes Bausoll sind, können nicht gleichzeitig eine (unerwartete) Störung des vertraglich vereinbarten Bauablaufes sein. Nur Umstände, die nicht bereits zum vereinbarten Bausoll gehören und **keine Änderung des Bauinhaltes** sind, sind rechtlich als Behinderung des vereinbarten Bauablaufes anzusehen.

2 Mit den Regelungen in Abs. 1 und Abs. 3 stellt § 6 klar, dass der Auftragnehmer bei Behinderungen oder Störungen im Bauablauf zum einen **verpflichtet** ist, diese Behinderung dem Auftraggeber schriftlich anzuzeigen, damit dieser auf die Behinderung reagieren und Dispositionen zu deren Behebung treffen kann und dass der Auftragnehmer zum anderen verpflichtet ist, alles Zumutbare zur Weiterführung der Arbeiten vorzunehmen. Die Behinderungsanzeige und die Weiterführungspflicht sind damit Ausdruck der jedem Bauvertrag immanenten **Kooperationspflicht**. Gerade die Behinderungsanzeige sollte deshalb nicht – wie gerade in der Baupraxis oftmals empfunden – der Beginn einer „Kriegserklärung" sein, sondern Anlass, das gemeinsame Gespräch zu suchen, um die erwarteten Schwierigkeiten gemeinschaftlich zu meistern.

3 Die übrigen Absätze der Norm konkretisieren sodann die Rechtsfolgen angezeigter Behinderungen: Die zeitlichen Folgen ergeben sich aus Abs. 2 und Abs. 4, wonach die Ausführungsfrist verlängert wird. Die finanziellen Folgen ergeben sich aus Abs. 6. Dieser gibt mit S. 1 jedem Vertragspartner (mithin Auftragnehmer und Auftraggeber) das Recht, von der jeweils anderen Partei Schadensersatz zu verlangen, sofern die zur Behinderung führenden Umstände von der anderen Partei zu vertreten sind. Gem. Abs. 6 S. 2 bleibt der gesetzliche Anspruch des Auftragnehmers auf angemessene Entschädigung des § 642 BGB unberührt.

Führt die Behinderung nicht nur zu einer Verzögerung oder zu Umstellungen des Bauablaufs, sondern zur vollständigen Unterbrechung, bestimmen sich die Rechtsfolgen zusätzlich auch nach Abs. 5 (Anspruch des Auftragnehmers auf vorzeitige Abrechnung) und Abs. 7 (Kündigungsrecht).

4 In systematischer Hinsicht fügt sich § 6 damit in die Konzeption der VOB/B ein, für die einzelnen Phasen im zeitlichen Ablauf der Vertragsdurchführung spezielle Regelungen vorzuhalten.[1] Die Norm hat eine erhebliche praktische Bedeutung, da die Störungen regelmäßig bei Vertragsschluss weder bekannt noch voraussehbar waren, gleichwohl die Erfahrung aber zeigt, dass nahezu jedes komplexere Bauprojekt mit derartigen Störungen konfrontiert wird.

II. Entstehungsgeschichte

5 Schon in der ersten Fassung der VOB/B 1926 war § 6 mit im Wesentlichen gleichem Wortlaut enthalten. Zwischenzeitlich wurden neben kleineren redaktionellen Änderungen und der sprachlichen Anpassung von Begrifflichkeiten an die

---

[1] So auch schon Nicklisch in der 3. Auflage, Rn. 1.

moderne Rechtssprache[2] nur drei wesentliche inhaltliche **Änderungen** vorgenommen: (1) Zunächst wurde in § 6 Abs. 7 der heutige S. 2 mit der Regelung eingefügt, dass sich die Abrechnung bei einer Kündigung nach den allgemeinen Vorschriften regelt, wobei die Kosten der Baustellenräumung dann zu vergüten sind, wenn der Auftragnehmer die Unterbrechung nicht zu vertreten hat. (2) Sodann wurde mit der VOB/B 2000 der Wortlaut in Abs. 2 an die damals schon in Rechtsprechung und Literatur praktisch geltende Rechtslage angepasst. (3) Schließlich wurde mit der VOB/B 2006 in § 6 Abs. 6 unter Bezug auf die zwischenzeitlich ergangene höchstrichterliche Rechtsprechung der jetzige S. 2 ergänzt, wonach der Anspruch des Auftragnehmers auf angemessene Entschädigung nach § 642 BGB unberührt bleibt, sofern die Behinderungsanzeige nach Abs. 1 S. 1 erfolgt ist oder Offenkundigkeit gegeben ist.

III. Vergleich zu den Regelungen des BGB

Die Regelungen der VOB/B sind im gesetzlichen Werkvertragsrecht nicht explizit aufgegriffen. Auch die zum 1.1.2018 in Kraft getretenen Änderungen des gesetzlichen Bauvertragsrechtes in §§ 650a ff. BGB beziehen sich nicht direkt auf Störungen und Behinderungen des Bauablaufs. Lediglich in § 642 BGB waren schon immer (allerdings nur rudimentäre) Regelungen eines Teilbereiches möglicher Behinderungen geregelt. Hiernach können unterlassene Mitwirkungshandlungen des Auftraggebers, wenn sie zu einem Annahmeverzug des Auftraggebers führen, einen Entschädigungsanspruch des Auftragnehmers auslösen. Von dieser Vorschrift abgesehen, werden die in § 6 VOB/B normierten Bestimmungen im BGB-Werkvertragsrecht aus dem allgemeinen Schuldrecht, insbesondere aus den §§ 280, 281, 286 BGB aber auch aus §§ 241, 242 BGB abgeleitet und gelten deshalb (mit Ausnahme vereinzelter „besonderer" Regelungen, wie die frühzeitige Fälligkeit des Werklohns bei der Unterbrechung nach Abs. 5, der Haftungsbeschränkung in Abs. 6 S. 1 aE sowie dem Erfordernis der Behinderungsanzeige bei dem gesetzlichen Anspruch des § 642 BGB gemäß Abs. 6 S. 2 aE) jedenfalls **sinngemäß auch bei BGB-Bau- und Anlagenbauverträgen:**[3]

- Die Pflicht zur Anzeige von Behinderungen nach **Abs. 1** ergibt sich bei BGB-Bau- und Anlagenbauverträgen aus § 242 BGB;
- die Pflicht des Auftragnehmers zur „Schadensminimierung" nach **Abs. 3** wird aus den §§ 242 und 254 BGB begründet werden können;
- die Ausführungsfristverlängerung nach **Abs. 2 und Abs. 4** ergibt sich bei BGB-Werkverträgen indirekt aus der Bestimmung des § 286 Abs. 4 BGB, wonach der Auftragnehmer mit der Fertigstellung von Bauleistungen nicht in Verzug gerät, soweit er das Versäumnis nicht zu vertreten hat, was wiederum dann der Fall ist, wenn der Auftragnehmer ein „Recht" zur Verlängerung der Ausführungsfristen hat und aus § 242 BGB, wonach der Auftragnehmer bei unvorhergesehenen und unverschuldeten Ereignissen einen Anspruch auf Anpassung der Vertragsfristen hat;[4]

---

[2] § 6 Nr. 2 VOB/B 1926 (entspricht heute § 6 Abs. 2) sah vor, dass die Ausführungsfrist auch durch „Verrufserklärung" im Betriebe des Auftragnehmers entsprechend verlängert wird.
[3] Zur automatischen Fristverlängerung bei Behinderungen s. auch: BGH 21.3.1974 – VII ZR 139/71, NJW 1974, 1080; OLG Düsseldorf 29.11.1996 – 22 U 116/96. Weitere Fundstellennachweise in der Vorauflage.
[4] So auch die Fundstellennachweise in der Vorauflage.

- der Schadensersatzanspruch aus **Abs. 6 S. 1** wird, sofern der hindernde Umstand eine Vertragspflichtverletzung der anderen Partei darstellt, aus den §§ 280 Abs. 1, 286 Abs. 1 BGB hergeleitet werden müssen. Indes kann die **Haftungsbeschränkung** aus Abs. 6 S. 1 bei BGB-Bau- und Anlagenbauverträgen **nicht** generell angewendet werden, sondern nur, wenn eine solche anderweitig wirksam vereinbart worden ist;
- der Entschädigungsanspruch aus § 642 BGB besteht bei BGB-Bauverträgen schon aufgrund der gesetzlichen Regelung, so dass für **Abs. 6 S. 2** kein praktisches Anwendungsbedürfnis besteht. Allerdings bedarf es der Behinderungsanzeige bei reinen BGB-Bauverträgen in aller Regel nicht (sofern eine solche nicht im Einzelfall aus § 242 BGB abgeleitet werden kann); hier gelten die allgemeinen Bestimmungen zur Herbeiführung des Annahmeverzuges in §§ 294 ff. BGB. Mit den Urteilen vom 26.10.2017 – VII ZR 16/17 und vom 30.1.2020 – VII ZR 33/19 hat der BGH das Verhältnis der beiden Normen im Übrigen näher konkretisiert. Zum Konkurrenzverhältnis der beiden Normen → Rn. 128;
- nahezu ähnliche Rechtsfolgen bei behinderungsbedingter Unterbrechung oder Kündigung, wie sie in **Abs. 5 und Abs. 7** geregelt sind, sind bei BGB-Werkverträgen aus den §§ 643, 645 BGB oder § 313 BGB herzuleiten. Allerding ist eine frühzeitige Fälligkeit des Anspruches wie in Abs. 5 geregelt bei BGB-Bauverträgen nicht anzunehmen.

IV. Regelungszweck

7   Wesentlicher Regelungszweck des § 6 ist zunächst die deklaratorische[5] Normierung der **Ausführungsfristverlängerung** bei Behinderungen. Daneben sollen jedenfalls nach der hier vertretenen Auffassung alle von einer Partei zu vertretenden hindernden Umstände, gleich welcher Rechtsnatur sie sind (ob Pflichten oder Obliegenheiten), gleiche Rechtsfolgen auslösen, sodass es (jedenfalls nach der hier vertretenen Auffassung) aufgrund des Wortlautes für VOB-Verträge nicht auf deren (im Einzelfall bisweilen diffizile) Abgrenzung ankommt, § 6 normiert also nach der hier vertretenen Auffassung auch eine **Bündelung der Anspruchsgrundlagen.** Ferner handelt es sich um eine Klarstellung und **Konkretisierung der Nebenpflichten,** wie die Vertragsparteien mit unvorhergesehenen, aber bei vielen Bauvorhaben dennoch auftretenden Ablaufschwierigkeiten umgehen sollen. Schließlich liegt unumstritten der wesentliche rechtsgestaltende Zweck gegenüber der gesetzlichen Regelung des BGB in der **Haftungsbegrenzung** des Schadensersatzanspruches, soweit entgangener Gewinn verlangt wird, der – abweichend vom BGB – nur bei Vorsatz und grober Fahrlässigkeit geschuldet wird. Deshalb unterliegen auch alternative Ansprüche aus gesetzlichen Regelungen (wie den §§ 280, 286 BGB) dieser Haftungsbegrenzung, soweit die entsprechende Pflichtverletzung gleichzeitig als Behinderung oder Unterbrechung iSd § 6 anzusehen ist.[6]

---

[5] Die Rechtsfolgen u. Regelungen des § 6 Abs. 1–4 können auch aus den Regelungen des allg. Schuldrechts u. des gesetzlichen Werkvertragsrechts hergeleitet werden, haben aber durch die ausdr. Aufnahme in den Wortlaut der VOB/B einen größeren Wirkungsgrad und eine größere Akzeptanz, insbesondere auch in der praktischen Rechtsanwendung.

[6] BGHZ 48, 78 (81); NJW 1967, 2262; BGHZ 62, 90; NJW 1974, 646. Zur Abgrenzung zu Mängelansprüchen: → Rn. 9.

Behinderung und Unterbrechung der Ausführung § 6

V. Abgrenzung zu anderen Normen

§ 6 erfasst Behinderungen, Störungen und (vorübergehende) Unterbrechun- 8
gen. Wird oder ist die Bauleistung **unmöglich,** greifen die gesetzlichen Regelungen des allgemeinen Schuldrechts, wobei diesbezüglich zu unterscheiden ist, ob das Bauvorhaben an sich unmöglich (geworden) ist oder unmöglich wird (dann ist ein Fall des § 275 BGB unzweifelhaft gegeben) oder ob der Werkerfolg zwar realisiert werden kann, nicht aber mit den vertraglich vereinbarten Parametern (bspw., weil ein vertraglich vereinbarter Werkstoff nicht funktioniert oder weil das vertraglich vorgesehene Bauverfahren sich technisch nicht umsetzen lässt). Im letzteren Fall könnte allenfalls eine **Teilunmöglichkeit** vorliegen, mit der Folge, dass der Bauvertrag nicht in Gänze den Regelungen des § 275 BGB unterliegt, sondern nur soweit auch tatsächlich die Unmöglichkeit besteht (→ Rn. 19). Lässt sich ein Mangel aber gar nicht beseitigen, ist die Werkleistung aber auch (ganz oder zum Teil) unmöglich.[7] Auf die Fälle der Unmöglichkeit sind aufgrund der ähnlichen Interessenslagen die Regelungen des Abs. 1 wegen einer unbewussten Regelungslücke analog anzuwenden; so wird der Auftragnehmer auch bei einer Unmöglichkeit diesen Umstand nach Abs. 1 anzeigen müssen. Die Bestimmungen der Absätze 2–7 sind allerdings nicht anzuwenden, hier liegt aufgrund der gesetzlichen Regelungen keine unbewusste Regelungslücke vor.

§ 6 umfasst zwar auch die zeitlichen Folgen **mangelhafter** Bauleistungen oder 9
der Ausführung zusätzlicher bzw. geänderter Leistungen, nicht aber deren finanzielle Folgen, die von § 2 Abs. 5, Abs. 6 bzw. § 4 Abs. 7 abschließend geregelt werden.[8] Somit ist auch der Betriebsausfallschaden, der aufgrund der Herstellung eines mangelhaften Werkes entsteht, nach § 4 Abs. 7 zu erstatten; nur in den Fällen, in denen die Werkleistung mangelfrei, wenn auch (lediglich) verzögert hergestellt wird, ist die Haftungsprivilegierung nach § 6 Abs. 6 einschlägig.

Änderungen des Bauinhaltes werden schließlich nach § 2 Abs. 5, 6 oder 8 VOB/B geregelt – auch die Kosten einer (wenn auch nur mittelbaren) Verschiebung des Bauablaufes infolge einer geänderten oder zusätzlichen Leistung sind nicht nach § 6 Abs. 6 VOB/B zu kompensieren, sondern nach § 2 Abs. 5, 6 VOB/B.[9] Hat der Auftragnehmer ein Nachtragspreisangebot unterbreitet, kann der Auftraggeber als Empfänger eines solchen Angebotes regelmäßig davon ausgehen, dass auch die Kosten nachtragsbedingter Verzögerungen in den Preisen einkalkuliert

---

[7] OLG München 10.3.2015 – 9 U 2902/14 Bau, NZBau 2015, 778. Liegt (nur) eine Teilunmöglichkeit vor, wird der restliche Werklohn auch ohne Abnahme fällig, § 326 Abs. 1 BGB – Minderungsrechte bleiben bestehen.

[8] Vgl. etwa BGH NJW-RR 2000, 1260; OLG Köln 29.12.2016 – 7 U 131/15, NJW-Spezial 2017, 205; OLG Karlsruhe 9.5.2006 – 8 U 211/04, IBR 2007, 471. Der BGH hat auch zum Kaufrecht entschieden, dass der Verzögerungsschaden wegen mangelhaft erbrachter Leistung nicht unter Verzugsgesichtspunkten, sondern nach den §§ 437 Nr. 3, 280 Abs. 1 BGB zu ersetzen ist: BGH NJW 2009, 2674. Der BGH begründet seine Auffassung auch mit teleologischen Erwägungen, weil derjenige, der eine mangelbehaftete Sache liefert, in gefährlicherer Weise in die Gütersphäre des Gläubigers eindringe als derjenige, der (nur) untätig bleibt oder zu spät liefert. Siehe hierzu auch: BGH 6.12.2005 – X ZR 41/05, NZBau 2006, 232; Ostendorf NJW 2010, 2833; Popescu NZBau 2012, 137. § 6 Abs. 6 sanktioniert (nur) den Verzug: BGH 8.6.1967 – VII ZR 16/65, NJW 1967, 2262. Abgrenzung offen gelassen von OLG München 20.8.2013 – 9 U 794/12 Bau.

[9] OLG Köln 3.2.2021 – 11 U 136/18, ZfBR 2021, 415; OLG Köln 21.12.2023 – 7 U 173/20.

§ 6 VOB Teil B

wurden,[10] es sei denn, der Auftragnehmer hat solche Folgen eindeutig ausgeklammert und die Parteien haben sich nicht anderweitig geeinigt.

B. Abs. 1 – Behinderungsanzeige und Offenkundigkeit

I. Begriff der Behinderung

10 Eine übergeordnete Definition des Begriffs der Behinderung gibt es in der VOB/B nicht. Vielmehr setzen die Regelungen in Abs. 1 eine Definition voraus. Diese können auch nicht aus den zeitlichen Folgen aus Abs. 2 abgeleitet werden, da – über die Fristverlängerung durch vom Auftraggeber oder „neutral" zu verantwortende Behinderungen – nach Abs. 1 S. 1 die auftragnehmerseitige Pflicht besteht, auch von ihm selbst zu verantwortende Behinderungen dem Auftraggeber anzuzeigen. Der Begriff der Behinderung muss also weiter sein als in Abs. 2 geregelt.

11 Behinderungen sind daher nach allgemeiner Auffassung unerwartete Störungen des Bauablaufes.[11] Sie werden auch definiert als **unplanmäßige Beeinflussung** des vom Auftragnehmer unter Beachtung der vertraglichen Vorgaben und Rahmenbedingungen geplanten Bauablaufs.[12] Dabei wird der **Produktionsablauf** durch den Auftragnehmer unter Beachtung der vom Auftraggeber vorgegebenen bzw. mit ihm vertraglich vereinbarten Restriktionen geplant. Der Auftragnehmer hat, soweit der Bauablauf nicht im Einzelnen vertraglich geregelt ist, insoweit eine **Dispositionsfreiheit.**

Die unplanmäßige Beeinflussung kann auch als **Störung** bezeichnet werden. Störungen können sich auf tatsächliche wie auf rechtliche Aspekte des Produktionsablaufes beziehen. Produktionsablaufrelevante Umstände die aber bereits (nach der ggf. gem. §§ 133, 157 BGB vorzunehmenden Auslegung) vom ursprünglichen Leistungssoll umfasst sind, sind hingegen keine „unplanmäßige" Beeinflussung und gelten daher nicht als Behinderung im Sinne des § 6. Behinderungen können, müssen aber nicht zwingend, zeitliche und/oder finanzielle Folgen haben. Es kann durchaus sein, dass sich Behinderungen nur zeitlich, nicht aber finanziell auswirken oder, dass Behinderungen weder zeitliche noch finanzielle Folgen haben. Eine Aufzählung möglicher Behinderungsumstände folgt in → Rn. 44 ff.

12 Die rechtlichen Folgen in zeitlicher bzw. finanzieller Hinsicht hängen von der Verursachung bzw. Verantwortlichkeit der Behinderung ab, hierbei sind vier Szenarien zu unterscheiden:

Szenario 1: Sind die Behinderungen **vom Auftragnehmer verursacht** worden oder liegen sie in seiner Risikosphäre, so werden die Ausführungsfristen nach Abs. 2 regelmäßig **nicht** verlängert (sondern nur, wenn die Behinderung nach Abs. 2 Nr. 1b) aus einem Streik oder einer von der Berufsvertretung der Arbeitgeber angeordneten Aussperrung im Betrieb des Auftragnehmers oder in einem unmittelbar für ihn arbeitenden Betrieb resultiert). Der Auftraggeber hat einen Anspruch auf Schadensersatz nach § 6 Abs. 6 S. 1, sofern der Auftragnehmer die

---

[10] OLG Frankfurt a.M. 9.3.2023 – 15 U 295/21, BauR 2024, 638; OLG München 26.9.2017 – 28 U 2834/09. Vgl. BGH 23.3.2022 – VII ZR 191/22.

[11] So bereits Nicklisch, 3. Aufl., Rn. 6; Kapellmann/Messerschmidt/Markus § 6 Rn. 1; Beck'scher VOB-Kommentar/von Kiedrowski, vor § 6 Rn. 4 und § 6 Abs. 1, Rn. 6 ff.

[12] Markus NZBau 2014, 688.

Behinderungen zu vertreten hat (in aller Regel wird sich ein solcher Schadensersatzanspruch aber auch aus §§ 280, 286 BGB wegen Verzuges ergeben).

Szenario 2: Die Behinderungen können der **Risikosphäre des Auftraggebers** 13 entstammen, dann werden die Ausführungsfristen nach § 6 Abs. 2 Nr. 1a) verlängert. Dem Auftragnehmer steht überdies ein Schadensersatzanspruch nach § 6 Abs. 6 S. 1 zu, sofern der Auftraggeber die Behinderung zu vertreten hat. Dessen ungeachtet kann dem Auftragnehmer darüber hinaus auch bei fehlendem Verschulden ein Anspruch aus § 642 BGB (wegen des Verweises in § 6 Abs. 6 S. 2) zustehen, wobei hier nach der neueren Rechtsprechung des BGH der zeitliche Entschädigungszeitraum begrenzt ist (hierzu weiter unten ausführlich).

Szenario 3: Ist die Behinderung **von keiner Partei** zu verantworten, stammt 14 die Behinderung also weder aus der Risikosphäre des Auftragnehmers noch aus der Risikosphäre des Auftraggebers, so handelt es sich mithin um eine „neutrale" Störung. In aller Regel handelt es sich dann um einen Fall Höherer Gewalt oder jedenfalls um einen für den Auftragnehmer unabwendbaren Umstand, so dass zwar die Ausführungsfristen verlängert werden, finanzielle Ansprüche stehen in diesen Fällen nach der VOB/B jedoch weder dem Auftraggeber noch dem Auftragnehmer zu, es sei denn, die Parteien haben derartige Ansprüche im Vertrag anderweitig wirksam geregelt, etwa in Klauseln über die Folgen Höherer Gewalt.

Szenario 4: Schließlich ist denkbar, dass eine Behinderung kumulativ **von bei-** 15 **den Parteien** zu verantworten ist. Dabei ist zu differenzieren: Haben beide Vertragsparteien zur Entstehung eines **selben** hindernden Umstandes beigetragen, so richten sich die jeweiligen zeitlichen und finanziellen Folgen in analoger Anwendung nach § 254 BGB. Haben die Parteien hingegen jeweils für sich zwei unterschiedliche Behinderungssachverhalte zu verantworten, ist jeder Sachverhalt für sich danach zu bewerten, wer diesen zu verantworten hat.[13] Das kann dazu führen, dass sich in solch einem Fall die Ausführungsfristen wegen des Umstandes verlängern, der vom Auftraggeber zu verantworten ist, dass aber der Auftragnehmer keine finanziellen Ansprüche hat – auch hierzu näher unten.

Die VOB/B differenziert in zeitlicher Hinsicht nicht danach, ob die Behinde- 16 rungen auf vertrags- bzw. rechtswidrigem Verhalten einer Partei beruhen oder auf rechtmäßiges Verhalten zurückzuführen sind: Der Auftragnehmer hat in jedem Fall die in Abs. 1 vorgeschriebene Pflicht, den Auftraggeber auf Behinderungen hinzuweisen; Ausführungsfristen werden bereits dann verlängert, wenn die Behinderung durch einen Umstand aus dem Risikobereich des Auftraggebers verursacht wurde, hierzu gehören auch Anordnungen, die der Auftraggeber nach § 1 Abs. 3, Abs. 4 zu Recht erlassen darf (und dann zu den Vergütungsansprüchen des § 2 Abs. 5, Abs. 6 führen).[14] Schadensersatzansprüche stehen dem Auftragnehmer bei

---

[13] In diesen Fällen werden die Ausführungsfristen um den vom Auftraggeber zu verantwortenden Umstand verlängert, dem Auftragnehmer steht aber selbst bei einem Verschulden des Auftraggebers nach § 6 Abs. 6 S. 1 für den Zeitraum der vom Auftragnehmer zu verantwortende (nicht notwendigerweise: zu vertretenden) Behinderungszeitraum kein Schadensersatzanspruch zu, während dieses Zeitraumes ist der Auftraggeber auch nicht in Annahmeverzug. Für den Zeitraum, in dem eine Behinderung vorliegt, die vom Auftraggeber zu verantworten ist, steht dem Auftraggeber auch kein eigener Schadensersatzanspruch gegen den Auftragnehmer zu, selbst wenn dieser eine parallel laufende zweite Behinderung verursacht hat. Näher hierzu → Rn. 41/42.
[14] OLG Köln BauR 1986, 582 (584); NJW 1986, 71; OLG Koblenz NJW-RR 1988, 851. So auch schon Nicklisch in der 3. Aufl., Rn. 6 unter Verweis auf die Rspr. des OLG Köln BauR 1986, 582; OLG Koblenz NJW-RR 1988, 851.

§ 6 VOB Teil B

rechtmäßigem Verhalten des Auftraggebers aber nicht zu (Ansprüche wegen der Anordnung zusätzlich oder geänderter Leistungen kann der Auftragnehmer auch wegen der zeitbedingten Mehrkosten deshalb nur nach § 2 Abs. 5, Abs. 6 bzw. subsidiär nach § 2 Abs. 8 geltend machen, nicht aber als Schadensersatzanspruch aus § 6 Abs. 6).

II. Abgrenzung zum Stillstand und zur Unmöglichkeit

17   Eine Behinderung liegt vor, sobald sich die störenden Umstände auf den Bauablauf auswirken. Dabei reicht es aus, wenn der ursprünglich geplante Bauablauf erschwert wird (bspw.: zusätzliches Personal wird erforderlich, die Arbeiten werden erschwert oder dauern länger, dh die Produktivität sinkt); der Bauablauf kann unterbrochen werden oder sich darüber hinaus verzögern, indem sich bspw. die Abfolge von Teilleistungen verändert oder verschiebt. Eine **Unterbrechung** liegt vor, wenn die Baumaßnahme zumindest vorübergehend vollständig stillsteht. Ist jedoch absehbar, dass die Baumaßnahme voraussichtlich gar nicht wieder aufgenommen werden kann (sei es, dass der Auftraggeber, ohne den Bauvertrag zu kündigen, was ihm nach § 649 BGB freisteht, nicht fortsetzen will, zB weil er aufgrund äußerer Umstände hierzu gezwungen wird – bspw.: endgültiges Versagen der Baugenehmigung oder anderer Erlaubnisse), liegt ein Fall des endgültigen oder dauernden Stillstandes vor. Erst dieser **endgültige Stillstand** ist ein Fall der **Unmöglichkeit** und entsprechend den allgemeinen Regelungen (§§ 275, 323, 326 BGB) rechtlich zu bewerten (dh: ist die Unmöglichkeit vom Auftraggeber zu vertreten, wird dieser schadensersatzpflichtig).

18   Ein nur **zeitweiliges Hindernis** führt dann zur Unmöglichkeit, wenn die Einhaltung des Vertrages bis zum Wegfall dieses Hindernisses für eine Vertragspartei **unzumutbar** ist. Dies ist bspw. dann der Fall, wenn die Behörde ein vorübergehendes Bauverbot erlässt oder das Baufeld beschlagnahmt (zB wegen Sicherheitsmängeln oder Unfällen). Hierzu zählen auch Störungen aufgrund politischer oder wirtschaftlicher Verhältnisse.[15] Gleiches kann schließlich auch in den Fällen gelten, in denen die Baugenehmigung zwar versagt wird, der AG aber hiergegen noch Rechtsmittel einlegen kann. Aufgrund der regelmäßig langen Verfahrensdauer kann dem Auftragnehmer möglicherweise ein weiteres Abwarten nicht zugemutet werden, so dass dieser Fall der eigentlichen **vorübergehenden Unmöglichkeit** als endgültiger Stillstand und damit als Fall der Unmöglichkeit gewertet werden kann.[16] Da aber die Regelungen in § 6 Abs. 5, Abs. 7 in den Fällen der Unterbrechung gerade für den Bauvertrag eigens konzipiert wurden, sind die Fälle, in denen die allgemeinen Regelungen des Leistungsstörungsrechts des BGB anzuwenden sind, eher restriktiv auszulegen. Im Zweifel ist nicht anzunehmen, dass eine Unmöglichkeit der Bauausführung eingetreten ist.

19   Die Unmöglichkeit kann sowohl auf **rechtlichen Hindernissen** (Standardbeispiel: Versagung der Baugenehmigung) oder auf **tatsächlichen Umständen** (Standardfall: nicht ausreichende Tragfähigkeit des Untergrundes) beruhen. Ist der Werkerfolg grundsätzlich erreichbar, nur nicht mit den im Bauvertrag vorgesehenen Spezifikationen oder Beschreibungen (Standardbeispiel: der im Bauvertrag vorgesehene Werkstoff kann nicht, wie geplant, verwendet werden), so ist keine Unmöglichkeit anzunehmen, da der vereinbarte Erfolg in seiner Funktionalität

---

[15] BGHZ 83, 197 ff.; NJW 1982, 1458.
[16] Vgl. BGH NJW 1969, 837.

Behinderung und Unterbrechung der Ausführung § 6

noch erreicht werden kann, nur mit anderen Mitteln.[17] In diesen Fällen sind die allgemeinen Bestimmungen zu den Mängelrechten wie auch die allgemeinen Regelungen zum Bausoll und den entsprechenden Anordnungsmöglichkeiten des Auftraggebers, im Vertrag nicht vorgesehene, technisch aber notwendige Leistungen ausführen zu lassen, anzuwenden.[18] Wird oder ist die Ausführung der Werkleistung dennoch unmöglich, so ist zu differenzieren: Bei **objektiver anfänglicher Unmöglichkeit** gelten die Regelungen des § 311a BGB.[19] Aufgrund der regelmäßig zu erwartenden technischen Fortschritte ist ein Fall der anfänglichen objektiven Unmöglichkeit jedoch nur dann gegeben, wenn eine von vornherein technisch unmögliche Leistung vereinbart wurde. Deshalb ist ein Fall der Unmöglichkeit nicht anzunehmen, wenn die Bauleistung mit anderen als vertraglich vereinbarten Eigenschaften ausgeführt werden kann. Gleiches gilt, wenn die Herstellung des funktionalen Erfolges nur durch ein anderes Verfahren, das vertraglich nicht vereinbart wurde, erzielt werden kann. In diesen Fällen kann der Auftragnehmer weiterhin verpflichtet sein, die zusätzlichen Leistungen auszuführen. Unter Mängelgesichtspunkten haftet er dann, wenn er eine nach § 4 Abs. 3 gebotene Prüf- und Hinweispflicht missachtet hat, er also entweder die gebotene Prüfung unterlassen hat oder nach erfolgter Prüfung den gebotenen Hinweis nicht erbracht hat. Hat der Auftragnehmer nach erfolgter Prüfung keinen Anlass, Bedenken gegen die vom Auftraggeber vorgesehene Art der Bauausführung zu haben, haftet er unter Mängelgesichtspunkten nicht. In diesen Fällen sind die zum Erfolg notwendigen zusätzlichen Leistungen vom Auftraggeber nach § 1 Abs. 3, Abs. 4 anzuordnen. Tut der Auftraggeber dies entgegen dem Gebot von Treu und Glauben und aufgrund der wegen der Kooperationspflicht gebotenen Anordnungspflicht nicht, kann der Auftragnehmer die zusätzlichen Leistungen entweder nach § 2 Abs. 8 Nr. 2, Nr. 3 ohne Anordnung ausführen oder den Auftraggeber zu einer Anordnung auffordern und bis dahin die Ausführung der Leistung verweigern, wobei dann eine Behinderung unzweifelhaft vorliegen würde.

Bei **objektiver nachträglicher Unmöglichkeit** ist zu differenzieren, ob der 20 Auftraggeber oder der Auftragnehmer diese zu vertreten haben: Haben weder Gläubiger noch Schuldner die Unmöglichkeit zu vertreten, bestehen keine wechselseitigen Ansprüche, § 275 Abs. 1 BGB bezogen auf die Leistung des Schuldners, § 323 BGB bezogen auf die Zahlungspflicht des Auftraggebers. Dieser Fall tritt lehrbuchmäßig dann ein, wenn das zu renovierende Gebäude vor Aufnahme der Arbeiten durch einen Brand zerstört wird. Ist der zur Unmöglichkeit führende Umstand vom Auftraggeber zu vertreten oder rührt die Unmöglichkeit aus der Sphäre des Bestellers, §§ 326, 645 BGB, stehen dem Auftragnehmer weiterhin die entsprechenden Vergütungsansprüche zu. Hat der Auftragnehmer die Unmöglichkeit zu vertreten, wird er zwar von seiner Leistungspflicht befreit, der Auftraggeber kann aber Schadensersatz verlangen, § 325 BGB.

Der in der Rechtsprechung entwickelte Fall des **ursprünglichen Unvermö-** 21 **gens** ist im Bauvertrag kaum denkbar. Letztlich haftet der Auftragnehmer in diesen Fällen auf Schadensersatz, da er im Zeitpunkt des Vertragsschlusses für seine subjektive Leistungsbereitschaft einsteht und diese garantiert. Der Fall des ursprünglichen subjektiven Unvermögens wäre ohnehin nur dann einschlägig, wenn der Auftragnehmer die Bauausführung in Gänze nicht übernehmen kann.

---

[17] Vgl. auch BGH NZBau 2014, 492.
[18] Vgl. § 1 Abs. 3, Abs. 4.
[19] Hierzu zuletzt: BGH NZBau 2014, 492.

Kann er nur Teile der Bauausführung nicht übernehmen, so gelten die Mängelansprüche vor bzw. nach Abnahme.[20] Umstritten war früher, ob die **fehlende Baugenehmigung** einen Fall der Unmöglichkeit darstellt oder einen Fall des Wegfalls der Geschäftsgrundlage. Nach inzwischen ganz herrschender Meinung führt die (endgültige oder vorläufige, sofern ein Abwarten nicht zumutbar ist) Versagung der Baugenehmigung zur **nachträglichen** Unmöglichkeit, die im Übrigen auch vom Auftraggeber zu vertreten ist. Anknüpfungspunkt ist dabei nicht der von der Behörde gesetzte Umstand, dass die Baugenehmigung versagt wird, sondern der vom Auftraggeber gesetzte Umstand, dass eine den öffentlich-rechtlichen Vorschriften widersprechende Baugenehmigung beantragt wurde.[21] Die Gewährung einer Baugenehmigung mit Auflagen stellt jedoch keinen Fall der Unmöglichkeit und auch nur in Ausnahmefällen einen Fall des Wegfalls der Geschäftsgrundlage dar. Vielmehr sind die hierdurch veranlassten zusätzlichen Leistungen gesondert zu vergüten (§ 1 Abs. 3, Abs. 4 bzw. § 2 Abs. 8 – ein entgegenstehender Wille des Auftraggebers dürfte im Zweifel unbeachtlich sein).

III. Anzeigepflicht des Auftragnehmers bei Behinderungen

22 Glaubt sich der Auftragnehmer in der ordnungsgemäßen Ausführung seiner Leistungen behindert, so hat er nach § 6 Abs. 1 S. 1 die Verpflichtung, dies dem Auftraggeber unverzüglich anzuzeigen. Die Verpflichtung in § 6 Abs. 1 S. 1 wird **nur** dem Auftragnehmer auferlegt, der Auftraggeber muss ausweislich des Wortlautes Störungen im Bauablauf nicht anzeigen, kann hierzu aber aufgrund der **Kooperationspflicht** gehalten sein.[22] Teilt der Auftraggeber dem Auftragnehmer bspw. auf einer Baubesprechung gleichwohl mit, dass sich der Beginn seiner Arbeiten infolge einer Behinderung durch einen Vorunternehmer verschieben wird, so handelt es sich um eine Mitteilung von Tatsachen und nicht um eine Willenserklärung, es fehlt an einem Rechtsfolgewillen, so dass allein darin weder eine Anordnung i.S.v. § 2 Nr. 5 VOB/B noch ein Angebot zur Änderung der vertraglichen Vereinbarungen zur Bauzeit gesehen werden kann.[23]

Die Verpflichtung aus Abs. 1 S. 1 ist eine Folge des jedem Bauvertrag innewohnenden Kooperationsgebotes und somit nicht nur Obliegenheit, sondern echte **Nebenpflicht**.[24] Der Auftraggeber soll von dem in der Regel sach- und fachnäheren Auftragnehmer unverzüglich darüber informiert werden, dass die zeitlichen Vorgaben des Vertrages und damit auch seine zeitlichen Prämissen gefährdet sind und ihm soll die Möglichkeit gewährt werden, rechtzeitig für Abhilfe zu sorgen.[25]

---

[20] ZT aA noch Nicklisch, 3. Auflage, Rn. 9, 11 ff.: Aber auch Nicklisch konzidierte, dass die Grundsätze über den Wegfall der Geschäftsgrundlage zur Vertragsanpassung berechtigen könnten.

[21] S. bspw.: BGH NJW 1969, 837; 1985, 1692; 1980, 700.

[22] Vgl. Kapellmann/Messerschmidt/Markus § 6 Rn. 5.

[23] BGH 19.9.2024 – VII ZR 10/24; OLG Köln 21.12.2023 – 7 U 173/20 mwN auch zur Gegenauffassung des KG Berlin.

[24] Hierzu näher: Kapellmann NZBau 2011, 193; Kapellmann/Messerschmidt/Markus § 6 Rn. 5; Beck VOB/B/von Kiedrowski § 6 Abs. 1, Rn. 3 („Anzeigepflicht", „… besteht die Verpflichtung …"; Ingenstau/Korbion/Döring § 6 Abs. 1 Rn. 4; aA (Obliegenheit): Messerschmidt/Voit/Voit § 6 Rn. 1; Leinemann/Kues § 6 Rn. 17, 27.

[25] Die Behinderungsanzeige hat eine Informations-, Warn- u. Schutzfunktion zu Gunsten des Auftraggebers: BGH BauR 2002, 1249; BGHZ 143, 32; OLG Düsseldorf BauR 2015, 1168.

Insofern verfolgt diese Verpflichtung einen ähnlichen Zweck wie die Verpflichtung zur Mehrkostenanzeige nach § 2 Abs. 5, Abs. 6, die auf Änderungen der finanziellen Vorgaben bzw. des Preises abstellen und zur Bedenkenanzeige nach § 4 Abs. 3, die sich auf die auszuführende Qualität bezieht. Verletzt der Auftragnehmer diese Nebenpflicht ist ein Schadensersatzanspruch des Auftraggebers aus § 280 BGB iVm § 241 Abs. 2 BGB denkbar.

Da der Auftragnehmer zum **Zeitpunkt** des Auftretens einer Störung nicht 23 weiß, ob sie sich auch in zeitlicher Hinsicht auf den Bauablauf und/oder auf die Fertigstellungstermine auswirken wird, hat er nach Abs. 1 S. 1 schon dann die Pflicht, die Behinderung anzuzeigen, wenn er sich behindert „glaubt". Die Verpflichtung wird also bewusst auf einen früheren Zeitpunkt vorgelagert, es ist weder notwendig noch hinreichend, dass der Auftragnehmer in der Ausführung seiner Leistungen bereits behindert ist. Maßstab ist dabei sein Beurteilungshorizont, es erfolgt also eine **subjektive Beurteilung**.[26] Der Auftragnehmer handelt unter keinem Gesichtspunkt vertragswidrig, wenn er eine Behinderung anzeigt, ohne dass objektiv eine Behinderung vorliegt; die Pflicht aus Abs. 1 S. 1 ist bewusst subjektiv formuliert.[27] Der Auftragnehmer muss sich – wie erwähnt – in der Ausführung seiner Leistungen nur behindert „glauben". Eine sichere Erkenntnis wird nicht verlangt. Die Behinderung muss noch nicht eingetreten sein, es reicht aus, dass der Auftragnehmer der Überzeugung ist, dass er zu einem späteren Zeitpunkt in der Ausführung seiner Leistungen behindert sein wird. Es ist ebenfalls unmaßgeblich, wer die angenommene Behinderung möglicherweise zu vertreten hat. Wie sich aus dem fehlenden Verweis von § 6 Abs. 1 auf Abs. 2 ergibt, ist es unmaßgeblich, ob die Behinderung durch einen Umstand aus dem Risikobereich des Auftraggebers, durch Streik oder Aussperrung oder durch Höhere Gewalt oder gar durch Umstände verursacht ist, die aus dem Risikobereich des Auftragnehmers stammen. Die Pflicht zur Anzeige der Behinderung besteht in jedem dieser Fälle.

1. Inhalt. Die Behinderungsanzeige muss nach den Vorgaben des BGH „alle 24 Tatsachen" beinhalten „aus denen sich für den Auftraggeber mit hinreichender Klarheit die Gründe der Behinderung ergeben".[28] Die Behinderungsanzeige muss deshalb **Art und Ausmaß** der Behinderung konkret und detailliert beschreiben; der Auftragnehmer ist verpflichtet, darzulegen, wo, also in welchem (räumlichen oder technischen) Bereich und in welchem Umfang er in der Ausführung seiner Leistungen behindert ist, dh welche von ihm auszuführenden Leistungen von der Behinderung betroffen sind und welche konkreten Umstände ihn an der Durchführung seiner Arbeiten hindern.[29] Die Behinderungsanzeige muss nicht aufführen, welche Leistungen der Auftraggeber aus Sicht des Auftragnehmers ausführen muss, um die Behinderung zu beenden, die Behinderungsanzeige muss auch entgegen landläufiger Meinung nicht die möglichen Folgen der Behinderung

---

[26] Nicklisch, 3. Auflage, Rn. 18; Kapellmann/Messerschmidt/Markus § 6 Rn. 5.

[27] Ähnlich ist auch eine (objektiv unberechtigte) Bedenkenanzeige unkritisch. Anders zu beurteilen ist, die Frage, ob dem Auftragnehmer ein Leistungsverweigerungsrecht zusteht, er also berechtigt ist, seine Arbeiten einzustellen. Ein Leistungsverweigerungsrecht wegen einer Behinderung setzt voraus, dass der Auftragnehmer tatsächlich (dh objektiv) nicht ordnungsgemäß leisten konnte. So setzen auch die Rechtsfolgen einer Behinderung voraus, dass diese tatsächlich, also objektiv vorliegt. Das ergibt sich aus dem Wortlaut in § 6 Abs. 2: „... soweit die Behinderung verursacht **ist** ... " (Hervorhebung durch mich).

[28] BGH NZBau 2000, 187; OLG Düsseldorf BauR 2015, 1168.

[29] Vgl. Nicklisch, 3. Auflage, Rn. 19.

darlegen, da vom Auftragnehmer insofern keine „hellseherischen" Fähigkeiten erwartet werden können. Deshalb muss die Behinderung in aller Regel auch nicht Angaben zu möglichen **Kosten** machen, die infolge der Behinderung entstehen können – im Ausnahmefall kann sich aber aus § 241 Abs. 2 durchaus die Pflicht geben, auf besonders hohe Kosten oder für den Bauherrn überraschende Folgen hinzuweisen, falls ihm solche nicht bewusst sind (zB falls ein Spezialwerkzeug infolge der Behinderung nicht mehr in dem späteren Zeitraum verfügbar ist oder falls die Behinderung zu einer Ausführung in den Betriebsferien führen würde und sich deswegen in diesem Fällen die weitere Ausführungszeit überproportional verlängern wird). Dann kann der Auftragnehmer auch aus der allgemeinen Kooperationspflicht gehalten sein, dem Auftraggeber die möglicherweise erheblichen Folgen einer Behinderung bewusst zu machen, damit der Auftraggeber, insbesondere bei größeren Bauvorhaben, erkennen kann, welche Behinderung eher „minimal" ist und welche Störungen möglicherweise von gravierender Art sind, so dass er sich um die Beseitigung dieser Folgen am Ehesten kümmern sollte. Auch die Verletzung einer solchen Pflicht könnte Schadensersatzansprüche des Auftraggebers aus § 280 BGB iVm § 241 Abs. 2 BGB auslösen. Im Übrigen sind aber regelmäßig weder Details zu den ungefähren Kosten noch zum ungefähren Umfang der zeitlichen Auswirkungen erforderlich, denn diese lassen sich selten genau vorhersehen.[30]

Letztlich ist es erforderlich, aber eben auch hinreichend, dass sich aus der Behinderungsanzeige die Gründe für die Behinderung ergeben und die Anzeige Aufschluss darüber gibt, ob und wann die Arbeiten, die nach dem Bauablauf ausgeführt werden müssen, nicht oder nicht wie vorgesehen ausgeführt werden können.[31] Der Auftraggeber soll in die Lage versetzt werden, die Ursachen der Störung klären zu können, Beweise zu sichern und die Behinderung ggf. zu beseitigen.[32]

Anzeigen, die keinen substantiierbaren Kern beinhalten, sind als sogenannte prophylaktische Anzeigen unbeachtlich.[33]

25   **2. Schriftform.** Die Anzeige muss schriftlich erfolgen. Entgegen dem Wortlaut des § 6 Abs. 1 ist die Schriftform nach hM keine Wirksamkeitsvoraussetzung, sie dient nur **Beweiszwecken.**[34] Nach richtiger Auffassung dürfte die Schriftform zwar ausweislich des Wortlautes Wirksamkeitsvoraussetzung sein, dies folgt zum einen bereits aus dem Wortlaut, zum anderen aber auch aus dem Sinn und Zweck der Norm. Hiergegen bestehen jedoch Wirksamkeitsbedenken als AGB im Hinblick auf §§ 307, 309 Nr. 2 oder Nr. 4 BGB, wenn die VOB/B nicht als Ganzes vereinbart ist.

Die Schriftform ist gewahrt, wenn die Anzeige der Behinderung mit dem hinreichenden Inhalt in irgendeiner schriftlichen Unterlage überreicht wird, dies kann eine ausdrückliche Behinderungsanzeige in einem separaten Schreiben

---

[30] BGH NJW-RR 1990, 403.
[31] OLG Hamm 30.7.2013 – 21 U 84/12, NJW 2014, 78.
[32] OLG Hamm 30.7.2013 – 21 U 84/12, NJW 2014, 78.
[33] Kapellmann/Messerschmidt/Markus § 6 Rn. 6.
[34] OLG Koblenz NJW-RR 1988, 851; OLG Köln BauR 1981, 472. Nicklisch, 3. Auflage, Rn. 19; Kapellmann/Messerschmidt/Markus § 6 Rn. 7; Ingenstau/Korbion/Döring § 6 Abs. 1 Rn. 5; OLG Koblenz NJW-RR 1988, 851; Leinemann/Leinemann/Kues § 6 Rn. 19; Umstritten: AA: Kapellmann/Messerschmidt/Markus § 6 Rn. 7; Glöckner/v. Berg/Zanner § 6 Rn. 20 ff.

sein, es reicht aber aus, wenn die Behinderung in einem **Bautagebuch** aufgeführt wird und die Seite des Bautagebuches dem Auftraggeber entweder separat oder zusammen mit den übrigen Seiten des Bautagesbuches zugeht. Die Behinderungsanzeige kann auch in einem Wochen- oder Monatsbericht enthalten sein, sofern diese dem Auftraggeber in schriftlicher Form oder mittels telekommunikativer Übermittlung, dh auch per Fax oder E-Mail zugeht und der Auftraggeber die Mail oder den Anhang ausdrucken kann, § 127 Abs. 1, Abs. 2 BGB (die in der VOB/B geregelte Schriftform ist nicht gesetzlich vorgeschrieben, sondern über die VOB/B als AGB vertraglich vereinbart). Ebenfalls kann die Behinderungsanzeige in einem Protokoll schriftlich niedergeschrieben werden, etwa in den regelmäßigen **Baustellenprotokollen**. Nach der gelegentlichen Rechtsprechung genügen E-Mails nicht immer der Form von Mängelanzeigen nach § 13 Abs. 7.[35] Diese strenge Rechtsprechung basiert wohl teleologisch auf dem Wunsch nach einer möglichst restriktiven Handhabung der „Quasi-Unterbrechung" der Verjährung und ist deshalb auf Behinderungsanzeigen wegen des eindeutigen Wortlautes in § 127 BGB nicht übertragbar. Die Form ist mithin durch **E-Mails** auch bei fehlender **Unterschrift** gewahrt. Es genügt, wenn sich aus den Umständen die Person des Erklärenden ergibt und der Auftragnehmer als Erklärender erscheint. Die Anzeige in einem per Mail versendeten Anhang geht dem Auftraggeber jedoch erst dann zu, wenn dieser den Anhang auch tatsächlich geöffnet hat.[36] Eine Übersendung als **WhatsApp**-Nachricht genügt den Anforderungen jedoch nicht. Das hat das OLG Frankfurt am Main für Mängelanzeigen nach § 13 Abs. 5 Nr. 1 Satz 2 VOB/B entschieden;[37] die Motivation dieser Rechtsprechung (fehlende Ausdrucksfähigkeit und fehlende Gewähr für die Person des Absenders bei Messenger-Diensten) ist für Behinderungsanzeigen ohne Weiteres übertragbar.

Eine **mündliche Behinderungsanzeige** ist ebenfalls nicht völlig unbeachtlich. Wie auch bei der Bedenkenanzeige nach § 4 Abs. 3 ist der Auftraggeber verpflichtet, eine mündliche Anzeige einer schriftlichen gleichzustellen, wenn sie gegenüber dem Auftraggeber eindringlich und umfassend vorgebracht wurde.[38] Die Beweislast hierfür trägt indes der Auftragnehmer.

3. Zeitpunkt. Die Anzeige muss **unverzüglich** erfolgen. Mithin ist der Auftragnehmer verpflichtet, die Behinderung dann schon anzuzeigen, wenn er erste Erkenntnisse über die subjektiv „geglaubte" Störung hat. Die Rechtsfolgen der Behinderungsanzeige treten, da sie als geschäftsähnliche Handlung der Willenserklärung gleichzusetzen ist, ohnehin erst mit deren **Zugang** beim Auftraggeber ein, § 130 Abs. 1 BGB. Solange die Behinderung vorliegt, die Anzeige dem Auftraggeber aber nicht zugegangen ist, kann sich der Auftragnehmer auf die Behinderungsanzeige nach dem Wortlaut der VOB/B nicht berufen. In Folge dessen kann der Auftragnehmer für den Zeitraum zwischen dem Vorliegen einer

---

[35] LG Frankfurt a. M. BauR 2015, 877 (abstellend auf den Einzelfall, dass anzunehmen ist, dass die Parteien gemäß § 127 BGB einen anderen Willen hatten); zum Scan: OLG Frankfurt a. M. 16.3.2015 – 4 U 265/14, IBR 2016, 223.
[36] OLG Hamm 9.3.2022 – 4 W 119/20, NJW 2022, 1822 (Hintergrund: Aufgrund der allgemeinen Gefahr durch Anhänge [„Viren"] kann nicht davon ausgegangen werden, dass Anhänge unverzüglich mit Zugang der Mail geöffnet werden. Zum Zugang von e-mails siehe auch: BGH 6.10.2022 – VII ZR 895/21, NJW 2022, 3791.
[37] OLG Frankfurt a. M. 21.12.2023 – 15 U 211/21, NJW 2024, 1425.
[38] OLG Koblenz NJW-RR 1988, 851; OLG Köln BauR 1981, 472.

Behinderung und dem verspäteten Absenden der Behinderungsanzeige möglicherweise keinen Schadensersatz nach § 6 Abs. 6 S. 1 verlangen (jedenfalls steht dem Auftraggeber diesbezüglich der Einwand des § 254 BGB zu); Gleiches dürfte für Ansprüche aus § 642 BGB innerhalb dieses Zeitraumes gelten, da – jedenfalls bei VOB/B-Verträgen – nach § 6 Abs. 6 S. 2 BGB die Anzeige auch für den Anspruch aus § 642 BGB vorausgesetzt wird. Schließlich kann der Zeitraum einer unterlassenen Behinderungsanzeige im Rahmen der Ausführungsfristverlängerung unbeachtlich sein, nämlich dann, wenn es auf die Vornahme auftraggeberseitiger Mitwirkungshandlungen ankommt, die erst dann vorgenommen werden müssen, wenn dem Auftraggeber die Behinderung angezeigt worden ist. Im Übrigen hat aber die Rechtsprechung des BGH dazu geführt, dass sich der Auftragnehmer faktisch auch auf die eine objektiv vorliegende Störung zeitlich beziehen kann, auch wenn er diese nicht als Behinderung angezeigt hat. Denn der Auftragnehmer gerät schon dann nicht in Verzug, wenn er die Fristüberschreitung (objektiv) nicht zu vertreten hat. Die Beweislast obliegt jedoch dem Auftragnehmer. Siehe zu den Folgen einer unterlassenen Behinderungsanzeige aber auch → Rn. 34.

28 **4. Erklärender.** Die Behinderungsanzeige muss von einer zur **Vertretung** des Auftragnehmers berechtigten Person stammen, die Regelungen der §§ 164 ff. BGB sind anzuwenden, wobei auf § 180 BGB hinzuweisen ist. Allerdings soll nach verbreiteter Meinung der Subunternehmer des Auftragnehmers zur Anzeige der Behinderung berechtigt sein.[39] Diese Auffassung ist zwar aus rechtsdogmatischen Gründen abzulehnen, gleichwohl wird die Behinderung in diesem Fall rein praktisch dem Auftraggeber bekannt gemacht worden sein, so dass Offenkundigkeit nach S. 2 besteht.

29 **5. Adressat.** Die Behinderungsanzeige ist an den Auftraggeber zu richten, mithin an einen von ihm **Bevollmächtigten.** Sie ist eine einseitige, empfangsbedürftige **Willenserklärung.** Der mit der Objektüberwachung (Leistungsphase 8 nach § 34 HOAI) beauftragte **Architekt** ist regelmäßig nicht nach § 164 BGB bevollmächtigt, Behinderungsanzeigen entgegenzunehmen, es sei denn, im Einzelfall ist etwas anderes ausdrücklich vereinbart.[40] Andere Planer (**Fachplaner** oder Architekten mit den Leistungsphasen 1–7) sind in jedem Fall nur bei gesonderter Vertretungsmacht bevollmächtigt. Hintergrund ist, dass viele Behinderungen möglicherweise auch aus der Sphäre der Architekten resultieren (bspw.: Planungsfehler, Koordinierungsfehler, Überwachungsfehler), die der Auftraggeber nur dann wirksam abstellen kann, wenn die Behinderungsanzeige ihm selbst und nicht nur dem (möglicherweise fehlerhaft) handelnden Architekten zugegangen ist. Nach anderer Ansicht soll es genügen, wenn die Behinderungsanzeige dann an den Architekten adressiert wird, wenn der Architekt die Behinderung nicht selbst verursacht habe.[41] Diese Auffassung ist aber abzulehnen, da der Auftragnehmer oftmals gar nicht erkennen kann, ob der Architekt die Behinderung verursacht

---

[39] Beck VOB/B/von Kiedrowski § 6 Abs. 1 Rn. 20.
[40] Streitig: wie hier: FKZGM/Zanner § 6 Rn. 15. Zum Meinungsstand: Motzke/Wolff, Praxis der HOAI, 2004, S. 66; Werner/Pastor Bauprozess, 18. Aufl. 2023, Rn. 1346 mwN in Fn. 387; aA: Leinemann/Leinemann/Kues § 6 Rn. 32.
[41] Ingenstau/Korbion/Döring § 6 Abs. 1 Rn. 8, OLG Köln BauR 1981, 472; Kapellmann/Schiffers/Markus Bd. 1 Rn. 1219; Kapellmann/Messerschmidt/Markus § 6 Rn. 7, 9; Beck VOB/B/von Kiedrowski § 6 Abs. 1 Rn. 22.

hat oder nicht. Im Übrigen widerspricht diese Auffassung dem ausdrücklichen Wortlaut des § 6 Abs. 1 S. 1.[42]

IV. Unschädlichkeit der fehlenden Anzeige bei Offenkundigkeit

Die Behinderungsanzeige ist nach § 6 Abs. 1 S. 2 dann entbehrlich, wenn dem Auftraggeber die Tatsache der hindernden Umstände einerseits **und** deren hindernde Wirkung andererseits bekannt waren. § 6 Abs. 1 S. 2 normiert somit eine Ausnahme von der Anzeigepflicht und ist entsprechend eng auszulegen. Beweisbelastet ist diesbezüglich der Auftragnehmer.[43] **Offenkundig** ist ein Umstand dann, wenn von dem Verhalten oder den Äußerungen des Auftraggebers der Rückschluss gezogen werden kann, dass dieser zweifellos Kenntnis hat oder es sich um Tatsachen handelt, die nach § 291 ZPO zumindest den im Bauwesen Erfahrenen oder im Berufskreis der Baustelle Tätigen allgemein bekannt sind.[44] Das ist jedenfalls dann der Fall, wenn der Auftraggeber positive Kenntnis hat; das ist aber auch dann schon der Fall, wenn der Umstand der Öffentlichkeit so bekannt ist, dass davon auszugehen ist, dass auch der Auftraggeber diese Kenntnis hat. Im Übrigen reicht aber fahrlässige Unkenntnis nicht.

Die Offenkundigkeit muss sich aber einerseits auf die hindernden Umstände beziehen, andererseits aber **auch** auf deren hindernde Wirkungen, was in der Praxis oftmals übersehen wird und in vielen Fällen nicht vorliegt (oftmals kennt der Auftraggeber zwar bestimmte hindernde Umstände oder Störungsereignisse, ist sich aber deren Folgen nicht bewusst). Aufgrund des Ausnahmecharakters dieser Norm ist die Behinderungsanzeige also nur dann entbehrlich, wenn ihre Inhalte den Auftraggeber nicht mehr informieren können, weil er deren Inhalt schon weiß und wenn sie die Warn- und Schutzfunktion nicht mehr ausüben kann.[45] Umstände sind insbesondere dann offenkundig, wenn sie bereits Gegenstand von Besprechungen des Auftraggebers mit dem Auftragnehmer waren. Allerdings bedarf es auch zur Annahme der Offenkundigkeit **nicht der Kenntnis von Details** zu den ungefähren Auswirkungen der Behinderung in zeitlicher oder terminlicher Hinsicht.

Die hindernden Umstände können insbesondere dann auch offenkundig sein, wenn sie zweifellos auf eine Handlung des Auftraggebers zurückzuführen sind, bspw. aufgrund einer ändernden Anordnung, die aber dann von ihm selbst oder einem Vertreter iSd §§ 164 ff. BGB und nicht nur von einer anderen, seiner Risikosphäre zuzuordnenden Person erlassen wurde.[46] Die Behinderung aus einer ändernden **Anordnung des Auftraggebers** lässt zwar die Anzeigepflicht nach § 6 Abs. 1 nicht per se entfallen,[47] denn es ist nicht selbstverständlich und zwingend, dass die Ausführung geänderter oder zusätzlicher Leistungen den

---

[42] So auch Nicklisch in der 3. Auflage, Rn. 19.

[43] GhM: BGH NJW 1999, 1108. Dies folgt schon aus dem Grundsatz, dass der Schuldner die Voraussetzungen des § 286 Abs. 4 BGB zu beweisen hat. Hierzu schon zur früheren Rechtslage (§ 285 BGB): BGHZ 32, 218; allg. Meinung, s. auch: Kapellmann/Messerschmidt/Markus § 6 Rn. 14.

[44] Nicklisch, 3. Auflage, Rn. 20; FKZGM/Zanner § 6 Rn. 17; Beck VOB/B/von Kiedrowski § 6 Abs. 1 Rn. 28.

[45] BGH NJW 2000, 1336; NZBau 2002, 381; Kapellmann/Schiffers/Markus Bd. 1 Rn. 1225.

[46] OLG Düsseldorf S-FZ 2.300 Bl. 14, 17 R.

[47] So auch: Nicklisch, 3. Auflage, Rn. 20; Weyer BauR 1990, 138 (151).

§ 6 VOB Teil B

Bauablauf nachteilig beeinflusst (es wäre ja auch der Fall denkbar, dass durch die Änderung weniger Zeitbedarf erforderlich ist). Etwas anderes kann aber dann gelten, wenn die ändernden Anordnungen ein derart großes Volumen ergeben und Bauzeitverzögerungen von solcher Dauer auslösen, dass der Auftraggeber unweigerlich damit rechnen muss, dass durch seine Anordnungen zeitliche Folgen und damit auch Mehrkosten in Form von Lohn- oder Materialpreiserhöhungen ausgelöst werden. Wenn allerdings der Auftraggeber mit diesen Folgen nicht rechnet, bspw. weil er davon ausgeht, dass die (zwar objektiv vorliegenden) Änderungsanordnungen sich nur auf das Bausoll beziehen und er davon ausgeht, der Auftragnehmer habe keine daraus resultierenden Ansprüche, dann wäre nach § 242 BGB der Auftragnehmer gleichwohl gehalten, die sich hieraus ergebende Behinderung anzuzeigen, um dem Auftraggeber die möglichen Folgen seiner Anordnung klarzumachen.

Offenkundigkeit liegt schließlich auch dann vor, wenn der Auftraggeber direkte **zeitliche Anordnungen** ausspricht, auch wenn er hierzu nach herrschender Meinung durch § 1 Abs. 3, Abs. 4 nicht berechtigt ist. Dies soll bspw. dann gelten, wenn der Auftraggeber (etwa wegen Fehlens der Baugenehmigung) einen Baustopp anordnet oder in sonstiger Weise auf den Bauablauf des Auftragnehmers einwirkt. Da zweifelhaft ist, ob im Rahmen der Offenkundigkeit auch die **Kenntnis von Vertretern** des Auftraggebers zugerechnet werden (hierfür würde § 166 Abs. 1 BGB sprechen),[48] kann die Offenkundigkeit aber nur dann angenommen werden, wenn die ändernde Anordnung direkt vom Auftraggeber und nicht von einem vertretungsberechtigten Dritten ausgelöst wird. Jedenfalls ist der Architekt in diesen Fällen nicht per se (im Rahmen einer konkludent erteilten Vollmacht) als Vertreter anzusehen und in Ermangelung abweichender vertraglicher Regelungen regelmäßig auch nicht bevollmächtigt.[49] Der Auftragnehmer, der zusätzlichen Zeitbedarf sieht, ist deshalb auch in diesen Fällen verpflichtet, die Behinderung nach § 6 Abs. 1 S. 1 anzuzeigen.[50] Etwas anderes dürfte nur dann der Fall sein, wenn die Ausführung der geänderten Leistung über den zusätzlichen Zeitbedarf keinen Zweifel zulässt.[51] Das ist aber nicht immer der Fall: Auch zeitliche Anordnungen sind nicht immer zwingend offenkundig. An der Offenkundigkeit können dann Zweifel bestehen, wenn sich die zeitliche Anordnung nur minimal auswirkt, zB die Verschiebung des Baubeginns um einen verhältnismäßig kurzen Zeitraum.[52] Wurde die Thematik der Behinderung **mündlich besprochen,** so können unstreitige oder bewiesene Besprechungen die Offenkundigkeit belegen.[53]

32 Differenzierter ist die Frage zu betrachten, ob die verspätete Vornahme auftraggeberseitiger **Mitwirkungshandlungen** eine offenkundige Störung darstellen. Im Einzelfall kann dies zwar eine Offenkundigkeit begründen, regelmäßig ist dies aber nicht der Fall. Sind konkrete Zeiten für die Vornahme von Mitwirkungshandlungen des Auftraggebers vereinbart (bspw.: Vorlage von Ausführungsplänen, Vor-

---

[48] AA: Nicklisch, 3. Auflage, Rn. 20: Kenntnis des bauleitenden Architekten wird zugerechnet, § 166 Abs. 1 BGB; weitere Nachweise siehe Vorauflage.
[49] Wie hier: Nicklisch, 3. Auflage, Rn. 20.
[50] OLG Düsseldorf NZBau 2002, 226.
[51] Markus spricht hierbei zB von einem zusätzlichen Geschoss: Kapellmann/Messerschmidt/Markus § 6 Rn. 13.
[52] BGH BauR 1979, 345.
[53] BGH BauR 1976, 279.

lauffristen etc), ist es zwar wahrscheinlich, dass sich die verspätete Vornahme dieser Mitwirkungshandlungen auf den Bauablauf auswirkt, es ist aber nicht so, dass das Fehlen einzelner Pläne **immer** bauzeitliche Auswirkungen haben **muss**. Die hindernden Folgen sind also nicht stets offenkundig. Es kommt stets auf den Einzelfall an, so dass deswegen der Auftragnehmer auch bei einer Behinderung, die durch die fehlende Vornahme von Mitwirkungshandlungen des Auftraggebers ausgelöst werden, regelmäßig verpflichtet sein dürfte, die Behinderung nach § 6 Abs. 1 S. 1 anzuzeigen.[54] Deshalb muss der Auftragnehmer auch eine Behinderung bzw. Zeitmehrbedarf anzeigen, wenn der Auftraggeber Zusatzleistungen anordnet und die Parteien vereinbart haben, dass im Fall von Mehr- oder Zusatzleistungen eine neue Terminvereinbarung getroffen werden soll.[55]

V. Folgen einer wirksamen Anzeige

Ist der Auftragnehmer seiner Pflicht nach Abs. 1 S. 1 ordnungsgemäß nachgekommen oder liegt Offenkundigkeit nach Abs. 2 vor, so kann sich die Ausführungsfrist nach Abs. 2–4 verlängern und der Auftragnehmer kann daneben Schadensersatz- und/oder Entschädigungsansprüche nach Abs. 6 S. 1 und 2 geltend machen. 33

VI. Folgen der unwirksamen oder unterlassenen Anzeige

Hat der Auftragnehmer eine ordnungsgemäße Anzeige der Behinderung unterlassen, obwohl keine Offenkundigkeit nach Abs. 1 S. 2 besteht, hätte die unterlassene Anzeige grundsätzlich den Rechtsverlust der zeitlichen und/oder finanziellen Ansprüche der Abs. 2–7 zur Folge. Der Auftragnehmer hätte demnach zunächst keinen Anspruch auf Berücksichtigung der hindernden Umstände: Weder würden die Ausführungsfristen nach Abs. 2, Abs. 4 verlängert noch hätte der Auftragnehmer die finanziellen Ansprüche des Abs. 6[56] (hierzu aber auch → Rn. 38). 34

Etwas anderes soll aber zunächst dann gelten, wenn die fehlende Behinderungsanzeige für den entstandenen Schaden nicht ursächlich war und dem Auftragnehmer auch bei einer rechtzeitigen und vollständigen Behinderungsanzeige derselbe Schaden entstanden wäre.[57] 35

Der Auftragnehmer wird gleichwohl nach § 6 Abs. 3 weiterhin verpflichtet, alles zu tun, was ihm billigerweise zugemutet werden kann, um die **Weiterführung der Arbeiten** zu ermöglichen. Schließlich kann der Auftragnehmer sich von dieser Pflicht nicht dadurch befreien, dass er eine andere Vertragspflicht, nämlich die Versendung der Behinderungsanzeige nach Abs. 1 unterlässt. Ist der Auftragnehmer seiner Pflicht nach Abs. 1 S. 1 nicht nachgekommen und liegt auch keine Offenkundigkeit nach Abs. 1 S. 2 vor, so kann er auch dem Auftraggeber gegenüber nach § 280 BGB haften. Denn die Verpflichtung zur Anzeige ist nach allgemeiner Auffassung aufgrund des ausdrücklichen Wortlautes und nach Sinn und Zweck der Regelung eine **echte Vertragspflicht iSd § 280 BGB** und 36

---

[54] Wie hier: Kapellmann/Messerschmidt/Markus § 6 Rn. 12. Fehlen Pläne für ein Gewerk jedoch gänzlich, kann Offenkundigkeit durchaus vorliegen, so im Fall des KG 21.4.2016 – 27 U 81/15.
[55] OLG Düsseldorf 8.7.2014 – 21 U 155/13.
[56] So Kapellmann/Messerschmidt/Markus § 6 Rn. 15; vgl. → Rn. 16.
[57] OLG Stuttgart 29.11.2011 – 10 U 58/11.

somit eine „echte" vertragliche Nebenpflicht.[58] Gleichfalls ist der Auftraggeber weiterhin berechtigt, den Vertrag nach Abs. 7 zu kündigen oder Schadensersatz nach Abs. 6 zu verlangen, selbst wenn der Auftragnehmer die Behinderung nicht angezeigt hat. Ansonsten hätte es der Auftragnehmer in der Hand, durch die Verletzung einer vertraglichen Pflicht für ihn weitergehende Nachteile zu vermeiden. Zur Geltendmachung eines Schadens müsste der Auftraggeber aber darlegen und im Streitfall beweisen, welcher Schaden ihm gerade durch die unterlassene Behinderungsanzeige entstanden ist, der aber bei ordnungsgemäßem Verhalten des Auftragnehmers nicht entstanden wäre.

37 Die Verletzung der Anzeigepflicht kann also nach § 280 BGB **Schadensersatzansprüche des Auftraggebers** auslösen, wenn gerade die unterlassene Anzeige einen konkreten Schaden des Auftraggebers verursacht hat. Ein solcher Fall liegt bspw. vor, wenn der Auftraggeber auf die Anzeige einer Behinderung sofort reagiert und hierdurch die Behinderung beendet hätte. Im Ergebnis wird über diesen Anspruch des Auftraggebers der Auftragnehmer dann so gestellt, als habe er die Verzögerung zu vertreten. Ansatzpunkt ist dann aber nicht der behindernde Umstand an sich, sondern die unterlassene Behinderungsanzeige.

38 Nach herrschender Auffassung kann sich der Auftragnehmer dennoch weiterhin gegen Ansprüche des Auftraggebers aus Verzug **verteidigen,** selbst wenn er die Behinderung nicht angezeigt hat. Für die Geltendmachung aktiver Ansprüche ist die Behinderungsanzeige nach den Bestimmungen der VOB/B zwar zwingend erforderlich, für die Verteidigung gegen Ansprüche des Auftraggebers aber nicht. Dies wird damit begründet, dass das BGB weder in § 286 BGB noch über § 242 BGB die Anzeige einer Behinderung fordere.[59] Schließlich setzt Verzug ein Verschulden voraus, das bereits dann nicht vorliegt, wenn der Auftragnehmer die Behinderung nicht zu vertreten habe. Die fehlende Behinderungsanzeige schade deshalb nicht. Dieser Auffassung ist zuzustimmen, denn die Verletzung der Anzeigepflicht kann nicht bedeuten, dass der Auftragnehmer wegen einer Verzögerung, die er nicht verursacht hat oder die er nicht zu vertreten hat, in Verzug gerät und damit möglicherweise die Kündigung des Auftraggebers nach § 5 Abs. 4 riskiert. Dem Auftragnehmer steht also trotz des insoweit missverständlichen Wortlautes der Einwand zu, die Verzögerung entweder nicht verursacht, jedenfalls aber nicht verschuldet zu haben.[60]

39 Nach herrschender Meinung gilt dies auch für vom Auftraggeber geltend gemachte **Vertragsstrafen:** Hätte die VOB/B hier ein Verbot begründen wollen, sich auf fehlendes Verschulden zu berufen, wenn keine Behinderungsanzeige erforderlich wäre, hätte dies eindeutig und ausdrücklich geschehen müssen – und würde dann bei einer isolierten Inhaltskontrolle als AGB Wirksamkeitsbedenken unterliegen. Gegenüber einem Vertragsstrafenverlangen des Auftraggebers kann sich der Auftragnehmer deshalb auch dann auf fehlendes Verschulden berufen, wenn er die Behinderung nicht angezeigt hat.[61] Denn auch die Vertragsstrafe setzt Verzug und damit ein Verschulden des Auftragnehmers hinsichtlich der Fristüberschreitung voraus.

---

[58] Kapellmann/Messerschmidt/Markus § 6 Rn. 5; Nicklisch, 3. Auflage, Rn. 21; aA: Leinemann/Leinemann/Kues § 6 Rn. 17, 27.

[59] BGH NJW 1999, 1108; zur Literatur siehe bspw.: Oberhauser BauR 2001, 1177.

[60] Nicklisch, 3. Auflage, Rn. 21; ghM, Nachweise siehe Vorauflage. aA (soweit ersichtlich nur): Kapellmann/Messerschmidt/Markus § 6 Rn. 15.

[61] BGH NJW 1999, 1108; Markus stimmt dem zu: Kapellmann/Messerschmidt/Markus § 6 Rn. 16.

VII. Beweislast

Die Beweislast für die ordnungsgemäße Vornahme der Behinderungsanzeige 40
nach Abs. 1 S. 1 oder für die Entbehrlichkeit nach Abs. 1 S. 2 trägt der Auftragnehmer.[62]

C. Abs. 2 – Verlängerung der Ausführungsfristen

Die in § 5 Abs. 1–4 geregelten Ausführungsfristen werden nach § 6 Abs. 2 S. 1 41
in den dort beschriebenen Fällen verlängert. Baubetrieblicher Hintergrund dieser
Regelung ist, dass es unbillig wäre, den Auftragnehmer einem Risiko der Ansprüche aus § 5 Abs. 4 (Schadensersatz und/oder Kündigung) auszusetzen, obgleich
die Ausführungsfristen aus Gründen nicht eingehalten werden konnten, die weder
seiner „Kontrolle" unterliegen noch seiner Risikosphäre zuzuordnen sind. § 6
Abs. 2 regelt mit den beiden Nr. 1 und 2, **ob** und welche Störungen zu einer
Verlängerung führen. Die Frage, **in welchem Umfang** sich die Ausführungsfristen verlängern, bestimmen anschließend die Regelungen in Abs. 3 und Abs. 4.
Nach Abs. 2 Nr. 1a bis c werden die Ausführungsfristen nur bei Vorliegen eines
Umstandes der drei dort beschriebenen Kategorien verlängert:
a) Aus dem Risikobereich des Auftraggebers: Alle Umstände,
b) aus der Risikosphäre des Auftragnehmers: Streik oder Aussperrung in bestimmten Unternehmen und
c) aus der Risikosphäre keiner der beiden Vertragsparteien: Höhere Gewalt, unabwendbare Umstände, mithin „neutral" verursachte Störungen, wobei
bestimmte Witterungsverhältnisse nach Nr. 2 nicht als Behinderung gelten.
Andere als die in Nr. 1b aufgeführten Umstände aus der Risikosphäre des Auftrag- 42
nehmers, wie zB **Mängel** oder sonstige Schlechtleistungen, eigene Verzögerungen
und Versäumnisse, Erschwernisse durch Dritte (etwa: Änderungen der Verkehrslage,
gesetzliche Änderungen etc) oder auch unverschuldet fehlende Belieferung durch
Lieferanten oder Nachunternehmer, bewirken keine Verlängerung der Ausführungsfristen, es sei denn sie begründen die Anwendung eines Wegfalls der Geschäftsgrundlage, sind als Höhere Gewalt zu qualifizieren oder bewirken eine Änderung
des vertraglich vereinbarten Bausolls. Derartige Umstände führen aber auch nicht
in jedem Fall zu Schadensersatzansprüchen des Auftraggebers, weil möglicherweise
kein Verschulden des Auftragnehmers vorliegt. Im Gegenzug gilt aber auch: Nicht
jeder Umstand aus der Risikosphäre des Auftraggebers, der nach Abs. 2 zu einer
Ausführungsfristverlängerung führt, ist gleichsam Grundlage eines Schadensersatzanspruches des Auftragnehmers: Denn Abs. 6 S. 1 fordert zusätzlich ein Verschulden
des Auftraggebers und Abs. 6 S. 2 das Unterlassen einer Mitwirkungshandlung und
Annahmeverzug.

Die nach Abs. 2 verlängerten Ausführungsfristen treten „automatisch" dh ohne 43
einen weiteren Schritt anstelle der bis dahin geltenden Vertragsfristen, so dass
der Auftragnehmer nicht in Verzug gerät, solange er die neuen, nach Abs. 2–4
verlängerten Fristen einhält.

I. Nr. 1a – Umstände aus dem Risikobereich des Auftraggebers

Alle Umstände aus dem Risikobereich des Auftraggebers verlängern die Ausfüh- 44
rungsfristen, wenn sie Störungen verursachen. Der Begriff „Risikobereich des Auf-

---

[62] Nicklisch, 3. Auflage, Rn. 22.

§ 6 VOB Teil B

traggebers" ist weder in der VOB/B noch im BGB definiert. Eine Annäherung kann deshalb zunächst über die Umstände erfolgen, für die der Auftraggeber nach § 645 BGB verantwortlich ist. Der Begriff ist aber weitergehender und schließt all jene Umstände ein, die entweder vertraglich der Risikosphäre des Auftraggebers zugeordnet werden, oder die vom Auftraggeber beeinflusst werden können, soweit sie nicht explizit der Risikosphäre des Auftragnehmers vertraglich zugewiesen sind oder die aus einer Mitwirkungshandlung oder Entscheidung des Auftraggebers resultieren (Bsp. Baugrund). Insofern kann auch **vertragskonformes** Verhalten der Parteien eine Störung des geplanten Bauablaufs darstellen.[63] Nach einhelliger Meinung ist es nicht erforderlich, dass der Auftraggeber eine Vertragspflicht **schuldhaft** verletzt hat. Der Begriff „Risikobereich" kann deshalb nicht einschränkend ausgelegt werden und auf Fälle begrenzt werden, in denen der Auftraggeber oder einer seiner Erfüllungsgehilfen schuldhaft gehandelt haben, ein Verschulden ist gerade nicht erforderlich.[64] Liegt aber sogar entweder ein „echtes" Verschulden iSd §§ 276 oder 278 BGB vor, ist stets und in jedem Fall auch der Risikobereich des Auftraggebers betroffen, so dass jedes schuldhafte Handeln des Auftraggebers einen nach Abs. 2 Nr. 1a) zu beurteilenden Umstand darstellt. Zu den Umständen aus dem Risikobereich des Auftraggebers zählen hiernach insbes. auch:

- Unterlassen der in § 3 oder § 4 Abs. 1, 4 normierten Mitwirkungserfordernisse (unabhängig davon, ob diese Mitwirkungshandlungen „jenseits" der VOB/B in einem BGB-Vertrag als Obliegenheiten oder Vertragspflichten zu charakterisieren wären);
- Unterlassung von vereinbarten Vertragspflichten, wie etwa: die fristgerechte Erfüllung der vertraglichen Zahlungspflichten[65] oder die Verletzung einer entsprechenden Schutzpflicht (gerade wenn durch das Handeln des Auftraggebers zuvor ein schutzwürdiges Vertrauen aufrecht erhalten wurde)[66] – die Unterlassung oder Schlechtleistung einer Bauüberwachung ist hingegen keine Behinderung, weil der Auftraggeber dem ausführenden Unternehmer keine Überwachung schuldet und dieser durch eine fehlerhafte Überwachung nicht in der Ausführung seiner Leistung behindert wird;
- fehlender Abruf von Bauleistungen, wenn ein Abruf vereinbart worden ist;[67]
- berechtigtes **Leistungsverweigerungsrecht** des Auftragnehmers: Ist der Auftragnehmer nach § 16 Abs. 5 Nr. 3 S. 3 oder aus einem anderen Grund berechtigt (etwa auch nach § 650f Abs. 5 S. 1 BGB), die Arbeiten einzustellen, so stellt dies eine Behinderung des Auftragnehmers dar und die Ausführungsfristen werden verlängert.[68] Ausstehende Zahlungen müssen dem Auftraggeber bekannt sein, so

---

[63] Nachweis siehe Vorauflage.

[64] OLG Düsseldorf 28.2.2014 – 22 U 112/13, IBR 2015, 298. Dies steht insbesondere im Umkehrschluss seit der Reform des Wortlautes fest; der Wortlaut früherer Fassungen der VOB/B bezog sich noch auf ein „Vertretenmüssen" des Auftraggebers. Frühere Literatur u. Rspr. beziehen sich teilweise noch auf den früheren Wortlaut der VOB/B, die von einem Vertretenmüssen auch im Rahmen der Fristverlängerung ausging. Spätestens mit dem ausdr. Wortlaut der Norm ist diese Streitfrage entschieden: So auch ausdr.: BGH BauR 1990, 210.

[65] Maßgeblich ist der Zahlungseingang: OLG Karlsruhe 9.4.2014 – 7 U 177/13, WM 2014, 1422.

[66] BGH NJW 1988, 456.

[67] vgl. OLG Frankfurt a. M. 12.6.2012 – 11 U 102/10.

[68] Dem Auftragnehmer steht dann auch Ersatz des durch die Leistungseinstellung entstandenen Verzögerungsschadens zu: OLG Köln 7.6.2016 – 22 U 45/12, NJW 2017, 493; so auch: KG 16.2.2018 – 21 U 66/16, NJW 2018, 3721.

dass in diesen Fällen sogar Offenkundigkeit gegeben wäre (zumal dem Auftraggeber die Erklärung der Setzung einer Nachfrist zugegangen sein muss).[69] Gleiches gilt, wenn der Auftragnehmer fristgerechte Zahlungen des Auftraggebers benötigt, um seine Lieferanten und Nachunternehmer zu bezahlen. Eine berechtigte Leistungsverweigerung kann auch vorliegen, wenn der Auftraggeber auf Bedenkenanzeigen des Auftragnehmers nicht sachgerecht reagiert[70] oder wenn die vom Auftraggeber vorgesehene Art der Ausführung zum Eintritt eines erheblichen Leistungsmangels, zur Gefährdung von Leib und/oder Leben oder eines sonstigen nicht nur geringfügigen Schadens führen wird.[71]

- Übergabe bzw. **Bereitstellung des Baufeldes**/baureifen Grundstückes;
- mangelfreie Vorleistungen bzw. Mangelfreiheit der zu bearbeitenden Bauteile[72] bzw. fehlende Baufreiheit, wenn diese ausweislich der gebotenen Auslegung der Leistungsbeschreibung zu erwarten war.[73]
- verspätete Auftragserteilung, etwa infolge einer verzögerten Vergabe;[74]
- Nicht rechtzeitig erteilte **Baugenehmigung** oder weitere zu beschaffende Genehmigungen[75] (bspw. wasserrechtliche Erlaubnisse bei Tiefbauarbeiten oder naturschutzrechtliche Genehmigungen wie auch behördlich veranlasste Baustopps);[76] die Baugenehmigung von Baubehelfen ist aber Sache des Auftragnehmers;
- verspätete oder mangelbehaftete Übergabe einer Vorleistung, die von anderen **Vorunternehmern** erstellt wurde;[77]
- nicht rechtzeitige oder mangelhafte Beibringung von bauseits zu stellenden Materialien, Baustoffen oder Anlagenkomponenten[78] (auf ein Verschulden des Auftraggebers kommt es nicht an), hierzu gehört regelmäßig auch die fehlerhafte oder unvollständige Beschreibung des Baugrundes;[79]

---

[69] Ohne Nachfristsetzung ist die Leistungseinstellung vertragswidrig, dem Auftragnehmer steht dann kein Anspruch auf zeitliche Berücksichtigung zu, er kann also in Verzug geraten: OLG Karlsruhe 28.5.2014 – 4 U 296/11.

[70] OLG Düsseldorf 2.3.2018 – 22 U 71/17, NZBau 2018, 607. Allein der fehlende Abschluss einer (vertraglich vorgesehenen) Nachtragsvereinbarung soll allerdings keine Behinderung begründen: OLG Düsseldorf BauR 2006, 531.

[71] OLG Dresden 29.6.2022 – 22 U 1689/20, ZfBR 2022, 792.

[72] OLG Oldenburg 30.9.2014 – 2 U 113/13.

[73] Ließe sich bspw. den Ausschreibungsunterlagen entnehmen, dass eine erhebliche Anzahl von Aufbauten auf einem Dach vorhanden sind und während des Ausführungszeitraums bestehen bleiben sollten, konnte der Auftragnehmer nicht von einer freien Dachfläche ausgehen: OLG Brandenburg 25.11.2015 – 4 U 7/14, NZBau 2016, 217. Wenn aber der Auftragnehmer damit rechnen konnte, dass eine Hochspannungsleitung während der Baumaßnahme abgebaut werden sollte, liegt eine Behinderung vor, wenn dies dann nicht geschieht: BGH 12.9.2013 – VII ZR 227/11, NZBau 2013, 695.

[74] BGH NZBau 2009, 370. Die Rspr. nimmt jedoch eine vergütungsrechtliche Lösung an u. nimmt, sofern nicht ausnahmsweise ein neues Angebot angenommen wurde (§ 150 BGB), einen Vergütungsanspruch aus § 2 Abs. 5 analog an. Wie hier eine analoge Anwendung von § 6 befürwortend: Peters NZBau 2010, 156.

[75] OLG Brandenburg 11.11.2021 – 12 U 79/21, NJW-RR 2022, 598.

[76] OLG Schleswig 11.2.2015 – 4 U 16/05.

[77] BGH NJW 1998, 456. S. nur BGH BauR 1997, 1021; 1990, 210; FKZGM/Zanner § 6 Rn. 2; Ingenstau/Korbion/Döring § 6 Abs. 2 Rn. 9.

[78] OLG Düsseldorf 19.2.2013 – 21 U 24/12, IBR 2013, 523; OLG Düsseldorf 28.2.2014 – 22 U 112/13, IBR 2015, 298.

[79] Englert NZBau 2016, 131 mwN.

§ 6

VOB Teil B

- fehlende Bemusterungen oder Freigaben (hierzu zählen auch: Planfreigaben);
- fehlende Reaktion auf Bedenkenanzeigen;[80]
- Ausführung von Bedarfspositionen/Eventualpositionen;[81]
- Baustopp durch behördliches Eingreifen, wie etwa: fehlende Baugenehmigung, Nachbareinsprüche,[82] Anordnungen der Behörden (auf ein Verschulden des Auftraggebers kommt es nicht an);
- Verwirklichung eines **Baugrundrisikos**,[83] bspw. Schadstoffbelastungen im Boden;[84] oder aufgrund von **Kampfmitteln**, wenn der Auftraggeber auf diese nicht hinreichend hingewiesen hat und der Auftragnehmer deswegen zur Leistungsverweigerung berechtigt war;[85]
- Einwirkungen aufgrund der Lage des Grundstückes, wie zB Eingriffe von Nachbarn, fehlende Erreichbarkeit (zB aufgrund eines vorgegebenen Transportweges),[86] Hindernisse aufgrund einer Hochspannungsleitung,[87] archäologische Funde;[88] Behinderungen durch Bürgerinitiativen oder Demonstrationen wegen Umständen, die nicht den vom Auftragnehmer geplanten Bauablauf zugewiesen werden können, sondern aus Entscheidungen des Auftraggebers über den Bau an sich oder bestimmten Dimensionen des Baus, die seiner Entscheidungsbefugnis unterliegen, stammen;[89]
- Missachtung von Schutzpflichten (bspw. Hochwasserschutz);[90]
- (vertragskonforme) **Anordnung zusätzlicher oder geänderter Leistungen** nach § 1 Abs. 3 oder 4;[91] oder vertragswidrige Anordnung zu Bauumständen, etwa die Anordnung eines Baustopps;[92] die Befolgung von Beschleunigungsanordnungen führt hingegen nicht zu einer Behinderung, somit auch nicht zu einem Anspruch nach Abs. 6, sondern nur zu einem Vergütungsanspruch nach § 2 Abs. 5, Abs. 6.[93]
- **Massenmehrungen** (selbst dann, wenn sie nicht über 110 % der vom Auftraggeber vorgegebenen Mengen hinausgehen, denn baubetrieblich können auch

---

[80] OLG Düsseldorf 2.3.2018 – 22 U 71/17, NZBau 2018, 607.
[81] Leinemann/Leinemann/Kues § 6 Rn. 12.
[82] OLG Düsseldorf BauR 1987, 487.
[83] OLG Braunschweig BauR 2004, 1345; OLG Celle 9.8.2012 – 5 U 34/12; FKZGM/Zanner § 6 Rn. 27; Ingenstau/Korbion/Döring § 6 Abs. 2 Rn. 7; es sei denn, dieses wurde wirksam auf den Auftragnehmer übertragen: OLG Jena 25.5.2010 – 5 U 624/09; OLG München 11.2.2014 – 9 U 5582/10 Bau.
[84] BGH NJW 2013, 1957.
[85] OLG Köln 25.10.2023 – 16 U 130/22, IBR 2024, 287.
[86] Ingenstau/Korbion/Döring § 6 Abs. 2 Rn. 7; indes nur, sofern vertraglich nicht etwas anderes speziell geregelt ist.
[87] BGH NZBau 2013, 695.
[88] OLG Braunschweig BauR 2004, 1345.
[89] Ingenstau/Korbion/Döring § 6 Abs. 2 Rn. 8.
[90] BGH NJW 1998, 456.
[91] OLG Stuttgart 29.11.2011 – 10 U 58/11; OLG Hamm 12.4.2011 – 24 U 29/09; OLG Koblenz NJW-RR 1988, 851; BGH BauR 1990, 210; Ingenstau/Korbion/Döring § 6 Abs. 2 Rn. 7, aA: Heiermann/Riedl/Rusam/Kuffer § 6 Rn. 15; Leinemann/Kues/Leinemann § 6 Rn. 38; Breyer BauR 2013, 1924 mit der Begründung die nachtragsbedingten Folgen werden in § 2 abschließend geregelt – die zeitlichen Rechtsfolgen ergäben sich direkt aus § 271 BGB; Ansprüche aus § 2 Abs. 5, 6 einerseits und § 6 Abs. 6 andererseits schließen sich hingegen aus.
[92] OLG Düsseldorf 28.4.1987 – 23 U 151/86, BauR 1987, 361.
[93] OLG Dresden 9.1.2013 – 1 U 1554/09.

kleine Mehrmengen einen größeren Zeitbedarf auslösen, die Grenze von § 2 Abs. 3 bezieht sich nur auf die Preise; etwas anderes gilt allerdings dann, wenn der Auftragnehmer die Massen eigenverantwortlich ermittelt hat, denn in diesem Fall resultiert die Massenmehrung nicht aus einem Umstand der Risikosphäre des Auftraggebers)[94]
- Notwendigkeit der Ausführung zusätzlicher Leistungen nach § 2 Abs. 8 Nr. 2 oder 3[95] oder Erfordernis zusätzlicher Leistungen[96]
- Übergabe fehlerhafter oder unvollständiger **Pläne**, sofern diese aber zu dem Zeitpunkt vom Auftragnehmer überhaupt benötigt werden;[97]
- verspätete oder fehlende Vorlage von **Ausführungsplänen**;[98]
- **fehlende Koordination** der ausführenden Unternehmen;[99]
- fehlende **Kooperation**;
- Leistungseinstellung des Auftragnehmers aufgrund berechtigter (dh konkret substantiierter und nicht nur zur Verdeckung eigener Versäumnisse vorgeschobener) Sicherheitsbedenken.[100] Zu den vom Auftraggeber veranlassten Umständen werden nach wertender Betrachtung auch die Folgen einer vom Auftragnehmer erwirkten gerichtlichen Entscheidung nach § 650c BGB gehören.[101]

Die fehlende oder unsachgemäße **Überwachung des Auftragnehmers** ist indes **45** kein der Risikosphäre des Auftraggebers zuordenbarer Umstand. Der Auftragnehmer ist für die Mangelfreiheit seiner Leistungen allein verantwortlich und kann folglich nicht in der Ausführung seiner Leistungen deswegen behindert sein, weil der Auftraggeber ihn nur unzureichend überwacht haben sollte; etwas anderes gilt allenfalls analog § 4 Abs. 3, § 13 Abs. 3, in den dort geregelten Fällen.[102]

II. Nr. 1b – Streik, Aussperrung

Umstände aus dem Risikobereich des Auftragnehmers führen regelmäßig nicht **46** zu einer Ausführungsfristverlängerung nach Abs. 2. Eine Ausnahme sieht aber Abs. 2 Nr. 1b vor, soweit Störungen verursacht werden durch einen Streik oder eine von der Berufsvertretung der Arbeitgeber angeordnete Aussperrung entweder im Betrieb des Auftragnehmers oder in einem unmittelbar für ihn arbeitenden Betrieb. Diese Umstände führen entgegen der allgemeinen Bestimmung ausnahmsweise doch zu einer Verlängerung der Ausführungsfristen.

---

[94] Wie hier: Leinemann/Leinemann/Kues § 6 Rn. 40; Kapellmann/Schiffers/Markus Bd. 1 Rn. 1202; VJLR/Lang/Rasch Teil B Rn. 65 für eine Berücksichtigung ab 110 %: Ingenstau/Korbion/Döring § 6 Abs. 2 Rn. 8; Würfele/Gralla/Sundermeier/Sundermeier Rn. 1782; wie hier, aber mit der Einschränkung, dass der Auftragnehmer einen zeitlichen Ausgleich bei der Ausführung von Mindermengen „einräumen" muss: Vygen/Joussen Rn. 1777. Siehe hierzu auch OLG Dresden 9.1.2013 – 1 U 1554/09.
[95] AA: Breyer BauR 2013, 1924.
[96] Würfele/Gralla/Sundermeier/Sundermeier Rn. 1787 ff.
[97] OLG Köln 31.1.2022 – 19 U 131/21, IBR 2024, 9; OLG Frankfurt a. M. 16.3.2010 – 14 U 31/04, IBR 2012, 701.
[98] KG 21.4.2016 – 27 U 81/15.
[99] FKZGM/Zanner § 6 Rn. 26.
[100] OLG Brandenburg 28.6.2018 – 12 U 68/17, IBR 2018, 556.
[101] Zur früheren Rechtslage: Baustopp nach einer einstweiligen Verfügung: BGH 13.10.2016 – IX ZR 149/15, NJW 2017, 1600.
[102] BGH NJW 1998, 456; BGHZ 95, 128.

§ 6

47 **Streik** ist „jede gemeinsam und planmäßig durchgeführte Arbeitseinstellung einer größeren Anzahl von Arbeitnehmern eines Betriebes oder Betriebszweigs zu einem bestimmten Kampfzweck, verbunden mit dem Willen zur Fortsetzung der Arbeit nach Erreichen dieses Ziels".[103] **Aussperrung** ist die „planmäßige Ausschließung einer größeren Anzahl von Arbeitnehmern von der Arbeit durch den Arbeitgeber zur Erreichung eines Kampfziels mit dem Willen der Wiedereinstellung der Arbeitnehmer nach Beendigung des Kampfes".[104] Es spielt keine Rolle, ob Streik oder Aussperrung rechtmäßig oder rechtswidrig sind.

48 Allerdings hat der Auftragnehmer sowohl bei Streik als auch bei der Aussperrung nur dann einen Anspruch auf die Fristverlängerung, wenn entweder **der eigene Betrieb** betroffen ist oder ein **unmittelbar für ihn arbeitender Betrieb**. Unmittelbar für ihn arbeitende Betriebe sind nur diejenigen Unternehmen, mit denen er direkte Vertragsbeziehungen hat und für ihn Werkleistungen erbringen. **Streiks bei Lieferanten** sind nicht beachtlich, da diese nicht für den Auftragnehmer „arbeiten".[105] Etwas anderes gilt nur dann, wenn der Lieferant ungeachtet der rechtlichen Einordnung seines Vertrages als Werklieferervertrag oder Kaufvertrag individuelle Produkte, die für das betreffende Bauvorhaben unabdingbar sind, herstellt und liefert, bspw.: individuelle Glasfassadenelemente, individuelle Kunstwerke, individuell spezifizierte Anlagenkomponenten etc. Gleiches gilt, wenn es keine wirtschaftlich vertretbare Alternative zu dem Bezug der Materialien von dem betroffenen Unternehmen gibt.[106] Ist der Lieferant vom Auftraggeber vorgeschrieben worden und hat der Auftragnehmer deshalb nicht die Wahl, einen anderen Lieferanten auszuwählen, so handelt es sich bei dem Versäumnis des Lieferanten nicht um einen Fall Nr. 1b, sondern um einen Fall aus der Risikosphäre des Auftraggebers, also Nr. 1a. Maßgeblich ist also die individuelle Abgrenzbarkeit bzw. die reelle Möglichkeit alternative Lieferanten beauftragen zu können.

49 Allgemeine Belastungen durch einen Streik, der auch die **Allgemeinheit** betrifft (zB Poststreik, Streik von Beförderungsunternehmen wie Bahn oder Fluglinien, etc) gelten nicht als zur Ausführungsfristverlängerung berechtigter Umstand und können ohne Hinzutreten weiterer Faktoren (wie etwa der wirtschaftliche Zusammenbruch von bestimmten Branchen) aufgrund des eindeutigen Wortlautes von b) auch nicht als Unterfall von c) angenommen werden. Es mag sein, dass dies im Einzelfall zu gravierenden finanziellen Einschnitten beim Auftragnehmer führt, gleichwohl entspricht es nicht dem Gebot von Treu und Glauben, dem Auftraggeber in all diesen Fällen das Risiko dieser Umstände zu übertragen. Im Einzelfall kann über § 313 BGB eine der Billigkeit entsprechende Lösung entwickelt werden.

50 Die in b) aufgeführten Umstände führen zwar zu einer Ausführungsfristverlängerung, regelmäßig aber nicht zu Schadensersatzansprüchen des Auftragnehmers, da der Auftraggeber regelmäßig Streik oder Aussperrung nicht verschuldet hat. Die generelle Risikozuteilung dieser Umstände zu Lasten des Auftraggebers wird durch die VOB/B nicht getroffen. Sie ergibt sich auch nicht aus dem Gesetz. Mithin trägt jede Vertragspartei die finanziellen Folgen von derartigen Streiks oder Aussperrungen selbst.

---

[103] BAGE 1, 291.
[104] BAGE 1, 291.
[105] Kapellmann/Messerschmidt/Markus § 6 Rn. 23.
[106] Messerschmidt/Voit/Voit § 6 Rn. 7; FKZGM/Zanner § 6 Rn. 29.

III. Nr. 1c – Höhere Gewalt, unabwendbare Umstände

Die Ausführungsfristen des Auftragnehmers werden schließlich auch durch die **51**
in c) genannten Umstände verlängert. Haben die Vertragsparteien im Vertrag eine
autonome Regelung von Fällen Höherer Gewalt getroffen, kann auf c) nicht
zurückgegriffen werden. Insofern gilt regelmäßig die im Rang höhere spezielle
Regelung des Vertrages.

Höhere Gewalt liegt nach der Rechtsprechung des BGH vor, wenn ein von **52**
außen auf den Betrieb einwirkendes außergewöhnliches Ereignis vorliegt, das
unvorhersehbar ist und selbst bei Anwendung äußerster Sorgfalt ohne Gefährdung
des wirtschaftlichen Erfolges des Unternehmens nicht abgewendet werden kann
und auch nicht wegen seiner Häufigkeit von Betriebsunternehmern in Rechnung
zu stellen und mit in Kauf zu nehmen ist.[107] **Betriebsfremd** ist ein Ereignis,
wenn es seine Ursache nicht in der Bauausführung selbst hat.[108]

Auch wenn sich die Definition der Begriffe der Betriebsfremdheit und des von **53**
außen kommenden Ereignisses entgegen landläufiger Meinung nicht bis auf die
Grundentscheidung des Reichsgerichts zurückführen lassen, ist diese Definition
heute allgemein verbreitet und praktikabel.[109] Als Höhere Gewalt können deshalb
im Allgemeinen nur **ungewöhnliche Naturereignisse** gezählt werden wie Erd-
beben, Hochwasser, Überschwemmungen, Unwetter, wolkenbruchartiger Regen,
Großbrände oÄ. In Abgrenzung zu den Witterungseinflüssen in Abs. 2 Nr. 2 muss
es sich jedoch um Naturphänomene handeln, die so stark und so selten sind, dass
damit an der Baustelle nur etwa alle 20 Jahre einmal zu rechnen ist.[110] Eine Höhere
Gewalt ist auszuschließen, wenn Auftragnehmer oder Auftraggeber das Ereignis
schuldhaft herbeigeführt haben. Ebenfalls ist die Höhere Gewalt ausgeschlossen,
wenn die Ursache in der Bauausführung selbst zu sehen ist (dann kann aber ein
unabwendbarer Umstand vorliegen).[111]

In der Vergangenheit wurde ein Ereignis höherer Gewalt vor allem diskutiert **53a**
bei den Einschränkungen aufgrund der **Corona-Pandemie**[112] in den Jahren
2020–2022 oder den Lieferengpässen und Preissteigerungen infolge der Ukraine-
Krise im Jahr 2022. Diese Ereignisse können Umstände höherer Gewalt sein,
entscheidend ist aber auch, dass sie sich konkret auf den Bauablauf ausgewirkt
haben, was in vielen Fällen nicht der Fall war – Baustellen wurden nicht per se
unterbrochen. Eine Behinderung liegt aber dann vor, wenn sich ein solcher
Umstand tatsächlich störend ausgewirkt hat und diese Auswirkung nicht vom
Auftragnehmer schuldhaft herbeigeführt worden war. Letzteres wäre bspw. dann
der Fall, wenn die zuständige Behörde bei der Corona-Pandemie die Fortsetzung
der Bautätigkeit deswegen untersagt hätte, weil der Auftragnehmer angeordnete

---

[107] BGHZ 7, 338; NJW-RR 1988, 986.
[108] FKZGM/Zanner § 6 Rn. 31.
[109] Kapellmann/Messerschmidt/Lederer § 7 Rn. 63; Ingenstau/Korbion/Döring § 6 Abs. 2 Rn. 19. Das BGB verwendet den Begriff der „Höheren Gewalt" einheitlich in §§ 206, 651j BGB und § 701 BGB, verlangt aber an keiner Stelle ein „von außen kommendes Ereignis". Gleichwohl soll dieser Begriff eine „feste Formel" erhalten haben, so das OLG Celle 12.5.2005 – 14 U 231/04, SVR 2006, 69. Auch die Urteile des Reichsgerichts nehmen betriebsinterne Vorgänge nicht per se aus dem Anwendungsbereich der Höheren Gewalt heraus: RG 7.4.1927 – IV 745/26.
[110] OLG Bremen BauR 1997, 854.
[111] Messerschmidt/Voit/Voit § 6 Rn. 8.
[112] KG 24.5.2022 – 21 U 156/21, NZM 2022, 815.

§ 6

Hygienemaßnahmen schuldhaft nicht umgesetzt hätte. Oder wenn im Fall von Lieferengpässen der Auftragnehmer schuldhaft das benötigte Material nicht rechtzeitig bestellt hätte. Führt die Höhere Gewalt (nur) zu einer Verlangsamung der Bautätigkeit, etwa weil Aufzüge nicht mehr mit mehreren Personen besetzt werden dürfen oder Arbeiter aufgrund geschlossener Grenzen nicht einreisen können liegt auch nur insoweit – also nur hinsichtlich der verlangsamten Bautätigkeit – eine Behinderung vor. Lieferengpässe können als Umstand höherer Gewalt anzusehen sein, wenn mit ihnen – trotz aller gebotenen Sorgfalt – nicht zu rechnen war, die Lieferungen auch nicht mit zumutbaren Mitteln anderweitig beschafft werden können und es sich um einen allgemeinen, mithin nicht nur individuell den Betrieb des Auftragnehmers betreffenden Lieferengpass handelt. Denn grundsätzlich bleibt der Auftragnehmer für die Rechtzeitigkeit seiner Leistungen verantwortlich und hat das Risiko von ausbleibenden Materiallieferungen genauso übernommen wie das Risiko von Schlechtlieferungen. In aller Regel wird ein Lieferengpass daher kein Fall höherer Gewalt, sondern allenfalls ein Fall des unabwendbaren Umstandes sein, letzteres aber nur dann, wenn auch dessen Tatbestandsvoraussetzungen vorliegen (siehe hierzu sogleich).[113]

54 Der Begriff **„unabwendbare Umstände"** wird ebenfalls in § 7 aufgegriffen. Es ist allerdings fraglich, ob die Auslegung dieses Begriffes in § 6 und § 7 gleich erfolgen muss. Nach allgemeiner Auffassung ist ein unabwendbarer Umstand ein Ereignis, das nach menschlicher Einsicht und Erfahrung in dem Sinn unvorhersehbar ist, dass es oder seine Auswirkungen trotz wirtschaftlich erträglicher Mittel durch äußerste nach der Sachlage zu erwartende Sorgfalt nicht verhütet oder in seinen Wirkungen bis auf ein erträgliches Maß unschädlich gemacht werden kann.[114] Schon nach früherer Definition schloss der Begriff des unabwendbaren Umstandes auch Ereignisse ein, die nicht von außen auf den Betrieb einwirkten, sie mussten aber trotzdem unvorhersehbar gewesen sein und in ihren Auswirkungen trotz Anwendung wirtschaftlich erträglicher Mittel und durch die äußerste nach der Sachlage zu erwartende Sorgfalt nicht verhütbar oder in ihren Wirkungen bis auf ein erträgliches Maß nicht unschädlich zu machen gewesen sein.[115] Im Gegensatz zum Fall Höherer Gewalt ist es also nicht erforderlich, dass die Einwirkung von außen, also betriebsfremd ist. Der unabwendbare Umstand kann aus der **Bauausführung** selbst oder aus seinen Vorbereitungshandlungen stammen, wie Materialknappheit, für die Fachwelt völlig überraschende neue Erkenntnisse, unerlaubte Handlungen Dritter wie Sachbeschädigung, Diebstahl, Brandstiftung, Unterschlagung, solange weder Auftragnehmer noch Auftraggeber das Ereignis schuldhaft herbeigeführt haben. Die Unvorhersehbarkeit muss objektiv bestimmt werden, dh unabhängig von der konkreten Situation des jeweiligen Auftragnehmers. Auf eine subjektive Erkennbarkeit kommt es, in Ermangelung anderweitiger vertraglicher Regelungen, nicht an.[116] Allerdings reicht es aus, dass der Auftragnehmer alle zumutbaren Schutzmaßnahmen getroffen hat, umsichtig gehandelt hat und gleichwohl die Umstände nicht verhindern konnte.[117] **Menschliche**

---

[113] Zur Preisanpassung infolge einer Störung der Geschäftsgrundlage: Lührman, NZBau 2022, 251; einen Fall höherer Gewalt nehmen jedoch an: Kues/Simlesa, NZBau 2022, 319.
[114] Kapellmann/Messerschmidt/Lederer § 7 Rn. 62, 63; Ingenstau/Korbion/Döring § 6 Abs. 2 Rn. 20.
[115] BGH NJW 1973, 1698.
[116] FKZGM/Zanner § 6 Rn. 36; BGH BauR 1997, 1019; 1997, 1021.
[117] Leinemann/Leinemann/Kues § 6 Rn. 49.

Faktoren können ebenfalls einen unabwendbaren Umstand darstellen: Bspw. unerlaubte Handlungen Dritter wie Diebstahl oder Sachbeschädigung oder plötzlich auftretende wirtschaftlich unvorhersehbare Materialverknappungen.[118] Ein unabwendbarer Umstand liegt jedoch dann nicht vor, wenn der Auftragnehmer die erforderlichen Vorkehrungen rechtzeitig hätte vornehmen können und insoweit rechtzeitig hätte Vorsorge treffen können.[119] Insofern kommt es insbesondere bei einer Materialknappheit darauf an, ob sich der Auftragnehmer und/oder seine Erfüllungsgehilfen von dem vermuteten Verschulden (§ 286 Abs. 4 BGB) exkulpieren können – wobei schon leichte Fahrlässigkeit dazu führen würde, dass es sich nicht um einen von „keinen" zu vertretenden unabwendbaren Umstand, sondern um einen vom Auftragnehmer zu vertretenden Umstand handelt.

IV. Nr. 2: Gewöhnliche Witterungseinflüsse

Abs. 2 Nr. 2 bestimmt, dass Witterungseinflüsse während der Ausführungszeit 55 dann nicht als Behinderung gelten, wenn mit ihnen bei Abgabe des Angebots normalerweise gerechnet werden musste. Haben die Parteien keine abweichende vertragliche Regelung getroffen, so führen „normale" bzw. „Schlechtwettertage" in „gewöhnlichem" Umfang nicht zu einer Ausführungsfristverlängerung. Die Umstände, mit denen Auftragnehmer üblicherweise rechnen müssen, sind integraler Bestandteil der vertraglichen Leistungspflichten und können deshalb nicht gesondert zu einer Ausführungsfristverlängerung führen; diese Umstände muss der Auftragnehmer bei der Kalkulation seines Angebotes und der Vereinbarung der Ausführungsfristen mit dem Auftraggeber berücksichtigen. Etwas anderes gilt selbstverständlich dann, wenn sich die vertraglichen Ausführungsfristen aufgrund von Umständen verlängern, die schon zu einer Ausführungsfristverlängerung nach Abs. 2 Nr. 1 führen **(Sekundärverzögerung).** Verzögert sich bspw. schon der Beginn der Bauarbeiten durch ein vertragliches Nachprüfungsverfahren und verschiebt sich deshalb die Bauausführung in eine „ungünstigere" Jahreszeit, so sind dann die hieraus resultierenden Schlechtwettertage selbstverständlich nicht von Abs. 2 Nr. 2 erfasst, dies stellt Abs. 4 ausdrücklich auch noch einmal klar.

Es ist weder in der VOB/B noch in anderen Normen geregelt, womit Auftrag- 56 nehmer „üblicherweise" rechnen müssen. Da Witterungsverhältnisse naturgemäß einem breiten Streubereich unterliegen, muss zum einen ein verhältnismäßig langer Zeitraum berücksichtigt werden, zum anderen muss der Ausreißer auch erheblich sein. Als relevanter Referenzzeitraum wird nach allgemeinen Auffassungen zwischen 10 bis 20 Jahre angegeben.[120] Als Beispiele werden von der Rechtsprechung aufgeführt: „Wolkenbruchartiger Regen", „ungewöhnlich lang anhaltende Kälteperioden". Auch Unwetter, wie zB Stürme, Hochwasser, früher Wintereinbruch, enorme Hitzeperioden, können zu Ausführungsfristverlängerungen führen. Maßgeblicher Zeitpunkt ist die Abgabe des ursprünglichen Angebotes; bei nachträglichen Vertragsergänzungen, Änderungsvereinbarungen oder sonstigen nachträglichen Willenserklärungen, der Zeitpunkt dieser Erklärungen. Infolge des Klimawandels und der damit verbundenen stärkeren Unberechenbarkeit der Witterungsverhältnisse verändern sich diese Grundlagen und möglicherweise auch die

---

[118] Nicklisch, 3. Auflage, Rn. 28.
[119] BGH NJW 1983, 989.
[120] Kapellmann/Messerschmidt/Markus § 6 Rn. 26; Glöckner/v. Berg/Zanner § 6 Rn. 17; FKZGM/Zanner § 6 Rn. 38 (20 Jahre); aA (5 Jahre): Herig Rn. 32; zu dieser Problematik auch ausführlicher: Kumlehn/Guicking/Schwerdtner NZBau 2018, 269.

§ 6

Bandbreite der klimatischen Verhältnisse, mit denen der Auftragnehmer rechnen kann und muss.

57 Eine weitere Ausnahme liegt vor, wenn für die vereinbarte Bauzeit Witterungsverhältnisse vorliegen, die die Ausführung der Arbeiten innerhalb der Frist letztlich **unmöglich** machen (zB Dauerregen für die Dauer der Dachabdichtungsleistungen). Dann wird den Interessen beider Vertragspartner besser gedient, eine Ausführungszeitverlängerung zuzubilligen als die Grundsätze der Unmöglichkeit heranzuziehen.[121] Gleiches gilt für **„Tagesbaustellen"** oder für Arbeiten in **„Sperrpausen"**.[122] Bei derartig kurzen Ausführungsfristen ist die Größe des Zeitfensters so beschaffen, dass es eine unbillige Belastung des Auftragnehmers wäre, ihn das Witterungsrisiko tragen zu lassen.[123]

58 Die finanziellen Folgen von derartigen Witterungsverhältnissen trägt jede Partei selbst, da diese Anlässe nicht von einer Vertragspartei zu vertreten sind. Etwas anderes gilt jedoch, wenn eine Partei das Risiko dieser Witterungsverhältnisse übernommen hat, etwa dadurch, dass sie sich zu bestimmten Vorkehrungsmaßnahmen verpflichtet hat (zB **Hochwasserschutz**).[124] Wenn der Auftraggeber diese Aufgabe übernommen hat, ist jdeoch kein Fall der Nr. 2 gegeben, sondern ein Fall der Nr. 1a), wobei der Auftraggeber regelmäßig sowohl die Pflicht noch die Obliegenheit hat, ungünstige Witterungsverhältnisse abzuwehren, so dass Ansprüche aus Abs. 6 S. 1 oder S. 2 in den meisten Fällen ausscheiden.[125] Hat der Auftragnehmer die Aufgabe übernommen, liegt ebenfalls kein Fall des Abs. 2 vor, sondern die Realisierung eines vom Auftragnehmer getragenen Risikos, so dass sich die Ausführungsfristen dann nicht verlängern; gerät der Auftragnehmer in Verzug kann zudem der Auftraggeber einen Schadensersatzanspruch nach Abs. 6 S. 1 geltend machen.

59 Es gelten mithin **zusammenfassend** die folgenden **Merksätze:**

- Umstände, die allein der Auftraggeber zu vertreten hat, führen sowohl zu einer Fristverlängerung als auch zu Schadensersatzansprüchen des Auftragnehmers nach Abs. 6.

- Umstände, die allein der Auftraggeber zwar zu verantworten hat, weil sie seiner Risikosphäre zugewiesen sind, nicht aber zu vertreten hat, führen nur zu einer Fristverlängerung, nicht aber zu einem Schadensersatzanspruch nach Abs. 6 S. 1, können jedoch zu einem verschuldensunabhängigen Anspruch aus Abs. 6 S. 2 iVm § 642 BGB führen.

- Umstände, die allein der Auftragnehmer zu vertreten hat, führen nicht zu einer Ausführungsfristverlängerung, sondern zu Schadensersatzansprüchen des Auftraggebers nach Abs. 6.

- Umstände allein aus der Risikosphäre des Auftragnehmers, die er aber nicht zu vertreten hat, führen nicht zu einer Fristverlängerung, aber auch nicht zu Schadensersatzansprüchen des Auftraggebers nach Abs. 6.

---

[121] Bsp. nach Vygen/Joussen, Bauvertragsrecht, 5. Aufl. 1997, Rn. 1763; Messerschmidt/Voit/Voit § 6 Rn. 9; Ingenstau/Korbion/Döring § 6 Abs. 2 Rn. 27; Leinemann/Leinemann/Kues § 6 Rn. 50.

[122] Leinemann/Leinemann/Kues § 6 Rn. 56. LG Karlsruhe 14.11.2014 – 14025/14 mwN.

[123] LG Hannover 16.2.2017 – 21 O 19/16, IBR 2018, 191.

[124] Vgl. insoweit auch: BGH NJW 1998, 456; Messerschmidt/Voit/Voit § 6 Rn. 9.

[125] BGH 20.4.2017 – VII ZR 194/13, NJW 2017, 2025. Hierzu: Motzke BauR 2018, 581.

Behinderung und Unterbrechung der Ausführung **§ 6**

- Umstände, die keine der Vertragsparteien zu verantworten oder zu vertreten hat, führen regelmäßig zwar zu einer Ausführungsfristverlängerung, aber zu keinen finanziellen Ansprüchen nach Abs. 6, weder des Auftragnehmers noch des Auftraggebers.
- Umstände die sowohl vom Auftragnehmer als auch vom Auftraggeber zu verantworten sind, müssen differenziert betrachtet werden, hierzu sogleich → Rn. 61.

V. Automatische Fristverlängerung

Liegt ein Umstand vor, der nach Abs. 2 zu einer Ausführungsfristverlängerung führt, so wird diese Ausführungsfrist „automatisch", dh ohne weitere Erklärung einer der Vertragsparteien verlängert. Abs. 2 gewährt also weder einen „Fristverlängerungsanspruch", noch begründet er eine reine „Kooperationsverpflichtung", sondern greift unmittelbar in die vertraglichen Ausführungsfristen ein.[126] Die Verlängerung der Ausführungsfristen wird also allein aufgrund der Bestimmungen der VOB/B bewirkt. 60

Folge dieser „automatischen" Fristverlängerung ist, dass der Auftragnehmer ohne weitere Umstände zum bisherigen Termin nicht in Verzug geraten kann, weil die von ihm zu erbringende Leistung zum „alten" schon **nicht fällig** war und weil er die Fristverlängerung **nicht zu vertreten** hatte. Infolgedessen kann der Auftraggeber im Fall einer berechtigten Behinderung und dadurch fehlender Fälligkeit den Bauvertrag nicht aufgrund des Verzuges oder der Verzögerung des Ausführungsbeginns kündigen.[127] Etwas anderes gilt aber, wenn der Auftragnehmer gemäß § 6 Abs. 3 VOB/B zur Anpassung des Bauablaufes verpflichtet war und andere Leistungen hätte vornehmen können. Tut er das nicht, hatte die Behinderung nicht die behaupteten zeitlichen Folgen und der Auftragnehmer geriet dennoch möglicherweise in Verzug.[128]

Der Behinderungszeitraum ergibt sich aus den Bestimmungen von Abs. 3 und Abs. 4 und bedarf keiner gesonderten Vereinbarung der Parteien.[129] Selbstverständlich ist es den Parteien unbenommen, abweichend von den Abs. 2–4 entweder im Vertrag (dann: vorbehaltlich der Bestimmungen der §§ 305 ff. BGB für Allgemeine Geschäftsbedingungen) oder im Bauablauf durch gemeinsame Vereinbarung den zeitlichen Umfang von Behinderungen neu zu regeln und bspw. neue Ausführungstermine iSd § 5 neu zu bestimmen und zu definieren. Auf Veranlassung einer Partei hat sich die andere Partei schon aufgrund der wechselseitigen Kooperationspflicht zu deren Terminplanvorschlägen innerhalb angemessener Zeit (idR innerhalb einer Woche) zu äußern und sachlich Stellung zu nehmen; orientieren sich beide Parteien an einem Terminplan oder einem Vorschlag, so wird dieser in der Regel zumindest konkludent vereinbart worden sein.

Zu den Auswirkungen dieser Regelung auf Kalendertermine, Vertragsstrafen und Vertragsfristen, → Rn. 96. Zur Frage, wie sich Puffer auf den Umfang der Fristverlängerung auswirken → Rn. 67.

---

[126] Klarstellend: Beck VOB/B/von Kiedrowski § 6 Abs. 2 Rn. 2; § 6 Abs. 4 Rn. 3; VJLR/Vygen/Joussen Teil A Rn. 408. Dies gilt auch für BGB-Bauverträge: Messerschmidt/Voit/von Rinteln H Rn. 139; BGH 21.3.1974 – VII ZR 139/71, NJW 1974, 1080; OLG Düsseldorf 29.11.1996 – 22 U 116/96, NJW-RR 1998, 1749.

[127] OLG Köln 31.1.2022 – 19 U 131/21, IBR 2024, 9; OLG Celle 26.2.2021 – 4 U 37/20, IBR 2022, 287.

[128] OLG Hamburg 23.2.2023 – 4 U 54/22, NJW-RR 2023, 1255.

[129] Ingenstau/Korbion/Döring § 6 Abs. 4 Rn. 6, 7; VJLR/Vygen/Joussen Teil A Rn. 408.

Sonntag

VI. Sonderfall: Von beiden zu verantwortende oder zu vertretende Störungen

61 Von beiden Parteien zu verantwortende Umstände können in zwei unterschiedlichen Fallkonstruktionen vorliegen:
- Ein einheitlicher Umstand wird sowohl vom Auftraggeber als auch vom Auftragnehmer verursacht (**kumulative Kausalität, Gesamtkausalität**) oder
- es liegen zwei voneinander unabhängige Umstände vor, die, jede für sich, störend auf den Bauablauf einwirken (**alternative Kausalität oder Doppelkausalität**).

Grundsätzlich gilt: Der Auftragnehmer kommt nicht in Verzug, wenn der Auftraggeber eine erforderliche Handlung unterlässt. Ist die Mitwirkung des Gläubigers, also des Auftraggebers, zur Vornahme der Leistung des Auftragnehmers notwendig, kommt der Schuldner nur in Verzug, wenn der Auftraggeber die erforderliche Handlung vornimmt oder jedenfalls anbietet.[130] Beruht demnach die Verzögerung auf einer Verletzung von Mitwirkungspflichten des Auftraggebers ist ein Verzug des Auftragnehmers ausgeschlossen.[131] Gleiches gilt für andere Störungen aus der Risikosphäre des Auftraggebers. Umgekehrt gilt aber auch: Der Auftraggeber kommt nicht in Annahmeverzug, wenn der Auftragnehmer zur Zeit des Angebotes oder des Zeitpunktes, zu dem der Auftraggeber eine Mitwirkungshandlung hätte vornehmen müssen, selbst außerstande ist, seine Leistung zu bewirken, § 297 BGB. Weder die VOB/B noch das Gesetz regeln diese beiden Fälle explizit. Es liegt nahe, beide Konstellationen unterschiedlich zu behandeln:

62 **1. Gesamtkausalität.** Im Fall der Gesamtkausalität muss die Regelung des § 254 BGB entsprechend angewandt werden, so dass letztlich aufgrund wertender Beurteilung festzulegen ist, wer den einen behindernden Umstand in welchem Umfang zu verantworten hat.[132] Entsprechend kommt dem Auftragnehmer ggf. dann nur ein Teil der sonst vorzunehmenden Ausführungsfristverlängerung zugute und seine finanziellen Ansprüche werden um seinen quotalen Anteil gemindert.

63 **2. Doppelkausalität.** Im Fall der Doppelkausalität kommt es für die zeitlichen Auswirkungen nicht darauf an, ob der Auftragnehmer eine Störung mitverursacht hat oder nicht:[133] Die Ausführungsfristen werden nach Abs. 2 Nr. 1a) bereits dann „automatisch" (s. unten) verlängert, sobald ein vom Auftraggeber zu verantwortender Umstand vorliegt. Ob daneben noch ein weiterer Umstand des Auftragnehmers vorhanden ist oder nicht, kann deshalb schon allein aufgrund des ausdrücklichen Wortlautes von Abs. 2 keine Rolle spielen. Die Ausführungsfristen werden also allein wegen eines vom Auftraggeber zu verantwortenden Umstandes verlängert. Der Auftragnehmer kommt allein wegen der fehlenden Mitwirkungshandlung des Auftraggebers oder wegen eines Umstandes aus der Risikosphäre des

---

[130] BGH NJW 1996, 1745; BGHZ 116, 249; OLG Düsseldorf NJW 2013, 618. Entsprechend hindert auch schon das bloße objektive Bestehen eines Leistungsverweigerungsrechts den Eintritt des Verzuges: Grüneberg/Grüneberg BGB § 320 Rn. 12; ders. BGB § 386 Rn. 14.

[131] BGH MDR 1988, 1051; NJW 1996, 1745.

[132] HM: Roquette Rn. 663; Kapellmann/Schiffers/Markus Bd. I Rn. 1357 („Ursachenknäuel"); VJLR/Vygen/Joussen Teil A Rn. 417; Eschenbruch/von Rintelen NZBau 2010, 401. So auch: BGH 14.1.1993 – VII ZR 185/91, NJW 1993, 2674, vgl. aber auch: BGH 7.5.2004 – V ZR 77/03, NJW 2004, 2526.

[133] OLG Frankfurt a.M. 3.2.2023 – 21 U 47/20, IBR 2023, 283.

Auftraggebers in diesem Zeitraum nicht in Verzug, da die Ausführungsfrist „automatisch" verlängert wird, sobald Umstände aus dem Risikobereich des Auftraggebers sich auf die Bau- und Ausführungszeit ausgewirkt haben. Denn eine Leistung kann nicht fällig werden, wenn der Auftraggeber seinerseits vertragsuntreu ist und eine Verzögerung bewirkt.[134] Erst im Rahmen der finanziellen Ansprüche nach Abs. 6 kommt es darauf an, ob der Auftragnehmer selbst leistungsbereit war, da der Schaden des Auftragnehmers auf der Behinderung beruhen muss. Es muss also eine kausale Verknüpfung zwischen Behinderung (die vom Auftraggeber zu vertreten sein muss) und Schaden des Auftragnehmers vorliegen, die dann nicht besteht, wenn der Schaden des Auftragnehmers ohnehin (also auch ohne Störung des Auftraggebers) entstanden wäre.[135] Ansprüche des Auftragnehmers aus § 642 BGB scheitern auch, weil Annahmeverzug dann nicht vorliegt, wenn der Auftragnehmer selbst in Verzug war.[136] Die (eigene) fehlende Leistungsbereitschaft des Auftragnehmers spielt also für die Frage, ob sich die Ausführungsfristen verlängern, und er sich passiv gegen finanzielle Ansprüche des Auftraggebers aus oder wegen Verzuges verteidigt, keine Rolle, wohl aber für die Frage, welche finanziellen Ansprüche er selbst aktiv geltend macht.

Ansprüche des Auftraggebers scheiden in beiden Fällen ebenfalls aus, weil die Fristversäumnis nicht allein vom Auftragnehmer zu vertreten war und der beim Auftraggeber entstandene Schaden auch dann eingetreten wäre, wenn der Auftragnehmer nicht in Verzug geraten wäre.

VII. Sonderfall: Verkürzung der Ausführungsfrist

Im Regelfall wirken sich Störungen nach Vertragsschluss bauzeitverlängernd aus, dh die Störung wirkt sich nicht nur rechtlich, sondern vor allem und zunächst faktisch auf den Bauablauf aus und beeinträchtigt diesen nachteilig. Im Ausnahmefall könnte aber eine Störung auch dazu führen, dass sich der Bauablauf nicht verlängert, sondern verkürzt, bspw. dann, wenn der Auftraggeber eine Leistungsänderung vornimmt, Teilleistungen kündigt oder selbst vornimmt (§ 2 Abs. 4 VOB/B) oder wenn sich Bauumstände positiv ändern (bessere Zufahrtswege werden schneller fertig, Witterungsverhältnisse sind wesentlich besser). Solche Umstände können sich faktisch begünstigend auf den Bauablauf auswirken. Die Frage ist, ob dies auch rechtlich der Fall ist. Auf den Wortlaut von § 6 Abs. 2

---

[134] Kniffka/Koebel/Kniffka 7. Teil Rn. 7; Eschenbruch/von Rintelen NZBau 2010, 401 (406); Kapellmann/Schiffers/Markus Bd. 1 Rn. 1355 ff. Auch die Rspr. hat sich dem angeschlossen: BGH 21.3.1974 – VII ZR 139/71, NJW 1974, 1080; OLG Düsseldorf 29.11.1996 – 22 U 116/96, NJW-RR 1998, 1749. In dem vom BGH entschiedenen Fall vertrat der BGH die Auffassung, dass ein Bauunternehmer mit der Erfüllung der Bauleistungspflicht nicht in Verzug geraten kann, solange die erforderliche Baugenehmigung durch den Auftraggeber nicht erwirkt wurde. Dies gilt auch für BGB-Bauverträge: Staudinger/Peters/Jakoby, BGB (2014), § 642 Rn. 53; Messerschmidt/Voit/von Rintelen H Rn. 139; Kleine-Möller/Merl/Glöckner PrivBauR-HdB/Mai § 17 Rn. 14; aA: Langen BauR 2011, 381.

[135] Kapellmann/Schiffers/Markus Bd. 1 Rn. 1355 ff.; Beck VOB/B/von Kiedrowski § 6 Abs. 6 Rn. 85; Duve/Richter BauR 2006, 608; Roquette/Fußy BauR 2009, 1506. AA (auch hier: Quotierung nach § 254 BGB): Langen BauR 2011, 381.

[136] BGH BauR 2004, 1772. Kapellmann/Schiffers/Markus Bd. 1 Rn. 1356 unter Verweis auch auf § 295 BGB analog: Kein Verzug bei fehlender Leistungsbereitschaft. So auch: Roquette Rn. 661 f.; AA (auch Anwendung des § 254 BGB): Nicklisch, 3. Auflage, Rn. 25; Herig Rn. 27.

VOB/B könnte sich ein solches Verlangen (in aller Regel des Auftraggebers) nicht berufen können, denn es ist hier nur von einer Verlängerung und keiner „Verkürzung" oder – neutral formuliert – „Anpassung" der Ausführungsfristen die Rede. Auf den Wortlaut der VOB/B ließe sich ein solcher Anspruch also nicht stützen, insbesondere dann nicht, wenn die Regelungen der VOB/B als Allgemeine Geschäftsbedingung auszulegen sind. Ob sich die Parteien dessen ungeachtet auf eine nach § 242 BGB vorzunehmende Vertragsanpassung berufen können – etwa als ergänzende Vertragsauslegung – wäre hingegen eine Frage des Einzelfalls und hinge von allen relevanten Umständen ab.

VIII. Beweislast

64 Der Auftragnehmer trägt die Beweislast iSd § 286 ZPO für das **Vorhandensein einer Behinderung** und für ihre **Dauer**, soweit er sich auf die Ausführungsfristverlängerung beruft. Ferner trägt er die entsprechende Darlegungs- und Beweislast hinsichtlich des Vorliegens hindernder Umstände und ihrer grundsätzlichen Einwirkung auf den Bauablauf[137] (zur Darlegungserleichterung hinsichtlich des Umfangs dieser Einwirkung, → Rn. 181). Denn diese Umstände gehören zur haftungsbegründenden Kausalität und betreffen damit den konkreten Haftungsgrund. § 287 ZPO ist insoweit nicht anwendbar.[138]

Die **Folgen der Behinderung** und damit der Umfang der Ausführungsfristverlängerung müssen vom Auftragnehmer plausibel dargelegt werden und können im Übrigen nach § 287 ZPO geschätzt werden. Denn diese Umstände betreffen die haftungsausfüllende Kausalität. Insoweit ist § 287 ZPO anwendbar.[139] Allerdings reicht es hierzu nicht aus, dass der Auftragnehmer abstrakte oder theoretisch denkbare Behinderungsfolgen vorträgt. Er muss vielmehr konkret und bauablaufbezogen darstellen, wie sich der Bauablauf behinderungsbedingt entwickelt hat und wie er sich ohne die Behinderung entwickelt hätte.[140]

Dabei muss der Auftragnehmer diese Darstellung **für jede einzelne Behinderung** vornehmen,[141] weil es nur so dem Auftraggeber und dem Gericht ermöglicht wird, den vom Auftragnehmer behaupteten Kausalverlauf zu überprüfen (zudem könnte es auch sein, dass im Rahmen der Beweisaufnahme einige der behaupteten Behinderungen nicht erwiesen sind, so dass die Behinderungsfolgen nur für die erwiesenen Behinderungen ermittelt und aus der Gesamtverzögerung herausgerechnet werden müssen). Vertragsgemäße Anordnungen des Auftraggebers und ihre Folgen müssen dabei getrennt dargestellt werden.[142]

Wurde der Auftragnehmer durch **fehlende Pläne** oder eine verzögerte Planfreigabe behindert, muss er detailliert darlegen, aufgrund welcher Verzögerung welcher Pläne bzw. welcher Freigabe welche im vorgesehenen Zeitraum der Planfreigabe konkret anstehenden Arbeiten nicht durchgeführt werden konnten und wie sich diese Verzögerungen konkret auswirkten.[143]

---

[137] Grundlegend: BGH NZBau 2005, 387; OLG Hamm 30.7.2013 – 21 U 84/12, NJW 2014, 78; OLG Köln 28.1.2014 – 24 U 199/12, NJW 2014, 3039; Ingenstau/Korbion/Döring § 6 Abs. 2 Rn. 2.

[138] BGH NZBau 2005, 387.

[139] BGH NZBau 2005, 387; NJW 1986, 1684.

[140] OLG Frankfurt a.M. 9.3.2023 – 15 U 295/21, IBR 2024, 110; OLG München 26.9.2017 – 28 U 2834/09.

[141] OLG Frankfurt a.M. 9.3.2023 – 15 U 295/21, IBR 2024, 110.

[142] OLG Zweibrücken 3.12.2020 – 5 U 62/20, IBR 2021, 341.

[143] OLG Frankfurt a.M. 3.2.2023 – 21 U 47/20, IBR 2023, 283.

Sind Behinderungen unstreitig oder bewiesen und macht der Auftraggeber einen Verzugsschaden geltend, trägt er hingegen die Darlegungs- und Beweislast für die Richtigkeit der von ihm behaupteten Termine zu denen der Auftragnehmer in Verzug gewesen sein soll. Schließlich muss der Auftraggeber die Pflichtverletzung des Auftragnehmers (Fristüberschreitung) darlegen und beweisen. War der ursprüngliche Termin unstreitig nicht mehr der vom Auftragnehmer geschuldete Termin, so muss der Auftraggeber darlegen und im Streitfall beweisen, zu welchem Termin der Auftragnehmer die Leistungen zu erbringen hatte, auch wenn sich die Rechtsprechung dahingehend interpretieren lässt, dass der Auftragnehmer, der sich gegen die Inanspruchnahme wegen Verzuges wehrt, konkrete Angaben zu der Behinderung und zu den Auswirkungen der Behinderungen machen muss. Näher zur Beweislast auch → Rn. 177 ff., → Rn. 220 und → Rn. 273.

D. Abs. 3 – Anpassungspflicht des Auftragnehmers

I. Pflicht zur Umstellung des Bauablaufes

Abs. 3 und 4 regeln den Umfang der Ausführungsfristverlängerung, sofern eine 65
solche dem Grunde nach gemäß Abs. 2 besteht. Da die Ausführungsfristverlängerung Folge der Behinderung ist, sind die Rechtsgedanken des § 249 BGB wenn nicht sogar schon direkt, dann wenigstens analog heranzuziehen. Das bedeutet, dass dem Grunde nach die Ausführungsfristverlängerung gilt, die ggfls. unter Rückgriff auf normative Anpassungen der Behinderung kausal zurechenbar sind. Diesen Grundsatz wollen Abs. 3 und 4 konkretisieren, wobei ihr Wortlaut in aller Regel als Allgemeine Geschäftsbedingung auszulegen sein wird und daher auch zu berücksichtigen ist, ob Auftragnehmer oder Auftraggeber deren Steller sind. Jedenfalls ergibt sich aus Abs. 3 und 4 ein Wechselspiel dergestalt, dass Abs. 4 zunächst den Verlängerungszeitraum bestimmt, von dem dann aber der Zeitraum nach Abs. 3 in Abzug gebracht werden muss, in dem der Auftragnehmer die ihm obliegenden Leistungen trotz vorliegender Behinderung ausführen kann – das entspricht dem Rechtsgedanken des § 254 BGB.

Gem. § 6 Abs. 3 hat der Auftragnehmer alles zu tun, was von ihm billigerweise erwartet werden kann, um die Folgen der Behinderung zu minimieren. Der Auftragnehmer ist also nicht berechtigt, die Arbeiten in Gänze einzustellen, weil er in der Ausführung eines Teils seiner Leistungen behindert ist oder die Arbeiten im Gewerk xyz oder im Baufeld abc einzuschränken, obgleich er in einem anderen Gewerk oder einem anderen Baufeld behindert wird.[144] Dabei kommt es nicht darauf an, ob es sich um Behinderungen handelt, die von einer Vertragspartei zu vertreten sind oder ob es sich um einen der in Abs. 2 Nr. 1a), b) oder c) aufgeführten Umstände handelt. Die Anpassungspflicht des Auftragnehmers gilt also unabhängig davon, wer die Störung veranlasst hat (bei Umständen, die in der Risikosphäre des Auftragnehmers liegen oder gar von ihm zu vertreten sind, liegt die Anpassungspflicht ohnehin auf der Hand). Es handelt sich um eine selbständige Pflicht des Auftragnehmers, die der gesetzlichen Schadensminderungspflicht aus § 254 Abs. 2 S. 1 BGB entspricht. Die Pflicht besteht unabhängig davon, ob der Auftraggeber den Auftragnehmer zur Anpassung auffordert oder nicht.[145] Wenn allerdings der Auftraggeber die **Koordination** verschiedener Unternehmer auf

---

[144] OLG Dresden 27.9.2016 – 6 U 564/16.
[145] Messerschmidt/Voit/Voit § 6 Rn. 10.

der Baustelle übernimmt, muss der Auftragnehmer dem Auftraggeber seine Anpassungsvorschläge unterbreiten, damit der Auftraggeber diese entsprechend mit den anderen Unternehmern koordinieren kann. In diesen Fällen darf der Auftragnehmer nicht ohne Weiteres Handlungen ausführen, deren Vornahme andere Unternehmer wiederum behindern – bspw. kann ein Trockenbauunternehmer nicht ohne Abstimmung mit dem Auftraggeber Leistungen im zweiten OG ausführen, wenn er im ersten OG behindert ist, da im zweiten OG bspw. der Elektrotechniker Arbeiten ausführen muss. Der Umfang der geschuldeten Maßnahmen ist auch abhängig vom Verschulden oder vom Einsatz auf anderen Baustellen, zu denen der Auftragnehmer auch unter Schadensminderungspflichten gehalten war; auf entsprechende Nachfrage muss sich der Auftraggeber entsprechend erklären.

66 Zu **Schutz- und Sicherungspflichten** (wie zB provisorische Abdeckungen) bleibt der Auftragnehmer auch ohne Umstellung des Bauablaufs verpflichtet. Soweit diese Maßnahmen nicht vertraglich vom Bausoll erfasst sind, können sie als zusätzliche Leistung ggf. auch über § 2 Abs. 8 vergütet werden.

Die Erfüllung der Pflichten nach Abs. 3 kann der Auftraggeber auch im Klageweg geltend machen.

67 Differenziert zu betrachten ist die Frage, inwiefern **Puffer** bei der Betrachtung der Fristverlängerung zu berücksichtigen sind.[146] Puffer sind Zeitreserven im Terminplan, diese können ausgewiesen sein oder „versteckt", indem bspw. Vorgangsdauern länger angegeben sind, als sie tatsächlich sind. Puffer können von vornherein vorgesehen werden oder im Bauablauf durch einen „schnelleren" Auftragnehmer entstehen. Puffer „gehören" zunächst aufgrund der zeitlichen Dispositionsfreiheit dem Auftragnehmer.[147] Besteht der Puffer zum Zeitpunkt der Behinderung noch, kann er grundsätzlich auch noch vom Auftragnehmer eingesetzt werden; für die Berechnung der Fristverlängerung ist der Puffer also nicht heranzuziehen, weil der Auftragnehmer ihn noch für eigene Zwecke einsetzen kann. Benötigt er ihn aber abschließend nicht, ist es ihm dann billigerweise zumutbar, den Puffer nach Treu und Glauben „herauszugeben". Für die Berechnung der Höhe des Schadensersatzes kommt es letztlich am Ende aber darauf an, in welchem Umfang sich die Bauzeit tatsächlich verlängert hat (und eben nicht nur rechnerisch prognostisch hätte verlängern „dürfen", ohne dass der Auftragnehmer in Verzug geriete). Ist der Puffer jedoch schon verbraucht, kommt dessen Berücksichtigung ohnehin nicht mehr in Betracht.

II. Anordnungsrecht des Auftraggebers, Beschleunigungen

68 Im Rahmen des Abs. 3 darf der Auftraggeber den Auftragnehmer auch zur Ausführung von Leistungen auffordern, bspw. Anpassungen im Bauablauf vorzunehmen. Insoweit sieht Abs. 3 auch ein **Anordnungsrecht des Auftraggebers** vor, das über § 1 Abs. 3, Abs. 4 bzw. § 4 hinausgeht, aber im Rahmen des § 4 Abs. 1 verbleibt. Das Anordnungsrecht besteht allerdings nur, soweit die Vornahme der geänderten Leistungen (die sich nur auf den Bauablauf beziehen können, da inhaltliche Leistungsänderungen von § 1 Abs. 3, Abs. 4 umfasst werden) dem Auftragnehmer billigerweise **zugemutet** werden können. Nach allgemeiner Auf-

---

[146] Markus NZBau 2014, 92; Roquette/Viering/Leupertz, Handbuch Bauzeit, Rn. 666 ff. mwN; Eschenbruch/von Rinteln NZBau 2010, 401; Kapellmann/Schiffers/Markus Bd. 1 Rn. 1483 ff.; Wessel ZfBR 2010, 527.

[147] OLG Düsseldorf 20.7.2011 – VII-U (Kart) 11711; Kapellmann/Messerschmidt/Markus § 6 Rn. 40; Lang, 2011, 41; Fuchs/Schottke, 2011, 63.

fassung kann der Auftraggeber deshalb im Rahmen dieser Anpassungspflicht verlangen, dass der Auftragnehmer seine Produktionsplanung überprüft, seinen Bauablauf umstellt, nicht starr an dem vorgesehenen Produktionsablauf festhält und/oder flexibel reagiert. Dieser ist aber nicht verpflichtet, Kosten auszulösen, bspw. Personal oder Maschinen zu verstärken oder zusätzliche Nachunternehmer einzusetzen.[148] Dies ergibt sich aus systematischen und teleologischen Gründen auch daraus, dass eine „spiegelbildliche" Anspruchsgrundlage zur Anpassung der Vergütung, wie dies in § 2 Abs. 5, Abs. 6 für Anordnungen nach § 1 Abs. 3, Abs. 4 vorgesehen ist, im § 6 Abs. 3 fehlt. Die Anpassungspflicht besteht deshalb nur im Rahmen der vertragsgemäß vorhandenen Ressourcen und Kapazitäten. Der Auftragnehmer ist auch nicht verpflichtet, inhaltliche Leistungsänderungen oder Zusatzleistungen auszuführen, die zwar die Behinderungsauswirkung minimieren könnten, sich aber als geänderte oder zusätzliche Leistung nach § 1 Abs. 3, Abs. 4 darstellen.[149] Diese Leistungen muss der Auftraggeber explizit nach § 1 Abs. 3, Abs. 4 (bzw. § 650b Abs. 2 BGB nF) anordnen mit der Folge, dass dem Auftragnehmer hierfür nach § 2 Abs. 5, Abs. 6 ein Vergütungsanspruch zusteht.[150]

Der Auftraggeber hat über § 1 Abs. 3, Abs. 4 **kein zeitliches Anordnungs-** 69 **recht** dergestalt, dass er Beschleunigungsmaßnahmen anordnen kann.[151] Ein solches zeitliches Anordnungsrecht besteht nach ganz herrschender Meinung beim VOB/B-Vertrag nicht.[152] Auch beim BGB-Vertrag besteht gemäß § 650b Abs. 2 BGB nach herrschender Auffassung aufgrund des Wortlautes, der Historie und der systematischen Auslegung kein zeitliches Anordnungsrecht.[153] Der Auftraggeber kann also weder Beschleunigungen einseitig erzwingen, noch Ausführungsfristen einseitig verlängern oder verkürzen. Der Auftragnehmer ist deshalb nicht verpflichtet, **Beschleunigungsmaßnahmen** umzusetzen. Der Auftraggeber kann Beschleunigungsmaßnahmen nur verlangen, indem er zuvor eine entsprechende Beschleunigungsvereinbarung mit dem Auftragnehmer trifft (und regelmäßig mit dem Auftragnehmer eine entsprechende Vergütungsvereinbarung trifft). Mit der Anpassungspflicht nach Abs. 3 können nur Bauabläufe modifiziert werden, aus denen dem Auftragnehmer keine zusätzlichen Kosten entstehen.

Ordnet der Auftraggeber gleichwohl (vertragswidrig) eine Beschleunigung an, 70 kann der Auftragnehmer die Vornahme dieser Maßnahme verweigern und auf seine Rechte aus § 6 (Zeitverlängerung und ggf. finanzielle Kompensation nach Abs. 6 S. 1 oder S. 2) „beharren". Alternativ kann er sich vor Ausführung von Beschleunigungsmaßnahmen mit dem Auftraggeber auf einen Preis verständigen

---

[148] Messerschmidt/Voit/Voit § 6 Rn. 10; FKZGM/Zanner § 6 Rn. 41; aA: Erhöhung der vorhandenen Kapazitäten durch Überstunden u. Wochenendarbeit sei in der Regel zumutbar und könne deshalb vom Auftraggeber verlangt werden: Ingenstau/Korbion/Döring § 6 Abs. 3 Rn. 6.

[149] Ausf. unter Bezugnahme auf die Bestimmungen der VOB/C und noch danach differenzierend, ob die Behinderung vom Auftraggeber schuldhaft zu vertreten ist oder (nur) seiner Risikosphäre entspringt: Beck VOB/B/von Kiedrowski § 6 Abs. 3 Rn. 12 ff.

[150] Kapellmann/Messerschmidt/Markus § 6 Rn. 30; Beck VOB/B/von Kiedrowski § 6 Abs. 3 Rn. 19; Leinemann/Leinemann/Kues § 6 Rn. 70.

[151] Das OLG Köln hat ausdrücklich entschieden, dass der Auftragnehmer insofern keine Pflicht zur Beschleunigung hat: OLG Köln 30.7.2015 – 24 U 179/11, IBR 2015, 592.

[152] Kapellmann/Messerschmidt/Markus § 2 Rn. 181; Kapellmann/Schiffers/Markus Bd. 1 Rn. 785, 1455.

[153] LBDL/Langen BGB § 650b Rn. 25; DLOPS/Oberhauser § 2 Rn. 35; Leinemann/Leinemann/Kues BGB § 650b Rn. 60 ff.

und ist dabei nicht an die Auftragskalkulation gebunden.[154] Er kann schließlich auch ohne Beschleunigungsvereinbarung die angeordneten Maßnahmen umsetzen, und erhält dann wegen der „sonstigen Anordnung" des Auftraggebers entsprechend § 2 Abs. 5 eine zusätzliche Vergütung.[155]

71 Dem Auftragnehmer steht wegen der Umsetzung einer Beschleunigungsanordnung aber kein Schadensersatzanspruch aus § 6 Abs. 6 S. 1 zu, denn dem Auftragnehmer ist aus der möglichen Pflichtverletzung (Anordnung von Beschleunigungsmaßnahmen) kein Schaden entstanden. Der finanzielle Nachteil entstand erst aufgrund der eigenverantwortlichen Entscheidung des Auftragnehmers, trotz einer pflichtwidrigen Anordnung Leistungen auszuführen, ohne hierzu verpflichtet gewesen zu sein, wodurch die Kausalbeziehung zwischen Störung und Beschleunigung unterbrochen ist. Insofern kann die Vergütung des Auftragnehmers für die Ausführung von vertragswidrig ausgeführten Beschleunigungsmaßnahmen beim VOB/B-Vertrag in aller Regel nach § 2 Abs. 5 VOB/B („sonstige Anordnung") und nicht nach § 2 Abs. 8 VOB/B erfolgen; beim BGB-Vertrag aufgrund einer Anordnung nach § 650b Abs. 2 BGB.

72 Als Beschleunigungsanordnung ist auch die Aufforderung des Auftraggebers zu verstehen, trotz bestehender Störungen und somit trotz bestehender Ausführungsfristverlängerung nach § 6 Abs. 2 an den vertraglichen Fertigstellungsterminen festzuhalten.[156]

73 Führt der Auftragnehmer Beschleunigungsmaßnahmen aus, **ohne** dass der Auftraggeber diese **angeordnet** hat, können die hieraus resultierenden zusätzlichen Maßnahmen und Leistungen nach § 2 Abs. 8 Nr. 2 S. oder § 2 Abs. 8 Nr. 3 vergütet werden.[157]

74 Der Auftragnehmer ist also zur Beschleunigung berechtigt, bleibt aber in vollem Umfang dafür darlegungs- und beweisbelastet, dass die Umsetzung der Beschleunigungsmaßnahme dem mutmaßlichen Willen bzw. Interesse des Auftraggebers entsprochen habe.

75 Der Auftragnehmer kann aber regelmäßig nur schwer prognostizieren, ob die von ihm veranlassten Beschleunigungsmaßnahmen (a) überhaupt die gewünschten zeitlichen Folgen haben werden und (b) ob der Auftraggeber an der teureren Beschleunigungsmaßnahme im Vergleich zu der ansonsten erwarteten Bauzeitverlängerung interessiert ist. Bei gewerblichen Auftraggebern wird zwar ein entsprechendes wirtschaftliches Interesse oftmals gegeben sein, bei Infrastrukturprojekten wie zB Autobahnen ist dies aber weitaus seltener der Fall. Das Risiko trägt der Auftragnehmer.

76 Hinsichtlich der Vergütungshöhe für so ausgeführte Beschleunigungsmaßnahmen gelten die allgemeinen Grundsätze: Sie ist auf Basis der Kalkulation zu ermitteln unter Berücksichtigung der tatsächlichen Kosten, soweit Leistungsansätze in der Kalkulation nicht enthalten sind; der Auftragnehmer ist an diese unter den gleichen Voraussetzungen nicht mehr gebunden, wie auch sonst in den Fällen des

---

[154] Nicklisch, in der 3. Auflage, § 1 Rn. 26; Vgl. Leinemann/Leinemann/Kues § 6 Rn. 76 ff.

[155] So auch Nicklisch, 3. Auflage, Rn. 33; Leinemann/Leinemann/Kues § 6 Rn. 76: Der Schlussfolgerung, dem Auftragnehmer stünden Marktpreise nach § 632 Abs. 2 BGB zu, ist nicht zuzustimmen. Die VOB/B knüpft in keinem Fall an Marktpreise, sondern an die kalkulierten Preise an. So auch Kimmich BauR 2008, 263.

[156] Kapellmann/Messerschmidt/Markus § 6 Rn. 32 Fn. 64 mwN.

[157] Kapellmann/Messerschmidt/Markus § 6 Rn. 33; Hierzu auch: Leinemann/Leinemann/Kues § 6 Rn. 76 ff.

§ 2 Abs. 5, Abs. 6 (bspw., weil die vertragliche Bauzeit überschritten ist, weil ein Fall der gestörten Geschäftsgrundlage vorliegt oder ein sonstiger vom Auftraggeber zu vertretender Umstand die zusätzlichen Maßnahmen verursacht hat).[158]

III. Informationspflicht des Auftragnehmers

Sobald die hindernden Umstände weggefallen sind, hat der Auftragnehmer den Auftraggeber ohne Weiteres zu benachrichtigen und ohne Weiteres und unverzüglich die Arbeiten wieder aufzunehmen. Auch hierbei handelt es sich um eine selbständige Pflicht des Auftragnehmers. Die Pflicht besteht auch ohne Aufforderung des Auftraggebers. **77**

IV. Schadensersatzanspruch des Auftraggebers

Die unterlassene Anpassung oder die verzögerte oder unterlassene Information des Auftragnehmers können bei vorliegendem Verschulden **Schadensersatzansprüche des Auftraggebers** nach § 280 BGB auslösen.[159] **78**

V. Beweislast

Der Auftraggeber trägt die Beweislast dafür, dass eine entsprechende Pflicht des Auftragnehmers in dem vom Auftraggeber behaupteten Umfang nach Abs. 3 bestand. Der Auftragnehmer ist sodann dafür beweisbelastet, dass er diese Pflicht auch ordnungsgemäß erfüllt hat, § 362 BGB. Hat er die Pflicht nicht erfüllt, wird sein Verschulden vermutet, § 280 Abs. 2 BGB, dh der Auftragnehmer müsste darlegen und beweisen, dass er diese Pflicht schuldlos verletzt haben sollte, bspw. weil er in der Erfüllung seiner Pflicht nach Abs. 3 vom Auftraggeber behindert wurde oder ein Umstand vorlag, der nach Abs. 2 auch die neuen Fristen der auf Basis des Abs. 3 ausgeführten Leistungen verschieben würde. **79**

E. Abs. 4 – Berechnung der Fristverlängerung

Während Abs. 2 die Frage regelt, **ob** eine Störung zu einer Ausführungsfristverlängerung führt oder nicht, regeln die Abs. 3 und 4 gemeinsam **wie** der Umfang der Ausführungsfristverlängerung zu ermitteln ist. Dabei bestimmt Abs. 4, dass sich die Fristverlängerung nach der Dauer der Behinderung mit einem Zuschlag für die Wiederaufnahme der Arbeiten und die etwaige Verschiebung in eine ungünstigere Jahreszeit bestimmt, wobei der Wortlaut ergänzend dahingehend auszulegen ist, dass auch die Anpassungspflichten des Auftragnehmers gem. Abs. 3 bei der Berechnung der Dauer der Fristverlängerung zu berücksichtigen sind. In diesem Zusammenhang ist zu berücksichtigen, dass die Regelungen in Abs. 3 und **80**

---

[158] S. hierzu: Kapellmann/Schiffers/Markus Bd. 1 Rn. 1107, 1466, 1468.
[159] Wie hier: Beck VOB/B/von Kiedrowski § 6 Abs. 3 Rn. 33. Nach aA sollen die Schadensersatzansprüche des Auftraggebers aus § 6 Abs. 6 S. 1 resultieren, mit der entsprechenden Haftungsbegrenzung: Kapellmann/Messerschmidt/Markus § 6 Rn. 35: Dieser Auff. kann aber nicht gefolgt werden, da der Schadensersatzanspruch in § 6 Abs. 6 auf die Folgen der hindernden Umstände Bezug nimmt u. nicht auf die Folgen einer Pflichtverletzung aus § 6 Abs. 3: Anknüpfungspunkt des Schadensersatzanspruches ist also die Verursachung der Störung, nicht die Pflichtverletzung aus Abs. 3. Insofern könnte allenfalls § 6 Abs. 6 analog angewendet werden.

Abs. 4 den Rechtsgedanken der §§ 249 ff. BGB aufgreifen und die der Behinderung kausal zurechenbaren Folgen definieren wollen. Gleichwohl handelt es sich aber in aller Regel um Allgemeine Geschäftsbedingungen, die von einer Partei gestellt wurden. Dies wird bei der Auslegung zu berücksichtigen sein.

I. Ausgangspunkt

81 Die Dauer der Fristverlängerung ist ausweislich des Wortlautes zu „berechnen". Dies bedeutet, dass zum Zeitpunkt des Auftretens der Behinderung ex ante, prognostisch auf die Zukunft bezogen und vorausschauend neue Ausführungstermine ermittelt werden müssen, damit sich beide Vertragsparteien auf die neuen Termine einstellen können (der Auftragnehmer hinsichtlich der erforderlichen Leistungspflichten, der Auftraggeber aber auch hinsichtlich der zeitlichen Anpassung der Ausführung seiner Mitwirkungspflichten). Basis der Berechnung der Fristverlängerung ist deshalb stets die **tatsächliche Terminsituation** (Ist-Ausführungsstand) zum Zeitpunkt der Störung.[160] Da zu diesem Zeitpunkt aber die Dauer der Behinderung noch nicht bekannt ist, deren Dauer aber ausweislich des Wortlautes in Abs. 4 maßgebliches Berechnungskriterium ist, wird sich die Fristverlängerung erst nach Beendigung des Störungsereignisses und damit nicht schon zum Zeitpunkt des Zugangs der Behinderungsanzeige nach Abs. 1, sondern erst nach Beendigung der Behinderung berechnen lassen. Dafür spricht auch, dass (a) zu diesem Zeitpunkt der weitere Bauablauf bekannt ist, zu dessen Förderung der Auftragnehmer nach Abs. 3 verpflichtet ist und (b) das systematische Argument, dass Abs. 4 an Abs. 3 anschließt, mithin zunächst der Auftragnehmer verpflichtet ist, die Bautätigkeit fortzusetzen, dann erst die Fristverlängerung berechnet wird und hieran wiederum anschließend nach Abs. 6 der Schadensersatz berechnet wird.

Hierauf aufbauend wird der sich an die Behinderung anschließende zukünftige Soll-Ablauf, anhand einer **Fortschreibung** des ursprünglichen **Soll-Ablaufes,** wie er vom Auftragnehmer innerhalb der vertraglichen Rahmenbedingungen geplant wurde, ermittelt, also mit den im Soll-Terminplan enthaltenen **Ablauffolgen,** den jeweiligen **Vorgangsdauern** und **Vorgangsverknüpfungen** (Vorgangsverknüpfungen sind baubetriebliche Zwangläufigkeiten dergestalt, dass die Ausführung eines bestimmten Vorgangs notwendige Voraussetzung für die Ausführung eines weiteren Vorgangs ist, der zweite Vorgang ist also baubetrieblich-technisch notwendig mit dem vorausgehenden Vorgang „verknüpft"; verschiebt sich demgemäß der erste Vorgang, wird auch baubetrieblich-technisch „automatisch" der zweite Vorgang verschoben) unter Berücksichtigung der Leistungen, die der Auftragnehmer nach Abs. 3 hätte ausführen müssen.[161]

Liegt kein Soll-Terminplan vor, muss der Auftragnehmer diesen nachträglich erstellen. Dieser auftragnehmerseitige Produktionsplan besitzt nach einer verbrei-

---

[160] Zur Bauzeitverzögerungsberechnung auch ausf. u.a.: Würfele/Gralla/Sundermeier/Sundermeier Rn. 1758 ff.; Eschenbruch/von Rintelen NZBau 2010, 401.

[161] Markus NZBau 2014, 688; Kapellmann/Messerschmidt/Markus § 6 Rn. 36; Mechnig/Völker/Mack/Zielke NZBau 2014, 85. Vereinzelt wird in der Rspr. die Auffassung vertreten, der Auftragnehmer müsse darlegen u. beweisen, dass der ursprüngliche Terminplan bei ungestörtem Bauablauf hätte eingehalten werden können, so bspw.: OLG Köln BauR 2014, 1309. Diese Auff. verkennt jedoch, dass der Auftraggeber zunächst die Richtigkeitsvermutung des auftragnehmerseitigen Bauzeitenplans erschüttern muss u. der Auftraggeber die fehlende Leistungsbereitschaft des Auftragnehmers darlegen u. im Streitfall beweisen muss: Markus NZBau 2014, 688; Duve NJW 2014, 2992; Eschenbruch/von Rintelen NZBau 2010, 401.

Behinderung und Unterbrechung der Ausführung § 6

teten Ansicht eine **Richtigkeitsvermutung,** die vom Auftraggeber mit der Begründung, die tatsächliche Produktionsdauer einzelner Vorgänge sei länger als in der Kalkulation des Produktionsplans vorgesehen als auch vom Auftragnehmer mit der Begründung, die tatsächlichen Produktionsdauern seien kürzer als geplant, widerlegt werden kann.[162] Tatsächlich liegt aber die Darlegungs- und Beweislast für die Fristverlängerung nach Abs. 4 beim Auftragnehmer. Eine unwiderlegliche Vermutungswirkung hat der Terminplan, erst recht der nachträglich erstellte Terminplan nicht, es sei denn, ein solcher wurde von den Parteien einvernehmlich vereinbart.

Treten **mehrere Störungen** (entweder parallel oder zeitlich hintereinander) auf, muss grundsätzlich (zu den Ausnahmen → Rn. 94, 113, 184) für jede einzelne Störung wieder neu der Ausgangspunkt der Berechnung ermittelt werden und der bis zur Störung eingetretene Ist-Ablauf berücksichtigt werden. Eine **abstrakte Fristverlängerungsberechnung** ist nicht zulässig. Vielmehr muss bei jeder Störung ein neuer störungsmodifizierter Bauzeitenplan aufgestellt werden, der als Basis der Fristverlängerungsberechnung dient.[163]

In der Praxis schreibt der Auftragnehmer den Bauzeitenplan auf Basis des tat- 82 sächlichen Ablaufes fort und entwickelt für die beabsichtigte Zukunft unter Beachtung der Behinderungsfolgen eine störungsmodifizierte, fortgeschriebene Prognose. Der Auftraggeber erhält so die Möglichkeit (und im Rahmen der Kooperationspflicht) auch die Verpflichtung, diesen neuen **Soll-Terminplan** zu prüfen, um ggf. mit dem Auftragnehmer eine neue Bauzeit und neue Fristen vereinbaren zu können. Die Einigung ist aber nicht zwingend notwendig, da die Fortschreibung nach § 6 Abs. 2, 4 „automatisch" erfolgt. Kommt zwischen den Parteien keine Einigung zustande, kann die „richtige" Berechnung letztlich im Streitfall vom Gericht vorgenommen werden.

II. Sonderfälle: Puffer und Schneller Auftragnehmer

Zwei häufig vorkommende Sonderfälle liegen vor, wenn der Soll-Terminplan 83 des Auftragnehmers „Puffer" also „Zeitfenster" oder einen schnelleren Zeitplan vorsieht als vom Auftraggeber vorgesehen. Wenn der Terminplan des Auftragnehmers dem Auftraggeber vorgelegt wurde und dieser diesen Vorschlag nicht aus nachvollziehbaren Gründen abgelehnt hat (etwa, weil er seine Mitwirkungshandlungen erst zu späteren Zeitpunkten erbringen kann oder will), dann ist dieser Terminplan maßgeblich für die Fortschreibung nach Abs. 4 und damit auch Basis für die Schadensermittlung nach Abs. 6.[164] Ob der Auftragnehmer vorgesehene „Puffer" für andere Zwecke, die in seinem Interesse liegen (etwa zur Beseitigung anderer, von ihm selbst verursachter Verzüge oder Mängel) verwenden „darf" oder diesen „hergeben" muss, ist eine Frage der „billigen" Anpassungspflicht und wurde deshalb in → Rn. 69 erörtert.

III. Primärverzögerung

Zu berücksichtigen ist zunächst ausweislich des Wortlautes in Abs. 4 die primäre 84 Verzögerung, die der **Dauer** der Behinderung entspricht. Die Dauer der Behinde-

---

[162] Kapellmann/Schiffers/Markus Bd. 1 Rn. 1266, 1573 ff.
[163] Kapellmann/Messerschmidt/Markus § 6 Rn. 41, Kapellmann/Schiffers/Markus Rn. 1268.
[164] Kapellmann/Schiffers/Markus Bd. 1 Rn. 1489. S. hierzu auch: Leinemann/Leinemann/Kues § 6 Rn. 98.

rung kann nicht abstrakt berechnet werden. Vielmehr ist stets eine **konkrete Betrachtung des jeweiligen Einzelfalls** erforderlich. Die Dauer der Behinderung entspricht aber nicht unbedingt der Dauer der Störung. Vielmehr kann sich eine Störung längerfristiger auswirken, bspw. weil nach dem Ende eines Störungsereignisses weitere Vorbereitungshandlungen erforderlich werden. Diesen Differenzen wird der Wortlaut in Abs. 4 nicht gerecht, was sich auf die Auslegung von Abs. 4 als Allgemeine Geschäftsbedingung auswirken kann, in aller Regel aber nicht auswirken wird: Denn ist die Dauer der Behinderung kürzer als die Störung (Beispiel: Laut Vertrag hätte der Auftraggeber die Fliesen schon kurz nach Vertragsschluss bemustern müssen, das tut er aber erst zwei Monate später, in dieser Zeit führt der Auftragnehmer die ihm obliegenden Leistungen aus, weil er noch gar keine Fliesen bestellen muss), wird der Auftragnehmer während des Störungszeitraumes andere Leistungen nach Abs. 3 ausgeführt haben. Insofern kann sich der Auftragnehmer nicht darauf berufen, dass sich die Behinderung doch länger, nämlich bis zur Behebung der Störung ausgewirkt habe. Ist hingegen die Dauer der Behinderung länger als die Dauer der Störung, etwa weil eine kurze Störung extrem lange Folgen hat (Beispiel: Der einen Tag später kommende Plan führte dazu, dass der Auftragnehmer einen Spezialkran nicht innerhalb der von ihm reservierten Frist bestellen kann. Wegen anderweitiger Auslastung kann der Kran erst drei Monate später kommen), dann schränkt der Wortlaut von Abs. 4 die Berechnung der Behinderung nicht auf den einen Tag der Planungsverzögerung ein. Denn die nach Abs. 4 zu berücksichtigende Dauer der Behinderung bezieht sich auf die tatsächlichen (kausal zurechenbaren) Folgen der Störung. Diese sind immer auf Basis der tatsächlich erforderlichen Auswirkungen der Störung auf den tatsächlichen Bauablauf zu bestimmen. Hierzu ist es erforderlich, dass auch der hypothetische Bauablauf dargestellt wird, der sich ohne das störende Ereignis realisiert hätte. Zu diesem Zweck ist der tatsächliche Bauablauf bis zu dem Störungsereignis darzustellen und anschließend auf Basis des auftragnehmerseitigen Produktionsablaufes ohne Störungsereignis fortzuschreiben.

85 Bei **Unterbrechungen** (zum Begriff → Rn. 17, 104) ist als Primärverzögerung zunächst deren Dauer maßgeblich.

Bei bloßen **Erschwernissen** einzelner Arbeitsvorgänge, ohne dass eine solche Behinderung zu einer vollständigen Unterbrechung der Bautätigkeit führt, kommt es auf den Grad und die Intensität dieser Erschwernisse an: Maßgeblich ist, in welchem Maße sich die (ungestörte) Tätigkeit verlängert. Bei solchen Behinderungen, durch welche die Vornahme einzelner Gewerke erschwert werden, sind deren zeitliche Auswirkungen zu berechnen, indem bspw. behinderungsbedingte Minderleistungen (**Produktivitätsverluste** und **Intensitätsabfälle**) auch in zeitlicher Hinsicht dazu führen, dass kalkulierte Vorgangsdauern verlängert werden. Hierzu kann auf baubetriebliche Fachliteratur zurückgegriffen werden.[165] Bspw. ist anerkannt, dass die Vornahme von Stahlbauarbeiten in kalten Witterungsperioden um einen wissenschaftlich ermittelbaren Umfang länger dauern als in wärmeren Zeiten. Ebenfalls kann der prognostizierbare Umfang von Einarbeitungszeiten, häufigen Umstellen, Verringerung von Abschnittsgrößen etc ermittelt und bei der Dauer der Behinderung berücksichtigt werden.[166]

---

[165] Keldungs Jahrbuch Baurecht 2011; Havers Jahrbuch Baurecht 2011.
[166] S. bspw.: Beck VOB/B/von Kiedrowski § 6 Abs. 4, Rn. 16; Kapellmann/Messerschmidt/Markus § 6 Rn. 36.

Behinderung und Unterbrechung der Ausführung § 6

IV. Sekundärverzögerungen

Zusätzlich zur Primärverzögerung sind nach § 6 Abs. 4 sog. Sekundärverzögerungen zu berücksichtigen: 86

1. Zuschlag für die Wiederaufnahme der Arbeit. Über den Behinderungszeitraum hinaus berücksichtigt Abs. 4 auch einen Zuschlag für die Wiederaufnahme der Arbeit. Der Zuschlag erfolgt nur dann, wenn die Arbeit tatsächlich ganz oder teilweise unterbrochen war. Wurde die Arbeit teilweise unterbrochen, muss konkret dargelegt werden, welche Leistungen zur Wiederaufnahme der Arbeit einen besonderen Aufwand benötigten. Grundsätzlich bezieht sich der Zuschlag auf eine **Anlaufzeit,** also die **Wiederherstellung der Baustelleneinrichtung,** bspw. die Anlieferung von zuvor abtransportierten Geräten oder Materialien, die Zeit für die Realisierung des Baustellenpersonals etc. Zu berücksichtigen sind auch die **Einarbeitungsverluste,** die gemäß baubetrieblicher Minderleistungskennzahlen zu ermitteln sind. Die konkrete Dauer bemisst sich zwar nach dem Einzelfall, wobei die in § 5 Abs. 2 genannte Frist von 12 Werktagen bei einer vollständigen Unterbrechung der Arbeiten herangezogen werden kann. Da der Auftragnehmer in vielen Fällen von Behinderungen aber damit rechnen muss, dass die Behinderung kurzfristig abgestellt werden kann, dürfte die Einarbeitungsfrist regelmäßig geringer ausfallen. Zu berücksichtigen sind auch Personalengpässe, bspw. wegen der **Urlaubszeit.**[167] 87

2. Zuschlag wegen Verschiebung in ungünstigere Jahreszeit. Werden behinderungsbedingt Arbeiten in einer anderen Witterungsperiode ausgeführt als ursprünglich geplant, so kann der Auftragnehmer die hierdurch entstehenden neuen Witterungseinflüsse bei Abgabe seines Angebotes nicht einkalkuliert haben. Insofern bestimmt Abs. 4 in Ergänzung zu Abs. 2 Nr. 2, dass die Auswirkungen dieser Verschiebung dem Auftragnehmer zugutekommen. Regelmäßig betrifft dies Fälle, bei denen Arbeiten ursprünglich im Frühjahr oder Sommer ausgeführt werden sollten und sich behinderungsbedingt nun in den Herbst oder Winter verschieben. Es sind aber auch Fälle denkbar, in denen Leistungen im Sommer länger dauern, weil bspw. im Durchschnitt höhere Temperaturen erwartet werden. Die Auswirkungen der Verschiebung in ungünstigere Jahreszeiten können somit auch nicht generell abstrakt beurteilt werden, sondern sind gewerke- und leistungsbezogen und können baubetrieblichen Kennzahlen entnommen werden. Da die Verschiebungsdauer prognostiziert werden muss, ist dieser Zuschlag dann aber abstrakt zu bewerten, aus einer ex-ante-Sicht mit nicht rückblickend, ex-post, auf den konkreten Fall bezogen. Einen solchen Zuschlag gibt es auch, wenn sich Ausführungsfristen in Urlaubs- oder Feiertagszeiten verschieben (bspw. in die Zeiten häufiger Betriebsunterbrechungen zwischen Weihnachten und Neujahr oder klassische „Betriebsferien" im Sommer). Wenn der Auftragnehmer diese Unterbrechungen schon vorher, unabhängig von der Behinderung, plante, sind diese Zeiten ebenfalls nach Treu und Glauben zu berücksichtigen. Der Wortlaut von Abs. 4 legt das auch nahe, da er die Berücksichtigung nicht auf „witterungsbedingte" Folgen reduziert. 88

3. Berücksichtigung günstiger Jahreszeiten? Führt die Behinderung zu einer Verschiebung von Arbeiten in eine witterungsbedingt günstigere Jahreszeit, so verkürzen sich die Ausführungsfristen des Auftragnehmers nicht. Aufgrund des 89

---

[167] Englert/Motzke/Wirth/Oblinger-Grunvogel § 6 Rn. 2.

§ 6 VOB Teil B

ausdrücklichen Wortlautes des § 6 kann Abs. 4 insoweit nicht analog ausgelegt werden.[168]

90 **4. Berücksichtigung von Produktivitätsverlusten.** Die VOB/B regelt nicht die baubetrieblich relevante Frage, ob auch Produktivitätsverluste bei der Berechnung der Fristverlängerung zu berücksichtigen sind. Einig ist sich die baubetriebliche Literatur allerdings dahingehend, dass es bei Verzögerungen, Behinderungen oder Störungen des Bauablaufes Reibungsverluste geben kann (Intensitätsabfälle).[169] Richtigerweise werden baubetrieblich nicht zu verhindernde Produktivitätsverluste in analoger Anwendung der Regelungen in Abs. 4 zu berücksichtigen sein, wenn diese (a) nicht vermeidbar sind sowie (b) unmittelbar von der Störung (und nichts anderem) veranlasst sind. Richtigerweise handelt es sich bei diesem Produktivitätsverlusten um eine neue Behinderung im Sinne des Abs. 2 – nämlich um die Folge einer vorherigen Behinderung.

V. Berechnung der Fristverlängerung

91 Basis der Terminfortschreibung[170] ist zunächst der rechenbare (also mit einer entsprechenden Detailtiefe versehene Terminplan) und der **realistisch-geplante Bauablauf (Soll-0-Bauablauf).** Dieser Terminplan (in der Regel als Balken- oder Netzplan ausgestaltet) wird um den Vorgang der Behinderung ergänzt (Primär- und Sekundärverzögerung) und die sich hieraus ergebenden Verschiebungen rechnerisch ermittelt. Es kann dabei durchaus sein, dass der gestörte Vorgang dergestalt auf andere Vorgänge einwirkt, dass sich diese „zwangsläufig" verschieben, weil die behinderte Leistung hierfür auf dem **„kritischen Weg"** lag.[171] Letztlich kann hierdurch auch die Fertigstellung des gesamten Bauvorhabens beeinflusst werden. Auf diese Weise wird ein **störungsmodifizierter Bauablauf** „rechnerisch" ermittelt (Soll-1-Bauablauf). So ist bei weiteren Behinderungen zu verfahren, so dass es eine stetige Anzahl von Soll-X-Bauabläufen geben kann.

92 Treten nun weitere Behinderungen auf, können diese Bauabläufe aber noch nicht ohne Weiteres als Grundlage der weiteren Fristverlängerungsberechnung angesehen werden, weil der sich an eine Behinderung anschließende tatsächliche Bauablauf nicht immer dem störungsmodifizierten Soll-X-Bauablauf entsprechen muss, sei es, weil eigene Verzüge des Auftragnehmers eingetreten sind oder sei es, weil Beschleunigungen vorlagen. Folglich ist der jeweilige Soll-X-Bauablauf mit dem weiteren **Ist-Bauablauf** zu vergleichen, indem Kausalitäten oder baubetriebliche Verknüpfungen an den tatsächlichen Ablauf angepasst wer-

---

[168] Streitig: wie hier: FKZGM/Zanner § 6 Rn. 49; aA Nicklisch, 3. Auflage, Rn. 38; abgeschwächt (Verpflichtung zur Kooperation): Messerschmidt/Voit/Voit § 6 Rn. 11; Reister/Werner, 3. Aufl., 2014, Ziff. 2.7.4., der wegen Treu u. Glauben bei einer Verschiebung verschiedener Gewerke eine entsprechende Pflicht annimmt.

[169] Vgl. Hofstadler Bauwirtschaft 2017, 10. Intensitätsabfälle kann es überdies auch bei Beschleunigungsmaßnahmen geben, wenn zusätzliches Personal eingesetzt wird oder das bestehende Personal Überstunden oder Wochenarbeit zu erledigen hat. Hierzu auch; Keldungs Jahrbuch Baurecht 2011, 1; Havers Jahrbuch Baurecht 2011, 21.

[170] Hierzu auch ausf.: Lang Jahrbuch Baurecht 2001; Markus NZBau 2014, 688; Eschenbruch/von Rinteln NZBau 2010, 401.

[171] Auf dem „kritischen Weg" liegen alle Vorgänge, die fristgemäß ausgeführt werden müssen, damit sich die Gesamtfertigstellung nicht verzögert. Jeder Vorgang, der auf diesem Weg liegt, führt unweigerlich zu einer Verzögerung der nachfolgenden Vorgänge (zB: Die Verzögerung der Estricharbeiten führt zu einer Verzögerung der Fliesenarbeiten).

den. Erst dann kann für den Zeitpunkt der eingetretenen weiteren Störung der dann maßgebliche **Soll-X-Bauablauf** ermittelt werden, der Grundlage der weiteren Terminfortschreibung ist. Auf diese Weise wird der tatsächlich-gestörte Bauablauf mit dem hypothetisch-ungestörten Bauablauf verglichen.[172]

Der so ermittelte störungsmodifizierte Bauablauf stellt das neue Vertragssoll 93 dar. Die auf diese Weise ermittelten neuen Fertigstellungstermine treten an die Stelle der ursprünglich vereinbarten Fertigstellungstermine. Erst zu diesen neuen Terminen wird die Werkleistung des Auftragnehmers fällig. Erreicht er diese Termine, kann er also nicht wegen der Überschreitung der ursprünglich vereinbarten Termine in Verzug geraten. Ein Verzug ist frühestens bei Überschreiten der neuen Termine möglich. Stellt der Auftragnehmer seine Leistungen aber früher fertig, so ist nicht der rechnerisch ermittelte neue Soll-Termin Basis der Berechnung finanzieller Ansprüche, sondern der tatsächlich erreichte Termin. Hinsichtlich der Differenz fehlt es sowohl an einem Schaden als auch an einer Kausalität.

Liegt eine **Vielzahl von Störungen** vor, die sich zT überlappen und wech- 94 selseitig beeinflussen, müsste streng genommen für jede einzelne Störung dieser Weg vorgenommen werden, was baubetrieblich aber nicht zu leisten ist.[173] In diesen Fällen reicht es aus, entweder nur die Auswirkungen der wesentlichen Störungen aufzunehmen oder zusammenhängende Störungen zu einem „Störungsbündel" zusammenzufassen (deren Folgen ggf. nach § 254 BGB zu quoteln sind, wenn die Störungen nicht allein von einer Partei verursacht worden sind). Grundsätzlich sind die Folgen jeder einzelnen Behinderung gesondert zu prüfen.[174] Allerdings ist in vielen Fällen bei einer Vielzahl von Störungen eine Fortschreibung schon baubetrieblich nicht mehr möglich, weil die Folgen des tatsächlichen Bauablaufes nicht mehr mit einer wissenschaftlich fundierten Sicherheit und schon gar nicht mit einem vertretbaren Aufwand einer bestimmten Störung zugeordnet werden können. Wirken mehrere Störungen auf die einzelnen Vorgänge ein, so überlagern sich die Wirkungen dieser Störungen und hängen auch voneinander ab. Die Einzelauswirkungen der jeweiligen einzelnen Störungen können in diesen Fällen nicht mehr isoliert betrachtet werden. Der Bauablauf ist mithin ein „multikausales Geflecht von Einzelfaktoren".[175] In diesen Fällen ist eine direkte und eindeutige Zuordnung von Kosten und Verzögerungsauswirkungen zu einer Störung wegen der Komplexität der baubetrieblichen Störungssituation nicht mehr möglich. Überlagern sich Störungen aufgrund ihrer Zeitparallelität oder ihrer technologischen bzw. kapazitären Zusammenhänge oder ist der Bauablauf strukturell wesentlich geändert, kann nicht mehr jede mögliche Störungskombination eine Bauzeitverzögerung und eine Mehrkostenermittlung vorgenommen werden. In diesen Fällen können nur Plausibilitätsbetrachtungen vorgenommen werden, die dann aber auch ausreichen.[176] In diesen Fällen werden auch die vereinbarten Termine nicht mehr

---

[172] Zu weitergehenden baubetrieblichen Methoden s.: VJLR/Lang/Rasch Teil B Rn. 165 (9-stufiges Nachweisverfahren); Mechnig/Völker/Mack/Zielke NZBau 2014, 85 (Adaptionsverfahren).
[173] FKZGM/Zanner § 6 Rn. 54 ff.; VJLR/Lang/Rasch Teil B Rn. 88.
[174] Vgl. BGH 24.2.2005 – VII ZR 225/03, NJW 2005, 1650.
[175] Vgl.: Kapellmann/Schiffers/Markus Bd. 1 Rn. 1618; Würfele/Gralla/Sundermeier/Sundermeier Rn. 1854; Reister/Werner, 3. Aufl., 2014, S. 478.
[176] So auch: Kapellmann/Schiffers/Markus Bd. 1 Rn. 1643; Würfele/Gralla/Sundermeier/Sundermeier Rn. 1848, Rn. 1852 und Rn. 2030; Reister/Werner, 3. Aufl., 2014, S. 478.

§ 6 VOB Teil B

fortgeschrieben werden können, so dass wegen der Komplexität und Vielzahl der Störungen der Terminplan „außer Takt" geraten ist (auch → Rn. 102).

95 Die Terminplanfortschreibung hat auch **Zeitpuffer**[177] zu berücksichtigen. Pufferzeiten sind „Reservezeiten" im Bauablauf, die zur Ausführung der vertraglich geschuldeten Leistungen nicht benötigt werden, vom Auftragnehmer aber (entweder direkt als solche im Plan ausgewiesen oder aufgrund von Kalkulationsreserven indirekt in einzelnen Vorgangsdauern „versteckt" sind). Wirkt sich die Störung auf einen noch nicht „benötigten" Puffer aus, so kann der Auftragnehmer auch nach § 6 Abs. 3 verpflichtet sein, diesen Puffer dem Auftraggeber zur Verfügung zu stellen, damit die Folgen der vom Auftraggeber zu verantwortenden Behinderungen minimiert werden.[178] Dies gilt aber nur dann, wenn der Auftragnehmer diese Puffer zur Kompensation etwaiger eigener Versäumnisse nicht mehr benötigt (denn hierzu waren die Puffer ja ursprünglich „gedacht").

VI. Auswirkungen auf Kalendertermine und Vertragsstrafen, Verzug

96 Die verlängerte Frist gilt anstelle der ursprünglich vereinbarten Frist.[179] Ein Verzug des Auftragnehmers scheidet also aus, solange er sich an diese neuen Fristen hält, selbst wenn er die Arbeiten hätte schneller ausführen können, um die Verzögerungsfolgen zu minimieren (diesbezüglich ist Abs. 3 abschließend).[180]

97 Verschiebt sich behinderungsbedingt ein Termin nach § 6 Abs. 4, so gerät der Auftragnehmer nur nach einer **Mahnung in Verzug.**[181] Verlängern sich die Ausführungsfristen nach § 6 Abs. 2 (auch nur um einen Tag), so verliert ein an sich gegebener **„Kalendertermin"** nach § 286 Abs. 2 Nr. 1 BGB seine Qualität, da der behinderungsbedingt fortgeschriebene neue Fertigstellungstermin eben nicht mehr nach dem Kalender bestimmt oder bestimmbar ist, weil sich der ursprüngliche Termin um einen nicht kalendermäßig definierten Zeitraum, jenen nach § 6 Abs. 4, verschiebt. Folglich gerät der Auftragnehmer nur dann in Verzug, wenn er **nach Fälligkeit,** also nach Ablauf der behinderungsbedingt verlängerten Frist gemahnt wird (wenn nicht die Mahnung aus anderen Gründen ausnahmsweise entbehrlich war).[182] Eine Mahnung vor Fälligkeit ist wegen des Wortlautes in

---

[177] Hierzu ausf.: Markus NZBau 2014, 92; Wessel ZfBR 2010, 527; Roquette Rn. 666 ff.; VJLR/Lang/Rasch Teil B Rn. 126 ff.; Eschenbruch/von Rintelen NZBau 2010, 401; Würfele/Gralla/Sundermeier/Sundermeier Rn. 2043. hierzu auch → Rn. 44a.

[178] Kapellmann/Schiffers/Markus Band 1 Rn. 1483 ff.; Leinemann/Leinemann/Kues § 6 Rn. 96 f.

[179] Nicklisch, 3. Auflage, Rn. 23.

[180] Messerschmidt/Voit/Voit § 6 Rn. 5.

[181] BGH NJW 1999, 1108; OLG Celle 26.10.2016 – 7 U 27/16, IBR 2017, 16; OLG Düsseldorf 28.2.2014 – 22 U 112/13, IBR 2015, 298; FKZGM/Zanner § 6 Rn. 84; Kapellmann/Schiffers/Markus Bd. 1 Rn. 1270.

[182] BGH 22.5.2003 – VII ZR 469/01, NZBau 2003, 498; BGH 27.10.1977 – VII ZR 298/75, WPM 77, 1453; BGH 14.1.1999 – VII ZR 73/98, NJW 1999, 1108; OLG Düsseldorf BauR 2015, 548; OLG Hamm 30.7.2013 – 21 U 84/12, NJW 2014, 78; OLG Köln 27.4.2012 – 3 U 61/11, IBR 2013, 606; OLG Dresden BauR 2000, 1881; Kapellmann/Messerschmidt/Sacher § 5 Rn. 45; Ingenstau/Korbion/Döring § 5 Abs. 4 Rn. 2; auch für BGB-Bauverträge: Kniffka/Jansen/von Rintelen BGB § 631 Rn. 245 f.; Messerschmidt/Voit/von Rintelen, H Rn. 116; Leinemann/Leinemann/Kues § 6 Rn. 84; VJLR/Vygen/Joussen Teil A Rn. 422.

Behinderung und Unterbrechung der Ausführung § 6

§ 286 Abs. 1 BGB wirkungslos.[183] Der Auftraggeber muss also nach Ablauf der neuen Frist (die entweder neu vereinbart wurde oder in Ermangelung einer Vereinbarung nach § 6 Abs. 4 berechnet wurde) mahnen, damit der Auftragnehmer in Verzug gerät.

Eine vereinbarte **Vertragsstrafenregelung** bleibt bei einer unerheblichen Fristverlängerung wirksam, die Frist für ihre Berechnung verlängert sich aber entsprechend.[184] Führen die Fristverlängerung einer Behinderung oder eine kumulierte Fristverlängerung mehrerer Behinderungen aber dazu, dass der ursprüngliche Zeitplan so umgeworfen wird, dass er einer Fortschreibung nicht mehr zugänglich ist oder verschiebt sich die Fertigstellungsfrist um mehr als 20 %, so kann zwar ein neuer Fertigstellungszeitpunkt als Termin für die Fälligkeit der vom Auftragnehmer auszuführenden Leistung bestimmt werden, dieser kann aber nicht mehr ohne gesonderte Vereinbarung Basis einer Pönalisierung sein. Ist insofern der gesamte Zeitplan gestört, „außer Takt geraten" oder ist der Bauablauf durchgreifend neu geordnet (etwa durch Vereinbarung eines neuen, geänderten Terminplans), entfällt auch nach höchstrichterlicher Rechtsprechung ein etwaiger Verzugsstrafenanspruch.[185] 98

Kann auch der ursprüngliche Terminplan nicht mehr fortgeschrieben werden, weil entweder die Auswirkungen einer Behinderung so gravierend sind (die von der Rechtsprechung entschiedenen Fälle basieren auf Verzögerungen oder Verschiebungen von 30 %; 10 % dürften, auch in Analogie zu § 2 Abs. 3 noch nicht ausreichen) oder eine Vielzahl von Behinderungen aufgetreten sind oder gänzlich andere Leistungen ausgeführt werden müssen als ursprünglich kalkuliert (dies ist bspw. bei einer geänderten Bauweise der Fall, so etwa, wenn statt Betonfertigteilen Ortbeton verwendet werden soll[186]), so dient der ursprüngliche Bauzeitplan nicht mehr der Fortschreibung von neuen Terminplänen. Ist der Auftragnehmer somit zu einer durchgreifenden Neuregelung gezwungen, ist nicht nur die Vertragsstrafenabrede gemäß vorstehender Erläuterung obsolet, es gelten dann auch nach § 271 BGB übliche und angemessene Ausführungsfristen anstelle des bisherigen Terminplanes.[187] Mithin hat der Auftragnehmer nach Vertragsschluss mit der Herstellung alsbald zu beginnen und sie in angemessener Zeit zu Ende zu führen. Mit Ablauf der angemessenen Fertigstellungsfrist tritt Fälligkeit ein.[188] 99

---

[183] BGH 19.4.1992 – VII ZR 105/91.

[184] OLG Köln 27.4.2012 – 3 U 61/11, IBR 2013, 606.

[185] StRspr: BGH NJW 1999, 1108; 1966, 971; BGH BauR 1993, 600; OLG Köln 30.10.2015 – 19 U 52/15; OLG Düsseldorf 19.4.2012 – 23 U 150/11, IBR 2013, 13; OLG Dresden 12.12.2012 – 13 U 431/11; OLG Celle 9.8.2012 – 5 U 34/12; OLG Düsseldorf 28.2.2014 – 22 U 112/13, IBR 2015, 298; KG 8.4.2014 – 27 U 105/13, NJW-RR 2014, 1236; OLG Köln 27.4.2012 – 3 U 61/11, IBR 2013, 606; OLG Celle BauR 2005, 1780; OLG Frankfurt a. M. 29.5.1996 – 25 U 154/95, IBR 1997, 458; OLG Hamm 29.5.1996 – 25 U 154/95, IBR 1996, 509; OLG Jena 22.10.1996 – 8 U 474/96, IBR 1998, 198; OLG Naumburg 21.12.1998 – 2 U 21/98, IBR 2000, 66; LG Köln 19.3.2015 – 83 O 180/08. Zustimmend: Vygen/Joussen Rn. 1809; Kapellmann/Schiffers/Markus Bd. 1 Rn. 1272.

[186] KG 21.4.2016 – 27 U 81/15.

[187] BGH BauR 2003, 1215; OLG Düsseldorf 28.2.2014 – 22 U 112/13, IBR 2015, 298; OLG Celle BauR 2005, 1780; OLG Köln IBR 2013, 606; VJLR/Vygen/Joussen, 7. Aufl., Teil A, Rn. 419; Kapellmann/Schiffers/Markus Bd. 1 Rn. 1272; Drittler Kap. 5 Rn. 83 ff.; § 271 BGB ist bei BGB-Bauverträgen ohnehin anzuwenden: Liegen Behinderungen vor, verlieren auch bei einem BGB-Bauvertrag vereinbarte Ausführungsfristen Messerschmidt/Voit/von Rintelen H Rn. 92 Rn. 139.

[188] BGH NJW-RR 2001, 806.

§ 6 VOB Teil B

100 Die Regelungen in Abs. 2–4 zur Fristverlängerung gelten nicht nur im Hinblick auf die Pönalisierung der Fertigstellungstermine, sondern auch im Hinblick auf etwaig vereinbarte oder ausgelobte **Terminsprämien:** Wird der Auftragnehmer aus den in Abs. 2 genannten Umständen in der Ausführung seiner Leistungen behindert und verschieben sich deshalb die Ausführungsfristen gemäß Abs. 3 und 4, so steht dem Auftragnehmer die Prämie in Ermangelung anderweitiger vertraglicher Regelungen auch dann zu, wenn er zwar nicht die ursprünglichen, wohl aber die nach Abs. 2–4 sich neu ergebenden Termine einhält. Insofern kann auch der Rechtsgedanke aus § 162 Abs. 1 BGB angewandt werden, wenn die Parteien nichts Abweichendes vereinbart haben.

VII. Beweislast

101 Je nach Konstellation ist der Auftragnehmer oder der Auftraggeber darlegungs- und beweisbelastet für die Dauer der Ausführungsfristverlängerung: Macht der Auftragnehmer Schadensersatz- oder Vergütungsansprüche geltend, muss er die Dauer der Verlängerungen belegen, wobei ihm die Darlegungserleichterung des § 287 ZPO zugutekommt. Verteidigt sich der Auftragnehmer gegen Ansprüche des Auftraggebers wegen Verzuges, so hängt die Darlegungs- und Beweislast davon ab, ob die Behinderung unstreitig oder bewiesen ist: In diesen Fällen muss der Auftraggeber die Richtigkeit des nach Abs. 4 verschobenen Termins beweisen, sonst der Auftragnehmer. Zur Beweislast im Einzelnen auch → Rn. 65, 177 ff.

F. Abs. 5 – Unterbrechung der Ausführung

I. Überblick und Regelungszweck

102 Abs. 5 steht in engem Zusammenhang mit Abs. 7: Führt eine Behinderung zu einer länger andauernden Unterbrechung, so soll der Auftragnehmer nach Abs. 5 jedenfalls eine vorzeitige Abrechnung der ausgeführten Leistungen verlangen können, er wäre ansonsten auf eine den übrigen Vertragsregelungen entsprechende Schlussrechnung angewiesen, die aber regelmäßig erst nach endgültiger Fertigstellung der Leistungen und Abnahme erstellt werden kann. Dauert die Unterbrechung längere Zeit kann überdies jede Partei nach Abs. 7 die „Wartezeit" beenden und den Vertrag insgesamt kündigen. Insofern dient Abs. 5 v.a. den Interessen des Auftragnehmers und führt in Abweichung von § 640 BGB zur Fälligkeit des Werklohnes, ohne dass der Auftragnehmer das Werk inkl. sämtlicher, von ihm zu erbringender Leistungen fertiggestellt haben muss. Nach § 6 Abs. 5 hat der Auftragnehmer deshalb Anspruch auf Vergütung der ausgeführten Leistungen sowie darüber hinaus bereits entstandenen Kosten, die mit den Preisen für die ausführte Leistung nicht erfasst werden (etwa dann, wenn Zuschläge für Gemein- oder Geschäftskosten auf alle Leistungspositionen verteilt werden und deshalb von den nur teilweise erbrachten Leistungen nicht vollständig abgedeckt werden können). Die Absätze 5 und 7 gehen als Spezialvorschriften allen anderen Anspruchsgrundlagen vor, auch wenn die Unterbrechung auf anderen als in Abs. 2 Nr. 1 genannten Umständen beruht (sofern der Unternehmer diese Umstände nicht zu vertreten hat). Das gilt jedenfalls so lange zu erwarten ist, dass der Auftragnehmer den Vertrag noch erfüllen wird.[189] Etwas anderes gilt aber wegen der

---

[189] Ingenstau/Korbion/Döring § 6 Abs. 5 Rn. 9 unter Verweis auf Rspr. des BGH.

insofern verschuldensunabhängigen Mängelhaftung bei Mängeln, dann gehen die Regelungen der §§ 4 Abs. 7, 13 Abs. 7 vor.[190] Ansonsten könnte der Auftragnehmer durch eigene Vertragsuntreue (die Verursachung von Mängeln) eine frühzeitige Fälligkeit seines Werklohnes herbeiführen, das wäre treuwidrig. Daneben können aber auch Vergütungsansprüche aus § 645 BGB bestehen, der auch in einem VOB/B-Vertrag anwendbar ist.[191] § 6 Abs. 5 regelt nicht die Vergütungsgefahr. Ersatz für etwaige Stillstandskosten kann der Auftragnehmer nur nach § 6 Abs. 6 im Wege des Schadensersatzes erhalten.

II. Tatbestandsvoraussetzungen

1. Ausführungsbeginn. Mit der Ausführung muss bereits begonnen worden sein, dies schließt zunächst Maßnahmen auf der Baustelle ein, aber auch konkrete gegenständliche Vorbereitungsmaßnahmen, die über planerische Vorgänge hinausgehen, wie die Produktion oder Fertigung von Einbauelementen, Erdarbeiten, Sicherungsmaßnahmen, Baustelleneinrichtung (Errichtung von Baustellencontainern, Zäunen etc).

2. Unterbrechung. „Unterbrechung" der Ausführung heißt – in Abgrenzung zu den Begriffen der Behinderung einerseits und der Unmöglichkeit andererseits –, dass der Auftragnehmer nicht nur in seinem Bauablauf gestört wird, dass er zB langsamer arbeiten kann, dass er seinen Bauablauf umstellen kann und nicht an der ursprünglich gedachten Stelle arbeiten kann oder dass er die Vornahme von Teilleistungen tauschen muss, sondern dass der Auftragnehmer gar nicht arbeiten kann und daher auch keine weitere Abschlagsrechnung mehr erstellen kann, weil es eben keinen Baufortschritt mehr gibt. Eine Unterbrechung liegt demnach vor, wenn der Auftragnehmer keinerlei Tätigkeiten mehr auf der Baustelle entfaltet und nicht mehr das geschieht, was unter Zugrundelegung der dem Auftragnehmer vertraglich auferlegten Leistungspflichten zur unmittelbaren Leistungserstellung und damit zum Leistungsfortschritt gehört.[192] Insofern ist die Unterbrechung „mehr" als eine Behinderung, begriffsnotwendig aber zwingend „weniger" als ein endgültiger Stillstand, der als Unmöglichkeit bewertet wird.[193] Die Verzögerung von Leistungen oder die Einstellung einzelner Teilleistungen werden nicht als Unterbrechung aufgefasst. Unterbrechung meint also den vollständigen, wenn auch vorübergehenden Leistungsstillstand des Auftragnehmers[194] auf der Baustelle oder in der Baustellenvorbereitung.[195] Der Einzelfall ist hierbei maßgebend, dabei spielen ursprüngliche Vertragsdauer und Zeitraum der bereits geleisteten Arbeit eine Rolle. Eine Unterbrechung liegt auch dann vor, wenn

---

[190] FKZGM/Zanner § 6 Rn. 61.
[191] BGH NJW 1998, 456.
[192] OLG Brandenburg 28.6.2018 – 12 U 68/17, IBR 2018, 556.
[193] Hierzu → Rn. 10.
[194] Mit Ausnahme etwaiger Planungsleistungen. Die Unterbrechung ist zudem immer auf die jeweilige Vertragssituation bezogen: Nicht die gesamte Baustelle muss unterbrochen sein, sondern nur die von dem Auftragnehmer auszuführenden Leistungen; es ist unschädlich, wenn andere Unternehmer für den Auftraggeber weiter tätig sein können.
[195] Die Arbeit des Auftragnehmers muss vollständig unterbrochen worden sein, solange er noch leistungsvorbereitende Maßnahmen ausführen kann, zB produktionsvorbereitende Maßnahmen durchführen kann wie die Erstellung von Betonfertigteilen oder die Herstellung von Bauteilen wie Fenstern, Türen etc kann noch nicht von einer Unterbrechung der Ausführung gesprochen werden.

der Auftragnehmer die Leistung berechtigterweise einstellen durfte, etwa, weil er berechtigte Bedenken gegen die Standsicherheit des Bauwerkes hat.[196] Eine Unterbrechung liegt auch dann vor, wenn die Leistung zum vorgesehenen Zeitpunkt nicht begonnen werden kann.[197]

105 Werden die Leistungen dauernd **unmöglich,** ist kein Fall des § 6 Abs. 5 gegeben, sondern Unmöglichkeit nach § 275 Abs. 1 BGB mit den gesetzlichen Folgen, vor allem § 326 BGB.

Hat der Auftragnehmer die Unterbrechung zu vertreten, bspw. durch Leistungsmängel oder durch eine unberechtigte Leistungsverweigerung, so ist § 6 Abs. 5 nicht einschlägig. Insofern muss der Wortlaut korrigierend ausgelegt werden (das Ergebnis ergäbe sich im Übrigen auch aufgrund einer Aufrechnung mit entsprechenden Schadensersatzansprüchen des Auftraggebers).[198] Die Vornahme der zur Erhaltung der Baustelle durchgeführten **Sicherungsmaßnahmen** wie Wasserhaltung, Baustellensicherung und -infrastruktur ist für den Tatbestand der Unterbrechung im Übrigen unschädlich.[199]

106 **3. Voraussichtlich längere Zeit.** Es muss absehbar sein, dass die Unterbrechung voraussichtlich längere Zeit dauern wird. Maßgeblich ist eine objektive Sicht aus ex ante-Perspektive (selbst wenn sich ex post herausstellen sollte, dass die Unterbrechung nicht so lange gedauert hat – eine einmal erreichte Fälligkeit des Werklohnes kann nicht durch spätere Umstände rückwirkend aufgehoben werden). Längere Zeit meint nicht nur einen Zeitraum von drei Monaten wie in Abs. 7 genannt, ist aber schon aus Praktikabilitätsgesichtspunkten mehr als ein Monat; deshalb dürfte ein Zeitraum von 6 Wochen jedenfalls ausreichend sein.

107 **4. Erwartung der Fortsetzung.** Sodann ist es erforderlich, dass beide Vertragsparteien erwarten, dass der Vertrag fortgesetzt werden kann, wenn beide es nur wollten. Es dürfen mithin keine objektiven Umstände vorliegen, die nach Auffassung der Parteien die Fortsetzung des Vertrages dauerhaft verhindern.

108 **5. kein Verschulden des Auftragnehmers.** Hat der Auftragnehmer die Unterbrechung verschuldet, steht ihm nach § 242 BGB der Anspruch aus Abs. 5 nicht zu. Der Vertrag bleibt bis zu einer anderweitigen Kündigung nach Abs. 7 in Kraft; der Auftragnehmer hat somit Anspruch auf seine Vergütung gemäß den allgemeinen vertraglichen Ansprüchen ohne die Chance auf eine vorzeitige Fälligkeit nach Abs. 5. Haben beide die Unterbrechung verschuldet, soll nach einer Auffassung § 254 BGB angewendet werden,[200] wobei unklar ist, ob sich die Quotierung auf den Umfang der vorzeitigen Fälligkeit beziehen soll. Konsequenter erschiene es, den Auftragnehmer bei einem überwiegenden Verschulden nicht

---

[196] OLG Brandenburg 28.6.2018 – 12 U 68/17, IBR 2018, 556.
[197] OLG Naumburg 5.4.2016 – 1 U 115/15, IBR 2017, 130.
[198] FKZGM/Zanner § 6 Rn. 62 ff.
[199] Maßgeblich ist, dass die Baustelle nicht vorangetrieben wird, ein Fortschritt aber weiterhin möglich wäre (wenn auch ggf. mit Anordnungen geänderter oder zusätzlicher Maßnahmen nach § 1 Abs. 3, 4.
[200] Nicklisch, 3. Auflage, Rn. 72; von Kiedrowski vertritt einen zeitlichen Ansatz: Hat zuerst der Auftraggeber die Unterbrechung zu verantworten, kann ein anschließend vom Auftragnehmer zu vertretender weiterer Umstand den einmal entstandenen Anspruch nicht beeinträchtigen; umgekehrt gelte: Hat der Auftragnehmer die Unterbrechung zu vertreten, nützt ihm ein später eintretender Umstand aus der Risikosphäre des Auftraggebers nichts: Beck VOB/B/von Kiedrowski § 6 Abs. 5 Rn. 34.

noch nach Abs. 5 teilweise zu „belohnen". Überwiegt hingegen das Verschulden des Auftraggebers, ist es nur billig, den anteiligen Werklohn ohne Rücksicht auf ein insoweit zurückstehendes Verschulden des Auftragnehmers frühzeitig fällig werden zu lassen.

6. Verlangen des Auftragnehmers. Zwar lässt der Wortlaut des Abs. 5 meinen, bei der Abrechnung handele es sich um eine Vertragspflicht des Auftragnehmers, da der Auftraggeber aber kein Interesse an einer vorzeitigen Fälligkeit des Werklohnanspruchs haben kann, handelt es sich um ein **Recht des Auftragnehmers** auf Abrechnung nach Abs. 5, das entsprechend geltend gemacht werden muss. 109

III. Rechtsfolgen

1. Erbrachte Leistungen. Liegt eine Unterbrechung von voraussichtlich längerer Dauer vor, so werden die ausgeführten Leistungen nach den Vertragspreisen abgerechnet. Insofern gilt hier nichts anderes als bei einer Kündigung des Auftraggebers nach § 8 oder einer Kündigung des Auftragnehmers nach § 9. Der Auftragnehmer hat die erbrachten Leistungen von den unterbrechungsbedingt nicht erbrachten Leistungen abzugrenzen und für die erbrachten Leistungen den aus der vertraglichen Vereinbarung resultierenden Teil-Werklohn zu ermitteln. Bei **Einheitspreisverträgen** sind insoweit die vertraglichen Einheitspreise maßgeblich, wobei aufgrund des Wortlautes („die Vertragspreise") die Anpassung nach § 2 Abs. 3 hinsichtlich der ausgeführten Massen eingeschlossen ist. § 2 Abs. 3 ist aber nicht anzuwenden, soweit nur unterbrechungsbedingt Mindermengen ausgeführt wurden. Bei einem **Pauschalpreisvertrag** muss der sich auf die ausgeführten Leistungen erstreckende Teil-Pauschalpreis ermittelt werden. **Stundenlohnarbeiten** sind nach § 15 abzurechnen. 110

2. Nicht-erbrachte Leistungen. In Abweichung von § 649 BGB erhält der Auftragnehmer aber keine Vergütung für die unterbrechungsbedingt noch nicht erbrachten Leistungen, wohl aber einen Anspruch auf Vergütung der Kosten, die ihm bereits entstanden sind, aber erst in den Vertragspreisen des nicht ausgeführten Teils berücksichtigt werden (hierzu zählen zB Materialbeschaffung, anteilige Baustelleneinrichtung, Baustellenvorhaltung, allgemeine Geschäftskosten). Behinderungsbedingt entstandene Kosten bzw. die Kosten der Unterbrechung selbst sind nicht auf Basis von § 6 Abs. 5 zu erstatten, sondern auf Basis von § 6 Abs. 6 S. 1 (bzw., sofern die entsprechenden Voraussetzungen vorliegen, alternativ auch nach § 642 BGB oder § 2 Abs. 5). 111

3. Abnahmepflicht und Rechnungsstellung. Nach allgemeiner Meinung soll die Forderung des Auftragnehmers ohne Abnahme nicht fällig werden, insofern soll das Gleiche gelten wie bei einem gekündigten Bauvertrag.[201] Diese Auffassung überzeugt nicht, da die Leistungen des Auftragnehmers noch nicht beendet sind und nach der Unterbrechung fortgesetzt werden, sofern nicht eine der beiden Vertragsparteien den Vertrag nach § 6 Abs. 7 kündigt. Nichtsdestotrotz ist auch die Erstellung einer Teil-Schlussrechnung[202] notwendig, insofern sind die 112

---

[201] Messerschmidt/Voit/Voit § 6 Rn. 13; Kapellmann/Messerschmidt/Markus § 6 Rn. 46; zur Abnahmepflicht bei einem gekündigten Bauvertrag: BGH NJW 2006, 2475; aA: Ingenstau/Korbion/Döring § 6 Abs. 5 Rn. 11; FKZGM/Zanner § 6 Rn. 67 f.
[202] Beck VOB/B/von Kiedrowski § 6 Abs. 5 Rn. 4.

G. Abs. 6 Abs. 1 – Schadensersatzanspruch des Auftragnehmers

I. Regelungszweck und Konkurrenzen

113 Abs. 6 S. 1 ist (über eine Rechtsfolgenverweisung) die zentrale Anspruchsgrundlage für Schadensersatzansprüche sowohl des Auftragnehmers als auch des Auftraggebers. Die Regelung ist in der Praxis trotz des Verweises in S. 2 auf § 642 BGB weiterhin eine wichtige Anspruchsgrundlage für Ansprüche bei verzögertem, verschobenem oder verlangsamtem Bauablauf, da spätestens nach der Rechtsprechungskonkretisierung durch den BGH mit seinem Urteil vom 26.10.2017 der Anwendungsbereich des § 642 BGB eingeschränkt ist. Hauptzweck der Regelung ist neben ihrer Funktion als **Auffangtatbestand** die im zweiten Halbsatz geregelte **Haftungsbeschränkung**. Das Risiko der Vertragsparteien, die sich auf das „Wagnis" eines Werkvertrages eingelassen haben, soll im Hinblick auf die Erstattung entgangenen Gewinns reduziert werden.[203]

114 Abs. 6 stellt mit dieser Haftungsprivilegierung eine abschließende Regelung dar, lässt aber, was S. 2 ausdrücklich erwähnt, andersartige, dh nicht auf Schadensersatz ausgerichtete gesetzliche (oder vertragliche) Ansprüche des Auftragnehmers zu. Abs. 6 S. 1 steht deshalb für **Ansprüche des Auftragnehmers** insbesondere in direkter Anspruchskonkurrenz zu Abs. 6 S. 2 VOB/B iVm § 642 BGB und zu § 2 Abs. 5 VOB/B, soweit die jeweiligen Tatbestandsvoraussetzungen vorliegen. Das Konkurrenzverhältnis besteht auch nach der – klärenden – Rechtsprechung des BGH[204] zum Anwendungsbereich des § 642 BGB weiterhin. → Rn. 118, 191. Um die dargestellte Haftungsprivilegierung (Erstattung entgangenen Gewinns nur bei nachgewiesenem Vorsatz oder grober Fahrlässigkeit) nicht zu umgehen, können sich aber weder Auftraggeber noch Auftragnehmer direkt auf §§ 280 oder 286 BGB berufen.[205] Bestehen bei einem Bauvorhaben wegen mehrerer unabhängig voneinander vorliegender Störungen Ansprüche des Auftragnehmers wegen zeitlicher Verzögerungen, so müssen die jeweils geltend gemachten Ansprüche für jeden Störungssachverhalt separat dargelegt und begründet werden. Der Auftragnehmer kann insoweit nicht alle Umstände „über einen Kamm scheren" und einen einheitlichen „Bauzeitennachtrag" erstellen, wenn unterschiedliche Anspruchsgrundlagen bestehen. Wegen der unterschiedlichen Anspruchsgrundlagen, ihrer jeweils unterschiedlichen Tatbestandsvoraussetzungen und nicht immer deckungsgleichen Rechtsfolgen (v.a. Vergütungsansprüche auf kalkulatorischer Grundlage und Schadensersatzansprüche auf tatsächlicher Vermögensgrund-

---

[203] Ausf. zu den Beweggründen: Nicklisch, 3. Auflage, Rn. 42. Wegen dieser Haftungsbeschränkung ist § 6 Abs. 6 auch nicht auf Schadensersatzansprüche aufgrund von Mängeln anwendbar: OLG Köln 29.12.2016 – 7 U 131/15, NJW-Spezial 2017, 205; → § 6 Rn. 7.

[204] BGH 26.10.2017 – VII ZR 16/17, NJW 2018, 544. Hierzu: Krebs/Steinke ZfBR 2018, 115; Roquette/Bescher BauR 2018, 422; Oldigs/Hornschuh BauR 2018, 407; Schneider BauR 2018, 411; Kapellmann NZBau 2018, 338.

[205] Messerschmidt/Voit/Voit § 6 Rn. 18; Ingenstau/Korbion/Döring § 6 Rn. 10. So aber wohl OLG Hamm 19.6.2012 – 21 U 85/11, IBR 2014, 724, auch → Rn. 4.

Behinderung und Unterbrechung der Ausführung   § 6

lage), bedarf es jedenfalls einer nach Anspruchsgrundlagen getrennten Darstellung.[206]

Anspruchskonkurrenzen bestehen deshalb vor allem zu Abs. 6 S. 2 VOB/B iVm § 642 BGB, zu § 2 Abs. 5, 6 VOB/B sowie zu § 304 BGB.[207] Daneben ist ein alternatives Vorgehen nach § 5 Abs. 3, 4 iVm § 8 Abs. 2 VOB/B (Kündigung wegen Verzuges durch den Auftraggeber) oder nach § 643 BGB, § 9 VOB/B (Kündigung wegen einer vom Auftraggeber unterlassenen Mitwirkungshandlung durch den Auftragnehmer) möglich. **115**

II. Tatbestandsvoraussetzungen

1. Hindernde Umstände. Zunächst müssen hindernde Umstände vorliegen. Der Begriff ist wie in Abs. 1–4 zu verstehen und weit zu fassen.[208] Insofern wird auf die Kommentierung zu Abs. 1 und 2 verwiesen. **116**

2. Behinderungsanzeige. Der Auftragnehmer muss die Behinderung nach Abs. 1 S. 1 ordnungsgemäß und rechtzeitig angezeigt haben oder es muss Offenkundigkeit nach Abs. 1 S. 2 vorliegen. Auf die in → Rn. 38 zitierte Rechtsprechung, dass es einer Behinderungsanzeige nicht bedarf, wenn sich der Auftragnehmer gegen Ansprüche des Auftraggebers verteidigt, kann sich der Auftragnehmer bei der Geltendmachung von eigenen Ansprüchen nicht berufen. Eine Ausnahme macht das OLG Stuttgart: Kann der Auftragnehmer beweisen, dass ihm der gleiche Schaden auch bei ordnungsgemäßer Anzeige entstanden wäre, soll die fehlende Anzeige unschädlich sein.[209] Dem ist zuzustimmen. Wäre die Anzeige eine bloße „Förmelei", ist eine solche entbehrlich – die Regelungen zur Entbehrlichkeit einer Mahnung in § 286 Abs. 2 BGB können ergänzend analog herangezogen werden. **117**

3. Pflichtverletzung. Nach gängiger Auffassung ist weitere Tatbestandsvoraussetzung des Schadensersatzanspruches eine **Pflichtverletzung** des Auftraggebers, weil dieser nur dann Schadensersatz zu leisten habe, wenn er die hindernden Umstände auch zu „vertreten" habe.[210] Das Vertretenmüssen setze aber nach allgemeinen rechtlichen Prinzipien die Verletzung einer Pflicht voraus, die Verletzung eigener Obliegenheiten habe eine Partei nicht zu vertreten; Schadensersatz löse deshalb nach verbreiteter Ansicht nur eine Pflichtverletzung des Auftraggebers aus.[211] Ob die Mitwirkungshandlungen des Auftraggebers in einem Bauvertrag, vor allem hinsichtlich der Versäumnisse von **Vorunternehmern,** Pflichten oder (bloße) Obliegenheiten sind, ist jedoch heftig umstritten.[212] Auch die Rechtspre- **118**

---

[206] OLG Dresden 9.1.2013 – 1 U 1554/09; LG Köln 9.4.2013 – 5 O 30/11; OLG Hamm BauR 2005, 1480; KG 13.2.2009 – 7 U 86/08, IBR 2010, 437 Rn. 14; OLG Düsseldorf 20.1.2009 – 23 U 47/08, NJOZ 2009, 1651 Rn. 34; siehe aber auch: Leinemann/Leinemann/Kues § 6 Rn. 3.

[207] Ausführlich zu den Anspruchskonkurrenzen ab Rn. 125.

[208] Beck VOB/B/von Kiedrowski § 6 Abs. 6 Rn. 29.

[209] OLG Stuttgart 29.11.2011 – 10 U 58/11, IBR 2013, 465.

[210] So zB Kapellmann/Messerschmidt/Markus § 6 Rn. 52; Messerschmidt/Voit/Voit § 6 Rn. 15; Beck VOB/B/von Kiedrowski § 6 Abs. 6 Rn. 58.

[211] BGH NJW 1985, 2475 – Vorunternehmer I; BGH NJW 2000, 1336 – Vorunternehmer II.

[212] Zum Streitstand ausf.: Kapellmann NZBau 2011, 193; Beck VOB/B/von Kiedrowski § 6 Abs. 6 Rn. 77 ff.; Staudinger/Peters § 642 BGB, Rn. 17, 20; Armbrüster/Bickert NZBau 2006, 153; hierzu im Übrigen auch schon ausführlich; Nicklisch BB 1979, 533.

§ 6 VOB Teil B

chung des BGH zum Anwendungsbereich des § 642 BGB[213] hat die Frage nach der rechtlichen Natur der Mitwirkungshandlungen des Auftraggebers nicht abschließend klären können, wenn sich aber – nicht nur in diesem Urteil – sondern auch in anderen Urteilen – möglicherweise unbedarfte – Hinweise darauf entnehmen lassen können, dass die Mitwirkungshandlungen des Auftraggebers regelmäßig auch Pflichten sein können.[214] Auch in der Rechtsprechung war die Haftung des Auftraggebers für Fehler von Planern, jedenfalls soweit sie keine Überwachungstätigkeiten ausübten, anerkannt.[215] Die Mitwirkungshandlungen des Auftraggebers werden teilweise von der Rechtsprechung deshalb auch (zu Recht) als „Mitwirkungspflichten/Obliegenheiten" benannt; jedenfalls werden Verstöße des Auftraggebers gegen die Anforderungen des § 4 Abs. 1 als schadensersatzauslösend bewertet.[216]

119 Trotzdem sollen nach der bisherigen Rechtsprechung des BGH die Mitwirkungshandlungen des Auftraggebers auch bei einem VOB/B-Vertrag regelmäßig keine Vertragspflichten sein.[217] Die Instanzgerichte schließen sich dieser Auffassung in aller Regel an.[218] Der BGH begründet seine Entscheidung damit, dass der Auftraggeber sich gegenüber dem Auftragnehmer nicht verpflichten wolle, bestimmte Leistungen ordnungsgemäß (dh mangelfrei und rechtzeitig) auszufüh-

---

[213] BGH 26.10.2017 – VII ZR 16/17, NJW 2018, 544.

[214] OLG Brandenburg 26.6.2013 – 11 U 36/12, IBR 2013, 668: „In § 642 BGB sei ein Sonderfall einer vom Auftraggeber zu vertretenden Behinderung im Sinne des § 6 Nr. 6 VOB/B geregelt." (zitiert nach BGH 20.4.2017 – VII ZR 194/13, NJW 2017, 2025); „Das bei Schadensersatzansprüchen (…) anrechenbare Mitverschulden setzt die Verletzung vertraglicher Pflichten oder Obliegenheiten voraus, die der Bauherr gegenüber dem Bauunternehmer zu erfüllen hat." – BGH 4.6.1973 – VII ZR 112/71, NJW 1973, 1792; „gehören zu den Verbindlichkeiten aus einem Schuldverhältnis auch die im § 642 BGB erwähnten Gläubigerobliegenheiten" BGH 16.5.1968 – VII ZR 40/66, NJW 1968, 1873; so auch BGH 19.10.1985 – X ZR 12/85, NJW-RR 1986, 211; BGH 27.11.2008 – VII ZR 206/06, NJW 2009, 582: „[…] trifft den Besteller jedenfalls eine Obliegenheit, diesem mangelfreie Pläne zur Verfügung zu stellen."; OLG Düsseldorf 25.8.2015 – 23 U 13/13: „[…] ob die Beklagte hierbei nicht Koordinierungspflichten (§ 4 VOB/B) verletzt hat, […]"; OLG Nürnberg 13.10.1999 – 4 U 1683/99, NZBau 2000, 518: „Der Begriff der ,hindernden Umstände' im Sinne des § 6 Abs. 1 VOB umfaßt grundsätzlich jedes Ereignis, das den vorgesehenen Leistungsablauf hemmt oder ihn verzögert, also im wesentlichen alle Störungen, die sich auf die Bauzeit auswirken." Auch der BGH nimmt in seinem Urteil vom 26.10.2017 – VII ZR 16/17, NJW 2018, 544 hierzu Stellung und thematisiert für die gleiche Mitwirkungshandlung sowohl eine Obliegenheit als auch eine Pflicht. Gleichwohl geht das KG davon aus, dass es sich bei der gesamten Mitwirkung des Auftraggebers nur um eine Obliegenheit handele: KG 29.1.2019 – 21 U 122/18, NZBau 2019, 637.

[215] BGH NJW 1984, 1676; 1985, 2475; OLG Hamm BauR 2001, 1761.

[216] so bspw.: OLG Schleswig 11.2.2015 – 4 U 16/05; Nichtzulassungsbeschwerde zurückgewiesen. Ausdrücklich anders (aber möglicherweise eine Reaktion des BGH provozierend): KG 29.1.2019 – 21 U 122/18, NZBau 2019, 637.

[217] BGH 21.10.1999 – VII 185/98; BGH 27.6.1985 – VII ZR 23/84, NJW 1985, 2475.

[218] KG 29.1.2019 – 21 U 122/18: „Ein Bauvertrag begründet im Grundsatz keine terminbezogenen Pflichten des Bestellers, auch wenn die Parteien Vertragsfristen vereinbart haben. In diesem Fall ist die Mitwirkung des Bestellers zur Einhaltung von Ausführungsfristen generell nihct als vertragliche (Neben-)Pflicht, sondern nur als Obliegenheit ausgestaltet, so dass dem Unternehmer bei Störungen des Bauablaufs keine Ansprüche aus § 6 Abs. 6 VOB/B oder §§ 280, 286 BGB zustehen."; so auch: OLG Düsseldorf, 25.7.2022 – 23 U 116/21, IBR 2023, 503.

ren.[219] Zudem folge aus den Regelungen der §§ 4 Abs. 3 und 13 Abs. 3, dass der nachfolgende Unternehmer auf den Leistungen des Vorunternehmers aufbaue und deren Qualität eigenständig zu überprüfen habe. Entsprechend handele es sich nur um eine Obliegenheit des Auftraggebers mit der Folge, dass dieser regelmäßig nicht nach § 278 BGB für ein Versäumnis des vorherigen Unternehmers einstehe, sondern nur dann, wenn dies aufgrund besonderer Umstände anzunehmen sei. Die (bloße) Vereinbarung von Vertragsfristen zur fristgerechten Erstellung von bauseits vorzunehmenden Leistungen begründe aber noch nicht eine derartige besondere Verpflichtung. In der Vorunternehmer I-Entscheidung hat der BGH mit dieser Begründung einen Anspruch des Auftragnehmers auf Schadensersatz nach § 6 Nr. 6 (jetzt: § 6 Abs. 6 S. 1) abgelehnt (Ansprüche aus § 642 BGB wurden ebenfalls abgelehnt, da § 642 BGB beim VOB-Vertrag seinerzeit noch nicht anwendbar gewesen sein sollte). Mit der Vorunternehmer II-Entscheidung hielt der BGH an seiner Einschätzung zur fehlenden Vertragspflicht fest, räumte aber (wenigstens) ein, dass ein Anspruch aus § 642 BGB bestehen könnte.[220] Die Reichweite dieses Anspruches war zwar auch seinerzeit umstritten, wurde in der Praxis aber relativ weit gefasst, sodass über den „Umweg" des § 642 BGB für Auftragnehmer jedenfalls faktisch eine ausreichende Kompensation gewährt werden konnte und sich die restriktive Rechtsprechung deshalb tatsächlich in den meisten Fällen nicht sonderlich negativ auf die Ansprüche des Auftragnehmers auswirken konnte.

Die restriktive Rechtsprechung, insbesondere ihre Begründung, hat enorme 120 Kritik erfahren,[221] die nach der Entscheidung des BGH zum eingeschränkten Anwendungsbereich des § 642 BGB weiter zugenommen hat.[222] Waren nach der Vorunternehmer I-Entscheidung die Rechtsfolgen (keinerlei finanzielle Ansprüche des Auftragnehmers) nach allgemeiner Ansicht unbillig und schlechterdings „ungerecht", wurden sie durch die „großzügige" Anwendbarkeit des § 642 BGB zunächst gemildert (wenn auch unter Inkaufnahme von rechtsdogmatischen Fragen). Mit der Entscheidung des BGH vom 26.10.2017 scheint das „Rad" aber wieder „zurückgedreht" worden sein, wenn der Anwendungsbereich von Schadensersatzansprüchen jetzt nicht erweitert wird.

In der rechtswissenschaftlichen Literatur wurde schon seit langem geradezu 121 einhellig die Meinung vertreten, die Aufgabe, dem Unternehmer ein baureifes Grundstück zur Verfügung zu stellen, das derart aufbereitet ist, dass dieser hierauf tatsächlich aufbauen kann, sei eine echte Vertragspflicht, der Auftraggeber schulde demnach mangelfrei und rechtzeitig vorgenommene Vorunternehmerleistungen.[223] Insbesondere dürften bei einem VOB/B-Vertrag die Mitwirkungshandlungen des Auftraggebers echte Vertragspflichten sein.[224] Hierfür

---

[219] BGH NJW 1985, 2475 – Vorunternehmer I; BGH NJW 2000, 1336 – Vorunternehmer II. Dem BGH folgen auch die Instanzgerichte, zB KG BauR 2009, 699.

[220] BGH NJW 2000, 1336 – Vorunternehmer II.

[221] S. bspw. Hartwig BauR 2014, 1055 (1068); Kapellmann BauR 1992, 433; Vygen BauR 1989, 387.

[222] Krebs/Steinke ZfBR 2018, 115; Roquette/Bescher BauR 2018, 422; Oldigs/Hornschuh BauR 2018, 407; Schneider BauR 2018, 411; Kapellmann NZBau 2018, 338.

[223] Beck VOB/B/von Kiedrowski § 6 Abs. 6 Rn. 77; so auch: Ingenstau/Korbion/Döring § 6 Abs. 6 Rn. 16.

[224] Beck VOB/B/von Kiedrowski § 6 Abs. 6, Rn. 71, 78. Hierzu auch: Keldungs, BauR 2024, 561.

sprechen Wortlaut (v.a. § 3), Interessen und letztlich auch das Gerechtigkeitsempfinden, denn bei einer – zu Recht[225] – engen Auslegung des § 642 BGB verbliebe für die in der Praxis weitaus relevantesten Fälle von Behinderungen kein Anspruch des Auftragnehmers auf Ersatz der ihm entstandenen Nachteile, wenn die Mitwirkungshandlungen des Auftraggebers als reine Obliegenheiten gewertet werden und dem Auftragnehmer deshalb kein Anspruch nach § 280 BGB oder § 6 Abs. 6 zusteht.[226] Auch die Rechtsprechung begründete die Rechtsnatur der Mitwirkungshandlungen vor den beiden Vorunternehmer-Entscheidungen als Nebenpflicht mit der Erwähnung in § 3,[227] so dass eigentlich Ansprüche nach § 6 Abs. 6 eröffnet sein müssten. Für die Kategorisierung als Nebenpflicht iSd § 241 Abs. 2 BGB sprechen teleologische Gründe (finanzielle Interessen der Vertragsparteien, Notwendigkeit zu einer verlässlichen Terminplanung) und vor allem die Charakterisierung des Bauvertrages als „Langzeitvertrag" mit Kooperationspflichten.[228]

122 Richtigerweise kommt es auf diesen abstrakten Streit aber nicht an, setzt doch § 6 Abs. 6 – in Abweichung von den Regelungen der §§ 280, 281 BGB – die Verletzung einer Pflicht nicht voraus, sondern knüpft die Rechtsfolgen allein an die Tatsache, dass „hindernde Umstände" von einem Vertragsteil „zu vertreten" sind. Insbesondere, wenn der Wortlaut in Abs. 6 als Allgemeine Geschäftsbedingung auszulegen ist, spricht viel dafür, dass jedenfalls die Partei, welche die VOB/B nicht „gestellt" hat, sich darauf berufen kann, dass Abs. 6 das Verletzen einer Pflicht für die Eröffnung eines Schadensersatzanspruches nicht voraussetze. Immerhin knüpft der Wortlaut in § 6 Abs. 6 S. 1 allein an die Definition der hindernden Umstände in § 6 Abs. 1 an. Es dürfte aber auf der Hand liegen, dass nicht nur unterlassene oder nicht vertragskonform ausgeführte Pflichten, sondern auch andere Handlungen wie Obliegenheiten oder aktive Störungen hindernden Charakter aufweisen können. Richtigerweise erspart also § 6 Abs. 6 S. 1 für VOB/B-Verträge die ansonsten schwierige Unterscheidung zwischen Mitwirkungspflicht und Mitwirkungshandlung und knüpft an beide dogmatischen Strukturen dieselbe Rechtsfolge: Schadensersatz; es handelt sich also um einen **Auffangtatbestand**.[229] Schon Nicklisch wies auf die Abs. 6 innewohnenden Wertungsaspekte hin:[230] Abs. 6 soll keine Vertragspartei einseitig bevorteilen, sondern eine ausgewogene Regelung darstellen und somit auch der Vertragsgerechtigkeit dienen, zumal auch früher im Rahmen des bis zur VOB/B 2000 auch in Abs. 2 geforderten Vertretenmüssens eine einschränkende Auslegung erfolgte. Maßgeblich kann die Unterscheidung zwischen Obliegenheit und Pflicht deshalb allenfalls im Zusammenhang mit dem Grad des Verschuldens sein: Hat der Schuldner eine Pflicht verletzt, bemisst sich das Verschulden nach den §§ 276, 278 BGB. Hat der Gläubiger eine Obliegenheit verletzt, bemisst sich das Verschulden nach § 254 BGB, der aber insoweit wiederum auch auf die §§ 276, 278 BGB verweist.[231] Dies hat der BGH insbesondere in der „Glasfassaden"-Entscheidung 2008 deutlich

---

[225] → § 6 Rn. 125.
[226] So insbesondere auch: Kapellmann NZBau 2018, 338.
[227] BGH NJW 1984, 1676; aA: Messerschmidt/Voit/Stickler BGB § 642 Rn. 10.
[228] BGHZ 143, 89; BGH NZBau 2000, 130.
[229] So wohl auch: Beck VOB/B/von Kiedrowski § 6 Rn. 19. dezidiert aA: Kapellmann/Messerschmidt/Markus § 6 Rn. 54.
[230] Nicklisch, 3. Auflage, Rn. 54.
[231] Leupertz BauR 2010, 1999.

gemacht.[232] Mit der hier vertretenen Auffassung, dass die Mitwirkungshandlungen des Auftraggebers (jedenfalls bei VOB/B-Verträgen) echte Mitwirkungspflichten, wenn auch Nebenpflichten nach § 241 Abs. 2 BGB sind, können die §§ 276, 278 BGB auch direkt (und nicht nur analog) herangezogen werden. Letztlich wirken sich diese Meinungsverschiedenheiten bei der hier vertretenen Auffassung für VOB-Verträge also nicht aus.

Zu den hindernden Umständen des § 6 Abs. 6 S. 1 gehören deshalb insbesondere folgende Tätigkeiten und Unterlassungen des Auftraggebers (ergänzend → Rn. 44): **123**

- Eigene vertragskonform geschuldete Handlungen des Auftraggebers, die zur Ausführung des Werkes und zur Herstellung des werkvertraglich geschuldeten Erfolges notwendig sind; vor allem sind dies die sogenannten **bauseitigen Leistungen,** also Leistungen, die der Auftraggeber ohne Weiteres auch durch andere Unternehmer, wie auch durch den Auftragnehmer selbst, hätte ausführen können, es aber aus den unterschiedlichsten Gründen nicht geschehen lässt, sondern selbst oder durch Dritte ausführt. Hierzu gehören bspw.: Zurverfügungstellung des vertraglich beschriebenen oder – hilfsweise, falls nichts detailliert vereinbart ist – eines geeigneten Baugrundes; Zurverfügungstellung eigenen Baugerätes, eigenen Personals, Behelfskonstruktionen wie zB Gerüste, Behelfsbrücken, Baucontainer, Teilleistungen, Entsorgungsmöglichkeiten etc. Werden diese Leistungen entweder in zeitlicher oder in qualitativer Hinsicht nicht vertragskonform erstellt, werden diese Leistungen insbesondere verzögert erstellt und gerät der Auftraggeber somit selbst in Verzug, kann der Auftragnehmer Schadensersatz nach § 6 Abs. 6 S. 1 verlangen (dies könnte er bei BGB-Verträgen auch über § 286 iVm § 280 BGB, da diese Normen auch für Nebenpflichten nach § 241 Abs. 2 BGB angewendet werden können).
- Gleiches gilt für Handlungen, die der Auftraggeber ausführen muss, damit der Auftragnehmer die von ihm vertraglich geschuldeten Leistungen überhaupt ausführen kann. An erster Stelle gehören hierzu sogenannte **Ermöglichungshandlungen,** wie die Bereitstellung des **Grundstückes** und der vertraglich vereinbarten **Vorleistungen,** die Beschaffung der **Baugenehmigung,** die rechtzeitige Lieferung aller für die Ausführung notwendiger Unterlagen, vor allem die Erstellung einer ausführungsreifen **Planung** (es sei denn, es ist vertraglich etwas anderes geschuldet).
- Es gehören auch alle weiteren typischen **Mitwirkungshandlungen** des Auftraggebers hierzu, wie zB die **Bemusterung** und Entscheidung von bauseits klärenden Fragen, die **Koordination** der Unternehmer untereinander (Aufrechterhaltung der allgemeinen Ordnung auf der Baustelle wie nach § 4 Abs. 1 Nr. 1 S. 1), alle in § 3 und § 4 als „Auftraggeberpflichten" definierten Tätigkeiten.

4. Vertretenmüssen. Ein Anspruch auf Schadensersatz besteht nur dann, wenn die andere Vertragspartei die hindernden Umstände zu **vertreten** hat. Die VOB/B definiert den Umfang des Vertretenmüssens nicht vom BGB abweichend. Insofern gilt, dass jede Vertragspartei nach § 276 BGB Vorsatz oder Fahrlässigkeit zu vertreten hat, sofern im Vertrag keine strengeren oder milderen Haftungen geregelt sind. Soweit der Auftraggeber eine Pflicht verletzt hat, gilt § 276 direkt; **124**

---

[232] BGH NZBau 2009, 185. So auch: Beck VOB/B/von Kiedrowski § 6 Abs. 6 Rn. 76, 77; Leupertz BauR 2010, 1999.

§ 6

VOB Teil B

soweit der Auftraggeber eine Obliegenheit verletzt hat, gilt § 276 BGB über den Verweis in § 254 BGB analog. Auf eine Differenzierung zwischen Pflichtverletzung und Obliegenheitsverletzung kommt es deshalb auch im Hinblick auf den Grad des Vertretenmüssens nicht an.

Nicht zu vertreten hat der Auftraggeber in aller Regel Fälle der § 6 Abs. 2 Nr. 1b) und c) – Streik, Aussperrung, Höhere Gewalt oder andere unabwendbare Umstände. So steht dem Auftragnehmer infolge der Auswirkungen der Corona-Pandemie oder infolge von Materialpreissteigerungen oder Lieferengpässen aufgrund der Ukraine-Krise auch kein Schadensersatzanspruch zu, sondern allenfalls Ansprüche auf Anpassung des Vertrages aus § 313 BGB, wenn dessen Tatbestandsvoraussetzungen vorliegen.

125 Hinsichtlich der **Geldschuld** des Auftraggebers gilt allerdings hiervon abweichend der allgemeinrechtliche Grundsatz, dass „man Geld zu haben" hat. Das Risiko, Geldmittel zu beschaffen, trägt jedermann, unabhängig von dem Verschulden. Insofern haftet der Auftraggeber nach § 6 Abs. 6 S. 1 immer dann, wenn er, aus welchen Gründen auch immer, berechtigte Forderungen des Auftragnehmers nicht begleichen kann und dieser unter Beachtung der Bestimmungen des § 16 Abs. 5 Nr. 3 die Leistung berechtigterweise einstellt.

126 Neben § 276 BGB haftet jede Vertragspartei auch für Erfüllungsgehilfen nach § 278 BGB. Wenn sich eine Vertragspartei zur Erfüllung seiner vertraglichen Mitwirkungspflichten Dritter bedient, kann sich diese Vertragspartei nicht allein auf die sorgfältige Auswahl der Erfüllungsgehilfen verlassen. Vielmehr haftet sie auch iSd § 278 BGB für den Vorsatz und die Fahrlässigkeit der Erfüllungsgehilfen.

127 Gem. der gesetzlichen Vermutung aus § 280 Abs. 1 S. 2 BGB, die auch im Rahmen des § 6 Abs. 6 S. 1 heranzuziehen ist (eine abweichende Regelung trifft die VOB/B nicht),[233] wird das Verschulden vermutet. Derjenige, der sich einem Schadensersatzanspruch aus § 6 Abs. 6 S. 1 ausgesetzt sieht, muss sich also exkulpieren. Eine **Exkulpation** des Auftraggebers kommt zB in Betracht, wenn die zuständige Behörde eine Baugenehmigung rechtswidrig verweigert oder trotz ausreichender Antragsunterlagen und mit ausreichendem Vorlauf nicht fristgerecht erteilt oder der Auftraggeber Pläne rechtzeitig versendet, diese aber aufgrund eines von ihm nicht zu vertretenen Übermittlungsfehlers nicht rechtzeitig zugehen.[234] Gleiches gilt für Eingriffe der Behörden oder Dritter, die vom Auftraggeber nicht vorhergesehen werden können.[235] Der Auftraggeber soll sich auch dann exkulpieren können, wenn ein von ihm eingeholtes geotechnisches Gutachten falsch war, dieser Fehler aber nicht bemerkt werden konnte.[236] Demgegenüber ist das Verschulden des Auftraggebers zu bejahen, wenn ein Nachbar gegen eine Baugenehmigung Widerspruch einlegt und der Auftraggeber die nachbarrechtliche Situation vor Antragstellung hätte klären können. Ergehen gerichtliche Entscheidungen nach § 650c BGB wäre in entsprechender Anwendung des § 945 ZPO bei späterer Aufhebung dieser Entscheidung dennoch das Verschulden nicht eingeschränkt.[237]

128 **Vorsatz oder Fahrlässigkeit** müssen sich nicht auf die **Hinderungsfolgen** beziehen, sondern entsprechend der allgemeinen Regelungen allein auf die Tätig-

---

[233] So auch: Kapellmann/Messerschmidt/Markus § 6 Rn. 61.
[234] S. zB OLG Celle BauR 1995, 552.
[235] OLG Düsseldorf BauR 1991, 337.
[236] Kapellmann/Schiffers/Markus Bd. 1 Rn. 1350, 771.
[237] BGH 13.10.2016 – IX ZR 149/15, NJW 2017, 1600.

keit (Tun oder Unterlassen), die zu den hindernden Umständen führten, mithin die **Ursache** der Störung darstellt. Eine Vertragspartei haftet deshalb bereits dann aus Vorsatz, wenn sie die Tätigkeit, die Ursache für die Störung ist, vorsätzlich ausgeführt und damit die Ursache der Störung vorsätzlich herbeigeführt hat, auch wenn sie möglicherweise nicht das Bewusstsein hatte, hierdurch den Bauablauf zu stören oder nicht das Bewusstsein hatte, dass sich dieser Umstand verzögernd auswirken wird. Es kann durchaus auch sein, dass eine Vertragspartei die Störung vorsätzlich herbeigeführt hat, dabei aber „eigentlich" den Bauablauf gar nicht stören wollte, sondern ihn „in bester Absicht" fördern und begünstigen wollte. Hierauf kommt es nicht an, da sich auch nach den allgemeinen Regelungen Vorsatz und Fahrlässigkeit immer auf die Handlung und nicht auf den Schaden beziehen müssen.

5. Rechtswidrigkeit/Vertragswidrigkeit. Ungeschriebenes Tatbestandsmerkmal des Schadensersatzanspruches ist nach allgemeiner Auffassung des Weiteren die **Rechtswidrigkeit.** Ein Tun oder Unterlassen, das von der Rechtsordnung gebilligt wird, sei es, weil Rechtfertigungsgründe vorliegen, oder sei es, weil die betreffende Partei hierzu vertraglich oder gesetzlich berechtigt ist, kann keine Schadensersatzansprüche auslösen. Dieses Verhalten wird von der Rechtsordnung gebilligt und kann deshalb nicht Grundlage einer finanziellen Entschädigung der anderen Vertragspartei sein. Richtigerweise ist der Begriff der Pflichtwidrigkeit in diesem Rahmen aber als **Vertragswidrigkeit** zu definieren. Denn soweit der Auftraggeber Obliegenheiten nicht erfüllt, handelt er zwar rechtmäßig, wohl aber vertragswidrig. 129

Wesentlicher Rechtfertigungsgrund ist das **Anordnungsrecht des Auftraggebers,** zusätzliche oder geänderte Leistungen auszuführen, § 1 Abs. 3, Abs. 4. Ist der Auftraggeber berechtigt, bauinhaltlich geänderte oder zusätzliche Leistungen anzuordnen, bleibt kein Raum für einen Schadensersatzanspruch des Auftragnehmers. In diesen Fällen kann der Auftragnehmer seinen finanziellen Anspruch nur auf Basis der vertraglichen Anspruchsgrundlagen hierfür geltend machen, das sind § 2 Abs. 5 und Abs. 6. Zwar können solche Leistungen auch zusätzlichen Zeitbedarf auslösen, die Ausführungsfristen werden nach § 6 Abs. 2 Nr. 1a entsprechend auch verlängert. Die Anordnung des Auftraggebers ist aber vertragskonform, sie ist weder vertrags- noch rechtswidrig, schließlich steht dem Auftraggeber das Anordnungsrecht vertraglich zu. Wenn aber der Auftraggeber zur Anordnung der zusätzlichen oder geänderten Leistungen berechtigt ist, kann dieses Recht nicht auf der anderen Seite Schadensersatzansprüche auslösen, vielmehr sind die Ansprüche nach § 2 Abs. 5, Abs. 6 abschließend.[238] Da in dem Anspruch aus § 2 Abs. 5, Abs. 6 alle Auswirkungen der modifizierten Leistung zu berücksichtigen sind, wird der „Schaden" des Auftragnehmers, also dessen finanziellen Nachteile, auch umfassend gem. dem vertraglichen Vergütungsgefüge kompensiert.[239] 130

---

[238] So auch: Kapellmann/Messerschmidt/Markus § 6 Rn. 57 mwN; Thode ZfBR 2004, 214.

[239] Sofern die Parteien nichts Abweichendes vereinbaren oder sich der Auftragnehmer nicht weitergehende Ansprüche vorbehält, sind auch die zeitlichen Folgen einer Änderungsanordnung in dem Nachtragspreis enthalten: OLG Köln 27.10.2014 – 11 U 70/13, IBR 2015, 121; KG BauR 2012, 951; OLG Brandenburg 18.8.2009 – 11 W 25/08, IBR 2011, 395.

131 Nach herrschender Meinung ist der Auftraggeber aber grundsätzlich nicht berechtigt, **zeitliche Anordnungen** nach § 1 Abs. 3, Abs. 4 zu erlassen.[240] Anordnungen zu Bauumständen, insbesondere zur Bauzeit, also Beschleunigungen, angeordnete Stillstände, angeordnete Unterbrechungen oder angeordnete Bauablaufumstellungen sind vertragswidrig (sofern nicht etwas anderes vertraglich wirksam vereinbart ist. Diese Anordnungsbefugnisse werden von § 1 Abs. 3, Abs. 4 zwar nach herrschender Meinung nicht umfasst, der Auftraggeber kann sich also nicht auf einen Rechtfertigungstatbestand berufen. Allerdings führte nicht die rechtswidrige Anordnung zur zeitlichen Auswirkung, sondern die eigenverantwortliche Entscheidung des Auftragnehmers, dieser Anordnung trotzdem Folge zu leisten. Gleichwohl hat der Auftragnehmer auch in diesem Fall wegen des ausdrücklichen Wortlautes von § 2 Abs. 5 („sonstige Anordnungen") einen alternativen Vergütungsanspruch. Hat der Auftraggeber also eine bauzeitliche Anordnung erlassen, zu der er grundsätzlich nicht berechtigt ist, so steht dem Auftragnehmer ein Vergütungsanspruch nach § 2 Abs. 5 zu; das früher dem Auftragnehmer gelegentlich zugesprochene Wahlrecht, daneben einen Anspruch aus § 6 Abs. 6 auf Basis der tatsächlich entstandenen Kosten = Schaden geltend zu machen ist inzwischen überflüssig, da der Auftragnehmer auch nach § 2 Abs. 5 VOB/B die Möglichkeit hat, die tatsächlich erforderlichen Kosten gemäß § 650c BGB anzusetzen.[241]

132 **6. Eigene Leistungsbereitschaft.** Ungeschriebenes Tatbestandsmerkmal ist die eigene Leistungsbereitschaft des Auftragnehmers:[242] Wer von der anderen Partei Schadensersatz für Behinderungen geltend macht, muss selbst auch leistungsbereit sein. Dies wird letztlich auch auf der Kausalitätsebene gefordert (ist der Auftragnehmer selbst nicht leistungsbereit, ist der Kausalzusammenhang nicht mehr gegeben) und folgt auch aus dem Rechtsgedanken des § 297 BGB. Für den Zeitraum seiner eigenen fehlenden Leistungsbereitschaft steht dem Auftragnehmer daher kein Schadensersatzanspruch zu.[243]

III. Kausalität

133 Zwischen der dem Auftraggeber zurechenbaren Ursache und der Überschreitung der ursprünglichen Bauzeit muss ein Ursachenzusammenhang bestehen. Dies setzt voraus, dass die Bauzeit mit den vom Auftragnehmer kalkulierten Ressourcen

---

[240] AA: Roquette (Einschränkungen durch § 242) Rn. 682 ff. mit ausf. Darstellung des Meinungsstandes. S. auch: Kuffer/Wirth 2 Kapitel Rn. 411 ff. In Ausnahmefällen soll der Auftraggeber zur zeitlichen Anordnung befugt sein, nämlich dann, wenn es entweder zwingend technisch erforderliche Anordnungen zu Bauumständen gibt oder Gefahr für Leib und Leben droht. In diesen Fällen wäre der Auftragnehmer verpflichtet, einer bauzeitlichen Anordnung des Auftraggebers Folge zu leisten. Dann erfolgt die finanzielle Kompensation allein über § 2 Abs. 5 und nicht über den Schadensersatzanspruch des § 6 Abs. 6: So auch: Kapellmann/Messerschmidt/Markus § 6 Rn. 58 f. Hierzu auch: Maase BauR 2017, 929.
[241] So aber noch: Kapellmann/Messerschmidt/Markus § 6 Rn. 58 f.; Für ein Wahlrecht auch: Herig Rn. 44. Ähnlich auch die Entscheidungsgründe in KG BauR 2009, 699.
[242] Kapellmann/Schiffers/Markus Bd. 1 Rn. 1355 f.; Herig Rn. 49.
[243] OLG Frankfurt a.M. 3.2.2023 – 21 U 47/20, IBR 2023, 283. Wohl aber ein Anspruch auf Fristverlängerung. HM: Markus NZBau 2014, 688; → Rn. 43 und nachfolgend → Rn. 88.

bei ungestörtem Bauablauf hätte eingehalten werden können.[244] Anderenfalls beruht eine etwaige Verlängerung nicht auf der dem Auftraggeber zurechenbaren Ursache, sondern auf eigenen Versäumnissen des Auftragnehmers. Der Schaden des Auftragnehmers muss durch die Behinderung verursacht worden sein.[245] Diese Kausalität ist mindestens in folgenden Fällen diskutabel:

1. Planverzüge. Wird ein Schaden des Auftragnehmers wegen verspäteter **134** Planvorlagen behauptet, so muss geklärt sein, wann der Auftraggeber nach dem tatsächlichen Fortgang der Arbeiten welche Pläne hätte bereitstellen müssen, aber zu spät bereitgestellt hat und welche Folgen dies hatte.[246] Sind Planlieferfristen nicht vereinbart, so muss der Auftragnehmer darlegen, dass er den Plan mit ausreichendem Vorlauf beim Auftraggeber angefordert hat,[247] es sei denn, aus den dem Auftraggeber bekannten Umständen war ihm oder seinem Vertreter bekannt, wann die Pläne spätestens hätten geliefert werden müssen.

2. Aufholung der Verzögerung durch Beschleunigungsmaßnahmen. **135** Häufig werden Verzögerungen dadurch „aufgefangen", dass der Auftragnehmer Beschleunigungsmaßnahmen ergreift, bspw. das Personal aufstockt und auf diese Weise den vereinbarten Fertigstellungstermin trotz Auftretens der Behinderung erreicht.[248] In diesen Fällen muss der Auftragnehmer zunächst konkret darlegen, welcher Produktivitätsverlust eingetreten wäre, wenn die Beschleunigung nicht umgesetzt worden wäre. Die Maßnahmen, zu denen der Auftragnehmer ohnehin nach Abs. 3 verpflichtet ist sowie deren Folgen, sind ohnehin nicht anzusetzen, weil es diesbezüglich keinen Ursachenzusammenhang zu der vom Auftraggeber veranlassten Störung gibt.

3. Verursachung der Verzögerung durch Auftraggeber und Auftrag- **136** **nehmer.** Es ist umstritten, wie sich gemeinsame Versäumnisse von Auftraggeber und Auftragnehmer auf die Schadensersatzansprüche des Auftragnehmers auswirken, wenn sie parallele Zeiträume betreffen:[249] Es wird vertreten, dass jegliche Ansprüche des Auftragnehmers ausgeschlossen sind, wenn eigene Behinderungen vorliegen.[250] Nach anderer Ansicht ist eine Quote analog zu § 254 BGB zu bilden, wobei die jeweiligen Anteile nach § 287 ZPO zu schätzen sind.[251] Richtigerweise ist zu differenzieren: Haben beide Behinderungstatbestände zusammengewirkt, dass sie nur zusammen die Störung verursacht haben, dann liegt ein Fall der **kumulativen Kausalität** oder Gesamtkausalität vor, mit der Folge, dass der Anspruch des Auftragnehmers nach § 254 BGB um seinen eigenen Beitrag zu reduzieren ist.[252] Liegt hingegen ein Fall der **konkurrierenden Kausalität** oder

---

[244] OLG Köln 28.1.2014 – 24 U 199/12, NJW 2014, 3039; OLG Hamm BauR 2004, 1304.

[245] Zur Beweislast und zu den Beweiserleichterungen → Rn. 112.

[246] OLG Saarbrücken 3.11.1999 – 1 U 599/98, IBR 2001, 660.

[247] KG 19.4.2011 – 21 U 55/07, IBR 2012, 75.

[248] Hierzu: Kniffka/Koeble Kompendium BauR/Kniffka Teil 8 Rn. 64.

[249] Kapellmann/Schiffers/Markus Bd. 1, Rn. 1354 ff.; Glöckner/v. Berg/Zanner § 6 Rn. 53; Roquette Rn. 41; Duve/Richter BauR 2006, 608; Nicklisch, 3. Auflage, Rn. 65.

[250] Kapellmann/Schiffers/Markus Bd. 1 Rn. 1356.

[251] Langen BauR 2011, 381; Ingenstau/Korbion/Döring § 6 Abs. 6 Rn. 19 ff.; Beck VOB/B/von Kiedrowski § 6 Abs. 6 Rn. 84.

[252] Kapellmann/Schiffers/Markus Bd. 1 Rn. 1354; BGH BauR 1993, 600; vgl. aber auch BGH 7.5.2004 – V ZR 77/03, NJW 2004, 2526.

Doppelkausalität vor, indem nämlich jeder Umstand für sich dieselbe Störung ausgelöst hätte, so besteht in Ermangelung der Kausalität kein Schadensersatzanspruch des Auftragnehmers (→ Rn. 132: fehlende Leistungsbereitschaft).[253] Beziehen sich die Störungen aber auf unterschiedliche Zeiträume, stehen die jeweiligen Ansprüche abzugslos (und allenfalls aufrechenbar) nebeneinander.

IV. Rechtsfolgen: Schaden des Auftragnehmers

137 Der Auftragnehmer hat einen Anspruch auf Ersatz des durch die Störung verursachten Schadens. Maßgeblich ist dabei, wie auch im allgemeinen Schuldrecht, die Differenz zwischen der **tatsächlichen** Vermögenslage, wie sie durch die Störung entstanden ist, und der hypothetischen Vermögenslage des Auftragnehmers, die es gegeben hätte, wenn sich die Störung nicht ereignet hätte. Basis des Schadens ist somit der tatsächliche und nicht etwa ein kalkulierter oder fiktiver Vermögensbegriff. Dies ist der entscheidende Unterschied zum Anspruch nach § 642 BGB: Bei jener Anspruchsgrundlage wird die Entschädigung auf Basis der ursprünglichen Preisermittlungsgrundlagen ermittelt, mithin auf prognostischer, also **kalkulativer** Basis, unabhängig von den **Kosten,** die dem Auftragnehmer tatsächlich entstanden sind oder entstehen werden (abhängig aber von dem Mehraufwand, der dem Auftragnehmer entstanden ist). Abstrakt ermittelte Kosten können daher nicht kompensiert werden, sondern es kommt auf die **konkreten Mehrkosten** an.[254]

138 Ein **Beispiel:** Der Auftragnehmer kann bei einem Anspruch aus § 642 BGB für die Vorhaltung der **Baustelleneinrichtung** den Preis fortschreiben, den er auch bei der ursprünglichen Preiskalkulation berücksichtigt hat, unabhängig davon, welche Kosten er tatsächlich hatte (wobei abzuwarten bleibt, wie sich die neuen Regelungen des § 650c Abs. 1 und 2 BGB auf VOB/B-Verträge auswirken werden). Macht der Auftragnehmer aber einen Schadensersatzanspruch nach § 6 Abs. 6 S. 1 geltend, kann es nur auf die **tatsächlich entstandenen Kosten** ankommen.

139 Ein weiteres **Beispiel:** Führt die vom Auftraggeber zu vertretende Störung zu einem Stillstand und kann der Nachunternehmer deswegen keine Tätigkeiten ausüben, so kommt es bei einem Anspruch aus § 642 BGB nicht darauf an, welche Ansprüche der Nachunternehmer seinerseits dem Auftragnehmer gegenüber geltend macht. Verzichtet der Nachunternehmer aus geschäftspolitischen Gründen auf Ansprüche, so kann der Auftragnehmer gegenüber seinem Auftraggeber dennoch kalkulatorisch hergeleitete Vergütungs- oder Entschädigungsansprüche geltend machen. Ein Schaden ist ihm dann aber nicht entstanden, so dass er keinen Schadensersatzanspruch geltend machen kann.

140 Gleiches gilt auch für die zeitliche bzw. terminliche Basis des Schadensersatzanspruches: Maßgeblich für die Berechnung und Ermittlung des Schadens ist der **tatsächliche** Bauablauf und kein rechnerisch nach § 6 Abs. 2 ermittelter Fristverlängerungsanspruch. Die rechnerische Ermittlung ist (nur) entscheidend für die Bestimmung der neuen Fälligkeitstermine, nicht aber für den Schaden des Auftragnehmers. Wird dieser früher fertig und hat deshalb auch nur einen geringeren Schaden (etwa aufgrund geringerer Baustelleneinrichtungs- und vorhaltekosten), so kann nur der tatsächliche Fertigstellungszeitpunkt maßgeblich sein. Bei der

---

[253] OLG Frankfurt a.M. 3.2.2023 – 21 U 47/20, IBR 2023, 283; Beck VOB/B/von Kiedrowski § 6 Abs. 6 Rn. 85.
[254] OLG Zweibrücken 3.12.2020 – 5 U 62/20, IBR 2021, 341.

Fristverlängerungsberechnung berücksichtigte Intensitätsabfälle oder Produktivitätsverluste können im Rahmen des Schadens also nur dann angesetzt werden, wenn sie tatsächlich entstanden sind. Wurden diese Verluste durch zusätzlichen Einsatz an Produktionsfaktoren vermieden, können deren Kosten angesetzt werden, sofern die übrigen Voraussetzungen erfüllt sind. Entsprechendes gilt für Puffer: Entscheidend ist, ob der Puffer tatsächlich eingesetzt wurde, nicht eingesetzt werden konnte oder vom Auftragnehmer (treuwidrig) nicht eingesetzt wurde.

Eine Berechnung nach **Einheitspreislisten** oder LV-Positionen ist dogmatisch 141 ungenau. Mit derartigen Preisen versuchen Auftraggeber oftmals die Behinderungsfolgen zu pauschalieren; derartige Vereinbarungen sind aber nicht geeignet, den tatsächlichen Behinderungsschaden zu ermitteln. Regelmäßig sind diese Positionen als Geschäftsbedingungen des Auftraggebers zur Schadenspauschalierung auszulegen. Der Auftragnehmer kann sich also gegenüber dem Auftraggeber auf diese Preise berufen, er ist aber nicht gehindert, einen größeren Schaden geltend zu machen, wenn er ihn denn nachweisen kann. Denn derartige Positionen sind letztlich Eventualpositionen, die als Allgemeine Geschäftsbedingung unwirksam wären. Etwas anderes gilt, wenn der Auftragnehmer seine Stillstandskosten als Einheitspreise selbst angeboten (und damit diese Bedingung gestellt hat); dann gilt zugunsten des Auftraggebers ein entsprechender Vertrauenstatbestand, wenn er auf die Beträge tatsächlich vertraut und sich entsprechend eingerichtet hat. Als Individualvereinbarung sind Schadenspauschalen auch nur im Ausnahmefall wirksam, nämlich dann, wenn im Einzelfall geklärt ist, dass der Auftragnehmer tatsächlich auf weitergehende Ansprüche verzichten wollte (ein vorausschauender Verzicht auf zukünftige Ansprüche ist an hohe Voraussetzungen gebunden).[255]

Eine **abstrakte Schadensberechnung** ist unzulässig, dh der Auftragnehmer 142 ist verpflichtet, den konkreten, nachweislichen Schaden darzulegen (wobei ihm gewisse Beweiserleichterungen zu Gute kommen).[256] Im Gegensatz zu den Vergütungsansprüchen aus § 2 Abs. 5 oder Abs. 6 erfolgt die Schadensberechnung und -ermittlung nicht anhand kalkulatorischer Fortschreibung. Grundlage ist vielmehr wie in § 249 BGB die **Differenzbetrachtung** zwischen **der hypothetischen Vermögenslage** bei unbehinderter Ausführung und der **tatsächlichen, behinderungsbedingten Vermögenslage**, also ein Vergleich der Aufwendungen, die der Auftragnehmer gehabt hätte, wenn die Behinderung nicht eingetreten wäre und denjenigen, die er behinderungsbedingt gehabt hat.

Da die **hypothetischen Aufwendungen** in Ermangelung ihrer fehlenden 143 Realität nicht festgestellt werden können (sie existieren ja nicht), genügt der Auftragnehmer hier seiner Darlegungslast, indem er entweder darlegen kann, welche Aufwendungen er in unbehinderten Zeiträumen der gleichen Arbeitsleistung gehabt hat[257] oder – wenn es derartige Zeiträume vergleichbarer Leistungen nicht gab – indem er seine Auftrags- oder **Arbeitskalkulation** als Grundlage vorlegt. Die Arbeitskalkulation wird nach der Rechtsprechung des BGH als Grundlage der Differenzmethode herangezogen, weil für sie eine Vermutung der Richtigkeit spricht **(Rentabilitätsvermutung).**[258] Der BGH entschied, dass eine „überwie-

---

[255] Kapellmann/Schiffers/Markus Bd. 1 Rn. 587, 1500.
[256] Kniffka/Koeble Kompendium BauR/Kniffka 8. Teil Rn. 52; BGH NJW 1986, 1684 – Behinderungsschaden I; hierzu ausf.: Kapellmann/Schiffers/Markus Bd. 1 Rn. 1502 ff. Inzwischen ghM zur früheren Streitstand, s. bspw. KG BauR 1985, 243.
[257] Kapellmann/Schiffers/Markus Bd. 1 Rn. 1553.
[258] Kapellmann/Schiffers/Markus Bd. 1 Rn. 1573; Beck VOB/B/von Kiedrowski § 6 Abs. 6 Rn. 88.

gende Wahrscheinlichkeit dafür" spreche, dass „ein Auftragnehmer darauf bedacht" sei, sein Personal rentabel einzusetzen. Ein gegenüber dem kalkulierten Aufwand erhöhter Aufwand kann einen entsprechenden Schaden bewirken.[259] Schließlich müsse der Aufragnehmer zu diesen Bedingungen die Vertragsleistung erbringen, so dass die Vermutung besteht, dass diese Preise (mindestens) kostendeckend seien. Diese Richtigkeitsvermutung kann sowohl vom Aufragnehmer als auch vom Auftraggeber (mit entsprechend substantiierter Darlegungs- und Beweislast) widerlegt werden. Liegt eine Arbeitskalkulation nicht vor, kann der Auftragnehmer diese auch nachträglich erstellen. Demgegenüber werden die **tatsächlichen Kosten** des gestörten Bauablaufs aus dem Ist-Aufwand ermittelt.

144 Der zu ersetzende **Schaden** des Auftragnehmers besteht – zeitlich gesehen – zum einen in den Mehraufwendungen, die der Auftragnehmer in dem **Behinderungszeitraum** hat, sodann darüber hinaus aber auch in dem Zeitraum, um den sich die Gesamtbauzeit oder die Bauzeit einzelner Gewerke verlängert, dem **Verlängerungszeitraum**. Ausgleichspflichtige Mehraufwendungen entstehen auch dann, wenn sich behinderungsbedingt Leistungen in einen anderen Zeitraum **verschieben**, wobei im Rahmen der Differenzhypothese die **Ohnehin-Kosten**, die auch ohne Behinderung angefallen wären, abgegrenzt werden müssen.

145 Die Darlegung der **haftungsausfüllenden Kausalität** ist in der Praxis regelmäßig umstritten, denn im Sinne einer naturwissenschaftlichen sicheren Erkenntnis kann dieser Nachweis kaum geführt werden, weshalb der BGH diesbezüglich auch plausible Schätzungen ausreichen lässt.[260] Regelmäßig greifen deshalb auch **Vermutungen** ein, wie etwa jene, dass die verspätete Vornahme von Handlungen, die im Bauzeitenplan aufgeführt sind, sich behindernd auswirkt oder jene, dass sich Verzögerungen auch auf den weiteren Bauablauf auswirken, wenn der Terminplan keine Puffer enthält.

146 **Typische Schäden** in Folge von Störungen sind zum einen Produktivitätsverluste bzw. Produktivitätsabfälle, die dadurch entstehen, dass der Auftragnehmer in Folge der Störung nicht mehr so, wie geplant, tätig sein kann und sein Personal dementsprechend weniger leistet, weiterhin aber genauso viel kostet. Schließlich muss er sein Personal zeitabhängig bezahlen und nicht leistungsbezogen, während die Vergütung des Auftragnehmers (von Stundenlohnarbeiten abgesehen) leistungsbezogen anfällt. Entweder muss der Auftragnehmer zusätzliches Personal einsetzen, um die gleiche Leistung zu erbringen (und bezahlt zu bekommen) oder das von ihm eingesetzte Personal braucht länger, in jedem Fall ergeben sich höhere Lohnkosten, ohne dass der Auftragnehmer auch einen höheren Preis (im Sinne eines Entgeltes) verlangen kann. Zum anderen können durch die Bauzeitverlängerung Mehrkosten dadurch entstehen, dass die Baustelleneinrichtung länger vorgehalten werden muss, dass tarifliche Lohnerhöhungen anfallen und sich auf die kalkulierten Preise auswirken, dass Bauleitungspersonal vorgehalten werden muss oder dass bei einem Baustillstand Geräte, Material und Personal „untätig", also unproduktiv sind und somit für den Auftragnehmer keinen Gewinn realisieren können. Die Produktionsfaktoren können in all diesen Fällen vom Auftragnehmer nicht so eingesetzt werden und sind nicht so rentabel wie sie ohne die Störung gewesen wären. Schließlich kann die Störung auch noch sonstige, **externe Kosten** verursachen wie Schadenermittlungskosten (Gutachtenkosten, Anwaltskos-

---

[259] BGH NJW 1986, 1684 – Behinderungsschaden I.
[260] Kapellmann/Messerschmidt/Markus § 6 Rn. 84.

ten), Finanzierungskosten, Kosten für die Erstellung eines zusätzlichen Aufmaßes oder entgangene Geschäftskosten. Direkte Kosten: Personal, Material oder Geräte.

1. Personalkosten. Direkte Kosten sind die Produktionskosten für eine bestimmte Leistung und gliedern sich auf in Personalkosten, Materialkosten und Gerätekosten. Gemeinhin setzt sich der Preis einer Leistung zusammen aus den direkten Kosten, einem anteiligen Zuschlag der allgemeinen Baustellengemeinkosten (das sind diejenigen Kosten der Baustelle, die nicht einer einzigen Leistung zugeordnet werden können, sondern gleichsam „pauschal" für alle Leistungen anfallen, wie Baustellencontainer, Gerüste, Krane, Bauleitungspersonal, Baustelleninfrastruktur etc), einem Zuschlag für die allgemeinen Geschäftskosten eines Unternehmens (das sind die Kosten, die bei einem Unternehmen anfallen und auf alle Baustellen eines Unternehmens verteilt werden, wie die Kosten des zentralen Personals, Rechnungswesen, Personalabteilung, Geschäftsleitung, Geschäftsmiete, allgemeine Bürokosten etc) und letztlich einem Zuschlag für Wagnis und Gewinn. Erhöhen sich störungsbedingt, entweder aufgrund einer verzögerten Bauausführung oder aufgrund einer terminlichen Verlängerung der Bauzeit, Preiselemente der direkten Kosten, bspw. durch Lohnerhöhungen, gestiegene Materialkosten oder zusätzliche Nachunternehmerkosten, so sind diese erstattungsfähig.[261] 147

Mehrkosten entstehen störungsbedingt durch eine **geringere Produktivität (Intensitätsabfall)** oder Stillstand. Der tatsächliche **Aufwand für Personal** kann ermittelt und anhand nachvollziehbarer **interner Aufwandsstundensätze** (nicht: externe Verrechnungsstundensätze, das wäre eine Berechnung auf Vergütungsbasis) bepreist werden; sodann muss der Preis der hypothetisch angefallenen Arbeitsstunden bei unbehinderter Ausführung unter Zugrundelegung der realistischen kalkulierten Soll-Aufwandswerte in Abzug gebracht werden. Hilfsweise kann sich der Auftragnehmer auch auf Erfahrungswerte berufen, wenn er die Daten zu deren Anwendbarkeit konkret darlegen kann. Des Weiteren sind „unproduktive" Mehrkosten bei Einarbeitungszeiten und Intensitätsabfällen wegen Überstunden oder gestörtem Arbeitsfluss zu berücksichtigen, deren Höhe kann, bei entsprechender Darlegung, nach § 287 ZPO geschätzt werden. 148

Stillstandszeiten (für kurzfristig nicht „abbaubares" Personal)[262] müssen gesondert dargelegt werden.[263] Deren Kosten werden auch ersetzt, ggf. jedoch unter Abzug von ersparten Aufwendungen für abgebaute Überstunden oder Urlaubszeiten.[264] Der Auftraggeber kann nicht entgegenhalten, dass deren Kosten vom Auftragnehmer ohnehin auch ohne die Störung bezahlt worden wären, denn der Auftragnehmer hat seine Produktionsmittel vertraglich für diese Baustelle gebunden und darf sie nicht anderweitig kostendeckend einsetzen. Seine Aufwendungen werden aber nicht durch die vereinbarte Vergütung aufgewogen, aufgrund der Rentabilitätsvermutung ist die Differenzhypothese entsprechend normativ anzupassen.[265] Basis des insoweit tatsächlich entstandenen Schadens sind aber nicht vereinbarte oder kalkulierte Stundensätze, sondern die tatsächlich den Arbeitnehmern gezahlte Vergütung.[266] 149

---

[261] OLG Düsseldorf BauR 1996, 862; Kapellmann/Messerschmidt/Markus § 6 Rn. 66 f.
[262] Der Auftragnehmer ist nicht verpflichtet, Personal zu entlassen: BGH NZBau 2000, 82; Kapellmann/Schiffers/Markus Bd. 1 Rn. 1440.
[263] Ausf. hierzu: Kapellmann/Schiffers/Markus Bd. 1 Rn. 1593 ff.
[264] OLG Schleswig 11.2.2015 – 4 U 16/05.
[265] Kapellmann/Messerschmidt/Markus § 6 Rn. 66 f.; Kniffka/Koeble Kompendium BauR/Kniffka 8. Teil Rn. 68.
[266] OLG Celle 4.3.2020 – 7 U 334/18, IBR 2021, 174.

§ 6 VOB Teil B

150 **Preis- und Lohnsteigerungen** bei verlängerter Bauzeit sind ebenfalls erstattungsfähig.[267]

151 Erstattungsfähig sind auch Kosten, die bei ungehindertem Bauablauf nicht entstanden wären: Bspw. witterungsbedingt **zusätzliche Leistungen** (zB: Vorheizen des Betons), Winterfestmachung, behinderungsbedingt zusätzlicher Geräteeinsatz, zusätzliche Schutzmaßnahmen nach § 4 Abs. 5, die wegen der zeitlichen Verlängerung zusätzlich anfallen etc. Ggf. können auch Vergütungsansprüche aus § 2 Abs. 5, 6 oder 8 konkurrieren.

152 **2. Material- und Gerätekosten.** Hat der Auftragnehmer **Fremdgeräte** eingesetzt, sind die tatsächlichen Mietkosten erstattungsfähig.[268] Auf eine Ortsüblichkeit oder Angemessenheit kommt es nicht an.

153 Hat der Auftragnehmer **Eigengeräte** auf der Baustelle eingesetzt und muss er diese durch die Bauzeitverlängerung oder durch die Verzögerung einzelner Teilleistungen länger vorhalten, ist der ihm hierdurch entstehende Schaden zu ersetzen. Da bei Eigengeräten keine Fremdkosten belegt werden können, aber anerkannt ist, dass dem Auftragnehmer dennoch ein Schaden entstanden ist, kann dieser Schaden nur gemäß § 287 ZPO geschätzt werden. Hierzu werden die Anschaffungskosten des Eigengerätes auf die kalkulierte Leistungszeit („Lebenserwartung") des Gerätes umgelegt. Aufgrund der **Rentabilitätsvermutung** ist davon auszugehen, dass der Auftragnehmer ein ihm gehörendes Gerät insoweit auch während der „Lebenszeit" hätte einsetzen können. Der Auftraggeber müsste also widerlegen, dass der Auftragnehmer ein Gerät nicht während der verlängerten Vorhaltezeit anderweitig hätte einsetzen können. In Ermangelung anderweitiger Angaben kann bei Baugeräten auf die sogenannte **Baugeräteliste** (BGL) zurückgegriffen werden.[269] Die Baugeräteliste dient der Kalkulationserleichterung bei der Berechnung von Preisen und berücksichtigt deshalb auch Gewinnanteile, die in § 6 Abs. 6 nur angerechnet werden dürfen, wenn dem Auftraggeber insoweit Vorsatz oder grobe Fahrlässigkeit vorgeworfen werden kann. In allen anderen Fällen ist ein Abschlag vorzunehmen, so dass die Rechtsprechung einen Anteil von mindestens 70 % der BGL-Beträge in Ansatz bringt.[270] Das OLG Schleswig geht bei der Berechnung der Stillstandskosten für Geräte von den Kalkulationsansätzen für Betrieb/Reparaturen und Deckungsbeiträge für die Anschaffung der Geräte aus, soweit diese angemessen und üblich sind. In Abzug zu bringen seien ersparte Treibstoffkosten und Verschleiß-/Reparaturkosten.[271]

154 Erstattungsfähig sind auch Mehrkosten, die dadurch entstehen, dass die Leistung behinderungsbedingt in eine schlechtere Witterungsperiode fällt und hierdurch

---

[267] Kapellmann/Schiffers/Markus Bd. 1 Rn. 1420, 1447 unter Verweis auf BGH 22.11.1973 – VII ZR 14/72; OLG Düsseldorf BauR 1996, 862; 1997, 646. Vgl. – indirekt – auch: BGH NZBau 2018, 25.

[268] Kapellmann/Schiffers/Markus Bd. 1 Rn. 1516.

[269] So schon OLG Düsseldorf BauR 1988, 487; Ingenstau/Korbion/Döring § 6 Abs. 6 Rn. 43.

[270] OLG Düsseldorf BauR 2003, 892; Beck VOB/B/von Kiedrowski, § 6 Abs. 6, Rn. 101. Ausf. hierzu, auch unter Differenzierung zwischen Stillstandszeit u. längerer Einsatzzeit sowie zwischen Bereitstellungsgeräten u. Leistungsgeräten: Kapellmann/Schiffers/Markus Bd. 1 Rn. 1517 ff.

[271] OLG Schleswig 11.2.2015 – 4 U 16/05 (zzgl. Deckungsanteil für AGK und – so das OLG – auch für BGK).

Behinderung und Unterbrechung der Ausführung § 6

die Durchführung nicht kalkulierter Schutzmaßnahmen erforderlich ist. Die Höhe des Schadens kann anhand ortsüblicher Sätze ermittelt werden.[272]

Vorhaltekosten für Schalungsmaterial können grundsätzlich auch erstattet werden, wenn der Auftragnehmer den Vorhaltungsaufwand konkreten Behinderungen zuordnen kann und belegen kann, an welchen Einsatzorten für welchen Zeitraum welcher Einsatz geplant war und wie das Material dann tatsächlich eingesetzt wurde.[273] 155

3. An- und Abtransport. Die (grundsätzlich einmaligen) Kosten für den Ab- und Abtransport der Geräte sind erstattungsfähig.[274] 156

4. Baustellengemeinkosten. Zu den Baustellengemeinkosten (BGK), das sind die Kosten der Baustelleneinrichtung, zählen die Produktionsmittel, die nicht einer bestimmten Leistung zugeordnet werden können, sondern baustellenbezogen für alle Leistungen anfallen. Hierzu gehören bspw. **Baustelleninfrastruktur,** wie Container, Gerüste, Zäune, Krane etc, Baustellenleitung (Projektleiter, Bauleiter, Baustellensekretariat) und **Versorgungskosten** (Strom, Wasser, Gas). Behinderungsbedingt können sich die Baustellengemeinkosten erhöhen, weil die Baustelleneinrichtung entweder länger vorgehalten werden muss, deren Zusammensetzung geändert werden muss oder die Baustelleneinrichtung stärker in Anspruch genommen wird. Der Auftragnehmer kann diese Kosten als Schaden geltend machen, als ob es sich insoweit um direkte Kosten handeln würde. Ein darüberhinausgehender **Zuschlag** aus der Kalkulation kann indes nicht in Ansatz gebracht werden, schon gar nicht zusätzlich.[275] Denn solange die Störung keine zusätzlichen Baustellengemeinkosten verursacht, entsteht kein Schaden; fallen durch die Störung zusätzliche Baustellengemeinkosten an, so sind diese in vollem Umfang (und nicht nur über Zuschlagssätze) erstattungsfähig, denn sie sind – kalkulatorisch betrachtet – „Direkte Kosten" der Behinderung.[276] 157

5. Allgemeine Geschäftskosten. Allgemeine Geschäftskosten (AGK) sind die Kosten eines Unternehmens, die generell anfallen und nicht einer konkreten Baumaßnahme zugeordnet werden können, also insbesondere die Kosten für die allgemeine Verwaltung, Büromieten etc. Diese Kosten werden regelmäßig dadurch erwirtschaftet, dass sie mit einem prozentualen Schlüssel auf die Herstellkosten (v.a. Personal und Geräte) umgelegt werden. Der Auftragnehmer erleidet deshalb einen Schaden, wenn die bereitgestellten Produktionsmittel (eben v.a. Personal und Geräte) diese Kosten nicht erwirtschaften, so dass die AGK nicht „gedeckt" sind. 158

Unstreitig ist deshalb, dass ein Zuschlag für Allgemeine Geschäftskosten in Höhe des kalkulierten Zuschlages auf die direkten Behinderungskosten angesetzt werden kann, da diese Kosten zu den Herstellkosten der Leistung gehören. Ansonsten würden die AGK des Auftragnehmers durch die Behinderung regelmäßig unterdeckt.[277]

---

[272] KG 17.4.2012 – 7 U 149/10.
[273] OLG Frankfurt a. M. 25.9.2015 – 4 U 268/14.
[274] Kapellmann/Schiffers/Markus Bd. 1 Rn. 1438.
[275] Kapellmann/Schiffers/Markus Bd. 1 Rn. 1423 f.
[276] Kapellmann/Messerschmidt/Markus § 6 Rn. 67, 69. Beck VOB/B/von Kiedrowski § 6 Rn. 104.
[277] OLG Düsseldorf BauR 1988, 487; OLG München BauR 1992, 74; Kapellmann/Messerschmidt/Markus § 6 Rn. 70 ff.; Kapellmann/Schiffers/Markus Bd. 1 Rn. 1430.

§ 6 VOB Teil B

Umstritten ist aber, ob dem Auftragnehmer darüber hinaus auch ein Ersatz der Allgemeinen Geschäftskosten für den behinderungsbedingt „ausfallenden" Zeitraum zusteht.[278] Nach einer Auffassung hat der Auftragnehmer „nur" einen Zins- und Liquiditätsausfallschaden, weil er die kalkulierten AGK ja bei der Verschiebung/Verzögerung der Baumaßnahme erwirtschaften kann, wenn auch nicht in dem ursprünglich kalkulierten Zeitraum, sondern in einem späteren Zeitraum.[279] Nach der anderen Auffassung erleidet der Auftragnehmer durch die Unterdeckung einen bleibenden Schaden, weil er in dem betreffenden Zeitraum die AGK endgültig nicht mehr erwirtschaften kann und in den späteren Zeiträumen Personal und Ressourcen auf der „gestörten" Baustelle gebunden hat.[280] Richtigerweise kann der Auftragnehmer regelmäßig nur den Finanz- und Liquiditätsausfallschaden geltend machen; ein darüber hinausgehender „großer" Schaden in Form der Erstattung der unterdeckten AGK ist nur möglich, wenn die AGK tatsächlich nicht mehr in einem späteren Zeitraum bei anderen Baustellen erwirtschaftet werden können, weil alle Personalressourcen und Betriebskapazitäten gebunden sind, das dürfte regelmäßig aber nur bei 1-Mann-Unternehmen oder größeren Unternehmen mit 100 % -iger Auslastung der Fall sein.[281] Letztlich ist hierzu eine Bilanz der tatsächlichen Vermögenslage des Auftragnehmers gegenüber der hypothetischen Vermögenslage ohne Verzögerung zu erstellen.[282]

159 **6. Wagnis.** Während der Gewinn bei anderen Baustellen nur bei Vorsatz oder grober Fahrlässigkeit zu erstatten ist, können die aus der Kalkulation hergeleiteten Zuschlagssätze für Gewinn der gestörten Baustelle (→ Rn. 169) sowie für Wagnis immer angesetzt werden.[283]

160 **7. Schadensermittlungskosten.** Zu erstatten sind ferner Schadensermittlungskosten, wie insbesondere externe Sachverständigenkosten, wenn diese erforderlich waren.[284] Aber auch die internen Kosten der Schadensdokumentation und -ermittlung sind erstattungsfähig, wenn sie „außergewöhnlich hoch" sind, dokumentiert und belegbar sind und von den „Sowieso-Kosten" abgrenzbar sind.[285]

161 **8. Vorfinanzierungszinsen.** Die bis Verzugseintritt entstandenen Vorfinanzierungszinsen für diejenigen Beträge, die der Auftragnehmer bereits gezahlt hat, sind erstattungsfähig. Nach richtiger Auffassung gilt dies aber für kalkulatorische

---

[278] Zum Meinungsstand: Roquette Rn. 961 f.; Diederichs/Peine NZBau 2013, 1; Eschenbruch/Fandrey BauR 2011, 1223; Zimmermann NZBau 2012, 1; Kues/Lüders BauR 2012, 1847; Leinemann NZBau 2009, 624; FKZGM/Zanner § 6 Rn. 101; Kapellmann/Schiffers/Markus Bd. 1 Rn. 1426; Beck VOB/B/von Kiedrowski Rn. 102.

[279] So die Tendenzen in der Rspr.: KG 10.1.2017 – 21 U 14/16, ZfBR 2018, 52; OLG Frankfurt a. M. 25.9.2015 – 4 U 268/14; OLG Köln 8.4.2015 – 17 U 35/14, IBR 2015, 297 Rn. 64; LG Bonn BauR 2014, 1045.

[280] So bspw.: Beck VOB/B/von Kiedrowski § 6 Abs. 6 Rn. 102-104; Drittler BauR 2017, 1931.

[281] Ausführlich: Sonntag NZBau 2017, 525.

[282] OLG Frankfurt a.M. 9.3.2023 – 15 U 295/21, IBR 2024, 110; OLG Frankfurt a. M. 25.9.2015 – 4 U 268/14; OLG Köln 8.4.2015 – 17 U 35/14, IBR 2015, 297.

[283] Kapellmann/Schiffers/Markus Bd. 1 Rn. 1436.

[284] Kapellmann/Schiffers/Markus Bd. 1 Rn. 1451; BGH BauR 1986, 348.

[285] Kapellmann/Schiffers/Markus Bd. 1 Rn. 1452. Beck VOB/B/von Kiedrowski Rn. 110; Duve NJW 2014, 2992; Duve/Richter BauR 2007, 1490.

Zinsen auf Eigenkapital, nur im Rahmen der Erstattung des entgangenen Gewinns.[286]

9. Beschleunigungskosten. Kosten, die der Auftragnehmer über die Verpflichtung aus Abs. 3 hinaus, nach § 254 BGB ergreift, um den Schaden des Auftraggebers zu verringern, sind kein Schaden. Diese können nur nach § 2 Abs. 5 (bei einer Anordnung des Auftraggebers) oder nach § 2 Abs. 8 Nr. 2 oder Nr. 3 (ohne Anordnung) vergütet werden.[287] Denn zwischen der Beschleunigung und der vom Auftraggeber veranlassten Behinderung besteht kein zurechenbarer Ursachenzusammenhang. Die Beschleunigung basiert auf einem eigenen Willensentschluss des Auftragnehmers. Nur, unter den Voraussetzungen, unter denen auch nach allgemeinen Zurechnungskriterien im Sinne der §§ 249 ff. BGB der freie Willensentschluss des Geschädigten dem Schädiger zurechenbar ist, wären die durch eine Beschleunigung veranlassten Kosten als Schaden zu erstatten. Regelmäßig dürften die Anforderungen der Beweislast (die dem Auftragnehmer obliegt) hoch sein, denn der Auftragnehmer wird sich der fehlenden Verpflichtung zum Einsatz – nicht beauftragter (!) – Beschleunigungsmaßnahmen bewusst sein, so dass eine Besserstellung gegenüber den Regelungen der Geschäftsführung ohne Auftrag nicht erforderlich erscheinen. 162

10. Folgen bei Anschlussaufträgen. Zu erstatten sind auch Kosten, die dem Auftragnehmer aufgrund von Verzögerungen im Hinblick auf etwaige Anschlussaufträge entstehen, etwa die Kosten einer jenem Auftraggeber geschuldeten Vertragsstrafe oder die gegenüber ihm geltend gemachten Schadensersatzansprüche (bspw. auch Folgen der Auftragsentziehung).[288] Dem Auftragnehmer steht hieraus vor deren Erfüllung auch schon ein Freistellungsanspruch zu. 163

11. Mehrwertsteuer. Auf Schadensersatzansprüche fällt keine Mehrwertsteuer an.[289] Obgleich der BGH in anderem Zusammenhang für § 6 Abs. 6 eine vergütungsähnliche Struktur ansieht[290] begründet § 6 Abs. 6 einen Schadensersatzanspruch, dem keine steuerbare Leistung zugrunde liegt. Schadensersatzleistungen stellen keine Gegenleistung für eine Leistung des Auftragnehmers an den Auftraggeber oder umgekehrt dar.[291] Dieser Ansicht ist zuzustimmen, auch wenn der BGH für Entschädigungsansprüche aus § 642 BGB eine Umsatzsteuerpflicht bejaht. Naturgemäß ist die Grenze nur schwer zu ziehen, da auch § 642 BGB als Entschädigungsanspruch den Ausgleich für Leistungen umfasst, die der Auftraggeber nicht beauftragt hat. Andererseits soll § 642 BGB gerade für den Zeitraum des Annahmeverzuges eine Gegenleistung für das Angebot des Auftragnehmers darstellen, seine Leistung dem Auftraggeber zur Verfügung zu stellen. 164

---

[286] Kapellmann/Messerschmidt/Markus § 6 Rn. 76 f.
[287] Kniffka/Koeble Kompendium BauR/Kniffka 8. Teil Rn. 55; aA: Beck VOB/B/von Kiedrowski Rn. 107; nach aA hat der Auftragnehmer ein Wahlrecht, ob er alternativ einen Vergütungsanspruch nach § 2 Abs. 8 Nr. 2, 3 geltend macht: Kapellmann/Messerschmidt/Markus § 6 Rn. 32.
[288] Kniffka/Koeble Kompendium BauR/Kniffka 8. Teil Rn. 54.
[289] BGH NJW 2008, 1523. So auch: Kniffka/Koeble Kompendium BauR/Kniffka 8. Teil Rn. 71.
[290] Nachfolgend → Rn. 107 zur Frage der Verjährung und der Berechtigung Abschlagsforderungen.
[291] GhM: Beck VOB/B/von Kiedrowski § 6 Abs. 6 Rn. 120.

165 **12. Schadensminderungspflicht des Auftragnehmers.** Der Auftragnehmer hat eine Schadensminderungspflicht und eine Warn- und Hinweispflicht, falls durch die Behinderung erhebliche Schäden entstehen können, mit denen der Auftraggeber nicht rechnen konnte. Bspw. hat er hohe Einlagerungskosten durch eine andere Verwendung des Materials oder der Geräte zu mindern[292] oder den Auftraggeber darauf hinzuweisen, dass durch die Vorhaltung von Schalungsmaterial höhere Kosten entstehen, die durch einen Abtransport zu vermeiden sind[293] (was dann aber mit einer längeren Vorlaufzeit verbunden sein kann). Ebenso kann von einem Unternehmer erwartet werden, stillstehende Produktionsfaktoren (Geräte, Personal) in zumutbarem Maße abzuziehen.[294]

V. Entgangener Gewinn

166 Abs. 6 S. 1 sieht eine Haftungsbeschränkung für entgangenen Gewinn vor. Dieser ist nur erstattungsfähig, wenn der Auftraggeber vorsätzlich oder grob fahrlässig gehandelt hat.

Umstritten ist, ob die Regelung den entgangenen Gewinn der betreffenden Baustelle meint, oder den Gewinn, der dem Auftragnehmer **an anderen Baustellen** entgangen ist, wofür der Regelungszweck (Reduzierung des Haftungsrisikos) spricht, denn die Höhe des Gewinns der betreffenden Baustelle ergibt sich aus der Kalkulation (vereinbarte Vergütung abzgl. Kosten), der Auftraggeber kennt also das jeweilige Risiko; der entgangene Gewinn anderer Baustellen kann aber die vereinbarte Vergütung in erheblichem Ausmaße „sprengen". Deshalb dürfte die Regelung dahingehend auszulegen sein, dass dem Auftragnehmer der kalkulierte Gewinnanteil immer (dh auch bei einfacher Fahrlässigkeit) zu erstatten ist, der entgangene Gewinn anderer Baustellen jedoch nicht.[295]

167 Diesbezüglich ist entgegen der gesetzlichen Vermutung aus § 280 Abs. 2, § 286 Abs. 4 BGB der Auftragnehmer darlegungs- und beweisbelastet, weil es sich insoweit um ein echtes Tatbestandsmerkmal handelt.[296] Vorsatz und grobe Fahrlässigkeit müssen sich auf die Handlung, nicht auf den Schadenseintritt oder die Verzögerungswirkung beziehen. Grobe Fahrlässigkeit liegt deshalb auch schon dann vor, wenn der Auftraggeber Planungen wie Schal- oder Bewehrungspläne nicht rechtzeitig vorlegt, denn eine „grobe" Sorgfaltspflichtverletzung liegt dann vor, wenn der Auftraggeber nicht für eine rechtzeitige Planungskoordination sorgen kann.[297]

168 Hinsichtlich der Höhe des entgangenen Gewinns anderer Baustellen kann der Auftragnehmer entweder eine abstrakte Schadensberechnung mit Hilfe der Beweiserleichterung des § 252 BGB vornehmen,[298] wofür eine abstrakte Schät-

---

[292] vgl. BGH NJW 1998, 456.
[293] OLG Frankfurt a. M. 25.9.2015 – 4 U 268/14.
[294] so auch: KG 16.2.2018 – 21 U 66/16, NJW 2018, 3721: vier Wochen Vorhaltezeit für Geräte und zwei Wochen für Personal bei vollständigem Stillstand.
[295] So auch: Kapellmann/Messerschmidt/Markus § 6 Rn. 73.
[296] Ingenstau/Korbion/Döring § 6 Abs. 6 Rn. 23; Kniffka/Koeble Kompendium BauR/Kniffka Teil 7 Rn. 56; OLG Düsseldorf 18.2.2000 – 22 U 140/99, NJW-RR 2001, 102; OLG Schleswig 31.3.2006 – 1 U 162/03, IBR 2007, 69. So auch in anderen vergleichbaren Fällen: BGH 12.5.2009 – XI ZR 586/07, NJW 2009, 2298; OLG Frankfurt a. M. 17.1.2014 – 23 U 163/13, WM 2014, 1675.
[297] So auch: Kapellmann/Messerschmidt/Markus § 6 Rn. 74.
[298] Kniffka/Koeble Kompendium BauR/Kniffka 8. Teil Rn. 70.

zung mit einer gewissen Wahrscheinlichkeit des Eintritts genügt. Alternativ kann er den konkreten Schaden darlegen und im Streitfall beweisen.

Bezüglich des **Gewinns der gestörten Baustelle** kommt es auf den kalkulierten Prozentsatz an (sofern der Auftragnehmer nicht einen höheren entgangenen Gewinn in „versteckten" Positionen darlegen kann). 169

VI. Fälligkeit Abschlagszahlungen Verjährung Sicherheit

1. Fälligkeit. Der Anspruch aus Abs. 6 soll vergütungsgleich gleich. Er wird deshalb nach allgemeiner Auffassung erst mit der (Schluss-)rechnung fällig. Hierfür spreche auch die allgemeine Regelung in § 16. Aufgrund des vergütungsähnlichen Charakters setzt die Fälligkeit des Anspruches eine prüfbare Abrechnung nach § 14 Abs. 1 voraus und wird erst nach Ablauf der Prüffrist des § 16 Abs. 3 Nr. 1 fällig.[299] Diese Auffassung, die auch noch in der Vorauflage vertreten wurde, ist aber abzulehnen. Vielmehr tritt ein Schadensersatzanspruch – wie auch in allen anderen Rechtsbereichen – stets neben einem Vergütungsanspruch und es ist kein Grund ersichtlich, warum das bei VOB/B-Bauverträgen anders sein sollte. Der Wortlaut der VOB/B gibt dafür auch keine Anhaltspunkte. Vielmehr wird der Anspruch aus Abs. 6 somit bereits dann fällig, wenn der Schaden vom Auftragnehmer beziffert geltend gemacht wird. 170

2. Abschlagszahlungen. Nach herrschender Ansicht ist der Auftragnehmer berechtigt, in entsprechender Anwendung des § 16 Abs. 1 auch auf Schadensersatzforderungen Abschlagszahlungen zu verlangen.[300] Denn der Schadensersatzanspruch nach § 6 Abs. 6 wird als „vergütungsgleich" bezeichnet, schließlich mache der Auftragnehmer nach Auffassung des BGH, auch wenn er Schadensersatz fordert, „in Wirklichkeit doch einen Anspruch für die Ausführung der Arbeiten, allerdings nicht den Anspruch auf die ursprünglich vereinbarte, sondern den auf eine zusätzliche, aber wegen der Behinderung und der daraus folgenden Mehraufwendungen angemessene Vergütung" geltend.[301] Daraus folgte die herrschende Meinung, dass dieser Anspruch ein Werklohnanspruch ist, so dass der Auftragnehmer dann auch entsprechend den allgemeinen Regelungen der VOB/B einen Anspruch auf Abschlagszahlungen hat. So hat der BGH auch entschieden, dass auf diesen Anspruch auch § 16 Abs. 2 Nr. 2 Anwendung findet.[302] Schließlich wolle die VOB/B die Vorleistungspflicht des Auftragnehmers reduzieren und ihm eine Abschlagszahlung auf erbrachte Leistungen gewähren. Diese Auffassung, die noch in der Vorauflage vertreten wurde, ist jedoch abzulehnen. Denn es bedarf des Rückgriffs auf Abschlagszahlungen nicht. Vielmehr kann der Gläubiger eines Schadensersatzanspruches 171

---

[299] Nachweise in der Vorauflage: Beck VOB/B/von Kiedrowski § 6 Abs. 6, Rn. 118; Ingenstau/Korbion/Döring § 6 Nr. 6 Rn. 51; BeckOK/Oberhauser § 6 Abs. 6 Rn. 60. Auch bei BGB-Bauverträgen ist regelmäßig die Erteilung einer Rechnung Fälligkeitsvoraussetzung: BGH BauR 1989, 90; OLG Düsseldorf BauR 2011, 1829; OLG Frankfurt a. M. NJW-RR 2005, 169. Sofern Abschlags- oder Vorauszahlungen geleistet haben, besteht regelmäßig die Verpflichtung des Auftragnehmers, seine Leistungen auch abzurechnen: BGH BauR 2002, 938.

[300] Ingenstau/Korbion/Döring § 6 Abs. 6 Rn. 51; Leinemann/Leinemann/Kues § 6 Rn. 193; Kapellmann/Messerschmidt/Markus § 6 Rn. 89; Beck VOB/B/von Kiedrowski § 6 Rn. 119; Kapellmann/Schiffers/Markus Bd. 1 Rn. 1644.

[301] BGHZ 53, 222 (zu § 6 Nr. 5 Abs. 2, der heute § 6 Abs. 6 S. 1 entspricht).

[302] BGHZ 62, 15.

immer auch Teilleistungen fordern. Tut er das, hat der Schuldner diesen Anspruch zu erfüllen.

172 Die Zulässigkeit von Abschlagszahlungen würde zudem in logischer Konsequenz auch zur Anwendung des § 650c Abs. 3 BGB führen, soweit dessen Anwendungsbereich eröffnet ist, was aber in der Regel nicht der Fall sein dürfte (→ Rn. 176).[303]

173 **3. Verjährung.** Bislang entsprach es der allgemeinen Meinung, auch der hier bis zur Vorauflage vertretenen Auffassung, dass aufgrund der erforderlichen Saldierung aller wechselseitigen Ansprüche eines Bauvertrages auch die Ansprüche aus § 6 Abs. 6 in die Schlussrechnung einzustellen seien[304] sie seien somit auch der Gefahr des Verlustes wegen vorbehaltsloser Annahme ausgesetzt[305] und entsprechend verjährte der Anspruch des Auftragnehmers auch einheitlich innerhalb der Verjährungsfrist für seinen Werklohnanspruch. Die Frist gem. § 199 BGB beginne daher mit dem Schluss des Jahres, in das die Fälligkeit der Schlusszahlung fällt.[306] Auf den Eintritt eines Schadens komme es nicht an, denn der Anspruch aus § 6 Abs. 6 weise einen vergütungsähnlichen Charakter auf, er stelle die Kompensation eines vertraglichen Verhaltens dar.[307] Dies spreche für eine einheitliche Verjährung aller Ansprüche des Auftragnehmers ab Fälligkeit des Werklohnanspruchs.

Tatsächlich dürfte das aber nicht der Fall sein. Vielmehr ist der Schadensersatzanspruch nach § 6 Abs. 6 VOB/B, wie auch jeder andere Schadensersatzanspruch (wie etwa jener aus § 280 BGB) von dem vertraglichen Vergütungsanspruch zu unterscheiden. Es handelt sich um zwei separate Ansprüche, deren Schicksal nicht miteinander dergestalt verbunden wäre, dass der Schadensersatzanspruch auch erst mit dem Schlussrechnungsanspruch verjährte. Wie auch bei allen Schadensersatzansprüchen kommt es auf den Eintritt des ersten Schadens an, im Übrigen ist das für den Schadensersatzanspruch des Auftraggebers wegen Verzuges des Auftragnehmers nach § 286 BGB – soweit ersichtlich – unbestritten und auch für seinen Schadensersatzanspruch nach § 6 Abs. 6 VOB/B herrschende Meinung. Maßgeblich für den Beginn der Verjährungsfrist für den Schadensersatzanspruch ist also das Ende des Jahres, in dem erstmals ein Schaden entstanden ist, das dürfte in aller Regel mit dem Beginn der Behinderung einhergehen. Selbstredend verjähren die Ansprüche wegen jeder einzelnen Behinderung separat, insofern gilt also nichts anderes als bei Ansprüchen wegen unterschiedlicher Mängel, diese sind auch jeweils eigenständig.

Insofern ist auch die Rechtsprechung des BGH, wonach die in der Schlussrechnung enthaltenen und selbst die in ihr **nicht** aufgeführten Forderungen des Auftragnehmers für die Ausführung der Bauleistung einheitlich verjähren,[308] nicht auf Schadensersatzansprüche übertragbar. Diese verjähren drei Jahre nach Ablauf

---

[303] so auch: Eschenbruch/Gerstberger Bauwirtschaft 2018, 45.

[304] OLG Hamm NZBau 2004, 439; Ingenstau/Korbion/Döring § 6 Rn. 51; Leinemann/Leinemann/Kues § 6 Rn. 192. Kapellmann/Messerschmidt/Markus § 6 Rn. 89.

[305] Kapellmann/Messerschmidt/Markus § 6 Rn. 89.

[306] BGHZ 62, 15.

[307] Ingenstau/Korbion/Döring § 6 Abs. 6 Rn. 48; Kapellmann/Messerschmidt/Markus § 6 Rn. 89. So auch im Ergebnis: Vygen/Joussen Rn. 2079; Beck VOB/B/von Kiedrowski Rn. 118.

[308] BGHZ 53, 222.

des Jahres ihrer Entstehung, selbst wenn sie in der Schlussrechnung enthalten waren und auch dann, wenn dies nicht der Fall gewesen sein sollte.[309]

Der Anspruch unterliegt der regelmäßigen Verjährungsfrist von drei Jahren nach § 195 BGB, Die absolute Verjährungsfrist beträgt gem. § 199 Abs. 3 BGB zehn Jahre.

Ein **Vorgehen nach § 14 Abs. 4** ist dem Auftraggeber nicht gestattet, da insoweit der Auftraggeber den Schaden gar nicht selbst beziffern kann; er ist aber auch nicht schutzlos gestellt, da die Verjährung des Vergütungsanspruches des Auftragnehmers einheitlich beginnt und auch die nicht in der Schlussrechnung enthaltenen Positionen einschließt.

174

4. Sicherheit. Abschließend ist noch nicht geklärt, ob der Auftragnehmer für einen Anspruch nach Abs. 6 auch eine Sicherheit nach § 650f BGB (früher: § 648a BGB) verlangen kann. Das OLG Stuttgart hat dies für Ansprüche aus Geschäftsführung ohne Auftrag oder ungerechtfertigter Bereicherung mit der Begründung abgelehnt, diese Ansprüche seien nicht auf einer vertraglichen Grundlage entstanden.[310] Hierfür spricht zwar der Wortlaut („vereinbarte") Vergütung, nicht aber Sinn und Zweck. So ist auch anerkannt, dass Entschädigungsansprüche nach § 642 BGB sicherbar sind, gleiches gilt für Schadensersatzansprüche nach Abs. 6 S. 1, jedenfalls soweit diese bei einer wirtschaftlichen Betrachtungsweise einen Ausgleich für erbrachte Leistungen darstellen.[311] Auf Schadensersatzansprüche dürfte aber § 650f BGB nicht anwendbar sein.

175

5. 80 %-Regelung nach § 650c BGB. Da es sich um einen Schadensersatzanspruch handelt, ist § 650c Abs. 3 BGB nicht anwendbar. Die Folgen einer Behinderung können vom Auftragnehmer auch nicht „angeboten" werden, sodass ein Auftragnehmer nicht 80 % der von ihm aufgestellten Schadensersatzforderung nach § 650c Abs. 3 BGB durchsetzen kann.

176

VII. Beweislast

Auch die Rechtsprechung erkennt, dass sich der Auftragnehmer in der Praxis erheblichen Schwierigkeiten ausgesetzt sieht, einen berechtigten Anspruch nach § 6 Abs. 6 substantiiert darzulegen und im Streitfall zu beweisen. In prozessualer Hinsicht kommt die Rechtsprechung deshalb dem Auftragnehmer mit einer abgestuften Darlegungs- und Beweislast entgegen. Die maßgeblichen Anforderungen

177

---

[309] Zur früher hier auch noch vertretenen Auffassung: BGH 21.12.1970 – VII ZR 184/69. Der BGH stützte sich bei der Begründung seiner Entscheidung aber damals noch darauf, dass sich der Anspruch aus § 6 Abs. 6 VOB/B auf eine „wegen der Behinderung und der daraus folgenden Mehraufwendungen angemessene Vergütung" beziehe. Das ist aber nicht richtig, denn dogmatisch resultiert die Norm aus § 286 BGB bzw. § 280 BGB. Der BGH berücksichtigte bei seiner damaligen Entscheidung die damalige Rechtslage, wonach auch auf Schadensersatzansprüche wegen pVV die Verjährungsfrist für vertragliche Ansprüche gelte (damals § 196 Abs. 1 Nr. 1 BGB a.F.); BGH, 21.3.1968 – VII ZR 84/67, NJW 1968, 1234. Entscheidend sei – so der BGH unter Berücksichtigung der damaligen Rechtslage – nicht die Rechtsgrundlage, sondern der Inhalt des Anspruchs.

[310] OLG Stuttgart NZBau 2018, 101.

[311] Ingenstau/Korbion/Joussen Rn. 175 mwN. Die Rechtsprechung ist uneinheitlich: eA: LG Berlin 25.2.2003 – 91 O 4/03, IBR 2003, 535; aA: LG Berlin 19.1.2017 – 86 O 142/16, IBR 2017, 251; LG Halle 9.2.2016 – 8 O 40/15, IBR 2016, 1138; Tschäpe ZfBR 2016, 532.

der Darlegungs- und Beweislast lassen sich im Wesentlichen den beiden relevanten Urteilen des BGH vom 24.2.2005[312] entnehmen, mit denen er die Rechtslage diesbezüglich zusammengefasst hat. Hiernach muss differenziert werden zwischen der **haftungsbegründenden Kausalität** und der **haftungsausfüllenden Kausalität.**

178 Zur **haftungsbegründenden Kausalität** zählen alle Tatsachen, aus denen die Verpflichtung zum Schadensersatz hergeleitet wird, mithin jene, die sich auf den Haftungsgrund beziehen. Hierzu gehören:
- Der bis zur Störung eingetretene Ist-Ablauf der Baumaßnahme;
- der Umstand einer Störung;
- die diesbezügliche Pflicht- oder Obliegenheitsverletzung des Auftraggebers;
- die Ursächlichkeit zwischen Pflicht-/Obliegenheitsverletzung und Behinderung, also die direkte Auswirkung der Störung (welche Leistung konnte durch die Behinderung nicht oder nicht wie vorgesehen ausgeführt werden?);
- die Behinderungsanzeige (oder ihre Entbehrlichkeit nach Abs. 1 S. 2) und schließlich
- die Dauer der Störung.

179 Für diese Umstände ist der Auftragnehmer darlegungs- und beweisbelastet. Er hat deshalb den erforderlichen Beweis nach § 286 ZPO zu erbringen, bspw. dahingehend, welche Arbeiten nicht oder nicht zu der vorgesehenen Zeit ausgeführt werden konnten. Der Auftragnehmer muss also substantiiert darlegen, welche Behinderungen aufgrund welcher Pflicht-/Obliegenheitsverletzung des Auftraggebers und mit welcher Dauer und welchem Umfang auf die auszuführende Leistung eingetreten sind. Der Auftragnehmer muss hierzu aber nicht Einzelheiten darlegen, die zur Ausfüllung des Anspruchs nicht notwendig sind, es kommt nur darauf an, dass sich aus der Darstellung des Auftragnehmers nachvollziehbar ergibt, dass und in welchem Umfang ein vom Auftraggeber zu verantwortender Umstand eine Behinderung verursacht hat.[313] Nach Auffassung des OLG Köln kehrt sich aber die Beweislast offenbar faktisch dann um, wenn es zuvor unstreitige oder erwiesene Verzögerungen gegeben habe.[314] Denn dann müsse der Auftraggeber erst beweisen, zu welchem neuen Termin (unter Berücksichtigung der Fristverlängerung nach Abs. 2 und ggf. Abs. 3 und 4) die Werkleistung des Auftragnehmers erst fällig wird.[315] Einschätzungen und Beweiserleichterungen nach § 287 ZPO kommen für diese Umstände nicht in Betracht.

180 Das **Verschulden des Auftraggebers** wird anschließend vermutet, § 280 Abs. 2, § 286 Abs. 4 BGB, nicht aber hinsichtlich Vorsatzes oder grober Fahrlässigkeit für den Ersatz entgangenen Gewinns.[316] Die **eigene Leistungsbereitschaft**

---

[312] BGH NJW 2005, 1650; 2005, 1653. Dem BGH folgen die Instanzgerichte: OLG Köln BauR 2014, 1309; OLG Hamm 19.6.2012 – 21 U 85/11; OLG Düsseldorf 28.2.2014 – 22 U 112/13, IBR 2015, 298; LG Stuttgart 14.7.2015 – 23 O 251/14, IBR 2015, 1107; Ausf. zu den Anforderungen der Rspr.: Markus NZBau 2014, 688; Eschenbruch/von Rintelen NZBau 2010, 401; Leinemann NZBau 2009, 563 (624); Diederichs/Streckel NZBau 2009, 1.

[313] BGH NJW 2005, 1653 unter Verweis auf BGH NJW-RR 2003, 69; BauR 1999, 649. Klarstellend insofern: KG 16.2.2018 – 21 U 66/16, NJW 2018, 3721.

[314] OLG Köln 31.5.2017 – 16 U 98/16, NJW-Spezial 2017, 558.

[315] Hierzu: Sonntag/Sindermann Bauwirtschaft 2018, 101.

[316] Hierzu → Rn. 106. S. auch: OLG Schleswig 11.2.2015 – 4 U 16/05; OLG Dresden 9.1.2013 – 1 U 1554/09.

Behinderung und Unterbrechung der Ausführung § 6

wird ebenfalls vermutet. die Beweislast für die fehlende Leistungsbereitschaft des Auftragnehmers trägt somit der Auftraggeber.[317]

Ist die Behinderung unstreitig oder nach § 286 ZPO bewiesen, kommen dem **181** Auftragnehmer hinsichtlich der Entstehung und des Umfangs des Schadens und damit hinsichtlich der Auswirkung der Behinderung auf den Bauablauf die Beweiserleichterung des § 287 ZPO zugute.[318] Denn die **Folgen der Behinderung** in zeitlicher **und** finanzieller Hinsicht gehören zur **haftungsausfüllenden Kausalität**. Diese Haftungsfolgen sind nach § 287 ZPO zu beurteilen und unterliegen einer einschätzenden Bewertung durch den Tatrichter.[319] Diesbezüglich und zur Höhe des Schadens, muss der Auftragnehmer „nur" plausible Tatsachen darlegen. Steht nämlich der Haftungsgrund fest, muss der Richter nach § 287 ZPO die Höhe des Schadens schätzen, wenn ein Schadenseintritt wahrscheinlich ist und greifbare Anhaltspunkte für eine richterliche Schätzung vorhanden sind.[320] Dies ist regelmäßig der Fall. Bspw. führt die Verletzung einer bestimmten Mitwirkungspflicht des Auftraggebers schon allein aufgrund der Lebenserfahrung regelmäßig dazu, dass der Bauablauf tatsächlich in einer Weise behindert war, die einen Schaden des Auftragnehmers hervorgerufen hat.[321]

Wenn auch der Auftragnehmer daher nicht die Folgen der Behinderung so **182** darlegen muss, dass sie einem Strengbeweis zugänglich sind, kann er sich gleichwohl auch nicht damit begnügten, **abstrakte** Überlegungen vorzutragen. Er muss vielmehr **konkret,** also bezogen auf das streitgegenständliche Bauvorhaben, und somit **baustellenbezogen,** mit Bezug zum tatsächlichen Bauablauf, darlegen, inwieweit sich die Behinderung tatsächlich auf den weiteren Bauablauf ausgewirkt hat. Der Vortrag des Auftragnehmers muss so ausreichend sein, dass er einer Schadenschätzung nach § 287 ZPO zugeführt werden kann. Insoweit bedarf es deshalb auch einer **möglichst** konkreten Darstellung, aus der die Folgen der Verzögerung nachvollziehbar gemacht werden.[322] Dabei muss der Auftragnehmer Art und Umfang der Behinderung und ihrer Auswirkungen konkret beschreiben. Hierzu kann sich der Auftragnehmer auch graphischer Darstellungen, etwa Balken- oder Netzpläne bedienen und diese schriftsätzlich oder gutachterlich erläutern, ein vorgelegtes Privatgutachten ist qualifizierter Parteivortrag.[323] Ist das Gericht mangels Sachkunde zur eigenen Auseinandersetzung mit dem Gutachten nicht in der Lage, muss es von Amts wegen einen Gutachter hinzuziehen, § 144 ZPO. Eigene Versäumnisse[324] muss der Auftragnehmer genauso wie etwaige Pufferzeiten[325] oder Bauablaufänderungen aufgrund von beauftragten „Nachträgen"[326] berücksichtigen, eine Darstel-

---

[317] Dies verkennt das OLG Köln 28.1.2014 – 24 U 199/12, NJW 2014, 3039.
[318] BGH NJW 2005, 1650.
[319] BGH NJW 2005, 1650.
[320] Kniffka/Koeble Kompendium BauR/Kniffka 8. Teil Rn. 62.
[321] Kniffka/Koeble Kompendium BauR/Kniffka 8. Teil Rn. 57.
[322] BGH NJW 2005, 1650; OLG Köln 31.7.2012 – 23 U 5/11; OLG Köln 27.10.2014 – 11 U 70/13, IBR 2015, 121; OLG Hamm 30.7.2013 – 21 U 84/12, NJW 2014, 78; OLG Köln 28.1.2014 – 24 U 199/12 mAnm Markus NZBau 2014, 688; OLG Frankfurt a. M. 25.9.2015 – 4 U 268/14; LG Karlsruhe 5.10.2018 – 6 O 340/15, IBR 2019, 1150. Zur konkret-bauablaufbezogenen Darstellung auch: Roquette/Bescher BauR 2018, 422.
[323] BGH NJW 2005, 1650 unter Verweis auf BGH NJW 2003, 69.
[324] BGH NJW 2002, 2716.
[325] Kniffka/Koeble Kompendium BauR/Kniffka 8. Teil Rn. 65.
[326] OLG Köln 24.3.2015 – 22 U 162/13: Die durch Nachtragsleistungen ausgelösten Bauablaufänderungen und deren finanzielle Folgen sind, sofern sich der Auftragnehmer weitergehende Ansprüche nicht vorbehält, regelmäßig von der vereinbarten Nachtragsvergütung umfasst.

lung ohne Erklärung hierzu ist aber dann substantiiert, wenn der Auftragnehmer entweder behauptet, es gäbe keine Versäumnisse oder Pufferzeiten. Diese Forderungen gelten grundsätzlich auch für Großbaustellen.[327]

183 Es sind, entgegen häufigen Ansichten, aber auch hier **keine zu hohen Anforderungen** an die Darlegung von Schätzungsgrundlagen zu stellen. Es genügt, wenn der Zusammenhang zwischen Behinderungsumstand und Behinderungsfolgen deutlich wird.[328] Eine nachvollziehbare Darstellung darf etwa nicht deshalb zurückgewiesen werden, weil einzelne Teile der Darstellung unklar oder fehlerhaft sind. Dann, so der BGH schon im Urteil vom 24.2.2005 zu Recht, bleibt die Darstellung (ggf. mit Hilfe eines Sachverständigen) eine zur Schätzung des Schadens geeignete Grundlage.[329] Das Gericht hat deshalb auf den konkret fehlenden Sachvortrag hinzuweisen und muss die Aspekte benennen, die seiner Auffassung nach entscheidungserheblich sind.[330] Dabei dürfen die Substantiierungsanforderungen aber nicht überspannt werden, die Angabe näherer Einzelheiten ist regelmäßig nicht erforderlich,[331] denn nach ständiger Rechtsprechung des BGH ist ein Sachvortrag (bereits) dann schlüssig, wenn der die Tatsachen vorgetragen werden, „die in Verbindung mit einem Rechtssatz geeignet und erforderlich sind, das geltend gemachte Recht als in der Person des Klägers entstanden erscheinen zu lassen",[332] detaillierterer Vortrag ist allenfalls in Abhängigkeit von der Einlassung des Beklagten als „Wechselspiel von Vortrag und Gegenvortrag" nötig.[333] Eine „in jedes Detail" gehende Darstellung ist also weder geboten noch erforderlich und in der Praxis auch nicht möglich (weder auf Klein- noch auf Großbaustellen). Insofern kann auch der Rechtsprechung der Instanzgerichte nicht gefolgt werden, die sich diesbezüglich auch nicht auf den BGH berufen können und oftmals verkennen, dass Einwendungen des Auftraggebers zur fehlenden Leistungsbereitschaft des Auftragnehmers, zur Anpassungs- und Schadensminderungspflicht von diesem zu beweisen und nicht etwa proaktiv vom Auftragnehmer zu widerlegen sind.[334] Das Erfordernis einer konkreten baustellenbezogenen Darstellung ist kein

---

[327] OLG Karlsruhe 5.5.2015 – 13 U 181/13; OLG Köln 28.1.2014 – 24 U 199/12, NJW 2014, 3039; OLG Hamm 30.7.2013 – 21 U 84/12, NJW 2014, 78. Kritisch zu der Rspr.: Duve NJW 2014, 2992; Markus NZBau 2014, 688.

[328] Macht bspw. der Auftragnehmer von einem berechtigten Leistungsverweigerungsrecht gebrauch oder kann er gar nicht arbeiten, sind die Anforderungen an die Kausalitätsnachweis weitaus geringer, als es der Fall wäre, wenn eine Gemengelage von verschiedenen Störungen aufgetreten ist: KG 16.2.2018 – 21 U 66/16, NJW 2018, 3721; Duve NZBau 2018, 516.

[329] BGH NJW 2005, 1650; zustimmend: Kniffka/Koeble Kompendium BauR/Kniffka 8. Teil Rn. 66.

[330] BGH NJW 2005, 1650 unter Verweis auf: BGHZ 140, 365; 127, 254.

[331] BGH 28.2.2012 – VIII ZR 124/11, IMR 2012, 1112; vgl. auch Jansen DS 2013, 91. So auch schon BGH NJW 2003, 1601.

[332] BGH BauR 1984, 677. So auch: BGH 16.4.2015 – IX ZR 195/14, NJW-RR 2015, 829.

[333] BGH BauR 2011, 1494. Hierzu auch: Roquette/Bescher BauR 2018, 422.

[334] So aber etwa: OLG Brandenburg NZBau 2016, 493; OLG Köln BauR 2015, 1367; NZBau 2014, 626. Hierzu: Kniffka FS Lang, 2018, 80; Roquette/Bescher BauR 2018, 422. Nach Auffassung des OLG Frankfurt a. M. und des LG Freiburg hat aber der Auftragnehmer eine sekundäre Darlegungslast dahingehend, dass eine Behinderung für die Gesamtbauzeit kritisch war und eben nicht durch Umorganisation auf der Baustelle ausgeglichen werden konnte bzw. dass der Auftragnehmer selbst leistungsbereit war: OLG Frankfurt a. M. 8.5.2015 – 25 U 174/13, IBR 2016, 138; LG Freiburg 4.3.2016 – 1 O 141/14, IBR 2017, 365.

Behinderung und Unterbrechung der Ausführung **§ 6**

Selbstzweck, sondern dient dazu, dem Richter Schätzgrundlagen für die Ermittlung der Behinderungsfolgen nach § 287 ZPO zu verschaffen. Der Auftragnehmer muss aber keine Einzelheiten vortragen, die zur Ausführung des Anspruches nicht notwendig sind. Ein Sachvortrag ist, wie bereits erwähnt, schon dann erheblich, wenn diejenigen Tatsachen vorgetragen werden, die in Verbindung mit einem Rechtssatz geeignet und erforderlich sind, das geltend gemachte Recht zu begründen.[335]

Auf der anderen Seite gilt jedoch, dass sich der Auftragnehmer um einen möglichst konkreten Vortrag bemühen muss. Der BGH entschied, dass „allgemeine Hinweise" oder „schablonenhaft vorgetragene" Behauptungen diesen Anforderungen nicht genügen, der Auftragnehmer müsse die Folgen der Behinderung „jedenfalls so" darzustellen, dass eine Schadensschätzung möglich ist.[336] Entscheidend ist mithin, dass der Auftragnehmer darlegt,
- wie er den Bauablauf ursprünglich gemäß den vertraglichen Rahmenbedingungen geplant hat. Dabei muss der Auftragnehmer aber auch belegen, dass der von ihm kalkulierte Bauablauf tatsächlich auskömmlich war, um die vereinbarten Termine zu erreichen und diese nicht etwa auch ohnehin überschritten worden wären;[337]
- welche Kosten er hierbei gehabt hätte;
- welche Störungen bei welchen Ereignissen eingetreten sind;
- wie der weitere Bauablauf tatsächlich war und
- welche Kosten ihm hierdurch entstanden sind.

Sodann muss er lediglich **erläutern,**
- warum dieser Ablauf „zwangsläufig" eintreten musste, etwa weil Umstellungen nicht vorgenommen werden konnten, oder diese vorgenommen wurden, aber offenbar nicht die gewünschten Ziele erreichten oder diese Umstellungen die Folgen wenigstens minimierten (vgl. § 6 Abs. 3).

Eine Klage, die diesen Anforderungen genügt, darf nicht abgewiesen werden. Dies hat der BGH schon 1986 entschieden: „Die Klage darf nicht wegen lückenhaften Vorbringens abgewiesen werden, wenn der Haftungsgrund unstreitig oder bewiesen, ein Schadenseintritt zumindest wahrscheinlich ist und greifbare Anhaltspunkte für eine richterliche Schätzung vorhanden sind."[338]

Eine bauablaufbezogene Darstellung kann sogar im Einzelfall ganz entfallen, zB wenn wegen fehlender Vorleistungen des Auftraggebers die Ausführung der Arbeiten unmöglich ist.[339] Liegen unstreitig mehrere auftraggeberseitig zu verantwortende Störungen vor und hat der Auftragnehmer den gestörten Bauablauf konkret beschrieben, ist eine weitere Verknüpfung der Störungsfolgen zu jeder einzelnen Störung entbehrlich. In diesen Fällen verlangt die Rechtsprechung des BGH nur eine konkrete und baustellenbezogene Darstellung der Gesamtbaumaßnahme und nicht für jede Behinderung eine baustellenbezogene Verknüpfung des Ist-Ablaufs mit der Behinderung. Die Folgen mehrerer gleichlautender Behinde-

---

[335] BGH 24.2.2005 – VII ZR 141/03, NJW 2005, 1653; BGH 16.4.2015 – IX ZR 195/14, NJW-RR 2015, 829; zustimmend: Kniffka/Koeble Kompendium BauR/Kniffka 8. Teil Rn. 60; OLG Hamm 19.6.2012 – 21 U 85/11; Eschenbruch/von Rintelen NZBau 2010, 401.
[336] BGH 21.3.2002 – VII ZR 224/00, NJW 2002, 2716.
[337] OLG Frankfurt a.M. 3.2.2023 – 21 U 47/20, IBR 2023, 283.
[338] BGH BauR 1986, 346; so auch: BGH BauR 1993, 600.
[339] KG BauR 2009, 650 auch unter Verweis auf BGH NJW 2003, 1601.

rungen können auch zusammengefasst werden (zB fehlende Koordination durch den Auftraggeber). Eine bauablaufbezogene Darstellung ist ferner entbehrlich, wenn der Auftragnehmer keine Fortschreibung des Terminplans nach § 6 Abs. 4 vornimmt, sondern wegen der Vielzahl von Störungen oder des Eintretens gravierender Störungen eine vollständige Neuordnung der Termine behauptet. Wenn eine Neuordnung des gesamten Terminplans behauptet wird, reicht es aus, wenn der Auftragnehmer darlegt, welche Auswirkungen behindernde Umstände auf den zeitlichen Ablauf hatten und warum der Bauzeitenplan im Ergebnis grundlegend neu geordnet werden musste.[340] Die Kausalität zwischen Behinderung und Behinderungsfolgen muss (und kann auch) nur so dargelegt werden, dass der Ursachenzusammenhang zwischen Behinderung und Folgen plausibel wird, indem bspw. (auch abstrakt) dargelegt wird, welcher Mehraufwand baubetrieblich durch die Störung verursacht werden kann, um auf diese Weise den tatsächlichen Mehraufwand berechnen zu können.

Eine bauablaufbezogene Darstellung ist auch dann erforderlich, wenn sich der Auftragnehmer nicht auf einen Schadensersatzanspruch beruft, sondern eine Vertragsanpassung aufgrund des Wegfalls der Geschäftsgrundlage fordert.[341]

184 Grundsätzlich sind die **Folgen jeder Behinderung gesondert** darzulegen.[342] Baubetrieblich ist eine separate Darstellung der Folgen einer jeden Behinderung dann nicht mehr möglich, wenn entweder eine Vielzahl von Störungen eingetreten ist oder mehrere Störungen sich überlagern oder der Bauablauf strukturell geändert wurde. In diesen Fällen können die Folgen des tatsächlichen Bauablaufes nicht mehr mit einer wissenschaftlich fundierten Sicherheit und regelmäßig nicht mit einem vertretbaren Aufwand einer bestimmten Störung zugeordnet werden. Denn wirken mehrere Störungen auf die einzelnen Vorgänge ein, so überlagern sie Wirkungen dieser Störung und hängen voneinander ab. Die Einzelauswirkungen der jeweiligen Störungen können dann nicht mehr isoliert betrachtet werden.[343] Für jede mögliche Störungskombination müssten eine Bauzeitverzögerung und eine Mehrkostenermittlung vorgenommen werden. Um die Auswirkungen je Störung verlässlich zu ermitteln, müsste die Anzahl der zu erstellenden Gesamtbauablaufpläne potenziert werden, bei zehn Störungen wären 1.024 unterschiedliche Abläufe zu berücksichtigen, bei 15 Störungen schon 32.768.[344] In diesen Fällen müssen Störungen zusammengefasst werden und Plausibilitätsbehauptungen genügen.[345]

185 Zur **Höhe** hat das OLG Schleswig in einem von diesem entschiedenen Fall ausführlich die Anforderungen an die Beweislast des Auftragnehmers beschrieben:[346] Hiernach muss der Auftragnehmer bspw. detailliert darlegen, welche Geräte und welche Mitarbeiter für welchen Zeitraum nicht eingesetzt werden konnten. Hierzu kann er sich auf Bautagebucheintragungen, Lichtbilder, Zeugen-

---

[340] Althaus/Heindl Bauauftrag/Althaus/Vogel Rn. 163; ähnlich auch: OLG Zweibrücken 12.2.2015 – 6 U 40/13, IBR 2015, 475.

[341] OLG Köln 22.12.2021 – 16 U 182/20.

[342] OLG Celle 4.3.2020 – 7 U 334/18, IBR 2021, 174; BGH NJW 2005, 1650.

[343] Der Bauablauf wird als „multikausales Geflecht von Einzelfaktoren" angesehen: Würfele/Gralla/Sundermeier/Sundermeier Rn. 1854; Kapellmann/Schiffers/Markus Bd. 1, 1618.

[344] Würfele/Gralla/Sundermeier/Sundermeier Rn. 2030; Reister, 3. Aufl., 2014, S. 478.

[345] Kapellmann/Schiffers/Markus Bd. 1 Rn. 1643.

[346] OLG Schleswig 11.2.2015 – 4 U 16/05.

aussagen etc. stützen. Die Höhe der Ausfallkosten für Maschinen können nach § 287 ZPO nach den kalkulierten Angebotspreisen und den kalkulierten Maschinenkosten berechnet werden (kalkulierte Kosten für Betrieb, Reparaturen, Anschaffungs- und Deckungsbeiträgen abzgl. ersparter Aufwendungen für Treibstoffe und Verschleiß). Die Höhe des Schadens für stillstehendes Personal berechnet sich nach den kalkulierten Löhnen abzgl. ersparter Aufwendungen für Urlaub und Überstundenabbau.

VIII. Prozessuales: Grund- oder Teilurteil, einstweilige Verfügung

Ein Grundurteil ist für Werklohnforderungen nach ständiger Rechtsprechung nur möglich, wenn auch der Grund aller Behinderungssachverhalte feststeht, denn insoweit seien die Einzelforderungen nur unselbständige Rechnungsposten, so dass der Anspruchsgrund nicht geteilt werden könne. Deshalb ist auch in der Praxis kaum ein Teil- oder Grundurteil denkbar, auch wenn dies prozessökonomisch sinnvoll wäre.[347]

186

Aufgrund des eindeutigen Wortlautes und der gebotenen engen Auslegung, findet § 650d BGB nur auf vom Auftraggeber angeordnete Änderungen Anwendung. Die bloße Reaktion des Auftraggebers auf von ihm nicht explizit gewollte Rahmenbedingungen (etwa: die Übersendung eines neuen Terminplans als Reaktion auf Störungen des Bauablaufes) kann wohl nicht als Anordnung iSd § 650b BGB aufgefasst werden, sodass wegen Ansprüchen aus einer Behinderung – trotz eines etwaig bestehenden praktischen Bedürfnisses – in der Regel keine einstweilige Verfügung nach § 650d BGB ergehen kann.

187

IX. Konkurrenzen – Alternative Anspruchsgrundlagen des Auftragnehmers

1. Anspruch auf zusätzliche Vergütung nach § 2 Abs. 5, 6 oder 8. Das Verhältnis von § 6 Abs. 6 zu § 2 Abs. 5, 6 war in der Rechtsprechung zunächst nicht abschließend geklärt.[348] Vergütungsansprüche des Auftragnehmers wegen zusätzlichen oder geänderten Leistungen bestehen dann, wenn sie auf einer Anordnung des Auftraggebers beruhen.[349] Entgegen früheren Darstellungen ist heute anerkannt, dass sich Ansprüche aus § 2 Abs. 5, 6 und Ansprüche aus § 6 Abs. 6 ausschließen:[350] Was rechtmäßig und vertragskonform ist (Änderungsanordnungen aus § 1 Abs. 3, 4) kann nicht gleichzeitig rechts- oder vertragswidrig sein. Hat der Auftraggeber aber eine nicht vertragskonforme Anordnung erteilt, indem er entgegen § 1 Abs. 3 oder 4 Leistungen anordnete (zB nach herrschender Meinung bauzeitbezogene Anordnungen) kann sich der Auftragnehmer frei entscheiden, ob er der Anordnung nicht Folge leistet und die Behinderung „fortsetzt"

188

---

[347] BGH BauR 2007, 429; OLG Hamm 2.12.2008 – 24 U 133/07; Sonntag NZBau 2007, 168; dagegen: OLG Stuttgart 14.7.2011 – 10 U 59/10, NJW-Spezial 2011, 524.
[348] Zum Meinungsstand: Beck VOB/B/von Kiedrowski, § 6 Abs. 6, Rn. 121 ff.
[349] So auch schon BGH NJW 1985, 2475 „Vorunternehmer I" unter Verweis auf BGH BauR 1971, 202. AA (nur Ansprüche aus § 6 Abs. 6): Beck VOB/B/von Kiedrowski § 6 Abs. 6 Rn. 122.
[350] OLG Köln 3.2.2021 – 11 U 136/18, ZfBR 2021, 415. Kniffka/Koeble Kompendium BauR/Kniffka 8. Teil Rn. 72; Ingenstau/Korbion/Keldungs § 2 Abs. 5 Rn. 46; OLG Düsseldorf 21.11.2014 – 22 U 37/14, NJOZ 2015, 1481; OLG Dresden 9.1.2013 – 1 U 1554/09.

§ 6 VOB Teil B

mit der Folge, seinen Schaden nach § 6 Abs. 6 geltend zu machen, oder ob er oder die rechtswidrige Anordnung befolgt und anschließend die sich hieraus ergebenden Vergütungsansprüche (dann nicht wegen einer Anordnung nach § 1 Abs. 3, 4, sondern wegen einer sonstigen Anordnung nach § 2 Abs. 5) geltend macht, schließlich kann der Auftraggeber in diesen Fällen nicht einwenden, es läge keine Anordnung vor.[351]

189 Voraussetzung eines Anspruches aus § 2 Abs. 5 ist demnach, dass der Auftraggeber eine zeitliche **Anordnung** erlässt.[352] Die Anordnung kann ausdrücklich, aber auch stillschweigend oder konkludent erfolgen; sie kann sowohl vom Auftraggeber selbst als auch von einem Dritten stammen, dessen Willenserklärung dem Auftraggeber zugerechnet wird (wobei Duldungs- oder Anscheinsvollmacht ausreichen). Beispiele sind: Anordnung eines Baustopps, Zustimmung zur Ausführung mehrerer Bauabschnitte, Durchsprache und rechtsverbindliche Abstimmung eines neuen Terminplanes. Haben die Parteien trotz fehlender Anordnung eine Vergütungsvereinbarung abgeschlossen, steht dem Auftragnehmer der sich hieraus ergebende Vergütungsanspruch allein aufgrund der Vereinbarung (die auch als Vergleich angesehen werden kann) zu, unabhängig davon, ob die Tatbestandsvoraussetzungen eines Anspruchs aus § 6 Abs. 6 oder § 2 Abs. 5 bestehen.[353] Entgegen der Auffassung des KG genügt es für einen Anspruch aus § 2 Abs. 5 aber nicht, dass dem Auftragnehmer die Störung oder die unterlassene Mitwirkungshandlung mitgeteilt werden. Einer solchen bloßen Wissenserklärung fehlt der für eine Willenserklärung erforderliche Rechtsgestaltungswille. Ein solches Erklärungsbewusstsein kann nicht unterstellt werden, wenn lediglich Fakten oder Tatsachen mitgeteilt werden.[354]

190 Fehlt eine Anordnung, kommt, insbesondere bei Beschleunigungen ein Anspruch aus § 2 Abs. 8 Nr. 2 oder Nr. 3 in Betracht; hierbei muss der Auftragnehmer darlegen, dass dem Auftraggeber bei unterlassener Beschleunigung ein höherer Schaden (der auch in einem eigenen, berechtigten Anspruch des Auftragnehmers wegen einer längeren Bauzeit aus § 6 Abs. 6 bestehen kann) entstanden wäre als bei Umsetzung der Beschleunigungsmaßnahmen.[355]

191 **2. Vertragsauslegung nach §§ 133, 157.**[356] Dem Auftragnehmer kann im Einzelfall, etwa bei einem wirksamen Ausschluss des § 6 Abs. 6 ein Anspruch auf Erstattung der zeitbedingten Mehrkosten auch unter dem Gesichtspunkt der ergänzenden Vertragsauslegung nach §§ 133, 157 BGB zustehen. Denn es ist anzunehmen, dass die Parteien eine anteilige zusätzliche Vergütung vereinbart hätten, wenn sie bedacht hätten, wie sich die Störungen auf den Bauablauf ausgewirkt hätten. In diesem Fall hätte der Auftragnehmer die störungsbedingt angefallenen Mehrkosten in seiner Kalkulation berücksichtigt und dem Auftraggeber eine erhöhte Vergütung angeboten. Der Auftraggeber und der Auftragnehmer hätten im Übrigen dann auch eine störungsmodifiziert fortgeschriebene Bauzeit vereinbart.

---

[351] KG BauR 2009, 650; OLG Naumburg NJW-RR 2011, 1389; OLG Düsseldorf NJW 1995, 3323; Vygen/Joussen Rn. 1949; Kapellmann/Messerschmidt/Kapellmann § 2 Rn. 185; abweichende Ansicht: Thode ZfBR 2004, 214.

[352] Hierzu: Vygen/Joussen Rn. 1907 ff.

[353] Wie hier: BGH 19.9.2024 – VII ZR 10/24; OLG Düsseldorf BauR 1996, 267; OLG Zweibrücken BauR 2002, 972.

[354] so aber KG 29.1.2019 – 21 U 122/18, NZBau 2019, 637. Wie hier: OLG Köln 21.12.2023 – 7 U 173/20.

[355] Vygen/Joussen Rn. 1915 ff., Kapellmann/Messerschmidt/Markus § 6 Rn. 33.

[356] Glöckner BauR 2014, 368.

Behinderung und Unterbrechung der Ausführung § 6

3. Störung der Geschäftsgrundlage. Dem Auftragnehmer können auch 192 Ansprüche wegen der zeitlichen Verzögerung oder der Veränderung des zeitlichen Ablaufs eines Bauvorhabens Ansprüche gegen den Auftraggeber auf Anpassung der vereinbarten Vergütung unter dem Gesichtspunkt des Wegfalls oder der Störung der Geschäftsgrundlage zustehen. Der BGH hat dies für Planerverträge selbst unter dem ansonsten rigideren Preissystem der HOAI anerkannt.[357] Auch für Änderungen des technischen Leistungsumfangs ist eine Störung der Geschäftsgrundlage anzunehmen, wenn durch die Änderungen das Äquivalenzverhältnis zwischen Leistung und Gegenleistung gestört ist. Vor diesem Hintergrund stehen dem Auftragnehmer auch bei einem VOB/B-Vertrag Ansprüche wegen des Wegfalls oder der Störung der Geschäftsgrundlage zu, wenn die vertraglich vereinbarte oder sonst der Bauausführung zugrunde gelegte Zeit oder die zeitlichen Dispositionen durch Umstände verändert werden, die entweder der Risikosphäre des Auftraggebers oder keiner Risikosphäre einer der Vertragsparteien zugeordnet werden können (mithin solche Aspekte nach § 6 Abs. 2), wodurch das Äquivalenzverhältnis zwischen Leistung einerseits und Vergütung andererseits erheblich gestört wird. Es ist nicht erforderlich, dass diese Störung existenzvernichtenden Charakter oder so erheblich ist, dass ein Festhalten an dem Vertrag unzumutbar ist. Es reicht aus, wenn durch die Störung zB der kalkulierte Gewinnanteil „verbraucht" wird, so dass der Auftragnehmer „gezwungen" wird, mit dem Projekt Verlust zu erleiden.[358] Aber auch eine (wesentliche) Schmälerung des Gewinns oder eine nicht realisierbare Deckung von Geschäfts- oder Gemeinkosten ist ausreichend. Als Folge ist die Vergütung dergestalt anzupassen, dass dem Auftragnehmer die erlittenen Nachteile ausgeglichen werden. Er erhält also einen Anspruch auf Anpassung der Vergütung, um die störungsbedingt entstandenen Mehrkosten, begrenzt durch die kalkulierte Vergütung (denn der Auftragnehmer soll durch die Störung auch nicht besser stehen als er ohne die Störung stünde), so dass ihm jedenfalls der ursprünglich kalkulierte Gewinn verbleibt, wenn nicht sogar noch ein prozentual anteilig zusätzlicher Gewinn.

4. Aufwendungsersatz nach § 304 BGB.[359] Schließlich kann ein Anspruch 193 des Auftragnehmers auch auf Aufwendungsersatz bestehen, wenn der Auftraggeber die zusätzlichen Leistungen, die störungsbedingt anfallen, nicht anordnet, deren Umsetzung aber dem Interessen des Auftraggebers dient, da der Auftragnehmer störungsbedingt seine Leistungszeit vorhalten und leistungsbereit bleiben musste. Grundsätzlich werden über § 304 BGB die Kosten des Angebotes und die Transport- und Lagerkosten des **Werkes** erstattet, nicht aber Vorhaltekosten des **Personals** oder der Baustelleneinrichtung, da diese nicht das Werk darstellen.[360]

5. Vergütung wegen Gefahrtragung nach § 7 oder §§ 644, 645 BGB. 194 Geht das Werk ggf. behinderungsbedingt infolge eines vom Auftraggeber nach §§ 644, 645 BGB oder § 7 zu verantwortenden Umstands unter oder verschlechtert es sich, so steht dem Auftragnehmer für die geleistete Arbeit die vereinbarte Vergütung zu, wobei er aber das Werk nochmals herzustellen hat. Der Anspruch besteht neben einem möglichen Anspruch aus § 6.[361] Er trägt also weiterhin die

---

[357] BGH NZBau 2005, 46.
[358] BGH NZBau 2011, 553.
[359] Hierzu auch: Hartwig BauR 2014, 1055.
[360] Kniffka/Pause/Vogel BGB § 642 Rn. 53 f.
[361] BGH NJW 1973, 1698; 198, 456; 1997, 3018; OLG Bremen BauR 1997, 854.

§ 6   VOB Teil B

Leistungsfahr, § 7 und §§ 644, 645 BGB regeln die Preisgefahr.[362] Der Auftraggeber hat somit nach (nochmaliger) Herstellung des Werkes die vereinbarte Vergütung (nochmals) zu entrichten.

195 **6. Kündigung nach § 643 BGB oder § 9.** Der Auftragnehmer kann ferner unter den Voraussetzungen der § 643 BGB, § 9 oder § 6 Abs. 7 den Bauvertrag kündigen.[363]

196 **7. Vorleistungspflicht des Bestellers nach § 322 BGB.** Als Alternative zur Kündigung wird vereinzelt erörtert, ob sich wegen der unterlassenen Mitwirkung des Bestellers die Vorleistungspflicht des Auftragnehmers wegen § 322 Abs. 2 BGB umkehre, mit der Folge, dass der Auftragnehmer den gesamten noch ausstehenden Werklohn (zwar nach Empfang der Gegenleistung, wegen der Vollstreckungsregelung in § 322 Abs. 3 BGB faktisch aber sofort) geltend machen könne.[364] Neben den erheblichen praktischen Schwierigkeiten (die Verzögerung des Baubeginns um schon einen Tag würde das Vorleistungsrisiko dem Besteller aufbürden) müsste der Auftragnehmer aber in all diesen Fällen die Höhe seines späteren Werklohnes darlegen und beweisen, mithin nicht nur darlegen (und beweisen), welche Mengen er geleistet hätte (bei einem Einheitspreisvertrag), sondern auch, dass er fristgerecht und mangelfrei geleistet hätte. Das wird ihm nicht gelingen. Jedenfalls kann sich aber der „Annahmeverzug" nicht auf die Gesamtleistung beziehen, sondern nur auf den Teil der Leistung, wegen der sich der Besteller in Annahmeverzug befindet, also letztlich nur auf den Entschädigungsanspruch nach § 642 BGB.

197 **8. Verhältnis zu S. 2 iVm § 642 BGB.** War zunächst noch umstritten, ob der in § 642 BGB[365] geregelte Entschädigungsanspruch überhaupt neben dem in § 6 Abs. 6 geregelten Schadensersatzanspruch anwendbar sein kann,[366] beantwortet S. 2 diese Frage jetzt unmittelbar, indem klargestellt wird, dass der Auftragnehmer „neben" dem Schadensersatzanspruch auch den gesetzlichen Entschädigungsanspruch geltend machen kann.[367] Diese mit der VOB/B 2006 vorgenommene Wortlautergänzung basiert letztlich auf der Rechtsprechung des BGH zu den zeitlichen Folgen unterbliebener Mitwirkungshandlungen des Auftraggebers, insbesondere zur sog. Vorunternehmerhaftung.[368] Die Konkurrenz zwischen den Ansprüchen in § 6 Abs. 6 S. 1 und § 6 Abs. 6 S. 2 ist aber weiterhin dogmatisch noch nicht abschließend geklärt. Einer Auffassung nach schließen sich beide Ansprüche sogar gegenseitig aus, die Bestimmungen seien also eigentlich aus dog-

---

[362] Kniffka/Koeble Kompendium BauR/Kniffka 8. Teil Rn. 73.

[363] Hierzu: OLG Oldenburg 30.9.2014 – 2 U 113/13; Skauradszun/Eix NZBau 2010, 86.

[364] Hartmann BB 1997, 326; Skauradszun/Eix NZBau 2010, 86; Seidel JZ 1994, 383; aus der Rechtsprechung (auch im Zusammenhang mit einem Abnahmeverlangen oder Druckzuschlag): OLG Celle 13.1.2005 – 14 U 129/03, NJOZ 2006, 1637; OLG Frankfurt a. M. 5.5.2015 – 1 U 283/12, IBR 2014, 722; BGH 16.5.1968 – VII ZR 40/66, NJW 1968, 1873; BGH 29.10.1985 – X ZR 12/85, NJW-RR 1986, 211; BGH 25.1.1996 – VII ZR 26/95, NJW 1996, 1280; BGH 13.1.2001 – VII ZR 27/00, NJW 2002, 1262.

[365] Näher zu S. 2: → Rn. 147.

[366] Vgl. insoweit die Darstellung bei Ingenstau/Korbion/Döring § 6 Abs. 6 Rn. 2 ff. Zum damaligen Meinungsstand auch: BGH NJW 1985, 2475.

[367] Ingenstau/Korbion/Döring § 6 Abs. 6 Rn. 53.

[368] BGH NJW 2000, 1336.

matischen Gründen unabwendbar.[369] In der Tat scheinen sich auf den ersten Blick beide Normen zunächst zu widersprechen: Ein Schadensersatzanspruch verlangt regelmäßig eine Pflichtverletzung, während der Wortlaut in § 642 BGB von einer Obliegenheitsverletzung auszugehen scheint. Umfasste Abs. 6 S. 1 nur Mitwirkungspflichten und Abs. 6 S. 2 nur Mitwirkungsobliegenheiten, so schlössen sich beide Anspruchsgrundlagen tatsächlich jeweils aus.[370] Dies würde aber eben nur dann gelten, **wenn** im Rahmen des § 642 BGB die Mitwirkungshandlung des Auftraggebers auf Obliegenheiten beschränkt werden **und** die in § 6 Abs. 6 genannten Ansprüche im Gegensatz hierzu nur bei einer Pflichtverletzung bestehen. Nach der hier vertretenen Auffassung hat der Auftragnehmer regelmäßig die Wahl,[371] auf welche Anspruchsgrundlage er seine Forderung stützt, da beide einen weitgehend übereinstimmenden Anwendungsbereich haben (wenn auch mit unterschiedlichen Rechtsfolgen und leicht modifiziert unterschiedlichen Tatbestandsvoraussetzungen) und deshalb in den meisten Fällen beide Anspruchsgrundlagen zur Wahl stehen. Schließlich ist weder dem Wortlaut noch dem systematischen oder teleologischen Zusammenhang zu entnehmen, dass § 642 BGB keine Mitwirkungspflichten umfasst, im Gegenteil: der historische Gesetzgeber bedachte gerade den Fall, dass dieselbe Handlung als Pflicht **und** als Mitwirkungshandlung iSd § 642 BGB gesehen werden kann.[372] Mit der herrschenden Meinung ist deshalb davon auszugehen, dass § 642 BGB sowohl Mitwirkungspflichten als auch Mitwirkungshandlungen umfasst, sich also nach dem hier vertretenen Verständnis (nicht nach der Rechtsprechung, die den Anspruch aus Abs. 6 S. 1 für Obliegenheiten ausschließt) die Anwendungsbereiche beider Normen decken (so wird auch darauf verwiesen, dass sich Nebenpflicht und Obliegenheit nicht ausschließen, Mitwirkungshandlungen können eine „doppelte Qualität" aufweisen).[373] Hierdurch verliert der „eigentlich" als Hauptanspruchsgrundlage vorgesehene Schadensersatzanspruch auch nicht an Bedeutung, wie dies vielleicht vereinzelt befürchtet wird.[374] Denn diesen Bedenken kann auf der Rechtsfolgenseite begegnet werden, indem § 642 BGB zwar verschuldensunabhängig, dafür aber nur für den Zeitraum des Annahmeverzuges eine Entschädigung vorsieht. Auf diese Weise wird im Übrigen der systemfremde § 642 BGB seinem ursprünglichen Anwendungsbereich zugeführt.[375] Dieser Auffassung hat sich der BGH angeschlossen.[376]

---

[369] Kapellmann/Messerschmidt/Markus § 6 Rn. 91.
[370] Beck VOB/B/von Kiedrowski § 6 Abs. 6 Rn. 128. Diese Meinung beruft sich darauf, dass der Auftragnehmer bei Pflichtverletzungen durch einen (weitergehenden) Schadensersatzanspruch geschützt sei. Dieses Argument überzeugt nicht, da der Auftraggeber nicht immer schuldhaft gehandelt haben muss. Bei fehlenden Verschulden des Auftraggebers wäre der Auftragnehmer bei einer Pflichtverletzung schlechter gestellt als bei einer Obliegenheitsverletzung, weil er bei letzterer immerhin noch den verschuldensunabhängigen Entschädigungsanspruch geltend machen könnte.
[371] So auch: Ingenstau/Korbion/Döring § 6 Abs. 6 Rn. 58.
[372] Motive, zitiert nach Mugdan Bd. 2 S. 495; Kniffka/Koeble Kompendium BauR/Kniffka Teil 8 Rn. 20.
[373] Kniffka/Koeble Kompendium BauR/Kniffka Teil 8 Rn. 20; Kniffka Jahrbuch Baurecht 2001, 1.
[374] Beck VOB/B/von Kiedrowski § 6 Abs. 6 Rn. 128; Boldt BauR 2006, 185.
[375] So auch: Ingenstau/Korbion/Döring § 6 Abs. 6 Rn. 16. Nach der hier vertretenen Auffassung haben beide Normen unterschiedlicher Rechtsfolgen, vgl. → Rn. 162. Ausführlich: Sonntag NZBau 2017, 525.
[376] BGH 26.10.2017 – VII ZR 16/17, NJW 2018, 544.

198 Fazit: Unabhängig von der Qualifikation einer Mitwirkungshandlung als Pflicht oder Obliegenheit steht dem Auftragnehmer somit verschuldensunabhängig nach § 6 Abs. 6 S. 2 VOB/B iVm § 642 BGB ein Anspruch auf finanzielle Kompensation für den Zeitraum der Behinderung zu, in welchem der Auftraggeber in Annahmeverzug ist. Hat der Auftraggeber darüber hinaus eine Mitwirkungshandlung sogar schuldhaft verletzt, steht dem Auftragnehmer über diesen Anspruch hinaus auch ein Schadensersatzanspruch für die später entstandenen Schäden zu, da § 6 Abs. 6 S. 1 nicht zwischen Mitwirkungspflichten oder Mitwirkungsobliegenheiten differenziert („die hindernden Umstände" können Mitwirkungspflichten oder Mitwirkungsobliegenheiten sein). Bei einem BGB-Vertrag besteht dieser weitergehende Schadensersatzanspruch nur bei der Verletzung einer Pflicht (entweder: Hauptpflicht aus § 280 Abs. 2 BGB iVm § 486 BGB oder einer schuldhaft verletzten Nebenpflicht iSd § 241 Abs. 2 BGB).

H. Abs. 6 S. 1 – Schadensersatzanspruch des Auftraggebers

I. Anwendungsbereich und Konkurrenzen

199   § 6 Abs. 6 S. 1 ist auf Schadensersatzansprüche des Auftraggebers anwendbar, soweit ihm ein Schaden aufgrund einer Verzögerung entstanden ist. Insoweit ist § 5 Abs. 4 eine Rechtsgrundverweisung auf § 6 Abs. 6, der insofern eine eigenständige Bedeutung nur hinsichtlich der Schadenshöhe hat (der entgangene Gewinn ist nur bei Vorsatz oder grober Fahrlässigkeit zu erstatten). Nach allgemeiner Auffassung verdrängt § 6 Abs. 6 S. 1 konkurrierende Schadensersatzansprüche des allgemeinen Schuldrechts bezüglich der Rechtsfolgen (Haftungsbeschränkung für entgangenen Gewinn), so nimmt die allgemeine Meinung an, dass der Auftraggeber auch nur unter den Voraussetzungen der §§ 280, 286 BGB den Ersatz des Verzögerungsschadens verlangen kann.[377] § 6 Abs. 6 S. 1 findet keine Anwendung für Verzögerungen, die auf Mängeln beruhen. In diesen Fällen hat der Auftraggeber einen Schadensersatzanspruch aus § 4 Abs. 7 S. 2 (vor Abnahme) bzw. aus § 13 Abs. 7 (nach Abnahme), ohne dass er insoweit beschränkt wird, den entgangenen Gewinn nur bei Vorsatz oder grober Fahrlässigkeit verlangen zu können, sofern nichts Abweichendes vertraglich vereinbart ist. Der Schadensersatzanspruch besteht sowohl dann, wenn durch die Mängelbeseitigung eine Verzögerung eintritt als auch dann, wenn gerade durch die nicht vorgenommene Mängelbeseitigung eine Verzögerung eintritt.[378] Kündigt der Auftraggeber wegen der Verzögerung nach § 5 Abs. 4 iVm § 8 Abs. 3 VOB/B, so kann er Schadensersatz statt der Leistung nur verlangen, wenn er an der Durchführung des Baus kein Interesse mehr hat. Nur dann erscheint es billig, die Haftungsbeschränkung des § 6 Abs. 6 S. 1 nicht anzuwenden, um dem Auftraggeber keinen Anreiz zur Kündigung zu verschaffen. Hat der Auftraggeber weiterhin ein Interesse an der Durchführung und beauftragt einen anderen Auftragnehmer, so kann er den dann bestehenden

---

[377] Ingenstau/Korbion/Döring § 6 Abs. 6 Rn. 9; Kapellmann/Messerschmidt/Markus § 6 Rn. 95. Freilich bleibt die in § 6 geregelte Haftungsbeschränkung bestehen und kann nicht durch § 280 BGB unterlaufen werden. hierzu → Rn. 7.

[378] Messerschmidt/Voit/Voit § 6 Rn. 18; Kniffka/Koeble Kompendium BauR/Kniffka 7. Teil Rn. 56 unter Verweis auf BGH BauR 1975, 344; NJW-RR 1999, 381; NZBau 2000, 422.

Schadensersatz nur mit der Haftungsbeschränkung geltend machen.[379] Der Auftraggeber kann auch dann kündigen, wenn feststeht, dass der Auftragnehmer eine Vertragsfrist aus von ihm zu vertretenden Gründen nicht einhalten wird und diese Vertragsverletzung von so erheblichem Gewicht ist, dass eine Fortsetzung des Vertrags unzumutbar wird.[380] Verweigert der Auftragnehmer die Erfüllung des Bauvertrages ernsthaft und endgültig, kann er sich nicht mehr auf die Haftungsbeschränkung berufen, da Abs. 6 nur den redlichen Auftragnehmer privilegieren soll.[381]

II. Tatbestandsvoraussetzungen des Verzugsschadensersatzanspruchs

1. Überschreitung der Vertragsfristen. Nach (soweit ersichtlich) unbestrittener Meinung sind auf den Schadensersatzanspruch des Auftraggebers nach Abs. 6 die allgemeinen Tatbestandsvoraussetzungen der §§ 280, 286 BGB anzuwenden, da es sich insoweit um einen Verzögerungsschadensersatz nach § 280 Abs. 2 BGB handelt. Erforderlich ist daher zunächst, dass die jeweilige Leistung fällig war. Die **Fälligkeit** ergibt sich zunächst aus den vertraglichen Regelungen. Ist eine Ausführungsfrist nicht bestimmt, so gilt nach § 271 BGB eine angemessene Frist dergestalt, dass es darauf ankommt, in welcher Zeit bei nach dem vom Bauvertrag vorausgesetzten Bauablauf die Fertigstellung möglich war;[382] im Übrigen wird auf die Kommentierung von § 5 verwiesen. Darlegungs- und beweisbelastet ist diesbezüglich der Auftraggeber. Sind im Bauverlauf Behinderungen aufgetreten, so verschieben sich die Ausführungsfristen und damit auch die Fälligkeiten der jeweiligen Leistungspflichten nach § 6 Abs. 2 „automatisch" um den in Abs. 3 und 4 genannten Zeitraum.[383] Störungen aus der Risikosphäre des Auftraggebers oder fehlende Mitwirkungshandlungen des Auftraggebers führen mithin dazu, dass der Auftragnehmer wegen des hierdurch entstehenden Zeitraumes nicht in Verzug geraten kann.[384] Ist auch nur eine Behinderung unstreitig oder bewiesen, so trifft auch den Auftraggeber insoweit die Darlegungs- und Beweislast, dass diese Fristverlängerung nur bis zu dem Zeitpunkt reichte, zu dem er den Verzugsbeginn behauptet, der Auftragnehmer muss ggf. darlegen und beweisen, dass die Fristverlängerung eine längere Zeitspanne umfasst.

200

Für den Tatbestand der **Behinderung** an sich ist aber der Auftragnehmer darlegungs- und beweisbelastet, dh er muss darlegen und im Streitfall beweisen, dass die Bauzeit nicht aus Gründen überschritten wurde, die in seinem Verantwortungsbereich liegen, etwa in der fehlenden Ausstattung der Baustelle mit Personal,

201

---

[379] Kapellmann/Messerschmidt/Markus § 6 Rn. 95; Kniffka/Koeble Kompendium BauR/Kniffka 7. Teil Rn. 58 mwN.

[380] OLG Hamm 5.8.2013 – 17 U 148/11.

[381] So auch Ingenstau/Korbion/Döring § 6 Abs. 6 Rn. 9.

[382] OLG Düsseldorf 27.7.2016 – 22 U 54/16, IBR 2017, 242.

[383] Dies gilt bei BGB-Bauverträgen entsprechend: BGH 21.3.1974 – VII ZR 139/71, NJW 1974, 1080; OLG Düsseldorf 29.11.1996 – 22 U 116/96, NJW-RR 1998, 1749; Messerschmidt/Voit/von Rintelen H Rn. 139; Staudinger/Peters/Jacoby, BGB (2019), § 642 Rn. 50: „Die Fristverlängerung trifft „von selbst" ein…".

[384] Kniffka/Koeble Kompendium BauR/Kniffka 7. Teil Rn. 7; Eschenbruch/von Rintelen NZBau 2010, 401 (406); Kapellmann/Schiffers/Markus Bd. 1 Rn. 1355; OLG Düsseldorf 29.11.1996 – 22 U 116/96, NJW-RR 1998, 1749.

§ 6 VOB Teil B

Material und Geräten.[385] Gleichfalls ist er darlegungs- und beweisbelastet für die Tatsache, dass er den vereinbarten Bauzeit nachgekommen ist. Ist der gesamte Zeitplan durch Umstände völlig verworfen, die nicht vom Auftragnehmer zu vertreten sind, sind die vereinbarten Vertragsfristen völlig hinfällig und können auch nicht Basis einer Fortschreibung nach Abs. 4 sein. In diesen Fällen gelten dann angemessene Fristen nach § 271 BGB.

202 **2. Mahnung nach Fälligkeit.** § 286 Abs. 1, 2 BGB regelt die weiteren Voraussetzungen:[386] Grundsätzlich ist eine Mahnung des Auftragnehmers erforderlich, die nach Fälligkeit erfolgen muss. Eine vor Fälligkeit (dh auch vor Ablauf des nach Abs. 2–4 verlängerten Ausführungstermins) ausgesprochene Mahnung ist schon wegen des insoweit klaren Wortlautes des Gesetzes in § 286 Abs. 1 BGB wirkungslos.[387] Der Mahnung bedarf es nur dann nicht, wenn (1) für die Leistung eine Zeit nach dem Kalender bestimmt ist **oder** (2) der Leistung ein Ereignis vorauszugehen hat **und** eine angemessene Zeit für die Leistung in der Weise bestimmt ist, dass sie sich von dem Ereignis an nach dem Kalender bestimmen lässt, § 286 Abs. 2 Nr. 1 und 2 BGB oder der Auftragnehmer hat die Vornahme der Leistungen zu einem bestimmten Zeitpunkt selbst zugesagt (sog. **„Selbstmahnung"**). Ersteres ist dann der Fall, wenn der Bauvertrag bestimmte Kalenderfristen enthält. Der Verzug tritt dann am Tag nach dem Fristende ein (Bsp. Fertigstellungstermin: 31.8.2015 – der Auftragnehmer gerät auch ohne Mahnung am 1.9.2015 in Verzug). Gleiches gilt, wenn die Frist „indirekt" bestimmt ist (Bsp. Baubeginn: 1.1.2015 – Fertigstellung innerhalb von 8 Monaten. Fristenende ist dann auch der 31.8.2015). Es reicht aber nicht aus, dass die Bauzeit nur ungefähr bezeichnet ist oder eine „ca.-Angabe" enthält.[388] Insofern muss sowohl der Fristbeginn als auch die Dauer der Frist genau bestimmt sein. Insbesondere bei der Alternative (2) muss das Ereignis genau bezeichnet sein.[389]

203 Haben sich die Ausführungstermine nach Abs. 2–4 verschoben, weil Behinderungen vorlagen, ist auch schon bei einer einzigen Behinderung die kalendermäßige Bestimmung oder Bestimmbarkeit des Fälligkeitstermins nicht mehr möglich, da die in Abs. 4 genannte Frist nicht nach dem Kalender bestimmbar ist. Dabei kommt es nicht darauf an, ob die Störung oder ihre Dauer unstreitig oder streitig ist. Der Auftragnehmer gerät erst dann in Verzug, wenn er nach Ablauf der („richtig bemessenen") nach Abs. 4 verlängerten Frist gemahnt wird.[390] Eine verfrühte Mahnung ist auch hier wirkungslos.[391] Erst, wenn die Parteien einen neuen Fälligkeitstermin einvernehmlich festgelegt und nach dem

---

[385] Vygen/Joussen Rn. 1855.
[386] vgl. OLG Düsseldorf 27.7.2016 – 22 U 54/16, IBR 2017, 242.
[387] BGH 19.4.1992 – VII ZR 105/91.
[388] OLG Koblenz NZBau 2013, 500; auch eine Frist „ab Beginn" ist unbestimmt, da nicht geklärt ist, von welchem Beginn auszugehen ist: OLG München 10.9.2013 – 9 U 1685/12 („26 Werktage ab Beginn" ist zu ungenau; ähnlich auch: OLG Koblenz NZBau 2009, 131 („… Tage nach Erhalt der Unterlagen"); OLG Düsseldorf 27.7.2016 – 22 U 54/16, IBR 2017, 242 („und/oder"-Termine sind nicht hinreichend klar; Kniffka/Koeble Kompendium BauR/Kniffka 7. Teil Rn. 49.
[389] OLG Koblenz NZBau 2009, 131.
[390] OLG Celle 26.10.2016 – 7 U 27/16, IBR 2017, 16.
[391] Kniffka/Koeble Kompendium BauR/Kniffka 7. Teil Rn. 50.

Kalender bestimmt haben, kann der Auftragnehmer wieder ohne Mahnung in Verzug geraten.[392]

3. Verschulden. Der Auftragnehmer ist nicht in Verzug, wenn er diesen nicht 204 zu vertreten hat, § 286 Abs. 4 BGB ist insoweit aufgrund des Wortlautes in § 5 Abs. 4 („Verzug") anwendbar. Verzug tritt deshalb nicht ein, wenn der Auftragnehmer ein ihm zustehendes Leistungsverweigerungsrecht ausübt.[393] Das Verschulden wird vermutet. Die Darlegungs- und Beweislast für fehlendes Verschulden obliegt dem Auftragnehmer, weil nur er Überblick über seine internen Vorgänge haben kann: Dieser muss also darlegen und im Streitfall beweisen, dass er die Verzögerung nicht zu vertreten hat, weil etwa von ihm nicht zu vertretende Behinderungen vorlagen. Dieser Einwand steht ihm auch dann zu, selbst wenn entgegen Abs. 1 die Behinderung nicht angezeigt haben sollte. Macht der Auftraggeber aber einen Anspruch auf entgangenen Gewinn geltend, muss er den anspruchsbegründenden Vorsatz oder grobe Fahrlässigkeit darlegen und beweisen. Hat der Auftragnehmer zuvor eine gerichtliche Entscheidung (zB nach § 650c BGB) erwirkt, bleibt sein Verschulden bei späterer Aufhebung dieser Entscheidung nach § 945 ZPO unberührt.[394]

III. Sonderfälle der Kausalität

1. Verursachung der Verzögerung durch mehrere Unternehmer. Haben 205 mehrere Auftragnehmer unabhängig voneinander eine Verzögerung verursacht so ist zu differenzieren: Bauen die Verzögerungen zeitlich aufeinander auf, hat also zB zunächst der Rohbauunternehmer eine Verzögerung von 4 Wochen verursacht und anschließend der Sanitärinstallateur eine weitere Verzögerung von 2 Wochen, so haftet jeder Auftragnehmer für die von ihm verursachten Verzögerungen allein. Haben aber zwei Auftragnehmer zur selben Zeit eine Verzögerung verursacht, so kann jeder Verursachungsbeitrag grundsätzlich hinweggedacht werden, ohne dass der Schaden entfiele. Gleichwohl wird in diesen Fällen der Doppelkausalität jeder Verursachungsbeitrag als kausal gewertet, so dass beide Auftragnehmer dem Auftraggeber für den entstandenen Schaden haften: Denn haben zwei Ereignisse den Schaden herbeigeführt, von denen jedes auch allein den Schaden verursacht hätte, so sind beide im Rechtssinne ursächlich.[395] Eine ähnliche Interessenslage ist bei der Mängelhaftung: Ist dabei ein Schaden durch mehrere Mängel einer Sache verursacht worden und hätte jede Ursache für sich allein ausgereicht, um den ganzen Schaden herbeizuführen, so werden rechtlich beide Mängel als ursächlich angesehen, weil der eingetretene Schaden ansonsten ja auf keine der tatsächlich

---

[392] S. aus der Rspr.: BGH 22.5.2003 – VII ZR 469/01, NZBau 2003, 498; BGH 14.1.1999 – VII ZR 73/98, NJW 1999, 1108; BGH 27.10.1977 – VII ZR 298/75, WPM 77, 1453; OLG Düsseldorf 28.2.2014 – 22 U 112/13, IBR 2015, 298; OLG Hamm 30.7.2013 – 21 U 84/12, NJW 2014, 78; OLG Köln 27.4.2012 – 3 U 61/11, IBR 2013, 606. Diese Rechtslage gilt auch für BGB-Bauverträge: Messerschmidt/Voit/von Rintelen H Rn. 116; Kniffka/Jansen/von Rintelen BGB § 631 Rn. 246; VJLR/Vygen/Joussen Teil A Rn. 422.
[393] Kniffka/Koeble Kompendium BauR/Kniffka 7. Teil Rn. 48.
[394] BGH 13.10.2016 – IX ZR 149/15, NJW 2017, 1600.
[395] BGH 20.2.2013 – VII ZR 339/11; KG 6.1.2005 – 27 U 267/03, IBR 2006, 156; OLG Frankfurt a. M. 30.3.2010 – 5 U 38/09; Langen BauR 2011, 381.

sich ereigneten Umstände zurückgeführt werden könnte.[396] Fraglich ist, ob sie analog des Gedankens aus § 830 BGB gesamtschuldnerisch haften[397] oder, wozu der BGH im Zusammenhang mit Mängelansprüchen neigt, nur quotal, da jeweils im Einzelverhältnis die Anteile des Auftraggebers nach § 254 BGB anzurechnen seien.[398] Der Auffassung des BGH ist zuzustimmen, auch wenn sich diese Rechtsprechung nicht reibungsfrei in die Rechtsprechung des BGH zur Mängelhaftung einfügt.[399] Ansonsten könnte der Auftraggeber durch Kumulation von Einbehalten verschiedene Unternehmen wirtschaftlich profitieren. Im Übrigen muss er sich das Verhalten von Dritt-Unternehmern im Verhältnis zu seinem Auftragnehmer anrechnen lassen.

206 **2. Verursachung der Verzögerung durch Auftraggeber und Auftragnehmer.** Haben Auftragnehmer und Auftraggeber die Verzögerungen gemeinsam verursacht, so ist wie auch schon im Zusammenhang mit den zeitlichen Auswirkungen zu unterscheiden:

Handelt es sich um voneinander unabhängige Gründe **(Doppelkausalität)**, so kann kein Schadensersatzanspruch geltend gemacht werden.[400] Das ist insbesondere dann der Fall, wenn entweder beide Parteien in Kenntnis von vorliegenden (zumeist externen) Störungen jeweils ihre Leistungen „verlangsamen" oder wenn eine Partei in Kenntnis der von der anderen Partei verursachten Störung ihre Leistungsanteile reduziert und „im Windschatten" segelt, weil sie denkt, sie könne sich „ruhig" Zeit lassen, die andere Partei sei ja noch nicht so weit. Denn der Auftragnehmer gerät dann nicht in Verzug, wenn der Auftraggeber eine zur Herstellung des Werkes erforderliche Handlung unterlässt oder den Auftragnehmer bei der Ausführung des Werkes stört oder behindert.[401] So entschied das KG auch zu Bauträgerverträgen, dass ein Verzugsschadensersatzanspruch einer Partei nur dann zustehe, wenn sie ihrerseits ihre gegenläufige Verpflichtung erfüllt habe oder dies anbiete.[402] Ein Schuldnerverzug findet durch den Eintritt des Annahmeverzugs sein Ende.[403] Auch das bloße objektive Bestehen eines Leistungsverweigerungsrechts hindert den Eintritt des Schuldnerverzuges.[404]

---

[396] Kniffka/Koeble Kompendium BauR/Kniffka 6. Teil Rn. 235–242 mit Verweis u.a. auf BGH NZBau 2013, 492.

[397] So wohl eher OLG Düsseldorf BauR 2012, 1244.

[398] BGH NZBau 2013, 492.

[399] worauf Retzlaff zu Recht hinweist: Retzlaff jurisPR-PrivBauR 11/2013 Anm. 3.

[400] OLG Frankfurt a.M. 3.2.2023 – 21 U 47/20, IBR 2023, 283. Nach OLG Düsseldorf 27.7.2016 – 22 U 54/16, IBR 2017, 242 ist der Zurechnungszusammenhang unterbrochen, wenn die Verzögerung von weiteren Eigenleistungen oder Mitwirkungshandlungen des Auftraggebers oder auf seinem eigenständigen Willensentschluss beruht, es sei denn, dieser war hierzu durch Handlungen des Auftragnehmers herausgefordert.

[401] BGH NJW 1996, 1745; BGHZ 116, 249; OLG Düsseldorf 28.2.2014 – 22 U 112/13, IBR 2015, 298 („Ein Verzug des Auftragnehmers wird beendet bzw. ist gemäß § 286 Abs. 4 BGB ausgeschlossen, wenn er an der Nachholung der Leistung – […] – ohne sein Verschulden gehindert war."); OLG Düsseldorf NJW 2013, 618; BGH MDR 1988, 1051.

[402] KG 15.5.2018 – 21 U 90/17, NJ 2018, 285.

[403] BGHZ 143, 42 Rn. 14.

[404] Grüneberg/Grüneberg BGB § 320 Rn. 12, § 286 Rn. 14; Kapellmann/Schiffers/Markus Bd. 1 Rn. 1355; Duve/Richter BauR 2006, 608; Biederer BauR 2009, 1050; Beck'scher VOB-Kommentar/von Kiedrowski § 6 Abs. 6 Rn. 85; aA (Quote nach § 254 BGB): Langen BauR 2011, 381.

Haben beide Parteien jedoch dieselbe Störung gemeinsam verursacht (**Gesamtkausalität**), so könnte aber auch der jeweilige Anteil nach § 254 BGB gewichtet und der Anspruch des Auftraggebers entsprechend reduziert werden.[405]

IV. Schadenshöhe

1. Direkte Mehrkosten. Zunächst sind die Kosten zu erstatten, die dem Auftraggeber dadurch entstehen, dass er infolge des Verzuges für Arbeiten, die nunmehr später ausgeführt werden müssen, höhere Preise zu zahlen hat, sei es aufgrund von Lohn- und Tariferhöhungen, sei es, weil Bindefristen abgelaufen sind, hierzu gehört auch erhöhtes Honorar der Architekten und Planer, das diese zu Recht erheben können.[406] 207

2. Vertragsstrafe und andere Nachteile eines Hauptunternehmers. Auch die Vertragsstrafe, die der Auftraggeber bspw. als Generalunternehmer seinem Bauherrn schuldet, weil er diesem gegenüber für den Verzug seines Nachunternehmers einzustehen hat, ist ein ausgleichungsfähiger Schaden, wenn diese Vertragsstrafe zu Recht bezahlt wurde.[407] Entgegen früherer Rechtsprechung besteht der Erstattungsanspruch auch in voller Höhe.[408] Bei unerwarteter Höhe (zB zulässige individuelle Vereinbarung einer Vertragsstrafe von mehr als 5 % oder hoher Berechnungsgrundlage) ist der Anspruch ggf. nach § 254 BGB zu reduzieren, wenn der Auftraggeber seinen Nachunternehmer nicht gewarnt hat und über das Risiko aufgeklärt hat. Wird die Vertragsstrafe gezahlt, obgleich kein Anspruch bestand, ist der Zurechnungszusammenhang gestört. 208

Gleiches gilt auch hinsichtlich der Erfüllung von **Behinderungsansprüchen** oder Entschädigungsansprüchen anderer Unternehmer oder Mieter, die wegen des Verzuges in der Ausführung ihrer Leistungen behindert sind und deshalb berechtigterweise Ansprüche geltend machen können[409] (vor der Erfüllung dieser Ansprüche hat der Auftraggeber auch einen Freistellungsanspruch). Nach der Entscheidung des OLG München kommt es dabei auch nicht darauf an, ob dieser Drittanspruch schlüssig dargelegt wurde, wenn feststeht, dass die Forderung dem Grunde nach besteht und die Höhe angemessen sei.[410] Voraussetzung sei dann allerdings, dass der etwaige Rückzahlungsanspruch analog § 255 BGB an den Schuldner abgetreten werde. 209

Der Generalunternehmer kann auch einen Zinsausfallschaden geltend machen, der dadurch entstanden ist, dass der Bauherr des Auftraggebers diesem gegenüber Zahlungen zurückgehalten hat. 210

3. Beschleunigungskosten. Auch Beschleunigungskosten können erstattungsfähig sein, wenn der Auftraggeber diese Aufwendungen zur Schadensminimierung nach § 254 BGB ergreifen durfte. 211

---

[405] BGH 14.1.1993 – VII ZR 185/91, NJW 1993, 2674; vgl. aber auch: BGH 7.5.2004 – V ZR 77/03, NJW 2004, 2526.
[406] Beck VOB/B/von Kiedrowski § 6 Rn. Abs. 6 Rn. 93.
[407] Voit Rn. 198, 200; Nicklisch, 3. Auflage, Rn. 64; BGH NJW 1998, 1493.
[408] BGH NJW 1988, 1493; NZBau 2000, 195; Kniffka/Koeble Kompendium BauR/Kniffka 7. Teil Rn. 51 (4).
[409] Kapellmann/Messerschmidt/Markus § 6 Rn. 97. Zu einem Anspruch des Auftraggebers gegen einen bauüberwachenden Ingenieur: OLG Düsseldorf 25.8.2015 – 23 U 13/13.
[410] OLG München 13.042021 – 9 U 2715/20 Bau.

§ 6

212 **4. Nutzungsausfall.** Handelt es sich bei dem Bauvorhaben um eine **nichtgewerblich genutzte Wohnung**, kann der Auftraggeber den entgangenen Gebrauchsvorteil bei Eigennutzung geltend machen, wenn er das betreffende Objekt nicht bewohnen konnte und deshalb noch eine andere Wohnung beziehen musste. Entweder setzt der Auftraggeber seine bisherige Miete als Schaden an oder er berechnet den Gebrauchsvorteil der neuen Wohnung, muss dann aber die gezahlte Ersatzmiete in Abzug bringen. Zahlt er in der Ersatzwohnung keine Miete, ist deren Gebrauchsvorteil in Abzug zu bringen.[411] Zu erstatten ist ferner der direkte Schaden der späteren Nutzbarkeit des Bauwerkes (bspw. erforderliche Hotelübernachtungen). Ein Anspruch auf Nutzungsausfall besteht aber nur für solche Lebensgüter, deren ständige Verfügbarkeit für die eigenwirtschaftliche Lebensweise von zentraler Bedeutung sind. Kellerräume oder Gästezimmer zählen im Allgemeinen nicht dazu.[412]

213 **5. Schadenermittlungskosten.** Auch die Schadenermittlungskosten (Gutachterkosten) sind erstattungsfähig.[413] Die Kosten der eigenen Nachtragsbearbeitung sollen nach Auffassung des LG Schwerin bei Änderungsanordnungen des Auftraggebers erstattungsfähig sein.[414] Aufgrund der gleichen Interessenslage dürfte dies bei Ansprüchen aus schuldhaft verursachten Behinderungen erst recht auch der Fall sein. Die Höhe dieser Kosten ergibt sich aus dem tatsächlich erforderlichen Zeitaufwand und den aus der Kalkulation ermittelbaren Stundensätzen der Bau-/Projektleitung.

214 **6. Vorteilsausgleich.** Im Rahmen des Vorteilsausgleiches sind etwaige Zinsvorteile oder Steuerersparnisse zu berücksichtigen.[415]

215 **7. Restfertigstellungsmehrkosten.** Ersatz für die **Restfertigstellungsmehrkosten** kann der Auftraggeber nur nach einer Kündigung nach § 5 Abs. 4, 8 Abs. 3 erhalten.[416]

216 **8. Entgangener Gewinn.** Entgangenen Gewinn kann der Auftraggeber geltend machen, wenn der Auftragnehmer die Umstände, die zu der Störung geführt haben, vorsätzlich oder grob fahrlässig verursacht hat. Entgangener Gewinn ist bspw. der Mietausfall.[417] Entsprechend den allgemeinen rechtlichen Grundsätzen müssen sich Vorsatz und grobe Fahrlässigkeit allein auf die Handlung beziehen, nicht auf die Störungsfolgen. Entgegen den allgemeinen Grundsätzen ist jedoch der Auftraggeber für den Vorsatz oder die grobe Fahrlässigkeit darlegungs- und beweisbelastet, da es sich insoweit bei der Haftungsverschärfung um eine echte zusätzliche Tatbestandsvoraussetzung handelt und nicht um das vom Gesetz in § 280 bzw. § 286 Abs. 4 BGB vermutete Verschulden.[418] Grobe Fahrlässigkeit

---

[411] BGH BeckRS 2014, 06128 = NJW 2014, 1374; BGH 8.5.2014 – VII ZR 199/13, ZfBR 2014, 558; Kniffka/Koeble Kompendium BauR/Kniffka 7. Teil Rn. 51; Voit Rn. 207.

[412] OLG München 19.6.2020 – 20 U 6219/19 Bau. Vgl. auch: OLG Celle 25.9.2013 – 7 U 56/12.

[413] Kapellmann/Messerschmidt/Markus § 6 Rn. 99.

[414] LG Schwerin NJW 2018, 83.

[415] BGH NJW 1983, 2137.

[416] BGH NZBau 2010, 47.

[417] KG NJW-RR 2018, 203.

[418] OLG Düsseldorf NJW-RR 2001, 1028; OLG Schleswig BauR 2007, 598. Diese Rspr. wird in der Kommentarliteratur nahezu einhellig zugestimmt: Ingenstau/Korbion/Döring § 6 Nr. 6 Rn. 22; Beck VOB/B/von Kiedrowski § 6 Abs. 6, Rn. 137; Messerschmidt/Voit/Voit § 6 Rn. 17; Kniffka/Koeble Kompendium BauR/Kniffka 7. Teil Rn. 56; Vygen/Joussen Rn. 1856.

liegt vor, wenn objektiv schlechterdings nicht vertretbare und subjektiv nicht entschuldbare Fehleinschätzungen vorliegen.[419]

Die Haftungsbeschränkung erfasst jedoch zwei Fälle nicht: Rührt die Verzögerung aus einer mangelhaften Bauleistung und wird bspw. durch Mängelbeseitigungsmaßnahmen oder durch in Folge eines Mangels entstandenen Baustillstand ausgelöst, haftet der Auftragnehmer immer für den entgangenen Gewinn. Dies stellt die gegenüber § 6 Abs. 6 speziellere Regelung in § 4 Abs. 7 ausdrücklich klar, die eine Haftungsbeschränkung für den entgangenen Gewinn nicht umfasst.[420] Die Haftungsbeschränkung ist darüber hinaus dann ausgeschlossen, wenn der Auftragnehmer die Erfüllung **ernsthaft und endgültig verweigert**, der Auftraggeber aber an dem Vertrag festhält und seinen Erfüllungsanspruch durchsetzen will. In diesem Fall ist der Auftragnehmer nicht schutzbedürftig.[421] Denn die Haftungsbeschränkung soll den erkennbar leistungsbereiten Schuldner begünstigen und eine Gegenleistung dafür gewähren, dass der Schuldner mit seinen Kapazitäten ein Risiko bei der Realisierung des Bauvorhabens eingegangen ist. 217

Ist der Auftraggeber hiernach berechtigt, den entgangenen Gewinn zu beanspruchen, so kann dieser **Nutzungsausfall** nicht abstrakt ermittelt werden, sondern muss konkret dargelegt werden.[422] Hierzu kann der Auftraggeber den konkreten **Mietausfallschaden** geltend machen. Dabei muss er darlegen, durch welchen Verzug des Auftragnehmers welche Mietbereiche für welche Zeiträume nicht vermietet werden konnten.[423] Insofern kommt es nicht auf den Verzugszeitraum, sondern auf den tatsächlichen Verzögerungszeitraum an. Der Auftraggeber kann keine fiktiven Mietkosten geltend machen, sondern muss entweder seinen entgangenen Gewinn oder die Mehrkosten geltend machen, die durch einen anderweitigen Transport oder eine anderweitige Nutzung entstanden sind. Der Auftraggeber hat aber auch die Wahl, alternativ (nicht etwa: kumulativ) die konkreten **Finanzierungskosten,** allerdings nur bis zur Höhe der entgangenen Nettomieten, geltend zu machen.[424] Alternativ kann der Auftraggeber auch den entgangenen Gewinn nach § 252 BGB ermitteln; hierzu genügt die Darlegung von Umständen, aus denen sich nach dem gewöhnlichen Verlauf der Dinge oder den besonderen Umständen des Falles die Wahrscheinlichkeit des Gewinneintritts ergibt (etwa: angesichts des Mietobjektes und der Marktlage wäre üblicherweise ein neuer Mieter innerhalb einer bestimmten Frist gefunden worden), liegt eine solche Wahrscheinlichkeit vor, wird widerleglich vermutet, dass der Gewinn gemacht worden wäre.[425] 218

9. Umsatzsteuer. Der Auftraggeber kann keine Umsatzsteuer verlangen, da es insoweit an einer steuerbaren Leistung fehlt. 219

---

[419] OLG Schleswig IBR 2007, 69: verneint für eine Fehleinschätzung des Arbeitseinsatzes um 50 %.
[420] GhM: BGH BauR 1974, 210; BauR 1971, 51; so auch OLG Karlsruhe BauR 2007, 1781 im Anschluss an BGH NJW-RR 2000, 1260; FKZGM/Zanner § 6 Rn. 109.
[421] BGH BauR 1980, 465; FKZGM/Zanner § 6 Rn. 108.
[422] Vgl. BGH NJW-RR 1990, 980.
[423] OLG Karlsruhe BauR 2007, 1781.
[424] Kniffka/Koeble Kompendium BauR/Kniffka 7. Teil Rn. 51 (2) unter Verweis auf BGH NJW 1993, 2674. Das ist aber keine Frage des entgangenen Gewinns: Kapellmann/Messerschmidt/Markus § 6 Rn. 102.
[425] BGH 13.10.2016 – IX ZR 149/15, NJW 2017, 1600.

§ 6

V. Beweislast, Fälligkeit und Verjährung

220 Der Auftraggeber muss die Überschreitung der Frist beweisen. Er muss also die Fälligkeit der Leistung beweisen, zu der er aber regelmäßig entweder aufgrund eines vereinbarten Kalendertermins oder aber wegen § 271 BGB nichts Besonderes vortragen braucht.[426] Zu den Folgen des Verzuges muss der Auftraggeber ebenfalls vortragen, wobei ihm auch hier die Erleichterungen des § 287 ZPO zugutekommen können.[427]

Der Auftragnehmer, der sich auf ein fehlendes Verschulden an der Fristüberschreitung beruft, hat das fehlende Verschulden darzulegen und zu beweisen (§ 286 Abs. 4 BGB, § 345 BGB) und hat nach der Rechtsprechung des BGH konkrete Angaben zu Behinderungen, die nicht in seiner Risikosphäre liegen, zu machen. Hierzu ist, wie auch bei § 6 Abs. 6 S. 1 in der Regel eine konkrete, bauablaufbezogene Darstellung der jeweiligen Behinderung erforderlich.[428] Macht der Auftragnehmer also geltend, dass er die Überschreitung des Termins nicht zu vertreten hat, weil es Behinderungen gegeben habe oder dass sich die Termine behinderungsbedingt ohnehin verschoben hätten, ist er – auch bei einer Kündigung des Auftraggebers – für die Behinderung und deren Folgen gemäß den allgemeinen Regelungen darlegungs- und beweisbelastet.[429] Nach einer – bislang, soweit ersichtlich, aber vereinzelt gebliebenen – Auffassung des OLG Köln kehrt sich aber die Beweislast offenbar faktisch dann um, wenn es zuvor **unstreitige** oder erwiesene Verzögerungen gegeben habe.[430] Denn dann müsse der Auftraggeber erst beweisen, zu welchem neuen Termin (unter Berücksichtigung der Fristverlängerung nach Abs. 2 und ggf. Abs. 3 und 4) die Werkleistung des Auftragnehmers erst fällig wird. Macht der Auftraggeber Ansprüche auf entgangenen Gewinn geltend, trifft ihn aufgrund des Wortlautes der Norm die Beweislast für grobe Fahrlässigkeit oder Vorsatz.[431]

221 Der Schadensersatzanspruch des Auftraggebers verjährt vor Abnahme in der Regelverjährung der §§ 195, 199 BGB.[432] Maßgeblich ist somit der erstmalige Schadenseintritt. Soweit Zwischenfristen gesondert vereinbart wurden und der Auftraggeber einen Schadensersatzanspruch wegen Versäumung dieser Zwischenfristen geltend macht, beginnt die Verjährungsfrist mit dem ersten Schadenseintritt nach Ablauf dieser Zwischenfrist. Dauert das Bauvorhaben mehrere Jahre, kann deshalb der Schadensersatzanspruch des Auftraggebers bei Abnahme durchaus schon verjährt sein, wenn nicht zuvor verjährungshemmende Maßnahmen eingeleitet wurden. In diesem Fall kann der Auftraggeber den verjährten Schadensersatzanspruch aber immer noch als Rechnungsposten in der Schlussrechnung geltend machen, dies entspricht dem Rechtsgedanken des § 215 BGB.

---

[426] BGH NZBau 2004, 155; OLG Karlsruhe 10.8.2011 – 7 U 62/10.

[427] Nach OLG Frankfurt 22.2.2018 – 5 U 135/16, IBR 2021, 362 muss der Auftraggeber darlegen und beweisen, dass eine Bauzeitverzögerung allein oder überwiegende auf eine nicht fristgerechte Planung zurückzuführen ist, wenn er vom Architekten Schadensersatz verlangt und dieser in den Folgen der verzögerten Fertigstellung des Bauvorhabens liegt.

[428] BGH NZBau 2016, 93. So auch: OLG Karlsruhe 10.8.2011 – 7 U 62/10.

[429] OLG München 7.4.2020 – 28 U 1694/19 Bau.

[430] OLG Köln 31.5.2017 – 16 U 98/16, NJW-Spezial 2017, 558.

[431] → § 6 Rn. 106; OLG Düsseldorf 18.2.2000 – 22 U 140/99, NJW-RR 2001, 1028; OLG Schleswig 31.3.2006 – 1 U 162/03, IBR 2007, 69.

[432] Vgl. BGH 19.5.2022 – VII ZR 149/21, NJW 2022, 3347.

Nach der Abnahme verjährt der Anspruch in der Frist, die auch für einen 222
Schadensersatzanspruch nach § 13 Abs. 7 gelten würde, mithin in der allgemeinen
Verjährungsfrist für Mängelansprüche des Auftraggebers. Beginn der Verjährungsfrist ist insoweit nicht der Zeitpunkt der Fristversäumnis, sondern in Anlehnung an
§ 634a BGB die Abnahme. Insofern sind Verzögerungsfolgen von Mangelfolgen
hinsichtlich des Verjährungsbeginns und der Verjährungsfrist nicht abzugrenzen.
Hat die Verzögerung von Zwischenfristen dazu geführt, dass auch die Fertigstellungsfrist, und damit der Abnahmetermin, verschoben wird, handelt es sich um
einen neuen, gesonderten Anspruch, der auf die Folgen der Fertigstellungsfrist-
überschreitung allerdings begrenzt ist. Der Verzugsschadensersatzanspruch entsteht
zwar nach den allgemeinen Regelungen nicht mit Beginn des Verzuges, sondern
dann, wenn verzugsbedingte Schäden eingetreten sind. Im Werkvertragsrecht ist
aber auch in Abweichung von den allgemeinen Regelungen die Abnahme für
den Beginn der Verjährungsfrist maßgeblich; § 634a BGB bezieht sich auf § 634
Nr. 4 BGB, der auf § 280 BGB verweist, welcher in seinem Absatz 2 auf § 286
BGB verweist, so dass auch Ansprüche wegen Verzuges von § 634a BGB umfasst
sind, soweit der (rein) zeitliche Verzug zumindest hinsichtlich der Verjährung auch
als Mangel iSd § 633 BGB anzusehen ist, was sachgerecht sein dürfte. Gleiches
gilt erst recht, wenn der Verzug mangelbedingt entstand.

I. Abs. 6 S. 2 – Entschädigungsanspruch des Auftragnehmers aus § 642 BGB

I. Allgemeines

1. Überblick. Nach § 642 BGB hat der Auftragnehmer einen Anspruch auf 223
eine angemessene Entschädigung, wenn der Besteller durch das Unterlassen einer
für die Herstellung des Werkes erforderlichen eigenen Handlung in Annahmeverzug kommt. Die Höhe der Entschädigung bestimmt sich nach der Dauer des
Verzuges und der Höhe der vereinbarten Vergütung einerseits und der ersparten
Aufwendungen andererseits. Ein Verschulden des Bestellers wird nicht gefordert,
es handelt sich um einen verschuldensunabhängigen Anspruch des Unternehmers,
der insofern das System der Risikozuweisungen und Gefahrtragungsregelungen
der §§ 643–645 BGB ergänzt, was sich auch aus der systematischen Stellung der
Regelung im Normengefüge des BGB ergibt.

Der Entschädigungsanspruch besteht selbständig und unabhängig neben dem 224
Anspruch auf vereinbarte Vergütung, wenn das Werk hergestellt wird.[433] Er
besteht neben den Ansprüchen aus §§ 649 oder 645 Abs. 1 S. 2 BGB, wenn das
Werk in Folge einer Kündigung durch den Besteller oder einer Kündigung gemäß
§ 643 BGB unvollendet bleibt.[434] Nach der früheren Auffassung des BGH sollte
der Anspruch aus § 642 BGB im Unterschied zum Anspruch aus § 286 Abs. 1
BGB keinen entgangenen Gewinn umfassen, da er wegen Gläubigerverzuges des
Bestellers bestehe und nicht wegen Verletzung einer Schuldnerpflicht.[435] Diese
Auffassung hat der BGH zwischenzeitlich ausdrücklich aufgegeben.[436]

---
[433] OLG Hamburg BauR 2014, 1359.
[434] BGH NJW 2000, 1336.
[435] BGH NJW 2000, 1336.
[436] BGH 26.10.2017 – VII ZR 16/17, NJW 2018, 544; BGH 30.1.2020 – VII ZR 33/19, NJW 2020, 1293.

Parallel wird dem Auftragnehmer auch ein Anspruch aus § 304 BGB zustehen. Konkurrenzen können zu Ansprüchen wegen gestörter Geschäftsgrundlage nach § 313 BGB bestehen.[437]

225 **2. Normhistorie.** Dem historischen Gesetzgeber schien die Regelung des § 642 BGB zunächst unersetzlich: Sie sollte Warte- und Ausfallzeiten des Unternehmers entschädigen, die dieser erdulden müsse, weil der Besteller durch das Unterlassen einer erforderlichen Mitwirkungshandlung die Herstellung des Werkes behinderte und damit die Vergütung des Unternehmers (Abschlags- oder Teilzahlungen waren dem BGB seinerzeit noch fremd) aufschob. Ansprüche aus positiver Vertragsverletzung (pVV) kannte der historische Gesetzgeber genauso wenig wie Ansprüche wegen einer (Neben)pflichtverletzung, die jetzt in §§ 280, 281 BGB geregelt sind. Da dem historischen Gesetzgeber bewusst war, dass Mitwirkungshandlungen auch Pflichten sein können, deren Unterlassen aber nur bei Verschulden Verzug des Auftraggebers und damit Ansprüche aus § 286 BGB begründen können, entschied er sich, dem Unternehmer wenigstens für den Zeitraum des Annahmeverzuges einen verschuldensunabhängigen Anspruch zu gewähren, ohne deswegen weitergehende Ansprüche wegen Verzuges abzuschneiden, diese ließ er vielmehr bewusst offen, → Rn. 223.

226 In der Folgezeit, vor allem mit der „Entdeckung" der pVV wurde der Schadensersatzanspruch des Auftragnehmers immer „populärer" und wurde mit der VOB/B 1926 auch erstmals normiert. 1953 hat der BGH dann auch für BGB-Verträge entschieden, dass der Auftragnehmer gegen den Auftraggeber einen Schadensersatzanspruch habe, wenn dieser eine Mitwirkungshandlung unterlassen hat, selbst wenn sie als Gläubigerobliegenheit zu qualifizieren sei. Auch hinsichtlich einer „Gläubigerobliegenheit" bestehe die Möglichkeit der positiven Vertragsverletzung, soweit der Gläubiger diese schuldhaft herbeigeführt habe.[438] Denn jede Vertragspartei sei – so der BGH – verpflichtet, alles zu tun, dass der Vertragszweck erfüllt werden könne, insofern bestehe eine schuldrechtliche Treuepflicht, die bei schuldhafter Nicht- oder Schlechterfüllung zum Schadensersatz berechtige. Insofern war in der Rechtsprechung anerkannt, dass der Werkunternehmer bei schuldhafter Nicht- oder Schlechterfüllung von dem Auftraggeber „obliegenden" Mitwirkungshandlungen einen Schadensersatzanspruch geltend machen kann, bei unverschuldeter Nicht- oder Schlechterfüllung jedoch auf den Anspruch nach § 642 BGB beschränkt war.[439] Die Mitwirkungshandlungen des Auftraggebers wurden also faktisch als Vertragspflichten aufgefasst. Auch in der Literatur wurde die Meinung vertreten, dass die Mitwirkungshandlungen des Auftraggebers regelmäßig als Mitwirkungspflichten anzusehen sein, die zwar keine im Synallagma stehende Hauptpflicht des Auftraggebers darstellen (diese lägen nur in der Zahlung der Vergütung und in der Abnahme des fertiggestellten Werkes), aber wegen des Sinn und Zwecks, den Auswirkungen auf die finanziellen Interessen des Auftragnehmers und der notwendigen Kooperation

---

[437] OLG Köln 15.1.2021 – 19 U 15/20, IBR 2022, 632.
[438] BGH 13.11.1953 – I ZR 140/52 mAnm Lehmann JZ 1954, 240 unter Verweis auf die Rspr. des RGZ 106, 22 (25).
[439] BGHZ 50, 175; BGH 29.10.1985 – X ZR 12/85, NJW-RR 1986, 211, während hingegen ein Vorgehen nach § 326 BGB aF nicht bestehe, da es sich insoweit nicht um eine Hauptleistung des Auftraggebers handele: BGH NJW 1972, 99.

der Vertragspartner einen anderen Charakter aufweisen als sonstige Handlungen von Gläubigern bei der Leistungsannahme und deren Schlechterfüllung deshalb eines gesonderten Ausgleichs bedarf.[440]

Diese Rechtslage wurde durch die Vorunternehmer I-Entscheidung des Bundesgerichtshofs 1985 erschüttert. Der BGH entschied, dass Fehler eines Vorunternehmers dem Auftraggeber im Verhältnis zum Nachfolgeunternehmer nicht mehr zugerechnet werden können, denn insoweit sei der Vorunternehmer nicht Erfüllungsgehilfe des Auftraggebers. Die Mitwirkungshandlung des Auftraggebers, dem Auftragnehmer eine „mangelfreie" Vorunternehmerleistung zur Verfügung zu stellen, ihm also ein baureifes Grundstück zu präsentieren, auf dem er, der Auftragnehmer, seine Leistungen erbringen könne, stelle keine Pflicht dar, sondern nur eine den Interessen des Auftraggebers dienende Obliegenheit, weshalb ein Schadensersatzanspruch mangels Pflichtverletzung bzw. mangels Verschulden (§ 278 BGB ist bei nur bei Erfüllungsgehilfen, also bei der Einschaltung Dritter in der Ausübung von Pflichten anwendbar) nicht bestehen könne.[441] Allerdings lehnte der BGH auch einen Anspruch aus § 642 BGB ab. Denn die Herstellung einer mangelhaften Vorleistung falle insoweit nicht in den Verantwortungsbereich des Auftraggebers, so dass es an einer pflichtwidrig unterlassenen Mitwirkungshandlung fehle. Zudem sei § 642 BGB im VOB/B-Vertrag nicht anzuwenden. Diese Entscheidung war erheblicher Kritik seitens der Literatur ausgesetzt. Mit der Vorunternehmer II – Entscheidung aus dem Jahr 1999 bestätigte der BGH zwar die fehlende Anwendbarkeit des Schadensatzanspruches immer noch wegen der insoweit fehlenden Pflichtverletzung, gestand aber jetzt auch bei einem VOB/B-Vertrag einen Anspruch aus § 642 BGB zu, unter der Voraussetzung, dass die nach § 6 Abs. 1 erforderliche Behinderungsanzeige erfolgt sei.[442] **227**

Infolge der Rechtsprechung des BGH zur (fehlenden) Vorunternehmerhaftung des Auftraggebers nach § 6 Abs. 6 geriet der bis dahin eher „stiefmütterlich" behandelte § 642 BGB wieder in den Fokus der Aufmerksamkeit und „mauserte" sich wegen der angeblich erleichterten Tatbestandsvoraussetzungen fast zur „zentralen Anspruchsnorm" für Behinderungsansprüche des Auftragnehmers, mit der Folge dass manche Autoren schon die Frage stellten, ob es überhaupt noch der Anspruchsgrundlage eines § 6 Abs. 6 S. 1 bedürfe.[443] Mit der VOB/B 2006 wurde die Rechtsprechung des BGH aufgegriffen und im Wortlaut des § 6 Abs. 6 integriert, der insoweit mit dem heutigen S. 2 ergänzt wurde. In der Folgezeit lösten mithin Verletzungen von Mitwirkungshandlungen – ungeachtet deren rechtlicher Qualifikation als Vertragspflicht oder bloße Obliegenheit – jedenfalls faktisch Ansprüche des Auftragnehmers aus, die in aller Regel parallel, sowohl aus § 642 BGB als auch aus § 6 Abs. 6 VOB/B, abgeleitet wurden. Auch in den Rechtsfolgen sollten sich beide Normen (mit Ausnahme der vom BGH für § 642 BGB verneinten Entschädigungspflicht von entgangenem Gewinn) annähern: Unterschiede gab es nur hinsichtlich der steuerrechtlichen Behandlung (Umsatzsteuer) und der Höhe: kalkulatorische Fortschreibung bei § 642 BGB und tatsächlicher Schaden bei § 6 Abs. 6 VOB/B. **228**

---

[440] Nicklisch BB 1979, 533 mwN; Kapellmann NZBau 2011, 193; Schilder, Der Anspruch aus § 642 BGB – Grundlagen und Berechnung der zusätzlichen Vergütung, S. 33 ff.
[441] BGH NJW 1985, 2475 – Vorunternehmer I.
[442] BGH NJW 2000, 1336 – Vorunternehmer II.
[443] Hierzu ausf.: Glöckner BauR 2014, 368.

§ 6 VOB Teil B

Mit den beiden Urteilen[444] vom 26.10.2017 und vom 30.1.2020 hat der BGH den Anwendungsbereich des § 642 BGB für BGB- wie auch für VOB/B-Verträge grundlegend klargestellt und damit das Verhältnis zwischen den beiden Anspruchsgrundlagen in § 6 Abs. 6 S. 1 und S. 2 präzisiert. Die oben skizzierte Rechtslage, wie sie von Rechtsprechung und Literatur nach der Vorunternehmer II-Entscheidung entwickelt und angewendet worden war, wurde dabei erheblich erschüttert, was aber dem rechtsdogmatischen Verständnis der Normen guttat. Rechtspolitisch unerwünschte Nebenwirkungen sind vom Gesetzgeber, falls geboten, zu korrigieren.

229   **3. Regelungszweck und dogmatische Grundlagen.** Die Norm des § 642 BGB sollte nach Auffassung des historischen Gesetzgebers eine ansonsten bestehende Gerechtigkeitslücke schließen, indem sie dem Auftragnehmer in den Fällen, in denen er durch den Auftraggeber zur Vollendung des Werkes gehindert wird (und der Auftraggeber hierdurch in Annahmeverzug gerät – ein Mitverschulden durch eine Pflichtverletzung, heute § 280 BGB, davor pVV, kannte der historische Gesetzgeber noch nicht, das Rechtsinstitut wurde erst später entwickelt) über die allgemeinen Normen hinaus eine Kompensation für die erlittenen Nachteile verschafft. Der Ersatz von Mehraufwendungen nach § 304 BGB betrifft nur das erfolglose tatsächliche Angebot und (immerhin) Lagerkosten und Aufwendungen für die Aufbewahrung des Materialien, aber keine Entschädigung für das Vorhalten der „Arbeitszeit"[445] (eine Anwendung der dienstvertraglichen Normen konnte der historische Gesetzgeber nicht vorsehen, da insoweit auch die baubetrieblichen Erkenntnisse zur Kostenkalkulation und damit auch zur anteiligen Kostenermittlung von Warte- und Ausfallzeiten aus dem Werklohn nicht fortgeschritten genug waren); § 304 BGB kompensiert die Nachteile also nicht in zufriedenstellendem Umfang. Insofern behalf sich der historische Gesetzgeber mit einem „Anspruch auf eine angemessene Vergütung", die sich nach der Dauer des Verzuges und dem Maße der vereinbarten Gegenleistung bemessen sollte. Aber auch schon der historische Gesetzgeber kannte die bestehende Möglichkeit, dass der Auftragnehmer über eine angemessene Entschädigung nach § 642 BGB bei Verzug des Auftraggebers mit der Ausführung einer Mitwirkungspflicht auch einen Schadensersatzanspruch nach § 286 BGB geltend machen könne, soweit die Mitwirkungshandlung auch eine Pflicht darstellte.[446] Trotz dieser enormen praktischen Bedeutung waren aber bis in dieses Jahrhundert hinein noch immer zahlreiche Details hinsichtlich Grund und Höhe des Anspruchs noch nicht abschließend geklärt und Gegenstand zahlreicher Meinungsdiskussionen.[447] Die entscheidende Frage, die in der rechtswissenschaftlichen Literatur und in der Rechtsprechung allerdings auch bis heute ungeachtet der beiden grundlegenden Entscheidungen des BGH aus 2017 und 2020[448] nicht abschließend geklärt ist, betrifft die rechtliche Qualität der Mitwirkungshandlung

---

[444] BGH 26.10.2017 – VII ZR 16/17, NJW 2018, 544; BGH 30.1.2020 – VII ZR 33/19, NJW 2020, 1293.

[445] KG BauR 2013, 1493: „wartezeitbedingte Mehrkosten".

[446] Zu den Motiven: Mugdan Bd. 2 S. 495.

[447] Zum Meinungsstand: Schilder BauR 2007, 450; Kapellmann NZBau 2011, 193; Leupertz BauR 2014, 381; Glöckner BauR 2014, 368; Sienz BauR 2014, 390; Hartwig BauR 2014, 1055; Althaus NZBau 2015, 67.

[448] BGH 26.10.2017 – VII ZR 16/17, NJW 2018, 544; BGH 30.1.2020 – VII ZR 33/19, NJW 2020, 1293.

des Auftraggebers: Handelt es sich „nur" um Obliegenheiten oder sind die Mitwirkungshandlungen des Auftraggebers (selbständig einklagbare) Pflichten bzw. (nicht selbständig einklagbare) Nebenpflichten? Ungeklärt ist dabei auch, ob sich § 642 BGB nur auf Obliegenheiten bezieht oder, in Ermangelung einer diesbezüglichen Einschränkung des Wortlautes, auch Pflichten einbezieht, so dass es in der Tat auf eine Qualifizierung der Mitwirkungshandlungen im Rahmen dieser Norm nicht ankommt (sondern nur der herrschenden Meinung folgend im Rahmen des § 6 Abs. 6 S. 1). Gerade aber weil der BGH mit seinen beiden Entscheidungen aus 2017 und 2020 den Anwendungsbereich des § 642 BGB aus rechtsdogmatischen Gründen auf der hier vertretenen Auffassung zu recht einschränkte, hat diese Streitfrage heute eine erhebliche praktische Konsequenz: Handelt es sich bei einer unterlassenen Mitwirkungshandlung um eine Pflichtverletzung des Auftraggebers stünde dem Auftragnehmer – bei Verschulden – ein Schadensersatzanspruch zu, der in den meisten Fällen weitergehen dürfte als der Entschädigungsanspruch aus § 642 BGB. Denn bei unverschuldeter Handlung/ Unterlassung des Auftraggebers ist ein Anspruch aus § 642 BGB nur auf den Verzugs- bzw. Störungszeitraum begrenzt. Ein weitergehender Anspruch auf Erstattung aller Verzugsfolgen auch über den eigentlichen Verzugszeitraum hinaus besteht hingegen nur bei einem Schadensersatzanspruch, der alle kausalen und zurechenbaren Schadensfolgen umfasst § 6 Abs. 6 S. 1 bzw. § 280 BGB iVm § 249 BGB.

Ohne den nachfolgenden Ausführungen vorzugreifen, wird hier die Ansicht **230** vertreten, dass sich jedenfalls nach dem Wortlaut der VOB/B – vor allem bei Ansprüchen gegen deren Verwender wegen der Auslegungsregel des § 305c Abs. 2 BGB – die Mitwirkungshandlungen nach § 642 BGB und die vertraglichen Leistungspflichten nach § 241 Abs. 2 BGB inhaltlich decken, so dass der Auftragnehmer im Falle einer Nicht-, Spät- oder Schlechtleistung des Auftraggebers jedenfalls nach dem Wortlaut der VOB/B Ansprüche sowohl nach § 6 Abs. 6 S. 2 VOB/B iVm § 642 BGB als auch nach § 6 Abs. 6 S. 1 (bzw. § 280 BGB) geltend machen kann. Liegt ein Verschulden des Auftraggebers vor, kann der Auftragnehmer also wahlweise nach § 642 BGB oder nach § 6 Abs. 6 S. 1 vorgehen, bei fehlendem Verschulden des Auftraggebers jedoch nur nach § 642 BGB.

II. Tatbestandsvoraussetzungen

1. Unterlassen einer gebotenen Mitwirkungshandlung. Der Auftragge- **231** ber muss eine erforderliche Mitwirkungshandlung unterlassen haben. Nach einer Ansicht werden hierunter nur **Mitwirkungsobliegenheiten** verstanden und keine **Mitwirkungspflichten**, da bei der Verletzung letzterer dem Auftragnehmer „sogar" ein Schadensersatzanspruch nach Abs. 6 S. 1 zustehe, er also nicht schutzbedürftig sei.[449] Diese Auffassung überzeugt nicht, denn der Auftragnehmer ist bei fehlendem Verschulden des Auftraggebers auch bei der Verletzung einer Mitwirkungspflicht genauso schutzwürdig. Im Übrigen lässt der Wortlaut des § 642 BGB eine Begrenzung auf Obliegenheiten nicht begründen und schließt **sowohl Pflichten als auch Obliegenheiten** ein; auf den rechtlichen Charakter der Mitwirkungshandlung kommt es also nicht an, entscheidend ist allein, dass diese für die Herstellung des Werkes erforderlich ist. Diese Auffang-

---

[449] Beck VOB/B/von Kiedrowski § 6 Abs. 6 Rn. 128; Messerschmidt/Voit/Stickler BGB § 642 Rn. 9 f.

§ 6 VOB Teil B

funktion wird einerseits vom Wortlaut durch den Verzicht auf ein Verschulden andererseits aber auch durch den historischen Gesetzgeber bestätigt.[450] Letztlich decken sich also die Anwendungsbereiche des Schadensersatzanspruches aus Abs. 6 S. 1 und des Entschädigungsanspruches nach Abs. 6 S. 2, jedenfalls soweit es sich um Umstände aus dem Risikobereich des Auftraggebers, also um solche nach § 6 Abs. 2 Nr. 1a handelt. Dies entspricht auch der Auffassung der Rechtsprechung.[451]

232 Mitwirkungshandlungen können sowohl in einem **Tun** wie in einem **Unterlassen** bestehen:[452] die nicht ordnungsgemäße als auch die verzögerte[453] oder gänzlich unterlassene Vornahme der Mitwirkungshandlung unterfällt der Norm genauso wie die Vornahme einer nicht-gebotenen Tätigkeit, insbesondere die (Pflicht oder Obliegenheit), die Arbeiten des Auftragnehmers nicht zu verzögern oder ihn in sonstiger Weise zu stören.[454] Dies sind vor allem: die Bereitstellung zuverlässiger Pläne,[455] die Beistellung des Grundstückes,[456] Anweisung zur Gestaltung, Bemusterungen,[457] Koordinierung mehrerer Unternehmer, Beschaffung der Baugenehmigung, mithin alle Tätigkeiten, die für die vertragsgemäße Herstellung des Werkes dergestalt von Bedeutung sind, das von ihnen der Beginn, die Durchführung oder die Fertigstellung der Arbeiten des Unternehmers abhängen.[458] Auch wenn der Mitwirkungsverzug des Bestellers lediglich zur Verlangsamung eines Prozesses auf der Baustelle führt, ist der Anwendungsbereich des § 642 BGB (freilich allein für den Verzugszeitraum) eröffnet.[459] Letztlich zählen alle hindernden Umstände des Abs. 2 Nr. 1a) hierzu, so dass auf die dortige Kommentierung verwiesen werden kann. Insbesondere sind die **Zurverfügungstellung des baureifen Grundstückes** bzw. die mangelfreie und rechtzeitige Vornahme von **Vorunternehmerleistungen** Mitwirkungshandlungen iSd § 642 BGB.[460] Auf ein etwaiges Verschulden des Auftraggebers kommt es dabei nicht an. Auch die Anordnung von Änderungen ohne Vergütungsvereinbarung kann zu einer derartigen Mitwirkungshandlung zählen.[461]

233 Nicht hierzu zählt aber die fehlende Baufreiheit, die sich noch im „baustellentypischen" (oder in einem anderweitig vereinbarten) Rahmen bewegt, denn diese Mitwirkungshandlung ist von der vertraglichen Risikosphäre umfasst.[462] Als Mitwirkungshandlung ist also auch nicht die Abwehr von ungünstigen Witterungsver-

---

[450] Motive II S. 495; Rspr. u. Literatur schlossen sich dieser Auff. an: BGH NJW 1972, 99; 1954, 229; Roquette/Viering/Leupertz Bauzeit-HdB Rn. 761 ff.; Kapellmann NZBau 2011, 193. Auch das Reichsgericht differenzierte diesbezüglich nicht zwischen Obliegenheiten u. Pflichten: RGZ 106, 22(25). So auch: OLG Dresden 25.3.2022 – 22 U 547/15, IBR 2023, 329.
[451] BGH 20.4.2017 – VII ZR 194/13, NJW 2017, 2025; OLG Brandenburg 26.6.2017 – 11 U 36/12.
[452] BGH NJW 2000, 1336.
[453] vgl. LG Mosbach NZBau 2018, 468.
[454] Beck VOB/B/von Kiedrowski § 6 Rn. 129.
[455] OLG Köln 31.1.2022 – 19 U 131/21.
[456] OLG Hamburg 16.11.2018 – 1 U 40/17.
[457] Kniffka/Pause/Vogel BGB § 642 Rn. 17.
[458] MüKo/Busche BGB § 642 Rn. 6.
[459] KG 16.2.2018 – 21 U 66/16, NJW 2018, 3721.
[460] LG Mosbach NZBau 2018, 468.
[461] OLG München 27.2.2007 – 9 U 3566/06, NJW 2007, 2862.
[462] AG München BauR 2014, 1828.

hältnissen anzusehen.⁴⁶³ Als eine den Annahmeverzug begründende unterlassene Mitwirkungshandlung zählen auch Umstände, die den Auftragnehmer zur Leistungseinstellung berechtigen, etwa die unterlassene Stellung einer rechtmäßigen Sicherheit nach § 650f BGB (§ 648a BGB aF)⁴⁶⁴ oder die Leistungseinstellung nach berechtigter Anmeldung von Bedenken, auf die der Auftraggeber nicht sachgerecht reagiert.⁴⁶⁵

Bedient sich der Auftraggeber bei der Vornahme dieser Tätigkeiten **Dritter**, 234 bspw. Architekten, Planer, ausführende Unternehmer etc, so muss er sich deren Handeln zurechnen lassen, wenn er sie zur Erledigung der Mitwirkungshandlungen eingeschaltet hat, § 278 BGB kann wegen § 254 Abs. 2 S. 2 BGB analog angewendet werden, wobei es auf ein Verschulden des Auftraggebers gerade nicht ankommt.⁴⁶⁶

Eine Mitwirkungshandlung des Auftraggebers liegt aber nicht vor, wenn er auf 235 die störende Handlung keinen Einfluss nehmen konnte: **Deliktische Handlungen Dritter** (Diebstahl, Sachbeschädigungen etc), Maßnahmen von **Behörden** ohne konkreten Bezug zu Anträgen oder Genehmigungserfordernissen (bspw. Straßensperrungen) oder **Witterungsverhältnisse**⁴⁶⁷ können nur dann dem Auftraggeber zugerechnet werden, wenn diese Vorkommnisse für ihn vorhersehbar waren und er zB kraft überlegenen Wissens oder Einflussmöglichkeiten, diese Störungen hätte unterbinden können.⁴⁶⁸

Der **Vertragsschluss** an sich ist nach Auffassung des BGH keine zur Herstellung des Werkes erforderliche Mitwirkungshandlung, weshalb § 642 BGB (und damit auch § 6 Abs. 2) auf den Ersatz von Vorhaltekosten infolge eines verzögerten Vergabeverfahrens (anders als § 2 Abs. 5) im Ergebnis nicht anwendbar sind.⁴⁶⁹ Das OLG Rostock hatte in der Vorinstanz noch eine analoge Anwendung aufgrund einer planwidrigen Regelungslücke angenommen; der BGH verwies jedoch darauf, dass es sich hierbei um eine Störung der vorvertraglichen Rechtsbeziehung handele, die allenfalls Ansprüche nach § 311 BGB nach sich ziehe. Dessen Tatbestandsvoraussetzungen sind aber bei Vorhaltekosten nicht erfüllt, weil es sich dabei nicht um in Erwartung des Vertragsschlusses getätigte Aufwendung handelt.

Ein Anspruch nach § 642 BGB kommt aber bei einer **Verschiebung des Baubeginns** in Betracht, wenn ein Vertrag bereits geschlossen worden war und der Auftraggeber die Bauleistungen innerhalb einer bestimmten Frist hätte abrufen

---

⁴⁶³ BGH 20.4.2017 – VII ZR 194/13, NJW 2017, 2025; OLG Düsseldorf 25.8.2015 – 23 U 13/13; OLG Frankfurt a. M. 29.5.2015 – 24 U 7/15 (auch zur ähnlichen Rechtsfrage im Zusammenhang mit § 644 BGB). Hierzu: Motzke BauR 2018, 581.
⁴⁶⁴ KG 16.2.2018 – 21 U 66/16, NJW 2018, 3721.
⁴⁶⁵ OLG Düsseldorf 2.3.2018 – 22 U 71/17, NZBau 2018, 607.
⁴⁶⁶ Ingenstau/Korbion/Döring § 6 Abs. 6 Rn. 55; MüKo/Busche BGB § 642 Rn. 7; Kniffka/Pause/Vogel BGB § 642 Rn. 22. Vgl. BGH NZBau 2013, 519.
⁴⁶⁷ OLG Brandenburg 26.6.2013 – 11 U 36/12, IBR 2013, 668; OLG Düsseldorf 25.8.2015 – 23 U 13/13. So auch; Messerschmidt/Voit/Voit § 6 Rn. 9; zu Recht weist Ingenstau/Korbion/Döring § 6 Abs. 2 Rn. 27 darauf hin, dass auch der Auftragnehmer seine Leistung dem Auftraggeber dann kaum wird anbieten können.
⁴⁶⁸ Beck VOB/B/von Kiedrowski § 6 Abs. 6 Rn. 130; MüKo/Busche BGB § 642 Rn. 7; Roquette/Viering/Leupertz Bauzeit-HdB Rn. 757 ff.
⁴⁶⁹ BGH NZBau 2018, 459; so auch: OLG Dresden 25.3.2022 – 22 U 547/15, IBR 2023, 329. Mehrvergütungsansprüche können aber bestehen, dies entspricht der ständigen Rechtsprechung des BGH und der Instanzgerichte, vgl. zuletzt bspw. OLG Brandenburg 15.12.2016 – 12 U 179/15, IBR 2017, 184.

§ 6

müssen oder – bei einem Bestimmungsrecht dieses nach billigem Ermessen hätte ausüben müssen.[470] Alternative Anspruchsgrundlagen können sein: analoge Anwendung des § 2 Abs. 5 (wegen einer sonstigen, nämlich bauzeitbezogenen Anordnung), oder ein vorvertraglicher Schadensersatzanspruch (bei Verschulden des Auftraggebers).[471]

236 Die Mitwirkungshandlung muss ausweislich des Wortlautes bei der Herstellung des Werkes **„erforderlich"** gewesen sein. Da nicht nur Handlungen, sondern auch Unterlassungen zu den von § 642 BGB umfassten Tätigkeiten gehören, ist unter der Erforderlichkeit letztlich zu verstehen, dass sich die Vornahme der (eigentlich zu unterlassenden) Handlung auf die Herstellung des Werkes auswirken muss; sofern sie die Tätigkeit des Auftraggebers behindert und sich somit hindernd auf den Bauablauf auswirkt, war die Unterlassung „erforderlich". Vergleichbares gilt für das Unterlassen einer Handlung: Hätte diese rein „helfenden" oder „unterstützenden" Charakter, und könnte der Auftragnehmer das Werk gleichwohl ordnungsgemäß, dh in der geschuldeten Qualität und in der vereinbarten Zeit, herstellen, war die Handlung des Auftraggebers nicht erforderlich.[472]

237 Aus dem gleichen Grund ist eine Mitwirkungshandlung des Auftraggebers tatsächlich auch erst dann „erforderlich", wenn diese baubetrieblich benötigt wird. Ist also für eine Mitwirkungshandlung zwar ein Termin vereinbart oder benannt, wirkt sich aber die Unterlassung zeitlich noch gar nicht aus (weil die Parteien bspw. eine viel zu frühe Bemusterung vereinbart haben oder auch, weil sich die Bauleistung des Auftragnehmers aus anderen Gründen verzögert), dann ist der Tatbestand dann noch nicht erfüllt, vor allem dann nicht, wenn der Auftraggeber die Verzögerung durch die zeitlich frühere Verzögerung des Auftragnehmers herausgefordert wurde. Denn § 642 BGB verlangt, dass die Mitwirkungshandlung des Auftraggebers erforderlich ist **und** dass der Auftraggeber diesbezüglich in Annahmeverzug ist. Entsprechendes gilt, wenn aufgrund eines früheren Verzuges ein ursprünglich vorgesehener Termin bei von vornherein ungestörtem Bauablauf zwar zeitkritisch geworden wäre, er es nun aber – störungsbedingt – nicht mehr ist. In diesem Fällen ist der Tatbestand wegen der zeitlich früheren Störung erst zu dem Zeitpunkt erfüllt, zu dem sich seine Unterlassung baubetrieblich auswirkt und der Auftraggeber dann in Annahmeverzug gerät. Mit anderen Worten: Störungen aus der Sphäre des Auftragnehmers können auch die Zeitpunkte für die Erforderlichkeit der Mitwirkungspflichten des Auftraggebers in analoger Anwendung der Absätze 2–4 verschieben.[473]

Entscheidend ist eine genaue Beurteilung des Zeitpunktes, zu dem der Auftraggeber seine Mitwirkungshandlung zu erbringen hat. Verschob sich die Ausführungszeit schon aufgrund einer vorherigen Störung (von wem auch immer diese verursacht wurde), so wird die Mitwirkungshandlung des Auftraggebers erst zum neuen Zeitpunkt erforderlich und verliert dann aber auch ihren Charakter als nach dem Kalender bestimmte Frist (gleiches gilt spiegelbildlich auch bei Behinderungen für Fristen des Auftragnehmers, siehe oben). Der Auftraggeber gerät dann nicht mehr nach § 296 in Annahmeverzug, sondern der Auftragnehmer muss nach §§ 294, 295 BGB vorgehen, also mindestens ein wörtliches Angebot unterbreiten und den Auftraggeber zur Vornahme der Mitwirkungshandlung auffordern.

---

[470] OLG Frankfurt a. M. 12.6.2012 – 11 U 102/10.
[471] Duve NZBau 2018, 516.
[472] Beck VOB/B/von Kiedrowski § 6 Abs. 6 Rn. 129.
[473] OLG Hamburg 16.11.2018 – 1 U 40/17.

Umgekehrt gilt: Durch eine schnellere Ausführung des Auftragnehmers können Mitwirkungshandlungen des Auftraggebers auch zu früheren Zeitpunkten erforderlich werden. Ob der Auftraggeber dann auch früher in Annahmeverzug geraten kann, richtet sich nach den Bestimmungen der §§ 294 ff. BGB: Hatten die Parteien Termine dieser Mitwirkungsfristen vereinbart oder ergaben sich solche aus Üblichkeiten, die nicht gesondert vereinbart werden mussten und durfte der Auftraggeber daher davon ausgehen, seine Mitwirkungshandlungen erst später zu erbringen, kann der Auftragnehmer den Annahmeverzug nicht eigenmächtig herbeiführen. Es bleibt dann bei der kalendermäßigen Vereinbarung, das stellt auch § 271 Abs. 2 BGB klar.

Haben sich infolge von vorangegangenen Behinderungen oder auch infolge **238** einer erforderlichen Anpassung des Baubeginns nach § 313 BGB oder infolge höherer Gewalt nach § 6 Abs. 2 Nr. 1b oder c VOB/B die Ausführungsfristen schon verschoben, so können sich diese Anpassungen auch auf den Zeitpunkt auswirken, zu dem die Mitwirkungshandlung des Auftraggebers erforderlich wird. Grundsätzlich haftet der Auftraggeber nach § 642 BGB verschuldensunabhängig. Konnte aber bspw. bei der Corona-Pandemie infolge der fehlenden Fertigstellung der Baufreiheit durch corona-bedingt verzögerte Vorunternehmer der Auftraggeber dem Auftragnehmer nicht das Bauwerk zur Verfügung stellen, so kann es sein, dass auch schon der Baubeginn mit dem nachfolgenden Unternehmer nach § 6 Abs. 2 Nr. 1c oder § 313 BGB verschoben worden war, so dass die Mitwirkungshandlung des Auftraggebers nicht zum ursprünglich angenommenen Termin, sondern erst zum verschobenen Termin fällig und erforderlich war.

2. Annahmeverzug. Weitere Voraussetzung ist, dass der Auftraggeber in **239** Annahmeverzug gerät. Nach §§ 293 ff. BGB, auf die insoweit inzident verwiesen wird, muss der Auftragnehmer hierzu seine Leistung **anbieten.** Da § 642 BGB den Herstellungsprozess betrifft, kommt es hier nicht auf den Verzug der Annahme des fertiggestellten Werkes – also letztlich auf den Verzug der Abnahme an – sondern auf den Verzug zur Annahme der Herstellungsleistung, schließlich schuldet der Auftragnehmer nach § 631 BGB nicht nur den Werkerfolg, sondern auch die Herstellungsleistung.

Der Auftragnehmer muss die Leistung **ordnungsgemäß** anbieten, das bedeu- **240** tet, zur rechten Zeit, in der richtigen Qualität: Das **Angebot einer mangelhaften Leistung** hindert den Annahmeverzug,[474] wobei die Vornahme einer anderen mangelhaften Leistung (bspw. eines anderen Gewerkes, das parallel ausgeführt wird) unschädlich ist, diesbezüglich wirkt sich die gebotene Mitwirkungshandlung des Auftraggebers nicht aus. Das Angebot zu einem Zeitpunkt, zu dem die Leistung noch nicht geschuldet war (§ 271 BGB) ist nur dann ordnungsgemäß, wenn der Auftragnehmer zu einem **früheren Zeitpunkt** leisten durfte (§ 271 Abs. 2 BGB). Dabei kommt es maßgeblich auf die Vereinbarungen der Parteien an: Haben die Parteien einen Terminplan vereinbart, der auch Grundlage der auftraggeberseitig vorzunehmenden Mitwirkungshandlungen war (was schon dann der Fall ist, wenn der Auftraggeber mehrere Gewerke [= mindestens 2] koordinieren muss), dann hat der Auftragnehmer seine Leistungen terminplankonform zu erbringen, so dass § 271 Abs. 2 BGB im Zweifel abbedungen ist.[475] Bietet der

---

[474] OLG Celle 27.11.2008 – 6 U 102/08, NJW-RR 2009, 315; KG 28.4.2008 – 7 U 58/07; Ingenstau/Korbion/Döring § 6 Abs. 6 Rn. 56.
[475] BGH NZBau 2007, 653; OLG Frankfurt a. M. BauR 1992, 763; OLG Hamm NJW-RR 1995, 786; OLG Koblenz 29.9.2011 – 5 U 224/11, NJW-Spezial 2011, 685.

Auftragnehmer die Leistung zu einem **späteren Zeitpunkt** an, so kommt der Auftraggeber erst mit dem Angebot in Annahmeverzug, es sei denn, durch das spätere Angebot ist bereits Unmöglichkeit eingetreten (etwa weil es sich um ein absolutes Fixgeschäft handelte, im Baubereich denkbar bei der Notwendigkeit, die Leistungen in bestimmten Zeitfenstern auszuführen).

241 Erforderlich ist zunächst ein **tatsächliches Angebot**: Der Auftragnehmer muss seine Leistung nach § 294 BGB tatsächlich anbieten, er muss demnach sein Personal, die erforderlichen Geräte und Materialien auf der Baustelle zur Verfügung halten und zu erkennen geben, dass er bereit ist und in der Lage ist, die Leistungen zu erbringen.[476] Hat der Auftraggeber im Vorfeld erklärt, die Leistungen des Auftragnehmers nicht annehmen zu wollen oder nicht annehmen zu können oder ist aus sonstigen objektiven Umständen ersichtlich, dass er die Leistungen nicht wird annehmen können, genügt nach § 295 BGB ein **wörtliches Angebot.** Dieses liegt jedenfalls dann auch vor, wenn das Personal auf der Baustelle zur Verfügung steht. Dem wörtlichen Angebot steht nach § 295 Abs. 2 BGB die Aufforderung gleich, die erforderliche Mitwirkungshandlung vorzunehmen. Das Angebot ist nach § 296 S. 1 und 2 BGB entbehrlich, wenn für die von dem Auftraggeber vorzunehmende Handlung eine Zeit nach dem Kalender bestimmt war oder der Handlung ein Ereignis vorauszugehen hat, dass sich die Zeit von dem Ereignis an nach dem Kalender bestimmen lässt. Die in einem Bauzeiten- oder **Terminplan** genannten Fristen und Termine stellen regelmäßig eine derartige Zeitbestimmung dar, wenn sie verbindlich vereinbart wurden.[477] Haben sich wegen früherer Störungen Termine verschoben, somit auch die Termine, an denen Mitwirkungshandlungen des Auftraggebers vorzunehmen waren, so wird im Zweifel ein nach dem Kalender bestimmter Termin nach § 296 BGB nicht mehr anzunehmen sein, so dass ein wirkliches Angebot nach § 295 BGB erforderlich wird.

242 Annahmeverzug tritt nicht nur dann ein, wenn der Auftragnehmer gar nicht leisten kann, sondern vielmehr auch schon dann, wenn der Auftragnehmer durch die unterlassene Mitwirkungshandlung (oder die aktive Störung) nur verlangsamt arbeiten kann,[478] also nicht so, wie vertraglich vereinbart oder vom Auftragnehmer (in Ermangelung vertraglich vereinbarter Detailterminpläne) im Rahmen seiner Dispositionsfreiheit vertragskonform geplant.

243 **3. Leistungsbereitschaft und eigenes Verschulden des Auftragnehmers.** Der Auftraggeber gerät nicht in Annahmeverzug, wenn der Auftragnehmer die Leistung auch ohne den Beitrag des Auftraggebers aus anderen Gründen nicht hätte erbringen können, § 297 BGB. Der Auftragnehmer muss also selbst leistungsbereit sein. Die **eigene Leistungsbereitschaft** des Auftragnehmers ist, wie auch bei Abs. 6 S. 1, mithin Tatbestandvoraussetzung des Annahmeverzuges. Fehlt sie, aus welchen Gründen auch immer – Verschulden ist nicht erforderlich – so steht dem Auftragnehmer kein Entschädigungsanspruch nach § 6 Abs. 6 S. 2 iVm § 642 BGB zu. Er hat zwar weiterhin Anspruch auf zeitliche Berücksichtigung, denn diese ergibt sich bereits aus § 6 Abs. 2 VOB/B, dessen Wortlaut allein die zeitliche Verursachung aus der Risikosphäre des Auftraggebers genügen lässt.[479]

---

[476] BGH NJW 2003, 1601; OLG Jena NZBau 2006, 293; OLG Düsseldorf BauR 2013, 1866; Ingenstau/Korbion/Döring § 6 Abs. 6 Rn. 56.
[477] LG Mosbach NZBau 2018, 468; Duve NZBau 2018, 516.
[478] KG 16.2.2018 – 21 U 66/16, NJW 2018, 3721.
[479] Ingenstau/Korbion/Döring § 6 Abs. 6 Rn. 56 unter Verweis auf BGH NJW 1996, 1745.

Der Auftragnehmer hat aber nach Abs. 6 S. 2 keinen Anspruch auf einen finanziellen Ausgleich.

Die eigene Leistungsbereitschaft wird allerdings vermutet, der Auftraggeber muss insoweit die fehlende Leistungsbereitschaft darlegen und im Streitfall beweisen, es besteht gegebenenfalls eine sekundäre Darlegungslast des Auftragnehmers.[480] 244

Hat der Auftragnehmer den Annahmeverzug des Auftraggebers durch eigenes Verschulden selbst herbeigeführt, kann er sich auf den Annahmeverzug nicht berufen, § 242 BGB – Rechtsgedanke auch des § 162 Abs. 2 BGB. Das ist bspw. dann der Fall, wenn der Auftragnehmer schuldhaft den Auftraggeber nicht auf Lücken und Unklarheiten des Leistungsverzeichnisses hinweist, obgleich eine entsprechende Pflicht hierzu bestand.[481]

4. Kausalität. Der Auftraggeber muss **durch** die ausgebliebene Mitwirkungshandlung oder die vorgenommene Tätigkeit (bei Unterlassungspflichten bzw. -obliegenheiten) in Annahmeverzug geraten sein. Ausgeblieben ist die Mitwirkungshandlung, wenn sie nicht, nicht rechtzeitig, nicht vollständig oder nicht ordnungsgemäß erbracht wird. Ist das nicht der Fall, weil auch der Auftragnehmer eigene Versäumnisse in dem Zeitraum hat oder davor hatte und deswegen im Annahmeverzugszeitraum Ausfälle hat, dann liegt ein Fall der **Doppelkausalität** vor, die finanzielle Ansprüche des Auftragnehmers gegen den Auftraggeber (aber auch umgekehrt) ausscheiden lässt.[482] Bei einer Doppelkausalität gilt grundsätzlich: Es gibt eine zeitliche Kompensation, mit der Folge, dass der Auftraggeber keine Verzugsfolgen geltend machen kann, aber keine finanzielle Kompensation für den Auftragnehmer – jede Partei trägt mithin den ihr entstehenden finanziellen Mehraufwand selbst. 245

5. Im Herstellungsprozess. Das Werk muss sich im vorgesehenen Herstellungsprozess befinden, dh im Zeitraum zwischen dem laut Vertrag vorgesehenen Beginn der Tätigkeit des Unternehmers (hierzu gehören auch bauvorbereitende Planungsleistungen) und dem Zeitpunkt der Abnahmereife. Verzögert sich der Bau- oder Planungsbeginn, etwa durch eine verspätete Vergabe ist der Anwendungsbereich des § 642 BGB eröffnet, sofern nicht vorrangige vertragliche Anpassungsregelungen wie §§ 2 Abs. 5, 6 oder § 242 BGB greifen. Gerät der Auftraggeber mit der Abnahme in Annahmeverzug, erscheint ein Rückgriff auf § 642 BGB wegen des insoweit unstreitig einschlägigen § 286 BGB nicht mehr geboten, zumal der Auftragnehmer dann keine Ressourcen mehr vorhalten muss.[483] 246

6. Behinderungsanzeige. § 642 BGB fordert keine Anzeige einer Behinderung. Die Norm verweist aber wegen des Wortlautes „Verzug der Annahme" auf die Regelungen der §§ 294 ff. BGB. Diese sehen keine Anzeige des Auftragnehmers vor, lassen aber ein „wörtliches Angebot" (§ 295 BGB) oder sogar den Verzicht auf jegliche Aktion des Auftragnehmers (§ 296 BGB) genügen. Dies ist aufgrund der wechselseitigen Kooperationsverpflichtung unbillig. Der BGH hat daher entschieden, dass bei einem VOB-Vertrag zu einem ordnungsgemäßen Angebot nach §§ 294 ff. BGB auch eine Behinderungsanzeige nach § 6 Abs. 1 247

---

[480] OLG Frankfurt a. M. 8.5.2015 – 25 U 174/13, IBR 2016, 138. Zur Beweislast des Auftraggebers auch: LG Mosbach NZBau 2018, 468.
[481] OLG Dresden 29.6.2022 – 22 U 1689/20, ZfBR 2022, 792.
[482] OLG Frankfurt a.M. 3.2.2023 – 21 U 47/20, IBR 2023, 283.
[483] MüKo/Busche BGB § 642 Rn. 13 und 15; Kniffka/Pause/Vogel BGB § 642 Rn. 11.

§ 6 VOB Teil B

erforderlich ist.[484] In (unkritischer) Übernahme dieser BGH-Rechtsprechung wurde in § 6 Abs. 6 S. 2 ergänzt, dass der Anspruch dem Auftragnehmer nur zusteht, wenn er der Anzeigepflicht nach Abs. 1 S. 1 ordnungsgemäß nachgekommen ist oder die Anzeige nach S. 2 ausnahmsweise entbehrlich war. Die Rechtsprechung des BGH hat zwar seinerzeit schon dogmatisch nicht überzeugt,[485] ist aber nach der hier vertretenen Auffassung billig und gerecht.[486] Gleichwohl ist der Wortlaut der VOB/B hier eindeutig.

In der Behinderungsanzeige wird regelmäßig im Übrigen auch ein wörtliches Angebot nach § 295 S. 1 bzw. die Aufforderung zur Vornahme der Mitwirkungshandlung nach § 295 S. 2 zu sehen sein.

Auf eine Behinderungsanzeige kommt es im Übrigen auch dann nicht an, wenn die Behinderung für den Auftraggeber offensichtlich war, Abs. 1 S. 2, etwa weil der Auftraggeber erforderliche Vorleistungen nicht erbracht hat oder die hindernden Umstände kannte.[487]

248 **7. Kein Verschulden erforderlich.** Der Anspruch aus § 642 BGB ist verschuldensunabhängig. Ein Verschulden des Auftraggebers ist nicht erforderlich. Nur so kann die Norm im Übrigen auch die ihr gebotene Funktion, eine Regelungslücke zu schließen, erfüllen. Für alle aus seiner Risikosphäre resultierenden Handlungen haftet der Auftraggeber zumindest für die Dauer des Verzuges verschuldensunabhängig.

III. Rechtsfolgen

249 **1. Berechnungskriterien.** Der Wortlaut der in § 642 Abs. 2 BGB geregelten Rechtsfolge löste einen regen Meinungsstreit aus: Der Auftragnehmer soll ausweislich des Wortlautes eine „Entschädigung" erhalten, die sich „einerseits" an der Dauer des Verzuges, der vereinbarten Vergütung und „andererseits" an den ersparten Aufwendungen orientieren soll. Es verwundert nicht, dass die Kriterien, die zur Ermittlung der Höhe des Anspruchs herangezogen werden, umstritten und unklar sind.[488] Streitig war insbesondere,
- ob es bei der Bemessung der Entschädigung auf die Dauer des Annahmeverzugs oder auf die Dauer der hierdurch ausgelösten Verzögerungen ankommt (diese Streitfrage ist inzwischen jedoch vom BGH zugunsten der ersteren Alternative geklärt) oder
- ob die Auswirkungen des Annahmeverzugs auf den Bauablauf (wie Preissteigerungen, Bauzeitverlängerungen etc) zu berücksichtigen sind,
- ob die tatsächlichen Mehrkosten des Auftragnehmers zu berücksichtigen sind oder
- ob der Mehraufwand kalkulatorisch ermittelt werden kann und schließlich

---

[484] BGH NJW 2000, 1336; so auch: KG 19.4.2011 – 21 U 55/07, IBR 2012, 75.

[485] Kapellmann/Messerschmidt/Markus § 6 Rn. 91; aA: Beck VOB/B/von Kiedrowski § 6 Abs. 6 Rn. 133.

[486] Auch wenn die Frage gestellt werden kann, ob in Allgemeinen Geschäftsbedingungen ein solches zusätzliches Erfordernis rechtlich wirksam wäre, weil die VOB/B für die Anwendung einer gesetzlichen Vorschrift keine zusätzlichen Bedingungen einführen kann: Kapellmann NJW 2008, 257; Messerschmidt/Voit/Voit § 6 Rn. 18.

[487] LG Mosbach NZBau 2018, 468; Duve NZBau 2018, 516.

[488] Ausf. hierzu: Roquette Rn. 769 ff. Es wurde sogar vereinzelt davon gesprochen, der Richter treffe hierbei eine „Ermessensentscheidung": Althaus NZBau 2015, 67.

- ob auf Basis der vereinbarten Vergütung eine Berechnung „von oben", ausgehend von der vereinbarten Vergütung analog § 649 BGB vorgenommen werden kann oder ob eine Berechnung „von unten" auf Basis jeder einzelnen Entschädigungsposition vorzunehmen ist oder ob es diesbezüglich zwingend einer gerichtlichen Schätzung nach § 287 ZPO bedarf.

Das Meinungsspektrum reicht dabei von einem – nahezu in seinen Rechtsfolgen an einen Schadensersatzanspruch ähnelnden – weiten Verständnis[489] bis zu einem – sich an einen reinen Zinsausfall orientierenden – engen Verständnis.[490] Einigkeit besteht darin, dass der Auftragnehmer über den Ersatz der Mehraufwendungen nach § 304 BGB hinaus jedenfalls für die Erhaltung seiner Leistungsbereitschaft (Arbeitskraft, Betriebsstoffe, Geräte) auf angemessene Zeit (bis zur Beendigung des Annahmeverzuges) entschädigt werden soll.[491] Dieser zusätzliche Anspruch steht neben dem vereinbarten Vergütungsanspruch für das hergestellte Werk, sofern dieses trotz der unterlassenen Mitwirkungshandlung zu einem späteren Zeitpunkt noch fertiggestellt wird. Kündigen der Auftraggeber nach § 648 BGB oder der Auftragnehmer nach §§ 643, 645 BGB den Bauvertrag, so tritt der Anspruch aus § 642 BGB neben die sich aus jenen Normen ergebenden Ansprüche. Letztlich soll der Auftragnehmer weder einen Nachteil noch einen Vorteil daraus erhalten, dass der Auftraggeber in Annahmeverzug ist.[492]

Nach der hier vertretenen und inzwischen vom BGH mit den beiden Urteilen **250** vom 26.10.2017 und 30.1.2020[493] auch bestätigten Auffassung steht dem Auftragnehmer der Entschädigungsanspruch nur für die Dauer des Annahmeverzuges zu, also – zumindest bislang – auf Basis der Auftragskalkulation[494] des Unternehmers, → Rn. 241, 244.

2. Dauer des Annahmeverzuges. Basis der Berechnung ist ausweislich des **251** Wortes „einerseits" zunächst die Dauer des Annahmeverzuges. Der Wortlaut beschränkt die Zahlung der Entschädigung aber nicht eindeutig auf diesen Zeitraum, sondern lässt deren Ausdehnung auf alle Folgen des Annahmeverzuges, mithin auch die Auswirkungen einer weiteren Bauzeitverzögerung zu, weshalb nach einer früher verbreiteten Meinung insbesondere die Entschädigung der in der weiteren Bauausführung auftretenden Nachteilen von der Norm erfasst sein sollten.[495]

Durch diese Sichtweise wären indes die Konturen eines Schadensersatz- und **252** eines Entschädigungsanspruches verschwommen; der Anspruch nach S. 2 wäre auf diese Weise zu einem verschuldensunabhängigen Schadensersatzanspruch

---

[489] Kapellmann/Messerschmidt/Markus § 6 Rn. 92.

[490] Hartwig BauR 2014, 1055 (1070).

[491] Glöckner BauR 2014, 368; MüKo/Busche BGB § 642 Rn. 17; Ingenstau/Korbion/Döring § 6 Abs. 6 Rn. 58.

[492] Kniffka/Koeble Kompendium BauR/Kniffka Teil 8 Rn. 40; so auch ausdrücklich LG Mosbach 18.4.2019 – 2 O 232/17, IBR 2019, 1137.

[493] BGH 26.10.2017 – VII ZR 16/17, NJW 2018, 544; BGH 30.1.2020 – VII ZR 33/19, NJW 2020, 1293.

[494] so auch: KG 10.1.2017 – 21 U 14/16, ZfBR 2018, 52; OLG München 22.10.2014 – 27 U 2924/14 Bau; LG Mosbach NZBau 2018, 468.

[495] Boldt BauR 2006, 185; Kniffka/Koeble Kompendium BauR/Kniffka Teil 8 Rn. 36; Kapellmann/Messerschmidt/Markus § 6 Rn. 92; Kniffka/Pause/Vogel BGB § 642 Rn. 67; Kapellmann/Schiffers/Markus Bd. 1 Rn. 1650; Schilder BauR 2007, 450; Roquette/Viering/Leupertz Bauzeit-HdB Rn. 769.

"mutiert". Aus systematischen und teleologischen Gründen war deshalb der Entschädigungsanspruch auf die Dauer des Annahmeverzuges zu beschränken. Diese Intention entspricht auch den Motiven des historischen Gesetzgebers, dem eine Regelung analog des Dienstvertragsrechts wie § 615 BGB vorschwebte.[496] Rechtsprechung der Instanzgerichte und Literatur schlossen sich dieser Auffassung an.[497] Die Rechtsprechung des BGH war zunächst uneinheitlich,[498] ist aber zwischenzeitlich geklärt.[499] Der Entschädigungsanspruch umfasst mithin nach der hier vertretenen Auffassung keine Entschädigung für Kosten, die dem Auftragnehmer bei der Fortsetzung der Arbeiten in einem späteren Zeitraum entstehen, Ersatz für diesen Schaden kann der Auftragnehmer nur über einen Schadensersatzanspruch nach § 6 Abs. 6 S. 1, einen Vergütungsanspruch nach § 2 Abs. 5, 6 oder 8 verlangen oder auf Basis der Neuberechnung der Vergütung wegen gestörter Geschäftsgrundlage. Erstattungsfähig ist mithin nur der Nachteil, der dem Auftragnehmer während des Annahmeverzuges entstanden ist.[500] Mit der Rechtsprechung[501] ist festzuhalten, dass der Auftragnehmer nur für die konkreten und nachgewiesenen Nachteile entschädigt wird. § 642 BGB gewährt also nur eine Entschädigung für die produktionslos vorgehaltenen Mitarbeiter.

253 Der Auftragnehmer erhält jedoch den (kalkulatorisch ermittelten → Rn. 254) Anteil der zeitabhängigen Kosten seiner Vergütung. Die weitergehenden Folgen kann der Auftragnehmer nicht durch Fortschreibung der Vergütung, sondern nur im Rahmen eines Schadensersatzanspruches geltend machen. Würde allerdings der Anwendungsbereich des § 6 Abs. 6 S. 1 restriktiver gefasst und reine Mitwirkungsobliegenheiten nicht als schadensersatzauslösender Umstand anerkannt werden, läge, insbesondere auch bei BGB-Bauverträgen, eine Kompensationslücke vor, die dann nur über eine „weite" zeitliche Ausdehnung der Rechtsfolgen des § 642 BGB geschlossen werden könnte.

254 **3. Berechnungsbasis.** Basis des Entschädigungsanspruches nach § 642 BGB ist bislang noch die Kalkulation des Unternehmers.[502] Es handelt sich um einen Entschädigungsanspruch, der nicht nach der Differenzhypothese wie ein Schadensersatzanspruch zu bemessen ist der ausweislich des Wortlautes auf die „Höhe der vereinbarten Vergütung" Bezug nimmt.

Es kommt also „nur" darauf an, **dass** dem Auftragnehmer **tatsächliche Nachteile** durch den Annahmeverzug entstehen, **nicht** aber, wie **hoch** diese Nachteile

---

[496] Motive II S. 493, 495.
[497] In der Tendenz auch: OLG Köln NJW-RR 2004, 818; OLG Jena NZBau 2006, 510; KG BauR 2013, 1493 Rn. 61; Sienz BauR 2014, 390; Glöckner BauR 2014, 368; Althaus NZBau 2015, 67. Weitere Nachweise zum früheren Meinungsstand in der Vorauflage.
[498] BGH NJW 2003, 1601; NZBau 2010, 47.
[499] BGH 26.10.2017 – VII ZR 16/17, NJW 2018, 544; BGH 30.1.2020 – VII ZR 33/19, NJW 2020, 1293.
[500] Sonntag NZBau 2017, 525.
[501] KG 29.1.2019 – 21 U 122/18, NZBau 2019, 637; LG Mosbach 18.4.2019 – 2 O 232/17, IBR 2019, 1137.
[502] OLG Celle 4.3.2020 – 7 U 334/18, IBR 2021, 174; OLG Karlsruhe BauR 2007, 931; LG Mosbach 18.4.2019 – 2 O 232/17, IBR 2019, 1137; Ingenstau/Korbion/Döring § 6 Abs. 6 Rn. 61 ff.; Kapellmann/Messerschmidt/Markus § 6 Rn. 91; Beck VOB/B/von Kiedrowski § 6 Abs. 6 Rn. 136: Althaus NZBau 2015, 67; Kniffka/Koeble Kompendium BauR/Kniffka Teil 8 Rn. 37; Eschenbruch/Gerstberger Bauwirtschaft 2018, 45. Insofern missverständlich: LG Bonn BauR 2014, 1045; OLG Dresden BauR 2012, 1286.

Behinderung und Unterbrechung der Ausführung **§ 6**

tatsächlich sind. Berechnungsbasis des Anspruches sind also zunächst die tatsächlichen Folgen des Annahmeverzuges für den Auftragnehmer, der Tatrichter hat daher – so der BGH – festzustellen, „inwieweit der Unternehmer während des Annahmeverzugs Produktionsmittel unproduktiv bereitgehalten hat".[503]

Diese Nachteile sind dann anhand der „hierauf entfallenden Anteile aus der Gesamtvergütung"[504] finanziell zu bewerten. Das gelingt letztlich nur anhand eines Blicks in die Auftragskalkulation, die insoweit also fortzuschreiben ist. Hat der Auftragnehmer bspw. durch den Annahmeverzug die Bauleitung verlängert vorzuhalten, dann kommt es nicht auf die Höhe der tatsächlichen Kosten für die Baustelleneinrichtung an; hat bspw. ein Nachunternehmer diese Leistungen dem Auftragnehmer unentgeltlich erbracht, kann der Auftragnehmer gegenüber seinem Auftraggeber dennoch einen Anspruch aus § 642 BGB geltend machen; hat der Nachunternehmer aber selbst keine Nachteile, weil er sein Personal anderweitig einsetzen konnte, dann gibt es auch keine entschädigungsbedürftige Nachteile. Hat der Auftragnehmer allerdings einen höheren Schaden, sollte er diese höheren Kosten anstelle der kalkulierten Beträge nach früherer Rechtslage geltend machen können.[505] Nach der hier vertretenen Auffassung und der neueren Rechtsprechung des BGH wäre dies ein Schaden, der nur über § 6 Abs. 6 S. 1 kompensiert werden könnte.

Gegen diese (bislang herrschende und auch in der Vorauflage vertretene) Auffassung könnte jetzt allerdings eingewendet werden, dass § 650c BGB dem Auftragnehmer bei bauinhaltlichen Änderungen die Wahl überlässt, seine Vergütungsforderung entweder auf Basis der Kalkulation oder auf Basis der tatsächlich erforderlichen Kosten geltend zu machen. Wenn also schon bei vertraglichen Vergütungsansprüchen der Auftragnehmer beide Möglichkeiten hat, so wäre es unbillig, ihn bei einem vertraglichen Entschädigungsanspruch aus § 642 BGB auf eine Möglichkeit zu limitieren. Da (noch) § 650c BGB bei VOB/B-Verträgen nicht direkt angewendet werden kann, wird hier noch vertreten, dass entsprechend § 2 Abs. 5,6 der tatsächliche Mehraufwand kalkulatorisch zu vergüten ist. **255**

Es mehren sich jedoch die Stimmen, die auch bei Geltung der VOB/B im Rahmen von Mehrvergütungsansprüchen nicht mehr allein die rechnerische Fortschreibung der Kalkulation anwenden wollen, sondern den tatsächlichen Mehr- oder Minderkosten.[506] Setzt sich diese Auffassung durch, wäre dann auch bei VOB/B-Verträgen im Rahmen von § 6 Abs. 6 S. 2 VOB/B iVm § 642 BGB nicht mehr die Kalkulation, sondern die tatsächlichen Kosten Berechnungsbasis des Mehraufwandes.[507] **256**

Entscheidend ist jedoch stets zunächst der **tatsächliche Mehraufwand** des Auftragnehmers. Dieser ist zunächst tatsächlich zu ermitteln (also: Wie viele Mitarbeiter, welche Geräte, welche Leistungen wurden vorgehalten). Erst in einem

---

[503] BGH 30.1.2020 – VII ZR 33/19, NJW 2020, 1293, Rn. 55.
[504] BGH 30.1.2020 – VII ZR 33/19, NJW 2020, 1293, Rn. 55.
[505] Kapellmann/Messerschmidt/Markus § 6 Rn. 94; aA wohl, weil nur auf die Kalkulation abstellend: Beck VOB/B/von Kiedrowski § 6 Abs. 6 Rn. 134; Kniffka/Koeble Kompendium BauR/Kniffka Teil 8 Rn. 37.
[506] KG 10.7.2018 – 21 U 30/07.
[507] In diesem Sinne auch KG 16.2.2018 – 21 U 66/16, NJW 2018, 3721: Die Entschädigung beläuft sich „zumindest auf die Höhe der Mehrkosten, die ihm durch den Mitwirkungsverzug entstanden sind", es bedürfe deshalb – so das KG – oftmals keines weiteren Parteivortrages zur Kalkulation.

zweiten Schritt ist dann dieser Mehraufwand **preislich zu bewerten – entweder** auf Basis der **Kalkulation** oder auf Basis **tatsächlich erforderlicher Kosten.**

Nach Auffassung des BGH soll das Gericht einen Anspruch des Auftragnehmers insoweit aber auch nach § 287 ZPO schätzen können.[508] Diese Möglichkeit hat ein Gericht bei finanziellen Ansprüchen zur Höhe nahezu immer (§ 287 Abs. 2 ZPO), gleichwohl sollte hiervon schon aus verfassungsrechtlichen Gründen nur einschränkend Gebrauch gemacht werden. Jeder Bürger hat einen Anspruch auf rechtliches Gehör – hinsichtlich jedweder Forderung, die aus seiner Sicht berechtigt geltend gemacht wird. Dieses Gehör kann nicht aus prozessökonomischen Gründen leichtfertig beeinträchtigt werden, um eine genaue Ermittlung der Forderungshöhe zu vermeiden. Nur dann, wenn Kosten und Nutzen in keinem vernünftigen Verhältnis stehen oder eine nachträgliche Ermittlung der Höhe nicht mehr möglich ist, sollte auf die Möglichkeit der Schätzung zurückgegriffen werden. In den allermeisten Fällen dürfte eine genaue Ermittlung der Anspruchshöhe möglich sein.

257 **4. Ersparte Aufwendungen.** Entsprechend dem Wortlaut muss der Auftragnehmer sich das anrechnen lassen, was er **in dieser Zeit** aufgrund des bestehenden Vertrages (bspw. durch Nachtrags- oder Zusatzleistungen) oder bei anderen Verträgen oder in späterer Zeit, aber aufgrund des Annahmeverzugs erwirtschaftet hat oder hätte erwirtschaften können. Maßgeblich ist, so der BGH, ob der Auftragnehmer seine Produktionsmittel während des Annahmeverzuges anderweitig produktiv eingesetzt hat oder einsetzen konnte.[509] Hierzu ist auch – in Abweichung zu den Regelungen bei der Kündigung nach § 648 BGB – der Auftragnehmer darlegungs- und beweisbelastet.[510] Die Höhe des Abzuges kann auch nach § 287 ZPO geschätzt werden[511] → Rn. 273.

258 **5. Abgrenzung zu § 304.** Der Anspruch nach § 642 BGB geht über § 304 BGB hinaus. § 304 BGB umfasst zum einen den Ersatz für Mehraufwendungen, die der Auftragnehmer für das erfolglose Angebot machen musste (das sind die Kosten für das tatsächliche Angebot, also die einmaligen Transportkosten der Produktionsfaktoren auf die Baustelle, oder die Kosten für das wörtliche Angebot, Portokosten). Zum anderen gibt § 304 BGB einen Anspruch auf Ersatz der Mehraufwendungen für die Aufbewahrung und Erhaltung des geschuldeten Gegenstandes. Hierunter fallen die besonders erforderlichen Erhaltungskosten auf der Baustelle (aber nicht die reinen Vorhaltekosten); § 304 BGB erfüllt also bei dem Bauvertrag nicht den Zweck, dem Auftraggeber einen angemessenen Ausgleich für die Nachteile des Annahmeverzuges zu verschaffen. Insbesondere fallen Personalkosten und Baustellengemeinkosten nicht unter § 304 BGB.[512]

IV. Einzelheiten zur Höhe

259 Mit der herrschenden Ansicht sind die Kosten „von unten nach oben" zu ermitteln, also jeweils für die einzelnen Kostenelemente. Nach anderer Auffassung kann der Auftragnehmer die Kosten ohne Begründung der einzelnen Kostenele-

---

[508] BGH 30.1.2020 – VII ZR 33/19, NJW 2020, 1293, Rn. 55 unter Verweis auf Althaus, NZBau 2018, 643.
[509] BGH 30.1.2020 – VII ZR 33/19, NJW 2020, 1293, Rn. 57.
[510] BGH 30.1.2020 – VII ZR 33/19, NJW 2020, 1293, Rn. 58.
[511] Glöckner BauR 2014, 368; BGH 30.1.2020 – VII ZR 33/19, NJW 2020, 1293, Rn. 58 aE.
[512] Kritisch hierzu: Schneider BauR 2018, 411.

mente „von oben nach unten" ermitteln und muss dann von der für die Dauer des Annahmeverzuges vereinbarten Vergütung ausgehen und hiervon die tatsächlich ersparten Aufwendungen in Abzug bringen.[513] Letztlich dürften beide Auffassungen zu demselben rechnerischen Ergebnis gelangen, sodass beide Wege gleichsam möglich sind. Rein rechnerische Betragsermittlungen sind – wenn auch baubetrieblich nachvollziehbar – rechtlich nicht haltbar, denn entscheidend ist immer zunächst die Frage, in welchem Umfang der Auftragnehmer einen tatsächlichen Mehraufwand hatte. Der Auftragnehmer muss also – bei einer Berechnung von „unten" – den konkreten Mehraufwand darstellen oder – bei einer Berechnung von „oben" – die konkret ersparten Aufwendungen darstellen, zu letzteren gehören auch jene Aufwendungen, die bei der späteren Leistungserbringung anfallen.

1. Direkte Kosten der Baustellenvorhaltung. Die Entschädigung soll (nach 260 früherer Auffassung: mindestens; jetzt, nach den Klarstellungen des BGH ausschließlich) die während des Verzugs vorgehaltenen Produktionsmittel ausgleichen, sofern diese nicht – schadensmindernd – abgezogen oder anderweitig eingesetzt werden konnten. Insofern sind die Kosten für unbeschäftigtes Personal und Gerät während der Dauer des Annahmeverzuges entschädigungsfähig und werden auf Grundlage der ursprünglichen Auftragskalkulation und den dort enthaltenen Ansätzen für Lohn- und Geräteabnutzung einerseits und Anzahl der einzusetzenden Mitarbeiter und Geräte andererseits bemessen.[514] Nach Auffassung des KG können auch vertraglich vereinbarte Bedarfspositionen oder tatsächliche Mietkosten herangezogen werden.[515] Hat der Auftragnehmer zum Zeitpunkt des Stillstandes mehr Personal oder Geräte im Einsatz als er ursprünglich kalkuliert hat, kann er hierfür allerdings keine Entschädigung verlangen, da er in diesem Fall sein Unternehmerrisiko auf den Auftraggeber abwälzen könnte.

Maßgeblich ist, in welchem zeitlichen Umfang der Auftraggeber seine Arbeitnehmer für ihre unproduktive Tätigkeit nach den gesetzlichen oder arbeitsvertraglichen Regelungen beschäftigen und vergüten musste.[516] Von der Vergütung für die Personalvorhaltung in Abzug zu bringen sind ersparte Aufwendungen, etwa durch:
- Anrechnung von Urlaubstagen,
- Abbau von Überstunden,
- Ausführung von innerbetrieblichen Aufgaben, wenn deren Erledigung im Interesse des Unternehmers liegt oder
- anderweitigen Erwerb.

Von der Vergütung für die Vorhaltung von Geräten oder Maschinen sind in Abzug zu bringen:
- ersparte Treibstoffkosten
- ersparte Deckungsbeiträge für Verschleiß und Reparaturen.

Nicht aus der Kalkulation herleitbare Kosten, wie jene für die Vorhaltung von Material, nicht-kalkulierte Einmalkosten (wie: Baustellensicherung) oder Abbau-

---

[513] Für diese Sichtweise könnte tatsächlich der Wortlaut mit der Formulierung „einerseits"/„andererseits" sprechen u. das teleologische Argument, dass die Vergütung unter Abzug der ersparten Aufwendungen fortgeschrieben wird. Kniffka/Pause/Vogel BGB § 642 Rn. 65; Althaus NZBau 2015, 67; Roskosny/Bolz BauR 2006, 1804.
[514] Schilder BauR 2007, 450.
[515] KG 16.2.2018 – 21 U 66/16, NJW 2018, 3721, allerdings keine Fortschreibung einer Unterdeckung.
[516] OLG Karlsruhe 27.8.2020 – 8 U 49/19, ZfBR 2021, 55.

und Einrichtungskosten sind dann erstattungsfähig, wenn diese notwendig waren, um die Vorhaltung der Baustelleninfrastruktur auf der gestörten Baustelle zu gewährleisten, nicht aber, wenn dies vom Auftragnehmer ausgeführt wurde, um seine Produktionsfaktoren anderweitig einzusetzen. Nicht aber, wenn sie später verwendet werden können. Da deren Höhe nicht aus der „Höhe der vereinbarten Vergütung" abgeleitet werden kann, diese aber maßgeblich sein soll, muss daher ermittelt werden, wie der Auftragnehmer diese – tatsächlich nicht kalkulierten – Leistungen von vornherein kalkuliert hätte, wenn er gewusst hätte, dass diese Leistungen anfallen würden. Das gelingt nur, wenn – wie „früher", mithin vor Einführung des § 650c BGB, bei der Ermittlung eines Preises für eine zusätzliche Leistung nach § 2 Abs. 6 VOB/B das Vertragspreisniveau ermittelt wird. Der Unternehmer muss aus seiner Kalkulation eine Leistung heranziehen, die der tatsächlich ausgeführten möglichst nahekommt. Dann muss er für diese kalkulierte Leistung das Vertragspreisniveau ermitteln, seinen Preis also zum damaligen Marktpreis ins Verhältnis setzen und dieses prozentuale Preisniveau dann auf den Marktpreis der tatsächlich ausgeführten, aber nicht kalkulierten Leistung beziehen.

261 Nach der bis zu den Urteilen des BGH aus 2017 und 2020 wohl herrschenden Meinung konnte der Auftragnehmer auch eine Erstattung für Lohn- oder Materialkostensteigerungen erhalten, die erst nach Beendigung des Annahmeverzuges eintreten.[517] Denn die eigentliche Äquivalenzstörung sollte in der verspäteten Ausführung und den hierbei entstehenden Mehrkosten bestehen, mit denen der Unternehmer nicht kalkulieren konnte. Das wurde bis zur Rechtsprechungskonkretisierung des BGH 2017/2020 schon in Zweifel gezogen,[518] ist aber nach den insoweit klaren und unmissverständlichen Entscheidungen des BGH spätestens jetzt nicht mehr vertretbar.

262 Inzwischen hat der BGH entschieden, dass der Auftragnehmer ohnehin nur einen Anspruch für die Dauer des Annahmeverzuges hat.[519] Lohn- oder Materialkostensteigerungen können deshalb nur dann berücksichtigt werden, wenn der Annahmeverzug (wegen früherer Störungen) zu einem Zeitpunkt vorliegt, zu dem die ursprünglich angenommene Bauzeit bereits verstrichen war oder der Annahmeverzug solange dauert, dass innerhalb dieser Frist Steigerungen eintreten.[520] Mehrkosten durch gestiegene Lohn- oder Materialkosten, die zwar aufgrund des Annahmeverzuges, nicht aber währenddessen, sondern erst nach dessen Beendigung anfallen, sind nicht nach § 642 BGB erstattungsfähig. Solche Kosten sind nur als Schaden zu ersetzen und nur wenn die entsprechenden Voraussetzungen vorliegen.[521]

---

[517] Langen/Schiffers Rn. 2533; Kniffka/Koeble Kompendium BauR/Kniffka Teil 8 Rn. 38; Roquette BauR 2010, 1468; Schilder BauR 2007, 450.

[518] So sollte der Auftragnehmer diese weitergehenden Folgen des Annahmeverzuges nur über einen Schadensersatzanspruch oder einen konkurrierenden vertraglichen Vergütungsanspruch geltend machen können, denn Basis des § 642 BGB sei auch schon damals (allein) die Kalkulation ohne Einfluss der tatsächlich entstandenen Kosten: Beck VOB/B/von Kiedrowski § 6 Abs. 6 Rn. 134; Ingenstau/Korbion/Döring § 6 Abs. 6 Rn. 63.

[519] BGH 26.10.2017 – VII ZR 16/17, NJW 2018, 544; BGH 30.1.2020 – VII ZR 33/19, NJW 2020, 1293.

[520] Zur Entschädigungsberechnung: LG Mosbach NZBau 2018, 268; KG 16.2.2018 – 21 U 66/16, NJW 2018, 3721; KG 10.7.2018 – 21 U 30/17, ZfBR 2018, 670; Krebs/Steinke ZfBR 2018, 115.

[521] BGH 26.10.2017 – VII ZR 16/17, NJW 2018, 544; BGH 30.1.2020 – VII ZR 33/19, NJW 2020, 1293; OLG Hamburg 27.11.2020 – 8 U 7/20.

Behinderung und Unterbrechung der Ausführung § 6

2. Beschleunigungskosten. Beschleunigungskosten kann der Auftragnehmer 263
über 642 BGB jedoch nicht verlangen. Diese Kosten kann er entweder aufgrund
der vertraglichen Vereinbarung mit dem Auftraggeber oder aufgrund der Grundsätze der Geschäftsführung ohne Auftrag verlangen,[522] vgl. § 2 Abs. 5, 8.

Kosten zur Umstellung von Baugeräten, weil der Auftragnehmer infolge des
Annahmeverzuges an anderer Stelle der Baustelle die Arbeiten fortsetzt sind zu
entschädigen. Dies gelingt dadurch, dass nur die produktive (also vergütungsgenerierende) Tätigkeit des Auftragnehmers als anderweitiger Erwerb anzurechnen ist.
Die Zeit, die der Auftragnehmer benötigt, um diesen Erwerb erst ermöglichen
zu können, ist unproduktiv und daher wie Wartezeit zu erstatten. Die eigentlichen
Transportkosten sind zwar dogmatisch nicht über § 642 BGB zu entschädigen,
dürften aber letztlich nach § 242 BGB zu erstatten sein, weil der anzurechnende
Erwerb nur insoweit anfällt, als er diese Transportkosten übersteigt.

3. Baustellengemeinkosten. Zeitabhängige Baustellengemeinkosten sind 264
Bestandteil des Entschädigungsanspruches und werden als Direkte Kosten (bislang
noch) auf Basis der Kalkulation oder vereinbarter Bedarfspositionen erstattet.[523]
Hierzu zählen: Kosten der Baustelleninfrastruktur, Baustellensicherheit, Bauleitung. Basis ist hierbei aber die Kalkulation, nicht die Baugeräteliste, da es sich um
einen kalkulatorisch ermittelten Anspruch handelt.[524] Ein prozentualer Zuschlag
kann nicht Berechnungsbasis sein.[525] Entschädigt wird aber nur ein konkret nachgewiesener Nachteil. Soweit vorgehaltene Baustoffe später verwendet werden,
entsteht kein Nachteil.[526]

4. Allgemeine Geschäftskosten. Die Allgemeinen Geschäftskosten sind in 265
Höhe des prozentualen Zuschlages aus der Auftragskalkulation zu übernehmen
und auf die entschädigungspflichtigen direkten Kosten aufzuschlagen.[527] Wie auch
bei der parallelen Bewertung im Rahmen eines Anspruches nach Abs. 6 S. 1
können die unterdeckten Geschäftskosten für den Zeitraum des Annahmeverzuges
nur geltend gemacht werden, wenn diese nicht durch anderweitige oder Folgeaufträge erwirtschaftet werden können.[528]

5. Umsatzverlust. Der Umsatzverlust während der Warte- und Ausfallzeit ist
kein entschädigungsrelevanter Posten, denn § 642 BGB gewährt keine vollständige
Kompensation für den entstandenen Schaden. § 642 BGB entschädigt nicht pauschal fehlenden Umsatz.[529]

6. Wagnis und (entgangener) Gewinn. Für die Dauer des Verzuges kann 266
der Auftragnehmer letztlich auch einen Anspruch auf den anteiligen Gewinn

---
[522] AA: Kniffka/Pause/Vogel BGB § 642 Rn. 59 (wegen § 254 Abs. 2 S. 1 BGB).
[523] KG 16.2.2018 – 21 U 66/16, NJW 2018, 3721; Beck VOB/B/von Kiedrowski § 6 Abs. 6 Rn. 134; Ingenstau/Korbion/Döring § 6 Abs. 6 Rn. 63.
[524] OLG Braunschweig BauR 2004, 1621. Ingenstau/Korbion/Döring § 6 Abs. 6 Rn. 61.
[525] LG Bonn BauR 2014, 1045; Sonntag NZBau 2017, 525.
[526] LG Mosbach 18.4.2019 – 2 O 232/17, IBR 2019, 1137.
[527] OLG Karlsruhe 27.8.2020 – 8 U 49/19, ZfBR 2021, 55; OLG Celle BauR 2000, 416; Beck VOB/B/von Kiedrowski § 6 Abs. 6 Rn. 136; ausführlich hierzu: Sonntag NZBau 2017, 525.
[528] LG Bonn BauR 2014, 1045; LG Mainz 8.1.2016 – 2 O 328/14, NJW-RR 2016, 791; Sonntag NZBau 2017, 525; Retzlaff, ibr-online-Kommentar (Stand: 12.5.2017), BGB § 642 Rn. 60.
[529] OLG Düsseldorf 5.9.2022 – I-23 U 116/21, IBR 2023, 503.

verlangen. Zwar hat dies der Bundesgerichtshof[530] in der Entscheidung Vorunternehmer II noch allein mit der Begründung verneint, es handele sich schließlich nicht um einen verschuldensabhängigen Schadensersatzanspruch; die hier vertretene Rechtsfolge entspricht aber zum einen dem Sinn und Zweck der Norm als auch dem Willen des historischen Gesetzgebers[531] und wird von der ganz herrschenden Meinung in der Literatur geteilt.[532] Inzwischen hat der BGH seine Auffassung revidiert.[533]

267 Der entgangene Gewinn **auf anderen Baustellen** wird allerdings nicht erstattet, da dieser Gewinnanteil nicht Bestandteil der Kalkulation für dieses Bauvorhaben und damit auch nicht Bestandteil der Vergütung des verzögerten Bauvertrages ist.[534] Da der Entschädigungsanspruch neben dem weiter existierenden Vergütungsanspruch steht, der bereits Anteile für Wagnis und Gewinn enthält, käme es ansonsten insoweit zu einer Verdopplung der Vermögenslage des Auftragnehmers.[535]

268 **7. Mehrwertsteuer.** Der Anspruch aus § 642 BGB unterliegt der Umsatzsteuer gemäß § 1 Abs. 1 Nr. 1 S. 1 UStG.[536] Denn es liegt ein steuerbarer Leistungsaustausch vor, weil die angemessene Entschädigung als Gegenleistung für die Bereitstellung der personalen Ressourcen des Unternehmers angesehen wird.

269 **8. Sachverständigenkosten.** Schadensermittlungskosten oder sonstige Finanzierungskosten sind nicht in Ansatz zu bringen, da es sich nicht um einen Schadensersatzanspruch handelt.[537] Auch für die Ermittlung der Vergütung nach § 2 Abs. 5 VOB/B anfallende Sachverständigenkosten sind nicht erstattungsfähig.[538] Die Kosten eines Gutachters können also allenfalls als Rechtsverfolgungskosten angesetzt werden, wenn diese bspw. wegen Verzuges oder aufgrund eines prozessualen Kostenerstattungsanspruchs verlangt werden können. Das ist bspw. dann der Fall, wenn dem Auftragnehmer ohne die gutachterliche Unterstützung kein substanziierter Vortrag möglich gewesen wäre.[539]

270 **9. Ersparte Aufwendungen.** Der Auftragnehmer hat ersparte Aufwendungen (zB anderweitiger Personaleinsatz, Stornierungen von Bestellungen, etc) in Abzug

---

[530] BGH NJW 2000, 1336. Ihm damals folgend auch die Instanzrechtsprechung wie zuletzt auch noch LG Memmingen 8.2.2017 – 1 HK O 1976/12, IBR 2017, 1030. Anderer Auffassung unter der damaligen Rechtsprechung aber schon: KG 10.1.2017 – 21 U 14/16, ZfBR 2018, 52. Jetzt aber: KG 16.2.2018 – 21 U 66/16, NJW 2018, 3721.

[531] Motive II S. 496: „Anspruch auf (…) Vergütung des durch die Nichtausführung des Werkes entgangenen Gewinns".

[532] Beck VOB/B/von Kiedrowski § 6 Abs. 6 Rn. 136; Kleine-Möller NZBau 2000, 401; Roskony/Bolz BauR 2006, 1804; Ingenstau/Korbion/Döring § 6 Abs. 6 Rn. 62; Schilder BauR 2007, 450; Kapellmann/Messerschmidt/Markus § 6 Rn. 93; Kniffka/Koeble Kompendium BauR/Kniffka Teil 8 Rn. 39; Kniffka/Pause/Vogel BGB § 642 Rn. 58; aA: MüKo/Busche BGB § 642 Rn. 18. So auch schon in der Rspr. vor der Vorunternehmer II – Entscheidung: OLG Celle BauR 2000, 416.

[533] BGH 26.10.2017 – VII ZR 16/17, NJW 2018, 544.

[534] Kapellmann/Schiffers/Markus Band 1 Rn. 1650; Ingenstau/Korbion/Döring § 6 Abs. 6 Rn. 62.

[535] Kniffka/Pause/Vogel § 642 BGB, Fn. 385.

[536] BGH NZBau 2008, 1523.

[537] OLG Dresden 25.3.2022 – 22 U 547/15, IBR 2023, 329. Ingenstau/Korbion/Döring § 6 Abs. 6 Rn. 61.

[538] BGH 22.10.2020 – VII ZR 10/17, NZBau 2021, 24.

[539] OLG Hamm 8.2.2022 – 25 W 214/21, NJW-RR 2022, 787.

bringen. Regelmäßig nicht erspart sind aber die prozentualen Zuschläge als Anteile für Allgemeine Geschäftskosten, sonstige Gemeinkosten Wagnis und Gewinn.[540] Basis der Berechnung der ersparten Aufwendungen sind die tatsächlichen Kosten, da es insoweit auch auf die tatsächliche Vermögenslage ankommt.[541] Unterlässt der Auftragnehmer anderweitigen Erwerb soll ihm dies anspruchsmindernd angelastet werden.[542]

10. Kosten der Ersatzvornahme. Führt der Auftragnehmer die Mitwirkungshandlung des Auftraggebers selbst aus, um den Baufortschritt zu ermöglichen, so kann er die Kosten dieser Ersatzvornahme regelmäßig nur aufgrund einer gesonderten vertraglichen Vereinbarung mit dem Auftraggeber verlangen. Kommt eine derartige Vereinbarung nicht zustande, kann der Auftragnehmer eine Erstattung dieser Kosten dann nur über die Grundsätze der Geschäftsführung ohne Auftrag bzw. § 2 Abs. 8 Nr. 2, 3 verlangen.[543] 271

11. Vertragliche Abzüge. Vertragliche Abzüge wie Umlagen oder kalkulierte Nachlässe sind zu berücksichtigen, weil es sich um einen Vergütungsanspruch handelt, der auf Basis der Kalkulation zu ermitteln ist.[544] 272

V. Beweislast

Die Beweislast orientiert sich an den Grundzügen der Beweislast zu Abs. 6 S. 1: Der Auftragnehmer muss den Haftungsgrund darlegen und ggf. nach § 286 ZPO beweisen.[545] Hierzu gehören: Umstand der Mitwirkungshandlung, Tatsache des Annahmeverzuges (also: Zeitpunkt, zu dem die Mitwirkungshandlung hätte ausgeführt werden müssen [auch unter Berücksichtigung etwaiger Fristverlängerungen und damit einhergehender Verschiebung auftraggeberseitiger Mitwirkungshandlungen], Dauer des Annahmeverzuges (= Dauer der „Behinderung" bzw. Dauer der unterlassenen Mitwirkungshandlung), Angebot oder dessen Entbehrlichkeit nach §§ 294–296 BGB). 273

Der Kausalzusammenhang zwischen unterlassener Mitwirkungshandlung und fehlender Annahme ist vom Auftragnehmer darzulegen, ihm kommen aber die Beweiserleichterungen des § 287 ZPO zugute, wenn eine plausible Schätzgrundlage vorliegt, also eine bauablaufbezogene Darstellung vorliegt, aus der ersichtlich wird, welche Leistungen der Auftragnehmer störungsbedingt nicht vornehmen konnte. Eine derartige bauablaufbezogene konkrete Darstellung kann aber unterbleiben, wenn der Auftragnehmer aufgrund unstreitig oder erwiesenen fehlender Vorunternehmerleistungen mit Teilen von Arbeiten nicht beginnen konnte oder diese nicht fertigstellen konnte.[546] Es soll genü-

---

[540] Ingenstau/Korbion/Döring § 6 Abs. 6 Rn. 62.
[541] AA: Ingenstau/Korbion/Döring § 6 Abs. 6 Rn. 62.
[542] Kniffka/Pause/Vogel BGB § 642 Rn. 63.
[543] Kniffka/Pause/Vogel BGB § 642 Rn. 24.
[544] KG 16.2.2018 – 21 U 66/16, NJW 2018, 3721; LG Mosbach NZBau 2018, 468.
[545] OLG Frankfurt a. M. 23.7.2013 – 6 U 122/12.
[546] So auch: KG 19.1.2019 – 21 U 122/18; KG 16.2.2018 – 21 U 66/16, NJW 2018, 3721; LG Mosbach 18.4.2019 – 2 O 232/17, IBR 2019, 1137; LG Mosbach NZBau 2018, 468. Überspannte Anforderungen stellt LG Stuttgart 14.7.2015 – 23 O 251/14, IBR 2015, 1107 (noch unter der inzwischen aufgegebenen Rechtsprechung des BGH) wie auch OLG Frankfurt a. M. 23.7.2013 – 6 U 122/12; OLG Brandenburg NJW-RR 2016, 653; Duve NZBau 2018, 516; s. jüngst auch: KG 29.1.2019 – 21 U 122/18, NZBau 2019, 637 und LG Mosbach 18.4.2019 – 2 O 232/17, IBR 2019, 1137.

gen, wenn der Auftragnehmer vorträgt, dass ihm aufgrund des Mitwirkungsverzugs des Auftraggebers ein nach § 642 BGB ersatzfähiger Nachteil entstanden ist. Der Auftragnehmer muss also darlegen, ob und auf welche Weise der Mitwirkungsverzug bspw. zu einer Verlängerung der Vorhaltung einzelner Produktionsmittel geführt hat.[547] Der Vortrag des Auftraggebers, dem Auftragnehmer seien ausreichende Pläne übergeben worden, ist deshalb erheblich.[548] Im Übrigen wird auf die Ausführungen zu Abs. 6 S. 1 verwiesen. In der Praxis wird entscheidend sein, dass der Auftragnehmer belegen kann, zu welchem Zeitpunkt die unterlassene Mitwirkungshandlung des Auftraggebers hätte ausgeführt werden sollen. Hierfür wird, wenn es sich nicht um eine Anfangsverzögerung handelt, eine konkret bauablaufbezogene Darstellung oftmals nötig sein. Der Auftragnehmer ist ferner darlegungs- und beweisbelastet für den Umfang seiner Nachteile, also für die Höhe der Forderung und damit für die Frage, in welchem Umfang er seine Arbeitskräfte nicht anderweitig einsetzen konnte.[549]

274 Für die fehlende eigene Leistungsbereitschaft des Auftragnehmers nach § 297 BGB ist der Auftraggeber darlegungs- und beweisbelastet.[550]

275 Der Auftragnehmer ist ebenfalls darlegungsbelastet für die zur Ermittlung der Entschädigung maßgeblichen Faktoren, also zur Dauer des Annahmeverzuges, zur vereinbarten Vergütung, zu den tatsächlichen Folgen (Wartezeiten)[551] und zu den Einsparungen. Die Beweislast für ersparte Aufwendungen trägt im Gegensatz zu Ansprüchen nach einer „freien" Kündigung auch der Auftragnehmer.[552] Dabei können dem Auftragnehmer jedoch die Beweiserleichterungen des § 287 ZPO helfen. Auch bei der Ermittlung der Entschädigungshöhe ist eine Schätzung nach § 287 ZPO möglich.[553] Diese Schätzung entbindet den Auftragnehmer aber nicht davon, die tatsächlichen Folgen des Annahmeverzuges, insbesondere die konkreten Warte- und Ausfallzeiten konkret vorzutragen und im Streitfall zu beweisen[554] und dies – wie auch beim Schadensersatzanspruch – für jeden einzelnen Fall des Annahmeverzuges separat.[555]

---

[547] KG 16.2.2018 – 21 U 66/16, NJW 2018, 3721.
[548] BGH 28.1.2016 – VII ZR 162/13, BGH 28.1.2016 – VII ZR 162/13.
[549] KG 29.1.2019 – 21 U 122/18, NZBau 2019, 637.
[550] OLG Frankfurt a. M. 8.5.2015 – 25 U 174/13, IBR 2016, 138; Duve NZBau 2018, 516; zur vergleichbaren Interessenslage nach einer Kündigung: OLG Köln 14.12.2018 – 19 U 27/18, NJW-Spezial 2019, 173.
[551] OLG Köln 23.6.2022 – 19 U 237/21, IBR 2023, 559; OLG Düsseldorf 5.9.2022 – I-23 U 116/21, IBR 2023, 503.
[552] BGH 30.1.2020 – VII ZR 33/19, NJW 2020, 1293, Rn. 57, 58, ihm folgend: OLG Düsseldorf 25.7.2022 und 5.9.2022 – 23 U 116/21, IBR 2023, 503; OLG Köln 23.6.2022 – 19 U 237/21, IBR 2023, 559. Andere Auffassung, allerdings vor dieser BGH-Entscheidung und unter Annahme einer sekundären Darlegungslast des Auftragnehmers: LG Mosbach NZBau 2018, 468; Duve NZBau 2018, 516.
[553] BGH NZBau 2018, 25; KG 16.2.2018 – 21 U 66/16, NJW 2018, 3721: Mit Ablauf der kleinsten zeitlichen Abrechnungseinheit sei der Anspruch dem Grunde nach entstanden, die Frage, in welchem zeitlichen Umfang die Vorhaltung veranlasst worden sei, könne das Gericht nach § 287 ZPO nach freiem Ermessen entscheiden. Ähnlich auch: MüKoBGB/Busche § 642 Rn. 17.
[554] OLG Köln 23.6.2022 – 19 U 237/21, IBR 2023, 559; OLG Düsseldorf 7.6.2016 – 23 U 149/13.
[555] OLG Celle 4.3.2020 – 7 U 334/18, IBR 2021, 174.

Behinderung und Unterbrechung der Ausführung **§ 6**

VI. Fälligkeit, Abschlagszahlungen und Sicherheit

Zwar handelt es sich grundsätzlich um einen gesetzlichen Anspruch des BGB, **276** gleichwohl wurde der Anspruch in die VOB/B integriert, weshalb sich die Frage stellt, ob auch weitere Regelungen für Nachtragsforderungen für Bauinhaltsänderungen (§§ 650c, d, f BGB) analog anwendbar sind.

Früher wurde – auch hier – vertreten, der Anspruch des Auftragnehmers werde erst mit einer prüfbaren Aufstellung fällig, die Regelungen der §§ 14, 16 seien anwendbar.[556] Das wird wohl nicht mehr behauptet werden können, denn der Anspruch aus § 642 BGB ist eigenständig und tritt neben den vertraglich vereinbarten Vergütungsanspruch. Er ist ein gesetzlicher Anspruch, der zivilrechtlich keiner prüfbaren Abrechnung bedarf, steuerrechtlich aber – da umsatzsteuerrelevant – entsprechend abgerechnet werden muss.

Der Auftragnehmer kann daher auch keine Abschlagszahlungen verlangen, wohl aber kann er – selbstverständlich – zu jedwedem Zeitpunkt bereits ermittelbare Teilforderungen erheben, die er selbständig mahnen oder im Wege einer offenen Teilklage auch klageweise wird geltend machen können.

Aufgrund des praktischen Bedürfnisses und der ähnlichen Interessenslage stellt sich die Frage, ob der Auftragnehmer auch nach § 650c Abs. 3 BGB vorgehen kann. Da die dogmatischen Grundlagen der Entschädigungsberechnung aber in § 642 BGB speziell geregelt sind, kann die gesetzliche Ausnahmeregelung aufgrund der einer Ausnahme immanenten engen Auslegung nicht analog angewendet werden. Zudem wird der Auftragnehmer auch kein Angebot unterbreitet haben, in dessen Kenntnis der Auftraggeber eine Anordnung ausgesprochen hat.

Aus demselben Grund ist auch ein Verfahren nach § 650d BGB unstatthaft.[557]

Der Anspruch aus § 642 BGB tritt neben den Vergütungsanspruch und ist deshalb nicht selbständig nach § 648a BGB aF (entspricht § 650f BGB) nF sicherbar.[558]

VII. Verjährung

Bislang wurde – auch hier bis noch zur Vorauflage – vertreten, dass es sich **277** bei dem Anspruch aus § 642 BGB auch um einen vergütungsgleichen Anspruch handele, weshalb zur Fälligkeit die gleichen Maßstäbe wie bei dem Anspruch nach Abs. 6 S. 1 gelten würden: Für das Entstehen des Anspruchs sei weder der Schadenseintritt maßgeblich (weil es nicht auf einen Schaden ankommt, der Anspruch auch ohne Entstehung eines Schadens entsteht) noch der Verzugsbeginn, weil jeder bauvertragliche Vergütungsanspruch einer Rechnung bedürfe. Es

---

[556] Der Anspruch wird deshalb bei einem VOB/B-Vertrag mit Rechnungsstellung fällig, ist als unselbständiger Rechnungsposten Bestandteil der Schlussrechnung: Leinemann/Leinemann/Kues § 6 Rn. 192; Ingenstau/Korbion/Döring § 6 Abs. 6 Rn. 66; FKZGM/Zanner § 6 Rn. 113 f. Für BGB-Bauverträge dürfte die Fälligkeit des Vergütungsspruches mit der Abnahme beginnen u. nicht mit dem Annahmeverzug des Bestellers: Ingenstau/Korbion/Döring § 6 Abs. 6 Rn. 66; aA: Kapellmann BauR 1985, 123; Erman/Schwenker BGB § 642 Rn. 11 unter Verweis auf ein Urteil des BGH vom 4.4.1968 – VII ZR 163/68, BB 69, 892, das sich allerdings auf einen Schadensersatzanspruch bezieht.
[557] Zu den parallelen Fragestellungen bei § 6 Abs. 6 S. 1: Rn. 111b und 119.
[558] LG Berlin 19.1.2017 – 86 O 142/16, IBR 2017, 251; LG Berlin, 4.12.2019 – 32 O 244/19, IBR 2020, 448; LG Halle 9.2.2016 – 8 O 40/15, IBR 2016, 1138. Andere Ansicht: LG Münster 18.1.2021 – 212 O 120/20, IBR 2021, 2246.

sei auch aus gleichen Erwägungen nicht das Verzugsende entscheidend, vielmehr knüpfe die Fälligkeit an die Regelungen des § 16 an: Der Anspruch entstünde mithin mit Ablauf einer zwei-monatigen Prüffrist nach Abnahme und (Schluss-)rechnungszugang (auch, wegen § 16 Abs. 3, wenn der Anspruch nach Abs. 6 S. 2 in der Schlussrechnung vergessen wurde).[559]

Tatsächlich sprechen aber die besseren Beweggründe dafür, dass sowohl der Entschädigungsanspruch nach § 642 BGB als auch der Schadensersatzanspruch des § 6 Abs. 6 VOB/B den allgemeinen Regelungen zur Entstehung von Ansprüchen unterliegen.[560] § 16 VOB/B verweist hinsichtlich der „prüfbaren Aufstellung" allein auf die „Leistungen" des Auftragnehmers, das sind die vertragsgemäß zu erbringenden Leistungen, für welche die Parteien Einheitspreise vereinbart haben oder die – bei Pauschalen – an den vertraglich vereinbarten Preis gebunden sind. Der Entschädigungsanspruch nach § 642 BGB ist aber keine „Leistung", die nach dem Vertrag geschuldet und für welche die Parteien eine Gegenleistung „vereinbart" haben. Der Anspruch entsteht daher zu dem Zeitpunkt, zu dem der Auftraggeber erstmals in Annahmeverzug geriet, ggfls. entsteht der Anspruch für jeden neuen Umstand des Annahmeverzugs (dh für jede „Störung") jeweils neu. Auch nach der Literatur tritt der Anspruch aus § 642 BGB „neben" den Werklohnanspruch, modifiziert diesen nicht und ist auch nicht Teil dessen.[561]

Hieran schließt sich die allgemeine Verjährungsfrist nach §§ 195, 199 BGB an: In der Regel drei Jahre beginnend mit dem Schluss des Jahres, in welchem der Anspruch entstanden ist; die Höchstfrist beträgt 10 Jahre. Auch nach der Rechtsprechung sind Entschädigungsansprüche nach § 642 BGB unselbständige Rechnungsposten eines einheitlichen Vergütungsanspruches nach § 631 BGB.[562]

J. Abs. 7 – Kündigungsrecht bei längerer Unterbrechung

I. Regelungszweck und Konkurrenzen

278 Abs. 7 konkretisiert den allgemeinen Rechtsgedanken,[563] dass bei Dauerschuldverhältnissen für beide Vertragsparteien eine Lösungsmöglichkeit bestehen muss, wenn die Realisierung des Vertragszweckes unzumutbar lange aufgeschoben wird. Alternativ zum Kündigungsrecht aus § 6 Abs. 7 kann der Auftraggeber nach § 8 Abs. 3 kündigen und der Auftragnehmer nach § 9, jeweils sofern die jeweiligen Tatbestandsvoraussetzungen vorliegen. Der Auftragnehmer könnte zB nach § 9 schon dann kündigen, wenn die Frist aus § 6 Abs. 7 von drei Monaten noch nicht abgelaufen ist. § 6 Abs. 7 ist somit nicht abschließend. Kündigt eine der Parteien aus einem anderen Grund als in § 6 Abs. 7 aufgeführt, so richten sich die Kündigungsfolgen nicht nach § 6 Abs. 7, sondern nach den jeweils maßgeblichen Normen.

---

[559] Wie hier: Leinemann/Leinemann/Kues § 6 Rn. 192; ähnlich: FKZGM/Zanner § 6 Rn. 113 f.; aA (maßgebend ist nur die Abnahme): Ingenstau/Korbion/Döring § 6 Abs. 6 Rn. 66; weitgehender: Kapellmann BauR 1985, 123 (maßgebend ist der Zeitpunkt, in dem ein Schaden erstmals entstanden ist).
[560] So auch Steiner, BauR 2023, 1.
[561] MüKo-Busche, § 642 BGB, Rn. 16.
[562] KG 16.2.2018 – 21 U 66/16, NJW 2018, 3721.
[563] Nicklisch, 3. Auflage, Rn. 70.

II. Tatbestandsvoraussetzungen

Die VOB/B definiert die Unzumutbarkeitsschwelle mit drei Monaten. Dauert 279 die Unterbrechung[564] länger als drei Monate, so hat jede Partei das Recht, den Vertrag nach § 6 Abs. 7 zu kündigen. Die Kündigung kann auch schon vor dem Ablauf von drei Monaten erklärt werden, wenn sicher feststeht, dass die Unterbrechung länger als drei Monate dauern wird.[565] Die Kündigung bedarf der Schriftform (jetzt auch nach § 650h BGB) die – anders als im Rahmen der Behinderungsanzeige – echte Wirksamkeitsvoraussetzung ist. Tatbestandsvoraussetzungen sind also neben (1) der Unterbrechung und (2) dem Zeitablauf von mehr als drei Monaten (3) eine der Schriftform genügende Kündigungserklärung. Es ist nicht erforderlich, dass der Auftragnehmer mit der Arbeit bereits begonnen hat. Vielmehr kann der Auftragnehmer nach § 6 Abs. 7 auch schon dann kündigen, wenn er noch gar nicht mit der Bauausführung begonnen hat, die Frist von drei Monaten nach dem vorgesehenen Baubeginn aber verstrichen ist.[566] Die Kündigung kann auch auf einen Teil der Leistungen beschränkt werden. Voraussetzung ist, dass die gekündigte Teilleistung in sich abgeschlossen ist. Die Unterbrechung muss im Zeitpunkt des Zugangs der Kündigung noch fortbestehen. Es besteht keine Kündigungsmöglichkeit, wenn die Unterbrechung beendet ist oder mit an Sicherheit grenzender Wahrscheinlichkeit kurzfristig beendet sein wird (§ 242 BGB). Hieraus wird vereinzelt in der Rechtsprechung noch der Schluss gezogen, dass ein Festhalten an dem Vertrag nicht mehr zumutbar sein muss.[567] Dies wird aber in aller Regel mit Ablauf von drei Monaten der Fall sein, da allein aufgrund des Zeitablaufes nicht absehbar ist, wann das Leistungshindernis behoben wird und es einer jeden Partei nicht zumutbar ist, über den Einsatz ihrer Produktionsmittel weiterhin in Unsicherheit zu sein.

Das Kündigungsrecht aus § 6 Abs. 7 muss im Zusammenhang mit dem Fristablauf 280 von drei Monaten ausgeübt werden. Hält eine oder halten beide Parteien für einen längeren Zeitraum an dem Vertrag fest, obwohl der Kündigungsgrund vorliegt, so kann sie sich später nicht mehr auf den Kündigungsgrund berufen. Gleiches gilt, wenn die jeweils andere Partei auffordert, sich hinsichtlich des Kündigungsgrundes zu erklären. Auf Verlangen muss jede Partei der anderen Partei mitteilen, ob und ggf. wie lange sie noch bereit ist, zu warten. Alternativ zur Kündigung kann jede Partei auch die weitere Vertragsfortsetzung von einer neuen Vergütungs- oder zeitlichen Vereinbarung abhängig machen.

Sieht der Vertrag wirksame Regelungen zum Umgang mit Unterbrechungen 281 oder einseitige Sistierungsrechte einer Partei vor, ist ein Rückgriff auf Abs. 7 nicht möglich.[568] Das Kündigungsrecht steht einer Partei dann auch zu, wenn sie selbst die Gründe, die zu der Unterbrechung führten, zu vertreten hat, sie schuldet der anderen Partei dann aber Schadensersatz nach Abs. 6.[569] Nach allgemeiner Auffassung soll dies auch dann gelten, wenn der Umstand schon im Risikobereich einer Partei liegt, ohne dass die Partei den Umstand zu vertreten hat.[570] So ent-

---

[564] Zur Definition der Unterbrechung s. oben die Ausführungen unter Abs. 5.
[565] BGH NZBau 2004, 432.
[566] BGH NZBau 2004, 432; Nicklisch, 3. Auflage, Rn. 82; OLG Düsseldorf NJW 1995, 3323; OLG Naumburg 5.4.2016 – 1 U 115/15, IBR 2017, 130.
[567] OLG Brandenburg 28.6.2018 – 12 U 68/17, IBR 2018, 556.
[568] So auch noch – Nachweis in der Vorauflag – Berger, Beck VOB/B, § 6 Abs. 7 Rn. 27.
[569] OLG Brandenburg 28.6.2018 – 12 U 68/17, IBR 2018, 556.
[570] BGH NZBau 2004, 432.

schied der BGH, dass der Auftraggeber einen Vertrag nach hochwasserbedingter Unterbrechung nicht nach § 6 Abs. 7 kündigen kann, da das Hochwasser dem Risikobereich des Auftraggebers zugeordnet wurde.[571] Der Ausschluss des Kündigungsrechts kann zwar aus dem Wortlaut der VOB/B nicht hergeleitet werden, entspricht letztlich aber auch wegen § 242 BGB der herrschenden Meinung.[572]

III. Rechtsfolgen

282 In Abweichung zu den Regelungen in § 8 oder § 9 erfolgt die Abrechnung nach § 6 Abs. 5 und 6, dh die ausgeführten Leistungen sind nach Abs. 5 zu vergüten, die unterbrechungsbedingten Kosten sind nach § 6 Abs. 6 zu erstatten, dh entweder nach S. 1 oder für die Unterbrechungszeit auch nach S. 2 iVm § 642 BGB, sofern die jeweiligen Tatbestandsvoraussetzungen vorliegen.

283 Hat der Auftragnehmer die Unterbrechung nicht zu vertreten, sind ihm darüber hinaus auch die Kosten der **Baustellenräumung** zu vergüten, soweit sie nicht in der Vergütung für die bereits ausgeführten Leistungen enthalten sind. Dh, ist die Unterbrechung vom Auftraggeber zu vertreten oder von keinem zu vertreten, erhält der Auftragnehmer über die mit den Abs. 5 und 6 abgegoltenen Ansprüchen auch noch die Kosten für die Baustellenräumung.

284 **Sicherungsmaßnahmen,** die der Auftragnehmer während der Dauer der Unterbrechung auf der Baustelle ausgeführt hat, werden entweder nach § 2 Abs. 5, 6 vergütet, sofern der Auftraggeber deren Ausführung angeordnet hat, nach § 2 Abs. 8 Nr. 2, 3 wenn sie notwendig sind oder im Interesse des Auftraggebers waren (was regelmäßig der Fall sein dürfte).

285 Nach einer früher verbreiteten Ansicht war für den Anspruch aus Abs. 7 keine Abnahme erforderlich, wohl aber die Erstellung einer Rechnung.[573] Richtigerweise sind aber die Fälligkeitsvoraussetzungen eines jeden Anspruches nach einer Kündigung identisch: Im Einklang mit den Anforderungen der Rechtsprechung an einen gekündigten Werkvertrag,[574] ist deshalb auch bei einem Anspruch nach Abs. 7 (anders bei einem Anspruch nach Abs. 5 → Rn. 112) grundsätzlich die **Abnahme** erforderlich, soweit diese nicht nach § 12 Abs. 5 oder § 640 Abs. 1 S. 3 BGB ersetzt werden kann. Daneben ist, wie bei allen Vergütungsansprüchen auch die Erstellung einer den Anforderungen der §§ 14, 16 genügenden **Rechnung** erforderlich.

K. Allgemeine Geschäftsbedingungen

I. AGB-Widrigkeit der VOB/B Regelungen?

286 Die Regelungen der VOB/B sind regelmäßig Allgemeine Geschäftsbedingungen, die AGB-Qualität der VOB/B wird nicht ernsthaft bestritten. Wird die VOB/B ohne inhaltliche Abweichungen in Unternehmerverträgen einbezogen, so ist sie gesetzlich privilegiert, dies stellt § 310 Abs. 1 S. 3 BGB klar. Diese gesetzliche Privilegierung besteht aber nur dann, wenn die VOB/B ohne jede

---

[571] BGH BauR 1997, 1021.
[572] Ingenstau/Korbion/Döring § 6 Abs. 7 Rn. 9; Nicklisch, 3. Auflage, Rn. 72; Kapellmann/Messerschmidt/Markus § 6 Rn. 108.
[573] Nachweis in der Vorauflage.
[574] BGH NJW 2006, 2475.

Änderung in den Vertrag einbezogen wird.[575] Es kommt nicht darauf an, ob es sich dabei um einen Eingriff in den „Kernbereich" der VOB/B handelt, wie es noch zur früheren Rechtslage galt oder nicht. Die Privilegierung entfällt somit in Verbraucherverträgen generell und in Unternehmerverträgen dann, wenn eine Änderung der VOB/B vorgenommen wurde. Unterliegen die Regelungen der VOB/B nach diesen Maßstäben einer Inhaltskontrolle, so sind die Bestimmungen des § 6 Abs. 1–7 grundsätzlich mit folgenden Einschränkungen wirksam:[576]

- Das **Anzeigeerfordernis in Abs. 1** entspricht dem werkvertraglichen Kooperationsgebot. Da es dem Auftragnehmer auch gestattet wird, bei einer unterlassenen Anzeige sich gegen Ansprüche des Auftraggebers zu verteidigen, verstößt § 6 Abs. 1 nicht gegen das AGB-Recht.[577]
- Die Regelungen in Abs. 2–5 sind als AGB nicht zu beanstanden.
- Die **Haftungsbeschränkung in Abs. 6 S. 1** entspricht den Maßstäben des § 309 Nr. 7, Nr. 8 BGB.[578] Insbesondere umfasst die Haftungsbeschränkung sowohl Ansprüche des Auftragnehmers gegen den Auftraggeber als auch Ansprüche des Auftraggebers gegen den Auftragnehmer. Die Regelung dürfte also wirksam sein.
- Streitig ist allerdings, ob das **Anzeigeerfordernis in Abs. 6 S. 2** als Allgemeine Geschäftsbedingung wirksam ist, soweit die Regelungen der VOB/B für einen gesetzlichen Anspruch eine zusätzliche, im Gesetz nicht vorgesehene Tatbestandsvoraussetzung fordert (nämlich die Anzeige nach Abs. 1 S. 1, falls nicht Offenkundigkeit gegeben ist). Das Verlangen einer Behinderungsanzeige weicht vom gesetzlichen Leitbild ab und benachteiligt deshalb den Auftragnehmer nach allgemeiner Auffassung in der Literatur.[579] Gleichwohl basiert diese Regelung auf der Rechtsprechung des BGH,[580] so dass nicht damit zu rechnen ist, dass der Bundesgerichtshof seine Auffassung ändert.
- Die Regelung in Abs. 7 ist als AGB ebenfalls wirksam.

Daneben ist stets zu beachten, dass die Regelungen der VOB/B als Allgemeine Geschäftsbedingungen auszulegen sind, dh Zweifel gehen zu Lasten des Verwenders und die Regelungen sind objektiv, und nicht nach § 133, 157 BGB auszulegen.

II. Wirksamkeit von abweichenden Regelungen

1. Klauseln des Auftraggebers. AGB-Klauseln des Auftraggebers, die den Schadensersatzanspruch des Auftragnehmers nach § 6 Abs. 6 S. 1 einschränken, an zusätzliche Tatbestandsvoraussetzungen knüpfen oder für bestimmte Störungssachverhalte gänzlich ausschließen, sind nach allgemeiner Auffassung deswegen

287

---

[575] BGH NZBau 2004, 267; BauR 2007, 1404.
[576] Zum Meinungsstand: Messerschmidt/Voit/Voit § 6 Rn. 21.
[577] Allg. Meinung. Kapellmann/Messerschmidt/Markus § 6 Rn. 15; Ingenstau/Korbion/Döring § 6 Abs. 1 Rn. 10; BGH BauR 1999, 645.
[578] AA: Glöckner BauR 2014, 368, bei einem – wie hier vertretenen – weiten Verständnis des Anwendungsbereichs unter Einschluss der Obliegenheiten; FKZGM/Zanner § 6 Rn. 154 f.
[579] Markus/Kaiser/Kapellmann AGB-HdB/Markus Rn. 85; Kapellmann/Messerschmidt/Markus § 6 Rn. 90; Kapellmann NJW 2008, 257; Messerschmidt/Voit/Voit § 6 Rn. 18; aA: Beck VOB/B/von Kiedrowski § 6 Abs. 6 Rn. 133.
[580] BGH NJW 2000, 1336 – Vorunternehmer II.

unwirksam, weil sie gegen das gesetzliche Leitbild der §§ 280 ff. BGB verstoßen.[581] Dies betrifft vor allem Klauseln, die den Auftragnehmer dazu verpflichten, bei Überschreitung der vertraglichen Ausführungsfristen **Beschleunigungsmaßnahmen** oder Verstärkungsmaßnahmen vorzunehmen oder ihn dazu verpflichten, sein Personal, seine Geräte oder sein Material zu verstärken, ohne hierfür gesondert vergütet zu werden. Gleiches gilt auch für Klauseln, wonach Stillstandskosten nicht vergütet werden oder **pauschale Einheitspreise** für Baustillstände vereinbart werden, die dem Auftragnehmer nicht den Nachweis gestatten, dass ihm ein höherer Schaden entstanden ist.[582] Unwirksam sind auch Klauseln, wonach sich die **Fristverlängerung** auf eine Maximalfrist von bspw. fünf Arbeitstagen **beschränkt**.[583]

288 Unwirksam sind auch Klauseln, die es dem Auftraggeber gestatten, nach freiem Ermessen Arbeitsunterbrechungen oder Stillstände **anzuordnen**, ohne dass dem Auftragnehmer die hieraus entstehenden Nachteile zu erstatten sind. Der Auftraggeber kann in Allgemeinen Geschäftsbedingungen auch nicht regeln, dass der Auftragnehmer sich auf alle möglichen Behinderungen einstellen müsse, nicht kontinuierlich arbeiten könne und durch **Behinderungen durch andere Unternehmer** rechnen müsse.[584] Wohl aber kann im Rahmen der Vertragsfreiheit wirksam geregelt werden, mit welcher baulichen Situation der Auftragnehmer rechnen muss bzw. welche Situation er verlangen kann.

289 Unwirksam ist auch eine Regelung, mit welcher das Risiko für Bauablaufstörungen auf den Auftragnehmer verlagert werden soll und dieser verpflichtet werden soll, unabhängig von der Verursachungsfrage, Verstärkungs- oder Beschleunigungsmaßnahmen umzusetzen.[585] Gleichfalls sind Regelungen unwirksam, die dem Auftragnehmer über § 6 Abs. 3 hinaus verpflichten, „alles in seiner Macht stehende zu tun", um die vereinbarten Termine einzuhalten.[586]

290 Unwirksam sind demnach auch Klauseln, die bestimmte Umstände, die eigentlich nach den Bestimmungen des § 6 Abs. 2 Nr. 1a-c VOB/B zu einer Ausführungsfristverlängerung führen, nunmehr auch dem zeitlichen Risiko des Auftragnehmers unterliegen sollen, wie bspw. Massenmehrungen oder -minderungen, Zusatzleistungen, Witterungsverhältnisse oder alle Schlechtwettertage (mithin auch jene, die nach § 6 Abs. 2 Nr. 1c als Höhere Gewalt gelten)[587] oder Klauseln, wonach „bauübliche Störungen" in Kauf zu nehmen sind.[588] Klauseln, nach denen Behinderungen erst ab einer Dauer von vier Wochen zu einer Fristverlängerung berechtigen sollen, sind ebenfalls unwirksam.[589]

291 Unwirksam sind Klauseln, die eine Fristverlängerung (und damit eine Verteidigung des Auftragnehmers gegen hieraus resultierende Ansprüche des Auftraggebers) dergestalt beschränken, dass der Auftragnehmer eine Reaktionsfrist des Auf-

---

[581] Ein individueller Ausschluss ist möglich: LG Frankfurt a. M. BauR 2014, 1828.
[582] Allg. Meinung: Kapellmann/Messerschmidt/Markus § 6 Rn. 90.
[583] LG München I 13.4.1984 – 7 O 19799/88, unveröffentlicht; Markus/Kaiser/Kapellmann AGB-HdB/Kaiser Rn. 441.
[584] LG München I 13.4.1984 – 7 O 19799/88, unveröffentlicht; Markus/Kaiser/Kapellmann AGB-HdB/Kaiser Rn. 441.
[585] OLG Karlsruhe NJW-RR 1993, 1435.
[586] OLG Karlsruhe NJW-RR 1993, 1435.
[587] Vgl. bspw. OLG Köln NJW-RR 1988, 654. Weitere Nachweise bei: Markus/Kaiser/Kapellmann AGB-HdB/Kaiser Rn. 430, 432, 433, 455.
[588] OLG München 13.10.2017 – 27 U 688/17 Bau.
[589] FKZGM/Zanner § 6 Rn. 159.

traggebers abwarten und entsprechend berücksichtigen muss, weil durch eine derartige Klausel das Risiko während dieser Zeit auf den Auftragnehmer übertragen wird.[590]

Unwirksam sind Klauseln, die den Auftragnehmer verpflichten, innerhalb einer bestimmten **Frist** eine Behinderung **anzuzeigen** und gleichzeitig bestimmen, dass ansonsten keine Ansprüche bestehen, da hierdurch die gesetzlichen Regelungen über die Verjährung und Verwirkung von Ansprüchen unterlaufen werden. Wirksam sind aber Klauseln, die den Auftragnehmer verpflichten, Schadensersatzansprüche innerhalb einer bestimmten Frist **abzurechnen.** Die Vereinbarung einer solchen **Ausschlussfrist** dient regelmäßig dem Interesse beider Parteien, Schadenssachverhalte kurzfristig abzuwickeln.[591] 292

Wirksam sind Klauseln, wonach der Auftragnehmer eine Behinderung auch dann anzeigen muss, wenn die Behinderung offenkundig ist.[592] Trotz einer derartigen Klausel kann sich der Auftragnehmer immer noch gegen Verzugsschadensersatzansprüche oder Vertragsstrafeansprüche des Auftraggebers mit dem Argument verteidigen, er habe die Verzögerung nicht verursacht oder jedenfalls nicht schuldhaft herbeigeführt. 293

Schließlich ist der Ausschluss des Kündigungsrechts nach Abs. 7 in AGB unwirksam.[593] 294

2. Klauseln des Auftragnehmers. Umgekehrt sind Klauseln des Auftragnehmers unwirksam, wonach Schadensersatzansprüche des Auftraggebers ausgeschlossen oder reduziert werden.[594] Entsprechend sind auch Klauseln unwirksam, wonach der Auftraggeber Schadensersatzansprüche erst nach Setzung einer Nachfrist geltend machen kann.[595] 295

Wie entsprechende Klauseln des Auftraggebers sind auch Klauseln des Auftragnehmers unwirksam, durch die der Auftraggeber in der Geltendmachung des ihm tatsächlich beschränkt wird, indem bspw. **Pauschalierungen** des Schadens vorgenommen werden, ohne den Nachweis eines höheren Schadens zu gestatten.[596] 296

§ 7 Verteilung der Gefahr

(1) **Wird die ganz oder teilweise ausgeführte Leistung vor der Abnahme durch höhere Gewalt, Krieg, Aufruhr oder andere objektiv unabwendbare vom Auftragnehmer nicht zu vertretende Umstände beschädigt oder zerstört, so hat dieser für die ausgeführten Teile der Leistung die Ansprüche nach § 6 Absatz 5; für andere Schäden besteht keine gegenseitige Ersatzpflicht.**

---

[590] Markus/Kaiser/Kapellmann AGB-HdB/Kaiser Rn. 421.
[591] Vgl. BGH NJW-RR 2000, 648.
[592] BGH NJW-RR 1989, 625; FKZGM/Zanner § 6 Rn. 154.
[593] FKZGM/Zanner § 6 Rn. 163; OLG Frankfurt a. M. BauR 1999, 774.
[594] Vgl. OLG Frankfurt a. M. BB 1984, 300.
[595] BGH NJW 1985, 855.
[596] Bspw. ist aber im Geschäftsverkehr zwischen Unternehmern eine Klausel des Auftragnehmers wirksam, wonach der pauschalierte Schadensersatz wegen Nichtverfügbarkeit einer Windenergieanlage auf höchstens 20 % der zu erwartenden Einspeisevergütung gedeckelt ist: OLG Schleswig 1.3.2012 – 5 U 47/11.

§ 7 VOB Teil B

(2) Zu der ganz oder teilweise ausgeführten Leistung gehören alle mit der baulichen Anlage unmittelbar verbundenen, in ihre Substanz eingegangenen Leistungen, unabhängig von deren Fertigstellungsgrad.

(3) ¹Zu der ganz oder teilweise ausgeführten Leistung gehören nicht die noch nicht eingebauten Stoffe und Bauteile sowie die Baustelleneinrichtung und Absteckungen. ²Zu der ganz oder teilweise ausgeführten Leistung gehören ebenfalls nicht Hilfskonstruktionen und Gerüste, auch wenn diese als Besondere Leistung oder selbstständig vergeben sind.

Literatur: Acker/Garcia-Scholz, Die Ansprüche des Auftragnehmers bei Beschädigung der Werkleistung vor Abnahme, BauR 2003, 1457; Bergmann, Grundlagen der Vergütungsregelung nach BGB und § 16 VOB/B, ZfBR 1998, 59 ff.; Duffek, Zu § 7 Abs. 1 (aF) bzw. § 7 (nF) VOB/B: Handlungen des Bauherrn als „unabwendbarer, vom Auftragnehmer nicht zu vertretender Umstand", BauR 1975, 22; Erman, Der Sphärengedanke als Gesichtspunkt für die Verteilung der Preisgefahr beim Werkvertrag, JZ 1965, 657; Kaiser, Die Gefahrtragung im Bauvertrag, FS Korbion, 1986, 197; Kaminsky/Kues, Die Vergütung von Maßnahmen des Auftragnehmers zum Schutz der eigenen Leistung vor der Abnahme beim VOB/B-Vertrag, NZBau 2006, 747; Köhler, Graffiti-Schmierereien – höhere Gewalt oder unabwendbares Ereignis? BauR 2002, 27; Marbach, Nachtragsforderung bei mangelnder Leistungsbeschreibung der Baugrundverhältnisse im VOB-Vertrag und bei Verwirklichung des „Baugrundrisikos", BauR 1994, 168; Rutkowsky, Gefahrtragung und Haftung bei gewaltsamen Anschlägen gegen Großbaumaßnahmen und die daran beteiligten Unternehmen, NJW 1988, 1761; Schmidt-Salzer, Die Bedeutung der Rechtsprechung zu den Allgemeinen Geschäftsbedingungen für Bauunternehmer, Architekten, Bauherren und insbesondere die Öffentliche Hand, BB 1973 Beil. 1.

Übersicht

	Rn.
A. Allgemeines	1
I. Grundbegriffe	1
II. Beschränkung des § 7 auf die Vergütungsgefahr	4
III. Verhältnis zu § 12 Abs. 6 und zu den gesetzlichen Vorschriften	5
IV. AGB-Problematik	7
B. Voraussetzungen	8
I. Ganz oder teilweise ausgeführte Leistung	8
II. Die von § 7 erfassten Risiken	10
III. Beschädigungen oder Zerstörungen der ausgeführten Leistung	19
C. Rechtsfolgen	20
D. Beweislast	24
E. Abweichende Vertragsbedingungen	25
F. Bauleistungsversicherung	26

A. Allgemeines

I. Grundbegriffe

1 Für das Verständnis der in § 7 getroffenen Regelung ist zunächst wichtig, dass sich die vertragliche Hauptpflicht des Auftragnehmers darauf richtet, den im Vertrag näher bestimmten Erfolg herbeizuführen, der beim Bauvertrag in der Erbrin-

Verteilung der Gefahr **§ 7**

gung einer bestimmten Bauleistung bzw. in der Herstellung eines bestimmten Bauwerks besteht. Der Herstellungsprozess unterliegt jedoch vielfältigen Risiken. Soweit Störungen durch schuldhaftes Verhalten einer der beiden Vertragsparteien oder ihrer Erfüllungsgehilfen eintreten, greifen die Bestimmungen der VOB/B und des BGB über Vertragsverletzungen bzw. die Mängelhaftung ein.[1] Es kann jedoch auch sein, dass Störungen des Herstellungsvorgangs von keiner der Vertragsparteien zu vertreten sind. Hier liegt die eigentliche Bedeutung der Regeln über die Gefahrtragung.[2]

„**Gefahr**" im zivilrechtlichen Sinne ist eine Kurzbezeichnung für das von 2 keiner Vertragspartei zu vertretende Risiko der Beschädigung oder Zerstörung des Leistungsgegenstandes. Bei den Regeln über die Verteilung der Gefahr handelt es sich demnach um Bestimmungen darüber, wer die nachteiligen Folgen von Beschädigungen oder Zerstörungen des Werkes zu tragen hat, die nicht von einem der Vertragspartner zu vertreten sind.

Dabei ist zu unterscheiden: Bei der **Leistungsgefahr** geht es um die Frage, 3 ob der Werkunternehmer trotz des schädigenden Ereignisses weiter zur Herstellung des Werkes verpflichtet bleibt. Bei der **Vergütungsgefahr** (oder Gegenleistungsgefahr) geht es dagegen um die Frage, ob trotz des schädigenden Ereignisses, das den Leistungserfolg ganz oder teilweise vereitelt, die Verpflichtung des Auftraggebers zur Zahlung der vereinbarten Vergütung bestehen bleibt.

II. Beschränkung des § 7 auf die Vergütungsgefahr

§ 7 regelt ebenso wie § 644 BGB nur die **Vergütungsgefahr**.[3] Beide Bestim- 4 mungen besagen also nichts darüber, ob und wann der Auftragnehmer von seiner Leistungspflicht frei wird. Dafür sind vielmehr die allgemeinen gesetzlichen Vorschriften über das Freiwerden des Schuldners bei Unmöglichkeit der Leistung – insbesondere § 275 BGB – maßgebend. Ist die Leistung noch möglich, so wird der Auftragnehmer vor der Abnahme grundsätzlich nicht dadurch von seiner Leistungspflicht frei, dass das begonnene Werk ohne sein Verschulden zerstört wird, § 12 Abs. 6.

III. Verhältnis zu § 12 Abs. 6 und zu den gesetzlichen Vorschriften

§ 7 muss im Zusammenhang mit § 12 Abs. 6 und den gesetzlichen Bestimmun- 5 gen über die Gefahrtragung bei Werkverträgen in §§ 644 ff. BGB gesehen werden. Die grundlegende Regelung über die Gefahrtragung findet sich nicht in § 7, sondern in § 12 Abs. 6: die Gefahr geht mit der Abnahme vom Auftragnehmer auf den Auftraggeber über. Dies entspricht inhaltlich der Regelung in § 644 Abs. 1 S. 1 BGB. Dabei ist jedoch zu berücksichtigen, dass die Abnahme in der VOB/B teilweise abweichend von § 640 BGB geregelt ist. Insoweit wird auf die Ausführungen unter → § 12 Rn. 1 ff. verwiesen. § 12 Abs. 6 stellt daher eine Modifikation der gesetzlichen Regelung dar und geht dieser vor. § 7 enthält sodann eine

---

[1] Ganten/Jansen/Voit/Rüßmann VOB/B Vor. § 7 Rn. 1 ff.; Leinemann/Sacher § 7 Rn. 5.
[2] Leinemann/Sacher § 7 Rn. 1 ff.
[3] BGH BauR 1997, 1021 – Schürmann/Hagedorn II; Ingenstau/Korbion/Oppler § 7 Rn. 3, 11; MüKoBGB/Soergel § 645 Rn. 18; Heiermann/Riedl/Rusam/Kuffer/Petersen § 7 Rn. 8; Leinemann/Sacher § 7 Rn. 9.

Abweichung vom allgemeinen Grundsatz des § 12 Abs. 6, indem hinsichtlich einer bestimmten Gruppe von Risiken der Übergang der Vergütungsgefahr vorverlegt wird. Die Gründe für diesen partiell vorgezogenen Gefahrübergang liegen in den Besonderheiten des Bauvertrages, insbesondere in der Tatsache, dass das Werk nicht in einem abgeschlossenen Betrieb des Auftragnehmers hergestellt werden kann und deshalb in stärkerem Maße seinem Einfluss entzogenen Risiken ausgesetzt ist.[4] Die erhöhten Gefahren während der Herstellungsphase sollen nicht ausschließlich dem Auftragnehmer aufgebürdet werden.

6 Die §§ 7, 12 Abs. 6 modifizieren lediglich die gesetzliche Regelung, enthalten aber keine abschließende Sonderregelung über die Verteilung der Vergütungsgefahr bei VOB-Verträgen. Soweit hier keine abweichende Regelung getroffen wird, bleiben die §§ 644 Abs. 1 S. 2 und 3, 645 Abs. 1 S. 1 BGB auch auf VOB-Verträge anwendbar.[5] So kann die Vergütungsgefahr gemäß §§ 644 Abs. 1 S. 2, 326 Abs. 2 BGB vorzeitig auf den Auftraggeber übergehen, wenn er sich in Annahmeverzug befindet.[6] Zu einem zumindest teilweisen vorzeitigen Übergang der Vergütungsgefahr kann es auch nach § 645 Abs. 1 S. 1 BGB kommen, wenn das Werk vor Abnahme untergeht, verschlechtert oder unausführbar wird und das auf einen Mangel des vom Auftraggeber gelieferten Stoffes oder auf eine Ausführungsanweisung des Auftraggebers zurückzuführen ist. In Betracht kommt nach Auffassung des BGH in bestimmten Fällen auch eine analoge Anwendung des § 645 BGB, wenn der Untergang des Werkes oder die Unmöglichkeit seiner Herstellung auf risikoerhöhende Handlungen des Auftraggebers zurückgehen, auch wenn sich diese nicht auf die Ausführung des betreffenden Werkes, welches untergegangen oder unmöglich geworden ist, beziehen.[7] Diese Grundsätze gelten auch für den VOB-Vertrag.

IV. AGB-Problematik

7 Die Bestimmungen der VOB/B sind als Allgemeine Geschäftsbedingungen gemäß § 305 Abs. 1 BGB zu qualifizieren, wenn sie bei Abschluss des Vertrages von einer Partei der anderen gestellt werden.[8] Sie unterliegen dann der Inhaltskontrolle, so auch die Regelung in § 7. Diese weicht vom gesetzlichen Leitbild insofern ab, als sie dem Auftragnehmer eine Teilvergütung auch in Fällen zuerkennt, in denen ihm nach der gesetzlichen Regelung ein Anspruch nicht zustehen würde. Ob hierin eine unangemessene Benachteiligung des Auftraggebers im Sinne von § 307 Abs. 1 und 2 BGB zu sehen ist,[9] ist umstritten. Die Frage dürfte mit der überwiegenden Meinung im baurechtlichen Schrifttum[10] zu verneinen sein. Die teilweise Vorverlegung des Übergangs der Vergütungsgefahr trägt nämlich dem Umstand Rechnung, dass der Auftragnehmer – wie schon unter 3. dargelegt – bei der Errichtung des Bauwerks besonderen Risiken ausgesetzt ist.

---

[4] Ganten/Jansen/Voit/Rüßmann VOB/B § 7 Rn. 23; Leinemann/Sacher § 7 Rn. 2.

[5] BGH BauR 1997, 1021 (1023); Ingenstau/Korbion/Oppler § 7 Rn. 12; Kapellmann/Messerschmidt/Lederer § 7 Rn. 6.

[6] Leinemann/Sacher § 7 Rn. 2.

[7] BGHZ 137, 35 (38); 136, 303 (308); 78, 352 (354); Kapellmann/Messerschmidt/Lederer § 7 Rn. 50.

[8] BGH 19.1.2023 – VII ZR 34/20, NJW 2023, 1356; Leinemann/Sacher § 7 Rn. 11.

[9] Schmidt/Salzer BB Beilage 1/73, 8.

[10] Kapellmann/Messerschmidt/Lederer § 7 Rn. 8; Ingenstau/Korbion/Oppler § 7 Abs. 1–3 Rn. 1; Leinemann/Sacher § 7 Rn. 11.differenzierend Ganten/Jansen/Voit/Rüßmann Vor § 7 Rn. 28.

Zu Recht weist Lederer[11] überdies darauf hin, dass der Gesetzgeber durch das „Gesetz zur Beschleunigung fälliger Zahlungen" die Gesetzeslage der VOB-Regelung angenähert habe und auch wegen der restriktiven Auslegung des § 7 durch den BGH[12] eine unangemessene Benachteiligung kaum bejaht werden könne.

B. Voraussetzungen

I. Ganz oder teilweise ausgeführte Leistung

Der nach § 7 vorverlegte Gefahrübergang bezieht sich nur auf die ganz oder teilweise ausgeführte Leistung des Auftragnehmers.[13] Die Auslegung dieser Tatbestandsvoraussetzung wird durch die Absätze 2 und 3 konkretisiert.[14] Zu der ganz oder teilweise ausgeführten Leistung gehören nach Abs. 2 alle „mit dem Bauwerk unmittelbar verbundenen, in ihre Substanz eingegangenen Leistungen".[15] Das gilt unabhängig vom Grad der Fertigstellung der jeweiligen Leistungen. Es ist nicht erforderlich, dass bereits eine abnahmefähige Leistung oder Teilleistung (vgl. § 12) vorliegt. Die bereits bewirkte Teilleistung muss jedoch zu dem geschuldeten Bauwerk gehören.

Zur „ausgeführten Leistung" gehören **nicht Baustoffe oder Bauteile vor ihrer Einfügung** in das Bauwerk (§ 7 Abs. 3). Soweit solche Stoffe oder Bauteile vom Auftraggeber geliefert worden sind, trägt dieser die Gefahr nach § 644 Abs. 1 S. 3 BGB. Soweit sie vom Auftragnehmer beschafft worden sind, trifft diesen das Risiko ihrer Beschädigung oder Zerstörung. Es ist nicht der Sinn des § 7, dem Auftragnehmer vorzeitig das Lagerrisiko für noch nicht verarbeitetes Material abzunehmen. Er trägt daher insoweit auch das Diebstahlsrisiko.[16] Zur ausgeführten Leistung im Sinne von § 7 gehören ferner nicht die zur Erbringung der Bauleistung notwendigen **Hilfsmittel**, wie die Baustelleneinrichtung,[17] Absteckungen, Baumaschinen oder Fahrzeuge. Außer Betracht bleiben nach Abs. 3 S. 2 auch **Hilfskonstruktionen und Gerüste**, selbst wenn diese als Besondere Leistung (vgl. Abschnitte 4.2. der ATV der VOB/C) oder selbständig vergeben worden sind.[18] Neben den ausdrücklich aufgeführten Gerüsten ist hier zu denken an Schutzzelte, Schalungen, Kran- und Transportbahnen, Gleisanlagen, Fangdämme und auch provisorische Baustraßen.[19] Auch die zur Herstellung solcher Hilfsbauten erforderlichen oder sonstigen Vorbereitungsarbeiten, die erst die Herstellung des eigentlichen Bauwerks ermöglichen sollen, sind nicht zur ausgeführten Leistung im Sinne von § 7 zu rechnen.[20] Die Ausklammerung von Hilfsbauten und

---

[11] Kapellmann/Messerschmidt/Lederer § 7 Rn. 8.
[12] BGH BauR 1997, 1021 (1023) – Schürmann II.
[13] Leinemann/Sacher § 7 Rn. 30.
[14] Die Absätze 2 und 3 sind 1992 in die VOB aufgenommen worden. Dabei ist die Rechtsprechung des BGH (BGH BauR 1973, 110) zu der bis dahin umstrittenen Frage, wie weit der Umfang der ganz oder teilweise ausgeführten Leistungen reicht, übernommen worden.
[15] BGH NJW 1973, 368 (369).
[16] OLG Saarbrücken BauR 2015, 998.
[17] BGH NJW 1973, 368 (369).
[18] Kapellmann/Messerschmidt/Lederer § 7 Rn. 58.
[19] Kapellmann/Messerschmidt/Lederer § 7 Rn. 57.
[20] BGH NJW 1973, 368 (369); Kaiser FS Korbion, 1986, 197 (205).

Vorbereitungsarbeiten kann allerdings zu Härten führen, insbesondere für diejenigen Unternehmer, die im Winterbau oder sonst mit moderneren Verfahren arbeiten. Dem können die Parteien aber dadurch Rechnung tragen, dass sie im Einzelfall für besonders aufwändige Hilfsbauten oder Vorbereitungsarbeiten besondere Regelungen für die Gefahrtragung, zB in den BVB, treffen. Erschöpft sich die Baumaßnahme allerdings in der vorbeschriebenen Bauleistung – ist der Vertrag also beispielsweise auf die Herstellung einer provisorischen Baustraße gerichtet – ist § 7 anwendbar, weil es dann nicht mehr lediglich um ein Bauhilfsmittel oder einen Baubehelf geht, der einem weitergehenden Leistungserfolg dienen soll.[21] Die **Ausführung** der jeweiligen Bauleistungen ist somit entscheidend für den **Zeitpunkt des** Gefahrübergangs nach § 7.

II. Die von § 7 erfassten Risiken

10 Der vorgezogene Gefahrübergang nach § 7 erstreckt sich nicht auf alle Risiken, die außerhalb des Verantwortungsbereiches der Vertragsparteien liegen. Die Regelung beschränkt sich vielmehr auf einen näher bestimmten Kreis von Risiken. Dies geschieht zunächst durch die Generalklausel „objektiv unabwendbare, vom Auftragnehmer nicht zu vertretende Umstände". Diese allgemeine Klausel wird kombiniert mit einer nicht abschließenden Aufzählung einzelner Gefahrenquellen: Krieg, Aufruhr oder höhere Gewalt. Der Begriff der „unabwendbaren Umstände" ist also weiter als der der höheren Gewalt.

11 Unter den Oberbegriff der „**objektiv**[22] **unabwendbaren, vom Auftragnehmer nicht zu vertretenden Umstände**" fallen diejenigen Ereignisse, „die nach menschlicher Einsicht und Erfahrung in dem Sinne unvorhersehbar sind, dass sie oder ihre Auswirkungen trotz Anwendung wirtschaftlich erträglicher Mittel durch die äußerste nach der Sachlage zu erwartende Sorgfalt nicht verhütet oder in ihren Wirkungen bis auf ein erträgliches Maß unschädlich gemacht werden können".[23] Im Gegensatz zur höheren Gewalt kommt es nicht darauf an, dass das Ereignis „betriebsfremd" ist. Das Ereignis muss aber objektiv und unabhängig von der konkreten Situation des Auftragnehmers unvorhersehbar und unvermeidbar sein; dies wird durch das in der Fassung 2000 eingefügte Wort „objektiv" klargestellt. Dass es nur für den konkreten Auftragnehmer unabwendbar war, genügt also nicht.[24] Unabwendbarkeit in diesem Sinne liegt also auch nicht vor, wenn der Auftraggeber das Ereignis hätte abwenden können; in diesem Fall kommt jedoch in entsprechender Anwendung des § 645 Abs. 1 S. 1 BGB ein Vergütungsanspruch in Betracht.[25]

12 Kein unabwendbarer Umstand liegt jedenfalls dann vor, wenn ein Erfüllungsgehilfe des Auftragnehmers das Werk mutwillig beschädigt hat.[26] Dass der Auftragnehmer das Ereignis nicht verschuldet oder sonst zu vertreten hat, ist notwendige Voraussetzung, aber allein nicht ausreichend, um, einen unabwendbaren Umstand

---

[21] Kapellmann/Messerschmidt/Lederer § 7 Rn. 59; aA Ingenstau/Korbion/Oppler § 7 Abs. 1–3 Rn. 5; Beck VOB/B/Rüßmann § 7 Abs. 1–3 Rn. 6.

[22] Eingefügt mit der Fassung 2000.

[23] BGHZ 61, 144 (145); BGH 21.8.1997 – VII ZR 17/96, NJW 1997, 3018; BGH 16.10.1997 – VII ZR 64/96, NJW 1998, 456 – Schürmann II; Leinemann/Sacher § 7 Rn. 16.

[24] BGH NJW 1997, 3018 und 1998, 456; die entgegengesetzte Aussage in BGH VersR 1962, 159 (162) ist damit überholt.

[25] BGH NJW 1997, 3018 (3019).

[26] OLG Frankfurt a. M. BauR 1996, 394; Leinemann/Jünemann § 7 Rn. 7.

Verteilung der Gefahr **§ 7**

anzunehmen.²⁷ Umstritten ist die Behandlung von gewalttätigen Demonstrationen, Sabotageakten etc gegen Großbaustellen.²⁸ In diesen Fällen soll § 7 nicht anwendbar sein, wenn der Auftragnehmer das mit dem Bauvorhaben verbundene Risiko bewusst in Kauf genommen hat, zB weil entsprechende Projekte schon früher das Ziel von Anschlägen waren und solche auch für das betreffende Bauwerk angekündigt worden sind.²⁹ Auch unvorhersehbare Bodenverhältnisse können unter § 7 fallen, wenn sie zu Zerstörungen etc führen (zB einem Tummeleinsturz).³⁰ Vorrangig ist aber immer die konkrete vertragliche Risikoverteilung.

„Höhere Gewalt", „Krieg" und „Aufruhr" 13
„Höhere Gewalt" ist ein Rechtsbegriff, der auch im BGB und in anderen Gesetzen verwendet wird (§§ 206, 651j, 701 Abs. 3 BGB, § 1 Abs. 2 HaftpflichtG), dort jedoch nicht definiert ist. Die Rechtsprechung hat vor allem zu den Normen des Haftpflichtrechtes eine Definition entwickelt, die auch auf die Bestimmungen der VOB/B übertragbar ist.³¹ Unter höherer Gewalt ist danach „ein von außen auf den Betrieb einwirkendes außergewöhnliches Ereignis" zu verstehen, „das unvorhersehbar ist, selbst bei Anwendung äußerster Sorgfalt ohne Gefährdung des wirtschaftlichen Erfolges des Unternehmens nicht abgewendet werden kann und auch nicht wegen seiner Häufigkeit von dem Betriebsunternehmer in Rechnung zu stellen und mit in Kauf zu nehmen ist".³² Schon das geringste Verschulden des Auftragnehmers in Bezug auf das Schadensereignis schließt die Annahme höherer Gewalt aus.³³ Im Übrigen ist der Begriff der höheren Gewalt nicht auf Einwirkungen elementarer Naturkräfte beschränkt, sondern kann auch ein Ereignis umfassen, das durch Handlungen dritter Personen herbeigeführt worden ist.³⁴
„Krieg" wird üblicherweise definiert als militärische Auseinandersetzung zwischen Staaten oder innerhalb eines Staates zwischen der Regierung und militärisch organisierten Aufständischen.³⁵

Unter **„Aufruhr"** versteht man die öffentliche Zusammenrottung zahlenmäßig 14 nicht unerheblicher Teile des Volkes, die mit einer Störung der öffentlichen Ruhe und Ordnung verbunden ist.³⁶ Werden dabei Gewalttätigkeiten gegen Sachen und Personen verübt, ist § 7 anwendbar.³⁷

Witterungseinflüsse sind nicht allgemein zu den unabwendbaren Umständen 15 zu rechnen. Das ergibt sich bereits aus einem Vergleich mit § 6 Abs. 2 Nr. 2, der Witterungseinflüsse, mit denen normalerweise gerechnet werden muss, nicht als

---

²⁷ BGHZ 78, 352 (357 f.); Brand auf einer Baustelle, an der mehrere Unternehmen arbeiten; selbst wenn der Brand von keiner der beiden Vertragsparteien zu verantworten ist, muss der Auftragnehmer besonders darlegen, dass der Brand unabwendbar war; ebenso BGH NJW 1991, 1812 (1814).
²⁸ Rutkowsky NJW 1988, 1761 ff.
²⁹ Rutkowsky NJW 1988, 1761 (1763).
³⁰ Marbach BauR 1994, 168 (178).
³¹ BGH S-F Z 2.413 Bl. 18.
³² BGH S-F Z 2.413 Bl. 18; BGHZ 7, 338 (339).
³³ BGH DB 1953, 593.
³⁴ BGHZ 7, 338 (339).
³⁵ Ganten/Jansen/Voit/Rüßmann § 7 Abs. 1–3 Rn. 10; Leinemann/Sacher § 7 Rn. 16 ff.
³⁶ Ganten/Jansen/Voit/Rüßmann § 7 Abs. 1–3 Rn. 11; Kapellmann/Messerschmidt/Lederer § 7 Rn. 66.
³⁷ Ganten/Jansen/Voit/Rüßmann § 7 Abs. 1–3 Rn. 9 ff.; Kapellmann/Messerschmidt/Lederer § 7 Rn. 66; Rutkowsky NJW 1988, 1761.

Behinderungen mit fristverlängernder Wirkung anerkennt.[38] Solche normalen Wettereinwirkungen auf das Bauvorhaben fallen also voll in den Risikobereich des Auftragnehmers.[39] Aber auch seltenere Witterungsverhältnisse, die nach den Umständen nicht völlig außerhalb der Erfahrung liegen, bleiben Risiko des Auftragnehmers. So sind etwa starke Regenfälle beim Rohrleitungsbau im offenen Gelände eine typische Schadensursache, deren Auswirkungen für den Auftragnehmer nicht unvorhersehbar sind; es handelt sich daher nicht um einen unabwendbaren Umstand im Sinne von § 7.[40] Ebenso ist im November im Rheinland mit einem Sturm von Windstärke 9 zu rechnen. Ein Dachdecker hat daher geeignete Schutzvorkehrungen zu treffen, damit die Dachhaut nicht durch den Windsog abgerissen wird.[41] Nach der (zu § 836 BGB ergangenen) Entscheidung des OLG Düsseldorf[42] ist am Niederrhein im Februar mit Sturm der Stärke 8 und in Böen auch mit Stärke 12 der Beaufort-Skala zu rechnen und entsprechende Vorsorge dagegen zumutbar. In der Nordsee-Küstenregion sind im Winter Stürme mit Orkanböen bis Stärke 12 weder höhere Gewalt noch unabwendbare Ereignisse im Sinne von § 7 Abs. 1.[43] Solche selteneren Witterungsverhältnisse, die aber nicht ganz außergewöhnlich sind, bleiben auch dann Risiko des Auftragnehmers, wenn er das Bauwerk nicht mit wirtschaftlich vertretbaren Vorkehrungen gegen derartige Gefahren schützen konnte. Das Merkmal „unabwendbar" darf also nicht in diesem engen technischen Sinne ausgelegt werden, sondern muss in dem Gesamtrahmen einer Risikoverteilung zwischen den Vertragsparteien verstanden werden. Dabei ist zu berücksichtigen, dass der Auftragnehmer sich gegen solche Gefahren in der Regel versichern kann. Die Grenze ist jedoch bei ganz **außergewöhnlichen,** nach der Jahreszeit nicht zu erwartenden Wetterbedingungen zu ziehen, zB Sturmflut, Orkan oder wolkenbruchartigen Regenfällen von 64 mm/m^2 an einem Septembertag.[44] Solche außergewöhnlichen Einflüsse sind dann insgesamt den unabwendbaren, vom Auftragnehmer nicht zu vertretenden Umständen zuzurechnen. Sie können nicht in einen „normalen" und einen außergewöhnlichen Teil aufgespalten werden.[45] Auch für eine Aufteilung des Risikos nach dem Rechtsgedanken des § 254 BGB ist hierbei kein Raum.[46]

16   **Streiks und Aussperrungen** werden, wie sich aus der Gegenüberstellung in § 6 Abs. 2 Nr. 1 ergibt, von der VOB nicht zu den unabwendbaren Umständen gerechnet. Sie führen grundsätzlich nur zu einer Verlängerung der Ausführungsfristen. Kommt es jedoch im Verlaufe von Arbeitskämpfen durch besondere Ereignisse (zB gewaltsame Auseinandersetzungen, Ausfall eines eingeteilten Notdienstes) zu Beschädigungen oder Zerstörungen des Werkes, so kommt es im konkreten Fall darauf an, ob diese Umstände unabwendbar und vom Auftragnehmer nicht zu vertreten waren.[47]

17   **Diebstähle** fallen nicht schon deshalb aus dem Anwendungsbereich des § 7 heraus, weil sie weder eine Zerstörung noch eine Beschädigung der gestohlenen

---

[38] BGH Urt. v. 20.4.2017 – VII ZR 194/13.
[39] Ingenstau/Korbion/Oppler § 7 Abs. 1–3 Rn. 15; Leinemann/Sacher § 7 Rn. 38.
[40] BGH S-F Z 2.413 Bl. 18, 19 R.
[41] OLG Köln VersR 1973, 43.
[42] OLG Düsseldorf NJW-RR 1992, 1440.
[43] OLG Bremen BauR 1997, 854.
[44] BGHZ 61, 144 ff.
[45] BGHZ 61, 144 (147 f.).
[46] BGHZ 61, 144 ff.
[47] Leinemann/Sacher § 7 Rn. 28.

Sache darstellen. Grundsätzlich trägt der Auftragnehmer das Diebstahlsrisiko hinsichtlich gelieferter, aber noch nicht eingebauter Baumaterialien.[48] Entwendet der Dieb Teile, die bereits eingebaut sind, so handelt es sich auf jeden Fall um eine Beschädigung des Bauwerks.[49] Aber auch ein Diebstahl von Gegenständen, die vorübergehend vom Bauwerk getrennt wurden, ist einer Beschädigung und Zerstörung im Sinne von § 7 gleichzustellen. Zu beachten ist jedoch, dass der Auftragnehmer nach § 4 Abs. 5 S. 1 die vertragliche Nebenpflicht hat, das Bauwerk gegen Diebstähle und mutwillige Beschädigungen zu schützen.[50] Er hat solche Risiken also grundsätzlich zu vertreten, so dass schon deshalb § 7 in diesen Fällen regelmäßig ausscheidet. Nur ausnahmsweise, wenn trotz voller Erfüllung seiner Schutzpflicht der Diebstahl bzw. die Beschädigung unabwendbar war, kommt die Anwendung des § 7 in Betracht.[51]

Umstritten ist, ob § 7 auch auf Beschädigungen und Zerstörungen anwendbar **18** ist, die **auf eine Maßnahme des Auftraggebers** zurückzuführen sind. Duffek[52] will entgegen der überwiegenden Meinung[53] alle vom Auftraggeber veranlassten Veränderungen als unabwendbare, vom Auftragnehmer nicht zu vertretende Umstände im Sinne von § 7 behandeln. Normalerweise wird es sich in diesen Fällen um Umstände handeln, die der Auftraggeber seinerseits zu vertreten hat (zB Planungs- oder Koordinierungsfehler), so dass sich das Problem der Gefahrtragung nicht stellt. Diese Fälle sind vielmehr nach den allgemeinen Bestimmungen über die vom Gläubiger zu vertretenden Leistungsstörungen zu beurteilen. Hat der Auftraggeber ausnahmsweise eine aus seinem Bereich kommende Maßnahme nicht zu vertreten, so ist zunächst § 645 BGB heranzuziehen, der auch auf den VOB-Bauvertrag anwendbar ist. Die übrigen Fälle lassen sich durch **entsprechende Anwendung des § 645 BGB** befriedigend lösen, die immer dann geboten ist, wenn die Beschädigung oder Zerstörung auf Umständen beruht, die in der Person des Auftraggebers liegen oder auf dessen Handlungen zurückgehen.[54] Die entsprechende Anwendung des § 645 BGB ist auch dann gerechtfertigt, wenn der Baugrund zwar nicht zu Beschädigungen, aber zu Erschwerungen bei der Errichtung des Bauwerks führt[55] oder wenn der Auftraggeber dem Auftragnehmer das Baugrundstück nicht zur Verfügung stellen kann.[56] Die letztgenannte Entscheidung betrifft allerdings einen Grenzfall, da der Auftraggeber, ein Generalunternehmer, nicht selbst Eigentümer des Grundstücks und der Eigentümer, der die Zustimmung endgültig verweigerte, nicht unmittelbarer Vertragspartner des Auftraggebers war. Die Analogie zu § 645 BGB wurde im Grunde nur darauf gestützt, dass der Auftraggeber „noch am ehesten Einflussmöglichkeiten gehabt" und sich den Bauherrn als Vertragspartner ausgesucht habe. Der Gesichtspunkt, dass der Auftraggeber an der Quelle

---

[48] OLG Saarbrücken BauR 2015, 998.
[49] BGH 24.6.1968 – VII ZR 43/66, BB 68, 889; Leinemann/Sacher § 7 Rn. 19.
[50] Leinemann/Sacher § 7 Rn. 19.
[51] BGH LM VOB/B Nr. 31 = S-F Z 2.413 Bl. 34 zum Diebstahl von Heizkörpern, die bereits eingebaut, zum Anstreichen vorübergehend abgenommen und nicht besonders gesichert worden waren; OLG Düsseldorf ZfBR 1986, 102: Diebstahl von Heizungsteilen vor Abnahme fällt „im Allgemeinen" nicht unter § 7.
[52] Duffek BauR 1975, 22 ff.
[53] Leinemann/Sacher § 7 Rn. 19; BGH BauR 1997, 1019.
[54] BGHZ 78, 352 (354) mwN; BGH NJW 1997, 3018 (3019).
[55] Marbach BauR 1994, 168 (179).
[56] OLG München ZfBR 1992, 33.

des Risikos „näher dran" ist, kann allein aber nicht die analoge Anwendung des § 645 BGB rechtfertigen, auch wenn die Rechtsprechung des BGH gelegentlich in diese Richtung zu tendieren scheint.[57] Eine allgemeine „Sphärentheorie" zur Abgrenzung der Risikobereiche beim Werkvertrag[58] hat sich mit Recht nicht durchgesetzt.[59]

III. Beschädigungen oder Zerstörungen der ausgeführten Leistung

19 § 7 setzt ferner voraus, dass infolge der genannten Umstände Beschädigungen oder Zerstörungen der ganz oder teilweise ausgeführten „Leistung" eingetreten sind. Gemeint sind damit Beschädigungen oder Zerstörungen an der gegenständlichen Verkörperung der Leistung, also am Bauwerk oder dessen Teilen.[60] Zur Einordnung des Diebstahls unter die Tatbestandsmerkmale des § 7 wird auf die obstehenden Ausführungen verwiesen. Sonstige Vermögenseinbußen der Vertragsparteien, die nicht Beschädigungen oder Zerstörungen in dem oben dargestellten Sinne sind, genügen also nicht.[61]

C. Rechtsfolgen

20 Sind die unter II. genannten Voraussetzungen erfüllt, so hat der Auftragnehmer einen **Anspruch auf Vergütung**.[62] Der Auftraggeber hat diese zu erbringen, obwohl er dafür keine adäquate Gegenleistung erhält.[63] Dieser Vergütungsanspruch entspricht jedoch nicht dem vollen Vertragspreis, sondern ist inhaltlich beschränkt. Hierdurch unterscheidet sich die Regelung des § 7 ebenfalls von der allgemeinen Gefahrtragungsregelung.

21 Die Beschränkung der Vergütung ergibt sich aus der **Verweisung auf die Ansprüche aus § 6 Abs. 5**. Danach sind die ausgeführten Leistungen nach den Vertragspreisen abzurechnen und außerdem dem Auftragnehmer die Kosten zu vergüten, die ihm bereits entstanden und in den Vertragspreisen des nicht ausgeführten Teiles der Leistung enthalten sind. Zur Auslegung dieser Regelung wird auf die Ausführungen unter § 6 verwiesen. Nicht enthalten in dieser Kostenregelung sind u.a. die Kosten für die Baustellenräumung, da diese auch in § 6 Abs. 5 nicht einzubezogen werden, sondern in § 6 Abs. 7 S. 2 gesondert geregelt sind.

22 Da § 7 nicht die Leistungsgefahr regelt, bleibt die Hauptpflicht des Unternehmers aus dem Bauvertrag bestehen.[64] Er muss also auf Verlangen des Auftragge-

---

[57] BGHZ 83, 197 (204): Der BGH wendet den Rechtsgedanken des § 645 BGB an, weil sich die Unausführbarkeit aus politischen Ereignissen in einem Staat ergab, dem der Auftraggeber aufgrund seiner Geschäftsbeziehungen näher stand als der Auftragnehmer. Diese Ausweitung ist bedenklich. Bei einem VOB-Bauvertrag wäre vielmehr die Lösung über § 7 vorzuziehen, sofern die politischen Ereignisse die Tatbestandsvoraussetzungen erfüllen.
[58] So Rümelin, Dienstvertrag und Werkvertrag, 1905, S. 128 ff.; Erman JZ 1965, 657; offengelassen in BGHZ 60, 14 (19)).
[59] OLG München ZfBR 1992, 33 (34) mit Erwägungen, die dann aber doch der „Sphärentheorie" sehr nahekommen.
[60] Leinemann/Sacher § 7 Rn. 30.
[61] Leinemann/Sacher § 7 Rn. 17 ff.
[62] Leinemann/Sacher § 7 Rn. 35.
[63] Kapellmann/Messerschmidt/Lederer § 7 Rn. 72.
[64] Ingenstau/Korbion/Oppler § 7 Abs. 1–3 Rn. 20.

bers die Bauleistung nochmals ausführen. Eine solche **erneute Ausführung** zerstörter Teile muss jedoch gesondert vergütet werden. Im Allgemeinen wird hierfür auf die Regelung der Vergütung von zusätzlichen Leistungen in § 2 Abs. 6 verwiesen.[65] Das bedeutet, dass die Vergütung sich nach den Grundlagen der Preisermittlung für die (ursprüngliche) vertragliche Leistung und nach den besonderen Kosten der (zusätzlich) geforderten Leistung bestimmt. Kostenerhöhende Maßnahmen, wie die Verlängerung der Bauzeit, die Verschiebung in eine andere Jahreszeit (Winterbau) sowie die Erhöhung der Lohn- und Stoffkosten durch neue Tarifabschlüsse oder eine allgemeine Kostensteigerung sind daher zu berücksichtigen, wenn sie ohne die den Gefahrübergang auslösenden Umstände nicht entstanden wären.[66] Fraglich erscheint jedoch, ob die Bindung an die Maßstäbe des § 2 Abs. 6 auch dann sachgerecht ist, wenn eine völlige Neuerrichtung des Bauwerks erforderlich wird. Die Interessenlage ist dann nämlich wesentlich anders, als wenn iSv § 2 Abs. 6 nur einzelne zusätzliche Leistungen zu der vertraglichen Hauptleistung hinzutreten. Es ist dann angemessen, dass die neue Preisvereinbarung auf der Grundlage der neuen Situation erfolgt.[67] Auch hierbei ist jedoch der Grundsatz von Treu und Glauben (§ 242 BGB) zu beachten; in diesem Rahmen ist der Tatsache Rechnung zu tragen, dass es sich nicht um eine völlig freie Vereinbarung zwischen ungebundenen Partnern, sondern um eine Vereinbarung im Rahmen eines bestehenden Vertragsverhältnisses handelt.

Bei der Vergütung für die Neuerrichtung sind ferner diejenigen Kosten abzuziehen, die bereits mit den Gemein- und Vorhaltekosten nach § 6 Abs. 6 abgegolten worden sind. Die Bedeutung des letzten Halbsatzes in § 7 Abs. 1, in dem der Ausschluss der Ersatzpflicht für **„andere Schäden"** ausgesprochen wird, ist unklar. Die Bestimmung ist auf keinen Fall so zu verstehen, dass Ersatzansprüche aus anderen Haftungsgrundlagen (zB gesetzliche Gefährdungshaftung) ausgeschlossen sein sollen.[68] Dem Auftragnehmer können daher durchaus weitergehende Ansprüche aus anderweitigen Anspruchsgrundlagen – etwa § 645 Abs. 1 BGB[69] – zustehen, wenn die jeweiligen Anspruchsvoraussetzungen gegeben sind.

D. Beweislast

Der Auftragnehmer hat die Darlegungs- und Beweislast für die Voraussetzungen des vorzeitigen Gefahrübergangs nach § 7, da er insoweit einen vorzeitigen Vergütungsanspruch vor vollständiger Erfüllung seiner Vertragspflichten geltend macht. Er muss also insbesondere beweisen, dass die Beschädigung oder Zerstörung durch unabwendbare und von ihm nicht zu vertretende Umstände erfolgt ist.[70]

---

[65] BGHZ 61, 144 (146); Leinemann/Sacher § 7 Rn. 35 ff; aA Duffek BauR 1975, 22 (25); Ganten/Jansen/Voit/Rüßmann § 7 Rn. 11.
[66] Kapellmann/Messerschmidt/Lederer § 7 Rn. 73.
[67] Dazu auch Leinemann/Sacher § 7 Rn. 35 ff.
[68] BGH 16.10.1997 – 64/96 – Schürmann II.
[69] Kapellmann/Messerschmidt/Lederer § 7 Rn. 74.
[70] BGHZ 113, 315 = NJW 1991, 1812; OLG Frankfurt a. M. BauR 1996, 394; Kapellmann/Messerschmidt/Lederer § 7 Rn. 75; Ganten/Jansen/Voit/Rüßmann § 7 Abs. 1–3 Rn. 37.

E. Abweichende Vertragsbedingungen

25 Den Parteien ist es unbenommen, durch **individualvertragliche Vereinbarung** die Regelung des § 7 zu modifizieren oder sogar gänzlich auszuschließen.[71] Die Parteien können abweichende Regelungen auch in **allgemeinen Geschäftsbedingungen** treffen. § 8 Abs. 6 Nr. 2 VOB/A lässt besondere Vereinbarungen in BVB „über die Verteilung der Gefahr bei Schäden, die durch Hochwasser, Sturmfluten, Grundwasser, Wind, Schnee, Eis und dergleichen entstehen können", ausdrücklich zu. In der Praxis kommen abweichende Bestimmungen allerdings nicht nur in den auf einen bestimmten Vertrag zugeschnittenen BVB, sondern auch in allgemein formulierten ZVB vor. Nicht selten wird in einseitig gestellten Vertragsbedingungen aber auch pauschal die Gefahrtragungsregelung der §§ 644, 645 BGB für maßgeblich erklärt und damit die den Besonderheiten des Bauvertrags angepasste Gefahrverteilung der VOB wieder ausgeschlossen. Eine solche Regelung stellt keine „von Rechtsvorschriften abweichende Regelung" im Sinne von § 307 Abs. 3 S. 1 BGB dar.[72] Anders verhält es sich, wenn die gesetzlichen Regelungen über die Gefahrtragung zulasten des Auftragnehmers verschärft werden. Solche Regelungen können gegen § 307 Abs. 1 und 2 BGB verstoßen, da die in den §§ 644, 645 BGB vorgesehene Risikoverteilung die Grenze dessen darstellen dürfte, was dem Auftragnehmer noch zumutbar ist.[73]

F. Bauleistungsversicherung

26 In engem Zusammenhang mit der Gefahrtragungsregelung in § 7 steht das System der Bauleistungsversicherung, die traditionell immer noch „Bauwesenversicherung" genannt wird. Es ist in seinen Grundzügen kurz nach der Schaffung der VOB im Jahre 1926 eingeführt worden und inhaltlich auf die Regelungen in der VOB abgestimmt.[74] Die Bauleistungsversicherung ist keine Haftpflichtversicherung für den Bauunternehmer, sondern eine Sachversicherung.[75] Sie kann sowohl vom Auftraggeber als auch vom Auftragnehmer abgeschlossen werden. Im ersten Fall gelten regelmäßig Vertragsbedingungen auf der Grundlage der allgemeinen Bedingungen für die Bauleistungsversicherung von Gebäudeneubauten durch Auftraggeber (ABN), im zweiten Fall auf der Grundlage der Allgemeinen Bedingungen für die Bauleistungsversicherung von Unternehmerleistungen (ABU). Zweck der ABU ist es, den Auftragnehmer davor zu schützen, bei unvorhergesehenen Schäden eine bereits ordnungsgemäß erbrachte Leistung auf seine Kosten noch einmal erbringen zu müssen, um Anspruch auf die Vergütung zu haben.[76]

27 Die Abstimmung auf die Risikoverteilung nach der VOB zeigt sich vor allem bei der Versicherung von Unternehmerleistungen auf der Grundlage der ABU. Bei diesem auf die Interessen des Auftragnehmers zugeschnittenen Typ der Versi-

---

[71] Leinemann/Sacher § 7 Rn. 22.
[72] Ganten/Jansen/Voit//Rüßmann § 7 Abs. 1–3 Rn. 38.
[73] Ganten/Jansen/Voit/Rüßmann § 7 Abs. 1–3 Rn. 38; Ingenstau/Korbion/Oppler § 7 Abs. 1–3 Rn. 27; Leinemann/Sacher § 7 Rn. 39, 40.
[74] Ganten/Jansen/Voit/Rüßmann Vorb. § 7 Rn. 28; Leinemann/Sacher § 7 Rn. 41.
[75] Kapellmann/Messerschmidt/Lederer § 7 Rn. 76.
[76] BGH VersR 1979, 853; Kapellmann/Messerschmidt/Lederer § 7 Rn. 77.

cherung werden diejenigen Schäden ausgeklammert, die nach der VOB nicht zu Lasten des Auftragnehmers gehen (§ 3 Nr. 1 ABU). Damit sind nach ABU insbesondere solche Schäden ausgeschlossen, für die nach § 7 der Auftraggeber die Gefahr trägt. Für Witterungseinflüsse enthalten § 2 Nr. 3. a) und 4. a) besondere Bestimmungen. Danach entfällt eine Versicherungsleistung in der Regel auch für Schäden infolge von normalen Witterungseinflüssen, obwohl diese nach der VOB in den Risikobereich des Auftragnehmers fallen. Aus der Tatsache, dass die Bauleistungsversicherung sich an der Rechtslage nach der VOB orientiert, können aber nicht umgekehrt Rückschlüsse für die Auslegung des § 7 gezogen werden. Die nach dieser Bestimmung erforderliche Abgrenzung der Risikosphären im Einzelnen darf nicht von der jeweiligen Ausgestaltung der Bauleistungsversicherung abhängig gemacht werden.

Nach § 2 Nr. 1 ABU erfasst die Versicherung Schäden aus der Beschädigung 28 oder Zerstörung der versicherten Bauleistung durch unvorhergesehen eingetretene Umstände. Eine Entschädigung wird nicht geleistet für **Mängel der versicherten Bauleistung** (§ 2 Nr. 2a ABU) oder entwendete bzw. abhanden gekommene Sachen. Versichert ist aber die nachträgliche Substanzverschlechterung, auch wenn sie auf eine mangelhafte Leistung zurückzuführen ist.[77]

§ 8 Kündigung durch den Auftraggeber

(1)
1. **Der Auftraggeber kann bis zur Vollendung der Leistung jederzeit den Vertrag kündigen.**
2. **¹Dem Auftragnehmer steht die vereinbarte Vergütung zu. ²Er muss sich jedoch anrechnen lassen, was er infolge der Aufhebung des Vertrags an Kosten erspart oder durch anderweitige Verwendung seiner Arbeitskraft und seines Betriebs erwirbt oder zu erwerben böswillig unterlässt (§ 649 BGB).**

(2)
1. **Der Auftraggeber kann den Vertrag kündigen, wenn der Auftragnehmer seine Zahlungen einstellt, von ihm oder zulässigerweise vom Auftraggeber oder einem anderen Gläubiger das Insolvenzverfahren (§§ 14 und 15 InsO) beziehungsweise ein vergleichbares gesetzliches Verfahren beantragt ist, ein solches Verfahren eröffnet wird oder dessen Eröffnung mangels Masse abgelehnt wird.**
2. **¹Die ausgeführten Leistungen sind nach § 6 Absatz 5 abzurechnen. ²Der Auftraggeber kann Schadensersatz wegen Nichterfüllung des Restes verlangen.**

(3)
1. **¹Der Auftraggeber kann den Vertrag kündigen, wenn in den Fällen des § 4 Absätze 7 und 8 Nummer 1 und des § 5 Absatz 4 die gesetzte Frist fruchtlos abgelaufen ist. ²Die Kündigung kann auf einen in sich abgeschlossenen Teil der vertraglichen Leistung beschränkt werden.**
2. **¹Nach der Kündigung ist der Auftraggeber berechtigt, den noch nicht vollendeten Teil der Leistung zu Lasten des Auftragnehmers durch**

---

[77] Kapellmann/Messerschmidt/Lederer § 7 Rn. 79 f.

§ 8

einen Dritten ausführen zu lassen, doch bleiben seine Ansprüche auf Ersatz des etwa entstehenden weiteren Schadens bestehen. ²Er ist auch berechtigt, auf die weitere Ausführung zu verzichten und Schadensersatz wegen Nichterfüllung zu verlangen, wenn die Ausführung aus den Gründen, die zur Kündigung geführt haben, für ihn kein Interesse mehr hat.

3. Für die Weiterführung der Arbeiten kann der Auftraggeber Geräte, Gerüste, auf der Baustelle vorhandene andere Einrichtungen und angelieferte Stoffe und Bauteile gegen angemessene Vergütung in Anspruch nehmen.
4. Der Auftraggeber hat dem Auftragnehmer eine Aufstellung über die entstandenen Mehrkosten und über seine anderen Ansprüche spätestens binnen 12 Werktagen nach Abrechnung mit dem Dritten zuzusenden.

(4) ¹Der Auftraggeber kann den Vertrag kündigen,
1. wenn der Auftragnehmer aus Anlass der Vergabe eine Abrede getroffen hatte, die eine unzulässige Wettbewerbsbeschränkung darstellt. Absatz 3 Nummer 1 Satz 2 und Nummer 2 bis 4 gilt entsprechend.
2. sofern dieser im Anwendungsbereich des 4. Teils des GWB geschlossen wurde,
   a) wenn der Auftragnehmer wegen eines zwingenden Ausschlussgrundes zum Zeitpunkt des Zuschlags nicht hätte beauftragt werden dürfen. Absatz 3 Nummer 1 Satz 2 und Nummer 2 bis 4 gilt entsprechend.
   b) bei wesentlicher Änderung des Vertrages oder bei Feststellung einer schweren Verletzung der Verträge über die Europäische Union und die Arbeitsweise der Europäischen Union durch den Europäischen Gerichtshof. Die ausgeführten Leistungen sind nach § 6 Absatz 5 abzurechnen. Etwaige Schadensersatzansprüche der Parteien bleiben unberührt.

²Die Kündigung ist innerhalb von 12 Werktagen nach Bekanntwerden des Kündigungsgrundes auszusprechen.

(5) ¹Sofern der Auftragnehmer die Leistung, ungeachtet des Anwendungsbereichs des 4. Teils des GWB, ganz oder teilweise an Nachunternehmer weitervergeben hat, steht auch ihm das Kündigungsrecht gemäß Absatz 4 Nummer 2 Buchstabe b zu, wenn der ihn als Auftragnehmer verpflichtende Vertrag (Hauptauftrag) gemäß Absatz 4 Nummer 2 Buchstabe b gekündigt wurde. ²Entsprechendes gilt für jeden Auftraggeber der Nachunternehmerkette, sofern sein jeweiliger Auftraggeber den Vertrag gemäß Satz 1 gekündigt hat.

(6) Die Kündigung ist schriftlich zu erklären.

(7) Der Auftragnehmer kann Aufmaß und Abnahme der von ihm ausgeführten Leistungen alsbald nach der Kündigung verlangen; er hat unverzüglich eine prüfbare Rechnung über die ausgeführten Leistungen vorzulegen.

(8) Eine wegen Verzugs verwirkte, nach Zeit bemessene Vertragsstrafe kann nur für die Zeit bis zum Tag der Kündigung des Vertrags gefordert werden.

Kündigung durch den Auftraggeber § 8

Übersicht

	Rn.
A. Bedeutung der §§ 8, 9 – allgemeine Grundlagen der Kündigung	1
I. Verhältnis zur Beendigung des Bauvertrags durch Kündigung und Rücktritt	2
1. Rücktritt	2
2. Kündigung	4
3. Verhältnis zu sonstigen gesetzlichen Regelungen	4a
II. Nicht in der VOB/B geregelte Möglichkeiten der vorzeitigen Vertragsbeendigung	5
1. Rückabwicklung im Wege des Schadensersatzes statt der Leistung	6
2. Rücktritt wegen Leistungsverzugs	7
3. Kündigung mangels Stellung einer Bauhandwerkersicherheit, § 650f Abs. 5 BGB	8
4. Kündigung aus wichtigen, nicht in §§ 8, 9 geregelten Gründen	9
a) Unzumutbarkeit der Fortsetzung des Vertrags	10
b) Beispiele	11
c) Wertungsgleichlauf mit den gesetzlichen Vorschriften	14
d) Wertungsgleichlauf mit der VOB/B	15a
5. Vertragsbeendigung wegen Wegfalls oder Änderung der Geschäftsgrundlage	16
6. Einvernehmliche Vertragsaufhebung	19
7. Vertraglich vereinbartes Rücktrittsrecht	20
III. Besonderheiten der Kündigungserklärung	21
1. Willenserklärung	22
2. Schriftform	23
3. Gestaltungserklärung, Bedingungsfeindlichkeit, Rücknahme, „Wettlauf der Kündigungen"	24
4. Vertretung	25
5. „Zeitnahe außerordentliche Kündigung"	27
IV. Abwicklung des Vertrags nach Kündigung	28
1. Beendigung für die Zukunft	28
2. Vergütungsanspruch für die erbrachte Leistung	29
a) Umfang	30
b) Ausnahmen bei einer außerordentlichen Kündigung	31
c) Fälligkeit	32
3. Mängelansprüche	33
a) Einführung	33
b) Probleme in der Praxis	37
B. Einführung – Bedeutung der §§ 8, 9	39
I. Überblick	39
II. Verhältnis zu den gesetzlichen Beendigungsverhältnissen	41
III. Modifizierung des Gesetzes durch die Besonderheiten des Bauvertrags	43
C. Einzelheiten	44
I. Ordentliches Kündigungsrecht des Auftraggebers, Abs. 1	44
1. Sinn und Zweck	44
a) Gesetzlicher Grundgedanke	44
b) Ausschluss in Allgemeinen Geschäftsbedingungen des Auftragnehmers	45

	Rn.
2. Anwendungsbereich	46
a) Abgrenzung zu §§ 2 Abs. 3, 2 Abs. 4	47
b) Abgrenzung zu § 2 Abs. 5	50
c) Umdeutung der Kündigung aus wichtigem Grund in eine freie Kündigung (§ 140 BGB)	51
3. Ausübung des Kündigungsrechts	54
4. Vergütungspflicht des Auftraggebers	55
a) Erbrachte Teilleistungen	57
b) Nicht mehr erbrachte Teilleistungen: Grundsätzlich voller Vergütungsanspruch	63
5. Besonderheiten der ordentlichen Teilkündigung	75
II. Außerordentliche Kündigungsrechte des Auftraggebers	76
1. Insolvenzbedingt (Abs. 2)	77
a) Zahlungseinstellung (Abs. 2 Nr. 1 Var. 1)	78
b) Eigeninsolvenzantrag (Abs. 2 Nr. 1 Var. 2)	80
c) Zulässiger Drittinsolvenzantrag (Abs. 2 Nr. 1 Var. 3)	81
d) Insolvenzverfahrenseröffnung (Abs. 2 Nr. 1 Var. 4)	84
e) Abweisung mangels Masse (Abs. 2 Nr. 1 Var. 5)	85
f) Rechtsfolge	86
2. Kündigung wegen Pflichtverletzung, Abs. 3	97
a) Kündigungsgründe (§ 8 Abs. 3 Nr. 1)	99
b) Teilkündigung (§ 8 Abs. 3 Nr. 1 S. 2)	103
c) Ersatz der Restfertigstellungsmehrkosten und sonstiger Schäden (§ 8 Abs. 3 Nr. 2 S. 1)	106
d) Schadensersatz wegen Nichterfüllung bei Interessenfortfall (§ 8 Abs. 3 Nr. 2 S. 2)	113
e) Recht zur Weiterbenutzung von Baustelleneinrichtung und Material (§ 8 Abs. 3 Nr. 3)	116
f) Abrechnung der Ansprüche des Auftraggebers (§ 8 Abs. 3 Nr. 4), Verjährung	118
3. Kündigung wegen unzulässiger Absprachen im Vergabeverfahren, Abs. 4 aF	123
a) Einführung	123
b) Einzelheiten des Kündigungsgrundes	124
c) Sonstige Fälle des unlauteren Wettbewerbs	128
d) Besondere Regelungen zu unlauterem Verhalten in Vertragsbedingungen	129
e) Schadensersatz für unlauteres Verhalten	130
f) Rechtsfolgen	131
4. Kündigung wegen unzulässiger Absprachen im Vergabeverfahren, Abs. 4 nF	132
a) Anwendungsvoraussetzung von Nr. 2	133
b) Beauftragung trotz zwingendem Ausschlussgrund, Nr. 2a)	134
c) Wesentliche Änderung des Vertrags oder Festellung einer schweren Verletzung europäischen Vergaberechts durch den EuGH, Nr. 2b)	136
d) Frist	139a
5. Nachunternehmerkündigung wegen Feststellung einer schweren Verletzung europäischen Vergaberechts durch den EuGH, Abs. 5 nF	140
III. Kündigungserklärung und Schriftform, Abs. 6	142

Kündigung durch den Auftraggeber § 8

	Rn.
IV. Abnahme und Aufmaß nach Kündigung, Abs. 7	145
1. Aufmaß	145
2. Abnahme	147
3. Abrechnung	150
V. Bemessung der Vertragsstrafe, Abs. 8	152
VI. AGB-rechtliche und sonstige Wirksamkeit	154
1. § 8 Abs. 1	155
2. § 8 Abs. 2	156
a) AGB-rechtliche Beurteilung	156
b) Insolvenzrechtliche Beurteilung	158
3. § 8 Abs. 3	160
a) Kündigung wegen Mängeln	160
b) Kündigung wegen unzureichender Baustellenausstattung	162
c) Kündigung wegen verzögertem Beginn und Verzug sowie Subunternehmereinsatz	163
d) Ersatz der Mehrkosten und Schäden, Weiternutzungs- und Verbrauchsrecht	164
e) Teilkündigung	165
4. § 8 Abs. 4 VOB/B aF	166
5. § 8 Abs. 4 VOB/B nF	167
6. § 8 Abs. 5 VOB/B nF	168
7. § 8 Abs. 6	169
8. § 8 Abs. 7	170
9. § 8 Abs. 8	171
VII. Prozessuale Besonderheiten	172
1. Darlegungs- und Beweislast	172
a) Kündigungsgrund	172
b) Formalien	174
c) Vergütungsanspruch	175
d) Mängel	176
e) Restfertigstellungsmehrkosten, Schadensersatz	177
f) Einvernehmliche Vertragsbeendigung	178
2. Nachschieben von Kündigungsgründen	179
3. Zwischenfeststellungsklage	180

A. Bedeutung der §§ 8, 9 – allgemeine Grundlagen der Kündigung

Diese Klauseln präzisieren über das Bürgerliche Gesetzbuch hinaus, welches 1
für das Werkvertragsrecht die freie Kündigung nach § 648 S. 1 BGB, die Kündigung aus wichtigem Grund (§ 648a BGB) und für den Bauvertrag die „besondere" Kündigung nach § 650f Abs. 5 S. 1 BGB kennt, umfassende Kündigungsrechte für den Auftraggeber (§ 8) und für den Auftragnehmer (§ 9).

I. Verhältnis zur Beendigung des Bauvertrags durch Kündigung und Rücktritt

1. Rücktritt. Der Rücktritt nach den §§ 323 ff. BGB wandelt das Vertragsver- 2
hältnis in ein Rückgewährschuldverhältnis um. Die nach dem Gesetz erforderliche Fristsetzung ist in der Regel entbehrlich, wenn der Rücktrittsgegner arglistig gehan-

§ 8

delt hat.[1] Hat der Rücktrittsberechtigte aber in einem solchen Fall überobligationsmäßig eine Frist gesetzt, erlischt das Rücktrittsrecht, wenn der Rücktrittsgrund beseitigt wird.[2] Das Rücktrittsrecht muss, damit es nach § 218 Abs. 1 S. 1 und 2 BGB wirksam ist, in unverjährter Zeit ausgeübt werden.[3] Ansprüche aus dem Rückgewährschuldverhältnis unterliegen einer gesonderten Verjährung (§§ 195, 199 BGB).[4] Nach § 346 Abs. 1 BGB sind die wechselseitig empfangenen Leistungen zurück zu gewähren, es sei denn, dass die Rückgewähr in natura nicht möglich ist. Dann muss gem. § 346 Abs. 2 BGB Wertersatz geleistet werden, der nach § 346 Abs. 3 BGB ausgeschlossen sein kann. In den Fällen, in denen die Bauleistung vom Grundstück ohne Beschädigung oder Zerstörung nicht mehr beseitigt werden kann, ist die Rückgewähr regelmäßig ausgeschlossen, so dass grundsätzlich Wertersatz zu leisten ist.[5] Mängel sind nach den Berechnungsgrundsätzen der Minderung (§ 638 Abs. 3 BGB analog) bei der Höhe des Wertersatzes, der sich grundsätzlich nach der vereinbarten Vergütung bemisst (§ 346 Abs. 2 S. 2 BGB) abzuziehen.[6] Der Rücktritt läuft damit auf eine Art Minderung hinaus. Die Trennung von erbrachter und nicht erbrachter Leistung ist insbesondere beim Teilrücktritt faktisch nicht möglich.[7] Liegen die Voraussetzungen eines Schadensatzanspruchs vor, kann der Rücktrittsberechtigte kumulativ Schadensersatz verlangen (§ 325 BGB).[8] Hat der Auftragnehmer bereits Teilleistungen erwirkt, ist nach § 323 Abs. 5 S. 1 BGB der Rücktritt vom ganzen Vertrag nur dann wirksam, wenn der Auftraggeber an den Teilleistungen kein Interesse hat und im Falle der Schlechtleistung die Pflichtverletzung nicht unerheblich ist (§ 325 Abs. 5 S. 2 BGB).[9] Diese Differenzierung ist regelmäßig nicht vorzunehmen, wenn der Rücktrittsgegner arglistig gehandelt hat.[10] Sie führt beim Bauvertrag zu sachwidrigen Ergebnissen.[11]

3 Soweit die §§ 8, 9 besondere Kündigungsmöglichkeiten eröffnen, schließen sie in ihrem Regelungsbereich das gesetzliche Rücktrittsrecht nach §§ 323, 324 BGB aus (näher → Rn. 41).[12]

4 **2. Kündigung.** Eine Kündigung beendet den Vertrag ex nunc, also für die Zukunft. Für das bis zum Wirksamwerden der Kündigung erbrachte Teilwerk bleibt der Vertrag also Rechtsgrund. Über die werkvertraglichen Kündigungsrechte (§§ 643, 648 S. 1, 648a Abs. 1, 649 Abs. 1, 650f Abs. 5 S. 1 BGB) enthält das Gesetz nunmehr nur für Dauerschuldverhältnisse die Möglichkeit zur Kündigung (§ 314 BGB). Der Bauvertrag ist indes kein Dauerschuldverhältnis.[13] Gleichwohl hat ein Bauvertrag regelmäßig Langzeitcharakter und verpflichtet zur (andauernden) Koope-

---

[1] BGH NJW 2010, 1805 Rn. 9.
[2] BGH NJW 2010, 1805 Rn. 10.
[3] BGH NJW 2007, 674 Rn. 34.
[4] BGH NJW 2007, 674 Rn. 37.
[5] OLG Düsseldorf NJW 2011, 1081 (1082); OLG Brandenburg BeckRS 2010, 16069 = IBR 2010, 496; mittelbar bestätigt von BGH NJW 2011, 3085 Rn. 9; aA OLG Bremen IBRR 53434.
[6] BGH NJW 2011, 3085 Rn. 11.
[7] Zutr. Voit BauR 2002, 1776 (1780 ff.).
[8] Näher BGH NJW 2010, 2426 Rn. 15.
[9] Zu den recht hohen Voraussetzungen BGH NJW 2011, 3708 Rn. 9; OLG Düsseldorf BeckRS 2011, 21235 = IBR 2012, 146.
[10] BGH NJW 2006, 1960 Rn. 11.
[11] → Rn. 42.
[12] Kniffka/Koeble Kompendium BauR/Kniffka 7. Teil Rn. 31.
[13] BGHZ 153, 279 = NZBau 2003, 214.

ration.[14] Es ist deshalb anerkannt, dass der Auftraggeber im Falle des Vertrauensverlustes den Bauvertrag kündigen kann, wenngleich die Wertungen der §§ 314, 323 ff. BGB zur Vermeidung von Wertungswidersprüchen beachtet werden müssen.[15] Der Gesetzgeber hat dies nunmehr im Zuge der Reform des Bauvertragsrechts durch die §§ 648, 648a BGB klargestellt. Der BGH[16] hatte die Kündigungsmöglichkeit zuvor revisionsrechtlich nicht beanstandet. Es bleibt daher bei den Grundsätzen der Rechtsprechung vor der Schuldrechtsreform. Die Möglichkeit, nur vom Vertrag zurück treten zu können, führt nicht zu sachgerechten Ergebnissen, weil das Bauwerk auf die individuellen Interessen des Auftraggebers abgestimmt ist und der Auftragnehmer hierfür in der Regel keine Verwendung haben dürfte. Zwar hatte der Schuldrechtsreformgesetzgeber für Dauerschuldverhältnisse in § 314 BGB erstmals die außerordentliche Kündigung geregelt. Für das Werkvertragsrecht hatte er diese Möglichkeit weder vorgesehen noch ausgeschlossen.[17] Hieraus ließ sich aber nicht der Schluss ziehen, es gebe kein außerordentliches Kündigungsrecht mehr.[18]

3. Verhältnis zu sonstigen gesetzlichen Regelungen. Im Falle von Nichtigkeitsgründen (§§ 134, 138 Abs. 2 BGB) ist der Vertrag von Anfang an nichtig. Bei einem berechtigten Widerruf oder der begründeten Anfechtung ist der Vertrag ebenfalls *ex tunc* beseitigt. Demgegenüber wirkt die Kündigung nur für die Zukunft, also *ex nunc*. Auch nichtige Verträge können angefochten oder gekündigt werden.[19]   4a

II. Nicht in der VOB/B geregelte Möglichkeiten der vorzeitigen Vertragsbeendigung

Das Gesetz sieht über die §§ 8, 9 hinaus zahlreiche weitere Möglichkeiten vor,[20] den Bauvertrag vorzeitig zu beenden, die nachfolgend lediglich überblicksweise erläutert werden.   5

1. Rückabwicklung im Wege des Schadensersatzes statt der Leistung. Im Falle einer schweren Vertragspflichtverletzung kann der Auftraggeber nach den §§ 281 Abs. 1, 282 BGB den Vertrag beenden, indem er Schadensersatz statt der Leistung verlangt. Dieser Anspruch ist auf Ersatz des positiven Interesses gerichtet. Der Auftraggeber kann so dem Auftragnehmer ein weiteres Tätigwerden untersagen (§ 281 Abs. 4 BGB).   6

2. Rücktritt wegen Leistungsverzugs. Nach dem Gesetz möglich, aber durch die VOB/B ausgeschlossen (vgl. → Rn. 41) ist ein Rücktritt wegen Leistungsverzugs des Auftragnehmers.   7

3. Kündigung mangels Stellung einer Bauhandwerkersicherheit, § 650f Abs. 5 BGB. Stellt der Auftraggeber nicht nach Aufforderung durch den Auftrag-   8

---

[14] BGH NJW 2003, 3474 (3475).
[15] OLG Koblenz BeckRS 2014, 09319 = IBR 2014, 403; Hebel BauR 2011, 330 ff.; Voit BauR 2002, 1776 (1777); ebenso ohne Begründung OLG Düsseldorf IBRRS 88939.
[16] BGH NJW 2009, 3717 Rn. 26.
[17] Nach BR-Drs. 338/01, 410 besteht ein Vorrang des außerordentlichen Kündigungsrechts vor dem Rücktrittsrecht.
[18] Zutr. OLG Brandenburg BeckRS 2011, 20829 = IBR 2011, 451; OLG Düsseldorf BeckRS 2012, 1124; Sienz BauR 2002, 181 (194); Voit BauR 2002, 145 (161); aA: Boldt NZBau 2002, 655 (656).
[19] BGH BGHZ 212, 90 = NZBau 2017, 35 Rn. 36.
[20] Vgl. bereits BGH NJW 1976, 517.

nehmer binnen angemessener Frist eine Sicherheit, kann der Auftragnehmer den Vertrag kündigen. Die Besonderheiten der Kündigung nach § 650f Abs. 5 BGB sind anderenorts[21] dargestellt.

9   4. Kündigung aus wichtigen, nicht in §§ 8, 9 geregelten Gründen. Wichtigster Anwendungsfall des Fortbestands des außerordentlichen Kündigungsrechts neben dem eigentlich unpassenden Rücktrittsrecht sind Fallgestaltungen, in denen die in den §§ 8, 9 definierten Kündigungsgründe nicht vorliegen. Diese sind nämlich nicht abschließend.[22]

10   a) Unzumutbarkeit der Fortsetzung des Vertrags. Eine außerordentliche Kündigung des Vertrages war entsprechend § 314 Abs. 1 BGB auch nach der Schuldrechtsreform nur dann berechtigt, wenn dem Kündigenden die Fortsetzung des Vertragsverhältnisses unter Berücksichtigung aller Umstände des Einzelfalls und unter Abweichung der beiderseitigen Interessen unzumutbar ist.[23] Dies entsprach der höchstrichterlichen Rechtsprechung[24] vor der Schuldrechtsreform. Auf ein Verschulden kommt es hierbei nicht entscheidend an.[25] Im Zuge der Reform des Bauvertragsrechts wurde die Kündigung aus wichtigem Grund nunmehr in § 648a BGB kodifiziert, ohne dass sich an den vorzunehmenden Wertungen etwas geändert hätte. Der Gesetzgeber[26] wollte nämlich das bisherige „Richterrecht" lediglich aus Gründen der Rechtssicherheit normieren. Die Wertungen von § 8 Abs. 3 können indes nicht entsprechend herangezogen werden, weil es sich bei der VOB/B um ein vorformuliertes Klauselwerk handelt.[27] Der Kündigungsgrund muss nicht zwingend objektiv vorliegen. Aufgrund des Langzeitcharakters des Bauvertrags reicht es nach zutreffender Auffassung[28] ausnahmsweise aus, wenn der konkrete Verdacht für das Vorliegen eines bestimmten Sachverhalts vorliegt, der geeignet ist, das Vertrauen in die geordnete Vertragserfüllung unwiederbringlich zu zerstören, dieser Verdacht einer Vertragspartei zurechenbar ist und diese trotz der Gelegenheit zur Ausräumung des Verdachts dies pflichtwidrig nicht getan hat.

11   b) Beispiele. Als mögliche Kündigungsgründe kommen im Regelfall in Betracht, dass der Kündigungsgegner
– seinerseits unberechtigt fristlos gekündigt hat[29]
– schwerwiegend gegen die bauvertragliche Kooperationspflicht verstoßen hat,[30] wobei es stets der Abwägung im Einzelfall bedarf.

---

[21] Vgl. Anhang § 17 BGB § 650f Rn. 58 ff.
[22] BGHZ 236, 96 = NJW 2023, 1356 Rn. 46; OLG München BeckRS 2019, 67411; OLG Stuttgart BeckRS 2017, 159887 = IBR 2020, 233; Bolz/Jurgeleit-Jahn § 8 Rn. 5 f. mwN.
[23] OLG Brandenburg BeckRS 2011, 20829 = IBR 2011, 451; OLG Schleswig BeckRS 2011, 06563 = BauR 2011, 690.
[24] BGH NJW 1969, 233 (234); 1975, 825 (826); 1993, 1972 (1973); 2003, 1600 (1601); NJW-RR 2006, 1309 (1310); nach der Schuldrechtsreform OLG Stuttgart NJW-RR 2016, 470 (471).
[25] Hebel BauR 2011, 330 (334); Messerschmidt/Voit/Oberhauser BGB § 649 Rn. 61.
[26] BT-Drs. 18/8486, 50.
[27] BGH NJW-RR 1998, 235 (236); Heiermann/Riedl/Rusam/Kuffer § 8 Rn. 77.
[28] Jung/Krimlowski, NZBau 2023, 355 (339 f.).
[29] BGH 1.12.1993 – VII ZR 129/92; BGH NJW 2000, 807; BGH 5.7.2001 – VII ZR 201/07; NZBau 2001, 623; BGH NJW 2009, 3717.
[30] BGH NJW-RR 1995, 1108; NJW 2000, 807; 2000; 2988; OLG Brandenburg 15.1.2008 – 11 U 98/07, IBR 2008, 207.

Kündigung durch den Auftraggeber § 8

Der Auftraggeber kann eine außerordentliche Kündigung im Regelfall auf folgende Gründe stützen:
- Eine nachhaltige und endgültige Erfüllungsverweigerung durch den Auftragnehmer.[31] Hierfür reicht es aus, wenn sich der Auftragnehmer auf eine unberechtigte, von ihm selbst erklärte Kündigung beruft.[32]
- Täuschung des Auftraggebers über eine im Leistungsverzeichnis geforderte Eignungsbefähigung.[33]
- Täuschung des Auftraggebers über die Eintragung in die Handwerksrolle.[34]
- Täuschung des Auftraggebers über nicht vorliegende dringend notwendige Zertifizierungen des eingesetzten Personals.[35]
- Eigenmächtige und vorsätzliche Abweichung von vertraglichen Vorgaben zur technischen Bearbeitung.[36]
- Nachhaltiger Verstoß des Auftragnehmers gegen die Vertragspflichten, um eine ungünstige Kalkulation auszugleichen.[37]
- Leistungseinstellung zur Durchsetzung einer unberechtigten Nachtragsforderung.[38]
- Drohung des Auftragnehmers mit der Arbeitseinstellung, wenn der Auftraggeber nicht die geforderte Abschlagszahlung erbringt, obwohl der Auftraggeber zu Recht ein Leistungsverweigerungsrecht wegen Mängeln geltend macht.[39]
- Verweigerung der Beseitigung von Mängeln während der Bauphase in Verbindung mit der Durchsetzung einer Nachtragsforderung.[40]
- Gegen Treu und Glauben verstoßende Unterdrucksetzung durch zB ernsthafte Erklärung des Auftragnehmers, den Vertrag nur erfüllen zu wollen, wenn der Auftraggeber auf einen ihm zustehenden Schadensersatzanspruch wegen vom Auftragnehmer zu vertretender Bauzeitverzögerung verzichtet.[41]
- Auftragnehmer macht die Fortsetzung der Leistung vom Abschluss eines neuen Vertrages mit neuen Bedingungen abhängig, nachdem es – möglicherweise aus Verschulden des Auftraggebers – zu einer erheblichen Verzögerung gekommen ist.[42]
- Schuldhafte Nichteinhaltung von Vertragsfristen mit der Folge, dass eine Fortsetzung des Vertrages mit dem Auftragnehmer nicht zumutbar ist.[43]
- Stockende Bauarbeiten auf Grund wiederholter Arbeitseinstellungen der Nachunternehmer und wechselnder Bauleiter.[44]

---

[31] BGH NJW-RR 1995, 1108 f.; OLG München BeckRS 2019, 67411; ebenso für den Fall, dass der Auftragnehmer weder leisten will noch kann OLG Celle, IBR 2021, 289.
[32] OLG Frankfurt a. M. BeckRS 2017, 108457 = NJW-Spezial 2017, 333.
[33] OLG Köln NJW-RR 1994, 602 f.
[34] OLG Hamm BauR 1988, 727 f.
[35] OLG Stuttgart BeckRS 2011, 23679 = IBR 2012, 14.
[36] OLG Celle BauR 2005, 1336.
[37] BGH NJW-RR 1996, 1108.
[38] OLG Frankfurt a. M. BauR 2012, 262 (263); OLG Hamm BauR 2012, 1406.
[39] OLG München 15.7.1997 – 28 U 3517/96.
[40] OLG Düsseldorf BauR 2012, 1244 (1248 f.).
[41] OLG Karlsruhe BauR 1987, 448; allein das Verlangen einer höheren Vergütung genügt nicht OLG Hamburg BeckRS 2019, 56921 Rn. 110 = IBR 2021, 3473.
[42] OLG München 29.9.1998 – 9 U 2698/98.
[43] BGH BauR 2003, 880 (881).
[44] OLG München IBR 2016, 77.

§ 8

- Vollständige Arbeitseinstellung wegen Kampfmittelverdacht, obwohl 85 % des Baufelds hiervon nicht betroffen ist.[45]
- Unberechtigter Nachunternehmereinsatz und fehlende Vorlage von Unterlagen zur Eignungsprüfung und Erfüllung der gesetzlichen Verpflichtungen (SOKA-Bau, Berufsgenossenschaft, Entgeltabrechnungen usw.).[46]
- Wissentliche Ausführung der Bauleistungen mit schweren bei der Ausführung erkennbaren Mängeln.[47]
- Fortsetzung der vertragswidrigen Arbeiten in einem sensiblen Bereich (hier: Sprinkleranlage) trotz Widerspruch des Auftraggebers und Forderung, die Ausführung vorher mit den Behörden abzustimmen.[48]
- Grober Ausführungsfehler entgegen dem Weisungen des Sonderfachmanns.[49]
- Zurückbehalt einer geschuldeten Bürgschaft bis zum Anerkenntnis einer der Höhe nach nicht nachvollziehbaren Nachtragsforderung.[50]
- Nachhaltige Verweigerung der Anpassung des Bauvertrages wegen Störung der Geschäftsgrundlage.[51]
- Zahlung von Schmiergeldern durch den Auftragnehmer zur Erlangung des Auftrages.[52]

12 Als ausreichender Grund für eine außerordentliche Kündigung des Auftraggebers reicht im Regelfall nicht aus:
- Der Auftragnehmer stellt seine Arbeit ein, weil eine nach dem Bauvertrag binnen einer Woche zu schließender Vereinbarung über die gesonderte Vergütung erforderlicher Mehrleistungen für die notwendigen Vorarbeiten nicht fristgerecht zustande gekommen ist.[53]
- Der Auftragnehmer verlangt eine überhöhte Sicherheit nach § 648a BGB und kündigt für den Fall der Nichtzahlung eine Leistungseinstellung an. Dies rechtfertigt für sich genommen zumindest bei einer nicht unverhältnismäßig überhöhten Anforderung keine Kündigung des Auftraggebers als wichtigem Grund; der Auftraggeber ist stattdessen gehalten, zunächst eine aus seiner Sicht angemessene Sicherheitsleistung anzubieten.[54]
- Der Auftragnehmer meldet Bedenken gegen die vorgesehene Art der Ausführung an, weil er eine zusätzliche Dämmung für notwendig erachtet und bei deren Nichtausführung sich auch bußgeldpflichtig machen könnte.[55]
- Dem Auftragnehmer steht kein Recht zur außerordentlichen Kündigung zu, wenn die Finanzierung des Bauvorhabens scheitert oder die von ihm beantragte Baugenehmigung nicht erteilt wird.
- Unterlässt es der Auftraggeber unter Verstoß gegen das Kooperationsgebot, sich (nach den Bedenkenhinweisen des Auftragnehmers) um eine einvernehmliche

---

[45] OLG Köln, IBR 2024, 287.
[46] OLG Hamburg IBR 2024, 348 = BeckRS 2022, 58895.
[47] OLG Schleswig BauR 2011, 690.
[48] OLG Bremen BeckRS 2020, 51274 Rn. 57 = IBR 2021, 404.
[49] OLG Hamm BauR 1992, 516.
[50] KG BauR 2011, 1498.
[51] OLG Schleswig NZBau 2011, 756.
[52] Vgl. BGH NJW 1999, 2266.
[53] OLG Düsseldorf BauR 1994, 521.
[54] BGH NJW 2001, 822 (825).
[55] BGH BauR 2009, 980 (981); OLG Schleswig NZBau 2022, 210 Rn. 11/12; OLG Naumburg BauR 2009, 980 (981).

Beilegung eines daraufhin noch bestehenden Konflikts mit dem Auftragnehmer zu bemühen.

Der Auftragnehmer kann eine außerordentliche Kündigung im Regelfall auf fol- 13
gende Gründe stützen:
– Der Auftraggeber beschäftigt hinter dem Rücken des Auftragnehmers dessen Leute als Schwarzarbeiter.[56]
– Der Auftraggeber überreicht dem Auftragnehmer einen gefälschten Scheck. Im Vertrauen auf dessen Echtheit trifft der Auftragnehmer zu dem Bauvorhaben erhebliche finanzielle Dispositionen.
– Der Auftraggeber erklärt eine außerordentliche Teilkündigung, die sich auf nicht abgeschlossene, nicht voneinander abgrenzbare Leistungsteile bezieht, und die ausnahmsweise auch nicht in eine freie Kündigung umgedeutet werden kann, und deshalb nach § 8 Abs. 3 Nr. 1. S. 2 unzulässig ist.[57]
– Der Auftraggeber verlangt eine Bauausführung unter Verstoß gegen die anerkannten Regeln der Technik und gesetzlicher Vorschriften, die den Auftragnehmer der Gefahr von Bußgeldern aussetzt.[58]
– Der Auftraggeber verweigert nachhaltig die Bezahlung berechtigter Forderungen.[59]
– Der Auftraggeber ist offensichtlich zahlungsunfähig bzw. müsste oder hat sogar einen Insolvenzantrag gestellt.[60]
– Der Auftraggeber lehnt es in Fällen berechtigter Nachtragsforderungen nach § 2 Abs. 5 und 6 ab, dem Verlangen des Auftragnehmers nach Vereinbarung eines neuen Preises zu entsprechen.[61]
– Der Auftraggeber verweigert nachhaltig die Anpassung des Vertrages, obwohl eine solche nach den Grundsätzen des Wegfalls der Geschäftsgrundlage (§ 313 BGB) geboten wäre.[62]
– Der Auftraggeber zeigt den Auftragnehmer unberechtigt bei einer Behörde wegen Betruges an oder erhebt bei einem Dritten derartige Vorwürfe.
– Der Auftraggeber stört die tatsächliche Bauausführung durch fortlaufende unberechtigte Eingriffe in den Bauablauf durch Kritik an Mitarbeitern in vielen Briefen und Hinderung einzelner Mitarbeiter an der Fortsetzung der Arbeiten.[63]
– Der Auftraggeber verstößt trotz Abmahnungen nachhaltig gegen eine Vertragspflicht, auf die der Auftragnehmer eindeutig Wert legt.[64]
– Der Auftraggeber beleidigt den Auftragnehmer schwer oder mehrfach.[65] Dieser Kündigungsgrund stellt hohe Anforderungen und bedarf einer intensiven Interessenabwägung im Einzelfall.
– Der Auftraggeber stiehlt Baumaterial des Auftragnehmers.
– Der Auftraggeber besticht Mitarbeiter des Auftragnehmers, insbesondere im Zusammenhang mit der Auftragserteilung oder der Abrechnung.

---

[56] OLG Köln NJW 1990, 73.
[57] BGH NJW 2009, 3717.
[58] OLG München FHZivR 26 Nr. 1436.
[59] BGH NJW 1974, 1467.
[60] OLG München BauR 1988, 605 (606).
[61] BGH NJW 2000, 807.
[62] BGH NJW 1969, 233 (234).
[63] OLG Celle BeckRS 2006, 14756 = LSK 2014, 30179.
[64] BGH NJW-RR 1196, 1108.
[65] OLG Saarbrücken IBR 1999, 492; OLG Rostock IBR 2001, 127.

14 **c) Wertungsgleichlauf mit den gesetzlichen Vorschriften.** Entsprechend der Wertung in § 314 Abs. 2 BGB musste dem Kündigungsgegner grundsätzlich fruchtlos eine Frist zur Abhilfe gesetzt werden.[66] Eine ausdrücklich Kündigungsandrohung ist zwar entbehrlich, weil es ausreicht, wenn dem Schuldner verdeutlicht wird, dass die weitere Zusammenarbeit auf dem Spiel steht.[67] Sie sollte aus anwaltlicher Vorsicht immer ausgesprochen werden. Die Fristsetzung war entbehrlich, wenn sie nach Würdigung aller Umstände ausnahmsweise nutzlose Förmelei wäre.[68] Dies ist etwa dann der Fall, wenn der Vertragspartner die von ihm geschuldete Leistung ernsthaft und endgültig verweigert.[69] An die Annahme einer Erfüllungsverweigerung durch eine der Vertragsparteien sind strenge Anforderungen zu stellen; es muss klar und unmissverständlich zum Ausdruck kommen, dass der Vertragspartner unter keinen Umständen mehr bereit ist, seiner Leistungsverpflichtung freiwillig nachzukommen.[70] Darüber hinaus kann eine Fristsetzung auch dann entbehrlich sein, wenn der Kündigungsgrund in einer irreparablen Störung des Vertrauensverhältnisses besteht und auch das Vertrauen durch eine Abhilfeandrohung nicht wieder hergestellt werden kann.[71] Genau diese Wertungen hat der Gesetzgeber[72] nunmehr ausdrücklich durch den Verweis in § 648a Abs. 3 BGB auf § 314 Abs. 2 BGB kodifizieren wollen.

15 Aus § 314 Abs. 3 BGB folgte weiterhin die Wertung, dass die Kündigung aus wichtigem Grund nur binnen angemessener Zeit nach Kenntnis von dem Kündigungsgrund erklärt werden kann.[73] Dies hat der Gesetzgeber[74] nunmehr durch den Verweis in § 648a Abs. 3 BGB auf diese Norm ausdrücklich kodifiziert. Die Frist von zwei Wochen in § 626 Abs. 2 BGB ist jedenfalls zu kurz.[75] Zudem beinhaltet § 626 Abs. 2 BGB eine Ausschlussfrist, die wegen der arbeitsrechtlichen Besonderheiten als Anknüpfungspunkt für die Beurteilung einer angemessenen Frist, binnen derer die Kündigung erklärt werden muss, nicht passt.[76] Es kommt auf die Umstände des Einzelfalls an, insbesondere darauf, ob der Zeitablauf den Kündigungsgrund quasi selbst widerlegt.[77] Dies entspricht der Rechtsprechung[78] vor der Schuldrechtsreform zur Verwirkung eines Kündigungsgrunds. In der Hinnahme weiterer Leistungserbringung über geraume Zeit kann ein Verzicht auf die Kündigungsmöglichkeit oder eine Verwirkung des Kündigungsrechts gesehen werden. Man wird aber dem Auftraggeber eine angemessene Überlegungsfrist

---

[66] OLG Schleswig IBRRS 2012, 3435; OLG Stuttgart BeckRS 2017, 159887 = IBR 2020, 233; Messerschmidt/Voit/Oberhauser BGB § 649 Rn. 63.

[67] Vgl. BGH NJW 2012, 53 Rn. 17.

[68] BGH BauR 1975, 136; NJW-RR 1996, 1108; NJW 1993, 1972; Heiermann/Riedl/Rusam/Kuffer § 8 Rn. 77.

[69] BGH NZBau 2000, 375 (376).

[70] Vgl. BGH NJW 2011, 2872 (2873); OLG Jena BeckRS 2016, 134094, IBR 2019, 8; das Verlassen der Baustelle reicht noch nicht, vgl. OLG München, IBR 2024, 2051.

[71] vgl. BGH NJW 1978, 260 (261).

[72] BT-Drs. 18/8486, 51.

[73] OLG Frankfurt IBR 2020, 64; OLG München IBR 2019, 9; zutr. Hebel BauR 2011, 330 (336 f.).

[74] BT-Drs. 18/8486, 51.

[75] OLG Düsseldorf BeckRS 2012, 1124.

[76] BGH NJW 2011, 1438 Rn. 28.

[77] BGH NJW-RR 2008, 1115 Rn. 15; KG BeckRS 2012, 04766 = LSK 2013, 480311.

[78] BGH NZBau 2005, 150 (151); NJW 1996, 1751; OLG Düsseldorf NJW-RR 1994, 149.

zubilligen müssen.[79] Auch Gespräche als solche lassen das Kündigungsrecht noch nicht entfallen.[80] Anderes kann für längere Verhandlungen gelten, in denen es auch um die Kündigungsgründe geht und die den Auftragnehmer zu weiteren Vermögensdispositionen veranlassen.[81]

d) Wertungsgleichlauf mit der VOB/B. Soweit die VOB/B vom Auftraggeber verwendet wurde, dürften indes deren formellen Anforderungen für die dort geregelten speziellen Kündigungsgründe eine gewisse Sperrwirkung haben, so dass die Schutzmechanismen zugunsten des Auftraggebers (Fristsetzung mit Androhung der Auftragsentziehung) vor der Kündigung eingehalten werden müssen. Dies folgt aus dem Grundsatz der Selbstbindung des AGB-Verwenders.[82] Darüber hinaus ist eine Sperrwirkung nicht begründbar.[83] 15a

5. Vertragsbeendigung wegen Wegfalls oder Änderung der Geschäftsgrundlage. In Extremfällen ist auch eine Beendigung des Vertrags nach den Grundsätzen des § 313 BGB möglich, weil diese gesetzliche Bestimmung auch auf den Bauvertrag anwendbar ist.[84] Ein gesetzlicher Spezialfall des Wegfalls der Geschäftsgrundlage ist die unerwartete wesentliche Steigerung der Kosten gemäß § 650 BGB. Vorrangig sind aber die Regelungen zur Anpassung der Vergütung (§§ 2 Abs. 3, 2 Abs. 7 Nr. 1), so dass die Grundsätze des Wegfalls oder Änderung der Geschäftsgrundlage nur dann eingreifen, wenn auch nach dieser Preisanpassung ein Festhalten am Vertrag nicht mehr zugemutet werden kann, also wenn die VOB/B keine entsprechende Regelung enthält.[85] Ausnahmen sind nach Ansicht des Bundesgerichtshofs[86] nur in besonders gelagerten Fällen möglich: 16

„Aus dieser Rechtsprechung ergibt sich nicht, dass eine Veränderung des Einheitspreises nicht stattfinden kann, wenn eine bestimmte Menge zur Geschäftsgrundlage des Vertrags erhoben worden ist und wegen der Überschreitung dieser Menge ein Wegfall der Geschäftsgrundlage vorliegt. Es ist möglich, dass Geschäftsgrundlage einer Einheitspreisvereinbarung ist, dass eine bestimmte Menge nicht überschritten wird. Allerdings ist dem Einheitspreis die Möglichkeit einer Mengenänderung immanent, so dass grundsätzlich kein Grund für die Annahme besteht, eine bestimmte Menge sei zur Geschäftsgrundlage des Vertrags geworden. Bei einer außergewöhnlichen Preisbildung, wie sie hier vorliegt, ist dies jedoch denkbar, weil die darin angelegte Störung des Äquivalenzverhältnisses von Leistung und Gegenleistung sich bei erheblichen Mengenänderungen in viel stärkerem Maße auswirkt. Einen solchen Fall hat das BerGer. angenommen."

Ein Fall des Wegfalls der Geschäftsgrundlage kann vorliegen, wenn dem Auftraggeber die Zahlung der Mehrvergütung nicht mehr zugemutet werden kann, auch wenn kein Fall des § 649 BGB vorliegt.[87] Das wird nur in Extremfällen angenommen werden können, weil man bekanntlich „Geld haben muss".[88] 17

---

[79] Zutr. Ingenstau/Korbion/Joussen § 8 Abs. 3 Rn. 30.
[80] OLG Celle IBRRS 2010, 0012.
[81] OLG Köln BeckRS 2010, 14950 = IBR 2010, 314.
[82] Vgl. Rodemann, BauR 2020, 519 (527).
[83] AA Bolz/Jurgeleit-Jahn § 8 Rn. 8.
[84] BGH NJW-RR 2016, 29 Rn. 25.
[85] BGH NJW 2009, 835 Rn. 35; NJW-RR 2011, 886 Rn. 6; 2014, 23 Rn. 23.
[86] BGH NJW-RR 2011, 886 Rn. 7; für den Pauschalpreisvertrag jetzt auch BGH NJW 2011, 3287 Rn. 24.
[87] Ingenstau/Korbion/Joussen Vor §§ 8 und 9 Rn. 67.
[88] Vgl. BGH BeckRS 1976, 31118611 = FHZivR 22 Nr. 1787.

Ändern sich unerwartet die Förderrichtlinien, kann ein Fall des Wegfalls der Geschäftsgrundlage vorliegen.[89] Gleiches gilt, wenn ein Staatswesen zusammenbricht.[90] Weigert sich der Auftragnehmer auf ein berechtigtes Verlangen des Auftraggebers, den Vertrag anzupassen, kann der Auftraggeber deshalb kündigen.[91]

18 Kein Wegfall der Geschäftsgrundlage liegt vor, wenn der Hauptunternehmer nach Kündigung seines Vertragsverhältnisses mit dem Auftraggeber seinerseits dem Subunternehmer kündigen muss, weil dies die typische Risikoverteilung in den Vertragsketten ist.[92]

19 **6. Einvernehmliche Vertragsaufhebung.** Die Bauvertragsparteien können jederzeit – auch durch schlüssiges Verhalten – den Vertrag ganz oder teilweise aufheben. Es ist eine Frage des Einzelfalls, ob das Verhalten der Parteien dahin verstanden werden kann oder nicht. So liegt in dem Ausspruch einer unwirksamen Kündigung und deren Bestätigung durch den vermeintlichen Kündigungsgegner eine einvernehmliche Vertragsaufhebung.[93] Hat der Auftragnehmer bereits – unwirksam – gekündigt, dürfte nach der ebenfalls formunwirksamen Gegenkündigung des Auftraggebers keine Vertragsaufhebung durch schlüssiges Verhalten begründbar sein, weil beide Vertragsparteien von der Wirksamkeit ihrer Kündigung ausgehen; die Rechtsfolgen ergeben sich dann aus § 326 Abs. 2 BGB. Haben die Parteien zu den Rechtsfolgen nichts vereinbart, sind sie durch Auslegung zu ermitteln.[94] Wäre der Auftraggeber zur Kündigung aus wichtigem Grund berechtigt gewesen, bestimmen sich die Rechtsfolgen im Regelfall nach einer solchen Kündigung.[95] Das Gleiche gilt, wenn der Auftragnehmer zur Kündigung aus wichtigem Grund berechtigt gewesen wäre.[96] Ein wichtiger Grund kann auch im Falle einvernehmlicher Vertragsaufhebung nachgeschoben werden.[97] Liegt kein wichtiger Grund vor und ist der Auftragnehmer mit der Vertragsaufhebung einverstanden, verliert er im Zweifel nicht die Vergütung für die nicht erbrachte Leistung (§ 648 S. 2 BGB).[98] Fehlt es also an einer anderweitigen Einigung, die sich aus den Umständen (Berechtigung zur außerordentlichen Kündigung) ergeben kann, bleibt dem Auftragnehmer ein Anspruch aus § 648 S. 1 BGB erhalten.[99] Ist die Leistung auf Grund eines vom Auftraggeber gelieferten Stoffes unmöglich geworden, bestimmen sich die Rechte des Auftragnehmers nach § 645 BGB.[100]

19a Nach einer neueren Entscheidung des VII. Zivilsenats des Bundesgerichtshofs[101] hat er diese differenzierten Grundsätze scheinbar übergangen, indem er

---

[89] BGH NJW-RR 1990, 601 (602).
[90] BGH VIZ 1996, 27 (28).
[91] Vgl. BGH NJW 1969, 233 (234).
[92] BGH BeckRS 1976, 31118611 = FHZivR 22 Nr. 1787.
[93] OLG Schleswig NZBau 2022, 210 Rn. 5; OLG Köln BeckRS 2010, 04052 = IBR 2004, 63; ähnlich BGH NJW 1973, 1463 (1464), wenn der Auftragnehmer nach unwirksamer Kündigung des Auftraggebers die Baustelle räumt; Bolz/Jurgeleit-Jahn § 8 Rn. 35.
[94] BGH NJW 1999, 2661 (2262); OLG Schleswig NZBau 2022, 210 Rn. 8; OLG Stuttgart IBRRS 2024, 0638 = MDR 2024, 361.
[95] BGH NJW 1976, 518 (519); 1973, 1463 (1464).
[96] Messerschmidt/Voit/Oberhauser, Kap. N Rn. 59.
[97] BGH NJW 1976, 518 (519).
[98] BGH NJW 1974, 945 (946).
[99] BGH NJW 2018, 2564 Rn. 19; BGH NJW 1973, 1463 f.; Vogel BauR 2011, 313 (315).
[100] BGH NJW-RR 2005, 669 (670).
[101] NJW 2018, 2564 Rn. 19.

Kündigung durch den Auftraggeber **§ 8**

dem Unternehmer eine Vergütung nach § 648 S. 2 BGB zusprechen wollte, wenn sich die Parteien nicht anderweitig über die Folge der Vertragsbeendigung einigen. Aus den dort zitierten Literaturstellen folgt indes, dass es sich um eine Zweifelsregelung handelt.[102] So wird die Entscheidung auch in der Rechtsprechung[103] verstanden.

7. Vertraglich vereinbartes Rücktrittsrecht. Im Rahmen der Vertragsautonomie können die Parteien ein Rücktrittsrecht für eine oder beide der Parteien vereinbaren. Üblich sind solche Rücktrittsrechte etwa dann, wenn öffentlich-rechtliche Genehmigungen oder die Finanzierung zum Zeitpunkt des Vertragsschlusses unklar sind. Da die Rechtsfolgen des Rücktritts in §§ 346 ff. BGB auf den Bauvertrag nicht recht passen (vgl. → Rn. 2), ist zunächst im Wege der Auslegung zu ermitteln, ob „Rücktrittsrechte" nicht in Wahrheit Kündigungsrechte begründen sollen.[104] Die Ausübung eines Rücktrittsrechts ist auch nicht per se treuwidrig, wenn es nicht sofort ausgeübt und die Leistung weiter gefordert wird.[105] 20

III. Besonderheiten der Kündigungserklärung

Die Kündigung beendet den Vertrag für die Zukunft. Die Kündigung ist nur bis zur Vollendung des Werks möglich.[106] Hat der Auftraggeber die Abnahme erklärt, ist es irrelevant, ob die Leistung schwere Mängel aufweist; eine Kündigung ist nunmehr ausgeschlossen.[107] Der Abnahme dürfte die Abnahmereife gleichgestellt werden, weil dann der Auftraggeber jedenfalls nach § 640 Abs. 1 S. 3 BGB aF bzw. § 640 Abs. 2 BGB zur Abnahme verpflichtet wäre und sich dieser Verpflichtung nicht mehr durch Kündigung entziehen darf.[108] 21

1. Willenserklärung. Es handelt sich um eine einseitige, empfangsbedürftige Willenserklärung, die wirksam wird, wenn sie dem Kündigungsgegner zugeht.[109] Ob eine Erklärung als Kündigung zu verstehen ist, ist durch Auslegung zu ermitteln (§§ 133, 157 BGB). Das Wort „Kündigung" muss nicht benutzt werden; es reicht aus, wenn hinreichend deutlich wird, dass das Vertragsverhältnis beendet werden soll.[110] Die Kündigung kann auch durch schlüssiges Verhalten erklärt werden. Hinreichend, aber auch erforderlich ist ein Verhalten, welches unmissverständlich zum Ausdruck bringt, dass der Auftraggeber keine weitere Tätigkeit des Auftragnehmers mehr wünscht.[111] Auch die Erklärung, einen Drittunternehmer mit der Mangelbeseitigung und Fertigstellung zu beauftragen, kann eine Kündi- 22

---

[102] Zutr. Kniffka/Jurgeleit-C. Schmitz § 648 BGB Rn. 16.
[103] KG NZBau 2020, 24 Rn. 32.
[104] Zutr. Ingenstau/Korbion/Joussen Vor §§ 8, 9 Rn. 140.
[105] BGH NJW 2006, 1198 Rn. 16 ff.; OLG Düsseldorf BeckRS 2010, 23277 = IBR 2010, 1287.
[106] LG Karlsruhe IBR 2020, 1014; Vogel BauR 2011, 313 (314) mwN.; aA und unvertretbar für einen Fall der Teilabnahme hinsichtlich der teilabgenommenen Arbeiten OLG Koblenz BeckRS 2020, 54416 Rn. 91 ff. = IBR 2021, 343.
[107] BGH BauR 1975, 280 (281).
[108] Vogel BauR 2011, 313 (314) mwN; str.
[109] BGH NJW-RR 1996, 853; Vogel BauR 2011, 313 (314).
[110] BGH BeckRS 1964, 00134.
[111] BGH NJW 1977, 1922.

gung sein.[112] Die Fortsetzung der Arbeiten durch ein Drittunternehmen kann ebenfalls eine konkludente Kündigung sein, wenn sie für den Auftragnehmer erkennbar ist.[113] Gleiches gilt für die Verschiebung der Ausführung um zwei Jahre.[114]

23 **2. Schriftform.** Speziell für alle ab dem 1.1.2018 geschlossene Bauverträge sieht § 650h BGB nunmehr die Schriftform vor. Nach Sinn und Zweck handelt es sich um zwingendes Recht,[115] zumal der Gesetzgeber[116] in seiner Begründung ausdrücklich auf die ebenfalls zwingenden §§ 568, 623 BGB verwiesen hat. Die Norm gilt übrigens nach § 650q Abs. 1 BGB auch für Architekten- und Ingenieurverträge. Der Gesetzgeber[117] hat die Einführung des Schriftformerfordernisses mit Rechtssicherheit, der Sicherstellung der Beweisbarkeit und den Schutz der Vertragsparteien durch Übereilung begründet. Damit gilt § 126 BGB. Eine Übermittlung per Telefax genügt nicht.[118] Gleiches gilt für eine E-Mail, es sei denn, sie wird mit qualifizierter elektronischer Signatur versandt (§ 126a Abs. 1 BGB iVm Art. 3 Nr. 15 eIDAS-VO). Eine Kündigungserklärung, die den gesetzlichen Formerfordernissen nicht genügt, ist nach § 125 S. 1 BGB nichtig. Der Formmangel kann uU durch Neuvornahme geheilt werden, wenn zu diesem Zeitpunkt die ggf. erforderlichen Kündigungsvoraussetzungen noch vorliegen. Sie wirkt nicht zurück.[119] Die Neuvornahme kann problematisch sein, wenn die angemessene Frist nach den §§ 648a Abs. 3, 314 Abs. 3 BGB zu diesem Zeitpunkt bereits abgelaufen ist.[120] In Betracht kommt auch eine Umdeutung (§ 140 BGB) in eine einvernehmliche Vertragsaufhebung.

24 **3. Gestaltungserklärung, Bedingungsfeindlichkeit, Rücknahme, „Wettlauf der Kündigungen".** Als Gestaltungserklärung beendet die Kündigung den Vertrag *ex nunc*. Sie ist wie jede Gestaltungserklärung bedingungsfeindlich, weil klare Verhältnisse geschaffen werden sollen.[121] Zulässig ist eine sog. Potestativbedingung, nach welcher der Bedingungseintritt ausschließlich vom Willen des Kündigungsempfängers abhängt.[122] Nicht möglich ist es, eine (außerordentliche) Kündigung unter der Bedingung, dass die gesetzte Frist fruchtlos abläuft, zu erklären, weil das Kündigungsrecht erst mit Fristablauf entsteht.[123] Ist die Kündigung wirksam geworden, kann sie nicht mehr einseitig vom Kündigenden zurück genommen werden.[124] Die vermeintliche Aufhebung einer Kündigung ist nichts anderes als die Novation des Schuldverhältnisses.[125] Akzessorische

---

[112] BGH NJW 1977, 1922.
[113] BGH NJW 1960, 431; Heiermann/Riedl/Rusam/Kuffer Einf. zu §§ 8, 9 Rn. 29.
[114] OLG Brandenburg BeckRS 2016, 1045.
[115] MüKoBGB/Busche § 650h BGB Rn. 1; NK-BGB/Christian Lührmann § 650h BGB Rn. 18.
[116] BT-Drs. 18/8486, 61.
[117] BT-Drs. 18/8486, 61.
[118] BGH NJW 1993, 1126 (1127) zu § 766 S. 1 BGB.
[119] OLG Koblenz IBR 2024, 286 = BeckRS 2021, 66401.
[120] Oberhauser PiG 106 (2018), 33 (44).
[121] Heiermann/Riedl/Rusam/Kuffer Einf. zu §§ 8, 9 Rn. 30.
[122] Bolz/Jurgeleit-Jahn § 8 Rn. 17; Vogel BauR 2011, 313 (314) mwN; str.
[123] BGH NJW 1973, 1463.
[124] RGZ 53, 161 (167); OLG Nürnberg IBR 2020, 234.
[125] OLG Nürnberg IBR 2020, 234; Vogel BauR 2011, 313 (314) mwN; str.; MüKoBGB/Busche § 643 Rn. 5.

Sicherheiten sichern Ansprüche aus dem neu begründeten Bauvertrag nicht ab. Kündigungen sowohl Auftraggeber als auch Auftragnehmer, ist die erste wirksame Kündigung relevant; ein gekündigter Vertrag kann nicht mehr vom Vertragspartner gekündigt werden.[126] Die Frage, ob auch der Vertragspartner (aus wichtigem Grund) kündigen hätte können, kann uU allein für die Rechtsfolgen relevant sein.[127]

4. Vertretung. Auftraggeber und Auftragnehmer agieren überwiegend als juristische Personen und rechtsfähige Personengesellschaften. Diese werden von ihren Organen vertreten. Die besonderen Probleme der organschaftlichen Vertretung bestehen etwa darin, dass ein Vorstand einer Aktiengesellschaft mangels abweichender Regelung der im Handelsregister verlautbarten Satzung nur mit allen weiteren Vorstandsmitgliedern zusammen aktive Vertretungsmacht besitzt.[128] Für eine Gesellschaft mit beschränkter Haftung besteht ebenfalls – ebenfalls dispositiv im Gesellschaftsvertrag – Gesamtvertretungsmacht der Geschäftsführer.[129] Wie in § 125 Abs. 2 S. 2 HGB für die offene Handelsgesellschaft und in § 78 Abs. 4 AktG für die Aktiengesellschaft vorgesehen und für die gewillkürte Gesamtvertretung als Unterbevollmächtigung anerkannt, können auch die mit Gesamtvertretungsmacht ausgestatteten GmbH-Geschäftsführer einzelne von ihnen zur Vornahme bestimmter Geschäfte oder bestimmter Arten von Geschäften ermächtigen. Auf einseitige Rechtsgeschäfte sind die §§ 174, 180, 182 Abs. 3 BGB entsprechend anwendbar. In der Praxis werden relevante Erklärungen wie bei einer natürlichen Person indes von unterorganschaftlichen Personen abgegeben. Diese können für den Auftraggeber oder Auftragnehmer nur handeln, wenn sie hierfür wirksam bevollmächtigt sind. Eine solche Vollmacht kann sich uU unterhalb der Kündigungserklärung auch aus der Stellung der Person ergeben.[130]

Erklärt ein Bevollmächtigter die Kündigung, kann der Auftragnehmer unverzüglich die Erklärung nach § 174 S. 1 BGB zurückweisen, wenn der Bevollmächtigte weder eine Originalvollmacht vorlegt noch der bevollmächtigende Auftraggeber den Auftragnehmer von der Bevollmächtigung vorher anderweitig (§ 174 S. 2 BGB) unterrichtet hat. Die Kündigung ist dann unwirksam.[131] Das Zurückweisungsrecht besteht nicht bei der Vertretung rechtsfähiger oder teilrechtsfähiger Gesellschaften durch Organe, da aus öffentlichen Registern das Bestehen und der Umfang der Vertretungsmacht ersichtlich sind.[132] Es besteht auch nicht, wenn innerhalb ständiger Geschäftsbeziehungen der Handelnde entsprechende Erklärungen bereits vorgenommen hat, ohne dass diese mangels Vollmacht zurückgewiesen wurden.[133] Dies folgt aus den Grundsätzen der Rechtsscheinvollmacht.

---

[126] OLG Koblenz IBR 2024, 396 = BeckRS 2021, 66401; OLG Düsseldorf BeckRS 2019, 14756 Rn. 115 ff.; Ganten/Jansen/Voit-Bolz Vorbemerkung § 9 Rn. 23; Manteufel NJW 2019, 3683; Wessels ZfBR 2020, 107, 114; aA KG NJW 2018, 3721 Rn. 63 ff.

[127] Vgl. BGH NJW 2009, 3717 Rn. 31.

[128] Vgl. § 78 Abs. 2 S. 1 AktG.

[129] Vgl. § 35 Abs. 2 S. 1 GmbHG.

[130] OLG Celle BauR 2022, 1366 bejaht die Befugnis eines Projektleiters, die Kündigung anzudrohen.

[131] BGH NJW 2014, 1587 Rn. 12.

[132] BGH NJW 2002, 1194 (1195); auf nicht durch Gesetz oder Rechtsverordnung bestimmte Vertreter bleibt § 174 BGB indes anwendbar, vgl. OLG Koblenz IBR 2024, 286 = BeckRS 2021, 66401.

[133] OLG Celle BauR 2022, 1366.

Der Zusatz „i.A." oder „im Auftrag" kann im Einzelfall als Handeln im fremden Namen verstanden werden.[134] Im nichtjuristischen Sprachgebrauch wird nicht immer hinreichend zwischen „Auftrag" und „Vertretung" unterschieden, so dass der Verwendung des Zusatzes „i. A." nicht unbedingt die Erklärung zu entnehmen ist, der Handelnde werde nicht als Vertreter tätig.[135] Besitzt eine durch einen vermeintlichen Bevollmächtigten gesetzte Frist Gestaltungswirkung, so kann die Genehmigung nur bis zum Fristablauf erklärt werden; eine hiernach erklärte Genehmigung ist unwirksam.[136] Gleiches gilt grundsätzlich für die Fristsetzung mit Kündigungsandrohung.[137] Bei dieser sind die Anforderungen an eine Vertretungsmacht uU geringer.[138]

27   5. „Zeitnahe außerordentliche Kündigung". Die außerordentliche Kündigung muss innerhalb angemessener Frist erfolgen, nachdem der Kündigende vom Kündigungsgrund Kenntnis erlangt hat.[139] Insofern waren die Erwägungen von § 314 Abs. 3 BGB vorsichtig auf das Bauvertragsrecht übertragbar.[140] Der Gesetzgeber[141] hat dies nunmehr in § 648a Abs. 3 BGB ausdrücklich klargestellt. Wartet der Kündigende zu lange zu, ist der Kündigungsgrund nicht so gewichtig, dass eine Fortsetzung des Vertragsverhältnisses für den Kündigenden unzumutbar wäre.[142] Eine Kündigungsandrohung verliert, wenn über geraume Zeit zugewartet wird, ihre Warnfunktion, wenn nicht für den Kündigungsgegner erkennbar ist, dass der Kündigende an der Androhung festhalten will.[143] Dies kann anders zu beurteilen sein, wenn der Kündigende aus nachvollziehbaren Gründen (zB Vermeidung eines sehr hohen Schadens) zunächst von der Kündigung absieht und diese sofort erklärt, sobald dies für ihn zumutbar ist.[144]

IV. Abwicklung des Vertrags nach Kündigung

28   **1. Beendigung für die Zukunft.** Die Kündigung beendet den Vertrag nur ex nunc, also für die Zukunft.[145] Für die bereits erbrachten Teile der Leistung bleibt also der Vertrag Rechtsgrund.[146] Die Kündigung beschränkt den Umfang der vom Auftragnehmer geschuldeten Werkleistung auf den bis zur Kündigung erbrachten Teil und seinen Vergütungsanspruch grundsätzlich auf diesen Leis-

---

[134] LG Heilbronn IBR 2024, 1049.
[135] OLG Dresden NJW-RR 2023, 22 Rn. 42.
[136] BGH NJW-RR 2003, 303 (304); hierzu Vogel BauR 2011, 313 (316).
[137] OLG München BeckRS 2016, 134846.
[138] OLG Celle BauR 2022, 1366.
[139] BGH NJW-RR 2008, 1155 (1156); OLG Frankfurt a. M. BeckRS 2005, 13143 = NJW-RR 2006, 702; Heiermann/Riedl/Rusam/Kuffer Einf. §§ 8, 9 Rn. 29.
[140] Hebel BauR 2011, 330 (336).
[141] BT-Drs. 18/8486, 51.
[142] BGH NJW 1996, 1751.
[143] BGH NZBau 2005, 150 (151): OLG Zweibrücken NJW-RR 2017, 338 Rn. 50.
[144] Näher und zutr. Hebel BauR 2011, 330 (337); OLG Koblenz BeckRS 2014, 09319: Auftraggeber darf Materialuntersuchung abwarten, bevor er mangelbedingt kündigt; OLG Celle 22.5.2009 – 14 U 45/09, IBR 2010, 77: angemessene Überlegungsfrist des Auftraggebers.
[145] BGH NJW 2003, 1450(1452); 2006, 2475 (2476).
[146] BGH NJW 2003, 1450 (1452).

tungsteil der ursprünglich geschuldeten Leistung.[147] Sie beendet nicht automatisch das Erfüllungsstadium des Vertrags.[148]

2. Vergütungsanspruch für die erbrachte Leistung. Für das bis zur Kündigung erbrachte Teilwerk erhält der Auftragnehmer grundsätzlich die verdiente Vergütung, weil die Kündigung den Vertrag nur für die Zukunft beendet. 29

a) Umfang. Unabhängig davon, ob die Kündigung eine ordentliche oder außerordentliche ist, hat der Auftragnehmer im Grundsatz Anspruch auf die Vergütung, die auf das erbrachte – notfalls nach Mangelbeseitigung – vertragsgemäße Teilwerk entfällt.[149] Die Einzelheiten sind unten dargestellt.[150] Bei einer ordentlichen Kündigung erhält der Auftragnehmer darüber hinaus nach § 8 Abs. 1 Nr. 2 auch für das nicht mehr erbrachte Teilwerk die volle Vergütung, allerdings abzüglich ersparter Kosten und anderweitig bzw. böswillig unterlassenen Erwerbs. Auch diese Einzelheiten sind weiter unten dargelegt.[151] 30

b) Ausnahmen bei einer außerordentlichen Kündigung. Im Falle einer außerordentlichen Kündigung erhält der Auftragnehmer dann keine Vergütung für das erbrachte Teilwerk, wenn dieses entweder für den Auftraggeber wertlos ist oder wenn es für ihn in Folge der Kündigung nicht brauchbar oder die Verwertung für ihn nicht zumutbar ist.[152] Es handelt sich um eng auszulegende Ausnahmetatbestände, die nicht verallgemeinert werden können. 31

c) Fälligkeit. Nach allgemeinen Grundsätzen setzt die Fälligkeit des Vergütungsanspruchs auch nach Kündigung eine Abnahme voraus.[153] Die Abnahme kann durch die üblichen Abnahmesurrogate[154] ersetzt werden.[155] 32

3. Mängelansprüche. a) Einführung. Da der Vertrag durch die Kündigung nur für die Zukunft beendet wird, bleibt es hinsichtlich des bis zur Kündigung erbrachten Teilwerks für die Erfüllungs- und Mängelhaftung bei den allgemeinen Grundsätzen.[156] Der Auftragnehmer ist daher nach Kündigung verpflichtet, Mängel des bis zur Kündigung erbrachten Teilwerks zu beseitigen.[157] Dies gilt grundsätzlich unabhängig davon, ob der Auftraggeber das erbrachte Teilwerk abgenommen hat oder nicht. Denn der Vertrag bleibt Rechtsgrund für den bis zur Kündigung erbrachten Teil der Leistung. Wegen Mängeln kann daher der Auftraggeber auch im Kündigungsfalle sowohl vor als auch nach Abnahme ein Leistungs- 33

---

[147] BGH NJW 2003, 1450 (1452).
[148] BGH NJW 2003, 1450 (1452).
[149] Näher Hebel BauR 2011, 330 (341).
[150] Vgl. → Rn. 54 ff.
[151] Vgl. → Rn. 62 ff.
[152] BGH NJW 1993, 1972 (1973); 1997, 3017 (3018); NZBau 2001, 621 (622); Hebel BauR 2011, 330 (341).
[153] BGH NJW 2006, 2475 Rn. 19 ff.; OLG Hamm NJOZ 2007, 1936 (1937); OLG Celle NJOZ 2008, 1560 (1563); aA noch BGH NJW 1987, 382 (383).
[154] Vgl. → § 12 Rn. 145 ff.
[155] BGH NJW 2006, 2475 Rn. 26 f.; OLG Celle NJOZ 2008, 1560 (1563); Hebel BauR 2011, 330 (341).
[156] BGH NJW 1988, 140 (141); Kniffka/Koeble/Jurgeleit/Sacher Kompendium BauR/Kniffka/Jurgeleit 8. Teil Rn. 87.
[157] BGH NJW 1968, 1524 (1525); 1988, 140 (141); BauR 1989, 462 (464); NJW 1993, 1972 (1973); NJW-RR 2001, 383; NJW 2006, 2475 Rn. 32; Hebel BauR 2011, 330 (340).

§ 8

verweigerungsrecht in Höhe des Zweifachen der Mangelbeseitigungskosten geltend machen.[158] Hierbei ist indes zu beachten, dass vor Abnahme auf Grund eingetretener Abrechnungsreife eine Leistungsverweigerung weitgehend entbehrlich ist, weil die Schlussvergütung des gekündigten Auftragnehmers erst mit Abnahme fällig wird.[159] Ein zwischenzeitlich eingetretener Annahmeverzug des Auftraggebers (zB Baustellenverbot) lässt das Leistungsverweigerungsrecht nicht entfallen.[160] Solange Annahmeverzug besteht, reduziert sich das Leistungsverweigerungsrecht auf das Einfache der Mangelbeseitigungskosten.[161]

34 Der Auftraggeber muss dem Auftragnehmer folglich Gelegenheit geben, die Mängel zu beseitigen.[162] Beseitigt der Auftraggeber Mängel eigenmächtig, ohne dem Auftragnehmer die Möglichkeit zur Mangelbeseitigung zu gewähren, muss er die Vergütung ohne Abzug für das erbrachte Teilwerk zahlen.[163] Der Bundesgerichtshof[164] hat aufgrund der Sonderregeln des Werkvertragsrechts – dies gilt für die VOB/B ebenso – Aufwendungsersatzansprüche – gleich aus welchem Rechtsgrund – des Auftraggebers im Falle der „eigenmächtigen" Mangelbeseitigung verneint. Dies gilt unverändert auch nach der Schuldrechtsreform.[165] Der Auftragnehmer muss sich also nicht ersparte Mangelbeseitigungsaufwendungen nach § 326 Abs. 2 S. 2 BGB analog abziehen lassen. Dies ist konsequent, weil sonst die gesetzliche Wertung, die in die VOB/B übernommen wurde, dass der Auftraggeber grundsätzlich erst nach fruchtlos abgelaufener Mangelbeseitigungsfrist selbst die Mängel auf Kosten des Auftragnehmers beseitigen darf, weitgehend umgangen werden könnte.

35 Das Erfordernis, dem Auftragnehmer noch eine Frist zur Kündigung zu setzen, besteht nicht, wenn die konkreten Mängel bereits Gegenstand der Kündigung waren.[166] Eine Fristsetzung ist ebenfalls entbehrlich, wenn durch die Kündigung das Vertrauen in die Leistungsfähigkeit des Auftragnehmers berechtigt entfallen ist oder er die Mangelbeseitigung ernsthaft sowie endgültig verweigert hat.[167] Schließlich bedarf es keiner Frist, wenn das erbrachte Teilwerk so schwere Mängel aufweist, dass es nicht mehr nachbesserungsfähig ist.[168] In allen diesen Fällen, in denen die Mangelbeseitigungsaufforderung letztlich „nutzlos"[169] wäre, kann der

---

[158] vgl. BGH NJW-RR 2004, 1461 (1462).
[159] BGH NJW 2006, 2475 Rn. 22 ff.
[160] BGH NJW-RR 2004, 1461 (1462).
[161] BGH NJW-RR 2002, 1025.
[162] Ungeklärt ist, ob eine einfache Fristsetzung reicht oder dem Auftragnehmer nach einer Frist mit Kündigungsandrohung nochmals der Auftrag wegen der gerügten Mängel entzogen werden muss. Für erstere Variante spricht die Formulierung in BGH NJW 1968, 1524 (1525) und das von Kniffka/C. Schmitz BGB § 648a Rn. 82 f. zutr. betonte Argument, dass § 4 Abs. 7 S. 3 nach bereits erklärter Kündigung nicht mehr so recht passt, der Auftraggeber aber als Verwender an seine eigene Klausel gebunden ist.
[163] BGH NJW 2002, 2780.
[164] BGH NJW 1963, 806 (807); 1966, 39 (40).
[165] Kniffka BauR 2005, 1024 (1025) u. Hinweis auf BGH BauR 2005, 1021 (1022); Hebel BauR 2011, 330 (340 f.); Voit BauR 2011, 392 (394) spricht zutr. von Abwendungsbefugnis.
[166] BGH NJW-RR 1989, 849; OLG Dresden BeckRS 2000, 30099050 = BauR 2001, 809 (811); Hebel BauR 2011, 330 (340); Heiermann/Riedl/Rusam/Kuffer § 8 Rn. 97; Kniffka/Koeble/Jurgeleit/Sacher Kompendium BauR/Kniffka/Jurgeleit 8. Teil Rn. 93.
[167] BGH BeckRS 2013, 16022; NJW-RR 2001, 383.
[168] BGH NJW 1972, 526; 1982, 1387; 1997, 3017.
[169] So treffend Hebel BauR 2011, 330 (340).

Auftraggeber sofort in Geld übergegangene Mängelansprüche geltend machen. In Höhe der voraussichtlichen (Fremd-) Nachbesserungskosten kann der Auftraggeber auch nach Kündigung Vorschuss verlangen.[170]

Solange die Leistung nach Kündigung nicht abgenommen ist, trägt der Auftrag- 36 nehmer die Darlegungs- und Beweislast für die Mängelfreiheit des erbrachten Teilwerks.[171]

b) Probleme in der Praxis. Da der Vertrag für die Zukunft beendet wird 37 und nur hinsichtlich des erbrachten Teilwerks als Rechtsgrund bestehen bleibt, spielt namentlich vor der Abnahme die Abgrenzung von Mangelbeseitigung am Teilwerk und Fertigstellung eine entscheidende Rolle.[172] Als Mangel in diesem Sinne kommt nicht etwa die durch die Kündigung veranlasste Unvollständigkeit des Werkes in Betracht.[173] Die schwierige Abgrenzung lässt sich nur durch eine Einzelfallbetrachtung lösen. Ist bei natürlicher Betrachtungsweise das erbrachte Teilwerk nur unvollständig oder ist es mangelhaft?[174] Bedarf also die erbrachte Leistung einer Ergänzung oder einer Korrektur?[175] Und erfordert die Korrektur faktisch eine Neuherstellung des Teilwerks oder nicht?[176] In welchem Bearbeitungs- bzw. Entwicklungszustand musste sich das Teilwerk in dem Kündigungszeitpunkt befinden?[177] Abstrakte Leitlinien für die praktische Rechtsanwendung gibt es damit nicht. Steht der den Auftraggeber Beratende vor dem Scheideweg, dem Auftragnehmer noch eine Frist zur Mangelbeseitigung setzen zu müssen, sollte er dies indes zur Vermeidung von Rechtsnachteilen im Zweifelsfall auch tun. Denn nur so erhält er seinem Mandanten später die Möglichkeit, vom Auftragnehmer die erforderlichen Mängelbeseitigungskosten zu verlangen.

Diese Probleme bestünden nicht, wenn man – dogmatisch konsequent – davon 38 ausginge, dass mit Kündigung alle Erfüllungs- und damit auch Mangelbeseitigungsverpflichtungen erlöschen.[178] Es ist indes nicht zu erwarten, dass die Rechtsprechung diesen Weg einschlägt.

B. Einführung – Bedeutung der §§ 8, 9

I. Überblick

Die VOB/B enthält in den §§ 8 und 9 (sowie § 6 Abs. 7) Einzelregelungen der 39 einseitigen Vertragsbeendigung durch Kündigung, die die VOB/B – dogmatisch unsauber – auf der Seite des Auftraggebers zum Teil in früheren Fassungen der VOB/B auch als „Entziehung des Auftrags" bezeichnet. Mit der Änderung der VOB/B 2016 werden konsequent und dogmatisch richtig nur noch die Begriffe

---

[170] BGH NJW-RR 1989, 849.
[171] BGH NJW 1993, 1972 (1974); 1999, 3554 (3556).
[172] Hierzu näher Kniffka/Koeble/Jurgeleit/Sacher Kompendium BauR/Kniffka/Jurgeleit 8. Teil Rn. 88; Vogel BauR 2011, 313 (317 f.).
[173] BGH NJW 1993, 1972 (1973).
[174] C. Schmitz Rn. 164.
[175] Brügmann/Kenter NJW 2003, 2121 (2125).
[176] Vgl. BGH NJW-RR 1988, 208 (209); im Anschluss hieran OLG Dresden NJW-RR 1998, 882 (883) kein „Nachbesserungsrecht.
[177] Vgl. BGH NJW-RR 2006, 1309 Rn. 21.
[178] Vogel BauR 2011, 313 (317 f.).

§ 8

"Kündigung" bzw. "kündigen" verwendet. Diese sprachliche Vereinheitlichung ist rein redaktioneller Natur und hat keine rechtliche Relevanz. Entsprechend der praktischen Bedürfnisse eines Bauvertrages führen die genannten Regelungen der VOB/B zu einer Vertragsbeendigung lediglich für die Zukunft; soweit der Vertrag bereits vollzogen, dh die Bauleistung erbracht ist, bleibt der Vertrag bestehen.

40 § 8 regelt die Kündigung durch den Auftraggeber, § 9 die Kündigung durch den Auftragnehmer. Neben der Frage, wann die Kündigung zulässig ist, enthalten die §§ 8 und 9 für die einzelnen Fälle der Kündigung jeweils auch Regelungen für die weitere Abwicklung des Vertragsverhältnisses.

II. Verhältnis zu den gesetzlichen Beendigungsverhältnissen

41 Die §§ 8, 9 und § 6 Abs. 7 regeln anders als nunmehr die §§ 636, 643, 648, 648a, 649, 650f BGB nicht alle praktisch vorkommenden Kündigungs- und Rücktrittsgründe, sondern behandeln nur – wenn auch wesentliche – Teilaspekte der Vertragskündigung. So behandelt § 8 Abs. 1 die dem § 648 BGB entsprechende freie, dh Gründe nicht erfordernde Kündigung. Zudem regelt die Klausel vier Sonderfälle der außerordentlichen Kündigung (§ 648a BGB), nämlich wegen Vermögensverfalls des Auftragnehmers (§ 8 Abs. 2), wegen mangelhafter oder verzögerter Bauleistungen (§ 8 Abs. 3) sowie wegen wettbewerbswidrigen Verhaltens des Auftragnehmers (§ 8 Abs. 4). § 9 regelt die Kündigung durch den Auftragnehmer für zwei Fallgruppen aus dem Bereich des Schuldnerverzugs sowie des Gläubigerverzugs und knüpft insoweit an die Regelung der §§ 642, 643 BGB an. § 6 Abs. 7 enthält einen Spezialfall der Kündigung aus wichtigem Grund für beide Vertragsteile.

42 Die in den §§ 8, 9 und § 6 Abs. 7 geregelten Kündigungstatbestände schlossen jedenfalls in ihrem Anwendungsbereich die Vertragsbeendigung durch Rücktritt (§§ 323 ff. BGB) aus.[179] Zusätzlich dürfte ein Rücktritt aus sonstigen, in der VOB/B nicht erfassten Tatbeständen, die unter die "sonstigen wichtigen Gründe" fallen, ausgeschlossen sein, weil das Rücktrittsrecht auf den teilweise durchgeführten Bauvertrag nicht passte, zumal der Gesetzgeber durch den geänderten § 649 BGB aF deutlich gemacht hatte, dass er eine Kündigung für sachnäher hält.[180] Dies gilt nunmehr erst recht durch die Kodifikation des außerordentlichen Kündigungsrechts in § 648a BGB durch die Reform des Bauvertragsrechts. Es bleibt also beim Ausschluss des Rücktrittsrechts.[181] Nach wie vor möglich ist es, individualvertraglich ein Rücktrittsrecht zu vereinbaren. Dieses geht nach § 305b BGB den Klauseln der VOB/B vor. Sinnvoll ist dies nicht. Zudem dürfte der Anspruch auf Schadensersatz statt der Leistung, weitgehend ausgeschlossen sein.[182] Soweit die Tatbestände der VOB/B einschlägig sind, ersetzen sie die entsprechenden Vorschriften des allgemeinen Teils und des Werkvertragsrechts.[183] Neben den in der VOB/B geregelten Kündigungstatbeständen gibt es Fälle, in denen ein Rück-

---

[179] Heiermann/Riedl/Rusam/Kuffer Einf. §§ 8, 9 Rn. 7.
[180] Ganten/Jansen/Voit/Althaus § 8 Abs. 3 Rn. 4 ff.; Ingenstau/Korbion/Joussen Vor §§ 8, 9 Rn. 137 ff.
[181] Kapellmann/Messerschmidt/Sacher § 5 Rn. 294.
[182] Ganten/Jansen/Voit/Althaus § 8 Abs. 3 Rn. 7a; Ingenstau/Korbion/Joussen Vor §§ 8, 9 Rn. 137 ff.
[183] BGH NJW-RR 1996, 853 (854); zu § 4 Abs. 7 vgl. → § 4 Rn. 152 ff., zu § 5 Abs. 4 vgl. → § 5 Rn. 51 ff.

griff auf das außerordentliche Kündigungsrecht in § 648a BGB geboten ist.[184] Die gesetzlichen Regeln über die vorzeitige Vertragsbeendigung werden somit nicht generell ausgeschlossen; es ist vielmehr in jedem Einzelfall genau zu prüfen, ob der Tatbestand einer bestimmten Klausel der VOB/B einschlägig und – wenn dies nicht der Fall ist – ob dann der Rückgriff auf die gesetzlichen Regelungen (§ 648a BGB) zulässig ist.

III. Modifizierung des Gesetzes durch die Besonderheiten des Bauvertrags

Wegen der Besonderheiten des Bauvertrags werden die allgemeinen bürgerlich- 43 rechtlichen Vorschriften über die Vertragsbeendigung nach den Grundsätzen modifiziert, die für Dauerrechtsverhältnisse entwickelt worden sind und nunmehr durch die §§ 648, 648a BGB für alle Werkverträge gelten. Bauverträge, deren Ausführung – wie regelmäßig – längere Zeit in Anspruch nimmt, sind zwar keine Dauerschuldverhältnisse.[185] Als Langzeitverträge sind sie den Dauerschuldverhältnissen weitgehend gleichzusetzen.[186] Die Durchführung der Bauleistung, die nicht in den Geschäftsräumen des Auftragnehmers, sondern regelmäßig auf dem Grundstück des Auftraggebers erfolgt, setzt ein ständiges enges und partnerschaftliches Zusammenwirken zwischen den Vertragsteilen voraus; ohne ein ungestörtes Vertrauensverhältnis und gegenseitiges Einvernehmen ist ein sinnvoller Ablauf nicht möglich. Daher begründet der Bauvertrag – ebenso wie andere Dauerrechtsverhältnisse – eine engere Bindung als ein einmaliger Austauschvertrag und verpflichtet die Vertragspartner zu verstärkter gegenseitiger Rücksichtnahme und Loyalität sowie Kooperation.[187] Ist mit der Bauleistung bereits begonnen worden, so ist der Vertrag regelmäßig auch teilweise erfüllt; eine völlige Rückabwicklung mit rückwirkender Kraft widerspricht dann der Interessenlage, da eine Rückgabe der erbrachten und mit dem Grundstück des Auftraggebers verbundenen Bauleistungen in natura weitgehend ausgeschlossen ist; denn sie würde regelmäßig den Abbruch der erstellten Bauwerksteile und damit eine Zerstörung wirtschaftlicher Werte bedeuten. Diese Besonderheiten von Bauverträgen, deren Ausführung längere Zeit in Anspruch nimmt, rechtfertigen es, die für Dauerschuldverhältnisse entwickelten Grundsätze im Prinzip anzuwenden, obgleich der Bauvertrag nicht zu den Dauerrechtsverhältnissen im klassischen Sinne (zB Arbeitsvertrag, Gesellschaftsvertrag, Miete, Pacht) gerechnet werden kann.

C. Einzelheiten

I. Ordentliches Kündigungsrecht des Auftraggebers, Abs. 1

1. Sinn und Zweck. a) Gesetzlicher Grundgedanke. Regelmäßig besitzt 44 der Auftragnehmer nicht an der Herstellung, sondern an der dafür zu zahlenden Vergütung ein schützenswertes Interesse.[188] Deshalb ist es ausreichend, aber auch erforderlich, ihm für die jederzeit mögliche „freie" Kündigung nur einen finanziellen Ausgleich (§ 648 S. 2 BGB bzw. § 8 Abs. 1 Nr. 2) zuzubilligen.

---

[184] → Rn. 149 ff.
[185] BGH NJW 2003, 1188.
[186] BGH NJW 1996, 2158; 2004, 2373 (2374).
[187] BGH NJW 1996, 2158; 2000, 807 (808).
[188] Bamberger/Roth/Voit BGB § 648 Rn. 1; vgl. BGH NJW 2011, 915 Rn. 16.

§ 8

45 b) Ausschluss in Allgemeinen Geschäftsbedingungen des Auftragnehmers. Die höchstrichterliche Rechtsprechung[189] hat nunmehr offengelassen, ob der Auftragnehmer in von ihm gestellten Allgemeinen Geschäftsbedingungen das Recht zur freien Kündigung des Auftraggebers ausschließen kann. Dafür spricht, dass dann beide Vertragsparteien gleichermaßen den Vertrag nur aus wichtigem Grund kündigen können. Dagegen spricht, dass im Regelfall der Auftragnehmer an der Vollendung des Werks kein besonderes Interesse hat und sein Vergütungsinteresse hinreichend über § 648 S. 2 BGB geschützt wird.[190]

46 2. Anwendungsbereich. Die Kündigung nach § 8 Abs. 1 Nr. 1 kann vom Auftraggeber jederzeit und unabhängig vom Vorliegen eines Grundes erklärt werden.

47 a) Abgrenzung zu §§ 2 Abs. 3, 2 Abs. 4. Nach § 2 Abs. 4 darf der Auftraggeber jederzeit Teilleistungen, die der Auftragnehmer übernommen hat, selbst übernehmen. Als Ausgleich hierfür schuldet er nach § 8 Abs. 1 Nr. 2 kündigungsähnlich für den übernommenen Teil die vereinbarte Vergütung abzüglich ersparter Kosten und anderweitigen bzw. böswillig unterlassenen Erwerbs. Die Selbstübernahmeerklärung, die anders als die Kündigung nicht der Schriftform des § 8 Abs. 6 bedarf, wird also der Teilkündigung gleichgestellt.

48 Kommt eine Position eines Einheitspreisvertrags nicht zur Ausführung (sog. Nullposition), ohne dass der Auftraggeber eine Teilkündigung erklärt, bestimmen sich die Rechtsfolgen im Wege ergänzender Vertragsauslegung anhand der Wertung von § 2 Abs. 3 Nr. 3 und nicht nach § 8 Abs. 1 Nr. 2.[191] Die hinter der Nullposition stehende Äquivalenzstörung wird von dem Regelungsgedanken des § 2 Abs. 3 Nr. 3 besser erfasst.

49 Kommt eine Teilleistung auf Wunsch des Auftragnehmers nicht zur Ausführung und wird der Vertrag insoweit einvernehmlich aufgehoben, wird die Auslegung regelmäßig ergeben, dass der Auftragnehmer hierfür keine Vergütung erhält.[192] Anders ist es indes, wenn eine Teilleistung auf eines Eingriffs des Auftraggebers nicht zur Ausführung kommt. § 8 Abs. 1 Nr. 2 ist die speziellere Klausel, so dass eine Vergütungsanpassung nach § 2 Abs. 3 nicht in Betracht kommt.[193] Gleiches gilt, wenn der Auftraggeber den Auftragnehmer auffordert, eine Stahlgleitwand vor der vereinbarten Standzeit abzubauen.[194]

50 b) Abgrenzung zu § 2 Abs. 5. Entfällt eine Teilleistung auf Grund einer Änderungsanordnung des Auftraggebers, so richtet sich der Vergütungsanspruch des Auftragnehmers weiterhin nach § 2 Abs. 5, wenn an Stelle der weggefallenen Teilleistung eine neue tritt.[195] Gleiches gilt, wenn diese Teilleistung bereits teilweise ausgeführt worden ist.[196] Wird die weggefallene Teilleistung nicht durch

---

[189] BGH NJW 2011, 915 Rn. 16; aA und für die Unzulässigkeit noch BGH NJW 1999, 3261 (3262).

[190] Zutr. BeckOK BGB/Voit BGB § 648 Rn. 1.

[191] BGH NJW 2012, 1348 Rn. 21.

[192] Vgl. BGH NJW 1999, 2661 (2662).

[193] BGH NJW 2018, 2564 Rn. 19 f.; OLG München BeckRS 2019, 25791 = BauR 2019, 1780; OLG Hamm BeckRS 2024, 19074.

[194] OLG Rostock BeckRS 2017, 111898 = IBR 2017, 367.

[195] Kandel NJW 2012, 1350; aA OLG Celle BeckRS 2005, 01247 mit zutr. kritischer Anm. von Schwenker IBR 2005, 134.

[196] Ingenstau/Korbion/Joussen § 8 Abs. 1 Rn. 6; aA KG BeckRS 2008, 20446 = IBR 2007, 670.

eine neue ersetzt, ist § 8 Abs. 1 Nr. 2 anwendbar.[197] Die Idee in der Literatur,[198] allein formell eine Teilkündigung (Schriftform) von einer Änderungsanordnung abzugrenzen, ist zum Scheitern verurteilt, weil auch im gesetzlichen Bauvertragsrecht der Besteller unabhängig von der Einhaltung der formellen Vorgaben nach § 650b Abs. 2 BGB (Wartefrist, Textform) auch sofort eine Änderungsanordnung aussprechen kann, wenn der Auftragnehmer damit einverstanden ist, also die Anordnung befolgt. Es muss daher auch nach der Reform des Bauvertragsrechts im Wege der Auslegung ermittelt werden, ob der Auftraggeber eine Änderungsanordnung oder eine (formunwirksame) Teilkündigung ausgesprochen hat, die der Auftragnehmer aber akzeptiert hat. Die Vergütungsfolgen ähneln sich nach zutreffender Auffassung[199] weitgehend.

c) Umdeutung der Kündigung aus wichtigem Grund in eine freie Kündigung (§ 140 BGB). Eine unberechtigte außerordentliche Kündigung ist unwirksam. Dies ist namentlich der Fall, wenn kein bzw. kein ausreichend wichtiger Grund besteht. Gleiches gilt, wenn vorfristig gekündigt wird.[200] Im Grundsatz kann eine unwirksame außerordentliche Kündigung nur dann als eine freie Kündigung ausgelegt bzw. umgedeutet werden, wenn anzunehmen ist, dass dies dem Willen des Kündigenden entspricht, und dieser Wille in seiner Erklärung gegenüber dem Kündigungsgegner hinreichend zum Ausdruck gekommen ist.[201] Es müssen also Anhaltspunkte dafür vorliegen, dass der Auftraggeber unabhängig von dem seiner Meinung nach vorliegenden Kündigungsgrund das Vertragsverhältnis in jedem Fall hat beenden wollen. Dies ist bei einem Vertrag über die Errichtung eines Bauwerks nach der Rechtsprechung[202] regelmäßig der Fall, weil beide Vertragsparteien Rechtssicherheit wollten und der Auftraggeber eine Vergütung vergleichbar § 326 Abs. 2 BGB regelmäßig auch dann bezahlen müsse, wenn die Kündigung sich später als unwirksam herausstelle. Für die übliche Fallgestaltung, dass der Auftragnehmer nach einer (unberechtigten) Kündigung aus wichtigem Grund durch den Auftraggeber die Arbeiten einstellt und abrechnet, wendet die Rechtsprechung[203] § 648 S. 2 BGB entsprechend an.

51

Will der Auftraggeber eine Umdeutung seiner Kündigung vermeiden, soll er hinreichend in der Erklärung zum Ausdruck bringen können, dass sie nur als Kündigung aus wichtigem Grund gelten solle, er also nicht „frei" kündigen wolle.[204] Dies ist nicht ganz zweifelsfrei. Scheitert etwa eine Umdeutung einer unwirksamen außerordentlichen Kündigung in eine „freie" und lässt der Auftraggeber keine weiteren Arbeiten des Auftragnehmers mehr zu, kann dieser im Regelfall Ansprüche aus § 326 Abs. 2 BGB geltend machen.[205] Allerdings trägt

52

---

[197] OLG München BeckRS 2019, 25791 Rn. 11 ff. = BauR 2019, 1780; OLG Oldenburg NZBau 2000, 520 (521).
[198] Pause, ZfBR 2018, 731 (734).
[199] Kniffka/Jurgeleit/von Rintelen, § 650b Rn. 169.
[200] OLG Frankfurt IBR 2020, 450.
[201] BGH NZBau 2001, 621 (622).
[202] BGH NJW 2003, 3474 (3475); NJW-RR 2007, 1317 Rn. 24; OLG Bamberg IBR 2016, 10; OLG Stuttgart BeckRS 2020, 57186 = IBR 2022, 449; OLG München IBR 2020, 287; OLG Düsseldorf IBR 2019, 418; aA noch BGH NJW 1969, 419 (421).
[203] BGH NJW 1996, 1751; 1997, 259 (260); 1999, 3554; 1999, 3261 (3262).
[204] Vgl. BGH NJW 2009, 3717 Rn. 25 f.; Fortführung der Arbeiten gewünscht; OLG Frankfurt IBR 2020, 450.
[205] Zu den Einzelheiten Kniffka/Jurgeleit/C. Schmitz BGB § 648 Rn. 13.

bei dieser Norm der Auftraggeber die Erstdarlegungslast für die ersparten Kosten und den anderweitigen Erwerb.[206]

53 Aus der unberechtigten außerordentlichen Kündigung durch den Auftraggeber folgt im Regelfall ein Kündigungsgrund für den Auftragnehmer.[207] Erklärt der Auftragnehmer dann seinerseits aus wichtigem Grund die Kündigung, kann er vom Auftraggeber Schadensersatz verlangen (§ 280 Abs. 1 BGB). Hat der Auftragnehmer durch vertragswidriges Verhalten die unberechtigte außerordentliche Kündigung des Auftraggebers mitverursacht, kann der Auftraggeber ein Mitverschulden (§ 254 Abs. 1 BGB) des Auftragnehmers einwenden.[208]

54 **3. Ausübung des Kündigungsrechts.** Die allgemeinen Voraussetzungen für eine Kündigungserklärung (→ Rn. 22 ff.) müssen vorliegen.

55 **4. Vergütungspflicht des Auftraggebers.** Nach § 8 Abs. 1 Nr. 2 S. 1 erhält der Auftragnehmer die vereinbarte Vergütung. Wie bei § 648 S. 1 BGB ist zu trennen zwischen der Vergütung des bis zur Kündigung erbrachten Teilwerks und der Vergütung des nicht mehr erbrachten Teils.[209] Zu den erbrachten Teilleistungen gehören alle Bauleistungen, die sich zum Zeitpunkt des Wirksamwerdens bereits im Bauwerk verkörpert haben, und zwar unabhängig von der Qualität.[210] Nicht dazu gehören noch nicht eingebaute Bauteile, unabhängig davon, ob sie sich bereits auf der Baustelle befinden oder nicht.[211] Der Vergütungsanspruch ergibt sich aus § 631 Abs. 1 BGB.[212] Dem Auftragnehmer bleibt es unbenommen, die erbrachten Teilleistungen abzurechnen. Nur für den kündigungsbedingt nicht mehr erbrachten Teil der Leistung bemisst sich die Vergütung nach § 8 Abs. 1 Nr. 2. Nach den von der Rechtsprechung[213] entwickelten Abrechnungsgrundsätzen sollen die Parteien kündigungsbedingt weder ungerechtfertigte Vor- noch Nachteile bei der Abrechnung erfahren. Auch deshalb muss der Auftragnehmer prüfbar schlussrechnen.[214]

56 Ein Differenzierung zwischen dem Wert der erbrachten und kündigungsbedingt nicht mehr erbrachten Teilleistungen ist auch deshalb erforderlich, weil – unabhängig von § 13b UStG – der Anspruch aus § 648 S. 2 BGB und damit aus § 8 Abs. 1 Nr. 2 nicht der Umsatzsteuer unterliegt; es fehlt am Leistungsaustausch.[215] Erforderlich ist also eine getrennte Abrechnung.[216]

57 **a) Erbrachte Teilleistungen. aa) Einheitspreisvertrag.** Bei diesem Vertragstyp ist auf Grundlage des Leistungsverzeichnisses und der ermittelten Massen

---

[206] BGH NJW 2001, 3535 (3537); 2002, 57 (58); NJW-RR 2004, 989 (990).
[207] BGH NJW 2009, 3717 Rn. 26; NJW-RR 2003, 981; NJW 1969, 419 (420).
[208] BGH NJW 2009, 3717 Rn. 31; berechtigte Kritik bei Leidig/Hürter NZBau 2010, 417 (419) mit dem Argument, dass so letztlich der unwirksamen außerordentlichen Kündigung doch teilweise zum Erfolg verholfen werde.
[209] Ganten/Jansen/Voit/Althaus § 8 Abs. 1 Rn. 19.
[210] OLG Köln NJW-RR 2021, 877 Rn. 35; OLG Düsseldorf ZfBR 2020, 663 (666).
[211] BGH NJW 1995, 1837 (1838).
[212] BGH NJW 1960, 431; NJW-RR 1990, 1109; NJW 1993, 1972.
[213] BGH NJW 1996, 1282; hierzu Kniffka/Koeble/Jurgeleit/Sacher Kompendium BauR/Kniffka/Jurgeleit 8. Teil Rn. 25.
[214] Überblick bei Schmidt NJW 2015, 1159 ff.
[215] BFHE 274, 300 = DStR 2021, 2967 Rn. 15 ff.; BGH NJW 2008, 1522 Rn. 18 ff.; OLG Dresden NZI 2023, 763 Rn. 20; OLG Frankfurt IBR 2020, 450.
[216] BGH NJW 2002, 2780.

abzurechnen. Die erbrachten Massen sind durch Aufmaß oÄ zu ermitteln und mit den vereinbarten Einheitspreisen jeweils zu multiplizieren.[217] Wegen kündigungsbedingter Mindermengen scheidet eine Anpassung der Einheitspreise aus.[218]

bb) Pauschalpreisvertrag. Die Vergütung ist auf Basis der für die Gesamtleistung vereinbarten Vergütung zu berechnen. Der Auftraggeber schuldet die Vergütung, die dem am Pauschalpreis orientierten Wert der erbrachten Teilleistungen entspricht.[219] Damit ist die bis zur Kündigung erbrachte Leistung darzulegen und preislich nachvollziehbar zu bewerten. Hierzu muss der Auftragnehmer alle Teilleistungen, die Gegenstand des Vertrags sind, zum Zwecke der Abrechnung notfalls im Wege einer Nachkalkulation in Einzelleistungen aufgliedern und preislich bewerten.[220] Die Summe der Preise der Einzelleistungen muss dann den Pauschalpreis ergeben.[221] Die Einzelpreise müssen sich aus der Kalkulation ableiten, was nachvollziehbar darzustellen ist. Hat der Auftragnehmer mit Verlust kalkuliert, muss dies in der Abrechnung berücksichtigt werden. Mangels anderer Anhaltspunkte kann der Verlust gleichmäßig auf alle Einzelpreise verteilt werden.[222] Den weiteren Verlust, der ihm bei einem ungekündigten Vertrag noch entstanden wäre, muss nicht schon bei den erbrachten Teilleistungen angefallen sein.[223] Dies ist anders, wenn neben den erbrachten Leistungen auch „entgangener Gewinn" verlangt wird.[224] Nimmt der Auftragnehmer irrig an, er schulde eine Teilleistung nicht, und hat er diese deshalb nicht in den Pauschalpreis einkalkuliert, so scheitert die Prüfbarkeit der Rechnung hieran nicht. Der Auftragnehmer muss nur das vortragen, was er tatsächlich kalkuliert hat; eine fehlende Nachkalkulation der vergessenen Teilleistung macht die Schlussrechnung nicht unprüfbar.[225] Hat der Auftragnehmer keine Urkalkulation erstellt, muss er diese nicht zwingend nachträglich anfertigen, sondern er kann auch ein Privatgutachten zum Bautenstand einholen, mit dem das Verhältnis der bis zur Kündigung erbrachten Arbeiten zur vereinbarten Gesamtleistung und des Preisansatzes für die Teilleistungen zum Pauschalpreis ermittelt wird.[226]

Der erforderliche Detaillierungsgrad der Abrechnung hängt von den Umständen des Einzelfalles ab; sie muss so beschaffen sein, dass der Auftraggeber die Berechtigung der Vergütungsforderung prüfen kann.[227] Ausreichend kann auch eine gewerkeweise Aufgliederung sein.[228] Eher leicht kann eine Abrechnung

---

[217] BGH NJW 1996, 1282; OLG Brandenburg BeckRS 2020, 51710 Rn. 42.
[218] OLG Celle BauR 1995, 558.
[219] BGH NJW 1995, 2712; BGH BeckRS 1997, 31119146 = IBR 1997, 401; OLG Dresden IBR 2019, 543; anschaulich und mit Stellungnahme zu Sonderproblemen Hille NJW 2015, 2455 ff.
[220] BGH NZBau 2002, 614 (615); OLG Hamburg BeckRS 2020, 45068 Rn. 22 = BauR 2021, 983.
[221] BGH NJW 2000, 2988 (2991); 2003, 581 (582).
[222] Kniffka/C. Schmitz BGB § 648 Rn. 47.
[223] Kniffka/Koeble/Jurgeleit/Sacher Kompendium BauR/Kniffka/Jurgeleit 8. Teil Rn. 42.
[224] OLG Hamm BauR 2011, 693 (695 ff.).
[225] BGH NJW-RR 2004, 1385 (1386).
[226] OLG Dresden IBR 2020, 451.
[227] Zu den Mischformen zwischen Einheitspreis- und Pauschalpreisvertrag vgl. anschaulich OLG Köln 21.12.2012 – 19 U 34/10, IBR 2013, 267.
[228] BGH NJW-RR 2002, 1596 (1597); OLG Dresden IBR 2015, 471.

dann gelingen, wenn dem Pauschalpreisvertrag ein Einheitspreisvertrag mit Leistungsverzeichnis zu Grunde liegt. Der Auftragnehmer kann dann nach den angebotenen Einheitspreisen abrechnen, muss aber eventuelle Preisnachlässe oder Zuschläge berücksichtigen.[229] Soweit solche Anhaltspunkte vor Vertragsschluss nicht existieren oder unergiebig sind, muss der Auftragnehmer detailliert und nachvollziehbar darlegen, wie sich die erbrachte von der nicht erbrachten Leistung abgrenzt und wie er unter Beibehaltung des Preisniveaus bewertet.[230] Möglich ist die Preisermittlung auch durch Ermittlung der Kosten, die bei vollständiger Nachunternehmervergabe entstanden wären, wenn diese dann auf die Einzelgewerke herunter gerechnet werden; allerdings ist diese dann auf das zumeist geringe Preisniveau des Pauschalvertrags anteilig herunter zu rechnen.[231] Die Abgrenzung zwischen erbrachten und nicht mehr erbrachten Teilleistungen durch Aufmaß ist nicht zwingend. Ausreichend ist uU auch eine Bestandsaufnahme durch Lichtbilder.[232] Verbleibende geringfügige Unklarheiten der Abgrenzung zwischen erbrachten und nicht mehr erbrachten Teilleistungen führen nicht zur Zurückweisung mangels Prüffähigkeit, sondern zu einer Entscheidung nach Beweislastgrundsätzen.[233] Auch eine Schätzung (§ 287 ZPO) der Mindestvergütung ist zulässig.[234]

60 Stehen zum Kündigungszeitpunkt nur noch geringfügige Restarbeiten aus, kann von einer Aufteilung und Bewertung der geschuldeten Leistung ausnahmsweise abgesehen werden. Soweit keine kalkulatorischen Verschiebungen zu Lasten des Auftraggebers versteckt werden, können eine Bewertung der nicht mehr erbrachten Teilleistungen und deren Abzug von der Gesamtvergütung ausreichen.[235] Dies dürfte auf die Fallgestaltung übertragbar sein, dass für einzelne Bauabschnitte Teilpauschalen vereinbart wurden und für einen dieser Bauabschnitte nur noch geringfügige Arbeiten ausstehen.[236] In welchen Fällen nur noch geringfügige Arbeiten ausstehen, ist eine Frage des Einzelfalles und nicht abschließend geklärt. Der Bundesgerichtshof[237] ist eher großzügig, die obergerichtliche Rechtsprechung[238] eher restriktiv.

61 Ausnahmsweise ist es für den Auftragnehmer möglich, von der vereinbarten Pauschalsumme die Fertigstellungsmehrkosten, die der Auftraggeber hatte, abzuziehen, wenn fest steht, dass der Drittunternehmer für die Restfertigstellung teurer ist als der Auftragnehmer, oder wenn der Auftraggeber damit einverstanden bzw. sein Widerspruch unbeachtlich ist.[239] Hiermit dürfte es vergleichbar sein, wenn

---

[229] BGH NJW 1996, 3270 (3271); NJW-RR 2000, 1331 (1333); 2013, 655 Rn. 13.
[230] BGH NJW 1996, 3270 (3271).
[231] BGH NJW-RR 2002, 1596 (1597).
[232] BGH NJW 1999, 2036.
[233] BGH NJW 2003, 581 (582).
[234] BGH BeckRS 2003, 02391 = IBR 2003, 1136.
[235] BGH NJW 2000, 2988 (2991); NJW-RR 2001, 311; NJW 2014, 3778 Rn. 11; OLG Karlsruhe BeckRS 2014, 121238 Rn. 43 f. = IBR 2017, 414.
[236] Kniffka/Jurgeleit/C. Schmitz BGB § 648 Rn. 56 unter Hinweis auf OLG Stuttgart BeckRS 2011, 13693.
[237] BGH NJW 2014, 3778 Rn. 11: bei einem überschaubaren Vertrag 4,56 % des Werts der vereinbarten Pauschale; ebenso KG IBRRS 2014, 1747.
[238] OLG Düsseldorf NJW 2015, 355 Rn. 31 bei 3,04 % des Werts der vereinbarten Pauschale; KG IBRRS 2014, 1747.
[239] BGH NJW-RR 2005, 1103 mAnm C. Schmitz BauR 2006, 521; BGH NJW 2014, 1804 Rn. 4.

Kündigung durch den Auftraggeber **§ 8**

der Auftraggeber nur mit Restfertigstellungskosten aufrechnet, auch wenn diese streitig sind.[240] Mit dieser Abrechnungsweise benachteiligt sich nämlich finanziell der Auftragnehmer selbst.

Nicht zulässig ist daher nach diesen Ausführungen, von prozentualen Bewertungen des Leistungsstands auf einen Prozentsatz der Vergütung zu schließen und von dem Zahlungsplan ausgehend abzurechnen, weil die Parteien nicht zwingend einzelne Teilleistungen abschließend mit den zugeordneten Raten bewertet haben müssen.[241] Ebenfalls nicht zulässig ist es, beliebige Einheitspreise oder Werte aus der Fachliteratur oder Baupreistabellen als Grundlage zu nehmen oder auf Basis von Verträgen mit anderem Preis- und Leistungsgefüge abzurechnen.[242] Haben die Parteien einen Detailpauschalpreisvertrag auf Basis eines Einheitspreisangebots geschlossen, indem sie den Angebotspreis auf eine Pauschale reduziert haben, kann mangels anderweitiger Anhaltspunkte die Preisreduktion gleichmäßig auf alle Leistungspositionen herunter gerechnet werden.[243] 62

b) Nicht mehr erbrachte Teilleistungen: Grundsätzlich voller Vergütungsanspruch. Für die nicht mehr erbrachten Arbeiten hat der Auftragnehmer nicht nur die anteilige vereinbarte Vergütung darzutun, sondern auch darüber hinaus, welche Kosten er erspart hat und welchen anderweitigen Erwerb er sich anrechnen lassen will.[244] Noch nicht beauftragte Nachträge bleiben als Referenzmaßstab außer Ansatz.[245] Gleiches gilt für Bedarfspositionen und nicht notwendige, noch nicht beauftragte Zusatzaufträge.[246] Die Kündigungsvergütung ist zwar nicht dem entgangenen Gewinn gleichzusetzen.[247] Gleichwohl sind zu erwartende Mehr- oder Mindermengen als Bezugsgröße nicht völlig unerheblich, wobei die Details streitig sind.[248] Ob ältere Entscheidungen des Bundesgerichtshofs[249] noch „passen", wonach der Auftragnehmer auf die konkrete Entwicklung im Falle der Vertragsdurchführung abstellen dürfe, ist umstritten.[250] Allerdings spricht hierfür der Gesetzeswortlaut, der auf die ersparten Aufwendungen für die Erfüllung des konkret gekündigten Vertrags abstellt. Ob deshalb innerhalb der Kündigungsabrechnung die nicht mehr verdiente Vergütung für alle Nachträge eine Rolle spielt, ist ebenfalls ungeklärt.[251] 63

---

[240] Kniffka/Koeble/Jurgeleit/Sacher Kompendium BauR/Kniffka/Jurgeleit 8. Teil Rn. 53.
[241] BGH NJW 2011, 915 Rn. 18.
[242] Näher Kniffka/Jurgeleit/C. Schmitz BGB § 648 Rn. 65 mwN.
[243] BGH NZBau 2013, 433 Rn. 13.
[244] BGH NJW 1997, 733 (734); BGH BeckRS 1997, 31119146 = IBR 1997, 401; BGH NJW 1999, 1867.
[245] OLG Celle BauR 2010, 1076 (1077); kritisch zutreffend für den Fall, dass der Nachtrag angeordnet, aber die Vergütung noch nicht in einer Nachtragsvergütung fixiert wurde Rosendahl, NZBau 2022, 450 (450 ff.). Die Kritik ist zutreffend, weil sich die Vergütung nach den Parametern der §§ 2 Abs. 5, 2 Abs. 6 VOB/B berechnen lässt (vgl. Rosendahl, NZBau 2022, 450 (452)).
[246] Ganten/Jansen/Voit/Althaus § 8 Abs. 1 Rn. 30; a.A. Rosendahl, NZBau 2022, 450 (453).
[247] OLG Hamburg IBR 2021, 69; instruktiv Rohland/Wawra, NJW-Spezial 2021, 684.
[248] Guter Überblick bei Jabcobs BauR 2021, 751 (753 ff.).
[249] BGH NJW 1999, 3261 (3261 f.); BGHZ 143, 79 = NZBau 2000, 82 (84).
[250] Dafür OLG Hamburg IBR 2021, 69; dazu Kapellmann/Messerschmidt-Lederer § 8 VOB/B Rn. 37.
[251] Dafür Jacob, BauR 2021, 751 (756 f.).

64   **aa) Ersparte Aufwendungen und Kosten.** Nur der Auftragnehmer ist in der Lage und deshalb auch verpflichtet, die ersparten Aufwendungen darzulegen und zu beziffern.[252] Diese Abrechnung muss den Auftraggeber in die Lage versetzen zu überprüfen, ob der Auftragnehmer die ersparten Kosten auf Grundlage der konkreten, dem Vertrag zu Grunde liegenden Kalkulation richtig berücksichtigt hat.[253] Sie muss dem Auftraggeber, der darlegungs- und beweispflichtig ist, eine sachgerechte Rechtswahrung ermöglichen.[254] Reichen die Darlegungen hierfür nicht aus, muss der Auftraggeber konkret näher Angaben anfordern, die er benötigt.[255] Das pauschale Bestreiten des Auftraggebers genügt nicht.[256] Hat der Auftragnehmer eine solche Abrechnung vorgelegt, muss der Auftraggeber darlegen und beweisen, dass höhere Ersparnisse erzielt wurden, als sie sich der Auftragnehmer anrechnen lassen will.[257] Die Anforderungen an die Abrechnung hängen von den Umständen des Einzelfalles und dem Informationsbedürfnis des Auftraggebers ab. Entscheidend ist, welche Angaben der Auftraggeber benötigt, um sich zur Wahrung seiner Interessen sachgerecht verteidigen zu können.[258] Unter Umständen muss der Auftragnehmer nach einem entsprechenden Sachvortrag des Auftraggebers seinen Sachvortrag weiter ergänzen.[259]

65   Erspart sind die Kosten, die der Auftragnehmer bei Durchführung des Vertrags hätte aufwenden müssen und kündigungsbedingt nicht mehr aufwendet. Maßgebend sind zunächst die Kosten, die sich nach dem Vertrag unter Berücksichtigung seiner Kalkulation ergeben.[260] Entscheidend sind dann die tatsächlich ersparten Kosten, nicht die kalkulierte Ersparnis.[261] Der Auftragnehmer soll durch die Kündigung weder Vor- noch Nachteile erhalten. Der Rückgriff auf die Kalkulation hat damit bloße Hilfsfunktion. Für unterdeckte Verträge kann es dazu kommen, dass der Auftragnehmer letztlich keine Restvergütung für die nicht mehr erbrachte Teilleistung erhält.[262] Dies beruht darauf, dass es auf das Gesamtergebnis eines Auftrags ankommt.[263]

66   Fallen Personalkosten kündigungsbedingt nicht mehr an, sind sie erspart. Hätte der Auftraggeber Personal kündigen können, hat er dieses aber nicht gekündigt, sind Personalkosten nicht erspart. Der Auftragnehmer ist nicht zur Kündigung seines Personals verpflichtet.[264] Rechnet der Auftragnehmer Personalkosten ganz

---

[252] Kniffka/Koeble/Jurgeleit/Sacher Kompendium BauR/Kniffka/Jurgeleit 8. Teil Rn. 62 Fn. 73 sprechen zutr. nicht von Sekundär-, sondern von Primärdarlegungslast.
[253] BGH NJW 1999, 1867 (1868); OLG Dresden IBRRS 2017, 3739.
[254] BGH NJW-RR 2015, 469 Rn. 20.
[255] BGH NJW-RR 2015, 469 Rn. 20; OLG Dresden IBRRS 2017, 3739.
[256] Instruktiv Rohland/Wawra, NJW- Spezial 2021, 684 (685).
[257] BGH NJW 1996, 1282; 1999, 1867 (1870); NJW-RR 2001, 385 (386).
[258] BGH NJW 1999, 1253 (1254); 1999, 2036.
[259] BGH NJW-RR 2015, 469 Rn. 20.
[260] BGH NJW 1999, 1253 (1254); NJW-RR 2015, 469 Rn. 26. Auch bei einem eigentlich defizitären Vertrag kommt eine Kündigungsvergütung ausnahmsweise in Betracht, wenn die Abzüge geringer sind als die vereinbarte Vergütung, vgl. OLG Hamm BeckRS 2019, 56921 Rn. 114 = IBR 2021, 3473.
[261] BGH NJW 1999, 3261; NJW-RR 2006, 29 (30); OLG Düsseldorf NZBau 2022, 30 Rn. 33.
[262] Kniffka/Koeble/Jurgeleit/Sacher Kompendium BauR/Kniffka/Jurgeleit 8. Teil Rn. 66 mit dem zutr. Hinweis, dass mehr als die Vergütung durch die ersparten Aufwendungen nicht aufgezehrt werden könne.
[263] BGH NJW 1996, 1282; OLG Hamm BeckRS 2013, 16745.
[264] Vgl. BGH NJW 2000, 653 (654).

oder teilweise zu den ersparten Kosten, ist er verpflichtet, einem mit diesem Personal erzielten anderweitigen Erwerb zu berücksichtigen, soweit er durch diesen einen weiteren Vorteil (zB Deckung von Allgemeinen Geschäftskosten, Gewinn) erhält.[265] Richtigerweise gehört hierzu auch die Verwendung für andere Bauvorhaben, wenn der Auftragnehmer für diese entsprechende Kosten erspart (str.).[266]

Nichts anderes gilt für Material und Gerät. Fallen laufende Kosten weiter an, sind diese nicht erspart. Der Auftragnehmer muss hierfür erzielten anderweitigen Erwerb angeben.[267] Kosten für Material und Fremdgerät, welche zum Zeitpunkt der Kündigung noch nicht geordert waren, sind erspart. Dasselbe gilt, wenn die Materialbestellung kostenfrei storniert werden kann (anderenfalls sind nur die entstehenden Stornokosten nicht erspart).[268] Untergeordnete Kosten (Schreib-, Zeichen-, Telefon-, Kopier- sowie Paus- und Fahrkosten) können vom Auftragnehmer mit einer auf Erfahrungswerten beruhenden Pauschale als erspart abgezogen werden.[269] Material, welches in absehbarer und zumutbarer Zeit anderweitig verwendet werden kann, muss sich der Auftragnehmer nicht als erspart anrechnen lassen. Der Auftraggeber kann aber regelmäßig nach Treu und Glauben die Herausgabe verlangen.[270]

67

Nachunternehmerkosten sind erspart, soweit sie der Auftragnehmer kündigungsbedingt nicht mehr gezahlt hat.[271] Regelmäßig muss der Auftragnehmer seinem Nachunternehmer „frei" kündigen, so dass dieser nach § 649 S. 2 BGB „seine" Vergütung abzüglich ersparter Aufwendungen und anderweitiger bzw. böswillig unterlassenen Erwerbs verlangen kann. Soweit der Auftragnehmer diesen Vergütungsanspruch befriedigt, fehlt es an einer Kostenersparnis. Ist noch unklar, welche Vergütung der Nachunternehmer verlangen kann, kann er die volle Nachunternehmervergütung als Ersparnis abziehen und später nachfordern, wenn die Nachunternehmervergütung feststeht.[272] Um die Verjährung dieses Vergütungsanspruchs zu sichern, kann der Auftragnehmer Feststellungsklage erheben, dass der Auftraggeber verpflichtet ist, die noch ungewisse Nachunternehmervergütung zu zahlen.[273]

68

Allgemeine Geschäftskosten sind regelmäßig nicht erspart, weil sie ohnehin entstanden wären.[274] Baustellengemeinkosten können erspart sein, wenn sie zeitabhängig kalkuliert wurden.[275] Ist die Baustelle bereits ganz oder teilweise eingerichtet, muss eine Aufgliederung der Kalkulation erfolgen, um die nicht ersparten Kosten heraus rechnen zu können.[276] Gewinn wird grundsätzlich nicht

69

---

[265] BGH NJW 2000, 653 (654).
[266] Ganten/Jansen/Voit/Althaus § 8 Abs. 49 mwN.
[267] Vgl. unscharfe Formulierung bei BGH NJW 1996, 1282.
[268] Zutr. Kniffka/Jurgeleit/C. Schmitz BGB § 648 Rn. 98.
[269] BGH NJW 2000, 653 (654); ferner mittelbar BGH NJW 2015, 469 Rn. 25.
[270] OLG Dresden NZI 2023, 763 Rn. 18; OLG Köln BeckRS 2009, 22742 = IBR 2004, 616; bereits ansatzweise BGH NJW 1996, 1282 (1283).
[271] OLG Hamburg, BeckRS 2019, 56921 Rn. 121 = IBR 2021, 3473; KG NZBau 2018, 749 Rn. 52 ff.; vgl. BGH NJW 2002, 2780 (2781).
[272] KG BeckRS 2022, 51439 Rn. 30 = IBR 2023, 453.
[273] BGH NJW 1999, 1867 (1870); KG BeckRS 2022, 51439 Rn. 31 = IBR 2023, 453.
[274] BGH NJW 1999, 1253 (1254); OLG Brandenburg NZBau 2023, 166 Rn. 20.
[275] Näher Kniffka/Koeble/Jurgeleit/Sacher Kompendium BauR/Kniffka/Jurgleit 8. Teil Rn. 67 mwN.
[276] BGH NJW-RR 1999, 1464 (1465 f.); jetzt BGH BeckRS 2016, 07522 Rn. 27 = NJW 2016, 2944.

erspart.[277] Wagnis sollte nach der bisherigen Rechtsprechung,[278] die zweifelhaft war, erspart sein, was höchstrichterlich[279] korrigiert wurde. Wagnis ist der Absicherung des allgemeinen unternehmerischen Risikos zuzuordnen und kann daher nicht erspart sein. Anders ist dies für kalkulierte Zuschläge für Einzelwagnisse, die kündigungsbedingt nicht mehr eintreten können.[280] Skonto ist nicht erspart, es sei denn, die Skontoabrede ist so auszulegen, dass der Auftraggeber Skonto auch durch rechtzeitige Zahlung der Vergütung nach § 8 Abs. 1 Nr. 2 abziehen darf.[281] Eine Erschwerniszulage ist grundsätzlich erspart.[282]

70   **bb) Anderweitiger Erwerb.** Neben der tatsächlichen Ersparnis muss der Auftragnehmer auch darlegen, welchen anderweitigen Erwerb er hatte. Er muss dartun, ob und ggf. wie er durch einen anderen Bauauftrag die kalkulierten Kosten gedeckt hat. Hier muss es sich um solche Aufträge handeln, die als Ersatz für den gekündigten Vertrag angenommen worden sind. Solche Füllaufträge können auch vorliegen, wenn sie später als der gekündigte Vertrag ausgeführt werden.[283] Voraussetzung ist ein kausaler Zusammenhang zwischen Kündigung und Füllaufträgen.[284] War der Auftragnehmer in der Lage, neben dem gekündigten Vertrag weitere Aufträge auszuführen, die also nicht ursächlich auf die Kündigung zurückgeführt werden können, sind diese keine Füllaufträge.[285] Gleiches gilt, wenn der Auftragnehmer bereits erteilte Aufträge zeitlich vorziehen kann.[286] Erteilt aber der Auftraggeber später einen weiteren Auftrag als Füllauftrag, muss sich der Auftragnehmer diesen grundsätzlich als anderweitigen Erwerb auch anrechnen lassen. Dies gilt auch für die Beauftragung des Nachunternehmers.[287] Anders ist dies dann, wenn der Auftragnehmer die Übernahme des Ersatzauftrags hätte ablehnen können, weil sein Betrieb nach Ende der für den gekündigten Vertrag vorgesehenen Ausführungszeit ausgelastet war.[288] Der anderweitige Erwerb ist getrennt nach Kostenarten auf Grundlage der Kalkulation zu beziffern und anzurechnen.

71   Für die Darlegung, ob anderweitiger Erwerb vorliegt, gelten nicht ohne weiteres die zur Darlegung der ersparten Kosten geltenden Anforderungen.[289] Während sich diese nur konkret vertragsbezogen ermitteln lassen und sich deshalb auch nachvollziehbar aus dem Vertrag ableiten lassen müssen, kommt es beim anderweitigen Erwerb zunächst darauf an, inwieweit ein Füllauftrag erlangt worden ist oder es der Auftragnehmer (böswillig) unterlassen hat, einen solchen zu erlangen. Es reicht regelmäßig aus, wenn sich der Auftragnehmer dazu wahrheitsgemäß, nach-

---

[277] BGH NJW 2016, 2944 Rn. 27.
[278] BGH NJW-RR 1998, 451; aA OLG München BauR 2013, 1868 (1874) = NZBau 2013, 495; OLG Düsseldorf IBR 2015, 538.
[279] BGH NJW 2016, 2944 Rn. 27 ff.
[280] BGH NJW 2016, 2944 Rn. 28; bereits Ganten/Jansen/Voit/Althaus § 8 Abs. 1 Rn. 53.
[281] BGH NZBau 2005, 683.
[282] Näher Leinemann/Kues/Geheeb § 8 Rn. 47.
[283] BGH NJW 1996, 1282 (1283); OLG Hamburg BeckRS 2015, 125378 = IBR 2018, 381.
[284] Bolz/Jurgeleit-Jahn § 8 Rn. 161 mwN.
[285] BGH NJW 2000, 205 (206); NJW-RR 2015, 469 Rn. 27; OLG Hamburg BeckRS 2015, 125378 = IBR 2018, 381; OLG Düsseldorf, IBR 2019, 418.
[286] OLG Dresden ZfBR 2022, 792 (796).
[287] OLG Hamburg IBR 2018, 381.
[288] Vgl. OLG Saarbrücken NZBau 2005, 693 (695).
[289] BGH NJW-RR 2015, 469 Rn. 28; Leinemann/Kues/Geheeb § 8 Rn. 74.

vollziehbar und ohne Widerspruch zu den Vertragsumständen ausdrücklich oder auch schlüssig erklärt. Je wahrscheinlicher ein anderweitiger Erwerb ist, umso ausführlicher müssen die Angaben sein. Der Auftraggeber kann jedoch grundsätzlich nicht verlangen, dass der Unternehmer von vornherein seine gesamte Geschäftsstruktur offenlegt, um ihm die Beurteilung zu ermöglichen, welche Aufträge auch ohne die Kündigung akquiriert worden wären.

cc) Böswillig unterlassener anderweitiger Erwerb. Lehnt der Auftragnehmer unberechtigt einen Füllauftrag vom Auftraggeber ab, so unterlässt er böswillig diesen anderen Erwerb. Für ein böswilliges Unterlassen genügt es wie bei § 615 S. 2 BGB, dass die Übernahme eines Ersatzauftrags für den Auftragnehmer zumutbar war.[290]   72

dd) Einfluss von § 648 S. 3 BGB. § 648 S. 3 BGB enthält die widerlegbare Vermutung, dass dem Auftragnehmer nach Kündigung 5 % der vereinbarten Vergütung zustehen, die auf den noch nicht erbrachten Teil der Leistung entfallen. Zweck der Regelung ist es, dem Auftragnehmer die Abrechnung zu erleichtern.[291] Diese Vermutung bezieht sich sowohl auf die ersparten Aufwendungen als auch auf den anderweitigen bzw. böswillig unterlassenen Erwerb.[292] Sie gilt mangels abweichender Regelungen in der VOB/B auch für den VOB-Vertrag, jedenfalls dann, wenn – wie üblich – der Auftraggeber Verwender der VOB/B ist.[293]   73

Die gesetzliche Vermutung in § 648 S. 3 BGB sollte die Situation für den Auftragnehmer verbessern. Sie hilft insbesondere dann, wenn der Auftragnehmer seiner sekundären Darlegungslast zum anderweitigen Erwerb nicht nachkommt.[294] Sie ändert damit nichts an der dargestellten Darlegungs- und Beweislast des Auftraggebers, wenn der Auftragnehmer plausibel die ersparten Kosten und den anderweitigen Erwerb dargelegt hat.[295]   74

5. Besonderheiten der ordentlichen Teilkündigung. Das Gesetz enthielt bis zur Reform des Bauvertragsrechts keine Anhaltspunkte dafür, ob eine „freie" Teilkündigung des Vertrags möglich ist. § 648a Abs. 2 BGB regelt nunmehr nur für die Kündigung aus wichtigem Grund, dass eine Teilkündigung bereits dann möglich ist, wenn sie sich auf einen abgrenzbaren Teil des geschuldeten Werks bezieht. § 8 Abs. 3 Nr. 1 S. 2 betrifft nur die außerordentliche Teilkündigung und beschränkt sie „auf einen in sich abgeschlossenen Teil der vertraglichen Leistung". Aus einem Beschluss des Bundesgerichtshofs[296] kann mittelbar die Überlegung entnommen werden, dass eine „freie" Teilkündigung möglich ist. Hieraus kann indes nicht geschlossen werden, dass jede „freie" Teilkündigung zulässig wäre.[297]   75

---

[290] OLG Koblenz NJW-RR 1992, 850 (851).
[291] BT-Drs. 16/511, 17 f.
[292] Kniffka/Jurgeleit-C. Schmitz BGB § 648 Rn. 70 m.w.N. unter Verweis auf BT-Drs. 16/511, 17 f.
[293] KG IBR 2019, 369; Kniffka/Jurgeleit-C. Schmitz BGB § 648 Rn. 149; weiter Ingenstau/Korbion/Joussen § 8 Abs. 1 Rn. 88.
[294] OLG Dresden ZfBR 2022, 792 (797).
[295] BGH NJW 2011, 1954 Rn. 29; OLG Brandenburg NZBau 2023, 166 Rn. 21; OLG Düsseldorf NZBau 2022, 30 Rn. 34; KG NZBau 2018, 533 Rn. 65; Vogel BauR 2011, 313 (324 f.); aA AG Düsseldorf IBR 2016, 93.
[296] BGH BeckRS 2009, 86674.
[297] So Lang BauR 2006, 1956 (1957 f.).

§ 8   VOB Teil B

Zwar wird man nicht so weit gehen können und eine Beschränkung auf einen technisch abtrennbaren Teil[298] oder auf einen zumutbaren einheitlichen technischen bzw. zeitlichen Ablauf[299] fordern können. Nur soweit aber die Interessen des Auftragnehmers nach § 648 S. 2 BGB nicht finanziell angemessen ausgeglichen werden können, ist die Möglichkeit zur Teilkündigung beschränkt.[300] Dies ist etwa nach Treu und Glauben (§ 242 BGB) der Fall, wenn dem Auftragnehmer für die Abrechnung und Mängelhaftung eine Abgrenzung zwischen noch geschuldeter und nicht mehr geschuldeter Teilleistung nicht möglich ist.[301] Damit dürfte der Rechtsgedanke von § 648a Abs. 2 BGB entsprechend gelten.[302]

II. Außerordentliche Kündigungsrechte des Auftraggebers

76   In den Absätzen 2–5 regelt § 8 besondere außerordentliche Kündigungsrechte des Auftraggebers. In § 648a Abs. 1 BGB hat der Gesetzgeber[303] bewusst keine Kündigungstatbestände für ein außerordentliches Kündigungsrecht geregelt, weil diese sowieso nicht alle Konstellationen erfassen könnten. Das insolvenzbedingte Kündigungsrecht kann ausgeschlossen sein, wenn in den Vertrag auf Betreiben des (öffentlichen) Auftragebers Verwaltungsrichtlinien einbezogen sind, wonach nur dann gekündigt werden darf, wenn die Vertragsabwicklung konkret gefährdet und dies nicht der Fall ist.[304]

77   **1. Insolvenzbedingt (Abs. 2).** Die Klausel sieht eine Kündigungsmöglichkeit vor, wenn sich die Vermögenslage des Auftragnehmers signifikant verschlechtert und deshalb die Leistungsfähigkeit sowie Zuverlässigkeit des Auftragnehmers in Rede steht. Ist Auftragnehmer eine Bau-ARGE, kommt es auf deren Vermögensverhältnisse an und nicht auf die der einzelnen Gesellschafter.[305]

78   **a) Zahlungseinstellung (Abs. 2 Nr. 1 Var. 1).** Dieser Kündigungsgrund bezieht sich auf § 17 Abs. 2 S. 2 InsO. Danach ist der Insolvenzschuldner in der Regel zahlungsunfähig, wenn er seine Zahlungen eingestellt hat. Die Zahlungseinstellung ist also ein Indiz für die Zahlungsunfähigkeit. Die Zahlungsunfähigkeit ist von der Zahlungsstockung abzugrenzen. Eine Zahlungsstockung liegt vor, wenn der Zeitraum nicht überschritten wird, den eine kreditwürdige Person braucht, um sich die benötigten finanziellen Mittel zu leihen.[306] Dafür erscheinen drei Wochen erforderlich, aber auch ausreichend. Beträgt eine innerhalb von drei Wochen nicht zu beseitigende Liquiditätslücke des Schuldners weniger als 10 % seiner fälligen und ernsthaft eingeforderten Gesamtverbindlichkeiten, ist regelmäßig von Zahlungsfähigkeit auszugehen, es sei denn, es ist bereits absehbar, dass die Lücke demnächst 10 % erreichen wird.[307] Beträgt die Liquiditätslücke mehr als 10 %, ist regelmäßig von Zahlungsunfähigkeit auszugehen, sofern nicht aus-

---

[298] So Ganten/Jansen/Voit/Althaus § 8 Abs. 1 Rn. 5.
[299] So BeckOK BGB/Voit BGB § 648 Rn. 7.
[300] Ingenstau/Korbion/Joussen § 8 Abs. 1 Rn. 101.
[301] Zu dieser Fallgruppe Kirberger BauR 2011, 343 (345).
[302] Kniffka/Jurgeleit-C. Schmitz BGB § 648 Rn. 22; aA Abel/Schönfeld BauR 2017, 1901 (1904 ff.).
[303] BT-Drs. 18/8486, 50.
[304] KG BeckRS 2016, 125143 Rn. 32 f. = IBR 2017, 545.
[305] Ganten/Jansen/Voit/Wellensiek § 8 Abs. 2 Rn. 90 f.
[306] BGH NJW 2005, 3062 (3064).
[307] BGH BGHZ 217, 130 = NJW 2018, 1089 Rn. 31 ff.; BGH NJW 2005, 3062 (3065 f.).

nahmsweise mit an Sicherheit grenzender Wahrscheinlichkeit zu erwarten ist, dass die Liquiditätslücke demnächst vollständig oder fast vollständig beseitigt werden wird, und den Gläubigern ein Zuwarten nach den besonderen Umständen des Einzelfalls zuzumuten ist.[308] Die Zahlungsunfähigkeit lässt sich auch rückwirkend aus dem Indiz feststellen, dass zum maßgeblichen Zeitpunkt erhebliche Forderungen bestanden, die bis zur Verfahrenseröffnung nicht mehr beglichen wurden.[309]

Der Kündigungsgrund der Zahlungseinstellung ist ein aus der Sicht des Auftraggebers kaum nachprüfbarer und damit gefährlicher Kündigungsgrund.[310] Zwar sind Baustellen oft gute Informationsbörsen, so dass Liquiditätsprobleme des Auftragnehmers schnell bekannt werden. Sie reichen aber alleine zur Ausfüllung des Begriffs nicht aus. So hat das OLG Köln[311] den Kündigungsgrund der Zahlungseinstellung verneint, obwohl der Auftragnehmer u.a. bereits zweimal die eidesstattliche Versicherung geleistet hatte. 79

b) Eigeninsolvenzantrag (Abs. 2 Nr. 1 Var. 2). Diese Variante setzt einen Insolvenzantrag des Auftragnehmers voraus. Er lässt sich anhand der öffentlichen Register[312] zeitnah verifizieren. Der Auftragnehmer kann selbst Insolvenzantrag stellen, wenn er entweder zahlungsunfähig ist (§ 17 InsO) oder die Zahlungsunfähigkeit droht (§ 18 InsO). Ist der Auftragnehmer eine juristische Person, kann er zudem wegen Überschuldung (§ 19 InsO) Insolvenzantrag stellen. 80

c) Zulässiger Drittinsolvenzantrag (Abs. 2 Nr. 1 Var. 3). Dieser Kündigungsgrund setzt einen nach der Insolvenzordnung zulässigen Insolvenzantrag des Auftraggebers oder eines Dritten voraus. Nach § 14 Abs. 1 InsO muss neben der Insolvenzforderung und dem Insolvenzgrund ein rechtliches Interesse an der Durchführung des Insolvenzverfahrens glaubhaft gemacht werden. Für die Glaubhaftmachung reicht jedes präsente Beweismittel im Sinne von § 294 ZPO aus. Die glaubhaft zu machenden Tatsachen müssen lediglich überwiegend wahrscheinlich sein. Die Glaubhaftmachung der Insolvenzforderung[313] bereitet Schwierigkeiten, wenn die Begründung des Insolvenzgrundes von dem Bestehen der Insolvenzforderung des Antragstellenden abhängt. Da das Insolvenzeröffnungsverfahren weder dazu geeignet noch bestimmt ist, den Bestand rechtlich zweifelhafter Forderungen abschließend zu klären, reicht die bloße Glaubhaftmachung ausnahmsweise nicht aus. Der Antragsteller muss in diesen Fällen den Vollbeweis für die den Insolvenzgrund begründende Insolvenzforderung erbringen.[314] 81

Mangels Einblicks in den Betrieb des Auftragnehmers wird es dem Auftraggeber nahezu unmöglich sein, den Insolvenzgrund der Überschuldung glaubhaft zu machen.[315] Praxisrelevant dürfte daher nur der Insolvenzgrund der Zahlungsunfähigkeit sein. Die Glaubhaftmachung kann etwa durch die Vorlage einer Fruchtlosigkeitsbescheinigung des Gerichtsvollziehers nach § 63 GVGA, eines Protokolls 82

---

[308] BGH NJW 2005, 3062 (3066).
[309] BGH NJW-RR 2011, 1413 Rn. 12 f.
[310] Zutr. Stemmer/Rohrmüller BauR 2005, 622 (623).
[311] OLG Köln BeckRS 2006, 14626 = IBR 2006, 1533; ebenso für erbetene Direktzahlungen OLG Stuttgart BeckRS 2011, 19693 = IBR 2012, 15.
[312] www.insolvenzbekanntmachungen.de.
[313] Vgl. zu den in Betracht kommenden Anspruchsgrundlagen des Auftraggebers Franke BauR 2007, 774 (779 f.).
[314] BGH NZI 2007, 408; ebenso, wenn der Insolvenzgrund allein aus einer Forderung hergeleitet wird: BGH NZI 2006, 174 Rn. 3.
[315] Zutr. Franke BauR 2007, 774 (780).

§ 8 VOB Teil B

der eidesstattlichen Versicherung des Auftragnehmers als Schuldner im Sinne der §§ 900 ff. ZPO oder eines Schreibens des Auftragnehmers, in dem er die Zahlungsunfähigkeit bestätigt oder um einen längeren Zahlungsaufschub[316] bittet, gelingen.

83 Das rechtliche Interesse wird vermutet.[317] Es fehlt ausnahmsweise, wenn das Insolvenzeröffnungsverfahren für fremde Zwecke missbraucht werden soll. Dies ist etwa der Fall, wenn sich der Antragsteller hierdurch eine erleichterte Kündigungsmöglichkeit für ein mit dem Insolvenzschuldner bestehendes Dauerschuldverhältnis schaffen will.[318]

84 **d) Insolvenzverfahrenseröffnung (Abs. 2 Nr. 1 Var. 4).** Dieser Kündigungsgrund stellt darauf ab, dass durch das Insolvenzgericht gem. § 27 InsO rechtswirksam das Insolvenzverfahren über das Vermögen des Auftragnehmers eröffnet wird. Er fällt rückwirkend weg, wenn der Eröffnungsbeschluss im Wege der Beschwerde aufgehoben wird.[319]

85 **e) Abweisung mangels Masse (Abs. 2 Nr. 1 Var. 5).** Gem. § 26 Abs. 1 S. 1 InsO wird der Insolvenzantrag abgewiesen, wenn das Vermögen des Schuldners voraussichtlich noch nicht einmal die Verfahrenskosten deckt. Die Ablehnung erfolgt durch Beschluss (§ 34 Abs. 1 InsO). Der Auftragnehmer ist in das Schuldnerverzeichnis einzutragen (§ 26 Abs. 2 S. 1 InsO).

86 **f) Rechtsfolge.** Die Rechtsfolgen ergeben sich aus § 8 Abs. 2 Nr. 2.

87 **aa) Vergütungsanspruch (§ 8 Abs. 2 Nr. 2 S. 2).** Dem Auftragnehmer bzw. seinem Insolvenzverwalter steht nach §§ 8 Abs. 2 Nr. 2 S. 1, 6 Abs. 5 die anteilige Vergütung für das bis zur Kündigung erbrachte Teilwerk zu.

88 **(1) Besonderheiten der Berechnung und Abrechnung.** Sie können also grundsätzlich die auf das bis zur Kündigung erbrachte Teilwerk entfallende anteilige Vergütung verlangen.[320] Für bereits angefertigte, aber noch nicht angelieferte und eingebaute Bauteile kann keine Vergütung verlangt werden; nur ausnahmsweise ist der Auftraggeber nach Treu und Glauben verpflichtet, diese Bauteile zur Weiterführung zum Vertragspreis zu übernehmen.[321] Übernimmt der Auftraggeber (im eigenen Interesse) die vorgefertigten Bauteile, muss er diese ungeschmälert an den Insolvenzverwalter bezahlen (§§ 96 Abs. 1 Nr. 3, 130 Abs. 1 InsO).[322] Eine Vergütungspflicht besteht nicht, wenn die erbrachte Leistung infolge der Kündigung für den Auftraggeber wertlos ist oder ihm eine Verwertung nicht zuzumuten ist.[323] Die Darlegungs- und Beweislast hierfür obliegt dem Auftraggeber.[324]

---

[316] Nach BGH NZI 2007, 36 Rn. 15 f. drei Monate.
[317] BGH NJW-RR 2006, 1482 Rn. 7.
[318] BGH NJW-RR 2006, 1482 Rn. 12.
[319] OLG Oldenburg BauR 1987, 567 (568).
[320] BGH NJW 1995, 1966 (1967).
[321] BGH NJW-RR 2003, 738 (739); str. wegen Verweises von § 8 Abs. 2 Nr. 2 S. 1 auf § 6 Abs. 5.
[322] Ingenstau/Korbion/C. Schmitz § 8 Abs. 2 Rn. 28.
[323] BGH NJW 1997, 3017 (3018).
[324] BGH NJW 1993, 1972 (1973).

Kündigung durch den Auftraggeber **§ 8**

Beim Einheitspreisvertrag muss eine Abrechnung anhand der bis zur Kündigung **89** erbrachten Massen und Einheitspreise erfolgen. Eine Änderung der Einheitspreise wegen kündigungsbedingter Mindermengen kommt nicht in Betracht.[325]

Beim Pauschalvertrag schuldet der Auftraggeber nur eine Vergütung, die auf **90** Basis des Preisniveaus des Vertrags dem Wert der erbrachten Leistung entspricht.[326] Der Insolvenzverwalter hat also alle Einzelleistungen des Pauschalvertrags mit Preisen anhand der dem Vertrag zugrunde liegenden Kalkulation zu bewerten, deren Summe dann den Vertragspreis ergibt.[327] Stehen nur noch minimale Restarbeiten aus, kann der Insolvenzverwalter ausnahmsweise die Arbeiten von „oben nach unten" abrechnen, indem er von der vereinbarten Pauschalvergütung die Kosten der ausstehenden Leistungen abzieht.[328] Außerdem kann der Insolvenzverwalter in der Schlussrechnung in diesem Falle von der Vergütung für die nicht erbrachte Restleistung die Kosten abziehen, die dem Auftraggeber bei Ausführung durch einen Drittunternehmer entstanden sind.[329]

Auch der Insolvenzverwalter muss die erbrachte Leistung prüffähig abrechnen **91** (§ 14 Abs. 1 S. 1). Er genügt aber bei fehlender Leistungsstandfeststellung durch Aufmaß seiner Pflicht zur prüffähigen Abrechnung bereits, wenn er alle ihm noch zur Verfügung stehenden Umstände mitteilt, die Rückschlüsse auf den Stand der erbrachten Leistung zulassen. Erforderlich ist ein Sachvortrag, der es dem Gericht mit Hilfe eines Sachverständigen ermöglicht, den „Mindestaufwand" für die Errichtung des Bauvorhabens gem. § 287 ZPO zu schätzen.[330] Ist dem Insolvenzverwalter infolge Zeitablaufs und Insolvenz selbst die Vorlage einer solchen Schlussrechnung nicht möglich, kann er die Forderung anderweitig schlüssig darlegen.[331] Das Gericht muss, wenn bei einem gekündigten Pauschalpreisvertrag der Auftragnehmer prüfbar abgerechnet hat, in die Sachprüfung eintreten, ob und in welcher Höhe die geltend gemachte Werklohnforderung berechtigt ist; hat also der Auftraggeber die Richtigkeit der Schlussrechnung substantiiert bestritten, ist hierüber Beweis zu erheben.[332]

(2) Mängel des erbrachten Teilwerks. Die Kündigung beendet den Vertrag **92** nur für die Zukunft. Für das bis zur Kündigung erbrachte Teilwerk ist der Auftragnehmer weiterhin verpflichtet, Mängel zu beseitigen.[333] Mängel des erbrachten Teilwerks reduzieren also die dem gekündigten Auftragnehmer zustehende anteilige Vergütung nicht automatisch. Der Auftraggeber muss daher dem gekündigten Auftragnehmer bzw. dem Insolvenzverwalter Gelegenheit zur Mangelbeseitigung geben.[334] Dies gilt nicht für Mängel, die bereits Gegenstand der Kündigung waren.[335] Fehlt es an einer Abnahme, so verbleibt der Vertrag im Erfüllungssta-

---

[325] OLG Celle BauR 1995, 558.
[326] BGH NJW 1995, 2712 (2713); BauR 1997, 643 (644).
[327] BGH NJW 2000, 2988 (2990).
[328] BGH NJW 2000, 2988 (2990 f.).
[329] BGH NJW-RR 2005, 1103 = BauR 2006, 519 mAnm C. Schmitz.
[330] BGH NJW-RR 2004, 1384 (1385); bereits BGH BauR 2003, 880 (881).
[331] BGH NJW-RR 2005, 167 (168).
[332] BGH NJW-RR 2016, 1357 Rn. 14.
[333] BGH NJW 1988, 140 (141).
[334] OLG Naumburg BauR 2003, 115 (116) = NJW-RR 2003, 521 (Ls.); OLG Brandenburg BauR 2003, 1404 (1406).
[335] OLG Dresden BauR 2001, 809 (811).

§ 8 VOB Teil B

dium. Vorsichtshalber[336] muss dann der Auftraggeber zweistufig gem. §§ 4 Abs. 7 S. 3, 8 Abs. 3 vorgehen. Dies ist allerdings höchstrichterlich noch ungeklärt.[337]

93 Nach Insolvenzverfahrenseröffnung ist demgegenüber die Sachlage eindeutig. Gem. § 103 Abs. 2 InsO muss der Auftraggeber den Insolvenzverwalter nur dazu auffordern, sich darüber zu erklären, ob er die Mängel beseitigen will oder nicht. Das Insolvenzrecht überlagert das materielle Recht.[338] Wählt der Insolvenzverwalter Nichterfüllung oder erklärt er sich binnen angemessener Frist nicht, kann der Auftraggeber einen Anspruch wegen Nichterfüllung iSv § 103 Abs. 2 S. 1 InsO in Höhe der Mangelbeseitigungskosten geltend machen. Diese Norm ist keine originäre Anspruchsgrundlage.[339] Sie besagt aber im Ergebnis bei gebotener Auslegung, dass der Auftraggeber alle in Geld übergegangenen Mängelansprüche des materiellen Rechts geltend machen kann, weil insolvenzrechtlich eine Mangelbeseitigung ausgeschlossen ist.[340]

94 Eine Fristsetzung gegenüber dem Insolvenzverwalter ist ausnahmsweise entbehrlich, wenn sie bloße Förmelei wäre.[341] Dies ist etwa der Fall, wenn der Verwalter zur Mangelbeseitigung nicht (mehr) in der Lage ist. Auch kann eine erneute Fristsetzung entbehrlich sein, wenn der Verwalter in der Vergangenheit auf Fristsetzungen überhaupt nicht reagiert hat.[342] Darlegungs- und beweispflichtig für diese Ausnahme ist der Auftraggeber.

95 **(3) Fälligkeit.** Die Fälligkeit der auf die bis zur Kündigung erbrachte Leistung entfallenden Vergütung setzt neben der Erteilung einer prüffähigen Schlussrechnung grundsätzlich die Abnahme des Teilwerks voraus.[343] Zur Abnahme ist der Auftraggeber verpflichtet, wenn keine wesentlichen Mängel (§ 12 Abs. 3) des Teilwerks vorliegen. Der Umstand, dass die Leistung wegen der Kündigung unvollendet ist, stellt als solchen keinen Mangel dar.[344] Erst die Abnahme beendet das Erfüllungsstadium des gekündigten Vertrags und führt die Erfüllungswirkung der bis zur Kündigung erbrachten (Teil-)Leistung herbei. Die Abnahme ist nur ausnahmsweise entbehrlich. Eine solche Ausnahme ist das Entstehen eines Abrechnungsverhältnisses, etwa wenn der Auftraggeber nur noch in Geld übergegangene Ansprüche verlangt.[345] Verweigert der Auftraggeber ernsthaft und endgültig die Abnahme, so ist der Vergütungsanspruch ebenfalls sofort fällig.[346] Hat der Auftraggeber die der Abnahmefähigkeit entgegen stehenden Mängel beseitigt, kann er sich auf die fehlende Abnahme für die Fälligkeit des Vergütungsanspruchs nicht mehr berufen.[347]

---

[336] OLG Brandenburg BeckRS 2005, 04127 = IBR 2005, 1218; OLG Hamm OLGR 1998, 184 (185); Vogel Jahrbuch BauR 2004, 107 (133 f. mwN).

[337] Vgl. iE Stemmer/Rohrmüller BauR 2005, 622 (629); Vogel Jahrbuch BauR 2004, 107 (134 f.); ders. PiG 72 (2006), 47 (67).

[338] Zutr. C. Schmitz ZIP 2001, 765 (766 f.).

[339] Streitig, vgl. zu den verschiedenen Lösungsansätzen MüKo-InsO/Huber § 103 Rn. 184 mwN.

[340] Ähnlich Gottwald NZI 2005, 588 (590 ff.).

[341] C. Schmitz Rn. 466 mwN.

[342] OLG Brandenburg BeckRS 2008, 00071 unter II. 3. a) = NJOZ 2008, 1007.

[343] BGH NJW 2006, 2475 (2476).

[344] BGH NJW 1993, 1972 (1973); bereits BGH NJW 1975, 825 (826).

[345] BGH NJW 2006, 2475 (2476); 2005, 3574 (3575); OLG München IBR 2024, 395.

[346] BGH NJW 2006, 2475 (2476).

[347] BGH NJW 2006, 2475 (2476) u. Berufung auf Kniffka ZfBR 1998, 113 (114).

Ob und inwieweit diese Rechtsprechung dazu führt, dass ein Insolvenzverwalter nach Verfahrenseröffnung die Abnahmereife des Teilwerks und damit die Fälligkeit der Vergütungsforderung durch Erfüllungswahl herbeiführen muss, indem er die Mängel mit Mitteln der Masse beseitigt, ist ungeklärt. Die herrschende Dogmatik[348] zu § 103 Abs. 2 S. 1 InsO geht davon aus, dass eine Nichterfüllungswahl des Insolvenzverwalters noch nicht automatisch dazu führt, dass ein Abrechnungsverhältnis entsteht. Der Auftraggeber muss seinen Anspruch erst durch Anmeldung zur Insolvenztabelle geltend machen.[349] Hiernach könnte der Auftraggeber die Fälligkeit der Vergütungsforderung der Insolvenzforderung bei Mängeln dauerhaft blockieren, in dem er einen in Geld übergegangenen „Anspruch wegen Nichterfüllung" nicht gegenüber dem Insolvenzverwalter beziffert, so dass dieser rechtlich erst gar nicht entsteht. Der Erfüllungsanspruch würde dann das Insolvenzverfahren überdauern.[350] Der Vergütungsanspruch würde dauerhaft nicht fällig. Dieses Ergebnis[351] ist für die Insolvenzmasse kaum tragbar, weil es den Verwalter zur Erfüllungswahl zwingen würde. Es ist zu überlegen, ob dem Insolvenzverwalter nicht ausnahmsweise durch Nichterfüllungswahl einseitig die Möglichkeit eingeräumt werden muss, auch nach bereits erfolgter Kündigung vor Verfahrenseröffnung ein Abrechnungsverhältnis herbeizuführen. Der Bundesgerichtshof[352] hat dies nach Kündigung bei einem fruchtlosen Sicherungsverlangen gem. § 648a BGB aF in freier Rechtsfortbildung bejaht, um den Schwebezustand des gekündigten Vertrags zu beseitigen; von der Vergütung muss sich der Insolvenzverwalter den mängelbedingten Minderwert abziehen lassen. 96

(4) Insolvenzanfechtung. Von der Wirksamkeit der Kündigung zu unterscheiden ist die Frage, ob hierdurch insolvenzanfechtungsrechtlich eine Aufrechnungslage hergestellt wurde.[353] So kann die Aufrechnung gegen eine Forderung aus einem dritten Bauvertrag an § 130 Abs. 1 S. 1 Nr. 1 InsO scheitern. Der VII. Zivilsenat des BGH[354] hat eine Aufrechnung mit Forderungen aus demselben Vertrag insolvenzrechtlich für unproblematisch gehalten, was hingegen der IX. Zivilsenat[355] nunmehr ausdrücklich offengelassen hat. Indes schließt jedenfalls § 95 Abs. 1 S. 1 InsO die Aufrechnung mit einem Schadensersatzersatzanspruch auf Ersatz der Mangelbeseitigungskosten gegen den Vergütungsanspruch nicht aus.[356] Dementsprechend ist auch die Aufrechnung mit einem Anspruch auf Rückzahlung einer Anzahlung gegen den Restvergütungsanspruch insolvenzrechtlich zulässig.[357] 96a

2. Kündigung wegen Pflichtverletzung, Abs. 3. Diese in der Praxis wichtigsten Fälle der Kündigung ermöglichen es dem Auftraggeber, dem Auftragnehmer „den Auftrag zu entziehen", wenn dieser – bei mangelhafter oder vertragswidriger Leistung – seiner Mangelbeseitigungspflicht oder – bei verzögerter Leistung – seiner Pflicht zur rechtzeitigen Leistung innerhalb der ihm gesetzten Nachfrist 97

---

[348] Huber NZI 2004, 467 (469); MüKo-InsO/Huber § 103 Rn. 22 mwN.
[349] BGH NJW-RR 2004, 1050 (1051).
[350] Sog. Suspensivtheorie nach BGH NJW 2002, 2783 (2785).
[351] C. Schmitz Rn. 177 f.; Thode ZfBR 2006, 638 (640).
[352] BGH NJW-RR 2004, 740 (742 f.).
[353] BGH NJW 2024, 212.
[354] BGHZ 163, 274 = NJW 2005, 2771 (2772).
[355] BGH NJW 2024, 212 Rn. 15.
[356] BGHZ 164, 159 = NJW 2005, 3574.
[357] OLG Dresden NZI 2023, 763 Rn. 27.

nicht nachgekommen ist. Das für den Bauvertrag als Langzeitvertrag unangemessene Recht auf Schadensersatz statt der Leistung oder Rücktritt, das zu einer nur schwerlich durchführbaren Rückabwicklung der gegenseitig erbrachten Leistungen führen würde, ersetzt die VOB/B durch eine Regelung ohne Vorbild im BGB. Sie berücksichtigt die besonderen Verhältnisse bei der Abwicklung von Bauverträgen und bringt beiden Vertragspartnern Vorteile: Hinsichtlich der bereits erbrachten Bauleistung erhält der Auftragnehmer statt Rückgewähransprüchen grundsätzlich die vereinbarte Vergütung. Andererseits erhält der Auftraggeber das Recht, den noch nicht vollendeten Teil der Leistung zu Lasten des Auftragnehmers durch einen Drittunternehmer ausführen zu lassen (§ 8 Abs. 3 Nr. 2 S. 1). Nur in dem praktisch seltenen Fall des Interessenfortfalls (§ 8 Abs. 3 Nr. 2 S. 2) kann der Auftraggeber auf die weitere Ausführung verzichten und Schadensersatz wegen Nichterfüllung verlangen.

98 Im Falle der Kündigung nach § 8 Abs. 3 kann der Auftragnehmer nur die anteilige Vergütung für das bis zur Kündigung erbrachte Teilwerk verlangen.[358] Zur Abrechnung des Einheitspreis- und Pauschalpreisvertrags gelten die zu § 8 Abs. 1 dargestellten Grundsätze.[359] Ist die erbrachte Leistung für den Auftraggeber unbrauchbar und damit wertlos, weil sie etwa vollständig neu hergestellt werden muss, entfällt der Vergütungsanspruch.[360] Dasselbe gilt, wenn dem Auftraggeber die Verwertung der bislang erbrachten Leistung nicht zumutbar ist, und zwar unabhängig davon, ob diese mangelhaft ist oder nicht.[361]

99 **a) Kündigungsgründe (§ 8 Abs. 3 Nr. 1).** Als Kündigungsgrund müssen zunächst entweder die in § 4 Abs. 7,[362] in § 4 Abs. 8[363] oder in § 5 Abs. 4[364] festgelegten formalen und materiellen Voraussetzungen vorliegen. Weiterhin muss der Auftraggeber dem Auftragnehmer eine angemessene Frist zur Vertragserfüllung mit der Erklärung gesetzt haben, dass er nach deren fruchtlosem Ablauf den Auftrag entziehen werde. Mit diesem mehrstufigen Verfahren soll der Auftragnehmer einerseits noch die Möglichkeit erhalten, vertragsgerecht zu leisten. Andererseits soll er hinreichend gewarnt werden. Fristsetzung und Androhung sind ausnahmsweise entbehrlich, wenn sie bloße Förmelei wären. Dies ist etwa der Fall, wenn es zu einer vom Auftragnehmer zu vertretenden ganz beträchtlichen Verzögerung oder Mängeln des Bauvorhabens gekommen ist und es dem Auftraggeber bei der gebotenen Gesamtwürdigung nicht zugemutet werden kann, eine weitere Verzögerung durch Nachfristsetzung hinzunehmen oder eine solche von vornherein keinen Erfolg verspricht.[365] Gleiches gilt, wenn der Auftraggeber auf Grund von erheblichen Mängeln, die bis zum Fertigstellungszeitpunkt auf Grund ihrer Schwere nicht mehr beseitigt werden können, das Vertrauen in die Leistungsfähigkeit des Auftragnehmers verloren hat.[366] Die Erklärung der Kündigung selbst ist

---

[358] BGH NJW-RR 2003, 738; NJW 1995, 1837; 1993, 1972; stRsp.

[359] Vgl. → Rn. 56 ff.

[360] BGH NJW 1993, 1972; 1975, 825.

[361] BGH NJW 1999, 3554 (3556).

[362] Dazu näher → § 4 Rn. 137 ff.

[363] Dazu näher → § 4 Rn. 163 ff.

[364] Dazu näher → § 5 Rn. 25 ff.; an diesem Kündigungsgrund kann es fehlen, wenn durch vom Auftraggeber zu vertretende Bauablaufstörungen vereinbarte Vertragsfristen obsolet wurden, vgl. OLG Stuttgart BeckRS 2020, 57186 = IBR 2022, 449.

[365] BGH NJW-RR 2012, 596 Rn. 22.

[366] BGH NJW-RR 2008, 1052 Rn. 8.

grundsätzlich nie entbehrlich, weil die VOB/B für die Abwicklung des Baus klare Verhältnisse schaffen will.[367] Es genügt nicht, wenn der Auftragnehmer die Leistung ernsthaft und endgültig verweigert; um klare Verhältnisse zu schaffen, muss der Auftraggeber zumindest konkludent zum Ausdruck bringen, den Vertrag zu beenden.[368] An einer wirksamen Fristsetzung fehlt es, wenn der Auftraggeber dem Auftragnehmer vor Fristablauf Baustellenverbot erteilt.[369]

Die Kündigung kann nicht mit der Fristsetzung nebst Androhung der Kündigung verbunden werden; sie kann wirksam erst nach fruchtlosem Ablauf der Frist ausgesprochen werden.[370] Nicht möglich ist daher auch die aufschiebend bedingte Kündigung für den Fall, dass die Frist fruchtlos abläuft.[371] Eine Kündigung vor Fristablauf ist ausnahmsweise wirksam, wenn die Frist zwar angemessen ist, der Auftragnehmer jedoch nicht die notwendigen Anstrengungen unternimmt, so dass im Zeitpunkt des Wirksamwerdens der Kündigung sicher abzusehen ist, er werde die Frist keinesfalls mehr einhalten können (§ 323 Abs. 4 BGB analog).[372] Dies muss aber mit an Sicherheit grenzender Wahrscheinlichkeit feststehen.[373] Ohne weiteres möglich ist es, wenn die Fristsetzung mit der Kündigungsandrohung verbunden wird.[374] Die Fristsetzung mit Kündigungsandrohung bedarf nicht der Schriftform des § 8 Abs. 6. Aus der Androhung muss sich aber klar ergeben, was der Auftraggeber vom Auftragnehmer erwartet.[375]

100

Die Frage, welche Nachfrist angemessen ist, kann nur anhand aller Umstände des Einzelfalls beurteilt werden. § 8 Abs. 3 Nr. 1 knüpft aber an eine bereits eingetretene Vertragspflichtverletzung des Auftragnehmers (mangelhafte Leistung, unzureichende Beschickung der Baustelle, Leistungsverzug) an. Die Nachfrist braucht m.E. nicht so lang zu sein, dass der Auftragnehmer Gelegenheit hat, innerhalb der Frist seine Leistung vorzubereiten.[376] Vielmehr ist davon auszugehen, dass die Leistung weitgehend fertiggestellt ist und dass der Auftragnehmer lediglich die letzte Gelegenheit erhalten soll, seine im Wesentlichen abgeschlossene Leistung vollends zu erbringen. Größtmögliche Anstrengungen sind ihm also zumutbar.[377] Eine unangemessen kurze Frist setzt eine angemessene in Lauf.[378] Dennoch ist es für den Auftraggeber oft schwierig zu beurteilen, ob er schon berechtigt außerordentlich kündigen kann. Deshalb kann es sinnvoll sein, gestaffelte Fristen zu setzen, in welcher der Auftragnehmer zusätzlich seine Leistungsbereitschaft verbindlich erklären soll. Die Kündigung aus wichtigem Grund ist bereits dann gerechtfertigt, wenn ausnahmsweise die fehlende Erklärung und das vorange-

101

---

[367] BGH NJW 1977, 1922.
[368] Zutr. jetzt BGH NJW 2018, 391 Rn. 33 in ausdrücklicher Abweichung zu BGH NJW 2012, 1137 Rn. 9 und BGH NJW 2009, 354 Rn. 16; ebenso jetzt OLG München BauR 2023, 238.
[369] OLG Frankfurt a. M. NJW-RR 1987, 979 f.
[370] BGH NJW 1973, 1463.
[371] BGH NJW 1973, 1463.
[372] BGH NJW-RR 2003, 13; NJW 2003, 1600.
[373] OLG Köln BauR 2008, 1145 (1146).
[374] OLG Zweibrücken NJW-RR 2017, 338 Rn. 44.
[375] OLG Zweibrücken NJW-RR 2017, 338 Rn. 44.
[376] Ähnlich und ausführlich C. Schmitz, BauR 2024, 179 (183 f.); wohl auch OLG Oldenburg IBR 2024, 346 = BeckRS 2022, 58894.
[377] BGH NJW 1982, 1279 (1280); 1985, 855 (857); 2006, 2254 (2257).
[378] OLG Oldenburg IBR 2024, 346 = BeckRS 2022, 58894.

gangene Verhalten des Auftragsnehmers ernsthafte Zweifel an seiner Leistungsbereitschaft begründen.[379]

102 Für Ansprüche des Auftraggebers wegen Mängeln vor Abnahme und Verzögerung enthalten die §§ 4 Abs. 7, 5 Abs. 3, 5 Abs. 4 abschließende Regelungen.[380] Von Ausnahmefällen abgesehen kann deshalb der Auftraggeber ohne Fristsetzung mit Androhung der Kündigung und anschließender Kündigung nach Ablauf einer angemessenen Frist vom Auftragnehmer nicht den Ersatz von Mängelbeseitigungs- und Restfertigstellungsmehrkosten verlangen.[381] Nur in Ausnahmefällen ist eine Kündigung nach Treu und Glauben entbehrlich, wenn es keine Konfliktsituation auf der Baustelle geben kann. Dies ist etwa der Fall, wenn der Auftragnehmer seine Leistung auf der Baustelle endgültig verweigert.[382] Ein Nebeneinander von Auftragnehmer und Drittunternehmer, das zu Streitigkeiten auf der Baustelle führen kann, ist nämlich dann ausgeschlossen. Gleiches gilt, wenn der Auftragnehmer seine Arbeit offensichtlich eingestellt hat oder wenn er nur völlig unzureichende Mängelbeseitigungsarbeiten anbietet.[383]

103 **b) Teilkündigung (§ 8 Abs. 3 Nr. 1 S. 2).** Die Teilkündigung kann durch den Auftraggeber auf in sich abgeschlossene Teile der Leistung beschränkt werden. Dieser Begriff ist wie bei § 12 Abs. 2 auszulegen, da es sich bei der VOB/B um ein einheitliches Klauselwerk handelt.[384] Erforderlich ist also eine funktionell und in sich selbständig beurteilbare Teilleistung.[385] Nicht abgeschlossen sind einzelne Teile eines Rohbaus, zB eine Betondecke oder ein Stockwerk.[386] In der maßgeblichen Grundsatzentscheidung[387] kommt zum Ausdruck, dass Leistungsteile innerhalb eines Gewerks regelmäßig nicht als abgeschlossen angesehen werden können.[388] Ihnen mangelt es an der Selbstständigkeit, die eine eigenständige Beurteilung der Teilleistung ermöglicht. Dies kann bei klarer räumlicher oder zeitlicher Trennung der Leistungsteile eines Gewerks uU anders zu beurteilen sein, wobei eine ausreichende räumliche Trennung etwa dann angenommen werden kann, wenn die Leistungsteile an verschiedenen Bauwerken, zu mehreren zu errichtenden Häusern, zu erbringen sind. *Jahn*[389] umschreibt die Möglichkeit der Teilkündigung plastisch dahin, dass sie nur bezüglich solcher Leistungsteile erfolgen könne, die nach allgemeiner Verkehrsauffassung als selbstständig und von den übrigen Arbeiten aus demselben Vertrag als unabhängig anzusehen sein müssen.

---

[379] BGH BeckRS 1969, 31173611 = FHZivR 16 Nr. 1856; BGH NJW 2012, 3714 Rn. 16.
[380] BGH NJW-RR 1986, 1148; 1998, 235.
[381] BGH NJW 1968, 1524 (1525); 1977, 1922 (1923); BauR 1978, 306 (307).
[382] BGH NJW 2000, 2997 (2998); BGH NZBau 2001, 623 (624); NJW 2009, 354 Rn. 16.
[383] BGH NJW 2005, 2771 (2772); OLG Düsseldorf BauR 2012, 1244 (1248 f.).
[384] BGH NJW 2009, 3717 Rn. 18 ff.; hierzu Kirberger BauR 2011, 343 (347).
[385] Ausführlich Kirberger BauR 2011, 343 (347) unter Berücksichtigung von BGH NJW 2009, 3717; aA Leidig/Hürter NZBau 2009, 106 (108 f.), die auf eine üblicherweise getrennte Vergabe abstellen.
[386] BGH NJW 1968, 1524 (1525); BGH BeckRS 1975, 31119031 = FHZivR 22 Nr. 1795; OLG Celle IBR 2020, 284; weitergehend OLG Karlsruhe IBR 2020, 516.
[387] BGH NJW 1968, 1524 (1525).
[388] Ausdrücklich jetzt OLG Koblenz IBR 2015, 594.
[389] Bolz/Jurgeleit-Jahn § 8 Rn. 236.

Bezieht sich die außerordentliche Teilkündigung auf einen nicht abgeschlosse- **104** nen Teil der Leistung, ist sie unwirksam.[390] Eine Umdeutung in eine ordentliche (Gesamt-)Kündigung scheidet regelmäßig aus, weil der Auftraggeber ja hinsichtlich weiterer Teilleistungen nach wie vor auf Vertragserfüllung besteht.[391] Gleiches gilt für eine Umdeutung in eine außerordentlich Gesamtkündigung.[392] In der unwirksamen Teilkündigung liegt eine Pflichtverletzung des Auftraggebers, so dass er grundsätzlich zu Schadensersatz verpflichtet ist.[393] Allerdings wird dem Auftragnehmer regelmäßig ein erhebliches Mitverschulden (§ 254 Abs. 1 BGB) zur Last fallen, jedenfalls dann, wenn ein Kündigungsgrund vorlag.[394]

Auf die Abgeschlossenheit des Teils der Leistung kommt es nicht an, wenn **105** der Auftragnehmer endgültig die Mängelbeseitigung verweigert. Dann kann der Auftraggeber auch ohne (Teil-)
Kündigung die Ersatzvornahme auf Kosten des Auftragnehmers durchführen.[395]

c) Ersatz der Restfertigstellungsmehrkosten und sonstiger Schäden **106**
(§ 8 Abs. 3 Nr. 2 S. 1). Der Auftraggeber kann nach § 8 Abs. 3 Nr. 2 S. 1 Hs. 1 VOB/B den noch nicht vollendeten Teil der Leistung durch einen Dritten zu Lasten des Auftragnehmers ausführen lassen. Das heißt, dass der Auftraggeber einen Anspruch auf Ersatz der Mehrkosten gegen den Auftragnehmer hat, die ihm durch die kündigungsbedingte Beauftragung eines oder mehrerer Drittunternehmer entstehen. Dieser Anspruch setzt voraus, dass eine wirksame Kündigung nach § 8 Abs. 3 Nr. 1 vorliegt.[396] Hat der Auftragnehmer endgültig die vertragsgemäße Fertigstellung verweigert, kommt es ausnahmsweise nicht auf die (Wirksamkeit der) Kündigung an.[397] Der Anspruch ist nach überwiegender Auffassung[398] verschuldensunabhängig. Er besteht in Höhe der Differenz zwischen der mit dem Auftragnehmer vereinbarten Vergütung für die infolge der Kündigung nicht mehr erbrachte Leistung und der für diese Leistung erforderlichen tatsächlichen Kosten der Ersatzvornahme bei identischem Leistungsinhalt. Abzuziehen sind damit die Kosten, die dem Auftraggeber bei Durchführung des Vertrags sowieso entstanden wären.[399] Kosten für Mehrmengen oder Leistungsänderungen oder Zusatzleistungen sind damit nicht ohne Weiteres Mehrkosten, es sei denn, das Preisniveau mit dem Drittunternehmer ist höher als dasjenige mit dem gekündigten Auftragnehmer. Nur die Mehrkosten für das höhere Preisniveau für Mehrleistungen, geän-

---

[390] BGH NJW 2009, 3717 Rn. 15; OLG Karlsruhe IBR 2020, 516.

[391] BGH NJW 2009, 3717 Rn. 25; ebenso mit anderer Begründung Kirberger BauR 2011, 343 (350); nach OLG Karlsruhe IBR 2020, 516 kann auch noch nachträglich eine Umdeutung erfolgen, etwa wenn der Auftraggeber alle offenen Arbeiten durch einen Dritten durchführen lässt.

[392] In diese Richtung KG NJW 2017, 3226 Rn. 26; anders und richtig aber OLG Karlsruhe IBR 2020, 516 für eine Sonderfallgestaltung.

[393] BGH NJW 2009, 3717 Rn. 29 f.; NJW-RR 2012, 596 Rn. 10.

[394] BGH NJW 2009, 3717 Rn. 31; NJW-RR 2012, 596 Rn. 15.

[395] BGH NJW-RR 2002, 160 (162); NJW 2009, 354 Rn. 16.

[396] BGH NJW 2009, 3717 Rn. 39.

[397] BGH NJW 2000, 2997 (2998); 2009, 354 Rn. 16.

[398] KG BauR 1984, 527 (528); OLG Hamm NJW-RR 1994, 406; Ingenstau/Korbion/Joussen § 8 Abs. 3 Rn. 47; aA Anderson BauR 1972, 65 (67); unklar OLG Schleswig BeckRS 2020, 5556 Rn. 190 = IBR 2021, 396.

[399] Anschaulich OLG Nürnberg IBR 2024, 397; ebenso OLG Brandenburg NZBau 2024, 215.

§ 8

derte und zusätzliche Leistungen, die der Auftragnehmer hätte ausführen müssen, kann der Auftraggeber ersetzt verlangen.[400] Erforderlich ist also eine Preisvergleichsberechnung für diese Arbeiten.[401]

107 Die Möglichkeit der schlüssigen Berechnung der Mehrkosten hängt davon ab, welchen Vertragstyp der Auftraggeber mit dem gekündigten Auftragnehmer vereinbart hatte. Der Drittunternehmer sollte tunlichst mit der gleichen Leistung und mit dem gleichen Vertragstyp beauftragt werden. Dies schließt indes nicht aus, kleinere Restarbeiten auf Regiebasis erbringen zu lassen. Eine schlüssige Abrechnung wird indes nur mit aussagekräftigen Stundenlohnzetteln und entsprechender Aufschlüsselung im Prozess möglich sein.[402]

108 Zu den Mehrkosten der Ersatzvornahme gehören auch die Kosten eines Preisspiegels, weil sie ohne die Kündigung nicht angefallen wären.[403] Hierzu können auch die Kosten eines Privatgutachters fallen, der den Leistungsstand feststellt und die Restfertigstellungsmehrkosten übersichtlich aufbereitet.[404]

109 Bezüglich von Mängeln, die Gegenstand der Androhung und späteren Kündigung waren, muss der Auftraggeber dem Auftragnehmer keine weitere Gelegenheit zur Mangelbeseitigung geben; er kann sie sofort auf Kosten des Auftragnehmers beseitigen lassen.[405] Die erforderlichen Kosten der Ersatzvornahme sind damit auch sofort erstattungsfähig. Dies ergibt sich aus § 8 Abs. 3 Nr. 2 S. 1.[406] Der sachkundig beratene Auftraggeber kann regelmäßig selbst dann die Fremdnachbesserungskosten, die ihm auf Grund der Beratung entstanden sind, verlangen, wenn sich später herausstellt, dass die hierzu ergriffenen Maßnahmen nicht erforderlich waren.[407] Die Mängelbeseitigungskosten müssen von den Fertigstellungskosten separiert abgerechnet werden, da der Auftraggeber die Mängelbeseitigungskosten vollständig und für die Fertigstellung nur die Mehrkosten erhält.[408] Eine Abrechnung, die beide Kostenarten undifferenziert „zusammenwirft", ist unschlüssig.[409] Damit spielt die kaum abstrakt mögliche Unterscheidung zwischen nicht erbrachter und nur mangelhaft erbrachter Teilleistung eine entscheidende Rolle.[410]

110 Der Auftraggeber ist nach § 254 Abs. 2 BGB gehalten, bei der Beauftragung eines Drittunternehmers keine unnötigen Mehrkosten zu verursachen.[411] Er muss aber nicht den billigsten Unternehmer beauftragen, sondern kann einen Unternehmer seines Vertrauens auswählen, sofern dieser keine marktunüblichen Preise verlangt.[412] Eine Ausschreibung der Restleistungen ist im Regelfall entbehrlich.[413]

---

[400] BGH NJW 2000, 1116 (1117); KG IBR 2019, 312; KG IBR 2019, 1163 auch zu den Problemen einer schlüssigen Darlegung; OLG Brandenburg NZBau 2024, 215.

[401] OLG Dresden BauR 2021, 1606; Ganten/Jansen/Voit/Althaus § 8 Abs. 3 Rn. 43.

[402] OLG Celle IBRRS 2005, 3199.

[403] BGH NJW 2000, 1116 (1117).

[404] OLG Düsseldorf NJW-RR 2015, 535 Rn. 231 ff. mwN.

[405] BGH NJW-RR 1986, 1146; NJW 2012, 1137 Rn. 15.

[406] BGH NJW 2012, 1137 Rn. 15.

[407] BGH NJW 2013, 1528 Rn. 9.

[408] BGH NJW-1988, 208 (209).

[409] BGH NJW-1988, 208 (209); OLG Düsseldorf BeckRS 2012, 06425 = IBR 2012, 1237; so wohl auch OLG Naumburg BeckRS 2009, 28739 = IBR 2009, 573.

[410] Näher Vogel BauR 2011, 313 (317 f.) mit Abgrenzungsbeispielen.

[411] OLG Nürnberg BeckRS 2000, 30135000 = IBR 2001, 361.

[412] OLG Schleswig BeckRS 2011, 17652 = IBR 2010, 679.

[413] OLG Brandenburg NZBau 2024, 215; Ganten/Jansen/Voit/Althaus § 8 Abs. 3 Rn. 44.

Das Vergütungsniveau des Drittunternehmers wird auf Grund des geringeren Leistungsumfangs, der Leistungsaufnahme „mittendrin" und des Zeitdrucks erfahrungsgemäß höher ausfallen.[414] Der Auftraggeber kann Erstattung der Fremdnachbesserungskosten verlangen, die er als vernünftiger, wirtschaftlich denkender Bauherr im Zeitpunkt der Beauftragung des Dritten für angemessen halten durfte, wobei es sich um eine vertretbare Maßnahme der Schadensbeseitigung handeln muss.[415]

Solange der Auftraggeber ernsthaft die Fertigstellung beabsichtigt, kann er vom Auftragnehmer Vorschuss in Höhe der voraussichtlichen Mehrkosten der Fertigstellung verlangen.[416] Dies ist dogmatisch kaum haltbar, soweit nicht Kosten für die Mangelbeseitigung in Rede stehen.[417] Die (konstruierte) Annahme des Vorschussanspruchs hat den Zweck, dem Auftraggeber gegen den Restvergütungsanspruch des Auftragnehmers die Aufrechnung mit den Fertigstellungskosten zu ermöglichen.[418] Dogmatisch sauberer wäre, dem Auftraggeber wie in den Fällen, in denen die Kosten wahrscheinlich, aber noch nicht bezifferbar sind, ein vorläufiges Zurückbehaltungsrecht zu gewähren;[419] er besitzt nämlich sofort mit Kündigung einen fälligen Befreiungsanspruch. **111**

Darüber hinaus hat der Auftraggeber, was § 8 Abs. 3 Nr. 2 S. 1 Hs. 2 zeigt, Anspruch auf Ersatz der weiter entstandenen Schäden. Die Klausel schafft insofern keine selbständige Anspruchsgrundlange, sondern verweist auf die übrigen Regelungen in der VOB/B und des Gesetzes. Dies folgt aus der Formulierung „Ansprüche ... bestehen". Umfasst sind Kosten für Sachverständige, etwa für die Feststellung des Bautenstands, und alle Verzögerungsschäden (§§ 4 Abs. 7 S. 2, 6 Abs. 1 S. 1). Für letzteres gilt auch die Haftungsprivilegierung des § 6 Abs. 6 S. 1.[420] Alle Ansprüche sind verschuldensabhängig, wobei das Verschulden vermutet wird (§ 280 Abs. 1 S. 2 BGB). **112**

d) Schadensersatz wegen Nichterfüllung bei Interessenfortfall (§ 8 Abs. 3 Nr. 2 S. 2). Wenn die weitere Ausführung aus Gründen, die zur Kündigung geführt haben, für den Auftraggeber nicht mehr von Interesse ist, kann er Schadensersatz wegen Nichterfüllung des gesamten Vertrags verlangen. Der Interessenfortfall kann darauf beruhen, dass die Leistung termingebunden und der Auftraggeber verzugs- bzw. kündigungsbedingt keine Verwendungsmöglichkeit mehr besitzt.[421] An die Feststellung eines Interessenfortfalls sind hohe Anforderungen zu stellen.[422] Nicht ausreichend ist es also, wenn der Auftraggeber nur an der **113**

---

[414] Zutr. Staudinger/Peters/Jacoby, Bearb. 2014, BGB § 649 Rn. 83.
[415] OLG Köln BeckRS 2018, 41406 Rn. 38 = IBR 2019, 312.
[416] OLG Frankfurt a. M. BeckRS 2017, 108457 = NJW-Spezial 2017, 333; KG BauR 1989, 462 (465); OLG Düsseldorf BeckRS 2009, 86898 = IBR 2009, 696; für die Mangelbeseitigungskosten und fälschlicherweise immer angeführt BGH NJW-RR 1989, 849 (850).
[417] Die Billigkeitserwägungen bei Ingenstau/Korbion/Joussen/Vygen § 8 Abs. 3 Rn. 39 überzeugen dogmatisch nicht.
[418] Kniffka/Koeble/Jurgeleit/Sacher Kompendium BauR/Kniffka/Jurgeleit 8. Teil Rn. 97.
[419] Zutr. Gartz NZBau 2014, 267 (269 f.) u. Verweis auf BGH NJW 2001, 367 (368), wo dies angedacht, aber offengelassen wird.
[420] BGH NJW 1974, 646 (647); KG NJW-RR 2018, 203 Rn. 30.
[421] Ganten/Jansen/Voit/Althaus § 8 Abs. 3 Rn. 53.
[422] BGH NJW 1968, 1524 (1527); OLG Hamburg VersR 1984, 1048 = LSK 1985, 070015; OLG Celle NJOZ 2007, 236 (238): bei Zweck- oder Veranstaltungsbauten denkbar.

Erfüllung des Vertrags durch den gekündigten Auftragnehmer kein Interesse mehr hat.[423] Auf den Interessenfortfall kommt es indes nicht an, wenn der Auftragnehmer die Leistung zuvor ernsthaft und endgültig verweigert hat.[424] Nach Peters/Jacoby[425] soll der Auftraggeber auch dann berechtigt sein, Schadensersatz wegen Nichterfüllung des gesamten Vertrags zu verlangen, wenn der Schaden bei Abstandnahme von dem Bauvorhaben geringer ausfällt als derjenige, der inklusive Restfertigstellungsmehrkosten bei Fertigstellung des Bauvorhabens anfiele. Schadensersatz wegen Nichterfüllung des gesamten Vertrags scheidet aus, wenn der Auftraggeber das Bauwerk fertig stellen lässt.[426]

114 § 8 Abs. 3 Nr. 2 S. 2 sieht nicht ausdrücklich vor, dass dem Auftragnehmer ein Verschulden zur Last fallen muss. Die einhellige Auffassung[427] liest in die Klausel ein Verschulden als weiteres Erfordernis hinein. Dies ist AGB-rechtlich bedenklich.

115 Der Anspruch richtet sich auf den Ersatz des positiven Interesses gemäß den §§ 249 ff. BGB.[428] Der Auftraggeber ist so zu stellen, als ob der Auftragnehmer fristgerecht und mangelfrei geleistet hätte. Damit fällt der Vergütungsanspruch des Auftragnehmers vollständig weg; erhaltene Abschlagszahlungen sind zurück zu gewähren.[429] Beurteilungszeitpunkt für die Schadensbemessung ist – wie stets – der Schluss der mündlichen Verhandlung. Die Begrenzung in § 6 Abs. 6 S. 1, wonach Gewinn nur bei Vorsatz bzw. grober Fahrlässigkeit zu ersetzen ist, soll auf den Ersatzanspruch nicht anwendbar sein.[430] Dies ist nicht zweifelsfrei.

116 e) Recht zur Weiterbenutzung von Baustelleneinrichtung und Material (§ 8 Abs. 3 Nr. 3). Nach § 8 Abs. 3 Nr. 3 hat der Auftraggeber das Recht, nach einer Vertragskündigung Materialien und Geräte des Auftragnehmers gegen ein angemessenes Entgelt zu verwenden bzw. zu benutzen. Dieses Recht besteht nicht bei jeder Vertragskündigung, sondern nur dann, wenn der Auftraggeber nach § 8 Abs. 3 oder 8 Abs. 4 gekündigt hat.[431] Nur einer solchen Kündigung ist ein vertragswidriges Verhalten des Auftragnehmers vorangegangen. Wenn in einem solchen Fall die Klausel dem Auftraggeber ein Nutzungsrecht einräumt, so ist die darin liegende Beeinträchtigung des Auftragnehmers gerechtfertigt. Dieser hat nämlich selbst die Situation geschaffen, die nun durch eine rasche und unkomplizierte Weiterführung der Baustelle entschärft werden soll. Außerdem können so zusätzliche Kosten vermieden werden, die durch die Räumung und Wiedereinrichtung der Baustelle anfallen würden. Diese Kosten sind im Wege des Schadensersatzes letztlich vom Auftragnehmer zu tragen. Der Auftraggeber hat etwa bei zweifelhafter Solvenz des Auftragnehmers ein erhebliches Interesse daran, sie gar

---

[423] OLG Celle NJZO 2007, 236 (238); angedeutet in BGH NJW 1974, 646 (647); näher Ingenstau/Korbion/Joussen § 8 Abs. 3 Rn. 67 ff.

[424] BGH BauR 1980, 465 = BeckRS 1980, 31075732.

[425] Staudinger/Peters/Jacoby, Bearb. 2014, BGB § 649 Rn. 87.

[426] Kniffka/Koeble/Jurgeleit/Sacher Kompendium BauR/Kniffka/Jurgeleit 4. Teil Rn. 212.

[427] Ganten/Jansen/Voit/Althaus § 8 Abs. 3 Rn. 53; Heiermann/Riedl/Rusam/Kuffer § 8 Rn. 101; Ingenstau/Korbion/Joussen § 8 Abs. 3 Rn. 72; Messerschmidt/Voit/Voit § 8 Rn. 17.

[428] Kapellmann/Messerschmidt/Lederer § 8 Rn. 113.

[429] BGH NJW 2006, 2912 Rn. 23.

[430] BGH NJW 1967, 2262.

[431] Zutr. Voit NJW 2012, 628.

nicht erst entstehen zu lassen. Bei einer Kündigung nach § 8 Abs. 2 Nr. 1 kann sich der Insolvenzverwalter mit der Weiterverwendung durch den Auftraggeber einverstanden erklären, so dass dieser – wie bei § 8 Abs. 3 Nr. 3 – die übliche Vergütung hierfür schuldet.[432]

Das Recht muss durch eindeutige und unbedingte Willenserklärung ausgeübt werden, bestimmte Gerätschaften zu benutzen oder bestimmtes Material zu verwenden. Die Anfrage einer Vergütungsvorstellung des Auftragnehmers reicht hierfür nicht aus.[433] Mit der einseitigen Inanspruchnahme entsteht als gegenseitiger Vertrag ein Nutzungsverhältnis, welches den Auftragnehmer verpflichtet, die Inanspruchnahme zu dulden und den Auftraggeber verpflichtet, die angemessene Vergütung zu zahlen.[434] Der Anspruch auf angemessene Vergütung wird ohne Erteilung einer Schlussrechnung bezüglich des bis zur Kündigung erbrachten Teilwerks fällig; die Vergütung ist auch kein unselbstständiger Rechnungsposten.[435] Der Auftraggeber kann aber wegen der ausstehenden Schlussrechnung ein Zurückbehaltungsrecht (§ 273 Abs. 1 BGB) geltend machen.[436] **117**

Nur in Ausnahmefällen ist der Auftraggeber im Einzelfall nach Treu und Glauben zur Verwertung des Materials sogar verpflichtet, namentlich wenn es sich um speziell hergestellte Materialien handelt, deren weitere Verwendung zumutbar im Hinblick auf § 13 Abs. 3 ist.[437] **117a**

f) Abrechnung der Ansprüche des Auftraggebers (§ 8 Abs. 3 Nr. 4), Verjährung. Der Auftraggeber hat dem Auftragnehmer spätestens binnen 12 Werktagen nach Abrechnung mit den Drittunternehmern eine Aufstellung über die entstandenen Mehrkosten und über seine sonstigen Ansprüche zuzusenden. Dieser Anspruch ist selbstständig einklagbar; der Auftragnehmer kann vom Auftraggeber nicht die Versicherung an Eides statt der Richtigkeit der vorgelegten Abrechnung verlangen.[438] Die Aufstellung hat so zu erfolgen, dass dem Auftragnehmer die Prüfung ermöglicht wird, inwieweit die geltend gemachten Kosten auf der Grundlage der getroffenen Vereinbarung berechtigt sind.[439] Eine den Anforderungen des § 14 Abs. 1 entsprechende Abrechnung kann nicht generell und unabhängig vom Einzelfall gefordert werden.[440] Ist der Drittunternehmer auf einer identischen, durch öffentliche Ausschreibung vorgegebenen Vertragsgestaltung als kostengünstigster von mehreren Bietern tätig geworden, kann das ausnahmsweise ausreichen, die konkreten Mehrkosten des Auftraggebers schlüssig darzutun.[441] Diese Schlüssigkeit kann daran scheitern, dass dem Auftraggeber die Abgrenzung zwischen zum Zeitpunkt der Kündigung erbrachten (ggf. mangelhaften) Arbeiten und nicht mehr erbrachten Arbeiten nicht mehr möglich ist.[442] **118**

Für den Fristlauf ist es unerheblich, ob der Auftraggeber den bzw. die Drittunternehmer bezahlt hat. Die Frist ist auch keine Ausschlussfrist.[443] **119**

---

[432] OLG Frankfurt a. M. BeckRS 2014, 12955 = IBR 2014, 536.
[433] OLG Hamm NZBau 2015, 157 Rn. 35.
[434] BGH NJW 2001, 367 (368).
[435] BGH NJW 2001, 367.
[436] BGH NJW 2001, 367 (368).
[437] BGH NJW 1995, 1837 (1838); OLG Nürnberg BeckRS 2000, 30135.
[438] BGH NJW 2002, 2952 (2953 f.).
[439] BGH NJW 2002, 2952 (2954).
[440] BGH NJW 2000, 1116.
[441] OLG Koblenz NJW-RR 2013, 138 (139).
[442] Vgl. BGH NJW 2002, 2952 (2953).
[443] BGH NJW 2000, 1116; OLG Nürnberg BeckRS 2000, 30135000.

§ 8

120 Gegen den Restvergütungsanspruch des Auftragnehmers kann der Auftraggeber mit in Geld übergegangenen Mängelansprüchen und Schadensersatzansprüchen wegen Mehrkosten aufrechnen, und zwar auch dann, wenn die Kündigung vor Eröffnung eines Insolvenzverfahrens erfolgte.[444]

121 Die Ansprüche aus § 8 Abs. 3 Nr. 2 verjähren innerhalb der regelmäßigen Verjährungsfrist von drei Jahren zum Jahresende (§§ 195, 199 Abs. 1 BGB.[445] Sie entstehen verjährungsrechtlich mit dem Zeitpunkt der außerordentlichen Kündigung.[446] Denn zu diesem Zeitpunkt bestand bereits die Notwendigkeit der Beauftragung eines Drittunternehmers.[447] Dies dürfte dem Auftraggeber dem Grunde nach bereits auch zu diesem Zeitpunkt bekannt sein. Kann er noch nicht abschließend abrechnen, kann und muss er Feststellungsklage zwecks Verjährungshemmung erheben.

122 Die Verjährung des vor der Abnahme des Bauwerks entstandenen Anspruchs des Auftraggebers auf Ersatz der Mängelbeseitigungskosten aus § 8 Abs. 3 Nr. 2 S. 1 beginnt regelmäßig nicht vor der Abnahme.[448]

123 **3. Kündigung wegen unzulässiger Absprachen im Vergabeverfahren, Abs. 4 aF. a) Einführung.** § 8 Abs. 4 S. 1 Nr. 1 ist mit der Fassung in § 8 Abs. 4 VOB/B aF vergleichbar, so dass vorliegend noch die Vorfassung kommentiert wird. Hat der Auftragnehmer aus Anlass der Vergabe eine Abrede getroffen, die eine unzulässige Wettbewerbsbeschränkung darstellt, kann der Auftraggeber den Auftrag entziehen. In Konkretisierung zu § 314 Abs. 3 BGB kann die Kündigung wirksam nur binnen 12 Werktagen nach Bekanntwerden des Kündigungsgrundes erklärt werden (Abs. 4 S. 2). Die Frist beginnt zu laufen, wenn der Auftraggeber positive Kenntnis von den den Kündigungsgrund begründenden Tatsachen erlangt hat. Entgegen der Vorvorauflage[449] ist es trotz der schwierigen Beweissituation unerheblich, wann der Auftraggeber das Vorliegen der wettbewerbsbeschränkenden Abrede tatsächlich beweisen kann. Eine nach der Frist erklärte Kündigung kann sich nicht auf den Grund von Abs. 4 S. 1 stützen. Der Auftraggeber, der über die wettbewerbsbeschränkende Abrede getäuscht wurde, kann den Vertrag nur binnen dieser Frist und nicht binnen der Jahresfrist des § 124 BGB anfechten, weil es sich bei der Klausel des § 8 Abs. 4 um eine Spezialregelung handelt.[450]

124 **b) Einzelheiten des Kündigungsgrundes.** Der Kündigungsgrund ist dem Ausschlussgrund in § 16 Abs. 1 Nr. 1d) VOB/A nachgebildet. Die Wettbewerbsbeschränkung führt aber grundsätzlich nicht nach § 134 BGB zur Nichtigkeit des Bauvertrags.[451] Unter einer Abrede ist ein Verhalten zu verstehen, welches einen Verstoß gegen das Gesetz gegen Wettbewerbsbeschränkungen (GWB) beinhaltet.

---

[444] BGH NJW 2005, 2771 (2772).

[445] Zutr. Ingenstau/Korbion/Joussen § 8 Abs. 3 Rn. 50; vgl. ferner BGHZ 223, 260 = NJW 2020 605 Rn. 33.

[446] OLG Düsseldorf BeckRS 2009, 86898 = IBR 2009, 696.

[447] OLG Düsseldorf BeckRS 2013, 10659 = BauR 2013, 776; aA OLG Frankfurt a. M. NJW 2011, 1655 (1657).

[448] BGH NJW 2012, 1137 Rn. 12; aA Bolz/Jurgeleit-Jahn § 8 Rn. 289: drei Jahre zum Jahresende nach Kündigung.

[449] Rn. 55.

[450] Messerschmidt/Voit/Voit VOB/B § 8 Rn. 26; Ingenstau/Korbion/Joussen § 8 Abs. 4 Rn. 2.

[451] OLG Celle NJW 1963, 2126; weiter gehend Ganten/Jansen/Voit/Althaus § 8 Abs. 4 Rn. 3, der eine Nichtigkeit bei beiderseits bewusstem Verstoß annimmt.

Hierzu gehören wettbewerbsbeschränkende Vereinbarungen iSd § 1 GWB, die nach dieser Bestimmung unwirksam sind und daher zwar nicht im rechtlichen, aber im faktischen Sinne eine Wettbewerbsbeschränkung darstellen.[452] Obwohl die Klausel von Abrede spricht, fällt nach Sinn und Zweck der GWB-Novelle von 1973 nunmehr auch ein verbotenes, auf eine Wettbewerbsbeschränkung gerichtetes, aufeinander abgestimmtes Verhalten iSd § 25 Abs. 1 GWB hierunter.[453]

Die wettbewerbsbeschränkende Abrede muss aus Anlass der Vergabe erfolgt **125** sein. Unter den Begriff der „Vergabe" ist sowohl die Vergabe im Wege der öffentlichen Ausschreibung als auch die freihändige Vergabe zu verstehen.[454] Für den Bausektor typische wettbewerbsbeschränkende Abreden sind neben Preisabsprachen insbesondere die sog. Submissionsabsprachen. Unter wettbewerbsbeschränkenden Abreden sind solche Absprachen von Unternehmen zu verstehen, durch die diese sich zugunsten eines bestimmten Unternehmens Beschränkungen auferlegen, damit diesem der Auftrag bzw. der Zuschlag erteilt wird.[455] Um diesen Erfolg zu erzielen, geben die anderen Beteiligten entweder kein Angebot oder ein sog. Schutzangebot ab, das im Preis insgesamt höher ist, so dass ein Zuschlag unwahrscheinlich ist. Für diese Abrede wird das gesamte Vergabeverfahren bis zum Zuschlag erfasst.

Unerheblich für das Kündigungsrecht ist es, ob sich die Absprache auf den **126** Bauvertrag negativ ausgewirkt, der AG also hierdurch einen Schaden erlitten hat.[456] Nicht erforderlich ist es, ob sich im Zeitpunkt der Kündigung die Abrede noch als Wettbewerbsbeschränkung darstellt. Andernfalls würde das Kündigungsrecht ins Leere laufen, weil sich die Kartellabsprache mit der Vergabe des Bauvertrages typischerweise erledigt.[457]

Zudem begründen Verhandlungen mit dem Ziel einer Submissionsabsprache **127** noch einen Kündigungsgrund.[458] Denn auch insoweit wird vom AG gegen den lauteren Wettbewerb verstoßen.

c) Sonstige Fälle des unlauteren Wettbewerbs. Andere Fälle des Eingriffs **128** in den lauteren Wettbewerb (zB Verstöße gegen das UWG) können zu einem Kündigungsrecht des Auftraggebers aus sonstigem wichtigem Grunde berechtigen. Sie werden von der Klausel nicht erfasst.[459] Dies beruht maßgeblich auf der Erwägung, dass die VOB/B als Allgemeine Geschäftsbedingung nicht analog angewendet werden kann.[460] Dies betrifft namentlich die Zahlung von Schmiergeldern, die Behauptung unwahrer Tatsachen im Geschäftsverkehr oder die Abwerbung von Mitarbeitern von Wettbewerbern. Die analoge Anwendung auf solche

---

[452] Bechtold GWB § 1 Rn. 17 ff.; Immenga/Mestmäcker/Zimmer GWB § 1 Rn. 81 ff.
[453] Ingenstau/Korbion/Joussen § 8 Abs. 4 Rn. 5 mwN.
[454] Bolz/Jurgeleit-Jahn § 8 Rn. 325.
[455] Ingenstau/Korbion/Joussen § 8 Abs. 4 Rn. 4 ff.; Heiermann/Riedl/Rusam/Kuffer § 8 Rn. 117.
[456] Ingenstau/Korbion/Joussen § 8 Abs. 4 Rn. 10; Heiermann/Riedl/Rusam/Kuffer § 8 Rn. 121.
[457] Ingenstau/Korbion/Joussen § 8 Abs. 4 Rn. 10.
[458] Ingenstau/Korbion/Joussen § 8 Abs. 4 Rn. 12.
[459] Heiermann/Riedl/Rusam/Kuffer § 8 Rn. 119; AA Staudinger/Peters/Jacoby, Bearb. 2014, BGB § 649 Rn. 89.
[460] Vgl. BGH NJW-RR 1998, 235 (236).

Fälle ist weder erforderlich[461] noch methodisch auf Grund des AGB-Charakters der VOB/B zulässig.

129 d) Besondere Regelungen zu unlauterem Verhalten in Vertragsbedingungen. Im Regelfall bestehen für den Auftraggeber erhebliche Schwierigkeiten, den besonderen Kündigungsgrund von § 8 Abs. 4 zu beweisen. Deshalb sehen Verträge gerade der öffentlichen Hand vorformulierte Schadenspauschalen für den Fall unzulässiger Preisabsprachen oder wettbewerbsrechtlich unzulässigem Verhalten vor. Diese Klauseln sind, wenn sie sich im Rahmen (höchstrichterlich entschieden für 3 %) bewegen, verschuldensabhängig formuliert sind und dem Auftragnehmer die Möglichkeit gewähren, darzulegen und zu beweisen, dass kein oder ein geringerer Schaden entstanden ist, AGB-rechtlich nicht zu beanstanden.[462] Ob eine vom Auftraggeber vorformulierte Klausel auch dann noch angemessen ist, wenn die Schadenspauschale 15 % der Auftragssumme beträgt, ist heute angesichts der geringen Gewinnmargen zweifelhaft; sie müsste nämlich den nach dem gewöhnlichen Lauf der Dinge eintretenden Schaden bei wettbewerbsbeschränkenden Abreden nicht übersteigen.[463] Deshalb sind auch die zusätzlichen Vertragsbedingungen gemäß VHB 215 Nr. 2 a.F. problematisch.[464]

130 e) Schadensersatz für unlauteres Verhalten. Fehlen entsprechende Klauseln, kommen Schadensersatzansprüche des ausschreibenden Auftraggebers aus Verschulden bei Vertragsschluss (§§ 241 Abs. 2, 311 Abs. 2, 280 Abs. 1 BGB) oder aus Delikt im Falle der Verletzung eines Schutzgesetzes (§§ 823 Abs. 1 BGB, 263, 298 StGB)[465] in Betracht.[466] Gelingt der oft schwierige Schadensnachweis, können auch Organe und leitenden Angestellte des Auftragnehmers persönlich haften (§ 14 StGB).[467] Es besteht die Vermutung, dass in Höhe des an die Mitarbeiter des Auftraggebers gezahlten Schmiergeldes das Angebot des Auftragnehmers hätte herunter verhandelt werden können, also die Höhe des Schmiergeldes mit der Höhe des Schadens übereinstimmt.[468]

131 f) Rechtsfolgen. Bezüglich der Rechtsfolgen verweist § 8 Abs. 4 S. 3 auf § 8 Abs. 3. Damit dürfte auch eine Teilkündigung nach § 8 Abs. 3 Nr. 1 S. 2 möglich sein,[469] was aber für einen solchen Kündigungsgrund wenig durchdacht erscheint. Deshalb ist es vorzugswürdig, den Verweis wortlautgetreu nur auf die Kündigungsfolgen zu beziehen und die Möglichkeit einer Teilkündigung zu verneinen.

132 4. Kündigung wegen unzulässiger Absprachen im Vergabeverfahren, Abs. 4 nF. Die neu durch die VOB/B 2016 eingefügte Klausel enthält in Nr. 1 gegenüber der Altfassung keine inhaltlichen Veränderungen, so dass auf die obigen Kommentierungen zur Vorfassung verwiesen werden kann. Keine Veränderung

---

[461] Heiermann/Riedl/Rusam/Kuffer § 8 Rn. 119.
[462] BGH NJW 1996, 1209 (1210).
[463] AA OLG Celle IBR 2012, 506; Ganten/Jansen/Voit/Althaus § 8 Abs. 4 Rn. 18.
[464] AA Althaus/Heindl Bauauftrag 6. Teil Rn. 92/5. Teil Rn. 119.
[465] Jedenfalls zu Gunsten des ausschreibenden Auftraggebers ist § 298 StGB ein Schutzgesetz, vgl. BT-Drs. 13/5584, 14; Kindhäuser/Neumann/Paeffgen/Dannecker StGB § 298 Rn. 17.
[466] Näher Ganten/Jansen/Voit/Althaus § 8 Abs. 4 Rn. 10 ff.; Messerschmidt/Voit/Voit § 8 Rn. 27.
[467] Girkens/Moosmayer ZfBR 1998, 223 (224).
[468] OLG Frankfurt a. M. BauR 2009, 1940; OLG Stuttgart BauR 2007, 420.
[469] Messerschmidt/Voit/Voit § 8 Rn. 26; aA Lang BauR 2006, 1956 (1959).

Kündigung durch den Auftraggeber §8

gibt es auch dahin, dass die Kündigung nur befristet innerhalb von 12 Werktagen nach Kenntnis der die Kündigungsgründe begründenden Tatsachen möglich ist. Neu ist hingegen die gesamte Regelung unter Nr. 2, die im Zusammenhang mit der Neuregelung des Vergaberechts 2016 zu sehen ist. Durch § 133 GWB nF wird Art. 73 der Richtlinie 2014/24/EU in das nationale Recht umgesetzt. Die dort normierten Gründe für eine außerordentliche Kündigung durch den öffentlichen Auftraggeber werden in die VOB/B 2016 – redaktionell nicht ganz durchgedacht – übernommen.

a) Anwendungsvoraussetzung von Nr. 2. Der konkrete Vertrag muss dem Anwendungsbereich des 4. Teils des GWB nF unterfallen. Die §§ 97 ff. GWB nF bestimmen den Anwendungsbereich des Kartellvergaberechts und damit mittelbar der in § 8 Abs. 4 Nr. 2 2016 normierten Klausel. § 133 GWB nF gilt für die Vergabe öffentlicher Aufträge durch öffentliche Auftraggeber sowie durch Sektorenauftraggeber zum Zwecke der Ausübung von Sektorentätigkeiten (vgl. § 142 GWB nF), für die Vergabe verteidigungs- oder sicherheitsspezifischer öffentlicher Aufträge (vgl. 147 GWB nF) sowie für die Vergabe von Konzessionen (vgl. § 154 Nr. 4 GWB nF). 133

b) Beauftragung trotz zwingendem Ausschlussgrund, Nr. 2a). Dieser Kündigungsgrund orientiert sich an § 133 Abs. 1 Nr. 2 GWB nF, ohne diese Vorschrift zu nennen. Gemeint ist damit der Fall, dass zum Zeitpunkt der Zuschlagserteilung ein zwingender Ausschlussgrund nach § 123 Abs. 1–4 GWB nF vorlag.[470] Zwingende Ausschlussgründe nach dieser Norm sind die rechtskräftige Verurteilung einer dem Auftragnehmer zuzurechnenden Person in leitender oder kontrollierender Stellung oder die rechtskräftige Festsetzung einer Geldbuße gegen den Auftragnehmer wegen einer der dort aufgeführten Katalogstraftaten. Weitere zwingende Ausschlussgründe sind die durch rechtskräftige Gerichts- oder bestandskräftige Verwaltungsentscheidung festgestellte oder anderweitig nachgewiesene unterlassene Zahlung von Steuern, Abgaben und Sozialversicherungsbeiträgen. Diese führen regelmäßig zum zwingenden Ausschluss, es sei denn, der Auftragnehmer verpflichtet sich zur Nachzahlung nebst Zinsen und Straf- sowie Säumniszuschlägen oder die Nachzahlungen wurden bereits geleistet. In den in § 123 Abs. 5 GWB nF genannten Fällen kann von einem Ausschluss abgesehen werden. Hat der Auftragnehmer nachweislich ausreichende „Selbstreinigungsmaßnahmen" durchgeführt, muss von einem Ausschluss abgesehen werden (§ 125 GWB nF). Diese gesetzlichen Ausnahmen vom Ausschluss werden in der Klausel der VOB/B 2016 nicht benannt. 134

In allen diesen Fällen, die dem Verursachungs- und Verschuldensbereich des Auftragnehmers zugerechnet werden, hat der Auftraggeber durch Verweis die gleichen Ansprüche und Rechte wie im Falle einer sonstigen außerordentlichen Kündigung (§ 8 Abs. 3). 135

c) Wesentliche Änderung des Vertrags oder Festellung einer schweren Verletzung europäischen Vergaberechts durch den EuGH, Nr. 2b). Die erste Variante will § 133 Abs. 1 Nr. 1 GWB nF iVm § 132 GWB nF in die VOB/B 2016 übernehmen. Dieser Versuch ist sprachlich missglückt, weil ein Verweis auf die Normen des GWB nF ebenso fehlt wie der Zusatz „die nach § 132 ein neues Vergabeverfahren erfordert" (§ 132 Abs. 2 GWB nF enthält eine Negativliste mit Fällen, in denen eine Änderung des ursprünglichen Vertrags ohne Durch- 136

---

[470] Näher Ingenstau/Korbion/Joussen § 8 Abs. 4 Rn. 31.

führung eines neuen Vergabeverfahrens zulässig ist, und zwar unabhängig davon, ob es sich um eine wesentliche Änderung handelt oder nicht). Auch insofern handelt es sich um eine handwerkliche Unsauberkeit, die im Ergebnis irrelevant ist, weil auf die gesetzliche Regelung zurückgegriffen werden kann (und auch muss). Die zweite Variante orientiert sich an § 133 Abs. 1 Nr. 3 GWB nF bzw. Art. 73 lit. c der Richtlinie 2014/24/EU. Diese Klausel ist ebenfalls sprachlich missglückt, weil ein Verweis auf die europäischen Vergaberichtlinien (siehe Art. 73 lit. c der Richtlinie 2014/24/EU) ebenso fehlt wie der Zusatz, dass der Auftrag nicht an den Auftragnehmer hätte vergeben werden dürfen.

137 Unter der Prämisse, dass der Zusatz „die nach § 132 (GWB nF) ein neues Vergabeverfahren erfordert" in die erste Variante bzw. der Zusatz „oder den Richtlinien" sowie „nicht an den Auftragnehmer hätte vergeben werden dürfen" in die zweite Variante hinein gelesen werden kann, sollen die zwei Kündigungsgründe des § 133 Abs. 1 Nr. 1 und Nr. 3 GWB nF in der VOB/B geregelt werden, ohne dass die jeweilige gesetzliche Vorschrift benannt wird: Die wesentliche Änderung des Vertrags iSv § 132 Abs. 1 GWB nF wird man entsprechend der Grundregel des dortigen ersten Absatzes und der Ausnahmen der weiteren Absätze auslegen können. Auch die zweite Variante wird man entsprechend § 133 Abs. 1 Nr. 3 GWB iVm Art. 73 lit. c der Richtlinie 2014/24/EU auslegen können: Gemeint ist der Fall, dass der öffentliche Auftrag aufgrund einer schweren Verletzung der Verpflichtungen aus dem AEUV oder den europäischen Vergaberichtlinien, die der EuGH in einem Vertragsverletzungsverfahren nach Art. 258 AEUV festgestellt hat, nicht an den Auftragnehmer hätte vergeben werden dürfen. Wesentliche Änderungen des Vertrags sollen die Überschreitung des Schwellenwerts bezüglich der zusätzlich übertragenen Teilleistung oder eine Leistungserweiterung um mehr als 15 % des Beauftragungsvolumens darstellen.[471]

138 Die berechtigte Kündigung führt dazu, dass der Auftragnehmer die erbrachte Leistung nach § 6 Abs. 5 abrechnen darf und damit die anteilige Vergütung für das bis zur Kündigung erbrachte Teilwerk erhält. Darüber hinaus erhält er die Kosten, die von den erbrachten Teilleistungen nicht gedeckt sind, nach den Grundsätzen von § 6 Abs. 5 ersetzt.

139 Beiderseitige Schadensersatzansprüche bleiben unberührt. Die Klausel orientiert sich damit an § 133 Abs. 3 GWB nF Relevant dafür, wer von wem Schadensersatz verlangen kann ist, ob der Auftraggeber oder der Auftragnehmer die schwere Verletzung des europäischen Vergaberechts schuldhaft herbeigeführt haben. Auch ein Mitverschulden der jeweils anderen Vertragspartei dürfte im Einzelfall eine Rolle spielen, wenn Vorsatz oder grobe Fahrlässigkeit nachgewiesen werden können. Abgesehen von dem seltenen Fall eines kollusiven Zusammenwirkens werden Schadensersatzansprüche gegen den Auftragnehmer im Regelfall nicht in Betracht kommen, da die ausschließliche und unteilbare Verantwortung für die Einhaltung des Vergaberechts der Auftraggeber trägt.

139a **d) Frist.** § 8 Abs. 4 Satz 2 enthält eine Ausschlussfrist von 12 Werktagen, in der der Auftraggeber nach Bekanntwerden des Kündigungsgrunds kündigen muss.

140 **5. Nachunternehmerkündigung wegen Feststellung einer schweren Verletzung europäischen Vergaberechts durch den EuGH, Abs. 5 nF.** Dieser neue Kündigungsgrund soll es dem Hauptunternehmer ermöglichen, seinerseits seinen bzw. seine Nachunternehmer kündigen zu können, wenn ihm der

---

[471] Kapellmann/Messerschmidt/Lederer § 8 Rn. 125.

Auftraggeber wegen Feststellung einer schweren Verletzung des europäischen Vergaberechts nach § 8 Abs. 4 Nr. 2b) VOB/B 2016 gekündigt hat. Wie in → Rn. 130e ausgeführt, ist der dortige Kündigungsgrund indes zu weit gefasst, weil für die erste Variante die Einschränkung, dass ein neues Vergabeverfahren erforderlich gewesen wäre, und für die zweite Variante die Einschränkung, dass der Auftrag an den konkreten Auftragnehmer nicht hätte vergeben werden dürfen, fehlt. Zudem fehlt in Abs. 5 nF der Zusatz, dass die Kündigung im Verhältnis zwischen Auftraggeber und Hauptunternehmer berechtigt sein muss. Alles dies müsste in die Klausel hineingelesen werden, um sie sinnvoll anwenden zu können.

Hinsichtlich der Rechtsfolgen ist auf → Rn. 130g/130h zu verweisen. Schadensersatzansprüche gegen den Hauptunternehmer werden im Regelfall nicht in Betracht kommen, da ihm weder europäische Vergabeverstöße zur Last fallen werden noch etwa Fehler des Auftraggebers nach § 278 BGB zugerechnet werden können. **141**

III. Kündigungserklärung und Schriftform, Abs. 6

Die Kündigung als einseitige empfangsbedürftige Willenserklärung wird mit **142** Zugang beim Auftragnehmer wirksam.[472] Die vorgesehene Schriftform ist nach hM[473] konstitutiv, so dass Kündigungserklärungen, die dem Schriftformerfordernis nicht genügen, unwirksam sind (§ 125 S. 2 BGB). Dieser Auslegung liegt die Überlegung zu Grunde, dass nur eine konstitutive Schriftform für die notwendige Klarheit sorgen kann, ob die Kündigung eines Vertrags erklärt wurde, was zweifelhaft ist.[474] Unter Umständen können die Bauvertragsparteien auf die Einhaltung der Schriftform ausdrücklich oder durch schlüssiges Verhalten verzichten.[475] Dann gelten zumindest die Grundsätze der einvernehmlichen Vertragsaufhebung.[476] Außerdem sollte die Schriftform entbehrlich sein, wenn der Auftraggeber aus anderen Gründen (zB völliger Vertrauensverlust) den Vertrag außerordentlich kündigen könnte.[477] Das dürfte jedenfalls unter Geltung des § 650h BGB und damit für ab dem 1.1.2018 abgeschlossene Verträge nicht mehr zutreffend sein. Hiernach ist die Schriftform zwingendes Recht (vgl. → Rn. 23). Damit enthält § 8 Abs. 6 VOB/B bei gebotener Auslegung heute lediglich die Wiederholung des gesetzlichen Schriftformerfordernisses des § 650h BGB und kein gewillkürtes Schriftformerfordernis mehr.

Für die Frage, ob die Schriftform eingehalten wird, galten für Verträge vor **143** dem 1.1.2018 die §§ 126 bis 127 BGB. Die Kündigung konnte daher nach § 126a BGB auch durch elektronische Form erfolgen. Eine E-Mail fiel nicht ohne weiteres unter diese Norm, da sie eine qualifizierte elektronische Signatur nach dem Signaturgesetz fordert.[478] Eine E-Mail konnte indes ebenso wie ein Telefax unter § 127 Abs. 2 BGB subsumiert werden, es sei denn, diese Erklärungsformen wurden ausdrücklich oder schlüssig nach § 127 Abs. 2 S. 1 Var. 1 BGB ausgeschlossen,

---

[472] Vertiefend Vogel BauR 2011, 313 (315).
[473] OLG Schleswig NZBau 2022, 210 Rn. 4; OLG Celle MDR 1973, 136; OLG Frankfurt a. M. BauR 1991, 612 (613); OLG Düsseldorf BauR 1994, 369 (370); OLG Celle OLGR 1999, 298; IBRRS 39420; Ingenstau/Korbion/Joussen/Vygen § 8 Abs. 5 Rn. 2 mwN.
[474] Vogel BauR 2011, 313 (315).
[475] BGH NJW 1973, 1463 (1464); OLG Düsseldorf IBR 2019, 417.
[476] Vgl. → Rn. 19.
[477] OLG Bremen BeckRS 2013, 10791 = IBR 2013, 408.
[478] OLG München BauR 2023, 238.

was typischerweise nicht der Fall war.[479] Für Verträge, die ab dem 1.1.2018 geschlossen wurden, muss man § 8 Abs. 6 VOB/B in Übereinstimmung mit § 650h BGB auslegen (-vgl. → Rn. 142). Textform und damit eine E-Mail genügen der „Schriftform" damit nicht mehr.[480]

144 Das Schriftformerfordernis gilt nicht für die Begründung der Kündigung.[481] Diese muss indes sowieso nicht mit der Kündigungserklärung erfolgen und kann – soweit erforderlich – etwa in der gerichtlichen Auseinandersetzung nachgereicht werden. Auch eine außerordentliche Kündigung bedarf keiner Begründung; es müssen nur zum Zeitpunkt der Kündigungserklärung ausreichende Gründe vorgelegen haben.[482] Die Gründe als solche können also jederzeit „nachgeschoben" werden.[483]

IV. Abnahme und Aufmaß nach Kündigung, Abs. 7

145 1. **Aufmaß.** Nach Kündigung ist eine zeitnahe beweissichere Feststellung der erbrachten Leistung unabdingbar. Der gekündigte Auftragnehmer muss nämlich den Umfang der erbrachten Arbeiten darlegen und beweisen.[484] Er kann nach § 8 Abs. 7 Hs. 1 Var. 1 ein gemeinsames Aufmaß des erbrachten Teilwerks verlangen, und zwar nach richtiger Auffassung[485] unabhängig davon, ob Mängel vorliegen, die zur Abnahmeverweigerung berechtigen. Dies folgt aus den für das Bauvertragsrecht entwickelten Kooperationspflichten. Verlangt der Auftragnehmer ein gemeinsames Aufmaß, kommt der Auftraggeber dem nicht nach und baut einfach weiter, so geht die Darlegungs- und Beweislast für die erbrachte Leistung sowie deren Massen auf den Auftraggeber über.[486] Gleiches gilt, wenn der Auftraggeber zunächst die vom Auftragnehmer ermittelten Massen bestätigt, später aber im Prozess bestreitet.[487] Ein gemeinsames Aufmaß liegt daher auch im Interesse des Auftraggebers.[488]

146 Verlangt der Auftragnehmer nicht „alsbald" ein Aufmaß und ist der Leistungsstand zum Zeitpunkt der Kündigung aufgrund des Baufortschritts später nicht mehr feststellbar, so gehen Zweifel über den Leistungsstand zu Lasten des Auftragnehmers.[489] Die Einzelheiten des Aufmaßes legen § 14 Abs. 2 S. 2 mit den Abrechnungsklauseln der ATV fest (vgl. allgemein Abschnitt 5 der DIN 18299).

147 2. **Abnahme.** Nach § 8 Abs. 7 Hs. 1 Var. 2 kann der Auftragnehmer vom Auftraggeber nach Kündigung im Falle der Abnahmereife auch die Abnahme verlangen. Abnahmereife besteht, wenn das bis zur Kündigung erbrachte Teilwerk im Wesentlichen vertragsgemäß erbracht ist.[490] Als der Abnahme entgegenste-

---

[479] Heiermann/Riedl/Rusam/Kuffer § 8 Rn. 125; Vogel BauR 2011, 313 (314).
[480] Messerschmidt/Voit/Voit § 8 Rn. 28 unter zutreffendem Verweis auf BR-Drs. 123/16, 66.
[481] Ganten/Jansen/Voit/Althaus § 8 Abs. 6 Rn. 4.
[482] BGH NJW 2018, 50 Rn. 25; BauR 1982, 79 (82); 1975, 280.
[483] BGH BauR 1982, 79 (82); NJW 1993, 1972 (1973).
[484] BGH NJW-RR 2004, 92 (95).
[485] Wohl auch Kniffka/Koeble/Jurgeleit/Sacher Kompendium BauR/Kniffka/Jurgeleit 8. Teil Rn. 11; unklar BGH NJW 2003, 1450 (1452), weil Aufmaß und Abnahme gemeinsam behandelt werden; offener BGH NJW 2003, 2678 „jedenfalls".
[486] BGH NJW 2003, 2678; NJW-RR 2004, 92 (95).
[487] BGH NJW-RR 2004, 92 (95).
[488] Zutr. Stemmer/Rohrmüller BauR 2005, 622 (630).
[489] OLG Naumburg NZBau 2003, 158 (Ls.) = BauR 2003, 115; OLG Celle NZBau 2002, 675 (676).
[490] BGH NJW 2003, 1450 (1452).

hende Mängel kommt nicht etwa die durch die Kündigung veranlasste Unvollständigkeit des Werkes, sondern nur die den Teilleistungen selbst anhaftende Fehler in Betracht.[491] Die Klausel berücksichtigt den Umstand, dass der Vergütungsanspruch auch nach Kündigung erst nach Abnahme fällig wird.[492] Die Abnahme ist nach allgemeinen Grundsätzen auch nach Kündigung ausnahmsweise entbehrlich, wenn der Auftraggeber nur noch in Geld übergegangene Ansprüche vom Auftragnehmer fordert, er die Mängel des erbrachten Teilwerks hat beseitigen lassen oder wenn der Auftraggeber die erbrachte Leistung ernsthaft und endgültig zurückweist oder die Abnahme ernsthaft und endgültig verweigert.[493] Für die Abnahmereife kommt es nur darauf an, ob das bis zur Kündigung erbrachte Teilwerk im Wesentlichen vertragsgemäß ist. Unerheblich ist es, ob es sich um eine in sich abgeschlossene Teilleistung iSd § 12 Abs. 2 handelt.[494]

Eine fiktive Abnahme nach § 12 Abs. 5 kommt nach Kündigung nicht mehr **148** in Betracht, weil § 8 Abs. 7 Hs. 1 Var. 2 eine Spezialregelung enthält und nicht auf § 12 Abs. 5 verweist.[495] In Betracht kommt aber eine fiktive Abnahme durch Fristablauf gemäß § 640 Abs. 2 BGB.[496]

Sollte der Auftraggeber wegen wesentlicher Mängel gemäß den §§ 4 Abs. 7, 8 **149** Abs. 3 gekündigt haben, muss er zwar dem Auftragnehmer für diese Mängel keine Frist mehr zur Mangelbeseitigung setzen. Der Auftraggeber kann wegen dieser Mängel die Abnahme vorläufig verweigern, bis er die Mängel im Wege der Ersatzvornahme beseitigt hat.[497] Dann tritt Abnahmereife ein.[498] Verzögert der Auftraggeber ohne triftigen Grund über geraume Zeit die Ersatzvornahme, wird man dem Auftragnehmer uU analog § 162 Abs. 1 BGB helfen können.

3. Abrechnung. Der Auftragnehmer hat unverzüglich nach Kündigung die **150** bis dahin erbrachte Teilleistung abzurechnen (§ 8 Abs. 7 Hs. 2). Gemeint ist damit die Erstellung einer Schlussrechnung iSv § 16 Abs. 3.[499] Mit Kündigung ist der Vertrag beendet, so dass Schlussrechnungsreife besteht; der Auftragnehmer kann also keine Abschlagszahlungen mehr verlangen.[500] Zur Frage, ob die Abrechnung prüffähig ist oder nicht, gelten die allgemeinen Grundsätze.[501] Entscheidend ist, ob der konkrete Auftraggeber in die Lage versetzt wird, die Schlussforderung anhand aller zur Verfügung gestellten Unterlagen und Informationen und gemessen an den vertraglichen Vereinbarungen zu überprüfen.[502]

---

[491] BGH NJW 1993, 1792 (1793).
[492] BGH NJW 2006, 2475 Rn. 19 ff.; OLG Hamm NJOZ 2007, 1936 (1937); OLG Celle NJOZ 2008, 1560 (1563); hierzu Janssen BauR 2011, 371 ff.; sehr kritisch Ingenstau/Korbion/Joussen § 8 Abs. 7 Rn. 16/21.
[493] BGH NJW 2006, 2475 Rn. 26; Janssen BauR 2011, 371 (373 f.).
[494] BGH NJW 2003, 1450 (1452); 2006, 2475 Rn. 24.
[495] BGH NJW 1981, 1839.
[496] Ganten/Jansen/Voit/Althaus § 8 Abs. 7 Rn. 6a.
[497] Ganten/Jansen/Voit/Althaus § 8 Abs. 6 Rn. 9 nicht ganz zweifelsfreien Verweis auf BGH NJW 2006, 2475 Rn. 27.
[498] Kniffka ZfBR 1998, 113 (114).
[499] BGH NJW 1987, 382 (383).
[500] BGH NJW 1985, 1840; NJW-RR 1987, 724; OLG Düsseldorf BeckRS 2013, 21849 = IBR 2014, 134; OLG Düsseldorf NJW-RR 2015, 535 Rn. 114; OLG Bamberg IBR 2016, 10.
[501] Vgl. → § 16 Rn. 71 f.
[502] Plakativ BGH NZBau 2005, 639 (640).

151   Im Falle einer Teilkündigung bedarf es keiner Schlussrechnungslegung, da zum einen der Auftragnehmer weiterarbeitet und zum anderen die erbrachte Leistung über Abschlagsrechnungen mit abgerechnet werden kann.[503]

V. Bemessung der Vertragsstrafe, Abs. 8

152   Die Klausel behandelt die vom gekündigten Auftragnehmer wegen Verzugs verwirkte Vertragsstrafe. Wenn sie nach Zeit bemessen ist, kann sie nur für die Zeit bis zur Kündigung gefordert werden.[504] Maßgeblich ist, wann die Kündigungserklärung dem Auftragnehmer zugeht.[505] Dies setzt allerdings voraus, dass zu diesem Zeitpunkt die Vertragsstrafe bereits (teilweise) verwirkt ist. § 8 Abs. 8 erfasst neben den in § 8 geregelten Kündigungsfällen auch die ungeschriebene Kündigung aus wichtigem Grund, ebenso die einvernehmliche Vertragsaufhebung.[506]

153   Ein Vorbehalt der Vertragsstrafe ist nur notwendig, wenn es nach Kündigung zur Abnahme (§ 8 Abs. 7) kommt.[507]

VI. AGB-rechtliche und sonstige Wirksamkeit

154   Die nachfolgenden Überlegungen zur Inhaltskontrolle beziehen sich auf eine isolierte Inhaltskontrolle einzelner Klauseln der VOB/B.

155   **1. § 8 Abs. 1.** § 8 Abs. 1 Nr. 1 ist AGB-rechtlich unbedenklich, da die Klausel dem Gesetz (§ 648 S. 1 BGB) entspricht. Anders sieht dies für § 8 Abs. 1 Nr. 2 aus. Die Klausel entspricht zwar wörtlich § 648 S. 2 BGB. Die Vermutungsregelung von § 648 S. 3 BGB fehlt indes. Ist der Besteller Verwender der VOB/B, ist unklar (§ 305c Abs. 2 BGB), ob die zu Gunsten des Auftragnehmers eingeführte Vermutungsregelung abbedungen werden soll oder nicht. Dies hat zur Folge, dass sich der Auftragnehmer auf die Vermutungsregelung stützen kann. Ist er Verwender der VOB/B, ist die Vermutungsregelung ausgeschlossen. Dies begünstigt nur den Auftraggeber als Klauselgegner, der sich – zu seinen Gunsten – im Einzelfall auf die gesetzliche Regelung berufen kann.

156   **2. § 8 Abs. 2. a) AGB-rechtliche Beurteilung.** Ist der Auftragnehmer Verwender der Klausel, so ist sie wirksam, weil sie den Auftraggeber als Klauselgegner nicht benachteiligt.

157   Anders sieht dies teilweise aus, wenn der Auftraggeber Verwender ist und man eine differenzierte Beurteilung der Varianten für möglich hält. Die Var. 1 (Zahlungseinstellung) und die Var. 2. (Eigeninsolvenzantrag) sind trotz der Regelungen in Abs. 2 wirksam, weil dem Auftraggeber mangels wirtschaftlicher Leistungsfähigkeit eine Fortsetzung des Vertrags unzumutbar ist; Geld muss man zudem nach dem Gesetz haben.[508] An dieser Betrachtungsweise dürfte die Reform des Bauvertragsrechts eher nichts geändert haben, obwohl der Gesetzgeber[509] wegen

---

[503] Zutr. Ganten/Jansen/Voit/Althaus § 8 Abs. 76 Rn. 15 zu den Ausnahmefällen.
[504] KG NJW-RR 2018, 203.
[505] Messerschmidt/Voit/Voit § 8 Rn. 32.
[506] Zutr. Ingenstau/Korbion/Joussen § 8 Abs. 8 Rn. 1.
[507] BGH NJW 1981, 1839.
[508] BGH NJW-RR 2016, 1357 Rn. 12; BGH BeckRS 2016, 08553 Rn. 45 ff. = NJW 2016, 1945; OLG Hamm BeckRS 2021, 61313; OLG Schleswig NJW 2012, 1967 (1968); OLG Brandenburg BeckRS 2010, 01052 = IBR 2010, 208; Huber NZBau 2005, 177 (182); aA Baldinger NZBau 2005, 183 (189).
[509] BT-Drs. 18/8486, 10.

der Vielgestaltigkeit der Lebensverhältnisse davon abgesehen hat, die Insolvenzreife generell als außerordentlichen Kündigungsgrund für die Unzumutbarkeit der Fortsetzung des Vertrags zu normieren.[510] Anders sieht dies wohl für die Var. 3 (zulässiger Drittantrag) aus, weil der Insolvenzgrund nur glaubhaft gemacht werden muss und deshalb der Vermögensverfall nicht feststeht; der Kündigungsgrund ist nach § 307 BGB unwirksam.[511] Die Var. 4 (Insolvenzverfahrenseröffnung) ist wirksam, weil es der Auftraggeber sowieso in der Hand hat, die kündigungsgleichen Rechtsfolgen durch Erfüllungsverlangen gegenüber dem Insolvenzverwalter herbeizuführen. Für Var. 5 (Ablehnung mangels Masse) gilt das für Var. 1 und 2 Ausgeführte. Hält man – wie zutreffend – eine differenzierte Betrachtung der Varianten und namentlich der Rechtsfolgen nicht für möglich, ist die Klausel unwirksam, weil sie teilweise einen Schadensersatzanspruch unabhängig von einer schuldhaften Pflichtverletzung des Auftragnehmers begründet.[512] Mangels Verpflichtung, eine Kündigung zu begründen, können auch die insolvenzbedingten Gründe jederzeit nachgeschoben werden; sie müssen zum Zeitpunkt der Kündigungserklärung vorgelegen haben.[513]

b) Insolvenzrechtliche Beurteilung. § 8 Abs. 2 Nr. 1 Var. 2 (Eigeninsolvenzantrag) wäre eigentlich problematisch, weil er das nach § 119 InsO nicht abdingbare Wahlrecht des Insolvenzverwalters aus § 103 InsO zu unterlaufen droht. Die höchstrichterliche Rechtsprechung[514] hält diesen Kündigungsgrund aber grundsätzlich für unbedenklich. Hat der vorläufige Insolvenzverwalter die Fortführung des Vertrags angezeigt, soll nach der obergerichtlichen Rechtsprechung[515] eine außerordentliche Kündigung nicht mehr möglich sein. Eingeschränkt sein kann auch die Kündigung, wenn Sonderregelungen des öffentlichen Auftraggebers (zB Ziff. 3.12 des HVA B-StB) die insolvenzbedingte Kündigung nur erlauben, wenn der Auftragnehmer seine Arbeiten nicht mehr ordnungsgemäß erbringt.[516]

Dementsprechend dürften § 8 Abs. 2 Nr. 1 Var. 1 (Zahlungseinstellung) und auch Var. 3 (zulässiger Drittantrag) wohl nicht an § 119 InsO scheitern.[517] Die Var. 4 (Insolvenzverfahrenseröffnung) ist bereits deshalb unwirksam, weil die Klausel auf die Eröffnung des Insolvenzverfahrens abstellt und damit dem Insolvenzverwalter unmittelbar das Wahlrecht des zum Zeitpunkt der Eröffnung des Insolvenzverfahrens noch ungekündigten Vertrags nimmt.[518] Insolvenzrechtlich unbedenklich ist damit nur die Var. 5 (Ablehnung mangels Masse).

158

159

---

[510] Näher Oberhauser PiG 106 (2018), 33 (41).
[511] Bülow WuB 2016, 527 (530); Franke BauR 2007, 774 (784); Koenen BauR 2011, 352 (363); aA Ingenstau/Korbion/C. Schmitz § 8 Abs. 2 Rn. 21.
[512] Konsequent OLG Frankfurt a. M. NZBau 2015, 292; Peters BauR 2014, 1218 (1222 f.); C. Schmitz Rn. 105.
[513] OLG Hamm BeckRS 2021, 61313.
[514] BGH NJW 2016, 1945 Rn. 13 ff.; bestätigt von BGH NJW-RR 2016, 1357 Rn. 12 und BGH NJW 2023, 603 Rn. 18 f.; dies gilt nach OLG Hamm BeckRS 2021, 61313 auch dann, wenn Eigenverwaltung angeordnet ist.
[515] OLG Dresden NZI 2023, 763 Rn. 12.
[516] Vgl. KG IBR 2017, 545.
[517] Wohl BGH NJW 2016, 1945 Rn. 23 ff.; Braun/Kroth InsO § 119 Rn. 13; Huber NZI 2016, 525 (527).
[518] So BGH NZBau 2018, 214 Rn. 30 zur Kündigung aus wichtigem Grund, wobei nach Rn. 14 ff. auch gegenüber dem Insolvenzverwalter das ordentliche Kündigungsrecht ausgeübt werden kann; Huber NZI 2016, 525 (527).

160 **3. § 8 Abs. 3. a) Kündigung wegen Mängeln.** Diese Klausel eröffnet zusammen mit § 4 Abs. 7 dem Auftraggeber die Möglichkeit, nach ergebnisloser Fristsetzung mit Kündigungsandrohung den Auftrag mangelbedingt zu entziehen. Anders als nach dem gesetzlichen Grundmodell[519] kann schon vor Fälligkeit der Gesamtleistung in der Erfüllungsphase Mangelbeseitigung verlangt werden. Die Kündigung ist auch bei völlig unerheblichen und sinnvollerweise erst zum Ende der Fertigstellungsfrist nachzubessernden (vgl. zB Glasschäden) Mängeln einschränkungslos möglich.[520] Ist der Auftraggeber Verwender der VOB/B, ist § 8 Abs. 3 auch angesichts der geregelten Rechtsfolgen AGB-widrig.[521] Allerdings wird sich die Kündigung analog § 323 Abs. 4 BGB oftmals auf einen vom Auftragnehmer verursachten Vertrauensverlust stützen lassen.[522]

161 Ist der Auftragnehmer Verwender, ist die Klausel uU intransparent.[523]

162 **b) Kündigung wegen unzureichender Baustellenausstattung.** Zusammen mit § 5 Abs. 3 kann der Auftraggeber bei unzureichender materieller oder personaler Ausstattung der Baustelle kündigen (§ 5 Abs. 4 Var. 3 VOB/B iVm § 8 Abs. 3 Nr. 1 VOB/B). § 5 Abs. 3 setzt jedenfalls bei verwenderfeindlicher Auslegung nicht voraus, dass der Auftragnehmer die unzureichende Ausstattung verschuldet hat. Damit eröffnet § 8 Abs. 3 auch in diesen Fällen dem Auftraggeber mit einschneidenden Rechtsfolgen eine Kündigungsmöglichkeit nach fruchtlosem Fristablauf. Ist der Auftragnehmer Verwender, dürfte die Klausel AGB-widrig sein.[524] Dies schließt freilich nicht aus, dass der Auftraggeber aus Grund weiterer Umstände[525] in solchen Fallgestaltungen das Vertrauen in die Leistungsfähigkeit oder Leistungswilligkeit des Auftragnehmers verloren hat und außerordentlich kündigen kann.

Ist der Auftragnehmer Verwender, ist die Klausel nicht zu beanstanden.

163 **c) Kündigung wegen verzögertem Beginn und Verzug sowie Subunternehmereinsatz.** Zusammen mit § 5 Abs. 4 Var. 1 kann der Auftraggeber kündigen, wenn der Auftragnehmer den Beginn der Ausführung verzögert. Die Klausel stellt nicht darauf ab, ob der Auftragnehmer die Verzögerung zu vertreten hat oder ob ihm Leistungsverweigerungs- oder Zurückbehaltungsrechte zur Seite stehen, er also in Verzug geraten ist. Damit eröffnet § 8 Abs. 3 auch in diesem Fall dem Auftraggeber mit einschneidenden Rechtsfolgen eine Kündigungsmöglichkeit nach fruchtlosem Fristablauf. Ist der Auftraggeber Verwender, dürfte die Klausel ebenfalls bei „isolierter" Inhaltskontrolle AGB-widrig sein.[526] Bei kundenfeindlichster Auslegung könnte der Auftraggeber nämlich auch dann kündigen, wenn die Verzögerung völlig unerheblich ist und keinerlei Auswirkung auf den Fertigstellungstermin haben wird. Die Anforderungen von § 648a BGB sind

---

[519] BGHZ 235, 36 = NJW 2023, 603 Rn. 31 ff.; BGH NJW 2017, 1604 Rn. 32 ff.

[520] BGHZ 236, 96 = NJW NJW 2023, 1356 Rn. 26 ff.; ähnlich bereits Oberhauser PiG 106 (2018), 33 (41 f.); aA OLG Koblenz BeckRS 2020, 54416 Rn. 75 ff. = IBR 2021, 343.

[521] AA tendenziell noch BGH NJW 2018, 50 Rn. 25; zu den Möglichkeiten, AGB-rechtlich wirksam vor der Abnahme eine Art Ersatzvornahmerecht zu vereinbaren Sirovina, BauR 2023, 860 (863 f.).

[522] Ähnlich BGHZ 236, 96 = NJW NJW 2023, 1356 Rn. 46.

[523] Geck ZfBR 2008, 436 (439 f.).

[524] Ebenso C. Schmitz Rn. 111.

[525] Zu einem solchen Fall BGH NJW-RR 2008, 1052 Rn. 6 ff.

[526] Ebenso C. Schmitz Rn. 110; nunmehr auch Kapellmann/Messerschmidt/Sacher § 5 Rn. 307.

deutlich höher, weil dieser unter Abwägung der beiderseitigen Interessen auf die Unzumutbarkeit der Fortsetzung des Vertrags abstellt. Tendenziell anders zu beurteilen sein dürfte § 5 Abs. 4 Var. 2, der auf den Verzug mit der Fertigstellung abstellt. Durch die Erforderlichkeit der Nachfristsetzung ist sichergestellt, dass eine minimal verspätete Fertigstellung allein noch keine Kündigung begründen kann. Verschulden, Zurückbehaltungs- und Leistungsverweigerungsrechte werden zudem berücksichtigt. Nicht zu beanstanden sind in dieser Fallkonstellation auch die einschneidenden Rechtsfolgen der Kündigung für den vertragsuntreuen Auftragnehmer. Die Klausel ist also in dieser Variante wirksam, selbst wenn sie vom Auftraggeber gestellt wird. Zweifelhaft ist indes die Wirksamkeit von § 4 Abs. 8 Nr. 1 S. 3, weil bei kundenfeindlichster Auslegung bereits eine volle untergeordnete Untervergabe an einen Nachunternehmer eine Kündigung rechtfertigen könnte.[527] Dies begründet wenigstens im Regelfall einen Vertrauensverlust, der zur Unzumutbarkeit der Vertragsfortsetzung führt, nicht.

Ist der Auftragnehmer Verwender, sind die Klausel unter dem Gesichtspunkt der Selbstbindung des Verwenders wirksam.

d) Ersatz der Mehrkosten und Schäden, Weiternutzungs- und Verbrauchsrecht. Wenn der Auftraggeber Verwender ist, dürfte der nach hM (→ Rn. 106) verschuldensunabhängige – gleiches ergibt sich bei gebotener verwenderfeindlicher Auslegung – Anspruch aus § 8 Abs. 3 Nr. 2 S. 1 auf Ersatz der Mehraufwendungen und sonstigem Schadensersatz AGB-widrig sein. Durch die verschuldensunabhängige Haftung wird nämlich von dem gesetzlichen Grundprinzip (§§ 280 Abs. 1, 281 Abs. 1 BGB) abgewichen, wonach auf Schadensersatz nur bei Vorliegen von (vermutetem) Verschulden gehaftet wird (→ Rn. 114 für § 8 Abs. 3 Nr. 2 S. 2). Die Folgen sind aber überschaubar, weil sich die Haftung des Auftragnehmers aus den genannten gesetzlichen Vorschriften ergibt und dort sein Verschulden dort (§§ 280 Abs. 1 S. 2, 280 Abs. 1 S. 1 BGB) vermutet wird. Das Recht des Auftraggebers, nach Kündigung Geräte, Gerüste, auf der Baustelle vorhandene andere Einrichtungen und angelieferte Stoffe sowie Bauteile des Auftragnehmers gegen angemessene Vergütung in Anspruch zu nehmen, ist AGB-rechtlich nach der Rechtsprechung[528] nicht zu beanstanden. Dies ist problematisch, wenn der Auftraggeber Verwender ist und die Gegenstände vom Auftragnehmer angemietet wurden.[529] Bei verwenderfeindlichster Auslegung wäre die Klausel also unwirksam.

e) Teilkündigung. Ist der Auftragnehmer Verwender der VOB/B, schränkt deren § 8 Abs. 3 Nr. 1 S. 2 das Recht des Auftraggebers gegenüber § 648a Abs. 2 BGB zur Teilkündigung nicht nur unerheblich ein.[530] Die Klausel dürfte deshalb unwirksam sein.[531]

4. § 8 Abs. 4 VOB/B aF. Die Klausel ist AGB-rechtlich nicht zu beanstanden, und zwar unabhängig davon, ob der Auftraggeber oder der Auftragnehmer Verwender ist.[532]

---

[527] Zutreffend Gartz NJW 2023, 1360.
[528] OLG Stuttgart NJW 2012, 625 (628).
[529] Zutr. Messerschmidt/Voit/Voit § 8 Rn. 34.
[530] Näher Oberhauser PiG 106 (2018), 33 (42); DLOPS/Oberhauser § 3 Rn. 45.
[531] Kniffka/C. Schmitz BGB § 648a Rn. 102; aA Ingenstau/Korbion/Joussen § 8 Abs. 3 Rn. 35.
[532] Messerschmidt/Voit/Voit § 8 Rn. 33 f.; vgl. die Wertung in BGH NJW 1988, 2536 (2537).

§ 8

167 **5. § 8 Abs. 4 VOB/B nF.** Zu Nr. 1 ist auf die obigen Ausführungen (→ Rn. 154) zu verweisen. Nr. 2 entspricht weitgehend den zwingenden Vorgaben in § 133 GWB nF, der u.a. Art. 73 der Richtlinie 2014/24/EU umsetzt. Nr. 2b) ist indes zu weit geraten, weil für die erste Variante die Einschränkung, dass ein neues Vergabeverfahren erforderlich gewesen wäre, und für die zweite Variante die Einschränkung, dass der Auftrag an den konkreten Auftragnehmer nicht hätte vergeben werden dürften, fehlt. Ist der Auftraggeber Verwender, ist die Klausel in Nr. 2b) unangemessen und damit unwirksam, auch weil nicht nur der vergaberechtswidrige zustande gekommene Änderungsvertrag, sondern auch der Ausgangsvertrag insgesamt gekündigt werden könnte.[533] Im Ergebnis spielt dies auf Grund der Normierung der gesetzlichen Kündigungsgründe in § 133 Abs. 1 Nr. 1 und 3 GWB nF aber keine Rolle.

168 **6. § 8 Abs. 5 VOB/B nF.** Grundsätzliche AGB-rechtliche Bedenken bestehen gegen die Klausel dann, wenn der Hauptunternehmer Verwender ist.[534] Bei gebotener kundenfeindlichster Auslegung fehlt in S. 1 eine Klarstellung, dass die Kündigung des Auftraggebers im Verhältnis zum Hauptunternehmer nach § 8 Abs. 4 Nr. 2 lit. b VOB/B nF berechtigt und fristgerecht erfolgte. Gleiches gilt für die Einschränkung, dass die Vergabeverstöße „nach § 132 (GWB nF) ein neues Vergabeverfahren" erfordern. Unabhängig davon benachteiligt es den (Nach-)Unternehmer ungemessen, wenn er außerordentlich gekündigt werden kann, wenn seinem Auftraggeber (= Hauptunternehmer) oder dessen Auftraggeber eine schwere Verletzung des europäischen Vergaberechts zur Last fällt. Der Nachunternehmer erhält nur die erbrachten Teilleistungen vergütet und kann in den seltensten Fällen mangels Verschuldens des Hauptunternehmers Schadensersatz verlangen. Damit wird durch § 8 Abs. 5 VOB/B nF mittelbar § 649 S. 2 BGB abbedungen, was AGB-rechtlich nicht möglich ist.[535] Die in § 8 Abs. 5 i.V.m. § 8 Abs. 4 Nr. 2 vorgesehene Rechtsfolge ist also unwirksam.[536]

169 **7. § 8 Abs. 6.** Durch die Einführung der gesetzlichen Schriftform für jede Kündigung eines Bauvertrags in § 650h BGB sind die AGB-rechtlichen Bedenken in der Vorvorauflage hinfällig geworden. Vor der Reform des Bauvertragsrechts war nämlich zweifelhaft (vgl. → Rn. 131), ob die Klausel, wenn der Auftragnehmer Verwender der VOB/B war, konstitutiv oder deklaratorisch die vereinbarte Schriftform voraussetzt. Legte man sie im ersten Sinne aus, so war sie mangels Transparenz unwirksam. Legte man sie im zweiten Sinne aus, so war die Klausel wirksam, was e contrario aus der gesetzgeberischen Wertentscheidung in § 309 Nr. 13 BGB folgt. Diese Frage spielte in der Praxis selten eine Rolle, weil ein Auftragnehmer nach Kündigung typischerweise die Arbeiten einstellen und die Baustelle räumen wird. Dann waren jedenfalls die Grundsätze über eine einvernehmliche Vertragsbeendigung (→ Rn. 19) anwendbar.

169a Höchstrichterlich ungeklärt ist, ob § 8 Abs. 6 die strenge gesetzliche Schriftform in § 650h BGB dahin „abbedingen" kann, dass die erleichterten Vorgaben

---

[533] Jetzt auch Bolz/Jurgeleit-Jahn § 8 Rn. 396.
[534] Ebenso Ingenstau/Korbion/Joussen § 8 Abs. 5 Rn. 10 ff.
[535] Vgl. BGH NJW 2007, 3423 Rn. 18.
[536] Ebenso jetzt Bolz/Jurgeleit-Jahn § 8 Rn. 347.

der gewillkürten Schriftform (§ 127 BGB) gelten.[537] Nach dem Gesetzzweck[538] dürfte aber § 650h BGB so nicht abdingbar sein (→ Rn. 23).[539]

8. § 8 Abs. 7. Die Klausel ist unabhängig davon, wer Verwender ist, AGB- **170** rechtlich unbedenklich.[540] Ist der Auftraggeber Verwender, wird der Auftragnehmer nicht benachteiligt. Ist der Auftragnehmer Verwender, regelt sie nur das, was sowieso aus allgemeinen Grundsätzen folgt und nach Kündigung sachgerecht ist.

9. § 8 Abs. 8. Aus vergleichbaren Gründen ist diese Klausel AGB-rechtlich **171** keinen Bedenken ausgesetzt.

VII. Prozessuale Besonderheiten

1. Darlegungs- und Beweislast. a) Kündigungsgrund. Die Darlegungs- **172** und Beweislast für das Vorliegen einer der Kündigungsgründe des § 8 Abs. 2 Nr. 1 trägt der Auftraggeber als der Kündigende.[541] Nichts anderes gilt grundsätzlich für die Kündigungsgründe des § 8 Abs. 3 Nr. 1 S. 1, des § 8 Abs. 4 S. 1 und die ungeschriebene Kündigung aus wichtigem Grund.[542] Für die mangelbedingte Kündigung (§§ 4 Abs. 7 S. 3, 8 Abs. 3 Nr. 1 S. 1) wird in der obergerichtlichen Rechtsprechung[543] aus der Tatsache, dass vor Abnahme der Auftragnehmer die Mangelfreiheit beweisen müsse, gefolgert, dass der Auftraggeber auch das Fehlen eines Mangels als Grundlage für die erklärte Kündigung beweisen müsse. Richtig dürfte es sein, es bei dem allgemeinen Grundsatz zu belassen, dass derjenige, der abweichend von § 648 S. 1 BGB einen wichtigen Kündigungsgrund behauptet, diesen auch beweisen muss.[544] Die Voraussetzungen für den Kündigungsgrund der Bauverzögerung (§§ 8 Abs. 3 Nr. 1 S. 1, 5 Abs. 3, 5 Abs. 4) muss ebenfalls der Auftraggeber darlegen und beweisen. Gewisse Beweiserleichterungen können sich allenfalls daraus ergeben, dass für den Fall fehlender Vereinbarung eines Fälligkeitstermins der Auftragnehmer beweisen muss, er habe noch nicht leisten müssen.[545] Auch den unberechtigten Subunternehmereinsatz muss der Auftraggeber darlegen und beweisen. Er trägt schließlich die Beweislast für das Vorliegen der wettbewerbsbeschränkenden Abrede (§ 8 Abs. 4 Nr. 1).[546] Gleiches gilt für die besonderen vergaberechtlichen Kündigungsgründe (§ 8 Abs. 4 Nr. 2 VOB/B 2016), und zwar auch im Nachunternehmerverhältnis (§ 8 Abs. 5 VOB/B 2016).[547]

Ob ein zur Kündigung berechtigender Grund vorliegt, ist weitgehend eine **173** Frage tatrichterlicher Würdigung, die nur bedingt revisionsrechtlich überprüft werden kann.[548]

---

[537] So Kniffka/Jurgeleit/C.Schmitz § 650h BGB Rn. 8.
[538] BT-Drs. 18/8486, 62.
[539] Ähnlich Ingenstau/Korbion/Joussen § 8 Abs. 6 Rn. 3.
[540] Messerschmidt/Voit/Voit § 8 Rn. 33 f.
[541] OLG Oldenburg BauR 1987, 567 (568); C. Schmitz Rn. 72.
[542] Grdl. zur Kündigung aus wichtigem Grund: BGH NJW 1975, 825; NJW-RR 1990, 1109 (1110); Baumgärtel/Laumen/Prütting-Wurm/Haumer § 8 Rn. 10 ff.
[543] OLG Brandenburg NJW-RR 2014, 797 (799); OLG Saarbrücken BeckRS 2007, 05152 = BauR 2007, 1250; OLG Celle NJW-RR 1995, 1407.
[544] BGH NJW 2006, 3786 Rn. 6; Messerschmidt/Voit/Voit § 8 Rn. 14; Staudinger/Peters/Jacoby, Bearb. 2014, BGB § 649 Rn. 80.
[545] BGH NJW-RR 2004, 209 (210); NJW 2006, 3786 Rn. 6.
[546] Baumgärtel/Laumen/Prütting-Wurm/Haumer § 8 Rn. 13.
[547] Baumgärtel/Laumen/Prütting-Wurm/Haumer § 8 Rn.
[548] BGH NJW-RR 2007, 1317 Rn. 26.

174 **b) Formalien.** Ebenfalls trägt der Auftraggeber die Darlegungs- und Beweislast für die Beachtung der Formalien der Kündigung (ordnungsgemäße Erklärung, Einhaltung der Schriftform oder qualifizierte elektronische Signatur, Zugang der Erklärung, Einhaltung der Zwölf-Tage-Frist gem. § 8 Abs. 4 S. 3). Indes muss der Auftragnehmer die Nichteinhaltung der angemessenen Frist analog § 314 Abs. 3 BGB bzw. die frühzeitige Kenntnis von den die Kündigung begründenden Umstände beweisen, weil es sich um eine Einwendung handelt.[549]

175 **c) Vergütungsanspruch.** Den Auftragnehmer trifft die Darlegungs- und Beweislast für die Tatsachen, die seinen Vergütungsanspruch begründen.[550] Hat der Auftraggeber die Abrechnung des Auftragnehmers hinreichend bestritten, was etwa auch mit Hilfe von Subunternehmerangeboten sowie deren Preisen bei einem gekündigten Pauschalvertrag möglich ist, ist über die Schlussforderung Beweis zu erheben; einer vollständigen Gegenrechnung bedarf es nicht.[551] Für den Vergütungsteil, der nach § 8 Abs. 1 Nr. 2 auf das nicht mehr erbrachte Teilwerk entfällt, hat den Auftragnehmer die Erstdarlegungslast für die ersparten Kosten und den anderweitigen Erwerb.[552] Für die Höhe der ersparten Kosten und den anderweitigen Erwerb obliegt dann dem Auftraggeber die Darlegungs- und Beweislast.[553] Legt der Auftragnehmer seine Ersparnisse und den anderweitigen Erwerb substantiiert dar, kann sich der Auftraggeber nicht auf ein pauschales Bestreiten beschränken.[554] Er muss also substantiierten Gegenvortrag bringen. Für den Fall, dass es sich um eine außerordentliche Kündigung handelt, hat der Auftraggeber darzulegen und zu beweisen, dass ihm ausnahmsweise eine Verwertung des erbrachten Teilwerks unzumutbar oder diese für ihn wertlos ist.[555] Für die Abnahme oder die die Abnahme ersetzenden Tatbestände trägt regelmäßig der Auftragnehmer die Darlegungs- und Beweislast nach allgemeinen Grundsätzen.[556]

176 **d) Mängel.** Ist die Abnahme noch nicht erklärt, obliegt dem Auftragnehmer die Darlegungs- und Beweislast für die Mangelfreiheit, auch wenn der Auftraggeber auf Mängel gestützte Ansprüche geltend macht.[557] Dies gilt grundsätzlich auch dann, wenn die Mängel im Wege der Ersatzvornahme vom Auftraggeber berechtigt beseitigt wurden. Etwas anderes kann sich nur aus den Grundsätzen der Beweisvereitelung ergeben.[558]

177 **e) Restfertigstellungsmehrkosten, Schadensersatz.** Für die Voraussetzungen des Mehrkostenerstattungsanspruchs (§ 8 Abs. 3 Nr. 2 S. 1), des weitergehenden Schadens oder des Schadensersatzersatzes wegen Nichterfüllung (§ 8 Abs. 3 Nr. 2 S. 2) trägt der Auftraggeber die Darlegungs- und Beweislast.[559] Demgegenüber muss

---

[549] KG NZBau 2020, 24 Rn. 40.
[550] BGH NJW 1993, 1972; OLG Dresden IBR 2019, 543; Hebel BauR 2011, 330 (341).
[551] BGH NJW-RR 2016, 1357 Rn. 14 f.
[552] Baumgärtel/Laumen/Prütting-Wurm/Haumer § 8 Rn. 1; vgl. iE → Rn. 73.
[553] Grdl. BGH NJW 1999, 3261 (3262); instruktiv zum „Wechselgesang" OLK Köln IBR 2019, 126.
[554] OLG Dresden IBR 2018, 192.
[555] BGH NJW 1993, 1972 (1973); 1997, 3017 (3018).
[556] RGRK/Glanzmann BGB § 640 Rn. 17.
[557] BGH NJW 2009, 360 Rn. 14 ff.; NJW-RR 2014, 456 Rn. 17.
[558] Näher BGH NJW 2018, 50 Rn. 24 ff.; 2009, 360 Rn. 17 ff.
[559] BGH NJW 2000, 1116; KG NJW-RR 2018, 203 Rn. 17; OLG Brandenburg NZBau 2024, 215; Baumgärtel/Laumen/Prütting-Wurm/Haumer § 8 Rn. 12.

der Auftragnehmer etwaige Sowieso-Kosten, die ohnehin bei Nachtragsbeauftragung an ihn zu zahlende Vergütung oder die Verletzung der Schadensminderungsobliegenheit durch den Auftraggeber darlegen und beweisen.[560] Gleiches gilt dem Grunde und der Höhe nach für sonstige anzurechnende Vorteile.

f) Einvernehmliche Vertragsbeendigung. Wer sich auf eine einvernehmliche Vertragsbeendigung und bestimmte Rechtsfolgen hieraus beruft, muss diese beweisen.[561]

178

2. Nachschieben von Kündigungsgründen. Nach zutreffender Meinung[562] können auch im laufenden Prozess Kündigungsgründe nachgeschoben werden, die zum Zeitpunkt des Zugangs der Kündigungserklärung bereits vorlagen. Dies beruht darauf, dass eine Kündigung nicht begründet werden muss.[563] Irrelevant ist es demgegenüber grundsätzlich, ob der Auftraggeber damals Kenntnis von den nachgeschobenen Gründen hatte oder nicht. Allerdings wird es für die „neuen Kündigungsgründe" oftmals an der Einhaltung der weiteren Voraussetzungen (zB Fristsetzung mit Androhung, fruchtloser Fristablauf) fehlen. Sie spielen dann nur für die Frage eine Rolle, ob nach allgemeinen Rechtsgrundsätzen bei gebotener Gesamtbetrachtung ein ausreichender Kündigungsgrund vorliegt.

179

3. Zwischenfeststellungsklage. Oftmals streiten Auftraggeber und Auftragnehmer darüber mit Klage und Widerklage, ob die Kündigung eine ordentliche oder außerordentliche ist und wem aus dem Abrechnungsverhältnis noch Ansprüche zustehen. Eine Zwischenfeststellungsklage (§ 256 Abs. 2 ZPO) ist über die Art der Kündigung auch dann zulässig, wenn beide Parteien mit Klage und Widerklage selbstständige Ansprüche verfolgen, die für das streitige Rechtsverhältnis vorgreiflich sind, mögen sich auch in ihrer Gesamtheit die Ansprüche erschöpfen, die sich aus dem Rechtsverhältnis ergeben können.[564] Dies wird zutreffend damit begründet, dass in diesen Fällen Teilurteile ergehen können und deshalb ein Interesse an der Feststellung des vorgreiflichen Rechtsverhältnisses im Hinblick auf nachfolgende Teilurteile und das Schlussurteil besteht. Mit der Zwischenfeststellungsklage kann die Gefahr widersprüchlicher Entscheidungen ausgeräumt und der Erlass von Teilurteilen ermöglicht werden. Ein Zwischenfeststellungsurteil kann nur auf Antrag ergehen.[565] Ein Rechtsanwalt muss daher zur Vermeidung eigener Haftung genau prüfen, ob er eine Zwischenfeststellungsklage erheben kann.[566]

180

---

[560] BGH NJW-RR 1992, 1300.

[561] OLG Celle BauR 1973, 49.

[562] BGH NJW 1975, 822; 1976, 518 (519); 1993, 1972 (1973); 2005, 2771 (2772); NJW-RR 2008, 1155 (1156); NJW 2018, 50 Rn. 24; OLG München BeckRS 2019, 67411; OLG Köln BeckRS 2018, 35098 Rn. 17 = IBR 2019, 126; Hebel BauR 2011, 330 (337) mwN; aA OLG Stuttgart BauR 2012, 1130 (1135): Wird im Kündigungsschreiben die Kündigung auf einen bestimmten Kündigungsgrund gestützt, sind nachgeschobene Kündigungsgründe erst dann zu berücksichtigen, wenn sie gegenüber dem Vertragspartner offengelegt sind und sich der Kündigende darauf berufen hat, zustimmend hierzu Kapellmann/Messerschmidt/Lederer § 8 Rn. 23.

[563] BGH NJW 2018, 50 Rn. 25.

[564] BGH NJW 2013, 1744 Rn. 19; KG BeckRS 2013, 197502 = IBR 2015, 296; zur Zwischenfeststellungsklage allgemein Thode BauR 2012, 1178 ff.; an der Vorgreiflichkeit iSv § 256 Abs. 2 ZPO kann fehlen, wenn es um die Mängelbeseitigungskosten des bis zur Kündigung erbrachten Teilwerks geht, vgl. OLG München IBRRS 2022, 3190.

[565] BGH NZBau 2005, 163.

[566] Thode BauR 2012, 1178 (1181).

§ 9 Kündigung durch den Auftragnehmer

(1) Der Auftragnehmer kann den Vertrag kündigen:
1. wenn der Auftraggeber eine ihm obliegende Handlung unterlässt und dadurch den Auftragnehmer außerstande setzt, die Leistung auszuführen (Annahmeverzug nach §§ 293 ff. BGB),
2. wenn der Auftraggeber eine fällige Zahlung nicht leistet oder sonst in Schuldnerverzug gerät.

(2) ¹Die Kündigung ist schriftlich zu erklären. ²Sie ist erst zulässig, wenn der Auftragnehmer dem Auftraggeber ohne Erfolg eine angemessene Frist zur Vertragserfüllung gesetzt und erklärt hat, dass er nach fruchtlosem Ablauf der Frist den Vertrag kündigen werde.

(3) ¹Die bisherigen Leistungen sind nach den Vertragspreisen abzurechnen. ²Außerdem hat der Auftragnehmer Anspruch auf angemessene Entschädigung nach § 642 BGB; etwaige weitergehende Ansprüche des Auftragnehmers bleiben unberührt.

Übersicht

	Rn.
A. Allgemeines	1
I. Überblick	1
II. Weitere Möglichkeiten der Vertragsbeendigung	5
1. § 6 Abs. 7 VOB/B – Kündigungsrecht wegen Unterbrechung	6
2. § 643 S. 1 BGB – Kündigung bei unterlassener Mitwirkung	14
3. § 648a BGB – Kündigung aus wichtigem Grund	15
4. § 650f Abs. 5 S. 1 BGB – Kündigung wegen Nicht-Stellung einer Bauhandwerkersicherheit	18
5. §§ 323, 324 BGB – Gesetzliches Rücktrittsrecht	19
6. Auflösung durch Aufhebungsvertrag	22
7. Konkurrenz zwischen Auftraggeber- und Auftragnehmerkündigung; Gegenkündigung	23
III. Inhaltskontrolle	26
B. Materielle Voraussetzungen der Kündigung (Abs. 1)	37
I. Mitwirkungshandlungen und -pflichten des Auftraggebers	41
II. § 9 Abs. 1 Nr. 1 – Kündigung wegen Annahmeverzug	48
1. Auftraggeber unterlässt ihm obliegende (Mitwirkungs-)Handlung	49
2. Annahmeverzug des Auftraggebers	52
3. Auftragnehmer ist außerstande gesetzt, die Leistung auszuführen; Kausalität	59
III. § 9 Abs. 1 Nr. 2 – Kündigung wegen Schuldnerverzug	65
1. Zahlungspflicht	67
2. Weitere Pflichten des Auftraggebers	70
3. Fälligkeit der Leistung bzw. Zahlung	76
4. Verzug; Mahnung	81
5. Verschulden	88
6. Keine Bagatellgrenze; Grenze des Rechtsmissbrauchs	93
C. Formelle Voraussetzungen der Kündigung (Abs. 2)	100

Kündigung durch den Auftragnehmer § 9

	Rn.
I. § 9 Abs. 2 S. 2 – qualifizierte Abhilfeaufforderung; angemessene Frist	102
1. Qualifizierte Abhilfeaufforderung	103
2. Angemessene Frist	111
II. § 9 Abs. 2 S. 1 – Kündigungserklärung	116
1. Abgabe und Zugang der Erklärung	117
2. Bestimmtheit der Erklärung; Umdeutung der Erklärung	120
3. Form der Erklärung; Schriftform	123
4. Zeitpunkt der Kündigung	130
5. Angabe, Nachschieben oder Austausch von Kündigungsgründen	137
6. Teilkündigung; Umdeutung in Kündigung des Gesamten Vertrages	141
D. Rechtsfolgen der Kündigung (Abs. 3)	146
I. Die Abwicklung des Vertrages	147
1. Allgemeine Rechtsfolgen der Kündigung	148
2. § 9 Abs. 3 S. 1 – Die bisherigen Leistungen; Vergütung der erbrachten Leistungen	152
3. Ersatz für in der Vergütung nicht inbegriffene Auslagen	160
4. Fälligkeitsvoraussetzungen	163
5. Gewährleistungsansprüche des Auftraggebers	167
II. § 9 Abs. 3 S. 2, Hs. 1 – Entschädigungsanspruch nach § 642 BGB	171
1. Voraussetzungen	173
2. Höhe der Entschädigung	177
3. Fälligkeit und Verjährung	181
III. § 9 Abs. 3 S. 2, Hs. 2 VOB/B – Weitergehende Ansprüche	183
1. § 304 BGB – Ersatz von Mehraufwendungen	184
2. Schadenersatz neben der Leistung	187
3. Schadenersatz statt der (ganzen) Leistung; Kündigungsschaden	195

A. Allgemeines

I. Überblick

§ 9 enthält vertragliche Regelungen für die außerordentliche Kündigung des 1
Vertrages durch den Auftragnehmer. Dabei sieht der Abs. 1 zwei Gründe bzw.
Kategorien vor, die den Auftragnehmer zur Kündigung berechtigen. Der Abs. 2
stellt mehrere formelle Voraussetzungen auf, ohne deren Einhaltung der Vertrag
nicht beendet wird, eine Kündigungserklärung wirkungslos ist. Und Abs. 3 trifft
im Wesentlichen Klarstellungen über die finanziellen Folgen einer wirksamen
Kündigung des Auftragnehmers.

Die Notwendigkeit zur Aufnahme eines vertraglichen Kündigungsrechtes zu 2
Gunsten des Auftragnehmers erschließt sich aus heutiger Sicht nicht mehr unmittelbar. Denn neben § 643 S. 1 BGB ist mit § 648a BGB inzwischen ein beiden
Parteien zustehendes, allgemeines Recht zur Kündigung aus wichtigem Grund
gesetzlich normiert. Für vor dem 1.1.2018 geschlossene Verträge war ein Recht
zur Kündigung aus wichtigem Grund im Werkvertragsrecht zwar nicht geregelt,

es wurde aber richterrechtlich gemeinhin anerkannt.[1] So zumindest für Bauverträge,[2] die zwar – weiterhin – keine Dauerschuldverhältnisse sind, wegen der typischerweise längeren Ausführungszeit diesen aber in Vielem gleichzusetzen sind.[3] Da § 648a BGB in den allgemeinen Vorschriften zum Werkvertrag verortet ist, besteht insoweit auch Klarheit über die allgemeine Anwendbarkeit des gesetzlichen Kündigungsrechts.

3　Bedarf für eine Regelung wie § 9 besteht dennoch. Zum einen konkretisiert und modifiziert § 9 die gesetzlichen Kündigungstatbestände nämlich im zulässigen Maße. Zum anderen arbeitet die Baupraxis weiterhin typischerweise mit der VOB/B und weniger mit Verträgen allein auf gesetzlicher Grundlage. Im Vergleich etwa zum umfangreichen Regelungswerk bei der Auftraggeberkündigung gemäß § 8 erweist sich § 9 dabei als eher rudimentär, doch durchaus als flexibel.

4　Zuletzt kommt hinzu, dass Auftragnehmer erwägen müssen, sich von Vorhaben zu lösen, die wegen eines Übermaßes an Störungen stark defizitär ausfallen. Zumal der BGH die Auftragnehmer wegen eintretender Nachteile wie zB gestiegene Material-, Lohn- oder Nachunternehmerkosten auf nur in Ausnahmefällen einschlägige Anspruchsgrundlagen und insbesondere auf ein Kündigungsrecht nach § 643 BGB bzw. § 9 Abs. 1 verweist.[4]

II. Weitere Möglichkeiten der Vertragsbeendigung

5　Dem Auftragnehmer steht kein dem § 649 BGB vergleichbares freies Kündigungsrecht zu. Eine durch den Auftragnehmer wirksam einseitig herbeigeführte vorzeitige Beendigung des Vertragsverhältnisses bedarf so immer eines (wichtigen) Grundes. Die hierfür verfügbaren Möglichkeiten stehen dabei prinzipiell nebeneinander, auch neben der Kündigungsmöglichkeit nach § 9, und schließen sich nicht per se gegenseitig aus. Das Verhältnis der Kündigungsgründe nach § 9 Abs. 1 untereinander bedarf dabei keiner Klärung. Die aus § 9 folgenden Voraussetzungen sind identisch, die Rechtsfolgen ebenfalls. Das Verhältnis zu anderen Beendigungstatbeständen ist demgegenüber jeweils gesondert zu bewerten. Etwaige Konkurrenzen sind dabei durch Auslegung zu klären oder tatbestandlich zu lösen.

6　**1. § 6 Abs. 7 VOB/B – Kündigungsrecht wegen Unterbrechung.** § 6 Abs. 7 VOB/B räumt beiden Parteien ein vertragliches Recht zur Kündigung ein, wenn die Ausführung (mit Sicherheit)[5] länger als drei Monate unterbrochen ist. Die Vertragsparteien disponieren durch die Einbeziehung der Regelung zulässigerweise darüber, ob und wann ein Grund vorliegt, nach welchem das Festhalten am Vertrag allein durch Zeitablauf unzumutbar wird, § 314 Abs. 1 S. 2 BGB. § 6 Abs. 7 beinhaltet also eine vertragliche **Zumutbarkeitsgrenze**. Die Regelung folgt dem Rechtsgedanken, dass Parteien eines auf längere Zeit angelegten Vertrages typischerweise dann ein Interesse haben, sich vom Vertrag zu lösen, wenn der Leistungsaustausch für längere Zeit ausgesetzt ist, unbesehen der zur Unterbre-

---

[1] BGH 7.4.2016 – VII ZR 56/15, NJW 2016, 1945 Rn. 40; BGH 23.5.1996 – VII ZR 140/95, NJW-RR 1996, 1108; BGH 25.3.1993 – X ZR 17/92, ZfBR 1993, 189.

[2] BGH, 9.1.2003 – VII ZR 181/00, NJW 2003, 1188.

[3] BGH, 23.5.1996 – VII ZR 245/94, NJW 1996, 2158; BGH, 13.5.2004 – VII ZR 363/02, NJW 2004, 2373 (2374).

[4] BGH 30.1.2020 – VII ZR 33/19, NJW 2020, 1293; BGH 26.10.2017 – VII ZR 16/17, NZBau 2018, 25 = NJW 2018, 544.

[5] BGH 13.5.2004 – VII ZR 363/02, NJW 2004, 2373 (2374) = NZBau 2004, 432 (433).

chung des Leistungsaustausches führenden Gründe. Daher kann diese Möglichkeit zur außerordentlichen Kündigung bei Überschreiten der Zumutbarkeitsschwelle von beiden Vertragsteilen genutzt werden.

Die Möglichkeit zur Kündigung nach § 6 Abs. 7 VOB/B setzt eine **Unterbre-** 7 **chung** voraus. Das Bestehen eines bloßen Hindernisses, dh die Möglichkeit, die Leistung nur teilweise nicht fortsetzen zu können, begründet keine vollständige Unterbrechung und ist daher nicht ausreichend.[6] Liegt also nur eine Behinderung vor, ist § 6 Abs. 7 bereits tatbestandlich nicht erfüllt, womit in diesen Fällen keine Konkurrenz zu § 9 Abs. 1 besteht. Liegt eine Unterbrechung vor, die entweder durch eine neutrale Störung oder aber eine Störung aus der Sphäre des Auftragnehmers verursacht ist, besteht ebenfalls keine Konkurrenz, weil dann kein Tatbestand des § 9 Abs. 1 erfüllt ist.

Zwischen den Kündigungstatbeständen § 9 Abs. 1 und § 6 Abs. 7 eröffnen sich 8 jedoch diverse **Schnittstellen**. Dabei wird überwiegend davon ausgegangen, dass § 9 Abs. 1 und § 6 Abs. 7 nebeneinander anwendbar sind.[7] Jedenfalls dann, wenn die Unterbrechung länger als drei Monate dauert.[8] Zum Teil wird aber auch von einem generellen Vorrang des § 6 Abs. 7 ausgegangen.[9] Andere wiederum halten § 9 Abs. 1 aufgrund der Anforderung eines zurechenbaren Verhaltens für spezieller und damit vorrangig.[10]

Eine **Konkurrenz** zwischen den Kündigungstatbeständen § 9 Abs. 1 und § 6 9 Abs. 7 könnte sich an drei Stellen auswirken. Bei der Frage nach der Schaffung von zusätzlichen Voraussetzungen für die Unzumutbarkeit des Festhaltens am Vertrag. In der Frage, ob ein Auftraggeber durch die Ausübung eines Rechts zur Kündigung nach § 6 Abs. 7 ein bestehendes Kündigungsrecht des Auftragnehmers nach § 9 Abs. 1 „unterlaufen" könnte. Und nicht zuletzt, wenn die beiden Kündigungstatbestände zu unterschiedlichen Rechtsfolgen führen sollten.

Aus § 6 Abs. 7 folgen **keine zusätzlichen Voraussetzungen,** die im Rahmen 10 einer Kündigung nach § 9 zu berücksichtigen wären. So muss insbesondere die in § 6 Abs. 7 genannte Dauer der Unterbrechung von drei Monaten nicht abgewartet werden, bevor eine Kündigung nach § 9 angedroht oder vollzogen werden kann.[11] Auch ist es nicht zwingend, die in § 6 Abs. 7 vorausgesetzte Dauer von drei Monaten bei der Prüfung der Unzumutbarkeit einer Vertragsfortsetzung als Maßstab anzulegen.[12] Wenn doch, kann die Dauer von drei Monaten aber allenfalls als Maximum und nicht als Mindestfrist verstanden werden. Denn mit dem Überschreiten des Zeitraums bzw. der Grenze von drei Monaten ist ein Festhalten am Vertrag ohne weiteres unzumutbar, eine sofortige Kündigung zulässig, § 6 Abs. 7. Im Übrigen wird allen Überlegungen dahingehend, ab wann eine Kündigung

---

[6] Leinemann/Kues/Thomas VOB/B § 6 Rn. 275 mwN.

[7] OLG Celle 1.11.2012 – 16 U 200/11, BeckRS 2015, 15153 = BauR 2015, 1327; OLG Düsseldorf 25.4.1995 – 21 U 192/94, BauR 1995, 706; Kapellmann/Messerschmidt/von Rintelen VOB/B § 9 Rn. 5; BeckOK VOB/B/Oberhauser, VOB/B § 6 Abs. 7 Rn. 7; Beck VOB/B/Vowinckel VOB/B § 6 Abs. 7 Rn. 12; vgl. BeckOK BauVertrR/Sienz, BGB § 643 Rn. 20; Leinemann/Hildebrandt VOB/B § 9 Rn. 3.

[8] Beck VOB/B/Bolz VOB/B § 9 Abs. 2 Rn. 21; Kapellmann/Messerschmidt/von Rintelen VOB/B § 9 Rn. 28a „erst recht" nicht ausgeschlossen.

[9] Bolz/Daniel BauR 2008, 924 ff.; vgl. Heiermann/Riedl/Rusam/Kuffer, VOB/B § 9, Rn. 35; vgl. Beck VOB/B/Bolz VOB/B § 9 Abs. 2 Rn. 21 „nicht zwingend".

[10] Bolz/Jurgeleit/Jahn, ibr-online-Kommentar VOB/B, VOB/B § 9 Rn. 9.

[11] OLG Celle 1.11.2012 – 16 U 200/11, BeckRS 2015, 15153 = BauR 2015, 1327.

[12] So wohl auch: Kapellmann/Messerschmidt/von Rintelen VOB/B § 9 Rn. 28a.

§ 9

nach § 9 zulässig sein kann, durch die Notwendigkeit einer erfolglosen Abhilfeaufforderung mit angemessener Frist zur Vertragserfüllung Rechnung getragen, § 9 Abs. 2 S. 2. So oder so sind nämlich auch gravierende Pflichtverletzungen im Regelfall erst nach erfolgloser Abhilfefrist und Abmahnung als wichtiger Grund zu qualifizieren. Im Rahmen von § 9 können dabei aber ggf. deutlich kürzere Fristen zur Abhilfe als drei Monate angemessen sein.

11 Der eine Unterbrechung (mit-)verursachende Auftraggeber kann das Kündigungsrecht des Auftragnehmers nach § 9 Abs. 1 **nicht durch eine eigene Kündigung** nach § 6 Abs. 7 **„unterlaufen".** Richtig ist, dass das Kündigungsrecht nach § 6 Abs. 7 als vertraglich konkretisiertes Billigkeitsrecht nicht nach Risikobereichen oder nach Verschulden differenziert und daher auch der Vertragspartei zustehen kann, aus deren Risikobereich die Ursache der Unterbrechung kommt oder die diese zu vertreten hat, soweit es für sie nicht zumutbar ist, am Vertrag festzuhalten.[13] Bei Eintritt einer Unterbrechung, die über drei Monate dauern kann und aus der Sphäre des Auftraggebers stammt oder an der ihn die weit überwiegende Verantwortlichkeit trifft, ist ihm ein Recht zur Kündigung grundsätzlich entsprechend § 323 Abs. 6 zu versagen.[14] Ein Kündigungsrecht kann grundsätzlich nur derjenige geltend machen, der selbst vertragstreu ist. Selbst wenn, soll der Auftragnehmer noch „nachziehen" bzw. „gleichziehen"[15] und nach einer Kündigung des Auftraggebers den Vertrag seinerseits kündigen können.[16] Will der Auftraggeber den Kündigungstatbestand des § 6 Abs. 7 bewusst herbeiführen, indem er es zu einer dreimonatigen Unterbrechung „kommen lässt", hat der Kündigungstatbestand nach § 162 Abs. 2 BGB als nicht eingetreten zu gelten.[17] Zugleich kann dem Auftraggeber ein ihm zustehendes Kündigungsrecht nach § 6 Abs. 7 nicht auf Dauer verwehrt werden. Dies unter der Erwägung, § 314 Abs. 3 BGB, dass der Kündigungsberechtigte durch die Nichtausübung und längeres Zuwarten zu erkennen gibt, dass ihm trotz vorliegendem Kündigungsgrund die Fortsetzung des Vertragsverhältnisses zumutbar ist.[18]

12 Zuletzt könnten die Kündigungstatbestände § 9 Abs. 1 und § 6 Abs. 7 hinsichtlich der **Rechtsfolgen konkurrieren,** was aber **zu verneinen** ist.[19] Die Rechtslage nach einer Kündigung gemäß § 6 Abs. 7 ist prinzipiell die gleiche, wie nach der Kündigung durch den Auftragnehmer gemäß § 9 Abs. 1 Nr. 1. Der Auftragnehmer erhält insbesondere jeweils eine Vergütung seiner erbrachten Leistungen, § 6 Abs. 5 bzw. über § 9 Abs. 3 S. 1.[20] Er erhält außerdem der in der Vergütung nicht inbegriffenen Auslagen, § 6 Abs. 5 bzw. § 645 Abs. 1 S. 2

---

[13] BGH 13.5.2004 – VII ZR 363/02, NJW 2004, 2373 (2374) = NZBau 2004, 432 (433).

[14] BGH 29.11.1965 – VII ZR 202/63, NJW 1966, 347; Vgl. BGH 11.2.1981 – VIII ZR 312/79, NJW 1981, 1264 (1265); vgl. BGH 22.9.2016 – VII ZR 298/14, DNotZ 2017, 52 Rn. 34 ff.

[15] KG 10.1.2017 – 21 U 14/16, ZfBR 2018, 52; vgl. BGH 22.9.2016 – VII ZR 298/14, NZBau 2017, 35 Rn. 34, wobei hier ein anderer Kündigungsgrund zu Gunsten des Kündigenden „nachgeschoben wurde" dazu → Rn. 137 ff.

[16] Beachte den Streit um den Vorrang widerstreitender Erklärungen → Rn. 23 ff.

[17] KG 10.1.2017 – 21 U 14/16, ZfBR 2018, 52 (54).

[18] MüKoBGB/Gaier BGB § 314 Rn. 44; BGH 23.4.2010 – LwZR 20/09, NZM 2010, 552, Rn. 13 ff. = BeckRS 2010, 12950; OLG Stuttgart 18.10.2022 – 10 U 99/22, ZfBR 2023, 44 (49).

[19] KG 10.1.2017 – 21 U 14/16, ZfBR 2018, 52; aA Bolz/Jurgeleit/Jahn VOB/B § 9 Rn. 7; Beck VOB/B/Bolz VOB/B vor § 9 Rn. 19.

[20] → Rn. 152 ff.

BGB oder §§ 670, 257 BGB.[21] Und nicht zuletzt erhält der Auftragnehmer Schadensersatz, § 6 Abs. 6 S. 1 bzw. über § 9 Abs. 3 S. 2 2. Hs.[22]

Sicherlich, im Anwendungsbereich von § 6 Abs. 6 S. 1 ist die **Haftungsbeschränkung** zu beachten, nach der verschuldensabhängige Schadensersatzanspruch für entgangenen Gewinn nur bei Vorsatz oder grober Fahrlässigkeit des Auftraggebers gegeben ist. Da es sich bei § 6 Abs. 6 um eine im Vertrag für den Fall von hindernden Umständen vorgesehene Haftungsbeschränkung handelt, hat die Beschränkung in den relevanten Fällen auch im Rahmen von § 9 Abs. 1 Anwendung zu finden,[23] wenn die Haftungsbeschränkung einer isolierten Inhaltskontrolle standhält.[24] 13

2. § 643 S. 1 BGB – Kündigung bei unterlassener Mitwirkung. § 643 S. 1 BGB berechtigt den Auftragnehmer zur Kündigung des Vertrages, wenn der Auftraggeber eine unterlassenen Mitwirkungshandlung trotz einer Frist zur Nachholung und Ankündigung der Kündigung nicht innerhalb der gesetzten Frist nachholt. Dabei gilt der Vertrag nach § 643 S. 2 BGB als aufgehoben, wenn nicht die Nachholung bis zum Ablauf der Frist erfolgt. Dieses gesetzliche Kündigungsrecht wird durch § 9 Abs. 1 Nr. 1[25] und durch das Abmahnprozedere wie die Notwendigkeit einer schriftlich Kündigungserklärung nach § 9 Abs. 2[26] modifiziert und damit **insgesamt verdrängt.**[27] 14

3. § 648a BGB – Kündigung aus wichtigem Grund. Mit § 9 Abs. 1 sind zwei Kündigungsgründe positiv ausgestaltet, ohne dass es sich dabei um eine abschließende Aufzählung handelt.[28] Die beiden normierten Kündigungsgründe füllen das früher in direkter[29] oder analoger[30] Anwendung des § 314 BGB richterrechtlich anerkannte und nunmehr auch in § 648a BGB gesetzlich geregelte Recht zur außerordentlichen Teil-/Kündigung aus wichtigem Grund aus,[31] verdrängen 15

---

[21] → Rn. 160 ff.

[22] → Rn. 171 ff. bzw. 180 ff.

[23] Kapellmann/Messerschmidt/von Rintelen VOB/B § 9 Rn. 103.

[24] Für Wirksamkeit: Beck VOB/B/Vowinckel VOB/B § 6 Abs. 6 Rn. 24, 142; vgl. KG 10.1.2017 – 21 U 14/16, ZfBR 2018, 52 (54); Für Unwirksamkeit: Kues/v. Kiedrowski/Bolz/ Bolz AGB-Klauseln Bauverträge, § 2 Gesetzliche Privilegierung der VOB/B Inhaltskontrolle der einzelnen VOB/B-Regelungen, Rn. 60; Kapellmann/Messerschmidt/Markus VOB/B § 6 Rn. 74; Ingenstau/Korbion/Sienz Anhang 3 Rn. 80; Bolz/Jurgeleit/Popescu § 6 Rn. 291; Heiermann/Riedl/Rusam/Kuffer/Petersen VOB/B § 6 Rn. 74; Messerschmidt/Voit/Voit VOB/B § 6 Rn. 22; vgl. BGH 20.7.2005 – VIII ZR 121/04, NJW-RR 2005, 1496 (1505).

[25] → Rn. 48 ff.

[26] → Rn. 100 ff.

[27] Kapellmann/Messerschmidt/von Rintelen VOB/B § 9 Rn. 6; Beck VOB/B, VOB/B vor § 9 Rn. 15; BeckOK BauVertrR/Sienz BGB § 643 Rn. 19; Bolz/Jurgeleit/Jahn VOB/B § 9 Rn. 12; Ingenstau/Korbion/Joussen VOB/B § 9 Rn. 5; Messerschmidt/Voit/Voit VOB/B § 9 Rn. 2.

[28] OLG München 13.11.2007 – 9 U 2947/07, NZBau 2009, 122 (122).

[29] OLG München 22.7.2009 – 9 U 1979/08, IBR 2011, 10; OLG Nürnberg 27.7.2005 – 6 U 117/05, NZBau 2006, 320.

[30] OLG Düsseldorf 24.3.2015 – 21 U 136/14, NJW 2015, 3663 = NZBau 2015, 556; OLG Koblenz 4.2.2014 – 3 U 819/13, NJW-RR 2014, 913 = NZBau 2014, 499; OLG Düsseldorf 31.1.2012 – 23 U 20/11, IBR 2012, 396; OLG Nürnberg 29.12.2011 – 13 U 967/11, IBR 2014, 472.

[31] Kapellmann/Messerschmidt/von Rintelen VOB/B § 9 Rn. 1.

§ 9

dieses Recht also nicht. Dies, zumal auf eine Normierung einzelner Kündigungstatbestände in § 648a BGB bewusst verzichtet wurde, um auch atypische Konstellationen vom Anwendungsbereich der Norm zu erfassen. § 648a Abs. 1 BGB kann daher als **Auffangtatbestand** für weitere Kündigungsgründe fungieren, wenn die aus der VOB/B oder anderweitigen vertraglichen Vereinbarungen ergebende Schutzmechanismen zu Gunsten des Kündigungsgegners hierdurch nicht umgangen werden.[32]

16 Für das **Prozedere** bis zur und nach der Kündigung ergänzen sich § 9 und § 648a BGB, ohne zu konkurrieren. So schafft der Verweis auf § 314 Abs. 2, 3 BGB in § 648a Abs. 3 BGB eine zu § 9 Abs. 2 nahezu identische Rechtslage. Wenn die Durchführung des „Vorverfahrens" nicht zwingend ist,[33] stellen die Ausnahmetatbestände für eine Entbehrlichkeit der Frist zur Abhilfe und Abmahnung über den Verweis auf § 323 Abs. 2 Nr. 1 und 2 BGB eine taugliche Ergänzung der vertraglichen Regelungen dar. Gleiches gilt für den Kündigungsausschluss bei Ausreizung der Überlegungsfrist, § 314 Abs. 3 BGB. Und auch für die explizite Eröffnung der Möglichkeit zur Teilkündigung, § 648a Abs. 2 BGB, sowie die „Leitplanken" zur Abwicklung des Vertrages nach der Kündigung, § 648a Abs. 4 BGB.

17 Für die **Rechtsfolgen** ergibt sich effektiv kein Konfliktfeld, weil § 9 Abs. 3 wie § 648a Abs. 5, 6 BGB[34] oder auch § 314 Abs. 4 BGB[35] keinerlei eigenständigen Anspruchsgrundlagen enthält, sondern diese jeweils lediglich voraussetzt.

18 **4. § 650f Abs. 5 S. 1 BGB – Kündigung wegen Nicht-Stellung einer Bauhandwerkersicherheit.** § 650f Abs. 1 BGB gewährt dem Auftragnehmer bei Vorliegen eines Bauvertrags, § 650a BGB, das Recht, vom Besteller eine Bauhandwerkersicherheit für die noch ausstehende Vergütung nebst dazugehöriger Nebenforderungen zu verlangen. Stellt der Auftraggeber die vom Auftragnehmer nach § 650f BGB geforderte Bauhandwerkersicherheit nicht (rechtzeitig), kann dieser nach § 650f Abs. 5 BGB entweder seine Leistung verweigern, oder den Vertrag kündigen. Als angemessen gilt eine Frist von sieben bis zehn (Kalender-)Tagen.[36] Die Möglichkeit einer Vertragsbeendigung nach § 650f Abs. 5 BGB steht dem Auftragnehmer auch bei Einbeziehung der VOB/B in den Vertrag zu, sie wird **nicht durch § 9 verdrängt**.[37]

19 **5. §§ 323, 324 BGB – Gesetzliches Rücktrittsrecht.** Häufig berechtigen dieselben Gründe nicht nur zur Kündigung aus wichtigem Grund, sondern zugleich zum Rücktritt. Nach recht einhellig – ebenso zu § 8 – vertretener Ansicht verdrängt § 9 Abs. 1 in seinem Anwendungsbereich das gesetzliche Rücktrittsrecht nach §§ 323, 324 BGB.[38] Hierfür wird angeführt, dass bei Vertragsverhältnissen

---

[32] Vgl. Ingenstau/Korbion/Joussen VOB/B vor §§ 8, 9 Rn. 62.

[33] → Rn. 42.

[34] MüKoBGB/Busche BGB § 648a Rn. 10, 11.

[35] MüKoBGB/Gaier BGB § 314 Rn. 49; BeckOGK/Martens BGB § 314 Rn. 84.

[36] OLG Düsseldorf 3.7.2018 – 22 U 83/17, IBR 2019, 427; OLG Dresden 12.3.2015 – 10 U 1598/14, NJW 2015, 2817; siehe auch BGH 20.12.2010 – VII ZR 22/09, NJW-RR 2011, 235 = NZBau 2011, 93 = ZfBR 2011, 251, wonach eine Frist von fünf Werktagen regelmäßig zu kurz sein dürfte.

[37] Ingenstau/Korbion/Joussen VOB/B vor §§ 8, 9 Rn. 77; Kapellmann/Messerschmidt/von Rintelen VOB/B § 9 Rn. 8a.

[38] Kapellmann/Messerschmidt/von Rintelen VOB/B § 9, Rn. 7; Beck VOB/B/Bolz VOB/B vor § 9 Rn. 13; Ingenstau/Korbion/Joussen VOB/B vor §§ 8, 9 Rn. 139 und VOB/B § 9 Rn. 5; Leinemann/Hildebrandt VOB/B § 9 Rn. 4; Böttcher, ZfBR 2003, 213 (218).

wie einem Bauvertrag, dessen Ausführung längere Zeit in Anspruch nimmt, die Kündigung und die damit verbundene Beendigung des Vertragsverhältnisses ex nunc insgesamt zu sachgerechteren Lösungen führt,[39] so etwa im Hinblick auf die Mängelrechte für die erbrachten Leistungen.[40] Zu einem Ausschluss des Rücktrittsrechts zwingen diese Argumente nicht. Vielmehr verkehren sie die Begründung, mit welcher ein Recht zur Kündigung aus wichtigem Grund im Bau-/Werkvertrag richterrechtlich anerkannt[41] und damit (vor Einführung des § 648a BGB) eine Ausnahme zum Gesetz zugelassen wurde, ins Gegenteil.

Ein Rücktritt ist möglich, auch neben § 9 Abs. 1.[42] Ein vertragliches Kündigungsrecht aus wichtigem Grunde tritt bei bereits im Vollzug gesetzten Langzeitverträgen zwar regelmäßig, aber eben nicht ausnahmslos an die Stelle des an sich nach §§ 323, 324 BGB eröffneten[43] Rücktrittsrechts. 20

Ein Rücktritt kommt dann in Betracht, wenn die Interessenlage der Parteien und die tatsächlichen Gegebenheiten ausnahmsweise dafürsprechen, auch bereits erbrachte Leistungsteile rückgängig zu machen. Ein Rücktritt kann danach jedenfalls erfolgen, wenn – wie etwa bei Leistungsstörungen in der Anfangsphase des Dauerschuldverhältnisses – die vollständige Rückabwicklung des gesamten Dauerschuldverhältnisses unschwer möglich und sachgerecht ist.[44] 21

6. Auflösung durch Aufhebungsvertrag. Den Parteien steht es jederzeit frei, den Bauvertrag ausdrücklich oder konkludent einvernehmlich aufzuheben, sie haben insoweit Gestaltungsfreiheit. Ein Rückgriff auf § 9 nicht ist notwendig. Es besteht keine Konkurrenzsituation. Erfolgt die Aufhebung ohne eine Regelung zu den Rechtsfolgen, steht dem Auftragnehmer ein Anspruch gemäß § 8 Abs. 1 Nr. 2 VOB/B auf die vereinbarte Vergütung abzüglich der Ersparnisse und des anderweitigen Erwerbs zu.[45] 22

7. Konkurrenz zwischen Auftraggeber- und Auftragnehmerkündigung; Gegenkündigung. Eine Konkurrenz zwischen widerstreitender Auftraggeber- und Auftragnehmerkündigung scheidet grundsätzlich aus. Maßgeblich ist allein die **zeitliche Priorität**.[46] Die Auseinandersetzung von widerstreitenden Kündigungen anhand der zeitlichen Priorität wird durch die Möglichkeit des Nachschiebens von Kündigungsgründen nicht gestört. Denn Kündigungsgründe kann nur derjenige nachschieben, der bereits gekündigt hat.[47] 23

Für eine Abwägung, welcher von mehreren widerstreitenden Gründen schwerer wiegt, anstelle einer Entscheidung anhand der zeitlichen Priorität, besteht 24

---

[39] BGH 21.11.1968 – VII ZR 89/66, NJW 1969, 233.

[40] Voit BauR 2002, 1776; Hebel BauR 2011, 330.

[41] BGH 7.4.2016 – VII ZR 56/15, NJW 2016, 1945 Rn. 40; BGH 23.5.1996 – VII ZR 140/95, NJW-RR 1996, 1108; BGH 25.3.1993 – X ZR 17/92, ZfBR 1993, 189.

[42] so i. E. auch: Ingenstau/Korbion/Joussen, Vor §§ 8, 9, Rn. 10; BGH 11.12.1975 – VII ZR 37/74.

[43] Leupertz/Preussner/Sienz/Sienz BauVertrR, BGB § 648a Rn. 7.

[44] MüKoBGB/Gaier BGB § 314 Rn. 5.

[45] BGH 26.4.2018 – VII ZR 82/17, NJW 2018, 2564 = NZBau 2018, 461.

[46] OLG Düsseldorf 12.4.2019 – 22 U 62/18, IBR 2019, 418; Manteufel NJW 2018, 3683; aA KG 16.2.2018 – 21 U 66/16, NJW 2018, 3721 Rn. 62 ff.

[47] Zum Nachschieben von Kündigungsgründen allgemein: BGH 11.10.2017 – VII ZR 46/15, NJW 2018, 50 = NZBau 2018, 32; BGH 6.2.1975 – VII ZR 244/73, NJW 1975, 825.

grundsätzlich kein Raum.[48] Dies gilt unabhängig davon, ob über eine solche Abwägung zu einer quotalen Verteilung oder zu einem Durchsetzen des **„gewichtigeren" Grundes** gelangt werden soll. Denn ein einmal gekündigter Vertrag kann nicht wieder aufleben, nur um (erneut) durch eine Kündigung des anderen Vertragsteils beendet zu werden.[49] Im Übrigen ist eine Gewichtung von Gründen letztlich immer eine subjektive Wertungsfrage und damit keiner konstanten, gleichbleibenden objektiven Bestimmung zugänglich. Da die Kündigung das Vertragsverhältnis aber ohnehin nur mit Wirkung ex nunc, für die Zukunft, beendet, bleiben vor der Kündigung bereits entstandene Schadensersatzansprüche bestehen. Vor diesem Hintergrund dürfte sich eine Abwägung häufig erübrigen. Als Korrektiv ist zudem anzubringen, dass der Kündigende allein aus dem Umstand, zuerst gekündigt zu haben, keine Vorteile ziehen darf.[50]

25   Eine – formunwirksame oder materiell unberechtigte – Kündigung des einen Vertragsteils ermöglicht es dem anderen Vertragsteil, seinerseits die Kündigung des Vertrags aus wichtigem Grund zu erklären (sog. **Gegenkündigung**).[51]

III. Inhaltskontrolle

26   Wird die VOB/B in der zum Zeitpunkt des Vertragsschlusses geltenden Fassung ohne inhaltliche Abweichungen insgesamt **(„als Ganzes")** in den Vertrag einbezogen, findet keine Inhaltskontrolle einzelner Bestimmungen statt, § 310 Abs. 1 S. 3 BGB. Diese Bereichsausnahme greift nicht ein, wenn die VOB/B gegenüber Verbrauchern einbezogen wird. Im Übrigen eröffnet jedwede Abweichung von der Vereinbarung der VOB/B „als Ganzes" eine isolierte Inhaltskontrolle aller einzelnen VOB/B-Bestimmungen anhand der §§ 305 ff. BGB zugunsten des Vertragspartners des Verwenders.[52]

27   Dass dem Auftragnehmer mit § 9 per Klausel ein Recht zur Kündigung eingeräumt wird, begegnet per se keinerlei AGB-rechtlichen Bedenken. Vielmehr ist es so, dass ein gesetzliches Recht, einen Vertrag aus wichtigem Grund zu kündigen, schon individualvertraglich und daher erst recht nicht durch AGB ausgeschlossen werden kann.[53] Dabei ist es unerheblich, ob § 643 BGB[54] oder § 648a BGB[55] zum Maßstab erklärt wird.

---

[48] Beck VOB/B, VOB/B vor § 9 Rn. 23; Manteufel NJW 2018, 3683 (3684 f.); aA KG 16.2.2018 – 21 U 66/16, NJW 2018, 3721 Rn. 62 ff.; vgl. BGH 29.11.1965 – VII ZR 202/63, NJW 1966, 347; BGH 11.2.1981 – VIII ZR 312/79, NJW 1981, 1264 (1265).

[49] BeckOK BGB/Voit BGB § 648a Rn. 18.

[50] BGH 4.6.1969 – VIII ZR 134/67, NJW 1969, 1845; OLG Celle 5.3.2014 – 7 U 114/13, NZBau 2014, 696 Rn. 44 ff.

[51] BGH 20.8.2009 – VII ZR 212/07, NJW 2009, 3717 = NZBau 2010, 47; OLG Frankfurt a. M. 28.4.2017 – 29 U 166/16, NJW 2018, 79 Rn. 31.

[52] BGH 19.1.2023 – VII ZR 34/20, NJW 2023, 1356 Rn. 20; Grundlegend: BGH 22.1.2004 – VII ZR 419/02, NJW 2004, 1597; BGH 10.5.2007 – VII ZR 226/05, NJW-RR 2007, 1317 = NZBau 2007, 581; für Abweichungen s. Kues/v. Kiedrowski/Bolz/Bolz AGB-Klauseln Bauverträge, § 2 Gesetzliche Privilegierung der VOB/B Inhaltskontrolle der einzelnen VOB/B-Regelungen Rn. 14.

[53] BGH 26.5.1986 – VIII ZR 218/85, NJW 1986, 3134 (3134) zu § 314 BGB; vgl. Beispiele bei Kues/v. Kiedrowski/Bolz/Mund AGB-Klauseln Bauverträge, § 10 Kündigung Rn. 27 ff. und bei Beck VOB/B/Bolz VOB/B § 9 Abs. 2 Rn. 39.

[54] BeckOK BauVertrR/Sienz BGB § 643 Rn. 17 f.; vgl. Messerschmidt/Voit/Stickler BGB § 643 Rn. 31; aA MüKoBGB/Busche BGB § 643 Rn. 9.

[55] BeckOK BauVertrR/Sienz BGB § 648a Rn. 46 f.; Messerschmidt/Voit/Oberhauser BGB § 648a Rn. 14.

Den in **§ 9 Abs. 1 Nr. 1 und Nr. 2 festgelegten Kündigungsgründen** 28 begegnen erhebliche Bedenken. Je nachdem wer Verwender ist, **halten sie einer Inhaltskontrolle nicht stand.**[56] Auszugehen ist von den für eine isolierte Inhaltskontrolle anzuwendenden Grundsätzen,[57] insbesondere von der im Zweifel verwenderfreundlichen bzw. kundenfeindlichsten Auslegung.[58]

Ist der **Auftraggeber Verwender** und die Inhaltskontrolle eröffnet, ist **§ 9** 29 **Abs. 1 Nr. 1 unwirksam.** Denn der Auftragnehmer wird durch die Einschränkung seines Kündigungsrechts nach § 643 BGB auf Fälle, in denen er durch die ausstehende Mitwirkungshandlung *„außerstande"* gesetzt wird, die Leistung auszuführen, unangemessen benachteiligt. Nach § 643 BGB ist eine Kündigung demgegenüber schon beim Unterlassen einer erforderlichen und nachgeforderten Mitwirkungshandlung möglich. Dass § 9 Abs. 1 Nr. 1 inhaltlich von § 643 BGB abweicht, liegt also auf der Hand. Ohnehin wird zuweilen vertreten, § 643 BGB restriktiver, nämlich im Sinne von § 9 Abs. 1 Nr. 1 auszulegen.[59] Die unterschiedlich formulierten Tatbestandsvoraussetzungen führen zu einer nach § 307 Abs. 2 Nr. 1 BGB erheblichen Abweichung. Denn die Formulierung *„außerstande"* legt in der kundenfeindlichsten Auslegung nahe, dass die weitere Leistungsausführung für den Auftragnehmer überhaupt nicht möglich ist. So sieht nämlich § 297 BGB, der auf den § 9 Abs. 1 Nr. 1 verweist, vor, dass ein Annahmeverzug ausscheidet, wenn der Schuldner *„außerstande ist, die Leistung zu bewirken"*. Denn wenn der Auftragnehmer (Schuldner) nicht in der Lage ist, seine Leistung wie geschuldet zu erbringen, soll bzw. kann der Auftraggeber (Gläubiger) nicht in Annahmeverzug kommen. In § 297 BGB handelt es sich dabei allerdings um eine „Einrede", für die der Gläubiger die Beweislast trifft.[60] Im Rahmen des § 9 Abs. 1 Nr. 1 wird demgegenüber wegen – *„dadurch"* – der Kausalität zwischen der unterbliebenen Mitwirkungshandlung und dem „Außerstande" sein – eine Voraussetzung geschaffen, die überhaupt nicht zu erfüllen ist. Wenn „außerstande" iSv § 9 Abs. 1 Nr. 1 und „außerstande" iSv § 297 BGB, ohne dass hierfür im Rahmen einer Inhaltskontrolle ein Grund ersichtlich ist,[61] nicht im gleichen Sinne zu verstehen sein sollten, ergibt sich kein anderes Ergebnis. Denn dann müsste der Auftragnehmer einen exorbitanten Aufwand betreiben, bis die Möglichkeit für einen Annahmeverzug im Rahmen von § 9 Abs. 1 Nr. 1 überhaupt in Betracht kommen könnte. Die Ausführung müsste daher unter Inkaufnahme eines enormen Mehraufwands, erheblicher Verzögerungen oder sonstiger Einschränkungen fortgesetzt werden, um eine vom Vertragspartner unterlassene Mitwirkungshandlung auszugleichen. Sicherlich, ein Annahmeverzug setzt kein Verschulden voraus. Die Schwelle kann also je nach Versäumnis auch sehr niedrig sein. § 9 Abs. 1 Nr. 1 differenziert

---

[56] aA Kapellmann/Messerschmidt/von Rintelen VOB/B § 9 Rn. 107 mwN.

[57] Hierzu u.a. BGH 30.3.2017 – VII ZR 170/16, NJW 2017, 1941 Rn. 17; BGH 8.10.1987 – VII ZR 185/86, NJW 1988, 258 (259); BGH 19.1.2023 – VII ZR 34/20, NJW 2023, 1356 Nr. 27.

[58] Hierzu u.a. BGH 20.7.2017 – VII ZR 259/16, NJW 2017, 2762 Rn. 19; BGH 9.5.2017 – XI ZR 308/15, NJW 2017, 2538 Rn. 25.

[59] Ingenstau/Korbion/Joussen VOB/B § 9 Abs. 3 Rn. 2; Staudinger/Peters BGB § 643 Rn. 13.

[60] MüKoBGB/Ernst BGB § 297 Rn. 4.

[61] In AGB verwendete Rechtsbegriffe sind in der Regel entsprechend ihrer juristischen Fachbedeutung zu verstehen, insbesondere, wenn die Klausel erkennbar auf die gesetzlichen Regelung Bezug nimmt; BGH 1.10.2020 – IX ZR 247/19, NJW 2021, 234 Rn. 24; BGH 16.4.1952 – II ZR 49/51, NJW 1952, 782.

insoweit aber nicht. Auch angezeigte, aber ignorierte Hindernisse oder übergangene Bedenken gegen die vorgesehene Ausführung würden nur bei einem überhaupt nicht mehr im Verhältnis zum Vorteil der Fortsetzung der Ausführung stehenden Aufwand zu einer Kündigung über § 9 Abs. 1 Nr. 1 berechtigen.[62] Dem Auftragnehmer steht auch keine angemessene Kompensation für die Abweichung von der gesetzlichen Regelung zu. Vielmehr wurde dem Auftragnehmer das Kündigungsrecht nach § 643 BGB gerade zur Vermeidung von sich aus einem Annahmeverzugs des Auftraggebers ergebenden Nachteile angedacht.[63] In Folge der Unwirksamkeit richtet sich der Inhalt des Vertrages insoweit nach § 643 BGB, § 306 Abs. 1, 2 BGB.

30 Ist der **Auftragnehmer Verwender,** kann er sich auf die aus der Verschärfung der Tatbestandsvoraussetzungen für eine Kündigung folgende Unwirksamkeit nicht berufen.[64] In den Fällen, in welchen dem Auftragnehmer der Einwand der Rechtsmissbräuchlichkeit zustehen könnte, sollte ein Kündigungsgrund nach § 9 Abs. 1 Nr. 2 oder aus anderem wichtigem Grund vorliegen.

31 Ist der **Auftragnehmer Verwender** und die Inhaltskontrolle eröffnet, ist **§ 9 Abs. 1 Nr. 2 unwirksam.**[65] Denn weder für den Zahlungsverzug noch für den sonstigen Schuldnerverzug sieht die Regelung eine Bagatellgrenze vor. Voraussetzung einer Kündigung aus wichtigem Grund ist, dass der eine Vertragsteil die vertragliche Vertrauensgrundlage derart erschüttert hat, dass dem anderen Teil unter Berücksichtigung aller Umstände des Einzelfalls und unter Abwägung der beiderseitigen Interessen die Fortsetzung des Vertragsverhältnisses nicht zugemutet werden kann, § 648a Abs. 1 S. 2 BGB.[66] Die Kündigungsregelung in § 9 Abs. 1 Nr. 2 weicht nach dem maßgeblichen Klauselverständnis von diesen wesentlichen Grundgedanken ab. Hiernach kann der Auftragnehmer die Kündigung, losgelöst von den Kriterium der Zumutbarkeit selbst bei geringfügigen Beträgen und ohne dass ein Schaden notwendig wäre, bei banalen Pflichtverletzungen aussprechen.[67] Eine Kompensation des Auftraggebers oder eine Rechtfertigung der Abweichung ist nicht ersichtlich. In Folge der Unwirksamkeit richtet sich der Inhalt des Vertrages insoweit nach § 648a BGB, § 306 Abs. 1, 2 BGB.

31a Ist der **Auftraggeber Verwender,** kann er sich auf die aus dem Fehlen einer Bagatellgrenze folgende Unwirksamkeit nicht berufen.[68] Vielmehr ist dann die Auslegung maßgebend, durch der Vertragspartner des Verwenders begünstigt wird.[69] Allenfalls im absoluten Ausnahmefall verbleibt dem Auftraggeber dann noch der Einwand, die Kündigung sei rechtsmissbräuchlich.

---

[62] OLG Celle 8.2.2001 – 22 U 266/99, IBRRS 2011, 5050 = BauR 2001, 1597, Spachtelarbeiten an Rigipsplatten waren aufgrund widriger Arbeitsbedingungen zwar nicht mangelfrei, aber grundsätzlich möglich und der Auftragnehmer daher nicht außer Stande gesetzt, die Leistung auszuführen; vgl. aber OLG Düsseldorf 7.10.1987 – 19 U 13/87, NJW-RR 1988, 211 (211).

[63] BGH 26.10.2017 – VII ZR 16/17, NZBau 2018, 25 Rn. 34.

[64] Vgl. BGH 30.6.2016 – VII ZR 188/13, NJW-RR 2016, 1143 Rn. 34.

[65] Staudinger/Peters BGB § 643 Rn. 30; vgl. Deckers, NZBau 2008, 627 (630).

[66] Für Altfälle gilt Entsprechendes, weil die richterrechtlich anerkannte Kündigung aus wichtigem Grund aus dem Rechtsgedanken des § 314 BGB folgte, statt aller: BGH 7.4.2016 – VII ZR 56/15, NJW 2016, 1945 Rn. 40.

[67] Vgl. BGH 19.1.2023 – VII ZR 34/20, NJW 2023, 1356 Rn. 42.

[68] Vgl. BGH 30.6.2016 – VII ZR 188/13, NJW-RR 2016, 1143 Rn. 34.

[69] BGH 5.5.2022 – VII ZR 176/20, NJW 2022, 2467.

Gegen die AGB-widrigkeit der Klauseln kann nicht angeführt werden, **Aus-** 32
übungsschranken aus § 242 BGB müssten auch ohne Aufnahme in den Klauseltext gelten.[70] Diese Schranken und alle weiteren allgemein tragende Rechtsgedanken mögen und sollen für die Interpretation von gesetzlichen und individualvertraglichen Regelungen immer, stets und ohne weiteres gelten und so harmonisierende Ergebnisse befördern. Gebote von Treu und Glauben in Klauseln hinzulesen, die nach § 307 Abs. 1 S. 1 BGB dahingehend überprüft werden, ob sie den Vertragspartner des Verwenders entgegen den Geboten von Treu und Glauben unangemessen benachteiligen, verkehrt die Systematik, wirkt geltungserhaltend. Ein Berufen auf die Grenzen des § 242 BGB kann richtigerweise nie verwehrt werden. Allerdings kann der Einwand nach § 242 BGB, bspw. bei einer rechtsmissbräuchlichen Ausübung, nur im Nachhinein als Korrektiv wirken und nicht schon von vornherein die Inhaltskontrolle beschränken.[71] In der Konsequenz muss nicht der sich auf die Unwirksamkeit der Klausel berufende Vertragsteil „Hürden beseitigen", sondern der Verwender im Nachgang zur Inhaltskontrolle das Eingreifen seines Einwands darlegen und beweisen.

Das **Schriftformerfordernis** nach § 9 Abs. 2 S. 1 entspricht – wenn anwend- 33
bar – § 650h BGB, bedingt insoweit also keine Abweichung gegenüber dem Gesetz. Eine Abweichung ergibt sich jedoch für die ansonsten nach Fristablauf eintretende Fiktion der Vertragsaufhebung, § 643 S. 2 BGB. Soweit § 650h BGB nicht anwendbar ist, ist das Schriftformerfordernis jedenfalls **im unternehmerischen Rechtsverkehr wirksam,** unabhängig vom Verwender.[72] Zwar sehen weder § 643 S. 2 BGB noch das richterrechtlich anerkannte Recht zur Kündigung aus wichtigem Grund[73] ein Formerfordernis vor. Und auch besteht mit § 309 Nr. 13 BGB ein Klauselverbot, nachdem eine Schriftformklausel nur noch bei notariell zu beurkundenden Verträgen zulässig ist, lit. a; im Übrigen darf nur Textform verlangt werden, lit. b. Allerdings wird eine Indizwirkung des § 309 Nr. 13 BGB für den unternehmerischen Rechtsverkehr überwiegend verneint.[74] In einer Abwägung der wechselseitigen Interessen dürfte gerade im unternehmerischen Rechtsverkehr viel dafürsprechen, dass die Formvorgabe für die Kündigungserklärung vor allem dem Bedürfnis an Rechtsklarheit trägt und zugleich einen Schutz vor Überhastung bietet, mithin vorzugswürdig ist und so jedenfalls keine unangemessene Benachteiligung besteht.

Ist die Inhaltskontrolle eröffnet, ist das sog. **„Vorverfahren" gem. § 9 Abs. 2** 34
S. 2 wirksam,[75] unabhängig vom Verwender. Denn weitestgehend bestehen und bestanden keine Abweichungen zu den einschlägigen Regelungen. So sehen § 643 S. 1 BGB und auch §§ 648a Abs. 3, § 314 Abs. 2 S. 1 BGB das Erfordernis einer vorherigen **Abhilfeaufforderung** bzw. **Abmahnung** vor. Zudem muss eine Abmahnung im Sinne von § 314 Abs. 2 S. 1 BGB derart „qualifiziert" sein, als sie sich nicht nur auf die Rüge des vertragswidrigen Verhaltens beschränken darf, sondern ist auch mit der Androhung vertragsrechtlicher Konsequenzen zu verbin-

---

[70] Vgl. Kapellmann/Messerschmidt/von Rintelen VOB/B § 9 Rn. 107.
[71] Mit demselben Verständnis BGH 19.1.2023 – VII ZR 34/20, NJW 2023, 1356 Rn. 42.
[72] BGH 18.1.1989 – VIII ZR 142/88, NJW-RR 1989, 625.
[73] Auch Richterrecht kann Bewertungsmaßstab für die „gesetzliche Regelung von der abgewichen wird" sein; s. BGH 9.4.2002 – XI ZR 245/01, NJW 2002, 1950 (1951).
[74] Statt vieler: MüKoBGB/Wurmnest BGB § 309 Rn. 9; aA Leuschner/Bach AGB-Recht Verzugsklauseln Rn. 12.
[75] Messerschmidt/Voit/Stickler BGB § 643 Rn. 31.

den.[76] Daher besteht hinsichtlich des Erfordernisses einer **Kündigungsandrohung** jedenfalls keine beachtliche Abweichung. Auch der Schuldnerverzug setzt grundsätzlich eine Mahnung voraus, § 286 Abs. 1 S. 1 BGB. Für die Alternative der Nichtleistung einer fälligen Zahlung bedarf es zwar wegen § 286 Abs. 2 Nr. 2 BGB keiner Mahnung für den Eintritt des Verzugs. Dennoch ist und war für diesen Fall eine Abmahnung vor Kündigung aus wichtigem Grund notwendig, § 314 Abs. 2 S. 1 BGB. Das Erfordernis einer vorherigen Abhilfeaufforderung mit Nachfristsetzung sollte aber auch ansonsten nicht zu einer unbilligen Schlechterstellung führen, vgl. § 309 Nr. 4 BGB.

35 Bedenken gegen die Wirksamkeit des sog. **„Vorverfahrens"** gem. **§ 9 Abs. 2 S. 2** bestehen, unabhängig vom Verwender, auch nicht in Bezug auf den fehlenden Hinweis auf die etwaige **Entbehrlichkeit** der Fristsetzung. In der kundenfeindlichsten Auslegung bedeutet das Ausklammern dieser Möglichkeit das Abbedingen der §§ 314 Abs. 2 S. 2, 323 Abs. 2 Nr. 1 und 2 BGB und des § 314 Abs. 2 S. 3 BGB und bedingt dadurch einen Zwang zur Durchführung des sog. „Vorverfahrens". Zum einen handelt es sich bei den Gründen, die das Setzen einer Abhilfefrist entbehrlich machen, um restriktiv zu handhabende Ausnahmen. Zum anderen kann aufgrund des unbestimmten Rechtsbegriffs *„angemessen"* und im Hinblick auf Sinn und Zweck der Fristsetzung zur Abhilfe durchaus auch ganz kurze, möglicherweise sogar nur nach Stunden bemessene Fristen ausreichen.[77] Eine etwaige Benachteiligung durch den Zwang zur Abhilfeaufforderung hält sich also in vertretbaren Grenzen.

36 Die lediglich klarstellende und im Übrigen verweisende Regelung des **§ 9 Abs. 3 begegnet keinerlei Bedenken,** unabhängig vom Verwender.

B. Materielle Voraussetzungen der Kündigung (Abs. 1)

37 § 9 Abs. 1 enthält eine **nicht abschließende** (enumerative) **Aufzählung**[78] von Kündigungsgründen, bei deren Vorliegen dem Auftragnehmer ein Recht zur Kündigung des Vertrages zusteht. Die erste Fallgruppe ist der Annahmeverzug gemäß §§ 293 ff. BGB, der dadurch entstanden ist, dass der Auftraggeber eine ihm obliegende Mitwirkungshandlung unterlässt (Abs. 1 Nr. 1). Daneben entsteht das Kündigungsrecht in der zweiten Fallgruppe dann, wenn der Auftraggeber entweder durch die Nichtbegleichung einer fälligen Zahlung oder aber andere Weise in Schuldnerverzug gerät (Abs. 1 Nr. 2).

38 Das **Verhältnis der Kündigungsgründe** nach § 9 Abs. 1 untereinander bedarf keiner Klärung. Die aus § 9 folgenden Voraussetzungen sind identisch, die Rechtsfolgen ebenfalls. Das Verhältnis der Kündigungsgründe nach § 9 Abs. 1 zu anderen Kündigungstatbeständen ist im Einzelfall zu bestimmen.[79] So wird etwa der Kündigungstatbestand des § 643 S. 1 BGB durch § 9 verdrängt. Die beim Vorliegen eines wichtigen Grunds bestehende Kündigungsmöglichkeit bleibt als allgemeiner Auffangtatbestand demgegenüber unberührt. Die Parteien können daneben selbstverständlich weitere vertragliche Kündigungsgründe festlegen.

39 Bevor die Kündigungstatbestände nach § 9 Abs. 1 vorliegen, ist jeweils **eine Reihe von weiteren Voraussetzungen** zu erfüllen. Dabei bedarf es im Grund-

---

[76] MüKoBGB/Gaier BGB § 314 Rn. 38.
[77] BGH 21.6.1985 – V ZR 134/84, NJW 1985, 2640 (2641); OLG Köln 22.3.2012 – 19 U 162/11, BeckRS 2014, 8712.
[78] OLG München 13.11.2007 – 9 U 2947/07, NZBau 2009, 122 (122).
[79] → Rn. 5 ff.

satz eines Fehlverhaltens des Auftraggebers. Sei es durch Unterlassen einer Mitwirkungshandlung oder durch pflichtwidriges, einen Schuldnerverzug begründendes Verhalten.

Liegt einer der in § 9 Abs. 1 genannten Kündigungsgründe vor, ist die **Unzumutbarkeit** der Vertragsfortsetzung grundsätzlich **indiziert** und eine weitere Interessenabwägung entbehrlich.[80] Denn die Parteien haben die Möglichkeit einer Kündigung in den einschlägigen Fällen vertraglich vorgesehen und den Tatbeständen damit Gewicht verliehen. Bei einer anderweitigen Kündigung aus wichtigem Grund bedarf es demgegenüber einer weiteren Wertung.[81]

I. Mitwirkungshandlungen und -pflichten des Auftraggebers

Die Tatbestände des § 9 Abs. 1 VOB/B unterscheiden zwischen dem Unterlassen einer dem Auftraggeber obliegenden Handlung einerseits (Abs. 1 Nr. 1) und dem Zahlungs- oder sonstigem Schuldnerverzug andererseits (Abs. 1 Nr. 2). Jeweils wird also ein in der **Sphäre des Auftraggebers** liegender Umstand vorausgesetzt, um zur Kündigung zu berechtigen. Daher kann ein und derselbe Umstand beide Tatbestände verwirklichen. Da beiden Tatbestände unterschiedliche Voraussetzungen haben, bedarf es zuweilen dennoch einer Einordung des Umstands dahingehend, ob es sich bei der in Rede stehenden Mitwirkungshandlung um eine bloße Obliegenheit oder um eine Pflicht handelt.

Hauptleistungspflichten des Auftraggebers sind die Zahlung der vereinbarten Vergütung und die Abnahme, ggf. die Teilabnahme nach § 12 Abs. 2 VOB/B. Neben die Hauptleistungspflichten können aber weitere Obliegenheiten oder Pflichten des Auftraggebers treten. Insoweit ist zunächst zu identifizieren, welche **Mitwirkungshandlungen der Auftraggeber** vorzunehmen hat.

Die Regelungen der VOB/B und die Bestimmungen der als Bestandteil geltenden VOB/C enthalten diverse Mitwirkungshandlungen des Auftraggebers, u.a. die folgenden:[82]
- Rechtzeitige und kostenlose Übergabe der Ausführungsunterlagen, § 3 Abs. 1
- Absteckung der Hauptachsen, § 3 Abs. 2
- Zustandsfeststellung, § 3 Abs. 4
- Aufrechterhaltung der allgemeinen Ordnung auf der Baustelle, § 4 Abs. 1
- Koordinierung des Zusammenwirkens mehrerer Unternehmer, § 4 Abs. 1 Nr. 1 S. 1
- Herbeiführung der erforderlichen öffentlich-rechtlichen Genehmigungen und Erlaubnisse, § 4 Abs. 1 Nr. 1 S. 2
- Unentgeltliche Überlassung von Lager- und Arbeitsplätzen, Zuwegen sowie Anschlüssen, § 4 Abs. 4
- Treffen notwendiger Anordnungen, § 4 Abs. 1 Nr. 4, § 4 Abs. 3, § 6 Abs. 3
- Auskunft über den voraussichtlichen Beginn der Ausführung und zum Abruf der Leistungen, § 5 Abs. 2[83]

---

[80] BGH 10.11.2010 – VIII ZR 327/09, NJW 2011, 608 Rn. 22; BGH 7.7.1988 – I ZR 78/87, NJW-RR 1988, 1381.

[81] S. Kapellmann/Messerschmidt/von Rintelen VOB/B § 9 Rn. 2, der das Kriterium der Unzumutbarkeit aber wohl auch im Rahmen der Gründe von § 9 Abs. 1 anwenden will.

[82] Vgl. Kapellmann/Messerschmidt/von Rintelen VOB/B § 9 Rn. 12.

[83] OLG Frankfurt 28.4.2017 – 29 U 166/16, NJW 2018, 79; OLG Düsseldorf 29.10.2010 – 22 U 135/08, BeckRS 2010, 29967; OLG Düsseldorf 8.9.2006 – I-23 U 35/06, BeckRS 2006, 11122; OLG Celle 1.4.2003 – 16 U 129/02, IBRRS 2003, 1757.

§ 9 VOB Teil B

- Gewerkspezifische gemeinsame Festlegungen bei Auftreten besonderer Umstände, VOB/C.[84]

44 Die obige Liste ist nicht abschließend. So gehört es auch die Zurverfügungstellung eines baureifen Baugrundstücks zu den **allgemeinen Mitwirkungshandlungen** des Auftraggebers;[85] dh das jeweils erforderliche Vorgewerk muss sach-, fach- und termingerecht erbracht sein. Darüber hinaus bedarf es für die Fortführung der Arbeiten regelmäßig diverser Entscheidungen des Auftraggebers. Deren Vornahme ist ebenfalls als Mitwirkungshandlung einzuordnen. Hierunter fallen die vom Auftraggeber zu treffenden Entscheidungen über vereinbarte Alternativpositionen, durchzuführende Bemusterungen und sonstige Auswahlverfahren.[86] Hierzu gehört auch die Anordnung von geänderten und/oder zusätzlichen Leistungen, die für die (mangelfreie) Fortsetzung der Leistung notwendig sind.[87] Aus der Verpflichtung zur Kooperation lässt sich auch eine Notwendigkeit zur Reaktion des Auftraggebers auf insbesondere Bedenken- und Behinderungsanzeigen des Auftragnehmers ableiten.

45 Aus dem jeweiligen Vertragswerk lässt sich ggf. eine unbestimmte Vielzahl weiterer Mitwirkungshandlungen des Auftraggebers ableiten. Ob es sich bei der jeweiligen Mitwirkungshandlung um eine bloße **Obliegenheit oder** aber um eine **Vertragspflicht** des Auftraggebers handelt, ist im Einzelnen zu bestimmen. Maßgeblich wird in erster Linie die Bedeutung der einzelnen Mitwirkungshandlung für den gesamten Vertragszweck sein.[88] Obliegenheiten sind Verhaltensnormen, die den Adressaten zu einem bestimmten Tun oder Unterlassen anhalten sollen. Ihr mittelbarer Zwang erschöpft sich darin, dass den Adressaten der Obliegenheit bei Nichtbeachtung rechtliche Nachteile treffen können; Es handelt sich um ein Verschulden gegen sich selbst.[89] Im Gegensatz dazu begründen Vertragspflichten einen auf ein Tun, Dulden oder Unterlassen gerichteten, regelmäßig einklagbaren Anspruch des Vertragspartners. Zumindest aber kann ihre Verletzung Schadensersatzansprüche begründen.

46 Art und Umfang der vom Auftraggeber zu erbringenden Mitwirkungshandlung sind danach durch **Auslegung der vertraglichen Vereinbarungen** gemäß §§ 133, 157 BGB unter Berücksichtigung der Umstände des Einzelfalls, insbesondere der Art und Beschaffenheit des vom Auftragnehmer herzustellenden Werks und der vom Auftragnehmer übernommenen Leistungspflichten, zu bestimmen; daneben kann auch die Verkehrssitte von Bedeutung sein.[90]

47 Dabei sind die den Auftraggeber treffenden Mitwirkungsaufgaben sicherlich in der Masse der Verträge grundsätzlich nur als Obliegenheiten anzusehen.[91] So kann nicht von vornherein jede vom Auftraggeber zur Herstellung des Werks vorzunehmende Mitwirkungshandlung als Pflicht eingeordnet werden. Mit wach-

---

[84] zB DIN 18300 (Erdarbeiten) Abschnitt 3.6.4, DIN 18301 (Bohrarbeiten) Abschnitt 3.3.2, DIN 18305 (Wasserhaltung) Abschnitte 3.3.2 und 3.4.2.

[85] OLG Brandenburg 22.12.2015 – 12 U 152/14, BeckRS 2016, 5700 Rn. 6; OLG Karlsruhe 26.6.2008 – 19 U 179/06, BeckRS 2008, 42003.

[86] Beck VOB/B/Bolz VOB/B § 9 Abs. 1 Rn. 18.

[87] BeckOK VOB/B/Brüninghaus VOB/B § 9 Abs. 1 Rn. 6; vgl. BGH 28.10.1999 – VII ZR 393/98, NJW 2000, 807.

[88] Ingenstau/Korbion/Joussen VOB/B § 9 Abs. 1 Rn. 39.

[89] BGH 27.11.2008 – VII ZR 206/06, NZBau 2009, 185.

[90] BGH 20.4.2017 – VII ZR 194/13, NZBau 2017, 596 Rn. 18.

[91] BGH 27.11.2008 – VII ZR 206/06, NZBau 2009, 185; BGH 16.5.1968 – VII ZR 40/66, NJW 1968, 1873; BGH 13.11.1953 – I ZR 140/52, NJW 1954, 229.

sender Professionalität der Vertragsparteien wird aber eine gesteigerte Kooperationspflicht anzunehmen sein. Jedenfalls lässt sich nicht bestreiten, dass jedenfalls für umfangreiche Baumaßnahmen die Kooperation der Parteien eine zentrale Bedeutung erlangt hat und umfangreiche und gewichtige Mitwirkungshandlungen des Auftraggebers die gesamte Herstellungsphase durchziehen.[92] Diese können brisant werden, wenn einzelne Leistungsschritte über den Erfolg der Maßnahme bestimmen oder ihre Korrektur mit erheblichen Kosten verbunden ist. Auch bei großvolumigen und auf lange Dauer angelegten, aber auch besonders zeitkritischen Maßnahmen muss sich aus den Gegebenheiten des Vorhabens ein Gewicht für die Beurteilung der Einordnung als Obliegenheit oder Pflicht ergeben. So kann die zuweilen unbedeutend erscheinende Mitwirkung durch Bereitstellung von Zuwegungen, § 4 Abs. 4, im Rahmen einer zeitkritischen Sperrpause eine immense Bedeutung gewinnen. Andersherum wird wohl die Vorgabe zur kostenlosen Übergabe von Ausführungsunterlagen in Zeiten der voranschreitenden Digitalisierung an Gewicht verlieren.

II. § 9 Abs. 1 Nr. 1 – Kündigung wegen Annahmeverzug

§ 9 Abs. 1 Nr. 1 setzt voraus, dass der Auftraggeber durch das Unterlassen einer **48** Handlung, die bei der Herstellung des Werkes erforderlich ist, in Verzug der Annahme kommt. Für die Anwendung der Regelung des § 9 Abs. 1 Nr. 1 VOB/B ist unbeachtlich, woraus sich die Obliegenheit des Auftraggebers ergibt.

1. Auftraggeber unterlässt ihm obliegende (Mitwirkungs-)Handlung. **49**

§ 9 Abs. 1 Nr. 1 setzt zunächst voraus, dass der Auftraggeber eine ihm obliegende Handlung unterlässt. Die erforderliche Mitwirkungshandlung des Auftraggebers kann sowohl in einem positiven **Tun als auch in einem Unterlassen** bestehen. Auch muss die Mitwirkungshandlung nicht notwendig vom Auftraggeber in eigener Person zu erbringen sein.

Unter die **Mitwirkungshandlungen** des Auftraggebers fällt eine unbestimmte **50** Vielzahl.[93] Generell geht es um Handlungen, die für die vertragsgemäße Herstellung des Werkes insoweit von Bedeutung sind, als von ihnen der Beginn, die Durchführung oder die Fertigstellung von Arbeiten des Unternehmers abhängig sind.[94] Sie ergeben sich aus dem jeweiligen Vertrag. Wesentlich sind in diesem Zusammenhang die in den §§ 3 und 4 VOB/B geregelten Mitwirkungshandlungen des Auftraggebers, worunter auch die mangelhafte oder verspätete **Vorunternehmerleistung** fällt.[95]

Die Mitwirkungshandlung muss unterblieben bzw. **ausgeblieben** sein. Ausge- **51** blieben ist die Mitwirkungshandlung, wenn sie überhaupt nicht oder nicht rechtzeitig erbracht wird.[96] Erforderlich ist, dass die Herstellung des Werkes in Folge der fehlenden Mitwirkung des Bestellers erschwert oder verzögert wird.

Für den Annahmeverzug ist **kein Verschulden** des Auftraggebers erforder- **51a** lich.[97] Warum die Mitwirkungshandlung unterblieben ist, ist somit bedeutungslos.

---

[92] Kapellmann/Messerschmidt/von Rintelen VOB/B § 9 Rn. 16.
[93] → Rn. 42 ff.
[94] BGH 26.10.2017 – VII ZR 16/17 NJW 2018, 544 Rn. 19; BGH 20.4.2017 – VII ZR 194/13, NJW 2017, 2025 Rn. 18.
[95] BGH 21.10.1999 – VII ZR 185/98, NZBau 2000, 187.
[96] KG 29.4.2008 – 7 U 58/07, BeckRS 2009, 28723.
[97] MüKoBGB/Ernst BGB § 293 Rn. 1; BeckOK BauVertrR/Sienz BGB § 642 Rn. 32 f.

§ 9 VOB Teil B

In diesem Sinne ist es auch irrelevant, ob die Mitwirkungshandlung des Auftraggebers aufgrund der Un-/Tätigkeit des „Planers", eines anderen Gewerks, eines Vorunternehmers usw. unterblieben ist. Es ist nicht notwendig, dass Verhalten der Dritten dem Auftraggeber nach § 278 BGB zuzurechnen, um einen Annahmeverzugs zu begründen.

52 **2. Annahmeverzug des Auftraggebers.** Weitere Voraussetzung ist, dass der Auftraggeber durch das Tun und/oder Unterlassen seiner Mitwirkungshandlung **in Annahmeverzug gerät**. Die Voraussetzungen richten sich grundsätzlich nach dem allgemeinen Schuldrecht, §§ 293 ff. BGB. Vor der am Ende fehlenden Annahme durch den Auftraggeber ist dazu erforderlich, dass der Auftragnehmer zur Leistung berechtigt ist, § 271 BGB und die Leistung, so wie sie zu bewirken ist, angeboten hat, §§ 294-296 BGB. Überdies muss der Auftragnehmer grundsätzlich zur Leistung imstande zu sein, § 297 BGB. Dieses Erfordernis wird jedoch durch die Formulierung „*außerstande setzen*" in § 9 Abs. 1 Nr. 1 für den Kündigungstatbestand modifiziert.[98]

53 Zu beachten ist zunächst, dass schon **einzelne Arbeitsschritte als Anknüpfungspunkt** für den Annahmeverzug ausreichen müssen.[99] Denn der Annahmeverzug ist im Allgemeinen an die Bewirkung der geschuldeten Leistung angeknüpft, § 293 BGB. Die vom Auftragnehmer geschuldete Leistung ist das mangelfrei hergestellte Werk. Konsequenterweise käme ein Annahmeverzug also erst nach Abschluss der Bauarbeiten in Betracht. Für eine sinnvolle Anwendung ist § 9 Abs. 1 Nr. 1 daher dahingehend auszulegen, dass grundsätzlich jeder einzelne Arbeitsschritt als Anknüpfungspunkt geeignet ist.

54 Die dann gehinderte Leistungserbringung muss **zur rechten Zeit** erfolgen. Bei einem zu frühen Angebot kann kein Annahmeverzug eintreten. Ausgangspunkt für die Bestimmung der Leistungszeit ist stets § 271 BGB.[100] Neben einer vereinbarten Fertigstellungsfrist können dabei auch Vereinbarungen über die Fälligkeit von Teilleistungen getroffen werden. Ist etwa für den Beginn der Bauleistung des Auftragnehmers ein Termin vorgesehen oder nach dem Kalender bestimmbar, kann ohne weiteres Annahmeverzug eintreten,[101] § 296 BGB. Wenn allerdings einzelne Arbeitsschritte betroffen sind, wird es kaum verbindliche Fristen geben. Solche ergeben sich ohne gesonderte Vereinbarung grundsätzlich auch nicht aus einem Bauzeitenplan.[102] Hier kann der Auftraggeber nur in Annahmeverzug geraten, wenn der Auftragnehmer die Leistungserbringung in angemessener Zeit vorher ankündigt, § 299 BGB.[103]

55 Der Auftragnehmer hat die Leistung **in der rechten Art und Weise** zu bewirken, §§ 294-296 BGB. Da der Auftragnehmer in der Art und Weise der Ausführung seiner Leistung grundsätzlich frei ist, erbringt er die Leistungen in der rechten Art und Weise, solange er damit den vertraglich geschuldeten Leistungserfolg

---

[98] → Rn. 59 ff.
[99] Vgl. zu § 642 BGB: Leupertz BauR 2014, 381 (389); Sienz BauR 2021, 1205 (1213); Leinemann/Kues/Scheuermann BGB § 642 Rn. 97 ff.
[100] Grüneberg/Grüneberg BGB § 271 Rn. 3; Kapellmann/Messerschmidt/Sacher VOB/B § 5 Rn. 2.
[101] OLG Düsseldorf 19.12.2019 – I-5 U 52/19, NZBau 2020, 509 Rn. 29; OLG Düsseldorf 25.4.1995 – 21 U 192/94, NJW 1995, 3323 (3323); Beachte auch die Möglichkeit zur Abfrage des Baubeginns nach § 5 Abs. 2 S. 1 VOB/B.
[102] BGH 21.3.2002 – VII ZR 224/00, NJW 2002, 2716 (2717).
[103] Kapellmann/Messerschmidt/von Rintelen VOB/B § 9 Rn. 21.

Kündigung durch den Auftragnehmer § 9

herbeiführen kann bzw. anbietet. Soweit also etwa kein besonderes Gerät vorgesehen ist, ist es unerheblich, ob oder welches Gerät der Auftragnehmer einsetzt.[104] Die geschuldete Leistung ist anhand der sich aus der Leistungsbeschreibung ergebenden Vorgaben zu bestimmen. Sie kann durch Konkretisierungen eingeschränkt sein, etwa durch die Vorgabe von Verfahren, Arbeitsabfolgen, Produkttypen usw. Bietet der Auftragnehmer eine andere als die geschuldete Leistung an, kann der Auftraggeber hierdurch nicht in Annahmeverzug geraten.[105]

Der Auftragnehmer hat die Leistung in der rechten Art und Weise **anzubieten,** 56 §§ 294-296 BGB. Grundsätzlich bedarf es hierfür eines tatsächlichen Angebotes, § 294 BGB. Der Auftragnehmer macht ein tatsächliches Angebot, wenn er sich mit der notwendigen Mannschaft, dem passenden Material und etwaig erforderlichem Gerät am Baufeld einfindet, um mit der Ausführung der geschuldeten Bauleistung zu beginnen. Ist erkennbar oder hat der Auftraggeber zuvor schon erklärt, dass er die Leistung nicht annehmen kann, genügt nach § 295 S. 1 BGB ein wörtliches Angebot. Für die Fälle des §§ 295, 296 BGB genügt es, dass die Leistung soweit vorbereitet ist, dass geleistet werden kann, sobald der Gläubiger zur Mitwirkungshandlung bereit ist. Für ein wörtliches Angebot kann es daher genügen, dass der Auftragnehmer seine Mitarbeiter auf der Baustelle zur Verfügung hält und zu erkennen gibt, dass er bereit und in der Lage ist, seine Leistung zu erbringen.[106] Dem Angebot der Leistung steht die Aufforderung, die erforderliche Handlung vorzunehmen, gleich, § 295 S. 2 BGB. Ordnungsgemäße Mahnungen oder Behinderungsanzeigen erfüllen dieses Kriterium. Ist für die Vornahme der Leistung eine Zeit bestimmt oder bestimmbar, kann ein Angebot des Auftragnehmers nach § 269 BGB entbehrlich sein.

Der Annahmeverzug setzt letztlich voraus, dass der Auftraggeber **die Leistung** 57 **nicht annimmt** bzw. die hierfür erforderliche Mitwirkung unterlässt oder nicht rechtzeitig vornimmt.[107] Für den Annahmeverzug ist **kein Verschulden** des Auftraggebers erforderlich.[108] Auch eine ausdrückliche Ablehnung ist nicht erforderlich. Erfolgt eine ausdrückliche Ablehnung, gerät der Auftraggeber, wenn nicht schon durch die Ablehnung, spätestens durch ein wörtliches Angebot des Auftragnehmers in Annahmeverzug, § 295 S. 1 BGB. So etwa, wenn der Auftraggeber in einer Baubesprechung mitteilt, dass sich der Beginn der Arbeiten infolge einer Behinderung durch einen Vorunternehmer verschieben wird.[109]

Der **Annahmeverzug endet,** wenn der Auftraggeber die Leistung annimmt 58 oder die Mitwirkungshandlung vornimmt.[110] Lag der Grund für den Annahmeverzug in einer ablehnenden Haltung des Auftraggebers, endet der Annahmeverzug schon, wenn er diese erkennbar aufgibt, etwa wenn er ein zuvor verhängtes Baustellenverbot aufhebt. Sollte ein tatsächlich gegebenes Hindernis dann aber tatsächlich noch nicht beseitigt sein, muss der Auftragnehmer den Auftraggeber durch ein tatsächliches Angebot (erneut) in Annahmeverzug setzen.

---

[104] KG 29.4.2008 – 7 U 58/07, IBRRS 2008, 1479.
[105] OLG Celle 27.11.2008 – 6 U 102/08, NJW-RR 2009, 315, zu kleine Fenster, die mit Aufdoppelungsprofilen eingesetzt werden müssten.
[106] BGH 19.12.2002 – VII ZR 440/01, NZBau 2003, 325; OLG Düsseldorf 19.12.2019 – I-5 U 52/19, NZBau 2020, 509 Rn. 31.
[107] KG 29.4.2008 – 7 U 58/07, IBRRS 2008, 1479.
[108] MüKoBGB/Ernst BGB § 293 Rn. 1; BeckOK BauVertrR/Sienz BGB § 642 Rn. 32 f.
[109] Vgl. OLG Köln 21.12.2023 – 7 U 68/22, BeckRS 2023, 45039.
[110] OLG Düsseldorf 19.12.2019 – I-5 U 52/19, NZBau 2020, 509 Rn. 30.

§ 9   VOB Teil B

59 **3. Auftragnehmer ist außerstande gesetzt, die Leistung auszuführen; Kausalität.** Um den Auftraggeber in Annahmeverzug setzen zu können, muss der Auftragnehmer selbst leistungswillig und zur Leistung imstande sein, § 297 BGB. Am Leistungswillen fehlt es, wenn der Auftragnehmer die Leistung erkennbar nur zum Schein anbietet. Im Übrigen wird das Erfordernis, zur Leistung imstande zu sein, durch die Formulierung *„außerstande setzen"* in § 9 Abs. 1 Nr. 1 für den Kündigungstatbestand modifiziert.

60 Die Formulierung von § 9 Abs. 1 Nr. 1 ist schlechterdings misslungen. So wird vorausgesetzt, dass der Auftragnehmer „durch" die unterlassene Mitwirkungshandlung **außerstande gesetzt** wurde, die Leistung auszuführen (Annahmeverzug nach §§ 293 ff. BGB). Strenggenommen wird damit eine Voraussetzung geschaffen, die überhaupt nicht zu erfüllen ist.[111] Denn der Verweis auf die gesetzlichen Regelungen zum Annahmeverzug führt u.a. zu § 297 BGB. Hiernach scheidet ein Annahmeverzug aus, wenn der Schuldner *„außerstande ist, die Leistung zu bewirken"*. Das ist logisch. Denn wenn der Auftragnehmer (Schuldner) nicht in der Lage ist, seine Leistung wie geschuldet zu erbringen, soll bzw. kann der Auftraggeber (Gläubiger) nicht in Annahmeverzug kommen. Wegen der in § 9 Abs. 1 Nr. 1 vorgesehenen Kausalität – „dadurch" – zwischen der unterbliebenen Mitwirkungshandlung und dem „Außerstande" sein, ist auch nicht anzunehmen, dass die Formulierung eine dem § 297 BGB entsprechende „Einrede" enthält, für die den Auftraggeber die Beweislast[112] treffen würde.

61 Wenn „außerstande" iSv § 9 Abs. 1 Nr. 1 und „außerstande" iSv § 297 BGB nicht im gleichen Sinne zu verstehen sind, muss der Fortsetzung der Leistungsausführung durch den Auftragnehmer ein **erheblicher, aber gerade noch im Verhältnis stehender Aufwand** entgegenstehen. Da sich (Schuldner- oder Gläubiger-)Verzug und Unmöglichkeit ausschließen, kann es nicht erforderlich sein, dass es objektiv oder dem Auftragnehmer dauerhaft oder vorübergehend unmöglich ist, die Leistung zu erbringen, § 275 BGB. Unerheblich ist, ob der Auftraggeber die gebotene Mitwirkungshandlung ganz oder teilweise unterlässt, vgl. § 266 BGB.

62 Zur Leistungserbringung außerstande ist der Auftragnehmer in diesem Sinne, wenn zwar die objektive Möglichkeit besteht, die Leistung auszuführen, dies aber ohne die Mitwirkung des Auftraggebers einen erheblichen Mehraufwand, eine beachtliche Verzögerung oder eine sonstige Erschwernis mit sich bringt.[113, 114] Daher ist der Auftragnehmer dann zur Erbringung der Leistung außerstande, wenn er sie nicht mehr mit den vertraglich geschuldeten Mitteln erbringen kann.[115] Im Rahmen einer Abwägung der **Zumutbarkeit** kann auch zum Tragen kommen, ob der Auftraggeber eine Bezahlung des Mehraufwands oder die Bauzeitverlängerung verweigert, womit dem Auftragnehmer seinerseits ein Leistungsverweigerungsrecht zusteht.[116] Für den Annahmeverzug ist allgemeinhin **kein Verschul-**

---

[111] Zur Inhaltskontrolle → Rn. 28 ff.
[112] MüKoBGB/Ernst BGB § 297 Rn. 4.
[113] Beck VOB/B/Bolz VOB/B § 9 Abs. 1 Rn. 26 mwN.
[114] vgl. OLG Düsseldorf 7.10.1987 – 19 U 13/87, NJW-RR 1988, 211 (211); Zu streng: OLG Celle 8.2.2001 – 22 U 266/99, IBRRS 2011, 5050 = BauR 2001, 1597.
[115] Kapellmann/Messerschmidt/von Rintelen VOB/B § 9 Rn. 26; Beck VOB/B/Bolz VOB/B § 9 Abs. 1 Rn. 27.
[116] Vgl. OLG Düsseldorf 2.3.2018 – 22 U 71/17, NZBau 2018, 607 OLG Düsseldorf 14.9.2001 – 22 U 37/01, NZBau 2002, 276; OLG Düsseldorf 27.6.1995 – 21 U 219/94, NJW-RR 1996, 730; OLG Zweibrücken 20.9.1994 – 8 U 214/93, BauR 1995, 251, IBR 1995, 49.

den des Auftraggebers erforderlich.[117] Damit ist aber nicht gesagt, dass ein Verschulden keine Rolle spielt. Vielmehr müssen die unterschiedlichen Verschuldensmaßstäbe – einfache oder grobe Fahrlässigkeit oder Vorsatz – im Zuge einer Abwägung auch unterschiedlich gewichtet werden.

Im Umkehrschluss bzw. unter Beachtung des § 6 Abs. 3 S. 1 ist der Auftragnehmer nicht schon dann außerstande, die Leistung zu erbringen, wenn durch **zumutbare Umstellungen** im Bauablauf ein Weiterarbeiten an anderer Stelle solange möglich ist, bis der Auftraggeber seiner Mitwirkungsaufgabe nachgekommen ist.[118] Der Auftragnehmer ist zudem weder berechtigt noch verpflichtet, selbst die vom Auftraggeber unterlassene Mitwirkungshandlung vorzunehmen oder das dadurch verursachte Leistungshindernis zu beseitigen, schon gar nicht auf eigene Kosten oder auf eigenes Risiko.[119] 63

Der **maßgebliche Zeitpunkt** für die Leistungsfähigkeit und Leistungsbereitschaft ist der Zeitpunkt des Angebots der Leistung bzw. des jeweiligen Arbeitsschritts:[120] beim tatsächlichen Angebot nach § 294 BGB dessen Vornahme, beim wörtlichen Angebot nach § 295 BGB dessen Zugang und im Fall des § 296 BGB der für die Handlung des Auftraggebers vorgesehene Termin.[121] Da der Auftragnehmer durch das Unterlassen der Mitwirkung des Auftraggebers außerstande gesetzt worden sein muss, die Vertragsleistung zu erbringen, muss Ursächlichkeit zwischen der Unterlassung des Auftraggebers bzw. seines Erfüllungsgehilfen und einem Leistungshindernis des Auftragnehmers bestehen.[122] 64

III. § 9 Abs. 1 Nr. 2 – Kündigung wegen Schuldnerverzug

Neben dem Kündigungstatbestand wegen Annahmeverzug besteht die Möglichkeit zur Kündigung auch, wenn sich der Auftraggeber im **Schuldnerverzug** befindet. Dabei stehen der Zahlungsverzug und auch ein sonstiger Schuldnerverzug des Auftraggebers gleichrangig nebeneinander. 65

Soweit keine verspätete Zahlung in Rede steht, ist wesentliche Voraussetzung für die Erfüllung dieses Kündigungstatbestandes, dass es bei dem vom Auftraggeber verlangten Tun oder Unterlassen um eine echte Pflicht handelt. Notwendig ist im Übrigen, dass der Auftraggeber die Pflicht zur Zahlung oder die anderweitige Pflicht trotz Fälligkeit nicht oder nicht wie geschuldet erbringt. Dabei besteht weder in Hinsicht auf den Zahlungsverzug noch auf den sonstigen Verzug des Auftraggebers eine Bagatellgrenze. Vielmehr kann ggf. allenfalls eingewandt werden, die Kündigung sei rechtsmissbräuchlich. 66

1. Zahlungspflicht. Der Auftragnehmer ist zur Kündigung berechtigt, wenn der Auftraggeber eine geschuldete Zahlung nicht leistet und hierdurch in Schuldnerverzug kommt. 67

Es **unerheblich, aus welchem Anspruch** des Auftragnehmers sich die Zahlungspflicht des Auftraggebers ergibt; der Wortlaut sagt nur *„Zahlung"*. Grundlage 68

---

[117] MüKoBGB/Ernst BGB § 293 Rn. 1; BeckOK BauVertrR/Sienz BGB § 642 Rn. 32 f.
[118] OLG Celle 1.11.2012 – 16 U 200/11, BeckRS 2015, 15153; Leinemann/Kues/Thomas VOB/B § 6 Rn. 104 ff.
[119] Kapellmann/Messerschmidt/von Rintelen VOB/B § 9 Rn. 27; Beck VOB/B/Bolz VOB/B § 9 Abs. 1 Rn. 28.
[120] Zum Begriff „Arbeitsschritt" → Rn. 52.
[121] MüKoBGB/Ernst BGB § 297 Rn. 3.
[122] BeckOK VOB/B/Brüninghaus VOB/B § 9 Abs. 1 Rn. 5.

der Forderung kann jeder auf eine Geldzahlung gerichtete Anspruch sein. Erforderlich ist lediglich, dass der Anspruch seine Grundlage im betroffenen Vertrag hat.[123] In Betracht kommen daher insbesondere die vereinbarte Vergütung, aber auch Nachtragsforderungen, egal ob wegen geänderten und/oder zusätzlichen Leistungen, auf Ersatz von in der Vergütung nicht inbegriffene Auslagen nach § 645 Abs. 1 S. 2 BGB oder §§ 670, 257 BGB, Entschädigungsansprüche gemäß § 642 BGB oder Schadensersatzforderungen sowie ferner jeder andere auf eine Geldzahlung gerichtete Anspruch. Es ist hierbei auch gleichgültig, ob und, wenn notwendig, wie der Anspruch abgerechnet wurde;[124] Voraus-, Abschlags- oder Teil-/Schlusszahlung. Wenn tatsächlich einmal Naturallohn oder eine andere Gegenleistung als eine Vergütung geschuldet sein sollte, greift der sonstige Schuldnerverzug.[125]

69 Für den Auftragnehmer scheidet eine Kündigung des Vertrages weder durch eine erfolgte Abnahme noch bei Vorliegen einer Abnahmereife aus.[126] Die Kündigung wegen der Nichtleistung einer geschuldeten Zahlung kann sich daher auch auf **schlussgerechnete Ansprüche** beziehen.[127] Wenn der Auftraggeber die von ihm nach der Abnahme oder dem Eintritt der Abnahme überhaupt erst geschuldete, § 641 BGB, Vergütung nicht zahlt, ist der Vertrag eben nicht erfüllt.[128] Vielmehr kommt der Auftraggeber einer von ihm geschuldeten Hauptleistungspflicht nicht nach. Gerade die Verletzung derartiger Pflicht ist im Regelfall mit der maximalen Sanktion belegt, vgl. § 323 Abs. 1 BGB. Auch ein Vergleich mit der ab Abnahme/-reife nicht mehr möglichen Auftraggeberkündigung hinkt.[129] Der Auftraggeber soll sich durch eine ab diesem Zeitpunkt greifende Sperre seinen Pflichten nicht durch die Kündigung entledigen können.

70 **2. Weitere Pflichten des Auftraggebers.** Neben dem Zahlungsverzug stellt auch ein sonstiger Verzug des Auftraggebers (Schuldnerverzug) einen Kündigungsgrund dar. Wesentliche Voraussetzung für die Erfüllung dieses Kündigungstatbestandes ist, dass es bei dem vom Auftraggeber verlangten Tun oder Unterlassen um eine **echte Pflicht** handelt. Notwendig ist im Übrigen, dass der Auftraggeber die betreffende Pflicht trotz Fälligkeit nicht oder nicht wie geschuldet erbringt.

71 Da der Zahlungsverzug als Kündigungsgrund schon als expliziter Kündigungsgrund benannt ist, verbleibt für den Kündigungstatbestand wegen sonstigem Schuldnerverzug im Rahmen der **Hauptleistungspflichten** lediglich der Verzug mit der **Abnahme**. Davon umfasst ist auch die Pflicht des Auftraggebers zur **Teilabnahme** nach § 12 Abs. 2 VOB/B. Für den Auftragnehmer scheidet eine Kündigung des Vertrages weder durch eine erfolgte Abnahme noch bei Vorliegen einer Abnahmereife aus.[130] Der Verzug mit der Abnahme (eines Teilwerks) rechtfertigt die Kündigung.[131]

---

[123] OLG Düsseldorf 29.1.2008 – 21 U 22/07, BeckRS 2009, 28740 (Schadensersatz).

[124] OLG Rostock 15.6.2005 – 7 U 43/04, IBRRS 2006, 1811 (Abschlagsrechnung).

[125] → Rn. 134 ff.; wie hier wohl Kapellmann/Messerschmidt/von Rintelen VOB/B § 9 Rn. 35; aA Ingenstau/Korbion/Joussen VOB/B § 9 Rn. 68.

[126] vgl. Grüneberg/Retzlaff BGB § 648a BGB Rn. 2; aA Beck VOB/B/Bolz VOB/B § 9 Abs. 2 Rn. 19.

[127] aA Beck VOB/B/Bolz VOB/B § 9 Abs. 1 Rn. 31; Ingenstau/Korbion/Joussen VOB/B § 9 Abs. 1 Rn. 67; Kapellmann/Messerschmidt/von Rintelen VOB/B § 9 Rn. 35.

[128] So aber Beck VOB/B/Bolz VOB/B § 9 Abs. 1 Rn. 31.

[129] So Kapellmann/Messerschmidt/von Rintelen VOB/B § 9 Rn. 35.

[130] vgl. Grüneberg/Retzlaff BGB § 648a BGB Rn. 2; aA Beck VOB/B/Bolz VOB/B § 9 Abs. 2 Rn. 19.

[131] Messerschmidt/Voit/Voit VOB/B § 9 Rn. 4.

Neben den Hauptleistungspflichten können aber weitere Pflichten des Auftrag- 72
gebers treten. Es ist im Einzelfall durch eine Vertragsauslegung zu bestimmen,
ob[132] und, wenn ja, inwieweit der Auftraggeber eine echte Pflicht zur Leistung
(**Nebenleistungspflichten**) oder eine echte Pflicht zur Mitwirkung (**Nebenpflichten**) übernommen hat.[133] Nebenleistungspflichten sind zwar auch regelmäßig einklagbar, in Abgrenzung zu den Hauptleistungspflichten aber solche Pflichten, die nicht über den Vertragstyp bestimmen, sondern dessen Umsetzung dienen sollen.[134] Zu den Nebenleistungspflichten gehören daher etwa die zur Sicherung des Vergütungsanspruchs dienenden Ansprüche aus § 650e BGB und § 650f BGB.[135] Als Nebenleistungspflichten sind aber auch Bereitstellungspflichten einzuordnen, wie sie sich u.a. aus § 4 Abs. 4 ergeben. Nebenpflichten sind Pflichten, die nicht unmittelbar auf eine Leistung iSv § 241 Abs. 1 BGB gerichtet sind, sondern ein sonstiges Interesse des Gläubigers, hier: des Auftragnehmers, befriedigen sollen; vor allem Schutzpflichten, Mitwirkungs- und Aufklärungspflichten.[136] Ein Kündigungsrecht kann sich dabei nicht nur aus der Missachtung von Leistungspflichten, sondern grundsätzlich auch aus der Verletzung von Schutzpflichten nach § 241 Abs. 2 BGB ergeben,[137] § 324 BGB.

Die **weiteren Pflichten des Auftraggebers ergeben sich** in aller Regel 73
unmittelbar aus dem Vertrag, insbesondere aus weiteren, besonderen, zusätzlichen usw. Vertragsbedingungen, aber auch aus der Leistungs- oder Baubeschreibung. Als Vertragspflichten einzuordnen sind vom Auftraggeber geschuldete Erstellungshandlungen, dh eigene Handlungen des Auftraggebers zur Ausführung des Werks;[138] „**bauseitige Leistungen**". So etwa, wenn er die Bereitstellung von Geräten (zB Transportmöglichkeiten), Materialien (zB Lieferung des Natursteins für die herzustellende Fassade) oder sonstige Leistungen (zB Baubehelfe wie Gerüste; Gestellung von Rettungsmöglichkeiten/-helikoptern) übernommen hat.[139] Die geschuldete Erstellungshandlung kann auch so weit gehen, dass der Auftraggeber sich verpflichtet, Teilleistungen selbst herzustellen. Pflichten können sich selbstverständlich auch aus nach dem Vertragsschluss, während der Leistungsausführung aus (konkludent) getroffenen Vereinbarungen ergeben. So etwa eine Vereinbarung, die der Auftraggeber zur Stellung einer Sicherheit verpflichtet.

In der VOB/B sind vertragliche **Mitwirkungspflichten** des Auftraggebers 74
insbesondere in den §§ 3 und 4 VOB/B verankert, typischerweise als Nebenleistungspflichten, zuweilen als Nebenpflichten.[140] Gemäß den vertraglichen Rege-

---

[132] BGH 20.4.2017 – VII ZR 194/13, NZBau 2017, 596 Rn. 18; BGH 27.11.2008 – VII ZR 206/06, NZBau 2009, 185; BGH 16.5.1968 – VII ZR 40/66, NJW 1968, 1873; BGH 13.11.1953 – I ZR 140/52, NJW 1954, 229.

[133] BGH 13.11.1953 – I ZR 140/52, NJW 1954, 229; MüKoBGB/Ernst BGB § 280 Rn. 144.

[134] MüKoBGB/Bachmann BGB § 241 Rn. 35 f.

[135] Vgl. BGH 23.11.2017 – VII ZR 34/15 NJW 2018, 549 Rn. 27; BGH 6.3.2014 – VII ZR 349/12, NJW 2014, 2186 Rn. 13 f.

[136] MüKoBGB/Bachmann BGB § 241 Rn. 39.

[137] BGH 19.4.2023 – XII ZR 24/22, NJW-RR 2023, 965 Rn. 20; BeckOK BGB/Lorenz, 1.2.2023, BGB § 314 Rn. 13.

[138] Kapellmann/Messerschmidt/Markus VOB/B § 6 Rn. 55; Leinemann/Kues/Thomas VOB/B § 6 Rn. 195.

[139] Vgl. Ingenstau/Korbion/Joussen VOB/B § 9 Abs. 1 Rn. 52.

[140] Beck VOB/B/Bolz VOB/B § 9 Abs. 1 Rn. 16 f.; vgl. Kapellmann/Messerschmidt/von Rintelen VOB/B § 9 Rn. 12 ff.

§ 9

lungen sind insbesondere die Pflichten zur rechtzeitigen und kostenlosen Übergabe von Ausführungsunterlagen,[141] § 3 Abs. 1, zur Koordination der ausführenden Unternehmen,[142] zur Aufrechterhaltung der allgemeinen Ordnung auf der Baustelle § 4 Abs. 1 S. 1, zur rechtzeitigen Übergabe von Baugenehmigung, Abrissgenehmigung oder sonstigen öffentlich-rechtlichen Genehmigungen, § 4 Abs. 1 S. 2, zur Bereitstellung von Lagerplätzen, Zuwegungen und Anschlüssen für Wasser und Energie, § 4 Abs. 4,[143] sowie zur technischen Abnahme gemäß § 4 Abs. 10[144] als Mitwirkungspflichten des Auftraggebers einzuordnen.

75 Zunächst nur als Obliegenheiten einzuordnende Mitwirkungshandlungen können auch zu **Mitwirkungspflichten erstarken**. Ausgangspunkt ist, dass die Vertragsparteien eines VOB-Vertrags während der Vertragsdurchführung zur Kooperation verpflichtet sind.[145] Aus dem **Kooperationsverhältnis** ergeben sich sowohl Obliegenheiten als auch Pflichten zur Mitwirkung und gegenseitigen Information. In Fällen, in denen nach der Vorstellung einer oder beider Parteien die vertraglich vorgesehene Vertragsdurchführung oder der Inhalt des Vertrags an die geänderten, tatsächlichen Umstände angepasst werden muss, die die Kooperationspflicht dazu, entstandene Meinungsverschiedenheiten oder Konflikte nach Möglichkeit einvernehmlich beizulegen. Damit sind die Parteien aus dem Vertrag heraus stets wechselseitig zur gegenseitigen Rücksichtnahme verpflichtet, § 241 Abs. 2 BGB. Fordert der Auftragnehmer den Auftraggeber also etwa beim Bestehen von hindernden Umständen aus dem Risikobereich des Auftraggebers dazu auf, diese abzustellen, um negative Folgen vom Auftragnehmer abzuwenden, kann der Auftraggeber zu einer Handlung verpflichtet sein, § 241 Abs. 2 BGB. Diese Handlung kann im Abstellen der hindernden Umstände liegen. Sie kann aber auch darin bestehen, dem Auftragnehmer die für dessen bestmögliche Disposition notwendigen Informationen mitzuteilen. So lassen sich weitergehende Nachteile vermeiden und wird das Gebot der Rücksichtnahme gewahrt.

76 **3. Fälligkeit der Leistung bzw. Zahlung.** Mit der in Rede stehenden Leistungspflicht muss der Auftraggeber in Verzug kommen. Verzug setzt zunächst voraus, dass die **Leistung fällig,** also insbesondere zur zwischen den Parteien vereinbarten oder aus den Umständen ergebenden, rechten Zeit, § 271 BGB, vom Auftraggeber zu bewirken ist. Der Schuldner ist zu Teilleistungen nicht berechtigt.

77 Die Fälligkeit von Zahlungen, ausgenommen Schadensersatzforderungen, richtet sich primär nach den vertraglichen Vereinbarungen **(Fälligkeitsvoraussetzungen)**. Soweit nicht anders vereinbart, setzt die VOB/B für die Fälligkeit die Erstellung einer entsprechenden Rechnung und deren Prüfbarkeit voraus, § 14. Abschlagsrechnungen innerhalb von 21 (Kalender-)Tagen zu bezahlen, § 16 Abs. 1 Nr. 3. Der Anspruch auf Schlusszahlung wird innerhalb von 30 (Kalender-)Tagen ggf. 60 (Kalender-)Tagen nach Zugang der Schlussrechnung fällig, § 16 Abs. 3 Nr. 1 S. 1, 2. Bei einer Teil-/Schlusszahlung ist zudem die Abnahme der Teil/Leistung Fälligkeitsvoraussetzung, § 12. Ggf. sind zwischen den Parteien vereinbarte Zahlungspläne zu beachten.

---

[141] Vgl. BGH 23.10.1986 – VII ZR 267/85, NJW 1987, 644.

[142] Vgl. OLG Köln 22.6.1989 – 18 U 96/88, BauR 1990, 729 (730), IBR 1991, 71; OLG Hamm 9.6.1998 – 21 U 185/97, NJW-RR 1999, 319.

[143] Leinemann/Leinemann VOB/B § 4 Rn. 112; Kapellmann/Messerschmidt/Merkens VOB/B § 4 Rn. 128.

[144] Kapellmann/Messerschmidt/von Rintelen VOB § 9 Rn. 46.

[145] BGH 28.10.1999 – VII ZR 393/98, NJW 2000, 807.

Kündigung durch den Auftragnehmer § 9

Ein Anspruch auf **Zahlung von Schadensersatz** ist im Zweifel sofort fällig, 78
§ 271 Abs. 1 BGB.

Für einen **Fälligkeit von anderen Pflichten** bedarf es ebenfalls der, ggf. 79
konkludenten, vertraglichen Vereinbarung. Diesbezügliche Termine, auftraggeberseitige Mitwirkungsfristen oder weitere Bestimmungen können frei vereinbart werden, selbstverständlich immer und auch nach Vertragsschluss.[146] Etwa durch handschriftliche Eintragung der relevanten Termine im Verhandlungsprotokoll, bspw. für konkrete Planliefertermine, oder durch gemeinsame Festlegungen im Zuge von Baubesprechungen, bspw. für die zu erwartende Lieferung von Material. Ob verbindliche Termine vereinbart wurden, ist durch Auslegung der Erklärungen nach §§ 133, 157 BGB festzustellen.[147] Explizit vereinbarte Termine können dabei „Fixtermine" sein. In einem Bauzeitenplan enthaltene Einzelfristen gelten von vornherein nur dann als solche Fixtermine, wenn dies im Vertrag ausdrücklich vereinbart ist.

Dem Auftraggeber etwaig zustehende Leistungsverweigerungsrechte hindern 80
den Eintritt des Schuldnerverzugs.[148]

4. Verzug; Mahnung. Leistet der Auftraggeber nicht zur rechten Zeit oder 81
nicht wie geschuldet, § 294 BGB, kann er mit der in Rede stehenden Leistungspflicht **in Verzug** sein oder kommen. Nicht wie geschuldet bewirkt ist die Leistung ua, wenn nur Teilleistungen erbracht werden, § 266 BGB.

Für den Verzugseintritt bedarf es grundsätzlich einer Mahnung nach Eintritt 82
der Fälligkeit. Leistet der Auftraggeber auf eine **Mahnung** nicht, so kommt er durch die Mahnung in Verzug. Eine „Mahnung" vor Fälligkeit ist wirkungslos.[149] Im Fall des § 9 Abs. 1 Nr. 2 kann die Kündigungsandrohung mit der verzugsbegründenden Mahnung verbunden werden.[150] Um als empfangsbedürftige Willenserklärung ihre Wirkung zu entfalten, muss die Mahnung so oder so hinreichend bestimmt sein. Der Erklärungsinhalt ist der Auslegung nach §§ 133, 157 BGB zugänglich. Die Mahnung muss die Aufforderung enthalten, der konkreten Pflicht nachzukommen bzw. das pflichtwidrige Verhalten zu unterlassen.[151] Die Anforderungen dürfen aber nicht überspannt werden. So ist die Nennung von expliziten Daten nur erforderlich, wenn sie zur Identifizierung auch tatsächlich erforderlich ist. Und selbstverständlich kann Bezug auf vorangegangene Korrespondenz genommen werden. Die Anmahnung einer unzutreffenden, zu hohen oder zu niedrigen Summe hindert die Wirksamkeit der Mahnung als solche nicht. Soweit eine zu niedrige Summe angemahnt wird, beschränkt sich die Wirksamkeit der Mahnung allerdings im Zweifel auf diese Summe.

Bei **Schadensersatzforderung** ist eine Mahnung zwingend, soweit nicht aus- 83
nahmsweise eine **Entbehrlichkeit** nach § 286 Abs. 2 BGB anzunehmen ist. Da bei Schadensersatzforderungen typischerweise keine Zeit nach dem Kalender bestimmt ist, Nr. 1, und sich regelmäßig auch keine Leistungszeit ab einem Ereignis nach dem Kalender berechnen lässt, Nr. 2, verbleibt eine ernsthafte und end-

---

[146] BGH 21.3.2002 – VII ZR 224/00, NJW 2002, 2716 (2717).
[147] Vgl. BGH 23.1.2013 – VIII ZR 47/12, NJW 2013, 2745 Rn. 22.
[148] BGH 23.5.2003 – V ZR 190/02, NJW-RR 2003, 1318.
[149] BGH 29.4.1992 – XII ZR 105/91, NJW 1992, 1956.
[150] Messerschmidt/Voit/Voit VOB/B § 9 Rn. 6.
[151] BGH 16.12.1998 – VIII ZR 381/97, NJW-RR 1999, 539 (560); OLG Düsseldorf 19.11.2014 – 18 U 26/10, BeckRS 2014, 124316 Rn. 55 ff.; OLG Rostock 24.5.2016 – 4 U 136/12, BeckRS 2016, 122052 Rn. 161.

§ 9 VOB Teil B

gültige Leistungsverweigerung durch den Auftraggeber, Nr. 3, oder die Entbehrlichkeit der Mahnung durch Abwägung der beiderseitigen Interessen im Einzelfall, Nr. 4. Dies wird nur im Einzelfall anzunehmen sein. So genügt allein die bloße Leistungsablehnung unter Darlegung der dafür maßgebenden tatsächlichen oder rechtlichen Erwägungen nicht, um eine endgültige Erfüllungsverweigerung annehmen zu können.[152]

84   Bei **Entgeltforderungen** genügt grundsätzlich der Ablauf einer Frist von 30 (Kalender-)Tagen, im Ausnahmefall 60 (Kalender-)Tagen nach Fälligkeit und Zugang der Rechnung beim Auftraggeber, § 16 Abs. 5 Nr. 3 bzw. §§ 286 Abs. 3, 271a Abs. 3 BGB. Auch wenn der Auftraggeber Verwender ist, hält § 16 Abs. 5 (ab VOB/B 2012) einer isolierten Inhaltskontrolle stand.[153]

85   Für den Eintritt des Verzuges aufgrund einer Überschreitung von **Fixterminen** bedarf es keiner Mahnung des Auftraggebers, § 286 Abs. 2 Nr. 1 BGB.[154] Verschiebt sich der relevante Fixtermin aufgrund vertraglicher Absprachen oder nach § 6 Abs. 4 zu berücksichtigenden Verzögerungen im Bauablauf, kann ein Verzug wiederum nur durch eine Mahnung nach Fälligkeit herbeigeführt werden.[155] Bei unklarer Terminlage ist daher zu raten, wiederholt Mahnungen auszusprechen; etwa im Wochenturnus.

86   Die Nachholbarkeit als Kriterium des Verzugs bedingt, dass ein Verzug bzw. ein Verzugsschaden auch bei Verstößen gegen **Unterlassungsverpflichtungen** eintreten kann.[156] Handelt es sich bei der in Rede stehenden Pflicht also um eine Mitwirkungshandlung, die originär als Obliegenheit einzuordnen war, aber zur Mitwirkungspflicht erstarkt ist, um Schaden vom Auftragnehmer abzuwenden, kann der Auftraggeber auch mit der Pflicht zur Unterlassung in Schuldnerverzug geraten.

87   Der Auftraggeber kommt nicht in Verzug, wenn ihm Gegenrechte zustehen, die ihn zur Verweigerung der Leistung berechtigen. Klassischerweise kommen hier **Zurückbehaltungsrechte** bzw. Einbehalte wegen einer mangelhaften Leistung in Betracht.

88   **5. Verschulden.** Der Verzugsvorwurf setzt auch das Vorliegen eines **Verschuldens** voraus. Den in Rede stehenden Leistungsverzug, die Pflichtverletzung, muss der Auftraggeber daher mindestens fahrlässig verursacht haben, § 276 BGB.

89   Das Verschulden wird nach § 280 Abs. 1 S. 2 BGB **vermutet**. Wurde die Leistung also nicht rechtzeig geleistet, ist die angemessene Nachfrist erfolglos abgelaufen, ist Verschulden anzunehmen. Bei Geldforderungen hat der Schuldner den Verzug immer zu vertreten.[157] Im Übrigen bezieht sich der Verschuldensmaßstab, Vorsatz, grobe oder einfache Fahrlässigkeit, allein auf den Eintritt der Pflichtverletzung, nicht auf Verzugsfolgen. Die Haftungsbegrenzung aus § 6 Abs. 6 S. 1 kommt nicht zur Anwendung. Sie beschränkt nicht den anzulegenden Verschul-

---

[152] BGH 12.1.1993 – X ZR 63/91, NJW-RR 1993, 882 (883); OLG Köln 3.11.2022 – 20 U 320/22, BeckRS 2022, 55743 Rn. 13; OLG Stuttgart 30.11.2021 – 10 U 58/21, BeckRS 2021, 41917 Rn. 127.

[153] Kapellmann/Messerschmidt/Messerschmidt VOB/B § 16 Rn. 433 mwN; zuvor: BGH 20.8.2009 – VII ZR 212/07, NJW 2009, 3717 (3720).

[154] Vgl. BGH 22.5.2003 – VII ZR 469/01, NJW-RR 2003, 1238.

[155] Vgl. BGH 14.1.1999 – VII ZR 73/98, NJW 1999, 1108; KG 14.6.2013 – 7 U 124/12, IBRRS 2014, 1747.

[156] MüKoBGB/Ernst BGB § 286 Rn. 59; Grüneberg/Grüneberg BGB § 286 Rn. 12.

[157] BGH 24.6.1994 – V ZR 19/93, NJW 1994, 2755.

Kündigung durch den Auftragnehmer § 9

densmaßstab, sondern lediglich in Abhängigkeit vom Verschuldensgrad auf der Rechtsfolgenseite den Umfang bzw. den Inhalt eines Schadensersatzanspruchs.

Der Auftraggeber muss sich auch das **Verschulden der Erfüllungsgehilfen** 90
zurechnen lassen, § 278 BGB. Zu solchen Erfüllungsgehilfen zählen insbesondere die vom Auftraggeber eingeschalteten Sonderfachleute, dh die Architekten, Fachingenieure, Boden-, Brandschutz- und sonstige Gutachter, gegebenenfalls aber auch Projektsteuerer und andere für die Bauausführung eingeschaltete Überwachungspersonen, die bauzeitrelevante Handlungen oder Aussagen vornehmen.[158]

Während insbesondere der Planer des Auftraggebers als seine Erfüllungsgehilfe 91
nach § 278 BGB angesehen wird, gilt dies nach ständiger, bis heute gültiger Rechtsprechung des BGH nicht für andere Unternehmer, die der Auftraggeber auf der Baustelle einsetzt und die vorlaufende Leistungen erbringen, auf die der Auftragnehmer mit seinen Leistungen aufsetzt (sog. **Vorunternehmer**).[159] Als Folge dieser – heftig kritisierten – Rechtsprechung haben insbesondere die Oberlandesgerichte besondere Fallgruppen entwickelt, die ausnahmsweise die Möglichkeit eröffnen, auch Vorunternehmer als Erfüllungsgehilfen im Sinne von § 278 BGB anzusehen.[160]

Im Übrigen fallen lediglich **Ausnahmefälle** unter den Anwendungsbereich 92
des § 286 Abs. 4 BGB, nachdem Verzug dann nicht eintritt, wenn die Verzögerung der Leistung infolge eines Umstands unterbleibt, den der Auftraggeber nicht zu vertreten hat.

6. Keine Bagatellgrenze; Grenze des Rechtsmissbrauchs. Nicht notwen- 93
dig ist, dass der Auftragnehmer durch die Nichtleistung **außer Stande gesetzt** wird, die Leistung auszuführen. Nach dem eindeutigen Wortlaut genügt, dass der Auftraggeber in Schuldnerverzug gerät. Es wäre überhaupt vermessen, die Restriktion aus § 9 Abs. 1 Nr. 1 auf Fälle zu übertragen, in denen der Auftraggeber nicht nur eine Obliegenheit, sondern eine Vertragspflicht verletzt und damit eben nicht nur sich selbst, sondern dem Vertragspartner geschadet hat.

§ 9 Abs. 1 Nr. 2 enthält keinerlei Restriktionen hinsichtlich der Art, der 94
Schwere oder dem Ausmaß des Schuldnerverzugs; es ist **keinerlei Bagatellgrenze** vorgesehen.[161] Der Inhalt der Regelungen der VOB/B ist, weil sie AGB sind, nicht anhand der allgemeinen Regelungen der §§ 133, 157 BGB, sondern gemäß dem Grundsatz der objektiven Auslegung zu bestimmen.[162] Eine Harmonisierung des § 9 Abs. 1 Nr. 2 durch ein Hineinlesen von Zumutbarkeitserwägungen scheidet damit aus.[163] Vielmehr ist im Zweifel die Auslegung maßgebend, durch die der Vertragspartner des Verwenders begünstigt wird.[164]

Für den Kündigungstatbestand des § 9 Abs. 1 Nr. 2 bedeutet das, je nachdem 95
wer Verwender ist, dass § 9 Abs. 1 Nr. 2 unwirksam ist (Auftragnehmer = Verwen-

---

[158] BGH 27.6.1985 – VII ZR 23/84, NJW 1985, 2475; BGH 22.3.1984 – VII ZR 50/82, NJW 1984, 1676; OLG Düsseldorf 29.8.1997 – 22 U 22/97, NJW-RR 1998, 739.
[159] BGH 21.10.1999, VII ZR 185/98, NJW 2000, 1336, 1337; BGH 27.6.1985 – VII ZR 23/84, NJW 1985, 2475.
[160] OLG Celle 15.10.1992, 22 U 191/91, BauR 1994, 629, IBR 1994, 319.
[161] → Zur Inhaltskontrolle s. Rn. 28 ff.
[162] Hierzu u.a. BGH 30.3.2017 – VII ZR 170/16, NJW 2017, 1941 Rn. 17; BGH 8.10.1987 – VII ZR 185/86, NJW 1988, 258 (259); BGH 19.1.2023 – VII ZR 34/20, NJW 2023, 1356 Nr. 27.
[163] aA Kapellmann/Messerschmidt/von Rintelen VOB/B § 9 Rn. 47.
[164] BGH 5.5.2022 – VII ZR 176/20, NJW 2022, 2467.

§ 9

der) oder aber dem Auftraggeber allenfalls im absoluten Ausnahmefall noch der Einwand verbleibt, die **Kündigung** sei **rechtsmissbräuchlich**.

96 Aus den Geboten von Treu und Glauben folgt eine allen Rechten, Rechtslagen und Rechtsnormen **immanente Inhaltsbegrenzung**.[165] Welche Anforderungen sich aus den Geboten von Treu und Glauben ergeben, lässt sich dabei nur unter Berücksichtigung der Umstände des Einzelfalls entscheiden. Vor diesem Hintergrund haben sich typisierende **Fallgruppen** herausgebildet, ohne dass diese immer trennscharf voneinander abgegrenzt werden könnten; *Unredlicher Erwerb der eigenen Rechtsstellung, Verletzung eigener Pflichten, Fehlen eines schutzwürdigen Eigeninteresses, geringfügige Interessenverletzung bzw. Unverhältnismäßigkeit und widersprüchliches Verhalten.* Rechtsmissbräuchlichkeit begründet, wenn schon der Rechtserwerb anstößig ist, eine rechtshindernde Einwendung, sonst eine rechtsvernichtende **Einwendung** und ist daher, wenn die die relevanten Tatsachen in den Prozess eingeführt sind, von Amts wegen zu beachten.[166] Greift die Einwendung, besteht der Anspruch bzw. das Recht nicht und kann daher nicht ausgeübt werden; **Rechtsfolge**.[167] Maßgeblicher **Beurteilungszeitpunkt** ist die Geltendmachung des Rechts, im Rechtsstreit die letzte Tatsachenverhandlung.[168] Eine Änderung der Umstände kann daher sowohl den ursprünglich gegeben Einwand der rechtsmissbräuchlichen Ausübung wieder entfallen lassen[169] oder aber dazu führen, dass eine zunächst zulässige Rechtsausübung missbräuchlich wird.[170]

97 Im Rahmen der Kündigungsgründe nach § 9 Abs. 1 dürfte vor allem die Fallgruppe der Rechtsmissbräuchlichkeit aufgrund lediglich **geringfügiger Interessenverletzung** bzw. **Unverhältnismäßigkeit** von Relevanz sein. Ein Rechtsmissbrauch wird nur dann anzunehmen sein, wenn an einen geringfügigen, im Ergebnis folgenlos gebliebenen Verstoß weitreichende und eindeutig unangemessene Rechtsfolgen geknüpft werden.[171] Denn es gibt keinen allgemeinen Rechtsgrundsatz, nach dem lediglich geringfügige Pflichtverletzungen ohne Rechtsfolgen bleiben müssten und auch keinen, nach dem die Rechtsfolgen einer Pflichtverletzung im angemessen Verhältnis zu deren Schwere stehen müssten.

98 In diesem Sinne kann der Ausübung des Kündigungsrechts nicht ohne weiteres entgegengehalten werden, dass es sich mit der Kündigung um die vertragsrechtlich **maximale Sanktion** handelt. Vielmehr hängt die Kündigung bei Vorliegen eines vertraglichen Kündigungstatbestandes grundsätzlich nicht davon ab, dass zusätzlich noch besondere Umstände vorliegen, die ein Festhalten am Vertrag unzumutbar machen, weil die Parteien gerade durch die Benennung der Kündigungsgründe zum Ausdruck gebracht haben, dass bei Vorliegen des Kündigungstatbestandes eine Vertragsbeendigung zulässig sein soll, ohne dass eine weitere Interessenabwägung stattfinden muss.[172] Allerdings kann der Auftragnehmer dennoch darauf zu verweisen sein, dass ihm bei einem Zahlungsverzug gemäß § 16 Abs. 5 Nr. 4, 5

---

[165] BGH 18.3.2021 – VIII ZR 305/19, NZM 2021, 463 Rn. 81; BGH 27.2.2018 – VI ZR 109/17, NJW 2018, 1756 Rn. 20.
[166] StRspr s. nur BGH 25.5.2011 – IV ZR 191/09 NJW 2011, 3149 Rn. 7.
[167] MüKoBGB/Schubert BGB § 242 Rn. 165.
[168] Grüneberg/Grüneberg BGB § 242 Rn. 38.
[169] BGH 8.10.1969 – I ZR 7/68, NJW 1970, 141 (142).
[170] BGH 28.3.2006 – XI ZR 425/04, NJW-RR 2006, 1277 (1280).
[171] BGH 19.12.1979 – VIII ZR 46/79, NJW 1980, 1043 (1044).
[172] BGH 10.11.2010 – VIII ZR 327/09, NJW 2011, 608 Rn. 22; BGH 7.7.1988 – I ZR 78/87, NJW-RR 1988, 1381.

als **milderes Mittel** die Befugnis zusteht, die **Leistung** zu **verweigern** sowie Verzugszinsen und ggf. auch weitergehenden Schadensersatz zu fordern.[173] Insoweit stehen dem Auftragnehmer weniger schwerwiegende Maßnahmen zur Verfügung, die zunächst anstelle der Ausübung der Kündigung ergriffen werden können.[174] Nach einem weiteren Zuwarten und der Setzung einer Nachfrist dürften aber auch diese Maßnahmen nicht mehr zu ergreifen sein. Dies zumal die Kündigung nach § 9 Abs. 2 erst die Folge einer Abhilfeaufforderung sein kann, dem Auftraggeber also zuvor schon einmal eine zweite Chance eingeräumt wurde.

Zurückhaltung kann, auf Grund von im Einzelfall gegebenen Besonderheit, zudem bei ausstehenden **Minimalbeträgen** geboten sein, etwa wenn lediglich 2 %[175]–4 %[176] der berechtigten Forderung – Bezugsgröße muss im Regelfall die gesamte Vergütungsforderung sein – und nur geringfügig verspätet geleistet werden.[177]

C. Formelle Voraussetzungen der Kündigung (Abs. 2)

§ 9 Abs. 2 stellt mehrere formelle Voraussetzungen auf, bei deren Missachtung eine Kündigungserklärung im Zweifel wirkungslos ist. Zwingend ist insoweit, dass das sog. **„Vorverfahren"** eingehalten wird, also dem Auftraggeber durch eine qualifizierte Abhilfeaufforderung die Möglichkeit eingeräumt wird, den angezeigten Kündigungsgrund auszuräumen.

Es ist anzunehmen, dass § 9 Abs. 2 nicht nur für die in § 9 Abs. 1 genannten Fallgruppen, sondern auch **bei allen anderen außerordentlichen Kündigungen des Auftragnehmers anzuwenden** ist.[178] Der Streit kann aber weitestgehend dahinstehen. Da § 9 den Auffangtatbestand der Kündigung aus wichtigem Grund nicht verdrängt,[179] ergänzen sich § 9 und § 648a BGB, ohne zu konkurrieren. So schafft insbesondere der Verweis auf § 314 Abs. 2, 3 BGB in § 648a Abs. 3 BGB eine zu § 9 Abs. 2 bei fast allen anderen außerordentlichen Kündigungen des Auftragnehmers nahezu identische Rechtslage. Findet § 650h Anwendung, bedarf die Kündigung schon von Gesetzes wegen der Schriftform, womit § 126 BGB gilt (und nicht § 127 BGB!). Dem § 9 Abs. 2 S. 1 VOB/B kommt daneben dann nur eine klarstellende Funktion zu, weil gesetzliche Formvorschriften nicht

---

[173] Vgl. Beck VOB/B, VOB/B vor § 9 Rn. 21; Kapellmann/Messerschmidt/von Rintelen VOB/B § 9 Rn. 43.
[174] Vgl. OLG Brandenburg 31.5.2017 – 4 U 188/15, BeckRS 2017, 113420 Rn. 52 ff. = BKR 2018, 22.
[175] OLG München 1.12.2003 – 13 U 3707/03, NJW-RR 2004, 1140 (1141), Rechtsmissbräuchlichkeit bejaht, weil lediglich 2 % (500 DM von 25.000 DM) ca. 13 Tage verspätet eingezahlt wurden, weil der Schuldner sich bei der Überweisung vertippt hatte.
[176] Vgl. BGH 8.7.1981 – VIII ZR 247/80, NJW 1981, 2686 (2687), Rechtsmissbräuchlichkeit verneint, weil der Schuldner die letzte Rate von 4 % der Vergleichssumme am festgesetzten Tag schuldhaft nicht gezahlt hat.
[177] Vgl. Leinemann NJW 1998, 3672 (3675), 3–5 % der Auftragssumme als Erheblichkeitsschwelle für die Zulässigkeit einer Leistungsverweigerung bei ausstehender Nachtragsvereinbarung.
[178] Dafür: Bolz/Jurgeleit/Jahn VOB/B § 9 Rn. 81; Kapellmann/Messerschmidt/von Rintelen VOB/B § 9 Rn. 61; vgl. Messerschmidt/Voit/Voit VOB/B § 9 Rn. 7; Dagegen: Beck VOB/B/Bolz VOB/B § 9 Abs. 2 Rn. 2.
[179] → Rn. 15 ff.

dispositiv sind.[180] Eine Ausnahme könnte § 643 S. 2 BGB bilden; keine Kündigungserklärung notwendig und daher auch formlos. Allerdings wird das gesetzliche Kündigungsrecht nach § 643 BGB durch § 9 insgesamt verdrängt.[181] Als Ausnahme verblieben damit Fälle einer Zerrüttung oder anderer schwerwiegenden Vertragsverletzungen, die ohne weiteres zur Kündigung berechtigen. Sollte wegen § 9 Abs. 2 auch insoweit ein Zwang zur Durchführung des sog. „Vorverfahrens" anzunehmen sein, ist dies hinnehmbar.[182]

I. § 9 Abs. 2 S. 2 – qualifizierte Abhilfeaufforderung; angemessene Frist

102 Bevor der Auftragnehmer eine Kündigung erklären kann, hat er den Auftraggeber hinsichtlich eines gegenständlichen Kündigungsgrundes zur Abhilfe aufzufordern. Dies unter Androhung der Kündigung für den Fall, dass eine (angemessene) Frist zur Abhilfe erfolglos verstreicht.

103 **1. Qualifizierte Abhilfeaufforderung.** Bevor der Auftragnehmer den Vertrag kündigen darf, hat er den Auftraggeber dazu aufzufordern, das vertragswidrige Verhalten abzustellen, und die Kündigung als Konsequenz des Ausbleibens anzudrohen; **Qualifizierte Abhilfeaufforderung.**

104 Die qualifizierte Abhilfeaufforderung kann **formlos** erfolgen, § 9 Abs. 2 sieht das Schriftformerfordernis nur für die Kündigungserklärung selbst vor. Aufgrund der Tragweite der Erklärung und der an sie ggf. zu knüpfenden Folgen ist eine Dokumentation wie durch die Wahrung der Schriftform durchaus ratsam.

105 Bei der Abhilfeaufforderung handelt es sich um eine empfangsbedürftige **Willenserklärung.** In Abgrenzung zu einer bloßen Wissenserklärung wird mit der Willenserklärung ein Tun oder Unterlassen verlangt,[183] hier verbunden mit einer Nachteilsandrohung. Die Aufforderung geht also in ihrem Inhalt über eine bloße Anzeige hinaus: Einmal wird nur ein Hinweis gegeben, einmal wird eine Reaktion gefordert.

106 Die Abhilfeaufforderung muss **hinreichend bestimmt** sein. Bei Setzen der Abhilfefrist bzw. in der Abmahnung muss die Störung oder das Verhalten des Auftraggebers, das der Auftragnehmer als vertragswidrig ansieht, so genau bezeichnet werden, dass der Auftraggeber sich danach richten kann; Die Erklärung muss also die Aufforderung enthalten, der konkreten Pflicht nachzukommen bzw. das pflichtwidrige Verhalten zu unterlassen.[184]

107 Die an einen **Inhalt der Abhilfeaufforderung** zu stellenden Anforderungen sind wechselhaft. Vom Ergebnis her gedacht: Der Aufforderung kommt eine

---

[180] BGH 8.5.2003 – VII ZR 216/02, NJW 2003, 2448 (2449); BGH 7.6.1995 – VIII ZR 125/94, NJW 1995, 2217, (2217); BGH 8.7.1981 – VIII ZR 247/80, NJW 1981, 2686 (2687).
[181] Kapellmann/Messerschmidt/von Rintelen VOB/B § 9 Rn. 6; Beck VOB/B, VOB/B vor § 9 Rn. 15; BeckOK BauVertrR/Sienz BGB § 643 Rn. 19; Bolz/Jurgeleit/Jahn VOB/B § 9 Rn. 12; Ingenstau/Korbion/Joussen VOB/B § 9 Rn. 5.
[182] → Rn. 42.
[183] MüKoBGB/Armbruster BGB vor § 116 Rn. 16.
[184] BGH 16.12.1998 – VIII ZR 381/97, NJW-RR 1999, 539 (560); OLG Düsseldorf 19.11.2014 – 18 U 26/10, BeckRS 2014, 124316 Rn. 55 ff.; OLG Rostock 24.5.2016 – 4 U 136/12, BeckRS 2016, 122052 Rn. 161.

Warn- und Schutzfunktion zu.[185] Der Erklärungsinhalt der Abhilfeaufforderung ist der Auslegung nach §§ 133, 157 BGB zugänglich. Mit der Aufforderung ist demnach mit für den Empfänger hinreichender Klarheit zu behaupten und zu schildern, dass und welche Behinderung oder Pflichtverletzung vorliegt. Die Anforderungen an die Aufforderung dürfen also nicht überspannt werden. Ausreichend sind vielmehr Angaben, die spezifisch genug sind, um dem Auftraggeber das Erkennen der Ursache und gegebenenfalls die Einleitung von Abhilfemaßnahmen zu ermöglichen. Hierzu kann selbstverständlich Bezug auf vorangegangene Korrespondenz genommen werden.[186] Die Nennung von expliziten Daten ist nur erforderlich, wenn sie zur Identifizierung auch tatsächlich erforderlich ist.

Die Abhilfeaufforderung muss zudem insoweit **„qualifiziert"** sein, als dass sie 108 sich nicht lediglich auf die Beanstandung des vertragswidrigen Verhaltens beschränkt, sondern auch die maximale vertragsrechtliche Konsequenz – die Beendigung des Vertrags durch Kündigung – hinreichend deutlich aufzeigt. Die Aufforderung zur Vornahme der Mitwirkungshandlung oder Leistung, um den Verzug zu beenden, soll eine Warnfunktion erfüllen. Die Einhaltung der Abmahnung im Sinne einer hinreichend deutlichen Kündigungsandrohung ist Voraussetzung für die Berechtigung zur Kündigung. Die Kündigungsandrohung kann im Fall des § 9 Abs. 1 Nr. 2 mit der verzugsbegründenden Mahnung verbunden werden.[187]

Da es sich bei der Abhilfeaufforderung um eine empfangsbedürftige Willenserklä- 109 rung handelt, ist ihr Erklärungsinhalt der Auslegung zugänglich, §§ 133, 157 BGB. Daher muss für eine ausreichende Androhung, was dennoch zu empfehlen ist, das Wort „Kündigung" nicht zwingend verwendet werden. Für den Auftraggeber als Empfänger der Erklärung muss so oder so am Ende deutlich werden, dass die weitere vertragliche Zusammenarbeit **auf dem Spiel steht,** er für den Fall der Nichtabhilfe mit einer Kündigung zu rechnen hat.[188] Die Abmahnung darf sich also nicht nur als **„leere Drohung"** darstellen. Regelmäßig nicht ausreichend sind dabei Erklärungen, nach denen bei Fristablauf eine „Vertragsbeendigung in Erwägung gezogen"[189] werden oder „entsprechende weitere Schritte"[190] vorbehalten bleiben sollen.

Gründe, die der Auftragnehmer kennt und ggf. auch schon abgemahnt hat, 110 können in Einzelfällen **„verbraucht"** sein.[191] Ist dies ausnahmsweise anzunehmen, der Verstoß zugleich aber noch nicht abgestellt, ist eine erneute qualifizierte Abhilfeaufforderung nötig, wenn der Auftragnehmer kündigen will.

2. Angemessene Frist. Zusammen mit der Abhilfeaufforderung hat der Auf- 111 tragnehmer dem Auftraggeber eine angemessene Frist zu setzen.

Eine Frist ist ein Zeitraum, dessen Ende unmittelbar durch Angabe eines 112 Termins oder mittelbar durch Angabe einer Anzahl von Zeiteinheiten (meist Tage, Wochen oder auch Stunden) bestimmt ist. Die Fristsetzung sollte daher einen bestimmten Endtermin ausweisen oder zumindest durch Angaben eines Zeitraums

---

[185] Vgl. für die Behinderungsanzeige: BGH 21.10.1999 – VII ZR 185/98, NJW 2000, 1336 (1337).
[186] Kapellmann/Messerschmidt/von Rintelen VOB/B § 9 Rn. 65.
[187] Messerschmidt/Voit/Voit VOB/B § 9 Rn. 6.
[188] vgl. BGH 12.10.2011 – VIII ZR 3/11, NJW 2012, 53 Rn. 17 f.
[189] Leinemann/Kues/Schonebeck BGB § 643 Rn. 6.
[190] OLG Brandenburg 17.6.2010 – 12 U 21/10, NJW-RR 2010, 1670 (1671).
[191] → Rn. 133.

bestimmbar machen, §§ 133, 157 BGB; bspw. *„bis zum 21.12.2024", „bis zum kommenden Donnerstag", „bis Ende des Monats", „bis morgen, 12:00 Uhr"* oder *„binnen zwei Wochen"*. Für die Wirksamkeit der Fristsetzung ist eine Bestimmung der maßgeblichen Zeitspanne nach dem Kalender oder in konkreten Zeiteinheiten allerdings nicht erforderlich.[192] Es genügt, wenn durch das Verlangen nach *„sofortiger"*, *„unverzüglicher"* oder *„umgehender"* Leistung oder durch vergleichbare Formulierungen hinreichend deutlich gemacht wird, dass für die Erfüllung nur ein begrenzter (bestimmbarer) Zeitraum zur Verfügung steht. Die Frist beginnt mit Zugang der Abhilfeaufforderung zu laufen. Für die Fristberechnung gelten die §§ 186 ff. BGB.

113 **Angemessen ist eine Frist,** wenn sie auch eine tatsächliche Chance zur Abhilfe eröffnet. Der Auftraggeber muss in die Lage versetzt werden, die von ihm verlangte Leistung innerhalb der gesetzten Frist unter größten Anstrengungen rechtzeitig abzuschließen.[193] Maßgeblich für die Angemessenheit sind letztlich sämtliche Umstände des Einzelfalles, die insgesamt für die Beurteilung der Angemessenheit nach diesem Bewertungskriterium von Bedeutung sind. Im Rahmen der Prüfung der Angemessenheit ist zu berücksichtigen, dass davon auszugehen ist, dass die verlangte Leistung bereits begonnen oder jedenfalls vorbereitet worden ist.[194] Die Frist hat nicht den Zweck, den anderen Vertragsteil in die Lage zu versetzen, nun erst die Bewirkung seiner Leistung in die Wege zu leiten, sondern sie soll ihm eine letzte Gelegenheit geben. Setzt der Auftragnehmer eine **Frist zur Zahlung** einer fälligen Forderung, ist für die Bewertung der Angemessenheit der Frist darauf abzustellen, dass der Auftraggeber nur noch den Zahlungsvorgang selbst auslösen muss,[195] weswegen etwaiger Zeitaufwand für die Beschaffung von Zahlungsmitteln irrelevant ist. Für die Leistungen von ausstehenden Zahlungen kann eine Frist von zwei Tagen für ausreichend sein.[196] Die angemessene **Frist zur Nachholung einer Mitwirkungshandlung** ist so zu bemessen, dass ausschließlich die Nachholung einer zu diesem Zeitpunkt schon versäumten Handlung möglich ist (Die Zeit, in der eine fehlende Freigabe erklärt oder eine fehlende Genehmigung übergeben werden kann). Die Angemessenheit ist keineswegs mit der ab dem Zeitpunkt der Aufforderung für die Bewirkung der Mitwirkungshandlung noch erforderlichen Zeit gleichzusetzen.[197] Anderenfalls würde dem Auftraggeber eingeräumt, erst dann mit der Vorbereitung von Mitwirkungshandlungen zu beginnen, wenn sie abgefordert werden, obwohl sie im Zweifel schon zum Vertragsschluss oder dem hiernach vorgesehenen Baubeginn erfolgt sein sollten. Das Risiko einer zeitlichen Fehleinschätzung trägt der Auftraggeber.[198] Sollte

---

[192] BGH 13.7.2016 – VIII ZR 49/15, NJW 2016, 3654 Rn. 25; BGH 18.3.2015 – VIII ZR 176/14, NJW 2015, 2564 Rn. 11; BGH 12.8.2009 – VIII ZR 254/08, NJW 2009, 3153.

[193] BGH 23.2.2006 – VII ZR 84/05, NZBau 2006, 371 (374); BGH 11.6.1964 – VII ZR 216/62, BeckRS 2016, 18954; OLG Düsseldorf 10.5.2016 – I-21 U 180/15, BeckRS 2016, 126943 Rn. 41 = BauR 2018, 834; OLG Düsseldorf 19.11.2014 – 18 U 26/10, BeckRS 2014, 124316 Rn. 59 = IBR 2019, 262.

[194] BGH 10.21982 – VIII ZR 27/81, NJW 1982, 1279 (1280); OLG Frankfurt 18.2.2021 – 22 U 103/19, BeckRS 2021, 56327 Rn. 38 = IBR 2022, 560.

[195] BGH 21.6.1985 – V ZR 134/84, NJW 1985, 2640 (2641).

[196] OLG Köln 22.3.2012 – 19 U 162/11, BeckRS 2014, 8712.

[197] Schmitz BauR 2024, 179 (197); BeckOK BauVertrR/Sienz, BGB § 643 Rn. 6a; aA Eufinger/Jahn/Mechnig, BauR 2021, 1362.

[198] Kapellmann/Messerschmidt/von Rintelen VOB/B § 9 Rn. 66a.

eine Frist für ihn erkennbar zu kurz bemessen sein oder unerwartete Hindernisse auftreten, hat er dies dem Auftragnehmer mitzuteilen.

Ist die Frist **zu kurz bemessen,** ist die Erklärung nicht wirkungslos. Stattdessen 114 wird im absoluten Regelfall eine angemessene Frist in Gang gesetzt.[199] Ausnahmsweise gilt etwas anderes, wenn die Nachfrist nur zum Schein gesetzt wurde oder der Auftragnehmer zu erkennen gegeben hat, er werde die Leistung keinesfalls annehmen, selbst wenn sie innerhalb einer angemessenen Frist erbracht werden sollte.[200]

Wenn die Durchführung des „Vorverfahrens" nicht zwingend ist,[201] kann die 115 **Nachfristsetzung** im Einzelfall nach §§ 314 Abs. 2 S. 2, 323 Abs. 2 Nr. 1 und 2 BGB oder § 314 Abs. 2 S. 3 BGB **entbehrlich** sein. Dies ist der Fall, wenn entweder eine ernsthafte und endgültige Weigerung des Auftraggebers vorliegt, die zu fordernde Handlung vorzunehmen.[202] Dies ist der auch Fall, wenn bereits jetzt feststeht, dass die Nachholung der Leistung innerhalb der angemessenen Frist dem Auftraggeber gar nicht mehr möglich ist bzw. er die Erfüllung endgültig erst für einen späteren Zeitpunkt ankündigt.[203] Eine Entbehrlichkeit wird aber nur im Einzelfall anzunehmen sein. So sind an die Voraussetzungen einer endgültigen Erfüllungsverweigerung strenge Anforderungen zu stellen, wobei die bloße Leistungsablehnung unter Darlegung der dafür maßgebenden tatsächlichen oder rechtlichen Erwägungen dazu allein noch nicht ausreichend ist.[204]

II. § 9 Abs. 2 S. 1 – Kündigungserklärung

Will der Auftragnehmer den Vertrag nach Ablauf der angemessenen Frist zur 116 Abhilfe tatsächlich kündigen, hat er die Kündigung gegenüber dem Auftraggeber zu erklären. Aus der Erklärung muss der Beendigungswille erkennbar sein. Sie ist schriftlich zu erklären. Die Möglichkeit zur Kündigung besteht für den Auftragnehmer im Zeitraum zwischen Vertragsschluss und, mindestens bis zum Ende des Erfüllungsstadiums, richtigerweise sogar bis zum Ende des Abrechnungsstadiums. Gründe müssen nicht angegeben werden. Solange sie im Zeitpunkt der Kündigung objektiv vorgelegen haben, können Gründe auch nachgeschoben werden. Im Übrigen muss der Auftragnehmer nicht stets den gesamten Vertrag kündigen, sondern kann die Kündigung auf abgrenzbare Teile des geschuldeten Werks beschränken.

1. Abgabe und Zugang der Erklärung. Die Kündigung muss **durch den** 117 **Auftragnehmer** oder einen bevollmächtigten Vertreter erklärt werden. Bauleiter, Polier oder andere Mitarbeiter und auch sonstige Dritte sind ohne entsprechende

---

[199] StRspr BGH, u. a. 10.2.1982 – VIII ZR 27/81, NJW 1982, 1279; MüKoBGB/Gaier BGB § 314 Rn. 37.

[200] StRspr BGH, u. a. BGH 21.61985 – V ZR 134/84, NJW 1985, 2640 (2640).

[201] → Rn. 42.

[202] BGH 10.6.1974 – VII ZR 30/73, NJW 1974, 1467; OLG Stuttgart 30.12.2020 – 10 U 202/20, BeckRS 2020, 57182 Rn. 21 = IBR 2022, 506; OLG Rostock 24.5.2016 – 4 U 136/12, BeckRS 2016, 122052 Rn. 182.

[203] BGH 19.9.1983 – VIII ZR 84/82, NJW 1984, 48 (49); BGH 25.2.1971 – VII ZR 102/69, NJW 1971, 798 (798); OLG Bamberg 19.12.2022 – 4 U 508/21, BeckRS 2022, 40186 Rn. 41.

[204] BGH 12.1.1993 – X ZR 63/91, NJW-RR 1993, 882 (883); OLG Köln 3.11.2022 – 20 U 320/22, BeckRS 2022, 55743 Rn. 13; OLG Stuttgart 30.11.2021 – 10 U 58/21, BeckRS 2021, 41917 Rn. 127.

Vollmacht des Auftragnehmers nicht zur Kündigung des Vertrags befugt. Aus § 4 Abs. 1 Nr. 3 S. 2 folgt allenfalls eine Empfangsvollmacht, nicht jedoch eine Vollmacht zur Abgabe von Erklärungen.[205] Der Auftragnehmer kann Erklärungen von nicht bevollmächtigten Dritten jedoch gemäß §§ 180 S. 2, 177, 184 BGB genehmigen, wenn sie nicht vorher vom Auftraggeber nach § 174 BGB unverzüglich zurückgewiesen wurden.

118 Richtiger **Adressat** ist der Auftraggeber selbst oder ein von ihm zur Entgegennahme vertraglicher Erklärungen des Auftragnehmers bevollmächtigter Dritter. Ein bauleitender Architekt ist nicht ohne weiteres Vertreter des Auftraggebers. Auch über die sog originäre Architektenvollmacht[206] wird ein bauleitender Architekt grundsätzlich weder zum Empfangsvertreter nach § 164 Abs. 3 BGB noch zum Empfangsboten des Auftraggebers.[207] Dies mag sich jedoch über die Dauer eines Vorhabens ändern, wenn die Rolle des Sachwalters mehr und mehr ausgefüllt wird. Selbstverständlich können die genannten und auch sonstige Dritten als Erklärungsboten für den Auftragnehmer fungieren. Dann geht die Kündigung nur und erst zu, wenn sie richtig an den Auftraggeber oder seinen Bevollmächtigten ausgehändigt wird.[208]

119 Die Kündigung ist eine empfangsbedürftige Willenserklärung.[209] Rechtswirkungen entfaltet sie daher erst mit **Zugang** gem. § 130 Abs. 1 S. 1 BGB. Zugegangen ist eine Willenserklärung, wenn sie so in den Machtbereich des Empfängers gelangt ist, dass dieser unter normalen Verhältnissen die Möglichkeit hat, vom Inhalt der Kündigungserklärung Kenntnis zu nehmen.[210] Eine E-Mail, die im unternehmerischen Geschäftsverkehr innerhalb der üblichen Geschäftszeiten auf dem Mailserver des Empfängers abrufbereit zur Verfügung gestellt wird, ist dem Empfänger grundsätzlich in diesem Zeitpunkt zugegangen.[211]

120 **2. Bestimmtheit der Erklärung; Umdeutung der Erklärung.** § 9 Abs. 2 S. 1 VOB/B stellt **keine Vorgaben** an den notwendigen Inhalt der Kündigungserklärung auf. Daher gelten die allgemeinen Maßgaben für empfangsbedürftige Willenserklärungen. Die Erklärung ist hierbei unter Berücksichtigung des Einzelfalls auszulegen.[212] Aus der Kündigungserklärung muss dabei der Wille des Auftragnehmers, das Vertragsverhältnis zu **beenden zu wollen,** in einer für den objektiven Empfänger erkennbaren Art und Weise klar zum Ausdruck kommen. In diesem Sinne bei Abgabe der Kündigungserklärung muss der Begriff „Kündigung" nicht unbedingt verwendet werden,[213] obgleich seine Verwendung sehr empfehlenswert ist.

121 Die Kündigungserklärung ist als **Gestaltungserklärung** bedingungsfeindlich, grundsätzlich unwiderruflich und verträgt auch keinen Schwebezustand. Verlet-

---

[205] Vgl. Beck VOB/B/Bolz VOB/B § 9 Abs. 2 Rn. 15.
[206] Zum Begriff s. OLG Frankfurt a.M. 21.9.2011 – 1 U 154/10, NZBau 2012, 110 (112).
[207] Bolz/Jurgeleit/Jahn VOB/B § 9 Rn. 110; Beck VOB/B/Bolz VOB/B § 9 Abs. 2 Rn. 17.
[208] Grüneberg/Ellenberger § 130 Rn. 30 aE.
[209] Grüneberg/Ellenberger Überbl § 104 Rn. 17.
[210] BAG 8.12.1983 – 2 AZR 337/82, NJW 1984, 1651.
[211] BGH 6.10.2022 – VII ZR 895/21, NJW 2022, 3791 Rn. 19.
[212] OLG Rostock 14.3.2017 – 4 U 155/12, BeckRS 2017, 111898 Rn. 19 = IBR 2017, 367.
[213] Statt aller: Kapellmann/Messerschmidt/von Rintelen VOB/B § 9 Rn. 73.

zungsfolge ist die Nichtigkeit der Erklärung. Die Verwendung des Zusatzes *„Vorab per Fax [...] Per Einschreiben mit Rückschein"* kann hinsichtlich der „vorab" versandten Erklärung zu Zweifeln an einem unbedingten Beendigungswillen führen, weil dann fraglich ist, ob mit der „vorab" versandten Erklärung bereits der Zugang der Kündigungserklärung gemäß § 130 Abs. 1 S. 1 BGB hergestellt werden sollte, oder ob diese lediglich der „Vorab"-Information diente, wofür der Wortlaut zunächst spricht.[214]

Genügt die Erklärung den an sie zu stellenden Anforderungen nicht, ergibt sich insbesondere kein unbedingter Wille zur Beendigung des Vertrages, kann hierin ein **Antrag auf Aufhebung** des Vertragsverhältnisses liegen, §§ 133, 157 BGB. Letztlich kann hierüber aber nur in Fällen befunden werden, in denen sich der Kündigungsempfänger auf den Antrag einlässt und zu erkennen gibt, dass auch er von einer Beendigung des Vertragsverhältnisses ausgeht.[215]

122

3. Form der Erklärung; Schriftform. § 9 Abs. 2 S. 1 sieht für die Kündigungserklärung vor, dass sie **schriftlich** zu erklären ist.

123

Für die Bedeutung dieser Regelung ist festzustellen, ob der gegenständliche Vertrag ein Bauvertrag im Sinne des § 650a BGB ist bzw. ob **§ 650h BGB** auf das Vertragsverhältnis Anwendung findet. Findet § 650h Anwendung, bedarf die Kündigung schon von Gesetzes wegen der Schriftform, womit § 126 BGB gilt (und nicht § 127 BGB!). Dem § 9 Abs. 2 S. 1 VOB/B kommt daneben dann nur eine klarstellende Funktion zu, weil gesetzliche Formvorschriften nicht dispositiv sind.[216] Findet § 650h keine Anwendung, handelt es sich bei der Schriftform nach § 9 Abs. 2 S. 1 VOB/B um eine gewillkürte Form im Sinne des § 127 BGB.

124

Gemäß dem **gesetzlichen Schriftformerfordernis** ist die Kündigungserklärung vom Aussteller eigenhändig durch Namensunterschrift oder mittels notariell beglaubigten Handzeichens zu unterzeichnen, § 126 Abs. 1 BGB. Die Namensunterschrift soll die Person des Ausstellers erkennbar machen, um damit die Echtheit des Inhalts zu sichern, weswegen eine Unterschrift erforderlich ist, die den Betreffenden ausreichend individualisiert.[217]

125

Da sich aus § 650h BGB nichts anderes ergibt, kann die gesetzliche Schriftform gemäß § 126 Abs. 3 BGB auch durch die **elektronische Form** ersetzt werden. Dabei muss der Kündigungserklärung gemäß § 126a Abs. 1 BGB der Name des Ausstellers bzw. des Erklärenden[218] hinzugefügt werden und dieser das elektronische Dokument mit seiner qualifizierten elektronischen Signatur versehen.[219] Eine qualifizierte elektronische Signatur setzt danach eine elektronische Signatur (Art. 3 Nr. 10 eIDAS-VO) voraus, die die Merkmale einer fortgeschrittenen elektronischen Signatur (Art. 3 Nr. 11 eIDAS-VO, Art. 26 eIDAS-VO) aufweist und überdies die Sicherheitsanforderungen an eine qualifizierte elektronische Signatur (Art. 3 Nr. 15, Nr. 23 eIDAS-VO) erfüllt.[220]

126

---

[214] OLG Koblenz 3.12.2021 – 3 U 2206/19, IBRRS 2024, 1238.

[215] BGH 4.6.1973 – VII ZR 113/71, NJW 1973, 1463; OLG Köln 28.5.2003 – 11 U 150/01, BeckRS 2010, 4052.

[216] BGH 7.6.1995 – VIII ZR 125/94, NJW 1995, 2217, (2217).

[217] MüKoBGB/Einsele BGB § 126 Rn. 17.

[218] MüKoBGB/Einsele BGB § 126a Rn. 5.

[219] Grüneberg/Ellenberger BGB § 126a Rn. 2f. vgl. BGH 9.11.2007 – V ZR 25/07, NJW 2008, 506 (507).

[220] MüKoBGB/Einsele BGB § 126a Rn. 7ff.

127 Dem gewillkürten **(vereinbarten) Schriftformerfordernis** wird dann entsprochen, wenn der Aussteller das Kündigungsschreiben eigenhändig unterschreibt, § 127 Abs. 1 iVm § 126 Abs. 1 BGB. Notwendig ist das aber nicht. Denn beim gewillkürtem Schriftformerfordernis genügt, soweit nicht ein gegenteiliger Parteiwille anzunehmen ist, die telekommunikative Übermittlung der Erklärung, § 127 Abs. 2 BGB. Ausreichend hierfür sind u.a. Telefax,[221] Computerfax[222] oder eine E-Mail;[223] Nicht hingegen eine WhatsApp-Nachricht.[224] Für einen anderen Willen in diesem Sinne ist diejenige Partei darlegungs- und beweisbelastet, die sich auf das „echte" Schriftformerfordernis beruft.[225] Für die **Wahrung der gewillkürten Schriftform** ist lediglich eine in Schriftzeichen lesbare verkörperte und zur dauerhaften Wiedergabe geeignete Erklärung notwendig, aus der sich unzweideutig ergibt, wer sie abgegeben hat.[226] Da § 127 Abs. 2 S. 1 BGB vom Erfordernis der eigenhändigen Unterschrift befreit, genügen daher auch mechanisch hergestellte Unterschriften (also etwa Stempel oder Druck) dem rechtsgeschäftlich vereinbarten Schriftformerfordernis.[227] Ein Sendebericht, der den **Zugang** der Faxnachricht ausweist (OK-Vermerk), begründet keinen Anscheinsbeweis, sondern nur ein Indiz dafür, dass die Erklärung auch tatsächlich zugegangen ist.[228] Die Versendung einer „einfachen" E-Mail begründet keinen Anscheinsbeweis;[229] Anders bei Rückerhalt einer Eingangs- und/oder Lesebestätigung.[230] Eine E-Mail, die im unternehmerischen Geschäftsverkehr innerhalb der üblichen Geschäftszeiten auf dem Mailserver des Empfängers abrufbereit zur Verfügung gestellt wird, ist dem Empfänger grundsätzlich in diesem Zeitpunkt zugegangen.[231]

128 Beachtlich ist damit, dass bei Geltung des gesetzlichen Schriftformerfordernisses eine Übermittlung der Kündigungserklärung auf telekommunikativem Wege, per einfacher E-Mail mit angehängter pdf-Datei, nicht ausreicht.[232] Selbiges muss bei dem Upload eines Dokuments auf eine Projektplattform gelten. Zwar ist die Vereinbarung der Nutzung einer Projektplattform im Zweifel als Vereinbarung einer gewillkürten Form zu deuten. Gesetzliche Formvorschriften sind aber nicht dispositiv,[233] weswegen von § 650h BGB nicht abgewichen werden kann.

129 Egal ob das gesetzliche oder das gewillkürte Schriftformerfordernis greift, ist eine Kündigungserklärung bei Nichteinhaltung der Form regelmäßig **formnichtig**. Bei Anwendung der gesetzlichen Schriftform folgt dies aus der Zweifelsrege-

---

[221] BGH 22.4.1996 – II ZR 65/95, NJW-RR 1996, 866 (867); OLG Brandenburg 22.6.2011 – 4 U 165/10, NJW-RR 2012, 88 (89).

[222] MüKoBGB/Einsele BGB § 127 Rn. 10; BeckOK BGB/Wendtland BGB § 127 Rn. 4.

[223] OLG Koblenz 30.11.2018 – 4 U 635/18, BeckRS 2018, 44823 Rn. 28; OLG Köln 22.6.2016 – 16 U 145/15, BeckRS 2016, 114445 Rn. 47 = BauR 2017, 1218.

[224] OLG Frankfurt 21.12.2023 – 15 U 211/21, IBRRS 2024, 0082.

[225] OLG Koblenz 3.12.2021 – 3 U 2206/19, IBRRS 2024, 1238 (telekommunikative Übermittlung durch E-Mail).

[226] BGH 24.11.1998 – XI ZR 327/97, NJW-RR 1999, 697; Grüneberg/Ellenberger BGB § 127 Rn. 2, § 126b Rn. 3.

[227] MüKoBGB/Einsele BGB § 127 Rn. 10 mwN.

[228] BGH 19.2.2014 – IV ZR 163/13, NJW-RR 2014, 683 Rn. 27.

[229] OLG Rostock 3.4.2024 – 7 U 2/24, IBRRS 2024, 1264.

[230] Mankowski, NJW 2004, 1901 (1902).

[231] BGH 6.10.2022 – VII ZR 895/21, NJW 2022, 3791.

[232] OLG München 3.2.2022 – 28 U 3344/21 Bau, BeckRS2022, 24300 Rn. 35 ff. = LSK 2022, 24300.

[233] BGH 7.6.1995 – VIII ZR 125/94, NJW 1995, 2217, (2217).

Kündigung durch den Auftragnehmer § 9

lung des § 125 Abs. 1 BGB. Für die Fälle der gewillkürten Schriftform folgt selbiges aus § 125 Abs. 2 BGB. Letztes weil, wie dies regelmäßig der Fall ist,[234] dem gewillkürten Formerfordernis des § 9 Abs. 2 S. 1 VOB/B nicht lediglich eine deklaratorische, sondern eine konstitutive Bedeutung zukommt.

4. Zeitpunkt der Kündigung. Das Kündigungsrecht des Auftragnehmers besteht ab Vertragsschluss[235] und sodann bis zur vollständigen Fertigstellung des Werks,[236] richtigerweise sogar bis zum Ende des Abrechnungsstadiums. Denn erst wenn sowohl das Werk mangelfrei hergestellt und die Vergütung hierfür geleistet wurde, ist der Leistungsaustausch vollzogen. 130

Der Kündigungsgrund muss **zum Zeitpunkt des Zugangs** der Kündigungserklärung noch vorliegen. Da es sich bei dem Vertrag, in den die VOB/B einbezogen wurde, um einen gegenseitigen Vertrag handelt, gilt der § 320 Abs. 2 BGB.[237] Die Geltung des § 320 Abs. 2 BGB bedeutet jedoch nicht, dass sich im Falle einer, nicht nach § 266 BGB zurückgewiesenen, sondern als solche angenommenen Teilleistung die Einrede des nichterfüllten Vertrages zwingend oder auch nur im Regelfall auf einen dem Rückstand entsprechenden Teil der (teilbaren) Gegenleistung beschränkt; Vielmehr hat der Schuldner auch in diesem Fall grundsätzlich das Recht zur Verweigerung der vollen Gegenleistung.[238] Lediglich im Einzelfall kann sich nach § 320 Abs. 2 aus Treu und Glauben etwas anderes ergeben und so eine Kündigung des Vertrags aufgrund eines unverhältnismäßig geringen, noch ausstehenden Teils unzulässig sein.[239] 131

Die in § 6 Abs. 7 genannte Dauer der **Unterbrechung von drei Monaten** muss nicht abgewartet werden.[240] § 6 Abs. 7 und § 9 Abs. 1 regeln nur eigenständige Kündigungstatbestände. Wird aber die in § 6 Abs. 7 VOB/B mit einer Unterbrechung von über drei Monaten vertraglich festgelegte Zumutbarkeitsgrenze überschritten, tritt dieser Kündigungstatbestand ggf. neben einen (noch) bestehenden Kündigungstatbestand aus § 9 Abs. 1.[241] 132

Gründe, die der Auftragnehmer kennt und ggf. auch abgemahnt hat, können in Einzelfällen **„verbraucht"** sein,[242] §§ 648a Abs. 3, 314 Abs. 3 BGB. Für den Auftragnehmer besteht allein aufgrund des Ablaufs einer in der Kündigungsandrohung gesetzten, angemessenen Frist keine Pflicht, den Vertrag zu kündigen. Erklärt der Auftragnehmer auch längere Zeit nach Ablauf der Frist keine Kündigung, so kann hiermit gegenüber dem Auftraggeber zum Ausdruck gebracht werden, dass der Auftragnehmer den Vertrag (doch) fortsetzen will. Die Dauer einer angemesse- 133

---

[234] Vgl. auch BGH 23.1.2013 – XII ZR 35/11, NJW 2013, 1082 Rn. 8; KG 9.7.2018 – 8 W 31/18, BeckRS 2018, 21688 Rn. 6 = GE 2018, 1059.
[235] OLG Düsseldorf 19.6.2012 – 23 U 122/11, IBRRS 2012, 4091; OLG Brandenburg 11.11.1997 – 6 U 61/97, NJW-RR 1998, 1746 (1747).
[236] Beck VOB/B/Bolz VOB/B § 9 Abs. 2 Rn. 19.
[237] Beck VOB/B/Bolz VOB/B § 9 Abs. 2 Rn. 19.
[238] MüKoBGB/Emmerich BGB § 320 Rn. 63.
[239] OLG Düsseldorf 16.2.1978 – 13 U 156/77, FHZivR 24 Nr. 342.
[240] OLG Celle 1.11.2012 – 16 U 200/11, BeckRS 2015, 15153 = BauR 2015, 1327.
[241] Zur Abgrenzung → Rn. 8 ff.
[242] BGH 23.4.2010 – LwZR 20/09, NZM 2010, 552, Rn. 13 ff. = BeckRS 2010, 12950; BGH 28.10.2004 – VII ZR 18/03, NZBau 2005, 150 (151); BGH 15.12.1993 – VIII ZR 157/92, NJW 1994, 722 (723); OLG Stuttgart 18.10.2022 – 10 U 99/22, ZfBR 2023, 44 (49); OLG Schleswig 9.12.2011 – 1 U 72/11, NJW 2012, 1967, (1969); MüKoBGB/Gaier BGB § 314 Rn. 44.

nen Überlegungsfrist lässt sich dabei nicht allgemein festlegen; Vertreten werden tendenziell Zeiträume von über einem Monat.[243] Für ein Verbrauchen muss neben dem Zeitmoment aber auch ein Umstandsmoment vorliegen. Notwendig sind hierfür das Eintreten von Umständen, aufgrund derer sich der Auftraggeber darauf einrichten konnte, trotz der Kündigungsandrohung werde keine Kündigung erfolgen. Insoweit muss insbesondere eine vorläufige Weiterarbeit oder auch eine signalisierte Gesprächsbereitschaft des Auftragnehmers unbeachtlich bleiben, weil die Überlegungsfrist sonst leerläuft.[244]

134 An der Frage, wann das **Kündigungsrecht erlischt,** zeigt sich, warum das Instrument der Kündigung für Dauerschuldverhältnisse entwickelt und der Bau-/Werkvertrag am Ende doch prinzipiell auf einen einmaligen Leistungsaustausch ausgerichtet ist. Für beide Vertragsteile ist eine Kündigung möglich, wenn die Leistung des Auftragnehmers noch nicht vollständig abschlossen ist und/oder derartige Mängel aufweist, die den Auftraggeber zur Verweigerung der Abnahme berechtigen. Für beide Vertragsteile mögen in den Ursachen für die Umstände sogar Gründe für eine Kündigung liegen.

135 Das Kündigungsrecht des Auftraggebers scheidet aus, wenn das Werk vollendet und abgenommen ist.[245] Er soll sich seinen Pflichten nicht durch die Kündigung entledigen können. Hierbei wird die Abnahmereife der Abnahme gleichgestellt, weil dann der Auftraggeber jedenfalls nach § 640 Abs. 1 S. 3 BGB zur Abnahme verpflichtet wäre und sich dieser Verpflichtung nicht mehr durch Kündigung entziehen darf.[246]

136 Für den Auftragnehmer scheidet eine Kündigung des Vertrages weder durch eine erfolgte Abnahme noch bei Vorliegen einer Abnahmereife aus.[247] Denn erst mit dem **Ende des Abrechnungsstadiums,** wenn sowohl das Werk mangelfrei hergestellt und die Vergütung hierfür geleistet wurde, ist der Leistungsaustausch vollzogen. Ist eine Abnahme erfolgt, bestehen aber Mängel, trifft den Auftraggeber die Obliegenheit, die tatsächlichen Voraussetzungen dafür zu schaffen, dass der Auftragnehmer von seinem Recht zur Nacherfüllung Gebrauch machen kann.[248] Der Auftraggeber kann also auch mit der Annahme der Mangelbeseitigung in (Annahme-)Verzug geraten.[249] Liegt Abnahmereife vor, hat der Auftraggeber die

---

[243] BGH 15.12.1993 – VIII ZR 157/92, NJW 1994, 722 (723) (zwei Monate sind keine Regelfrist); OLG Schleswig 9.3.2022 – 12 U 64/21, IBRRS 2022, 2435 (sechs Monate sind zu lange); OLG Frankfurt 18.10.2018 – 3 U 140/16, BeckRS 2018, 60269 Rn. 21 (einmonatige Frist idR als angemessen anzusehen); OLG Düsseldorf 26.5.2017 – 16 U 61/16, BeckRS 2017, 151716 Rn. 50 (zweimonatiges Zuwarten idR unangemessen); OLG Karlsruhe 25.6.2001 – 9 U 143/00, NJW-RR 2001, 1492 (1493) (zweimonatiges Zuwarten idR unangemessen); LG Heidelberg 5.3.2024 – 2 O 1/24, BeckRS 2024, 4569 Rn. 42 = ZInsO 2024, 1119 (dreieinhalbmonatiges Zuwarten ist unangemessen).

[244] OLG Schleswig 9.12.2011 – 1 U 72/11, NJW 2012, 1967, (1969); Bolz/Jurgeleit/Jahn VOB/B § 9 Rn. 112; Leinemann/Hildebrandt VOB/B § 9 Rn. 26; Kapellmann/Messerschmidt/von Rinteln VOB/B § 9 Rn. 79.

[245] BGH 6.2.1975 – VII ZR 244/73, NJW 1975, 825 (826), aA OLG Düsseldorf 15.10.2004 – 22 U 108/03, NZBau 2006, 717 (720) auch nach Abnahme des Werkes, aber vor Abschluss von Mängelbeseitigungsarbeiten, möglich.

[246] → § 8 Rn. 21.

[247] vgl. Grüneberg/Retzlaff BGB § 648a BGB Rn. 2; aA Beck VOB/B/Bolz VOB/B § 9 Abs. 2 Rn. 19.

[248] OLG Düsseldorf 18.12.2015 – I-22 U 84/15, NJW-RR 2016, 533 Rn. 36 mwN.

[249] BGH 4.4.2002 – VII ZR 252/01, NZBau 2002, 383; OLG Düsseldorf 18.12.2015 – I-22 U 84/15, NJW-RR 2016, 533 Rn. 36 mwN.

Leistung abzunehmen. Die Erklärung der Abnahme ist eine Hauptleistungspflicht des Auftraggebers,[250] auch die Erklärung von Teilabnahmen nach § 12 Abs. 2. Selbstverständlich kann der Auftraggeber mit der Erfüllung dieser Pflichten in (Schuldner-)Verzug geraten. Der Verzug mit der Abnahme (eines Teilwerks) rechtfertigt die Kündigung.[251] Der § 9 Abs. 1 sieht explizit den Gläubiger- und den Schuldnerverzug als Gründe für eine außerordentliche Kündigung vor.

5. Angabe, Nachschieben oder Austausch von Kündigungsgründen. 137
§ 9 Abs. 2 S. 1 sieht kein Begründungserfordernis für die Kündigungserklärung vor. Sie muss also keine Kündigungsgründe enthalten, um wirksam zu sein. Für die Wirksamkeit der Kündigung ist primär entscheidend, dass im Zeitpunkt der Kündigung eine **Kündigungslage** bestand, also objektiv Kündigungsgründe vorlagen.[252]

Im Umkehrschluss liegt in einer nur begrenzten Angabe von Gründen bei 138 Abgabe der Kündigungserklärung grundsätzlich auch **keine Beschränkung,** die einer nachträglichen Geltendmachung von nicht genannten Gründen entgegenstehen würde.[253] Vielmehr können Kündigungsgründe grundsätzlich **ausgetauscht** oder auch weitere **nachgeschoben** werden, soweit sie im Zeitpunkt der Kündigungserklärung objektiv vorlagen, also eine Kündigungslage gegeben war.[254] So etwa, wenn zum Zeitpunkt der Aufhebung des Vertrags gemäß § 643 S. 2 BGB wegen eines Verzugs des Auftraggebers mit der Bezahlung von Abschlagsforderungen auch die Kündigungsvoraussetzungen nach § 9 Abs. 1 Nr. 2 VOB/B vorlagen.[255]

Irrelevant ist dabei grundsätzlich auch, ob der Auftragnehmer bei Abgabe der 139 Erklärung **Kenntnis** von den ausgetauschten oder nachgeschobenen, objektiv vorliegenden Kündigungsgründen hatte.[256] Denn die Möglichkeit des Nachschiebens von Gründen wird eröffnet, um nicht denjenigen Vertragsteil besserzustellen, dem es gelingt, einen wichtigen Kündigungsgrund vor seinem Vertragspartner zu verheimlichen.[257] Auf objektiv vorliegende und zur Kündigung berechtigende Gründe soll sich der Kündigende daher auch nachträglich berufen dürfen

Dem Auftragnehmer **bekannte Gründe,** die in der Verletzung einer Pflicht 140 aus dem Vertrag liegen, hat er jedoch im Zuge der Kündigungsandrohung anführen, um seine Kündigung hierauf stützen zu können.[258] Der (nachgeschobene) Kündigungsgrund eines Wegfalls des Vertrauens (Zerrüttung) ist einer Abhilfe von vornherein nicht zugänglich, bedarf keiner Fristsetzung.[259] Eine (weitere) Kündigungsandrohung kann auch ansonsten entbehrlich sein, §§ 648a Abs. 3, 314 Abs. 2 S. 2 BGB. Im Übrigen setzt sich der Auftragnehmer bei bekannten Grün-

---

[250] BGH 16.5.2019 – IX ZR 44/18, NJW 2019, 2166 Rn. 29 1.
[251] Messerschmidt/Voit/Voit VOB/B § 9 Rn. 4.
[252] BGH 18.12.1975 – VII ZR 75/75 -, BGHZ 65, 391–394.
[253] BGH 5.5.1958 – II ZR 245/56, NJW 1958, 1136 (1137).
[254] StRspr BGH, u.a. 5.5.1958 – II ZR 245/56, NJW 1958, 1136; 25.3.1993 – X ZR 17/92, NJW 1993, 1972 (1973); zuletzt u.a. OLG Stuttgart 18.10.2022 – 10 U 99/22, ZfBR 2023, 44 (49); OLG Köln 17.3.2021 – 11 U 281/19, NJW-RR 2021, 877, (878).
[255] BGH 22.9.2016 – VII ZR 298/14, NJW 2017, 71 Rn. 34.
[256] BGH 6.2.1975 – VII ZR 244/73, NJW 1975, 825 (826); BGH 28.4.1960 – VII ZR 218/59, BeckRS 1960, 31186258.
[257] BGH 22.10.1981 – VII ZR 310/79 -, BGHZ 82, 100.
[258] Zur qualifizierten Abhilfeaufforderung → Rn. 103 ff.
[259] Statt aller: OLG Stuttgart 18.10.2022 – 10 U 99/22, ZfBR 2023, 44 (49).

den dem Risiko aus, dass er das Prozedere nach § 9 Abs. 2 S. 2, also Fristsetzung mit Kündigungsandrohung, bezüglich des nachzuschiebenden Grundes wiederholen muss.[260] Eine hiernach (erneut) ausgesprochene, zugegangene Kündigung wirkt sodann ex nunc.

141   6. Teilkündigung; Umdeutung in Kündigung des Gesamten Vertrages.
Eine Teilkündigung ist insoweit möglich, als dass ein Vertrag gegenüber mehreren Vertragspartnern besteht, aber nicht gegenüber allen gleichzeitig beendet werden soll (**„subjektive Teilkündigung"**).[261]

142 Auch eine **objektive Teilkündigung**, also eine auf Teilleistungen begrenzte Beendigung des Vertrages, ist zulässig.[262] Denn nach § 648a Abs. 2 BGB ist eine auf einen abgrenzbaren Teil des geschuldeten Werks bezogene Teilkündigung möglich. Da § 9 Abs. 1 lediglich eine (enumerative)[263] Aufzählung von Kündigungsgründen enthält, lässt sich in den Wortlaut – *„kann den Vertrag kündigen"* – nicht hineinlesen, dass nur der Vertrag im Ganzen gekündigt werden könne.[264] Soweit auf den § 8 Abs. 3 Nr. 1 S. 2 VOB/B verwiesen wird, in dem explizit vorgesehen ist, dass die Kündigung *„auf einen in sich abgeschlossenen Teil der vertraglichen Leistung beschränkt werden"* kann, wird verkannt, dass diese ausdrückliche Eröffnung der Möglichkeit einer Teilkündigung keine Erweiterung eines engeren gesetzlichen Kündigungsrechts ist, sondern nicht erst seit dem Bauvertragsrecht 2018 eine Einschränkung darstellt, die in § 9 VOB/B gar nicht erwähnt wird.[265]

143 Daher kann der Auftragnehmer seine Teilkündigung auf einen **abgrenzbaren Teil des geschuldeten Werks** beschränken. Dieser Begriff wurde in bewusster Abgrenzung von § 8 Abs. 3 Nr. 1 S. 2 VOB/B gewählt,[266] weil dessen Anwendungsbereich angesichts der hierzu ergangenen Rechtsprechung[267] nicht allzu groß ist. Als abgrenzbaren Teil wird man zumindest solche Leistungen ansehen können, die üblicherweise allein Gegenstand eines Werkvertrages sein können, womit die Beschränkung der Kündigung auf unterschiedliche Gewerke eines Generalunternehmervertrags zulässig ist.[268] Da aber entscheidend sein soll, dass die Vertragspartner eine, allerdings objektivierbare, klare Abgrenzung der von der Teilkündigung erfassten von der noch zu erbringenden Leistungen vornehmen können, ist eine Begrenzung der Kündigung auf Teile eines einheitlichen Gewerks zulässig, bspw. auch einzelne Räume.[269]

144 Selbstverständlich muss der zuvor **angemahnte Kündigungsgrund** für den von der Teilkündigung umfassten Leistungsteil vorliegen. Andersherum kann die Teilkündigung auch nur Teile des angemahnten Kündigungsgrundes umfassen,

---

[260] Beck VOB/B/Bolz VOB/B § 9 Abs. 2 Rn. 12; Kapellmann/Messerschmidt/von Rintelen VOB/B § 9 Rn. 74.

[261] MüKoBGB/Gaier BGB § 314 Rn. 42.

[262] Kapellmann/Messerschmidt/von Rintelen VOB/B § 9 Rn. 75 ff; BeckOK VOB/B/ Brüninghaus VOB/B § 9 Abs. 1 Rn. 7; aA Beck VOB/B/Bolz VOB/B § 9 Abs. 2 Rn. 22.

[263] OLG München 13.11.2007 – 9 U 2947/07, NZBau 2009, 122 (122).

[264] aA Beck VOB/B/Bolz VOB/B § 9 Abs. 2 Rn. 22.

[265] Kapellmann/Messerschmidt/von Rintelen VOB/B § 9 Rn. 75a.

[266] RegE, BT-Drs. 18/8486, 51.

[267] BGH 20.8.2009 – VII ZR 212/07, NJW 2009, 3717.

[268] BeckOK BGB/Voit BGB § 648a Rn. 10; Grüneberg/Retzlaff BGB 648a Rn. 8.

[269] BeckOK BGB/Voit BGB § 648a Rn. 10; wohl auch Grüneberg/Retzlaff BGB 648a Rn. 8.

solange eine Teilbarkeit besteht.[270] Sicherlich, die schwerwiegenden und zu einer außerordentlichen Kündigung berechtigenden Vertragsstörungen werden regelmäßig nicht auf einen bestimmten Leistungsbestandteil begrenzt. Wenn die Unzumutbarkeit der Vertragsfortsetzung Kündigungsvoraussetzung ist, wird eine Teilkündigung daher ausscheiden. Besteht der Kündigungsgrund aber in der Verletzung einer Obliegenheit oder einer Pflicht aus dem Vertrag, kann das nicht gelten. Insoweit ist das Prinzip der ultima ratio zu bedenken, wonach es nicht verständlich wäre, wenn bei einer tatsächlichen Möglichkeit zur Begrenzung der Kündigungswirkung der Kündigungsberechtigte den gesamten Vertrag kündigen muss und diese nicht auf den abgrenzbaren Bereich der Vertragsverletzung beschränken darf.[271] § 648a Abs. 2 BGB räumt dem kündigenden Teil eine solche, zu seiner Disposition stehende Möglichkeit ein, den Vertrag ganz oder eben nur teilweise zu beenden. Solange die objektivierbare, klare Abgrenzung der Leistung möglich ist, kann die Kündigung begrenzt werden.

Genügt die Erklärung der Teilkündigung den an sie zu stellenden Anforderungen nicht, ist durch Auslegung nach §§ 133, 157 BGB zu ermitteln, ob Teilkündigung in eine das gesamte Vertragsverhältnis beendende Kündigung **umgedeutet** werden kann, § 140 BGB.[272] Anders als der Kündigungsgrund selbst, kann diese Abgrenzung bei einer Teilkündigung aber nicht nachgeschoben werden, da sie Bestandteil der Kündigungserklärung sein muss.[273] **145**

D. Rechtsfolgen der Kündigung (Abs. 3)

§ 9 Abs. 3 enthält keinerlei eigenständige Anspruchsgrundlagen, sondern setzt diese jeweils voraus. Die enthaltenen Klarstellungen und Verweise sind rudimentär und daher ausfüllungsbedürftig. **146**

I. Die Abwicklung des Vertrages

Insbesondere im Hinblick auf die Abwicklung des Vertrages erweist sich § 9 Abs. 3 als lückenhaft und ausfüllungsbedürftig. Den Unzulänglichkeiten ist zuweilen mit einer ergänzenden Vertragsauslegung und zuweilen mit gesetzlichen Regelungen beizukommen. Da die VOB/B als Allgemeine Geschäftsbedingung nicht analogiefähig ist, verbietet sich eine derartige „Lückenfüllung". **147**

1. Allgemeine Rechtsfolgen der Kündigung. Mit der Kündigung des Vertrages enden die auf die weitere Werkherstellung in der Zukunft **(ex nunc)** abzielenden, wechselseitigen vertraglichen Pflichten der Parteien. Der Auftragnehmer ist von seiner Verpflichtung zur weiteren Herstellung des Werkes befreit, der Auftraggeber von seiner Pflicht zur Mitwirkung an der Herstellung. **148**

Da die Vertragserfüllung, § 362 BGB, bei Bau-/Werkverträgen grundsätzlich erst mit der Verschaffung bzw. Abnahme des vollständig fertiggestellten Werkes und der Zahlung der dafür zu entrichtenden Vergütung eintritt, bewirkt die Kündigung hier eine **Umgestaltung des Vertrages:** Sie beschränkt den Umfang der vom Auftragnehmer geschuldeten Werkleistung auf den bis zur Kündigung **149**

---

[270] aA BeckOK BauVertrR/Sienz BGB § 648a Rn. 22 mwN.
[271] Vgl. Kapellmann/Messerschmidt/von Rintelen VOB/B § 9 Rn. 76.
[272] Vgl. BGH 20.8.2009 – VII ZR 212/07, NJW 2009, 3717 (3719); OLG Karlsruhe 17.4.2018 – 19 U 66/16, IBRRS 2020, 2379.
[273] Vgl. BeckOK BauVertrR/Sienz BGB § 648a Rn. 26.

erbrachten Teil der ursprünglich geschuldeten Leistung, Gleiches gilt für die vom Auftraggeber geschuldete Vergütung.[274] Die Kündigung bewirkt also keine Rückabwicklung.

150 Zugleich beendet die Kündigung alleine noch nicht das **Erfüllungsstadium.** Im Gegenzug ist der Auftraggeber zur Abnahme dieses Teilwerks verpflichtet, wenn dieses frei von wesentlichen Mängeln ist.[275] Für die bereits erbrachten Teile der Bauleistung besteht dagegen die vertragliche Leistungspflicht zur Herstellung eines mangelfreien funktionstauglichen Werkes fort.[276]

151 Wegen der Beendigung des Vertragsverhältnisses für die Zukunft hat der Auftragnehmer dem Auftraggeber das Werk, soweit es hergestellt ist, herauszugeben bzw. freizugeben. Zugleich ist der Auftraggeber verpflichtet, **Materialien,** die zur Werkserrichtung bestimmt waren, aber hierfür noch nicht eingesetzt wurden, an den Auftragnehmer herauszugeben. Sind für einzelne Vertragspflichten **Sicherheiten,** insbesondere Bürgschaften, gestellt worden, erlöschen diese.[277]

152 **2. § 9 Abs. 3 S. 1 – Die bisherigen Leistungen; Vergütung der erbrachten Leistungen.** § 9 Abs. 3 S. 1 sieht zunächst vor, dass die **bisherigen Leistungen** nach den Vertragspreisen abzurechnen sind. Der Begriff der *bisherigen Leistungen* findet sich in der VOB/B ansonsten nicht, insbesondere wird in § 6 Abs. 5 und in § 8 Abs. 6 jeweils der Begriff der *ausgeführten Leistungen* verwendet. Das Gesetz verwendet in § 645 Abs. 1 BGB die *geleistete Arbeit* und in § 648a Abs. 5 BGB den *erbrachten Teil des Werks* als Bezugspunkte, wobei jeweils eine weitergehende Haftung wegen Verschuldens bzw. Leistung von Schadensersatz nicht ausgeschlossen wird, § 645 Abs. 2 BGB bzw. § 648a Abs. 6 BGB.

153 Obwohl die Begrifflichkeiten auf den ersten Blick inhaltsgleich erscheinen, wird dem Begriff der *bisherigen Leistungen* die Qualität eines abweichenden Bezugspunkts, eines eigens zugeschnittenen Anspruchsinhalts zugesprochen.[278] Dem ist nicht so. § 9 Abs. 3 S. 1 fingiert, dass der Auftragnehmer das Werk im durch die Kündigung beschränkten Umfang fertiggestellt und die Vergütung insoweit verdient hat.[279] Der Besteller soll sich nicht darauf berufen dürfen, dass das Werk nicht insgesamt fertiggestellt ist. Deswegen wird durch § 9 Abs. 3 S. 1 der **Vertrag als Rechtsgrund aufrechterhalten,** wenn auch eben nur im durch die Kündigung für die Zukunft beschränkten Umfang. Nicht mehr, nicht weniger.

154 § 9 Abs. 3 S. 1 ist **keine eigene Anspruchsgrundlage,** sondern sieht diese im durch die Kündigung beschränkten Vertrag. Daher richten sich sämtliche dem Auftragnehmer in Verbindung mit den bisherigen, erbrachten Leistungen zustehenden Gegenleistungen nach vertraglichen wie gesetzlichen Anspruchsgrundlagen. Da die VOB/B als Allgemeine Geschäftsbedingung nicht analogiefähig ist, verbietet sich dabei, entgegen einer weit verbreiteten Ansicht,[280] aber eine analoge

---

[274] → Rn. 152 ff.

[275] → Rn. 163 ff.

[276] → Rn. 167 ff.

[277] MüKoBGB/Busche BGB § 648 Rn. 14.

[278] Kapellmann/Messerschmidt/von Rintelen VOB/B § 9 Rn. 82a; BeckOK VOB/B/Brüninghaus VOB/B § 9 Abs. 3 Rn. 1a.

[279] Vgl. BGH 22.11.2007 – VII ZR 83/05, NJW 2008, 1522 (1523) Rz. 20 = NZBau 2008, 247 (248), unter Verweis auf Motive zum BGB, Band 2, S. 503 unter Bezugnahme auf S. 208.

[280] So dennoch: Kapellmann/Messerschmidt/von Rintelen VOB/B § 9 Rn. 82c; BeckOK VOB/B/Brüninghaus VOB/B § 9 Abs. 3 Rn. 1.

Kündigung durch den Auftragnehmer **§ 9**

Anwendung des § 6 Abs. 7 S. 2 2. Hs. oder des § 6 Abs. 5. Ob entsprechende Lücken durch eine ergänzende Vertragsauslegung zu schließen sind,[281] um unter Abwägung der beiderseitigen Interessen der Parteien dieselben Ergebnisse zu erreichen, kann dahinstehen. Denn regelmäßig greifen jedenfalls gesetzliche Anspruchsgrundlagen ein.

Für die Vergütung der (Teil-)Leistungen, die bis zum Zeitpunkt der Kündi- 155 gungserklärung erbracht wurden, bildet der gekündigte Vertrag weiterhin die Rechtsgrundlage. Die vom Auftragnehmer **ausgeführten Leistungen** sind gemäß der vertraglichen Abrede zu vergüten. Als ausgeführt bzw. erbracht sind im Wesentlichen solche Leistungen anzusehen, die sich im Zeitpunkt der Kündigung **im (Bau-)Werk verkörpert** haben.[282] Davon abzugrenzen sind ggf. schon angelieferte aber noch nicht oder nicht vollständig verarbeitete oder eingebaute Werkstoffe, Baumaterialen und Bauteile sowie unselbstständige Planungsleistungen. Diese gehören nur zu den ausgeführten Leistungen, wenn und soweit sie mit der baulichen Anlage unmittelbar verbunden und in ihre Substanz eingegangen sind,[283] § 7 Abs. 2, 3 VOB/B.

Dabei kann der Auftraggeber gehalten sein, bereits hergestellte aber noch nicht 156 mit der baulichen Anlage unmittelbar verbundene Bauteile, insbesondere **Sonderanfertigungen,** zu übernehmen und angemessen zu vergüten, wenn der gekündigte Auftragnehmer sie selbst nicht mehr verwenden kann, die Bauteile für die Weiterführung des Bauvorhabens uneingeschränkt tauglich sind und ihre Verwendung dem Auftraggeber unter Berücksichtigung aller Umstände zugemutet werden kann.[284]

Zu den ausgeführten Leistungen **im weiteren Sinne** gehören typischerweise 157 auch die Baustelleneinrichtungen oder Baubehelfe, -provisorien sowie Hilfskonstruktionen, Gerüste und dergleichen. Sicherlich, die Leistungen, die zwar nicht Teil des Bauwerks werden, aber dessen Herstellung ermöglichen, werden nie in die Substanz der baulichen Anlage eingehen. Allerdings besteht im Regelfall eine Vergütungsabrede für die Erbringung der Leistungen; In Abwandlungen: „aufbauen, vorhalten, abbauen". Die Kündigung beendet den Vertrag nur für die Zukunft, nicht auch für die Vergangenheit.[285] Damit gilt eine einmal getroffene Vergütungsabrede selbstverständlich auch nach der Kündigung. Daher ist weiterhin nach den Vertragspreisen abzurechnen, § 9 Abs. 3 S. 1.

Dasselbe muss gelten, wenn und soweit derartige Leistungen erst **zeitlich nach** 158 **bzw. in Folge der Kündigung** anfallen, wie etwa eine nach der Kündigung erfolgende Baustellenräumung oder eine bis dahin noch anfallende, zweckentsprechende Vorhaltung eines Baubehelfs.[286] Auch insoweit bietet sich an, eine getroffene und daher trotz der Kündigung noch bestehende Vergütungsabrede heranzu-

---

[281] BGH 20.4.2017 – VII ZR 194/13, NZBau 2017, 596 Rn. 25 mwN.
[282] BGH 21.12.1972 – VII ZR 215/71, NJW 1973, 368 (369); OLG Köln 17.3.2021 – 11 U 281/19, NJW-RR 2021, 877 Rn. 35; OLG Düsseldorf 13.3.2020 – 22 U 222/19, ZfBR 2020, 663 (666); vgl. BGH 9.3.1995 – VII ZR 23/93, NJW 1995, 1837 (1838).
[283] BGH 21.12.1972 – VII ZR 215/71, NJW 1973, 368 (369); OLG Köln 17.3.2021 – 11 U 281/19, NJW-RR 2021, 877 Rn. 35, 48; OLG Düsseldorf 13.3.2020 – 22 U 222/19, ZfBR 2020, 663 (666); aA wohl BeckOK VOB/B/Brüninghaus VOB/B § 9 Abs. 3 Rn. 1a.
[284] BGH 9.3.1995 – VII ZR 23/93, NJW 1995, 1837 (1838); OLG Düsseldorf 13.3.2020 – 22 U 222/19, ZfBR 2020, 663 (666); vgl. OLG Nürnberg 4.1.2006 – 6 U 114/03, BeckRS 2011, 18321 = IBR 2006, 542.
[285] BGH 25.6.1987 – VII ZR 251/86, NJW 1988, 140 (141).
[286] Vgl. Kapellmann/Messerschmidt/von Rintelen VOB/B § 9 Rn. 82c.

§ 9 VOB Teil B

ziehen. Dass der Vorgang zeitlich nach der Kündigung erfolgt, macht per se keinen signifikanten Unterschied. Insoweit erscheint es auch nicht als tragischer Systembruch, eine Verpflichtung zu Rückbau trotz der Beendigung des Vertrages für die Zukunft fortgelten zu lassen.

159 In Betracht kommt aber auch, die §§ 677 ff. BGB für den **Ersatz von Aufwendungen** heranzuziehen, die erst zeitlich nach bzw. in Folge der Kündigung anfallen.[287] Der Rückgriff auf den gesetzlichen Aufwandersatzanspruch kann insbesondere dann angebracht sein, wenn und soweit die Kündigung zu einer signifikanten Abweichung der Leistung und/oder der dafür einmal vereinbarten Vergütung geführt hat. Ein Aufwandersatzanspruch kommt zudem in Betracht, wenn der Auftragnehmer nach der Kündigung Maßnahmen zur Absicherung aufrechterhält oder gar gesondert vornimmt.[288]

160 **3. Ersatz für in der Vergütung nicht inbegriffene Auslagen.** Neben der Vergütung sind dem Auftragnehmer die ihm bis zum Kündigungszeitpunkt entstandenen Auslagen zu erstatten, soweit sie in der Vergütung nicht bereits enthalten sind **(nicht inbegriffene Auslagen)**. Insoweit ist zu wiederholen, dass nicht oder nicht vollständig verarbeitete oder eingebaute Werkstoffe, Baumaterialen und Bauteile sowie unselbstständige Planungsleistungen nur zu den ausgeführten Leistungen gehören, wenn und soweit sie mit der baulichen Anlage unmittelbar verbunden und in ihre Substanz eingegangen sind,[289] § 7 Abs. 3. Diesbezügliche Aufwendungen, etwa die Kosten für die Anlieferung des Baumaterials, sind also nicht über die ausgeführten Leistungen zu vergüten.

161 Die nicht in der Vergütung inbegriffenen Auslagen (also insbesondere bereits angefallene **Kosten für Beschaffung, Transport und Zwischen-/Lagerung von Material und Gerät**), die nicht anderweitig verwendet werden können, kann der Auftragnehmer vom Auftraggeber über § 645 Abs. 1 S. 2 BGB oder in entsprechender Anwendung der §§ 670, 257 BGB ersetzt verlangen. Es ist nicht ersichtlich, wieso der § 9 Abs. 3 S. 1 der Anwendung der gesetzlichen Ansprüche entgegenstehen sollte. Zumal nach § 9 Abs. 3 S. 2 2. Hs. weitergehende Ansprüche des Auftragnehmers unberührt bleiben.

162 Hierunter fallen auch zeitanteilig die Baustellengemeinkosten **(BGK)** oder allgemeine Geschäftskosten **(AGK)**, die bereits angefallen, auf Grund des Umlagemaßstabs der Kalkulation durch die erbrachten Leistungen aber noch nicht vergütet sind.[290] In entsprechender Anwendung der §§ 670, 257 BGB muss der Auftraggeber den Auftragnehmer zudem von **Verbindlichkeiten** befreien, die dieser für das konkrete Werk eingegangen ist.[291] Das gilt insbesondere für aufgrund bereits erteilter **Aufträge an Subunternehmer** entstandene Kosten.[292]

---

[287] aA Beck VOB/B/Bolz VOB/B § 9 Abs. 3 Rn. 6.

[288] Vgl. Leinemann/Hildebrandt VOB/B § 9 Rn. 37 der als Beispiel die Schließung eines Dachs vor einem bevorstehenden Winter nennt; Ingenstau/Korbion/Joussen VOB/B § 9 Abs. 3 Rn. 7 der als Beispiel den Abschluss der begonnenen Betonierungsarbeiten nennt.

[289] BGH 21.12.1972 – VII ZR 215/71, NJW 1973, 368 (369); OLG Köln 17.3.2021 – 11 U 281/19, NJW-RR 2021, 877 Rn. 35, 48; OLG Düsseldorf 13.3.2020 – 22 U 222/19, ZfBR 2020, 663 (666); aA wohl BeckOK VOB/B/Brüninghaus VOB/B § 9 Abs. 3 Rn. 1a.

[290] Kapellmann/Messerschmidt/von Rintelen VOB/B § 9 Rn. 82a.

[291] Vgl. BGH 30.11.1972 – VII ZR 239/71, NJW 1973, 318 (320); vgl. BeckOK BGB/Voit BGB § 645 Rn. 28.

[292] Kapellmann/Messerschmidt/von Rintelen VOB/B § 9 Rn. 82a; vgl. OLG Düsseldorf 20.2.1990 – 23 U 126/89, IBR 1990, 346, BauR 1990, 386.

Kündigung durch den Auftragnehmer **§ 9**

4. Fälligkeitsvoraussetzungen. Auch bei einem gekündigten Werkvertrag ist 163 eine **Abnahme** der bis zur Kündigung erbrachten Teilleistungen Voraussetzung für die Fälligkeit eines Vergütungsanspruchs,[293] wenn nicht die Abnahme nach § 641 Abs. 2 BGB entbehrlich ist. Denn erst die Abnahme der durch die Kündigung beschränkten, vertraglich geschuldeten Werkleistung beendet das Erfüllungsstadium des gekündigten Vertrags und führt die Erfüllungswirkungen der Werkleistung herbei.[294] Insoweit gelten diejenigen werkvertraglichen Regelungen, die auch für den ursprünglichen Vertragsumfang galten.

Den Vergütungsanspruch hat der Auftragnehmer **prüfbar abzurechnen,** 164 §§ 14, 16. Beim Einheitspreisvertrag also nach den vertraglichen Einheitspreisen und den tatsächlich ausgeführten Leistungen § 2 Abs. 2.[295] Wurde als Vergütung ein Pauschalpreis vereinbart, errechnet sich die Höhe der Vergütung für die ausgeführten Leistungen nach deren Wert im Verhältnis zu der nach dem Pauschalpreis geschuldeten Gesamtleistung,[296] wobei regelmäßig eine quantitative Abgrenzung der erbrachten von den nicht erbrachten Leistungen vorzunehmen ist.

Um die Abrechnung zu erleichtern, räumt § 648a Abs. 4 BGB jedem Vertrags- 165 partner das Recht ein, von dem jeweils anderen Vertragsbeteiligten die Mitwirkung an einer gemeinsamen **Feststellung des Leistungsstandes** zu verlangen. § 648a Abs. 4 BGB ist Rahmen einer außerordentlichen Kündigung des Auftragnehmers uneingeschränkt anwendbar.[297] Ein Rückgriff § 8 Abs. 7 Hs. 1 VOB/B erübrigt sich hiernach.

§ 648a Abs. 4 BGB soll eine quantitative Bewertung der bis zur Kündigung 166 erbrachten Leistung ermöglichen, um insoweit einem späteren Streit über den Umfang der erbrachten Leistung vorzubeugen. Die **Dokumentation** kann sich aller geeigneten Mittel bedienen (**Aufmaß,** Fotos, Zeichnungen, technische Aufzeichnung, textliche Beschreibung etc., selbstverständlich auch in digitaler Form).[298] Gefordert ist dabei allein die Mitwirkung an Handlungen, die eine quantitative Bewertung und qualitative Bewertung der erbrachten Leistung zulassen, letzteres jedoch nicht im Hinblick auf etwaige Mängel der Leistung.[299] Beachtlich sind auch die **Beweislastregelungen** des § 648a Abs. 4 S. 2 BGB, die als Hebel das nötige Zusammenwirken der Vertragsparteien nach der Kündigung befördern sollen. Die Angemessenheit der Frist zur Einladung zu einem gemeinsamen Termin zur Leistungsstandfeststellung hängt vom Einzelfall, insbesondere der Beschaffenheit des Werks ab; Regelmäßig dürfte eine Frist von fünf[300] bis 14[301] Tagen angemessen sein.

5. Gewährleistungsansprüche des Auftraggebers. Die Kündigung beendet 167 den Vertrag mit Wirkung nur für die Zukunft. Hinsichtlich der bis zur Kündigung erbrachten Leistungen kann der Auftraggeber bei mangelhafter Leistung die ver-

---

[293] Statt vieler: Grüneberg/Retzlaff BGB § 648 Rn. 4.
[294] BGH 11.5.2006 – VII ZR 146/04, NZBau 2006, 569; BGH 19.12.2002 – VII ZR 103/00, NJW 2003, 1450 (1452).
[295] BGH 21.12.1995 – VII ZR 198/94, NJW 1996, 1282.
[296] BGH 30.10.1997 – VII ZR 321/95, NJW-RR 1998, 234 = ZfBR 1998, 78.
[297] Kniffka/Retzlaff BauR 2017, 1747 (1778).
[298] Grüneberg/Retzlaff BGB § 648a Rn. 11; Leinemann/Kues/Geheeb BGB § 648a Rn. 65.
[299] MüKoBGB/Busche BGB § 648a Rn. 12.
[300] Leinemann/Kues/Geheeb BGB § 648a Rn. 67.
[301] MüKoBGB/Busche BGB § 648a Rn. 13.

traglichen oder gesetzlichen **Gewährleistungsansprüche** geltend machen.[302] Wobei als Mangel nicht etwa die durch die Kündigung veranlasste Unvollständigkeit des Werkes **(Restleistungen),** sondern nur den Teilleistungen selbst anhaftende Fehler in Betracht kommen.[303]

168 Hinsichtlich der bis zur Kündigung erbrachten Leistungen hat der Auftragnehmer aber auch das Recht, auftretende Mängel an den von ihm erbrachten Leistungsbestandteilen zu beseitigen.[304] Gesteht der Auftraggeber dem Auftragnehmer die 2. **Erfüllungschance** nicht zu, riskiert er den Verlust der auf dem Nacherfüllungsanspruch aufbauenden Gewährleistungsansprüche (Selbstvornahme, Minderung, Rücktritt und Schadensersatz).[305]

169 Auf der anderen Seite trifft den Auftraggeber die Obliegenheit, die tatsächlichen Voraussetzungen dafür zu schaffen, dass der Auftragnehmer von seinem Recht zur Nacherfüllung Gebrauch machen kann.[306] Der Auftraggeber kann sich daher auch hinsichtlich der **Mängelbeseitigung in Annahmeverzug** befinden. Ist dies der Fall, entfällt der Druckzuschlag, sodass trotz § 641 Abs. 3 BGB nur die einfachen Mangelbeseitigungskosten in Abzug gebracht werden können.[307]

170 Befindet sich der Auftraggeber mit der Annahme der Mängelbeseitigung in Verzug, kann dem Auftragnehmer hinsichtlich der geforderten, noch ausstehenden Mangelbeseitigung ein **Kündigungsrecht** nach § 9 Abs. 1 Nr. 1zustehen.[308]

II. § 9 Abs. 3 S. 2, Hs. 1 – Entschädigungsanspruch nach § 642 BGB

171 § 9 Abs. 3 S. 2, Hs. 1 stellt klar, dass dem kündigenden Auftragnehmer neben dem Anspruch auf Vergütung der *bisherigen Leistungen* auch ein Anspruch auf Zahlung einer angemessenen Entschädigung aus § 642 BGB zusteht. Mit Blick darauf, dass § 9 Abs. 1 Nr. 1 das Vorliegen eines Annahmeverzugs als Kündigungsgrund anführt, ist die Erwähnung nicht notwendig, aber konsequent.

172 Beim **Entschädigungsanspruch** nach § 642 BGB handelt es sich um einen verschuldensunabhängigen Anspruch.[309] § 642 BGB ist ein vergütungsgleicher Anspruch eigener Art, auf den weder die Vorschriften der §§ 249 ff. BGB zur Berechnung der Schadensersatzhöhe noch die Beschränkung des § 6 Abs. 6 S. 1 VOB/B, wonach entgangener Gewinn nur bei Vorsatz oder grober Fahrlässigkeit ersetzt wird, Anwendung finden.[310] Der Anspruch kann auch bei nur (teilweise) fortbestehendem Vertragsverhältnis geltend gemacht werden; er besteht unabhängig vom weiteren Schicksal des Vertrages.

---

[302] BGH 25.6.1987 – VII ZR 251/86, NJW 1988, 140 (141).
[303] BGH 25.3.1993 – X ZR 17/92, NJW 1993, 1972 (1973); vgl. BGH 6.2.1975 – VII ZR 244/73, NJW 1975, 825 (826).
[304] BGH 25.6.1987 – VII ZR 251/86, NJW 1988, 140 (141).
[305] Statt aller: Grüneberg/Retzlaff BGB § 634 Rn. 10.
[306] OLG Düsseldorf 18.12.2015 – I-22 U 84/15, NJW-RR 2016, 533 Rn. 36 mwN.
[307] BGH 4.4.2002 – VII ZR 252/01, NZBau 2002, 383.
[308] Vgl. OLG Frankfurt a. M. 17.6.2019 – 21 U 73/17, NJW-RR 2020, 10 Rn. 123 mwN.
[309] BGH 21.10.1999 – VII ZR 185/98, NZBau 2000, 187.
[310] BGH 30.1.2020 – VII ZR 33/19, NJW 2020, 1293; BGH 26.10.2017 – VII ZR 16/17, NZBau 2018, 25 = NJW 2018, 544; BGH 24.1.2008 – VII ZR 280/05, NJW 2008, 1523.

Kündigung durch den Auftragnehmer **§ 9**

1. Voraussetzungen. Voraussetzung ist zunächst, dass der Auftraggeber eine **173** **Mitwirkung unterlassen** hat, die bei der Herstellung des Werks (iSd § 631 BGB) erforderlich ist.[311] Für den Entschädigungsanspruch ist nicht notwendig, dass der Auftraggeber eine Vertragspflicht verletzt hat, er setzt kein Verschulden voraus. Ob das aus der Sphäre des Auftraggebers stammende Hindernis den Verstoß gegen eine Obliegenheit oder sogar die Verletzung einer Pflicht zu Hintergrund hat, ist damit unerheblich.[312] Welche Obliegenheiten bzw. Vertragspflichten zu Lasten des Auftraggebers im konkreten Einzelfall bestehen, hängt maßgeblich von den vertraglichen Vereinbarungen ab. Im Zweifel ist durch Auslegung zu bestimmen, ob eine Mitwirkungshandlung zu erbringen ist und wie weit diese reicht.

Weitere und letztere Voraussetzung ist, dass der Auftraggeber in Folge der **174** unterlassenen Mitwirkungshandlung **in Annahmeverzug geraten** ist, §§ 293 ff. BGB. Erforderlich ist, dass der Auftragnehmer zur Leistung berechtigt im Auftrag (1871 BGB) sowie imstande (§ 297 BGB) ist, die Leistung dem Auftraggeber wie geschuldet angeboten wurde (§§ 294-296 BGB) und der Auftraggeber das Angebot nicht angenommen hat.[313]

Der Auftragnehmer trägt die **Darlegungs- und Beweislast** für die Anspruchs- **175** voraussetzungen des § 642 BGB.[314] Das bedeutet, dass er insbesondere das Vorliegen eines Annahmeverzuges darlegen und beweisen muss. Dazu gehört, dass der Auftragnehmer sein, zur rechten Zeit und in der rechten Art und Weise erfolgtes, Angebot der Leistung bzw. des jeweiligen Arbeitsschritts[315] und dessen fehlende Annahme darlegen muss. Dabei trifft den Auftragnehmer hinsichtlich seiner Leistungsbereitschaft und seines Leistungswillens die sekundäre Behauptungslast.[316] Für das Fehlen einer Annahme ist regelmäßig eine Mitwirkungshandlung des Auftraggebers zu benennen, die unterblieben ist.

Für die Darlegung und den Beweis des Anspruchs dem Grunde nach wird in **176** aller Regel eine sog **konkret bauablaufbezogene Darstellung**[317] erforderlich sein. Dieses Schlagwort ist dabei nicht als eigene Voraussetzung zu verstehen; Der Auftraggeber muss etwa kein diesbezügliches Gutachten vorlegen. Vielmehr liegt in diesem Schlagwort die Umschreibung der Notwendigkeit eines schlüssigen Vortrags zur Begründung des Anspruchs. Die Anforderungen an einen schlüssigen Vortrag werden in aller Regel überspannt; Die Begründung eines Anspruchs ist schlüssig, wenn die Tatsachen vorgetragen werden, die in Verbindung mit einem Rechtssatz geeignet sind, das geltend gemachte Recht als in der Person der Partei entstanden erscheinen zu lassen.[318] In diesem Sinne muss der Auftragnehmer möglichst konkret zu den anspruchsbegründenden Tatsachen vortragen, aufgrund welcher Verzögerungen welche Arbeiten nicht oder nicht wie vorgesehen ausgeführt werden konnten, und wie sich dies – haftungsausfüllend – konkret auf der Baustelle bzw. den Bauablauf ausgewirkt hat.[319]

---

[311] Zu einzelnen Mitwirkungshandlungen → Rn. 41 ff.
[312] Zur Abgrenzung u.a.: Leinemann/Kues/Scheuermann BGB 642 Rn. 23 ff.
[313] Grüneberg/Grüneberg BGB § 293 Rn. 8 ff; → Rn. 51 ff.
[314] OLG Frankfurt 8.5.2015 – 25 U 174/13, IBRRS 2016, 0033.
[315] Zum Begriff „Arbeitsschritt" → Rn. 52.
[316] OLG Frankfurt 8.5.2015 – 25 U 174/13, IBRRS 2016, 0033.
[317] BGH 21.3.2002 – VII ZR 224/00, NJW 2002, 2716.
[318] StRsprBGH u.a. BGH 16.11.2016 – VIII ZR 297/15, NJW-RR 2017, 380 Rn. 23.
[319] BGH 24.2.2005 – VII ZR 225/05, BauR 2005, 861; OLG München 26.9.2017 – 28 U 2834/09, IBRRS 2020, 1701; OLG Hamm 14.4.2005 – 21 U 133/04, NZBau 2006, 180.

§ 9 VOB Teil B

177 **2. Höhe der Entschädigung.** § 642 BGB gewährt dem Unternehmer eine angemessene Entschädigung. Der Anspruch gewährt **keinen umfassenden Ausgleich** aller durch das Unterlassen der Mitwirkungshandlung bzw. den Gläubigerverzug eingetretenen Nachteile, insbesondere gewährt er nur einen Ausgleich für die im Zeitraum des Annahmeverzugs entstandenen Nachteile.[320] Da bzw. soweit die Kündigung den Vertrag beendet, beendet sie in aller Regel auch den Annahmeverzug und bestimmt daher das Ende des relevanten Zeitraums.

178 Die Entschädigung wird dafür gewährt, dass der Auftragnehmer für den Auftraggeber Arbeitskraft, Geräte und Kapital, also die **Produktionsmittel** zur Herstellung der Werkleistung, bereithält.[321] Ihre Höhe bestimmt sich durch eine Abwägung der in § 642 Abs. 2 BGB genannten Kriterien, einerseits nach der Dauer des Verzugs und der Höhe der vereinbarten Vergütung, einschließlich der Anteile für allgemeine Geschäftskosten sowie für Wagnis und Gewinn, andererseits nach demjenigen, was der Unternehmer infolge des Verzugs an Aufwendungen erspart oder durch anderweitige Verwendung seiner Arbeitskraft erwerben kann.[322] Mehrkosten wie gestiegene Lohn- und Materialkosten, die zwar aufgrund des Annahmeverzugs des Bestellers, aber erst nach dessen Beendigung anfallen, nämlich bei Ausführung der verschobenen Werkleistung, werden demgegenüber nicht nach § 642 BGB entschädigt.[323]

179 Es handelt sich bei § 642 BGB um einen vergütungsgleichen Anspruch eigener Art, dem eine steuerbare Leistung im Sinne des Umsatzsteuerrechts zugrunde liegt.[324] Daher fällt auf den Entschädigungsanspruch die **Mehrwertsteuer** an.

180 Der Auftragnehmer trägt die **Darlegungs- und Beweislast** für die in § 642 Abs. 2 BGB genannten Kriterien; Der Auftragnehmer hat die Tatsachen für die vom Tatrichter vorzunehmende Abwägungsentscheidung beizubringen, wobei dieser nach § 287 ZPO zur Schätzung berechtigt ist.[325] Die angemessene Entschädigung ist im Ausgangspunkt an den auf die unproduktiv bereitgehaltenen Produktionsmittel entfallenden Vergütungsanteilen einschließlich der Anteile für Allgemeine Geschäftskosten sowie für Wagnis und Gewinn zu orientieren. Daher hat der Auftragnehmer darzulegen, dass er Produktionsmittel in dem geltend gemachten Umfang tatsächlich unproduktiv vorgehalten hat, und auch die hierauf entfallenden Anteile aus der vereinbarten Gesamtvergütung darzulegen. Im Hinblick auf das Kriterium des anderweitigen Erwerbs hat der Tatrichter anhand der vom Auftragnehmer beizubringen Tatsachen weiterhin zu prüfen, ob der Unternehmer seine Produktionsmittel während des Annahmeverzugs anderweitig – produktiv – eingesetzt hat oder einsetzen konnte.

---

[320] BGH 30.1.2020 – VII ZR 33/19, NJW 2020, 1293; BGH 26.10.2017 – VII ZR 16/17, NZBau 2018, 25 = NJW 2018, 544.

[321] BGH 26.10.2017 – VII ZR 16/17, NZBau 2018, 25 = NJW 2018, 544.

[322] BGH 30.1.2020 – VII ZR 33/19, NJW 2020, 1293.

[323] BGH 26.10.2017 – VII ZR 16/17, NZBau 2018, 25 = NJW 2018, 544.

[324] BGH 24.1.2008 – VII ZR 280/05, NJW 2008, 1523; Kapellmann/Messerschmidt/von Rintelen VOB/B § 9 Rn. 96; vgl. KG 12.2.2008 – 21 U 155/06, BeckRS 2009, 87309 = BauR 2009, 650.

[325] BGH 30.1.2020 – VII ZR 33/19, NJW 2020, 1293 Rn. 58; OLG Düsseldorf 5.9.2022 – 23 U 116/21, BeckRS 2022, 54209 Rn. 27 = IBR 2023, 503; OLG Karlsruhe 27.8.2020 – 8 U 49/19, ZfBR 2021, 55 (56); beachte: OLG Brandenburg 20.7.2023 – 10 U 14/23, NZBau 2024, 90.

3. Fälligkeit und Verjährung. Der Entschädigungsanspruch nach § 642 BGB **181** unterliegt der regelmäßigen **Verjährung** des § 195 BGB.[326] Die Verjährungsfrist beträgt damit also drei Jahre, wobei Fristbeginn der Schluss des Jahres ist, in dem der Anspruch fällig würde.

Fällig wird der vergütungsgleiche Anspruch auf Entschädigung parallel zur **182** Werklohnforderung, dh nach der Abnahme und Vorlage einer prüfbaren Schlussrechnung.[327] Der Auftragnehmer hat den Entschädigungsanspruch daher zusammen mit den erbrachten Leistungen abzurechnen.[328]

III. § 9 Abs. 3 S. 2, Hs. 2 VOB/B – Weitergehende Ansprüche

Nach § 9 Abs. 3 S. 2, Hs. 2 VOB/B bleiben weitergehende Ansprüche unberührt. Die Regelung enthält **keine eigene Anspruchsgrundlage,** sondern setzt **183** diese wiederum voraus.[329] In Betracht kommen daher grundsätzlich alle vertraglichen oder gesetzlichen Anspruchsgrundlagen. Von besonderer Relevanz sind aber sicherlich die im Folgenden behandelten Ansprüche zum Ersatz unterschiedlicher Aufwendungen oder Vermögenseinbußen. Daneben kommen aber selbstverständlich auch u.a. auch Ansprüche aus dem Deliktsrecht oder dem Bereicherungsrecht in Betracht.

1. § 304 BGB – Ersatz von Mehraufwendungen. Liegen die Voraussetzun- **184** gen des Annahmeverzugs (§§ 293 ff. BGB) vor, besteht ein Anspruch auf **Ersatz der Mehraufwendungen,** die der Auftragnehmer für das erfolglose Angebot, die Kosten einer Mahnung oder Androhung sowie für die Aufbewahrung und Erhaltung des geschuldeten Gegenstands machen musste. Hierunter fallen insbesondere Schutzmaßnahmen sowie zusätzliche Transport- und Lagerkosten, soweit die objektiv erforderlich waren,[330] nicht aber ein entgangener Gewinn.[331]

Bei § 642 BGB handelt es sich um eine Ergänzung von § 304 BGB. Beide Ansprü- **185** che sind daher immer zusammen erfüllt. Dabei wird § 304 BGB nicht durch § 642 BGB verdrängt.[332] Da der Anspruchsumfang von § 642 BGB jedoch wesentlich weiter reicht, kommt § 304 BGB in der Baupraxis kaum eine eigenständige Bedeutung zu.

Der Gläubiger, hier der Auftragnehmer, trägt die **Darlegungs- und Beweis- 186 last** für die Anspruchsvoraussetzungen des § 304 BGB. Das bedeutet, dass er insbesondere das Vorliegen eines Annahmeverzuges darlegen und beweisen muss. Dazu gehört, dass der Auftragnehmer sein, zur rechten Zeit und in der rechten Art und Weise erfolgtes, Angebot der Leistung bzw. des jeweiligen Arbeitsschritts[333] und dessen fehlende Annahme darlegen muss. Letzteres erfordert regelmäßig die Benennung einer Mitwirkungshandlung des Auftraggebers, welche aber

---

[326] BeckOK BauVertrR/Sienz BGB § 642 Rn. 90a.

[327] Leinemann/Kues/Scheuermann BGB 642 Rn. 203 ff.; Grüneberg/Retzlaff BGB 642 Rn, 6a; Schweer/Klein BauR 2022, 838; aA BeckOK BauVertrR/Sienz BGB § 642 Rn. 90c; Steiner BauR 2022, 24, (28); Steiner BauR 2023, 1.

[328] Vgl. BGH 9.10.1986 – VII ZR 249/85, NJW 1987, 382.

[329] Beck VOB/B/Bolz VOB/B § 9 Abs. 3 Rn. 16; Kapellmann/Messerschmidt/von Rintelen VOB/B § 9 Rn. 99; Bolz/Jurgeleit/Jahn VOB/B § 9 Rn. 143.

[330] BGH 17.11.2023 – V ZR 192/22, NJW 2024, 279 Rn. 41; BGH 14.2.1996 – VIII ZR 185/94, NJW 1996, 1464 (1465).

[331] MüKoBGB/Ernst BGB § 304 Rn. 2.

[332] BGH 26.10.2017 – VII ZR 16/17, NJW 2018, 544 Rn. 31.

[333] Zum Begriff „Arbeitsschritt" → Rn. 52.

§ 9 VOB Teil B

unterblieben ist. Zur Höhe ist der durch das Ausbleiben der Mitwirkungshandlung tatsächlich entstandene Mehraufwand und ggf. auch darzulegen, warum dieser objektiv erforderlich war.

187 2. **Schadenersatz neben der Leistung.** Der Auftragnehmer kann über § 280 Abs. 1 BGB und über §§ 280 Abs. 1, 2, 286 BGB Schadensersatz neben der Leistung beanspruchen. Kam es zu einer berechtigten Kündigung durch den Auftragnehmer, liegt es nahe, dass derartige Schadenersatzansprüche bestehen. Notwendig sind eine Pflichtverletzung, deren Verschulden sowie ein Schaden.

188 Neben die Hauptleistungspflichten, Zahlung der Vergütung und Teil-/Abnahme der Werkleistungen, können weitere **Pflichten des Auftraggebers** treten, die sich in aller Regel unmittelbar aus dem Vertrag ergeben.[334] Zu den in Betracht kommenden Pflichten zählen dabei auch Rücksichtnahme- und Treuepflichten, § 241 Abs. 2 BGB. Da das Vertragsverhältnis durch die Kündigung nur mit Wirkung ex nunc, für die Zukunft, beendet wird, bleiben **vor der Kündigung bereits entstandene** Schadensersatzansprüche nach § 280 Abs. 1 BGB, aber auch Ansprüche auf Ersatz des Verzögerungsschadens erhalten,[335] §§ 280 Abs. 1, 2, 286 BGB.

189 Liegt eine Pflichtverletzung vor, wird das **Verschulden** des Auftraggebers vermutet, § 280 Abs. 1 S. 2 BGB. Das Verschulden seiner Erfüllungsgehilfen muss sich der Auftraggeber zurechnen lassen, § 278 BGB. Hier gilt zu es zu berücksichtigen, dass insbesondere **Vorunternehmer** im Verhältnis zum Auftragnehmer nicht als Erfüllungsgehilfen des Auftraggebers gelten.[336]

190 Unter den Schadensersatz neben der Leistung fallen dabei alle **Schäden**, die endgültig eingetreten sind, also auch bei einer Fortsetzung der Leistung nicht ausgeglichen werden könnten. Die **Haftungsbeschränkung** aus § 6 Abs. 6 S. 1 ist zu beachten, wenn sie einer isolierten Inhaltskontrolle standhält.[337]

191 Als Schaden neben der Leistung kommen insbesondere wegen verspäteter Zahlungen auf Abschlags-, Vorauszahlungs- oder Teil-/Schlussrechnungen entstehende **Zinsforderungen** in Betracht, §§ 286, 288 BGB. Zu den typischen Verzugsschäden zählen auch getätigte Aufwendungen für die Rechtsverfolgung.

192 Mit einem Schadensersatzanspruch kann der Auftragnehmer aber die durch einen Annahme- oder Schuldnerverzug entstandenen Kosten einschließlich Bau-/**Preissteigerungen** sowie auch den vollen entgangenen Gewinn geltend machen; Das umfasst auch den durch den Verzug entgangenen Gewinn aus anderen Aufträgen.[338] Insoweit dürfte aber ein besonderes Augenmerk auf die Kausalität zwischen

---

[334] → Rn. 67 ff. (Zahlung) und → Rn. 70 ff. (weitere Pflichten).
[335] MüKoBGB/Gaier BGB § 314 Rn. 49; Grüneberg/Grüneberg BGB § 314 Rn. 11; BeckOGK/Martens BGB § 314 Rn. 84.
[336] BGH 21.10.1999 – VII ZR 185/98, NJW 2000, 1336, 1337; BGH 27.6.1985 – VII ZR 23/84, NJW 1985, 2475.
[337] Für Wirksamkeit: Beck VOB/B/Vowinckel VOB/B § 6 Rn. 24, 142; vgl. KG 10.1.2017 – 21 U 14/16, ZfBR 2018, 52 (54); Für Unwirksamkeit: Kues/v. Kiedrowski/Bolz/Bolz AGB-Klauseln Bauverträge, § 2 Gesetzliche Privilegierung der VOB/B Inhaltskontrolle der einzelnen VOB/B-Regelungen, Rn. 60; Kapellmann/Messerschmidt/Markus VOB/B § 6 Rn. 71; Ingenstau/Korbion/Sienz Anhang 3 Rn. 80; Bolz/Jurgeleit/Popescu § 6 Rn. 291; Heiermann/Riedl/Rusam/Kuffer/Petersen VOB/B § 6 Rn. 74; Messerschmidt/Voit/Voit VOB/B § 6 Rn. 22; vgl. BGH 20.7.2005 – VIII ZR 121/04, NJW-RR 2005, 1496 (1505).
[338] Kapellmann/Messerschmidt/von Rintelen VOB/B § 9 Rn. 103.

der in Rede stehenden Pflichtverletzung und dem begehrten Schaden zu legen sein. Wurde aber bspw. der Antransport und Aufbau oder Abbau und Abtransport eines Krans für einen gewissen Tag, einen gewissen Zeitraum einvernehmlich eingeplant und daher vom Auftragnehmer so veranlasst wurde, sind diesem die für eine sinnlose Anfahrt und ggf. weitere angefallenen Kosten zu ersetzen, wenn der Termin vom Auftraggeber verschuldet nicht eingehalten wird.

Der Arbeitnehmer trägt die **Darlegungs- und Beweislast** für die Pflichtverletzung des Auftraggebers, die Schadensentstehung und den Ursachenzusammenhang zwischen der Pflichtverletzung und dem Schaden. Der Auftraggeber ist demgegenüber für das Nichtvertretenmüssen beweispflichtig, § 280 Abs. 1 S. 2 BGB. Zur Geltendmachung eines Schadens aus Bauablaufstörungen ist in aller Regel eine **konkret bauablaufbezogene Darstellung**[339] der jeweiligen Störung unumgänglich. Dieses Schlagwort ist dabei nicht als eigene Voraussetzung zu verstehen, sondern die Umschreibung der Notwendigkeit eines schlüssigen Vortrags zur Begründung des Anspruchs; Die Begründung eines Anspruchs ist schlüssig, wenn die Tatsachen vorgetragen werden, die in Verbindung mit einem Rechtssatz geeignet sind, das geltend gemachte Recht als in der Person der Partei entstanden erscheinen zu lassen.[340] Macht der Auftragnehmer wegen Bauablaufstörungen einen Anspruch auf Schadensersatz geltend, hat er schlüssig darzulegen, dass und wie seine Leistungsausführung durch eine Pflichtverletzung des Auftraggebers gestört worden ist.[341] 193

Zur Bestimmung des Schadens ist der Unterschied zwischen der Vermögenslage des Auftragnehmers, wie sie sich infolge des ersatzverpflichtenden Ereignisses darstellt, und derjenigen, wie sie ohne Behinderung bestehen würde, zu ermitteln. Bei dieser Schadensermittlung nach der sog. **Differenzhypothese** scheidet ein Rückgriff auf die Kalkulation des Auftragnehmers zur Ermittlung seiner Schadenshöhe aus. Der Auftragnehmer ist vielmehr verpflichtet, die ihm tatsächlich entstandenen Kosten – insbesondere aus der Bauzeitverlängerung – konkret als Schaden nachzuweisen.[342] So kann bspw. für den unproduktiven Stillstand von Geräten nicht etwa der in der Kalkulation für die Geräte gewählte Ansatz berechnet werden, sondern nur die tatsächlich entstandenen Vorhaltekosten (zB durch Mietrechnungen nachgewiesene Gerätemiete, nicht jedoch der kalkulierte Gerätestundensatz). Denn ersatzfähig ist nur der nachweislich entstandene, adäquat-kausal durch die Pflichtverletzung verursachte Schaden. Er ist der Höhe nach konkret, zB durch Vorlage von Rechnungen für Gerätemiete, Zwischenlagerungen oder erhöhte Nachunternehmerkosten nachzuweisen.[343] 194

3. Schadenersatz statt der (ganzen) Leistung; Kündigungsschaden. Der Auftragnehmer kann über § 280 Abs. 1, 3 BGB und unter den zusätzlichen Voraussetzungen des § 281 BGB, des § 282 BGB oder des § 283 BGB Schadenersatz statt der (ganzen) Leistung beanspruchen.[344] Notwendig sind im Allgemeinen eine Pflichtverletzung, deren Verschulden sowie ein Schaden. Die Schadensersatz- 195

---

[339] BGH 21.3.2002 – VII ZR 224/00, NJW 2002, 2716.
[340] StRsprBGH u.a. BGH 16.11.2016 – VIII ZR 297/15, NJW-RR 2017, 380 Rn. 23.
[341] OLG München 26.9.2017 – 28 U 2834/09, IBRRS 2020, 1701.
[342] BGH 21.3.2002 – VII ZR 224/00, NJW 2002, 2716; BGH 20.2.1986 – VII ZR 286/84, NJW 1986, 1684; OLG Düsseldorf 25.2.2003 – I-21 U 80/02, BauR 2003, 892.
[343] Leinemann/Kues/Thomas VOB/B § 6 Rn. 234 ff.
[344] MüKoBGB/Ernst BGB § 281 Rn. 134.

§ 9 VOB Teil B

ansprüche sind nicht auf die Zeit bis zur Beendigung des Vertrags aufgrund der Kündigung begrenzt.[345]

196 Neben die Hauptleistungspflichten, Zahlung der Vergütung und Teil-/Abnahme der Werkleistungen, können weitere **Pflichten des Auftraggebers** treten, die sich in aller Regel unmittelbar aus dem Vertrag ergeben.[346] Beachtlich ist insoweit, dass auch die Verletzung von Schutzpflichten nach § 241 Abs. 2 BGB unter den Voraussetzungen des § 282 BGB einen Schadensersatzanspruch statt der Leistung begründen kann.

197 Liegt eine Pflichtverletzung vor, wird das **Verschulden** des Auftraggebers vermutet, § 280 Abs. 1 S. 2 BGB. Das Verschulden seiner Erfüllungsgehilfen muss sich der Auftraggeber zurechnen lassen, § 278 BGB. Hier gilt zu es zu berücksichtigen, dass insbesondere **Vorunternehmer** im Verhältnis zum Auftragnehmer nicht als Erfüllungsgehilfen des Auftraggebers gelten.[347]

198 Unter den Schadensersatz statt der Leistung fallen dabei alle **Schäden,** die durch eine Nachholung der zunächst ausgebliebenen Leistung bis zum letztmöglichen Zeitpunkt hätten vermieden werden können und das Interesse des Gläubigers, hier des Auftragnehmers, an der Leistung als solcher befriedigen. Hinsichtlich solcher Schadenspositionen soll der Schuldner, hier der Auftraggeber, nur haften, wenn sie auf dem endgültigen Ausbleiben seiner Leistung beruhen. Die Leistung bleibt daher solange möglich, wie die Leistungspflicht besteht, § 281 Abs. 4 BGB. Die **Haftungsbeschränkung** aus § 6 Abs. 6 S. 1 ist zu beachten, wenn sie einer isolierten Inhaltskontrolle standhält.[348]

199 Hat der Kündigungsgegner durch eine Verletzung vertraglicher Pflichten den wichtigen Grund für die Kündigung gesetzt und fehlt es nicht an seinem Vertretenmüssen nach § 280 Abs. 1 S. 2 BGB, so kann er wegen des **„Auflösungsverschuldens"** zu Schadensersatz statt der Leistung[349] und damit zum Ersatz des **„Kündigungsschadens"** verpflichtet sein.[350] Der Gläubiger erhält hierbei Ersatz in Geld dafür, dass der vertragliche Austausch, bedingt durch eine Pflichtverletzung des anderen Teils, vorzeitig beendet worden ist.

200 Es ist nicht abschließend geklärt, ob § 281 BGB die Anspruchsgrundlage für den Auflösungsschaden bildet.[351] Auch die Anwendung des § 283 BGB wird erwogen, und zwar mit der Überlegung, durch die Kündigung werde die weitere

---

[345] BGH 25.11.2010 – Xa ZR 48/09, NJW 2011, 1438.

[346] → Rn. 67 ff. (Zahlung) und → Rn. 70 ff. (weitere Pflichten).

[347] BGH 21.10.1999 – VII ZR 185/98, NJW 2000, 1336, 1337; BGH 27.6.1985 – VII ZR 23/84, NJW 1985, 2475.

[348] Für Wirksamkeit: Beck VOB/B/Vowinckel VOB/B § 6 Abs. 6 Rn. 24, 142; vgl. KG 10.1.2017 – 21 U 14/16, ZfBR 2018, 52 (54); Für Unwirksamkeit: Kues/v. Kiedrowski/Bolz/Bolz AGB-Klauseln Bauverträge, § 2 Gesetzliche Privilegierung der VOB/B Inhaltskontrolle der einzelnen VOB/B-Regelungen, Rn. 60; Kapellmann/Messerschmidt/Markus VOB/B § 6 Rn. 74; Ingenstau/Korbion/Sienz Anhang 3 Rn. 80; Bolz/Jurgeleit/Popescu § 6 Rn. 291; Heiermann/Riedl/Rusam/Kuffer/Petersen VOB/B § 6 Rn. 74; Messerschmidt/Voit/Voit VOB/B § 6 Rn. 22; vgl. BGH 20.7.2005 – VIII ZR 121/04, NJW-RR 2005, 1496 (1505).

[349] BGH 10.10.2019 – VII ZR 1/19, NJW 2020, 605 Rn. 30 erwägt neben §§ 280, 281 BGB auch einen Anspruch direkt aus § 280 Abs. 1 BGB.

[350] BGH 10.10.2019 – VII ZR 1/19, NJW 2020, 605 Rn. 30; MüKoBGB/Ernst BGB § 281 Rn. 16, 134; MüKoBGB/Gaier BGB § 314 Rn. 49; vgl. OLG Brandenburg 22.12.2015 – 12 U 152/14, IBRRS 2016, 1045.

[351] Hierfür wohl: BGH 10.10.2019 – VII ZR 1/19, NJW 2020, 605 Rn. 30.

Erfüllung des Vertrages unmöglich.[352] Es ist insoweit sicherlich richtig, dass mit der kündigungsbedingten Beendigung ein subjektives Leistungshindernis im Sinne des § 275 Abs. 1 BGB besteht; Der Leistungserfolg kann vom Schuldner aus Rechtsgründen für die Zukunft dauerhaft nicht mehr herbeigeführt werden,[353] weil die Kündigung das Vertragsverhältnis beendet hat. Vorzugswürdig erscheint aber die Anwendung des § 281 BGB, jedenfalls sofern die Vertragsaufhebung wegen der Verletzung des Leistungsinteresses erfolgte; ansonsten kommt § 282 BGB in Betracht.[354] Die Anwendbarkeit des § 281 BGB führt vor allem dazu, dass die Berechtigung zur Geltendmachung des Auflösungsschadens von der Einhaltung des Nachfristerfordernisses nach § 281 Abs. 1 BGB abhängt; Dies mit Ausnahmen des § 281 Abs. 2 BGB. Auch eine auf eine Pflichtverletzung gestützte Kündigung ist grundsätzlich nur nach fruchtlosem Ablauf einer zur Abhilfe gesetzten Frist zulässig, § 9 Abs. 2 oder §§ 648a Abs. 3, 314 Abs. 2 BGB. Für beide Tatbestände – § 281 Abs. 1 BGB und § 9 Abs. 2 bzw. §§ 648a Abs. 3, 314 Abs. 2 BGB – kann dann bzw. genügt dann eine und dieselbe Fristsetzung.[355] Auch die Ausnahmetatbestände stimmen weitgehend überein. Nicht tragfähig erscheint bei alledem jedenfalls, unmittelbar die Rechtsfolgen des § 8 Abs. 1 Nr. 2 oder des § 648 BGB anzuwenden.[356]

Kündigungsschaden ist – unabhängig von der Anknüpfung an § 281 BGB, **201** § 282 BGB oder § 283 BGB – der Schaden, der dem Gläubiger dadurch entsteht, dass der Vertrag nicht wie ursprünglich vereinbart fortgesetzt wird. Mit dem Schadensersatzanspruch kann der Kündigende daher verlangen, so gestellt zu werden, wie er bei ordnungsgemäßer Vertragserfüllung gestanden hätte. Maßgeblich für den hiernach zu ersetzenden Schaden sind die entgangenen Gegenleistungen, also für den Auftragnehmer die wegen der Auflösung des Vertrages **entgangene Vergütung** unter Berücksichtigung einer Vorteilsausgleichung (ersparte Aufwendungen, anderweitiger Erwerb oder in Form von Abzinsung und auch Verwertungserlösen).[357]

Es dürfte sich für den Auftragnehmer dabei in aller Regel um einen **Schadens-** **202** **ersatz statt der ganzen Leistung** nach § 281 Abs. 1 S. 2 BGB handeln. Denn nahezu immer wird die Kündigung vor dem Abschluss des Erfüllungsstadiums erfolgen. Die bis zu diesem Zeitpunkt an den Auftragnehmer per Abschlag geleisteten Zahlungen sind nur vorläufiger Natur, haben lediglich den Charakter einer Anzahlung auf die Vergütung für das Gesamtwerk.[358] Nach § 281 Abs. 1 S. 2 BGB kann der Gläubiger, der bereits eine Teilleistung erhalten hat, Schadensersatz statt der ganzen Leistung nur verlangen, wenn er an der Teilleistung kein Interesse hat. Eine Teil-/Leistung gab es im Zeitpunkt der Kündigung typischerweise noch

---

[352] Ingenstau/Korbion/Joussen VOB/B § 9 Abs. 3 Rn. 36; vgl. KG 10.1.2017 – 21 U 14/16, ZfBR 2018, 52 (54).
[353] Zur rechtlichen Unmöglichkeit s. u.a. BGH 25.10.2012 – VII ZR 146/11, NJW 2013, 152 Rn. 33.
[354] MüKoBGB/Ernst BGB § 281 Rn. 16; vgl. auch Kapellmann/Messerschmidt/von Rintelen VOB/B § 9 Rn. 9a der aber in §§ 281, 282 BGB wohl einen Beendigungstatbestand und nicht lediglich die Grundlage für Sekundäransprüche sieht.
[355] MüKoBGB/Gaier BGB § 314 Rn. 49; MüKoBGB/Ernst BGB § 281 Rn. 16.
[356] Bolz/Jurgeleit/Jahn VOB/B § 9 Rn. 154; wohl aA OLG Brandenburg 22.12.2015 – 12 U 152/14, IBRRS 2016, 1045.
[357] OLG Celle 1.11.2012 – 16 U 200/11, BeckRS 2015, 15153 = BauR 2015, 1327; OLG Brandenburg 22.12.2015 – 12 U 152/14, IBRRS 2016, 1045.
[358] BGH 11.2.1999 – VII ZR 399/97, NJW 1999, 1867 (1896).

nicht, weil eben nur Abschlagszahlungen vom Auftraggeber geleistet wurden. Diese gehen erst im Vergütungs- bzw. Schlusszahlungsanspruch auf, wenn dieser geltend gemacht werden kann.[359] In der Praxis wird der Schadensersatzanspruch statt der ganzen Leistung regelmäßig schlicht **mit den erfolgten Abschlagszahlungen verrechnet** werden.

203 Wird „großer" Schadensersatz zu Recht verlangt, hat der Kündigende die von ihm empfangenen Leistungen nach Rücktrittsrecht herauszugeben, § 281 Abs. 5 BGB. Sind die Voraussetzungen für einen „großen" Schadensersatz nicht erfüllt, muss der Gläubiger die Teilleistung behalten und den Schadensersatz auf das Defizit beschränken.

204 Der **Kündigungsschaden** ist dabei sinnvollerweise in Abgrenzung zur Vergütung **„abzurechnen"**. Denn maßgeblich für den zu ersetzenden Schaden sind die entgangenen Gegenleistungen, für den Auftragnehmer also die wegen der Auflösung des Vertrages entgangene Vergütung.[360] Bei der Abrechnung sind daher zunächst die erbrachten Leistungen darzulegen und diese sodann von dem nicht ausgeführten Teil abzugrenzen.[361] An der für den nicht ausgeführten Teil der Leistung verbleibenden Teil der Vergütung ergibt sich sodann der Schaden, wobei hier eine etwaige Vorteilsausgleichung zu berücksichtigen ist (ersparte Aufwendungen, anderweitiger Erwerb oder in Form von Abzinsung und auch Verwertungserlösen).

205 Der Auftragnehmer trägt die **Darlegungs- und Beweislast** für die Pflichtverletzung des Auftraggebers, die Schadensentstehung und den Ursachenzusammenhang zwischen der Pflichtverletzung und dem Schaden. Der Auftragnehmer hat außerdem die weiteren Voraussetzungen der §§ 281, 282 oder 283 BGB darzulegen und zu beweisen, also etwa im Rahmen des § 281 BGB, dass er seine Leistung erbracht und ordnungsgemäß angeboten hat Der Auftraggeber ist demgegenüber für das Nichtvertretenmüssen beweispflichtig, § 280 Abs. 1 S. 2 BGB, sowie für Ersparnisse, die vom Schaden statt der Leistung in Abzug zu bringen sind.

§ 10 Haftung der Vertragsparteien

(1) **Die Vertragsparteien haften einander für eigenes Verschulden sowie für das Verschulden ihrer gesetzlichen Vertreter und der Personen, deren sie sich zur Erfüllung ihrer Verbindlichkeiten bedienen (§§ 276, 278 BGB).**

(2)
1. **[1]Entsteht einem Dritten im Zusammenhang mit der Leistung ein Schaden, für den auf Grund gesetzlicher Haftpflichtbestimmungen beide Vertragsparteien haften, so gelten für den Ausgleich zwischen den Vertragsparteien die allgemeinen gesetzlichen Bestimmungen, soweit im Einzelfall nichts anderes vereinbart ist. [2]Soweit der Schaden des Dritten nur die Folge einer Maßnahme ist, die der Auftraggeber in dieser Form angeordnet hat, trägt er den Schaden allein, wenn ihn der Auftragnehmer auf die mit der angeordneten Ausführung verbundene Gefahr nach § 4 Absatz 3 hingewiesen hat.**

---

[359] BGH 15.4.2004 – VII ZR 471/01, NJW-RR 2004, 957 (958).
[360] OLG Celle 1.11.2012 – 16 U 200/11, BeckRS 2015, 15153 = BauR 2015, 1327; OLG Brandenburg 22.12.2015 – 12 U 152/14, IBRRS 2016, 1045.
[361] Vgl. BGH 4.5.2000 – VII ZR 53/99, NJW 2000, 2988; BGH 30.10.1997 – VII ZR 321/95, NJW-RR 1998, 234; BGH 21.12.1995 – VII ZR 198/94, NJW 1996, 1282.

2. Der Auftragnehmer trägt den Schaden allein, soweit er ihn durch Versicherung seiner gesetzlichen Haftpflicht gedeckt hat oder durch eine solche zu tarifmäßigen, nicht auf außergewöhnliche Verhältnisse abgestellten Prämien und Prämienzuschlägen bei einem im Inland zum Geschäftsbetrieb zugelassenen Versicherer hätte decken können.

(3) Ist der Auftragnehmer einem Dritten nach den §§ 823 ff. BGB zu Schadensersatz verpflichtet wegen unbefugten Betretens oder Beschädigung angrenzender Grundstücke, wegen Entnahme oder Auflagerung von Boden oder anderen Gegenständen außerhalb der vom Auftraggeber dazu angewiesenen Flächen oder wegen der Folgen eigenmächtiger Versperrung von Wegen oder Wasserläufen, so trägt er im Verhältnis zum Auftraggeber den Schaden allein.

(4) Für die Verletzung gewerblicher Schutzrechte haftet im Verhältnis der Vertragsparteien zueinander der Auftragnehmer allein, wenn er selbst das geschützte Verfahren oder die Verwendung geschützter Gegenstände angeboten oder wenn der Auftraggeber die Verwendung vorgeschrieben und auf das Schutzrecht hingewiesen hat.

(5) Ist eine Vertragspartei gegenüber der anderen nach den Absätzen 2, 3 oder 4 von der Ausgleichspflicht befreit, so gilt diese Befreiung auch zugunsten ihrer gesetzlichen Vertreter und Erfüllungsgehilfen, wenn sie nicht vorsätzlich oder grob fahrlässig gehandelt haben.

(6) [1]Soweit eine Vertragspartei von dem Dritten für einen Schaden in Anspruch genommen wird, den nach den Absätzen 2, 3 oder 4 die andere Vertragspartei zu tragen hat, kann sie verlangen, dass ihre Vertragspartei sie von der Verbindlichkeit gegenüber dem Dritten befreit. [2]Sie darf den Anspruch des Dritten nicht anerkennen oder befriedigen, ohne der anderen Vertragspartei vorher Gelegenheit zur Äußerung gegeben zu haben.

Literatur: Bindhardt, Über die Rechtsprechung des BGH zur Verkehrssicherungspflicht des Architekten, BauR 1975, 376 ff; Bindhardt, Pflichten und Verantwortung des Architekten gegenüber den Nachbarn seines Bauherrn, BauR 1983, 422; Cordes, § 10 II Nr. 2 VOB/B-eine Haftungsfalle für Auftragnehmer, NZBau 2018, 8; Kaiser, Die konkurrierende Haftung von Vor- und Nachunternehmer, BauR 2000, 177; Kamanabrou, Grenzen der Haftung für Schutzpflichtverletzungen Dritter, NJW 2001, 1187; Kampen, Die gemeinsame Betriebsstätte, NJW 2012, 2234; Kniffka, Die Kooperationspflichten der Bauvertragspartner im Bauvertrag, Jahrbuch Baurecht 2001, 1; Kniffka, Anmerkung zu OLG Düsseldorf vom 29.6.1999 – 21 U 127/98, BauR 1999, 1312; Kullmann, Die außervertragliche Haftung des Bauherrn in der Rechtsprechung des Bundesgerichtshofs, FS Korbion, 1986, 235 ff; Kullmann, Zur Verkehrssicherungspflicht eines mit der örtlichen Bauführung oder der Bauleitung betrauten Architekten, BauR 1977, 84 ff; Neuenfeld, Probleme der Leistungsphasen 8 und 9 des § 15 HOAI, BauR 1981, 436; Peters, Die zeitlichen Dimensionen des Ausgleichs zwischen mehreren für einen Baumangel verantwortlichen Personen, NZBau 2007, 337; Rathjen, Probleme der Haftung für den Erfüllungsgehilfen, Baur 2000, 170; Reiter/Schott, Abgrenzungs- und Haftungsfragen im öffentlichen Straßen- und Kanalbau bei Beauftragung privater Unternehmer, NZBau 2023, 577; von Rintelen, Lücken im Haftpflichtversicherungsschutz-Umfang und Grenzen des Versicherungsschutzes im Baubereich, NZBau 2006, 401; Schenke, Ende der Privilegierung in VOB/B-Verbraucherverträgen, BauR 2008, 1972; Schmalzl/Krause-Allenstein, Die Berufshaftpflichtversicherung des Architekten und des Bauunternehmers, 2. Aufl., 2006; Vens-Cappell, Das kostenträchtige Mauerblümchen in der VOB/B: Die Haftungsregelung nach § 10 Nr. 2 Abs. 2 VOB/B, BrBp 2004, 503; Vens-Cappell/Wolf, Zur

§ 10

haftungs- und versicherungsrechtlichen Problematik des § 10 Nr. 2 Abs. 2 VOB/B, BauR 1993, 275; Weimar, Muss der Nachbar die Aufstellung von Gerüsten auf seinem Grundstück dulden?; BauR 1975, 26 ff; Wussow, Die Haftung des Bauunternehmers bei der Bauausführung, Köln-Braunsfeld 1964; Zahn, Freistellungsklage und Klage auf Feststellung der Freistellungsverpflichtung, ZfBR 2007, 627

Übersicht

	Rn.
A. Allgemeines	1
B. Haftung der Vertragspartner untereinander (Abs. 1)	3
I. Gegenstand der Regelung	3
II. Eigenes Verschulden	4
1. Vorsatz	5
2. Fahrlässigkeit	6
3. Grad der Fahrlässigkeit	7
4. Anderweitige Bestimmung	8
III. Zurechnung fremden Verschuldens	9
1. Haftung für gesetzliche Vertreter und Organe	10
2. Haftung für Erfüllungsgehilfen	11
3. Innerer Zusammenhang	16
IV. Mitverschulden	17
V. Beweislast	18
C. Haftung der Vertragsparteien gegenüber Dritten	19
I. Allgemeines	19
II. Dritter	20
III. Zusammenhang	21
IV. Haftungsgrund	22
1. Verletzung eines absoluten Rechts	24
2. Verkehrssicherungspflicht	25
3. Verletzung eines Schutzgesetzes	28
4. Haftung für Verrichtungsgehilfen	30
5. Gebäudeeinsturz	31
6. Staatshaftung	32
7. § 906 Abs. 2 S. 2 BGB analog	33
V. Deliktische Verantwortlichkeit beider Vertragsparteien	34
VI. Haftungsausschluss	35
D. Grundsätze des Ausgleichs zwischen AG und AN	36
I. Gesetzliche Ausgleichsbestimmungen	36
II. Anderweitige Vereinbarung	38
III. AGB-Problematik	42
E. Spezielle Ausgleichsregelungen	43
I. § 10 Abs. 2 Nr. 1 S. 2	44
II. § 10 Abs. 2 Nr. 2	47
III. § 10 Abs. 3	53
IV. § 10 Abs. 4	57
V. Abweichende Regelungen	61
VI. AGB-Problematik	62
F. Ausgleichsregeln zugunsten gesetzlicher Vertreter und Erfüllungsgehilfen (Abs. 5)	63
I. Zweck der Regelung	63
II. AGB-Problematik	66

	Rn.
G. Pflichten der Parteien bei Inanspruchnahme durch geschädigte Dritte (Abs. 6)	67
I. Anspruch auf Freistellung	68
II. Gelegenheit zur Äußerung	69
III. Rechtsfolgen	70
IV. AGB-Problematik	72

A. Allgemeines

§ 10 regelt die Haftung der Vertragsparteien untereinander. Dabei geht es allein um die Verantwortlichkeit der Vertragsparteien für eine entstandene Schadensersatzpflicht.[1] Die besondere Art der Haftung für Mängel ist in §§ Abs. 7, 13 geregelt. Die Frage der Gefahrtragung – wer hat für Schäden an der Leistung einzustehen, die weder von einer der Vertragspartner noch von einem Dritten zu vertreten sind? – regeln wiederum die §§ 7 und 12 Abs. 6.[2] 1

Die Vorschrift enthält in Abs. 1 und Abs. 2–6 Regelungen zu zwei voneinander zu unterscheidenden Haftungskomplexen: Der Abs. 1 behandelt die Haftung im Verhältnis der Vertragsparteien untereinander. Die Bestimmung setzt voraus, dass eine Partei zu Schaden gekommen ist, und regelt in Anlehnung an die gesetzlichen Vorschriften der §§ 276, 278 BGB die Frage, inwieweit die andere Partei die schädigende Handlung zu vertreten hat. Die Abs. 2–6 beziehen sich auf Fälle, in denen ein Dritter durch sowohl dem AG als auch dem AN zurechenbares Verhalten geschädigt wurde und von einem der Vertragspartner Ersatz seines Schadens erlangt hat oder verlangt. Diese Haftungssituation wird in Abs. 2–6 vorausgesetzt; diese Bestimmungen regeln lediglich die Anschlussfrage, nämlich die interne Schadensverteilung zwischen AG und AN. Die VOB verweist hierbei zunächst auf die allgemeinen gesetzlichen Ausgleichsbestimmungen und stellt sodann Sonderregelungen für bauvertragstypische Fälle auf, in denen es angezeigt ist, im Innenverhältnis zwischen AG und AN auf einen Vertragspartner die volle Schadensersatzpflicht abzuwälzen. Von besonderer Bedeutung ist Abs. 2 Nr. 2, der die Alleinhaftung des Auftragnehmers in versicherbaren Schadensfällen regelt.[3] 2

B. Haftung der Vertragspartner untereinander (Abs. 1)

I. Gegenstand der Regelung

Abs. 1 regelt die vertragliche Haftung im Verhältnis zwischen AG und AN. Unter Haftung ist hier allein die **Schadensersatzhaftung** zu verstehen. Nicht hierunter fallen verschuldensunabhängige Ansprüche, zB auf Mängelbeseitigung oder Minderung. Abs. 1 enthält keine Anspruchsgrundlage, sondern setzt eine solche voraus. Solche vertraglichen Haftungstatbestände sind insbesondere Schadensersatzansprüche wegen mangelhafter Bauleistung, Verzuges bzw. einer Pflichtverletzung im Sinne der §§ 280, 281 BGB.[4] Bei Verletzung der Pflichten aus § 618 3

---

[1] Heiermann/Riedl/Rusam/Kuffer/Petersen § 10 Rn. 1.
[2] Leinemann/Hafkesbrink § 10 Rn. 1.
[3] Kapellmann/Messerschmidt/von Rintelen § 10 Rn. 2.
[4] Ganten/Jansen/Voit/Bröker § 10 Rn. 1 ff.; Leinemann/Hafkesbrink § 10 Rn. 3.

BGB kommt ein Schadensersatzanspruch aus § 280 Abs. 1 S. 1 BGB in Betracht.[5] In Ergänzung dieser Haftungstatbestände präzisiert Abs. 1 das subjektive Erfordernis des Vertretenmüssens. Hierbei übernimmt Abs. 1 die allgemeinen BGB-Grundsätze; dies ergibt sich einerseits aus dem Wortlaut der Vorschrift und andererseits aus der Verweisung auf §§ 276, 278 BGB. Zur Ergänzung der nachstehenden Ausführungen kann daher auf die einschlägige BGB-Kommentierung verwiesen werden.

II. Eigenes Verschulden

4   Abs. 1 bestimmt zunächst, dass die Parteien für eigenes Verschulden haften. Verschulden umfasst gemäß § 276 BGB sowohl **Vorsatz** als auch **Fahrlässigkeit**.[6]

5   **1. Vorsatz.** Eine **vorsätzliche** Handlung ist dann gegeben, wenn der gesetzliche Haftungstatbestand bewusst verwirklicht wird und diese Tatbestandsverwirklichung gewollt ist, wobei sich der Handelnde auch der Rechtswidrigkeit seines Tuns bewusst sein muss.

6   **2. Fahrlässigkeit. Fahrlässig** handelt, wer die im Verkehr erforderliche Sorgfalt außer Acht lässt (§ 276 Abs. 2 BGB). Dabei gilt wie in anderen Branchen auch im Bausektor, dass derjenige, der sich gewerblich in einem bestimmten Bereich betätigt, die dazu notwendige Sachkunde besitzen muss. Dies gilt auch für Spezialarbeiten: Wer sich zu Arbeiten erbietet, die nur ein ausgesprochener Fachmann zu leisten vermag, muss die auf langer Erfahrung und neuesten Erkenntnissen beruhenden Regeln seiner Kunst beherrschen.[7] Eine Sorgfaltspflichtverletzung kann selbst dann vorliegen, wenn das entsprechende Handeln weitgehend branchenüblich, nach neuesten Erkenntnissen aber gefahrbringend ist.[8] Zur verkehrserforderlichen Sorgfalt, die der AN zu beachten hat, gehört auch die Einhaltung von Unfallverhütungsvorschriften der Berufsgenossenschaften[9] und von DIN-Normen für bestimmte Bauleistungen. Weicht der AN hiervon ab, ist er zu besonderer Sorgfalt verpflichtet. Im Übrigen hängt es von den Umständen des Einzelfalles ab, welche Anforderungen an die Erfüllung der im Verkehr erforderlichen Sorgfalt zu stellen sind; dabei ist auch die technische Entwicklung mit zu berücksichtigen. Jedenfalls genügt es nicht, DIN-Normen und dergleichen zu erfüllen, wenn die technische Entwicklung darüber hinausgegangen ist oder wenn sich bei der Benutzung eines technischen Gerätes Gefahren gezeigt haben, die in DIN-Normen noch nicht berücksichtigt sind.[10]

7   **3. Grad der Fahrlässigkeit.** Dem Grade nach wird zwischen **leichter** und **grober Fahrlässigkeit** unterschieden. Diese Unterscheidung spielt auch in der VOB im Rahmen der §§ 6 Abs. 6, 10 Abs. 5 und 13 Abs. 7 Nr. 2 eine Rolle. Leichte Fahrlässigkeit liegt vor, wenn die im Verkehr erforderliche Sorgfalt in

---

[5] OLG Brandenburg 11.1.2023 – 4 U 136/21, IBR 2023, 189; MüKo-Henssler § 618 BGB Rn. 100; Leinemann/Hafkesbrink § 10 Rn. 4.

[6] Kapellmann/Messerschmidt/von Rintelen § 10 Rn. 4; Leinemann/Hafkesbrink § 10 Rn. 11.

[7] BGH NJW 1956, 787; Leinemann/Hafkesbrink § 10 Rn. 12.

[8] BGHZ 23, 288 (290).

[9] Wussow S. 35.

[10] BGH NJW 1994, 3349 (3350); BGH 24.1.2002 – III ZR 103/01, NJW 2002, 1265; OLG Karlsruhe 14.5.2003 – 7 U 138/01, IBR 2003, 541.

geringem Maße verletzt wird. Grob fahrlässig handelt, wer die erforderliche Sorgfalt in ungewöhnlich hohem Maße verletzt und dasjenige unbeachtet lässt, was im gegebenen Falle jedem hätte einleuchten müssen.[11] Grobe Fahrlässigkeit des AN liegt insbesondere dann vor, wenn er erkennbar riskant die Bauleistung durchführt, zB die notwendigsten Sicherungsmaßnahmen außer Acht lässt[12] oder entgegen entsprechenden Zusagen die Bauausführung beginnt, bevor die statische Berechnung überprüft wurde.[13]

4. Anderweitige Bestimmung. Diese Grundsätze gelten – wie sich aus dem Verweis auf § 276 BGB ergibt – auch im Bereich der VOB nur, soweit nichts anderes (gesetzlich oder vertraglich) bestimmt ist. Eine gesetzliche Haftungsverschärfung enthält zum Beispiel § 287 BGB, eine gesetzliche Haftungsmilderung § 300 Abs. 1 BGB.[14] Vertragliche Haftungsverschärfungen können zB in Form von Garantieverträgen vereinbart werden, durch die der Garantierende eine verschuldensunabhängige Haftung übernimmt. Fälle einer vertraglichen Haftungsbeschränkung sind in der VOB die Regelungen in § 6 Abs. 6, 10 Abs. 5 und 13 Abs. 7 Nr. 2. Bei vertraglichen Haftungsbeschränkungen ist im Übrigen § 276 Abs. 3 BGB zu beachten; nach dieser Vorschrift kann dem Schuldner eine Haftung wegen Vorsatzes nicht im Voraus erlassen werden. Einer Haftungsbeschränkung durch AGB sind durch § 307 Nr. 7 BGB enge Grenzen gezogen. 8

III. Zurechnung fremden Verschuldens

In gleicher Weise wie für eigenes Verschulden haften die Vertragsparteien für das Verschulden ihrer **gesetzlichen Vertreter** und ihrer **Erfüllungsgehilfen** (§ 278 BGB).[15] 9

1. Haftung für gesetzliche Vertreter und Organe. Zu den **gesetzlichen Vertretern**[16] zählen alle Personen, die kraft Gesetzes für andere handeln, also nicht nur die eigentlichen gesetzlichen Vertreter wie etwa die Eltern, sondern auch – dies dürfte für die Baupraxis die größere Rolle spielen – die sog. Parteien kraft Amtes, wie etwa der Insolvenzverwalter. Dagegen bestimmt sich die Haftung der juristischen Personen des privaten oder öffentlichen Rechts für ihre **Organe** nicht nach § 278 BGB, sondern nach §§ 31, 89 BGB, da das Handeln der Organe als Handeln der juristischen Person selbst gilt. 10

2. Haftung für Erfüllungsgehilfen. Erfüllungsgehilfe ist, wer nach den tatsächlichen Verhältnissen des gegebenen Falles mit dem Willen des Schuldners bei der Erfüllung der diesem obliegenden Verbindlichkeit als seine Hilfsperson tätig wird; es kommt nicht darauf an, ob der Erfüllungsgehilfe in einem Abhängigkeitsverhältnis zum Schuldner steht oder ob er weiß, dass er die Verbindlichkeit eines anderen erfüllt.[17] Erfüllungsgehilfen können in der Erbringung von Hauptleis- 11

---

[11] BGHZ 10, 14 (16) mwN.
[12] BGH NJW-RR 1989, 339 (340): Verstoß gegen dem Schutz vor tödlichen Gefahren dienende Unfallverhütungsvorschriften; OLG Saarbrücken VersR 73, 182.
[13] BGH VersR 1965, 875.
[14] Leinemann/Hafkesbrink § 10 Rn. 13.
[15] Ganten/Jansen/Voit/Bröker § 10 Rn. 6 ff.
[16] Ganten/Jansen/Voit/Bröker § 10 Rn. 13.
[17] BGHZ 13, 111 (113) mwN; Ganten/Jansen/Voit//Bröker § 10 Rn. 15 ff.

§ 10 VOB Teil B

tungs-, Nebenleistungs- und Sorgfaltspflichten eingeschaltet sein.[18] Eine Haftung gemäß § 278 BGB kann auch dann gegeben sein, wenn der Schuldner eine Person zu Arbeiten bestellt, die nicht an den Gläubiger, sondern an den Schuldner selbst zu erbringen sind; kommt die Hilfsperson bei ihrer Tätigkeit mit Rechtsgütern des Gläubigers in Berührung, so kann sie Gehilfe des Schuldners bei der Erfüllung seiner Schutzpflichten gegenüber dem Gläubiger sein.[19]

12 AN und AG haften für ihre Erfüllungsgehilfen wie für eigenes Verschulden, wobei deren Verschulden an dem Maßstab gemessen wird, der für AN oder AG selbst gilt. So ist zB der Sorgfaltsmaßstab nicht nach dem Ausbildungsstand eines Monteurs oder Helfers des AN zu bestimmen, sondern danach, wie der AN selbst als Fachmann auf dem betreffenden Gebiet sich hätte verhalten müssen.[20] **Erfüllungsgehilfen des AN** sind zunächst alle Arbeitnehmer seines Betriebes, die mit der Erbringung der Bauleistung befasst sind, also sowohl Aufsichtspersonen wie Bauführer oder Poliere als auch Bauarbeiter, Handwerker, Maschinenführer etc Erfüllungsgehilfen des AN sind auch die von ihm eingeschalteten Nachunternehmer.[21] Hat der AN ohne Zustimmung des AG (vgl. § 4 Abs. 8) Nachunternehmer eingeschaltet, so haftet er zusätzlich aus eigenem Verschulden nach § 276 BGB. **Keine Erfüllungsgehilfen** sind solche Personen, die ausschließlich ihnen selbst gegenüber dem Schuldner obliegende Pflichten erfüllen, ohne damit zugleich Schuldnerpflichten gegenüber dem Gläubiger wahrzunehmen. Aus diesem Grund hat der BGH es entgegen einer verbreiteten Literaturmeinung[22] abgelehnt, **Lieferanten** des AN als Erfüllungsgehilfen im Verhältnis zum AG zu qualifizieren: Leistungen von Lieferanten erfolgten im Rahmen des zwischen dem AN und seinem Lieferanten geschlossenen Kaufvertrages, sie seien also nicht in den werkvertraglichen Pflichtenkreis des AN gegenüber dem AG einbezogen; dies gelte auch dann, wenn der Lieferant die von ihm gelieferten Teile selbst montiere.[23] Eine Verschuldenszurechnung sei insbesondere zu verneinen beim Einbau fehlerhafter Heizungsventile,[24] fehlerhafter Heizkörper[25] oder der Verwendung mangelhaften Dichtungsmaterials.[26] Beim Kaufvertrag sei der vom Verkäufer eingeschaltete Hersteller der Kaufsache nicht Erfüllungsgehilfe des Verkäufers; gleiches gelte gemäß § 651 S. 1 BGB beim Werklieferungsvertrag, wenn der Lieferant einen Dritten mit der Bearbeitung der Sache betraue.[27] Bediene sich der AN aber eines Dritten, um mit dessen Hilfe unvertretbare Sachen (zB Rollläden) herzustellen, so könne der Dritte durchaus als Erfüllungsgehilfe des AN angesehen werden.[28] Die von der Rechtspre-

---

[18] BGH VersR 1964, 828; NJW-RR 1990, 308; MüKo/Grundmann BGB 3 278 Rn. 25; Kapellmann/Messerschmidt/von Rintelen § 10 Rn. 6.
[19] BGH NJW-RR 1990, 308 (309).
[20] BGH VersR 1964, 238.
[21] Ganten/Jansen/Voit/Bröker § 10 Rn. 64; Kapellmann/Messerschmidt/von Rintelen § 10 Rn. 9.
[22] MüKoBGB/Grundmann § 278 Rn. 34 mwN.
[23] BGH NJW 1978, 1157 mwN; dazu eingehend Ganten/Jansen/Voit/Bröker § 10 Rn. 57 ff; Leinemann/Hafkesbrink § 10 Rn. 20.
[24] BGH NJW 1978, 1157.
[25] BGH VersR 1962, 480.
[26] BGH NJW 2002, 1565.
[27] BGH 2.4.2014 – VIII ZR 46/13, NJW 2014, 2183.
[28] BGH BauR 1979, 324 (325) für nach Maß hergestellte Rollläden; OLG Karlsruhe BauR 19997, 848 für den Betonlieferanten; OLG Celle BauR 1996, 263 für den Lieferanten einer bestimmten Estrichmischung; dazu auch Kapellmann/Messerschmidt/von Rintelen § 10 Rn. 10.

chung vorgenommene Abgrenzung zwischen dem Nachunternehmer und dem bloßen Lieferanten ist aber zweifelhaft, da die Grenzen in der Praxis fließend sind.[29] In Wahrheit handelt es sich hierbei um eine – nicht ganz unproblematische – Risikobegrenzung zugunsten des AN, die dann aber im Ergebnis durch die Pflicht des AN zur Überprüfung der Materialien gemäß § 4 Abs. 2 und 3 wieder eingeschränkt wird.

Erfüllungsgehilfen des AG sind insbesondere der von ihm bestellte **Architekt oder Statiker,** soweit es um die den AG treffende Obliegenheit geht, dem AN ordnungsgemäße Pläne und sonstige Ausführungsunterlagen zur Verfügung zu stellen und die Leistungen der beauftragten Unternehmer zu koordinieren.[30] Erfüllungsgehilfe des AG können auch sonstige Fachleute sein, deren er sich zur Erfüllung seiner Pflichten bedient, zB Fachfirmen für die Erstellung von Bauzeitplänen.[31] Beim Architekten ist aber zu beachten, dass er nur insoweit Erfüllungsgehilfe des AG gegenüber dem AN ist, als es um die Verpflichtung geht, dem AN einwandfreie Pläne und Unterlagen zur Verfügung zu stellen sowie die Leistungen der einzelnen Unternehmer während der Bauausführung zu koordinieren.[32] Dagegen ist der AG dem AN nicht verantwortlich, wenn der Architekt seine Pflicht zur Bauaufsicht/Objektüberwachung verletzt; denn dies betrifft keine Verpflichtung des AG gegenüber dem AN, dieser hat keinen Anspruch auf Überwachung durch den AG. Daher kann der Architekt insoweit nicht Erfüllungsgehilfe des AG im Verhältnis zum AN sein.[33]

13

Streitig ist, ob der **Vorunternehmer als Erfüllungsgehilfe** des AG anzusehen ist, wenn die Leistungen des AN auf dem Vorgewerk aufbauen sollen.[34] Nach überwiegender Auffassung im baurechtlichen Schrifttum – insoweit wird auf die Ausführungen zu § 6 verwiesen – trifft den AG gegenüber dem AN die Verpflichtung, das Baugrundstück rechtzeitig und in einem für die Erbringung der geschuldeten Leistung geeigneten Zustand bereitzustellen.[35] Demgegenüber ist der BGH der Auffassung, dass der AG sich gegenüber dem AN in der Regel nicht zur rechtzeitigen Bereitstellung der mangelfreien Vorleistung verpflichten wolle.[36] Vielmehr wolle dieser mangels ausreichender Einflussmöglichkeiten auf den Vorunternehmer nur versprechen, für eine korrekte Auswahl des Vorunternehmers und die Koordinierung der Arbeiten zu sorgen.[37] Die Streitfrage – darin wird man von Rintelen[38] zustimmen können – von nicht allzu großer Bedeutung, weil die Rechtsprechung eine Entschädigung für Bauverzögerungen auch verschuldensunabhängig nach § 642 BGB gewährt und die Verantwortlichkeit des Auftraggebers für Mängel des Vorgewerks insoweit nicht von der Einordnung des Vorun-

14

---

[29] Kapellmann/Messerschmidt/von Rintelen § 10 Rn. 11; dazu grundlegend Ganten/Jansen/Voit/Bröker § 10 Rn. 57 ff.

[30] BGH BauR 1971, 265; 1972, 112; 1987, 86; Ganten/Jansen/Voit/Bröker § 10 Abs. 1 Rn. 82 ff.; Kapellmann/Messerschmidt/von Rintelen § 10 Rn. 12.

[31] OLG Köln BauR 1986, 582 (583).

[32] BGH NJW 1984, 1676 (1677) mwN.

[33] BGH BB 1962, 903; NJW 1972, 447 f.; BauR 1973, 313 (314); Kapellmann/Messerschmidt/von Rintelen § 10 Rn. 12.

[34] Dazu Ganten/Jansen/Voit/Bröker § 10 Rn. 9, 75 ff.

[35] Kapellmann/Messerschmidt/von Rintelen § 10 Rn. 13 mwN.

[36] BGH NJW 1985, 2425 = BauR 1985, 561; BGH NZBau 2000, 187 = BauR 2000, 722.

[37] Kniffka Jahrbuch Baurecht 2001, 1 (14).

[38] Kapellmann/Messerschmidt/von Rintelen § 10 Rn. 13.

ternehmers als Erfüllungsgehilfen abhängt.[39] Im Übrigen bleibt abzuwarten, ob der BGH an seiner Rechtsprechung festhalten wird oder ob er – worauf einige neuere zum Architektenrecht ergangene Entscheidungen[40] hindeuten könnten – künftig möglicherweise auch den Vorunternehmer im Hinblick auf bestimmte **Mitwirkungsobliegenheiten des AG** als dessen Erfüllungsgehilfen ansehen wird.[41]

15   Ein **Haftungsausschluss** ist auch für vorsätzliches Verhalten von Erfüllungsgehilfen und gesetzlichen Vertretern nach § 278 S. 2 BGB möglich, wird für Erfüllungsgehilfen aber durch § 309 Nr. 7b BGB begrenzt. Im kaufmännischen Geschäftsverkehr gilt diese Vorschrift nicht unmittelbar, § 310 Abs. 1 S. 1 BGB. Eine Haftungsfreizeichnung für grobes Verschulden ist aber auch dort wegen § 307 Abs. 1 BGB nicht möglich.[42]

16   **3. Innerer Zusammenhang.** Sowohl für gesetzliche Vertreter als auch für Erfüllungsgehilfen gilt, dass der Geschäftsherr nur für deren Handeln haftet, soweit dies im inneren Zusammenhang mit der Pflichterfüllung steht, nicht aber, wenn es lediglich **bei deren Gelegenheit** erfolgt.[43] Die Abgrenzung kann im Einzelfall schwierig sein. Ein Handeln nur bei Gelegenheit wird man im Regelfall dann annehmen müssen, wenn der Erfüllungsgehilfe bei Ausführung der Arbeiten eine vorsätzliche unerlaubte Handlung begeht, zB den Gläubiger bestiehlt.[44] Ein Handeln in Erfüllung der Verpflichtung ist demgegenüber dann noch anzunehmen, wenn der Zusammenhang mit der Pflichterfüllung gewahrt ist, zB wenn ein Klempnerlehrling durch unsachgemäßen weisungswidrigen Einsatz einer Lötlampe einen Brand verursacht[45] oder bei sog. Neugierhandlungen, wenn zB ein Arbeiter ein brennendes Streichholz an eine Isolierplatte hält, um festzustellen, ob es sich tatsächlich um einen feuergefährlichen Stoff handelt, und daraus ein Brand mit Zerstörungen am Bauwerk entsteht.[46]

IV. Mitverschulden

17   Hat der Geschädigte und Anspruchsteller bei der Entstehung des Schadens schuldhaft mitgewirkt oder es schuldhaft unterlassen, den Schaden abzuwenden oder zu mindern, so ist der Schadensersatzanspruch nach § 254 BGB um den eigenen Verursachungs- und Verschuldensanteil zu kürzen. Gleiches gilt, wenn ein Erfüllungsgehilfe bei der Entstehung des Schadens mitgewirkt bzw. die Abwendung des Schadens unterlassen hat (§ 254 Abs. 2 S. 2 BGB). Letzteres spielt im Bauvertragsrecht besonders auf Seiten des AG eine große Rolle; so ist häufig bei Schadensersatzansprüchen des AG das Verhalten seines Architekten anspruchsmindernd zu berücksichtigen.[47]

---

[39] Ganten/Jansen/Voit/Bröker § 10 Rn. 9, 75 ff.; Kaiser BauR 2000, 177 (180 f.); Kniffka BauR 1999, 1312 f.
[40] BGH NJW 2009, 582 – Glasfassaden-Urteil; BGH 15.5.2013 – VII ZR 257/11, ZfBR 2013, 654.
[41] Dazu Ganten/Jansen/Voit/Bröker § 10 Rn. 10, 25, 75 ff.
[42] Leinemann/Hafkesbrink § 10 Rn. 21.
[43] Ganten/Jansen/Voit/Bröker § 10 Rn. 31 ff.
[44] OLG Hamburg MDR 1977, 752.
[45] BGHZ 31, 358 (366).
[46] BGH S-F Z 4.01 Bl. 42.
[47] BGH NJW 1972, 447 (448); BauR 1991, 79 (80).

Haftung der Vertragsparteien **§ 10**

V. Beweislast

Grundsätzlich hat derjenige, der Schadensersatz verlangt, das erforderliche Verschulden des Anspruchsgegners zu beweisen. Hinsichtlich vertraglicher Schadensersatzansprüche hat das BGB diesen Grundsatz modifiziert. Nach § 280 Abs. 1 S. 2 BGB muss der Schuldner dartun, dass er die Pflichtverletzung nicht zu vertreten hat.[48] 18

C. Haftung der Vertragsparteien gegenüber Dritten

I. Allgemeines

Nicht selten entstehen Dritten bei der Bauausführung Schäden, für die sowohl AG als auch AN verantwortlich sind. Hat der Geschädigte seinen Schaden bei einem der Vertragspartner liquidiert, so kann dieser von dem anderen Vertragspartner uU Ausgleich verlangen. Hierzu enthält § 10 in Abs. 2–6 Regelungen. Vorausgesetzt wird, dass **einem Dritten im Zusammenhang mit der Leistung ein Schaden entstanden ist, für den aufgrund gesetzlicher Haftpflichtbestimmungen beide Vertragsparteien haften.** 19

II. Dritter

Geschädigter Dritter kann jeder sein, der nicht Vertragspartei ist, sowohl Außenstehende, wie zB Nachbarn, Passanten oder Versorgungsunternehmen, deren Leitungen beschädigt worden sind, als auch Arbeitnehmer und sonstige Erfüllungsgehilfen der Vertragsparteien. 20

III. Zusammenhang

Der Schaden muss im **Zusammenhang mit der Leistung** entstanden sein. Hierfür reicht jeder – äußere oder innere – Zusammenhang aus, soweit der Schaden adäquat-kausal mit der Bauausführung verknüpft ist. 21

IV. Haftungsgrund

Für den Schaden des Dritten müssen AG und AN aufgrund **gesetzlicher Haftpflichtbestimmungen** haften. Hierfür kommen alle gesetzlichen Haftungsvorschriften in Betracht, aus denen der Geschädigte einen Schadensersatzanspruch herleiten kann. Streitig ist, ob die Regelung nur dann Anwendung findet, wenn beide Vertragsparteien zumindest auch **aufgrund gesetzlicher Bestimmungen** haften, oder ob es ausreicht, wenn eine oder beide Parteien **ausschließlich aus Vertrag** haften. Richtig ist zunächst, dass die Vorschrift unmittelbar anzuwenden ist, wenn beide Parteien aufgrund gesetzlicher Bestimmungen haften, eine oder beide Parteien darüber hinaus aber auch zusätzlich aus Vertrag.[49] Ob die Vorschrift aber auch dann anwendbar ist, wenn eine oder beide Parteien allein aus Vertrag haften, ist im baurechtlichen Schrifttum sehr umstritten. Teilweise wird in diesen Fällen die Anwendbarkeit der Vorschrift schon unter Hinweis auf ihren Wortlaut 22

---

[48] Leinemann/Hafkesbrink § 10 Rn. 14.
[49] Ganten/Jansen/Voit/Bröker § 10 Abs. 2 Rn. 2 ff.; Kapellmann/Messerschmidt/von Rintelen § 10 Rn. 22.

verneint und für die Haftungsverteilung im Innenverhältnis allein auf §§ 426, 254 BGB zurückgegriffen.[50] Die überwiegende Auffassung in der baurechtlichen Literatur bejaht hingegen die Anwendbarkeit der Vorschrift auch in diesen Fällen. Trotz der unterschiedlichen Haftungsgrundlagen bestehe eine Gesamtschuld, auf die die gesetzliche Ausgleichsbestimmung des § 840 BGB anwendbar sei. Die Unterscheidung zwischen vertraglicher und deliktischer Begründung der Schadensersatzpflicht sei für das Ergebnis, wie mehrere Ersatzpflichtige nebeneinander haften sollten, unerheblich.[51] Die Ausdehnung der Vorschrift auf die Fälle der allein vertraglichen Haftung sei auch mit ihrem Wortlaut vereinbar. Den **Begriff der gesetzlichen Haftpflichtbestimmung** kenne das Gesetz nämlich nicht. Er sei § 1 Abs. 1 AHB entnommen, der zur Bestimmung des Deckungsumfangs der Haftpflichtversicherung auf die Inanspruchnahme „auf Grund gesetzlicher Haftpflichtbestimmungen" abstelle. Hierunter fielen aber alle haftungsbegründenden gesetzlichen oder vertraglichen Ansprüche.[52] Dem dürfte zuzustimmen sein.

23 Im Bausektor sind gleichwohl die wichtigsten Anspruchsgrundlagen für die Haftung der Vertragsparteien gegenüber Dritten die Vorschriften des BGB über **unerlaubte Handlungen (§§ 823 ff. BGB)**.

24 **1. Verletzung eines absoluten Rechts.** Einen Anspruch aus § 823 Abs. 1 BGB hat der Geschädigte, wenn ein absolutes Recht, insbesondere körperliche Integrität oder Eigentum verletzt wurde. Auch Eingriffe in den eingerichteten und ausgeübten Gewerbebetrieb als „sonstiges Recht" iSd § 823 Abs. 1 BGB können eine Schadensersatzforderung auslösen, soweit sie betriebsbezogen, dh unmittelbar gegen den Gewerbebetrieb gerichtet sind.[53] Gewerbebetrieb in diesem Sinne ist auch die Bau-ARGE.[54]

25 **2. Verkehrssicherungspflicht.** Eine Haftung des AG oder AN kann sich im Rahmen des § 823 Abs. 1 BGB auch aus einer **Verletzung von Verkehrssicherungspflichten** ergeben. Da der Betrieb einer Baustelle eine Gefahrenquelle für Beschäftigte, Nachbarn, Passanten etc darstellt, sind die für den Baustellenbetrieb Verantwortlichen verpflichtet, Vorkehrungen zum Schutze Dritter zu treffen. Werden diese schuldhaft unterlassen, so greift die Schadensersatzhaftung nach § 823 Abs. 1 BGB ein. **Verkehrssicherungspflichtig** für eine Baustelle ist zunächst der **AG,** da er die Gefahrenquelle eröffnet.[55] Hat der AG allerdings Bauplanung, Bauaufsicht und Bauausführung einem bewährten Architekten sowie einem als zuverlässig und leistungsfähig bekannten[56] Bauunternehmer übertragen, so hat er damit grundsätzlich das Seinige getan, um seinen Verkehrssicherungspflichten zu genügen. Der AG ist aber gleichwohl noch zu eigenen Eingriffen verpflichtet, wenn er Gefahren sieht bzw. hätte sehen müssen oder wenn er Anlass zu Zweifeln hat, ob der von ihm Beauftragte den Gefahren- und Sicherungserfor-

---

[50] Heiermann/Riedl/Rusam/Kuffer/Petersen § 10 Rn. 56 ff.; Leinemann/Hafkesbrink § 10 Rn. 1, 22.
[51] BGHZ 6, 3 (25); 43, 227 = NJW 1965, 1177.
[52] Kapellmann/Messerschmidt/von Rintelen § 10 Rn. 23 f. Ingenstau/Korbion/Wirth § 10 Abs. 2 Rn. 8; Ganten/Jansen/Voit/Bröker § 10 Abs. 2 Rn. 4 ff.
[53] Leinemann/Hafkesbrink § 10 Rn. 23.
[54] BGH NJW 1992, 41 (42).
[55] BGH BauR 1976, 441; 1983, 387 (388) zur Pflicht des AG, einen Treppenschacht seines Rohbaus abzusichern, wenn in dem gleichzeitig errichteten Nachbarhaus ein Richtfest stattfindet.
[56] BGH BauR 1982, 399 (400).

dernissen in der gebührenden Weise Rechnung trägt oder wenn dessen Tätigkeit mit besonderen Gefahren verbunden ist, die auch vom AG erkannt und durch eigene Anweisungen abgestellt werden können.[57] Letzteres gilt insbesondere bei Bauarbeiten, die mit Gefahren für das Nachbargrundstück verbunden sind.[58]

Neben der so bestimmten **Verkehrssicherungspflicht des AG** steht diejenige **des AN**, der nach § 4 Abs. 2 Nr. 2 für Ordnung auf der Baustelle zu sorgen hat.[59] Er muss während der gesamten Dauer der Bauzeit Baudurchführung und Baustelle mit zumutbaren Mitteln so sichern, dass objektiv erkennbare Gefahren von Dritten ferngehalten werden können.[60] Verlässt der AN nach Fertigstellung und Abnahme ein in nicht verkehrssicherem Zustand befindliches Werk, so dauert seine Verantwortlichkeit an, bis ein anderer die ausreichende Absicherung der Gefahrenquelle übernommen hat.[61] Die Verkehrssicherungspflicht obliegt dem AN gegenüber den eigenen Mitarbeitern und gegenüber allen Personen, mit deren Erscheinen auf der Baustelle gerechnet werden muss.[62] Einschränkungen gelten aber hinsichtlich der am Bau beschäftigten Handwerker, Lieferanten, Architekten, Bauherren und Beamten der Bauaufsichtsbehörde.[63] Die Verkehrssicherungspflicht des AN erstreckt sich nicht nur auf die unmittelbarer Bauausführung, sondern auch auf die Sicherung des Baustellenbetriebes, zB auf den Baustellenverkehr,[64] den Maschinenbetrieb,[65] das Aufstellen von Baugerüsten,[66] den Schutz von Nachbargrundstücken[67] und von Versorgungsleitungen,[68] die Absperrung der Baustelle gegenüber Unbefugten, insbesondere Kindern,[69] die sachgemäße Lagerung von Baumaterialien[70] und schließlich bei Straßenbauarbeiten auf die Beschilderung und Beleuchtung;[71] der AN darf sich dabei nicht allein auf etwaige Anordnungen über die Sicherung und Beschilderung durch die zuständige Behörde verlassen.[72]

---

[57] BGH NJW 1994, 2232 (2233); BauR 1982, 399 (400); 1976, 441; OLG Düsseldorf IBR 2011, 1178; OLG Brandenburg BauR 2010, 1980; OLG Zweibrücken 14.5.2008 − 1 U 110/07; OLG Frankfurt a. M. NJW-RR 2008, 1476; OLG Brandenburg IBR 2008, 1112; OLG Celle BauR 2006, 389; Ingenstau/Korbion/Wirth § 10 Abs. 2 Rn. 68.

[58] BGH BauR 1982, 399; 1976, 441; noch weitergehend OLG Düsseldorf BauR 1973, 395 mit krit. Anm. von Bindhardt BauR 1973, 396.

[59] OLG Frankfurt a. M. 9.2012 − 10 U 192/12, IBR 2013, 215; OLG Brandenburg 7.11.2007 − 13 U 24/07, IBR 2008, 1112; zur Verkehrssicherungspflicht des Subunternehmers OLG Düsseldorf BauR 1993, 351 (352); OLG Frankfurt a. M. BauR 1994, 388 (390).

[60] OLG Bamberg VersR 1971, 233 (234).

[61] BGH NJW 1997, 582 (584); OLG München MDR 2005, 1050.

[62] OLG Brandenburg BauR 2001, 656.

[63] BGH BauR 1985, 237; Heiermann/Riedl/Rusam/Kuffer/Petersen § 10 Rn. 40; Leinemann/Hafkesbrink § 10 Rn. 28.

[64] BGH BauR 1976, 69;1981, 302.

[65] BGH S-F Z 4.13 Bl. 114.

[66] BGH S-F Z 4.12 Bl. 1; OLG Nürnberg BauR 1991, 781 ff.; OLG Frankfurt a. M. BauR 1992, 255.

[67] BGH S-F Z 4.01 Bl. 31; BauR 1983, 285; OLG Braunschweig BauR 1991, 486.

[68] BGH NJW 1971, 1313; BauR 1983, 95; NJW 1996, 387.

[69] BGH VersR 1975, 453; NJW 1997, 582 (583).

[70] OLG Köln VersR 1974, 1186; OLG München BauR 1988, 349 (Zurücklassen eines Palettenstapels); OLG Hamm BauR 1988, 247 (Abstellen von Schalungsbrettern in der Baugrube).

[71] OLG Stuttgart VersR 1974, 395.

[72] OLG Düsseldorf BauR 1992, 121.

Der Umfang der Verkehrssicherungspflicht des AN wird vielfach durch technische Regelwerke wie **DIN-Normen** oder **Unfallverhütungsvorschriften** konkretisiert, die als Maßstab für verkehrsgerechtes Verhalten dienen.[73] Wegen der weiteren Einzelheiten kann hier nur auf die einschlägige Kommentierung verwiesen werden.[74]

27 Auch den **Architekten** treffen – abhängig von seiner jeweiligen Funktion – Verkehrssicherungspflichten. Ist er zum verantwortlichen Bauleiter im Sinne der Landesbauordnungen bestellt, trifft ihn eine umfassende Verkehrssicherungspflicht.[75] Ist er lediglich mit der Bauleitung/Objektüberwachung betraut, so ist er zunächst insoweit verkehrssicherungspflichtig, als er selbst bestimmte Baumaßnahmen[76] oder Planungsmaßnahmen[77] trifft. Daneben hat er lediglich sog. sekundäre Verkehrssicherungspflichten iS einer Mitaufsicht, die ihn dann zum Eingreifen verpflichtet, wenn er eine Gefahr erkennt oder auch nur hätte erkennen müssen.[78] Eine Verkehrssicherungspflicht trifft auch den beim AG angestellten **Bauingenieur, der als Bauleiter** an dessen Stelle einen Auftrag zur Erstellung eines Gerüstes erteilt.[79]

28 **3. Verletzung eines Schutzgesetzes.** Eine Schadensersatzhaftung des AG und AN kann sich auch aus § 823 Abs. 2 BGB in Verbindung mit einem **Schutzgesetz** ergeben. **Schutzgesetz** ist eine **Rechtsnorm** dann, wenn sie – sei es auch nur neben dem Schutz der Allgemeinheit – gerade dazu dienen soll, den Einzelnen oder einzelne Personenkreise gegen die Verletzung eines bestimmten Rechtsguts zu schützen.[80]

29 Den Bausektor betreffende Schutzgesetze sind insbesondere §§ 906–909 BGB. Vor allem die Vorschrift des § 909 BGB ist von größerer praktischer Relevanz; hiernach darf dem Nachbargrundstück bei Vertiefungen nicht die erforderliche Stütze entzogen werden; diese Vorschrift gilt für jeden, der ein Grundstück vertieft oder daran mitwirkt, also für den AG, den AN,[81] den Architekten[82] sowie den Statiker.[83] Jedoch handelt der Architekt, der eine an sich unzulässige Vertiefung plant oder ausführt, nicht rechtswidrig, wenn der Geschädigte dem AG gegenüber im Rahmen des nachbarrechtlichen Gemeinschaftsverhältnisses nach Treu und

---

[73] BGH 11.5.1976 – VI ZR 210/73, BauR 76, 441; BGH 25.4.1978 – VI ZR 194/76, NJW 1978, 1626; OLG Brandenburg BauR 2003, 119; OLG Hamm NZV 1995, 48; Leinemann/Hafkesbrink § 10 Rn. 24 ff.

[74] Vgl. die Auflistung der von der Rechtsprechung entschiedenen Fälle bei Leinemann/Hafkesbrink § 10 Rn. 32 ff.

[75] BGH NJW 1987, 1013; OLG Düsseldorf BauR 2005, 1066.

[76] BGH BauR 1984, 77 (78) (Verkehrssicherungspflicht bei Beauftragung eines Hilfspoliers mit der Veränderung eines von einem Fachunternehmen aufgestellten Gerüstes).

[77] BGH BauR 1987, 116 (Haftung für Feuchtigkeitsschäden an von Mietern eingebrachten Sachen aufgrund von Baumängeln, die auf fehlerhaften Ausführungszeichnungen oder mangelnder Bauaufsicht beruhen).

[78] OLG Hamm BauR 1992, 658 (659 f.); Bindhardt BauR 1975, 376 ff. und BauR 1983, 422 ff.; Kullmann BauR 1977, 84 ff.; Neuenfeld BauR 1981, 436 (443 ff.); Leinemann/Hafkesbrink § 10 Rn. 29, 31.

[79] BGH ZfBR 1989, 249 (250).

[80] BGHZ 46, 17 (23); Grüneberg/Sprau § 823 Rn. 56 f.; Heiermann/Riedl/Rusam/Kuffer/Petersen § 10 Rn. 48.

[81] BGH NJW 1996, 3205; 1981, 50.

[82] BGH NZBau 2009, 653; BauR 2008, 1016; BGHZ 101, 290; 85, 375 (378).

[83] OLG Köln BauR 1987, 472.

Glauben zur Duldung der Vertiefung verpflichtet ist.[84] **Keine Schutzgesetze** sind Vorschriften in Landesbauordnungen, die dem AN die Pflicht auferlegen, bei der Bauausführung Versorgungsleitungen zu schützen.[85] Auch Unfallverhütungsvorschriften stellen keine Schutzgesetze dar,[86] bei ihrer Nichtbeachtung kommt jedoch die Verletzung einer Verkehrssicherungspflicht in Betracht.[87] Soweit durch Kabelbeschädigungen Gewerbebetriebe Dritter zu Schaden kommen, kann sich ein Anspruch aus Eigentumsverletzung ergeben,[88] nicht aber aus Verletzung des Rechts am Gewerbebetrieb, da es am Erfordernis der Betriebsbezogenheit fehlt.[89]

4. Haftung für Verrichtungsgehilfen. Gemäß § 831 BGB haften AG und 30 AN für rechtswidrige Handlungen ihrer **Verrichtungsgehilfen,** soweit sie ein Auswahl- oder Beaufsichtigungsverschulden hinsichtlich des Verrichtungsgehilfen trifft (vgl. § 831 Abs. 1 S. 2 BGB). Verrichtungsgehilfe iSd § 831 BGB ist nur, wer von seinem Geschäftsherrn weisungsabhängig ist,[90] also zB die Arbeiter und Angestellten der Vertragsparteien. Nicht hierunter fällt, wer seinen Geschäftsbereich selbständig ausführt, also grundsätzlich weder der Architekt des AG noch der selbständig arbeitende Bauunternehmer oder Handwerksmeister, die der AN als Nachunternehmer einsetzt.[91] Die Vorschrift knüpft an das vermutete Auswahlverschulden des Geschäftsherrn an, auf das Verschulden des Verrichtungsgehilfen kommt es daher nicht an. Der Geschäftsherr haftet aber nur für Schäden, die in Ausübung der Verrichtung entstanden sind und nicht nur bei deren Gelegenheit. Seine Haftung entfällt, wenn er nachweisen kann, dass er den Verrichtungsgehilfen sorgfältig ausgewählt und überwacht hat.[92]

5. Gebäudeeinsturz. Für die Baupraxis wichtig ist schließlich die Schadensersatzhaftung bei Gebäudeeinsturz nach §§ 836, 837 BGB,[93] wobei für den AG als Grundstücksbesitzer eine Haftung nach § 836 BGB, für den AN als Gebäudebesitzer nach § 837 BGB in Frage kommt. Voraussetzung ist jeweils, dass der Schaden durch die typischen Gefahren eines Gebäudeeinsturzes, dh die damit verbundene 31

---

[84] BGHZ 101, 290 (294); zum Schutzgesetzcharakter des § 909 BGB vgl. BGH NJW 1971, 935; zur Sorgfaltspflicht des AG bei der Auswahl des AN für Vertiefungsarbeiten vgl. BGH BauR 1982, 399 (401); VersR 1969, 1096; zum Ursachenzusammenhang zwischen Vertiefung und Schaden am Nachbargrundstück vgl. BGH BauR 1970, 120; zur Voraussetzung des Verschuldens vgl. BGH NJW 1973, 2207 und NJW 1977, 763; zum Fahrlässigkeitsbegriff s. BGH NJW 1981, 50 (51); zum Eingreifen eines Ausgleichsanspruchs in entsprechender Anwendung des § 906 Abs. 2 S. 2 BGB bei fehlendem Verschulden s. BGHZ 85, 375 (384).
[85] BGHZ 66, 388.
[86] OLG Schleswig BauR 2001, 974; Heiermann/Riedl/Rusam/Kuffer/Petersen § 10 Rn. 52.
[87] OLG Karlsruhe BauR 1988, 116 (117); OLG Celle BauR 1995, 569 (570).
[88] BGHZ 41, 123 (127).
[89] BGHZ 66, 388 (393).
[90] BGH NJW 2009, 1740.
[91] BGH BauR 1994, 780 (781); OLG Hamm NJW-RR 2009, 1616; OLG Koblenz 17.7.2003 – 5 U 18/03, NJW-RR 2003, 1457; OLG Brandenburg VersR 2003, 215; OLG Celle BauR 2004, 105.
[92] Grüneberg/Sprau BGB § 831 Rn. 1 ff.
[93] Dazu Kullmann FS Korbion, 1986, 245 ff.; Leinemann/Hafkesbrink § 10 Rn. 46.

"bewegend wirkende Kraft" verursacht wird.[94] Die Haftung nach §§ 836, 837 BGB tritt nicht nur ein, wenn das Gebäude selbst ganz oder teilweise einstürzt, sondern auch, wenn mit dem Grundstück verbundene Werke einstürzen, zB beim Zerspringen der Scheibe einer Duschkabine.[95] Als solche mit dem Grundstück verbundene Werke hat die Rechtsprechung auch Baugerüste[96] und auf Schienen befestigte Turmdrehkräne[97] anerkannt.

32 **6. Staatshaftung. Staatshaftung gemäß § 839 BGB iVm Art. 34 GG** kommt für das Verhalten des AN grundsätzlich nicht in Betracht. Auch wenn die Erledigung der betreffenden Bauarbeiten zu den öffentlich-rechtlichen Pflichten der Körperschaft gehört, ist die Durchführung durch eine private Baufirma privatrechtlicher Natur.[98] Sie stellt also keine Ausübung eines öffentlichen Amtes dar, so dass eine Haftung nach § 839 BGB ausscheidet.[99] Nur in Ausnahmefällen, wenn die öffentlich-rechtliche Körperschaft durch bindende Weisungen und andere starke Einflussnahmen das Verhalten des AN festlegt, kann es gerechtfertigt sein, dass diese das Handeln des AN sich als eigenes zurechnen lassen muss, weil dann der AN nur noch als Werkzeug der hoheitlich handelnden öffentlich-rechtlichen Körperschaft fungiert: so zB wenn bei Straßenbaumaßnahmen durch Festlegung einer bestimmten Trasse der AN notwendigerweise fremdes Eigentum verletzt.[100] Die Absperrung und Markierung von Straßenbaustellen durch den AN stellt keine Ausübung hoheitlicher Gewalt dar; der AN haftet hierfür privatrechtlich gemäß §§ 823 ff. BGB.[101] Beim Aufstellen von Verbots- und Gebotszeichen bzw. Ampelanlagen handelt es sich hingegen um hoheitliche Maßnahmen des Trägers der Straßenbaulast.[102] Eine Staatshaftung kommt regelmäßig auch dann nicht in Betracht, wenn eine öffentlich-rechtliche Körperschaft auf einem eigenen Grundstück Baumaßnahmen durchführen lässt, wenn sie dabei in Ausübung der ihr als Grundstückseigentümerin zustehenden Rechte und nicht in ihrer Funktion als Trägerin von Hoheitsrechten tätig wird.

33 **7. § 906 Abs. 2 S. 2 BGB analog.** Streitig war lange Zeit, ob den AN – wie den Bauherrn selbst – auch eine verschuldensunabhängige Haftung gegenüber dem geschädigten Grundstücksnachbarn treffen kann. Der BGH hat diese Frage aber dahin entschieden, dass der für den Nachbarn tätige AN außerhalb des nachbarlichen Gemeinschaftsverhältnisses steht und ihn deshalb keine verschuldensunabhängige Haftung aus § 906 Abs. 2 S. 2 BGB trifft.[103]

V. Deliktische Verantwortlichkeit beider Vertragsparteien

34 Haben beide Vertragsparteien den Schaden des Dritten durch eine unerlaubte Handlung verursacht, so haften beide. Haben sie den Schaden unabhängig vonei-

---

[94] BGH NJW 1961, 1670.
[95] BGH BauR 1985, 471.
[96] BGH S-F Z 4.01 Bl. 27.
[97] OLG Düsseldorf BB 1975, 942.
[98] Dazu Reiter/Schott NZBau 2023, 577.
[99] BGH BauR 1989, 504 (505).
[100] BGH VersR 1967, 859 (861); 1973, 417 (418); NJW 1981, 50 (51); BauR 1985, 593 (594).
[101] OLG Celle VersR 1968, 76 (77).
[102] OLG Düsseldorf VersR 1977, 455.
[103] BGH NJW 2010, 3158.

nander durch unerlaubte Handlungen im Sinne der §§ 823 ff. BGB verursacht, sind sie als **Nebentäter** anzusehen. Haben sie hingegen ausnahmsweise gemeinschaftlich, dh in bewusstem und gewolltem Zusammenwirken, den Schaden verursacht, so sind beide als **Mittäter** für den Schaden des Dritten verantwortlich, § 830 Abs. 1 S. 1 BGB. Anstifter und Gehilfen stehen dabei dem Mittäter gleich (§ 830 Abs. 2 BGB).[104] Im Interesse des Geschädigten ist zudem der Fall gleichgestellt, in dem sich nicht ermitteln lässt, wessen unerlaubte Handlung den Schaden letztlich verursacht hat (§ 830 Abs. 1 S. 2 BGB).

VI. Haftungsausschluss

Hat eine Vertragspartei ihre Haftung gegenüber dem Dritten ausgeschlossen, 35 besteht keine gemeinsame Haftung und damit auch kein Gesamtschuldverhältnis.[105] Der Geschädigte kann in diesen Fällen allein die andere Partei in Anspruch nehmen. Die weitere Abwicklung dieser Fälle ist im baurechtlichen Schrifttum und der Rechtsprechung sehr umstritten. Teilweise wird die Auffassung vertreten, die andere Partei könne von dem Geschädigten nur gekürzt um den Anteil in Anspruch genommen werden, der im Innenverhältnis auf die haftungsbefreite Partei entfallen wäre.[106] Teilweise wird aber auch die volle Haftung der anderen Partei mit der Folge bejaht, dass sie im Innenausgleich von der freigestellten Partei den auf sie entfallenden Anteil zurückfordern kann.[107] Das hat zur Folge, dass die Haftungsfreistellung teilweise ins Leere läuft und ein Innenausgleich nach Abs. 2 auch ohne gemeinsame Haftung im Außenverhältnis möglich ist.[108]

D. Grundsätze des Ausgleichs zwischen AG und AN

I. Gesetzliche Ausgleichsbestimmungen

§ 10 Abs. 2 Nr. 1 S. 1 bestimmt, dass − soweit im Einzelfall nichts anderes 36 vereinbart ist − grundsätzlich die gesetzlichen Ausgleichsbestimmungen gelten, wenn einem Dritten im Zusammenhang mit der Leistung ein Schaden entstanden ist. Das bedeutet, dass sowohl in den Fällen der gesetzlichen Haftung aus unerlaubter Handlung als auch in Fällen vertraglicher Haftung AN und AG dem Dritten **als Gesamtschuldner** verantwortlich sind. Für die Vertragshaftung ergibt sich dies aus den allgemeinen Grundsätzen zum Gesamtschuldverhältnis. Für die Haftung aus unerlaubter Handlung ist Gleiches in § 840 Abs. 1 BGB ausdrücklich angeordnet; diese Vorschrift ist auch auf die Gefährdungshaftung sowie auf Fälle anwendbar, in denen eine Person aus Gefährdungshaftung, eine andere aus unerlaubter Handlung ersatzpflichtig ist; die Vorschrift gilt entsprechend für enteignungsrechtliche Entschädigungsansprüche sowie uU für nachbarrechtliche Ausgleichsansprüche.[109]

Das Gesamtschuldverhältnis führt im **Außenverhältnis** dazu, dass jeder 37 Gesamtschuldner, sowohl AG als auch AN, dem geschädigten Dritten gegenüber

---

[104] Kapellmann/Messerschmidt/von Rintelen § 10 Rn. 16.
[105] Staudinger/Looschelders BGB § 426 Rn. 158, 185 ff.
[106] MüKoBGB/Bydlinski § 426 Rn. 57.
[107] BGHZ 12, 58, 216.
[108] Kapellmann/Messerschmidt/von Rintelen § 10 Rn. 18.
[109] BGHZ 85, 375 (386 f.).

voll haftet, insgesamt aber nur einmal (§ 421 BGB). Hat der geschädigte Dritte von einem Gesamtschuldner Schadensersatz erlangt, so stellt sich im **Innenverhältnis** das Problem des Ausgleichs unter den Gesamtschuldnern. Hierfür enthält § 426 Abs. 1 BGB die grundsätzliche Regelung, dass Gesamtschuldner im Verhältnis zueinander **zu gleichen Anteilen** verpflichtet sind.

II. Anderweitige Vereinbarung

38 Dieser starre Grundsatz wird allerdings durchbrochen. Er gilt gemäß § 10 Abs. 2 Nr. 1 S. 1 nur, „soweit im Einzelfall nichts anders vereinbart ist". Das entspricht der gesetzlichen Regelung in § 426 Abs. 1 S. 1 BGB, nach der die Parteien nur dann zu gleichen Anteilen haften, wenn „nicht ein anderes bestimmt ist". Diese anderweitige Bestimmung kann sich aus dem **Gesetz** oder **dem zwischen den Gesamtschuldnern bestehenden Rechtsverhältnis**, aber auch aus der „**Natur der Sache**" ergeben.[110]

39 Das **Gesetz** enthält für die Fälle der deliktischen Haftung anderweitige Bestimmungen in § 840 Abs. 2 und 3 BGB. Den hier getroffenen anderweitigen Bestimmungen liegt der Gedanke zugrunde, dass derjenige, der wegen erwiesenen Verschuldens haftet, im Innenverhältnis zu demjenigen, der nur aus Gefährdung oder vermutetem Verschulden – etwa aus § 831 BGB – haftet, den gesamten Schaden tragen soll.[111] Von Bedeutung ist für den Baubereich auch die Regelung der §§ 104 ff. SGB VII. Danach kann die Haftung des Arbeitgebers gegenüber dem verletzten Arbeitnehmer wegen des erlittenen Personenschadens ausgeschlossen sein. Das gilt nach § 105 SGB VII entsprechend für Arbeitnehmer ein- und desselben Betriebes. § 106 Abs. 3 Alt. 3 SGB VII sieht einen Haftungsausschluss vor, wenn Beschäftigte mehrerer Unternehmen vorübergehend betriebliche Tätigkeiten auf einer gemeinsamen Baustelle verrichten.[112]

40 Abweichende **vertragliche Abreden** können beispielsweise dann vorliegen, wenn eine Partei **vertraglich eine Versicherung** des Bauvorhabens unter Einschluss des Haftungsrisikos der anderen Partei übernimmt, zB durch eine Allgefahrendeckung für das Bauprojekt.[113]

41 Eine abweichende Haftungsverteilung im Innenverhältnis kann sich auch aus § 254 BGB ergeben.[114] Die **Berücksichtigung des individuellen Verursachungsbeitrags** kann sogar zu einer gänzlichen Freistellung eines Gesamtschuldners im Innenverhältnis führen.[115] So kann die Verletzung bloßer Aufsichtspflichten durch den Auftraggeber vollständig hinter den Verursachungsbeitrag des unmittelbaren Täters zurücktreten.[116] Ein bloß fahrlässiges Verschulden wird durch vorsätzliches Handeln regelmäßig aufgewogen.[117]

---

[110] BGH NJW 1992, 2288; 1993, 585.

[111] BGH NJW 2004, 951 (953); Grüneberg/Sprau BGB § 840 Rn. 10; MüKoBGB/Wagner § 840 Rn. 15, 17; Erman/Schiemann BGB § 840 Rn. 11.

[112] Kampen NJW 2012, 2234; Leinemann/Hafkesbrink § 10 Rn. 52.

[113] Kapellmann/Messerschmidt/von Rintelen § 10 Rn. 25.

[114] Ganten/Jansen/Voit/Bröker § 10 Abs. 2 Rn. 10.

[115] BGHZ 51, 275 (279); NJW 1969, 653; Grüneberg/Heinrichs BGB § 426 Rn. 10; Staudinger/Looschelders BGB § 426 Rn. 63.

[116] BGH NJW 1971, 752; 1980, 2348; Kapellmann/Messerschmidt/von Rintelen § 10 Rn. 27.

[117] BGH NJW 1973, 518; BauR 1991, 79; MüKoBGB/Oetker § 254 Rn. 112; Kapellmann/Messerschmidt/von Rintelen § 10 Rn. 26.

III. AGB-Problematik

§ 10 Abs. 2 Nr. 1 hält einer isolierten Inhaltskontrolle stand, da S. 1 nur auf die gesetzlichen Regelungen verweist und S. 2 sich schon aus den Grundsätzen von Treu und Glauben ergibt.[118]

E. Spezielle Ausgleichsregelungen

Über die bereits erwähnten gesetzlichen und vertraglichen Ausgleichsregelungen hinaus enthält § 10 einige auf den Baubereich zugeschnittene **spezielle Ausgleichsregelungen**.

I. § 10 Abs. 2 Nr. 1 S. 2

Die VOB enthält zunächst in § 10 Abs. 2 Nr. 1 S. 2 eine vom gesetzlichen Grundsatz abweichende Ausgleichsvorschrift. Danach trägt der AG im Verhältnis zum AN den Schaden allein, wenn er Folge einer **Anordnung des AG** ist und der AN seiner Prüfungs- und Hinweispflicht nach § 4 Abs. 3 ordnungsgemäß nachgekommen ist. Diese Vorschrift ist eine Konsequenz der in solchen Fällen angezeigten Risikoverlagerung auf den AG (vgl. auch § 13 Abs. 3). Die Regelung ist als allgemein geltender Ausfluss der Grundsätze über Treu und Glauben zu betrachten und würde auch ohne ausdrückliche Vereinbarung gelten.[119] Die Ausgleichsbestimmung greift aber „nur" ein, soweit die Anordnung für den Schaden allein ursächlich geworden ist. Haben dagegen Anordnungen des AG und fehlerhafte Ausführung des AN zur Entstehung des Schadens gemeinsam beigetragen, so ist die Regelung nicht anwendbar; es gelten dann vielmehr die allgemeinen Ausgleichsgrundsätze.[120]

Die Vorschrift setzt eine **verbindliche Anordnung** des AG voraus, die der AN befolgen muss, etwa eine Anordnung nach § 1 Abs. 3 oder 4. Bloße Vorschläge oder Anregungen reichen nicht aus und sind allenfalls im Rahmen der allgemeinen Ausgleichsregelung zu berücksichtigen.[121] Das gilt auch für erkennbar rechts- oder vertragswidrige Anordnungen, die der AN eigentlich nicht hätte befolgen müssen oder dürfen.[122]

Ist der Schaden Folge einer Anordnung des AG, ist der AN Im Innenverhältnis aber nur dann von der Haftung frei, wenn er seiner **Prüfungs- und Hinweispflicht nach § 4 Abs. 3** nachgekommen ist oder wenn er die Gefahr nicht erkennen und deshalb auch keine Bedenken anmelden musste.[123] In diesen Fällen wird es aber in der Regel schon an seiner Haftung im Außenverhältnis fehlen.[124]

---

[118] Vens/Cappell/Wolf BauR 1993, 275 (277); Kapellmann/Messerschmidt/von Rintelen § 10 Rn. 63.

[119] Kapellmann/Messerschmidt/von Rintelen § 10 Rn. 28; Ingenstau/Korbion/Wirth § 10 Abs. 2 Rn. 195; aA Leinemann/Hafkesbrink § 10 Rn. 55.

[120] Ganten/Jansen/Voit/Bröker § 10 Abs. 2 Rn. 16; Kapellmann/Messerschmidt/von Rintelen § 10 Rn. 31.

[121] Ganten/Jansen/Voit/Bröker § 10 Abs. 2 Rn. 14; Kapellmann/Messerschmidt/von Rintelen § 10 Rn. 29.

[122] Ganten/Jansen/Voit//Bröker § 10 Abs. 2 Rn. 15; aA Kapellmann/Messerschmidt/von Rintelen § 10 Rn. 29.

[123] Ingenstau/Korbion/Wirth § 13 Abs. 3 Rn. 54.

[124] Kapellmann/Messerschmidt/von Rintelen § 10 Rn. 30.

II. § 10 Abs. 2 Nr. 2

47 Die Vorschrift bestimmt, dass der AN im Verhältnis zum AG den Schaden allein trägt, soweit er durch eine **Haftpflichtversicherung** abgedeckt ist bzw. soweit der AN den Schaden innerhalb der von der Versicherungsaufsichtsbehörde genehmigten allgemeinen Versicherungsbedingungen zu tarifmäßigen, nicht auf außergewöhnliche Verhältnisse abgestellten Prämien und Prämienzuschlägen bei einem im Inland zum Geschäftsbetrieb zugelassenen Versicherer hätte decken können. Diese Regelung beruht auf dem Gedanken, dass – wenn auch keine entsprechende Verpflichtung besteht – es doch gewerbeüblich ist, Schäden, die bei der Baudurchführung einem Dritten entstehen können, durch eine sog. **Betriebshaftpflichtversicherung** abzudecken. Insofern erscheint es billig, solche Schäden allein auf den AN abzuwälzen.

48 Die Regelung erfasst aber nicht die Fälle, in denen der AG seinerseits **vorsätzlich oder grob fahrlässig** gehandelt hat.[125] Insoweit gilt auch hier die in Abs. 5 ausdrücklich enthaltene Einschränkung.[126]

49 Die Regelung in Nr. 2 tritt zum einen ein, wenn eine **Betriebshaftpflichtversicherung** abgeschlossen wurde und der Schaden des Dritten von dieser Versicherung gedeckt ist. Zum anderen tritt die Schadensabwälzung auf den AN aber auch dann ein, wenn er zwar keine den Schaden deckende Versicherung abgeschlossen hat, es ihm aber zuzumuten war, eine entsprechende Versicherung abzuschließen. Das ist unter den weiteren in Nr. 2 genannten Voraussetzungen dann der Fall, wenn in Anbetracht des zu errichtenden Objekts der Abschluss einer Versicherung zu tragbaren Prämien möglich war und dies auch gewerbeüblich gewesen wäre.

50 Die **Reichweite der Haftungsfreistellung** wird bestimmt von dem Umfang des Haftpflichtversicherungsschutzes, der sich wiederum ergibt aus den AHB – zuletzt AHB 2012 - und den Besonderen Bedingungen und Einzelklauseln des jeweiligen Versicherungsvertrages. Die AHB werden in aller Regel unverändert in der vom Gesamtverband der Deutschen Versicherungswirtschaft empfohlenen Form einbezogen. Bei den Besonderen Bedingungen und den Einzelklauseln kann es aber zwischen den verschiedenen Versicherungsgesellschaften zu erheblichen Abweichungen kommen. Nach Abs. 2 Nr. 2 kommt es insoweit zunächst auf den Umfang des Versicherungsschutzes nach dem tatsächlich abgeschlossenen Haftpflichtversicherungsvertrag an („gedeckt hat"). Auf eine weiter reichende Deckungsmöglichkeit („hätte decken können") kommt es hingegen nur dann an, wenn diese Möglichkeit im Zeitpunkt des Vertragsabschlusses bestand und ihre Wahrnehmung bei einer **Gesamtabwägung aller wesentlichen Umstände** nahe gelegen hätte. Maßgeblich ist dafür die Beurteilung aus der Sicht eines vernünftigen Bauunternehmers, bezogen auf den Zeitpunkt des Vertragsabschlusses. Die Formulierung „gedeckt hat oder hätte decken können" ist nicht so zu verstehen, dass im Wege einer Rosinentheorie ein hypothetisches Optimum an Versicherungsschutz unterstellt werden darf.

---

[125] So – jedenfalls im kaufmännischen Bereich – BGHZ 140, 241 (246); NJW 1999, 942 = BauR 1999, 414; OLG Brandenburg BauR 2001, 1129 (1133); aA OLG Koblenz VersR 2000, 94.

[126] BGH NJW 1999, 942 = BauR 1999, 414; OLG Brandenburg BauR 2001, 1129; OLG Düsseldorf BauR 2011, 835; Kapellmann/Messerschmidt/von Rintelen § 10 Rn. 32; Leinemann/Hafkesbrink § 10 Rn. 56. AA Cordes NZBau 2018, 8 ff.

Wegen der **Reichweite des Versicherungsschutzes nach den AHB** kann 51
nur auf die einschlägige versicherungsrechtliche Literatur verwiesen werden.
Nicht versichert sind Ansprüche auf **Vertragserfüllung**, einschl. **Nacherfüllung**, aus **Selbstvornahme, Rücktritt, Minderung** und auf **Schadensersatz statt der Leistung**.[127] Kein Versicherungsschutz besteht für **gemietete, gepachtete, geleaste oder in Verwahrung genommene Sachen (Ziff. 7.6 AHB)**.
Es besteht auch kein Versicherungsschutz für sog. **Tätigkeitsschäden/Bearbeitungsschäden (Ziff. 7.7 AHB)**, wobei sehr umstritten ist, wie weit diese Ausschlussklausel reicht. Ganz unterschiedliche Regelungen enthalten die üblicherweise verwandten „**Kabelklauseln**", die Schadensfälle durch Beschädigung von Kabeln und Erdleitungen regeln. Besondere Probleme bereiten Schäden, die durch **allmähliche Einwirkungen von Feuchtigkeit, Niederschlägen oder Abwässer** – **Allmählichkeitsschaden** – entstehen. Hier sah § 4 Ziff. I Abs. 5 AHB in der bis 2004 geltenden Fassung einen **Haftungsausschluss** vor. Vielfach wurden diese Schäden aber in die abgeschlossenen Betriebshaftpflichtversicherungsverträge wieder einbezogen, insbesondere für gewerbetypische Feuchtigkeitsschäden (etwa bei Sanitärinstallationsbetrieben).[128]

AGB-Problematik: Die in der baurechtlichen Literatur teilweise geltend 52
gemachten Bedenken gegen den in Abs. 2 Nr. 2 vorgesehenen Ausschluss des
Innenausgleichs für versicherte bzw. versicherbare Schäden[129] sind unbegründet.
Die AGB-rechtliche Zulässigkeit der Klausel dürfte schon im Hinblick auf die
Üblichkeit des Versicherungsschutzes und dessen Mitfinanzierung durch den Auftraggeber zu bejahen sein. Das hat auch der BGH – bei einschränkender Auslegung
der Klausel – so gesehen.[130] Die im Wortlaut des § 10 Abs. 2 Nr. 2 nicht zum
Ausdruck kommende Nichtanwendbarkeit der Alleinhaftung des Auftragnehmers
bei grober Fahrlässigkeit sei jedenfalls im kaufmännischen Verkehr hinzunehmen.[131]

III. § 10 Abs. 3

Die Vorschrift bestimmt, dass der AN im Verhältnis zu dem ebenfalls schadens- 53
ersatzpflichtigen AG den Schaden allein zu tragen hat, wenn er einem Dritten
gemäß §§ 823 ff. BGB zu Schadensersatz verpflichtet ist wegen **unbefugten Betretens**[132] **oder Beschädigung angrenzender Grundstücke**,[133] wegen
Entnahme oder Auflagerung von Boden[134] oder anderen **Gegenständen**
außerhalb der vom AG dazu angewiesenen Flächen oder wegen der Folgen **eigenmächtiger Versperrung von Wegen oder Wasserläufen**. Diese Bestimmung

---

[127] Leinemann/Hafkesbrink § 10 Rn. 58.
[128] Ganten/Jansen/Voit/Bröker § 10 Abs. 2 Rn. 23; Kapellmann/Messerschmidt/von Rintelen § 10 Rn. 34.
[129] Ganten/Jansen/Voit/Bröker § 10 Abs. 2 Rn. 31; Vens-Cappell/Wolf BauR 1993, 275; Vens-Cappell BrBp 2004, 503 (504); Schenke BauR 2008, 1972 (1974). Cordes NZBau 2018, 8 ff.; aA.
[130] BGH NJW 1999, 942 = BauR 1999, 414.
[131] So auch OLG Schleswig IBR 2002, 16; OLG Düsseldorf BauR 2011, 835; Kapellmann/Messerschmidt/von Rintelen § 10 Rn. 64 mwN.
[132] Dazu Kapellmann/Messerschmidt/von Rintelen § 10 Rn. 40.
[133] Dazu Ingenstau/Korbion/Wirth § 10 Abs. 3 Rn. 6; Ganten/Jansen/Voit/Bröker § 10 Abs. 3 Rn. 42; Leinemann/Hafkesbrink § 10 Rn. 61.
[134] Dazu Kapellmann/Messerschmidt/von Rintelen § 10 Rn. 44.

§ 10

soll sich daraus rechtfertigen, dass es primär Aufgabe des AN ist, solche Eingriffe in Rechte Dritter zu vermeiden, während der AG in diesen Fällen meist nur „mittelbar" wegen Verletzung von Verkehrssicherungspflichten haftet.[135]

54 Voraussetzung für das Eingreifen der Ausgleichsbestimmung ist, dass der AN (oder sein Verrichtungsgehilfe, § 831 BGB) eine der in Abs. 3 genannten Handlungen begangen hat und diese eine rechtswidrige und schuldhafte unerlaubte Handlung im Sinne der §§ 823 ff. BGB darstellt. Die Rechtswidrigkeit ergibt sich in diesen Fällen daraus, dass der Eingriff ohne Einwilligung des Dritten erfolgte und auch keine Verpflichtung zur Duldung bestand. Entsprechende Verpflichtungen des Nachbarn können sich aus landesrechtlichen Nachbargesetzen ergeben, uU auch aus dem Prinzip von Treu und Glauben innerhalb des nachbarlichen Gemeinschaftsverhältnisses. So kann zB das Betreten des Nachbargrundstücks gestattet sein, wenn dies erforderlich ist, um notwendige Verputzarbeiten an Grenzmauern durchzuführen.[136] Ebenso kann sich – auch wenn kein landesrechtliches Hammerschlag- und Leiterrecht besteht – ein Recht zum Aufstellen von Gerüsten oder Lagern von Baumaterialien aus den Grundsätzen des nachbarlichen Gemeinschaftsverhältnisses ergeben.[137] Dies kann auch zu einer vorübergehenden Grundstücksbefestigung durch Rückverankerung einer Bohrpfahlwand im Nachbargrundstück berechtigen.[138] Ein Eigentümer hat jedoch nicht zu dulden, dass der Ausleger eines auf dem Nachbargrundstück aufgestellten Drehkrans teilweise über sein Grundstück geschwenkt wird.[139]

55 Die praktische Bedeutung dieser Regelung ist gering, ihr Verhältnis zu Abs. 2 Nr. 2 unklar. Wenn der AN einem Dritten nach §§ 823 ff. BGB aus den in Abs. 3 näher beschriebenen Gründen zu Schadensersatz verpflichtet ist, ist der Schaden gemäß § 1 AHB in aller Regel seiner Haftpflichtversicherung gedeckt, so dass er ihn schon nach Abs. 2 Nr. 2 allein zu tragen hat. Abs. 3 kann daher nur in den Fällen eigene Bedeutung erlangen, in denen kein Versicherungsschutz besteht, weil Deckungsausschlüsse eingreifen, hohe Selbstbehalte bestehen oder der Schaden die Versicherungssumme übersteigt. Das wird gerade für die in Abs. 3 näher beschriebenen Fälle aber nur selten gegeben sein. Die Vorschrift läuft damit weitgehend leer und sollte gestrichen oder neu gefasst werden.[140]

56 AGB-Problematik: Die AGB-rechtliche Zulässigkeit des § 10 Abs. 3 ist zweifelhaft. Auch wenn man die Regelung für sachgerecht hält, weil dem AG häufig nur ein Auswahl- oder Aufsichtsfehler zur Last fällt, sind doch Fallgestaltungen denkbar, bei denen ein so erhebliches Mitverschulden des AG vorliegt, dass ein vollständiger Ausschluss des Innenausgleichs unbillig erscheint. Da die Vorschrift für eine einschränkende Auslegung aber keinen Raum lässt, dürfte sie – von allen übrigen Bedenken abgesehen – auch einer isolierten Inhaltskontrolle nicht standhalten.[141]

---

[135] OLG Düsseldorf S-F Z 5.0 Bl. 34; Heiermann/Riedl/Rusam/Kuffer/Petersen § 10 Rn. 66; Leinemann/Hafkesbrink § 10 Rn. 60.

[136] LG Aachen NJW 1966, 204; OLG Hamm NJW 1966, 599; Leinemann/Hafkesbrink § 10 Rn. 61.

[137] Weimar BauR 1975, 26 ff.

[138] OLG Stuttgart NJW 1994, 739 ff.

[139] OLG Düsseldorf NJW-RR 1989, 1421; OLG Karlsruhe NJW-RR 1993, 91.

[140] Kapellmann/Messerschmidt/von Rintelen § 10 Rn. 38, 39, 41 ff. mwN.

[141] Messerschmidt/Voit/Voit § 10 Rn. 7; Kapellmann/Messerschmidt/von Rintelen § 10 Rn. 65; Ingenstau/Korbion/Wirth § 10 Abs. 3 Rn. 2.

IV. § 10 Abs. 4

Die Vorschrift verpflichtet den AN im Verhältnis zum AG zur alleinigen Scha- 57
denstragung, wenn **gewerbliche Schutzrechte Dritter verletzt** wurden und
entweder der AN das geschützte Verfahren bzw. die Verwendung geschützter
Gegenstände angeboten oder der AG die Verwendung vorgeschrieben und auf
das Schutzrecht hingewiesen hat.

Als Schutzrechte im Sinne dieser Vorschrift kommen Patentrechte, Gebrauchs- 58
musterrechte, Geschmacksmusterrechte, Markenrechte, aber auch Rechte wegen
unlauteren Wettbewerbs[142] in Betracht. Streitig ist, ob auch Urheberrechte umfasst
sind. Das wird teilweise verneint, weil es sich dabei nicht um ein gewerbliches
Schutzrecht handele, sondern um ein kulturelles, das dem Immaterialgüterrecht
zuzuordnen sei.[143] Nach überwiegender Ansicht im baurechtlichen Schrifttum ist
das Urheberrecht aber wegen seiner Nähe zu gewerblichen Schutzrechten und
seiner Bedeutung gerade im Baubereich wie ein gewerbliches Schutzrecht zu
behandeln.[144]

Hat der AN die Verwendung des geschützten Gegenstandes oder Verfahrens 59
angeboten, so ist es allein seine Aufgabe, die erforderliche Genehmigung zu besorgen (Abs. 4 Alt. 1). Das Gleiche gilt, wenn zwar der AG die Verwendung vorgeschrieben, den AN aber auf das Bestehen des Schutzrechtes hingewiesen hat
(Abs. 4 Alt. 2). Auch dann ist der AN verpflichtet, die Erlaubnis zur Verwendung
zu beschaffen (vgl. § 4 Abs. 2 Nr. 1) bzw. die Ausführung zu verweigern, wenn
die Beschaffung der Genehmigung nicht möglich ist (§ 4 Abs. 1 Nr. 4).

Die volle Schadensabwälzung auf den AN ist aber nur dann gerechtfertigt, wenn 60
die genannten Voraussetzungen erfüllt sind. Andernfalls – zB wenn der AG die
Verwendung des Schutzrechts vorgeschrieben, den AN aber nicht auf dessen Bestehen hingewiesen hat – bleibt es bei den allgemeinen Ausgleichsgrundsätzen.[145]

V. Abweichende Regelungen

Zulässig ist es, dass die Parteien abweichend von den gesetzlichen Grundsätzen 61
und zusätzlich zu den VOB-Bestimmungen besondere Ausgleichsvereinbarungen
treffen (vgl. Abs. 2 Nr. 1 S. 1, letzter Hs.). Individualvertraglich ist das bis zur Grenze
der §§ 134, 138 BGB möglich. Hat eine Partei eine solche Regelung aber in
Form von AGB in den Vertrag eingeführt, so unterliegt diese der Auslegung und
Inhaltskontrolle gemäß §§ 305 ff. BGB, insbesondere den Regelungen über überraschende und mehrdeutige Klauseln in § 305c BGB, der Unklarheitenregel in § 307
Abs. 1 S. 2 BGB und der Generalklausel des § 307 Abs. 1 und 2 BGB. Hat der AG
zB in BVB die Klausel eingeführt, dass der AN dem AG von Ansprüchen Dritter,
die diesem im Zusammenhang mit der Bauausführung entstehen, freizustellen hat,
so bezieht sich dies im Zweifel nicht auf solche Fälle, in denen es an einem auch
nur objektiv widerrechtlichen Fehlverhalten mangelt und der AN sich zur Durchführung des ihm erteilten Auftrags gar nicht anders hätte verhalten können.[146]

---

[142] Köhler/Bornkamm/Hefermehl UWG § 5 Rn. 4.179.
[143] Kapellmann/Messerschmidt/von Rintelen § 10 Rn. 48; BeckOK/Preussner § 10 Abs. 4 Rn. 1.
[144] Ganten/Jansen/Voit/Bröker § 10 Abs. 4 Rn. 2; Ingenstau/Korbion/Wirth § 10 Abs. 4 Rn. 1; FKZGM/Zanner § 10 Rn. 54; Heiermann/Riedl/Rusam/Kuffer/Petersen § 10 Rn. 69; Leinemann/Hafkesbrink § 10 Rn. 62.
[145] Kapellmann/Messerschmidt/von Rintelen § 10 Rn. 49, 50.
[146] BGH NJW 1972, 256 (257).

VI. AGB-Problematik

62 Die Regelung des § 10 Abs. 4 stellt eine anderweitige Bestimmung iSd § 426 Abs. 1 S. 2 BGB dar, die sachgerecht ist und einer isolierten Inhaltskontrolle standhält.[147]

F. Ausgleichsregeln zugunsten gesetzlicher Vertreter und Erfüllungsgehilfen (Abs. 5)

I. Zweck der Regelung

63 Soweit nicht nur AG und AN, sondern auch deren **gesetzliche Vertreter** oder **Erfüllungsgehilfen** für den Schaden des Dritten haften, gelten – wie Abs. 5 festlegt – die in Abs. 2, 3 und 4 normierten **Befreiungen von der Ausgleichspflicht** zugunsten eines Vertragspartners in gleicher Weise auch zugunsten deren gesetzlicher Vertreter oder Erfüllungsgehilfen. Die Erstreckung der Befreiung von der Ausgleichspflicht auf gesetzliche Vertreter und Erfüllungsgehilfen gilt allerdings dann nicht, wenn diese vorsätzlich oder grob fahrlässig gehandelt haben (Abs. 5, letzter Hs.).

64 Durch die Regelung in Abs. 5 sollte ursprünglich verhindert werden, dass die in Abs. 2, 3 und 4 normierte Befreiung von der Ausgleichspflicht dadurch ins Leere läuft, dass die ausgleichspflichtige Vertragspartei den gesetzlichen Vertreter oder Erfüllungsgehilfen der eigentlich begünstigten Vertragspartei in Anspruch nimmt, der dann seinerseits – etwa nach arbeitsrechtlichen Grundsätzen – gegen diesen einen Freistellungsanspruch geltend macht. Insoweit hat die Vorschrift aber nur noch klarstellende Funktion. Es ist heute allgemein anerkannt, dass sich die Arbeitnehmer des Begünstigten auf dessen vertragliche Haftungsbeschränkung berufen können und von der anderen Vertragspartei deshalb gar nicht erst in Anspruch genommen werden dürfen.[148]

65 Die Vorschrift wirft aber darüber hinaus auch deshalb Probleme auf, weil der Schutzbereich sehr weit gezogen wird, indem alle Erfüllungsgehilfen – auch selbständige Gehilfen wie Architekten des AG bzw. der Nachunternehmer des AN – einbezogen werden. Das kann – worauf von Rintelen zu Recht hinweist[149] – zu ungereimten Ergebnissen führen. Der mit der Objektüberwachung betraute Architekt ist insoweit nicht Erfüllungsgehilfe des Bauherrn gegenüber dem AN und kann sich deshalb für Schäden, die im Rahmen dieser Tätigkeit entstanden sind, nicht auf die Haftungsbefreiung nach Abs. 5 berufen. Ist die Schädigung des Dritten aber durch einen erkennbaren Planungsfehler verursacht worden, kann der Architekt als Erfüllungsgehilfe des Auftraggebers die Vergünstigung des Abs. 2 Nr. 2 in Anspruch nehmen. Für diese ungleiche Behandlung ist ein sachlicher Grund nicht erkennbar. Die sehr weite Erstreckung des Schutzbereichs der Vorschrift wirft aber auch die Frage auf, warum die Freistellung auf die dort aufgeführten Personen beschränkt ist, obwohl der Normzweck in gleicher Weise auf bevollmächtigte Vertreter oder Verrichtungsgehilfen im Sinne von § 831 BGB zutrifft. Abs. 5 sollte auf diese entsprechend angewandt werden.[150]

---

[147] Kapellmann/Messerschmidt/von Rintelen § 10 Rn. 67.
[148] BGH NJW 1962, 388; 1995, 2991; Staudinger/Jagmann BGB § 328 Rn. 117 ff.; Kapellmann/Messerschmidt/von Rintelen § 10 Rn. 52 mwN.
[149] Kapellmann/Messerschmidt/von Rintelen § 10 Rn. 53.
[150] Ganten/Jansen/Voit/Bröker § 10 Abs. 5 Rn. 1.

II. AGB-Problematik

Da die Vorschrift – wie oben dargelegt – weitgehend klarstellende Funktion 66
hat und insoweit lediglich die ohnehin bestehende Rechtslage wiedergibt, hält
sie auch einer isolierten Inhaltskontrolle stand.[151]

G. Pflichten der Parteien bei Inanspruchnahme durch geschädigte Dritte (Abs. 6)

Abs. 6 regelt die Pflichten des AG und AN für den Fall, dass der Vertragspartner, 67
der im Innenverhältnis von der Ausgleichspflicht nach Abs. 2, 3 oder 4 befreit ist,
von einem geschädigten Dritten in Anspruch genommen wird.

I. Anspruch auf Freistellung

Zunächst ist die Vertragspartei, die nach Abs. 2, 3 oder 4 den Schaden allein zu 68
tragen hat, verpflichtet, die andere Vertragspartei – wie auch schon in § 426 Abs. 1
S. 1 BGB geregelt ist – auf deren Verlangen hin von geltend gemachten Ansprüchen
des geschädigten Dritten freizustellen (Abs. 6 S. 1). Die Freistellungsverpflichtung
setzt nicht erst nach erfolgter Inanspruchnahme ein, er besteht schon vorher ein
Anspruch auf Mitwirkung an der Befriedigung des Gläubigers.[152] Freistellung
bedeutet in erster Linie Zahlung an den Geschädigten. Möglich ist auch die Vereinbarung einer Schuldübernahme, an der der Geschädigte allerdings mitwirken muss
(§§ 414, 415 BGB) oder die Aufrechnung.[153] Der Freistellungsanspruch umfasst
ggf. auch die Kosten eines Rechtsstreits.[154] Falls die Ansprüche des Dritten unberechtigt sind, erstreckt sich die Verpflichtung zur Freistellung auch darauf, solche
angeblichen Ansprüche von dem Vertragspartner abzuwehren.[155]

II. Gelegenheit zur Äußerung

§ 10 Abs. 6 S. 2 bestimmt, dass die Partei, die im Innenverhältnis freigestellt ist 69
und von dem Dritten in Anspruch genommen wird, verpflichtet ist, die Forderung
des Dritten nicht anzuerkennen oder zu befriedigen, ohne der anderen Vertragspartei vorher Gelegenheit zur Äußerung gegeben zu haben. Umstritten ist, ob es
sich dabei um eine vertragliche Verpflichtung[156] handelt, deren Verletzung zu

---

[151] Kapellmann/Messerschmidt/von Rintelen § 10 Rn. 67a.
[152] BGH NJW 1958, 497; Kapellmann/Messerschmidt/von Rintelen § 10 Rn. 56.
[153] MüKoBGB/Keller § 257 Rn. 6.
[154] BGH NJW 2002, 2382; FKZGM/Zanner § 10 Rn. 66; Leinemann/Hafkesbrink § 10 Rn. 66.
[155] BGH NJW 1970, 1594; 2002, 2382; Ganten/Jansen/Voit/Bröker § 10 Abs. 6 Rn. 2; Ingenstau/Korbion/Wirth § 10 Abs. 6 Rn. 2; FKZGM/Zanner § 10 Rn. 64; Heiermann/Riedl/Rusam/Kuffer/Petersen § 10 Rn. 74; aA Messerschmidt/Voit/Voit Privates Baurecht § 10 Rn. 10; Kapellmann/Messerschmidt/von Rintelen § 10 Rn. 57, die allein auf das fehlende Gesamtschuldverhältnis abstellen wollen und eine erweiternde Auslegung des § 10 ablehnen. Differenzierend OLG Naumburg 20.10.2006 – 10 U 46/06, NJOZ 2007, 2728; Leinemann/Hafkesbrink § 10 Rn. 64 ff.
[156] Ingenstau/Korbion/Wirth § 10 Abs. 6 Rn. 5; FKZGM/Zanner § 10 Rn. 68; Heiermann/Riedl/Rusam/Kuffer/Petersen § 10 Rn. 73.

einem eigenen Schadensersatzanspruch führen kann, oder – wohl vorzugswürdig – um eine bloße Obliegenheit.[157]

III. Rechtsfolgen

70 **Bei Verletzung der in Abs. 6 genannten Pflichten** gilt folgendes: Die Verletzung der Freistellungspflicht führt zu einem Schadensersatzanspruch des Freizustellenden, der auf Ersatz seiner Aufwendungen gerichtet ist, im Wesentlichen also auf Erstattung des Betrages, der an den Dritten gezahlt wurde.[158] Die Verletzung der Freistellungsverpflichtung führt weiterhin dazu, dass der Freizustellende nicht auf seine Gefahr zu prüfen hat, ob die Ansprüche des Dritten zu Recht bestehen. Der Gefahr, einen Missgriff zu tun, also entweder eine unbegründete Forderung zu erfüllen oder sich wegen einer unbegründeten Forderung mit einer Klage überziehen zu lassen, soll der Freizustellende nach dem Sinn der Freistellung gerade enthoben sein. Verweigert der zur Freistellung Verpflichtete die Freistellung und überlässt er damit dem Freizustellenden die Entscheidung der Frage, ob dem Dritten Ansprüche zustehen, so muss er die daraufhin getroffene Entscheidung hinnehmen. Der zur Freistellung Verpflichtete kann dann gegenüber dem Anspruch des Freistellenden nicht mehr unter nachträglicher Aufrollung der Frage, ob der Anspruch des Dritten berechtigt ist, einwenden, dass der die Freistellung Begehrende die Forderung des Dritten zu Unrecht befriedigt habe.[159]

71 Bei Verletzung der Pflicht, dem Vertragspartner Gelegenheit zur Äußerung zu geben, kann dieser im Innenverhältnis alle Einwendungen gegen den Anspruch des Dritten erheben, die er hätte vorbringen können, wenn der Vertragspartner ihm Gelegenheit zur Stellungnahme gegeben hätte. Erweisen sich die Einwendungen als berechtigt, trägt der Vertragspartner im Innenverhältnis den entsprechenden Anteil.

IV. AGB-Problematik

72 Da § 10 Abs. 6 nur wiedergibt, was auch ohne diese Regelung in aller Regel gelten würde, hält die Vorschrift einer isolierten Inhaltskontrolle stand.[160]

§ 11 Vertragsstrafe

(1) **Wenn Vertragsstrafen vereinbart sind, gelten die §§ 339 bis 345 BGB.**

(2) **Ist die Vertragsstrafe für den Fall vereinbart, dass der Auftragnehmer nicht in der vorgesehenen Frist erfüllt, so wird sie fällig, wenn der Auftragnehmer in Verzug gerät.**

(3) **Ist die Vertragsstrafe nach Tagen bemessen, so zählen nur Werktage; ist sie nach Wochen bemessen, so wird jeder Werktag angefangener Wochen als 1/6 Woche gerechnet.**

(4) **Hat der Auftraggeber die Leistung abgenommen, so kann er die Strafe nur verlangen, wenn er dies bei der Abnahme vorbehalten hat.**

---

[157] Leinemann/Hafkesbrink Rn. 67.
[158] BGH NJW 1970, 1594 ff.
[159] BGH NJW 1970, 1594 ff.
[160] Kapellmann/Messerschmidt/von Rintelen § 10 Rn. 68.

Vertragsstrafe § 11

Übersicht

	Rn.
A. Vorbemerkungen	1
I. Allgemeines	1
II. Druck- und Kompensationsfunktion	2
B. Akzessorietät und deren Auswirkungen	3
I. Verhältnis des Strafversprechens zur Hauptverbindlichkeit	3
II. Auswirkungen der Akzessorietät	4
III. Abtretbarkeit des Vertragsstrafenanspruchs	5
C. Abgrenzung zu vertragsstrafenähnlichen Rechtsinstituten	6
I. Abgrenzungserfordernis	6
II. Selbständige Strafversprechen	7
III. Garantieversprechen	8
IV. Schadensersatzpauschalen	9
V. Verfallklauseln	10
VI. Reugeld	11
VII. Nichtgewährung von Belohnungen	12
D. § 11 Abs. 1 VOB/B – Generelle Anspruchsvoraussetzungen	13
I. Verweis auf die §§ 339 bis 345 BGB	13
II. Wirksamkeit der Vertragsstrafenvereinbarung	14
1. Eindeutige Bestimmbarkeit der essentialia	15
2. Formerfordernisse	16
3. Übertragung der Strafhöhenbestimmung	17
4. Sittenwidrigkeit	18
5. Nachträgliche Hinfälligkeit	19
6. Treu und Glauben – Wegfall der Geschäftsgrundlage	20
III. Vertragsstrafenvereinbarungen durch AGB	21
1. Zulässigkeit	21
2. Inhaltskontrolle nach § 309 Nr. 6 BGB	22
3. Inhaltskontrolle nach § 307 BGB	23
4. Abgrenzung AGB – Individualvereinbarung	24
5. Aushandeln	25
6. Darlegungs- und Beweislast	26
7. Transparenz- und Bestimmtheitsgebot	27
8. Verzugsabhängigkeit	28
9. Mahnung und Verschulden	29
10. Trennbare Vertragsstrafenklauseln	30
IV. Vertragsstrafenhöhe in AGB	31
1. Ausgangsfrage	31
2. Grundsätzliches	32
3. Obergrenze der Gesamtstrafe	33
4. Tagessatzhöhe nach bisheriger Rechtsprechung	34
5. Zwischenfristüberschreitungen	35
6. Ausblick zur Tagessatzhöhe	36
E. § 11 Abs. 2 VOB/B – Verwirkung der Vertragsstrafe	37
I. Voraussetzungen	37
II. Verschulden bei Unterlassungspflichten	38
III. Abdingbarkeit durch Individualvereinbarung	39
IV. Überschreitung verbindlich vereinbarter Fristen	40
1. Unvorhersehbare Behinderungen	41
2. Einrede des nichterfüllten Vertrages – Zurückbehaltungsrecht	42

	Rn.
3. Mängel bei Fristablauf	43
V. Entbehrlichkeit einer Mahnung	44
F. Vorbehalt der Vertragsstrafe bei Abnahme – § 11 Abs. 4 VOB/B	45
I. Kern des Vorbehaltserfordernisses	45
II. Zweck des Vorbehaltserfordernisses	46
III. Erklärung des Vorbehalts	47
IV. Ausnahme: fehlende Erkennbarkeit	48
V. Vorbehalt bei fiktiver Abnahme	49
VI. Erklärung des Vorbehalts durch einen Dritten	50
1. Architekten und Ingenieure	51
2. Schadensersatzpflicht bei Beratungspflichtverletzung	52
VII. Erklärung bei der Abnahme	53
1. Ausnahmesituationen	54
2. Förmliche und fiktive Abnahme	55
3. Klageerhebung und vorab erzielte Einigung	56
4. Aufrechnung vor der Abnahme	57
5. Teilabnahme	58
6. Abdingbarkeit	59
G. § 11 Abs. 3 VOB/B – Berechnung der Vertragsstrafe	60
I. Berechnungsgrundlage	60
II. Abdingbarkeit	61
III. Mitverschulden des Auftraggebers	62
IV. Kündigung durch den Auftraggeber	63
V. Auftrags- und Schlussrechnungssumme als Bezugsgröße	64
VI. Vorsteuerabzugsberechtigte Auftraggeber	65
H. Herabsetzung der Vertragsstrafe	66
I. Herabsetzung gemäß § 343 Abs. 1 S. 1 BGB	66
1. Besonderheiten bei Kaufleuten	67
2. AGB-Problematik	68
II. Verwirkte, aber noch nicht entrichtete Strafe	69
I. Verhältnis der Vertragsstrafe zu anderen Ansprüchen	70
I. Verhältnis zur Hauptverbindlichkeit	70
1. Vertragsstrafe für Nichterfüllung	71
2. Vertragsstrafe für nicht gehörige Erfüllung	72
II. Verhältnis zu Schadensersatzansprüchen	73
III. Abdingbarkeit	74
J. Darlegungs- und Beweislast	75
K. Verjährung	76

A. Vorbemerkungen

I. Allgemeines

1   Unter einer **Vertragsstrafe** versteht man im allgemeinen das Versprechen einer Zahlung (§ 339 BGB) oder einer anderen Leistung (§ 342 BGB) durch den Schuldner für den Fall, dass dieser eine Verbindlichkeit nicht oder in nicht gehöriger Weise, insbesondere nicht rechtzeitig (§ 341 BGB) erfüllt.[1] Die Vereinbarung der – gelegentlich auch als **Konventionalstrafe** und seltener (etwas altmodisch, aber durchaus treffend) als **Strafgedinge** bezeichneten – Vertragsstrafe stellt also

---

[1] BGH 14.10.2009 – VIII ZR 272/08, NJW 2010, 859 (860).

hinsichtlich der Leistungspflicht ein nur **aufschiebend bedingtes Leistungsversprechen** dar.[2] Die vertragsstrafenbewehrte Verbindlichkeit des Schuldners kann sowohl auf eine Handlung als auch auf ein Unterlassen gerichtet sein.[3] Von einer **Verwirkung** oder einem **Verfall der Vertragsstrafe** spricht man beim Eintritt derjenigen Umstände, die den Gläubiger zur Forderung der Vertragsstrafe berechtigen.[4]

II. Druck- und Kompensationsfunktion

Vertragsstrafen dienen einem doppelten Zweck. Einerseits soll auf den Schuldner Druck ausgeübt werden, um eine ordnungsgemäße Erfüllung der Hauptverbindlichkeit abzusichern **(Druckfunktion)**. Andererseits soll die Vertragsstrafe dem Gläubiger im Falle einer Vertragsverletzung die Schadloshaltung erleichtern, indem er sich bis zur Höhe der verfallenen Vertragsstrafe ohne den bei Schadensersatzansprüchen erforderlichen Schadensnachweis beim Schuldner befriedigen kann **(Ausgleichs- bzw. Kompensationsfunktion)**.[5]

2

B. Akzessorietät und deren Auswirkungen

I. Verhältnis des Strafversprechens zur Hauptverbindlichkeit

Wesentliches Merkmal der Vertragsstrafe ist deren **Akzessorietät**. Das Strafversprechen ist vom wirksamen Bestehen der ihm zugrundeliegenden Hauptverbindlichkeit, deren Verletzung durch die Vertragsstrafe sanktioniert werden soll, abhängig.[6] Die in den §§ 11 VOB/B, 339 ff. BGB normierte Vertragsstrafe umfasst demgemäß (lediglich) sogenannte – an eine Hauptverbindlichkeit „angelehnte" – **unselbständige Strafversprechen.**[7] Ausfluss und Manifestation dieser Akzessorietät ist die in § 344 BGB getroffene Regelung, wonach das **Strafversprechen unwirksam ist, wenn die ihm zugrundeliegende Hauptverbindlichkeit gesetzlich unwirksam ist**, und zwar selbst dann, wenn die Parteien die Unwirksamkeit der Hauptverbindlichkeit gekannt haben. Diese Vorschrift kann (auch) durch Vereinbarung eines selbständigen Strafversprechens nicht wirksam umgangen werden.[8]

3

II. Auswirkungen der Akzessorietät

Der Akzessorietätsgrundsatz wirkt sich nicht nur in Fällen aus, in denen eine wirksame Hauptverbindlichkeit von Anfang an nicht entstanden ist. Auch dann, **wenn eine zunächst wirksam entstandene Hauptverbindlichkeit nachträg-**

4

---

[2] Staudinger/Rieble, BGB, Neubearbeitung 2020, Vorb. zu §§ 339 ff, Rn. 1.
[3] MüKoBGB/Gottwald, 9. Auflage 2022, Vorb. zu § 339, Rn. 1.
[4] So bereits in der 3. Auflage 2001 Nicklisch/Weick, § 11, Rn. 16.
[5] Vgl. BGH 23.1.2003 – VII ZR 210/01, BGHZ 153, 311 (324); BGH 26.3.2009 – I ZR 44/06, NJW-RR 2009, 1053 (1056); BGH 6.12.2012 – VII ZR 133/11, NZBau 2013, 222 (223) und 15.2.2024 – VII ZR 42/22, ZIP 2024, 698, Tz 38.
[6] Ganten/Jansen/Voit/Wolff VOB/B, 4. Auflage 2023, Vorbemerkung § 11, Rn. 6; Kapellmann/Messerschmidt/Schneider, 8. Auflage 2022, § 11 VOB/B, Rn. 7.
[7] Leinemann/Hafkesbrink, VOB/B, 8. Auflage 2024, § 11, Rn. 4.
[8] BGH 1.7.1970 – IV ZR 1178/68, NJW 1970, 1915 (1916).

§ 11

lich in Fortfall gerät (etwa durch Anfechtung, Kündigung oder Rücktritt), **wird ein *noch nicht verwirktes* Vertragsstrafenversprechen gegenstandslos.**[9]

Ist dagegen die *Vertragsstrafe bereits verwirkt*, so ist zu differenzieren. Ein nachträglicher **Wegfall der gesicherten Hauptverbindlichkeit** berührt – soweit dieser Wegfall (etwa durch Kündigung) *mit Wirkung ex nunc* erfolgt – den bereits entstandenen Vertragsstrafenanspruch des Gläubigers nicht mehr.[10] Anders verhält es sich aber beim nachträglichen Wegfall der gesicherten Hauptverbindlichkeit *mit Wirkung ex tunc*. Auch eine bereits verfallene Vertragsstrafe wird daher bei einer rückwirkend wirksamen Anfechtung der Hauptverbindlichkeit gegenstandslos.[11]

III. Abtretbarkeit des Vertragsstrafenanspruchs

5   Die Akzessorietät der Vertragsstrafe hat Auswirkungen auf die Abtretbarkeit des Vertragsstrafenanspruchs. *Vor seiner Verwirkung* kann der Vertragsstrafenanspruch nach gut vertretbarer und wohl herrschender Meinung nicht selbständig abgetreten werden.[12] Die durchaus beachtliche Gegenauffassung, die eine eigenständige Abtretbarkeit des künftigen Anspruchs auf Zahlung der Vertragsstrafe bejaht,[13] hat sich bislang nicht durchgesetzt und wird daher – wohl auch aus Vorsichtsgründen – in der Kautelarpraxis gemieden. Bei einer Abtretung der Hauptforderung geht der Anspruch aus einer noch nicht verwirkten Vertragsstrafe im Zweifel mit auf den neuen Gläubiger über.[14] *Nach seiner Verwirkung* kann der Vertragsstrafenanspruch nach allgemeiner Auffassung als selbständiger Anspruch unabhängig von der gesicherten Hauptforderung abgetreten werden.[15]

C. Abgrenzung zu vertragsstrafenähnlichen Rechtsinstituten

I. Abgrenzungserfordernis

6   **Die Vertragsstrafe ist** – schon im Hinblick auf die sich bei jeder Einzelfallbeurteilung stellende Frage einer grundsätzlichen Anwendbarkeit der §§ 11 VOB/B, 339 ff. BGB – sehr sorgfältig **von lediglich vertragsstrafenähnlichen Rechtsinstituten abzugrenzen.** Entscheidend ist dabei – unabhängig von der seitens der Vertragspartner gewählten Bezeichnung – das mit der jeweiligen Abrede verfolgte Ziel.[16]

---

[9] BGH 24.11.1989 – V ZR 16/88, BGHZ 109, 230 (232).

[10] KG 17.10.1994 – 25 U 7940/93, NJW 1995, 264 (268) mwN.

[11] BeckOK VOB/B/Oberhauser, 56. Edition, Stand 1.8.2024, § 11, Rn. 1.

[12] Kapellmann/Messerschmidt/Schneider, § 11 VOB/B, Rn. 14; Leinemann/Hafkesbrink, § 11, Rn. 5; BeckOK VOB/B/Oberhauser, 56. Edition, Stand 1.8.2024, § 11, Rn. 1; Grüneberg/Grüneberg, 83. Auflage 2024, § 339, Rn. 13 unter Berufung auf BGH 24.11.1989 – V ZR 16/88, NJW 1990, 832 = BGHZ 109, 230 (233 f.).

[13] Staudinger/Rieble, BGB, § 339, Rn. 500 f. mwN; Ganten/Jansen/Voit/Wolff, VOB/B, § 11 Abs. 1, Rn. 18; so jetzt auch in der 9. Aufl. 2022 MüKoBGB/Gottwald, § 339, Rn. 15, in Abkehr von der Differenzierung in der Vorauflage, wonach die Akzessorietät zur Hauptverbindlichkeit gebiete, dass die Befugnis zur Einforderung der Vertragsstrafe trotz der Abtretung beim Gläubiger der Hauptschuld verbleibe.

[14] OLG Hamm 18.1.1994 – 4 U 125/93, NJW-RR 1995, 608 (609), bestätigt durch BGH 25.4.1996 – I ZR 58/94, NJW 1996, 2866 (2867).

[15] MüKoBGB/Gottwald, § 339, Rn. 15.

[16] Vgl. BGH 23.6.1988 – VII ZR 117/87, BGHZ 105, 24 (27 f). = NJW 1988, 2536 f.

II. Selbständige Strafversprechen

Sogenannte selbständige Strafversprechen sind in Bauverträgen relativ selten anzutreffen. Ein solches – gesetzlich in § 343 Abs. 2 BGB geregeltes – selbständiges Strafversprechen erfordert, dass jemand eine Strafe für den Fall verspricht, dass er – oder ggf. ein Dritter[17] – eine Handlung vornimmt oder unterlässt. Das selbständige Strafversprechen hat zwar mit der Vertragsstrafe die doppelte Zielrichtung von Druck- und Kompensationsfunktion gemein. Im Gegensatz zur Vertragsstrafe sichert es aber keine durchsetzbare Hauptverbindlichkeit.[18]

III. Garantieversprechen

Häufiger kommen in der Baupraxis Garantieversprechen vor. Bei einer Garantie verspricht der Garant eine Leistung – und zwar **verschuldensunabhängig** – für den Fall, dass ein bestimmtes Ereignis eintritt oder nicht eintritt. Die Vorschriften der **§§ 339 ff. BGB sind auf ein Garantieversprechen nicht anwendbar.**[19] Die daher erforderliche Abgrenzung zur Vertragsstrafe ist hier zuweilen deshalb nicht leicht, weil *individualvertraglich* auch verschuldensunabhängige Vertragsstrafen wirksam vereinbart werden können. Die Rechtsprechung des Bundesgerichtshofs hat insoweit bei garantieähnlichen Verpflichtungen letztlich maßgeblich darauf abgestellt, ob und inwieweit – neben einer Orientierung an kompensationsfunktionellen Gesichtspunkten – die Verpflichtung des Schuldners im Sinne der für Vertragsstrafen charakteristischen Druckfunktion in auch zukünftig verhaltenssteuernder Weise auf das Schuldnerverhalten Einfluss hat. Ist das nicht der Fall, weil etwa nur ein bestimmtes Wohlverhalten in der Vergangenheit abgesichert werden soll, ohne dass zum Zwecke der Absicherung künftiger Verhaltensweisen noch Druck ausgeübt werden kann, so liegt lediglich ein Garantieversprechen – oder ein garantieähnlicher Vertrag sui generis – vor.[20] Für die demnach jeweils einzelfallbezogen erforderliche Abgrenzung ist ein schöner und prägnanter Merksatz von Wolff hilfreich, der allzu kasuistische Festlegungen vermeidet: Je stärker die Garantie auch verhaltenssteuernd wirkt, desto näher rückt die Anwendbarkeit der §§ 339 ff. BGB.[21]

IV. Schadensersatzpauschalen

Schadensersatzpauschalen bezwecken die erleichterte Durchsetzbarkeit eines Schadensersatzanspruchs und setzen damit – anders als die Vertragsstrafe – einen tatsächlich eingetretenen Schaden voraus.[22] Die Vorschriften der **§§ 11 VOB/B, 339 ff. BGB sind auf Schadensersatzpauschalen nicht anwendbar.**[23]

---

[17] So OLG Hamm 5.7.1994 – 21 U 20/94, OLGR Hamm 1994, 229 f. bei einer Verpflichtung zu Strafzahlungen, falls sich die von einem Dritten durchzuführende Fertigstellung eines Bauvorhabens verzögert.
[18] BGH 23.6.1988 – VII ZR 117/87, BGHZ 105, 24 (27) = NJW 1988, 2536.
[19] Leinemann/Hafkesbrink, § 11, Rn. 4; Kapellmann/Messerschmidt/Schneider, § 11 VOB/B, Rn. 26 aE.
[20] BGH 23.6.1988 – VII ZR 117/87, BGHZ 105, 24 (28 f.) mwN. Dem dort entschiedenen Sachverhalt lag das von einer späteren Auftragserteilung unabhängige Versprechen der Bieter einer öffentlichen Ausschreibung zugrunde, im Falle einer wettbewerbsbeschränkenden Absprache mit anderen Bietern eine „Vertragsstrafe" entrichten zu müssen.
[21] Ganten/Jansen/Voit/Wolff, VOB/B, Vorbemerkung § 11, Rn. 14.
[22] BGH 25.11.1982 – III ZR 92/81, WM 1983, 11 (12) mwN.
[23] Kapellmann/Messerschmidt/Schneider, § 11 VOB/B, Rn. 30.

§ 11 VOB Teil B

V. Verfallklauseln

10   Verfallklauseln werden im Bauvertragsrecht häufiger vereinbart. Sie bewirken, dass die sanktionierte Vertragsverletzung mit dem Verlust von Rechten einhergeht,[24] während im Gegensatz dazu bei der Verwirkung einer Vertragsstrafe zusätzliche Verbindlichkeiten entstehen. Da der Unterschied zur Vertragsstrafe lediglich formaler Natur ist und sich Verfallklauseln und Vertragsstrafen im wirtschaftlichen Ergebnis gleichen, sind auf Verfallklauseln die Vorschriften der **§§ 11 VOB/B, 339 ff. BGB jedenfalls entsprechend anwendbar.**[25]

VI. Reugeld

11   Das in Bauverträgen nur sehr selten anzutreffende Reugeld (vgl. § 353 BGB) stellt die Gegenleistung für die Berechtigung des Schuldners dar, sich vom Vertrag lösen zu dürfen. Vertragsstrafe und Reugeld unterscheiden sich im Grundsatz dadurch, dass der Anspruch auf Zahlung des Reugelds die Lösung vom Vertrag voraussetzt. **Die Vorschriften über die Vertragsstrafe finden auf das Reugeld daher im Regelfall keine Anwendung,** so dass etwa keine Möglichkeit zur Herabsetzung eines Reugelds nach § 343 BGB besteht.[26] Problematisch sind allerdings Reugeldabreden in Allgemeinen Geschäftsbedingungen. Hier ist die Interessenlage zwischen Reugeld und Vetragsstrafe jedenfalls dann identisch, wenn auch die Zahlung einer Vertragsstrafe – so wie von der Regelung des § 309 Nr. 6 BGB ausdrücklich umfasst – gerade die Lösung vom Vertrag voraussetzt. Hier wird man aus Gründen des Verbraucherschutzes das Klauselverbot des § 309 Nr. 6 BGB auch dann zur Anwendung kommen lassen müssen, wenn dem Verwender ein Reugeld eingeräumt wird.[27]

VII. Nichtgewährung von Belohnungen

12   Die **Nichtgewährung von Belohnungen oder Beschleunigungsprämien** stellt keine Vertragsstrafe dar. Deshalb sind auf solche Fallkonstellationen die Vorschriften über Vertragsstrafen nicht anwendbar.[28]

D. § 11 Abs. 1 VOB/B – Generelle Anspruchsvoraussetzungen

I. Verweis auf die §§ 339 bis 345 BGB

13   Auch bei VOB-Verträgen gelten nach § 11 Abs. 1 im Falle der Vereinbarung einer Vertragsstrafe die Vorschriften der §§ 339 bis 345 BGB. Die VOB/B verzich-

---

[24] Vgl. etwa BGH 4.11.1982 – VII ZR 11/82, BGHZ 85, 240 ff. Im dort entschiedenen Fall war folgende Verfallklausel vereinbart: „Sofern die Gebäulichkeiten nicht bis zum 31. März 1980 schlüsselfertig erstellt sind, mindert sich der Kaufpreis um je 2.000,- DM pro angefangenen Monat in dem die Gebäulichkeiten nicht schlüsselfertig erstellt sind".

[25] BeckOK VOB/B/Oberhauser, § 11, Rn. 7 mwN; Staudinger/Coester-Waltjen, BGB, Neubearbeitung 2022, § 309 Nr. 6, Rn. 8.

[26] Grüneberg/Grüneberg, § 339 BGB, Rn. 5.

[27] Wolf/Lindacher/Pfeiffer/Dammann, AGB-Recht, 7. Auflage 2020, § 309 Nr. 6 BGB, Rn. 20; Grüneberg/Grüneberg, § 309 BGB, Rn. 33; aA KG 23.5.1989 – 6 U 4736/88, NJW-RR 1989, 1075 (1077) [zu § 11 Nr. 6 AGBG aF].

[28] Ganten/Jansen/Voit/Wolff, VOB/B, Vorbemerkung § 11, Rn. 12 mwN.

Vertragsstrafe § 11

tet dieserhalb auf eigenständige Regelungen. Die allgemeinen Voraussetzungen für ein wirksames Vertragsstrafenversprechen und für eine Verwirkung der Vertragsstrafe, die Unterschiede zwischen Strafversprechen für Nichterfüllung und solchen für nicht gehörige Erfüllung, die Grundsätze zur Herabsetzbarkeit einer verwirkten Vertragsstrafe und letztlich auch die Frage der Beweislast im Falle der Behauptung des Schuldners, die (Haupt-)Verbindlichkeit erfüllt zu haben, bestimmen sich daher nach den bürgerlichrechtlichen Vertragsstrafenregelungen. Diese lauten wie folgt:

§ 339 Verwirkung der Vertragsstrafe

¹Verspricht der Schuldner dem Gläubiger für den Fall, dass er seine Verbindlichkeit nicht oder nicht in gehöriger Weise erfüllt, die Zahlung einer Geldsumme als Strafe, so ist die Strafe verwirkt, wenn er in Verzug kommt. ²Besteht die geschuldete Leistung in einem Unterlassen, so tritt die Verwirkung mit der Zuwiderhandlung ein.

§ 340 Strafversprechen für Nichterfüllung

(1) ¹Hat der Schuldner die Strafe für den Fall versprochen, dass er seine Verbindlichkeit nicht erfüllt, so kann der Gläubiger die verwirkte Strafe statt der Erfüllung verlangen. ²Erklärt der Gläubiger dem Schuldner, dass er die Strafe verlange, so ist der Anspruch auf Erfüllung ausgeschlossen.

(2) ¹Steht dem Gläubiger ein Anspruch auf Schadensersatz wegen Nichterfüllung zu, so kann er die verwirkte Strafe als Mindestbetrag des Schadens verlangen. ²Die Geltendmachung eines weiteren Schadens ist nicht ausgeschlossen.

§ 341 Strafversprechen für nicht gehörige Erfüllung

(1) Hat der Schuldner die Strafe für den Fall versprochen, dass er seine Verbindlichkeit nicht in gehöriger Weise, insbesondere nicht zu der bestimmten Zeit, erfüllt, so kann der Gläubiger die verwirkte Strafe neben der Erfüllung verlangen.

(2) Steht dem Gläubiger ein Anspruch auf Schadensersatz wegen der nicht gehörigen Erfüllung zu, so findet die Vorschrift des § 340 Abs. 2 Anwendung.

(3) Nimmt der Gläubiger die Erfüllung an, so kann er die Strafe nur verlangen, wenn er sich das Recht dazu bei der Annahme vorbehält.

§ 342 Andere als Geldstrafe

Wird als Strafe eine andere Leistung als die Zahlung einer Geldsumme versprochen, so finden die Vorschriften der §§ 339 bis 341 Anwendung; der Anspruch auf Schadensersatz ist ausgeschlossen, wenn der Gläubiger die Strafe verlangt.

§ 343 Herabsetzung der Strafe

(1) ¹Ist eine verwirkte Strafe unverhältnismäßig hoch, so kann sie auf Antrag des Schuldners durch Urteil auf den angemessenen Betrag herabgesetzt werden. ²Bei der Beurteilung der Angemessenheit ist jedes berechtigte Interesse des Gläubigers, nicht bloß das Vermögensinteresse, in Betracht zu ziehen. ³Nach der Entrichtung der Strafe ist die Herabsetzung ausgeschlossen.

(2) Das Gleiche gilt auch außer in den Fällen der §§ 339, 342, wenn jemand eine Strafe für den Fall verspricht, dass er eine Handlung vornimmt oder unterlässt.

§ 344 Unwirksames Strafversprechen

Erklärt das Gesetz das Versprechen einer Leistung für unwirksam, so ist auch die für den Fall der Nichterfüllung des Versprechens getroffene Vereinbarung einer

§ 11

Strafe unwirksam, selbst wenn die Parteien die Unwirksamkeit des Versprechens gekannt haben.

§ 345 Beweislast

Bestreitet der Schuldner die Verwirkung der Strafe, weil er seine Verbindlichkeit erfüllt habe, so hat er die Erfüllung zu beweisen, sofern nicht die geschuldete Leistung in einem Unterlassen besteht.

II. Wirksamkeit der Vertragsstrafenvereinbarung

14 Auch im VOB-Vertrag setzt die Geltendmachung einer Vertragsstrafe – neben der unter Berücksichtigung des Akzessorietätsgrundsatzes erforderlichen Wirksamkeit der vertragsstrafenbewehrten Hauptverbindlichkeit – **eine wirksame Vertragsstrafenvereinbarung voraus.**[29] Üblicherweise erfolgt eine solche Vereinbarung entweder im Bauvertrag selbst oder aber in vertragsbegleitenden Nebenabreden. Vergaberechtlich ist hier – korrespondierend mit § 8 Abs. 6 Nr. 1 lit. f VOB/A aF – nunmehr § 8a Abs. 4 Nr. 1 lit. f VOB/A (2019) zu beachten, wonach Vertragsstrafen in den Zusätzlichen oder den Besonderen Vertragsbedingungen geregelt werden sollen.

15 **1. Eindeutige Bestimmbarkeit der essentialia.** Zunächst muss eine **Vertragsstrafenabrede im Hinblick auf alle essentialia** (Vertragsparteien, Verwirkungstatbestand nebst Fälligkeitszeitpunkt und Strafart sowie Strafhöhe) **hinreichend klar und widerspruchsfrei** sein. Es muss – notfalls im Wege der Auslegung – eindeutig bestimmbar sein, ob überhaupt eine Vertragsstrafe vereinbart wurde und wann sie in welcher Höhe anfallen soll. Sieht etwa ein Klauselwerk eine durch Ankreuzen auszuübende Option vor, ob der Verwender einen Vertragsstrafenanspruch gegen seinen Vertragspartner vorsehen will, ist vorbehaltlich besonderer Umstände des Einzelfalls keine Vertragsstrafe vereinbart, wenn diese Ankreuzoption nicht ausgeübt wird.[30] Auch wenn die Auffassung vertretbar erscheint, den Regelungen in §§ 11 VOB/B, 339 ff. BGB lasse sich nicht das Erfordernis einer ausdrücklichen Vertragsstrafenabrede entnehmen,[31] so empfiehlt sich eine explizite Formulierung der Vertragsstrafenabrede doch jedenfalls aus praktischen Gründen.[32]

16 **2. Formerfordernisse.** Vertragsstrafenvereinbarungen sind im **Grundsatz formfrei möglich,** wenngleich die Einhaltung der Schriftform schon aus Beweisgründen dringend anzuraten ist. **Besonderheiten gelten aber, wenn die vertragsstrafenbewehrte Hauptverbindlichkeit einem Formzwang unterliegt.** In solchen Fällen gilt der Formzwang nach der zutreffenden herrschenden Auffassung schon aus Akzessorietätsgründen auch für die Vertragsstrafenvereinbarung.[33] Im Übrigen spricht für die herrschende Meinung, dass jedenfalls im

---

[29] Ingenstau/Korbion/Leupertz/Wietersheim/Döring, 22. Auflage 2023, § 11 Abs. 1 VOB/B, Rn. 1.

[30] BGH 20.6.2013 – VII ZR 82/12, NZBau 2013, 567 f.

[31] So noch in der Auflage 2013 Kapellmann/Messerschmidt/Langen, § 11 VOB/B, Rn. 11, Fn. 30.

[32] Ähnlich Leinemann/Hafkesbrink, § 11, Rn. 9.

[33] BGH 6.2.1980 – IV ZR 141/78, NJW 1980, 1622 f.; Kapellmann/Messerschmidt/Schneider § 11 VOB/B, Rn. 34; differenzierend Ganten/Jansen/Voit/Wolff, VOB/B, § 11 Abs. 1, Rn. 7, wonach es von der jeweiligen Formvorschrift abhängen soll, ob sie sich ihrem Zweck nach auch auf das Strafversprechen erstreckt.

Regelfall eine Vertragsstrafenvereinbarung auch Inhalt des die Hauptverbindlichkeit betreffenden Vertrages werden soll.[34] Ist dieser Vertrag etwa notariell zu beurkunden, so erstreckt sich das Beurkundungserfordernis auf alle Abreden, aus denen sich nach dem Willen der Parteien der Vertragsinhalt zusammensetzen soll.[35]

3. Übertragung der Strafhöhenbestimmung. Der Wirksamkeit der Vertragsstrafenvereinbarung steht es nicht entgegen, **wenn die Parteien die Bestimmung der konkreten Strafhöhe einem Vertragspartner**[36] **(im Regelfall dem Gläubiger) oder sogar einem Dritten**[37] **übertragen.** Besteht in solchen Fällen hinsichtlich der Strafhöhe ein einseitiges Leistungsbestimmungsrecht, so treten an die Stelle der Herabsetzung der Vertragsstrafe nach § 343 BGB allerdings die in §§ 315 Abs. 3, 319 BGB vorgesehenen Korrekturmöglichkeiten.[38] Besonderheiten gelten hier aber dann, wenn die Parteien die Festlegung der konkreten Strafhöhe – was ganz überwiegend für zulässig erachtet wird[39] – einem Schiedsgericht übertragen. Der Schiedsspruch ist nämlich einem Urteil eines staatlichen Gerichts gleichgestellt. Er hat unter den Parteien gemäß § 1055 ZPO die Wirkungen eines rechtskräftigen gerichtlichen Urteils. Es gibt insoweit keine Rechtskraft und Gestaltungswirkung „2. Klasse".[40] Deshalb kann die in Rechtskraft erwachsene Festlegung der Strafhöhe durch ein Schiedsgericht nach zutreffender Auffassung nicht mehr durch staatliche Gerichte nachträglich auf Billigkeit überprüft werden.[41]

17

4. Sittenwidrigkeit. Da neben der gesicherten Hauptverbindlichkeit auch die **Vertragsstrafenvereinbarung** selbst den allgemeinen Anforderungen an die Wirksamkeit eines Rechtsgeschäfts gerecht werden muss, **darf sie nicht gemäß § 138 BGB sittenwidrig sein.**

18

Allerdings führt eine unverhältnismäßige Höhe des Strafversprechens allein nicht bereits zur Nichtigkeit nach § 138 BGB, da es dem Schuldner offensteht, eine überhöhte Vertragsstrafe gemäß § 343 Abs. 1 BGB durch Anrufung des Gerichts auf einen angemessenen Betrag herabsetzen zu lassen. Die Nichtigkeit kann sich in solchen Fällen aber aus dem Hinzutreten weiterer Umstände ergeben, beispielsweise bei einer Gefährdung der wirtschaftlichen Existenz des Schuldners,[42] oder wenn es sich um eine alle Grenzen übersteigende, für den Schuldner dem regelmäßigen Gang der Dinge nach unerschwinglich hohe Vertragsstrafe

---

[34] Leinemann/Hafkesbrink, § 11, Rn. 11.
[35] Grüneberg/Ellenberger, § 125 BGB, Rn. 9; vgl. auch BGH 29.6.1982 – KZR 19/81, BGHZ 84, 322 (324) [zum Verstoß gegen die Formvorschrift des § 34 GWB aF].
[36] BGH 31.5.1990 – I ZR 285/88, NJW-RR 1990, 1390 (1391) und 17.9.2009 – I ZR 217/07, NJW-RR 2010, 1127 (1130) [Vertragsstrafe bei wettbewerbsrechtlichen Unterlassungsverpflichtungen nach „Hamburger Brauch"].
[37] Kapellmann/Messerschmidt/Schneider, § 11 VOB/B, Rn. 32.
[38] BGH 30.9.1993 – I ZR 54/91, NJW 1994, 45 (46); Ganten/Jansen/Voit/Wolff, VOB/B, § 11 Abs. 1, Rn. 5.
[39] BGH 6.11.1997 – III ZR 177/96, NJW 1998, 1388 (1389); Ganten/Jansen/Voit/Wolff, VOB/B, § 11 Abs. 1, Rn. 5; Kapellmann/Messerschmidt/Schneider, § 11 VOB/B, Rn. 32.
[40] Zöller/Geimer, ZPO, 35. Auflage 2024, § 1055, Rn. 3.
[41] Vgl. MüKoBGB/Gottwald, § 339, Rn. 31 mwN.
[42] RG 26.5.1914 – II 620/13, RGZ 85, 100 (102); OLG Nürnberg 25.11.2009 – 12 U 681/09, MDR 2010, 277 (278).

§ 11

handelt.⁴³ Auch wenn bei einer individuell vereinbarten Vertragsstrafe in Höhe von 15 Prozent der Vertagssumme aufgrund der konkreten Vertragsgestaltung mit einer Verwirkung der Strafe in voller Höhe zwangsläufig bereits bei einem geringfügigen Verstoß gegen die sanktionierte Pflicht zu rechnen ist, ist die Regelung gemäß § 138 Abs. 1 BGB nichtig.⁴⁴ Ebenso kann eine Vertragsstrafenregelung für eine Bauzeitenüberschreitung nach § 138 BGB nichtig sein, wenn auf den Schuldner einseitig außerhalb seiner Sphäre und seiner Einflussmöglichkeit liegende Risiken verlagert werden und dies mit einer unangemessenen Höhe der Vertragsstrafe einhergeht, so zB bei einer der Höhe nach nicht begrenzten Vertragsstrafenregelung, die dem Auftragnehmer das Schlechtwetterrisiko zuweist und bei nachträglichen Sonderwünschen des Auftraggebers keine Bauzeitverlängerung vorsieht.⁴⁵

19 **5. Nachträgliche Hinfälligkeit.** Eine ursprünglich wirksam vereinbarte Vertragsstrafe kann durch nachträgliche Umstände hinfällig werden. So ist es den Parteien zum einen unbenommen, eine bereits vereinbarte Vertragsstrafe – ggf. auch stillschweigend – nachträglich abzubedingen. **Legen die Parteien des Bauvertrages einen infolge von Bauablaufstörungen nicht mehr einhaltbaren Bauzeitenplan** *einvernehmlich* **neu fest,** so ist sorgfältig und einzelfallbezogen zu prüfen, ob die zuvor vereinbarte Vertragsstrafe auch für die fortgeschriebenen Fristen gelten soll, oder ob die Neuvereinbarung der Ausführungsfristen bedeutet, dass deren Vertragsstrafenbewehrung entfällt.⁴⁶ Bei der insoweit vorzunehmenden Abwägung wird auch zu berücksichtigen sein, wie gravierend die Terminsverschiebung ist, wer sie zu vertreten und ob sie zu erschwerten Baubedingungen geführt hat. Jedenfalls dann, wenn ein neuer Ausführungstermin erst nach Ablauf des ursprünglichen Termins ohne Klarstellungen zur Geltung der Vertragsstrafe für diesen neuen Termin vereinbart wird, ist der neue Termin nach verbreiteter Auffassung nicht mehr vertragsstrafenbewehrt.⁴⁷ Will ein Auftraggeber in solchen Fällen Vertragsstrafenansprüche unter Berufung auf die Überschreitung des

---

⁴³ RG 7.4.1908 – III 315/07, RGZ 68, 229 (231 f.) [100.000 M Konventionalstrafe unter Verpflichtung aufs Ehrenwort bei einem Jahresgehalt von 2.400 M].
⁴⁴ OLG Celle 22.3.2001 – 13 U 213/00, BauR 2001, 1108 f. [Fristüberschreitung von nur einem Tag bei Vorliegen nur noch eines Mangels]; Kniffka/Koeble/Jurgeleit/Sacher, Kompendium des Baurechts, 5. Auflage 2020, Teil 6, Rn. 112.
⁴⁵ Vgl. OLG Köln 16.12.1987 – 24 U 127/87, NJW-RR 1988, 654 f.
⁴⁶ Vgl. OLG Düsseldorf 12.7.2002 – 5 U 238/00, BauR 2003, 259 (260); Kniffka/Koeble/Jurgeleit/Sacher, Kompendium des Baurechts, Teil 6, Rn. 141; vgl. auch OLG Naumburg 30.7.2021 – 2 U 41/19, BauR 2022, 926, Tz 134 f., wonach eine ursprünglich im Vertrag vereinbarte Vertragsstrafe für die Überschreitung einer bestimmten Fertigstellungsfrist nicht verwirkt ist, wenn die Vertragsparteien im Verlauf der Bauarbeiten und im Hinblick auf einen vom Auftraggeber angeordneten Baustopp vereinbaren, dass der Bauzeitenplan nicht mehr verbindlich ist und sich die Fertigstellung auf unbestimmte Zeit verschiebt.
⁴⁷ OLG Düsseldorf 19.4.2012 – 23 U 150/11, BauR 2012, 1421 (1422 f.) mwN; OLG Celle 5.6.2003 – 14 U 184/02, BauR 2004, 1307 (1308); OLG Naumburg 21.12.1998 – 2 U 21/98, BauR 2000, 919; vgl. auch OLG Hamm 12.7.2017 – 12 U 156/16, NZBau 2018, 408, Rn. 62, wonach sich eine Vertragsstrafe auf einen einvernehmlich verschobenen neuen Fertigstellungstermin nur dann bezieht, wenn sie ausdrücklich auch für diesen verschobenen Termin – gesondert oder durch Bezugnahme auf den Ursprungsvertrag – vereinbart worden ist oder zumindest bei der Veränderung der Ausführungsfrist festgelegt worden ist, dass im Übrigen die vertraglichen Bestimmungen (insbesondere zur Vertragsstrafe) gleichwohl fortgelten sollen; differenzierend Leinemann/Hafkesbrink, § 11, Rn. 38.

Vertragsstrafe **§ 11**

ursprünglichen Termins aufrechterhalten, so ist ihm dringend zu empfehlen, sich diese Rechte bei der Neufestlegung des Terminplans ausdrücklich vorzubehalten.

6. Treu und Glauben – Wegfall der Geschäftsgrundlage. Außerdem kann 20 der Gläubiger an der Geltendmachung einer Vertragsstrafe nach Treu und Glauben (§ 242 BGB) oder aber nach den Grundsätzen des Wegfalls der Geschäftsgrundlage (§ 313 BGB) gehindert sein. Das ist insbesondere bei individuell ausgehandelten Vertragsstrafen mit verschuldensunabhängigen – und damit garantieähnlichen – Verfallklauseln in Fällen zu bejahen, in denen der vom Unternehmer einzuhaltende Zeitplan durch von ihm nicht zu vertretende (oder gar bestellerseits bedingte) Verzögerungen wie umfangreiche Planungsänderungen, verzögerte Baugenehmigung und Zusatzaufträge völlig aus dem Takt gerät und der Unternehmer infolge dessen zu einer durchgreifenden Neuordnung des ganzen Zeitablaufs gezwungen wird.[48] Der Anspruch auf Zahlung der Vertragsstrafe ist dann in Gänze hinfällig. Sind hingegen die Umstände, die zu einer Verzögerung des Zeitplans geführt haben und nicht vom Auftragnehmer zu vertreten sind, nicht so einschneidend, aber doch erheblich, verlängert sich statt dessen die Frist für die Berechnung der Vertragsstrafe entsprechend; für die Inverzugsetzung bedarf es in derartigen Fällen aber einer Mahnung durch den Auftraggeber.[49]

III. Vertragsstrafenvereinbarungen durch AGB

1. Zulässigkeit. Es entspricht mittlerweile gefestigter Auffassung in Recht- 21 sprechung und Schrifttum, dass eine **Vereinbarung von Vertragsstrafen nicht nur in Individualverträgen, sondern auch in Allgemeinen Geschäftsbedingungen (AGB) grundsätzlich zulässig** ist.[50] Derartige Klauseln sind im Baugewerbe üblich. Sie stellen insbesondere keine Überraschung für den Auftragnehmer dar, wenn feste Fertigstellungstermine vereinbart werden. Der Unternehmer muss deshalb mit entsprechenden Vorschriften in Allgemeinen Geschäftsbedingungen des Auftraggebers grundsätzlich rechnen.[51]

2. Inhaltskontrolle nach § 309 Nr. 6 BGB. Gibt der Bauherr als Verbraucher 22 gegenüber dem Bauunternehmer ein Vertragsstrafenversprechen ab, so ist eine Inhaltskontrolle nach § 309 Nr. 6 BGB vorzunehmen. Danach sind Bestimmungen in Allgemeinen Geschäftsbedingungen unwirksam, durch die dem Werkunternehmer für den Fall der Nichtabnahme oder verspäteten Abnahme des Gewerks, des Zahlungsverzugs des Auftraggebers oder seiner Lösung vom Vertrag – etwa durch Rücktritt, Kündigung oder Widerruf seitens des Verbrauchers – eine Vertragsstrafe versprochen wird. Zu beachten ist, dass die verbraucherschützende Vorschrift des § 309 Nr. 6 BGB auf Rechtsgeschäfte gegenüber einem

---

[48] Vgl. Kniffka/Jurgeleit/von Rintelen, Bauvertragsrecht, 4. Auflage 2022, § 631, Rn. 391 mwN; Ingenstau/Korbion/Leupertz/Wietersheim/Döring, § 11 Abs. 3 VOB/B, Rn. 9 mwN; Werner/Pastor, Der Bauprozess, 18. Auflage 2023, Rn. 2577.
[49] OLG Brandenburg 19.6.2013 – 4 U 158/11, IBR 2013, 607 [Tz. 63 f. in juris, insoweit in IBR nicht abgedruckt]; OLG Köln 27.4.2012 – 3 U 61/11, IBR 2013, 606 [Tz. 11 in juris, insoweit in IBR nicht abgedruckt]; Werner/Pastor, Der Bauprozess, 18. Auflage 2023, Rn. 2580 mwN.
[50] BGH 16.7.1998 – VII ZR 9/97, NJW 1998, 3488 (3489); BGH 18.11.1982 – VII ZR 305/81, BGHZ 85, 305 (308); Kniffka/Jurgeleit/von Rintelen, Bauvertragsrecht, 4. Auflage 2022, § 631, Rn. 352; Ermann/Metzger, BGB, 17. Auflage 2023, 339, Rn. 2.
[51] BGH 12.10.1978 – VII ZR 139/75, BGHZ 72, 222 (223).

§ 11

Unternehmer (vgl. § 310 Abs. 1 S. 1 BGB) nicht anwendbar und auch auf den Verkehr zwischen Unternehmern nicht übertragbar ist.[52]

23   **3. Inhaltskontrolle nach § 307 BGB.** Es entspricht ständiger Rechtsprechung, dass im Falle der Vereinbarung einer Vertragsstrafe in Allgemeinen Geschäftsbedingungen eine Inhaltskontrolle nach § 307 BGB zu erfolgen hat. Insbesondere muss eine Vertragsstrafenvereinbarung in AGB des Auftraggebers auch die Interessen des Auftragnehmers ausreichend berücksichtigen. Eine gemäß § 307 Abs. 1 S. 1 BGB entgegen den Geboten von Treu und Glauben unangemessene Benachteiligung sieht die Rechtsprechung im Grundsatz dann als gegeben, wenn der Verwender einer Klausel missbräuchlich eigene Interessen auf Kosten des Vertragspartners durchzusetzen versucht, ohne die Interessen des Vertragspartners hinreichend zu berücksichtigen und ihm einen angemessenen Ausgleich zuzugestehen.[53] **Insbesondere eine unangemessen hohe Vertragsstrafe führt gemäß § 307 Abs. 1 BGB zur Nichtigkeit der Vertragsklausel.**[54] Dies gilt auch im kaufmännischen Rechtsverkehr.[55] Eine unangemessene Höhe der Vertragsstrafe ist insbesondere dann zu bejahen, wenn die Sanktion außer Verhältnis zum Gewicht des Vertragsverstoßes und seinen Folgen für den Vertragspartner steht. Dabei kann sich eine Unwirksamkeit der Klausel schon daraus ergeben, dass ohne Differenzierung nach Art, Gewicht und Dauer des Vertragsverstoßes ein bestimmter Betrag als pauschale Sanktion vorgesehen ist, sofern dieser Betrag nicht auch angesichts des typischerweise geringsten Vertragsverstoßes noch angemessen wäre.[56]

Eine geltungserhaltende Reduktion der nichtigen Klausel **findet** nach gefestigter Auffassung in Rechtsprechung und Schrifttum **nicht statt**[57] und wäre überdies auch nicht mit Europäischem Recht zu vereinbaren. So ist Art. 6 Abs. 1 der Richtlinie 93/13[58] dahin auszulegen, dass er einem nationalen Gericht, das die Missbräuchlichkeit einer Vertragsstrafenklausel in einem Vertrag zwischen einem Unternehmer und einem Verbraucher feststellt, nicht erlaubt, die in dieser Klausel dem Verbraucher auferlegte Vertragsstrafe – selbst wenn dies nach nationalem Recht zulässig wäre – lediglich herabzusetzen. Vielmehr ist das nationale Gericht verpflichtet, die Klausel gegenüber dem Verbraucher schlicht unangewendet zu lassen.[59] Dieser Pflicht hat das nationale Gericht von Amts wegen nachzukommen,

---

[52] Grüneberg/Grüneberg, § 309 BGB, Rn. 38.

[53] BGH 9.12.2010 – VII ZR 7/10, BauR 2011, 677 (679) und 22.11.2012 – VII ZR 222/12, NJW 2013, 856 (858) [„bring-or-pay"].

[54] BGH 23.1.2003 – VII ZR 210/01, BGHZ 153, 311 (324) mwN; BGH 6.12.2012 – VII ZR 133/11, NZBau 2013, 222 (223); BGH 20.1.2016 – VIII ZR 26/15, MDR 2016, 314 (315).

[55] BGH 18.11.1982 – VII ZR 305/81, BGHZ 85, 305 (314 f.); Leinemann/Hafkesbrink, § 11, Rn. 17.

[56] BGH 20.1.2016 – VIII ZR 26/15, NJW 2016, 1230 (1232) mwN.

[57] BGH 31.8.2017 – VII ZR 308/16, NJW 2017, 3145, Tz 23; 23.1.2003 – VII ZR 210/01, BGHZ 153, 311 (324) und 18.11.1982 – VII ZR 305/81, BGHZ 85, 305 (312); OLG Brandenburg 12.10.2011 – 13 U 86/07, Rn. 101 juris [insoweit in NZBau 2012, 165 nicht abgedruckt]; Leinemann/Hafkesbrink, § 11, Rn. 17; Kniffka/Koeble/Jurgeleit/Sacher, Kompendium des Baurechts, Teil 6, Rn. 122.

[58] RL 93/13/EWG des Rates vom 5. April 1993 über missbräuchliche Klauseln in Verbraucherverträgen, ABlEG Nr. L 95 vom 21. April 1993, S. 29.

[59] EuGH 30.5.2013 – Rs. C-488/11 (Dirk Frederik Asbeek Brusse u.a./Jahani BV), NJW 2013, 2579 [betreffend ein Vorabentscheidungsersuchen nach Art. 267 AEUV des niederländischen Gerichtshofs Amsterdam].

ohne dass es sich etwa darauf berufen könnte, die Unwirksamkeit der Vertragsstrafenabsprache sei nicht oder prozessual zu spät gerügt worden.[60]

4. Abgrenzung AGB – Individualvereinbarung. Im forensischen Tagesgeschäft spielt immer wieder die Abgrenzung von AGB einerseits und Individualvereinbarungen andererseits eine große Rolle. Vor allem bei größeren Bauvorhaben werden Vertragsstrafen in der Praxis sehr häufig – auch und gerade bei standardisierten Ausschreibungen durch öffentliche Auftraggeber – nicht individuell vereinbart, sondern durch AGB gestellt. Auch dann ist aber **zu beachten, dass AGB nach § 305 Abs. 1 S. 3 BGB nicht vorliegen,** *soweit* **die Vertragsbedingungen zwischen den Vertragsparteien im Einzelnen ausgehandelt sind.** Es ist daher stets sorgfältig zu prüfen, ob es sich bei der Vertragsstrafenvereinbarung gemäß § 305 Abs. 1 S. 1 BGB um eine für eine Vielzahl von Verträgen vorformulierte Vertragsbedingung handelt, die eine Vertragspartei als Verwender der anderen bei Vertragsschluss gestellt hat (dann liegt eine AGB vor), oder um eine (nicht den Vorschriften der §§ 305 ff. BGB unterfallende) Individualvereinbarung. 24

5. Aushandeln. Nach der Rechtsprechung erfordert „Aushandeln" mehr als „Verhandeln". Von einem Aushandeln in diesem Sinne kann nur dann gesprochen werden, wenn der Verwender zunächst den in seinen Allgemeinen Geschäftsbedingungen enthaltenen „gesetzesfremden Kerngehalt", also die den wesentlichen Inhalt der gesetzlichen Regelung ändernden oder ergänzenden Bestimmungen, inhaltlich ernsthaft zur Disposition stellt und dem Verhandlungspartner Gestaltungsfreiheit zur Wahrung eigener Interessen einräumt mit zumindest der realen Möglichkeit, die inhaltliche Ausgestaltung der Vertragsbedingungen zu beeinflussen.[61] Er muss sich also deutlich und ernsthaft zur gewünschten Änderung einzelner Klauseln bereit erklären. In aller Regel schlägt sich eine solche Bereitschaft auch in erkennbaren Änderungen des vorformulierten Textes nieder. Allenfalls unter besonderen Umständen kann ein Vertrag daher auch dann als Ergebnis eines „Aushandelns" gewertet werden, wenn es schließlich nach gründlicher Erörterung bei dem gestellten Entwurf verbleibt.[62] Ein solcher (Ausnahme-)Fall wird etwa dann angenommen, wenn der andere Vertragspartner (erstens) nach gründlicher Erörterung von der Sachgerechtigkeit der Regelung überzeugt ist und ihr zustimmt, sofern der Verwender dabei (zweitens) grundsätzlich zu einer Abänderung der Klausel bereit gewesen wäre und dies dem anderen Vertragspartner bei Abschluss des Vertrages auch bewusst war.[63] Selbst bei nachträglichen Änderungen des vom Verwender vorgegebenen Textes kann eine Vertragskautele bei wertender Betrachtung nach wie vor als Allgemeine Geschäftsbedingung anzusehen sein, wenn der Verwender dem Vertragspartner in diesem Zusammenhang gleichwohl keine Gestaltungsfreiheit eingeräumt und den gesetzesfremden Kerngehalt der Klausel nicht zur Disposition 25

---

[60] Niebling, AGB-Recht – Aktuelle Entwicklungen zu Einbeziehung, Inhaltskontrolle und Rechtsfolgen, MDR 2014, 636.

[61] BGH 16.7.1998 – VII ZR 9/97, BauR 1998, 1094, 1095 sowie 20.3.2014 – VII ZR 248/13, MDR 2014, 584, 585.

[62] BGH 3.11.1999 – VIII ZR 269/98, BGHZ 143, 104 (112); BGH 23.1.2003 – VII ZR 210/01, BGHZ 153, 311 (321); BGH 22.11.2012 – VII ZR 222/12, NJW 2013, 856; BeckOK VOB/B/Wieseler, 56. Edition, Stand 1.8.2024, § 1 Abs. 1, Rn. 5.

[63] BGH 3.4.1998 – V ZR 6/97, NJW 1998, 2600 (2601) mwN; Grüneberg/Grüneberg, § 305 BGB, Rn. 20; BeckOK VOB/B/Wieseler, 56. Edition, Stand 1.8.2024, § 1 Abs. 1, Rn. 5.

§ 11 VOB Teil B

gestellt hat und auf dieser Grundlage lediglich eine die nachteilige Wirkung der Klausel abschwächende Einigung gefunden worden ist.[64] Werden nur einzelne Vertragsbedingungen ausgehandelt, so ändert dies nichts daran, dass die übrigen Allgemeine Geschäftsbedingungen bleiben.[65]

26 **6. Darlegungs- und Beweislast.** Wer sich auf die Schutzvorschriften der §§ 305 ff. BGB beruft, muss im Grundsatz zunächst darlegen und beweisen, dass eine vom Verwender gestellte Allgemeine Geschäftsbedingung vorliegt.[66] Allerdings spricht zugunsten des anderen Vertragsteils ein Anscheinsbeweis für das Vorliegen von AGB, wenn vom Auftraggeber ein gedrucktes oder sonst standardisiertes Klauselwerk angewendet worden ist und insbesondere in einem Bauvertrag Vertragsklauseln weitgehend allgemein und abstrakt gehalten sind.[67] Wird dieser Anscheinsbeweis nicht entkräftet und ist von der Stellung einer mit Mehrfachverwendungsabsicht vorformulierten Vertragsklausel auszugehen, so muss der Verwender seinerseits darlegen und beweisen, dass im konkreten Fall eine an sich vorformulierte Klausel im Sinne des § 305 Abs. 1 S. 3 BGB im Einzelnen ausgehandelt worden ist.[68] Der Verwender vorformulierter Klauseln kann sich zur Darlegung eines Aushandelns aber nicht ausschließlich auf eine individualrechtliche Vereinbarung berufen, nach der über die Klauseln ernsthaft und ausgiebig verhandelt worden sei. Es wäre nämlich mit dem Schutzzweck der §§ 305 ff. BGB nicht zu vereinbaren, wenn die Parteien unabhängig von den Voraussetzungen des § 305 Abs. 1 S. 3 BGB die Geltung des Rechts der AGB individualrechtlich ausschlössen.[69]

Besonderheiten gelten insoweit bei Verbraucherverträgen. Gemäß § 310 Abs. 3 Nr. 1 BGB gelten AGB nämlich als vom Unternehmer gestellt, sofern sie nicht vom Verbraucher in den Vertrag eingeführt wurden. Die Beweislast dafür, dass bei Verbraucherverträgen die Klausel vom Verbraucher in den Vertrag eingeführt oder gestellt wurde, liegt beim Unternehmer.[70]

27 **7. Transparenz- und Bestimmtheitsgebot.** Nicht selten scheitern in der forensischen Praxis AGB-Klauseln am **Transparenzgebot**. Danach ist der Verwender Allgemeiner Geschäftsbedingungen entsprechend den Grundsätzen von Treu und Glauben gehalten, Rechte und Pflichten seines Vertragspartners möglichst klar und durchschaubar darzustellen,[71] damit dieser sich bei Vertragsschluss hinreichend über die rechtliche Tragweite der Vertragsbedingungen klar werden kann. Dabei kommt es nicht nur darauf an, dass die Klausel in ihrer Formulierung für den durchschnittlichen Vertragspartner verständlich ist. Ausfluss des Transparenzgebots ist vielmehr auch das **Bestimmtheitsgebot**. Dieses verlangt, dass die tatbestandlichen Voraussetzungen und Rechtsfolgen so genau beschrieben wer-

---

[64] BGH 26.3.2015 – VII ZR 92/14, BGHZ 204, 346, Rn. 33.
[65] BGH 6.3.1986 – III ZR 195/84, BGHZ 97, 212 (215).
[66] Vgl. BGH 14.5.1992 – VII ZR 204/90, BGHZ 118, 229 (238) [zum AGB-Gesetz aF].
[67] BGH 26.3.2015 – VII ZR 92/14, BGHZ 204, 346, Rn. 30 mwN; Kapellmann/Messer-schmidt/Schneider, § 11 VOB/B, Rn. 91.
[68] BGH 3.4.1998 – V ZR 6/97, NJW 1998, 2600 (2601) und 29.1.1982 – V ZR 82/81, BGHZ 83, 56 (58).
[69] BGH 20.3.2014 – VII ZR 248/13, MDR 2014, 584 (585).
[70] BGH 13.5.2016 – V ZR 265/14, NJW-RR 2017, 114, Rn. 10; BGH 15.4.2008 – X ZR 126/06, NJW 2008, 2250 (2253); Grüneberg/Grüneberg, § 310 BGB, Rn. 13; BeckOK VOB/B/Wieseler, § 1 Abs. 1, Rn. 8.
[71] BGH 12.3.2014 – IV ZR 295/13, NJW 2014, 1658 (1660).

den, dass für den Verwender keine ungerechtfertigten Beurteilungsspielräume entstehen.[72] Eine Klausel genügt dem Bestimmtheitsgebot insofern nur dann, wenn sie im Rahmen des rechtlich und tatsächlich Zumutbaren die Rechte und Pflichten des Vertragspartners des Klauselverwenders so klar und präzise wie möglich umschreibt.[73] Das Bestimmtheitsgebot ist etwa dann verletzt, wenn in einer Klausel sowohl die Auftragssumme als auch die Schlussrechnungssumme als Bezugspunkt für die Bemessung der Vertragsstrafe genannt sind und im Kontext der Klausel unklar bleibt, ob unter „Auftragssumme" die nach der Abwicklung des Vertrages geschuldete Vergütung oder aber der Wert verstanden werden soll, der sich nach der ursprünglich vor der Auftragsausführung vereinbarten Vergütung bemisst.[74] Treu und Glauben gebieten es überdies, dass die Klausel die aus ihrer Anwendung für den Vertragspartner des Verwenders entstehenden wirtschaftlichen Nachteile und Belastungen so weit erkennen lässt, wie dies nach den Umständen gefordert werden kann.[75]

Von Rintelen bemängelt zu Recht die Unsitte, in Bauverträgen verschiedene Geschäftsbedingungen zu koppeln. Dies führt nicht selten dazu, dass auf verschiedene Vertragsstrafenregelungen Bezug genommen wird und dieserhalb verunklart wird, an welche Fristüberschreitung eigentlich angeknüpft werden soll.[76]

8. Verzugsabhängigkeit. Im Rahmen vertragsstrafenbewehrter Regelungen in AGB ist auch auf den vom Gesetzgeber in **§ 339 BGB** normierten Grundsatz zu achten, wonach eine (in Form der Zahlung einer Geldsumme) versprochene **Vertragsstrafe** bei nicht oder nicht gehöriger Erfüllung **(erst) dann verwirkt** ist, **wenn der Schuldner in Verzug kommt.** Gemäß § 307 Abs. 2 Nr. 1 BGB ist nämlich im Zweifel eine unangemessene Benachteiligung des Vertragspartners des Verwenders anzunehmen, wenn eine Bestimmung mit wesentlichen Grundgedanken der gesetzlichen Regelung, von der abgewichen wird, nicht zu vereinbaren ist. Vertragsstrafenklauseln, die unabhängig vom Verzug – und damit insbesondere auch vom Verschulden – des Auftragnehmers zur Verwirkung der Strafe führen, werden daher in aller Regel zu Recht wegen Verstoßes gegen § 307 Abs. 1 BGB als unwirksam erachtet,[77] und zwar auch im kaufmännischen Geschäftsverkehr.[78] **28**

9. Mahnung und Verschulden. Zu beachten ist für die Kautelarpraxis, dass Verzug nach **§ 286 Abs. 1 BGB** neben einem fälligen, durchsetzbaren **29**

---

[72] BGH 6.12.2007 – VII ZR 28/07, BauR 2008, 508 (509); Kniffka/Koeble/Jurgeleit/Sacher, Kompendium des Baurechts, Teil 6, Rn. 121.

[73] BGH 26.10.2005 – VIII ZR 48/05, BGHZ 165, 12 (21 f.).

[74] BGH 6.12.2007 – VII ZR 28/07, BauR 2008, 508 (509) [zur Klausel: „Bei Überschreitung der Ausführungsfrist hat der Auftragnehmer eine Vertragsstrafe von 0,3 % der Auftragssumme pro Werktag des Verzuges zu zahlen, höchstens jedoch 10 % der Schlussrechnungssumme."; Wawra, Die Wirksamkeit von Vertragsstrafenklauseln in Bauverträgen, NJW-Spezial, 2022, 300.

[75] BGH 12.3.2014 – IV ZR 295/13, NJW 2014, 1658 (1660) [zum Ausschluss des Kündigungsrechts für eine Kostenausgleichsvereinbarung in Versicherungsbedingungen].

[76] Kniffka/Jurgeleit/von Rintelen, Bauvertragsrecht, § 631, Rn. 355.

[77] BGH 28.9.1978 – II ZR 10/77, BGHZ 72, 174 (179); BGH 24.4.1991 – VIII ZR 180/90, NJW-RR 1991, 1013 (1015); OLG Hamm 21.3.1996 – 17 U 93/95, BauR 1997, 661 (662); Ingenstau/Korbion/Leupertz/Wietersheim/Döring, § 11 Abs. 1 VOB/B, Rn. 6; Kapellmann/Messerschmidt/Schneider, § 11 VOB/B, Rn. 98.

[78] OLG Frankfurt 25.11.1997 – 14 U 137/96, BauR 1999, 51 (52); Leinemann/Hafkesbrink, § 11, Rn. 30 mwN.

§ 11

(und damit einredefreien) Anspruch **im Regelfall** (also sofern für die Leistung nicht durch Vertrag oder nach dem Gesetz eine Zeit nach dem Kalender bestimmt ist)[79] **eine Mahnung und überdies Verschulden voraussetzt.** Deshalb werden in der forensischen Praxis sehr häufig bei *individuell* ausgehandelten (Rabatt-)Vergleichen Verfallklauseln nicht an den (insbesondere verschuldensabhängigen) Verzug des Schuldners geknüpft, sondern daran, dass der Schuldner mit der versprochenen Leistung (verschuldensunabhängig) in Rückstand gerät. Bei Vertragsstrafenklauseln in ABG ist dies allerdings unter Berücksichtigung von § 307 BGB nicht wirksam möglich. Eine Vertragsstrafenvereinbarung in AGB, nach der sich ein strafbewehrter Fertigstellungstermin beispielsweise auch im Falle witterungsbedingter – und damit verschuldensunabhängiger – Beeinträchtigungen nicht verschiebt, wird daher als unwirksam erachtet.[80] Gleiches gilt etwa für Klauseln, die dem Werkunternehmer ausnahmslos das Verschulden von Lieferanten zurechnen. Denn dadurch würde entgegen der gesetzlichen Wertung der §§ 286 Abs. 4, 278 BGB auch bei der Lieferung vertretbarer Sachen (bei denen der Auftragnehmer im Hinblick auf Baustoffe und -teile im Regelfall keine eigene Herstellungspflicht übernimmt und der Lieferant auch nicht als sein Erfüllungsgehilfe anzusehen ist), eine verschuldensunabhängige Haftung begründet.[81]

30 **10. Trennbare Vertragsstrafenklauseln.** Werden verschiedene Fristüberschreitungen strafbewehrt, so ist die **Wirksamkeit voneinander trennbarer Vertragsstrafenklauseln für jeden Teil gesondert zu prüfen.** Stellt das Strafversprechen für die Überschreitung des Fertigstellungstermins eine eigenständige Regelung dar, die inhaltlich, optisch und sprachlich von der Vertragsstrafe für die Überschreitung sonstiger Termine getrennt ist, dann ist die trennbare und aus sich heraus verständliche Regelung einer eigenständigen Inhaltskontrolle zu unterziehen. Hält sie dieser Inhaltskontrolle stand, ist das Strafversprechen für die Überschreitung des Fertigstellungstermins auch dann wirksam, wenn die Vertragsstrafenbewehrung von Zwischenfristen – etwa wegen unangemessener Höhe – unwirksam ist.[82]

IV. Vertragsstrafenhöhe in AGB

31 **1. Ausgangsfrage.** In der forensischen Praxis taucht immer wieder die Frage auf, **in welcher Höhe Vertragsstrafen in AGB wirksam vereinbart werden können.** Auch wenn sich die Rechtsprechung der Obergerichte und des BGH hier allmählich verdichtet, sind zahlreiche Einzelfragen nach wie vor nicht hinreichend geklärt. Die Kautelarpraxis ist daher gut beraten, sich derzeit im Zweifelsfall eher an moderaten Vertragsstrafenhöhen zu orientieren.

32 **2. Grundsätzliches.** Im Grundsatz gilt zunächst, dass **Vertragsstrafenklauseln jedenfalls dann unwirksam** sind, **wenn (erstens) die Gesamthöhe der**

---

[79] Vgl. § 286 Abs. 2 Nr. 1 BGB.

[80] BGH 6.12.2007 – VII ZR 28/07, BauR 2008, 508 (509); Kapellmann/Messerschmidt/Schneider, § 11 VOB/B, Rn. 101.

[81] Leinemann/Hafkesbrink, § 11, Rn. 61; vgl. auch OLG Celle 11.10.2007 – 6 U 40/07, BauR 2009, 111 (112).

[82] BGH 14.1.1999 – VII ZR 73/98, BauR 1999, 645 (646 f); BGH 27.11.2013 – VII ZR 371/12, BauR 2014, 550 (551); Kniffka/Jurgeleit/von Rintelen, Bauvertragsrecht, § 631, Rn. 370; Retzlaff, Aktuelle Fragen der Vertragsstrafe im Baurecht, BauR 2015, 384 (386).

Vertragsstrafe keine Begrenzung nach oben aufweist, oder wenn (zweitens) der vereinbarte Tagessatz unangemessen hoch ist oder im Verhältnis zur festgelegten Gesamthöhe der Vertragsstrafe unangemessen ist.[83] Dabei nimmt die Rechtsprechung die **Inhaltskontrolle nach einer generalisierenden Betrachtungsweise** vor. Die Obergrenze der Vertragsstrafe muss sich daran messen lassen, ob sie generell und typischerweise in Bauverträgen, für die sie vorformuliert ist, angemessen ist.[84] Entscheidend ist, welche Sachverhalte die jeweilige Strafklausel erfasst, wobei eine allgemeingültige Bestimmung der zulässigen Strafhöhe nicht möglich ist.[85] Die Vertragsstrafe muss im Hinblick auf die Druckfunktion, aber auch aus kompensationsfunktionellen Gesichtspunkten in einem angemessenen Verhältnis zum Werklohn stehen, den der Auftragnehmer durch seine Leistung verdient.[86] Der Unternehmer darf infolge von Fristüberschreitungen nicht Gefahr laufen, mit einer unangemessen hohen Gesamtsumme belastet zu werden.[87]

3. Obergrenze der Gesamtstrafe. Eine **formularmäßige Vertragsstrafe** 33 für die verzögerte Fertigstellung des Gewerks, **deren Obergrenze einen Betrag von 5 Prozent der Auftragssumme überschreitet,** erachtet der BGH seit seiner Grundsatzentscheidung vom 23. Januar 2003 unter Aufgabe seiner früheren Rechtsprechung als **unangemessen und damit unwirksam.**[88] In Altfällen, bei denen der Vertragsschluss vor dem Bekanntwerden dieser neuen Obergrenze (bis Ende Juni 2003) erfolgte, lässt der BGH allerdings unter dem Gesichtspunkt des Vertrauensschutzes Vertragsstrafen dann unbeanstandet, wenn sie im Einklang mit der früheren Rechtsprechung[89] bei Auftragsvolumina bis zu unter 15 Millionen DM eine Obergrenze von 10 Prozent der (Brutto-)Auftragssumme nicht überschreiten.[90] Nach Ende Juni 2003 abgeschlossene Verträge oder solche mit Auftragssummen, die 15 Millionen DM erreichen oder überschreiten, können sich auf diesen Vertrauensschutz nicht berufen.

Besonderheiten hinsichtlich der **Obergrenze der Gesamtstrafe** gelten hier allerdings **für Einheitspreisverträge.** In Fortführung seiner Grundsatzentscheidung vom 23. Januar 2003 hat der BGH nämlich nunmehr entschieden, dass **maßgebliche Bezugsgröße** für die Obergrenze von 5 Prozent des Vergütungsanspruchs des Auftragnehmers als Folge der gebotenen Orientierung an seinem tatsächlichen Verdienst die **Abrechnungssumme in ihrer objektiv richtigen Höhe** ist. Dem entspreche es, dass für einen möglichen Schaden des Auftraggebers, den die Vertragsstrafe widerzuspiegeln habe, **nicht die vor der Ausführung des Auftrags vereinbarte, sondern die an den Auftragnehmer tatsächlich**

---

[83] Vgl. Werner/Pastor, Der Bauprozess, Rn. 2569.

[84] BGH 23.1.2003 – VII ZR 210/01, BGHZ 153, 311 (325); BGH 17.1.2002 – VII ZR 198/00, BauR 2002, 790 (792); BGH 19.1.1989 – VII ZR 348/87, BauR 1989, 327 (328).

[85] BGH 18.11.1982 – VII ZR 305/81, BGHZ 85, 305, 313.

[86] BGH 23.1.2003 – VII ZR 210/01, BGHZ 153, 311 (324); BGH 6.12.2012 – VII ZR 133/11, NJW 2013, 1362 (1363); BGH 15.2.2024 – VII ZR 42/22, ZIP 2024, 698 Tz 38 = BGHZ 239, 300 ff.

[87] Kniffka/Jurgeleit/von Rintelen, Bauvertragsrecht, § 631, Rn. 362.

[88] BGH 23.1.2003 – VII ZR 210/01, BGHZ 153, 311 (325 f); BGH 15.2.2024 – VII ZR 42/22, ZIP 2024, 698 Tz 38 = BGHZ 239, 300 ff.

[89] Vgl. etwa BGH 18.1.2001 – VII ZR 238/00, BauR 2001, 791 (792).

[90] BGH 8.7.2004 – VII ZR 24/03, BauR 2004, 1609 (1611); Kniffka/Koeble/Jurgeleit/Sacher, Kompendium des Baurechts, Teil 6, Rn. 123.

zu zahlende Vergütung bestimmend sei.[91] Bei einem Einheitspreisvertrag könne die Anknüpfung der Vertragsstrafe an die vor Auftragsdurchführung vereinbarte Auftragssumme bei einer nachträglichen Absenkung des Auftragsvolumens – beispielsweise im Falle einer Verringerung der tatsächlich ausgeführten Mengen – nämlich dazu führen, dass die vom Auftragnehmer zu erbringende Strafzahlung die Grenze von 5 Prozent seines Vergütungsanspruchs unter Umständen erheblich übersteige. Dies benachteilige den Auftragnehmer unangemessen und führe gemäß § 307 Abs. 1 S. 1 BGB zur Nichtigkeit der Vertragsstrafenklausel.[92]

34 **4. Tagessatzhöhe nach bisheriger Rechtsprechung.** Bezogen auf die Tagessatzhöhe ist eine **Vertragsstrafe bis zu 0,3 Prozent der Auftragssumme pro Arbeitstag für die Überschreitung des Fertigstellungstermins vom Bundesgerichtshof jedenfalls in der Vergangenheit nicht beanstandet** worden.[93] In der obergerichtlichen Rechtsprechung wurde aber eine Vereinbarung von 0,3 Prozent der Auftragssumme pro Kalendertag oder pro Werktag als unwirksam angesehen, weil dies unter Berücksichtigung von durchschnittlich fünf Arbeitstagen pro Woche Werten von mehr als 0,3 Prozent pro Arbeitstag entspräche.[94] Als in jedem Fall unzulässig hoch ist ein Tagessatz in Höhe von 0,5 Prozent der Auftragssumme für jeden Arbeitstag[95] bzw. Werktag[96] der Verspätung angesehen worden. Der BGH hat diesbezüglich ausdrücklich hervorgehoben, dass eine Vertragsstrafe unangemessen ist, wenn durch den Verzug in wenigen Tagen typischerweise der Gewinn des Auftragnehmers aufgezehrt wird.[97]

35 **5. Zwischenfristüberschreitungen.** Die **Strafbewehrung von Zwischenfristüberschreitungen** – beispielsweise im Hinblick auf die Fertigstellung verschiedener Bauabschnitte – ist nicht unproblematisch. Das gilt im Hinblick auf ein **Kumulationsverbot** schon deshalb, weil im Falle der Vereinbarung zahlreicher Einzelfristen etwa bei Bauablaufstörungen die Überschreitung einer Zwischenfrist häufig im Sinne einer fast zwangsläufigen Kettenreaktion zur Nichteinhaltbarkeit auch weiterer Fristen führt.[98] Das kann in bedenklicher Weise dazu führen, dass trotz einer an sich (isoliert betrachtet) nicht zu beanstandenden Tagessatzhöhe für die einzelne Fristüberschreitung die zulässige Gesamthöhe der Vertragsstrafe schon

---

[91] BGH 15.2.2024 – VII ZR 42/22, ZIP 2024, 698 Tz 40 mwN zur Vertragsstrafenklausel „Der Auftragnehmer hat bei Überschreitung ... der Frist für die Vollendung als Vertragsstrafe für jeden Werktag des Verzugs zu zahlen: (...) 0,2 vH der im Auftragsschreiben genannten Auftragssumme (ohne Umsatzsteuer). ... Die Vertragsstrafe wird auf insgesamt 5 vH der im Auftragsschreiben genannten Auftragssumme (ohne Umsatzsteuer) begrenzt".

[92] BGH 15.2.2024 – VII ZR 42/22, ZIP 2024, 698 Tz 41 jedenfalls für den Fall, dass eine solche Vertragsstrafenklausel „keine Vorkehrungen (beispielsweise durch einen Vorbehalt oder in anderer geeigneter Weise)" enthält, „durch die der Gefahr einer Überschreitung der für die Vertragsstrafe maßgeblichen Grenze angemessen Rechnung getragen wird".

[93] BGH 1.4.1976 – VII ZR 122/74, MDR 1976, 834; BGH 18.1.2001 – VII ZR 238/00, BauR 2001, 791 (792) [zu einer Vertragsstrafe von umgerechnet 0,28 % der Bruttoauftragssumme je Arbeitstag].

[94] OLG Dresden 8.2.2001 – 16 U 2057/00, BauR 2001, 949 (950); OLG Schleswig 21.4.2005 – 5 U 154/04, BauR 2005, 1641 (1642).

[95] BGH 20.1.2000 – VII ZR 46/98, BauR 2000, 1049 (1050).

[96] BGH 17.1.2002 – VII ZR 198/00, BauR 2002, 790 (792).

[97] BGH, 17.1.2002 – VII ZR 198/00, BauR 2002, 790 (792).

[98] OLG Bremen 7.10.1986 – 1 U 151/85, NJW-RR 1987, 468 (469).

Vertragsstrafe **§ 11**

nach wenigen Tagen des Verzugs verwirkt wäre.[99] Jedenfalls ist die Rechtsprechung zur Wirksamkeit von AGB, mit denen die Überschreitung des Fertigstellungstermins unter Vertragsstrafe gestellt wird, schon deshalb nicht ohne weiteres und unbedenklich auf Zwischenfristen anzuwenden, weil das Interesse des Auftraggebers an der Einhaltung eines Fertigstellungstermins im Regelfall nicht identisch mit seinem Interesse daran ist, dass ein Zwischentermin nicht überschritten wird.[100] Zwar kann im Einzelfall ein durchaus berechtigtes Interesse an der strikten Einhaltung gerade eines Zwischentermins bestehen, weil gerade dessen Überschreitung die Gefahr besonders hoher Schäden birgt oder weil es sich um einen wichtigen kritischen Termin für Anschlussgewerke handelt, bei dessen Nichteinhaltung der Bauablauf aus dem Takt gerät.[101] Das ändert aber zum einen nichts daran, dass die Gesamthöhe der Strafe für die Überschreitung verschiedener Vertragsfristen (und zwar einschließlich der Frist zur abschließenden Fertigstellung des Gewerks) einen Betrag in Höhe von 5 Prozent der Auftragssumme nicht überschreiten darf.[102] Zum anderen ist auch im Falle der Versäumung einer Zwischenfrist, an deren Einhaltung der Auftraggeber ein besonderes Interesse hat, ein **angemessenes Gleichgewicht der Vertragspartner** nach aktueller Rechtsprechung **nur dann gewahrt, wenn der Auftraggeber so gestellt wird, als hätte er den Auftragnehmer allein mit Leistungen bis zum Zwischentermin beauftragt.**[103] Dies wird man so verstehen müssen, dass sich die zulässige Obergrenze für eine Vertragsstrafe auf Zwischenfristüberschreitungen an dem bis zu diesem (Zwischen-)Zeitpunkt verdienten Werklohn zu orientieren hat und einen Betrag von 5 Prozent der bis dahin entstandenen Auftragssumme nicht überschreiten darf.[104]

6. Ausblick zur Tagessatzhöhe. Es spricht in Anbetracht der vorstehend 36 skizzierten Entwicklung der Rechtsprechung **vieles dafür, dass** in Ansehung der nunmehr geltenden Obergrenze von 5 Prozent der Auftragssumme für die insgesamt bei der Überschreitung aller Fristen anfallende Vertragsstrafe **die bislang in der Rechtsprechung noch nicht beanstandete Tagessatzhöhe von 0,3 Prozent pro Werktag des Verzugs wahrscheinlich nicht wird aufrechterhalten werden können.**[105] Denn schon nach 17 Werktagen des Verzugs – das entspräche rund 14 Arbeitstagen – wäre die Höchstgrenze von 5 Prozent bereits überschritten. Die Druckfunktion der Vertragsstrafe geht aber ins Leere, wenn wirksame Reaktionsmöglichkeiten fehlen. Aus Verwendersicht wird daher im Schrifttum empfohlen, vorsichtshalber lediglich Tagessätze von höchstens 0,15 Prozent der Nettoauftragssumme pro Werktag (bzw. 0,2 Prozent pro Arbeitstag) der Fristüberschreitung vor-

---

[99] BGH 14.1.1999 – VII ZR 73/98, BauR 1999, 645 (646).
[100] BGH 6.12.2012 – VII ZR 133/11, NZBau 2013, 222 (223).
[101] BGH 6.12.2012 – VII ZR 133/11, NZBau 2013, 222 (223) zur bis Ende Oktober gesetzten Zwischenfrist zur Schließung eines Deichtores, um regelmäßig ab Allerheiligen drohende Überschwemmungen zu verhindern; Retzlaff, Aktuelle Fragen der Vertragsstrafe im Baurecht, BauR 2015, 384 (385).
[102] Ingenstau/Korbion/Leupertz/Wietersheim/Döring, § 11 VOB/B, Rn. 25; Leinemann/Hafkesbrink, § 11, Rn. 24.
[103] BGH 6.12.2012 – VII ZR 133/11, NZBau 2013, 222 (223).
[104] Kniffka/Jurgeleit/von Rintelen, Bauvertragsrecht, § 631, Rn. 365.
[105] Leinemann/Hafkesbrink, VOB/B, § 11, Rn. 20; vgl. auch BeckOK VOB/B/Oberhauser, § 11 Abs. 2, Rn. 6, 6.1 und 7.

zusehen.[106] Eine Orientierung an der Relation zwischen zulässiger Gesamthöhe und zulässiger Tagessatzhöhe nach der früheren Rechtsprechung (siehe im Einzelnen oben unter Rn. 33 und 34) würde es sogar nahelegen, die Tagessatzhöhe auf 0,15 Prozent der Auftragssumme pro *Arbeitstag* zu begrenzen.[107]

E. § 11 Abs. 2 VOB/B – Verwirkung der Vertragsstrafe

I. Voraussetzungen

37   Eine wirksam vereinbarte **Vertragsstrafe ist verwirkt (bzw. verfallen), wenn diejenigen Umstände eintreten, die den Gläubiger zur Forderung der Vertragsstrafe berechtigen.** Dies setzt bei **Vertragsstrafen für Nichterfüllung (§ 340 BGB) sowie für nicht gehörige Erfüllung (§ 341 BGB)** neben der Fälligkeit der gesicherten Pflicht gemäß § 339 S. 1 BGB voraus, dass der Schuldner mit der gesicherten Verpflichtung in **Verzug** kommt und dies auch **schuldhaft,** also vorsätzlich oder fahrlässig geschieht (vgl. § 286 Abs. 4 BGB).

II. Verschulden bei Unterlassungspflichten

38   Auch im Falle der Vertragsstrafenbewehrung einer Unterlassungspflicht (§ 339 S. 2 BGB) tritt die **Verwirkung** der Vertragsstrafe nach heute herrschender Meinung grundsätzlich **(erst) mit der** *schuldhaften* **Zuwiderhandlung** ein, obwohl der Gesetzeswortlaut missverständlich auf eine bloß objektive Zuwiderhandlung abzustellen scheint.[108]

III. Abdingbarkeit durch Individualvereinbarung

39   Soweit sich aus den §§ 339 S. 1, 286 Abs. 4 BGB **Verzug und Verschulden des Auftragnehmers** als Voraussetzungen für die Verwirkung der Vertragsstrafe entnehmen lassen, handelt es sich um **dispositives und durch Individualvereinbarung abdingbares Gesetzesrecht.**[109] In einem solchen Fall nähert sich die Vertragsstrafe allerdings einem eher vertragsstrafenuntypischen Garantieversprechen an. Es wird daher mit Recht postuliert, dass die Annahme eines solchen verschuldensunabhängigen Strafversprechens besonderer Anhaltspunkte bedarf und sich aus der Parteivereinbarung ohne Zweifel ergeben muss, dass der Auftragnehmer auch bei unverschuldeter Fristüberschreitung zur Zahlung der Vertrags-

---

[106] BeckOK VOB/B/Oberhauser, § 11 Abs. 2, Rn. 7; Leinemann/Hafkesbrink, aaO; ähnlich auch Staudinger/Leupertz, Neubearbeitung 2022, Anh zu §§ 305–310 BGB, Rn 231, der auf die Netto-Abrechnungssumme „in ihrer objektiv richtigen Größe" abstellt.

[107] So auch Ingenstau/Korbion/Leupertz/Wietersheim/Sienz, § 9a VOB/A, Rn. 17.

[108] BGH 29.6.1972 – II ZR 101/70, NJW 1972, 1893 (1894 f); Grüneberg/Grüneberg, § 339, Rn. 15; Ganten/Jansen/Voit/Wolff, VOB/B, § 11 Abs. 2, Rn. 2; aA noch BGH 27.1.1955 – II ZR 306/53, LM Nr. 3 zu § 407 BGB sowie RG 1.4.1935 – VI 541/34, RGZ 147, 228 (232 f).

[109] BGH 18.12.1981 – V ZR 233/80, BGHZ 82, 398 (402); BGH 28.1.1997 – XI ZR 42/96, NJW-RR 1997, 686 (688); zur regelmäßigen Unwirksamkeit solcher Regelungen in AGB siehe oben unter § 11, Rn. 28 mwN.

Vertragsstrafe **§ 11**

strafe verpflichtet sein sollte.[110] Das ist (wohl nur dann) der Fall, wenn die besondere Interessenlage der Parteien eine solche Vertragsgestaltung nahe legt.[111]

IV. Überschreitung verbindlich vereinbarter Fristen

§ 11 Abs. 2 VOB/B regelt den im Bauvertragswesen wohl häufigsten Fall der 40 Vertragsstrafenvereinbarung bei nicht fristgerechter Erfüllung, wobei es sich im Regelfall um einen Unterfall der nicht gehörigen Erfüllung im Sinne von § 341 BGB handeln wird. Ein Vertragsstrafenverfall setzt insoweit die Überschreitung verbindlich vereinbarter Vertragsfristen im Sinne des § 5 Abs. 1 VOB/B voraus.[112] Eine Vertragsstrafe ist mithin bei der Überschreitung bloß unverbindlicher Fristen nicht verwirkt.[113]

Ob eine im Vertrag erwähnte Frist als *verbindliche* Vertragsfrist vereinbart wurde, ist eine Frage der Vertragsauslegung im Einzelfall und vom Willen der Vertragsparteien abhängig. Der Beginn- und Fertigstellungstermin für die Gesamtleistung sind im Regelfall als Vertragstermine – und der so bestimmte Zeitraum damit als verbindliche Vertragsfrist – anzusehen.[114] Hingegen werden Zwischentermine – was § 5 Abs. 1 S. 2 VOB/B für in einem Bauzeitenplan enthaltene Einzelfristen ausdrücklich regelt – nur dann zur Vertragsfrist, wenn dies ausdrücklich vereinbart ist. Fehlt es an einer solchen Abrede und wird der Bauzeitenplan lediglich als Anlage zum Vertrag genommen, so sind die im Bauzeitenplan enthaltenen Einzeltermine keine strafbewehrten Vertragstermine.[115] Es ist daher in jedem Falle empfehlenswert, in Verträgen zweifelsfreie Formulierungen in Verbindung mit eindeutigen kalendermäßigen oder zumindest zeitlichen Festlegungen zu verwenden.[116]

1. Unvorhersehbare Behinderungen. Treten bei Bauarbeiten unvorherseh- 41 bare Behinderungen auf, die gemäß § 6 Abs. 2 Nr. 1 VOB/B zu einer Verlängerung der Ausführungsfristen führen, so werden die Leistungen des Auftragnehmers nicht mehr zu den ursprünglich vereinbarten Terminen fällig. Der Auftragnehmer gerät dann mangels fälliger Forderung bei Überschreitung des ursprünglichen Termins nicht in Verzug, so dass auch keine Vertragsstrafe anfällt.[117]

2. Einrede des nichterfüllten Vertrages – Zurückbehaltungsrecht. 42 Schon **das objektive Bestehen der Einrede des nichterfüllten Vertrages (§ 320 BGB) hindert** nach gefestigter Rechtsprechung – und zwar auch dann, wenn der Schuldner (im Regelfall der Auftragnehmer) sich darauf zunächst nicht beruft – **den Verzugseintritt.**[118] Dies gilt etwa auch dann, wenn der Auftragnehmer aus berechtigten Gründen seine Leistungen einstellen durfte (vgl. § 16 Abs. 5

---

[110] Ganten/Jansen/Voit/Wolff, VOB/B, § 11 Abs. 2, Rn. 7; Kapellmann/Messerschmidt/Schneider, § 11, Rn. 67.
[111] BGH 11.3.1971 – VII ZR 112/69, BauR 1971, 122; Leinemann/Hafkesbrink, § 11, Rn. 61.
[112] Ganten/Jansen/Voit/Wolff, VOB/B, § 11 Abs. 1, Rn. 20.
[113] Ingenstau/Korbion/Leupertz/Wietersheim/Döring, § 11 Abs. 2 VOB/B, Rn. 1.
[114] Leinemann/Jansen, § 5, Rn. 15 mwN.
[115] Vgl. OLG Düsseldorf 9.5.2008 – 22 U 191/07, BauR 2009, 1445 (1446).
[116] Leinemann/Jansen, § 5, Rn. 16 mwN.
[117] Ganten/Jansen/Voit/Wolff, VOB/B, § 11 Abs. 1, Rn. 28.
[118] BGH 23.5.2003 – V ZR 190/02, BauR 2003, 1561 (1562) mwN.

§ 11

Nr. 4 VOB/B).[119] **Im Gegensatz dazu schließt ein Zurückbehaltungsrecht gemäß § 273 BGB den Verzug nur aus, wenn es** bis zum Eintritt der Verzugsvoraussetzungen **auch ausgeübt wird,** da der Gläubiger Gelegenheit haben muss, gemäß § 273 Abs. 3 BGB die Ausübung des Zurückbehaltungsrechtes durch Sicherheitsleistung abzuwenden.[120]

43 3. **Mängel bei Fristablauf.** Detaillierter Abgrenzungen bedarf es dann, wenn der Auftragnehmer die **Arbeiten zwar fristgerecht beendet,** sein **Gewerk aber noch mangelbehaftet** ist. Auch in solchen Fällen kann eine nicht fristgerechte und damit strafsanktionierte Erfüllung zu bejahen sein.

Haben die Parteien die **Vertragsstrafe für den Fall der nicht rechtzeitigen Bezugsfertigkeit des Gebäudes** vereinbart, kann die Vertragsstrafe nur dann verlangt werden, wenn ein Bezug des Objektes zum vereinbarten Zeitpunkt unzumutbar ist. Insofern bedarf es zur Bejahung der Zumutbarkeit keiner abnahmereifen Fertigstellung.[121]

Ist die **Vertragsstrafe** – wie in der Praxis häufig – **an die Fertigstellung der Leistung gekoppelt,** so wird die Vertragsauslegung im Regelfall ergeben, dass nicht schon beim Vorhandensein geringfügiger Mängel Strafzahlungen geschuldet sein sollen. Entscheidend ist dann vielmehr, ob zum vereinbarten Zeitpunkt Abnahmereife vorlag.[122] Dabei ist zu beachten, dass unwesentliche Mängel nicht zur Verweigerung der Abnahme berechtigen (vgl. § 12 Abs. 3 VOB/B).

Die Bauvertragsparteien können aber andererseits durchaus – was allerdings eher selten der Fall sein wird – auch ausdrücklich die **Vereinbarung** treffen, **dass bereits jeder – nicht nur wesentliche – Mangel zum Verfall der Vertragsstrafe führen soll.**[123] Eine solche Vertragsgestaltung führt allerdings bei lebensnaher Betrachtung beinahe sicher zu einer späteren Verwirkung der Vertragsstrafe und setzt daher voraus, dass die Parteien auch und gerade in Ansehung der gesetzlichen Wertung in § 640 Abs. 1 S. 2 BGB eindeutig zum Ausdruck bringen, die Vertragsstrafe solle auch dann verwirkt sein, wenn das Gewerk zwar abnahmereif, aber nicht (vollständig) mängelfrei erbracht wird.[124]

V. Entbehrlichkeit einer Mahnung

44 Die zur Herbeiführung des Verzuges grundsätzlich erforderliche Mahnung ist ausnahmsweise entbehrlich, wenn für die Leistung eine Zeit nach dem Kalender bestimmt ist (§ 284 Abs. 2 Nr. 1 BGB). Das ist jedenfalls dann der Fall, wenn die Parteien im Vertrag ein bestimmtes Datum für die Leistungserbringung des Auftragnehmers festlegen. Ausreichend ist auch, wenn ein bestimmter Kalendertag für den Beginn der Ausführung und eine nach Arbeitstagen bestimmte Fertigstellungsfrist vereinbart wird (zB 30 Arbeitstage ab dem konkret datierten Baube-

---

[119] Leinemann/Hafkesbrink, § 11, Rn. 57.
[120] Vgl. BGH 14.4.2005 – VII ZR 14/04, NJW-RR 2005, 1041 (1042).
[121] KG 28.5.2002 – 15 U 4/01, BauR 2003, 1568 (1570); OLG Hamm 17.3.2006 – 25 U 111/04, BauR 2008, 1643 (1644 f) [Bezugsfertigkeit trotz fehlenden Außenputzes]; Kapellmann/Messerschmidt/Schneider, § 11 VOB/B, Rn. 50.
[122] OLG Dresden 8.2.2001 – 16 U 2057/00, BauR 2001, 949 (951); OLG Oldenburg 30.9.2004 – 8 U 86/01, BauR 2005, 887 (890); Kapellmann/Messerschmidt/Schneider, § 11 VOB/B, Rn. 50.
[123] Kapellmann/Messerschmidt/Schneider, § 11 VOB/B, Rn. 51.
[124] Ganten/Jansen/Voit/Wolff, VOB/B, § 11 Abs. 1, Rn. 21.

Vertragsstrafe **§ 11**

ginn)[125] oder ein Termin für den Abschluss der Arbeiten bestimmt ist (zB Ende April 2024 oder 30. Kalenderwoche 2024).[126] Allerdings macht die bloße Angabe eines Zeitraums für die Fertigstellung ohne konkrete Festsetzung des Ausführungsbeginns eine ausdrückliche Mahnung nicht entbehrlich.[127] Anderes gilt aber insbesondere im Lichte der Regelung in § 286 Abs. 2 Nr. 2 BGB dann, wenn eine Fertigstellung der Bauarbeiten nach Ablauf eines bestimmten Zeitraums im Vertrag vereinbart ist und das Datum des Beginns des Zeitraums während der Vertragsdurchführung einvernehmlich festgelegt wird.[128]

F. Vorbehalt der Vertragsstrafe bei Abnahme – § 11 Abs. 4 VOB/B

I. Kern des Vorbehaltserfordernisses

Eine weitere wichtige Voraussetzung für die erfolgreiche Geltendmachung des Vertragsstrafenanspruchs enthält die Regelung des § 11 Abs. 4 VOB/B. Danach **kann der Auftraggeber die Vertragsstrafe nach Abnahme der Leistung nur dann verlangen, wenn er (sich) dies bei der Abnahme vorbehalten hat.** Eine vorbehaltlose Abnahme hat somit das Erlöschen des eigentlich bereits verwirkten Vertragsstrafenanspruchs zur Folge.[129] Es gehört zur schlüssigen Begründung eines Vertragsstrafenanspruchs, dass im Falle einer bereits erfolgten Abnahme rechtzeitig der Vorbehalt des Vertragsstrafenanspruchs erfolgt ist.[130] **45**

II. Zweck des Vorbehaltserfordernisses

Die Regelung des § 11 Abs. 4 VOB/B korrespondiert mit derjenigen des § 341 Abs. 3 BGB, wonach der Vorbehalt bei Annahme der Erfüllung erklärt werden muss. Dies dient zum einen der **Rechtsklarheit,** weil die Unsicherheit darüber, ob in der vorbehaltlosen Erfüllungsannahme bzw. Abnahme ein Verzicht liegt, ausgeräumt wird.[131] Darüber hinaus liegt die **Erklärung des Vorbehalts auch im Interesse des Schuldners,** weil er dadurch angehalten wird, die geschuldete Leistung möglichst schnell nachzuholen. Das ist nicht nur in den Fällen von Vorteil, in denen die Strafe mit der Dauer des Verzugs höher wird. Auch wenn nämlich die Strafe bereits mit der Nichterfüllung bei Fälligkeit ganz oder teilweise verwirkt ist, soll der Schuldner die Aussicht behalten, dass der Gläubiger unter dem Eindruck einer zwar verspäteten, aber doch nachgeholten Erfüllung von seinem Recht, die Vertragsstrafe zu verlangen, keinen Gebrauch machen wird.[132] **46**

---

[125] Nicklisch/Weick, VOB/B, Vorauflage 2001, § 11, Rn. 18 mwN.
[126] Leinemann/Hafkesbrink, § 11, Rn. 58.
[127] BGH 20.5.1985 – VII ZR 324/83, NJW 1986, 2049 (2050) [160 Arbeitstage ab Arbeitsbeginn].
[128] BGH 13.12.2001 – VII ZR 432/00, NJW 2002, 1274 (1275) [zu § 286 BGB aF].
[129] Vgl. BGH 6.3.1986 – VII ZR 235/84, BGHZ 97, 224 (226 f).
[130] BGH 10.2.1977 – VII ZR 17/75, BauR 1977, 280 f; OLG Frankfurt 25.5.2005 – 1 U 172/04, OLGR 2005, 893 (894).
[131] BGH 12.10.1978 – VII ZR 139/75, NJW 1979, 212 (213); Staudinger/Rieble, BGB, § 341, Rn. 4.
[132] BGH 4.11.1982 – VII ZR 11/82, BGHZ 85, 240 (243).

§ 11

III. Erklärung des Vorbehalts

47 Der Vorbehalt muss **unmissverständlich, eindeutig und zweifelsfrei** erklärt sein, so dass für den Vertragspartner – auch wenn das Wort „Vorbehalt" nicht verwendet werden muss – zu erkennen ist, dass der Vertragsstrafenanspruch trotz Abnahme aufrechterhalten bleiben soll und möglicherweise noch geltend gemacht werden wird.[133] Eine solche Erklärung kann auch formularmäßig erfolgen.[134] **Bei förmlicher Abnahme** ist nach § 12 Abs. 4 Nr. 1 S. 4 VOB/B der **Vorbehalt der Vertragsstrafe in die Niederschrift aufzunehmen.**

IV. Ausnahme: fehlende Erkennbarkeit

48 Eine Ausnahme vom Vorbehaltserfordernis bei Annahme wird mit guten Gründen dann befürwortet, wenn die nicht gehörige Erfüllung bei der Annahme noch nicht festgestellt werden kann. Das wird beispielsweise bei versteckten und noch nicht erkennbaren Mängeln zu bejahen sein. In solchen Fällen scheitert der Vertragsstrafenanspruch nicht am fehlenden Vorbehalt.[135]

V. Vorbehalt bei fiktiver Abnahme

49 Gesetzlich nicht ausdrücklich geregelt ist das **Erfordernis eines Vorbehalts im Falle einer fiktiven Abnahme nach § 640 Abs. 1 S. 3 BGB aF.** Danach steht es der Abnahme gleich, wenn der Besteller das abnahmereife Werk nicht innerhalb einer ihm vom Unternehmer bestimmten angemessenen Frist abnimmt. **Damit vergleichbar ist auch die Situation bei § 640 Abs. 2 S. 1 BGB nF,** wonach ein Werk als abgenommen gilt, wenn der Unternehmer dem Besteller nach Fertigstellung des Werks eine angemessene Frist zur Abnahme gesetzt hat und der Besteller die Abnahme nicht innerhalb dieser Frist unter Angabe mindestens eines Mangels verweigert hat. Nach § 341 Abs. 3 BGB kann der Gläubiger die Vertragsstrafe nur verlangen, wenn er sich das Recht dazu bei der Annahme vorbehält. Die Abnahme stellt jedenfalls im Regelfall die Annahme einer Erfüllung als Leistung dar. Außerdem bewirkt das Gesetz eine Gleichstellung von rechtsgeschäftlicher und fiktiver Abnahme. Deshalb ist nach zutreffender Auffassung auch im Falle einer fiktiven Abnahme nach § 640 Abs. 1 S. 3 BGB aF bzw. nach § 640 Abs. 2 S. 1 BGB nF ein Vorbehalt erforderlich, wenn der Gläubiger seines Vertragsstrafenanspruchs nicht verlustig gehen will.[136]

VI. Erklärung des Vorbehalts durch einen Dritten

50 Wird der Vorbehalt nicht durch den Auftraggeber selbst, sondern durch einen Dritten erklärt, so muss dieser hinsichtlich des Vorbehalts Vertretungsmacht haben.

---

[133] Leinemann/Hafkesbrink, § 11 Rn. 70; Ganten/Jansen/Voit/Wolff, VOB/B, § 11 Abs. 4, Rn. 6.
[134] BGH 25.9.1986 – VII ZR 276/84, NJW 1987, 380 (381).
[135] OLG Köln 12.4.1995 – 19 U 169/94, BauR 1995, 708 (709) [Vertragsstrafe wegen nicht fristgerecht hergestellter Außenanlagen, die beim Bezug der Wohnung noch nicht fertiggestellt sein mussten]; Nicklisch/Weick, Vorauflage 2001, § 11, Rn. 21.
[136] Kniffka/Jurgeleit/Pause/Vogel, Bauvertragsrecht, § 640, Rn. 71; Ingenstau/Korbion/Leupertz/Wietersheim/Döring, § 11 Abs. 4 VOB/B, Rn. 6; Werner/Pastor, Der Bauprozess, Rn. 2561; aA Grüneberg/Retzlaff, § 640, Rn. 18 mit der Begründung, nur in der rechtsgeschäftlichen Abnahme liege die für § 341 Abs. 3 BGB erforderliche Äußerung des Annahmewillens.

Ist eine Vollmacht zur rechtsgeschäftlichen Abnahme erteilt, liegt darin im Zweifel gleichzeitig die Vollmacht zum Vorbehalt der Vertragsstrafe.[137] Alles andere wäre mit den Interessen des Auftraggebers nicht vereinbar, da sein Vertragsstrafenanspruch erlischt, wenn nicht der Vorbehalt bei der Abnahme erfolgt.[138]

1. Architekten und Ingenieure. Bauleitende Architekten und Ingeni- 51
eure sind nicht schon kraft ihrer Stellung quasi automatisch bevollmächtigt, die rechtsgeschäftliche Abnahme zu erklären. Dazu bedürfen auch sie einer Vollmacht des Auftraggebers,[139] zumal die Pflicht zur Objektüberwachung (lediglich) die technische Vorbereitung und Mitwirkung bei der Abnahme bzw. nach Maßgabe der HOAI 2013 die Organisation der Abnahme einschließlich einer Abnahmeempfehlung, nicht aber die Erklärung der rechtsgeschäftlichen Abnahme umfasst.[140]

2. Schadensersatzpflicht bei Beratungspflichtverletzung. Auch der selbst 52
nicht zur rechtsgeschäftlichen Abnahme und zur Erklärung des Strafvorbehalts bevollmächtigte **Architekt kann sich** nach der Rechtsprechung aber gleichwohl in diesem Zusammenhang **wegen einer Beratungspflichtverletzung schadensersatzpflichtig machen.** Ist dem Architekten nämlich bekannt, dass die Parteien des Bauvertrages eine Vertragsstrafenabrede getroffen haben, oder hätte ihm dies jedenfalls bekannt sein müssen, so gehört es zu seinen Beratungs- und Betreuungspflichten, durch nachdrückliche Hinweise an den Bauherrn sicherzustellen, dass bei einer förmlichen Abnahme der erforderliche Vertragsstrafenvorbehalt nicht versehentlich unterbleibt. Ein anderer Maßstab gilt (allenfalls) dann, wenn der Auftraggeber selbst genügende Sachkenntnis besitzt oder sachkundig beraten ist.[141] So hat etwa das OLG Düsseldorf eine Befreiung des Architekten von der Beratungspflicht hinsichtlich des Vertragsstrafenvorbehalts gegenüber einem Auftraggeber angenommen, der seit mehreren Jahren Gesellschafter und Geschäftsführer einer mit Installationsarbeiten befassten GmbH war.[142]

VII. Erklärung bei der Abnahme

Der Vorbehalt muss **bei der Abnahme der Leistung** erklärt werden. Die 53
Rechtsprechung legt dieses Kriterium seit jeher eng aus. Ein früher oder später erklärter Vorbehalt ist nach ständiger Rechtsprechung grundsätzlich unbeachtlich und hat den Verlust des Vertragsstrafenanspruchs zur Folge.[143]

1. Ausnahmesituationen. Abweichungen vom vorstehend skizzierten 54
Grundsatz werden **nur bei wenigen einzelfallbezogenen Ausnahmesituationen** in Betracht kommen. So hat es das Oberlandesgericht Düsseldorf für ausreichend erachtet, wenn der Auftraggeber im Zusammenhang mit der Vereinbarung

---

[137] BGH 25.9.1986 – VII ZR 276/84, NJW 1987, 380 (381).
[138] So bereits Nicklisch/Weick, 3. Auflage 2001, § 11, Rn. 23.
[139] Ganten/Jansen/Voit/Wolff, VOB/B, § 11 Abs. 4, Rn. 7.
[140] Kapellmann/Messerschmidt/Schneider, § 11 VOB/B, Rn. 159.
[141] BGH 26.4.1979 – VII ZR 190/78, NJW 1979, 1499f. = BGHZ 74, 235; OLG Bremen 6.12.2012 – 3 U 16/11, MDR 2013, 86; aA Kapellmann/Messerschmidt/Schneider, § 11 VOB/B, Rn. 159 unter Berufung darauf, der bauleitende Architekt sei nicht der rechtsgeschäftliche Vertreter des Auftraggebers und recht nicht dessen Rechtsberater.
[142] OLG Düsseldorf 22.3.2002 – 5 U 31/01, NJW-RR 2002, 1098.
[143] BGH 3.11.1960 – VII ZR 150/59, BGHZ 33, 236 (237); BGH 10.2.1977 – VII ZR 17/75, NJW 1977, 897 (898) und 18.11.1982 – VII ZR 305/81, BGHZ 85, 305, 309.

§ 11

des Abnahmetermins seine Vertragsstrafenforderung beziffert und nach Widerspruch des Auftragnehmers zwei Tage vor der Abnahme schriftlich auf der rechtlichen Klärung des Vertragsstrafenanspruchs besteht. Ausgehend vom Sinn und Zweck der Vorschrift, wonach die Strafe als Druckmittel wirken, der Schuldner aber die Aussicht behalten solle, dass der Gläubiger unter dem Eindruck der Erfüllung von seinem Recht, die Vertragsstrafe zu verlangen, keinen Gebrauch machen werde, solle es auf die Entschließung im Zeitpunkt und unter dem Eindruck der Erfüllung ankommen. Wenn gerade im Zusammenhang mit dem für den nächsten Tag vereinbarten, tatsächlich am übernächsten Tag durchgeführten Austausch des letzten noch nicht ordnungsgemäßen Bauteils einer komplexen maschinellen Anlage und anschließender Abnahme auf der Vertragsstrafe bestanden werde, sei diesem Sinn und Zweck ausreichend Rechnung getragen.[144] Dem Versprechensempfänger ist allerdings schon aus Vorsichtsgründen dringend anzuraten, sich im Zweifel strikt an der in Rn. 53 näher dargelegten Rechtsprechung zu orientieren.

55 **2. Förmliche und fiktive Abnahme.** Im Falle der **förmlichen Abnahme nach § 12 Abs. 4 VOB/B** reicht die Aufnahme des Vorbehalts in ein später erstelltes Protokoll (nur dann), wenn dies in engem zeitlichen Zusammenhang mit der Abnahme erstellt wird.[145] Erfolgt eine **fiktive Abnahme gemäß § 12 Abs. 5 Nr. 2 VOB/B**, so muss der Vorbehalt innerhalb der dort genannten sechs Werktage nach Beginn der Benutzung erfolgen, und zwar auch dann, wenn schon einmal zuvor ein solcher Vorbehalt ausgesprochen wurde. Gleiches gilt **bei fiktiver Abnahme nach § 12 Abs. 5 Nr. 1 VOB/B**. Dort beträgt die Frist zwölf Werktage nach schriftlicher Mitteilung über die Fertigstellung der Leistung.[146]

56 **3. Klageerhebung und vorab erzielte Einigung.** Sinn und Zweck eines Vorbehaltserfordernisses bei der Abnahme ist es, Unklarheiten darüber zu vermeiden, ob die vorbehaltlose Annahme der zwar verspäteten, aber eben doch nachgeholten Erfüllung als Verzicht des Gläubigers auf die Vertragsstrafe zu verstehen ist.[147] Nach der Rechtsprechung bedarf es deshalb ausnahmsweise dann keiner (nochmaligen) Vorbehaltserklärung bei Abnahme der Leistung, wenn derartige Zweifel ausgeschlossen sind, weil (erstens) der Vertragsstrafenanspruch bereits rechtshängig ist[148] oder weil (zweitens) sich die Parteien schon endgültig über den Verfall der Strafe geeinigt haben.[149] Das ist einleuchtend. Deutlicher als durch eine **Klageerhebung** oder durch eine **schon vorab erzielte endgültige Einigung** mit dem Anspruchsgegner über Grund und Höhe der Vertragsstrafe kann man sich einen Anspruch nicht vorbehalten.

57 **4. Aufrechnung vor der Abnahme.** Ebenso verhält es sich nach der jüngeren Rechtsprechung auch dann, **wenn der Gläubiger mit dem Vertragsstrafenanspruch bereits vor der Abnahme die Aufrechnung erklärt hat** und der Anspruch auf die Vertragsstrafe infolgedessen (siehe § 389 BGB) bereits vollständig

---

[144] OLG Düsseldorf 8.9.2000 – 22 U 34/00, NJW-RR 2000, 1688 (1689 f).
[145] BGH 25.9.1986 – VII ZR 276/84, NJW 1987, 380 [eine Woche reicht aus]; Ganten/Jansen/Voit/Wolff, VOB/B, § 11 Abs. 4, Rn. 9.
[146] Leinemann/Jansen, § 12, Rn. 54.
[147] BGH 12.10.1978 – VII ZR 139/75, BGHZ 72, 222 (227).
[148] BGH 24.5.1974 – V ZR 193/72, BGHZ 62, 328 (330).
[149] BGH 18.11.1982 – VII ZR 305/81, BGHZ 85, 305 (309) unter Verweis auf RGZ 72, 168 (170).

erloschen ist. Auch in diesem Fall **muss der Vorbehalt bei der Abnahme nicht (erneut) geltend gemacht werden.** Zur Begründung hat der Bundesgerichtshof ausgeführt, schon der Wortlaut des § 341 Abs. 1 BGB lege nahe, dass ein Vorbehalt allein dann erforderlich sei, wenn der Strafanspruch bei der Abnahme noch bestehe. Es diene überdies weder der Rechtssicherheit noch der Rechtsklarheit, wenn man trotz bereits zuvor erklärter Aufrechnung ein Vorbehaltserfordernis bei der Abnahme bejahe, da dann bei fehlendem Vorbehalt die Aufrechnungswirkungen im Nachhinein wieder entfielen. Das Vorbehaltserfordernis solle dem Schuldner nach der Intention des Gesetzgebers Klarheit darüber verschaffen, ob die Vertragsstrafe noch geltend gemacht werde, und ihn davor schützen, die Vertragsstrafe erfüllen zu müssen, obwohl er nicht mehr damit rechne. Diese Gefahr bestehe aber nicht, wenn die Vertragsstrafe vor der Abnahme bereits zur Aufrechnung gestellt und bereits erfüllt sei.[150] Auch dieser Standpunkt überzeugt.

5. Teilabnahme. Bei einer Teilabnahme ist ein Vorbehalt der Vertragsstrafe **58** nur dann zu erklären, wenn sich die Vertragsstrafenvereinbarung auf den von der Teilabnahme erfassten Teil der Gesamtleistung bezieht. Ist dagegen die Vertragsstrafe für die nicht rechtzeitige Erbringung der Gesamtleistung vereinbart, so ist der Vorbehalt (erst) bei der Abnahme der letzten Teilleistung zu erklären.[151]

6. Abdingbarkeit. Das Vorbehaltserfordernis kann (nur) durch Individualver- **59** einbarung vollständig abbedungen werden.[152] In Allgemeinen Geschäftsbedingungen ist dies allerdings nicht möglich, und zwar auch nicht gegenüber Kaufleuten. Das vollständige Abbedingen des Vertragsstrafenvorbehalts ist mit dem Leitbild des § 341 Abs. 3 BGB unvereinbar.[153] Ansonsten hätte es der Auftraggeber in der Hand, den Auftragnehmer auch über den Zeitpunkt der Abnahme hinaus im unklaren darüber zu lassen, ob er die Vertragsstrafe geltend machen und diese bis zum Verjährungseintritt eintreiben will.[154] Der Bundesgerichtshof erachtet es in gefestigter Rechtsprechung allerdings für **zulässig, in AGB den Zeitpunkt, bis zu dem der Vorbehalt geltend gemacht werden muss, bis zur Schlusszahlung hinauszuschieben.**[155] Daran hat er auch in Kenntnis der Gegenauffassung,[156] wonach dies nur bis zum Zeitpunkt der Fälligkeit der Schlusszahlung möglich sein soll, ausdrücklich festgehalten.[157] Eine solche Verschiebung benachteiligt den Auftragnehmer nicht unangemessen. Der Auftraggeber hat ein schützenswertes Interesse an einer einheitlichen Prüfung und Abrechnung und somit an einer Verschiebung des Vorbehalts bis zur endgültigen Abwicklung der Zah-

---

[150] BGH 5.11.2015 – VII ZR 43/15, MDR 2016, 151; ebenso im Ergebnis Ganten/Jansen/Voit/Wolff, VOB/B, § 11 Abs. 4, Rn. 10 mwN. Seine frühere gegenteilige Auffassung (BGH 4.11.1982 – VII ZR 11/82, BGHZ 85, 240, 244 f. sowie BGH 18.11.1982 – VII ZR 305/81, BGHZ 85, 305, 309) hat der BGH damit ausdrücklich aufgegeben.

[151] Werner/Pastor, Der Bauprozess, Rn. 2559; vgl. auch BGH 18.12.1981 – V ZR 233/80, BGHZ 82, 398 (402).

[152] BGH 12.10.1978 – VII ZR 139/75, BGHZ 72, 222 (226).

[153] BGH 18.11.1982 – VII ZR 305/81, BGHZ 85, 305 (310).

[154] So bereits Nicklisch/Weick, 3. Auflage 2001, § 11, Rn. 25 mwN.

[155] BGH 12.10.1978 – VII ZR 139/75, BGHZ 72, 222 (224 ff); BGH 18.11.1982 – VII ZR 305/81, BGHZ 85, 305 (311).

[156] KG 23.3.1999 – 4 U 1635/97, BauR 2000, 575; Ingenstau/Korbion/Leupertz/Wietersheim/Döring, § 11 Abs. 1 VOB/B, Rn. 15.

[157] BGH 13.7.2000 – VII ZR 249/99, BauR 2000, 1758 = NJW-RR 2000, 1468; BGH 23.1.2003 – VII ZR 210/01, BGHZ 153, 311 (323).

§ 11   VOB Teil B

lungsansprüche, wobei der Vorbehalt der Vertragsstrafe aber jedenfalls spätestens dann anzubringen ist, wenn die Schlusszahlung endgültig verweigert wird.[158]

G. § 11 Abs. 3 VOB/B – Berechnung der Vertragsstrafe

I. Berechnungsgrundlage

60   § 11 Abs. 3 VOB/B normiert im Grundsatz, wie eine nach Tagen bemessene Vertragsstrafe zu berechnen ist. Anders als beim BGB-Werkvertrag, bei dem mangels abweichender Vertragsabsprache bei Fristüberschreitungen auch die Sonn- und Feiertage mitgerechnet werden,[159] **zählen beim VOB-Vertrag (lediglich) die Werktage. Auch die Samstage gelten dabei als Werktag,** wie sich unschwer der von einer Sechs-Tage-Woche ausgehenden Regelung in § 11 Abs. 3 Hs. 2 VOB/B entnehmen lässt, wonach jeder Werktag einer angefangenen Woche als 1/6 Woche gerechnet wird.

II. Abdingbarkeit

61   Es steht den Bauvertragsparteien frei, vertraglich von § 11 Abs. 3 VOB/B abweichende Regelungen zu treffen und beispielsweise eine **Vertragsstrafenberechnung nach Arbeitstagen oder nach Kalendertagen** zu vereinbaren. Eine solche abweichende Regelung ist auch in Allgemeinen Geschäftsbedingungen möglich.[160]

III. Mitverschulden des Auftraggebers

62   Bei Fristüberschreitungen, die der Auftraggeber mitverschuldet hat, wird entsprechend § 254 BGB für die Berechnung der Vertragsstrafe der von ihm zu verantwortende Anteil außer Ansatz zu bleiben haben.[161] Ist ein Teil der Verzögerung – wie beispielsweise beim Vorliegen der Voraussetzungen für eine behinderungsbedingte Verlängerung der Ausführungsfristen (§ 6 Abs. 2 Nr. 1 VOB/B) – vom Auftragnehmer gar nicht (mit-)verschuldet, wird dieser Teil nicht berechnet, wobei im Falle einer nicht exakten Abgrenzbarkeit auch eine tatrichterliche Schätzung entsprechend § 287 ZPO in Betracht kommt.[162]

IV. Kündigung durch den Auftraggeber

63   Im Falle einer Kündigung durch den Auftraggeber nach § 8 VOB/B kann eine wegen Verzugs verwirkte, nach Zeit bemessene **Vertragsstrafe nur für die Zeit bis zum Tag der Kündigung des Vertrags** gefordert werden (§ 8 Abs. 8 VOB/B). Das ist gesetzessystematisch folgerichtig. Da der Verzug mit dem Untergang des Erfüllungsanspruches endet, kann die Vertragsstrafe auch **nur für den Zeitraum** verlangt werden, **in dem der Erfüllungsanspruch noch bestand.**[163] Dieser

---

[158] BGH, 23.1.2003 – VII ZR 210/01, BGHZ 153, 311 (323); zustimmend Leinemann/Hafkesbrink, § 11, Rn. 69 sowie Ganten/Jansen/Voit/Wolff, VOB/B, § 11 Abs. 4, Rn. 13.
[159] Werner/Pastor, Der Bauprozess, Rn. 2574.
[160] BGH 18.1.2001 – VII ZR 238/00, BauR 2001, 791 (793); Ganten/Jansen/Voit/Wolff, VOB/B, § 11 Abs. 3, Rn. 4.
[161] Nicklisch/Weick, 3. Auflage 2001, § 11, Rn. 29.
[162] Kniffka/Jurgeleit/von Rintelen, Bauvertragsrecht, § 631, Rn. 393.
[163] Kniffka/Jurgeleit/von Rintelen, Bauvertragsrecht, § 631, Rn. 394.

Grundsatz gilt auch für den BGB-Werkvertrag. Geht der Auftraggeber nach fruchtlosem Ablauf einer Frist zur Vertragserfüllung berechtigterweise zum Schadensersatzanspruch statt der Leistung über, so wird das Erfüllungsverhältnis in ein Abwicklungsverhältnis umgewandelt, womit der Erfüllungsanspruch untergeht.[164]

V. Auftrags- und Schlussrechnungssumme als Bezugsgröße

Häufig finden sich in Verträgen als **Anknüpfungspunkt für die Berechnung** **64** **der Vertragsstrafe** die Begriffe **„Auftragssumme, Vertragssumme, Abrechnungssumme oder Schlussrechnungssumme"**. Das ist dann nicht frei von Bedenken, wenn die Vertragsstrafenabrede dadurch Gefahr läuft, nicht hinreichend klar und widerspruchsfrei zu sein (vgl. dazu oben § 11, Rn. 15). Die Rechtsprechung neigt (bislang) wohl dazu, unter der Auftrags- oder Vertragssumme die nach der Vertragsabwicklung geschuldete – und nicht etwa durch Skontierungsabzüge oder Gewährleistungseinbehalte gekürzte – Vergütung anzusehen.[165] Der Begriff „Auftragssumme" kann aber unter Umständen auch als der Wert verstanden werden, der sich nach der von den Parteien vor der Auftragsausführung vereinbarten Vergütung bemisst. Das gilt jedenfalls dann, wenn als Berechnungsgrundlage für den Tagessatz die „Auftragssumme" der „Schlussrechnungssumme" als weitere Bezugsgröße gegenübergestellt wird, was nach der Rechtsprechung wegen Intransparenz zur Unwirksamkeit einer Vertragsstrafenklausel führt.[166] Es empfiehlt sich daher schon aus Vorsichtsgründen dringend, auch außerhalb von AGB die Bezugsgröße der Vertragsstrafe unmissverständlich und eindeutig zu formulieren.

VI. Vorsteuerabzugsberechtigte Auftraggeber

Vermeidbare Zweifel im Hinblick auf die Bezugsgröße der Vertragsstrafe kön- **65** nen sich auch aus der Frage ergeben, ob mit der **„Auftragssumme" oder der** **„Schlussrechnungssumme" bei vorsteuerabzugsberechtigten Auftraggebern** der Nettobetrag (ohne Umsatzsteuer) oder der Bruttobetrag (einschließlich der Umsatzsteuer) gemeint ist. Die Rechtsprechung des BGH zur Obergrenze der Gesamtstrafe und der Tagessatzhöhe (vgl. oben § 11, Rn. 33 und 34) hat sich bislang zwar auch bei vermutlich vorsteuerabzugsberechtigten Auftraggebern an der Bruttosumme orientiert.[167] Gleichwohl sind daran Bedenken lautgeworden. Vereinzelt wird eine an die Bruttovergütung anknüpfende Vertragsstrafe bei einem vorsteuerabzugsberechtigten Auftraggeber für unwirksam gehalten, weil sich die Vertragsstrafe in diesem Fall nicht am Wert der Leistung orientiere.[168] Nach anderer Auffassung ist in solchen Fällen eine Orientierung an den Nettobeträgen zur Vermeidung von Ungleichbehandlungen jedenfalls sachgerechter.[169] Der Kaute-

---

[164] vgl. BGH 16.9.1999 – VII ZR 456/98, BGHZ 142, 278 (281) sowie OLG Düsseldorf 12.7.2002 – 5 U 238/00, BauR 2003, 259 (260) [jeweils zu § 634 Abs. 1 BGB aF].

[165] vgl. BGH 6.12.2007 – VII ZR 28/07, BauR 2008, 508 (509); Kniffka/Jurgeleit/von Rintelen, Bauvertragsrecht, § 631, Rn. 358 mwN.

[166] BGH 6.12.2007 – VII ZR 28/07, BauR 2008, 508 (509).

[167] Leinemann/Hafkesbrink, § 11, Rn. 65; so auch Kniffka/Koeble/Jurgeleit/Sacher, Kompendium des Baurechts, Teil 6, Rn. 150, wonach die Orientierung an der Brutto(auftrags)summe unbedenklich sei.

[168] Kniffka/Jurgeleit/von Rintelen, Bauvertragsrecht, § 631, Rn. 359 unter Berufung auf OLG Jena 10.4.2002 – 7 U 938/01, BauR 2003, 1416.

[169] Kapellmann/Messerschmidt/Schneider, § 11 VOB/B, Rn. 150.

larpraxis ist also auch diesbezüglich Vorsicht anzuraten. Das gilt auch und gerade vor dem Hintergrund der Fortentwicklung der jüngeren Rechtsprechung. Danach ist der Begriff der „Abrechnungssumme" in einer vom Auftraggeber gestellten AGB, mit der eine Vertragsstrafe vereinbart wird, in Bezug auf die Frage, ob er die Umsatzsteuer einschließt, zumindest mehrdeutig im Sinne des § 305c Abs. 2 BGB. Das hat zur Folge, dass Zweifel bei der Auslegung zulasten des Bestellers als Verwender gehen.[170]

H. Herabsetzung der Vertragsstrafe

I. Herabsetzung gemäß § 343 Abs. 1 S. 1 BGB

66   Gemäß § 343 Abs. 1 S. 1 BGB kann auf Antrag des Schuldners **durch rechtsgestaltendes Urteil** eine bereits verwirkte Vertragsstrafe, die unverhältnismäßig hoch ist, auf einen angemessenen Betrag herabgesetzt werden. Die Vorschrift des § 343 BGB spielt allerdings im Bauvertragsrecht aus zwei wichtigen Gründen eine nur untergeordnete Rolle und kommt praktisch eher selten zur Anwendung.

67   **1. Besonderheiten bei Kaufleuten.** Zum einen ist **§ 343 BGB** nämlich **gemäß § 348 HGB nicht auf Kaufleute anwendbar.** Dazu zählen im Regelfall auch Bauhandwerker, es sei denn, dass ihr Unternehmen nach Art und Umfang einen in kaufmännischer Weise eingerichteten Geschäftsbetrieb nicht erfordert (§ 1 Abs. 2 HGB). Auch wenn § 11 Abs. 1 VOB/B vom reinen Wortlaut her betrachtet lediglich auf die allgemeinen Bestimmungen des BGB über die Vertragsstrafe verweist, bedeutet dies mangels eines Anhaltspunktes für den abschließenden Charakter der Regelung nicht, dass damit § 348 HGB von der Anwendung ausgeschlossen wäre.[171] **Zugunsten von Kaufleuten** kommt die **Herabsetzung einer Vertragsstrafe damit lediglich nach Treu und Glauben** (§ 242 BGB) in besonders gelagerten Ausnahmefällen in Betracht. Eine Herabsetzung kann dann (lediglich) auf das gerade nicht mehr treuwidrige Maß erfolgen, wofür das Doppelte der nach § 343 BGB angemessenen Vertragsstrafe einen Anhaltspunkt bietet.[172]

68   **2. AGB-Problematik.** Überdies können nach zutreffender Auffassung nur individualvertraglich vereinbarte Vertragsstrafen nach § 343 BGB herabgesetzt werden. **Auf Vertragsstrafenvereinbarungen durch AGB ist § 343 BGB nicht anwendbar.**[173] Unangemessen hohe Vertragsstrafenversprechen in AGB halten nämlich ohnehin einer Inhaltskontrolle nach § 307 Abs. 1 BGB nicht stand und sind daher unwirksam. Würde man unwirksame AGB-Strafversprechen durch eine Herabsetzbarkeit nach den Maßstäben des § 343 BGB „abmildern", so liefe das im Ergebnis auf eine von der Rechtsprechung stets abgelehnte geltungserhaltende Reduktion hinaus.

---

[170] BGH 24.11.2021 – VII ZR 176/20, BauR 2022, 1337 Tz 35 ff = NZBau 2022, 648 (650).

[171] Nicklisch/Weick, 3. Auflage 2001, § 11, Rn. 32; Ganten/Jansen/Voit/Wolff, VOB/B, § 11 Abs. 1, Rn. 66 mwN.

[172] BGH 17.7.2008 – I ZR 168/05, NJW 2009, 1882 (1885).

[173] BGH 18.11.1982 – VII ZR 305/81, BGHZ 85, 305 (314 f); Kniffka/Koeble/Jurgeleit/Sacher, Kompendium des Baurechts, Teil 6, Rn. 115; Leinemann/Hafkesbrink, § 11 Rn. 71; aA Grüneberg/Grüneberg, § 343, Rn. 4.

II. Verwirkte, aber noch nicht entrichtete Strafe

Eine **Herabsetzung** (der individualvertraglich vereinbarten und nicht von einem 69 Kaufmann versprochenen Vertragsstrafe) gemäß § 343 BGB kommt einerseits **erst dann** in Betracht, **wenn die Vertragsstrafe bereits verwirkt ist.** Sie kann andererseits **aber nur** erfolgen, **solange die Vertragsstrafe noch nicht entrichtet ist** (§ 343 Abs. 1 S. 3 BGB). Entrichtet ist die Vertragsstrafe, wenn der Vertragsstrafenschuldner in Anerkennung der Verpflichtung zahlt oder in sonstiger Weise mit Erfüllungswirkung – etwa durch Aufrechnung gegen die Strafforderung – handelt.[174] Die Herabsetzungsmöglichkeit des § 343 BGB bleibt dem Schuldner aber erhalten, wenn er die Vertragsstrafe ausdrücklich unter Vorbehalt entrichtet.[175]

I. Verhältnis der Vertragsstrafe zu anderen Ansprüchen

I. Verhältnis zur Hauptverbindlichkeit

Maßgeblich für das Verhältnis des Vertragsstrafenanspruchs zur vertragsstrafen- 70 bewehrten Hauptverbindlichkeit ist zunächst, ob die Vertragsstrafe für den Fall der Nichterfüllung oder den der nicht gehörigen Erfüllung vereinbart wurde.

1. Vertragsstrafe für Nichterfüllung. Bei der Vereinbarung einer **Vertrags-** 71 **strafe für nicht erfüllte Bauleistungen** kann der Gläubiger die verwirkte Strafe **gemäß § 340 Abs. 1 S. 1 BGB** (lediglich) **statt der Erfüllung** verlangen. Der Anspruch auf Erfüllung ist in diesem Fall – anders als bei Strafversprechen für nicht gehörige Erfüllung im Sinne des § 341 BGB – ausgeschlossen (§ 340 Abs. 1 S. 2 BGB). Es handelt sich insofern um einen Fall elektiver Konkurrenz.[176] Auch wenn gemäß § 340 Abs. 2 BGB der Gläubiger für den Fall, dass er sich für die Geltendmachung eines Schadensersatzes wegen Nichterfüllung entscheidet, die verwirkte Strafe jedenfalls als Mindestbetrag des Schadens verlangen kann, erweist sich die Vorschrift bei Bauverträgen für gewöhnlich als wenig praktikabel. Das gilt insbesondere deshalb, weil in aller Regel das Erfüllungsinteresse des Auftraggebers fortbesteht und die Gewährleistungsregelungen ihm ein flexibleres Instrumentarium zur Durchsetzung seiner Interessen an die Hand geben. Vertragsstrafen bei Nichterfüllung des Auftragnehmers im Sinne des § 340 Abs. 1 BGB werden in der Baupraxis deshalb nur selten vereinbart. Sie bieten sich etwa für Fixgeschäfte – wie beispielsweise die Erstellung eines nur zeitweise nutzbaren Messestandes[177] – an.

2. Vertragsstrafe für nicht gehörige Erfüllung. Sehr häufig werden in der 72 Baupraxis hingegen Vertragsstrafen für die nicht gehörige Erfüllung **(§ 341 BGB)** vereinbart. Den Hauptanwendungsfall dürfte dabei die Vertragsstrafebewehrung von **Fristüberschreitungen** darstellen. Üblich sind aber auch Vertragsstrafen für den Fall der **Mangelhaftigkeit des Gewerks** (vgl. dazu oben unter Rn. 43). Der Vorteil für den Auftraggeber besteht darin, dass er eine wegen nicht gehöriger Erfüllung verfallene **Vertragsstrafe gemäß § 341 Abs. 1 BGB neben der Erfüllung** verlangen kann, was nach zutreffender Auffassung jedenfalls entspre-

---

[174] Nicklisch/Weick, 3. Auflage 2001, § 11, Rn. 33 mwN.
[175] Grüneberg/Grüneberg, § 343 BGB, Rn. 5.
[176] Grüneberg/Grüneberg, § 340 BGB, Rn. 4.
[177] Kapellmann/Messerschmidt/Schneider, § 11 VOB/B, Rn. 47.

chend auch für etwaige – an die Stelle des Erfüllungsanspruchs tretende – Ansprüche auf Schadensersatz statt der Leistung gilt.[178]

II. Verhältnis zu Schadensersatzansprüchen

73   Auch im Verhältnis des Vertragsstrafenanspruchs zu Schadensersatzansprüchen ist sorgfältig zu differenzieren. Ist ein Schadensersatzanspruch wegen nicht gehöriger Erfüllung – in praxi insbesondere in Bezug auf **Verzugsschäden** – entstanden, so findet gemäß § 341 Abs. 2 BGB die Vorschrift des § 340 Abs. 2 BGB Anwendung. Die **Vertragsstrafe** stellt in solchen Fällen also **zum einen** den **Mindestbetrag des Schadens** dar. Andererseits ist die Regelung so zu verstehen, dass die **Vertragsstrafe auf einen etwaigen Schadensersatzanspruch anzurechnen ist**,[179] **und zwar** nach zutreffender Auffassung entsprechend dem Schutzzweck des § 340 BGB **(nur) insoweit, als Interessenidentität besteht**, weil eine doppelte Entschädigung ein und desselben Interesses auszuschließen ist.[180] Eine solche Anrechnung hat mangels Interessenidentität zwischen Vertragsstrafe und Schadensersatzanspruch beispielsweise bei Anwaltskosten zu unterbleiben, die erst durch die Geltendmachung der Vertragsstrafe entstanden sind.[181] Aus Gründen einer fehlenden Interessenidentität kann deshalb auch eine für den Fall nicht rechtzeitiger Erfüllung vereinbarte Vertragsstrafe ohne Anrechnung neben dem Teil des Nichterfüllungsschadens geltend gemacht werden, der erst nach Verwirkung der Strafe entstanden ist.[182] Die nach Werktagen bemessene Vertragsstrafe ist nämlich im Hinblick auf ihre Kompensationsfunktion gerade und nur auf den Verspätungsschaden ausgerichtet, der im Verzugszeitraum ausgelöst worden ist.[183]

III. Abdingbarkeit

74   Durch AGB kann die Verpflichtung des Gläubigers, sich gemäß §§ 341 Abs. 2, 340 Abs. 2 BGB die Vertragsstrafe auf seinen Schadensersatzanspruch anrechnen lassen zu müssen, nicht wirksam abbedungen werden. **Die formularmäßige Abrede, dass die Vertragsstrafe zusätzlich zur Schadensersatzforderung geltend gemacht werden kann, ist** daher **unwirksam**.[184]

J. Darlegungs- und Beweislast

75   **Der Vertragsstrafengläubiger hat die Voraussetzungen des von ihm geltend gemachten Vertragsstrafenanspruchs darzulegen und zu beweisen.** Die Darlegungs- und Beweislast des Gläubigers umfasst bei Vertragsstrafen wegen nicht rechtzeitiger Erfüllung das Vorbringen (a) zum Bestehen und zur Fälligkeit der mit der Vertragsstrafe gesicherten Hauptverbindlichkeit, (b) zur wirksamen

---

[178] BeckOK VOB/B/Oberhauser, § 11 Abs. 1, Rn. 6; MüKoBGB/Gottwald, § 341, Rn. 3.
[179] MüKoBGB/Gottwald, § 341, Rn. 2.
[180] BGH 8.5.2008 – I ZR 88/06, NJW 2008, 2849 f; Staudinger/Rieble, BGB, § 340, Rn. 64 iVm § 341, Rn. 3.
[181] BGH 8.5.2008 – I ZR 88/06, NJW 2008, 2849 f.
[182] OLG Düsseldorf 12.7.2002 – 5 U 238/00, BauR 2003, 259 f.
[183] Staudinger/Rieble, BGB, § 340, Rn. 71.
[184] BGH 27.11.1974 – VIII ZR 9/73, BGHZ 63, 256 (258) [zur Rechtslage vor Inkrafttreten des AGBG]; BGH 11.5.1989 – VII ZR 305/87, BauR 1989, 459 (460); Werner/Pastor, Der Bauprozess, Rn. 2552 mwN.

Vereinbarung der Vertragsstrafe, (c) zur Höhe der Vertragsstrafe sowie (d) zu ihrer Fälligkeit,[185] wozu nach der Abnahme auch die rechtzeitige Erklärung des Vorbehalts gehört.[186] **Demgegenüber trägt der Schuldner die Darlegungs- und Beweislast, wenn er die Verwirkung der Vertragsstrafe** – etwa unter Berufung auf eine vertragsgemäße Erfüllung (vgl. § 345 BGB) oder auf eine von ihm nicht zu vertretende Fristüberschreitung – **bestreitet.**[187] Zu beachten ist insoweit aber § 363 BGB. Hat nämlich der Vertragsstrafengläubiger (Auftraggeber) eine ihm als Erfüllung angebotene Leistung des Schuldners (Auftragnehmers) als Erfüllung angenommen, so trifft den Gläubiger die (Darlegungs- und) Beweislast, wenn er die Leistung nicht als Erfüllung gelten lassen will, weil sie (a) eine andere als die geschuldete Leistung oder (b) unvollständig gewesen sei. § 363 BGB führt insoweit zu einer Beweislastumkehr, und zwar auch im Hinblick auf Mängel der Leistung.[188] **Verlangt der Schuldner** gemäß § 343 Abs. 1 BGB **eine Herabsetzung der Vertragsstrafe, so ist er bezüglich der Unverhältnismäßigkeit der Vertragsstrafenhöhe darlegungs- und beweispflichtig.**[189]

K. Verjährung

Bereits verwirkte Vertragstrafenansprüche unterliegen der allgemeinen gesetzlichen Verjährungsfrist von drei Jahren (§ 195 BGB).[190] Insoweit teilt der Vertragsstrafenanspruch in praxi nach dem Inkrafttreten des Gesetzes zur Modernisierung des Schuldrechts am 1. Januar 2002 meist das Schicksal der durch ihn gesicherten Hauptverbindlichkeit. Dennoch verbleiben Fälle, in denen der durch die Vertragsstrafe gesicherte Anspruch einer kürzeren als der regelmäßigen Verjährungsfrist – beispielsweise der Sechs-Monats-Frist oder der Jahresfrist des § 11 Abs. 1 UWG – unterliegt. In diesen Fällen gilt die kürzere Frist nach zutreffender Auffassung nicht für die Geltendmachung der verwirkten Vertragsstrafe.[191] Die zuweilen vertretene Gegenauffassung, der Vertragsstrafenanspruch müsse aus Gründen der Akzessorietät stets gleichzeitig mit der gesicherten Hauptverbindlichkeit verjähren,[192] vermag nicht zu überzeugen. Die Akzessorietät hat bei bereits verwirkten Vertragsstrafenansprüchen nämlich ihre Grenzen. Nicht einmal

---

[185] BeckOK VOB/B/Oberhauser, § 11 Abs. 4, Rn. 20; Kapellmann/Messerschmidt/Schneider, § 11 VOB/B, Rn. 195.

[186] BGH 10.2.1977 – VII ZR 17/75, NJW 1977, 897 (898).

[187] BGH 14.1.1999 – VII ZR 73/98, NJW 1999, 1108 (1109) mwN; OLG Hamm 20.4.1994 – 12 U 85/93, OLGR 1995, 52 (53); BeckOK VOB/B/Oberhauser, § 11 Abs. 4 Rn. 20; Retzlaff, Aktuelle Fragen der Vertragsstrafe im Baurecht, BauR 2015, 384 (386 f).

[188] BGH 13.2.1985 – VIII ZR 154/84, NJW 1985, 2328 (2329); BeckOK BGB/Dennhardt, 71. Edition, Stand 1.8 2024, § 363, Rn. 5 mwN.

[189] Werner/Pastor, Der Bauprozess, Rn. 2584.

[190] BGH 27.10.2022 – I ZR 141/21, NJW-RR 2023, 480 (481); BGH 19.5.2022 – VII ZR 149/21, NJW 2022, 3347 (3350).

[191] So BGH 12.7.1995 – I ZR 176/93, BGHZ 130, 288 (295) [zur Verjährung von Vertragsstrafenansprüchen bei strafbewehrten Unterlassungsverpflichtungen nach § 195 BGB aF]; MüKoBGB/Gottwald, § 339, Rn. 23; Staudinger/Rieble, BGB, § 339, Rn. 521 f.; Ganten/Jansen/Voit/Wolff, VOB/B, § 11 Abs. 1, Rn. 40 f.; Ermann/Metzger, BGB, 17. Auflage 2023, § 339, Rn. 24.

[192] BeckOK VOB/B/Oberhauser, § 11 Abs. 4, Rn. 21; in diesem Sinne auch Kapellmann/Messerschmidt/Schneider, § 11 VOB/B, Rn. 197.

ein nachträglicher Wegfall der gesicherten Hauptverbindlichkeit mit Wirkung ex nunc (etwa durch Kündigung) kann einen zuvor bereits verwirkten Vertragsstrafenanspruch zu Fall bringen.[193] Die nach Verwirkung der Vertragsstrafe erhobene Einrede der Verjährung der gesicherten Hauptverbindlichkeit kann bei wertender Betrachtung jedenfalls keine weitreichenderen Folgen haben, da der Untergang der Hauptverbindlichkeit ein stärkerer Einschnitt als ihre bloße Einredebehaftetheit ist.

§ 12 Abnahme

(1) **Verlangt der Auftragnehmer nach der Fertigstellung – gegebenenfalls auch vor Ablauf der vereinbarten Ausführungsfrist – die Abnahme der Leistung, so hat sie der Auftraggeber binnen 12 Werktagen durchzuführen; eine andere Frist kann vereinbart werden.**

(2) **Auf Verlangen sind in sich abgeschlossene Teile der Leistung besonders abzunehmen.**

(3) **Wegen wesentlicher Mängel kann die Abnahme bis zur Beseitigung verweigert werden.**

(4)
1. [1]**Eine förmliche Abnahme hat stattzufinden, wenn eine Vertragspartei es verlangt.** [2]**Jede Partei kann auf ihre Kosten einen Sachverständigen zuziehen.** [3]**Der Befund ist in gemeinsamer Verhandlung schriftlich niederzulegen.** [4]**In die Niederschrift sind etwaige Vorbehalte wegen bekannter Mängel und wegen Vertragsstrafen aufzunehmen, ebenso etwaige Einwendungen des Auftragnehmers.** [5]**Jede Partei erhält eine Ausfertigung.**
2. [1]**Die förmliche Abnahme kann in Abwesenheit des Auftragnehmers stattfinden, wenn der Termin vereinbart war oder der Auftraggeber mit genügender Frist dazu eingeladen hatte.** [2]**Das Ergebnis der Abnahme ist dem Auftragnehmer alsbald mitzuteilen.**

(5)
1. **Wird keine Abnahme verlangt, so gilt die Leistung als abgenommen mit Ablauf von 12 Werktagen nach schriftlicher Mitteilung über die Fertigstellung der Leistung.**
2. [1]**Wird keine Abnahme verlangt und hat der Auftraggeber die Leistung oder einen Teil der Leistung in Benutzung genommen, so gilt die Abnahme nach Ablauf von 6 Werktagen nach Beginn der Benutzung als erfolgt, wenn nichts anderes vereinbart ist.** [2]**Die Benutzung von Teilen einer baulichen Anlage zur Weiterführung der Arbeiten gilt nicht als Abnahme.**
3. **Vorbehalte wegen bekannter Mängel oder wegen Vertragsstrafen hat der Auftraggeber spätestens zu den in den Nummern 1 und 2 bezeichneten Zeitpunkten geltend zu machen.**

(6) **Mit der Abnahme geht die Gefahr auf den Auftraggeber über, soweit er sie nicht schon nach § 7 trägt.**

Literatur: Basty, Der Bauträgervertrag, 11. Auflage 2023; Cramer/Kandel/Preussner, Beck'scher Online-Kommentar VOB/B, 55. Edition 2024; Derleder, Der Bauträgervertrag

---

[193] Vgl. oben die Kommentierung zu § 11 unter Rn. 4 mwN.

nach der Schuldrechtsmodernisierung, Die Auswirkungen auf die Sachmängelgewährleistung NZBau 2004, 237; Ganten/Jansen/Voit, Beck'scher VOB-Kommentar, Teil B, 4. Auflage 2023; Grüneberg, Kommentar zum Bürgerlichen Gesetzbuch, 83. Auflage 2024; Heiermann/Riedl/Rusam, Handkommentar zur VOB Teile A und B, 14. Auflage 2017; Hildebrandt/Abu Saris, Die Abnahme von Bauleistungen, 3. Auflage 2020; Ingenstau/Korbion/Leupertz/Wietersheim, VOB Teile A und B, 22. Auflage 2023; Jagenburg, Die Rechtsprechung zum privaten Bau- und Bauvertragsrecht im Jahre 1973, NJW 1974, 2264; Jansen, Abnahme und Abrechnung nach Kündigung, BauR 2011, 371; Jurgeleit, ibr-online-Kommentar Bauvertragsrecht, 28. Ed. 2024; Kapellmann/Messerschmidt/Markus, VOB Teile A und B Kommentar, 8. Auflage 2022; Kiesel, Das Gesetz zur Beschleunigung fälliger Zahlungen NJW 2000, 1673; Kimmich/Bach, ibr-online-Kommentar VOB für Bauleiter, 8. Auflage 2021; Kniffka/Retzlaff, Das neue Recht nach dem Gesetz zur Reform des Bauvertragsrechts, zur Änderung der kaufrechtlichen Mängelhaftung und zur Stärkung des zivilprozessualen Rechtsschutzes (BauVG), BauR 2017, 1747; Leinemann, VOB/B, Kommentar, 8. Auflage 2024; Leinemann/Kues, BGB-Bauvertragsrecht, 2. Auflage 2023; Messerschmidt/Voit, Privates Baurecht, 4. Auflage 2022; Motzke, Abschlagszahlung, Abnahme und Gutachterverfahren nach dem Beschleunigungsgesetz, NZBau 2000, 489; Peters, Das Gesetz zur Beschleunigung fälliger Zahlungen, NZBau 2000, 169; Säcker/Rixecker/Oetker/Limperg, Münchener Kommentar, BGB, 9. Auflage 2021, Band 6: Schuldrecht – Besonderer Teil III/1 §§ 631– 704; Teubel/Scheungrab, Münchener Anwaltshandbuch, Vergütungsrecht, 2. Auflage 2011; Thierau, Die Bedeutung der Technischen Abnahme für die Abwicklung von Bauverträgen, BauR 2013, 372 ff.; Thode, Werkleistung und Erfüllung im Bau- und Architektenvertrag, ZfBR 1999, 116; Werner/Pastor, Der Bauprozess, 18. Auflage 2023; Vygen/Joussen, Bauvertragsrecht nach VOB und BGB, 6. Auflage 2023

Übersicht

	Rn.
A. Vorbemerkung	1
I. Anwendungsbereich des § 12	4
II. Abnahmebegriff	11
III. Voraussetzungen der Abnahme	20
1. Fertigstellung der Leistung	21
2. Formen der Abnahme	27
3. Abnahmeerklärung	37
4. Anspruch auf Abnahme	48
5. Abnahmen in einer Leistungskette	53
IV. Wirkungen der Abnahme	56
1. Übergang vom Erfüllungs- in das Mängelhaftungsstadium	58
2. Gefahrenübergang	62
3. Fälligkeit des Vergütungsanspruches	64
4. Beweislast	66
5. Verjährungsfristen	68
V. Vorbehalte	72
B. § 12 Abs. 1	84
I. Abnahmeverlagen und Fertigstellung	85
II. Abnahmeformen nach § 12 Abs. 1	89
III. Abnahmefrist	92
C. § 12 Abs. 2	95
I. Abnahmeverlangen	98
II. In sich abgeschlossener Teil der Leistung	99
III. Formen der Teilabnahme	104
IV. Wirkungen der Teilabnahme	106

§ 12 VOB Teil B

	Rn.
D. § 12 Abs. 3	109
I. Wesentliche Mängel	113
II. Wirkungen der Abnahmeverweigerung	116
E. § 12 Abs. 4	121
I. Abnahmeverlangen und Terminbestimmung	127
II. Hinzuziehung eines Sachverständigen	132
III. Schriftliche Protokollierung	135
IV. Abwesenheit des Auftragnehmers	141
F. § 12 Abs. 5	144
I. § 12 Abs. 5 Nr. 1	152
II. § 12 Abs. 5 Nr. 2	159
III. § 12 Abs. 5 Nr. 3	166
G. § 12 Abs. 6	169

A. Vorbemerkung

1 Die rechtsgeschäftliche Abnahme stellt das wesentliche Unterscheidungsmerkmal des Werkvertragsrechts zu den anderen Rechtsgeschäften dar. Ist eine Abnahme nach der Leistungserbringung vereinbart, spricht eine Vermutung dafür, dass ein Werkvertrag iSd § 631 ff. BGB abgeschlossen wurde.

2 Die Abnahme wird auch als **Dreh- und Angelpunkt** des Bauvertrages bezeichnet,[1] weil sie die Überleitung vom Erfüllungs- zum Mängelhaftungsstadium darstellt. Dadurch wirkt sie sich sowohl auf die Beweislast und die Gefahrentragung als auch auf die Fälligkeit des Werklohns aus.[2]

3 Zudem ist die Abnahme eine der drei Säulen des Werkvertragsrechts, weil sie neben der Herstellung und Bezahlung des Werks eine einklagbare Hauptpflicht darstellt.[3] Eine isolierte Klage auf Abnahme ist zwar zulässig,[4] es bedarf ihr jedoch überwiegend nicht. Ausreichend ist eine Klage auf Zahlung, weil mit ihr konkludent die Feststellung der Abnahme der Leistung begehrt wird.[5]

I. Anwendungsbereich des § 12

4 Die Regelungen des § 12 gehen als vertraglich vereinbarte Bestimmungen den gesetzlichen Vorschriften vor, soweit sie von den gesetzlichen Abnahmevorschriften abweichen oder diese erweitern.[6] Nur vereinzelt wird vertreten, dass es sich bei dem Abnahmesystem nach der VOB/B um ein sich geschlossenes Konstrukt handele, das die Anwendung der gesetzlichen Vorschriften ausschließe.[7]

5 In § 12 Abs. 1 wird die Regelung des **§ 640 Abs. 1 S. 1 BGB** dahingehend konkretisiert, dass die Abnahmepflicht des Auftraggebers erst entsteht, wenn der

---

[1] Jagenburg NJW 1974, 2264; Leinemann/Jansen § 12 Rn. 1.
[2] Auch nach Kündigung eines Bauvertrages wird die Werklohnforderung erst mit Abnahme fällig, vgl. BGH NZBau 2006, 569; OLG München IBR 2018, 444; BGH 27.9.2017 – VII ZR 72/15 (Nichtzulassungsbeschwerde zurückgewiesen).
[3] Zur Zulässigkeit einer Klage auf Abnahme vgl. BGH NJW 1996, 1749; Kapellmann/Messerschmidt/Havers § 12 Rn. 60.
[4] BGH NJW 1996, 1749; 1981, 1448.
[5] BGH NJW 1996, 1280; Werner/Pastor BauProz/Werner Rn. 1788.
[6] Ingenstau/Korbion/Oppler § 12 Rn. 2.
[7] Kiesel NJW 2000, 1673.

Abnahme **§ 12**

Auftragnehmer eine Abnahme verlangt und dass die Pflicht innerhalb einer Frist von 12 Werktagen zu erfüllen ist.[8] In § 12 Abs. 2 werden die Voraussetzungen einer Teilabnahme und in § 12 Abs. 3 die Voraussetzungen einer Abnahmeverweigerung durch den Auftraggeber geregelt. § 12 Abs. 4 konkretisiert die förmliche Abnahme. § 12 Abs. 5 enthält eine Abnahmefiktion, wenn der Auftragnehmer keine Abnahme verlangt. § 12 Abs. 6 nimmt Bezug auf die Gefahrentragungsregelung in § 644 BGB.

Im Rahmen eines VOB/B-Vertrages gelten die gleichen Grundsätze für die **6** Abnahme der Werkleistung, wie bei einem BGB-Vertrag. Daher bleiben die folgenden gesetzlichen Regelungen auch bei Vereinbarung der VOB/B im Ganzen oder nur des § 12 anwendbar:
- § 634a Abs. 2 BGB: Beginn der Verjährungsfrist für Mängelrechte mit der Abnahme des Werks
- § 640 Abs. 1 BGB: Pflicht des Auftraggebers zur Abnahme
- § 640 Abs. 3 BGB: Verlust der Mängelrechte bei Kenntnis, wenn sie bei Abnahme nicht vorbehalten wurden
- § 641 Abs. 1 S. 1 BGB: Vergütung ist bei Abnahme des Werks zu entrichten
- § 644 Abs. 1 BGB: Auftragnehmer trägt die Gefahr bis zur Abnahme des Werks

Mit dem Gesetz zur Beschleunigung fälliger Zahlungen, welches am 1.5.2000 in **7** Kraft trat, wurde die Abnahmefiktion in **§ 640 Abs. 1 S. 3 BGB** aF eingeführt.[9] Danach stand der Abnahme gleich, wenn der Besteller das Werk nicht innerhalb einer ihm vom Unternehmer bestimmten angemessenen Frist **abnimmt,** obwohl er dazu verpflichtet ist. Die Abnahmefiktion wurde durch das am 1.1.2018 in Kraft getretene Gesetz zur Reform des Bauvertragsrechts[10] aufgehoben. Der Gesetzgeber sah in der Regelung Schwächen, weil der Besteller nach Fristsetzung durch den Unternehmer die Abnahme schlicht verweigern konnte, ohne Gründe hierfür angeben zu müssen. Dadurch konnte die Fälligkeit der Werklohnforderung des Unternehmers hinausgeschoben werden bis im Verlauf eines länger dauernden gerichtlichen Verfahrens geklärt wurde, ob das vom Unternehmer hergestellte Werk tatsächlich mit wesentlichen Mängeln behaftet war, die den Besteller zur Abnahmeverweigerung berechtigt hätten.[11]

Die Möglichkeit einer Abnahmefiktion sollte jedoch erhalten bleiben, weil der **8** Gesetzgeber sie als wichtiges Instrument zur Herbeiführung der Abnahmewirkungen bei unberechtigter Abnahmeverweigerung des Bestellers **sieht.**[12] Die Neuregelung zur Abnahmefiktion findet sich nunmehr in **§ 640 Abs. 2 BGB.** Danach gilt ein Werk auch dann als abgenommen, wenn der Unternehmer dem Besteller nach Fertigstellung des Werks eine angemessene Frist zur Abnahme gesetzt hat und der Besteller die Abnahme nicht innerhalb dieser Frist unter Angabe mindestens eines Mangels verweigert hat.[13] Durch die Neuregelung muss der Besteller aktiv tätig werden, indem er die Abnahme verweigert und konkrete Mängel benennt, um den Eintritt der Abnahmewirkungen zu verhindern. Die Abnahmefiktion tritt demnach nur ein, wenn der Besteller überhaupt nicht auf das Abnah-

---

[8] Kapellmann/Messerschmidt/Havers § 12 Rn. 250.
[9] BGBl. 2000 I 330.
[10] Vgl. BGBl. I 969.
[11] BT-Drs. 18/8486, 48.
[12] BT-Drs. 18/8486, 48.
[13] Bei einem Verbrauchervertrag tritt die Abnahmefiktion nur ein, wenn der Unternehmer den Besteller auf die Rechtsfolge in Textform hinweist.

meverlangen reagiert oder es bei der Verweigerung unterlässt, einen Mangel zu benennen.[14] Das tatsächliche Vorliegen von wesentlichen Mängeln hindert den Eintritt der Abnahmefiktion jedoch nicht mehr. Ebenso reicht nicht aus, wenn der Besteller Mängel vor Fristbeginn gerügt hat und diese nicht während der ihm gesetzten Frist der Abnahmeaufforderung entgegenhält.[15] Als weitere Voraussetzung ist die Fertigstellung des Werks hinzugekommen. Dadurch soll ein zu frühes Andienen des Werks unterbunden und damit ein missbräuchlicher Einsatz der fiktiven Abnahme, insbesondere auch gegenüber Verbrauchern verhindert werden.[16]

Nach der Neuregelung muss der Besteller nur einen Mangel angeben. Unerheblich ist, ob es sich dabei um wesentliche Mängel handelt oder ob die genannten Mängel tatsächlich bestehen.[17] Nach der Gesetzesbegründung kann es jedoch rechtsmissbräuchlich sein, wenn der Besteller die Abnahme unter Angabe von offensichtlich nicht bestehenden oder eindeutig unwesentlichen Mängeln verweigert.[18] Sofern eindeutig keine Mängel bestehen oder sie nur unwesentlich sind, soll es auf die Abnahmefiktion nicht mehr ankommen, weil dann die Abnahme zu Unrecht verweigert wurde, und die Abnahmewirkungen eintreten.[19]

9 Die Abnahmefiktion nach § 640 Abs. 2 BGB gilt auch in einem VOB/B-Vertrag, weil § 12 die gesetzliche Regelung zur Abnahme nur ergänzt und die Einbeziehung der Regelung in den Vertrag den Schutz des Auftragnehmers zum Ausdruck bringt, der auch durch § 640 Abs. 2 BGB bezweckt wird.[20]

10 Die einzelnen Regeln des § 12 unterfallen der AGB-Inhaltskontrolle, sofern die VOB/B nicht im Ganzen vereinbart wird. Voit[21] liefert einen guten Überblick über die Wirksamkeit der einzelnen Regelungen nach bislang geltendem Recht und unter Berücksichtigung des neuen Bauvertragsrechts, auf das an dieser Stelle zur Vertiefung verwiesen wird.

II. Abnahmebegriff

11 Die Abnahme wird gesetzlich nicht legal definiert und auch § 12 enthält keine Erklärung dazu. Aus den Vorschriften lässt sich aber entnehmen, dass eine rechtsgeschäftliche Abnahme gemeint ist.

12 Diese ist abzugrenzen von einer öffentlich-rechtlichen und einer technischen Abnahme. Bei einer **öffentlich-rechtlichen Abnahme** wird überprüft, ob das Werk den geltenden öffentlich-rechtlichen Standards entspricht und ob ein ausreichender Schutz der Allgemeinheit gewährleistet ist.[22] Die öffentlich-rechtliche Abnahme (beispielsweise des Rohbaus) ist ländereigen zu regeln und bestimmt sich daher nach der jeweiligen Landesbauordnung.[23] Ihre Bedeutung wird zusehends

---

[14] BT-Drs. 18/8486, 48; Leinemann/Kues/Bolz BGB § 640 Rn. 19.
[15] OLG Schleswig ZfBR 2022, 253.
[16] BT-Drs. 18/8486, 49.
[17] Kniffka/Retzlaff BauR 2017, 1747 (1767); BeckOK VOB/B/Koenen § 12 Rn. 2b.
[18] BT-Drs. 18/8486, 48.
[19] Kniffka/Retzlaff BauR 2017, 1747 (1767); BeckOK VOB/B/Koenen § 12 Rn. 2b.
[20] Vgl. zu § 640 Abs. 1 S. 3 BGB aF: Beck VOB/B/Bröker Vor § 12 Rn. 96; Heiermann/Riedl/Rusam/Mansfeld § 12 Rn. 3; Kapellmann/Messerschmidt/Havers § 12 Rn. 58; Leinemann/Jansen § 12 Rn. 2; Motzke NZBau 2000, 489; aA: Kiesel NJW 2000, 1673.
[21] Messerschmidt/Voit/Voit § 12 Rn. 20 ff.
[22] Hildebrandt/Abu Saris Kapitel 5 Rn. 5.
[23] ZB § 67 Landesbauordnung BW; § 82 Landesbauordnung NRW.

geringer, weil sie in vielen Bundesländern nicht mehr vorgesehen ist oder durch Abnahmen bestimmter Teilleistungen und Beibringungen von Nachweisen Sachverständiger ersetzt wurde.[24]

Die öffentlich-rechtliche Abnahme hat keinen Einfluss auf die rechtsgeschäftliche Abnahme. Deshalb kann nicht auf eine rechtsgeschäftliche Abnahme geschlossen oder eine solche fingiert werden, nur weil eine öffentlich-rechtliche Abnahme erfolgte.[25] Eine rechtsgeschäftliche Abnahme durch den Auftraggeber hat daher immer unabhängig von einer bereits erfolgten öffentlich-rechtlichen Abnahme stattzufinden. 13

Die **technische Abnahme** iSd § 4 Abs. 10 ist ebenfalls losgelöst von der rechtsgeschäftlichen Abnahme zu betrachten, weil bei einer technischen Abnahme nicht die eigentlichen Abnahmewirkungen eintreten.[26] Die technische Abnahme beschreibt eine Zustandsfeststellung von Teilen der Leistung des Auftragnehmers.[27] 14

Die **rechtsgeschäftliche Abnahme** ist hingegen die körperliche Entgegennahme der Leistung verbunden mit der Erklärung des Auftraggebers, das Werk im Wesentlichen als vertragsgemäße Erfüllung anzuerkennen.[28] 15

Mit der **körperlichen Entgegennahme** des Werks ist die Übertragung des unmittelbaren Besitzes durch den Auftragnehmer auf den Auftraggeber gemeint, soweit dies möglich ist.[29] 16

Die Anerkennung oder auch die Billigung ist eine einseitige, **nicht zwingend empfangsbedürftige Willenserklärung** des Auftraggebers,[30] die auch konkludent erklärt werden kann. Wird das Werk von dem Auftraggeber entgegengenommen, ist in der Regel von einer Billigung auszugehen.[31] Dies gilt nicht, wenn die Entgegennahme aus einer Zwangslage heraus erfolgte und die Ablehnung der Abnahme dadurch deutlich wird.[32] Nimmt der Auftraggeber das Werk in Gebrauch und ist er der Auffassung, dazu trotz fehlender Abnahme aufgrund einer Zwangslage berechtigt zu sein, ist er für das Vorliegen einer Zwangslage beweispflichtig.[33] 17

Dem vorgenannten Verständnis von der Abnahme liegt der **zweigliedrige Abnahmebegriff** zu Grunde, der auch in der Literatur vertreten wird.[34] Es ist jedoch darauf hinzuweisen, dass sich der **einseitige Abnahmebegriff**, nach dem die körperliche Entgegennahme des Werks nicht erforderlich ist und es nur auf die Billigung der Leistung durch den Auftraggeber ankommt, immer stärkeren Zuspruch erfährt.[35] 18

---

[24] ZB § 68 Hamburger Bauordnung zum Nachweis der Standsicherheit, des Brandschutzes usw.

[25] Ingenstau/Korbion/Oppler § 12 Rn. 5; Leinemann/Jansen § 12 Rn. 8.

[26] BGH NJW 1968, 1524; Hildebrandt/Abu Saris Kapitel 5 Rn. 9.

[27] Vertiefend: Thierau BauR 2013, 372 ff.

[28] BGH NJW 1967, 2259; NJW-RR 1993, 1461; NJW 1996, 1749.

[29] Leinemann/Jansen § 12 Rn. 3.

[30] BGH NJW 1974, 95.

[31] Aus Beweiszwecken empfiehlt sich jedoch immer eine schriftlich protokollierte Abnahme.

[32] OLG Hamm BauR 2001, 1914; Werner/Pastor BauProz/Werner Rn. 1810 mwN.

[33] OLG Düsseldorf NJW 1991, 3040.

[34] Ingenstau/Korbion/Oppler § 12 Rn. 7; Kapellmann/Messerschmidt/Havers § 12 Rn. 26; Thode ZfBR 1999, 116.

[35] Hildebrandt/Abu Saris Kapitel 6 Rn. 12 ff.

§ 12

19 Zu Recht wird davon ausgegangen, dass sich seit der Statuierung der fiktiven Abnahme in § 640 Abs. 1 S. 3 BGB aF durch das Gesetz zur Beschleunigung fälliger Zahlungen der zweigliedrige Abnahmebegriff nicht mehr begründen lässt.[36] Die Fiktion ersetzt die Anerkennung des Auftraggebers, das Werk als im Wesentlichen vertragsgemäße Leistung anzuerkennen. Die körperliche Komponente ist insoweit unbeachtlich. Nichts anderes muss auch im Rahmen der weiteren Abnahmeformen gelten.

III. Voraussetzungen der Abnahme

20 Die **Voraussetzungen der Abnahme** ergeben sich aus § 12 Abs. 1 und der von der Rechtsprechung und Literatur entwickelten Definition der Abnahme. Dementsprechend bedarf es der Fertigstellung des Werks, welches vom Auftraggeber entgegengenommen und als im Wesentlichen vertragsgemäße Erfüllung anerkannt werden kann.[37]

21 **1. Fertigstellung der Leistung.** Die Abnahme setzt die **Fertigstellung** des Werks voraus,[38] das auch zum Zeitpunkt der Abnahme noch fertiggestellt sein muss, also nicht untergangen sein darf.[39]

22 Das Werk ist fertiggestellt, wenn die **geschuldete Bauleistung vollendet** ist. Das bedeutet, dass lediglich geringe Restleistungen fehlen oder unwesentliche Mängel vorliegen dürfen, was sich nach dem Einzelfall beurteilt.[40] Allgemein lässt sich aber sagen, dass die Leistung funktionsfähig und somit zumindest der bestimmungsgemäße Gebrauch möglich sein muss.[41] Daher sind Mängel wesentlich oder Restleistungen nicht nur gering, wenn entweder der Mangel oder die noch ausstehenden Restleistungen die Nutzung der Leistung so beeinträchtigen, dass es dem Auftraggeber entweder nicht möglich oder aber nicht zumutbar ist, die Leistung zur Nutzung entgegenzunehmen.[42] Mangelfolgeschäden sollen hingegen der Abnahmereife nicht entgegengehalten werden können, weil sie nicht unmittelbar die Werkleistung betreffen.[43]

23 Ausreichend für die Fertigstellung kann bereits eine **fast vollständige Bauleistung** sein, wenn die fehlenden Leistungsteile so unerheblich sind, dass sie eine ordnungsgemäße Abnahme der Gesamtleistung nicht ausschließen. Die Bauleistung muss jedoch „funktionell" fertig sein. Das heißt, sie muss ungehindert in den bestimmungsgemäßen Gebrauch übernommen werden können.[44]

24 Bei einer **schlüsselfertigen Herstellung** eines Gebäudes (insbesondere bei Bauträgerverträgen) ist grundsätzlich von einer Fertigstellung auszugehen, wenn das Gebäude bezogen werden kann und der Auftragnehmer eine in der Hauptsache vertragsgemäße, den Auftraggeber zur Abnahme verpflichtende Leistung erbracht hat.[45]

---

[36] Messerschmidt/Voit/Messerschmidt BGB § 640 Rn. 17.
[37] BGH BauR 1973, 72; ZfBR 2014, 362; Leinemann/Jansen § 12 Rn. 9.
[38] BGH BauR 1973, 72; ZfBR 2014, 362.
[39] Kapellmann/Messerschmidt/Havers § 12 Rn. 92; Beck VOB/B/Bröker Vor § 12 Rn. 124.
[40] Beck VOB/B/Bröker Vor § 12 Rn. 125.
[41] Heiermann/Riedl/Rusam/Mansfeld § 12 Rn. 20.
[42] Kapellmann/Messerschmidt/Havers § 12 Rn. 93.
[43] OLG Oldenburg IBRRS 2023, 0181.
[44] OLG Düsseldorf BauR 1982, 168; Ingenstau/Korbion/Oppler § 12 Rn. 33.
[45] BGH BeckRS 1974, 00176.

Da die Abnahme dem Auftraggeber obliegt, kann er sie auch **vor der Fertig-** 25
stellung des Werks erklären, selbst wenn wesentliche Mängel vorliegen oder
Restleistungen fehlen.[46] Dazu muss der Auftraggeber jedoch das Werk auch ohne
die betreffende Restleistung als im Wesentlichen vertragsgemäß anerkennen.[47]

Nimmt der Auftraggeber **freiwillig und bewusst** eine nicht fertiggestellte 26
Leistung ab, treten alle Wirkungen der Abnahme ein, unabhängig davon, ob die
abgenommene Werkleistung abnahmereif und damit erfüllungstauglich war.[48]
Dies lässt sich aber nicht auf die fiktive Abnahme übertragen. Diese setzt vielmehr
die Fertigstellung des Werks voraus.[49]

2. Formen der Abnahme. Die rechtsgeschäftliche Abnahme ist in drei Kate- 27
gorien aufzuteilen. Neben einer förmlichen Abnahme, die gerade aus Beweiszwecken stets zu empfehlen ist, kann auch eine konkludente oder eine fiktive
Abnahme treten.

Die **förmliche Abnahme** ist in § 12 Abs. 4 geregelt. Ist eine förmliche 28
Abnahme vereinbart, schließt sie grundsätzlich eine konkludente Abnahme
aus.[50] Von der förmlichen Abnahme können die Vertragsparteien stillschweigend
Abstand nehmen, wenn zB der Auftragnehmer dem Auftraggeber die Schlussrechnung übersendet und der Auftraggeber keine förmliche Abnahme mehr
verlangt.[51]

Die förmliche Abnahme ist **schriftlich zu protokollieren** und das Proto- 29
koll ist von beiden Vertragsparteien zu unterzeichnen.[52] Entscheiden sich die
Vertragsparteien gegen die Anfertigung eines Protokolls, bleibt davon die
Wirksamkeit der Abnahme unberührt, wenn der Auftraggeber bei einer Begehung keine Mängel beanstandet.[53] Bestimmt der Auftraggeber auf Antrag des
Auftragnehmers keinen Termin zur Abnahme innerhalb der nach VOB/B
bestimmten oder vertraglich vereinbarten Frist, verstößt er gegen Treu und
Glauben, wenn er sich auf die fehlende Abnahme beruft (zB wenn der Auftragnehmer Zahlung auf die Schlussrechnung fordert).[54] Mit der Unterzeichnung
eines mit „Mängelliste für Bauabnahme" überschriebenen Dokuments wird die
Abnahme erklärt.[55] In einem langen Hinauszögern der Abnahme oder, wenn
sie nicht ausdrücklich verweigert wird, kann auch ein Verzicht auf die förmliche Abnahme gesehen werden.[56] Rügt der Auftraggeber hingegen wesentliche
Mängel oder fehlende Restleistungen, kann daraus nicht auf einen Verzicht
geschlossen werden.[57]

Von der förmlichen Abnahme muss die Abnahme durch schlüssiges bzw. kon- 30
kludentes Verhalten des Auftraggebers abgegrenzt werden, die ebenfalls eine wirk-

---

[46] BGH ZfBR 2014, 362; OLG Stuttgart BeckRS 2013, 09968.
[47] BGH NZBau 2013, 779; ZfBR 2014, 362.
[48] Thode ZfBR 1999, 116.
[49] BGH NJW 1979, 650; NJW-RR 1989, 979.
[50] OLG Brandenburg NZBau 2012, 293.
[51] OLG Frankfurt a. M. IBRRS 2005, 2380.
[52] Leinemann/Jansen § 12 Rn. 18.
[53] OLG Saarbrücken BauR 2004, 724.
[54] OLG Düsseldorf BauR 1997, 647.
[55] OLG Dresden IBRRS 2014, 0719; BGH 30.10.2013 – VII ZR 85/12; BGH 30.10.2013 – VII ZR 85/12 (Nichtzulassungsbeschwerde zurückgewiesen).
[56] KG NZBau 2006, 436.
[57] OLG Brandenburg NZBau 2012, 292.

same Form der Abnahme darstellt.[58] Die **konkludente Abnahme** setzt ebenso wie die förmliche Abnahme die wesentliche Fertigstellung des Werks[59] und einen Abnahmewillen des Auftraggebers voraus. Aus dem Verhalten des Auftraggebers muss sich ergeben, dass er das Werk als vertragsgemäße Leistung anerkennt.[60] Maßgeblich für die Beurteilung eines Abnahmewillens ist, dass der Auftragnehmer aus Sicht eines „objektiven Dritten" aus dem Verhalten des Auftraggebers den Schluss ziehen durfte, dass dieser das Werk als vertragsgemäß billigt.[61] Dem Auftragnehmer muss also das schlüssige Verhalten gegenüber zum Ausdruck gebracht worden sein.[62] Davon kann ausgegangen werden, wenn der Auftraggeber das Werk prüft und keine Beanstandungen äußert.[63]

31 Einer konkludenten Abnahme steht in der Regel nicht entgegen, dass das Werk **unbekannte Mängel** hat.[64] Sie kann auch in der Zahlung des Restwerklohns gesehen werden, wenn der Auftraggeber sie sich nicht bei der Zahlung vorbehält.[65] Auch die gleichzeitige Rüge von Mängeln und der Vorbehalt von Schadensersatzansprüchen stehen einer konkludenten Abnahme nicht entgegen, weil die Mängelansprüche durch eine Abnahme nicht verloren gehen.[66] Dies gilt jedoch nicht, wenn sich die Vertragsparteien über die fehlende Abnahmereife oder den kompletten Austausch der Leistung einig waren.[67] Von einer konkludenten Abnahme ist grundsätzlich auch nicht auszugehen, wenn das Werk noch nicht vollständig fertiggestellt ist.[68]

32 Die **Ingebrauchnahme des Werks** durch den Auftraggeber kann eine konkludente Abnahme indizieren, vorausgesetzt der Auftraggeber hatte die Gelegenheit das Werk in einer angemessenen Frist zu prüfen.[69] Eine Nutzung des Werks stellt insbesondere dann keine konkludente Abnahme dar, wenn der Auftraggeber vor Beginn der Nutzung oder innerhalb einer **angemessenen Prüffrist** Mängel rügt, die ihn zu einer Abnahmeverweigerung berechtigten oder wenn das Bauwerk noch nicht vollständig fertiggestellt ist.[70] Die Prüffrist soll sich an den 12 Werktagen aus § 12 Abs. 1 und Abs. 5 Nr. 2 orientieren.[71] In der neueren Rechtspre-

---

[58] BGH NJW 1970, 421; KG NZBau 2006, 436; eine konkludente Abnahme der Leistungen der Objektbetreuung soll nach Ablauf einer sechsmonatigen Prüffrist nach dem Ende der Leistungsphase 9 anzunehmen sein, vgl. OLG München IBRRS 2023, 1969; BGH 26.4.2023 – VII ZR 279/21 (Nichtzulassungsbeschwerde zurückgewiesen); zur konkludenten Abnahme des Architektenwerks vgl.: Müller NZBau 2015, 337 (341).

[59] BGH NJW 1964, 647; 1994, 1276.

[60] BGH ZfBR 1999, 327; 2001, 183.

[61] BGH NJW 1974, 95; Leinemann/Jansen § 12 Rn. 17.

[62] BGH NJW 1974, 95.

[63] Kniffka/Jurgeleit/Pause/Vogel BGB § 640 Rn. 54; Für eine installierte Heizungsanlage ist jedenfalls in den Wintermonaten eine Prüffrist von drei Monaten als ausreichend und angemessen anzusehen, vgl. OLG München BeckRS 2021, 64187; BGH 10.11.2021 – VII ZR 565/21 (Nichtzulassungsbeschwerde zurückgewiesen).

[64] OLG München BeckRS 2015, 18760 = BauR 2016, 846; OLG Brandenburg BeckRS 2014, 08113 = IBR 2014, 452.

[65] BGH NJW 1970, 421; NZBau 2010, 318.

[66] BGH NJW 1971, 99; Ingenstau/Korbion/Oppler § 12 Rn. 11.

[67] BGH ZfBR 1999, 327; Kapellmann/Messerschmidt/Havers § 12 Rn. 44.

[68] BGH NJW-RR 1993, 1461; Kniffka/Jurgeleit/Pause/Vogel BGB § 640 Rn. 54.

[69] BGH NZBau 2013, 779; NJW-RR 1992, 1078; OLG München NZBau 2016, 161.

[70] BGH ZfBR 2011, 360; IBRRS 2015, 3284.

[71] BGH NJW 1985, 731; Leinemann/Jansen § 12 Rn. 19.

chung wird hingegen eine Prüffrist von sechs bis acht Wochen als angemessen angesehen.[72]

Einer Prüffrist bedarf es hingegen nicht, wenn vor der Ingebrauchnahme eine hinreichende Überprüfung stattfand. In einem solchen Fall ist bereits zum Zeitpunkt der Ingebrauchnahme von einer konkludenten Abnahme auszugehen.[73] Eine konkludente Abnahme der gesamten Leistung des Bauträgers einschließlich des Gemeinschaftseigentums soll auch angenommen werden, wenn sämtliche Erwerber in ihre Eigentumswohnungen einziehen und den Kaufpreis bezahlen, ohne dass sie selbst oder die Wohnungseigentümergemeinschaft auf die förmliche Abnahme bestehen.[74] Die Vereinbarung einer förmlichen Abnahme schließt eine konkludente Abnahme durch Ingebrauchnahme nicht aus, wenn festgestellt werden kann, dass die Parteien auf die vereinbarte Abnahmeform verzichtet haben.[75]

Eine **ausdrückliche Erklärung des Auftraggebers**, das Werk sei nicht abnahmefähig, schließt hingegen eine anschließende konkludente Abnahme durch Ingebrauchnahme aus, wenn zwischen Mängelrüge und Ingebrauchnahme nicht nachgebessert wurde.[76] Gleiches gilt, wenn der Auftraggeber vor dem Einzug Mängel rügt, die ihn zur Abnahmeverweigerung berechtigen.[77] Eine konkludente Abnahme ist auch nicht bei einer nur probeweisen Ingebrauchnahme oder, wenn sie durch eine Zwangslage verursacht wurde, anzunehmen.[78]

Während die förmliche und die konkludente Abnahme einen Abnahmewillen voraussetzen, ist die **fiktive Abnahme** von einem solchen Willen des Auftraggebers unabhängig. Die fiktive Abnahme ist eine weitere Form der Abnahme, die sämtliche Abnahmewirkungen entfaltet, soweit sie nicht ausdrücklich ausgeschlossen wurde.[79] Sie setzt nach § 12 Abs. 5 ebenfalls die Fertigstellung des Werks voraus, die dem Auftraggeber gegenüber angezeigt werden muss.[80] Die Abnahmefiktion tritt nach Ablauf einer Frist von 12 Werktagen nach schriftlicher Mitteilung der Fertigstellung bzw. nach Ingebrauchnahme und Ablauf von 6 Werktagen ein, wenn der Auftraggeber die Abnahme nicht verweigert.

Die Abnahmefiktion nach § 12 Abs. 5 kann in **Allgemeinen Geschäftsbedingungen** wirksam ausgeschlossen werden.[81] Darüber hinaus können weitere Tatbestände für den Eintritt einer Abnahmefiktion vertraglich vereinbart werden.[82]

3. Abnahmeerklärung. Die Abnahmeerklärung ist eine **einseitige, nicht empfangsbedürftige Willenserklärung** des Auftraggebers,[83] die teilweise auch als geschäftsähnliche Handlung eingeordnet wird.[84] Diese rechtliche Einordnung

---

[72] OLG Hamm NJW-RR 1995, 1233; OLG Jena BeckRS 2012, 11563.
[73] Kapellmann/Messerschmidt/Havers § 12 Rn. 42.
[74] OLG Bamberg IBRRS 2015, 3298.
[75] OLG Dresden IBRRS 2014, 0719; BGH 30.10.2013 – VII ZR 85/12 (Nichtzulassungsbeschwerde zurückgewiesen).
[76] OLG Stuttgart BeckRS 2011, 10028 = BauR 2011, 1824.
[77] BGH ZfBR 2001, 183.
[78] BGH NJW 1994, 942.
[79] Vgl. → Rn. 144 ff.
[80] BGH NZBau 2003, 265; OLG Celle IBRRS 2015, 2101; BGH 21.5.2015 – VII ZR 151/14 (Nichtzulassungsbeschwerde zurückgewiesen).
[81] BGH NJW 1996, 1749; Leinemann/Jansen § 12 Rn. 18.
[82] Zu den Bedenken der Wirksamkeit solcher Vereinbarungen vgl.: Ingenstau/Korbion/Oppler § 12 Rn. 23.
[83] RGZ 110, 404; BGH NJW 1974, 95; Ganten NJW 1974, 987.
[84] Messerschmidt/Voit/Messerschmidt BGB § 640 Rn. 19.

§ 12

kann dahingestellt bleiben, weil zumindest Einigkeit darüber besteht, dass die Vorschriften über Willenserklärungen und über Willensmängel auch für geschäftsähnliche Handlungen direkt oder zumindest in entsprechender Anwendung gelten.[85] Die Vorschriften über die Stellvertretung, die Abgabe und der Zugang von Willenserklärungen sowie die Anfechtungsvorschriften finden daher auch auf die Abnahmeerklärung Anwendung.[86]

38 Die Abnahme setzt **keine Mitwirkung des Auftragnehmers** voraus. Bei der förmlichen Abnahme soll der Auftragnehmer jedoch nach § 12 Abs. 4 Nr. 1 („in gemeinsamer Verhandlung") teilnehmen. Sie kann aber nach Abs. 4 Nr. 2 auch ohne den Auftragnehmer stattfinden.

39 Nach Ansicht des OLG Koblenz[87] soll die Abnahmeerklärung auch unter einem Vorbehalt nach § 158 Abs. 1 BGB erklärt werden können. Die Abnahme entfalte ihre Wirkung erst dann, wenn die **Bedingung,** unter der die Abnahme erklärt sei, eintrete.

40 Ausgehend von der **Bedingungsfeindlichkeit der Abnahmeerklärung,**[88] muss jedoch bezweifelt werden, dass die Auslegung des OLG Koblenz, es handele sich bei der abgegebenen Erklärung um eine rechtliche Bedingung, zutreffend ist.

41 Bei **Wohnungseigentum** muss zwischen der Abnahme von Sondereigentum und Gemeinschaftseigentum unterschieden werden. Während das Sondereigentum nur von den betreffenden Erwerbern abgenommen werden muss, ist das Gemeinschaftseigentum durch jeden Erwerber gesondert abzunehmen.[89] Erwerber, die den Vertrag erst nach der Abnahme des Gemeinschaftseigentums durch die anderen Erwerber abschließen (sog. Nachzügler), sind nicht an die bereits erklärte Abnahme gebunden.[90] In der Praxis beauftragen die Erwerber meistens den Verwalter mit der Abnahme des Gemeinschaftseigentums.[91] Eine formularmäßige Klausel in einem Bauträgervertrag, wonach die Abnahme des Gemeinschaftseigentums durch den vom Bauträger eingesetzten Erstverwalter ermöglicht wird, ist jedoch unwirksam, weil der Verwalter aus dem Lager des Bauträgers stammt und nicht neutral ist.[92] Die Abnahmeerklärung des Verwalters müssen die Erwerber gerade bei der Frage, ob ihre Mängelansprüche verjährt sind, nicht gegen sich gelten lassen. Allerdings ist anzudenken, ob die Mängelansprüche der Erwerber verwirkt sein könnten. Zur Annahme der Verwirkung muss zum einen eine erhebliche Zeit seit der Übergabe verstrichen sein. Zum anderen müssen im Einzelfall konkrete Umstände hinzukommen, die eine Verwirkung in Ausnahmefällen rechtfertigen.[93] Den Erwerbern könnte im Rahmen der Verjährung auch verwehrt werden, sich wegen widersprüchlichen Verhaltens unter Berücksichtigung von Treu und Glauben (§ 242 BGB) auf das Fehlen der Abnahme zu berufen. Dabei ist zu beachten, dass nicht jeder Widerspruch zwischen zwei Verhaltensweisen als

---

[85] BGH NJW 1983, 1542; 2001, 289; Beck VOB/B/Bröker Vor § 12 Rn. 31.

[86] BGH NJW 1986, 1758; OLG Stuttgart NJW-RR 2011, 669; Leinemann/Kues/Bolz BGB § 640 Rn. 3 mwN.

[87] OLG Koblenz NZBau 2015, 294.

[88] Hildebrandt/Abu Saris Kapitel 8 Rn. 4 ff.; BeckOK VOB/B/Koenen § 12 Rn. 24; MüKoBGB/Busche § 640 Rn. 4.

[89] BGH BauR 1983, 573; NJW 1985, 1551; Basty Kapitel 12 Rn. 53.

[90] OLG Frankfurt a. M. NJW-RR 2013, 1487; Leinemann/Jansen § 12 Rn. 32.

[91] BayObLG NZM 2001, 539; Kapellmann/Messerschmidt/Havers Anhang B Rn. 110.

[92] BGH ZfBR 2014, 39; zur Haftung des Notars für die Beurkundung einer unwirksamen Klausel vgl. OLG Celle ZfBR 2023, 564.

[93] OLG München NJW-Spezial 2023, 717 (nicht rechtskräftig).

Abnahme **§ 12**

unzulässige Rechtsausübung zu werten ist. Für ein Handeln entgegen Treu und Glauben reicht beispielsweise nicht aus, wenn die Erwerber mehrfach Mängelansprüche geltend gemacht haben, die der Bauträger jeweils reguliert und sich die Erwerber später bei der Geltendmachung weiterer Mängelansprüche gegen die vom Bauträger erhobene Einrede der Verjährung auf die Unwirksamkeit der Abnahme berufen.[94]

Die Abnahmeerklärung unterliegt grundsätzlich den Regeln der **Anfechtbar-** 42 **keit**. Allerdings schließen die Mängelansprüche eine Anfechtung wegen Irrtums nach § 119 Abs. 1 BGB und wegen arglistiger Täuschung aus, soweit es die Abnahme in Bezug auf Mängel betrifft. Die Anwendung der allgemeinen Anfechtungsvorschriften bedarf es nicht, weil der Auftraggeber durch die §§ 637, 638 Abs. 1 BGB bzw. § 13 VOB/B iVm § 634a Abs. 3 BGB ausreichend geschützt ist.[95]

Etwas anderes gilt für die **Anfechtung der Abnahmeerklärung wegen einer** 43 **widerrechtlichen Drohung nach § 123 BGB**.[96] Eine widerrechtliche Drohung kann angenommen werden, wenn der Auftragnehmer äußert, dass das Werk nur nach Unterzeichnung eines Verzichts auf Mängelvorbehalte und Anerkennung seiner Rechnung übergeben wird.[97] Nicht ausreichend ist hingegen, wenn der Auftragnehmer die Übergabe des Werks und den Einzug durch den Auftraggeber solange verweigert, bis der Auftraggeber das Werk abgenommen hat.[98]

Der Auftraggeber kann sich bei der Abgabe der Abnahmeerklärung **durch** 44 **einen Dritten vertreten** lassen. Soll sein Architekt ihn vertreten, bedarf es einer ausdrücklichen Vollmacht, aus der hervorgeht, dass die Abnahme im Namen des Auftraggebers durch den Architekten erklärt werden darf. Aus der allgemeinen Beauftragung des Architekten oder aus einer Bevollmächtigung zum Abschluss des Bauvertrages ergibt sich nicht schon die Bevollmächtigung zur Abnahmeerklärung.[99] Die Vollmacht kann dem Architekten auch konkludent erteilt werden, wenn beispielsweise der Architekt vom Auftraggeber an seiner Stelle zu Bausprechungen entsendet wurde, bei denen rechtsgeschäftliche Angelegenheiten zu klären waren.[100]

Die **Bevollmächtigung des Architekten** kann sich auch aus einer Duldungs- 45 oder Anscheinsvollmacht ergeben, wenn der Auftraggeber den ihm zurechenbaren Eindruck vermittelt, der Architekt wäre zur Vertretung bevollmächtigt. Eine **Duldungsvollmacht** setzt voraus, dass der Auftraggeber es wissentlich geschehen lässt, dass der Architekt für ihn wie ein Vertreter auftritt und der Auftragnehmer dieses Dulden nach Treu und Glauben so verstehen darf, dass der Architekt bevollmächtigt ist.[101] Von einer Duldungsvollmacht ist beispielsweise auszugehen, wenn der Architekt zuvor schon Teilabnahmen erklärt hat, denen der Auftraggeber nicht widersprach.[102]

---

[94] BGH BeckRS 2023, 36564 = BauR 2024, 273.
[95] OLG München NZBau 2012, 238; Kapellmann/Messerschmidt/Havers § 12 Rn. 83.
[96] Heiermann/Riedl/Rusam/Mansfeld § 12 Rn. 13; Leinemann/Jansen § 12 Rn. 7; Hildebrandt/Abu Saris S. 35 Rn. 34.
[97] BGH NJW 1982, 2301.
[98] BGH NJW 1983, 384.
[99] OLG Düsseldorf BauR 1997, 647; Beck VOB/B/Bröker Vor § 12 Rn. 49.
[100] OLG Köln NJW-RR 1994, 1501.
[101] OLG Karlsruhe IBRRS 2011, 3708; BGH 29.9.2011 – VII ZR 64/10 (Nichtzulassungsbeschwerde zurückgewiesen).
[102] Heiermann/Riedl/Rusam/Mansfeld § 12 Rn. 10; Leinemann/Jansen § 12 Rn. 31.

Abu Saris

§ 12

46   Für eine **Anscheinsvollmacht** ist es nicht erforderlich, dass der Auftraggeber von dem Handeln des Architekten Kenntnis erlangt hat. Ausreichend ist, dass er es bei pflichtgemäßer Sorgfalt hätte erkennen müssen.[103] Von einer Anscheinsvollmacht kann beispielsweise ausgegangen werden, wenn der Auftraggeber dem Architekten alleine die Vertragsverhandlungen überlässt.[104]

47   Einigen sich die Parteien auf die Begutachtung des Bauvorhabens durch einen **Sachverständigen** „zwecks Abnahme", ist dem keine Bevollmächtigung des Sachverständigen zur Abgabe einer Abnahmeerklärung zu entnehmen.[105] Wird der vom Bauträger eingesetzte Erstverwalter durch eine formularmäßige Klausel im Vertrag von den Erwerbern bevollmächtigt, dass Gemeinschaftseigentum abzunehmen, ist die Klausel und somit auch die Vollmacht unwirksam.[106]

48   **4. Anspruch auf Abnahme.** Die Abnahme ist eine Hauptpflicht des Auftraggebers.[107] Daraus ergibt sich für den Auftragnehmer ein **einklagbarer Anspruch auf Abnahme,** den er unabhängig von seinem Zahlungsanspruch geltend machen kann.[108]

49   Die **Klage auf Abnahme** ist eine Leistungsklage mit dem Gegenstand, eine unvertretbare Handlung iSd § 888 ZPO einzuklagen. Der **Gegenstandswert** der Klage richtet sich nach dem Interesse des Auftragnehmers an der Abnahme. Dieser ist nach § 3 ZPO vom Gericht zu schätzen und wird regelmäßig einem Bruchteil des Wertes des durch die Abnahme fällig werdenden Werklohnanspruches entsprechen.[109] Die Klage auf Abnahme sollte stets mit einer Klage auf **hilfsweise Feststellung,** dass die Abnahmewirkung bereits eingetreten ist, verbunden werden. So riskiert der Auftragnehmer keine vollständige Klageabweisung wegen eines fehlenden Rechtsschutzbedürfnisses,[110] nur weil die Abnahmewirkungen bereits wegen des Ablaufs der Aufforderungsfrist oder auf andere Weise eingetreten sind.

50   Die **Vollstreckung** eines stattgebenden Urteils richtet sich nach § 888 ZPO.[111] Ist der Auftraggeber bereits Eigentümer und Besitzer des Werks und hängt die Abnahme daher nur noch von seiner Billigung ab, kommt auch eine Vollstreckung nach § 894 ZPO in Betracht.[112]

51   Die isolierte Klage auf Abnahme besitzt wenig praktische Relevanz, weil regelmäßig eine Zahlungsklage erhoben wird, in der zugleich die Geltendmachung eines Anspruchs auf Abnahme zu sehen ist.[113]

52   Umstritten ist die Frage, ob der Auftraggeber die ihm obliegende Pflicht zur Abnahme auch vor der Fertigstellung und entgegen dem Willen des Auftragnehmers ausüben kann (sog. „aufgedrängte Abnahme").[114]

---

[103] OLG Dresden IBRRS 2011, 5250.
[104] BGH NJW 1983, 816.
[105] Beck VOB/B/Bröker Vor § 12 Rn. 56.
[106] BGH NJW 2013, 3360.
[107] BGH NJW 1996, 1749; Kapellmann/Messerschmidt/Havers § 12 Rn. 60.
[108] BGH NJW 1981, 1448; 1996, 1749.
[109] MAH VergütungsR/Teubel § 10 Rn. 42.
[110] Derleder NZBau 2004, 237; Hildebrandt/Abu Saris Kapitel 15 Rn. 5.
[111] Ingenstau/Korbion/Oppler § 12 Rn. 18; MüKoBGB/Busche § 640 Rn. 48.
[112] Beck VOB/B/Bröker Vor § 12 Rn. 23; Ingenstau/Korbion/Oppler § 12 Rn. 18.
[113] Kapellmann/Messerschmidt/Havers § 12 Rn. 60; MüKoBGB/Busche § 640 Rn. 50.
[114] Ausführlich hierzu: Hildebrandt/Abu Saris Kapitel 4 Rn. 3 ff.; Leinemann/Jansen § 12 Rn. 14 f.; Kapellmann/Messerschmidt/Havers § 12 Rn. 98.

Abnahme § 12

5. Abnahmen in einer Leistungskette. Bei einem Bauvorhaben sind oftmals 53 verschiedene **Vertragsverhältnisse** voneinander zu unterscheiden; beispielsweise, wenn der Bauherr die gesamte Ausführung einem Generalunternehmer überlässt und dieser wiederum Nachunternehmer mit einzelnen Leistungen oder Gewerken beauftragt usw.

Fraglich ist bei Vorliegen solcher **Leistungsketten,** wie sich die Abnahme des 54 Bauvorhabens durch den Bauherrn gegenüber dem Generalunternehmer auf die weiteren Vertragsverhältnisse in der Leistungskette auswirkt.

Grundsätzlich kann die Abnahme eines Dritten **keinen Einfluss** auf ein anderes 55 Rechtsverhältnis haben und somit keine Abnahmewirkung im dem Verhältnis des Generalunternehmers zu seinen Nachunternehmern oder in dessen Verhältnis zu ihren Subunternehmern haben.[115] In Ausnahmefällen wirkt die Abnahme des Bauherrn jedoch auch im Verhältnis zwischen Generalunternehmer und Nachunternehmer.[116] Erteilt der Generalunternehmer den Bauherrn eine Schlussrechnung, bringt er damit zum Ausdruck, dass er die Leistung als vertragsgemäß und somit abnahmereif fertiggestellt ansieht. Diese Erklärung hat gleichzeitig gegenüber dem Nachunternehmer die Wirkung einer Abnahme.[117] Weigert sich der Generalunternehmer die Leistungen seines Nachunternehmers abzunehmen, obschon der Bauherr das Bauvorhaben ohne Vorbehalte abgenommen hat, kann ein Verstoß gegen Treu und Glauben vorliegen und die Abnahmewirkungen auslösen.[118]

IV. Wirkungen der Abnahme

Die Abnahme stellt den **Übergang vom Erfüllungs- in das Mängelhaf-** 56 **tungsstadium** dar. Mit der Abnahme geht die Gefahr auf den Auftraggeber über, die Vergütung wird fällig und es findet eine Beweislastumkehr statt. Der Auftraggeber verliert seine Ansprüche wegen bekannter, aber nicht vorbehaltener Mängel und wegen einer nicht vorbehaltenen Vertragsstrafe. Zudem beginnen die Verjährungsfristen für die Mängelansprüche des Auftraggebers und für den Vergütungsanspruch des Auftragnehmers zu laufen.

Die Abnahme entfaltet diese Wirkungen selbst dann, wenn sie wegen baulicher 57 Mängel oder der Nichteinhaltung vertraglich vereinbarter Förmlichkeiten objektiv verfrüht erklärt wird.[119]

1. Übergang vom Erfüllungs- in das Mängelhaftungsstadium. Mit der 58 Abnahme endet das Erfüllungsstadium und damit auch die **Vorleistungspflicht des Auftragnehmers,** weil seine Vergütung fällig wird.[120] Darin lässt sich die

---

[115] OLG Celle IBRRS 2015, 2101; BGH 21.5.2015 – VII ZR 151/14 (Nichtzulassungsbeschwerde zurückgewiesen).

[116] Vgl. beispielsweise OLG Nürnberg IBR 2018, 219, wonach die Fälligkeit der Vergütung des Nachunternehmers nach Abnahme der Leistung durch den Bauherrn eintritt, die Verjährung der Vergütungsforderung jedoch erst zu laufen beginnt, wenn der Nachunternehmer die Fälligkeit kannte oder aufgrund grober Fahrlässigkeit nicht kannte.

[117] OLG Düsseldorf OLGR 1996, 1; zur Wirkung einer Abnahmeerklärung des Bauherren gegenüber dem Nachunternehmer für den Generalunternehmer vgl.: OLG Stuttgart NZBau 2011, 297.

[118] OLG Köln NJW-RR 1997, 756.

[119] OLG München IBRRS 2014, 2031; BGH 10.7.2014 – VII ZR 322/13 (Nichtzulassungsbeschwerde zurückgewiesen).

[120] Hildebrandt/Abu Saris Kapitel 16, Rn. 3 ff., Leinemann/Jansen § 12 Rn. 37.

§ 12 VOB Teil B

notwendige Folge erkennen, dass der Auftraggeber das Werk als im Wesentlichen vertragsgemäß anerkennt und dass mit der Abnahme das Erfüllungsstadium endet.[121]

59   Durch die Abnahme wird der Anspruch des Auftraggebers auf Herstellung des Werks durch den Anspruch auf Nacherfüllung abgelöst.[122] Dies gilt selbst dann, wenn die Leistung des Auftragnehmers mangelhaft ist.[123]

60   Die Erfüllungsansprüche aus § 4 Abs. 7 S. 1 wandeln sich mit der Abnahme in Mängelansprüche nach § 13 um.[124] Der entstandene Schadensersatzanspruch aus § 4 Abs. 7 S. 2 bleibt jedoch bestehen.[125] Eine vollständige Neuherstellung des Werks kann nach der Umwandlung aufgrund des Vorrangs der Nacherfüllung nur ausnahmsweise verlangt werden, wenn der Mangel nicht anders zu beseitigen ist.[126]

61   **Prozessual** wirkt sich die Abnahme wie folgt aus: Liegen vor der Abnahme wesentliche Mängel vor, die den Auftraggeber zur Abnahmeverweigerung berechtigen, muss eine Klage auf Zahlung des Werklohns abgewiesen werden, weil dem Auftraggeber ein Leistungsverweigerungsrecht zusteht.[127] Nach der Abnahme steht dem Auftraggeber wegen berechtigter Mängel hingegen nur ein Zurückbehaltungsrecht zu. Dies führt bei einer Zahlungsklage zu einer Verurteilung auf Zahlung der Vergütung Zug-um-Zug gegen Beseitigung der Mängel.[128]

62   **2. Gefahrenübergang.** Mit der Gefahr im Sinne der VOB/B ist die **Vergütungsgefahr** gemeint, was sich aus dem Verweis in § 12 Abs. 6 auf § 7 ergibt.[129] Vor der Abnahme trägt der Auftragnehmer die Vergütungsgefahr. Das bedeutet, dass er das Risiko des Untergangs des Werks trägt und es in einem solchen Fall neu herstellen muss, ohne eine zusätzliche Vergütung dafür fordern zu können.[130] Mit der Abnahme geht diese Gefahr auf den Auftraggeber über. Er trägt dann das Risiko, den Auftragnehmer bezahlen zu müssen, obwohl das Werk untergegangen ist.[131]

63   Nach § 12 Abs. 6 geht die Vergütungsgefahr mit der Abnahme auf den Auftraggeber über. Ausnahmsweise geht die Gefahr nach **§ 645 BGB oder § 7** schon früher auf den Auftraggeber über. Dazu muss das Werk entweder wegen eines Mangels des von dem Auftraggeber gelieferten Stoffes bzw. in Folge einer von ihm für die Ausführung erteilten Anweisung untergegangen sein (§ 645 BGB). Oder das Werk muss aufgrund höherer Gewalt, Krieg, Aufruhr oder anderer objektiv unabwendbarer, vom Auftragnehmer nicht zu vertretener Umstände beschädigt oder zerstört worden sein (§ 7). Ist die Vergütungsgefahr aufgrund dieser beiden Tatbestände auf den Auftraggeber übergegangen, muss der Auftragnehmer trotzdem das Werk fertigstellen. Er erhält dann jedoch sowohl für das untergegangene als auch für das neu hergestellte Werk seine Vergütung.[132]

---

[121] Beck VOB/B/Bröker Vor § 12 Rn. 133.
[122] BGH NJW 1973, 1792.
[123] BGH NJW 1973, 1792.
[124] Beck VOB/B/Bröker Vor § 12 Rn. 140.
[125] Kapellmann/Messerschmidt/Havers § 12 Rn. 116.
[126] BGH NJW 1986, 711; OLG München NJW-RR 1987, 1234.
[127] BGH NJW 1973, 1792; Kapellmann/Messerschmidt/Havers § 12 Rn. 101.
[128] BGH NJW 1979, 650; BauR 1980, 357.
[129] BGH NJW 1998, 456.
[130] Beck VOB/B/Bröker Vor § 12 Rn. 141; Leinemann/Jansen § 12 Rn. 38.
[131] Kapellmann/Messerschmidt/Havers § 12 Rn. 107.
[132] Leinemann/Jansen § 12 Rn. 41.

Abnahme **§ 12**

3. Fälligkeit des Vergütungsanspruches. Die Abnahme ist Voraussetzung 64
für die **Fälligkeit des Vergütungsanspruches** des Auftragnehmers. In einem
BGB-Vertrag ist die Abnahme nach § 641 Abs. 1 BGB die einzige Voraussetzung,
damit der Auftragnehmer seinen Anspruch auf Vergütung erfolgreich geltend
machen kann. Bei einem VOB/B-Vertrag muss nach § 16 Abs. 3 Nr. 1 S. 1 zusätzlich eine prüffähige Schlussrechnung vorgelegt und geprüft worden bzw. die Prüffrist abgelaufen sein. Obwohl § 16 Abs. 3 die Abnahme nicht erwähnt, ist sie nach ganz herrschender Auffassung bei einem VOB/B-Vertrag Voraussetzung für die Fälligkeit des Vergütungsanspruches.[133] Auch bei einer Kündigung des Bauvertrages wird die Vergütung grundsätzlich erst mit der Abnahme der bis dahin erbrachten Leistungen fällig.[134] Die Abnahme kann auch nach der **Kündigung** ausdrücklich oder konkludent erklärt werden.[135] Eine fiktive Abnahme nach § 12 Abs. 5 kommt bei einem gekündigten Vertrag nicht in Betracht.[136] Dies gilt aber nicht für die Abnahmefiktion nach § 640 Abs. 2 BGB.[137]

Ist die Abnahme ausnahmsweise entbehrlich, kann der Vergütungsanspruch 65
auch ohne Abnahme fällig werden.[138]

4. Beweislast. Durch die Abnahme kehrt sich die **Beweislast** um. Bis zur 66
Abnahme muss der Auftragnehmer darlegen und beweisen, dass sein Werk mangelfrei und im Wesentlichen vertragsgemäß ist. Nach der Abnahme liegt die Darlegungs- und Beweislast für das Vorliegen von Mängeln beim Auftraggeber.[139] Etwas anderes gilt für Mängel, die sich der Auftraggeber bei der Abnahme vorbehalten hat. Diesbezüglich bleibt der Auftragnehmer auch nach Abnahme beweisbelastet.[140]

Die Beweislast des Auftragnehmers kann aber auch auf den Auftraggeber über- 67
gehen, wenn der Auftraggeber die Beweisführung vereitelt, indem er eine Ersatzvornahme durchführt, bevor der Auftragnehmer die Mängel dokumentieren konnte.[141]

5. Verjährungsfristen. Zum Zeitpunkt der Abnahme beginnen die **Verjäh-** 68
rungsfristen für Mängelansprüche des Auftraggebers und für die Vergütungsansprüche des Auftragnehmers anzulaufen.

Die Mängelansprüche des Auftraggebers verjähren nach § 13 Abs. 4 Nr. 3 für 69
Bauwerke in vier Jahren, wenn vertraglich nichts anderes vereinbart ist.[142]

Verschweigt der Auftragnehmer die Mängel **arglistig**, gilt auch im Rahmen 70
eines VOB/B-Vertrages § 634a Abs. 3 BGB, wonach die Mängelansprüche in der regelmäßigen Verjährungsfrist verjähren, jedoch nicht vor Ablauf der eigentlichen

---

[133] BGH NJW 1981, 822; 1981, 1448.
[134] BGH NZBau 2006, 569; OLG Celle IBRRS 2015, 2101; BGH 21.5.2015 – VII ZR 151/14 (Nichtzulassungsbeschwerde zurückgewiesen).
[135] Kapellmann/Messerschmidt/Havers § 12 Rn. 150.
[136] BGH NZBau 2003, 265; OLG Celle IBRRS 2015, 2101; BGH 21.5.2015 – VII ZR 151/14 (Nichtzulassungsbeschwerde zurückgewiesen).
[137] Kapellmann/Messerschmidt/Havers § 12 Rn. 153.
[138] OLG München IBRRS 2007, 4450; Leinemann/Jansen § 12 Rn. 40.
[139] BGH NJW 1973, 1792; NZBau 2002, 34.
[140] BGH NJW-RR 1997, 339; ZfBR 2009, 143.
[141] BGH NZBau 2009, 117; Leinemann/Jansen § 12 Rn. 58.
[142] Beim BGB-Vertrag verjähren Mängelansprüche für Bauwerke nach § 634a Abs. 1 Nr. 2 BGB in fünf Jahren.

Verjährungsfrist.[143] Die Verjährungsfristen beginnen auch für die Mängelansprüche aus § 4 Abs. 7 S. 1, die sich mit der Abnahme in Ansprüche nach § 13 umwandeln.[144] Wird eine Teilleistung abgenommen, beginnen die Verjährungsfristen entsprechend mit der Teilabnahme.[145]

71 Von der Abnahme sind auch die Verjährungsfristen für den **Vergütungsanspruch** des Auftragnehmers abhängig. Diese richten sich nach der regelmäßigen Verjährungsfrist von drei Jahren gemäß § 195 BGB und beginnen erst mit dem Schluss des Jahres, in dem der Anspruch entstanden ist und der Auftragnehmer Kenntnis erlangt hat oder hätte erlangen müssen (§ 199 Abs. 1 BGB).[146] Bei einem VOB/B-Vertrag ist damit das Ende des Jahres gemeint, in dem das Werk abgenommen, die nach § 16 Abs. 3 prüffähige Schlussrechnung gestellt und diese vom Auftraggeber geprüft wurde oder die Prüffrist abgelaufen ist.[147]

V. Vorbehalte

72 Grundsätzlich verliert der Auftraggeber seine Ansprüche wegen ihm bei der Abnahme bekannter Mängel oder wegen einer Vertragsstrafe nach § 640 Abs. 3 BGB, §§ 12 Abs. 5 Nr. 3, 11 Abs. 4 im Zeitpunkt der Abnahme. Dies lässt sich vermeiden, wenn sich der Auftraggeber diese Ansprüche **vorbehält**. Ein vor oder nach Abnahme erklärter Vorbehalt reicht nicht aus.[148]

73 Wird eine förmliche Abnahme durchgeführt, sollte der Vorbehalt im **Protokoll** vor der Unterschrift aufgenommen werden.[149] Dazu reicht ein Vorbehalt unter Verweis auf ein dem Abnahmeprotokoll beigefügtes Mängelprotokoll aus.[150] Ebenso kann sich der Vorbehalt auf Mängel beziehen, die in einem Privatgutachten enthalten sind, wenn sich die Parteien zumindest konkludent wechselseitig auf dieses Gutachten beziehen und als Argument für die Mangelhaftigkeit bzw. Mangelfreiheit des Werks anführen.[151] Die Unterschrift des Auftragnehmers unter dem Protokoll bedeutet zwar keineswegs, dass er die vorbehaltenen Mängel anerkennt.[152] Es empfiehlt sich aber trotzdem, dieses durch einen entsprechenden Widerspruch im Protokoll klarzustellen.[153] Bei einer konkludenten Abnahme muss der Vorbehalt innerhalb der Prüffrist erklärt werden.[154] Bei einer fiktiven Abnahme nach § 12 Abs. 5 hat die Erklärung nach § 12 Abs. 5 Nr. 3 innerhalb der Frist von 6 bzw. 12 Werktagen zu erfolgen.[155] Wurden in einem Abnahmepro-

---

[143] Ingenstau/Korbion/Wirth § 13 Abs. 4 Rn. 107.
[144] BGH NJW 1971, 99.
[145] Heiermann/Riedl/Rusam/Mansfeld § 12 Rn. 32; Leinemann/Jansen § 12 Rn. 59.
[146] Hildebrandt/Abu Saris Kapitel 16 Rn. 90.
[147] Werner/Pastor BauProz/Dölle Rn. 2820; beim BGB-Vertrag beginnt die Verjährungsfrist mit dem Schluss des Jahres, in dem das Werk abgenommen wurde (§ 641 Abs. 1 BGB). Auf die weiteren Voraussetzungen aus § 16 Abs. 3 kommt es gerade nicht an.
[148] BGH NJW 1961, 115; BauR 1973, 192.
[149] OLG Düsseldorf BauR 1974, 346; Leinemann/Jansen § 12 Rn. 46.
[150] Kniffka/Jurgeleit/Pause/Vogel BGB § 640 Rn. 93.
[151] LG Frankfurt a. M. IBRRS 2023, 0868.
[152] Leinemann/Jansen § 12 Rn. 45; Vygen/Joussen Teil 6 Rn. 1118.
[153] Kimmich/Bach Teil L Rn. 1793: empfiehlt folgende Formulierungen: „unter dem Vorbehalt der Prüfung der gerügten Mängel" oder „mit der Unterzeichnung des Abnahmeprotokolls ist kein Anerkenntnis verbunden".
[154] Beck VOB/B/Bröker Vor § 12 Rn. 172.
[155] OLG Düsseldorf NJW-RR 1994, 408.

tokoll in der Vorformulierung „Alle Mängelansprüche und Schadensersatzansprüche des Auftraggebers bleiben unberührt." die Worte „und Schadensersatzansprüche" gestrichen und wurde das Protokoll anschließend vom Auftraggeber unterzeichnet, ist damit ohne Hinzutreten weiterer Umstände noch kein Verzicht auf Schadensersatzansprüche verbunden.[156]

Der Vorbehalt muss nicht ausdrücklich erklärt werden, wenn die gleichen Mängel zum Zeitpunkt der Abnahme Gegenstand eines Rechtsstreites[157] oder eines selbstständigen Beweisverfahrens[158] sind, weil der Auftraggeber dadurch bereits zum Ausdruck bringt, Ansprüche aus den Mängelrechten herleiten zu wollen.[159] 74

Die Überschrift **„vorbehaltliche Schlussabnahme"** auf einem Abnahmeprotokoll soll nicht etwa zu einer bedingten Abnahme führen, sondern es kann sich dabei um eine Abnahme handeln, bei der die Beseitigung von Mängeln vorbehalten bleibt.[160] 75

Der Verlust der Mängelansprüche setzt neben einem fehlenden Vorbehalt voraus, dass der Auftraggeber bei der Abnahme **positive Kenntnis** von den Mängeln hat. Ob der Auftraggeber den Mangel gekannt haben müsste, ist nicht entscheidend und führt wie auch bei Vorliegen unbekannter oder verdeckter Mängel nicht zum Verlust der Ansprüche.[161] Für die Beurteilung der positiven Kenntnis des Auftraggebers ist erheblich, ob dieser die Bedeutung eines Mangels richtig würdigen kann. Bei der Abnahme durch einen Sachverständigen kann davon ausgegangen werden, dass der Auftraggeber von der Bedeutung des Mangels weiß, weil ihm der Sachverstand des Sachverständigen zugerechnet wird.[162] 76

Bestreitet der Auftraggeber, den Mangel positiv gekannt zu haben, muss der Auftragnehmer ihm dies **nachweisen**.[163] Beruft sich der Auftragnehmer auf einen fehlenden Vorbehalt bei der Abnahme, muss der Auftraggeber darlegen und beweisen, dass er den Vorbehalt erklärt hat.[164] Die Darlegungs- und Beweislast für das Nichtvorliegen der vorbehaltenen Mängel trägt der Auftragnehmer auch nach Abnahme.[165] 77

Die Vorbehaltserklärung ist eine **empfangsbedürftige Willenserklärung** und muss dem Auftragnehmer zugehen, um wirksam zu werden.[166] Sie muss den Mangel ausreichend konkretisieren. Es dürfen aber keine überzogenen Anforderungen an den Inhalt einer solchen Erklärung gestellt werden. Ausreichend ist, wenn der Auftraggeber den Mangel seinem Erscheinungsbild nach deutlich beschreibt.[167] Der Auftraggeber muss die Ursache des Mangels nicht untersuchen, 78

---

[156] Vgl. OLG Köln NZBau 2017, 157.
[157] BGH NJW 1974, 1324.
[158] OLG Köln BauR 1983, 463.
[159] Nach Kapellmann/Messerschmidt/Havers § 12 Rn. 136 gilt dies auch bei einem Schiedsgutachtenverfahren oder einem nach außen hin erkennbaren Sachverständigenverfahren.
[160] vgl. OLG Naumburg IBR 2018, 194; BGH 5.7.2017 – VII ZR 257/14 (Nichtzulassungsbeschwerde zurückgewiesen); vgl. auch OLG Hamm IBR 2014, 72.
[161] BGH NJW 1970, 383; 1986, 711.
[162] BGH NJW 1986, 711; Leinemann/Jansen § 12 Rn. 42.
[163] Beck VOB/B/Bröker Vor § 12 Rn. 158; Ingenstau/Korbion/Oppler § 12 Rn. 51.
[164] Heiermann/Riedl/Russam/Mansfeld § 12 Rn. 50.
[165] BGH NJW-RR 1997, 339; ZfBR 2009, 143.
[166] Kapellmann/Messerschmidt/Havers § 12 Rn. 64.
[167] BGH NZBau 2000, 73.

§ 12   VOB Teil B

bevor er den Vorbehalt erklärt.[168] Für den notwendigen Inhalt der Vorbehaltserklärung können die entwickelten Grundsätze der Symptomrechtsprechung herangezogen werden.[169]

79 Ein fehlender Vorbehalt hat nach **§ 640 Abs. 2 BGB** zur Folge, dass der Auftraggeber seine Rechte aus § 634 Nr. 1–3 BGB verliert. Damit steht fest, dass der Auftraggeber seine verschuldensunabhängigen Rechte, also das Recht auf Nacherfüllung, Selbstvornahme, Rücktritt und Minderung nicht geltend machen kann.[170] Die verschuldensabhängigen Schadensersatzansprüche aus § 13 Abs. 7 oder aus §§ 280, 281 BGB bestehen hingegen unabhängig von einem nicht erklärten Vorbehalt fort, weil der Verlust solcher Rechte zu weit gehen würde.[171] Unklar ist jedoch, ob dem Auftraggeber die Schadensersatzansprüche auch zustehen sollen, wenn er das Werk vorbehaltlos abnimmt und dem Auftragnehmer keine Frist zur Mängelbeseitigung gesetzt hat.[172]

80 In Ansehung dieser Problematik hat das OLG Schleswig die Schadensersatzpflicht des Auftragnehmers gravierend eingegrenzt. Der Auftraggeber soll bei einem unterlassenen Vorbehalt trotz Kenntnis von der Mangelhaftigkeit des Werks seinen Anspruch auf **Schadensersatz wegen der Mängelbeseitigungskosten** verlieren und nur den Anspruch auf Ersatz eines etwaigen **Mangelfolgeschadens** behalten dürfen.[173] Es bleibt abzuwarten, ob diese einschränkende Sichtweise Bestand haben wird. Da § 640 Abs. 2 BGB nur die Rechte aus § 634 Nr. 1–3 BGB ausschließt und somit sämtliche Schadensersatzansprüche unangetastet lässt, hat die Ansicht des OLG Schleswig nämlich keinen rechtlichen Anknüpfungspunkt.

81 Es ist umstritten, ob der Auftraggeber trotz des Verlustes seiner Rechte nach § 640 Abs. 2 BGB eine vom Auftragnehmer angebotene Nacherfüllung annehmen muss.[174]

82 Der Auftraggeber muss sich nach § 341 Abs. 3 BGB und § 11 Abs. 4 bei der Abnahme seine Ansprüche wegen einer etwaigen **Vertragsstrafe** vorbehalten, um diese nicht zu verlieren. Zu dem Vorbehalt der Vertragsstrafe gelten die Ausführungen zum Vorbehalt von Mängeln entsprechend. Der Vorbehalt der Vertragsstrafe ist demnach ebenfalls bei der Abnahme zu erklären. Ein früherer oder späterer Vorbehalt reicht nicht aus.[175] Zudem ist zu beachten, dass der Vorbehalt bei einer förmlichen Abnahme im Protokoll aufgenommen werden sollte,[176] bzw. bei einer konkludenten Abnahme innerhalb der Prüffrist zu erfolgen hat.[177]

83 Bei einer **fiktiven Abnahme** muss der Vorbehalt nach § 12 Abs. 5 Nr. 3 innerhalb von 6 bzw. 12 Werktagen erklärt werden.[178] Bei einer fiktiven Abnahme

---

[168] BGH ZfBR 1999, 255.
[169] BGH ZfBR 1999, 255; OLG Hamburg IBRRS 2002, 1755.
[170] BGH NJW 1980, 1952; Kapellmann/Messerschmidt/Havers § 12 Rn. 139.
[171] BGH NJW 1975, 1701; Leinemann/Jansen § 12 Rn. 48.
[172] Vgl. ausführlich zum Streitstand: Leinemann/Jansen § 12 Rn. 49.
[173] OLG Schleswig IBRRS 2016, 0178.
[174] Bejahend: Beck VOB/B/Bröker Vor § 12 Rn. 168; Ingenstau/Korbion/Oppler § 12 Rn. 49; Kapellmann/Messerschmidt/Havers § 12 Rn. 143; aA: Heiermann/Riedl/Russam/Mansfeld § 12 Rn. 39.
[175] BGH NJW 1971, 883; 1977, 897.
[176] BGH BauR 1973, 192.
[177] Beck VOB/B/Bröker Vor § 12 Rn. 171; Kapellmann/Messerschmidt/Havers § 12 Rn. 144.
[178] OLG Düsseldorf NJW-RR 1994, 408.

Abnahme **§ 12**

nach § 640 Abs. 2 BGB oder nach § 12 Abs. 5 verliert der Auftraggeber seinen Anspruch auf die Vertragsstrafe nicht, wenn die Vertragsstrafe zum Zeitpunkt der Abnahme bereits eingeklagt ist und die Rechtshängigkeit noch bei der Abnahme fortbesteht, wobei eine Prozessaufrechnung mit einer auf die Vertragsstrafe gerichteten Klage gleichzusetzen ist.[179] Eine Aufrechnung außerhalb des Prozesses reicht hingegen nicht aus, um den Vertragsstrafenvorbehalt zu ersetzen.[180]

B. § 12 Abs. 1

Nach § 12 Abs. 1 muss der Auftraggeber nach Fertigstellung des Werks auf 84 Verlangen des Auftragnehmers die Abnahme binnen 12 Werktagen durchführen. Abs. 1 regelt somit die **ausdrückliche Abnahme**, in dem der Auftraggeber erklärt, dass er das Werk in seinem derzeitigen Zustand als im Wesentlichen vertragsgemäß anerkennt.[181]

I. Abnahmeverlagen und Fertigstellung

Der Auftragnehmer muss vom Auftraggeber **die Abnahme verlangen**. Der 85 Antrag auf Abnahme ist eine empfangsbedürftige Willenserklärung.[182] Er ist grundsätzlich formlos möglich, kann also auch mündlich gestellt werden. Aus Beweisgründen empfiehlt es sich jedoch ein schriftliches Abnahmeverlangen zu stellen.[183] Eine Schriftform kann vertraglich vereinbart werden. Solche Vereinbarungen sind auch in formularmäßigen Klauseln wirksam.[184]

Mit **Zugang** des Abnahmeverlangens beim Auftraggeber beginnt die Frist von 86 12 Werktagen zu laufen. Bei einem schriftlichen Verlangen wird der Antrag nach § 130 BGB mit dem Eingang des Schreibens beim Auftraggeber bzw. bei seinem empfangsbevollmächtigten Architekten wirksam.[185] Der Antrag muss das Abnahmeverlangen nicht ausdrücklich bezeichnen. Ausreichend ist, dass durch Auslegung ein solcher Wille des Auftragnehmers erkennbar wird. Daher genügt, wenn der Auftragnehmer mitteilt, dass er das Werk fertiggestellt hat und abnahmebereit ist,[186] bzw. die Billigung des Werks vom Auftraggeber verlangt.[187]

Zum Zeitpunkt des Abnahmeverlangens muss das Werk **fertiggestellt** sein. 87 Diesbezüglich wird auf die einleitenden Ausführungen verwiesen.[188]

Ist das Werk fertiggestellt, also abnahmereif, ist unerheblich, ob die vereinbarte 88 **Ausführungsfrist bereits abgelaufen** ist. Abs. 1 regelt ausdrücklich, dass die Abnahme auch vor dem Ablauf der Ausführungsfrist verlangt werden kann. Dem Auftragnehmer steht bei Abnahmereife daher auch zu diesem Zeitpunkt schon der Anspruch auf Abnahme zu.[189] Der Auftragnehmer kann auch verspätet, also

---

[179] OLG Zweibrücken BeckRS 2015, 09231.
[180] Berger IBR 2015, 475.
[181] Hildebrandt/Abu Saris Kapitel 17 Rn. 14; Leinemann/Jansen § 12 Rn. 72.
[182] Beck VOB/B/Bröker § 12 Abs. 1 Rn. 3.
[183] Ingenstau/Korbion/Oppler § 12 Abs. 1 Rn. 4; Leinemann/Jansen § 12 Rn. 72.
[184] BGH NJW-RR 1989, 625.
[185] Kapellmann/Messerschmidt/Havers § 12 Rn. 180.
[186] Ingenstau/Korbion/Oppler § 12 Abs. 1 Rn. 4; Leinemann/Jansen § 12 Rn. 72.
[187] Heiermann/Riedl/Rusam/Mansfeld § 12 Rn. 57; Kapellmann/Messerschmidt/Havers § 12 Rn. 181.
[188] Vgl. → Rn. 21 ff.
[189] Leinemann/Jansen § 12 Rn. 72.

nach Ablauf der Ausführungsfrist, die Abnahme verlangen. Der Auftraggeber sollte sich dann seine Ansprüche wegen der verspäteten Fertigstellung vorbehalten.[190]

II. Abnahmeformen nach § 12 Abs. 1

89 Aus § 12 Abs. 1 ergeben sich **keine Einschränkungen der Abnahmeformen**.[191] Daher kommen zunächst alle Abnahmeformen, insbesondere eine ausdrückliche Abnahme und eine konkludente Abnahme in Betracht.

90 Auch die **fiktive Abnahme nach § 640 Abs. 2 BGB** fällt in den Anwendungsbereich der Regelung.[192] Sie setzt jedoch den Ablauf einer angemessenen Frist voraus. Diese sollte sich an den 12 Werktagen nach § 12 Abs. 1 orientieren.[193] Eine unangemessene Frist macht die Aufforderung nicht unwirksam, sondern setzt eine angemessene Frist in Gang,[194] mit deren Ablauf die Abnahmefiktion eintritt.

91 Die Anwendung von § 12 Abs. 1 schließt eine fiktive Abnahme nach § 12 Abs. 5 aus,[195] weil Abs. 5 fordert, dass keine Abnahme verlangt wird.

III. Abnahmefrist

92 **Die Abnahmefrist beträgt 12 Werktage** und beginnt mit dem Zugang des Abnahmeverlangens beim Auftraggeber oder bei einem empfangsbevollmächtigten Dritten.[196] Für die Berechnung der Frist gelten die §§ 186 ff. BGB entsprechend. Der Samstag ist in die Berechnung der Frist einzubeziehen (vgl. § 11 Abs. 3).

93 Die Regelung des § 12 Abs. 1 verweist am Ende selbst darauf, dass die Frist **verlängert** werden kann. Diesbezügliche vertragliche Abreden sind daher wirksam. Ist eine solche Vereinbarung in Allgemeinen Geschäftsbedingungen geregelt, wird zumindest eine Verdoppelung der Frist auf 24 Werktage noch als wirksam erachtet.[197]

94 Verlangt der Auftragnehmer die Abnahme zu Recht und läuft die Abnahmefrist fruchtlos ab, kommt der Auftraggeber in Annahmeverzug gemäß §§ 293 ff. BGB.[198] Dies hat nach § 644 Abs. 1 S. 2 BGB auch zur Folge, dass die Gefahr unabhängig von der Abnahme bereits mit Ablauf der Frist auf den Auftraggeber übergeht. Der Auftraggeber kann sich zudem schadensersatzpflichtig machen, wenn die weiteren Voraussetzungen des Schuldnerverzuges nach §§ 286 ff. BGB vorliegen.[199] Ferner ist auch eine fiktive Abnahme nach § 640 Abs. 2 BGB denkbar.[200]

---

[190] Kapellmann/Messerschmidt/Havers § 12 Rn. 185.
[191] Beck VOB/B/Bröker § 12 Abs. 1 Rn. 13.
[192] Ingenstau/Korbion/Oppler § 12 Rn. 23.
[193] Kniffka/Jurgeleit/Pause/Vogel BGB § 640 Rn. 76.
[194] BGH NJW 1985, 2640; ZfBR 2010, 46.
[195] Kapellmann/Messerschmidt/Havers § 12 Rn. 187.
[196] Kapellmann/Messerschmidt/Havers § 12 Rn. 180.
[197] BGH NJW 1983, 816; 1989, 1602.
[198] Heiermann/Riedl/Rusam/Mansfeld § 12 Rn. 63; Ingenstau/Korbion/Oppler § 12 Abs. 1 Rn. 18; Messerschmidt/Voit/Voit § 12 Rn. 5.
[199] Kapellmann/Messerschmidt/Havers § 12 Rn. 190.
[200] Leinemann/Jansen § 12 Rn. 76; zum Ausschluss der fiktiven Abnahme nach § 12 Abs. 5 vgl. → Rn. 148.

C. § 12 Abs. 2

In § 12 Abs. 2 wird die sog. „echte Teilabnahme" geregelt, die von der **95** „unechten Teilabnahme" abzugrenzen ist. Die Begrifflichkeit ist irreführend, weil die „unechte Teilabnahme" nur die technische Abnahme nach § 4 Abs. 10 beschreibt, die eine Zustandsfeststellung ist und keine Abnahmewirkung hervorruft.[201]

Eine Teilabnahme kann der Auftragnehmer nach § 12 Abs. 2 verlangen, wenn **96** sie vertraglich vereinbart,[202] oder die VOB/B im Ganzen bzw. § 12 Abs. 2 in dem Vertrag einbezogen ist. Die Abnahme einer Teilleistung stellt, wie auch die Abnahme der Gesamtleistung, eine Hauptleistungspflicht des Auftraggebers dar und kann daher vom Auftragnehmer eingeklagt werden.[203] Die Regelung greift den Tatbestand des § 641 Abs. 1 S. 2 BGB auf, nach dem die Vergütung für jeden Teil bei dessen Abnahme zu entrichten ist, wenn das Werk in Teilen abzunehmen und die Vergütung für die einzelnen Teile bestimmt ist.[204]

Von einer Teilabnahme kann nicht ausgegangen werden, wenn eine von mehreren **97** geschuldeten Leistungen abgenommen wird, die nicht Gegenstand desselben Vertrages sind. Hierbei handelt es sich vielmehr um die Abnahme von Gesamtleistungen bezüglich der jeweiligen Verträge.[205] Jedoch sei auch eine Teilabnahme grundsätzlich konkludent möglich, wenn deutlich wird, dass dies dem Willen des Auftraggebers entspreche und er sich der Folgen bewusst sei.[206]

I. Abnahmeverlangen

Wie bereits die Gesamtabnahme nach § 12 Abs. 1 setzt auch eine Teilabnahme **98** nach Abs. 2 ein Abnahmeverlangen des Auftragnehmers voraus.[207] Das Abnahmeverlangen hinsichtlich der Teilabnahme sollte aus Beweisgründen stets schriftlich erfolgen.[208]

II. In sich abgeschlossener Teil der Leistung

Eine Teilabnahme kann nur für einen **in sich abgeschlossenen Teil der** **99** **Leistung** verlangt werden. Wann eine solche Teilleistung vorliegt, ist eine Frage des Einzelfalls. Die **Rechtsprechung** liefert nur wenige Anhaltspunkte für die Konkretisierung einer Teilleistung iSd § 12 Abs. 2. Im Allgemeinen nimmt der BGH ein in sich abgeschlossenes Teilwerk an, wenn es selbstständig und unabhängig von den weiteren Leistungen abgenommen werden kann.[209]

Befriedigendere Ansätze lassen sich der **Literatur** entnehmen. Nach der dort **100** herrschenden Auffassung richtet sich die Abnahmefähigkeit von Teilleistungen

---

[201] Vgl. → Rn. 14.
[202] OLG Düsseldorf IBR 2018, 383 (in einem BGB-Vertrag besteht kein Anspruch auf Teilabnahme).
[203] Vgl. → Rn. 48 ff.
[204] Kapellmann/Messerschmidt/Havers § 12 Rn. 194.
[205] BGH BeckRS 1973, 00166 = BauR 74, 63; Ingenstau/Korbion/Oppler § 12 Abs. 2 Rn. 2.
[206] OLG Schleswig ZfBR 2018, 364; zum Architektenwerk vgl. auch: BGH NZBau 2006, 122.
[207] Beck VOB/B/Bröker § 12 Abs. 2 Rn. 3; Leinemann/Jansen § 12 Rn. 81.
[208] Vgl. zum Abnahmeverlangen → Rn. 85 ff.
[209] BGH BauR 1975, 423.

§ 12   VOB Teil B

nach der **Verkehrsanschauung** und ist anzunehmen, wenn der betreffende Teil der Leistung von der Gesamtleistung funktional trennbar und entsprechend selbstständig gebrauchsfähig ist.[210] Die selbstständige Gebrauchsfähigkeit bestimmt sich nach der technischen Funktionsfähigkeit und der vorgesehenen Nutzung.[211] Eine wirksame Teilabnahme wurde bislang für folgende Fälle angenommen: getrennte Abnahme von Sonder- und Gemeinschaftseigentum bei Wohnungseigentum;[212] bei Erstellung eines Wohn- und Geschäftshauses können die Geschäftsräume nach vollständiger Fertigstellung unabhängig von den Wohnflächen abgenommen werden;[213] Teilabnahme von Sanitärarbeiten unabhängig von den nach dem gleichen Vertrag geschuldeten Leistungen für eine Zentralheizung;[214] bei Fertigstellung eines Gebäudes oder einer sonstigen baulichen oder technischen Anlage, soweit mehrere solcher Objekte nach demselben Vertrag geschuldet sind;[215] bei Fertigstellung der „Wind- und Wetterfestigkeit" eines Gebäudes, bei dem nur noch der Innenausbau stattfinden muss.[216]

101   **Keine Teilabnahme** soll in den folgenden Fällen möglich sein: bei einzelnen Teilen eines Rohbaus, wie der Betondecke oder einzelnen Stockwerken;[217] bei einer Treppe, die mit einem Geländer geschuldet ist, welches noch nicht angebracht wurde.[218]

102   Wegen der Einzelfallabhängigkeit einer wirksamen Teilabnahme empfiehlt es sich, die Teilabnahme und deren Voraussetzungen vertraglich zu regeln. Eine Teilabnahme kann auch noch bei der Abnahmeverhandlung vereinbart werden.[219] Aus Beweisgründen sollten solche Vereinbarungen schriftlich erfolgen.

103   Wird ein Gewerk des Nachunternehmers durch den Generalunternehmer abgenommen, bleibt dies ohne Einfluss auf die Bewertung einer zulässigen Teilabnahme durch den Auftraggeber. Die Abnahme eines Gewerks bedeutet nicht gleichzeitig, dass der Generalunternehmer berechtigt ist, die Abnahme des Gewerks als Teilleistung von seinem Auftraggeber zu verlangen.[220]

III. Formen der Teilabnahme

104   Die Teilabnahme kann entsprechend der Gesamtabnahme **ausdrücklich oder konkludent** erklärt werden.

105   Eine **fiktive Abnahme** nach § 640 Abs. 2 BGB ist auch bei Abnahmen von Teilleistungen möglich. Bei der Wirkung der fiktiven Abnahme nach § 12 Abs. 5 ist jedoch zu differenzieren: Eine fiktive Abnahme nach § 12 Abs. 5 Nr. 2 ist auch für Teilleistungen möglich. Das impliziert der Wortlaut der Regelung, wonach es bereits ausreicht, wenn der Auftraggeber einen Teil der Leistung in Benutzung genommen hat. Eine fiktive Abnahme nach § 12 Abs. 5 Nr. 1 kommt bei Teilleis-

---

[210] Kapellmann/Messerschmidt/Havers § 12 Rn. 200; Leinemann/Jansen § 12 Rn. 81; so auch LG Berlin NJW-RR 2010, 893.
[211] Ingenstau/Korbion/Oppler § 12 Abs. 2 Rn. 5.
[212] BGH BauR 1983, 573.
[213] Leinemann/Jansen § 12 Rn. 81.
[214] BGH BauR 1975, 423.
[215] Hildebrandt/Abu Saris Kapitel 17 Rn. 88.
[216] LG Berlin NJW-RR 2010, 893.
[217] BGH NJW 1968, 1524.
[218] BGH NJW 1985, 2696.
[219] BGH NZBau 2009, 707.
[220] Hildebrandt/Abu Saris Kapitel 17 Rn. 94; Leinemann/Jansen § 12 Rn. 81.

tungen hingegen nicht in Betracht.[221] Dies ergibt ein Vergleich zu § 12 Abs. 5 Nr. 2, der anders als der Tatbestand in Nr. 1 die Teilleistung ausdrücklich erwähnt. Zudem ist es dem Auftraggeber nicht möglich zu unterscheiden, ob eine abgrenzbare und selbstständig nutzbare Teilleistung vorliegt und als Teileinheit abnahmefähig ist.[222]

IV. Wirkungen der Teilabnahme

Durch eine Teilabnahme treten die **gleichen Folgen** ein, wie sie auch durch eine Gesamtabnahme[223] ausgelöst werden.[224] Mithin beginnen die Verjährungsfristen für die Mängelansprüche des Auftraggebers mit der Teilabnahme für das Teilwerk zu laufen. Darauf muss der Auftraggeber besonders achten, weil die Mängelansprüche nun bei einem Bauvorhaben unterschiedlich für die einzelnen abgenommenen Teilleistungen verjähren können. Zudem muss sich der Auftraggeber, soweit die Leistung abgenommen wurde, die bestehenden Mängel oder etwaige Vertragsstrafenansprüche vorbehalten.[225]

106

Bei **wirksamen Teilabnahmen** stellt die letzte Teilabnahme eines in sich abgeschlossenen und funktionsfähigen Bauteils zugleich die endgültige Abnahme der Gesamtleistung dar.[226]

107

Verweigert der Auftraggeber die Teilabnahme zu Unrecht, kann der Auftragnehmer die weitere Leistung nicht unter Verweis auf ein Zurückbehaltungsrecht verweigern, weil die Abnahmewirkung auch durch eine entsprechende Fristsetzung herbeigeführt werden kann.[227] Die Einstellung der Leistungen wäre derart folgenschwer für den Auftraggeber, dass sie aufgrund einer lediglich verweigerten Teilabnahme nicht gerechtfertigt wäre und einen Verstoß gegen Treu und Glauben darstellen würde.[228]

108

D. § 12 Abs. 3

Die Abnahme kann nach § 12 Abs. 3 wegen des Vorliegens **wesentlicher Mängel** und bis zu deren Beseitigung **verweigert** werden. Dieser Tatbestand findet sowohl auf eine Abnahme der Gesamtleistung (Abs. 1) als auch auf eine Teilabnahme (Abs. 2) Anwendung.

109

Im Umkehrschluss lässt sich § 12 Abs. 3 entnehmen, dass eine Abnahmeverweigerung nicht zuzubilligen ist, wenn lediglich unwesentliche Mängel vorliegen.[229] Deshalb kann sich der Auftraggeber auch nicht auf eine fehlerhafte Abnahme berufen, wenn ein Mangel nach seiner Art und seinem Umfang sowie nach seinen Auswirkungen derart unbedeutend ist, dass das Interesse des Auftraggebers an einer Beseitigung vor Abnahme nicht schützenswert ist und sich die Verweigerung der Abnahme als Verstoß gegen Treu und Glauben darstellt.[230]

110

---

[221] Ingenstau/Korbion/Oppler § 12 Abs. 2 Rn. 3.
[222] Leinemann/Jansen § 12 Rn. 82.
[223] Zu den Wirkungen der Gesamtabnahme vgl. → Rn. 56 ff.
[224] BGH NJW 1968, 1524.
[225] Heiermann/Riedl/Rusam/Mansfeld § 12 Rn. 73; Vygen/Joussen Teil 6 Rn. 1155.
[226] Kimmich/Bach Teil L Rn. 1819; Sterner IBR 2013, 139.
[227] Hildebrandt/Abu Saris Kapitel 17 Rn. 87.
[228] Leinemann/Jansen § 12 Rn. 79.
[229] OLG Oldenburg IBRRS 2015, 0415.
[230] BGH NJW 1996, 1280; LG Frankfurt a. M. NZBau 2014, 45.

§ 12

111 Die Vorschrift des **§ 640 Abs. 1 S. 2 BGB,** wonach die Abnahme wegen unwesentlicher Mängel nicht verweigert werden kann, beinhaltet trotz der abweichenden Formulierung den gleichen Regelungsgehalt wie § 12 Abs. 3.[231]

112 Die Abnahmeverweigerung ist eine **empfangsbedürftige Willenserklärung,** die dem Auftragnehmer gegenüber abgegeben werden muss. Sie kann ausdrücklich oder auch konkludent erfolgen, wenn durch das Verhalten des Auftraggebers deutlich zum Ausdruck kommt, dass er die Leistung nicht billigt und deshalb nicht abnehmen will.[232] Die Verweigerung sollte aber aus Beweiszwecken immer schriftlich erfolgen. Eine Mängelrüge ist ohne das Hinzutreten besonderer Umstände nicht als Abnahmeverweigerung zu werten.[233] Der wesentliche Mangel, der zur Abnahmeverweigerung berechtigt, muss zum Zeitpunkt der geplanten Abnahme vorliegen.[234] Den Auftragnehmer trifft bei einem Rechtsstreit über die Abnahmeverweigerung die Darlegungs- und Beweislast für die Mangelfreiheit bzw. für das Nichtvorliegen wesentlicher Mängel.[235] Die Abnahmeverweigerung hindert die Fiktion der Abnahme.[236]

I. Wesentliche Mängel

113 § 12 Abs. 3 bietet selbst keine Anhaltspunkte für die Beurteilung, wann ein **wesentlicher Mangel** vorliegt.[237] Ein wesentlicher Mangel wird angenommen, wenn der Mangel nach Art und Umfang, vor allem aber nach seiner Auswirkung so erheblich ist, dass dem Auftraggeber nach objektiven Gesichtspunkten im Verhältnis zu dem nach dem Vertragszweck vorausgesetzten Gebrauch und den geschuldeten Erfolg nicht zugemutet werden kann, letztlich auf Mängelansprüche verwiesen zu sein.[238] Danach ist die Wesentlichkeit eines Mangels insbesondere anzunehmen, wenn die Leistung nicht den allgemein anerkannten Regeln der Technik entspricht oder in beachtlichem Maße von der vereinbarten Beschaffenheit abweicht.[239]

114 In der **Rechtsprechung** wurde in folgenden Fällen ein wesentlicher Mangel angenommen: bei nicht tief genug angebrachten Bewehrungsstählen, was zu einem Riss in der Attikaplatte führte;[240] wenn eine andere als die vereinbarte Holzart verwendet wurde[241] oder der Estrich nicht in der vereinbarten Höhe aufgebracht wurde;[242] bei einem unterschiedlichen Anstrich der Holzbalken im Wohn- und Haustürbereich, der zudem aufgrund von Nacharbeiten ausgeprägte Flecken aufweist;[243] wenn eine Verschleißschicht Abweichungen von der vertrag-

---

[231] Ingenstau/Korbion/Oppler § 12 Abs. 3 Rn. 1; Leinemann/Jansen § 12 Rn. 86; Motzke NZBau 2000, 489; aA: Kiesel NJW 2000, 1673; Peters NZBau 2000, 169.
[232] Ingenstau/Korbion/Oppler § 12 Abs. 3 Rn. 5; Jansen BauR 2011, 371.
[233] OLG Hamm NJW-RR 1995, 1233.
[234] BGH NJW 1992, 2481.
[235] BGH NZBau 2009, 117; OLG Hamburg IBRRS 2003, 2921.
[236] OLG München IBRRS 2013, 3880; BGH 1.7.2013 – VII ZR 185/12 (Nichtzulassungsbeschwerde zurückgewiesen).
[237] Vgl. zum wesentlichen Mangel auch die Kommentierung zu § 13.
[238] BGH NZBau 2000, 507; Leinemann/Jansen § 12 Rn. 86.
[239] Ingenstau/Korbion/Oppler § 12 Abs. 3 Rn. 2.
[240] BGH NJW 1992, 2481.
[241] BGH NJW 1962, 1569.
[242] OLG Karlsruhe BauR 1995, 246.
[243] OLG Hamm BauR 1993, 375.

Abnahme **§ 12**

lich vereinbarten Dicke aufweist und sich dadurch die Lebensdauer um 35 % reduziert;[244] wenn 16 % des verlegten Fliesenmaterials farblich unzulässige Abweichungen aufweist;[245] trotz geringfügiger Mängelbeseitigungskosten, wenn wegen einer fehlenden Absturzsicherung ein erhebliches Gefahrenpotential besteht;[246] die unzureichende Qualität eines Betonbodens stellt einen wesentlichen Mangel dar, wenn die Nutzbarkeit der betroffenen Fläche für den vertraglich vorausgesetzten Zweck (Befahrung durch Hubwagen mit 2.200 kg Nutzlasten) beeinträchtigt ist.[247]

Kein wesentlicher Mangel soll in folgenden Fällen vorliegen: wenn ein 115 unebener Teppichboden verlegt wurde und die Beseitigung des Mangels einen nur geringen Zeit- und Kostenaufwand verursacht;[248] bei einzelnen ungenügend befestigten Dachziegeln einer Dacheindeckung, die nicht zur Undichtigkeit des Daches führen;[249] wenn der Mangel lediglich eine geringfügige optische Beeinträchtigung darstellt, die leicht beseitigt werden kann;[250] das Fehlen einer Dichtigkeitsprüfung der Trinkwasseranlage nach DIN 1899, wenn der Auftragnehmer im Prozess die Dichtigkeit nachweist.[251]

II. Wirkungen der Abnahmeverweigerung

Bei Verweigerung der Abnahme richten sich die **Folgen** für den Auftraggeber 116 und den Auftragnehmer danach, ob der Auftraggeber zur Verweigerung berechtigt war und die Abnahme vorläufig oder endgültig verweigert wurde.

Verweigert der Auftraggeber die Abnahme zu Recht, gilt das Werk als 117 nicht abgenommen und die Abnahmewirkungen treten nicht ein.[252] In einem solchen Fall verjähren die Mängelansprüche nicht innerhalb von fünf Jahren, sondern nach der regelmäßigen Verjährungsfrist in drei Jahren, die erst mit Kenntnis der den Anspruch begründenden Umstände zu laufen beginnt.[253]

Ist die **Abnahmeverweigerung endgültig und unberechtigt** erfolgt, treten 118 die Abnahmewirkungen mit dem Zeitpunkt ein, in dem die Verweigerung erklärt wurde.[254] Die Abnahmewirkungen können nachträglich nicht dadurch beseitigt werden, dass der Auftraggeber später Mängelbeseitigung verlangt, weil sie endgültig eingetreten sind.[255] Der Auftraggeber kann sich auch nicht darauf berufen, dass der Werklohn nicht fällig ist, selbst wenn der Auftragnehmer keine angemessene Frist zur Abnahme gesetzt hatte.[256]

---

[244] OLG Hamm IBRRS 2002, 2277; BGH 12.9.2002 – VII ZR 256/01 (Nichtzulassungsbeschwerde zurückgewiesen).
[245] LG Amberg NJW 1982, 1540.
[246] OLG Hamm IBRRS 2005, 2267; BGH 26.8.2004 – VII ZR 42/04 (Nichtzulassungsbeschwerde zurückgewiesen).
[247] OLG Frankfurt a. M. IBRRS 2014, 2045.
[248] KG BauR 1984, 529.
[249] OLG Hamm NJW-RR 1990, 917.
[250] OLG Dresden BauR 2001, 949.
[251] OLG Stuttgart IBRRS 2010, 2619.
[252] OLG Hamm IBRRS 2005, 2267; Thode ZfBR 1999, 116.
[253] OLG Nürnberg IBRRS 2015, 2737; BGH 10.9.2015 – VII ZR 347/13 (Nichtzulassungsbeschwerde zurückgewiesen); krit.: Manteufel IBR 2015, 656.
[254] Kapellmann/Messerschmidt/Havers § 12 Rn. 225; Leinemann/Jansen § 12 Rn. 89; Heiermann/Riedl/Rusam/Mansfeld § 12 Rn. 63, 81.
[255] Ingenstau/Korbion/Oppler § 12 Abs. 3 Rn. 8; Jansen Baurecht 2011, 371.
[256] BGH ZfBR 2010, 658.

§ 12

119 Durch eine **unberechtigte vorläufige Abnahmeverweigerung** kommt der Auftraggeber in Verzug der Annahme. Dadurch wird beispielsweise die Haftung des Auftragnehmers auf Vorsatz und grobe Fahrlässigkeit (§ 300 Abs. 1 BGB) beschränkt und der Auftraggeber hat dem Auftragnehmer Mehraufwendungen, die aufgrund des Verzuges entstanden sind, zu erstatten (§ 304 BGB).

120 Durch die vorläufige Verweigerung gerät der Auftraggeber auch in Schuldnerverzug, ohne dass es einer Mahnung bedarf, weil die Aufforderung zur Abnahme ein Ereignis iSd § 386 Abs. 2 Nr. 2 BGB darstellt.[257]

E. § 12 Abs. 4

121 Als besondere Art der ausdrücklichen Abnahme regelt § 12 Abs. 4 die **förmliche Abnahme**,[258] die bereits im Bauvertrag vereinbart werden sollte. Gibt der Auftraggeber ausdrücklich eine Abnahmeerklärung ab, stehen vorhandene Mängel deren Wirksamkeit selbst dann nicht entgegen, wenn es sich um schwerwiegende Mängel handelt.[259]

122 Die förmliche Abnahme setzt ein **Verlangen** des Auftragnehmers voraus und besteht grundsätzlich aus einem gemeinsamen **Abnahmetermin**, in dem ein schriftliches **Abnahmeprotokoll** erstellt wird, sowie aus einer ausdrücklichen **Abnahmeerklärung** des Auftraggebers. Ausnahmsweise kann die förmliche Abnahme nach § 12 Abs. 4 Nr. 2 in Abwesenheit des Auftragnehmers stattfinden.

123 Wurde die förmliche Abnahme bereits im Bauvertrag vereinbart, hat sie **Vorrang** vor den anderen Abnahmeformen.[260] Die Parteien können jedoch durch ausdrückliche Erklärung oder durch schlüssiges Verhalten auf die förmliche Abnahme verzichten, wobei sich ein solcher Verzicht aus den Umständen ergeben kann.[261] Sieht der vom Auftraggeber gestellte Vertragstext zwingend eine förmliche Abnahme vor, soll die VOB/B nicht mehr „als Ganzes" vereinbart sein, was einer Entscheidung des Kammergerichts nach zur Überprüfung der Klauseln im Rahmen einer Inhaltskontrolle führe.[262]

124 Eine förmliche Abnahme kann auch nicht mehr verlangt werden, wenn die Abnahmewirkungen bereits eingetreten sind, weil eine ausdrückliche, stillschweigende oder fiktive Abnahme stattfand.[263]

125 Der **konkludenten Abnahme** steht die Vereinbarung der förmlichen Abnahme im Vertrag nicht entgegen. Eine Abnahme durch Ingebrauchnahme ist auch bei Vereinbarung einer förmlichen Abnahme möglich, wenn feststellbar ist, dass die Parteien auf die vereinbarte ausdrückliche Abnahme verzichtet haben.[264] Vereinbaren die Parteien eine förmliche Abnahme, ist jedoch nur in engen Ausnahmefällen von der konkludenten Aufhebung auszugehen.[265] Eine stillschweigende Abnahme kommt trotz Vereinbarung einer förmlichen Abnahme beispiels-

---

[257] Leinemann/Jansen § 12 Rn. 24.
[258] Kapellmann/Messerschmidt/Havers § 12 Rn. 226.
[259] OLG Köln IBR 2016, 446.
[260] KG NZBau 2006, 346.
[261] Ausf. hierzu Heiermann/Riedl/Rusam/Mansfeld § 12 Rn. 87.
[262] KG ZfBR 2018, 52 (teilw. aufgehoben durch: BGH NZBau 2018, 25).
[263] OLG Düsseldorf BeckRS 2012, 11441; Ingenstau/Korbion/Oppler § 12 Abs. 4 Rn. 5.
[264] OLG Dresden IBRRS 2014, 0719; BGH 30.10.2013 – VII ZR 85/12 (Nichtzulassungsbeschwerde zurückgewiesen).
[265] LG Frankenthal IBRRS 2014, 0307.

weise in Betracht, wenn der Auftragnehmer die Schlussrechnung übersendet, ohne die förmliche Abnahme zu fordern und der Auftraggeber seinerseits keine förmliche Abnahme verlangt.[266]

Wird nicht innerhalb von **12 Werktagen** nach Anzeige der Fertigstellung ein Abnahmetermin anberaumt und die Abnahme nicht ausdrücklich verweigert, ist davon auszugehen, dass auf die vertraglich vereinbarte förmliche Abnahme verzichtet wird.[267] Das gilt nach der Entscheidung des Kammergerichts erst recht, wenn der Auftraggeber durch vollständige Bezahlung der restlichen Werklohnforderung unmissverständlich zum Ausdruck bringt, dass er gegen die Werkleistung keine Einwände erhebt.[268] Die Leistung gilt auch dann als abgenommen, wenn der Auftraggeber die förmliche Abnahme zunächst wegen Mängeln verweigert, dann jedoch auf das Angebot des Auftragnehmers, die Mängel beseitigen zu wollen, nicht reagiert.[269] 126

I. Abnahmeverlangen und Terminbestimmung

Das **Abnahmeverlangen** ist an keine Form gebunden,[270] sollte aber aus Beweiszwecken stets schriftlich erfolgen. Das Verlangen kann sowohl vom Auftraggeber als auch vom Auftragnehmer gestellt werden. 127

Die Aufforderung stellt eine **einseitige, empfangsbedürftige Willenserklärung** dar,[271] ohne welche die Verpflichtung zur förmlichen Abnahme grundsätzlich nicht entsteht.[272] 128

Das Verlangen einer förmlichen Abnahme ist vom Vertragsabschluss unabhängig und kann somit auch nachträglich gestellt werden, solange eine Abnahme noch nicht erfolgt ist.[273] Wird eine förmliche Abnahme vertraglich vereinbart, bedarf es keines gesonderten Abnahmeverlangens.[274] 129

Aus § 12 Abs. 4 Nr. 2 lässt sich folgern, dass ein **Termin** für die förmliche Abnahme zu bestimmen ist. Dieser kann durch die Parteien gemeinsam festgelegt oder durch eine Einladung des Auftraggebers bestimmt werden.[275] Die **Einladung des Auftraggebers** muss so konkret wie möglich den Ort bzw. das Werk und die Zeit der geplanten Abnahme beinhalten, sodass sich der Auftragnehmer darauf einrichten kann.[276] Zudem muss das Werk an dem geplanten Abnahmetermin zugänglich sein.[277] 130

Der Auftraggeber muss zur Abnahme **rechtzeitig einladen**. Unter Berücksichtigung der sich aus § 12 Abs. 1 und Abs. 5 ergebenden Fristen dürfte auch im Rahmen der Einladung eine Frist von 12 Werktagen ausreichend sein.[278] 131

---

[266] OLG Düsseldorf IBRRS 2013, 3074.

[267] KG IBRRS 2014, 1263.

[268] KG IBRRS 2014, 1263.

[269] OLG München BauR 2014, 280; BGH 11.10.2013 – VII ZR 324/12 (Nichtzulassungsbeschwerde zurückgewiesen).

[270] Ingenstau/Korbion/Oppler § 12 Abs. 4 Rn. 8.

[271] Beck VOB/B/Bröker § 12 Abs. 4 Rn. 7.

[272] Kapellmann/Messerschmidt/Havers § 12 Rn. 229; Leinemann/Jansen § 12 Rn. 91.

[273] Beck VOB/B/Bröker § 12 Abs. 4 Rn. 11.

[274] KG NZBau 2006, 436.

[275] Nach dem Wortlaut des § 12 Abs. 4 Nr. 2 ist der Auftragnehmer nicht berechtigt zur Abnahme einzuladen, vgl. Beck VOB/B/Bröker § 12 Abs. 4 Rn. 19; Ingenstau/Korbion/Oppler § 12 Abs. 4 Rn. 10.

[276] Kapellmann/Messerschmidt/Havers § 12 Rn. 235.

[277] Beck VOB/B/Bröker § 12 Abs. 4 Rn. 18.

[278] Leinemann/Jansen § 12 Rn. 94; Vygen/Joussen Teil 6 Rn. 1109.

Abu Saris

II. Hinzuziehung eines Sachverständigen

132 Nach § 12 Abs. 4 Nr. 1 kann jede Partei **auf ihre Kosten einen Sachverständigen zur Abnahme hinzuziehen.** Die Feststellungen des Sachverständigen sind für die jeweils andere Partei nicht verbindlich, soweit nichts anderes vereinbart wurde.[279]

133 Der Sachverständige ist zudem **nicht als Vertreter** der jeweiligen Partei anzusehen, wenn er nicht gesondert bevollmächtigt wird. Seine Erklärungen sind somit auch nicht als Abnahmeerklärung zu werten.[280] Der Auftraggeber hat jedoch auf eine Abnahmeaussage seines Sachverständigen unverzüglich zu reagieren, damit diese nicht zu einer konkludenten Abnahme führt.[281]

134 Die **Kostentragungspflicht** der jeweiligen Partei für ihren Sachverständigen bezieht sich auf diejenigen Kosten, die durch den Abnahmetermin und die Feststellungen des Abnahmebefundes entstehen.[282] Demgegenüber sind solche Kosten nicht erfasst, die bei Beauftragung eines Sachverständigen entstehen, um das Werk außerhalb der Abnahme zu untersuchen und zu dokumentieren.[283] Diese Kosten können als Schadensersatzanspruch nach § 4 Abs. 7 S. 2 oder § 13 Abs. 5 bzw. Abs. 7 geltend gemacht werden, wenn sich die Mangelhaftigkeit des Werks bestätigt.[284] Ebenso sollen die Kosten des Sachverständigen entgegen § 12 Abs. 4 Nr. 1 ersatzfähig sein, wenn die Leistung des Auftragnehmers wesentliche Mängel hat und der Auftraggeber die Abnahme zu Recht verweigert.[285] Dies dürfte aber nur gelten, wenn der Auftragnehmer die Abnahme verlangt hat, weil ihm nur in einem solchen Fall durch das verfrühte Abnahmeverlangen ein pflichtwidriges Verhalten vorgeworfen werden kann.

III. Schriftliche Protokollierung

135 Nach § 12 Abs. 4 Nr. 1 S. 3 ist der bei der Abnahme festgestellte Befund **in gemeinsamer Verhandlung schriftlich niederzulegen.** Das heißt, dass das Protokoll unter „gleichberechtigter Mitwirkung der Parteien" erstellt werden soll.[286]

136 Daraus ergibt sich, dass der Auftraggeber und der Auftragnehmer sowohl bei der Prüfung als auch bei der Protokollierung anwesend sein müssen.[287] Eine ausführliche Protokollierung kann entbehrlich sein, wenn der Auftraggeber die Leistungen für vertragsgemäß und mangelfrei hält.[288]

137 Der Auftraggeber muss sich im Protokoll seine Rechte wegen etwaig bekannter Mängel und wegen einer etwaigen Vertragsstrafe **vorbehalten;** der Auftragneh-

---

[279] Kapellmann/Messerschmidt/Havers § 12 Rn. 237.
[280] Leinemann/Jansen § 12 Rn. 98.
[281] Beck VOB/B/Bröker § 12 Abs. 4 Rn. 22; Kapellmann/Messerschmidt/Havers § 12 Rn. 236.
[282] Ingenstau/Korbion/Oppler § 12 Abs. 4 Rn. 12; Kapellmann/Messerschmidt/Havers § 12 Rn. 237.
[283] Kapellmann/Messerschmidt/Havers § 12 Rn. 237.
[284] BGH NJW 1971, 99.
[285] LG Bielefeld BeckRS 2023, 31607, IBR 2023, 615; Beck VOB/B/Bröker § 12 Abs. 4 Rn. 21.
[286] Heiermann/Riedl/Rusam/Mansfeld § 12 Rn. 94.
[287] Kapellmann/Messerschmidt/Havers § 12 Rn. 239.
[288] Ingenstau/Korbion/Oppler § 12 Abs. 4 Rn. 14; Kapellmann/Messerschmidt/Havers § 12 Rn. 239.

Abnahme **§ 12**

mer muss seine etwaigen Einwendungen protokollieren lassen, damit diese Rechte nicht verloren gehen.

Die Wirksamkeit der förmlichen Abnahme hängt grundsätzlich nicht von der **138 Unterzeichnung** des Protokolls ab.[289] In einer späteren Entscheidung wies das OLG Hamburg jedoch darauf hin, dass die Weigerung des Auftraggebers, ein Protokoll mit dem Vermerk „Abnahme erfolgt ohne sichtbare Mängel" zu unterzeichnen, seine Abnahmeverweigerungshaltung zeige und daher keine förmliche Abnahme vorliege, selbst wenn bei der Abnahmebegehung keine Mängel gerügt worden seien.[290]

Verweigert hingegen der Auftragnehmer die Unterzeichnung des Protokolls **139** nach einer gemeinsamen Abnahmebegehung und Anfertigung einer Niederschrift, in der das Ergebnis der gemeinsamen Begehung protokolliert wird, führt die fehlende Unterschrift des Auftragnehmers nicht zur Unwirksamkeit der Abnahme.[291] Die Unterzeichnung des Auftragnehmers könnte nur dann zu einer Wirksamkeitsvoraussetzung der Abnahme werden, wenn dies vertraglich vereinbart wurde. Ansonsten gilt der Grundsatz, dass die Abnahme eine einseitige empfangsbedürftige Erklärung des Auftraggebers darstellt und somit eine übereinstimmende Erklärung beider Bauvertragsparteien nicht erforderlich ist.[292]

Die Wirksamkeit der Abnahme kann jedoch durch entsprechende vertragliche **140** Vereinbarung (auch in AGB) von der Unterzeichnung des Protokolls abhängig gemacht werden.[293] Unterzeichnet der Auftragnehmer das Abnahmeprotokoll, erkennt er dadurch nicht gleichzeitig die Vorbehalte des Auftraggebers an.[294]

IV. Abwesenheit des Auftragnehmers

Nach § 12 Abs. 4 Nr. 2 kann die förmliche Abnahme **in Abwesenheit des** **141** **Auftragnehmers** stattfinden, wenn der Termin vereinbart war oder der Auftraggeber mit angemessener Frist dazu eingeladen hatte. Dies gilt nicht, falls der Auftragnehmer aus wichtigem Grund verhindert war.[295] Ein wichtiger Grund kann bei einer Erkrankung des Auftragnehmers, bei besonderen persönlichen Umständen oder auch bei einem wichtigen Termin angenommen werden.[296] Der Auftragnehmer muss dann den Auftraggeber unverzüglich über seine Abwesenheit und den wichtigen Grund in Kenntnis setzen.[297]

Fehlt es an einem wichtigen Grund oder einer Mitteilung darüber, verbleibt **142** es dabei, dass der Auftraggeber die Abnahme alleine durchführen kann. Er muss sich dann auch bei diesem Termin seine Rechte wegen wesentlicher Mängel

---

[289] OLG Hamburg IBRRS 2011, 5312; BGH 24.11.2011 – VII ZR 188/09 (Nichtzulassungsbeschwerde zurückgewiesen).

[290] OLG Hamburg IBR 2017, 73.

[291] OLG Oldenburg, IBRRS 2023, 2962; OLG Dresden IBR 2016, 273; BGH 16.12.2015 – VII ZR 184/13 (Nichtzulassungsbeschwerde zurückgewiesen).

[292] vgl. OLG Naumburg IBR 2018, 194; BGH 5.7.2017 – VII ZR 257/14 (Nichtzulassungsbeschwerde zurückgewiesen).

[293] BGH BauR 1974, 206.

[294] BGH NJW 1987, 380; Kapellmann/Messerschmidt/Havers § 12 Rn. 245.

[295] Leinemann/Jansen § 12 Rn. 95.

[296] Beck VOB/B/Bröker § 12 Abs. 4 Rn. 42 f.; Kapellmann/Messerschmidt/Havers § 12 Rn. 245.

[297] Heiermann/Riedl/Rusam/Mansfeld § 12 Rn. 97; Kapellmann/Messerschmidt/Havers § 12 Rn. 245.

oder einer Vertragsstrafe vorbehalten.[298] Der Auftraggeber sollte deshalb auch bei Abwesenheit des Auftragnehmers ein Protokoll anfertigen und es dem Auftragnehmer unverzüglich zukommen lassen.[299]

143 Die Abwesenheit des Auftraggebers ist von § 12 Abs. 4 Nr. 2 nicht erfasst. In einem solchen Fall sollte der Auftragnehmer eine Frist zur Abnahme setzen, um eine fiktive Abnahme nach § 640 Abs. 2 BGB herbeizuführen.[300]

F. § 12 Abs. 5

144 In § 12 Abs. 5 Nr. 1 und Nr. 2 sind zwei **Fiktionstatbestände** geregelt, nach denen die Abnahme bei Vorliegen der Voraussetzungen fingiert wird. Mit dem Gesetz zur Beschleunigung fälliger Zahlungen[301] wurde zudem mit § 640 Abs. 2 BGB ein gesetzlicher Fiktionstatbestand geschaffen. Danach steht es der Abnahme gleich, wenn der Besteller das Werk nicht innerhalb einer ihm vom Unternehmer bestimmten angemessenen Frist abnimmt, obwohl er dazu verpflichtet ist.

145 Die **Abnahmefiktion** ist von der **konkludenten Abnahme** zu unterscheiden. Anders als die konkludente Abnahme ist die Abnahmefiktion unabhängig von dem Willen des Auftraggebers.[302] Die fiktive Abnahme nach § 12 Abs. 5 tritt alleine durch Fristablauf und unabhängig vom Willen des Auftraggebers ein, also auch wenn der Auftraggeber tatsächlich keinen Abnahmewillen hatte.[303]

146 Die fiktive Abnahme nach der VOB/B setzt im Allgemeinen die Vereinbarung der VOB/B voraus. Daneben darf noch keine Abnahme in anderer Weise stattgefunden haben, der Auftraggeber darf die Abnahme nicht nach § 12 Abs. 3 verweigert haben, die Leistung des Auftragnehmers muss fertiggestellt sein und es darf keine Abnahme verlangt worden sein.

147 Die fiktive Abnahme muss durch die **Einbeziehung der VOB/B im Ganzen oder zumindest des § 12 Abs. 5** in den Vertrag vereinbart worden sein. Die insolierte Einbeziehung des § 12 Abs. 5 oder ein Eingriff in den Regelungsgehalt der VOB/B bei ihrer Einbeziehung im Ganzen führt dazu, dass die vereinbarten VOB/B-Regelungen der Inhaltskontrolle nach §§ 305 ff. BGB unterliegen.[304] In einem solchen Fall muss sich § 12 Abs. 5 an **§ 308 Nr. 5 BGB** messen lassen. Danach sind jedoch Bestimmungen über die Wirksamkeit von fingierten Erklärungen des Vertragspartners des Verwenders grundsätzlich unwirksam. Die fiktive Abnahme nach § 12 Abs. 5 kann somit nicht isoliert wirksam vereinbart werden. Etwas anderes gilt jedoch, wenn der Auftraggeber selbst Verwender der Klausel ist, die VOB/B bzw. § 12 Abs. 5 mithin auf seine Initiative in den Vertrag einbezogen wird.[305] Gleiches soll auch gelten, wenn beide Parteien auf die Einbeziehung bestehen, weil dann beide als Verwender anzusehen seien.[306]

---

[298] Leinemann/Jansen § 12 Rn. 95.
[299] Vygen/Joussen Teil 6 Rn. 1118.
[300] Leinemann/Jansen § 12 Rn. 95.
[301] BGBl. 2000 I 330.
[302] Vgl. OLG Naumburg BeckRS 2017, 141723 = IBR 2018, 248; BGH 11.10.2017 – VII ZR 142/17 (Nichtzulassungsbeschwerde verworfen).
[303] Beck VOB/B/Bröker § 12 Abs. 5 Rn. 2; Hildebrandt/Abu Saris Kapitel Rn. 44.
[304] BGH ZfBR 2004, 362.
[305] Leinemann/Jansen § 12 Rn. 100.
[306] Leinemann/Jansen § 12 Rn. 100; Grüneberg/Grüneberg BGB § 305 Rn. 13.

Wird die VOB/B vereinbart, darf eine fiktive Abnahme **nicht vertraglich ausgeschlossen** sein. Der Ausschluss des § 12 Abs. 5 kann in Allgemeinen Geschäftsbedingungen wirksam vereinbart werden,[307] was in der Praxis regelmäßig der Fall ist.[308] Ein Ausschluss des § 12 Abs. 5 kann auch in der Vereinbarung liegen, dass eine förmliche Abnahme stattfinden soll,[309] oder die Abnahme durch einen Architekten erfolgt.[310] Nach der Rechtsprechung wird die Abnahmefiktion jedoch nicht ausgeschlossen, wenn zwar eine förmliche Abnahme vereinbart wurde, diese aber nach Fertigstellung nicht verlangt wird.[311] 148

Die fiktive Abnahme setzt weiter voraus, dass der Auftraggeber die Abnahme nicht nach § 12 Abs. 3 **verweigert** hat und dass die Abnahmewirkung nicht in anderer Weise eingetreten ist. Die Abnahmeverweigerung des Auftraggebers nach § 12 Abs. 3 hindert die Abnahmefiktion sowohl nach § 12 Abs. 5 Nr. 1 als auch nach Nr. 2.[312] 149

Ebenso darf das Werk nicht **auf andere Weise** abgenommen worden sein. Hierunter sind alle Arten der Abnahme, mithin auch die konkludente Abnahme zu verstehen.[313] 150

Die Abnahmefiktion setzt weiter voraus, dass die Leistung zumindest **im Wesentlichen fertiggestellt** ist,[314] und dass der Vertrag nicht vorzeitig gekündigt wurde.[315] 151

Bei Vorliegen **wesentlicher Mängel** ist eine fiktive Abnahme ausgeschlossen.[316] Die Leistung gilt jedoch als im Wesentlichen fertiggestellt, wenn zwar noch geringfügige Mängel vorhanden sind, dies aber der Abnahmereife nicht entgegensteht.[317] Dafür kann auch im Rahmen des § 12 Abs. 5 Nr. 1 sprechen, dass der Auftraggeber endgültig eingezogen ist.[318]

I. § 12 Abs. 5 Nr. 1

Nach § 12 Abs. 5 Nr. 1 gilt die Leistung **12 Werktage nach schriftlicher Mitteilung** des Auftragnehmers über die Fertigstellung der Leistung als abgenommen, wenn keine Abnahme verlangt wird. Im Gegensatz zu der Abnahmefiktion nach § 12 Abs. 5 Nr. 1, die durch ein Tätigwerden des Auftragnehmers eintritt, 152

---

[307] Beck VOB/B/Bröker § 12 Abs. 5 Rn. 36; Heiermann/Riedl/Rusam/Mansfeld § 12 Rn. 104.
[308] Beck VOB/B/Bröker § 12 Abs. 5 Rn. 36; Kapellmann/Messerschmidt/Havers § 12 Rn. 255.
[309] OLG Koblenz NZBau 2018, 416.
[310] OLG Düsseldorf IBRRS 2010, 3236; Heiermann/Riedl/Rusam/Mansfeld § 12 Rn. 105.
[311] BGH IBRRS 2011, 5062; KG IBRRS 2014, 1264; aA: Ingenstau/Korbion/Oppler § 12 Abs. 5 Rn. 4.
[312] BGH NJW 1979, 549 (zur Abnahmefiktion nach § 12 Abs. 5 Nr. 2); OLG Schleswig IBRRS 2012, 1148.
[313] Heiermann/Riedl/Rusam/Mansfeld § 12 Rn. 109; Kapellmann/Messerschmidt/Havers § 12 Rn. 257.
[314] BGH NJW 1979, 650; Ingenstau/Korbion/Oppler § 12 Abs. 5 Rn. 6; aA: Kapellmann/Messerschmidt/Havers § 12 Rn. 261.
[315] BGH NZBau 2003, 265; OLG Celle IBRRS 2015, 2101; BGH 21.5.2015 – VII ZR 151/14 (Nichtzulassungsbeschwerde zurückgewiesen).
[316] BGH NJW-RR 1989, 979.
[317] Ingenstau/Korbion/Oppler § 12 Abs. 5 Rn. 6.
[318] BGH NJW-RR 1989, 979.

§ 12

fordert die Abnahmefiktion nach § 12 Abs. 5 Nr. 2 ein Handeln des Auftraggebers. Dieser muss die Leistung in Gebrauch nehmen. Dies gilt auch bei einer Teilleistung. Eine solche fiktive Teilabnahme kommt nach § 12 Abs. 5 Nr. 1 nicht in Betracht.[319]

153 Die schriftliche Mitteilung des Auftragnehmers an den Auftraggeber über die Fertigstellung der Leistung ist eine **empfangsbedürftige Willenserklärung**. Die Mitteilung bedarf der Schriftform. Eine mündliche Mitteilung reicht nicht aus.[320]

154 Der Auftragnehmer trägt die **Beweislast** für den Zugang der Mitteilung beim Auftraggeber. Zugegangen gilt die Nachricht nach § 130 Abs. 1 BGB, wenn sie derart in den Machtbereich des Auftraggebers gelangt ist, dass er unter regelmäßigen Umständen von dem Inhalt der Mitteilung Kenntnis erlangen kann.[321]

155 Die **Fertigstellungsmitteilung muss nicht ausdrücklich enthalten**, dass die Leistung abnahmereif oder fertiggestellt ist.[322] Aus der Mitteilung muss sich lediglich unzweifelhaft ergeben, dass der Auftragnehmer seine Leistung endgültig abrechnen will.[323] Sie kann schon in der Übersendung der Schlussrechnung liegen, weil der Auftragnehmer damit zum Ausdruck bringt, dass das Werk fertiggestellt ist.[324] Ausreichend ist danach auch eine Rechnung, die beispielsweise als „Endabrechnung" oder als „Rechnung über sämtliche Arbeiten" ausgewiesen ist.[325] Ebenso genügt die schriftliche Erklärung über die erfolgte Räumung der Baustelle wegen Fertigstellung der Leistung.[326] Die Übersendung einer Abschlagsrechnung kann hingegen nicht als Fertigstellungsmitteilung gewertet werden, weil die Leistung nicht fertiggestellt und der Auftragnehmer gerade nicht endgültig abrechnen will.[327]

156 Die Fertigstellungsmitteilung muss dem Auftraggeber **zugehen**. Eine Übersendung an den Architekten reicht dafür grundsätzlich nicht aus, es sei denn, der Architekt ist dafür ausdrücklich empfangsbevollmächtigt.[328]

157 Mit **Zugang** der Fertigstellungsmitteilung beim Auftraggeber beginnt die Frist von 12 Werktagen anzulaufen. Die Berechnung der Frist richtet sich nach den allgemeinen Grundsätzen gemäß §§ 187 ff. BGB.[329] Bei der Berechnung der Frist ist der Samstag mit einzubeziehen (§ 11 Abs. 3).[330]

158 **Nach Ablauf der 12 Werktage** gilt das Werk als abgenommen und sämtliche Abnahmewirkungen treten ein. Will der Auftraggeber diese Folgen vermeiden, muss er tätig werden und dem Auftragnehmer gegenüber entweder die Abnahme verweigern oder eine ausdrückliche Abnahme verlangen.[331] Die ablehnende Reaktion des Auftraggebers sollte aus Beweiszwecken schriftlich erfolgen, weil der Auftraggeber für die Ablehnung beweispflichtig ist.

---

[319] Beck VOB/B/Bröker § 12 Abs. 5 Rn. 16.
[320] Ingenstau/Korbion/Oppler § 12 Abs. 5 Rn. 10; Heiermann/Riedl/Rusam/Mansfeld § 12 Rn. 112.
[321] Grüneberg/Ellenberger BGB § 130 Rn. 5.
[322] BGH NJW 1971, 838; Heiermann/Riedl/Rusam/Mansfeld § 12 Rn. 112; Kapellmann/Messerschmidt/Havers § 12 Rn. 266.
[323] OLG Düsseldorf NJW-RR 1997, 1178; Leinemann/Jansen § 12 Rn. 102.
[324] BGH NJW 1971, 838; NJW-RR 1989, 979.
[325] Heiermann/Riedl/Rusam/Mansfeld § 12 Rn. 112.
[326] Ingenstau/Korbion/Oppler § 12 Abs. 5 Rn. 11.
[327] Leinemann/Jansen § 12 Rn. 102.
[328] Beck VOB/B/Bröker § 12 Abs. 5 Rn. 22; Leinemann/Jansen § 12 Rn. 104.
[329] Ingenstau/Korbion/Oppler § 12 Abs. 5 Rn. 10; Kapellmann/Messerschmidt/Havers § 12 Rn. 264.
[330] Grüneberg/Ellenberger BGB § 193 Rn. 4.
[331] Ingenstau/Korbion § 12 Abs. 5 Rn. 12.

II. § 12 Abs. 5 Nr. 2

Nach § 12 Abs. 5 Nr. 2 gilt die Leistung des Auftragnehmers nach Ablauf von **159** 6 **Werktagen** als abgenommen, wenn der Auftraggeber die Leistung oder Teile der Leistung **in Benutzung nimmt,** es sei denn, es wurde etwas anderes vereinbart.

Die **Inbenutzungnahme** der Leistung setzt eine Nutzung voraus, die dem **160** beabsichtigten Nutzungszweck entspricht.[332] Von einer Inbenutzungnahme ist beispielsweise in folgenden Fällen auszugehen: Einzug in das fertiggestellte Haus;[333] Freigabe einer Straße oder einer Brücke für den Verkehr;[334] Inbetriebnahme der Leistung (zB Lichtanlage);[335] Aufnahme der Produktion oder Fabrikation;[336] die Eröffnung eines Ladenlokals oder dessen Wiedereröffnung nach Umbaumaßnahmen.[337]

Bei **mehreren Nutzungsarten** des Werks reicht bereits die Ingebrauchnahme **161** hinsichtlich einer Nutzungsart aus.[338] Trotz der teilweisen Nutzung ist von einer Gesamtabnahme auszugehen, weil sich die Teilabnahme nicht an der Nutzungsart orientiert.[339] Die fiktive Abnahme kann sich auch auf Teile der Leistung erstrecken, wenn diese in Benutzung genommen werden. Dann muss der Teil der Leistung jedoch funktional trennbar und gebrauchsfähig sein.[340]

Die Leistung wird **nicht in Benutzung genommen,** wenn sie anderen **162** Unternehmen zur Weiterarbeit überlassen wird.[341] Auch die probeweise Nutzung der Leistung kann nicht als Inbenutzungnahme nach § 12 Abs. 5 Nr. 2 angesehen werden.[342]

Die Inbenutzungnahme muss während der 6 Werktage **ununterbrochen** statt- **163** finden. Dabei kommt es nicht darauf an, welcher Umstand zu einer Unterbrechung der Nutzung führt, weil die fiktive Abnahme gerade nicht auf den Willen des Auftraggebers abstellt.[343]

Für die Beurteilung, ob eine fiktive Abnahme vorliegt, kommt es nicht darauf **164** an, ob der Auftraggeber bei Inbenutzungnahme der Leistung Mängel beanstandet. Für eine fiktive Abnahme genügt vielmehr, dass der Auftraggeber die Leistung bei objektiver Betrachtung als im Wesentlichen vertragsgemäße Erfüllung behandelt.[344] Die Abnahmefiktion nach § 12 Abs. 5 Nr. 2 tritt jedoch nicht ein, wenn

---

[332] Beck VOB/B/Bröker § 12 Abs. 5 Rn. 24; Heiermann/Riedl/Rusam/Mansfeld § 12 Rn. 114.

[333] BGH NJW 1971, 838; 1975, 1701; OLG Hamm IBRRS 2011, 4926; der Einzug kann aber auch eine konkludente Abnahme bedeuten, vgl. Beck VOB/B/Bröker § 12 Abs. 5 Rn. 26.

[334] Ingenstau/Korbion/Oppler § 12 Abs. 5 Rn. 21.

[335] BGH BauR 1971, 128.

[336] Beck VOB/B/Bröker § 12 Abs. 5 Rn. 24; Ingenstau/Korbion/Oppler § 12 Abs. 5 Rn. 21.

[337] Beck VOB/B/Bröker § 12 Abs. 5 Rn. 24.

[338] BGH NJW 1985, 731.

[339] Leinemann/Jansen § 12 Rn. 108.

[340] Heiermann/Riedl/Rusam/Mansfeld § 12 Rn. 115; Kapellmann/Messerschmidt/ Havers § 12 Rn. 271.

[341] Heiermann/Riedl/Rusam/Mansfeld § 12 Rn. 114; Kapellmann/Messerschmidt/ Havers § 12 Rn. 271.

[342] Heiermann/Riedl/Rusam/Mansfeld § 12 Rn. 114.

[343] Beck VOB/B/Bröker § 12 Abs. 5 Rn. 28; Kapellmann/Messerschmidt/Havers § 12 Rn. 272; aA: Ingenstau/Korbion/Oppler § 12 Abs. 5 Rn. 26.

[344] BGH NJW 1961, 115; 1975, 1701; OLG Düsseldorf NJW 1991, 3040.

§ 12   VOB Teil B

eine Abnahme in der Vergangenheit wegen Mängeln verweigert wurde.[345] Von einer fiktiven Abnahme soll auch dann nicht ausgegangen werden können, wenn die Nutzung nicht zumindest zu irgendeinem Zeitpunkt beanstandungsfrei stattfindet.[346]

165 Für die Fristberechnung der 6 Werktage gilt das zu § 12 Abs. 5 Nr. 1 bereits ausgeführte.[347]

III. § 12 Abs. 5 Nr. 3

166 Der Auftraggeber muss sich seine Ansprüche wegen bekannter Mängel oder wegen einer Vertragsstrafe innerhalb der Frist von 12 bzw. 6 Werktagen **vorbehalten**. Ansonsten gilt die Leistung als vorbehaltslos abgenommen und der Auftraggeber verliert seine diesbezüglichen Ansprüche.[348] Davon unberührt bleiben etwaige Ansprüche des Auftraggebers auf Schadensersatz nach § 4 Abs. 7 S. 2.[349]

167 **Mängelrügen, die vor Beginn der Frist erhoben wurden,** begründen keinen Vorbehalt, wenn sie nicht direkt vor dem Fristbeginn erhoben wurden und der Auftraggeber deutlich macht, diese trotz der laufenden Frist aufrecht erhalten zu wollen.[350] Der Vorbehalt der Vertragsstrafe kann hingegen nur während der Frist erklärt werden.[351]

168 Eines gesonderten Vorbehaltes bedarf es nicht, wenn die Vertragsstrafe zum Zeitpunkt der Abnahme bereits **eingeklagt** ist und die Rechtshängigkeit noch bei der Abnahme fortbesteht bzw. ein selbständiges Beweisverfahren wegen der Mängel eingeleitet wurde.[352] Wird mit dem Anspruch auf die Vertragsstrafe die **Prozessaufrechnung** erklärt, steht dies einer auf die Vertragsstrafe gerichteten Klage gleich.[353] Eine Aufrechnung außerhalb des Prozesses ist hingegen nicht ausreichend.[354]

G. § 12 Abs. 6

169 Nach § 12 Abs. 6 geht die **Gefahr mit der Abnahme auf den Auftraggeber über,** wenn er sie nicht ohnehin schon nach § 7 trägt. Aus diesem Verweis ist zu folgern, dass die Regelung die Vergütungsgefahr erfasst.[355] Der Auftraggeber trägt somit mit Abnahme die Gefahr, dass das Werk untergeht und er den Auftragnehmer trotzdem für dessen bereits erbrachte Leistung bezahlen muss.[356]

---

[345] OLG München IBRRS 2013, 3880; BGH 1.7.2013 – VII ZR 185/12 (Nichtzulassungsbeschwerde zurückgewiesen).

[346] OLG Düsseldorf IBR 2016, 573; BGH 18.11.2015 – VII ZR 41/15 (Nichtzulassungsbeschwerde zurückgewiesen).

[347] Vgl. → Rn. 90.

[348] Ingenstau/Korbion/Oppler § 12 Abs. 5 Rn. 29; Leinemann/Jansen § 12 Rn. 111.

[349] BGH NJW 1980, 1952; zum Ausschluss des Schadensersatzanspruches mit Ausnahme des Anspruches für Mangelfolgeschäden vgl. → Rn. 80.

[350] BGH NJW 1975, 171.

[351] OLG Düsseldorf BauR 1977, 281; Leinemann/Jansen § 12 Rn. 111.

[352] BGH NJW 1974, 1324; OLG Zweibrücken IBRRS 2015, 1123.

[353] OLG Zweibrücken IBRRS 2015, 1123.

[354] Berger IBR 2015, 475.

[355] BGH NJW 1998, 456.

[356] Vgl. zum Gefahrenübergang → Rn. 62 ff.

§ 13 Mängelansprüche

(1) ¹Der Auftragnehmer hat dem Auftraggeber seine Leistung zum Zeitpunkt der Abnahme frei von Sachmängeln zu verschaffen. ²Die Leistung ist zur Zeit der Abnahme frei von Sachmängeln, wenn sie die vereinbarte Beschaffenheit hat und den anerkannten Regeln der Technik entspricht. ³Ist die Beschaffenheit nicht vereinbart, so ist die Leistung zur Zeit der Abnahme frei von Sachmängeln,
1. wenn sie sich für die nach dem Vertrag vorausgesetzte, sonst
2. für die gewöhnliche Verwendung eignet und eine Beschaffenheit aufweist, die bei Werken der gleichen Art üblich ist und die der Auftraggeber nach der Art der Leistung erwarten kann.

(2) ¹Bei Leistungen nach Probe gelten die Eigenschaften der Probe als vereinbarte Beschaffenheit, soweit nicht Abweichungen nach der Verkehrssitte als bedeutungslos anzusehen sind. ²Dies gilt auch für Proben, die erst nach Vertragsabschluss als solche anerkannt sind.

(3) Ist ein Mangel zurückzuführen auf die Leistungsbeschreibung oder auf Anordnungen des Auftraggebers, auf die von diesem gelieferten oder vorgeschriebenen Stoffe oder Bauteile oder die Beschaffenheit der Vorleistung eines anderen Unternehmers, haftet der Auftragnehmer, es sei denn, er hat die ihm nach § 4 Absatz 3 obliegende Mitteilung gemacht.

(4)
1. ¹Ist für Mängelansprüche keine Verjährungsfrist im Vertrag vereinbart, so beträgt sie für Bauwerke 4 Jahre, für andere Werke, deren Erfolg in der Herstellung, Wartung oder Veränderung einer Sache besteht, und für die vom Feuer berührten Teile von Feuerungsanlagen 2 Jahre. ²Abweichend von Satz 1 beträgt die Verjährungsfrist für feuerberührte und abgasdämmende Teile von industriellen Feuerungsanlagen 1 Jahr.
2. Ist für Teile von maschinellen und elektrotechnischen/elektronischen Anlagen, bei denen die Wartung Einfluss auf Sicherheit und Funktionsfähigkeit hat, nichts anderes vereinbart, beträgt für diese Anlagenteile die Verjährungsfrist für Mängelansprüche abweichend von Nummer 1 zwei Jahre, wenn der Auftraggeber sich dafür entschieden hat, dem Auftragnehmer die Wartung für die Dauer der Verjährungsfrist nicht zu übertragen; dies gilt auch, wenn für weitere Leistungen eine andere Verjährungsfrist vereinbart ist.
3. Die Frist beginnt mit der Abnahme der gesamten Leistung; nur für in sich abgeschlossene Teile der Leistung beginnt sie mit der Teilabnahme (§ 12 Absatz 2).

(5)
1. ¹Der Auftragnehmer ist verpflichtet, alle während der Verjährungsfrist hervortretenden Mängel, die auf vertragswidrige Leistung zurückzuführen sind, auf seine Kosten zu beseitigen, wenn es der Auftraggeber vor Ablauf der Frist schriftlich verlangt. ²Der Anspruch auf Beseitigung der gerügten Mängel verjährt in 2 Jahren, gerechnet vom Zugang des schriftlichen Verlangens an, jedoch nicht vor Ablauf der Regelfristen nach Absatz 4 oder der an ihrer Stelle vereinbarten Frist. ³Nach Abnahme der Mängelbeseitigungsleistung beginnt für diese Leistung eine Verjährungsfrist von 2 Jahren neu, die jedoch nicht vor Ablauf der

§ 13

Regelfristen nach Absatz 4 oder der an ihrer Stelle vereinbarten Frist endet.

2. Kommt der Auftragnehmer der Aufforderung zur Mängelbeseitigung in einer vom Auftraggeber gesetzten angemessenen Frist nicht nach, so kann der Auftraggeber die Mängel auf Kosten des Auftragnehmers beseitigen lassen.

(6) Ist die Beseitigung des Mangels für den Auftraggeber unzumutbar oder ist sie unmöglich oder würde sie einen unverhältnismäßig hohen Aufwand erfordern und wird sie deshalb vom Auftragnehmer verweigert, so kann der Auftraggeber durch Erklärung gegenüber dem Auftragnehmer die Vergütung mindern (§ 638 BGB).

(7)
1. Der Auftragnehmer haftet bei schuldhaft verursachten Mängeln für Schäden aus der Verletzung des Lebens, des Körpers oder der Gesundheit.
2. Bei vorsätzlich oder grob fahrlässig verursachten Mängeln haftet er für alle Schäden.
3. ¹Im Übrigen ist dem Auftraggeber der Schaden an der baulichen Anlage zu ersetzen, zu deren Herstellung, Instandhaltung oder Änderung die Leistung dient, wenn ein wesentlicher Mangel vorliegt, der die Gebrauchsfähigkeit erheblich beeinträchtigt und auf ein Verschulden des Auftragnehmers zurückzuführen ist. ²Einen darüber hinausgehenden Schaden hat der Auftragnehmer nur dann zu ersetzen,
   a) wenn der Mangel auf einem Verstoß gegen die anerkannten Regeln der Technik beruht,
   b) wenn der Mangel in dem Fehlen einer vertraglich vereinbarten Beschaffenheit besteht oder
   c) soweit der Auftragnehmer den Schaden durch Versicherung seiner gesetzlichen Haftpflicht gedeckt hat oder durch eine solche zu tarifmäßigen, nicht auf außergewöhnliche Verhältnisse abgestellten Prämien und Prämienzuschlägen bei einem im Inland zum Geschäftsbetrieb zugelassenen Versicherer hätte decken können.
4. Abweichend von Absatz 4 gelten die gesetzlichen Verjährungsfristen, soweit sich der Auftragnehmer nach Nummer 3 durch Versicherung geschützt hat oder hätte schützen können oder soweit ein besonderer Versicherungsschutz vereinbart ist.
5. Eine Einschränkung oder Erweiterung der Haftung kann in begründeten Sonderfällen vereinbart werden.

Literatur: Ahlswede, Die Bauversicherung im Überblick, NZBau 2006, 409; Allenstein, Praxisrelevante Änderungen des neuen Versicherungsvertragsgesetzes für das Bauversicherungsrecht, NZBau 2008, 81; Dahmen, Zum merkantilen Minderwert bei Gebäuden, BauR 2012, 24; Deckers, Unwirksame VOB/B-Klauseln im Verbrauchervertrag, NZBau 2008, 627; Derleder, Schadensberechnung und Vorteilsausgleich beim Schadensersatz wegen Mängeln in der werkvertraglichen Leistungskette, NZBau 2007, 695; Derleder/Kähler, Die Kombination von Hemmung und Neubeginn der Verjährung, NJW 2014, 1617; Diehr, Der Wartungsvertrag – Einordnung in das Bau- und Vergaberecht ZfBR 2014, 107; Eusani, Selbstvornahme des Bestellers trotz Leistungsverweigerungsrecht des Unternehmers bei verweigerter Sicherheitsleistung gem. § 648a BGB nach Abnahme, NZBau 2006, 676; Faber/Werner, Hemmung der Verjährung durch werkvertragliche Nacherfüllung, NJW 2008, 1910; Faust, Die Reich-

Mängelansprüche § 13

weite der Nacherfüllung im Baurecht, BauR 2010, 1818; Grams, Baumängelbeseitigung vor der Abnahme als Beweisvereitelung?, ZfIR 2008, 400; Halfmeier, Grundstrukturen des bauvertraglichen Schadensersatzes, BauR 2013, 320; Hänsel/Flache, Der Feststellungsantrag im Mängelhaftungsprozess, NJW-Spezial 2008, 716; Hohlstein, Die Quasi-Unterbrechung der schriftlichen Mängelrüge nach § 13 Nr. 5 Abs. 1 S. 2 VOB/B hält einer (isolierten) Inhaltskontrolle nach § 307 BGB nicht stand, wenn Verwender der VOB/B der Auftraggeber ist., BauR 2003, 1257; Ingendoh/Berger, VOB/B als „Ganzes" und „AGB-Festigkeit" einzelner VOB/B-Klauseln, ZfIR 2008, 691; Jansen, Das Recht des Auftragnehmers zur Mangelbeseitigung/Nacherfüllung, BauR 2005, 1089; Joussen, Vereinbarung der VOB/B bei Werklieferungsverträgen, BauR 2014, 1195; Kiesel, Die VOB 2002 – Änderungen, Würdigung, AGB-Problematik, NJW 2002, 2064; Klein/Moufang/Koos, Ausgewählte Fragen zur Verjährung, BauR 2009, 333; Kniffka, Die riskante Bauausführung – Haftung und Zurechnung, BauR 2017, 159; ders., Gesamtschuldnerausgleich im Baurecht, BauR 2005, 1021; Koos, Anmerkung zum BGH-Urteil Schadensberechnung anhand fiktiver Mängelbeseitigungskosten in Altverträgen, NZBau 2019, 235; Kratzenberg, Der Beschluss des DVA-Hauptausschusses zur Neuherausgabe der VOB 2002 (Teile A und B), NZBau 2002, 177; Kuhn, Die Verjährung des Selbstvornahmerechts, ZfBR 2013, 523; Lakkis, Photovoltaikanlagen – die tickenden Verjährungszeitbomben auf dem Bau, NJW 2014, 829; Lenkeit, Das modernisierte Verjährungsrecht, BauR 2002, 196; Leupertz/Hettler, Der Bausachverständige vor Gericht, 2. Aufl., 2013; Lorenz, Sachverständigenkosten und Nacherfüllung, NJW 2014, 2319; Lührmann, Keine fiktiven Mängelbeseitigungskosten, NZBau 2018, 456; Manteufel, Grundlegende und aktuelle Fragen der Mängelhaftung im Bauvertrag, NZBau 2014, 195; Marburger, Die Regeln der Technik im Recht, 1979; Matthies, Die Auswirkungen von Kündigung oder Insolvenz auf den Wartungsvertrag und die Verjährungsfristen nach § 13 IV Nr. 2 VOB/B, NZBau 2011, 267; Moufang, Diskussionsforum, BauR 2003, 426; Moufang, Rechtsgeschäftliche Vereinbarungen im Abnahmeprotokoll, BauR 2017, 1255; Moufang/Koos, Unberechtigte Mängelrügen nach Abnahme: Untersuchungspflicht und Ansprüche des Unternehmers, BauR 2007, 300; Mundt, Zur angemessenen Nachbesserungsfrist bei witterungsabhängigen Nachbesserungsarbeiten, BauR 2005, 1397; Oberhauser, „Verdient" die VOB/B 2002 die Privilegierung durch das BGB?, Jahrbuch Baurecht 2003, 1; Oberhauser, Vorteilsausgleich in der Leistungskette – Geltung auch beim Planervertrag, NZBau 2016, 626; Ostendorf/von Laer, Die Bestimmung der Verjährungsfristen für die Geltendmachung von Verzugsschäden, NJW 2013, 1479; Pauly, Die anerkannten Regeln der Technik beim Bauvertrag – Grundlegendes und Spezielles, ZfBR 2018, 315; Pauly, Unterbrechen Mängelrügen per E-Mail die Verjährung? LSK 2015, 290105; Pauly, Zur Frage der Berechnung des Minderungsbetrages und des Minderwertes beim Bauvertrag am Beispiel von Schallschutzmängeln, BauR 2002, 1321; Peters, Die VOB/B bei öffentlichen Ausschreibungen, NZBau 2006, 273; Peters, Die zeitlichen Dimensionen des Ausgleichs zwischen mehreren für einen Baumangel verantwortlichen Personen, NZBau 2007, 337; Peters, Die Beweislast für Mangelhaftigkeit oder Mangelfreiheit des Werks, NZBau 2009, 209; Reimann, Verjährungsfallen im Baurecht, BauR 2011, 14; Ries, Mängelhaftung, Verschleiß und Wartung – ein Spannungsfeld voller Missverständnisse IBR 2018, 1073; Rintelen, Lücken im Haftpflichtversicherungsschutz – Umfang und Grenzen des Versicherungsschutzes im Baubereich, NZBau 2006, 401; Sass, Die Symptomtheorie und der Beweis durch Sachverständige, Jahrbuch Baurecht 2010, S. 217 ff.; Schiemann, Vorteilsanrechnung beim werkvertraglichen Schadensersatz, NJW 2007, 3037; Schmeel, Gewährleistung – Der Einfluss der Nacherfüllung auf den Lauf der Verjährung nach § 13 V VOB/B, LSK 2016, 180252; Schmidt, Revolution der Mängelansprüche des Auftraggebers, NJW-Spezial 2018, 428; Schmitz, Die Symptomtheorie, BauR 2015, 371 ff.; Schwenker, Unterbrechung der Verjährung und erneutes In-Gang-Setzen einer vereinbarten Verjährungsfrist beim Werkvertrag nach VOB B, ZfIR 2005, 464; Seibel, Die Bedeutung der Auslagenvorschusses für die Vergütungsanspruch des Gerichtssachverständigen – Achtung: Kostenfalle § 8a Abs. 4 JVEG!, Der BauSV 5/2023, 54 ff.; Seibel, Mangelhafte Bauleistung und technische Regelwerke (DIN-Normen etc.), Der BauSV 4/2023, 55 ff.;

§ 13

VOB Teil B

Seibel, Privatgutachten vor Gericht – Bedeutung des Privatgutachtens für den (privaten) Bauprozess, Der BauSV 2/2023, 53 ff.; Seibel, Aufgabe fiktiver Mängelbeseitigungskosten im Bau-/Werkvertragsrecht? Warum die Rechtsprechungsänderung („Insellösung") des VII. Zivilsenats des BGH nicht überzeugt!, Der BauSV 2/2022, 57 ff.; Seibel, Technische Regelwerke (DIN-Normen etc.) aus richterlicher Sicht, Der BauSV 1/2022, 54 ff.; Seibel, FS für Jürgen Lauer (2021), Das wiederholte Märchen des VII. Zivilsenats des BGH von den „Besonderheiten des Werkvertragsrechts", 415 ff.; Seibel, Das wiederholte Märchen des VII. Zivilsenats des BGH von den „Besonderheiten des Werkvertragsrechts", MDR 2021, 78 ff.; Seibel, Das PMBC-Urteil des OLG Hamm – Trotz Rechtskraft kein verbindliches Grundsatzurteil! – Revisionsrechtliche Erläuterungen und Klarstellungen, Der BauSV 1/2021, 52 ff.; Seibel, Kombinationsabdichtung trotz Normierung in der DIN 18195-6 bzw. (neu) DIN 18533 keine „allgemein anerkannte Regel der Technik"? – Kritische Anmerkung zum Urteil des OLG Hamm vom 14.8.2019, NZBau 2020, 558 ff.; Seibel, Die BGH-Entscheidung VII ZR 46/17 und die unzulässige Umgehung des Großen Senats für Zivilsachen, MDR 2019, 263 ff.; Seibel, Die BGH-Entscheidung VII ZR 46/17 und das Märchen von den „Besonderheiten des Werkvertragsrechts", NZBau 2019, 81 f.; Seibel, Müssen Sachverständige die Aktualität technischer Regelwerke bei der Gutachtenerstattung im (Bau-)Prozess von Amts wegen beachten?, BauR 2016, 1085 ff.; Seibel, Der Sachverständige und die gerichtliche Leitung seiner Tätigkeit nach der ZPO, NJW 2014, 1628 ff.; Seibel, Konkretisierung der „allgemein anerkannten Regeln der Technik" – insbesondere außerhalb von schriftlichen technischen Regelwerken, BauR 2014, 909 ff.; Seibel, Müssen einer Streitverkündungsschrift zur Angabe der „Lage des Rechtsstreits" Ablichtungen aus den Gerichtsakten beigefügt werden?, BauR 2014, 456 ff.; Seibel, Abgrenzung der „allgemein anerkannten Regeln der Technik" vom „Stand der Technik", NJW 2013, 3000 ff.; Seibel, Die Leitung der Tätigkeit des Bausachverständigen durch das Gericht – Vorschläge zur Verbesserung der Zusammenarbeit, BauR 2013, 536 ff.; Seibel, Welche Bedeutung haben Herstellervorschriften für die Baumangelbeurteilung?, BauR 2012, 1025 ff.; Seibel, Zur Aufgabenverteilung zwischen Gericht und Bausachverständigem – Warum der Sachverständige nicht zur Beantwortung von Rechtsfragen berufen ist, Der BauSV 5/2012, 59 ff.; Seibel, Warum der Begriff „Mangel" im gerichtlichen Beweisbeschluss grundsätzlich zu vermeiden ist, ZfBR 2011, 731 ff.; Seibel, Gutachtenerstattung durch den Sachverständigen – Muss eine Auseinandersetzung mit von den Parteien zu den Gerichtsakten gereichten Fachaufsätzen stattfinden?, Der BauSV 3/2011, 72 ff.; Seibel, Die „Ablösung" des Sachverständigen nach § 412 Abs. 1 ZPO, Der BauSV 2/2011, 66 ff.; Seibel, Das Unterschreiten der „allgemein anerkannten Regeln der Technik" im Bauvertrag – Überlegungen zu BGH, Urteil vom 4.6.2009 (AZ: VII ZR 54/07), ZfBR 2010, 217 ff.; Seibel, Die Bedeutung des Privatgutachtens für den Bauprozess, Der BauSV 4/2010, 52 ff.; Seibel, Die Anleitung des Sachverständigen durch das Gericht (§ 404a ZPO) – Inhalt und Aufgabe des gerichtlichen Beweisbeschlusses, Der BauSV 3/2010, 49 ff.; Seibel, Schallschutz im Wohnungsbau und DIN 4109 – Status quo nach der jüngeren Rechtsprechung des BGH, Der BauSV 2/2010, 67 ff.; Seibel, Aktualität technischer Regelwerke und Gutachtenerstattung – Müssen (Bau)Sachverständige die Aktualität einschlägiger technischer Regelwerke im Rahmen der Gutachtenerstattung von Amts wegen überprüfen?, Der BauSV 1/2010, 58 ff.; Seibel, Welche Konsequenzen hat das bewusste Abweichen des Unternehmers von der Baubeschreibung für den Nacherfüllungsanspruch?, ZfBR 2009, 731 ff.; Seibel, Das Abweichen von Herstellervorschriften bei der Bauausführung und die Konsequenzen für die Mangelbeurteilung, Der BauSV 4/2009, 60 ff.; Seibel, Algen- und Schimmelbefall der Außenfassade – Zur „organischen Kontamination" als Baumangel, Der BauSV 3/2009, 48 ff.; Seibel, Die Bedeutung der Funktionstauglichkeit für die Beurteilung der Qualität einer Bauleistung, ZfBR 2009, 107 ff.; Seibel, Baumängel und anerkannte Regeln der Technik, 2009; Seibel, Baumangel trotz Einhaltens technischer Vorschriften, Der BauSV 6/2008, 59 ff.; Seibel, Die mündliche Erläuterung des Gutachtens durch den (Bau-)Sachverständigen nach § 411 Abs. 3 ZPO – Darstellung aus richterlicher Sicht, Der BauSV 5/2008, 53 ff.; Seibel, Die allgemeine Anerkennung von technischen Regeln und ihre Feststellbarkeit, ZfBR 2008,

Mängelansprüche **§ 13**

635 ff.; Seibel, Mangelhafte Bauleistung und „allgemein anerkannte Regeln der Technik" – dargestellt anhand einzelner Beispiele aus der Rechtsprechung –, ZfBR 2006, 523 ff.; Seibel, Die Darlegungs- und Behauptungslast im Zivilprozess, DRiZ 2006, 361 ff.; Seibel, Die Voraussetzungen eines substanziierten Mängelvortrags im Bauprozess, Kurzaufsatz: IBR 2006, 73, Langaufsatz: IBR 2006, 1602 (nur online); Seibel, Recht und Technik, BauR 2005, 490 ff.; Seibel, „Stand der Technik", „allgemein anerkannte Regeln der Technik" und „Stand von Wissenschaft und Technik", BauR 2004, 266 ff.; Seibel, Der Stand der Technik im Umweltrecht, Diss., 2003; Seibel/Koos, Selbständiges Beweisverfahren im privaten Baurecht (Kommentar zu §§ 485 bis 494a ZPO), 2. Aufl., 2024; Siebert/Eichberger, AnwaltFormulare Bau- und Architektenrecht, 4. Aufl., 2023; Sienz, Die Mangelrüge bei Planungsfehlern, BauR 2010, 840; Siegburg, Zum Beweisthema des Beweisbeschlusses beim Sachverständigenbeweis über Baumängel, BauR 2001, 875 ff.; Sonntag, Die Verjährung im Baurecht (Teil 1), NJW 2009, 3496; Sonntag, Die Verjährung im Baurecht (Teil 2), NJW 2009, 3634; Sonntag, Die Verjährung im Baurecht (Teil 3), NJW 2009, 3770; Stammkötter, Das Wechselspiel zwischen Wartung und Gewährleistung gem. § 13 Nr. 4 Abs. 2 VOB/B, ZfBR 2006, 631; Tempel, Ist die VOB/B noch zeitgemäß?, NZBau 2002, 465 und 532; Weyer, § 13 Nr. 5 Abs. 1 S. 2 VOB/B: Entstehungsgeschichte, Wirkung und rechtliche Einordnung sowie deren Bedeutung für die isolierte Inhaltskontrolle, Jahrbuch BauR 2007, 177; Weyer, § 13 VOB/B 2002: Viele Änderungen und was wirklich Neues?, BauR 2003, 613; Weyer, Hält § 13 VOB/B 2002 der isolierten Inhaltskontrolle stand?, NZBau 2003, 521; Weyer, Minderung durch den Insolvenzverwalter des Generalunternehmers gemäß § 13 Nr. 6 1. Alt. VOB/B: § 13 Nr. 5 Abs. 1 S. 2 VOB/B anwendbar?, BauR 2007, 755; Weyer, Werkvertragliche Mängelhaftung und Verjährung nach neuem Recht: Auswege aus der kurzen Verjährungsfrist des § 634a Abs. 1 Nr. 2 BGB?, Jahrbuch BauR 2003, 209; Weyer, Werkvertraglicher Schadensersatz in Höhe der tatsächlichen Mangelbeseitigungskosten?, NZBau 2013, 269; Zöller, Kommentar zur ZPO, 35. Aufl., 2024; Zöller/Seibel, Handbuch für Bausachverständige, 5. Aufl., 2024; Zöller/Seibel, Baurechtliche und -technische Themensammlung, Arbeitshefte ab 2011, fortlaufend erweitert (ursprüngliche Herausgeber und Begründer: Staudt/Seibel).

Übersicht

	Rn.
A. Allgemeines	1
I. Erfasste Ansprüche	1
II. Abnahme als Anwendungsvoraussetzung	5
III. Mängelrechte nach VOB/B und BGB	9
IV. Allgemeine Geschäftsbedingungen	11
B. Grundlagen der Sachmängelhaftung des Auftragnehmers (§ 13 Abs. 1 VOB/B)	14
I. Leistung frei von Sachmängeln	14
II. Frei von Sachmängeln	19
1. Vereinbarte Beschaffenheit	22
2. (Allgemein) anerkannte Regeln der Technik	29
a) Einleitung	29
b) Einordnung der allgemein anerkannten Regeln der Technik innerhalb des werkvertraglichen Sachmangelrechts	31
c) Inhalt der allgemein anerkannten Regeln der Technik	54
d) Konkretisierungsmöglichkeiten	63
III. Prozessuales	98
1. Substantiierte Darlegung von Mängeln im Bauprozess („Symptomtheorie")	98
a) Ausgangslage	98

	Rn.
b) Inhalt der „Symptomtheorie"	99
c) Fazit	105
2. Gerichtliche Leitung der Tätigkeit des Sachverständigen (§ 404a ZPO)	108
a) Einleitung	108
b) Vorgaben der ZPO	112
c) Missachtung der Vorgaben der ZPO: Problemdarstellung	117
d) Vertiefung: Gerichtlicher Auftrag zur Gutachtenergänzung	132a
e) Warum tun sich Gerichte mit den Vorgaben der ZPO so schwer?	133
f) Problemlösung: Konstruktive Kooperation zwischen Gericht und Sachverständigem	135
g) Beispielsfall	146
h) Fazit/Ausblick	154
C. Probe als vereinbarte Beschaffenheit (§ 13 Abs. 2)	161
I. Dogmatik und praktischer Anwendungsbereich	161
II. Zeitpunkt der Vereinbarung	162
III. Abweichungen von der Probe	163
1. Grundsatz	163
2. Bedeutungslose Abweichungen	164
3. Beweislast	167
4. Mängel der Probe	168
D. Haftungsbefreiung des Auftragnehmers (§ 13 Abs. 3)	169
I. Allgemeines	169
II. Tatbestandsvoraussetzungen des § 13 Abs. 3	176
1. Mangel der Leistungsbeschreibung (§ 13 Abs. 3 Alt. 1)	177
2. Mangel durch Anordnung des Auftraggebers (§ 13 Abs. 3 Alt. 2)	181
3. Mangel durch vom Auftraggeber gelieferte Stoffe oder Bauteile (§ 13 Abs. 3 Alt. 3)	184
4. Mangel durch vom Auftraggeber vorgeschriebene Stoffe oder Bauteile (§ 13 Abs. 3 Alt. 4)	187
5. Mangel durch Vorleistung anderer Unternehmer (§ 13 Abs. 3 Alt. 5)	192
III. Prüfungs- und Hinweispflicht des Auftragnehmers	195
1. Umfang der Prüfungs- und Hinweispflicht	196
2. Adressat des Bedenkenhinweises	197
3. Reaktion des Bestellers	198
a) Keine Reaktion	199
b) Anordnung der unveränderten Ausführung	201
c) Anordnung geänderter Ausführung	204
4. Kein Bedenkenhinweis des Auftragnehmers	205
a) Verstoß gegen Prüfungs- und Hinweispflicht	205
b) Mangelnde Erkennbarkeit	208
E. Verjährung der Mängelansprüche (§ 13 Abs. 4)	209
I. Allgemeines	209
II. Verjährungsfristen für Mängelansprüche	211
1. Vorrangigkeit anderweitiger Vereinbarungen	211
2. 4-jährige Verjährungsfrist bei Bauwerksleistungen	221
3. 2-jährige Verjährungsfrist für andere Werke, deren Erfolg in	

	Rn.
der Herstellung, Wartung oder Veränderung einer Sache besteht	226
4. 2-jährige Verjährungsfrist für vom Feuer berührte Teile von Feuerungsanlagen	229
5. 1-jährige Verjährungsfrist für feuerberührte und abgasdämmende Teile von industriellen Feuerungsanlagen	230
6. Verjährungsfrist für Teile von maschinellen und elektrotechnischen/elektronischen Anlagen, die der Wartung bedürfen	231
7. Verjährungsfrist bei gemischter Leistung	236
8. Quasi-Neubeginn der Verjährung gem. § 13 Abs. 5 Nr. 1 S. 2	238
9. Gesetzliche Verjährungsfrist für Schadensersatzansprüche bei Versicherungsschutz	239
10. Regelmäßige Verjährungsfrist bei arglistiger Täuschung	240
11. Regelmäßige Verjährungsfrist bei Verletzung der Organisationsobliegenheit	248
III. Beginn der Verjährungsfrist	254
IV. Hemmung der Verjährung	256
1. Hemmung der Verjährung bei Verhandlungen gem. § 203 BGB	257
2. Hemmung der Verjährung durch Rechtsverfolgung gem. § 204 BGB	262
3. Hemmung der Verjährung bei Leistungsverweigerungsrecht gem. § 205 BGB	267
V. Neubeginn der Verjährung gem. § 212 BGB	268
VI. Rechtsfolgen der Verjährung	269
VII. AGB-Problematik	272
VIII. Prozessuales	277
F. Mängelbeseitigung und Selbstvornahme (§ 13 Abs. 5)	278
I. Allgemeines	278
II. Voraussetzungen des Mängelbeseitigungsanspruchs gem. Abs. 5 Nr. 1 S. 1	280
1. Mängel, die auf vertragswidrige Leistung zurückzuführen sind	281
2. Hervortreten des Mangels während der Verjährungsfrist	286
3. Schriftliches Mängelbeseitigungsverlangen des Auftraggebers vor Ablauf der Frist	287
4. Anforderungen an die Bestimmtheit des Mängelbeseitigungsverlangens	290
a) Symptomrechtsprechung des BGH	291
b) Aufforderung zur Mängelbeseitigung	292
III. Inhalt und Umfang des Mängelbeseitigungsanspruchs	293
1. Mängelbeseitigung	294
2. Kostentragungspflicht des Auftragnehmers	297
3. Beteiligung des Auftraggebers an den Mängelbeseitigungskosten	302
a) Mitverantwortung des Auftraggebers	303
b) Sowieso-Kosten	304
c) Vorteilsausgleich	306
d) Rechtsfolgen einer Pflicht des Auftraggebers zur Kostenbeteiligung	307

§ 13 VOB Teil B

	Rn.
IV. „Quasi-Neubeginn" der Verjährung gem. Abs. 5 Nr. 1 S. 2	308
V. Verjährung der Mängelbeseitigungsleistung gem. Abs. 5 Nr. 1 S. 3	312
VI. Voraussetzungen der Selbstvornahme gem. Abs. 5 Nr. 2	317
1. Fälliger, durchsetzbarer Anspruch auf Mängelbeseitigung	318
2. Ablauf einer angemessenen Frist zur Mängelbeseitigung	320
3. Entbehrlichkeit einer Fristsetzung zur Mängelbeseitigung	328
VII. Rechtsfolge	332
1. Kostenerstattungsanspruch	332
2. Kostenvorschussanspruch	341
a) Zusätzliche Voraussetzungen	342
b) Ausschluss des Kostenvorschussanspruchs	343
c) Umfang des Kostenvorschussanspruchs	344
d) Entfallen des Kostenvorschussanspruchs/Kostenvorschussanspruch in der werkvertraglichen Leistungskette	348
e) Abrechnung und Rückerstattung	349
f) Aufrechnung mit Schadensersatzanspruch	353
VIII. Keine Kostenerstattung bei unberechtigter Selbstvornahme	354
IX. AGB-Problematik	355
X. Prozessuales	358
1. Durchsetzung des Mängelbeseitigungsanspruchs gem. Abs. 5 Nr. 1 S. 1	358
a) Klage auf Mängelbeseitigung	359
b) Leistungsverweigerungsrecht	361
2. Durchsetzung des Kostenvorschussanspruchs	368
G. Minderung (§ 13 Abs. 6)	372
I. Allgemeines	372
II. Voraussetzungen	375
1. Mängelbeseitigung für den Auftraggeber unzumutbar	376
2. Mängelbeseitigung unmöglich	379
3. Verweigerung der Mängelbeseitigung wegen unverhältnismäßig hohen Aufwands	384
a) Unverhältnismäßig hoher Aufwand	385
b) Verweigerung der Mängelbeseitigung durch den Auftragnehmer	392
III. Minderungserklärung	393
IV. Rechtsfolge: Minderung	394
V. AGB-Problematik	404
VI. Prozessuales	407
H. Schadensersatz (§ 13 Abs. 7)	410
I. Allgemeines	410
II. Schadensersatzanspruch gem. Abs. 7 Nr. 1	415
1. Voraussetzungen	415
2. Ersatzfähiger Schaden	419
III. Schadensersatzanspruch gem. Abs. 7 Nr. 2	420
1. Voraussetzungen	420
2. Ersatzfähiger Schaden	422
IV. Schadensersatzanspruch gem. Abs. 7 Nr. 3 S. 1	423
1. Voraussetzungen	425
a) Wesentlicher Mangel	425
b) Gebrauchsfähigkeit erheblich beeinträchtigt	427
c) Haftungsbegründende Kausalität und Verschulden	431

Rn.
2. Schaden im Zusammenhang mit der baulichen Anlage 435
3. Umfang des Schadensersatzes nach Nr. 3 S. 1 437
   a) Mängelbeseitigungskosten 440
   b) Umsatzsteuer 447
   c) Nutzungsausfall 449
   d) Gutachterkosten 452
   e) Merkantiler Minderwert 453
   f) Kostenbeteiligung des Auftraggebers 454
V. Schadensersatzanspruch gem. Abs. 7 Nr. 3 S. 2 455
   1. Verstoß gegen die anerkannten Regeln der Technik (Nr. 3 S. 2a) 457
   2. Fehlen einer vertraglich vereinbarten Beschaffenheit (Nr. 3 S. 2b) 458
   3. Schaden, der durch Haftpflichtversicherung versichert oder versicherbar ist (Nr. 3 S. 2c) 459
   4. Rechtsfolge: Schadensersatz 462
      a) Darüber hinausgehender Schaden 463
      b) Schadensersatz statt der ganzen Leistung 465
      c) Kostenbeteiligung des Auftraggebers 466
VI. Gesetzliche Verjährungsfrist bei versichertem oder versicherbarem Schaden gem. Abs. 7 Nr. 4 467
VII. Einschränkung oder Erweiterung der Haftung gem. Abs. 7 Nr. 5 468
VIII. Konkurrenzen zu weiteren Schadensersatzansprüchen 472
IX. AGB-Problematik 475
X. Prozessuales 480

A. Allgemeines

I. Erfasste Ansprüche

§ 13 VOB/B regelt korrespondierend mit § 634 BGB nach Umsetzung des **1** Schuldrechtsmodernisierungsgesetzes Mängel- statt Gewährleistungsansprüche.[1] Inhaltlich sind diese freilich jenseits des seinerzeit eingeführten Rücktrittsrechts statt des zuvor geltenden Rechts zur Wandlung weitestgehend gleichlautend.[2] Dies, zumal ein abweichendes Verständnis zwischen den Regelungsinhalten von § 13 VOB/B und § 634 BGB im Falle fehlender Privilegierung nach § 310 Abs. 1 BGB zumindest zur teilweisen Unwirksamkeit des § 13 VOB/B wegen Abweichungen vom gesetzlichen Leitbild führen dürfte, was überwiegend nicht der Fall sein soll.

Abweichend von § 633 BGB geht § 13 Abs. 1 VOB/B lediglich von der Existenz **2** von Sachmängeln aus, wie sich aus § 13 Abs. 1 S. 2 VOB/B eindeutig ergibt. Dies ist dem Umstand geschuldet, dass die VOB/B für den Leistungsgegenstand der Bauleistung geschaffen wurde, für welche die Konstellation des Rechtsmangels nur

---

[1] Kapellmann/Messerschmidt/Langen § 13 VOB/B Rn. 1; Kratzenbach NZBau 2002, 177 (180).

[2] BeckOK VOB/B/Koenen, 54. Edition, § 13 VOB/B Rn. 1; Ganten/Jansen/Voit/Zahn T. B, Vorbem § 13 VOB/B Rn. 2.

in Ausnahmefällen relevant werden dürfte.³ Nachteilig für den Verwender der VOB/B ist dies jedoch nicht, da die Regelung des § 633 Abs. 3 BGB in Fällen, in denen von einem Rechtsmangel auszugehen ist, weiterhin ergänzend Anwendung findet.⁴ Kommt dies in Betracht, ist stets an eine Abgrenzung zu der korrespondierenden kaufrechtlichen Vorschrift des § 435 BGB zu denken. Denn nicht selten wird man feststellen, dass nicht die eigentliche Bauleistung, sondern eher zu deren Erbringen eingekaufte Baustoffe, Bauteile oder Materialien einem Rechtsmangel unterliegen. Ob dieser die Bauleistung mit einem Mangel nach § 633 Abs. 3 BGB infiziert, etwa wegen verlängertem Eigentumsvorbehalt, ist im Einzelfall zu prüfen.

3   Trotzdem § 13 Abs. 1 S. 2 VOB/B den Sachmangel weitestgehend kongruent mit § 633 BGB regelt, fehlt es an einer Gleichstellung von Aliud und Minus mit dem Sachmangelbegriff des § 13 VOB/B. Dies dürfte seinen Grund darin haben, dass die VOB/B davon ausgeht, dass die Parteien die vertraglich vereinbarte Beschaffenheit im Sinne des § 13 Abs. 1 S. 2 BGB über § 1 Abs. 1 VOB/B in der Regel derart bestimmen, dass für Minus und Aliud wenig Anwendungsspielraum⁵ und auch für solche Fälle ein Rückgriff auf § 633 f. BGB wie schon beim Rechtsmangel weiterhin möglich bleibt. Eine wesentliche Abweichung zur Rechtslage nach §§ 633, 634 BGB hinsichtlich der Beurteilung der Mangelhaftigkeit bzw. Mangelfreiheit der geschuldeten Leistung ergibt sich folglich auch daraus nicht.

4   Keine Abweichung liegt zudem darin, dass § 13 Abs. 1 S. 2 VOB/B die Nichteinhaltung der allgemein anerkannten Regeln der Technik einer Abweichung von der vereinbarten Beschaffenheit ausdrücklich gleichstellt. Denn auch für § 633 Abs. 2 S. 1 BGB hat der Bundesgerichtshof bereits festgehalten, dass auch ohne ausdrückliche Vereinbarung die geschuldete Beschaffenheit des vereinbarten Werkerfolges eine Einhaltung der allgemein anerkannten Regeln der Technik erforderlich macht.⁶

II. Abnahme als Anwendungsvoraussetzung

5   Der Bundesgerichtshof hat zuletzt ausdrücklich noch mal klargestellt, dass auch im Anwendungsbereich der VOB/B Mängelrechte vor Abnahme nicht bestehen.⁷ Der Auftragnehmer bleibt auch bei Vereinbarung der VOB/B Herrn der Erfüllungsphase, weshalb außerhalb der Privilegierung auch in an die Mangelhaftigkeit vor Abnahme anknüpfendes Gestaltungsrecht ohne Hinzutreten weiterer erschwerender Umstände nach § 4 Abs. 7 iVm § 8 Abs. 3 Nr. 1 VOB/B unwirksam sein soll.⁸ Danach kommen vor Abnahme bei Mängeln nur noch eine Geltendmachung des Erfüllungsanspruches und daran anknüpfende Ansprüche in Betracht.⁹

---

³ Kapellmann/Messerschmidt/Langen § 13 VOB/B Rn. 2; Peters NZBau 2002, 113 (118).
⁴ Ganten/Jansen/Voit/Zahn T. B § 13 VOB/B Rn. 3.
⁵ Kapellmann/Messerschmidt/Langen § 13 VOB/B m. Verweis auf DVA 2.5.2002 Beg.II.5.b.; s. auch Sienz BauR 2002, 181 (182 f.).
⁶ BGH 7.3.2013 – VII ZR 134/12, NJW 2013, 1226; BGH 21/.4.2011 – VII ZR 130/10, NJW-RR 2011, 1240; KG 1.2.2019 – 21 U 70/18, NJW-RR 2019, 917; OLG Brandenburg 27.6.2018 – 4 U 203/16, IBR 2019, 266; OLG Dresden 2.2.2017 – 10 U 672/12; Messerschmidt/Voit/Moufang/Koos § 633 BGB Rn. 25; Grüneberg/Sprau § 633 Rn. 7.
⁷ BGH 19.1.2023 – VII ZR 34/20, NJW 2023, 1356.
⁸ BGH 19.1.2023 – VII ZR 34/20, NJW 2023, 1356; s. dazu auch Steffen NJW-Spezial 2023, 236.
⁹ BGH 19.1.2017 – VII ZR 235/15, NJW 2023, 1356; Ganten/Jansen/Voit/Zahn T. B Vorb § 13 VOB/B Rn. 4; Steffen NJW-Spezial 2023, 236.

Entsprechend wird wohl auch die Aufforderung zur Mangelbeseitigung unter Fristsetzung nach § 4 Abs. 7 VOB/B nur noch als Aufforderung zur vertragsgemäßen Erfüllung zu verstehen sein.

§ 13 VOB/B selbst knüpft in § 13 Abs. 1 S. 1 VOB/B von vornherein an die Abnahme als Voraussetzung für die im Weiteren geregelten Mängelrechte an.[10] Danach ist entscheidend, ob der Auftragnehmer dem Auftraggeber die geschuldete Leistung zum Zeitpunkt der Abnahme frei von Sachmängeln verschafft. Da bei allen nicht in Abs. 1 ausdrücklich geregelten Fällen ergänzend auf § 633 BGB zurückzugreifen ist, können auch alle anderen dort genannten einer der Abnahme entgegenstehenden Mangel darstellen, auch wenn § 13 Abs. 1 VOB/B den Anschein erweckt, allein Sachmängel im Sinne von § 13 Abs. 1 VOB/B könnten bei vereinbarter VOB/B einer Abnahme entgegenstehen. Dem stehen auch Überlegungen, dass eine Abweichung zwischen § 634 BGB und § 13 VOB/B darin läge, dass Mängelrechte nach § 634 Abs. 2 BGB auch ohne Abnahme begründet werden könnten,[11] weil sie lediglich einen fälligen Nacherfüllungsanspruch voraussetzten, nicht entgegen. Denn dies lässt außer Acht, dass auch der als einzige Voraussetzung für Ansprüche nach § 634 Nr. 2 bis 4 BGB angesehene Nacherfüllungsanspruch nach Nr. 1 BGB ohne Abnahme fällig werden kann (keine Mängelrechte vor Abnahme).[12] Die Abnahme muss also immer auch (inzident) Voraussetzung der weitergehenden Mängelrechte nach § 634 Nr. 2 bis 4 BGB sein, soweit sie, anders als etwa der sogenannte Mangelfolgeschaden, nur synallagmatisch mit der mangelhaften Leistung verknüpft sind. Etwas anderes kommt allenfalls in Betracht, wenn der Besteller keine Erfüllung, also auch keine Nacherfüllung, mehr verlangen kann und das Vertragsverhältnis in ein Abrechnungsverhältnis übergegangen ist.[13] Dabei handelt es sich aber ersichtlich nicht um den gesetzlichen Regelfall, weshalb sich die Konstellation auch nicht eignen dürfte, um einen wesentlichen Unterschied zwischen § 634 BGB und § 13 VOB/B herauszuarbeiten.

Ungeachtet derartiger Überlegungen ist für die Anwendung der in § 13 VOB/B geregelten Ansprüche Voraussetzung, dass die Leistungen bereits abgenommen sind. Dies gilt auch dann, wenn sich der Auftraggeber wegen bekannter Mängel oder Restleistungen bei Abnahme seine Mängelrechte vorbehalten hat.[14] In diesem Fall führt der Vorbehalt lediglich dazu, dass die Beweislast für die Mangelfreiheit der Leistung auch über die Abnahme hinaus beim Auftragnehmer verbleibt.[15] Dies gilt auch dann, wenn der geschlossene Vertrag vorzeitig beendet wurde, sei es durch eine „freie" Kündigung nach § 8 Abs. 1 VOB/B, einer Kündigung aus wichtigem Grund oder einer einvernehmlichen Vertragsaufhebung.[16] Auch in diesem Fall ist, Abnahmereife vorausgesetzt, für die bis zur vorzeitigen Vertragsbeendigung erbrachten Leistungen eine Abnahme zu erklären. Dabei vorbehaltene

---

[10] BeckOK VOB/B/Koenen, 54. Edition, § 13 I VOB/B Rn. 1, 4; Ganten/Jansen/Voit/Ganten T. B § 13 VOB/B Rn. 56.

[11] s. dazu Kapellmann/Messerschmidt/Langen, VOB Kommentar § 13 VOB/B Rn. 5 ff. mwN.

[12] BGH 19.1.2017 – VII ZR 301/13, NJW 2017, 1604.

[13] Ganten/Jansen/Voit/Zahn Vorbem § 13 VOB/B, Rn. 4a; Weller, NZBau 2018, 398.

[14] BGH 19.2.2002 – VII ZR 103/00, NJW 2003, 1450; BGH 25.2.1982 – VII ZR 161/80, NJW 1982, 1524.

[15] BGH 24.10.1996 – VII ZR 98/94, NJW-RR 1997, 339; s. auch Abu Saris, § 12 V.) in diesem Buch.

[16] BGH 19.2.2002 – VII ZR 103/00, NJW 2003, 1450.

§ 13 VOB Teil B

oder nach Abnahme auftretende Mängel werden dann alle nach § 13 VOB/B behandelt. Es besteht hinsichtlich des bis zur Beendigung erbrachten Leistungsteils daher kein Unterschied zum vollständig abgewickelten Vertrag. Ein „Hängenbleiben" im Erfüllungsstadium ist in solchen Fällen nur im Ausnahmefall denkbar. Daher wird die Abnahme nicht ohne Grund vielfach auch als „Dreh- und Angelpunkt" des Werkvertragsrechts und für die Transformation des Vertragsverhältnisses vom Erfüllungs- ins Gewährleistungsstadium wesentlicher Zeitpunkt bezeichnet, die nicht nur das Anspruchssystem des § 13 VOB/B auslöst, sondern den Auftragnehmer jenseits etwaiger Vorbehalte auch aus der Darlegungs- und Beweislast für die Mangelfreiheit seiner Leistungen entlässt.[17] Ebenso wird nunmehr eine in Betracht kommende Haftung für Mängel über die vereinbarte Gewährleistungsfrist, also seine potentiell fortwirkende Bindung an den Vertrag, zeitlich limitiert.[18]

8   Ausnahmsweise soll die Anwendung des § 13 VOB/B auch ohne Abnahme dann in Betracht kommen, wenn der Auftraggeber diese ernsthaft und endgültig verweigert und unmissverständlich zu verstehen gegeben hat, dass eine Abnahme nicht mehr erfolgen wird.[19] Auch dann soll ab der Erklärung, die Abnahme zu verweigern, der Anwendungsbereich des § 13 VOB/B eröffnet sein,[20] was der oben dargestellten Fallvariante einer abnahmeunabhängigen Anwendung der Rechte nach § 634 Nr. 2 bis 4 BGB entspricht.

III. Mängelrechte nach VOB/B und BGB

9   Auch wenn also zwischen § 634 BGB und § 13 VOB/B hinsichtlich des Mangelbegriffs und der Abnahme als grundsätzlicher Voraussetzung ihrer Anwendbarkeit insgesamt wenig Abweichungen bestehen, ergeben sich dennoch in der Regelungssystematik und dem Regelungszweck der VOB/B begründete Unterschiede.

- § 13 Abs. 2 VOB/B erklärt die Eigenschaften einer auch erst nach Vertragsschluss abgegebenen Arbeitsprobe zur vereinbarten Beschaffenheit, auch wenn dies nicht ausdrücklich vereinbart wurde. Dies dürfte insbesondere für Fälle relevant werden, in denen Musterstücke gefertigt und vom Auftraggeber zur Ausführung freigegeben werden. Eine solche Regelung kennt § 633 BGB nicht. Um die Beschaffenheit einer Probe als vereinbarte Beschaffenheit im Sinne des § 633 Abs. 2 Nr. 1 BGB ansehen zu können, müssen vielmehr weitere Umstände hinzutreten, die den Schluss zulassen, dass die Parteien die Eigenschaften der Probe jenseits der Frage nach Machbarkeit als Beschaffenheit vereinbaren wollten.[21]

- § 13 Abs. 3 VOB/B korrespondiert mit der Pflicht des Auftragnehmers nach § 4 Abs. 3 VOB/B, Bedenken in den dort näher benannten Fällen anzumelden und ist Ausdruck der werkvertraglichen Erfolgshaftung. Da die Rechtsprechung in vergleichbaren Fällen eine Pflicht des Unternehmers zur Bedenkenanmeldung auch im Werkvertragsrecht des BGB aus § 242 BGB abgeleitet hat, ergaben sich bisher keine Unterschiede, weil der Unternehmer danach auch im

---

[17] Messerschmidt/Voit/Messerschmidt § 640 BGB, Rn. 88 m. Verweis auf Werner/Pastor, Rn. 1810.
[18] Messerschmidt/Voit/Messerschmidt § 640 BGB, Rn. 64.
[19] BGH 9.11.2017 – VII ZR 116/15, NJW 2018, 697; dazu auch Kapellmann/Messerschmidt/Langen § 13 VOB/B Rn. 8.
[20] Kapellmann/Messerschmidt/Langen § 13 VOB/B Rn. 8.
[21] BeckOK VOB/B/Koenen, 54. Edition, § 13 VOB/B Rn. 1–2; s. dazu auch Messerschmidt/Voit/Voit § 13 VOB/B Rn. 3 f.

Mängelansprüche **§ 13**

BGB-Werkvertrag für die Mangelfreiheit des von ihm geschuldeten Werkerfolges einzustehen hatte.[22] Der Gesetzgeber allerdings hat mit Einführung des Bauvertragsrechts nach §§ 650a BGB ff. keine entsprechende Regelung vergleichbar § 4 Abs. 3 VOB/B eingeführt. Insofern könnte erwogen werden, dass der Gesetzgeber beim Werkvertrag nach BGB die Verantwortlichkeit für einen Mangel, der auf fehlerhaften Vorgaben, Vorleistungen, Stoffen usw. des Bestellers beruht, allein beim Besteller gesehen hat. Da sich eine entsprechende Pflicht allerdings unmittelbar aus dem Grundgedanken der Erfolgshaftung des Werkunternehmers ableiten lässt, ist anzunehmen, dass insoweit schlicht kein Klarstellungsbedarf gesehen wurde. Richtig dürfte daher sein, auch in diesem Punkt weiterhin von einem Gleichlauf zwischen VOB/B und BGB auszugehen.
- § 13 Abs. 4 VOB/B regelt abweichend von § 634a BGB die Gewährleistungsfristen. Je nach Leistungsinhalt und/oder weitergehender vertraglicher Vereinbarung bleiben diese hinter der regelmäßig 5 Jahre ab Abnahme betragenden Gewährleistungsfrist des § 634a BGB zurück.
Die Unterschiede bei den Gewährleistungsfristen zwischen VOB/B und BGB-Werkvertragsrecht werden durch § 13 Abs. 5 VOB/B zudem weiter vertieft, da dem Auftraggeber dort ein Anspruch auf Mangelbeseitigung mit eigenständig laufender Gewährleistungsfrist von zwei Jahren ab schriftlicher Aufforderung zur Mangelbeseitigung eingeräumt wird.[23] Dieser Anspruch kann die Gewährleistungsfrist nach § 13 Abs. 4 VOB/B, ebenso wie jede davon abweichend länger währende Gewährleistungsfrist, effektiv um bis zu zwei weitere Jahre verlängern, je nachdem, zu welchem Zeitpunkt nach Abnahme die Aufforderung zur Mangelbeseitigung gegenüber dem Auftragnehmer erklärt wurde.[24] Damit besteht die Möglichkeit, in nicht unerheblicher Weise den Eintritt der Verjährung von Gewährleistungsansprüchen nach hinten zu verschieben und den Auftragnehmer entsprechend lange verpflichtet zu halten.[25] Der Verordnungsgeber hat dies damit gerechtfertigt, dass auf diese Weise ein Ausgleich zu den vergleichsweise kurzen Gewährleistungszeiträumen des § 13 Abs. 4 VOB/B geschaffen würde.[26] Ob dies bei einer Kombinationen aus vertraglich noch länger vereinbarten Gewährleistungsfristen und § 13 Abs. 5 VOB/B in Allgemeinen Geschäftsbedingungen im Gegenzug zu einer unangemessenen Benachteiligung iSd § 307 Abs. 1 BGB führen muss, wäre die folgerichtige Frage einer weiteren Einzelfallprüfung.
- Abweichend von § 634 Nr. 3 BGB kennt § 13 VOB/B kein Rücktrittsrecht, sondern unter den Voraussetzungen des § 13 Abs. 6 VOB/B nur ein Minderungsrecht. Dies ist mit Blick auf den Anwendungsbereich der VOB/B auf Bauleistungen deshalb konsequent, weil eine Rückabwicklung grundsätzlich nicht die Interessenlage der Bauvertragsparteien abbildet.[27] Ob § 634 Nr. 3

---

[22] BGH 28.1.2016 – VII ZR 206/13; BGH 8.11.2007 – VII ZR 183/05, NJW 2008, 511; OLG Düsseldorf 18.7.2013 – 5 U 142/12; KKJS/Jurgeleit Kompendium Teil 5 Rn. 59.
[23] KKJS/Jurgeleit Kompendium Teil 5 Rn. 161.
[24] Ingenstau/Korbion/Wirth § 13 VOB/B Rn. 277 ff.
[25] BGH 5.7.1990 – VII ZR 164/89, NJW-RR 1990, 1240; s. dazu auch Ganten/Jansen/Voit/Zahn T. B § 13 V VOB/B Rn. 42 f.
[26] BGH 20.12.1971 – VII ZR 97/70, NJW 1972, 530; BeckOK VOB/B/Koenen § 13 V VOB/B Rn. 29.
[27] Weyer NZBau 2007, 281 (283); Kleine-Möller/Merl/Glöckner PrivBauR-Hdb/Merl/Hummel § 15, Rn. 898 ff.

BGB weiter anwendbar bleibt, lässt sich unterschiedlich beurteilen. Bejaht man dies, dürfte im Weiteren insbesondere § 323 Abs. 5 S. 2 VOB/B zu prüfen sein.

10 Da die VOB/B schließlich die Beseitigung eines Mangels als vordergründiges Interesse definiert, sieht § 13 Abs. 7 VOB/B im Vergleich zu § 634 Nr. 4 BGB zudem Einschränkungen bei der Geltendmachung von Schadenersatz vor.[28]

IV. Allgemeine Geschäftsbedingungen

11 Bei der VOB/B handelt es sich um Allgemeine Geschäftsbedingungen, die der Privilegierung des § 310 Abs. 1 S. 3 BGB unterliegen, wenn sie als Ganzes vereinbart ist. Wird die VOB/B als Ganzes und ohne Abweichung zwischen Unternehmern in einen Vertrag einbezogen, findet eine Klauselkontrolle nach §§ 305 ff. BGB nicht statt.[29] Dies gilt selbstredend nicht in Verträgen mit Verbrauchern, in welche die VOB/B mit einbezogen wurde. Anders verhält es sich zudem dann, wenn die Parteien die VOB/B zwar in den Vertrag einbeziehen, jedoch nur teilweise, mit Abweichung oder Änderungen. In diesem Fall kann jede einzelne Regelung der VOB/B unter AGB-rechtlichen Gesichtspunkten einer sog. AGB-rechtlichen Klauselkontrolle unterworfen werden.[30]

12 Der Versuch, § 13 VOB/B oder einzelne Teile davon isoliert in einen Vertrag einzubeziehen, ändert nichts an der Einordnung der jeweiligen Regelung als Allgemeine Geschäftsbedingung, mit dem Ergebnis, dass eine Inhaltskontrolle nach § 305 ff. BGB möglich ist.[31] Ferner muss eine Prüfung nunmehr unter dem Gesichtspunkt einer Gesamtbetrachtung des Vertrages als sinnvolles Ganzes und je nachdem, wer Verwender ist, erfolgen.[32] Ergebnis dessen kann also durchaus auch sein, dass eine in anderem vertraglichen Kontext wirksame Regelung in dem zu untersuchenden Vertrag als unwirksam nach §§ 307 ff. BGB eingestuft werden. Dabei ist es nicht erforderlich, dass die konkrete Regelung oder § 13 VOB/B insgesamt wortlautgetreu wiedergegeben wird, sondern bereits Verweise auf die VOB/B oder die bloße Nennung des § 13 VOB/B können genügen.[33]

13 Auch unabhängig von der genannten Konstellation kann eine isolierte Inhaltskontrolle je nach Inhalt der Regelung des § 13 VOB/B zu deren Unwirksamkeit wegen unangemessener Benachteiligung iSd §§ 307 ff. BGB führen. Insoweit wird auf die nachgehende weitere Darstellung der einzelnen Regelungsinhalte des § 13 VOB/B und ihre AGB-rechtliche Bewertung verwiesen.[34] Durch die Einführung des Bauvertragsrechts nach §§ 650a ff. BGB hat sich diese aufgrund neuer gesetzlicher Leitbilder zwar grundsätzlich weiter verschärft. § 13 VOB/B dürfte allerdings allenfalls mit Blick auf die Regelungen des Verbraucherbauvertrages nach § 650i BGB ff. AGB-rechtlich neu zu bewerten sein.

---

[28] Messerschmidt/Voit/Voit § 13 VOB/B Rn. 41 mwN.
[29] BGH 19.11.2023 – VII ZR 34/20, NJW 2023, 1356; BGH 16.12.1982 – VII ZR 92/82, NJW 1983, 816.
[30] Kues/v. Kiedrowski/Bolz AGB-Klauseln in Bauverträgen-HdB/Bolz § 2 Rn. 14.
[31] s. dazu auch Kapellmann/Messerschmidt/Langen § 13 VOB/B Rn. 15 f.
[32] zur Unwirksamkeit bei Verwendung durch den Auftragnehmer s. BGH 10.10.1985 – VII ZR 325/84, NJW 1986, 315; BGH 8.3.1984 – VII ZR 349/82, NJW 1984, 1750; OLG Düsseldorf 20.4.1994 – 21 U 47/94.
[33] BGH 10.10.1985 – VII ZR 325/84, NJW 1986, 315; Kapellmann/Messerschmidt/Langen § 13 VOB/B Rn. 15.
[34] s. dazu die hiesige Kommentierung zu § 13 VOB/B unter Kap. B III.), E VII.), F IX.), G V.) u. H IX.).

B. Grundlagen der Sachmängelhaftung des Auftragnehmers (§ 13 Abs. 1 VOB/B)

I. Leistung frei von Sachmängeln

Gemäß § 13 Abs. 1 S. 1 BGB hat der Auftragnehmer dem Auftraggeber die geschuldete Leistung frei von Sachmängeln zum Zeitpunkt der Abnahme zu verschaffen.

Zentrale Voraussetzungen für die Anwendung des § 13 VOB/B sind danach jenseits von Fragen eines wirksamen Vertragsschlusses das Vorliegen eines Sachmangels und der Abnahme.

Ein Mangel ist jede Abweichung der Ist- von der Sollbeschaffenheit,[35] wobei § 13 Abs. 1 S. 2 VOB/B den Fokus einer solchen Abweichung auf die vertraglich vereinbarte Beschaffenheit und die einzuhaltenden allgemein anerkannten Regeln der Technik legt.[36] Die insoweit wesentliche Hauptleistungspflicht des Auftragnehmers liegt darin, dem Auftraggeber eine mangelfreie Leistung zu verschaffen.[37] Dafür erhält er eine vereinbarte Vergütung.

Die Abnahme ist als maßgeblicher Zeitpunkt gewählt, weil mit Abnahme die Sachherrschaft über die zu verschaffende Leistung, den geschuldeten Werkerfolg, und damit auch die Gefahr des zufälligen Untergangs auf den Auftraggeber übergeht.[38] Alles vor Abnahme liegt nach diesem Verständnis in der Verantwortlichkeit des Auftragnehmers, alles nach Abnahme in der Verantwortlichkeit des Auftraggebers, – es sei denn, er weist nach, dass ein Mangel aus dem Verantwortungsbereich des Auftragnehmers bereits bei Abnahme vorlag.[39] Dem liegt eine mit Abnahme einhergehende Darlegungs- und Beweislastumkehr für das Vorliegen eines Mangels inne: während der Auftragnehmer in dem bis zur Abnahme währenden Erfüllungsstadium darlegen und beweisen muss, dass er seine Leistung zum Zeitpunkt der Abnahme mangel*frei* verschaffen wird, muss der Auftraggeber nach Abnahme darlegen und beweisen, dass ihm die Leistung zum Zeitpunkt der Abnahme bereits mangel*haft* verschafft worden ist.[40]

Die derart definierte Verschaffungspflicht ist wesentlicher Inhalt des Erfüllungsanspruches des Auftraggebers,[41] weshalb auf Primärebene der Mängelansprüche zunächst immer auf Nacherfüllung als Fortwirkung dieses Erfüllungsanspruches gerichtet sein muss.[42] Damit ist zugleich die Rangfolge vorgegeben, in der ein Auftraggeber seine Ansprüche auch nach § 13 VOB/B geltend machen kann, nämlich zunächst den auf Mangelbeseitigung gerichteten, als Mangelbeseitigungsanspruch konkretisierten Nacherfüllungsanspruch nach § 13 Abs. 5 Nr. 1 S. 1 VOB/B und erst nachrangig nach erfolglos gesetzter Frist zur Mangelbeseitigung den Anspruch auf Selbstvornahme nach § 13 Abs. 5 Nr. 2 VOB/B sowie die weitergehenden Ansprüche auf Minderung und/oder Schadensersatz statt der Leistung.

---

[35] Messerschmidt/Voit/Moufang/Koos § 633 BGB Rn. 9.
[36] Messerschmidt/Voit/Voit § 13 VOB/B Rn. 1; Seibel BauR 2014, 909 ff.
[37] Leinemann/Kues/Lüders § 631 BGB Rn. 6.
[38] MüKoBGB/Busche § 640 BGB Rn. 51; s. dazu auch Bergmann ZfPW 2022, 385.
[39] BGH 11.10.2001 – VII ZR 383/99, NJW 2002, 223.
[40] Motzke/Seewald/Tschäpe/Schmid Prozesse in Bausachen § 5 Rn. 80.
[41] Ganten/Jansen/Voit/Zahn T. B, Vorbem § 13 VOB/B Rn. 4 mwN; Kapellmann/Messerschmidt/Langen § 13 VOB/B Rn. 24; Leinemann/Kues/Steffen § 633 BGB Rn. 4 ff.
[42] OLG Brandenburg 8.11.2007 – 12 U 34/07; OLG Düsseldorf 30.6.2000 – 22 U 209/09.

§ 13 VOB Teil B

II. Frei von Sachmängeln

19 Mangelfrei iSd § 13 Abs. 1 S. 1 VOB/B ist eine Leistung, wenn sie zum Zeitpunkt der Abnahme der vertraglich vereinbarten Beschaffenheit und den für die jeweilige Leistung allgemein anerkannten Regeln der Technik entspricht.[43] Diese Voraussetzungen müssen kumulativ vorliegen, um von einer mangelfreien Leistung auszugehen.[44] Die vertraglich vereinbarte Beschaffenheit wird im Wesentlichen durch die in § 1 VOB/B genannten Vertragsunterlagen bestimmt. Eine Leistung, die zwar diesen, aber nicht den allgemein anerkannten Regeln der Technik entspricht, ist folglich nur dann mangelfrei, wenn die Parteien dies ausdrücklich vereinbart haben,[45] wobei im Falle einer entsprechenden Leistungsbeschreibung des Auftraggebers zur Enthaftung in der Regel ein Bedenkenhinweis nach § 4 Abs. 3 VOB/B erforderlich ist.

20 Maßgeblich ist jeweils der Zeitpunkt der Abnahme. Soweit Änderungen der allgemein anerkannten Regeln der Technik nach Abnahme eintreten, kann dies zwar nachträglich keinen Mangel bei Abnahme begründen, beeinflusst aber eine etwaig erforderlich werdende Mangelbeseitigung.[46]

21 Liegt keine Beschaffenheitsvereinbarung vor, ist gemäß § 13 Absatz 1 S. 3 Nr. 1 und Nr. 2 VOB/B Mangelfreiheit gegeben, wenn sich die Leistung für die im Vertrag vorausgesetzte, sonst für die gewöhnliche Verwendung eignet und eine für vergleichbare Leistungen übliche Beschaffenheit aufweist. Ist dies nicht festzustellen, liegt ein Mangel im Sinne des § 13 Abs. 1 Nr. 1 oder 2 VOB/B vor. Eine danach vorzunehmende Beurteilung der Mangelfreiheit kommt insbesondere bei Vereinbarung einer global-funktionalen Leistungsbeschreibung im Zusammenhang mit Globalpauschal- oder teilfunktional beschriebenen Pauschalverträgen in Betracht.

22 **1. Vereinbarte Beschaffenheit.** Die Parteien sind frei darin, vertraglich festzulegen, welche Beschaffenheit die vertraglich geschuldete Leistung bei Abnahme haben soll.[47] Beschaffenheit ist dabei nicht nur jede durch entsprechende Beschreibung und Definition festgelegte Eigenschaft der Leistung, Teilen davon und/oder ihrer Ausführungsart und – weise.[48] Beschaffenheit ist dabei auch jede ausdrücklich geforderte bzw. sich aus dem Willen der Parteien ergebende funktionale Zweckrichtung oder Zielvorgabe.[49] Damit wird auch ohne ausdrückliche Vereinbarung der Gebrauchszweck des bestellten Werkes zur vereinbarten Beschaffenheit.[50] Das soll auch dann gelten, wenn eine Errichtung zwar vereinbarungsgemäß nach Herstellerangaben erfolgt ist, objektiv der Gebrauchszweck oder eine funktionstaugliche Leistung aber dennoch nicht erreicht wurde.[51] Auch hier ist die

---

[43] Weyer BauR 2003, 613 (617 f.); BeckOK VOB/B/Koenen § 13 VOB/B Rn. 17.
[44] BeckOK VOB/B/Koenen § 13 VOB/B Rn. 17.
[45] BGH 29.9.2011 – VII ZR 87/11, ZfBR 2012, 30; OLG Celle 16.5.2013 – 13 U 11/09.
[46] OLG Schleswig 1.2.2019 – 1 U 42/18, IBR 2019, 189.
[47] Leinemann/Kues/Steffen § 633 BGB Rn. 15 ff.
[48] MüKoBGB/Busche § 633 Rn. 14.
[49] BGH 29.9.2011 – VII ZR 87/11, ZfBR 2012, 30; KKJS/Jurgeleit Kompendium Teil 5 Rn. 27.
[50] BGH 8.5.2014 – VII ZR 203/11, NJW 2014, 3365; Leinemann/Kues/Steffen § 633 BGB Rn. 25; KKJS/Jurgeleit Kompendium Teil 5 Rn. 27 mwN.
[51] BGH 8.5.2014 – VII ZR 203/11, NJW 2014, 3365; BGH 16.7.1998 – VII ZR 350/96, NJW 1998, 3707; Weingartner NZBau 2019, 342 (345 ff.).

Erfolgshaftung maßgebliches Wertungskriterium. Ob die vereinbarte Beschaffenheit erreicht wurde, bestimmt sich also vom Ergebnis her. Umgekehrt ist aber auch jede Abweichung von der vereinbarten Beschaffenheit ein Mangel, gleich ob die Gebrauchsfähigkeit beeinträchtigt ist oder nicht.[52]

Fehlt es an einer konkretisierenden Vorgabe im Rahmen von Beschaffenheitsvereinbarungen und kommen mehrere gleichwertige Ausführungsvarianten in Betracht, ohne dass es dem Auftraggeber erkennbar auf eine bestimmte ankäme, soll der Auftragnehmer wählen können, wie er die Leistung ausführen will, solange er nur eine gleichwertige wählt und diese geeignet ist, den vereinbarten Werkerfolg ohne Beeinträchtigung der für diesen üblichen Funktion herbeizuführen.[53] Anders kann es aber liegen, wenn sich aus dem Vertrag eindeutig ablesen lässt, welche Ausführungsvariante der Auftraggeber bestellt hat.[54] Dies kann unter formalen Gesichtspunkten auch für gleichwertige und sogar höhenwertige Leistungen gelten.[55] Ob eine Nacherfüllung dann ggf. am Unverhältnismäßigkeitseinwand scheitert, ist also keine Frage der Mangelhaftigkeit, sondern eine Frage der Durchsetzbarkeit der beanspruchten Nacherfüllung.[56]   23

nicht belegt   24–28

2. (Allgemein) anerkannte Regeln der Technik. a) Einleitung. Zunächst soll verdeutlicht werden, wo die **allgemein anerkannten Regeln der Technik** – im Folgenden wird statt „anerkannte Regeln der Technik" immer von „allgemein anerkannte Regeln der Technik" gesprochen; näher zum Begriff → Rn. 54 ff. – innerhalb des **Systems des werkvertraglichen Sachmangelrechts** von § 13 Abs. 1 (und § 633 Abs. 2 BGB) **einzuordnen** sind und welche Bedeutung sie insofern haben. Danach wird der Frage nachgegangen, welchen **Inhalt** dieser Technikstandard hat und wie er **konkretisiert** werden kann.   29

Häufig wird pauschal darauf hingewiesen, die allgemein anerkannten Regeln der Technik würden durch **technische Regelwerke** (zB DIN-Normen) konkretisiert. Es wird noch zu untersuchen sein, ob diese These zutrifft. Ohne den folgenden Ausführungen vorgreifen zu wollen, ist aber schon an dieser Stelle zu erwähnen, dass der Rechtscharakter und die Wirkungsweise von technischen Regelwerken (wie zB DIN-Normen) häufig missverstanden werden. Das wiederum hat – nicht nur bei Sachverständigen, sondern auch bei Juristen – oft eine regelrechte **„DIN-Gläubigkeit"** zur Folge; getreu dem Motto: „Was in DIN-Normen geschrieben steht, ist Gesetz". Es ist dem Autor ein wichtiges Anliegen, diesem Fehlverständnis entgegenzuwirken.   30

b) Einordnung der allgemein anerkannten Regeln der Technik innerhalb des werkvertraglichen Sachmangelrechts. aa) Sachmangelkriterien. Bei der Beurteilung der Mangelhaftigkeit einer Bauleistung sind folgende **Sachmangelkriterien**[57] zu beachten: 31

---

[52] BGH 30.7.2015 – VII ZR 70/14, NZBau 2015, 618; Messerschmidt/Voit/Voit § 13 VOB/B Rn. 1; Kapellmann/Messerschmidt/Langen § 13 VOB/B Rn. 30.
[53] OLG Brandenburg 26.10.2011 – 13 U 137/06, IBR 2012, 20.
[54] Kapellmann/Messerschmidt/Langen § 13 VOB/B Rn. 42.
[55] BGH 7.3.2002 – VII ZR 1/00, NJW 2002, 3543; OLG Stuttgart 4.4.2006 – 12 U 205/05.
[56] s. dazu auch Kapellmann/Messerschmidt/Langen § 13 VOB/B mw Überlegungen und wN.
[57] Einzelheiten zu den Sachmangelkriterien Seibel, Baumängel und anerkannte Regeln der Technik, Rn. 82 ff.; Seibel ZfBR 2009, 107 ff.; Seibel Der Bausachverständige 4/2023, 55 ff.

§ 13

32 Zunächst hat der Auftragnehmer dafür einzustehen, dass sein Gewerk die **vertraglich vereinbarte Beschaffenheit** aufweist (§ 13 Abs. 1 S. 2, vgl. auch § 633 Abs. 2 S. 1 BGB): **1. Sachmangelvariante.**

33 In diesem Zusammenhang vertritt der BGH in ständiger Rechtsprechung die Auffassung, dass sich der vertraglich geschuldete Werkerfolg nicht allein nach der zu seiner Erreichung vereinbarten Leistung oder Ausführungsart bestimmt, sondern auch danach, welche Funktion das Werk nach dem Willen der Parteien erfüllen soll. Mit anderen Worten:

Die **Werkleistung muss dauerhaft gebrauchs- und funktionstauglich** sein (sog. **„funktionaler Mangelbegriff"**).[58]

Diese Funktionstauglichkeit verortet der BGH innerhalb der vertraglich (jedenfalls stillschweigend) vereinbarten Beschaffenheit (§ 13 Abs. 1 S. 2 bzw. § 633 Abs. 2 S. 1 BGB).[59]

Beispiel:

Der Auftraggeber schließt mit dem Auftragnehmer einen Vertrag über die Errichtung des Daches einer Lager- und Produktionshalle. Nach Fertigstellung der Arbeiten zeigt sich, dass das Dach nicht regendicht ist.

Es ist nicht zweifelhaft, dass das Dach im Ergebnis regendicht sein muss, um mangelfrei zu sein.[60] Nach der Rechtsprechung des BGH entspricht dies der von den Vertragsparteien (jedenfalls stillschweigend) vereinbarten Funktionstauglichkeit der Werkleistung (= Unterfall der vertraglich vereinbarten Beschaffenheit).

34 Soweit eine Beschaffenheit vertraglich nicht vereinbart wurde, muss sich das Gewerk für die **nach dem Vertrag vorausgesetzte Verwendung** eignen (§ 13 Abs. 1 S. 3 Nr. 1; vgl. auch § 633 Abs. 2 S. 2 Nr. 1 BGB): **2. Sachmangelvariante.**

35 Ansonsten muss sich das Gewerk für die **gewöhnliche Verwendung** eignen und eine **Beschaffenheit** aufweisen, die **bei Werken der gleichen Art üblich** ist und die der Auftraggeber nach der Art der Leistung erwarten kann (§ 13 Abs. 1 S. 3 Nr. 2; vgl. auch § 633 Abs. 2 S. 2 Nr. 2 BGB): **3. Sachmangelvariante.**

36 An dieser Stelle ist zu betonen, dass die **Sachmangelkriterien** nicht alternativ, sondern **kumulativ angewandt** werden müssen. § 13 Abs. 1 und § 633 Abs. 2 BGB sind – entgegen ihres missverständlichen Wortlauts – im Hinblick auf die Verbrauchsgüterkaufrichtlinie **richtlinienkonform** (kumulative Geltung der Sachmangelkriterien) **auszulegen**,[61] um zu sachgerechten Ergebnissen zu gelangen.[62]

37 **bb) Verortung der allgemein anerkannten Regeln der Technik.** Wo sind die allgemein anerkannten Regeln der Technik innerhalb dieses werkvertraglichen Sachmangelsystems zu verorten?

38 **(1) <u>Vorab</u>: Unterschied zwischen VOB/B- und BGB-Werkvertrag?** Es fällt auf, dass die allgemein anerkannten Regeln der Technik **in § 13 Abs. 1 S. 2** – ebenso in § 4 Abs. 2 Nr. 1 S. 2 – **ausdrücklich genannt** werden, während sie

---

[58] S. nur BGH NJW 2008, 511 Rn. 15 ff. = IBR 2008, 77 ff. mAnm Weyer; BGH NJW 2013, 684 Rn. 14 = IBR 2013, 154 mAnm Ebersbach.

[59] Kritisch zu dieser Verortung Seibel, Baumängel und anerkannte Regeln der Technik, Rn. 120 ff.; Seibel ZfBR 2009, 107 ff.

[60] Ein Dach muss grundsätzlich (auch bei Wind) regendicht sein; vgl. BGH NJW-RR 2000, 465 f. = IBR 2000, 65 mAnm Weyer.

[61] Ausf. dazu Faust BauR 2013, 363 (365 f.).

[62] Weitere Einzelheiten Thode NZBau 2002, 297 ff.

in § 633 BGB nicht erwähnt sind. Trotzdem gibt es insofern **keinen Unterschied zwischen einem BGB- und VOB/B-Werkvertrag.** Nach ständiger Rechtsprechung des BGH[63] sichert der Unternehmer nämlich auch beim Abschluss eines BGB-Werkvertrages stillschweigend zumindest das Einhalten der „allgemein anerkannten Regeln der (Bau-)Technik" zu. Dieser vom BGH aufgestellte Grundsatz folgt letztlich aus der Überlegung, dass der **Auftragnehmer** eine **besondere Fachkunde in seinem Tätigkeitsbereich** besitzt (bzw. besitzen muss), auf die der Auftraggeber vertrauen kann und darf. Aufgrund dieser (stillschweigend) zugrunde gelegten Kenntnis des Auftragnehmers hat der Auftraggeber (zumindest) einen Anspruch auf Beachtung der in der Baupraxis bekannten und bewährten Vorgehensweisen – also der allgemein anerkannten Regeln der Technik.

Auch der Gesetzgeber ging bei der Neufassung von § 633 BGB durch das **Schuldrechtsmodernisierungsgesetz** davon aus, dass die allgemein anerkannten Regeln der Technik vom Auftragnehmer einzuhalten sind, hielt eine Erwähnung in dieser Norm jedoch für überflüssig, da – soweit nicht etwas anderes vereinbart worden sei – nicht zweifelhaft sei, dass die anerkannten Regeln der Technik einzuhalten sind.[64] **39**

(2) Allgemein anerkannte Regeln der Technik als 4. Sachmangelvariante. Auch wenn es für den VOB/B-Werkvertrag darauf wegen der ausdrücklichen Erwähnung in § 13 Abs. 1 S. 2 letztlich nicht ankommt, ist zu erwähnen, dass die allgemein anerkannten Regeln der Technik insbesondere bei der Beurteilung relevant werden, wann sich eine Bauleistung für die gewöhnliche Verwendung eignet und wann sie eine übliche Beschaffenheit aufweist, die der Auftraggeber erwarten kann[65] – sie werden damit vor allem innerhalb der bereits oben dargestellten 3. Sachmangelvariante (§ 13 Abs. 1 S. 3 Nr. 2; vgl. auch § 633 Abs. 2 S. 2 Nr. 2 BGB) relevant. Gleichwohl ist dieser Technikstandard nicht nur dort, sondern grundsätzlich auf allen Stufen des Sachmangelrechts zu beachten – gleichsam als **eigenständige 4. Sachmangelvariante.**[66] **40**

Aber: Die allgemein anerkannten Regeln der Technik sind erst nach der Überprüfung der vertraglich vereinbarten Beschaffenheit zu beachten. Sie gelten bei der Beurteilung der Qualität einer Bauleistung als sog. **„Mindeststandard".**[67] Das ergibt sich schon daraus, dass die Parteien im Werkvertrag hinsichtlich der Beschaffenheit der Bauleistung qualitativ höherwertige Anforderungen als diejenigen der allgemein anerkannten Regeln der Technik vereinbaren können.[68] Sollte dies der Fall sein, liegt auch beim Einhalten der allgemein anerkannten Regeln der Technik ein Mangel vor, da dann die erhöhten vertraglichen Anforderungen nicht erfüllt werden. **41**

---

[63] Vgl. nur BGH NJW 1998, 2814 (2815) = IBR 1998, 376 f. mAnm Schulze-Hagen; BGH NJW 2013, 684 f. = IBR 2013, 154 mAnm Ebersbach.

[64] BT-Drs. 14/6040, 261 (linke Spalte unten bis rechte Spalte oben).

[65] Vgl. BGH NJW 1998, 2814 (2815) = IBR 1998, 376 f. mAnm Schulze-Hagen; BGH NJW-RR 2000, 309 (310) = IBR 2000, 164 mAnm Knychalla; BGH NJW-RR 2002, 1533 (1534) = IBR 2002, 536 mAnm Karczewski.

[66] Weitere Einzelheiten dazu Seibel, Baumängel und anerkannte Regeln der Technik, Rn. 96 f.

[67] S. nur BGH NJW 1998, 2814 (2815) = IBR 1998, 376 f. mAnm Schulze-Hagen; BGH NJW 2013, 684 f. = IBR 2013, 154 mAnm Ebersbach.

[68] S. zur Vereinbarung von über den allgemein anerkannten Regeln der Technik liegenden Anforderungen zB OLG Frankfurt a. M. BauR 2005, 1327 ff. = IBR 2005, 144 mAnm Ganten; OLG Stuttgart BauR 2005, 769 = IBR 2005, 162 mAnm Maser.

§ 13

42 Das entspricht auch dem **Willen des Gesetzgebers,** der bei der Neufassung von § 633 BGB in diesem Zusammenhang auf Folgendes hingewiesen hat:

> *„Dass, soweit nicht etwas anderes vereinbart ist, die anerkannten Regeln der Technik einzuhalten sind, ist nicht zweifelhaft. Eine ausdrückliche Erwähnung bringt deshalb keinen Nutzen. Sie könnte andererseits zu dem Missverständnis verleiten, dass der Werkunternehmer seine Leistungspflicht schon dann erfüllt hat, sobald nur diese Regeln eingehalten sind, auch wenn das Werk dadurch nicht die vertragsgemäße Beschaffenheit erlangt hat. Eine solche Risikoverteilung wäre nicht sachgerecht."*[69]

Beispiel:

43 Die Ausführung einer Betondecke in einer geringeren als der vertraglich vereinbarten Betongüte (Güteklasse C 20/25 [alte Bezeichnung: B 25] statt C 30/37 [alte Bezeichnung: B 35]) reicht für die geplanten Nutzlastfälle (noch) aus. Bei Verwendung der vertraglich vereinbarten Betonqualität (C 30/37 [alte Bezeichnung: B 35]) wäre aber eine noch höhere Tragfähigkeit, Haltbarkeit und Nutzungsdauer erreicht worden.[70]

Auch wenn mit der tatsächlichen Ausführung der Betondecke die statischen Anforderungen nach den allgemein anerkannten Regeln der Technik (noch) eingehalten werden, folgt die Mangelhaftigkeit daraus, dass der Auftraggeber einen Anspruch auf eine höherwertigere Ausführung hat, die nicht erreicht worden ist. Die Ist-Beschaffenheit weicht im Beispielsfall also negativ von der vertraglich vereinbarten Soll-Beschaffenheit ab.

44 cc) **Vertiefung:** Unterschreiten der allgemein anerkannten Regeln der Technik im Werkvertrag. Ein wirksames **Unterschreiten des Mindeststandards** allgemein anerkannte Regeln der Technik im Werkvertrag (sog. „Beschaffenheitsvereinbarung nach unten"[71]) ist die Ausnahme und kommt **grundsätzlich nur bei einem umfassenden, fehlerfreien Hinweis des Auftragnehmers** auf sämtliche Folgen in Betracht.[72] In seinem Hinweis muss der Auftragnehmer dem Auftraggeber die **Unterschiede der späteren Bauausführung im Vergleich zur allgemein üblichen** verständlich erklären und die Auswirkungen dieser Bauweise auf die Wohnqualität darlegen. Willigt der Auftraggeber dann – trotz Kenntnis dieser Folgen – in das negative Abweichen von der allgemein üblichen Beschaffenheit ein, ist dies seine privatautonom getroffene Entscheidung, an der er sich später grundsätzlich festhalten lassen muss. An die Aufklärung durch den Auftragnehmer sind jedoch **hohe Anforderungen** zu stellen, weshalb von diesem Vorgehen grundsätzlich nur abgeraten werden kann.[73]

45 Diese Grundsätze können **ausnahmsweise dann anders zu beurteilen** sein, wenn der Vertragspartner des Auftragnehmers kein technisch unkundiger, sondern ein **technisch versierter Auftraggeber** ist — etwa ein Bauträger, der regelmäßig Bauvorhaben verwirklicht und um die besonderen Probleme zB im Bereich des Schallschutzes weiß.[74] Ein solcher Auftraggeber verdient sicherlich weniger Schutz als ein Auftraggeber, der in technischen Dingen völlig unerfahren ist und um die mit dem Unterschreiten der allgemein anerkannten Regeln der Technik verbundenen Folgen nicht weiß. Sollte der Auftragnehmer einen Vertrag mit einem

---

[69] BT-Drs. 14/6040, 261 (rechte Spalte oben).
[70] Zu diesem Beispiel BGH NJW 2003, 1188 ff. = IBR 2003, 186 f. mAnm Schulze-Hagen.
[71] Zum Begriff BGH NJW 2011, 3780 Rn. 13 = IBR 2011, 694 mAnm Weyer.
[72] S. dazu auch Seibel ZfBR 2010, 217 ff.
[73] Vgl. Seibel, Baumängel und anerkannte Regeln der Technik, Rn. 223 ff.
[74] Vgl. BGH NJW 2018, 391 Rn. 26.

Mängelansprüche **§ 13**

erfahrenen Auftraggeber schließen, mag daher zB der bloße Hinweis auf eine technische Vorschrift, die nicht den allgemein anerkannten Regeln der Technik entspricht, genügen, um die darin verkörperten (niedrigeren) Anforderungen zur vertraglichen Beschaffenheit werden zu lassen. Das wird in die **vom BGH geforderte Gesamtabwägung**[75] mit einzubeziehen sein, was zB das OLG Stuttgart in seiner Entscheidung vom 17.10.2011 getan hat.[76] Hinsichtlich der Entscheidung des OLG Stuttgart ist jedoch hervorzuheben, dass es sich um eine Ausnahme- bzw. Sonderkonstellation handelte.

Hinweis: Ohne hinreichende Aufklärung durch den Auftragnehmer kommt 46 die Annahme einer rechtsgeschäftlichen Zustimmung des Auftraggebers dazu, negativ von den allgemein anerkannten Regeln der Technik abzuweichen, regelmäßig nicht in Betracht.[77]

dd) Maßgeblicher Beurteilungszeitpunkt: grds. Abnahme. Die allge- 47 mein anerkannten Regeln der Technik hat der Auftragnehmer grundsätzlich **zum Zeitpunkt der Abnahme** (= maßgeblicher Beurteilungszeitpunkt; ausdrücklich in § 13 Abs. 1 S. 2 und S. 3 genannt) einzuhalten.[78]

Problematisch kann das Abstellen auf den Zeitpunkt der Abnahme jedoch 48 dann sein, wenn sich die **allgemein anerkannten Regeln der Technik während der Bauausführung und noch vor der Abnahme ändern**[79] – zB durch die Aktualisierung einer DIN-Norm. Hier bietet sich eine Differenzierung wie folgt an:

War die Änderung **für den Auftragnehmer vor der Bauausführung nicht** 49 **vorhersehbar,** kann der Auftraggeber redlicher Weise nur erwarten, dass der Auftragnehmer eine Werkleistung nach den im Zeitpunkt der Bauausführung maßgeblichen allgemein anerkannten Regeln der Technik verspricht. Denn anderenfalls müsste der Auftragnehmer nach der Änderung der allgemein anerkannten Regeln der Technik das Bauwerk direkt im Anschluss an die Bauausführung ändern, was niemand erwarten kann.

Das kann anders zu beurteilen sein, wenn die Änderung **für den Auftragneh-** 50 **mer schon vor der Bauausführung** (sicher) **vorhersehbar** war[80] – zB weil sie schon seit langer Zeit in den Fachkreisen diskutiert wurde und dort bekannt war.

Eine von den vorstehenden Aspekten zu trennende Frage ist diejenige nach 51 den **Auswirkungen auf den Vergütungsanspruch** des Auftragnehmers. Das soll an dieser Stelle nicht ausführlich vertieft werden.[81]

In diesem Zusammenhang ist aber noch auf das **Urteil des BGH vom** 52 **14.11.2017** hinzuweisen, in dem alle zuvor genannten Gesichtspunkte und auch die Frage einer Vergütungsanpassung wie folgt zusammengefasst worden sind:[82]

---

[75] Dazu BGH NJW 2009, 2439 Rn. 12 ff. = IBR 2009, 448 mAnm Seibel.
[76] OLG Stuttgart NJW 2012, 539 ff. = IBR 2012, 32 mAnm Berger.
[77] BGH NJW 2009, 2439 Rn. 14 = IBR 2009, 448 mAnm Seibel; BGH NJW 2013, 684 Rn. 23 = IBR 2013, 154 mAnm Ebersbach; BGH NJW 2013, 1226 Rn. 15 = IBR 2013, 269 mAnm Weyer.
[78] S. zB BGH NJW 2018, 391 Rn. 25; BGH NJW 1998, 2814 (2815) = IBR 1998, 376 f. mAnm Schulze-Hagen.
[79] Vgl. auch BGH NJW 2018, 391 Rn. 26 ff.
[80] Dazu OLG Düsseldorf BauR 2006, 996 ff. = IBR 2006, 549 mAnm Karczewski (Inkrafttreten einer neuen Wärmeschutzverordnung vor dem Durchführen der Arbeiten).
[81] Näher hierzu BGH NJW 2018, 391 Rn. 27 f.
[82] BGH NJW 2018, 391 (amtl. Leitsätze 1, 2a, 2b iVm Rn. 25 ff.).

§ 13

„*1. Der Auftragnehmer schuldet gemäß § 13 Nr. 1 VOB/B (2006) grundsätzlich die Einhaltung der allgemein anerkannten Regeln der Technik zum Zeitpunkt der Abnahme. Dies gilt auch bei einer Änderung der allgemein anerkannten Regeln der Technik zwischen Vertragsschluss und Abnahme.*

2. a) In einem solchen Fall hat der Auftragnehmer den Auftraggeber regelmäßig über die Änderung und die damit verbundenen Konsequenzen und Risiken für die Bauausführung zu informieren, es sei denn, diese sind dem Auftraggeber bekannt oder ergeben sich ohne Weiteres aus den Umständen.

b) Der Auftraggeber hat sodann im Regelfall zwei Optionen.

Der Auftraggeber kann zum einen die Einhaltung der neuen allgemein anerkannten Regeln der Technik verlangen mit der Folge, dass ein aufwändigeres Verfahren zur Herstellung erforderlich werden kann, als im Zeitpunkt des Vertragsschlusses von den Parteien vorgesehen. Der Auftragnehmer kann, soweit hierfür nicht von der Vergütungsvereinbarung erfasste Leistungen erforderlich werden, im Regelfall eine Vergütungsanpassung nach S 1 Nr. 3 oder 4, § 2 Nr. 5 oder 6 VOB/B (2006) verlangen.

Der Auftraggeber kann zum anderen von einer Einhaltung der neuen allgemein anerkannten Regeln der Technik und damit von einer etwaigen Verteuerung des Bauvorhabens absehen."

53 Vertiefung zur Frage des Einhaltens der allgemein anerkannten Regeln der Technik während der Dauer der Verjährungsfrist von Mängelansprüchen: OLG Frankfurt a. M. – sog. „Blasbachtalbrücken-Urteil".[83]

54 **c) Inhalt der allgemein anerkannten Regeln der Technik. aa) Definition.** Zur Inhaltsbestimmung der allgemein anerkannten Regeln der Technik kann auf die **Rechtsprechung des RG zu den „allgemein anerkannten Regeln der Baukunst"** gemäß § 330 StGB aF (jetzt: § 319 Abs. 1, 2 StGB [Baugefährdung] – allgemein anerkannte Regeln der Technik) zurückgegriffen werden. Nach den Ausführungen des RG ist eine Regel dann allgemein anerkannt, wenn sie die ganz vorherrschende Ansicht der (technischen) Fachleute darstellt.[84] Ausgehend davon setzt eine allgemein anerkannte Regel der Technik damit zunächst voraus, dass sie sich in der Wissenschaft als (theoretisch) richtig durchgesetzt hat (**allgemeine wissenschaftliche Anerkennung**). Dabei genügt es aber nicht, dass eine technische Regel im Fachschrifttum vertreten oder an Universitäten gelehrt wird. Sie muss auch Eingang in die Praxis gefunden und sich dort überwiegend bewährt haben (**praktische Bewährung**).[85]

55 Die allgemein anerkannten Regeln der Technik lassen sich damit wie folgt definieren:

Definition
Eine technische Regel ist dann allgemein anerkannt, wenn sie
a) der Richtigkeitsüberzeugung der vorherrschenden Ansicht der technischen Fachleute entspricht
(1. Element: allgemeine wissenschaftliche Anerkennung)
und darüber hinaus

---

[83] OLG Frankfurt a. M. NJW 1983, 456 ff. Kritisch hierzu Jagenburg NJW 1982, 2412 (2415).
[84] RGSt 44, 75 (79).
[85] Näher zum Inhalt der allgemein anerkannten Regeln der Technik Seibel, Baumängel und anerkannte Regeln der Technik, Rn. 20 ff.; Zöller/Seibel/Seibel, Handbuch für Bausachverständige, Kap. 1.3 (S. 45 ff.) – jeweils mwN.

Mängelansprüche **§ 13**

b) in der (Bau-)Praxis erprobt und bewährt ist
(2. Element: praktische Bewährung).[86]
Auf beiden Stufen a) und b) muss die jeweilige technische Regel der überwiegenden Ansicht (Mehrheit) der technischen Fachleute entsprechen.

bb) Synonym: Anerkannte Regeln der Technik. Wenn der Gesetzgeber 56
von den **anerkannten Regeln der Technik** – wie zB in § 13 Abs. 1 S. 2 –
spricht, nimmt er verkürzt auf die **allgemein anerkannten Regeln der Technik**
Bezug. Inhaltlich lässt sich **zwischen diesen Begriffen kein Unterschied** feststellen.[87] Das zeigt schon die historische Herleitung dieses Technikstandards ganz deutlich.[88] In technikrechtlicher Hinsicht müsste der Gesetzgeber daher richtigerweise immer von den allgemein anerkannten Regeln der Technik sprechen, weshalb die Verwendung des Begriffs anerkannte Regeln der Technik (zB in § 4 Abs. 2 Nr. 1 S. 2, § 13 Abs. 1 S. 2) unpräzise ist.

cc) Abgrenzung zu anderen Technikstandards („3-Stufen-Theorie"). 57
Im deutschen Recht werden im Wesentlichen drei Technikstandards verwendet:
– **allgemein anerkannte Regeln der Technik,**
– **Stand der Technik** und
– **Stand von Wissenschaft und Technik.**[89]
Die ursprünglich von Breuer[90] begründete und später vom BVerfG[91] übernommene sog. **„3-Stufen-Theorie"** erkennt zwischen diesen Standards folgende inhaltliche Abstufung (Stufenfolge):

Auf der **niedrigsten Stufe** stehen danach die **allgemein anerkannten** 58
Regeln der Technik. Wird dieser Standard verwendet, können sich die Rechtsanwender darauf beschränken, im Wege einer empirischen Feststellung die Mehrheitsauffassung unter den technischen Praktikern zu ermitteln.[92]

Anspruchsvoller ist demgegenüber der **Stand der Technik**. Dieser wird zB 59
verwendet in: § 3 Abs. 6, § 5 Abs. 1 Nr. 2 BImSchG; § 3 Nr. 11 WHG; § 3 Abs. 2, Abs. 3 AbwV; § 3 Abs. 28 KrWG; § 19 Abs. 3 Nr. 3 ChemG; § 2 Abs. 15 GefStoffV; § 23 S. 2 GenTG; § 21 Abs. 1 S. 1 PBefG; § 49 Abs. 1 StVZO. Damit wird der technische Maßstab für das Erlaubte und Gebotene an die Front des technischen Fortschritts verlagert.[93] Die Feststellung des Standes der Technik ist für die Rechtsanwender wesentlich schwieriger, weil sie sich nicht einfach auf eine Mehrheitsauffassung stützen können, sondern selbst in die Meinungsstreitigkeiten der Techniker eintreten müssen, um die maßgeblichen Tatsachen zu ermitteln. Der Stand der Technik ist nach dieser Ansicht fortschrittlicher und dynamischer als die allgemein anerkannten Regeln der Technik, weil er eine schnellere

---

[86] S. zB OLG Hamm BauR 1997, 309 ff. = IBR 1996, 326 mAnm Reineke.
[87] Ebenso nach ausf. Analyse Marburger, Die Regeln der Technik im Recht, S. 146. Die Auffassung von Weyer IBR 2008, 381 (Praxishinweis), der meint, eine allgemeine Anerkennung sei kaum einmal feststellbar, ist zweifelhaft. Zur Vertiefung Seibel ZfBR 2008, 635 ff. mwN.
[88] Vgl. Seibel ZfBR 2008, 635 ff.
[89] S. zum europäischen Rechtsbegriff „beste verfügbare Techniken" („best available techniques") Seibel BauR 2005, 1109 ff.
[90] Breuer AöR 101 (1976), 46 (67 f.).
[91] BVerfG NJW 1979, 359 (362).
[92] BVerfG NJW 1979, 359 (362); Breuer NVwZ 1988, 104 (109).
[93] So BVerfG NJW 1979, 359 (362); Breuer AöR 101 (1976), 46 (67); Jarass, BImSchG, § 3 Rn. 115; ausf. dazu Seibel, Der Stand der Technik im Umweltrecht (Diss.), S. 31 ff. mwN.

Durchsetzung des technischen Fortschritts erlaubt.[94] In diesem Zusammenhang wird vor allem auf das **Merkmal der allgemeinen Anerkennung** hingewiesen: Neue technische Verfahren setzen sich langsam durch und werden – wenn überhaupt – erst am Ende dieses Prozesses (allgemein) anerkannt.[95] Durch die Bezugnahme auf den Stand der Technik wird ausdrücklich auf eine solche Anerkennung **verzichtet,** so dass eine Zeitverkürzung zwischen technischer Neuentwicklung und ihrer Durchsetzbarkeit eintritt.[96]

60 **Am dynamischsten** im Sinne der „3-Stufen-Theorie" ist der **Stand von Wissenschaft und Technik**[97] (verwendet zB in § 7 Abs. 2 Nr. 3 AtG). Dieser umfasst die neuesten technischen und wissenschaftlichen Erkenntnisse und übt einen starken Zwang hin zur Beachtung der wissenschaftlichen Forschung aus. Der Stand von Wissenschaft und Technik ist dynamischer als der Stand der Technik, weil er nicht durch das gegenwärtig Realisierte und Machbare begrenzt wird. Für Rechtsanwender ist die Ermittlung dieses Standards äußerst schwierig. Bei unklaren Sachverhalten müssen sie zu den wissenschaftlichen Streitfragen Stellung nehmen, um den momentanen wissenschaftlichen und technischen Erkenntnisstand zu präzisieren.[98]

61 Für den Bereich des privaten Baurechts sind die Standards allgemein anerkannte Regeln der Technik und Stand der Technik bedeutsam, der Stand von Wissenschaft und Technik wird insofern kaum relevant. Es kann daher verkürzt zusammengefasst werden, dass der **Stand der Technik** im Vergleich zu den allgemein anerkannten Regeln der Technik auf einer **qualitativ höheren Stufe** steht – gerade was die **Berücksichtigung technischer Neuerungen** angeht. Eine allgemeine Anerkennung im Sinne einer vorherrschenden Mehrheitsauffassung setzt sich demgegenüber langsamer durch. Beide Standards sind damit strikt voneinander zu trennen.[99]

62 Dieser schon seit Langem bekannte Grundsatz wird auch in jüngeren Gerichtsentscheidungen und Veröffentlichungen immer wieder verkannt, indem beide Begriffe verwechselt oder sogar miteinander kombiniert werden.[100]

62a Soweit Zöller/Boldt[101] zuletzt[102] für das Werkvertragsrecht eine **Begriffsmischung („anerkannter Stand der Technik")** vorgeschlagen haben, ist das **unzutreffend.** Diesen Technikstandard gibt es nicht. Zu beachten ist – dies entspricht auch gefestigter Rechtsprechung des BVerfG[103] –, dass der Stand der Technik bewusst auf das Merkmal einer (allgemeinen) Anerkennung verzichtet und damit im Vergleich zu den allgemein anerkannten Regeln der Technik eine gesteigerte technische Fortschrittlichkeit (Dynamik) gewährleistet, weil dort die Erprobung und Bewährung einer technischen Regel nicht vorausgesetzt wer-

---

[94] Marburger, Die Regeln der Technik im Recht, S. 163.
[95] Plagemann/Tietzsch, Stand der Wissenschaft und Stand der Technik als unbestimmte Rechtsbegriffe, S. 21.
[96] Obenhaus/Kuckuck DVBl 1980, 154 (156).
[97] Einzelheiten zu diesem Standard Seibel, Baumängel und anerkannte Regeln der Technik, Rn. 27 ff.; Seibel BauR 2004, 266 (268 ff.).
[98] BVerfG NJW 1979, 359 (362); Breuer AöR 101 (1976), 46 (68).
[99] S. auch Seibel ZfBR 2006, 523 (525).
[100] Beispiele hierzu Seibel NJW 2013, 3000 ff.
[101] Zöller/Boldt, Baurechtliche und -technische Themensammlung, Heft 8 (Anerkannte Regeln der Technik), S. 89 ff.; ebenso Zöller IBR 2017, 601 f.
[102] Dieser Vorschlag ist nicht neu; s. dazu zB schon Sass NZBau 2014, 137 (139 ff.).
[103] BVerfG NJW 1979, 359 (361 f.). S. auch Breuer AöR 101 (1976), 46 (67 f.).

den.[104] Das bedeutet: Eine „allgemeine Anerkennung" und ein „Stand" sind in (technik-)rechtlicher Hinsicht inhaltlich keinesfalls gleichzusetzen und können daher begrifflich – ohne dass dies bloße Wortklauberei wäre – auch nicht einfach miteinander kombiniert werden. Unabhängig davon ist die Begriffsmischung „anerkannter Stand der Technik" in der Sache auch nicht weiterführend.

Soweit Zöller[105] kürzlich darauf hingewiesen hat, die allgemein anerkannten **62b** Regeln der Technik seien aus praktischer Sicht „nicht mit belastbaren Inhalten hinterlegt" und dieser Technikstandard sei eine „juristische Illusion", gibt das Anlass dazu, sich intensiver mit der bisherigen (tradierten) Inhaltsbestimmung des Begriffs allgemein anerkannte Regeln der Technik auseinanderzusetzen. Ein Abgesang auf diesen in zahlreichen Gesetzen[106] verankerten Technikstandard ist aus juristischer Sicht aber der falsche Weg. Den von Zöller[107] zutreffend dargestellten Schwierigkeiten im Umgang mit dem unbestimmten Rechtsbegriff allgemein anerkannte Regeln der Technik kann ggf. durch eine inhaltliche Neuausrichtung des Begriffs Rechnung getragen werden.[108]

d) Konkretisierungsmöglichkeiten. aa) Technische Regelwerke. Es ist zu **63** klären, wie die allgemein anerkannten Regeln der Technik konkretisiert werden können. Am einfachsten lässt sich eine solche Konkretisierung durch die Bezugnahme auf **technische Regelwerke** erreichen, die für das jeweils betroffene Gewerk Vorgaben zB in Form von (Grenz-)Wertangaben und/oder in Form von Verarbeitungsmethoden enthalten. Solche Angaben finden sich in vielen technischen Regelwerken, zB DIN-Normen. Es stellt sich die Frage, in welcher Beziehung diese Regelwerke zu den allgemein anerkannten Regeln der Technik stehen.

In diesem Zusammenhang wird verbreitet darauf hingewiesen, dass die allge- **64** mein anerkannten Regeln der Technik **alle überbetrieblichen technischen Regelwerke** umfassen.[109]

Danach sollen insbesondere folgende **Konkretisierungsmöglichkeiten** in Betracht kommen:
– DIN-Normen (Deutsches Institut für Normung eV),
– ETB,
– VDI-Richtlinien (Verein Deutscher Ingenieure),
– VDE-Vorschriften (Verband Deutscher Elektrotechniker),
– Flachdachrichtlinie,
– mündlich überlieferte technische Regeln,
– evtl. auch Herstellerempfehlungen/-richtlinien[110] (Einzelheiten hierzu → Rn. 78).

---

[104] Ausf. dazu Seibel, Baumängel und anerkannte Regeln der Technik, Rn. 26, 33 ff.; Seibel NJW 2013, 3000 ff.; Seibel BauR 2004, 266 ff. – jeweils mwN.
[105] Zöller Der Bausachverständige 3/2023, 56.
[106] Öffentlich-rechtlich zuletzt zB in § 3 NELEV (Elektrotechnische-Eigenschaften-Nachweis-Verordnung) verwendet.
[107] Zöller Der Bausachverständige 3/2023, 56; Zöller/Seibel/Zöller, Handbuch für Bausachverständige, Kap. 1.6 (S. 97 ff.).
[108] Ausf. dazu Zöller/Seibel/Seibel/Zöller, Handbuch für Bausachverständige, Kap. 1.3 (S. 45 ff.) und Kap. 1.6 (S. 97 ff.).
[109] Werner/Pastor/Manteufel, Der Bauprozess, Rn. 1927.
[110] Ausf. zur Bedeutung von Herstellerempfehlungen/-richtlinien für die Baumangelbeurteilung Zöller/Seibel/Seibel, Handbuch für Bausachverständige, Kap. 1.4 (S. 71 ff.); Seibel BauR 2012, 1025 ff. – jeweils mit vielen Beispielen.

§ 13

65 Wie dabei das Beispiel mündlich überlieferter technischer Regeln zeigt, ist es für die Konkretisierung der allgemein anerkannten Regeln der Technik **nicht ausschlaggebend, dass eine technische Regel schriftlich niedergelegt** worden ist. Trotz der in Deutschland vorhandenen „Normenflut" gibt es immer noch Bereiche, in denen die anerkannten und bewährten Vorgehensweisen keinen Eingang in schriftliche Regelwerke wie etwa DIN-Normen gefunden haben, sondern allein zB nach den (überlieferten) Erfahrungen von Handwerkern zu beurteilen sind (Beispiel: Zimmererhandwerk). Die in § 2 Nr. 12 HOAI (2009) enthaltene Definition der allgemein anerkannten Regeln der Technik, die „schriftlich fixierte technische Festlegungen" forderte, konnte deswegen von vornherein nicht überzeugen und ist seit der Neufassung der HOAI 2013 richtigerweise darin auch nicht mehr enthalten.

66 Siehe zu den Möglichkeiten der **Ermittlung nicht schriftlich fixierter allgemein anerkannter Regeln der Technik** sogleich → Rn. 79 ff.

67 **bb) Vorsicht vor einer „DIN-Gläubigkeit"!**. Dem Hinweis, schriftliche technische Regelwerke würden die allgemein anerkannten Regeln der Technik konkretisieren, ist nicht ohne Weiteres zuzustimmen. Vielfach führt dies in der Praxis nämlich zu einer **ungerechtfertigten „DIN-Gläubigkeit".** Es ist immer zu bedenken, dass das Einhalten der Werte der gerade dargestellten technischen Regelwerke nicht zwangsläufig dazu führt, dass auch die allgemein anerkannten Regeln der Technik erfüllt werden!

68 Dabei muss man sich zunächst den **Rechtscharakter** solcher überbetrieblichen technischen Regelwerke verdeutlichen:
DIN-Normen sind keine Rechtsnormen, sondern (nur) private technische Regelungen mit Empfehlungscharakter. Ihnen kann – da sie keine Rechtsnormqualität besitzen – daher keine zwingende Bindungswirkung im Hinblick auf die Konkretisierung der allgemein anerkannten Regeln der Technik attestiert werden. Solche Normen können die allgemein anerkannten Regeln der Technik wiedergeben, jedoch auch hinter diesen zurückbleiben.[111]

69 Weiterhin ist das **Alter solcher Normen** zu berücksichtigen: Sind technische Regelwerke seit langer Zeit unverändert geblieben, stellt sich die Frage, ob diese überhaupt noch die derzeit vorherrschende Ansicht der Fachleute wiedergeben (können). Anhaltspunkte dafür können zB Publikationen in der Fachliteratur liefern, die sich kritisch mit bestehenden DIN-Normen auseinandersetzen.[112] Als Beispiel sei hier nur die seit einer gefühlten Ewigkeit geführte Diskussion um die **DIN 4109** und die darin enthaltenen Schallschutzwerte genannt.[113] Sollten technische Regelwerke veraltet sein, scheidet eine Konkretisierung der allgemein anerkannten Regeln der Technik durch sie aus. Dies wird umso deutlicher, wenn man sich vergegenwärtigt, dass die Anerkennung technischer Regeln nicht etwas einmal und für alle Zeit Festgeschriebenes darstellt. Die **Anerkennung von technischen Regeln ändert sich im Laufe der Zeit** und unterliegt einem ständigen **Wandel**. Im Baubereich wird das vor allem durch das Entdecken neuer Baustoffe und Verarbeitungsmethoden deutlich. Folge: Das Einhalten der in DIN-Normen

---

[111] Dazu BGH NJW 1998, 2814 (2815) = IBR 1998, 376 f. mAnm Schulze-Hagen.
[112] Vgl. OLG Nürnberg IBR 2018, 454 (zur DIN 1045) mAnm Heiliger.
[113] Ausf. dazu Staudt/Seibel/Seibel/Müller, Baurechtliche und -technische Themensammlung, Heft 1 (Schallschutz). S. zur DIN 4109 auch BGH NJW 2009, 2439 ff. = IBR 2009, 447 ff. mAnm Seibel; BGH NJW 2007, 2983 ff. = IBR 2007, 473 ff. mAnm Schwenker.

Mängelansprüche **§ 13**

etc genannten Werte besagt nicht sicher, dass auch zwangsläufig die derzeit allgemein anerkannten Regeln der Technik beachtet werden.

Dieser Aspekt macht die Sache für den Auftragnehmer aufwendig: Er muss **70** sich mit den jeweiligen Regeln der Bautechnik in allgemeiner Hinsicht und in seinem Fachgebiet genau vertraut machen, um sicher zu gehen, dass seine Bauausführung mangelfrei ist. Sollten die einschlägigen DIN-Normen etc aktuell sein und die dort angegebenen Verarbeitungsmethoden bzw. sonstigen Empfehlungen der überwiegenden Auffassung der Fachleute entsprechen, reicht deren Einhalten aus. Anderenfalls muss die Bauleistung abweichend davon ausgeführt werden.

Manteufel fasst die dargestellten Grundsätze zutreffend wie folgt zusammen **71** (Hervorhebungen durch den Autor):[114]

„DIN-Normen können deshalb, was im Einzelfall durch sachverständigen Rat zu überprüfen ist, die anerkannten Regeln der Technik widerspiegeln oder aber hinter ihnen zurückbleiben. Deshalb kommt es nicht darauf an, welche DIN-Norm gerade gilt, sondern darauf, ob die erbrachte Werkleistung zur Zeit der Abnahme den anerkannten Regeln entspricht. Aus diesem Grund ist in der Praxis auch für Sachverständige oftmals schwierig, die anerkannten Regeln der Technik für ein bestimmtes Gewerk verbindlich zu bestimmen; **in keinem Fall darf aber die Prüfung unterlassen werden, ob die herangezogenen DIN-Normen (noch) den anerkannten Regeln der Technik entsprechen oder (schon) hinter diesen zurückbleiben.**"

Zwischenfazit: Die in der Praxis häufig anzutreffende **„DIN-Gläubigkeit"** **72** ist **verfehlt**.[115] Technische Regelwerke sind stets u.a. auf ihre Aktualität hin zu überprüfen. Darauf hat zB das BVerwG in seiner Entscheidung vom 30.9.1996 mit überzeugender Begründung hingewiesen.[116]

cc) Konkretisierung durch technische Regelwerke: Vermutungswirkung (hM). Ungeachtet der vorstehenden Bedenken sind **technische Regelwerke** (wie zB DIN-Normen) für die Konkretisierung der allgemein anerkannten Regeln der Technik dennoch **von besonderer Relevanz**.

Nach hM besteht nämlich eine **widerlegbare Vermutung** dafür, dass kodifi- **74** zierte technische Regelwerke (DIN-Normen etc) die allgemein anerkannten Regeln der Technik wiedergeben.[117] Das hat auch der BGH schon ausdrücklich festgestellt, allerdings ohne Begründung.[118]

Grundlage dieser Vermutung ist wohl das normierte, transparente Verfahren der Einführung von DIN-Normen (vgl. DIN 820), die letztlich aufgrund der vorherrschenden Ansicht der technischen Fachleute erstellt werden sollen.[119] Dies

---

[114] Werner/Pastor/Manteufel, Der Bauprozess, Rn. 1928.
[115] Dazu Seibel Der Bausachverständige 6/2008, 59 ff.; Seibel Der Bausachverständige 1/2010, 58 ff.; Seibel Der Bausachverständige 1/2022, 54 ff.; Seibel Der Bausachverständige 4/2023, 55 ff. – jeweils mwN.
[116] BVerwG ZfBR 1997, 165 f. = IBR 1997, 149 mAnm Kniffka.
[117] Vgl. zB OLG Hamm NJW-RR 1995, 17 (18); OLG Stuttgart BauR 1977, 129 = BeckRS 1976, 01389 Rn. 31; Seibel, Baumängel und anerkannte Regeln der Technik, Rn. 146 ff.; Werner/Pastor/Manteufel, Der Bauprozess, Rn. 1929 – jeweils mwN.
[118] BGH NJW 2013, 2271 Rn. 25 = IMR 2013, 332 mAnm Elzer.
[119] Vgl. Seibel, Der Stand der Technik im Umweltrecht (Diss.), S. 155 f.; Seibel, Baumängel und anerkannte Regeln der Technik, Rn. 146 ff.; Seibel Der Bausachverständige 1/2022, 54 ff.; Werner/Pastor/Manteufel, Der Bauprozess, Rn. 1929.

§ 13 VOB Teil B

rechtfertigt (jedenfalls zunächst) die Vermutung, dass ein Regelwerk (zumindest zum Zeitpunkt seiner Veröffentlichung) der vorherrschenden Ansicht der technischen Fachleute und dem in der Praxis bewährten Vorgehen entspricht. Diese Vermutung ist jedoch – was deutlich betont werden muss – widerlegbar. Das ist – wie bereits oben dargelegt – vor allem dann der Fall, wenn Anhaltspunkte dafür bestehen, dass das Regelwerk veraltet und damit überholt ist.

75 Die dargestellte Vermutungswirkung hat **erhebliche Auswirkungen auf die Beweislast** im privaten Bauprozess. Sie führt zum Eintritt folgender Beweislaständerung.[120]

Beweislaständerung im privaten Bauprozess: Derjenige, der behauptet, die in DIN-Normen etc enthaltenen Anforderungen würden nicht den allgemein anerkannten Regeln der Technik entsprechen, ist hierfür beweisbelastet.

Für den Auftragnehmer, der seine Bauleistung unter Beachtung der in technischen Vorschriften enthaltenen Vorgaben ausführt, streitet die widerlegbare Vermutung ordnungsgemäßer Arbeit.

Umgekehrt spricht der Beweis des ersten Anscheins für eine mangelhafte Bauausführung, wenn der Auftragnehmer die in einer technischen Vorschrift enthaltenen Vorgaben nicht einhält. Dann muss der Auftragnehmer im Einzelnen darlegen und später ggf. auch beweisen, dass zB ein Schadenseintritt nicht auf einer Verletzung der technischen Vorschrift beruhte.

76 **dd) Konkretisierung durch technische Regelwerke: Prüfungsschema.** Aus Sicht des Autors hat sich bei der Prüfung, ob technische Regelwerke (DIN-Normen etc) den allgemein anerkannten Regeln der Technik entsprechen, folgende **vierstufige Prüfung**[121] bewährt:

I. Zunächst muss die DIN-Norm etc überhaupt für den **betreffenden technischen Bereich einschlägig** sein (Geltungsbereich und Schutzzweck der Norm).

II. Weiterhin ist zu prüfen, ob die DIN-Norm etc den **betreffenden technischen Bereich** abschließend, dh **lückenlos und vollständig, erfassen** will. Eine Konkretisierungswirkung scheidet aus, wenn die DIN-Norm etc hinsichtlich des einschlägigen technischen Sachverhalts Regelungslücken aufweist.

III. Sind die ersten beiden Punkte zu bejahen, muss sich die DIN-Norm etc am **Inhalt der allgemein anerkannten Regeln der Technik** messen lassen.

IV. Schließlich dürfen die in der DIN-Norm enthaltenen und ursprünglich einmal den allgemein anerkannten Regeln der Technik entsprechenden Anforderungen ihre **allgemeine Anerkennung nicht wieder verloren** haben (technischer Fortschritt, **Altersproblematik**).

77 **Beispiel zu den ersten beiden Stufen: Ziffer 1** der **DIN 4109 aF (Anwendungsbereich und Zweck)** erwähnt u.a. Folgendes: „In dieser Norm sind Anforderungen an den Schallschutz mit dem Ziel festgelegt, Menschen in Aufenthaltsräumen vor unzumutbaren Belästigungen durch Schallübertragung zu schützen." Das entspricht in der Regel nicht einem **üblichen Qualitäts- und Komfortstandard**,[122] was Zweifel aufkommen lässt, ob die DIN 4109 aF überhaupt eine im modernen Wohnungsbau übliche Schallschutzqualität konkretisieren

---

[120] Werner/Pastor/Manteufel, Der Bauprozess, Rn. 1929 mwN auch aus der Rechtsprechung.
[121] S. zu diesem Prüfungsschema auch Kamphausen BauR 1983, 175 f.
[122] So auch BGH NJW 2009, 2439 Rn. 12 = IBR 2009, 447 mAnm Seibel.

Mängelansprüche **§ 13**

konnte/wollte.[123] Der BGH hat deswegen entschieden, anstelle der DIN 4109 aF könnten die **Schallschutzstufen II und III der VDI-Richtlinie 4100** bzw. die erhöhten Werte von **Beiblatt 2 der DIN 4109 aF** Anhaltspunkte für die Konkretisierung der allgemein anerkannten Regeln der Technik liefern.[124]

ee) Vertiefung: Relevanz von Herstellerempfehlungen/-richtlinien? 78
Folgende Übersicht soll die Relevanz von Herstellerempfehlungen/-richtlinien für die werkvertragliche Sachmangelbeurteilung kurz zusammenfassen.[125]

I. Vorprüfung: Ist die Herstellerempfehlung überhaupt beachtlich?	1. Ist die **Werkleistung nicht funktionstauglich,** liegt zwangsläufig ein Mangel vor. Eine Herstellerempfehlung ist dann für die werkvertragliche Sachmangelbeurteilung von vornherein unbeachtlich. 2. Ist die Herstellerempfehlung **auf den Fall anwendbar?** Falls nein: Keine Relevanz für die Mangelbeurteilung![126]
II. Herstellerempfehlung als vertraglich vereinbarte Beschaffenheit, § 13 Abs. 1 S. 2 bzw. § 633 Abs. 2 S. 1 BGB?	1. ausdrückliche Vereinbarung: Ist möglich, wenn der **Text eines Leistungsverzeichnisses** bzw. eine sonstige Vereinbarung der Parteien das Einhalten der Herstellerempfehlung zur Leistungspflicht macht.[127] 2. konkludente Vereinbarung: Hier ist Zurückhaltung geboten, weil der **Auftraggeber regelmäßig keinen Wert auf das Einhalten der Herstellerempfehlung,** sondern vielmehr auf das Erreichen des Werkerfolgs legt.[128] Beschaffenheitsvereinbarung kann aber zB anzunehmen sein, wenn die **Herstellerempfehlung die Funktionstauglichkeit oder die Verkehrssicherheit des Gewerks betrifft.**[129] Besteht eine **Herstellergarantie** für ein Produkt nur dann, wenn nach den Herstellerempfehlungen gebaut wird, kann eine (konkludente) Beschaffenheitsvereinbarung – evtl.

---

[123] Ausf. dazu Staudt/Seibel/Seibel/Müller, Baurechtliche und -technische Themensammlung, Heft 1 (Schallschutz).
[124] Vgl. BGH NJW 2009, 2439 Rn. 12 aE = IBR 2009, 447 mAnm Seibel.
[125] Näher zur Bedeutung von Herstellerempfehlungen/-richtlinien für die Baumangelbeurteilung Zöller/Seibel/Seibel, Handbuch für Bausachverständige, Kap. 1.4 (S. 71 ff.); Seibel BauR 2012, 1025 ff. – jeweils mit vielen Beispielen.
[126] Vgl. BGH NJW-RR 2011, 1240 ff. = IBR 2011, 399 mAnm Schulze-Hagen.
[127] Vgl. OLG Schleswig BauR 2004, 1946 f. = IBR 2004, 683 mAnm Schulze-Hagen; OLG Celle BauR 2008, 1637 ff. = IBR 2008, 643 mAnm Schwenker.
[128] Vgl. OLG Jena BauR 2009, 669 ff. = IBR 2009, 134 mAnm Völkel.
[129] Vgl. BGH NJW-RR 2009, 1467 f. = IBR 2009, 511 mAnm Seibel (Wartungsvorschriften zur Grundüberholung eines Gasmotors).

	aber auch die Sachmangelvariante des § 13 Abs. 1 S. 3 Nr. 2 bzw. § 633 Abs. 2 S. 2 Nr. 2 BGB – in Betracht kommen.[130]
III. Herstellerempfehlung als gewöhnliche Verwendungseignung bzw. übliche Beschaffenheit, § 13 Abs. 1 S. 3 Nr. 2 bzw. § 633 Abs. 2 S. 2 Nr. 2 BGB?	Folgt aus dem Missachten einer Herstellerempfehlung eine **Ungewissheit über die Risiken des zukünftigen Gebrauchs** der Werkleistung, die der Auftraggeber nach dem Vertrag nicht hinnehmen muss, liegt ein Mangel vor.[131] Die **Mangelhaftigkeit liegt dann aber primär in der Risikoungewissheit und nicht in dem Abweichen von der Herstellerempfehlung.**[132]
IV. Herstellerempfehlung als allgemein anerkannte Regel der Technik, § 13 Abs. 1 S. 2?	1. Herstellerempfehlung kann selbst allgemein anerkannte Regel der Technik sein. 2. Begründet das Missachten von Herstellerempfehlungen die (widerlegbare) Vermutung eines Verstoßes gegen die allgemein anerkannten Regeln der Technik? a) **Existiert eine konkurrierende DIN-Norm oÄ:** DIN-Normen etc dürften grds. vorrangig sein. b) **Existiert keine konkurrierende DIN-Norm oÄ:** Gleichbehandlung mit der für DIN-Normen anerkannten Vermutungswirkung kann gerechtfertigt sein.[133] **Gerichte sollten entsprechendem Parteivortrag sorgfältig nachgehen und diesen durch einen Sachverständigen klären lassen!**

79 **ff) Konkretisierung außerhalb schriftlicher technischer Regelwerke.** Auch wenn schriftliche technische Regelwerke bei der Konkretisierung der allgemein anerkannten Regeln der Technik eine große Rolle spielen, wird dieser Techniksstandard – wie schon das oben genannte Beispiel mündlich überlieferter technischer Regeln belegt – **nicht allein durch schriftlich niedergelegte Regelwerke konkretisiert.**[134] Trotz der in Deutschland vorhandenen „Normenflut" gibt es immer noch technische Bereiche, in denen die anerkannten und bewährten Vorgehensweisen keinen Eingang in schriftliche Regelwerke (wie zB DIN-Normen) gefunden haben, sondern allein nach den (überlieferten) Erfah-

---

[130] Vgl. OLG Brandenburg BauR 2011, 1705 (Ls.) = IBR 2011, 455 mAnm Völkel.

[131] Vgl. OLG Köln NJW-RR 2005, 1042 ff. = IBR 2004, 682 mAnm Kamphausen; OLG Frankfurt a. M. BauR 2014, 1827 (Ls.) = IBR 2014, 540 mAnm Seibel.

[132] Vgl. OLG Köln BauR 2005, 1681 (Ls.) = IBR 2005, 530 mAnm Ganten; OLG Schleswig IBR 2010, 321 mAnm Völkel.

[133] Einzelheiten dazu Zöller/Seibel/Seibel, Handbuch für Bausachverständige, Kap. 1.4 (S. 71 ff.); Seibel BauR 2012, 1025 ff.

[134] Ausf. dazu Seibel BauR 2014, 909 ff.

Mängelansprüche **§ 13**

rungen der Handwerker zu beurteilen sind. Als Beispiel sei hier nur das Zimmererhandwerk genannt.[135]

Die in § 2 Nr. 12 **HOAI (2009)** enthaltene Definition der allgemein anerkannten Regeln der Technik, die „schriftlich fixierte technische Festlegungen" forderte, konnte deswegen von vornherein nicht überzeugen und ist seit der Neufassung der HOAI 2013 darin richtigerweise auch nicht mehr enthalten.

Für den Sachverständigen erweist sich die **Feststellung der allgemein anerkannten Regeln der Technik außerhalb von schriftlich niedergelegten technischen Regelwerken** als sehr problematisch. Vor dem gleichen Problem steht der Sachverständige, wenn er überprüfen will, ob die in einem schriftlichen technischen Regelwerk enthaltenen Anforderungen (noch) aktuell sind, dh ob diese auch derzeit (noch) der vorherrschenden Ansicht der Fachleute entsprechen und praktisch bewährt sind.

In solchen Fällen stehen dem Sachverständigen – neben seiner eigenen Erfahrung und Fachkunde – insbesondere folgende **Möglichkeiten zur Konkretisierung der allgemein anerkannten Regeln der Technik** zur Verfügung:[136]
– eigene wissenschaftliche Untersuchungen (zB Baustoffprüfungen, Labortests, Berechnungen),
– Untersuchung und Auswertung von Schadensfällen,
– Literaturauswertung,
– Analyse von Statistiken,
– fachlicher Erfahrungsaustausch (zB innerhalb von sog. „Bausachverständigen-Netzwerken"),
– evtl. auch Durchführung einer Befragung der maßgeblichen Fachleute.

Ob die zuletzt genannte Möglichkeit der Befragung von Fachleuten[137] eine taugliche Methode zur Ermittlung der überwiegend anerkannten und in der Praxis bewährten Vorgehensweise in einem technischen Bereich darstellt, wird zu Recht bezweifelt.[138] Jagenburg[139] hat – unter Bezugnahme auf die Ausführungen von Oswald[140] – gegen die **Tauglichkeit von Meinungsumfragen** insbesondere folgende **Bedenken** vorgebracht:

„Dagegen sind Meinungsumfragen unter Bausachverständigen ... aus den von Oswald angeführten Gründen nachdrücklich abzulehnen. Zum einen ist schon die Auswahl derer, die an einer solchen Meinungsumfrage beteiligt werden, subjektiv-willkürlich, jedenfalls nicht kontrollierbar und ebenso zufällig wie die Zahl der Antworten, da anzunehmen ist, daß nicht jeder, der angeschrieben worden ist, auf eine solche Anfrage antwortet. Zum anderen kann der Kreis der Fachleute, die über die Frage der Praxisbewährung und Anerkennung einer Bauweise urteilen, nicht auf Bausachverständige beschränkt werden, die es nur mit

---

[135] Vertiefung: S. zur Entwicklung der allgemein anerkannten Regeln der Technik bei handwerklichen Holztreppen von den seit Jahrhunderten überlieferten Erfahrungen der Handwerker bis hin zum „Regelwerk Handwerkliche Holztreppen" (erstmals erschienen 1998 [1. Aufl.]): Seibel/Zöller/Seibel/Kanz, Baurechtliche und -technische Themensammlung, Heft 5 (Handwerkliche Holztreppen).
[136] Vgl. Jagenburg Jahrbuch Baurecht 2000, 200 (208 f.); Kamphausen/Warmbrunn BauR 2008, 25 (28); Oswald db (deutsche bauzeitung) 9/98, 123 (130); Seibel ZfBR 2008, 635 ff.
[137] Dazu auch Zöller IBR 2018, 121 f.
[138] Jagenburg Jahrbuch Baurecht 2000, 200 (209 f.); Oswald db (deutsche bauzeitung) 9/98, 123 (130).
[139] Jagenburg Jahrbuch Baurecht 2000, 200 (209).
[140] Oswald db (deutsche bauzeitung) 9/98, 123 (130).

einer ebenso zufälligen Zahl und Auswahl von Bauschadensfällen zu tun haben. Denn Bauschäden sind nur ein und nicht das einzige Beurteilungskriterium. Außerdem geht es den Bausachverständigen wie den Ärzten, Anwälten und Richtern: ihre Sicht beschränkt sich auf die „kranken" Fälle, mit denen sie es allein zu tun haben. Das verstellt den Blick für die Wirklichkeit und dafür, daß die Schadensfälle nicht die Regel, sondern die Ausnahme sind."

84 Nicht alle zuvor genannten Kritikpunkte sind zutreffend. Entgegen Jagenburg scheint insbesondere die **Erfahrung aus Schadensfällen** ein sehr wichtiges – wenn nicht sogar das wichtigste – Kriterium zur Bestimmung der Praxistauglichkeit einer Bauweise zu sein. Was sonst kann verlässlichere Rückschlüsse auf die Gebrauchstauglichkeit einer Bauweise geben als ein Schadensfall? – selbst wenn es sich dabei um einen „Ausnahmefall" handeln sollte. Das soll hier aber nicht weiter vertieft werden.

85 Die Ausführungen von Jagenburg enthalten dennoch – vor allem im ersten Teil – einige überzeugende Aspekte, die dagegen sprechen, das Ergebnis einer Meinungsumfrage unter Fachleuten zur Konkretisierung der allgemein anerkannten Regeln der Technik heranzuziehen. Es dürfte äußerst **schwierig** – jedenfalls aber sehr aufwendig – sein, durch eine solche Befragung ein im Ergebnis **repräsentatives Meinungsbild** zu erhalten. Dabei erweist sich schon die Auswahl derjenigen Personen, die an einer solchen Umfrage beteiligt werden sollen, als problematisch. Sodann stellt sich die Frage, ob aus den Antworten verlässliche Rückschlüsse gezogen werden können/dürfen.

85a **Beispiel:** Dass Meinungsumfragen kaum geeignet sind, die allgemein anerkannten Regeln der Technik verlässlich zu konkretisieren, belegt die **Entscheidung des OLG Hamm vom 14.8.2019**[141] sehr anschaulich.

85b **Entscheidung/Leitsätze:** Der 12. Zivilsenat (einer der „Bausenate") des OLG Hamm hat – nach sachverständiger Beratung – in seinem Urteil vom 14.8.2019 bzgl. der in der Baupraxis weit verbreiteten Kombination aus Abdichtungen mit PMBC und wasserundurchlässigen Betonteilen eine Grundsatzentscheidung getroffen und hierzu folgende allgemeingültige Leitsätze[142] formuliert:

„1. Die Außenwandabdichtung mittels Kombinationslösung aus WU-Betonbodenplatte und kunststoffmodifizierter Bitumendickbeschichtung entspricht für den Wasserlastfall aufstauendes Sickerwasser – trotz Konformität mit den Regelungen der DIN 18195–6 bzw. DIN 18533 – nicht den anerkannten Regeln der Technik.

2. Die von der Regelung der vorgenannten DIN ausgehende Vermutungswirkung sieht der Senat – insbesondere aufgrund der Vielzahl an aufgetretenen Schadensfällen – als widerlegt an."

85c **Begründung:** Im zugrunde liegenden Fall trat unstreitig von außen Feuchtigkeit in die Kellerräume des neu errichteten Hauses ein; dort bestand der Wasserlastfall „aufstauendes Sickerwasser". Zur Begründung seiner oben dargestellten Leitsätze führte der 12. Zivilsenat des OLG Hamm in Rn. 96 ff. der Entscheidung[143] im Wesentlichen aus (Hervorhebungen durch den Autor):

„Der Sachverständige U hat festgestellt, dass die streitgegenständliche Kombinationsabdichtung für den Wasserlastfall aufstauendes Sickerwasser technisch nicht geeignet sei, eine

---

[141] OLG Hamm NJW 2019, 3791 ff.
[142] OLG Hamm NJW 2019, 3791.
[143] OLG Hamm NJW 2019, 3791 Rn. 96 ff.

Mängelansprüche **§ 13**

*dauerhafte Abdichtung herzustellen. Die generelle Schwäche der Kombinationsabdichtung liege im unteren Bereich der Abdichtung, nämlich dort, wo die kunststoffmodifizierte Bitumendickbeschichtung auf die Bodenplatte aufgeklebt werde. In diesem Bereich komme es zu Ablöseerscheinungen und Unterwanderungen. Zur Begründung hat der Sachverständige auf seine **langjährige sachverständige Erfahrung** verwiesen. Im Rahmen seiner Anhörung im Senatstermin hat der Sachverständige erläutert, dass er **seit Beginn seiner Sachverständigentätigkeit im Jahre 2003 ca. 15–20 Fälle pro Jahr zu begutachten gehabt habe, in denen es im Falle der Verwendung der hier vorliegenden Kombinationsabdichtung bei aufstauendem Sickerwasser zu Wassereintritten ins Gebäudeinnere gekommen sei. Demgegenüber habe er lediglich einen Fall begutachtet, in dem es bei Verwendung einer Abdichtung durch Bitumenbahnen zu einem Wassereintritt gekommen sei, wobei der Schaden im begutachteten Fall auf einem offensichtlichen Ausführungsfehler beruht habe.***

*Seine Einschätzung, dass die Kombinationsabdichtung für den Wasserlastfall aufstauendes Sickerwasser technisch ungeeignet sei und damit nicht den anerkannten Regeln der Technik entspreche, **hat der Sachverständige zudem mit dem Ergebnis einer von ihm im Jahr 2009 veranlassten Befragung aller zur damaligen Zeit öffentlich bestellten und vereidigten Sachverständigen mit den Fachgebieten Schäden an Gebäuden und Bauwerkssanierung begründet.** Die streitgegenständliche Kombinationsabdichtung sei von den Sachverständigen, die sich zurückgemeldet hätten, mehrheitlich als technisch ungeeignet eingestuft worden. ...*

*Dem **Einwand der Bekl., der Sachverständige U könne nicht einschätzen, ob sich die streitgegenständliche Kombinationsabdichtung in der Praxis bewährt habe, weil er es als Sachverständiger ausschließlich mit Schadensfällen zu tun bekomme, kann ebenfalls nicht gefolgt werden.** Denn der Sachverständige hat, wie bereits dargelegt, nachvollziehbar erläutert, aus welchen Gründen die streitgegenständliche Abdichtungsmethode technisch ungeeignet ist und sich in der Praxis gerade nicht bewährt hat. Dass der Sachverständige es aufgrund seines Fachgebiets ausschließlich mit Schadensfällen zu tun hat, liegt in der Natur der Sache und vermag an seiner fachlichen Kompetenz zur Einschätzung der technischen Geeignetheit der streitgegenständlichen Abdichtungsmethode nichts zu ändern. Letztlich hat auch die Streithelferin zu 1 zugestanden, dass die **Verwendung der streitgegenständlichen Abdichtungsmethode nicht ausschließlich schadens- und beanstandungsfrei geblieben** ist. Sie hat eingeräumt, dass es bei etwas mehr als 100 für den Wasserlastfall aufstauendes Sickerwasser mit der streitgegenständlichen Methode abgedichteten Kellern zu immerhin zwölf Beanstandungen gekommen sei. Dabei ist für die Einschätzung der technischen Geeignetheit der Abdichtungsmethode unbeachtlich, welche Ursache die beanstandeten Schadensfälle hatten. Denn auch **eine Abdichtungsmethode, die ausführungsfehleranfällig ist, kann nicht den anerkannten Regeln der Technik entsprechen.** ...*

*Auch die Verteidigung der Bekl., dass die **generelle Eignung der kunststoffmodifizierten Bitumendickbeschichtung für den konkreten Lastfall bauaufsichtsrechtlich geprüft und zertifiziert worden** sei, vermag im Ergebnis nicht durchzugreifen. Der Sachverständige U hat plausibel und nachvollziehbar dargelegt, dass das Vorliegen einer derartigen Prüfbescheinigung nichts an seiner Feststellung ändere, dass die streitgegenständliche Kombinationsabdichtung keine hinreichende Dichtigkeit erzeuge. Denn **eine derartige Prüfbescheinigung werde nach Durchführung von Untersuchungen „unter Laborbedingungen" (sauber, trocken, ohne Grate), die sich von den Bedingungen in tatsächlichen Baugruben wesentlich unterschieden, erteilt.** Zudem werde die **Dichtigkeit unter Laborbedingungen in einem Zeitraum von lediglich 28 Tagen überprüft,** so dass die*

§ 13

Erteilung einer Prüfbescheinigung im Hinblick auf die dauerhafte Haltbarkeit der Abdichtungsmethode nicht aussagekräftig erscheine. ..."

85d **Kritische Anmerkungen:** Sollte es in dem vom 12. Zivilsenat des OLG Hamm entschiedenen Fall wegen eines Versagens der ausgeführten Abdichtungsmethode zu Wassereintritten in den Keller gekommen sein, steht werkvertragsrechtlich unzweifelhaft die Mangelhaftigkeit der Bauleistung des Unternehmers gemäß § 633 BGB bzw. § 13 VOB/B fest (Verstoß gegen die dauerhafte Gebrauchs- und Funktionstauglichkeit der Bauleistung).

Dieser Aspekt steht nicht im Fokus der folgenden kritischen Anmerkungen, sondern allein die vom 12. Zivilsenat des OLG Hamm allgemeingültig gehaltene Begründung, die der in der Baupraxis weit verbreiteten Kombination aus Abdichtungen mit PMBC und wasserundurchlässigen Betonteilen ganz generell die technische Geeignetheit und das Einhalten der allgemein anerkannten Regeln der Technik abspricht. Um es vorwegzunehmen: Die Entscheidung des 12. Zivilsenats des OLG Hamm überzeugt nicht. Sie ist deswegen zu Recht im Schrifttum mit großer Mehrheit[144] abgelehnt worden.[145]

Der Autor kann aus langjähriger eigener Erfahrung in allen zivilgerichtlichen Instanzen bestätigen, dass bei Bausachverständigen in Bauprozessen leider oftmals eine regelrechte „DIN-Gläubigkeit" vorherrscht. Getreu dem Motto: Was in DIN-Normen etc. geschrieben steht, ist Gesetz. Aus diesem Blickwinkel heraus ist die Entscheidung des 12. Zivilsenats des OLG Hamm zunächst zu begrüßen, weil sie sich kritisch mit DIN-Normen (konkret: DIN 18195-6 bzw. DIN 18533) und deren Gültigkeit auseinandersetzt. Gleichwohl überzeugen weder die vom 12. Zivilsenat des OLG Hamm gewählte Begründung noch das allgemeingültig formulierte Ergebnis. Im Folgenden sollen die beiden aus Sicht des Autors relevantesten Kritikpunkte dargestellt werden.

85e **Befragung durch den Gerichtssachverständigen im Jahr 2009:** Der 12. Zivilsenat des OLG Hamm stützt seine Entscheidung einerseits auf die vom Gerichtssachverständigen im Jahr 2009 durchgeführte Befragung aller zur damaligen Zeit öffentlich bestellten und vereidigten Sachverständigen mit den Fachgebieten Schäden an Gebäuden und Bauwerkssanierung. Die streitgegenständliche Kombinationsabdichtung sei von den **Sachverständigen, die sich zurückgemeldet hätten (!)**, mehrheitlich als technisch ungeeignet eingestuft worden.

Gegen die Tauglichkeit dieser Befragung zur Ermittlung der technischen Geeignetheit einer Bauweise bestehen durchgreifende Bedenken.

Einerseits deswegen, weil die Befragung 2009 und damit ca. 4 Jahre vor Vornahme der streitgegenständlichen Abdichtungsarbeiten (Juli 2013) erfolgte. Insofern stellt sich zunächst die Frage der **Aktualität der Befragung.**

Andererseits wird schon seit längerer Zeit bezweifelt, ob eine Befragung von Fachleuten eine taugliche Methode zur Ermittlung der überwiegend anerkannten und in der Praxis bewährten Vorgehensweise in einem technischen Bereich darstellen kann → Rn. 83 ff. mwN.

---

[144] S. zB Herold Der Bausachverständige 5/2019, 46 ff.; Gottschalk/Kneißl Der Bausachverständige 6/2019, 17 ff.; Honsinger/Klingelhöfer Der Bausachverständige 1/2020, 35 ff.; Zöller IBR 2020, 1 f. Wenig überraschend verteidigt der vom 12. Zivilsenat des OLG Hamm beauftragte Sachverständige (dazu Editorial Der Bausachverständige 1/2020, 3) die Entscheidung. Vgl. Swensson Der Bausachverständige 1/2020, 29 ff.
[145] Ausf. dazu Seibel NZBau 2020, 558 ff.

Der 12. Zivilsenat des OLG Hamm hinterfragt in seiner Entscheidung nicht und teilt in den Entscheidungsgründen auch nicht mit, **wie viele öffentlich bestellte und vereidigte Sachverständige** in der Befragung 2009 **insgesamt angeschrieben** worden sind und **wie viele davon überhaupt geantwortet** haben. Das ist für die Beurteilung, ob das Ergebnis der Befragung durch den Gerichtssachverständigen als (einigermaßen) repräsentativ gewertet werden kann, ein aus der Sicht des Autors sehr wichtiger Aspekt.

Da zudem die **Art und Weise der Befragung** durch den Gerichtssachverständigen im Jahr 2009 vom 12. Zivilsenat des OLG Hamm nicht dargestellt wird, bestehen auch aus diesem Grund Bedenken gegen die Tauglichkeit dieser Befragung. Für die Beurteilung der Geeignetheit einer Befragung ist die Art und Weise der Fragestellung (objektiv, ergebnisoffen etc.) von entscheidender Bedeutung. Es kann bei einer Befragung außerdem einen großen Unterschied ausmachen, ob die Befragten **nach ihrer Meinung oder nach ihren konkreten Erfahrungen befragt** werden.

Insgesamt hinterfragt der 12. Zivilsenat des OLG Hamm bei seiner Entscheidung die Tauglichkeit und die Repräsentativität der Befragung durch den Gerichtssachverständigen im Jahr 2009 nicht hinreichend. Das Urteil bleibt insofern erschreckend oberflächlich.

Schadenserfahrungen des Gerichtssachverständigen und des 12. Zivilsenats des OLG Hamm: Der 12. Zivilsenat des OLG Hamm stützt seine Entscheidung andererseits sowohl auf die Schadenserfahrungen des Gerichtssachverständigen als auch auf seine eigenen gerichtlichen Schadenserfahrungen. Der Gerichtssachverständige habe überzeugend erläutert, dass er seit Beginn seiner Sachverständigentätigkeit im Jahr 2003 ca. 15 - 20 Fälle pro Jahr zu begutachten gehabt habe, in denen es im Falle der Verwendung der hier vorliegenden Kombinationsabdichtung bei aufstauendem Sickerwasser zu Wassereintritten ins Gebäudeinnere gekommen sei. Demgegenüber habe er lediglich einen Fall begutachtet, in dem es bei Verwendung einer Abdichtung durch Bitumenbahnen zu einem Wassereintritt gekommen sei, wobei der Schaden im begutachteten Fall auf einem offensichtlichen Ausführungsfehler beruht habe. Danach und auch nach seinen eigenen Erfahrungen wegen einer „Vielzahl an aufgetretenen Schadensfällen" sieht der 12. Zivilsenat des OLG Hamm die von der DIN 18195-6 bzw. DIN 18533 ausgehende Vermutungswirkung, dass die darin enthaltenen technischen Vorgaben den allgemein anerkannten Regeln der Technik entsprechen, als widerlegt an.

Diese Argumentation überzeugt schon deswegen nicht, weil die sowohl vom Gerichtssachverständigen („15 - 20 Schadensfälle pro Jahr") als auch vom 12. Zivilsenat des OLG Hamm („Vielzahl an aufgetretenen Schadensfällen") erwähnten Erfahrungen **keine ausreichend objektiven Anknüpfungstatsachen** darstellen. Die eigenen Fallzahlen sowohl des Gerichtssachverständigen als auch des 12. Zivilsenats des OLG Hamm müssten – um „ins rechte Licht" gesetzt zu werden – mit der Gesamtzahl der Verwendung von Kombinationsabdichtungen im Bauwesen in Deutschland verglichen werden. Ist diese Abdichtungskombination schon viele 100.000 Male angewandt worden,[146] erweisen sich die vom Gerichtssachverständigen und vom 12. Zivilsenat des OLG Hamm zugrunde gelegten eigenen Zahlen als verschwindend gering. Es ist deswegen mehr als fraglich, ob sich darauf das Ergebnis stützen lässt, die in der Baupraxis weit verbreitete Kombination aus Abdichtungen mit PMBC und wasserundurchlässigen

---

[146] Dazu Zöller IBR 2020, 1 f.

§ 13 VOB Teil B

Betonteilen sei generell technisch ungeeignet und entspreche deswegen nicht den allgemein anerkannten Regeln der Technik. Auch insofern bleibt das Urteil des 12. Zivilsenats des OLG Hamm angreifbar oberflächlich und ohne Bezugnahme auf objektivierte und ins richtige Verhältnis gesetzte Schadenszahlen.

Anlass zu einer intensiven und kritischen Auseinandersetzung sowohl mit der Befragung durch den Gerichtssachverständigen im Jahr 2009 als auch mit den eigenen Schadenserfahrungen bestand für den 12. Zivilsenat des OLG Hamm nicht zuletzt schon deswegen, weil die streitgegenständliche **Abdichtungsmethode für den konkreten Lastfall immerhin bauaufsichtsrechtlich geprüft und zertifiziert** worden ist; es liegen Verwendbarkeitsnachweise in Form von Prüfzeugnissen und Zulassungen durch das DIBt vor. Sollte diese Abdichtungsmethode viele 100.000 Male angewandt worden sein und im Verhältnis dazu lediglich in einer überschaubaren Anzahl schadensanfällig geworden sein, ist die Argumentation des 12. Zivilsenats des OLG Hamm nicht tragfähig, die Zulassungen und Nachweise dieser Methode seien irrelevant, weil sie „unter Laborbedingungen" (sauber, trocken, ohne Grate) erteilt worden seien, die sich von den Bedingungen in tatsächlichen Baugruben wesentlich unterscheiden würden.

85g **Fazit:** Aus den genannten Kritikpunkten kann die Einschätzung des 12. Zivilsenats des OLG Hamm, die in der Baupraxis weit verbreitete Kombination aus Abdichtungen mit PMBC und wasserundurchlässigen Betonteilen sei generell technisch ungeeignet und entspreche deswegen nicht den allgemein anerkannten Regeln der Technik, nicht überzeugen. Die Entscheidung bleibt in zwei wichtigen Bereichen (Tauglichkeit der Befragung durch den Gerichtssachverständigen im Jahr 2009; eigene Schadenserfahrungen des Gerichtssachverständigen sowie des 12. Zivilsenats des OLG Hamm) viel zu oberflächlich und bietet keine auf objektiver Basis nachprüfbare Argumentation.

Insgesamt verbleibt der Eindruck, dass es sich bei dem vom 12. Zivilsenat des OLG Hamm entschiedenen Schadensfall um einen solchen handelt, dessen **Ursache ein bloßer Bauausführungsfehler** sein könnte. Sollte das so sein, besteht keinerlei Anlass dazu, einer in der Baupraxis weit verbreiteten Kombinationsabdichtung die generelle Eignung abzusprechen.

Letztlich erweist sich der Hinweis des 12. Zivilsenats des OLG Hamm, **„Denn auch eine Abdichtungsmethode, die ausführungsfehleranfällig ist, kann nicht den anerkannten Regeln der Technik entsprechen."**, für die Baupraxis als **inhaltsleere Floskel:** Einem Bauausführungsfehler haftet regelmäßig ein Schadensrisiko an. Nach der Logik des 12. Zivilsenats des OLG Hamm dürften – um die allgemein anerkannten Regeln der Technik einzuhalten – nur noch Bauweisen angewandt werden, die gar kein Ausführungsrisiko beinhalten.

Was dürfte zukünftig dann überhaupt noch gebaut werden?

86–97 nicht belegt

III. Prozessuales

98 **1. Substantiierte Darlegung von Mängeln im Bauprozess („Symptomtheorie"). a) Ausgangslage.** Im (privaten) Bauprozess stellt sich häufig die Frage, ob der Vortrag einer Partei zu von ihr behaupteten Mängeln einer Bauleistung hinreichend substantiiert ist oder ob nicht noch weiter – unter Angabe genauer Einzelheiten – vorgetragen werden muss. Zu beachten ist dabei stets, dass eine Partei bei der Schilderung eines – zumeist technisch bedingten – Baumangels in den allermeisten Fällen **mangels eigener technischer Sachkunde weder**

dessen **Ursachen noch andere Einzelheiten mitteilen** kann. Wollte man von ihr Gegenteiliges verlangen, würde man sie schlicht überfordern. Dem trägt der BGH durch Anwendung der sog. **„Symptomtheorie"**[147] Rechnung, die im Folgenden kurz dargestellt wird.

b) Inhalt der „Symptomtheorie". Nach ständiger Rechtsprechung des BGH[148] muss eine Partei den von ihr behaupteten **Baumangel so konkret bezeichnen, dass die Gegenseite genau weiß und nachvollziehen kann, was von ihr an Abhilfe erwartet wird.**[149] Zur Erfüllung der Darlegungslast genügt es, wenn eine Partei den Mangel, für den ein Auftragnehmer einzustehen haben soll, in seinem **objektiven Erscheinungsbild beschreibt** – also die **Mangelsymptome** schildert.[150] Eine weitergehende Darlegung kann von ihr nicht verlangt werden. Insbesondere besteht auf der Darlegungsebene **keine Pflicht** dazu, die **Ursachen eines Mangels** im Einzelnen vorzutragen. Folgerichtig kann von einer Partei auch nicht verlangt werden, irgendwelche Mangelursachen auszuschließen.[151] Die **irrtümliche Falschangabe einer Mangelursache** ist daher unschädlich.[152] 99

Die **Frage nach der Ursache eines Mangels** wird nicht schon im Rahmen der Darlegungslast, sondern erst auf der **Ebene der Beweiserhebung** relevant. Die Mangelursachen muss also letztlich der Sachverständige im Rahmen seines Gutachtens untersuchen und beurteilen. 100

Hinzuweisen ist darauf, dass die „Symptomtheorie" die betroffene Partei nicht davon entbindet, das **äußeren Erscheinungsbild des behaupteten Mangels exakt zu beschreiben.** Zu Recht hat deswegen zB das OLG Brandenburg[153] entschieden, dass auch unter Beachtung der „Symptomtheorie" keine hinreichende Mangelschilderung vorliege, wenn bei Malerarbeiten pauschal nur die mangelhafte Ausführung gerügt werde. Erforderlich sei vielmehr eine hinreichend genaue Beschreibung der Mangelerscheinungen. Bei der Beauftragung von Malerarbeiten für mehrere Fenster sei dabei auch anzugeben, welche Fenster betroffen seien. 101

Wichtig ist, dass die **Schilderung des objektiven Mangelerscheinungsbildes keine Begrenzung des Mängelbeseitigungsverlangens** darstellt. Nach der Rechtsprechung des BGH[154] macht eine Partei mit der Bezeichnung der Mangelerscheinungen nicht nur diese, sondern den **Mangel selbst in vollem Umfang zum Gegenstand ihrer Erklärungen.** In seinem Urteil vom 6.10.1988[155] brachte der BGH das wie folgt auf den Punkt: 102

---

[147] Zum Begriff der „Symptomtheorie" Schmitz BauR 2015, 371 ff.
[148] Vgl. zB BGH BauR 2018, 669 Rn. 14 = IBR 2018, 134 mAnm Manteufel; BGH NJW-RR 2016, 1423 Rn. 22 = IBR 2016, 633 mAnm Manteufel; BGH NJW 2008, 576 Rn. 18 = IBR 2008, 86 mAnm Schwenker; BGH NZBau 2003, 501 f. = IBR 2003, 365 mAnm Vogel; BGH NZBau 2003, 267 f. = IBR 2003, 185 mAnm Schulze-Hagen; BGH NZBau 2002, 335 f. = IBR 2002, 187 mAnm Weise.
[149] BGH IBR 1998, 378 mAnm Weyer.
[150] Nach OLG Karlsruhe IBR 2011, 1355 (nur online) mAnm Schulze-Hagen, soll sogar die bloße Angabe „Hellhörigkeit eines Anwesens" (nebst Schilderung konkreter Stellen) zur Beschreibung eines mangelhaften Schallschutzes ausreichen.
[151] BGH ZfBR 1999, 255 = IBR 1999, 460 mAnm Weyer.
[152] BGH NJW 2008, 576 Rn. 18 = IBR 2008, 86 mAnm Schwenker.
[153] OLG Brandenburg IBR 2010, 331 mAnm Seibel.
[154] Vgl. zB BGH NJW-RR 2016, 1423 Rn. 22 = IBR 2016, 633 mAnm Manteufel; BGH IBR 1998, 378 mAnm Weyer.
[155] BGH ZfBR 1989, 27 f. Ebenso BGH ZfBR 1987, 37 f.

§ 13

„Eine Beschränkung auf die angegebenen Stellen oder die vom Besteller (Auftraggeber) bezeichneten oder vermuteten Ursachen ist damit nicht verbunden (...). Diese Ursachen sind vielmehr vollständig erfaßt, mögen sie in der Ausführung der Arbeiten an einzelnen Stellen, in der Wahl und Überwachung von Material und handwerklicher Verarbeitung allgemein, in der Konstruktion oder den bautechnischen Verfahren sowie bei Planung, Statik, Grundstückseigenschaften usw. liegen. Die Angabe etwa einer Stelle, an der Wasser in einer Wohnung auftritt, oder die Bezeichnung von Rissen im Außenputz sind deshalb nur als Hinweis auf festgestellte Schäden, nicht als Begrenzung des Mängelbeseitigungsverlangens zu verstehen (...). Sie kann z. B. konstruktive Mängel ... betreffen, die auch an anderen Stellen als den bezeichneten vorhanden, aber noch nicht zutage getreten sind."

103 Die **Reichweite einer Mängelrüge** im Lichte der „Symptomtheorie" verdeutlicht das Urteil des OLG Hamm vom 17.7.2008,[156] wonach eine Rüge (zunächst) bezogen auf einen Teilabschnitt (dort: 485 m Länge) alle Bereiche der gesamten Straße (ca. 5 km Länge) umfasst:

„Auch wenn die Klägerin im März und Mai 1996 zunächst lediglich die ... Spurrinnen gerügt hat und diese nur eine Strecke von insgesamt 485 m betrafen, ist dies schadlos. Nach st. Rspr. des BGH (...) ist der Mangel vom Auftraggeber nach seinem äußeren objektiven Erscheinungsbild exakt zu beschreiben. Dass der Auftraggeber auch die Mangelursache beschreibt, ist nicht erforderlich. Dabei bezieht sich die Nacherfüllungspflicht des Auftragnehmers automatisch auf alle Mangelursachen, die den beschriebenen Mangel verursacht haben. Mit der Bezeichnung des Escheinungsbildes macht der Besteller nicht nur diese Erscheinung, sondern den zugrunde liegenden Mangel selbst in vollem Umfang zum Gegenstand seiner Erklärung (Symptomtheorie). Daraus folgt für den vorliegenden Fall zunächst einmal, dass durch die Rüge, es seien Spurrinnen zu beseitigen, auch der zugrunde liegende Mangel der fehlerhaften Materialzusammensetzung sowie der unzulänglichen Dicke des Gussasphalts hinreichend gerügt worden ist. Soweit Streithelferin und Beklagte einwenden, dass sich dies nur auf den Bereich beziehen könnte, der vor Ablauf der Gewährleistungsfrist seinerzeit gemeinsam untersucht worden sei, steht dies mit der Symptomtheorie nicht in Einklang. Denn an die Mängelrüge dürfen keine übertriebenen Anforderungen gestellt werden. So war es nicht nötig, alle Spurrinnen nach Lage, Länge und Breite zu kennzeichnen, wenn sämtliche Risse zweifelsfrei in den Leistungsbereich des Auftragnehmers fallen. Die Mängelrüge ist nicht örtlich begrenzt, sondern erstreckt sich umfassend auf die Mangelursache und zwar auch auf Bereiche, in denen sich die Mangelerscheinungen noch nicht gezeigt haben."

104 Vorstehende Aspekte haben – neben der Frage der substantiierten Darlegung im Prozess – Relevanz auch für die Beurteilung der **Verjährung von Mängelansprüchen:**

Mit der Schilderung der Mangelerscheinungen macht die jeweilige Partei den Mangel selbst zum Gegenstand ihrer Rüge. Mit dieser Rüge werden dann alle dem Mangel zugrunde liegenden Ursachen vollständig erfasst. Das bedeutet: Die **Tragweite zB der Hemmung der Verjährung richtet sich nicht nach den jeweils zutage getretenen Mangelerscheinungen, sondern nach den der Werkleistung anhaftenden Mängeln selbst, soweit sie Ursache der aufgetretenen Mangelerscheinungen sind.**[157]

---

[156] OLG Hamm IBR 2008, 731 mAnm Schulze-Hagen.

[157] BGH NJW-RR 1989, 979 f. Vgl. auch BGH NJW 2008, 576 Rn. 18 f. = IBR 2008, 86 mAnm Schwenker.

§ 13

c) Fazit. Die **Voraussetzungen eines substantiierten Mängelvortrags** 105
dürfen im Bauprozess **nicht überspannt werden.** Insgesamt kann festgehalten werden:
Die jeweilige Partei muss einen von ihr behaupteten Mangel so genau bezeichnen, dass die Gegenseite nachvollziehen kann, was von ihr an Abhilfe erwartet wird. Dabei reicht es aus, wenn das **objektive Erscheinungsbild eines Mangels dargelegt** wird. Gemeint ist damit, dass die **Symptome**, welche auf einen Mangel hindeuten, hinreichend geschildert werden müssen. Mit der Schilderung der Mangelerscheinungen werden **alle dem Mangel zugrunde liegenden Ursachen vollständig erfasst**, was vor allem auch bei der Beurteilung der **Verjährung von Mängelansprüchen** zu beachten ist.

Zu bedenken ist, dass in diesem Bereich strikt **zwischen der Darlegungs-** 106
und Beweisebene differenziert werden muss. Die Darstellung des objektiven Erscheinungsbildes eines Mangels (Mangelsymptom) gehört zweifelsfrei zu den Voraussetzungen eines substantiierten Mängelvortrags. Die Mangelursachen sind Gegenstand des Beweises und liegen damit auf einer anderen Ebene.

Wollte man die Voraussetzungen eines substantiierten Mängelvortrags strenger 107
als der BGH („Symptomtheorie") sehen, würde man von den Parteien eines Bauprozesses in den meisten Fällen schlicht Unmögliches verlangen. Dies liegt darin begründet, dass die Feststellung von Mangelursachen gerade in technischer Hinsicht äußerst schwierig sein kann. Insofern erlangen insbesondere technische Regelwerke (zB DIN-Normen) und Standards (zB allgemein anerkannte Regeln der Technik) eine entscheidende Bedeutung, deren Kenntnis in aller Regel weder dem Auftraggeber noch seinem Prozessvertreter abverlangt werden kann. Das ist letztlich eine Frage, die der Sachverständige beurteilen muss.

2. Gerichtliche Leitung der Tätigkeit des Sachverständigen (§ 404a 108
ZPO). a) Einleitung. Die Bedeutung von Sachverständigengutachten für den privaten Bauprozess hat Quack einmal treffend wie folgt umschrieben: „Bauprozesse werden häufig von Gutachtern »entschieden«. »Verlorene« Gutachten sind dann verlorene Prozesse."[158] Der **Sachverständige** wird deshalb nicht zu Unrecht als **„Schlüsselfigur des Bauprozesses"**[159] bezeichnet.

Leider ist schon seit langer Zeit festzustellen, dass Gerichte ihrer **Anleitungs-** 109
aufgabe (§ 404a ZPO) gegenüber Sachverständigen nur **unzureichend** nachkommen, weil im **Beweisbeschluss** oft **nicht** hinreichend **zwischen (zulässigen) Tatsachen- und (unzulässigen) Rechtsfragen differenziert** wird. In privaten Bauprozessen wird Sachverständigen häufig die grundsätzlich allein von den Gerichten zu beurteilende **Frage der Vertragsauslegung** – zB die Ermittlung der Soll-Beschaffenheit einer Bauleistung – überlassen.[160]

Dabei wird sogar – jedoch nur vereinzelt – die These vertreten, der Sachverstän- 110
dige sei unabhängig von der Formulierung der Beweisfrage zunächst dazu verpflichtet klarzustellen, welche Voraussetzungen das Werk nach der ausdrücklichen bzw. stillschweigenden Beschaffenheitsvereinbarung der Parteien erfüllen müsse.[161] Weiter wird vereinzelt darauf hingewiesen, es sei nicht die Aufgabe des Sachverständigen zu beanstanden, dass das Gericht ihm die Klärung der Vorausset-

---

[158] Quack BauR 1993, 161.
[159] So zB Werner/Pastor/Manteufel, Der Bauprozess, Rn. 3088 mwN.
[160] Das hat auch schon Kniffka DS 2007, 125 (128 f.), kritisiert.
[161] So wörtlich Liebheit Der Bausachverständige 3/2012, 46 (47).

§ 13 VOB Teil B

zungen der vertraglich geschuldeten Soll-Beschaffenheit in verfahrenswidriger Weise übertragen habe.[162]

111 Im Folgenden wird – auch anhand eines Beispielsfalles – verdeutlicht, warum derartige Thesen weder zu einer sachgerechten gerichtlichen Leitung der Sachverständigentätigkeit noch zu einer Verbesserung der dringend **notwendigen konstruktiven Kooperation zwischen Gerichten und Sachverständigen** beitragen. Zudem werden praxistaugliche Lösungsvorschläge zur Verbesserung der Zusammenarbeit zwischen Gerichten und Sachverständigen vorgestellt.[163]

112 **b) Vorgaben der ZPO.** Gemäß § 359 Nr. 1 ZPO enthält der gerichtliche Beweisbeschluss „die Bezeichnung der streitigen Tatsachen, über die der Beweis zu erheben ist". Gleiches gilt für das selbständige Beweisverfahren (vgl. § 487 Nr. 2, § 490 Abs. 2 S. 1 ZPO).

113 Die ZPO geht also davon aus, dass das Gericht Beweis nur über (streitige) Tatsachen erheben soll. Von der Tatsachenebene ist diejenige der rechtlichen Beurteilung zu unterscheiden. Die Beantwortung von Rechtsfragen ist grundsätzlich dem Gericht vorbehalten; der Sachverständige ist zu einer rechtlichen Beurteilung weder befugt noch berufen.[164] Aber: Kann eine rechtliche Beurteilung nur auf der Grundlage tatsächlicher Feststellungen erfolgen, darf ein Sachverständiger hierzu selbstverständlich befragt werden[165] – er ebnet dann sozusagen den Boden für die rechtliche Beurteilung.

114 Diese Trennung von Tatsachen- und Rechtsfragen ist in der **Kompetenzverteilung zwischen Gericht und Sachverständigem** begründet.[166] Die ZPO enthält hierzu folgende Vorgaben:

Nach § 404a Abs. 1 ZPO hat das Gericht die Tätigkeit des Sachverständigen zu leiten und kann ihm für Art und Umfang seiner Tätigkeit Weisungen erteilen. Bei streitigem Sachverhalt bestimmt das Gericht – und nicht der Sachverständige –, welche Tatsachen der Sachverständige der Begutachtung zugrunde legen soll, § 404a Abs. 3 ZPO. Schließlich hat der Sachverständige nach § 407a Abs. 4 S. 1 ZPO die Pflicht, unverzüglich eine Klärung durch das Gericht herbeizuführen, wenn er Zweifel an Inhalt und Umfang des Auftrages – also des Beweisbeschlusses – hat.

115 Diese Vorschriften verdeutlichen, dass das Gericht „Herr des Verfahrens" bleiben soll, während dem Sachverständigen die Aufgabe des weisungsgebundenen (neutralen) Gehilfen zukommt – eigentlich passt der Begriff „Berater" besser.[167] Seine Hauptaufgabe liegt in der Vermittlung des dem Richter fehlenden Fachwissens.[168]

---

[162] Vertreten von Liebheit Der Bausachverständige 3/2012, 46 (47 f.); Liebheit Der Bausachverständige 6/2012, 66 (71) [12. These].

[163] Ausf. zur folgenden Darstellung Seibel NJW 2014, 1628 ff.; Seibel BauR 2013, 536 ff.; Seibel Der Bausachverständige 5/2012, 59 ff.; Seibel ZfBR 2011, 731 ff.; Seibel Der Bausachverständige 3/2010, 49 ff.; Zöller/Seibel/Seibel, Handbuch für Bausachverständige, Kap. 2.2 (S. 251 ff.); s. auch Luz BauR 2017, 14 ff.

[164] S. zB BGH NJW-RR 2005, 669 ff. = IBR 2005, 271 mAnm Schwenker.

[165] BGH NJW 2013, 3654 Rn. 22 = IBR 2014, 57 mAnm Seibel (Bewertung einer medizinischen Behandlung als grob fehlerhaft).

[166] Zur Aufgabenverteilung zwischen Gericht und Sachverständigem Ahrens, Der Beweis im Zivilprozess, 47. Kap. Rn. 7 ff.; Zöller/Seibel/Seibel, Handbuch für Bausachverständige, Kap. 2.2 (S. 251 ff.).

[167] Zöller/Greger, ZPO, § 404a Rn. 1.

[168] Vgl. BGH NJW-RR 1996, 1044 f. = IBR 1996, 333 mAnm Kniffka.

Mängelansprüche § 13

Zwischenfazit: Der Beweisbeschluss ist der Dreh- und Angelpunkt des gericht- 116
lichen Verfahrens und das Kernstück der gerichtlichen Leitung der Sachverständigentätigkeit.[169] Das Gericht muss diesen so klar fassen, dass der Sachverständige in die Lage versetzt wird, seine Schlussfolgerungen aus den ihm vorgegebenen Anknüpfungstatsachen ziehen zu können.[170] Das Verwenden von Rechtsfragen ist sowohl im Beweisbeschluss eines Prozesses als auch eines (diesem in Bausachen häufig vorgelagerten) selbständigen Beweisverfahrens[171] grundsätzlich unzulässig.

c) Missachtung der Vorgaben der ZPO: Problemdarstellung. In priva- 117
ten Bauprozessen werden die gerade dargestellten Grundsätze häufig missachtet und Sachverständige vielfach mit folgenden, nicht näher erläuterten Beweisfragen konfrontiert:[172]

„Ist die Werkleistung mangelhaft?"

oder

„Entspricht die Bauausführung der vertraglich vereinbarten Beschaffenheit?"

Derartige Fragen sind insbesondere aus den folgenden Gründen äußerst problematisch.

aa) Kompetenzverlagerung auf den Sachverständigen. Zuerst missachten 118
solche Beweisfragen die nach der ZPO vorgegebene Kompetenzverteilung zwischen Gericht und Sachverständigem.

(1) Soll-Beschaffenheit einer Werkleistung. Das lässt sich gut anhand der 119
Bestimmung der nach dem Vertrag geschuldeten Soll-Beschaffenheit einer Werkleistung nachvollziehen.[173] Um die Frage nach der Mangelhaftigkeit der Werkleistung beantworten zu können, müsste der Sachverständige eine eigene Auslegung des Vertrages (§§ 133, 157 BGB) unter Beachtung von § 13 Abs. 1 (bzw. § 633 Abs. 2 BGB) vornehmen. Ein solches Vorgehen ist schon deswegen abzulehnen, weil ansonsten „Sachverständige durch schlecht vorbereitete und unsorgfältig formulierte Beweisfragen mittelbar in die Auslegung des Vertrages getrieben werden"[174] – mit oft fatalen Folgen für den Ausgang eines Prozesses.[175]

In der Praxis ist feststellbar, dass sich Sachverständige mit solchen Beweisbe- 120
schlüssen – gleichsam aus der Not heraus – abfinden und sodann ihre eigene Vorstellung vom Inhalt des Vertrages der Begutachtung zugrunde legen. Erfahrene Sachverständige teilen das Ergebnis ihrer Vertragsauslegung offen im Gutachten mit.[176] Das mag zwar eine praktische Handhabung ungenügender bzw. unver-

---

[169] Leupertz/Hettler, Der Bausachverständige vor Gericht, Rn. 157.
[170] Vgl. OLG Düsseldorf IBR 2014, 184 mAnm Heiliger (Schlussfolgerungen des Sachverständigen aus vom Gericht vorzugebenden Anschluss-/Anknüpfungstatsachen); OLG Düsseldorf IBR 2014, 241 mAnm Weyer (Sachverständiger ermittelt nicht die Anknüpfungstatsachen); Ahrens, Der Beweis im Zivilprozess, 47. Kap. Rn. 19 f.; Werner/Pastor/Manteufel, Der Bauprozess, Rn. 3117 ff.
[171] S. zB BGH NJW 2012, 2810 Rn. 18 = IBR 2012, 554 f. mAnm Seibel; OLG Hamm NJW 2013, 2980 – Kaufrecht.
[172] Hierzu auch Siegburg BauR 2001, 875 ff.
[173] Näher dazu Siegburg BauR 2001, 875 ff.
[174] So Leupertz/Hettler, Der Bausachverständige vor Gericht, Rn. 164, Rn. 64 („schwerer Fehler").
[175] Dazu auch Staudinger/Matusche-Beckmann, BGB (Neubearb. 2023), § 434 Rn. 353 mwN.
[176] Vgl. Kniffka DS 2007, 125 (129).

§ 13 VOB Teil B

ständlicher Beweisbeschlüsse sein, kann jedoch die Verlagerung der Vertragsauslegung auf den Sachverständigen nicht rechtfertigen.

121 Dieses Verständnis entspricht der ganz überwiegenden obergerichtlichen Rechtsprechung.[177] Auch der BGH hat bereits entschieden, dass der Sachverständige nicht zu einer rechtlichen Beurteilung – insbesondere nicht zur eigenständigen Vertragsauslegung – befugt ist.[178] Den Ausführungen eines technischen Sachverständigen kann danach bei der Vertragsauslegung nur eine begrenzte Funktion zukommen (zB Vermittlung von Fachsprachen und Üblichkeiten).

122 Zwar muss der Sachverständige ein gewisses rechtliches Vorverständnis entwickeln, um die Beweisfragen verstehen und mit diesen umgehen bzw. arbeiten zu können. Das legitimiert ihn jedoch nicht zu einer eigenen, vom Beweisbeschluss und den Vorgaben des Gerichts losgelösten, rechtlichen Beurteilung der nach dem Vertrag maßgeblichen Soll-Beschaffenheit. Denn: Ob eine Werkleistung mangelhaft ist, beurteilt sich nicht allein nach objektiven, bautechnischen Kriterien oder nach dem aus bautechnischer Sicht Üblichen bzw. Vernünftigen, sondern ergibt sich oft erst aus einer komplizierten (juristisch anspruchsvollen) Auslegung des Vertrages unter Anwendung der Sachmangelkriterien des § 13 Abs. 1 bzw. § 633 Abs. 2 BGB.[179] In Letzterer sind Sachverständige jedoch nicht geschult – selbst wenn ihnen in der Ausbildung regelmäßig die rechtlichen Grundzüge (mehr oder weniger intensiv) vermittelt werden. Auch durch noch so intensives „learning by doing" lässt sich das rechtliche Verständnis kaum entwickeln.[180] Der Sachverständige bedarf hier also der Anleitung durch das Gericht!

123 In der Praxis ist zudem festzustellen – wie der Autor aus langjähriger Tätigkeit in verschiedenen Rechtsmittelinstanzen selbst bestätigen kann –, dass Gerichte die Feststellungen in einem Gutachten oftmals nicht überprüfen (zB hinsichtlich der darin enthaltenen juristischen Vorstellungen der Sachverständigen[181]), sondern stattdessen die Beurteilungen von Sachverständigen unreflektiert übernehmen. Auch der BGH hat bereits mehrfach kritisiert, dass Gerichte die Feststellungen von Sachverständigen häufig mit der – so der BGH wörtlich – bloßen „Leerformel" vom „überzeugenden und nachvollziehbaren Gutachten" ungeprüft übernehmen.[182]

124 Zur **Lösung der Problematik** bietet es sich an – worauf noch näher eingegangen wird (→ Rn. 135 ff.) –, bei der **Kommunikation zwischen Gerichten und Sachverständigen** anzusetzen und diese zu verbessern. Werden in einem Beweisbeschluss Fragen verwendet, die eine vorherige rechtliche Beurteilung voraussetzen, sollte der Sachverständige seine Begutachtung zunächst unterlassen

---

[177] S. zB OLG Hamm NJW 2013, 2980 – Kaufrecht; OLG Köln BauR 2002, 1120 ff. = BeckRS 2002, 30237218.

[178] Vgl. BGH NJW-RR 2005, 669 ff. (5. amtl. Ls.) = IBR 2005, 271 mAnm Schwenker; BGH NJW-RR 1996, 1044 f. = IBR 1996, 333 mAnm Kniffka; BGH NJW 1993, 202 f. (Sachverständigen darf als juristischen Laien nicht überlassen werden, sich im Zuge der Gutachtenerstattung zu juristisch bedeutsamen Begriffen sachkundig zu machen).

[179] Leupertz DS 2013, 296 ff.; Ulrich Der Bausachverständige 1/2014, 62 (63 f.).

[180] Vgl. Sass BauR 2014, 181 (186).

[181] Das fordert aber der BGH. Vgl. nur BGH NJW-RR 1995, 914 f. = IBR 1995, 325 mAnm Reineke.

[182] Vgl. BGH NJW 2017, 3661 Rn. 11, 15; BGH ZfBR 2010, 367 Rn. 10 = IBR 2010, 308 mAnm Deitschun – jeweils zur gerichtlichen Auseinandersetzung mit Einwendungen aus einem Privatgutachten. S. dazu auch Seibel Der Bausachverständige 4/2010, 52 ff.; Seibel Der Bausachverständige 2/2023, 53 ff.

Mängelansprüche **§ 13**

und eine Klärung dieser Rechtsfragen durch das Gericht herbeiführen. Dieses Vorgehen stellt keinen Verstoß des Sachverständigen gegen seine Pflicht zur Erstattung des Gutachtens (§ 407 ZPO) dar und hat auch nichts mit einer unberechtigten Gutachtenverweigerung isd §§ 408, 409 ZPO zu tun,[183] sondern dient der ordnungsgemäßen Aufgabenerfüllung durch den Sachverständigen, was insbesondere durch § 404a Abs. 2 aE, § 407a Abs. 4 S. 1 ZPO ausdrücklich legitimiert wird.

In einfach gelagerten Fällen mag eine eigene Vertragsauslegung durch den 125 Sachverständigen zwar noch gut gehen. Zu nennen sind vor allem diejenigen Fälle, in denen sich die Soll-Beschaffenheit (wie so häufig) nach dem werkvertraglichen Mindeststandard (= allgemein anerkannte Regeln der Technik;[184] näher dazu → Rn. 29 ff.) richtet. Diesen Technikstandard kennen Sachverständige aus dem „Effeff" und können ihn zumeist sicher auf den Fall anwenden. Eine Vertragsauslegung durch den Sachverständigen stößt jedoch spätestens dann an ihre Grenzen, wenn nach dem Vertrag eine erhöhte Qualität der Werkleistung – etwa das Einhalten des Standes der Technik[185] – geschuldet ist. Die Praxis zeigt, dass Sachverständige in solchen Fällen ihrer Begutachtung dennoch häufig das bautechnisch Vernünftige bzw. Übliche zugrunde legen. Ein solches Gutachten hilft dem Gericht bei der Entscheidungsfindung dann nicht weiter, weil der Auftraggeber nach dem Vertrag einen Anspruch auf eine höherwertige Werkleistung hat und er sich deswegen nicht mit dem Mindeststandard abfinden muss. Dieser Aspekt wird später noch anhand eines Beispielsfalles vertieft (→ Rn. 146 ff.).

(2) Sonderproblem: Funktionstauglichkeit einer Werkleistung. Bei der 126 Beurteilung der Mangelhaftigkeit einer Werkleistung kann sich noch ein Problem stellen, das eine besondere Anleitung des Sachverständigen durch das Gericht erforderlich machen kann. Bekanntlich vertritt der BGH in ständiger Rechtsprechung die Auffassung, dass sich der vertraglich geschuldete Werkerfolg nicht allein nach der zu seiner Erreichung vereinbarten Leistung oder Ausführungsart bestimmt, sondern auch danach, welche Funktion das Werk nach dem Willen der Parteien erfüllen soll (sog. „funktionaler Mangelbegriff").[186] Diese Funktionstauglichkeit verortet der BGH innerhalb der vertraglich (jedenfalls stillschweigend) vereinbarten Beschaffenheit (§ 13 Abs. 1 S. 2 bzw. § 633 Abs. 2 S. 1 BGB).[187] Im Ergebnis bedeutet das: Eine Werkleistung ist nicht schon deshalb mangelfrei, weil die Vorgaben in der Leistungsbeschreibung richtig abgearbeitet worden sind. Es kann daher notwendig sein, im Beweisbeschluss die (evtl. noch näher zu beschreibende) Funktionstauglichkeit darzustellen.

Zwischenfazit: Die Kompetenzverteilung zwischen Gericht und Sachverstän- 127 digem fordert folgendes Prozedere: Das Gericht hat zunächst zu prüfen, welche

---

[183] Das verkennt Liebheit Der Bausachverständige 1/2015, 58 (61).
[184] S. zB BGH NJW 2013, 684 Rn. 23 = IBR 2013, 154 mAnm Ebersbach; Seibel, Baumängel und anerkannte Regeln der Technik, Rn. 82 ff., 96 ff.
[185] Zum Inhalt des Begriffs „Stand der Technik" Seibel, Der Stand der Technik im Umweltrecht (Diss.), S. 31 ff.; zur Abgrenzung zu den „allgemein anerkannten Regeln der Technik" Seibel, Baumängel und anerkannte Regeln der Technik, Rn. 26, 33 ff.; Seibel NJW 2013, 3000 ff. – jeweils mwN.
[186] S. nur BGH NJW 2008, 511 Rn. 15 ff. = IBR 2008, 77 ff. mAnm Weyer; BGH NJW 2013, 684 Rn. 14 = IBR 2013, 154 mAnm Ebersbach.
[187] Kritisch zu dieser Verortung Seibel, Baumängel und anerkannte Regeln der Technik, Rn. 120 ff.; Seibel ZfBR 2009, 107 ff.

Soll-Beschaffenheit nach dem Inhalt des Werkvertrages geschuldet ist. Das Ergebnis dieser Prüfung ist dem Sachverständigen im Beweisbeschluss wie folgt mitzuteilen:[188] Entweder ist die zwischen den Parteien vereinbarte Soll-Beschaffenheit – evtl. einschließlich der geschuldeten Funktionstauglichkeit – vorzugeben oder es ist (sofern es nach dem Werkvertrag auf den Mindeststandard ankommt) danach zu fragen, ob die allgemein anerkannten Regeln der Technik eingehalten worden sind. Weiterhin bietet es sich an, im Beweisbeschluss die von der Partei behauptete Ist-Beschaffenheit der Werkleistung anzugeben,[189] damit der Sachverständige eine Abweichung der Ist- von der Soll-Beschaffenheit prüfen und ggf. auch Feststellungen zur vorhandenen Beeinträchtigung der Gebrauchstauglichkeit treffen kann.

128 Hinsichtlich der **Beschreibung der Anknüpfungstatsachen im Beweisbeschluss** greifen **Erleichterungen** ein. Ist-Beschaffenheit: Nach der „Symptomtheorie" (Einzelheiten dazu → Rn. 98 ff.) müssen allein die objektiven Mangelerscheinungen (Symptome), nicht hingegen die Mangelursachen geschildert werden. Soll-Beschaffenheit: Lässt sich die Soll-Beschaffenheit der Werkleistung anhand eines Leistungsverzeichnisses (LV) beschreiben, muss das Gericht im Beweisbeschluss nicht sämtliche Punkte daraus abschreiben; vielmehr genügt eine Bezugnahme auf das LV.

129 **(3) Hinweis zum Mangelbegriff.** Der in tatsächlicher Hinsicht nicht näher beschriebene (!) Begriff „Mangel" sollte im Beweisbeschluss so weit wie möglich vermieden werden.[190] Dieser Rechtsbegriff[191] nötigt den Sachverständigen jedenfalls dann zu einer eigenen Vertragsauslegung, wenn er nicht näher erläutert wird. Im Beweisbeschluss sollten stattdessen die nach dem Vertrag maßgeblichen Anknüpfungstatsachen für die Mangelbeurteilung vorgegeben werden. Keinesfalls sollte pauschal allein nach der Mangelhaftigkeit einer Werkleistung gefragt werden.

130 **bb) Unzulässige Ausforschung.** Ein weiteres Problem der pauschalen Frage im Beweisbeschluss nach der Mangelhaftigkeit einer Werkleistung besteht in der Erhebung unzulässiger Ausforschungsbeweise.[192] Wird die Beweisfrage nicht präzise gestellt, kommt es immer wieder vor, dass Sachverständige die Werkleistung unabhängig vom eigentlichen Parteivortrag (umfassend) untersuchen und dabei sogar zu bislang nicht vorgetragenen Tatsachen Stellung nehmen. Sie schwingen sich dann quasi zum „Anwalt der Partei" auf, was von der Gegenpartei regelmäßig mit einem (nicht selten erfolgreichen) Befangenheitsantrag quittiert wird.[193]

131 **cc) Unnötige Verfahrensverzögerung.** Sachverständigengutachten, die auf unzutreffend formulierten Beweisfragen basieren, fordern umfangreichen Schriftwechsel der Parteien sowie in aller Regel Ergänzungsgutachten heraus und führen

---

[188] Dazu Ulrich, Selbständiges Beweisverfahren mit Sachverständigen, 4. Kap. Rn. 13.
[189] Siegburg BauR 2001, 875 (886).
[190] Näher dazu Seibel ZfBR 2011, 731 ff.; vgl. auch Staudinger/Matusche-Beckmann, BGB (Neubearb. 2023), § 434 Rn. 353.
[191] Vgl. Sass BauR 2014, 181 (185).
[192] Siegburg BauR 2001, 875 (886).
[193] S. zB OLG Dresden IBR 2015, 458 mAnm Seibel (eigenmächtige Erweiterung der Beweisfragen durch den Sachverständigen); OLG Naumburg IBR 2014, 313 mAnm Schwenker.

damit zu einer unnötigen Verzögerung des Verfahrens,[194] die durch eine präzise – jedoch arbeitsaufwendige – Abfassung des Beweisbeschlusses vermieden werden kann. Hierdurch lässt sich einerseits die Verfahrensdauer privater Bauprozesse deutlich reduzieren, andererseits werden dadurch die Weichen für eine sachgerechte Leitung der Sachverständigentätigkeit und letztlich für eine richtige gerichtliche Entscheidung gestellt.

dd) Unbrauchbares Gutachten. Unpräzise Beweisfragen im Beweisbeschluss beinhalten immer die Gefahr, dass das Sachverständigengutachten – zB wegen einer fehlerhaften Vertragsauslegung durch den Sachverständigen – an den entscheidungserheblichen Punkten vorbeigeht und das Gericht deswegen letztlich falsch entscheidet. Folge: Ein privater Bauprozess geht deswegen im Berufungsverfahren oft von vorne los. 132

d) Vertiefung: Gerichtlicher Auftrag zur Gutachtenergänzung. An dieser Stelle soll noch kurz ein Sonderproblem dargestellt werden. Bei der Beauftragung des Sachverständigen zur Erstattung eines Ergänzungsgutachtens ist häufig die Tendenz der Gerichte erkennbar, Einwendungen einer Partei gegen ein Gutachten dem Sachverständigen ungefiltert zur schriftlichen Beantwortung vorzulegen. Oftmals geschieht dies zB mit folgendem Hinweis: 132a

„Sie werden gebeten, die im Schriftsatz des Klägers/Beklagten vom ... enthaltenen Einwendungen ergänzend schriftlich zu begutachten/untersuchen."

Diese bei vielen Gerichten verbreitete Methode kann nicht überzeugen und ist abzulehnen.[195] Mit einem solchen Hinweis macht es sich das Gericht zu einfach und verlagert allein ihm zugewiesene Aufgaben unzulässigerweise auf den Sachverständigen. Im Falle eines solchen Ergänzungsauftrages besteht nämlich die Gefahr, dass der Sachverständige selbst den Umfang des (Ergänzungs-)Gutachtens bestimmt und sich die für ihn relevanten Punkte aus dem Schriftsatz einer Partei heraussucht. Das ist mit den Regelungen der ZPO nur schwer vereinbar. Nach § 403 ZPO erfolgt der Beweisantritt durch die Bezeichnung der zu begutachtenden Punkte. Davon zu unterscheiden ist der allein durch das Gericht abzufassende Beweisbeschluss. Dieser muss gemäß § 359 Nr. 1 ZPO das Beweisthema substantiiert enthalten und benennen. Allein das Gericht gibt dem Sachverständigen Umfang und Grenzen des Gutachtenauftrages vor. Entscheidend ist immer, dass das Gericht auch bei der Beweiserhebung selbst „Herr des Verfahrens" bleibt und diese Aufgabe nicht auf den Sachverständigen überträgt. Das Gericht ist verpflichtet, sich selbst und auch den übrigen Prozessbeteiligten Klarheit über den Inhalt des Gutachtenauftrages zu verschaffen. Bei streitigem Sachverhalt bestimmt allein das Gericht – und nicht etwa der Sachverständige –, welche Tatsachen der Begutachtung zugrunde zu legen sind (§ 404a Abs. 3 ZPO). 132b

Für den eingangs zitierten gerichtlichen Auftrag zur Erstattung eines Ergänzungsgutachtens („Sie werden gebeten, die im Schriftsatz des Klägers/Beklagten vom ... enthaltenen Einwendungen ergänzend schriftlich zu begutachten/untersuchen.") bedeutet das im Ergebnis Folgendes: 132c

---

[194] Vgl. Jansen NZBau 2014, 65 (66); Siegburg BauR 2001, 875 (881).
[195] Einzelheiten dazu und zu weiteren Problemen der Gutachtenerläuterung Zöller/Seibel/Seibel, Handbuch für Bausachverständige, Kap. 2.6 (S. 309 ff.).

§ 13

132d Ein solcher Auftrag wird den Anforderungen an einen Beweisbeschluss gemäß § 359 Nr. 1 ZPO in aller Regel nicht hinreichend gerecht. Damit macht das Gericht nicht unmissverständlich klar, welche Punkte der Sachverständige genau untersuchen soll. Es besteht die Gefahr, dass der Sachverständige den entsprechenden Schriftsatz selbst interpretiert und auslegt. Dies ist mit der Leitungsaufgabe des Gerichts gegenüber dem Sachverständigen nach § 404a ZPO unvereinbar. Dem Sachverständigen kann daher nur geraten werden, sich in einem solchen Fall direkt an das Gericht zu wenden und dieses um Benennung der zu begutachtenden Punkte zu ersuchen, um Missverständnissen und Fehlinterpretationen vorzubeugen.

132e Vorstehendes kann allenfalls dann anders zu beurteilen sein, wenn der vom Gericht bezeichnete Schriftsatz einer Partei absolut klare und unmissverständliche Beweisfragen enthält. Der Autor kann aus eigener Erfahrung jedoch bestätigen, dass solche Schriftsätze in der Praxis selten vorkommen.

133 **e) Warum tun sich Gerichte mit den Vorgaben der ZPO so schwer?**
Bei der nach § 404a Abs. 1 ZPO erforderlichen Leitung der Sachverständigentätigkeit tun sich Gerichte insbesondere mit der Vorgabe der vertraglichen Soll-Beschaffenheit einer Werkleistung in Beweisbeschlüssen baurechtlicher Verfahren sehr schwer. Die Gründe hierfür sind vielfältig. Greger[196] erkennt eine Versuchung des Gerichts, „wegen seiner geringeren oder fehlenden Sachkunde die Sachentscheidung letztlich dem Sachverständigen zu überlassen". Dem ist zuzustimmen: Der schwierige Grenzbereich von Recht und Technik[197] ist sicher ein Hauptgrund für die Verwendung von Rechtsfragen im Beweisbeschluss zwecks Arbeitsvereinfachung. Daneben sind noch weitere Gründe zu nennen, zB die Arbeitsbelastung der Richter, häufige Dezernatswechsel und wenig ausgeprägte Kenntnis im privaten Baurecht.[198] Das kann an dieser Stelle aus Platzgründen nicht weiter vertieft werden.[199]

134 Es bleibt festzuhalten, dass Gerichte ihrer Anleitungsaufgabe gegenüber Sachverständigen oft nicht hinreichend nachkommen (können). Sachverständigen bleibt deshalb und wegen der Verwendung von Rechtsfragen im Beweisbeschluss häufig nichts anderes übrig, als eigene rechtliche Bewertungen zur Erfüllung des Gutachtenauftrages vorzunehmen.

135 **f) <u>Problemlösung: Konstruktive Kooperation zwischen Gericht und Sachverständigem.</u>** Wie lässt sich diese Situation verbessern?
Neben der bereits erwähnten **sorgfältigeren Formulierung der Beweisfragen** im Beweisbeschluss – dieser Aspekt soll hier nicht weiter vertieft werden[200] – lassen sich die in der Praxis bei der gerichtlichen Leitung der Sachverständigentätigkeit bestehenden Probleme aus Sicht des Autors vor allem durch eine **konstruktive, enge Kooperation zwischen Gericht und Sachverständigem** – stets unter Einbeziehung der Parteien – lösen. Dabei sind drei Gesichtspunkte hervorzuheben.

---

[196] So noch Zöller/Greger, ZPO (30. Aufl.), § 404a Rn. 1.
[197] Zum Verhältnis von Recht und Technik Seibel BauR 2005, 490 ff.
[198] Im Ersten und Zweiten juristischen Staatsexamen spielt das private Baurecht eine nur untergeordnete Rolle; auch wenn an Universitäten teilweise Zusatzqualifikationen im privaten Baurecht angeboten werden (zB an der Philipps-Universität in Marburg).
[199] Näher dazu Seibel BauR 2013, 536 (541 f.).
[200] S. ergänzend Seibel BauR 2013, 536 (543 f.).

aa) Reaktion des Sachverständigen auf den Beweisbeschluss. Die 136
Kooperation wird maßgeblich durch die Reaktion des Sachverständigen auf den
Beweisbeschluss beeinflusst bzw. angestoßen. Fragt der Sachverständige bei
Gericht nach, muss dieses davon ausgehen, dass er mit der im Beweisbeschluss enthaltenen Aufgabenstellung zurechtkommt. Das Gericht hat dann keinen
Anlass, von sich aus weiter tätig zu werden.

Sachverständige sollten dabei keine Scheu davor haben, **Gerichte auf den** 137
Missstand der Verwendung von unklaren Beschreibungen oder Rechtsfragen im Beweisbeschluss hinzuweisen und schon vor der Erstattung ihres
Gutachtens um nähere gerichtliche Vorgaben (zB zugrunde zu legende Anknüpfungstatsachen bzw. Soll-Beschaffenheit einer Werkleistung[201]) zu bitten.[202] Das
ist in der ZPO ausdrücklich so vorgesehen, vgl. § 404a Abs. 2 aE, Abs. 3, § 407a
Abs. 4 S. 1 ZPO.

Der vereinzelt verbreiteten These, kritische Nachfragen zum Beweisbeschluss 138
würden vom Gericht als „**Konfrontation**" aufgefasst und seien schon aus taktischen Erwägungen heraus nicht sachdienlich, wenn der Sachverständige weiterhin Gutachtenaufträge vom Gericht erhalten wolle,[203] ist entschieden zu widersprechen. Nach der Erfahrung des Autors, der seit vielen Jahren in der Richter-,
Rechtsanwalts- und Sachverständigenfortbildung im privaten Baurecht und
Bauprozessrecht tätig ist, greifen Richter Anregungen von Sachverständigen zum
Inhalt des Beweisbeschlusses bereitwillig[204] auf, überdenken daraufhin die formulierten Beweisfragen und fassen diese ggf. neu. Das bestätigen auch erfahrene
Gerichtssachverständige.[205] Davon, dass ein Sachverständiger bei kritischen
Nachfragen zum Beweisbeschluss Gefahr läuft, zukünftig vom Gericht nicht
mehr beauftragt zu werden, kann also keine Rede sein. Ganz im Gegenteil: Für
den Autor waren die zahlreichen Gespräche mit Sachverständigen zum Inhalt
eines Beweisbeschlusses bislang immer sehr gewinnbringend. Sie haben die
Sache regelmäßig weiter gefördert. Hier sind weder eine „Empfindlichkeit von
Richtern" noch besondere Probleme der Kontaktaufnahme[206] festzustellen –
auch wenn ein Sachverständiger den zuständigen Richter sicher nicht immer
sofort ans Telefon bekommt.

Soweit gegen Rückfragen und Abstimmungen des Sachverständigen mit 139
dem Gericht praktische Gesichtspunkte angeführt werden (das Gericht ist weit
weg; nicht vollständig informiert; kennt die Verhältnisse vor Ort nicht; weiß
nicht, wo das Problem steckt[207]), ist dem zu entgegnen, dass Sachverständige
nach der Erfahrung des Autors ohne Weiteres dazu in der Lage sind, dem
Gericht die Probleme prägnant und nachvollziehbar in einem Telefonat zu
schildern. Sollte eine Problemerläuterung zB nur an Ort und Stelle geschehen
können, empfiehlt sich ein gemeinsamer Ortstermin, den der Sachverständige
dann anregen sollte.

---

[201] Dazu Siegburg BauR 2001, 875 (883).
[202] S. auch Sturmberg, ibr-online-Leseranmerkung zu OLG Naumburg IBR 2013, 56.
[203] So wörtlich Liebheit Der Bausachverständige 6/2012, 66 (1. These).
[204] Bereitwillig deswegen, weil ihnen regelmäßig die Fachkenntnis zur Einschätzung technisch geprägter Fragen fehlt.
[205] S. zB Zöller/Seibel/Zöller, Handbuch für Bausachverständige, Kap. 2.2 (S. 268 ff.).
[206] Diese Aspekte erwähnt Liebheit Der Bausachverständige 6/2012, 66 (direkt nach der 1. These).
[207] So Sass BauR 2014, 181 (186).

140 Zwischenfazit: Sind in einem Beweisbeschluss unklare Beschreibungen oder Rechtsfragen enthalten, sollte der Sachverständige die Begutachtung zunächst unterlassen, das Gericht auf die bestehenden Probleme hinweisen und um nähere Aufklärung bitten.[208] Das stellt keinen Verstoß des Sachverständigen gegen seine Pflicht zur Erstattung des Gutachtens (§ 407 ZPO) dar und hat auch nichts mit einer unberechtigten Gutachtenverweigerung iSd §§ 408, 409 ZPO zu tun: Der Sachverständige benötigt zur Erfüllung des Gutachtenauftrages in solchen Fällen zwingend weitere Vorgaben des Gerichts. Zu solchen Nachfragen ist der Sachverständige schon nach § 404a Abs. 2 aE, § 407a Abs. 4 S. 1 ZPO berechtigt bzw. sogar verpflichtet. **Zurückhaltung ist hier fehl am Platz!** Anderenfalls besteht die Gefahr, dass das Gutachten – zumeist wegen einer fehlerhaften Vertragsauslegung durch den Sachverständigen – an den entscheidungserheblichen Punkten vorbeigeht und das Gericht deswegen letztlich falsch entscheidet.

141 Letzteres (falsche gerichtliche Entscheidung infolge fehlerhafter Vertragsauslegung durch den Sachverständigen) dürfte nach der Rechtsprechung des BGH[209] eigentlich gar nicht vorkommen, weil ein Gutachten vom Gericht u.a. immer daraufhin zu überprüfen ist, ob diesem eine fehlerhafte juristische Vorstellung zugrunde liegt.[210] Dem kommen Gerichte in der Praxis jedoch häufig nicht nach, sondern übernehmen stattdessen die Feststellungen von Sachverständigen vielfach ungeprüft in die Urteilsgründe. Nicht selten unter Verwendung der inhaltsleeren Floskel vom „überzeugenden und nachvollziehbaren Gutachten", die nach der Rechtsprechung des BGH[211] zur inhaltlichen Auseinandersetzung mit einem Sachverständigengutachten bekanntlich nicht ausreicht.

142 bb) Anhörung des Sachverständigen vor Abfassung der Beweisfrage, § 404a Abs. 2 ZPO. Die Zusammenarbeit zwischen Gericht und Sachverständigem kann auch schon weit vor der Übersendung des Beweisbeschlusses nebst Gerichtsakten an den Sachverständigen beginnen. **§ 404a Abs. 2 ZPO** besagt, dass das Gericht den Sachverständigen vor Abfassung der Beweisfrage hören soll, soweit es die Besonderheit des Falles erfordert. Diese **in der gerichtlichen Praxis selten gebrauchte Vorschrift** kann gerade in privaten Bauprozessen mit (zumeist) sehr komplexen bautechnischen Sachverhalten sehr hilfreich sein, um das richtige weitere Vorgehen abzustimmen.

143 Dabei kann sowohl vor als auch nach dem Erlass des Beweisbeschlusses die **Teilnahme von Richtern an einem Ortstermin** notwendig bzw. geboten sein. Während eines solchen werden vielfach Umstände erkennbar, die für die Gutachtenerstattung und den Fortgang des Verfahrens von großer Bedeutung sein können.[212] Folge: Ein Ortstermin trägt regelmäßig zur Optimierung des Gerichtsver-

---

[208] Soweit Kontusch Der Bausachverständige 4/2016, 56, (60 [bei Fußnote 41]) ausführt, der Autor würde Sachverständige bei unklaren Beweisfragen zur Rücksendung der Gerichtsakten auffordern, ist das eine fehlerhafte Interpretation der hier vertretenen Auffassung. Richtig ist vielmehr, dass der Autor zur Problemlösung seit vielen Jahren für eine Verbesserung der Kommunikation zwischen Richtern und Sachverständigen eintritt.

[209] S. nur BGH NJW-RR 1995, 914 f. = IBR 1995, 325 mAnm Reineke.

[210] Ebenso OLG Düsseldorf IBR 2014, 183 mAnm Renz.

[211] Vgl. BGH NJW 2017, 3661 Rn. 11, 15; BGH ZfBR 2010, 367 Rn. 10 = IBR 2010, 308 mAnm Deitschun – jeweils zur gerichtlichen Auseinandersetzung mit Einwendungen aus einem Privatgutachten. S. dazu auch Seibel Der Bausachverständige 4/2010, 52 ff.; Seibel Der Bausachverständige 2/2023, 53 ff.

[212] Leupertz/Hettler, Der Bausachverständige vor Gericht, Rn. 184.

Mängelansprüche **§ 13**

fahrens in zeitlicher Hinsicht bei (schnellere Begutachtung infolge besserer gerichtlicher Leitung der Sachverständigentätigkeit) und spart (den Parteien) dadurch zudem oft Kosten. Weiterer Vorteil: Die Kenntnis von den örtlichen Verhältnissen erleichtert dem Richter später zugleich die Würdigung des Beweisergebnisses.

Die Bereitschaft von Richtern zur Teilnahme an einem Ortstermin wird durch die bestehende Arbeitsbelastung sicherlich nicht gefördert. Dieser zeitliche Aufwand sollte aber durch die Vorteile (Verfahrensbeschleunigung, bessere Kenntnis der Richter von den örtlichen Verhältnissen und dadurch bedingte einfachere Würdigung des Beweisergebnisses) aufgewogen werden.[213] Letztlich obliegt die Entscheidung der Teilnahme an einem Ortstermin natürlich immer dem Gericht. Sie erscheint jedoch gerade in komplexen privaten Bauprozessen oft nicht nur sinnvoll, sondern sogar geboten. **144**

cc) Einweisung des Richters durch den Sachverständigen. Hat der Richter Probleme, die in einem privaten Bauprozess häufig relevanten technischen, betrieblichen oder betriebswirtschaftlichen Zusammenhänge zu verstehen, ist er – worauf schon Kniffka[214] zutreffend hingewiesen hat – nicht gehindert, von Amts wegen einen Sachverständigen hinzuzuziehen, um sich **in die fallbezogenen Probleme eines Rechtsgebiets einweisen zu lassen;** natürlich immer unter Beteiligung der Parteien. Durch eine solche Inanspruchnahme sachverständiger Beratung vor der Beurteilung eines Falles leitet das Gericht die notwendige Zusammenarbeit mit dem Sachverständigen schon ganz am Anfang eines Verfahrens ein. Es liegt auf der Hand, dass dieses Vorgehen zu einer besseren Handhabung gerade komplexer Gerichtsverfahren beiträgt. **145**

g) Beispielsfall. Der folgende Beispielsfall soll verdeutlichen, dass die Kooperation zwischen Gericht und Sachverständigem nicht nur in eine Richtung verläuft, sondern eine wechselseitige, enge Zusammenarbeit schon bei der – eigentlich allein dem Gericht obliegenden – Vertragsauslegung erforderlich machen kann. **146**

aa) Ausgangslage[215]. In der Baubeschreibung des zwischen einem Bauträger und einem Erwerber 1996 geschlossenen Werkvertrages über den Erwerb einer 110 m² großen Eigentumswohnung zum Preis von knapp 600.000 DM finden sich u.a. folgende Angaben: „gehobene Ausstattung", „neuester Stand", „repräsentative Konstruktion", insgesamt „hochwertige Anlage". Treppen und Treppenhäuser sollen „akustisch entkoppelt" werden und einen „hochwertigen Steinbelag" erhalten. Die Wohnungseingangstüren sollen in „schalldichter behindertengerechter Ausführung" erfolgen. Die Ver- und Entsorgungsleitungen sollen „gegen Schallübertragung und Wärmeverlust isoliert" werden. Weiter wird von „geräuscharmen Spülkästen und Abluftanlagen" gesprochen. In der Baubeschreibung heißt es unter „Material- und Ausstattungsbeschreibung" und „Geschossdecken": *„Alle Geschossdecken werden in Stahlbeton gemäß Statik erstellt. In den Wohngeschossen kommt ein schwimmender Estrich auf Wärme- bzw. Trittschalldämmung gemäß DIN 4109 zur Ausführung. Dachgeschoss wie vor."* Das Werbeprospekt preist die Anlage als „Wohnpark City E.", als „Wohn- und Geschäftsresidenz" an, als „ehrgeiziges Bauvorhaben, das sich von allen Seiten sehen lassen **147**

---

[213] Ebenso Leupertz/Hettler, Der Bausachverständige vor Gericht, Rn. 185.
[214] Kniffka DS 2007, 125 (129).
[215] In Anlehnung an BGH NJW 2009, 2439 Rn. 20 = IBR 2009, 447 ff. mAnm Seibel.

Seibel 781

§ 13

kann", mit „unverwechselbarer Architektur" und „lichtdurchfluteten Wohnungen".

Nach Bezug der Wohnung fühlt sich der Erwerber durch Lärm gestört. Er meint, die Wohnung sei in schallschutztechnischer Hinsicht mangelhaft ausgeführt worden. Es kommt zum Rechtsstreit, in dem der Erwerber auf Rückabwicklung des Vertrages klagt und für die von ihm behauptete Mangelhaftigkeit des Schallschutzes Beweis durch Einholung eines Sachverständigengutachtens anbietet.

Wie kann der Beweisbeschluss formuliert werden?

148 bb) <u>Vorab</u>: **Auslegung des Werkvertrages.** Zunächst muss der Werkvertrag hinsichtlich der **Soll-Beschaffenheit des Schallschutzes** ausgelegt werden. Diese Auslegung nach dem objektiven Empfängerhorizont gemäß §§ 133, 157 BGB (maßgeblich sind dabei u.a. die Anpreisungen im Prospekt, die Baubeschreibung und der Erwerbspreis) ergibt, dass nicht nur der Mindeststandard (allgemein anerkannte Regeln der Technik), sondern ein **erhöhter Schallschutz** vertraglich iSd § 13 Abs. 1 S. 2 bzw. § 633 Abs. 2 S. 1 BGB geschuldet ist.[216] Irrelevant ist dabei der Umstand, dass im Vertrag ausdrücklich auf eine Schalldämmung nach DIN 4109 Bezug genommen wird. Das lässt schon deshalb nicht die Annahme zu, es seien die Mindestanforderungen der DIN 4109 wirksam vereinbart, weil diese Werte nicht die allgemein anerkannten Regeln der Technik hinsichtlich des Schallschutzes in Wohnungen (üblicher Komfort- und Qualitätsstandard) abbilden.[217] Außerdem kann einem fachunkundigen Erwerber ohne nähere Aufklärung durch den Bauträger regelmäßig nicht unterstellt werden, er wisse um die Bedeutung der DIN 4109 und der darin genannten Schallschutzwerte.[218]

149 <u>Folge</u>: Die **Frage nach** dem Einhalten der allgemein **üblichen Schallschutzqualität** ist vorliegend im Beweisbeschluss **nicht weiterführend!** Die Parteien haben vertraglich einen erhöhten Schallschutz festgelegt. Das muss dem Sachverständigen im Beweisbeschluss vorgegeben werden, weil sonst die Gefahr besteht, dass das Gutachten an den entscheidungserheblichen Punkten vorbeigeht.

150 <u>Problem</u>: Welche erhöhte Schallschutzqualität gilt? Gibt es evtl. mehrere Qualitätsstufen? Falls ja: Welche ist im Fall einschlägig?

151 **cc) Formulierungsvorschlag der Beweisfragen.** Im Beispielsfall können die Beweisfragen zB wie folgt formuliert werden:[219]

„Entspricht der tatsächlich ausgeführte Schallschutz in der Wohnung des Klägers ... (genaue Beschreibung der betroffenen Bereiche) den technischen Anforderungen einer gehobenen Ausstattung?

Sollte es mehrere Qualitätsstufen einer gehobenen Schallschutzausführung geben, soll der Sachverständige auch dazu Stellung nehmen und angeben, welche im Hinblick auf die Wohnung des Klägers aus welchen Gründen einschlägig sein könnte."

---

[216] In BGH NJW 2009, 2439 Rn. 20, wurde demgegenüber allein aus revisionsrechtlichen Gründen auf einen üblichen Komfort- und Qualitätsstandard hingewiesen *("Die Auslegung des Berufungsgerichts, damit sei kein exklusiver Standard vereinbart, muss mangels einer rechtzeitigen Rüge vom Senat hingenommen werden.")*.

[217] Dazu BGH NJW 2009, 2439 Rn. 14 = IBR 2009, 447 ff. mAnm Seibel.

[218] Das kann ausnahmsweise dann anders zu beurteilen sein, wenn der Auftraggeber fachkundig ist und die jeweiligen technischen Besonderheiten genau kennt. Siehe dazu zB OLG Stuttgart NJW 2012, 539 ff. = IBR 2012, 32 mAnm Berger.

[219] Im Folgenden soll nur auf die für die Mangelhaftigkeit relevanten Beweisfragen eingegangen werden. Weiteres (zB die Frage nach Mängelbeseitigungskosten) wird ausgeblendet.

Mängelansprüche **§ 13**

Diese Beweisfragen stellen **keine unzulässigen Rechtsfragen** dar.[220] Das Gericht beauftragt den Sachverständigen dadurch vielmehr mit der Klärung der ihm nicht bekannten technischen Anforderungen einer gehobenen Schallschutzausführung. Zugleich wird die vertragliche Soll-Beschaffenheit der Werkleistung (gehobener Schallschutz) als rechtliche Prämisse zumindest grob vorgegeben. **152**

Da sich dieser Beispielsfall in dem schwierigen Grenzbereich der rechtlichen Beurteilung von technischen Anforderungen bewegt, wird das Gericht bei der **Vertragsauslegung** nicht umhinkommen, diese **gemeinsam mit dem Sachverständigen** vorzunehmen. Hier kann der Sachverständige wertvolle Hilfestellung bei der Ermittlung des einschlägigen gehobenen Schallschutzes[221] und vor allem einer evtl. Abstufung gehobener Schallschutzqualitäten geben – zB nach dem Beiblatt 2 zur DIN 4109 oder nach der VDI 4100 [1994] (Schallschutzstufen II oder III).[222] **153**

h) Fazit/Ausblick. Das Gericht muss die Beweisfragen im Beweisbeschluss so klar fassen, dass der Sachverständige in die Lage versetzt wird, seine Schlussfolgerungen aus den ihm vorgegebenen Anknüpfungstatsachen ziehen zu können (vgl. § 359 Nr. 1, § 487 Nr. 2, § 490 Abs. 2 S. 1 ZPO). Das Verwenden von Rechtsfragen ist grundsätzlich unzulässig. **154**

Missachten Gerichte diese Grundsätze, führt das zu folgenden Problemen: Kompetenzverlagerung auf den Sachverständigen, unzulässige Ausforschung, unnötige Verfahrensverzögerung und unbrauchbares Gutachten. **155**

Gerade in privaten Bauprozessen tun sich Gerichte mit der nach § 404a Abs. 1 ZPO erforderlichen Leitung der Sachverständigentätigkeit – insbesondere mit der Vorgabe der nach dem Vertrag maßgeblichen Soll-Beschaffenheit einer Werkleistung – sehr schwer. Das dürfte vor allem an der schwierigen Materie (Grenzbereich von Recht und Technik) liegen. **156**

Neben der sorgfältigeren Formulierung der Beweisfragen im Beweisbeschluss lassen sich die in der Praxis bei der gerichtlichen Leitung der Sachverständigentätigkeit bestehenden Probleme vor allem durch eine konstruktive, enge Kooperation zwischen Gericht und Sachverständigem – stets unter Einbeziehung der Parteien – lösen. Wie eine solche aussehen kann, ist anhand des zuvor dargestellten Beispielsfalles verdeutlicht worden. Sachverständige sollten keine Scheu davor haben, Gerichte auf den Missstand der Verwendung von unklaren Beschreibungen oder Rechtsfragen im Beweisbeschluss hinzuweisen und schon vor der Erstattung ihres Gutachtens um gerichtliche Erläuterung zu bitten. Das ist in der ZPO ausdrücklich so vorgesehen (vgl. nur § 404a Abs. 2 aE, § 407a Abs. 4 S. 1 ZPO). **157**

---

[220] AA offenbar Liebheit Der Bausachverständige 6/2012, 66 (71), der ausführt, das Gericht dürfe dem Sachverständigen nicht die Definition des gehobenen Schallschutzes überlassen. Diese Auffassung verkennt, dass das Gericht mangels Fachkenntnis den Inhalt einer gehobenen Schallschutzausführung (technische Frage!) regelmäßig gerade nicht allein vorgeben kann. In der Folge konstatiert Liebheit Der Bausachverständige 6/2012, 66 (71), dann aber selbst, dass hier eine konstruktive Zusammenarbeit zwischen Gericht und Sachverständigem notwendig ist.
[221] Dieses Thema war zB Gegenstand der 40. Aachener Bausachverständigentage am 7./8.4.2014. Vgl. dazu den entsprechenden Tagungsband.
[222] Zum im Werkvertragsrecht geschuldeten Schallschutz BGH NJW 2009, 2439 Rn. 12 aE = IBR 2009, 447 ff. mAnm Seibel; BGH NJW 2007, 2983 Rn. 25 = IBR 2007, 473 ff. mAnm Schwenker; s. auch Staudt/Seibel/Seibel/Müller, Baurechtliche und -technische Themensammlung, Heft 1 (Schallschutz).

158 Ulrich[223] hat die Rollenverteilung zwischen Parteien, Gericht und Sachverständigem treffend wie folgt umschrieben:
Die Parteien fungieren als die Boxer, die Justiz stellt den Ringrichter und der Sachverständige hat „bloß" für die Beleuchtung zu sorgen. Doch was macht der Sachverständige, wenn er feststellt, dass er so, wie es ihm der Ringrichter vorgibt, nicht für Beleuchtung sorgen kann? Die Antwort findet sich in § 407a Abs. 4 S. 1, § 404a Abs. 2 aE ZPO: Er wendet sich dann an den Richter und bittet um Erläuterung.

159 **Vertiefung:** Auch wenn das Abfassen des Beweisbeschlusses alleinige Aufgabe des Gerichts ist, können **Rechtsanwälte maßgeblich zum Gelingen der Beweisfragen beitragen**, indem sie Rechtsfragen und Ausforschungen bei der Formulierung ihrer Beweisanträge unterlassen.

160 **Ausblick:** In der Justiz des Landes Nordrhein-Westfalen macht man sich schon seit einiger Zeit intensiv Gedanken über die **Ursachen von lange andauernden Zivilverfahren und deren Abhilfemöglichkeiten.** Eine justizinterne Untersuchung hat ergeben, dass Verfahrensverzögerungen besonders häufig ihre Ursache im Zusammenspiel zwischen Gericht und Sachverständigem haben.[224] Besonderes Augenmerk liegt daher auf der Frage, wie der gerichtliche Umgang mit Sachverständigen zukünftig effizienter gestaltet werden kann. Das ist auch Gegenstand der Ausbildung junger Richterinnen und Richter in der Justizakademie des Landes Nordrhein-Westfalen. Beim OLG Hamm ist zudem der sog. „Qualitätszirkel Sachverständigenwesen"[225] eingerichtet worden.

C. Probe als vereinbarte Beschaffenheit (§ 13 Abs. 2)

I. Dogmatik und praktischer Anwendungsbereich

161 Wenn Eigenschaften einer Probe für die vertragsgerechte Leistung des Auftragnehmers maßgeblich sein sollen, bedarf es hierzu einer vertraglichen Vereinbarung zwischen Auftraggeber und Auftragnehmer. Ob eine entsprechende Vereinbarung vorliegt, bedarf der Prüfung im Einzelfall.[226] Allein die Vorlage der Probe ist hierfür nicht ausreichend. Haben die Parteien keine ausdrückliche Regelung hierzu getroffen, ist durch Auslegung des Vertrages (§§ 133, 157 BGB) zu ermitteln, ob mit der Vorlage der Probe die Beschaffenheit der Leistung verbindlich festgelegt werden oder ob die Vorlage der Probe anderen Zwecken dienen sollte, wie zB ein Informationsbedürfnis des Auftraggebers zu befriedigen oder als Akquisitionsmaßnahme des Auftragnehmers.[227] In der Baupraxis dürfte in der Regel davon auszugehen sein, dass mit der Vorlage einer Probe die Beschaffenheit der vom Auftragnehmer zu erbringenden Leistung bestimmt werden soll. Dies gilt jedenfalls dann, wenn die Probe vor Beginn der Ausführung vorgelegt wird.[228]

---
[223] Ulrich IBR 2014, 380 (Praxishinweis).
[224] Ausf. dazu Keders/Walter NJW 2013, 1697 ff.
[225] Vgl. hierzu Walter DS 2015, 205 ff.
[226] Heiermann/Riedl/Rusam/Mansfeld § 13 Rn. 26; Kapellmann/Messerschmidt/Langen § 13 Rn. 85; BeckOK VOB/B/Koenen § 13 Rn. 1.
[227] Kapellmann/Messerschmidt/Langen § 13 Rn. 85; Beck VOB/B/Ganten § 13 Abs. 2 Rn. 3.
[228] Kapellmann/Messerschmidt/Langen § 13 Rn. 85; Kleine-Möller/Merl/Glöckner PrivBauR-HdB/Merl/Hummel § 15 Rn. 200 f.

Eine Vereinbarung, die Bauleistung entsprechend den Eigenschaften der Probe zu erbringen, ist auch dann anzunehmen, wenn die Probe Bestandteil der vertraglichen Leistungsbeschreibung oder des Angebots des Auftragnehmers ist.[229] § 13 Abs. 2 hat nur geringe praktische Bedeutung. Rechtsprechung zu dieser Vorschrift ist – soweit ersichtlich – nicht vorhanden, sondern nur zur früheren Regelung des § 494 BGB a.F. (Kauf auf Probe).[230] Im Werkvertragsrecht des BGB gibt es keine entsprechende Regelung.[231]

Rechtsdogmatisch regelt § 13 Abs. 2 einen **Sonderfall der vereinbarten Beschaffenheit** gemäß § 13 Abs. 1 S. 2.[232] In der Literatur wird vertreten, dass – auch angesichts der geringen praktischen Bedeutung – ein Wegfall des § 13 Abs. 2 denkbar wäre. Schließlich ergeben sich die nahezu identischen Rechtsfolgen eben aus § 13 Abs. 1 S. 2 bzw. § 633 Abs. 2 S. 1 BGB.[233] Der DVA-Hauptausschuss war der Ansicht, dass eine dem § 494 BGB aF entsprechende Regelung für das Bauvertragsverhältnis beibehalten werden soll. Die Probe sollte weiterhin als Unterfall der vertraglich zugesicherten Eigenschaft dienen.[234] Im Ergebnis kann die theoretische Diskussion um den praktischen Anwendungsbereich des § 13 Abs. 2 dahinstehen. Vereinbaren die Parteien die Eigenschaften der Probe als vertragliche Beschaffenheit, muss der Auftragnehmer die Eigenschaften der Probe in qualitativer Hinsicht ebenso einhalten, als wäre die Leistung in einem Leistungsverzeichnis detailliert beschrieben.[235]

II. Zeitpunkt der Vereinbarung

§ 13 Abs. 2 S. 2 regelt, dass § 13 Abs. 2 S. 1 auch für solche Proben gilt, die von den Vertragsparteien erst **nach Vertragsabschluss** als vereinbarte Beschaffenheit festgelegt werden. Davon unberührt bleibt selbstverständlich die Möglichkeit der Parteien, Proben bereits vor Vertragsschluss verbindlich als Qualitätsmaßstab zu vereinbaren. Aus rein praktischen Erwägungen dürfte **spätester Zeitpunkt** für die Vereinbarung einer Probe der **Beginn der Ausführungsleistung** durch den Auftragnehmer sein.[236]

III. Abweichungen von der Probe

1. Grundsatz. Weicht die Ausführung der Bauleistung des Auftragnehmers von der zuvor als maßgeblich vereinbarten Probe ab, handelt es sich grundsätzlich um einen **Mangel**. Die Rechtsfolgen richten sich nach den übrigen Regelungen

---

[229] Kapellmann/Messerschmidt/Langen § 13 Rn. 85; Kleine-Möller/Merl/Glöckner PrivBauR-HdB/Merl/Hummel § 15 Rn. 200 f.

[230] § 494a BGB wurde im Zuge der Schuldrechtsmodernisierung des BGB für überflüssig gehalten und ersatzlos gestrichen. Die Regelung lautete: „*Bei einem Kauf nach Probe oder nach Muster sind die Eigenschaften der Probe oder des Musters als zugesichert anzusehen.*"

[231] Kapellmann/Messerschmidt/Langen § 13 Rn. 84; Kratzenberg NZBau 2002, 177 (181).

[232] Bolz/Jurgeleit/Jurgeleit § 13 Rn. 93; Leinemann/Schliemann § 13 Rn. 42; Heiermann/Riedl/Rusam/Mansfeld § 13 Rn. 24.

[233] Bolz/Jurgeleit/Jurgeleit § 13 Rn. 93; Beck VOB/B/Ganten § 13 Abs. 2 Rn. 2; Leinemann/Schliemann § 13 Rn. 51.

[234] Beck VOB/B/Ganten § 13 Abs. 2 Rn. 2.

[235] Ingenstau/Korbion/Wirth § 13 Abs. 2 Rn. 2; Bolz/Jurgeleit/Jurgeleit § 13 Rn. 90 ff.

[236] Leinemann/Schliemann § 13 Rn. 45 f; Ingenstau/Korbion/Wirth § 13 Abs. 2 Rn. 4; BeckOK VOB/B/Koenen § 13 Abs. 2 Rn. 2.

des § 13. Im Zweifel, dh sofern keine anderen Anhaltspunkte bestehen, ist davon auszugehen, dass nicht nur einzelne, sondern alle Eigenschaften der Probe als vereinbarte Beschaffenheit anzusehen sind.[237] Hierfür spricht auch der Wortlaut von § 13 Abs. 2 S. 1, wonach *„die Eigenschaften der Probe"* und nicht etwa *„die vereinbarten Eigenschaften der Probe"* als vertragliche Beschaffenheit gelten.

164 **2. Bedeutungslose Abweichungen.** Allerdings enthält der § 13 Abs. 2 das Korrektiv, dass Abweichungen von der vereinbarten Beschaffenheit bzw. der Probe dann nicht zur Mängelhaftung des Auftragnehmers führen, wenn die Abweichungen **nach der Verkehrssitte als bedeutungslos anzusehen** sind.

165 Aufgrund der zentralen Bedeutung der Beschaffenheitsvereinbarung für das Vertragsverhältnis der Parteien ist diese **Einschränkung jedoch eng zu begrenzen**.[238] Die Abweichung darf weder zu einer Verschlechterung der Qualität der Leistung noch zu Einschränkungen beim Wert oder der Nutzbarkeit führen.[239]

166 Aufgrund der Haftungserleichterung bei bedeutungslosen Abweichungen wird Auftragnehmern in der Literatur empfohlen, genau zu prüfen, ob nicht der Anwendungsbereich des § 13 Abs. 2 eröffnet ist, wenn sie mit Mangelbehauptungen des Auftraggebers konfrontiert werden, die nach ihrem Dafürhalten bedeutungslos sind.[240]

167 **3. Beweislast.** Der **Auftraggeber** muss im Streitfall darlegen und beweisen, dass er mit dem Auftragnehmer eine Probe zur vereinbarten Beschaffenheit erhoben hat. Der Beweis muss sich auf die Vereinbarung einer Leistung nach Probe, auf die Übereinstimmung der vom Auftraggeber vorgelegten mit der tatsächlich vereinbarten Probe sowie die fehlende Übereinstimmung zwischen Probe und erbrachter Leistung erstrecken.[241] Dies gilt für den Zeitraum nach der Abnahme. Vor der Abnahme trägt der **Auftragnehmer** die Beweislast für die Übereinstimmung seines Werks mit der Probe. Kommt die Probe aufgrund eines Verschuldens des Auftragnehmers abhanden, kehrt sich die Beweislast um.[242]

168 **4. Mängel der Probe.** Ist die zur Vertragsbeschaffenheit erhobene **Probe selbst mangelbehaftet**, kommt es darauf an, wer die Probe zur Verfügung gestellt hat. Stammt die Probe vom Auftraggeber, gelten § 4 Abs. 3 und § 13 Abs. 3 entsprechend. Der Auftragnehmer wird von seiner Haftung fei, wenn er der ihm obliegenden Prüfungs- und Hinweispflicht nachkommt.[243] Hat der Auftragnehmer die Probe geliefert, haftet er grundsätzlich in vollem Umfang. War der Mangel der Probe für den Auftraggeber deutlich erkennbar und wird er von dem Auftraggeber deshalb erkannt oder nur infolge grober Fahrlässigkeit nicht erkannt, die Probe aber gleichwohl zum Vertragsinhalt gemacht, hat der Auftraggeber für den Fall, dass der Auftragnehmer die Leistung entsprechend

---

[237] Kapellmann/Messerschmidt/Langen § 13 Rn. 86; Kleine-Möller/Merl/Glöckner PrivBauR-HdB/Merl/Hummel § 15 Rn. 201.
[238] Kapellmann/Messerschmidt/Langen § 13 Rn. 87; Beck VOB/B/Ganten § 13 Abs. 2 Rn. 4; BeckOK VOB/B/Koenen § 13 Abs. 2 Rn. 3.
[239] Bolz/Jurgeleit/Jurgeleit, § 13 Rn. 95.
[240] Leinemann/Schliemann § 13 Rn. 47.
[241] Ingenstau/Korbion/Wirth § 13 Abs. 2 Rn. 7; Heiermann/Riedl/Rusam/Mansfeld § 13 Rn. 29; BeckOK VOB/B/Koenen § 13 Abs. 2 Rn. 6.
[242] Kapellmann/Messerschmidt/Langen § 13 Rn. 89.
[243] Kapellmann/Messerschmidt/Langen § 13 Rn. 88.

Mängelansprüche **§ 13**

der Probe ausführt, insoweit (dh hinsichtlich des erkennbaren Mangels) keine Mängelrechte.[244]

D. Haftungsbefreiung des Auftragnehmers (§ 13 Abs. 3)

I. Allgemeines

§ 13 Abs. 3 regelt den Fall, dass die Mangelhaftigkeit des vom Auftragnehmer **169** erbrachten Werkes auf Umstände zurückzuführen ist, die der **Einflusssphäre des Auftraggebers** entstammen. Konkret genannt werden in § 13 Abs. 3 Konstellationen, in denen der Mangel auf die Leistungsbeschreibung oder auf Anordnungen des Auftraggebers, auf die von diesem gelieferten oder vorgeschriebenen Stoffe oder Bauteile oder die Beschaffenheit der Vorleistung eines anderen Unternehmers zurückzuführen ist. § 13 Abs. 3 stellt dabei zunächst klar, dass der Auftragnehmer entsprechend dem **Grundsatz der verschuldensunabhängigen Mängelhaftung** auch dann haftet, wenn der Mangel auf die vorbezeichneten Umstände zurückzuführen ist. Sodann wird als Ausnahme von diesem Grundsatz der im letzten Halbsatz enthaltene Befreiungstatbestand zugunsten des Auftragnehmers geregelt.[245] Bereits aus dieser **Konzeption des § 13 Abs. 3** ist ersichtlich, dass die Verletzung der Prüfungs- und Hinweispflicht keinen Tatbestand darstellt, der die Mängelhaftung begründet. Die verschuldensunabhängige Mängelhaftung kann nur durch einen Sachmangel des vom Auftragnehmer hergestellten Werks begründet werden. Vielmehr ist die **Erfüllung der Prüfungs- und Hinweispflicht ein Tatbestand, der den Auftragnehmer von der Sachmängelhaftung befreit.**[246]

Die Haftungsbefreiung greift nur dann ein, wenn der Auftragnehmer die ihm **170** nach § 4 Abs. 3 obliegende **Mitteilung** gemacht hat. Nach dem BGH ist es ein **Gebot von Treu und Glauben,** den Auftragnehmer unter der Voraussetzung aus der Mängelhaftung zu entlassen, dass er seine ebenfalls auf die ordnungsgemäße Vertragserfüllung gerichtete Pflicht erfüllt hat, den Besteller auf die Bedenken hinzuweisen, die ihm bei der gebotenen Prüfung gegen die Geeignetheit der verbindlichen Vorgaben, der gelieferten Stoffe oder Bauteile oder Vorleistung anderer Auftragnehmer gekommen sind oder bei ordnungsgemäßer Prüfung hätten kommen müssen.[247] Als den Grundsatz von Treu und Glauben konkretisierende Regelungen gelten die §§ 13 Abs. 3, 4 Abs. 3 nach dem BGH über den Anwendungsbereich der VOB/B hinaus im Grundsatz auch für das Werkvertragsrecht des BGB.[248]

Zu beachten ist, dass der Auftragnehmer trotz eigener mangelfreier Leistung **171** schadenersatzpflichtig sein kann, wenn er erkennbare Mängel der **Vorleistung anderer Auftragnehmer** nicht dem Auftraggeber zur Kenntnis gebracht hat und

---

[244] Kapellmann/Messerschmidt/Langen § 13 Rn. 88.
[245] BGH NJW 2008, 511 Rn. 22 (Blockheizkraftwerk).
[246] BGH NJW 2008, 511 Rn. 22 (Blockheizkraftwerk); Kapellmann/Messerschmidt/Langen § 13 Rn. 92; Beck VOB/B/Ganten § 13 Abs. 3 Rn. 31.
[247] BGH NJW 2008, 511 Rn. 21 (Blockheizkraftwerk); Leinemann/Schliemann § 13 Rn. 52; Beck VOB/B/Ganten § 13 Abs. 3 Rn. 38; Heiermann/Riedl/Rusam/Mansfeld § 13 Rn. 30.
[248] BGH NJW 2008, 511 Rn. 22 f. (Blockheizkraftwerk).

Moufang

§ 13

damit seine Prüfungs- und Hinweispflicht verletzt hat.[249] Beispiel: Nach einer Entscheidung des OLG Düsseldorf hat der Auftragnehmer, der die Putz- und Trockenbauarbeiten ausführt, die vom Vorunternehmer eingebauten Kunststofffenster daraufhin zu überprüfen, ob die erforderliche Dampfdiffusionssperre eingebaut worden ist, und bei deren Fehlen den Auftraggeber auf diesen Mangel des Vorgewerks hinzuweisen. Die Verletzung dieser Prüfungs- und Hinweispflicht führt zu einem Schadensersatzanspruch, auch wenn die von ihm ausgeführten Putz- und Trockenbauarbeiten mangelfrei sind. Der Schaden besteht in dem erneuten Vergütungsanspruch des Auftragnehmers für die wiederholte Erbringung der Putzarbeiten nach erfolgter Abdichtung.[250]

172 Der Auftragnehmer hat seine Bedenken zur rechten Zeit, in der gebotenen Form und in der gebotenen Klarheit gegenüber den richtigen Adressaten mitzuteilen, wobei die nachteiligen Folgen und die sich daraus ergebenden Gefahren unzureichender Vorgaben konkret dargelegt werden müssen, damit dem Auftraggeber die Tragweite der Nichtbefolgung klar wird.[251]

173 Da § 13 Abs. 3 die Ausnahme von der grundsätzlich verschuldensunabhängigen Mängelhaftung des Auftragnehmers darstellt, ist der **Anwendungsbereich** der Regelung **eng auszulegen**.[252] Die Tatbestandsvoraussetzungen sind **abschließend**.[253]

174 Wie bereits erwähnt, handelt es sich bei der Ausnahmeregelung des § 13 Abs. 3 um eine Konkretisierung des Grundsatzes aus Treu und Glauben, dem wiederum der allgemeine Grundsatz des Verbots der unzulässigen Rechtsausübung zugrunde liegt. Folglich erstreckt sich der Anwendungsbereich entgegen der systematischen Stellung des § 13 Abs. 3 nicht nur auf Mängelrechte des Auftraggebers die erst nach der Abnahme entstehen, sondern auch auf **vor der Abnahme zu Tage tretende Mängel**.[254]

175 Wenn die Mängelhaftung des Auftragnehmers nicht nach § 13 Abs. 3 ausgeschlossen ist, kann die Haftung des Auftragnehmers gleichwohl über ein dem Auftraggeber zuzurechnendes **Mitverschulden** iSd § 254 BGB eingeschränkt sein. Dies gilt ebenso für den grundsätzlich verschuldensunabhängigen Anspruch des Auftraggebers auf Mangelbeseitigung.[255] Dies kommt beispielsweise dann in Betracht, wenn der Auftragnehmer entgegen § 4 Abs. 3 seine **Bedenken nur mündlich mitteilt**. Zwar soll der Bedenkenhinweis durch seine schriftliche Form das erforderliche Gewicht erhalten,[256] gleichwohl kann der mündlich erteilte Bedenkenhinweis (die Beweislast im Hinblick auf die tatsächliche Erteilung trägt der Auftragnehmer) nicht völlig unberücksichtigt bleiben. Folgt der Auftraggeber einem inhaltlich klaren und vollständig geäußerten mündlichen Hinweis, nicht,

---

[249] Kapellmann/Messerschmidt/Langen § 13 Rn. 96; OLG Schleswig IBR 2014, 138.
[250] OLG Düsseldorf BauR 2008, 1005.
[251] OLG Brandenburg BeckRS 2011, 20828; Leinemann/Schliemann § 13 Rn. 52.
[252] BGH BauR 1977, 420; OLG Oldenburg NJW 2013, 2523; Leinemann/Schliemann § 13 Rn. 53; Kapellmann/Messerschmidt/Langen § 13 Rn. 98.
[253] Kapellmann/Messerschmidt/Langen § 13 Rn. 98 mwN; Beck VOB/B/Ganten § 13 Abs. 3 Rn. 22.
[254] Leinemann/Schliemann § 13 Rn. 54; Heiermann/Riedl/Rusam/Mansfeld § 13 Rn. 30.
[255] BGH NJW 2014, 3645; Kapellmann/Messerschmidt/Langen § 13 Rn. 117.
[256] BGH NJW 1975, 1217; OLG Düsseldorf NJW-RR 1996, 401; Ingenstau/Korbion/Wirth § 13 Abs. 3 Rn. 88.

kann darin ein haftungsreduzierendes Mitverschulden des Auftraggebers liegen.[257] Ist feststellbar, dass dem Auftraggeber durch den nur mündlich erteilten Hinweis keine Nachteile entstanden sind, kommt sogar eine völlige Befreiung des Auftragnehmers von der Sachmängelhaftung in Betracht.[258] Daneben sind alle sonstigen Mitverschuldenstatbestände zu Lasten des Auftraggebers, wie beispielsweise Mängel der Planung oder die Verletzung von Mitwirkungshandlungen, zu beachten.[259]

II. Tatbestandsvoraussetzungen des § 13 Abs. 3

§ 13 Abs. 3 enthält **fünf verschiedene Tatbestandsvoraussetzungen,** bei deren Vorliegen grundsätzlich eine Haftungsbefreiung des Auftragnehmers in Betracht kommt. Grundsätzlich deshalb, weil neben der Einschlägigkeit der jeweiligen Tatbestandsvoraussetzung noch eine Mitteilung des Auftragnehmers entsprechend den Vorgaben des § 4 Abs. 3 hinzutreten muss. Hintergrund aller nachfolgend besprochenen Tatbestandsvoraussetzungen ist, dass die Haftung des Auftragnehmers für Mängel nur so weit gehen kann, wie er für seine Leistungspflicht auch die Verantwortung oder Mitverantwortung trägt. Schädliche Einflüsse Dritter außerhalb der Einflusssphäre des Auftragnehmers muss dieser nicht gegen sich gelten lassen, wenn er zuvor einen nachhaltigen Versuch unternommen hat, die daraus resultierenden Risiken für seinen Vertragspartner zu vermeiden. Nach diesen Grundsätzen kann das Risiko der mangelfreien Leistungsausführung ausnahmsweise dem Auftraggeber zugewiesen werden.[260]

1. Mangel der Leistungsbeschreibung (§ 13 Abs. 3 Alt. 1). Eine Verlagerung des Risikos der mangelfreien Leistungsausführung kommt in Betracht, wenn der **Auftraggeber** eine von ihm oder einem Dritten erstellte **fehlerbehaftete Leistungsbeschreibung vorlegt.** Nicht von § 13 Abs. 3 erfasst sind Fallkonstellationen, in denen der Auftragnehmer selbst die Leistungsbeschreibung erstellt hat und der Auftraggeber sich diese lediglich zu Eigen gemacht hat.[261] Dann liegt keine **verbindliche Vorgabe des Auftraggebers** iSd § 13 Abs. 3 vor. Eine Enthaftung des Auftragnehmers kommt nicht in Betracht.

Stammt die Leistungsbeschreibung aus der Sphäre des Auftraggebers, ist der Auftragnehmer verpflichtet, diese unter Zugrundelegung seiner Fachkenntnisse zu **prüfen** und etwaige **Einwände mitzuteilen.** Beispielsweise umfasst diese Prüfungspflicht die Frage, ob die beschriebenen Leistungen geeignet sind, den vom Auftraggeber zum Vertragsgegenstand erhobenen Werkerfolg zu erreichen.[262] Von § 13 Abs. 3 erfasst werden nur verbindliche Vorgaben des Auftraggebers innerhalb des Leistungsverzeichnisses. Dazu zählen nicht automatisch alle Angaben des Auftraggebers zu bestimmten Baustoffen.[263] Vielmehr ist dies nur dann der Fall, wenn die Auslegung des Bauvertrages ergibt, dass dem Auftragneh-

---

[257] Leinemann/Leinemann § 4 Rn. 98; Kapellmann/Messerschmidt/Langen § 13 Rn. 118.
[258] OLG Koblenz NZBau 2003, 681; Kapellmann/Messerschmidt/Langen § 13 Rn. 118.
[259] Kapellmann/Messerschmidt/Langen § 13 Rn. 120.
[260] Ingenstau/Korbion/Wirth § 13 Abs. 3 Rn. 9; Bolz/Jurgeleit/Jurgeleit § 13 Rn. 103f.
[261] BGH BauR 1975, 420; Kapellmann/Messerschmidt/Langen § 13 Rn. 100; Leinemann/Schliemann § 13 Rn. 57.
[262] OLG Frankfurt a. M. BeckRS 2012, 21973; Leinemann/Schliemann § 13 Rn. 58; Ingenstau/Korbion/Wirth § 13 Abs. 3 Rn. 21.
[263] BGH NJW 1996, 2372; Kapellmann/Messerschmidt/Langen § 13 Rn. 101.

mer bestimmte Details als verbindlich vorgeschrieben werden sollen.²⁶⁴ Nicht mit diesen Vorgaben der Rechtsprechung in Einklang zu bringen sind folglich Positionen des Leistungsverzeichnisses, die mit **einschränkenden Zusätzen** versehen sind. In der Praxis wird die konkrete Auswahl des Herstellers oder eines bestimmten Modells vielfach in das Ermessen des Auftragnehmers gestellt. In einer dem OLG Zweibrücken vorgelegten Leistungsbeschreibung fand sich der Zusatz „alternativ gleichwertiges Fabrikat nach Wahl des Bieters". Darin vermochte das OLG Zweibrücken zutreffend keine verbindliche Vorgabe des in der Leistungsbeschreibung genannten konkreten Erzeugnisses zu erkennen.²⁶⁵

179 Ist der Auftragnehmer verpflichtet, die ihm vorgelegte, verbindliche Leistungsbeschreibung zu prüfen, **orientiert sich der Prüfungsmaßstab nach den Umständen des Einzelfalles.** In der Praxis immer wieder streitig ist die Frage, ob sich der Auftragnehmer darauf verlassen darf, dass vom Auftraggeber hinzugezogene **Fachleute** (Architekten, Sachverständige, etc.) die Leistungsbeschreibung auf Schlüssigkeit und inhaltliche Richtigkeit geprüft haben. Dies ist grundsätzlich der Fall.²⁶⁶ Hat der Sonderfachplaner des Auftraggebers ein bestimmtes Problem übersehen, muss der Auftragnehmer nicht klüger sein als dieser.²⁶⁷ Dem schließt sich das OLG Frankfurt a. M. im Grundsatz an, schränkt dies aber insoweit ein, als in Fallkonstellationen, in denen dem Auftragnehmer der konkrete Planungsfehler „ins Auge springen" muss, sehr wohl eine Hinweispflicht besteht.²⁶⁸ In vollem Umfang und alleine haftet der Auftragnehmer, wenn ihm nachgewiesen werden kann, dass er einen Planungsfehler erkannt hat und trotzdem nicht auf diesen hingewiesen hat.²⁶⁹

180 Letztendlich orientiert sich der an den jeweiligen Auftragnehmer anzusetzende Maßstab nach dem Sinn und Zweck der §§ 4 Abs. 3, 13 Abs. 3. Durch **koordiniertes Zusammenwirken aller am Bauvorhaben beteiligten Parteien** soll sichergestellt werden, dass das Vorhaben mangelfrei fertiggestellt wird. Deshalb kann von einem Spezialunternehmer ein Mehr an Sachkunde erwartet werden.²⁷⁰ Insoweit wird man die Schwelle für die Erkennbarkeit von Fehlern der Leistungsbeschreibung deutlich niedriger ansetzen müssen als bei weniger spezialisierten Auftragnehmern.

181 **2. Mangel durch Anordnung des Auftraggebers (§ 13 Abs. 3 Alt. 2).**
Gemäß § 4 Abs. 1 Nr. 3 ist der Auftraggeber berechtigt, Anordnungen zu treffen, die zur vertragsgemäßen Ausführung der Leistung notwendig sind. An diese **Anordnungen** ist der Auftragnehmer gemäß § 4 Abs. 1 Nr. 3 und Nr. 4 grundsätzlich gebunden. Resultiert aus derartigen Vorgaben des Auftraggebers letztend-

---

[264] Kapellmann/Messerschmidt/Langen § 13 Rn. 101; Beck VOB/B/Ganten § 13 Abs. 3 Rn. 21.

[265] OLG Zweibrücken BauR 1992, 770; Kapellmann/Messerschmidt/Langen § 13 Rn. 101.

[266] OLG Köln BeckRS 2001, 31047365; Ingenstau/Korbion/Wirth § 13 Abs. 3 Rn. 22; Leinemann/Schliemann § 13 Rn. 58.

[267] OLG Köln BeckRS 2007, 9744; Kapellmann/Messerschmidt/Langen § 13 Rn. 114; Ingenstau/Korbion/Wirth § 13 Abs. 3 Rn. 22; Leinemann/Schliemann § 13 Rn. 58.

[268] OLG Frankfurt a. M. BeckRS 2012, 21973; Leinemann/Schliemann § 13 Rn. 58.

[269] OLG Frankfurt a. M. BeckRS 2012, 21973; Bolz/Jurgeleit/Jurgeleit § 13 Rn. 117; Leinemann/Schliemann § 13 Rn. 58.

[270] Leinemann/Schliemann § 13 Rn. 58; Ingenstau/Korbion/Wirth § 13 Abs. 3 Rn. 23.

Mängelansprüche § 13

lich die Mangelhaftigkeit des Bauwerks, gilt zunächst wiederum die **grundsätzliche Haftung des Auftragnehmers** hierfür (§ 13 Abs. 3).

Soweit in der Literatur vereinzelt vertreten wird, dass der Auftragnehmer grundsätzlich nicht haftet, wenn Mängel auf unrichtige Anordnungen des Auftraggebers zurückzuführen sind,[271] ist dies weder mit dem Wortlaut noch mit dem Sinn und Zweck von § 13 Abs. 3 zu vereinbaren. Eine Befreiung des Auftragnehmers von seiner Haftung für den aufgrund der Anordnung des Auftraggebers entstandenen Mangel kommt vielmehr nur dann in Betracht, wenn er entweder den Kausalzusammenhang zwischen der Anordnung des Auftraggebers und dem späteren Mangeleintritt zum Zeitpunkt der Abgabe der Anordnung durch den Auftraggeber **nicht erkennen konnte** oder – soweit dieser Kausalzusammenhang eben doch erkennbar war – er entsprechend § 4 Abs. 3 auf den drohenden Mangel **hingewiesen** hat. 182

Wiederum gilt, dass vom Anwendungsbereich der Vorschrift nur solche Anordnungen erfasst werden, die für den Auftragnehmer verbindlich sind. Bleibt dem Auftragnehmer dagegen wie bei den oben geschilderten Positionen der Leistungsbeschreibung eine **Wahlmöglichkeit** zwischen mehreren Alternativen oder gar ein eigener Ermessensspielraum, ist der Anwendungsbereich des § 13 Abs. 3 nicht eröffnet.[272] Dies gilt auch dann, wenn der Auftraggeber erkennbar lediglich Anregungen und Wünsche äußert oder aber dem Auftragnehmer gänzlich freie Hand gelassen wird.[273] In letztgenanntem Fall dürfte annähernd ausgeschlossen sein, dass eine Anordnung des Auftraggebers iSd § 13 Abs. 3 vorliegt. 183

3. Mangel durch vom Auftraggeber gelieferte Stoffe oder Bauteile (§ 13 Abs. 3 Alt. 3). Auch hier gilt, dass der Auftragnehmer bei Mängeln, die auf von der **Auftraggeberseite gelieferte Stoffe oder Bauteile** zurückzuführen sind, nicht per se von jeglicher Haftung befreit ist. Vielmehr muss auch hier hinzutreten, dass der Auftragnehmer im Rahmen der ihm obliegenden **Prüfung** nicht erkannt hat bzw. nicht hätte erkennen können, dass die ihm zur Verfügung gestellten Materialien unzureichend sind. Unerheblich für die Eröffnung des Anwendungsbereichs der Regelung ist, ob zwischen Auftraggeber und Auftragnehmer von Anfang an vereinbart war, dass der Auftraggeber die betreffenden Materialien zur Verfügung stellt. Es kommt ausschließlich auf die **tatsächliche Lieferung** durch den Auftraggeber an.[274] Der Umfang der Prüfungspflicht des Auftragnehmers bei vom Auftraggeber gelieferten Stoffen oder Bauteilen richtet sich wiederum maßgeblich nach der **Fachkenntnis** des jeweiligen Auftragnehmers. Allerdings wird man von einem Auftragnehmer, der sich zu bestimmten Arbeiten verpflichtet hat, durchaus erwarten können, dass er sich mit in diesem Zusammenhang üblicherweise verwendeten Materialien auskennt. Sofern kein Ausnahmefall vorliegt, wird die Schwelle, ab der man von einer **Erkennbarkeit** auf Seiten des Auftragnehmers wird ausgehen müssen, relativ niedrig anzusetzen sein. Fernliegende Maßnahmen muss der Auftragnehmer jedoch nicht ergreifen. Beispielsweise muss der Auftragnehmer den von einem fachkundigen Auftraggeber an die Baustelle gelieferten Stoff zwar per Sichtkontrolle prüfen, nicht geschuldet ist jedoch eine 184

---

[271] Leinemann/Schliemann § 13 Rn. 60.
[272] BGH BauR 1975, 421; Kapellmann/Messerschmidt/Langen § 13 Rn. 102; Leinemann/Schliemann § 13 Rn. 61; BeckOK VOB/B/Koenen § 13 Abs. 3 Rn. 11.
[273] Leinemann/Schliemann § 13 Rn. 61; Kapellmann/Messerschmidt/Langen § 13 Rn. 102; BeckOK VOB/B/Koenen § 13 Abs. 3 Rn. 11.
[274] Leinemann/Schliemann § 13 Rn. 64.

Moufang

Analyse der Einzelheiten der konkreten Betonzusammensetzung.[275] Zutreffend wird deshalb darauf hingewiesen, dass der Auftragnehmer im Allgemeinen kein „Taschenlabor" mit sich führen muss.[276]

185 Unter den Anwendungsbereich dieser Alternative des § 13 Abs. 3 fällt auch der **Baugrund** als ein vom Auftraggeber gestellter „Stoff".[277] In der Regel wird dieser dem Auftragnehmer durch den Auftraggeber zur Erbringung der vereinbarten Leistung zur Verfügung gestellt. Im Regelfall wird der Auftraggeber einer Leistung, die an einem Bauwerk zu erbringen ist, Eigentümer oder Besitzer des Grundstücks sein. Er wird aus diesem Grund die örtlichen Gegebenheiten besser kennen als der Auftragnehmer. Dazu zählen insbesondere auch nicht erkennbare unterirdische Risiken. Deshalb erscheint es grundsätzlich gerechtfertigt, ihm das Risiko der Eignung der Bodenbeschaffenheit für die Ausführung des Auftrags zuzuweisen.[278] Für eine Verantwortlichkeit des Auftraggebers von auf einem Baugrundstück auszuführenden Werkleistungen für den Baugrund spricht im Übrigen auch die Regelung des § 645 BGB.[279] Diese grundsätzlichen Überlegungen ändern allerdings nichts daran, dass in jedem Einzelfall sorgfältig zu prüfen ist, welcher Vertragspartei das „Baugrundrisiko" zuzuordnen ist. Es darf nicht automatisch der Rückschluss gezogen werden, dass der Auftraggeber unter allen denkbaren Umständen das **„Baugrundrisiko"** trägt. Vielmehr kann der zwischen den Parteien geschlossene Vertrag ausdrücklich oder im Gesamtzusammenhang Regelungen enthalten, nach denen der Auftragnehmer dieses Risiko wirksam übernommen hat.

186 Kommt man nach dieser Prüfung zum Ergebnis, dass die Zurverfügungstellung des Baugrunds Angelegenheit und Risiko des Auftraggebers ist, muss der Auftragnehmer im Rahmen der ihm obliegenden Prüfungs- und Hinweispflicht zumutbare Maßnahmen ergreifen, um das Risiko des Versagens des Baugrundes nach Möglichkeit auszuschließen. Freilich können dem Auftragnehmer insoweit **keine** kosten- und zeitaufwendigen **Spezialuntersuchungen** oder die **Analyse** von Bodenproben abverlangt werden. Liegt ein Bodengutachten vor, muss der Auftragnehmer dieses wenigstens auf **Plausibilität** hin überprüfen.[280] So trifft zB den Rohbauunternehmer nur dann eine Hinweispflicht hinsichtlich eines eingeholten Baugrundgutachtens, wenn das von dem Sonderfachmann erstellte Baugrundgutachten ins Auge springende Fehler aufweist oder offensichtliche Lücken und Widersprüche erkennen lässt.[281] Wiederum wird die Schwelle, ab der von einer Erkennbarkeit von Unzulänglichkeiten auszugehen ist, bei einem Spezialtiefbauer

---

[275] OLG Hamm BeckRS 2008, 18230; Bolz/Jurgeleit/Karczewski § 4 Abs. 3 Rn. 188; Leinemann/Schliemann § 13 Rn. 64.

[276] Ingenstau/Korbion/Wirth § 13 Abs. 3 Rn. 38; Leinemann/Schliemann § 13 Rn. 64; Heiermann/Riedl/Rusam/Mansfeld § 13 Rn. 37.

[277] OLG Dresden NJW-RR 2016, 268; Ingenstau/Korbion/Wirth § 13 Abs. 3 Rn. 40; Bolz/Jurgeleit/Karczewski § 4 Abs. 3 Rn. 189; Kapellmann/Messerschmidt/Langen § 13 Rn. 104 mit umfangreichen Nachweisen zum Baugrund als vom Auftraggeber gelieferten Baustoff; zur Beschaffenheit des Baugrundes als Rechtsproblem bei der Abwicklung von Bauverträgen vgl. auch Leupertz, Jahrbuch BauR 2013, 1.

[278] BGH NJW-RR 2016, 498.

[279] BGH NJW-RR 2016, 498.

[280] OLG Köln BauR 2007, 887; Ingenstau/Korbion/Wirth § 13 Abs. 3 Rn. 40; Heiermann/Riedl/Rusam/Mansfeld § 13 Rn. 37.

[281] OLG Jena, BauR 2021, 1468; Bolz/Jurgeleit/Karczewski § 4 Abs. 3 Rn. 189.

Mängelansprüche **§ 13**

im Vergleich niedriger anzusetzen sein als bei anderen weniger spezialisierten und erfahrenen Unternehmen.[282]

4. Mangel durch vom Auftraggeber vorgeschriebene Stoffe oder Bau- 187
teile (§ 13 Abs. 3 Alt. 4). Auch diese Alternative des § 13 Abs. 3 setzt ein verbindliches Vorschreiben bestimmter **Stoffe oder Bauteile** durch den Auftraggeber voraus, das dem Auftragnehmer keine Wahl lässt, sondern unbedingt befolgt werden muss.[283] Eine derartige bindende Anweisung liegt nicht vor, wenn der Auftraggeber einen bestimmten Baustoff nur vorschlägt oder mit der Verwendung durch den Auftragnehmer lediglich einverstanden ist.[284] Ebenso wird ein Baustoff durch den Auftraggeber nicht vorgeschrieben, wenn seine Verwendung auf Drängen des Auftragnehmers vertraglich vereinbart wird.[285]

Sieht der Vertrag dagegen vor, dass der Auftragnehmer das ausgeschriebene 188
Baumaterial bei einem bestimmten Natursteinlieferanten zu beziehen hat, weil der Auftraggeber das ausgeschriebene Material bereits bei und mit diesem Lieferanten ausgesucht hat, wird dem Auftragnehmer von vornherein die Verwendung des vom Auftraggeber bereits ausgesuchten Materials auferlegt und damit vorgeschrieben. In diesem Fall ist der Anwendungsbereich von § 13 Abs. 3 eröffnet.[286] Anders dagegen in Fällen, in denen der Auftraggeber bei der vom Auftragnehmer ausgewählten Lieferfirma Baustoffe oder Material (zB Fliesen, Kacheln, Naturstein) nach seinem Geschmack auswählt, denn in diesen Fällen hat der Auftragnehmer die grundlegende Entscheidung über Fabrikat und Bezugsquelle des Materials getroffen.[287]

Schreibt der Auftraggeber in einem Leistungsverzeichnis ein **ganz bestimmtes** 189
Bauteil eines ebenso bestimmten Herstellers aus und weist dieses Bauteil einen generellen Konstruktionsmangel auf oder ist dieses für die Verwirklichung des Bauvorhabens gänzlich ungeeignet, liegt sowohl eine fehlerhafte Leistungsbeschreibung iSd § 13 Abs. 3 Alt. 1 als auch die Vorgabe eines ungeeigneten Baustoffs oder Bauteils iSd § 13 Abs. 3 Alt. 3 vor.

Erteilt der Auftraggeber im Rahmen einer **Bemusterung** die Freigabe eines 190
Baustoffes begründet dies allein kein verbindliches Vorschreiben iSd § 13 Abs. 3.[288] In einer solchen Freigabe kann auch keine Anordnung des Auftraggebers iSd § 13 Abs. 3 Alt. 2 gesehen werden. Das OLG Nürnberg[289] hat hinsichtlich der Freigabe von Natursteinplatten ausgeführt, dass es dem Auftraggeber bei der Freigabe allein auf das naturgegebene Aussehen der Natursteinplatten ankommt, also darauf, dass das Material keine Einschlüsse, Schlieren, Wolken etc. aufweist. Nicht von der Anordnung umfasst sind dagegen nicht äußerlich erkennbare „*im Gestein schlummernde Risiken*". Hierfür hat weiterhin der Auftragnehmer einzustehen, der im konkreten Fall das Material zu beschaffen und zu liefern hatte. Etwas anderes gilt nur dann, wenn im Einzelfall aufgrund besonderer

---

[282] Bolz/Jurgeleit/Karczewski § 4 Abs. 3 Rn. 190.
[283] BGH BauR 2005, 1314; BGH BauR 1984, 510; Kapellmann/Messerschmidt/Langen § 13 Rn. 105; Leinemann/Schliemann § 13 Rn. 65.
[284] BGH BauR 2005, 1314; BGH BauR 1975, 421; Kapellmann/Messerschmidt/Langen § 13 Rn. 105; Heiermann/Riedl/Rusam/Mansfeld § 13 Rn. 38.
[285] BGH BauR 2005, 1314.
[286] OLG Stuttgart BauR 1989, 475; Leinemann/Schliemann § 13 Rn. 66.
[287] OLG Stuttgart BauR 1989, 475.
[288] Kapellmann/Messerschmidt/Langen § 13 Rn. 105.
[289] OLG Nürnberg BeckRS 2011, 18322.

§ 13

Anhaltspunkte angenommen werden kann, dass der Auftraggeber das Verwendungsrisiko hinsichtlich des freigegebenen Materials auch für versteckte Mängel übernehmen wollte.[290]

191 Geändert hat der Bundesgerichtshof seine Rechtsprechung zu sogenannten **Ausreißerfällen**. Früher[291] folgte aus dem Vorschreiben bestimmter Baustoffe oder Bauteile auch der Übergang des Risikos etwaiger Ausreißer auf den Auftraggeber. Jetzt bleibt es bei der **grundsätzlichen Haftung des Auftragnehmers**.[292] Im Übrigen ist zu differenzieren, welchen Detailierungsgrad die jeweilige Anordnung des Auftraggebers hat. Grundgedanke dabei ist, dass bei einer wertenden Betrachtung die Reichweite der Risikoverlagerung auf den Auftraggeber nicht weiter gehen kann als die Reichweite seiner Anordnung selbst. Entscheidens ist nach dem BGH, dass die Anordnung des Auftraggebers einerseits und der Übergang des Risikos für Mängel andererseits im einzelnen einander entsprechen.[293] Schreibt der Auftraggeber eine bestimmte Charge eines Baustoffs verbindlich vor, muss er sich behandeln lassen, als hätte er diesen Baustoff selbst auf die Baustelle geliefert.[294] Die Verpflichtung des Auftragnehmers im Rahmen des § 4 Abs. 3 den Baustoff zu prüfen und ggf. Bedenken mitzuteilen, bleibt hiervon unberührt.[295] Wird dagegen nur allgemein ein bestimmter Baustoff verbindlich vorgeschrieben, geht auch nur das allgemeine Verwendungsrisiko auf den Auftraggeber über. Es ist nicht gerechtfertigt, dem Auftraggeber in solchen Fällen auch die Haftung für Ausreißer zu überbürden, weil der Auftragnehmer noch entscheiden kann, wo er sich den vorgeschriebenen Baustoff konkret beschafft und welche konkrete Charge er auswählt. Zusammengefasst kommt es nach der aktuellen Rechtsprechung des BGH also darauf an, welche **Anordnungstiefe** das Vorschreiben bestimmter Bauteile oder Baustoffe durch den Auftraggeber hat. Je detaillierter die Vorgaben, desto umfassender wird das Verwendungsrisiko auf den Auftraggeber übertragen und desto weiter reicht die Freistellung des Auftragnehmers.[296]

192 **5. Mangel durch Vorleistung anderer Unternehmer (§ 13 Abs. 3 Alt. 5).** Nach § 13 Abs. 3 Alt. 5 wird die Beschaffenheit der Vorleistung eines anderen Unternehmers grundsätzlich dem Risikobereich des Auftraggebers zugewiesen.[297] **Vorleistungen** sind nach der Definition des BGH solche Leistungen, die Auswirkungen auf die Leistung des Auftragnehmers haben, weil sie diese nachteilig beeinflussen können.[298] Das ist dann der Fall, wenn sie die sachlich-technische Grundlage für die Leistung des Auftragnehmers bilden.[299] Klassisches Beispiel ist insoweit die Prüfung des Feuchtigkeitsgehalts des Estrichs durch den Parkettle-

---

[290] Leinemann/Schliemann § 13 Rn. 66.
[291] BGH BauR 1973, 188; Leinemann/Schliemann § 13 Rn. 68.
[292] BGH NJW 1996, 2372; Kapellmann/Messerschmidt/Langen § 13 Rn. 106, 110; Heiermann/Riedl/Rusam/Mansfeld § 13 Rn. 38.
[293] BGH NJW 1996, 2372.
[294] Ingenstau/Korbion/Wirth § 13 Abs. 3 Rn. 47; Leinemann/Schliemann § 13 Rn. 66.
[295] Leinemann/Schliemann § 13 Rn. 68.
[296] BGH NJW 1996, 2372; Leinemann/Schliemann § 13 Rn. 68.
[297] Kapellmann/Messerschmidt/Langen § 13 Rn. 107.
[298] BGH NJW 1974, 747.
[299] Bolz/Jurgeleit/Jurgeleit § 13 Rn. 114; Kapellmann/Messerschmidt/Langen § 13 Rn. 107 f.

ger.³⁰⁰ Jeder Auftragnehmer, der seine Arbeit in engem Zusammenhang mit solchen Vorleistungen eines anderen Unternehmers ausführt, muss gemäß § 4 Abs. 3 prüfen und ggf. auch geeignete Erkundigungen einziehen, ob diese Vorarbeiten, Stoffe oder Bauteile eine geeignete Grundlage für sein Werk bieten und keine Eigenschaften besitzen, die den Erfolg seiner Arbeit infrage stellen können.³⁰¹ Daraus resultiert jedoch weder eine Pflicht des Auftragnehmers, die Arbeiten anderer Vorunternehmer zu beaufsichtigen,³⁰² noch eine über den Rahmen des Zumutbaren hinausgehende Untersuchungspflicht. Was hiernach zu fordern ist, bestimmt sich nach den besonderen Umständen des Einzelfalls, u. a. nach dem vom Auftragnehmer zu erwartenden Fachwissen, nach seiner Kenntnis vom Informationsstand des Vorunternehmers und durch alle Umstände, die für den Auftragnehmer bei hinreichend sorgfältiger Prüfung als bedeutsam erkennbar sind. Kommt er seinen hiernach bestehenden Verpflichtungen nicht nach und wird dadurch das Gesamtwerk beeinträchtigt, so ist seine Werkleistung mangelhaft.³⁰³

Der Umfang der Prüfungs- und Hinweispflichten des Auftragnehmers kann in **193** **DIN-Normen** beschrieben sein. Diese sind allerdings nicht geeignet, den Umfang abschließend festzulegen.³⁰⁴ In diesem Zusammenhang hat das OLG München beispielsweise entschieden, dass der Prüfungsumfang des Dachdeckers hinsichtlich eines Gefälles deutlich über die Vorgaben im dritten Abschnitt der VOB/C hinausgeht.³⁰⁵

Hat der Auftraggeber einen Dritten mit der Überwachung der Ausführungsleis- **194** tungen beauftragt, reduziert dieser Umstand allein die Prüfungs- und Hinweispflicht des Auftragnehmers im Hinblick auf Vorleistungen nicht.³⁰⁶

III. Prüfungs- und Hinweispflicht des Auftragnehmers

Grundsätzlich kommt eine Verlagerung des Risikos für Mängel aufgrund der **195** in § 13 Abs. 3 genannten Umstände nur dann in Betracht, wenn der Auftragnehmer seine **Prüfungs- und Hinweispflichten** gemäß § 4 Abs. 3 vollständig erfüllt hat. Die Nachbesserungspflicht des Auftragnehmers beschränkt sich grundsätzlich auf die Mängel seines eigenen Gewerks (zu den Ausnahmen → Rn. 297 ff.). Auch die Verletzung der Prüfungs- und Hinweispflicht gemäß § 4 Abs. 3 verhindert ausschließlich, dass der Auftragnehmer von seiner Sachmängelhaftung gemäß § 13 Abs. 3 befreit wird, sie führt aber nicht zu einer Erweiterung seiner Mängelhaftung.³⁰⁷

1. Umfang der Prüfungs- und Hinweispflicht. Wie bereits oben dargelegt, **196** ist der Umfang der jeweiligen Prüfungs- und Hinweispflichten nicht objektiv bestimmbar, sondern hängt von den **Umständen des Einzelfalls** ab. Insoweit wird auf die obigen Ausführungen (vgl. → Rn. 192) sowie auf die eingehenden

---

³⁰⁰ Vgl. hierzu OLG Hamm, BauR 2001, 1120.
³⁰¹ BGH NJW 2008, 511; BGH NJW 1987, 643; Leinemann/Schliemann § 13 Rn. 71.
³⁰² Heiermann/Riedl/Rusam/Mansfeld § 13 Rn. 40; Leinemann/Schliemann § 13 Rn. 71.
³⁰³ BGH NJW 1987, 643.
³⁰⁴ BGH BauR 2001, 1414; OLG Köln NJW-RR 2006, 1456; Ingenstau/Korbion/Wirth § 13 Abs. 3 Rn. 58.
³⁰⁵ OLG München BeckRS 2005, 33926; Ingenstau/Korbion/Wirth § 13 Abs. 3 Rn. 58.
³⁰⁶ Leinemann/Schliemann § 13 Rn. 71.
³⁰⁷ Kapellmann/Messerschmidt/Langen § 13 Rn. 276; OLG München, BauR 1996, 547.

§ 13

Erläuterungen unter § 4 Abs. 3 (vgl. → Rn. 63 ff.) verwiesen. Zu der Frage, ob die Prüfungs- und Hinweispflicht des Auftragnehmers einen geringeren Umfang hat oder gar entfällt, wenn der Auftraggeber über eigene Fachkunde verfügt oder sich fachkundiger Dritter bedient → § 4 Rn. 70.[308]

197 **2. Adressat des Bedenkenhinweises.** Grundsätzlich ist jedem Auftragnehmer dringend anzuraten, den Bedenkenhinweis an seinen **Vertragspartner,** also den Auftraggeber, oder an dessen im Einzelfall bevollmächtigten Vertreter zu richten (→ § 4 Rn. 87). Die Adressierung an jeden anderen Empfänger birgt erhebliche Risiken. In der Praxis adressiert der Auftragnehmer häufig seinen Bedenkenhinweis an den vom Auftraggeber beauftragten Architekten. Ist dieser mit entsprechender **Vollmacht** ausgestattet, wirkt die diesem gegenüber abgebene Erklärung auch gegenüber dem Auftraggeber. Der mit der Bauüberwachung beauftragte Architekt soll im Regelfall bevollmächtigt sein, den Bedenkenhinweis des Auftragnehmers entgegenzunehmen.[309] Es ist allerdings zu beachten, dass in der Praxis Vertretungsbefugnisse des Architekten für die Abgabe oder Entgegennahme von Willenserklärungen gegenüber Baubeteiligten häufig ausgeschlossen sind (→ § 4 Rn. 87). Verschließt sich der Architekt den Bedenken des Auftragnehmers, ist dieser in jedem Fall verpflichtet, sich mit seinem Anliegen nochmals direkt an den Auftraggeber selbst zu wenden (→ § 4 Rn. 87).[310] Kommt er dem nicht nach, scheidet eine Enthaftung aus.

198 **3. Reaktion des Bestellers.** Hat der Auftragnehmer seine Prüfungs- und Hinweispflicht ordnungsgemäß erfüllt, kommt es auf die Entscheidung des Auftraggebers über den Umgang mit dem Bedenkenhinweis an.

199 **a) Keine Reaktion.** Reagiert der Auftraggeber überhaupt nicht auf die Bedenkenanzeige, wird der Auftragnehmer regelmäßig in der Ausführung seiner Leistung behindert sein, § 6 Abs. 1 (→ § 4 Rn. 90). Darüber hinaus kann § 642 BGB einschlägig sein.[311]

200 Im Regelfall wird aus dem Schweigen des Auftraggebers nicht der Schluss gezogen werden können, dass der Auftraggeber mit der Ausführung der aus Sicht des Auftragnehmers bedenklichen Leistung einverstanden ist. In solchen Fällen muss dem Auftragnehmer empfohlen werden, beim Auftraggeber nachzufragen, bevor der Auftragnehmer die aus seiner Sicht untaugliche Leistung ausführt.[312] Dies insbesondere auch vor dem Hintergrund, dass der Bedenkenhinweis vom Auftraggeber evtl. nicht oder missverstanden worden sein könnte. Ungeachtet dessen kann der Auftragnehmer nicht ohne Nachfrage davon ausgehen, dass der Auftraggeber durch sein Schweigen signalisieren will, dass er mit einem **funktionsuntauglichen Werk** einverstanden ist.[313]

201 **b) Anordnung der unveränderten Ausführung.** Ordnet der Auftraggeber trotz des ordnungsgemäßen Bedenkenhinweises eine unveränderte Ausführung

---

[308] Vgl. hierzu auch Ingenstau/Korbion/Oppler § 13 Abs. 3 Rn. 17 f.
[309] Kapellmann/Messerschmidt/Merkens § 4 Rn. 103.
[310] BGH BauR 2001, 622; Leinemann/Leinemann § 4 Rn. 99; Beck VOB/B/Ganten § 4 Abs. 3 Rn. 60.
[311] Bolz/Jurgeleit/Jurgeleit § 13 Rn. 128.
[312] Kniffka/Krause-Allenstein, ibrOK BauVertrR, BGB § 634 Rn. 65; Bolz/Jurgeleit/Jurgeleit § 13 Rn. 128.
[313] Kniffka/Krause-Allenstein, ibrOK BauVertrR, BGB § 634 Rn. 65.

Mängelansprüche **§ 13**

an, ist der Auftragnehmer grundsätzlich verpflichtet, dieser **Anordnung Folge zu leisten,** wenn nicht gesetzliche oder behördliche Bestimmungen entgegenstehen, § 4 Abs. 1 Nr. 4. Dies gilt allerdings nicht für eine Weisung des Auftraggebers, die vom Auftragnehmer geltend gemachten **Bedenken treuwidrig nicht berücksichtigt.** Geht der Auftraggeber auf fachlich begründete Bedenken des Auftragnehmers überhaupt nicht ein und lehnt er die vom Auftragnehmer – für den Fall einer entgegen seinen Bedenken weisungsgemäß erfolgenden Ausführung – erbetene Freistellung von der Gewährleistung ohne hinreichende Begründung ab, kann die Weisung des Auftraggebers, die Werkleistung auf eine gegen die Regeln der Technik verstoßende Weise zu erbringen, treuwidrig sein. Der Auftraggeber kann zB nicht vom Auftragnehmer verlangen, durch eigenes Handeln einen so gut wie sicher voraussehbaren (Sach- bzw. Personen-) Schaden herbeizuführen bzw. zumindest zu fördern bzw. seinen Versicherungsschutz wegen einer bewussten Pflichtwidrigkeit zu gefährden bzw. zu verlieren.[314]

Realisieren sich die vom Auftragnehmer mitgeteilten Bedenken ist er gemäß **202** § 13 Abs. 3 von der Sachmängelhaftung befreit, sofern der Mangel der Werkleistung des Auftragnehmers auf der Ursache beruht, zu der der Auftragnehmer Bedenken angezeigt hat, denen der Auftraggeber aber nicht nachgekommen ist (→ § 4 Rn. 93). Im Einzelfall kann es aus Sicht des Auftragnehmers geboten sein, Maßnahmen zur Beweissicherung durchzuführen.[315]

Allein der Umstand, dass der Auftraggeber sich den ordnungsgemäß mitgeteilten Bedenken verschließt, begründet kein **Leistungsverweigerungsrecht** des **203** Auftragnehmers.[316] Hiergegen spricht bereits die Regelung in § 4 Abs. 1 Nr. 4. Allerdings kann dem Auftragnehmer – wie bereits dargelegt (→ Rn. 201) im Einzelfall nach Treu und Glauben (§ 242 BGB) dann ein Leistungsverweigerungsrecht zustehen, wenn er dem Auftraggeber nicht nur ordnungsgemäß seine Bedenken mitgeteilt hat, sondern wenn die Prüfung dieser Bedenken mit an Sicherheit grenzender Wahrscheinlichkeit das Ergebnis hat, dass die vom Auftraggeber vorgesehene Art der Ausführung zum Eintritt eines erheblichen Leistungsmangels oder eines sonstigen nicht nur geringfügigen Schadens führen wird.[317]

c) Anordnung geänderter Ausführung. Schließt sich der Auftraggeber dem **204** Bedenkenhinweis des Auftragnehmers an, wird er regelmäßig veranlassen, dass beispielsweise durch den von ihm beauftragten Architekten eine **alternative Lösungsvariante** erarbeitet wird. Liegt diese dem Auftragnehmer ausführungsreif vor, wird er wiederum zu prüfen haben, ob seinerseits Bedenken gegen diese geänderte Ausführungsvariante bestehen.

4. Kein Bedenkenhinweis des Auftragnehmers. a) Verstoß gegen Prü- 205 fungs- und Hinweispflicht. Der Auftragnehmer wird gemäß § 13 Abs. 3 von seiner Sachmängelhaftung nur dann befreit, wenn er ordnungsgemäß nach Maßgabe von § 4 Abs. 3 auf seine Bedenken hingewiesen hat. Gleichwohl kann die Mängelhaftung des Auftragnehmers aufgrund eines dem Auftraggeber zuzurechnenden

---

[314] OLG Dresden, BauR 2023, 98; OLG Düsseldorf, NZBau 2018, 607; Beck VOB/B/Junghenn § 4 Abs. 1 Rn. 250.
[315] Vgl. hierzu Leinemann/Schliemann § 13 Rn. 75.
[316] Vgl. hierzu Bolz/Jurgeleit/Jurgeleit § 13 Rn. 132; Leinemann/Schliemann § 13 Rn. 75; Beck VOB/B/Junghenn § 4 Abs. 1 Rn. 250.
[317] OLG Dresden, BauR 2023, 98; OLG Düsseldorf, NZBau 2018, 607.

Mitverschuldens gemäß § 254 BGB eingeschränkt sein.[318] Hat der Auftragnehmer allerdings nachweislich die Unzulänglichkeiten der Vorgaben des Auftraggebers **erkannt** und gleichwohl einen entsprechenden Bedenkenhinweis nicht erteilt, haftet er für den daraus resultierenden Mangel **alleine und vollumfänglich**. Lediglich dann, wenn er fahrlässig die Unzulänglichkeiten nicht erkannt hat, kommt ein haftungsminderndes **Mitverschulden** des Auftraggebers in Betracht.[319]

206 Zu prüfen ist anhand des jeweiligen Einzelfalles, ob der Auftraggeber die sog. „**Sowieso-Kosten**" zu tragen hat, wenn solche bei der Mangelbeseitigung entstehen (→ Rn. 304 f.).

207 Die Sachmängelhaftung des Auftragnehmers kann trotz Verletzung der Prüfungs- und Hinweispflicht ausgeschlossen sein, wenn der Auftraggeber auch bei ordnungsgemäßer Erfüllung dieser Pflicht auf seinen Anordnungen bestanden hätte.[320]

208 **b) Mangelnde Erkennbarkeit.** Der Auftragnehmer wird von der Mängelhaftung auch dann frei, wenn er bei gebotener Prüfung die Fehlerhaftigkeit bzw. Ungeeignetheit einer Leistungsbeschreibung, einer verbindlichen Anordnung des Auftraggebers, von diesem gelieferter oder vorgeschriebener Stoffe oder Bauteile oder einer Vorleistung nicht erkennen konnte. Der Unternehmer trägt dabei die Beweislast für die Behauptung, er habe bei der gebotenen Prüfung einen Mangel nicht entdeckt und auch nicht entdecken können.[321]

E. Verjährung der Mängelansprüche (§ 13 Abs. 4)

I. Allgemeines

209 Abs. 4 regelt die **Verjährung aller Mängelansprüche** des Auftraggebers, also Ansprüche auf Mangelbeseitigung, Kostenvorschuss und Kostenerstattung bei Selbstvornahme der Mangelbeseitigung sowie mangelbedingte Schadensersatzansprüche. Fraglich erscheint dagegen, ob auch das **Minderungsrecht** des Auftraggebers aus § 13 Abs. 6 VOB/B hiervon erfasst ist. Häufig wird darauf hingewiesen, dass § 13 Abs. 4 VOB/B für alle Mängelansprüche des Auftraggebers aus § 13 Abs. 5–7 VOB/B gelte.[322] Allerdings ist zu beachten, dass das Minderungsrecht nicht der Verjährung unterfällt, da dieses im BGB als sog. Gestaltungsrecht normiert ist.[323] Dementsprechend verweist die Regelung des § 634a Abs. 5 auf § 218 BGB. Gem. § 218 Abs. 1 S. 1 BGB ist die Minderung unwirksam, wenn der Anspruch auf die Leistung oder der Nacherfüllungsanspruch verjährt ist und der Auftragnehmer sich darauf beruft. Konsequenterweise kann für das Minderungsrecht aus § 13 Abs. 6 VOB/B nichts anderes gelten, weshalb § 13 Abs. 4 VOB/B hierauf keine Anwendung findet. In Ermangelung eigenständiger Vorschriften der VOB/B ist somit auf die Vorschriften des BGB (§ 634a Abs. 5 iVm § 218

---

[318] Kapellmann/Messerschmidt/Langen § 13 Rn. 117, 120 ff.

[319] Kapellmann/Messerschmidt/Langen § 13 Rn. 120.

[320] Kapellmann/Messerschmidt/Langen § 13 Rn. 114 mit dem zutreffenden Hinweis, dass der Auftragnehmer den entsprechenden Beweis in der Praxis in aller Regel nicht wird führen können.

[321] OLG Oldenburg, NZBau 2021, 247; Bolz/Jurgeleit/Jurgeleit § 13 Rn. 128; Kapellmann/Messerschmidt/Langen § 13 Rn. 115.

[322] Werner/Pastor BauProz/Frechen/Dölle Rn. 2840.

[323] Statt vieler Ingenstau/Korbion/Wirth, § 13 Abs. 4 Rn. 15; Messerschmidt/Voit/Moufang/Koos § 633 Rn. 2.

Mängelansprüche **§ 13**

Abs. 1 BGB) zurückzugreifen.[324] Durch Vereinbarung der VOB/B wird ein **Rücktrittsrecht** konkludent ausgeschlossen.[325] Möchte sich der Auftraggeber ein Rücktrittsrecht vorbehalten, müssen die Parteien dies vertraglich vereinbaren. Aufgrund der Schwierigkeiten der vollständigen Rückabwicklung von Bauleistungen ist dies in der Praxis nur selten der Fall.[326] Vereinbaren die Parteien ausnahmsweise doch ein Rücktrittsrecht, finden die Verjährungsregelungen des Abs. 4 hierauf allerdings keine Anwendung, da auch das Rücktrittsrecht als Gestaltungsrecht einzuordnen ist. Auch hier ist in Ermangelung eigenständiger Vorschriften der VOB/B auf die Vorschriften des BGB (§ 634a Abs. 4 iVm § 218 Abs. 1 S. 1 BGB) zurückzugreifen. Abweichend von § 634a Abs. 1 Nr. 2 BGB bestimmt Abs. 4 Nr. 1 für Bauwerke eine Verjährungsfrist von 4 Jahren (anstatt 5 Jahre), sowie Sondervorschriften zur Verjährung von vom Feuer berührten Teilen von Feuerungsanlagen, von feuerberührten und abgasdämmenden Teilen von industriellen Feuerungsanlagen und Teilen von maschinellen und elektronischen/elektrotechnischen Anlagen, die der Wartung bedürfen. Von Abs. 4 **nicht erfasst** werden Ansprüche, die nicht auf Mängeln des Werkes beruhen, zB Ansprüche aus cic oder der Erfüllungsanspruch des Auftraggebers.[327] Diese verjähren in der regelmäßigen Verjährungsfrist gem. § 195 BGB.

Die Verjährungsfristen des Abs. 4 gelten – jedenfalls nachdem eine **Abnahme** 210 stattgefunden hat – für alle Mängelansprüche des Auftraggebers, unabhängig davon, ob diese erstmals bereits vor oder erst nach der Abnahme geltend gemacht wurden.[328] So ist Abs. 4 auch auf Mängel anwendbar, die zwar vor Abnahme gem. § 4 Abs. 7 gerügt, aber bis zur Abnahme nicht beseitigt wurden, soweit sich die Mängelansprüche des § 13 mit den Ansprüchen des § 4 Abs. 7 inhaltlich decken.[329] Soweit sich die Ansprüche inhaltlich decken, besteht kein sachlicher Unterschied zwischen den Mängeln, die vor und nach der Abnahme festgestellt werden.[330] Dies gilt in erster Linie für die Ansprüche vor der Abnahme gem. § 4 Abs. 7 S. 1 und nach der Abnahme gem. § 13 Abs. 5 Nr. 1 S. 1. Ferner deckt sich der Schadensersatzanspruch des § 4 Abs. 7 S. 2 weitgehend mit dem Schadensersatzanspruch gem. § 13 Abs. 7 Nr. 1–3.[331] Gleiches gilt für den Anspruch auf Erstattung der Ersatzvornahmekosten aus §§ 4 Abs. 7 S. 3, 8 Abs. 3 Nr. 2, der sich mit dem Kostenerstattungsanspruch des § 13 Abs. 5 Nr. 2 deckt.[332] Verweigert der Auftraggeber berechtigterweise die Abnahme, so bleibt es bei dem Anspruch

---

[324] Heiermann/Riedl/Rusam/Riedl/Mansfeld § 13 Rn. 46; MüKoWettbR/Busche § 13 Abs. 4–7 Rn. 26.

[325] Kritisch hierzu Ingenstau/Korbion/Wirth § 13 Abs. 6 Rn. 95, der es für zu weitgehend hält, bereits aus der fehlenden Auflistung des Rücktrittsrechts in der VOB/B einen konkludenten Ausschluss abzuleiten.

[326] Ausf. zu der Frage eines Rücktrittsrechts in der VOB/B Ingenstau/Korbion/Wirth § 13 Abs. 6 Rn. 95 ff.

[327] Messerschmidt/Voit/Voit § 13 Rn. 16; Beck VOB/B/Eichberger/Zelta § 13 Abs. 4 Rn. 18.

[328] Zur Thematik „Mängelrechte vor Abnahme" → § 4 Rn. 137 ff. sowie Messerschmidt/Voit/Moufang/Koos § 634 Rn. 7 ff.

[329] BGH NJW 2003, 1450 (1451); BGH NJW 1982, 1524; BGH NJW 1971, 99 (100); s. auch Leinemann/Schliemann § 13 Rn. 94; Kapellmann/Messerschmidt/Langen § 13 Rn. 141; BeckOK VOB/B/Koenen § 13 Abs. 4 Rn. 2.

[330] BGH NJW 2003, 1450 (1451); NJW 1982, 1524.

[331] BGH NJW 2003, 1450 (1451) BeckOK VOB/B/Koenen § 13 Abs. 4 Rn. 2.

[332] Vgl. BGH NJW 1974, 1707; BeckOK VOB/B/Koenen § 13 Abs. 4 Rn. 2.

aus § 4 Abs. 7.[333] Nach welcher Verjährungsfrist der Anspruch gem. § 4 Abs. 7 S. 1 verjährt, ist für Verträge, die dem neuen Schuldrecht unterliegen, höchstrichterlich noch nicht entschieden. Da sowohl § 634a Abs. 2 BGB als auch § 13 Abs. 4 Nr. 3 ausdrücklich auf die Abnahme als Verjährungsbeginn abstellen, wird überwiegend angenommen, dass die regelmäßige Verjährungsfrist des § 195 BGB Anwendung findet.[334] Für Verträge, die dem alten Schuldrecht unterliegen, hat der BGH seine Rspr. mit Urteil vom 8.7.2010[335] geändert und entschieden, dass bereits vor der Abnahme die Verjährungsfristen des Abs. 4 anzuwenden sind.[336]

II. Verjährungsfristen für Mängelansprüche

211 **1. Vorrangigkeit anderweitiger Vereinbarungen.** Wie von jeder AGB kann auch von Abs. 4 durch eine anderweitige vertragliche Regelung abgewichen werden. Dass Abs. 4 lediglich vorbehaltlich einer anderen Vereinbarung der Parteien gilt, ist in Abs. 4 Nr. 1 S. 1 nochmals ausdrücklich geregelt (sog. **Öffnungsklausel**). Zur AGB-rechtlichen Einordnung der Öffnungsklausel → Rn. 274. Eine solche **abweichende Vereinbarung** muss nicht zwingend bereits im Vertrag geschlossen, sondern kann auch nachträglich, zB im **Abnahmeprotokoll**, vereinbart werden, wenn das Protokoll von beiden Parteien unterschrieben wurde.[337] Werden im Abnahmeprotokoll sodann andere Termine für Beginn oder Ende der Verjährung angegeben als im Bauvertrag ursprünglich vereinbart, kann es sich dabei um eine einvernehmliche Vertragsänderung handeln. Eine einvernehmliche Vertragsänderung liegt allerdings nur dann vor, wenn im Einzelfall durch Auslegung festgestellt wird, dass die Parteien auch bewusst von der im Vertrag vereinbarten Frist abweichen wollten.[338] Nach dem OLG Braunschweig müssen die Parteien bei einem Termin zur rechtsgeschäftlichen und nicht nur technischen Abnahme damit rechnen, dass Erklärungen zum Beginn oder zum Ende der Gewährleistungsfrist abgegeben werden.[339] Entsendet eine Partei zu einem rechtsgeschäftlichen Abnahmetermin einen **vollmachtlosen Vertreter**, so erzeugt dieser durch die Unterschrift des Abnahmeprotokolls den Anschein seiner Bevollmächtigung, die sich der Vertretene zurechnen lassen muss, sofern die fehlende Bevollmächtigung nicht bekannt ist.[340] Nach Auffassung des OLG Naumburg kann sich der Auftragnehmer nicht mit Erfolg auf die Verkürzung der gesetzlichen

---

[333] ; BeckOK VOB/B/Fuchs § 4 Abs. 7 Rn. 17; Leinemann/Leinemann § 4 Rn. 128.

[334] Für eine Anwendung der regelmäßigen Verjährungsfrist: BeckOK VOB/B/Koenen § 13 Abs. 4 Rn. 2; Kapellmann/Messerschmidt/Langen § 13 Rn. 141; Beck VOB/B/Eichberger/Zelta § 13 Abs. 4 Rn. 11; Ingenstau/Korbion/Wirth § 13 Abs. 4 Rn. 35; Werner/Pastor BauProz/Frechen/Dölle Rn. 2831, 2841; FKZGM/Bschorr § 4 Rn. 237; OLG Karlsruhe BeckRS 2010, 07887 = IBR 2010, 282; Anwendung der regelmäßigen Verjährungsfrist, aber kein Ablauf der Verjährung für Werke gem. § 634a Abs. 1 Nr. 2 BGB vor Ablauf von 5 Jahren nach der Kündigung: OLG Stuttgart BeckRS 2010, 09169 = IBR 2010, 283.

[335] BGH NJW 2010, 3573 Rn. 13 ff.

[336] BGH NZBau 2012, 157 Rn. 12 ff.; NJW 2011, 1224 Rn. 16 f.

[337] OLG Bamberg NZBau 2019, 58 Rn. 31; OLG Braunschweig IBR 2013, 140 Rn. 39 f.; Moufang BauR 2017, 1253.

[338] OLG München IBRRS 2022, 3223; BGH NZBau 2019, 235 (238); OLG Stuttgart BeckRS 2020, 159709.

[339] OLG Braunschweig IBR 2013, 140 Rn. 39 f.

[340] BGH NJW 2011, 1965 Rn. 17 ff. (für die Erstellung eines Verhandlungsprotokolls nach Erteilung des Zuschlags); OLG Braunschweig IBR 2013, 140 Rn. 39 f.

Verjährungsfrist des § 634a Abs. 1 Nr. 2 BGB von fünf auf vier Jahre berufen, wenn im Abnahmeprotokoll lediglich deklaratorisch der Ablauf der Verjährungsfrist datumsmäßig vier Jahre nach dem Abnahmetermin vermerkt ist.[341] Der Annahme des OLG Naumburg ist beizupflichten, eine Verkürzung der gesetzlichen Verjährungsfrist von fünf auf vier Jahre nur dann als wirksam zu erachten, wenn die Eintragung im Abnahmeprotokoll einen rechtsgeschäftlichen Charakter hat.[342]

Einer **Individualvereinbarung** über die Verjährung sind lediglich die Schranken des § 202 BGB gesetzt: Die Verjährung für die Haftung wegen Vorsatzes kann im Voraus nicht verkürzt werden und eine Verlängerung der Verjährungsfrist ist beschränkt auf maximal 30 Jahre ab dem gesetzlichen Verjährungsbeginn.[343] 212

Die Wirksamkeit von abweichenden Vereinbarungen in AGB ist am Maßstab des BGB zu beurteilen. Es ist danach zu differenzieren, wer **Verwender** der Klausel ist: 213

Ist der **Auftragnehmer Verwender,** ist insbes. das **Klauselverbot des § 309 Nr. 8b) ff) BGB** zu beachten. Jede Erleichterung der Verjährung wegen Mängeln im Fall der 5-jährigen Verjährungsfrist des § 634a Abs. 1 Nr. 2 BGB, sowie in sonstigen Fällen auf weniger als ein Jahr ab dem gesetzlichen Verjährungsbeginn, ist unwirksam. Gem. § 310 Abs. 1 S. 2 BGB findet § 307 Abs. 1 und 2 BGB in den Fällen des § 310 Abs. 1 S. 1 BGB auch insoweit Anwendung, als dies zur Unwirksamkeit von in § 309 BGB genannten Vertragsbestimmungen führt. Dem Klauselverbot des § 309 Nr. 8b) ff) BGB kommt nach der Rechtsprechung des BGH im Rahmen des § 307 BGB Indizwirkung für die Unwirksamkeit einer entsprechenden Klausel zu. Auch bei Verträgen zwischen Unternehmern begründen deshalb entsprechende Klauseln in aller Regel eine unangemessene Benachteiligung des Auftraggebers, denn die Verkürzung der Verjährungsfristen benachteiligt auch einen Unternehmer im Hinblick auf zunächst verborgene Mängel unangemessen.[344] Eine Verkürzung der Verjährungsfrist für andere Werke, deren Erfolg in der Herstellung, Wartung oder Veränderung einer Sache besteht, von 2 Jahren auf bis zu einem Jahr ist gem. § 309 Nr. 8b ff. BGB hingegen zulässig.[345]

Ist der **Auftraggeber Verwender** der AGB, ist die Vereinbarung einer der gesetzlichen Verjährungsfrist entsprechenden Verjährungsfrist von 5 Jahren wirksam.[346] Auch eine über die 5-jährige Verjährungsfrist hinausgehende Verlängerung ist angesichts der Höchstfrist in § 202 Abs. 2 BGB von 30 Jahren nicht per se als ungerechtfertigte Benachteiligung des Auftragnehmers gem. § 307 BGB zu werten. Die Rspr. hat für einzelne Gewerke, die für die Funktionsfähigkeit eines Gebäudes wesentlich sind und bei denen sich Mängel regelmäßig erst nach Ablauf der 5-jährigen Verjährungsfrist zeigen, eine **Verlängerung der Verjährungsfrist** über 5 Jahre hinaus in AGB für wirksam erachtet, zB eine Verlängerung der 214

---

[341] OLG Naumburg NZBau 2024, 35 Rn. 68 ff.

[342] Vgl. hierzu bspw. Koos/Harder NZBau 2024, 40; Moufang NJW 2023, 2056.

[343] Beck VOB/B/Eichberger/Zelta § 13 Abs. 4 Rn. 57; S. erg. Grüneberg/Ellenberger § 202 Rn. 1 ff.

[344] BGH NJW 2014, 206 (208); 1993, 2054 (2055); s. auch Kapellmann/Messerschmidt/Langen § 13 Rn. 148; Beck VOB/B/Eichberger/Zelta § 13 Abs. 4 Rn. 91; Ingenstau/Korbion/Wirth § 13 Abs. 4 Rn. 66.

[345] Kapellmann/Messerschmidt/Langen § 13 Rn. 148.

[346] BGH NJW 1989, 1602 (1604); BGH NJW-RR 1991, 980 (981); BGH BeckRS 2018, 29179 = NJW 2019, 421; Kapellmann/Messerschmidt/Langen § 13 Rn. 149.

Verjährungsfrist auf 10 Jahre und 1 Monat bei Flachdacharbeiten,[347] auf 10 Jahre für Abdichtungsarbeiten an Dach, Becken und Fußboden eines Hallenbades[348] oder auf 10 Jahre und 3 Monate für die Dichtigkeit eine Fassade.[349] Auch die überwiegende Ansicht in der Lit. hält eine angemessene Verlängerung der Verjährungsfrist über die gesetzliche Frist von 5 Jahren in § 634a Abs. 1 Nr. 2 BGB hinaus für AGB-wirksam.[350]

215 Eine AGB-Klausel, die eine **Verlängerung der Verjährungsfrist** über die in der VOB/B bzw. im BGB vorgesehene Frist hinaus vom Abschluss eines **Wartungsvertrags** abhängig macht, ist wirksam.[351] Durch eine solche Klausel wird weder der Auftraggeber noch der Auftragnehmer unangemessen benachteiligt. Es ist vielmehr so, dass der Auftragnehmer, für den die Verlängerung der Verjährungsfrist zunächst ungünstig ist, durch die Möglichkeit der Wartung einen angemessenen Ausgleich erhält. Das OLG Düsseldorf hat eine solche Vereinbarung für wirksam erachtet, ohne darauf einzugehen, ob es sich bei der Klausel um eine AGB oder eine individualvertragliche Vereinbarung handelt.[352] Bei einer Kündigung des Wartungsvertrags vor Ablauf der Verjährungsfrist ist, soweit die Parteien für diesen Fall keine Regelung getroffen haben, die Verjährungsfrist durch ergänzende Vertragsauslegung zu ermitteln (→ Rn. 234 f.).[353]

216 Es sind auch solche Klauseln bei der AGB-Kontrolle zu berücksichtigen, die sich **mittelbar** auf die Verjährungsfrist auswirken, insbes. Klauseln, die hinsichtlich Beginn, Ablauf oder Hemmung von den gesetzlichen Regelungen abweichen. Dies betrifft vorwiegend Klauseln, die die Abnahme der Bauleistung abweichend regeln, zB eine Abnahme erst zwei Monate nach Fertigstellung vorsehen. In die Beurteilung, ob eine unangemessene Benachteiligung gem. § 307 BGB vorliegt, sind in diesen Fällen nicht nur die veränderte Verjährungsfrist bzw. der hinausgeschobene Beginn des Fristenlaufs, sondern auch die weiteren Folgen einer abweichenden Vereinbarung über die Abnahme, wie zB die Auswirkungen auf die Gefahrtragung oder die Fälligkeit der Vergütungsforderung, miteinzubeziehen.[354]

217 In der Vereinbarung einer **Garantie** kann eine von Abs. 4 abweichende Vereinbarung liegen. Maßgeblich ist, welche Bedeutung die Parteien der Garantie zumessen. Im Wege der Auslegung ist festzustellen, ob nur eine Beschaffenheitsvereinbarung erfolgen soll, ob der Auftragnehmer für die Beschaffenheit überdies verschuldensunabhängig einstehen will (unselbstständige Garantie), oder ob die Parteien sogar eine selbstständige Garantie vereinbaren wollten.[355] Letzteres kommt in Betracht, wenn die Haftung des Auftragnehmers über die Vertragsmäßigkeit hinaus erweitert werden soll, zB auf einen bestimmten wirtschaftlichen Erfolg, der mit der Bauleistung zu erzielen ist.[356] Ein solcher wirtschaftlicher

---

[347] BGH NJW 1996, 2155 (2156).
[348] OLG Stuttgart, IBR 2020, 289.
[349] OLG Köln NZBau 2017, 82.
[350] Beck VOB/B/Eichberger/Zelta§ 13 Abs. 4 Rn. 127; Kapellmann/Messerschmidt/Langen§ 13 Rn. 149.; Messerschmidt/Voit/Voit § 13 Rn. 24.
[351] Werner/Pastor BauProz/Frechen/Dölle Rn. 2841; FKZGM/Donner § 13 Rn. 70.
[352] OLG Düsseldorf NJW-RR 2004, 636.
[353] OLG Düsseldorf NJW-RR 2004, 636.
[354] Beck VOB/B/Eichberger/Zelta § 13 Abs. 4 Rn. 74 ff.
[355] BGH NJW 1976, 43; Kapellmann/Messerschmidt/Langen§ 13 Rn. 151; vgl. auch Ingenstau/Korbion/Wirth § 13 Rn. 302.
[356] Kapellmann/Messerschmidt/Langen § 13 Rn. 151; Beck VOB/B/Eichberger/Zelta § 13 Abs. 4 Rn. 59; Ingenstau/Korbion/Wirth § 13 Abs. 4 Rn. 310.

Mängelansprüche **§ 13**

Erfolg kann bspw. in der Garantie eines bestimmten Jahresmietertrages gesehen werden.[357]

Finden sich **widersprechende Regelungen** in der VOB/B und dem Vertrag, so gehen Individualvereinbarungen der VOB/B als AGB gem. § 305b BGB vor.[358] Widerspricht sich die VOB/B mit anderen AGB, so ist eine Rangfolge durch Auslegung zu ermitteln.[359] Verbleibende Zweifel gehen gem. § 305c Abs. 2 BGB zulasten des Verwenders.[360] 218

Entsprechend der Grundregel, dass jede Partei, die für sie günstigen Tatsachen zu beweisen hat, muss derjenige, der sich trotz Einbeziehung der VOB/B auf eine von Abs. 4 abweichende Vereinbarung beruft, diese auch beweisen,[361] also ist im Regelfall der **Auftraggeber beweisbelastet** für eine längere und der Auftragnehmer für eine kürzere als die von Abs. 4 vorgesehene Frist. Teilweise wird hingegen vertreten, dass aus der Formulierung des Abs. 4 Nr. 1 S. 1 „Ist für Mängelansprüche keine Verjährungsfrist im Vertrag vereinbart ..." folge, dass eine abweichende Regelung der Regelfall sei und dies dazu führe, dass der Auftragnehmer beweisen müsse, dass die vom Auftraggeber behauptete verlängerte Verjährungsfrist nicht vereinbart wurde.[362] Umgekehrt wäre der Auftraggeber dafür beweisbelastet, dass die Verjährungsfrist des § 13 Abs. 4 gilt, wenn sich der Auftragnehmer im Prozess auf eine kürzere Verjährung beruft.[363] Es ist bereits zweifelhaft, ob Abs. 4 Nr. 1 S. 1 in letztgenannter Weise verstanden werden kann. Jedenfalls bestehen aber AGB-rechtliche Bedenken, da die Auslegung zu einer Beweislastumkehr führen würde. Eine Beweislastumkehr zum Nachteil des anderen Vertragsteils ist nach dem Klauselverbot des § 309 Nr. 12 BGB, das gem. §§ 307 Abs. 2 Nr. 1, 310 Abs. 1 S. 2 BGB grundsätzlich auch zwischen Unternehmern Anwendung findet,[364] unwirksam.[365] 219

In der Praxis ist es sinnvoll, eine Abweichung von der Verjährungsfrist des Abs. 4 **schriftlich** zu **regeln,** um Beweisschwierigkeiten zu vermeiden. 220

2. 4-jährige Verjährungsfrist bei Bauwerksleistungen. Abweichend von der 5-jährigen Verjährungsfrist des § 634a Abs. 1 Nr. 2 BGB beträgt die Verjährungsfrist für Mängelansprüche bei einem Bauwerk nach Abs. 4 Nr. 1 S. 1 4 Jahre. Grund für die 4-jährige und somit doppelt so lange Verjährungsfrist für Bauwerksleistungen im Gegensatz zur 2-jährigen Verjährungsfrist für andere Werke, deren Erfolg in der Herstellung, Wartung oder Veränderung einer Sache besteht, ist, dass sich bei Bauwerken Mängel in der Regel später zeigen.[366] Bei der Abgrenzung von Leistungen als Bauwerksleistung oder als andere Werkleistung (bis zur VOB/B 2006 „Leistungen an einem Grundstück") spielt das **Risiko verdeckter Mängel** eine gewichtige Rolle (→ Rn. 227). 221

---

[357] Vgl. Ingenstau/Korbion/Wirth § 13 Rn. 311 unter Hinweis BGH BauR 1973, 191.
[358] Beck VOB/B/Eichberger/Zelta § 13 Abs. 4 Rn. 89; Kapellmann/Messerschmidt/Langen § 13 Rn. 152.
[359] Beck VOB/B/Eichberger/Zelta § 13 Abs. 4 Rn. 86, 88; Kapellmann/Messerschmidt/Langen § 13 Rn. 152.
[360] BGH NJW 1990, 1397; OLG Hamm NJW-RR 1988, 476.
[361] Werner/Pastor BauProz/Frechen/Dölle Rn. 2840.
[362] Kapellmann/Messerschmidt/Langen § 13 Rn. 239.
[363] Kapellmann/Messerschmidt/Langen § 13 Rn. 239.
[364] BGH NJW-RR 2014, 456 Rn. 19; NJW 2006, 47 Rn. 21.
[365] BGH NJW-RR 2005, 1496 (1498); MüKoBGB/Wurmnest § 309 Nr. 12 Rn. 1.
[366] BGH NZBau 2013, 161 = NJW 2013, 601; Ingenstau/Korbion/Wirth § 13 Abs. 4 Rn. 73.

§ 13

222 Der **Bauwerksbegriff** entspricht demjenigen in § 634a Abs. 1 Nr. 2 BGB. Ein Bauwerk ist eine unbewegliche, durch Verwendung von Arbeit und Material in Verbindung mit dem Erdboden hergestellte Sache.[367] Eine enge und auf Dauer angelegte Verbindung mit dem Erdboden, zB ein als Ladengeschäft genutzter Container, ist ausreichend,[368] aber auch erforderlich.[369] Der Bauwerksbegriff ist weiter als der Begriff des Gebäudes. Erfasst werden sowohl Bauwerke über als auch unter der Erde,[370] zB Eisen- und Straßenbahngleise, Brücken[371] oder Rohrbrunnen,[372] mangels Dauerhaftigkeit aber nicht der „Berliner Verbau".[373]

223 Bauwerksleistungen sind alle Bauarbeiten, die zur **Errichtung eines neuen Bauwerks** beitragen und hierzu kausal sind, also auch einzelne **Bauteile** und Bauglieder, unabhängig davon, ob sie als äußerlich hervortretende, körperlich abgesetzte Teile erkennbar sind.[374] Es ist ausreichend, wenn die Leistungen für ein Bauwerk bestimmt sind, nicht erforderlich ist, dass diese auch an der Baustelle erbracht werden.[375] Ebenso gilt die 4-jährige Verjährungsfrist für Bauwerksleistungen eines Subunternehmers, der selbst nicht an der Baustelle tätig ist.[376] Ob der Subunternehmer für die Anwendbarkeit der 4-jährigen Verjährungsfrist Kenntnis von der Verwendung der von ihm bearbeiteten Teile für ein bestimmtes Bauwerk haben muss, hat der BGH bislang offengelassen.[377]

224 Von dem Begriff der Bauwerksleistungen sind auch solche **Instandsetzungs- und Änderungsarbeiten** umfasst, die für die Erneuerung oder den Bestand von **wesentlicher Bedeutung** sind, sofern eine feste Verbindung mit dem Bauwerk besteht.[378] Dies ist der Fall, wenn die Arbeiten mit einer **Neuherstellung vergleichbar** sind, also nach den eingesetzten Mitteln und der Bedeutung der Arbeiten der Wiederherstellung der uneingeschränkten Nutzbarkeit des Bauwerks dienen.[379]

225 Bsp. für Bauwerksleistungen aus der Rechtsprechung:
- **Ausschachtung** einer Baugrube[380]
- Einbau einer **Alarmanlage** in einem Kaufhaus;[381] anders hingegen beim Einbau in ein Wohnhaus[382] und in einem Bürogebäude, bei dem eine Alarmanlage nicht regelmäßig zur Herstellung des Gebäudes gehört[383]

---

[367] BGH IBRRS 2017, 4227; NJW-RR 2003, 1320; NJW 1986, 1927 (1928); s. auch BeckOK BGB/Voit § 634a Rn. 6.
[368] BGH NJW 1992, 1445; vgl. auch BeckOK BGB/Voit § 634a Rn. 6.
[369] BGH NZBau 2013, 161 = NJW 2013, 601; Messerschmidt/Voit/Moufang/Koos § 634a Rn. 19.
[370] BGH NJW 1983, 567 (568); Messerschmidt/Voit/Moufang/Koos § 634a Rn. 19.
[371] BGH BeckRS 1972, 31125422 = MDR 72, 410.
[372] BGH NJW 1971, 2219.
[373] OLG Hamm NJOZ 2016, 8; Kniffka/Jurgeleit/Jurgeleit BauVertR § 634a Rn. 11; aA Leinemann/Kues/Steffen § 634a Rn. 10.
[374] BGH NJW-RR 2003, 1320.
[375] BGH NJW-RR 1990, 1108 (1109).
[376] BGH NJW-RR 1990, 1108 (1109).
[377] BGH NJW-RR 1990, 1108 (1109).
[378] BGH NJW-RR 1990, 787 (788 f.); NJW 1991, 2486 (2487); für das neue Schuldrecht: OLG Düsseldorf BeckRS 2013, 10034 = IBR 2013, 1219.
[379] BGH NJW 1993, 3195; NJW 1984, 168.
[380] BGH NJW 1977, 1146.
[381] OLG Hamm NJW 1976, 1269.
[382] OLG Frankfurt a. M. NJW 1988, 2546; offengelassen: BGH NJW-RR 1991, 1367.
[383] OLG Düsseldorf NJW-RR 1999, 1212.

Mängelansprüche   § 13

- Einbau einer **Ballenpresse** zur Errichtung einer Papierentsorgungsanlage in einem Verwaltungsgebäude nach besonderer Zeichnung[384]
- **Bearbeitung** von für einen bestimmten Bau vorgesehenen Gegenständen durch einen anderen Unternehmer. In den konkreten Fällen handelte es sich um Fensterrahmen und Fußbodenplatten, die in bestimmte Bauwerke eingebaut wurden.[385]
- nachträglicher Einbau einer **Beschallungsanlage** im Hotelballsaal[386]
- **Beschichtung** von Reaktionsbehältern[387]
- **Betonsteinpflaster**[388]
- Behälter als Bauteile einer **Biodieselproduktionsanlage**[389]
- als Ladengeschäft genutzte „**Containerkombination**"[390]
- **nicht tragende Decke**, die für die Erneuerung und den Bestand des Gebäudes von wesentlicher Bedeutung war[391]
- **Einbauküche** nach Einbauplan;[392] aA für Mietereinbauküche[393]
- Erneuerung wesentlicher Teile der **Elektroinstallation**[394]
- **Fassadenschutzbeschichtungsarbeiten**[395]
- Austausch sämtlicher **Fensterscheiben** eines Gebäudes durch Isolierglasscheiben[396]
- **Förderanlage** für eine Automobilproduktion[397]
- Errichtung einer **Photovoltaikanlage**[398]
- Einbau einer **Fütterungsanlage** und **Buchtenabtrennung aus genormten Teilen** in einem Schweinestall[399]
- **Hängebahn** einer Werkhalle[400]
- Erneuerung eines **Hausanstrichs**[401]
- über die bloße Instandsetzung hinausgehende Arbeiten an einem in das Erdreich eingebetteten **Heizöltank**[402]

---

[384] BGH NJW 1987, 837.
[385] BGH NJW 1979, 158; NJW 1980, 2081.
[386] OLG Hamburg NJW-RR 1988, 1106.
[387] OLG Stuttgart BeckRS 2011, 19972 = IBR 2011, 1392.
[388] OLG Köln IBR 2002, 190.
[389] OLG Brandenburg BeckRS 2008, 09679.
[390] BGH NJW 1992, 1445.
[391] OLG Köln NJW-RR 1989, 209.
[392] BGH NJW-RR 1990, 787.
[393] OLG Düsseldorf BeckRS 2001, 30205368 = NJW-RR 2002, 200.
[394] BGH NJW 1978, 1522; für Um- und Erweiterungsbauten OLG Karlsruhe NJW 1997, 263.
[395] BGH BeckRS 1970, 31125650 = BB 70, 192.
[396] LG Düsseldorf NJW-RR 1990, 916.
[397] BGH NJW 1999, 2434.
[398] 7. Zivilsenat des BGH NJW 2016, 2876 (abstellend auf den Zweck der Anlage); BGH BeckRS 2019, 2240 = NJW 2019, 1593; OLG Bamberg BeckRS 2012, 11899 = BB 2012, S. 2912; OLG München NJW 2014, 867; andere Ansicht 8. Zivilsenat des BGH NJW 2014, 845; OLG Schleswig NZBau 2016, 366; OLG München BeckRS 2014, 15186 = MDR 2014, 1076; weiterführend hierzu Jacoby NJW 2016, 2848; Kleefisch/Meyer NZBau 2016, 684.
[399] OLG Hamm NJW-RR 1989, 1048.
[400] BGH NJW 1997, 1982.
[401] OLG Stuttgart NJW 1957, 1679; aA bei Hausanstrich zur Verschönerung der Fassade OLG Köln NJW-RR 1989, 118.
[402] OLG Hamm NJW-RR 1996, 919.

§ 13

- Umstellung einer **Heizung** von Koks- auf Ölfeuerung[403]
- Verlegung eines **Hofbelags** aus Doppel-T-Steinen auf einer Kiestragschicht[404] Für die Einordnung als Bauwerk ist entscheidend, ob die jeweilige Hofpflasterung über die bloße Umgestaltung des Bodens hinausgeht.[405]
- Planung und Vorsegmentierung der Kachelteile für eine **Kachelofen-Kaminanlage**[406]
- Errichtung einer **Kartoffelchipsanlage** in einem Bestandsgebäude[407]
- nachträglicher Einbau einer **Klimaanlage**[408]
- nach Maß angepasste **Küchenzeile**[409]
- **Kunststoff-Rasenspielfläche**[410]
- **Lieferung von Leuchten** für eine Ladenpassage[411]
- Anbringung einer **Leuchtreklame** an einem Ladengeschäft[412]
- Erstellung eines objektbezogenen **Löschwasserteichs**[413]
- **Malerarbeiten** im Außenbereich, wenn es sich dabei um eine die Substanz des Hauses schützende Maßnahme handelt[414]
- Herstellung eines an die Grundstücksform angepassten **Maschendrahtzaunes**[415]
- Einbau einer **Müllpressanlage**[416]
- Einbau einer 11 Tonnen schweren **Müllpresse**[417]
- **Neuisolierung** der Kellerräume eines bestehenden Gebäudes und **Verlegung von Drainagerohren**[418]
- **Projektierung** von Sanitär-, Heizungs- und Elektroarbeiten[419]
- Erneuerung des **Schieferbelages eines Daches**[420]
- ein **in die Erde eingebrachtes Schutzrohr** für eine Feuerlöscheinrichtung[421]
- Einbau von **Schrankwänden**[422]
- Erstellung eines **Schwimmbeckens**[423]
- **Sichtschutzzaun**[424]

---

[403] BGH BeckRS 2012, 09987 = BauR 73, 246.
[404] BGH NJW-RR 1993, 592; aA OLG Stuttgart BeckRS 1990, 30891656 = BauR 1991, 462.
[405] Beck VOB/B/Eichberger/Zelta § 13 Abs. 4 Rn. 158.
[406] OLG Düsseldorf NJW-RR 1999, 814.
[407] BGH IBRRS 2017, 4227.
[408] BGH NJW 1974, 136.
[409] KG NJW-RR 1996, 1010.
[410] OLG Düsseldorf BeckRS 2013, 10034.
[411] LG Arnsberg NJW-RR 1993, 341.
[412] OLG Hamm NJW-RR 1995, 213; aA OLG Hamm NJW-RR 1990, 789.
[413] OLG Oldenburg NJW-RR 2000, 545.
[414] LG Berlin NJW-RR 2008, 1116.
[415] LG Weiden NJW-RR 1997, 1108.
[416] BGH BeckRS 2002, 30234383.
[417] BGH NJW-RR 2002, 664.
[418] BGH NJW 1984, 168.
[419] OLG München NJW 1974, 2238.
[420] BGH NJW 1956, 1195.
[421] BGH BeckRS 2001, 30155911.
[422] OLG Köln NJW-RR 1991, 1077.
[423] BGH NJW 1983, 567.
[424] LG Hannover NJW-RR 1987, 208.

Mängelansprüche **§ 13**

- Lieferung und Montage eines **Specksteinofens**[425]
- Lieferung und Montage einer Anlage, bestehend aus zwei **Spritzkabinen nebst Be- und Entlüftungsanlage** für den Neubau einer Werkhalle[426]
- Errichtung einer **Tankanlage**, die Bestandteil eines aus mehreren Bauwerken bestehenden Betriebshofes ist[427]
- eine in ein Bauwerk integrierte **technische Anlage**, die selbst kein Bauwerk ist[428]
- Nachträgliches Verlegen eines **Teppichbodens**. Für die Qualifikation als Bauwerk war nach Auffassung des BGH maßgeblich, dass der Teppichboden nach den besonderen Wünschen des Auftraggebers verlegt wurde. Der Teppichboden wurde so zugeschnitten und mit dem Estrich verklebt, dass ein Ablösen ohne Zerstörung nicht mehr möglich und eine anderweitige Verwendung vollkommen ausgeschlossen war.[429] Allerdings ist die Einordnung des **Verlegens von Teppichböden** als Bauwerk streitig. Häufig wird das Verlegen von Bodenbelägen bzw. Teppichböden nur als Arbeiten an einem Grundstück und damit als anderes Werk kategorisiert.[430]
- Erneuerung des **Terrassenbelages**;[431] die **Pflasterung einer Terrasse** in Zusammenhang mit der Errichtung eines Einfamilienhauses[432]
- Erneuerung eines **Trainingsplatzes** mit Rollrasen, Rasentragschicht, Bewässerungsanlage, Rasenheizung und Kunstfaserverstärkung[433]
- Errichtung einer **Treppenanlage**, wenn die Treppenläufe und Podeste auf neu errichteten Betonfundamenten gegründet werden[434]
- **Verfüllung der Arbeitsräume** nach der Fertigstellung der Rohbauarbeiten[435]
- **Versiegelung** eines Fußbodens[436]
- Errichtung von **Windenergieanlagen**[437]
- Errichtung eines **Wintergartens** auf einem Flachdach[438]
- Einbau oder Umbau einer **Zentralheizung**[439]
- **Zirkuszelt**[440]

3. 2-jährige Verjährungsfrist für andere Werke, deren Erfolg in der 226 **Herstellung, Wartung oder Veränderung einer Sache besteht.** Parallel zu § 634a Abs. 1 Nr. 1 BGB bestimmt Abs. 4 Nr. 1 S. 1 eine Verjährungsfrist von

---

[425] OLG Koblenz IBR 2012, 646.
[426] OLG Düsseldorf BeckRS 2001, 30190288 = BauR 2002, 103.
[427] OLG Zweibrücken BeckRS 2003, 30306805 = NZBau 2003, 439.
[428] BGH NJW-RR 1998, 89.
[429] BGH NJW 1991, 2486.
[430] BGH NJW 1970, 942; s. auch Kapellmann/Messerschmidt/Langen § 13 Rn. 168; Messerschmidt/Voit/Moufang/Koos § 634a Rn. 44.
[431] OLG Düsseldorf NZBau 2019, 775 Rn. 24 f. mAnm. Moufang.
[432] OLG Düsseldorf BeckRS 2000, 30111357 = NZBau 2000, 573.
[433] BGH NJW 2013, 601.
[434] OLG Frankfurt IBRRS 2019, 1727.
[435] OLG Köln BeckRS 2009, 25207 = IBR 2010, 19; OLG Düsseldorf NJW-RR 1995, 214.
[436] BGH NJW 1970, 419.
[437] LG Hannover IBR 2011, 209.
[438] OLG Hamm BeckRS 1991, 30995840 = IBR 1992, 147.
[439] OLG Köln NJW-RR 1995, 337.
[440] OLG Hamm BeckRS 2008, 04908 = IBR 2008, 23.

§ 13

2 Jahren für **andere Werke,** deren Erfolg in der Herstellung, Wartung oder Veränderung einer Sache besteht. Mit der VOB/B 2006 wurde der Begriff **„Arbeiten an einem Grundstück"** ersetzt und somit an den mit der Schuldrechtsreform geänderten § 634a Abs. 1 Nr. 1 BGB (früher § 638 BGB) angeglichen. Ausweislich der Begr. des Regierungsentwurfs zum SchRModG sollte der von der stRspr ausgeprägte Bauwerksbegriff unverändert bleiben,[441] sodass auch die Abgrenzung zu den anderen Werken unverändert bleibt.[442] Der Begriff der „Arbeiten an einem Grundstück" ist vollständig in dem Begriff der „anderen Werke" aufgegangen.[443]

227 Andere Werke iS des Abs. 4 Nr. 1 S. 1 sind **Arbeiten an einem Grundstück, die unabhängig von der Errichtung eines Bauwerks sind,** sowie **Instandsetzungs- und Veränderungsarbeiten,** die für die Erneuerung oder den Bestand des Bauwerks **nicht wesentlich** sind (→ Rn. 223), zB Reparaturarbeiten zur Ausbesserung einzelner Schäden.[444] Dies gilt ua für solche Leistungen, die ausschließlich eine Veränderung des natürlichen Zustandes von Grund und Boden bezwecken,[445] zB Erdarbeiten, Gartengestaltung oder für sich allein vorgenommene Bagger- bzw. Planierungsarbeiten.[446] Ebenfalls der 2-jährigen Verjährungsfrist unterliegen technische Anlagen, die keine wesentliche Bedeutung für das Bauwerk haben oder in dieses nicht fest eingebaut sind,[447] zB die Installation einer Alarmanlage in einem Wohnhaus.[448] Ob eine Arbeit an einem Bauwerk oder einem anderen Werk vorliegt, unterliegt einer **Bewertung im Einzelfall.** Bei der Abgrenzung ist insbes. zu berücksichtigen, ob das spezifische Risiko von verdeckten Mängeln besteht, das typischerweise bei Arbeiten an einem Bauwerk vorhanden ist (→ Rn. 221).

228 Bsp. für andere Werke:
- **Abbrucharbeiten** vor einem Neubau[449]
- **Berliner Verbau**[450]
- Herstellung eines **Dachgartens** auf einer Dachterrasse[451]
- Dünnschichtige **Fahrbahnnachmarkierungen**[452]
- Ein zur Umgestaltung eines Hausgartens für dessen Bewässerung angelegter einfacher **Gartenbrunnen**[453]
- Errichtung eines **Gerüsts**[454]
- **Getriebegenerator** zum Selbsteinbau in einem kleinen Wasserkraftwerk[455]

---

[441] BT-Drs. 14/6040, 227 f.; Beck VOB/B/Eichberger/Zelta § 13 Abs. 4 Rn. 156.
[442] Werner/Pastor BauProz/Frechen/Dölle Rn. 2833.
[443] Kapellmann/Messerschmidt/Langen § 13 Rn. 167; BeckOK VOB/B/Koenen § 13 Abs. 4 Rn. 34.
[444] BGH NJW 1956, 1195; Kapellmann/Messerschmidt/Langen § 13 Rn. 168.
[445] BGH NJW 1971, 2219, Ingenstau/Korbion/Wirth § 13 Abs. 4 Rn. 82; BeckOK VOB/B/Koenen § 13 Abs. 4 Rn. 33.
[446] OLG Düsseldorf BeckRS 2013, 10034 = IBR 2013, 1219; Kapellmann/Messerschmidt/Langen § 13 Rn. 167.
[447] Beck VOB/B/Eichberger/Zelta § 13 Abs. 4 Rn. 157.
[448] BGH NJW-RR 1991, 1367 (1368); OLG Düsseldorf NJW-RR 1999, 1212.
[449] BGH NZBau 2004, 434; OLG Bremen BeckRS 1995, 30920073 = IBR 1996, 102.
[450] OLG Hamm IBR 2015, 422; Kniffka/Jurgeleit/Jurgeleit BauVertrR § 634a Rn. 11; aA Leinemann/Kues/Steffen § 634a Rn. 10.
[451] OLG München NJW-RR 1990, 917.
[452] OLG Dresden BauR 2001, 815.
[453] OLG Düsseldorf NJW-RR 1999, 1182.
[454] KG BeckRS 2018, 15687 = NJ 2018, 426.
[455] BGH NZBau 2002, 389.

– Errichtung einer mit dem Gebäude **nicht fest verbundenen Kreisförderanlage**[456]
– **Malerarbeiten** im Gebäudeinneren[457]
– Errichtung von **Lastenaufzügen**[458]
– Anbringen einer **Markise** an einem Gebäude[459]
– im Hallenboden **verankerte Maschine**[460]
– **Verlegen von Massivholzdielenboden** in einem Raum eines bereits bestehenden Gebäudes[461]
– Installation einer **Neon-Leuchtreklame** an einem Ladengeschäft[462]
– bloße **Reparaturarbeiten** an einer Wärmepumpe einer bereits errichteten Heizungsanlage[463]
– **Schotterung von Waldwegen**[464]
– Errichtung von **Schutzvorrichtungen**[465]
– **Erstellung eines Softwareprogramms** zur Steuerung, Regelung und Überwachung einer Gebäudeheizung[466]

4. 2-jährige Verjährungsfrist für vom Feuer berührte Teile von Feuerungsanlagen. Die Verjährungsfrist für Mängel an vom Feuer berührten Teilen von Feuerungsanlagen beträgt unabhängig davon, ob diese im Rahmen von Arbeiten an einem Bauwerk erbracht wurden, lediglich 2 Jahre, Abs. 4 Nr. 1 S. 1, letzter Hs. Dies trägt dem **besonderen Verschleiß** der vom Feuer berührten Teile Rechnung und gilt daher auch nur für diese.[467] Bereits nach kurzer Zeit ist bei Auftreten eines Mangels nur noch schwer festzustellen, ob der Mangel auf eine mangelhafte Leistung des Auftragnehmers oder auf Verschleiß aufgrund der hohen Beanspruchung der Teile zurückzuführen ist.[468] Die 2-jährige Verjährungsfrist gilt ausschließlich für Teile, die **direkten Kontakt mit Feuer** haben, zB im Ofen befindliche Röhren, die Roste oder auch die Schamotte.[469] Nicht ausreichend ist, dass ein Teil lediglich einer besonderen Hitzeeinwirkung ausgesetzt ist.[470] Die Verjährungsfrist für die Feuerungsanlage insgesamt ist unabhängig von dieser Sonderregelung zu bestimmen. Dies führt dazu, dass trotz eines einheitli-

229

---

[456] BGH BeckRS 1972, 31125723.
[457] LG Berlin NJW-RR 2008, 1116.
[458] KG BeckRS 2018, 15687 = NJ 2018, 426.
[459] OLG Hamm NJW-RR 1992, 1272; OLG Köln IBRS 2011, 5002.
[460] OLG Düsseldorf NJW-RR 1987, 563.
[461] AG Köln BeckRS 2010, 06836 = IBR 2010, 333.
[462] OLG Hamm NJW-RR 1990, 789; bei umfangreicher Leuchtreklame kann eine Bauwerksleistung vorliegen, OLG Hamm NJW-RR 1995, 213.
[463] OLG Köln NJW-RR 1995, 337.
[464] OLG Köln BeckRS 2000, 11695 = ZfBR 2000, 554.
[465] KG BeckRS 2018, 15687 = NJ 2018, 426.
[466] OLG Düsseldorf BeckRS 2003, 30319997 = IBR 2003, 673.
[467] Kapellmann/Messerschmidt/Langen § 13 Rn. 169; Ingenstau/Korbion/Wirth § 13 Abs. 4 Rn. 89.
[468] Kapellmann/Messerschmidt/Langen § 13 Rn. 169; Beck VOB/B/Eichberger/Zelta § 13 Abs. 4 Rn. 163.
[469] Kapellmann/Messerschmidt/Langen § 13 Rn. 169; Ingenstau/Korbion/Wirth § 13 Abs. 4 Rn. 90.
[470] Beck VOB/B/Eichberger/Zelta § 13 Abs. 4 Rn. 165; Kleine-Möller/Merl/Glöckner PrivBauR-HdB/Merl/Hummel § 15 Rn. 1134.

chen Vertrags je nach Leistungsteil verschiedene Verjährungsfristen gelten.[471] Eine vergleichbare Regelung besteht im Werkvertragsrecht des BGB nicht.

230   **5. 1-jährige Verjährungsfrist für feuerberührte und abgasdämmende Teile von industriellen Feuerungsanlagen.** Die Verjährungsfrist für Mängel an feuerberührten und abgasdämmenden Teilen von industriellen Feuerungsanlagen beträgt 1 Jahr, Abs. 4 Nr. 1 S. 2. Diese Regelung ist durch die VOB/B 2002 neu eingefügt worden. Die kurze Verjährungsfrist ist durch die enorme Beanspruchung und die permanent hohen Temperaturen gerechtfertigt. Unter diese Regelung fallen bspw. vom Feuer berührte und abgasdämmende Teile von Kraftwerken sowie Anlagen der Stahl-, Eisen- und Chemieindustrie.[472]

231   **6. Verjährungsfrist für Teile von maschinellen und elektrotechnischen/ elektronischen Anlagen, die der Wartung bedürfen.** Die Verjährungsfrist für Teile von maschinellen und elektrotechnischen/elektronischen Anlagen, die der Wartung bedürfen, beträgt 4 Jahre oder 2 Jahre, abhängig davon, ob der Auftraggeber den Auftragnehmer für die Dauer der Verjährungsfrist mit der **Wartung der Anlagen** beauftragt. Gibt der Auftraggeber die Wartung für die Dauer der Verjährungsfrist nicht beim Auftragnehmer in Auftrag, läuft die Verjährungsfrist für Mängelansprüche gem. Abs. 4 Nr. 2 bereits nach 2 Jahren ab. Keine Auswirkung auf die Verjährungsfrist hat die Beauftragung eines Dritten mit der Wartung.[473] § 13 Abs. 4 Nr. 2 findet nur bei Arbeiten an einem Bauwerk (→ Rn. 221 ff.) Anwendung. Bei anderen Werken beträgt die Verjährungsfrist ohnehin 2 Jahre. Zweck der Regelung ist, Streit darüber zu verhindern, ob die Mangelhaftigkeit auf eine Schlechtleistung des Auftragnehmers oder eine ungenügende Wartung durch den Auftraggeber zurückzuführen ist. Die Reduzierung der Verjährungsfrist von 4 auf 2 Jahre greift daher lediglich bei Teilen von maschinellen und elektrotechnischen/elektronischen Anlagen ein, die der **Wartung bedürfen**, zB wartungsbedürftigen Teilen von Aufzugsanlagen, Rolltreppen und anderen fördertechnischen Anlagen, Mess-, Steuer- und Regeleinrichtungen.[474] Sind nicht wartungsbedürftige Teile solcher Anlagen mangelhaft, bleibt es bei der 4-jährigen Verjährungsfrist. Die Wartung muss Einfluss auf die Sicherheit und Funktionsfähigkeit der Anlage haben. Welche Anlagen bzw. Anlagenteile wartungsbedürftig sind, ist nach objektiven Kriterien des betroffenen Verkehrskreises zu bestimmen.[475] Im Übrigen bleibt es bei der 4-jährigen Verjährungsfrist.

232   Die verkürzte Verjährungsfrist von 2 Jahren greift auch dann ein, wenn die Parteien eine von Abs. 4 Nr. 1 **abweichende Verjährungsfrist** vereinbaren, ohne Abs. 4 Nr. 2 ausdrücklich auszuschließen, Abs. 4 Nr. 2, letzter Halbsatz.[476]

---

[471] Ingenstau/Korbion/Wirth § 13 Abs. 4 Rn. 90; Kleine-Möller/Merl/Glöckner PrivBauR-HdB/Merl/Hummel § 15 Rn. 1134.

[472] Kapellmann/Messerschmidt/Langen § 13 Rn. 170; Kleine-Möller/Merl/Glöckner PrivBauR-HdB/Merl/Hummel § 15 Rn. 1135.

[473] Beck VOB/B/Eichberger/Zelta § 13 Abs. 4 Rn. 178; Stammkötter ZfBR 2006, 631 (633).

[474] Kapellmann/Messerschmidt/Langen § 13 Rn. 171; Joussen/Schranner BauR 2006, 1366 (1370).

[475] Heiermann/Riedl/Rusam/Riedl/Mansfeld § 13 Rn. 65; Kleine-Möller/Merl/Glöckner PrivBauR-HdB/Merl/Hummel § 15 Rn. 1140.

[476] OLG München BeckRS 2010, 07886 = IBR 2010, 266; vgl. auch Kleine-Möller/Merl/Glöckner PrivBauR-HdB/Merl/Hummel § 15 Rn. 1149.

Mängelansprüche **§ 13**

Der Wartungsvertrag muss die **gesamte Verjährungsfrist** abdecken. Er muss 233
deshalb spätestens bei der Abnahme geschlossen werden und die gesamte Verjährungsfrist andauern.[477]

In der VOB/B ist nicht geregelt, welche Verjährungsfrist gilt, wenn der **War-** 234
tungsvertrag vom Auftraggeber oder vom Auftragnehmer **gekündigt** wird, bevor die Verjährungsfrist abgelaufen ist. Das OLG Düsseldorf ist in einem solchen Fall durch ergänzende Vertragsauslegung zu dem Ergebnis gekommen, dass sich die Verjährungsfrist durch die Kündigung wieder verkürzt.[478] In der Lit.[479] wird überwiegend vertreten, dass sich bei einer Kündigung des Wartungsvertrags innerhalb der ersten 2 Jahre der Verjährungsfrist durch den Auftraggeber, die der Auftragnehmer nicht zu vertreten hat, die Verjährungsfrist auf 2 Jahre verkürzt. Gleiches gilt bei einer Kündigung des Auftragnehmers aus einem wichtigen Grund, den der Auftraggeber zu vertreten hat. Wird der Wartungsvertrag nach Ablauf von 2 Jahren, aber vor dem Ende der Verjährungsfrist gekündigt, so soll die Verjährung mit Wirksamwerden der Kündigung eintreten.[480] Kündigt der Auftraggeber den Wartungsvertrag aus wichtigem Grund, den der Auftragnehmer zu vertreten hat, so bliebe es bei der verlängerten Verjährungsfrist.[481] Vorzugswürdig ist die Ansicht des OLG Düsseldorf, die Rechtsfolge einer Kündigung des Wartungsvertrags im Einzelfall durch eine **ergänzende Vertragsauslegung** zu ermitteln.[482] Demnach ist unter Abwägung der beiderseitigen Interessen nach Treu und Glauben zu bestimmen, welche Regelung die Parteien getroffen hätten, wenn sie bei Vertragsschluss die Frage der Kündigung des Wartungsvertrags bedacht hätten.[483] Das Ergebnis der ergänzenden Vertragsauslegung kann mit der dargestellten Lösung von Teilen der Lit. übereinstimmen, da dieser Lösungsansatz die Interessen der Parteien grundsätzlich angemessen berücksichtigt. Im Einzelfall kann sich aber eine abweichende Wertung aus dem Vertrag ergeben, der dann der Vorzug zu geben ist. In der Praxis ist es empfehlenswert, im Vertrag eine Regelung für den Fall der Kündigung des Wartungsvertrags zu treffen.

Einer **Kündigung des Wartungsvertrags** gleichzustellen ist die Ablehnung 235
der Vertragserfüllung durch den **Insolvenzverwalter**. Ergibt sich aus dem Vertrag zwischen den Parteien nicht ein anderes, so kommt die verkürzte Verjährungsfrist zur Anwendung, wenn der Insolvenzverwalter des Auftraggebers die Erfüllung des Wartungsvertrags ablehnt, während eine Erfüllungsverweigerung des Insolvenzverwalters des Auftragnehmers nicht zu einer Verkürzung der Verjährungsfrist führt.[484]

---

[477] Beck VOB/B/Eichberger/Zelta § 13 Abs. 4 Rn. 182; Ingenstau/Korbion/Wirth § 13 Abs. 4 Rn. 97; OLG Celle IBR 2021, 3420.
[478] OLG Düsseldorf NJW-RR 2004, 636 (637).
[479] Kapellmann/Messerschmidt/Langen § 13 Rn. 174; Stammkötter ZfBR 2006, 631 (636); BeckOK VOB/B/Koenen § 13 Abs. 4 Rn. 42; Beck VOB/B/Eichberger/Zelta § 13 Abs. 4 Rn. 183.
[480] Matthies NZBau 2011, 267 (269); Kapellmann/Messerschmidt/Langen § 13 Rn. 174; BeckOK VOB/B/Koenen § 13 Abs. 4 Rn. 42; Messerschmidt/Voit/Voit § 13 Rn. 21.
[481] So Beck VOB/B/Eichberger/Zelta § 13 Abs. 4 Rn. 183; Matthies NZBau 2011, 267 (269); Stammkötter ZfBR 2006, 631 (637); Kapellman/Messerschmidt/Langen § 13 Rn. 174.
[482] So auch Werner/Pastor BauProz/Dölle Rn. 2841; Matthies NZBau 2011, 267 (269).
[483] So auch Matthies NZBau 2011, 267 (269 f.).
[484] Matthies NZBau 2011, 267 (270 f.); Kapellmann/Messerschmidt/Langen § 13 Rn. 175.

236 **7. Verjährungsfrist bei gemischter Leistung.** Werden in einem **einheitlichen Vertrag** sowohl Arbeiten bei einem Bauwerk als auch andere Werke beauftragt, die für sich genommen nicht als Bauwerksarbeiten zu qualifizieren sind, gilt für alle Leistungen die **längere Verjährungsfrist** für Bauwerksarbeiten.[485] Werden zB im Zuge der vollständigen Renovierung eines Hauses umfangreiche Malerarbeiten im Innen- und Außenbereich beauftragt, so gilt auch für die Malerarbeiten im Innenbereich, die, wenn sie alleine beauftragt worden wären, keine Bauwerksleistungen, sondern lediglich andere Werke darstellen (→ Rn. 228), die Verjährungsfrist für Bauwerksleistungen.[486] Andere Werke iSd Abs. 4 Nr. 1 S. 1 liegen nur dann vor, wenn es sich um technisch und wirtschaftlich selbstständige Leistungen handelt, die in einem gesonderten Vertrag in Auftrag gegeben wurden.[487]

237 Nicht der einheitlichen Verjährung unterliegen die vom Feuer berührten Teile von Feuerungsanlagen, die feuerberührten und abgasdämmenden Teile von industriellen Feuerungsanlagen sowie wartungsbedürftige Teile von maschinellen und elektrotechnischen/elektronischen Anlagen. Für diese Teile gelten die kurzen Verjährungsfristen auch bei gleichzeitiger Beauftragung von Bauwerksleistungen.[488]

238 **8. Quasi-Neubeginn der Verjährung gem. § 13 Abs. 5 Nr. 1 S. 2.** Verlangt der Auftraggeber von dem Auftragnehmer vor Ablauf der Verjährungsfrist schriftlich Mängelbeseitigung, verjährt der Anspruch auf Beseitigung der gerügten Mängel gem. Abs. 5 Nr. 1 S. 2 nicht vor Ablauf von 2 Jahren ab Zugang der schriftlichen Mangelanzeige (→ Rn. 308 ff.).

239 **9. Gesetzliche Verjährungsfrist für Schadensersatzansprüche bei Versicherungsschutz.** Gem. Abs. 7 Nr. 4 gelten für die Schadensersatzansprüche des Abs. 7 Nr. 1 – 3 die gesetzlichen Verjährungsfristen, soweit sich der Auftragnehmer durch eine Versicherung geschützt hat oder hätte schützen können oder ein besonderer Versicherungsschutz vereinbart ist (→ Rn. 467).

240 **10. Regelmäßige Verjährungsfrist bei arglistiger Täuschung.** Die VOB/B enthält keine Regelung zur Verjährungsfrist bei arglistiger Täuschung durch den Auftragnehmer. Es ist auf die Regelung des **§ 634a Abs. 3 BGB** zurückzugreifen. Den Parteien kann nicht unterstellt werden, dass sie auch bei einem arglistigen Verschweigen von Mängeln die Regelungen des Abs. 4 vereinbaren wollten.[489] Darüber hinaus wäre eine entsprechende Vereinbarung gem. § 639 BGB unwirksam.[490] Auf eine Einschränkung der Mängelrechte des Auftraggebers kann sich der Auftragnehmer bei arglistigem Verschweigen eines Mangels nicht berufen.

---

[485] OLG Düsseldorf NJW-RR 2000, 1336 (1337); Ingenstau/Korbion/Wirth § 13 Abs. 4 Rn. 78.

[486] BGH NJW 1993, 3195; vgl. auch Kapellmann/Messerschmidt/Langen § 13 Rn. 176.

[487] OLG Düsseldorf NJW-RR 2000, 1336 (1337).

[488] Kapellmann/Messerschmidt/Langen § 13 Rn. 177; Ingenstau/Korbion/Wirth § 13 Abs. 4 Rn. 90.

[489] BGH BeckRS 1970, 30396266; OLG Düsseldorf IBRRS 2017, 3152 Ingenstau/Korbion/Wirth § 13 Abs. 4 Rn. 107.

[490] Ingenstau/Korbion/Wirth § 13 Abs. 4 Rn. 107; BeckOK VOB/B/Koenen § 13 Abs. 4 Rn. 47.

Verschweigt der Auftragnehmer dem Auftraggeber einen Mangel **arglistig** oder 241
spiegelt er arglistig vor, die Leistung vertragsgemäß erbracht zu haben, so verjähren
die Mängelansprüche des Auftraggebers abweichend von Abs. 4 in der 3-jährigen
regelmäßigen Verjährungsfrist gem. §§ 195, 634a Abs. 3 BGB.[491] Nach § 634a
Abs. 3 S. 2 BGB tritt Verjährung im Falle des § 634a Abs. 1 Nr. 2 BGB jedoch
nicht vor Ablauf der dort bestimmten 5-jährigen Verjährungsfrist ein. Die regelmäßige Verjährungsfrist beginnt abweichend von Abs. 4 Nr. 3 nicht mit der
Abnahme, sondern gem. § 199 Abs. 1 BGB mit dem Schluss des Jahres, in dem der
Anspruch entstanden ist und der Gläubiger von den den Anspruch begründenden
Umständen und der Person des Schuldners Kenntnis erlangt oder ohne grobe
Fahrlässigkeit erlangen müsste.[492]

Die regelmäßige Verjährungsfrist ist gem. § 199 Abs. 3 S. 1 Nr. 1, S. 2, Abs. 4 242
BGB unabhängig von der Kenntnis oder grob fahrlässigen Unkenntnis des Auftraggebers **beschränkt auf 10 Jahre** ab Anspruchsentstehung.[493] In Fällen arglistiger Täuschung durch den Auftragnehmer wird in der Rspr. und Lit. als Zeitpunkt
der Anspruchsentstehung und damit als Verjährungsbeginn überwiegend die
Abnahme herangezogen.[494] Das gilt gleichermaßen für Nacherfüllungs- wie auch
für Schadensersatzansprüche (zB nach erfolgter Ersatzvornahme).[495] Unabhängig
von der Anspruchsentstehung und der Kenntnis oder grob fahrlässigen Unkenntnis
des Auftraggebers von der Anspruchsentstehung verjähren die Ansprüche des Auftraggebers gem. § 199 Abs. 3 S. 1 Nr. 2 BGB spätestens 30 Jahre nach Begehung
der Handlung, der Pflichtverletzung oder dem sonstigen, den Schaden auslösenden
Ereignis.

Maßgeblicher Zeitpunkt für die Beurteilung, ob ein arglistiges Verhalten des 243
Auftragnehmers vorliegt, ist idR der **Zeitpunkt der Abnahme** der Bauleistung.[496]

Ein **arglistiges Verschweigen** eines Mangels oder Vorspiegeln der vertragsge- 244
mäßen Leistung durch den Auftragnehmer liegt vor, wenn er von für den Auftraggeber erheblichen Umständen Kenntnis hat, sich bewusst ist, dass diese Umstände
für den Auftraggeber erheblich sind und diese dem Auftraggeber dennoch nicht
offenbart.[497] Ein Mangel oder eine nicht vertragsgemäße Leistung ist für den
Auftraggeber erheblich, wenn durch diesen Umstand der Wert der Leistung um

---

[491] BGH BeckRS 1970, 30396266; Kapellmann/Messerschmidt/Langen§ 13 Rn. 179;
Leinemann/Schliemann § 13 Rn. 123.

[492] BeckOK BGB/Henrich§ 199 Rn. 3; Beck VOB/B/Eichberger/Zelta § 13 Abs. 4
Rn. 301; s. erg. auch Grüneberg/Ellenberger § 199 Rn. 1 ff.

[493] OLG Karlsruhe NZBau 2014, 290; Messerschmidt/Voit/Moufang/Koos § 634a
Rn. 85.

[494] OLG München IBRRS 2016, 0147; OLG Karlsruhe NJW 2014, 1308; Werner/Pastor
BauProz/Frechen/Dölle Rn. 2836; Weyer Jahrbuch BauR 2003, 209 (223); Kapellmann/
Messerschmidt/Langen § 13 Rn. 179; BeckOK VOB/B/Koenen § 13 Abs. 4 Rn. 47;
MüKoBGB/Busche § 634a Rn. 53 f.; Messerschmidt/Voit/Moufang/Koos § 634a Rn. 85;
Schulze-Hagen BauR 2016, 384 (391).

[495] OLG Karlsruhe NJW 2014, 1308 f.; Werner/Pastor BauProz/Frechen/Dölle
Rn. 2836; Schulze-Hagen BauR 2016, 384 (391); Messerschmidt/Voit/Moufang/Koos
§ 634a Rn. 86.

[496] Grüneberg/Retzlaff § 634a Rn. 12; Kniffka/Jurgeleit/Jurgeleit BauVertrR § 634a
Rn. 54; BeckOK BauVertR/Popescu § 634a Rn, 45.

[497] BGH NJW 2002, 2776; BGH NJW 1974, 553; BGH BeckRS 1970, 30396266; OLG
Saarbrücken IBRRS 2017, 0138.

§ 13

einen nicht bedeutungslosen Betrag gemindert ist.[498] Die **Offenbarungspflicht** für solche Umstände folgt aus Treu und Glauben. Der Auftragnehmer handelt arglistig, wenn er den Mangel bewusst verschwiegen, diesen also selbst wahrgenommen hat.[499] Für die Kenntnis des Auftragnehmers ist es ausreichend, wenn dieser die für den Mangel ursächliche vertragswidrige Ausführung erkannt hat.[500] Eine Pflicht, den Auftraggeber darauf hinzuweisen, dass sich der Auftragnehmer über die Ursache der sichtbaren Mangelsymptome nicht sicher ist, besteht nicht.[501] Der Auftragnehmer ist hingegen verpflichtet, dem Auftraggeber über die Verwendung von planwidrigem oder **nicht zugelassenem Material** sowie über die dadurch entstehenden Risiken aufzuklären.[502] Gleiches gilt, wenn der Auftragnehmer vereinbarte Leistungen in Rechnung stellt, die dieser bewusst nicht erbracht hat oder wenn er „abweichend vom Bauplan ganz andere Arbeiten ausgeführt" hat.[503] Die arglistige Täuschung liegt in diesem Fall darin, dass er wahrheitswidrig vorspiegelt, die Leistungen vertragsgemäß erbracht zu haben. Ebenfalls arglistig handelt ein Auftragnehmer, dem entgegen der eindeutigen Erwartung des Auftraggebers die **Sach- und Fachkunde** für eine ordnungsgemäße Erbringung der Leistung fehlt und der dies dennoch verschweigt.[504] Nach Auffassung des OLG Brandenburg kann ein arglistiges Verschweigen von Mängeln allerdings nicht schon daraus abgeleitet werden, dass der Auftragnehmer eine Fachdiskussion zu besonderen Risiken der von ihm gewählten Konstruktion nicht kannte, obwohl er diese unter normalen Umständen hätte kennen müssen.[505] Für das Vorliegen von Arglist ist eine Schädigungsabsicht nicht erforderlich.[506] **Bedingter Vorsatz** ist ausreichend.[507] Dass ein Mangel für den Auftraggeber bei der Abnahme erkennbar war oder bei üblicher Prüfung hätte erkannt werden können, schließt ein arglistiges Verhalten des Auftragnehmers nicht aus.[508]

245 Dem Auftragnehmer wird die Arglist seiner **Erfüllungsgehilfen** (zB Mitarbeiter oder Nachunternehmer des Auftragnehmers), deren er sich bei der **Erfüllung seiner Offenbarungspflicht** gegenüber dem Auftraggeber bedient, gem. § 278

---

[498] Ingenstau/Korbion/Wirth § 13 Abs. 4 Rn. 109.

[499] BGH NJW-RR 2010, 1604 (1606); NJW 2008, 145; OLG Hamm IBRRS 2014, 1454; OLG Düsseldorf IBRRS 2017, 3152.

[500] BGH NJW 2012, 1653 Rn. 18 f.; OLG Dresden BeckRS 2014, 19787 Rn. 125 = IBR 2014, 549; Kapellmann/Messerschmidt/Langen § 13 Rn. 180.

[501] BGH NJW-RR 2012, 1078 (1079); Kapellmann/Messerschmidt/Langen § 13 Rn. 180.

[502] BGH NJW 2002, 2776; NJW 1986, 980; Messerschmidt/Voit/Moufang/Koos § 634a Rn. 79.

[503] BGH NJW 1967, 340 (342); einschränkend bei geringfügigen Vertragsabweichungen, wenn der Unternehmer davon ausgeht, dass das Werk keine Qualitätsunterschiede aufweist: OLG Düsseldorf IBRRS 2017, 3152; Kapellmann/Messerschmidt/Langen § 13 Rn. 181.

[504] BGH NJW 1980, 2460 (2461); OLG Köln IBRRS 2018, 1020; OLG Köln BeckRS 2000, 30150694 = ZfBR 2001, 327; Messerschmidt/Voit/Moufang/Koos § 634a Rn. 78.

[505] OLG Brandenburg NZBau 2023, 518.

[506] BGH IBRRS 2015, 2160; BGH NZBau 2008, 113 Rn. 20; BGH NJW 2002, 2776; BGH BeckRS 1970, 30396266; OLG Dresden BeckRS 2000, 11194 = BauR 2000, 1349; Kleine-Möller/Merl/Glöckner PrivBauR-HdB/Merl/Hummel § 15 Rn. 1158.

[507] BGH NZBau 2012, 359 Rn. 18; NJW-RR 1992, 1076; Kleine-Möller/Merl/Glöckner PrivBauR-HdB/Merl/Hummel § 15 Rn. 1158.

[508] Beck VOB/B/Eichberger/Zelta § 13 Abs. 4 Rn. 307.

BGB zugerechnet.[509] Dies sind idR die Hilfspersonen, die mit der Ablieferung des Werks an den Auftraggeber betraut sind oder daran mitwirken, zB der Bauleiter oder der Polier.[510] Die Kenntnis der lediglich mit der Herstellung des Werks betrauten Hilfspersonen muss sich der Auftragnehmer grundsätzlich nicht zurechnen lassen.[511] Sie sind idR keine Erfüllungsgehilfen des Auftragnehmers im Hinblick auf die Erfüllung der Offenbarungspflichten gegenüber dem Auftraggeber. Etwas anderes gilt aber für den Fall, dass die Hilfspersonen nicht nur mit der Herstellung, sondern auch mit der Prüfung des Werks auf Mangelfreiheit betraut waren und allein das Wissen dieser Hilfspersonen dem Auftragnehmer die Möglichkeit gibt, seine Offenbarungspflicht gegenüber dem Auftraggeber zu erfüllen.[512] Dabei gilt: Je schwieriger und je kürzer ein Mangel während der Ausführung der Leistung zu erkennen ist, desto eher wird dem Auftragnehmer die Kenntnis der in diesem Arbeitsschritt mit Prüfungsaufgaben betrauten Hilfsperson zugerechnet.[513] Arglistiges Verhalten des Nachunternehmers kann dem Auftragnehmer auch dann zuzurechnen sein, wenn der Auftragnehmer einen **Bauleiter** zur Überwachung eingesetzt hat, der den Mangel nicht wahrgenommen hat und auch nicht wahrnehmen konnte, da der Mangel aufgrund der weitergeführten Arbeiten nicht mehr zu sehen war.[514] In diesen Fällen hält der BGH es für nicht gerechtfertigt, auf die von vornherein ausgeschlossene Kenntnis der Bauleitung abzustellen und lässt es ausnahmsweise zu, auf die Kenntnis der Mitarbeiter eines Nachunternehmers abzustellen, die anstelle des abwesenden Bauleiters mit der Prüfung der Mangelfreiheit des Werks betraut sind und deshalb Gehilfen bei der Erfüllung der Offenbarungspflichten sein können.[515]

Das OLG München fordert zusätzlich zur arglistigen Täuschung des Auftrag- 246 nehmers, dass eine **„Ablieferungssituation"** vorliegt (zB eine Abnahme), in der der Auftragnehmer den Auftraggeber täuscht und dieser in entsprechender Weise **irrt**.[516] Nach der Auffassung des OLG München irrt der Auftraggeber nicht, wenn er den Bauvertrag wegen schwerwiegender anderer bereits aufgetretener Mängel gekündigt hat, da er im Zeitpunkt der Kündigung kein Vertrauen in die Mangelfreiheit der Leistung des Auftragnehmers hatte.[517] Findet infolge der Kündigung keine Abnahme bzw. eine andere „Ablieferungssituation" statt, schließe auch dies das Vorliegen von Arglist aus.[518] Das überzeugt in mehrfacher Hinsicht nicht.[519] Die Rechtsprechung des OLG München kann zum einen nur für solche Mängel gelten, die dem Auftraggeber bei Abnahme bereits bekannt

---

[509] BGH NJW 1992, 1754; NJW 1974, 553; BeckOK VOB/B/Koenen § 13 Abs. 4 Rn. 55.
[510] BGH NZBau 2014, 31; OLG Karlsruhe IBRRS 2015, 1099; Kapellmann/Messerschmidt/Langen § 13 Rn. 183.
[511] BGH NJW 1992, 1754; NJW 1974, 553; BeckOK VOB/B/Koenen § 13 Abs. 4 Rn. 55.
[512] BGH NJW 1992, 1754; NJW 1974, 553; OLG Saarbrücken IBRRS 2017, 0138.
[513] BGH NJW 1976, 516; NJW 1974, 553 (554); BeckOK VOB/B/Koenen § 13 Abs. 4 Rn. 56.
[514] BGH NJW 2007, 366 (367); Kapellmann/Messerschmidt/Langen § 13 Rn. 183.
[515] BGH NJW 2007, 366 (367); s. zur Zurechnung der Arglist eines Nachunternehmers auch: OLG Düsseldorf IBRRS 2017, 3152.
[516] OLG München NJW 2011, 2524 (2525).
[517] OLG München NJW 2011, 2524 (2525).
[518] OLG München NJW 2011, 2524 (2525).
[519] Ingenstau/Korbion/Wirth § 13 Abs. 4 Rn. 118.

sind, zB die Mängel, die zur Kündigung des Vertrags geführt haben. Über Mängel, die sich im Zeitpunkt der Abnahme noch nicht geäußert haben, irrt der Auftraggeber auch dann, wenn er das Vertrauen in die Leistungsfähigkeit des Auftragnehmers verloren hat. Durch die Abnahme nimmt er das (bis dahin errichtete) Werk gerade als im Wesentlichen mangelfrei entgegen. Zum anderen ist auch die Ablehnung der Arglisthaftung bei fehlender Abnahme nicht überzeugend. Der Auftraggeber wäre in der Praxis gezwungen, trotz Vorliegens von wesentlichen Mängeln die Abnahme zu erklären, um nicht für etwaig bestehende noch verdeckte Mängel die Arglisthaftung des Auftragnehmers auszuschließen.

247   Die **Darlegungs- und Beweislast** für ein arglistiges Verhalten des Auftragnehmers bzw. seiner Erfüllungsgehilfen trägt der Auftraggeber. Der Auftraggeber genügt seiner Darlegungslast, wenn er Tatsachen vorträgt, nach denen der Auftragnehmer selbst oder die von diesem zur Erfüllung seiner Offenbarungspflicht eingesetzten Personen den Mangel erkannt, aber dem Auftraggeber nicht offenbart haben.[520] Welche Anforderungen an die **Substantiierung** zu stellen sind, ist einer Wertung des Einzelfalls vorbehalten. Auf ein arglistiges Verhalten des Auftragnehmers kann gegebenenfalls bereits dann geschlossen werden, wenn die Mängel des Gewerks derart gravierend sind, dass diese für den beauftragten Unternehmer nicht zu übersehen waren.[521] Der **Beweis des ersten Anscheins** spricht dann dafür, dass der Unternehmer den Mangel erkannt und ihn als solchen eingeordnet hat.[522] Dies gilt bspw. bei einer konsequenten Missachtung der Mindestabstände bei der Anbringung von Schiebehaften bei Dacharbeiten, die solche gravierende Abweichungen vom Sollwert aufweisen, dass diese mit einem fahrlässigen Einmalversagen nicht zu erklären sind.[523] Ferner wurde der Beweis des ersten Anscheins angenommen, wenn bei Dacharbeiten die für die Befestigung der Holzlattung gewählten Nägel unzulässig sind, diese darüber hinaus nicht tief genug eingeschlagen wurden und die im Leistungsverzeichnis ausgeschriebene Verschraubung komplett unterlassen wurde.[524]

248   **11. Regelmäßige Verjährungsfrist bei Verletzung der Organisationsobliegenheit.** Dem arglistigen Verhalten des Auftragnehmers stellt die Rspr. eine Verletzung der Organisationsobliegenheit durch den Auftragnehmer gleich, wenn dieser ein Werk arbeitsteilig herstellen lässt. Sinn und Zweck der Rechtsprechung ist, eine haftungsrechtliche Besserstellung von großen, **arbeitsteilig arbeitenden Betrieben** gegenüber Einzelunternehmern zu verhindern.[525] Dementsprechend ist die Gleichstellung der Organisationsobliegenheit mit einem arglistigen Verhalten nur dann gerechtfertigt, wenn den Auftragnehmer der Vorwurf trifft, sich durch seine Organisation einer Arglisthaftung entziehen zu wollen, etwa weil er,

---

[520] BGH NJW 1992, 1754 (1755).
[521] OLG Düsseldorf IBRRS 2017, 3152; OLG Saarbrücken IBRRS 2017, 0138; OLG Naumburg BeckRS 2008, 03682; OLG Frankfurt a. M. NJW-RR 1999, 24; Messerschmitt/Voit/Moufang/Koos § 634a Rn, 88; Ingenstau/Korbion/Wirth § 13 Abs. 4 Rn. 111; Leinemann/Kues/Steffen § 634a Rn. 18; BeckOGK/Raab-Gaudin § 634a Rn. 450; Jurgeleit BauR 2018, 389 (391 f.).
[522] OLG Düsseldorf IBRRS 2017, 3152; ibrOK BauVertrR/Jurgeleit § 634a Rn. 69; Jurgeleit BauR 2018, 389 (391 f.).
[523] OLG Hamm BeckRS 2013, 08951 = IBR 2013, 468.
[524] OLG Düsseldorf IBRRS 2017, 3152.
[525] BGH NJW 1992, 1754; Beck VOB/B/Eichberger/Zelta § 13 Abs. 4 Rn. 322.

Mängelansprüche **§ 13**

ohne selbst tätig zu werden, es gänzlich unterlässt, Hilfspersonen zur Erfüllung seiner Offenbarungspflicht einzusetzen.[526]

Liegt eine der Arglist gleichzusetzende Verletzung der Organisationsobliegenheit des Auftragnehmers vor, so verjähren die Mängelansprüche des Auftraggebers in der regelmäßigen Verjährungsfrist gem. **§ 634a Abs. 3 BGB** (→ Rn. 241). Hat der Auftragnehmer die Überwachung oder Prüfung des Werks nicht oder nicht richtig organisiert und wäre der Mangel bei einer ordnungsgemäßen Organisation entdeckt worden, so ist der Auftragnehmer so zu behandeln, als sei ihm der Mangel im Zeitpunkt der Abnahme bekannt gewesen.[527] Setzt der Auftragnehmer zur Erfüllung seiner Offenbarungspflicht Hilfspersonen ein, so hat er die Arbeitsabläufe so zu organisieren, dass sichergestellt ist, dass das Werk keine Fehler aufweist.[528] Der Auftragnehmer ist gehalten, den **Herstellungsprozess zu überwachen** und vor der Abnahme zu prüfen, ob das Werk mangelfrei ist.[529]

249

Welche **Organisations- und Kontrollmaßnahmen** getroffen werden müssen, ist im konkreten Einzelfall zu entscheiden. Die bloße Einweisung der Hilfspersonen ist idR nicht ausreichend. Der von dem Auftragnehmer mit der Bauüberwachung betraute Bauleiter hat vielmehr die Arbeiten zu kontrollieren und bei wesentlichen Arbeitsschritten präsent zu sein.[530] Jedenfalls hat eine Überprüfung zu erfolgen, bevor die erbrachte Leistung durch die Fortführung der Arbeiten überbaut wird und deshalb nicht mehr überprüft werden kann.[531] Eine bloße **Überwachungspflichtverletzung** durch den Bauleiter genügt für die Annahme einer Verletzung der Organisationsobliegenheit grundsätzlich nicht. Denn selbst bei fehlerhafter Bauüberwachung gibt es eine Vielzahl von Fehlerquellen, die nicht auf fehlerhafter Organisation der Bauüberwachung beruhen, etwa die Fehleinschätzung des Bauleiters über die Notwendigkeit weiterer Kontrollen.[532] Darüber hinaus kann dem Auftragnehmer eine Obliegenheitsverletzung nur vorgeworfen werden, wenn er mit entsprechendem Vorsatz handelt oder jedenfalls die Augen vor der Erkenntnis verschließt.[533] Eine Verletzung der Organisationsobliegenheit des Auftragnehmers wurde zB für den Fall bejaht, dass dieser bei einem Nachunternehmer Baustoffe bestellt und diese vor Einbau nicht auf Mangelfreiheit prüft, obwohl er weiß, dass eine Kontrolle durch den Nachunternehmer nicht stattgefunden hat.[534]

250

---

[526] BGH NJW 2009, 582 Rn. 22; OLG Hamm BeckRS 2014, 09492 = IBR 2014, 413; BeckOK VOB/B/Koenen § 13 Abs. 4 Rn. 59.

[527] BGH NJW 1992, 1754; Kapellmann/Messerschmidt/Langen § 13 Rn. 184.

[528] BGH NJW 2005, 893 (894); NJW 1992, 1754 (1755); Messerschmidt/Voit/Moufang/Koos § 634a Rn. 82.

[529] BGH NJW 2009, 582 (583); NJW 1992, 1754; Messerschmidt/Voit/Moufang/Koos § 634a Rn. 83.

[530] OLG Köln NJW-RR 1995, 180; Kniffka/Jurgeleit/Jurgeleit BauVertrR § 634a Rn. 75.

[531] OLG Düsseldorf IBRRS 2017, 3152.

[532] OLG Frankfurt a. M. BeckRS 2014, 19679 Rn. 32 = IBR 2014, 598; Nichtzulassungsbeschwerde zurückgewiesen: BGH 20.5.2014 – VII ZR 273/12; OLG Hamm BeckRS 2010, 4616.

[533] BGH NJW 2009, 582 (584).

[534] OLG Düsseldorf BeckRS 2014, 06815 = IBR 2014, 262 (im konkreten Fall hätte der Auftragnehmer die Mangelhaftigkeit bzw. die fehlende Eignung des angelieferten Materials ohne großen Aufwand durch einfache optische und geruchsmäßige Prüfung sowie einen Gewichtsvergleich feststellen können).

§ 13

251 Eine Organisationsobliegenheit des Auftragnehmers besteht grundsätzlich nur für diejenigen Teile des Herstellungsprozesses, die dieser selbst organisiert. Damit besteht keine Organisationsobliegenheit des Auftragnehmers bzgl. der Teile des Herstellungsprozesses, die von einem **Nachunternehmer** mangels Fachkunde oder Lizensierung des Auftragnehmers in eigener Verantwortung und außerhalb des Einflussbereichs des Auftragnehmers durchgeführt werden.[535] Für die Organisation dieser Herstellungsprozesse ist der Nachunternehmer eigenverantwortlich. Der Auftragnehmer genügt in diesem Fall seiner Organisationsobliegenheit durch eine sorgfältige Auswahl des Nachunternehmers. Eine Verletzung der Organisationspflicht des Nachunternehmers kann dem Auftragnehmer **nicht gem. § 278 BGB zugerechnet** werden, da es sich bei der Organisationspflicht nicht um eine vertragliche Pflicht gegenüber dem Auftraggeber handelt, sondern um eine Obliegenheit, die im Fall einer Verletzung zu einer für den Auftragnehmer nachteiligen Verjährung führt.[536] Eine darüber hinausgehende Überwachung durch den Auftragnehmer kann erst dann wieder verlangt werden, wenn der Nachunternehmer das gefertigte Bauteil in den Organisationsbereich des Auftragnehmers einbringt, zB durch Lieferung an die Baustelle.[537]

252 Die **Darlegungs- und Beweislast** für die Verletzung einer Organisationsobliegenheit des Auftragnehmers trägt der Auftraggeber. Er genügt seiner Darlegungslast, wenn er Tatsachen vorträgt, nach denen der Auftragnehmer den Herstellungsprozess nicht oder nicht richtig organisiert hat und der Mangel deshalb nicht entdeckt wurde.[538] Welche Anforderungen an die **Substantiierung** zu stellen sind, ist einer Wertung des Einzelfalls vorbehalten.[539] Die Rechtsprechung hat zunächst angenommen, dass **gravierende Mängel** an besonders wichtigen Gewerken ebenso wie besonders augenfällige Mängel an weniger wichtigen Bauteilen ein so gewichtiges Indiz für das Vorliegen einer Obliegenheitsverletzung sein können, dass es eines weiteren Vortrags des Auftraggebers nicht bedarf.[540] Diese Rspr. hat der BGH in der Folge insoweit eingeschränkt, als die Verletzung der Organisationsobliegenheit ein dem **arglistigen Verhalten vergleichbares Gewicht** haben muss. IdR kann daher auch von schwerwiegenden Baumängeln zunächst nur auf eine Bauüberwachungspflichtverletzung geschlossen werden.[541] Das gilt insbes., wenn der fragliche **Bauüberwachungsfehler** seiner Art nach auch einem sorgfältig ausgewählten und eingesetzten Bauleiter unterlaufen kann.[542]

253 Genügt der Auftraggeber seiner vorstehend beschriebenen Darlegungslast und gelingt es ihm, den **Anschein einer Organisationsobliegenheitsverletzung** zu erzeugen, so kann der Auftragnehmer diesen widerlegen, indem er darlegt, dass sein Betrieb so organisiert ist, dass der Herstellungsprozess überwacht und

---

[535] BGH NJW 2008, 145 (146); BeckOGK/Raab-Gaudin § 634a Rn. 448.
[536] BGH NJW 2009, 582 (583); NJW 2008, 145; Kapellmann/Messerschmidt/Langen § 13 Rn. 185.
[537] BGH NJW 2008, 145 (146).
[538] BGH NJW 1992, 1754 (1755); Kapellmann/Messerschmidt/Langen § 13 Rn. 242.
[539] OLG Hamburg IBRRS 2011, 3530; vgl. auch Messerschmidt/Voit/Moufang/Koos § 634a Rn. 90.
[540] BGH NJW 1992, 1754 (1755); OLG Frankfurt a. M. NJW-RR 1999, 24; Kapellmann/Messerschmidt/Langen § 13 Rn. 184.
[541] Messerschmidt/Voit/Moufang/Koos § 634a Rn. 90.
[542] OLG Hamm IBRRS 2014, 1454.

das Werk vor der Abnahme überprüft wird.[543] Die Widerlegung des Anscheins einer Verletzung einer Organisationsobliegenheit kann insbes. dann gelingen, wenn der Auftragnehmer darlegt, dass er eine Hilfsperson, zB einen Bauleiter, zur Erfüllung der Überwachung des Herstellungsprozesses eingesetzt und diesen sorgfältig ausgewählt hat.[544] Zu beachten ist jedoch, dass nicht jeder Fehler des Auftragnehmers bei der Auswahl seiner Hilfspersonen zu einer Verletzung seiner Organisationsobliegenheit führt. Für das Vorliegen einer Verletzung der Organisationsobliegenheit des Auftragnehmers muss die **fehlerhafte Auswahl der Hilfsperson** ein solches Gewicht haben, dass eine Gleichstellung mit einem arglistigen Verhalten gerechtfertigt ist. Dies ist dann der Fall, wenn der Auftragnehmer Hilfspersonen einsetzt, von denen er weiß oder wissen müsste, dass diese der Offenbarungspflicht nicht nachkommen oder nicht nachkommen können.[545] Eines Vortrags des Auftragnehmers zur Durchführung der Baustellenüberwachung iE bedarf es nicht, da die konkrete Ausübung der bauleitenden Tätigkeit in aller Regel keine Frage der Organisation der Bauüberwachung und damit der Organisationsobliegenheit ist.[546]

III. Beginn der Verjährungsfrist

Die Verjährungsfrist beginnt gem. Abs. 4 Nr. 3 mit der **rechtsgeschäftlichen Abnahme** der Leistung. Für in sich abgeschlossene Teile ist eine Teilabnahme gem. § 12 Abs. 2 möglich. Eine technische Abnahme gem. § 4 Abs. 10 genügt nicht.[547] Auch die Abnahmefiktionen des § 12 Abs. 5 und des § 640 Abs. 2 BGB lassen die Verjährungsfristen des Abs. 4 beginnen.[548] Der Beginn der Verjährungsfrist für Mängelansprüche des Auftraggebers hängt auch bei einer Kündigung des Bauvertrags gem. §§ 8, 9 sowie bei einer Vertragsaufhebung von der rechtsgeschäftlichen Abnahme der bis dahin erbrachten Leistungen ab.[549] Zu den Voraussetzungen der rechtsgeschäftlichen Abnahme iE siehe § 12.   254

Die Verjährungsfrist beginnt ferner dann zu laufen, wenn die Abnahme der **Leistung ernsthaft und endgültig verweigert** wird. Dies gilt unabhängig davon, ob die Abnahme berechtigt oder unberechtigt verweigert wurde. Andernfalls würde dies dazu führen, dass die Verjährungsfrist bei Mängelansprüchen des Auftraggebers bei einer ernsthaften und endgültigen berechtigten Abnahmeverweigerung nie zu laufen beginnt. Eine Abnahmeverweigerung des Auftraggebers ist nicht endgültig, wenn er die Abnahme gem. § 12 Abs. 3 lediglich bis zur Beseitigung wesentlicher Mängel verweigert. Ebenfalls keine endgültige Abnahmeverweigerung kann in der Kündigung des Bauvertrages gesehen werden, da der Bauvertrag durch die Kündigung lediglich für die Zukunft beendet wird.[550]   255

---

[543] BGH NJW 1992, 1754 (1755); OLG Hamm BeckRS 2014, 119381; Kapellmann/Messerschmidt/Langen § 13 Rn. 243; Beck VOB/Eichberger/Zelta § 13 Abs. 4 Rn. 326.

[544] BGH NJW 2009, 582 (584); NJW 2008, 145 (146).

[545] BGH NJW 2009, 582 (584); OLG Hamm IBRRS 2014, 1454.

[546] BGH NJW 2009, 582 (585); NJW 2007, 366 (368).

[547] Kapellmann/Messerschmidt/Langen § 13 Rn. 191; Beck VOB/B/Eichberger/Zelta § 13 Abs. 4 Rn. 190.

[548] Beck VOB/B/Eichberger/Zelta § 13 Abs. 4 Rn. 192 f.; Kniffka/Jurgeleit/Jurgeleit BauVertR § 634a Rn. 43; zur konkludenten Abnahme: OLG München NZBau 2016, 161.

[549] BGH NJW 2003, 1450 (1452); Beck VOB/B/Eichberger/Zelta § 13 Abs. 4 Rn. 201.

[550] Kapellmann/Messerschmidt/Langen § 13 Rn. 193; BeckOK VOB/B/Koenen § 13 Abs. 4 Rn. 69.

§ 13

Voraussetzung für die Anwendbarkeit des Abs. 4 ist die Abnahme der bis zur Kündigung erbrachten Leistungen (→ Rn. 254).
Die Fristberechnung ist nach §§ 186 ff. BGB vorzunehmen.[551]

IV. Hemmung der Verjährung

256 Die VOB/B enthält keine Regelungen zur Hemmung der Verjährung. Es gelten diesbzgl. die Hemmungstatbestände der §§ 203 ff. BGB. Die Hemmung der Verjährung bewirkt gem. § 209 BGB, dass der Zeitraum der Dauer der Hemmung nicht in die Verjährungsfrist eingerechnet wird. Die Verjährungsfrist verlängert sich somit um den Zeitraum der Hemmung. Das gilt auch für die Verjährungshöchstfristen des § 199 Abs. 2–4 BGB.[552]

257 **1. Hemmung der Verjährung bei Verhandlungen gem. § 203 BGB.** Schweben zwischen den Parteien **Verhandlungen** über den Anspruch oder die den Anspruch begründenden Umstände, so ist die Verjährung für die Dauer der Verhandlungen gehemmt. Gem. § 203 S. 2 BGB tritt die Verjährung frühestens 3 Monate nach Ende der Hemmung ein.

258 Der Begriff der Verhandlungen ist weit auszulegen. Für ein Verhandeln genügt **jeder Meinungsaustausch** über den geltend gemachten Anspruch oder dessen Voraussetzungen zwischen den Parteien, sofern nicht sofort und eindeutig jede Anspruchsberechtigung abgelehnt wird.[553] Die Verjährungshemmung wirkt auf den Zeitpunkt der Geltendmachung des Anspruchs zurück, wenn der Verpflichtete auf die Geltendmachung eines Anspruchs des Berechtigten in der Weise antwortet, dass dieser annehmen darf, der Verpflichtete werde iS einer Befriedigung der Ansprüche Entgegenkommen zeigen.[554] Unter die Hemmung der Verjährung gem. § 203 BGB fallen insbes. auch solche Fallgestaltungen, die vor der Schuldrechtsreform unter die Hemmung bei Mängeluntersuchung und -beseitigung gem. **§ 639 Abs. 2 BGB aF** fielen, sodass die zu dieser Vorschrift ergangene Rspr. entsprechend anwendbar ist.[555] Auch nach dem Inkrafttreten des SchRModG hemmen sowohl die **Prüfung der Mangelhaftigkeit** eines Werks als auch die **Durchführung von Mängelbeseitigungsleistungen** durch den Auftragnehmer die Verjährung der Mängelansprüche. Die Verjährung ist gem. § 203 BGB gehemmt, wenn der Auftragnehmer bei dem Auftraggeber den Eindruck erweckt, er werde den Mangel prüfen, unter der Voraussetzung, dass der Auftraggeber mit der Prüfung einverstanden ist. Dies gilt nicht, wenn der Auftragnehmer von vornherein jede Verantwortung für den Mangel ablehnt.[556] Die Verjährungshemmung tritt hingegen auch dann ein, wenn der Auftragnehmer erklärt, die Mängelbeseitigung lediglich aus **Kulanz** und „ohne Anerkennung einer Rechtspflicht" durchzuführen, da es nach Sinn und Zweck des Hemmungstatbe-

---

[551] S. erg. Grüneberg/Ellenberger §§ 186 ff.
[552] Grüneberg/Ellenberger § 199 Rn. 42.
[553] BGH NZBau 2022, 589 Rn. 23; NZBau2020, 573 Rn. 28; NJW 2007, 587 Rn. 10; Kniffka/Jurgeleit/Jurgeleit BauVertR § 634a Rn. 98.
[554] BGH BeckRS 2014, 822 = WM 2014, 1107; Kniffka/Jurgeleit/Jurgeleit BauVertR § 634a Rn. 98; krit. Beyer BauR 2016, 404 (405).
[555] BGH NJW 2007, 587 Rn. 11; Heiermann/Riedl/Rusam/Mansfeld § 13 Rn. 75; Kapellmann/Messerschmidt/Langen § 13 Rn. 204 Kniffka/Koeble/Jurgeleit/Sacher/Jurgeleit KompBauR Teil 5 Rn. 177; Ingenstau/Korbio/Wirth § 113 Abs. 4 Rn. 199; aA Werner/Pastor BauProz/Frechen/Dölle Rn. 2875.
[556] BGH NJW 2007, 587 Rn. 12; OLG Frankfurt a. M., IBRRS, 0082.

standes nur auf das tatsächliche Bemühen um Mängelbeseitigung ankommt und nicht auf die Beweggründe des Auftragnehmers.[557]

Die Hemmung der Verjährung gem. § 203 BGB endet nach Beendigung der **259** Prüfung der Mangelhaftigkeit durch den Auftragnehmer, wenn dieser die Nacherfüllung verweigert und dies dem Auftraggeber mitteilt, eine der Parteien die Verhandlungen abbricht oder die Verhandlungen einschlafen. Das **Einschlafen der Verhandlungen** wird idR dann angenommen, wenn von einer der Parteien nach Treu und Glauben der nächste Schritt zu erwarten gewesen wäre. Nehmen die Parteien nach dem Einschlafen der Verhandlungen diese erneut auf, ist regelmäßig nicht von einer Rückwirkung der Hemmung auf den Zeitpunkt der vorhergehenden Verhandlung auszugehen.[558]

Führt der Auftragnehmer Mängelbeseitigungsleistungen aus, so folgt aus **Abs. 5** **260** **Nr. 1 S. 3** für die Beendigung der Verjährungshemmung eine dem § 203 BGB vorrangige Regelung. Demnach ist die Verjährung durch die Erbringung von Mängelbeseitigungsleistungen durch den Auftragnehmer stillschweigend bis zur Abnahme dieser Mängelbeseitigungsleistungen gehemmt.[559] Denn erst mit der **Abnahme der Mängelbeseitigungsleistungen** beginnt die neue Verjährungsfrist des Abs. 5 Nr. 1 S. 3 zu laufen (→ Rn. 312). Der Abnahme der Mängelbeseitigungsleistungen steht es insoweit gleich, wenn der Auftraggeber die Abnahme oder der Auftragnehmer eine weitere Mängelbeseitigung endgültig und ernsthaft verweigert.[560]

Verhandeln die Parteien über die Mängelbeseitigung, kann nicht ohne weiteres **261** angenommen werden, dass sich die Verhandlungen auch auf den **Vergütungsanspruch des Auftragnehmers** beziehen, da die Zielrichtung der Verhandlungen unterschiedlich ist.[561] Eine Hemmung der Verjährung des Vergütungsanspruchs des Auftragnehmers tritt nur dann ein, wenn den Verhandlungserklärungen der Parteien durch Auslegung zu entnehmen ist, dass sich die Verhandlungen auch auf den Vergütungsanspruch bezogen haben.[562]

2. Hemmung der Verjährung durch Rechtsverfolgung gem. § 204 **262** **BGB.** § 204 BGB regelt eine Reihe von Hemmungstatbeständen, die durch unterschiedliche Möglichkeiten der Rechtsverfolgung eröffnet werden. Im Folgenden soll nur auf die Hemmungstatbestände eingegangen werden, die in der baurechtlichen Praxis besonders relevant sind.

Die **Erhebung einer Klage** sowie einer **Schiedsklage,** sofern die Parteien **263** eine Schiedsabrede getroffen haben, hemmen die Verjährung gem. § 204 Abs. 1 Nr. 1, 11 BGB. Die Verjährungshemmung durch Klageerhebung beginnt grundsätzlich durch Zustellung der Klage an den Beklagten gem. § 253 Abs. 1 ZPO. Erfolgt die Zustellung gem. § 167 ZPO demnächst, tritt die Verjährungshemmung

---

[557] BGH NJW 2008, 576 Rn. 23; OLG Koblenz IBRRS 2017, 2428; s. auch Staudinger/Peters/Jacobs § 203 Rn. 16.
[558] BGH NJW 2019, 949 Rn. 25; NJW 2009, 1806 Rn. 10; OLG Koblenz BeckRS 2016, 6796; OLG Köln BeckRS 2014, 239; OLG Hamm BeckRS 2015, 6904 = NJOZ 2016, 8; BeckOGK/Meller-Hannich § 203 Rn. 54; Staudinger/Peter/Jacoby § 203 Rn. 13; Jauernig/Mansel § 203 Rn. 3.
[559] BGH NZBau 2008, 764 Rn. 16.
[560] BGH NZBau 2008, 764 Rn. 17; Kniffka/Jurgeleit/Jurgeleit BauVertrR § 634a Rn. 107.
[561] OLG Stuttgart BeckRS 2013, 09968 = IBR 2013, 673.
[562] OLG Stuttgart BeckRS 2013, 09968 = IBR 2013, 673.

§ 13

bereits mit Eingang der Klage bei Gericht ein.[563] Das Schiedsverfahren beginnt gem. § 1044 S. 1 ZPO vorbehaltlich einer abweichenden Vereinbarung der Parteien an dem Tag, an dem der Schiedsbeklagte den Antrag auf Durchführung des Schiedsverfahrens erhält. Eine **Teilklage** hemmt die Verjährung nur in Höhe des eingeklagten Betrags.[564] Die Hemmungswirkung einer Klage auf Zahlung eines Kostenvorschusses für die Mängelbeseitigung ist hingegen nicht auf den eingeklagten Betrag beschränkt. Der BGH nimmt sogar an, dass ein den **Kostenvorschussanspruch** zusprechendes Urteil regelmäßig die Feststellung enthält, dass der Auftragnehmer verpflichtet ist, die gesamten Mängelbeseitigungskosten zu tragen, auch wenn diese über den Klageanspruch hinausgehen.[565] Der Auftraggeber kann somit aufgrund des Urteils sämtliche Mängelbeseitigungskosten für die im Urteil festgestellten Mängel ersetzt verlangen. Bei Schadensersatzansprüchen hemmt die Klage die Verjährung lediglich in Höhe des eingeklagten Betrags. Nach dem von der hM vertretenen **Grundsatz der Schadenseinheit** beginnt die Verjährung auch für erst später auftretende Schäden mit dem ersten Schadenseintritt.[566] Um die Verjährung von Folgeschäden zu verhindern, ist eine Feststellungsklage gem. § 256 Abs. 1 ZPO zu erheben, die auf den Ersatz von künftigen Schäden gerichtet ist.[567] Die Hemmung der Verjährung **endet** gem. § 204 Abs. 2 S. 1 BGB 6 Monate nach der rechtskräftigen Entscheidung oder anderweitigen Beendigung des Verfahrens. Die Verjährungshemmung endet gem. § 204 Abs. 2 S. 2 BGB auch dann, wenn das Verfahren dadurch in Stillstand gerät, dass die Parteien es nicht betreiben.

264 Die Zustellung einer gem. § 72 ZPO zulässigen und gem. § 73 ZPO formal wirksamen **Streitverkündung**[568] hemmt die Verjährung gem. § 204 Abs. 1 Nr. 6 BGB. Die Rückwirkung der Zustellung gem. § 167 ZPO gilt auch hier. Die Streitverkündung ist auch im selbstständigen Beweisverfahren zulässig. Das Ende der Verjährungshemmung richtet sich auch hier nach § 204 Abs. 2 BGB.

265 Gem. § 204 Abs. 1 Nr. 7 BGB wird die Verjährung von Mängelansprüchen des Auftraggebers durch Zustellung des Antrags auf Durchführung eines **selbstständigen Beweisverfahrens** gehemmt. Grundsätzlich ist der Antrag auf Durchführung des selbstständigen Beweisverfahrens **förmlich zuzustellen.**[569] Dennoch ist die Verjährung auch bei einer **formlosen Übersendung** des Antrags an den Antragsgegner gem. § 204 Abs. 1 Nr. 7 BGB iVm § 189 ZPO ab dem Zeitpunkt gehemmt, an dem der Antragsgegner den Antrag tatsächlich erhalten hat.[570] Die Hemmung der Verjährung umfasst alle Mängel, die ursächlich für die im Antrag beschriebenen Mangelsymptome sind, unabhängig von den Stellen an denen sich die Mangelsymptome geäußert haben und von den vom Auftraggeber vermuteten

---

[563] S. dazu erg. Zöller/Greger § 167.

[564] OLG Hamburg BauR 2023, 2088 (2099); OLG Dresden NZBau 2020, 518 Rn. 202; BGH NJW 2009, 1950 Rn. 12.

[565] BGH NJW 2009, 60 Rn. 7 f.

[566] BGH NJW 2022, 3347 Rn. 28; MüKoBGB/Grothe § 199 Rn. 9.

[567] Staudinger/Peters/Jacoby BGB § 199 Rn. 46; MüKoBGB/Grothe § 199 Rn. 9; Arz JuS 2024, 130 (132).

[568] Zu den Anforderungen an eine formgerechte Streitverkündung: OLG Frankfurt a. M. NZBau 2023, 461; OLG Frankfurt a. M. NZBau 2021, 468.

[569] BGH NJW 2011, 1965 Rn. 28 f.; Messerschmidt/Voit/Moufang/Koos § 634a Rn. 128.

[570] BGH NZBau 2013, 629 Rn. 19; BGH NJW 2011, 1965 Rn. 30 ff.

Mängelansprüche **§ 13**

Ursachen.[571] Das **Ende der Verjährungshemmung** richtet sich nach § 204 Abs. 2 S. 1 Alt. 2 BGB. Das selbstständige Beweisverfahren ist grundsätzlich mit der sachlichen Erledigung der beantragten Beweissicherung anderweitig beendet iS von § 204 Abs. 2 S. 1 Alt. 2 BGB.[572] Dies ist zB der Fall mit Zugang des Sachverständigengutachtens an die Parteien, sofern weder das Gericht eine Frist zur Stellungnahme setzt, noch die Parteien innerhalb angemessener Frist Einwendungen gegen das Gutachten erheben oder Ergänzungsfragen stellen.[573] Haben die Parteien Einwendungen gegen das Gutachten erhoben, endet das selbstständige Beweisverfahren jedenfalls dann, wenn das Gericht zum Ausdruck bringt, dass eine weitere Beweisaufnahme nicht stattfinden wird und die Parteien in angemessener Frist keine Einwände dagegen erheben.[574] Entscheidend für die Beurteilung der sachlichen Erledigung ist nach neuer Rechtsprechung des BGH grundsätzlich das **Ende der gesamten Beweisaufnahme**. Das gilt unabhängig davon, ob in einem selbstständigen Beweisverfahren die Sicherung des Beweises hinsichtlich nur eines Mangels oder mehrerer – auch voneinander unabhängiger Mängel – stattfindet, und auch ohne Rücksicht darauf, ob diese durch einen oder mehrere Sachverständige erfolgt.[575] Für die Richtigkeit dieser Kehrtwende des BGH sprechen in erster Linie praktische und prozessökonomische Gründe.

Die Verjährung von Mängelansprüchen kann gem. § 204 Abs. 1 Nr. 8 BGB **266** durch die Einleitung eines **Schiedsgutachterverfahrens** gehemmt werden. Der Beginn der Verjährungshemmung kann von den Parteien durch Vereinbarung bestimmt werden. Treffen die Parteien keine Vereinbarung, setzt die Hemmung erst mit Einleitung des Schiedsgutachterverfahrens und nicht bereits mit Abschluss der Vereinbarung ein.[576]

3. Hemmung der Verjährung bei Leistungsverweigerungsrecht gem. 267 § 205 BGB. Die Verjährung gem. § 205 BGB ist gehemmt, solange der Schuldner aufgrund einer Vereinbarung mit dem Gläubiger vorübergehend zur **Verweigerung der Leistung** berechtigt ist. Dies betrifft u.a. Fallkonstellationen, in denen sich der Auftraggeber (wirksam) vertraglich verpflichtet hat, die Mängelansprüche zunächst aus abgetretenem Recht gegen die Subunternehmer des Auftragnehmers geltend zu machen, bevor er seinen Auftragnehmer in Anspruch nimmt.[577]

V. Neubeginn der Verjährung gem. § 212 BGB

Ein Neubeginn der Verjährung ist in § 212 Abs. 1 BGB für die Fälle vorgese- **268** hen, dass der Schuldner den Anspruch durch Abschlagszahlung,[578] Zinszahlung, Sicherheitsleistung oder in anderer Weise **anerkennt** oder eine gerichtliche oder

---

[571] BGH NJW-RR 1989, 148 (149); OLG Düsseldorf BeckRS 2019, 18695 Rn. 49 = IBR 2019, 654; BeckOGK/Raab-Gaudin § 634a Rn. 361; Messerschmidt/Voit/Moufang/Koos § 634a Rn. 129.
[572] BGH NZBau 2023, 723 (m. Anm. Moufang); vgl. dazu Klein/Moufang, BauR 2024, 1117.
[573] BGH NJW 2002, 1640 (1641); Messerschmidt/Voit/Moufang/Koos § 634a Rn. 130.
[574] BGH NJW 2011, 594 (595); OLG Karlsruhe IBRRS 2020, 1558.
[575] BGH NZBau 2023, 723 (m. Anm. Moufang).
[576] Kapellmann/Messerschmidt/Langen § 13 Rn. 226; Koeble BauR 2007, 1116 (1120).
[577] BGH NZBau 2002, 495 (496); Beck VOB/B/Eichberger/Zelta § 13 Abs. 4 Rn. 294.
[578] Im Bauvertrag stellen Abschlagszahlungen kein Anerkenntnis dar, solange noch keine Schlussrechnung gestellt wurde, da es sich bis dahin lediglich um vorläufige Zahlungen handelt: vgl. BGH NZBau 2004, 386; Werner/Pastor BauProz/Rodemann/Werner Rn. 1556.

behördliche Vollstreckungshandlung vorgenommen oder beantragt wird. Beginnt die Verjährung gem. § 212 BGB neu, so wird erneut die vereinbarte und nicht die Regelfrist in Gang gesetzt.[579] Ein Neubeginn der Verjährung durch Anerkenntnis ist allerdings nicht mehr möglich, sobald die Verjährungsfrist vollständig abgelaufen ist.[580] Grundsätzlich kann in der Durchführung von Mängelbeseitigungsarbeiten ein Anerkenntnis eines Mängelbeseitigungsanspruchs gem. § 212 Abs. 1 Nr. 1 BGB liegen, welches zum Neubeginn der Verjährung führt.[581] Für den Neubeginn der Verjährung gem. § 212 Abs. 1 Nr. 1 BGB genügt, dass der Auftragnehmer seine Verpflichtung zur Mängelbeseitigung anerkennt. Ausreichend für das Vorliegen eines Anerkenntnisses ist, dass der Auftragnehmer dem Auftraggeber durch tatsächliches Verhalten unzweideutig zu verstehen gibt, dass er sich des Bestehens des Mängelbeseitigungsanspruchs – wenigstens dem Grunde nach – bewusst ist, also zur Mängelbeseitigung verpflichtet ist, und der Auftraggeber somit darauf vertrauen kann, dass sich der Auftragnehmer nach Ablauf der Verjährungsfrist nicht wieder auf die Verjährung beruft.[582] Dies ist bspw. der Fall, wenn der Auftragnehmer erklärt, er werde der Aufforderung des Auftraggebers zur Mängelbeseitigung nachkommen.[583] Auch die bloße Bestätigung der Kostenübernahme von Mängelbeseitigungsarbeiten stellt ein Anerkenntnis iSd § 212 Abs. 1 Nr. 1 BGB dar.[584] Bringt der Auftragnehmer hingegen zum Ausdruck, die Mängelbeseitigungsarbeiten nur aus **Kulanz** und **ohne Anerkennung einer Rechtspflicht** erbringen zu wollen, so liegt in den Mängelbeseitigungsarbeiten kein Anerkenntnis.[585] Die bloße Zusage des Auftragnehmers, die Prüfung der Ursache eines von Auftraggeber behaupteten Mangels vorzunehmen, genügt ebenfalls nicht.[586] Selbst die Durchführung einer solchen Prüfung stellt allein noch kein Anerkenntnis nach § 212 Abs. 1 Nr. 1 BGB dar. Vielmehr muss die Prüfung zu dem Ergebnis gelangen, dass der Auftragnehmer für den Mangel verantwortlich ist, sodass dieser im Anschluss Mängelbeseitigungsmaßnahmen ergreift.[587] In einer Erklärung des Auftragnehmers, dass er sich „um die Angelegenheit kümmere" ist ebenfalls kein Anerkenntnis zu sehen.[588] Eine neue Verjährungsfrist wird in diesen Fällen nicht in Gang gesetzt.

---

[579] BGH NJW-RR 2005, 605.
[580] OLG Frankfurt a. M. IBR 2024, 67; BGH NJW 2015, 315 Rn. 40; Heiermann/Riedl/Rusam/Mansfeld § 13 Rn. 82; Grüneberg/Ellenberger § 212 Rn. 2.
[581] Kapellmann/Messerschmidt/Langen § 13 Rn. 234; differenzierend Beck VOB/B/Eichberger/Zelta § 13 Abs. 4 Rn. 250 ff. Zum Verhältnis von § 13 Abs. 5 Nr. 1 S. 3 VOB/B zu § 212 BGB Rn. 315 f.
[582] OLG Brandenburg IBR 2022, 514 = BauR 2023, 991; OLG Hamburg NZBau 2020, 320 Rn. 47; BGH NJW-RR 1994, 373; NJW 1988, 1259 (1260); s. auch Heiermann/Riedl/Rusam/Mansfeld § 13 Rn. 82; Beck VOB/B/Eichberger/Zelta § 13 Abs. 4 Rn. 248.
[583] OLG Brandenburg IBR 2022, 514 = BauR 2023, 991; BGH NJW 1988, 1259 (1260); Kapellmann/Messerschmidt/Langen § 13 Rn. 234.
[584] OLG Schleswig BeckRS 2021, 38721 = IBR 2022, 246.
[585] LG Ravensburg NJOZ, 2023, 1353 Rn. 72; BGH NJW 2014, 3368 Rn. 15; NJW 2012, 3229 Rn. 11 f.; OLG München BeckRS 2014, 119640; vgl auch Beck VOB/B/Eichberger/Zelta § 13 Abs. 4 Rn. 252 f.; Kniffka/Jurgeleit/Jurgeleit BauVertrR § 634a Rn. 175; Kniffka/Koeble/Jurgeleit/Sacher/Jurgeleit KompBauR 5. Teil Rn. 174.
[586] OLG Frankfurt a. M. IBRRS 2024, 0082.
[587] Kapellmann/Messerschmidt/Langen § 13 Rn. 234; Beck VOB/B//Eichberger/Zelta § 13 Abs. 4 Rn. 253.
[588] OLG Frankfurt a. M. IBRRS 2024, 0082; OLG Stuttgart BeckRS 2021, 56117 = BauR 2023, 499.

Mängelansprüche **§ 13**

VI. Rechtsfolgen der Verjährung

Mit Ablauf der Verjährungsfrist kann der Auftragnehmer gegen Mängelansprüche des Auftraggebers die **Einrede der Verjährung** erheben. Der Auftraggeber ist berechtigt, die Leistung zu verweigern (§ 214 Abs. 1 BGB). Mängelansprüche sind dann nicht mehr durchsetzbar. Für die Gestaltungsrechte des Rücktritts und der Minderung gelten § 634a Abs. 4 und 5 iVm § 218 BGB (→ Rn. 209). Demnach sind Rücktritt und Minderung unwirksam, wenn im Zeitpunkt der Ausübung des Gestaltungsrechts der Nacherfüllungsanspruch bereits verjährt ist und der Auftragnehmer sich hierauf beruft. 269

Trotz Verjährung der Mängelansprüche kann der Auftraggeber gem. § 215 BGB die **Aufrechnung** erklären oder ein **Zurückbehaltungsrecht** geltend machen, sofern die Mängelansprüche in dem Zeitpunkt noch nicht verjährt waren, in dem erstmals aufgerechnet oder die Leistung verweigert werden konnte.[589] Der Auftraggeber darf – selbst wenn er die Mängelansprüche in unverjährter Zeit gerügt hat – eine Gewährleistungssicherheit nach Eintritt der Verjährung und Berufung des Auftragnehmers hierauf nicht mehr zurückhalten und verwerten.[590] 270

Die Partei, die sich auf die Verjährung beruft, hat grundsätzlich die die Verjährung begründenden Tatsachen **darzulegen und zu beweisen.** Beruft sich der Auftragnehmer auf die Verjährungseinrede, hat er folglich den Beginn und den Ablauf der Verjährungsfrist zu beweisen.[591] Bei der **Hemmung** der Verjährung ist hingegen zwischen Beginn und Ende der Hemmung zu differenzieren: Der Beginn der Verjährungshemmung ist für den Gläubiger günstig, sodass dieser den Beginn der Hemmung zu beweisen hat, während der Schuldner das Ende der Hemmung als für ihn günstige Tatsache zu beweisen hat.[592] 271

VII. AGB-Problematik

Wird die **VOB/B „als Ganzes"**, dh ohne inhaltliche Abweichungen, in einem Vertrag zwischen Unternehmern vereinbart, so unterliegt sie gem. § 310 Abs. 1 S. 3 BGB nicht der **Inhaltskontrolle.** Bei einem Vertrag zwischen Unternehmer und Verbraucher unterliegt die VOB/B hingegen stets der AGB-Kontrolle, unabhängig von einer Vereinbarung „als Ganzes". 272

Die AGB-rechtliche Privilegierung der VOB/B gegenüber Unternehmern entfällt gem. **§ 310 Abs. 1 S. 3 BGB,** wenn inhaltliche Abweichungen von der VOB/B vorliegen. Dies gilt auch dann, wenn diese Abweichungen nur geringfügig sind. Bereits dann ist die Inhaltskontrolle eröffnet. Der BGH hatte bereits für die Rechtslage vor Inkrafttreten des SchRModG mit Urteil vom 22.1.2004 seine ursprüngliche Rechtsprechung dahingehend geändert, dass jede vertragliche Abweichung von der VOB/B dazu führt, dass diese nicht als Ganzes vereinbart ist, unabhängig davon, welches Gewicht der Eingriff hat.[593] Inwieweit diese Rechtsprechung auch auf Fälle unter Geltung des Gesetzes zur Modernisierung 273

---

[589] BGH NZBau 2016, 28; Kapellmann/Messerschmidt/Langen § 13 Rn. 238.
[590] BGH NZBau 2015, 549 Rn. 22 ff.; aA zu VOB/B aF (vor 2002): BGH NJW 1993, 1131; NJW 1993, 1132.
[591] BGH NJW 2008, 2429 Rn. 14; Kapellmann/Messerschmidt/Langen § 13 Rn. 240.
[592] BGH NJW 2008, 576 Rn. 21; Kleine-Möller/Merl/Glöckner PrivBauR- HdB/Merl/Hummel § 15 Rn. 1178.
[593] BGH NZBau 2004, 267.

Moufang

des Schuldrechts anwendbar ist, hat der BGH seinerzeit noch offengelassen.[594] In der Folgezeit hat der BGH seine Rechtsprechung dann auch auf die Rechtslage nach Inkrafttreten des SchRModG für Verträge übertragen, die zwar nach dem 1.1.2002 aber vor dem 1.1.2009 und damit vor Einführung von § 310 Abs. 1 S. 3 BGB datieren.[595] Mit dem am 1.1.2009 in Kraft getretenen Forderungssicherungsgesetz hat der Gesetzgeber dann in § 310 Abs. 1 S. 3 BGB geregelt, dass bei Verwendung der VOB/B gegenüber einem Unternehmer, einer juristischen Person des öffentlichen Rechts oder einem öffentlich-rechtlichen Sondervermögen eine Inhaltskontrolle einzelner Bestimmungen der VOB/B nicht stattfindet, wenn diese ohne inhaltliche Abweichungen insgesamt einbezogen ist.[596] Damit ist nach der heute gültigen Rechtslage die Inhaltskontrolle eröffnet, wenn nur geringe inhaltliche Abweichungen von der VOB/B vorliegen und auch wenn die Abweichungen möglicherweise durch andere Regelungen wieder ausgeglichen werden.[597]

274 Abs. 4 Nr. 1 S. 1 enthält eine sog. **Öffnungsklausel** (→ Rn. 211). Die Verjährungsfristen des Abs. 4 gelten vorbehaltlich einer anderen Vereinbarung. Umstritten ist, ob eine nach der Öffnungsklausel vorrangige anderweitige Vereinbarung dazu führt, dass die VOB/B nicht mehr „als Ganzes" vereinbart ist und folglich der AGB-Kontrolle unterliegt.[598] Der BGH hat sich zu dieser Frage der Vereinbarung der VOB/B **„als Ganzes"** bei Nutzung der Öffnungsklausel des Abs. 4 noch nicht geäußert.[599]

275 Ist die VOB/B nicht als Ganzes vereinbart, unterliegt sie der AGB-Kontrolle der §§ 305 ff. BGB. Für die Beurteilung der Wirksamkeit des Abs. 4 ist zu unterscheiden, ob der Auftraggeber oder der Auftragnehmer Verwender der VOB/B ist. Ist der **Auftragnehmer Verwender** der VOB/B, so ist die Verkürzung der gesetzlichen Verjährungsfrist für Bauwerksleistungen von 5 Jahren (§ 634a Abs. 1 Nr. 2 BGB) auf 4 Jahre **unwirksam**.[600] Dies gilt erst recht, wenn in AGB des Auftragnehmers die jetzt 4-jährige Verjährungsfrist des § 13 Abs. 4 VOB/B für Bauwerke verkürzt wird.[601] (→ Rn. 213 ff.)

276 Ist hingegen der **Auftraggeber Verwender** der VOB/B, so ist die Verkürzung der Verjährungsfrist wirksam, da eine Inhaltskontrolle nur zu Lasten des Verwenders stattfindet und nicht auch zu seinen Gunsten.[602]

---

[594] BGH NZBau 2004, 267 (268).
[595] BGH NZBau 2023, 301 (302).
[596] Kapellmann/Messerschmidt/Langen § 13 Rn. 74; Ingenstau/Korbion/Wirth § 13 Abs. 4 Rn. 30.
[597] Kapellmann/Messerschmidt/v. Rintelen VOB/B Einleitung Rn. 95.
[598] Vgl. dazu Kapellmann/Messerschmidt/v. Rintelen VOB/B Einleitung Rn. 104 ff.; Ingenstau/Korbion/Wirth § 13 Abs. 4 Rn. 31; Beck VOB/B/Eichberger/Zelta § 13 Rn. 347. Einen Eingriff in die VOB/B bejaht haben u.a.: OLG Dresden BeckRS 2008, 19345 = BauR 2008, 848; OLG Hamm BeckRS 2008, 41950 = IBR 2008, 731; OLG Naumburg IBRRS 2006, 3556; OLG München NJW-RR 1995, 1301 (1302). Einen Eingriff abgelehnt haben u.a.: OLG Brandenburg BeckRS 2008, 09477 = IBR 2008, 320; OLG Hamm IBR 1997, 131.
[599] Kapellmann/Messerschmidt/v. Rintelen VOB/B Einleitung Rn. 104; Beck VOB/B/Eichberger/Zelta § 13 Rn. 347; Ingenstau/Korbion/Wirth § 13 Abs. 4 Rn. 30.
[600] BGH NJW 2014, 206 (208); Kapellmann/Messerschmidt/Langen § 13 Rn. 148; Ingenstau/Korbion/Wirth § 13 Abs. 4 Rn. 66; Beck VOB/B/Eichberger/Zelta § 13 Abs. 4 Rn. 91.
[601] Kapellmann/Messerschmidt/Langen § 13 Rn. 148.
[602] BGH NJW 1987, 837 (838).

Mängelansprüche § 13

VIII. Prozessuales

Eine Verjährung des Klageanspruchs wird vom Gericht nicht von Amts wegen 277
geprüft, sondern der Beklagte muss die Einrede der Verjährung erheben
(→ Rn. 269). Deshalb darf das Gericht nicht von sich aus gem. § 139 ZPO auf
die Einrede der Verjährung hinweisen.[603] Weist das Gericht dennoch auf die
Verjährung hin, liegt ein **Ablehnungsgrund** gem. § 42 ZPO vor.[604] Die berechtigte Erhebung der Einrede der Verjährung durch den Beklagten führt im Prozess
zur **Klageabweisung**.

F. Mängelbeseitigung und Selbstvornahme (§ 13 Abs. 5)

I. Allgemeines

Abs. 5 regelt den **Mängelbeseitigungsanspruch** des Auftraggebers (Nr. 1) 278
sowie die **Selbstvornahme** (Nr. 2). Eine entsprechende Regelung findet sich in
den §§ 634 Nr. 1 und Nr. 2, 635, 637 BGB. Im Gegensatz dazu sind dem BGB
die Regelungen des Abs. 5 Nr. 1 S. 2 und S. 3 zur Auswirkung des schriftlichen
Mängelbeseitigungsverlangens auf die Verjährung sowie die neue Verjährungsfrist
nach Abnahme der Mängelbeseitigung fremd. Die Regelungen der §§ 634 Nr. 1
und Nr. 2, 635, 637 BGB werden von den Spezialregelungen des Abs. 5 ebenso
verdrängt, wie das allgemeine Leistungsstörungsrecht.[605]

Der Mängelbeseitigungsanspruch des Abs. 5 Nr. 1 S. 1 löst mit der Abnahme 279
den Herstellungsanspruch des § 4 Abs. 7 ab. Dieser ist nach der Abnahme nicht
mehr anwendbar.[606] Im Verhältnis zur Selbstvornahme gem. Abs. 5 Nr. 2 ist der
Mängelbeseitigungsanspruch gem. Abs. 5 Nr. 1 S. 1 **vorrangig**.[607] Der Auftraggeber kann die Kosten der Selbstvornahme grundsätzlich nur dann vom Auftragnehmer erstattet verlangen, wenn eine angemessene Frist zur Mängelbeseitigung
erfolglos abgelaufen ist (→ Rn. 320 ff.). An die Stelle des Mängelbeseitigungsanspruchs tritt unter den Voraussetzungen des Abs. 6 ein Minderungsrecht. Der
Schadensersatzanspruch des Abs. 7 kann unter den dort genannten Voraussetzungen neben dem Mängelbeseitigungsanspruch bestehen. Trotz einer Mängelbeseitigung durch den Auftragnehmer ist nicht ausgeschlossen, dass weitere Schäden
entstanden sind, die nach Abs. 7 zu ersetzen sind.[608] Verlangt der Auftraggeber
jedoch Schadensersatz statt der Mängelbeseitigung, ist der Auftragnehmer von der
Mängelbeseitigung ausgeschlossen und kann später wegen desselben Mangels nicht
erneut auf Mängelbeseitigung in Anspruch genommen werden, § 281 Abs. 4
BGB.[609]

---

[603] Zöller/Greger § 139 Rn. 17; Anders/Gehle/Andes § 139 Rn. 20.
[604] BGH NJW 2004, 164; Anders/Gehle/Göertz § 42 Rn. 20.
[605] Beck VOB/B/Zahn § 13 Abs. 5 Rn. 9 f.; BeckOK VOB/B/Koenen § 13 Abs. 5 Rn. 12.
[606] Beck VOB/B/Zahn § 13 Abs. 5 Rn. 1; Ingenstau/Korbion/Wirth § 13 Abs. 5 Rn. 6; OLG Hamm BeckRS 2016, 128768 Rn. 66 = IBR 2018, 193.
[607] Heiermann/Riedl/Rusam/Mansfeld § 13 Rn. 86.
[608] Beck VOB/B/Zahn § 13 Abs. 5 Rn. 3; BeckOK VOB/B/Koenen § 13 Abs. 5. Rn. 14.
[609] OLG Schleswig NZBau 2017, 550 Rn. 17; Beck VOB/B/Zahn § 13 Abs. 5 Rn. 3.

II. Voraussetzungen des Mängelbeseitigungsanspruchs gem. Abs. 5 Nr. 1 S. 1

280 Der Auftragnehmer hat alle während der Verjährungsfrist hervortretenden Mängel, die auf vertragswidrige Leistung zurückzuführen sind, auf seine Kosten zu beseitigen, wenn es der Auftraggeber vor Ablauf der Verjährungsfrist verlangt.

281 **1. Mängel, die auf vertragswidrige Leistung zurückzuführen sind.** Der Mängelbeseitigungsanspruch setzt zunächst voraus, dass ein **Mangel** vorliegt. Dies ist der Fall, wenn die Bauleistung nicht den Anforderungen des § 13 Abs. 1 oder 2 entspricht. Zu den Einzelheiten → Rn. 17 ff. und 161 ff.

282 Der Mängelbeseitigungsanspruch erfordert zusätzlich, dass der Mangel auf eine **vertragswidrige Leistung** zurückzuführen ist. Grundsätzlich ist der Auftragnehmer im Rahmen der getroffenen Vereinbarung verpflichtet, ein funktionstaugliches und zweckentsprechendes Werk herzustellen.[610] Auf ein Verschulden des Auftragnehmers kommt es nicht an.[611] **Mitursächlichkeit** für den Mangel ist für eine Haftung dem Grunde nach ausreichend.[612] Haben zu einem Mangel mehrere Ursachen, die verschiedenen Auftragnehmern zuzuordnen sind, beigetragen, so sind alle diese Auftragnehmer für diesen Mangel als Gesamtschuldner verantwortlich, selbst wenn der aufgetretene Mangel auch durch das von einem Auftragnehmer zu verantwortende Handeln allein entstanden wäre.[613] Eine **gesamtschuldnerische Haftung** von Auftragnehmern ist auch dann zu bejahen, wenn diese eine Zweckgemeinschaft bilden, die darauf gerichtet ist, eine einheitliche Bauleistung zu erbringen.[614] Eine mangelhafte Leistung ist in der Regel auch vertragswidrig. Etwas anderes gilt, wenn die Voraussetzungen des Abs. 3 vorliegen (→ Rn. 176 ff.) und der Auftragnehmer seiner Bedenken- und Hinweispflicht gem. § 4 Abs. 3 (→ Rn. 195 ff.) nachgekommen ist.[615]

282a Ein Mangel liegt auch dann vor, wenn die Ursache der fehlenden Funktionstauglichkeit auf der vom Auftraggeber erstellten Planung oder einer mangelhaften Vorleistung beruht und der Auftragnehmer seiner Prüfungs- und Hinweispflicht nicht nachgekommen ist.[616] Allerdings ist der **Anspruch auf Mängelbeseitigung nicht fällig,** wenn der Auftraggeber die Ausführungsplanung übernommen hat und diese eine unverzichtbare Mitwirkungshandlung des Auftraggebers für die Mängelbeseitigung darstellt, der Auftraggeber eine Ausführungsplanung aber nicht vorlegt.[617]

283 Die **Beweislast** für die Voraussetzungen des Mängelbeseitigungsanspruchs trägt nach der Abnahme grundsätzlich der Auftraggeber, § 363 BGB.[618] Der Auftragnehmer trägt hingegen auch nach der Abnahme die Darlegungs- und Beweislast

---

[610] BGH NZBau 2006, 112 Rn. 11; Kapellmann/Messerschmidt/Langen § 13 Rn. 257.
[611] KG BeckRS 2021, 54436 Rn. 77 = IBR 2022, 235; BeckOK VOB/Koenen § 13 Abs. 5 Rn. 17.
[612] Beck VOB/B/Zahn § 13 Abs. 5 Rn. 21; BeckOK VOB/B § 13 Abs. 5 Rn. 19.
[613] OLG Brandenburg NJOZ 2008, 2325 (2327); OLG Stuttgart NJW-RR 1995, 892 (893); Beck VOB/B/Zahn § 13 Abs. 5 Rn. 21.
[614] BGH NZBau 2003, 557; bestätigt mit BGH BeckRS 2015, 12555; OLG Hamm NJW-RR 1996, 273 (274); Beck VOB/B/Zahn § 13 Abs. 5 Rn. 21.
[615] BGH NJW 2008, 511 Rn. 22; Kapellmann/Messerschmidt/Langen § 13 Rn. 257.
[616] OLG Nürnberg NJW 2022, 2199 Rn. 68; OLG Hamm BeckRS 2015, 19938 Rn. 62 = NZBau 2016, 362; Ingenstau/Korbion/Wirth § 13 Abs. 5 Rn. 94.
[617] OLG Nürnberg NJW 2022, 2199 Rn. 66.
[618] BGH NJW 2002, 223; BeckOK VOB/Koenen § 13 Abs. 5 Rn. 199; Kapellmann/Messerschmidt/Langen § 13 Rn. 365.

Mängelansprüche **§ 13**

für die Mangelfreiheit des Werks, soweit sich der Auftraggeber bei der Abnahme Mängel vorbehalten hat (§ 640 Abs. 3 BGB) und diese substantiiert vorträgt.[619] Dies gilt ebenso, wenn feststeht, dass das Werk bei der Abnahme mangelhaft war und der Auftragnehmer Nacherfüllungsversuche unternommen hat; dann hat der Auftragnehmer darzulegen und notfalls zu beweisen, dass seine Mängelbeseitigungsarbeiten auch tatsächlich zur Mängelbeseitigung geführt haben.[620]

Die **Darlegungs- und Beweislast** für die **Ursächlichkeit** der Leistung des 284 Auftragnehmers für einen Mangel trägt ab dem Zeitpunkt der Abnahme der Auftraggeber.[621] Im Einzelfall können sich Beweiserleichterungen aus dem Beweis des ersten Anscheins ergeben. Eine Beweislastumkehr kann sich aus einem Anerkenntnis des Auftragnehmers ergeben, dass die betreffenden Leistungen mangelhaft sind.[622]

Die Darlegungs- und Beweislast für das Bestehen einer **Prüf- und Hinweis-** 285 **pflicht** trägt der Auftraggeber,[623] während der Auftragnehmer darzulegen und zu beweisen hat, dass er seiner Prüf- und Hinweispflicht nachgekommen ist,[624] oder dass eine Prüfung bzw. ein Bedenkenhinweis aufgrund Kenntnis des Auftraggebers von den maßgeblichen Umständen ausnahmsweise entbehrlich ist.[625]

2. Hervortreten des Mangels während der Verjährungsfrist. Die Formu- 286 lierung des Abs. 5 Nr. 1 S. 1, dass sich der Mängelbeseitigungsanspruch auf „alle während der Verjährungsfrist hervortretenden Mängel" bezieht, ist nicht so zu verstehen, dass Mängel, die bereits **vor Abnahme** und damit vor dem Beginn der Verjährungsfrist aufgetreten sind, ausgeschlossen sind. Der Auftraggeber kann auch die Beseitigung solcher Mängel gem. Abs. 5 Nr. 1 S. 1 verlangen, die bereits vor der Abnahme gem. § 4 Abs. 7 gerügt, aber bis zur Abnahme nicht beseitigt und deshalb vorbehalten wurden.[626] Gleiches gilt für bei der Abnahme erkannte und vorbehaltene Mängel.[627] Waren dem Auftraggeber bei Abnahme Mängel bekannt, die er sich nicht vorbehalten hat, steht dem Auftraggeber wegen dieser Mängel kein Mängelbeseitigungsanspruch zu (→ § 12 Rn. 137 und 166 ff.). Das OLG Schleswig hat darüber hinaus entschieden, dass der Auftraggeber die Mängelbeseitigungskosten auch nicht im Rahmen des Schadensersatzanspruchs ersetzt verlangen kann.[628] Diese Auffassung ist abzulehnen (→ Abs. 7 Rn. 443).

---

[619] BGH NJW-RR 1997, 339; Kapellmann/Messerschmidt/Langen § 13 Rn. 68.
[620] BGH NJW-RR 1998, 1268 (1269); Kapellmann/Messerschmidt/Langen § 13 Rn. 68.
[621] Beck VOB/B/Zahn § 13 Abs. 5 Rn. 22; Ingenstau/Korbion/Wirth § 13 Abs. 5 Rn. 27.
[622] Vgl. hierzu Beck VOB/B/Zahn § 13 Abs. 5 Rn. 22 f.
[623] OLG Rostock BeckRS 2008, 15558 = IBR 2008, 383; Beck VOB/B/Zahn § 13 Abs. 5 Rn. 24.
[624] BGH NJW 2008, 511 Rn. 22; Beck VOB/B/Zahn § 13 Abs. 5 Rn. 24.
[625] OLG Düsseldorf BeckRS 2017, 131243 Rn. 160 f. = NJOZ 2018, 727; Beck VOB/B/Zahn § 13 Abs. 5 Rn. 24.
[626] BGH NJW 1982, 1524; BeckOK VOB/B/Koenen § 13 Abs. 5 Rn. 20; Kapellmann/Messerschmidt/Langen § 13 Rn. 259.
[627] Kapellmann/Messerschmidt/Langen § 13 Rn. 259; Beck VOB/B/Zahn § 13 Abs. 5 Rn. 34; Ingenstau/Korbion/Wirth § 13 Abs. 5 Rn. 40.
[628] OLG Schleswig BeckRS 2016, 03606 Rn. 47 ff. = NJW 2016, 1744; Messerschmidt/Voit/Messerschmidt § 640 Rn. 290; aA BGH NJW 1982, 1524 f.; NJW 1980, 1952; BeckOK BGB/Voit § 640 Rn. 45; Staudinger/Peters § 640 Rn. 50 f.; Grüneberg/Retzlaff § 640 Rn. 20; Kapellmann/Messerschmidt/Langen § 13 Rn. 434; BeckOK VOB/B/Koenen § 13 Abs. 7 Rn. 66; Beck VOB/B/Zahn § 13 Abs. 7 Rn. 19, 25, 114.

§ 13

287 **3. Schriftliches Mängelbeseitigungsverlangen des Auftraggebers vor Ablauf der Frist.** Der Mängelbeseitigungsanspruch entsteht mit der **Aufforderung** des Auftraggebers an den Auftragnehmer, den Mangel zu beseitigen.[629] Trotz des Wortlauts des Abs. 5 Nr. 1 S. 1 ist es für den Anspruch auf Mängelbeseitigung nicht erforderlich, dass der Auftraggeber die Mängelbeseitigung schriftlich verlangt.[630] Gleichwohl ist dies zur Erleichterung des Nachweises zu empfehlen. Das Schriftformerfordernis ist aber Voraussetzung für den Quasi-Neubeginn der Verjährung gem. Abs. 5 Nr. 1 S. 2 (→ Rn. 308 ff.).

288 Der Mängelbeseitigungsanspruch kann entgegen dem Wortlaut des Abs. 5 Nr. 1 S. 1 auch geltend gemacht werden, wenn der Auftraggeber die Mängelbeseitigung erst nach Ablauf der Verjährungsfrist verlangt.[631] Der Auftragnehmer kann in diesem Fall allerdings die Einrede der Verjährung mit der Folge erheben, dass der Mängelbeseitigungsanspruch des Auftraggebers dann nicht mehr durchsetzbar ist, § 214 Abs. 1 BGB (→ Rn. 269).

289 Zu den Anforderungen an ein hinreichend konkretes Mängelbeseitigungsverlangen → Rn. 290 ff. sowie an das Schriftformerfordernis → Rn. 309 ff.

290 **4. Anforderungen an die Bestimmtheit des Mängelbeseitigungsverlangens.** Das Mängelbeseitigungsverlangen des Auftraggebers muss nach Art und Lage der **Mängelerscheinung** so bestimmt sein, dass der Auftragnehmer die gerügten Mängel eindeutig identifizieren und von anderen nicht gerügten Mängeln unterscheiden kann.[632] Der Auftragnehmer soll davor geschützt werden, dass der Auftraggeber nach Ablauf der Verjährungsfrist unter Berufung auf frühere Mängelbeseitigungsverlangen später aufgetretene Mängel nachschiebt.[633] Dies erfordert die hinreichende Bezeichnung der gerügten Mängel (a) sowie eine konkrete Aufforderung zur Mängelbeseitigung (b).

291 **a) Symptomrechtsprechung des BGH.** Der BGH hat zur Bestimmung der Anforderungen an die Konkretisierung der Mängelbezeichnung im Einzelfall die sog. Symptomrechtsprechung entwickelt.[634] Demgemäß ist es ausreichend, wenn der Auftraggeber die Mängelerscheinungen **(Symptome)** beschreibt.[635] Eine Beschränkung auf die angegebenen Stellen oder die vom Auftraggeber bezeichneten oder vermuteten Ursachen ist damit nicht verbunden. Die aufgetretene Erscheinung ist vielmehr nur als Hinweis auf festgestellte Schäden, nicht als Begrenzung des Mängelbeseitigungsverlangens zu verstehen.[636] Der Mängelbeseitigungsanspruch umfasst dabei alle Mängel, die für die

---

[629] BGH NJW 1990, 901; BeckOK VOB/B/Koenen § 13 Abs. 5 Rn. 23.

[630] BGH NJW 1972, 1280; NJW 1959, 142; BeckOK VOB/B/Koenen § 13 Abs. 5 Rn. 27; Kapellmann/Messerschmidt/Langen § 13 Rn. 261.

[631] Kapellmann/Messerschmidt/Langen § 13 Rn. 260; BeckOK VOB/B/Koenen § 13 Abs. 5 Rn. 23.

[632] Messerschmidt/Voit/Voit § 13 Rn. 27; Kapellmann/Messerschmidt/Langen § 13 Rn. 260; vgl. hierzu auch OLG Naumburg IBRRS 2024, 0459.

[633] Beck VOB/B/Zahn § 13 Abs. 5 Rn. 36; Ingenstau/Korbion/Wirth § 13 Abs. 5 Rn. 52.

[634] BGH NJW-RR 1999, 813; BGH NJW 1999, 1330; BeckOK VOB/B/Koenen § 13 Abs. 5 Rn. 33.

[635] BGH NJW 2002, 2470 (2472); NJW-RR 2000, 309; NJW-RR 2021, 147 Rn. 14; OLG Braunschweig, IBRRS 2024, 0192.

[636] BGH NJW-RR 2016, 1432 Rn. 22; OLG Braunschweig IBRRS 2024, 0192; BeckOK VOB/B/Koenen § 13 Abs. 5 Rn. 36.

gerügten Symptome ursächlich sind.[637] Dies gilt auch dann, wenn die Symptome nur an einigen Stellen aufgetreten sind, der dem Symptom zugrundeliegende Mangel aber das gesamte Werk erfasst.[638] Nicht erforderlich sind Ausführungen des Auftraggebers zu etwaigen **Mängelursachen** oder der Verantwortlichkeit des Auftragnehmers. Ausreichend ist es vielmehr, wenn die beschriebenen Mängelsymptome möglicherweise auf eine vertragswidrige Leistung des Auftragnehmers zurückzuführen sind.[639] Stellt der Auftraggeber im Rahmen des Mängelbeseitigungsverlangens Vermutungen zur Mängelursache an, die sich später als falsch erweisen, ist dies unschädlich.[640] Die Anforderungen an die hinreichende Beschreibung der Mängelsymptome sind bspw. erfüllt, wenn der Auftraggeber rügt, die Schallschutzwerte bezüglich des Trittschalls seien in sämtlichen Räumen bei weitem nicht eingehalten,[641] es sei zu erheblichen Feuchtigkeitserscheinungen gekommen, wobei die betroffenen Räume angegeben wurden,[642] aufgrund fehlerhafter Abdichtungsarbeiten sei Feuchtigkeit in den Lastenaufzug eingedrungen,[643] Wasser trete dem Augenschein nach in einem bestimmten Bereich von unten ein,[644] Jalousien liefen auf der Fensterbank auf und stünden nach außen vor, sodass es zu einer falschen Lichteinstrahlung komme,[645] das Anwesen sei hellhörig,[646] es bestünden in bestimmten Fassadenbereichen Risse im Außenputz,[647] die Heizungsanlage zeige bei niedrigen Außentemperaturen im Display eine Störungsmeldung an und sende einen Dauerwarnton,[648] die weiße Wanne sei undicht[649] oder das Gefälle der Blechabdeckung sei falsch, was zu Hinterfeuchtungen sowie Putzabsprengungen führe, außerdem sei der Überstand der Dachrandverblechung unzureichend, sodass es zu Feuchtigkeitsschäden an der jeweils darunter liegenden Wand komme.[650] Ebenfalls erfüllt sind die Anforderungen bei der Bezugnahme auf ein dem Auftragnehmer bekanntes **Gutachten,** das die Mängelsymptome hinreichend nachvollziehbar beschreibt.[651] Nach Auffassung des KG ist die Formulierung „an einigen Fensterrahmen blättert Farbe ab" zu unbestimmt und daher nicht ausreichend.[652] Dies erscheint zweifelhaft; je nach den Einzel-

---

[637] BGH NJW-RR 1997, 1376; BeckOK VOB/B/Koenen § 13 Abs. 5 Rn. 36.
[638] BGH NJW-RR 1997, 1376; BGH BeckRS 2016, 17123 = NZBau 2016, 746; OLG Naumburg IBRRS 2016, 3225.
[639] BGH NJW-RR 1999, 813; Kapellmann/Messerschmidt/Langen § 13 Rn. 266.
[640] BGH NZBau 2002, 335 (336); Kapellmann/Messerschmidt/Langen § 13 Rn. 266.
[641] BGH NJW-RR 2000, 309.
[642] BGH NZBau 2001, 195.
[643] BGH NZBau 2002, 335.
[644] OLG München BeckRS 2008, 2746.
[645] OLG Hamm NJW-RR 2006, 391 (392).
[646] OLG Karlsruhe BeckRS 2011, 2475: Nach dem OLG genügt es nach der Symptomtheorie, dass die Mangelerscheinung der Hellhörigkeit als Gegenstand der Untersuchung in einem selbstständigen Beweisverfahren angeführt werde. Damit seien alle Schallquellen des Gemeinschaftseigentums in beiden Häusern ausreichend erfasst. Eine genaue Angabe der Schallquellen könne nicht verlangt werden.
[647] KG BeckRS 2007, 32524 = IBR 2008, 213.
[648] OLG Hamm BeckRS 2014, 18309 = IBR 2014, 718.
[649] BGH NJW-RR 2016, 1423.
[650] BGH NJW-RR 2021, 147.
[651] BGH NJW 2009, 354 (355); Beck VOB/B/Zahn § 13 Abs. 5 Rn. 38.
[652] KG BauR 1974, 345.

fallumständen kann auch eine solche Beschreibung der Symptome ausreichend sein.[653] Vgl. zur „Symptomtheorie" ausführlich → Rn. 98 ff.

292 **b) Aufforderung zur Mängelbeseitigung.** Zusätzlich zu einer hinreichenden Mängelbeschreibung hat der Auftraggeber die Beseitigung der Mängel zu fordern. Eine **bloße Anzeige von Mängeln** ist nicht ausreichend. Erforderlich ist, dass der Auftraggeber hinreichend zum Ausdruck bringt, dass er die Mängel von dem Auftragnehmer beseitigt haben will.[654] Nicht ausreichend ist die kommentarlose Weiterleitung von Mängelrügen Dritter, wenn sich daraus nicht ergibt, dass auch der Auftraggeber die Beseitigung der beschriebenen Mängel verlangt.[655] So hat das OLG Stuttgart eine wirksame Aufforderung zur Mängelbeseitigung für den Fall abgelehnt, dass der Generalunternehmer seinem Subunternehmer die Mängelbeseitigungsaufforderung des Bauherrn verbunden mit einer Einladung zu einem Ortstermin weiterleitet, ohne den Subunternehmer zur Mängelbeseitigung aufzufordern.[656]

III. Inhalt und Umfang des Mängelbeseitigungsanspruchs

293 Gem. § 13 Abs. 5 Nr. 1 S. 1 ist der Auftragnehmer verpflichtet, die Mängel auf seine Kosten zu beseitigen.

294 **1. Mängelbeseitigung.** Der Auftraggeber hat grundsätzlich kein Recht auf eine bestimmte Art der Mängelbeseitigung. Auf welche Art der Mangel beseitigt wird, unterliegt dem Wahlrecht des Auftragnehmers, da dieser auch das Risiko einer erfolglosen Mängelbeseitigung trägt.[657] Dieses **Wahlrecht** ändert jedoch nichts daran, dass das Ergebnis der Mängelbeseitigung der geschuldeten Werkleistung zu entsprechen hat.[658] Der Auftraggeber muss sich nicht auf eine Abgeltung einer nicht vertragsgemäßen Nachbesserung durch Zahlung eines Minderungsbetrags verweisen lassen.[659] So kann der Auftragnehmer im Rahmen der Nachbesserung nicht Gipskartondecken anbringen, die eine Verringerung der lichten Höhe der Räume zur Folge haben, wenn vertraglich die Herstellung einer tapezierfähigen glatten Unterschicht vereinbart war.[660] Dies hätte zu Folge, dass das Werk nach der Nachbesserung weiterhin nicht die vereinbarte Beschaffenheit aufweisen würde und folglich weiterhin mangelhaft wäre. Ist die nachhaltige Mängelbeseitigung und Herstellung des vertragsgemäßen Zustandes **nur auf eine Art möglich,** so ist der Auftragnehmer verpflichtet, die Mängelbeseitigung auf diese Weise durchzuführen.[661] Bleibt die Grundsubstanz des erbrachten Werks erhalten, so sind als Mängelbeseitigung auch Maßnahmen zulässig, durch die der vertragsmä-

---

[653] Ebenso Ingenstau/Korbion/Wirth § 13 Abs. 5 Rn. 52.
[654] BGH NJW 1974, 1188; Beck VOB/B/Zahn § 13 Abs. 5 Rn. 39.
[655] OLG Stuttgart BeckRS 2010, 10754 = BauR 2010, 1083, NZB zurückgewiesen: BGH BeckRS 2010, 32300; Ingenstau/Korbion/Wirth § 13 Abs. 5 Rn. 59.
[656] OLG Stuttgart BeckRS 2010, 10754 = BauR 2010, 1083.
[657] BGH BeckRS 1976, 31118530 = BauR 76, 430; BGH BeckRS 1969, 31173433; BeckOK VOB/B/Koenen § 13 Abs. 5 Rn. 52, 54; Kapellmann/Messerschmidt/Langen § 13 Rn. 279.
[658] OLG Hamm NJW-RR 2006, 166 (167); Kapellmann/Messerschmidt/Langen § 13 Rn. 279.
[659] BGH NJW-RR 2003, 1021; BGH IBRRS 2018, 3563.
[660] OLG Hamm NJW-RR 2006, 166 (167).
[661] BGH NJW-RR 1997, 1106; Messerschmidt/Voit/Moufang/Koos § 635 Rn. 41.

ßige Zustand auf einem anderen als dem im Vertrag vorgesehenen Weg erreicht wird.[662] Der Auftragnehmer darf sich einer solchen Mängelbeseitigung nicht entziehen. Dies ist zB der Fall, wenn Mängel an der Abdichtung einer Fassade durch nachträglich anzubringende und speziell angefertigte Kunststoffteile beseitigt werden können, auch wenn die Abdichtung ursprünglich durch Hinterlegung der Stoßfugen der Fassadenplatten erfolgen sollte.[663] Ebenso kann zB eine fehlerhaft gebaute Decke durch Unterzüge tragfähig gemacht werden.[664] Der Auftraggeber hat sogar dann einen Anspruch auf eine technisch nahezu gleichwertige Art der Nachbesserung, wenn die geschuldete Leistung unmöglich ist.[665] Dies ist bspw. der Fall, wenn im Zuge der Nachbesserung ein Auswechseln des gesamten Heizsystems erforderlich ist, weil die elektrische Fußbodenspeicherheizung, die alleine vertraglich geschuldet war, nicht geeignet ist, den Wärmebedarf des Hauses zu decken.[666] Ferner muss die Mängelbeseitigung zum Zeitpunkt ihrer Vornahme den anerkannten Regeln der Technik entsprechen.[667] Wenn die Mängelbeseitigung aufgrund einer Änderung der anerkannten Regeln der Technik zwischen Abnahme und Mängelbeseitigung mit höheren Kosten verbunden ist, als dies ohne Regeländerung der Fall wäre, liegt dies grundsätzlich im Verantwortungsbereich des Auftragnehmers und ist Folge seiner ursprünglichen mangelhaften Leistung.[668]

Der Auftraggeber hat keinen einklagbaren Anspruch auf die Vorlage eines **Sanierungskonzepts**.[669] Vielmehr kann die Vorlage eines Sanierungskonzepts nur im Rahmen der Frage nach den konkreten Anforderungen an das Nacherfüllungsangebot im Einzelfall Berücksichtigung finden.[670] Dies folgt daraus, dass der Auftraggeber berechtigt ist, unzureichende Nacherfüllungsangebote zurückzuweisen und der Auftragnehmer im Prozess die Darlegungs- und Beweislast dahingehend trägt, dass die von ihm angebotene Maßnahme vertragsgerecht ist.[671] Danach kann die Vorlage eines Sanierungskonzepts für ein zureichendes Nacherfüllungsangebot besonders in Fällen erforderlich sein, in denen die Sanierungsarbeiten komplex und/oder umfangreich sind, bereits durchgeführte Maßnahmen zur Mängelbeseitigung nicht erfolgreich waren[672] oder berechtigte Anhaltspunkte bestehen, dass der Auftragnehmer nicht in der Lage ist, die Mängelbeseitigung ordnungsgemäß durchzuführen.[673]

295

---

[662] BGH NJW 1981, 1448; OLG München NZBau 2012, 364 (365).
[663] BGH NJW 1981, 1448.
[664] BGH NJW 1972, 526.
[665] BGH NJW-RR 1989, 849 (851); BGH NZBau 2005, 511 (513); OLG München NZBau 2012, 364 (365).
[666] BGH NJW-RR 1989, 849.
[667] OLG Schleswig BeckRS 2019, 1761 Rn. 23 = IBR 2019, 189; Kapellmann/Messerschmidt/Langen § 13 Rn. 280.
[668] OLG Stuttgart NJW-RR 2011, 1589 (1590 f.); OLG Schleswig BeckRS 2019, 1761 Rn. 23 = IBR 2019, 189.
[669] Vgl. dazu BGH NJW-RR 2004, 303 (304); Messerschmidt/Voit/Moufang/Koos § 635 Rn. 53 f.; Leinemann/Schliemann § 13 Rn. 224; Kniffka/Jurgeleit/Krause-Allenstein BauVertrR § 635 Rn. 34 ff.
[670] S. dazu weitergehend Messerschmidt/Voit/Moufang/Koos § 635 Rn. 53.
[671] BGH NJW 2002, 1262 (1263); Messerschmidt/Voit/Moufang/Koos § 635 Rn. 53.
[672] OLG Düsseldorf BeckRS 2000, 30101970 = IBR 2000, 493; Messerschmidt/Voit/Moufang/Koos § 635 Rn. 53.
[673] Leinemann/Schliemann § 13 Rn. 224; Messerschmidt/Voit/Moufang/Koos § 635 Rn. 53.

296   Der Mängelbeseitigungsanspruch des Abs. 5 Nr. 1 S. 1 erfasst nach der ganz hM auch eine **Neuherstellung** des geschuldeten Werks, auch wenn dies im Gegensatz zu § 635 Abs. 1 BGB nicht ausdrücklich geregelt ist.[674] Der Unterschied im Wortlaut der Regelungen im BGB und in der VOB/B wirkt sich daher tatsächlich nicht aus.[675] Die Neuherstellung eines Werks ist von dem Begriff der Mängelbeseitigung gedeckt. Ziel der Mängelbeseitigung ist die Ersetzung der mangelhaften Leistung durch eine mangelfreie. Bei besonders gravierenden Mängeln kann eine vollständige Neuherstellung erforderlich sein, um alle Mängel zu beseitigen.[676]

Zum unverhältnismäßigen Aufwand der Mängelbeseitigung vgl. → Rn. 384 ff.

297   **2. Kostentragungspflicht des Auftragnehmers.** Die Mängelbeseitigung umfasst nicht nur die mangelfreie Herstellung des ursprünglich geschuldeten Werks, sondern auch die für die Mängelbeseitigung erforderlichen **Vorbereitungs- und Nebenarbeiten** sowie die Beseitigung der **Nachbesserungsspuren**.[677] So hat der Auftragnehmer im Rahmen der Mängelbeseitigung eines undichten Rohres bspw. auch die Kosten der Fliesenleger-, Putz- und Malerarbeiten zu tragen, die erforderlich sind, um die Wand zum Zwecke der Instandsetzung des Rohres aufzuschlagen und nach Beendigung der Arbeiten wiederherzustellen.[678] Die Mängelbeseitigung darf nicht zu einer wirtschaftlichen Belastung des Auftraggebers führen (zu Mitverschulden, Vorteilsanrechnung und Sowieso-Kosten → Rn. 302 ff.) und keine Spuren hinterlassen, durch die das Eigentum des Auftraggebers beeinträchtigt wird.[679] Dies bedeutet, dass der Auftragnehmer verpflichtet ist, alle Kosten zu tragen, die im Zuge der Nachbesserung zwangsläufig anfallen. Dies gilt insbesondere für **Transport-, Wege- und Materialkosten,** aber auch für den Ersatz von Schäden an sonstigem Eigentum des Auftraggebers, die durch die Nachbesserungsarbeiten entstehen.[680] Ersatzfähig sind des Weiteren auch **Gutachterkosten** zur Feststellung des Mangels, zur Klärung der technischen Mängelverantwortlichkeit und der erforderlichen Mängelbeseitigungsmaßnahmen.[681] Dies gilt nicht für Kosten einer abschließenden Begutachtung nach Durchführung der Mängelbeseitigungsarbeiten.[682] Auch **Rechtsanwaltskosten** können im Einzelfall zu den zu erstattenden Mängelbeseitigungskosten gehören.[683] Erstattungsfähig können

---

[674] BGH NJW 1986, 711 (712); Kapellmann/Messerschmidt/Langen § 13 Rn. 253; Beck VOB/B/Zahn § 13 Abs. 5 Rn. 54 ff.; Ingenstau/Korbion/Wirth § 13 Abs. 5 Rn. 83 ff.

[675] BGH NJW 1986, 711 (712); Kapellmann/Messerschmidt/Langen § 13 Rn. 253.

[676] BGH NJW 1986, 711 (712); Kapellmann/Messerschmidt/Langen § 13 Rn. 281.

[677] BGH NJW 1986, 922 (923); 1979, 2095 (2096); BeckOK VOB/B/Koenen § 13 Abs. 5 Rn. 59.

[678] BGH NJW 1963, 805.

[679] BGH NJW 1963, 805 (806).

[680] BGH NJW 1978, 1626; NJW 1979, 2095 (2096); Ingenstau/Korbion/Wirth § 13 Abs. 5 Rn. 93, 95.

[681] Beck VOB/B/Zahn § 13 Abs. 5 Rn. 68; Kapellmann/Messerschmidt/Langen § 13 Rn. 284.

[682] OLG Frankfurt a. M. IBRRS 2018, 1221; OLG Köln NJW-RR 2013, 530 Rn. 6; Kapellmann/Messerschmidt/Langen § 13 Rn. 284; kritisch: Ingenstau/Korbion/Wirth § 13 Abs. 5 Rn. 102.

[683] Beck VOB/B/Zahn § 13 Abs. 5 Rn. 68; Kapellmann/Messerschmidt/Langen § 13 Rn. 284.

Mängelansprüche **§ 13**

auch Honorare von Architekten, Ingenieuren oder Statikern sein, sofern solche für die **Überwachung der Mängelbeseitigungsarbeiten** anfallen und diese wegen der zu beseitigenden Mängel nicht selbst gewährleistungspflichtig sind.[684]

Die Kostentragungspflicht ist grundsätzlich beschränkt auf das mangelhaft her- **298** gestellte eigene Werk, sodass jeder Auftragnehmer lediglich die Mängel an seinem Gewerk und nicht die Mängel an den Gewerken der anderen Auftragnehmer zu beseitigen hat. Verletzt der Auftragnehmer seine Prüf- und Hinweispflichten aus § 4 Abs. 3, hat er im Zuge der Mängelbeseitigung lediglich die durch die Versäumung der Hinweispflicht anfallenden zusätzlichen Kosten, die bei rechtzeitigem Hinweis nicht angefallen wären, zu tragen.[685] Etwas anderes gilt dann, wenn die Mängelbeseitigung an seinem eigenen Werk zu Schäden an der Leistung des Vorunternehmers führen, dann hat der Auftragnehmer auch die Kosten für deren Beseitigung zu tragen.[686] Auftragnehmer mit unterschiedlichen Gewerken, deren fehlerhafte Leistungen zu Mängeln geführt haben, die nur einheitlich beseitigt werden können, haften als **Gesamtschuldner**.[687] Liegen diese Voraussetzungen vor, ist ein einheitlicher Erfolg geschuldet, sodass die Gleichstufigkeit der gegen die Auftragnehmer gerichteten Mängelansprüche gegeben ist. Es wäre nicht nachvollziehbar, wenn der zuerst in Anspruch genommene Auftragnehmer die gesamten Mängel beseitigten müsste, ohne einen **Rückgriffsanspruch** gegen den anderen Auftragnehmer zu erlangen.[688]

Der Mängelbeseitigungsanspruch erfasst grundsätzlich keine Schäden, die durch **299** die ursprüngliche mangelhafte Leistung an sonstigem Eigentum des Auftraggebers entstanden ist.[689] Diese **Mangelfolgeschäden** können lediglich im Rahmen eines verschuldensabhängigen Schadensersatzanspruchs geltend gemacht werden.[690] Ebenfalls im Rahmen des Mängelbeseitigungsanspruchs nicht erstattungsfähig ist ein Schaden aufgrund **entgangenen Gewinns** wegen Unbenutzbarkeit des Werks für die Dauer der Mängelbeseitigungsarbeiten.[691]

Die **Kosten einer unberechtigten Mängelrüge** sind dem Auftragnehmer in **300** der Regel nicht zu erstatten. Es ist Aufgabe des Auftragnehmers, die vom Auftraggeber behaupteten Mängel zu prüfen.[692] Eine Erstattung der Aufwendungen ist im Rahmen eines Schadensersatzanspruchs gem. §§ 280 Abs. 1, 241 Abs. 2 BGB aber möglich, wenn der Auftraggeber bei der im Rahmen seiner Möglichkeiten gebotenen Überprüfung hätte feststellen können, dass der Auftragnehmer nicht

---

[684] Beck VOB/B/Zahn § 13 Abs. 5 Rn. 63; Kapellmann/Messerschmidt/Langen § 13 Rn. 284; Ingenstau/Korbion/Wirth § 13 Abs. 5 Rn. 120 ff.; vgl. auch BGH NJW 1967, 2010 (2011).
[685] OLG Düsseldorf NZBau 2000, 331 (332); OLG München NJW-RR 1988, 20.
[686] Kapellmann/Messerschmidt/Langen § 13 Rn. 286; BeckOK VOB/B/Koenen § 13 Abs. 5 Rn. 62.
[687] BGH BeckRS 2015, 12555 Rn. 51 = ZfBR 2015, 676; NJW 2003, 2980 f.; OLG Frankfurt a. M. BeckRS 2004, 30470044 = IBR 2005, 473; OLG Stuttgart BeckRS 2005, 13189 = IBR 2005, 312; Langen, NZBau 2015, 1 (4).
[688] BGH BeckRS 2015, 12555 Rn. 51 = ZfBR 2015, 676; NJW 2003, 2980 f.
[689] BGH NJW 1986, 922 (923); Beck VOB/B/Zahn § 13 Abs. 5 Rn. 66.
[690] BGH NJW 1986, 922 (923); Beck VOB/B/Zahn § 13 Abs. 5 Rn. 66.
[691] BGH NJW 1978, 1626; Kapellmann/Messerschmidt/Langen § 13 Rn. 285; BeckOK VOB/B/Koenen § 13 Abs. 5 Rn. 61.
[692] BGH NJW 2010, 3649 Rn. 19; Kapellmann/Messerschmidt/Langen § 13 Rn. 289.

Moufang

für die Ursache des Mangels verantwortlich ist.[693] Ein Aufwendungsersatzanspruch aus einer Geschäftsführung ohne Auftrag scheitert hingegen regelmäßig an dem mutmaßlichen Willen des Auftraggebers, der bei Geltendmachung des Mängelbeseitigungsanspruchs von einer für ihn kostenlosen Mängelbeseitigung ausgeht.[694] Ein Bereicherungsanspruch kommt allenfalls in Höhe des objektiven Werts der Leistung (dh der Klärung der Mängelursache) für den Auftraggeber in Betracht.[695] Macht der Auftragnehmer die Maßnahmen zur Mängelbeseitigung von einer **Erklärung des Auftraggebers** abhängig, dass dieser die Kosten der Untersuchung und der weiteren Maßnahmen für den Fall übernimmt, dass der Auftragnehmer nicht für den Mangel verantwortlich ist, gilt Folgendes: Lehnt der Auftraggeber ab, begründet die Bedingung für den Auftragnehmer das Risiko einer verweigerten Mängelbeseitigung, soweit die Mängelrüge berechtigt war.[696] Stimmt der Auftraggeber (konkludent) zu, so schließen die Parteien einen aufschiebend bedingten Vertrag, aufgrund dessen der Auftragnehmer seine Aufwendungen ersetzt verlangen kann, wenn er die Mängel nicht verursacht hat.[697] Erbringt der Auftragnehmer aufgrund einer solchen Vereinbarung Mängelbeseitigungsleistungen und bleibt die Verantwortlichkeit für die Mängel ungeklärt, so kann der Auftragnehmer von dem Auftraggeber Vergütung für die Leistungen fordern, da der Auftraggeber nach Abnahme die Beweislast für das Vorliegen eines Mangels trägt.[698]

301 Der Auftragnehmer kann für eine nach dem ursprünglichen Werkvertrag geschuldete Mängelbeseitigung auf Grund einer **Nachtragsvereinbarung** nur dann eine gesonderte Vergütung verlangen, wenn der Auftraggeber die gesonderte Vergütungspflicht selbstständig anerkannt hat oder die Parteien sich gerade in Ansehung dieser Frage verglichen haben.[699] Eine bereits gezahlte doppelte Vergütung ist für den Fall, dass die Überzahlung durch Abschlagszahlungen eingetreten ist, aufgrund eines vertraglichen Anspruchs[700] und im Übrigen nach bereicherungsrechtlichen Grundsätzen zurückzuzahlen.

302 **3. Beteiligung des Auftraggebers an den Mängelbeseitigungskosten.**
Der Auftraggeber ist verpflichtet, sich an den Kosten der Mängelbeseitigung zu beteiligen, wenn der Auftraggeber oder seine Erfüllungsgehilfen für die Mängel mitverantwortlich sind, wenn durch die Mängelbeseitigung vom Auftraggeber zu tragende Sowieso-Kosten entstehen oder wenn der Auftraggeber ihm durch die Mängelbeseitigung zuwachsende Vorteile auszugleichen hat.[701]

---

[693] BGH NJW 2010, 3649 Rn. 20; NJW 2008, 1147 Rn. 12 (für das Kaufrecht); OLG Frankfurt a. M. NJW-RR 2012, 1200 (1201); OLG Düsseldorf NJW-RR 1999, 746 f.; aA LG Hamburg NJW-RR 1992, 1301; s. dazu erg. Messerschmidt/Voit/Moufang/Koos § 635 Rn. 70.

[694] Moufang/Koos BauR 2007, 300 (302); aA wohl OLG Karlsruhe BeckRS 2003, 30318179.

[695] Moufang/Koos BauR 2007, 300 (302 f.); Messerschmidt/Voit/Moufang/Koos § 635 Rn. 72.

[696] BGH NJW 2010, 3649 (3651); Kapellmann/Messerschmidt/Langen § 13 Rn. 289.

[697] OLG Hamm NZBau 2009, 315 f.; OLG Düsseldorf NJW-RR 2008, 331 f.; OLG Karlsruhe BeckRS 2003, 30318179 = IBR 2003, 353; Kapellmann/Messerschmidt/Langen § 13 Rn. 289.

[698] OLG Koblenz NJW 2015, 1967 Rn. 17 ff.

[699] BGH NZBau 2005, 453 (454); Kapellmann/Messerschmidt/Langen § 13 Rn. 287.

[700] BGH NJW-RR 2008, 328 Rn. 16; NJW 1999, 1867 (1869).

[701] BGH NJW 1999, 416 (417); BeckOK VOB/B/Koenen § 13 Abs. 5 Rn. 65, 70, 74.

a) **Mitverantwortung des Auftraggebers.** Hat der Auftraggeber oder sein 303
Erfüllungsgehilfe (→ § 10 Rn. 11 ff.) die Mängel **mitverursacht**, bleibt der
Auftragnehmer weiterhin zur Mängelbeseitigung verpflichtet. Ihm steht aber
ein Zahlungsanspruch gegen den Auftraggeber in Höhe seines quotalen Haftungsanteils (entsprechend § 254 BGB[702]) der zum Zwecke der Mängelbeseitigung erforderlichen Aufwendungen zu.[703] Der Anspruch beruht auf dem
Grundsatz von Treu und Glauben gem. § 242 BGB.[704] Die Kosten der Mängelbeseitigung sind nicht nach den kalkulierten Vertragspreisen zu bestimmen, sondern entsprechen dem Betrag, den der Auftragnehmer tatsächlich aufwenden
musste.[705]

b) **Sowieso-Kosten.** Der Auftraggeber hat die sogenannten **Sowieso-Kos-** 304
ten (auch als „Ohnehin-Kosten" bezeichnet) zu tragen, wenn solche bei der
Mängelbeseitigung entstehen. Sowieso-Kosten sind solche Mehrkosten, um die
das Werk bei mangelfreier Herstellung von vornherein teurer gewesen wäre.[706]
Darlegungs- und beweisbelastet für die Sowieso-Kosten ist der Auftragnehmer,
der den Zuschussanspruch gegenüber dem Auftraggeber geltend machen muss.
Es bedarf dazu einem konkreten Vortrag in Bezug auf welche Baumaßnahmen
in welchem Umfang welche Sowieso-Kosten entstehen.[707] Um beurteilen zu
können, ob Sowieso-Kosten vorliegen, muss für jeden Einzelfall der vertragliche
Leistungsumfang bestimmt werden.[708] Haben die Vertragsparteien eine
bestimmte Ausführungsart zum Gegenstand des Vertrags gemacht, dann umfasst,
sofern die Kalkulation des Werklohns nicht nur auf den Vorstellungen des Auftragnehmers beruht, der vereinbarte Werklohn nur die vereinbarte Herstellungsart.[709] Zusatzarbeiten, die für den geschuldeten Erfolg erforderlich sind, hat der
Auftraggeber dann gesondert zu vergüten.[710] Eine Verpflichtung die Sowieso-
Kosten zu tragen, besteht hingegen nicht, wenn der Auftragnehmer einen
bestimmten Erfolg zu einem bestimmten Preis versprochen hat und nachträglich
aufwendigere Maßnahmen erforderlich werden.[711] Haben die Parteien ohne
Bezugnahme auf eine Leistungsbeschreibung oder ein Leistungsverzeichnis eine
pauschale Vergütung vereinbart, so können nur dann Sowieso-Kosten entstehen,
wenn der pauschalierte Leistungsumfang überschritten wird.[712] Die Höhe der
Sowieso-Kosten ist anhand der Preise zu ermitteln, die im Zeitpunkt der
ursprünglichen Errichtung des Werkes zu bezahlen gewesen wären.[713]

---

[702] OLG München IBRRS 2017, 1332; Ingenstau/Korbion/Wirth § 13 Abs. 5 Rn. 382.
[703] BGH NJW 2010, 2571 (2572); Kapellmann/Messerschmidt/Langen § 13 Rn. 290.
[704] BGH NJW 1984, 1676 (1677); Kapellmann/Messerschmidt/Langen § 13 Rn. 290.
[705] BGH NJW 2010, 2571 (2572); Kapellmann/Messerschmidt/Langen § 13 Rn. 290.
[706] BGH NJW 1998, 3707 (3708); Kapellmann/Messerschmidt/Langen § 13 Rn. 293;
Beck VOB/B/Kohler/Ganten § 4 Abs. 7 Rn. 83.
[707] OLG Köln BeckRS 2020, 56192 Rn. 38 f.; BeckOK VOB/B/Koenen § 13 Abs. 5
Rn. 202.
[708] Messerschmidt/Voit/Moufang/Koos § 635 Rn. 88; Kapellmann/Messerschmidt/Langen § 13 Rn. 293.
[709] BGH NJW 2006, 3413 Rn. 24 f.; Kapellmann/Messerschmidt/Langen § 13 Rn. 293.
[710] BGH NJW 2006, 3413 Rn. 24 f.; Kapellmann/Messerschmidt/Langen § 13 Rn. 293.
[711] BGH NJW 1994, 2825 (2826); BeckOK VOB/B/Koenen § 13 Abs. 5 Rn. 71.
[712] OLG Braunschweig BeckRS 2008, 11764 Rn. 15 = BauR 2008, 1323; Messerschmidt/Voit/Moufang/Koos § 635 Rn. 88.
[713] BGH NJW-RR 1994, 148 (149); Kapellmann/Messerschmidt/Langen § 13 Rn. 295.

305 Das Bestehen von Sowieso-Kosten ist von der Rechtsprechung bspw. bejaht worden bei Abdichtungskosten einer Bodenplatte, wenn diese auch bei von vornherein richtiger Planung notwendig gewesen wären,[714] bei dem nachträglichen Einbau von Oberlichtern, welche ursprünglich vertraglich nicht vereinbart waren,[715] bei Mehrkosten, die bei ordnungsgemäßer Herstellung eines Lagerhallenfußbodens von vornherein angefallen wären, vertraglich aber vorher ein günstigeres, nicht geeignetes Verfahren vereinbart und ausgeführt worden ist,[716] bei ohnehin anfallenden Überholungsbeschichtungen bei mangelhaften Malerarbeiten,[717] bei Lieferung und Montage einer Ständerwandkonstruktion zur Erreichung des vereinbarten Schallschutzes,[718] bei der Beseitigung des Schwingens und Federns von Parkettboden[719] und bei Mehrkosten, die dadurch entstehen, dass ein Dach nunmehr einer Schneelast von 139 kg/m² standhalten muss, statt den vertraglich vereinbarten 80 kg/m², da sich die anerkannten Regeln der Technik vor Abnahme des Werks dahingehend geändert haben.[720] Keine Sowieso-Kosten liegen hingegen vor, wenn Mehrkosten bei der Mängelbeseitigung aufgrund von nach der Abnahme gestiegenen gesetzlichen oder technischen Anforderungen entstehen, da diese bei einer von vornherein ordnungsgemäßen Leistung des Auftragnehmers nicht angefallen wären.[721] Sowieso-Kosten kann der Auftragnehmer nicht erstattet verlangen, wenn der Auftraggeber bei von Beginn an ordnungsgemäßer Leistung nicht mit diesen Mehrkosten belastet geblieben wäre, weil er sie bei Veräußerung des Werks an den Erwerber hätte weitergeben können.[722]

306 **c) Vorteilsausgleich.** Eine Beteiligung des Auftraggebers an den Kosten der Mängelbeseitigung ist grundsätzlich auch dann möglich, wenn der Auftraggeber durch die Mängelbeseitigung Vorteile erlangt, die auszugleichen sind.[723] Dies ist bspw. der Fall, wenn sich durch die erst nach einigen Jahren durchgeführte Mängelbeseitigung die Lebensdauer des Werks deutlich verlängert und Renovierungsarbeiten erspart werden.[724] Ein **Vorteilsausgleich** ist allerdings ausgeschlossen, wenn die Vorteile ausschließlich darauf beruhen, dass der Auftragnehmer die Mängelbeseitigung verzögert hat und dem Auftraggeber bis dahin nur ein mangelhaftes Werk zur Verfügung stand.[725] Wirken sich die Mängel verhältnismäßig spät aus, sodass der Auftraggeber bis dahin keine Gebrauchsnachteile hat, so

---

[714] OLG Karlsruhe IBRRS 2006, 2201.
[715] OLG Braunschweig IBRRS 2008, 0940.
[716] OLG Rostock BeckRS 2012, 25007 = IBR 2012, 644.
[717] OLG Hamburg BeckRS 2014, 12389 = IBR 2010, 1041.
[718] OLG Frankfurt a. M. BeckRS 2014, 17527.
[719] OLG Brandenburg BeckRS 2015, 06545 = IBR 2015, 304.
[720] BGH NJW 2018, 391.
[721] OLG Stuttgart NZBau 2012, 42 (43); Kapellmann/Messerschmidt/Langen § 13 Rn. 297.
[722] OLG Hamm NJW-RR 2011, 237 (238); Kapellmann/Messerschmidt/Langen § 13 Rn. 297.
[723] BGH NJW 1999, 416 (417); BeckOK VOB/B/Koenen § 13 Abs. 5 Rn. 74.
[724] Kapellmann/Messerschmidt/Langen § 13 Rn. 299; BeckOK VOB/B/Koenen § 13 Abs. 5 Rn. 75.
[725] BGH NJW 1984, 2457 (2459); OLG Celle BeckRS 2017, 143508 Rn. 39 = IBR 2018, 388; OLG München NZBau 2021, 251 Rn. 38 ff.; Kapellmann/Messerschmidt/Langen § 13 Rn. 299.

ist der Vorteil einer verlängerten Nutzungsdauer auszugleichen.[726] Zu beachten ist allerdings, dass sich der Vorteil auf die Leistung beschränkt, die tatsächlich länger genutzt werden kann; eine Beteiligung an sonstigen Kosten, wie zB der Entfernung der mangelhaften Leistung, scheidet aus. Ebenfalls ein Fall der Vorteilsausgleichung kann bei einer **werkvertraglichen Leistungskette** vorliegen: Steht im Rahmen einer solchen werkvertraglichen Leistungskette fest, dass der Hauptunternehmer von seinem Auftraggeber wegen Mängeln am Werk nicht mehr in Anspruch genommen werden kann, kann er nach dem Rechtsgedanken der Vorteilsausgleichung jedenfalls dann gehindert sein, seinerseits Ansprüche wegen dieser Mängel gegen seinen Auftragnehmer geltend zu machen, wenn ihm (dem Hauptunternehmer) dadurch ungerechtfertigte, ihn bereichernde Vorteile zufließen würden.[727] Im Verhältnis Auftraggeber – Planer – Fachplaner bleibt eine Minderung des Planers gegenüber dem Fachplaner wegen des Minderwerts der Fachplanung jedoch möglich, da der Minderwert der Planung von dem Folgeschaden am Bauwerk zu unterscheiden ist.[728]

d) Rechtsfolgen einer Pflicht des Auftraggebers zur Kostenbeteiligung. 307
Hat sich der Auftraggeber an den Kosten der Mängelbeseitigung durch den Auftragnehmer zu beteiligen, so kann der nachbesserungsbereite Auftragnehmer nach Treu und Glauben im Vorhinein keine Zahlung eines **Kostenzuschusses,** sondern lediglich die Stellung einer Sicherheit durch den Auftraggeber in angemessener Höhe verlangen.[729] Macht der Auftraggeber die Mängelbeseitigung von einer **Sicherheitsleistung** abhängig, so hat er dem Besteller den voraussichtlichen Instandsetzungsaufwand, die darin enthaltenen Sowieso-Kosten und die geltend gemachte Mitverursachungsquote substantiiert darzulegen. Genügt dies dem Besteller nicht, so wird dem Auftragnehmer in der Regel zuzumuten sein, sein Begehren auf Verlangen mit einem Sachverständigengutachten zu untermauern.[730] Tut er dies nicht oder verlangt er Zahlung eines Kostenzuschusses statt Sicherheitsleistung, kann der Auftraggeber ohne weitere Fristsetzung zur Ersatzvornahme im. Abs. 5 Nr. 2 übergehen. Umgekehrt gerät der Auftraggeber in **Annahmeverzug,** wenn er ein berechtigtes Sicherheitsverlangen des Auftragnehmers verweigert.[731] Eine noch nicht abgelaufene angemessene Mängelbeseitigungsfrist, die Voraussetzung für eine rechtmäßige Ersatzvornahme ist, wird durch Eintritt von Annahmeverzug des Auftraggebers gegenstandslos. Es ist eine erneute Fristsetzung nach Sicherheitsleistung erforderlich. Erbringt der Auftraggeber eine erheblich niedrigere Sicherheitsleistung, wovon Auftragnehmer berechtigterweise gefordert, so gerät der Auftraggeber ebenfalls in Annahmeverzug. Lediglich bei einer verhältnismäßig unbedeutenden Differenz ist der Auftragnehmer gem. § 242 BGB nicht berechtigt, die Mängelbeseitigung zu verweigern. In diesem Fall muss er sich, wie auch bei einer Überschreitung der zunächst veranschlagten Mängelbeseitigungskosten, auf eine Nachforderung verweisen lassen.[732]

---

[726] BGH NJW 2002, 141 (142); Kapellmann/Messerschmidt/Langen § 13 Rn. 300; Beck VOB/B/Zahn Vor § 13 Rn. 50.
[727] BGH NJW 2013, 3297; Kapellmann/Messerschmidt/Langen § 13 Rn. 301.
[728] BGH NJW 2016, 2032 Rn. 34 ff; Kapellmann/Messerschmidt/Langen § 13 Rn. 301.
[729] BGH NJW 1984, 1676 (1679); Kapellmann/Messerschmidt/Langen § 13 Rn. 291.
[730] BGH NJW 1984, 1676 (1679); Kapellmann/Messerschmidt/Langen § 13 Rn. 291.
[731] BGH NJW 1984, 1676 (1679); Kapellmann/Messerschmidt/Langen § 13 Rn. 292; Messerschmidt/Voit/Moufang/Koos § 635 Rn. 90.
[732] BGH NJW 1984, 1676 (1679); Messerschmidt/Voit/Moufang/Koos § 635 Rn. 90.

§ 13

IV. „Quasi-Neubeginn" der Verjährung gem. Abs. 5 Nr. 1 S. 2

308 Nach Abs. 5 Nr. 1 S. 2 verjährt der Anspruch auf Beseitigung der gerügten Mängel in 2 Jahren ab Zugang des schriftlichen Mängelbeseitigungsverlangens, jedoch nicht vor Ablauf der Regelfristen nach Abs. 4 oder der an ihrer Stelle vereinbarten Frist. Das bedeutet, dass mit dem Zugang des schriftlichen Mängelbeseitigungsverlangens eine gesonderte 2-jährige Frist zu laufen beginnt (sog. **„Quasi-Neubeginn"**), die für die Verjährung der Mängelansprüche nur dann relevant wird, wenn diese nach der Regelfrist bzw. der vertraglich vereinbarten Frist abläuft. Die Verjährungsfrist des Abs. 5 Nr. 1 S. 2 bezieht sich nicht nur auf den Mängelbeseitigungsanspruch des Abs. 5 Nr. 1 S. 1, sondern auf alle Mängelrechte der VOB/B.[733] Das schriftliche Mängelbeseitigungsverlangen ist an den Auftragnehmer bzw. an denjenigen zu richten, der dessen Rechtsstellung eingenommen hat, wie bspw. der Insolvenzverwalter.[734] Nicht ausreichend ist hingegen das Mängelbeseitigungsverlangen gegenüber dem Bürgen, da dieser dem Auftraggeber lediglich die Leistung aus der Bürgschaft, nicht aber auch eine Mängelbeseitigung schuldet.[735] Vereinbaren die Parteien eine kürzere Verjährungsfrist als die Regelfrist (zur Frage der Wirksamkeit in AGB → Rn. 275 f.) ist zu prüfen, ob die Parteien dadurch gleichzeitig die verjährungsverlängernde Wirkung der schriftlichen Mängelanzeige ausschließen wollten.[736] Dies ist zB der Fall, wenn die Parteien vertraglich vereinbart haben, dass die Gewährleistungspflicht zu einem bestimmten Datum „endgültig erlöschen" soll.[737]

309 Voraussetzung des „Quasi-Neubeginns" der Verjährung ist ein **schriftliches Mängelbeseitigungsverlangen** des Auftraggebers nach der Abnahme und noch vor Ablauf der Verjährungsfrist.[738] Ein schriftliches Mängelbeseitigungsverlangen vor Abnahme[739] genügt für den „Quasi-Neubeginn" ebenso wenig wie ein solches nach Ablauf der Verjährungsfrist.[740] Die Anforderungen an das Schriftformerfordernis ergeben sich aus § 127 BGB, der auf § 126 BGB verweist. Die Schriftform des § 126 Abs. 1 BGB erfordert, dass die Urkunde vom Aussteller eigenhändig durch Namensunterschrift oder durch notariell beglaubigtes Handzeichen unterzeichnet ist. Da es sich bei Abs. 5 Nr. 1 S. 2 um ein vertraglich vereinbartes Schriftformerfordernis handelt, kann gem. § 127 Abs. 2 BGB die Schriftform, soweit ein anderer Wille nicht anzunehmen ist, durch die telekommunikative Übermittlung ersetzt werden. Die **telekommunikative Übermittlung** lässt nach überwiegend vertretener Auffassung das Erfordernis der eigenhändigen Unterschrift entfallen.[741] Dem Schriftformerfordernis des Abs. 5 Nr. 1 S. 2

---

[733] Beck VOB/B/Eichberger/Zelta § 13 Abs. 4 Rn. 297; Ingenstau/Korbion/Wirth § 13 Abs. 4 Rn. 317.

[734] OLG Hamm BauR 1984, 537 (538); Kapellmann/Messerschmidt/Langen § 13 Rn. 264.

[735] BGH NJW 1986, 310 (312); Ingenstau/Korbion/Wirth § 13 Abs. 4 Rn. 292.

[736] BGH NJW 1981, 2741 (2742); Messerschmidt/Voit/Voit § 13 Rn. 29.

[737] BGH NJW 1981, 2741 (2742).

[738] BGH BeckRS 1977, 31119188 = BauR 77, 346; vgl. zu Ausnahmen vom Schriftformerfordernis Messerschmidt/Voit/Voit § 13 Rn. 29.

[739] BGH BeckRS 1977, 31119188 = BauR 77, 346; Kapellmann/Messerschmidt/Langen § 13 Rn. 264.

[740] OLG Hamm NJW-RR 1993, 718 f.; Messerschmidt/Voit/Voit § 13 Rn. 29.

[741] BT-Drs. 14/4987, 43; Grüneberg/Ellenberger § 127 Rn. 2; MüKoBGB/Einsele § 127 Rn. 10; BeckOK BGB/Wendtland § 127 Rn. 4; Staudinger/Hertel § 127 Rn. 4.

Mängelansprüche **§ 13**

ist danach auch genügt, wenn diese **per E-Mail** erfolgt.[742] Nach Auffassung des OLG Frankfurt ist das Schriftformerfordernis des Abs. 5 Nr. 1 S. 2 hingegen nicht gewahrt, sofern eine Mängelrüge **per WhatsApp-Nachricht** übermittelt wird. Das OLG stellt klar, dass die gewillkürte Schriftform grundsätzlich durch telekommunikative Übermittlung gewahrt werden kann. Erforderlich sei hierfür jedoch eine Erklärung, die in gleicher Weise wie ein Schriftstück verfasst, in einer die Übergabe eines Schriftstücks ersetzende Art an den Erklärungsempfänger übermittelt worden sei und aus der sich unzweideutig der Erklärende ergebe. Darüber hinaus müsse der Erklärungsempfänger in die Lage versetzt werden, das Schriftstück auszudrucken und dauerhaft abzuspeichern bzw. zu archivieren.[743] Insgesamt bleibt der sicherste Weg, die Schriftform des § 126 Abs. 1 BGB zu wahren oder jedenfalls der E-Mail einen Scan der unterzeichneten Mängelrüge beizufügen.[744]

Das schriftliche Mängelbeseitigungsverlangen muss so formuliert sein, dass der Auftragnehmer erkennen kann, welche Mängelsymptome vorliegen und dass von ihm Mängelbeseitigung erwartet wird.[745] Zu den Anforderungen an die Bestimmtheit des Mängelbeseitigungsverlangens → Rn. 290 f. Erforderlich ist zudem, dass das schriftliche Verlangen auf Mängelbeseitigung gerichtet ist; eine Minderungserklärung oder die Forderung nach Kostenvorschuss, -erstattung oder Schadensersatz genügt nicht.[746] **309a**

Für denselben Mangel wird die Gewährleistungsfrist gem. Abs. 5 Nr. 1 S. 2 nur einmal durch das **erste schriftliche Mängelbeseitigungsverlangen** nach der Abnahme verlängert. Auf weitere schriftliche Mängelbeseitigungsverlangen kommt es nicht mehr an. Dies gilt auch für den Fall, dass das erste Mängelbeseitigungsverlangen nicht zu einer Verlängerung der Verjährungsfrist geführt hat, weil die Regelfrist bzw. die vereinbarte Frist länger als die Frist des Abs. 5 Nr. 1 S. 2 läuft[747] oder die Schriftform nicht eingehalten war.[748] **310**

Die Verjährungsfrist des Abs. 5 Nr. 1 S. 2 unterliegt, wie jede andere Verjährungsfrist auch, den Vorschriften zur Hemmung (§§ 203 ff. BGB) und dem Neubeginn (§ 212 BGB) der Verjährung.[749] **311**

V. Verjährung der Mängelbeseitigungsleistung gem. Abs. 5 Nr. 1 S. 3

Mit der Abnahme der Mängelbeseitigungsleistung beginnt für diese Leistung gem. Abs. 5 Nr. 1 S. 3 eine neue 2-jährige Verjährungsfrist zu laufen, die jedoch nicht vor Ablauf der Regelfrist nach Abs. 4 oder der vertraglich vereinbarten **312**

---

[742] OLG Köln BeckRS 2016, 114445 = BauR 2017, 1218; OLG Frankfurt a. M. IBRRS 2016, 0558; aA E-Mail nur dann ausreichend, wenn diese mit einer qualifizierten elektronischen Signatur gem. § 126a Abs. 1 BGB versehen ist: OLG Frankfurt a. M. NJW 2012, 2206 f.; OLG Jena BeckRS 2016, 02826 Rn. 29 = NJW-Spezial 2016, 109.
[743] OLG Frankfurt BeckRS 2023, 40393 = NJW 2024, 1425.
[744] Vgl. auch Ingenstau/Korbion/Wirth § 13 Abs. 5 Rn. 68, der empfiehlt, die Zulässigkeit der Mängelrüge per E-Mail vertraglich zu regeln.
[745] BGH NJW 1987, 381 (382); Kapellmann/Messerschmidt/Langen § 13 Rn. 265.
[746] Kapellmann/Messerschmidt/Langen § 13 Rn. 263; Kleine-Möller/Merl/Glöckner PrivBauR-HdB/Merl/Hummel § 15 Rn. 1235.
[747] BGH NJW-RR 1990, 1240; OLG Karlsruhe NJW 2012, 2204 (2206).
[748] BGH NJW 1972, 1280.
[749] Beck VOB/B/Eichberger/Zelta § 13 Abs. 4 Rn. 299; Ingenstau/Korbion/Wirth § 13 Abs. 4 Rn. 295.

§ 13

Verjährungsfrist endet. Es handelt sich um eine **selbständige neue Verjährungsfrist** und nicht nur um eine Verlängerung der ursprünglich mit der Abnahme des Werks angelaufenen Verjährungsfrist.[750] Dies bedeutet, dass mit Eintritt der Voraussetzungen des Abs. 5 Nr. 1 S. 3 zwei eigenständige Verjährungsfristen laufen, die getrennt voneinander zu beurteilen sind: Die neue Verjährungsfrist von 2 Jahren nach Abnahme der Mängelbeseitigungsleistung für diese Leistung einerseits und die mit Abnahme der Vertragsleistung bzw. des vertragsgemäß hergestellten Werks angelaufene ursprüngliche Verjährungsfrist von 5 Jahren bei Bauwerken andererseits. Dieses Verständnis von Abs. 5 Nr. 1 S. 3 ist für die Beurteilung der verjährungsrechtlichen Folgefragen eine entscheidende Weichenstellung. Dies zeigt sich u.a. daran, dass die neue Verjährungsfrist von 2 Jahren gem. Abs. 5 Nr. 1 S. 3 selbst dann gilt, wenn Mangelbeseitigungsleistungen des Auftragnehmers abgenommen werden, die der Auftragnehmer erbracht hat, obwohl die Mängelansprüche des Auftraggebers bereits verjährt waren.[751] (→ Rn. 313)

312a Voraussetzung für den Beginn der neuen Verjährungsfrist des Abs. 5 Nr. 1 S. 3 ist die Beendigung und **Abnahme** der jeweiligen Mängelbeseitigungsleistungen inklusive aller Nacharbeiten.[752] Nicht erheblich ist, ob die beseitigten Mängel, wie von Abs. 5 Nr. 1 S. 2 vorausgesetzt, erst nach der Abnahme gerügt wurden oder der Auftraggeber die Leistung vorbehaltlich der Mängel abgenommen hatte.[753] Haben die Parteien im Bauvertrag eine **förmliche Abnahme** vereinbart, ist durch Auslegung des Vertrags zu ermitteln, ob dies auch für eine Abnahme von Mängelbeseitigungsleistungen gilt. Wird in der vertraglichen Regelung zur Abnahme die Abnahme von Mängelbeseitigungsarbeiten nicht erwähnt, erscheint es insbesondere vor dem Hintergrund, dass die Mängelbeseitigungsarbeiten im Verhältnis zur Hauptleistung nur einen geringfügigen Teil ausmachen, fernliegend, dass die Parteien eine förmliche Abnahme auch für die Mängelbeseitigungsleistungen vereinbaren wollten.[754] Eine Abnahme ist dann auch durch **konkludentes Verhalten** oder gem. § 12 Abs. 5 möglich (→ § 12 Rn. 144 ff.). Ist eine förmliche Abnahme der Mängelbeseitigungsleistungen von den Parteien erwünscht, so ist eine ausdrückliche vertragliche Regelung dahingehend empfehlenswert. Findet eine Abnahme der Mängelbeseitigungsleistungen nicht statt, beginnt die neue Verjährungsfrist des Abs. 5 Nr. 1 S. 3 nicht zu laufen.[755] (zum Lauf der ursprünglichen Verjährungsfrist (→ Rn. 316)

313 Mit der Abnahme der Mängelbeseitigungsleistungen beginnt die neue Verjährungsfrist des Abs. 5 Nr. 1 S. 3 auch dann zu laufen, wenn die Regelfrist des Abs. 4 oder die vertraglich vereinbarte Frist vor der Mängelbeseitigung bereits abgelaufen war.[756] Der Auftragnehmer ist ausreichend dadurch geschützt, dass er

---

[750] Kapellmann/Messerschmidt/Langen § 13 Rn. 272; BeckOK VOB/B/Koenen § 13 Abs. 5 Rn. 46; Heiermann/Riedl/Rusam/Mansfeld § 13 Rn. 95.

[751] BGH NJW 1989, 2753 (2754); Kapellmann/Messerschmidt/Langen § 13 Rn. 272; Heiermann/Riedl/Rusam/Mansfeld § 13 Rn. 95; Ingenstau/Korbion/Wirth § 13 Abs. 4 Rn. 307; Beck VOB/B/Eichberger/Zelta § 13 Abs. 4 Rn. 246.

[752] BGH NJW-RR 2013, 969 Rn. 11; NZBau 2008, 764 Rn. 16; NJW-RR 1986, 98.

[753] Ingenstau/Korbion/Wirth § 13 Abs. 4 Rn. 306; Kleine-Möller/Merl/Glöckner PrivBauR-HdB/Merl/Hummel § 15 Rn. 1237.

[754] BGH NZBau 2008, 764 Rn. 22.

[755] Vgl. OLG Frankfurt a. M. NJW-RR 2014, 1174 (1175); Kapellmann/Messerschmidt/Langen § 13 Rn. 273; BeckOK VOB/B/Koenen § 13 Abs. 5 Rn. 45.

[756] BGH NJW 1989, 2753 (2754); Kapellmann/Messerschmidt/Langen § 13 Rn. 272; Ingenstau/Korbion/Wirth § 13 Abs. 4 Rn. 307.

Mängelansprüche **§ 13**

die Durchführung der Mängelbeseitigungsarbeiten unter Berufung auf die Verjährung des Mängelbeseitigungsanspruchs des Auftraggebers hätte verweigern können.[757]

Der **Umfang der von der neuen Verjährungsfrist** des Abs. 5 Nr. 1 S. 3 **314** erfassten Mängelansprüche des Auftraggebers ist nach den Grundsätzen der Symptom-Rechtsprechung des BGH zu beurteilen.[758] Dies bedeutet, dass die neue Verjährungsfrist des Abs. 5 Nr. 1 S. 3 nicht auf die vom Auftraggeber angezeigten und vom Auftragnehmer beseitigten Mängelerscheinungen beschränkt ist, sondern sämtliche Mängel erfasst, die für die Mängelerscheinungen ursächlich sind oder erst durch die Mängelbeseitigungsleistungen herbeigeführt werden.[759]

Die neue Verjährungsfrist des Abs. 5 Nr. 1 S. 3 kann, wie jede andere Verjäh- **315** rungsfrist, nach den allgemeinen Vorschriften **gehemmt** werden oder **neu beginnen** oder aber auch gem. Abs. 5 Nr. 1 S. 2 verlängert werden.[760] Wird derselbe Mangel mehrfach versucht zu beseitigen, beginnt mit jeder **erneuten Abnahme der Mängelbeseitigung** jeweils eine neue 2-jährige Frist nach Abs. 5 Nr. 1 S. 3.[761] Die neue Verjährungsfrist des Abs. 5 Nr. 1 S. 3 wird selbst dann nach Abs. 5 Nr. 1 S. 2 durch ein schriftliches Verlangen auf Mängelbeseitigung verlängert, wenn wegen desselben Mangels bereits ein solches Verlangen vor Beginn der neuen Verjährungsfrist vorausgegangen war.[762]

Parallel zu der neuen Verjährungsfrist des Abs. 5 Nr. 1 S. 3 läuft die **Regelfrist 316 des Abs. 4** bzw. die vertraglich vereinbarte Frist weiter.[763] Diese Verjährungsfrist wird durch die Durchführung der Mängelbeseitigungsarbeiten gehemmt (→ Rn. 258) oder beginnt im Falle eines Anerkenntnisses neu (→ Rn. 268). Abs. 5 Nr. 1 S. 3 stellt somit keine Einschränkung des § 212 BGB durch Ausschluss der Anerkenntniswirkung einer Mangelbeseitigung (→ Rn. 268) dar. Die Hemmung der Verjährung durch die Mängelbeseitigungsmaßnahmen dauert bei Vereinbarung der VOB/B grundsätzlich bis zur Abnahme der Mängelbeseitigungsarbeiten an.[764] Die **Hemmung durch Verhandlung nach § 203 BGB** wird durch Abs. 5 Nr. 1 S. 3 insoweit modifiziert, dass die Hemmung nicht mit dem Verhandlungsende beendet wird, sondern erst mit der Abnahme der Mängelbeseitigungsleistung. Der Abnahme der Mängelbeseitigungsleistung steht es gleich, wenn der Auftraggeber die Abnahme endgültig verweigert, weil er die weitere Erfüllung des Vertrags ablehnt. Verweigert der Auftraggeber die Abnahme der Mängelbeseitigungsarbeiten, weil diese nicht vertragsgerecht durchgeführt wurden, endet die Hemmung dann, wenn der Auftragnehmer die Mängelbeseitigung endgültig ablehnt.[765] Setzt der Auftragnehmer hingegen die Mängelbeseitigungsarbeiten fort oder reagiert der Auftragnehmer nicht, ohne dass das Verhalten als endgültige Verweigerung angesehen werden kann, bleibt die Verjährung des Mängelbeseiti-

---

[757] BGH NJW 1989, 2753 (2754).
[758] BGH NJW 1989, 2753 (2754); BeckOK VOB/B/Koenen § 13 Abs. 5 Rn. 49.
[759] BGH NJW 1989, 2753 (2754); Kapellmann/Messerschmidt/Langen § 13 Rn. 275.
[760] BGH NJW 1989, 2753 (2754); Kapellmann/Messerschmidt/Langen § 13 Rn. 274.
[761] BGH NZBau 2008, 764 Rn. 25; NJW 1989, 2753 (2754).
[762] Kapellmann/Messerschmidt/Langen § 13 Rn. 274; BeckOK VOB/B/Koenen § 13 Abs. 5 Rn. 46.
[763] Vgl. BGH NZBau 2008, 764 Rn. 25; Kapellmann/Messerschmidt/Langen § 13 Rn. 273.
[764] BGH NZBau 2008, 764 Rn. 15 f.; Kapellmann/Messerschmidt/Langen § 13 Rn. 273.
[765] BGH NJW-RR 2013, 969 Rn. 19; NZBau 2008, 764 Rn. 17; BeckOK VOB/B/Koenen § 13 Abs. 5 Rn. 45.

§ 13

gungsanspruchs gehemmt.[766] Die neue Verjährungsfrist des Abs. 5 Nr. 1 S. 3 beginnt in diesem Fall nur dann, wenn der Auftraggeber die Mängelbeseitigungsleistungen trotz der Mängel abnimmt.[767]

VI. Voraussetzungen der Selbstvornahme gem. Abs. 5 Nr. 2

317 Abs. 5 Nr. 2 regelt das Selbstvornahmerecht des Auftraggebers. Demnach ist der Auftraggeber berechtigt, die Mängel auf Kosten des Auftragnehmers beseitigen zu lassen, wenn dieser der Aufforderung zur Mängelbeseitigung in einer angemessenen Frist nicht nachkommt. Auf eigene Kosten kann der Auftraggeber hingegen Mängel jederzeit beseitigen lassen. Das Selbstvornahmerecht des Abs. 5 Nr. 2 entspricht weitgehend der Regelung der §§ 634 Nr. 2, 637 BGB.

318 **1. Fälliger, durchsetzbarer Anspruch auf Mängelbeseitigung.** Das Selbstvornahmerecht des Auftraggebers setzt zunächst voraus, dass diesem ein fälliger und durchsetzbarer, insbesondere einredefreier Mängelbeseitigungsanspruch zusteht. Der Mängelbeseitigungsanspruch erfordert eine Mängelbeseitigungsaufforderung des Auftraggebers an den Auftragnehmer nach Abs. 5 Nr. 1 S. 1 (→ Rn. 292) und ist grundsätzlich gem. § 271 BGB **sofort fällig**.[768] Die Fälligkeit kann ausnahmsweise erst später eintreten, wenn sich die Parteien über die vorherige Einholung eines Sachverständigengutachtens zu den Mängeln einigen.[769] An der **Durchsetzbarkeit** des Mängelbeseitigungsanspruchs fehlt es insbesondere, wenn der Auftragnehmer gem. § 214 Abs. 1 BGB berechtigt die Einrede der Verjährung erhoben hat, wenn ein Leistungsverweigerungsrecht aus § 650f BGB besteht[770] oder wenn der Auftragnehmer ein Zurückbehaltungsrecht wegen einer vom Auftraggeber zu leistenden Sicherheit für eine Beteiligung an den Mängelbeseitigungskosten geltend macht (→ Rn. 302 ff.).[771] Außerdem darf der Mängelbeseitigungsanspruch weder gem. § 640 Abs. 3 BGB noch gem. Abs. 6 ausgeschlossen sein.[772]

319 Darüber hinaus darf sich der Auftraggeber mit der Annahme der Mängelbeseitigungsleistungen durch den Auftragnehmer nicht in Verzug befinden.[773] Ein **Annahmeverzug** liegt gem. § 293 BGB vor, wenn der Auftraggeber die ihm vom Auftragnehmer ordnungsgemäß angebotene Leistung nicht annimmt. Dies ist bspw. der Fall, wenn der Auftraggeber aus Verärgerung über mangelhafte und schleppende Arbeitsweise den Auftragnehmer, der Mängelbeseitigungs- und Restarbeiten zur Herstellung seines Werkes vornehmen will, von der Baustelle verwiesen hat und diesem auf entsprechende Aufforderung durch den Auftragnehmer

---

[766] BGH NZBau 2008, 764 Rn. 17 f.
[767] BGH NZBau 2008, 764 Rn. 17.
[768] Kapellmann/Messerschmidt/Langen § 13 Rn. 321.
[769] OLG Karlsruhe BauR 1972, 113 (114); BeckOK VOB/B/Koenen § 13 Abs. 5 Rn. 82; Kapellmann/Messerschmidt/Langen § 13 Rn. 321.
[770] OLG Düsseldorf NZBau 2006, 717 (718 f.).; Beck VOB/B/Zahn § 13 Abs. 5 Rn. 86; aA OLG Köln BeckRS 2005, 12952 = IBR 2005, 480.
[771] Kapellmann/Messerschmidt/Langen § 13 Rn. 321; Beck VOB/B/Zahn § 13 Abs. 5 Rn. 86.
[772] Kapellmann/Messerschmidt/Langen § 13 Rn. 321; BeckOK VOB/B/Koenen § 13 Abs. 5 Rn. 84.
[773] BGH NJW 1984, 1676 (1679); Kapellmann/Messerschmidt/Langen § 13 Rn. 322; BeckOK VOB/B/Koenen § 13 Abs. 5 Rn. 85.

keinen Termin zur Durchführung der Mängelbeseitigungsleistungen nennt.[774] Ist der Auftraggeber in Annahmeverzug geraten, kann er diesen jederzeit beenden, indem er die Mängelbeseitigungsarbeiten durch den Auftragnehmer zulässt. Eine solche Gestattung der Mängelbeseitigungsleistungen soll **konkludent** in der Erklärung des Auftraggebers enthalten sein, die Leistung der Vergütung wegen bestehender Mängel zu verweigern.[775] Der Auftraggeber gerät allerdings nur dann in Annahmeverzug, wenn der Auftragnehmer die Leistung ordnungsgemäß angeboten hat. Dies ist nicht der Fall, wenn die angebotene Mängelbeseitigungsleistung nicht geeignet ist, den vertraglich geschuldeten Erfolg herbeizuführen. Ein solches Mängelbeseitigungsangebot braucht der Auftraggeber nicht zu akzeptieren.[776] Darüber hinaus kann ein Annahmeverzug des Auftraggebers auch nicht mehr eintreten, nachdem eine dem Auftragnehmer gesetzte angemessene Frist zur Mängelbeseitigung fruchtlos verstrichen ist → Rn. 320 ff. Nach erfolglosem Fristablauf ist der Auftraggeber nämlich berechtigt, die Mängelbeseitigung durch den Auftragnehmer abzulehnen.[777]

2. Ablauf einer angemessenen Frist zur Mängelbeseitigung. Der Auftraggeber muss dem Auftragnehmer neben der bloßen Mängelbeseitigungsaufforderung nach Abs. 5 Nr. 1 S. 1 für die Entstehung des Selbstvornahmerechts des Auftraggebers eine **angemessene Frist** zur Mängelbeseitigung gesetzt haben, die erfolglos abgelaufen ist. Zu den Anforderungen an die Bestimmtheit des Mängelbeseitigungsverlangens → Rn. 290 ff. Die Fristsetzung bedarf **keiner bestimmten Form**. Eine schriftliche Fristsetzung zur Mängelbeseitigung ist jedoch vor dem Hintergrund der Beweisbarkeit und für den Quasi-Neubeginn der Verjährung nach Abs. 5 Nr. 1 S. 2 (→ Rn. 308) empfehlenswert.[778] 320

Die Fristsetzung muss grundsätzlich eine **Mängelbeseitigungsaufforderung** enthalten und nicht lediglich zu einer Erklärung über die Bereitschaft der Mängelbeseitigung in der **vorgegebenen Frist** auffordern.[779] Grundsätzlich ist erforderlich, dass eine bestimmte Frist zur Vornahme der Mängelbeseitigung angegeben wird, also ein bestimmter Zeitraum oder ein Endtermin genannt wird, bis zu dem die Arbeiten abzuschließen sind.[780] Für die Fristsetzung nach § 5 Abs. 4 hat der BGH entschieden, dass die Aufforderung zur unverzüglichen Leistung ausreichend ist, da der Rechtsbegriff **„unverzüglich"** in § 121 Abs. 1 BGB definiert und somit bestimmbar sei.[781] Bei umfangreichen, zeitlich schwer abzuschätzenden 321

---

[774] OLG Düsseldorf NJW-RR 2000, 466; Kapellmann/Messerschmidt/Langen § 13 Rn. 322.

[775] BGH NZBau 2004, 611; Kapellmann/Messerschmidt/Langen § 13 Rn. 322.

[776] BGH NZBau 2006, 641 (642); Kapellmann/Messerschmidt/Langen § 13 Rn. 322.

[777] BGH NJW 2003, 1526; NZBau 2004, 153 (155). Kapellmann/Messerschmidt/Langen § 13 Rn. 322.

[778] Kapellmann/Messerschmidt/Langen § 13 Rn. 323; BeckOK VOB/B/Koenen § 13 Abs. 5 Rn. 89.

[779] BGH NJW 2006, 2254 Rn. 20; NJW 1999, 3710 (3711); OLG Stuttgart BeckRS 2010, 10754 = BauR 2010, 1083; OLG Düsseldorf BeckRS 2001, 14424 Rn. 16 = BauR 2002, 963; Kapellmann/Messerschmidt/Langen § 13 Rn. 323 (dort auch zu sog. „doppelten Fristsetzungen" des Auftraggebers).

[780] Beck VOB/B/Zahn § 13 Abs. 5 Rn. 89; Ingenstau/Korbion/Wirth § 13 Abs. 5 Rn. 163; MüKoBGB/Busche § 636 Rn. 6; BeckOK BGB/Voit § 636 Rn. 8.

[781] BGH NJW 2002, 1274 (1275); Kleine-Möller/Merl/Glöckner PrivBauR-HdB/Merl/Hummel § 15 Rn. 371.

§ 13

Mängelbeseitigungsmaßnahmen ist zumindest eine Frist für den Beginn der Mängelbeseitigung zu setzen.[782] Der BGH hat für die Fristsetzung gem. § 281 Abs. 1 BGB entschieden, dass bei einem Verlangen nach sofortiger, unverzüglicher oder umgehender Leistung oder bei vergleichbaren Formulierungen, den Anforderungen an die Fristsetzung Genüge getan ist, wenn dem Auftragnehmer deutlich wird, dass ihm für die Erfüllung nur ein begrenzter, bestimmbarer Zeitraum zur Verfügung steht.[783] Der Angabe eines bestimmten Zeitraumes oder eines Endtermins bedürfe es nicht.[784] Diese Rechtsprechung hat der BGH inzwischen auf die Fristsetzung zur Nacherfüllung im Kaufrecht übertragen.[785] Die Übertragung dieser Rechtsprechung auch auf das Werkvertragsrecht und die VOB/B wird kritisch beurteilt.[786] Das OLG Stuttgart hat die Rechtsprechung allerdings übertragen und entschieden, dass die Aufforderung zu „umgehenden" Mängelbeseitigung der erforderlichen Fristsetzung nach Abs. 5 Nr. 2 genügt. Die Argumente, die der BGH in den oben genannten Entscheidungen anführt, seien auf das Nacherfüllungsverlangen nach § 635 BGB bzw. Abs. 5 Nr. 2 übertragbar. Dafür spreche außerdem, dass im Werkvertragsrecht anerkannt ist, dass eine zu kurz gesetzte Frist nicht zur Unwirksamkeit des Nacherfüllungsverlangens führt, sondern eine angemessene Frist in Gang setzt (→ Rn. 323).[787] Bis zu einer Entscheidung des BGH in Bezug auf die Fristsetzung zur Nacherfüllung im Werkvertragsrecht sollte sich weder der Auftragnehmer auf die Unwirksamkeit einer solchen Fristsetzung verlassen, noch der Auftraggeber auf die Wirksamkeit.[788]

322 Die Frist zur Mängelbeseitigung muss des Weiteren angemessen sein. Die **Angemessenheit** der Frist ist nach Art, Umfang und Schwierigkeit der notwendigen Mängelbeseitigungsleistungen unter Berücksichtigung notwendiger Vorbereitungsarbeiten im Einzelfall zu beurteilen.[789] Bei der Bemessung der Länge der Frist sind die **Interessen beider Parteien** zu berücksichtigen. Dabei sind Auswirkungen der Mängelbeseitigung auf darauf aufbauende Leistungen, zB zeitliche Verzögerungen, die Gefahr von Folgeschäden oder eine besondere Eilbedürftigkeit bei sicherheitsrelevanten Mängeln zu berücksichtigen.[790] Es ist allerdings zu beachten, dass der Auftragnehmer, der mangelhaft geleistet hat, zu vermehrten Anstrengungen gehalten ist, um die Mängel kurzfristig zu beseitigen.[791] Besonder-

---

[782] OLG Stuttgart BeckRS 2010, 10754 = BauR 2010, 1083; Kapellmann/Messerschmidt/Langen § 13 Rn. 323.

[783] BGH NJW 2009, 3153 (3154); Kapellmann/Messerschmidt/Langen § 13 Rn. 329.

[784] BGH NJW 2009, 3153 (3154); Kapellmann/Messerschmidt/Langen § 13 Rn. 329.

[785] BGH NJW 2016, 3654 Rn. 24 ff.; Kapellmann/Messerschmidt/Langen § 13 Rn. 329.

[786] KG BeckRS 2010, 18546 = IBR 2010, 562; Beck OK BGB/Voit § 636 Rn. 8; Kapellmann/Messerschmidt/Langen § 13 Rn. 329.

[787] OLG Stuttgart BeckRS 2022, 51291 Rn. 44 = IBR 2023, 563.

[788] Vgl. hierzu auch Kapellmann/Messerschmidt/Langen § 13 Rn. 329, wonach dem Auftraggeber anzuraten ist, vorsichtshalber eine bestimmte Frist zur Mängelbeseitigung zu setzen oder ein bestimmtes Datum zu benennen, bis zu dem die Mängel zu beseitigen sind.

[789] OLG Frankfurt a. M. BeckRS 2011, 14115 = IBR 2011, 339; OLG Stuttgart BeckRS 2001, 31156203; OLG Düsseldorf BeckRS 2000, 30101386 = BauR 2001, 645; Kapellmann/Messerschmidt/Langen § 13 Rn. 330; BeckOK VOB/B/Koenen § 13 Abs. 5 Rn. 100.

[790] Mundt BauR 2005, 1397 (1400); Messerschmidt/Voit/Moufang/Koos § 636 Rn. 20.

[791] OLG Düsseldorf NJOZ 2007, 812 (815); BeckOK VOB/B/Koenen § 13 Abs. 5 Rn. 101; Kapellmann/Messerschmidt/Langen § 13 Rn. 330 fordert größte Anstrengungen des Auftragnehmers, um die Mängel zu beseitigen.

Mängelansprüche **§ 13**

heiten gelten, wenn sich der Auftraggeber mit der Annahme der Mängelbeseitigungsleistungen in Verzug befunden hat. In diesem Fall darf die Länge der Frist nicht allein von der für die Mängelbeseitigung erforderlichen Zeit abhängen, da es dem Auftragnehmer nicht zuzumuten ist, sich während des Verzugs des Auftraggebers dauernd zur Mängelbeseitigung bereit zu halten.[792] Die Fristsetzung darf nicht lediglich die reine Arbeitszeit, die für die Mängelbeseitigung notwendig ist, berücksichtigen, vielmehr muss auch eine angemessene Zeit für die Prüfung der Mängelursachen einberechnet werden.[793]

Ist die Fristsetzung durch den Auftraggeber **unangemessen kurz,** so ist die Fristsetzung nicht insgesamt unwirksam, sondern setzt eine angemessene Frist in Gang.[794] Haben sich die Parteien auf eine Frist geeinigt oder beruht die Fristlänge auf Angaben des Auftragnehmers, so ist die Fristsetzung selbst dann angemessen, wenn die Frist objektiv zu kurz wäre.[795] **323**

Die Fristsetzung zur Mängelbeseitigung ist wirkungslos, wenn der Auftraggeber die für die Herstellung des funktionsfähigen Werks notwendigen **Mitwirkungshandlungen** weder vorgenommen, noch angeboten hat.[796] Der Auftraggeber ist verpflichtet, dafür Sorge zu tragen, dass ungeeignete Leistungen von Vorunternehmern so verändert werden, dass der Auftragnehmer sein Werk mangelfrei errichten kann.[797] Ist allerdings eine erforderliche Mitwirkungshandlung des Auftraggebers zur Mängelbeseitigung diesem nicht bekannt, soll nach dem OLG Köln eine Fristsetzung zur Mängelbeseitigung ohne Angebot der Mitwirkungshandlung nur dann unwirksam sein, wenn der Auftragnehmer den Auftraggeber auf die erforderliche Mitwirkung konkret hingewiesen hat.[798] Der Auftraggeber, der verpflichtet ist, sich an den Kosten der Mängelbeseitigung zu beteiligen, muss die Sicherheitsleistung nicht von sich aus bei der Fristsetzung anbieten oder stellen, sondern hat diese lediglich auf Verlangen des Auftragnehmers bereitzustellen (→ Rn. 307).[799] **324**

Eine angemessene Frist ist erfolglos abgelaufen, wenn die Mängelbeseitigungsarbeiten **bis zum Fristende** nicht abgeschlossen sind.[800] In Ausnahmefällen kann der Auftraggeber nach Treu und Glauben dazu verpflichtet sein, nach Fristablauf noch geringe Restarbeiten des Auftragnehmers zu dulden, wenn dies die Interessen des Auftraggebers nicht vernachlässigt und eine zügige Erledigung durch den Auftragnehmer zu erwarten ist.[801] Der Auftraggeber ist ausnahmsweise bereits vor **325**

---

[792] BGH NJW 2007, 2761 Rn. 9; Kapellmann/Messerschmidt/Langen § 13 Rn. 330; BeckOK BGB/Voit § 636 Rn. 9.

[793] OLG Frankfurt a. M. BeckRS 2011, 14115 = IBR 2011, 339; Kapellmann/Messerschmidt/Langen § 13 Rn. 330.

[794] BGH NZBau 2003, 149 (150); OLG Hamm NZBau 2007, 709 Rn. 60 f.; Kapellmann/Messerschmidt/Langen § 13 Rn. 330.

[795] BGH BeckRS 1973, 31124418 = MDR 73, 402; BGH NJW 2016, 3654 Rn. 36; BeckOK BGB/Voit § 636 Rn. 9.

[796] BGH NJW 2008, 511 Rn. 36; BGH NJW 1996, 1745 (1746); Kapellmann/Messerschmidt/Langen § 13 Rn. 324.

[797] BGH NJW 2008, 511 Rn. 19; Kapellmann/Messerschmidt/Langen § 13 Rn. 324.

[798] OLG Köln NJW 2023, 2129.

[799] Messerschmidt/Voit/Moufang/Koos § 635 Rn. 91; Kapellmann/Messerschmidt/Langen § 13 Rn. 324; aA Beck OK BGB/Voit § 636 Rn. 6; vgl. hierzu auch Sienz BauR 2010, 840 (841).

[800] Beck VOB/B/Zahn § 13 Abs. 5 Rn. 98; Ingenstau/Korbion/Wirth § 13 Abs. 5 Rn. 228 ff.; Kapellmann/Messerschmidt/Langen § 13 Rn. 331.

[801] Beck VOB/B/Zahn § 13 Abs. 5 Rn. 98; Messerschmidt/Voit/Voit § 13 Rn. 35.

Fristablauf berechtigt, die Rechte aus Abs. 5 Nr. 2 geltend zu machen, wenn sicher feststeht, dass der Auftragnehmer die angemessene Frist nicht einhalten wird. Dem Auftraggeber ist es in diesem Fall nicht zumutbar, den Fristablauf abzuwarten.[802]

326 Nach erfolglosem Fristablauf ist der Auftraggeber nicht mehr verpflichtet ein Mängelbeseitigungsangebot des Auftragnehmers anzunehmen.[803] Vielmehr kann der Auftraggeber ab diesem Zeitpunkt entscheiden, welche der ihm zustehenden Mängelrechte er geltend machen will.[804] In Rechtsprechung und Literatur wird teilweise angenommen, dass der Auftraggeber zu einer **erneuten Fristsetzung** verpflichtet sei, wenn der Auftragnehmer nach Fristablauf Mängelbeseitigungsmaßnahmen anbietet und der Auftraggeber dieses Angebot annimmt.[805] Dem ist insoweit zuzustimmen als dass sich der Auftraggeber nicht entgegen § 242 BGB widersprüchlich verhalten darf. Hat der Auftraggeber dem Auftragnehmer erneut die **Möglichkeit der Mängelbeseitigung** gegeben, muss er sich daran festhalten lassen und den Mängelbeseitigungsversuch des Auftragnehmers abwarten.[806] Macht der Auftragnehmer daraufhin ein geeignetes Angebot zur Mängelbeseitigung, verhält sich der Auftraggeber widersprüchlich, wenn er dieses ablehnt.[807] Nutzt der Auftragnehmer die weitere Chance zur Mängelbeseitigung allerdings nicht, kann sich der Auftraggeber wieder auf die bereits abgelaufene Frist zur Mängelbeseitigung berufen.[808] Eine erneute Fristsetzung soll hingegen erforderlich sein, wenn sich der Auftraggeber auf eine Mängelbeseitigung durch den Auftragnehmer einlässt, diese jedoch fehlschlägt.[809]

327 Das Erfordernis einer erneuten Fristsetzung wird in Rechtsprechung und Literatur auch für den Fall von **gescheiterten Vergleichsgesprächen** über die Mängelbeseitigung angenommen.[810] Doch das Erfordernis einer erneuten Fristsetzung bei Vergleichsgesprächen ist differenziert zu beurteilen:[811] Werden die Vergleichsgespräche erst nach Ablauf der angemessenen Frist zur Mängelbeseitigung geführt, kann nichts anderes gelten als das soeben für den erneuten Mängelbeseitigungsversuch durch den Auftragnehmer Gesagte (→ Rn. 326).[812] Würden Vergleichsgespräche dazu führen, dass der Auftraggeber nach dem Scheitern der Gespräche erneut eine Frist zur Mängelbeseitigung setzen muss, müssten Auftraggeber in der Praxis Vergleichsgespräche nach Fristablauf grundsätzlich ablehnen. Demgegen-

---

[802] BGH NJW-RR 2003, 13; Kapellmann/Messerschmidt/Langen § 13 Rn. 331.

[803] Kapellmann/Messerschmidt/Langen § 13 Rn. 333; Ingenstau/Korbion/Wirth § 13 Abs. 5 Rn. 232; Messerschmidt/Voit/Voit § 13 Rn. 35.

[804] BGH NJW 2003, 1526; Kapellmann/Messerschmidt/Langen § 13 Rn. 333.

[805] OLG Celle NJW 2005, 2094 (2095); OLG Frankfurt a. M. BauR 1990, 474; Ingenstau/Korbion/Wirth § 13 Abs. 5 Rn. 232.

[806] Messerschmidt/Voit/Moufang/Koos § 636 Rn. 32; BeckOK BGB/Voit § 636 Rn. 15.

[807] BGH NJW-RR 2004, 303 (305); Messerschmidt/Voit/Moufang/Koos § 636 Rn. 32.

[808] OLG Karlsruhe IBRRS 2015, 0997, NZB zurückgewiesen: BGH 25.3.2015 – VII ZR 15/14; Messerschmidt/Voit/Moufang/Koos § 636 Rn. 32; s. auch für das Rücktrittsrecht: BGH NJW 2006, 1198 f.

[809] OLG Karlsruhe IBRRS 2015, 0997, NZB zurückgewiesen: BGH 25.3.2015 – VII ZR 15/14; aA Messerschmidt/Voit/Moufang/Koos § 636 Rn. 32.

[810] OLG Köln BeckRS 2010, 14950 = IBR 2010, 314; OLG Düsseldorf NJW-RR 1996, 16; Ingenstau/Korbion/Wirth § 13 Abs. 5 Rn. 232.

[811] Messerschmidt/Voit/Moufang/Koos § 636 Rn. 30 f.

[812] OLG Karlsruhe IBRRS 2015, 0997, NZB zurückgewiesen: BGH 25.3.2015 – VII ZR 15/14; Messerschmidt/Voit/Moufang/Koos § 636 Rn. 30.

Mängelansprüche **§ 13**

über kann im Einzelfall eine erneute Fristsetzung erforderlich sein, wenn die Vergleichsgespräche bereits vor Fristablauf begonnen werden. Indem sich der Auftraggeber auf die Vergleichsgespräche einlässt, könnte er konkludent, je nach den konkreten Umständen des Einzelfalls, sein Einverständnis mit einem Zuwarten mit den Mängelbeseitigungsmaßnahmen bis zum Abschluss der Vergleichsgespräche erklärt haben.

3. Entbehrlichkeit einer Fristsetzung zur Mängelbeseitigung. Im Gegensatz zu §§ 634 Nr. 2, 637 Abs. 2 iVm 323 Abs. 2 BGB sieht Abs. 5 Nr. 2 nicht ausdrücklich Gründe für die Entbehrlichkeit einer Fristsetzung vor. Es ist aber allgemein anerkannt, dass die in § 323 Abs. 2 BGB genannten Gründe im Wesentlichen auch im Rahmen des Abs. 5 Nr. 2 zu einer Entbehrlichkeit der Fristsetzung führen.[813] **328**

Eine Fristsetzung zur Mängelbeseitigung ist **entbehrlich**, wenn sie lediglich eine nutzlose Förmlichkeit darstellt, da der Auftragnehmer die Mängelbeseitigung ernsthaft und endgültig verweigert hat.[814] An das Vorliegen einer **ernsthaften und endgültigen Leistungsverweigerung** sind im Hinblick auf den grundsätzlichen Vorrang der Nacherfüllung durch den Auftragnehmer strenge Anforderungen zu stellen.[815] Das Bestreiten der Mängel alleine reicht hierfür grundsätzlich nicht aus. Nicht ausreichend ist auch die Erklärung des Auftragnehmers, er habe sämtliche Mängel beseitigt.[816] Aus den **Umständen des Einzelfalls** muss sich unter Würdigung des gesamten Verhaltens des Auftragnehmers ergeben, dass der Auftragnehmer seiner Verpflichtung zur Mängelbeseitigung nicht nachkommen will und dass er sich von einer Fristsetzung zur Nacherfüllung nicht mehr umstimmen lässt.[817] Diese Anforderungen gelten insbesondere auch dann, wenn der Auftragnehmer die Mängel erstmals im Prozess bestritten hat, da auch das nachhaltige Bestreiten das prozessuale Recht des Schuldners ist.[818] Eine ernsthafte und endgültige Verweigerung der Mängelbeseitigung liegt dagegen vor, wenn bereits ein **selbstständiges Beweisverfahren** durchgeführt wurde, das die Mängel bestätigt hat, der Auftragnehmer aber dennoch eine Beseitigung dieser Mängel ablehnt.[819] Alleine das Bestreiten von Mängeln in einem selbstständigen Beweisverfahren stellt hingegen noch keine endgültige Verweigerung dar.[820] Die ernsthafte und endgültige Weigerung des Auftragnehmers muss grundsätzlich im Zeitpunkt der Selbstvornahme bereits vorgelegen haben. Etwas anderes gilt nur für den Fall, dass das Verhalten des Auftragnehmers nach der Mängelbeseitigung durch den Auftraggeber den sicheren Rückschluss erlaubt, dass er die Mängelbeseitigung **329**

---

[813] Beck VOB/B/Zahn § 13 Abs. 5 Rn. 8; so im Erg. auch Kapellmann/Messerschmidt/Langen § 13 Rn. 325, 326.
[814] BGH BeckRS 1984, 31078285 = BauR 1985, 198; Kapellmann/Messerschmidt/Langen § 13 Rn. 325; Messerschmidt/Voit/Voit § 13 Rn. 34.
[815] BGH NJW-RR 1993, 882 (883); Kapellmann/Messerschmidt/Langen § 13 Rn. 325.
[816] BGH NJW 2011, 2872 Rn. 15.
[817] BGH NJW 2002, 3019 (3020); NJW-RR 1993, 882 (883); NJW 1977, 35 (36); Kapellmann/Messerschmidt/Langen § 13 Rn. 325; Messerschmidt/Voit/Moufang/Koos § 636 Rn. 39.
[818] BGH NZBau 2009, 377 Rn. 11 f.; Beck VOB/B/Zahn § 13 Abs. 5 Rn. 92.
[819] BGH NJW-RR 2014, 1512; OLG München BeckRS 2012, 11561 = IBR 2012, 257, NZB zurückgewiesen: BGH BeckRS 2012, 11562 = LSK 2013, 510183.
[820] Ingenstau/Korbion/Wirth § 13 Abs. 5 Rn. 200; Beck VOB/B/Zahn § 13 Abs. 5 Rn. 92.

§ 13

bereits vor der Selbstvornahme ernsthaft und endgültig verweigert hat.[821] Die strengen Anforderungen an die Entbehrlichkeit der Fristsetzung bei einer ernsthaften und endgültigen Verweigerung führen in der Praxis dazu, dass der Auftragnehmer die Mängelbeseitigung verzögern kann, indem er die Mängel bestreitet, sich aber grundsätzlich zu Mängelbeseitigungsleistungen bereit erklärt.[822] Der Auftraggeber kann den Auftragnehmer in diesen Fällen auffordern, eine **Erklärung zur Bereitschaft der Vertragserfüllung** abzugeben.[823] Der für den Auftraggeber sicherste Weg bleibt allerdings, dem Auftragnehmer eine angemessene Frist zur Mängelbeseitigung zu setzen und vor der Selbstvornahme den Fristablauf abzuwarten, um nicht das Risiko einzugehen, dass die strengen Anforderungen an eine ersthafte und endgültige Weigerung des Auftragnehmers von einem Gericht als nicht erfüllt beurteilt werden.[824] Das OLG Karlsruhe hat eine ernsthafte und endgültige Weigerung des Auftragnehmers angenommen, wenn dieser jeglichen Fehler in Abrede stellt und jede Verantwortung für Mängel und Kosten zurückgewiesen hat, obwohl der Auftragnehmer angegeben hat, „wie bisher sachgerecht für den Kunden arbeiten zu wollen".[825] Eine Entbehrlichkeit der Fristsetzung wegen ernsthafter und endgültiger Verweigerung des Auftragnehmers wurde unter anderem angenommen, wenn der Auftragnehmer die erste Fristsetzung ungenutzt verstreichen lässt, nach Vorlage des Privatgutachtens die dortigen Bewertungen angreift und ein Beweissicherungsverfahren mit der Begründung beantragt, die Leistungen seien mangelfrei erbracht,[826] der Auftragnehmer die Mängelbeseitigung mit der Auffassung verweigert, Mängel lägen nicht vor, obwohl die Mängel durch ein Gutachten im selbstständigen Beweisverfahren bestätigt wurden und er auch im Gerichtsverfahren die Mängelbeseitigungspflicht aus rechtlichen und tatsächlichen Gründen verweigert,[827] der Auftragnehmer dem Auftraggeber auf dessen Mangelrüge schriftlich mitteilt, dass die Schwingung des Bodens keinen Mangel darstellt,[828] der Auftragnehmer ankündigt, notwendige Nacharbeiten in Rechnung zu stellen[829] oder die Einrede der Verjährung erhebt.[830] Das **Verlassen der Baustelle** allein ist (noch) keine endgültige Erfüllungsverweigerung. Das Kooperationsgebot erfordert, dass sich der Auftraggeber mit dem Auftragnehmer wegen ausstehender Restleistungen bzw. zu beseitigender Mängel in Verbindung setzt, statt die Arbeiten, ohne Rücksprache zu halten, selbst fertig zu stellen.[831]

330 Eine Fristsetzung ist darüber hinaus entbehrlich, bei Gefahr in Verzug[832] oder wenn andere **besondere Umstände** vorliegen, die dem Auftraggeber die Män-

---

[821] BGH NZBau 2009, 377 Rn. 10; Messerschmidt/Voit/Moufang/Koos § 636 Rn. 38.
[822] S. dazu erg. Messerschmidt/Voit/Moufang/Koos § 636 Rn. 38.
[823] Messerschmidt/Voit/Moufang/Koos § 636 Rn. 38; MüKoBGB/Ernst § 323 Rn. 109.
[824] Messerschmidt/Voit/Moufang/Koos § 636 Rn. 38; Kapellmann/Messerschmidt/Langen § 13 Rn. 325.
[825] OLG Karlsruhe BeckRS 2011, 23341 = IBR 2012, 18; kritisch Kapellmann/Messerschmidt/Langen § 13 Rn. 325.
[826] OLG Oldenburg NJW-RR 2016, 89.
[827] OLG München BeckRS 2018, 23495 = NJW-Spezial 2018, 653.
[828] OLG Brandenburg BeckRS 2015, 06545 = IBR 2015, 304.
[829] OLG Naumburg BeckRS 2013, 10545 = NJOZ 2014, 141.
[830] OLG Hamm BeckRS 2013, 21607 = IBR 2014, 72.
[831] OLG München IBRRS 2023, 3403.
[832] BGH NJW-RR 2002, 666 (668); OLG Düsseldorf NJW-RR 1993, 477 (478). Kapellmann/Messerschmidt/Langen § 13 Rn. 326.

Mängelansprüche **§ 13**

gelbeseitigung durch den Auftragnehmer unzumutbar macht.[833] Eine Entbehrlichkeit der Fristsetzung wegen **Gefahr in Verzug** hat das OLG Düsseldorf bspw. für den Fall einer undichten Fernwärmeleitung angenommen, durch die es zu einem erheblichen Dampfaustritt gekommen ist, der den Verkehr auf der angrenzenden Straße erheblich beeinträchtigt hat und zum anderen die Unterbrechung der Fernwärmeversorgung der Kunden möglichst kurz gehalten werden sollte, da es Winter war.[834] Ebenso können die Verzögerung der Eröffnung oder die behördliche Androhung der Schließung eines Geschäftslokals Ausnahmesituationen sein, die es rechtfertigen, davon abzusehen, den Auftragnehmer unter Fristsetzung zur Beseitigung eines Mangels aufzufordern.[835] Besondere Umstände können auch dann vorliegen, wenn es dem Auftragnehmer auch nach mehreren Versuchen nicht gelungen ist, die Mängel zu beseitigen[836] oder das Vertrauen in die Leistungsfähigkeit und Leistungsbereitschaft des Auftragnehmers aufgrund dessen Unzuverlässigkeit und Verhalten erschüttert ist.[837] Der BGH hat das Vorliegen besonderer Umstände bspw. für den Fall angenommen, dass am Freitag von einer Behörde die Schließung des Geschäftsbetriebs für Montag angedroht wird, wenn nicht bis dahin der Grund für die vom Geschäftsbetrieb ausgehende Geruchsbelästigung beseitigt ist und der die Geruchsbelästigung auslösende Mangel erst im Zuge der vom Auftraggeber am Tag der Androhung eingeleiteten Arbeiten zum Abstellen der Geruchsbelästigung entdeckt wird.[838] Eine Entbehrlichkeit der Fristsetzung wegen Unzumutbarkeit wurde bspw. auch bejaht, wenn der Auftragnehmer dem Auftraggeber über Jahre hinweg kein mangelfreies Werk zur Verfügung stellt und auch keine Bereitschaft zur Mängelbeseitigung signalisiert,[839] der Auftragnehmer ausschließlich zu einer der vertraglichen Beschaffenheit widersprechenden Mängelbeseitigung bereit ist[840] oder wenn der Auftragnehmer dem Auftraggeber nach Erhalt der Mängelanzeige wahrheitswidrig suggeriert, das von ihm betriebene Geschäft sei nicht mehr existent bzw. insolvent.[841]

Eine Fristsetzung zur Mängelbeseitigung ist grundsätzlich **nicht entbehrlich,** **331** wenn die bisherige Leistung des Auftragnehmers unbrauchbar ist und er sich damit als fachlich unqualifiziert erwiesen hat, da er sich zur Mängelbeseitigung fremder Hilfe bedienen kann.[842] Eine Fristsetzung kann allerdings dann unzumutbar sein, wenn in ungewöhnlicher Häufigkeit gegen die anerkannten Regeln der Technik verstoßen wurde und die Verstöße zu gravierenden Mängeln geführt haben und der Besteller deshalb das Vertrauen in die Leistungsfähigkeit des Unternehmers endgültig verloren hat.[843] Die Fristsetzung ist ferner nicht allein deshalb entbehr-

---

[833] BGH NJW 1985, 381 (382); Ingenstau/Korbion/Wirth § 13 Abs. 5 Rn. 213 f.; Kapellmann/Messerschmidt/Langen § 13 Rn. 327; ausf. zur Unzumutbarkeit der Mängelbeseitigung im BGB: Messerschmidt/Voit/Moufang/Koos § 636 Rn. 49 ff.
[834] OLG Düsseldorf NJW-RR 1993, 477.
[835] BGH NJW-RR 2002, 666.
[836] BGH NJW 1985, 381 (382); OLG Bremen BeckRS 2005, 30362178.
[837] BGH BeckRS 1974, 31125294 = BauR 75, 137; OLG Hamm BeckRS 2010, 05771 = IBR 2010, 440; Beck VOB/B/Zahn § 13 Abs. 5 Rn. 94.
[838] BGH NJW-RR 2002, 666.
[839] OLG Frankfurt a. M. IBRRS 2015, 1091.
[840] KG BeckRS 2022, 44883 Rn. 24 = IBR 2023, 128.
[841] OLG Düsseldorf BeckRS 2010, 21424 = BauR 2011, 121.
[842] OLG Koblenz NJW-RR 2002, 669; Kapellmann/Messerschmidt/Langen § 13 Rn. 328.
[843] KG BeckRS 2022, 44883 Rn. 22 = IBR 2023, 128.

§ 13

lich, weil der Auftragnehmer seinen Betrieb geschlossen hat, da der Auftragnehmer die Mängelbeseitigungsarbeiten auch von einem Dritten ausführen lassen kann.[844] Nichts anderes gilt im Falle der Eröffnung des Insolvenzverfahrens über das Vermögen des Auftragnehmers, denn auch der Insolvenzverwalter kann die Mängelbeseitigungsarbeiten durch einen Dritten ausführen lassen.[845] Etwas anderes gilt für den Fall, dass die Auftragnehmerin bereits wegen Vermögenslosigkeit aus dem Handelsregister gelöscht ist.[846] Eine Fristsetzung zur Mängelbeseitigung ist in diesem Fall entbehrlich.

VII. Rechtsfolge

332 **1. Kostenerstattungsanspruch.** Liegen die Voraussetzungen des Abs. 5 Nr. 2 vor, kann der Auftraggeber den Ersatz der für die Mängelbeseitigung erforderlichen Aufwendungen verlangen. Das sind solche Kosten, die der Auftraggeber im Zeitpunkt der Mängelbeseitigung als vernünftiger, wirtschaftlich denkender Bauherr aufgrund sachkundiger Beratung oder Feststellung aufwenden konnte und musste, wobei es sich um eine vertretbare Maßnahme der Mängelbeseitigung handeln muss.[847]

333 Der Kostenerstattungsanspruch umfasst, wie auch der Mängelbeseitigungsanspruch (→ Rn. 297), nicht nur die Kosten der Mängelbeseitigung, sondern auch zu diesem Zwecke erforderliche **Vor- und Nacharbeiten**.[848]

334 Dies beinhaltet insbesondere auch die Kosten der Überwachung der Mängelbeseitigung[849] sowie Gutachterkosten zur Feststellung der Mängelursache und Kosten eines selbstständigen Beweisverfahrens.[850] Der Auftraggeber muss die Mängelbeseitigungsarbeiten weder ausschreiben, noch den billigsten Bieter wählen, sondern kann vielmehr den Unternehmer seines Vertrauens beauftragen.[851] Die Kosten sind überhöht, wenn eine preiswertere Sanierung, die den vertraglich geschuldeten Erfolg herbeiführt, erkennbar möglich und zumutbar ist.[852] Dies bedeutet, dass der Auftraggeber die günstigere Variante wählen muss, wenn ihm zwei Möglichkeiten der Mängelbeseitigung zur Verfügung stehen, die in gleicher Weise zum Erfolg geführt hätten.[853] Ob die Kosten der Mängelbeseitigung erhöht

---

[844] BGH BeckRS 1984, 31078285 = BauR 1985, 198; Kapellmann/Messerschmidt/Langen § 13 Rn. 328.

[845] BGH NJW 2010, 1284 Rn. 31; OLG Naumburg NJOZ 2002, 2092 (2095); Kapellmann/Messerschmidt/Langen § 13 Rn. 328.

[846] OLG München BeckRS 2012, 02022 = BauR 2012, 804; Kapellmann/Messerschmidt/Langen § 13 Rn. 328.

[847] BGH NJW-RR 2003, 1021 (1022); NJW-RR 1991, 789; KG IBRRS 2023, 3015; OLG Bamberg, IBRRS 2023, 2983; OLG Düsseldorf BeckRS 2012, 10692 = BauR 2012, 960; Kapellmann/Messerschmidt/Langen § 13 Rn. 337 f.

[848] Kapellmann/Messerschmidt/Langen § 13 Rn. 339; BeckOK VOB/B/Koenen § 13 Abs. 5 Rn. 121.

[849] Kapellmann/Messerschmidt/Langen § 13 Rn. 343; Messerschmidt/Voit/Moufang/Koos § 637 Rn. 18.

[850] OLG Düsseldorf BauR 1989, 329 (331); Kapellmann/Messerschmidt/Langen § 13 Rn. 343.

[851] OLG Düsseldorf NJW-RR 2011, 1530 (1532); OLG Nürnberg BeckRS 1992, 30860134 = BauR 1993, 89; Kapellmann/Messerschmidt/Langen § 13 Rn. 341.

[852] BGH BeckRS 2015, 12555 Rn. 68 = ZfBR 2015, 676; OLG Bamberg, IBRRS 2023, 2983; Kniffka/Koeble/ua/Jurgeleit KompBauR Teil 5 Rn. 321.

[853] OLG Hamm NJW-RR 1994, 473 (474); Beck VOB/B/Zahn § 13 Abs. 5 Rn. 110.

Mängelansprüche **§ 13**

sind, ist abhängig von den konkreten Umständen des Einzelfalls, bspw. der Marktsituation oder der zeitlichen Dringlichkeit.[854] Grundsätzlich darf der Auftraggeber darauf vertrauen, dass der Preis des von ihm beauftragten Drittunternehmers angemessen ist.[855]

Der Auftragnehmer trägt das Risiko, dass im Rahmen der durch den Auftraggeber aufgrund sachkundiger Beratung veranlassten Mängelbeseitigung auch Maßnahmen getroffen werden, die sich nachträglich als nicht erforderlich erweisen.[856] Erstattungsfähig sind demnach auch diejenigen Kosten, die für eine erfolglose oder sich später als **unverhältnismäßig teuer herausstellende Mängelbeseitigung** aufgewendet wurden.[857] Stehen dem Auftraggeber mehrere Mängelbeseitigungsmethoden zur Verfügung, darf er die sicherste wählen.[858] Nicht ersatzfähig sind hingegen Aufwendungen für eigene, wiederholt fehlgeschlagene und objektiv ungeeignete Versuche der Mängelbeseitigung, wenn der Auftraggeber bereits vor Durchführung der Mängelbeseitigungsarbeiten erkennen kann, dass die Mängelbeseitigung kompliziert und einem Fachmann zu übertragen ist.[859] 335

Der Auftraggeber kann die Mängelbeseitigungsleistungen selbst erbringen und von dem Auftragnehmer den Wert seiner Arbeit als **Aufwendungen** ersetzt verlangen.[860] Ist der Auftraggeber selbst kein Unternehmer, ist Anhaltspunkt für die Schätzung der Vergütung der Lohn, der einem in beruflich abhängiger Stellung Tätigen zu zahlen wäre.[861] Ist der Auftraggeber hingegen selbst gewerblicher Unternehmer, kann er zwar den Lohn- und Materialaufwand sowie die anteiligen Gemeinkosten ersetzt verlangen, nicht jedoch einen Gewinn.[862] Der Auftragnehmer ist nicht verpflichtet die Mängelbeseitigungsarbeiten selbst zu erbringen, auch wenn er die erforderliche Fachkunde besitzt, sondern ist stets zur Beauftragung eines Drittunternehmers berechtigt.[863] Dies hat für den Auftraggeber in der Praxis den Vorteil, dass der Drittunternehmer für die von ihm erbrachten Mängelbeseitigungsleistungen wiederum gewährleistungspflichtig ist.[864] Lässt der Auftraggeber die Mängelbeseitigungsarbeiten durch einen Dritten ausführen, hat der Auftragnehmer den Werklohn des Drittunternehmers, sofern der Auftraggeber nicht vorsteuerabzugsberechtigt ist, einschließlich angefallener Umsatzsteuer zu erstatten.[865] 336

---

[854] BGH BeckRS 2015, 12555 Rn. 68 = ZfBR 2015, 676; s. dazu Messerschmidt/Voit/Moufang/Koos § 637 Rn. 20.
[855] OLG Bamberg, IBRRS 2023, 2983.
[856] BGH NJW 2013, 1528 Rn. 11; KG IBRRS 2023, 3015; OLG Oldenburg NJW-RR 2016, 89 Rn. 20 f.; OLG Düsseldorf BeckRS 2012, 10692 = BauR 2012, 960; Kapellmann/Messerschmidt/Langen § 13 Rn. 338.
[857] OLG Hamm NJW-RR 2015, 919 Rn. 48; OLG Düsseldorf BeckRS 2012, 10692 = BauR 2012, 960.
[858] OLG Dresden NZBau 2000, 333 (336); Kapellmann/Messerschmidt/Langen § 13 Rn. 338.
[859] BGH NJW-RR 1989, 86 (88); Kniffka/Koeble/ua/Jurgeleit KompBauR Teil 5 Rn. 324.
[860] BGH NJW 1973, 46 (47); Kapellmann/Messerschmidt/Langen § 13 Rn. 340; BeckOK VOB/B/Koenen § 13 Abs. 5 Rn. 124.
[861] BGH NJW 1973, 46 (47); Kapellmann/Messerschmidt/Langen § 13 Rn. 340.
[862] BGH NJW 1961, 729; Kapellmann/Messerschmidt/Langen § 13 Rn. 340.
[863] Messerschmidt/Voit/Moufang/Koos § 637 Rn. 27; Kniffka/Jurgeleit/Krause-Allenstein BauVertrR § 637 Rn. 41.
[864] Messerschmidt/Voit/Moufang/Koos § 637 Rn. 27.
[865] OLG Düsseldorf NJW-RR 1996, 532 (533); Kapellmann/Messerschmidt/Langen § 13 Rn. 343.

§ 13

337 Der Auftraggeber hat die ihm für die Mängelbeseitigung entstandenen Aufwendungen gegenüber dem Auftragnehmer **nachvollziehbar abzurechnen,** sodass der Auftragnehmer überprüfen kann, ob die abgerechneten Arbeiten für die Mängelbeseitigung erforderlich waren.[866] Aus der Abrechnung bzw. einer ergänzenden Erläuterung muss sich eine Zuordnung der beseitigten Mängel zu bestimmten Beseitigungsmaßnahmen sowie der Höhe der getätigten Aufwendungen ergeben.[867] Eine Abrechnung, die den Anforderungen des § 14 entspricht, ist nicht erforderlich.[868]

338 Der Auftraggeber trägt die **Darlegungs- und Beweislast** für die **Erforderlichkeit der Mängelbeseitigung** und die von ihm zu diesem Zweck aufgewendeten Kosten, wobei an die Darlegungslast keine zu hohen Anforderungen zu stellen sind.[869] Bei der Abrechnung von **Stundenlohnarbeiten** ist bei Bestreiten des Auftragnehmers allerdings ein detaillierter Vortrag des Auftraggebers erforderlich.[870] Dies gilt auch für den Fall, dass der Sachverständige in einem selbstständigen Beweisverfahren eine bestimmte Mängelbeseitigungsmaßnahme vorgeschlagen hat, der Auftraggeber allerdings eine andere, teurere Maßnahme ausführen lässt.[871] Es besteht keine Vermutung, dass die von einem Drittunternehmer ausgeführten Arbeiten ausschließlich der Mängelbeseitigung dienen.[872] Der Auftragnehmer trägt hingegen die Darlegungs- und Beweislast dafür, dass die **Mängelbeseitigungskosten unangemessen hoch** gewesen seien.[873]

339 Hat der Auftraggeber dem Auftragnehmer den Werklohn noch nicht vollständig gezahlt, kann der Auftraggeber mit dem Kostenerstattungsanspruch gegen den noch ausstehenden Werklohnanspruch des Auftragnehmers **aufrechnen.**

340 Sofern sich der Auftraggeber an den Kosten der Mängelbeseitigung zu **beteiligen** hat (→ Rn. 302 ff.), ist der Kostenerstattungsanspruch um den entsprechenden Betrag zu kürzen.[874] Die Darlegungs- und Beweislast für eine Beteiligung des Auftraggebers an den Mängelbeseitigungskosten trägt der Auftragnehmer.[875]

341 **2. Kostenvorschussanspruch.** Statt des nachträglichen Kostenerstattungsanspruchs kann der Auftraggeber bereits vor der Durchführung der Selbstvornahme einen Vorschussanspruch in Höhe der voraussichtlichen Mängelbeseitigungskosten

---

[866] BGH BeckRS 2015, 12555 Rn. 83 = BauR 2015, 1664; OLG Köln NZBau 2016, 436 Rn. 29 f.; Messerschmidt/Voit/Moufang/Koos § 637 Rn. 30; Kapellmann/Messerschmidt/Langen § 13 Rn. 341.

[867] Kniffka/Jurgeleit/Krause-Allenstein BauVertrR § 637 Rn. 60; [263] Messerschmidt/Voit/Moufang/Koos § 637 Rn. 30.

[868] BGH NJW-RR 2000, 19; Kniffka/Jurgeleit/Krause-Allenstein BauVertrR § 637 Rn. 60.

[869] BGH BeckRS 2015, 12555 Rn. 83 = BauR 2015, 1664; Beck VOB/B/Zahn § 13 Abs. 5 Rn. 112.

[870] BGH BeckRS 2015, 12555 Rn. 83 = BauR 2015, 1664; OLG Köln NZBau 2016, 436 Rn. 29 f.; Kapellmann/Messerschmidt/Langen § 13 Rn. 366.

[871] Ingenstau/Korbion/Wirth § 13 Abs. 5 Rn. 254.

[872] BGH BeckRS 2015, 12555 Rn. 84 = BauR 2015, 1664; Kapellmann/Messerschmidt/Langen § 13 Rn. 366.

[873] OLG Schleswig BeckRS 2011, 17652; im Rahmen eines Schadensersatzanspruchs: BGH BeckRS 1975, 31118441 = Betrieb 75, 1407.

[874] BGH NJW 1984, 2457 (2458); Beck VOB/B/Zahn § 13 Abs. 5 Rn. 120; Kapellmann/Messerschmidt/Langen § 13 Rn. 346.

[875] OLG Karlsruhe NJOZ 2005, 1665 (1670); Messerschmidt/Voit/Moufang/Koos § 637 Rn. 23.

Mängelansprüche **§ 13**

gegen den Auftragnehmer geltend machen. Dieser Anspruch war vor dem Schuldrechtsmodernisierungsgesetz in Rechtsprechung und Literatur anerkannt und wurde mit der Schuldrechtsreform in § 637 Abs. 3 BGB ausdrücklich geregelt.[876] Der Kostenvorschussanspruch ist mangels abweichender Regelung auch auf VOB/B Verträge anwendbar.[877] Der Kostenvorschussanspruch ist als vorweggenommener Kostenerstattungsanspruch[878] an dessen Voraussetzungen, Inhalt und Grenzen gebunden.[879]

a) Zusätzliche Voraussetzungen. Der Kostenvorschussanspruch setzt voraus, 342
dass der Auftraggeber die **Mängel tatsächlich beseitigen lassen** will,[880] wobei der Auftragnehmer für das Fehlen der Mängelbeseitigungsabsicht oder -möglichkeit darlegungs- und beweisbelastet ist.[881] Darüber hinaus müssen die Mängelbeseitigungsarbeiten in überschaubarer Zeit durchzuführen sein.[882] Dies ist bspw. nicht der Fall, wenn der Auftraggeber ein umfangreiches selbstständiges Beweisverfahren angestrengt hat, vor dessen – nicht absehbarem – Ende die Mängelbeseitigung nicht stattfinden soll.[883] Demgegenüber rechtfertigt eine lange Prozessdauer nicht den Schluss, dass der Auftraggeber die Mängel nicht mehr beseitigen will.[884] Auch eine vermeidbare Verzögerung der Selbstvornahme stellt den Mängelbeseitigungswillen des Auftraggebers noch nicht in Frage.[885] Die zusätzlichen Voraussetzungen des Kostenvorschussanspruchs, dass der Auftraggeber den Willen zur Mängelbeseitigung hat sowie diese in **überschaubarer Zeit** durchgeführt werden kann, bezweckt einen Ausschluss des Kostenvorschussanspruchs für den Fall, dass der Auftraggeber in Wirklichkeit eine Minderung der Vergütung oder Schadensersatz will, ohne dass die Voraussetzungen dafür vorliegen.[886] Liegen jedoch keine konkreten Anhaltspunkte vor, die darauf schließen lassen, dass der Auftraggeber die Mängelbeseitigungsarbeiten tatsächlich nicht durchführen will, ist vom Vorliegen eines Mängelbeseitigungswillen auszugehen, denn bereits die Geltendmachung des Kostenvorschussanspruchs beinhaltet die stillschweigende Erklärung des Auftraggebers, die Mängel beseitigen zu wollen.[887]

---

[876] S. dazu Kapellmann/Messerschmidt/Langen § 13 Rn. 348 mwN.
[877] OLG Celle IBRRS 2018, 1773; Ingenstau/Korbion/Wirth § 13 Abs. 5 Rn. 276; Kapellmann/Messerschmidt/Langen § 13 Rn. 348.
[878] BGH NJW-RR 1989, 405 (406); Beck VOB/B/Zahn § 13 Abs. 5 Rn. 127.
[879] Beck VOB/B/Zahn § 13 Abs. 5 Rn. 128; Messerschmidt/Voit/Moufang/Koos § 637 Rn. 35.
[880] BGH NJW-RR 1999, 813; Kapellmann/Messerschmidt/Langen § 13 Rn. 349.
[881] OLG Brandenburg BeckRS 2021, 52378 Rn. 47; Beck VOB/B/Zahn § 13 Abs. 5 Rn. 135.
[882] OLG Nürnberg NZBau 2003, 614; Kapellmann/Messerschmidt/Langen § 13 Rn. 349.
[883] OLG Nürnberg NZBau 2003, 614 (im konkreten Fall war nicht damit zu rechnen, dass es innerhalb eines Jahres zu Mängelbeseitigungsarbeiten kommen wird).
[884] BGH NJW-RR 2000, 465 (466); Messerschmidt/Voit/Moufang/Koos § 637 Rn. 33.
[885] OLG Brandenburg BeckRS 2021, 52378 Rn. 47.
[886] BGH NJW 1984, 2456 (2457); OLG Celle BeckRS 2001, 30179614 = BauR 2001, 1753; OLG Frankfurt a. M. BeckRS 2016, 131424; Kapellmann/Messerschmidt/Langen § 13 Rn. 349.
[887] Kapellmann/Messerschmidt/Langen § 13 Rn. 349; Kleine-Möller/Merl/Glöckner PrivBauR-HdB/Merl/Hummel § 15 Rn. 816; OLG Brandenburg BeckRS 2021, 52378 Rn. 47.

§ 13 VOB Teil B

343 **b) Ausschluss des Kostenvorschussanspruchs.** Der Kostenvorschussanspruch ist ausgeschlossen, wenn dem Auftraggeber eine ausreichend geleistete oder einbehaltene **Sicherheit nach § 17** zur Verfügung steht[888] und die Gewährleistungsfrist im Übrigen bereits abgelaufen ist,[889] oder der Auftraggeber offene Werklohnforderungen des Auftragnehmers einbehalten hat,[890] sodass ihm der für die Mängelbeseitigung notwendige Betrag zur Verfügung steht. Dieser von der Rechtsprechung entwickelte Grundsatz ist auch nach Inkrafttreten des Schuldrechtsmodernisierungsgesetzes weiterhin anzuwenden, auch wenn § 637 Abs. 3 BGB dies nicht ausdrücklich regelt.[891] Fordert der Auftraggeber einen Kostenvorschuss, obwohl er sich diesbezüglich anderweitig befriedigen kann, verhält er sich auch nach neuem Schuldrecht treuwidrig.[892]

344 **c) Umfang des Kostenvorschussanspruchs.** Der Kostenvorschussanspruch umfasst die voraussichtlichen oder **mutmaßlichen Mängelbeseitigungskosten.**[893] Ist ein Werk nicht nachbesserungsfähig, kommt eine Neuherstellung in Betracht, wobei auch diese Kosten über den Vorschussanspruch geltend gemacht werden können. Eine Teilerneuerung kommt in Frage, wenn die Gefahr besteht, dass die vorhandenen Fehler auf bisher nicht betroffene Teile des Werks übergreifen.[894] Vorschuss kann zudem für solche Kosten verlangt werden, die im Rahmen des Kostenerstattungsanspruchs ersatzfähig sind (→ Rn. 332 ff.). Der Vorschussanspruch ist der Höhe nach nicht allein durch den gezahlten oder vereinbarten Werklohn beschränkt.[895] Nach stRspr des BGH sind an die Anforderungen der Darlegung der Anspruchshöhe nicht dieselben hohen Voraussetzungen wie beim Kostenerstattungsanspruch zu stellen, da es sich lediglich um eine **vorläufige Zahlung** handelt, die nach Durchführung der Mängelbeseitigungsarbeiten durch den Auftraggeber abgerechnet wird.[896] Der Auftraggeber muss die voraussichtlichen Mängelbeseitigungskosten vorprozessual nicht durch einen Sachverständigen ermitteln lassen, ausreichend ist vielmehr, wenn er die Kosten schätzt und für den Fall des Bestreitens ein Sachverständigengutachten als Beweis anbietet.[897] Die **Kostenschätzung** muss sich allerdings an den tatsächlich zu erwartenden Kosten orientieren und darf nicht „ins Blaue hinein" erfolgen.[898] Die fehlende Aufschlüsselung des geschätzten Gesamtbetrags auf die aufgezählten Leistungen ist keine

---

[888] BGH NJW 1967, 1366 (1367); Kapellmann/Messerschmidt/Langen § 13 Rn. 350.
[889] OLG Hamm NJW-RR 1996, 1046; Kapellmann/Messerschmidt/Langen § 13 Rn. 350; Messerschmidt/Voit/Moufang/Koos § 637 Rn. 29; Kleine-Möller/Merl/Glöckner PrivBauR-HdB/Merl/Hummel § 15 Rn. 819; aA OLG Düsseldorf BauR 1975, 348.
[890] BGH NJW 2000, 1403; OLG München IBRRS 2018, 2117; OLG Karlsruhe BeckRS 2004, 16906; OLG Oldenburg NJW-RR 1994, 529 (530); Kapellmann/Messerschmidt/Langen § 13 Rn. 350.
[891] Kniffka/Jurgeleit/Krause-Allenstein BauVertrR § 637 Rn. 62; BeckOK BGB/Voit § 637 Rn. 13; aA; Beck VOB/B/Zahn § 13 Abs. 5 Rn. 136; Staudinger/Peters § 634 Rn. 89.
[892] Kapellmann/Messerschmidt/Langen § 13 Rn. 350; BeckOK BGB/Voit § 637 Rn. 13.
[893] BGH NJW-RR 2001, 739; Kapellmann/Messerschmidt/Langen § 13 Rn. 353.
[894] OLG Schleswig BeckRS 2020, 54254 Rn. 46.
[895] OLG Schleswig BeckRS 2020, 54106 Rn. 7.
[896] BGH NJW-RR 2001, 739; OLG Stuttgart NJW-RR 2011, 1242.
[897] BGH BeckRS 2010, 16186 Rn. 8 = IBR 2010, 614; NJW-RR 2001, 739; OLG Düsseldorf NZBau 2023, 595 (596); Kapellmann/Messerschmidt/Langen § 13 Rn. 353.
[898] KG BeckRS 2008, 140191 Rn. 3 = IBR 2008, 722; OLG Düsseldorf NZBau 2023, 595 (596); Kapellmann/Messerschmidt/Langen § 13 Rn. 353.

Mängelansprüche **§ 13**

solche Schätzung „ins Blaue hinein".[899] Die Vorlage von nachvollziehbaren Angeboten von Fachunternehmern reicht als Grundlage für eine gerichtliche Schätzung nach § 287 ZPO in der Regel aus.[900] Das im Hinblick auf die Schätzung der voraussichtlichen Mängelbeseitigungskosten bestehende Risiko, dass dem Auftraggeber ein höherer Zuschuss zugesprochen wird als tatsächlich benötigt, ist vor dem Hintergrund hinzunehmen, dass es sich bei dem Vorschuss lediglich um eine vorläufige Zahlung handelt.

Reicht der zunächst gezahlte Vorschuss zur Mängelbeseitigung nicht aus, kann **345** der Auftraggeber **weiteren Vorschuss** beanspruchen.[901] Stellt sich bereits im Zuge der Vorbereitung der Sanierung heraus, dass der aufgrund eines Urteils gezahlte Vorschuss nicht auskömmlich ist, kann grundsätzlich schon vor der Sanierung ein weiterer Vorschuss geltend gemacht werden.[902] Verlangt der Auftraggeber einen weiteren Vorschuss auf die Mängelbeseitigungskosten mit der Behauptung, die Kosten belaufen sich voraussichtlich auf das Zweieinhalbfache des ursprünglich von ihm selbst angesetzten Betrags, so muss der Auftraggeber im Einzelnen nachprüfbar darlegen, woraus sich die Kostensteigerung ergibt.[903]

Kommen verschiedene Möglichkeiten der Mängelbeseitigung in Betracht, die **346** alle geeignet sind, den vertraglichen Erfolg herbeizuführen, ist für den Kostenvorschussanspruch zunächst die **günstigste Mängelbeseitigungsmethode** zugrunde zu legen. Nichts anderes gilt, wenn der Sachverständige eine Kostenschätzung nicht abgeben kann, weil sich die Einzelheiten der notwendigen Mängelbeseitigungsarbeiten erst in dessen Verlauf zeigen. Der Auftraggeber kann in diesem Fall den abschätzbaren Mindestbetrag als Vorschuss verlangen.[904] Streiten die Parteien über die Frage, ob der Vorschuss nach einer günstigeren oder teureren Mängelbeseitigungsmethode zu bemessen ist, muss grundsätzlich darüber Beweis erhoben werden, ob der Mangel nur mit der teureren Methode behoben werden kann. Dieser Streit darf jedenfalls bei erheblichen Unterschieden zwischen den zu erwartenden Kosten nicht dem Verfahren über die Abrechnung des Vorschusses vorbehalten bleiben. Dies bedeutet allerdings nicht, dass schon im Vorschussprozess abschließend festgelegt wird, wie der Mangel später zu beseitigen ist.[905]

Kommt der Auftragnehmer mit der Zahlung des Kostenvorschusses in **Verzug**, **347** kann der Auftraggeber, wie bei jeder anderen Geldschuld auch, Verzugszinsen gem. § 288 Abs. 1 BGB und ab Rechtshängigkeit auch Prozesszinsen gem. § 291 BGB verlangen.[906] § 288 Abs. 2 BGB ist nicht anwendbar, da es sich bei dem Kostenvorschussanspruch nicht um eine Entgeltforderung handelt.[907]

---

[899] BGH NJW-RR 2001, 739.
[900] OLG Stuttgart NJW-RR 2011, 1242; BeckOK VOB/B/Koenen § 13 Abs. 5 Rn. 149.
[901] BGH NJW 1976, 960 (962); Kapellmann/Messerschmidt/Langen § 13 Rn. 354; BeckOK VOB/B/Koenen § 13 Abs. 5 Rn. 150.
[902] OLG Köln NJW-RR 2022, 1383.
[903] OLG Düsseldorf NZBau 2000, 381 (382); Kapellmann/Messerschmidt/Langen § 13 Rn. 354.
[904] S. dazu erg. Messerschmidt/Voit/Moufang/Koos § 637 Rn. 39.
[905] OLG Düsseldorf NJW-RR 2023, 1062 Rn. 75; BeckOK VOB/B/Koenen § 13 Abs. 5 Rn. 149.
[906] BGH NJW 1985, 2325; s. dazu weitergehend Kapellmann/Messerschmidt/Langen § 13 Rn. 355.
[907] Messerschmidt/Voit/Moufang/Koos § 637 Rn. 41; Kleine-Möller/Merl/Glöckner PrivBauR-HdB/Merl/Hummel § 15 Rn. 828; aA: Ingenstau/Korbian/Wirth § 13 Abs. 5 Rn. 317; BeckOK VOB/B/Zahn § 13 Abs. 5 Rn. 147.

§ 13

348 **d) Entfallen des Kostenvorschussanspruchs/Kostenvorschussanspruch in der werkvertraglichen Leistungskette.** Der Kostenvorschussanspruch **entfällt,** sobald die Mängel weitestgehend[908] beseitigt sind und die Mängelbeseitigungsleistungen abgerechnet werden können, sodass der Kostenerstattungsanspruch geltend gemacht werden kann.[909]

348a Nach einer Entscheidung des BGH aus dem Jahr 1990 kann in der **werkvertraglichen Leistungskette** ein Hauptunternehmer, der zur Zahlung eines Kostenvorschusses gegenüber seinem Auftraggeber verpflichtet ist, gegenüber seinem Nachunternehmer ebenfalls einen Kostenvorschussanspruch geltend machen.[910] In dieser Entscheidung betont der BGH die rechtliche Eigenständigkeit des Vertragsverhältnisses zwischen Hauptunternehmer und Nachunternehmer. Zudem weist der BGH darauf hin, dass es dem Gebot der Billigkeit (§ 242 BGB) entspreche, dass letztlich der Nachunternehmer die Kosten für die Beseitigung der Mängel für seine mangelhafte Leistung seinem Vertragspartner und damit dem Hauptunternehmer vorzuschießen habe. Es sei auch nicht einzusehen, weshalb die Zwischenschaltung eines Hauptunternehmers zu einer durch nichts gerechtfertigten Besserstellung des Nachunternehmers führen soll. Dem Hauptunternehmer stehe der Kostenvorschussanspruch gegenüber seinem Nachunternehmer solange zu, wie er die Kosten der Mängelbeseitigung durch den Auftraggeber noch nicht abgerechnet hat und noch nicht abrechnen konnte.[911] Nach der Mängelbeseitigung trage der Hauptunternehmer die Darlegungs- und Beweislast, dass er die Mängelbeseitigungskosten noch nicht abrechnen konnte.[912] Ob der BGH an dieser Rechtsprechung heute noch festhält, darf bezweifelt werden. Anlass hierzu gibt eine **neue Entscheidung des BGH vom 9.11.2023**.[913] Dort hatte der Hauptunternehmer keinen Kostenvorschussanspruch gegen seinen Nachunternehmer eingeklagt, sondern den Schaden ersetzt verlangt, der ihm dadurch entsteht, dass er wegen der mangelhaften Werkleistung des Nachunternehmers seinerseits Mängelansprüchen seines Bestellers ausgesetzt ist. Hat der Hauptunternehmer in diesem Fall einen vom Besteller geltend gemachten Anspruch auf Kostenvorschuss durch Zahlung erfüllt, kann er im Wege des Schadensersatzes vom Nachunternehmer Zahlung in Höhe des geleisteten Kostenvorschusses verlangen. Der Umstand, dass der vom Hauptunternehmer ersetzt verlangte Schaden darin liegt, dass er mit dem Kostenvorschuss noch keine endgültige, sondern eine zweckgebundene Zahlung an seinen Besteller geleistet hat, über deren Verwendung nach Mängelbeseitigung abzurechnen ist, ist nach dem BGH im Wege der Vorteilsausgleichung zu berücksichtigen und kann zu einer Begrenzung des Umfangs seines Schadensersatzanspruchs gegen den Nachunternehmer führen.[914]

349 **e) Abrechnung und Rückerstattung.** Aus der Natur des Kostenvorschusses als vorweggenommener Kostenerstattungsanspruch (→ Rn. 341) folgt die Pflicht

---

[908] OLG Frankfurt a. M. IBRRS 2018, 1221.

[909] BGH NJW 1990, 1475 (1476).; Kapellmann/Messerschmidt/Langen § 13 Rn. 351; Beck VOB/B/Zahn § 13 Abs. 5 Rn. 138.

[910] BGH NJW 1990, 1475; ebenso unter Bezugnahme auf diese BGH-Entscheidung OLG Düsseldorf BeckRS 2008, 24000.

[911] BGH NJW 1990, 1475; Kapellmann/Messerschmidt/Langen § 13 Rn. 351; BeckOK VOB/B/Koenen § 13 Abs. 5 Rn. 148a.

[912] BGH NJW 1990, 1475; BeckOK VOB/B/Koenen § 13 Abs. 5 Rn. 200.

[913] BGH NZBau 2024, 85.

[914] BGH NZBau 2024, 85.

Mängelansprüche **§ 13**

des Auftraggebers zur **Abrechnung des Vorschusses** nach erfolgter Mängelbeseitigung.[915] Der Auftraggeber ist verpflichtet, den Kostenvorschuss innerhalb angemessener Zeit zweckgebunden für die Mängelbeseitigung zu verwenden und über die entstandenen Kosten abzurechnen.[916] An die Abrechnung des Kostenvorschussanspruchs sind dieselben Anforderungen wie beim Kostenerstattungsanspruch zu stellen (→ Rn. 337 ff.).[917] Dem Auftragnehmer steht ein vertraglicher Rückzahlungsanspruch in Höhe des nicht zweckentsprechend verbrauchten Vorschusses zuzüglich der zunächst auf den Kostenvorschuss gezahlten Verzugs- und Prozesszinsen für den nicht verbrauchten Teil des Vorschusses zu.[918] Verzugs- und Prozesszinsen für den verbrauchten Teil des Vorschusses kann der Auftragnehmer hingegen nicht erstattet verlangen.[919] Hat der Auftraggeber die Mängel beseitigt, wird der Rückforderungsanspruch fällig, wenn dem Auftraggeber die Abrechnung möglich und zumutbar ist. Ist das ausnahmsweise nicht der Fall, kann eine Rückforderung noch nicht verlangt werden.[920] Der Auftraggeber ist darlegungs- und beweisbelastet, dass eine Abrechnung des Kostenvorschusses nach der Mängelbeseitigung noch nicht erfolgen kann.[921] Besonderheiten bestehen, wenn der Hauptunternehmer in der **werkvertraglichen Leistungskette** einen vom Besteller geltend gemachten Anspruch auf Kostenvorschuss durch Zahlung erfüllt hat und vom Nachunternehmer im Wege des Schadensersatzes Zahlung in Höhe des geleisteten Kostenvorschusses verlangt (→ Rn. 348a).[922]

Der Auftragnehmer, der von seinem **Subunternehmer** einen Kostenvorschuss 350 erhalten hat, darf diesen auch für eine vergleichsweise Regelung der Mängelbeseitigung mit dem Auftraggeber aufwenden, wenn diese die Kosten der Mängelbeseitigung nicht übersteigt.[923]

Verwendet der Auftraggeber den Kostenvorschuss nicht innerhalb einer **ange-** 351 **messenen Frist,** wird widerleglich vermutet, dass er die Mängelbeseitigung nicht mehr durchführen will, sodass der Unternehmer den Kostenvorschuss zurückfordern kann.[924] Gleiches gilt für den Fall, dass der Auftraggeber die Mängelbeseitigung nicht binnen angemessener Frist zum Abschluss gebracht hat.[925] Zurückfordern kann der Auftragnehmer auch einen Vorschuss, den der Auftraggeber durch die Inanspruchnahme einer Bürgschaft auf erstes Anfordern erlangt und der Auftragnehmer dem Bürgen dessen Aufwendungen erstattet hat.[926] Welche Frist für die Durchführung der Mängelbeseitigungsmaßnahmen angemessen ist, ist anhand der **Umstände im Einzelfall** zu bestimmen. Zu berücksichtigen sind insbeson-

---

[915] BGH NZBau 2024, 85 (87); Kapellmann/Messerschmidt/Langen § 13 Rn. 360.
[916] BGH NZBau 2024, 85 (87); BGH NJW 1985, 2325 (2326); OLG Braunschweig IBRRS 2003, 2310.
[917] BGH NJW-RR 1989, 405 (406); Kapellmann/Messerschmidt/Langen § 13 Rn. 360.
[918] BGH NJW 2010, 1192 Rn. 19; NJW 1985, 2325 (2326).
[919] BGH NJW 1985, 2325 (2326); Beck VOB/B/Zahn § 13 Abs. 5 Rn. 166.
[920] BGH NJW 2010, 1192 Rn. 19; Kapellmann/Messerschmidt/Langen § 13 Rn. 361.
[921] BGH NJW 1990, 1475 f.; Kleine-Möller/Merl/Glöckner PrivBauR-HdB/Siebert § 22 Rn. 943.
[922] Vgl. dazu BGH NZBau 2024, 85 (87).
[923] BGH NJW-RR 1989, 405 (406); Beck VOB/B/Zahn § 13 Abs. 5 Rn. 169.
[924] BGH NJW 2010, 1192 Rn. 20; OLG Oldenburg NJOZ 2008, 3332; Kapellmann/Messerschmidt/Langen § 13 Rn. 362.
[925] BGH NJW 2010, 1192 Rn. 22.
[926] OLG Braunschweig IBRRS 2003, 2310; Kapellmann/Messerschmidt/Langen § 13 Rn. 362.

§ 13

dere Art und Umfang der Mängel, die persönlichen Verhältnisse des Auftraggebers sowie die Schwierigkeiten, die sich für einen Bauunerfahrenen bei der Mängelbeseitigung ergeben.[927] Eine Anknüpfung an starre Fristen ist nicht zielführend.[928] Auch nach Ablauf einer angemessenen Frist ist der Kostenvorschuss nach Treu und Glauben gem. § 242 BGB und dem dolo-agit-Grundsatz nicht zurückzuzahlen, wenn im Zeitpunkt der letzten mündlichen Verhandlung der Kostenvorschuss verbraucht ist, der Auftraggeber die Mängelbeseitigungsarbeiten bereits in Auftrag gegeben hat oder deren Beauftragung unmittelbar bevorsteht.[929]

352 Der Anspruch auf Rückerstattung des Kostenvorschusses verjährt in der **regelmäßigen Verjährungsfrist** von 3 Jahren gem. § 195 BGB, da dieser Anspruch weder von der Spezialregelung des Abs. 4 noch von § 634a BGB erfasst ist.[930] Problematisch ist in diesem Zusammenhang der Verjährungsbeginn gem. § 199 BGB, insbesondere wann davon auszugehen ist, dass der Auftragnehmer grob fahrlässige Unkenntnis von der Tatsache hat, dass der Auftraggeber die Mängelbeseitigung nicht mehr durchführen lassen will.[931] Der BGH hat entschieden, dass eine grob fahrlässige Unkenntnis des Auftragnehmers nicht allein dann angenommen werden kann, wenn die übliche Frist für die Durchführung der Mängelbeseitigungsarbeiten abgelaufen ist, sondern erst, wenn diese Frist deutlich überschritten wurde und der Auftragnehmer dennoch keine Erkundigungen zum Grund der Verzögerung einholt.[932]

353 f) **Aufrechnung mit Schadensersatzanspruch.** Liegen neben den Voraussetzungen des Kostenvorschussanspruchs auch die Voraussetzungen eines Schadensersatzanspruchs gem. Abs. 7 vor, entfällt für den Auftraggeber die Notwendigkeit die Mängel tatsächlich zu beseitigen und die Abrechnung zu erstellen, da der Auftraggeber mit dem **Schadensersatzanspruch** gegen den Rückzahlungsanspruch des Auftragnehmers **aufrechnen** kann.[933] Nach der Rechtsprechung des BGH, dass die Mängelbeseitigungskosten grundsätzlich nur noch dann als Schaden geltend gemacht werden können, wenn die Mängel tatsächlich beseitigt wurden (dazu → Rn. 438 ff.),[934] ist jedoch davon auszugehen, dass der Schadensersatz in vielen Fällen niedriger ausfällt, als die Mängelbeseitigungskosten. Stellt sich nach Erhalt des Vorschusses heraus, dass die Mängelbeseitigung unmöglich oder für den Auftraggeber unzumutbar ist, so kann der Auftraggeber gem. Abs. 6 die Vergütung mindern und den Kostenvorschuss entsprechend verwenden.[935]

VIII. Keine Kostenerstattung bei unberechtigter Selbstvornahme

354 Beseitigt der Auftraggeber die Mängel selbst, ohne dass die Voraussetzungen des Abs. 5 Nr. 2 vorliegen, so kann er die Kosten von dem Auftragnehmer nicht

---

[927] BGH NJW 2010, 1192 Rn. 21; Kapellmann/Messerschmidt/Langen § 13 Rn. 362.
[928] BGH NJW 2010, 1192 Rn. 21; Kapellmann/Messerschmidt/Langen § 13 Rn. 362; aA wohl OLG Oldenburg NJOZ 2008, 3332 (3333 f.), das von einem allg. Richtwert von 6 Monaten bis ein Jahr ausgeht.
[929] BGH NJW 2010, 1192 Rn. 23 ff.; Kapellmann/Messerschmidt/Langen § 13 Rn. 362.
[930] BGH NJW 2010, 1195 Rn. 11.; Kapellmann/Messerschmidt/Langen § 13 Rn. 364.
[931] S. dazu erg. Kapellmann/Messerschmidt/Langen § 13 Rn. 364.
[932] BGH NJW 2010, 1195 Rn. 14 f.; Kapellmann/Messerschmidt/Langen § 13 Rn. 364.
[933] BGH NJW 2010, 1192 Rn. 17; NJW 1988, 2728.
[934] BGH NJW 2018, 1463; BGH NJW-RR 2018 1038; BGH NJW 2021, 53.
[935] Ingenstau/Korbion/Wirth § 13 Abs. 5 Rn. 308.

erstattet verlangen. **Abs. 5 Nr. 2 ist eine abschließende Sonderregelung,** die insbesondere Ansprüche aus Geschäftsführung ohne Auftrag und bereicherungsrechtliche Ansprüche ausschließt.[936] Nach dem Inkrafttreten des Schuldrechtsmodernisierungsgesetzes wurde in der Literatur teilweise vertreten, dass sich der Auftragnehmer an den Kosten der **unberechtigten Selbstvornahme** gem. § 326 Abs. 2 S. 2 BGB in Höhe seiner ersparten Aufwendungen beteiligen müsse.[937] Für das Kaufrecht hat der BGH einen solchen Anspruch auch für das neue Schuldrecht abgelehnt.[938] Diese Entscheidung ist auch auf das Werkvertragsrecht und die VOB/B übertragbar, denn auch hier bezweckt der Mängelbeseitigungsanspruch ein Recht zur zweiten Andienung des Auftragnehmers.[939] Ein anderweitiger Erstattungsanspruch würde zu Unklarheiten und Streit zwischen den Parteien über Umfang und Schwere der Mängel führen, die aufgrund der Tatsache, dass die Mängel bereits beseitigt wurden, nicht mehr zuverlässig aufgeklärt werden können.[940] Rechtsgrund für das Freiwerden des Auftragnehmers vom Anspruch auf Kostenerstattung ist daher gerade die Regelung des Abs. 5 Nr. 2, sodass ein Bereicherungsanspruch ausgeschlossen ist.[941] Ein Aufwendungsersatzanspruch aus einer Geschäftsführung ohne Auftrag scheitert daran, dass eine voreilige Mängelbeseitigung durch den Auftraggeber weder dem wirklichen noch dem mutmaßlichen Willen des Auftragnehmers entspricht.[942] Die Kosten für die Mängelbeseitigung kann der Auftraggeber des Weiteren auch nicht im Rahmen eines Schadensersatzanspruchs gem. Abs. 7 oder aus unerlaubter Handlung ersetzt verlangen, weil auch diese Ansprüche, wenn sie auf den Ersatz von Schäden gerichtet sind, die dem Werk unmittelbar anhaften, eine Fristsetzung zur Mängelbeseitigung nach Abs. 5 Nr. 2 erfordern.[943]

IX. AGB-Problematik

Wird die **VOB/B „als Ganzes"**, dh ohne inhaltliche Abweichung in einem 355 Vertrag zwischen Unternehmern vereinbart, so unterliegt sie gem. **§ 310 Abs. 1 S. 3 BGB** nicht der Inhaltskontrolle der §§ 307 Abs. 1, 2, 308 Nr. 1a) und b) BGB. Der BGH geht bei jeder Abweichung von der VOB/B davon aus, dass sie nicht mehr „als Ganzes" vereinbart ist, unabhängig davon, welches Gewicht der Eingriff hat.[944] Bei einem Vertrag zwischen Unternehmer und **Verbraucher** unterliegt die VOB/B hingegen der AGB-Kontrolle, unabhängig von einer Vereinbarung „als Ganzes". Insbesondere vor dem Hintergrund, dass Abweichungen von der VOB/B in der Praxis üblich sind, ist die Frage der AGB-Wirksamkeit des Abs. 5 von großer Bedeutung.

---

[936] Kapellmann/Messerschmidt/Langen § 13 Rn. 334; Beck VOB/B/Zahn § 13 Abs. 5 Rn. 82; für das alte Schuldrecht: BGH NJW 1968, 43; NJW 1966, 39.
[937] BeckOK BGB/Voit § 637 Rn. 18 mwN.
[938] BGH NJW 2005, 1348 (1349); Kniffka/Jurgeleit/Krause-Allenstein BauVertrR § 637 Rn. 7.
[939] Kniffka BauR 2005, 1024 (1025); Messerschmidt/Voit/Moufang/Koos § 637 Rn. 16.
[940] BGH NJW 1968, 43; NJW 1966, 39; Kapellmann/Messerschmidt/Langen § 13 Rn. 334.
[941] BGH NJW 1968, 43; Kapellmann/Messerschmidt/Langen § 13 Rn. 334.
[942] BGH NJW 1968, 43; Kapellmann/Messerschmidt/Langen § 13 Rn. 334.
[943] BGH NJW 1986, 922 (923); Kapellmann/Messerschmidt/Langen § 13 Rn. 334.
[944] BGH NZBau 2007, 581 Rn. 17; NJW 2004, 1597.

§ 13 VOB Teil B

356   Die Wirksamkeit des Abs. 5 Nr. 1 S. 1 sowie Nr. 2 ergibt sich bereits daraus, dass die Regelungen weitgehend denen des BGB entsprechen (→ Rn. 278). Ist der Auftraggeber Verwender der VOB/B liegen insoweit keine Abweichungen vom gesetzlichen Leitbild und auch keine unangemessene Benachteiligung des Auftragnehmers vor.[945]

357   Der BGH hat die **Wirksamkeit des Quasi-Neubeginns** der Verjährung gem. Abs. 5 Nr. 1 S. 2 in Verbindung mit der Vereinbarung einer fünfjährigen Verjährungsfrist für die Mängelansprüche des Auftraggebers für den Fall, dass der Auftraggeber Verwender der VOB/B ist, bereits für die Rechtslage vor dem Schuldrechtsmodernisierungsgesetz und der VOB/B 2002 angenommen[946] und dies inzwischen auch für das neue Recht bestätigt.[947] Die Möglichkeit der Verlängerung der Verjährungsfrist durch schriftliche Aufforderung zur Mängelbeseitigung ist mit dem Grundgedanken der gesetzlichen Regelung vereinbar. So verweist der BGH insbesondere darauf, dass der Auftraggeber auch durch Einleitung eines selbstständigen Beweisverfahrens oder durch Klageerhebung eine Hemmung der Verjährung erreichen kann und diese ebenfalls dazu führt, dass die Verjährungsfrist fünf Jahre weit überschreitet.[948] Die Rechtsprechung der Landgerichte und Oberlandesgerichte zu dieser Frage war uneinheitlich.[949] In der Literatur war die Wirksamkeit nach neuem Recht umstritten.[950]

X. Prozessuales

358   **1. Durchsetzung des Mängelbeseitigungsanspruchs gem. Abs. 5 Nr. 1 S. 1.** Einen Mängelbeseitigungsanspruch kann der Auftraggeber zum einen aktiv durchsetzen, indem er Klage auf Mängelbeseitigung erhebt oder zum anderen passiv, indem er sich gegenüber einer (Rest-)Werklohnklage des Auftragnehmers bis zur Mängelbeseitigung auf sein Leistungsverweigerungsrecht beruft.

359   **a) Klage auf Mängelbeseitigung.** Die Klage auf Mängelbeseitigung kommt in der Praxis nur **selten** vor, da der Auftraggeber oftmals kein Interesse an einem langwierigen Gerichtsverfahren zur Durchsetzung des Mängelbeseitigungsanspruchs hat, sondern in der Regel eine Frist zur Mängelbeseitigung setzt, um im Anschluss die Kosten einer Selbstvornahme gerichtlich geltend machen zu

---

[945] Beck VOB/B/Zahn § 13 Abs. 5 Rn. 11; vgl. auch Kapellmann/Messerschmidt/Langen § 13 Rn. 372.
[946] BGH NJW 1989, 1602 (1604); BeckOK VOB/B/Koenen § 13 Abs. 5 Rn. 3a.
[947] BGH NJW 2019, 421 Rn. 40 ff; BeckOK VOB/B/Koenen § 13 Abs. 5 Rn. 3a.
[948] BGH NJW 2019, 421 Rn. 44; BeckOK VOB/B/Koenen § 13 Abs. 5 Rn. 3a.
[949] Die Wirksamkeit verneinend: OLG Koblenz NZBau 2005, 463 (464); LG Halle BeckRS 2011, 10727; die Wirksamkeit bejahend: OLG Hamm BeckRS 2008, 41950 = IBR 2008, 731; OLG Celle BeckRS 2008, 02075 = BauR 2008, 353; OLG Naumburg BauR 2007, 551; für den Fall, bei einem berechtigten Interesse an der Verlängerung der Verjährungsfrist: OLG Düsseldorf BeckRS 2010, 31124 = NJOZ 2011, 439.
[950] Die Wirksamkeit verneinend: Lenkeit BauR 2002, 196 (220); Kiesel NJW 2002, 2064 (2068); Tempel NZBau 2002, 532 (536); Moufang BauR 2003, 426 (427); Hohlstein BauR 2003, 1257 (1258); Oberhauser Jahrbuch Baurecht 2003, 1 (14); Schwenker ZfIR 2005, 464 (465); die Wirksamkeit bejahend: Weyer Jahrbuch Baurecht 2007, 177 (203 ff.); Weyer NZBau 2003, 521 (522 f.); Klein/Moufang/Koos BauR 2009, 333 (350 f.), jedenfalls bei Vorliegen eines rechtlichen Interesses an der Verlängerung der Verjährungsfrist.

Mängelansprüche **§ 13**

können.⁹⁵¹ Klagt der Auftraggeber dennoch auf Mängelbeseitigung, hat er die Mängel den Grundsätzen der Symptomrechtsprechung entsprechend (→ Rn. 98 ff.) zu beschreiben. Die Klage ist grundsätzlich nicht auf eine bestimmte Art der Mängelbeseitigung zu beschränken, da der Auftragnehmer die Art der Mängelbeseitigung auswählen kann (→ Rn. 294).⁹⁵² Verlangt der Auftraggeber dennoch unberechtigt eine **bestimmte Art der Mängelbeseitigung,** ist die Klage insoweit als unbegründet abzuweisen.⁹⁵³ Ist der Auftragnehmer hingegen zu einer bestimmten Art der Mängelbeseitigung verpflichtet, weil der Mangel nur durch diese nachhaltig beseitigt und der vertraglich geschuldete Zustand erreicht werden kann, so kann der Auftraggeber seine Klage ausnahmsweise auf eine bestimmte Art der Mängelbeseitigung richten.⁹⁵⁴

Wendet der Auftragnehmer gegen die Klage auf Mängelbeseitigung einen Kostenbeteiligungsanspruch ein (→ Rn. 302 ff.), so ist der Auftragnehmer **Zug-um-Zug** gegen Zahlung des Zuschusses zur Mängelbeseitigung zu verurteilen.⁹⁵⁵ Da der Umfang des geschuldeten Kostenzuschusses im Prozess regelmäßig konkret ermittelt werden kann, kann der Mängelbeseitigungsanspruch von einem Zug-um-Zug zu leistenden Zuschuss abhängig gemacht werden und nicht lediglich von einer Sicherheitsleistung (→ Rn. 307).⁹⁵⁶ Der Kostenbeteiligungsanspruch des Auftragnehmers findet jedoch auch im Prozess nur Berücksichtigung, wenn der Auftragnehmer diesen einwendet.⁹⁵⁷ Eine Berücksichtigung von Amts wegen erfolgt nicht. 360

b) Leistungsverweigerungsrecht. Macht der Auftragnehmer trotz bestehender Mängel seinen (Rest-)Werklohn geltend, kann der Auftraggeber dem Anspruch des Auftragnehmers seinen Mängelbeseitigungsanspruch als Leistungsverweigerungsrecht gem. § 320 BGB entgegenhalten (zum Umfang des Leistungsverweigerungsrechts (→ Rn. 363).⁹⁵⁸ **§ 320 BGB** ist auch auf VOB/B-Verträge anwendbar.⁹⁵⁹ Das Leistungsverweigerungsrecht setzt voraus, dass dem Auftraggeber ein fälliger Mängelbeseitigungsanspruch zusteht und der Auftraggeber den Mängelbeseitigungsanspruch auch weiterhin geltend macht, insbesondere nicht bereits zur Selbstvornahme übergegangen ist. Die Mängelbeseitigung darf darüber hinaus weder unmöglich noch vom Auftragnehmer gem. Abs. 6 zu Recht verweigert worden sein.⁹⁶⁰ Eine Fristsetzung zur Mängelbeseitigung ist nicht erforder- 361

---

⁹⁵¹ Messerschmidt/Voit/Moufang/Koos § 635 Rn. 25; vgl. dazu auch Werner/Pastor BauProz/Manteufel Rn. 2040.
⁹⁵² Werner/Pastor BauProz/Manteufel Rn. 2058.
⁹⁵³ BeckOK BGB/Voit § 635 Rn. 8; Messerschmidt/Voit/Moufang/Koos § 635 Rn. 27; aA Werner/Pastor BauProz/Manteufel Rn. 2058, wonach das Verlangen des Auftraggebers (Klägers) nach einer bestimmten Art der Nacherfüllung für Zulässigkeit und Begründetheit der Klage unbeachtlich sei, da es sich hierbei lediglich um eine Anregung handele.
⁹⁵⁴ BGH NJW-RR 1997, 1106; Messerschmidt/Voit/Moufang/Koos § 635 Rn. 27.
⁹⁵⁵ BGH NJW 1984, 1679 (1680); OLG Naumburg BeckRS 2009, 28726 = BauR 2009, 1453; Kapellmann/Messerschmidt/Langen § 13 Rn. 304.
⁹⁵⁶ BGH NJW 1984, 1679 (1680); Kapellmann/Messerschmidt/Langen § 13 Rn. 304.
⁹⁵⁷ OLG Hamm NJW-RR 1996, 272 f.; Kapellmann/Messerschmidt/Langen § 13 Rn. 304.
⁹⁵⁸ BGH NJW 1973, 1792; Kapellmann/Messerschmidt/Langen § 13 Rn. 305; BeckOK VOB/B/Koenen § 13 Abs. 5 Rn. 175.
⁹⁵⁹ Kapellmann/Messerschmidt/Langen § 13 Rn. 305; BeckOK VOB/B/Koenen § 13 Abs. 5 Rn. 175.
⁹⁶⁰ BGH NJW 2004, 502 (506); Kapellmann/Messerschmidt/Langen § 13 Rn. 306.

lich.⁹⁶¹ Das Leistungsverweigerungsrecht steht dem Auftraggeber auch dann zu, wenn er die vom Auftragnehmer gem. **§ 650f BGB geforderte Sicherheit** nicht stellt⁹⁶² und dieser somit ebenfalls berechtigt ist, die Mängelbeseitigung zu verweigern. Zwar kann der Auftragnehmer gem. § 650f Abs. 5 BGB den Vertrag kündigen, wenn der Auftraggeber die Sicherheit gem. § 650f Abs. 1 BGB nicht stellt. Er kann sich jedoch nicht von seiner Mängelbeseitigungspflicht und folglich auch nicht von dem Leistungsverweigerungsrecht befreien.⁹⁶³ Die Kündigung des Vertrags hat auf die Mängelbeseitigungspflicht der bis zur Kündigung erbrachten Leistung keine Auswirkung.⁹⁶⁴

362 Das Leistungsverweigerungsrecht des Auftraggebers besteht ferner auch dann fort, wenn der Anspruch auf Mängelbeseitigung **verjährt** ist, sofern das Leistungsverweigerungsrecht gem. **§ 215 BGB** bereits vor dem Eintritt der Verjährung bestand.⁹⁶⁵ Nicht erforderlich ist hingegen, dass sich der Mängelbeseitigungsanspruch des Auftraggebers und der Vergütungsanspruch des Auftragnehmers vor Eintritt der Verjährung fällig gegenüberstanden.⁹⁶⁶ Tritt der Auftraggeber die Mängelansprüche gegen den Auftragnehmer **an einen Dritten ab,** zB der Bauträger an die Erwerber, so kann der Auftraggeber dem Vergütungsanspruch des Auftragnehmers bei Mängeln dennoch die Einrede des § 320 BGB entgegenhalten, da der Auftragnehmer die Zahlung der vollen Vergütung nur Zug-um-Zug gegen die Mängelbeseitigung verlangen kann, unabhängig davon ob der Mängelbeseitigungsanspruch dem Auftraggeber oder einem Dritten zusteht.⁹⁶⁷

363 Der **Umfang des Leistungsverweigerungsrechts** ist nach den Umständen des Einzelfalls anhand der voraussichtlichen Mängelbeseitigungskosten zuzüglich eines **Druckzuschlags,** der den Auftragnehmer zur alsbaldigen Mängelbeseitigung bewegen soll, zu bemessen.⁹⁶⁸ Die Höhe des Druckzuschlags beträgt gem. **§ 641 Abs. 3 BGB** für Verträge, die nach dem 1.1.2009 geschlossen wurden, einen angemessenen Teil der Vergütung, in der Regel das Doppelte der Mängelbeseitigungskosten. Für Verträge, die zwischen dem 1.5.2000 bis zum 31.12.2008 geschlossen wurden, kann der Auftraggeber gem. § 641 Abs. 3 BGB aF einen Druckzuschlag mindestens in Höhe des Dreifachen der erforderlichen Mängelbeseitigungskosten verlangen.⁹⁶⁹ Für den § 641 Abs. 3 BGB aF hat der BGH seine bereits bestehende Rechtsprechung, dass der Auftragnehmer die **Darlegungslast** dafür trägt, dass der einbehaltene Betrag unter Berücksichtigung des Durchsetzungsinteresses des Auftraggebers unverhältnismäßig und damit unbillig hoch ist, fortgeführt.⁹⁷⁰ Für die aktuelle Fassung des § 641 Abs. 3 BGB kann nichts anderes gelten, da dem Auftragnehmer durch die Gesetzesänderung bereits mit der Höhe

---

⁹⁶¹ BGH NZBau 2004, 611; Kapellmann/Messerschmidt/Langen § 13 Rn. 306.
⁹⁶² BGH NZBau 2006, 40 (41); NZBau 2005, 280.
⁹⁶³ S. dazu erg. Kapellmann/Messerschmidt/Langen § 13 Rn. 307.
⁹⁶⁴ Kapellmann/Messerschmidt/Langen § 13 Rn. 307; Grüneberg/Retzlaff § 648 Rn. 4.
⁹⁶⁵ BGH NJW 2016, 52 Rn. 10 ff.; Kapellmann/Messerschmidt/Langen § 13 Rn. 308.
⁹⁶⁶ BGH NJW 2006, 2773 (2774); NJW 2016, 52.
⁹⁶⁷ BGH NZBau 2007, 639 Rn. 20; NJW 1971, 838 (839); Kapellmann/Messerschmidt/Langen § 13 Rn. 308.
⁹⁶⁸ S. dazu erg. Beck VOB/B/Zahn § 13 Abs. 5 Rn. 200 ff.
⁹⁶⁹ Vor der Einführung des § 641 Abs. 3 BGB hat die Rechtsprechung einen Druckzuschlag in Höhe des Zwei- bis Dreifachen der zu erwartenden Mängelbeseitigungskosten angenommen. S. dazu Kapellmann/Messerschmidt/Langen § 13 Rn. 311 mwN.
⁹⁷⁰ BGH NZBau 2008, 174 Rn. 18; Kapellmann/Messerschmidt/Langen § 13 Rn. 310; s. dazu erg. auch Ingenstau/Korbion/Wirth § 13 Abs. 5 Rn. 346.

Mängelansprüche **§ 13**

des Druckzuschlags entgegengekommen wurde. Dass der Gesetzgeber auch die Beweislastverteilung ändern wollte, ist nicht ersichtlich. Befindet sich der Auftraggeber mit der Mängelbeseitigung im **Annahmeverzug**, so kann er das Zurückbehaltungsrecht lediglich in Höhe der erforderlichen Mängelbeseitigungskosten, aber ohne Druckzuschlag, geltend machen.[971] Beendet der Auftraggeber den Annahmeverzug, erweitert sich das Leistungsverweigerungsrecht auf den Druckzuschlag.[972] Macht der Auftragnehmer nur einen Teilbetrag seines (Rest-)Werklohns geltend, so bezieht dieser das Leistungsverweigerungsrecht des Auftraggebers direkt mit ein, dh der Auftraggeber kann das Leistungsverweigerungsrecht dann nur noch insoweit geltend machen, als die erforderlichen Mängelbeseitigungskosten inklusive Druckzuschlag den nicht geltend gemachten Teil des Werklohns überschreiten.[973]

Haben die Parteien vertraglich einen **Sicherheitseinbehalt** vereinbart, so hindert das den Auftraggeber grundsätzlich selbst dann nicht, die Zahlung des Werklohns wegen Mängeln zu verweigern, wenn die Mängelbeseitigungskosten den Sicherheitseinbehalt nicht übersteigen.[974] 364

Das Leistungsverweigerungsrecht des Auftraggebers erlischt, wenn die Mängel beseitigt sind oder der Auftraggeber die Mängelbeseitigungsleistungen des Auftragnehmers endgültig nicht annimmt.[975] Das Leistungsverweigerungsrecht des Auftraggebers erlischt hingegen nicht, wenn er mit der Mängelbeseitigung in Annahmeverzug gerät.[976] 365

Macht der Auftraggeber im Werklohnprozess das Leistungsverweigerungsrecht gem. § 320 BGB geltend, ist der Auftraggeber gem. § 322 Abs. 1 BGB zur Zahlung Zug-um-Zug gegen Beseitigung der Mängel zu verurteilen.[977] Befindet sich der Auftraggeber mit der Mängelbeseitigung im Annahmeverzug, ist dem Auftragnehmer zu empfehlen, einen entsprechenden Feststellungsantrag zu stellen, um die Vollstreckungshindernisse der §§ 756, 765 ZPO zu beseitigen.[978] Einzelheiten nebst Formulierungsmustern zur Zug-um-Zug-Verurteilung und deren Vollstreckung finden sich bei: Koeble PrivBauR/AchitektenR/Oppler/Kandel B.I.4. 366

Zu einer **doppelten Zug-um-Zug-Verurteilung** gem. § 274 BGB analog kommt es, wenn der Auftraggeber im Werklohnprozess wegen Mängeln ein Leistungsverweigerungsrecht geltend macht, aber gleichzeitig verpflichtet ist, sich an den Kosten der Mängelbeseitigung zu beteiligen (→ Rn. 302 ff.).[979] Dies bedeu- 367

---

[971] BGH NZBau 2010, 748 Rn. 11; NZBau 2002, 383; Kapellmann/Messerschmidt/Langen § 13 Rn. 311.
[972] BGH NJW-RR 2004, 1461 (1462); Kapellmann/Messerschmidt/Langen § 13 Rn. 311 aA OLG Celle NZBau 2004, 328 (329).
[973] BGH NJW 1971, 1800 (1801); Kapellmann/Messerschmidt/Langen § 13 Rn. 312.
[974] BGH NJW 1982, 2494; Kapellmann/Messerschmidt/Langen § 13 Rn. 313.
[975] Ingenstau/Korbion/Wirth § 13 Abs. 5 Rn. 377; Werner/Pastor BauProz/Manteufel Rn. 2991; Kapellmann/Messerschmidt/Langen § 13 Rn. 314.
[976] BGH NJW 1992, 556 (557); NZBau 2002, 383; OLG Celle NJOZ 2006, 1637 (1639); Beck VOB/B/Zahn § 13 Abs. 5 Rn. 193; Kapellmann/Messerschmidt/Langen § 13 Rn. 314; aA OLG Hamburg BauR 1979, 331 (332); Ingenstau/Korbion/Wirth § 13 Abs. 5 Rn. 378 f.;.
[977] Kapellmann/Messerschmidt/Langen § 13 Rn. 315; BeckOK VOB/B/Koenen § 13 Abs. 5 Rn. 194.
[978] Kapellmann/Messerschmidt/Langen § 13 Rn. 315; BeckOK VOB/B/Koenen § 13 Abs. 5 Rn. 196.
[979] BGH NJW 1984, 1679 (1680); Kapellmann/Messerschmidt/Langen § 13 Rn. 317.

tet, dass der Auftragnehmer den (Rest-) Werklohn nur Zug-um-Zug gegen die Beseitigung der Mängel erhält, er die Mängel aber wiederum nur Zug-um-Zug gegen die Zahlung des Zuschusses durch den Auftraggeber zu beseitigen hat.[980] Daraus folgt für den Ablauf in der Praxis, dass der Auftragnehmer den Auftraggeber zunächst zur Zuschusszahlung aufzufordern hat. Lehnt der Auftraggeber ab, befindet er sich mit der Annahme der Mängelbeseitigungsleistungen im Verzug, sodass der Auftragnehmer seinen Werklohnanspruch vollstrecken kann. Willigt der Auftraggeber in die Zuschusszahlung ein, muss er diese nicht bereits vor der Mängelbeseitigung zahlen, sondern gem. §§ 294, 298 BGB lediglich tatsächlich anbieten und auf Verlangen des Auftragnehmers durch Hinterlegung bereitstellen.[981] Einzelheiten nebst Formulierungsmustern zur doppelten Zug-um-Zug-Verurteilung und deren Vollstreckung finden sich bei: Koeble PrivBauR/AchitektenR/Koeble/Locher B.IV.3.

368 **2. Durchsetzung des Kostenvorschussanspruchs.** Anspruchsberechtigt ist in der Regel der Auftraggeber, bei einer Abtretung des Mängelbeseitigungsanspruchs[982] oder des Kostenvorschussanspruchs[983] der Abtretungsempfänger. Der Anspruch ist als Leistungsklage geltend zu machen und auf die **Zahlung der voraussichtlichen Mängelbeseitigungskosten** gerichtet. Vorschussansprüche wegen **verschiedener Mängel** sind verschiedene Streitgegenstände. Die Zulässigkeit einer Vorschussklage wegen verschiedener Mängel erfordert deshalb eine Spezifizierung der Beseitigungskosten für jeden Mangel, wenn nicht eine vollständige Neuherstellung erforderlich ist.[984] Diesbezügliche Mängel der Klageschrift können im Verlaufe des Rechtsstreits nachträglich beseitigt werden, so dass die Klage zulässig wird.[985] Da es sich bei dem Kostenvorschussanspruch lediglich um einen vorläufigen Anspruch handelt, der im Anschluss an die Mängelbeseitigung abgerechnet werden muss (→ Rn. 349 ff.), wird der Kostenvorschussanspruch mit Klageerhebung insgesamt rechtshängig.[986] Insbesondere enthält ein Urteil, dass dem Auftraggeber einen Kostenvorschuss zuspricht, regelmäßig die Feststellung, dass der Auftragnehmer verpflichtet ist, die gesamten Mängelbeseitigungskosten zu tragen und somit auch eine Nachforderung des Auftraggebers.[987] Unerheblich ist, aus welchen Gründen eine Nachforderung notwendig wird, sofern dieselben Mängel betroffen sind.[988] So kann der Auftraggeber seine Nachforderung unabhängig davon geltend machen, ob der Erhöhungsbetrag von vornherein in die

---

[980] Im Gegensatz zur außerprozessualen Geltendmachung (→ Rn. 307) kann der Auftragnehmer im gerichtlichen Verfahren nicht lediglich eine Sicherheitsleistung, sondern direkt einen Zuschuss verlangen, da der geschuldete Zuschuss regelmäßig bereits konkret ermittelt werden kann: BGH NJW 1984, 1679 (1680); Kapellmann/Messerschmidt/Langen § 13 Rn. 317.

[981] BGH NJW 1984, 1679 (1681); Kapellmann/Messerschmidt/Langen § 13 Rn. 318.

[982] BGH NJW 1986, 713 (714); Kapellmann/Messerschmidt/Langen § 13 Rn. 357.

[983] BGH NJW-RR 1989, 406 (407); Kapellmann/Messerschmidt/Langen § 13 Rn. 357.

[984] OLG Düsseldorf NZBau 2023, 312; OLG Bamberg IBRRS 2024, 0029 für eine Teilklage auf Vorschuss wegen mehrerer Mängel.

[985] OLG Düsseldorf NZBau 2023, 314; BGH BeckRS 2018, 17582 Rn. 17 = ZfBR 2018, 775.

[986] BGH NZBau 2009, 120 Rn. 7; BauR 1986, 576.

[987] BGH NZBau 2009, 120 Rn. 8; Kniffka/Jurgeleit/Krause-Allenstein BauVertrR § 637 Rn. 79; Messerschmidt/Voit/Voit § 13 Rn. 36.

[988] BGH NZBau 2009, 120 Rn. 7; NZBau 2005, 514 f.

Vorschussforderung hätte einbezogen werden können oder ob es zwischenzeitlich zu Kostensteigerungen kam oder neue Erkenntnisse zu einem höheren Mängelbeseitigungsaufwand geführt haben.[989] Macht der Auftraggeber nach rechtskräftiger Verurteilung des Auftragnehmers zur Vorschusszahlung eine Nachforderung geltend, so ist das erste Urteil hinsichtlich der Zahlungspflicht des Auftragnehmers dem Grunde nach bindend.[990] Der Rechtsstreit ist folglich insoweit auf die Höhe des Nachforderungsanspruchs beschränkt.

Beseitigt der Auftraggeber im Verlauf des Verfahrens die Mängel, erlischt sein Kostenvorschussanspruch (→ Rn. 348). Der Auftraggeber kann eine Klageabweisung verhindern, indem er die Hauptsache für erledigt erklärt oder auf eine **Klage auf Kostenerstattung umstellt,** § 264 Nr. 3 ZPO.[991] Die Umstellung der Klage vom Vorschuss- zum Erstattungsanspruch stellt keine Klageänderung im Sinne der ZPO dar, sondern lediglich eine Anpassung der Klage an die geänderten Abrechnungsverhältnisse und ist daher auch ohne Anschlussberufung auch im Berufungsverfahren noch möglich.[992] Dies gilt jedenfalls für den Fall, dass der Kostenerstattungsanspruch den erstinstanzlich zugesprochenen Kostenvorschuss nicht übersteigt.[993] **369**

Der Kostenvorschussanspruch kann grundsätzlich nicht mittels **einstweiliger Verfügung** durchgesetzt werden.[994] Die Voraussetzungen der § 935 sowie § 940 ZPO sind regelmäßig nicht gegeben.[995] **370**

Der Auftraggeber kann mit dem Kostenvorschussanspruch ferner gegen den (Rest-)Werklohnanspruch des Auftragnehmers **aufrechnen.**[996] Stellt sich nachträglich heraus, dass der Kostenvorschussanspruch zu hoch bemessen war, ist die Aufrechnung nur in Höhe der tatsächlichen Mängelbeseitigungskosten wirksam, sodass der Auftragnehmer seine Vergütung in Höhe der Differenz verlangen kann.[997] Der Auftraggeber kann außerdem gegen den Anspruch des Auftragnehmers auf Auszahlung eines Sicherheitseinbehalts mit einem ihm zustehenden Anspruch auf Zahlung eines Vorschusses zur Mängelbeseitigung wirksam aufrechnen, ohne dass § 17 dem entgegensteht.[998] **371**

G. Minderung (§ 13 Abs. 6)

I. Allgemeines

Abs. 6 beschränkt das Minderungsrecht des Auftraggebers auf die Fälle, dass die Mängelbeseitigung für den Auftraggeber unzumutbar ist oder die Mängelbesei- **372**

---

[989] BGH NZBau 2005, 514 f.; Messerschmidt/Voit/Moufang/Koos § 637 Rn. 46.
[990] BGH NZBau 2009, 120 Rn. 8; Kniffka/Jurgeleit/Krause-Allenstein BauVertrR § 637 Rn. 81.
[991] Kapellmann/Messerschmidt/Langen § 13 Rn. 351; Beck VOB/B/Zahn § 13 Abs. 5 Rn. 139.
[992] BGH NJW-RR 2006, 669 Rn. 10 f.; BGH BeckRS 2009, 8926 Rn. 8; Kapellmann/Messerschmidt/Langen § 13 Rn. 351.
[993] BGH NJW-RR 2006, 669 Rn. 10 f.; Kapellmann/Messerschmidt/Langen § 13 Rn. 351.
[994] OLG Düsseldorf BauR 1972, 323; Kapellmann/Messerschmidt/Langen § 13 Rn. 358.
[995] S. dazu erg. Ingenstau/Korbion/Wirth § 13 Abs. 5 Rn. 313.
[996] BGH NJW-RR 1989, 406 (407); NJW 1970, 2019 (2020); Kapellmann/Messerschmidt/Langen § 13 Rn. 359; Beck VOB/B/Zahn § 13 Abs. 5 Rn. 161.
[997] Beck VOB/B/Zahn § 13 Abs. 5 Rn. 163.
[998] OLG Brandenburg BeckRS 2021, 52378 Rn. 55; OLG Karlsruhe NZBau 2007, 645.

§ 13

tigung unmöglich ist oder nur mit einem unverhältnismäßig hohen Aufwand betrieben werden kann und der Auftragnehmer aus diesem Grunde die Mängelbeseitigung verweigert. Abs. 6 wurde zur VOB/B 2002 an die Änderungen des SchRModG angepasst. Eine inhaltliche Änderung ist nicht erfolgt.[999]

373 Das Minderungsrecht des Auftraggebers nach der VOB/B ist im Vergleich zum **Minderungsrecht** gem. §§ 634 Nr. 3, 638 BGB **wesentlich eingeschränkt.** Gemeinsam ist der Minderung nach BGB und VOB/B, dass diese **Gestaltungsrechte** sind. Eine Minderung ist bei der Einbeziehung der VOB/B nur bei Vorliegen einer der in Abs. 6 genannten Gründe zulässig. Ein Rückgriff auf das weitergehende Minderungsrecht der §§ 634 Nr. 3, 638 BGB, das die Minderung nach erfolglosem Ablauf einer angemessenen Frist zur Nacherfüllung bzw. deren Entbehrlichkeit grundsätzlich immer zulässt, ist nicht möglich.[1000] Die VOB/B stellt durch die Einschränkung des Minderungsrechts das Interesse des Auftraggebers an einer mangelfreien Werkleistung in den Vordergrund.[1001] Abs. 6 verweist auf § 638 BGB, sodass für die Ausgestaltung der Minderung auf diese Regelung zurückzugreifen ist, soweit Abs. 6 keine abweichende Regelung trifft.[1002]

374 Der Auftraggeber kann, bei Vorliegen der Voraussetzungen des Abs. 7, zusätzlich zur Minderung einen Schadensersatz neben der Leistung geltend machen, soweit ihm über den Minderungsbetrag hinaus ein Schaden entstanden ist.[1003] Ein Schadensersatzanspruch statt der Leistung ist hingegen ausgeschlossen, da aufgrund der durch die Minderung erfolgten Umgestaltung des Vertrags die Leistung nunmehr den Anforderungen entspricht, sodass insoweit eine Pflichtverletzung fehlt.[1004]

II. Voraussetzungen

375 Das Minderungsrecht gem. Abs. 6 setzt wie der Mängelbeseitigungsanspruch voraus, dass ein Mangel iS des Abs. 1 oder 2 vorliegt, der auf eine vertragswidrige Leistung des Auftragnehmers zurückzuführen ist (→ Rn. 280 ff.). Darüber hinaus muss die Mängelbeseitigung entweder für den Auftraggeber unzumutbar (1.) oder unmöglich (2.) sein oder der Auftragnehmer muss die Mängelbeseitigung wegen unverhältnismäßig hohen Aufwands berechtigterweise verweigert haben (3.). Eine Fristsetzung zur Mängelbeseitigung wie bei der Selbstvornahme nach Abs. 5 Nr. 2 ist bei der Minderung gem. Abs. 6 nicht erforderlich.[1005]

---

[999] Kratzenberg NZBau 2002, 177 (183); Beck VOB/B/Ganten § 13 Abs. 6 Rn. 1a.

[1000] BGH NJW 2006, 2919 f.; Messerschmidt/Voit/Moufang/Koos J Rn. 60; BeckOK VOB/B/Ganten § 13 Abs. 6 Rn. 1–2.

[1001] Kapellmann/Messerschmidt/Langen § 13 Rn. 379; Ingenstau/Korbion/Wirth § 13 Abs. 6 Rn. 9.

[1002] BeckOK VOB/B/Koenen § 13 Abs. 6 Rn. 1d; Beck VOB/B/Ganten § 13 Abs. 6 Rn. 1c.

[1003] OLG Düsseldorf BeckRS 2011, 21341 = BauR 2011, 1980; Kapellmann/Messerschmidt/Langen § 13 Rn. 408; Heiermann/Riedl/Rusam/Mansfeld § 13 Rn. 167; BeckOK VOB/B/Koenen § 13 Abs. 7 Rn. 8.

[1004] S. dazu weitergehend Messerschmidt/Voit/Voit § 13 Abs. 6 Rn. 39; Messerschmidt/Voit/Moufang/Koos § 638 Rn. 15; BeckOK BGB/Voit § 638 Rn. 3; Beck VOB/B/Ganten § 13 Abs. 6 Rn. 11p.

[1005] Kapellmann/Messerschmidt/Langen § 13 Rn. 380; BeckOK VOB/B/Koenen § 13 Abs. 6 Rn. 1b.

Mängelansprüche **§ 13**

1. Mängelbeseitigung für den Auftraggeber unzumutbar. Das Minderungsrecht wegen Unzumutbarkeit der Mängelbeseitigung für den Auftraggeber besteht trotz Streichung des Wortes „ausnahmsweise" durch die VOB/B 2002 sachlich unverändert fort.[1006] Die Regelung ist als Ausnahme eng auszulegen.[1007] An die Unzumutbarkeit der Mängelbeseitigung sind **hohe Anforderungen** zu stellen.[1008] Die Unzumutbarkeit ist alleine nach der Interessenlage des Auftraggebers zu beurteilen und kann persönliche oder wirtschaftliche Gründe haben.[1009] Eine Unzumutbarkeit aus **persönlichen Gründen** kann vorliegen, wenn die Mängelbeseitigung den Auftraggeber in seinem Lebensbereich in außergewöhnlicher Weise einschränkt oder dem Auftraggeber die Mängelbeseitigung alters- und krankheitsbedingt nicht zugemutet werden kann.[1010] Unzumutbarkeit **aus wirtschaftlichen Gründen** kommt in Betracht, wenn der Auftraggeber für die Zeit der Mängelbeseitigung seinen Gewerbebetrieb vorübergehend stilllegen muss[1011] oder er das Werk sofort benötigt,[1012] um es an einen Abnehmer weiterzugeben.[1013] Gleiches gilt, wenn der Erfolg der Mängelbeseitigung äußerst zweifelhaft ist[1014] oder der Auftragnehmer bereits **mehrere ergebnislose Mängelbeseitigungsversuche** vorgenommen hat.[1015] Das OLG Frankfurt hat eine Minderung wegen Unzumutbarkeit der Mängelbeseitigung für den Auftraggeber auch für den Fall zugelassen, dass der anspruchsberechtigte Wohnungseigentümer die Wohnung zu einem die Mängel berücksichtigenden Preis unter Zurückbehaltung der Gewährleistungsansprüche veräußert hat.[1016] Dem **Insolvenzverwalter** des Generalunternehmers ist die Mängelbeseitigung durch seinen Nachunternehmer unzumutbar, wenn der Bauherr seinen Mängelbeseitigungsanspruch gegen den Insolvenzverwalter nicht mehr durchsetzen kann, da ihm lediglich eine Insolvenzforderung zusteht.[1017] Die Unzumutbarkeit für den Insolvenzverwalter folgt in diesem Fall aus der Pflicht zur Gleichbehandlung der Gläubiger sowie der Pflicht zur Massemehrung.[1018]

376

[1006] Kapellmann/Messerschmidt/Langen § 13 Rn. 381; Beck VOB/B/Ganten § 13 Abs. 6 Rn. 50.
[1007] BGH NJW 2006, 2919 (2920); Kapellmann/Messerschmidt/Langen § 13 Rn. 381.
[1008] Heiermann/Riedl/Rusam/Mansfeld § 13 Rn. 149; Kapellmann/Messerschmidt/Langen § 13 Rn. 381.
[1009] BGH NJW 2006, 2919 (2920); BeckOK VOB/B/Koenen § 13 Abs. 6 Rn. 2; Kapellmann/Messerschmidt/Langen § 13 Rn. 381.
[1010] BGH NJW 2006, 2919 (2920); Kapellmann/Messerschmidt/Langen § 13 Rn. 381; Ingenstau/Korbion/Wirth § 13 Abs. 6 Rn. 20.
[1011] LG Nürnberg-Fürth NJW-RR 1986, 1466 f.; BeckOK VOB/B/Koenen § 13 Abs. 6 Rn. 2a.
[1012] BGH NJW-RR 1993, 560; Kapellmann/Messerschmidt/Langen § 13 Rn. 381.
[1013] BGH NJW 2006, 2919 (2920); Kapellmann/Messerschmidt/Langen § 13 Rn. 381.
[1014] OLG Nürnberg NJW-RR 1993, 1300 (1303) mit dem zutreffenden Hinweis, dass sich der Auftraggeber nicht auf experimentelle Mangelbeseitigungsversuche einzulassen braucht; Kapellmann/Messerschmidt/Langen § 13 Rn. 381.
[1015] Die Unzumutbarkeit der Mängelbeseitigung gem. § 636 BGB bejahend: OLG Bremen BeckRS 2005, 30362178 (nach 3 erfolglosen Nacherfüllungsversuchen); BeckOK VOB/B/Koenen § 13 Abs. 6 Rn. 2.
[1016] OLG Frankfurt a. M. NJW-RR 1991, 665 (666); Ingenstau/Korbion/Wirth § 13 Abs. 6 Rn. 21; kritisch Beck VOB/B/Ganten § 13 Abs. 6 Rn. 52.
[1017] BGH NJW 2006, 2919 (2920); s. dazu auch Ingenstau/Korbion/Wirth § 13 Abs. 6 Rn. 24.
[1018] BGH NJW 2006, 2919 (2920); BeckOK VOB/B/Koenen § 13 Abs. 6 Rn. 3.

§ 13

377 Der Auftraggeber trägt die **Darlegungs- und Beweislast** für das Vorliegen der Unzumutbarkeit der Mängelbeseitigung.[1019]

378 Ist die Mängelbeseitigung für den Auftraggeber unzumutbar, hat er ein **Wahlrecht**, ob er die Minderung erklärt oder dennoch, bei Vorliegen der entsprechenden Voraussetzungen (→ Rn. 280 ff. für den Mängelbeseitigungsanspruch und → Rn. 317 ff. für den Kostenvorschuss- bzw. Kostenerstattungsanspruch), die Mängelrechte gem. Abs. 5 geltend macht.[1020] Der Auftragnehmer kann die Mängelbeseitigung nicht mit der Begr. verweigern, dass dem Auftraggeber ein Minderungsrecht nach Abs. 6 zusteht.[1021]

379 **2. Mängelbeseitigung unmöglich.** Der Auftraggeber hat ein Minderungsrecht, wenn die Mängelbeseitigung **objektiv unmöglich** ist. Das ist der Fall, wenn weder der Auftragnehmer noch ein anderer Unternehmer die Mängel beseitigen kann.[1022] Da die Mängelbeseitigung auch eine Neuherstellung des Werks umfasst (→ Rn. 296), liegt die Unmöglichkeit der Mängelbeseitigung nur in wenigen Fällen vor.[1023] Sobald ein Werk mangelfrei neu hergestellt werden kann, besteht kein Minderungsrecht wegen Unmöglichkeit. Ein solches kann dann jedoch wegen unverhältnismäßig hohen Aufwands bestehen (→ Rn. 384 ff.). Eine Unmöglichkeit der Mängelbeseitigung kann aus tatsächlichen/technischen oder aus rechtlichen Gründen vorliegen.

380 Die Mängelbeseitigung ist aus **tatsächlichen Gründen** unmöglich, wenn der Auftragnehmer bspw. die Baugrube zu tief aushebt und so das Fundament nicht, wie vereinbart, auf gewachsenem Boden errichtet werden kann[1024] oder wenn eine mangelfreie Verlegung des vertraglich vereinbarten Bodenbelags aufgrund des Untergrundes nicht möglich ist.[1025] Die Mängelbeseitigung ist hingegen möglich, wenn der vertragsgemäße Zustand der Leistung durch Nachbesserungsarbeiten auf einem anderen als den vertraglich vereinbarten Weg erreicht wird und die Grundsubstanz der Leistung erhalten bleibt.[1026] Eine wesentliche Veränderung der Grundsubstanz und damit ein Fall der Unmöglichkeit liegt bspw. vor, wenn für die Mängelbeseitigung eine Säule neben dem Tiefgaragenstellplatz versetzt und dadurch erheblich in die Statik des Gebäudes eingegriffen werden müsste.[1027]

[1019] BeckOK VOB/B/Koenen § 13 Abs. 6 Rn. 2; Ingenstau/Korbion/Wirth § 13 Abs. 6 Rn. 25.

[1020] Kapellmann/Messerschmidt/Langen § 13 Rn. 382; Heiermann/Riedl/Rusam/Mansfeld § 13 Rn. 149; Kleine-Möller/Merl/Glöckner PrivBauR-HdB/Merl/Hummel § 15 Rn. 874.

[1021] Kleine-Möller/Merl/Glöckner PrivBauR-HdB/Merl/Hummel § 15 Rn. 874.

[1022] Heiermann/Riedl/Rusam/Mansfeld § 13 Rn. 150; Kleine-Möller/Merl/Glöckner PrivBauR-HdB/Merl/Hummel § 15 Rn. 857 f.; Kapellmann/Messerschmidt/Langen § 13 Rn. 383; aA subjektive Unmöglichkeit des Auftragnehmers ausreichend: Beck VOB/B/Ganten § 13 Abs. 6 Rn. 31 f.

[1023] Kapellmann/Messerschmidt/Langen § 13 Rn. 384; aA Auftraggeber hat in diesem Fall ein Wahlrecht, ob er die Neuherstellung des Werkes oder die Vergütung mindern will: Ingenstau/Korbion/Wirth § 13 Abs. 6 Rn. 29.

[1024] BGH NJW 1977, 1146 f.; Kapellmann/Messerschmidt/Langen § 13 Rn. 384.

[1025] OLG Düsseldorf NJW-RR 1996, 305; Kapellmann/Messerschmidt/Langen § 13 Rn. 384.

[1026] OLG Düsseldorf BauR 1993, 82 (84); BeckOK VOB/B/Koenen § 13 Abs. 6 Rn. 5; OLG Braunschweig NZBau 2020, 393; Kapellmann/Messerschmidt/Langen § 13 Rn. 385.

[1027] OLG Braunschweig NZBau 2020, 390.

Mängelansprüche **§ 13**

Das Minderungsrecht des Auftraggebers ist auch dann ausgeschlossen, wenn er die Unmöglichkeit der Mängelbeseitigung vorsätzlich herbeiführt, indem er bspw. den mangelhaften Bio-Schwimmteich vor dem Ende der letzten mündlichen Verhandlung vorsätzlich selbst beseitigt.[1028]

Eine Unmöglichkeit der Mängelbeseitigung aus **rechtlichen Gründen** hat **381** der BGH für den Fall angenommen, dass die Parteien die Mängelbeseitigung einvernehmlich ausgeschlossen haben.[1029] Gleichfalls rechtlich unmöglich sind Mängelbeseitigungsleistungen, wenn das Werk gegen **öffentlich-rechtliche Vorschriften** verstößt und nicht genehmigungsfähig ist.[1030] Dies ist bspw. dann der Fall, wenn im Grundrissplan im Kellergeschoss drei Kinderzimmer vorgesehen sind, tatsächlich aber nur eins genehmigt wurde und eine Genehmigungsfähigkeit auch nicht durch weitere Baumaßnahmen hergestellt werden kann.[1031] Rechtliche Unmöglichkeit ist auch dann gegeben, wenn das Werk ohne Abtretung der Gewährleistungsansprüche **veräußert oder zwangsversteigert** wurde.[1032] Die Mängelbeseitigung durch den Nachunternehmer ist hingegen nicht rechtlich unmöglich, wenn das Insolvenzverfahren über das Vermögen des Generalunternehmers eröffnet wurde.[1033] Das Minderungsrecht könnte in diesem Fall jedoch wegen Unzumutbarkeit der Mängelbeseitigung für den Auftraggeber bestehen (→ Rn. 376).

Ist die Mängelbeseitigung nur teilweise unmöglich kann grds. nur insoweit **382** gemindert werden, sofern der Auftraggeber nicht nachvollziehbar darlegen kann, dass er an einer Teilleistung kein Interesse hat.[1034] Andernfalls ist der Auftraggeber berechtigt, wegen des gesamten Mangels zu mindern.[1035]

Die **Darlegungs- und Beweislast** für die Unmöglichkeit der Mängelbeseiti- **383** gung trägt grds. der Auftraggeber.[1036] Gehen beide Parteien von einer Unmöglichkeit der Mängelbeseitigung aus, obwohl diese tatsächlich möglich ist, kann darin eine konkludente Einigung über das Bestehen eines Minderungsrechts liegen.[1037] Für eine solche Einigung ist die Partei beweispflichtig, die Rechte aus der Minderung herleiten will.[1038]

[1028] OLG Hamm BeckRS 2010, 03591.
[1029] BGH NJW 1982, 1524 (1525); BeckOK VOB/B/Koenen § 13 Abs. 6 Rn. 8; Kapellmann/Messerschmidt/Langen § 13 Rn. 386.
[1030] OLG Düsseldorf BauR 1984, 294 (295 f.); Kleine-Möller/Merl/Glöckner PrivBauR-HdB/Merl/Hummel § 15 Rn. 860; BeckOK VOB/B/Koenen § 13 Abs. 6 Rn. 8; Kapellmann/Messerschmidt/Langen § 13 Rn. 386.
[1031] OLG Düsseldorf BauR 1984, 294 (295 f.); Kapellmann/Messerschmidt/Langen § 13 Rn. 386.
[1032] OLG Bremen NJW-RR 1990, 218; BeckOK VOB/B/Koenen § 13 Abs. 6 Rn. 8; Kapellmann/Messerschmidt/Langen § 13 Rn. 386.
[1033] OLG Düsseldorf BeckRS 2005, 02942 = BauR 2005, 1342; NZBau 2002, 671 (672); Kapellmann/Messerschmidt/Langen § 13 Rn. 386.
[1034] Kapellmann/Messerschmidt/Langen § 13 Rn. 387; Beck VOB/B/Ganten § 13 Abs. 6 Rn. 36.
[1035] Ingenstau/Korbion/Wirth § 13 Abs. 6 Rn. 33; Beck VOB/B/Ganten § 13 Abs. 6 Rn. 36.
[1036] Beck VOB/B/Ganten § 13 Abs. 6 Rn. 38; Kapellmann/Messerschmidt/Langen § 13 Rn. 409; Ingenstau/Korbion/Wirth § 13 Abs. 6 Rn. 27; Differenzierende Betrachtung: Leinemann/Schliemann § 13 Abs. 6 Rn. 388 ff.
[1037] Beck VOB/B/Ganten § 13 Abs. 6 Rn. 39.
[1038] Beck VOB/B/Ganten § 13 Abs. 6 Rn. 39.

§ 13 VOB Teil B

384 **3. Verweigerung der Mängelbeseitigung wegen unverhältnismäßig hohen Aufwands.** Dem Auftraggeber steht ferner ein Minderungsrecht zu, wenn die Mängelbeseitigung einen unverhältnismäßig hohen Aufwand des Auftragnehmers verursacht und dieser die Mängelbeseitigung aus diesem Grund verweigert. Die **Anforderungen an die Unverhältnismäßigkeit** der Mängelbeseitigung gem. Abs. 6 entsprechen den Anforderungen des § 635 Abs. 3 BGB.[1039] Verweigert der Auftragnehmer die Mängelbeseitigung trotz unverhältnismäßig hohen Aufwands nicht, so kann der Auftraggeber diese nur verweigern, wenn die Mängelbeseitigung für ihn unzumutbar ist (→ Rn. 376 ff.).[1040]

385 **a) Unverhältnismäßig hoher Aufwand.** Aufwendungen für die Mängelbeseitigung sind unverhältnismäßig, wenn der in Richtung auf die Mängelbeseitigung erzielbare Erfolg, bei Abwägung aller Umstände des Einzelfalls, in keinem vernünftigen Verhältnis zur Höhe des dafür gemachten Geldaufwandes steht.[1041] Dies ist idR anzunehmen, wenn einem **objektiv geringen Interesse des Auftraggebers** an einer völlig ordnungsgemäßen vertraglichen Leistung, ein ganz erheblicher und deshalb vergleichsweise **unangemessener Aufwand** gegenübersteht.[1042] Der Einwand der Unverhältnismäßigkeit ist nur dann gerechtfertigt, wenn das Bestehen auf ordnungsgemäße Vertragserfüllung im Verhältnis zu dem dafür erforderlichen Aufwand unter Abwägung aller Umstände ein Verstoß gegen Treu und Glauben darstellt.[1043] Dies ist idR nicht der Fall, wenn der Auftraggeber objektiv ein berechtigtes Interesse an einer ordnungsgemäßen Vertragserfüllung hat, zB die Funktionsfähigkeit des Werks erheblich beeinträchtigt ist.[1044] Der Auftragnehmer kann in diesem Fall die Mängelbeseitigung nicht aufgrund von hohen Kosten verweigern.[1045] Bei der Interessenabwägung zu berücksichtigen sind insbes. die vertragliche Risikoverteilung und in welchem Ausmaß der Auftragnehmer die Mängel verschuldet hat.[1046] Dabei fällt nicht nur vorsätzliches, sondern auch grob fahrlässiges Verhalten bei der Gesamtabwägung entscheidend ins Gewicht, ohne jedoch die

---

[1039] Ingenstau/Korbion/Wirth § 13 Abs. 6 Rn. 35; Beck VOB/B/Ganten § 13 Abs. 6 Rn. 40.

[1040] Kapellmann/Messerschmidt/Langen § 13 Rn. 388; Heiermann/Riedl/Rusam/Mansfeld § 13 Rn. 154.

[1041] BGH NJW-RR 1997, 1106; NJW 1973, 138 (139); OLG Düsseldorf, BauR 2024, 291; OLG Hamm NZBau 2023, 103; OLG Brandenburg NZBau 2019, 104; OLG Frankfurt BeckRS 2021, 64391; BeckOK VOB/B/Koenen § 13 Abs. 6 Rn. 9.

[1042] BGH NJW 1996, 3269 (3270); NJW-RR 1997, 1106; OLG Düsseldorf, BauR 2024, 291; LG Lübeck IBRRS 2018, 3556; Kapellmann/Messerschmidt/Langen § 13 Rn. 390; BeckOK VOB/B/Koenen § 13 Abs. 6 Rn. 9; Beck VOB/B/Ganten § 13 Abs. 6 Rn. 43.

[1043] BGH NZBau 2008, 575; OLG Hamm NZBau 2023, 103; OLG Frankfurt BeckRS 2021, 64391; Kapellmann/Messerschmidt/Langen § 13 Rn. 389; BeckOK VOB/B/Koenen § 13 Abs. 6 Rn. 9.

[1044] BGH NZBau 2006, 177 (178); 2006, 110 Rn. 14; OLG Düsseldorf NZBau 2015, 485 Rn. 11; BeckRS 2016, 02841 Rn. 46 = IBR 2016, 283; Kapellmann/Messerschmidt/Langen § 13 Rn. 390.

[1045] BGH NZBau 2008, 575 (576); 2006, 110 Rn. 14; OLG Düsseldorf, BauR 2024, 291; Kapellmann/Messerschmidt/Langen § 13 Rn. 390; BeckOK VOB/B/Koenen § 13 Abs. 6 Rn. 9.

[1046] BGH NJW 1996, 3269 (3270); OLG Düsseldorf, BauR 2024, 291; OLG Hamm NZBau 2023, 103; Kapellmann/Messerschmidt/Langen § 13 Rn. 389, 391.

Abwägung entfallen zu lassen.[1047] Selbst ein vorsätzliches Abweichen des Auftragnehmers von der vereinbarten Soll-Beschaffenheit lässt nach Auffassung des BGH die Unverhältnismäßigkeitseinrede nicht von vornherein entfallen.[1048] Die Darlegungs- und Beweislast für ein Verschulden des Auftragnehmers trägt der Auftraggeber.[1049]

Der Auftraggeber hat ein **berechtigtes Interesse** an der vertragsgemäßen Leistung bspw. bei fehlerhafter Luftdichtigkeitsschicht und mangelnder Diffusionsoffenheit eines Niedrigenergiehauses, das Feuchtigkeitsschäden vermuten lässt,[1050] bei Mängeln in der Abdichtung des Bads[1051] oder bei mangelhafter Dickbeschichtung, die zu Feuchtigkeitserscheinungen im Kellergeschoss führt.[1052] Gleiches gilt grundsätzlich auch für Schallschutzmängel, da Lärmbelästigungen eine erhebliche Beeinträchtigung der Lebensqualität und der Nutzungsmöglichkeit einer Wohnung darstellen.[1053] Ein geringes Interesse des Auftraggebers an der mangelfreien Leistung kommt in Betracht, wenn dieser eine abweichende Bauausführung des Auftragnehmers jahrelang hinnimmt.[1054] 386

Für die Frage der Unverhältnismäßigkeit **nicht zu berücksichtigen** sind das Preis-Leistungs-Verhältnis und das Verhältnis des Mängelbeseitigungsaufwands zu den zugehörigen Vertragspreisen.[1055] Den Einwand der Unverhältnismäßigkeit können regelmäßig nicht rechtfertigen die für die mangelhafte Leistung aufgewandten Kosten, der für die Beseitigung der mangelhaften Leistung erforderliche Aufwand, die Mehrkosten für die Leistungserbringung außerhalb des normalen Leistungszusammenhangs und eine etwaige in der Zwischenzeit eingetretene Kostensteigerung.[1056] Haben die Parteien vertraglich eine höherwertige und risikoärmere Art der Ausführung als die anerkannten Regeln der Technik vereinbart, darf bei Beurteilung der Unzumutbarkeit der Mängelbeseitigung nicht lediglich auf ein Interesse des Auftraggebers an der Leistung entsprechend der anerkannten Regeln der Technik abgestellt werden.[1057] Unverhältnismäßigkeit kann des Weiteren nicht hauptsächlich nach der Relation der Kosten möglicher Mängelbeseitigungsarten zueinander beurteilt werden.[1058] So können bei Reihenhäusern mit mangelhaftem Schallschutz die Kosten für die Montage einer Vorsatzschale nicht 387

[1047] BGH NJW 2009, 2123; NZBau 2008, 575 (576); Kapellmann/Messerschmidt/Langen § 13 Rn. 391.

[1048] BGH NJW 2009, 2123; 2009, 2439; 1958, 1284; Kapellmann/Messerschmidt/Langen § 13 Rn. 391; Heiermann/Riedl/Rusam/Mansfeld § 13 Rn. 156; vgl. dazu Seibel ZfBR 2009, 731.

[1049] Ingenstau/Korbion/Wirth § 13 Abs. 6 Rn. 57.

[1050] OLG Celle IBRRS 2004, 4029; Kapellmann/Messerschmidt/Langen § 13 Rn. 391.

[1051] BGH NZBau 2006, 110 Rn. 17; Kapellmann/Messerschmidt/Langen § 13 Rn. 391.

[1052] OLG Düsseldorf BeckRS 2010, 04804 = IBR 2010, 139; Kapellmann/Messerschmidt/Langen § 13 Rn. 391.

[1053] OLG Hamm NJW-RR 2001, 1460 (1462); Kapellmann/Messerschmidt/Langen § 13 Rn. 392; speziell zu Schallschutz bei Doppelhaushälften s. BGH NJW 2007, 2983.

[1054] OLG Rostock BeckRS 2009, 19017 = IBR 2009, 714 (für einen Zeitraum von über 7 Jahren); Ingenstau/Korbion/Wirth § 13 Abs. 6 Rn. 59.

[1055] BGH NZBau 2006, 110 Rn. 14; Heiermann/Riedl/Rusam/Mansfeld § 13 Rn. 155; Kapellmann/Messerschmidt/Langen § 13 Rn. 393.

[1056] BGH NJW 1996, 3269 (3270); Kapellmann/Messerschmidt/Langen § 13 Rn. 393.

[1057] BGH NZBau 2008, 575 Rn. 18; OLG Nürnberg NJW-RR 2011, 100 (105); Kapellmann/Messerschmidt/Langen § 13 Rn. 393; BeckOK VOB/B/Koenen § 13 Abs. 6 Rn. 10.

[1058] BGH NJW-RR 1997, 1106; Ingenstau/Korbion/Wirth § 13 Abs. 6 Rn. 49.

die Unverhältnismäßigkeit der wesentlich höheren Kosten für das Durchsägen der Häuser begründen.[1059]

388 Ein unverhältnismäßig hoher Aufwand kann in der Praxis zum einen vorliegen, wenn die Mängel nur durch **Neuherstellung des Werkes** zu beseitigen sind und das Interesse des Auftraggebers an der Neuherstellung im Verhältnis zu den durch die Neuherstellung entstehenden Kosten unverhältnismäßig ist.[1060] Eine Unverhältnismäßigkeit der Mängelbeseitigungskosten kommt des Weiteren bei **Schönheitsfehlern/optischen Mängeln** in Betracht, wenn diese die Funktionsfähigkeit nicht beeinträchtigen, die Beseitigung dieser Mängel aber mit einem hohen Aufwand verbunden ist und der Auftraggeber objektiv nur ein geringes Interesse an der vertragsgemäßen Leistung hat.[1061] Auch bei solchen Mängeln ist darauf abzustellen, ob der Auftraggeber ein nachvollziehbares (nicht nur unbedeutendes) Interesse an der (auch) optisch einwandfreien Herstellung des Werks hat. Je höher dieses Leistungsinteresse des Auftraggebers an einem auch optisch makellosen Erscheinungsbild des bestellten Werks ist, umso weniger kann der Auftragnehmer mit seinem Einwand der Unverhältnismäßigkeit durchdringen.[1062] Berührt der nur geringfügige Schönheitsfehler nur leicht das ästhetische Empfinden des Bestellers, ohne dass in objektivierbarer Form die „Wertschätzung" gegenüber dem Werk beeinträchtigt wird, kann von Unverhältnismäßigkeit ausgegangen werden. Als nützliches Abgrenzungskriterium kann insofern darauf abgestellt werden, ob und ggfs. wie der Mangel in der Nutzung wahrgenommen wird. Hiernach fällt ein Schönheitsfehler im Rahmen der Abwägung zum Beispiel nicht ins Gewicht, wenn er ständig verdeckt wird oder weil er sich nur in seltenen Nutzungsfällen auswirkt, so dass in diesen Fällen der Unverhältnismäßigkeitseinwand naheliegt.[1063] Hat der Auftraggeber hingegen eine ganz bestimmte Beschaffenheit der Leistung bestellt, insbes. im Hinblick auf die für den Auftragnehmer deutlich erkennbar vorgesehene Art der Nutzung, spricht dies gegen eine Unverhältnismäßigkeit.[1064]

389 Eine rechtmäßige Verweigerung der Mängelbeseitigung wegen unverhältnismäßig hohen Aufwands wurde in folgenden Fällen **bejaht:**
– Abbau und anschließender Wiederaufbau einer Paneelwand zur Rostentfernung und Kürzung der Wandpaneele, wenn sich die Mängel nicht auf die Standfestigkeit und Langlebigkeit der Halle auswirken, sondern lediglich einen Schönheitsfehler darstellen, der aus einigem Abstand nicht mehr erkennbar ist[1065]
– Aufbringen einer neuen Betonschicht oder kompletter Austausch der Bodenplatte, um den Mangel der zu dünnen Bodenplatte zu beseitigen, wenn die „Erhöhung" der Bodenplatte für den Auftraggeber keinen technischen Mehrwert hat;[1066] anders wenn das Risiko eines Schadenseintritt besteht[1067]

[1059] BGH NJW-RR 1997, 1106; Kapellmann/Messerschmidt/Langen § 13 Rn. 392; Ingenstau/Korbion/Wirth § 13 Abs. 6 Rn. 49; Beck VOB/B/Ganten § 13 Abs. 6 Rn. 42.
[1060] Kapellmann/Messerschmidt/Langen § 13 Rn. 394.
[1061] OLG Celle IBRRS 2006, 0121; OLG Düsseldorf NZBau 2015, 485; Kapellmann/Messerschmidt/Langen § 13 Rn. 394; BeckOK VOB/B/Koenen VOB/B § 13 Abs. 6 Rn. 10.
[1062] OLG Düsseldorf NZBau 2015, 485 (486).
[1063] OLG Düsseldorf NZBau 2015, 485; LG Lübeck IBRRS 2018, 3556.
[1064] OLG Hamm BeckRS 1993, 30995832 = IBR 1994, 418; LG Lübeck IBRRS 2018, 3556; Ingenstau/Korbion/Wirth § 13 Abs. 6 Rn. 43.
[1065] OLG Celle IBRRS 2006, 0121.
[1066] OLG München NJW 2013, 3105 (3106).
[1067] KG BeckRS 2014, 120890.

Mängelansprüche § 13

– Austausch von Bodenfliesen, deren Aufwand die Werklohnforderung des Auftragnehmers deutlich überschreitet, wenn im Bereich der Hauseingangstür und einer abgewandten Ecke unnötig viele kleingeschnittene Restfliesen eingesetzt wurden, die „lediglich optisch – wenn überhaupt wahrzunehmen" sind[1068]
– Austausch von Dachziegeln wegen Krakeleebildung, wenn diese aus normalem Betrachtungsabstand nicht zu erkennen ist[1069]
– Austausch der nach dem Leistungsverzeichnis zu dünnen Dämmung, wenn durch die geringfügige Herabsetzung des Wärmedämmwertes gegenüber der vertraglich geschuldeten Permimeterdämmung keine spürbare Funktionsbeeinträchtigung verbunden ist[1070]
– Erneuerung einer Fußbodenheizung, weil eine zur Verhinderung von Wärmeverlusten vorgesehene Isolierung fehlt, die mehr als DM 40.000 kostet, wobei sich die Energiemehrkosten bei einer Nutzungsdauer der Fußbodenheizung von 25 Jahren auf DM 17,66 pro Jahr beschränken[1071]
– Neuherstellung bzw. Nachbesserung der Verblendfassade, wenn der verwendete Baustoff (Verblendziegel) eine erhebliche qualitative Steigerung im Vergleich zum vereinbarten Produkt aufweist[1072]
– Neuherstellung der Gesamtfassade, wenn der Fensterhersteller entgegen der vertraglichen Absprache nur teilweise in Farbe der Glaselemente ummantelte Abstandshalter verbaut, deren optische Beeinträchtigung kaum messbar ist und die Mängelbeseitigung vergleichsweise extrem hohe Kosten verursacht[1073]
– Neuherstellung eines Fliesenbodens, wenn das Fliesenmuster nach dem Verlegeplan nicht eingehalten wurde, die Fliesen in unterschiedlichen Geschossen nicht aus demselben Brand stammen, sofern die optisch-gestalterischen Belange des Auftraggebers unter Berücksichtigung der vertraglichen Vereinbarung als gering zu bewerten sind[1074]
– Umfangreiche Abstemmungs-, Reinigungs-, Spachtel- und Putzarbeiten zur Beseitigung von Unebenheiten einer Putzfassade, wenn eine völlig ebene Fläche nicht erreicht werden kann, sondern weiterhin Unebenheiten innerhalb einer bestimmten Toleranz verbleiben würden[1075]
– Beseitigung von kaum auffallenden optischen Mängeln an einer eingedrückten Paneele einer Aufzugsverkleidung aufgrund stellenweise zu fester Verschraubungen, wenn sich der Aufzugsschacht an der Hofseite eines Mehrfamilienmietshauses befindet[1076]
– Neuherstellung eines Dachs, wenn die Ausführung aufgrund fehlender Klemmleisten zwar nicht dem Stand der Technik entspricht, aber durch den Anpressdruck der eingebauten Mineralwolle das Fehlen der Klemmleisten kompensiert

---

[1068] OLG Hamm NJW-RR 2003, 965.
[1069] OLG Saarbrücken BeckRS 2005, 00449.
[1070] OLG Hamm BeckRS 2011, 17463 = IBR 2011, 687.
[1071] OLG Düsseldorf NJW-RR 2001, 522.
[1072] OLG Celle IBRRS 2018, 1415.
[1073] OLG Celle IBRRS 2017, 0350.
[1074] OLG Düsseldorf BeckRS 2008, 26560 = BauR 2009, 1317; Vgl. BeckOK VOB/B/ Koenen VOB/B § 13 Abs. 6 Rn. 10.
[1075] OLG Düsseldorf NJW-RR 1999, 529 (530); Kapellmann/Messerschmidt/Langen § 13 Rn. 395; Ingenstau/Korbion/Wirth § 13 Abs. 6 Rn. 51.
[1076] OLG Brandenburg NZBau 2019, 101.

wird, ein Schadensbild nicht festzustellen ist und die Funktionalität des Daches für die übliche Haltbarkeitsdauer gewährleistet ist[1077]

390 Eine rechtmäßige Verweigerung der Mängelbeseitigung wegen unverhältnismäßig hohen Aufwands wurde in folgenden Fällen **verneint:**
- ordnungsgemäße Abdichtung einer Bodenplatte, um jedes Risiko eines Wassereintritts zu vermeiden[1078]
- Entfernung von Verfärbungen und Kleberückständen an einer Natursteinfassade[1079]
- nachträgliche Herstellung eines zweischaligen Aufzugsschachts in einem Wohngebäude[1080]
- Neuherstellung eines Asphaltbelags zur Beseitigung von Blasenbildung[1081]
- Neuverlegung des Estrichs bei Fehlen der vertraglich vereinbarten gleichmäßig verteilten Pünktchen als auflockerndes Element[1082]
- Einbau von Dachflächenfenster mit Zwei- statt Dreifach-Wärmeschutz-Verglasung[1083]
- Nachträgliche Geschossdeckenerhöhung des Erdgeschosses auf die vertraglich vereinbarte Geschosshöhe[1084]
- Nachbesserung des gesamten Straßenbelags, wenn knapp die Hälfte des mangelhaften Straßenbelags deutlich vor dem Ende der üblichen Nutzungsdauer den sog. Warnwert erreicht[1085]
- Beseitigung von Schimmelpilzwachstum in Innenräumen einer neu errichteten Eigentumswohnung, um gesundheitlich unbedenkliche Wohnbedingungen herzustellen[1086]
- Ein Auftragnehmer kann nicht geltend machen, die vom Auftraggeber zur Beseitigung eines Mangels (hier: KfW 40-Standard eines Einfamilienhauses) gewählte Art der Nachbesserung (Einbau einer Pelletheizung) sei unverhältnismäßig, wenn er den vorhandenen Mangel viele Jahre lang bestritten und eine Mängelbeseitigung verweigert hat und zwischenzeitlich eine günstigere Art der Mängelbeseitigung möglich geworden ist (Errichtung einer Photovoltaikanlage)[1087]

391 Bei der Beurteilung der Unverhältnismäßigkeit der Mängelbeseitigung sind **„Sowieso-Kosten"** (→ Rn. 304 f.) von dem für die Mängelbeseitigung erforderlichen Aufwand abzuziehen.[1088] Erst wenn der nach Abzug der „Sowieso-

---

[1077] OLG Frankfurt BeckRS 2021, 64391 = IBR 2024, 172.
[1078] OLG Düsseldorf, BauR 2024, 291.
[1079] KG BeckRS 2013, 22677 = BauR 2014, 115.
[1080] OLG Hamburg BeckRS 2014, 18870 Rn. 28 ff. = BauR 2015, 264, NZB zurückgewiesen: BGH 25.6.2014 – VII ZR 151/12; BeckOK VOB/B/Koenen § 13 Abs. 6 Rn. 10; Kapellmann/Messerschmidt/Langen § 13 Rn. 391.
[1081] OLG Frankfurt a. M. BeckRS 2006, 10087 = IBR 2006, 198.
[1082] OLG Stuttgart IBRRS 2011, 453.
[1083] OLG Karlsruhe NJW-RR 2018, 784; S. dazu auch Kapellmann/Messerschmidt/Langen § 13 Rn. 391.
[1084] LG Lübeck IBRRS 2018, 3556.
[1085] OLG München IBRRS 2018, 4054; Vgl. dazu auch Kapellmann/Messerschmidt/Langen § 13 Rn. 391.
[1086] OLG Naumburg NZBau 2019, 779 f.
[1087] OLG München BeckRS 2021, 42726.
[1088] Ingenstau/Korbion/Wirth § 13 Abs. 6 Rn. 55; Beck VOB/B/Ganten § 13 Abs. 6 Rn. 48a.

Kosten" verbleibende Aufwand der Mängelbeseitigung unverhältnismäßig ist, kann der Auftragnehmer berechtigt sein, die Mängelbeseitigung zu verweigern.[1089] Beruft sich der Auftragnehmer gegenüber einem Anspruch des Auftraggebers aus Abs. 5 auf unverhältnismäßigen Aufwand, trägt er insoweit die **Darlegungs- und Beweislast.**[1090]

b) Verweigerung der Mängelbeseitigung durch den Auftragnehmer. 392
Neben dem unverhältnismäßig hohen Aufwand der Mängelbeseitigung ist erforderlich, dass der Auftragnehmer aus diesem Grunde die Mängelbeseitigung **verweigert.** Dies setzt voraus, dass der Auftragnehmer eine eindeutige, auf die Unverhältnismäßigkeit abgestellte und insoweit auch näher begründete Erklärung abgibt.[1091] Die Einhaltung einer Form ist nicht erforderlich, aus Beweisgründen ist Schriftform allerdings zu empfehlen.[1092] Verweigert der Auftragnehmer die Mängelbeseitigung unberechtigt, hat der Auftraggeber ein Wahlrecht, ob er den Auftragnehmer an seiner Erklärung festhält und die Vergütung mindert, oder ob er weiterhin die Mängelrechte nach Abs. 5 geltend machen will.[1093]

III. Minderungserklärung

Da die Minderung nach Abs. 6 ein Gestaltungsrecht ist (→ Rn. 373), treten 393
die Rechtsfolgen der Minderung erst mit Zugang der Minderungserklärung des Auftraggebers beim Auftragnehmer ein.[1094] Die **Minderungserklärung** ist bedingungsfeindlich und unwiderruflich.[1095] Mit der wirksamen Erklärung der Minderung übt der Auftraggeber sein Wahlrecht aus, sodass der Mängelbeseitigungsanspruch sowie das Selbstvornahmerecht erlöschen.[1096] Der Erklärung des Auftraggebers muss daher eindeutig zu entnehmen sein, dass er die Vergütung mindern will. Die Erklärung des Auftraggebers, er werde nach Fristablauf eine Mängelbeseitigung durch den Auftragnehmer ablehnen, kann nicht als Minderungserklärung ausgelegt werden.[1097] Liegen mehrere Mängel vor, muss der Auftraggeber nicht für jeden Mangel die Minderung gesondert erklären, sondern kann eine Minderungserklärung abgeben, sofern der Umfang der Minderung bestimmbar ist.[1098] Mehrere Auftraggeber können aufgrund der Gestaltungswirkung der Minderung diese nur

---

[1089] Beck VOB/B/Ganten § 13 Abs. 6 Rn. 48a.

[1090] Kapellmann/Messerschmidt/Langen § 13 Rn. 409; Ingenstau/Korbion/Wirth § 13 Abs. 6 Rn. 57; Heiermann/Riedl/Rusam/Mansfeld § 13 Rn. 154.

[1091] OLG Düsseldorf NJW-RR 1987, 1167; Ingenstau/Korbion/Wirth § 13 Abs. 6 Rn. 65.

[1092] Ingenstau/Korbion/Wirth § 13 Abs. 6 Rn. 64; Kapellmann/Messerschmidt/Langen § 13 Rn. 397.

[1093] Kapellmann/Messerschmidt/Langen § 13 Rn. 397; Kleine-Möller/Merl/Glöckner PrivBauR-HdB/Merl/Hummel § 15 Rn. 867; Heiermann/Riedl/Rusam/Mansfeld § 13 Rn. 154.

[1094] Messerschmidt/Voit/Moufang/Koos § 638 Rn. 4; Ingenstau/Korbion/Wirth § 13 Abs. 6 Rn. 67; Beck VOB/B/Ganten § 13 Abs. 6 Rn. 9.

[1095] Grüneberg/Retzlaff § 638 Rn. 3; Messerschmidt/Voit/Moufang/Koos § 638 Rn. 4.

[1096] OLG Köln BeckRS 2015, 12192 = IBR 2015, 543; Beck VOB/B/Ganten § 13 Abs. 6 Rn. 11n; BeckOGK/Rast § 638 Rn. 56; s. weitergehend dazu auch Messerschmidt/Voit/Moufang/Koos § 638 Rn. 2.

[1097] OLG Brandenburg IBRRS 2007, 4376; Messerschmidt/Voit/Moufang/Koos § 638 Rn. 4.

[1098] MüKoBGB/Busche § 638 Rn. 5; BeckOGK/Rast § 638 Rn. 44.

gemeinsam erklären; bei mehreren Auftragnehmern muss die Minderung allen gegenüber erklärt werden, § 638 Abs. 2 BGB.[1099] Bei einer (teilweisen) Abtretung des Werklohnanspruchs bleibt der Auftragnehmer der Empfänger der Minderungserklärung. Bis zur Erklärung der Minderung kann der Auftraggeber dem Abtretungsempfänger gem. § 404 BGB die Mängeleinrede entgegenhalten.[1100]

IV. Rechtsfolge: Minderung

394 Liegen die Voraussetzungen des Abs. 6 vor und erklärt der Auftraggeber gegenüber dem Auftragnehmer die Minderung, hat dies eine **unmittelbare Kürzung der Vergütung** im Verhältnis des Wertes der vertragsgemäßen Leistung zu dem der mangelhaften Leistung zur Folge.[1101] Die (Rest-) Werklohnforderung des Auftragnehmers erlischt in Höhe des Minderungsbetrags. Von der Minderung umfasst sind die geltend gemachten Mängel. Die Abgrenzung zu anderen Mängeln erfolgt entsprechend der Symptomrechtsprechung (→ Rn. 98 ff.).[1102]

395 Hat der Auftraggeber den Werklohn bereits bezahlt, hat er einen **Rückzahlungsanspruch** nebst Zinsen gem. §§ 638 Abs. 4, 346 Abs. 1, 347 Abs. 1 BGB.[1103] Der Auftragnehmer hat gem. § 346 Abs. 1 BGB auch die Nutzungen herauszugeben.[1104] Die Wirkung der Minderungserklärung tritt auch dann ein, wenn der Auftraggeber in der Erklärung keinen konkreten Minderungsbetrag beziffert, da dieser ohnehin nicht vom Auftraggeber einseitig festgelegt wird, sondern gerichtlich voll überprüfbar ist.[1105]

396 Die **Berechnung der Minderung** ist in Abs. 6 nicht speziell geregelt, sodass auf die Regelung des § 638 Abs. 3 BGB zurückgegriffen werden kann. Die Vergütung des Auftragnehmers ist im Verhältnis des Wertes der mangelfreien Leistung zu dem Wert der mangelhaften Leistung herabzusetzen.

397 Maßgeblicher Zeitpunkt für die Bestimmung des Wertes der mangelfreien und der mangelhaften Leistung ist gem. § 638 Abs. 3 BGB der **Vertragsschluss**. Vor Inkrafttreten des SchRModG verwies § 634 Abs. 4 BGB aF auf § 472 BGB aF. Die ganz hM hat den maßgeblichen Zeitpunkt für die Berechnung der Minderung nicht auf den Vertragsschluss (wie im Kaufrecht), sondern aufgrund der werkvertraglichen Besonderheiten auf den **Zeitpunkt der Abnahme** gelegt.[1106] § 638 Abs. 3 BGB stellt nunmehr jedoch ausdrücklich auf den Zeitpunkt des Vertragsschlusses ab. Dies ist insbes. beim Bauvertrag problematisch, da im Zeitpunkt des Vertragsschlusses das Werk noch nicht besteht und der Wert des mangelfreien

---

[1099] S. dazu erg., insbes. auch zur Minderung bei Wohnungseigentümergemeinschaften: Messerschmidt/Voit/Moufang/Koos § 638 Rn. 8 ff; MüKoBGB/Busche § 638 Rn. 6.
[1100] Messerschmidt/Voit/Moufang/Koos § 638 Rn. 40.
[1101] Kapellmann/Messerschmidt/Langen § 13 Rn. 399.
[1102] Messerschmidt/Voit/Moufang/Koos § 638 Rn. 14; BeckOK BGB/Voit § 638 Rn. 3; OLG München BeckRS 2021, 42726.
[1103] Kapellmann/Messerschmidt/Langen § 13 Rn. 399; zum Zinsanspruch s. Kniffka/Jurgeleit/Krause-Allenstein BauVertrR § 638 Rn. 20; Beck VOB/B/Ganten § 13 Abs. 6 Rn. 11q.
[1104] S. dazu erg. Messerschmidt/Voit/Moufang/Koos § 638 Rn. 36; Heiermann/Riedl/Rusam/Mansfeld § 13 Rn. 164.
[1105] BeckOGK/Rast § 638 Rn. 48; Messerschmidt/Voit/Moufang/Koos § 638 Rn. 6; aA MüKoBGB/Busche § 638 Rn. 5; GrünebergRetzlaff § 638 Rn. 3.
[1106] S. zum Meinungsstand vor dem SchRModG: Ingenstau/Korbion/Wirth § 13 Abs. 6 Rn. 71; Messerschmidt/Voit/Moufang/Koos § 638 Rn. 1.

Mängelansprüche **§ 13**

Werks noch nicht bestimmt werden kann.[1107] In der Praxis ist daher zu empfehlen, eine abweichende vertragliche Regelung zu treffen, die auf den Zeitpunkt der Abnahme oder auf den für die Abnahme vorgesehenen Zeitpunkt abstellt.[1108]

Die geminderte Vergütung wird durch die **Minderungsformel** „Sollwert" **398** (Wert ohne Mangel)/„Istwert" (Wert mit Mangel) = vereinbarte Vergütung/ geminderte Vergütung berechnet.[1109] Die Berechnung des Minderungsbetrags wird idR dadurch vereinfacht, dass der „Sollwert" mit der vereinbarten Vergütung gleichgesetzt werden kann.[1110] Dies bedeutet folglich, dass der „Istwert" der verminderten Vergütung entspricht.[1111] Ist das Werk vollständig wertlos, kann der Auftraggeber die Vergütung auf null mindern.[1112] Die Berechnung des Minderungsbetrags (= vereinbarte Vergütung − geminderte Vergütung) hat die Rspr. bislang vereinfacht, indem sie den Minderungsbetrag anhand der erforderlichen Mängelbeseitigungskosten geschätzt hat (vgl. § 638 Abs. 3 S. 2 BGB).[1113] Der Minderungsbetrag erhöhte sich ggf. um einen technischen[1114] oder merkantilen Minderwert[1115] für den Fall, dass ein solcher bei einer tatsächlichen Mängelbeseitigung verbleiben würde.[1116] Diese Rspr. hat nach der Abkehr des BGH vom Ersatz der fiktiven Mängelbeseitigungskosten im Rahmen des Schadensersatzes statt der Leistung[1117] keinen Bestand. Denn nach der neuen Rspr. des BGH können die fiktiven Mängelbeseitigungskosten nicht als Maßstab für den mangelbedingten Minderwert herangezogen werden.[1118]

[1107] Messerschmidt/Voit/Moufang/Koos § 638 Rn. 17; Kniffka/Jurgeleit/Krause-Allenstein BauVertrR § 638 Rn. 15 ff.; Grüneberg/Retzlaff § 638 Rn. 4; entgegen des Wortlauts des § 638 Abs. 3 BGB (entsprechend der hM für das alte Schuldrecht) im Wege einer „berichtigenden Auslegung" auf den Zeitpunkt der Abnahme abstellend: Kapellmann/Messerschmidt/Langen § 13 Rn. 403; Beck VOB/B/Ganten § 13 Abs. 6 Rn. 55a, 79b ff.

[1108] Ingenstau/Korbion/Wirth § 13 Abs. 6 Rn. 72; BeckOK BGB/Voit § 638 Rn. 5.

[1109] Grüneberg/Retzlaff § 638 Rn. 4; Messerschmidt/Voit/Moufang/Koos § 638 Rn. 18.

[1110] BGH NJW 1996, 3001 (3002); Kapellmann/Messerschmidt/Langen § 13 Rn. 404; BeckOK BGB/Voit § 638 Rn. 6.

[1111] Kapellmann/Messerschmidt/Langen § 13 Rn. 404; Messerschmidt/Voit/Moufang/ Koos § 638 Rn. 19.

[1112] BGH NJW 1965, 152 (153): Kapellmann/Messerschmidt/Langen § 13 Rn. 404.

[1113] BGH NJW-RR 1997, 688 (689); NJW 1996, 3001 (3002); BeckOK VOB/B/Koenen § 13 Abs. 6 Rn. 26; zur Frage, ob der Minderungsbetrag, der anhand der erforderlichen Mängelbeseitigungskosten geschätzt wurde, die für die Mängelbeseitigung anfallende Umsatzsteuer umfasste: Zustimmend: KG NJW-RR 2010, 65 (66); Kniffka/Jurgeleit/Krause-Allenstein BauVertrR § 638 Rn. 19; aA Beck VOB/B/Ganten § 13 Abs. 6 Rn. 56a; Kapellmann/ Messerschmidt/Langen § 13 Rn. 404 unter Bezugnahme auf BGH NJW 2010, 3085 Rn. 9 ff., der den Ersatz der Umsatzsteuer bei einem Schadensersatzanspruch statt der Leistung in Bezug auf die voraussichtlichen Mängelbeseitigungskosten ablehnt.

[1114] OLG Düsseldorf NJW-RR 1997, 1450 (1451); OLG Hamm NJW-RR 1989, 602 (603); OLG Düsseldorf BeckRS 2018, 55025; Werner/Pastor BauProz/Manteufel Rn. 2194; Messerschmidt/Voit/Moufang/Koos § 638 Rn. 25.

[1115] BGH NJW 2013, 525 Rn. 17 ff.; Messerschmidt/Voit/Moufang/Koos § 638 Rn. 25.

[1116] BGH NJW 1972, 821 (822); Werner/Pastor BauProz/Manteufel Rn. 2194; Kapellmann/Messerschmidt/Langen § 13 Rn. 404.

[1117] BGH NJW 2018, 1463; BGH NJW-RR 2018, 1038; BGH NJW 2021, 53; Kapellmann/Messerschmidt/Langen § 13 Rn. 404.

[1118] BGH NJW 2018, 1463 Rn. 42; BGH NJW 2021, 53; kritisch Kapellmann/Messerschmidt/Langen § 13 Rn. 404, wonach die erforderlichen Mangelbeseitigungskosten jedenfalls für Abs. 6 Alt. 1 nach wie vor einen berücksichtigungsfähigen Faktor darstellen.

§ 13

399 Eine Schätzung des Minderwerts anhand der erforderlichen Mängelbeseitigungskosten war bislang ohnehin bereits ausgeschlossen, wenn die Mängelbeseitigung unmöglich oder unverhältnismäßig war.[1119] Denn zum einen konnten bei der Unmöglichkeit der Mängelbeseitigung keine erforderlichen Kosten einer solchen beziffert werden und zum anderen war es mit dem Sinn und Zweck der Regelung nicht vereinbar, wenn man dem Auftragnehmer zunächst das Recht gewährt, die Mängelbeseitigung bei unverhältnismäßig hohem Aufwand zu verweigern, ihm die erforderlichen Kosten dann aber im Rahmen der Minderung von der Vergütung abzieht.[1120]

400 Die Bemessung des mangelbedingten Minderwerts kann nach dem BGH bspw. anhand der Vergütungsanteile erfolgen, die auf die mangelhafte Leistung entfallen.[1121] Sofern sich die Vergütungsanteile nicht aus dem Vertrag ergeben, können diese geschätzt werden.[1122] Hat der Auftragnehmer abweichend zu der vertraglichen Vereinbarung minderwertiges Material verwendet, ist die Vergütung um den Anteil zu mindern, der der Differenz zwischen der erbrachten und der geschuldeten Ausführung entspricht.[1123] Der Minderwert bei einer Unterschreitung der vereinbarten Wohnfläche kann anhand des Verhältnisses von Wohnfläche zu Vergütung/Quadratmeter berechnet werden.[1124] Zusätzlich kann ein technischer Minderwert geltend gemacht werden.[1125] Maßstab für die Berechnung des Minderwerts ist die Beeinträchtigung der Nutzbarkeit und damit des Ertrags- und Veräußerungswerts des Gebäudes.[1126] Bei einer Gewerbeimmobilie sind nicht nur die konkrete Nutzung, sondern alle Nutzungsmöglichkeiten zu berücksichtigen, die bei einem vertragsgemäßen Zustand des Gebäudes in Betracht kämen.[1127] Kann der Minderwert nicht auf andere Weise bestimmt werden, ist er gem. § 638 Abs. 3 S. 2 BGB zu schätzen.

401 Der Minderungsbetrag wegen Schönheitsfehlern bzw. **optischen Mängeln** ergibt sich daraus, dass zunächst bestimmt wird, wie hoch der Funktions- und der Geltungswert des Werklohns sind. In einem zweiten Schritt ist zu bemessen, inwieweit der Geltungswert durch den Schönheitsfehler beeinträchtigt ist.[1128] So wurden bei Schönheitsfehlern an einer Schieferfassade der Funktionswert mit 60 % und der Geltungswert mit 40 % der vereinbarten Vergütung bemessen. Der Minderungsbetrag der optischen Mängel wurde mit 50 % bewertet. Der Minderbetrag beträgt in diesem Fall 20 % der vereinbarten Vergütung.[1129]

[1119] BGH NJW 2003, 1188 (1189); Kapellmann/Messerschmidt/Langen § 13 Rn. 405; Messerschmidt/Voit/Moufang/Koos § 638 Rn. 23.

[1120] OLG Düsseldorf BeckRS 2015, 6719 = NZBau 2015, 485; Kapellmann/Messerschmidt/Langen § 13 Rn. 405.

[1121] BGH NJW 2018, 1463 Rn. 42; Messerschmidt/Voit/Moufang/Koos § 638 Rn. 24; BeckOGK/Rast § 638 Rn. 75.

[1122] BGH NJW 2018, 1463 Rn. 42; BeckOGK/Rast § 638 Rn. 75.

[1123] BGH NJW 2003, 1188 (1189); Messerschmidt/Voit/Moufang/Koos § 638 Rn. 24.

[1124] OLG Koblenz NJOZ 2006, 648 (650); OLG Hamm NJW-RR 2002, 415 (416); Beck VOB/B/Ganten § 13 Abs. 6 Rn. 59b.

[1125] BGH NJW 2003, 1188 (1189), OLG Düsseldorf BeckRS 2018, 55025; kritisch Kapellmann/Messerschmidt/Langen § 13 Rn. 405.

[1126] BGH NJW 2003, 1188 (1189); Heiermann/Riedl/Rusam/Mansfeld § 13 Rn. 161; Messerschmidt/Voit/Moufang/Koos § 638 Rn. 25.

[1127] BGH NJW 2003, 1188 (1189); Heiermann/Riedl/Rusam/Mansfeld § 13 Rn. 161; Messerschmidt/Voit/Moufang/Koos § 638 Rn. 25.

[1128] Kapellmann/Messerschmidt/Langen § 13 Rn. 406.

[1129] OLG Düsseldorf NJW-RR 1994, 342 (343); Kapellmann/Messerschmidt/Langen § 13 Rn. 406.

Mängelansprüche **§ 13**

Besteht eine **Kostenbeteiligungspflicht** des Auftraggebers aufgrund von Mit- 402
ursächlichkeit, „Sowieso-Kosten" oder Vorteilsausgleichung (→ Rn. 302 ff.), so
sind diese auch bei der Minderung zu berücksichtigen.[1130]

Ob der Hauptunternehmer in der **werkvertraglichen Leistungskette** auch 403
dann berechtigt ist, die Vergütung seines Nachunternehmers zu mindern, wenn
feststeht, dass der Bauherr das Werk billigt und den Hauptunternehmer wegen
Mängeln nicht mehr in Anspruch nehmen wird, erscheint zweifelhaft. Ursprünglich hatte der BGH in seiner Entsch. vom 20.12.2010 eine Minderung in dieser
Fallkonstellation generell ausgeschlossen.[1131] In der Literatur wird allerdings darauf
hingewiesen, dass der BGH mit seiner Entsch. vom 1.8.2013 den Ausschluss auf
eine Berechnung der Minderung nach den Mangelbeseitigungskosten beschränkt
habe.[1132] Eine Minderung sei demzufolge zum Ausgleich des gestörten Äquivalenzverhältnisses zwischen Leistung und Gegenleistung im Rechtsverhältnis zwischen Hauptunternehmer und Nachunternehmer rechtlich zulässig; für die
Bemessung der Minderung sei auf den Minderwert der Werkleistung oder die
ersparten Aufwendungen des Nachunternehmers abzustellen.[1133]

V. AGB-Problematik

Ist die VOB/B nicht „als Ganzes" vereinbart, unterliegt auch § 13 Abs. 6 der 404
isolierten Inhaltskontrolle. Bei der Inhaltskontrolle ist danach zu differenzieren,
ob Auftraggeber oder Auftragnehmer Verwender der VOB/B ist. Abs. 6 schränkt
das Minderungsrecht des Auftraggebers ein. Jedenfalls wenn der Auftraggeber
Verwender der AGB ist, hält Abs. 6 der Inhaltskontrolle stand, da eine Inhaltskontrolle zugunsten des Verwenders nicht stattfindet.[1134]

Auch wenn der **Auftragnehmer Verwender** der AGB ist, hält die Einschrän- 405
kung des gesetzlichen Minderungsrechts in § 13 Abs. 6 nach hM einer isolierten
Inhaltskontrolle nach § 307 BGB stand.[1135] Abs. 6 schränkt zwar das Minderungsrecht im Vergleich zur Regelung des BGB ein (→ Rn. 372).[1136] Eine unangemessene Benachteiligung des Auftraggebers liegt nicht vor, da er nicht rechtlos gestellt
wird, sondern lediglich gehalten ist, die Mängel im Wege der Nachbesserung
auszugleichen.[1137] Zudem verbleibt dem Auftraggeber das Minderungsrecht
jedenfalls dann, wenn ihm die Mängelbeseitigung durch den Auftragnehmer unzu-

---

[1130] S. dazu ausf. Messerschmidt/Voit/Moufang/Koos § 638 Rn. 31 ff; BeckOGK/Rast § 638 Rn. 79; Kapellmann/Messerschmidt/Langen § 13 Rn. 407.

[1131] BGH NJW-RR 2011, 377 (378); Kapellmann/Messerschmidt/Langen § 13 Rn. 407; Oberhauser NZBau 2016, 626 (627); Berger BauR 2013, 325 (332).

[1132] Kapellmann/Messerschmidt/Langen § 13 Rn. 407; Manteufel NZBau 2014, 195 (199); Oberhauser NZBau 2016, 626 (627).

[1133] Kapellmann/Messerschmidt/Langen § 13 Rn. 407; Manteufel NZBau 2014, 195 (199); Berger BauR 2013, 325 (334).

[1134] BGH NJW 1987, 837 (838).

[1135] Ingenstau/Korbion/Wirth § 13 Abs. 6 Rn. 9; Kapellmann/Messerschmidt/Langen § 13 Rn. 411; Beck VOB/B/Ganten § 13 Abs. 6 Rn. 82; Deckers NZBau 2008, 627 (631); Weyer NZBau 2003, 521 (525), hier auch weiterführend zu der Frage der Abweichung zum BGB; aA Messerschmidt/Voit/Voit § 13 Rn. 51; Tempel NZBau 2002, 532 (535); wohl auch Kiesel NJW 2002, 2064 (2068).

[1136] Kapellmann/Messerschmidt/Langen § 13 Rn. 379; Ingenstau/Korbion/Wirth § 13 Abs. 6 Rn. 5.

[1137] Kapellmann/Messerschmidt/Langen § 13 Rn. 411.

§ 13

mutbar ist.[1138] Teilweise wird eine unangemessene Benachteiligung damit begründet, dass das Minderungsrecht bei einem Fehlschlagen der Mängelbeseitigung ausgeschlossen ist.[1139] Dies kann nicht überzeugen, da die Unzumutbarkeit der Mängelbeseitigung für den Auftraggeber nach den Umständen im Einzelfall auch vorliegt, wenn der Auftragnehmer mehrere erfolglose Mängelbeseitigungsversuche unternommen hat (→ Rn. 376).

406 Eine Unwirksamkeit des Abs. 6 ergibt sich nicht daraus, dass dieser **konkludent ein Rücktrittsrecht des Auftraggebers ausschließt,** da der Bauvertrag von dem Klauselverbot des § 309 Nr. 8b bb BGB ausdrücklich ausgeschlossen ist.[1140] Aufgrund des nur konkludenten Ausschlusses des Rücktritts, werden teilweise Bedenken hinsichtlich der Transparenz des Abs. 6 geltend gemacht.[1141] Hingegen wäre eine AGB, die Rücktritt und Minderung endgültig und gleichzeitig ausschließt, auch gegenüber dem Auftraggeber unwirksam.[1142]

VI. Prozessuales

407 Mindert der Auftraggeber die Vergütung und macht der Auftragnehmer seinen Werklohnanspruch nur teilweise klageweise geltend, so ist die **Teilklage** nur insoweit begründet, als die Werklohnforderung in Höhe der Klagesumme nach Abzug des Minderungsbetrages noch besteht.[1143] Der Auftraggeber kann nicht verlangen, dass sich die Minderung gerade auf den eingeklagten Teil der Werklohnforderung bezieht, da sich diese, anders als eine Aufrechnung, immer auf die gesamte Werklohnforderung bezieht.[1144] Im Gegensatz zur Minderung bezieht sich eine Aufrechnung auf den konkret geltend gemachten Anspruch. Rechnet der beklagte Auftraggeber im Teilwerklohnprozess mit einer Gegenforderung auf, bezieht sich die Aufrechnung auf die Klagesumme und nicht auch auf den nicht geltend gemachten Teil der Vergütungsforderung. Die Minderung bezieht sich auch dann nicht auf den eingeklagten Teil der Werklohnforderung, wenn der Auftraggeber dem nicht eingeklagten Teil die Einrede der Verjährung entgegenhalten kann.[1145]

408 **Tritt** der Auftragnehmer seine Werklohnforderung teilweise **ab,** haben die abgetretene und die beim Auftragnehmer verbleibende Werklohnforderung grundsätzlich den gleichen Rang, sofern die Parteien des Abtretungsvertrags nicht eine abweichende Regelung getroffen haben.[1146] Wird der Auftraggeber daraufhin von einem Teilgläubiger in Anspruch genommen, kann er diesem nicht den gan-

---

[1138] Beck VOB/B/Ganten § 13 Abs. 6 Rn. 82; Kapellmann/Messerschmidt/Langen § 13 Rn. 411.

[1139] Tempel NZBau 2002, 532 (535).

[1140] Kapellmann/Messerschmidt/Langen § 13 Rn. 411; Messerschmidt/Voit/Voit § 13 Rn. 38; Anders hingegen bei Bauträgerverträgen: BGH NJW 2002, 511.

[1141] Tempel NZBau 2002, 532 (535); Kiesel NJW 2002, 2064 (2068); Messerschmidt/Voit/Voit § 13 Rn. 38; aA Weyer NZBau 2003, 521; 525.

[1142] Werner/Pastor BauProz/Manteufel Rn. 2693; Beck VOB/B/Ganten § 13 Abs. 6 Rn. 82; Kapellmann/Messerschmidt/Langen § 13 Rn. 411; so zur Rechtslage nach BGB: BGH NJW 1991, 2630; 1985, 623; 1994, 1004.

[1143] BGH NJW 1971, 1800 (1801); Kapellmann/Messerschmidt/Langen § 13 Rn. 400; Ingenstau/Korbion/Wirth § 13 Abs. 6 Rn. 85.

[1144] BGH NJW 1971, 1800 (1801); Ingenstau/Korbion/Wirth § 13 Abs. 6 Rn. 85.

[1145] BGH NJW 1971, 1800 (1801); Kapellmann/Messerschmidt/Langen § 13 Rn. 400.

[1146] Kapellmann/Messerschmidt/Langen § 13 Rn. 401; Ingenstau/Korbion/Wirth § 13 Abs. 6 Rn. 86.

zen Minderungsbetrag entgegenhalten, sondern nur im entsprechenden Verhältnis zur Teilforderung mindern.[1147]

Hat der Auftraggeber die volle Vergütung gezahlt und klagt er auf **Rückzahlung des Minderungsbetrags,** kann die Stellung eines unbezifferten Klageantrags zulässig sein, wenn der Auftraggeber die Größenordnung des Minderungsbetrags und die Schätzungsgrundlage angibt.[1148] Eine negative Feststellungsklage kommt in Betracht, wenn der Auftragnehmer, nachdem der Auftraggeber die Vergütung gezahlt hat, festgestellt haben will, dass eine (weitere) Minderung seiner Vergütung nicht rechtmäßig ist.[1149] 409

H. Schadensersatz (§ 13 Abs. 7)

I. Allgemeines

Abs. 7 regelt den Schadensersatzanspruch des Auftraggebers gegen den Auftragnehmer wegen **Schäden aufgrund von Mängeln.** Ansprüche auf Schadensersatz, die nicht mangelbedingt sind, sind nach den jeweiligen Spezialregelungen (zB § 6 Abs. 6) oder den allgemeinen Bestimmungen der §§ 280 ff. BGB zu beurteilen. Abs. 7 will die Schadensersatzpflicht des Auftragnehmers grundsätzlich auf wesentliche Mängel, die die Gebrauchsfähigkeit des Werkes erheblich beeinträchtigen, beschränken. Die Voraussetzungen der Schadensersatzansprüche des Nr. 3 sind somit **enger** als die entsprechende Regelung des § 634 Nr. 4 BGB. Aus AGB-rechtlichen Gründen, insbes. § 309 Nr. 7 BGB (→ Rn. 476), wurde von diesem Grundsatz in den Schadensersatzansprüchen nach Nr. 1 und Nr. 2 für Schäden an Leben, Körper und Gesundheit sowie bei Vorsatz oder grober Fahrlässigkeit des Auftragnehmers eine Ausnahme gemacht. 410

Der beschränkte Schadensersatzanspruch der Nr. 3 S. 1 erfasst lediglich Schäden „an der baulichen Anlage", während der Auftraggeber nur unter den zusätzlichen Voraussetzungen der Nr. 3 S. 2 einen darüber hinausgehenden Schaden ersetzt verlangen kann. In der Praxis liegen hingegen regelmäßig die Voraussetzungen des Nr. 3 S. 2 vor, sodass abweichend von der Systematik des Abs. 7 der Ersatz des gesamten Schadens die Regel und die Beschränkung des Schadensersatzes auf Schäden an der baulichen Anlage die **Ausnahme** ist.[1150] 411

Abs. 7 wurde mit der VOB/B 2002 wesentlich geändert und neu gestaltet. Die Regelungen der bisherigen Nr. 1 und Nr. 2 finden sich neu formuliert in Nr. 3 wieder. Die wesentlichen Änderungen sind nunmehr in Nr. 1 und Nr. 2 vorangestellt. Die früheren Nr. 3 und Nr. 4 sind jetzt in Nr. 4 und Nr. 5 inhaltsgleich geregelt. Die im alten Schuldrecht bedeutendste Abweichung zwischen BGB und VOB/B, dass Schadensersatzansprüche wegen entfernter Mangelfolgeschäden von Nr. 3 S. 2 erfasst sind, während diese im BGB als Ansprüche aus positiver Vertragsverletzung angesehen wurden, die der 30-jährigen Verjährungsfrist unterlagen, ist 412

[1147] BGH NJW 1967, 388 (389); Kapellmann/Messerschmidt/Langen § 13 Rn. 401.

[1148] Mit Bsp. eines zulässigen Antrags: Beck VOB/B/Ganten § 13 Abs. 6 Rn. 15; Zöller/Greger ZPO § 253 Rn. 14, 14a.

[1149] Beck VOB/B/Ganten § 13 Abs. 6 Rn. 15.

[1150] Tempel NZBau 2002, 532 (537); Weyer BauR 2003, 613 (621); Kapellmann/Messerschmidt/Langen § 13 Rn. 481 (mit dem Appell an den DVA, die Unterscheidung zwischen kleinen und großen Schadensersatzanspruch in Abs. 7 Nr. 3 S. 1 und S. 2 aufzugeben); Ingenstau/Korbion/Wirth § 13 Abs. 7 Rn. 81; Messerschmidt/Voit/Voit § 13 Rn. 42.

§ 13

entfallen.[1151] Auch die entfernten Mangelfolgeschäden sind von §§ 634 Nr. 4, 280 ff. BGB erfasst.[1152]

413 Grundsätzlich trägt der Auftraggeber als Anspruchsteller die **Darlegungs- und Beweislast** für den Mangel, die Verursachung des Mangels durch den Auftragnehmer, den Schaden und gegebenenfalls das Vorliegen der besonderen Voraussetzungen des Nr. 3 S. 2.[1153] Macht der Auftraggeber den Schadensersatzanspruch neben einer Mängelbeseitigung oder einer Minderung geltend, muss er ggf. darlegen und beweisen, dass der Schaden nicht bereits durch die Mängelbeseitigung oder die Minderung ausgeglichen ist. Der Auftragnehmer trägt hingegen entsprechend § 280 Abs. 1 S. 2 BGB die Darlegungs- und Beweislast, dass ihn kein Verschulden trifft.[1154] Wendet der Auftragnehmer gegen die Höhe des Schadensersatzanspruchs des Auftraggebers ein, der Schaden hätte günstiger beseitigt werden können, ist er für diese Tatsache beweispflichtig.[1155]

414 Nimmt der Auftraggeber **mehrere Auftragnehmer** für einen Schaden in Anspruch, so muss der Auftraggeber jedem eine mangelhafte Leistung nachweisen.[1156] Steht fest, dass mehrere Auftragnehmer mangelhaft geleistet haben, kann aber nicht mehr aufgeklärt werden, wessen mangelhafte Leistung für einen konkreten Schaden ursächlich ist, so haftet jeder Auftragnehmer **analog § 830 Abs. 1 S. 2 BGB**.[1157] Zu Lasten des Auftraggebers ist hingegen zu entscheiden, wenn der Auftraggeber nach Abnahme nicht beweisen kann, welcher Auftragnehmer mangelhaft geleistet hat.[1158]

II. Schadensersatzanspruch gem. Abs. 7 Nr. 1

415 **1. Voraussetzungen.** Der Auftragnehmer haftet gemäß Abs. 7 Nr. 1 bei schuldhaft verursachten Mängeln für Schäden aus der Verletzung des Lebens, des Körpers oder der Gesundheit. Der Tatbestand des Abs. 7 Nr. 1 trägt dem Klauselverbot des § 309 Nr. 7a BGB Rechnung.

416 Der Schadensersatzanspruch gem. Abs. 7 Nr. 1 setzt zunächst das Vorhandensein eines **Mangels** nach Abs. 1 voraus. Nicht erforderlich ist hingegen, dass der Mangel wesentlich oder die Gebrauchsfähigkeit erheblich beeinträchtigt ist.[1159]

[1151] BT-Drs. 14/6040, 263; Weyer Jahrbuch BauR 2003, 207 (232 f.); Kapellmann/Messerschmidt/Langen § 13 Rn. 15; Ingenstau/Korbion/Wirth § 13 Abs. 7 Rn. 7.

[1152] Ingenstau/Korbion/Wirth § 13 Abs. 7 Rn. 81; MüKoBGB/Busche § 634 Rn. 37; Kleine-Möller/Merl/Glöckner PrivBauR-HdB/Merl/Hummel § 15 Rn. 529.

[1153] Kapellmann/Messerschmidt/Langen § 13 Rn. 491; Ingenstau/Korbion/Wirth § 13 Abs. 7 Rn. 13; BeckOK VOB/B/Koenen § 13 Abs. 7 Rn. 126.

[1154] BGH BeckRS 1982, 31075059 = BauR 82, 514; OLG Brandenburg BeckRS 2009, 11313 = IBR 2009, 1388; OLG Bamberg IBRRS 2009, 1215; OLG Stuttgart NJW-RR 2007, 1617 (1618); BeckOK VOB/B/Koenen § 13 Abs. 7 Rn. 130.

[1155] Ingenstau/Korbion/Wirth § 13 Abs. 7 Rn. 38; Beck VOB/B/Zahn § 13 Abs. 7 Rn. 163.

[1156] OLG Düsseldorf BeckRS 2016, 116662 = BauR 2017, 1050; Ingenstau/Korbion/Wirth § 13 Abs. 7 Rn. 121; zur gesamtschuldnerischen Haftung mehrerer Auftragnehmer s. erg.: Messerschmidt/Voit/Moufang/Koos J Rn. 46 ff.

[1157] OLG Hamm NZBau 2009, 315 (316 f.); OLG Düsseldorf BeckRS 2016, 116662 = IBR 2017, 248; Ingenstau/Korbion/Wirth § 13 Abs. 7 Rn. 14.

[1158] OLG Hamburg BeckRS 2001, 30154070 = BauR 2001, 1749; Ingenstau/Korbion/Wirth § 13 Abs. 7 Rn. 14.

[1159] Beck VOB/B/Zahn § 13 Abs. 7 Rn. 56; BeckOK VOB/B/Koenen § 13 Abs. 7 Rn. 29; Messerschmidt/Voit/Voit § 13 Rn. 40.

Mängelansprüche **§ 13**

Des Weiteren muss eine Verletzung der Rechtsgüter Leben, Körper oder Gesundheit vorliegen. Die Begriffe der Verletzung des **Lebens, des Körpers und der Gesundheit** sind im Sinne des Tatbestandes des § 823 Abs. 1 BGB zu verstehen.[1160]

Der Mangel muss im Sinne der haftungsbegründenden Kausalität für die 417 Rechtsgutverletzung ursächlich und vom Auftragnehmer verschuldet sein. Ausreichend ist gem. § 10 Abs. 1 iVm § 276 Abs. 1 BGB jedes **Verschulden,** somit auch leichte Fahrlässigkeit. Zum Verschulden → Rn. 432 ff.

Dem Auftragnehmer ist ein Verschulden seines **Erfüllungsgehilfen** gem. § 10 418 Abs. 1 iVm § 278 BGB zuzurechnen. Eine ausdrückliche Erwähnung der Haftung für das Verschulden des Erfüllungsgehilfen entsprechend dem § 309 Nr. 7a BGB ist nicht notwendig, da sich dies direkt aus dem Verweis von § 10 Abs. 1 auf § 278 BGB ergibt.[1161] Zur Zurechnung von Verschulden des Erfüllungsgehilfen → Rn. 434.

2. Ersatzfähiger Schaden. Erfasst werden von Abs. 7 Nr. 1 alle Schäden, die 419 durch die Rechtsgutverletzung verursacht wurden **(haftungsausfüllende Kausalität),** somit alle Schäden an Leben, Körper und Gesundheit. Grundsätzlich sind hierzu nur Schäden des Auftraggebers zu zählen. Erfasst sind allerdings auch solche Schäden, die dem Auftraggeber durch die Inanspruchnahme eines Dritten entstehen, der mangelbedingte Schäden an Leben, Körper und Gesundheit erlitten hat.[1162] Darüber hinaus ist eine Haftung für Schäden Dritter nach den Grundsätzen des Vertrags mit Schutzwirkung zu Gunsten Dritter bzw. der Drittschadensliquidation möglich.[1163] Die Art und der Umfang des als Rechtsfolge vorgesehenen Schadensersatzes richten sich nach den §§ 249 ff. BGB. In Betracht kommen insbes. Heilungskosten, Verdienstausfallkosten sowie Ersatz von immateriellen Schäden.[1164]

III. Schadensersatzanspruch gem. Abs. 7 Nr. 2

1. Voraussetzungen. Gem. Nr. 2 haftet der Auftragnehmer für alle mangelbe- 420 dingten Schäden, die er vorsätzlich oder grob fahrlässig verursacht hat. Der Schadensersatzanspruch des Nr. 2 trägt dem Klauselverbot des § 309 Nr. 7b BGB Rechnung.

Wie auch der Schadensersatzanspruch gem. Nr. 1 (→ Rn. 415 ff.) setzt der 421 Schadensersatzanspruch gem. Nr. 2 einen Mangel voraus, der dem Auftragnehmer zugerechnet werden kann. Abweichend von Nr. 1 ist die Haftung nicht auf bestimmte Rechtsgutverletzungen beschränkt und setzt vorsätzliches oder grob fahrlässiges Verhalten des Auftragnehmers voraus. Das **Verschulden** des Auftrag-

---

[1160] Kapellmann/Messerschmidt/Langen § 13 Rn. 417; Beck VOB/B/Zahn § 13 Abs. 7 Rn. 59; Grüneberg/Grüneberg BGB § 309 Rn. 43; BeckOK VOB/B/Koenen § 13 Abs. 7 Rn. 29.
[1161] Ingenstau/Korbion/Wirth § 13 Abs. 7 Rn. 69; Beck VOB/B/Zahn § 13 Abs. 7 Rn. 56; BeckOK VOB/B/Koenen § 13 Abs. 7 Rn. 30; Messerschmidt/Voit/Voit § 13 Rn. 40.
[1162] Beck VOB/B/Zahn § 13 Abs. 7 Rn. 67; BeckOK VOB/B/Koenen § 13 Abs. 7 Rn. 31; Kapellmann/Messerschmidt/Langen § 13 Rn. 418.
[1163] Beck VOB/B/Zahn § 13 Abs. 7 Rn. 67; Kleine-Möller/Merl/Glöckner PrivBauR-HdB/Merl/Hummel § 15 Rn. 921.
[1164] Beck VOB/B/Zahn § 13 Abs. 7 Rn. 67, 69 BeckOK VOB/B/Koenen § 13 Abs. 7 Rn. 31.

nehmers muss sich lediglich auf den Mangel und nicht auch auf den Schaden beziehen.[1165] Grobe Fahrlässigkeit ist anzunehmen, wenn die im Verkehr erforderliche Sorgfalt in ungewöhnlich hohem Maße dadurch verletzt wurde, dass ganz naheliegende Überlegungen nicht angestellt oder beiseite geschoben wurden und dasjenige unbeachtet geblieben ist, was sich im gegebenen Fall jedem aufgedrängt hätte.[1166] Dies setzt voraus, dass die Pflichtverletzung objektiv schwer und subjektiv unentschuldbar ist und das gewöhnliche Maß an Fahrlässigkeit nach § 276 BGB erheblich übersteigt.[1167] Die Frage, ob ein Verhalten des Auftragnehmers grob fahrlässig ist, ist nach den Umständen des Einzelfalls zu bewerten.[1168] Ein solcher Sorgfaltsverstoß liegt bspw. vor, wenn eine im Rahmen von Baustellengesprächen vor Baubeginn durch den Auftraggeber geforderte zusätzliche Dämmung der Bodenplatte unterlassen wurde[1169] oder im Rahmen der Dichtigkeitsprüfung von Rohren grundlegende handwerkliche Fehler begangen werden.[1170] Das vorsätzliche oder grob fahrlässige Verhalten des Auftragnehmers kann sich auch auf die Prüf- und Hinweispflicht einer mangelhaften Vorleistung gem. § 4 Abs. 3 beziehen.[1171] Vorsätzliches und grob fahrlässiges Verhalten des Erfüllungsgehilfen wird dem Auftragnehmer nach § 10 Abs. 1 VOB/B iVm § 278 BGB zugerechnet.

422   2. **Ersatzfähiger Schaden.** Die Art und der Umfang des Schadensersatzes bestimmen sich nach den §§ 249 ff. BGB. Geschuldet ist primär die Herstellung des schadensfreien Werks bzw. gem. § 249 Abs. 2 BGB der zur Herstellung erforderliche Geldbetrag.[1172] Deckt sich der Schadensersatzanspruch mit dem Mängelbeseitigungsanspruch, ist der Schadensersatzanspruch insoweit nur auf Geld gerichtet, wenn die Mängelbeseitigung ausgeschlossen ist. Dazu auch → Rn. 440. Der Schadensersatzanspruch erfasst sowohl den entgangenen Gewinn gem. § 252 BGB als auch einen etwaigen immateriellen Schaden gem. § 253 Abs. 2 BGB.

IV. Schadensersatzanspruch gem. Abs. 7 Nr. 3 S. 1

423   Der Auftragnehmer hat dem Auftraggeber gem. Nr. 3 S. 1 bei verschuldeten wesentlichen Mängeln, die die Gebrauchsfähigkeit erheblich beeinträchtigen, den Schaden an der baulichen Anlage zu ersetzen. Einen Vorschuss kann der Auftraggeber auf Basis eines Schadensersatzanspruchs nicht verlangen. Für einen Kostenvorschuss steht ihm der Anspruch aus Abs. 5 Nr. 2 zur Verfügung, wenn er den

---

[1165] Ingenstau/Korbion/Wirth § 13 Abs. 7 Rn. 73; BeckOK VOB/B/Koenen § 13 Abs. 7 Rn. 35.
[1166] BGH NJW 1992, 316 (317); BeckOK VOB/B/Koenen § 13 Abs. 7 Rn. 36; Kapellmann/Messerschmidt/Langen § 13 Rn. 419; Messerschmidt/Voit/Voit § 13 Rn. 40; Beck VOB/B/Zahn § 13 Abs. 7 Rn. 76.
[1167] BGH NJW 1988, 1265 (1266); BGH NJW 1992, 316 (317); BGH BeckRS 2018, 28831 Rn. 14 = WM 2018, 2271; BeckOGK/Schaub § 276 Rn. 93; Heiermann/Riedl/Rusam/Mansfeld § 13 Rn. 181.
[1168] BeckOGK/Schaub § 276 Rn. 95; Ingenstau/Korbion/Wirth § 13 Abs. 7 Rn. 75 f. mit weiteren Bsp.
[1169] OLG Düsseldorf NJW-RR 2012, 855 (856).
[1170] OLG Celle BeckRS 2011, 29012 = BauR 2012, 517; OLG Zweibrücken BeckRS 1999, 30897474 = IBR 2001, 181; Beck VOB/B/Zahn § 13 Abs. 7 Rn. 76; Ingenstau/Korbion/Wirth § 13 Abs. 7 Rn. 75.
[1171] Beck VOB/B/Zahn § 13 Abs. 7 Rn. 75.
[1172] Beck VOB/B/Zahn § 13 Abs. 7 Rn. 77; Kapellmann/Messerschmidt/Langen § 13 Rn. 438.

Mängelansprüche **§ 13**

Mangel beseitigen lassen will. Den Kostenvorschussanspruch kann der Auftraggeber nach dem BGH selbst dann noch verlangen, wenn er bereits Schadensersatz statt der Leistung in Form des kleinen Schadensersatzes verlangt hat.[1173]

Der Ersatzanspruch nach Nr. 3 S. 1 wird in der Literatur abweichend von der **424** Begrifflichkeit des BGB und daher irreführend[1174] als **kleiner Schadensersatz** bezeichnet, da nur die Schäden an der baulichen Anlage selbst zu ersetzen sind.[1175] Demgegenüber sind darüber hinausgehende sog. entfernte Mangelfolgeschäden nur im Rahmen des **großen Schadensersatzanspruchs** unter den zusätzlichen Voraussetzungen des Nr. 3 S. 2 ersatzfähig.

1. Voraussetzungen. a) Wesentlicher Mangel. Der Schadensersatzanspruch **425** des Nr. 3 S. 1 setzt voraus, dass ein **wesentlicher Mangel** vorliegt. Für die Anforderungen an das Vorliegen eines Mangels → Rn. 22 ff. Ob ein Mangel wesentlich ist, ist nach Art, Umfang und insbes. auch nach seiner Auswirkung für das Werk nach den Umständen des Einzelfalls zu bestimmen.[1176] Sinn und Zweck des Wesentlichkeitskriteriums ist, die Schadensersatzpflicht für geringfügige Mängel auszuschließen.[1177] Die Wesentlichkeit des Mangels hat eine objektive und eine subjektive Komponente. Ein Mangel ist nach **objektiven Kriterien** wesentlich, wenn die allgemeine Verkehrsauffassung den Mangel bei Zugrundelegung des Vertragszwecks als gewichtig ansieht.[1178] Die **subjektive Komponente** der Wesentlichkeit, die nach Treu und Glauben nur zu berücksichtigen ist, wenn sie dem Auftragnehmer bekannt war oder hätte bekannt sein können, berücksichtigt das spezielle Interesse des Auftraggebers an der vertragsgerechten Leistung.[1179] Ein wesentlicher Mangel liegt idR vor, wenn die anerkannten Regeln der Technik nicht eingehalten wurden.[1180] Ob grundsätzlich jede Abweichung von einer vereinbarten Beschaffenheit, wie im alten Schuldrecht bei Fehlen einer zugesicherten Eigenschaft,[1181] einen wesentlichen Mangel darstellt, ist umstritten.[1182] Eine **Abweichung von der vereinbarten Beschaffenheit** ist jedenfalls dann ein wesentlicher

---

[1173] BGH NJW 2018, 1463 Rn. 48 ff.; kritisch: Kapellmann/Messerschmidt/Langen § 13 Rn. 469; Voit, NJW 2018, 2166 (2168).

[1174] Messerschmidt/Voit/Voit § 13 Rn. 42; Werner/Pastor BauProz/Manteufel Rn. 2211.

[1175] Ingenstau/Korbion/Wirth § 13 Abs. 7 Rn. 81; Kapellmann/Messerschmidt/Langen § 13 Rn. 423; Beck VOB/B/Zahn § 13 Abs. 7 Rn. 80; für das alte Schuldrecht: BGH NJW-RR 2005, 22 (23).

[1176] Ingenstau/Korbion/Wirth § 13 Abs. 7 Rn. 98; Kapellmann/Messerschmidt/Langen § 13 Rn. 425; Messerschmidt/Voit/Voit § 13 Rn. 41 mit weiteren Bsp.; für die Wesentlichkeit eines Mangels gem. § 12 Abs. 3: BGH NJW 1981, 1448 Rn. 20.

[1177] Kapellmann/Messerschmidt/Langen § 13 Rn. 425; Beck VOB/B/Zahn § 13 Abs. 7 Rn. 82.

[1178] BGH NJW 1981, 1448 Rn. 20; OLG Düsseldorf BeckRS 2008, 26560 = BauR 2009, 1317; OLG Stuttgart BeckRS 2009, 16250 = BauR 2009, 990; OLG Dresden IBRRS 2015, 2091; Ingenstau/Korbion/Wirth § 13 Abs. 7 Rn. 93; Beck VOB/B/Zahn § 13 Abs. 7 Rn. 82.

[1179] OLG Düsseldorf BeckRS 2008, 26560 = BauR 2009, 1317; OLG Stuttgart BeckRS 2009, 16250 = BauR 2009, 990; Ingenstau/Korbion/Wirth § 13 Abs. 7 Rn. 93; Beck VOB/B/Zahn § 13 Abs. 7 Rn. 82.

[1180] OLG Brandenburg BeckRS 2009, 11313 = IBR 2009, 1388; OLG Rostock BeckRS 2020, 43551 Rn. 29 = IBR 2021, 235.

[1181] BGH NJW 1962, 1569; Ingenstau/Korbion/Wirth § 13 Abs. 7 Rn. 95; Beck VOB/B/Zahn § 13 Abs. 7 Rn. 83; BeckOK VOB/B/Koenen § 13 Abs. 7 Rn. 43.

[1182] Zustimmend: Beck VOB/B/Zahn § 13 Abs. 7 Rn. 83; BeckOK VOB/B/Koenen § 13 Abs. 7 Rn. 43; ablehnend: Ingenstau/Korbion/Wirth § 13 Abs. 7 Rn. 95.

Mangel, wenn zu der subjektiven Komponente der Beschaffenheitsvereinbarung der Mangel auch objektiv als nicht nur unerheblich einzustufen ist. Auch eine Vielzahl von Mängeln kann in ihrer Gesamtheit einen wesentlichen Mangel eines Werkes darstellen, ohne dass jeder Mangel für sich als wesentlich anzusehen ist.[1183]

426 Die Wesentlichkeit des Mangels wird idR bejaht bei einer **Abweichung vom vereinbarten Material**, zB wenn eine andere als die vertraglich vereinbarte Holzart verbaut wird[1184] oder wenn anstatt der vertraglich vereinbarten Kupferrohre Rohre aus einem anderen Material verwendet werden.[1185] Etwas anderes gilt nur, wenn in Anbetracht des Leistungsziels und hinsichtlich des berechtigten Interesses des Auftraggebers zu der vereinbarten Ausführung nur unwesentliche Unterschiede auftreten.[1186] Ebenfalls wesentlich können optische Mängel sein, zB bei einer massiven Verunreinigung der Fassade durch den Einbau von Steinen, die mit einer Zementschlemme überzogen sind.[1187]

427 b) **Gebrauchsfähigkeit erheblich beeinträchtigt.** Nr. 3 S. 1 setzt des Weiteren voraus, dass die **Gebrauchsfähigkeit des Werks erheblich beeinträchtigt** ist. In der Kommentarliteratur wird die erhebliche Beeinträchtigung der Gebrauchsfähigkeit in Anlehnung an den früheren Mangelbegriff des Abs. 1 beurteilt. Danach ist die Gebrauchsfähigkeit dann erheblich beeinträchtigt, wenn der Wert oder die Tauglichkeit zu dem gewöhnlichen oder dem nach dem Vertrag vorausgesetzten Gebrauch aufgehoben oder erheblich gemindert ist.[1188] Die Beeinträchtigung der Gebrauchsfähigkeit ist eigenständig und losgelöst von dem eigentlichen Mangelbegriff zu ermitteln.[1189] Die rechtlichen Anforderungen an das Vorliegen einer erheblichen Gebrauchsbeeinträchtigung sind nicht hoch.[1190]

428 Die Gebrauchsfähigkeit des Werks ist beeinträchtigt, wenn sich der wesentliche Mangel auf die **Funktionsfähigkeit, die Lebensdauer oder die Gebrauchssicherheit der Leistung** auswirkt.[1191] Der nach dem Vertrag vorausgesetzte Gebrauch ist auch dann beeinträchtigt, wenn die mangelhafte Ausführung das Risiko begründet, dass das Werk im Vergleich zu dem vertraglich geschuldeten Werk eine **geringere Haltbarkeit und Nutzungsdauer hat und dass erhöhte Betriebs- oder Instandsetzungskosten** erforderlich werden.[1192] Unter

---

[1183] Für die Wesentlichkeit eines Mangels im Rahmen des § 12 Abs. 3: OLG Stuttgart BeckRS 1999, 30891698 = IBR 2001, 167; Ingenstau/Korbion/Wirth § 13 Abs. 7 Rn. 101; Revision nicht angenommen: BGH IBR 2001, 167.

[1184] BGH NJW 1962, 1569; Beck VOB/B/Zahn § 13 Abs. 7 Rn. 84; Kapellmann/Messerschmidt/Langen § 13 Rn. 425; Ingenstau/Korbion/Wirth § 13 Abs. 7 Rn. 97.

[1185] OLG Düsseldorf NJOZ 2007, 812 (814).

[1186] OLG Düsseldorf NJOZ 2007, 812 (814); Beck VOB/B/Zahn § 13 Abs. 7 Rn. 84.

[1187] OLG Köln BeckRS 2002, 30236335 = MDR 2002, 877; Ingenstau/Korbion/Wirth § 13 Abs. 7 Rn. 98.

[1188] Kapellmann/Messerschmidt/Langen § 13 Rn. 426; Beck VOB/B/Zahn § 13 Abs. 7 Rn. 85; Ingenstau/Korbion/Wirth § 13 Abs. 7 Rn. 101; BeckOK VOB/B/Koenen § 13 Abs. 7 Rn. 45; vgl. zur früheren Mangeldefinition: BGH NJW 1971, 615.

[1189] Kapellmann/Messerschmidt/Langen § 13 Rn. 426.

[1190] Bolz/Jurgeleit/Jurgeleit VOB/B § 13 Rn. 402.

[1191] Bolz/Jurgeleit/Jurgeleit VOB/B § 13 Rn. 401; Heiermann/Riedl/Rusam/Mansfeld § 13 Rn. 185.

[1192] BGH, NZBau 2003, 214 (betreffend die Errichtung einer Betondecke für ein Parkhaus, die in Beton der Güteklasse B 25 statt in der vereinbarten Güteklasse B 35 ausgeführt wurde); Bolz/Jurgeleit/Jurgeleit VOB/B § 13 Rn. 401; Heiermann/Riedl/Rusam/Mansfeld § 13 Rn. 185.

Mängelansprüche **§ 13**

Gebrauchsfähigkeit ist nicht nur die übliche **Nutzung** im engeren Sinne zu verstehen, sondern vielmehr auch die Verkäuflichkeit.[1193] Die Gebrauchsfähigkeit des Werks kann auch durch einen technischen[1194] oder merkantilen Minderwert[1195] eingeschränkt sein, unabhängig von den Verkaufsabsichten des Auftraggebers.[1196] Die Gebrauchsfähigkeit kann auch durch optische Mängel eingeschränkt sein, zB beim Einbau optisch mangelhafter Fenster in ein denkmalgeschütztes Gebäude.[1197]

Ferner muss die Beeinträchtigung der Gebrauchsfähigkeit **erheblich** sein. Dies ist jedenfalls dann der Fall, wenn sich das Werk nicht zur gewöhnlichen Verwendung eignet. Ist die Verwendungsmöglichkeit eingeschränkt, ist die Erheblichkeit der Beeinträchtigung nach den **Umständen des Einzelfalls** zu bestimmen.[1198] In der Literatur ist umstritten, ob die Erheblichkeit der Beeinträchtigung danach zu bestimmen ist, ob die Mängelbeseitigung oder Minderung für den Auftraggeber einen gerechten Ausgleich schafft[1199] oder ob in Anlehnung an § 281 Abs. 1 S. 3 sowie § 323 Abs. 5 S. 2 BGB die Beeinträchtigung wesentlich ist, wenn sie nicht unerheblich ist.[1200] Die Rspr. begründet die Erheblichkeit der Beeinträchtigung nach den Umständen des Einzelfalls, ohne feste Kriterien erkennen zu lassen. So hat das OLG Düsseldorf eine erhebliche Beeinträchtigung der Gebrauchsfähigkeit bei Fehlen einer ausreichenden Dampfsperre, sodass Wasser vom Hallendach auf die dort gelagerten Textilien tropfte, angenommen.[1201] Dagegen können rein optische Mängel oder bloße Schönheitsfehler, die keine wesentlichen Auswirkungen haben, eine nur unerhebliche Gebrauchsbeeinträchtigung darstellen.[1202] **429**

Wenn ein wesentlicher Mangel vorliegt, ist **regelmäßig** auch davon auszugehen, dass die Gebrauchsfähigkeit des Werkes erheblich beeinträchtigt ist. Ein Bsp. aus der Rspr., in dem die Erheblichkeit der Beeinträchtigung der Gebrauchsfähigkeit trotz Vorliegens eines wesentlichen Mangels abgelehnt wurde, ist nicht ersichtlich. **430**

c) Haftungsbegründende Kausalität und Verschulden. Der Auftragnehmer muss den wesentlichen Mangel im Sinne der **haftungsbegründenden Kausalität** verursacht haben. Mitursächlichkeit ist für die Haftung ausreichend.[1203] Hat der Auftraggeber den Mangel mitverursacht, ist der Auftragnehmer nur für den Fall entlastet, dass dieser seine Prüfungs- und Hinweispflicht gem. § 4 Abs. 3 **431**

[1193] BGH NJW 1971, 615; Bolz/Jurgeleit/Jurgeleit VOB/B § 13 Rn. 401.
[1194] BGH NJW-RR 1995, 591 (592); Heiermann/Riedl/Rusam/Mansfeld § 13 Rn. 185; Kapellmann/Messerschmidt/Langen § 13 Rn. 426; Messerschmidt/Voit/Voit § 13 Rn. 43.
[1195] BGH NJW 1971, 615; Heiermann/Riedl/Rusam/Mansfeld § 13 Rn. 185; Kapellmann/Messerschmidt/Langen § 13 Rn. 426; Messerschmidt/Voit/Voit § 13 Rn. 43.
[1196] Kapellmann/Messerschmidt/Langen § 13 Rn. 426; Bolz/Jurgeleit/Jurgeleit VOB/B § 13 Rn. 401.
[1197] OLG Dresden IBR 2000, 497, NZB zurückgewiesen: BGH 16.3.2000 – VII ZR 120/99; Beck VOB/B/Zahn § 13 Abs. 7 Rn. 86.
[1198] Ingenstau/Korbion/Wirth § 13 Abs. 7 Rn. 101; Heiermann/Riedl/Rusam/Mansfeld § 13 Rn. 186.
[1199] Ingenstau/Korbion/Wirth § 13 Abs. 7 Rn. 101; Beck VOB/B/Zahn § 13 Abs. 7 Rn. 87.
[1200] Kapellmann/Messerschmidt/Langen § 13 Rn. 427.
[1201] OLG Düsseldorf NJW-RR 1997, 976 (977); Ingenstau/Korbion/Wirth § 13 Abs. 7 Rn. 105.
[1202] Bolz/Jurgeleit/Jurgeleit VOB/B § 13 Rn. 402.
[1203] BGH NZBau 2013, 492 Rn. 31 ff.; Beck VOB/B/Zahn § 13 Abs. 7 Rn. 90 ff.

§ 13

erfüllt hat. Andernfalls ist der Schadensersatzanspruch um den Mitverursachungsbeitrag des Auftraggebers gem. § 254 BGB zu kürzen.[1204]

432 Der Schadensersatzanspruch des Nr. 3 S. 1 setzt ferner ein **Verschulden** des Auftragnehmers voraus. Da der Auftragnehmer bei Vorsatz und grober Fahrlässigkeit unbeschränkt nach Nr. 2 haftet, ist der Schadensersatzanspruch des Nr. 3 S. 1 lediglich für einfache und leichte Fahrlässigkeit des Auftragnehmers relevant.

433 Das Verschulden des Auftragnehmers ist an den für die Ausführung der Werkleistung erforderlichen **Fachkenntnissen** zu messen, auch wenn der Auftragnehmer selbst kein Spezialist ist.[1205] Der Auftragnehmer ist verpflichtet, sich über die ihn betreffenden **Neuentwicklungen** in seinem Arbeitsgebiet zu informieren.[1206] Jedoch ist es nicht erforderlich, dass ein Fachbetrieb jede Diskussion in der Wissenschaft kennt, die eventuell zu einer Änderung des Stands der Technik führt.[1207] Haben die Arbeiten des Auftragnehmers im Zeitpunkt der Abnahme den anerkannten Regeln der Technik entsprochen, trifft ihn idR kein Verschulden bei Mangelhaftigkeit.[1208] Dies gilt selbst dann, wenn über die Richtigkeit der anerkannten Regeln der Technik in der Wissenschaft bereits Zweifel bestehen.[1209] Hat der Auftragnehmer die anerkannten Regeln der Technik erfüllt, trägt der Auftraggeber die Darlegungs- und Beweislast, dass der Auftragnehmer doch schuldhaft gehandelt hat.[1210] Ein Verschulden ist ferner ausgeschlossen, wenn die fehlende Funktionstauglichkeit von gelieferten Bauteilen für den Auftragnehmer nicht erkennbar war und aus diesem Grund kein Anlass bestand, die Bauteile auf ihre Funktionsfähigkeit zu testen.[1211] Dies gilt insbes., wenn der Auftragnehmer die zur Durchführung der Arbeiten notwendige Sachkenntnis besitzt und sich über sein Arbeitsgebiet betreffende Neuentwicklungen informiert.[1212] Der Auftragnehmer hat den Mangel jedoch zu verschulden, wenn er Handlungsempfehlungen des Herstellers, zB vor der Benutzung eines Teppichklebers Materialversuche vorzunehmen, nicht beachtet hat.[1213] Der Auftragnehmer ist verpflichtet, sich ggf. fachmännischen Rat einzuholen.[1214]

434 Der Auftragnehmer haftet gem. § 10 Abs. 1 iVm § 278 BGB auch für das Verschulden seiner **Erfüllungsgehilfen.** Dies sind die Personen, die der Auftrag-

---

[1204] Beck VOB/B/Zahn § 13 Abs. 7 Rn. 90; BeckOK VOB/B/Koenen § 13 Abs. 7 Rn. 50.

[1205] BGH BauR 1974, 125; BeckOK VOB/B/Koenen § 13 Abs. 7 Rn. 52; Kapellmann/Messerschmidt/Langen § 13 Rn. 428.

[1206] BGH BeckRS 1978, 31118899 = BauR 79, 159; BeckOK VOB/B/Koenen § 13 Abs. 7 Rn. 52; Kapellmann/Messerschmidt/Langen § 13 Rn. 428.

[1207] OLG München NJW-RR 2008, 334 (335); Kapellmann/Messerschmidt/Langen VOB/B § 13 Rn. 428.

[1208] BGH NJW 1971, 92 Rn. 24; OLG München NJW-RR 2008, 334 (335); Ingenstau/Korbion/Wirth § 13 Abs. 7 Rn. 108; Beck VOB/B/Zahn § 13 Abs. 7 Rn. 65.

[1209] OLG München NJW-RR 2008, 334 (335); Ingenstau/Korbion/Wirth § 13 Abs. 7 Rn. 108.

[1210] OLG München NJW-RR 2008, 334 (335).

[1211] BGH NJW 1978, 1157 (1158); Ingenstau/Korbion/Wirth § 13 Abs. 7 Rn. 108.

[1212] BGH BeckRS 1978, 31118899 = BauR 79, 159; Ingenstau/Korbion/Wirth § 13 Abs. 7 Rn. 111.

[1213] OLG Frankfurt a. M. NJW-RR 2000, 1188, s. zur Bedeutung von Herstellervorschriften auch Seibel BauR 2012, 1025.

[1214] Beck VOB/B/Zahn § 13 Abs. 7 Rn. 64; Ingenstau/Korbion/Wirth § 13 Abs. 7 Rn. 111.

Mängelansprüche **§ 13**

nehmer zu Erfüllung seiner Leistungspflicht einsetzt, insbes. Mitarbeiter oder Nachunternehmer.[1215] **Baustofflieferanten** sind idR hingegen keine Erfüllungsgehilfen des Auftragnehmers, da sie nicht in den werkvertraglichen Pflichtenkreis miteinbezogen werden.[1216] Anders kann dies ausnahmsweise zu beurteilen sein, wenn der Lieferant bewusst zur Erfüllung der vertraglichen Herstellungspflicht herangezogen wird und den Auftragnehmer bspw. bei der Montage unterstützt.[1217]

2. Schaden im Zusammenhang mit der baulichen Anlage. Der Schadensersatzanspruch gem. Nr. 3 S. 1 ist auf **Schäden an der baulichen Anlage** beschränkt, zu deren Herstellung, Instandsetzung oder Änderung die Leistung des Auftragnehmers dient. Unter einer baulichen Anlage im Sinne der VOB/B ist mehr als nur die mangelhafte Bauleistung selbst zu verstehen. Vielmehr ist das von der Werkleistung betroffene Bauwerk in seiner Gesamtheit, das aufgrund seiner äußeren Gestaltung und des funktionalen Zusammenhangs als Einheit wahrgenommen wird, erfasst.[1218] Erfasst sind nicht nur Bauwerksleistungen, sondern auch alle anderen Werke im Sinne des Abs. 4 Nr. 1 (→ Rn. 222 ff., 227 f.). 435

Von dem Schadensersatzanspruch erfasst werden daher Schäden, die durch die mangelhafte Leistung an dem Werk des Auftragnehmers selbst entstehen, aber auch **Mangelfolgeschäden,** die an anderen Teilen der baulichen Anlage entstehen und die daraus resultierenden Vermögensschäden des Auftraggebers (sog. enge bzw. nahe Mangelfolgeschäden). Erforderlich ist ein **enger und unmittelbarer Zusammenhang** zwischen der mangelhaften Leistung des Auftragnehmers und den Schäden an der baulichen Anlage.[1219] Nur unter den weiteren Voraussetzungen des Nr. 3 S. 2 ersatzfähig sind die sog. entfernten Mangelfolgeschäden. Dazu → Rn. 463. 436

3. Umfang des Schadensersatzes nach Nr. 3 S. 1. Da der Schadensersatzanspruch des Auftraggebers auf die Schäden an der baulichen Anlage beschränkt ist, kann er grundsätzlich keinen Schadensersatz statt der ganzen Leistung verlangen, sodass das mangelhafte Werk idR behalten muss.[1220] Nur für den Fall, dass die Mängel allein durch Abriss und Neuherstellung des gesamten Werks zu beseitigen sind, kann der Auftraggeber den hierfür erforderlichen Betrag als Schadensersatz im Rahmen des Nr. 3 S. 1 geltend machen,[1221] was einem Schadensersatz statt der ganzen Leistung entspricht. 437

[1215] Kapellmann/Messerschmidt/Langen § 13 Rn. 429; BeckOK VOB/B/Koenen § 13 Abs. 7 Rn. 53.
[1216] BGH NJW 1978, 1157; NJW 2002, 1565; OLG Hamm BeckRS 1998, 30994179 = BauR 1998, 1019; Kapellmann/Messerschmidt/Langen § 13 Rn. 429; BeckOK VOB/B/Koenen § 13 Abs. 7 Rn. 54.
[1217] BGH NJW 1978, 1157; BeckOK VOB/B/Koenen § 13 Abs. 7 Rn. 55; Kapellmann/Messerschmidt/Langen § 13 Rn. 429.
[1218] Kleine-Möller/Merl/Glöckner PrivBauR-HdB/Merl/Hummel § 15 Rn. 930; Beck VOB/B/Zahn § 13 Abs. 7 Rn. 94; Kapellmann/Messerschmidt/Langen § 13 Rn. 436; BeckOK VOB/B/Koenen § 13 Abs. 7 Rn. 61 f.
[1219] Kapellmann/Messerschmidt/Langen § 13 Rn. 437; BeckOK VOB/B/Koenen § 13 Abs. 7 Rn. 62 f.; Messerschmidt/Voit/Voit § 13 Rn. 43; weitergehend, auch zur Rechtslage vor der Schuldrechtsreform: Beck VOB/B/Zahn § 13 Abs. 7 Rn. 102.
[1220] Kapellmann/Messerschmidt/Langen § 13 Rn. 454; BeckOK VOB/B/Koenen § 13 Abs. 7 Rn. 56.
[1221] Kapellmann/Messerschmidt/Langen § 13 Rn. 455; BeckOK VOB/B/Koenen § 13 Abs. 7 Rn. 57; für das alte Schuldrecht: OLG München IBR 2000, 114 Rn. 57 f.

§ 13

438 Der Auftraggeber hat den Schaden grundsätzlich im Wege einer **Vermögensbilanz** aus der Differenz zwischen dem hypothetischen Wert des Werks ohne Mangel und dem tatsächlichen Wert des Werks mit Mangel zu berechnen.[1222] Alternativ kann der Schaden in **Anlehnung an die Minderung** gem. §§ 634 Nr. 3, 638 BGB in der Weise berechnet werden, dass ausgehend von der für das Werk vereinbarten Vergütung, der Minderwert des Werks wegen des nicht beseitigten Mangels nach § 287 ZPO geschätzt wird.[1223] Die Mängelbeseitigungskosten kann der Auftraggeber hingegen nur dann als Schaden geltend machen, wenn er die Mängel auch tatsächlich beseitigt hat.[1224]

439 Der Schadensersatzanspruch des Auftraggebers bleibt unberührt, wenn er das mangelhafte Werk vor Erhalt des zur Mängelbeseitigung erforderlichen Betrages **veräußert hat oder es zwangsversteigert** wird.[1225] Der Auftraggeber kann bei Veräußerung des mangelhaften Werks den Schaden nach dem konkreten Mindererlös wegen des Mangels der Sache bemessen.[1226] Der Mindererlös kann nach dem BGH im Regelfall anhand der Differenz zwischen dem hypothetischen Wert der Sache ohne Mängel und dem gezahlten Kaufpreis ermittelt werden.[1227] Da der Kaufpreis den tatsächlichen Wert der Sache indiziere, entspreche der so ermittelte Mindererlös im Regelfall dem Minderwert der betroffenen Sache.[1228] Etwas anderes gelte, wenn dem Auftraggeber der Nachweis gelinge, dass der erzielte Kaufpreis den tatsächlichen Wert der Sache übersteigt; dann bleibe ihm die Möglichkeit, den Schaden nach dem den konkreten Mindererlös übersteigenden Minderwert der Sache zu bemessen.[1229] Denn der in Höhe des Minderwerts der Sache bestehende Schaden werde durch ein vom Auftraggeber abgeschlossenes günstiges Geschäft grundsätzlich nicht gemindert. Nach den normativen von § 242 BGB geprägten schadensrechtlichen Wertungen sollen dem Ersatzpflichtigen solche Vorteile grundsätzlich nicht zugutekommen, die sich der Ersatzberechtigte durch Abschluss eines – den Ersatzpflichtigen nicht berührenden – Vertrags mit einem Dritten erarbeitet habe.[1230]

440 a) Mängelbeseitigungskosten. Der Auftraggeber kann die **Mängelbeseitigungskosten** nicht nur im Wege der Kostenerstattung nach Abs. 5 Nr. 2 geltend machen, sondern auch im Wege des Schadensersatzanspruchs nach Nr. 3 S. 1.[1231] Dies gilt jedoch nur soweit der Auftraggeber die Mängel auch tatsächlich beseiti-

---

[1222] BGH NJW 2018, 1463 Rn. 27; Kapellmann/Messerschmidt/Langen § 13 Rn. 447; BeckOK VOB/B/Koenen § 13 Abs. 7 Rn. 59.

[1223] BGH NJW 2018, 1463 Rn. 41 f.; OLG Frankfurt a. M. NZBau 2019, 172 Kapellmann/Messerschmidt/Langen § 13 Rn. 447 ff.

[1224] BGH NJW 2018, 1463 Rn. 30 ff; BeckOK VOB/B/Koenen § 13 Abs. 7 Rn. 59.

[1225] BGH NJW 2018, 1463 Rn. 28 f.; NJW-RR 2004, 1462 f.; NJW 1987, 645 (646); Beck VOB/B/Zahn § 13 Abs. 7 Rn. 129.

[1226] BGH NJW 2018, 1463 Rn. 28; Beck VOB/B/Zahn § 13 Abs. 7 Rn. 150; BeckOK VOB/B/Koenen § 13 Abs. 7 Rn. 59.

[1227] BGH NJW 2018, 1463 Rn. 28; Bolz/Jurgeleit/Jurgeleit VOB/B § 13 Rn. 420 f.

[1228] Dazu kritisch Kapellmann/Messerschmidt/Langen § 13 Rn. 450: für die Vermutung eines Gleichlaufs von tatsächlichem Marktwert und Veräußerungslos bestünde kein Raum.

[1229] BGH NJW 2018, 1463 Rn. 29; Bolz/Jurgeleit/Jurgeleit VOB/B § 13 Rn. 421.

[1230] BGH NJW 2018, 1463, Rn. 29; Bolz/Jurgeleit/Jurgeleit VOB/B § 13 Rn. 421.

[1231] StRspr, s. nur BGH NZBau 2007, 580 Rn. 10 mwN; Kapellmann/Messerschmidt/Langen § 13 Rn. 432; Kleine-Möller/Merl/Glöckner PrivBauR-HdB/Merl/Hummel § 15 Rn. 931; Heiermann/Riedl/Rusam/Mansfeld § 13 Rn. 169.

Mängelansprüche **§ 13**

gen lässt.[1232] Der BGH hat mit Urteil vom 22.2.2018 – VII ZR 46/17 – seine ständige Rechtsprechung, dass der Auftraggeber seinen Schaden alternativ auch anhand der **fiktiven Mängelbeseitigungskosten** berechnen kann, aufgegeben.[1233] Dies gilt jedoch nur für Werkverträge, die ab dem 1.1.2002 geschlossen wurden.[1234] Diese Änderung der Rechtsprechung des BGH wird in der Literatur kritisiert; andere Senate des BGH halten weiterhin an der Abrechnung auf Grundlage fiktiver Kosten fest.[1235] Zur Abrechnung fiktiver Mängelbeseitigungskosten bei Mangelfolgeschäden an Bauteilen außerhalb des Gewerks des Auftragnehmers (→ Rn. 463a)

Macht der Auftraggeber die Mängelbeseitigungskosten im Wege des Schadensersatzes geltend, kann er hinsichtlich dieser Mängel nicht mehr Mangelbeseitigung verlangen.[1236] Demgegenüber soll dem Auftraggeber nach dem BGH jedoch weiterhin ein Anspruch auf **Kostenvorschuss** für die Mängelbeseitigung zustehen, da dieser von § 281 Abs. 4 BGB nicht erfasst sei.[1237] **441**

Zusätzliche Voraussetzung für die Ersatzfähigkeit von Mängelbeseitigungskosten im Wege des Schadensersatzes ist allerdings, dass der Auftraggeber im Rahmen seines Mängelbeseitigungsanspruchs dem Auftragnehmer die Möglichkeit der Mängelbeseitigung gegeben hat, ihm somit eine **angemessene Frist** zur Mängelbeseitigung gesetzt hat, die erfolglos abgelaufen ist.[1238] Eine Fristsetzung ist entbehrlich, wenn sie auch im Rahmen des Abs. 5 Nr. 2 nicht erforderlich wäre[1239] (→ Rn. 328 ff.) oder die Voraussetzungen des Abs. 6 vorliegen[1240] (→ Rn. 375 ff.). Eine **Fristsetzung** ist des Weiteren insoweit **nicht erforderlich**, als die Schäden durch eine Mängelbeseitigung nicht beseitigt werden können, da diese nicht vom Mängelbeseitigungsanspruch erfasst **442**

[1232] BGH NJW 2018, 1463 Rn. 30 ff.; Kapellmann/Messerschmidt/Langen § 13 Rn. 458; zustimmend: Kniffka Editorial BauR 5/2018; kritisch: Seibel NZBau 2019, 81; MDR 2019, 263.

[1233] BGH NJW 2018, 1463 Rn. 30 f.; NJW-RR 2018 1038 Rn. 14; NJW 2021, 53; Kapellmann/Messerschmidt/Langen § 13 Rn. 444; s. dazu auch Lührmann NZBau 2018, 456.

[1234] BGH NZBau 2019, 235 Rn. 70; NJW-RR 2020, 269 Rn. 28; Kapellmann/Messerschmidt/Langen § 13 Rn. 445; kritisch: Koos NZBau 2019, 241; zur Rechtslage für Werkverträge, die vor dem 1.1.2002 abgeschlossen wurden s. NWJS/Moufang/Koos, 4. Aufl. 2016, § 13 Rn. 433 ff.

[1235] Vgl. dazu Kapellmann/Messerschmidt/Langen § 13 Rn. 448 ff. Zur Möglichkeit der formularvertraglichen Vereinbarung einer fiktiven Abrechnung: Kapellmann/Messerschmidt/Langen § 13 Rn. 511.

[1236] OLG Schleswig NZBau 2017, 550 Rn. 17; vgl. auch Beck VOB/B/Zahn § 13 Abs. 7 Rn. 119.

[1237] BGH NJW 2018, 1463 Rn. 48 ff.; kritisch Voit NJW 2018, 2166 (2168).

[1238] BGH NJW 1986, 922; OLG Düsseldorf NJW-RR 1997, 976 (977); OLG Brandenburg NJW-RR 2023, 867 Rn. 21; Kapellmann/Messerschmidt/Langen § 13 Rn. 433; Ingenstau/Korbion/Wirth § 13 Abs. 7 Rn. 168 ff.; Kleine-Möller/Merl/Glöckner PrivBauR-HdB/Merl/Hummel § 15 Rn. 931; aA für einen Ersatz der Kosten, die dem Auftragnehmer entstanden wären, wenn dieser die Mängelbeseitigung durchgeführt hätte: Beck VOB/B/Zahn § 13 Abs. 7 Rn. 37 ff.

[1239] OLG Hamm NJW-RR 2004, 1386 (1387 f.); Ingenstau/Korbion/Wirth § 13 Abs. 7 Rn. 168; Kleine-Möller/Merl/Glöckner PrivBauR-HdB/Merl/Hummel § 15 Rn. 931.

[1240] Kleine-Möller/Merl/Glöckner PrivBauR-HdB/Merl/Hummel § 15 Rn. 931; Kapellmann/Messerschmidt/Langen § 13 Rn. 433.

sind.[1241] Dies ist bspw. der Fall, wenn der Auftragnehmer durch seine mangelhafte Leistung auch einen Schaden an einem anderen als seinem Gewerk verursacht.[1242]

443 Für den Fall, dass es der Auftraggeber versäumt, sich gem. § 12 Abs. 5 Nr. 3 bzw. § 640 Abs. 3 BGB die Rechte wegen bekannter Mängel bei Abnahme vorzubehalten, hat das OLG Schleswig entschieden, dass ein Schadensersatzanspruch auf Ersatz der Mängelbeseitigungskosten ausgeschlossen ist. Der Auftraggeber könne lediglich Mängelfolgeschäden geltend machen (→ Rn. 286).[1243] Diese Auffassung ist abzulehnen. Es verbleibt allerdings dabei, dass der Auftraggeber auch in diesem Fall dem Auftragnehmer gem. Abs. 5 Nr. 2 vorher Gelegenheit zur Nachbesserung zu geben hat.[1244]

444 Dem Auftraggeber sind die für die Mängelbeseitigung tatsächlich angefallenen Kosten zu ersetzen.[1245] Dies gilt, solange den Auftraggeber kein Auswahlverschulden trifft, auch dann, wenn der Dritte dem Auftraggeber unnötige Arbeiten in Rechnung stellt, überhöhte Preise oder Arbeitszeit in Ansatz bringt oder Arbeiten berechnet, die in dieser Weise nicht ausgeführt wurden (zur Schadensminderungspflicht des Auftraggebers → Rn. 454).[1246] Der Umfang der ersatzfähigen Mängelbeseitigungskosten entspricht den Kosten, die im Rahmen des Kostenerstattungsanspruchs bei einer Selbstvornahme geltend gemacht werden können (→ Rn. 332 ff.).[1247]

445 Hat der Auftraggeber die Mängelbeseitigung noch nicht durchführen lassen oder hat er die Kosten der Mängelbeseitigung noch nicht beglichen, kann er vom Auftragnehmer Befreiung von den zur Mängelbeseitigung eingegangenen Verbindlichkeiten verlangen.[1248]

446 Prozessrechtlich stellt ein Wechsel des Auftraggebers hinsichtlich der Methode der Schadensberechnung, der darauf beruht, dass der Auftraggeber sich doch für die Beseitigung der Mängel entscheidet, gem. § 264 Nr. 3 ZPO keine Klageänderung dar, sofern der Lebenssachverhalt im Übrigen unverändert bleibt.[1249] Glei-

---

[1241] BGH NZBau 2012, 104 (105); BeckOK VOB/B/Koenen § 13 Abs. 7 Rn. 65; Kapellmann/Messerschmidt/Langen § 13 Rn. 433; so auch bereits schon für das alte Schuldrecht: BGH NZBau 2002, 31 (32).

[1242] BGH NJW 1986, 922; Kleine-Möller/Merl/Glöckner PrivBauR-HdB/Merl/Hummel § 15 Rn. 511.

[1243] OLG Schleswig BeckRS 2016, 3606 Rn. 47 ff. = MDR 2016, 327.

[1244] BGH NJW 1982, 1524 f.; BGH NJW 1980, 1952; Kapellmann/Messerschmidt/Langen § 13 Rn. 434; BeckOK BGB/Voit § 640 Rn. 45; Staudinger/Peters § 640 Rn. 50 f.; Grüneberg/Retzlaff § 640 Rn. 20; BeckOK VOB/B/Koenen § 13 Abs. 7 Rn. 66; Beck VOB/B/Zahn § 13 Abs. 7 Rn. 19, 25, 114.

[1245] BGH BeckRS 2018, 2537 Rn. 46 = NJW 2018, 1463; OLG Celle NJW-RR 2004, 526; BeckOK VOB/B/Koenen § 13 Abs. 7 Rn. 69a.

[1246] OLG Karlsruhe NJW-RR 2005, 248 (249); BeckOK VOB/B/Koenen § 13 Abs. 7 Rn. 86; Kapellmann/Messerschmidt/Langen § 13 Rn. 440; anders bei ungewöhnlich groben Fehlern des mit der Mängelbeseitigung beauftragten Dritten: OLG Düsseldorf BauR 1993, 739 (740).

[1247] Beck VOB/B/Zahn § 13 Abs. 7 Rn. 124; BeckOK VOB/B/Koenen § 13 Abs. 7 Rn. 84.

[1248] BGH NJW 2018, 1463 Rn. 47; Kleine-Möller/Merl/Glöckner PrivBauR-HdB/Merl/Hummel § 15 Rn. 966.

[1249] BGH NJW 2018, 1463 Rn. 53; BeckOK ZPO/Bacher § 264 Rn. 8 f.; Hk-ZPO/Saenger § 264 Rn. 7.

Mängelansprüche **§ 13**

ches gilt für den Fall, dass der Auftraggeber aus demselben Grund (Änderung seiner Entscheidung bzgl. der Durchführung von Mängelbeseitigungsarbeiten) vom Vorschussanspruch auf den Schadensersatzanspruch statt der Leistung in Form des kleinen Schadensersatzes übergeht und umgekehrt.[1250]

b) Umsatzsteuer. Ist der Auftraggeber vorsteuerabzugsberechtigt, kann er die 447 auf die Mängelbeseitigungskosten anfallende **Umsatzsteuer** nicht ersetzt verlangen, da er sich den Vorteil der Abzugsfähigkeit nach § 15 UStG anrechnen lassen muss.[1251]

Ist der Auftraggeber nicht **vorsteuerabzugsberechtigt,** kann er die Umsatz- 448 steuer für die Mängelbeseitigungskosten im Rahmen des Schadensersatzanspruchs ersetzt verlangen, wenn er die Umsatzsteuer tatsächlich gezahlt hat, die Mängel somit bereits beseitigt sind.[1252] Bis dahin besteht auch für die bei Mängelbeseitigung anfallende Umsatzsteuer lediglich ein Anspruch auf Freistellung.

c) Nutzungsausfall. Auch **Nutzungsausfallschäden** sind nach Nr. 3 S. 1 449 ersatzfähige Schäden an der baulichen Anlage.[1253] Ersatzfähig sind in diesem Zusammenhang insbes. auch der Mietausfall, sowie Prozesskosten aus Streitigkeiten um die Mietausfälle,[1254] sowie der durch die Schließung des Gewerbebetriebs für die Mängelbeseitigung entgangene Gewinn.[1255] Dies gilt unabhängig davon, ob die Schäden unmittelbar beim Auftraggeber oder bei zwischenzeitlicher Veräußerung des Werks zunächst beim Erwerber entstanden sind, der wiederum den Auftraggeber in Anspruch nimmt.[1256] Wenn tatsächlich als Schaden entstanden sind bspw. zu ersetzen: Mietausfall bis zur Mängelbeseitigung;[1257] entgangener Gewinn aufgrund fehlender Nutzungsmöglichkeit einer Lagerhalle bis zur Mängelbeseitigung;[1258] Miete für Ersatzwohnung.[1259] Nach der Änderung der Rechtsprechung des BGH zum Ersatz von fiktiven Mängelbeseitigungskosten (→ Rn. 440) sind hypothetische Mietkosten für eine Ersatzwohnung für die Zeit der Mängelbeseitigung sowie die fiktiven Umsatzkosten nicht mehr ersatzfä-

---

[1250] BGH NJW 2018, 1463 Rn. 53; OLG Hamm NJW-RR 2021, 268 Rn. 38; Hk-ZPO/Saenger § 264 Rn. 7.

[1251] BGH NJW 1972, 1460 (1461); OLG Stuttgart BeckRS 2008, 10198 = BauR 2008, 2056; Grüneberg/Grüneberg BGB Vorb. v. § 249 Rn. 95; Kapellmann/Messerschmidt/Langen § 13 Rn. 441.

[1252] BGH NJW 2010, 3085 Rn. 11 ff.; OLG Celle BeckRS 2011, 26401 = NJW-Spezial 2011, 718; Ingenstau/Korbion/Wirth § 13 Abs. 7 Rn. 142 f.; für eine Anwendbarkeit auch auf Sachverhalte des alten Schuldrechts: BGH NZBau 2015, 419 Rn. 4 ff.; OLG München NZBau 2011, 683 (685); kritisch Kapellmann/Messerschmidt/Langen § 13 Rn. 442.

[1253] BGH NZBau 2004, 614 (615); Kapellmann/Messerschmidt/Langen § 13 Rn. 461; aA Beck VOB/B/Zahn § 13 Abs. 7 Rn. 140 f.

[1254] BGH NJW 2014, 1374; NJW-RR 2014, 979; NZBau 2003, 667 f. Kapellmann/Messerschmidt/Langen § 13 Rn. 461.

[1255] BGH NJW 1978, 1626; s. für weitere Bsp. Kapellmann/Messerschmidt/Langen § 13 Rn. 462 ff.

[1256] BGH NZBau 2003, 667 f.; vgl. auch BGH NZBau 2014, 280 Rn. 12 ff.

[1257] Kapellmann/Messerschmidt/Langen § 13 Rn. 461; BeckOK VOB/B/Koenen § 13 Abs. 7 Rn. 71.1.

[1258] BGH NJW-RR 1991, 533; Kapellmann/Messerschmidt/Langen § 13 Rn. 461.

[1259] OLG Karlsruhe BeckRS 2013, 8831 = IBR 2013, 272; Kapellmann/Messerschmidt/Langen § 13 Rn. 461.

hig.[1260] Der BGH betont, dass er den Umfang des Schadensersatzes statt der Leistung danach ausrichten will, welche Dispositionen der Auftraggeber zur Mängelbeseitigung getätigt hat.[1261] Fiktive Kosten für Dispositionen, die der Auftraggeber nicht getätigt hat, sind danach nicht mehr ersatzfähig.[1262]

450 Ob eine **entgangene Nutzungsmöglichkeit** ohne konkreten Nachweis eines Vermögensschadens im Rahmen des Nr. 3 S. 1 ersatzfähig ist, ist davon abhängig, ob es sich bei dem aufgrund der Mängelbeseitigung nicht nutzbaren Werk um eines von zentraler Bedeutung für die eigene Lebenshaltung des Auftraggebers handelt.[1263] So wurde eine Nutzungswertentschädigung bspw. bejaht bei einer um Jahre verzögerten Beseitigung von gravierenden Schallschutzmängeln in einer Einzimmerwohnung,[1264] oder starker, anhaltender Geruchsbelästigung durch Versiegelungsarbeiten an Parkettböden in Wohn- und Schlafzimmer.[1265] Eine Nutzungswertentschädigung wurde hingegen abgelehnt bei vorübergehender Nichtnutzbarkeit einer Einliegerwohnung, die lediglich als Zweitwohnung dient.[1266] Ebenso abgelehnt wurde die Entschädigung für entgangene Gebrauchsvorteile bei nicht nutzbaren Kellerräumen, die lediglich zu Abstellzwecken dienten.[1267] Die **Höhe der Entschädigung** hat sich nicht am Reparations- sondern am Kompensationsinteresse zu orientieren.[1268] Die Höhe des Schadens kann also nicht anhand der Höhe der Beseitigungskosten gemessen werden. Die Schadensbemessung könnte hingegen bspw. am Maßstab der entgeltlichen Gebrauchsüberlassung abzüglich der spezifischen Wertfaktoren der gewerblichen Nutzung oder anhand der anteiligen Vorhaltekosten für den entzogenen Gebrauch bemessen werden.[1269]

451 Der Ersatz des Nutzungsausfalls setzt keinen erfolglosen Ablauf einer Frist zur Mängelbeseitigung voraus, da der bis zur Mängelbeseitigung entstandene Schaden nicht durch die Mängelbeseitigung kompensiert wird.[1270]

452 d) **Gutachterkosten.** Gutachterkosten, die für den Auftraggeber zur **Ermittlung von Ursache und Ausmaß** der aufgetretenen Mängel erforderlich sind, sind eng mit den Mängeln an sich verknüpft, sodass die Kosten im Rahmen des

---

[1260] Anders noch OLG Schleswig BeckRS 2009, 23268 = BauR 2009, 827.
[1261] BGH NJW 2018, 1463 Rn. 36.
[1262] BGH NJW 2018, 1463 Rn. 36; BeckOK VOB/B/Koenen § 13 Abs. 7 Rn. 69a; Kapellmann/Messerschmidt/Langen § 13 Rn. 445.
[1263] Kleine-Möller/Merl/Glöckner PrivBauR-HdB/Merl/Hummel § 15 Rn. 944; Vgl. für den Fall der entgangenen Nutzungsmöglichkeit eines Wohnhauses aufgrund eines deliktischen Eingriffs: BGH NJW 1987, 50 (51 f.); für die Anwendbarkeit auch auf den Schadensersatzanspruch nach Nr. 3 S. 1: Kapellmann/Messerschmidt/Langen § 13 Rn. 462; Beck VOB/B/Zahn § 13 Abs. 7 Rn. 145; Heiermann/Riedl/Rusam/Mansfeld § 13 Rn. 200; BeckOK VOB/B/Koenen § 13 Abs. 7 Rn. 73; vgl. auch BGH NZBau 2014, 280 Rn. 12 ff.
[1264] OLG Stuttgart NJW-RR 2000, 1617 f.; Kapellmann/Messerschmidt/Langen § 13 Rn. 464.
[1265] OLG Köln NZM 2003, 776; Kapellmann/Messerschmidt/Langen § 13 Rn. 464.
[1266] BGH NJW 1992, 1500; Kapellmann/Messerschmidt/Langen § 13 Rn. 463.
[1267] OLG Celle IBRRS 2014, 2543; Heiermann/Riedl/Rusam/Mansfeld § 13 Rn. 200; Kleine-Möller/Merl/Glöckner PrivBauR-HdB/Merl/Hummel § 15 Rn. 944.
[1268] BGH NJW 1987, 50 (53); Beck VOB/B/Zahn § 13 Abs. 7 Rn. 147; BeckOK VOB/B/Koenen § 13 Abs. 7 Rn. 75; Kleine-Möller/Merl/Glöckner PrivBauR-HdB/Merl/Hummel § 15 Rn. 945.
[1269] BGH NJW 1987, 50 (53); Kapellmann/Messerschmidt/Langen § 13 Rn. 465.
[1270] BGH NJW 2000, 2020 f.; Kapellmann/Messerschmidt/Langen § 13 Rn. 466.

Mängelansprüche **§ 13**

Nr. 3 S. 1 ersatzfähig sind.[1271] Der Schadensersatzanspruch besteht jedoch nur insoweit, als das Gutachten Schäden betrifft, die nach Nr. 3 S. 1 erstattungsfähig sind. Andernfalls können die Kosten lediglich unter den zusätzlichen Voraussetzungen des Nr. 3 S. 2 geltend gemacht werden.[1272] Eine Fristsetzung zur Mängelbeseitigung ist nicht erforderlich, da die Kosten unabhängig von einer Mängelbeseitigung ohnehin entstehen.[1273] Ein anzurechnendes Mitverschulden des Auftraggebers an den Gutachterkosten kommt in Betracht, wenn der Auftraggeber seine Schadensminderungspflicht verletzt, indem er erkennbar und vermeidbar einen unangemessen hohen Kostenaufwand verursacht.[1274]

e) Merkantiler Minderwert. Ein merkantiler Minderwert eines Gebäudes 453 nach der Beseitigung von wesentlichen Mängeln, zB einer unzureichenden Kellerabdichtung,[1275] umfangreichen Sanierungsarbeiten an einem Dach[1276] oder Beseitigung von Rissen an Innen- und Außenputz,[1277] ist ersatzfähig.[1278] Ein merkantiler Minderwert liegt vor, wenn auch nach der ordnungsgemäßen Mängelbeseitigung das Werk einen geringeren Verkaufswert hat, was auf einen objektiv unbegründeten Verdacht beruht, dass das Bauwerk weitere noch verborgene Mängel aufweist.[1279] Die Höhe des merkantilen Minderwerts unterliegt der gerichtlichen Schätzung gem. § 287 Abs. 1 ZPO, wobei sich das Gericht durch Sachverständigengutachten eine geeignete Schätzungsgrundlage verschafft.[1280]

f) Kostenbeteiligung des Auftraggebers. Soweit sich der Auftraggeber an 454 den Kosten der Mängelbeseitigung aufgrund von **Sowieso-Kosten** (→ Rn. 304 f.) oder eines **Vorteilsausgleichs**[1281] zu beteiligen hat, sind diese Beträge vom Schaden abzuziehen. Ein Mitverschulden des Auftraggebers oder

---

[1271] BGH NJW 2002, 141 f.; OLG Düsseldorf NZBau 2010, 501; OLG Stuttgart BeckRS 2020, 59539 Rn. 114; Kapellmann/Messerschmidt/Langen § 13 Rn. 467; aA Mangel- und Schadensermittlungskosten als Verzugsschaden: Beck VOB/B/Zahn § 13 Abs. 7 Rn. 156; zur Frage der Erstattungsfähigkeit von Gutachterkosten als Prozesskosten gem. § 91 ZPO, s. Kapellmann/Messerschmidt/Langen § 13 Rn. 468.
[1272] Kapellmann/Messerschmidt/Langen § 13 Rn. 467; BeckOK VOB/B/Koenen § 13 Abs. 7 Rn. 79.
[1273] BGH NJW 2002, 141 f.; Kapellmann/Messerschmidt/Langen § 13 Rn. 467; BeckOK VOB/B/Koenen § 13 Abs. 7 Rn. 80.
[1274] OLG Düsseldorf BauR 1989, 329 (331); Kleine-Möller/Merl/Glöckner PrivBauR-HdB/Merl/Hummel § 15 Rn. 947.
[1275] OLG Hamm NJW-RR 2010, 1392; Kapellmann/Messerschmidt/Langen § 13 Rn. 459.
[1276] OLG Stuttgart NJW-RR 2011, 457 (458); Kapellmann/Messerschmidt/Langen § 13 Rn. 459.
[1277] BGH NJW 2013, 525 (527); Kapellmann/Messerschmidt/Langen VOB/B § 13 Rn. 459.
[1278] Kapellmann/Messerschmidt/Langen § 13 Rn. 459; Messerschmidt/Voit/Voit § 13 Rn. 43; BeckOK VOB/B/Koenen VOB/B § 13 Abs. 7 Rn. 58; Werner/Pastor BauProz/Manteufel Rn. 2215.
[1279] BGH NJW 2013, 525 (527); OLG Hamm NJW-RR 2010, 1392; Grüneberg/Grüneberg § 251 Rn. 14; Kleine-Möller/Merl/Glöckner PrivBauR-HdB/Merl/Hummel § 15 Rn. 940 f.; Kapellmann/Messerschmidt/Langen § 13 Rn. 459.
[1280] BGH NJW 2013, 525 (527); Kapellmann/Messerschmidt/Langen § 13 Rn. 460.
[1281] BGH NZBau 2004, 336 f.; Kapellmann/Messerschmidt/Langen § 13 Rn. 470; BeckOK VOB/B/Koenen VOB/B § 13 Abs. 7 Rn. 88; Beck VOB/B/Zahn § 13 Abs. 7 Rn. 157.

seines Erfüllungsgehilfen ist gem. § 254 BGB zu berücksichtigen. Ein solches trifft den Auftraggeber bspw., wenn er auf das Werk des Auftragnehmers ungeprüft aufbaut[1282] oder der Mangel auf der Leistungsbeschreibung oder einer Anordnung des Auftraggebers beruht.[1283] Den Auftraggeber trifft gem. § 254 Abs. 2 BGB insbes. auch eine **Schadensminderungspflicht**.[1284] Der Auftraggeber kann berechtigt sein, bis zur Klärung der notwendigen Maßnahmen zur Mängelbeseitigung, zB eines Ergänzungsgutachtens in einem selbstständigen Beweisverfahren, abzuwarten, ohne seine Schadensminderungspflicht zu verletzen.[1285] Ferner ist der Auftraggeber nicht verpflichtet, unmittelbar nach Ablauf der Mängelbeseitigungsfrist selbst Mängelbeseitigungsmaßnahmen einzuleiten; es ist vielmehr ein Zeitraum zu bestimmen, in dem die Mängelbeseitigung für den Auftraggeber möglich und zumutbar ist.[1286] Entstehen dem Auftraggeber für berechtigte Maßnahmen zur Schadensminderung Kosten, so sind diese im Rahmen des Nr. 3 S. 1 erstattungsfähig.[1287]

V. Schadensersatzanspruch gem. Abs. 7 Nr. 3 S. 2

455 Der Auftraggeber kann bei Vorliegen der weiteren Voraussetzungen des Nr. 3 S. 2 den über den Schadensersatzanspruch nach Nr. 3 S. 1 hinausgehenden Schaden ersetzt verlangen. Dies betrifft insbes. die sog. „**entfernten Mangelfolgeschäden**", die nicht in einem engen Verhältnis zur baulichen Anlage stehen (vgl. auch → Rn. 424). Der Schadensersatzanspruch wird daher auch als **großer Schadensersatzanspruch** bezeichnet.

456 Der Schadensersatzanspruch setzt zunächst voraus, dass die Voraussetzungen des Schadensersatzanspruchs nach Nr. 3 S. 1 vorliegen, somit ein vom Auftragnehmer verschuldeter, wesentlicher Mangel, der die Gebrauchsfähigkeit des Werks erheblich beeinträchtigt (→ Rn. 425 ff.).[1288] Darüber hinaus muss entweder ein Verstoß gegen die anerkannten Regeln der Technik vorliegen (1.), eine vertraglich vereinbarte Beschaffenheit fehlen (2.) oder ein Schaden entstanden sein, der durch eine Haftpflichtversicherung versichert oder versicherbar ist (3.). Der Schadensersatzanspruch gem. Nr. 3 S. 2 besteht bereits, wenn **eine dieser drei Tatbestandalternativen** vorliegt.

457 **1. Verstoß gegen die anerkannten Regeln der Technik (Nr. 3 S. 2a).** Der Auftraggeber hat einen Anspruch auf Schadensersatz nach Nr. 3 S. 2a, wenn der

---

[1282] BGH NZBau 2003, 495; Kapellmann/Messerschmidt/Langen § 13 Rn. 472; BeckOK VOB/B/Koenen § 13 Abs. 7 Rn. 89.

[1283] OLG Stuttgart NJW-RR 2007, 1617 (1619); BeckOK BGB/Voit § 645 Rn. 12.

[1284] BeckOK VOB/B/Koenen § 13 Abs. 7 Rn. 89; Kapellmann/Messerschmidt/Langen § 13 Rn. 472; Beck VOB/B/Zahn § 13 Abs. 7 Rn. 157; S. dazu weitergehend Grüneberg/Grüneberg BGB § 254 Rn. 36 ff.; Ingenstau/Korbion/Wirth § 13 Abs. 7 Rn. 152.

[1285] OLG Koblenz BeckRS 2010, 00760 = BauR 2010, 104; NZB zurückgewiesen: BGH BeckRS 2010, 00761; OLG Düsseldorf BeckRS 2002, 17345 = IBR 2003, 672; Kapellmann/Messerschmidt/Langen § 13 Rn. 472; Kleine-Möller/Merl/Glöckner PrivBauR-HdB/Merl/Hummel § 15 Rn. 472.

[1286] OLG Düsseldorf NJOZ 2007, 812 (815 f.); Ingenstau/Korbion/Wirth § 13 Abs. 7 Rn. 152.

[1287] Ingenstau/Korbion/Wirth § 13 Abs. 7 Rn. 152; vgl. auch Grüneberg/Grüneberg § 254 Rn. 36.

[1288] Kapellmann/Messerschmidt/Langen § 13 Rn. 474; Beck VOB/B/Zahn § 13 Abs. 7 Rn. 165; BeckOK VOB/B/Koenen § 13 Abs. 7 Rn. 91.

Mängelansprüche **§ 13**

Auftragnehmer gegen die **anerkannten Regeln der Technik** verstoßen hat. Allein der Verstoß begründet einen Mangel der Leistung, unabhängig davon, ob er sich bereits nachteilig ausgewirkt hat.[1289] Die Pflicht des Auftraggebers, bei der Ausführung seiner Werkleistungen die anerkannten Regeln der Technik einzuhalten, ergibt sich bereits aus § 4 Abs. 2 Nr. 1 S. 2 sowie Abs. 1 S. 2. Zu Anforderungen und Inhalt der anerkannten Regeln der Technik → Rn. 29 ff. Vereinbaren die Parteien die Geltung der VOB/B, sind an die Vereinbarung eines von den anerkannten Regeln der Technik abweichenden Leistungsstandards erhöhte Anforderungen zu stellen, denn der Auftraggeber erwartet idR, dass die anerkannten Regeln der Technik eingehalten werden. Wollen die Parteien davon **abweichen**, bedarf es einer ausdrücklichen vertraglichen Regelung. Insbes. ist die Vereinbarung einer von den anerkannten Regeln der Technik abweichenden Ausführungsart alleine nicht ausreichend, um eine vereinbarte Abweichung zu belegen.[1290] Die Praxis zeigt, dass bei Vorliegen eines wesentlichen Mangels der Auftragnehmer die anerkannten Regeln der Technik idR nicht beachtet hat.[1291] Verstößt der Auftragnehmer objektiv gegen die anerkannten Regeln der Technik, spricht der **Beweis des ersten Anscheins** für eine schuldhafte Verursachung des Schadens durch den Auftragnehmer.[1292]

2. Fehlen einer vertraglich vereinbarten Beschaffenheit (Nr. 3 S. 2b). 458
Einen Anspruch auf Schadensersatz gem. Nr. 3 S. 2 hat der Auftraggeber auch dann, wenn das Werk eine vertraglich **vereinbarte Beschaffenheit** nicht aufweist. Die Anforderungen, die an die Vereinbarung einer Beschaffenheit zu stellen sind, sind bereits im Rahmen des Mangelbegriffs in Abs. 1 S. 2 erläutert, so dass auf diese Ausführungen verwiesen wird → Rn. 26 ff. Die Anforderungen an eine vertraglich vereinbarte Beschaffenheit sind im Vergleich zu der nach altem Schuldrecht erforderlichen „**zugesicherten Eigenschaft**" geringer.[1293] Dies führt zu einer erheblichen Erweiterung des Anwendungsbereichs des Nr. 3 S. 2.[1294]

3. Schaden, der durch Haftpflichtversicherung versichert oder versi- 459
cherbar ist (Nr. 3 S. 2c). Der Auftraggeber kann des Weiteren den Schadensersatzanspruch gem. Nr. 3 S. 2 geltend machen, soweit der Auftragnehmer den Schaden durch Versicherung einer gesetzlichen **Haftpflicht** gedeckt hat oder eine solche zu tarifmäßigen, nicht auf außergewöhnliche Verhältnisse abgestellten Prämien und Prämienzuschlägen bei einem im Inland zum Geschäftsbetrieb zugelassenen Versicherer hätte decken können. Sinn und Zweck der Regelung ist, die Haftungsbeschränkung des Nr. 3 S. 1 nicht den Haftpflichtversicherern zu Gute

---

[1289] BGH NJW 2013, 1226 Rn. 12; OLG Schleswig NJW-RR 2017, 1052 Rn. 33; BeckOK VOB/B/Koenen § 13 Abs. 7 Rn. 92.
[1290] BGH NJW 1998, 3707 (3708); Beck VOB/B/Zahn § 13 Abs. 7 Rn. 169.
[1291] Ingenstau/Korbion/Wirth § 13 Abs. 7 Rn. 184; Kapellmann/Messerschmidt/Langen § 13 Rn. 475; BeckOK VOB/B/Koenen § 13 Abs. 7 Rn. 93.
[1292] OLG Düsseldorf BeckRS 2014, 22422 Rn. 41 ff. = BauR 2015, 1180; Kapellmann/Messerschmidt/Langen § 13 Rn. 475; BeckOK VOB/B/Koenen § 13 Abs. 7 Rn. 93; Kleine-Möller/Merl/Glöckner PrivBauR-HdB/Merl/Hummel § 15 Rn. 953; Anscheinsbeweis bei einem grob fahrlässigen Verstoß: OLG Celle BeckRS 2011, 29012 = BauR 2012, 517.
[1293] S. nur Ingenstau/Korbion/Wirth § 13 Abs. 7 Rn. 187; BeckOK VOB/B/Koenen § 13 Abs. 7 Rn. 94.
[1294] Kapellmann/Messerschmidt/Langen § 13 Rn. 476; BeckOK VOB/B/Koenen § 13 Abs. 7 Rn. 94; Kleine-Möller/Merl/Glöckner PrivBauR-HdB/Merl/Hummel § 15 Rn. 955.

§ 13

kommen zu lassen und dem Auftragnehmer, der keine Risikovorsorge betreibt, ein höheres Haftungsrisiko aufzuerlegen.[1295] Voraussetzung ist ausschl. die Versicherbarkeit durch eine Haftpflichtversicherung.[1296]

460 Der Umfang der von der Haftpflichtversicherung gedeckten Schäden ergibt sich aus den **Allgemeinen Versicherungsbedingungen (AHB)**.[1297] Von großer Bedeutung sind zum einen der Versicherungsgegenstand, der in § 1 AHB umschrieben ist, sowie die Ausschlussgründe in § 7 AHB. Davon zu unterscheiden sind insbes. die Obliegenheiten des Auftragnehmers, die bei einer vorsätzlichen oder grob fahrlässigen Verletzung durch den Auftragnehmer zu einem Ausschluss des Deckungsschutzes führen.[1298] Verweigert die Versicherung die Deckung aufgrund einer vorsätzlichen oder grob fahrlässigen Obliegenheitsverletzung, bleibt die Haftung des Auftragnehmers nach Nr. 3 S. 2 unberührt. Das Fehlverhalten des Auftragnehmers darf nicht zu Lasten des Auftraggebers gehen.[1299] Der Schadensersatzanspruch des Nr. 3 S. 2c ist beschränkt auf den Betrag, den die Haftpflichtversicherung tatsächlich zahlt, bzw. für den Fall, dass der Auftragnehmer keine Haftpflichtversicherung abgeschlossen hat auf den Betrag, den eine für die jeweilige Branche übliche Haftpflichtversicherung gedeckt hätte.[1300]

461 Die **Darlegungs- und Beweislast** für die tatsächliche oder mögliche Deckung des Schadens durch eine Haftpflichtversicherung trägt der Auftraggeber. Hinsichtlich der tatsächlichen Versicherungsdeckung wird der Auftraggeber idR Beweisschwierigkeiten haben. Der Tatbestand des Nr. 3 S. 2c lässt jedoch eine mögliche Deckung für die Haftungserweiterung ausreichen, sodass für die Erfüllung des Tatbestandes genügt, wenn der Auftraggeber eine mögliche Deckung darlegt und beweist.[1301]

462 **4. Rechtsfolge: Schadensersatz.** Liegen die zusätzlichen Voraussetzungen des Nr. 3 S. 2 vor, kann der Auftraggeber den über den ersatzfähigen Schaden nach Nr. 3 S. 1 hinausgehenden Schaden ersetzt verlangen.

463 **a) Darüber hinausgehender Schaden.** Der über den Schadensersatzanspruch nach Nr. 3 S. 1 hinausgehende Schaden umfasst alle Schäden, die adäquat kausal auf der mangelhaften Leistung des Auftragnehmers beruhen, unabhängig davon, ob diese in einem engen Zusammenhang mit der baulichen Anlage stehen.[1302] Dies

---

[1295] Kapellmann/Messerschmidt/Langen § 13 Rn. 477; Ingenstau/Korbion/Wirth § 13 Abs. 7 Rn. 192; Beck VOB/B/Zahn § 13 Abs. 7 Rn. 172; BeckOK VOB/B/Koenen § 13 Abs. 7 Rn. 96.

[1296] Ingenstau/Korbion/Wirth § 13 Abs. 7 Rn. 193; BeckOK VOB/B/Koenen § 13 Abs. 7 Rn. 96.

[1297] S. dazu weitergehend: v. Rintelen NZBau 2006, 401 ff., Ahlswede NZBau 2006, 409 ff.; Beck VOB/B/Zahn § 13 Abs. 7 Rn. 174; Kapellmann/Messerschmidt/Langen § 13 Rn. 478; BeckOK VOB/B/Koenen § 13 Abs. 7 Rn. 98.

[1298] Kapellmann/Messerschmidt/Langen § 13 Rn. 478; Beck VOB/B/Zahn § 13 Abs. 7 Rn. 181; BeckOK VOB/B/Koenen § 13 Abs. 7 Rn. 99.

[1299] Beck VOB/B/Zahn § 13 Abs. 7 Rn. 182; Kapellmann/Messerschmidt/Langen § 13 Rn. 478; Kleine-Möller/Merl/Glöckner PrivBauR-HdB/Merl/Hummel § 15 Rn. 957.

[1300] Ingenstau/Korbion/Wirth § 13 Abs. 7 Rn. 192 f.; Kleine-Möller/Merl/Glöckner PrivBauR-HdB/Merl/Hummel § 15 Rn. 956; vgl. auch BGH BauR 2003, 1382.

[1301] Werner/Pastor BauProz/Manteufel Rn. 2225; Kapellmann/Messerschmidt/Langen § 13 Rn. 491.

[1302] Ingenstau/Korbion/Wirth § 13 Abs. 7 Rn. 173; Beck VOB/B/Zahn § 13 Abs. 7 Rn. 212; Kleine-Möller/Merl/Glöckner PrivBauR-HdB/Merl/Hummel § 15 Rn. 961.

Mängelansprüche **§ 13**

betrifft insbes. die sog. **entfernten Mangelfolgeschäden.**[1303] Ersatzfähig sind bspw. die **Kosten eines Vorprozesses** gegen einen Dritten, den der Auftraggeber geführt hat, weil der Auftragnehmer seine Verantwortlichkeit für die Mängel abgestritten und auf die Verantwortlichkeit des Dritten verwiesen hat,[1304] die Kosten für Schäden an in der baulichen Anlage gelagerten Gegenständen,[1305] **Gutachterkosten,** soweit sie Ursache und Umfang von entfernten Mangelfolgeschäden betreffen,[1306] Finanzierungskosten, die beim Erwerb des mangelhaften Werks angefallen sind[1307] sowie Verzugsschäden, die als Folge verspäteter Herstellung der vertragsgemäßen Leistung entstanden sind.[1308]

Nach überwiegender und zutreffender Auffassung gilt die Rspr. des BGH zum Ausschluss fiktiver Mängelbeseitigungskosten nicht für **Mangelfolgeschäden an Bauteilen außerhalb des Gewerks des Auftragnehmers.**[1309] Diese Schäden betreffen nicht das Äquivalenzinteresse zwischen Leistung und Gegenleistung, sondern das Integritätsinteresse, und die Kosten ihrer Beseitigung sind nicht vom Nacherfüllungsanspruch und vom Vorschussanspruch umfasst.[1310] Dies gilt zB dann, wenn Einrichtungsgegenstände nach einem Wasserschaden aufgrund mangelhafter Rohrleitungen in der Wand beschädigt werden.[1311] **463a**

Der Schadensersatzanspruch aus Nr. 3 S. 2 ist auf Naturalrestitution gerichtet und kann nur unter den Voraussetzungen der §§ 249 Abs. 2, 250, 251 BGB in Geld verlangt werden.[1312] Dies gilt insbes. für den Ersatz der Schäden an anderen Sachen als der baulichen Anlage.[1313] **464**

b) Schadensersatz statt der ganzen Leistung. Liegen die Voraussetzungen des Nr. 3 S. 2 vor, hat der Auftraggeber grundsätzlich ein **Wahlrecht,** ob er die mangelhafte Bauleistung behalten und den mangelbedingten Schaden ersetzt verlangen will oder ob er die Rücknahme des mangelhaften Werks verlangt und **465**

[1303] BGH NZBau 2004, 614 (615); Kapellmann/Messerschmidt/Langen § 13 Rn. 481; Beck VOB/B/Zahn § 13 Abs. 7 Rn. 212; Ingenstau/Korbion/Wirth § 13 Abs. 7 Rn. 173; BeckOK VOB/B/Koenen § 13 Abs. 7 Rn. 106.

[1304] KG BauR 1988, 229 (230); Beck VOB/B/Zahn § 13 Abs. 7 Rn. 214; Kapellmann/Messerschmidt/Langen § 13 Rn. 481; Ingenstau/Korbion/Wirth § 13 Abs. 7 Rn. 173; BeckOK VOB/B/Koenen § 13 Abs. 7 Rn. 106; vgl. auch zum Ersatz von Kosten eines Vorprozesses bei Eigentumsverletzung: BGH NJW 1971, 134 (135).

[1305] OLG Koblenz NJW-RR 1988, 532 (533); Ingenstau/Korbion/Wirth § 13 Abs. 7 Rn. 173; Kleine-Möller/Merl/Glöckner PrivBauR-HdB/Merl/Hummel § 15 Rn. 961.

[1306] Kapellmann/Messerschmidt/Langen § 13 Rn. 481; Beck VOB/B/Zahn § 13 Abs. 7 Rn. 214; BeckOK VOB/B/Koenen § 13 Abs. 7 Rn. 106; Kleine-Möller/Merl/Glöckner PrivBauR-HdB/Merl/Hummel § 15 Rn. 961.

[1307] BGH NJW 2009, 1870 Rn. 19; Ingenstau/Korbion/Wirth § 13 Abs. 7 Rn. 173.

[1308] Beck VOB/B/Zahn § 13 Abs. 7 Rn. 213; Ingenstau/Korbion/Wirth § 13 Abs. 7 Rn. 175.

[1309] OLG Köln NZBau 2023, 600 (604 f.); OLG Koblenz BeckRS 2022, 40796 Rn. 81 = IBR 2023, 130; Kapellmann/Messerschmidt/Langen § 13 Rn. 452; Werner/Pastor BauProz/Manteufel Rn. 2185.

[1310] OLG Köln, NZBau 2023, 600 (604 f.); OLG Koblenz BeckRS 2022, 40796 Rn. 81 = IBR 2023, 130; BeckOG/Kober § 636 Rn. 385.

[1311] Werner/Pastor BauProz/Manteufel Rn. 2185.

[1312] Beck VOB/B/Kohler § 13 Abs. 7 Rn. 216; Kapellmann/Messerschmidt/Langen § 13 Rn. 482; Kleine-Möller/Merl/Glöckner PrivBauR-HdB/Merl/Hummel § 15 Rn. 966.

[1313] Kapellmann/Messerschmidt/Weyer § 13 Rn. 454; Kleine-Möller/Merl/Glöckner PrivBauR-HdB/Merl/Hummel § 15 Rn. 966.

im Gegenzug keine Vergütung zahlt.[1314] Bereits gezahlten Werklohn kann der Auftraggeber zurückverlangen.[1315] Der Auftraggeber kann ferner unter Anrechnung der nicht gezahlten Vergütung die Mehrkosten für eine Neuerrichtung verlangen.[1316] Die Einschränkung auf erhebliche Pflichtverletzungen des § 281 Abs. 1 S. 3 BGB ist bei Geltung der VOB/B bereits dadurch gewährleistet, dass der Schadensersatzanspruch des Nr. 3 S. 2 nur bei wesentlichen Mängeln besteht.[1317] Ob der Schadensersatzanspruch statt der ganzen Leistung auch im VOB/B-Vertrag analog §§ 281 Abs. 1 S. 2, 283 S. 2 BGB bei Teilleistungen einzuschränken ist, wird in der Literatur unterschiedlich beurteilt.[1318] Die Wahl des Schadensersatzes gem. Nr. 3 S. 2 kann zudem nach **Treu und Glauben** ausgeschlossen sein, zB wenn der Auftraggeber den Anspruch auf Schadensersatz statt der ganzen Leistung auf Mängel stützt, die ihm bei Abnahme bekannt waren[1319] oder sich aus den Umständen des Einzelfalls ergibt, dass der Auftragnehmer auf sein Wahlrecht verzichtet hat.[1320] Auch im Rahmen des Nr. 3 S. 2 ist zu prüfen, ob dem Schadensersatzverlangen des Auftraggebers die **Unverhältnismäßigkeit der Aufwendungen** für den Auftragnehmer gem. § 251 Abs. 2 BGB analog entgegengehalten werden kann (→ Rn. 385 ff.).[1321]

466 c) **Kostenbeteiligung des Auftraggebers.** Bei der Kostenbeteiligung des Auftraggebers gilt das zu Nr. 3 S. 1 Gesagte (→ Rn. 454). Verlangt der Erwerber einer Eigentumswohnung im Rahmen des Schadensersatzanspruchs nach Nr. 3 S. 2 die Rückabwicklung des Vertrags, muss er sich den **Nutzungsvorteil**, der ihm durch das Bewohnen der Eigentumswohnung entstanden ist, anrechnen lassen. Der Nutzungsvorteil ist nicht anhand des Mietwerts der Eigentumswohnung, sondern zeitanteilig linear aus dem Verkaufswert abzüglich eines Abschlags für die Mangelhaftigkeit zu berechnen.[1322] Der mangelbedingte Abschlag kann vom Gericht gem. § 287 ZPO geschätzt werden.[1323] Hat der Wohnungseigentümer die mangelhafte Wohnung allerdings vermietet, sind ihm im Rahmen der Rückabwicklung die erzielten **Mieteinnahmen** als Nutzungsvorteil anzurechnen.[1324] Sind dem Erwerber einer Immobilie Steuervorteile durch Absetzung für Abnutzung entstanden, sind ihm diese im Zuge der Rückabwicklung im Rahmen des Schadensersatzanspruchs gem. Nr. 3 S. 2 nicht als Vorteil anzurechnen, wenn die

---

[1314] Kapellmann/Messerschmidt/Langen § 13 Rn. 483; Beck VOB/B/Zahn § 13 Abs. 7 Rn. 217 f.; Kleine-Möller/Merl/Glöckner PrivBauR-HdB/Merl/Hummel § 15 Rn. 968.
[1315] Kleine-Möller/Merl/Glöckner PrivBauR-HdB/Merl/Hummel § 15 Rn. 969; BeckOK VOB/B/Koenen § 13 Abs. 7 Rn. 101.
[1316] Kapellmann/Messerschmidt/Langen § 13 Rn. 483; Ingenstau/Korbion/Wirth § 13 Abs. 7 Rn. 87.
[1317] Kapellmann/Messerschmidt/Langen § 13 Rn. 483; aA Beck VOB/B/Zahn § 13 Abs. 7 Rn. 220.
[1318] Für eine analoge Anwendung des § 281 Abs. 1 S. 2: Beck VOB/B/Zahn § 13 Abs. 7 Rn. 219 f.; ablehnend Kapellmann/Messerschmidt/Langen § 13 Rn. 483; Heiermann/Riedl/Rusam/Mansfeld § 13 Rn. 205.
[1319] Kleine-Möller/Merl/Glöckner PrivBauR-HdB/Merl/Hummel § 15 Rn. 968; Beck VOB/B/Zahn § 13 Abs. 7 Rn. 220.
[1320] BGH NJW 1958, 1284 (1286); Beck VOB/B/Zahn § 13 Abs. 7 Rn. 220.
[1321] BGH NZBau 2006, 642 Rn. 16; Kapellmann/Messerschmidt/Langen § 13 Rn. 483.
[1322] BGH NJW 2006, 53; BeckOK VOB/B/Koenen § 13 Abs. 7 Rn. 111.
[1323] BGH NJW 2006, 53 (54); BeckOK VOB/B/Koenen § 13 Abs. 7 Rn. 111.
[1324] BGH NJW 2009, 1870 Rn. 12; Kapellmann/Messerschmidt/Langen § 13 Rn. 483.

Mängelansprüche **§ 13**

Rückabwicklung des Erwerbs zu einer Besteuerung der Rückzahlung des Erwerbspreises als Einnahme aus Vermietung führt, die den erzielten **Steuervorteil** kompensiert.[1325] Ebenfalls nicht im Zuge des Vorteilsausgleichs anrechenbar ist der Erhalt einer Eigenheimzulage.[1326]

VI. Gesetzliche Verjährungsfrist bei versichertem oder versicherbarem Schaden gem. Abs. 7 Nr. 4

Gem. Nr. 4 gelten abweichend von Abs. 4 die gesetzlichen Verjährungsfristen, **467** soweit sich der Auftragnehmer nach Nr. 3 durch eine **Haftpflichtversicherung** geschützt hat oder hätte schützen können oder soweit ein besonderer Versicherungsschutz vereinbart ist. Dies bedeutet im Umkehrschluss zunächst, dass die Schadensersatzansprüche nach Nr. 1, 2, 3 S. 1 und 3 S. 2 grundsätzlich nach den Verjährungsfristen des Abs. 4 und den Sondervorschriften des Abs. 5 Nr. 1 S. 2 und 3 verjähren.[1327] Die gesetzlichen Verjährungsfristen des § 634a BGB sind lediglich im Ausnahmefall des Nr. 4 anwendbar. Nr. 4 ist auch für den Fall anwendbar, dass der Auftragnehmer eine Haftpflichtversicherung abgeschlossen hat, diese aber die Deckung ablehnt, weil sie die Verantwortlichkeit des Auftragnehmers für die Mängel ablehnt.[1328] Dies bedeutet, dass für den Fall einer tatsächlichen oder möglichen Haftpflichtversicherung die Haftung des Auftragnehmers nicht nur ihrem Umfang nach gem. Nr. 3 S. 2c erweitert, sondern auch im Hinblick auf die Geltung der **gesetzlichen Verjährungsfrist** ausgedehnt wird. Hat der Auftragnehmer einen besonderen Versicherungsschutz nicht abgeschlossen, obwohl er dies mit dem Auftraggeber vereinbart hat, sind die gesetzlichen Verjährungsfristen anwendbar, sofern der Abschluss der vereinbarten Versicherung möglich war, da nur ein schuldhafter Nichtabschluss der Versicherung die Anwendbarkeit der gesetzlichen Verjährungsfristen rechtfertigt.[1329]

VII. Einschränkung oder Erweiterung der Haftung gem. Abs. 7 Nr. 5

Die Parteien können nach Nr. 5 in begründeten Sonderfällen eine Einschrän- **468** kung oder Erweiterung der Haftung vereinbaren. Diese Möglichkeit bezieht sich ausdrücklich, wie sich aus der **systematischen Stellung des Nr. 5** als Unterabsatz von Abs. 7 ergibt, lediglich auf die Schadensersatzansprüche des Abs. 7.[1330] Dies bedeutet jedoch nicht, dass die Parteien nicht auch von den weiteren Vor-

---

[1325] BGH NJW 2012, 1573 Rn. 16 f.; NJW 2008, 2773 Rn. 6 ff; Kapellmann/Messerschmidt/Langen § 13 Rn. 484.

[1326] BGH NJW 2010, 675 Rn. 10 ff.; Kniffka/Koeble/Jurgeleit/Sacher/Jurgeleit KompBauR Teil 5 Rn. 411.

[1327] BGH NJW 1972, 1280 (1282); Ingenstau/Korbion/Wirth § 13 Abs. 7 Rn. 209; Kapellmann/Messerschmidt/Langen § 13 Rn. 485; BeckOK VOB/B/Koenen § 13 Abs. 7 Rn. 112.

[1328] OLG Jena BeckRS 2011, 17948; NZB zurückgewiesen: BGH BeckRS 2006, 17419; Ingenstau/Korbion/Wirth § 13 Abs. 7 Rn. 210.

[1329] Kapellmann/Messerschmidt/Langen § 13 Rn. 486; Ingenstau/Korbion/Wirth § 13 Abs. 7 Rn. 211; Heiermann/Riedl/Rusam/Mansfeld § 13 Rn. 211.

[1330] Kapellmann/Messerschmidt/Langen § 13 Rn. 488; Ingenstau/Korbion/Wirth § 13 Abs. 7 Rn. 216.

schriften der VOB/B abweichen können.[1331] Die Regelung des Nr. 5 ist jedoch generell vor dem Hintergrund der Vertragsfreiheit zu sehen: Nr. 5 ist selbst eine vertragliche Vereinbarung, von der die Parteien individualvertraglich oder auch durch eine andere AGB im Rahmen der geltenden Gesetze abweichen können.[1332] Vor diesem Hintergrund ist die Regelung des Nr. 5 als **Verhaltensaufforderung**[1333] an die Parteien zu sehen, nicht grundlos von der Regelung des Abs. 7 abzuweichen. Machen die Parteien von Nr. 5 Gebrauch, hat dies zwangsläufig eine AGB-Kontrolle der übrigen VOB/B-Klauseln zur Folge, weil die VOB/B nicht mehr „als Ganzes" vereinbart wurde.[1334]

469 Eine Haftungseinschränkung zugunsten des Auftragnehmers ist bei individualvertraglicher Vereinbarung insbes. durch die Regelung des **§ 639 BGB** begrenzt, nach der sich ein Auftragnehmer nicht auf eine Beschränkung oder einen Ausschluss der Mängelrechte berufen kann, wenn er den Mangel arglistig verschwiegen oder eine Beschaffenheitsgarantie übernommen hat, durch die Regelung des § 276 Abs. 3 BGB, nach der die Haftung für vorsätzliches Verhalten nicht im Voraus erlassen werden kann, sowie die Regelungen der §§ 134, 138 und 242 BGB, nach denen nicht gegen ein gesetzliches Verbot, die guten Sitten oder Treu und Glauben verstoßen werden darf.[1335] Ist die Haftungsbeschränkung selbst als **AGB** zu qualifizieren, muss diese der Inhaltskontrolle der §§ 307 ff. BGB standhalten. Insbes. zu beachten ist in diesem Zusammenhang **§ 309 Nr. 8 b bb BGB**.

470 Eine Haftungserweiterung liegt insbes. dann vor, wenn der Auftragnehmer dem Auftraggeber **Gewähr- oder Garantieversprechen** gibt. Zur Auslegung einer solchen Vereinbarung → Rn. 217 f.

471 Ein begründeter Sonderfall im Sinne des Nr. 5 ist anzunehmen, wenn sich aufgrund der besonderen Umstände des Einzelfalls die Risikoverteilung zwischen Auftraggeber und Auftragnehmer derart verschiebt, dass eine **Anpassung der Risikoverteilung** notwendig wird, um nicht eine Vertragspartei erheblich zu benachteiligen.[1336] Eine solche Änderung der Risikolage kann bspw. vorliegen bei ungewöhnlichen Gefahren durch Grundwasser, unklare Bodenverhältnisse, besondere Umwelt- und Nutzungsbedingungen oder Spezialbaumaßnahmen.[1337]

VIII. Konkurrenzen zu weiteren Schadensersatzansprüchen

472 Abs. 7 ist für mangelbedingte Schäden eine abschließende Regelung, sodass insbes. Ansprüche aus **Verschulden bei Vertragsschluss** (culpa in contrahendo) gem. §§ 311 Abs. 2, 241 Abs. 2, 280 BGB sowie der **Schadensersatzanspruch**

[1331] Beck VOB/B/Zahn § 13 Abs. 7 Rn. 230; BeckOK VOB/B/Koenen § 13 Abs. 7 Rn. 114.

[1332] Kapellmann/Messerschmidt/Langen § 13 Rn. 488; Beck VOB/B/Zahn § 13 Abs. 7 Rn. 230.

[1333] Kapellmann/Messerschmidt/Langen § 13 Rn. 488; Beck VOB/B/Zahn § 13 Abs. 7 Rn. 230.

[1334] Beck VOB/B/Zahn § 13 Abs. 7 Rn. 231; BeckOK VOB/B/Koenen § 13 Abs. 7 Rn. 117; zur Vereinbarung der VOB/B als Ganzes → Rn. 272 f.

[1335] Kapellmann/Messerschmidt/Langen § 13 Rn. 489; Beck VOB/B/Zahn § 13 Abs. 7 Rn. 236.

[1336] Kapellmann/Messerschmidt/Langen § 13 Rn. 488; Heiermann/Riedl/Rusam/Mansfeld § 13 Rn. 212.

[1337] Ingenstau/Korbion/Wirth § 13 Abs. 7 Rn. 218; Kapellmann/Messerschmidt/Langen § 13 Rn. 488.

Mängelansprüche **§ 13**

wegen Nebenpflichtverletzung gem. §§ 280, 241 Abs. 2 BGB (nach altem Schuldrecht: Schadensersatz wegen positiver Vertragsverletzung) ausgeschlossen sind, wenn der geltend gemachte Schaden auf einen Werkmangel zurückzuführen ist.[1338] Nicht ausgeschlossen sind Ansprüche aus culpa in contrahendo oder § 280 BGB hingegen, wenn die Schäden nicht mangelbedingt sind. Dies ist unter anderem bei (vorvertraglichen) Aufklärungspflichten der Fall, die sich nicht auf die Aufklärung über einen Mangel beziehen bzw. sich nicht in einem Werkmangel niederschlagen[1339] sowie bei der Verletzung von nebenvertraglichen Schutzpflichten gem. § 241 Abs. 2 BGB.[1340]

Neben den mangelbedingten Schadensersatzansprüchen des Abs. 7 können **473 Verzugsschäden** entstehen, die der Auftraggeber unter den Voraussetzungen der §§ 5 Nr. 4, 6 Nr. 6 bzw. §§ 280 Abs. 1, 3, 286 BGB neben dem Schadensersatz nach Abs. 7 geltend machen kann.[1341] Ein solcher Anspruch auf Ersatz des Verzugsschadens entsteht, wenn der Auftragnehmer mit der Mängelbeseitigung, zu der er nach Abs. 5 Nr. 1 S. 1 verpflichtet ist, in Verzug kommt.[1342] Im Rahmen der Verzugshaftung ist insbes. die erweiterte Haftung des Auftragnehmers gem. § 287 BGB zu beachten.[1343]

Eine Anspruchskonkurrenz ist in engen Grenzen mit **deliktsrechtlichen 474 Ansprüchen** möglich. In einer Vielzahl von Fällen scheidet ein Schadensersatzanspruch gem. § 823 Abs. 1 BGB bei Mängeln jedoch mangels Rechtsgutverletzung aus, da der Auftraggeber nie mangelfreies Eigentum an dem Werk hatte.[1344] Eine Eigentumsverletzung iSd § 823 Abs. 1 BGB ist hingegen dann möglich, wenn in schon vorhandenes und bisher unversehrtes Eigentum des Auftraggebers eingegriffen wird.[1345] Auch ein Anspruch wegen Betrugs gem. § 823 Abs. 2 BGB iVm § 263 StGB ist möglich.[1346] Bei konkurrierenden Ansprüchen aus Abs. 7 und § 823 Abs. 1 BGB gilt, dass die Ansprüche grundsätzlich nach ihren Voraussetzungen und Rechtsfolgen selbstständig zu behandeln sind, wobei der vorrangige vertragliche Anspruch nicht ausgehöhlt werden darf.[1347] Dies führt dazu, dass auch im Rahmen des deliktsrechtlichen Schadensersatzanspruchs die Mängelbeseitigungskosten nur dann ersetzt verlangt werden können, wenn eine **angemessene Frist zur Mängelbeseitigung** erfolglos abgelaufen ist.[1348] Demgegenüber ist die Verjährung der vertraglichen und deliktsrechtlichen Ansprüche gesondert zu beurteilen.[1349] Im Gegensatz zu dem vertraglichen Schadensersatzanspruch aus

---

[1338] Kapellmann/Messerschmidt/Langen § 13 Rn. 499; Beck VOB/B/Zahn § 13 Abs. 7 Rn. 40.
[1339] Messerschmidt/Voit/Voit § 13 Rn. 49; Kapellmann/Messerschmidt/Langen § 13 Rn. 500.
[1340] S. für Bsp. Kapellmann/Messerschmidt/Langen § 13 Rn. 501.
[1341] Beck VOB/B/Zahn § 13 Abs. 7 Rn. 7; BeckOK VOB/B/Koenen § 13 Abs. 7 Rn. 19.
[1342] Kapellmann/Messerschmidt/Langen § 13 Rn. 503; BeckOK VOB/B/Koenen § 13 Abs. 7 Rn. 19.
[1343] S. erg. Grüneberg/Grüneberg BGB § 287 Rn. 1 ff.
[1344] BGH NJW 1986, 922 (923 f.); Kapellmann/Messerschmidt/Langen § 13 Rn. 504.
[1345] BGH NJW 1986, 922 (924); BGH NJW 2021, 1883 Rn. 19; Kapellmann/Messerschmidt/Langen § 13 Rn. 506 f. mit Bsp.
[1346] S. hierzu erg. mit Bsp.: Kapellmann/Messerschmidt/Langen § 13 Rn. 509.
[1347] BGH NJW 1986, 922 (924); Kapellmann/Messerschmidt/Langen § 13 Rn. 505.
[1348] BGH NJW 1986, 922 (924); Kapellmann/Messerschmidt/Langen § 13 Rn. 505.
[1349] BGH NJW 2005, 1423 (1425); BeckOK VOB/B/Koenen § 13 Abs. 7 Rn. 26; Kapellmann/Messerschmidt/Langen § 13 Rn. 506.

§ 13

Abs. 7 verjährt der Anspruch aus § 823 Abs. 1 BGB in der regelmäßigen Verjährungsfrist des § 195 BGB und beginnt folglich gem. § 199 Abs. 1 BGB erst mit dem Schluss des Jahres zu laufen, in dem der Anspruch entstanden ist und der Auftraggeber von den den Anspruch begründenden Umständen und der Person des Schuldners Kenntnis erlangt oder ohne grobe Fahrlässigkeit erlangen müsste.[1350] Insbes. die kenntnisabhängige Verjährung, die unter Umständen weitaus länger als die Verjährung nach Abs. 4 reichen kann, macht einen konkurrierenden deliktsrechtlichen Schadensersatzanspruch praktisch relevant.[1351]

IX. AGB-Problematik

475 Haben die Parteien die VOB/B nicht „als Ganzes" vereinbart (→ Rn. 272 f.), unterliegen die einzelnen Klauseln der isolierten Inhaltskontrolle der §§ 305 ff. BGB; je nachdem wer Verwender der AGB ist, ist im Rahmen der Inhaltskontrolle zu prüfen, ob der Auftraggeber bzw. der Auftragnehmer durch den Abs. 7 unangemessen benachteiligt ist. Eine Inhaltskontrolle findet nicht zugunsten des Verwenders statt.[1352]

476 Ist der **Auftragnehmer Verwender,** ist die AGB-Wirksamkeit des Abs. 7 in verschiedener Hinsicht in der Literatur umstritten.[1353] Keine Bedenken bestehen bzgl. der Klauseln Nr. 1 und Nr. 2. Diese Klauseln sind inhaltlich so an die Klauselverbote des § 309 Nr. 7a und b BGB angepasst, dass die Haftung des Auftragnehmers gerade nicht unangemessen beschränkt wird.[1354] So haftet der Auftragnehmer für Schäden an Leben, Körper und Gesundheit, sowie für vorsätzlich und grob fahrlässig verursachte Schäden unbeschränkt auch bei unwesentlichen Mängeln, die die Gebrauchsfähigkeit nur unerheblich beeinträchtigen (→ Rn. 415 und 420).

477 Bzgl. der AGB-Wirksamkeit der Schadensersatzansprüche der Nr. 3 S. 1 und 2 wird insbes. eine unangemessene Benachteiligung des Auftraggebers und ein Verstoß gegen das **Transparenzgebot** diskutiert. Eine unangemessene Benachteiligung gem. § 307 Abs. 2 Nr. 1 BGB wird teilweise darin gesehen, dass der mangelbedingte Schadensersatzanspruch bei leichter Fahrlässigkeit des Auftragnehmers bei unwesentlichen Mängeln oder wesentlichen Mängeln, die die Gebrauchsfähigkeit des Werks nur unerheblich beeinträchtigen, ausgeschlossen ist. Die Einschränkung der Haftung führe dazu, dass die **Kardinalpflicht** des Auftragnehmers, ein mangelfreies Werk herzustellen, unzulässig beschränkt wird.[1355] Die Beschrän-

---

[1350] Kapellmann/Messerschmidt/Langen § 13 Rn. 506; BeckOK VOB/B/Koenen § 13 Abs. 7 Rn. 27.

[1351] Kapellmann/Messerschmidt/Langen § 13 Rn. 506; BeckOK VOB/B/Koenen § 13 Abs. 7 Rn. 27.

[1352] BGH NJW 1987, 837 (838); NZBau 2006, 383 Rn. 13; NZBau 2016, 629 Rn. 25; Kniffka/Koeble/Jurgeleit/Sacher/Jurgeleit KompBauR Teil 2 Rn. 198.

[1353] Für die Wirksamkeit der Klausel in weiten Teilen Weyer NZBau 2003, 521 ff.; die Wirksamkeit verneinend: Tempel NZBau 2002, 532 ff.

[1354] Weyer NZBau 2003, 521 (526); Staudinger/Peters Anhang I zu § 638 Rn. 7b; aA Tempel NZBau 2002, 532 (537).

[1355] Tempel NZBau 2002, 532 (536 f.); Ingenstau/Korbion/Sienz Anhang 3 Rn. 94; Staudinger/Peters Anhang I zu § 638 Rn. 7c; jedenfalls für Verbraucherverträge: Deckers NZBau 2008, 627 (631); aA mit Hinweis auf die § 281 Abs. 1 S. 3 BGB: Weyer NZBau 2003, 521 (526); zur AGB-Widrigkeit von Klauseln, die Kardinalpflichten einschränken im Allgemeinen: BGH NJW 2002, 673 (674).

Mängelansprüche **§ 13**

kung des mangelbedingten Schadensersatzanspruchs erscheint aber vor dem Hintergrund, dass die Tatbestandsvoraussetzungen des wesentlichen Mangels und der erheblichen Beeinträchtigung der Gebrauchsfähigkeit weit verstanden werden (→ Rn. 425 ff.), sodass es nur in Ausnahmefällen zu einem Ausschluss des mangelbedingten Schadensersatzanspruchs kommt, als gering. Darüber hinaus bleibt der Auftragnehmer auch bei unwesentlichen Mängeln, die die Gebrauchsfähigkeit nur unerheblich beeinträchtigen, zur Mängelbeseitigung bzw. zur Erstattung der Selbstvornahmekosten verpflichtet.

Gewichtigere Bedenken bestehen vor dem Hintergrund der Komplexität der **478** Regelung des Nr. 3 des Weiteren hinsichtlich der **Transparenz** der Klausel insgesamt,[1356] wie im Besonderen hinsichtlich Nr. 3 S. 2c und Nr. 4, die die Haftung für den Fall erweitern, dass der Schaden durch eine Haftpflichtversicherung gedeckt ist oder hätte gedeckt werden können.[1357] Der Auftraggeber kann aufgrund der Nr. 3 S. 2c nicht erkennen, ob diese im konkreten Fall anwendbar ist, weil er nicht wissen kann, in welchem Umfang der Auftragnehmer versichert ist oder sich hätte versichern können.[1358] Insgesamt ist das System der Schadensersatzansprüche des Nr. 3 mit seinen Ausnahmen und Rückausnahmen für einen durchschnittlichen Auftraggeber schwer verständlich, sodass bezweifelt werden kann, ob Nr. 3 den Anforderungen an Klarheit und Verständlichkeit des § 307 Abs. 1 S. 2 BGB genügt. In der Praxis ist dem die VOB/B verwendenden Auftragnehmer jedenfalls zu raten, sich nicht auf die Wirksamkeit der Nr. 3 zu verlassen.

Ist der **Auftraggeber Verwender** der AGB, bestehen die Wirksamkeitsbeden- **479** ken weitestgehend nicht, weil der Abs. 7 den Schadensersatzanspruch des Auftraggebers einschränkt, die Inhaltskontrolle aber nicht zugunsten des Verwenders durchgeführt wird (→ Rn. 475). Vereinzelt werden Transparenzbedenken hinsichtlich der Versicherbarkeit im Rahmen der Nr. 3 S. 2c, Nr. 4 angemeldet.[1359]

X. Prozessuales

Schadensersatzansprüche sind grundsätzlich im Wege der **Leistungsklage** gel- **480** tend zu machen. Der Klageantrag muss den Erfordernissen des § 253 ZPO entsprechen und somit auch einen bezifferten Klageantrag enthalten.[1360]

Die Erhebung einer **Feststellungsklage** ist bei Schadensersatzansprüchen aus- **481** nahmsweise für den Fall gestattet, dass der entstandene oder noch entstehende Schaden noch nicht abschließend beziffert werden kann[1361] oder die Schadensentwicklung noch nicht abgeschlossen ist.[1362] Dies ist bspw. der Fall, wenn zwar die Schädigung eines Rohrleitungssystems abgeschlossen ist, aber noch nicht geklärt werden kann, auf welche Weise und mit welchen Kosten der Schaden behoben

---

[1356] Ingendoh/Berger ZfIR 2008, 691 (695); Tempel NZBau 2002, 532 (537); Staudinger/Peters Anhang I zu § 638 Rn. 7c f.
[1357] Staudinger/Peters Anhang I zu § 638 Rn. 7d; Kapellmann/Messerschmidt/Langen § 13 Rn. 496; Peters NZBau 2006, 273 (276).
[1358] Vgl. zur Intransparenz einer vergleichbaren Klausel: OLG Braunschweig BeckRS 2009, 7581 = BauR 2009, 122.
[1359] Peters NZBau 2006, 273 (276); Beck VOB/B/Zahn § 13 Abs. 7 Rn. 53.
[1360] Ingenstau/Korbion/Wirth § 13 Abs. 7 Rn. 43.
[1361] BGH NZBau 2015, 363 Rn. 17; Beck VOB/B/Zahn § 13 Abs. 7 Rn. 159.
[1362] BGH NJW 1991, 2480 (2483); OLG Jena BeckRS 2015, 5174 Rn. 90 = IBR 2015, 149.

werden kann.[1363] Dies gilt allerdings nur für den Fall, dass die Erhebung einer Leistungsklage nicht zulässig oder nicht möglich ist, da andernfalls das Feststellungsinteresse abzulehnen ist.[1364] Die Feststellungsklage ist auch dann zulässig, wenn die Verjährung der Mängelansprüche droht.[1365] Eine Feststellungklage ist des Weiteren dann zulässig, wenn die Erhebung einer Leistungsklage unzumutbar ist, weil die Ansprüche noch nicht oder nicht ohne Durchführung einer aufwändigen Begutachtung beziffert werden können.[1366] Die Klagepartei soll nicht gezwungen sein, bereits vor Klageerhebung umfangreiche Privatgutachten einholen zu müssen, um den Klageantrag beziffern zu können.[1367] Eine vorprozessuale Pflicht ein Sachverständigengutachten einzuholen, besteht nicht.[1368] In der Praxis wird in dem Fall, dass eine Bezifferung der Mängelbeseitigungskosten nur mit großem Aufwand möglich ist, die Kostenvorschussklage jedenfalls für diese Kosten der praktikabelste Weg sein: Die Anforderungen an die Darlegung der voraussichtlichen Mängelbeseitigungskosten sind nicht hoch und bei Bestreiten des Auftragnehmers kann das Gericht ein Sachverständigengutachten einholen (→ Rn. 344).

482 Kann der Auftraggeber einen Teil seiner Schäden im Zeitpunkt der Klageerhebung bereits beziffern, ist er insoweit berechtigt, einen **Leistungsantrag und im Übrigen einen Feststellungsantrag** zu stellen.[1369] Zu einer Kombination aus Leistungs- und Feststellungsantrag ist der Auftraggeber jedenfalls dann nicht verpflichtet, wenn der Anspruch seiner Natur nach sinnvollerweise erst nach Abschluss der Schadensentwicklung beziffert werden kann.[1370] Bestand im Zeitpunkt der Klageerhebung das Feststellungsinteresse, ist der Auftraggeber nicht verpflichtet, im Verlauf des Prozesses zu einer Leistungsklage überzugehen, wenn er seine Ansprüche beziffern kann.[1371]

§ 14 Abrechnung

(1) **¹Der Auftragnehmer hat seine Leistungen prüfbar abzurechnen. ²Er hat die Rechnungen übersichtlich aufzustellen und dabei die Reihenfolge der Posten einzuhalten und die in den Vertragsbestandteilen enthaltenen Bezeichnungen zu verwenden. ³Die zum Nachweis von Art und Umfang der Leistung erforderlichen Mengenberechnungen, Zeichnungen und andere Belege sind beizufügen. ⁴Änderungen und Ergänzungen des Vertrags sind in der Rechnung besonders kenntlich zu machen; sie sind auf Verlangen getrennt abzurechnen.**

[1363] BGH NJW-RR 2008, 1520 Rn. 6.
[1364] OLG Hamm NZBau 2014, 34 (39); OLG Köln BeckRS 1993, 31051615 Rn. 4 = VersR 1993, 1376; Werner/Pastor BauProz/Manteufel Rn. 397.
[1365] BGH NZBau 2010, 365 Rn. 12 f.; OLG Hamm NZBau 2014, 34 (37).
[1366] BGH NJW 2006, 1271 (1275 f.); NJW 2000, 1256 (1257).
[1367] BGH NJW 2006, 1271 (1275 f.); Kniffka/Koeble/Jurgeleit/Sacher/Sacher KompBauR Teil 16 Rn. 20; aA OLG Celle NJW-RR 2007, 676 (677).
[1368] Vgl. für den Kostenvorschussanspruch: BGH NZBau 2003, 152 (153).
[1369] Beck VOB/B/Zahn § 13 Abs. 7 Rn. 159; Kleine-Möller/Merl/Glöckner PrivBauR-HdB/Merl § 22 Rn. 785.
[1370] BGH NJW 1984, 1552 (1554); Kniffka/Koeble/Jurgeleit/Sacher/Sacher KompBauR Teil 16 Rn. 27.
[1371] BGH NJW 1984, 1552 (1554); BGH NJW-RR 2004, 79 (81); Kniffka/Koeble/Jurgeleit/Sacher/Sacher KompBauR Teil 16 Rn. 21.

Abrechnung **§ 14**

(2) ¹Die für die Abrechnung notwendigen Feststellungen sind dem Fortgang der Leistung entsprechend möglichst gemeinsam vorzunehmen. ²Die Abrechnungsbestimmungen in den Technischen Vertragsbedingungen und den anderen Vertragsunterlagen sind zu beachten. ³Für Leistungen, die bei Weiterführung der Arbeiten nur schwer feststellbar sind, hat der Auftragnehmer rechtzeitig gemeinsame Feststellungen zu beantragen.

(3) Die Schlussrechnung muss bei Leistungen mit einer vertraglichen Ausführungsfrist von höchstens 3 Monaten spätestens 12 Werktage nach Fertigstellung eingereicht werden, wenn nichts anderes vereinbart ist; diese Frist wird um je 6 Werktage für je weitere 3 Monate Ausführungsfrist verlängert.

(4) Reicht der Auftragnehmer eine prüfbare Rechnung nicht ein, obwohl ihm der Auftraggeber dafür eine angemessene Frist gesetzt hat, so kann sie der Auftraggeber selbst auf Kosten des Auftragnehmers aufstellen.

Literatur: Dähne, Die Schlussrechnung des Auftraggebers nach § 14 Nr. 4 VOB/B, BauR 1981, 233 – 239; Jansen, Vorlage einer neuen Schlussrechnung in der Berufungsinstanz, NZBau 2008, 689 – 691; Schenkel, Die Vorlage einer neuen Schlussrechnung in der Berufungsinstanz, NZBau 2007, 6 – 9.; Ganten/Jansen/Voit, Beck VOB/B, 4. Aufl. 2023; Ingenstau/Korbion, VOB/B, 22. Auflage 2023; Kapellmann/Messerschmidt, VOB Teil A und B, 8. Auflage 2022; Leinemann, VOB/B Kommentar, 8. Auflage 2022; Heiermann/Riedel/Rusam, Handkommentar zur VOB, 14. Auflage 2017; Franke/Kemper/Zanner/Grünhagen/Mertens, VOB-Kommentar, 7. Auflage 2020; Kleine-Möller/Merl/Glöckner, Handbuch des privaten Baurechts, 6. Auflage 2019; Kniffka/Koeble/Jurgeleit/Sacher, Kompendium des Baurechts, 5. Auflage 2020; Cramer/Kandel/Preussner, BeckOK VOB/B, Edition 55, 2024; Leinemann/Kues, BGB-Bauvertragsrecht, 2. Aufl. 2023, Messerschmidt/Voit, Privates Baurecht, 4. Aufl. 2022; Leupertz/Preussner/Sienz, BeckOK Bauvertragsrecht, 24. Edition, 2024.

Übersicht

	Rn.
A. Allgemein	1
I. Einführung	1
II. Verhältnis zu den Vorschriften des BGB in der Fassung vom 1.1.2018	3
1. Anforderungen an die Prüffähigkeit der Schlussrechnung	4
2. Formelle und materielle Folgen der Prüffähigkeit bzw. deren Fehlens	7
3. Keine Mitwirkungspflichten des Bestellers bei der Rechnungserstellung	9
4. Schlussrechnungserstellung nach § 650g BGB als bloße Obliegenheit	10
5. Pflicht zur Schlussrechnungslegung aus anderen Gründen	11
III. Verhältnis zu den Vorschriften des BGB in der Fassung bis zum 31.12.2017	13
B. § 14 Abs. 1	15
I. Abrechnungspflicht	15
II. Prüffähigkeit	18
1. Maßstab der Prüffähigkeit	18
2. Folgen fehlender Prüffähigkeit	21

	Rn.
3. Rechnungen in Sonderfällen	24
a) Kündigung des Vertrages	24
b) Abrechnung des vorzeitig beendeten Pauschalpreisvertrages	25
c) Abrechnung von Nachtragsleistungen	27
III. Form	29
IV. Prüfungskriterien des § 14 Abs. 1	31
1. Übersichtlichkeit, Reihenfolge der Posten	33
2. Nachweise	35
3. Leistungsänderungen	40
4. Besonderheiten einzelner Vertragstypen	44
5. Materielle Rechnungsfehler, fehlende Bindung an die Rechnungsstellung	47
V. AGB-rechtliche Fragen	50
VI. Prozessuales	56
C. § 14 Abs. 2	64
I. Einführung	64
II. Verhältnis zum BGB-Vertrag	65
III. Anwendungsbereich, Gegenstand der Feststellungen	66
IV. Zeitpunkt der Leistungsfeststellung	69
V. Aufforderung zur gemeinsamen Leistungsfeststellung	70
VI. Art der Leistungsfeststellung, Beachtung der Abrechnungsbestimmungen	73
VII. Wirkung des gemeinsamen Aufmaßes	77
VIII. Reichweite der Bindungswirkung	82
IX. Gemeinsame Leistungsfeststellung unter Beteiligung Dritter	84
X. Nichtmitwirkung an dem gemeinsamen Aufmaß	85
1. Rechtsnatur des § 14 Abs. 2	85
2. Folgen des Fernbleibens des Auftraggebers	87
XI. AGB-rechtliche Fragen	92
XII. Prozessuales	96
D. § 14 Abs. 3	97
I. Anwendungsbereich	97
II. Verhältnis zum BGB-Vertrag	99
III. Schlussrechnung	100
IV. Frist zur Einreichung der Schlussrechnung	102
V. Fristversäumung	106
VI. AGB-rechtliche Fragen	108
VII. Prozessuales	109
E. § 14 Abs. 4	110
I. Einführung	110
II. Fehlen einer prüfbaren Schlussrechnung	113
III. Nachfristsetzung	116
IV. Berechtigung zur Rechnungsaufstellung durch den Auftraggeber	119
V. Inhalt der Rechnung des Auftraggebers	122
VI. Konsequenzen der Rechnungslegung	126
VII. Kostenerstattungsanspruch	129
VIII. AGB-rechtliche Fragen	133
IX. Prozessuales	135

A. Allgemein

I. Einführung

§ 14 regelt die **Abrechnung** des Vergütungsanspruches des Auftragnehmers 1
beim Bauvertrag sowie Einzelfragen zur Ermittlung von Abrechnungsparametern.
Die Bestimmung wird ergänzt durch § 15, der zusätzliche Regelungen für Stundenlohnverträge enthält, sowie § 16, der sich zur Bezahlung der Bauleistungen verhält. § 14 gilt grundsätzlich für alle in § 16 geregelten Abrechnungsarten für **Vergütungsansprüche** einschließlich der **Vergütungsersatzansprüche** nach §§ 642, 645, 648 BGB, § 6 Abs. 5, 6 sowie § 8 Abs. 1,[1] nicht aber für **sonstige Zahlungsansprüche** (Schadensersatz-, Vorschussansprüche) der Bauvertragsparteien.[2] Auch Ansprüche nach § 8 Abs. 3 Nr. 2 müssen nicht vom Auftraggeber nach § 14 abgerechnet werden.[3]

Ob § 14 Abs. 1 auch auf andere Rechnungen als Schlussrechnungen anwendbar 1a
ist, ist streitig.[4] Im Ergebnis ist die Anwendbarkeit zu bejahen, da die grundsätzlichen Vorgaben dazu, welche Angaben zur Nachvollziehbarkeit einer Rechnung vorliegen müssen, auch bei einer Abschlagsrechnung einschlägig sind. Die Beschränkungen aus § 16 Abs. 1 zu den notwendigen Nachweisen der abrechenbaren Leistungen beeinflussen nur die Frage, welche Qualität der Angaben bereits zur Bejahung einer Prüffähigkeit ausreichen, begründen aber keine hinsichtlich der Art der notwendigen Angaben von § 14 Abs. 1 abweichende Vorgabe.

Der **Abrechnungsbegriff** in § 14 entspricht dem Verständnis der **Rechnung** 2
als **einseitige Aufstellung** der abzurechnenden Ansprüche, wie er auch in § 286 Abs. 3 BGB zugrunde gelegt wird. Vorbehaltlich der gemeinsamen Feststellung der Abrechnungsgrundlagen nach § 14 Abs. 2 ist die Abrechnungserklärung des Auftragnehmers als Rechnung iSd § 14 zu verstehen. Eine unternehmliche Abrechnung, wie sie in § 782 BGB vorgesehen ist, ist nicht gemeint, wie sich unschwer aus § 16 Abs. 3 mit der dort geregelten Obliegenheit des Auftraggebers zur Prüfung und Feststellung der Schlusszahlung ergibt.[5]

II. Verhältnis zu den Vorschriften des BGB in der Fassung vom 1.1.2018

Das gesetzliche Bauvertragsrecht hat mit § 650g Abs. 4 BGB für den BGB- 3
Bauvertrag sowie nach der Verweisungsnorm des § 650u Abs. 1 BGB auch für den Bauträgervertrag die Stellung einer prüffähigen Schlussrechnung als Fälligkeitsvoraussetzung des Vergütungsanspruches des Werkunternehmers ausgestaltet. Auch beim Architekten- und Ingenieurvertrag ist eine Schlussrechnung gemäß § 650q BGB Fälligkeitsvoraussetzung, wobei die Vorschrift des § 650g BGB eine rechtliche Neugestaltung nur in den Fällen schafft, in denen nicht bereits die Verpflichtung des Architekten/Ingenieurs nach § 15 Abs. 1 HOAI bestand. Für Abschlagszahlungen sieht schließlich § 632a BGB vor, dass Abrechnungsgrundlage

---

[1] BGH NJW 1999, 1867.
[2] BGH NJW-RR 2000, 19.
[3] BGH NJW 2000, 1116; aA Heiermann/Riedel/Rusam/Kuffer § 8 Rn. 87.
[4] Bejahend Kapellmann/Messerschmidt/Messerschmidt, § 14 RN. 13, ablehnend Beck VOB/B – Voit, § 14 Abs. 1 Rn. 4.
[5] Ingenstau/Korbion/Locher § 14 Rn. 2.

§ 14

eine Aufstellung ist, die die sichere und schnelle Beurteilung der Leistungen ermöglichen muss.

4 **1. Anforderungen an die Prüffähigkeit der Schlussrechnung.** Die gesetzlichen Vorgaben dazu, wie eine Abschlags- bzw. Schlussrechnung prüffähig auszugestalten ist, beschränken sich auf das Erfordernis, eine übersichtliche Aufstellung zur Verfügung zu stellen, die für den Besteller nachvollziehbar sein muss. Damit ist die Grundanforderung aus § 14 Abs. 1 S. 2 einerseits, die Rechtsprechung zur Maßgeblichkeit der subjektiven Anforderungen des Auftragnehmers an die Darstellung der Schlussrechnung[6] andererseits kodifiziert worden.

5 Zur Auslegung des Begriffes der Prüffähigkeit der Schlussrechnung kann auch beim BGB-Bauvertrag auf die Vorgaben aus § 14 Abs. 1 abgestellt werden, wobei die Nichteinhaltung einzelner Anforderungen des § 14 Abs. 1 nicht ohne weiteres dazu führt, dass die Prüfbarkeit der Schlussrechnung iSd § 650g Abs. 4 BGB zu verneinen wäre.[7] Der Katalog des § 14 Abs. 1 ist allerdings auch nicht als abschließend anzusehen.

5a Insbesondere bei **Nachtragsleistungen** im Sinne des § 650b BGB kann der Umfang der zur Herstellung der Prüfbarkeit erforderlichen Angaben über die Vorgaben des § 14 hinausgehen. Welche Angaben bei der Abrechnung von Nachtragsleistungen notwendig sind, hängt davon ab, ob die Nachtragsleistung und deren Vergütung im Sinne von § 650b BGB **vereinbart** worden ist oder ob sie vom Besteller **angeordnet** worden ist. Im erstgenannten Fall reicht zur grundsätzlichen Berechnungsmethodik der Verweis auf die getroffene Vergütungsabrede, die sodann ggf. mit weiteren Nachweisen zur Dokumentation erbrachter Mengen ergänzt werden muss. Im letztgenannten Fall muss der Werkunternehmer, wenn er nicht nach § 650c Abs. 2 BGB auf die Urkalkulation zurückgreifen kann, die Vergütung aus den tatsächlichen Kosten einschließlich der zu berücksichtigenden Zuschläge nach § 650c Abs. 1 BGB herleiten, wobei dieser Berechnungsansatz nicht nur für die hinzugekommenen bzw. geänderten Leistungen heranzuziehen ist, sondern auch für die Infolge der Änderung in Wegfall geratenen.[8]

6 Ergänzt wird die Vorschrift des § 650g Abs. 4 BGB durch die Fiktion der Prüffähigkeit für den Fall, dass nicht binnen 30 Tagen nach Zugang vom Besteller begründete Einwendungen gegen die Prüffähigkeit erhoben werden, § 650g Abs. 4 S. 3 BGB. Diese Fiktion entspricht im Kern der Regelung in § 16 Abs. 3 Nr. 1. Die unterschiedliche Formulierung – begründete Einwendungen in § 650g Abs. 4 BGB, Einwendungen unter Angabe der Gründe in § 16 Abs. 3 Nr. 1 – führt nicht zu unterschiedlichen Anforderungen an die zu erhebenden Einwendungen. Auch beim BGB-Vertrag ist erforderlich, dass der Besteller konkret benennt, welche Angaben der Auftragnehmer noch machen muss, um die Prüffähigkeit herzustellen. Die allgemeine Rüge, die Rechnung sei nicht prüffähig, reicht nicht. Der Besteller muss vielmehr dem Werkunternehmer gegenüber darstellen, warum sie für den Besteller nicht prüffähig ist.

6a Die Regelung in § 650g Abs. 4 BGB unterscheidet sich von § 16 Abs. 3 Nr. 1 durch das Fehlen einer expliziten Regelung zu einer Verlängerung der Prüfungsfrist. Es dürfte aber einiges dafürsprechen, dass unter den Voraussetzungen des § 16 Abs. 3 Nr. 1 durch Individualvereinbarung auch die gesetzlich vorgesehene

---

[6] BGH NJW-RR 1999, 1180.
[7] Messerschmidt/Voit/Messerschmidt BGB § 650g Rn. 104.
[8] BeckOK BauVertR/Hummel, § 650g BGB Rn. 76c.

Abrechnung **§ 14**

Frist verlängert werden darf. Eine Verlängerung durch AGB ist demgegenüber mit Rücksicht auf § 271a BGB mit § 307 BGB nicht vereinbar.[9]

2. Formelle und materielle Folgen der Prüffähigkeit bzw. deren Fehlens. Ist die Schlussrechnung für den Besteller nicht prüffähig und rügt der Besteller die Mängel der Rechnung qualifiziert, tritt die Fälligkeit des Vergütungsanspruchs nicht ein. Die gesetzliche Regelung unterscheidet sich insoweit nicht von der Gestaltung in der VOB/B. Die formellen Konsequenzen einer nicht prüffähigen Abschlagsrechnung hat der Gesetzgeber offengelassen. 7

In materiell-rechtlicher Hinsicht ist beim BGB-Vertrag ebenso wie beim VOB/B-Vertrag durch Ablauf der Prüffrist die Erhebung von materiellen **Einwendungen** gegen die sachliche Richtigkeit der Schlussrechnung **nicht ausgeschlossen.** Auch beim BGB-Bauvertrag kann der Besteller jederzeit die inhaltliche Richtigkeit der Schlussrechnung abstreiten, unabhängig davon, ob er die Schlussrechnung geprüft hat, sie prüffähig war und ggf. Einwendungen gegen die Prüffähigkeit rechtzeitig angebracht worden sind. Eine Präklusion von materiellen Einwendungen des Bestellers tritt durch § 650g Abs. 4 S. 3 BGB nicht ein.[10] 7a

Soweit der Besteller rechtzeitig und qualifiziert die **fehlende Prüffähigkeit** der Schlussrechnung **gerügt** hat, greift die Bestimmung des § 650g Abs. 4 BGB **erneut,** wenn der Werkunternehmer eine nachgebesserte oder komplett neue Schlussrechnung vorlegt. Ist demgegenüber wegen fehlender oder nicht fristgerecht angebrachter Rügen die **Prüffähigkeit** der Schlussrechnung **fingiert,** bleiben die Wirkungen der eingetretenen Fälligkeit auch dann **bestehen,** wenn der Werkunternehmer später eine korrigierte Schlussrechnung vorlegt. Hier gilt nichts anderes als bei § 16 Abs. 3.[11] 8

Keine Auswirkungen hat schließlich die Stellung der Schlussrechnung für das Recht des Unternehmers, in der Schlussrechnung **nicht erfasste Vergütungsansprüche** noch nachträglich geltend zu machen. Sieht man von der (nur ausnahmsweise gegebenen) Fallgestaltung ab, bei der die Schlussrechnungseinrede nach § 16 Abs. 3 wirksam erhoben werden kann, tritt durch die Stellung einer Schlussrechnung **keine Bindungswirkung** zu Lasten des Unternehmers ein.[12] Beschränkt wird die Möglichkeit zur Geltendmachung von Nachforderungen nur dann, wenn dieses im Ausnahmsfall treuwidrig ist oder aber sich die durch die Stellung der Schlussrechnung in Lauf gesetzte Verjährungsfrist vollendet hat. In verjährungsrechtlicher Hinsicht gibt beim BGB-Bauvertrag nichts anderes als bei § 16 Abs. 3: Die prüffähige oder als prüffähig fingierte Schlussrechnung begründet die Fälligkeit des objektiv bestehenden Vergütungsanspruches, nicht nur die des abgerechneten. § 650g Abs. 4 BGB zielt auf § 16 VOB/B ab und soll nicht eine gespaltene Verjährungsfrist nur bezogen auf die jeweilige Rechnungssumme eröffnen. Dass Grundkonzept der einheitlichen Inlaufsetzung der Verjährungsfrist aus § 641 BGB ist durch § 650g Abs. 4 BGB nicht aufgegeben worden.[13]

3. Keine Mitwirkungspflichten des Bestellers bei der Rechnungserstellung. Keine Anwendung finden die Regelungen des § 14 Abs. 2 auf den BGB- 9

---

[9] Beck VOB/B/Kandel 16 Abs. 3 Rn. 13; unklar Leinemann/Kues/von Kiedrowski BauvertragsR BGB § 650g Rn. 59.
[10] BeckOK BauVertrR/Hummel, § 650g Rn. 78.
[11] Beck VOB/B/Kandel 16 Abs. 3 Rn. 27b.
[12] BGH NZBau 2017, 107 Rz. 12, aA MüKoBGB/Busche § 650g Rn. 16.
[13] weshalb OLG Karlsruhe IBRRS 2023, 0730 auf den Bauvertrag auch nicht übertragbar ist.

Bauvertrag. Der Besteller ist, soweit nicht das Kooperationsverhältnis der am Bau Beteiligten ausnahmsweise zu einem abweichenden Ergebnis führt, nicht verpflichtet, sich an einem gemeinsamen Aufmaß zu beteiligen. Das Gesetz kennt keine entsprechende Mitwirkungsobliegenheit des Bestellers. Sie ist auch für die ordnungsgemäße Abwicklung des Bauvertrages nicht erforderlich. Wenn der Werkunternehmer sich die Vorteile eines gemeinsamen Aufmaßes sichern will, muss er ein solches vereinbaren, was auch durch allgemeine Geschäftsbedingungen möglich ist.

10   **4. Schlussrechnungserstellung nach § 650g BGB als bloße Obliegenheit.** Auch das starre Fristensystem des § 14 Abs. 3 sowie die Möglichkeit zur eigenen Aufstellung der Schlussrechnung durch den Besteller nach § 14 Abs. 4 findet keine Entsprechung in § 650g Abs. 4 BGB.[14] Der Besteller kann damit nicht durch eine von ihm selbst erstellte Schlussrechnung die Fälligkeit der Vergütung des Werkunternehmers herbeiführen. Die Stellung der Schlussrechnung ist durch § 650g Abs. 4 BGB als Obliegenheit des Werkunternehmers ausgestaltet. Wenn der Werkunternehmer die Rechnung nicht erstellt, besteht folgerichtig aus § 650g BGB kein klagbarer Anspruch auf deren Erteilung. Dem Besteller bleibt daher, wenn nicht aus anderen Rechtgründen ein Anspruch auf Rechnungslegung besteht, nur die Möglichkeit, sich im Hinblick auf eine durch Nicht-Stellung der Schlussrechnung eintretende „Vereitelung" des Beginns der Verjährungsfrist auf ein treuwidriges Verhalten des Werkunternehmers zu berufen.

11   **5. Pflicht zur Schlussrechnungslegung aus anderen Gründen.** Allerdings kann sich eine Abrechnungspflicht des Werkunternehmers aus anderen Gründen ergeben.

Der praktisch bedeutsamste Ausnahmefall ergibt sich im Falle von **Voraus- oder Abschlagszahlungen.** Liegen Vorauszahlungs- oder Abschlagsrechnungen des Werkunternehmers vor, ist nach Beendigung der Arbeiten über diese abzurechnen. Es handelt sich um eine vertragliche Nebenverpflichtung, die der Geltendmachung der Abschlagsforderung bzw. der Vorauszahlungsvereinbarung innewohnt.[15] Wird daher die Schlussrechnung vom Werkunternehmer nach zuvor erstellter Abschlagsrechnung nicht erstellt, kann der Besteller den **Rechnungslegungsanspruch einklagen.**[16] Alternativ besteht für den Besteller in diesem Fall die Möglichkeit, auf der Grundlage einer **eigenen Berechnung,** die nicht die Qualität einer Schlussrechnung aufweisen muss, einen Saldo zu ermitteln und diesen sodann einklagen.[17] Es ist dann Sache des Werkunternehmers, dem durch Vorlage einer eigenen prüffähigen Schlussrechnung entgegenzutreten.[18]

12   Eine weitere Ausnahme ergibt sich aus dem **Umsatzsteuerrecht.** In den Fällen, in denen der Besteller Umsatzsteuerschuldner ist (§ 13b UStG) oder aber der Besteller vorsteuerabzugsberechtigt ist, ist der Werkunternehmer nach §§ 14, 14a UStG verpflichtet, eine Rechnung zu erstellen. Dieser Anspruch ist als vertragliche Nebenpflicht auch einklagbar.[19]

---

[14] OLG Hamburg BeckRS 2018, 39785 = BauR 2019, 1306.
[15] BGH ZfBR 1999, 196.
[16] Leinemann/Kues/von Kiedrowski BauvertragsR BGB § 650g Rn. 58.
[17] BGH ZfBR 1999, 196.
[18] BGH ZfBR 2002, 473; KKJS Kompendium BauR/Koeble Teil 11 Rn. 653.
[19] BGH NJW-RR 2002, 376.

Abrechnung **§ 14**

Entsprechendes gilt, wenn die Rechnungsstellung als **Nebenpflicht** des Werkunternehmers **vereinbart** worden ist. Eine solche Vereinbarung dürfte auch konkludent zustande kommen können, etwa wenn der Werkunternehmer weiß, dass der Besteller der Rechnung zur Erlangung von **Fördermitteln** oder Subventionen bedarf. Weiß der Werkunternehmer, dass der Besteller Fördermittel etwa der kfw beanspruchen will, ist er verpflichtet, die zur Inanspruchnahme erforderliche Rechnung zu erstellen. Das gilt erst recht, wenn er, etwa bei Bauträgerverträgen, die Finanzierungsmöglichkeit über die kfw selbst ausdrücklich bewirbt.   12a

Ein danach bestehender Anspruch auf Abrechnung führt allerdings nicht dazu, dass der Besteller berechtigt wäre, selbst die Rechnung aufzustellen, um damit alle mit der Rechnungslegung verbundenen Folgen, insbesondere den Beginn der **Verjährungsfrist,** herbeizuführen. Die vom Besteller gefertigte Berechnung kann Grundlage einer Klage auf Rückzahlung von Abschlagszahlungen sein, stellt aber keine Schlussrechnung nach § 650g BGB dar.   12b

III. Verhältnis zu den Vorschriften des BGB in der Fassung bis zum 31.12.2017

Für Altfälle, somit Vertragsverhältnisse, die bis zum 31.12.2017 begründet worden ist, enthält das Gesetz keine § 14 entsprechende Norm. Das BGB kennt in § 286 Abs. 3 BGB zwar den Begriff der Rechnung und in § 632a Abs. 1 S. 4 BGB den Begriff der Leistungsaufstellung. In beiden Fällen wird mit der Rechnungslegung aber **keine Fälligkeitsvoraussetzung** geregelt.[20] Die Fälligkeit des Vergütungsanspruchs des Auftragnehmers beim BGB-Werkvertrag wird vielmehr allein durch die **Abnahme** oder deren Substitute gemäß § 641 Abs. 2 BGB herbeigeführt, im Falle der Abschlagszahlung durch Herstellung einer vertragsgemäßen Leistung und Zahlungsanforderung, § 632a BGB.   13

Allerdings ist auch beim BGB-Vertrag nach alter Rechtslage vielfach die **nachvollziehbare Darlegung** der Ermittlung des Vergütungsanspruches notwendige Voraussetzung, um diesen **durchsetzen** zu können, wenn der Auftraggeber ohne eine solche Darstellung die Höhe der geschuldeten Vergütung nicht nachhalten kann.[21] Der Auftraggeber kommt dann ohne eine Rechnungslegung durch den Auftragnehmer nicht in Verzug.[22] Das Fehlen der Abrechnung ändert aber nichts am Eintritt der Fälligkeit und damit verbunden auch dem Inlaufsetzen der **Verjährungsfrist** unabhängig von der Rechnungslegung, arg. § 205 BGB.[23]   14

B. § 14 Abs. 1

I. Abrechnungspflicht

§ 14 Abs. 1 regelt die **Verpflichtung** des Auftragnehmers, seine Leistungen gegenüber dem Auftraggeber **prüffähig abzurechnen** sowie die Modalitäten, wie diese Abrechnung auszusehen hat. Die Klausel erfasst dabei alle Formen von   15

---

[20] BGH NZBau 2002, 329 (330); Ingenstau/Korbion/Locher § 14 Rn. 7; aA OLG Frankfurt a. M. BeckRS 1997, 10173 Rn. 25 = BauR 1997, 856; Kapellmann/Messerschmidt/Messerschmidt § 14 Rn. 5.
[21] OLG Bamberg BeckRS 2003, 31150150 = BauR 2003, 1227.
[22] BGH NJW 2006, 3271 (3272); KKJS Kompendium BauR/Kniffka Teil 4 Rn. 495a.
[23] BGH NJW-RR 2012, 579 Rn. 23.

§ 14

Rechnungen, wie sie in § 16 benannt werden. Soweit zwischen den Parteien des VOB/B-Vertrages darüber hinaus weitere Abrechnungen der Leistungen des Auftragnehmers vorgesehen sind, gilt § 14 auch für diese.[24]

16 Die Pflicht zur Rechnungslegung ist nicht nur Obliegenheit des Auftragnehmers, sondern echte **Nebenpflicht**,[25] deren Verletzung zu Schadensersatzansprüchen des Auftraggebers führen kann.[26] Als Schaden des Auftraggebers kommt dabei weniger der Aufwand für die eigene Rechnungserstellung in Betracht – insoweit besteht der verschuldensunabhängige Kostenerstattungsanspruch nach § 14 Abs. 4 –, sondern vor allem ein aufgrund der verspäteten Rechnungserstellung eintretender Vermögensnachteil, etwa in Gestalt wegen Zeitablaufs nicht mehr realisierbarer öffentlicher Subventionen oder Zinsschäden (Differenz zwischen Bereitstellungszins und Kreditzins). Die Regelung der VOB/B weicht insoweit weiterhin von der gesetzlichen Bestimmung ab, die im Rahmen des § 650g BGB keine Pflicht zur Rechnungserstellung begründet hat. → § 14 Rn. 9 ff.

17 Vereinbaren die Parteien, dass der Auftragnehmer keine Rechnung stellen soll – treffen sie also eine **Schwarzgeldabrede** – führt das zur Nichtigkeit des Gesamtvertrages. Weder der Auftraggeber[27] noch der Auftragnehmer[28] kann Ansprüche aus einem solchen Vertragsverhältnis herleiten. Das gilt auch bei nachträglichen Ohne-Rechnung-Abreden[29] und Abreden zu teilweiser Vergütung ohne Rechnung, jedenfalls soweit letztere sich nicht auf konkret abgrenzbare Teilleistungen beziehen.

II. Prüffähigkeit

18 **1. Maßstab der Prüffähigkeit.** Die Abrechnung ist vom Auftragnehmer **prüffähig** zu erstellen. Die Anforderungen an die Prüffähigkeit sind dabei nicht objektiv, sondern bezogen auf die **Informations- und Kontrollinteressen** des jeweiligen Auftraggebers und damit nach dessen Erkenntnishorizont zu bestimmen. Die Prüffähigkeit der Rechnung ist dementsprechend **kein Selbstzweck**,[30] sondern am Maßstab der Fähigkeiten und Kenntnisse des Auftraggebers und seiner Hilfskräfte sowie den jeweiligen Besonderheiten der Vertragsgestaltung und -durchführung zu beurteilen.[31] Dem Auftraggeber sind bei der Beurteilung seiner Prüfungsbedürfnisse die Kenntnisse und Fähigkeiten seiner tatsächlich vorhandenen **Hilfspersonen** zuzurechnen. Er ist aber nicht verpflichtet, sich fremden Sachverstandes zu versichern, wenn er nicht im Rahmen der Bauabwicklung ohnehin schon auf solchen zugreifen kann.

18a Bei einem Einheitspreisvertrag werden zur Prüffähigkeit im Regelfall Darstellungen zur hergestellten **Menge** je Position, zum **Einheitspreis**, zu bereits gestellten Vorauszahlungen und Abschlagrechnungen erforderlich sein. Mengenansätze

---

[24] Kapellmann/Messerschmidt/Messerschmidt § 14 Rn. 13.
[25] BGH NZBau 2009, 707 Rn. 46; Ingenstau/Korbion/Locher § 14 Abs. 1 Rn. 2; BeckOK VOB/B/Cramer § 14 Abs. 1 Rn. 1.
[26] Beck VOB/B/Voit Vor § 14 Rn. 9.
[27] BGH NJW 2013, 3167 Rn. 27 ff.
[28] BGH NJW 2015, 1805 Rn. 12; BGH 15.6.2015 – VII ZR 216/14: auch Bereicherungsansprüche sind nach § 817 BGB ausgeschlossen.
[29] BGH NJW 2017, 1808.
[30] BGH NJW-RR 1999, 1180.
[31] BGH NZBau 2000, 508.

Abrechnung **§ 14**

werden dabei meist durch **Aufmaßblätter** und **Pläne** zu unterlegen sein, wobei, auch in Abhängigkeit von den vertraglichen Vereinbarungen, vor Ort erstellte Aufmaße – und nicht Ermittlungen rein auf Basis von Plänen – notwendig sind.[32] Bei Stundenlohnarbeiten sind die Angaben nach § 15 erforderlich.

Wenn der Auftraggeber oder dessen Architekt oder sonstige Hilfsperson die 19 Rechnung **tatsächlich geprüft hat**, dann **ist sie** als **prüffähig** iSd § 14 Abs. 1 anzusehen, auch wenn ein Dritter, insbesondere ein Gericht, eine Nachvollziehbarkeit des Rechenwerkes verneint.[33] Entsprechendes gilt, wenn jedenfalls Teile der Rechnung geprüft worden sind. Dann ist dieser Teil prüffähig, auch wenn weitere Rechnungsteile nicht nachvollziehbar ausgestaltet sind.

Die Prüffähigkeit der jeweiligen Rechnung ist von ihrer **inhaltlichen Richtig-** 20 **keit** zu differenzieren. Prüffähigkeit bedeutet nicht sachlich zutreffend, sondern lediglich nachvollziehbar und damit auch auf Fehler kontrollierbar.[34] Eine inhaltlich falsche, aber prüffähige Rechnung führt damit zur Fälligkeit des objektiv berechtigten Vergütungsanspruches.

2. Folgen fehlender Prüffähigkeit. Die **fehlende Prüffähigkeit** ist bei 21 **Schlussrechnungen** rechtlich nur dann relevant, wenn sie vom Auftragnehmer **rechtzeitig** und **substantiiert** gerügt wird. Der Auftraggeber muss die Rüge der fehlenden Prüffähigkeit innerhalb der in § 16 Abs. 3 Nr. 1 vorgesehenen Frist, regelmäßig also binnen 30 Tagen, erheben. Inhaltlich muss die Rüge dem Auftragnehmer verdeutlichen, welche Mängel die von ihm erstellte Rechnung hat, damit er sie entsprechend des Informationsbedürfnisses des Auftraggebers nachbessern kann.[35]

Der Einwand fehlender Prüffähigkeit kann vom Auftraggeber dann nicht erho- 22 ben werden, wenn das **rechtsmissbräuchlich** wäre. Ein solcher Rechtsmissbrauch wird angenommen, wenn der Auftraggeber überhaupt keine Rechnungsprüfung vornehmen will,[36] wenn er sie trotz fehlender Prüffähigkeit vorgenommen hat,[37] auch weil ihm die zur Prüfung notwendigen Informationen anderweitig vorliegen, oder wenn er die Erhebung der für die prüffähige Rechnungsaufstellung notwendigen Feststellungen vereitelt.

Bei **anderen Rechnungen** als Schlussrechnungen und Teilschlussrechnungen 23 führt die fehlende Prüffähigkeit in der Regel dazu, dass die abgerechnete Forderung **nicht fällig** wird.[38] Das ist allerdings streitig. Die Gegenauffassung, die hier überwiegend noch auf dem Rechtsstand der VOB/B 2009 argumentiert, steht auf dem Standpunkt, dass hier innerhalb der Frist des § 16 Abs. 1 von 21 Tagen oder der Prüffrist des § 16 Abs. 3 von 30 Tagen eine qualifizierte Rüge vom Auftraggeber erhoben werden muss.[39] Es besteht allerdings bei Abschlagsrechnungen keine Veranlassung, den pflichtwidrig in einer nicht prüffähigen Weise abrechnenden Auftragnehmer Vorteile durch Verzugsansprüche zu verschaffen, weil der

---

[32] KG, IBRRS 2023, 3044; OLG Brandenburg IBRRS 2019, 0403.
[33] OLG Bamberg NZBau 2004, 272 (273).
[34] BGH NJW 1999, 1867 (1868).
[35] BGH NZBau 2004, 216 (218); 2005, 40 (41) Beck VOB/B/Kandel § 16 Abs. 3 Rn. 27a.
[36] BGH NJW 1998, 135.
[37] BGH NJW 2002, 676.
[38] Beck VOB/B/Kandel § 16 Abs. 1 Rn. 61.
[39] Kapellmann/Messerschmidt/Messerschmidt § 16 Rn. 190; Ingenstau/Korbion/Locher § 16 Abs. 1 Rn. 42.

Auftraggeber ihm keine qualifizierten Hinweise zu den Anforderungen an eine prüffähige Abschlagsrechnung erteilt. Dem steht bereits entgegen, dass nach § 16 Abs. 3 der Auftraggeber nur zur Prüfung der Schlussrechnung veranlasst ist, eine entsprechende Vorgabe in § 16 Abs. 1 aber gerade nicht begründet wird. Die gesetzlichen Regelungen zum Bauvertrag geben keine Veranlassung zu einer abweichenden Beurteilung. Auch das Gesetz trifft explizite Regelungen zu unterbliebenen Hinweisen fehlender Prüffähigkeit in § 650g BGB nur zur Schlussrechnung.[40]

24 **3. Rechnungen in Sonderfällen. a) Kündigung des Vertrages.** Die Vorgaben des § 14 gelten nicht nur beim störungsfrei abgewickelten Bauvertrag, sondern auch bei gestörten Verhältnissen, somit insbesondere im Falle der **Kündigung** des Bauvertrages. Der Auftragnehmer muss auch in diesem Fall den Vergütungsanspruch prüfbar abrechnen.[41] Dabei sind grundsätzlich die **gleichen Anforderungen** an die Prüffähigkeit seiner Abrechnung zu stellen, wie bei einer Schlussrechnung nach vollständiger Leistungserbringung. Es ist allerdings die Vergütung für die **erbrachte Leistung** und – im Falle der freien Auftraggeberkündigung, der Kündigung nach § 8 Abs. 2 oder den Kündigungen nach § 9 oder § 650f BGB – von der Vergütung für die **nichterbrachte Leistung** zu **differenzieren**, wobei für letztere dann die Vorgaben von § 648 BGB zu beachten sind. Der Vergütungsanteil für die nicht erbrachte Leistung enthält mangels Leistungsaustausch keine Umsatzsteuer.[42]

25 **b) Abrechnung des vorzeitig beendeten Pauschalpreisvertrages.** Im Falle des vorzeitig beendeten **Pauschalpreisvertrages** ergeben sich Besonderheiten bei der Herstellung der Prüfbarkeit der Abrechnung dahingehend, als der Auftragnehmer regelmäßig die **Kalkulation** des Pauschalpreises offenlegen muss. Im Rahmen der Abrechnung hat der Auftragnehmer die erbrachten Leistungen darzulegen. Deren Vergütung bestimmt sich nach dem **Verhältnis** des Wertes der erbrachten **Teilleistung** zum Wert der geschuldeten **Gesamtleistung**.[43] Der Auftragnehmer muss entsprechend darlegen, welche Leistungen insgesamt zu erbringen waren, welche erbracht wurden und wie die einzelnen Teilleitungen zu bewerten sind. Grundlage der Bewertung ist dabei die **Urkalkulation** des Auftragnehmers. Sofern eine solche fehlt, kann ggf., soweit vorhanden, ein ursprüngliches Einheitspreisangebot in Verbindung mit einem Aufmaß herangezogen werden. Andernfalls muss eine Kalkulation nachträglich erstellt werden. Ein **Zahlungsplan** ist kein tauglicher Ansatzpunkt einer Leistungsbewertung.[44]

26 Der Grundsatz der Entwicklung der Abrechnung des vorzeitig beendeten Pauschalpreisvertrages aus der Urkalkulation gilt nicht uneingeschränkt. Bei nur noch **geringfügigen ausstehenden Leistungen** kann der Auftragnehmer statt der Aufschlüsselung der kompletten Leistungen für die Ermittlung der Vergütung für die erbrachte Leistung den Wert der ausstehenden Leistungen auf der Basis tatsächlicher Ausführungskosten darlegen und von der vereinbarten Gesamtvergü-

---

[40] Messerschmidt/Voit/Messerschmidt BGB § 650g Rn. 101.
[41] BGH NJW 1999, 1867 (1868).
[42] BGH NJW 2008, 1522 Rn. 17; BFH IBR 2022, 98.
[43] BGH NJW 2000, 1257.
[44] BGH NJW 2000, 1257.

tung **in Abzug** bringen.[45] Der kalkulatorische Ansatz muss dann nicht aufgeschlüsselt werden. Umsetzbar ist eine derartige Abrechnung dabei insbesondere dann, wenn der Ansatz tatsächlicher Kosten über objektivierbare Daten belegt werden kann. Das ist insbesondere in den Fällen möglich, in denen der Wert der noch ausstehenden Leistungen über **Kostenansätze eines Drittunternehmers** ermittelt wird. Sofern der Auftraggeber keine triftigen Gründe geltend machen kann, dass ihn diese Form der Abrechnung benachteiligt – weil der Auftragnehmer selbst mit höheren Aufwendungen für die nichterbrachten Leistungen kalkuliert hat – kann er eine vollständige kalkulatorische Aufschlüsselung des erbrachten Leistungsteils nicht verlangen.[46]

c) Abrechnung von Nachtragsleistungen. Sofern sich die Abrechnung von 27 Nachtragsleistungen nicht aufgrund einer zwischen Auftraggeber und Auftragnehmer getroffenen **Preisvereinbarung** erfolgt, sondern sich nach erfolgter Anordnung der zusätzlichen oder geänderten Leistung nach § 2 richtet, ist der Umfang und Gegenstand der weiteren Darlegung davon abhängig, welche Art der Nachtragspreisermittlung zugrunde zu legen ist. Bei einer **vorkalkulatorischen Preisfortschreibung** ist die Urkalkulation sowie die Ableitung des Preises für die geänderte oder zusätzliche Leistung aus dieser vorzulegen. Ist demgegenüber die Abrechnung auf der Grundlage der **tatsächlichen Kosten** im Sinne des § 650c BGB maßgeblich, sind die tatsächlichen Kosten der ausgeführten Leistung nebst der Zuschläge für AGK, Wagnis und Gewinn sowie deren Angemessenheit darzustellen. Im Falle geänderter Leistungen sind zudem die tatsächlichen Kosten einschließlich der Zuschläge für die weggefallene Leistung darzustellen[47] und entsprechend die Kosten von hinzugekommener und entfallener Leistung zu saldieren. Unter den Voraussetzungen des § 650c Abs. 2 BGB kann der Auftragnehmer auch im Falle der Abrechnung auf der Basis der tatsächlichen Kosten die Preisableitung aus der **Urkalkulation** vornehmen. Voraussetzung für das Wahlrecht des Auftragnehmers ist dabei aber, dass die Urkalkulation vertragsgemäß hinterlegt werden musste und hinterlegt worden ist. Liegen diese Voraussetzungen nicht vor, kann der Auftragnehmer nicht einseitig auf eine Urkalkulation zurückgreifen. Hat der Auftragnehmer berechtigt auf die Urkalkulation zum Nachweis der tatsächlichen Kosten abgestellt, kann er noch auf die Vergütungsermittlung nach § 650c Abs. 1 BGB auf der Basis der tatsächlichen Kosten verwiesen werden, wenn der Auftraggeber die **Vermutung** des § 650c Abs. 2 BGB widerlegt.

Prozessual ist im Hinblick auf die Widerlegung der Vermutung des § 650c 28 Abs. 2 BGB zu beachten, dass der Auftraggeber den Beweis des Gegenteils führen muss, § 292 ZPO. Eine weitere Schwierigkeit besteht dabei noch darin, dass unklar ist, ob der Beweis des Gegenteiles sich auf die Kostenelementebene beziehen muss, oder auf das Ergebnis der Berechnung des Nachtragspreises. Die Gesetzesbegründung stellt auf ersteres, der Gesetzeswortlaut aber auf letzteres ab.[48] Es dürfte hier vieles dafür sprechen, dass die Kostenelementeebene richtig ist. Daher muss der Auftraggeber den Nachweis führen, dass die tatsächlichen Kosten nebst Zuschlägen niedriger sind als die Vergütung, die sich auf der Basis der Urkalkulation ergibt. Sachlich muss zur Widerlegung der Vermutung der Auftraggeber die

---

[45] BGH NZBau 2000, 375 (377); OLG Hamm NZBau 2006, 576 (577).
[46] BGH BeckRS 2014, 08786 Rn. 5 = ZfBR 2014, 473.
[47] BeckOK BauVertrR/Hummel, § 650g BGB Rn. 76c.
[48] Messerschmidt/Voit/Leupertz BGB § 650c Rn. 35a.

Abrechnung nach § 650c Abs. 1 BGB vornehmen und ggf. beweisen. Ungeklärt ist in diesem Zusammenhang noch, in welchem Umfang den Auftragnehmer eine sekundäre Darlegungslast trifft.[49] Es ist allerdings nicht erkennbar, dass das wirtschaftliche Interesse des Auftragnehmers, die tatsächlichen Kosten nicht offenlegen zu müssen, dazu führen könnte, die prozessualen Grundsätze der sekundären Darlegungslast außer Kraft zu setzen. Bei substantiiertem Sachvortrag des Auftraggebers wird daher der Auftragnehmer verpflichtet sein, konkreten Gegenvortrag auf der Basis der tatsächlich bei ihm angefallenen Kosten anzubringen. Das wird erst recht für die Zuschläge gelten müssen, die weitgehend reines Internum des Auftragnehmers darstellen.

III. Form

29 Die Rechnungsstellung hat in **Textform** (§ 125b BGB) zu erfolgen.[50] Die (gesetzliche) Schriftform ist entgegen einer weit verbreiteten Auffassung[51] nach Maßgabe von § 14 **nicht** erforderlich. Der Klauseltext enthält keine Formvorgaben. Zur Herbeiführung der Nachvollziehbarkeit der Rechnung ist die Textform ausreichend. Damit ist nach § 14 insbesondere auch eine in **elektronischer Form** übermittelte Rechnung ausreichend, wenn die inhaltlich notwendigen Angaben auf diesem Wege dem Auftraggeber in einer für ihn nachvollziehbaren Form zur Verfügung gestellt werden können.[52] Nachvollziehbarkeit in diesem Sinn meint dabei auch die Verwendung eines Dateiformates der elektronischen Rechnung, das entweder allgemeingebräuchlich ist oder aber jedenfalls dem Auftraggeber zur Verfügung steht.[53]

29a Zu beachten ist, dass im unternehmerischen Verkehr § 14 Abs. 2 Nr. 1 UStG die Verpflichtung zur Erstellung von elektronischen Rechnungen in einem strukturierten Datenformat begründet, wobei bis Ende 2026 bzw. 2027 noch davon unter weiteren Voraussetzungen abgewichen werden kann (§ 27 Abs. 38 UStG). Wie die Vorgaben des strukturierten Datenformats des Umsatzsteuerrechtes[54] mit den Vorgaben des § 14 (gerichtsverwertbar) harmonisiert werden können, bleibt abzuwarten.

30 Bis zum Ablauf der Übergangsfristen des § 27 Abs. 38 UStG gilt nach § 14 Abs. 1 UStG, dass die Rechnung nur dann nicht auf Papier erstellt werden braucht, wenn sich der Leistungsempfänger mit einer Rechnungsstellung in elektronischer Form einverstanden erklärt hat. Der Auftraggeber kann daher derzeit noch aus Gründen des **Umsatzsteuerrechtes** eine elektronische Rechnung, die nicht dem strukturierten Format des § 14 Abs. 1 Nr. 1 UStG entspricht, zurückweisen, wenn er dieser Form der Rechnung nicht zugestimmt hat. Allerdings ändert dieses Zurückweisungsrecht nichts daran, dass auch mit einer nicht vereinbarten elektro-

---

[49] zweifelnd Leinemann/Kues/Leinemann/Kues BauvertragsR BGB § 650c Rn. 88; BeckOK BauVertrR/Althaus/Kattenbusch BGB § 650c Rn. 139; Hornickel NZBau 2021, 712.
[50] So im Ergebnis auch Beck VOB/B/Voit § 14 Abs. 3 Rn. 13, der die „Schriftform" auch mit einer Email gewahrt ansieht; auch Kapellmann/Messerschmidt/Messerschmidt § 14 Rn. 14 stellt auf Schriftform ab, lässt aber auch die Vereinbarung einer elektronischen Form zu; ähnlich OLG Karlsruhe BeckRS 1996, 13289 Rn. 28.
[51] Leinemann/Hilgers § 14 Rn. 3.
[52] Ingenstau/Korbion/Locher § 14 Abs. 1 Rn. 4.
[53] Beck VOB/B/Voit § 14 Abs. 1 Rn. 41.
[54] RL 2014/55/EU.

nischen Ausgestaltung die Rechnungsstellung iSd § 14 gegeben ist und damit die **Fälligkeitsfolgen** nach Maßgabe von § 16 eintreten. Dem Auftraggeber steht dann nur ein Zurückbehaltungsrecht bis zur Vorlage einer umsatzsteuerrechtlich ordnungsgemäßen Rechnung in Papierform oder dem strukturierten elektronischen Format des § 14 Abs. 1 UStG zu.

IV. Prüfungskriterien des § 14 Abs. 1

Durch § 14 Abs. 1 werden einzelne **Prüfkriterien** benannt, die eine Rechnung **regelmäßig** aufweisen muss, um prüffähig zu sein. Deren Fehlen führt allerdings wegen der subjektiv nach Maßgabe des konkreten Auftraggebers zu bestimmenden Anforderungen **nicht automatisch** zur fehlenden Prüffähigkeit.[55] Umgekehrt kann in Einzelfällen, wenn das Informationsbedürfnis des Auftraggebers anders nicht befriedigt wird, der Auftragnehmer auch verpflichtet sein, zur Herstellung der Prüffähigkeit seiner Rechnung über die Vorgaben des § 14 Abs. 1 **hinausgehende Angaben** zu machen. Letzteres wird allerdings nur dann erforderlich sein, wenn der Auftragnehmer hierzu entsprechende Hinweise des Auftraggebers erhält. 31

Der Umfang der zur Herstellung der Prüffähigkeit notwendigen Angaben ist auch davon abhängig, um was für eine Rechnung und was für einen **Vertragstyp** es sich handelt. Die Herstellung der Prüfbarkeit einer Vorschussrechnung bei einem Pauschalpreisvertrag erfordert wesentlich weniger Nachweise als die der Schlussrechnung bei einem Einheitspreisvertrag. 32

1. Übersichtlichkeit, Reihenfolge der Posten. Die Rechnung muss die in ihr erfassten **Leistungspositionen** klar bezeichnen, wobei sich die Aufstellung an den Vertragsunterlagen orientieren soll, § 14 Abs. 1 S. 2. Im Falle des Einheitspreisvertrages hat sich daher die Rechnung an der Reihenfolge der Positionen des **Leistungsverzeichnisses** zu orientieren.[56] Wird die dortige Reihenfolge nicht eingehalten, schließt das die Prüffähigkeit **nicht** von vornherein aus.[57] Das gilt schon mit Rücksicht darauf, dass auch die gesetzliche Regelung ein entsprechendes Erfordernis nicht begründet.[58] Es bedarf dann aber einer Darstellung, bei der durch die Leistungsbeschreibung in der Rechnung sichergestellt wird, dass der Leistungsgegenstand klar identifiziert werden kann.[59] Es ist der **Leistungskurztext**, oder, falls das wegen vergleichbarer Positionen zur Identifizierung nicht ausreichend, der **Leistungslangtext** aufzuführen. Eigene, vom Leistungsverzeichnis abweichende Bezeichnungen des Auftragnehmers zu den einzelnen Leistungspositionen gefährden die Prüffähigkeit seiner Rechnung. 33

Bei Schlussrechnungen kann die notwendige Übersichtlichkeit auch durch **Verweisungen** auf vorangegangene **Abschlagsrechnungen** erfolgen, sofern diese wiederum prüffähig waren.[60] 34

In der Rechnung sind weiterhin bereits geleistete **Voraus- und Abschlagszahlungen** aufzulisten. Umsatzsteuerrechtlich wird zudem vielfach zum Zwecke

---

[55] AA Kapellmann/Messerschmidt/Messerschmidt § 14 Rn. 51.
[56] OLG Hamm BeckRS 2008, 06110 = NJOZ 2008, 2332.
[57] BGH NJW-RR 1999, 1180; OLG Düsseldorf BeckRS 2018, 30328 = IBR 2019, 68.
[58] Messerschmidt/Voit/Messerschmidt BGB § 650g Rn. 104.
[59] OLG Brandenburg NZBau 2000, 511 Rn. 30; Ingenstau/Korbion/Locher § 14 Abs. 1 Rn. 11.
[60] BGH NJW-RR 1999, 1180; FKZGM/Jünnemann § 14 Rn. 11.

§ 14

des korrekten Ausweises der Umsatzsteuer auch die Auflistung der vorangegangenen **Rechnungen,** unabhängig von Ihrer Ausgleichung, notwendig sein, § 14 Abs. 5 UStG.

35 2. **Nachweise.** Der Auftragnehmer hat die für die Nachvollziehbarkeit seiner Rechnung erforderlichen **Nachweise** beizufügen, damit dem Auftraggeber zur Verfügung zu stellen, § 14 Abs. 1 S. 3. Die Schaffung einer bloßen **Einsichtnahmemöglichkeit** beim Auftragnehmer **reicht nicht** aus.[61] Zu den Nachweisen zählen Mengenaufstellungen einschließlich der zu deren Verständnis notwendigen Aufmaßzeichnungen, Stundenlohnzettel, Wiegekarten uÄ. Soweit die entsprechenden Unterlagen bereits mit vorausgegangenen Rechnungen vorgelegt worden sind, bedarf es **nicht** der erneuten Übermittlung an den Auftraggeber.[62] Gleiches gilt, wenn der Auftraggeber sie bereits hat, beispielsweise, weil die Abrechnung auf Planunterlagen basiert, die der Auftraggeber selbst zur Verfügung gestellt hat.[63]

36 Nicht entbehrlich ist die Vorlage der Nachweisunterlagen, wenn der Auftraggeber sie selbst **fertigen könnte,** solange sie ihm nicht tatsächlich vorliegen. Dass der Auftraggeber einen bauleitenden Architekten beschäftigt, der Aufmaße nehmen könnte, entbindet den Auftragnehmer folgerichtig nicht von der Pflicht, das Aufmaß seiner Rechnung beizufügen.[64]

37 Die Unterlagen müssen dem Auftraggeber ebenso wie die Rechnung selbst in Textform vorgelegt werden. Eine Vorlage von Originalbelegen ist nicht erforderlich.[65] Änderungen an der Rechnungsform durch Vorgaben des Umsatzsteuerrechtes, die die Rechnungslegung als elektronische Rechnung in einem strukturierten Datensatz vorsehen, müssen ggf. berücksichtigt werden.

38 Die Verpflichtung zur Vorlage der Nachweise nach § 14 Abs. 1 begrenzt sich aber auf solche Unterlagen, die zur **Nachvollziehbarkeit** der Rechnung **notwendig** sind. Die beizufügenden Unterlagen müssen **geeignet** sein. Daran kann es fehlen, wenn Unterlagen vorgelegt werden (zB Deponiebescheinigungen), denen der Bezug zum Bauvorhaben fehlt.[66]

39 Der Auftragnehmer ist zur Herstellung der Prüffähigkeit der Rechnung nicht verpflichtet, **darüber hinausgehende Planunterlagen** vorzulegen. Sofern die Vorlage von Revisions- oder Bestandsplänen vertraglich vereinbart ist, hat das mit der Prüffähigkeit der Rechnung nichts zu tun. Das Fehlen solcher Pläne berührt vielmehr die Frage der Vollständigkeit der Leistungserbringung.

40 3. **Leistungsänderungen. Leistungsänderungen** und Vertragsänderungen sind nach § 14 Abs. 1 S. 4 **gesondert** auszuweisen. Die Klausel ist terminologisch unpräzise, wird aber nach allgemeinem Verständnis dahingehend ausgelegt, dass **Nachtragspositionen** gesondert von den Positionen des Hauptvertrages auszuweisen sind. Neben den geänderten bzw. zusätzlichen Leistungen im Sinne der §§ 2 Abs. 5, 6, 8 sowie den entfallenen Leistungen nach § 2 Abs. 4 sind solche

---

[61] Leinemann/Hilgers § 14 Rn. 27.
[62] Kapellmann/Messerschmidt/Messerschmidt § 14 Rn. 37.
[63] BGH NJW-RR 1990, 1170 (1171).
[64] AA OLG München BauR 1993, 346 (347); Ingenstau/Korbion/Locher § 14 Abs. 1 Rn. 13; wie hier Kapellmann/Messerschmidt/Messerschmidt § 14 Rn. 38; ähnlich Beck VOB/B/Voit § 14 Abs. 1 Rn. 81.
[65] Kapellmann/Messerschmidt/Messerschmidt § 14 Rn. 84.
[66] OLG Düsseldorf BeckRS 2000, 30095276 = BauR 2001, 806.

Abrechnung **§ 14**

Positionen gesondert auszuweisen, bei denen es zu einer **Änderung** des **Einheitspreises** nach § 2 Abs. 3 kommt. Nicht gesondert auszuweisen sind reine Mengenänderungen, die ohne Konsequenzen für den vereinbarten Einheitspreis bleiben.[67] Bei Pauschalpreisverträgen sind schließlich Leistungsänderungen entsprechend § 2 Abs. 7 zu kennzeichnen.[68] Zu beachten ist, dass bei Anwendbarkeit des § 650c BGB zur Vergütungsermittlung für die Nachtragsleistungen die gesonderte Ermittlung der entsprechenden Nachtragsvergütung auch materiell-rechtlich vorgegeben ist. Bloße **Mengenänderungen** und die Erbringung von im Hauptvertrag bereits vorgesehenen Eventual- oder Alternativpositionen sind demgegenüber **nicht** gesondert auszuweisen.[69]

Die Art der Kenntlichmachung obliegt dem Auftragnehmer, ebenso die Festlegung, an welcher Stelle der Rechnung die vom Hauptvertrag abweichenden Positionen ausgewiesen werden. Gebräuchlich sind die Ausweisung der Nachtragsposition jeweils im Anschluss an die entsprechende Referenzposition des Hauptvertrages oder gesammelt am Schluss der Rechnung. 41

Der **Auftraggeber** kann allerdings verlangen, dass die geänderten Leistungspositionen in einer **gesonderten Rechnung** getrennt abgerechnet werden, § 14 Abs. 1 S. 4 Hs. 2. Der Auftraggeber kann damit eine gespaltene Abrechnung erzwingen, was Konsequenzen auch für die Fälligkeit der Teilvergütungen hat. Stellt der Auftraggeber das Verlangen nach der gesonderten Abrechnung, wirkt sich das auch auf die Regularien zur Schlussrechnung in § 16 Abs. 3 aus, da dann die Schlussrechnung nicht mehr zur Fälligkeit und dem Inlaufsetzen der Verjährungsfrist des **Gesamtvergütungsanspruches** führt, sondern diese Wirkung nur noch für die Vergütung aus dem Hauptvertrag eintritt. 42

Der Auftragnehmer ist **nicht** einseitig berechtigt, Nachtragspositionen gesondert abzurechnen. Erstellt er dennoch ohne Weisung des Auftraggebers eine gesonderte Nachtragsrechnung, kann das die **fehlende Prüfbarkeit** der Gesamtabrechnung nach sich ziehen. Zudem bleibt es bei der Regelungsmechanik des § 16 Abs. 3 hinsichtlich der Herbeiführung der **Fälligkeit** des Gesamtvergütungsanspruches des Auftragnehmers unabhängig davon, ob in der Schlussrechnung alle Vergütungspositionen erfasst sind. Auch ist, soweit die Klausel wirksam vereinbart ist, die Ausschlusswirkung der Schlusszahlungseinrede hinsichtlich der nicht in der Schlussrechnung enthaltenen Positionen gegeben. 43

4. Besonderheiten einzelner Vertragstypen. Die Anforderungen an die Herstellung der Prüffähigkeit der Rechnung sind je nach Vertragstyp und Abrechnungsform unterschiedlich. Auch hier gilt, dass die Rechnungslegungspflicht kein Selbstzweck ist und es auch keinen Schematismus gibt, der für jeden Vertrag gilt. 44

Die Regelungen des § 14 Abs. 1 sind im Kern auf den **Einheitspreisvertrag** zugeschnitten. Die **Mengennachweise** sind im Regelfall bei einem Pauschalpreisvertrag entbehrlich, es sei denn, es wären **Leistungsänderungen** eingetreten.[70] In diesem Fall muss hinsichtlich der geänderten Leistung deren Umfang nachgewiesen werden, wenn nicht zuvor ein neuer Pauschalpreis vereinbart worden ist. Beim **Stundenlohnvertrag** sind primär die Vorgaben des § 15 zu beach- 45

---

[67] Kapellmann/Messerschmidt/Messerschmidt § 14 Rn. 44.
[68] Leinemann/Hilgers § 14 Rn. 30.
[69] BGH NJW 1967, 342 (343); Beck VOB/B/Voit § 14 Abs. 1 Rn. 91.
[70] Weitergehender OLG Zweibrücken BauR 2015, 1020.

§ 14

ten. Beim Selbstkostenerstattungsvertrag richtet sich der Darstellungsumfang nach den vertraglichen Regelungen zur Vergütungsermittlung.

46 Angaben zur **Kalkulation** der Vergütung sind mit Ausnahme der Abrechnung beim vorzeitig beendeten Pauschalpreisvertrag und ggf. bei infolge Kündigung nur teilweise erbrachten Einheitspreispositionen nur dann – und nur insoweit – vorzulegen, als das zur Nachvollziehbarkeit von geänderten Preisen notwendig ist. Bei Nachtragspositionen ist das dann der Fall, wenn entweder die Preisbildung auf der Basis der **vorkalkulatorischen Preisfortschreibung** vereinbart ist oder aber die Preisermittlung nach § 650c Abs. 2 BGB erfolgt. Wenn demgegenüber im Zuge der Leistungsänderung der geänderte Preis **vereinbart** worden ist oder aber der Preis auf der Grundlage der **tatsächlichen Kosten** nebst angemessener Zuschläge zu ermitteln ist, muss die Kalkulation nicht zur Herbeiführung der Prüfbarkeit der Rechnung mit dieser vorgelegt werden. Bei einer Ermittlung der Nachtragsvergütung nach § 650c Abs. 1 BGB sind die Angaben zu den tatsächlichen Kosten sowie den Zuschlägen und ihrer Angemessenheit erforderlich. Bei Leistungsänderungen sind die tatsächlichen Kosten sowohl für die entfallenen wie die an ihre Stelle getretenen Leistungen darzustellen. Es ist auch hinsichtlich der entfallenen Leistungsteile bei der Abrechnung auf Basis der tatsächlichen Kosten nicht auf kalkulatorische Ansätze abzustellen.

47 **5. Materielle Rechnungsfehler, fehlende Bindung an die Rechnungsstellung.** Wenn die prüffähige Rechnung **materielle Fehler** aufweist, also inhaltlich falsch ist, ändert das nichts an den Wirkungen, die eine prüffähige Rechnung nach Maßgabe von § 16 Abs. 3 entfaltet. Auch die inhaltlich falsche Rechnung führt zur **Fälligkeit** des Vergütungsanspruches in der materiell geschuldeten Höhe. Mit Herbeiführung der Fälligkeit wird auch die Verjährungsfrist für den gesamten, objektiv bestehenden Vergütungsanspruch in Lauf gesetzt.

48 Der Auftragnehmer ist durch die Rechnungsstellung **nicht gehindert**, die materiellen Fehler im Wege der **Rechnungskorrektur** zu beseitigen. Es bedarf dazu, da die Rechnung als solches keine rechtsgeschäftliche Erklärung darstellt,[71] **keiner Anfechtungserklärung.** Die Berichtigung kann damit insbesondere frei von den rechtlichen Voraussetzungen der Anfechtungsregelungen der §§ 119 ff. BGB vorgenommen werden.[72] Es tritt auch – außerhalb der allgemeinen Regelungen zur Verwirkung von Ansprüchen – **keine Bindung** des Auftragnehmers an seine inhaltlich falsche Rechnung ein.[73] Grenzen findet die Rechnungskorrektur lediglich in § 16 Abs. 3, wenn der Auftraggeber wirksam die Schlusszahlungseinrede erhebt. Schließlich kann der Auftragnehmer dann keine Berichtigung der Rechnung mehr vornehmen, wenn er sich zuvor hinsichtlich seines Gesamtvergütungsanspruches mit dem Auftraggeber im Vergleichswege geeinigt hat oder die Geltendmachung weiterer Ansprüche sich als treuwidrig darstellt.

49 Eine durch eine materiell falsche Rechnung bereits in Lauf gesetzte Verjährungsfrist des materiell bestehenden Vergütungsanspruches wird durch die Rechnungskorrektur nicht berührt. Es wird keine neue Verjährungsfrist in Lauf gesetzt oder die laufende Verjährungsfrist gehemmt.

---

[71] OLG München NJW-RR 1987, 598 (599).
[72] Ingenstau/Korbion/Locher § 14 Abs. 1 Rn. 18.
[73] BGH NJW 1988, 910 (911); OLG Hamm NJOZ 2008, 2332 (2334); aA MüKoBGB/Busche, § 650g Rn. 16.

V. AGB-rechtliche Fragen

AGB-rechtliche Bedenken gegen die Wirksamkeit der Klausel des § 14 **50**
Abs. 1 bestehen **nicht.** Allein der Umstand, dass den Auftragnehmer nach der gesetzlichen Grundregel des § 650g Abs. 4 BGB nur die Obliegenheit zur Rechnungsstellung trifft, nicht hingegen eine einklagbare Nebenpflicht, begründet kein gesetzliches Leitbild, von dem § 14 abweichen würde. Dabei ist auch zu berücksichtigen, dass die gesetzliche Regelung der bloßen Obliegenheit zur Rechnungslegung ohnehin von einer Vielzahl von Ausnahmen durchbrochen wird.

Auch für Vertragsverhältnisse, die vor dem 1.1.2018 begründet worden sind, **51** stellt die Begründung der Nebenpflicht zur prüfbaren Abrechnung jedenfalls **keine Abweichung** von wesentlichen Leitgedanken der bis zum 31.12.2017 geltenden gesetzlichen Regelung dar und benachteiligt den Auftragnehmer auch **nicht unangemessen.**[74] Zwar ist es im Einzelfall denkbar, dass die Erfüllung dieser Nebenpflicht mit nicht unerheblichem Aufwand verbunden ist. Diesen Aufwand muss der Auftragnehmer aber auch beim BGB-Vertrag betreiben, um seinen dort durch die Abnahme bereits fällig gewordenen Vergütungsanspruch durchsetzen zu können.

Die Tatsache, dass das Fehlen einer prüffähigen Rechnung dazu führt, dass der **52** Vergütungsanspruch insgesamt **nicht fällig** wird, ist nicht Folge der Klausel des § 14, sondern von § 16. Unabhängig von dieser dogmatischen Zuordnung besteht kein Unterschied zur gesetzlichen Regelung mehr, da § 650g Abs. 4 BGB eine sachlich zu § 16 Abs. 3 gleichlaufende Regelung enthält.[75]

Abweichungen von § 14 Abs. 1 sind auch durch Allgemeine Geschäftsbedin- **53** gungen im Sinne einer Reduzierung der Anforderungen an die Abrechnung in relativ weitem Umfang möglich. Der **Verzicht** auf eine **prüffähige Abrechnung** als Fälligkeitsvoraussetzung des Vergütungsanspruches dürfte allerdings in AGB des Auftragnehmers AGB-rechtlich angesichts der Regelung in § 650g Abs. 4 BGB kritisch sein, da die Norm ein gesetzliches Leitbild definiert. Unabhängig davon wäre eine solche Klausel in AGB des Auftragnehmers aber auch faktisch weitgehend sinnfrei, da die Anforderungen an die (prozessuale) Schlüssigkeit der Abrechnung damit nicht reduziert würden.[76]

Erweiterungen des Darstellungsaufwandes des Auftragnehmers für die Her- **54** beiführung der Prüffähigkeit sind demgegenüber in AGB des Auftraggebers nicht ohne weiteres wirksam vereinbar.[77] Die Unwirksamkeit folgt aus der **unangemessenen** Benachteiligung des Auftragnehmers durch **Erhöhung** seines **Darlegungsaufwandes** gegenüber der gesetzlichen Regelung und die damit verbundene Erschwerung des Eintritts der Fälligkeit der Vergütung.[78] Unwirksam sind schließlich auch Klauseln des Auftraggebers, die dazu führen sollen, der Schlussrechnung eine Bindungswirkung zu Lasten des Auftragnehmers beizumessen, somit die Geltendmachung weiterer, in der Schlussrechnung nicht erfasster Vergütungsteile ausschließen sollen.

Zulässig ist schließlich die Vorgabe, die Rechnung in **elektronischer Form 55** zu erstellen, sofern das verlangte Dateiformat vom Auftragnehmer üblicherweise

---

[74] Beck VOB/B/Voit Vor § 14 Rn. 30.
[75] Messerschmidt/Voit, Privates Baurecht, § 650g Rn. 108.
[76] Leinemann/Kues/von Kiedrowski BauvertragsR BGB § 650g Rn. 59.
[77] LG Frankfurt a. M. BeckRS 2009, 07043.
[78] BGH BeckRS 2001, 30210224 = BauR 2002, 775.

§ 14

zur Verfügung gestellt und vom Auftraggeber üblicherweise gelesen werden kann bzw. der Verwender der AGB dem anderen Vertragspartner geeignete Software zur Verfügung stellt. Die elektronische Form ist schließlich zwingend, soweit sie umsatzsteuerrechtlich vorgegeben ist (§ 14 Abs. 2 Nr. 1 UStG).

VI. Prozessuales

56 Im Rahmen der prozessualen Durchsetzung von Vergütungsansprüchen kommt der Klausel des § 14 Abs. 1 im Hinblick auf die Frage der ausreichenden Darlegung des Vergütungsanspruches durch den Auftragnehmer sowie des Zeitpunktes der Anbringung entsprechenden Sachvortrages Bedeutung zu.

57 Unter **Substantiierungsaspekten** ist die Frage der Prüffähigkeit der Rechnung aus dem Blickwinkel des Auftraggebers und dessen Informationsbedürfnis zu beantworten. Dass ein Gericht eine Rechnung nicht als prüffähig erachtet, ist folgerichtig für die Beurteilung der Fälligkeit der Vergütung unerheblich, wenn der **Auftraggeber** die Prüffähigkeit **bejaht** oder deren Fehlen jedenfalls nicht rechtzeitig in gehöriger Form gerügt hat.

58 Von der Frage der Prüffähigkeit zu differenzieren ist allerdings die Frage der Überprüfbarkeit der **materiellen Richtigkeit** der Rechnung. Ergibt sich aus der Rechnung in Verbindung mit dem weiteren Sachvortrag des Auftragnehmers kein Vergütungsanspruch in der geltend gemachten Höhe, ist die Klage insoweit **unschlüssig.**[79] Eine Klage ist dann als unbegründet abzuweisen, nicht nur als derzeit nicht begründet. Eine solche Klageabweisung als unbegründet hat zur Konsequenz, dass der Auftragnehmer den Vergütungsanspruch endgültig nicht mehr geltend machen kann, § 322 ZPO, wenn Klagegegenstand eine **Schlussrechnungsforderung** war. Handelte es sich demgegenüber um eine reine **Abschlagsforderung,** kann auf der Basis einer Schlussrechnung der Vergütungsanspruch weiterverfolgt werden.

59 Soweit eine Klage als **derzeit unbegründet** mangels prüffähiger Rechnung abgewiesen wird, erwächst auch diese Entscheidung insoweit in Rechtskraft, als jedenfalls mit der streitgegenständlichen Rechnung der Vergütungsanspruch nicht nochmals eingeklagt werden kann.[80] Der Auftragnehmer muss dann eine neue Schlussrechnung zum Gegenstand einer neuen Klage machen.

60 Ist mit Rücksicht auf das Vorbringen des Auftraggebers von einer fehlenden Prüffähigkeit der Rechnung auszugehen, ist der Auftragnehmer innerhalb eines laufenden Klageverfahrens nicht verpflichtet, eine komplett neue Rechnung vorzulegen. Er kann vielmehr auch die bestehenden Prüfbarkeitshindernisse durch seinen **Prozessvortrag** beseitigen.[81] Entsprechendes gilt für die fehlende materielle Nachvollziehbarkeit der Rechnung. Der Auftragnehmer muss allerdings den entsprechenden Sachvortrag selbst in den Prozess einführen. Eine bloße Verweisung auf bei Dritten oder dem Auftraggeber vorliegende Unterlagen nebst des Antrages, dem Dritten nach § 142 ZPO die Vorlage dieser Unterlagen aufzugeben, ist unzureichend.[82]

61 Von der Frage der grundsätzlichen Möglichkeit zur Nachbesserung der Rechnung durch weiteren Prozessvortrag bzw. der Vorlage einer neuen Rechnung ist zu differenzieren, **ob** und ggf. **wann** ein solcher Vortrag präkludiert ist. Im

---

[79] BGH NZBau 2007, 637.
[80] BGH NZBau 2014, 224 Rn. 11 f.
[81] BGH NZBau 2006, 231 Rn. 15.
[82] BGH NJW-RR 2007, 1393 Rn. 10.

Abrechnung **§ 14**

erstinstanzlichen Verfahren kommt eine **Präklusion** dabei regelmäßig nur in Betracht, wenn der Auftragnehmer trotz entsprechender dezidierter Hinweise des Gerichtes seinen Sachvortrag nicht innerhalb der durch §§ 282, 296 ZPO gesetzten zeitlichen Grenzen nachbessert.[83]

Zweitinstanzlich kann eine nach Schluss der mündlichen Verhandlung erster 62 Instanz erstellte neue Schlussrechnung, mit der erstmalig die bis dahin berechtigt als fehlend gerügte **Prüffähigkeit** hergestellt wird, nicht nach §§ 529, 531 ZPO zurückgewiesen werden.[84] Davon zu differenzieren ist allerdings neuer Sachvortrag, auch in Gestalt einer neuen Schlussrechnung, der mit der Zielsetzung der weiteren **materiellen Begründung** der Vergütungsforderung in das Berufungsverfahren eingeführt wird. Hierbei handelt es sich um neuen Sachvortrag, der dann auch unter den weiteren Voraussetzungen der §§ 529, 531 ZPO präkludiert sein kann.[85]

Im Verhältnis zwischen einer **Abschlagsrechnung** und einer **Schlussrech-** 63 **nung** gilt schließlich noch, dass der Auftragnehmer aus Abschlagsrechnungen nicht mehr vorgehen kann, wenn Schlussrechnungsreife eingetreten ist.[86] Er muss dann die Schlussrechnung seiner Vergütungsklage zugrunde legen, wobei das keine Klageänderung darstellt.[87]

C. § 14 Abs. 2

I. Einführung

Die Klausel des § 14 Abs. 2 betrifft die Ermittlung der **tatsächlichen Grundla-** 64 **gen** für die Rechnungsstellung iSd § 14 Abs. 1. Sie sieht vor, dass die Vertragsparteien gemeinsam die Leistungsfeststellungen treffen sollen, auf deren Basis dann abgerechnet werden kann. Die gemeinsame Leistungsfeststellung dient dabei der Streitvermeidung und ist im Ergebnis Ausfluss des **Kooperationsgebotes** der am Bau Beteiligten.

II. Verhältnis zum BGB-Vertrag

Das BGB kennt auch in der ab dem 1.1.2018 geltenden Fassung **keine Rege-** 65 **lungen** zu gemeinsamen Leistungsfeststellungen. Der Auftragnehmer ist beim BGB-Vertrag in vollem Umfang für die von ihm beanspruchte Vergütung und damit auch für die hergestellten Mengen darlegungs- und beweispflichtig. Eine Verpflichtung des Auftraggebers zu einer Mitwirkung bei der Feststellung erbrachter Leistungen kann allerdings auch beim BGB-Vertrag in Ausnahmefällen aus der **Kooperationspflicht** der am Bau Beteiligten folgen. Zudem gelten auch beim BGB-Vertrag die prozessualen Konsequenzen zur **Beweisvereitelung.**

III. Anwendungsbereich, Gegenstand der Feststellungen

Die gemeinsame Leistungsfeststellung hat grundsätzlich bei **allen VOB/B-** 66 **Verträgen** zu erfolgen. Lediglich bei einem **Pauschalpreisvertrag** kann sie ent-

---

[83] BGH ZfBR 1999, 196 (198).
[84] BGH NZBau 2005, 692 (693), ablehnend Schenkel NZBau 2007, 6 (9).
[85] Jansen NZBau 2008, 689.
[86] BGH NZBau 2009, 707 Rn. 43 ff.
[87] BGH NZBau 2002, 614 (615).

behrlich sein, wenn ausschließlich die Pauschalleistung abzurechnen ist und es auch nicht leistungsstandsabhängige Abschlagsrechnungen geben soll. Sofern Leistungsänderungen vorliegen und/oder eine Vergütungsanpassung nach § 2 Abs. 7 in Betracht kommt, bedarf es auch beim Pauschalpreisvertrag einer (ggf. auf Teilkomplexe beschränkten) Ermittlung des Leistungsstandes.

67 Gegenstand der Leistungsfeststellung sind die **hergestellten Leistungen**, wobei neben der Ermittlung des Leistungsstandes **nach vollständiger Fertigstellung** diese grundsätzlich auch bei **Teilleistungen** verlangt werden kann.

68 Das betrifft zum einen den in § 14 Abs. 2 S. 3 genannten Fall der durch den weiteren Leistungsfortschritt **nicht mehr nachvollziehbaren** Leistungen. Die fehlende Rekonstruierbarkeit der erbrachten Leistungen zu Abrechnungszwecken kann neben dem Fall der durch Leistungsfortschritt verdeckten Leistungen iSd § 4 Abs. 10 auch sonstige **Leistungszwischenschritte** betreffen, in Einzelfällen sogar den Anfangsbestand. Bei Abbruchleistungen ist der Umfang der zu erbringenden Leistungen uU nur vor Beginn der Arbeiten zu ermitteln. Beim Ingenieurbau und sonstigen Erdarbeiten müssen die Volumen von Bodenmieten und ggf. Aushubtiefen ermittelt werden, bevor eine Verbringung des Materials oder ein erneutes Verfüllen erfolgt. Ähnliches gilt für Bodenschichten und deren jeweiligen Stärken, wenn ihre Entfernung unterschiedlichen Abrechnungsparametern unterliegt.

Zum anderen sind Teilleistungsfeststellungen auch dann zu treffen, wenn sie Grundlage von **Abschlagsrechnungen** werden sollen.[88]

IV. Zeitpunkt der Leistungsfeststellung

69 Aufgrund ihrer Veranlassung durch die zu erstellende Rechnung ist **nicht jederzeit** eine gemeinsame Leistungsermittlung zu bewirken, sondern nur dann, wenn **abrechnungsrelevante** Umstände festzuhalten sind. Das ist nur zu bejahen, wenn entweder der Leistungsstand durch den weiteren Leistungsfortschritt nicht mehr nachzuhalten ist, oder aber eine nach § 16 Abs. 1 abrechenbare Leistungsmehrung eingetreten ist. Dabei ist regelmäßig eine Leistungsfeststellung erst nach der Erbringung von zumindest Teilleistungen zu bewirken. Sofern allerdings die Abrechnungsrelevanz bereits beim **Istzustand** vor Beginn der Leistungen besteht, kann auch der Bestand Gegenstand einer gemeinsamen Leistungsfeststellung werden.

V. Aufforderung zur gemeinsamen Leistungsfeststellung

70 Die Veranlassung zur Leistungsfeststellung hat im Regelfall vom **Auftragnehmer** auszugehen.[89] Unterlässt er es, eine gemeinsame Aufmaßnahme herbeizuführen, geht das jedenfalls insoweit zu seinen Lasten, als er ggf. beweisfällig wird, wenn eine Leistungsfeststellung nicht mehr möglich ist. Ob der Auftragnehmer sich durch das Unterlassen der Beantragung einer gemeinsamen Leistungsfeststellung zudem schadensersatzpflichtig machen kann,[90] dürfte zweifelhaft sein. Da der Auftragnehmer den Umfang seiner Leistungen nachweisen muss, dürfte es jedenfalls regelmäßig eines kausal auf die vom Auftragnehmer veranlasste Nichtdurchführung der gemeinsamen Aufmaßnahme verursachten Schadens erman-

---

[88] Beck VOB/B/Voit § 14 Abs. 2 Rn. 6.
[89] Beck VOB/B/Voit § 14 Abs. 2 Rn. 15.
[90] Leinemann/Hilgers § 14 Rn. 39.

geln. Wenn der Auftraggeber eigene Ermittlungen anstellt, um die fehlenden Angaben des Auftragnehmers zu ersetzen, handelt er jedenfalls außerhalb des Anwendungsbereiches des § 14 Abs. 4 BGB überobligatorisch, so dass er die Kosten solcher Ermittlungen nicht als Schaden ersetzt verlangen kann.[91]

Der Auftraggeber kann, jedenfalls in den Fällen des § 14 Abs. 4, den Auftragnehmer seinerseits zur Mitwirkung an einem gemeinsamen Aufmaß auffordern, muss dieses aber nicht.

Die **Aufforderung** zur gemeinsamen Leistungsfeststellung ist grundsätzlich **formlos** möglich. Aus Gründen der Nachweisbarkeit ist allerdings mindestens **Textform** anzuraten, um Zweifel über das beabsichtigte „gemeinsame" Aufmaß nicht aufkommen zu lassen. 71

In **zeitlicher Hinsicht** ist die Aufforderung **rechtzeitig** zu bewirken. Das gilt nicht nur für den ausdrücklich geregelten Fall des § 14 Abs. 2 S. 3, sondern auch in allen anderen Fällen. Was rechtzeitig ist, ist im **Einzelfall** festzustellen. Maßgeblich sind hier der **Bauablauf** und die sich aus dem Bauzeitenplan ergebenden Zeitfenster für entsprechende Ermittlungen, daneben aber auch die **Umsetzbarkeit** der Leistungsfeststellung durch den Auftraggeber und der sich daraus ergebende zeitliche Vorlauf.[92] 72

VI. Art der Leistungsfeststellung, Beachtung der Abrechnungsbestimmungen

Die Leistungsfeststellung erfolgt in aller Regel durch ein **gemeinsames Aufmaß**. Das erfordert regelmäßig eine **Mengenermittlung vor Ort**. Die Mengenermittlung hat unter Berücksichtigung der **Abrechnungsbestimmungen** der Technischen Vertragsbedingungen zu erfolgen, § 14 Abs. 2 S. 3. Es gelten vorbehaltlich abweichender Regelungen im Vertrag die VOB/C und dort insbesondere die jeweiligen Abschnitte 5 der jeweiligen einschlägigen **ATV**, nachrangig Abschnitt 5 der DIN 18299. Die Leistungsermittlung muss grundsätzlich am erstellten Bauwerk erfolgen.[93] Eine Leistungsfeststellung nach **Ausführungsplanung** ist nur möglich bei unveränderter Leistung oder wenn die Parteien sich ausdrücklich auf eine derartige Mengenermittlung einigen. Sofern die Parteien vertraglich wirksam besondere Abrechnungsformalien vereinbart haben, sind diese vorrangig vor den ATV der VOB/C. 73

Zu beachten ist, dass auch die ATV der VOB/C Allgemeine Geschäftsbedingungen darstellen und damit auch der AGB-Kontrolle unterliegen.[94] Zudem hat die Auslegung dem AGB-Charakter der VOB/C Rechnung zu tragen, wobei im Falle des Vertragsverhältnisses zwischen Bauunternehmern auch die Verkehrssitte zu berücksichtigen ist.[95] 74

Werden Abrechnungsbestimmungen **nicht eingehalten,** ohne dass die Parteien sich auf ein von diesen abweichendes Verfahren geeinigt hätten, kann das bereits die **Prüfbarkeit** der auf der Leistungsfeststellung beruhenden Rechnung tangieren. Das wird allerdings nur dann der Fall sein, wenn die getroffenen Feststellungen in **tatsächlicher Hinsicht nicht ausreichen,** um die Abrechnungsvorschriften noch zutreffend anzuwenden zu können, also Maßansätze fehlen. Können mit den 75

---

[91] aA Messerschmidt/Voit/Voit § 14 Rn. 11.
[92] Beck VOB/B/Voit § 14 Abs. 2 Rn. 20.
[93] OLG Köln BauR 1994, 114 (115).
[94] BGH NZBau 2004, 500 (501).
[95] Beck VOB/B/Voit § 14 Abs. 2 Rn. 55.

§ 14

einvernehmlich getroffenen Feststellungen die Abrechnungsvorschriften angewandt werden, führt deren Nichtbeachtung demgegenüber nur zur **Unrichtigkeit der Rechnung**.[96]

76 Die **Präzision** der zu treffenden Feststellungen zum Leistungsstand ist abhängig von den Vorgaben der ATV. Sehen diese **Pauschalierungen** als maßgebliche Abrechnungsform vor, ist keine Detailbemaßung vorzunehmen. Sehen die ATV demgegenüber neben einer exakten Messung alternativ auch die Anwendung von **Näherungsermittlungen** vor, ist grundsätzlich die präzise Aufmaßnahme vorzunehmen, wenn die Parteien nicht etwas anderes vereinbart haben.[97]

VII. Wirkung des gemeinsamen Aufmaßes

77 Die anlässlich des gemeinsamen Aufmaßes **einvernehmlich getroffenen Feststellungen** sind für die Vertragsparteien nach ganz herrschender Auffassung bindend.

Unstreitig ist das dann, wenn die Parteien sich über einen Mengenansatz **vergleichsweise** geeinigt haben, also bewusst eine bestehende Ungewissheit durch einvernehmliche Festlegung ausgeräumt haben.

78 In allen anderen Fällen, somit des vor Ort bestehenden Einvernehmens ohne vorherige Divergenzen, kommt es zu der Bindungswirkung aufgrund eines **deklaratorischen Anerkenntnisses**,[98] nach anderer Auffassung, ohne dass das abweichende Folgen hätte, durch einen **kausalen Feststellungsvertrag**.[99] Die Gegenauffassung, die dem gemeinsamen Aufmaß lediglich eine **beweisrechtliche, quittungsähnliche Funktion** zuweisen will[100] führt im Kern nur zur unerheblich anderen Ergebnissen, ist der Sache nach aber bereits deshalb nicht überzeugend, weil die Quittung eine einseitige Erklärung darstellt, § 14 Abs. 2 jedoch eine beiderseitige Feststellung vorsieht.

79 Die Meinungsunterschiede zur Rechtsnatur der einvernehmlichen Feststellungen wirken sich in der **Praxis** lediglich bei der Frage aus, ob und wie eine **Loslösung** von den Ergebnissen des gemeinsamen Aufmaßes möglich sein soll. Bei der Annahme eines deklaratorischen Schuldanerkenntnisses kann sich eine Partei von den festgestellten Mengenansätzen nur noch über den Weg der **Anfechtung** nach den §§ 119 ff. BGB lösen.[101] Entsprechendes gilt für den kausalen Feststellungsvertrag. Bei der Annahme einer bloßen Beweiswirkung soll demgegenüber der Nachweis der Unrichtigkeit des gemeinsamen Aufmaßes ausreichen, um die Bindungswirkung zu beseitigen.[102]

80 Die praktische Relevanz dieses Meinungsstreites ist marginal, da auch im Falle der Anfechtung der **Nachweis der Unrichtigkeit** des gemeinsamen Aufmaßes vom Anfechtenden zu führen ist, wobei eine entsprechende Beweisführung

---

[96] Ingenstau/Korbion/Locher § 14 Abs. 2 Rn. 16.
[97] Kapellmann/Messerschmidt/Messerschmidt § 14 Rn. 96.
[98] OLG Hamm NJW-RR 1991, 1496; Kapellmann/Messerschmidt/Messerschmidt § 14 Rn. 73. Ingenstau/Korbion/Locher § 14 Abs. 2 Rn. 9, Heiermann/Riedel/Rusam/Heiermann/Mansfeld § 14 Rn. 75.
[99] Kleine-Möller/Merl/Glöckner PrivBauR-HdB/Kleine-Möller § 12 Rn. 200.
[100] Beck VOB/B/Voit § 14 Abs. 2 Rn. 26.
[101] OLG Braunschweig NJW-RR 2000, 1334 (1335); Ingenstau/Korbion/Locher § 14 Abs. 2 Rn. 12.
[102] Beck VOB/B/Voit § 14 Abs. 2 Rn. 26 f.

Abrechnung § 14

zugleich als Anfechtung auszulegen sein wird.[103] Dass – außer im Falle des Vergleiches im Sinne eines kausalen Anerkenntnisses, auch als Folge einer bewussten Übernahme eines falschen Mengenansatzes in der gemeinsame Aufmaß – eine Bauvertragspartei an einem gemeinsamen Aufmaß festgehalten wird, welches nachgewiesen falsch ist, ist nicht gerechtfertigt.[104]

Die Bindungswirkung der gemeinsamen Leistungsfeststellung tritt sowohl im 81 Verhältnis zum **privaten** wie zum **öffentlichen Auftraggeber** ein. Die Tatsache, dass beim öffentlichen Auftraggeber eine weitergehende Überprüfung durch eine Rechnungsprüfungsstelle stattfindet, führt nicht dazu, dass die im Rahmen der Leistungsfeststellung getroffenen tatsächlichen Maßgaben nachträglich, außer über den Weg der Anfechtung mit der daraus folgenden Beweislast beim Anfechtenden, revidiert werden könnten.[105]

VIII. Reichweite der Bindungswirkung

Die Bindungswirkung des gemeinsamen Aufmaßes knüpft an die gemeinsame 82 Leistungsfeststellung an, also die **inhaltliche Übereinstimmung** zur erbrachten Masse. Kommen die Parteien anlässlich des Aufmaßtermines **nicht** zu einem übereinstimmenden Ergebnis, liegt auch **keine gemeinsame Leistungsfeststellung** vor. Es bleibt dann bei den allgemeinen Regelungen, nach denen der Auftragnehmer den Nachweis der erbrachten Mengen zu führen hat.[106]

Die Bindungswirkung umfasst sachlich nur die **tatsächlichen Feststellungen** 83 zu den Mengenansätzen. Keine Wirkung zeigt die gemeinsame Leistungsfeststellung hinsichtlich der **rechtlichen Bewertung** der erbrachten Leistungen. Es wird daher weder verbindlich geklärt, dass die festgestellte Leistung Gegenstand einer gesondert zu vergütenden Leistungsposition ist,[107] noch dass sie mangelfrei war. Auch tritt keine Bindung dahingehend ein, dass Aufmaßregeln richtig angewandt wurden.[108] Es ist daher auch bei einem gemeinsamen Aufmaß zulässig, darauf abzustellen, dass eine **Vergütung** für die ermittelte Leistung **nicht geschuldet** sei, weil sie bereits von einer anderen Leistungsposition mit erfasst wird, oder aber einzuwenden, die ermittelte Menge sei geringer als ausgewiesen, weil beispielsweise Vorschriften der Abschnitte 5 der ATV zum Übermessen **unrichtig** angewandt worden seien.

IX. Gemeinsame Leistungsfeststellung unter Beteiligung Dritter

Entsendet der Auftraggeber seinen **Architekten** zur gemeinsamen Leis- 84 tungsfeststellung, ist dieser als zur Abgabe der Erklärungen zu den einvernehmlichen festgestellten Mengen bevollmächtigt anzusehen.[109] Die Vollmacht reicht dabei aber nur zur Abgabe der Erklärungen **zum tatsächlichen Leistungsumfang, nicht** hingegen auch zum Abschluss von weitergehenden **Vergleichen,** wenn der Leistungsumfang nicht einvernehmlich festzustellen

---

[103] So wohl auch OLG Hamm NJW-RR 1991, 1496.
[104] AA Ingenstau/Korbion/Locher § 14 Abs. 2 Rn. 12.
[105] BGH BauR 1975, 211 (212); Leinemann/Hilgers § 14 Rn. 40.
[106] Beck VOB/B/Voit § 14 Abs. 2 Rn. 23.
[107] BGH NJW 1974, 646; NJW-RR 1992, 727; OLG Brandenburg, ZfBR 2023, 676.
[108] BGH BauR 1975, 211 (212).
[109] OLG Hamm NJW-RR 1991, 1496; OLG Dresden BauR 2015, 1887 Rn. 24.

ist.[110] Erst Recht ist der Architekt **nicht** berechtigt, weitergehende (kausale) **Schuldanerkenntnisse** für den Auftraggeber abzugeben, mit denen der Vertragsinhalt geändert wird, also etwa die Vergütungsfähigkeit bestimmter Leistungen vereinbart werden soll.[111] Die Tatsache, dass der Architekt mit der Objektüberwachung beauftragt ist, führt nicht zu einer automatischen Bevollmächtigung zu Vertragsänderungen.[112]

X. Nichtmitwirkung an dem gemeinsamen Aufmaß

85   1. **Rechtsnatur des § 14 Abs. 2.** Die Feststellungen des hergestellten Leistungsumfangs sollen gemeinsam getroffen werden, sie müssen aber nicht gemeinsam getroffen werden. Die Regelung des § 14 Abs. 2 begründet nur eine **Obliegenheit** der Vertragsparteien, nicht eine einklagbare Verpflichtung.[113] Soweit eine Gegenauffassung[114] meint, es liege eine **Nebenpflicht** des Auftraggebers zur Mitwirkung an der gemeinsamen Aufmaßerstellung vor, überzeugt das weder inhaltlich, noch werden die dann daraus folgenden dogmatischen Konsequenzen gezogen. Auch im Falle des § 8 Abs. 6 beschränkt sich die Folge des Fernbleibens des Auftraggebers – von einer Mitwirkung an der Aufmaßnahme ist dort ohnehin nicht die Rede – beim gemeinsamen Aufmaßtermin auf Folgen für die **Darlegungs- und Beweislast** beim Bestreiten von Mengenansätzen.[115] Warum der weniger weitreichende § 14 Abs. 2 daher zu anderen Rechtsfolgen führen soll, ist nicht nachvollziehbar. Weitergehende **Schadensersatzansprüche** wegen der Nichtmitwirkung des Auftraggebers an einem gemeinsamen Aufmaß bestehen dementsprechend nicht.[116]

86   Wirkt der **Auftragnehmer** nicht an einem gemeinsamen Aufmaß mit, führt das nicht zu Ersatzansprüchen des Auftraggebers. Die „Sanktion" beschränkt sich gegenüber dem Auftragnehmer darauf, dass dieser den vollen Beweis der von ihm hergestellten Leistungen führen muss.

87   2. **Folgen des Fernbleibens des Auftraggebers.** Kommt der Auftraggeber seiner Obliegenheit zur Mitwirkung bei der gemeinsamen Leistungsfeststellung nicht nach, führt das **nicht** dazu, dass das vom Auftragnehmer einseitig erstellte Aufmaß nunmehr als **bindend** im Verhältnis zwischen den Parteien feststehen würde. Es bleibt vielmehr bei dem **Grundsatz,** dass der **Auftragnehmer** für die von ihm erbrachten Leistungen **darlegungs- und beweisbelastet** ist.[117] Vergütung kann der Auftragnehmer daher nur für die von ihm nachgewiesenen Leistungen verlangen. Das Fernbleiben des Auftraggebers ist daher im Grundsatz **folgenlos.**

---

[110] Leinemann/Hilgers § 14 Rn. 44; Heiermann/Riedel/Rusam/Heiermann/Mansfeld § 14 Rn. 60.

[111] Ingenstau/Korbion/Locher § 14 Abs. 2 Rn. 15.

[112] BGH NZBau 2004, 503.

[113] Heiermann/Riedel/Rusam/Heiermann/Mansfeld § 14 Rn. 62; Ingenstau/Korbion/Locher § 14 Abs. 2 Rn. 4.

[114] Leinemann/Hilgers § 14 Rn. 35, Kleine-Möller/Merl/Glöckner PrivBauR-HdB/Kleine-Möller § 12 Rn. 171; nicht einklagbare, aber schadensersatzbewehrte Nebenpflicht.

[115] BGH NZBau 2003, 497 (498).

[116] Beck VOB/B/Voit § 14 Abs. 2 Rn. 45.

[117] BGH NJW-RR 2004, 92 (95).

Abrechnung **§ 14**

Der **Grundsatz** der Nachweispflicht des Auftragnehmers wird allerdings für 88
den Fall **durchbrochen,** dass Feststellungen zu den erstellten Mengen **nachträglich** nicht mehr getroffen werden können. Dabei sind wiederum zwei Fallkonstellationen zu unterscheiden.

Hat der Auftragnehmer nach Nichterscheinen des ordnungsgemäß zur Mitwir- 89
kung bei der gemeinsamen Leistungsfeststellung aufgeforderten Auftraggebers ein
einseitiges Aufmaß erstellt, obliegt es dem **Auftraggeber,** nachzuweisen, dass
andere als die vom Auftragnehmer angesetzten Mengen der Abrechnung zugrunde
zu legen sind. Ist der Leistungsumfang nicht oder jedenfalls nicht mit zumutbarem
Aufwand nochmals feststellbar, führt die **Vereitelung** des **gemeinsamen Aufmaßes** durch den Auftraggeber somit zur **Beweislastumkehr.**[118]

Kommt es darüber hinaus nicht nur zur Vereitelung eines gemeinsamen Aufma- 90
ßes durch den Auftraggeber, sondern **verhindert** er darüber hinaus auch noch,
dass der Auftragnehmer ein **einseitiges Aufmaß** erstellt, und kann ein solches
später auch nicht mehr nachgeholt werden, reduziert sich die Darlegungs- und
Beweislast des Auftragnehmers zum Nachweis der von ihm erbrachten Leistungen
auf die Darlegung und den Nachweis von **Anknüpfungstatsachen,** die eine
Schätzung des Mindestaufwandes des Auftragnehmers, ggf. unter Hinzuziehung
eines Sachverständigen, ermöglichen.[119] Wenn daher, vor allen in Fällen der **Kündigung** des Bauvertrages, der Auftraggeber den Auftragnehmer in eine unüberwindliche Beweisnot zum Umfang der erbrachten Leistungen bringt, reduziert
sich der Darlegungsumfang des Auftragnehmers. Führt dieser den Beweis für
entsprechende Schätzungsgrundlagen, ist auf dieser Basis die Vergütung abzurechnen.[120] Der Auftraggeber muss dann beweisen, dass geringere als die geschätzten
Mengen erbracht worden sind, um eine Reduzierung des Vergütungsanspruchs
des Auftragnehmers zu erreichen.

Vereitelt der **Auftragnehmer** ein gemeinsames Aufmaß, geht das in vollem 91
Umfang zu seinen Lasten. Verzichtet er auf die Vorteile des § 14 Abs. 2, trägt er
die volle **Darlegungs- und Beweislast** für den von ihm beanspruchten Vergütungsanspruch und die diesem zugrundeliegenden Mengenansätze.

XI. AGB-rechtliche Fragen

Die Bestimmungen des § 14 Abs. 2 sind AGB-rechtlich für sich gesehen 92
unproblematisch. Die aus dem Kooperationsgebot folgende Verpflichtung
des Auftraggebers zur Mitwirkung bei der gemeinsamen Leistungsfeststellung
dient beiden Vertragsparteien und belastet den Auftraggeber auch nicht unzumutbar.

Rechtlich problematisch kann sich lediglich die Verweisung auf die **ATV** dar- 93
stellen, soweit diese – etwa durch Regelungen zur **Übermessung** – die Vergütung
von Leistungen vorsehen, die nicht erbracht worden sind.[121] Sofern solche Regelungen eine unangemessene Benachteiligung des Auftraggebers darstellen, führt
das aber lediglich zur Unwirksamkeit der einzelnen Abrechnungsbestimmung,
nicht zu einer solchen des § 14 Abs. 2.

Sofern durch den Auftraggeber abweichend von den ATV Abrechnungsbestim- 94
mungen vorgegeben werden, die dazu führen, dass **erbrachte Leistungen nicht**

---
[118] BGH NJW-RR 2004, 92 (95); Ingenstau/Korbion/Locher § 14 Abs. 2 Rn. 18.
[119] BGH NZBau 2004, 503 (504).
[120] Beck VOB/B/Voit § 14 Abs. 2 Rn. 41.
[121] BeckVOB/B/Voit § 14 Abs. 2 Rn. 63.

vergütet werden müssen, kann daraus ebenfalls eine unangemessene Benachteiligung des Auftragnehmers folgen, so dass entsprechende Abrechnungsbestimmungen AGB-rechtlich wegen Verstoßes gegen § 307 BGB unwirksam sind. Das gilt auch für solche Gestaltungen, bei denen die Beschränkung des Vergütungsanspruches dadurch erreicht werden soll, dass auf andere als die für das Gewerk einschlägigen ATV für die Abrechnung abgestellt werden soll.

95 Soweit schließlich in Ergänzung zu § 14 Abs. 2 vertragliche Regelungen zur Veränderung der **Beweislast** bzw. der Konsequenzen einer Beweisvereitelung getroffen werden, stellen sich auch solche Abreden regelmäßig als unangemessene Benachteiligung und damit unwirksam dar.[122]

XII. Prozessuales

96 Die Regelung des § 14 Abs. 2 hat Konsequenzen für die Darlegungs- und Beweislast, wobei primär die Folgen beim Nichtzustandekommen eines gemeinsamen Aufmaßes Bedeutung haben.

D. § 14 Abs. 3

I. Anwendungsbereich

97 Die Klausel des § 14 Abs. 3 regelt die **Fälligkeit** der Nebenpflicht des Auftragnehmers zur **Stellung der Schlussrechnung**. Auf Vorschuss- und Abschlagsrechnungen ist sie nicht anwendbar, da es im freien Belieben des Auftragnehmers steht, ob und wann er entsprechende Zahlungen beanspruchen will.

98 Streitig ist, ob **Teilschlussrechnungen** auch in den Anwendungsbereich des § 14 Abs. 3 fallen. Die Frage ist zu bejahen, wenn entweder eine vertragliche Verpflichtung zur Teilschlussrechnung begründet worden ist[123] oder aber der Auftragnehmer durch die Beantragung einer Teilabnahme dokumentiert hat, das Bauvorhaben in verschiedene Abschnitte aufteilen zu wollen.[124]

98a Eine Anwendbarkeit der Klausel des § 14 Abs. 3 auf **Abschlagsrechnungen** ist zu verneinen. Der Berechtigung, des Auftraggebers, eine Abschlagsrechnung aufstellen zu können, steht bereits entgegen, dass nach § 16 Abs. 1 Abschläge nur auf **Antrag des Auftragnehmers** zu gewähren sind und dementsprechend keine zu § 14 Abs. 3 korrespondierende Verpflichtung des Auftragnehmers zur Aufstellung einer Abschlagrechnung besteht.[125] Aus § 14 Abs. 2 kann nichts Gegenteiliges hergeleitet werden. Selbst soweit man ein Recht auch des Auftraggebers, ein gemeinsames Aufmaß zu verlangen, annimmt, gibt es keinen Grund, warum auch eine zu dem gemeinsamen Aufmaß korrespondierende Abschlagsrechnung erstellt werden sollte.

---

[122] FKZGM/Zanner/Jünnemann § 14 Rn. 65.

[123] So auch Ingenstau/Korbion/Locher § 14 Abs. 3 Rn. 2, FKZGM/Zanner/Jünemann § 14 Rn. 45.

[124] Kleine-Möller/Merl/Glöckner PrivBauR-HdB/Kleine-Möller § 12 Rn. 125; ähnlich Beck VOB/B/Voit § 14 Abs. 3 Rn. 3, aA Heiermann/Riedel/Rusam/Heiermann/Mansfeld § 14 Rn. 85.

[125] aA Kapellmann/Messerschmidt/Messerschmidt, § 14 Rn. 126.

Abrechnung **§ 14**

II. Verhältnis zum BGB-Vertrag

Das BGB kennt auch in der seit dem 1.1.2018 geltenden Fassung keine § 14 **99** Abs. 3 entsprechende Regelung. Da die Rechnungslegung in § 650g Abs. 4 BGB auch nur als Obliegenheit des Auftragnehmers ausgestaltet ist, besteht dort auch kein Bedürfnis nach einer Frist zur Rechnungslegung. Die Einordnung der Rechnungslegung als Obliegenheit begründet aber auch kein gesetzliches Leitbild, so dass der vertraglichen Vereinbarung von § 14 Abs. 3 keine Wirksamkeitshindernisse entgegenstehen. Zu beachten ist lediglich, dass § 14 Abs. 2 Nr. 1 UstG eine Verpflichtung für den Unternehmer begründet, eine Rechnung binnen 6 Monaten nach Leistungserbringung zu erstellen. Diese Frist kann prinzipiell kürzer sein als die sich aus § 14 Abs. 3 ergebende.

III. Schlussrechnung

Die Schlussrechnung ist die nach dem dem Auftraggeber erkennbaren Willen **100** des Auftragnehmers **abschließende Ermittlung** der dem Auftragnehmer zustehenden Vergütung. In ihr sind regelmäßig alle Vergütungspositionen einschließlich der Vergütung für geänderte und zusätzliche Leistungen aufzunehmen, es sei denn, der Auftraggeber macht insoweit von seinem Recht aus § 14 Abs. 1 Gebrauch, für Nachträge eine gesonderte Rechnung zu verlangen. Es kommt für die Beurteilung einer Rechnung als Schlussrechnung nur auf den erkennbar gewordenen Willen des Auftragnehmers an. Spätere Änderungen an dieser Willensentscheidung ändern nichts an der Einordnung der Abrechnung als Schlussrechnung. Der Auftragnehmer kann daher auch nach Stellung einer Schlussrechnung nachträglich noch weitere Forderungen geltend machen, die in der Schlussrechnung nicht aufgeführt waren. Es besteht insoweit **keine Bindung** des Auftragnehmers an seine Schlussrechnung.[126]

Die Schlussrechnung muss weder ausdrücklich als solche bezeichnet werden, **101** noch bedarf es einer Abrechnung in einer einzelnen Rechnung.[127] Maßgeblich ist vielmehr allein der vom **Auftragnehmer** zum Ausdruck gebrachte **Wille**, mit dem Abrechnungswerk seine **Vergütung** vollständig und **abschließend beziffern** zu wollen.[128] Eine bereits vorliegende Abrechnung kann durch **nachträgliche** Erklärung des Auftragnehmers den Charakter einer Schlussrechnung erlangen,[129] etwa wenn der Auftragnehmer einen in einer früheren Rechnung enthaltenen Vorbehalt für weitere Vergütungsforderungen aufgibt. Die an die Vorlage der Schlussrechnung geknüpften Fristen beginnen dann mit dem Zugang der Erklärung des Auftragnehmers, die vorliegende Abrechnung stelle die abschließende Vergütungsermittlung dar. Es kommt nicht zu einer Rückwirkung.

IV. Frist zur Einreichung der Schlussrechnung

Der Pflicht des Auftragnehmers zur Erstellung der Schlussrechnung nach § 14 **102** Abs. 1 hat er innerhalb der in § 14 Abs. 3 niedergelegten Fristen zu entsprechen.

---

[126] BGH NZBau 2017, 107 Rz. 12; aA MüKoBGB/Busche, § 650g Rn. 16.
[127] BGH NJW 1987, 493.
[128] BGH NJW 1987, 2582 (2583); Kapellmann/Messerschmidt/Messerschmidt § 14 Rn. 106.
[129] Beck VOB/B/Voit § 14 Abs. 3 Rn. 11.

Kandel

§ 14

In Abhängigkeit von der **vertraglich** vereinbarten **Ausführungsfrist,** in deren Ermangelung von der angemessenen Ausführungsfrist, muss die Schlussrechnung gelegt werden. Die tatsächliche Ausführungsfrist ist demgegenüber unerheblich.

103 Die Frist zur Rechnungslegung beträgt bei Ausführungsfristen bis zu 3 Monaten 12 Werktage ab Fertigstellung. Sie verlängert sich um je 6 Werktage je (angefangener) 3 Monate Ausführungsfrist.

104 Der Fristbeginn der nach §§ 186 ff. BGB zu berechnenden Frist zur Einreichung der Schlussrechnung knüpft an die **Fertigstellung** der Leistung an. Der Begriff der Fertigstellung knüpft an die Formulierung in § 12 Abs. 1 an und meint die **Abnahmereife.** Die Leistung muss daher vertragsgemäß sein und darf nur unwesentliche Mängel oder ausstehende Leistungen aufweisen.[130] Dem steht der Fall gleich, dass weitere Leistungen aus tatsächlichen oder rechtlichen Gründen nicht mehr erbracht werden müssen.[131] Die erfolgte Abnahme begründet ein **Indiz** für die Fertigstellung.[132]

Liegt eine Fertigstellungsanzeige nach § 12 Abs. 5 Nr. 1 vor, ist die Abgabe dieser Erklärung für den Fristbeginn maßgeblich.[133]

105 Im Falle der **Kündigung** des Bauvertrages durch den Auftraggeber gilt abweichend von § 14 Abs. 3 die Bestimmung des § 8 Abs. 6. Danach ist die Rechnungslegung unverzüglich zu bewirken. Maßgeblicher Beurteilungszeitpunkt ist mangels Fertigstellung dabei der Zeitpunkt des Zugangs der Kündigung.

V. Fristversäumung

106 Versäumt der Auftragnehmer die Frist zur Einreichung der Schlussrechnung, hat das materiell-rechtlich **keinerlei Konsequenzen** für den **Vergütungsanspruch.** Vorbehaltlich einer etwa eintretenden Verwirkung kann der Auftragnehmer auch nach Fristablauf jederzeit seine Schlussrechnung legen und damit die Fälligkeit seines Vergütungsanspruches herbeiführen. Soweit das Unterbleiben der Rechnungsstellung allerdings auch die 6-Monats-Frist aus § 14 UStG tangiert, ist der Bußgeldtatbestand des § 26a UStG zu beachten.

107 Der Auftragnehmer kommt, wenn er die Schlussrechnung nicht oder aber jedenfalls nicht prüffähig[134] erstellt, mit seiner Nebenpflicht zur Rechnungslegung in **Verzug,** § 286 BGB.[135] Entsteht dem Auftraggeber durch die Verzögerung der Rechnungsstellung ein Schaden, etwa in Gestalt einer weggefallenen Möglichkeit zur Inanspruchnahme von Subventionen oder sonstigen öffentlichen Zuschüssen, ist der Auftragnehmer zu deren Ersatz verpflichtet, es sei denn, er hätte die Verzögerung nicht zu vertreten.

Die wesentliche Folge der Fristversäumung besteht allerdings in der Möglichkeit für den **Auftraggeber,** nach Maßgabe des § 14 Abs. 4 nunmehr **selbst** die Schlussrechnung auf Kosten des Auftraggebers zu erstellen.

---

[130] Beck VOB/B/Voit § 14 Abs. 3 Rn. 18.
[131] BGH NZBau 2009, 707 Rn. 53.
[132] BGH NZBau 2009, 707 Rn. 54 f.; OLG Stuttgart BeckRS 2013, 09968 = NJW-Spezial 2013, 396.
[133] Kapellmann/Messerschmidt/Messerschmidt § 14 Rn. 109.
[134] Heiermann/Riedel/Rusam/Heiermann/Mansfeld § 14 Rn. 91; Kapellmann/Messerschmidt/Messerschmidt § 14 Rn. 125.
[135] Kapellmann/Messerschmidt/Messerschmidt § 14 Rn. 113.

Abrechnung **§ 14**

VI. AGB-rechtliche Fragen

Die Klausel des § 14 Abs. 3 ist AGB-rechtlich unproblematisch. Die Einreichungsfristen sind – auch vor dem Hintergrund des § 271 BGB – sachgerecht. Problematisch sind lediglich abweichende Klauseln, mit denen der Fristversäumung einer **materiell-rechtliche Wirkung** im Sinne eines Rechtsverlustes des Auftragnehmers beigemessen werden sollen. Darin liegt eine unangemessene Benachteiligung des Auftragnehmers mit der Konsequenz der Unwirksamkeit solcher Klauseln nach § 307 BGB. 108

VII. Prozessuales

Die Regelungen zur Frist zur Schlussrechnungslegung haben keine unmittelbaren prozessualen Auswirkungen. Bedeutung gewinnen sie aber für die Möglichkeit, noch aus **Abschlagsrechnungen** vorzugehen. Ist die Leistung des Auftragnehmers abgenommen und die Frist des § 14 Abs. 3 abgelaufen, kann der Auftragnehmer den Auftraggeber nicht weiter auf Zahlung aus einer Abschlagsrechnung in Anspruch nehmen.[136] Eine zu diesem Zeitpunkt anhängige Klage auf Zahlung von Abschlagsrechnungen wird dann unbegründet. Stellt der Auftragnehmer seine Klage nicht auf eine Schlussrechnung um, ist sie abzuweisen. Allerdings macht eine Umstellung der Klage auf die Schlussrechnung nur Sinn, wenn der Auftragnehmer eine prüffähige und sachlich richtige Schlussrechnung kurzfristig erstellen kann. Wird die bisherige Klage auf eine materiell nicht nachvollziehbare (formell aber prüffähige) Schlussrechnung umgestellt oder erhebt der Auftraggeber bei fehlender Prüffähigkeit keine entsprechenden Rügen, besteht das Risiko, dass der Auftragnehmer mangels materiell nachvollziehbarer Vergütungsermittlung eine die Klage endgültig abweisende Entscheidung erhält. Der Auftragnehmer sollte in einer solchen Situation dann statt der Umstellung auf eine Schlussrechnung die Klage aus der Abschlagsrechnung für erledigt erklären.[137] 109

E. § 14 Abs. 4

I. Einführung

§ 14 Abs. 4 begründet für den Auftraggeber die Möglichkeit zur Erstellung von Rechnungen im Wege der **Ersatzvornahme,** wenn der Auftragnehmer seiner Verpflichtung zur Rechnungslegung auch nach Setzen einer angemessenen Frist nicht nachkommt. 110

Die Klausel ist im Zusammenhang mit § 14 Abs. 3 zu sehen. Rechnung iSd § 14 Abs. 4 ist daher nur die **Schlussrechnung** bzw. eine **Teilschlussrechnung,** nicht hingegen eine Vorauszahlungsrechnung oder Abschlagsrechnung.[138] Der Annahme einer Möglichkeit zur Selbsterstellung von **Abschlagsrechnungen** durch den Auftraggeber steht bereits entgegen, dass anders als bei der Schlussrech- 111

---

[136] BGH NZBau 2009, 707 Rn. 42.
[137] Beck VOB/B/Voit § 14 Abs. 3 Rn. 21.
[138] Beck VOB/B/Voit § 14 Abs. 4 Rn. 2; FKZGM Zanner/Jünemann § 14 Rn. 46; aA Kapellmann/Messerschmidt/Messerschmidt § 14 Rn. 126, der allerdings die Frage der Aufmaßerstellung bei einem vom Auftragnehmer verweigerten gemeinsamen Aufmaß mit der Abschlagsrechnungserstellung vermengt.

nung der Auftragnehmer keine Abrechnungspflicht hat. Vorbehaltlich eines Zahlungsplanes ist eine Abschlagszahlung auf Antrag des Auftragnehmers zu leisten, nicht auf Anordnung des Auftraggebers, § 16 Abs. 1. Der Auftraggeber kann daher dem Auftragnehmer keine Abschlagszahlung aufzwingen, so dass der Auftragnehmer auch nicht zur Stellung einer Abschlagsrechnung verpflichtet ist. Das dürfte auch dann gelten, wenn ein Zahlungsplan vereinbart ist, da dieser zwar regelmäßig Zahlungspflichten des Auftraggebers begründet, jedoch keine Verpflichtung des Auftragnehmers, den Auftraggeber auch auf Zahlung in Anspruch zu nehmen. Etwas anderes kann nur dann gelten, wenn nicht nur ein Zahlungsplan vereinbart ist, sondern auch explizit die Verpflichtung des Auftragnehmers, Abschlagsrechnungen zu stellen.[139]

112 Die Ausgestaltung des § 14 Abs. 4 als Ersatzvornahmeberechtigung für den Auftraggeber hat zur Konsequenz, dass es auf ein **Verschulden** des Auftragnehmers an der Versäumung der Pflicht zur Aufstellung einer prüffähigen Rechnung **nicht ankommt.**

II. Fehlen einer prüfbaren Schlussrechnung

113 Grundvoraussetzung der Erstellung der Rechnung durch den Auftraggeber ist es, dass seitens des Auftragnehmers **keine** oder jedenfalls **keine prüffähige Schlussrechnung** aufgestellt worden ist.[140] Während der Fall der vollständig fehlenden Schlussrechnung unproblematisch ist, ist bei der lediglich nicht prüffähigen Schlussrechnung streitig, ob diese **objektiv** nicht prüffähig sein muss,[141] oder ob es auch insoweit auf das Kontroll- und Informationsinteresse des Auftraggebers ankommt.[142] Die Frage ist richtigerweise dahingehend zu entscheiden, dass es auf den **konkreten Auftraggeber** ankommt. Abgesehen davon, dass es systematisch unplausibel wäre, den Begriff der Prüfbarkeit in § 14 Abs. 1 anders zu verstehen, als in § 14 Abs. 4, ist vor allem deshalb auf die subjektive Interessenlage des Auftraggebers abzustellen, weil er den Auftragnehmer bei Vorlage einer nicht prüffähigen Rechnung dezidierte Hinweise erteilen muss, welche Angaben zu ergänzen sind. Es kann dann nur darauf ankommen, ob diese Prüffähigkeitshindernisse behoben worden sind, nicht hingegen ob noch weitere Angaben gemacht werden können, derer der konkrete Auftraggeber überhaupt nicht bedarf, die aber unter objektivem Blickwinkel erforderlich sein könnten.

114 Soweit die Schlussrechnung **teilweise** prüffähig ist, teilweise hingegen nicht, gelten die Regelungen des § 14 Abs. 4 nur für den nicht prüffähigen Teil.[143] Auch der Auftragnehmer muss in diesen Fällen keine komplett neue Schlussrechnung erstellen, sondern seine bisherige Rechnung nur hinsichtlich des nicht prüffähigen Teiles nachbessern. Die Rechte des Auftraggebers nach § 14 Abs. 4 zur Ersatzvornahme reichen nicht weiter.

---

[139] Weitergehender Ingenstau/Korbion/Locher § 14 Abs. 4 Rn. 3, der allerdings nicht zwischen der Fälligkeit einer Abschlagsrechnung und der Fälligkeit einer Abschlagszahlung differenziert.

[140] Heiermann/Riedel/Rusam/Heiermann/Mansfeld § 14 Rn. 91.

[141] Kapellmann/Messerschmidt/Messerschmidt § 14 Rn. 125; Ingenstau/Korbion/Locher § 14 Abs. 4 Rn. 2.

[142] Dähne BauR 1981, 233 (234).

[143] Beck VOB/B/Voit § 14 Abs. 4 Rn. 3.

Abrechnung **§ 14**

Stellt der Auftragnehmer eine ganz oder teilweise nicht prüffähige Schlussrech- 115
nung, muss der Auftraggeber das **qualifiziert** innerhalb von 30 Tagen **rügen.**
Andernfalls ist er mit dem Einwand fehlender Prüffähigkeit ausgeschlossen.[144]
Im Hinblick auf das Recht zur Selbstaufstellung der Schlussrechnung durch den
Auftraggeber hat das zur Konsequenz, dass der Auftraggeber nur dann die Rechte
aus § 14 Abs. 4 geltend machen kann, wenn er sich noch auf die fehlende Prüffähigkeit der Schlussrechnung des Auftragnehmers berufen kann, somit vom Auftraggeber rechtzeitig und qualifiziert die Mängel der Rechnung gerügt worden
sind. Das **Ersatzvornahmerecht** des Auftraggebers nach § 14 Abs. 4 **entfällt**
folgerichtig, wenn eine nicht prüfbare, aber fälligkeitsauslösende Schlussrechnung
vorliegt.

Der Wegfall des Ersatzvornahmerechtes findet seine Rechtfertigung darin, dass 115a
die **rechtlichen Wirkungen** an das Vorliegen einer Schlussrechnung an die **erste**
entsprechende **Abrechnung,** die prüffähig ist oder als solches fingiert wird,
anknüpfen. Liegt danach eine Schlussrechnung vor, tritt Fälligkeit des Vergütungsanspruches – Abnahme der Leistung unterstellt – ein. Ein wie auch immer gearte-
tes Interesse daran, hier noch eine **weitere** Schlussrechnung aufzustellen, besteht
danach nicht mehr. Das Interesse, den tatsächlich geschuldeten Vergütungsbe-
trag zu ermitteln, verschiebt sich in diesem Fall in den Bereich der **materiellen Auseinandersetzung,** somit der materiellen Richtigkeit des geltend gemachten
Anspruchs. Einer eigenen, vom Auftraggeber erstellten Schlussrechnung bedarf es
dazu nicht.

Sofern das Fehlen einer prüffähigen Schlussrechnung zu anderweitigen Schäden 115b
beim Auftraggeber führen würde, berechtigt das für sich ebenfalls nicht dazu,
nach fruchtlos abgelaufener Rügefrist noch eine Rechnungsaufstellung durch den
Auftraggeber zuzulassen. Der Auftraggeber ist in diesen Fällen auf die ihm zustehenden **Schadensersatzansprüche** zu verweisen, die ihm unter Verzugsgesichtspunkten zustehen können.

III. Nachfristsetzung

Hat der Auftragnehmer innerhalb der Vorlagefrist des § 14 Abs. 3 die Schluss- 116
rechnung nicht bzw. nicht in prüffähiger Form vorgelegt, muss der Auftraggeber
ihm eine **angemessene Nachfrist** zur Schlussabrechnung setzen. Die Nachfrist
des § 14 Abs. 4 kann dabei erst nach Verstreichen der Frist des § 14 Abs. 3 gesetzt
werden, nicht bereits vorher.[145]

Die Nachfrist muss **angemessen** sein. Was angemessen ist, bestimmt sich nach 117
den Bedingungen des **Einzelfalles,** wobei das Abrechnungsinteresse des Auftraggebers einerseits, die Komplexität der Baumaßnahme und damit verbunden der
Abrechnung andererseits berücksichtigt werden muss.[146] Die Fristen des § 14
Abs. 3 können dabei als Höchstfristen angesehen werden; bei einfachen Bauvorhaben kann die Nachfrist aber auch kürzer angesetzt werden.

Die Nachfristsetzung kann grundsätzlich formlos erfolgen. Der Auftraggeber 118
sollte allerdings aus Gründen der Nachweisbarkeit zumindest die **Textform**
einhalten und die Nachweisbarkeit des Zugangs der Nachfristsetzung sicherstellen.

---

[144] KKJS Kompendium BauR/Kniffka Teil 4 Rn. 541.
[145] Ingenstau/Korbion/Locher § 14 Abs. 4 Rn. 4; FKZGM/Zanner/Jünemann § 14 Rn. 47.
[146] Leinemann/Hilgers § 14 Rn. 69.

§ 14 VOB Teil B

IV. Berechtigung zur Rechnungsaufstellung durch den Auftraggeber

119 Ist die Nachfrist zur Rechnungsvorlage fruchtlos abgelaufen, hat der Auftraggeber das Recht, nunmehr selbst oder durch einen Dritten die Schlussrechnung auf Kosten des Auftragnehmers aufstellen zu lassen. Dieses **Recht** des Auftraggebers begründet aber **weder** eine **Verpflichtung** für ihn,[147] auch tatsächlich die Rechnung zu erstellen, noch **entbindet** es den Auftragnehmer von seiner **Abrechnungspflicht,** die auch gerichtlich durchgesetzt werden kann.[148]

120 Da der Auftragnehmer auch nach dem Ablauf der ihm gesetzten Nachfrist nicht gehindert ist, selbst die Schlussrechnung aufzustellen, ist prinzipiell denkbar, dass es zu einem Wettlauf zwischen Auftragnehmer und Auftraggeber um die Erstellung der Rechnung kommt. Hierbei gilt, dass die Rechnung, die als **erstes** in **prüffähiger Form** vorliegt, als die iSd § 16 Abs. 3 maßgebliche Schlussrechnung anzusehen ist. Problematisch ist dabei die Fallgestaltung, bei der der Auftragnehmer als erstes eine prüffähige Schlussrechnung vorlegt. Mit der Vorlage der prüffähigen Rechnung beim Auftraggeber entfällt der taugliche Gegenstand einer Ersatzvornahme, da die Auftragnehmer-Rechnung nunmehr maßgebliche Abrechnungsgrundlage ist. Der Auftraggeber muss daher seine eigene Rechnungserstellung **abbrechen.** Etwas anderes gilt nur dann, wenn die Schlussrechnung des Auftragnehmers erneut nicht prüffähig ist.

121 Die bis zur Vorlage der Schlussrechnung des Auftragnehmers beim Auftraggeber ausgelösten **Kosten** der Schlussrechnungserstellung sind allerdings vom Auftragnehmer nach § 14 Abs. 4 zu tragen. An dieser Folge der ihm gesetzten fruchtlos verstrichenen Nachfrist kann der Auftragnehmer nichts ändern. Auch wenn der Auftragnehmer dem Auftraggeber selbst eine Nachfrist zur Rechnungsvorlage setzt[149] und diese Frist vor der Rechnungslegung durch den Auftragnehmer fruchtlos abläuft, führt das nicht dazu, dass die Kostentragungspflicht des Auftragnehmers für die bereits vom Auftraggeber für die Rechnungslegung veranlassten Aufwendungen entfiele. Das Recht des Auftraggebers, die Rechnung selbst auf Kosten des Auftragnehmers aufzustellen, kann der Auftragnehmer nicht durch eine eigene Nachfristsetzung nicht aushebeln.[150] Das scheitert sowohl an der fehlenden eigenen Vertragstreue des Auftragnehmers als auch an dem Umstand, dass der Auftraggeber dem Auftragnehmer gegenüber nicht verpflichtet ist, überhaupt von der nach § 14 Abs. 4 begründeten Aufstellmöglichkeit einer Schlussrechnung Gebrauch zu machen. Der Auftraggeber schuldet daher eine Rechnungsaufstellung erst recht nicht bis zu einem vom Auftragnehmer bestimmten Zeitpunkt. Grenze für den Auftraggeber ist insoweit nur Treu und Glauben.

V. Inhalt der Rechnung des Auftraggebers

122 Der Auftraggeber muss die Rechnung **prüffähig** aufstellen, somit selbst die Vorgaben des § 14 Abs. 1, 2 einhalten. Zu berücksichtigen sind dementsprechend die Leistungen des Auftragnehmers, die für den Auftraggeber nachhaltbar sind und von ihm als vergütungsfähig angesehen werden. Welche Angaben zur Herstel-

---

[147] OLG Hamm IBR 2016, 73.
[148] OLG München NJW-RR 1987, 146; Beck VOB/B/Voit § 14 Abs. 4 Rn. 11.
[149] Vorschlag von Ingenstau/Korbion/Locher § 14 Abs. 4 Rn. 5.
[150] Beck VOB/B/Voit § 14 Abs. 4 Rn. 12.

Abrechnung **§ 14**

lung der Prüffähigkeit erforderlich sind, bestimmt sich im Fall des § 14 Abs. 4 nach dem **Erkenntnishorizont** des **Auftragnehmers**.[151]

Der Auftraggeber muss beim Einheitspreisvertrag die vereinbarten **Einheits-** 123 **preise** zugrunde legen und eine **Mengenermittlung** aufstellen, soweit er nicht auf eine gemeinsame Leistungsfeststellung nach § 14 Abs. 2 zurückgreifen kann.[152] Ein vom Auftraggeber zu erstellendes Aufmaß ist unter Berücksichtigung der maßgeblichen Aufmaßbestimmungen zu fertigen. Soweit dabei Leistungen nicht mehr nachzuhalten sind, weil sie zwischenzeitlich verdeckt sind, ist ggf. ein Mindestleistungsumfang zu schätzen. Ist auch eine solche Leistungsermittlung nicht möglich, geht das zu Lasten des Auftragnehmers, wenn er kein gemeinsames Aufmaß veranlasst hat.

Soweit ein Vertragsverhältnis **vorzeitig beendet** worden ist, sind die allgemei- 124 nen Abrechnungsgrundsätze vom Auftraggeber zu beachten.[153] Soweit er in diesem Zusammenhang auf die Kalkulation abstellen muss, ist ggf. eine eigene nachträgliche Kalkulation zu erstellen.

Sofern geänderte oder zusätzliche Leistungen erbracht worden sind, gelten eben- 125 falls die allgemeinen Abrechnungsgrundsätze. Ist der Auftraggeber allerdings der Auffassung, dass **Nachträge** unbegründet sind, also insoweit keine gesonderte Vergütungspflicht besteht, muss er diese auch nicht in die Schlussrechnung einbeziehen.[154]

VI. Konsequenzen der Rechnungslegung

Die Schlussrechnung des Auftraggebers hat rechtlich die gleichen Folgen wie 126 die Schlussrechnung des Auftragnehmers. Sie führt zur **Fälligkeit** des Vergütungsanspruches mit Zugang beim Auftragnehmer.[155] Dieses Datum ist sodann sowohl für die Inlaufsetzung der **Verjährungsfrist** als auch die Anwendung der Bestimmungen des § 16 maßgeblich. Die Prüffähigkeit der Schlussrechnung als Tatbestandsvoraussetzung der Fälligkeit ist, da es auf die Prüffähigkeit für den Auftraggeber ankommt, bei einer von ihm selbst aufgestellten und dem Auftragnehmer zugestellten Rechnung immer gegeben.

Auch die Schlussrechnung des Auftraggebers hat **keine Bindungswirkung.** Es 127 steht dem Auftraggeber daher die uneingeschränkte Möglichkeit zur materiellen Berichtigung der Abrechnung offen. Ebenso kann der Auftragnehmer materielle Einwendungen gegen die Abrechnung erheben.

Soweit der Auftragnehmer mit der Abrechnung des Auftraggebers nicht kon- 128 form geht, ist es seine Sache, einen höheren Vergütungsanspruch darzulegen und zu beweisen. An der **Beweislast** für den Vergütungsanspruch ändert sich durch die Rechnungsaufstellung durch den Auftraggeber nichts.[156]

VII. Kostenerstattungsanspruch

Der Auftragnehmer hat dem Auftraggeber die **erforderlichen Kosten** der 129 Aufstellung der Schlussrechnung zu erstatten. Die Erstattungspflicht erstreckt sich auch auf vergeblich aufgewandte Kosten, wenn der Auftraggeber ihre Veranlassung

---

[151] OLG Stuttgart BeckRS 2013, 09968 = NJW-Spezial 2013, 396.
[152] BGH NZBau 2002, 91.
[153] OLG Frankfurt a. M. NJW-RR 2009, 1676 (1677).
[154] BGH NZBau 2002, 91 (92); Beck VOB/B/Voit § 14 Abs. 4 Rn. 17.
[155] BGH NZBau 2002, 91 (92).
[156] BGH NJW 1984, 1757 (1758); Ingenstau/Korbion/Locher § 14 Abs. 4 Rn. 5.

§ 14

für erforderlich halten durfte.[157] Das gilt etwa für den Fall, dass der Auftragnehmer nach abgelaufener Nachfrist noch eine eigene Schlussrechnung vorlegt, der Auftraggeber aber bereits Kosten für die Selbstaufstellung verursacht hat. Erstattungsfähig sind Kosten, die unmittelbar beim Auftraggeber angefallen sind, aber auch solche, die durch den Einsatz von **Hilfspersonen** entstanden sind.

130 Erstattungsfähig sind nur die Kosten, die durch die Rechnungsaufstellung – einschließlich notwendiger Maßnahmen zur Leistungsfeststellung – angefallen sind.

131 **Aufwand,** der dem Auftraggeber **ohnehin** auch bei Rechnungslegung durch den Auftragnehmer angefallen wäre, führt **nicht** zu nach § 14 Abs. 4 **erstattungsfähigen** Kosten.[158] Das gilt etwa für solche Kosten, die auch bei der Rechnungsprüfung angefallen wären,[159] oder allein auf die Leistungsfeststellung nach vorzeitig beendetem Vertragsverhältnis zum Zwecke der Beauftragung eines Nachfolgeunternehmers zurückzuführen sind.[160]

132 Die **Darlegungs- und Beweislast** für den Anfall sowie die Erforderlichkeit der Kosten der Rechnungsaufstellung liegt beim Auftraggeber.[161]

VIII. AGB-rechtliche Fragen

133 Die Regelung des § 14 Abs. 4 ist AGB-konform. Auch wenn das Gesetz die Rechnungslegung nur als Obliegenheit des Auftragnehmers ausgestaltet hat, liegt damit kein gesetzliches Leitbild vor, das einer Einordnung als Nebenpflicht und damit verbunden der Einräumung der Möglichkeit zur Ersatzvornahme entgegenstünde. Das gilt auch im Hinblick auf die sich aus § 16 Abs. 3 ergebende Herbeiführung der Fälligkeit des Vergütungsanspruchs des Auftragnehmers durch die vom Auftraggeber aufgestellte Schlussrechnung. Das einzige denkbare Interesse des Auftragnehmers daran, die Fälligkeit des Vergütungsanspruches hinauszuschieben ist die Vereitelung des Inlaufsetzens der Verjährungsfrist. Dieses Interesse ist nicht schutzwürdig.

134 Unwirksam sind allerdings abweichende Bestimmungen, mit denen der Auftraggeber sich das Recht zur Selbstaufstellung der Rechnung **unabhängig** von einer **Nachfristsetzung** verschaffen will. Ebenso unwirksam sind sämtliche Klauseln, die eine **Beschneidung** von materiellen Einwendungen gegen die auftraggeberseitig erstellte Schlussrechnung herbeiführen sollen.[162]

AGB-rechtlich zulässig ist der Ausschluss des Rechtes nach § 14 Abs. 4.

IX. Prozessuales

135 § 14 Abs. 4 gewährt anders als § 637 BGB keinen **Kostenvorschussanspruch** für die Selbstaufstellung der Schlussrechnung. Soweit daher der Auftraggeber nicht über Aufrechnungspotential verfügt, geht er das Risiko ein, hier die Kosten der Rechnungserstellung nachfolgend gerichtlich durchsetzen zu müssen. Wenn er dieses Risiko umgehen will, muss er den Auftragnehmer auf Rechnungserstellung gerichtlich in Anspruch nehmen und das Urteil nachfolgend nach § 887 Abs. 2 ZPO vollstrecken. Wirtschaftlich erlangt er auf diese Weise den Kostenvorschuss für die Selbstaufstellung der Rechnung.

---

[157] Beck VOB/B/Voit § 14 Abs. 4 Rn. 27.
[158] OLG Düsseldorf BauR 1987, 336 (337).
[159] Leinemann/Hilgers § 14 Rn. 73.
[160] Beck VOB/B/Voit § 14 Abs. 4 Rn. 26.
[161] Heiermann/Riedel/Rusam/Heiermann/Mansfeld § 14 Rn. 96.
[162] OLG Karlsruhe BeckRS 1983, 03585 Rn. 158.

§ 15 Stundenlohnarbeiten

(1)
1. Stundenlohnarbeiten werden nach den vertraglichen Vereinbarungen abgerechnet.
2. ¹Soweit für die Vergütung keine Vereinbarungen getroffen worden sind, gilt die ortsübliche Vergütung. ²Ist diese nicht zu ermitteln, so werden die Aufwendungen des Auftragnehmers für Lohn- und Gehaltskosten der Baustelle, Lohn- und Gehaltsnebenkosten der Baustelle, Stoffkosten der Baustelle, Kosten der Einrichtungen, Geräte, Maschinen und maschinellen Anlagen der Baustelle, Fracht-, Fuhr- und Ladekosten, Sozialkassenbeiträge und Sonderkosten, die bei wirtschaftlicher Betriebsführung entstehen, mit angemessenen Zuschlägen für Gemeinkosten und Gewinn (einschließlich allgemeinem Unternehmerwagnis) zuzüglich Umsatzsteuer vergütet.

(2) Verlangt der Auftraggeber, dass die Stundenlohnarbeiten durch einen Polier oder eine andere Aufsichtsperson beaufsichtigt werden, oder ist die Aufsicht nach den einschlägigen Unfallverhütungsvorschriften notwendig, so gilt Absatz 1 entsprechend.

(3) ¹Dem Auftraggeber ist die Ausführung von Stundenlohnarbeiten vor Beginn anzuzeigen. ²Über die geleisteten Arbeitsstunden und den dabei erforderlichen, besonders zu vergütenden Aufwand für den Verbrauch von Stoffen, für Vorhaltung von Einrichtungen, Geräten, Maschinen und maschinellen Anlagen, für Frachten, Fuhr- und Ladeleistungen sowie etwaige Sonderkosten sind, wenn nichts anderes vereinbart ist, je nach der Verkehrssitte werktäglich oder wöchentlich Listen (Stundenlohnzettel) einzureichen. ³Der Auftraggeber hat die von ihm bescheinigten Stundenlohnzettel unverzüglich, spätestens jedoch innerhalb von 6 Werktagen nach Zugang, zurückzugeben. ⁴Dabei kann er Einwendungen auf den Stundenlohnzetteln oder gesondert schriftlich erheben. ⁵Nicht fristgemäß zurückgegebene Stundenlohnzettel gelten als anerkannt.

(4) ¹Stundenlohnrechnungen sind alsbald nach Abschluss der Stundenlohnarbeiten, längstens jedoch in Abständen von 4 Wochen, einzureichen. ²Für die Zahlung gilt § 16.

(5) Wenn Stundenlohnarbeiten zwar vereinbart waren, über den Umfang der Stundenlohnleistungen aber mangels rechtzeitiger Vorlage der Stundenlohnzettel Zweifel bestehen, so kann der Auftraggeber verlangen, dass für die nachweisbar ausgeführten Leistungen eine Vergütung vereinbart wird, die nach Maßgabe von Absatz 1 Nummer 2 für einen wirtschaftlich vertretbaren Aufwand an Arbeitszeit und Verbrauch von Stoffen, für Vorhaltung von Einrichtungen, Geräten, Maschinen und maschinellen Anlagen, für Frachten, Fuhr- und Ladeleistungen sowie etwaige Sonderkosten ermittelt wird.

Literatur: Baumbach/Hopt, Handelsgesetzbuch, 43. Aufl. 2024; Ingenstau/Korbion, VOB/B, 22. Auflage 2023: Kapellmann/Messerschmidt, VOB Teil A und B, 8. Auflage 2022; Ganten/Jansen/Voit, Beck VOB/A, 4. Aufl. 2023; Leinemann, VOB/B Kommentar, 8. Auflage 2022, Losert, Die Bedeutung der Unterschrift unter einem Stundenlohnzettel, ZfBR 1993, 1, Heiermann/Riedl/Rusam, Handkommentar zur VOB, 14. Auflage 2017,

§ 15

Franke/Kemper/Zanner/Grünhagen/Mertens, VOB-Kommentar, 7. Auflage 2020, Kleine-Möller/Merl/Glöcker, Handbuch des privaten Baurechts, 5. Auflage 2013; Kniffka/Koeble/Jurgeleit/Sacher, Kompendium des Baurechts, 5. Auflage 2020; Cramer/Kandel/Preussner, BeckOK VOB/B, 55. Edition, 2024.

Übersicht

	Rn.
A. Allgemein	1
I. Einleitung	1
II. Verhältnis zu den Vorschriften des BGB in der ab dem 1.1.2018 geltenden Fassung	6
III. Verhältnis zu den Vorschriften des BGB in der bis zum 31.12.2017 geltenden Fassung	11
B. § 15 Abs. 1	12
I. Vereinbarte Vergütung, § 15 Abs. 1 Nr. 1	12
1. Regelung zur Höhe	12
2. Regelungsinhalt	15
3. Regelungsform	16
4. Regelungszeitpunkt	17
II. Fehlende Vergütungsvereinbarung, § 15 Abs. 1 Nr. 2	18
1. Übliche Vergütung, § 15 Abs. 1 Nr. 2 S. 1	20
2. Nicht zu ermittelnde übliche Vergütung, § 15 Abs. 1 Nr. 2 S. 2	21
3. Maßgeblicher Zeitpunkt für die Ermittlung der Vergütungshöhe	30
III. AGB-rechtliche Fragen	33
IV. Prozessuales	35
C. § 15 Abs. 2	37
I. Aufsichtsvergütung	37
1. Aufsichtspersonal	40
2. Verlangen des Auftraggebers	42
3. Notwendigkeit der Aufsicht aufgrund von Unfallverhütungsvorschriften	45
4. Umfang der Aufsicht, Qualifikation des Aufsichtsführenden	47
5. Vergütung	48
II. AGB-rechtliche Fragen	49
III. Prozessuales	51
D. § 15 Abs. 3	52
I. Dokumentations- und Kontrollzwecke als Regelungszweck	52
II. Anzeige der Aufnahme von Stundenlohnarbeiten, § 15 Abs. 3 S. 1	55
1. Gegenstand der Anzeige, Zeitpunkt, Adressat und Form	55
2. Folgen fehlender oder verspäteter Anzeigen	60
III. Stundenlohnzettel, § 15 Abs. 3 S. 2	63
1. Inhalt der Stundenlohnzettel	63
2. Adressat des Stundenlohnzettels	65
3. Form des Stundenlohnzettels	66
4. Fristen zur Vorlage der Stundenzettel	67
5. Folgen nicht ordnungsgemäßer oder nicht fristgerecht vorgelegter Stundenzettel	70
6. Prüfung und Rückgabe	72

	Rn.
7. Frist zur Rückgabe	78
8. Folgen verspäteter oder unterbliebener Rückgabe der Stundenzettel	80
IV. AGB-rechtliche Fragen	83
V. Prozessuales	86
E. § 15 Abs. 4	89
I. Abrechnung von Stundenlohnarbeiten	89
1. Fristen für die Abrechnung	90
2. Inhalt der Abrechnung	93
3. Folgen der Fristversäumnis	96
4. Fälligkeit der Rechnung	98
II. AGB-rechtliche Fragen	100
III. Prozessuales	102
F. § 15 Abs. 5	104
I. Abweichende Vergütungsermittlung bei Zweifeln zum Umfang der Stundenlohnarbeiten	104
1. Vereinbarte Stundenlohnarbeiten	107
2. Verspätet vorgelegte Stundenlohnzettel	108
3. Zweifel des Auftraggebers am Umfang der Stundenlohnarbeiten	111
4. Verlangen des Auftraggebers nach Neuberechnung	115
5. Neuvereinbarung der Vergütung	119
6. Fehlende Mitwirkung des Auftragnehmers an einer Neuvereinbarung	123
II. AGB-rechtliche Fragen	125
III. Prozessuales	126

A. Allgemein

I. Einleitung

§ 15 verhält sich zur Abrechnung von Stundenlohnarbeiten und stellt hierzu 1 Vorgaben in **formeller** Hinsicht auf. Die Klausel stellt ein **Bindeglied** zwischen § 2 Abs. 10 und den darin geregelten Voraussetzungen, unter denen überhaupt eine Vergütung auf Stundenlohnbasis beansprucht werden kann, und § 16 zur Zahlung der Vergütung dar. Sie ergänzt zudem die Vorschriften zur Rechnungslegung in § 14 durch Vorgaben, die ausschließlich bei der Abrechnung von Stundenlohnarbeiten zu beachten sind.

Stundenlohnarbeiten iSd § 15 sind sowohl vollständig nach Stundenlohn abzu- 2 rechnende Verträge im Sinne von § 4 Abs. 2 VOB/A (**selbständige Stundenlohnarbeiten**) als auch Stundenlohnarbeiten als Annex zu einem Leistungsvertrag iSd § 4 Abs. 1 VOB/A (**angehängte Stundenlohnarbeiten** oder Regiearbeiten).[1] Die Vorgaben des § 15 gelten unterschiedslos für beide Formen.

Durch § 15 wird nur geregelt, welche Grundsätze bei der Vergütungsermittlung 3 zu beachten sind, **wenn** die Parteien sich auf eine Stundenlohnabrechnung geeinigt haben. **Ob** eine solche Stundenlohnabrechnung stattfinden soll, wird in § 15 nicht geregelt. Um zu einer fälligkeitsauslösenden Stundenlohnabrechnung zu

---

[1] Beck VOB/B/Voit vor § 15 Rn. 7 f.; Kapellmann/Messerschmidt/Messerschmidt § 15 Rn. 4.

kommen, bedarf es damit der **Vereinbarung** nach § 2 Abs. 10 dem Grunde nach und der Einhaltung der Vorgaben des § 15 zur Höhe. Grund für diese Ausgestaltung ist die Gefährlichkeit der Stundenlohnabrechnung für den Auftraggeber, der anders als bei Leistungsverträgen den tatsächlichen **Vergütungsumfang** im Voraus regelmäßig **nicht sicher einschätzen** kann und damit keine Möglichkeit hat, festzustellen, ob der Aufwand in einem vernünftigen Verhältnis zum herbeizuführenden Erfolg steht.[2] Für den öffentlichen Auftraggeber folgt aus dieser Risikolage die Verpflichtung des § 4 Abs. 2 VOB/A, Stundenlohnabrechnungen nur im Ausnahmefall zu vereinbaren.

4   **Fehlt** es bereits an der **Vereinbarung** über die Durchführung von Stundenlohnarbeiten, sind die Leistungen vom Auftragnehmer nach §§ 2 Abs. 2, 5, 6, ggf. nach § 2 Abs. 8 abzurechnen. Es hat dabei im Regelfall eine Vergütungsermittlung auf **Einheitspreisbasis** zu erfolgen. § 15 Abs. 1 Nr. 2 S. 2 ist dabei nicht anwendbar, da sich die Klausel auf die Fallkonstellation bezieht, bei der eine Vereinbarung über die Durchführung von Stundenlohnarbeiten vorliegt, die Parteien sich aber nicht über die Vergütungsermittlung für diese verständigt haben.[3] Allerdings wird die Vergütungsermittlung nach § 2 Abs. 5, 6 in den Fällen, in denen die Parteien insgesamt keine Vereinbarung über die Preisbildungsgrundsätze bei Nachtragsleistungen geschlossen haben oder aber die Grundsätze des § 650c BGB vereinbart sind, nicht zu einem von § 15 Abs. 1 Nr. 2 S. 2 abweichenden Ergebnis führen, da dann die tatsächlichen Kosten nebst angemessener Zuschläge maßgeblich sind.[4] Unterschiede können aber auftreten, wenn andere Preisbildungsmethoden zugrunde zu legen sind, insbesondere etwa in dem Fall, in dem die vorkalkulatorische Preisfortschreibung anzuwenden ist. In diesem Fall ist der Preis für die Leistung auf der Grundlage des Vertragspreisniveaus zu ermitteln. Ob die Parteien ein Preisbildungsmodell zumindest konkludent vereinbart haben, muss im Einzelfall festgestellt werden.[5]

5   Trotz des zeitabhängigen Abrechnungsmodus ändert sich an der **Erfolgsbezogenheit** des Vertrages nichts. Auch der Stundenlohnvertrag ist ein Werkvertrag und damit auf die Herstellung eines Werkes als Erfolg gerichtet.[6] Das hat Konsequenzen insoweit, als der Auftragnehmer als Nebenpflicht auf eine **wirtschaftliche Betriebsführung** achten muss.[7] Die Verletzung dieser Pflicht kann **Schadensersatzansprüche** des Auftraggebers – in Gestalt des Anspruches auf Freistellung von den Ansprüchen auf Vergütung der pflichtwidrig aufgewandten Stunden – nach sich ziehen.[8]

II. Verhältnis zu den Vorschriften des BGB in der ab dem 1.1.2018 geltenden Fassung

6   Das gesetzliche Bauvertragsrecht kennt, ebenso wie das frühere Werkvertragsrecht, die Differenzierung in Einheitspreis-, Stundenlohn- und Pauschalpreisverträge nicht. § 632 BGB stellt auf die vereinbarte, hilfsweise die übliche Vergütung

---

[2] Ingenstau/Korbion/Keldungs § 15 Rn. 3.
[3] AA Kleine-Möller/Merl/Glöckner PrivBauR-HdB/Kleine-Möller § 12 Rn. 29.
[4] BGH ZfBR 219, 777 Rn. 27 f.
[5] Wohl aA KG ZfBR 2018, 670.
[6] Leinemann/Schoofs § 15 Rn. 10; Kleine-Möller/Merl/Glöckner PrivBauR-HdB/Kleine-Möller § 12 Rn. 26.
[7] Leinemann/Schoofs § 15 Rn. 9.
[8] BGH NZBau 2009, 504 Rn. 18.

Stundenlohnarbeiten **§ 15**

ab, ohne weiter zu definieren, wie die Vergütungshöhe im Einzelnen zu ermitteln ist. Auch die Regelungen zur Nachtragsvergütung in § 650c Abs. 1 BGB treffen keine weiteren Vorgaben dazu, wie die dort benannten tatsächlichen Kosten darzustellen sind.

Soweit ein Stundenlohnvertrag als BGB-Bauvertrag vereinbart worden ist oder 7 aber sich die Stundenlohnvergütung als übliche Vergütung iSd § 632 Abs. 2 BGB darstellt, entspricht § 15 Abs. 1 Nr. 1, Nr. 2 S. 1 der Gesetzeslage. § 15 Abs. 1 Nr. 2 S. 2 trifft Vorgaben dazu, wie eine Vergütungsermittlung zu erfolgen hat, wenn **keine Vereinbarung** getroffen worden ist und auch nicht anderweitig die übliche Vergütung ermittelt werden kann. Diese Klausel kann auf den BGB-Stundenlohnvertrag sinngemäß angewendet werden, da sie die **preisbildenden Faktoren** für die Vergütung widerspiegelt und durch die Bezugnahme auf die Kostenstruktur bei wirtschaftlicher Betriebsführung eine **Objektivierung** der Preisfaktoren sicherstellt. Vorbehaltlich regionaler Besonderheiten aufgrund gestörter Marktverhältnisse – Verdrängungswettbewerb mit nicht kostendeckenden Kampfpreisen oder Oligopole bzw. Monopole mit überhöhten Preisen – wird der nach § 15 Abs. 1 Nr. 2 S. 2 gebildete Preis der **üblichen Vergütung** für Stundenlohnarbeiten iSd § 632 Abs. 2 BGB entsprechen.[9] Es besteht dann auch ein Gleichlauf zwischen der Vergütungsermittlung nach § 15 Abs. 1 Nr. 2 S. 2 und § 650c Abs. 1 BGB, wenn zusätzliche bzw. geänderte Leistungen vereinbart sind, ohne dass es zu einer Vergütungsvereinbarung kommt, aber eine Ausführung im Stundenlohn vorgesehen ist.[10]

Die weiteren Bestimmungen des § 15 sind auf den BGB-Bauvertrag **nicht** 8 unmittelbar anzuwenden.[11] Aus dem Fehlen von Stundenlohnzetteln oder deren fehlender Gegenzeichnung[12] lässt sich daher beim BGB-Bauvertrag nichts herleiten. Denkbar ist lediglich, die Vorgaben des § 15 Abs. 3 S. 1–4 als Ausfluss der **Kooperationsverpflichtung** der am Bau Beteiligten auf den BGB-Bauvertrag entsprechend anzuwenden, wobei die Nichtbeachtung dieser Vorgaben dann aber im Ergebnis sanktionslos bleibt. Es liegt (nur) im jeweiligen Eigeninteresse von Auftragnehmer und Auftraggeber, den Umfang von Stundenlohnarbeiten **zeitnah** zu dokumentieren und Einwendungen zeitnah zu erheben, um spätere Darlegungs- und Beweisschwierigkeiten zu vermeiden.

Wenn im BGB-Bauvertrag eine Stundenlohnabrechnung vereinbart war, 9 kommt eine Anwendung des § 15 Abs. 5 **nicht** in Betracht.[13] Wenn der Auftragnehmer keine geeigneten Maßnahmen ergreift, um den Umfang seiner Leistungen belegen zu können, realisiert sich beim BGB-Bauvertrag das Risiko, **beweisfällig** zu bleiben, voll.

Die **Darlegungs- und Beweislast** für die Stundenlohnvergütung entspricht 10 auch beim BGB-Bauvertrag den Regelungen des VOB/B-Vertrages. Der Auftragnehmer muss danach den Umfang der erbrachten Stunden (und ggf. des Materialverbrauches) sowie die vereinbarte Vergütung darlegen und beweisen, wobei der Nachweis des Umfangs der Leistungen auch durch die Vorlage von vom Auftraggeber unterzeichneten Stundenzetteln geführt werden kann.[14] Die Angaben des

---

[9] Ingenstau/Korbion/Keldungs § 15 Abs. 1 Rn. 4; zurückhaltender Beck VOB/B/Voit vor § 15 Rn. 10.
[10] wohl aA BeckOK VOB/B/Cramer VOB/B § 15 Abs. 1 Rn. 28a.
[11] BGH NZBau 2009, 450 Rn. 47.
[12] BGH NZBau 2009, 504 Rn. 25.
[13] Beck VOB/B/Voit vor § 15 Rn. 11.
[14] OLG Celle NZBau 2004, 41 (42); Beck VOB/B/Voit vor § 15 Rn. 11.

§ 15

Auftragnehmers müssen dabei die erbrachte Vertragsleistung (den Werkerfolg), nicht aber die konkreten Einzeltätigkeiten umfassen, wenn nichts anderes vereinbart ist.[15] Die **fehlende Erforderlichkeit** der aufgewandten Stunden, somit der Verstoß gegen die Verpflichtung zur wirtschaftlichen Betriebsführung, ist sodann vom Auftraggeber nachzuweisen, wobei diesem über den Weg der sekundären Darlegungslast des Auftragnehmers Beweiserleichterungen zukommen.[16]

III. Verhältnis zu den Vorschriften des BGB in der bis zum 31.12.2017 geltenden Fassung

11   Die Rechtslage zur Art der Vergütungsermittlung hat sich durch die Schaffung des gesetzlichen Bauvertragsrechtes nicht verändert. Für Altverträge gilt daher nichts anderes wie für die nach dem 1.1.2018 zustande gekommenen Vertragsverhältnisse.

B. § 15 Abs. 1

I. Vereinbarte Vergütung, § 15 Abs. 1 Nr. 1

12   **1. Regelung zur Höhe.** § 15 Abs. 1 regelt den bereits in § 631 BGB kodifizierten Grundsatz, dass die Vergütung des Auftragnehmers sich nach den **vertraglichen Vereinbarungen** bestimmt. Die Klausel betrifft dabei nur die Vereinbarung der Vergütung der **Höhe** nach, während die Vereinbarung dazu, dass **überhaupt** eine Stundenlohnabrechnung erfolgen soll, sich nach § 2 Abs. 10 richtet. Fehlt es an der ausdrücklichen Vereinbarung zur Durchführung von Stundenlohnarbeiten, kommt § 15 **nicht** zur Anwendung, und zwar auch nicht über den Umweg des § 2 Abs. 8.

13   **Keine** Vereinbarung zur Durchführung von Stundenlohnarbeiten iSd § 2 Abs. 10 stellt die Vereinbarung von **reinen Stundenverrechnungssätzen** oÄ als **Eventualposition** in einem Leistungsverzeichnis dar. Mit einer solchen Regelung wird lediglich für den Fall der (späteren) gesonderten Vereinbarung dazu, dass eine konkrete Leistung nunmehr im Stundenlohn ausgeführt wird, bereits die **Vergütungshöhe** nach § 15 Abs. 1 Nr. 1 festgelegt. Bei einer solchen Fallgestaltung erfolgt die Vereinbarung zur Vergütungshöhe **vor** der Vereinbarung über die Ausführung von Stundenlohnarbeiten.

14   Ebenfalls **keine Vereinbarung** über die Vergütungshöhe und die Durchführung von Stundenlohnarbeiten überhaupt stellt die **Unterzeichnung von Stundenlohnzetteln** durch den Auftraggeber oder dessen Architekten/Bauleiter dar.[17] Die Dokumentationswirkung der Unterzeichnung beschränkt sich auf die Bestätigung, dass die darin ausgewiesenen Stunden **geleistet** und das ausgewiesene Material verbraucht worden sind. Einen weitergehenden Erklärungsgehalt, dass diese Leistungen auch im Stundenlohn **abgerechnet werden dürfen,** ist mit der Unterzeichnung grundsätzlich nicht verbunden.[18] Im Hinblick auf eine Unter-

---

[15] BGH NZBau 2009, 504, Rn. 33.
[16] BGH NZBau 2009, 450 Rn. 36 ff.
[17] OLG Nürnberg BauR 2015, 509 Rn. 115 f.; OLG Dresden BeckRS 2008, 03778 = BauR 2008, 364; BGH NJW-RR 2004, 92 (94); Ingenstau/Korbion/Keldungs § 15 Rn. 5.
[18] Zu einem nicht verallgemeinerungsfähigen Ausnahmefall OLG Düsseldorf BeckRS 2006, 05136.

zeichnung durch einen Architekten/Bauleiter scheitert das bereits regelmäßig am Fehlen einer dafür erforderlichen rechtsgeschäftlichen **Vollmacht**.[19] Darüber hinaus liegt aber auch die erforderliche „ausdrückliche" Vereinbarung iSd § 2 Abs. 10 nicht vor, wenn der Auftraggeber selbst Stundenzettel unterzeichnet. Die Bestätigung einer Stundenzahl enthält keinen weitergehenden Erklärungswert zur Vergütungsermittlung, insbesondere stellt sie kein Anerkenntnis einer bestimmten Abrechnungsmethode dar.

2. Regelungsinhalt. Die Vereinbarung der Vergütungshöhe erfolgt in der Praxis entweder durch die Vereinbarung von **Stundenlohnsätzen**, differenziert nach der Qualifikation der jeweils Ausführenden (Facharbeiter/Gehilfe etc), oder durch Vereinbarung von **Zuschlagssätzen** zu den tatsächlich beim Auftragnehmer anfallenden Aufwendungen für die Personal- und Sachkosten.[20] Die Materialkosten sind, anders als Baustellengemeinkosten, Allgemeine Geschäftskosten, Gewinn und Wagnis, regelmäßig in den Stundenlohnsätzen bzw. -zuschlägen nicht erfasst und vom Auftraggeber gesondert zu vergüten.[21] Sofern entsprechende Abreden getroffen sind, können auch für den Maschineneinsatz gesonderte Vergütungssätze vereinbart werden. Das ist bei insbesondere bei Großgerät nicht unüblich. **Fehlt** es an solchen Abreden, ist der Maschineneinsatz als im Stundensatz mit **einkalkuliert** anzusehen (arg. § 15 Abs. 1 Nr. 2 S. 2).[22] Auch Fahrtzeiten sind nur dann gesondert zu vergüten, wenn das vereinbart ist. 15

3. Regelungsform. Die Vereinbarung über die Vergütungshöhe nach § 15 Abs. 1 Nr. 1 kann grundsätzlich **formlos** erfolgen. Anders als bei § 2 Abs. 10 ist auch keine ausdrückliche Vereinbarung notwendig.[23] Allerdings wird im Regelfall eine **konkludente** Vereinbarung zur Vergütungshöhe **nicht** vorliegen, da die Vergütungshöhe typischerweise ohne ausdrückliche Erklärung nicht einvernehmlich festzusetzen sein wird. Etwas anderes kann beispielsweise bei laufenden Geschäftsbeziehungen gelten.[24] Aus Beweiszwecken ist die Einhaltung der **Textform anzuraten**. 16

4. Regelungszeitpunkt. Vereinbarungen über die **Vergütungshöhe** können sowohl **vor** als auch **nach** Ausführung getroffen werden. § 15 setzt anders als § 2 Abs. 10 keine Vereinbarung vor Ausführung voraus.[25] An die Annahme, dass hier nachträglich konkludent eine solche Vereinbarung zur Vergütungshöhe – erst recht zur Stundenlohnabrechnung als solches – getroffen worden ist, sind hohe Voraussetzungen zu knüpfen.[26] Die bloße Unterzeichnung von Stundenlohnzetteln rechtfertigt die Annahme einer nachträglichen Vereinbarung regelmäßig **nicht**. 17

II. Fehlende Vergütungsvereinbarung, § 15 Abs. 1 Nr. 2

Fehlt eine Vereinbarung zur **Vergütungshöhe**, sieht § 15 Abs. 1 Nr. 2 vor, dass dann in erster Linie die **übliche** Vergütung geschuldet ist. Wenn diese nicht 18

---

[19] vgl. OLG Frankfurt a. M. IBR 2016, 630.
[20] Leinemann/Schoofs § 15 Rn. 21.
[21] FKZGM/Kemper § 15 Rn. 3.
[22] Ingenstau/Korbion/Keldungs § 15 Abs. 1 Rn. 2.
[23] Beck VOB/B/Voit § 15 Abs. 1 Rn. 6.
[24] Leinemann/Schoofs § 15 Rn. 13.
[25] Heiermann/Riedel/Rusam/Heiermann/Mansfeld § 15 Rn. 6, OLG Frankfurt a. M. IBR 2016, 630.
[26] BGH NJW-RR 1995, 80; Heiermann/Riedel/Rusam/Heiermann/Mansfeld § 15 Rn. 8.

§ 15
VOB Teil B

feststellbar ist, soll die Vergütung nach Maßgabe der Kriterien des § 15 Abs. 1 Nr. 2 S. 2 ermittelt werden.

19 Die Regelung unterscheidet sich damit konstruktiv von der Ausgestaltung des § 632 Abs. 2 BGB, der unterstellt, dass eine übliche Vergütung **immer** zu ermitteln ist. Dieser Unterschied ist allerdings ohne praktische Relevanz, da auch beim BGB-Bauvertrag für den Fall, dass empirisch eine Ermittlung der üblichen Vergütung nicht möglich ist, entsprechend der Vorgaben, wie sie in § 15 Abs. 1 Nr. 2 S. 2 benannt werden, eine Bestimmung der Vergütungshöhe erfolgt. Dem entspricht, dass jedenfalls bei funktionierenden Marktverhältnissen die Ermittlung der Vergütungshöhe nach § 15 Abs. 1 Nr. 2 S. 2 zu keinem von der üblichen Vergütung iSd § 632 Abs. 2 BGB abweichenden Ergebnis für die Bestimmung einer Stundenlohnvergütung führen sollte.

20 **1. Übliche Vergütung, § 15 Abs. 1 Nr. 2 S. 1.** Die **übliche Vergütung** ist jene isD § 632 Abs. 2 BGB. Maßgeblich sind danach die für Stundenlohnarbeiten der **vertragsgegenständlichen Art** am **Ort** des Bauvorhabens nach allgemeiner Auffassung der **beteiligten Verkehrskreise** gezahlten Stundenlohnvergütungen.[27] Diese übliche Vergütung ist **empirisch,** ggf. unter Beiziehung von Sachverständigen zu ermitteln. Sofern die Ermittlungen zur üblichen Vergütung zur Ausweisung einer Vergütungsbandbreite führen, liegt sachlich bereits keine feststellbare übliche Vergütung vor.[28] Es muss dann versucht werden, die für die konkrete Leistung übliche Vergütung noch enger einzugrenzen. Ist das nicht möglich, muss nach § 15 Abs. 1 Nr. 2 S. 2 BGB verfahren werden. Auf die eigene Einschätzung des Auftragnehmers zur Anordnung der zu beanspruchenden Vergütung innerhalb der Spanne der anderweitig gezahlten Sätze kommt es nicht an.[29]

20a Zweifelhaft kann es sein, wie bei **Monopolstrukturen** eine übliche Vergütung feststellbar ist, insbesondere was in diesem Fall **Bezugspunkt** ist. In Fallgestaltungen, in denen Hersteller von Bauprodukten deren Einbau oder jedenfalls deren Inbetriebnahme der Ausführung durch eigenes Fachpersonal vorbehalten, ist empirisch vielfach eine höhere Vergütung für derartig herstellerbezogenes Personal als für gleich qualifiziertes freies Personal festzustellen. Ob die Leistung des Personals des Monopolisten eine **andere** als jene von freiem Personal ist und damit die Preisbildung des Monopolisten maßgeblich ist, oder ob von einer **identischen** Leistung auszugehen ist, wird im Zweifel sachverständig zu ermitteln sein.

21 **2. Nicht zu ermittelnde übliche Vergütung, § 15 Abs. 1 Nr. 2 S. 2.** Ist die übliche Vergütung nicht zu ermitteln, erfolgt eine Vergütungsbestimmung auf der Grundlage der **tatsächlichen Aufwendungen** des Auftragnehmers, wobei auf betriebliche Kostenrechnungen und deren Faktoren abzustellen ist. Nicht zu ermitteln ist die übliche Vergütung, wenn es entweder überhaupt keine Vergleichsgrößen gibt, oder aber jedenfalls die Vergleichsparameter nicht mit vertretbarem Aufwand festzustellen sind.[30]

22 Die Ermittlung der Vergütung anhand der Kriterien des § 15 Abs. 1 Nr. 2 S. 2 bezieht sich grundsätzlich auf den **konkreten Auftragnehmer,** somit die bei diesem anzutreffende Kostenstruktur. Dieser Ansatz der Vergütungsermittlung

---
[27] BGH NJW 2001, 151 (152); FKZGM/Kemper § 15 Rn. 5.
[28] Heiermann/Riedel/Rusam/Heiermann/Mansfeld § 15 Rn. 12.
[29] Beck VOB/B/Voit § 15 Abs. 1 Rn. 19.
[30] Leinemann/Schoofs § 15 Rn. 27.

Stundenlohnarbeiten **§ 15**

wird allerdings durch das Korrektiv der (objektiv) **wirtschaftlichen Betriebsweise** bei den Aufwendungen[31] und der Angemessenheit beim Gewinnanteil[32] begrenzt. Der Auftragnehmer kann daher grundsätzlich auch dann, wenn er unwirtschaftlich agiert, nicht die hierdurch verursachten Mehraufwendungen zur Grundlage der Ermittlung der Vergütungshöhe machen, sondern wird darauf begrenzt, was ein rationell und sparsam wirtschaftender Auftragnehmer an Aufwendungen zur Auftragsdurchführung tätigen müsste.[33] Dieser objektivierte Ansatz findet allerdings seine **Grenze** dann, wenn bei angehängten Stundenlohnarbeiten die Unwirtschaftlichkeit dadurch ausgelöst wird, dass vom Auftraggeber bewusst Leistungen angeordnet werden, auf die der **Betrieb** des Auftragnehmers erkennbar **nicht zugeschnitten** ist. Das gilt etwa in Fällen, in denen der Auftraggeber einen Auftragnehmer mit Leistungen beauftragt, für dessen Ausführung das Personal des Auftragnehmers überqualifiziert (Spezialfacharbeiter statt des nur erforderlichen Bauhelfers) oder fehlqualifiziert ist. Ist dem Auftraggeber dieser Umstand nicht bekannt, muss der Auftragnehmer darauf hinweisen. **Aufwendungen,** die nur deshalb anfallen, weil der Auftragnehmer die Abwicklung der Baustelle **schlecht geplant** hat oder diese mit seinen weiteren Dispositionen für andere Baumaßnahmen schlecht harmoniert, ist **kein** bei der Vergütungsermittlung zugrunde zu legender Aufwand.

Liegen die Kosten des konkreten Auftragnehmers **unterhalb** der Kosten eines 23 bereits wirtschaftlich agierenden Bauunternehmers, bleibt es allerdings bei den konkret ermittelten Kostenansätzen des Auftragnehmers. Die Grenze der wirtschaftlichen Betriebsführung ist eine **Kappungsgrenze,** keine Mindestvergütungsregelung.

Die für die Aufwandsermittlung zugrunde zu legenden Kostenfaktoren sind in 24 § 15 Abs. 1 Nr. 2 S. 2 **nicht abschließend** aufgelistet.[34] Die Kostenfaktoren sollen die tatsächlichen Kosten des Auftragnehmers widerspiegeln; sofern daher bei dem konkreten Auftragnehmer weitere Kosten anfallen, sind auch diese zu berücksichtigen.[35] Die Kostenbestandteile sind in den Bereich der personellen Kosten sowie der Sachkosten zu differenzieren.

Zu den **personellen Kosten** gehören die Lohn- und Gehaltskosten der mit den 25 vertragsgegenständlichen Bauleistungen befassten Mitarbeiter des Auftragnehmers einschließlich der Fahrtkostenerstattungen und Auslösen sowie etwaigen Lohnzuschlägen (wegen Nacht- und Feiertagsarbeit etc) an diese. Mit der Baumaßnahme befasst sind die Mitarbeiter, die auf der Baustelle arbeiten oder aber etwa in der Werkstatt für die Baumaßnahme Bauteile fertigen. Ferner zählen die gesondert ausgewiesenen Sozialkassenbeiträge zu den Personalkosten

Sachkosten stellen die Stoffkosten (für Baustoffe, Bauhilfsstoffe, Betriebs- 26 stoffe), die Kosten der Baustelleneinrichtung und Maschinen, die Fracht-, Fuhr- und Ladekosten für Baustelleinrichtung und Baustoffe sowie die Sonderkosten dar, zu denen vor allem Subunternehmerkosten, aber auch sonstige, nicht anderweitig erfasste Baustellengemeinkosten zählen. Soweit Maschinen und Geräte gemietet sind, sind die Mietaufwendungen maßgeblich, im Übrigen der Ansatz für

---

[31] Ingenstau/Korbion/Keldungs § 15 Abs. 1 Rn. 11.
[32] Beck VOB/B/Voit § 15 Abs. 1 Rn. 29.
[33] Ingenstau/Korbion/Keldungs § 15 Abs. 1 Rn. 12.
[34] Heiermann/Riedel/Rusam/Heiermann/Mansfeld § 15 Rn. 14; Leinemann/Schoofs § 15 Rn. 27, aA BeckOK VOB/B/Cramer VOB/B § 15 Abs. 1 Rn. 29a.
[35] Beck VOB/B/Voit VOB/B § 15 Abs. 1 Rn. 24.

Abschreibung, Verzinsung des eingesetzten Kapitals sowie Aufwand für Instandsetzung und Instandhaltung.[36]

27 Sowohl bei Sach- wie auch Personalkosten ist deren Berücksichtigung nur dann und nur insoweit bei der Vergütungsermittlung zulässig, wie diese **durch** die Stundenlohnarbeiten **veranlasst** sind. Wenn daher, vor allem bei angehängten Stundenlohnarbeiten, Auslösen für Arbeitnehmer völlig **unabhängig** von den Stundenlohnarbeiten anfallen, können diese Kostenfaktoren allenfalls quotal bei der Vergütungsermittlung angesetzt werden.[37] Entsprechendes gilt für die Sachkosten, etwa die Baustelleneinrichtung. Soweit schließlich Material- oder Gerätekosten **gesondert** abgerechnet werden, sind auch diese Kostenpositionen bei der Vergütungsermittlung nicht zu berücksichtigen.

28 Die sich aus den Sach- und Personalkosten ergebende, ggf. unter dem Gesichtspunkt der wirtschaftlichen Betriebsweise gekürzte Abrechnungsgröße führt durch **Zuschläge** für **Gemeinkosten** und **Wagnis/Gewinn** in angemessener Höhe zur zu Grunde zu legenden Vergütung. Gemeinkosten sind dabei die nicht anderweitig erfassten Kosten der Baustelle, die jedenfalls auch für die in Stundenlohn zu erbringenden Leistungen notwendig sind. Dazu zählen auch Kosten für **Kleingeräte**, soweit nicht bei den Maschinenkosten gesondert erfasst, sowie Kosten für Hilfsstoffe, die nicht bei den Stoffkosten erfasst werden.

29 Gewinn ist schließlich der **angemessene** Unternehmergewinn. Maßgeblich ist dabei die Höhe des Zuschlagssatzes, der vor Ort üblicherweise zugrunde gelegt wird, um damit ein wettbewerbsfähiges Preisniveau zu erreichen.[38]

30 **3. Maßgeblicher Zeitpunkt für die Ermittlung der Vergütungshöhe.** Durch § 15 nicht geregelt wird die Frage, bezogen auf welchen **Zeitpunkt** die Vergütungshöhe nach § 15 Abs. 1 Nr. 2 bestimmt werden muss. Bedeutung hat die Frage, wenn zwischen Vertragsschluss, ggf. der Vereinbarung iSd § 2 Abs. 10 und der tatsächlichen Bauausführung Änderungen bei der üblichen Vergütung bzw. den preisbildenden Faktoren des § 15 Abs. 1 Nr. 2 S. 2 eingetreten sind.

31 Welcher Zeitpunkt maßgeblich sein soll, ist streitig. Nach zutreffender Auffassung ist auf den Zeitpunkt des **Vertragsschlusses** (bei selbständigen Stundenlohnarbeiten) bzw. die Vereinbarung zur Ausführung von Stundenlohnarbeiten iSd § 2 Abs. 10 abzustellen.[39] Die Annahme, der Zeitpunkt der **Bauausführung** sei zutreffend,[40] überzeugt demgegenüber nicht. Mit der Zielsetzung der Klausel nicht in Deckung zu bringen sind auch die Auffassungen, die bei den Aufwendungen auf den Zeitpunkt der Ausführung, bei den Zuschlägen demgegenüber auf den Zeitpunkt des Vertragsschlusses abstellen wollen.[41] § 15 Abs. 1 Nr. 2 stellt für die Ermittlung der Vergütung gerade nicht auf das Vertragspreisniveau ab, so dass für die Differenzierung bei den maßgeblichen Berechnungszeitpunkten die letztlich aus der kalkulatorischen Preisfortschreibung herrührenden Erwägungen nicht einschlägig sind.

---

[36] Kapellmann/Messerschmidt/Messerschmidt § 15 Rn. 40.
[37] Beck VOB/B/Voit § 15 Abs. 1 Rn. 22.
[38] Kapellmann/Messerschmidt/Messerschmidt § 15 Rn. 38 Beck VOB/B/Voit § 15 Abs. 1 Rn. 29.
[39] Kapellmann/Messerschmidt/Messerschmidt § 15 Rn. 33; FKZGM/Kemper § 15 Rn. 5; Leinemann/Schoofs § 15 Rn. 26.
[40] Kleine-Möller/Merl/Glöckner PrivBauR-HdB/Kleine-Möller § 12 Rn. 178.
[41] Ingenstau/Korbion/Keldungs § 15 Abs. 1 Rn. 5; noch weiter differenzierend Beck VOB/B/Voit § 15 Abs. 1 Rn. 16.

Ausgehend von der bei § 632 Abs. 2 BGB geltenden Erwägung, dass die **übli-** 32
che Vergütung auf den Zeitpunkt des **Vertragsschlusses** zu beziehen ist, da sie
die zu diesem Zeitpunkt fehlende Vereinbarung zur Höhe der Vergütung ersetzt,[42]
ist auch bei § 15 Abs. 1 Nr. 2 der Zeitpunkt maßgeblich, zu dem die Vereinbarung
über die Ausführung von Stundenlohnarbeiten geschlossen wird. Das entspricht
mit Rücksicht auf § 2 Abs. 10 dem Vertragsschluss iSd § 632 BGB. Dass der
Begriff der üblichen Vergütung in § 15 Abs. 1 Nr. 2 S. 1 **anders zu verstehen**
ist als in § 632 Abs. 2 BGB, ist **nicht anzunehmen**. Ebenfalls auszuschließen ist,
dass die Vergütungsermittlung nach den beiden Varianten von § 15 Abs. 1 Nr. 2
auf unterschiedliche Berechnungszeitpunkte abstellt.

III. AGB-rechtliche Fragen

Die Klausel des § 15 Abs. 1 ist AGB-rechtlich **unproblematisch**. Sie ent- 33
spricht im Kern der gesetzlichen Regelung des § 632 BGB und weicht damit
nicht von gesetzlichen Leitgedanken ab.

Abweichungen von § 15 Abs. 1 durch Allgemeine Geschäftsbedingungen sind 34
kaum denkbar. Wenn ein **Stundensatz** in AGB vereinbart wird, liegt eine Preisvereinbarung im Sinne von § 631 BGB vor, die AGB-rechtlich allenfalls unter
dem Gesichtspunkt der **überraschenden** Klausel oder der Intransparenz problematisch sein kann.[43]

IV. Prozessuales

Die **Darlegungs- und Beweislast** für die **Höhe** des Stundensatzes trifft den 35
Auftragnehmer. Hier gilt nichts anderes als beim BGB-Bauvertrag.[44] Der Auftragnehmer ist auch in vollem Umfang darlegungs- und beweisbelastet, soweit die
Vergütungsermittlung nach § 15 Abs. 1 Nr. 2 S. 2 erfolgt und nachzuweisen ist,
dass die Vorgaben einer **wirtschaftlichen Betriebsführung** eingehalten worden
sind.[45] Anders als im Fall der **Stundenanzahl**, bei der der **Auftraggeber** darlegen
und beweisen muss, dass die tatsächlich erbrachten Stunden nicht erforderlich
waren und der Auftragnehmer insoweit gegen seine Pflicht zur **wirtschaftlichen
Betriebsführung** verstoßen hat, also eine einen Schadensersatzanspruch begründende Pflichtverletzung vorliegt,[46] ist beim **Stundensatz** die Beachtung der Vorgaben einer wirtschaftlichen Betriebsführung ein **Berechnungsfaktor** der Vergütung und damit vom Auftragnehmer nachzuweisen.

Bei den Ermittlungen zur üblichen Vergütung iSd § 15 Abs. 1 Nr. 2 wird das 36
Gericht in aller Regel einen **Sachverständigen** heranziehen müssen, wenn nicht
aufgrund gerichtsbekannter Umstände der örtlich und zeitlich maßgebliche Stundenlohn bekannt ist.[47] Dass die empirischen Grundlagen für entsprechende Feststellungen bei einem Gericht ohne Beiziehung eines Sachverständigen in ausreichendem Umfang bekannt sind, ist regelmäßig auszuschließen.

---

[42] BGH NW 2011, 151 (152).
[43] Beck VOB/B/Voit § 15 Abs. 1 Rn. 5.
[44] Ingenstau/Korbion/Keldungs § 15 Abs. 1 Rn. 5, 16.
[45] Kapellmann/Messerschmidt/Messerschmidt § 15 Rn. 41; Heiermann/Riedel/Rusam/
Heiermann/Mansfeld § 15 Rn. 15.
[46] BGH NZBau 2009, 504 Rn. 18 f.
[47] BGH NJW 2001, 151 (152).

C. § 15 Abs. 2

I. Aufsichtsvergütung

37 § 15 Abs. 2 regelt den Vergütungsanspruch für Aufsichtspersonal für zwei Sonderkonstellationen. Wenn der Auftraggeber ausdrücklich verlangt, dass Aufsichtspersonal zur Überwachung der Stundenlohnarbeiten eingesetzt wird oder es nach Maßgabe der Unfallverhütungsvorschriften notwendig ist, muss dieses Aufsichtspersonal zusätzlich vergütet werden.

38 Daraus folgt allerdings im Umkehrschluss nicht, dass die Vergütung von Aufsichtspersonal in allen anderen Fällen vom Auftraggeber nicht geschuldet wird. Wenn es im Rahmen der wirtschaftlichen Betriebsführung **geboten** ist, Aufsichtspersonal einzusetzen, dann ist dieses nach § 15 Abs. 1 zu vergüten, auch wenn kein gesondertes Verlangen vorliegt.[48]

39 Gleiches gilt, wenn ein Polier **nicht** (nur) **beaufsichtigt,** sondern, ggf. zeitweilig, an der Herstellung des Bauvorhabens **mitwirkt.**[49] Im letztgenannten Fall kann sich allerdings ggf. die Frage stellen, ob der Einsatz des Poliers als an der Leistungserbringung Mitwirkendem den Grundsätzen **wirtschaftlicher Betriebsführung** entsprach, oder ob hier auch der Einsatz eines weniger qualifizierten Mitarbeiters ausreichend gewesen wäre. War der Einsatz des Poliers danach nicht erforderlich, kann dem Auftraggeber ein Schadensersatzanspruch wegen der Mehrkosten zustehen.

40 **1. Aufsichtspersonal.** Als Aufsichtspersonal gilt nur solches Personal, das **nicht selbst an der Herstellung** des Werkes mitwirkt, sondern **reine Beaufsichtigung** bewirkt. Sofern das Aufsichtspersonal nur zeitweilig beaufsichtigt, im Übrigen aber mitarbeitet, richtet sich der Vergütungsanspruch zeitanteilig nach § 15 Abs. 1 bzw. Abs. 2.[50]

41 Sofern der **Auftragnehmer** eine natürliche Person ist, **kann** dieser grundsätzlich auch selbst **Aufsichtsperson** sein.[51] Dessen Leistungen sind aber nur vergütungsfähig, soweit sie über das zur Erfüllung der Pflichten nach § 4 Abs. 2 erforderliche hinausgehen, während im Übrigen der Aufsichtsaufwand des Auftragnehmers bereits als Zuschlagsposition bei der Stundenlohnermittlung des zu beaufsichtigenden Personals zu erfassen ist.

42 **2. Verlangen des Auftraggebers.** Der Auftragnehmer muss den Einsatz von Aufsichtspersonal **verlangen.** Das Verlangen ist nicht formgebunden und kann prinzipiell auch stillschweigend erfolgen. Es muss sich allerdings um eine als solche **feststellbare Anordnung** des Auftraggebers handeln. Wenn der Auftragnehmer aus **eigenem Antrieb** Aufsichtspersonal einsetzt, was bei größeren Bauvorhaben vielfach notwendig ist, führt das nicht zur Anwendbarkeit des § 15 Abs. 2.[52] Der Vergütungsanspruch für das Aufsichtspersonal bestimmt sich in diesem Fall unmittelbar nach § 15 Abs. 1. Sofern daher eine gesonderte Vergütungsregelung für Aufsichtspersonal getroffen worden ist, ist diese anzuwenden. Im Übrigen müssen

---

[48] Leinemann/Schoofs § 15 Rn. 30; Kapellmann/Messerschmidt/Messerschmidt § 15 Rn. 43; aA Ingenstau/Korbion/Keldungs § 15 Abs. 2 Rn. 5.
[49] Heiermann/Riedel/Rusam/Heiermann/Mansfeld § 15 Rn. 19.
[50] Kapellmann/Messerschmidt/Messerschmidt § 15 Rn. 43.
[51] AA Ingenstau/Korbion/Keldungs § 15 Abs. 2 Rn. 2.
[52] Kapellmann/Messerschmidt/Messerschmidt § 15 Rn. 44; FKZGM/Kemper § 15 Rn. 7.

Stundenlohnarbeiten **§ 15**

die Kosten für das Aufsichtspersonal in den **Stundenlohn** für das Leistungspersonal **einkalkuliert** werden.

Die Anordnung des Auftraggebers kann bereits **bei Vertragsschluss** erfolgen, 43
aber auch **während** der **Bauausführung.** Im letztgenannten Fall ist streitig, ob sich eine solche Anweisung als Anordnung iSd § 1 Abs. 4 darstellt und ob die **Ankündigung** eines Mehrvergütungsanspruches nach § 2 Abs. 6 erfolgen muss. Beide Fragen sind zu verneinen. § 1 Abs. 4 regelt keine Berechtigungen des Auftraggebers zu einer Abänderung der Modalitäten, unter denen der Auftragnehmer den Leistungserfolg herzustellen hat. Das Recht des Auftraggebers, den Einsatz von nicht erforderlichem Aufsichtspersonal zu verlangen, folgt vielmehr unmittelbar aus § 15 Abs. 2.[53] Die zusätzliche Vergütung für Aufsichtspersonal ist folgerichtig **unabhängig** davon geschuldet, ob der Auftragnehmer einen Mehrvergütungsanspruch **angezeigt** hat.

Die Anordnung des Einsatzes von Aufsichtspersonal ist allerdings von den Fällen 44
abzugrenzen, in denen der Auftraggeber **Leistungsänderungen** anordnet, die **erstmals** eine **Aufsicht notwendig** machen, ohne dass der Einsatz von Aufsichtspersonal ausdrücklich angeordnet oder nach den Unfallverhütungsvorschriften notwendig wäre. Die hierdurch ausgelösten zusätzlichen Kosten müssen als weitere Folge der Leistungsänderung mit **Bestandteil** des **geänderten Preises** werden; insoweit gilt hier dann auch die Verpflichtung zur Anzeige des Mehrvergütungsanspruchs nach § 2 Abs. 6.[54] Ob die geänderte bzw. zusätzliche Leistung zur Schaffung einer zusätzlichen Vergütungsposition führt oder sich nur in einer Anpassung des vereinbarten Stundensatzes iSd § 15 Abs. 1 auswirkt, ist im Hinblick auf die Pflichten aus § 2 Abs. 6 unerheblich.

3. Notwendigkeit der Aufsicht aufgrund von Unfallverhütungsvor- 45
schriften. Eine gesonderte Vergütungspflicht für Aufsichtspersonal besteht auch ohne ein gesondertes Verlangen des Auftraggebers, wenn durch die **einschlägigen Unfallverhütungsvorschriften** Aufsichtspersonal vorgeschrieben ist. Maßgeblich ist, dass eine **gesonderte Aufsicht** vorgeschrieben ist. Die Zuordnung von **besonderen Verantwortlichkeiten** innerhalb des Leistungspersonals aufgrund von Unfallverhütungsvorschriften ist damit ebenso wenig ein Fall des § 15 Abs. 2 wie die Erbringung von Leistungen als **Sigeko,** die als Ingenieurleistungen über die Aufsicht über das Leistungspersonal eines Auftragnehmers hinausgehen.[55]

Entsteht erst während der Durchführung der Baumaßnahme die Notwendig- 46
keit, aufgrund von Unfallverhütungsvorschriften Aufsichtspersonal einzusetzen, ist § 2 Abs. 6 hinsichtlich des Mehrvergütungsanspruches anwendbar. Einer Ankündigung des Mehrvergütungsanspruches bedarf es allerdings auch in diesem Fall nicht.[56]

4. Umfang der Aufsicht, Qualifikation des Aufsichtsführenden. Die 47
Aufsicht kann durch einen Polier oder eine andere Person erfolgen, die über die zur Überwachung **erforderliche Qualifikation** sowie das Weisungsrecht gegenüber dem Leistungspersonal verfügt.[57] Die notwendige Qualifikation folgt dabei aus der zu überwachenden Stundenlohnarbeit oder den Unfallverhütungs-

---

[53] Kapellmann/Messerschmidt/Messerschmidt § 15 Rn. 45.
[54] Leinemann/Schoofs § 15 Rn. 32.
[55] Beck VOB/B/Voit § 15 Abs. 2 Rn. 10.
[56] Ingenstau/Korbion/Keldungs § 15 Abs. 2 Rn. 5.
[57] Beck VOB/B/Voit § 15 Abs. 2 Rn. 14.

vorschriften. Der **Umfang** der Aufsicht richtet sich danach, was zur Sicherstellung einer **gefahrenfreien Leistungserbringung** und zur Herstellung eines **mangelfreien Leistungserfolges** notwendig ist.

48 **5. Vergütung.** Die Vergütung des Aufsichtspersonals wird nach den Kriterien des § 15 Abs. 1 ermittelt, auf den § 15 Abs. 2 verweist. Dementsprechend gelten die dortigen Ausführungen.

II. AGB-rechtliche Fragen

49 Die Regelung in § 15 Abs. 2 ist unter AGB-Gesichtspunkten **wirksam.** Die Begründung einer Vergütungspflicht für vom Auftraggeber angeordnete oder aufgrund von Unfallverhütungsvorschriften zwingenden Leistungen stellt sich nicht als Abweichung von wesentlichen Grundgedanken der gesetzlichen Regelung dar. Das gilt selbst dann, wenn man die Aufsichtsleistung nicht als Werkleistung ansehen wollte, sondern als Dienstleistung.

50 Problematisch sind allerdings Klauseln, mit denen die Vergütungspflicht für Aufsichtsleistungen **eingeschränkt** werden soll. Jedenfalls Regelungen, die dazu dienen sollen, erst nachträglich notwendig werdende Aufsichtsleistungen unvergütet zu belassen, dürften einer Inhaltskontrolle **nicht** Stand halten.

III. Prozessuales

51 Im Hinblick auf die Darlegungs- und Beweislast gelten die Ausführungen zu § 15 Abs. 1 sinngemäß. Soweit der Auftragnehmer im Rahmen seiner Auswahlentscheidung, was für Personal eingesetzt werden soll, überqualifiziertes Aufsichtspersonal einsetzt, kann der Auftraggeber hierfür **nicht** einen dem **überqualifizierten Personal** entsprechenden Stundensatz beanspruchen, sondern nur einen solchen, der für das erforderliche Aufsichtspersonal einschlägig ist. Etwas anderes wird allerdings dann gelten, wenn der Auftraggeber in Kenntnis der Überqualifikation den Einsatz des konkret vorhandenen Aufsichtspersonals anordnet. Die **Darlegungs- und Beweislast** für die Angemessenheit des geltend gemachten Stundensatzes und damit korrespondierend der Erforderlichkeit der Qualifikation des eingesetzten Aufsichtspersonals trägt der **Auftragnehmer.** Wendet sich der Auftraggeber gegen den Umfang der abgerechneten Aufsichtsstunden, muss er deren fehlende Erforderlichkeit, der Auftragnehmer demgegenüber deren tatsächlichen Anfall darlegen und beweisen.

D. § 15 Abs. 3

I. Dokumentations- und Kontrollzwecke als Regelungszweck

52 § 15 Abs. 3 regelt grundlegende Verfahrensweisen bei der Abwicklung des Stundenlohnvertrages unter Berücksichtigung primär des **Kontrollinteresses** des Auftraggebers,[58] aber auch des Bedürfnisses des Auftragnehmers nach einer **zeitnahen Klärung,** ob der Auftraggeber Einwendungen gegen die Stundenaufstellungen erhebt. Die Bestimmung stellt sich damit als konkrete Ausprägung des **Kooperationsgebotes** der am Bau Beteiligten dar.

---

[58] KKJS Kompendium BauR/Kniffka Teil 4 Rn. 508.

Stundenlohnarbeiten **§ 15**

Der Auftraggeber soll durch die Verpflichtung des Auftragnehmers, den 53
Beginn der Stundenlohnarbeiten **anzuzeigen** und den Umfang der geleisteten Stunden sodann regelmäßig werktäglich oder wöchentlich durch Vorlage von **Stundenzetteln zu dokumentieren,** in die Lage versetzt werden, den tatsächlichen Anfall der Stunden nachzuhalten und die Erforderlichkeit des Zeitaufwandes für die Herstellung des geschuldeten Werkes einschätzen zu können.

Dem Auftragnehmer soll durch die Pflicht des Auftraggebers zur Rückgabe der 54
Stundenzettel und die Fiktion des Anerkenntnisses von nicht zurückgegebenen Stundenzetteln die Möglichkeit eingeräumt werden, bei **Einwendungen** des Auftraggebers **zeitnah zu reagieren,** insbesondere geeignete Maßnahmen ergreifen zu können, den Stundenanfall noch anderweitig als durch Stundenzettel nachzuweisen.

II. Anzeige der Aufnahme von Stundenlohnarbeiten, § 15 Abs. 3 S. 1

1. Gegenstand der Anzeige, Zeitpunkt, Adressat und Form. Der Auf- 55
tragnehmer hat den **Beginn** der Stundenlohnarbeiten, im Falle der Unterbrechung auch ihre **Wiederaufnahme,**[59] dem Auftraggeber anzuzeigen. Die Anzeige nach § 15 Abs. 3 S. 1 kann dabei **nicht** vor der Vereinbarung der Stundenlohnarbeiten erfolgen, da vorher keine Grundlage für eine Stundenlohnabrechnung besteht. Möglich ist es aber, die Vereinbarung über die Ausführung von Stundenlohnarbeiten mit der Anzeige ihres Beginns zu **verbinden,** wobei aber die unwidersprochene Hinnahme der Anzeige des Beginns von Stundenlohnarbeiten **nicht** als **konkludentes Zustandekommen** einer Vereinbarung im Sinne von § 2 Abs. 10 auszulegen ist.

Die Anzeige muss zeitlich **vor dem Beginn** der Stundenlohnarbeiten beim 56
Adressaten **zugehen.** Sie ist nur dann entbehrlich, wenn sie sich als **sinnlose Förmelei** darstellt. Letzteres ist nur in Ausnahmefällen anzunehmen, in erster Linie dann, wenn der Auftraggeber Kenntnis vom Arbeitsbeginn hat, wobei sich diese Kenntnis im Falle von angehängten Stundenlohnarbeiten auf den Umstand beziehen muss, dass die Tätigkeit des Auftragnehmers ab jetzt auf Stundenlohnbasis abgerechnet werden soll.

Ob über den Hinweis über den Beginn oder die Wiederaufnahme von Stun- 57
denlohnarbeiten hinaus weitergehende Angaben in der Anzeige enthalten sein müssen, ist zweifelhaft. Das gilt insbesondere hinsichtlich der Angabe, **welche Arbeiten** begonnen werden. Vor dem Hintergrund der Rechtsprechung zum notwendigen Inhalt der Stundenzettel dürfte vieles dafür sprechen, dass weitere Angaben zum Gegenstand der Arbeiten, die begonnen werden, **nicht erforderlich** sind.[60] Die Angabe ist für die Möglichkeit, die Berechtigung der später geltend zu machenden Vergütung für Stundenlohnarbeiten prüfen zu können, ebenso wenig erforderlich, wie die Angabe der ausgeführten Arbeiten auf den Stundenzetteln. Wenn der Auftraggeber daher einen weitergehenden Informationsbedarf hat, muss er eine entsprechende Informationsverpflichtung **vertraglich gesondert regeln.**

Die Anzeige ist **nicht** an eine **Form** gebunden, sollte aber aus Beweisgründen 58
zumindest **Textform** haben. Der Auftragnehmer sollte zudem sicherstellen, dass der **Zugang** der Anzeige beim Auftraggeber nachweisbar ist.

---

[59] Beck VOB/B/Voit § 15 Abs. 3 Rn. 6.
[60] aA Kapellmann/Messerschmidt/Messerschmidt § 15 Rn. 56.

59 Die Anzeige ist grundsätzlich an den **Auftraggeber** zu richten. Möglich ist es aber auch, die Anzeige an den **bauüberwachenden Architekten** zu richten. Bei diesem ist regelmäßig zumindest als Rechtsscheinvollmacht eine Empfangsvollmacht zu unterstellen.[61] Bei Zweifeln über das Vorliegen einer Vollmacht sollte der Auftragnehmer die Anzeige an den Auftraggeber richten.

60 **2. Folgen fehlender oder verspäteter Anzeigen.** Die Verpflichtung des Auftragnehmers zur Anzeige des Beginns der Stundenlohnarbeiten stellt eine **vertragliche Nebenpflicht** dar, deren Verletzung zu Schadensersatzansprüchen des Auftraggebers gemäß § 280 BGB führt.[62] Die Verletzung der Anzeigeverpflichtung führt **nicht** zum **Verlust** des Anspruches des Auftragnehmers auf eine **Stundenlohnvergütung**.[63] Die Anzeige ist keine Anspruchsvoraussetzung für den Stundenlohnanspruch. Der Auftragnehmer geht bei einer unterbliebenen oder verspäteten Anzeige allerdings das Risiko ein, wegen der Vereitelung der Prüfungsmöglichkeiten des Auftraggebers den Umfang der erbrachten Stundenlohnarbeiten **nicht nachweisen** und infolgedessen hierfür auch keine Vergütung erhalten zu können.

61 Streitig ist die Frage, ob im Fall der unterbliebenen oder verspäteten Anzeige § 15 Abs. 5 **analog** heranzuziehen ist, somit eine Berechnung der Vergütung nach den dortigen Maßregeln stattfindet, wenn infolge der verspäteten Anzeige der Umfang der Arbeiten des Auftragnehmers unklar ist.[64] Konsequenzen hat das weniger im Hinblick auf Fallkonstellationen, bei denen die Anzeige unverschuldet verspätet erfolgt,[65] sondern bei der **Darlegungs- und Beweislast** für die wirtschaftliche Ausführung der Arbeiten. Bei der normalen Stundenlohnabrechnung muss der **Auftraggeber** eine unwirtschaftliche Ausführung der Arbeiten – zu hoher Zeitaufwand – **darlegen und beweisen,** da er dem vom Auftragnehmer nachgewiesenen Stundenumfang einen Schadensersatzanspruch entgegenhalten will.[66] Bei der Abrechnung nach § 15 Abs. 5 **beschränkt** sich der **Vergütungsanspruch** des Auftragnehmers, für den dieser darlegungs- und beweisbelastet ist,[67] demgegenüber von vornherein auf das objektiv wirtschaftlich vertretbare Volumen, wobei zudem nur der ortsübliche Stundensatz zugrunde zu legen ist.

62 Die **Interessenlage** des Auftraggebers ist sowohl bei der unterbliebenen Anzeige wie auch bei der verspäteten Vorlage der Stundenzettel **gleich:** in beiden Fällen konterkariert der Auftragnehmer das Kontrollinteresse des Auftraggebers. Es besteht kein Grund, beide Fallkonstellationen unterschiedlich zu behandeln, so dass dem Auftraggeber die Möglichkeit eröffnet ist, auch bei der unterbliebenen oder verspäteten Anzeige, die sich ursächlich auf die Nachvollziehbarkeit der Abrechnung auswirken, die Abrechnung analog § 15 Abs. 5 herbeizuführen.

---

[61] Beck VOB/B/Voit § 15 Abs. 3 Rn. 5.
[62] Leinemann/Schoofs § 15 Rn. 42; Ingenstau/Korbion/Keldungs § 15 Abs. 3 Rn. 3.
[63] KKJS Kompendium BauR/Kniffka Teil 4 Rn. 508; Kapellmann/Messerschmidt/Messerschmidt § 15 Rn. 57.
[64] Für die Anwendung des § 15 Abs. 5: Ingenstau/Korbion/Keldungs § 15 Abs. 3 Rn. 3 FKZGM/Kemper § 15 Rn. 10; einschränkend Beck VOB/B/Voit § 15 Abs. 3 Rn. 9.
[65] AA wohl Ingenstau/Korbion/Keldungs § 15 Abs. 3 Rn. 3.
[66] BGH NZBau 2009, 504 Rn. 18; Kapellmann/Messerschmidt/Messerschmidt § 15 Rn. 13.
[67] Beck VOB/B/Voit § 15 Abs. 5 Rn. 25.

Stundenlohnarbeiten **§ 15**

III. Stundenlohnzettel, § 15 Abs. 3 S. 2

1. Inhalt der Stundenlohnzettel. Der Auftragnehmer hat dem Auftraggeber **63** **Listen** über die erbrachten Arbeitsstunden sowie über die im Zusammenhang mit den Stundenlohnarbeiten gesondert zu vergütenden Material- und Maschinenaufwand, Transport- und Sonderkosten vorzulegen.

Der weitere Umfang der weiteren notwendigen Angaben auf den Stundenzet- **63a** teln ist abhängig vom Einzelfall und den ggf. getroffenen weiteren Vereinbarungen. Notwendig ist die Ausweisung der **Stundenzahl**, bei unterschiedlich qualifizierten Arbeitnehmern (und daraus folgender unterschiedlicher Vergütung) auch die **Aufgliederung**, welche Stunden auf wie **qualifizierte Arbeitnehmer** entfallen. Der **Name** des jeweiligen Arbeitnehmers ist nicht notwendiger Bestandteil des Stundenzettels, da dieser für die Beurteilung, welche Leistungen wie vergütungsfähig sind, nicht erheblich ist.[68] Die Angabe des jeweiligen Stundensatzes des jeweiligen Arbeitnehmers ist nicht erforderlich. Die **konkrete Tätigkeit** ist **nicht** ohne ausdrückliche Vereinbarung als zwingender Inhalt des Stundenzettels anzusehen.[69] Ausgewiesen werden muss daher nur die Vertragsleistung, deren Erbringung die Stundenlohnarbeiten dienten.

Ob § 15 eine Vereinbarung über eine weitergehende Verpflichtung zur Darstel- **63b** lung der konkreten Einzeltätigkeiten enthält, dürfte **zweifelhaft** sein.[70] Insoweit gilt nichts anderes als beim BGB-Vertrag: Die Auflistung der konkreten Tätigkeiten mag sinnvoll sein; sie ist aber nicht zur **Prüfung** des **Vergütungsanspruches** erforderlich.[71] Erforderlich ist die Angabe allenfalls für den Auftraggeber, soweit er im Wege des Schadensersatzes Ansprüche wegen fehlender Wirtschaftlichkeit der Betriebsführung geltend machen will. Stundenzettel nach § 15 aber nicht der Geltendmachung von Ansprüchen des Auftraggebers, sondern solchen des Auftragnehmers. Wenn der Auftraggeber seine Möglichkeiten zur Prüfung der Wirtschaftlichkeit des Handelns des Auftragnehmers daher verbessern will, sollte er eine entsprechende Darstellungsverpflichtung des Auftragnehmers gesondert mit diesem vereinbaren. Tut er das nicht, ergeben sich hier prozessual ggf. **sekundäre Darlegungslasten** des Auftragnehmers, aber jedenfalls keine Verpflichtungen zur Erstellung eines detaillierten Stundenzettels. Die die Rechtsprechung des BGH nur teilweise reflektierende, einen weitergehenden notwendigen Inhalt der Stundenzettel bejahenden Literatur und Rechtsprechung der Instanzgerichte ermangelt es teilweise der notwendigen Differenzierung zwischen Vergütungsansprüchen des Auftragnehmers, Schadensersatzansprüchen des Auftraggebers und der daraus folgenden Darlegungs- und Beweislast und der den Auftragnehmer treffenden sekundären Darlegungslast. Zudem wird übersehen, dass das Argument, der VOB/B Vertrag beinhalte in § 16 weitergehende Regelungen zur Prüfbarkeit der Rechnung, seit Einführung des § 650g Abs. 4 BGB nicht mehr für eine unterschiedliche Behandlung des VOB/B-Vertrages und des BGB-Vertrages trägt.

Eine Differenzierung zwischen Leistungen des Hauptvertrages und solchen für **63c** **Nachträge** ist im Rahmen von Stundenzetteln im Ausgangspunkt ebenfalls nur

---

[68] OLG Düsseldorf, IBR 2019, 68.
[69] BGH NZBau 2009, 504, Rn. 13.
[70] aA Beck VOB/B/Voit § 15 Abs. 3 Rn. 15.
[71] BGH NZBau 2009, 504, Rn. 33; BGH NZBau 2023, 224, Rn. 20; aA BeckOK VOB/B/Cramer VOB/B § 15 Abs. 3 Rn. 14, KG, NzBau 2001, 26 (27).

dann erforderlich, wenn das zwischen den Parteien vereinbart ist.[72] Der Auftragnehmer riskiert allerdings, dass eine Vergütungsabrechnung auf Basis nicht differenzierter Stundenzettel **nicht prüfbar** ist, wenn er die nach § 14 Abs. 1 notwendige Abgrenzung zwischen den Leistungen des Hauptvertrages und jenen von Nachträgen nicht anderweitig darstellen kann.[73]

64 Die Aufstellungen sind in **Listenform** zu fertigen, um eine schnelle und einfache Prüfung zu ermöglichen. Dabei muss sich die Aufstellung auf die in Stundenlohn abzurechnenden Leistungen beschränken; die Erfassung von Personal- und Sachkosten, die im Einheitspreis oder einer Pauschalpreisvergütung erfasst sind, ist unzulässig und kann die Prüfbarkeit des Stundenlohnzettels entfallen lassen.[74]

65 **2. Adressat des Stundenlohnzettels.** Empfänger des Stundenlohnzettels ist der **Auftraggeber**. Soweit er sich eines bauüberwachenden Architekten oder Bauleiters bedient, ist vom Vorliegen einer Rechtsscheinvollmacht zur Empfangnahme der Stundenlohnzettel für den Auftraggeber auszugehen.[75]

66 **3. Form des Stundenlohnzettels.** Der Auftragnehmer ist verpflichtet, dem Auftraggeber Listen zur Verfügung zu stellen, was eine mündliche Aufstellung ausschließt. Der Text des § 15 Abs. 3 geht jedenfalls mittelbar von **Schriftform** aus, da nur bei einer solchen die Bescheinigung nach § 15 Abs. 3 S. 3 sowie die Zurückgabe der Listen möglich ist. Es besteht aber Einvernehmen, dass mit Rücksicht auf die Funktion der Stundenzettel auch die **Textform,** insbesondere auch eine elektronische Form ausreichend sind, soweit sie für den Auftraggeber lesbar ist.[76]

67 **4. Fristen zur Vorlage der Stundenzettel.** Die Stundenlohnzettel sind, soweit die Bauvertragsparteien keine abweichende Vereinbarung getroffen haben, entsprechend der Verkehrssitte **werktäglich** oder **wöchentlich** vorzulegen. Maßgeblich ist die Verkehrssitte am Ort des Bauvorhabens. Eine wöchentliche Vorlage ist dabei die **Höchstfrist,** auch wenn die Verkehrssitte noch längere Vorlagefristen vorsehen sollte. Eine unterfristige Vorlage von Stundenzetteln durch den Auftragnehmer ist zulässig, wobei die Vorlage von Stundenzetteln in kürzerer Frist als einem Tagesrhythmus jedenfalls dann ausscheidet, wenn dadurch die Nachvollziehbarkeit der Aufstellungen beeinträchtigt wird. Bei **Zweifeln** am Inhalt der Verkehrssitte sollte der Auftragnehmer **werktäglich Stundenzettel** vorlegen. Ob eine Angabe der örtlichen IHK oder Handwerkskammer eine zuverlässige Ermittlung der Verkehrssitte darstellt, dürfte nicht frei von Zweifeln sein. Die Handhabung auf der jeweiligen Baustelle begründet jedenfalls keine Verkehrssitte.

68 Den Bauvertragsparteien steht es frei, abweichend oder aber auch zur Konkretisierung der Verkehrssitte den Vorlagezeitraum **vertraglich** zu bestimmen. Das ist grundsätzlich auch in allgemeinen Geschäftsbedingungen möglich, und zwar auch mit der Maßgabe einer werktäglichen Vorlage.[77]

---

[72] Kapellmann/Messerschmidt/Messerschmidt VOB/B § 15 Rn. 64.
[73] Beck VOB/B/Voit § 15 Abs. 3 Rn. 15.
[74] Ingenstau/Korbion/Keldungs § 15 Abs. 3 Rn. 8.
[75] Ähnlich (konkludent erteilte Vollmacht) Beck VOB/B/Voit § 15 Abs. 3 Rn. 26; Kapellmann/Messerschmidt/Messerschmidt § 15 Rn. 67.
[76] Beck VOB/B/Voit § 15 Abs. 3 Rn. 18.
[77] AA Kapellmann/Messerschmidt/Messerschmidt § 15 Rn. 69 unter Verweis auf OLG Düsseldorf BauR 2009, 1315; die dortige Klausel sah allerdings einen kompletten Anspruchsausschluss für den Fall der Fristversäumung vor.

Die Frist wird gewahrt, wenn dem Auftraggeber oder seinem Bevollmächtigten der Stundenzettel spätestens am Werktag nach dem jeweiligen Abrechnungszeitraum der Stundenzettel **zugeht.** 69

5. Folgen nicht ordnungsgemäßer oder nicht fristgerecht vorgelegter Stundenzettel. Wenn der Auftragnehmer Stundenzettel nicht, nicht fristgerecht oder ohne nachvollziehbaren Inhalt vorlegt, führt das **nicht** dazu, dass sein **Vergütungsanspruch in Wegfall** geriete. Er begründet allerdings das Risiko, den Zeit- und Materialaufwand nachfolgend **nicht mehr darlegen** und beweisen zu können und eröffnet unter den weiteren Voraussetzungen des § 15 Abs. 5 für den Auftraggeber die Möglichkeit, eine objektivierte Vergütungsabrechnung zu verlangen. 70

Im Übrigen hat die Verletzung der Pflichten aus § 15 Abs. 3 S. 2 zur Folge, dass die Regelungen zum **fiktiven Anerkenntnis** nach § 15 Abs. 3 S. 5 **nicht eingreifen,** somit auch die Untätigkeit des Auftraggebers nicht dazu führt, dass die tatsächlichen Angaben des Stundenlohnzettels als anerkannt gelten würden.[78] Die gegenteilige Annahme,[79] die verspätete Stellungnahme des Auftraggebers zu verspätet vorgelegten Stundenlohnzetteln hätte grundsätzliche Wirkungen des § 15 Abs. 3 S. 5, übersieht, dass es sich bei dem Stundenlohnzettel nach § 15 Abs. 3 S. 5 um den zuvor in § 15 Abs. 3 S. 2–4 benannten **vertragsgemäßen** handelt, nicht hingegen um einen anderen, vertragswidrigen.[80] 71

6. Prüfung und Rückgabe. Der Auftraggeber hat nach § 15 Abs. 3 S. 3 die bescheinigten Stundenlohnzettel **unverzüglich,** spätestens binnen einer **Frist von 6 Werktagen zurückzugeben.** Die Rückgabe ist eine **Obliegenheit** des Auftraggebers,[81] nicht hingegen eine einklagbare Vertragspflicht.[82] Es gibt keine Grundlage für die Annahme, dass der Auftraggeber die Prüfung der Stundenlohnzettel, die sachlich ein vorweggenommener Teil der späteren Rechnungsprüfung ist, dem Auftragnehmer schulden soll, während die eigentliche Rechnungsprüfung nach § 16 gerade keine Verpflichtung begründet. Der Auftragnehmer kann daher außer den Wirkungen des § 15 Abs. 3 S. 5 **keine weiteren Rechte** aus der unterbliebenen Rückgabe der Stundenzettel für sich herleiten. 72

Mit der Bescheinigung der Stundenlohnzettel bestätigt der Auftraggeber, dass die auf den Stundelohnzettel **ausgewiesenen Leistungen erbracht** worden sind. Die Bestätigung enthält allerdings **weder** die Erklärung, dass die abgeleisteten Stunden **erforderlich** waren, somit der Auftragnehmer der Pflicht zu wirtschaftlicher Betriebsführung nachgekommen ist,[83] noch, dass **überhaupt** eine **Stundenlohnabrede** getroffen worden ist.[84] Wenn der Auftraggeber den Stundenlohnzettel unterzeichnet zurückgibt, enthält diese Gegenzeichnung nicht die Erklärung, eine zuvor fehlende Stundenlohnabrede bestätigen zu wollen. Bestätigt wird vielmehr ausschließlich die **tatsächliche Arbeitsleistung.**[85] 73

---

[78] Leinemann/Schoofs § 15 Rn. 56; Werner/Pastor BauProz Rn. 2533.
[79] OLG Saarbrücken NJW-RR 2011, 745.
[80] OLG Karlsruhe BauR 1994, 114; Leinemann/Schoofs § 15 Rn. 64.
[81] Beck VOB/B/Voit § 15 Abs. 3 Rn. 29.
[82] Heiermann/Riedel/Rusam/Heiermann/Mansfeld § 15 Rn. 30.
[83] OLG Köln BauR 2009, 257 Rn. 7.
[84] OLG Nürnberg BeckRS 2014, 21589 Rn. 47.
[85] OLG Nürnberg IBR 1999, 516.

§ 15

74 Die Bescheinigung der Stundenlohnzettel durch den Auftraggeber erfolgt regelmäßig durch deren **Gegenzeichnung**. Die kommentarlose Unterzeichnung ist als **Billigung** der in dem Stundenlohnzettel enthaltenen tatsächlichen Angaben des Auftragnehmers anzusehen.[86] Der Erklärung des Auftraggebers gleichgestellt ist die Bescheinigung durch einen Bevollmächtigten, insbesondere des bauüberwachenden Architekten des Auftraggebers. Zwar ist ein Architekt nicht automatisch bevollmächtigt. Es wird allerdings in vielen Fällen jedenfalls vom Vorliegen einer Rechtsscheinvollmacht auszugehen sein.[87]

75 Ob die Bescheinigung des Stundenlohnzettels durch den Auftraggeber die Wirkung eines **deklaratorischen Anerkenntnisses** hat,[88] oder nur eine **Beweislastumkehr** zu Lasten des Auftraggebers nach sich zieht,[89] ist umstritten. Die Relevanz des Streites ist begrenzt. Im Kern übereinstimmend besteht Einigkeit, dass die Wirkung der Bescheinigung sich nur auf die tatsächlichen Angaben des Stundenlohnzettels bezieht, somit dem Auftraggeber insbesondere die Möglichkeit nicht abgeschnitten wird, den Einwand unwirtschaftlicher Ausführung oder fehlender Vereinbarung von Stundenlohnarbeiten zu erheben. Ferner besteht Einigkeit, dass der Auftragnehmer sich **nicht** auf eine **Anerkenntniswirkung** berufen kann, wenn er selbst sich **nicht** an § 15 Abs. 3 gehalten hat, somit also insbesondere seine **Stundenlohnzettel nicht prüfbar** sind[90] oder – im Falle des § 15 Abs. 3 S. 5 **verspätet** vorgelegt worden sind. Für den Meinungsstreit verbleibt dann nur die Fallkonstellation der prüfbaren aber objektiv falschen Stundenlohnzettel. Wenn ein deklaratorisches Anerkenntnis gegeben wäre, müsste der Auftraggeber **nicht nur** nachweisen, dass der Stundenlohnzettel **objektiv falsch** ist, sondern auch, dass er die **Einwendungen** gegen die tatsächlichen Angaben des Stundenzettels zum Zeitpunkt der Bescheinigung **nicht kannte,** sie nicht kennen und auch nicht mit ihnen rechnen musste.[91] Wenn demgegenüber nur ein Anerkenntnis im beweisrechtlichen Sinne vorliegen würde, müsste der Auftragnehmer **nur** die **Unrichtigkeit** des Stundenzettels nachweisen. Dogmatisch überzeugender ist die Annahme einer bloßen beweisrechtlichen Wirkung der Bescheinigung. Die Annahme einer weitergehenden Anerkenntniswirkung ist schon mit Rücksicht darauf, dass hier ein bloß selektiver Klarstellungswille in eine Unterzeichnung hineingelesen werden müsste, dogmatisch **nicht plausibel** und materiell nicht notwendig.[92] Es besteht keine Veranlassung, dem Auftragnehmer eine Vergütung für Leistungen zu gewähren, die er **nachweislich nicht erbracht** hat, nur weil der Auftraggeber diesen Umstand nicht fristgerecht angemerkt hat.

76 Sofern der Auftraggeber **Einwendungen** gegen die Angaben auf dem Stundenzettel vornehmen will, kann er dies auf dem **Stundenzettel selbst** vornehmen oder durch **gesonderte Erklärung**. Soweit § 15 Abs. 3 S. 4 vorsieht, dass die gesonderte Erhebung von Einwendungen schriftlich zu erfolgen hat, handelt es sich nach allgemeiner Auffassung **nicht** um eine Regelung, die die Wirksamkeit

---

[86] Ingenstau/Korbion/Keldungs § 15 Abs. 3 Rn. 15.
[87] OLG Hamm IBR 2011, 687 Rn. 42; OLG Dresden IBR 2012, 130 Rn. 24.
[88] Ingenstau/Korbion/Keldungs § 15 Abs. 3 Rn. 18; Kapellmann/Messerschmidt/Messerschmidt § 15 Rn. 80.
[89] Beck VOB/B/Voit § 15 Abs. 3 Rn. 35; Losert ZfBR 1993, 1.
[90] OLG Karlsruhe BauR 1995, 114; OLG Oldenburg BauR 2005, 1251 Rn. 19; Heiermann/Riedel/Rusam/Heiermann/Mansfeld § 15 Rn. 33, Leinemann/Schoofs § 15 Rn. 63.
[91] BAG NJW 2011, 630 Rn. 20; KMG PriVBauR-HdB § 12 Rn. 208.
[92] Beck VOB/B/Voit § 15 Abs. 3 Rn. 37.

Stundenlohnarbeiten **§ 15**

mündlich erhobener Einwendungen ausschließen würde.[93] Die gegenteilige Auffassung übersieht, dass die Annahme eines Einwendungsausschlusses bei Nichtwahrung der Schriftform eine zur Unwirksamkeit der Klausel nach § 307 BGB führende unangemessene Benachteiligung des Auftraggebers darstellen würde. Der Auftraggeber **begibt** sich durch die Missachtung der Formvorgabe lediglich der damit verbundenen **Beweismöglichkeiten** zum Gegenstand der erhobenen Einwendungen.

Auch bei nicht ordnungsgemäßen oder verspätet vorgelegten Stundenzetteln **77 sollte** der Auftraggeber diese mit den entsprechenden Einwendungen – nicht prüfbar oder verspätet – an den Auftragnehmer zurückgeben. Zwar folgt aus dem Unterblieben solcher Einwendungen **kein Rechtsverlust** für den Auftraggeber. Er vermeidet aber späteren Streit über die Abrechenbarkeit von Stundenlohnarbeiten im Rahmen der Rechnungsprüfung und reduziert sein Risiko, die Folgen des § 15 Abs. 3 S. 5 tragen zu müssen, wenn sich sein Einwand fehlender Nachvollziehbarkeit der Stundenlohnzettel nachfolgend nicht objektiv bestätigen sollte. Die Rückgabe erfolgt bei in Papierform übergebenen Stundenzetteln durch deren Rückübermittlung, ggf. auch die eines Doppels. Möglich ist aber auch die Übermittlung in elektronischer Form. Diese Variante wird regelmäßig auch dann in Betracht kommen, wenn die Stundenzettel nur elektronisch übermittelt worden sind. Der Auftraggeber sollte allerdings die Nachweisbarkeit des Zugangs der zurückgegebenen Stundenzettel sicherstellen.

7. Frist zur Rückgabe. Der Stundenzettel und ggf. die isolierten Einwendun- **78** gen müssen dem Auftragnehmer binnen **6 Werktagen** nach dem Tag des Zugangs des Stundenzettels beim Auftraggeber **zugegangen** sein. Maßgeblich ist der Zugang beim Auftragnehmer, nicht die Absendung durch den Auftraggeber. Die Frist berechnet sich nach §§ 186 ff. BGB. Bei einem an einem Samstag beim Auftraggeber eingegangenen Stundenzettel endet die Frist dabei wegen § 193 BGB nicht am darauffolgenden Samstag, sondern an dem auf diesen folgenden nächsten Werktag.

Einwendungen muss der Auftraggeber auch dann spätestens zum Zeitpunkt der **79** Rückgabe der Stundenzettel anbringen, wenn letztere **vor Ablauf der Höchstfrist** erfolgt. Andernfalls kommt es zu der Anerkenntniswirkung. Die Einwendungen sind **bei** der Rückgabe der Stundenlohnzettel anzubringen, so dass der Zeitpunkt der Rückgabe für die Geltendmachung der Einwendungen maßgeblich ist.[94]

8. Folgen verspäteter oder unterbliebener Rückgabe der Stundenzet- 80 tel. Nach Maßgabe von § 15 Abs. 3 S. 5 gelten **nicht fristgerecht zurückgegebene** Stundenzettel als **anerkannt**. Bei den Stundenzetteln muss es sich um ordnungsgemäß aufgestellte und fristgerecht vorgelegte Stundenzettel iSd § 15 Abs. 3 S. 2 handeln. Die Nichtrückgabe von nicht nachvollziehbaren oder vom Auftragnehmer selbst verspätet vorgelegten Stundenzetteln hat keine Anerkenntniswirkung zur Folge.[95]

Das **Anerkenntnis** iSd § 15 Abs. 3 S. 5 hat die **gleiche Reichweite** wie die **81 Bescheinigung** des Auftraggebers nach § 15 Abs. 3 S. 4. Es werden daher ledig-

---

[93] Ingenstau/Korbion/Keldungs § 15 Abs. 3 Rn. 20, aA Heiermann/Riedel/Rusam/Heiermann/Mansfeld § 15 Rn. 32.
[94] Beck VOB/B/Voit § 15 Abs. 3 Rn. 47.
[95] OLG Karlsruhe BauR 1994, 114; Beck VOB/B/Voit § 15 Abs. 3 Rn. 42.

§ 15

lich die tatsächlichen Angaben des Stundenlohnzettels als anerkannt fingiert. Ein Anerkenntnis, dass überhaupt eine Stundenlohnabrede vorliegt, ist demgegenüber ebenso wenig gegeben wie die Bestätigung, dass die Arbeiten wirtschaftlich ausgeführt worden sind.[96]

82 Ob das Anerkenntnis ein deklaratorisches Anerkenntnis darstellt, oder eine bloße Beweislastumkehr, ist ebenso wie bei der Rechtsnatur der Bescheinigung der Stundenlohnzettel umstritten, in beiden Fällen aber gleichlautend zu beantworten.[97] Nach der hier vertretenen Auffassung liegt eine reine **Beweislastumkehr** vor.[98]

IV. AGB-rechtliche Fragen

83 Die Anerkenntnisfiktion zu Lasten des Auftraggebers in § 15 Abs. 3 S. 5 bei unterbliebener Rückgabe der Stundenzettel steht mit **wesentlichen Leitgedanken** der gesetzlichen Regelung **nicht** in **Übereinstimmung.** Im nicht-kaufmännischen Verkehr ist Schweigen keine Zustimmung. Aber auch im kaufmännischen Verkehr ist Schweigen nach § 362 HGB nur dann als Zustimmung zu bewerten, wenn einem Kaufmann ein Angebot auf Abschluss eines Geschäftsbesorgungsvertrages zugeht, bei dem der Schweigende die vertragsprägende Leistung erbringen soll. Auf die Billigung einer Stundenaufstellung durch den Auftraggeber ist diese Vorschrift tatbestandlich nicht anwendbar. Anders als beim Saldenanerkenntnis des Kontokorrentsaldos, das im Übrigen zu einem abstrakten Schuldanerkenntnis führt und zudem beide Vertragsparteien treffen kann, liegt § 15 Abs. 3 S. 5 auch **kein gesetzlich anerkanntes Institut** zugrunde.[99] Die Zulässigkeit der Herbeiführung eines Saldenanerkenntnisses bei einer Kontokorrentvereinbarung durch Schweigen auf die Saldenmitteilung lässt sich daher auf den Stundenlohnzettel nicht übertragen.

84 Die fehlende Übereinstimmung mit Leitgedanken der gesetzlichen Regelung führt dazu, dass § 15 Abs. 3 S. 5 in den Fällen, in denen die Klausel einer Inhaltskontrolle unterliegt und vom Auftragnehmer gestellt wird, wegen Verstoßes gegen § 308 Nr. 5 BGB (bei Annahme eines deklaratorischen Anerkenntnisses) bzw. § 309 Nr. 12b BGB (bei Annahme einer reinen Beweislastumkehr) im Verhältnis zu Verbrauchern[100] bzw. § 307 BGB im Verhältnis zu Unternehmern **unwirksam** ist.[101] Der Umstand, dass der Auftragnehmer ein Interesse an einem Einwendungsausschluss zu Lasten des Auftraggebers durch Zeitablauf hat, begründet ebenso wenig wie das Interesse des Auftraggebers an einem Anspruchsausschluss im Falle des § 16 Abs. 3 Nr. 2 einen Grund, der die Abweichung von den gesetzlichen Grundgedanken, wie sie in §§ 308 Nr. 5, 309 Nr. 12b) BGB ihren Niederschlag gefunden haben, rechtfertigen könnten. Da auch im unternehmerischen Verkehr Fiktionsklauseln einer kritischen, an § 308 Nr. 5 BGB orientierten Überprüfung

---

[96] OLG Köln BauR 2009, 257; Leinemann/Schoofs § 15 Rn. 60.
[97] → Rn. 22.
[98] Wie hier Beck VOB/B/Voit § 15 Abs. 3 Rn. 60; aA Kapellmann/Messerschmidt/Messerschmidt § 15 Rn. 80; Ingenstau/Korbion/Keldungs § 15 Abs. 3 Rn. 22; unklar Leinemann/Schoofs § 15 Rn. 60.
[99] Baumbach/Hopt/Hopt HGB AGB-Banken 7 Rn. 3.
[100] Heiermann/Riedel/Rusam/Heiermann/Mansfeld § 15 Rn. 35.
[101] Wie hier Beck VOB/B/Voit § 15 Abs. 3 Rn. 64; im Verhältnis zu Unternehmern aA Heiermann/Riedel/Rusam/Heiermann/Mansfeld § 15 Rn. 50; Ingenstau/Korbion/Keldungs § 15 Abs. 3 Rn. 25.

unterliegen[102] und entsprechendes auch für Klauseln zur Beweislastumkehr gilt,[103] ist § 15 Abs. 3 S. 5 in den Fällen, in denen die **VOB/B nicht als Ganzes vereinbart** und vom Auftragnehmer gestellt worden ist, **unwirksam.**

Abweichungen von § 15 Abs. 3 zu Lasten des Auftragnehmers in Gestalt von 85 Regelungen, die zu einem **Anspruchsausschluss** führen sollen, wenn die Vorgaben des § 15 Abs. 3 vom Auftragnehmer nicht eingehalten worden sind, sind nach § 307 BGB **unwirksam.**[104] Nach weit verbreiteter Auffassung soll auch der **Ausschluss** der Anerkenntniswirkung des § 15 Abs. 3 AGB-rechtlich unwirksam sein.[105] Dem ist zuzustimmen, soweit es sich um die Wirkung der ausdrücklichen Bescheinigung des Auftraggebers nach § 15 Abs. 3 S. 3 handelt, da die **generelle Negierung** der **rechtlichen Erheblichkeit** eigener Erklärungen des Auftraggebers weder in Allgemeinen Geschäftsbedingungen noch sonst rechtlich wirksam möglich ist.[106] Anders ist allerdings die Frage des Ausschlusses der Fiktion des § 15 Abs. 3 S. 5 zu beurteilen. Selbst wenn man die Klausel des § 15 Abs. 3 S. 5 als solches als AGB-konform ansehen sollte, würde jedenfalls ihre Abdingung lediglich dazu führen, dass der **gesetzliche Zustand** hergestellt würde. Das kann nicht gegen Grundgedanken gesetzlicher Regelungen verstoßen und damit auch nicht im Rahmen der Inhaltskontrolle die Unwirksamkeit nach § 307 BGB zur Folge haben.[107]

Wenn der Auftraggeber im Rahmen weiterer Vertragsbedingungen vorgibt, 85a dass Stundenzettel einen weitergehenden Inhalt haben müssen, als das von § 15 Abs. 3 vorgesehen wird, also insbesondere ausweisen müssen, welche konkreten Arbeiten ausgeführt worden sind, ist das AGB-rechtlich zulässig, führt aber dazu, dass die VOB/B nicht mehr als Ganzes vereinbart ist.

V. Prozessuales

Die Darlegungs- und Beweislast für die Anzeige der Aufnahme der Stunden- 86 lohnarbeiten sowie die rechtzeitige und ordnungsgemäße Vorlage der Stundenlohnzettel obliegt dem **Auftragnehmer.** Der **Auftraggeber** hat nachzuweisen, dass er die Stundenzettel **rechtzeitig zurückgegeben** und mit der Rückgabe auch Einwendungen erhoben hat.

Liegen keine ordnungsgemäßen oder rechtzeitig eingereichten Stundenlohn- 87 zettel vor, muss der **Auftragnehmer** nachweisen, dass die Stundenlohnarbeiten, die er abrechnen will, **tatsächlich abgeleistet** wurden. Gleiches gilt, wenn der Auftraggeber rechtzeitig **Einwendungen** gegen die Erbringung der aufgelisteten Arbeiten erhoben hat.

Der Auftraggeber muss anderweitige Einwendungen, insbesondere die **feh-** 88 **lende Wirtschaftlichkeit** der Ausführungen und einen darauf gestützten Schadensersatzanspruch nachweisen. Im Falle der **verspäteten** oder unterbliebenen Rückgabe ordnungsgemäß vorgelegter Stundenzettel muss er zudem nachweisen,

---

[102] BGH NJW 1988, 55 Rn. 27.
[103] BGH NJW-RR 2014, 456 Rn. 19.
[104] OLG Düsseldorf IBR 2008, 1185.
[105] Kapellmann/Messerschmidt/Messerschmidt § 15 Rn. 82 (mit allerdings unzutreffender Begründung).
[106] Beck VOB/B/Voit § 15 Abs. 3 Rn. 64.
[107] AA, aber dogmatisch zu Unrecht eine AGB-rechtliche Relevanz der „Ausgewogenheit der VOB/B als Ganzes" annehmen Heiermann/Riedel/Rusam/Heiermann/Mansfeld § 15 Rn. 50.

dass die aufgelisteten **Arbeiten nicht erbracht** worden sind und, sofern man vom Vorliegen eines deklaratorischen Anerkenntnisses ausgeht, zudem, dass die Voraussetzungen des § 814 BGB nicht vorliegen.

E. § 15 Abs. 4

I. Abrechnung von Stundenlohnarbeiten

89 Mit § 15 Abs. 4 wird der Auftragnehmer verpflichtet, Stundenlohnarbeiten **alsbald** nach Beendigung, im Falle längerdauernder Arbeiten jedoch **längstens in Abständen von 4 Wochen** abzurechnen. Die Fristvorgabe ist grundsätzlich darauf ausgerichtet, die Berechtigung von geltend gemachten Stundenlohnvergütungsansprüchen zeitnah einer Klärung zuzuführen. Dass allerdings das Kontrollinteresse des Auftraggebers eine solche Regelung erforderlich machen würde, ist mit Rücksicht auf die Bestimmungen in § 15 Abs. 3 zweifelhaft.[108]

90 **1. Fristen für die Abrechnung.** Die Abrechnungsfristen des § 15 Abs. 4 **differenzieren** zwischen den in einem kürzeren Zeitraum als 4 Wochen abgeschlossenen Arbeiten und solchen Arbeiten, die länger als 4 Wochen beanspruchen.

91 Bei **kurzfristig abgeschlossenen** Arbeiten hat der Auftragnehmer alsbald abzurechnen, wobei der dazu zur Verfügung stehende Abrechnungszeitraum sich an dem bei Arbeiten der durchgeführten Art vom Auftraggeber zu erwartenden Zeithorizont misst, 4 Wochen ab Abschluss der Arbeiten aber nicht übersteigen darf.[109]

92 Bei länger andauernden Arbeiten ist jeweils **spätestens alle 4 Wochen** abzurechnen, wobei der missglückte Wortlaut der Klausel den Beginn der ersten 4-Wochen-Frist nicht regelt.[110] Mit Rücksicht auf den Regelungszweck ist als **Fristbeginn** bei den länger dauernden Arbeiten auf deren **Beginn** abzustellen.[111] Die Gegenauffassungen, die hier als Fristbeginn entweder auf den Zeitpunkt des ersten vorzulegenden Stundenlohnzettels iSd § 15 Abs. 3 S. 2[112] oder auf das Ableisten von 4 Wochen Stundenlohnarbeiten abstellt,[113] überzeugt nicht. Alle Gegenauffassungen sind mit dem Wortlaut der Klausel nicht in Deckung zu bringen. Die Annahme, es komme auf den **ersten Stundenlohnzettel** an, führt dazu, dass der Fristenlauf nicht generalisierend bestimmt wird, sondern davon abhängig ist, wann im Einzelfall der Stundenlohnzettel vorgelegt werden muss. Soweit darauf abgestellt wird, dass die Frist erst mit 4-wöchiger Arbeitszeit beginnen soll, hat das zur Konsequenz, dass der Abrechnungstermin 8 Wochen nach Beginn der jeweils abzurechnenden Leistungsperiode liegt, was weder mit Wortlaut noch Sinn des § 15 Abs. 4 in Deckung zu bringen ist.[114]

§ 15 Abs. 4 ist gegenüber der Bestimmung in § 14 Abs. 3 **spezieller**.

---

[108] Leinemann/Schoofs § 15 Rn. 68.
[109] Beck VOB/B/Voit § 15 Abs. 4 Rn. 7.
[110] Den Fristbeginn lassen daher offen FKZGM/Kemper § 15 Rn. 24; Leinemann/Schoofs § 15 Rn. 65.
[111] Ingenstau/Korbion/Keldungs § 15 Abs. 4 Rn. 3.
[112] Kapellmann/Messerschmidt/Messerschmidt § 15 Rn. 106.
[113] Beck VOB/B/Voit § 15 Abs. 4 Rn. 14.
[114] Ingenstau/Korbion/Keldungs § 15 Abs. 4 Rn. 3.

Stundenlohnarbeiten **§ 15**

2. Inhalt der Abrechnung. Der Inhalt der Abrechnung muss den **Prüfanfor-** 93
derungen aus § 14 genügen, die Rechnung also prüffähig sein.[115] Aufzulisten ist
damit insbesondere, wie viele Stunden ausgeführt worden sind[116] und, soweit
unterschiedliche Stundensätze vereinbart sind, welche Qualifikation der Ausführende hatte.[117] Es gilt hier nichts anderes als bei der **Darstellung** auf den **Stundenlohnzetteln**.[118] Das führt sodann aber auch dazu, dass Angaben zu den **konkret durchgeführten Arbeiten nicht** zur Prüfung des Vergütungsanspruchs erforderlich sind, sondern nur für die Geltendmachung von Gegenansprüchen Bedeutung haben gewinnen können (für die der Auftraggeber aber beweisbelastet ist) und daher nicht vom Auftragnehmer aufgeführt werden müssen. Wenn nichts Gegenteiliges vereinbart ist, berührt daher das Fehlen konkreter Angaben zu den einzelnen Arbeiten **nicht** die Prüffähigkeit. Dass die Rechnung nach § 15 Abs. 4 prüffähig sein muss, stellt **keine weitergehende Vereinbarung** dar.[119] Diese Vorgabe entspricht der gesetzlichen Regelung, für die ebenfalls eine Aufstellung der konkreten Arbeiten nicht erforderlich ist, um die Prüffähigkeit zu begründen.[120] Die Gegenauffassung, die ebenso wie bei der Ausgestaltung der Stundenzettel die Prüffähigkeit der Stundenabrechnung davon abhängig macht, dass die ausgeführten Arbeiten konkret aufgelistet werden, übersieht, dass diese konkrete Auflistung nicht zur Prüfung des Vergütungsanspruches notwendig ist, sondern vielmehr zur Begründung von Gegenansprüchen. Die Nachweise für Schadensersatzansprüche hat aber der nicht der Auftragnehmer beizubringen.[121]

Die Notwendigkeit einer weiteren Differenzierung der Stundenlohnabrech- 93a
nung besteht mit Rücksicht auf § 14 Abs. 1 im Hinblick auf die Abgrenzung von
Stundenlohnarbeiten für den **Hauptvertrag** und für **Nachträge**. Soweit diese
Abgrenzung sich aus den Stundenzetteln nicht ergibt, ist sie vom Auftragnehmer
im Rahmen seiner Rechnung nachzuholen.

Im Regelfall wird der Auftragnehmer die **Stundenlohnzettel** der Abrechnung 94
beifügen müssen, um die Prüffähigkeit sicherzustellen. Entsprechendes gilt bei
Materialeinsatz durch den Auftragnehmer.[122] Abweichendes kann gelten, wenn
die Vorlage für das Kontroll- und Prüfinteresse des Auftraggebers entbehrlich
ist.[123] Das kann der Fall sein, wenn die Stundenzettel dem Auftraggeber bereits
vorliegen und von ihm problemlos zugeordnet werden können. Eine bloße Aufstellung der abgeleisteten Stunden sowie der Stundensätze ist grundsätzlich ausreichend.[124]

Ob die **inhaltliche Wiedergabe** der Stundenlohnzettel im eigentlichen Rech- 95
nungstext erforderlich ist, oder ob der Auftragnehmer auf die der Rechnung
beizufügenden Aufstellungen nach § 15 Abs. 3 verweisen kann, ist vom Einzelfall
abhängig. Je umfangreicher die Stundenlohnarbeiten sind, desto eher wird es zur

---

[115] Heiermann/Riedel/Rusam/Heiermann/Mansfeld § 15 Rn. 42.
[116] OLG Brandenburg BauR 2005, 151 Rn. 47.
[117] FKZGM/Kemper § 15 Rn. 23.
[118] OLG Karlsruhe BauR 1995, 114.
[119] aA Beck VOB/B/Voit VOB/B § 15 Abs. 4 Rn. 4; Kapellmann/Messerschmidt/Messerschmidt VOB/B § 15 Rn. 114, beide gegen die seit BGH NZBau 2009, 504 st. Rspr.
[120] BGH NZBau 2023, 224 Rn. 20.
[121] BGH NZBau 2009, 504, Rn. 33 aA.
[122] Leinemann/Schoofs § 15 Rn. 66.
[123] OLG Frankfurt a. M. BauR 1999, 1460.
[124] Praxiskommentar/Herig VOB § 15 Rn. 33; aA Beck VOB/B/Voit VOB/B § 15 Abs. 4 Rn. 3; Leinemann/Schoofs § 15 Rn. 71.

übersichtlichen Darstellung erforderlich sein, die Angaben aus den Stundenzetteln auch im Rechnungstext aufzulisten.[125]

96 **3. Folgen der Fristversäumnis.** Kommt der Auftragnehmer seiner Pflicht zur Rechnungslegung nicht nach, hat das primär zur Konsequenz, dass keine Fälligkeit der Vergütung nach § 16 eintritt.[126] Ein **Anspruchsverlust** allein durch die Fristversäumnis **tritt nicht ein.**[127]

97 Unter den weiteren Voraussetzungen des § 14 Abs. 4 kann der Auftraggeber aber auch bei einer Stundenlohnabrechnung dazu übergehen, die Rechnung **selbst aufzustellen.** Unter den weiteren Voraussetzungen des §§ 280, 286 BGB können zudem **Verzugsschadensersatzansprüche** des Auftraggebers bestehen, wenn ihm durch die verspätete Rechnungsstellung ein Schaden entsteht. Praktische Bedeutung dürfte dem allerdings eher selten zukommen.

98 **4. Fälligkeit der Rechnung.** Die **Fälligkeit** der Stundenlohnabrechnung bestimmt sich aufgrund der ausdrücklichen Verweisung nach § 16. Je nach Abrechnungsart liegt danach eine **Abschlags- oder eine Schlussrechnung** vor, so dass Fälligkeit binnen 21 Tagen bzw. 30 Tagen nach Rechnungszugang – im Falle der Schlussrechnung vorherige Abnahme unterstellt – eintritt. Prinzipiell möglich sind auch **Teilschlussrechnungen,** sofern Abrechnungsgegenstand eine in sich abgeschlossene Leistung ist.

99 Bei selbständigen Stundenlohnarbeiten liegt danach eine Abschlagsrechnung vor, wenn die Stundenlohnarbeiten **noch nicht abgeschlossen** sind. Eine Schlussrechnung liegt vor, wenn die Leistungen insgesamt erbracht und abgerechnet werden. Bei **angehängten** Stundenlohnarbeiten stellt deren Abrechnung demgegenüber im Regelfall eine reine Abschlagsrechnung dar, während eine Schlussrechnung einheitlich den gesamten Vergütungsanspruch des Auftragnehmers zu umfassen hat.[128] Der Umstand, dass § 15 Abs. 4 die Abrechnung der Stundenlohnarbeiten in bestimmten Mindestfristen – und damit abweichend von der Vorgabe des § 16 Abs. 1 und etwaigen danach zustande gekommenen Zahlungsplänen – regelt, hat nicht zur Konsequenz, dass aus der Stundenlohnvergütung ein selbstständiger Vergütungsanspruch würde. Sie bleibt vielmehr **Bestandteil** (Rechnungsposten) des **einheitlichen Vergütungsanspruchs** für die insgesamt geschuldete Leistung.

II. AGB-rechtliche Fragen

100 Die Klausel des § 15 Abs. 4 ist AGB-rechtlich unproblematisch. Möglich sind abweichende Vereinbarungen durch Klauseln, mit denen die **Fristen,** innerhalb derer mindestens über Stundenlohnarbeiten Rechnung gelegt werden muss, gegenüber § 15 Abs. 4 verändert werden.

101 **Unzulässig** sind demgegenüber Klauseln, mit denen die Möglichkeit des Auftragnehmers zur Rechnungslegung so beschnitten wird, dass die Vorgaben des **§ 632a BGB** nicht mehr gewahrt werden. Hier besteht bereits innerhalb der VOB/B das Problem, dass § 15 Abs. 4 mit § 16 Abs. 1 kollidiert, was bei Verwendung der VOB/B durch den Auftraggeber eine Beschränkung der Abschlagsbe-

---

[125] Beck VOB/B/Voit § 15 Abs. 4 Rn. 5.
[126] Ingenstau/Korbion/Keldungs § 15 Abs. 4 Rn. 4.
[127] FKZGM/Kemper § 15 Rn. 24.
[128] Beck VOB/B/Voit § 15 Abs. 4 Rn. 9 f.; aA Kapellmann/Messerschmidt/Messerschmidt § 15 Rn. 118; FKZGM/Kemper § 15 Rn. 25.

rechnungen durch Zahlungspläne unwirksam macht. Ebenfalls unwirksam sind Klauseln, die den Vergütungsanspruch ausschließen sollen, wenn der Auftragnehmer die Abrechnungsfristen versäumt.

III. Prozessuales

Unmittelbar prozessuale Bedeutung kommt der Klausel des § 15 Abs. 4 nicht zu. Prozessuale Konsequenzen kommen vielmehr lediglich im Zusammenhang mit der Anwendung der Verweisvorschriften des § 16 bzw. des § 14 in Betracht. 102

Zu beachten ist lediglich, dass das **Ziel** des § 15 Abs. 4, möglichst zeitnah Klarheit über die Berechtigung der geltend gemachten Stundenlohnvergütung zu erreichen, aufgrund der Verweisung auf § 16 **nicht zu erreichen** ist. In allen Fällen, in denen die Stundenlohnabrechnung eine Abschlagsrechnung iSd § 16 Abs. 1 darstellt, begründet weder ihre Prüfung noch die Ausgleichung ein Anerkenntnis der Berechtigung der geltend gemachten Vergütung durch den Auftraggeber.[129] Dem Auftragnehmer nützt die Klausel daher im Ergebnis nichts. 103

F. § 15 Abs. 5

I. Abweichende Vergütungsermittlung bei Zweifeln zum Umfang der Stundenlohnarbeiten

Kommt es zu Differenzen über die dem Auftragnehmer geschuldete Stundenlohnvergütung, weil der Auftraggeber **mangels fristgerechter Vorlage** der Stundenlohnzettel iSd § 15 Abs. 3 S. 2 **Zweifel** an dem vom Auftragnehmer behaupteten Leistungsumfang hat, kann der Auftraggeber nach § 15 Abs. 5 verlangen, dass der Auftragnehmer den Vergütungsanspruch nach objektivierten Kriterien **neu berechnet**. 104

Die Klausel versucht damit vertragliche Lösungsmöglichkeiten für einen beschränkten Teilbereich von Streitigkeiten zwischen Auftragnehmer und Auftraggeber über Stundenlohnvergütungen zu begründen, indem es die Vertragsbeteiligten auf Verlangen des Auftraggebers zur Neuvereinbarung der Vergütung zwingen will.[130] 105

Die Klausel betrifft allerdings nur einen engen Ausschnitt aus den im Zusammenhang mit Stundenlohnabreden anfallenden Streitigkeiten, so dass die **praktische Bedeutung** von § 15 Abs. 5 **eher gering** ist. Für Streitigkeiten über die wirtschaftliche Ausführung der Arbeiten ist die Klausel ebenso wenig anwendbar wie bei Streit darüber, ob überhaupt abrechenbare Stundenlohnarbeiten vorliegen. Auch Streitigkeiten über die inhaltliche Richtigkeit fristgerecht vorgelegter Stundenzettel werden von der Klausel nicht erfasst. 106

1. Vereinbarte Stundenlohnarbeiten. Grundvoraussetzung des § 15 Abs. 5 ist das Vorliegen einer **Stundenlohnvereinbarung** nach § 2 Abs. 10. **Fehlt** es schon daran, ist die Klausel **nicht anwendbar**. Die Parteien können zwar auch in diesem Fall die Anwendung des § 15 Abs. 5 vereinbaren; dem Auftraggeber steht aber keine einseitige Möglichkeit zu, eine Neuberechnung der Vergütung zu erzwingen. 107

---

[129] Vgl. Beck VOB/B/Kandel § 16 Abs. 1 Rn. 65.
[130] OLG Düsseldorf BauR 2014, 709 Rn. 40.

§ 15

108 **2. Verspätet vorgelegte Stundenlohnzettel.** Der Auftragnehmer muss seiner Verpflichtung zur Vorlage der Stundenlohnzettel aus § 15 Abs. 3 S. 2 **nicht nachgekommen** sein. Er muss die Stundenlohnzettel daher **nicht fristgerecht** oder **überhaupt nicht** vorlegt haben.[131] Maßgeblich ist dabei, dass Stundenlohnzettel, die den Anforderungen des § 15 Abs. 3 S. 2 genügen, nicht oder nicht rechtzeitig vorgelegt worden sind. Die fristgerechte Vorlage **nicht ordnungsgemäßer** Stundenlohnzettel ist nicht geeignet, die Verpflichtung des Auftragnehmers aus § 15 Abs. 3 S. 2 auszufüllen und steht daher der Fristversäumnis gleich.[132]

109 Aus welchen Gründen die rechtzeitige Vorlage ordnungsgemäßer Stundenlohnzettel unterblieben ist, ist für die Anwendbarkeit des § 15 Abs. 5 unerheblich. Ein **Verschulden** des Auftragnehmers ist **nicht Tatbestandsvoraussetzung.**

110 Mit Rücksicht auf die geleichlaufende Interessenlage steht der verspäteten Vorlage der Stundenlohnzettel auch die verspätete oder unterbliebene **Anzeige** des **Beginns** der Stundenlohnarbeiten nach § 15 Abs. 3 S. 1 gleich.[133]

111 **3. Zweifel des Auftraggebers am Umfang der Stundenlohnarbeiten.** Die verspätete oder unterbliebene Vorlage der Stundenlohnzettel bzw. der Beginnanzeige der Stundenlohnarbeiten muss **Zweifel** beim Auftraggeber am Umfang der Stundenlohnarbeiten verursachen. Die Verletzung der Pflichten aus § 15 Abs. 3 muss sich folgerichtig **negativ** auf die **Kontrollmöglichkeiten** des Auftraggebers auswirken, so dass dieser den Leistungsumfang nicht nachhalten kann.

112 Daraus folgt, dass Einwendungen des Auftraggebers, die in keinem **kausalen Zusammenhang** zum Zeitpunkt der Vorlage der Belege stehen, **keine Zweifel** iSd § 15 Abs. 5 begründen können. Das gilt insbesondere für den Einwand unwirtschaftlicher Ausführung oder zur anderweitigen Abgeltung der abgerechneten Leistungen.[134] Der Begriff des Umfangs der Stundenlohnarbeiten bezieht sich auf die Zahl der Stunden und die Mengenansätze des eingesetzten Materials, nicht auf deren Erforderlichkeit. Aber auch sonst fehlt es an der Kausalität einer verspäteten oder unterbliebenen Vorlage von Belegen, wenn der Auftraggeber den Leistungsumfang anderweitig nachhalten kann, etwa mittels eines von seinem Architekten geführten Bautagebuchs.

113 Die Zweifel des Auftraggebers müssen **subjektiv vorliegen** und **objektiv nachvollziehbar** sein. Maßgeblich ist daher, dass die unterbliebene bzw. verspätete Vorlage der Belege durch den Auftragnehmer dazu führt, dass es für den Auftraggeber bei objektiver Betrachtung nicht mehr uneingeschränkt möglich ist, die vom Auftragnehmer abgerechneten Leistungen auf die Richtigkeit der Rechnung hin zu überprüfen.[135] Subjektiv muss der Auftraggeber dann tatsächlich entsprechende Zweifel haben, was etwa in den Fällen nicht der Fall ist, in denen der Auftraggeber die Rechnung überhaupt nicht prüft.

114 Da die Darlegungs- und Beweislast zur Höhe des Vergütungsanspruchs des Auftragnehmers durch § 15 Abs. 5 nicht verändert wird, ist es ausreichend, wenn der Auftraggeber **konkrete Gründe** benennt, die **plausibel** das Vorliegen von

---

[131] OLG Frankfurt a. M. BauR 1999, 1460 Rn. 6; Kapellmann/Messerschmidt/Messerschmidt § 15 Rn. 126.

[132] Beck VOB/B/Voit § 15 Abs. 5 Rn. 7; Ingenstau/Korbion/Keldungs § 15 Abs. 5 Rn. 7.

[133] Beck VOB/B/Voit § 15 Abs. 5 Rn. 10.

[134] Beck VOB/B/Voit § 15 Abs. 5 Rn. 11; aA FKZGM/Kemper § 15 Rn. 26.

[135] Heiermann/Riedel/Rusam/Heiermann/Mansfeld § 15 Rn. 46; Leinemann/Schoofs § 15 Rn. 78.

Zweifeln an dem Leistungsumfang des Auftragnehmers begründen.[136] **Nicht erforderlich** ist es demgegenüber, dass die Zweifel des Auftraggebers auch **(objektiv) begründet** sind, die Aufstellung der Leistungen des Auftragnehmers damit tatsächlich unzutreffend sind.[137]

4. Verlangen des Auftraggebers nach Neuberechnung. Zu einer Neuberechnung der Vergütung nach § 15 Abs. 5 kommt es nur, wenn der Auftraggeber das **ausdrücklich verlangt.** Der **Auftragnehmer** kann einseitig eine Abrechnung nach § 15 Abs. 5 **nicht** herbeiführen.[138] Wenn der Auftraggeber daher Zweifel am Leistungsumfang erhebt, ohne eine Abrechnung nach § 15 Abs. 5 zu verlangen, muss der Auftragnehmer den tatsächlich von ihm erbrachten Leistungsumfang nach allgemeinen Regeln beweisen.[139] Gelingt ihm das nicht und lässt sich insbesondere auch ein Mindestleistungsumfang nicht ermitteln, bekommt der Aufragnehmer nicht als „Mindestvergütung" ein nach § 15 Abs. 5 ermitteltes Entgelt, sondern nichts. **Faktisch** wird ein Auftraggeber daher eine Neuberechnung nur dann verlangen, wenn die bisherige Dokumentation des Auftragnehmers **unzulänglich** ist, der Auftraggeber aber davon ausgehen muss, dass der Auftragnehmer diese **Darstellungsmängel noch beheben** und damit einen höheren Vergütungsanspruch als den nach § 15 Abs. 5 nachweisen kann und/oder eine unwirtschaftliche Ausführung vom Auftraggeber nicht nachzuweisen ist. 115

Streitig ist, ob die Möglichkeit des Auftraggebers, eine Neuberechnung der Vergütung zu verlangen, zeitlich **befristet** ist. Einvernehmen besteht, dass das Verlangen nur solange gestellt werden kann, **wie Zweifel** des Auftraggebers **bestehen.** Räumt der Auftragnehmer die Zweifel aus (indem er den Leistungsumfang anderweitig beweist), kann der Auftragnehmer das Verlangen nach § 15 Abs. 5 **nicht mehr** stellen.[140] Der Wortlaut der Klausel enthält keine darüberhinausgehende Bestimmung zu einer Befristung. Allerdings wird in der Literatur teilweise aus Treu und Glauben eine Verpflichtung des Auftraggebers abgeleitet, das Verlangen spätestens mit Ablauf der jeweiligen Prüfungsfrist nach § 16[141] oder bis zum Zeitpunkt des Abschlusses der tatsächlichen Rechnungsprüfung[142] zu stellen. 116

Sachgerecht ist die Annahme einer Befristung **nicht.** Es ist Sache des Auftragnehmers, dem Auftraggeber gegenüber darzulegen, welcher Leistungsumfang erbracht worden ist. Solange er dieser Pflicht nicht nachkommt, besteht **keine Veranlassung,** die aus dem **Kooperationsgebot** und damit selbst aus Treu und Glauben herrührende **Abrechnungsmöglichkeit** nach § 15 Abs. 5 **auszuschließen.**[143] Dabei ist auch noch zu berücksichtigen, dass eine Abrechnung nach § 15 Abs. 5 dazu führt, dass der Auftragnehmer jedenfalls eine objektiv berechtigte Vergütung beanspruchen kann, während er andernfalls auch **vollständig auszufallen** droht, wenn er den Umfang der Stundenlohnarbeiten nicht belegen kann. 117

Das Verlangen des Auftraggebers ist nicht formgebunden, sollte aber schon aus Dokumentationsgründen jedenfalls **Textform** haben. 118

---

[136] Ingenstau/Korbion/Keldungs § 15 Abs. 5 Rn. 6.
[137] Kapellmann/Messerschmidt/Messerschmidt § 15 Rn. 127.
[138] OLG Düsseldorf BeckRS 2013, 21847 = BauR 2014, 709.
[139] Kapellmann/Messerschmidt/Messerschmidt § 15 Rn. 128.
[140] Beck VOB/B/Voit § 15 Abs. 5 Rn. 15.
[141] Ingenstau/Korbion/Keldungs § 15 Abs. 5 Rn. 8; Mugler BB 1989, 859 (860).
[142] Leinemann/Schoofs § 15 Rn. 79.
[143] Beck VOB/B/Voit § 15 Abs. 5 Rn. 15.

§ 15 VOB Teil B

119 **5. Neuvereinbarung der Vergütung.** Das begründete Verlangen des Auftraggebers führt zur Verpflichtung der Parteien, die **Vergütung** für die nachweisbar ausgeführten Leistungen nach § 15 Abs. 1 Nr. 2 neu zu **vereinbaren.** Die Klausel begründet damit **kein einseitiges Leistungsbestimmungsrecht,** sondern die Verpflichtung, eine neue Vergütungsvereinbarung zu treffen. Die Möglichkeit für den Auftraggeber, eine Neuberechnung zu verlangen, ist ein **Wahlrecht.**

120 Die Vergütung ist für die nachweisbar ausgeführte Leistung zu vereinbaren, wobei Leistung in diesem Zusammenhang der durch die Stundenlohnarbeit erzielte **Werkerfolg** ist, **nicht** hingegen die **Leistungshandlung.** Ein Abstellen auf die Leistungshandlung scheidet aus, da deren Umfang gerade nicht feststeht und damit auch nicht nachgewiesen ist.[144]

121 Die Berechnung der Vergütung folgt den Vorgaben des § 15 Abs. 1 Nr. 2. Zu ermitteln ist daher der Mengenansatz, der als **wirtschaftlich vertretbarer** Aufwand zur Erreichung des Leistungserfolges objektiv notwendig ist. Der Stundensatz ist nach § 15 Abs. 1 Nr. 2 festzulegen. Diese Berechnungsform kann zur Folge haben, dass die zu vereinbarende Vergütung höher liegt als der Vergütungsansatz, den der Auftragnehmer auf der Basis seiner Stundenlohnaufstellungen geltend gemacht hat.

122 Da die Vereinbarung der Vergütung sich auf das **wirtschaftliche Ergebnis** der Berechnung bezieht, kann die Vergütung auch als Einheits- oder Pauschalpreis vereinbart werden. Eine Abrechnung auf Stundenlohnbasis ist insoweit nicht zwingend.

123 **6. Fehlende Mitwirkung des Auftragnehmers an einer Neuvereinbarung.** Kommt der Auftragnehmer seiner Verpflichtung zur Mitwirkung an der Neuvereinbarung der Vergütung nicht nach, kann der **Auftraggeber** unter den weiteren Voraussetzungen des § 14 Abs. 4 selbst die **Abrechnung** aufstellen. Auch dabei bleibt er dann aber an den Abrechnungsmodus nach § 15 Abs. 1 Nr. 2 gebunden.

124 Daneben kommen ggf. **Schadensersatzansprüche** des Auftraggebers in Betracht, etwa in Gestalt der Aufwendungen für einen Sachverständigen für Prüfungskosten. Möglich ist zudem ein **Kostenerstattungsanspruch** für Aufwendungen zur Rechnungsaufstellung nach § 14 Abs. 4.[145]

II. AGB-rechtliche Fragen

125 AGB-rechtlich ist gegen die Klausel des § 15 Abs. 5 nichts einzuwenden. Die Klausel schafft **kein einseitiges Leistungsbestimmungsrecht** und weicht damit auch nicht von der gesetzlichen Gestaltung der einvernehmlichen Festlegung der Vergütungshöhe durch Vereinbarung ab.[146] Durch die Bestimmung der Parameter, die für die Neuberechnung der Vergütung anzusetzen sind, folgt die Klausel den Vorgaben des § 632 BGB und **weicht** damit auch insoweit **nicht vom Gesetz ab.**

---

[144] Beck VOB/B/Voit § 15 Abs. 5 Rn. 16.
[145] Kapellmann/Messerschmidt/Messerschmidt § 15 Rn. 138.
[146] aA Heiermann/Riedl/Rusam/Mansfeld § 15 Rn. 51, wie hier BeckVOB/B/Voit vor § 15 Rn. 13.

III. Prozessuales

Die Klausel des § 15 Abs. 5 **verändert** die **Beweislast** für die Vergütungshöhe **nicht**. Der Auftragnehmer bleibt daher für den Umfang seiner Leistungen und den sich daraus ergebenden Vergütungsumfang in vollem Umfang beweispflichtig. Das gilt sowohl für die nach Stundenlohn zu vergütende Leistung (wenn der Auftragnehmer die Neuberechnung der Vergütung nicht verlangt), als auch die neu zu berechnende Vergütung (nach Geltendmachung des Verlangens nach § 15 Abs. 5).[147] **126**

Sofern der Auftraggeber die Abrechnung nach § 15 Abs. 5 herbeiführen will, muss er nachweisen, dass er **Zweifel** am Umfang der abgerechneten Arbeiten hat. Den Nachweis, dass kein Fall der **verspäteten Vorlage** der Belege vorliegt, ist vom **Auftragnehmer** zu führen.[148] Die rechtzeitige Dokumentation ist vertragliche Leistungspflicht des Auftragnehmers und als Erfüllungseinwand von ihm zu beweisen. **127**

Einigen sich die Vertragsparteien nicht auf einen neuen Preis, ist es möglich, statt der Klage auf Zustimmung zu einer Preisvereinbarung auch **direkt auf Zahlung** zu klagen. Es ist dann inzident festzustellen, ob der der Zahlungsklage zugrunde liegende Vergütungsanspruch nach den Maßgaben des § 15 Abs. 1 Nr. 2 zutreffend ermittelt worden ist. Das Gericht wird sich zu dieser Prüfung regelmäßig der Hilfe eines **Sachverständigen** bedienen müssen. **128**

§ 16 Zahlung

(1)
1. ¹**Abschlagszahlungen sind auf Antrag in möglichst kurzen Zeitabständen oder zu den vereinbarten Zeitpunkten zu gewähren, und zwar in Höhe des Wertes der jeweils nachgewiesenen vertragsgemäßen Leistungen einschließlich des ausgewiesenen, darauf entfallenden Umsatzsteuerbetrages.** ²**Die Leistungen sind durch eine prüfbare Aufstellung nachzuweisen, die eine rasche und sichere Beurteilung der Leistungen ermöglichen muss.** ³**Als Leistungen gelten hierbei auch die für die geforderte Leistung eigens angefertigten und bereitgestellten Bauteile sowie die auf der Baustelle angelieferten Stoffe und Bauteile, wenn dem Auftraggeber nach seiner Wahl das Eigentum an ihnen übertragen ist oder entsprechende Sicherheit gegeben wird.**
2. ¹**Gegenforderungen können einbehalten werden.** ²**Andere Einbehalte sind nur in den im Vertrag und in den gesetzlichen Bestimmungen vorgesehenen Fällen zulässig.**
3. **Ansprüche auf Abschlagszahlungen werden binnen 21 Tagen nach Zugang der Aufstellung fällig.**
4. **Die Abschlagszahlungen sind ohne Einfluss auf die Haftung des Auftragnehmers; sie gelten nicht als Abnahme von Teilen der Leistung.**

(2)
1. ¹**Vorauszahlungen können auch nach Vertragsabschluss vereinbart werden; hierfür ist auf Verlangen des Auftraggebers ausreichende Sicherheit zu leisten.** ²**Diese Vorauszahlungen sind, sofern nichts ande-**

---

[147] OLG Düsseldorf BauR 2014, 709 Rn. 40.
[148] AA Beck VOB/B/Voit § 15 Abs. 5 Rn. 25.

§ 16

res vereinbart wird, mit 3 v.H. über dem Basiszinssatz des § 247 BGB zu verzinsen.

2. Vorauszahlungen sind auf die nächstfälligen Zahlungen anzurechnen, soweit damit Leistungen abzugelten sind, für welche die Vorauszahlungen gewährt worden sind.

(3)
1. ¹Der Anspruch auf Schlusszahlung wird alsbald nach Prüfung und Feststellung fällig, spätestens innerhalb von 30 Tagen nach Zugang der Schlussrechnung. ²Die Frist verlängert sich auf höchstens 60 Tage, wenn sie aufgrund der besonderen Natur oder Merkmale der Vereinbarung sachlich gerechtfertigt ist und ausdrücklich vereinbart wurde. ³Werden Einwendungen gegen die Prüfbarkeit unter Angabe der Gründe nicht bis zum Ablauf der jeweiligen Frist erhoben, kann der Auftraggeber sich nicht mehr auf die fehlende Prüfbarkeit berufen. ⁴Die Prüfung der Schlussrechnung ist nach Möglichkeit zu beschleunigen. ⁵Verzögert sie sich, so ist das unbestrittene Guthaben als Abschlagszahlung sofort zu zahlen.
2. Die vorbehaltlose Annahme der Schlusszahlung schließt Nachforderungen aus, wenn der Auftragnehmer über die Schlusszahlung schriftlich unterrichtet und auf die Ausschlusswirkung hingewiesen wurde.
3. Einer Schlusszahlung steht es gleich, wenn der Auftraggeber unter Hinweis auf geleistete Zahlungen weitere Zahlungen endgültig und schriftlich ablehnt.
4. Auch früher gestellte, aber unerledigte Forderungen werden ausgeschlossen, wenn sie nicht nochmals vorbehalten werden.
5. ¹Ein Vorbehalt ist innerhalb von 28 Tagen nach Zugang der Mitteilung nach den Nummern 2 und 3 über die Schlusszahlung zu erklären. ²Er wird hinfällig, wenn nicht innerhalb von weiteren 28 Tagen – beginnend am Tag nach Ablauf der in Satz 1 genannten 28 Tage – eine prüfbare Rechnung über die vorbehaltenen Forderungen eingereicht oder, wenn das nicht möglich ist, der Vorbehalt eingehend begründet wird.
6. Die Ausschlussfristen gelten nicht für ein Verlangen nach Richtigstellung der Schlussrechnung und -zahlung wegen Aufmaß-, Rechen- und Übertragungsfehlern.

(4) In sich abgeschlossene Teile der Leistung können nach Teilabnahme ohne Rücksicht auf die Vollendung der übrigen Leistungen endgültig festgestellt und bezahlt werden.

(5)
1. Alle Zahlungen sind aufs Äußerste zu beschleunigen.
2. Nicht vereinbarte Skontoabzüge sind unzulässig.
3. ¹Zahlt der Auftraggeber bei Fälligkeit nicht, so kann ihm der Auftragnehmer eine angemessene Nachfrist setzen. ²Zahlt er auch innerhalb der Nachfrist nicht, so hat der Auftragnehmer vom Ende der Nachfrist an Anspruch auf Zinsen in Höhe der in § 288 Absatz 2 BGB angegebenen Zinssätze, wenn er nicht einen höheren Verzugsschaden nachweist. ³Der Auftraggeber kommt jedoch, ohne dass es einer Nachfristsetzung bedarf, spätestens 30 Tage nach Zugang der Rechnung oder der Aufstellung bei Abschlagszahlungen in Zahlungsverzug, wenn der

Auftragnehmer seine vertraglichen und gesetzlichen Verpflichtungen erfüllt und den fälligen Entgeltbetrag nicht rechtzeitig erhalten hat, es sei denn, der Auftraggeber ist für den Zahlungsverzug nicht verantwortlich. [4]Die Frist verlängert sich auf höchstens 60 Tage, wenn sie aufgrund der besonderen Natur oder Merkmale der Vereinbarung sachlich gerechtfertigt ist und ausdrücklich vereinbart wurde.

4. Der Auftragnehmer darf die Arbeiten bei Zahlungsverzug bis zur Zahlung einstellen, sofern eine dem Auftraggeber zuvor gesetzte angemessene Frist erfolglos verstrichen ist.

(6) [1]Der Auftraggeber ist berechtigt, zur Erfüllung seiner Verpflichtungen aus den Absätzen 1 bis 5 Zahlungen an Gläubiger des Auftragnehmers zu leisten, soweit sie an der Ausführung der vertraglichen Leistung des Auftragnehmers aufgrund eines mit diesem abgeschlossenen Dienst- oder Werkvertrags beteiligt sind, wegen Zahlungsverzugs des Auftragnehmers die Fortsetzung ihrer Leistung zu Recht verweigern und die Direktzahlung die Fortsetzung der Leistung sicherstellen soll. [2]Der Auftragnehmer ist verpflichtet, sich auf Verlangen des Auftraggebers innerhalb einer von diesem gesetzten Frist darüber zu erklären, ob und inwieweit er die Forderungen seiner Gläubiger anerkennt; wird diese Erklärung nicht rechtzeitig abgegeben, so gelten die Voraussetzungen für die Direktzahlung als anerkannt.

Literatur: Deckers, Unwirksame VOB/B-Klauseln im Verbrauchervertrag, NZBau 2008, 627; Gothe, Die Rückforderung überzahlter und doppelt gezahlter Abschlagsrechnungen, NZBau 2014, 270; Korbion, Besondere Sicherheitsleistungen im bauvertraglichen Bereich, Festschrift für Wolfgang Heiermann 1995, 217; Pause, Abschlagszahlungen und Sicherheiten nach § 632a BGB, BauR 2009, 898; Pauly, Skontoabreden im Bauvertragsrecht, NZBau 2013, 198; Peters, Die VOB/B bei öffentlichen Ausschreibungen, NZBau 2006, 273; ders, Fälligkeit und Verzug bei Zahlungsansprüchen des Bauunternehmers nach der VOB/B, NZBau 2002, 305; Stellmann/Isler, Der Skontoabzug im Bauvertragswesen, ZfBR 2004, 633; Schulze-Hagen, Das Forderungssicherungsgesetz – ausgewählte Probleme, BauR 2010, 354.

Übersicht

	Rn.
A. Übersicht	1
B. Abschlagszahlungen nach § 16 Abs. 1	6
I. Voraussetzungen (Nr. 1)	9
1. Antrag	9
2. Abschlagsintervalle	11
3. Vertragsgemäß bewirkte Leistungen	13
4. Leistungsnachweis	17
5. Gleichgestellte Lieferungen	20
II. Fälligkeit nach Nr. 3	27
III. Höhe und Umsatzsteuer	31
IV. Gegenrechte des Auftraggebers (Nr. 2)	36
V. Zahlung durch den Auftraggeber (Nr. 4)	39
VI. Nichtzahlung und Verjährung	42
VII. Verhältnis zur Schlussrechnung	45
VIII. AGB	48
IX. Prozessuales	50
C. Vorauszahlungen nach § 16 Abs. 2	53

§ 16

	Rn.
I. Vereinbarung	54
II. Nachträgliche Vereinbarung gem. Nr. 1	55
III. Sicherheit und Zinsen	57
IV. Anrechnung nach Nr. 2	59
V. AGB	63
D. Schlusszahlung nach § 16 Abs. 3	64
I. Fälligkeit der Schlusszahlung nach Nr. 1	65
1. Schlussrechnung	66
2. Prüfung und Feststellung	70
a) Prüfbarkeit	71
b) Prüffrist	73
c) Rüge fehlender Prüfbarkeit	77
d) Ausschluss von Prüfbarkeitseinwänden	79
e) Prüfung durch den Auftraggeber	81
f) Kein Anerkenntnis	83
g) Beschleunigung und unbestrittenes Guthaben	86
3. Abnahme	88
II. Keine Bindung und einheitliche Fälligkeit	92
III. Verjährung	94
IV. Ausschluss von Nachforderungen nach Nr. 2–6	101
1. Schlusszahlung gem. Nr. 2	103
a) Begriff	104
b) Kein Anerkenntnis	109
2. Hinweis auf Schlusszahlungswirkung	110
3. Schlusszahlungsgleiche Erklärungen (Nr. 3)	114
4. Vorbehalt nach Nr. 5	118
5. Vorbehaltsbegründung (Nr. 5 S. 2)	125
6. Reichweite der Ausschlusswirkung (Nr. 4 und Nr. 6)	134
7. Folgen des Ausschlusses	137
V. Überzahlung des Auftragnehmers	138
1. Überzahlung mit Voraus- und Abschlagszahlungen	139
2. Überzahlung durch Schlusszahlung	142
3. Rückforderung vor Schlussrechnung	143
4. Verjährung	144
VI. AGB	147
VII. Prozessuales	149
E. Teilschlusszahlungen nach § 16 Abs. 4	153
I. Anspruch des Auftragnehmers	154
II. Voraussetzungen	156
III. Verjährung	158
IV. AGB	159
F. Zahlungsbestimmungen und Folgen der Nichtzahlung (§ 16 Abs. 5)	160
I. Beschleunigung (Nr. 1)	161
II. Skontoabzüge (Nr. 2)	162
III. Verzug nach Nr. 3	168
1. Variante 1: Verzug mit Nachfristsetzung (S. 1 und S. 2)	170
2. Variante 2: Verzug ohne Nachfristsetzung (S. 3 und S. 4)	175
3. Weitere Anspruchsvoraussetzungen	180
4. Anspruchsinhalt	182
5. Verzugsende	185
6. AGB	186

Zahlung **§ 16**

	Rn.
IV. Recht zur Arbeitseinstellung (Nr. 4)	188
1. Verzug und Fristablauf	190
2. Ankündigung und Verhältnismäßigkeit	191
3. Leistungsverweigerungsrechte des Auftraggebers	193
4. AGB	194
G. Direktzahlungen an Dritte gem. § 16 Abs. 6	196
I. Voraussetzungen	197
II. Erklärungspflicht und Fiktion nach S. 2	198
III. Kein Anspruch auf Direktzahlung	199
IV. Insolvenz des Auftragnehmers	200
V. AGB	202

A. Übersicht

§ 16 regelt die Bezahlung des Auftragnehmers. Er baut auf den §§ 14, 15 zur **1** Abrechnung auf und beinhaltet im Vergleich zum BGB ein deutlich differenzierter ausgestaltetes Regelungssystem, das Fälligkeit, Zahlungsmodalitäten und Verzug für den VOB/B-Vertrag grundsätzlich eigenständig regelt. Sind die Bestimmungen des § 16 wirksam vereinbart, verdrängen sie in ihrem Anwendungsbereich die Vorschriften des BGB; dies gilt jedenfalls im geschäftlichen Verkehr auch für ab dem 1.1.2018 geschlossene Bauverträge mit den insoweit nach dem Gesetz zur Reform des Bauvertragsrechts[1] geltenden Neuregelungen. Allerdings orientieren sich zB die Anpassungen in § 632a BGB ebenso wie auch der neugefasste § 650g Abs. 4 BGB mit der Schlussrechnung als Fälligkeitsvoraussetzung auch im BGB-Bauvertrag ohnehin stark an den Regelungen der VOB/B, ohne deren Konzeption aber vollständig in allen Details oder gänzlich inhaltsgleich zu übernehmen.

An Zahlungsarten sieht § 16 vor allem Abschlagszahlungen (Abs. 1) und die **2** Schlusszahlung (Abs. 3) sowie die Möglichkeit von Teilschlusszahlungen (Abs. 4) bei teilabgenommenen Leistungen vor. Zudem beinhaltet Abs. 2 Regelungen für Vorauszahlungen, die aber nicht automatisch mit Einbeziehung der VOB/B geschuldet sind, sondern gesondert vereinbart werden müssen. Durch die Aufzählung der verschiedenen Zahlungsarten werden nicht im Umkehrschluss andere Zahlungsvarianten ausgeschlossen. Die Parteien können auch vom Vertragsmuster der VOB/B abweichende Formen der Zahlung wie zB feste Raten oder echte Teilzahlungen vereinbaren.[2] Die Verzugsregeln in Abs. 5 gelten dann für alle Zahlungsarten, während schuldbefreiende Direktzahlungen des Auftraggebers an Gläubiger des Auftragnehmers nach Abs. 6 vor allem bei Abschlagszahlungen in Betracht kommen.

Mit der Neufassung der VOB/B 2012 wurde lediglich § 16 allerdings nicht **3** unerheblich geändert. Anlass hierfür war die neugefasste Richtlinie 2011/7/EU zur weiteren Bekämpfung von Zahlungsverzug im Geschäftsverkehr,[3] die die frü-

---

[1] Gesetz zur Reform des Bauvertragsrechts, zur Änderung der kaufrechtlichen Mängelhaftung, zur Stärkung des zivilprozessualen Rechtsschutzes und zum maschinellen Siegel im Grundbuch- und Schiffsregisterverfahren vom 28.4.2017, BGBl. 2017, 969.
[2] BGH SFH Z 2.330.1 Bl. 7; wobei dann die VOB/B ggf. nicht mehr „als Ganzes" vereinbart und auch im geschäftlichen Verkehr eine isolierte AGB-Inhaltskontrolle offensteht.
[3] Abzurufen über www.eur-lex.europa.eu.

§ 16

VOB Teil B

here in Deutschland vor allem mit dem Gesetz zur Schuldrechtsmodernisierung umgesetzte „Zahlungsverzugsrichtlinie" 2000/35/EG ersetzt. Sie sieht neben höheren Verzugszinsen und einer pauschalierten Mindestentschädigung für verzugsbedingte Beitreibungskosten vor allem Zahlungshöchstfristen von grundsätzlich 30 Kalendertagen bei öffentlichen Auftraggebern bzw. von 60 Kalendertagen bei sonstigen gewerblichen Auftraggebern vor, die auch individualvertraglich und bei öffentlichen Auftraggebern sogar nur auf bis zu maximal 60 Tage verlängert werden können, wenn dies ausdrücklich vereinbart wird und für den Gläubiger nicht grob nachteilig ist – was jedenfalls bei Ausschluss von Verzugszinsen oder der Beitreibungspauschale der Fall sein soll. Um eine Umgehung der Zahlungsziele zu verhindern, dürfen nach der Richtlinie auch gesetzlich oder vertraglich vorgesehene Abnahme- oder Überprüfungsverfahren grundsätzlich nicht länger als 30 Kalendertage dauern und ist eine Verlängerung wiederum nur bei ausdrücklicher Vereinbarung zulässig, wenn dies für den Zahlungsgläubiger keinen groben Nachteil darstellt.

4 Dahingehende Vorgaben wären bis zum 16.3.2013 in nationales Recht umzusetzen gewesen. Das entsprechende Gesetzgebungsverfahren[4] wurde aber nicht mehr vor Ende der 17. Legislaturperiode zum Abschluss gebracht. Unabhängig hiervon hatte der Vorstand des DVA bereits am 26.6.2012 beschlossen, die sich auf Grundlage des Referentenentwurfes vom 16.1.2012 ergebenden Folgeänderungen für die VOB/B vorausgreifend vorzunehmen und § 16 entsprechend den insoweit absehbaren gesetzlichen Regelungen anzupassen.[5] Hierdurch ergeben sich für § 16 folgende Änderungen gegenüber der Fassung von 2009:

– Die Fristen in § 16 Abs. 1 Nr. 3 und § 16 Abs. 3 Nr. 5 werden von Werktagen auf (Kalender-) Tage umgestellt und betragen jetzt 21 Tage statt früher 18 Werktage bzw. 28 Tage statt 24 Werktage. Diese Angleichung an die Richtlinie hat zur Folge, dass die Fristen in der VOB/B nunmehr unterschiedlich berechnet werden, da zB in § 5 Abs. 2, 11 Abs. 3, 12 Abs. 1 und Abs. 5 sowie in § 14 Abs. 3 weiterhin auf Werktage abgestellt wird.

– Die Fälligkeit der Schlusszahlung tritt gemäß § 16 Abs. 3 Nr. 1 S. 1 spätestens 30 Tage (statt zuvor 2 Monate) nach Erhalt der Schlussrechnung ein, wobei die Frist nach S. 2 bei berechtigten Gründen und ausdrücklicher Vereinbarung auf bis zu 60 Tage verlängert werden kann. Die Prüffrist nach § 16 Abs. 3 Nr. 1 S. 3 wurde dementsprechend angepasst.

– Die früheren Nr. 3 und 4 von § 16 Abs. 5 werden in der neuen Nr. 3 zusammengefasst und insoweit an die Vorgaben der Richtlinie angepasst, dass der Auftraggeber auch ohne Fristsetzung durch den Auftragnehmer spätestens 30 Tage nach Zugang der Rechnung in Verzug gerät, wobei auch diese Frist bei ausdrücklicher Vereinbarung sowie berechtigten Gründen auf bis zu 60 Tage verlängert werden kann.

5 Die Vorgaben der Richtlinie wurden schließlich mit dem „Gesetz zur Bekämpfung von Zahlungsverzug im Geschäftsverkehr und zur Änderung des Erneuerbare-Energien-Gesetzes" vom 22.7.2014 mit Wirkung zum 29.7.2014 in nationales Recht umgesetzt,[6] ohne dass in der endgültigen Gesetzesfassung Anlass für eine nochmalige Anpassung der VOB/B gesehen wurde. Der hierdurch neu geschaffene § 271a BGB findet nach Art. 229 § 34 EGBGB ebenso wie die Ände-

---

[4] BT-Drs. 17/10491, 1.
[5] BAnzAT 13.7.2012, B3.
[6] BGBl. 2014 I 1218.

Zahlung **§ 16**

rungen in §§ 288, 308 und 310 BGB erst auf Verträge Anwendung, die nach dem 28.7.2014 zu Stande gekommen sind. Unabhängig hiervon gelten die vorgenannten Änderungen in § 16 aber auch bereits für Verträge, die bereits zuvor unter Einbeziehung der VOB/B 2012 geschlossen wurden. Für die öffentliche Hand ist dies mit Erlass des Bundesministeriums für Verkehr, Bau- und Stadtentwicklung vom 26.7.2012 ab dem 31.7.2012 bindend vorgegeben.[7]

B. Abschlagszahlungen nach § 16 Abs. 1

Das gesetzliche Werkvertragsrecht geht grundsätzlich von der **Vorleistungs-** **6** **pflicht** des Unternehmers aus, der erst nach Abschluss seiner Leistungen und deren Abnahme durch den Auftraggeber die vereinbarte Vergütung erhält. Mit den Bedürfnissen der Baupraxis ist dies angesichts der üblicherweise langen Erfüllungsphase bei gleichzeitig hohem Investitionsaufwand des Auftragnehmers nicht zu vereinbaren. Deswegen gewährt die VOB/B dem Auftragnehmer seit jeher einen Anspruch auf Abschlagszahlungen, der für das BGB erstmals mit dem Gesetz zur Beschleunigung fälliger Zahlungen zum 1.5.2000 in § 632a übernommen wurde. Mit dem Forderungssicherungsgesetz aus dem Jahr 2009 wurde § 632a BGB grundlegend überarbeitet und weiter an § 16 ausgerichtet. Dieser stand dann auch für die erneute Anpassung von § 632a Abs. 1 BGB im Zuge der Reform des gesetzlichen Bauvertragsrechts Pate.[8]

Abschlagszahlungen ändern grundsätzlich nichts an der Vorleistungspflicht des **7** Auftragnehmers; durch sie wird nur ein zeitnaher Ausgleich für die vom Auftragnehmer bereits erbrachten Teile der vertraglich vereinbarten Bauleistung bezweckt, um die Belastung des Auftragnehmers infolge seiner Vorleistungspflicht zu reduzieren.[9] Dieser Entlastungsgedanke greift unabhängig von der Art der vereinbarten Vergütung, sodass der Auftragnehmer zB auch bei **Pauschalverträgen** Abschlagszahlungen fordern kann.[10] Die Abschlagszahlung erfolgt dabei nur als **vorläufige Anzahlung** auf die spätere Gesamtvergütung, bis diese auf Grundlage der Schlussrechnung endgültig festgestellt wird.[11]

Dadurch unterscheiden sich Abschlagszahlungen sowohl von Vorauszahlungen, **8** denen noch keine vom Auftragnehmer erbrachten Leistungen gegenüberstehen, als auch von Teilschlusszahlungen, die eine endgültige Vergütung für bereits abgenommene Teilleistungen darstellen.

I. Voraussetzungen (Nr. 1)

1. Antrag. Abschlagszahlungen hat der Auftraggeber nicht von sich aus, son- **9** dern nach § 16 Abs. 1 Nr. 1 S. 1 auf **Antrag** des Auftragnehmers zu gewähren. Das Antragserfordernis gilt auch für die Variante, dass die Parteien bestimmte Zeitpunkte für die Abschlagszahlungen vereinbart haben. Es wird durch die Festlegung von solchen Zahlungsplänen auch nicht ohne weiteres hinfällig oder vertraglich abbedungen. Solange die Zahlungen weiterhin vom konkreten Baufortschritt

---

[7] Abzurufen über www.bmvi.de.
[8] BT-Drs. 18/8486, 47.
[9] BGH NZBau 2009, 707 (710); BGH NJW 1985, 1840.
[10] BGH NJW 1991, 565 (566); → Rn. 32 zur Ermittlung des Vergütungsanteils.
[11] BGH NZBau 2009, 707; 710; BGH NJW 1986, 1681 (1684).

§ 16 VOB Teil B

abhängen, wird vielmehr regelmäßig auch ein Antrag des Auftragnehmers als Anzeige über das Erreichen des jeweiligen Meilensteins erforderlich sein.

10 Für den Antrag ist keine bestimmte Form vorgesehen; er kann damit zB auch per E-Mail erfolgen. Der Auftragnehmer hat ggf. aber den Zugang zu beweisen und zudem eine prüfbare Aufstellung vorzulegen. Dem Antrag muss die Aussage zu entnehmen sein, dass und in welcher Höhe eine Abschlagszahlung begehrt wird. Typischerweise erfolgt der Antrag in Gestalt einer **Rechnung,** die hierfür nicht erforderlich, jedoch ausreichend ist[12] und steuerrechtlichen Anforderungen genügen muss.[13] Selbst ohne dahingehende Formulierung oder Fristsetzung ist einer Rechnung regelmäßig die Aufforderung zu entnehmen, den als offen ausgewiesenen Rechnungsbetrag auszugleichen.

11 2. **Abschlagsintervalle.** Abschlagszahlungen sollen nach § 16 Abs. 1 Nr. 1 S. 1 in möglichst kurzen Zeitabständen erfolgen. Damit ist der Auftragnehmer grundsätzlich frei, wie oft und in welchen Abständen er Abschläge vom Auftraggeber verlangt. Eine Einschränkung ergibt sich aber aus dem jeweiligen **Prüf- und Kontrollaufwand** des Auftraggebers; lassen die seit dem letzten Antrag ausgeführten Leistungen keine im Verhältnis hierzu stehende Abschlagszahlung erwarten, kann der Zeitraum im Ausnahmefall zu kurz bemessen sein. Der Auftraggeber kann die Abschlagsforderung dann zurückweisen. Hierfür existieren keine festen Fristen;[14] es ist eine Abwägung für jeden Einzelfall vorzunehmen.[15] Wenn der Auftragnehmer nach § 15 Abs. 4 ohne abweichende Vereinbarung aber verpflichtet ist, Stundenlohnarbeiten binnen 4 Wochen abzurechnen, wird ein solcher Abstand kaum zu beanstanden sein.[16] Angesichts des Aufwandes zur Erstellung einer Abschlagsrechnung ist in der Praxis ein Missbrauch ohnehin selten festzustellen.[17]

12 Alternativ sieht § 16 Abs. 1 Nr. 1 S. 1 die Zahlung zu vereinbarenden Zeitpunkten vor. Mit dieser Regelung soll sichergestellt werden, dass die häufig vereinbarten **Zahlungspläne** keinen Eingriff in die VOB/B und die Folge einer isolierten Inhaltskontrolle auch im geschäftlichen Verkehr darstellen.[18] Solche Zahlungspläne werden häufig individualvertraglich ausgehandelt und unterliegen dann keiner Beschränkung;[19] bei formularmäßiger Vorgabe durch den Auftraggeber gilt zu beachten, dass § 632a BGB zumindest eine gewisse Leitfunktion zukommt und der Ausgleichsanspruch des vorleistungspflichtigen Werkunternehmers nicht durch zu lange Zahlungsintervalle unangemessen beschränkt werden kann.[20] Andererseits

---

[12] Messerschmidt/Voit/Voit § 16 Rn. 1; Ingenstau/Korbion/Locher § 16 Abs. 1 Rn. 13.
[13] Vgl. hierzu Kapellmann/Messerschmidt/Messerschmidt § 16 Rn. 68 ff.
[14] Leinemann/Leinemann § 16 Rn. 27 hält einen Abstand von 14 Tagen für ausreichend Heiermann/Riedel/Rusam/Heiermann/Mansfeld § 16 Rn. 46 gehen von mindestens 4 Wochen aus.
[15] Kapellmann/Messerschmidt/Messerschmidt § 16 Rn. 215.
[16] Messerschmidt/Voit/Voit § 16 Rn. 1.
[17] Von daher wurde auch bei der Neufassung von § 632a BGB kein Bedarf für die Einführung eines zeitlichen Mindestabstandes gesehen, BT-Drs. 16/511, 14 f.
[18] Beck VOB/B/Kandel § 16 Rn. 41b.
[19] Baumann/Fabis in RNotZ 2001, 101 (105); Grüneberg/Retzlaff BGB § 632a Rn. 13; vgl. abweichend Beck VOB/B/Kandel Vor § 16 Rn. 37.
[20] Leinemann/Leinemann § 16 Rn. 27 hält Abstände von 6 Wochen für unwirksam; im Hinblick auf die eingeschränkte Leitfunktion des § 632a BGB und fehlende zeitliche Vorgaben im Einzelfall einen großzügigeren Maßstab befürwortend Kapellmann/Messerschmidt/Messerschmidt § 16 Rn. 214.

Zahlung **§ 16**

dürfen vom Auftragnehmer gestellte Zahlungspläne nicht dazu führen, dass durch fixe Zahlungstermine anstelle von Abschlagszahlungen letztlich Vorauszahlungen geleistet werden, weil die Raten nicht dem erreichten Bautenstand entsprechen.

3. Vertragsgemäß bewirkte Leistungen. Abschlagszahlungen sind nach § 16 Abs. 1 Nr. 1 S. 1 nur für **vertragsgemäße Leistungen** zu gewähren. 13

Dies setzt voraus, dass der Auftragnehmer die Leistungen **nach dem Vertrag schuldet** und hierfür eine Vergütung verlangen kann.[21] Dies ist unproblematisch auch bei Mehrmengen iSv § 2 Abs. 3 der Fall, da betreffende Leistungen von vornherein vertraglich geschuldet und nur die hierfür anfallenden Mengen im Vorfeld unzutreffend abgeschätzt worden sind.

Nichts anderes gilt für nachträglich geänderte (§ 1 Abs. 3) oder zusätzliche (§ 1 Abs. 4) Leistungen, die jedenfalls bei entsprechender Anordnung ebenfalls vertraglich geschuldet sind und für die dem Auftragnehmer mit Ausführung bereits unabhängig vom Zustandekommen einer Preisvereinbarung die nach § 2 Abs. 5 und Abs. 6 zu berechnende Vergütung zusteht.[22]

Demgegenüber ist bei Leistungen nach § 2 Abs. 8 zu differenzieren, ob die Voraussetzungen für einen Vergütungsanspruch gegeben sind. Ist dies nach § 2 Abs. 8 Nr. 2 S. 2 der Fall, kann der Auftragnehmer ebenfalls entsprechende Abschlagszahlungen beanspruchen, im Falle von § 2 Abs. 8 Nr. 3 aber nur in Höhe der nach § 683 BGB als Aufwendungsersatz zu erstattenden angemessenen Vergütung;[23] ansonsten kommen Abschlagszahlungen nur in Betracht, nachdem der Auftraggeber die vom Auftragnehmer eigenmächtig ausgeführten Leistungen nach § 2 Abs. 8 Nr. 2 S. 1 anerkannt hat.

Auch auf die **vergütungsähnlichen Schadensersatzansprüche** nach § 6 Abs. 6 kann der Auftragnehmer Abschläge fordern.[24] Ob dies neben den behinderungsbedingten Mehraufwendungen für eine vertraglich geschuldete Leistung wie zB der verlängerten Vorhaltung der Baustelleneinrichtung auch für sonstige Schäden gilt, kann regelmäßig dahinstehen; denn auch bei einer infolge der Behinderung zB auf einer anderen Baustelle verwirkten Vertragsstrafe ist zumeist kein Anlass ersichtlich, dem Auftragnehmer einen unmittelbaren Ausgleich zu verwehren.

Entsprechende Aufwendungen und Leistungen müssen als Voraussetzung für die Pflicht zur Abschlagszahlung bereits angefallen oder **ausgeführt** worden sein. Dabei ist entsprechend der an § 16 Abs. 1 Nr. 1 ausgerichteten Neufassung von § 632a BGB im Jahre 2009 nicht erforderlich, dass es sich um in sich abgeschlossene oder funktionsfähige Teile der Gesamtleistung handelt.[25] 14

Wie sich aus der gesonderten Regelung zu Bauteilen und Stoffen in § 16 Abs. 1 Nr. 1 S. 3 entnehmen lässt, müssen die Leistungen allerdings einen gewissen **Wert** für den Auftraggeber beinhalten, der auch nach dem Vertrag messbar ist.[26] Dies ist bei rein internen Vorgängen oder vorbereitenden Maßnahmen wie zB Baugrund- oder Materialuntersuchungen oder der Baustelleneinrichtung nur dann der Fall, wenn der Vertrag hierfür eine gesonderte Vergütung ausweist. 15

---

[21] BGH NJW 1979, 650.
[22] BGH NZBau 2012, 493.
[23] Vgl. zur Berechnung OLG Düsseldorf NZBau 2001, 65; aA Kniffka/Koeble/Jurgeleit/Sacher/Kniffka Teil 4 Rn. 604.
[24] OLG Hamm NZBau 2004, 439 Rn. 40; vgl. auch BGH NJW 1968, 1234; Kapellmann/Messerschmidt/Messerschmidt § 16 Rn. 200; → Rn. 68.
[25] BT-Drs. 16/511, 14.
[26] Ingenstau/Korbion/Locher § 16 Abs. 1 Rn. 7 aE.

16 Die Leistungen sind zudem nur dann vertragsgerecht erbracht, wenn sie **mangelfrei** sind. Vorhandene Mängel lassen den Anspruch auf Abschlagszahlungen aber nicht generell entfallen.[27] Der vorleistende Auftragnehmer hat auch dann ein berechtigtes Interesse an einem Ausgleich für die von ihm bereits erbrachten Leistungen, während der Auftraggeber ausreichend über sein Zurückbehaltungsrecht nach § 320 BGB geschützt ist.[28]

Im Falle **wesentlicher Mängel** wurde die Verweisung des Auftraggebers auf ein Zurückbehaltungsrecht allerdings in weiten Teilen zu Recht als wertungswidrig angesehen, da der Auftraggeber über etwaige Einbehalte hinaus weiterhin Anzahlungen auf eine Vergütungsforderung[29] zu leisten hätte, die aufgrund berechtigter Verweigerung der Abnahme ohne die Beseitigung der betreffenden Mängel überhaupt nicht fällig werden würde. Entsprechend der ehemaligen Fassung von § 632a Abs. 1 S. 2 BGB aF[30] wurde von daher die Pflicht zur Leistung von Abschlagszahlungen auch im VOB/B-Vertrag überwiegend abgelehnt, wenn wesentliche Mängel gegeben waren.[31] Mit der im Zuge des Gesetzes zur Reform des Bauvertragsrechts vorgenommenen erneuten Änderung von § 632a Abs. 1 BGB hat der Gesetzgeber die Unterscheidung zwischen unwesentlichen und wesentlichen Mängeln aber aufgegeben und klargestellt, dass Abschlagszahlungen vor dem Hintergrund der bestehenden Interessenlage grundsätzlich auch bei Existenz wesentlicher Mängel durch den Besteller geschuldet sind.[32] Damit wurde der vorbeschriebene systematische Widerspruch legitimiert und besteht auch für den VOB/B-Vertrag keine Veranlassung mehr, die nach § 16 Abs. 1 Nr. 1 allgemein bestehende Pflicht zur Leistung von Abschlagszahlungen bei der Existenz wesentlicher Mängel komplett entfallen zu lassen. Vielmehr verweist § 16 Abs. 1 Nr. 2 auch insoweit gerade auf die Möglichkeit entsprechender Einbehalte durch den Auftraggeber, wie sie im Gesetz vorgesehen und weiter ausgestaltet sind.[33]

Hiernach ist der Auftraggeber auch nicht auf einen Einbehalt in **Höhe** der bestehenden Wertminderung begrenzt, sondern kann zur Durchsetzung seiner Ansprüche aus § 4 Abs. 7 auch deutlich höhere Beträge einbehalten;[34] da die VOB/B für die Bemessung keine eigene Regelung bereithält, findet über § 632a Abs. 1 S. 4 BGB die Vorschrift des § 641 Abs. 3 BGB auch vor Abnahme Anwendung, nach der sich ein angemessener Einbehalt regelmäßig mindestens auf das 2-fache der voraussichtlichen Mängelbeseitigungskosten beläuft.[35]

17 **4. Leistungsnachweis.** Der Auftragnehmer hat die erbrachten Leistungen nachzuweisen. Dies umfasst auch die Mangelfreiheit und gilt nach der Ergänzung von § 16 Abs. 1 Nr. 1 S. 1 grundsätzlich auch für den Fall, dass die Parteien

---

[27] BGH NJW 1991, 565 (566); 1979, 650, 651; OLG Hamm NJW-RR 1999, 528.
[28] BGH NJW 1979, 650.
[29] → Rn. 7.
[30] BT-Drs. 16/511, 14.
[31] Messerschmidt/Voit/Voit § 16 Rn. 4; Kniffka/Koeble/Jurgeleit/Sacher/Kniffka Teil 4 Rn. 606; Gothe NZBau 2014, 270 (275); aA Leinemann/Leinemann § 16 Rn. 46.
[32] BT-Drs. 18/8486, 47.
[33] Kniffka BauR 2017, 1759 (1762 f.); Kniffka/Koeble/Jurgeleit/Sacher/Kniffka Teil 4 Rn. 606.
[34] BGH NJW 1981, 2801; 1979, 650 (651); OLG Karlsruhe BauR 2004, 685 (686); OLG Hamm NJW-RR 1999, 528.
[35] Kapellmann/Messerschmidt/Messerschmidt § 16 Rn. 232; Heiermann/Riedl/Rusam/Heiermann/Mansfeld § 16 Rn. 33.

bestimmte Zeitpunkte für die Abschlagszahlungen vereinbart haben.[36] Nach § 16 Abs. 1 Nr. 1 S. 2 ist für den Nachweis eine **prüfbare Aufstellung** erforderlich, die eine rasche und sichere Beurteilung der Leistungen ermöglichen muss. Diese Anforderungen hat der Gesetzgeber jetzt in § 632a Abs. 1 S. 4 auch für den BGB-Bauvertrag übernommen; ihnen wird bei einer nur mündlichen Darstellung nicht entsprochen. Für eine sachgerechte Überprüfung muss der Auftraggeber die Nachweise vielmehr unverändert abrufen können. Wie bereits der Begriff der Aufstellung impliziert, müssen diese von daher verschriftlicht sein[37] oder anderweitig **dauerhaft verfestigt** werden können. Digitale Angaben reichen aus, wenn sie mit Standardprogrammen lesbar sind.

Da es sich bei Abschlagszahlungen nur um vorläufige Zahlungen ohne Bindungswirkung handelt, sind an die Prüfbarkeit entsprechender Aufstellungen prinzipiell geringere Anforderungen als bei einer Schlussrechnung zu stellen.[38] Es können zB auch nur überschlägige Mengenberechnungen genügen. Entscheidend ist, dass der Auftraggeber die abgerechneten Leistungen seinem reduzierten Prüfinteresse entsprechend ausreichend nachvollziehen und bewerten kann. Hierzu ist mindestens erforderlich, dass er beurteilen kann, welche Vergütung für welche Leistung verlangt wird.[39] Da der Auftraggeber Abschlagszahlungen maximal in Höhe der Differenz zwischen dem Wert der erreichten Bauleistung und den zuvor bereits geleisteten Abschlägen schuldet, sind diese ebenfalls in die Aufstellung mit einzubeziehen.[40] Haben die Parteien mit dem Vertrag konkrete Kriterien für die Abrechnung und deren Prüfbarkeit festgelegt, sind diese zu berücksichtigen; bei formularmäßigen Vorgaben des Auftraggebers dürfen allerdings die Rechte des Auftragnehmers auf Abschlagszahlungen nicht unzumutbar eingeschränkt werden, zB durch allein vom Auftraggeber stammende Angaben.[41] **18**

Wenn die Aufstellung nicht ausreichend prüfbar ist, wird der Anspruch auf Abschlagszahlung gem. § 16 Abs. 1 Nr. 3 nicht fällig. Auch wenn Abs. 1 anders als § 16 Abs. 3 Nr. 1 für die Schlussrechnung keine **Ausschlussfrist** für Prüfbarkeitseinwände beinhaltet, ist der Auftraggeber im Rahmen seiner Kooperationspflicht zu dahingehender Rüge binnen angemessener Zeit verpflichtet und im Anschluss hieran ausgeschlossen.[42] Angesichts des im Verhältnis zur Schlussrechnung regelmäßig geringeren Prüfinteresses und -aufwandes ist es naheliegend, für Abschlagsforderungen insoweit auf die kürzere Zahlungsfrist von 21 Tagen nach Abs. 1 Nr. 3 abzustellen, die nach ihrem Sinn und Zweck dem Auftraggeber gerade eine Überprüfung der Abschlagsrechnung vor Eintritt der Fälligkeit und dem Risiko dann drohender Verzugszinsen ermöglichen soll.[43] **19**

---

[36] Kapellmann/Messerschmidt/Messerschmidt § 16 Rn. 192.
[37] OLG Bremen OLGR 2003, 427 fordert wie selbstverständlich schriftliche Angaben.
[38] BGH NZBau 2002, 390 (391); NJW 1997, 1444; skeptisch BGH NZBau 2006, 245; vgl. auch KG Berlin NZBau 2022, 92, 97.
[39] Beck VOB/B/Kandel § 16 Abs. 1 Rn. 24.
[40] BGH NZBau 2009, 707 (712).
[41] LG Frankfurt a. M. BauR 2008, 842 (844); vgl., auch Kapellmann/Messerschmidt/Messerschmidt § 16 Rn. 191, 201.
[42] BGH NZBau 2004, 216 (218).
[43] LG Frankfurt a. M. BauR 2008, 842 (844); Ingenstau/Korbion/Locher § 16 Abs. 1 Rn. 42; die dort angeführte Entscheidung des OLG Celle NJW Spezial 2009, 300 widerspricht dem nicht, sondern bezieht sich auf Abschlagsrechnungen eines Architekten; Kapellmann/Messerschmidt/Messerschmidt § 16 Rn. 242; aA Beck VOB/B/Kandel § 16 Abs. 1 Rn. 61.

§ 16 VOB Teil B

20   **5. Gleichgestellte Lieferungen.** Den bereits erbrachten Bauleistungen werden in § 16 Abs. 1 Nr. 1 S. 3 noch nicht verbaute Bauteile und Stoffe gleichgestellt, wenn der Auftraggeber Eigentum hieran oder entsprechende Sicherheit erhalten hat. Damit wird dem Umstand Rechnung getragen, dass der vorleistungspflichtige Auftragnehmer auch für vorausgehende Beschaffungen mitunter erhebliche Aufwendungen zu tätigen hat. Hierfür soll ihm ebenfalls ein vorläufiger Ausgleich gewährt werden, wenn er dem Auftraggeber vorab entsprechenden Gegenwert verschafft oder Sicherheit gestellt hat.

21   **Bauteile** sind dabei aus einzelnen Stoffen hergestellte Bauelemente mit einer gewissen Eigenfunktion wie zB Türen, Fenster, Waschbecken, Heizkörper, Einbautreppen oder Kanäle.[44] Sie sind **eigens für die geforderte Leistung angefertigt,** wenn sie im Hinblick auf die betreffende Baumaßnahme in Auftrag gegeben worden sind. Das kann auch bei einer Serienfertigung der Fall sein, soweit die Bauteile zum Zeitpunkt der Fertigung bereits für die Verwendung auf der Baustelle vorgesehen sind; Allgemein auf Vorrat gefertigte Bauteile rechtfertigen demgegenüber keine Abschlagsforderung.[45] Die **Bereitstellung** muss nicht auf dem Baufeld erfolgen. In Abgrenzung zur Anlieferung nach Alternative 2 reicht es aus, wenn die Bauteile eindeutig identifizierbar und abgesondert zum späteren Einbau konkret für die Baumaßnahme des Auftraggebers vorgehalten werden – wo auch immer.[46]

22   Unter **Stoffen** iSv S. 3 werden demgegenüber weitestgehend unverarbeitete Rohmaterialien ohne selbstständige Funktion wie Zement, Steine, Holz, Erde oder Dämmung aber auch Nägel und Schrauben verstanden.[47] Sie oder Bauteile sind nach Alternative 2 dann **angeliefert,** wenn sie auf Veranlassung des Auftragnehmers zur Baustelle verbracht wurden und dort für den Einbau vorgehalten werden.[48]

23   Abschlagszahlungen kann der Auftragnehmer vor dem Einbau für die Baumaterialien aber nur verlangen, wenn er die Bauteile und Stoffe dem Auftraggeber übereignet oder ihm entsprechende Sicherheit gestellt hat. Nur im Falle der **Absicherung** des Auftraggebers ersetzen die angelieferten oder bereitgestellten Materialien die an und für sich notwendige Werkleistung als Voraussetzung für die Abschlagszahlung, so dass der Auftragnehmer auch insoweit vorleistungspflichtig ist und seine Forderungen ohne Übereignung oder Sicherheit gar nicht fällig werden.[49]

24   Entsprechend auch § 632a Abs. 1 S. 6 BGB ist das **Wahlrecht** zwischen Übereignung oder sonstiger Sicherheit in § 16 Abs. 1 Nr. 1 S. 3 dem Auftraggeber eingeräumt; dieser wird sich regelmäßig für die sonstige Sicherheit entscheiden, da die Eigentumsübertragung zB keine Absicherung für den Fall bietet, dass die Materialien später beim Einbau beschädigt oder zerstört werden. Von seinem Wahlrecht hat der Auftraggeber auf Aufforderung des Auftragnehmers im Rahmen

---

[44] Kapellmann/Messerschmidt/Messerschmidt § 16 Rn. 217.
[45] Leinemann/Leinemann § 16 Rn. 32; Kapellmann/Messerschmidt/Messerschmidt § 16 Rn. 218.
[46] Ingenstau/Korbion/Locher § 16 Abs. 1 Rn. 21.
[47] Leinemann/Leinemann § 16 Rn. 30.
[48] Beck VOB/B/Kandel § 16 Abs. 1 Rn. 35.
[49] Heiermann/Riedl/Rusam/Heiermann/Mansfeld § 16 Rn. 38; Beck VOB/B/Kandel § 16 Abs. 1 Rn. 41; aA für gemischte Abschlagsrechnungen über Material und Werkleistungen Ingenstau/Korbion/Locher § 16 Abs. 1 Rn. 27.

der ihm obliegenden Mitwirkung Gebrauch zu machen. Kommt er dem nicht innerhalb einer vom Auftragnehmer gesetzten angemessenen Frist nach, geht das Wahlrecht nach § 264 Abs. 2 BGB auf den Auftragnehmer über.[50] Häufig wird der Auftragnehmer zB wegen bestehender **Eigentumsvorbehalte** seiner Lieferanten nicht berechtigt sein, die Bauteile und Stoffe dem Auftraggeber zu übereignen; diese Konstellation ist in der Praxis derart verbreitet, dass der Auftraggeber ohne ausreichende Erkundigungen über die Eigentumslage auch nicht als gutgläubig iSv § 932 Abs. 2 BGB zu erachten ist.[51] Ist der Auftragnehmer zu einer wirksamen Übereignung nicht in der Lage, reduziert sich das Wahlrecht des Auftraggebers nicht auf die Stellung einer sonstigen Sicherheit; die fehlende Bezahlung seiner Lieferanten ist dem Auftragnehmer vielmehr nach § 265 S. 2 BGB anzulasten. Auch wenn § 16 Abs. 1 dem Auftragnehmer Liquidität verschaffen soll, kann der Auftraggeber in diesem Fall die Eigentumsübertragung wählen und bis dahin die Abschlagszahlung verweigern, da ansonsten das ausdrücklich dem Auftraggeber vertraglich eingeräumte Wahlrecht umgangen würde.

Als **Sicherheit** kommen alle Sicherheiten nach § 17 in Betracht, zwischen 25 denen der Auftragnehmer ohne anderslautende Vereinbarung nach § 17 Abs. 3 wählen kann.[52] Eine Sicherheit durch Einbehalt widerspricht allerdings dem Sinn und Zweck der durch § 16 Abs. 1 Nr. 1 S. 3 eigens eröffneten Möglichkeit zur Forderung von Abschlagszahlungen auch auf Bauteile und Stoffe, da dann keine Auszahlung erfolgt und der Auftragnehmer den bezweckten Liquiditätsausgleich somit gerade nicht erhält. Auch die 10 %-Regel des § 17 Abs. 6 Nr. 1 kann insoweit keine Anwendung finden.[53] Die Sicherheit ist nach Sinn und Zweck vielmehr in voller Höhe der vom Auftragnehmer für die betreffenden Materialien geforderten Abschlagszahlung zu stellen. In der Praxis erfolgt dies regelmäßig in Form einer Bankbürgschaft. Sie sichert die Rückzahlungsansprüche des Auftraggebers ab, soweit er später keinen Gegenwert für die vorläufige Bezahlung der Materialien erhält.[54] Werden diese später vom Auftragnehmer nicht eingebaut, kommt eine Rückforderung der Abschlagszahlung aber nur insoweit in Betracht, wie diese nicht zwischenzeitlich durch andere Bauleistungen ausgeglichen wurde.[55] Weist der Auftragnehmer den vertragsgemäßen Einbau der Materialien nach, hat der Auftraggeber einen entsprechenden Vermögenszuwachs erhalten; insoweit entfällt ein möglicher Rückzahlungsanspruch und damit auch der Sicherungszweck, so dass die Sicherheit entsprechend freizugeben ist; eine als akzessorische Sicherheit begebene Bürgschaft erlischt automatisch.[56] Dies ist selbst dann der Fall, wenn der Auftraggeber zB als Generalunternehmer nicht Eigentümer des bebauten Grundstücks ist, da er auch dann die vertragliche Gegenleistung erhalten hat, für die er auch ohne Eigentumserwerb nach § 946 BGB die vereinbarte Vergütung und Abschlagszahlungen zu leisten hat.[57]

Wählt der Auftraggeber stattdessen die vorgezogene **Übereignung,** hat dies 26 nicht zur Folge, dass die betreffenden Bauteile und -stoffe beim späteren Einbau

---

[50] Kapellmann/Messerschmidt/Messerschmidt § 16 Rn. 222; Beck VOB/B/Kandel § 16 Abs. 1 Rn. 36.
[51] Ingenstau/Korbion/Locher § 16 Abs. 1 Rn. 26.
[52] Leinemann/Leinemann § 16 Rn. 35.
[53] Korbion FS Heiermann 1995, 217 (225).
[54] BGH NJW-RR 1992, 1044 (1045); BGH NJW 1986, 1681 (1682 f.).
[55] BGH NJW 1986, 1681 (1683 f.).
[56] Kapellmann/Messerschmidt/Messerschmidt § 16 Rn. 224.
[57] Messerschmidt/Voit/Voit § 16 Rn. 7.

als vom Auftraggeber geliefert iSv § 13 Abs. 3 zu erachten sind. Die Materialien stammen vielmehr weiterhin vom Auftragnehmer und unterliegen damit ungeachtet der Eigentumsübertragung seinem Verantwortungsbereich, sodass er sich für daraus resultierende Mängel nicht durch eine Bedenkenanzeige enthaften kann. Die vorgezogene Übereignung führt auch nicht zu einem von §§ 644, 645 BGB abweichenden Gefahrübergang oder gar zur Anwendung von § 377 HGB; mit der Übereignung hat der Auftragnehmer nämlich keine auch nur teilweise Erfüllung in Bezug auf den werkvertraglichen Erfolg herbeigeführt.

II. Fälligkeit nach Nr. 3

27   Nach § 16 Abs. 1 Nr. 3 werden Abschlagszahlungen erst nach Ablauf der hierin vorgesehenen Frist fällig. Diese wurde mit der Neufassung der VOB/B 2012 zur Vereinheitlichung von ehemals 18 Werktagen auf jetzt 21 (Kalender-)Tage angepasst.[58] Die Frist berechnet sich nach §§ 187 ff. BGB. Fällt das Fristende rechnerisch auf einen Samstag, Sonntag oder Feiertag, gilt trotz der Umstellung von Werktagen auf Kalendertage weiterhin § 193 BGB mit der Folge, dass Fälligkeit erst zum nächsten Werktag eintritt.[59]

28   Die Frist beginnt mit Zugang der prüfbaren Aufstellung nach Nr. 1 S. 2 zu laufen; die fehlende **Prüfbarkeit** kann der Auftraggeber der Fälligkeit aber nur entgegenhalten, wenn er diese innerhalb der Frist von 21 Tagen dem Auftragnehmer gegenüber gerügt hat.[60] Neben der Aufstellung ist zudem der Antrag nach Abs. 1 Nr. 1 Voraussetzung für die Fälligkeit, wobei beides regelmäßig zusammen in Form einer Abschlagsrechnung eingereicht wird.

29   Maßgeblich ist der Zugang beim Auftraggeber bzw. der von ihm als zuständig angegebenen Stelle.[61] Der **Zugang** ist nach § 130 BGB zu dem Zeitpunkt erfolgt, zu dem nach Eingang üblicherweise mit entsprechender Kenntnisnahme durch den Auftraggeber zu rechnen ist. Eine am Freitagabend an die Geschäftsadresse des Auftraggebers zugestellte Rechnung geht damit regelmäßig erst am kommenden Montag zu. Der bauleitende Architekt ist in Anbetracht seiner in erster Linie technischen Befugnisse nicht automatisch als Empfangsvertreter für Rechnungen anzusehen; hierzu bedarf es vielmehr einer gesondert erkennbaren Bevollmächtigung durch den Auftraggeber.[62]

30   Abs. 1 Nr. 2 sieht abweichend von Abs. 3 keine **Verlängerung** der Zahlungsfrist vor. Diese kann aber vertraglich angepasst werden, wobei jede Änderung der Frist wiederum einen Eingriff in die VOB/B darstellt. Dabei ist der Umfang einer Verlängerung nicht durch § 271a BGB beschränkt, die nach § 271a Abs. 5 Nr. 1 BGB auf Abschlagszahlungen keine Anwendung finden. Bei einer Ausdehnung der Frist im Wege Allgemeiner Geschäftsbedingungen ist angesichts der sofortigen Fälligkeit nach § 632a BGB grundsätzlich Zurückhaltung geboten;[63] ange-

---

[58] BAnzAT 13.7.2012, B3.
[59] Leinemann/Leinemann § 16 Rn. 57.
[60] → Rn. 19.
[61] Ingenstau/Korbion/Locher § 16 Abs. 1 Rn. 43.
[62] OLG Köln BauR 2014, 1359; Kapellmann/Messerschmidt/Messerschmidt § 16 Rn. 239, 314; Beck VOB/B/Kandel § 16 Abs. 1 Rn. 59; aA Messerschmidt/Voit/Voit § 16 Rn. 9 (mit abweichender Auffassung für die Schlussrechnung in § 16 Rn. 17). Ohne genaue Differenzierung die Vollmacht bejahend OLG Frankfurt a. M. NJW-RR 1987, 979.
[63] OLG München NJW-RR 1989, 276 f. hält eine Verlängerung um zwei Wochen, Ingenstau/Korbion/Locher § 16 Abs. 1 Rn. 44 jede Verlängerung für AGB-rechtlich unwirksam.

Zahlung **§ 16**

sichts des ggf. ebenfalls nicht unerheblichen Prüfungs- und Kontrollaufwandes für den Auftraggeber wird eine Verlängerung auf insgesamt 30 Tage noch für zulässig erachtet.[64]

III. Höhe und Umsatzsteuer

Abschlagszahlungen sind nach § 16 Abs. 1 Nr. 1 S. 1 in Höhe des Wertes der jeweils nachgewiesenen Vertragsleistung zu erbringen. Dieser **Wert** bemisst sich entsprechend dem Charakter der Abschlagszahlung als Anzahlung auf die vereinbarte Gesamtvergütung nicht nach den tatsächlichen Aufwendungen des Auftragnehmers oder dem objektiven Wertzuwachs für den Auftraggeber, sondern nach den vertraglich vereinbarten Preisen.[65] Ist für Nachtragsleistungen noch kein Preis vereinbart, hat der Auftragnehmer diesen entsprechend § 2 Abs. 5 oder Abs. 6 zu ermitteln und darzulegen.[66] Allerdings soll die Vereinbarung der VOB/B nicht der Anwendung von § 650c Abs. 3 BGB entgegenstehen;[67] dieser stellt jedoch auf eine nach § 650b Abs. 2 S. 1 BGB angebotene Mehrvergütung und das damit einhergehende Procedere ab. Unter der Voraussetzung, dass der Auftragnehmer in Reaktion auf ein Änderungsbegehren des Auftraggebers hiernach ein solches Angebot vorgelegt hat und im Anschluss die Leistungsänderungen in Textform angeordnet wurde, kann der Auftragnehmer dann aber alternativ auch einfach 80% seines damaligen Angebotspreises in Rechnung stellen;[68] in diesem Falle hat der Auftragnehmer die seinem (frei kalkulierbaren) Angebot zu Grunde liegenden Preisansätze für die Abschlagsrechnung auch nicht weiter prüfbar zu erläutern. 31

Die Wertermittlung anhand der vertraglichen Preise gilt nicht nur für den Einheitspreisvertrag, sondern zB auch für den **Pauschalpreisvertrag**.[69] Liegt der Pauschalierung keine detaillierte Leistungsbeschreibung mit konkreten Preisansätzen zu Grunde und haben die Parteien keinen wirksamen Zahlungsplan vereinbart, ist der vertragliche Wert der erbachten Leistungen idR nur schwer und mit Aufwand zu ermitteln. Entsprechend der Abrechnung bei einem gekündigten Pauschalvertrag sind hierfür die bislang erbrachten und in der Bauleistung verkörperten Leistungen entsprechend ihrem Anteil an der Gesamtleistung mit dem vereinbarten Pauschalpreis ins Verhältnis zu setzen.[70] 32

---

[64] Kapellmann/Messerschmidt/Messerschmidt § 16 Rn. 241.

[65] Kapellmann/Messerschmidt/Messerschmidt § 16 Rn. 205 f., 226; Beck VOB/B/Kandel § 16 Abs. 1 Rn. 44; etwas anderes legt der Wortlaut für den durch das FoSiG neugefassten § 632a BGB nahe; aber auch dessen Zielsetzung legt es mit Grüneberg/Retzlaff BGB § 632a Rn. 7 nahe, die Höhe der Abschlagszahlungen anhand der vereinbarten Vergütung zu ermitteln.

[66] BGH NZBau 2012, 493, wobei der BGH NZBau 2019, 706 für § 2 Abs. 3 Nr. 2 nicht davon ausgeht, dass die VOB/B eine Vorgabe zur Preisbildung beinhaltet. Für die gleichlautende Formulierung in § 2 Abs. 5 kann nicht anderes gelten, OLG Düsseldorf NZBau 2020, 509, 512; ebenso für § 2 Abs. 6 KG Berlin NZBau 2019, 771, 773 und OLG Köln ZfBR 2021, 415, 419; aA KG Berlin, 17.1.2023 – 27 U 11/22, IBR 2024, 111. → § 2 [XX].

[67] KG Berlin NZBau 2022, 92, 98.

[68] So auch OLG München, IBBRS 2024, 1120; LPS/Althaus/Kattenbusch, § 650c Rn. 158 f.; Leinemann/Kues/Leinemann/Kues, § 650c Ziff. 4; aA Kniffka/Koeble/Jurgeleit/Sacher/Kniffka, Teil 4 Rn. 324.

[69] BGH NJW 1991, 5665.

[70] Vgl. hierzu BGH NZBau 2015, 27.

§ 16

33   Auch bei Abschlagszahlungen für Bauteile und Stoffe hat der Auftragnehmer deren wertmäßigen Anteil am Vertragswert auf Grundlage der vertraglichen Preisermittlung und dem hierin zum Ausdruck kommenden Verhältnis zwischen Material- und den noch nicht abrechenbaren Einbaukosten nachzuweisen, soweit keine gesonderten Preisansätze für die Materialien erkennbar sind.

34   Dabei geht § 16 Abs. 1 Nr. 1 davon aus, dass grundsätzlich der volle Wert für die nachgewiesenen Vertragsleistungen in Ansatz zu bringen ist; sieht der Vertrag demgegenüber eine jeweils nur **anteilige Auszahlung** von zB nur 90 % oder 95 % vor, stellt dies einen Eingriff in die VOB/B mit der Folge einer isolierten Inhaltskontrolle auch im geschäftlichen Verkehr dar.[71] Dem steht auch nicht § 17 Abs. 6 Nr. 1 entgegen, der eine Vereinbarung über einen entsprechenden Sicherheitseinbehalt voraussetzt; eine solche liegt nur dann vor, wenn der jeweilige Abzug eindeutig als Sicherheitseinbehalt definiert ist.[72]

Regelungen zu entsprechenden Kürzungen des Auszahlungsbetrages sehen sich bei formularmäßiger Verwendung durch den Auftraggeber allerdings regelmäßig AGB-rechtlichen Bedenken ausgesetzt. So hat der BGH bereits frühzeitig ein billigenswertes Interesse des Auftraggebers an einer nur teilweisen Auszahlung berechtigter Abschlagsforderungen bezweifelt, da diese ohnehin nur für vertragsgemäße Leistungen anfallen und der Auftraggeber bei Mängeln Einbehalte vornehmen kann.[73] Dahingehende Bedenken gelten seit Einführung von § 632a BGB umso mehr, dem insoweit zumindest gewisser Leitcharakter zukommt.[74] Umgekehrt sieht allerdings § 650m Abs. 1 BGB für ab dem 1.1.2018 mit einem Verbraucher geschlossene Bauverträge zusätzlich zu der nach Abs. 2 zu gewährenden Sicherheit iHv 5 % vor, dass die vom Auftragnehmer geforderten Abschlagszahlungen 90 % der vereinbarten Gesamtvergütung inkl. der Vergütung für Nachtragsleistungen nicht überschreiten dürfen. Auch wenn dies trotz der Bezugnahme auf Teilleistungen in § 309 Nr. 15a) BGB entsprechend der gesetzgeberischen Intention nur die Auszahlung der letzten 10 % betreffen sollte,[75] müsste es merkwürdig anmuten, wenn die Begrenzung der Abschlagszahlungen auf jeweils 90 % der erbrachten Leistung im unternehmerischen Verkehr dann als unangemessene Benachteiligung des Auftragnehmers iSv § 307 BGB und dementsprechend unwirksam angesehen würde, solange eine ebenfalls vorgesehene Vertragserfüllungssicherheit 5 % nicht überschreitet. Von einer unwirksamen Klausel dürfte vielmehr erst dann auszugehen sein, wenn ein formularmäßiger Abzug von berechtigten Abschlagszahlungen über 10 % mit einer höheren Vertragserfüllungsbürgschaft von zB ebenfalls 10 % zusammentrifft und sich die Sicherheiten des Auftraggebers damit auf 20 % kumulieren.[76]

35   Nach der ausdrücklichen Klarstellung umfasst die geschuldete Abschlagszahlung auch die **Umsatzsteuer,** soweit sie ausgewiesen ist und auf die abgerechneten

---

[71] BGH NJW 1991, 1812 (1813); 1988, 55 (56).

[72] BGH NJW-RR 1988, 851; Messerschmidt/Kapellmann/Messerschmidt § 16 Rn. 211 f.; Ingenstau/Korbion/Locher § 16 Abs. 1 Rn. 9.

[73] BGH NJW 1988, 55 (56); für eine Reduzierung um 10 % ausdrücklich offengelassen in BGH NZBau 2011, 229 (231).

[74] Vgl. auch OLG Düsseldorf IBR 2014, 295; Kapellmann/Messerschmidt/Messerschmidt § 16 Rn. 211; Ingenstau/Korbion/Locher § 16 Abs. 1 Rn. 36; jedenfalls ab 10 % geht auch Messerschmidt/Voit/Voit § 16 Rn. 5 von Unwirksamkeit aus.

[75] BT-Drs. 18/8486, 34; Leinemann/Kues/Schlagowsky § 650m Rn. 9.

[76] Zur Rechtslage vor der Einführung von § 650m BGB: BGH NZBau 2016, 556 (557); 2011, 229 (231); OLG Celle NZBau 2014, 696; vgl. auch OLG Köln IBR 2012, 710.

Leistungen anfällt. Dies zB dann nicht der Fall, wenn die Steuerschuld auf den Auftraggeber als Bauleistenden nach § 13b UStG übergangen ist; werden mit der Abschlagsrechnung Forderungen nach § 6 Abs. 6 geltend gemacht, fällt hierauf ebenfalls keine Umsatzsteuer an.[77]

IV. Gegenrechte des Auftraggebers (Nr. 2)

Hinsichtlich der dem Aufraggeber zustehenden Einbehalte unterscheidet § 16 Abs. 1 Nr. 2 zwischen Gegenforderungen nach S. 1 und anderen gesetzlichen oder vertraglichen Einbehalten nach S. 2. **36**

Dieser Unterscheidung ist zu entnehmen, dass die Gegenforderungen nach S. 1 unabhängig von den Voraussetzungen gesetzlicher Leistungsverweigerungsrechte zB nach §§ 273 oder 320 BGB einbehalten werden können; sie müssen von daher zB nicht demselben Vertrag oder rechtlichen Verhältnis entstammen. § 16 Abs. 1 Nr. 2 S. 1 beinhaltet damit ein eigenständiges vertraglich begründetes Recht zum **Einbehalt.** Dies geht darauf zurück, dass der Auftraggeber ansonsten die Aufrechnung erklären müsste, um von entsprechenden Gegenrechten Gebrauch machen zu können. Dies würde vor dem Hintergrund der endgültigen Erfüllungswirkung der Aufrechnung bei dem gleichzeitig nur vorläufigen Charakter einer später in der Gesamtabrechnung aufgehenden Abschlagszahlung zu einem gewissen Ungleichgewicht führen. Mit dem in Nr. 2 S. 1 vertraglich vereinbarten Einbehalt wird von daher die Vorläufigkeit der Abschlagszahlung quasi auch für aufrechenbare Gegenforderungen hergestellt, die dann endgültig erst der Schlussrechnungsforderung entgegenzuhalten sind.[78] Die **Gegenforderungen** iSv Abs. 1 Nr. 2 S. 1 müssen von daher aufrechenbar sein; ein Einbehalt kommt demnach nur für Geldforderungen in Betracht, die voll wirksam, fällig und frei von Einreden sind.[79] Dabei steht die Verjährung der Gegenforderung entsprechend § 215 BGB dem Einbehalt nicht entgegen, wenn sie der Abschlagsforderung in unverjährter Zeit aufrechenbar gegenübergestanden hat.[80] Eine Überzahlung bei vorausgehenden Abschlagszahlungen begründet keine einzubehaltende Gegenforderung, sondern findet über den Saldo eines Werte der erbrachten Leistungen und geleisteten Zahlungen bereits für die Höhe der Abschlagsforderung Berücksichtigung.[81]

Andere Einbehalte sind nach S. 2 zulässig, wenn sie vertraglich oder gesetzlich vorgesehen sind. Unter den Voraussetzungen von § 17 Abs. 6 kann der Auftraggeber zB bis zu 10 % der Abschlagszahlungen als Sicherheit einbehalten.[82] Gesetzliche Zurückbehaltungsrechte ergeben sich aus § 273 BGB oder vor allem bei **Mängeln** aus § 320 BGB.[83] Dem kann der Auftragnehmer auch nicht eine vereinbarte Mängelsicherheit entgegenhalten, die den voraussichtlichen Beseitigungsaufwand abdeckt; durch den Einbehalt soll der Auftragnehmer vielmehr zu einer umgehenden Mängelbeseitigung angehalten werden, wozu der Auftraggeber auch deutlich über die vereinbarte Sicherheit hinausgehende Beträge einbehalten kann.[84] **37**

---

[77] BGH NZBau 2008, 318.
[78] S. hierzu auch Beck VOB/B/Kandel § 16 Abs. 1 Rn. 48.
[79] Leinemann/Leinemann § 16 Rn. 39.
[80] Ingenstau/Korbion/Locher § 16 Abs. 1 Rn. 33; Beck VOB/B/Kandel § 16 Abs. 1 Rn. 47.
[81] BGH NZBau 2009, 707 (712).
[82] → Rn. 34.
[83] → Rn. 16.
[84] BGH NJW 1984, 725 (726 f.); NJW 1981, 280 (281).

38 Für die Absicherung von Gewährleistungsansprüchen werden in der Rechtsprechung Einbehalte von 5 % auch bei formularmäßiger Vereinbarung bislang nicht beanstandet.[85] Allerdings kann sich aus der auch nur zeitweisen Überschneidung mit Vertragserfüllungssicherheiten eine bereits unzulässige Kumulation auf 7 % oder 8 % ergeben mit der Folge, dass dann sämtliche Sicherungsabreden unwirksam sind.[86] Dies kommt für eine an für sich unbedenkliche Klausel auch bei Verbindung mit einer nachträglich getroffenen Individualabsprache in Betracht.[87]

V. Zahlung durch den Auftraggeber (Nr. 4)

39 Wenn in § 16 Abs. 1 Nr. 4 festgelegt wird, dass Abschlagszahlungen keinen Einfluss auf die Haftung des Auftragnehmers haben und nicht als Abnahme von Teilleistungen gelten, wird hierdurch lediglich nochmals deren rein **vorläufiger Charakter** betont. Die Vorschrift hat vor allem klarstellende Funktion. Anders als bei Teilschlusszahlungen nach § 16 Abs. 4 liegt dem Antrag auf Abschlagszahlung regelmäßig schon keine in sich abgeschlossene Teilleistungen zugrunde, sodass weder dem Antrag des Auftragnehmers ein Abnahmeverlangen nach § 12 Abs. 2 noch der Zahlung eine Aussage zu Qualität und Billigung der erbrachten Leistungen entnommen werden kann.[88] Dies kommt umso weniger in Betracht, wenn die Zahlung nur vorläufig auf eine ebenfalls nur rein vorläufige Forderung hin erfolgt.[89]

40 Dementsprechend verbietet es sich auch, aus einer nur vorläufigen Abschlagszahlung Rückschlüsse auf die **Haftung** des Auftragnehmers zu ziehen. Auch wenn der Begriff der Haftung in § 16 Abs. 1 Nr. 4 bis zur VOB/B 2000 neben dem Begriff der Gewährleistung verwendet wurde, schließt dieser heute die Mängelrechte des Auftraggebers mit ein. Die Streichung des Gewährleistungsbegriffs mit der VOB/B 2002 geht allein darauf zurück, dass dieser Begriff seit der Schuldrechtsmodernisierung vom BGB nicht weiter benutzt wird. Inhaltliche Änderungen waren damit nicht verbunden. Daneben bleiben auch alle sonstigen Haftungsverpflichtungen des Auftragnehmers unberührt und kann der Auftraggeber trotz geleisteter Abschlagszahlungen zB weiterhin Schadenersatzforderungen oder etwaige Vertragsstrafen uneingeschränkt geltend machen – auch wenn die Ansprüche zum Zeitpunkt der Abschlagszahlungen bereits bekannt waren. Mangels jeglicher Billigungswirkung der Abschlagszahlungen müssen diese grundsätzlich auch nicht mit einem Vorbehalt nach § 341 Abs. 3 BGB oder § 640 Abs. 2 BGB verbunden werden, um dahingehende Rechte zu wahren.

41 Auch darüber hinaus kommt Abschlagszahlungen keine Bindungs-, Verzichts-, Präklusions- oder Anerkenntniswirkung zu. Dies ist auch im Hinblick auf die Vergütungsansprüche des Auftragnehmers nicht der Fall, die erst nach Fertigstellung, Abnahme und Schlussrechnung endgültig feststehen und nicht durch geleistete Abschlagszahlungen verbindlich bestätigt werden – was § 632a BGB Abs. 1 S. 3 BGB seit der Neufassung durch das Gesetz zur Reform des Bauvertragsrechts auch nochmals ausdrücklich klarstellt. So setzt ein deklaratorisches **Anerkenntnis** voraus, dass die Parteien eine Frage dem Streit entziehen und sich insoweit endgül-

---

[85] BGH NZBau 2011, 410 (412); zur Zulässigkeit einer kombinierten Vertragserfüllungs- und Gewährleistungsbürgschaft in Höhe von 6 % BGH NZBau 2004, 322 (323).

[86] BGH NJW 2015, 856 (857); BGH NZBau 2011, 410 (412); OLG Düsseldorf NZBau 2014, 173 (176 f.).

[87] OLG Frankfurt a. M. IBR 2013, 274; OLG Köln IBR 2012, 710.

[88] OLG Celle NJW-Spezial 2010, 269.

[89] Kapellmann/Messerschmidt/Messerschmidt § 16 Rn. 249 f.

tig einigen wollen; dies kann weder der Prüfung einer nur vorläufigen Abschlagsrechnung noch deren ebenfalls nur vorläufiger Bezahlung entnommen werden.[90] Der Auftraggeber kann von daher etwaige Überzahlungen mit den nächsten Abschlagsforderungen verrechnen[91] oder vorläufig gezahlte Positionen im Rahmen der Schlussrechnungsprüfung wieder streichen.[92] Dies gilt auch für Nachtragsforderungen, die der Auftragnehmer in seine Abschlagsrechnung eingestellt hat; diese werden allein durch erfolgte Abschlagszahlungen weder in Grund noch Höhe anerkannt.[93] Dies kommt allenfalls in Ausnahmefällen in Betracht, in denen die Nachträge zuvor intensiv strittig verhandelt oder zB von sachverständigen Dritten vor den jeweiligen Abschlagszahlungen geprüft und bestätigt wurden.[94] Dabei spielt es auch keine Rolle, wenn der Auftragnehmer seine Rechnung fälschlicherweise als Teilrechnung bezeichnet hat.[95] Geleistete Abschlagszahlungen führen auch nicht zu einer Umkehr der Beweislast.[96]

VI. Nichtzahlung und Verjährung

Werden berechtigte Abschlagsforderungen vom Auftraggeber nicht bezahlt, kann der Auftragnehmer unter den Voraussetzungen von § 16 Abs. 5 Nr. 3 Verzugszinsen und ggf. den Ersatz weiteren Verzugsschadens verlangen.[97] Nach Maßgabe von § 16 Abs. 5 Nr. 4 ist zudem berechtigt, seine Leistungen einzustellen oder kann den Vertrag ggf. nach § 9 Abs. 1 Nr. 2 kündigen. 42

Der Auftragnehmer kann seine Abschlagsforderungen auch gerichtlich geltend machen; ungeachtet ihrer Vorläufigkeit handelt es sich um **selbstständig** durchsetzbare Forderungen,[98] die zB auch eigenständig abgetreten, verpfändet oder gesichert werden können. 43

Abschlagsforderungen unterliegen insoweit auch einer eigenständigen **Verjährung** nach § 195 BGB, wobei die Frist nach § 199 BGB bei wirksamer Vereinbarung der VOB/B mit Ende des Jahres zu laufen beginnt, in dem die Prüffrist nach Abs. 1 Nr. 3 endet. Nach Eintritt der Verjährung können Abschlagsforderungen aber weiterhin in die Schlussrechnung aufgenommen und mit der Schlusszahlung geltend gemacht werden, die dann wiederum einer eigenständigen Verjährung unterliegt.[99] 44

VII. Verhältnis zur Schlussrechnung

Der Anlass für Abschlagszahlungen als vorläufige Anzahlungen auf die Gesamtvergütung entfällt, wenn die Arbeiten abgeschlossen sind. Denn mit der Fertigstel- 45

---

[90] BGH NJW-RR 2007, 530; OLG Hamburg IBRRS 2022, 197; OLG Hamm IBR 2014, 725; OLG Dresden IBR 2014, 132; OLG Frankfurt a. M. IBR 2010, 15; dem Beschluss des OLG Koblenz IBR 2013, 648 lagen demgegenüber einzelne Schlussrechnungen zugrunde.
[91] BGH NZBau 2009, 707 (712).
[92] BGH NJW 1997, 1444; OLG Celle NJW-Spezial 2010, 269.
[93] BGH NJW 2002, 895 (896); OLG Frankfurt a. M. IBR 2010, 15.
[94] BGH NJW 2002, 895 (896); KG BauR 2009, 650 (652).
[95] OLG Frankfurt a. M. IBR 2010, 15.
[96] OLG Koblenz IBR 2013, 1218; OLG Frankfurt a. M. IBR 2010, 15; OLG Düsseldorf BauR 2001, 683.
[97] → Rn. 168 ff.
[98] BGH NZBau 2009, 707 (710); NJW 1999, 713.
[99] BGH NJW-RR 2004, 957 (958); NJW 1999, 713; OLG Hamm NJW 2020, 2120 (2123); OLG Nürnberg NZBau 2000, 509; aA OLG Düsseldorf NJW-RR 1999, 858 (859); Ingenstau/Korbion/Locher § 16 Abs. 1 Rn. 55.

§ 16

lung endet die Vorleistung des Auftragnehmers; zudem steht der Umfang der erbrachten Leistungen fest, so dass auch die Vergütungsforderung des Auftragnehmers abschließend ermittelt und die endgültige Schlussrechnung gestellt werden kann. Hierzu ist der Auftragnehmer nach § 14 sogar verpflichtet; der Auftraggeber hat einen Anspruch auf Abrechnung über die von ihm geleisteten Abschläge.[100] Damit entfällt zugleich auch die Berechtigung des Auftragnehmers, weiterhin Abschlagszahlungen zu verlangen.[101] Die **Sperrwirkung** erstreckt sich dabei auch auf bereits gestellte, aber noch nicht bezahlte Abschlagsrechnungen. Dies gilt auch für insoweit unstrittige Guthaben,[102] außer der Auftragnehmer hat bereits Schlussrechnung gestellt und kann sich insoweit auf § 16 Abs. 3 Nr. 1 S. 5 stützen.[103]

46 Abschlagsforderungen sind dabei spätestens ab dem Zeitpunkt ausgeschlossen, ab dem Abnahme und Schlussrechnung vorliegen.[104] Dies ist aber auch bereits früher mit Eintritt der **Schlussrechnungsreife** der Fall, wenn die Leistungen fertiggestellt und die Fristen zur Erstellung der Schlussrechnung nach § 14 Abs. 3 abgelaufen sind.[105] Der Fertigstellung steht gleich, wenn die weiteren Leistungspflichten des Auftragnehmers durch Kündigung,[106] einvernehmliche Vertragsaufhebung oder Unmöglichkeit entfallen sind.[107] Hat der Auftragnehmer die Schlussrechnung vor abnahmereifer Fertigstellung gestellt, führt dies allein noch nicht zum Ausschluss von Abschlagsforderungen; diese kann der Auftragnehmer hilfsweise auch weiter beanspruchen, wenn die Abnahmereife seiner Leistungen bestritten wird.[108]

47 Mit der Schlussrechnung hat der Auftragnehmer seinen Vergütungsanspruch insgesamt abzurechnen. Dabei sind auch bereits zuvor über Abschlagsrechnungen und -zahlungen erfasste Leistungen mit in die Rechnung einzustellen, deren Ansätze sich gegenüber der nur vorläufigen Abrechnung ändern können. Erst von dem sich hieraus ergebenden Gesamtvergütungsanspruch sind dann die bereits erhaltenden Abschlagszahlungen in Abzug zu bringen, woraus sich dann als **Saldo** der offene Restvergütungsanspruch oder ggf. eine Überzahlung des Auftragnehmers ergibt. Damit werden die Abschlagszahlungen im Rahmen der Schlussrechnung zu rein abstrakten Rechnungsposten, die nicht mehr konkreten Leistungspositionen des Vertrages zugeordnet sind.[109]

VIII. AGB

48 Gegen die formularmäßige Vereinbarung von Abschlagszahlungen bestehen auch bei isolierter Inhaltskontrolle keine grundsätzlichen Bedenken. Dies entsprach bereits vor der Einführung von § 632a BGB allgemeiner Auffassung; dessen Normierung und nochmaliger Erweiterung gerade im Interesse des Auftragnehmers ist auch kein Leitbild zur Einschränkung des Anspruchs auf Abschlagszahlun-

---

[100] BGH NZBau 2015, 226 (227); NJW 1999, 1867 (1869).
[101] BGH NZBau 2009, 707 (710).
[102] OLG Nürnberg NZBau 2000, 509.
[103] OLG Naumburg BauR 2004, 523; OLG Hamm IBR 1996, 505.
[104] BGH NJW-RR 2004, 957 (958); NJW 1985, 1840.
[105] BGH NZBau 2009, 707 (710); OLG Nürnberg, IBBRS 2023, 3191.
[106] BGH NJW-RR 1987, 724; NJW 1985, 1840; OLG Stuttgart NZBau 2019, 578 (580).
[107] OLG Nürnberg NZBau 2000, 509.
[108] BGH NJW 2000, 2818.
[109] BGH NZBau 2009, 707 (710); NJW-RR 2004, 957.

gen zu entnehmen, gegen das der Auftragnehmer mit Verwendung von § 16 Abs. 1 verstoßen würde.[110] Mit der jetzigen Fassung von § 632a Abs. 1 BGB hat sich zudem die Frage erledigt, ob sich eine AGB-Widrigkeit von § 16 Abs. 1 ggf. daraus ergibt, dass der Auftraggeber hiernach abweichend von § 632a BGB aF auch bei wesentlichen Mängeln zu Abschlagszahlungen verpflichtet ist;[111] auch für Altverträge wäre insoweit allerdings kein unbilliger Nachteil zu erkennen, da der Auftraggeber über Abs. 1 Nr. 2 und die Möglichkeit entsprechender Einbehalte auch über den Mängelbeseitigungsaufwand hinaus ausreichend geschützt ist.[112] Bei der Verwendung gegenüber Verbrauchern ist nach § 309 Nr. 15 BGB allerdings von einer Unwirksamkeit der Klausel auszugehen, da weder der Sicherungsanspruch nach § 650m Abs. 2 BGB (§ 632a Abs. 3 BGB aF)[113] noch die Höchstgrenze von 90 % der Gesamtvergütung gem. § 650m Abs. 1 BGB in § 16 Abs. 1 Erwähnung finden.[114]

Bei Verwendung durch den Auftraggeber bestehen zudem Bedenken hinsichtlich der Frist von 21 Tagen in § 16 Abs. 1 Nr. 4, da § 632a BGB zwar ebenfalls eine prüfbare Abrechnung verlangt, aber von sofortiger Fälligkeit ausgeht.[115] Ein unbilliger Nachteil für den Auftragnehmer ist damit aber nicht verbunden, da auch bei Abschlagsrechnungen ein berechtigtes Prüfinteresse besteht, während der Frist keine Verjährung läuft und der Auftraggeber dennoch 30 Tage nach Rechnungszugang in Verzug gerät.[116]

IX. Prozessuales

Als selbstständige Forderungen iSv § 241 Abs. 1 S. 1 BGB können Abschlagsforderungen eigenständig eingeklagt werden. Die **Klageforderung** ergibt sich dabei aus dem Saldo der vorläufig ausgewiesenen Leistungen und den bis dato bereits erbrachten Zahlungen; nur wenn ein überschießender Saldo in entsprechender Höhe feststeht, kann sich eine **Teilklage** ausnahmsweise auch auf einzelne isolierte Rechnungspositionen beschränken.[117]

Tritt während des Verfahrens **Schlussrechnungsreife** ein, ist die Klage auf Abschlagszahlung infolge der damit eingetretenen Sperrwirkung abzuweisen.[118] Bereits bis zur Schlussrechnungsreife angefallene Verzugszinsen bleiben allerdings bestehen und können weiter geltend gemacht werden.[119] In der Hauptsache kann der Auftragnehmer die Klage auf Schlusszahlung umstellen, für die es dann der Vorlage einer Schlussrechnung bedarf. Die **Umstellung** stellt nach der Rechtsprechung entgegen zwischenzeitlicher Ansicht[120] keine Änderung des Streitgegenstandes iSv § 263 ZPO dar, sondern ist nach § 264 Nr. 3 ZPO zu

---

[110] Beck VOB/B/Kandel Vor § 16 Rn. 31 ff.
[111] Schulze-Hagen BauR 2010, 354 (357); Pause BauR 2009, 898 (901); → Rn. 16.
[112] Ingenstau/Korbion/Locher § 16 Abs. 1 Rn. 58; Beck VOB/B/Kandel Vor § 16 Rn. 31 ff.
[113] BGH NJW 2013, 219 (220); Messerschmidt/Voit/Voit § 16 Rn. 1 aE; so jetzt auch Beck VOB/B/Kandel Vor § 16 Rn. 36.
[114] → Rn. 34.
[115] Peters NZBau 2006, 273 (277); aA noch in NZBau 2002, 305 (307).
[116] → Rn. 174 ff.; vgl. auch Messerschmidt/Voit/Voit § 16 Rn. 9, 46.
[117] BGH NZBau 2009, 707 (712).
[118] → Rn. 45 f.
[119] BGH NJW-RR 2004, 957 (958).
[120] BGH NJW 1999, 713; vgl. zuvor aber bereits BGH NJW 1985, 1840 (1841).

behandeln.¹²¹ Sie ist damit unabhängig von § 533 ZPO auch im Berufungsverfahren zulässig und kann nach § 264 Nr. 2 ZPO mit einer Erhöhung der Forderung aus der jetzt vorliegenden Gesamtabrechnung verbunden werden. Hat der Auftraggeber Berufung eingelegt, wird dann aber nicht mehr nur der Angriff gegen das der Abschlagsforderung stattgebende erstinstanzliche Urteil abgewehrt; für die Erhöhung bedarf es somit einer **Anschlussberufung,** die jedenfalls dann innerhalb der Frist des § 524 Abs. 2 S. 2 ZPO vorgenommen werden muss, wenn die Schlussrechnungsreife schon während der ersten Instanz eingetreten ist.¹²²

52 Mit Eintritt der Schlussrechnungsreife wird die Fälligkeit der Klageforderung trotz Umstellung bis zur Schlussrechnung und deren Feststellung unterbrochen; im Rahmen eines fairen Verfahrens kann der Auftragnehmer allerdings erwarten, dass entsprechend dem auch von § 264 ZPO verfolgten Gedanken der Prozessökonomie die Klage nicht als derzeit unbegründet abgewiesen, sondern die mündliche Verhandlung auf einen Zeitpunkt nach Ablauf der Prüffrist angesetzt wird.¹²³

C. Vorauszahlungen nach § 16 Abs. 2

53 § 16 Abs. 2 beinhaltet Regelungen zu **Vorauszahlungen.** Anders als bei Abschlags- oder Schlusszahlungen stehen diesen keine vom Auftragnehmer bereits bewirkten Leistungen gegenüber, sondern tritt der Auftraggeber in Vorleistung.

I. Vereinbarung

54 Ein Anspruch auf Vorauszahlungen steht dem Auftragnehmer nicht automatisch mit Einbeziehung der VOB/B zu. Hierfür bedarf es einer gesonderten Vereinbarung zwischen den Parteien. Da mit einer Vorauszahlung abweichend vom Leitbild des Werkvertragsrechts statt dem Auftragnehmer der Auftraggeber in Vorleistung tritt und ihm damit das Leistungsverweigerungsrecht nach § 320 BGB genommen wird, kommt eine solche Vereinbarung nach § 307 BGB bzw. § 309 Nr. 2a BGB nicht im Wege vom Auftragnehmer gestellter allgemeiner Geschäftsbedingungen zustande.¹²⁴ Für die wirksame Vereinbarung von Vorauszahlungen ist stattdessen eine Individualabrede erforderlich.

II. Nachträgliche Vereinbarung gem. Nr. 1

55 Eine solche Vereinbarung kann nach dem Wortlaut sowohl bei als auch nach Vertragsschluss getroffen werden. Dies ist vor dem Hintergrund der Privatautonomie selbstverständlich; wenn die Möglichkeit einer nachträglichen Vereinbarung dennoch gesondert erwähnt wird, zeigt dies, dass sich § 16 Abs. 2 Nr. 1 nur auf nach Vertragsabschluss getroffene Vorschussabreden bezieht.¹²⁵

---

[121] BGH NZBau 2006, 175 (176); BGH NZBau 2005, 158 (160).
[122] BGH NZBau 2015, 416 (418).
[123] BGH NZBau 2009, 707 (711); aA aber OLG Frankfurt a. M. BauR 2013, 795 (796).
[124] Ingenstau/Korbion/Locher § 16 Abs. 2 Rn. 2; vgl. auch BGH NZBau 2013, 297 Rn. 23 f.
[125] Beck VOB/B/Kandel § 16 Abs. 2 Rn. 10; Ingenstau/Korbion/Locher § 16 Abs. 2 Rn. 4; aA Messerschmidt/Voit/Voit § 16 Rn. 14.

Hier hat der Auftraggeber dann einen Anspruch auf **Sicherheit,** auch wenn 56
eine solche im Zusammenhang mit der Vereinbarung über die Vorauszahlung
nicht festgelegt worden war.[126] Wird die Sicherheit nicht gewährt, kann er die
vereinbarte Vorauszahlung zurückhalten. Die Regelung greift nicht, wenn die
Vorauszahlung bereits bei Vertragsschluss vereinbart wurde. Aber auch bei nachträglicher Vereinbarung ist zu prüfen, ob der Anspruch auf Sicherheit nach Abs. 2
Nr. 1 nicht im konkreten Einzelfall abbedungen wurde. Zudem muss der Auftraggeber die Sicherheit verlangen, wovon er auch absehen kann. Hat er die Vorauszahlung zunächst ohne Sicherheit geleistet, kann er diese später noch nachfordern.[127]

III. Sicherheit und Zinsen

Die Art der Sicherheit kann der Auftragnehmer gem. § 17 Abs. 3 wählen; es 57
wird typischerweise eine Bürgschaft als Sicherungsmittel in Betracht kommen, da
die Hinterlegung und Verpfändung wenig praxisgerecht sind und die mit der
Vorauszahlung beabsichtigte Verschaffung von Liquidität mit den anderen Sicherungsarten nach § 17 Abs. 2 nicht zu erreichen ist. Die Bürgschaft ist gem. § 17
Abs. 4 S. 2 nach Vorschrift des Auftraggebers auszustellen, der nach § 17 Abs. 4
S. 3 keine **Bürgschaft auf erstes Anfordern** mehr verlangen kann. Dies wird
der Interessenlage bei einer Vorauszahlung durch den Auftraggeber nicht gerecht,
da hier im Vergleich zu bloßen Erfüllungs- oder Mängelsicherheiten ein erhöhtes
Schutzbedürfnis des Auftraggebers besteht, dessen Zahlung noch überhaupt keine
entsprechende Bauleistung des Auftragnehmers gegenübersteht. Von daher werden bei reinen Vorauszahlungsbürgschaften auch AGB-rechtlich keine Bedenken
gegenüber einer abweichenden Regelung gesehen.[128]

Die Sicherheit ist ausreichend bemessen, wenn sie dem Umfang der Vorauszahlung entspricht. Zusätzlich sind beim Auftraggeber entstehende Kosten wie auch 58
die nach § 16 Abs. 2 Nr. 1 S. 3 auf die Vorauszahlung zu leistenden **Zinsen** einzubeziehen. Insoweit sieht die VOB/B mittlerweile einen Zinssatz von 3 vH über
dem Basiszinssatz nach § 247 BGB vor. Hiermit sind bei sachgerechter Auslegung
3 Prozentpunkte über Basiszinssatz gemeint,[129] wie auch der Begründung zur
Anpassung des Zuschlags infolge der Umstellung von Spitzenrefinanzierungs- auf
Basiszinssatz zu entnehmen ist.[130]

IV. Anrechnung nach Nr. 2

Die vom Auftraggeber geleisteten Vorauszahlungen sind nach § 16 Abs. 2 Nr. 2 59
auf die nächstfälligen Zahlungen anzurechnen. Dies gilt auch bei Vorauszahlungen, die abweichend von Abs. 2 Nr. 1 bereits bei Vertragsschluss vereinbart wurden.[131] Die **Anrechnung** ist nach dem Wortlaut allerdings nur auf Zahlungsforderungen für Leistungen vorzunehmen, für die die Vorauszahlungen gerade gewährt
wurden. Solange zB durch die Vorauszahlung finanzierte Bauteile noch nicht

---

[126] Leinemann/Leinemann § 16 Rn. 111.
[127] Kapellmann/Messerschmidt/Messerschmidt § 16 Rn. 263.
[128] Vgl. hierzu BGH NJW 2001, 3549 (3550 ff.); OLG Frankfurt a. M. BauR 2008, 1165 (1166); OLG Düsseldorf BauR 2004, 1319 (1320).
[129] Vgl. hierzu auch OLG Hamm NJW 2005, 2238 (2239).
[130] Kratzenberg in NZBau 2002, 177 (183).
[131] Ingenstau/Korbion/Locher § 16 Abs. 2 Rn. 5.

§ 16 VOB Teil B

eingebaut oder übereignet sind, kommt eine Anrechnung auf die bis dahin für anderweitige Leistungen gestellten Abschlagsrechnungen nicht in Betracht.

60 Die Zahlungsforderungen müssen für eine Anrechnung nach Nr. 2 fällig sein. Die bloße Ausführung der im Voraus bezahlten Leistungen reicht nicht aus; die betreffenden Leistungen müssen auch abgerechnet werden und die Abrechnung muss prüfbar sein.[132] Erhebt der Auftraggeber keine berechtigten Einwände gegen die Prüfbarkeit, hat der Auftragnehmer die Anrechnung vorzunehmen. Damit endet gleichzeitig die Verzinsung der Vorauszahlung nach Nr. 1 S. 3.

61 Mit der Anrechnung entfällt auch der Zweck einer nach Nr. 1 S. 2 gestellten Sicherheit. Der Auftraggeber hat diese entsprechend freizugeben; eine als Sicherheit gestellte Bürgschaft erlischt akzessorisch mit dem Untergang der Rückforderungsansprüche.[133]

62 Von der VOB/B nicht erfasst ist die Situation, dass die vorbezahlten Leistungen zwar erbracht werden, aber **mangelhaft** sind. Die Anrechnung kommt dann nur in dem Umfang in Betracht, wie dem Auftraggeber im Falle einer regulären Abschlagszahlung keine Einbehalte nach § 320 BGB inkl. Druckzuschlag zustünden; andernfalls würde er durch die Vorauszahlung schlechter gestellt, was ausweislich der ihm zustehenden Sicherheit gerade nicht gewollt ist. Diese sichert zunächst den Anspruch auf Rückzahlung der nicht verbrauchten Vorauszahlung ab; regelmäßig wird sie entsprechend der Rechtsprechung zu den Vorauszahlungsbürgschaften nach § 7 MaBV darüber hinaus auch Erfüllungs- und Mängelansprüche erfassen,[134] solange dies nicht explizit ausgeschlossen ist.[135]

V. AGB

63 Da § 16 Abs. 2 Nr. 1 zunächst nur auf die ohnehin bestehende Möglichkeit einer ergänzenden Vereinbarung hinweist, bestehen auch im Falle isolierter Inhaltskontrolle keine AGB-rechtlichen Bedenken. Dies gilt auch für die im Falle nachträglich vereinbarter Vorauszahlungen vorgesehenen Ansprüche auf Sicherheit und Verzinsung, die keinen unbilligen Nachteil für den im Voraus bezahlten Auftragnehmer darstellen.

D. Schlusszahlung nach § 16 Abs. 3

64 § 16 Abs. 3 regelt die **Schlusszahlung.** Sie ist aus dem Gesamtanspruch des Auftragnehmers abzüglich der vom Auftraggeber bereits geleisteten Voraus- und Abschlagszahlungen zu ermitteln. Mit der Schlusszahlung sollen sämtliche Ansprüche des Auftragnehmers aus dem Bauvorhaben abschließend ausgeglichen werden. Hierzu sieht Abs. 3 ein System vor, das in dieser Form nach wie vor weit über die Regelungen des BGB mit der dort in Anlehnung an Nr. 1 nunmehr in § 650g Abs. 4 BGB übernommenen Notwendigkeit einer prüffähigen Schlussrechnung als Voraussetzung für die Fälligkeit der Schlusszahlung hinausgeht, in dem dann vor allem auch deren Folgen in den Nr. 2–6 im Einzelnen geregelt werden.

---

[132] Kapellmann/Messerschmidt/Messerschmidt § 16 Rn. 269.
[133] Beck VOB/B/Kandel § 16 Abs. 2 Rn. 24 f.
[134] BGH NZBau 2003, 98 f.; BGH NZBau 2001, 549 (551); OLG Karlsruhe IBR 2005, 199; OLG Brandenburg NZBau 2002, 219 (221).
[135] OLG Hamm IBR 2004, 689.

I. Fälligkeit der Schlusszahlung nach Nr. 1

Auch nach der Neufassung durch die VOB/B 2012 sind die Schlussrechnung 65 und deren Prüfung bzw. der Ablauf entsprechender Prüffristen Voraussetzung für die Fälligkeit der Schlusszahlung.

1. Schlussrechnung. Der Auftragnehmer ist nach § 14 Abs. 3 zur Vorlage 66 der Schlussrechnung verpflichtet, um im Interesse des Auftraggebers über dessen Abschlagszahlungen abzurechnen und die endgültig zu leistende Vergütung zu ermitteln.[136] Wenn die Schlussrechnung darüber hinaus zur Fälligkeitsvoraussetzung erhoben wird, dient dies ebenfalls den Interessen des Auftraggebers, der ohne dahingehende Erläuterung mit seiner Zahlungspflicht nicht in Verzug geraten kann.[137] Gleichzeitig wird auch dem Auftragnehmer die Möglichkeit gegeben, die ihm noch zustehenden Forderungen ohne Besorgnis bereits laufender Verjährungsfristen sorgfältig zu ermitteln.[138] Einer übermäßigen Verzögerung kann der Auftraggeber dadurch entgegenwirken, dass er die Schlussrechnung nach § 14 Abs. 4 selbst erstellt.

Diese Interessenlage besteht unabhängig von der jeweils vereinbarten Vergü- 67 tungsart. § 16 Abs. 3 Nr. 1 sieht auch keine Unterscheidung zwischen den verschiedenen Vergütungsmodellen vor. Die Schlussrechnung ist damit neben klassischen Einheitspreisverträgen zB auch bei **Pauschalverträgen** Voraussetzung für die Fälligkeit der Schlusszahlung.[139] Dies ist auch bei Ansprüchen des Auftragnehmers aus einem **gekündigten Vertrag** der Fall.[140]

Eine **Schlussrechnung** iSv Abs. 3 Nr. 1 liegt dann vor, wenn der Auftragneh- 68 mer nach seinen Vorstellungen die von ihm erbrachten Leistungen vollständig und abschließend abrechnet, so dass es erkennbar keiner weiteren Rechnung bedarf.[141] Dies betrifft nicht nur die unmittelbaren Vergütungsforderungen, sondern erfordert vor dem Hintergrund der angestrebten **Abschlusswirkung** auch die Einbeziehung vergütungsähnlicher Schadenersatzforderungen zB für Mehraufwendungen infolge auftraggeberseitiger Behinderungen.[142] Auf die Berechtigung der Forderungen kommt es dabei ebenso wenig an wie auf die Frage, ob die Rechnung tatsächlich alle dem Auftragnehmer objektiv zustehenden Ansprüche erfasst. Entscheidend ist allein die subjektive Auffassung des Auftragnehmers, sämtliche ihm zustehenden Forderungen eingestellt zu haben. Eine ausdrückliche Bezeichnung als Schlussrechnung ist nicht erforderlich.[143] Auch eine Abschlagsrechnung kann als Schlussrechnung einzustufen sein, sobald ihr erkennbar abschließende Wirkung zukommen soll.[144] Die Schlussrechnung kann sich auch aus mehreren Einzelrechnungen zusammensetzen, wenn sich hieraus nach erkenn-

---

[136] → Rn. 139.
[137] BGH NJW 1989, 836 (837); BGH NJW 1987, 382 (383).
[138] BGH NJW 1989, 836.
[139] BGH NZBau 2002, 91 (92); BGH NJW 1989, 836 (837).
[140] BGH BauR 2000, 1191; BGH NJW 1987, 382 (383).
[141] Ingenstau/Korbion/Locher § 16 Abs. 3 Rn. 4.
[142] Kapellmann/Messerschmidt/Messerschmidt § 16 Rn. 277 f.; Messerschmidt/Voit/Voit § 16 Rn. 16; vgl. zu Ansprüchen aus § 6 Nr. 6 auch OLG Naumburg 13.12.2001 – 4 U 116/01; zu separat beauftragten Beschleunigungsmaßnahmen OLG Köln NZBau 2006, 45 (46); → Rn. 13.
[143] BGH NJW 1975, 1701 (1702); OLG Celle NZBau 2009, 127 (129).
[144] OLG Köln IBR 2001, 264.

§ 16

barer Auffassung des Auftraggebers alle seine Ansprüche abschließend ergeben.[145] Dies ist bei bloßen Entwurfs- oder Vorbehaltsrechnungen nicht der Fall.[146] Wird in der Rechnung ein **Sicherheitseinbehalt** ausgewiesen und in Abzug gebracht, steht dies der Abschlusswirkung nicht entgegen; denn auch dann lässt sich der Vergütungsanspruch des Auftragnehmers abschließend aus der Rechnung entnehmen, zumal sich auch erst dann der häufig prozentual vereinbarte Einbehalt errechnen lässt.[147]

69 Mit der Schlussrechnung werden demnach auch nicht isoliert Forderungen aus einzelnen Leistungspositionen, sondern der offene Restvergütungsanspruch insgesamt abgerechnet, wie er sich als **Saldo** aus der Differenz zwischen der endgültigen Abrechnungssumme und den bereits geleisteten Zahlungen sowie etwaigen Abzügen ergibt.[148]

70 **2. Prüfung und Feststellung.** Weitere Fälligkeitsvoraussetzung für die Schlusszahlung ist nach § 16 Abs. 3 Nr. 1 die Prüfung und Feststellung der Schlussrechnung. Dies ist auch bei **Pauschalverträgen** der Fall, da der Auftragnehmer hier ebenfalls ein schützenswertes Interesse daran hat, die Rechnung auf Berücksichtigung seiner Abschlagszahlungen oder die Berechtigung etwaiger Nachtragsforderungen zu überprüfen.[149] Dieses Bedürfnis besteht nur dann nicht, wenn der Auftraggeber die Schlussrechnung nach § 14 Abs. 4 selbst aufgestellt hat; in diesem Fall wird der hierin ausgewiesene Rechnungsbetrag **unmittelbar** mit Zugang der Rechnung beim Auftragnehmer fällig.[150]

71 **a) Prüfbarkeit.** Prüfung und Feststellung setzen zunächst eine prüfbare Rechnung nach § 14 Abs. 1 voraus. Die **Prüfbarkeit** der Schlussrechnung ist nicht mit deren inhaltlicher Richtigkeit gleichzusetzen; um prüfbar zu sein, muss die Rechnung nur so aufgebaut sein, dass sie die inhaltliche Überprüfung ermöglicht. Das Maß der vom Auftragnehmer hierzu vorzunehmenden Aufschlüsselung und Erläuterung ist eine Frage des Einzelfalls und ergibt sich aus den in Ansehung des Vertrages jeweils berechtigten Informations- und Kontrollinteressen des Auftraggebers.[151] Diese werden zB bei einem unveränderten Pauschalvertrag regelmäßig geringer sein als bei einem Einheitspreisvertrag.[152] Dabei sind auch jeweils die Fähigkeiten und Kenntnisse des Auftraggebers oder seiner Hilfspersonen zu beachten.[153]

72 Ist die Rechnung nur **teilweise prüfbar**, macht dies eine abschließende Beurteilung eines über die bereits erbrachten Abschlagszahlungen hinausgehenden Schlussrechnungssaldos unmöglich. Von daher ist es vor dem Hintergrund der einheitlichen Gesamtabrechnung konsequent, die Fälligkeit der Schlusszahlung dann insgesamt zu verneinen.[154] Wenn der nicht prüfbare Teil aber allein die Höhe des Saldos betrifft und unabhängig hiervon bereits feststeht, dass dem Auf-

---

[145] OLG Hamm NJW-RR 1996, 593.
[146] Kapellmann/Messerschmidt/Messerschmidt § 16 Rn. 278.
[147] BGH BauR 1979, 525 (526); Ingenstau/Korbion/Locher § 16 Abs. 3 Rn. 4.
[148] BGH NZBau 2004, 216 (217).
[149] BGH NJW 1989, 836 (837).
[150] BGH NZBau 2002, 91 (92); OLG Stuttgart NJW-Spezial 2013, 396.
[151] BGH NJW 2001, 521; OLG Frankfurt IBRRS 2023, 1632; KG Berlin, IBRRS 2023, 3044.
[152] BGH BauR 1979, 525.
[153] BGH NJW 1989, 836 (837); NJW-RR 1999, 1180.
[154] BGH NZBau 2004, 216 (219).

tragnehmer jedenfalls ein positiver Saldo verbleibt, ist kein berechtigtes Interesse des Auftraggebers ersichtlich, einen bereits feststehenden überschießenden Teilbetrag zurückzuhalten; er hat diesen von daher nach § 16 Abs. 3 Nr. 1 S. 5 als unbestrittenes Guthaben in Form einer Abschlagszahlung auszuzahlen.[155]

b) Prüffrist. Die ganz oder teilweise fehlende Prüfbarkeit kann der Auftraggeber nach § 16 Abs. 3 Nr. 1 S. 3 der Fälligkeit des Schlusszahlungsanspruchs nur dann entgegenhalten, wenn er dahingehende Einwände innerhalb der hierfür vorgesehenen Fristen erhoben hat. Diese Regelung geht auf die Rechtsprechung des BGH zum Architektenrecht zurück, wonach der Auftraggeber mit dem Einwand fehlender Prüfbarkeit nach Treu und Glauben ausgeschlossen war, wenn er dieses zu seinem Schutz aufgestellte Fälligkeitskriterium nicht binnen angemessener Zeitspanne von 2 Monaten beanstandet hatte.[156] Der BGH hat diesen Wertungsgedanken auch auf die VOB/B übertragen,[157] die bis dahin ebenfalls nur die Prüfbarkeit der Schlussrechnung als Fälligkeitsvoraussetzung, aber keine dahingehenden Rügefristen vorsah. 73

Der Ergänzung um die Ausschlusswirkung bei nicht fristgerecht erhobenen Prüfbarkeitseinwänden mit der VOB/B 2006 kam dann hauptsächlich noch klarstellende Wirkung zu. Die ursprüngliche Rügefrist von 2 Monaten wurde mit der VOB/B 2012 im Vorgriff auf die seinerzeit noch ausstehende und mittlerweile durch das „Gesetz zur Bekämpfung von Zahlungsverzug im Geschäftsverkehr und zur Änderung des Erneuerbare-Energien-Gesetzes" erfolgte Umsetzung der neugefassten Zahlungsverzugsrichtlinie 2011/7/EU auf grundsätzlich zunächst 30 (Kalender-)Tage nach Zugang der Schlussrechnung reduziert. Diese Frist kann nach Nr. 1 S. 2 auf 60 Tage verlängert werden, wenn dies aufgrund der besonderen Natur oder Merkmale der Vereinbarung sachlich gerechtfertigt ist und die Parteien hierüber eine ausdrückliche (und nicht nur konkludente) Vereinbarung treffen. Diese Vereinbarung kommt nicht schon allein durch die Einbeziehung der VOB/B zu Stande, sondern muss separat geschlossen werden. Dafür kommt es entgegen dem Wortlaut nicht auf die Komplexität der Vereinbarung, sondern allein der hiermit beauftragten Baumaßnahme und vor allem deren Abrechnung an und scheiden persönliche Umstände auf Auftraggeberseite wie Überlastung oder Urlaub als Rechtfertigungsgrund für die Verlängerung aus.[158] Haben sich die Parteien auf eine **Verlängerung** der Prüffrist verständigt, kommt es allerdings auf das tatsächliche Vorliegen entsprechender Rechtfertigungsgründe nicht mehr an; etwas anderes gilt nur bei Aufträgen der öffentlichen Hand, da dann Vereinbarungen über eine längere Prüffrist ohne sachliche Rechtfertigung nach § 271a Abs. 2 Nr. 1 BGB unwirksam sind. Vereinbarungen über noch längere Prüffristen scheiden dann ebenfalls aus; sie können auch ansonsten unter Kaufleuten gem. § 271a Abs. 1 BGB nur dann wirksam getroffen werden, wenn hierfür objektiv ein Bedürfnis besteht; es liegt dann allerdings ein Eingriff in die VOB/B vor, die mangels einer Vereinbarung im Ganzen dann auch im geschäftlichen Verkehr einer isolierten Inhaltskontrolle unterliegt. 74

---

[155] BGH NZBau 2004, 216 (219); OLG Brandenburg 18.6.2015 – 12 U 14/14, NZBau 2015, 701; Beck VOB/B/Kandel § 16 Abs. 3 Rn. 25; Kapellmann/Messerschmidt/Messerschmidt § 16 Rn. 290.
[156] BGH NZBau 2004, 216 (218 f.).
[157] BGH NZBau 2005, 40 (41); vgl. hierzu auch OLG Naumburg IBR 2017, 566.
[158] Ingenstau/Korbion/Locher § 16 Abs. 3 Rn. 20 f.

75 Die Fristen berechnen sich nach §§ 187 ff. BGB. Maßgeblich für den **Beginn** ist der Zugang der Schlussrechnung beim Auftragnehmer; dessen bauleitender Architekt ist nicht ohne weiteres als nach § 164 Abs. 3 bevollmächtigt anzusehen, die Schlussrechnung mit Wirkung für den Auftraggeber entgegenzunehmen. Er ist aber regelmäßig als Empfangsbote anzusehen, so dass der Zugang zum Zeitpunkt der üblichen Weitergabe erfolgt.[159]

76 Auch wenn dadurch längere Fristen als nach § 271a BGB entstehen können, ist § 16 Abs. 3 Nr. 1 nicht so auszulegen, dass die Anwendung von § 193 BGB abbedungen ist. Wie auch für die Verzugsfrist nach § 286 Abs. 3 BGB[160] besteht insoweit kein Widerspruch, da auch nach der Verordnung Nr. 1182/71 des Rates an einem Feier-, Sams- oder Sonntag endende Fristen erst am **Ende** des folgenden Arbeitstages auslaufen sollen und damit weder nach deutschem Gesetzesrecht noch den hiermit umgesetzten europäischen Vorgaben Bedenken gegen eine die Verschiebung der Fälligkeit nach § 193 BGB bestehen.

77 **c) Rüge fehlender Prüfbarkeit.** Der Auftraggeber kann sich nicht allein auf die Mitteilung beschränken, dass die Rechnung nicht prüfbar sei; nach Nr. 1 S. 3 haben dahingehende Einwendungen ausdrücklich unter der Angabe von Gründen zu erfolgen. Die Prüfbarkeitsrüge des Auftraggebers ist damit nur dann beachtlich, wenn er den Auftragnehmer durch konkrete Angaben in die Lage versetzt, die Rechnung prüfbar zu machen.[161] Im Rahmen seiner **Begründung** hat er möglichst genau mitzuteilen, inwieweit und weshalb er die Schlussrechnung für nicht prüfbar hält. Für eine beachtliche Prüfbarkeitsrüge ist auch klar zum Ausdruck zu bringen, dass ohne dahingehende Angaben keine sachliche Prüfung erfolgen wird.[162] Weist der Auftraggeber die Schlussrechnung lediglich als nicht nachvollziehbar zurück, muss sich dies nicht zwingend auf die Prüfbarkeit beziehen und kann im Einzelfall nicht ausreichen.[163] Ebenfalls nach Treu und Glauben unbeachtlich ist die Prüfbarkeitsrüge des Auftraggebers, wenn dieser trotz Einwänden gegen die Prüfbarkeit eine konkrete inhaltliche Prüfung vorgenommen hat.[164] Davon zu unterscheiden ist allerdings Fall, dass der Auftraggeber zB den Nachtrag bereits dem Grunde nach ablehnt und darüber hinaus die Preisermittlung lediglich hilfsweise als nicht prüfbar beanstandet.

78 Werden vom Auftraggeber beachtliche Einwände gegen die Prüfbarkeit erhoben, wird der Schlusszahlungsanspruch nicht fällig. Reicht der Auftragnehmer daraufhin neue Angaben nach, ist das weitere Verfahren nicht explizit beschrieben. Allerdings setzt Abs. 3 Nr. 1 grundsätzlich eine Prüfung durch den Auftraggeber als Voraussetzung für die Fälligkeit voraus, sodass die Fristen erneut zu laufen beginnen und der Auftraggeber wiederum binnen 30 bzw. 60 Tagen verbleibende Einwände gegen deren Prüfbarkeit erheben kann.

79 **d) Ausschluss von Prüfbarkeitseinwänden.** Versäumt der Auftraggeber, Einwände gegen die Prüfbarkeit fristgerecht geltend zu machen, ist er hiermit nach § 16 Abs. 3 Nr. 1 S. 3 ausgeschlossen. Die Schlusszahlung wird dann trotz

---

[159] Messerschmidt/Voit/Voit § 16 Rn. 17.
[160] Vgl. hierzu BGH NJW 2007, 1581 (1582).
[161] BGH NZBau 2010, 443 (445); 2004, 216 (218); OLG Bamberg NJW-RR 2018, 919 (920); OLG Karlsruhe IBRRS 2015, 1869.
[162] BGH NZBau 2010, 443 (445).
[163] KG IBR 2014, 218.
[164] BGH NZBau 2002, 90 (91); OLG Brandenburg IBR 2014, 358.

Zahlung **§ 16**

fehlender Prüfbarkeit der Schlussrechnung mit Ablauf der Prüffristen fällig. Dies gilt auch dann, wenn der Auftragnehmer zu einem späteren Zeitpunkt nochmals eine neue Schlussrechnung einreicht, da die bereits eingetretene Fälligkeit hierdurch nicht wieder aufgehoben und beseitigt wird.[165] Für den Ausschluss spielt es keine Rolle, warum der Auftraggeber etwaige Prüfbarkeitseinwände nicht fristgerecht erhoben hat; auch auf ein Verschulden kommt es nicht an.[166]

Der **Ausschluss** nach Nr. 1 S. 3 bezieht sich allein auf die Einwände gegen die Prüfbarkeit.[167] Dies stellt auch der heutige Wortlaut nochmals ausdrücklich klar. Alle sonstigen Einwände gegen die Rechnung und die hierin ausgewiesenen Beträge stehen dem Auftraggeber weiterhin uneingeschränkt offen.[168] Er kann somit zB auch trotz unterlassener Rüge zur Prüfbarkeit von Aufmaßen die hierüber abgerechneten Mengen bestreiten. Unterbliebene Prüfbarkeitseinwände haben grundsätzlich auch keine Änderung der Beweislast zur Folge. Dies kann allenfalls in Ausnahmefällen in Betracht kommen, wenn der Verzicht auf Prüfbarkeitseinwände für den Auftragnehmer den berechtigten Schluss zulässt, dass der Auftraggeber auf weitere Nachweise verzichtet und diese von daher nicht erhoben oder vernichtet werden.[169] Hiervon wird jedenfalls bis zur Schlusszahlung aber kaum auszugehen sein.[170] 80

e) Prüfung durch den Auftraggeber. Bei den Fristen von 30 bzw. 60 Tagen handelt es sich nach dem ausdrücklichen Wortlaut lediglich um Höchstfristen für die Prüfung durch den Auftraggeber. Bei vorzeitigem Abschluss der Prüfung kann die Fälligkeit der Schlusszahlung auch früher eintreten.[171] Hiervon geht die VOB/B trotz der zunächst auf 30 Tage verkürzten Prüffrist sogar grundsätzlich aus, wenn der Anspruch auf Schlusszahlung nach § 16 Abs. 3 Nr. 1 S. 1 alsbald nach Prüfung und Feststellung fällig werden soll. An dieser Formulierung wurde trotz verschiedener Kritik bezüglich der Bestimmtheit und den daraus zB für die Verjährung resultierenden Unsicherheiten auch für die VOB/B 2012 festgehalten. 81

Feststellung bedeutet dabei den Abschluss der Rechnungsprüfung mit einem konkreten Prüfergebnis. Dabei ist es nach dem Wortlaut unerheblich, ob der Auftraggeber die Schlussrechnung hätte schneller prüfen können; maßgeblich ist nur, wann der Auftraggeber seine Feststellungen tatsächlich getroffen hat.[172] Dabei stellt die Rechtsprechung auf den Zeitpunkt ab, zu dem der Auftraggeber sein Prüfergebnis dem Auftragnehmer mitteilt;[173] hierbei handelt es sich regelmäßig um den einzig verlässlich zu ermittelnden Anknüpfungspunkt, um den Abschluss der Prüfung als Beginn der Fälligkeit festzustellen. Allerdings gilt zu beachten, 82

---

[165] BGH NZBau 2011, 227 (229); 2010, 443; 445.
[166] BGH NZBau 2004, 216 (218).
[167] BGH NZBau 2011, 227 (288); aA OLG Düsseldorf NJW-RR 1998, 376 (377); dem bereits widersprechend BGH NZBau 2001, 314 (315).
[168] BGH NZBau 2001, 314 (315).
[169] Kapellmann/Messerschmidt/Messerschmidt § 16 Rn. 308; aA Messerschmidt/Voit/Voit § 16 Rn. 20 mit Fn. 63, da der Auftragnehmer für die Schlussrechnung beweisbelastet bleibt und von daher nicht darauf vertrauen könne, von seiner Nachweispflicht entbunden zu werden.
[170] Kapellmann/Messerschmidt/Messerschmidt § 16 Rn. 308.
[171] BGH NJW 1982, 1815; OLG Frankfurt a. M. IBR 2014, 465; OLG Bamberg NZBau 2004, 272 (274).
[172] BGH NJW 1989, 836 (837).
[173] BGH BauR 2006, 993 (994); BGH NJW 1982, 1815.

dass die Schlusszahlung erst **alsbald** nach Prüfung und Feststellung der Schlussrechnung fällig wird. Damit ist dem Auftraggeber zumindest noch Zeit einzuräumen, die Zahlung zu leisten – so dass Fälligkeit auch erst nach der Mitteilung des Prüfergebnisses an den Auftragnehmer eintreten kann.

83 **f) Kein Anerkenntnis.** Häufig wird die Rechnungsprüfung durch den Architekten des Auftraggebers vorgenommen. Dessen Prüfvermerk stellt nur eine reine **Wissenserklärung** dar, der in rechtlicher Hinsicht keine Anerkenntniswirkung gegenüber dem Auftragnehmer zukommt.[174] Ohne besondere Umstände ist der Architekt als in erster Linie technischer Vertreter des Auftraggebers ohnehin nicht bevollmächtigt, für diesen verbindliche kaufmännische Erklärungen abzugeben.[175]

84 Ein **Anerkenntnis** liegt in der Regel aber auch dann nicht vor, wenn das vom Architekten ermittelte Prüfergebnis direkt vom Auftraggeber an den Auftragnehmer übermittelt wird; denn auch dem ist ohne besondere Umstände nicht der rechtsgeschäftliche Wille zu entnehmen, das Schuldverhältnis insoweit ganz oder teilweise dem Streit zu entziehen.[176] Etwas anderes soll ausnahmsweise zB dann gelten, wenn der Auftraggeber die Bauleitung selbst übernommen und sich an Ort und Stelle ein Bild vom Umfang der Leistungen verschafft hat.[177]

85 Ansonsten besteht damit auch **keine Bindung** des Auftraggebers an sein Prüfergebnis; er ist nicht gehindert, die von ihm geprüfte Schlusszahlungsforderung des Auftragnehmers später wieder zu bestreiten. Die Prüfung und Feststellung der Schlussrechnung hat zunächst auch keine Umkehr in der Beweislast zur Folge, außer der Auftragnehmer hat im berechtigten Vertrauen auf die erfolgte Feststellung auf eine weitere Nachweissicherung verzichtet und die Nachweisführung ist nachträglich zB aufgrund nachfolgender Arbeiten unmöglich geworden.[178]

86 **g) Beschleunigung und unbestrittenes Guthaben.** Nach § 16 Abs. 3 Nr. 1 S. 4 ist der Auftraggeber gehalten, die Prüfung der Schlussrechnung nach Möglichkeit zu beschleunigen. Über eine allgemeine Vorgabe hinaus entfaltet diese Regelung keine Konsequenz;[179] für die Fälligkeit der Schlusszahlung kommt es auch nicht darauf an, ob der Auftraggeber die Rechnung tatsächlich schneller hätte prüfen können.[180]

87 Verzögert sich die Prüfung, ist der Auftraggeber nach § 16 Abs. 3 Nr. 1 S. 5 lediglich verpflichtet, ein **unbestrittenes Guthaben** an den Auftragnehmer sofort auszuzahlen. Hierfür reicht nicht aus, dass einzelne Positionen aus der Schlussrechnung unstrittig sind; ein unbestrittenes Guthaben ist nur dann gegeben, wenn bereits vor Abschluss der Prüfung feststeht, dass dem Auftragnehmer unter Berücksichtigung sämtlicher bisheriger Zahlungen und Gegenforderungen zumindest ein Teil der von ihm geforderten Schlusszahlung zusteht.[181] Dieser Teilbetrag ist ausdrücklich als **Abschlagszahlung** zu leisten; damit wird deutlich, dass der Anspruch auf Schlusszahlung nicht teilweise fällig wird, sondern bis zum

---

[174] BGH NZBau 2005, 148 (149); BGH NZBau 2002, 338 (339).
[175] Ingenstau/Korbion/Locher § 16 Abs. 3 Rn. 15.
[176] BGH NZBau 2007, 242; OLG München IBR 2012, 635; OLG Frankfurt a. M. IBR 2010, 15; NJW-RR 1997, 526.
[177] OLG München BeckRS 2016, 131584.
[178] BGH NZBau 2006, 777; 2004, 31 (33).
[179] Beck VOB/B/Kandel § 16 Abs. 3 Rn. 40.
[180] BGH NJW 1989, 836 (837).
[181] BGH NJW 1997, 1444.

Abschluss der Prüfung oder dem Ende der hierfür vereinbarten Fristen zurücksteht. Der Teilbetrag kann aber trotz eingetretener Schlussrechnungsreife als vorläufige Anzahlung auf die später nach Abschluss der Gesamtprüfung fällige Schlusszahlung geleistet werden.[182]

3. Abnahme. Auch wenn in § 16 Abs. 3 Nr. 1 nicht ausdrücklich erwähnt, ist neben der Schlussrechnung und deren Prüfung auch beim VOB/B-Vertrag die Abnahme des Werkes Voraussetzung für die Fälligkeit der Schlusszahlung.[183] So setzen zB auch Teilschlusszahlungen nach Abs. 4 ausdrücklich eine Teilabnahme voraus. Die Regelungen in Abs. 3 Nr. 1 treten damit als zusätzliche Fälligkeitsvoraussetzungen zu § 12 bzw. § 641 Abs. 1 BGB hinzu. **88**

Auf die **Reihenfolge** kommt es dabei nicht an; die Fälligkeit der Schlusszahlungsforderung tritt zu dem Zeitpunkt ein, zu dem sämtliche Fälligkeitsvoraussetzungen das erste Mal erfüllt sind. Zwar kommt die Stellung und vor allem Prüfung einer Schlussrechnung grundsätzlich erst nach Fertigstellung der Arbeiten und Abnahme in Betracht; wenn der Auftraggeber die vorzeitig gestellte Schlussrechnung bis dahin nicht prüfen kann, hat er entsprechende Einwände zu erheben. Andernfalls tritt die Fälligkeit der Schlusszahlungsforderung unmittelbar mit Erteilung der Abnahme bzw. zum Zeitpunkt abnahmereifer Fertigstellung ein.[184] **89**

Unabhängig von der Abnahme durch den Auftraggeber wird der Anspruch des Auftragnehmers auf Schlusszahlung an sich dann fällig, wenn die Voraussetzungen der **Durchgriffsfälligkeit** nach § 641 Abs. 2 BGB vorliegen.[185] Selbst wenn die Vorschrift eine möglichst schnelle Weiterleitung der durch den Auftraggeber erhaltenen Zahlungen an den Auftragnehmer bezweckt, lässt die Zahlung des Bauherrn aber nicht das Interesse des Auftraggebers an einer Abrechnung über die von ihm an seinen Auftragnehmer bereits geleisteten Abschlagszahlungen entfallen. Von daher müssen auch in diesen Fällen die weiteren Voraussetzungen nach § 16 Abs. 3 Nr. 1 für die Fälligkeit der Schlusszahlung erfüllt sein. **90**

Nichts anderes gilt in den Fällen, in denen die Notwendigkeit einer Abnahme ausnahmsweise entfallen kann, da das Vertragsverhältnis zB auch ohne eine solche bereits in ein Abrechnungsverhältnis übergegangen ist,[186] zB in Fällen der **Kündigung**[187] oder bei Unmöglichkeit der Mängelbeseitigung.[188] Auch in diesen Konstellationen bedarf es nach der VOB/B dann aber der weiteren Voraussetzungen nach § 16 Abs. 3 Nr. 1 für die Fälligkeit des Schlusszahlungsanspruches. **91**

II. Keine Bindung und einheitliche Fälligkeit

Auch wenn eine Schlussrechnung grundsätzlich eine aus Sicht des Auftragnehmers abschließende Gesamtabrechnung über alle ihm aus dem Bauvorhaben zustehenden Ansprüche erfordert, ist der Auftragnehmer nicht an den Inhalt einer einmal gestellten Schlussrechnung gebunden.[189] Die **fehlende Bindung** ergibt **92**

---

[182] Beck VOB/B/Kandel § 16 Abs. 3 Rn. 46. f.
[183] BGH NJW-RR 1987, 533 (534); BGH NJW 1981, 822; KG Berlin IBRRS 2024, 0792.
[184] Beck VOB/B/Kandel § 16 Rn. 32.
[185] Kapellmann/Messerschmidt/Messerschmidt § 16 Rn. 325.
[186] Kapellmann/Messerschmidt/Messerschmidt § 16 Rn. 325.
[187] BGH NJW 2006, 2475 (2476).
[188] OLG München BeckRS 2016, 125733.
[189] BGH NJW 1988, 910; OLG Düsseldorf BauR 2016, 518 (520); OLG Hamm BauR 2012, 1948 (1949).

§ 16

sich bereits aus der Existenz der Regelungen zum Ausschluss von Nachforderungen nach § 16 Abs. 3 Nr. 2, für die ansonsten kaum Bedarf bestünde; dass sich der Ausschluss dabei nicht nur auf vom Auftraggeber vorgenommene Rechnungskürzungen bezieht, belegt auch die eigens erwähnte Rückausnahme in Abs. 3 Nr. 6, wonach die Ausschlusswirkung nicht für Nachforderungen aufgrund von Aufmaß-, Rechen- und Übertragungsfehlern greift – die bis dahin gerade keinen Eingang in die Schlussrechnung gefunden haben. Damit kann der Auftragnehmer seine Forderungen jedenfalls solange erhöhen oder um neue Positionen ergänzen, bis er nicht voll bezahlt wurde oder die Schlusszahlung nach Abs. 3 Nr. 2 vorbehaltlos akzeptiert hat.

93 Macht der Auftragnehmer hiervon Gebrauch lässt dies nicht rückwirkend die Schlussrechnungswirkung der damit dann unvollständigen Rechnung und die bereits eingetretene Fälligkeit entfallen. Es gilt der Grundsatz **einheitlicher Fälligkeit,** wonach mit der Schlussrechnung und deren Prüfung nicht nur die in die Schlussrechnung eingestellten Forderungen fällig werden, sondern gleichzeitig auch alle diejenigen Forderungen, die in die Schlussrechnung hätten eingestellt werden können.[190] Ist danach Fälligkeit der Schlusszahlung eingetreten, erfasst diese auch alle weiteren Forderungen des Auftragnehmers aus dem jeweiligen Bauvorhaben. Dabei spielt es keine Rolle, warum der Auftragnehmer diese nicht gleich mit abgerechnet hat.[191] Der einheitliche Fälligkeitseintritt hat zur Folge, dass sich der Auftraggeber nicht auf die fehlende Prüfbarkeit von entsprechend nachgereichten Rechnungen berufen kann, wenn die Prüffristen für die erste Schlussrechnung bereits abgelaufen sind.[192] Vielmehr bedarf es für die Fälligkeit der Nachforderungen überhaupt keiner gesonderten Rechnungslegung mehr, da diese bereits gleichzeitig mit den Forderungen aus der Schlussrechnung fällig geworden sind.[193] Dem liegt die Überlegung zu Grunde, dass der Auftragnehmer ansonsten auch Jahre später noch Nachforderungen erheben könnte, ohne an deren Durchsetzung durch die Einrede der Verjährung gehindert werden zu können.[194] Dies steht dem von der VOB/B verfolgten Zweck eines möglichst zeitnahen Rechtsfriedens entgegen.[195] So sieht auch § 16 Abs. 3 Nr. 1 die Schlussrechnung als Voraussetzung für die Fälligkeit gerade als Anknüpfungspunkt für die abschließende Bewertung durch den Auftraggeber und die damit nach Abs. 3 Nr. 2 verbundene Ausschlusswirkung an.[196] Vor dem Hintergrund der einheitlich in Gang gesetzten **Verjährungsfristen** wird es hingenommen, dass dem Auftraggeber die Möglichkeit der Forderungsprüfung als Voraussetzung für die Fälligkeit genommen wird; damit geht auch kein unmittelbarer Nachteil einher, da der Auftraggeber nach § 16 Abs. 5 S. 2 gleichwohl nur nach einer entsprechend angemessenen Nachfrist in Verzug gerät bzw. der Beginn der 30-Tages-Frist nach § 16 Abs. 5 S. 3 wiederum eine Rechnung auch über die Nachforderungen voraussetzt.

---

[190] BGH NZBau 2011, 227 (229); BGH WM 1970, 691 (692); KG Berlin, IBRRS 2024, 0792; OLG Düsseldorf BauR 2008, 1902 (1905); OLG Düsseldorf NJW 1977, 1298; LG Koblenz IBR 2017, 13.
[191] OLG Bamberg IBR 2003, 525.
[192] BGH NZBau 2011, 227 (229).
[193] OLG Hamm BauR 2012, 1948 (1949).
[194] BGH WM 1970, 691 (692).
[195] BGH NZBau 2011, 227 (229).
[196] BGH WM 1970, 691 (692).

Zahlung **§ 16**

III. Verjährung

Der Anspruch auf Schlusszahlung unterliegt der Regelverjährung nach § 195 BGB. **94**

Die Frist beginnt nach § 199 BGB mit Schluss des Jahres zu laufen, in dem der Anspruch entstanden ist. Dies beurteilt sich für den VOB/B-Vertrag nach den Fälligkeitsregeln aus § 16 Abs. 3 Nr. 1.[197] Für den **Beginn der Verjährungsfrist** ist damit das Ende des Jahres maßgeblich, in dem der Auftraggeber die Schlussrechnung geprüft und festgestellt hat; hierfür ist regelmäßig auf den Zeitpunkt der Mitteilung des Prüfergebnisses an den Auftragnehmer abzustellen.[198] Unabhängig hiervon wird der Anspruch des Auftragnehmers spätestens mit Ablauf der jeweiligen Prüffrist fällig, wenn der Auftraggeber nicht vorher beachtliche Einwände gegen die Prüfbarkeit erhoben hat. In diesem Fall beginnt die Verjährung also erst mit Ablauf des Jahres zu laufen, in dem die jeweils geltende Frist zur Prüfung der Schlussrechnung endet.[199] **95**

Etwas anderes gilt nur dann, wenn der Auftraggeber die Schlussrechnung selbst nach § 14 Abs. 4 erstellt hat; in diesem Fall entfällt die Notwendigkeit einer nochmaligen Prüfung durch den Auftraggeber und wird die Schlusszahlung unmittelbar mit Zugang der Schlussrechnung beim Auftragnehmer fällig,[200] so dass mit Ende diesen Jahres dann auch die Verjährungsfrist zu laufen beginnt. **96**

Ausgangspunkt für die Ermittlung des Verjährungsbeginns ist dabei jeweils der tatsächliche Zugang der Schlussrechnung beim Auftraggeber; trotz der in § 14 Abs. 3 vereinbarten Abrechnungspflicht kommt es nicht darauf an, ob der Auftragnehmer die Schlussrechnung früher hätte stellen können oder sogar müssen.[201] Da sich der Auftragnehmer durch eine verzögerte Rechnungslegung vor allem selbst schädigt und er bis dahin weder seine Ansprüche durchsetzen noch Verzugszinsen verlangen kann, wird auch nach Treu und Glauben keine Veranlassung gesehen, zu seinen Lasten dann noch die Verjährung vorzuverlegen – zumal die VOB/B mit § 16 Abs. 3 und § 14 Abs. 4 ein sich geschlossenes Regelungssystem vorsieht, über das der Auftraggeber ausreichend geschützt ist und von dem er mit Erstellung einer eigenen Schlussrechnung auch Gebrauch zu machen hat.[202] **97**

---

[197] BGH NJW-RR 1990, 1170; BGH WM 1970, 691 (692); OLG Frankfurt a. M. IBR 2014, 465.
[198] BGH BauR 2006, 993 (994); BGH NJW 1982, 1815.
[199] KG Berlin IBRRS 2024, 0792.
[200] BGH NZBau 2002, 91 (92); OLG Schleswig IBR 2017, 67; OLG Stuttgart NJW-Spezial 2013, 396.
[201] BGH NJW-RR 1990, 1170 (1171); BGH NJW 1971, 1455.
[202] BGH NJW 1971, 1455. Diese Wertung ist letztlich der Grund für das Konstrukt der einheitlichen Fälligkeit (→ Rn. 93); dogmatisch stringenter erscheint vor dem Hintergrund der mit Einbeziehung der VOB/B getroffenen Vereinbarungen allerdings, den Auftraggeber bei nicht fristgerecht erfolgter Abrechnung im Hinblick auf die Verjährung so zu stellen, als ob der Auftragnehmer pflichtgemäß innerhalb der Fristen nach § 14 Abs. 3 abgerechnet hätte (vgl. insoweit zum Architektenrecht ohne insoweit festgeschriebene Fristen BGH NZBau 2000, 202 (203)). Damit würde auch die Notwendigkeit zur Konstruktion einer einheitlichen Fälligkeit aus Verjährungsgesichtspunkten heraus entfallen und könnte auch für etwaige Nachforderungen des Auftraggebers an dem vereinbarten Prozedere nach § 16 Abs. 3 Nr. 1 mit Rechnungslegung und Möglichkeit der Prüfung durch den Auftragnehmer festgehalten werden. Zugleich wäre auch eine konsequente Lösung für die nur teilweise prüfbare Rechnung geschaffen, da auch eine Pflicht zur (insgesamt) prüfbaren Abrechnung besteht und die Verjäh-

§ 16 VOB Teil B

98 Ist nach diesen Grundsätzen Fälligkeit eingetreten, werden hiervon alle Forderungen erfasst, die in die Schlussrechnung hätten eingestellt werden können;[203] die Verjährung beginnt damit auch **einheitlich** für Nachforderungen des Auftragnehmers zu laufen, die tatsächlich noch nicht in die Schlussrechnung eingestellt waren.[204]

99 Stellt sich die Schlussrechnung als nur **teilweise prüfbar** dar und hat der Auftraggeber insoweit beachtliche Einwände erhoben, wird demgegenüber die aus dem Gesamtsaldo von erbrachten Leistungen und geleisteten Abschlagszahlungen zu ermittelnde Schlusszahlung insgesamt nicht fällig,[205] so dass auch die Verjährung für den prüfbaren Teil noch nicht zu laufen beginnt.

100 Wurde die Klauseln allerdings die VOB/B vom Auftragnehmer gestellt und die VOB/B nicht als Ganzes vereinbart, halten die Fälligkeitsregeln nach § 16 Abs. 3 Nr. 1 in Altverträgen vor Einführung von § 650g Abs. 4 BGB einer isolierten AGB-Inhaltskontrolle ggf. nicht stand und sind unwirksam.[206] Die Schlusszahlung wird dann unabhängig von der Schlussrechnung und deren Prüfung nach § 641 Abs. 1 BGB bereits **mit Abnahme fällig,** was auch für die Berechnung der Verjährung zu beachten ist.

IV. Ausschluss von Nachforderungen nach Nr. 2–6

101 Leistet der Auftraggeber die Schlusszahlung und nimmt der Auftragnehmer diese ohne Vorbehalt entgegen, ist er nach § 16 Abs. 3 Nr. 2 unter den dort genannten Voraussetzungen mit späteren **Nachforderungen** ausgeschlossen. Der Sinn und Zweck der Regelung besteht darin, frühzeitig Rechtsfrieden und Rechtsklarheit zwischen den Vertragsparteien zu schaffen.[207] Sie begründet einen Vertrauenstatbestand, nach dem der Auftraggeber mit Ablauf der Fristen nach Abs. 3 Nr. 5 davon ausgehen kann, für den jeweiligen Vertrag keine weiteren Zahlungen mehr aufbringen zu müssen.[208] Dies betrifft sowohl Nachforderungen zur Schlussrechnung wie gerade auch den Fall, dass die Schlusszahlung hinter dem mit der Schlussrechnung geforderten Betrag zurückbleibt.

102 Der **Ausschluss** mit möglicherweise berechtigten Forderungen nur aufgrund formaler Gründe stellt eine einschneidende Rechtsfolge zum Nachteil des Auftragnehmers dar, zumal sich auch die Frist von 28 Tagen deutlich kürzer als bei vergleichbaren Tatbeständen wie zB Verjährung oder Verwirkung darstellt. Abs. 3 Nr. 2 hält von daher selbst im geschäftlichen Verkehr einer isolierten **AGB-Inhaltskontrolle** bei Verwendung durch den Auftraggeber nicht stand.[209] Da die

---

rung in allen Fällen dann einheitlich ausgehend von dem sich aus § 14 Abs. 3 ergebenden Termin ermittelt würde. Allerdings müssten dann ggf. grundsätzlich längere Abrechnungsfristen vorgesehen werden, wie sie nach § 14 Abs. 3 aber bereits jetzt ohne Eingriff in die VOB/B vereinbart werden können.

[203] → Rn. 93.
[204] BGH NJW 1970, 938 (940); OLG Hamm BauR 2012, 1948 (1949); OLG Bamberg IBR 2003, 525.
[205] → Rn. 72.
[206] → Rn. 148.
[207] BGH NJW 1987, 2582 (2583).
[208] BGH NJW 1983, 816 (817); BGH NJW 1981, 1784.
[209] BGH NZBau 2007, 581 (582); BGH BauR 2002, 775 (776); BGH NJW 1988, 55 (56); OLG Stuttgart IBRRS 2024, 0638; OLG Koblenz BauR 2013, 825; KG BauR 2009, 1941.

VOB/B bis zur Reform des Bauvertragsrechts nur selten ohne jegliche Änderung vereinbart wird, haben die Nr. 2–6 von Abs. 3 insbesondere seit der Entscheidung des BGH vom 22.1.2004[210] stark an praktischer Bedeutung verloren; diese dürfte in Anbetracht der geänderten Gesetzeslage und den seither festzustellenden Bemühungen der Auftraggeber, die VOB/B zur Sicherung der unmittelbaren Anordnungsrechte (ohne 30-tätige Verhandlungsfrist) nach § 1 Abs. 3 und Abs. 4 wieder in Reinform zu vereinbaren, allerdings wieder steigen. Wenn die VOB/B tatsächlich ohne jede Abweichung vereinbart wird, ist dem Auftraggeber eine Berufung auf die Schlusszahlungseinrede dann auch nicht nach Treu und Glauben verwehrt.[211] Die betreffenden Regelungen sind angesichts der weitreichenden Folgen für den Auftragnehmer dabei aber **eng** und **zurückhaltend** auszulegen.[212]

1. Schlusszahlung gem. Nr. 2. Über § 16 Abs. 3 Nr. 2 werden nur Nachforderungen ausgeschlossen, die über die **Schlusszahlung** des Auftraggebers hinausgehen. 103

a) Begriff. Der Begriff der **Schlusszahlung** setzt die Erteilung der **Schlussrechnung** voraus; denn bevor nicht der Auftragnehmer die ihm vermeintlich zustehenden Forderungen aus seiner Sicht abschließend beziffert hat, kann der Auftraggeber hierzu auch nicht endgültig Stellung nehmen, da der Entgegennahme einer gleichwohl erfolgten Zahlung auch keine abschließende Aussage über die Geltendmachung weiterer Forderung entnommen werden kann.[213] 104

Dabei reicht es aus, wenn die Schlussrechnung nach § 14 Abs. 4 vom Auftraggeber erstellt wird; auch hier bringt der Auftraggeber seine Vorstellung von den berechtigten Forderungen des Auftragnehmers zum Ausdruck, der bei vorbehaltsloser Annahme einer entsprechenden Zahlung dann nur umso mehr den Eindruck erweckt, keine weiteren Forderungen mehr geltend machen zu wollen. Zudem kann sich der Auftragnehmer bei wirksamer Einbeziehung von § 16 Abs. 3 Nr. 2 der Schlusszahlungseinrede nicht dadurch entziehen, dass er es selbst pflichtwidrig unterlässt, eine Schlussrechnung zu stellen. 105

Dementsprechend kommt es für den Forderungsausschluss nach Abs. 3 Nr. 2 auch nicht darauf an, ob der Auftragnehmer die Schlussrechnung **prüfbar** aufgestellt hat.[214] Nach Abs. 3 Nr. 5 ist eine prüfbare Rechnung erst notwendig, um den späteren Vorbehalt zu begründen. Der Auftraggeber kann also auch auf eine nicht prüfbare Schlussrechnung eine Schlusszahlung leisten. Dies ist auch **vor Abnahme** möglich, da die Ausschlusswirkung nach Abs. 3 Nr. 2 unabhängig von der Fälligkeit der Schlusszahlung nach Abs. 3 Nr. 1 ist.[215] 106

Eine Zahlung wird allerdings erst dann zur Schlusszahlung, wenn für den Auftragnehmer entsprechend dem Hinweis nach Abs. 3 Nr. 3 klar erkennbar ist, dass der Auftraggeber hiermit eine nach seiner Auffassung noch bestehende Schuld vollständig und abschließend tilgen, darüber hinaus aber keine weiteren Zahlungen mehr leisten möchte.[216] Damit bestimmt allein der Auftraggeber, ob eine Zahlung als Schlusszahlung gelten soll. Es spielt dabei keine Rolle, ob die gegen- 107

---

[210] BGH NZBau 2004, 267.
[211] OLG Koblenz IBR 2013, 202.
[212] BGH NJW 1988, 55 (56); BGH NJW 1987, 2582 (2583); BGH NJW 1965, 536.
[213] BGH BauR 1979, 342 (343); BGH NJW 1975, 1833.
[214] BGH NJW 1999, 944; BGH NJW 1987, 2582 (2583); KG BauR 2009, 1941.
[215] BGH NJW 1987, 2582 (2584); OLG Frankfurt a. M. IBR 2016, 445.
[216] BGH NJW 1972, 51.

über der Schlussrechnung vorgenommenen Kürzungen objektiv berechtigt sind,[217] da es dann ohnehin keiner Ausschlusswirkung der Schlusszahlung bedürfte. Die Zahlung muss auch nicht ausdrücklich als Schluss- oder Restzahlung bezeichnet werden, solange die vom Auftraggeber bezweckte **endgültige Abschlusswirkung** für den Auftragnehmer nur klar und unmissverständlich zum Ausdruck kommt.[218] Daran fehlt es, wenn der Auftraggeber die Bereitschaft zur weiteren Prüfung der Rechnung erkennen lässt.[219] Behält sich der Auftraggeber Gegen- oder Rückforderungsansprüche vor, steht dies der Annahme einer Schlusszahlung nicht entgegen.[220]

108 Dies gilt auch im Falle eines **Sicherheitseinbehalts** für etwaige spätere Ansprüche des Auftraggebers, da der entsprechende Vergütungsanspruch nicht in Abrede gestellt und der Auftraggeber seine Vorstellung über die Ansprüche des Auftragnehmers für den von Abs. 3 Nr. 2 beabsichtigten Rechtsfriedens hat ausreichend erkennen lassen.[221] Etwas anderes gilt, wenn der Einbehalt dazu dient, den Auftragnehmer zu konkreten Mängelbeseitigungsarbeiten anzuhalten; mit der Auszahlung des entsprechend gekürzten Betrages wird dann gerade noch keine abschließende Aussage zum Vergütungsanspruch des Auftragnehmers getroffen.[222]

109 **b) Kein Anerkenntnis.** Ebenso wenig wie die Prüfung und Feststellung der Schlussrechnung stellt auch die vorbehaltlose Bezahlung der Schlussrechnung allein **kein Schuldanerkenntnis** des Auftraggebers dar.[223] Es handelt sich um eine reine Erfüllungshandlung nach § 362 BGB, der ohne besondere Umstände nicht der rechtsgeschäftliche Wille entnommen werden kann, den Bestand der erfüllten Forderungen außer Streit stellen zu wollen.[224] So ist schon der Übersendung der Schlussrechnung regelmäßig kein Angebot auf Abschluss einer dahingehenden Vereinbarung zu entnehmen, an das sich der Auftragnehmer gem. § 145 BGB bis zur Annahme oder Ablehnung durch den Auftraggeber gebunden sieht.[225] Etwas anderes kommt ausnahmsweise zB bei Bezahlung trotz vorausgehender Meinungsverschiedenheiten über den abgerechneten Betrag oder bei besonderen Kenntnissen über den tatsächlichen Leistungsumfang in Betracht, die aber jeweils konkret festgestellt werden müssen.[226] In der Prüfung und Zusage entsprechender Zahlungen kann zudem die Genehmigung einer Nachtragsbeauftragung und die Annahme der mit der Schlussrechnung angebotenen Nachtragspreise liegen;[227] mit vorbehaltloser Zahlung der Schlussrechnung droht für den Auftraggeber auch die Gefahr, seinen Anspruch auf Preisanpassung nach § 2 Abs. 3 zu verwirken.[228]

---

[217] BGH BauR 1980, 278 (279).
[218] BGH BauR 1983, 477; BGH BauR 1975, 282 (283).
[219] BGH BauR 1983, 476 (477); OLG Köln NJW-RR 1997, 213.
[220] BGH NJW 1972, 51.
[221] BGH NJW 1970, 706; OLG Hamm 4.1.1991 – 12 U 98/90, NJW-RR 1991, 792; OLG Frankfurt a. M. BauR 1983, 372.
[222] BGH NJW-RR 1991, 275 (276).
[223] BGH NZBau 2007, 242; BGH NJW 1979, 1306.
[224] BGH NJW 2009, 580 (581).
[225] Vgl. hierzu auch BGH NJW 2014, 2780 (2781).
[226] OLG Düsseldorf NZBau 2015, 288 (290).
[227] OLG Düsseldorf NZBau 2015, 286 (287).
[228] OLG Düsseldorf NZBau 2015, 286 (288).

2. Hinweis auf Schlusszahlungswirkung. Der Auftraggeber hat den Auf- 110
tragnehmer nach § 16 Abs. 3 Nr. 2 Hs. 2 schriftlich über die Schlusszahlung zu
unterrichten und auf die Ausschlusswirkung hinzuweisen. Dahingehende Mitteilungen müssen weder nach dem Wortlaut noch nach Sinn und Zweck von der
Schlusszahlung getrennt erfolgen, sondern können nach zutreffender Ansicht
unmittelbar mit der Schlusszahlung selbst verbunden werden;[229] sie müssen allerdings beim Auftragnehmer in entsprechender Form zugehen, so dass zB entsprechende Angaben auf einem Überweisungsträger nicht ausreichen.[230]

Die **Unterrichtung** über die Schlusszahlung erfordert nicht nur eine Informa- 111
tion über die Zahlung, sondern darüber hinaus gerade auch über die mit der
Schlusszahlung einhergehende Ablehnung weiterer Zahlungen.

Darüber hinaus hat der Auftraggeber auch explizit auf die mögliche Ausschluss- 112
wirkung nach Abs. 3 Nr. 2 hinzuweisen. Auch wenn die Unterrichtung über die
Schlusszahlung und der **Hinweis auf die Ausschlusswirkung** separat erfolgen
können,[231] geht die VOB/B ausweislich von Abs. 3 Nr. 5 im Grundsatz von einer
einheitlichen Mitteilung aus; damit ist die Regelung so zu verstehen, dass sich
das Erfordernis der Schriftform neben der Unterrichtung über die Schlusszahlung
auch auf den Hinweis über die Ausschlusswirkung bezieht.[232] Der Hinweis dient
dem besonderen Schutz des Auftragnehmers, der eindringlich vor den einschneidenden Folgen einer vorbehaltlosen Annahme der Zahlung gewarnt werden soll.
Zu diesem Zwecke müssen die Angaben des Auftraggebers klar und eindeutig
sein; sie haben dem Auftragnehmer unmissverständlich sowohl die drohende
Rechtsfolge wie auch die Möglichkeit und Notwendigkeit eines Vorbehalts binnen 28 Tagen mit entsprechender Begründung innerhalb von weiteren 28 Tagen
vollumfänglich aufzuzeigen.[233] Ansonsten kann die vorbehaltlose Entgegennahme
der Schlusszahlung auch kein berechtigtes Vertrauen des Auftraggebers begründen,
dass der Auftragnehmer sich mit der erhaltenen Zahlung zufrieden gibt und keine
weiteren Forderungen geltend macht.

Die **Schriftform** stellt vor dem Hintergrund der einschneidenden Folgen und 113
der damit notwendigen engen Auslegung von Abs. 3 Nr. 2 nach hM kein bloßes
Beweis- sondern ein Wirksamkeitserfordernis dar, mit dem der Warnung des
Auftragnehmers besonderer Nachdruck verliehen wird.[234] Zur Wahrung der
Schriftform genügt nach der Auslegungsregel des § 127 Abs. 2 BGB regelmäßig
auch die telekommunikative Übermittlung. Dies befreit nach zutreffender Auffassung aber nicht von dem Erfordernis einer eigenhändigen Unterschrift nach § 126
Abs. 1 BGB, sondern lediglich von deren Übermittlung im Original.[235] Der Hinweis durch einfache, nicht unterschriebene **E-Mail** genügt dem Schriftformerfordernis damit im Regelfall nicht.[236]

---

[229] OLG Stuttgart NZBau 2014, 772; aA OLG Köln NJW-RR 1994, 1501 (1502); Heiermann/Riedl/Rusam/Heiermann/Mansfeld § 16 Rn. 110.

[230] So auch Kapellmann/Messerschmidt/Messerschmidt § 16 Rn. 363.

[231] OLG Oldenburg NZBau 2014, 769 (770); Ingenstau/Korbion/Locher § 16 Abs. 3 Rn. 93.

[232] BGH NJW 1999, 944 (945); OLG Köln NJW-RR 1994, 1501 (1502).

[233] BGH NJW 1999, 944 (945); Leinemann/Leinemann § 16 Rn. 181.

[234] BGH NJW 1999, 944 (945); OLG Naumburg NZBau 2001, 139 (140); OLG Köln NJW-RR 1994, 1501 (1502); Kapellmann/Messerschmidt § 16 Rn. 359.

[235] Staudinger/Hertel BGB § 127 Rn. 32 ff.

[236] OLG Frankfurt a. M. BauR 2012, 1287; KG Grundeigentum 2001, 849; aA BAG ZTR 2010, 253; vgl. hierzu auch Hummel in BauR 2015, 329 (331 f.).

§ 16

114   3. **Schlusszahlungsgleiche Erklärungen (Nr. 3).** Der Schlusszahlung steht nach § 16 Abs. 3 Nr. 3 gleich, wenn der Auftraggeber weitere Zahlungen über die von ihm bereits geleisteten Beträge hinaus endgültig ablehnt. Die Regelung setzt die bereits frühere Rechtsprechung um, wonach es für den mit Abs. 3 Nr. 2 angestrebten Rechtsfrieden keinen Unterschied macht, ob der Auftraggeber noch eine Restschuld tilgen zu müssen meint oder den Auftragnehmer bereits für vollständig bezahlt hält.[237] Sie erfasst auch Fälle, in denen der Auftragnehmer zB nach § 16 Abs. 3 Nr. 1 S. 5 noch weitere Abschlagszahlungen auf die Schlussrechnung geleistet hat und erst dann zu der Auffassung gelangt, keine weiteren Zahlungen mehr zu schulden. Maßgeblich ist allein, dass der Auftraggeber Zahlungen über einen bestimmten Betrag hinaus ablehnt. Die **Ablehnung** muss endgültig sein und hat insoweit den Anforderungen der Schlusszahlungserklärung nach Abs. 3 Nr. 2 zu entsprechen;[238] die Ausübung eines Zurückbehaltungsrechts genügt insoweit nicht.[239] Wie die Schlusszahlungserklärung hat auch die Ablehnung weiterer Zahlungen nach Abs. 3 Nr. 3 zum Schutz des Auftragnehmers und dessen eindeutiger Warnung **schriftlich** zu erfolgen, um die Ausschlusswirkung nach Abs. 3 Nr. 2 herbeiführen zu können. Sie kann ggf. auch im Rahmen eines klageabweisenden Schriftsatzes erklärt werden.[240]

115   Entgegen dem Wortlaut ist es nicht erforderlich, dass der Auftraggeber in seiner Erklärung ausdrücklich auf bereits geleistete Zahlungen hinweist; hierdurch wird nur zum Ausdruck gebracht, dass die vollständige Verweigerung jedweder Zahlung durch den Auftraggeber nicht von Abs. 3 Nr. 3 erfasst ist und damit auch nicht über Abs. 3 Nr. 2 zu einem kompletten Forderungsverlust beim Auftragnehmer führt.

116   Der Grund für die Verweigerung weiterer Zahlungen nach Sinn und Zweck von Abs. 3 Nr. 2 irrelevant; so kann auch eine **Aufrechnung** eine schlusszahlungsgleiche Erklärung iSv Abs. 3 Nr. 3 darstellen.[241] Hier spielt es ebenfalls keine Rolle, ob die zur Aufrechnung gestellte Forderung objektiv berechtigt ist und die Aufrechnung tatsächlich zum Erlöschen des Anspruchs auf Schlusszahlung führt.[242] Die zur Aufrechnung gestellte Forderung muss auch nicht aus derselben Baustelle herrühren.[243] Ist die Aufrechnung aber bereits nach § 96 InsO unzulässig, kann ihr keine Schlusszahlungswirkung zugesprochen werden.[244] Denn § 16 Abs. 3 Nr. 2 kann nicht so verstanden werden, dass eine berechtigte Forderung auch dann wegen etwaig fehlendem Vorbehalt für die Insolvenzmasse verloren sein soll, wenn die zuvor erklärte Aufrechnung gerade aus übergeordneten insolvenzrechtlichen Vorschriften zur Gleichbehandlung der Gläubiger nicht zu deren Erlöschen geführt hat. In diesem Fall geht der allgemeine Gläubigerschutz dem von der VOB/B beabsichtigten Zweck einer zeitnahen Klärung vor.

117   Die Ablehnung nach Abs. 3 Nr. 3 ersetzt nach dem Wortlaut nur die Schlusszahlung selbst; die übrigen Voraussetzungen von Abs. 3 Nr. 2 müssen damit wei-

---

[237] BGH NJW 1972, 51.
[238] BGH NJW 1983, 816 (817).
[239] OLG Köln IBR 2017, 542.
[240] OLG Düsseldorf NJW 1978, 1387 (1388).
[241] BGH NJW 1999, 944 ff.; BGH NJW 1987, 2582 (2584); BGH NJW 1977, 1294 (1295).
[242] BGH NZBau 2007, 644; BGH BauR 1975, 282 (283).
[243] BGH NJW 1977, 1293 (1294).
[244] BGH NZBau 2007, 644; BGH BauR 1975, 282 (283).

Zahlung **§ 16**

terhin erfüllt sein, um den Forderungsausschluss herbeizuführen. Neben einer schriftlichen Ablehnungserklärung ist damit insbesondere wieder ein **schriftlicher Hinweis** auf den Ausschluss von Nachforderungen bei nicht fristgerecht erklärtem und begründetem Vorbehalt erforderlich.[245] Zudem setzt die Erklärung nach Abs. 3 Nr. 3 auch die Existenz einer **Schlussrechnung** voraus.[246] Zuvor hat der Auftragnehmer seine Forderung noch gar nicht abschließend ermittelt und beziffert, sodass weder eine abschließende Stellungnahme des Auftraggebers noch ein Rückschluss auf das künftige Verhalten des Auftragnehmers in Betracht kommt; ansonsten hätte es der Auftraggeber auch über § 16 Abs. 3 Nr. 5 in der Hand, den Auftragnehmer abweichend von § 14 Abs. 3 bereits innerhalb der Vorbehaltsbegründungsfrist zur Erstellung einer prüfbaren Schlussrechnung zu zwingen.[247]

4. Vorbehalt nach Nr. 5. Bei wirksamer Vereinbarung von § 16 Abs. 3 Nr. 2 **118** muss der Auftragnehmer auf die mit entsprechenden Hinweisen versehene Schlusszahlung nach Abs. 3 Nr. 5 binnen 28 Tagen einen Vorbehalt erklären, um nicht mit seinen Nachforderungen ausgeschlossen zu sein.

Die Anforderungen an den Vorbehalt sind in der VOB/B nicht weiter definiert; **119** nach Sinn und Zweck reicht es aber aus, wenn der Auftraggebers zum Ausdruck bringt, dass er seine Forderung aus dem jeweiligen Bauvertrag mit den bisherigen Zahlungen noch nicht getilgt sieht[248] und sich hiermit nicht zufrieden gibt.[249] An den Inhalt des Vorbehalts sind in Anbetracht der zurückhaltenden Auslegung von Abs. 3 Nr. 2 keine hohen Anforderungen zu stellen;[250] er muss auch nicht ausdrücklich als Vorbehalt bezeichnet werden.[251] Es genügt, wenn der Auftragnehmer der intendierten Ausschlusswirkung erkennbar widerspricht, in dem er zB erklärt, an den abgerechneten Beträgen festzuhalten,[252] er Einspruch gegen das Prüfergebnis des Auftraggebers einlegt, Restbeträge anmahnt,[253] oder diese im Mahn- oder Klageverfahren geltend macht.[254] Ein dergestalt erklärter Vorbehalt entfällt auch nicht, wenn die Klage später zurückgenommen wird.[255] Nicht ausreichend ist aber die bloße Streitverkündung[256] oder zB die bloße Bitte um nochmalige Prüfung der Schlusszahlung.[257]

Der Vorbehalt selbst bedarf **keiner Begründung**, wenn eine solche nach **120** Abs. 3 Nr. 5 S. 2 erst weitere 28 Tage später vorzulegen ist. Er ist an keine Form gebunden und kann zB auch mündlich erfolgen. Er muss fristgerecht beim Auftraggeber zugehen, was der Auftragnehmer ggf. zu beweisen hat. Der Zugang beim vom Auftraggeber beauftragten Architekten reicht insoweit nur dann aus, wenn dieser gesondert auch zur Auseinandersetzung über die Vergütung mit dem

---

[245] BGH NJW 1999, 944 (945 f.); OLG Celle NJW-RR 1995, 915.
[246] BGH NJW 1987, 2582, 2683; BGH BauR 1975, 282.
[247] BGH BauR 1979, 342 (343).
[248] BGH NJW 1970, 706.
[249] BGH BauR 1983, 476 (477).
[250] BGH NZBau 2002, 435 (437); BGH NJW 1977, 1634; OLG Oldenburg NZBau 2014, 769 (771).
[251] BGH NJW 1970, 706.
[252] BGH NZBau 2002, 435 (437); OLG Frankfurt a. M. IBR 2016, 445.
[253] Kapellmann/Messerschmidt/Messerschmidt § 16 Rn. 387.
[254] BGH NJW 1987, 2582 (2585); BGH NJW 1980, 455.
[255] BGH NJW 1987, 2582 (2585).
[256] BGH NJW 1977, 1293 (1294).
[257] OLG Oldenburg NZBau 2014, 769 (771).

§ 16

VOB Teil B

Auftragnehmer bevollmächtigt wurde[258] oder diese zumindest mit dem Wissen des Auftraggebers und dessen Duldung führt.[259] Dies gilt auch, wenn die in Rede stehende Kürzung nicht durch die Architekten, sondern durch den Auftraggeber selbst vorgenommen wurde.[260]

121 Die **Frist** zur Erklärung des Vorbehalts wurde wie die Begründungsfrist mit der VOB/B 2012 von bislang 24 Werktagen auf jetzt 28 (Kalender-)Tage angepasst. Die Änderung dient lediglich der Vereinheitlichung mit den ebenfalls nach Kalendertagen bemessenen Prüffristen in Abs. 3 Nr. 1;[261] eine inhaltliche Änderung ist damit in der Regel nicht verbunden, da in 28 Kalendertagen ohnehin immer 4 Sonntage enthalten sind. Der Umstellung auf Kalendertage kann damit auch kein Wille entnommen werden, § 193 BGB bei Vereinbarung der VOB/B vertraglich auszuschließen.[262] Fällt das Ende der nach §§ 187 ff. BGB zu berechnenden Frist auf einen Sonn- oder Feiertag, geht der Vorbehalt auch am darauffolgenden Werktag noch fristgerecht beim Auftraggeber zu. Wird der Vorbehalt mittels Mahn- oder Klageverfahren erhoben, gilt § 167 ZPO entsprechend; trotz des mit Fristablauf ohne vorliegenden Widerspruch beim Auftraggeber eintretenden Vertrauenstatbestandes genügt es vor dem Hintergrund der gebotenen zurückhaltenden Auslegung, wenn Mahnbescheid oder Klage innerhalb **Vorbehaltsfrist** anhängig geworden sind.[263]

122 Die Frist beginnt mit Zugang der nach Abs. 3 Nr. 2 und 3 jeweils notwendigen Mitteilungen über die Schlusszahlungswirkung und die Ausschlusswirkung zu laufen. Ergehen diese zeitlich getrennt, wird die Frist durch Zugang der letzten der beiden Erklärungen ausgelöst.[264] Im Fall der Schlusszahlung nach Abs. 3 Nr. 2 muss zudem die Zahlung beim Auftragnehmer eingegangen sein.

123 Bereits vor **Fristbeginn** ausgesprochene Vorbehalte stehen der Ausschlusswirkung ausweislich von § 16 Abs. 3 Nr. 4 nicht entgegen. Etwas anderes kann nur in Ausnahmefällen gelten, wenn der vorzeitige Vorbehalt in engem zeitlichen Zusammenhang mit der Schlusszahlung und den Hinweisen des Auftraggebers nach Abs. 3 Nr. 2 und 3 erklärt worden ist, so dass dessen Wiederholung einer bloßen Förmelei gleich käme und der Auftraggeber auch unabhängig hiervon nicht darauf vertrauen konnte, dass der Auftragnehmer Nachforderungen aufgeben würde.[265]

124 Ein Vorbehalt ist auch dann **entbehrlich,** wenn bereits ein Verfahren über die Nachforderung anhängig ist, da der Auftragnehmer seinen Entschluss zur Durchsetzung seiner Forderungen dann bereits hinlänglich zum Ausdruck gebracht hat und der intendierte Rechtsfrieden gerade nicht kurzfristig herbeigeführt werden kann.[266] Erbringt der Auftraggeber nach dem vom Auftragnehmer erklärten Vorbehalt noch weitere Zahlungen auf die Schlussrechnung, ohne diese

---

[258] BGH NJW 1934, 1634; Kapellmann/Messerschmidt/Messerschmidt § 16 Rn. 391.
[259] BGH NJW 1977, 1293 (1294).
[260] BGH NJW 1978, 1631.
[261] BAnzAT 13.7.2012, B3.
[262] → Rn. 76.
[263] BGH NJW 1987, 2582 (2585); BGH NJW 1980, 455 (456); s. auch Messerschmidt/Voit/Voit § 16 Rn. 27.
[264] Ingenstau/Korbion/Locher § 16 Abs. 3 Rn. 93.
[265] BGH BauR 1975, 282 (283); BGH NJW 1970, 1185 (1186); OLG Frankfurt a. M. NJW-RR 1988, 600 (601).
[266] BGH NJW 1977, 531.

Zahlung § 16

aber vollständig zu begleichen, ist ein nochmaliger Vorbehalt für den verbleibenden Restbetrag ebenfalls nicht erforderlich.[267]

5. Vorbehaltsbegründung (Nr. 5 S. 2). Der Vorbehalt ist nach § 16 Abs. 3 Nr. 5 S. 2 innerhalb weiterer 28 Tage zu begründen. Ansonsten wird er hinfällig und es tritt wiederum die Ausschlusswirkung nach Abs. 3 Nr. 2 ein. 125

Das Begründungserfordernis stellt ein erhebliches zusätzliches Erschwernis für den Auftragnehmer dar, dem kein berechtigtes Interesse des Auftraggebers gegenübersteht. Dies ist umso weniger der Fall, als eine beachtliche Begründung auch noch inhaltlich den Anforderungen an eine prüfbare Rechnung zu genügen hat. Vor diesem Hintergrund und den weitreichenden Folgen ist insoweit eine besonders zurückhaltende Anwendung und Auslegung geboten.[268] Es erscheint von daher trotz der mit der Schlussrechnung vorzunehmenden Gesamtabrechnung gerechtfertigt, die Notwendigkeit zur Begründung der vorbehaltenen Forderungen nur auf solche Forderungsbestandteile und Positionen zu **beschränken,** die der Auftraggeber zuvor in Abrede gestellt hat. 126

Die Vorbehaltsbegründung hat nach dem Wortlaut zunächst durch die Einreichung einer **prüfbaren Rechnung** zu erfolgen. Stellt sich die vom Auftragnehmer zu diesem Zwecke vorgelegte Rechnung als ganz oder teilweise nicht prüfbar iSv § 14 heraus, ist der Vorbehalt insoweit nicht ausreichend begründet und damit unbeachtlich – unabhängig von einer dahingehenden Rüge des Auftraggebers, da sich Abs. 3 Nr. 1 S. 3 allein auf die Fälligkeit der Schlusszahlung, nicht aber auf den Ausschluss von Nachforderungen bezieht, zu dessen Abwehr allein Vorbehalt und Begründung jeweils fristgerecht vorzuliegen haben. 127

Nur wenn die Erstellung einer prüfbaren Rechnung innerhalb der Begründungsfrist nicht möglich ist, soll der Auftragnehmer den Vorbehalt auch anderweitig begründen können. Dies ist zB der Fall, wenn für eine prüfbare Rechnung noch tatsächliche Feststellungen erforderlich sind, die innerhalb der Frist nicht oder nur unter Schwierigkeiten getroffen werden können.[269] Dies hat der Auftragnehmer ggf. darzulegen und zu beweisen. Da sich mit dem zusätzlichen Erfordernis auch einer Begründung des Vorbehaltes die Gefahr des Rechtsverlustes für den Auftragnehmer weiter erhöht, sind an die Anstrengungen des Auftragnehmers für eine fristgerechte Rechnungserstellung keine zu hohen Anforderungen zu stellen. Auch kann nicht erwartet werden, dass die **anderweitige Begründung** den Anforderungen des § 14 entspricht, wenn sie gerade für den Fall zugelassen wird, dass eine prüfbare Rechnung nicht erstellt werden kann. Es ist dann ausreichend, wenn der Auftragnehmer auf Grundlage der bis dahin bekannten Tatsachen und Feststellungen nachvollziehbar erläutert, weshalb er von einem über die Schlusszahlung hinausgehenden Anspruch ausgeht.[270] 128

Die Begründung hat der Auftragnehmer zu liefern. Dies ist auch dann der Fall, wenn die Schlussrechnung vom Auftraggeber nach § 14 Abs. 4 erstellt wurde. Gerade dann obliegt es dem Auftragnehmer, seine Vorbehalte gegen den vom Auftraggeber insoweit ermittelten Schlusszahlungsbetrag auch in der Sache zu begründen, nachdem er zuvor selbst noch keine Angaben zur Schlussrechnung gemacht hat.[271] 129

---

[267] BGH NJW 1982, 1594.
[268] Ingenstau/Korbion/Locher § 16 Abs. 3 Rn. 152.
[269] Beck VOB/B/Kandel § 16 Abs. 3 Rn. 108.
[270] Vgl. zu den Anforderungen Kapellmann/Messerschmidt/Messerschmidt § 16 Rn. 402.
[271] Kapellmann/Messerschmidt/Messerschmidt § 16 Rn. 404.

§ 16 VOB Teil B

130 Die Begründung hat dem Auftraggeber oder seinem insoweit bevollmächtigten Vertreter[272] innerhalb von 28 Tagen zuzugehen; die **Frist** berechnet sich nach §§ 187 ff. BGB und beginnt nach dem ausdrücklichen Wortlaut am Tag nach Ablauf der Vorbehaltsfrist von 28 Tagen zu laufen – unabhängig davon, ob der Vorbehalt ggf. schon früher erklärt worden ist.

131 Liegt dem Auftraggeber zum Zeitpunkt des Vorbehalts bereits eine prüfbare Rechnung vor, besteht keine Veranlassung, diese zu wiederholen und erneut einzureichen.[273] Es bedarf dann auch keiner anderweitigen Begründung, da diese Möglichkeit die Vorlage einer prüfbaren Rechnung lediglich ersetzt. Hat der Auftragnehmer bereits prüfbar abgerechnet, wird die Begründung des Vorbehalts damit insgesamt **entbehrlich**. Etwas anderes gilt nur, wenn der Auftragnehmer sich nunmehr Forderungen vorbehält, die noch nicht in der prüfbaren Schlussrechnung berücksichtigt waren.

132 Gehen die Kürzungen des Auftraggebers auf **Gegenforderungen** zurück, kann ein dahingehender Vorbehalt regelmäßig nicht über eine prüfbare Rechnung begründet werden. In Anbetracht der gebotenen zurückhaltenden Anwendung besteht auch keine Veranlassung, dem Auftragnehmer insoweit eine anderweitige Begründungspflicht aufzuerlegen, wonach er zur Vermeidung der Ausschlusswirkung den Gegenforderungen substantiiert widersprechen müsste.[274] Vielmehr ist der Auftraggeber über die von ihm abgezogenen Gegenforderungen selbst hinreichend im Bilde. In diesem Fall kann eine Begründung des Vorbehalts ebenfalls **entfallen.**

133 Ist in Ausnahmefällen bereits die Einlegung des Vorbehalts entbehrlich,[275] lässt dies nicht automatisch auch die Notwendigkeit einer Begründung entfallen.[276] So mag im Einzelfall klar sein, dass der Auftragnehmer Forderungen über die Schlusszahlung hinaus aufrecht erhält; die bei wirksamer Vereinbarung von Abs. 3 Nr. 5 insoweit mitzuteilende Begründung ist dem Auftraggeber dann aber möglicherweise gleichwohl noch nicht hinreichend bekannt und dementsprechend innerhalb von 56 Tagen nach Zugang der Schlusszahlungserklärung anzugeben.

134 **6. Reichweite der Ausschlusswirkung (Nr. 4 und Nr. 6).** Soweit es der Auftragnehmer versäumt, bei wirksamer Vereinbarung von § 16 Abs. 3 Nr. 2 einen Vorbehalt fristgerecht einzulegen oder zu begründen, ist er bei Vorliegen auch der weiteren Voraussetzungen aus Abs. 3 Nr. 2 und 3 mit den betreffenden Nachforderungen ausgeschlossen.

Bei dem **Ausschluss** handelt es sich um eine Einrede, die nicht von Amts wegen zu prüfen ist, sondern vom Auftraggeber erhoben werden muss.[277] Er erfasst nicht nur die tatsächlich in der Schlussrechnung aufgeführten und vom Auftraggeber verweigerten Forderungen, sondern auch alle darüber hinaus existierenden Forderungen aus dem mit der Schlussrechnung abgerechneten Bauvertrag.

---

[272] → Rn. 120.
[273] BGH NZBau 2016, 548 (549); BGH NJW 1965, 536; OLG Düsseldorf BauR 2016, 518 (521); OLG Karlsruhe BauR 1989, 208 (209).
[274] OLG Karlsruhe BauR 1989, 208 (209); Ingenstau/Korbion/Locher § 16 Abs. 3 Rn. 158; Kapellmann/Messerschmidt/Messerschmidt § 16 Rn. 405; aA Leinemann/Leinemann § 16 Rn. 190.
[275] → Rn. 123.
[276] Offen gelassen in BGH NJW 1977, 531 (532).
[277] BGH NJW 1988, 55 (56); BGH NJW 1974, 236; OLG Frankfurt a. M. NJW-RR 1988, 600.

Zahlung **§ 16**

Dies ergibt sich unmittelbar aus § 16 Abs. 3 Nr. 4, nach dem auch bereits früher vom Auftragnehmer gestellte, aber nicht ausgeglichene Forderungen ausgeschlossen werden, wenn sich der Auftragnehmer deren Geltendmachung nicht nochmals vorbehält. Diese Regelung dient allein der Klarstellung; ihr kann nicht der Umkehrschluss entnommen werden, dass bis dato noch überhaupt nicht geltend gemachte Forderungen nicht der Ausschlusswirkung unterfallen würde.[278] Es entspricht gerade dem von Abs. 3 Nr. 2 bezweckten Rechtsfrieden, dass mit Ablauf der Vorbehalts- und Vorbehaltsbegründungsfristen sämtliche Nachforderungen des Auftragnehmers entfallen sollen, die Gegenstand der Schlussrechnung hätten sein können.[279] Der Ausschluss erfasst zu diesem Zwecke auch nicht nur unmittelbare Vergütungsansprüche sondern auch alle sonstigen im Zusammenhang mit der Baumaßnahme stehenden vertraglichen Ansprüche wie zB Entschädigungs- oder Schadenersatzansprüche aus verlängerter Bauzeit[280] oder Forderungen aus § 8 Abs. 1 Nr. 2 und § 9 im Falle des gekündigten Vertrages.[281]

Nicht der Ausschlusswirkung unterfallen Ansprüche außerhalb der Schlussrechnung wie zB aus unerlaubter Handlung[282] oder für Leistungen, die erst nach Vorlage der Schlussrechnung beauftragt wurden.[283] Dies ist auch nicht für den bei der Schlusszahlung berücksichtigten und zunächst nicht ausgekehrten **Sicherheitseinbehalt** der Fall, solange der Auftraggeber diesen nicht zB durch Aufrechnung endgültig für sich in Anspruch genommen hat.[284] **135**

Ebenfalls von dem Ausschluss nach Abs. 3 Nr. 2 **ausgenommen** sind nach § 16 Abs. 3 Nr. 6 **Aufmaß-, Rechen- und Übertragungsfehler.** Damit soll die einschneidende Folge des Ausschlusses nicht für Forderungen des Auftragnehmers zum Tragen kommen, die grundsätzlich unstrittig sind und nur irrtümlich und aus Versehen bei der Schlusszahlung nicht berücksichtigt worden sind. Dabei ist unerheblich, welcher Vertragspartei der Fehler unterlaufen ist;[285] die Regelung nimmt auch Kürzungen von der Ausschlusswirkung aus, die der Auftraggeber aufgrund ihm unterlaufener Aufmaß-, Mess-, Rechen- oder Übertragungsfehler vorgenommen hat. Sie betrifft typischerweise Mess- oder Zählfehler, mathematische unzutreffende Ergebnisse oder die Übernahme falscher Zahlenwerte; hiervon abzugrenzen und nicht von Abs. 3 Nr. 6 erfasst sind Irrtümer, ob und wie Positionen abgerechnet werden können.[286] Der Anwendungsbereich der Regelung ist auch auf die genannten Ausnahmetatbestände **begrenzt** und kann nicht auf sonstige vergessene und ansonsten unstrittige Forderungen übertragen werden.[287] Sie schließt auch allein den Ausschluss nach Abs. 3 Nr. 2 aus, ersetzt aber nicht die ggf. weiteren Voraussetzungen für die Korrektur des Abrechnungsfehlers zB bei einem deklaratorisch anerkannten Aufmaß[288] und hat nach den Grundsätzen der **136**

---

[278] BGH NJW 1988, 55 (57); OLG Köln NJW-RR 1994, 1501 (1502).
[279] OLG Düsseldorf IBR 2004, 120.
[280] BGH NJW 1974, 236.
[281] Beck VOB/B/Kandel § 16 Abs. 3 Rn. 62.
[282] Heiermann/Riedel/Rusam/Heiermann/Mansfeld § 16 Rn. 123.
[283] OLG Düsseldorf IBR 2004, 120.
[284] OLG Oldenburg NZBau 2014, 769 (770); Ingenstau/Korbion/Locher § 16 Abs. 3 Rn. 114.
[285] Ingenstau/Korbion/Locher § 16 Abs. 3 Rn. 161.
[286] Kapellmann/Messerschmidt/Messerschmidt § 16 Rn. 414 ff.
[287] Beck VOB/B/Kandel § 16 Abs. 3 Rn. 104.
[288] Ingenstau/Korbion/Locher § 16 Abs. 3 Rn. 163.

§ 16 VOB Teil B

einheitlichen Fälligkeit[289] auch keine Auswirkung auf die Verjährung sich daraus ggf. ergebender Nachforderungen.

137 **7. Folgen des Ausschlusses.** Der von § 16 Abs. 3 Nr. 2 bezweckte Rechtsfrieden zwingt nicht dazu, von einem endgültigen Erlöschen der Nachforderungen des Auftragnehmers auszugehen. So zielt zB auch Verjährung auf Rechtsklarheit und -frieden ab, ohne eine derart schwerwiegende Folge vorzusehen. Die beiden Rechtsinstitute sind insoweit durchaus vergleichbar. Vor dem Hintergrund der gebotenen zurückhaltenden Auslegung ist Abs. 3 Nr. 2 damit ebenfalls so zu verstehen, dass der Ausschluss lediglich die einseitige **Durchsetzbarkeit** bestehender Nachforderungen hindert,[290] die entsprechend § 215 BGB aber nach wie vor zur Aufrechnung gestellt werden oder ein Zurückbehaltungsrecht begründen können.[291] Auch § 216 Abs. 1 BGB findet auf nach § 16 Abs. 3 Nr. 2 ausgeschlossene Forderungen entsprechende Anwendung, sodass der Auftragnehmer sich weiterhin aus einer Sicherungshypothek nach § 650e BGB befriedigen kann.[292] Zahlt der Auftraggeber auf Forderungen trotz bestehender Ausschlusswirkung, kann er auch diese entsprechend § 214 Abs. 2 BGB nicht mehr zurückfordern.

V. Überzahlung des Auftragnehmers

138 Die Überzahlung des Auftragnehmers ist weder in § 16 noch an anderer Stelle in der VOB/B geregelt. Etwaige **Rückzahlungsansprüche** des Auftraggebers beurteilen sich damit nach allgemeinen vertraglichen und gesetzlichen Grundlagen, wenn die Parteien hierzu keine ausdrückliche Vereinbarung getroffen haben. Dabei ist maßgeblich danach zu unterscheiden, ob die Überzahlung auf Voraus- und Abschlagszahlungen oder auf eine überhöhte Schlusszahlung zurückgeht.

139 **1. Überzahlung mit Voraus- und Abschlagszahlungen.** Voraus- und Abschlagszahlungen stellen vorläufige Anzahlungen des Auftraggebers auf den späteren Gesamtwerklohnanspruch des Auftragnehmers dar. Haben die Parteien solche Anzahlungen zB über § 16 Abs. 1 oder Abs. 2 vereinbart, beinhaltet diese Vereinbarung zugleich auch die Verpflichtung des Auftragnehmers, zum Abschluss der Baumaßnahme insgesamt über die erhaltenden Anzahlungen entsprechend § 14 Abs. 3 abzurechnen.[293] Diese werden als unselbstständige Rechnungsposten dem Vergütungsanspruch des Auftragnehmers gegenübergestellt; ergibt sich hieraus eine Überzahlung, ist der Auftragnehmer aufgrund der insoweit bestehenden Abrechnungsabrede verpflichtet, den überschießenden Saldo an den Auftraggeber zurückzuzahlen. Dabei handelt es sich um einen **vertraglichen Rückzahlungsanspruch**,[294] der den bereicherungsrechtlichen Anspruch aus § 812 BGB verdrängt. Dies gilt auch bei nur nach § 632a BGB geschuldeten Abschlagszahlungen, da auch hier trotz gesetzlicher Ausgestaltung die vertraglich begründete Erwartung einer entsprechenden Gesamtabrechnung besteht.[295]

---

[289] → Rn. 93.
[290] BGH NJW 1974, 236.
[291] BGH NJW 1982, 2250 (2251); BGH NJW 1978, 1485 (1486).
[292] BGH NJW 1981, 1784 (1785).
[293] → Rn. 45 u. 66; s. auch OLG Frankfurt a.M. IBRRS 2021, 2017; OLG München NZBau 2013, 317; OLG Dresden IBR 2014, 132.
[294] BGH NZBau 2015, 226 (227); BGH NJW-RR 2005, 129 (130); BGH NJW 1999, 1867 (1869); OLG Frankfurt IBRRS 2021, 2017.
[295] Beck VOB/B/Kandel Vor § 16 Rn. 73; aA Ingenstau/Korbion/Locher § 16 Abs. 3 Rn. 40.

Zahlung **§ 16**

Damit kann sich der Auftragnehmer nicht auf Entreicherung nach § 818 Abs. 3 BGB berufen und hat der Auftraggeber vor allem nicht einen nach § 812 BGB fehlenden Rechtsgrund zu beweisen; er kann sich statt dessen darauf beschränken, anhand der Schlussrechnung und insoweit ggf. angezeigten Korrekturen einen Überschuss zu seinen Gunsten darzulegen.[296] Liegt keine Schlussrechnung vor, muss der Auftraggeber diese nicht nach § 14 Abs. 4 selbst erstellen; zur Begründung seines Rückzahlungsanspruches reicht in diesem Fall eine seinem Kenntnisstand nach zumutbarer Ausschöpfung der verfügbaren Quellen entsprechende Berechnung aus, aus der sich eine Überzahlung ergibt.[297] Der Auftragnehmer hat dann seine Berechtigung darzulegen und nachzuweisen, die bereits vereinnahmten Beträge behalten zu dürfen.[298] **140**

Etwas anderes gilt nur soweit der Auftraggeber die Überzahlung mit von ihm auf- oder verrechneten **Gegenforderungen** begründet, für die er darlegungs- und beweisbelastet bleibt.[299] Auch hinsichtlich etwaiger Mängel richtet sich die Darlegungs- und Beweislast nach den allgemeinen Regeln; soweit diese bei Abnahme vorbehalten worden sind, hat der Auftraggeber die mangelfreie Herstellung des Werkes zu beweisen,[300] ansonsten trägt der Auftraggeber den Nachweis. **141**

2. Überzahlung durch Schlusszahlung. Hiervon zu unterscheiden ist der Fall, dass die Überzahlung im Wege der Schlusszahlung erfolgt. Diese wird abweichend von Voraus- oder Abschlagszahlungen gerade nicht mehr vorläufig im Hinblick auf eine spätere Gesamtabrechnung angezahlt; die Gesamtabrechnung liegt in Form der Schlussrechnung zum Zeitpunkt der Zahlung vielmehr bereits vor. Der Auftraggeber kann sich damit nicht mehr auf die geschuldete Abrechnung über seine Anzahlungen als Grund für die Rückzahlung berufen. Stellt er nach geleisteter Schlusszahlung eine Überzahlung fest, kommt allein **Bereicherungsrecht** nach §§ 812 ff. BGB als Anspruchsgrundlage für eine Rückforderung in Betracht.[301] Der Auftragnehmer hat dann darzulegen und ggf. zu beweisen, dass die Forderungen des Auftragnehmers unbegründet sind und die Zahlung insoweit ohne Rechtsgrund erfolgt ist.[302] **142**

3. Rückforderung vor Schlussrechnung. Vor Schlussrechnungsreife soll der Auftraggeber aber noch keine Rückzahlung überhöhter Abschlagszahlungen verlangen können. Er ist zwar berechtigt, überhöht geleistete Abschlagszahlungen mit nachfolgenden Abschlagsforderungen zu verrechnen;[303] der vertragliche Rückforderungsanspruch entsteht aber erst mit abschließender Abrechnung.[304] Zuvor werden von der Rechtsprechung auch bereicherungsrechtliche Ansprüche ausgeschlossen, da die Zahlungen auf Grundlage von § 16 Abs. 1 und von daher mit **Rechtsgrund** geleistet worden sind.[305] Dies wird sogar für **Doppelzahlun- 143**

---

[296] BGH NJW 1999, 1867 (1869); KG IBR 2017, 125.

[297] BGH NJW 1999, 1867 (1869).

[298] BGH NZBau 2015, 226 (227); BGH NJW-RR 2005, 129 (130); BGH NJW 1999, 1867 (1869); OLG Frankfurt, IBRRS 2021, 2017.

[299] Kapellmann/Messerschmidt/Messerschmidt § 16 Rn. 127.

[300] BGH BauR 1997, 129 (130).

[301] Beck VOB/B/Kandel Vor § 16 Rn. 84.

[302] Kapellmann/Messerschmidt/Messerschmidt § 16 Rn. 132; Ingenstau/Korbion/Locher § 16 Abs. 3 Rn. 43.

[303] BGH NZBau 2002, 390 (391).

[304] Vgl. aber zum Aufbau einer Abschlagsrechnung auch BGH NZBau 2009, 707 (712).

[305] BGH NZBau 2002, 390 (391); KG NZBau 2009, 660 (661); so wohl auch KG IBR 2017, 125.

§ 16

gen angenommen, wenn der Auftraggeber dieselbe Abschlagszahlung irrtümlich zweimal erbringt.[306]

Allerdings stellt die Vereinbarung von Abschlagszahlungen keinen Rechtsgrund dar, um versehentlich doppelt geleistete Abschlagszahlung behalten zu dürfen;[307] auch darüber hinaus ist dies nur insoweit der Fall, wie die Voraussetzungen für eine Abschlagszahlung tatsächlich gegeben sind. § 16 Abs. 1 schafft aber keinen Rechtsgrund für Abschlagszahlungen auf Leistungen, die zB gar nicht erbracht oder nur mangelhaft ausgeführt wurden.[308] Es besteht insoweit auch nach Sinn und Zweck kein Anlass, dem Auftraggeber eine Rückforderung der Abschlagszahlungen zu verwehren, die ansonsten zu Vorauszahlungen würden. Allerdings kann der Auftraggeber nach § 242 BGB an der Rückforderung gehindert sein, wenn er die Überzahlung in Anbetracht des weiteren Baufortschritts ohnehin bald wieder als Abschlagszahlung auskehren müsste.

144 **4. Verjährung.** Sowohl vertragliche wie auch bereicherungsrechtliche Rückzahlungsansprüche des Auftraggebers unterliegen der Regelverjährung nach § 195 BGB.

145 Nach § 199 BGB entsteht der vertragliche Rückzahlungsanspruch mit Eintritt der **Schlussrechnungsreife,** da dann die Vergütungsansprüche des Auftragnehmers und die vom Auftraggeber erbrachten Anzahlungen saldierungsfähig feststehen. Dies ist unabhängig davon der Fall, ob der Auftragnehmer seine Rechnung gestellt oder prüfbar abgerechnet hat.[309] Der Konditionsanspruch nach § 812 BGB auf Rückzahlung einer überhöhten Schlusszahlung entsteht mit der **Schlusszahlung** selbst.

146 Die Verjährung beginnt in beiden Fällen nach § 199 Abs. 1 Nr. 2 darüber hinaus erst mit Ende des Jahres zu laufen, in dem Auftraggeber von den anspruchsbegründenden Tatsachen Kenntnis erlangt hat oder ohne grobe Fahrlässigkeit hätte erlagen müssen. Wann dies der Fall ist, hängt vom jeweiligen Einzelfall ab. Dabei kommt es auf das Wissen des konkreten Auftraggebers, nicht aber zB auf das Rechnungsprüfungsamt beim öffentlichen Auftraggeber an.[310] Der Auftraggeber hat sich das Wissen seines Architekten zurechnen zu lassen, wenn er diesen in eigener Verantwortung mit der Schlussrechnungsprüfung betraut hat.[311] Liegen die maßgeblichen Abrechnungsunterlagen wie Leistungsverzeichnis, Aufmaße und Schlussrechnung vor und lassen diese deutlich einen Fehler erkennen, wird damit in der Regel von einer ausreichenden Erkenntnismöglichkeit auszugehen sein.[312] Zu einer aktiven Ermittlung muss der Auftraggeber nur im Ausnahmefall bei Vorliegen besonderer Umstände übergehen, die ein Unterlassen weiterer Aufklärung aus Sicht eines verständigen und auf seine Interessen bedachten Auftraggeber schlicht unverständlich erscheinen ließen.[313] Ansonsten greift die Höchstfrist von 10 Jahren nach § 199 Abs. 4 BGB.

---

[306] OLG Bremen NZBau 2014, 229 (230).

[307] OLG Köln NJW 2018, 2336 (2338); Beck VOB/B/Kandel Vor § 16 Rn. 75; Kniffka/Koeble/Jurgeleit/Sacher/Kniffka Teil 4 Rn. 663.

[308] Kapellmann/Messerschmidt/Messerschmidt § 16 Rn. 129; so wie hier auch Gothe NZBau 2014, 270 (273).

[309] OLG Düsseldorf IBR 2018, 430; OLG Saarbrücken NZBau 2010, 772.

[310] BGH NJW 2008, 2427 (2428); OLG Celle BauR 2010, 106.

[311] BGH NJW 2008, 2427 (2428).

[312] BGH NJW 2008, 2427 (2428); OLG Bremen NZBau 2014, 229; OLG Celle BauR 2010, 106.

[313] BGH NZBau 2012, 783 (784).

Zahlung **§ 16**

VI. AGB

Die Ausschlusswirkung nach § 16 Abs. 3 Nr. 2 hält einer isolierten Inhaltskontrolle bei Verwendung durch den Auftraggeber nicht stand.[314] Darüber hinaus wurde auch die frühere Prüffrist von 2 Monaten in Anbetracht der ehemals nach § 641 Abs. 1 BGB mit Abnahme sofort eintretenden Fälligkeit als unangemessen lang erachtet.[315] Dahingehende Bedenken haben sich mit der Neufassung durch die VOB/B 2012 erledigt, mit der die Prüffrist in § 16 Abs. 3 Nr. 1 auf grundsätzlich 30 Tage reduziert wurde, die nur bei sachlicher Notwendigkeit und ausdrücklicher Vereinbarung auf bis zu 60 Tage verlängert werden kann. Die Fristenregelung entspricht damit dem von § 271a BGB vorgesehenen Spielraum und ist nicht länger zu beanstanden.[316] Dass der Fristbeginn von der Vorlage einer prüfbaren Schlussrechnung abhängt, wird gemeinhin als unproblematisch erachtet;[317] so wird das berechtigte Interesse des Auftraggebers an einer nachvollziehbaren Begründung des Rechnungsbetrages auch durch § 632a BGB oder die §§ 271a Abs. 1, 286 Abs. 3 wie jetzt auch § 650g Abs. 4 BGB grundsätzlich gesetzlich anerkannt, die ebenfalls eine prüfbare Aufstellung verlangen bzw. auf den Rechnungszugang abstellen. 147

Wenn die Fälligkeit der Schlusszahlung von der Vorlage der Schlussrechnung abhängig gemacht wird, kann der Auftragnehmer aber die Fälligkeit und damit auch den Beginn der Verjährungsfristen unbegrenzt hinauszögern.[318] Von daher wurde § 16 Abs. 3 Nr. 1 im Zuge einer isolierten Inhaltskontrolle als unwirksam angesehen, wenn die Klausel vom Auftragnehmer gestellt ist.[319] Die Schlusszahlung war dann gem. § 641 Abs. 1 BGB mit Abnahme fällig, was auch für den **Verjährungsbeginn** zu beachten war. Mit der Einführung von § 650g Abs. 4 BGB besteht für die Annahme einer AGB-rechtlichen Unwirksamkeit aber auch bei Stellung der Klausel durch den Auftragnehmer keine Rechtfertigung mehr. Soweit die Fälligkeit der Schlusszahlung nach § 650g Abs. 4 BGB direkt mit Vorlage einer prüffähigen Rechnung und nicht erst mit Ablauf von Prüffristen eintritt, ergeben sich hieraus der auch bei isolierter Kontrolle einer vom Auftraggeber gestellten Klausel keine Wirksamkeitsbedenken gegenüber Abs. 3 Nr. 1, da § 650g Abs. 4 BGB im Leitbild das Prüfinteresse des Bestellers anerkennt und die Dauer der dafür vorgesehenen Fristen zudem mit § 271a BGB übereinstimmt.[320] 148

VII. Prozessuales

Mit Eintritt der **Schlussrechnungsreife** verlieren Abschlagsrechnungen ihre Wirksamkeit und kann der Auftragnehmer die Bezahlung der von ihm erbrachten 149

---

[314] BGH NZBau 2016, 548 (551); BGH NZBau 2007, 581 (582); BGH NJW 1988, 55 (56); OLG Dresden BeckRS 2017, 128403 = IBR 2017, 608; OLG Koblenz BauR 2013, 825.
[315] OLG Naumburg BauR 2012, 688; OLG München BauR 1995, 138.
[316] Kapellmann/Messerschmidt/Messerschmidt § 16 Rn. 317; Ingenstau/Korbion/Locher § 16 Abs. 3 Rn. 12.
[317] OLG Saarbrücken 9.3.2004 – 7 U 342/03; Messerschmidt/Voit/Messerschmidt § 641 Rn. 83.
[318] BGH NZBau 2011, 227 (228).
[319] OLG Celle BauR 2010, 1764 (1765); OLG Naumburg BauR 2006, 849 (850); aA Beck VOB/B/Kandel Vor § 16 Rn. 38.
[320] Kniffka/Jurgeleit/Pause/Vogel BauVertrR § 650g Rn. 41; vgl. auch LPS/Hummel § 650g Rn. 88.

§ 16

Werkleistungen nur noch auf Grundlage der dann notwendigen Schlussrechnung verlangen.[321] Verweigert der Auftraggeber die Abnahme wegen vermeintlich wesentlicher Mängel kann der Auftragnehmer dennoch unmittelbar auf Zahlung auf die Schlussrechnung klagen; im Rahmen des Verfahrens hat er dann zu beweisen, dass er die Werkleistung im Wesentlichen mangelfrei und abnahmereif erbracht hat. Ist der Eintritt der Schlussrechnungsreife unsicher, kann der Auftragnehmer seine Zahlungsforderung hilfsweise auch noch als Abschlagszahlung verfolgen.[322] Umgekehrt kann selbst im Berufungsverfahren neben der Abschlagszahlung hilfsweise Schlusszahlung verlangt werden.[323]

150 Der Gegenstand einer Klage auf Schlusszahlung ergibt sich entsprechend dem Wesen der Schlussrechnung aus der Differenz der auftragnehmerseitigen Ansprüche insgesamt und den vom Auftraggeber bereits geleisteten Zahlungen. Dabei kann die Schlussrechnung selbst beachtlichen Klagevortrag beinhalten, wenn sie die jeweils abgerechneten Leistungen hinreichend beschreibt.[324] Ein Mahnbescheid über den Saldo hemmt die Verjährung insgesamt, ohne dass die einzelnen Rechnungsposten einzeln aufgeschlüsselt werden müssen.[325] Von diesem Saldo kann der Auftragnehmer im Wege der **Teilklage** zunächst auch nur einen Teilbetrag geltend machen.[326] Wie die Abschlagszahlungen stellen früher gestellte Abschlagsrechnungen und die einzelnen Positionen der Rechnung aber nur unselbstständige Rechnungsposten dar, die nicht isoliert eingeklagt werden können.[327] Dies kommt ausnahmsweise nur dann in Betracht, wenn feststeht, dass unabhängig von der jeweiligen **Einzelposition** die berechtigten Ansprüche des Auftragnehmers zumindest die bereits erbrachten Zahlungen wie auch die vom Auftraggeber behauptete Gegenforderungen abdecken und somit bei Begründetheit der jeweiligen Einzelposition dem Auftragnehmer dann in jedem Fall ein entsprechender Saldo verbleibt, der somit ebenfalls als Teilklage geltend machen werden kann.[328]

151 Der Auftragnehmer hat die Anspruchsvoraussetzungen schlüssig darzulegen und zu beweisen. Dies betrifft auch die Fälligkeitsvoraussetzungen nach § 16 Abs. 3 Nr. 1; die **fehlende Prüfbarkeit** der Schlussrechnung ist aber nur auf den substantiierten **Einwand** des Auftraggebers hin zu beachten.[329] Wird der Einwand zu Recht erhoben, ist die Klage als derzeit unbegründet abzuweisen.[330] Allerdings hat der Auftragnehmer ungeachtet der zivilprozessualen **Präklusionsvorschriften** sogar noch in der Berufungsinstanz die Möglichkeit, zur Begründung der Fälligkeit eine neue prüfbare Schlussrechnung nachzureichen und auf deren Grundlage die Forderung zu begründen; ansonsten könnte jederzeit ein neues Klageverfahren eingeleitet werden und würde der mit den Präklusionsvorschriften verfolgte Zweck einer zeitnahen Klärung gerade nicht erreicht.[331] Etwas anderes

---

[321] → Rn. 45 u. 51.
[322] BGH NZBau 2000, 507 (508).
[323] BGH NZBau 2006, 175.
[324] BGH NJW-RR 2007, 1170.
[325] BGH NZBau 2013, 758 (759).
[326] BGH NZBau 2009, 707 (712); BGH NZBau 2008, 319.
[327] BGH NJW 1999, 417 (418); BGH NJW 1997, 1444; OLG Jena BauR 2007, 600.
[328] Kapellmann/Messerschmidt/Messerschmidt § 16 Rn. 351.
[329] OLG Brandenburg BauR 2008, 1669.
[330] BGH NJW-RR 2001, 310; BGH NJW 1995, 399 (400).
[331] BGH NZBau 2005, 692 (693).

gilt, wenn der Auftraggeber trotz bestehender Prüfbarkeitsdefizite innerhalb der hierfür geltenden Fristen keine Einwände erhoben hat; die Forderung ist dann fällig geworden, so dass eine vorläufige Abweisung nicht mehr in Betracht kommt. Die Klage ist stattdessen endgültig abzuweisen, wenn die Forderung infolge der Prüfbarkeitsdefizite auch trotz dahingehender Hinweise nicht ausgeräumt werden und Klage somit inhaltlich unschlüssig bleibt.[332] In solchen Fällen kann das Gericht aber ggf. auch einen dem Auftragnehmer zustehenden (Teil-)Betrag nach § 287 ZPO **schätzen,** wenn der Klagevortrag hierfür eine ausreichende Grundlage bietet.[333]

Für etwaige Gegenrechte bleibt der Auftraggeber darlegungs- und beweispflichtig. Etwas anderes gilt für Mängelrechte, die er sich bei Abnahme gem. § 640 Abs. 3 BGB vorbehalten hat; insoweit hat der Auftragnehmer trotz Abnahme weiterhin darzulegen und zu beweisen, dass er mangelfrei geleistet hat.[334] Eine automatische **Verrechnung** der geldwerten Gegenforderungen des Auftraggebers findet nicht statt; diese sind von den Zahlungsansprüchen des Auftragnehmers nur dann abzuziehen, wenn eine Aufrechnungslage gegeben ist und der Auftraggeber die **Aufrechnung** erklärt.[335]

E. Teilschlusszahlungen nach § 16 Abs. 4

Nach § 16 Abs. 4 können in sich abgeschlossene Teile der Leistung nach erfolgter Teilabnahme ohne Rücksicht auf die Fertigstellung der übrigen Leistungen endgültig festgestellt und abgerechnet werden.

I. Anspruch des Auftragnehmers

Die Regelung knüpft damit an den Anspruch auf Teilabnahme des Auftragnehmers nach § 12 Abs. 2 an. Ist eine Teilabnahme erfolgt, soll der jeweilige Teil konsequenterweise auch kommerziell zum Abschluss gebracht werden. Wenn die Leistungsteile nach Abs. 4 aber endgültig festgestellt und gezahlt werden können, lässt dies abweichend von § 12 Abs. 2 zunächst keine Pflicht,[336] sondern allenfalls eine Möglichkeit des Auftraggebers erkennen, hierdurch zB bereits die Ausschlusswirkung nach Abs. 3 Nr. 2 herbeizuführen. So kann auch der Auftragnehmer entsprechende Zahlung bereits als vorläufige Abschlagszahlung – sogar ohne Beginn der Verjährungsfrist und innerhalb kürzerer Fristen – fordern, ohne auf § 16 Abs. 4 angewiesen zu sein.

Allerdings wird der Auftragnehmer dennoch häufig ein Interesse haben, abgrenzbare Teile getrennt von den übrigen Leistungen abschließend abzurechnen. Zudem beinhaltet Abs. 4 kein eigenständiges und in sich abgeschlossenes Regelungssystem, sondern setzt auf Abs. 3 und dessen Fälligkeitsregeln auf.[337] Für die Fälligkeit einer Teilschlusszahlung bedarf es somit einer Teilschlussrechnung, die typischerweise vom Auftragnehmer gestellt wird. Abs. 4 stellt dann klar, dass

---

[332] BGH NZBau 2011, 227 (229); OLG München IBR 2012, 635; OLG Düsseldorf NZBau 2010, 54 (55).
[333] BGH NZBau 2005, 40 (41); BGH NZBau 2004, 549 (550).
[334] BGH NJW-RR 1997, 339.
[335] BGH NZBau 2011, 428 (429); BGH NZBau 2005, 582 (583).
[336] NWJS/Weick, 3. Aufl. 2001, § 16 Rn. 72.
[337] Ingenstau/Korbion/Locher § 16 Abs. 4 Rn. 4.

der Auftraggeber die vom Auftragnehmer entsprechend gestellte Teilschlussrechnung nicht im Hinblick auf die noch ausstehenden Leistungsteile zurückweisen kann, sondern sie unabhängig hiervon grundsätzlich einer abschließenden Bewertung und Zahlung offen steht. Dem Auftragnehmer wird damit ein **Anspruch auf Teilschlusszahlung** eröffnet;[338] gleichzeitig hat Abs. 4 aber auch zur Folge, dass der Auftragnehmer selbst nach § 14 Abs. 4 eine Teilschlussrechnung erstellen kann.[339]

II. Voraussetzungen

156 Eine Teilschlusszahlung setzt voraus, dass die betreffenden Leistungen entsprechend § 12 Abs. 2 **in sich abgeschlossen** sind und eine **Teilabnahme** erfolgt ist.[340] Die bloße Zustandsfeststellung nach § 4 Abs. 10 genügt nicht; es ist eine rechtsgeschäftliche Teilabnahme erforderlich, die aber auch nach § 12 Abs. 5 Nr. 2 fingiert sein kann.[341]

157 Es bedarf zudem einer **Teilschlussrechnung;** sie muss bei Aufstellung durch den Auftragnehmer **prüfbar** iSv § 14 sein[342] und führt ansonsten entsprechend Abs. 3 Nr. 1 nur dann zur Fälligkeit, wenn der Auftraggeber etwaige Prüfbarkeitsdefizite nicht fristgerecht beanstandet hat.[343] Wenn die Parteien die Prüffrist für die Schlussrechnung auf mehr als 30 Tage verlängert haben, gilt dies für die Teilschlussrechnung nur bei deren ausdrücklicher Einbeziehung; beim öffentlichen Auftraggeber ist nach § 271a Abs. 2 BGB zudem erforderlich, dass die Verlängerung trotz des auf ein Bauteil reduzierten Prüfaufwandes sachlich gerechtfertigt ist.

III. Verjährung

158 Mit Stellung einer Teilschlussrechnung fällt die **Verjährung** der Ansprüche des Auftragnehmers auseinander. So verjähren die von Abs. 4 erfassten Ansprüche eigenständig gemäß §§ 195, 199 BGB innerhalb von 3 Jahren nach Ende des Jahres, in dem die Frist zur Prüfung der Teilschlussrechnung gemäß Abs. 3 Nr. 1 ausgelaufen ist – unabhängig von den weiteren Ansprüchen aus den dann späteren Schlussrechnungen, die einer separaten Verjährung unterliegen.[344]

IV. AGB

159 Die Regelung entspricht im Falle der Teilabnahme dem § 641 Abs. 1 S. 2 BGB, so dass auch bei isolierter AGB-Kontrolle keine Bedenken bestehen. Diese ergeben sich auch nicht im Zusammenspiel mit § 12 Abs. 2, da auch § 641 Abs. 1 S. 2 BGB grundsätzlich Teilabnahmen zulässt.[345]

---

[338] Kapellmann/Messerschmidt/Messerschmidt § 16 Rn. 427.
[339] Beck VOB/B/Kandel § 16 Abs. 4 Rn. 13; Ingenstau/Korbion/Locher § 14 Abs. 4 Rn. 3.
[340] Ingenstau/Korbion/Locher § 16 Abs. 4 Rn. 3.
[341] Leinemann/Leinemann § 16 Rn. 198.
[342] OLG Hamm BauR 2002, 1105 (1106).
[343] Beck VOB/B/Kandel § 16 Abs. 4 Rn. 15.
[344] Kapellmann/Messerschmidt/Messerschmidt § 16 Rn. 429; Ingenstau/Korbion/Locher § 16 Abs. 4 Rn. 6.
[345] AA Deckers NZBau 2008, 627 (632).

Zahlung **§ 16**

F. Zahlungsbestimmungen und Folgen der Nichtzahlung (§ 16 Abs. 5)

§ 16 Abs. 5 regelt neben nur allgemeinen Zahlungsbestimmungen in Nr. 1 und **160**
Nr. 2 mit den Nr. 3 und 4 vor allem die Folgen verspäteter Zahlungen. Hier
haben sich im Hinblick auf die neugefasste Zahlungsverzugsrichtlinie 2011/7/EU
verschiedene Änderungen gegenüber der VOB/B 2009 ergeben. Die Regelungen
greifen nach ihrer systematischen Stellung für alle in § 16 Abs. 1–4 vorgesehenen
Zahlungsarten (Abschlags-, Vorschuss-, Schluss- und Teilzahlung) und erfassen
darüber hinaus auch anderweitige zwischen den Vertragsparteien vereinbarte Zahlungsarten. Abs. 5 bezieht sich aber allein auf Zahlungen des Auftraggebers; etwaige (Rück-)Zahlungen des Auftragnehmers an den Auftraggeber werden hiervon
nicht erfasst.[346] Für sie gelten allein die gesetzlichen oder sonstige gesondert vereinbarte Regelungen.

I. Beschleunigung (Nr. 1)

Nach Abs. 5 Nr. 1 sind alle Zahlungen aufs Äußerste zu beschleunigen. Hierbei **161**
handelt es sich um einen allgemeinen Programmsatz,[347] der hinter den konkreteren Regelungen zur Fälligkeit zB in Abs. 1 für Abschlagszahlungen oder Abs. 3
für die Schlusszahlung zurückbleibt. So führt die generelle Verpflichtung zu
beschleunigten Zahlungen auch nicht zu einer Verkürzung der Prüffristen, sondern greift erst im Anschluss hieran mit Eintritt der Fälligkeit ein.[348] Aus der
Verletzung der vorgegebenen **Beschleunigungspflicht** kann damit in der Regel
kein konkreter Anspruch zugunsten des Auftragnehmers hergeleitet werden,[349]
zumal auch Abs. 5 mit seiner Nr. 3 konkretere und insoweit vorrangige Regelungen zum Zahlungsverzug vorsieht.

II. Skontoabzüge (Nr. 2)

Der Begriff des **Skonto** ist gesetzlich nicht definiert. Hierbei handelt es sich **162**
nach allgemeinem Verständnis um einen typischerweise prozentual definierten
Abzug vom Rechnungsbetrag, der dem Schuldner bei fristgerechter Zahlung
gewährt wird. Rechtlich stellt sich die Konstruktion als ein um durch die Zahlung
innerhalb vereinbarter Fristen aufschiebend bedingter Teilerlass dar.[350] Ein solcher
Teilerlass muss zwischen den Parteien vereinbart werden.[351] Deswegen ist es selbstverständlich, dass nach § 16 Abs. 5 Nr. 2 nicht vereinbarte Skontoabzüge unzulässig sind. Ein Skonto wird danach gerade auch nicht allein durch Einbeziehung
der VOB/B vereinbart,[352] die insoweit auch keinerlei inhaltliche Festlegungen zB
zu Höhe und Fristen vorsieht. Es existiert auch kein Handelsbrauch und entspricht
nicht Gewohnheitsrecht, dass Skontoabzüge gewährt werden.[353]

---

[346] Kapellmann/Messerschmidt/Messerschmidt § 16 Rn. 432.
[347] Beck VOB/B/Kandel § 16 Abs. 5 Rn. 5; iE auch Ingenstau/Korbion/Locher § 16 Abs. 5 Rn. 2.
[348] Kapellmann/Messerschmidt/Messerschmidt § 16 Rn. 436.
[349] Leinemann/Leinemann § 16 Rn. 200.
[350] BGH NJW 1998, 1302; OLG Stuttgart NZBau 2012, 437.
[351] Ingenstau/Korbion/Locher § 16 Abs. 5 Rn. 5.
[352] Kapellmann/Messerschmidt/Messerschmidt § 16 Rn. 437.
[353] Pauly NZBau 2013, 198; Peters NZBau 2009, 584 (585).

§ 16

163 Hierfür bedarf es einer gesonderten vertraglichen **Vereinbarung**. Für deren Wirksamkeit müssen wenigstens die Skontofristen und die Skontohöhe hinreichend bestimmt sein.[354] Ohne entsprechende Differenzierung wird jedenfalls eine sich nach dem Wortlaut auf mehrere Zahlungen beziehende Skontovereinbarung zumeist so auszulegen sein, dass sie neben der **Schlusszahlung** auch **Abschlagszahlungen** erfasst.[355] So hat der Auftragnehmer regelmäßig nicht nur bei der Schluss- sondern auch bei Abschlagsrechnungen ein Interesse daran, dass die Zahlungen zum Ausgleich der durch seine Vorleistungen abgeflossenen Liquidität möglichst kurzfristig und reibungslos erfolgen.[356] Dem entspricht auch die Auslegung, das vereinbarte Skonto auf alle jeweils fristgerecht geleisteten Zahlungen zu gewähren, selbst wenn andere Einzelzahlungen verspätet erfolgt sind.[357] Der für fristgerechte Abschlagszahlungen angefallene Skontoabzug hat dem Auftraggeber nach Sinn und Zweck auch dann zu verbleiben, wenn die Schlussrechnung selbst später nicht innerhalb der vereinbarten Skontofrist beglichen wird.[358]

164 Davon zu unterscheiden ist die Situation, dass der Auftraggeber die einzelnen Rechnungsforderungen trotz objektiver Berechtigung nur teilweise bezahlt. In diesem Fall wird üblicherweise davon ausgegangen, dass auf den fristgerecht geleisteten **Teilbetrag** kein Skonto anfällt.[359] Etwas anderes gilt, wenn dem Auftraggeber ein **Zurückbehaltungsrecht** über den nicht ausgekehrten Teil zusteht[360] oder er insoweit zur **Aufrechnung** mit Gegenforderungen berechtigt ist.[361] Trotz der Rückwirkung nach § 389 BGB genügt es dabei aber nicht, dass sich die Forderungen während der Skontofrist aufrechenbar gegenübergestanden haben; denn mit der Zahlung erhält der Auftragnehmer zugleich auch Kenntnis von der unproblematischen Erledigungsbereitschaft des Auftraggebers, sodass dieser für eine Gleichstellung auch in Bezug auf das vereinbarte Skonto die Aufrechnung als Äquivalent zur Zahlung innerhalb der insoweit vereinbarten Fristen zu erklären hat.[362] Entspricht die geleistete nicht der geschuldeten Zahlung, soll dem Auftraggeber in Ausnahmefällen der Skontoabzug nach Treu und Glauben dennoch zuzugestehen sein, wenn die Unterschreitung nur marginal ist oder auf eine in vertretbarer Weise vorgenommene Fehleinschätzung zur Höhe etwaiger Gegenrechte zB der Mängelbeseitigungskosten zurückzuführen ist.[363]

165 Nach der bisherigen Rechtsprechung sollte es jedenfalls ohne ausdrückliche Vereinbarung des Gegenteils ausreichen, wenn der Auftraggeber die Zahlung rechtzeitig veranlasst – auch wenn diese erst nach Ablauf der Skontofrist beim Auftragnehmer

---

[354] OLG Stuttgart BauR 1998, 798.

[355] OLG Brandenburg NJW-Spezial 2010, 76; KG BauR 2005, 764; aA für eine nur auf eine Zahlung abstellende Formulierung OLG Düsseldorf BauR 1992, 783 (784).

[356] Vgl. zum Zweck einer Skontovereinbarung OLG Karlsruhe NZBau 2013, 437; OLG Stuttgart NZBau 2012, 437 (438).

[357] BGH NJW 2000, 3277 (3278).

[358] OLG Hamm BauR 1994, 774; OLG Köln NJW-RR 1990, 525; aA OLG Düsseldorf BauR 1985, 333.

[359] OLG Stuttgart NZBau 2012, 437; KG BauR 2005, 764; OLG Düsseldorf BauR 2000, 729 (730); aA OLG Hamm NJW-RR 1995, 856, für eine Vereinbarung, nach der für „jede" fristgerechte Zahlung Skonto zu gewähren war.

[360] Kapellmann/Messerschmidt/Messerschmidt § 16 Rn. 452.

[361] Stellmann/Isler ZfBR 2004, 633 (639) mwN.

[362] Kapellmann/Messerschmidt/Messerschmidt § 16 Rn. 452; Beck VOB/B/Kandel § 16 Abs. 5 Rn. 31.

[363] OLG Karlsruhe NZBau 2013, 437 (438); OLG Stuttgart NZBau 2012, 437 (438).

eingeht.³⁶⁴ Dem liegt ein Verständnis von § 270 BGB mit der Einordnung von Geldschulden als qualifizierten Schickschulden zugrunde.³⁶⁵ Mit Entscheidung vom 6.3.2012 hat der EuGH klargestellt, dass seine solche Auslegung mit der Zahlungsverzugsrichtlinie nicht zu vereinbaren ist, die bewusst auf den tatsächlichen **Erhalt** der Zahlung durch den Gläubiger abstellt – sodass der Schuldner auch dann Verzugszinsen zu leisten hat, wenn er die Zahlung zwar rechtzeitig veranlasst, der Gläubiger sie aber erst verspätet erhält.³⁶⁶ Dies gilt auch für die neugefasste Richtlinie 2011/7/EU, die in Art. 3 Abs. 1b und Art. 4 Abs. 1b unverändert auf den Erhalt des geschuldeten Betrages abhebt.³⁶⁷ Damit entfällt der Anknüpfungspunkt für die bisherige Auslegung von insoweit nicht weiter spezifizierten Skontovereinbarungen;³⁶⁸ die Richtlinie bezieht sich ausdrücklich auch auf vertraglich vereinbarte Fristen und führt unabhängig von ihrem beschränkten Anwendungsbereich für den geschäftlichen Verkehr dazu, dass § 270 BGB im Interesse einer einheitlichen Rechtsanwendung insgesamt so zu verstehen ist, dass der Gläubiger bei Geldschulden auch das Verzögerungsrisiko trägt.³⁶⁹ Dies ist umso mehr für Skontoabreden in VOB/B-Verträgen der Fall, da § 16 gerade im Hinblick auf die Umsetzung der Zahlungsverzugsrichtlinie angepasst wurde und auch ausweislich der Neufassung in § 16 Abs. 5 Nr. 3 S. 3 erkennbar auf den **Erhalt** der Zahlung abstellt. Dieses Verständnis entspricht ohnehin der mit Skontovereinbarung bezweckten kurzfristigen Liquiditätsverschaffung, für die es maßgeblich auf die Verfügbarkeit des Rechnungsbetrages für den Auftragnehmer ankommt.³⁷⁰ Dies gilt somit richtigerweise auch für Bau- und VOB/B-Verträge mit Verbrauchern.³⁷¹

Die **Beweislast** für die Berechtigung zum Skontoabzug trägt der Auftraggeber; **166** dies gilt sowohl für die Skontovereinbarung wie auch für die rechtzeitige Zahlung als Eintritt der aufschiebenden Bedingung und umfasst damit auch die Darlegung und den Nachweis über den **Beginn** der vereinbarten Skontofrist.³⁷² Dies setzt für den VOB/B-Vertrag bei Bezugnahme auf eine vom Auftragnehmer gestellte Rechnung regelmäßig den Zugang einer nach § 14 prüfbaren Abschlags- oder Schlussrechnung beim Auftraggeber voraus.³⁷³ Auf die fehlende Prüfbarkeit kann sich der Auftraggeber aber nur berufen, wenn er die fehlende Prüfbarkeit innerhalb der vereinbarten Skontofrist gerügt hat.³⁷⁴

Eine Skontovereinbarung kann auch noch nach Vertragsschluss getroffen wer- **167** den³⁷⁵ und unterliegt bei formularmäßiger Festlegung einer **AGB**-rechtlichen

---

³⁶⁴ BGH NJW 1998, 1302; OLG Düsseldorf BauR 2000, 729 (730).
³⁶⁵ BGH NJW 1998, 1302.
³⁶⁶ EuGH NJW 2008, 1935 (1936).
³⁶⁷ Abzurufen über www.eur-lex.europa.eu.
³⁶⁸ Ingenstau/Korbion/Locher § 16 Abs. 5 Rn. 14; Beck VOB/B/Kandel § 16 Abs. 5 Rn. 27; iE ebenso Pauly NZBau 2013, 198 (200); aA OLG Stuttgart NZBau 2012, 437 (439); ebenfalls ablehnend Messerschmidt/Voit/Leupertz Syst. Teil K Rn. 43. Vgl. auch Leinemann/Leinemann § 16 VOB/B Rn. 212; ebenso Vygen/Joussen BauvertragsR Rn. 2612.
³⁶⁹ So auch OLG Karlsruhe WM 2014, 1422 (1423); offen gelassen von BGH NJW 2010, 2879 (2880).
³⁷⁰ So bereits Stellmann/Isler ZfBR 2004, 633 (638); Pauly NZBau 2013, 198 (200).
³⁷¹ Beck VOB/B/Kandel § 16 Abs. 5 Rn. 28.
³⁷² OLG Stuttgart NZBau 2012, 437 (439); OLG Düsseldorf NJW-RR 2000, 1691.
³⁷³ Heiermann/Riedel/Rusam/Heiermann/Mansfeld § 16 Rn. 138.
³⁷⁴ OLG München BauR 1988, 381; Messerschmidt/Voit/Leupertz Syst. Teil K Rn. 43; im Ergebnis offen OLG Düsseldorf BauR 2000, 729.
³⁷⁵ OLG Köln IBR 2004, 189 nimmt dies sogar ausnahmsweise bei fortwährender Entgegennahme reduzierter Beträge ohne Widerspruch an.

Inhaltskontrolle nach §§ 307 ff. BGB, da sie anders als ein reiner **Nachlass** nicht das Verhältnis von Leistung und Gegenleistung iSv § 631 BGB regelt, sondern eine Preisnebenabrede über Zahlungsmodalitäten beinhaltet.[376] Je nach Ausgestaltung kann auch ein durch den Auftraggeber formularmäßig vorgesehener Skontoabzug wirksam sein, da die hiermit verbundene Motivation für eine kurzfristige und problemlose Abwicklung der Zahlung grundsätzlich auch den Interessen des Auftragnehmers an einem raschen Erhalt von Liquidität entspricht.[377] Dies setzt allerdings voraus, dass der Auftraggeber hierfür nicht nur die ohnehin nach § 16 Abs. 1 Nr. 3 und Abs. 3 Nr. 3 vorgesehenen Fristen einzuhalten hat, sondern der formularmäßige Skontoabzug an eine vorzeitige Zahlung geknüpft ist.[378] Eine dementsprechend noch **vor Fälligkeit** geleistete Zahlung ist nicht als inkongruent iSv § 131 InsO anzusehen.[379] AGB-rechtlich unzulässig ist auch, wenn Beginn der Skontofrist ins Belieben des Auftraggebers als Klauselverwender gestellt wird, indem er zB vom Abschluss der Rechnungsprüfung abhängt.[380]

III. Verzug nach Nr. 3

168 § 16 Abs. 5 Nr. 3 regelt die Ansprüche des Auftragnehmers bei verspäteter Zahlung durch den Auftraggeber. Die Regelung wurde mit der VOB/B 2012 durch den Wegfall der ehemaligen Nr. 4 vereinheitlicht und setzt jetzt auch für ein etwaiges unstrittiges Guthaben nach Schlussrechnung zunächst eine Nachfristsetzung voraus. Gleichzeitig wurden die neuen Sätze 3 und 4 ergänzt, nach denen Verzug unabhängig von einer solchen Nachfristsetzung spätestens 30 Tage nach Rechnungszugang eintritt. Damit wurde der Rechtsprechung des BGH entsprochen, nach der die ehemalige Fassung von § 16 Abs. 5 Nr. 3 bei formularmäßiger Verwendung durch den Auftraggeber als abschließende Verzugsregelung einer isolierten **AGB-Inhaltskontrolle** nicht standhielt, da sie den Verzugseintritt bei strittigen Forderungen entgegen § 286 Abs. 3 BGB stets von einer weiteren Handlung des Auftragnehmers abhängig machte.[381]

169 In ihrer jetzigen Fassung sieht die Regelung damit zwei verschiedene Möglichkeiten vor, wie der Auftraggeber in Zahlungsverzug gerät und der Auftragnehmer dahingehenden Schadenersatz geltend machen kann. Dabei ist das Regelungsgefüge in § 16 Abs. 5 Nr. 3 weiterhin als **abschließend** zu erachten und kann der Auftragnehmer darüber hinaus auch bei vor dem 1.1.2018 geschlossenen Verträgen keine Verzugs- oder Zinsansprüche zB gem. § 641 Abs. 4 BGB bean-

---

[376] Ingenstau/Korbion/Locher § 16 Abs. 5 Rn. 16.
[377] BGH NJW 1996, 1346; OLG Stuttgart NZBau 2012, 437; OLG Saarbrücken NZBau 2010, 248.
[378] OLG Stuttgart IBR 2023, 28; OLG Frankfurt a. M. NJW-RR 1988, 1485 (1486); Messerschmidt/Voit/Leupertz Syst. Teil K Rn. 41; Leinemann/Leinemann § 16 Rn. 204 mit zutr. Hinweis, dass OLG Karlsruhe NJW-RR 1999, 1033, eine Individualvereinbarung zugrunde lag; offen gelassen in OLG Köln NZBau 2003, 377; bei OLG Celle NJW-RR 2004, 1165 und OLG Bremen BauR 2004, 862 waren entspr. Klauseln jew. vom Auftragnehmer gestellt worden; abl. Beck VOB/B/Kandel § 16 Abs. 5 Rn. 36; Ingenstau/Korbion/Locher § 16 Abs. 5 Rn. 19; Stellmann/Isler ZfBR 2004, 633 (635).
[379] BGH NJW-Spezial 2010, 503.
[380] OLG Düsseldorf IBR 2024, 7; OLG Stuttgart, IBR 2023, 28; OLG Saarbrücken NZBau 2010, 248; OLG Düsseldorf BauR 1992, 783 (784); OLG Frankfurt a. M. NJW-RR 1988, 1485 (1486).
[381] BGH NZBau 2010, 47 (51).

spruchen.³⁸² Die verschiedenen Verzugstatbestände beziehen sich dabei auf alle Zahlungen des Auftraggebers und greifen neben der Schlusszahlung auch für Abschlags-, Voraus- oder Teilschlusszahlungen ein.³⁸³

1. Variante 1: Verzug mit Nachfristsetzung (S. 1 und S. 2). Nach der ersten mit S. 1 und S. 2 geregelten Variante hat der Auftragnehmer dem Auftraggeber bei Nichtzahlung trotz Fälligkeit zunächst eine angemessene **Nachfrist** zu setzen. Abweichend von der VOB/B 2009 ist die Nachfristsetzung nach der Neufassung 2012 auch Voraussetzung für die Verzinsung etwaig unstrittiger Schlussrechnungsguthaben nach § 16 Abs. 3 Nr. 1 S. 5. 170

Die Nachfrist ist dann angemessen, wenn sie dem Auftraggeber bei objektiver Betrachtung ausreichend Zeit lässt, die Zahlung vorzunehmen. Hierfür reicht auch in Zeiten des Onlinebankings ein Tag jedenfalls nicht aus.³⁸⁴ Es sind die Umstände des jeweiligen Einzelfalls wie zB typischerweise notwendige interne Freigaben und Unterschriften oder die seit Fälligkeitseintritt bereits verstrichene Zeitspanne zu beachten. Die finanzielle Situation des Auftraggebers und etwaige Schwierigkeiten bei der Mittelbeschaffung haben keinen Einfluss auf die **Angemessenheit** der Fristsetzung.³⁸⁵ Unter dem Einfluss der Zahlungsverzugsrichtlinie und der entsprechenden Bezugnahme auf den Erhalt der Zahlung in Abs. 5 Nr. 3 S. 3 wird aber auch für die Angemessenheit der Frist nach S. 1 die übliche Zeitspanne bis zum Eingang der Zahlung bei Auftragnehmer mit zu berücksichtigen sein.³⁸⁶ Eine angemessene Frist wird sich von daher bei Abschlagszahlungen regelmäßig auf eine Woche, bei Schlusszahlungen auf 10 Tage bis zwei Wochen belaufen.³⁸⁷ Ist die gesetzte Frist unangemessen kurz, wird die Fristsetzung dadurch nicht unwirksam, sondern setzt stattdessen eine objektiv angemessene Frist in Gang. 171

Da die Frist ausdrücklich als **Nachfrist** im Anschluss an die Fälligkeit bezeichnet wird, kann sie nicht zeitgleich auf das Ende der jeweils erst fälligkeitsbegründenden Prüffrist gesetzt werden. Sie tritt quasi an Stelle der **Mahnung** nach § 286 BGB, die für den Verzug nach VOB/B allein nicht ausreicht.³⁸⁸ Hier ist die Vorgabe auch eines konkreten Zahlungstermins erforderlich. Anders als die Mahnung im BGB-Vertrag reicht auch eine gleichzeitig mit der Rechnung bereits auf einen Zeitpunkt nach Ende der jeweiligen Prüffrist gesetzte Frist nicht aus; § 16 Abs. 5 Nr. 3 S. 1 sieht ein **zweiaktiges** Geschehen vor, wenn der Auftragnehmer bei Nichtzahlung trotz Fälligkeit eine Nachfrist setzen kann. In der Regel wird dann allerdings ohnehin schon Verzug nach Abs. 5 Nr. 3 S. 3 vorliegen. 172

Die Fristsetzung kann aber wie die Mahnung nach BGB **entfallen,** wenn sie zu einer bloßen Förmelei verkommt, weil der Auftraggeber die Zahlung zuvor 173

---

³⁸² BGH NJW 1984, 1460 (1461); BGH NJW 1964, 1223 (1224); Ingenstau/Korbion/Locher § 16 Abs. 5 Rn. 18.
³⁸³ Kapellmann/Messerschmidt/Messerschmidt § 16 Rn. 457.
³⁸⁴ OLG Köln IBR 2014, 402; eine Frist von 2 Tagen hat das OLG Frankfurt a. M. NJW-RR 1989, 979 (980) genügen lassen.
³⁸⁵ OLG Frankfurt a. M. NJW-RR 1989, 979 (980); Leinemann/Leinemann § 16 Rn. 216.
³⁸⁶ → Rn. 165.
³⁸⁷ Kapellmann/Messerschmidt/Messerschmidt § 16 Rn. 310; Ingenstau/Korbion/Locher § 16 Abs. 5 Rn. 31.
³⁸⁸ Ingenstau/Korbion/Locher § 16 Abs. 5 Rn. 28.

§ 16

bereits endgültig und kategorisch abgelehnt hat.[389] Lehnt der Auftraggeber die Zahlung erstmalig in Reaktion auf die ihm gesetzte Nachfrist endgültig ab, muss der Auftragnehmer den Ablauf der restlichen Frist nicht mehr abwarten und kann umgehend mit der Ablehnung die Folgen nach S. 2 beanspruchen.

174 Im Übrigen stehen dem Auftragnehmer die Ansprüche aus § 16 Abs. 5 Nr. 3 S. 2 erst dann zu, wenn der Auftraggeber nicht innerhalb der Nachfrist zahlt. Trotz der insoweit gewählten Formulierung kommt es für den **Fristablauf** dabei wiederum nicht auf die Vornahme der Zahlungshandlung, sondern auf den **Erhalt der Zahlung** an.[390] Mit der VOB/B sollte den Vorgaben der Zahlungsverzugsrichtlinie 2011/7/EU noch vor Umsetzung in nationales Recht entsprochen werden; dementsprechend wurde auch im neuen S. 3 von § 16 Abs. 5 Nr. 3 ausdrücklich darauf abgestellt, ob der Auftragnehmer den Betrag rechtzeitig erhalten hat. Daraus ergibt sich kein Umkehrschluss zu S. 1 und S. 2, die vielmehr nur in der bisherigen Fassung beibehalten wurden und für die ebenfalls auf den Erhalt der Zahlung abzustellen ist.

175 **2. Variante 2: Verzug ohne Nachfristsetzung (S. 3 und S. 4).** Unabhängig von einer durch den Auftragnehmer gesetzten Nachfrist kommt der Auftraggeber nach dem mit der VOB/B 2012 neu eingeführten S. 3 spätestens **30 Tage** nach Zugang einer Rechnung in Verzug. Damit verbleibt für die erste Variante nach S. 1 und S. 2 kaum noch ein Anwendungsbereich, da die hiernach abzuwartenden Prüf- und Nachfristen zusammen kaum vor der 30-Tages-Frist ablaufen werden.[391] Dies kommt allenfalls noch bei kurzen und einfach zu prüfenden Rechnungen sowie einer endgültigen Zahlungsverweigerung des Auftraggebers in Betracht.

176 Die Regelung beabsichtigt die Umsetzung der neugefassten Zahlungsverzugsrichtlinie. Dem entspricht auch § 286 Abs. 3 BGB. Abweichend hiervon stellt die VOB/B für den **Beginn** der 30-Tages-Frist allein auf den Zugang der Rechnung und nicht auch auf die Fälligkeit der abgerechneten Forderung ab; wenn Verzug dann bei nicht rechtzeitigem Erhalt des fälligen Entgeltbetrages eintreten soll, genügt hierfür der Fälligkeitseintritt zum Ende der 30-Tages-Frist. Dies ist dem Umstand geschuldet, dass nach der VOB/B Fälligkeit erst mit Ablauf der Prüffristen gem. § 16 Abs. 1 Nr. 3 bzw. Abs. 3 Nr. 1 S. 1, 2 eintritt, die in Umsetzung der Verzugsrichtlinie aber nicht zu den Zahlungsfristen hinzutreten, sondern hierin gerade auch in Anbetracht der parallel zu Abs. 3 S. 2 übernommenen Verlängerung auf 60 Tage aufgehen sollen.

177 Ist die **Prüfbarkeit** der Rechnung gegeben oder nicht fristgerecht nach Abs. 3 Nr. 1 S. 1 vom Auftraggeber beanstandet worden, tritt Verzug damit gleichzeitig zur Fälligkeit ein; bei berechtigter Prüfbarkeitsrüge innerhalb der geltenden Fristen tritt weder Verzug noch Fälligkeit ein. Werden Prüfbarkeitseinwände innerhalb der 30-Tages-Frist beseitigt, steht dem Auftraggeber eine erneute Prüffrist für die nachgereichten Unterlagen zur Verfügung. Endet diese neue Prüffrist erst nach Ablauf der 30-Tages-Frist, kann der Ablauf der 30 Tage mangels dann bestehender Fälligkeit nicht zum Verzug führen. Auch die nach Ablauf der 30-Tages-Frist eintretende Fälligkeit hat keinen unmittelbaren Verzugseintritt zur Folge, da die 30-Tages-Frist eine fällige oder zumindest gleichzeitig fällig werdende Forderung verlangt, nicht aber an eine erst künftig fällig werdende Forderung anknüpft. In

---

[389] OLG Düsseldorf NJW-RR 2003, 1245 (1246).
[390] → Rn. 165.
[391] Ingenstau/Korbion/Locher § 16 Abs. 5 Rn. 42.

Anbetracht der beabsichtigten Berücksichtigung der Zahlungsverzugsrichtlinie ist die mit § 16 Abs. 5 Nr. 3 vereinbarte Verzugsregelung dann so zu verstehen, dass die 30-Tages-Frist entsprechend § 286 Abs. 3 BGB mit Eintritt der Fälligkeit neu zu laufen beginnt.[392]

Entsprechendes gilt auch für die **Abnahme,** die ebenfalls nicht schon zum Beginn der 30-Tages-Frist vorliegen muss. Für den Verzugseintritt nach Abs. 5 Nr. 3 S. 3 reicht es aus, wenn der Auftragnehmer das Werk so abnahmebereit präsentiert, dass es innerhalb der 30-Tage-Frist entsprechend § 12 abgenommen werden kann. Ist dies erst nach Ablauf der 30 Tage der Fall, beginnt die Frist von 30 Tagen mit der Abnahme erneut komplett zu laufen. **178**

Die Zahlungsfrist von 30 Tagen kann nach Abs. 5 Nr. 3 S. 4 entsprechend Abs. 3 Nr. 1 S. 2 auf bis zu 60 Tage verlängert werden. Hierfür ist ebenso eine ausdrückliche und nicht nur konkludente Vereinbarung zwischen den Parteien erforderlich, die bei Auftraggebern der öffentlichen Hand ohne sachliche Rechtfertigung für die **Verlängerung** nach § 271a Abs. 2 BGB unwirksam ist. Eine solche Rechtfertigung ist allerdings nicht für die Bezahlung, sondern allenfalls für die Prüfung der Rechnung vorstellbar, weswegen insoweit auf die dieselben Kriterien wie in § 16 Abs. 3 abzustellen ist.[393] Damit ist keine Konstellation erkennbar, in der nur eine der beiden Fristen verlängert wird; wenn dennoch einmal eine Verlängerung der Prüf- ohne Verlängerung auch der Zahlungsfrist vereinbart werden sollte, ist die Forderung mit deren Ablauf wiederum nicht fällig und beginnt die (unverlängerte) 30-Tages-Frist dann erst mit Ende der Prüffrist neu zu laufen.[394] **179**

3. Weitere Anspruchsvoraussetzungen. Nach § 16 Abs. 5 Nr. 3 tritt Verzug zudem nur dann ein, wenn der Auftragnehmer seine vertraglichen und gesetzlichen Pflichten erfüllt hat und den Auftraggeber ein Verschulden trifft. Dahingehende Voraussetzungen müssen nicht nur für die 2. Variante vorliegen, sondern gelten auch für S. 1 und S. 2.[395] Dies ist dem Wortlaut zwar nicht zu entnehmen, ergibt sich aber bei entsprechender Gesamtbetrachtung. Die beiden Verzugstatbestände sind insoweit nicht jeweils völlig eigenständig geregelt, sondern ergänzen sich. So sieht zB die 2. Variante in S. 3 keine Verzugsfolgen vor, die stattdessen aus S. 2 zu entnehmen sind. Umgekehrt gilt das **Verschuldenserfordernis** aus S. 3 als grundlegende Voraussetzung auch für den in S. 2 ausdrücklich als Verzugsschaden beschriebenen Anspruch und wird nach der gewählten Formulierung entsprechend §§ 280 Abs. 1 S. 2, 286 Abs. 4 BGB für beide Verzugsvarianten **vermutet.** **180**

In beiden Fällen setzt Verzug die **Erfüllung** der gesetzlichen und vertraglichen Pflichten durch den Auftragnehmer voraus. Dies betrifft über die Pflichten zur prüfbaren Abrechnung und Herstellung eines im Wesentlichen mangelfreien Werkes schon als Voraussetzung für die Fälligkeit hinaus auch alle sonstigen Pflichten des Auftragnehmers, deren Nichterfüllung den Auftraggeber zur Leistungsverweigerung berechtigen. Damit wird lediglich klargestellt, dass Verzug nur insoweit eintreten kann, wie der Auftraggeber auch zur Zahlung verpflichtet ist und sich nicht auf zB die Einrede nach § 320 BGB berufen kann oder begründete Zurückbehaltungsrechte nach § 273 BGB geltend macht. Ebenso kommt Verzug naturge- **181**

---

[392] Vgl. auch Beck VOB/B/Kandel § 16 Abs. 5 Rn. 43a.
[393] → Rn. 74.
[394] Beck VOB/B/Kandel § 16 Abs. 5 Rn. 43a.
[395] AA Messerschmidt/Voit/Voit § 16 Rn. 36.

§ 16 VOB Teil B

mäß auch nur soweit in Betracht, wie die Forderung des Auftragnehmers besteht und nicht zB im Wege der Aufrechnung ganz oder teilweise erloschen ist.

182 4. **Anspruchsinhalt.** Dem Auftragnehmer stehen zunächst **Verzugszinsen** zu. § 16 Abs. 5 Nr. 3 S. 2 verweist hinsichtlich deren Höhe ohne Unterscheidung durchgängig auf § 288 Abs. 2 BGB. Damit gelangt der dort nur für den geschäftlichen Verkehr vorgesehene Zinssatz auch zur Anwendung, wenn der Auftraggeber Verbraucher ist.

183 Durch das „Gesetz zur Bekämpfung von Zahlungsverzug im Geschäftsverkehr und zur Änderung des Erneuerbare Energien-Gesetzes" wurde die Verzinsung mit Wirkung zum 29.7.2014 von 8 auf 9 Prozentpunkte über Basiszinssatz erhöht. Da die Parteien bei Einbeziehung von § 16 Abs. 5 Nr. 3 die Höhe der Verzugszinsen bereits bei Vertragsschluss verbindlich für erst künftige Verzugsfälle vereinbaren, kommt es für die Anwendung von 8 oder 9 Prozentpunkten nicht auf den Zeitpunkt des Verzugseintritts sondern entsprechend § 34 EGBGB darauf an, ob der Bauvertrag vor oder nach dem 28.7.2014 zustande gekommen ist.

184 Bei den Verzugszinsen handelt es sich um einen pauschalierten Mindestschaden des Auftragnehmers, der nach § 16 Abs. 5 Nr. 3 S. 2 auch einen höheren **Verzugsschaden** nachweisen kann. Der Wortlaut legt nahe, dass entsprechender Nachweis vergleichbar zur Vertragsstrafe den gesamten Schaden umfassen muss, auf den die Pauschalierung dann angerechnet wird; dies ist von der VOB/B allerdings nicht beabsichtigt, die vielmehr auf Abs. 2 und Abs. 3 von § 288 BGB abzielt. So kann der Auftragnehmer sowohl einen höheren Zinsschaden nachweisen[396] als auch unabhängig hiervon zusätzlich Schäden anderer Art, wie zB verzugsbedingte Rechtsverfolgungskosten geltend machen.[397]

185 5. **Verzugsende.** Der Zahlungsverzug des Auftraggebers endet mit **Erfüllung** oder durch entsprechende Gegenrechte. Hierzu gehört beim Verzug mit Abschlagszahlungen auch die Einrede der **Schlussrechnungsreife;**[398] ab diesem Zeitpunkt kann der Auftragnehmer seine Forderungen nicht länger auf Abschlagsrechnungen stützen, so dass auch der Verzug des Auftraggebers mit der Auszahlung von Abschlägen endet. Da die Schlusszahlung mit Ausnahme unstrittiger Beträge erst mit Prüfung und Feststellung der Schlussrechnung fällig wird und Auftraggeber erst nach erfolgloser Nachfristsetzung oder Ablauf der 30-Tages-Frist in Verzug gerät, kann es insoweit zu Lücken in der Verzinsung kommen.[399]

186 6. **AGB.** Die frühere Regelung des § 16 Nr. 5 Abs. 3 war bei isolierter AGB-Inhaltskontrolle und Verwendung durch den Auftraggeber wegen Verstoßes gegen das gesetzliche Leitbild nach § 286 Abs. 3 BGB unwirksam;[400] insoweit bestehen seit der Neufassung mit der VOB/B 2012 keine Bedenken mehr, da der Auftraggeber nach S. 3 nunmehr auch ohne weiteres Handeln des Auftragnehmers spätestens 30 bzw. 60 Tage nach Erhalt der Rechnung in Verzug gerät.[401] Der verbleibende Ausschluss von Fälligkeitszinsen nach § 641 Abs. 4 BGB stellt für sich genommen auch für Altverträge ohne die Anwendung von § 650g Abs. 4 BGB keinen unbilli-

---

[396] Beck VOB/B/Kandel § 16 Abs. 5 Rn. 45.
[397] Kapellmann/Messerschmidt/Messerschmidt § 16 Rn. 470 ff.
[398] → Rn. 46.
[399] Auf den Zeitpunkt der Schlussrechnung abstellend BGH NJW-RR 2004, 957 (958).
[400] BGH NZBau 2010, 47 (51).
[401] Ingenstau/Korbion/Locher § 16 Abs. 5 Rn. 44.

Zahlung **§ 16**

gen Nachteil für den Auftragnehmer dar.[402] Allerdings ergeben sich Wirksamkeitsbedenken, soweit die nach § 288 Abs. 5 BGB vorgehende Pauschale ausgeschlossen ist, was nach § 288 Abs. 6 BGB im Zweifel als grob unbillig anzusehen ist. Zudem erscheint zweifelhaft, ob die Regelung im Hinblick auf den Anspruchsinhalt und die Möglichkeit zur Geltendmachung über den Verzugszins hinausgehender Schäden hinreichend klar und transparent formuliert ist.[403]

Transparenzbedenken bestehen auch bei Verwendung durch den Auftragnehmer, da sich dem Wortlaut von § 16 Abs. 5 Nr. 3 die Notwendigkeit eines Verschuldens auch für die 1. Variante nicht unmittelbar entnehmen lässt.[404] Handelt es sich bei dem Auftraggeber um einen Verbraucher, stellt außerdem der Verweis in S. 2 allein auf den im Geschäftsverkehr unter Kaufleuten geltenden Zinssatz nach § 288 Abs. 2 BGB einen unbilligen Nachteil dar, da dem Auftraggeber auch der Nachweis eines geringeren Schadens nicht offen steht.[405] Die Unwirksamkeit ist dabei aber auf die Zinshöhe beschränkt; im Übrigen bleibt die Klausel wirksam, da der überhöhte Zinssatz ansonsten zu geringeren Verzugsvoraussetzungen führen und sich damit zum Vorteil des die Klausel verwendenden Auftragnehmers auswirken würde. **187**

IV. Recht zur Arbeitseinstellung (Nr. 4)

Kommt der Auftraggeber seinen Zahlungspflichten nicht nach, eröffnet § 16 Abs. 5 Nr. 4 dem Auftragnehmer das Recht, die Arbeiten einzustellen. Dies kommt in erster Linie bei Abschlags- oder Teilschlusszahlungen in Betracht; bei Schlusszahlungen hat der Auftragnehmer seine Leistung ohnehin schon im Wesentlichen fertig gestellt. Er kann dann lediglich noch Mängelbeseitigungsarbeiten einstellen; bis dahin wird der Auftraggeber aber regelmäßig zu entsprechenden Einbehalten berechtigt sein.[406] Eine Arbeitseinstellung kommt insoweit allenfalls in Betracht, wenn der Auftraggeber über die ihm zustehenden Einbehalte hinaus Zahlungen zu Unrecht verweigert. **188**

Die Regelung in Abs. 5 Nr. 4 beruht nach hM auf § 320 BGB,[407] räumt dem Auftragnehmer darüber hinaus aber ein Leistungsverweigerungsrecht für noch nicht ausgeführte Leistungsbestandteile ein, bzgl. derer der Auftragnehmer an für sich vorleistungspflichtig ist und die nicht mit den Abschlagszahlungen für bereits erbrachte Leistungen in einem entsprechenden Gegenseitigkeitsverhältnis stehen.[408] Sie stellt eine eng auszulegende Ausnahme von dem in § 18 Abs. 5 festgelegten Grundsatz dar, wonach Streitfälle den Auftragnehmer ansonsten gerade nicht zur Arbeitseinstellung berechtigen[409] und macht diese von bestimmten Voraussetzungen abhängig. **189**

---

[402] Beck VOB/B/Kandel Vor § 16 Rn. 55.
[403] → Rn. 183.
[404] → Rn. 179.
[405] Messerschmidt/Voit/Voit § 16 Rn. 37; Beck VOB/B/Kandel Vor § 16 Rn. 54.
[406] OLG Düsseldorf NJW-RR 1996, 1170; Ingenstau/Korbion/Locher § 16 Abs. 5 Rn. 48.
[407] Kapellmann/Messerschmidt/Messerschmidt § 16 Rn. 486.
[408] Es handelt sich von daher richtigerweise um einen Fall des § 273 BGB, dessen Abs. 3 mit der Möglichkeit zur Abwehr des Zurückbehaltungsrechts durch Sicherheitsleistung wegen der über § 632a BGB intendierten Liquiditätsverschaffung teleologisch zu reduzieren ist. Vgl. auch Kapellmann/Messerschmidt/Messerschmidt § 16 Rn. 486.
[409] Kapellmann/Messerschmidt/Messerschmidt § 16 Rn. 498.

§ 16

190 **1. Verzug und Fristablauf.** Der Auftraggeber muss sich zunächst in **Zahlungsverzug** befinden; Verzug idS bedeutet, dass die Voraussetzungen nach Nr. 3 vorliegen müssen. Ein Verzug durch Mahnung nach § 286 BGB genügt ohne anderslautende Vereinbarung nicht.

Da Nr. 4 aber ohnehin den Ablauf einer dem Auftraggeber zuvor gesetzten angemessenen Frist verlangt, werden spätestens dann die Verzugsvoraussetzungen nach Abs. 3 Nr. 3 S. 2 vorliegen. Die **Frist** nach Nr. 4 muss dabei nicht zusätzlich zu der Frist nach Nr. 3 S. 2 gesetzt werden. Es reicht nach Sinn und Zweck aus, dass zur Erinnerung und Warnung des Schuldners überhaupt eine Frist gesetzt wurde. Hieran fehlt es allerdings beim automatischen Verzugseintritt mit Ablauf der Zahlungsfrist von 30 bzw. 60 Tagen, so dass es für die 2. Verzugsvariante nach Abs. 3 einer gesonderten Fristsetzung vor der Leistungseinstellung bedarf.

191 **2. Ankündigung und Verhältnismäßigkeit.** Die Regelung in Nr. 4 sieht nicht vor, dass der Auftragnehmer die Einstellung der Arbeiten **ankündigen** muss – weder bei der Fristsetzung noch danach. Dies kann sich im Einzelfall aber aus der bauvertraglichen **Kooperationspflicht** ergeben.[410] Hiernach ist zB auch von bestehenden Kündigungsrechten nicht unmittelbar Gebrauch zu machen, sondern zuvor nach einer einvernehmlichen Lösung zu suchen.[411] Entsprechendes gilt auch für die Leistungseinstellung; auch wenn hierdurch noch kein endgültiges Gestaltungsrecht ausgeübt wird kann die vorläufige Arbeitseinstellung zu erheblichen Konsequenzen führen, vor denen der Auftraggeber nochmals zu warnen ist – zumal die Setzung einer Zahlungsfrist auch nicht von vornherein auf diese Eskalationsstufe abzielt und sich der Auftraggeber häufig nur etwaige Zinsansprüche offen halten möchte.

192 So wird die Anwendung von Abs. 5 Nr. 4 auch darüber hinaus durch übergeordnete Prinzipien wie **Treu und Glauben** eingeschränkt, wenn sich die Leistungseinstellung angesichts des rückständigen Betrages zB als **unverhältnismäßig** darstellt.[412] Der Leistungseinstellung durch den Auftragnehmer kann allerdings nicht § 18 Abs. 5 mit dem Hinweis entgegengehalten werden, dass die Zahlungspflicht des Auftraggebers und dessen Verzug umstritten ist; insoweit stellt § 16 Abs. 5 Nr. 4 die bei Zahlungsverzug vorrangige Spezialregelung dar.[413]

193 **3. Leistungsverweigerungsrechte des Auftraggebers.** Mangels Verzugs kommt die Einstellung der Arbeiten durch den Auftragnehmer von vornherein nicht in Betracht, wenn der Auftraggeber berechtigt war, die geforderten Zahlungen einzubehalten. Der Auftraggeber muss die ihm zustehende Einrede nach § 320 BGB dazu nicht ausdrücklich erhoben haben. Es ist auch nicht erforderlich, dass er sich deren Existenz bewusst war; es genügt vielmehr bereits das **objektive Bestehen** eines Leistungsverweigerungsrechts.[414] Die Arbeitseinstellung des Auftragnehmers stellt sich damit selbst dann als unberechtigt dar, wenn zB etwaige

---

[410] OLG Frankfurt a. M. BauR 1988, 599 (603); OLG Düsseldorf BauR 1975, 428 (429); Kapellmann/Messerschmidt/Messerschmidt § 16 Rn. 491; ebenso Vygen/Joussen BauvertragsR Rn. 2627; vgl. auch Leinemann/Leinemann § 16 Rn. 233; aA Ingenstau/Korbion/Locher § 16 Abs. 5 Rn. 50.

[411] BGH NZBau 2000, 130 (131).

[412] OLG Saarbrücken BauR 2013, 133; vgl. auch OLG Dresden BauR 2010, 96 (97).

[413] Vgl. auch BGH NJW 1996, 1346 (1347); OLG Köln NJW 2017, 493 (496).

[414] BGH NJW-RR 2003, 1318; BGH NJW 1966, 200; OLG Düsseldorf NJW-RR 1996, 1170.

Zahlung **§ 16**

Mängel in der bis zum Zeitpunkt der Forderung erbrachten Werkleistung erst nachträglich erkannt werden. Die Einstellung der Arbeiten ist damit mit einem erheblichen Risiko für den Auftragnehmer verbunden. Erfolgt sie zu Unrecht, kann der Auftraggeber seinerseits den Vertrag aus wichtigem Grund kündigen und den Auftragnehmer auf Schadensersatz in Anspruch nehmen.

4. AGB. Wenn § 16 Abs. 5 Nr. 4 das Recht zur Leistungseinstellung von Ver- 194 zug und einer vorausgehenden Fristsetzung abhängig macht, wird hierin eine Einschränkung gegenüber den gesetzlichen Leistungsverweigerungsrechten des Auftragnehmers gesehen. Angesichts der erheblichen Auswirkungen für den Auftraggeber und dem bauvertraglichen Kooperationsgebot stellt es allerdings keine unbillige Benachteiligung iSv § 307 BGB dar, wenn der Auftragnehmer die Leistungen nicht unmittelbar mit Fälligkeit, sondern erst nach erfolglosem Fristablauf einstellen darf.[415] Dies gilt umso mehr, als es sich bei zutreffender Betrachtung nicht um einen Fall von § 320 BGB, sondern von § 273 BGB[416] handelt, dessen Abs. 3 durch § 16 Abs. 5 Nr. 4 zu Gunsten des Auftragnehmers ausgeschlossen wird.

Dies stellt bei Verwendung durch den Auftragnehmer auch keine unzumutbare 195 Benachteiligung des Auftraggebers dar, da dessen Recht zur Stellung einer Sicherheit nach § 273 Abs. 3 BGB aufgrund der auch nach § 632a BGB beabsichtigten Liquiditätsverschaffung für den Fall nicht geleisteter Abschlagszahlungen ohnehin teleologisch zu reduzieren ist.

G. Direktzahlungen an Dritte gem. § 16 Abs. 6

§ 16 Abs. 6 eröffnet dem Auftraggeber die Möglichkeit, seine Zahlungspflich- 196 ten über **Direktzahlungen** an Dritte zu erfüllen. Damit wird dem Umstand Rechnung getragen, dass sich der Auftragnehmer zumindest bei Bauvorhaben ab einer gewissen Größenordnung seinerseits regelmäßig weiterer Auftragnehmer bedient. Typisch ist die Konstellation eines Hauptunternehmers mit einem oder mehreren Nachunternehmern. Werden die Nachunternehmer nicht ordnungsgemäß vom Auftragnehmer bezahlt, kann dies den Fortschritt der Baumaßnahme gefährden. Von daher hat der Auftraggeber mitunter ein erhebliches Interesse, die Nachunternehmer zur Sicherstellung der weiteren Abwicklung unmittelbar zu befriedigen. Dahingehende Möglichkeit räumt bereits § 267 Abs. 1 BGB ein. Allerdings kommt der Zahlung an Dritte nach § 362 Abs. 2 BGB nur dann auch im Verhältnis zwischen Auftraggeber und Auftragnehmer **Tilgungswirkung** zu, wenn sie nach § 185 BGB mit dessen Einwilligung erfolgt oder nachträglich von ihm genehmigt wird. Wenn der Auftraggeber nach § 16 Abs. 6 berechtigt ist, zur Erfüllung seiner Zahlungspflichten direkt an Gläubiger des Auftragnehmers zu zahlen, wird ihm dahingehende **Einwilligung** mit Abschluss des Vertrages unter Einbeziehung der VOB/B erteilt.[417] Entsprechende Ermächtigung ist dabei nach Sinn und Zweck als unwiderruflich anzusehen.[418] Ansonsten liefe

---

[415] BGH NJW 1992, 575 (577) hält im Geschäftsverkehr sogar einen kompletten Ausschluss von §§ 273, 320 für zulässig; aA Kleine-Möller/Merl/Glöckner PrivBauR-HdB/Krug § 2 Rn. 475.
[416] → Fn. 408.
[417] So auch Beck VOB/B/Kandel § 16 Abs. 6 Rn. 5.
[418] Bergmann ZfBR 1998, 59 (64).

Hummel 1033

§ 16

auch die Erklärungspflicht des Auftragnehmers nach Abs. 6 S. 2 ins Leere, da er im Falle entsprechender Aufforderung jederzeit die Einwilligung wieder zurückziehen könnte

I. Voraussetzungen

197 Die Einwilligung ist allerdings an bestimmte Voraussetzungen geknüpft:
- Der Auftraggeber soll den mit der Zahlung an Dritte einhergehenden Zugriffsverlust an dem Zahlbetrag nicht jederzeit zu Lasten des Auftragnehmers herbeiführen können soll. Die Direktzahlung kommt von daher nur zur Befriedigung **fälliger Forderungen** des Auftragnehmers in Betracht.[419]
- Die Ermächtigung gilt zudem nur in Bezug auf Dritte, die aufgrund eines mit dem Auftragnehmer abgeschlossenen **Dienst- oder Werkvertrags** an der Ausführung der vom Auftragnehmer vertraglich geschuldeten Leistung beteiligt sind. Neben dem klassischen Nachunternehmer erfasst dies auch vom Auftragnehmer ggf. beauftragte Planer wie auch dessen eigene Arbeitnehmer.[420] Über Kaufverträge gebundene Baustofflieferanten werden nicht erfasst. Werden die Bauteile aber individuell gemäß § 651 S. 3 BGB angefertigt, ist der Anwendungsbereich von § 16 Abs. 6 aufgrund des dann werkvertraglichen Charakters der jeweiligen **Werklieferungsverträge** eröffnet.[421]
- Die so beteiligten Dritten müssen die Fortsetzung ihrer Leistung wegen Zahlungsverzuges des Auftragnehmers zu Recht verweigern. Dies setzt voraus, dass die Drittforderungen bestehen und die nach den jeweiligen Verträgen maßgeblichen Verzugsvoraussetzungen gegeben sind. Als Folge hiervon müssen die Dritten nach den jeweiligen Verträgen zB auch unter Verhältnismäßigkeitsgesichtspunkten zur **Leistungseinstellung** berechtigt sein und von diesem Recht tatsächlich auch Gebrauch gemacht haben. Die bloße Androhung der Arbeitseinstellung reicht nicht aus.[422]
- Die Direktzahlung hat außerdem zu dem Zweck zu erfolgen, die **Fortsetzung** der Nachunternehmerleistung sicherzustellen. Diese Zweckbestimmung wie auch die berechtigte Leistungsverweigerung des Dritten wurden mit der VOB/B 2002 als Voraussetzung für die Ermächtigung des Auftraggebers zur schuldbefreienden Direktzahlung ergänzt. Die Ergänzung trägt der Rechtsprechung des BGH Rechnung, wonach die durch § 16 Abs. 6 begründete Abweichung vom Grundgedanken der gesetzlichen Regelung mit der Erfüllung durch Zahlung an den Gläubiger und dem damit verbundenen und gerade in Krisensituationen schwerwiegenden Zugriffsverlust auf das Geld bei isolierter Inhaltskontrolle und Verwendung durch den Auftraggeber allenfalls dann keine unangemessene Benachteiligung des Auftragnehmers iSv § 307 BGB darstellt, wenn dem auch tatsächlich berechtigte Interessen des Auftraggebers gegenüberstehen.[423] Damit scheiden nunmehr zB Zahlungen an Dritte aus, wenn diese ihre Leistungen bereits abgeschlossen oder den Vertrag mit dem Auftragnehmer wirksam gekündigt haben.

---

[419] Kapellmann/Messerschmidt/Messerschmidt § 16 Rn. 502; Beck VOB/B/Kandel § 16 Abs. 6 Rn. 18.
[420] Leinemann/Leinemann § 16 Rn. 266.
[421] Ingenstau/Korbion/Locher § 16 Abs. 6 Rn. 6 mwN.
[422] Kapellmann/Messerschmidt/Messerschmidt § 16 Rn. 506; Ingenstau/Korbion/Locher § 16 Abs. 6 Rn. 8.
[423] BGH NJW 1990, 2384 (2385).

II. Erklärungspflicht und Fiktion nach S. 2

Der Auftraggeber kann insbesondere die Berechtigung der Drittforderungen **198** idR nicht verlässlich beurteilen. Da eine von ihm auf die Drittforderung geleistete Zahlung aber nur Erfüllungswirkung entfalten kann, wenn eine solche Forderung auch tatsächlich besteht, hat sich der Auftragnehmer nach § 16 Abs. 6 S. 2 auf Verlangen des Auftraggebers darüber zu erklären, ob und in welchem Umfang er die Forderungen des Dritten anerkennt. Kommt der Auftragnehmer dieser Pflicht nicht innerhalb der vom Auftraggeber gesetzten Frist nach, gelten die Voraussetzungen für die Direktzahlung als anerkannt. Diese **Fiktion** ist nur auf das Verhältnis zwischen Auftragnehmer und Auftraggeber beschränkt und greift nicht für das Verhältnis zwischen Auftragnehmer und Dritten.[424] Sie geht nach der jetzigen Fassung von § 16 Abs. 6 über die bloße Bestätigung einer fälligen Drittforderung hinaus und erstreckt sich sowohl auf den Verzug des Auftragnehmers wie auch die berechtigte Leistungseinstellung des Dritten.[425] Dies legt bei zusammenhängender Betrachtung eine Auslegung nahe, wonach sich die vom Auftragnehmer geschuldete Erklärung auch zu der Leistungseinstellung des Dritten verhalten muss. Ansonsten könnte er zwar die Forderung als solche bestätigen, ohne sich aber möglicherweise zu einschränkenden Vereinbarungen in Bezug auf ein Leistungsverweigerungsrecht des Dritten äußern zu müssen. Wird seine **Erklärungspflicht** demgegenüber entsprechend ausgedehnt, greift bei diesbezüglichem Schweigen insoweit wieder die Fiktion nach Abs. 6 S. 2 Hs. 2 ein.

III. Kein Anspruch auf Direktzahlung

Liegen die Voraussetzungen von § 16 Abs. 6 vor oder werden sie fingiert, **199** ist der Auftraggeber berechtigt, mit schuldbefreiender Wirkung direkt an den Nachunternehmer seines Auftragnehmers zu leisten. Aus dieser Berechtigung leitet sich kein Anspruch des Dritten auf eine Direktzahlung ab.[426] Ein solcher **Direktzahlungsanspruch** kann auch nicht über §§ 683, 670 BGB oder Bereicherungsrecht konstruiert werden.[427] Der Auftraggeber kann auch nach erfolgten Direktzahlungen weiterhin frei entscheiden, ob er künftig noch weitere Direktzahlungen leisten möchte oder nicht. Auch begründet die verbindliche Zusage einer Direktzahlung an den Dritten allein keine Bürgschaftsverpflichtung des Auftraggebers.[428]

IV. Insolvenz des Auftragnehmers

Führen die Zahlungsrückstände des Auftragnehmers später zu dessen **Insol-** **200** **venz,** hilft § 16 Abs. 6 nicht weiter. Mit Eröffnung des Insolvenzverfahrens gehören die Forderungen des Auftragnehmers zur Insolvenzmasse und verliert der Auftragnehmer seine Verfügungskompetenz; die Forderungen können dann weder durch Zahlung an ihn noch durch mit seiner Ermächtigung getätigte Zahlungen an Dritte erfüllt werden.[429] Entsprechende Wirkung tritt bereits

---

[424] Beck VOB/B/Kandel § 16 Abs. 6 Rn. 28.
[425] So auch Beck VOB/B/Kandel § 16 Abs. 6 Rn. 28.
[426] BGH NJW 1999, 2969; BGH NJW-RR 1994, 1044.
[427] BGH NZBau 2004, 387 (388).
[428] BGH NZBau 2001, 448.
[429] BGH NJW 1986, 2761.

vor endgültiger Verfahrenseröffnung ein, wenn im Rahmen vorläufiger Maßnahmen ein allgemeines Verfügungsverbot nach § 21 Abs. 2 Nr. 2 InsO erlassen wird.[430]

201 Etwaige vor Einleitung eines Insolvenzverfahrens nach § 16 Abs. 6 geleistete Zahlungen stellen mangels entsprechenden Anspruchs des Dritten gegen den Auftraggeber in der Regel nur eine **inkongruente Deckung** dar und können vom Insolvenzverwalter unter den erleichterten Anforderungen nach § 131 InsO angefochten werden.[431] Für den hiervon betroffenen Nachunternehmer hat dies zur Konsequenz, dass er durch die erfolgte Zahlung zunächst sein Recht zur Einstellung der weiteren Arbeiten verliert, ohne wenigstens die auf die bereits zuvor erbrachten Leistungen gezahlten Abschläge behalten zu dürfen.[432] Etwas anderes kommt nur dann in Betracht, wenn der Auftragnehmer seine Forderungen gegenüber dem Auftraggeber an den Dritten als Sicherheit abgetreten hat[433] oder der Nachunternehmer abweichend von § 16 Abs. 6 mit dem Auftraggeber eine Direktzahlung vertraglich vereinbart hat,[434] da dieser dann über einen unmittelbaren Anspruch gegen den Auftraggeber verfügt. In diesem Fall ist allerdings zu überprüfen, inwieweit die jeweilige Abtretung oder Vereinbarung der Anfechtung unterliegen. Nach neuerer Rechtsprechung soll grundsätzlich auch eine Anfechtung gegenüber dem Auftraggeber als Angewiesenem nach § 133 Abs. 1 InsO in Betracht kommen.[435]

V. AGB

202 Die frühere Fassung von § 16 Abs. 6 S. 1 wurde bei isolierter Inhaltskontrolle und Verwendung durch den Auftraggeber als unwirksam erachtet, da sie eine schuldbefreiende Direktzahlung an die Gläubiger des Auftragnehmers unabhängig von einem konkreten Interesse des Auftraggebers an der Fortsetzung des Bauwerks erlaubte.[436] Diese Bedenken wurden mit den Ergänzungen zur berechtigten Leistungsverweigerung und deren beabsichtigter Beseitigung durch die VOB 2002 ausgeräumt. Ob das entsprechende Interesse des Auftraggebers den Eingriff in die Empfangszuständigkeit des Auftragnehmers aber überhaupt rechtfertigen kann, hat der BGH offengelassen.[437] Dies wird teilweise bezweifelt,[438] ist aber zu bejahen, da der Auftragnehmer mit der Zahlung zugleich von seiner Schuld gegenüber dem Dritten befreit wird und der bloße Dispositionsverlust demgegenüber keinen unangemessenen Nachteil darstellt.[439]

---

[430] BGH NJW 1999, 2969.

[431] BGH NZBau 2009, 115 (116).

[432] Beck VOB/B/Kandel § 16 Abs. 6 Rn. 14.

[433] BGH NZBau 2005, 338 (339).

[434] BGH NJW 2014, 2956 (2958); zum Abschluss einer solchen Vereinbarung vgl. BGH NJW-RR 94, 1044; OLG München IBR 2000, 636.

[435] BGH NJW 2008, 1067 (1068); OLG Braunschweig IBR 2012, 713; vgl. hierzu Schmitz, Die Bauinsolvenz, 6. Aufl. 2015, Rn. 863 ff.

[436] BGH NJW 1990, 2384 (2385).

[437] BGH NJW 1990, 2384 (2385).

[438] Kleine-Möller/Merl/Glöckner PrivBauR-HdB/Krug § 2 Rn. 475; Ingenstau/Korbion/Locher § 16 Abs. 6 Rn. 16; abl. auch Schmitz, Die Bauinsolvenz, 6. Aufl. 2015, Rn. 808.

[439] Kapellmann/Messerschmidt/Messerschmidt § 16 Rn. 518; Beck VOB/B/Kandel Vor § 16 Rn. 58 f.; Messerschmidt/Voit/Voit § 16 Rn. 44, 46 mwN.

§ 17 Sicherheitsleistung

Allerdings hält die in Abs. 6 S. 2 vorgesehene Fiktion über die Voraussetzungen 203 einer schuldbefreienden Zahlung einer isolierten Inhaltskontrolle nicht stand. Auch wenn § 308 Nr. 5 BGB bei Verwendung der Klausel gegenüber dem gewerblichen Auftragnehmer nicht unmittelbar greift, hat insbesondere die fehlende Verpflichtung des Auftraggebers zu einem Hinweis auf die Fiktionswirkung einen unangemessenen Nachteil iSv § 307 BGB zur Folge.[440]

§ 17 Sicherheitsleistung

(1)
1. **Wenn Sicherheitsleistung vereinbart ist, gelten die §§ 232 bis 240 BGB, soweit sich aus den nachstehenden Bestimmungen nichts anderes ergibt.**
2. **Die Sicherheit dient dazu, die vertragsgemäße Ausführung der Leistung und die Mängelansprüche sicherzustellen.**

(2) Wenn im Vertrag nichts anderes vereinbart ist, kann Sicherheit durch Einbehalt oder Hinterlegung von Geld oder durch Bürgschaft eines Kreditinstituts oder Kreditversicherers geleistet werden, sofern das Kreditinstitut oder der Kreditversicherer
1. in der Europäischen Gemeinschaft oder
2. in einem Staat der Vertragsparteien des Abkommens über den Europäischen Wirtschaftsraum oder
3. in einem Staat der Vertragsparteien des WTO-Übereinkommens über das öffentliche Beschaffungswesen
zugelassen ist.

(3) Der Auftragnehmer hat die Wahl unter den verschiedenen Arten der Sicherheit; er kann eine Sicherheit durch eine andere ersetzen.

(4) [1]Bei Sicherheitsleistung durch Bürgschaft ist Voraussetzung, dass der Auftraggeber den Bürgen als tauglich anerkannt hat. [2]Die Bürgschaftserklärung ist schriftlich unter Verzicht auf die Einrede der Vorausklage abzugeben (§ 771 BGB); sie darf nicht auf bestimmte Zeit begrenzt und muss nach Vorschrift des Auftraggebers ausgestellt sein. [3]Der Auftraggeber kann als Sicherheit keine Bürgschaft fordern, die den Bürgen zur Zahlung auf erstes Anfordern verpflichtet.

(5) [1]Wird Sicherheit durch Hinterlegung von Geld geleistet, so hat der Auftragnehmer den Betrag bei einem zu vereinbarenden Geldinstitut auf ein Sperrkonto einzuzahlen, über das beide nur gemeinsam verfügen können („Und-Konto"). [2]Etwaige Zinsen stehen dem Auftragnehmer zu.

(6)
1. [1]Soll der Auftraggeber vereinbarungsgemäß die Sicherheit in Teilbeträgen von seinen Zahlungen einbehalten, so darf er jeweils die Zahlung um höchstens 10 v.H. kürzen, bis die vereinbarte Sicherheitssumme erreicht ist. [2]Sofern Rechnungen ohne Umsatzsteuer gemäß § 13b UStG gestellt werden, bleibt die Umsatzsteuer bei der Berechnung des Sicherheitseinbehalts unberücksichtigt. [3]Den jeweils einbehaltenen Betrag hat er dem Auftragnehmer mitzuteilen und binnen

---

[440] Ingenstau/Korbion/Locher § 16 Abs. 6 Rn. 16; Leinemann/Leinemann § 16 Rn. 265; aA Beck VOB/B/Kandel Vor § 16 Rn. 60.

§ 17 VOB Teil B

18 Werktagen nach dieser Mitteilung auf ein Sperrkonto bei dem vereinbarten Geldinstitut einzuzahlen. ⁴Gleichzeitig muss er veranlassen, dass dieses Geldinstitut den Auftragnehmer von der Einzahlung des Sicherheitsbetrags benachrichtigt. ⁵Absatz 5 gilt entsprechend.

2. Bei kleineren oder kurzfristigen Aufträgen ist es zulässig, dass der Auftraggeber den einbehaltenen Sicherheitsbetrag erst bei der Schlusszahlung auf ein Sperrkonto einzahlt.

3. ¹Zahlt der Auftraggeber den einbehaltenen Betrag nicht rechtzeitig ein, so kann ihm der Auftragnehmer hierfür eine angemessene Nachfrist setzen. ²Lässt der Auftraggeber auch diese verstreichen, so kann der Auftragnehmer die sofortige Auszahlung des einbehaltenen Betrags verlangen und braucht dann keine Sicherheit mehr zu leisten.

4. Öffentliche Auftraggeber sind berechtigt, den als Sicherheit einbehaltenen Betrag auf eigenes Verwahrgeldkonto zu nehmen; der Betrag wird nicht verzinst.

(7) ¹Der Auftragnehmer hat die Sicherheit binnen 18 Werktagen nach Vertragsabschluss zu leisten, wenn nichts anderes vereinbart ist. ²Soweit er diese Verpflichtung nicht erfüllt hat, ist der Auftraggeber berechtigt, vom Guthaben des Auftragnehmers einen Betrag in Höhe der vereinbarten Sicherheit einzubehalten. ³Im Übrigen gelten die Absätze 5 und 6 außer Nummer 1 Satz 1 entsprechend.

(8)
1. ¹Der Auftraggeber hat eine nicht verwertete Sicherheit für die Vertragserfüllung zum vereinbarten Zeitpunkt, spätestens nach Abnahme und Stellung der Sicherheit für Mängelansprüche zurückzugeben, es sei denn, dass Ansprüche des Auftraggebers, die nicht von der gestellten Sicherheit für Mängelansprüche umfasst sind, noch nicht erfüllt sind. ²Dann darf er für diese Vertragserfüllungsansprüche einen entsprechenden Teil der Sicherheit zurückhalten.

2. ¹Der Auftraggeber hat eine nicht verwertete Sicherheit für Mängelansprüche nach Ablauf von 2 Jahren zurückzugeben, sofern kein anderer Rückgabezeitpunkt vereinbart worden ist. ²Soweit jedoch zu diesem Zeitpunkt seine geltend gemachten Ansprüche noch nicht erfüllt sind, darf er einen entsprechenden Teil der Sicherheit zurückhalten.

Literatur: Abu Saris, Gewährleistungsbürgschaften unter Verzicht auf § 768 Abs. 1 S. 1 BGB und deren Einfluss auf die Wirksamkeit von Sicherungsabreden, 2013; Hau/Poseck, Beck'scher Online-Kommentar BGB, 70. Auflage 2024; Bronsch, Abwendung der Vormerkung auf Eintragung einer Bauhandwerkersicherungshypothek durch Bürgschaft, BauR 1983, 517; Ganten/Jansen/Voit, Beck'scher VOB-Kommentar, Teil B, 4. Aufl. 2023; Groß, Die Umkehrsteuer des § 13b UStG und der Sicherheitseinbehalt nach § 17 VOB/B, BauR 2005, 1084; Heiermann/Riedl/Rusam, Handkommentar zur VOB Teile A und B, 14. Aufl. 2017; Hildebrandt, Das neue Forderungssicherungsgesetz (FoSiG), BauR 2009, 4; Hildebrandt., Das Verbot der Fremddisposition und die Erweiterung der Bürgenhaftung durch Anordnungen des Auftraggebers nach §§ 1 Nr. 3 und 4 VOB/B, BauR 2007, 1121; Hildebrandt, Zur Unwirksamkeit vertraglicher Sicherungsabreden und zu den Möglichkeiten einer Verwertung der Sicherheit trotz unwirksamer Sicherungsabrede, BauR 1 a/2007, 203; Hofmann/Koppmann BauR 1994, 305, Erste Streitfragen bei Anwendung des neuen § 648a BGB; Ingenstau/Korbion/Leupertz/von Wietersheim, VOB Teile A und B, 22. Aufl. 2023; Kapellmann/Messerschmidt, VOB Teile A und B Kommentar, 8. Aufl. 2022; Kapellmann, Einzelprobleme der

Sicherheitsleistung § 17

Handwerkersicherungshypothek, BauR 1976, 323; Kniffka/Jurgeleit, ibr-online-Kommentar Bauvertragsrecht, Stand 11.3.2024; Kniffka/Koeble, Kompendium des Baurechts, 5. Aufl. 2020; Leinemann, VOB/B, Kommentar, 8. Aufl. 2024; Leinemann/Sterner, § 648a BGB: Zu Art und Höhe der Sicherheit sowie zum Zeitpunkt des Sicherungsbegehrens, BauR 2000, 1414; Leinemann, Sicherheitsleistung im Bauvertrag: Abschied vom Austauschrecht nach § 17 Nr. 3 VOB-B?, NJW 1999, 262; Leinemann, Der Nebel lichtet sich: Erste Rechtsprechung zu § 648a BGB, NJW 1997, 238; Leinemann/Klaft, Erfordert die Neuregelung des § 648a BGB eine restriktive Auslegung zum Schutz des Bestellers?, NJW 1995, 2521; Messerschmidt/Voit, Privates Baurecht, 4. Aufl. 2022; Grüneberg, Kommentar zum Bürgerlichen Gesetzbuch, 83. Aufl. 2024; Münchener Kommentar zum Bürgerlichen Gesetzbuch Band 8, 9. Auflage 2023; Peters, Die Bauhandwerkersicherungshypothek bei Mängeln der Werkleistung, NJW 1981, 2550; Cramer/Kandel/Preussner, Beck'scher Online-Kommentar VOB/B, 55. Edition, Stand: 1.5.2024; Roquette/Giesen, Die Zulässigkeit aufschiebend bedingter Bürgschaftserklärungen, NZBau 2003, 297; Schmitz, Abwicklungsprobleme mit § 648 a-Bürgschaften, BauR 2006, 430; Schliemann/Hildebrandt, Sicherungsverlangen nach § 648a BGB nach Abnahme und Auflösung des entstehenden Schwebezustandes beim Gegenüberstehen von zwei Leistungsverweigerungsrechten, ZfIR 2004, 278; Schmitz, Sicherheiten für die Bauvertragsparteien, 4. Auflage 2018; Schmitz, Der neue § 648a BGB, BauR 2009, 714; Schulze-Hagen, Das Forderungssicherungsgesetz – Ausgewählte Probleme, BauR 2010, 354; Staudinger, BGB, §§ 631 – 651, Neubearbeitung 2013; Weise, Bürgschaftslösungen zu § 1a AentG, NZBau 2000, 229; Weise, Sicherheiten im Baurecht, 1999; Weyer, FoSiG: Wie wird der Anspruch auf Sicherheitsleistung aus § 648a Abs. 1 BGB gerichtlich durchgesetzt?, IBR 2008, 702; Werner/Pastor, Der Bauprozess, 18. Aufl. 2023; Zöller, ZPO, 35. Aufl. 2024.

Übersicht

	Rn.
A. Einführung	1
I. Anwendungsbereich: Sicherheitsleistung des Auftragnehmers	2
II. Bedeutung der § 9 Abs. 7 und Abs. 8 VOB/A	4
III. Verhältnis von Sicherheitsleistungen zum Zurückbehaltungsrecht	6
B. § 17 Abs. 1	13
I. Sicherungsabrede	14
1. Rechtsnatur und Inhalt der Sicherungsabrede	16
2. Form der Sicherungsabrede	18
II. Sicherungszweck	20
1. Sicherheit für die vertragsgemäße Ausführung	21
2. Sicherheit für Mängelansprüche	28
3. Andere Sicherungszwecke	39
III. Sicherungsfall	40
IV. Höhe der Sicherheitsleistung	42
1. Höchstabsicherung der einzelnen Sicherheiten	44
2. Formularmäßige Vereinbarungen	46
V. Verweis auf §§ 232–240 BGB	55
C. § 17 Abs. 2	56
I. Vorrang von vertraglichen Vereinbarungen	58
II. Sicherheitsarten	59
1. Einbehalt	59
2. Hinterlegung von Geld	61
3. Bürgschaft	62
4. Sicherheiten nach § 232 BGB	65
D. § 17 Abs. 3	66

	Rn.
I. Das Wahlrecht des Auftragnehmers	68
II. Das Austauschrecht des Auftragnehmers	69
1. Herausgabe der Austauschsicherheit	76
2. Wegfall des Austauschrechts	88
III. Ausschluss des Wahl- und Austauschrechts durch Allgemeine Geschäftsbedingungen	89
1. Das Wahlrecht	90
2. Das Austauschrecht	96
E. § 17 Abs. 4	100
I. Der Bürge	101
II. Die Bürgschaft	106
1. Form der Bürgschaft	107
2. Verzicht auf die Einrede der Vorausklage	108
3. Akzessorietät der Bürgschaft	111
4. Bürgschaft auf erstes Anfordern	115
5. Verjährung der Bürgschaftsschuld	123
F. § 17 Abs. 5	128
I. Vereinbarung eines Geldinstitutes	129
II. Sperrkonto als „Und-Konto"	131
III. Zinsen	132
G. § 17 Abs. 6	135
I. Einbehalt von Zahlungen in Teilbeträgen (Nr. 1)	136
1. Mitteilungspflicht des Auftraggebers	138
2. Kürzung um jeweils höchstens zehn Prozent	139
3. Einzahlungspflicht auf ein Sperrkonto	143
4. Benachrichtigung des Auftragnehmers	147
II. Einzahlung erst bei Schlusszahlung (Nr. 2)	148
III. Nichteinzahlung des Sicherheitsbetrages (Nr. 3)	151
1. Nachfristsetzung	152
2. Rechtsfolgen bei Nichteinzahlung	155
IV. Sonderbefugnis des öffentlichen Auftraggebers (Nr. 4)	161
H. § 17 Abs. 7	165
I. § 17 Abs. 8	170
I. Vertragserfüllungssicherheit	171
II. Mängelsicherheit	180

A. Einführung

1 **§ 17** regelt die Modalitäten einer vereinbarten Sicherheitsleistung des Auftragnehmers. Die Anwendbarkeit setzt voraus, dass die VOB/B wirksam in den Bauvertrag einbezogen wird. Dieses kann durch die Einbeziehung der VOB/B als Ganzes[1] oder durch die Vereinbarung nur des § 17 in einem BGB-Werkvertrag geschehen.[2]

Durch die bloße Einbeziehung des § 17 in den Werkvertrag entsteht jedoch noch keine Verpflichtung, eine Sicherheit zu leisten. Nach der einleitenden Vereinbarungsoption ist der Anwendungsbereich des § 17 nur eröffnet, „wenn Sicherheitsleistung vereinbart ist". Die Sicherheitsleistung muss daher ausdrücklich in

---

[1] BGH NJW-RR 2007, 1317 (1318).
[2] Leinemann/Leinemann/Gorny § 17 Rn. 4.

Sicherheitsleistung **§ 17**

einer Sicherheitsabrede vereinbart werden.[3] Daran hat sich auch durch das Gesetz zur Reform des Bauvertragsrechts[4] nichts geändert.

I. Anwendungsbereich: Sicherheitsleistung des Auftragnehmers

§ 17 regelt einseitig **die Sicherheitsleistung des Auftragnehmers,** aber nicht 2 für den Auftraggeber. In der Sicherheitsabrede kann jedoch vereinbart werden, dass § 17 entsprechend auf eine Sicherheitsleistung durch den Auftraggeber anzuwenden ist. Die §§ 232 ff. BGB gelten dann auch für diese Sicherheitsleistung, wenn die Parteien keine abweichende Vereinbarung getroffen haben.

Zur Absicherung des Vergütungsanspruches des Auftragnehmers ist die **ver-** 3 **tragliche Vereinbarung** von bestimmten Sicherungsmitteln, wie insbesondere der Bürgschaft, der Grundschuld oder der Hypothek[5] sowie eine Sicherungsabtretung von Vergütungsforderungen des Generalunternehmers gegen den Bauherrn denkbar.[6]

II. Bedeutung der § 9 Abs. 7 und Abs. 8 VOB/A

§ 9 Abs. 7 und Abs. 8 VOB/A haben Schnittstellen zu § 17. Die Regelungen 4 nehmen zu der Frage Stellung, ob in einem Bauvergabeverfahren die Sicherheitsleistung, die der öffentliche Auftraggeber grundsätzlich fordern kann, sachgerecht ist und, welche Höhe angebracht ist. Beispielsweise ist geregelt, dass der öffentliche Auftraggeber regelmäßig bis zu einer Auftragssumme in Höhe von netto 250.000,00 EUR auf eine Sicherheit für Mängelansprüche zu verzichten hat.

Die Vorschrift gilt für das dem Vertragsabschluss vorgelagerte öffentliche Verga- 5 beverfahren. Gegen einen privaten Auftraggeber können aus der Vorschrift keine Ansprüche abgeleitet werden.[7] Die Übertragung der Regelung auf die Bauvertragsparteien erscheint auch nicht praxisgerecht. Insbesondere dürfte der Verzicht auf eine Mängelsicherheit bei Aufträgen, die eine Auftragssumme in Höhe von 250.000,00 EUR unterschreiten, das hohe Sicherungsinteresse des privaten Auftraggebers, das Bonitätsrisiko des Auftragnehmers während der langen Verjährungsfrist zu tragen zu müssen,[8] entgegenstehen.

Gleichermaßen verhält es sich bezüglich der in § 9 Abs. 8 VOB/A geregelten Vorgaben zur Höhe der Sicherheiten. Der private Auftraggeber muss die Grenze von 5 % der Auftragssumme für Erfüllungssicherheiten bzw. 3 % der Auftragssumme für Mängelsicherheiten nicht beachten.[9] Maßgeblich muss im privaten Bereich die Rechtsprechung zu der Höhe der Sicherheiten sein.[10] Danach ist üblich und kann auch formularmäßig wirksam vereinbart werden, wenn für die Vertragserfüllung eine Sicherheitsleistung in Höhe von bis zu 10 % der Auftragssumme und für Mängelrechte eine Sicherheitsleistung in Höhe von bis zu 5 % der Auftragssumme angenommen wird.[11]

---

[3] BGH NJW-RR 1988, 851; Leinemann/Leinemann/Gorny § 17 Rn. 1.
[4] Vgl. BGBl. I 969.
[5] Leinemann/Leinemann/Gorny § 17 Rn. 15.
[6] Kapellmann/Messerschmidt/Thierau § 17 Rn. 3.
[7] Leinemann/Leinemann/Gorny § 17 Rn. 12.
[8] BGH NJW 1997, 2598.
[9] Kapellmann/Messerschmidt/Thierau § 17 Rn. 15; Beck VOB/B/Koos/Rudolph Vor § 17 Rn. 29.
[10] So auch Kapellmann/Messerschmidt/Thierau § 17 Rn. 15.
[11] BGH NJW 1999, 1105; OLG Brandenburg BeckRS 2001, 04050 = BauR 2001, 1450.

III. Verhältnis von Sicherheitsleistungen zum Zurückbehaltungsrecht

6   Der Auftraggeber kann sich auf ein **Zurückbehaltungsrecht** nach §§ 273, 274 BGB oder auf die Einrede des nichterfüllten Vertrages nach § 320 BGB bezgl. eines noch offenen Werklohnanspruches auch dann berufen, wenn seine Ansprüche bereits ausreichend abgesichert wurden. Welches der gesetzlichen Leistungsverweigerungsrechte zum Zuge kommt, hängt von der Beziehung der Ansprüche des Auftraggebers und des Auftragnehmers zueinander ab. Während die Einrede aus § 320 BGB nur Leistungspflichten erfasst, die aus einem gegenseitigen Vertrag herrühren (synallagmatische Leistungen)[12] ist eine solche Verbindung der Leistungen für das Zurückbehaltungsrecht aus §§ 273, 274 BGB nicht erforderlich.

7   Eine vereinbarte Sicherheit hat präventiven Charakter. Sie sichert Ansprüche ab, die regelmäßig im Zeitpunkt der Gewährung der Sicherheit noch nicht fällig oder gar nicht erst entstanden sind.[13] Das Leistungsverweigerungsrecht kann hingegen erst ausgeübt werden, wenn ein Anspruch bereits entstanden ist,[14] zB weil eine geschuldete Leistung mangelhaft erbracht wurde.[15]

8   Der Auftraggeber muss sich vor Berufung auf ein Leistungsverweigerungsrecht nicht auf eine erhaltene Sicherheit verweisen lassen, weil diese das Leistungsverweigerungsrecht nicht verdrängt. Er kann einen entsprechenden Betrag auch dann zurückbehalten, wenn die Mängelbeseitigungskosten vom Sicherheitsbetrag gedeckt sind.[16] Der Gleichlauf von Leistungsverweigerungsrecht und Sicherheit verschafft dem Auftraggeber ein weiteres Druckmittel, um den Auftragnehmer anzuhalten, seine Leistung (zB die Nachbesserung) schnellstmöglich zu erbringen.[17] Im Sinne dieser Zweckbestimmung ist es dem Auftragnehmer versagt, den Auftraggeber auf die Sicherheit zu verweisen und ein Leistungsverweigerungsrecht nur für die die Sicherheit übersteigenden Kosten anzuerkennen.[18] Zum anderen soll die Sicherheit nicht unnötig verbraucht werden, wenn der Auftraggeber ein Leistungsverweigerungsrecht ebenfalls geltend machen kann.[19]

9   Ein erheblicher **Unterschied zwischen Leistungsverweigerungsrecht und vereinbarter Sicherheit** besteht in deren jeweiliger durchsetzbarer Höhe. Eine Sicherheitsleistung ist begrenzt und erschöpft sich daher in dem vereinbarten Betrag. Unter diesem Gesichtspunkt ist ein Leistungsverweigerungsrecht attraktiver, weil es auch den Einbehalt der gesamten noch geschuldeten Leistung umfassen kann.[20]

10 In welcher **Höhe** das Zurückbehaltungsrecht ausgeübt werden kann, soll von den jeweiligen Umständen des Einzelfalls mit Rücksicht auf Treu und Glauben abhängen.[21] Unter diesen Voraussetzungen wurde schon eine Höhe des Zurück-

---

[12] Grüneberg/Grüneberg BGB § 320 Rn. 1.
[13] Kapellmann/Messerschmidt/Thierau § 17 Rn. 12.
[14] BGH NJW 1982, 2494; OLG Frankfurt a. M. BeckRS 2008, 02616.
[15] OLG Karlsruhe IBRRS 2012, 3486; Leinemann/Leinemann/Gorny § 17 Rn. 7.
[16] BGH NJW 1982, 2494; 1981, 2801.
[17] BGH NJW 1982, 2494.
[18] BGH NJW 1984, 725; 1981, 2801.
[19] BGH NJW 1992, 1632.
[20] BGH NJW 1970, 2019; Kapellmann/Messerschmidt/Thierau § 17 Rn. 12.
[21] BGH NJW 1982, 2494.

Sicherheitsleistung **§ 17**

behaltungsrechts bis zu dem Dreifachen der voraussichtlichen Mängelbeseitigungskosten als angemessen angesehen.[22]

Umstritten ist, ob ein Zurückbehaltungsrecht für behauptete Mängel ausgeschlossen ist, wenn der Auftraggeber sein Recht auf den vereinbarten Sicherheitseinbehalt nach § 17 Abs. 6 Nr. 3 wegen nicht rechtzeitiger Einzahlung des Einbehalts auf ein Sperrkonto verliert. Nach Auffassung des Landgerichts München kann der Auftraggeber sich bei Verlust des Sicherheitseinbehaltes nach § 17 Abs. 6 Nr. 3 auch nicht auf ein Zurückbehaltungsrecht wegen angeblicher Mängel berufen.[23] Der Auftraggeber sei in doppelter Weise vertragsbrüchig geworden. Er habe zum einen den vorgenommenen Gewährleistungseinbehalt nicht auf ein Sperrkonto eingezahlt. Zum anderen habe er die ihm gesetzte Nachfrist fruchtlos verstreichen lassen. Dies sanktioniere Abs. 6 Nr. 3. Diesem Sanktionscharakter würde es aber zuwiderlaufen, wenn der Auftraggeber den Einbehalt aufgrund eines Zurückbehaltungsrechts nicht auszahlen müsste. 11

Das OLG Düsseldorf vertritt dagegen die Auffassung, dass sich der Auftraggeber gegenüber eines aus § 17 Abs. 6 Nr. 3 resultierenden Auszahlungsanspruches auch mit einem Zurückbehaltungsrecht wegen am Bauvorhaben noch vorhandener Mängel berufen könne.[24] 12

Die letztgenannte Auffassung überzeugt. Konsequent wendet sie den Grundsatz an, dass ein dem Auftraggeber zustehendes Zurückbehaltungsrecht bezüglich des Werklohns unabhängig von einer Sicherheit zusteht und sich nicht wechselseitig beeinflusst. Der Sicherheitseinbehalt ist ein Teil des Werklohns und muss daher gleichbehandelt werden. Es ist nicht ersichtlich, warum der Auftraggeber, der gegen § 17 Abs. 6 Nr. 3 verstößt und Mängel am Gewerk feststellt, schlechter stehen soll als ein Auftraggeber, der keinen Sicherheitseinbehalt vereinbart hat und einen Werklohnteil unter Berufung auf Mängel des Werks zurückhält.[25]

B. § 17 Abs. 1

Bei Vereinbarung einer Sicherheitsleistung gelten nach **§ 17 Abs. 1** die Vorschriften der §§ 232–240 BGB vorbehaltlich etwaiger entgegenstehender Bestimmungen des § 17. Zudem wird der generelle Sicherungszweck der vereinbarten Sicherheitsleistung vorgegeben. 13

I. Sicherungsabrede

Wie bei einem BGB-Vertrag gibt es auch im Rahmen eines VOB/B-Vertrages keinen Anspruch auf Gewährung einer Sicherheitsleistung. Diese muss nach § 17 Abs. 1 Nr. 1 „vereinbart" werden, was in einer sogenannten **Sicherungsabrede** geschieht. Die Einbeziehung der VOB/B oder nur des § 17 in den Vertrag ist daher nicht ausreichend. Es besteht auch keine gewohnheitsrechtlich anerkannte Üblichkeit oder ein Handelsbrauch, der eine Sicherheitsleistung ohne Vereinba- 14

---

[22] BGH NJW 1981, 2801; OLG Karlsruhe IBRRS 2012, 3486.
[23] LG München I IBR 2015, 16; vgl. auch: OLG Celle BauR 2003, 906.
[24] OLG Düsseldorf IBR 2009, 518; BGH 10.12.2009 – VII ZR 28/09, BeckRS 2009, 44751 (Nichtzulassungsbeschwerde zurückgewiesen); vgl. auch: OLG Karlsruhe NZBau 2007, 645; OLG Dresden NJW-RR 2001, 1598.
[25] OLG Düsseldorf IBR 2009, 518.

rung begründen kann.[26] Dies gilt auch nach der Änderung des Werkvertragsrechts durch das Gesetz zur Reform des Bauvertragsrechts,[27] welches zum 1.1.2018 in Kraft trat.

15 Gleiches gilt nach der Rechtsprechung des BGH auch für Vereinbarungen, nach denen Abschlagszahlungen nur in Höhe von 95 % auszuzahlen sind. Eine solche Vereinbarung könne nicht als Sicherungsabrede über Sicherheitsleistungen angesehen werden. Vielmehr handle es sich um eine bloße Zahlungsmodalität, die keine rechtliche Verbindlichkeit habe.[28]

Die Ansicht der Rechtsprechung stützt sich auf § 16 Abs. 1 Nr. 2, wonach vertraglich vereinbarte Einbehalte von Abschlagszahlungen zulässig sind.[29] Überzeugen kann diese Ansicht aber letztendlich nicht. Wie die herrschende Meinung in der Literatur nachvollziehbar aufzeigt, ist es in der Praxis kaum zu bewerkstelligen, die Reduzierung einer Abschlagsrechnung von einem Sicherheitseinbehalt zu unterscheiden. Daher ist davon auszugehen, dass bei der Vereinbarung, eine Abschlagszahlung in Höhe von 95 % auszuzahlen, regelmäßig ein Sicherheitseinbehalt vereinbart wurde und § 17 unbeschränkt zur Anwendung kommen muss.[30]

16 **1. Rechtsnatur und Inhalt der Sicherungsabrede.** Die Sicherungsabrede wurde vom Gesetzgeber nicht geregelt und ist somit als Vertrag sui generis einzuordnen. Nach der überwiegenden Meinung in der Literatur ist die Sicherungsabrede ein unvollkommen zweiseitig verpflichtender Vertrag, aus dem zu Lasten des Auftragnehmers die **einklagbare Pflicht** folgt, die vereinbarte Sicherheit zu erbringen.[31] Diese Einordnung als unvollkommen zweiseitiges Rechtsgeschäft erfolgt zu Recht, weil die Sicherungsabrede zwar keine Hauptpflichten, aber zumindest Nebenpflichten und Rechte des Sicherungsnehmers regelt.[32]

17 In der Sicherungsabrede verpflichtet sich regelmäßig der Auftragnehmer gegenüber dem Auftraggeber, eine bestimmte Sicherheit zu stellen. Dabei wird grundsätzlich festgelegt, welche Sicherheit in welcher Höhe zu erbringen ist.[33] Zudem sollten der Sicherungszweck und der Sicherungsfall aus der Sicherungsabrede hervorgehen. Die Vereinbarung eines Sicherungsfalls ist erforderlich, um zu bestimmen, ab wann der Auftraggeber berechtigt ist, die Sicherung zu verwerten.[34] Unter der Regelung des Sicherungszwecks ist hingegen zu verstehen, dass die Parteien festlegen, welche Ansprüche des Auftraggebers in welchem Zeitraum abgesichert werden sollen.[35]

Fehlt es an einer ausreichenden Konkretisierung des Sicherungszwecks ergibt sich dieser aus § 17 Abs. 1 Nr. 2.

18 **2. Form der Sicherungsabrede.** Die Sicherungsabrede unterliegt grundsätzlich **keinem Formzwang** und kann daher auch mündlich oder konkludent abge-

---

[26] Leinemann/Leinemann/Gorny § 17 Rn. 19; Werner/Pastor BauProz Rn. 1578.
[27] Vgl. BGBl. I 969.
[28] BGH NJW-RR 1988, 851; KG IBR 2000, 601; BGH 7.9.2000 – VII ZR 138/99 (Revision nicht angenommen).
[29] BGH NJW-RR 1988, 851.
[30] Vgl. auch: BeckOK VOB/B/Hildebrandt/Abu Saris § 17 Abs. 1 Rn. 2; Kapellmann/Messerschmidt/Thierau § 17 Rn. 6 f.; Leinemann/Leinemann/Gorny § 17 Rn. 20.
[31] MüKoBGB/Lieder § 1191 Rn. 21; Schmitz/Vogel ZfIR 2002, 509.
[32] Abu Saris Gewährleistungsbürgschaften, S. 11.
[33] BGH NJW 2001, 3629.
[34] BGH NJW 2001, 3629.
[35] Weise NZBau 2000, 229.

schlossen werden. Eine konkludente Vereinbarung ist beispielsweise denkbar, wenn der Auftraggeber wiederholt Abschlagsrechnungen kürzt, diese Kürzungen als Sicherheitseinbehalt kennzeichnet und der Auftragnehmer dem nicht widerspricht.[36]

Ein gesetzlicher Formzwang besteht jedoch, wenn die Sicherungsabrede im Zusammenhang mit einem Bauvertrag, der mit einem Grundstückskaufvertrag verbunden ist. In einem solchen Fall muss die Sicherungsabrede ebenfalls notariell beurkundet werden (311b Abs. 1 BGB).[37]

II. Sicherungszweck

Der Sicherungszweck einer vereinbarten Sicherheitsleistung richtet sich vorrangig nach der VOB/B-Vereinbarung in der Sicherungsabrede. Anders als bei einem BGB-Bauvertrag ist aber im VOB-Vertrag eine ausdrückliche Bestimmung des Sicherungszwecks nicht zwingend erforderlich, weil dieser der Auslegungsregel des Abs. 1 Nr. 1 entnommen werden kann. Danach dient die vereinbarte Sicherheit dazu, die vertragsgemäße Ausführung der Leistung (Vertragserfüllung) und die Mängelansprüche sicherzustellen. Fehlt es also an einer ausdrücklichen Vereinbarung des Sicherungszwecks, dient die Sicherheitsleistung der Sicherstellung von Vertragserfüllungs- und Mängelansprüchen des Auftraggebers.

1. Sicherheit für die vertragsgemäße Ausführung. Eine **Sicherheit für die vertragsgemäße Ausführung** (Vertragserfüllungssicherheit) umfasst alle Erfüllungsansprüche und solche Ansprüche des Auftraggebers, die vor der Abnahme ersatzweise an deren Stelle treten. Die Vertragserfüllungssicherheit sichert somit den Anspruch auf eine mangelfreie und fristgerechte Leistung des Auftraggebers ab. Daher liegt der Sicherungszweck einer Vertragserfüllungssicherheit insbesondere in Ansprüchen des Auftraggebers, die aufgrund einer mangelhaften und nicht fristgerechten Leistung vor Abnahme entstanden sind.

Unter den Sicherungszweck der Vertragserfüllungsbürgschaft fallen daher insbesondere Schadensersatzansprüche und Ansprüche auf Ersatz des Mangelfolgeschadens nach § 4 Abs. 7 S. 2.[38] Ebenfalls erfasst sind Ansprüche des Auftraggebers wegen Verzugs des Auftragnehmers[39] einschließlich Ansprüche, die aus einer vereinbarten Vertragsstrafe entstehen.[40] Zudem werden auch kündigungsbedingte Schadensersatzansprüche gemäß § 8 Abs. 3 Nr. 2 erfasst.[41] Der Schadensersatzanspruch gemäß § 8 Abs. 2 Nr. 1 und Abs. 3 wegen Nichterfüllung umfasst auch den Verlust einer Vorauszahlung, die den Mindestschaden der Nichterfüllung darstellt.[42] Ebenso sind Schadensersatz- und Freistellungsansprüche aus § 10 Abs. 1, Abs. 6 sowie Kostenerstattungsansprüche des Auftraggebers wegen ersatzweiser Schlussrechnungsstellung gemäß § 14 Abs. 4 vom Sicherungszweck einer Vertragserfüllungssicherheit erfasst.[43] Nach einer Entscheidung des BGH sind

---

[36] Kapellmann/Messerschmidt/Thierau § 17 Rn. 11.
[37] BGH NJW 1994, 2885.
[38] Messerschmidt/Voit/Voit § 17 Rn. 6.
[39] BGH BauR 1982, 506.
[40] BGH NJW 2003, 1805; NJW-RR 1990, 811; NJW 1982, 235.
[41] BGH NJW 1989, 1856; 1988, 907; OLG München BauR 2005, 1632; OLG Düsseldorf BeckRS 1997, 09066 = BauR 1998, 553.
[42] BGH NJW 1988, 907; 1999, 115.
[43] Leinemann/Leinemann/Gorny § 17 Rn. 29.

§ 17

vom Sicherungszweck einer Vertragserfüllungssicherheit auch vertragliche Rückzahlungsansprüche aufgrund geleisteter Vorauszahlungen umfasst.[44] Hingegen wird überwiegend vertreten, dass Rückzahlungsansprüche, insbesondere der Rückforderungsanspruch aus § 812 BGB bzw. vertragliche Rückerstattungsansprüche wegen Überzahlung nicht von diesem Sicherungszweck umfasst sind.[45]

23 Der Sicherungszweck einer Vertragserfüllungsbürgschaft soll sich nach Rechtsprechung des BGH jedoch nicht auf Ansprüche beziehen, die der Auftraggeber aufgrund **zusätzlicher oder geänderter Leistungen** nach § 1 Abs. 3 oder Abs. 4 einseitig angeordnet hat, weil es dem Verbot der Fremddisposition in § 767 Abs. 1 S. 3 BGB widersprechen würde. Dies gelte selbst dann, wenn dem Bürgen die vertragliche Miteinbeziehung der VOB/B und damit die Möglichkeit einseitiger Leistungsanordnungen bekannt gewesen sei. Eine Erstreckung der Bürgschaft auf Leistungsänderungen und -erweiterungen könne nur angenommen werden, wenn dies ausdrücklich vereinbart worden sei.[46]

24 Die Entscheidung des BGH ist in der Literatur zu Recht auf Ablehnung gestoßen. Für die Einbeziehung von einseitig angeordneten Leistungsänderungen und -erweiterungen in den Sicherungszweck spricht insbesondere, dass die Haftung des Bürgen summengemäß nicht erweitert wird. Die Vertragserfüllungsbürgschaft orientiert sich an einem vereinbarten Prozentsatz der Auftragssumme, so dass der Höchstbetrag auch bei Durchführung geänderter und zusätzlicher Leistungen beschränkt bleibt.[47] Zudem ist es bei einem VOB/B-Bauvertrag nicht ungewöhnlich, dass die Bauvertragsparteien bei Vertragsabschluss noch nicht genau absehen können, welche Leistungen des Auftragnehmers zur Sicherstellung des funktionalen Leistungserfolgs und zur Fertigstellung der Baumaßnahme notwendig sind. Die Höhe der Vergütung steht daher bei Vertragsabschluss noch nicht fest. Der Bürge kennt auch die Möglichkeit des Auftraggebers einseitig Leistungsänderungen und -erweiterungen anzuordnen.[48]

25 Vom Sicherungszweck einer Vertragserfüllungsbürgschaft sind Ansprüche nicht erfasst, die den Gesellschaftern einer ARGE gegen einen insolvenzbedingt ausgeschiedenen anderen Gesellschafter der ARGE zustehen. Wird die Bürgschaft vom Auftraggeber an die verbleibenden Gesellschafter der ARGE herausgegeben, findet kein Übergang des Bürgschaftsanspruchs vom Auftraggeber auf die ARGE oder auf deren Gesellschafter statt, weil der Sicherungszweck der Vertragserfüllungsbürgschaft allein die gegenüber dem Auftraggeber zu erbringende Vertragsleistung sichert und eine einseitige Ausdehnung des Sicherungszwecks auf Zahlungsansprüche der Gesellschafter untereinander ausgeschlossen ist.[49]

26 Zudem ist auch der „Druckzuschlag" nicht vom Sicherungszweck einer Vertragserfüllungsbürgschaft umfasst, weil dieser das Erfüllungsinteresse des Auftraggebers übersteigt und nur den Zweck verfolgt, den Auftragnehmer zur Erbringung der vertraglich geschuldeten Leistung anzuhalten.[50]

---

[44] BGH NJW 1988, 907.
[45] BGH NJW 1999, 1867; BGH BeckRS 1980, 31075740 = BauR 1980, 574; Leinemann/Leinemann/Gorny § 17 Rn. 29 mwN.
[46] BGH NJW 2010, 1668.
[47] Hildebrandt BauR 2007, 1121; Ingenstau/Korbion/Joussen § 17 Abs. 1 Rn. 34 f. Abs. 4 Rn. 105 f.
[48] Kapellmann/Messerschmidt/Thierau § 17 Rn. 64 f.
[49] OLG Köln IBR 2007, 679.
[50] OLG Koblenz BeckRS 2003, 07889 = BauR 2004, 349.

Sicherheitsleistung **§ 17**

Das Gleiche gilt auch für Regressansprüche des Auftraggebers aus einer Inan- 27
spruchnahme gemäß § 14 AEntG bzw. § 28e Abs. 3a SGB IV, soweit deren Einbeziehung in den Sicherungszweck der Vertragserfüllungssicherheit nicht ausdrücklich vereinbart wurde. Die Verpflichtung auf Zahlung des Mindestentgelts stellt lediglich eine vertragliche Nebenpflicht des Auftragnehmers dar, die in keinem unmittelbaren Zusammenhang mit der Vertragspflicht der Erstellung eines mangelfreien Werkes steht und daher auch nicht unter den Sicherungszweck einer Vertragserfüllungsbürgschaft fallen kann.[51]

2. Sicherheit für Mängelansprüche. In Abgrenzung zur Vertragserfüllungs- 28
sicherheit umfasst eine **Sicherheit für Mängelansprüche** die Mängelrechte des Auftraggebers, die nach Abnahme entstanden sind. Von der Sicherheit für Mängelansprüche sind insbesondere Ansprüche aus § 13, also Ansprüche des Auftraggebers wegen Ersatzvornahme und aus einer nicht ordnungsgemäßen Leistung entstandener Folgeschäden, umfasst.[52]

Ansprüche aus § 4 Abs. 7 werden nicht erfasst.[53] Diese pauschale Aussage 29
erfährt aber Einschränkungen. Die gemäß § 4 Abs. 7 S. 1 vor Abnahme geltend gemachten Ansprüche setzen sich nach erfolgter Abnahme unter den Mängelansprüchen des § 13 fort. Dies führt dazu, dass die Ansprüche nach Abnahme ebenfalls durch den Sicherungszweck einer Sicherheit für Mängelansprüche erfasst sind.[54]

Anders verhält es sich bei Ansprüchen aus § 4 Abs. 7 S. 2 bezüglich der vor 30
Abnahme entstandenen Schadensersatzansprüche bzw. der Folgeansprüche für trotz Mängelbeseitigung verbliebener Schäden.[55]

Vom Sicherungszweck einer Sicherheit für Mängelansprüche ist zudem ein 31
bei Abnahme offener Restfertigstellungsanspruch erfasst, weil dieser sich nach Abnahme in § 13 fortsetzt.[56]

Ebenfalls erfasst sind Mängelansprüche, die auf **Nachtragsleistungen** gemäß 32
dem § 2 Abs. 5, 6 beruhen.[57] Diese Bewertung ist unabhängig von der Art der eingeräumten Sicherheit und gilt demnach auch bei Sicherheitsleistung durch eine Mängelbürgschaft. Dies basiert auf der Überlegung, dass die Nachtragsleistungen regelmäßig vor der Übernahme der Bürgschaftsverpflichtung ausgeführt werden. Der Bürge kennt in einem solchen Fall mithin den zu sichernden Leistungsumfang bereits vor Abschluss des Bürgschaftsvertrages. Die Höhe der Mängelbürgschaft bestimmt sich dann nach der Gesamt-Abrechnungssumme, die vom Auftraggeber für die erbrachten Leistungen des Auftragnehmers einschließlich der geänderten und zusätzlichen Leistungen zu zahlen ist.[58] Eine andere Einschätzung kann im Einzelfall geboten sein, wenn eine Mängelbürgschaft ausnahmsweise bereits bei Vertragsschluss übergeben wird, was jedoch regelmäßig nicht der Fall sein dürfte.[59]

---

[51] OLG Celle IBR 2002, 544; OLG Stuttgart BeckRS 2008, 06173.
[52] Leinemann/Leinemann/Gorny § 17 Rn. 32.
[53] BGH NJW 1998, 1140.
[54] BGH NJW 1982, 1524; Leinemann/Leinemann/Gorny § 17 Rn. 32.
[55] BGH NJW 1982, 1524; Leinemann/Leinemann/Gorny § 17 Rn. 33; aA: Ingenstau/Korbion/Joussen § 17 Abs. 1 Rn. 25.
[56] OLG Hamm NJW-RR 1987, 686; BGH NJW 1998, 1140; Kapellmann/Messerschmidt/Thierau § 17 Rn. 76.
[57] Leinemann/Leinemann/Gorny § 17 Rn. 37; Kapellmann/Messerschmidt/Thierau § 17 Rn. 82.
[58] Kapellmann/Messerschmidt/Thierau § 17 Rn. 82.
[59] Leinemann/Leinemann/Gorny § 17 Rn. 37.

33 Bei **BGB-Verträgen** hat der BGH auf Grundlage der Rechtslage vor der Schuldrechtsmodernisierung entschieden, dass unter den Sicherungszweck von Mängelsicherheiten auch Mängelansprüche des Auftraggebers fallen, die vor Abnahme entstanden sind, wenn der Auftraggeber keine Vertragserfüllungsbürgschaft zur Absicherung erhalten hat.[60] Wie der BGH das nach der Schuldrechtsmodernisierung beurteilt, bleibt abzuwarten. Dogmatisch betrachtet, müsste eine Fortführung der bisherigen BGH-Rechtsprechung unterbleiben,[61] insbesondere in Anbetracht der Rechtsprechung des BGH[62] zu Mängelansprüchen des Auftraggebers vor Abnahme.

34 Dabei kommt es auf die Einordnung des Rechtsverhältnisses als BGB- oder VOB/B-Vertrag letztendlich nicht an, weil unabhängig davon die Abnahme die Zäsur zwischen Erfüllungs- und Nacherfüllungsstadium bildet. Letzteres ist einer Sicherheit für Mängelansprüche zuzuordnen. Eine Erstreckung des Sicherungszwecks auf Mangelbeseitigungsansprüche des Auftraggebers vor Abnahme würde eine Aufweichung dieser Zäsur bedeuten, die rechtlich nicht veranlasst ist. Der Auftraggeber hat auch keinen Anspruch auf umfassende Absicherung seiner Ansprüche, weil dies gesetzlich bereits nicht vorgesehen ist. Eine Absicherung kann daher nur so weit reichen, wie es in der Sicherungsabrede vereinbart wurde. Beinhaltet die Sicherungsabrede daher eine Sicherheit für Mängelansprüche, so sind nur die Mängelansprüche im engeren Sinne, also Mängelansprüche, die nach Abnahme entstanden sind, umfasst.

35 Grundsätzlich werden Ansprüche aus Nebenpflichtverletzungen nicht vom Sicherungszweck einer Mängelsicherheit erfasst.[63] Der BGH hat in einem Fall, in dem der Änderungsvorschlag des Auftraggebers eine neue Prüfstatik erforderlich machte, entschieden, dass es keinen Mangel des Bauwerks darstellt, wenn der Auftragnehmer diese nicht erbringt, sondern um eine sonstige Vertragsverletzung, für die der Auftragnehmer nicht nach Mängelhaftungsvorschriften haftet, sondern aus anderem Rechtsgrund einzustehen hat.[64] Eine andere Beurteilung drängt sich jedoch auf, wenn die Nebenpflichtverletzung im engen Zusammenhang mit Mängeln steht.[65] Ein Beispiel dafür wäre die Verletzung von Aufklärungspflichten, die zu einem Mangel geführt haben.[66] Zudem ist der Anspruch des Auftraggebers auf Einbehalt des Druckzuschlags nicht vom Sicherungszweck für eine Mängelsicherheit umfasst.[67]

36 Der Sicherungszweck umfasst zudem nicht die Regressansprüche des Auftraggebers, die ihm infolge einer Inanspruchnahme aus § 14 AEntG zustehen, sofern diese nicht ausdrücklich und individualvertraglich in der Sicherungsabrede erfasst sind. Die Einbeziehung der Regressansprüche durch eine formularmäßige Klausel ist hingegen unwirksam, weil sie gegen das Transparenzgebot verstößt.[68]

---

[60] BGH NJW 1998, 1140.
[61] So auch Ingenstau/Korbion/Joussen § 17 Abs. 1 Rn. 25; OLG Koblenz BeckRS 2007, 19699 = IBR 2008, 82; Schmitz Sicherheiten, Rn. 49.
[62] Vgl. BGH NZBau 2017, 216.
[63] BGH NJW 1977, 714; 1998, 1140.
[64] BGH NJW 1998, 1140.
[65] BeckOK VOB/B/Hildebrandt/Abu Saris § 17 Abs. 1 Rn. 8d.
[66] Weise Sicherheiten BauR, Rn. 53.
[67] OLG Koblenz BeckRS 2003, 07889; Leinemann/Leinemann/Gorny § 17 Rn. 38; Ingenstau/Korbion/Joussen § 17 Abs. 1 Rn. 25.
[68] OLG Stuttgart BeckRS 2008, 06173.

Der Sicherungszweck von Sicherheiten für Mängelrechte deckt zudem keine 37
Vertragsstrafeansprüche des Auftraggebers ab.[69]

Besteht die vereinbarte Leistung in Abbrucharbeiten, ist ein vereinbarter Sicher- 38
heitseinbehalt mit der Schlusszahlung auszuzahlen, wenn feststeht, dass keine Mängel mehr auftreten können. Der Einbehalt kann nicht zur Sicherheit für Mängelansprüche herangezogen werden, weil bei Abbrucharbeiten nach Fertigstellung der Bauleistungen ausgeschlossen werden kann, dass Mängel auftreten.[70]

3. Andere Sicherungszwecke. Die **Erweiterung des Sicherungszwecks** 39
einer Vertragserfüllungssicherheit bzw. einer Sicherheit für Mängelansprüche ist wegen des Grundsatzes der Privatautonomie durch eine entsprechende Erstreckung auf nicht von der Sicherheit erfasste Sicherungsbedürfnisse (zB Regressansprüche nach § 14 AEntG und § 28e Nr. 3a SGB IV) möglich.[71] Es ist ratsam, dass dies durch eine Aufzählung der zu erfassenden Sicherungszwecke geschieht. Ggf. empfiehlt sich auch eine Ergänzung durch eine Generalklausel, wonach die (Vertragserfüllungs-)Bürgschaft zur Sicherung aller aus den Verpflichtungen des Auftragnehmers resultierenden Ansprüche aus dem Bauvertrag dient.[72]

III. Sicherungsfall

Der **Sicherungsfall** ist abhängig vom Sicherungszweck. Er ist eingetreten, 40
wenn die Voraussetzungen für eine Verwertung der eingeräumten Sicherheit vorliegen.[73] Das Vorliegen der Voraussetzungen des Sicherungsfalls richtet sich, wie auch der Sicherungszweck, primär nach der Vereinbarung der Bauvertragsparteien. Fehlt es an einer ausdrücklichen Vereinbarung, muss der Sicherungsfall durch Auslegung der Vereinbarung unter Berücksichtigung der Interessen beider Parteien ergänzend ausgelegt werden.[74] Wurde als Sicherheit eine Bürgschaft erbracht, darf der Auftraggeber den Bürgschaftsbetrag grundsätzlich nur anfordern, wenn die gesicherte Hauptverbindlichkeit besteht und der von den Parteien vereinbarte und vorausgesetzte Sicherungsfall eingetreten ist.

Der Sicherungsfall tritt regelmäßig erst dann ein, wenn der Auftraggeber einen 41
auf Geldzahlung gerichteten Anspruch hat,[75] weil sich der Bürge grundsätzlich dazu verpflichtet hat, für Geldansprüche einzustehen. Bei Sicherheitsleistung durch Einbehalt nach § 17 Abs. 2 tritt ebenfalls der Sicherungsfall mit dem Entstehen und der Fälligkeit eines auf Geldzahlung gerichteten Anspruchs des Auftraggebers ein.[76]

IV. Höhe der Sicherheitsleistung

Die **Höhe** der Sicherheitsleistung wird weder gesetzlich vorgegeben noch ent- 42
hält § 17 eine entsprechende Regelung. Vielmehr müssen die Parteien des Bauver-

---

[69] BGH NJW 1982, 2305; NJW-RR 1990, 811; Kapellmann/Messerschmidt/Thierau § 17 Rn. 80.
[70] OLG Hamburg IBR 2004, 248.
[71] Leinemann/Leinemann/Gorny § 17 Rn. 42.
[72] BGH NJW 1982, 2305; Leinemann/Leinemann/Gorny § 17 Rn. 42; BeckOK VOB/B/Hildebrandt/Abu Saris § 17 Abs. 1 Rn. 9.
[73] Werner/Pastor BauProz Rn. 1579.
[74] BGH NJW 2001, 3629; NZBau 2011, 94; BGH BeckRS 2002, 05360.
[75] BGH NZBau 2011, 94; BGH BeckRS 2002, 05360.
[76] BGH NJW 2001, 3629.

trags die Höhe der Sicherheit im Rahmen der Sicherheitsabrede bestimmen. In der Regel dürften die Parteien einen bestimmten Prozentsatz als Höhe der Sicherheit vereinbaren. Denkbar ist aber auch, einen Festbetrag zu vereinbaren.[77] Wird keine Höhe aber eine Sicherheitsleistung vereinbart, ist strittig, ob dadurch dem Auftraggeber ein Bestimmungsrecht nach § 315 BGB eingeräumt wird,[78] oder ob die Sicherungsabrede unwirksam ist.[79] Aufgrund der Unbestimmtheit der Sicherungsabrede muss der letztgenannten Auffassung zugestimmt werden, denn der Auftraggeber darf es nicht nachträglich in der Hand haben, über die Sicherheit einseitig zu bestimmen.

43 Haben sich die Parteien für eine prozentuale Sicherheit entschieden, so ist für die Höhe der Sicherheit die **Bezugsgröße** maßgeblich. In aller Regel ist bei einer Vertragserfüllungssicherheit die Bezugsgröße in der Auftragssumme zu sehen. Die Höhe der Sicherheit für Mängelansprüche orientiert sich hingegen grundsätzlich an der Abrechnungssumme. Wurde eine Kombination aus Vertragserfüllungssicherheit und Sicherheit von Mängelansprüchen vereinbart, so ist als Bezugsgröße die Auftragssumme heranzuziehen.[80] Die Bezugsgröße sollte auf jeden Fall in die Sicherungsabrede miteingestellt werden, weil die Klausel ansonsten wegen Verstoßes gegen das Bestimmtheitsgebot aus § 305c Abs. 2 BGB oder gegen das Transparenzprinzip aus § 307 Abs. 1 S. 2 BGB verstoßen könnte und unwirksam wäre.[81] Zudem ist es ratsam, in der Sicherungsabrede zu regeln, ob sich die jeweilige Bezugsgröße auf den Brutto- oder Nettobetrag beziehen soll. Fehlt es an einer solchen Vereinbarung, ist der Wille der Bauvertragsparteien durch Auslegung, insbesondere des Bauvertrages, zu ermitteln.[82] Wurde im Bauvertrag lediglich auf die Auftragssumme Bezug genommen, ist im Zweifel davon auszugehen, dass eine Bruttoauftragssumme diesem Willen entspricht. Wurde hingegen eine Nettoauftragssumme als Bezugsgröße zugrunde gelegt, ist diese maßgeblich.[83] Fehlt es an einer konkreten Vereinbarung und ist der Anknüpfungspunkt bezüglich der Brutto- oder Nettosumme auch an Hand einer Auslegung nicht festzustellen, muss von der Bruttosumme ausgegangen werden. Zu Recht besteht darüber Einigkeit in der Literatur, weil in der Baupraxis bei Zahlungen des Auftraggebers stets von Bruttobeträgen ausgegangen wird.[84] Nichts anderes wird im Anwendungsbereich des § 13b UStG gelten. Auch hier muss der Bruttobetrag als Bezugsgröße angesehen werden, weil § 13b UStG nur regelt, von wem die Umsatzsteuer zu zahlen ist und keine Aussage darüber trifft, ob diese auf den vereinbarten Betrag grundsätzlich entfällt.[85]

44 **1. Höchstabsicherung der einzelnen Sicherheiten.** Die in der Baupraxis übliche **Höchstabsicherung** richtet sich mittlerweile nach der von der Rechtsprechung anerkannten zulässigen Maximalhöhe einer Sicherheitsleistung. Demnach kann eine Vertragserfüllungssicherheit in Höhe von **10 %** der Auftragssumme

---

[77] BeckOK VOB/B/Hildebrandt/Abu Saris § 17 Abs. 1 Rn. 22.
[78] Messerschmidt/Voit/Voit § 17 Rn. 4.
[79] Kapellmann/Messerschmidt/Thierau § 17 Rn. 86.
[80] BeckOK VOB/B/Hildebrandt/Abu Saris § 17 Abs. 1 Rn. 23.
[81] Leinemann/Leinemann/Gorny § 17 Rn. 22; Ingenstau/Korbion/Joussen § 17 Abs. 1 Rn. 43.
[82] BeckOK VOB/B/Hildebrandt/Abu Saris § 17 Abs. 1 Rn. 24.
[83] Leinemann/Leinemann/Gorny § 17 Rn. 24.
[84] Kapellmann/Messerschmidt/Thierau § 17 Rn. 87.
[85] Groß BauR 2005, 1084.

Sicherheitsleistung **§ 17**

und für Sicherheiten für Mängelansprüche in Höhe von **5 %** der Abrechnungssumme wirksam vereinbart werden.[86] Auch eine Sicherheit für Mängelansprüche in Höhe von 6 % der Abrechnungssumme führt dem BGH nach noch nicht zur Unwirksamkeit der Sicherungsabrede und gilt damit als vereinbart.[87]

Ist die **Kombination einer Vertragserfüllungs- und einer Mängelbürg-** 45 **schaft** vereinbart, hat der BGH ebenfalls eine Sicherheit in Höhe von bis zu 6 % der Auftragssumme für wirksam befunden.[88] Wird durch die Kombination hingegen über den Abnahmezeitpunkt hinaus eine Sicherheit in Höhe von 10 % vom Auftraggeber verlangt, so wird der Auftragnehmer dadurch unter Berücksichtigung der beiderseitigen Interessen unangemessen benachteiligt.[89] Dementsprechend ist auch eine Klausel des Auftraggebers, in der es heißt: „Innerhalb von 14 Tagen nach Abruf der einzelnen Teilbauabschnitte hat der Auftragnehmer dem Auftraggeber zur Sicherung sämtlicher Ansprüche aus diesem Vertrag Bauabschnittsweise Vertragserfüllungsbürgschaften über 10 % der unter § 6 vereinbarten Pauschalauftragssumme Zug um Zug Gegenstellung einer Zahlungsbürgschaft durch den Auftraggeber in gleicher Höhe auszuhändigen" unwirksam, wenn damit auch Mängelansprüche abgesichert werden.[90]

2. Formularmäßige Vereinbarungen. Die Vereinbarung über die Höhe der 46 Sicherung muss klar und eindeutig sein. Wird die Höhe der Vertragserfüllungs- oder Mängelsicherheit **individualvertraglich** vereinbart, gelten nur die Schranken der §§ 134, 138 BGB.[91] Unklarheiten oder unbestimmte Vereinbarungen in **formularmäßigen Klauseln (AGB)** gehen gemäß § 305c Abs. 2 BGB zu Lasten des Verwenders der Klausel, welcher regelmäßig der Auftraggeber sein wird.[92] Beispielsweise ist eine Klausel, die bestimmt, dass die Vertragserfüllungssicherheit neben den vertraglichen Ansprüchen auch Zinsen und Kosten absichern soll, überraschend und daher unwirksam.[93]

Darüber hinaus können unklare Klauseln wegen des Verstoßes gegen das Trans- 47 parenzgebot aus § 307 Abs. 1 S. 2 BGB oder wegen einer unangemessenen Benachteiligung nach § 307 Abs. 1 S. 1 BGB unwirksam sein. Dazu folgende Beispiele:
– Fehlt es an einer Vereinbarung zur Höhe der Sicherheitsleistung, führt dies 48 nach einer in der Literatur vertretenen Auffassung nicht zur Unwirksamkeit der Sicherungsabrede. Der Auftraggeber könne in einem solchen Fall die Höhe der Sicherheit gemäß §§ 315, 316 BGB nach billigem Ermessen selbst bestimmen und dem Auftragnehmer vorgeben.[94] Diese Auffassung kann jedoch nicht überzeugen, weil sie bereits den Grundsätzen des AGB-Rechts, insbesondere dem Bestimmtheitsgrundsatz und dem Transparenzgebot zuwiderläuft. So ist bereits eine prozessual vereinbarte Sicherheitsleistung in formularmäßigen

---

[86] BGH NZBau 2005, 219; 2004, 323; OLG Hamm NJW-RR 2006, 31; OLG Hamm NJW 1993, 1261.
[87] BGH NZBau 2004, 322.
[88] BGH NZBau 2014, 759.
[89] BGH NZBau 2011, 410; dem folgend bei einer Kombination in Höhe von 8 %: LG Wiesbaden NZBau 2012, 367.
[90] BGH NZBau 2014, 348.
[91] Kapellmann/Messerschmidt/Thierau § 17 Rn. 88, 92.
[92] BeckOK VOB/B/Hildebrandt/Abu Saris § 17 Abs. 1 Rn. 14; Leinemann/Leinemann/Gorny § 17 Rn. 22.
[93] OLG Koblenz WM 1993, 787.
[94] Ingenstau/Korbion/Joussen § 17 Abs. 1 Rn. 42.

Klauseln unwirksam, wenn keine Bezugsgröße (zB Auftrags- oder Schlussrechnungssumme) festgelegt wurde.[95]

49 – Wurde eine Sicherheitshöhe gänzlich nicht vereinbart, wird die Sicherungsabrede in aller Regel unwirksam sein.[96]

50 – Der Auftragnehmer wird durch eine Vereinbarung, nach der eine Vertragserfüllungssicherheit in Höhe von 10 % zu stellen ist, unangemessen benachteiligt, wenn zusätzlich vereinbart ist, dass die sich aus den geprüften Abschlagsrechnungen ergebenden Werklohnforderungen des Auftragnehmers nur zu 90 % bezahlt werden. Eine solche Regelung ist daher nach § 307 Abs. 1 S. 1 BGB unwirksam.[97]

51 – Eine Klausel nach der der Auftraggeber pauschal „bis zur Behebung aller Mängel aus dem Abnahmeprotokoll 5 % der Abrechnungssumme einbehalten" kann ist unwirksam, weil dadurch ein maßloses Ausufern des Leistungsverweigerungsrechts, unabhängig von den tatsächlich bestehenden Mängeln zu befürchten ist.[98]

52 – Unwirksam ist eine formularmäßige Vereinbarung nach dem der Auftraggeber ein Bareinbehalt in Höhe von 5 % für fünf Jahre als Sicherheit zustehen soll, wenn ihm der Einbehalt unverzinslich zusteht und die Einzahlung auf ein Sperrkonto nicht vorgesehen wurde.[99]

53 – Der Auftragnehmer wird auch durch eine Klausel unangemessen benachteiligt, die vorsieht, dass der Auftraggeber einen Betrag in Höhe von 10 % der Bruttoauftragssumme für fünf Jahre und einen Monat für Mängelansprüche einbehalten darf.[100]

54 – Formularmäßige Vereinbarungen, wonach Mängelansprüche des Auftraggebers bis zur vorbehaltlosen Annahme der Schlussrechnungszahlung des Auftraggebers in Höhe von 8 % der Auftrags- bzw. Abrechnungssumme durch Bürgschaften gesichert sind, benachteiligen den Auftragnehmer unangemessen und sind daher unwirksam.[101]

V. Verweis auf §§ 232–240 BGB

55 Nachrangig zu der vertraglichen Vereinbarung der Bauvertragsparteien und den Regelungen des § 17 gelten die **§§ 232–240 BGB**, wobei die Reihenfolge bereits verrät, dass die BGB-Vorschriften lediglich ergänzend heranzuziehen sind, weil § 17 nicht abschließend ist.[102] In der Baupraxis kommt den Vorschriften des BGB wenig Relevanz zu, weil häufig vertragliche Regelungen bestehen und § 17 vorhandene Lücken ergänzend ausfüllt. Daher verbleibt meist nur Raum für das Pfandrecht an dem hinterlegten Geld nach § 233 BGB und für die Ergänzungspflicht aus § 240 BGB, die beide grundsätzlich in der Baupraxis nicht relevant sind.[103]

---

[95] BeckOK VOB/B/Hildebrandt/Abu Saris § 17 Abs. 1 Rn. 15; Leinemann/Leinemann/Gorny § 17 Rn. 22.
[96] Leinemann/Leinemann/Gorny § 17 Rn. 22.
[97] BGH NZBau 2011, 229.
[98] LG München I IBR 1991, 378.
[99] OLG Hamm NJW-RR 1988, 726; OLG Hamm ZfBR 1991, 71.
[100] OLG München NJW-RR 1996, 534.
[101] BGH NZBau 2015, 223.
[102] Kapellmann/Messerschmidt/Thierau § 17 Rn. 57.
[103] Kapellmann/Messerschmidt/Thierau § 17 Rn. 57.

C. § 17 Abs. 2

Fehlt eine konkrete vertragliche Vereinbarung der Bauvertragsparteien, über die Sicherheitsart, kann der Auftragnehmer die Sicherheit in Form der in **§ 17 Abs. 2** vorgegebenen drei gleichwertigen Sicherheitsarten wahlweise erbringen, welche in § 17 Abs. 4–6 konkretisiert werden. 56

Als **gleichwertige Sicherheitsarten** werden der Einbehalt vom Werklohn (Abs. 6), die Hinterlegung von Geld (Abs. 5) und die Bürgschaft (Abs. 4) in § 17 Abs. 2 genannt. 57

I. Vorrang von vertraglichen Vereinbarungen

Eine **vertragliche Vereinbarung über die Art der Sicherheit** geht aufgrund der privatautonomen Vertragsfreiheit der begrenzten Aufzählung in § 17 Abs. 2 vor. Sicherheiten können daher nicht zunächst vereinbart und im Folgenden unter Verweis auf § 17 Abs. 2 eingeschränkt werden. Bei der Vereinbarung sind die Bauvertragsparteien auch in der Wahl der Sicherungsart frei. Sie können daher jegliche Sicherheiten vereinbaren (zB die Finanzierungsbestätigung, die Garantie, die Konzernbürgschaft oder den Schuldbeitritt),[104] ohne sich dabei an den Vorgaben des § 17 Abs. 2 oder des § 232 BGB orientieren zu müssen. Den sich daraus ergebenden Vorgaben kann daher nur ein ergänzender Charakter zukommen.[105] Den Parteien steht es auch frei, bestimmte Sicherheitsarten vertraglich auszuschließen, sodass nur noch die in Abs. 2 aufgezählten übrigen Sicherheitsarten erbracht werden dürfen.[106] Fehlt eine klare und eindeutige Regelung, welches Sicherungsmittel vereinbart wurde, ist unter Berücksichtigung der Gesamtumstände der Sicherungsabrede der Inhalt zu ermitteln.[107] 58

II. Sicherheitsarten

1. Einbehalt. Die **Sicherheit durch Einbehalt**[108] erfolgt, indem der Auftraggeber den geprüften und festgestellten Betrag der Abschlags- oder Schlussrechnung nur teilweise auszahlt und den Rest des Werklohns als Sicherheit einbehält. Es steht den Parteien wiederrum frei, zu vereinbaren, von welchen Zahlungen (Abschlags- oder Schlusszahlungen) der Sicherheitseinbehalt vorgenommen werden soll.[109] 59

Der Sicherheitseinbehalt hat eine weitaus höhere Relevanz als die Hinterlegung von Geld. Der Auftraggeber wird regelmäßig die Forderungen des Auftragnehmers nicht erst bedienen und dann eine nachträgliche Sicherheit in Form der Hinterlegung fordern.[110] Vielmehr wird der Auftraggeber vorrangig einen ausreichenden Teil der Vergütung einbehalten. 60

---

[104] Leinemann/Leinemann/Gorny § 17 Rn. 48.
[105] Kapellmann/Messerschmidt/Thierau § 17 Rn. 98.
[106] BeckOK VOB/B/Hildebrandt/Abu Saris § 17 Abs. 2 Rn. 1.
[107] BGH NJW-RR 1998, 259; 1993, 945; OLG Brandenburg NZBau 2002, 219.
[108] Vgl. ausführlich: Kommentierung zu Abs. 6.
[109] BeckOK VOB/B/Hildebrandt/Abu Saris § 17 Abs. 2 Rn. 3.
[110] Ingenstau/Korbion/Joussen § 17 Abs. 5 Rn. 1; Kapellmann/Messerschmidt/Thierau § 17 Rn. 195.

§ 17

61 **2. Hinterlegung von Geld.** Während bei der **Hinterlegung von Geld**[111] nach § 232 Abs. 1 BGB das Hinterlegungsgesetz heranzuziehen ist, welches vorsieht, dass Hinterlegungsstelle das örtlich zuständige Amtsgericht ist, bietet die VOB/B eine vereinfachte Form der Hinterlegung an. Nach § 17 Abs. 5 muss das Geld lediglich auf ein Sperrkonto eingezahlt werden. Damit entfällt auch die Hinterlegungsrechtfertigung nach § 7 HintG und die Überprüfung der Gründe durch das zuständige Amtsgericht.

62 **3. Bürgschaft.** In § 17 Abs. 2 ist die **Bürgschaft**[112] neben der Hinterlegung von Geld und dem Einbehalt als gleichwertige Sicherheit aufgezählt. Dies weicht von dem gesetzlichen Leitbild des § 232 BGB in erheblicher Weise ab, weil die Bürgschaft dort lediglich als subsidiäres Sicherungsmittel zulässig ist. Sie darf also nur erbracht werden, wenn der Verpflichtete die Sicherheit nicht nach § 232 Abs. 1 BGB erbringen kann. Die gleichwertige Aufzählung der Bürgschaft in § 17 Abs. 2 findet sich jedoch in den werkvertraglichen Vorschriften wieder, welche die Bürgschaft ebenfalls als gleichrangige Sicherheit ansehen. Dies entspricht zudem der Absicherungspraxis im Bauwesen, weil die Bürgschaft dort neben dem Sicherheitseinbehalt das bedeutendste Sicherungsmittel ist.

63 Die Bürgschaft iSd § 17 Abs. 2 meint die in den §§ 765 ff. BGB geregelte Bürgschaftsverpflichtung in der näheren Ausgestaltung des § 17 Abs. 4.[113] Nach § 17 Abs. 1 kommt entsprechend des Sicherungszweckes nur eine Vertragserfüllungsbürgschaft und eine Bürgschaft zur Sicherung von Mängelansprüchen in Betracht. Diesen Sicherungszwecken, und damit auch nicht § 17 VOB unterfallen nicht die Bietungs-, Abschlag- und Vorauszahlungsbürgschaften. Den Parteien steht es frei, vertraglich zu vereinbaren, wer als Bürge in Betracht kommt. Haben die Parteien die Stellung einer „Bankbürgschaft" vereinbart, so entspricht die Bürgschaft eines Versicherungsunternehmens in der Regel nicht der vertraglichen Vereinbarung.[114] Fehlt eine entsprechende Vereinbarung, gibt § 17 Abs. 2 vor, wer als tauglicher Bürge in Betracht kommt. Dies sind Kreditinstitute oder Kreditversicherer, die in der europäischen Union, in einem Staat der Vertragsparteien des Abkommens über den europäischen Wirtschaftsraum oder in einem Staat der Vertragsparteien des WTO-Übereinkommens über das öffentliche Beschaffungswesen zugelassen sind.[115] Bestehen Zweifel an der Tauglichkeit des Bürgen, obliegt es dem Auftragnehmer diese zB durch Vorlage geeigneter Unterlagen auszuräumen.[116]

64 Umstritten ist, ob formularmäßig vereinbart werden kann, dass nur eine **inländische Bank oder Versicherung** bzw. eine deutsche Großbank oder öffentliche Sparkasse tauglicher Bürge sein kann. Das OLG Dresden[117] und das OLG Brandenburg[118] halten eine solche Vereinbarung für wirksam, weil es im Bundesgebiet eine Vielzahl von Banken und Versicherungsgesellschaften gibt, die gewerbsmäßig

---

[111] Vgl. ausführlich: Kommentierung zu Abs. 5.
[112] Vgl. ausführlich: Kommentierung zu Abs. 4.
[113] Kapellmann/Messerschmidt/Thierau § 17 Rn. 102.
[114] OLG Karlsruhe NZBau 2011, 357.
[115] Eine Liste der zugelassenen Kreditinstitute ist unter www.bafin.de abrufbar.
[116] Beck VOB/B/Koos/Rudolph § 17 Abs. 4 Rn. 29.
[117] OLG Dresden IBR 2004, 690; so auch: LG München I IBR 2008, 578; LG Bremen IBR 2008, 327.
[118] OLG Brandenburg BauR 2008, 1169.

Sicherheitsleistung **§ 17**

als Bürgen auftreten. Der Auftragnehmer werde daher in seiner Kapitalverkehrsfreiheit nicht unangemessen eingeschränkt.[119]

4. Sicherheiten nach § 232 BGB. Beim **BGB-Bauvertrag ist § 232 BGB** 65 das Pendant zu § 17 und findet entsprechend auch Anwendung, wenn die Parteien nichts anderes vereinbart haben. Die Vorschrift gibt dem Schuldner ebenfalls verschiedene Sicherheiten vor, zwischen denen er wählen kann. Dabei handelt es sich ausschließlich um insolvenzfeste Realsicherheiten.[120] § 232 Abs. 2 BGB verdeutlicht, dass die Sicherheitsleistung auch durch Beibringung eines tauglichen Bürgen geschehen kann. Allerdings ist die Bürgschaft nur dann als Sicherungsmittel zulässig, wenn eine Sicherheit aus dem Katalog des ersten Absatzes nicht geleistet werden kann. Die Erbringung einer Bürgschaft ist nach den Vorschriften zur Sicherheitsleistung nach § 232 BGB, anders als in § 17 Abs. 2, mithin nachrangig.

D. § 17 Abs. 3

§ 17 Abs. 3 beinhaltet zwei Regelungen, die zur Anwendung gelangen, wenn 66 eine Sicherheitsleistung iSd § 17, ohne nähere Bestimmung vereinbart wurde. § 17 Abs. 3 Hs. 1 gewährt dem Auftragnehmer ein Wahlrecht zwischen den sich aus Abs. 2 ergebenen gleichwertigen Sicherheiten; der Hinterlegung, dem Einbehalt und der Bürgschaft. Der zweite Halbsatz räumt dem Auftragnehmer ein Austauschrecht ein. Er kann somit eine bereits geleistete Sicherheit durch eine andere austauschen. Wie eingangs dargestellt, gilt dies nur insoweit die Vertragsparteien nichts anderes vereinbart haben, was unter Umständen durch Auslegung der Sicherungsabrede zu ermitteln ist.

Als Gegenstück zu § 17 Abs. 3 ist für den BGB-Vertrag in den §§ 232, 235 67 BGB ein **Wahl- und Umtauschrecht** geregelt. Aber auch hier ist darauf zu achten, dass die Sicherheit durch Bürgschaft nur nachrangig erbracht werden darf, wenn die Sicherheit nicht auf andere Weise geleistet werden kann. Bei Vereinbarung der VOB/B schließt § 17 als speziellere Regelung die §§ 232, 235 BGB und deren Einschränkung jedoch aus.

I. Das Wahlrecht des Auftragnehmers

Hat sich der Auftragnehmer verpflichtet eine Sicherheit zu leisten, steht ihm 68 als einzigem das **Wahlrecht** zwischen den in § 17 Abs. 2 aufgezählten Sicherheiten zu.[121] Darüber hinaus kann er auch entscheiden, ob er die Sicherheit gänzlich durch eine Sicherheitsart erbringt, oder ob er die verschiedenen Sicherheitsarten aus Abs. 2 kombiniert.[122] Zur Ausübung des Wahlrechts hat der Auftragnehmer nicht unbegrenzt Zeit zur Verfügung. Diesbezüglich muss die Regelung des § 17 Abs. 7 S. 1 als Ergänzung des Abs. 3 angesehen werden. Demnach hat der Auftragnehmer die Sicherheit vorbehaltlich anderweitiger Vereinbarungen, innerhalb von 18 Werktagen nach Vertragsabschluss zu leisten und somit innerhalb dieser Zeitspanne auch sein Wahlrecht auszuüben.

---

[119] OLG Dresden IBR 2004, 690; aA; Weise Rn. 198; LG Düsseldorf IBR 2007, 1360.
[120] BVerwG NVwZ 2008, 1122.
[121] Ingenstau/Korbion/Joussen § 17 Abs. 3 Rn. 2.
[122] BeckOK VOB/B/Hildebrandt/Abu Saris § 17 Abs. 3 Rn. 1.

Hildebrandt

II. Das Austauschrecht des Auftragnehmers

69 Das **Austauschrecht** aus Abs. 3 Hs. 2 ermöglicht dem Auftragnehmer, eine gestellte Sicherheit durch eine andere Sicherheitsart aus Abs. 2 zu ersetzen. Es stellt ein vertragliches Gestaltungsrecht des Auftragnehmers dar, mit dem er die Art der Sicherheitsgewährung in dem vorgegebenen Rahmen zu bestimmen und zu verändern berechtigt ist.[123] Zudem kann der Auftragnehmer die Sicherheit beliebig oft austauschen.[124]

70 Das Austauschrecht kann durch vertragliche Vereinbarung ausgeschlossen oder beschränkt werden. In der Praxis wird häufig vereinbart, dass der Auftraggeber für die Dauer der Verjährungsfrist für Mängelansprüche einen Einbehalt zur Sicherung der Mängelansprüche vornehmen darf und dieser Sicherheitseinbehalt nach Fertigstellung des Bauvorhabens nur gegen Übergabe einer Mängelbürgschaft abgelöst werden kann. Für die Zeit während der Durchführung des Bauvorhabens wird häufig die Kombination von Einbehalt und Vertragserfüllungsbürgschaft gewählt.[125]

71 Eine **Beschränkung des Wahlrechts** sollte nur vereinbart werden, wenn gleichzeitig auch das Austauschrecht ausgeschlossen wird, weil ansonsten die Beschränkung des Wahlrechts durch nachträglichen Austausch der erbrachten Sicherheit umgegangen werden könnte.[126]

72 Wird die Sicherheit durch eine ordnungsgemäße Sicherheit ersetzt, ist es dem Auftraggeber verwehrt, die ursprüngliche Sicherheit zu behalten.[127]

73 Das Austauschrecht unterliegt der cessio legis und geht daher bei Abtretung des Anspruches auf Auszahlung des vom Auftraggeber eines Bauvertrages als Sicherheit für seine Mängelansprüche nach Abnahme einbehaltenen Restwerklohns, in entsprechender Anwendung des § 401 BGB auf den Zessionar über.[128]

74 Wird eine Austauschbürgschaft unter der **Bedingung** gestellt, dass sie erst in Kraft tritt, wenn der Sicherheitseinbehalt beim Auftragnehmer eingegangen ist, steht dies nach Auffassung des OLG Karlsruhe der wirksamen Stellung einer Austauschsicherheit nicht entgegen.[129] Ein solcher Vorbehalt beschränkt die Bürgschaft nicht als taugliches Sicherungsmittel, vor dem Hintergrund, dass der Auftraggeber nach der Sicherungsabrede eine Sicherheitsleistung nur einmal fordern dürfe. Vielmehr stelle die Verknüpfung zwischen der Auszahlung des Sicherheitseinbehaltes und dem Wirksamwerden der Bürgschaftsverpflichtung als Ersatzsicherheit eine reibungslose Ausübung des Austauschrechts des Auftragnehmers nach § 17 Abs. 3 sicher.

75 Ein gesetzliches Austauschrecht beinhaltet § 235 BGB, welcher allerdings auf den Austausch von hinterlegtem Geld oder Wertpapieren gegen andere geeignete Wertpapiere beschränkt ist und bei Vereinbarung der VOB/B nachrangig ist.

76 **1. Herausgabe der Austauschsicherheit.** Aus der rechtlichen Natur des Austauschrechts nach § 17 Abs. 3 als vertragliches Gestaltungsrecht des Auftragnehmers folgt grundsätzlich ein **Anspruch des Auftragnehmers auf Heraus-**

---

[123] BGH NZBau 2001, 679.
[124] OLG Naumburg BeckRS 2012, 20540 = IBR 2012, 68.
[125] BeckOK VOB/B/Hildebrandt/Abu Saris § 17 Abs. 3 Rn. 5.
[126] BeckOK VOB/B/Hildebrandt/Abu Saris § 17 Abs. 3 Rn. 5.
[127] BGH NZBau 2000, 423; Leinemann/Leinemann/Gorny § 17 Rn. 56.
[128] BGH NZBau 2011, 94.
[129] OLG Karlsruhe IBRRS 2015, 0297.

Sicherheitsleistung **§ 17**

gabe der ursprünglich erbrachten Sicherheit.[130] Eine Entscheidung des OLG Schleswig führte dazu, dass der BGH von seiner früheren Rechtsprechung abwich, wonach dem Auftragnehmer nur ein Anspruch auf Rückgabe der zum Austausch übergebenen Bürgschaft zustehe, nicht aber auf Auszahlung des Einbehaltes.[131] Nunmehr gesteht auch der BGH dem Auftragnehmer grundsätzlich einen Anspruch auf Auszahlung des Einbehaltes bei Stellung einer Bürgschaft zu.[132]

Dieser Anspruch auf Herausgabe der ursprünglichen Sicherheit wird erst **fällig**, 77 wenn dem Auftraggeber die Austauschsicherheit vorliegt. Dadurch ist jedoch zu befürchten, dass der Auftraggeber den abzulösenden Einbehalt nicht auszahlt und zudem die weitere Austauschsicherheit behält.

Diese Problematik ist auch häufig anzutreffen, wenn Mängel nicht abschließend 78 durch Verwendung des Sicherheitseinbehaltes beseitigt werden können. Ein solches Verhalten ist rechtsmissbräuchlich, weil es zu einer nicht zu billigenden Erhöhung der vereinbarten Sicherheit führt.[133] Um dieses zu verhindern, wird vom BGH vertreten, dass die Stellung einer Austauschsicherheit für einen Sicherheitseinbehalt durch den berechtigten Auftragnehmer dahingehend auszulegen ist, dass sie unter der auflösenden Bedingungen gestellt wird, der Auftraggeber werde seiner Verpflichtung zur Auszahlung des Sicherheitseinbehaltes nachkommen.[134] Bei Weigerung der Auszahlung tritt die auflösende Bedingung ein und führt zum Wegfall des Rechtsgrundes für die Stellung der Austauschsicherheit, die der Auftragnehmer dann heraus verlangen kann.[135] Der Auftraggeber hat daher stets eine der beiden Sicherheiten herauszugeben. Er darf sie keinesfalls verwerten. Ansonsten macht er sich schadenersatzpflichtig.[136] Die Pflicht zur Auszahlung des Sicherheitseinbehalts besteht jedoch nur, wenn im Zeitpunkt des Austauschbegehrens der Sicherungsfall noch nicht eingetreten ist.[137] Abhängig von der zeitlichen Reihenfolge des Eintritts des Sicherungsfalls und der Ausübung des Austauschrechts ist zu unterscheiden:

Ein Austausch des Sicherheitseinbehaltes ist nicht mehr möglich, wenn der 79 Auftraggeber den Sicherheitseinbehalt bereits wirksam verwertet hat. Die Verwertung setzt das Bestehen eines auf Geldzahlung gerichteten Anspruchs voraus (Vorschuss auf Mängelbeseitigungskosten, Erstattung der Aufwendungen für Mängelbeseitigung, Schadensersatz, Minderung).[138] Der Auftraggeber kann mit diesen Ansprüchen gegen den Auszahlungsanspruch des Auftragnehmers die Aufrechnung erklären. Der Auftraggeber kann jedoch nicht die Aufrechnung gegen Ansprüche des Auftragnehmers auf Auszahlung des Sicherheitseinbehaltes erklären, wenn seine Ansprüche aus einem anderen Bauvertrag stammen, weil der Bareinbehalt ausschließlich der Sicherung von Ansprüchen aus dem konkreten Vertragsverhältnis, in dessen Rahmen die Sicherheit gestellt wurde, dient.[139]

---

[130] OLG Schleswig OLGR 2009, 2.
[131] BGH NJW 1997, 2958; 1998, 2057.
[132] BGH NJW 2001, 3629.
[133] BeckOK VOB/B/Hildebrandt/Abu Saris § 17 Abs. 3 Rn. 10; Leinemann/Leinemann/Gorny § 17 Rn. 68.
[134] BGH NZBau 2011, 288.
[135] BGH NZBau 2011, 288; BGH NJW 1997, 2958.
[136] BGH NZBau 2000, 423.
[137] BGH NJW 2001, 3629.
[138] BGH IBRRS 2002, 0790; BGH NJW 2001, 3629.
[139] BGH NZBau 2017, 655; OLG Karlsruhe IBRRS 2015, 0297; OLG Saarbrücken IBRRS 2009, 2549; OLG Düsseldorf NJW-RR 2008, 38; aA: OLG Hamm IBRRS 2009, 0970; OLG Hamm BeckRS 2008, 18230 = IBR 2009, 208.

80 Ist der Sicherungsfall bei Stellung der Austauschsicherheit eingetreten, hat der Auftraggeber aber den Sicherheitseinbehalt noch nicht verwertet, steht es grundsätzlich in seinem Belieben, ob er die Austauschsicherheit annimmt oder den Sicherheitseinbehalt verwertet.[140] Die Wahrnehmung des Austauschrechts hindert den Auftraggeber nicht, bereits entstandene geldwerte Mängelansprüche durch Zugriff auf das Bardepot zu befriedigen. Wählt er die Verwertung, ist für einen Austausch kein Raum mehr. Er darf die Bürgschaft in einem solchen Fall nicht entgegennehmen. Entscheidet sich der Auftraggeber hingegen für die Bürgschaft, muss er den Sicherheitseinbehalt auszahlen. Mit Rücksicht auf die Auftragnehmerinteressen ist der Auftraggeber gehalten, dem Auftragnehmer gegenüber unverzüglich zu erklären,[141] ob er den Sicherheitseinbehalt verwertet. Kommt der Auftraggeber diesem Gebot nicht nach, bleibt es bei dem Austauschrecht des Auftragnehmers.[142] Der Auftraggeber muss den Sicherheitseinbehalt mithin auszahlen und kann die Bürgschaft behalten.

81 Ist der Sicherungsfall bei Stellung der Austauschsicherheit hingegen noch nicht eingetreten, muss der Auftraggeber die Austauschsicherheit entgegennehmen und den Sicherheitseinbehalt auszahlen.[143] Ansonsten verletzt er seine Pflichten aus der Sicherungsabrede,[144] was allerdings nicht zum Verlust des Anspruchs auf Sicherheit führt.[145] Eine Ausnahme davon soll aber in bestimmten Einzelfällen gelten. Der Sicherheitseinbehalt soll trotz der Stellung einer Austauschsicherheit behalten werden dürfen, wenn der Sicherungsfall unmittelbar bevorsteht, beispielsweise weil eine vor Stellung der Austauschsicherheit gesetzte Frist zur Mängelbeseitigung kurz nach Eingang der Austauschsicherheit beim Auftraggeber abläuft.[146]

82 Anders verhält es sich, wenn der Sicherungsfall erst nachträglich, also nach Stellung einer Austauschsicherheit, aber vor Auszahlung des Sicherheitseinbehalts eintritt. Richtigerweise ist hier eine Aufrechnung gegen den Auszahlungsanspruch des Auftragnehmers bzw. die Geltendmachung eines Leistungsverweigerungsrechts wegen Mängel der Werkleistung abzulehnen.[147]

83 Der Einbehalt muss als eine Umwandlung des Werklohns in eine Sicherheit verstanden werden, auf die der Auftraggeber zurückgreifen kann, wenn der Sicherungsfall auch tatsächlich eingetreten ist.[148] Damit dem Auftragnehmer nicht sein Austauschrecht und damit ein ggf. notwendiger Liquiditätsgewinn genommen wird, muss die Aufrechnung bzw. das Leistungsverweigerungsrecht des Auftraggebers ausgeschlossen sein, wenn der Auftragnehmer sein Austauschrecht vor Eintritt des Sicherungsfalls ausübt.[149]

84 Das Gleiche muss im Falle eines gänzlichen Verlustes des Anspruchs auf Sicherheit gemäß § 17 Abs. 6 Nr. 3 gelten. Der Auftraggeber muss dann erst recht mit der Aufrechnung bzw. seinem Leistungsverweigerungsrecht ausgeschlossen sein.[150]

---

[140] BGH NZBau 2011, 94; 2001, 679.
[141] BGH NZBau 2011, 94.
[142] BGH NZBau 2001, 679; BGH BeckRS 2002, 05360 = IBR 2002, 476.
[143] BGH NZBau 2011, 94.
[144] BGH BeckRS 2002, 05360 = IBR 2002, 476; BGH NZBau 2001, 679.
[145] BeckOK VOB/B/Hildebrandt/Abu Saris § 17 Abs. 3 Rn. 11c.
[146] BGH NJW 2001, 3629.
[147] OLG Schleswig IBR 2005, 256, mAnm Hildebrandt; aA: OLG Karlsruhe IBR 2007, 484; KG NZBau 2003, 331; OLG Hamm BeckRS 2008, 18230 = IBR 2009, 208.
[148] OLG Düsseldorf IBR 2009, 518.
[149] OLG Schleswig IBRRS 2005, 1364.
[150] BeckOK VOB/B/Hildebrandt/Abu Saris § 17 Abs. 3 Rn. 11c.

Sicherheitsleistung **§ 17**

Aus § 17 Abs. 6 Nr. 3 folgt die Verpflichtung des Auftraggebers, einen Sicherheitseinbehalt auf ein Sperrkonto einzuzahlen. Diese bleibt auch nach Übergabe einer Austauschsicherheit bestehen.[151]

Der Auftraggeber muss lediglich den Sicherheitseinbehalt vorrangig an den 85 Auftragnehmer auszahlen. Kommt er dem nicht nach und verweigert er auch die Einzahlung auf ein Sperrkonto innerhalb einer ihm vom Auftragnehmer gesetzten Nachfrist, greift die **Sanktionswirkung**[152] **des § 17 Abs. 6 Nr. 3**. Der Auftraggeber verliert dann wegen der pflichtwidrigen Verletzung der Sicherungsabrede seinen gesamten Anspruch auf Sicherheitsleistung und darf weder den Sicherheitseinbehalt noch die Austauschsicherheit behalten.[153] Das Recht auf Herausgabe der Bürgschaft bei unterbliebener Auszahlung des Einbehalts bleibt auch in der zwischenzeitlich eingetretenen Insolvenz des Auftraggebers gegenüber dem Insolvenzverwalter bestehen.[154]

Hat der Auftragnehmer sein Recht zur Mängelbeseitigung noch nicht verloren 86 oder will sich der Auftraggeber die spätere Inanspruchnahme einer Sicherheit erhalten und daher noch keine Gegenforderung aus Minderung oder Ersatzvornahme geltend machen, hat er die Sicherheit stets auszutauschen.[155] Dem Austauschverlangen nach § 17 Abs. 3 kann der Auftraggeber kein Zurückbehaltungsrecht wegen mangelhafter Leistungen entgegenhalten.[156]

Die vorgenannten Grundsätze gelten insgesamt nur, wenn vereinbart wurde, 87 dass ein Sicherheitseinbehalt durch Bürgschaft abgelöst werden kann. Sie gelten aber nicht, wenn der Auftragnehmer nach der Sicherungsabrede eine Bürgschaft als einziges Sicherungsmittel zu erbringen hat und der Auftraggeber den Einbehalt nur vornehmen darf, weil diese nicht erbracht wurde.[157]

2. Wegfall des Austauschrechts. Das Austauschrecht des Auftragnehmers aus 88 § 17 Abs. 3 soll **entfallen,** wenn der Auftragnehmer ursprünglich nach § 17 Abs. 7 S. 1 verpflichtet war, zu Vertragsbeginn eine bestimmte Sicherheit zu leisten, dem aber nicht nachgekommen ist und der Auftraggeber deshalb den Sicherheitsbetrag gemäß § 17 Abs. 7 S. 2 vom Werklohn einbehielt.[158] Dadurch soll der Auftraggeber seinen Anspruch auf Beschaffung der ursprünglich vereinbarten Sicherheit verlieren und der Auftragnehmer sein Wahlrecht aus § 17 Abs. 3.[159]

III. Ausschluss des Wahl- und Austauschrechts durch Allgemeine Geschäftsbedingungen

Das Wahlrecht kann ebenso wie das Austauschrecht durch Individualvereinba- 89 rung ohne weiteres **beschränkt oder ausgeschlossen** werden.[160] Erfolgt die

---

[151] BGH NZBau 2006, 106.
[152] Zur Sanktionswirkung des § 17 Abs. 6 Nr. 3 vgl. Leinemann/Leinemann/Gorny § 17 Rn. 145.
[153] BGH NZBau 2006, 106; Leinemann NJW 1999, 262.
[154] BGH NZBau 2011, 288; OLG München IBR 2009, 519; Leinemann/Leinemann/Gorny 17 Rn. 73.
[155] Leinemann/Leinemann/Gorny § 17 Rn. 80.
[156] BGH NJW 2001, 3629; OLG Hamburg IBRRS 2002, 1754.
[157] BGH NZBau 2004, 323.
[158] OLG Celle IBRRS 2003, 0501.
[159] OLG Celle IBRRS 2003, 0501; zweifelnd: Leinemann/Leinemann/Gorny § 17 Rn. 81.
[160] Zum Wahlrecht vgl. BeckOK VOB/B/Hildebrandt/Abu Saris § 17 Abs. 3 Rn. 1; zum Austauschrecht vgl. Kapellmann/Messerschmidt/Thierau § 17 Abs. 3 Rn. 107.

§ 17

Beschränkung bzw. der Ausschluss in formularmäßigen Klauseln des Auftraggebers, müssen sich diese einer Inhaltskontrolle nach §§ 307 ff. BGB unterwerfen.

90 **1. Das Wahlrecht.** Der bloße formularmäßige Ausschluss des Wahlrechts wirft grundsätzlich keine Bedenken auf, weil der Auftragnehmer noch sein Austauschrecht ausüben kann, indem er zunächst vereinbarungsgemäß die geforderte Sicherheit stellt und diese im Anschluss mit einer anderen austauscht.[161] Problematisch sind hingegen vertragliche Vereinbarungen, die nicht nur das Wahlrecht betreffen, sondern gleichzeitig das Austauschrecht tangieren. Deshalb ist insbesondere bei Bestimmung einer konkreten Sicherheitsart zu prüfen, ob dadurch lediglich das Wahlrecht ausgeschlossen wird, oder ob sich dies auch auf das Austauschrecht erstreckt.[162] In der Rechtsprechung wurden folgende Fallgruppen gebildet:

91 Wird formularmäßig die Ablösung eines Mängeleinbehaltes durch eine Bürgschaft auf erstes Anfordern ohne Bezugnahme auf § 17 vereinbart, sollte die Klausel dahingehend ausgelegt werden, dass nicht nur die Verpflichtung des Auftraggebers zur Einzahlung des Sicherheitseinbehaltes auf ein Sperrkonto, sondern auch das Wahlrecht des Auftragnehmers aus § 17 Abs. 3 ausgeschlossen wurde.[163] Eine Bürgschaft auf erstes Anfordern soll dem Auftraggeber die unkomplizierte und schnelle Verschaffung liquider Mittel, ähnlich dem Zugriff auf ein Bardepot ermöglichen.[164] Da die Annahme einer zusätzlichen Verpflichtung zur Einzahlung des Sicherheitseinbehaltes auf ein Sperrkonto bzw. ein bestehendes Wahlrecht hinsichtlich weiterer Austauschsicherheiten diesen Zweck einer Bürgschaft auf erstes Anfordern vereiteln würde, kann eine entsprechende Vereinbarung deshalb nur gemäß der vorstehenden Auslegung verstanden werden. Eine solche Klausel ist demnach unwirksam.

92 Eine Bürgschaft soll hingegen wirksam vereinbart worden sein, wenn die zugrundeliegende Klausel eine selbstschuldnerische Bürgschaft anstatt einer solchen auf erstes Anfordern als Austauschsicherheit vorsieht.[165] Eine andere Auslegung wäre deshalb geboten, weil die Vereinbarung dem Auftraggeber nicht zwei Sicherheiten bietet, die einen ähnlichen einfachen Zugriff auf liquide Mittel zulassen.

93 Fraglich ist jedoch, ob die Ausgestaltung der Austauschsicherheit das maßgebliche Kriterium zur Feststellung einer unangemessenen Benachteiligung des Auftragnehmers iSd § 307 Abs. 1 BGB ist. Dabei wird jedenfalls übersehen, dass der Auftragnehmer ein legitimes Interesse an einer freien Disposition zwischen dem Verbleib des Einbehaltes bei dem Auftraggeber – dann aber auf einem Sperrkonto – oder aber dem eigenen Liquiditätsgewinn bei gleichzeitiger Belastung der Kreditlinie und mit Avalgebühren bei Hingabe einer Austauschbürgschaft haben kann.[166] Zudem soll der Einbehalt gerade nicht zu einem auftraggeberseitigem Liquiditätsgewinn führen.[167]

---

[161] Leinemann/Leinemann/Gorny § 17 Rn. 52.
[162] Leinemann/Leinemann/Gorny § 17 Rn. 51.
[163] BGH NZBau 2002, 439.
[164] Zur Belastungsintensität der Bürgschaft auf erstes Anfordern vgl. Abu Saris Gewährleistungsbürgschaften, S. 226 ff.
[165] BGH NZBau 2004, 145.
[166] Abu Saris Gewährleistungsbürgschaften, S. 233 f.; Leinemann/Leinemann/Gorny § 17 Rn. 53.
[167] BGH NJW 1997, 2598.

Der Auftraggeber kann grundsätzlich keine Sicherheit mehr verlangen, wenn 94
die Vereinbarung unwirksam ist. Wird ihm (freiwillig) eine selbstschuldnerische
Bürgschaft angeboten und weigert er sich, den Einbehalt dagegen auszutauschen,
entfällt der Anspruch auf Sicherheit in entsprechender Anwendung des § 17 Abs. 6
Nr. 3 S. 2 gänzlich.[168]

Die Vereinbarung einer Bürgschaft auf erstes Anfordern kann nicht ergänzend 95
dahingehend ausgelegt werden, dass eine selbstschuldnerische Bürgschaft geschuldet ist, weil dies grundsätzlich gegen § 306 BGB verstößt.[169] Eine Ausnahme ist im Einzelfall möglich. Bei einer Vertragserfüllungsbürgschaft ist eine Umdeutung abhängig vom Zeitpunkt des Vertragsschlusses anerkannt.[170] Danach kommt eine ergänzende Vertragsauslegung nicht für Verträge in Betracht, die nach bekannt werden der BGH-Entscheidung vom 4.7.2002 abgeschlossen wurden. Der Grundsatz des Verbots der geltungserhaltenden Reduktion ist nicht anwendbar, wenn die zu beurteilende Klausel inhaltlich teilbar ist.[171] Diese inhaltliche Teilbarkeit setzt in formaler Hinsicht voraus, dass der unwirksame Teil weggestrichen werden kann, ohne dass der Sinn des im Zusammenhang stehenden übrigen Teils seine Verständlichkeit und Sinnhaftigkeit verlieren würde[172] (sogenannter Bluepencil-Test). In inhaltlicher Hinsicht ist zu fordern, dass die Bestandteile der zu beurteilenden Klausel nicht untrennbar miteinander verknüpft sind.[173]

2. Das Austauschrecht. Der **Ausschluss des Austauschrechts** des Auftrag- 96
nehmers ist wesentlich problematischer als die Abbedingung nur des Wahlrechts,
weil dabei die Sicherungsart endgültig festgelegt wird.

Der **formularmäßige Ausschluss** des Austauschrechts kann zu einer unange- 97
messenen Benachteiligung des Auftragnehmers führen, weil ihm versagt wird,
die wirtschaftliche Belastung durch die erbrachte Sicherheit weitestgehend zu
reduzieren.[174] Zudem ist der gesetzgeberische Grundsatz aus § 641 BGB zu
beachten, wonach die gesamte Vergütung mit der Abnahme der Leistung fällig
wird.[175] Nur wenn ausnahmsweise ein legitimes Interesse des Auftraggebers an
Sicherheiten bestimmter Qualität besteht, kann ein Ausschluss des Austauschrechts
im Einzelfall gerechtfertigt sein.[176] Daraus folgt, dass dem Auftragnehmer die
Möglichkeit verbleiben muss, eine andere Sicherheit zur Ablösung zu erbringen,
welche der gesetzlichen Wertung des § 641 BGB und dem dahinterstehenden
Liquiditätsinteresse[177] des Auftragnehmers entspricht.

Daher führt der völlige Ausschluss des Austauschrechts bei Vereinbarung eines 98
zinslosen Sicherheitseinbehaltes für die Dauer der Verjährungsfrist für Mängelansprüche zur Unwirksamkeit der Klausel, weil sie den Auftragnehmer unangemessen benachteiligt und somit gegen § 307 BGB verstößt.[178] Wird das Austausch-

---

[168] Leinemann NJW 1999, 263.
[169] BGH NZBau 2005, 219; 2005, 460.
[170] BGH NZBau 2002, 559, bestätigt: BGH NZBau 2002, 494.
[171] BGH NJW 1993, 1133.
[172] BGH NJW 1995, 2553.
[173] BGH NZBau 2009, 307; Leinemann/Leinemann/Gorny § 17 Rn. 63.
[174] Leinemann/Leinemann/Gorny § 17 Rn. 59.
[175] BGH NJW 1997, 2598.
[176] Kapellmann/Messerschmidt/Thierau § 17 Rn. 164.
[177] Zum Liquiditätsinteresse des Auftragnehmers: Abu Saris Gewährleistungsbürgschaften, S. 220 f.
[178] OLG München IBRRS 2012, 4528; Revision vom BGH nicht angenommen: 17.1.2002 – VII ZR 495/00.

recht insoweit zeitlich beschränkt, dass ein Sicherungseinbehalt frühestens nach vollständiger Beseitigung der im Abnahmeprotokoll festgestellten Mängel oder fehlender Leistungen gegen eine selbstschuldnerische Bürgschaft abgelöst werden kann, ist die Sicherungsabrede unwirksam.[179]

99 Besonders bedeutsam war in diesem Zusammenhang die **Kombination von Einbehalt und Bürgschaft auf erstes Anfordern**[180] als einzige Austauschsicherheit. Nach mittlerweile ständiger Rechtsprechung des BGH ist die formularmäßige Beschränkung des Austauschrechts auf eine Bürgschaft auf erstes Anfordern in einer Vielzahl von Konstellationen wegen Verstoßes gegen § 307 BGB unwirksam.[181] Im Zuge dieser Rechtsprechung wurde § 17 Abs. 4 S. 3 in die VOB/B 2012 aufgenommen, womit klargestellt wurde, dass der Auftragnehmer die Stellung einer Bürgschaft auf erstes Anfordern im Rahmen eines VOB/B-Vertrages nicht verlangen kann und sich ein derartiges Sicherungsmittel regelmäßig als unangemessene Benachteiligung des Auftragnehmers iSd § 307 BGB darstellt.[182] Inhaltlich änderte sich durch die Einführung des Abs. 4 S. 3 jedoch nichts. Bereits nach dessen Einführung sollte nach dem Sicherungssystem der VOB/B, wie es sich dem BGH bei einer Gesamtbetrachtung darstellte, die Sicherheitsleistung durch Bürgschaft dem Auftragnehmer dauerhafte Liquidität verschaffen. Eine Bürgschaft auf erstes Anfordern ist diesem Zweck schon immer zuwidergelaufen.[183]

E. § 17 Abs. 4

100 Bei Sicherheitsleistung durch Bürgschaft ergänzt § 17 **Abs. 4** die Regelung des Abs. 2. Die Bürgschaft gehört zu den „Standardsicherheiten" in der Baupraxis und ist dort die häufigste Form der Sicherheitsleistung.[184] Die Bürgschaft wird allgemein in den §§ 765 ff. BGB geregelt, welche im Falle einer VOB/B-Bauvertragsbürgschaft durch § 17 Abs. 4 ergänzt werden. Die zusätzlichen Voraussetzungen aus Abs. 4 müssen erfüllt sein, damit der Auftraggeber die Bürgschaft als ordnungsgemäße Sicherheit entgegennehmen muss und nicht zurückweisen darf.

I. Der Bürge

101 Nach § 17 Abs. 2 muss **der Bürge** ein Kreditinstitut oder Kreditversicherer sein, welches in der europäischen Gemeinschaft oder in einem Mitgliedstaat des europäischen Wirtschaftsraumes oder des WTO-Übereinkommens über das öffentliche Beschaffungswesen zugelassen ist.

102 Trotz dieser Regelung soll sich der Auftraggeber jedoch nicht auf eine Bürgschaft einlassen müssen, auf die schweizerisches Recht Anwendung findet, wenn dies nicht der Interessenlage der Parteien entspricht, unabhängig davon, ob die Bürgschaft die Voraussetzungen des § 17 Abs. 2 erfüllt. Von einer solchen Interes-

---

[179] BGH NZBau 2017, 275.
[180] Zur rechtlichen Einordnung der Bürgschaft auf erstes Anfordern als Vertrag sui generis vgl. Abu Saris Gewährleistungsbürgschaften, S. 148 f.
[181] BGH NJW 1997, 2595.
[182] Begründung des Deutsch Vergabe- und Vertragsausschusses vom 2.5.2002, Bundesanzeiger vom 29.10.2002, Abs. 202, Beilage.
[183] BGH NZBau 2007, 581.
[184] Anders nach § 232 BGB, wonach die Bürgschaft nachrangig ist.

senlage der Vertragsparteien könne nicht ausgegangen werden, wenn die Parteien ihren Sitz im Inland haben. Dann entspräche nur eine Bürgschaft, die dem deutschen Recht unterliege, den Interessen der Parteien. Der Auftraggeber müsse daher eine Bürgschaft nach schweizerischem Recht nicht akzeptieren.[185] Diese Entscheidung wirft erhebliche Zweifel auf, weil sie der Regelung des § 17 Abs. 2 zuwiderläuft und das darin eingeräumte Wahlrecht des Auftragnehmers bezüglich des Kreditinstitutes erheblich einschränkt.

Nach § 17 Abs. 4 S. 1 setzt die Sicherheitsleistung durch Bürgschaft voraus, dass der Auftraggeber den Bürgen als **tauglich** anerkennt. Er darf den Bürgen aber nicht rein willkürlich ablehnen, sondern muss deshalb objektive Gründe vortragen, welche die Untauglichkeit des abgelehnten Bürgen begründen. Die Beweislast für die Tauglichkeit trägt indes der Auftragnehmer.[186] **103**

Die **Tauglichkeit des Bürgen** bestimmt sich nach § 239 Abs. 1 BGB. Danach ist der Bürge tauglich, wenn er ein der Höhe der zu leistenden Sicherheit nach angemessenes Vermögen besitzt und seinen allgemeinen Gerichtsstand im Inland hat. Die Beurteilung eines angemessenen Vermögens ist nach objektiven Maßstäben vorzunehmen. Ein Kreditinstitut oder ein Kreditversicherer werden deshalb nur selten als Bürge zurückgewiesen werden können, beispielsweise weil sie sich bekanntermaßen in Liquiditätsschwierigkeiten befinden.[187] Zudem fordert § 239 Abs. 1 BGB, dass der Bürge seinen allgemeinen Gerichtsstand im Inland haben muss. Diese Regelung ist im Rahmen eines VOB/B-Bauvertrages dahingehend zu ergänzen, dass nach § 17 Abs. 2 auch der Sitz in einer der genannten Vertragsstaaten ausreicht.[188] **104**

Nach einem Urteil des OLG Frankfurt a. M.[189] ist dem Auftraggeber zu raten, dass sich der in der EU zugelassene Bürge, der seinen allgemeinen Gerichtsstand nicht in Deutschland hat, in der Bürgschaftsurkunde der Geltung deutschem Rechts unterwirft und einen deutschen Zustellungsbevollmächtigten benennt.[190] Es bleibt allerdings abzuwarten, ob eine solche Unterwerfung unter deutsches Recht der Rechtsprechung ausreicht. **105**

II. Die Bürgschaft

Nach Abs. 4 muss die **Bürgschaft** schriftlich unter Verzicht auf die Einrede der Vorausklage abgegeben werden. **106**

1. Form der Bürgschaft. Das **Schriftformerfordernis der Bürgschaft** findet sich auch in § 766 Abs. 1 BGB wieder. Der Regelung des § 17 Abs. 4 S. 2 bedurfte es trotzdem, weil das gesetzliche Schriftformerfordernis im kaufmännischen Verkehr nach § 350 HGB ausgehebelt wird. Danach gilt, dass wenn der Bürge ein Kaufmann ist, er die Bürgschaftserklärung dem kaufmännischen Auftragnehmer gegenüber auch mündlich abgeben kann. Dies soll durch die VOB/B-Regelung verhindert werden. Das Schriftformerfordernis des § 17 Abs. 4 S. 2 ist jedoch nur im Verhältnis zwischen dem Auftraggeber und dem Auftragnehmer **107**

---

[185] OLG Frankfurt a. M. IBR 2014, 601; BGH 20.5.2014 – VII ZR 286/13 (Nichtzulassungsbeschwerde zurückgewiesen).
[186] Leinemann/Leinemann/Gorny § 17 Rn. 86.
[187] Beck VOB/B/Koos/Rudolph § 17 Abs. 4 Rn. 23.
[188] OLG Hamburg NJW 1995, 2859.
[189] OLG Frankfurt a. M. IBR 2014, 601.
[190] Leinemann/Leinemann/Gorny § 17 Rn. 84.

zu beachten. Der Bürgschaftsvertrag selbst wird lediglich durch die gesetzlichen Vorgaben in den §§ 765 ff. BGB bestimmt. Deshalb ist auch eine mündliche Erklärung des Bürgen wirksam, ohne dass es dem Abs. 4 S. 2 Hs. 2 entgegensteht, der bestimmt, dass die Bürgschaft nach Vorschriften des Auftraggebers ausgestellt sein muss.[191]

108 **2. Verzicht auf die Einrede der Vorausklage.** Der **Verzicht auf die Einrede der Vorausklage** soll verhindern, dass der Bürge nach § 771 BGB die Befriedigung des Auftraggebers solange verweigern kann, bis der Auftraggeber einen erfolglosen Zwangsvollstreckungsversuch beim Auftragnehmer unternommen hat. Auf die Einrede der Vorausklage kann der Bürge gemäß § 773 Abs. 1 Nr. 1 BGB explizit verzichten[192] oder indirekt, indem er sich als Selbstschuldner verpflichtet.

109 Die Bürgschaft ist nur dann tauglich, wenn der Bürge den Einredeverzicht erklärt hat und damit selbstschuldnerisch bei Eintritt des Sicherungsfalls haftet. Verweigert der Bürge die Zahlung oder bestreitet er die Schuld, muss der Auftraggeber den Bürgen verklagen.

110 Dabei ist zu beachten, dass die Klageerhebung gegen den Bürgen nicht die **Verjährung** der Hauptforderung unterbricht, sodass ein rechtskräftig verurteilter Bürge noch im Wege der Vollstreckungsgegenklage die zwischenzeitlich eingetretene Verjährung der Hauptforderung einwenden kann.[193] Um die Verjährung der Hauptforderung ebenfalls zu hemmen, sollte grundsätzlich auch der Hauptschuldner verklagt werden.[194] Etwas anderes gilt, wenn der Hauptschuldner während der Rechtshängigkeit der Klage gegen den Bürgen im Handelsregister gelöscht wird. Die Klage gegen den Bürgen hat dann ab dem Zeitpunkt der Löschung des Hauptschuldners eine Hemmung der Verjährung der Hauptforderung, weil von diesem Zeitpunkt an eine die Verjährung der Hauptforderung hemmende Klage gegen den Hauptschuldner nicht mehr möglich ist.[195]

111 **3. Akzessorietät der Bürgschaft.** Die Bürgschaft ist eine **akzessorische Sicherheit.** Das heißt, dass sich die Bürgschaftsverpflichtung nach dem jeweiligen Bestand und Umfang der Hauptschuld richtet.[196] Demgemäß schreibt § 768 BGB vor, dass dem Bürgen bei Inanspruchnahme (auch bei Vereinbarung einer selbstschuldnerischen Bürgschaft) alle dem Hauptschuldner zustehenden Einwendungen erhalten bleiben.[197] Verzichtet der Hauptschuldner auf eine Einwendung führt dies nach § 768 Abs. 2 BGB nicht zum Einredeverlust des Bürgen. Ebenso kann sich der Bürge nach § 770 BGB auf die Einrede der Anfechtbarkeit und Aufrechenbarkeit stützen. Zudem folgt aus der Akzessorietät, dass bei einer Abtretung der Hauptforderung die Rechte der für sie gestellten Bürgschaft nach § 401 BGB als Nebenrechte auf den neuen Gläubiger übergehen.[198]

---

[191] Beck VOB/B/Koos/Rudolph § 17 Abs. 4 Rn. 3.
[192] Der explizite Verzicht bedarf der Schriftform nach § 766 BGB, weil dadurch die Verpflichtung des Bürgen verschärft wird, vgl. BGH WM 1968, 1200.
[193] BGH NJW 1999, 278; KG IBRRS 2013, 3964.
[194] BGH NJW-RR 2010, 975; Leinemann/Leinemann/Gorny § 17 Rn. 92.
[195] BGH NJW-RR 2010, 975.
[196] BGH NJW 1998, 2972.
[197] Gegen die akzessorische Ausgestaltung des § 768 BGB vgl. Abu Saris Gewährleistungsbürgschaften, S. 80 ff.
[198] BGH BeckRS 2001, 05048.

Durch eine formularmäßige Vereinbarung kann das Recht des Bürgen aus 112 § 768 BGB, die dem Hauptschuldner zustehenden Einreden geltend zu machen, nicht wirksam ausgeschlossen werden.[199] Ebenso kann der Übergang der Rechte aus einer Bürgschaft mit Abtretung der Hauptforderung nicht formularmäßig ausgeschlossen werden.[200] Verzichtet der Bürge hingegen selbst auf die Einreden nach § 768 BGB, ohne dass dies zwischen den Bauvertragsparteien vereinbart war, spricht nichts gegen die Wirksamkeit.[201]

Die Regelung des **§ 17 Abs. 4 S. 2 Hs. 2** ist ebenfalls Ausdruck der Akzesso- 113 rietät der Bürgschaft. Danach darf die Bürgschaft abweichend von § 777 BGB nicht auf eine bestimmte Zeit begrenzt werden. Der sich aus der Bürgschaft ergebende Anfangszeitpunkt der Haftung darf somit weder über den Zeitpunkt der Ausstellung hinausgeschoben werden noch kann das Haftungsende zeitlich hinausgeschoben werden.[202] Davon ist jedoch der Fall zu unterscheiden, dass der Bürge sich für eine künftige oder in der Entwicklung befindliche Verbindlichkeit des Hauptschuldners verbürgen soll, beispielsweis für zukünftige Mängelansprüche des Auftraggebers. Dies soll eine zulässige zeitliche Begrenzung der Bürgschaft darstellen, weil der Bürge nur für solche Verbindlichkeiten einstehen soll, die innerhalb der durch die zeitliche Begrenzung bestimmten Zeit begründet worden sind. Für diese Ansprüche soll er dann wiederum unbefristet einstehen.[203]

Der generelle Befristungsausschluss lässt annehmen, dass auch andere aufschie- 114 bende und auflösende Bedingungen in dem nach § 17 vorgesehenen Bürgschaften grundsätzlich unzulässig sind.[204] Auch unter Berücksichtigung der Rechtsprechung des BGH, der im Fall der verweigerten Auszahlung des Sicherheitseinbehaltes trotz Hingabe einer Austauschsicherheit eine auflösende Bedingung fingiert,[205] wird es ausnahmsweise zulässig sein, zu vereinbaren, dass die Wirksamkeit einer Mängelbürgschaft von der Bedingung abhängt, dass die Einzahlung des Sicherheitseinbehaltes auf ein bei dem Auftragnehmer oder Bürgen bestehendes Konto erfolgt.[206]

4. Bürgschaft auf erstes Anfordern. Eine **Bürgschaft auf erstes Anfor-** 115 **dern** ist gesetzlich nicht geregelt. Deshalb ist ihre Rechtsnatur höchst umstritten, wobei die herrschende Meinung[207] davon ausgeht, dass es sich um ein akzessorisches Sicherungsmittel handelt, welches eine Form der Bürgschaft iSd §§ 765 ff. BGB darstellt. Abweichend von dem gesetzlich geregelten Bürgschaftsrecht kön-

---

[199] BGH NZBau 2011, 610; BGH NZBau 2009, 784; BGH NZBau 2003, 436; Leinemann/Leinemann/Gorny § 17 Rn. 101; Ingenstau/Korbion/Joussen § 17 Abs. 4 Rn. 98; aA: Abu Saris Gewährleistungsbürgschaften, S. 242.
[200] BGH NJW 1991, 3025.
[201] OLG Düsseldorf BauR 2002, 492.
[202] Leinemann/Leinemann/Gorny § 17 Rn. 94.
[203] BGH NJW 1988, 908; BGH NJW 1979, 417.
[204] Leinemann/Leinemann/Gorny § 17 Rn. 94; Ingenstau/Korbion/Joussen § 17 Abs. 4 Rn. 80; aA: Roquette/Giesen NZBau 2003, 297; OLG Schleswig IBR 1996, 359.
[205] Vgl. → Rn. 77.
[206] Leinemann/Leinemann/Gorny § 17 Rn. 94; Ingenstau/Korbion/Joussen § 17 Abs. 4 Rn. 80.
[207] BGH NZBau 2002, 559; BGH NZBau 2001, 311; BGH NJW 1986, 310; aA: für eine nicht akzessorische Verpflichtung sui generis vgl. Abu Saris Gewährleistungsbürgschaften, S. 148 f.

§ 17

nen bei Vereinbarung einer Bürgschaft auf erstes Anfordern Einwendungen aus der Hauptschuld vom Bürgen zunächst nicht geltend gemacht werden.[208]

116 Unbedenklich ist es, wenn die Vertragsparteien eine Bürgschaft auf erstes Anfordern individualvertraglich vereinbaren,[209] sofern nicht die Unerfahrenheit des Auftragnehmers ausgenutzt wird.[210]

117 Die formularmäßige Vereinbarung einer Bürgschaft auf erstes Anfordern in einem VOB/B-Bauvertrag ist hingegen nach höchstrichterlicher Rechtsprechung sowohl als Vertragserfüllungs- als auch als Mängelbürgschaft so gut wie in jeglicher Konstellation unwirksam.[211] Nur unter besonders engen Voraussetzungen ist eine **formularmäßig vereinbarte Bürgschaft auf erstes Anfordern** wirksam.[212]

118 Sobald der Sicherungsfall eingetreten ist, kann der Auftraggeber die Bürgschaft verwerten, wobei sich das Begehren des Auftraggebers auf Zahlung aus der Bürgschaft richtet und daher ein auf Zahlung von Geld gerichteter Anspruch des Auftraggebers bestehen muss. Grundsätzlich kann der Bürge der Inanspruchnahme des Auftraggebers sämtliche Einwendungen entgegenhalten, die dem Hauptschuldner zustehen.[213] Wird der Bürge jedoch aus einer Bürgschaft auf erstes Anfordern in Anspruch genommen, können Einwendungen aus der Hauptschuld oder aus der Bürgschaftsverpflichtung nur eingeschränkt vorgebracht werden. Die Besonderheit dieses Sicherungsmittels liegt darin, dass sich der Bürge durch die Verpflichtung, auf erstes Anfordern zu zahlen, dazu bereit erklärt hat, bereits bei vertragskonformer Aufforderung an den Auftraggeber zu zahlen.[214] Zu der überwiegend schriftlich vereinbarten Aufforderung zählt auch das Vorlegen von Urkunden, sofern dies vertraglich vereinbart wurde.[215] Die materielle Berechtigung des Auftraggebers ist zu diesem Zeitpunkt nicht von Bedeutung,[216] weshalb der Bürge auch mit Einwendungen des Hauptschuldners ausgeschlossen ist. Erst nach Leistung an den Auftraggeber kann der Bürge sich in einem von ihm anzustrebenden Rückforderungsprozess mit den vorher ausgeschlossenen Einwendungen verteidigen und seine Leistung zurückfordern.

119 Der Bürge kann sich bei seiner Inanspruchnahme jedoch auf ein rechtsmissbräuchliches Verhalten des Auftraggebers berufen.[217] Ein solch missbräuchliches Verhalten liegt vor, wenn der Auftraggeber die Bürgschaft auf erstes Anfordern offenkundig ohne rechtlichen Grund erlangt hat, weil beispielsweise die Bürgschaft auf erstes Anfordern aufgrund einer offensichtlich unwirksamen, vom Auftraggeber gestellten formularmäßigen Sicherungsabrede erlangt wurde.[218] Wird der Bürge vom Auftragnehmer zur Zahlung aufgefordert, hat er unverzüglich den Hauptschuldner von seiner Inanspruchnahme zu unterrichten,[219] damit der

---

[208] Zu den Rechten des Bürgen vgl. Kapellmann/Messerschmidt/Thierau § 17 Rn. 148 ff.

[209] BGH NJW-RR 2005, 1040, im Anschluss an BGH NJW-RR 2005, 458.

[210] BGH 21.4.188 – IX ZR 113/87, NJW 1988, 2610.

[211] Hildebrandt BauR 1 a/2007, 203; Kapellmann/Messerschmidt/Thierau § 17 Rn. 158 und 176.

[212] BGH NJW 2001, 3549; Hildebrandt BauR 1 a/2007, 203; Kapellmann/Messerschmidt/Thierau § 17 Rn. 162 f.

[213] Ingenstau/Korbion/Joussen § 17 Abs. 4 Rn. 94 ff.

[214] BGH NZBau 2001, 680.

[215] BGH NZBau 2001, 680; BGH NJW 1995, 1546.

[216] BGH NJW 2003, 2231.

[217] BGH NZBau 2001, 311.

[218] BGH NZBau 2001, 311.

[219] BGH NJW 1986, 310.

Auftragnehmer in die Lage versetzt wird, ggf. bestehende Einwendungen und Einreden mitzuteilen bzw. selbst aktiv zu werden.[220]

Hat der Bürge noch nicht gezahlt, kann der Auftragnehmer im Wege des **vorläufigen Rechtsschutzes**, dem Auftraggeber die Inanspruchnahme des Bürgen aus der Bürgschaft auf erstes Anfordern untersagen.[221] Dabei ist der Auftragnehmer im Rahmen eines vorläufigen Rechtsschutzverfahrens – wie im Erstprozess der Bürge – auf das Vorbringen eines rechtsmissbräuchlichen Verhaltens des Auftraggebers beschränkt. Umstritten ist, ob bei einer offensichtlich rechtsmissbräuchlichen Inanspruchnahme der Bürgschaft auch dem Bürgen im Wege des einstweiligen Rechtsschutzes untersagt werden kann, den Bürgschaftsbetrag auszuzahlen.[222] **120**

Sind der Auftragnehmer und der Bürge im einstweiligen Verfahren bzw. im Erstprozess mit ihren Einwendungen ausgeschlossen, müssen sie diese in einem **Rückforderungsprozess (§ 812 BGB)** geltend machen. Dabei ist sowohl der Bürge[223] als auch der Auftragnehmer[224] zur Rückforderung der Bürgschaftssumme berechtigt. Dem Auftraggeber steht es frei, im Rückforderungsprozess mit einer berechtigten Forderung aufzurechnen, wenn diese vom Sicherungszweck der Bürgschaft umfasst ist.[225] Führt der Bürge einen Rückforderungsprozess gegen den Auftraggeber, gilt eine etwaige im Bauvertrag zwischen dem Auftraggeber und dem Auftragnehmer vereinbarte Schiedsgutachterklausel nicht.[226] In diesem Prozess ist die Darlegungs- und Beweislast dem Bürgschaftsprozess entsprechend. Jede Partei hat die ihr günstigen Umstände vorzutragen und zu beweisen.[227] Der Auftraggeber trägt daher die Beweislast für das Bestehen und die Höhe der Forderung, wegen der er die Zahlung des Bürgen verlangt hat. **121**

Hat der Bürge in bewusster Abweichung von einer Sicherungsabrede zwischen Auftragnehmer und Auftraggeber, die nur die Verpflichtung vorsah, eine gewöhnliche Bürgschaft beizubringen, eine Bürgschaft auf erstes Anfordern erteilt, kann er sich dem Auftraggeber gegenüber nicht darauf berufen, der Auftragnehmer sei nicht verpflichtet gewesen die Bürgschaft als auf erstes Anfordern zu stellen.[228] **122**

5. Verjährung der Bürgschaftsschuld. Die Bürgschaftsschuld **verjährt** trotz ihrer Akzessorietät unabhängig von der Hauptschuld in der regelmäßigen Verjährungsfrist von drei Jahren (§ 195 BGB).[229] Der Bürgschaftsanspruch entsteht (sogenannter Bürgschaftsfall), vorbehaltlich anderweitiger Vereinbarungen, mit Fälligkeit der Hauptschuld (§ 199 Abs. 1 Nr. 1 BGB) und nicht erst mit der Inanspruchnahme des Bürgen.[230] **123**

---

[220] Leinemann/Leinemann/Gorny § 17 Rn. 116.
[221] OLG Brandenburg NJW-RR 2004, 1164; OLG Hamm BauR 2000, 1350; KG BauR 1997, 665.
[222] Zust.: Leinemann/Leinemann/Gorny § 17 Rn. 119; aA: Ingenstau/Korbion/Joussen § 17 Abs. 4 Rn. 149.
[223] BGH NZBau 2001, 136; BGH NZBau 2003, 321.
[224] BGH NZBau 2001, 136.
[225] BGH NZBau 2003, 321; BGH NJW 1999, 55.
[226] OLG Düsseldorf IBRRS 2003, 3148.
[227] BGH NJW 2003, 352.
[228] BGH NJW 2000, 1563.
[229] BGH IBRRS 2013, 4269.
[230] BGH NZBau 2011, 286; BGH NZBau 2008, 377.

§ 17

124 Da die Bürgschaftsforderung ein **auf Geldzahlung gerichteter Anspruch** ist, muss dem Auftraggeber zunächst ein solcher Anspruch zustehen, damit der Bürgschaftsfall eintritt. Bei einer Mängelbürgschaft bedeutet dies, dass dem Auftraggeber ein Anspruch auf Kosten der Ersatzvornahme bzw. auf Kostenvorschuss hierfür zustehen muss oder muss sich der ursprüngliche Mängelbeseitigungsanspruch in einen Schadensersatzanspruch umgewandelt haben.[231] Der Auftragnehmer kann die Herausgabe der Mängelbürgschaft von seinem Auftraggeber wegen Verjährung der Bürgschaftsforderung erst dann verlangen, wenn der Bürge die Einrede der Verjährung tatsächlich erhoben hat oder der Auftragnehmer vom Bürgen dazu ermächtigt wurde.[232]

125 Vorsicht ist geboten, wenn der Auftraggeber gegen den Bürgen aus der Bürgschaft vorgeht. Eine Klage gegen den Bürgen hemmt grundsätzlich nicht die Verjährung der Hauptschuld.[233] Nur ausnahmsweise hemmt die Bürgschaftsklage auch die Verjährung der Hauptschuld, wenn der Hauptschuldner vorher – etwa wegen Löschung aus dem Handelsregister in Folge Vermögenslosigkeit – als Rechtsperson untergegangen ist.[234] Dies gilt jedoch nicht, wenn der Hauptschuldner erst später, also nach Klageerhebung gegen den Bürgen, untergeht.[235]

126 Unabhängig davon, wann die Hauptschuld verjährt, steht es dem Bürgen frei, sich auf die Verjährungseinrede aus § 768 Abs. 1 S. 1 BGB zu berufen. So kann er sich auf die Verjährung der Hauptschuld auch dann noch berufen, wenn die Bürgschaftsklage bereits erhoben wurde.[236] Selbst nach rechtskräftiger Verurteilung des Bürgen kann er sie im Rahmen einer Vollstreckungsgegenklage geltend machen.[237]

127 Eine Besonderheit gilt, wenn die Hauptschuld zwar verjährt ist, der Auftraggeber aber die Mängel, auf denen die geltend gemachten Ansprüche beruhen, in unverjährter Zeit in einer den Anforderungen des § 13 Abs. 5 Nr. 1 entsprechenden Weise gerügt hat. Der Auftraggeber muss dann die Bürgschaft nicht herausgeben.[238] Ausreichend für eine solche Mängelrüge könnte bereits die Streitverkündung an den Auftragnehmer sein,[239] was jedoch nicht einheitlich beurteilt wird und deshalb nicht zu empfehlen ist.

F. § 17 Abs. 5

128 In **§ 17 Abs. 5** werden die Modalitäten für die Sicherheitsleistung durch Hinterlegung durch den Auftragnehmer geregelt. Die Hinterlegung von Geld hat in der Baupraxis nur geringe Bedeutung, weil der Auftraggeber den Werklohn nicht

---

[231] BGH NZBau 2011, 286; BGH NZBau 2008, 377.
[232] OLG Dresden BeckRS 2013, 13556 = IBR 2013, 540.
[233] BGH NJW-RR 2010, 975.
[234] BGH NZBau 2003, 268.
[235] BGH NJW-RR 2010, 975.
[236] BGH NJW 1999, 278.
[237] BeckOK VOB/B/Hildebrandt/Abu Saris § 17 Abs. 4 Rn. 30; Grüneberg/Grüneberg BGB § 768 Rn. 4.
[238] BGH NJW 1993, 1131; OLG München BeckRS 2008, 08681 = BauR 2008, 1326.
[239] OLG Düsseldorf BauR 2004, 1344; BGH 13.5.2004 – VII ZR 338/03 (Nichtzulassungsbeschwerde zurückgewiesen); aA OLG Oldenburg BauR 2004, 1464; Leinemann/Leinemann/Gorny § 17 Rn. 128.

erst vollständig auszahlen will, um dann darauf zu warten, dass der Auftragnehmer es hinterlegt.[240]

I. Vereinbarung eines Geldinstitutes

Nach § 17 Abs. 5 ist das Geld bei einem von den Vertragsparteien zu **vereinbarenden Geldinstitut** einzuzahlen. Als solches Geldinstitut kommen alle nach dem Gesetz über das Kreditwesen zugelassenen Kreditinstitute in Betracht, mithin alle Banken, Sparkassen, Bausparkassen und sonstigen Kreditinstitute.[241]

129

Die Vereinbarung sollte bereits im Bauvertrag aufgenommen werden, was aber nur selten in der Praxis geschieht. Sie kann aber auch nachträglich getroffen werden.[242] Dem Auftragnehmer muss gegen den Auftraggeber ein Anspruch auf Mitwirkung zustehen, damit der Auftraggeber die Regelung nicht indirekt umgehen kann.[243] Verweigert er die Mitwirkung gänzlich oder seine Zustimmung zu einem bestimmten Kreditinstitut grundlos, ist der Auftragnehmer berechtigt, das Geld bei einem von ihm ausgesuchten Geldinstitut zu hinterlegen.[244] Er muss allerdings auch dann sicherstellen, dass die nach § 17 notwendige Sperrfunktionen des Kontos gewährleistet wird.[245] Sind die Gründe für die Ablehnung hingegen berechtigt – wofür der Auftraggeber darlegungs- und beweisbelastet ist – kann er nach entsprechender Anwendung des § 17 Abs. 4 S. 2 Hs. 2 bestimmen, wo diese Einzahlung vorzunehmen ist.[246] Werden sich die Vertragsparteien nicht einig, ist dem Vorschlag des Auftragnehmers nachzukommen, weil diese Vorgehensweise der Systematik aus § 17 Abs. 3 folgt.[247]

130

II. Sperrkonto als „Und-Konto"

Voraussetzung für die Hinterlegung von Geld nach § 17 Abs. 5 ist, dass das Geld bei einem zu vereinbarenden Geldinstitut auf ein **Sperrkonto** eingezahlt wird, worüber nur beide Parteien gemeinsam verfügen können. Der im Klammerzusatz eingefügte Begriff, dass es sich um einen **„Und-Konto"** handeln muss, wurde in die Ausgabe der VOB/B 2006 aufgenommen und stellt klar, dass ein Oder-Konto nicht geeignet ist.[248] Ein Und-Konto zeichnet sich dadurch aus, dass sämtliche Kontoinhaber zusammenwirken müssen, um eine wirksame Verfügung vornehmen zu können, während bei einem Oder-Konto jeder Kontoinhaber eine Einzelverfügungsberechtigung besitzt.[249] Ein weiterer Vorteil des Und-Kontos liegt in dessen Insolvenzfestigkeit. Bei einer Insolvenz des Auftraggebers fließt der hinterlegte Betrag nicht in die Insolvenzmasse.[250] Die gemeinsame Verfügungsbefugnis über das Und-Konto setzt bei einer Verwertung der Sicherheit stets eine

131

---

[240] Ingenstau/Korbion/Joussen § 17 Abs. 5 Rn. 1.
[241] Leinemann/Leinemann/Gorny § 17 Rn. 131; Kapellmann/Messerschmidt/Thierau § 17 Rn. 196.
[242] BeckOK VOB/B/Hildebrandt/Abu Saris § 17 Abs. 5 Rn. 1.
[243] Kapellmann/Messerschmidt/Thierau § 17 Rn. 196.
[244] Leinemann/Leinemann/Gorny § 17 Rn. 129.
[245] BeckOK VOB/B/Hildebrandt § 17 Abs. 5 Rn. 1.
[246] Ingenstau/Korbion/Joussen § 17 Abs. 5 Rn. 2.
[247] BeckOK VOB/B/Hildebrandt/Abu Saris § 17 Abs. 5 Rn. 3.
[248] LG Leipzig BauR 2001, 1920.
[249] BeckOK VOB/B/Hildebrandt/Abu Saris § 17 Abs. 5 Rn. 5.
[250] Kapellmann/Messerschmidt/Thierau § 17 Rn. 197.

§ 17 VOB Teil B

gemeinsame Freigabe durch den Auftraggeber und den Auftragnehmer voraus. Verweigert eine Partei die Freigabeerklärung, kann die andere Partei diese im Wege einer Klage auf Abgabe der Freigabeerklärung gemäß § 894 ZPO durchsetzen.[251] Auf den nicht freigegebenen Teil können in entsprechender Anwendung des § 288 BGB Verzugszinsen geltend gemacht werden.[252]

III. Zinsen

132   Nach § 17 Abs. 5 S. 2 stehen etwaige **Zinsen,** die durch die Hinterlegung entstehen, dem Auftragnehmer zu. Eine zwingende Verzinsung kann aufgrund der Formulierung „etwaige Zinsen" aus der Regelung nicht abgeleitet werden. So wird insbesondere der von öffentlichen Auftraggebern einbehaltene und nach § 17 Abs. 6 Nr. 4 auf ein eigenes Verwahrgeldkonto hinterlegte Betrag nicht verzinst.

133   Ist ein öffentlicher Auftraggeber nicht beteiligt, so hängt die Hinterlegung auf einem verzinslichen Konto von der Vereinbarung der Parteien ab.[253] Ein Anspruch des Auftragnehmers bezüglich einer Einzahlung bei einem Geldinstitut, welches besonders günstige Zinsen anbietet, besteht indes nicht.[254]

134   Der Zinsanspruch des Auftraggebers kann formularmäßig nicht wirksam ausgeschlossen werden.[255]

G. § 17 Abs. 6

135   Die Sicherung durch Einbehalt eines Teils der Vergütung nach **§ 17 Abs.** 6 hat in der Baupraxis weitaus höhere Relevanz als die Hinterlegung von Geld, weil in den meisten Fällen der Auftraggeber nicht erst vollständig an den Auftragnehmer zahlt, bevor dann eine nachträgliche Sicherheit in Form der Hinterlegung geleistet wird.[256] Vielmehr wird der Auftraggeber vorrangig einen ausreichenden Teil der Vergütung einbehalten. Haben die Parteien in einer Sicherungsabrede den Einbehalt vereinbart, ist der Auftraggeber berechtigt, von der Vergütung des Auftragnehmers Anteile als Sicherheit einzubehalten. Die Vereinbarung bezweckt, dass die Fälligkeit des Vergütungsanspruches bezüglich des einbehaltenen Betrages hinausgeschoben wird und gleichzeitig ein Zurückbehaltungsrecht des Auftraggebers für die Dauer der zu stellenden Sicherheit vereinbart wird.[257]

I. Einbehalt von Zahlungen in Teilbeträgen (Nr. 1)

136   In § 17 Abs. 6 Nr. 1 werden **die Modalitäten einer Sicherheitsleistung durch Einbehalt** geregelt. Aus der Formulierung „soll der Auftraggeber vereinbarungsgemäß" ergibt sich, dass Nr. 1 nur anwendbar ist, wenn die Parteien eine Sicherheit durch Einbehalt vereinbart haben und der Einbehalt in Teilbeträgen erfolgen soll. Es ist mithin nicht ausreichend, dass die VOB/B vereinbart wurde

---

[251] Ingenstau/Korbion/Joussen § 17 Abs. 5 Rn. 5; Leinemann/Leinemann/Gorny § 17 Rn. 131.
[252] BGH NJW 2006, 2398.
[253] Kapellmann/Messerschmidt/Thierau § 17 Rn. 198.
[254] BeckOK VOB/B/Hildebrandt/Abu Saris § 17 Abs. 5 Rn. 11.
[255] OLG Karlsruhe BauR 1989, 203.
[256] Ingenstau/Korbion/Joussen § 17 Abs. 5 Rn. 1.
[257] BGH NJW 1980, 180.

oder dass der Auftragnehmer eine Sicherheit schuldet. Fehlt es an einer derart konkreten Vereinbarung, kann sich die Berechtigung zum Einbehalt von Teilbeträgen höchstens noch aus § 17 Abs. 7 S. 2 ergeben.[258] Haben die Parteien diesbezüglich keine Regelung getroffen, steht es dem Auftraggeber zu, den Einbehalt nach seinem Belieben von jeglichen Zahlungen einzubehalten. Somit kann er beispielsweise von seinen Vorauszahlungen, Teilschluss- und Schlusszahlungen Einbehalte vornehmen.[259] Regelmäßig erfolgt jedoch in der Praxis die Vereinbarung eines Zahlungsplans, der vorsieht, dass der Sicherheitsbehalt von den laufenden Abschlagszahlungen und der Schlusszahlung in Abzug gebracht wird.[260]

Vereinbaren die Parteien hingegen, dass der Sicherheitseinbehalt auf eine bestimmte Zahlung begrenzt sein soll, ist Nr. 1 nicht anwendbar.[261] Dieses wird regelmäßig bei einem Einbehalt zur Sicherung von Mängelansprüchen der Fall sein. Dieser Einbehalt wird grundsätzlich erst von der Zahlung nach Abnahme, also meist von der Schlusszahlung vorgenommen. Sichert der Einbehalt die ordnungsgemäße Vertragserfüllung ab, werden meist bereits Einbehalte von den laufenden Abschlagsrechnungen vorgenommen.[262] **137**

1. Mitteilungspflicht des Auftraggebers. Der Auftraggeber hat dem Auftragnehmer **mitzuteilen,** wenn er einen Einbehalt vornimmt und welche Höhe dieser umfasst. Diese Mitteilung muss inhaltlich klar und zeitnah nach dem Einbehalt erfolgen.[263] Die Mittelungserklärung ist zwar nicht formbedürftig, sie sollte aber zu Beweiszwecken schriftlich erfolgen.[264] **138**

2. Kürzung um jeweils höchstens zehn Prozent. Der Auftraggeber darf von jeder Zahlung höchstens **zehn Prozent** des Zahlbetrages einbehalten, wobei etwaige sonstige Einbehalte, die ihm aufgrund eines Zurückbehaltungsrechts einschließlich des Druckzuschlags zustehen, nicht berücksichtigt werden.[265] Die Höchstgrenze der Einbehalte orientiert sich einzig an dem jeweils auszuzahlenden Betrag, bei dem nach Nr. 1 S. 2 die Umsatzsteuer unberücksichtigt bleibt, wenn die Rechnungen gemäß § 13b UStG ohne Umsatzsteuer gestellt werden. Daraus ist der Rückschluss zu ziehen, dass wenn § 13b UStG nicht anwendbar ist, sich die Höchstgrenze nach dem Bruttobetrag richtet.[266] **139**

Der Auftraggeber darf nur Einbehalte in Höhe von höchstens zehn Prozent von Abschlagszahlungen vornehmen, bis die vereinbarte Sicherheitssumme abgedeckt ist. Fehlt es an einer entsprechenden Vereinbarung über die Sicherheitssumme, so ist die Sicherungsabrede unwirksam. Auch die Vereinbarung eines über zehn Prozent hinausgehenden Einbehalts ist meist unzulässig und kann nur in wenigen Einzelfällen individualvertraglich vereinbart werden.[267] Formularmäßige Klauseln, nach denen der Auftraggeber einen Einbehalt vornehmen darf und sich eine Vertragserfüllungsbürgschaft stellen lässt, sind unwirksam, wenn dem **140**

---

[258] Ingenstau/Korbion/Joussen § 17 Abs. 6 Rn. 4.
[259] Beck VOB/B/Koos/Rudolph § 17 Abs. 6 Rn. 16.
[260] Kapellmann/Messerschmidt/Thierau § 17 Rn. 200.
[261] Ingenstau/Korbion/Joussen § 17 Abs. 6 Rn. 7.
[262] Leinemann/Leinemann/Gorny § 17 Rn. 134.
[263] OLG Köln BeckRS 1998, 31051958 = IBR 1999, 125.
[264] BeckOK VOB/B/Hildebrandt/Abu Saris § 17 Abs. 6 Rn. 11.
[265] Ingenstau/Korbion/Joussen § 17 Abs. 6 Rn. 9.
[266] Leinemann/Leinemann/Gorny § 17 Rn. 133.
[267] Leinemann/Leinemann/Gorny § 17 Rn. 133.

§ 17

Auftragnehmer dadurch Liquidität in Höhe von mehr als 10 Prozent entzogen wird.[268]

141 Werden verschiedene Einbehalte formularvertraglich vereinbart, bei deren Zusammenrechnung eine Sicherheitssumme von zehn Prozent überschritten wird, stellt dies eine unangemessene Benachteiligung des Auftragnehmers dar und führt zur Unwirksamkeit der Klausel.[269]

142 Generell wird eine formularmäßige Vereinbarung über die Sicherheitsleistung dann unwirksam sein, wenn sie entweder eine unangemessen hohe Sicherheit des Auftraggebers vorsieht, die den Auftragnehmer wirtschaftlich unangemessen belastet, oder wenn die Sicherheitsleistung als verstecktes Finanzierungsmittel für den Auftraggeber fungiert.[270]

143 **3. Einzahlungspflicht auf ein Sperrkonto.** Der Auftraggeber hat den einbehaltenen Betrag binnen 18 Werktagen nach der Mitteilung auf ein **Sperrkonto** bei dem vereinbarten Geldinstitut einzuzahlen. Die an die Mitteilungspflicht anknüpfende Einzahlungspflicht ist ebenfalls eine vertragliche Pflicht des Auftraggebers, was bei einer Verletzung dieser zu vertraglichen Schadensersatzansprüchen aus § 280 Abs. 1 BGB führen kann.[271]

144 Die Voraussetzungen, die an das Sperrkonto und an das zu vereinbarende Geldinstitut zu stellen sind, decken sich mit denen, die auch nach § 17 Abs. 5 vorliegen müssen.[272] Die Frist zur Einzahlung von 18 Werktagen beginnt ab Mitteilung über den Einbehalt. Einer gesonderten Aufforderung durch den Auftragnehmer bedarf es nicht.[273]

145 Eine ausdrückliche Regelung, wann die Mitteilung an den Auftragnehmer zu erfolgen hat, lässt sich § 16 Abs. 6 Nr. 1 nicht entnehmen. Der Auftraggeber darf die Mitteilung jedoch nicht so weit hinauszögern, dass zu befürchten ist, dass er die Frist zur Einzahlung einseitig hinauszögern kann.[274] Der Auftraggeber muss den Auftragnehmer daher zeitnah informieren.[275] Nach übereinstimmender Literaturansicht hat die Mitteilung unverzüglich, also ohne schuldhaftes Zögern (§ 121 BGB) nach Vornahme des Einbehaltes zu erfolgen.[276] Fehlt es gänzlich an einer Mitteilung, beginnt die Einzahlungsfrist zu dem Zeitpunkt, zu dem die Mitteilung ohne schuldhaftes Zögern hätte erfolgen können.

146 Wird die Verpflichtung aus Abs. 6 formularmäßig ausgeschlossen, so soll dieser Ausschluss nach derzeitiger Rechtsprechung nicht zur Unwirksamkeit der Klausel führen, wenn dem Auftragnehmer im Übrigen die Möglichkeit verbleibt, den Sicherheitseinbehalt durch eine einfache selbstschuldnerische Bürgschaft iSd Abs. 4 abzulösen.[277]

---

[268] BGH NZBau 2016, 556.

[269] Kapellmann/Messerschmidt/Thierau § 17 Rn. 201.

[270] BGH NJW 1997, 2598; Leinemann/Leinemann/Gorny § 17 Rn. 136.

[271] BeckOK VOB/B/Hildebrandt/Abu Saris § 17 Abs. 6 Rn. 12.

[272] Vgl. → Rn. 130.

[273] OLG Dresden IBR 1999, 580; Revision vom BGH nicht angenommen, 2.9.1999 – VII ZR 341/98.

[274] Leinemann/Leinemann/Gorny § 17 Rn. 132.

[275] OLG Köln BeckRS 1998, 31051958 = IBR 1999, 125.

[276] BeckOK VOB/B/Hildebrandt/Abu Saris § 17 Abs. 6 Rn. 14; Kapellmann/Messerschmidt/Thierau § 17 Rn. 204.

[277] BGH NZBau 2004, 145; LG Stuttgart NJW-RR 2014, 845; krit.: Leinemann/Leinemann/Gorny § 17 Rn. 148.

4. Benachrichtigung des Auftragnehmers. Nach Abs. 6 Nr. 1 muss der Auftraggeber bei Vornahme der Einzahlung (gleichzeitig) veranlassen, dass das Geldinstitut den Auftragnehmer von der **Einzahlung des Sicherungsbetrags benachrichtigt.** Eine bloße Mitteilung des Auftraggebers genügt nicht, weil der Auftragnehmer von einem unabhängigen Dritten zuverlässig erfahren soll, dass das Geld tatsächlich hinterlegt wurde. Eine solche Benachrichtigung kann beispielsweise durch die Übersendung eines Kontoauszuges mit Gutschriftenbeleg erfolgen.[278] Fehlt es an einer Benachrichtigung durch das Geldinstitut, haftet der Auftraggeber dafür nur, soweit ihn an der unterlassenen Benachrichtigung ein Verschulden trifft.[279] Die teilweise gleichlautenden Formulierungen in Abs. 5 und Abs. 6 Nr. 1 führen zu einer entsprechenden Erweiterung der letzten Regelung. Obwohl dort nur die Rede von einem Sperrkonto ist, muss es sich in entsprechender Anwendung des Abs. 5 um ein „Und-Konto" handeln, über das beide Parteien nur gemeinsam verfügen können.[280] Zudem stehen etwaige Zinsen aus der Verwahrung des Geldes auf dem Sperrkonto ebenfalls dem Auftragnehmer zu. 147

II. Einzahlung erst bei Schlusszahlung (Nr. 2)

Nach § 17 Abs. 6 Nr. 2 ist es bei **kleineren oder kurzfristigen Aufträgen** zulässig, dass der Auftraggeber den einbehaltenen Sicherheitsbetrag erst bei Schlusszahlung auf ein Sperrkonto einzahlt. 148

Kleinere Aufträge zeichnen sich dadurch aus, dass sie hinsichtlich der Vergütung so gering sind, dass es sich im Hinblick auf den Kostenaufwand nicht lohnt, den sich daraus ergebenden Sicherheitsbetrag bereits vor der Schlusszahlung auf ein Sperrkonto einzuzahlen.[281] Die Regelung soll unnötigen Aufwand vermeiden, was dazu führt, dass ein kleinerer Auftrag bei einem Sicherheitsbetrag in Höhe von 100,00–200,00 EUR anzunehmen ist.[282] 149

Kurzfristige Aufträge beanspruchen in der Regel nur eine Bauausführungsfrist von bis zu drei Monaten und erledigen sich grundsätzlich durch eine Schlusszahlung, der allenfalls eine Abschlagszahlung vorausgeht. Die dreimonatige Ausführungszeit beruht auf der Überlegung, dass die Schlussrechnungsprüfungsfrist nach § 16 Abs. 3 Nr. 1 höchstens zwei Monate beträgt und ein weiterer Monat für eine vorausgehende Abschlagsrechnung hinzuzurechnen ist.[283] 150

III. Nichteinzahlung des Sicherheitsbetrages (Nr. 3)

Zahlt der Auftraggeber den einbehaltenen Betrag nicht innerhalb der sich aus Nr. 1 ergebenden **Frist von 18 Werktagen** nach der Mitteilung des Einbehalts auf das Sperrkonto ein, kann ihm der Auftragnehmer nach Nr. 3 eine angemessene Nachfrist setzen und nach deren fruchtlosen Ablauf die sofortige Auszahlung des Betrages verlangen, ohne dafür eine andere Sicherheit stellen zu müssen. 151

---

[278] Ingenstau/Korbion/Joussen § 17 Abs. 6 Rn. 16.
[279] Heiermann/Riedl/Rusam § 17 Rn. 79.
[280] Vgl. → Rn. 130.
[281] Ingenstau/Korbion/Joussen § 17 Abs. 6 Rn. 27.
[282] Leinemann/Leinemann/Gorny § 17 Rn. 138.
[283] BeckOK VOB/B/Hildebrandt/Abu Saris § 17 Abs. 6 Rn. 21; Leinemann/Leinemann/Gorny § 17 Rn. 138; aA; Ingenstau/Korbion/Joussen § 17 Abs. 6 Rn. 28, wonach von einer einmonatigen Ausführungszeit auszugehen sei.

§ 17

152 **1. Nachfristsetzung.** Was als **angemessene Nachfrist** zu beurteilen ist, ergibt sich nicht aus Nr. 3. Die Rechtsprechung und Literatur geht von einer Frist von sieben bis zehn Werktagen aus.[284] Da dem Auftraggeber bereits 18 Werktage zur Verfügung standen, um den einbehaltenen Betrag einzuzahlen, ist als angemessene Nachfrist ein Zeitraum von ca. acht Werktagen auch als ausreichend anzusehen,[285] wobei sich aus den Umständen des Einzelfalls auch eine kürzere oder längere Frist ergeben kann.

153 Wird eine den Umständen entsprechend zu kurze Nachfrist gesetzt, setzt diese nach allgemeinen Grundsätzen eine angemessene Frist in Lauf.[286] Sie ist in entsprechender Anwendung der §§ 281 Abs. 2, 323 Abs. 2 BGB entbehrlich, wenn der Auftraggeber die Einzahlung des Einbehalts auf ein Sperrkonto ernsthaft und endgültig verweigert.[287] Die Nachfristsetzung ist nicht formbedürftig und könnte daher auch mündlich erfolgen. Sie sollte jedoch zu Beweiszwecken schriftlich und mit einem Eingangsnachweis versehen, erfolgen.

154 Läuft die dem Auftraggeber gesetzte Nachfrist ab, ohne dass der Einbehalt eingezahlt wurde, ist es dem Auftragnehmer nach den Grundsätzen von Treu und Glauben verwehrt, sich darauf zu berufen, wenn die fristgerechte Kontoeröffnung eines Und-Kontos an seiner fehlenden Mitwirkung scheiterte.[288] Wurde hingegen kein bestimmtes Geldinstitut vereinbart und fordert der Auftragnehmer den Auftraggeber unter einer Nachfristsetzung auf, den Einbehalt auf ein Sperrkonto einzuzahlen, so soll der Auftraggeber damit zum Ausdruck bringen, dass er die Wahl des Geldinstitutes dem Auftraggeber überlässt.[289] Weist der Auftragnehmer den Auftraggeber unter Fristsetzung einseitig an, den Einbehalt bei einem bestimmten Kreditinstitut einzuzahlen, so soll die Fristsetzung unwirksam sein. Der Auftragnehmer soll in einem solchen Fall nach Ablauf der Nachfrist den Sicherheitseinbehalt nicht ohne andere Sicherheit ausbezahlt verlangen können.[290]

155 **2. Rechtsfolgen bei Nichteinzahlung.** Zahlt der Auftraggeber den Einbehalt auch innerhalb der Nachfrist nicht ein, so kann der Auftragnehmer die **sofortige Auszahlung des einbehaltenen Betrags verlangen** und braucht keine Sicherheit mehr zu leisten (Nr. 3 S. 2). Demnach steht dem Auftragnehmer gegen den Auftraggeber ein Anspruch auf Auszahlung des Einbehalts zu. Dieser erstreckt sich auf alle Einbehalte, die der Auftraggeber pflichtwidrig nicht auf ein Sperrkonto eingezahlt hat,[291] soweit auch die weiteren Fälligkeitsvoraussetzungen des Werklohnanspruches des Auftragnehmers vorliegen.[292]

156 Bereits eingezahlte Einbehalte unterfallen nicht der Sanktionsregelung der Nr. 3 S. 2 und stehen dem Auftraggeber weiterhin als Sicherheit zu.[293] Der Auftraggeber

---

[284] KG IBRRS 2003, 0234 (7 WT); LG Leipzig ZfBR 2001, 548 (10 WT); Kapellmann/Messerschmidt/Thierau § 17 Rn. 210 (8 –10 WT).
[285] BeckOK VOB/B/Hildebrandt/Abu Saris § 17 Abs. 6 Rn. 23; Leinemann/Leinemann/Gorny § 17 Rn. 140.
[286] KG IBRRS 2003, 0234.
[287] BGH NZBau 2003, 560.
[288] LG Leipzig ZfBR 2001, 548.
[289] OLG Rostock BeckRS 2007, 07123 = NJOZ 2007, 3108.
[290] LG Bochum BeckRS 2001, 31149793 = BauR 2002, 330.
[291] BGH NZBau 2003, 560.
[292] OLG Bamberg BeckRS 2012, 20965.
[293] Leinemann/Leinemann/Gorny § 17 Rn. 143.

Sicherheitsleistung **§ 17**

verliert aber das Recht, weitere Sicherheit zu beanspruchen. Das heißt, dass er von zukünftigen Zahlungen keinen Einbehalt vornehmen darf.[294]

Wurde dem Auftraggeber zunächst eine Austauschbürgschaft übergeben und **157** zahlt er den Einbehalt trotz Nachfristsetzung nicht auf ein Sperrkonto ein, muss er neben dem Einbehalt auch die Austauschbürgschaft herausgeben, weil ihm keinerlei Sicherheit mehr zusteht.[295]

Umstritten ist, ob der Auftraggeber mit einer Gegenforderung gegen den Aus- **158** zahlungsanspruch des Auftragnehmers nach Nr. 3 **aufrechnen** kann. Da Nr. 3 aber eine Sanktionswirkung gegenüber dem Auftraggeber zum Ausdruck bringt, muss die Aufrechnungsmöglichkeit ausgeschlossen sein. Ansonsten droht eine systemwidrige Umgehung der Nr. 3, die nicht hinzunehmen ist, weil die Regelung gerade dem Auftragnehmer zu einer insolvenzfesten Sicherstellung des Sicherheitseinbehaltes verhelfen soll.[296] Die Gegenauffassung, die eine Aufrechnung zulassen will, würde zu einem unbilligen Ergebnis führen, weil der vertragswidrig handelnde Auftraggeber besser gestellt werden würde, als ein solcher, der sich vertragskonform verhält.[297] Entsprechendes muss auch für ein Zurückbehaltungsrecht des Auftraggebers gelten.[298]

Neben der Sanktionswirkung, die direkt aus der VOB/B folgt, kann eine **159** Nichteinzahlung innerhalb der gesetzten Nachfrist auch **Schadensersatzansprüche** gemäß § 280 Abs. 1 BGB nach sich ziehen. Zudem kann der Auftragnehmer für den zu Unrecht einbehaltenen Betrag nach § 16 Abs. 5 Nr. 3 Verzugszinsen verlangen.[299]

Mittlerweile höchst richterlich entschieden ist, dass die durch die Vereinbarung **160** der VOB/B entstandene Verpflichtung des Auftraggebers, den Sicherheitseinbehalt auf ein Sperrkonto einzuzahlen, keine qualifizierte Vermögensbetreuungspflicht gegen den Auftragnehmer darstellt und deshalb auch nicht der Straftatbestand der Untreue erfüllt ist, wenn der Auftraggeber den Sicherheitseinbehalt infolge eigener Insolvenz nicht mehr auszahlen kann.[300]

IV. Sonderbefugnis des öffentlichen Auftraggebers (Nr. 4)

In Nr. 4 ist **eine Sonderbefugnis für den öffentlichen Auftraggeber** ent- **161** halten, wonach er nicht verpflichtet ist, ein gesondertes Sperrkonto bei einem Kreditinstitut zu eröffnen,[301] sondern den einbehaltenen Betrag auf ein eigenes Verwahrgeldkonto nehmen kann und den Betrag nicht zu verzinsen braucht.

Unter einem öffentlichen Auftraggeber iSd Nr. 4 sind solche zu verstehen, die **162** unmittelbar dem öffentlichen Haushaltsrecht unterfallen.[302] Mithin gehören dazu juristische Personen des öffentlichen Rechts und öffentlich-rechtliche Sondervermögen, insbesondere der Bund, die Länder und die Gemeinden sowie Körper-

---

[294] BGH NZBau 2006, 106.
[295] BGH NZBau 2006, 106.
[296] Leinemann/Leinemann/Gorny § 17 Rn. 150 mwN; OLG Dresden IBRRS 2002, 0432.
[297] Kapellmann/Messerschmidt/Thierau § 17 Rn. 212.
[298] LG Berlin BauR 2002, 969.
[299] BeckOK VOB/B/Hildebrandt/Abu Saris § 17 Abs. 6 Rn. 29.
[300] BGH NZBau 2010, 559.
[301] OLG Naumburg NZBau 2003, 330.
[302] Ingenstau/Korbion/Joussen § 17 Abs. 6 Rn. 38.

schaften, Anstalten und Stiftungen des öffentlichen Rechts.[303] Eine juristische Person des Privatrechts ist hingegen kein öffentlicher Auftraggeber iSd Nr. 4, selbst wenn sämtliche Anteile einer Körperschaft des öffentlichen Rechts gehören.[304] In einem solchen Fall muss der Sicherheitseinbehalt, wie von anderen Auftraggebern auch, auf ein Sperrkonto eingezahlt werden.[305] Zudem ist der vergaberechtliche Auftraggeberbegriff nicht auf das Vertragsrecht übertragbar.[306]

163 Als **Verwahrgeldkonto** sind buchhalterische Eigenkonten des öffentlichen Auftraggebers ausreichend. Der Einbehalt muss nicht auf ein gesondertes Konto eingezahlt werden.[307] Des Weiteren ist nicht erforderlich, dass es sich bei dem Konto um ein Und-Konto handelt. Dieses dient nur dazu, dass der Sicherheitseinbehalt nicht in die Insolvenzmasse des Auftraggebers fallen kann. Eine solche Befürchtung besteht aufgrund des fehlenden Insolvenzrisikos bei einem öffentlichen Auftraggeber jedoch nicht.[308]

164 Die Verzinsung wird in Nr. 4 ausgeschlossen, weil § 8 der Bundeshaushaltsordnung eine Verzinsung von Geldern für Dritte nicht zulässt.[309] Der Auftragnehmer kann den Zinsverlust jedoch dadurch umgehen, dass er vom Wahl- und Austauschrechts des § 17 Abs. 3 Gebrauch macht und dem Auftraggeber eine andere Sicherheit stellt. Aufgrund dieses Zusammenspiels von Abs. 3 und Abs. 6 Nr. 4 stellt die Sonderregelung für öffentliche Auftraggeber in Nr. 4 keine unangemessene Benachteiligung des Auftragnehmers nach § 307 BGB dar.[310] Etwas anderes muss daher gelten, wenn dem Auftragnehmer in den Allgemeinen Geschäftsbedingungen die Möglichkeit des Austausches genommen wurde.[311]

H. § 17 Abs. 7

165 § 17 Abs. 7 regelt ausschließlich für Vertragserfüllungssicherheiten, in welcher Frist der Auftragnehmer den vereinbarten Geldbetrag zu hinterlegen oder die vereinbarte Bürgschaft zu stellen hat, während die Fristen für den Sicherheitseinbehalt aus Abs. 6 folgen.[312]

166 Die **Frist** für die Hinterlegung von Geld und die Stellung der Bürgschaft beträgt **18 Werktage,** beginnend mit Vertragsschluss. Es bleibt den Parteien unbenommen, vertraglich eine andere Frist zu vereinbaren. Muss sich der Auftragnehmer durch eine **formularmäßige Vereinbarung** dazu verpflichten, bei Vertragsunterschrift eine Vertragserfüllungsbürgschaft auszuhändigen, führt dies nicht zu einer unangemessenen Benachteiligung des Auftragnehmers und ist somit wirk-

---

[303] BGH NZBau 2007, 435.
[304] BGH NZBau 2007, 435.
[305] Ingenstau/Korbion/Joussen § 17 Abs. 6 Rn. 38.
[306] Leinemann/Leinemann/Gorny § 17 Rn. 155.
[307] OLG Naumburg NZBau 2003, 330.
[308] Kapellmann/Messerschmidt/Thierau § 17 Rn. 214; Leinemann/Leinemann/Gorny § 17 Rn. 154.
[309] Ingenstau/Korbion/Joussen § 17 Abs. 6 Rn. 37.
[310] Leinemann/Leinemann/Gorny § 17 Rn. 154.
[311] BeckOK VOB/B/Hildebrandt/Abu Saris § 17 Abs. 6 Rn. 40; Leinemann/Leinemann/Gorny § 17 Rn. 154.
[312] Leinemann/Leinemann/Gorny § 17 Rn. 157; aA; Ingenstau/Korbion/Joussen § 17 Abs. 7 Rn. 4.

sam,[313] wenn es sich bei der zu stellenden Bürgschaft nicht um eine auf erstes Anfordern handelt.[314]

Verstreicht die Frist fruchtlos, ist der Auftraggeber gemäß Abs. 7 S. 2 und 3 iVm Abs. 6 analog berechtigt, einen entsprechenden Betrag von seinen Zahlungsverpflichtungen einzubehalten.[315] Dabei ist der Auftraggeber nicht auf den Einbehalt von Teilbeträgen iSd Abs. 6 Nr. 1 S. 1 beschränkt. Er kann vielmehr bereits von der ersten Teilzahlung die gesamte Sicherheitssumme einbehalten, wenn der Auftragnehmer nach der Sicherungsabrede die volle Sicherheit bei Vertragsbeginn zu leisten hatte. Für den Einbehalt gilt dann wiederum Abs. 6 Nr. 1, wonach dieser auf ein Sperrkonto bei einem vereinbarten Geldinstitut einzuzahlen ist. Kommt er dieser Verpflichtung nicht nach, droht ihm die Sanktionswirkung des Abs. 6 Nr. 3, wonach er seinen Anspruch auf Sicherheitsleistung gänzlich verliert.[316]

Trotz der Möglichkeit, einen Sicherheitseinbehalt vorzunehmen, kann der Auftraggeber wahlweise auch seinen Anspruch auf Beibringung der vertraglich vereinbarten Sicherheit gerichtlich geltend machen.[317] Umstritten ist, ob die Nichtleistung der Sicherheit als Nebenpflichtverletzung die Vertragsbeendigung begründen kann.[318] Ebenso ist umstritten, ob der Auftragnehmer bei fruchtlosem Ablauf der Frist sein Wahl- und Austauschrecht aus Abs. 3 verliert.[319]

Dem Auftraggeber soll bei Verweigerung des Auftragnehmers nach Setzung von Nachfristen und unter Androhung der Verweigerung der Leistungsannahme sowie die Inanspruchnahme von Schadensersatz wegen Nichterfüllung bzw. Rücktritt vom Vertrag die Möglichkeit zustehen, den Vertrag zu kündigen, wenn ihm ersichtlich gerade an der konkret vereinbarten Sicherheit gelegen und sein Interesse daran legitim war.[320] Zudem soll der Auftraggeber die Regelung in Abs. 7 durch eine vorformulierte Vertragsbedingungen wirksam dahingehend erweitern können, dass er den Bauvertrag aus wichtigem Grund kündigen kann, wenn der Auftragnehmer die vereinbarte Vertragserfüllungsbürgschaft trotz Nachfristsetzung und Kündigungsandrohung nicht rechtzeitig stellt.[321]

I. § 17 Abs. 8

§ 17 Abs. 8 regelt die Fristen für die Gewährung von Vertragserfüllungs- (Abs. 1) und Mängelsicherheiten (Abs. 2), die seit der Neufassung der VOB/B 2002 unabhängig zu den Verjährungsfristen für Mängelansprüche verlaufen. So verjähren Mängelansprüche nach § 13 Abs. 4 in vier Jahren, während die Mängelbürgschaft grundsätzlich schon nach zwei Jahren herauszugeben ist.

---

[313] BGH NZBau 2000, 424.
[314] Vgl. → Rn. 116.
[315] BeckOK VOB/B/Hildebrandt/Abu Saris § 17 Abs. 7 Rn. 3.
[316] Vgl. → Rn. 154.
[317] OLG Düsseldorf BauR 1982, 592; OLG Nürnberg NJW-RR 1989, 1296.
[318] Bejahend: Leinemann/Leinemann/Gorny § 17 Rn. 161; abl.: Ingenstau/Korbion/Joussen § 17 Abs. 7 Rn. 8.
[319] Zust.: OLG Celle IBRRS 2003, 0501; abl.: Leinemann/Leinemann/Gorny § 17 Rn. 160.
[320] Leinemann/Leinemann/Gorny § 17 Rn. 161; aA OLG München BauR 1999, 1057 (Ls.).
[321] OLG Koblenz NZBau 2016, 752.

§ 17

I. Vertragserfüllungssicherheit

171 § 17 Abs. 8 Nr. 1 kommt nur zur Anwendung, wenn die Parteien die Stellung einer **Vertragserfüllungssicherheit** vereinbart haben. Die Vertragserfüllungsbürgschaft dient der Sicherung von Ansprüchen des Auftraggebers vom Beginn der Ausführungsphase bis zur Abnahme. Damit deckt die Vertragserfüllungssicherheit primär alle Ansprüche des Auftraggebers, die sich aus einer nicht fristgerechten Leistung des Auftragnehmers ergeben können. In der Sicherungsabrede sollte der Sicherungszweck der Vertragserfüllungssicherheit genauestens beschrieben werden, weil bei gleichzeitiger Verpflichtung zur Stellung einer Mängelsicherheit zu befürchten ist, dass die Sicherungsabrede wegen Übersicherung des Auftraggebers für unwirksam erklärt wird.

172 Der BGH hat eine Klausel für unwirksam erklärt, wonach dem Auftraggeber zur Sicherung sämtlicher Ansprüche aus dem Vertrag eine Vertragserfüllungsbürgschaft über zehn Prozent der Auftragssumme auszuhändigen sei. Durch die Formulierung „sämtliche Ansprüche" würden auch Mängelansprüche mit abgesichert werden. Eine Sicherheit für Mängelsprüche in Höhe von zehn Prozent führe jedoch zur Übersicherung des Auftraggebers.[322] Es ist daher empfehlenswert, den Sicherungszweck der Vertragserfüllungssicherheit konkret zu benennen, sodass offensichtlich wird, dass Mängelansprüche nicht erfasst sein sollen.

173 Zulässig ist jedoch, wenn von der Vertragserfüllungssicherheit alle bis zum Abnahmezeitpunkt fälligen Mängelansprüche erfasst werden.[323] Durch Auslegung im Einzelfall ist zu ermitteln, ob die Vertragserfüllungssicherheit auch solche Mängelansprüche abdeckt, die bei Abnahme vorbehalten wurden. Wird in der Sicherungsabrede zwischen Vertragserfüllungs- und Gewährleistungssicherheiten unterschieden, spricht vieles dafür, dass die Vertragserfüllungssicherheit nicht mehr für sogenannte Abnahmemängel in Anspruch genommen werden kann.[324]

174 Der Auftraggeber ist verpflichtet, die Vertragserfüllungssicherheit nach Abnahme herauszugeben, wobei individualvertraglich auch ein anderer Zeitpunkt für die Herausgabe festgelegt werden kann. Diese Vereinbarung kann auch konkludent erfolgen,[325] wenn der Sicherungsfall nach dem vereinbarten Sicherungszweck nicht mehr eintreten kann.

175 Haben die Parteien sowohl eine Vertragserfüllungssicherheit als auch eine Sicherheit für Mängelansprüche vereinbart, regelt Abs. 8 S. 1, dass die Vertragserfüllungssicherheit spätestens nach Abnahme und Übergabe der Mängelsicherheit zurückzugewähren ist. Der Auftragnehmer ist hinsichtlich der Stellung der Mängelsicherheit vorleistungspflichtig.[326]

176 Eine formularmäßige Klausel, wonach eine Kombination aus Vertragserfüllungsbürgschaft in Höhe von 5 % der Auftragssumme und ein Einbehalt in Höhe von 5 % der Abrechnungssumme als Mängelsicherheit geschuldet ist, ist unwirksam, wenn bereits die Vertragserfüllungssicherheit neben Vertrags- und Überzahlungsansprüchen auch Mängelansprüche absichert und der Auftraggeber die Sicherheit erst nach vorbehaltloser Annahme der Schlusszahlung zurückgeben

---

[322] BGH NZBau 2014, 348.
[323] BGH NJW 1999, 55; OLG Düsseldorf BeckRS 1997, 09066 = BauR 1998, 553.
[324] OLG Brandenburg BeckRS 2011, 25285 = IBR 2012, 20; LG Hannover IBR 2011, 1234.
[325] BGH NJW 1999, 55.
[326] Leinemann/Leinemann/Gorny § 17 Rn. 162; Kapellmann/Messerschmidt/Thierau § 17 Rn. 221.

muss. Durch eine solche Klausel wird der Auftragnehmer nach § 307 Abs. 1 BGB unangemessen benachteiligt, weil er bei Uneinigkeit über die Schlusszahlung noch offene Forderungen für einen Zeitraum über die Abnahme hinaus wegen Mängelansprüchen eine Sicherheit von insgesamt 10 % der Auftrags- bzw. Abrechnungssumme leisten muss.[327]

Umstritten ist, ob der Auftraggeber einen Teil der Vertragserfüllungssicherheit **177** als Sicherheit für die Nacherfüllungsphase einbehalten darf, wenn die Stellung einer Mängelsicherheit nicht vereinbart wurde.[328]

Eine Rückgabepflicht besteht gemäß Abs. 8 S. 1 Hs. 3 zumindest nicht, wenn **178** Ansprüche bestehen, die nicht von der gestellten Sicherheit für Mängelansprüche umfasst sind und noch nicht erfüllt wurden. Dabei wird es sich regelmäßig um Verzugsschäden handeln.[329] In einem solchen Fall kann der Auftraggeber nach Abs. 8 S. 2 einen entsprechenden Teil der Vertragserfüllungssicherheit zurückbehalten. Ansprüche wegen mangelhafter Leistung, die bereits vor der Abnahme entstanden sind, wandeln sich hingegen in Mängelansprüche gemäß § 13 Abs. 5, und sind demgemäß von der Mängelsicherheit abgedeckt.[330] Der Auftraggeber kann auch insoweit kein Zurückbehaltungsrecht für Ansprüche geltend machen, die nicht dem Sicherungszweck unterfallen.[331]

Nicht einheitlich beurteilt wird die Frage, ob Ansprüche des Auftraggebers **179** aus Überzahlung unter den Sicherungszweck einer Vertragserfüllungssicherheit fallen.[332]

II. Mängelsicherheit

Entgegen dem Wortlaut fallen unter Abs. 8 Nr. 2 nicht nur als solche bezeich- **180** nete **Mängelsicherheiten,** sondern auch solche zur Vertragserfüllungsabsicherung, wenn diese auch nach Abnahme bestehende Mängel absichern sollen.

Unabhängig von der Verjährungsfrist von vier Jahren für Mängelansprüche **181** nach § 13 Abs. 2 Nr. 1 S. 1 ist die Mängelsicherheit zwei Jahre nach Abnahme zurückzugeben. Ein abweichender Rückgabezeitpunkt kann zumindest individualvertraglich vereinbart werden.[333] Die Rückgabefrist beginnt mit der Abnahme.[334] Wird die Verjährungsfrist für Mängelansprüche nach § 13 Abs. 4, 5 Nr. 1 S. 2 und 3 sowie Abs. 7 Nr. 3 gehemmt, wirkt sich dies entsprechend auf den Rückgabezeitpunkt aus.[335] Eine nachträgliche Verlängerung der Frist ist ebenfalls möglich, wirkt sich jedoch nicht zu Lasten des Bürgen aus.[336]

Sind zum Rückgabezeitpunkt geltend gemachte Ansprüche noch nicht erfüllt, **182** kann der Auftraggeber auch die Mängelsicherheit anteilig zurückhalten. Das gilt

---

[327] BGH NZBau 2011, 410; entsprechend bei 8 %, LG Wiesbaden NZBau 2012, 367.
[328] Zust.: OLG Hamburg VersR 1984, 48; abl. OLG Karlsruhe NJW-RR 1998, 533.
[329] BeckOK VOB/B/Hildebrandt/Abu Saris § 17 Abs. 8 Rn. 8.
[330] BGH NJW 1982, 1524; Ingenstau/Korbion/Joussen § 17 Abs. 8 Rn. 14.
[331] BeckOK VOB/B/Hildebrandt/Abu Saris § 17 Abs. 8 Rn. 9.
[332] Zust.: BGH NJW 1988, 907; abl. BGH BauR 1980, 574; OLG Naumburg NZBau 2001, 139, Revision vom BGH nicht angenommen 9.11.2000 – VII ZR 5/00.
[333] Zur Wirksamkeit einer solchen Vereinbarung in AGB vgl. Ingenstau/Korbion/Joussen § 17 Abs. 8 Rn. 16 f.
[334] Ingenstau/Korbion/Joussen § 17 Abs. 8 Rn. 15.
[335] BeckOK VOB/B/Hildebrandt/Abu Saris § 17 Abs. 8 Rn. 13; Leinemann/Leinemann/Gorny § 17 Rn. 164.
[336] BGH ZfBR 2008, 152.

§ 17

aber nur für solche Ansprüche, die vor Ablauf der Rückgabefrist in einer den Erfordernissen des § 13 Abs. 5 entsprechenden Weise geltend gemacht wurden und noch nicht erfüllt sind.[337] Eine Streitverkündung gegenüber dem Auftragnehmer ist wohl nicht ausreichend.[338]

183 In welcher Höhe ein Zurückbehaltungsrecht eingewendet werden kann, richtet sich nach dem Interesse des Auftraggebers, wobei auch ein Druckzuschlag zu berücksichtigen ist.[339] Ist der Auftraggeber berechtigt, einen Teilbetrag der Mängelsicherheit einzubehalten, muss er den darüber hinausgehenden Betrag an den Auftragnehmer auszahlen bzw. bei Sicherheit durch Bürgschaft die ursprüngliche Bürgschaft Zug um Zug gegen Übergabe einer ermäßigten Bürgschaft herausgeben.[340] Der Auftragnehmer kann auch vom Auftraggeber eine den freizugebenden Betrag entsprechende Verzichtserklärung erwirken.[341]

184 Der Auftraggeber kann aber ein Zurückbehaltungsrecht nicht auf Ansprüche aus einem anderen Bauvorhaben stützen.[342] Ebenso gilt, dass wenn der Auftragnehmer mehrere Bauvorhaben für den Auftraggeber ausgeführt hat, sich die Sicherungsabrede über einen Mängeleinbehalt grundsätzlich auf ein konkretes Bauvorhaben bezieht und somit der gesamte Einbehalt nicht für alle Vorhaben, sondern nur für das konkret in Anspruch genommene Vorhaben verwendet werden kann.[343] Ebenso ist die Aufrechnung mit Ansprüchen aus anderen Bauvorhaben unzulässig.[344]

185 Abs. 8 Nr. 2 ist grundsätzlich auch in der **Insolvenz des Auftragnehmers** anwendbar. Eine Sicherheit muss daher auch bei dessen Vermögenslosigkeit erst nach Ablauf der Frist herausgegeben werden.[345] Die grundsätzlich zulässige Erhöhung des Sicherheitsrückhalts wegen Inkludierung des Druckzuschlags ist jedoch abhängig vom Vertragserfüllungsverlangen des Insolvenzverwalters.[346]

186 Kommt der Auftraggeber einer Aufforderung zur Rückgabe der Sicherheit nicht nach, ist ihm eine Frist zur Rückgabe zu setzen. Nach fruchtlosem Ablauf kann der Anspruch gerichtlich geltend gemacht werden.[347] Kann die übergebene Sicherheit nicht mehr herausgegeben werden, weil der Auftraggeber sie bereits zu Unrecht verwertet hat, kann der Auftragnehmer Erstattung des aus der Verwertung der Sicherheit erhaltenen Leistung verlangen.[348]

187 Wird ein Sicherheitseinbehalt herausgefordert, richtet sich die Verjährung nach den maßgeblichen Vergütungsansprüchen und somit nach §§ 195, 199 BGB. Der Verjährungsbeginn richtet sich nach dem Rückzahlungszeitpunkt. Entsprechendes gilt bei Sicherheit durch Bürgschaft oder Hinterlegung.[349]

---

[337] BGH NJW 2015, 2961; OLG München BeckRS 2008, 08681 = BauR 2008, 1326; OLG Hamm NZBau 2012, 698.
[338] OLG Oldenburg IBRRS 2004, 0441.
[339] Kapellmann/Messerschmidt/Thierau § 17 Rn. 230; aA: OLG Oldenburg BauR 2002, 328.
[340] KG IBRRS 2004, 1101.
[341] BGH NZBau 2003, 321.
[342] KG IBRRS 2017, 1346.
[343] OLG Düsseldorf NJW-RR 2008, 38; Leinemann/Leinemann/Gorny § 17 Rn. 166.
[344] OLG Düsseldorf NJW-RR 2008, 38; OLG Jena IBR 2006, 392; BGH 23.2.2006 – VII ZR 107/05 (Nichtzulassungsbeschwerde zurückgewiesen).
[345] BGH NJW 1999, 1261.
[346] Leinemann/Leinemann/Gorny § 17 Rn. 169.
[347] BeckOK VOB/B/Hildebrandt/Abu Saris § 17 Abs. 8 Rn. 19.
[348] BGH NJW 1999, 55; Messerschmidt/Voit/Voit § 17 Rn. 23.
[349] BeckOK VOB/B/Hildebrandt/Abu Saris § 17 Abs. 8 Rn. 19a.

Anhang § 17

§ 650e Sicherungshypothek des Bauunternehmers

¹Der Unternehmer kann für seine Forderungen aus dem Vertrag die Einräumung einer Sicherungshypothek an dem Baugrundstück des Bestellers verlangen. ²Ist das Werk noch nicht vollendet, so kann er die Einräumung der Sicherungshypothek für einen der geleisteten Arbeit entsprechenden Teil der Vergütung und für die in der Vergütung nicht inbegriffenen Auslagen verlangen.

Übersicht

	Rn.
A. Allgemeines	1
I. Gesetz zur Reform des Bauvertragsrecht	1
II. Normzweck	3
B. Berechtigter Personenkreis	5
C. Besteller als Eigentümer des Baugrundstücks	13
D. Sicherungsobjekt	19
E. Sicherungsfähige Forderungen	22
F. Inhalt des Anspruchs	40
G. Prozessuales	43
H. Vorrang, Abtretung und Abbedingung der Sicherung	59

A. Allgemeines

I. Gesetz zur Reform des Bauvertragsrecht

Mit dem Gesetz zur Reform des Bauvertragsrecht und zur Änderung der kaufrechtlichen Mängelhaftung, das zum 1.1.2018 in Kraft trat, ist die bislang in § 648 Abs. 1 BGB aF geregelte Sicherungshypothek für Bauunternehmer nunmehr in § 650e BGB nF geregelt. Die früher in Abs. 2 enthaltene Sicherheit für den Inhaber einer Schiffswerft findet sich nach neuer Rechtslage in § 647a BGB nF und somit nicht mehr im Zusammenhang mit der Sicherheit eines Bauunternehmers. 1

Die Neuregelung spricht nicht mehr von dem „Unternehmer eines Bauwerks oder eines einzelnen Teils eines Bauwerks", sondern greift nur noch den „Unternehmer" auf. Durch die sprachliche Einschränkung ändert sich jedoch nicht der gewohnte Anwendungsbereich, da die Regelung in § 650e BGB im 2. Kapitel angesiedelt wurde und somit nur im Rahmen eines Bauvertrags, also eines Vertrages über die Herstellung, Wiederherstellung, Beseitigung oder den Umbau eines Bauwerks, einer Außenanlage oder eines Teils davon Anwendung findet. Da eine weitergehende Änderung des § 650e BGB nicht mit der Reform einherging, wird die zu § 648 Abs. 1 BGB aF ergangene Rechtsprechung weiterhin zu beachten sein. Die Neuregelung beinhaltet zudem eine Erweiterung des Anwendungsbereichs, weil nunmehr auch ein mit der Errichtung einer Außenanlage betrauter Unternehmer eine Sicherungshypothek verlangen kann.[1] 2

---

[1] Vgl. BT-Drs. 18/8486, 58.

II. Normzweck

3 § 650e BGB gewährt dem (Bau-) Unternehmer zur Sicherung seiner Ansprüche aus dem Werkvertrag einen **schuldrechtlichen Anspruch** auf Einräumung einer Sicherungshypothek am Baugrundstück des Bestellers. Dem Auftragnehmer soll damit ein Ausgleich für seine Vorleistungspflicht und die durch seine Werkleistung eingetretene Werterhöhung des Grundstückes des Bestellers zugestanden werden. Aus § 650e S. 1 BGB folgt, dass der Unternehmer seine Werklohnvergütung erst verlangen kann, wenn seine Leistungen abgenommen wurden. Er trägt somit bis zur Abnahme das Vorleistungsrisiko. Zudem verliert der Unternehmer durch Verbindung seiner Leistung mit dem Baugrundstück gemäß §§ 946, 93, 94 BGB das Eigentum an beweglichen Sachen, die er mit dem Grundstück des Bestellers verbindet. Zum Ausgleich des Vorleistungsrisikos und des mit der Verbindung des Baugrundstückes einhergehenden Rechtsverlustes sowie zum Ausgleich der beim Besteller durch die Verbindung eintretenden Wertsteigerung des Grundstückes räumt § 650e BGB dem Unternehmer die Möglichkeit ein, eine Sicherungshypothek auf das Baugrundstück eintragen zu lassen.

4 Der Anspruch aus § 650e BGB ist nicht beschränkt auf den reinen BGB-Bauvertrag, sondern findet auch bei einem VOB/B-Bauvertrag uneingeschränkte Anwendung.[2] In Konkurrenz steht die Sicherung des Unternehmers durch Eintragung einer Sicherungshypothek zu den Absicherungen aus § 650f BGB. Hat der Unternehmer bereits eine solche Sicherheit für seinen Vergütungsanspruch erhalten, schließt dies den schuldrechtlichen Anspruch auf Einräumung einer Sicherungshypothek nach § 650e BGB aus (vgl. § 650f Abs. 4 BGB).[3] Gleiches gilt, wenn der Besteller auf andere Weise ausreichend Sicherheit geleistet hat[4] oder zur Abwendung der Zwangsvollstreckung unter Vorbehalt bezahlt hat.[5]

B. Berechtigter Personenkreis

5 **Unternehmer** iSd Vorschrift ist jeder, der Leistungen auf Grund eines Bauvertrags erbringt. Ausschlaggebend ist dabei, dass ein Bauvertrag nach § 650a BGB vorliegt, also ein Vertrag über die Herstellung, die Wiederherstellung, die Beseitigung oder den Umbau eines Bauwerks, einer Außenanlage oder eines Teils davon bzw. über die Instandhaltung eines Bauwerks, wenn das Werk für die Konstruktion, den Bestand oder den bestimmungsgemäßen Gebrauch von wesentlicher Bedeutung ist. Wann von einer wesentlichen Bedeutung auszugehen ist, dürfte anhand eines subjektiven Maßstabes und unter Berücksichtigung sämtlicher Umstände des Einzelfalls zu ermitteln sein.[6] Auch nach dieser in das BGB eingefügten Legaldefinition des Bauvertrags sind weiterhin andere Beteiligte am Bauvorhaben, wie zB die in kaufvertraglichen Beziehung stehenden Lieferanten von Baustoffen oder Bauteilen[7] oder die Dienstverpflichteten[8] nicht von dem sicherungsberechtigten Personenkreis umfasst. Ebenso kann der Nachunternehmer

---

[2] Messerschmidt/Voit/Hildebrandt BGB § 650e Rn. 7.
[3] Messerschmidt/Voit/Hildebrandt BGB § 650e Rn. 8.
[4] MüKoBGB/Busche § 650e Rn. 9; Bronsch BauR 1983, 517.
[5] OLG Hamburg NJW-RR 1986, 1467.
[6] Leinemann/Kues/Lüders BGB § 650a Rn. 39.
[7] OLG Köln 11.12.1981 – 6 U 80/81, BB 82, 1578.
[8] MüKoBGB/Busche § 650e Rn. 11.

§ 650e BGB Sicherungshypothek des Bauunternehmers **Anhang § 17**

eines Generalunternehmers wegen seines Vergütungsanspruches gegenüber dem Generalunternehmer nicht die Eintragung einer Sicherungshypothek verlangen.[9]

Unter dem Begriff des **Bauwerkes** wird nach gefestigter Rechtsprechung, ohne dass es auf die sachenrechtliche Einordnung ankäme, eine unbewegliche, durch Verwendung von Arbeit und Material in Verbindung mit dem Erdboden hergestellte Sache verstanden.[10] Der Begriff des Bauwerks beschränkt sich daher nicht nur auf Gebäude, weil er sämtliche mit dem Erdboden fest verbundene Bauten umfasst, wie zB auch Bahngleise der Bundesbahn,[11] die Makadamdecke auf einem Tankstellengebäude[12] oder einen Rohrbrunnen.[13] Allerdings stellen nicht jegliche Leistungen, insbesondere bei einem geringen Umfang, einen Bauvertrag iSd § 650a BGB dar.[14] 6

Nicht entscheidend ist, ob der Unternehmer das ganze Bauwerk errichtet oder nur einzelne Teilleistungen erbracht hat.[15] Daher gelten als Unternehmer iSd § 650e BGB auch Handwerker, wie Verputzer, Schreiner, Maler, Fliesenleger, Installateure, Schlosser, Glaser sowie andere mit Handwerksarbeiten befasste Unternehmen.[16] 7

Für die Berechtigung des Unternehmers ist nicht von Bedeutung, ob dieser den materiellen Beitrag zur Bauwerkserrichtung selbst erbringt oder hierfür Nachunternehmer einsetzt.[17] Während nach früherer Ansicht der Rechtsprechung Abbrucharbeiten keine Arbeiten an einem Bauwerk darstellten und ein Anspruch auf Einräumung einer Sicherungshypothek versagt blieb,[18] sind Unternehmer von Abbruch-, Entkernungs- und Entsorgungsleistungen nunmehr zu dem Kreis der Anspruchsberechtigten zu zählen, da nach § 650a BGB auch Leistungen zur „Beseitigung eines Bauwerks oder Teilen davon" einen Bauvertrag darstellen. 8

Neben dem klassischen Bauhandwerker war bereits zu § 648 BGB aF überwiegend vertreten worden, dass auch dem Architekten,[19] den Sonderfachleuten sowie den Tragwerksplaner[20] und dem Vermessungsingenieur[21] ein Anspruch auf Eintragung einer Sicherungshypothek zustehen sollte. Durch den Verweis in § 650q BGB auf § 650e BGB wurde klargestellt, dass auch **Architekten und Ingenieure** einen Anspruch auf Einräumung einer Sicherungshypothek haben. Bislang stand dem Architekten ein Sicherungsanspruch lediglich unter der Bedingung zu, dass sich seine Leistung in dem Bauwerk realisiert hat und somit zumindest mit dem Bau begonnen worden ist.[22] Diese Einschränkung wird weiterhin zu beachten sein, weil bereits im Referentenentwurf zu § 650p-E die Verweisung auf die 9

---

[9] Leinemann/Kues/Nonhoff BGB § 650e Rn. 17.
[10] BGH NJW 2013, 601; BGH BauR 2003, 1391; Leinemann/Hilgers BGB § 648 aF Rn. 3.
[11] BGH MDR 1972, 410.
[12] BGH MDR 1964, 742.
[13] BGH NJW 1971, 2219.
[14] Vgl. zur Vertiefung: Leinemann/Kues/Nonhoff BGB § 650e Rn. 10 f.
[15] BGH NJW 1956, 1195; BGH NJW 1977, 1146.
[16] BGH NJW 1970, 419; Messerschmidt/Voit/Hildebrandt BGB § 650e Rn. 21.
[17] BGH MDR 1951, 278; MüKoBGB/Busche § 650e Rn. 12.
[18] BGH NZBau 2004, 434.
[19] OLG Hamburg BauR 2009, 1452.
[20] BGH NJW 1967, 2259.
[21] Leinemann/Hilgers BGB § 648 aF Rn. 4.
[22] OLG Hamburg NZBau 2010, 182; OLG Dresden NJW-RR 1996, 920; OLG Hamm NJW-RR 2000, 971.

Anhang § 17

Sicherungshypothek im Architektenrecht für geboten gehalten wurde, da die Sicherheit auch nach der bisherigen Rechtsprechung auf die Sicherung von Honoraransprüchen des Architekten erstreckt wurde.[23] Es sollte sich mithin an den sich aus der Rechtsprechung ergebenden Anforderungen für den Sicherungsanspruch eines Architekten nichts ändern.[24]

10 Zum berechtigten Personenkreis muss auch der Zessionar gezählt werden, weil mit der Abtretung der Werklohnforderung durch den Unternehmer der Anspruch auf Einräumung einer Sicherungshypothek nach § 401 BGB auf den Zessionar übergeht.[25]

11 Nicht zu den Arbeiten am Bauwerk sind grundsätzlich Gerüstbauarbeiten zu zählen, weil es sich dabei lediglich um eine vorbereitende Maßnahme handelt,[26] und bei einem selbständigen Gerüstvertrag das mietvertragliche Element über das werkvertragliche überwiegen wird.[27]

12 Im Rahmen eines **Bauträgervertrages** besteht nach § 650u Abs. 2 BGB kein Anspruch auf Eintragung einer Sicherungshypothek, weil der Bauträger nicht auf dem Grundstück des Bestellers baut.[28]

C. Besteller als Eigentümer des Baugrundstücks

13 Aus § 650e BGB folgt, dass der Unternehmer eines Bauwerks oder eines einzelnen Teils davon für seine Forderungen aus dem Werkvertrag die Einräumung einer Sicherungshypothek an dem **Baugrundstück des Bestellers** verlangen kann. Danach setzt der Anspruch auf Eintragung einer Sicherungshypothek voraus, dass zwischen dem Grundstückseigentümer und dem Besteller Identität besteht.[29] Dabei kommt es darauf an, ob der Besteller im Zeitpunkt der Anspruchsstellung Eigentümer ist.[30] Erwirbt der Besteller das Baugrundstück erst während der Durchführung des Werkvertrages, ist ab diesem Zeitpunkt eine Absicherung möglich.[31]

14 Der Besteller muss auch noch bis zur Eintragung der Sicherungshypothek oder der Vormerkung bzw. dem Eingang des Eintragungsantrags beim Grundbuchamt Eigentümer sein.[32] Hat der Besteller das Grundstück bereits vorher veräußert, steht dem Unternehmer gegen den Erwerber grundsätzlich kein Anspruch aus § 650e BGB zu. Dem Unternehmer könne aber in Ausnahmefällen gegen einen Dritten, der das Grundstück von dem Besteller erworben hat, ein Anspruch auf Bewilligung der Eintragung zustehen.[33] Ein solcher Ausnahmefall soll beispiels-

---

[23] Referentenentwurf des BMJV, Entwurf eines Gesetzes zur Reform des Bauvertragsrechts und zur Änderung der kaufrechtlichen Mängelhaftung vom 10.9.2015, 70.

[24] Messerschmidt/Voit/Hildebrandt BGB § 650e Rn. 27.

[25] So schon RGZ 126, 383 (384); OLG Dresden NJW-RR 2000, 96.

[26] OLG Zweibrücken BauR 1981, 294.

[27] OLG Hamm NJW-RR 1994, 1297; Messerschmidt/Voit/Hildebrandt BGB § 650e Rn. 23.

[28] Vgl. BT-Drs. 18/8486, 72.

[29] BGH NJW 1988, 255; OLG Schleswig IBRRS 2002, 1451.

[30] OLG Hamm NJW-RR 1999, 383.

[31] Messerschmidt/Voit/Hildebrandt BGB § 650e Rn. 36; aA: OLG Koblenz BeckRS 1992, 30852636 = BauR 1993, 750.

[32] Staudinger/Peters/Jacoby BGB § 648 aF Rn. 19.

[33] BGH NZBau 2015, 152.

§ 650e BGB Sicherungshypothek des Bauunternehmers **Anhang § 17**

weise vorliegen, wenn im Verhältnis zum Erwerber die Voraussetzungen des § 826 BGB vorliegen, etwa wenn der Erwerber das Grundstück im dolosen Zusammenwirken mit dem Besteller oder in Kenntnis einer Gläubigerbenachteiligungsabsicht des Bestellers erworben hat.[34]

Hat der Unternehmer jedoch seinen Anspruch auf Eintragung einer Bauhandwerkssicherungshypothek an dem Grundstück des Bestellers bereits vor der Veräußerung wirksam durch eine Vormerkung sichern lassen, kann er diesen Anspruch auch gegen denjenigen durchsetzen, der das Grundstück erworben hat.[35] Das gilt auch dann, wenn die materielle Berechtigung des zu sichernden Anspruchs noch nicht rechtskräftig festgestellt ist.[36] **15**

Die Identität von Besteller und Grundstückseigentümer fordert, dass eine formaljuristische Identität festgestellt wird.[37] Eine Übereinstimmung nach wirtschaftlicher Betrachtungsweise ist regelmäßig nicht ausreichend.[38] Bei der Frage, ob eine wirtschaftliche Identität zwischen Grundstückseigentümer und Besteller ausreicht, um einen Anspruch gemäß § 650e BGB durchzusetzen, muss genauestens differenziert werden.[39] **16**

Besteller, die **juristische Personen des öffentlichen Rechts** sind, sind nicht von der Sicherheitsleistung nach § 650e BGB ausgenommen. Die diesbezügliche Regelung des § 650f Abs. 6 Nr. 1 BGB ist nicht auf § 650e BGB entsprechend anzuwenden. Es gibt bereits keine planwidrige Regelungslücke, die eine Analogie rechtfertigen würde, weil der Gesetzgeber eine dem § 650f Abs. 6 Nr. 1 BGB entsprechende Regelung nicht versehentlich im Rahmen des § 650e BGB vergessen haben könnte. Hätte er eine solche Regelung auch für § 650e BGB für erforderlichen gehalten, so wäre diese mit der Neuregelung des § 650e BGB eingeführt worden. Der Gesetzgeber hat zweifellos bei der Änderung der Neuregelung des § 650e BGB die Privilegierung in § 650f Abs. 6 Nr. 1 BGB und die dazu geführte Diskussion[40] vor Augen gehabt und war sich der Vorschrift somit bewusst. Eine planwidrige Regelungslücke besteht daher offensichtlich nicht. **17**

Die Sicherheit ist auch im Rahmen von Verbraucherbauverträgen uneingeschränkt anwendbar, da nach § 650i Abs. 3 BGB die besonderen Vorschriften des Verbraucherbauvertrages lediglich ergänzend zu den vorstehenden Vorschriften der §§ 650a–650h BGB gelten.[41] **18**

D. Sicherungsobjekt

Als Sicherungsobjekt für die Sicherungshypothek wird das **ganze Baugrundstück** erfasst, das nach dem Vertrag zwischen dem Unternehmer und dem Bestel- **19**

---

[34] BGH NZBau 2015, 152.
[35] Messerschmidt/Voit/Hildebrandt BGB § 650e Rn. 37.
[36] OLG Frankfurt a. M. IBRRS 2007, 2203; BGH 8.2.2007 – VII ZR 220/05 (Nichtzulassungsbeschwerde zurückgewiesen).
[37] BGH NJW 1988, 255; OLG Celle NZBau 2003, 332.
[38] BGH NJW 1988, 255; OLG Hamm BeckRS 2006, 11429 = NJOZ 2006, 3683.
[39] Zur genaueren Abgrenzung vgl. Messerschmidt/Voit/Hildebrandt BGB § 650e Rn. 39.
[40] Vgl. zur entsprechenden Anwendung der Privilegierung aus § 648a Abs. 6 Nr. 1 aF: OLG Zweibrücken NJW-RR 2008, 469; OLG Koblenz NZBau 2011, 34; aA LG Ravensburg BauR 2004, 1793; Ingenstau/Korbion/Joussen Anhang 1 Rn. 49.
[41] Grüneberg/Retzlaff BGB § 650i Rn. 5; Leinemann/Kues/Nonhoff BGB § 650e Rn. 25.

Anhang § 17

ler bebaut wird oder an dem die sonstigen Bauleistungen stattfinden. Eine Begrenzung nur auf den zu bebauenden Teil ist nicht angezeigt.[42] Wird sowohl das Grundstück des Bestellers überbaut als auch teilweise ein Grundstück eines Dritten, kann auf das Grundstück des Auftraggebers die Hypothek in gesamter Höhe eingetragen werden.[43] Wird die geschuldete Werkleistung auf mehreren Grundstücken des Bestellers oder mehrerer Auftraggeber erbracht, kann die Hypothek bzw. die Vormerkung in voller Werklohnhöhe auf jedem Einzelgrundstück eingetragen werden.[44]

20 Unter dem Baugrundstück im Sinne der Vorschrift ist auch das Wohnungseigentum zu verstehen.[45] Wird später Wohnungseigentum gebildet, so kann der Unternehmer für die im Eigentum des Bestellers verbliebenen Eigentumswohnungen eine Gesamthypothek in voller Höhe seiner Forderung verlangen und nicht nur in Höhe des Betrages, der dem auf die einzelne Wohnung entfallenden Leistungsanteil entspricht.[46] Ebenso kann ein Erbbaurecht zum Pfandgegenstand werden, wobei §§ 5 Abs. 2, 7 Abs. 2 und Abs. 3 ErbbauRG zu beachten sind. Begehrt der Unternehmer eine Vormerkung für die Eintragung einer Sicherungshypothek von einem Erbbauberechtigten, bedarf es keiner Zustimmung des Grundstückseigentümers. Sie ist allerdings notwendig, wenn es um die Eintragung der Hypothek selbst geht.[47]

21 Soll eine Vormerkung bzw. Hypothek an mehreren Grundstücken des Bestellers eingetragen werden, wird regelmäßig eine Gesamthypothek gemäß § 1132 Abs. 1 BGB eingetragen. Der Unternehmer kann eine solche Gesamthypothek verlangen, wenn der Besteller noch Eigentümer ist, unabhängig davon, ob das Grundstück nach Vertragsschluss geteilt wurde.[48]

E. Sicherungsfähige Forderungen

22 Der Anspruch des Auftragnehmers aus § 650e BGB besteht zur **Sicherung aller Forderungen aus einem Bauvertrag**[49] und erstreckt sich nach § 650q Abs. 1 BGB auf Honorarforderungen aus Architekten- und Ingenieurverträge sowie auf Verbraucherbauverträge. Die Forderung des Bauunternehmers muss grundsätzlich auf Leistungen beruhen, die auf Herstellung eines Bauwerks gerichtet sind. Welche Ansprüche gesichert sind, ergibt sich maßgeblich aus der Eintragung im Grundbuch. Nimmt die Eintragung auf eine Eintragungsbewilligung oder auf eine einstweilige Verfügung Bezug, muss sich die gesicherte Forderung daraus ergeben.[50] Ist danach nur die Werklohnforderung abgesichert, werden

---

[42] Messerschmidt/Voit/Hildebrandt BGB § 650e Rn. 31.
[43] OLG Frankfurt a. M. NJW-RR 1994, 1432.
[44] Kniffka/Schmitz BGB § 650e Rn. 23.
[45] OLG Frankfurt a. M. NJW-RR 1995, 1359; Leinemann/Kues/Nonhoff BGB § 650e Rn. 22.
[46] OLG Frankfurt a. M. NJW-RR 1995, 1359; OLG Hamm NJW-RR 1999, 383; Grüneberg/Retzlaff BGB § 650e Rn. 4.
[47] Vgl. OLG Köln NJW 1968, 505; OLG Nürnberg MDR 1967, 213; OLG Hamburg NJW-Spezial 2018, 206; aA LG Hamburg 18.10.2017 – 321 O 313/17 (nicht rechtskräftig); LG Tübingen NJW 1956, 874.
[48] OLG Hamm NJW-RR 1999, 469; OLG Frankfurt a. M. OLGZ 1985, 193.
[49] BGH NJW 1974, 1761.
[50] BGH NJW 1974, 1761.

andere Ansprüche nicht erfasst.[51] Ein Austausch der Forderungen ist nicht möglich. Daher erhält eine Vormerkung zur Absicherung von Abschlagsforderungen nicht die Rangstelle für eine Hypothek, die für die Schlussrechnungsforderung eingetragen werden soll.[52] Die Sicherung einer bestimmten Abschlagsforderung erlischt, wenn der Auftraggeber diese durch eine Abschlagszahlung erfüllt.[53]

Als zu sichernde Forderungen kommen vorwiegend die Vergütungsforderungen der Bauunternehmer (und die Honorarforderungen der Architekten und Ingenieure) in Betracht. Entgegen § 883 Abs. 1 S. 2 BGB erfasst § 650e BGB keine zukünftigen Ansprüche. Deshalb setzt ein dahingehender Anspruch in jedem Fall voraus, dass der Auftragnehmer schon einen materiellen Beitrag zum Bauwerk erbracht hat. Handelt es sich um eine geistige Leistung des Architekten, muss diese sich bereits im Bauwerk wenigstens teilweise verkörpert haben.[54] Der Abschluss des Bauvertrages reicht allein für einen Sicherungsanspruch nicht aus.[55] 23

Nach § 650e S. 2 BGB kann der Unternehmer die Einräumung der Sicherungshypothek für einen der geleisteten Arbeit entsprechenden Teil der Vergütung und für die in der Vergütung nicht inbegriffenen Auslagen verlangen, wenn das Werk noch nicht vollendet ist. Berechnet wird diese Vergütung für die erbrachte Leistung auf der Grundlage der Vergütung nach den von der Rechtsprechung für die Darlegung des Werklohns nach einer Kündigung entwickelten Grundsätzen.[56] 24

Nach Fertigstellung des Werkes hat der Auftragnehmer unzweifelhaft einen Anspruch auf Einräumung der Sicherungshypothek in Höhe des gesamten Werklohns. Davon ist weder ein vereinbarter Sicherungseinbehalt[57] noch ein noch nicht gesichertes Skonto abzuziehen.[58] 25

Da es auf die **Fälligkeit** des gesamten Werklohns oder eines Teils davon nicht ankommt,[59] kommt es im Rahmen eines VOB/B-Vertrages auch nicht darauf an, dass die vorgelegte Schlussrechnung prüffähig ist.[60] 26

Absicherbar sind auch Umsatzsteueransprüche.[61] 27

Macht der Unternehmer von einem ihm wegen seiner Leistung zustehenden **Zurückbehaltungsrecht** Gebrauch, kann er insoweit nicht die Einräumung einer Sicherungshypothek verlangen. Dies gilt auch, wenn die Zurückbehaltung gerechtfertigt ist.[62] Daran ändert sich nichts, wenn die zu sichernde Forderung verjährt ist und sich der Besteller auf die Einrede der Verjährung beruft.[63] 28

Andere Ansprüche können auch von § 650e BGB erfasst werden, sofern sie im Bauvertrag zumindest verankert sind.[64] So können auch Werklohnforderungen 29

---

[51] BGH NJW 1974, 1761.
[52] BGH NZBau 2001, 549.
[53] Messerschmidt/Voit/Hildebrandt BGB § 650e Rn. 43.
[54] BGH NJW 1982, 1037; Messerschmidt/Voit/Hildebrandt BGB § 650e Rn. 27.
[55] MüKoBGB/Busche § 650e Rn. 20.
[56] Kniffka/Schmitz BGB § 650e Rn. 28.
[57] BGH NZBau 2000, 198; KG BauR 1971, 265.
[58] BGH NZBau 2000, 198.
[59] OLG Koblenz NJW-RR 1994, 786.
[60] OLG Brandenburg IBRRS 2002, 1804.
[61] Bamberger/Roth/Voit BGB § 648 aF Rn. 15.
[62] Staudinger/Peters/Jacoby BGB § 648 aF Rn. 28.
[63] OLG Oldenburg BeckRS 2010, 10229; LG Aurich NJW-RR 1991, 1240.
[64] MüKoBGB/Busche § 650e Rn. 22.

Anhang § 17

aus einem gerichtlichen Vergleich auf dem Bauvertrag beruhen, wenn sich nicht aus dem Vergleich ergibt, dass die Parteien eine abschließende Regelung wollten, die auch einen Ausschluss von Sicherungsansprüchen aus § 650e BGB umfassen kann.[65] Ebenso können Schadensersatzansprüche,[66] die sich aus dem Vertrag ableiten lassen, wie auch aus Verzug[67] abgesichert werden.

30 Bei der Geltendmachung von **Schadensersatz** wegen Nichterfüllung ist zu differenzieren, ob es sich um solche Ansprüche handelt, die zwar nicht wie der Vergütungsanspruch im Synallagma zur Leistung stehen, wohl aber ihren Ursprung in einer bereits erbrachten Leistung haben, und anderen Ansprüchen, denen der Leistungsbezug gänzlich fehlt.[68] Dies gilt beispielsweise für Entschädigungsansprüche nach § 642 BGB[69] oder für Schadensersatzansprüche wegen Bauablaufstörungen aus § 6 Abs. 6 VOB/B, die grundsätzlich abgesichert werden können.[70] Die davon abweichende Ansicht des OLG Jena verkennt, dass sich die Sicherung auf sämtliche vertragliche Forderungen erstreckt und nur in § 650e S. 2 BGB für die während des Bauvorhabens geltend gemachte Vergütung mittelbar auf die Wertsteigerung abstellt.[71]

31 Schadensersatzansprüche aus § 280 Abs. 1 BGB werden unabhängig davon, ob sie ihren Rechtsgrund in einer positiven Vertragsverletzung[72] oder in einer vertragswidrigen Nichterfüllung haben, erfasst.[73]

32 Darüber hinaus kommen auch Ansprüche aus **Annahmeverzug**,[74] der Anspruch auf Zahlung einer Vertragsstrafe,[75] die Kosten der Eintragung im Vormerkungsverfahren und die Kosten der einstweiligen Verfügung, wenn sie als Verzugsschäden gelten, zur Absicherung in Betracht.[76]

33 Hat der Unternehmer die Werkleistung **mangelhaft** erbracht, besteht der Anspruch auf Absicherung nur in der Höhe, in der der Wert des Grundstücks tatsächlich gesteigert wurde. Haben sich die Parteien auf eine Minderung geeinigt, oder hat der Auftraggeber die Aufrechnung mit einem Schadensersatzspruch erklärt bzw. einen Anspruch auf Kostenvorschuss geltend gemacht, mindert sich der einzutragende Forderungsbetrag entsprechend dieser Höhe.[77] Ansonsten sei grundsätzlich der einfache Betrag der Mängelbeseitigungskosten vom Werklohn abzuziehen,[78] wobei unerheblich sei, ob dem Unternehmer ein vorübergehendes Leistungsverweigerungsrecht zustehe.[79] Dies lässt sich daraus ableiten, dass der Unternehmer eines Bauwerks eine hypothekarische Sicherung

---

[65] OLG Dresden BeckRS 2010, 13102 = MDR 2010, 1377; Messerschmidt/Voit/Hildebrandt BGB § 650e Rn. 49.
[66] BGH NJW 1996, 3270; BGH NJW 1988, 255.
[67] BGH NJW 1974, 1761.
[68] Messerschmidt/Voit/Hildebrandt BGB § 650e Rn. 50.
[69] So auch OLG Jena NJW-RR 1999, 384.
[70] Leinemann/Kues/Nonhoff BGB § 650e Rn. 28; Kniffka/Schmitz BGB § 650e Rn. 35.
[71] Vgl. BGH NZBau 2000, 286; Kniffka/Schmitz BGB § 650e Rn. 35.
[72] BGH NJW 1974, 1761.
[73] BGH NJW 1969, 419.
[74] Messerschmidt/Voit/Hildebrandt BGB § 650e Rn. 52.
[75] MüKoBGB/Busche § 650e Rn. 23.
[76] OLG Hamm NJW-RR 1989, 115.
[77] Kapellmann BauR 1976, 323.
[78] BGH NJW 1977, 947.
[79] OLG Celle BauR 2003, 134.

für seinen Werklohn nach § 650e BGB nur in dem Umfang erhalten soll, dem jeweils die von ihm geleistete Arbeit ihren Wert nach der vereinbarten Vergütung entspricht.[80]

Zu beachten ist allerdings, dass bei **Mängeln der Leistung** die Sicherung nicht einfach zu kürzen ist,[81] weil dem Auftragnehmer das Recht zur Nachbesserung gem. §§ 634, 635 BGB zusteht und dieses durch die Kürzung der Sicherung nicht abgeschnitten werden darf. Hat der Auftragnehmer daher noch das Recht, die Nachbesserung zu erbringen, stellen sich folgende Lösungsansätze dar: 34

– Denkbar wäre es, die Mängel im Rahmen der Höhe der Sicherheit unberücksichtigt zu lassen,[82] weil der Werklohnanspruch im Prinzip schon besteht und durch die Mängel nur in seiner Durchsetzbarkeit beeinträchtigt wird. Daraus könnte jedoch folgen, dass eine überhöhte Sicherungshypothek in das Grundbuch eingetragen und der Auftraggeber dadurch unzumutbar benachteiligt wird.[83] 35

– Zum anderen wird vertreten, dass die Mängelbeseitigungskosten in Abzug zu bringen sind.[84] Dabei soll sich die Höhe der Mängelbeseitigungskosten nach den mutmaßlichen Nachbesserungskosten richten.[85] Dies könnte schließlich dazu führen, dass es nicht zu einer Sicherungshypothek kommt, weil die Mängelbeseitigungskosten die Werklohnforderung übersteigen.[86] 36

Diese Ansicht verkennt, dass der konkrete Wertzuwachs des Grundstückes nicht als Bemessungsgrundlage für die Höhe der einzutragenden Sicherungshypothek dient. Daher müsste zur Abgrenzung die Höhe der Mängelbeseitigungskosten herangezogen werden, deren konkrete Ermittlung bei einer zügigen Eintragung einer Sicherungshypothek praktisch unmöglich wäre. Dieser Erwägungsansatz ist damit nicht praktikabel.

– Wiederum denkbar wäre es, die Eintragung der Sicherungshypothek bzw. der entsprechenden Vormerkung nur Zug um Zug gegen Beseitigung der Mängel zuzulassen.[87] Dies wäre jedoch wenig interessengerecht und auch nicht praktikabel, weil die Zug-um-Zug Abwicklung wegen § 765 ZPO zu einer Vorleistungspflicht des Auftragnehmers führen würde.[88] 37

Angemessen ist deshalb, die Vergütungsforderung in ihrem realen Bestand einzutragen, das heißt in ihrer Abhängigkeit von dem Zurückbehaltungsrecht des Bestellers wegen der Mängel.[89] Die Einrede gegen die der Hypothek zu Grunde liegenden Forderung ist auch nach §§ 1137, 1138 BGB eintragungsfähig. Durch eine solche Vorgehensweise wird eine Saldierung des Werklohns und der Mängel vermieden, was eine Bewertung der Mängel mit allen Fehlerquellen entbehrlich macht. Das System der §§ 633 ff. BGB und die Interessen der Parteien werden damit bestmöglich gewahrt.[90] 38

---

[80] Kniffka/Schmitz BGB § 650e Rn. 32.
[81] Messerschmidt/Voit/Hildebrandt BGB § 650e Rn. 55.
[82] OLG Düsseldorf BauR 1976, 211; LG Flensburg MDR 1975, 841.
[83] Messerschmidt/Voit/Hildebrandt BGB § 650e Rn. 56.
[84] BGH NJW 1977, 947; MüKoBGB/Busche § 650e Rn. 31.
[85] BGH NJW 1977, 947.
[86] OLG Hamm BauR 1998, 885.
[87] OLG Frankfurt a. M. Schäfer/Finnern Z 2.231 Bl. 20.
[88] BGH NJW 1977, 947; Kapellmann BauR 1976, 323.
[89] Messerschmidt/Voit/Hildebrandt BGB § 650e Rn. 60.
[90] Staudinger/Peters/Jacoby BGB § 648 aF Rn. 33; Peters NJW 1981, 2550.

Anhang § 17

39 Grundsätzlich besteht ein sicherbarer Anspruch auch für Vergütungsansprüche für erbrachte Leistungen **nach einer Kündigung**.[91] Erlischt jedoch die Forderung, führt das aufgrund der strengen Akzessorietät der Hypothek auch zum Erlöschen der Sicherung, wobei die Forderung auch durch eine Aufrechnung erlöschen kann.[92] Nach Erlöschen einer durch Sicherungshypothek gesicherten Forderung wird das Grundbuch unrichtig und es kann insoweit eine Berichtigung verlangt werden.[93] Ist der Bauvertrag aufgrund eines **Rücktritts** rückabzuwickeln, sind die Ansprüche des Unternehmers aus dem Rückgewährschuldverhältnis absicherbar.[94]

F. Inhalt des Anspruchs

40 Die **Sicherungshypothek** findet im Gesetz in den §§ 1184, 1185 BGB ihre Grundlage. Die Sicherungshypothek am Grundstück des Auftraggebers entsteht nur dann, wenn sich die Parteien nach § 873 BGB einigen und die Eintragung in das Grundbuch in der vorgeschriebenen Form bewilligt und beantragt wird.[95] Die Hypothek ist zur Forderung streng akzessorisch. Daher sichert die Hypothek nur solche Forderungen, auf die sich die Eintragungsbewilligung bzw. die gerichtliche Entscheidung bezieht.[96] Verweigert der Eigentümer die Einigungserklärung, kann diese durch ein rechtskräftiges Urteil nach § 894 ZPO ersetzt werden. Die Vorschrift des § 867 ZPO[97] ist wie auch § 866 Abs. 3 ZPO nicht anwendbar, weil es nicht um die Zwangsvollstreckung wegen einer Geldforderung geht.[98]

41 Weiter hat die **Akzessorietät** zur Folge, dass wenn sich der Besteller berechtigterweise auf die Verjährung der Werklohnforderung beruft, auch der Anspruch auf Einräumung einer Sicherungshypothek nicht mehr durchsetzbar ist.[99] Diesem Gleichlauf entsprechend führt die Hemmung der Verjährung der Vergütungsforderung auch zur Hemmung des Anspruches aus § 650e BGB.[100] War zum Zeitpunkt der Verjährung der Vergütungsforderung die Sicherungshypothek bereits bestellt, und nicht nur eine Vormerkung eingetragen, kann der Auftragnehmer nach § 216 Abs. 1 BGB aus ihr weiterhin Befriedigung suchen.[101]

42 Die **Vormerkung** schützt den Auftragnehmer vor nachteiligen Verfügungen über das Grundstück, also insbesondere gegen die Veräußerung oder Belastung des Grundstückes. Zudem wahrt die Vormerkung gem. § 883 Abs. 2 BGB die Rangstelle für die Hypothek. Die Eintragung einer Vormerkung kann gem. § 885 Abs. 1 Alt. 2 BGB aufgrund der Bewilligung desjenigen, dessen Grundstück oder dessen Recht von der Vormerkung betroffen wird, eingetragen werden. Regelmäßig wird es jedoch an der Einigung scheitern, weil der Besteller der Eintragung der Vormerkung nicht zustimmen wird.

---

[91] OLG Stuttgart BauR 2005, 1047; OLG Brandenburg BauR 2003, 578.
[92] Messerschmidt/Voit/Hildebrandt BGB § 650e Rn. 62.
[93] Kniffka/Schmitz BGB § 650e Rn. 37.
[94] Leinemann/Kues/Nonhoff BGB § 650e Rn. 35; Staudinger/Peters/Jacoby BGB § 648 aF Rn. 34.
[95] Messerschmidt/Voit/Hildebrandt BGB § 650e Rn. 64.
[96] BGH NJW 1974, 1761.
[97] OLG Frankfurt a. M. NJW-RR 1995, 1359.
[98] Bamberger/Roth/Voit BGB § 648 aF Rn. 21.
[99] LG Aurich NJW-RR 1991, 1240.
[100] Messerschmidt/Voit/Hildebrandt BGB § 650e Rn. 66.
[101] Staudinger/Peters/Jacoby BGB § 648 aF Rn. 34.

G. Prozessuales

Die erste Alternative aus § 885 Abs. 1 BGB hat eine weitaus höhere Relevanz. **43**
Demnach erfolgt die Eintragung einer Vormerkung aufgrund einer einstweiligen
Verfügung.[102] Für den Erlass einer einstweiligen Verfügung muss die Gefährdung
des zu sichernden Anspruchs (Verfügungsgrund) gem. § 885 Abs. 1 S. 2 BGB
grundsätzlich nicht glaubhaft gemacht werden, weil er vermutet wird. Die vermutete Eilbedürftigkeit kann entfallen, wenn der Unternehmer über längere Zeit
nach Fertigstellung oder Abnahme bzw. nach Stellung der Schlussrechnung untätig
bleibt.[103] Die Vermutung umfasst hingegen nicht den Verfügungsanspruch, dessen
Glaubhaftmachung weiterhin erforderlich bleibt,[104] wofür regelmäßig die Vorlagen einer prüffähigen Rechnung und eine eidesstattliche Versicherung ihrer Richtigkeit notwendig sein werden.[105]

Der Auftraggeber kann die glaubhaft gemachten Behauptungen widerlegen. **44**
Insofern gilt das gleiche Beweismaß wie für den Auftragnehmer.[106] Sofern im
Wege der einstweiligen Verfügung auch über Mängelansprüche gestritten wird,
gilt bezüglich der Beweislastverteilung nichts anderes, als nach allgemeinen
Grundsätzen; vor Abnahme hat der Auftragnehmer das Nichtvorliegen der Mängel
glaubhaft zu machen, nach der Abnahme muss der Auftraggeber deren Vorliegen
glaubhaft machen.[107] Bei sich widersprechender gleichwertiger Glaubhaftmachung gehen Unklarheiten stets zu Lasten der darlegungsbelasteten Partei.[108]

Der sich aus § 866 Abs. 3 ZPO ergebende Mindestbetrag in Höhe von **45**
750,00 EUR ist nicht maßgeblich für den zu sichernden Anspruch, weil es im
Rahmen der einstweiligen Verfügung zur Eintragung einer Vormerkung nicht
um die dort geregelte Zwangsvollstreckung wegen einer Geldforderung in ein
Grundstück geht, sondern um die Abgabe einer geschuldeten Willenserklärung.[109]

Der Antrag auf Erlass einer einstweiligen Verfügung ist schriftlich beim zustän- **46**
digen Gericht zu stellen.[110] Die einstweilige Verfügung kann auch ohne mündliche Verhandlung erlassen werden, wenn der Verfügungsanspruch glaubhaft
gemacht wurde. Bei drohender einstweiliger Verfügung sollte der Besteller daher
vorsorglich eine Schutzschrift beim zentralen Schutzschriftenregister hinterlegen.[111]

Der Verfügungsgrund muss hingegen wegen der gesetzlichen Vermutung auf **47**
§ 885 Abs. 1 S. 2 BGB nicht glaubhaft gemacht werden. Jedoch kann die gesetzliche Vermutung durch den antragstellenden Unternehmer selbst widerlegt werden,
wenn er ohne nachvollziehbaren Grund zu lange Zeit nach Stellung der Schluss-

---

[102] OLG Hamm NJW/RR 1999, 383.
[103] OLG Celle BauR 2015, 1195; OLG Düsseldorf NJW-RR 2013, 798; OLG Nürnberg IBR 2016, 148.
[104] Staudinger/Peters/Jacoby BGB § 648 aF Rn. 35.
[105] Messerschmidt/Voit/Hildebrandt BGB § 650e Rn. 71.
[106] OLG Brandenburg IBRRS 2012, 3486.
[107] OLG Koblenz NJW-RR 1994, 786.
[108] Messerschmidt/Voit/Hildebrandt BGB § 650e Rn. 71.
[109] Zöller/Stöber ZPO § 866 Rn. 5.
[110] Kniffka/Schmitz BGB § 650e Rn. 45 mwN.
[111] Mit der Einstellung der Schutzschrift in das Schutzschriftenregister gilt sie nach § 945a Abs. 2 ZPO als bei allen ordentlichen Gerichten der Länder als eingereicht.

rechnung mit seinem Antrag zuwartet.[112] Gleiches gilt, wenn er die Vollziehungsfrist für eine bereits zu seinen Gunsten ergangene einstweilige Verfügung ungenutzt verstreichen lässt.[113] Der Verfügungsgrund lebt auch trotz der Absicht des Auftragsgebers, sein Baugrundstück zu veräußern, nicht wieder auf, wenn zwischen den Parteien bereits seit längerem Streit über die Vergütungsforderung des Auftragnehmers bestand.[114] Auf eine solche Widerlegung der Vermutung, wegen zeitlicher Umstände, kann es nicht ankommen, wenn der Auftraggeber dem Auftragnehmer fortwährend suggeriert, dass er seiner Zahlungsverpflichtung nachkommen werde.[115]

48 Nach §§ 936 iVm 921 Abs. 2 ZPO kann die einstweilige Verfügung auch erlassen werden, wenn der Anspruch oder der Verfügungsgrund nicht glaubhaft gemacht worden sind. Das Gericht muss dann jedoch eine Sicherheitsleistung des Antragsstellers anordnen.[116] Für den Erlass der einstweiligen Verfügung ist entweder das Prozessgericht oder nach § 942 ZPO das Amtsgericht der belegenen Sache zuständig.

49 Der Unternehmer muss den Besteller nicht vorprozessual zur Bewilligung einer Sicherungshypothek auffordern, um der Wirkung des § 93 ZPO zu entgehen, weil eine vorherige Aufforderung dem Zweck des Sicherungsmittels entgegenwirken könnte, indem der Besteller das Grundstück so belastet, dass eine Hypothek als Sicherungsmittel wertlos wird.[117]

50 Der Auftragnehmer ist berechtigt, zur Sicherung seiner Forderung aus dem Bauvertrag **Einsicht in das Grundbuch** zu nehmen, weil er ein berechtigtes Interesse iSd § 12 Abs. 1 S. 1 GBO hat.[118]

51 Die **Kosten** des einstweiligen Verfügungsverfahrens trägt gem. § 91 ZPO der Auftraggeber, soweit die einstweilige Verfügung erlassen wird.

52 Die einstweilige Verfügung kann insbesondere bei der Versäumnis der Vollziehungsfrist nach § 929 ZPO oder einer nach § 926 ZPO gesetzten Frist zur Erhebung Hauptsacheklage aufgehoben werden.[119] Die Aufhebung der einstweiligen Verfügung führt zu ihrer Unwirksamkeit.[120] Ebenso kann die einstweilige Verfügung gem. § 927 ZPO auch wegen veränderter Umstände aufgehoben werden. Ein solcher Umstand liegt insbesondere vor, wenn dem Auftragnehmer eine anderweitige ausreichende Sicherheit eingeräumt wird.[121]

53 Der Auftraggeber kann auch gem. § 924 ZPO gegen die einstweilige Verfügung auf Eintragung einer Sicherungshypothek **Widerspruch** einlegen oder gem. § 926 Abs. 1 ZPO einen Antrag auf Anordnung der Klageerhebung in der Hauptsache stellen. Läuft die hierfür gesetzte Frist fruchtlos ab, ist die einstweilige Verfügung nach § 926 Abs. 2 ZPO auf Antrag aufzuheben.

---

[112] OLG Koblenz BeckRS 2013, 08920 = NJOZ 2014, 1472 (Antrag auf Erlass 3,5 Jahre nach Schlussrechnungslegung); OLG Düsseldorf NZ Bau 2013, 507 (Antrag auf Erlass einer einstweiligen Verfügung zwei Jahre nach Schlussrechnungslegung).
[113] OLG Celle BeckRS 2013, 00766 = BauR 2013, 128.
[114] OLG Celle IBRRS 2015, 0829.
[115] OLG Koblenz BeckRS 2007, 12968 = NJOZ 2007, 4003.
[116] Kniffka/Schmitz BGB § 650e Rn. 46.
[117] OLG Düsseldorf IBR 2018, 269; OLG Celle NJW 1977, 1731.
[118] OLG München NJW 2015, 1891.
[119] Staudinger/Peters/Jacoby BGB § 648 aF Rn. 37.
[120] BGH NJW 1999, 3494.
[121] RGZ 55, 140; OLG Köln NJW 1975, 454.

Entsprechend dem Antrag auf Erlass einer einstweiligen Verfügung zur Bewilli- 54
gung einer Vormerkung ist die Hauptsacheklage diejenige, auf Bewilligung der
Eintragung einer Sicherungshypothek.[122] Die Werklohnklage kann der Auftragnehmer mit der Klage auf Eintragung der Sicherungshypothek verbinden.[123]

Die einstweilige Verfügung zur Eintragung einer Vormerkung für eine Bauhand- 55
werkssicherungshypothek wird mit dem Eingang des Eintragungsantrags beim
Grundbuchamt vollzogen.[124] Der Antrag muss beim Grundbuchamt gem. § 929
Abs. 2 ZPO innerhalb eines Monats nach Verkündung des Urteils oder Zustellung
des Beschlusses eingegangen sein. Zur Wahrung der Zustellungsfrist nach § 929
Abs. 2 und 3 ZPO genügt es, wenn dem Auftraggeber eine beglaubigte Abschrift
des Beschlusses zugestellt wird.[125] Eine einstweilige Verfügung muss jedoch erneut
vollzogen werden, wenn sie im Widerspruchsverfahren wesentlich geändert worden
ist; beispielsweise, wenn erstmals eine Sicherheitsleistung angeordnet wurde.[126]

Der **Streitwert** eines einstweiligen Verfügungsverfahrens richtet sich nach § 3 56
ZPO.[127] Wegen der vorläufigen Sicherung des Anspruchs muss der Streitwert mit
einem Drittel der zu sichernden Forderung angesetzt werden.[128] Umstritten ist
jedoch, ob bei gleichzeitiger Klage auf Zustimmung zu einer Eintragung einer
Bauhandwerkssicherungshypothek und auf Zahlung der Vergütungsforderung, für
die Streitwertbemessung die Werte beider Anträge zu addieren sind. Während es
sich nach einer Ansicht aufgrund der wirtschaftlichen Identität der Ansprüche um
denselben Streitgegenstand handeln soll, ist nach anderer Meinung trotz möglicher
wirtschaftlicher Identität von unterschiedlichen Streitgegenständen auszugehen.
Nach wohl überwiegender Meinung soll eine Zusammenrechnung der Werte
gem. § 5 ZPO zumindest dann unterbleiben, wenn Besteller und Grundstückseigentümer identisch sind.[129]

Eine Löschungsbewilligung hinsichtlich der Vormerkung muss der Auftragneh- 57
mer nur Zug um Zug gegen Zahlung der Werklohnforderung erteilen.[130]

Die Umschreibung der Vormerkung in eine Sicherungshypothek erfolgt auf- 58
grund einer entsprechenden Bewilligung des Auftraggebers oder aufgrund einer
rechtskräftigen Verurteilung zur Bewilligung einer Sicherungshypothek an rang-
wahrender Stelle.[131]

H. Vorrang, Abtretung und Abbedingung der Sicherung

Dem Anspruch auf Eintragung einer Bauhandwerkssicherungshypothek steht es 59
gem. **§ 650f Abs. 4 BGB** entgegen, wenn der Auftragnehmer bereits eine Sicherheit nach § 650f BGB erlangt hat,[132] soweit das Sicherungsverlangen des Unterneh-

---

[122] OLG Celle NJW-RR 2003, 1529.
[123] Kniffka/Schmitz BGB § 650e Rn. 50.
[124] BGH BauR 1997, 301.
[125] OLG Köln BeckRS 2013, 02969 = IBR 2013, 1055.
[126] OLG Rostock IBRRS 2002, 2145; OLG Düsseldorf BauR 1995, 424.
[127] OLG Bremen AnwBl 1976, 441; Zöller/Herget ZPO § 3 Rn. 16.
[128] KG BauR 1972, 259; Werner/Pastor BauProz Rn. 3156.
[129] OLG Jena BeckRS 2010, 18683 = NJOZ 2010, 2524; aA OLG Düsseldorf BeckRS 2009, 04558 = NJOZ 2009, 789.
[130] Staudinger/Peters/Jacoby BGB § 648 aF Rn. 38.
[131] Kniffka/Schmitz BGB § 650e Rn. 57.
[132] So auch OLG Köln BauR 1996, 272.

mers tatsächlich erfüllt wurde.[133] Der Besteller kann nach § 939 ZPO die Aufhebung der einstweiligen Verfügung verlangen, wenn beispielsweise eine unbedingte, unbefristete, unwiderrufliche, schriftliche selbstschuldnerischen Bürgschaften einer deutschen Bank zur Absicherung übergeben wurde.[134] Dies soll jedoch nur gelten, wenn die Bürgschaft „in qualitativer und quantitativer Hinsicht mindestens die gleiche Werthaltigkeit wie die Bauhandwerkersicherungshypothek bietet".[135]

60 Wurde die Vormerkung bereits eingetragen, kann der Auftragnehmer den Anspruch auf Eintragung der Bauhandwerkssicherungshypothek auch gegen einen Dritten durchsetzen, der das Grundstück vom Auftraggeber zwischenzeitlich erworben hat. Dem Auftragnehmer steht gegen den Erwerber nach § 883 BGB ein Anspruch auf Zustimmung zur Eintragung zu.[136]

61 Aufgrund der Akzessorietät ist der Anspruch auf Bestellung einer Sicherungshypothek nicht selbstständig abtretbar. Nur mit Abtretung des gesicherten Anspruchs kann auch der Anspruch auf Bestellung einer Sicherungshypothek gem. § 401 BGB auf den Zessionar übergehen.

62 § 650e BGB kann individualvertraglich abbedungen werden. Der **formularmäßige Ausschluss** der Möglichkeit, sich im Wege der einstweiligen Verfügung eine Vormerkung zur Sicherung des Anspruchs auf Eintragung einer Bauhandwerkssicherungshypothek eintragen zu lassen, ist hingegen unwirksam, wenn der Unternehmer nicht eine andere Sicherheit erlangt,[137] wobei die Vereinbarung eines Sicherheitseinbehalts nicht ausreicht.[138] § 650e BGB ist auch im Rahmen der VOB/B ohne Modifikation anwendbar, weil diese keine eigene Regelung zur Sicherungshypothek enthält.[139]

§ 650f Bauhandwerkersicherung

(1) **¹Der Unternehmer kann vom Besteller Sicherheit für die auch in Zusatzaufträgen vereinbarte und noch nicht gezahlte Vergütung einschließlich dazugehöriger Nebenforderungen, die mit 10 Prozent des zu sichernden Vergütungsanspruchs anzusetzen sind, verlangen. ²Satz 1 gilt in demselben Umfang auch für Ansprüche, die an die Stelle der Vergütung treten. ³Der Anspruch des Unternehmers auf Sicherheit wird nicht dadurch ausgeschlossen, dass der Besteller Erfüllung verlangen kann oder das Werk abgenommen hat. ⁴Ansprüche, mit denen der Besteller gegen den Anspruch des Unternehmers auf Vergütung aufrechnen kann, bleiben bei der Berechnung der Vergütung unberücksichtigt, es sei denn, sie sind unstreitig oder rechtskräftig festgestellt. ⁵Die Sicherheit ist auch dann als ausreichend anzusehen, wenn sich der Sicherungsgeber das Recht vorbehält, sein Versprechen im Falle einer wesentlichen Verschlechterung der Vermögensverhältnisse des Bestellers mit Wirkung für Vergütungsansprüche aus Bauleistungen zu widerrufen, die der Unternehmer bei Zugang der Widerrufserklärung noch nicht erbracht hat.**

---

[133] OLG Düsseldorf NZBau 2003, 615.
[134] KG BeckRS 2008, 17911 = NJW-Spezial 2008, 589; OLG Hamm NZBau 2016, 638.
[135] Kniffka/Schmitz BGB § 650e Rn. 53; OLG Hamm NZBau 2016, 638.
[136] OLG Frankfurt a. M. BeckRS 2011, 20235.
[137] BGH NJW 1984, 2100; OLG Karlsruhe NJW-RR 1997, 658.
[138] BGH NJW-RR 2000, 387; Leinemann/Kues/Nonhoff BGB § 650e Rn. 46.
[139] Ingenstau/Korbion/Joussen Anhang 2 Rn. 1.

§ 650f BGB Bauhandwerkersicherung **Anhang § 17**

(2) ¹Die Sicherheit kann auch durch eine Garantie oder ein sonstiges Zahlungsversprechen eines im Geltungsbereich dieses Gesetzes zum Geschäftsbetrieb befugten Kreditinstituts oder Kreditversicherers geleistet werden. ²Das Kreditinstitut oder der Kreditversicherer darf Zahlungen an den Unternehmer nur leisten, soweit der Besteller den Vergütungsanspruch des Unternehmers anerkennt oder durch vorläufig vollstreckbares Urteil zur Zahlung der Vergütung verurteilt worden ist und die Voraussetzungen vorliegen, unter denen die Zwangsvollstreckung begonnen werden darf.

(3) ¹Der Unternehmer hat dem Besteller die üblichen Kosten der Sicherheitsleistung bis zu einem Höchstsatz von 2 Prozent für das Jahr zu erstatten. ²Dies gilt nicht, soweit eine Sicherheit wegen Einwendungen des Bestellers gegen den Vergütungsanspruch des Unternehmers aufrechterhalten werden muss und die Einwendungen sich als unbegründet erweisen.

(4) Soweit der Unternehmer für seinen Vergütungsanspruch eine Sicherheit nach Absatz 1 oder 2 erlangt hat, ist der Anspruch auf Einräumung einer Sicherungshypothek nach § 650e ausgeschlossen.

(5) ¹Hat der Unternehmer dem Besteller erfolglos eine angemessene Frist zur Leistung der Sicherheit nach Absatz 1 bestimmt, so kann der Unternehmer die Leistung verweigern oder den Vertrag kündigen. ²Kündigt er den Vertrag, ist der Unternehmer berechtigt, die vereinbarte Vergütung zu verlangen; er muss sich jedoch dasjenige anrechnen lassen, was er infolge der Aufhebung des Vertrages an Aufwendungen erspart oder durch anderweitige Verwendung seiner Arbeitskraft erwirbt oder böswillig zu erwerben unterlässt. ³Es wird vermutet, dass danach dem Unternehmer 5 Prozent der auf den noch nicht erbrachten Teil der Werkleistung entfallenden vereinbarten Vergütung zustehen.

(6) ¹Die Absätze 1 bis 5 finden keine Anwendung, wenn der Besteller
1. eine juristische Person des öffentlichen Rechts oder ein öffentlich-rechtliches Sondervermögen ist, über deren Vermögen ein Insolvenzverfahren unzulässig ist, oder
2. Verbraucher ist und es sich um einen Verbraucherbauvertrag nach § 650i oder um einen Bauträgervertrag nach § 650u handelt.

²Satz 1 Nummer 2 gilt nicht bei Betreuung des Bauvorhabens durch einen zur Verfügung über die Finanzierungsmittel des Bestellers ermächtigten Baubetreuer.

(7) Eine von den Absätzen 1 bis 5 abweichende Vereinbarung ist unwirksam.

Übersicht

	Rn.
A. Allgemeines	1
I. Gesetz zur Reform des Bauvertragsrecht	1
II. Anspruch auf Sicherheit	4
III. Verhältnis zu § 650e BGB	6
B. Personenkreis	7
I. Berechtigte Unternehmer	7
II. Weitere Unternehmer	14

	Rn.
III. Verpflichteter Besteller	16
1. Privilegierung juristischer Personen des öffentlichen Rechts	17
2. Privilegierung von Verbrauchern	20
3. Auswirkung der Privilegierung auf Nachunternehmerverhältnisse	26
C. Sicherheiten	27
D. Rechtsfolgen der Nichtleistung	54
E. Vollstreckung	70
F. Rückgabe der Sicherheit	75
G. Kosten der Sicherheitsleistung	80
H. Abbedingung des Anspruches	84
I. Verjährung	88

A. Allgemeines

I. Gesetz zur Reform des Bauvertragsrecht

1 Mit dem Gesetz zur Reform des Bauvertragsrecht und zur Änderung der kaufrechtlichen Mängelhaftung, das zum 1.1.2018 in Kraft trat, ist die bislang in § 648a BGB aF geregelte Bauhandwerkersicherung für Bauunternehmer nunmehr in § 650f BGB nF geregelt. Die Neuregelung entspricht weitestgehend § 648a BGB aF in der bis zum 31.12.2017 geltenden Fassung und beinhaltet lediglich Änderungen, die dem Verbraucherschutz gerecht werden sollen.[1]

2 Die Neuregelung spricht nicht mehr von dem „Unternehmer eines Bauwerks oder eines einzelnen Teils eines Bauwerks", sondern greift nur noch den „Unternehmer" auf. Durch die sprachliche Einschränkung ändert sich jedoch nicht der gewohnte Anwendungsbereich, da die Regelung in § 650f BGB im 2. Kapitel angesiedelt wurde und somit nur im Rahmen eines Bauvertrags, also eines Vertrages über die Herstellung, Wiederherstellung, Beseitigung oder den Umbau eines Bauwerks, einer Außenanlage oder eines Teils davon Anwendung findet. Da eine weitergehende Änderung des § 650f Abs. 1 BGB nicht mit der Reform einherging, wird die zu § 648a Abs. 1 BGB aF ergangene Rechtsprechung weiterhin zu beachten sein.

3 Die Änderungen des § 648a BGB aF sind auf Verträge, die vor dem 1.1.2009 abgeschlossen wurden, nicht anwendbar, weil zu diesem Zeitpunkt erst die Änderungen durch das Inkrafttreten des FoSiG wirkten (vgl. Artikel 229 § 19 Abs. 1 EGBGB). Die Altfassung ist auf Schuldverhältnisse bis zum 31.12.2017 anwendbar. Auf Schuldverhältnisse, die ab dem 1.1.2018 abgeschlossen wurden, ist § 650f BGB anzuwenden (vgl. Artikel 229 § 39 EGBGB).

II. Anspruch auf Sicherheit

4 § 650f BGB räumt dem Unternehmer einen **Anspruch** gegen den Besteller auf Gewährung einer Sicherheit ein, um die Wirkungen seiner Vorleistungspflicht abzuschwächen. Die Vorschrift ist durch das Forderungssicherungsgesetz (FoSiG)

---

[1] Vgl. zur Neuregelung: Kniffka BauR 2016, 1533 ff.; Kniffka/Retzlaff BauR 2017, 1747 ff.; Orlowski ZfBR 2016, 419.

§ 650f BGB Bauhandwerkersicherung **Anhang § 17**

mit Inkrafttreten zum 1.1.2009 geändert worden.[2] Dem Unternehmer stand seitdem das Recht zu, seinen Anspruch auf Sicherheit im Klagewege geltend zu machen. Zudem kann der Unternehmer auch Sicherheit nach Abnahme und bei Ansprüchen des Bestellers auf Beseitigung von Mängeln verlangen.[3]

§ 650f BGB soll dem Unternehmer einen **Ausgleich für seine Vorleistungs-** 5 **pflicht** verschaffen. Diese Pflicht ist für den Unternehmer übermäßig belastend, insbesondere wenn dieser eine Vertragserfüllungssicherheit nach § 17 VOB/B zu erbringen hat und er dadurch zusätzlich Abzüge von Abschlagszahlungen hinnehmen muss. Der Unternehmer wird daher regelmäßig seine Leistung vorfinanzieren, ohne jedoch die vereinbarte Vergütung in voller Höhe zu erhalten. Zur dieser Liquiditätsbelastung kommt zusätzlich, dass der Unternehmer das Insolvenzrisiko des Bestellers zu tragen hat. Die Furcht vor einer drohenden Zahlungsunfähigkeit des Vertragspartners veranlasst manchen Unternehmer in Anbetracht hoher Einbehalte ungerechtfertigt hohe preisliche Zugeständnisse zu machen, nur um eine schnelle Zahlung zu erhalten.[4]

III. Verhältnis zu § 650e BGB

Die Bauhandwerksicherung nach § 650f BGB steht im direkten Verhältnis mit 6 dem Anspruch auf Bestellung einer Sicherungshypothek nach § 650e BGB. Besteht ein ungesicherter Vergütungsanspruch des Unternehmers, hat dieser die Wahl, ob er eine Sicherung nach § 650e BGB oder § 650f BGB beansprucht.[5] Das Wahlrecht besteht solange fort, bis der Unternehmer eine Sicherheit nach § 650f Abs. 1 und 2 BGB erhalten hat. Die Eintragung einer Sicherungshypothek ist dann gemäß § 650f Abs. 4 BGB ausgeschlossen.[6] Die beiden Arten der Sicherheiten können jedoch auch nebeneinander bestehen, wenn der Vergütungsanspruch nur teilweise nach § 650e BGB abgesichert wird. Dann besteht weiterhin die Möglichkeit der Eintragung einer Sicherungshypothek wegen der restlichen Vergütungsforderung.[7]

B. Personenkreis

I. Berechtigte Unternehmer

Gemäß § 650f BGB steht dem Unternehmer ein Anspruch gegen den Besteller 7 zu, Sicherheit zu verlangen. **Unternehmer** iSd Vorschrift ist jeder, der Leistungen auf Grund eines Bauvertrags erbringt. Ausschlaggebend ist dabei, dass ein Bauvertrag nach § 650a BGB vorliegt, also ein Vertrag über die Herstellung, die Wiederherstellung, die Beseitigung oder den Umbau eines Bauwerks, einer Außenanlage oder eines Teils davon bzw. über die Instandhaltung eines Bauwerks, wenn das Werk für die Konstruktion, den Bestand oder den bestimmungsgemäßen Gebrauch von wesentlicher Bedeutung ist.[8] Wann von einer wesentlichen Bedeu-

---

[2] Vgl. BGBl. 2008 I 2022; BT-Drs. 16/511; BT-Drs. 16/9787; BR-Drs. 616/8.
[3] Vorher bereits herrschende Rspr.: BGH NZBau 2004, 259; BGH NZBau 2004, 261.
[4] Leinemann/Hilgers BGB § 648a aF Rn. 5.
[5] Ingenstau/Korbion/Joussen Anhang 1 Rn. 215.
[6] Messerschmidt/Voit/Cramer BGB § 650f Rn. 5.
[7] So auch: Messerschmidt/Voit/Cramer BGB § 650f Rn. 5.
[8] Die Beschreibung entspricht der bisher ergangen Rechtsprechung zum Begriff der „Bauwerksarbeiten", vgl. BGH NZBau 2016, 558.

Anhang § 17

tung auszugehen ist, dürfte anhand eines subjektiven Maßstabes und unter Berücksichtigung sämtlicher Umstände des Einzelfalls zu ermitteln sein.[9] Auch nach dieser in das BGB eingeführten Legaldefinition des Bauvertrags sind weiterhin andere Beteiligte am Bauvorhaben, wie zB die in kaufvertraglichen Beziehung stehenden Lieferanten von Baustoffen oder Bauteilen[10] oder die Dienstverpflichteten[11] nicht von dem sicherungsberechtigten Personenkreis umfasst.

8 Berechtigte aus § 650f BGB können unter anderem **Erdbauer, Garten- und Landschaftsbauer, Handwerker im Innenausbau**[12] sowie der Unternehmer, der Fenster liefert und einbaut,[13] gegenüber ihrem jeweiligen Besteller. Ihre Bauleistung muss für das Bauwerk jedoch von wesentlicher Bedeutung sein.[14]

9 Im Gegensatz zur Sicherheit nach § 650e BGB zählt zum anspruchsberechtigten Personenkreis einer Bauhandwerkersicherung der **Nachunternehmer** gegen seinen Auftraggeber, weil § 650f BGB nicht auf ein Sicherungsrecht an dem Baugrundstück des Bestellers abzielt, sondern ein schuldrechtliches Sicherungsmittel darstellt.[15] Es kommt daher gerade nicht auf die Identität zwischen Besteller und Grundstückseigentümer an.

10 Auch **Architekten, Ingenieure und Tragwerksplaner** ebenso wie **sonstige Sonderfachleute**, die nach dem Bauvertrag notwendige Leistungen zur Herstellung eines Bauwerks erbringen, gehören zum berechtigten Personenkreis.[16] Dies geht nunmehr eindeutig aus der Verweisung in § 650q Abs. 1 BGB auf § 650f BGB hervor. Entsprechend der Ausführungen zu § 650e BGB wird eine Sicherungsmöglichkeit dieser Baubeteiligten jedoch erst anzunehmen sein, wenn sichergestellt ist, dass sich deren Planung im Bauwerk verwirklicht hat.[17] Daran kann sich auch aufgrund der Neuregelung nichts geändert haben, weil bereits im Referentenentwurf zu § 650p-E die Verweisung auf die Sicherungshypothek im Architektenrecht für geboten gehalten wurde, da die Sicherheit nach auch nach der bisher dazu ergangenen Rechtsprechung auf die Sicherung von Honoraransprüchen des Architekten erstreckt wurde.[18] Es sollte sich mithin an den sich aus der Rechtsprechung ergebenden Anforderungen für den Sicherungsanspruch eines Architekten nichts ändern.[19]

11 Der **Bauträger** dürfte nunmehr ebenfalls zum anspruchsberechtigten Personenkreis zählen, nachdem der Bauträgervertrag in § 650u BGB gesetzlich geregelt wurde. Bislang bestand nach herrschender Meinung kein Sicherungsrecht des Bauträgers, da er wegen der Ratenzahlungsmöglichkeit nach der Makler- und Bauträgerverordnung und weil das Baugrundstück in seinem Eigentum steht, nicht sicherungsbedürftig war. Nach dem neuen Bauvertragsrecht ist der Bauträger eindeutig sicherungsberechtigt, weil in dem Katalog des §§ 650u Abs. 2 BGB die

---

[9] Leinemann/Kues/Lüders BGB § 650a Rn. 39.
[10] OLG Köln 11.12.1981 – 6 U 80/81, BB 82, 1578.
[11] MüKoBGB/Busche § 650f Rn. 11.
[12] Leinemann/Hilgers BGB § 648a aF Rn. 7.
[13] OLG Hamm IBR 2000, 545.
[14] Messerschmidt/Voit/Cramer BGB § 650f Rn. 19.
[15] Ingenstau/Korbion/Joussen Anh. 1 Rn. 145.
[16] BT-Drs. 12/1836, 8.
[17] BGH NJW 1969, 149; Leinemann/Hilgers BGB § 648a aF Rn. 8.
[18] Referentenentwurf des BMJV, Entwurf eines Gesetzes zur Reform des Bauvertragsrechts und zur Änderung der kaufrechtlichen Mängelhaftung vom 10.9.2015, 70.
[19] Messerschmidt/Voit/Hildebrandt BGB § 650e Rn. 27.

§ 650f BGB Bauhandwerkersicherung **Anhang § 17**

Sicherung nach § 650f BGB nicht ausgeschlossen wurde. Koppmann[20] weist jedoch zu Recht daraufhin, dass der Anspruch des Bauträgers grundsätzlich daran scheitern wird, dass der Besteller Verbraucher ist und somit die Privilegierung nach § 650f Abs. 6 Nr. 2 BGB ausscheidet.

Während nach früherer Ansicht strittig war, ob aufgrund von **Abbrucharbei-** 12 **ten** ein Anspruch auf Einräumung einer Sicherungshypothek entsteht,[21] sind Unternehmer von Abbruch-, Entkernung- und Entsorgungsleistungen nunmehr zu dem Kreis der Anspruchsberechtigten zu zählen, da nach § 650a BGB auch Leistungen zur „Beseitigung eines Bauwerks oder Teilen davon" ein Bauvertrag ist.

Bei der Anwendung des § 650f BGB auf eine Dach-ARGE müssen auch die 13 gesellschaftsrechtlichen Grundsätze berücksichtigt werden.[22] Grundsätzlich kann auch der Gesellschafter einer Dach-ARGE eine Bauhandwerkersicherung verlangen, wenn der Besteller den auf den Nachunternehmer entfallenden Teil der Vergütung bereits an die Dach-ARGE gezahlt hat.[23]

II. Weitere Unternehmer

Eine Dach-Photovoltaikanlage fällt weder unter den Begriff des Bauwerks noch 14 ist sie eine Außenanlage, was dazu führt, dass der Ersteller der Anlage keinen Anspruch auf eine Bauhandwerkersicherung hat.[24] Daneben stellt der Vertrag über die Lieferung und Montage einer Photovoltaikanlage schon keinen Werkvertrag dar. Die geschuldete Leistung weist regelmäßig daraufhin, dass es sich um einen Kaufvertrag mit Montageverpflichtung handelt und somit die Anwendbarkeit des § 650f BGB bereits von vornherein ausscheidet.[25] So sind auch grundsätzlich Ansprüche aus Werklieferverträgen und Kaufverträgen mit Montageverpflichtung von der Sicherheit ausgenommen.[26]

Ebenso sollen reine vorbereitende Leistungen keinen Anspruch auf eine Bau- 15 handwerkersicherung begründen, wenn sie isoliert in Auftrag gegeben worden sind. Dazu sollen beispielsweise Rodungen, Baugrubensicherungen, die Herstellung einer Baustelleneinrichtung sowie die Herstellung und Vorhaltung des Baugerüstes zählen,[27] wenn sie nicht im Zusammenhang mit Arbeiten zur Errichtung des Bauwerks in Auftrag gegeben worden sind.[28]

III. Verpflichteter Besteller

Nach Abs. 1 ist zunächst jeder **Besteller im Rahmen eines Bauvertrages** 16 **(§ 650a BGB) verpflichtet,** eine Bauhandwerkersicherung zu stellen. Anders als es für die Sicherungshypothek aus § 650e BGB erforderlich ist, muss der Besteller

---

[20] Vgl. Leinemann/Kues/Koppmann BGB § 650f Rn. 14.
[21] Zust.: OLG München IBR 2004, 678; Leinemann/Hilgers BGB § 648a aF Rn. 9; abl.: BGH NZBau 2005, 281.
[22] Vertiefend: Leinemann/Hilgers BGB § 648a aF Rn. 11 ff.
[23] KG BauR 2005, 1035; Messerschmidt/Thierau NZBau 2007, 205.
[24] OLG Köln BeckRS 2014, 21849 = IBR 2015, 43.
[25] OLG Naumburg NZBau 2014, 560.
[26] Vgl. Leinemann/Kues/Koppmann BGB § 650f Rn. 16; Messerschmidt/Voit/Cramer BGB § 650f Rn. 21.
[27] Vgl. Leinemann/Kues/Koppmann BGB § 650f Rn. 15 mwN.
[28] OLG Hamburg BauR 1994, 123.

Anhang § 17

bei § 650f BGB nicht gleichzeitig Grundstückseigentümer sein. Nichts anders gilt, wenn Mängelansprüche zwischenzeitlich an einen Dritten abgetreten wurden. Auch dann ist das Sicherungsverlangen ausschließlich an den Besteller zu richten.[29] Ausreichend ist, wenn er bezüglich der zu sichernden Werklohnforderung verfügungsberechtigt ist, weil der Sicherungsanspruch als unselbstständige Sicherungsrecht einzuordnen ist und die §§ 401 ff. BGB entsprechende Anwendung finden.[30]

17 **1. Privilegierung juristischer Personen des öffentlichen Rechts.** Eine Einschränkung erfährt der zunächst uneingeschränkte Auftraggeberbegriff in Abs. 6. Dort werden zwei Gruppen von Auftraggebern privilegiert, die keine Sicherheit zu leisten brauchen. Danach sind die **juristischen Personen des öffentlichen Rechts** oder öffentlich-rechtliche Sondervermögen, über deren Vermögen ein Insolvenzverfahren unzulässig ist, nicht zur Stellung einer Sicherheit nach § 650f BGB verpflichtet. Wie sich bereits aus der Regelung selbst ergibt, gründet diese Ausnahme auf der fehlenden Insolvenzgefahr bei den genannten öffentlichen Bestellern. Zu diesen zählt der Bund, die Länder, Kreise, Gemeinden und sonstige Gebietskörperschaften sowie Körperschaften, Anstalten und Stiftungen des öffentlichen Rechts.

18 Handelt es sich bei dem Besteller hingegen um Kreditinstitute des öffentlichen Rechts, so sind diese von der Privilegierung nicht erfasst.[31] Diese Ausnahme von der Privilegierung ist systematisch sinnvoll, weil über das Vermögen solcher Kreditinstitute nach Wegfall der Gewährträgerhaftung ein Insolvenzverfahren eröffnet werden kann.

19 Die Privilegierung aus Abs. 6 S. 1 Nr. 1 kann nicht auf **juristische Personen des Privatrechts** übertragen werden, selbst wenn deren Geschäftsanteile mehrheitlich oder vollständig im Eigentum von juristischen Personen des öffentlichen Rechts stehen.[32] Eine Aufnahme in den von Abs. 6 Nr. 1 privilegierten Bestellerkreis verbietet sich schon deshalb, weil die juristischen Personen des Privatrechts voll insolvenzfähig sind. Ferner verbietet sich auch eine entsprechende Anwendung des Abs. 6 S. 1 Nr. 1, weil es sich bei der Regelung um eine Ausnahmevorschrift handelt und diese daher einer analogen Anwendung auf juristische Personen des Privatrechts, deren Geschäftsanteile sich zu 100 % in der Hand von juristischen Personen des öffentlichen Rechts befinden, nicht zugänglich ist.[33]

20 **2. Privilegierung von Verbrauchern.** Eine weitere Privilegierung erfahren in Abs. 6 S. 1 Nr. 2 **Verbraucher,** wenn sie einen Verbraucherbauvertrag nach § 650i BGB oder einen Bauträgervertrag nach 650u BGB abschließen. Der zweite Privilegierungstatbestand wurde mit dem Gesetz zur Reform des Bauvertragsrechts neu gefasst. Bislang war die Privilegierung für natürliche Personen gewährt worden, die Bauarbeiten zur Herstellung oder Instandsetzung eines Einfamilienhauses mit oder ohne Einliegerwohnung ausführen ließen.

21 Die Neufassung knüpft an die Definition des Verbraucherbauvertrags und des Bauträgervertrags an und soll für die Praxis mehr Klarheit und Rechtssicherheit

---

[29] BGH NZBau 2009, 439; BGH NJW-RR 2008, 31.
[30] Vgl. Leinemann/Kues/Koppmann BGB § 650f Rn. 20.
[31] Leinemann/Hilgers BGB § 648a aF Rn. 15.
[32] OLG Jena BeckRS 2007, 13020 = NJOZ 2007, 5293.
[33] So auch: Leinemann/Hilgers BGB § 648a aF Rn. 15.

hinsichtlich des Anwendungsbereichs der Vorschrift schaffen.[34] Die Änderung dient der Anpassung an die VerbraucherrechteRL (RL 2011/83/EU) vom 25.10.2011 und somit sind in Erweiterung des Anwendungsbereichs der Privilegierung jetzt auch Verträge eines Verbrauchers über den Bau eines Mehrfamilienhauses erfasst.[35]

Die Privilegierung greift erst ein, wenn ein Verbraucherbauvertrag nach § 650i **22** BGB oder ein Bauträgervertrag nach § 650u BGB abgeschlossen wurde. Durch den Verbraucherbauvertrag wird der Unternehmer von einem Verbraucher zum Bau eines neuen Gebäudes oder zu erheblichen Umbaumaßnahmen an einem bestehenden Gebäude verpflichtet. Danach soll ein Verbraucherbauvertrag nicht vorliegen und der Verbraucher den Schutz der Privilegierung aus Abs. 6 S. 1 Nr. 2 nicht beanspruchen können, wenn der Unternehmer nicht zur Errichtung eines gesamten Einfamilienhauses verpflichtet wurde (oder zum erheblichen Umbau), sondern Einzelgewerke vergeben wurden,[36] also beim „Bau aus einer Hand".[37] Für Koppmann[38] ist dies überzeugend, weil der Gesetzgeber den Verbraucher auch gegenüber dem Bauträger privilegiert habe, wenn er Bauleistungen im Rahmen eines Bauträgervertrages erbringe, weil der Bauträger in der Regel auch die vollständige Errichtung schulde.

Die Privilegierung soll nicht eingreifen, wenn der Verbraucher das Gebäude **23** gewerbsmäßig erstellt und damit wie ein Bauträger handele.[39] Die bloße Mehrfacherrichtung eines Einfamilienhauses, auch zur Weitervermietung, soll nicht genügen, wenn dies keinen gewerbsmäßigen Charakter annehme, weil der Bau eines Einfamilienhauses als private Kapitalanlage auch ohne Eigenbedarf privilegiert sei.[40]

Wird ein Neubau zum Zwecke einer gemischten Nutzung errichtet, beispiels- **24** weise zum Wohnen des Verbrauchers und damit er darin seiner gewerblichen oder sonstigen beruflichen Tätigkeit nachgehen kann, ist auf den Schwerpunkt der Gebäudenutzung abzustellen.[41] Liegt der Schwerpunkt in der privaten Nutzung ist eine Verbrauchereigenschaft des Bestellers anzunehmen und die Privilegierung greift ein.[42]

Die Privilegierung gilt für den Verbraucher nach Abs. 6 S. 2 nicht, wenn er **25** für die Betreuung des Bauvorhabens einen Baubetreuer einschaltet, der zur Verfügung über die Finanzierungsmittel ermächtigt ist.

3. Auswirkung der Privilegierung auf Nachunternehmerverhältnisse. **26** Die Ausnahmen aus Abs. 6 S. 1 Nr. 1 und Nr. 2 gelten nicht im Verhältnis von Haupt- zu Nachunternehmern im Bereich von öffentlichen Aufträgen sowie bei Verbrauchern. Die Privilegierung erfasst nur den Hauptvertrag zwischen dem Besteller und dem Hauptunternehmer, weil nur insofern vertragliche Beziehungen zu den aufgeführten Bestellern bestehen. Dem Nachunternehmer steht somit die uneingeschränkte Möglichkeit zu, eine Sicherheit von seinem Besteller zu fordern.[43]

---

[34] Vgl. BT-Drs. 18/8486, 58.
[35] Vgl. BT-Drs. 18/8486, 59.
[36] Kniffka/Retzlaff BauR 2017, 1747 (1823).
[37] OLG Köln IBR 2017, 501 (zu § 312 Abs. 2 Nr. 3 BGB).
[38] Vgl. Leinemann/Kues/Koppmann BGB § 650f Rn. 27.
[39] Messerschmidt/Voit/Cramer BGB § 650f Rn. 27.
[40] Staudinger/Peters/Jacoby BGB § 648a aF Rn. 7.
[41] Vgl. Leinemann/Kues/Koppmann BGB § 650f Rn. 31.
[42] Vgl. BGH NZBau 2016, 356.
[43] So auch: Ingenstau/Korbion/Joussen Anh. 1 Rn. 264.

Anhang § 17 VOB Teil B

C. Sicherheiten

27 **Die Art der zu erbringenden Sicherheit** ergibt sich im Allgemeinen aus §§ 232–240 BGB. Der Besteller kann daher die Sicherheit durch Hinterlegung von Geld oder Wertpapieren, durch Verpfändung von Forderungen, durch Verpfändung beweglicher Sachen, durch Bestellung von Hypotheken an inländischen Grundstücken, durch Verpfändung von Forderungen, für die eine Hypothek an einem inländischen Grundstück besteht, oder durch Verpfändung von Grundschulden oder Rentenschulden an inländischen Grundstücken erbringen. § 232 Abs. 2 BGB stellt klar, dass die Sicherheitsleistung auch durch Stellung eines tauglichen Bürgen zulässig ist. Allerdings kann die Bürgschaft nur dann als Sicherungsmittel gestellt werden, wenn eine Sicherheit aus dem Katalog des ersten Absatzes nicht geleistet werden kann.

28 Der Nachrangigkeit der Bürgschaft aus den allgemeinen Vorschriften wirkt § 650f Abs. 2 BGB entgegen. Danach kann die Sicherheit ausdrücklich auch durch eine Garantie oder ein sonstiges Zahlungsversprechen eines Kreditinstitutes geleistet werden. Damit ist die sich aus § 232 Abs. 2 BGB ergebende Nachrangigkeit der Bürgschaft[44] für die Bauhandwerkersicherung nach § 650f BGB aufgehoben.

29 Wurde dem Unternehmer bereits eine Bauhandwerkssicherungshypothek gemäß § 650e BGB eingeräumt, hat er keinen Anspruch mehr auf Sicherheit nach § 650f BGB. Anders ist es, wenn lediglich eine Vormerkung für eine Bauhandwerkssicherungshypothek eingetragen wurde.[45]

30 Nach § 650f Abs. 2 BGB kann die Sicherheit durch ein sonstiges Zahlungsversprechen erbracht werden, womit grundsätzlich die **selbstschuldnerische Bürgschaft** gemeint ist,[46] die sich in der Baupraxis zum gängigsten Sicherungsmittel entwickelt hat.[47] Jedoch lässt § 650f Abs. 2 BGB zu, dass nicht nur eine selbstschuldnerische Bürgschaft erbracht werden kann, sondern auch eine Garantie oder ein sonstiges Zahlungsversprechen. Dabei kommt es einzig darauf an, dass dieses Zahlungsversprechen dem Unternehmer einen werthaltigen, unbeschränkten und klagbaren Zahlungsanspruch einräumt.[48] Die Erklärung einer Bank, wonach der Werklohn bei ihr zur Verfügung stehe und Verfügungen über diesen Betrag ausschließlich für objektbezogene Kosten zugelassen würden, erfüllt die Anforderung an ein sonstiges Zahlungsversprechen nicht.[49] Ebenso reicht eine Konzernbürgschaft nicht aus, weil diese nicht von einem Kreditinstitut stammt.[50] Ausreichend sind hingegen Zahlungsversprechen im Sinne von § 19 Abs. 1 Nr. 4 KWG.[51]

31 Nach § 650f Abs. 1 S. 5 BGB darf sich der Besteller das Recht vorbehalten, sein Versprechen im Falle einer wesentlichen Verschlechterung der Vermögensverhältnisse des Bestellers mit Wirkung für Vergütungsansprüche aus Bauleistungen zu widerrufen, die der Unternehmer bei Zugang der Widerrufserklärung noch nicht erbracht hat. Diese Beschränkung entspricht einer Vermögensverschlechte-

---

[44] Abu Saris Gewährleistungsbürgschaften, S. 22.
[45] Leinemann/Hilgers BGB § 648a aF Rn. 49.
[46] Vgl. BT-Drs. 16/511, 15.
[47] So auch: Abu Saris Gewährleistungsbürgschaften, S. 200.
[48] BGH NZBau 2001, 129.
[49] BGH NZBau 2001, 129.
[50] Leinemann/Hilgers BGB § 648a aF Rn. 20.
[51] Vgl. BT-Drs. 12/1836, 9.

rungsklausel iSd § 321 BGB.⁵² Sie berührt mithin bereits erbrachte, aber noch nicht vergütete Leistungen.

Eine **Befristung** der Bürgschaft ist nicht zulässig, weil sie den Unternehmer 32 in einer vom Gesetzgeber nicht vorgesehenen und dem Gesetzeszweck zuwiderlaufenden Weise benachteiligt. Sie würde die Sicherheit faktisch entwerten, weil sie das Risiko beinhaltet, dass der Unternehmer mit seiner Forderung ausfällt.⁵³ Ferner ist eine Bürgschaft unzulässig, die im Zeitpunkt der Erfüllung bzw. Beendigung des Vertrages enden soll.⁵⁴ Ansonsten könnte der Besteller dem Unternehmer durch eine Kündigung die Sicherheit wieder entziehen. Zudem würde eine solche Beschränkung § 650f Abs. 1 BGB entgegenlaufen, weil danach auch nach einer Kündigung des Bauvertrages ein Anspruch des Unternehmers auf Sicherheitsleistung bestünde.⁵⁵

Nach herrschender Rechtsprechung zu § 648a BGB aF erstreckt sich eine vom 33 Besteller als Sicherheitsleistung gestellte Bürgschaft für Werklohnforderungen aus einem Bauvertrag auch dann nicht auf Entgeltforderungen aus später vom Besteller angeordneten **Auftragserweiterungen** nach § 1 Abs. 3, Abs. 4 S. 1 oder S. 2 VOB/B, wenn für den Bürgen erkennbar war, dass ein VOB/B-Bauvertrag vorliegt.⁵⁶ Eine Erstreckung der Bürgschaft auch auf Vergütungsansprüche des Unternehmers für die Ausführung zusätzlicher und/oder geänderter Leistungen, ist nur zulässig, wenn im Bürgschaftstext klargestellt wird, dass nicht nur die Forderungen des Unternehmers aus dem Hauptvertrag abgesichert werden, sondern auch Forderungen aus der Ausführung zusätzlicher und/oder geänderter Leistungen. Das wird damit begründet, dass dem Bürgen anderenfalls zum Zeitpunkt der Erklärung nicht kalkulierbare Haftungsrisiken aufgebürdet würden.⁵⁷ Weiter unterstreicht die Rechtsprechung ihre Ansicht damit, dass der Unternehmer trotz Leistung der Sicherheit durch den Besteller eine weitere Sicherheit für Vergütungsansprüche fordern kann, die aufgrund zusätzlicher und/oder geänderter Leistungen entstanden sind.⁵⁸

Wie auch nach § 17 Abs. 4 VOB/B kann der Unternehmer im Rahmen des 34 § 650f BGB keine **Bürgschaft auf erstes Anfordern** verlangen.⁵⁹ Wird eine solche Bürgschaft versehentlich gestellt, ist sie aber grundsätzlich wirksam.⁶⁰ Etwas anderes gilt, wenn die Bürgschaft aufgrund einer unwirksamen Rechtsgrundlage, beispielsweise einer unwirksamen Vertragsklausel, gestellt wurde.⁶¹

Eine wesentliche Einschränkung für Bürgschaften oder sonstige Zahlungsversprechen eines Kreditinstituts oder Kreditversicherers ergibt sich aus Abs. 2 S. 2. 35 Danach darf das Kreditinstitut oder der Kreditversicherer Zahlungen an den Unternehmer nur leisten, sobald der Besteller den Vergütungsanspruch des Unter-

---

⁵² Leinemann/Hilgers BGB § 648a aF Rn. 22.
⁵³ OLG Frankfurt a. M. BauR 2003, 412; OLG Oldenburg MDR 1999, 89.
⁵⁴ OLG Frankfurt a. M. BauR 2003, 412.
⁵⁵ BGH NZBau 2014, 343.
⁵⁶ BGH NZBau 2010, 167.
⁵⁷ BGH NZBau 2010, 167; bereits zuvor unter Berufung auf einen Verstoß des bürgschaftsrechtlichen Bestimmtheitserfordernisses: OLG Frankfurt a. M. BauR 2008, 1036; KG BauR 2007, 1760; OLG München BauR 2004, 1316.
⁵⁸ BGH NZBau 2010, 167; aA: mit nachvollziehbaren Argumenten Hildebrandt BauR 2007, 1121 (1126 ff.); Leinemann/Hilgers BGB § 648a aF Rn. 24.
⁵⁹ OLG Celle IBRRS 2002, 1282.
⁶⁰ BGH NZBau 2001, 680.
⁶¹ Leinemann/Sterner BauR 2000, 1414.

nehmers anerkennt oder er durch vorläufig vollstreckbares Urteil zur Zahlung der Vergütung verurteilt worden ist und die Voraussetzungen vorliegen, unter denen die Zwangsvollstreckung begonnen werden darf. Dadurch soll unter anderem verhindert werden, dass durch eine vorzeitige Auszahlung der Sicherheit ein etwaiger Vergütungseinbehalt des Bestellers wegen behaupteter Mängel faktisch ins Leere laufen würde, weil der Unternehmer bereits anderweitig, über die ihm vorliegende Sicherheit, an sein Geld gekommen ist.[62]

36 Unter einem **Anerkenntnis** ist grundsätzlich ein deklaratorisches Anerkenntnis des Bestellers zu verstehen. Es ist Aufgabe des Unternehmers dem Kreditinstitut oder dem Kreditversicherer ein solches Anerkenntnis nachzuweisen.[63] Daraus lässt sich schlussfolgern, dass eine Bürgschaft auf erstes Anfordern als taugliches Sicherungsmittel ausscheidet,[64] weil es bei dieser Art von Bürgschaft gerade kein Nachweis eines bestehenden Anspruches bedarf.

37 Erkennt der Besteller die Forderung nicht an, ist das Kreditinstitut nur verpflichtet zu zahlen, wenn ein **vorläufig vollstreckbares Urteil** vorgelegt wird. Es ist danach nicht erforderlich, dass das Urteil bereits rechtskräftig ist. In der Insolvenz des Bestellers kann ein vorläufig vollstreckbares Urteil nach § 178 Abs. 3 InsO durch die Feststellung der Forderung zur Tabelle ersetzt werden.[65] Da ein vorläufig vollstreckbares Urteil nur gegen den Besteller nicht aber gegen den Bürgen Rechtskraft entfaltet, kann der Bürge nach wie vor seine weiteren Rechte aus der Bürgschaft dem Unternehmer entgegenhalten. Dieses kann der Unternehmer nicht durch eine Streitverkündung umgehen, weil die Voraussetzungen für eine Interventionswirkung nach § 72 Abs. 1 ZPO gegenüber dem Bürgen nicht vorliegen. Es handelt sich bei einem Obsiegen des Unternehmers im Prozess gegen den Besteller nicht um einen ungünstigen Ausgang des Vorprozesses iSd § 72 Abs. 1 ZPO.[66] Deswegen wird empfohlen, eine Feststellungsklage gegen den Bürgen zu erheben, gerichtet auf dessen Zahlungsverpflichtung im Falle des Obsiegens des Unternehmers gegen den Besteller.[67]

38 Beschränkungen nach Abs. 2 S. 2 sollten in die Bürgschaftsurkunde aufgenommen werden. Zudem sollte der Besteller, aber auch der Bürge darauf achten, dass der Gesetzeswortlaut unverändert wiedergegeben wird,[68] um eine missbräuchliche Inanspruchnahme zu vermeiden. Da der Unternehmer keine weiteren, über den Gesetzeswortlaut hinausgehenden Beschränkungen akzeptieren muss, muss der Besteller, der eine Bürgschaft mit unzulässigen Beschränkungen stellt, sich so behandeln lassen, als hätte er keine Sicherheit geleistet.[69]

39 Nach § 650e Abs. 1 S. 1 BGB kann der Unternehmer Sicherheit für die auch in **Zusatzaufträgen** vereinbarte und noch nicht gezahlte Vergütung einschließlich dazugehöriger **Nebenforderungen** verlangen.

40 Dem Gesetz selbst lässt sich nicht entnehmen, was unter **Nebenforderungen** zu verstehen ist. Gemeint sein dürften später etwa anfallende Nebenforderungen wie vertragliche Zinsen und Verzugszinsen sowie Kosten eines Prozesses, jeweils

---

[62] Ingenstau/Korbion/Joussen Anh. 1 Rn. 282.
[63] Ingenstau/Korbion/Joussen Anh. 1 Rn. 283.
[64] OLG Celle IBRRS 2002, 1282; OLG Düsseldorf BauR 2000, 919.
[65] OLG Naumburg IBRRS 2007, 2687.
[66] Ingenstau/Korbion/Joussen Anh. 1 Rn. 284.
[67] Schmitz BauR 2006, 430; Ingenstau/Korbion/Joussen Anh. 1 Rn. 284.
[68] Leinemann/Hilgers BGB § 648a aF Rn. 29.
[69] OLG Hamm IBR 2016, 519; OLG Frankfurt a. M. BauR 2003, 412.

§ 650f BGB Bauhandwerkersicherung **Anhang § 17**

bezogen auf die abgesicherte Vergütung.[70] Die pauschale gesetzliche Festlegung von 10 % für Nebenforderungen gründet darauf, dass zum Zeitpunkt des Sicherungsverlangens noch nicht feststeht, in welcher Höhe Nebenforderungen entstehen werden. Ferner verhindert es, dass der Unternehmer einen höheren Betrag für die Nebenforderung ansetzt. Fordert er bei der Inanspruchnahme der Sicherheit die Nebenforderungen ein, ist er nach allgemeinen Grundsätzen für deren Bestehen und darlegungs- und beweispflichtig. Ihm obliegt es, bei der Abrechnung prüffähig darzulegen, dass ihm die Nebenforderungen zustehen und – im Falle der gerichtlichen Durchsetzung – entsprechenden Beweis anzutreten.[71]

Die **Höhe** der Sicherheit richtet sich nach dem gesamten Vergütungsanspruch des Unternehmers. In dieser Höhe besteht auch sein Sicherungsbedürfnis. Dieses entfällt auch bei Vereinbarung von Abschlagszahlungen oder eines Zahlungsplans erst, wenn der Unternehmer eine Sicherheit in voller Höhe oder die Zahlungen tatsächlich erhalten hat.[72] Danach kann eine Sicherheit nur noch in Höhe des nach Abzug der erhaltenen Zahlungen bzw. vorhandenen Sicherheiten noch offenen Vertragspreises zzgl. der Nachträge verlangt werden.[73] Der Unternehmer kann daher die Sicherheit von Anfang an in voller Höhe verlangen. Er kann aber auch darunter bleiben und später eine Erhöhung der Sicherheit fordern.[74] 41

Die sich aus § 2 Abs. 3, 5, 6 und 8 VOB/B ergebenen **Mehrvergütungsansprüche** sind ebenfalls bei der Höhe der Sicherheit zu berücksichtigen, sofern sie unstreitig bzw. durch den Besteller beauftragt wurden.[75] Umstritten ist jedoch, ob auch streitige bzw. nicht beauftragte Nachträge in die Berechnung der Höhe der Sicherheit einfließen. Die befürwortende Ansicht[76] begründet ihre Auffassung damit, dass für die Entstehung des Vergütungsanspruches des Unternehmers nach § 2 VOB/B nicht relevant sei, ob eine Vergütungsvereinbarung erfolgt ist.[77] Nach einer anderen Auffassung ist der entsprechende Vergütungsanspruch absicherbar, sobald über den zusätzlichen Vergütungsanspruch eine Vergütungsvereinbarung getroffen wurde. Die einseitige Anordnung des Bestellers reiche nicht aus.[78] 42

Die Forderung nach einer neuen Vereinbarung erscheint nicht sachgerecht. Der Anspruch auf die zusätzliche Vergütung entsteht bereits mit der Anordnung einer geänderten oder zusätzlichen Leistung durch den Besteller, sodass der Unternehmer ab diesem Zeitpunkt eine neue Sicherheit nach § 650f BGB verlangen können muss.[79]

Schadensersatzansprüche aus **unerlaubter Handlung** oder positiver Vertragsverletzung werden bei der Höhe der Sicherheit nicht berücksichtigt, weil diese 43

---

[70] Kniffka/Schmitz BGB § 650f Rn. 79; aA: OLG Frankfurt a. M. BauR 2007, 1430.
[71] Leinemann/Hilgers BGB § 648a aF Rn. 37.
[72] BGH NZBau 2001, 129; OLG Düsseldorf BauR 1999, 47.
[73] BGH NZBau 2001, 129.
[74] Leinemann/Hilgers BGB § 648a aF Rn. 38.
[75] OLG Karlsruhe NJW 1997, 263.
[76] OLG Düsseldorf BauR 2005, 1971.
[77] BGH NJW 1968, 1234 (für geänderte Leistungen); OLG Düsseldorf BauR 1989, 335 (für zusätzliche Leistungen).
[78] Ingenstau/Korbion/Joussen Anh. 1 Rn. 179.
[79] Ausführlich Leinemann/Hilgers BGB § 648a aF Rn. 39.

Hildebrandt

regelmäßig nicht Bestandteil des Vergütungsanspruches des Unternehmers sind.[80] Ebenso wird ein vereinbarter Skontoabzug nicht berücksichtigt.[81] Schadensersatzansprüche nach § 6 Abs. 6 VOB/B sowie **Entschädigungsansprüche** nach § 642 BGB aufgrund eines gestörten Bauablaufs sollen nicht von § 650f Abs. 1 BGB gedeckt sein und seien daher nicht sicherbar.[82]

Nichtvertragliche Ansprüche aus **ungerechtfertigter Bereicherung** oder solche aus **Geschäftsführung ohne Auftrag** sind ebenfalls nicht sicherbar.[83]

44   Wird von dem Unternehmer **eine zu hohe Sicherheit** gefordert, führt das nicht zu dem gänzlichen Ausschluss der Verpflichtung des Bestellers eine Sicherheitsleistung zu erbringen. Der Besteller hat vielmehr die Pflicht, eine Sicherheit in angemessener Höhe anzubieten. Ansonsten kann der Unternehmer auf Sicherheitsleistung klagen bzw. nach Abs. 5 seine Leistungen einstellen oder den Vertrag kündigen.[84] Der Besteller sollte daher bei Anforderung einer Sicherheit ein Gegenangebot unterbreiten, wenn er das Sicherungsverlangen des Unternehmers für überhöht hält.[85] Zu beachten ist allerdings, dass der Unternehmer seine Leistung auch bei Stellung einer zu geringen Sicherheit einstellen kann. Auf der anderen Seite können dem Besteller bei Anforderung einer überhöhten Sicherheit Schadensersatzansprüche gegen den Unternehmer zustehen.[86]

Steht dem Besteller ein Sicherheitseinbehalt nach § 17 Abs. 6 VOB/B zu, kann er diesen nicht auf die Sicherheitsleistung anrechnen und diese damit nicht in entsprechender Höhe kürzen.

45   Eine Sicherheit kann nach mittlerweile einhelliger Auffassung auch **für bereits erbrachte Leistungen verlangt werden, die bereits abgerechnet, aber noch nicht bezahlt wurden.**[87] Die Erstreckung einer Sicherheit nach § 650f BGB auf diese Leistungen ist nur konsequent. So ergibt sich aus der Gesetzesbegründung zu § 648a BGB aF, dass von dem Sicherungsverlangen nur bereits erbrachte Voraus- und Abschlagszahlungen abzusetzen sind.[88] Eine darüberhinausgehende Erweiterung auf noch nicht bezahlte Leistungen wäre dem Unternehmer gegenüber unbillig, weil er insoweit immer noch in Vorleistung tritt.

46   Gemäß § 650f Abs. 2 S. 2 BGB findet die **Verwertung der Sicherheit** nach Abs. 2 S. 1 nur statt, wenn der Besteller den Vergütungsanspruch des Unternehmers anerkennt oder durch ein vorläufig vollstreckbares Urteil zur Zahlung der Vergütung verurteilt worden ist und die Voraussetzungen vorliegen, unter denen die Zwangsvollstreckung begonnen werden darf. Die Regelung ist nicht auf andere Sicherheiten entsprechend anwendbar, weil dies dem Wortlaut der Regelung zuwiderlaufen würde.

47   Macht der Besteller **Mängelrechte** geltend, stellt sich die Frage, ob das Einfluss auf die Höhe der geforderten Sicherheit haben kann. Dies ist abzulehnen, solange

---

[80] Ingenstau/Korbion/Joussen Anh. 1 Rn. 186; Leinemann/Hilgers BGB § 648a aF Rn. 44.
[81] LG Hamburg IBRRS 2015, 1971 (nicht rechtskräftig).
[82] LG Berlin IBR 2017, 251; LG Halle IBR 2016, 1138.
[83] OLG Stuttgart NZBau 2018, 101.
[84] BGH NZBau 2001, 129; OLG Düsseldorf BauR 2009, 1940.
[85] Leinemann/Hilgers BGB § 648a aF Rn. 46; Leinemann NJW 1997, 238.
[86] Leinemann/Hilgers BGB § 648a aF Rn. 47.
[87] BGH NZBau 2001, 129; OLG Karlsruhe NJW 1997, 263; Werner/Pastor BauProz Rn. 329; Leinemann NJW 1997, 238.
[88] BT-Drs. 12/1836, 8.

§ 650f BGB Bauhandwerkersicherung **Anhang § 17**

dem Unternehmer das Recht zusteht, die Mängel zu beseitigen bzw. das Werk mangelfrei herzustellen und er dazu rechtlich und tatsächlich noch in der Lage ist. Dem Besteller steht wegen solcher Mängel zwar ein Leistungsverweigerungsrecht zu, dieses ändert aber nichts an dem schutzwürdigen Interesse des Unternehmers an der Absicherung seines in voller Höhe durchsetzbaren Vergütungsanspruchs. Die Höhe der Sicherheit nach § 650f BGB kann daher von diesem Leistungsverweigerungsrecht nicht berührt werden.[89] Die Gegenauffassung,[90] die nicht auf die Leistungsbereitschaft des Unternehmers abstellen will, kann nicht überzeugen, weil von § 650f BGB der noch offene Vergütungsanspruch abgesichert wird.[91]

Eine andere Beurteilung ist geboten, wenn der Besteller mit seinen Gegenansprüchen bereits wirksam gegen die Werklohnforderung aufgerechnet oder sie gemindert hat und die Gegenforderung entweder unstreitig ist oder rechtskräftig festgestellt wurde (§ 650f Abs. 1 S. 4 BGB). Über den Wortlaut des Abs. 1 S. 4 hinaus umfasst die Regelung nicht nur die Möglichkeit der Aufrechnung, sondern auch die bereits erklärte Aufrechnung.[92]

Aus dem Ausschluss von Aufrechnungsansprüchen, die nicht unstreitig sind **48** oder bereits rechtskräftig festgestellt wurden und dem Ausschluss von Zurückbehaltungsrechten für Mängelansprüche muss konsequenterweise gefolgert werden, dass die streitigen Ansprüche des Bestellers im Zusammenhang mit einer Klage auf Stellung einer Sicherheit nach § 650f BGB nicht im Wege der Widerklage geltend gemacht werden können.[93]

Nach § 650f Abs. 1 BGB steht dem Unternehmer ein Anspruch auf Stellung **49** einer Sicherheit gegen den Besteller zu. Dieser Anspruch ist sowohl durchsetzbar als auch einklagbar.[94] Kommt der Besteller seiner Verpflichtung zur Stellung einer Sicherheit nicht rechtzeitig nach, stellt dieses eine Vertragsverletzung dar, die zum **Schadensersatz** verpflichten kann.[95]

Der Unternehmer muss den Besteller unter Setzung einer **angemessenen** **50** **Frist** auffordern, eine Sicherheit nach § 650e BGB zu erbringen. Die Aufforderung bedarf keiner Form und kann somit auch mündlich erfolgen. Zu Beweiszwecken ist es jedoch ratsam, den Besteller schriftlich aufzufordern, die Sicherheit zu erbringen und sich den Zugang bestätigen zu lassen.

Der Unternehmer hat dem Besteller zur Beibringung der Sicherheit eine ange- **51** messene Frist zu setzen. Dabei bedarf es keiner gleichzeitigen Erklärung, dass er die Leistung nach Ablauf der Frist verweigere oder den Vertrag kündige.[96]

Welche **Frist** als angemessen anzusehen ist, kann nicht pauschal beurteilt wer- **52** den und hängt von der objektiven Sachlage und den Umständen des Einzelfalls ab.[97] Nach der Gesetzesbegründung ist grundsätzlich eine Frist von 7 bis 10 Tagen

---

[89] BGH NZBau 2001, 129; BGH NJW-RR 2008, 31; Ingenstau/Korbion/Joussen Anh. 1 Rn. 192; Werner/Pastor BauProz Rn. 330.
[90] Kniffka/Schmitz BGB § 650f Rn. 97.
[91] BGH NZBau 2001, 129.
[92] Ingenstau/Korbion/Joussen Anh. 1 Rn. 190; Leinemann/Hilgers BGB § 648a aF Rn. 53.
[93] LG Duisburg IBR 2012, 1153; Leinemann/Hilgers BGB § 648a aF Rn. 53.
[94] Messerschmidt/Voit/Cramer BGB § 650f Rn. 35.
[95] BT-Drs. 16/511, 17.
[96] Leinemann/Sterner BauR 2000, 1414.
[97] BGH NZBau 2018, 96. Messerschmidt/Voit/Cramer BGB § 650f Rn. 48.

angemessen.[98] Eine Frist von 5 Werktagen dürfte nicht angemessen sein.[99] Die Angemessenheit der Frist wird meist danach beurteilt, ob es sich um einen erfahrenen Besteller handelt,[100] oder ob der Besteller weniger Erfahrung besitzt.[101] Die großen Diskrepanzen bei der Beurteilung der Frist bürden dem Unternehmer die Last auf, in Erfahrung zu bringen, mit was für einem Besteller er es schließlich zu tun hat. Diese Einschätzung muss er aber nicht vornehmen. Vielmehr scheint grundsätzlich eine Frist von 7 bis max. 14 Tagen angemessen, weil bei einer seriösen Finanzierung eines Bauvorhabens in diesem Zeitraum eine Besicherung möglich sein wird.[102]

53 Wird eine unangemessen kurze Frist gesetzt, setzt dies eine angemessene Frist in Lauf. In Anlehnung an § 281 Abs. 2 BGB ist eine Fristsetzung hingegen entbehrlich, wenn der Besteller ernsthaft und endgültig die Stellung der Sicherheit abgelehnt hat.[103]

D. Rechtsfolgen der Nichtleistung

54 Stellt der Besteller die von dem Unternehmer zu Recht angeforderte Sicherheit nicht innerhalb der ihm gesetzten angemessenen Frist, kann der Unternehmer die Sicherheit **einklagen, seine Leistung verweigern oder den Vertrag kündigen**. Der Unternehmer kann diese Sanktionen auch teilweise kumulativ einsetzen. Denkbar ist beispielsweise, dass er nach Ablauf einer angemessenen Frist die weitere Leistung verweigert und währenddessen die Sicherheit einklagt. Dieses Vorgehen hätte zum Vorteil, dass der Unternehmer den Anforderungsprozess hinreichend abgesichert führen kann.[104]

55 Der Unternehmer hat mittlerweile die Möglichkeit das Sicherungsverlangen **klageweise** geltend zu machen,[105] weil ihm nach Abs. 1 ein Anspruch auf Stellung einer Sicherheit zusteht. Diesen Anspruch verliert der Unternehmer nicht dadurch, dass der Besteller den Vertrag kündigt.[106] Eine andere Bewertung ist auch nicht deshalb veranlasst, weil nach einer Kündigung regelmäßig keine Vorleistungen des Unternehmers mehr ausstehen, denn bereits nach der Neufassung des § 648a BGB kommt es nicht mehr darauf an, ob der Unternehmer noch Vorleistungen erbringen muss.[107]

Liegen dem Verlangen nach einer Sicherheit nach § 650f BGB andere Motive als die bloße Erlangung einer Sicherheit zugrunde, stellt dies keine unzulässige Rechtsausübung und auch keinen Verstoß gegen das bauvertragliche Kooperationsgebot dar.[108]

---

[98] Vgl. BT-Drs. 12/1836, 9.
[99] BGH NZBau 2011, 93.
[100] Dann wird eine Frist von 7 Tagen als ausreichend angesehen, vgl. Messerschmidt/Voit/Cramer BGB § 650f Rn. 50.
[101] Hierbei wird auch eine Frist von bis zu 3 Wochen als angemessen angesehen, vgl. OLG Dresden BauR 2006, 1318; Ingenstau/Korbion/Joussen Anh. 1 Rn. 220.
[102] So auch Leinemann/Hilgers BGB § 648a aF Rn. 54.
[103] MüKoBGB/Busche § 650f Rn. 17.
[104] Ingenstau/Korbion/Joussen Anh. 1 Rn. 217.
[105] BT-Drs. 16/511, 17.
[106] BGH NZBau 2014, 343.
[107] BGH NZBau 2014, 343; aA: LG Hamburg IBR 2013, 1033.
[108] BGH NZBau 2018, 96.

§ 650f BGB Bauhandwerkersicherung **Anhang § 17**

Der Unternehmer muss in seinem Klageantrag den zu sichernden Anspruch 56
genau beziffern.[109] Dabei trägt der Unternehmer die Darlegungs- und Beweislast
dafür, welcher Werklohn vertraglich und ggf. in Nachtragsaufträgen vereinbart ist
und in welcher Höhe der Werklohn bisher nicht gezahlt wurde. Der Klageantrag
darf nicht auf die Stellung einer bestimmten Sicherheit gerichtet sein, weil dem
Besteller das Wahlrecht zusteht, auf welche Art und Weise er die Sicherheitsleistung erbringt.[110] Ein konkretisiertes Sicherungsverlangen wäre unwirksam. Ein
stattgebendes Urteil wird dem Besteller zur Stellung einer Sicherheit in beantragter
Höhe verurteilen.[111]

Der Besteller kann sich im Klageverfahren nicht mit Gegenforderungen vertei- 57
digen, die nicht unstreitig oder bereits rechtskräftig festgestellt wurden. Auch
insoweit gilt § 650f Abs. 1 S. 4 BGB. Das bedeutet auch, dass der Besteller diese
Ansprüche nicht im Wege einer Widerklage geltend machen kann.[112]

Der Unternehmer kann seinen Anspruch auf Sicherheitsleistung nicht im Wege 58
eines **Urkundenprozesses** geltend machen, weil nach § 592 Abs. 1 S. 1 ZPO
Gegenstand einer im Urkundenprozess erhobenen Klage nur die Zahlung von
Geld oder die Leistung vertretbarer Sachen sein kann.

Gemäß § 650f Abs. 5 S. 1 BGB steht dem Unternehmer nach Ablauf einer 59
angemessenen Frist neben der Klagemöglichkeit ein **Leistungsverweigerungsrecht** zu. Verweigert der Besteller von vornherein die Sicherheitsleistung, so steht
dem Unternehmer das Leistungsverweigerungsrecht auch ohne eine vorherige
Fristsetzung zu.[113] Das Leistungsverweigerungsrecht kann der Unternehmer von
Anfang an ausüben. Er kann somit bereits die Aufnahme der Arbeiten verweigern,
wenn die Sicherheit nicht geleistet wird. Wird das Sicherungsverlangen während
der Ausführung der Arbeiten nicht befriedigt, so ist der Unternehmer berechtigt,
die weitere Ausführung zu verweigern. Verlangt er die Sicherheit nach der
Abnahme oder nach einer Kündigung, kann er die Mängelbeseitigung verweigern,
solange eine Sicherheit nicht erbracht wird. Der Unternehmer hat nach Abs. 5
S. 1 die Wahl, ob er nach Ablauf der angemessenen Frist sein Leistungsverweigerungsrecht ausübt oder den Vertrag kündigt. Einer Nachfristsetzung vor Erklärung
der Kündigung bedarf es nicht.[114]

Der Unternehmer muss nicht unmittelbar nach Ablauf der dem Besteller gesetz- 60
ten Frist kündigen.[115] Ausreichend ist, wenn er die Kündigung während des
Bestehens seines Leistungsverweigerungsrechtes erklärt.[116] Die gegenteilige Auffassung würde den Unternehmer unangemessen benachteiligen, weil er dadurch
nach Ablauf der dem Besteller gesetzten Frist gezwungen wäre, sich zwischen
Ausspruch der Kündigung und der Ausübung des Leistungsverweigerungsrechtes
zu entscheiden.[117]

Erst nach fruchtlosem Ablauf der vom Unternehmer gesetzten Frist kann er 61
jede weitere Leistung verweigern. Eine frühzeitige Leistungseinstellung, beispiels-

---

[109] Weyer IBR 2008, 72.
[110] Schmitz BauR 2009, 714.
[111] LG Nürnberg-Fürth BeckRS 2011, 12519.
[112] LG Duisburg NZBau 2012, 75.
[113] OLG Hamm IBR 2010, 140.
[114] Leinemann/Hilgers BGB § 648a aF Rn. 58.
[115] AA Messerschmidt/Voit/Cramer BGB § 650f Rn. 157.
[116] KG NZBau 2018, 533; Hildebrandt BauR 2009, 4; Schmitz BauR 2009, 714.
[117] Leinemann/Hilgers BGB § 648a aF Rn. 59.

weise vor Ablauf einer angemessenen Frist, ist dagegen unzulässig und kann Schadenersatzansprüche auslösen. Wird das Leistungsverweigerungsrecht berechtigterweise ausgeübt, hat dies den Annahmeverzug des Bestellers zur Folge.[118] Während des Annahmeverzugs steht dem Unternehmer das verschuldensunabhängige Recht auf angemessene Entschädigung nach § 642 BGB oder ein Anspruch auf Schadenersatz nach § 6 Abs. 6 VOB/B zu.[119] Das Leistungsverweigerungsrecht muss dem Unternehmer auch dann uneingeschränkt zugebilligt werden, wenn der Besteller nur für einen Teilbetrag Sicherheit leistet. Ansonsten hätte es der Besteller in der Hand, im Wege einer zu geringen Sicherheitsleistung das Leistungsverweigerungsrecht und damit ein wichtiges Druckmittel des Unternehmers zur Erlangung der Sicherheit zu Fall zu bringen.[120]

62 Kommt es zu einer Fristsetzung des Unternehmers nach § 650f Abs. 1 BGB und parallel zu einer Frist zur Mängelbeseitigung durch den Besteller, muss differenziert werden: Ist das Leistungsverweigerungsrecht des Unternehmers bereits entstanden und läuft die Frist zur Mängelbeseitigung erst danach ab, hat der Ablauf der Frist des Bestellers keinen Einfluss auf die Rechts des Unternehmers. Der Besteller kann dann aus dem Mängelbeseitigungsanspruch nicht mehr einen Selbstvornahme- oder Kostenvorschussanspruch geltend machen.[121] Ist die Frist des Bestellers jedoch vor Entstehung des Leistungsverweigerungsrechts des Unternehmers abgelaufen, treten die Rechtsfolgen uneingeschränkt ein. Mithin kann der Besteller sein Recht zur Selbstvornahme und Kostenerstattung bzw. zum Kostenvorschuss geltend machen. Zudem kann er den Vertrag gemäß § 4 Abs. 7 S. 3 VOB/B selbst dann noch kündigen, wenn er die Sicherheit der danach ablaufenden Frist des Unternehmers nicht gestellt hat.[122]

63 Unabhängig davon steht dem Besteller gegen den Vergütungsanspruch des Unternehmers wegen der Mängel der Bauleistungen ein Zurückbehaltungsrecht gemäß §§ 320, 641 Abs. 3 BGB zu.[123] Nicht zu verwechseln ist dies mit dem Recht des Unternehmers auf Sicherheitsleistung. Dieses besteht unabhängig von Erfüllungs- und Mängelrechten des Bestellers, womit diesem kein Zurückbehaltungsrecht des Bestellers entgegengehalten werden kann.

64 Der Unternehmer kann gemäß § 650f Abs. 5 S. 1 BGB statt des Leistungsverweigerungsrechts den **Vertrag kündigen.** Nach einer vorherigen Fassung des § 648a BGB aF war der Unternehmer noch gezwungen, dem Besteller zunächst eine Nachfrist zu setzen, bevor er sich vom Vertrag lösen konnte. Nach der Änderung der Vorschrift durch das FoSiG war eine solche Nachfrist nicht mehr notwendig gewesen. Der Unternehmer kann auch nach der Neufassung des § 650f BGB bereits nach Ablauf einer angemessenen Frist wahlweise den Vertrag kündigen.

Die Kündigung des Vertrages hat keinen Einfluss auf die Ansprüche des Bestellers auf Nacherfüllung wegen Mängeln der Werkleistung oder Restleistungen.[124] Die Vorleistungspflicht des Unternehmers bleibt von einer Kündigung unberührt, sodass die Leistungen mangelfrei sein müssen.[125] Sind die Leistungen des Unter-

---

[118] Grüneberg/Retzlaff BGB § 650f Rn. 20.
[119] Hofmann/Koppmann BauR 1994, 305; MüKoBGB/Busche § 650f Rn. 36.
[120] Leinemann/Hilgers BGB § 648a aF Rn. 60.
[121] BGH NZBau 2008, 55; OLG Düsseldorf NZBau 2006, 717.
[122] BGH NZBau 2006, 112.
[123] BGH NZBau 2005, 221; BGH NZBau 2004, 259.
[124] BGH NZBau 2001, 129.
[125] BGH 19.12.2002 – VII ZR 103/00, NJW 2003, 1450.

§ 650f BGB Bauhandwerkersicherung **Anhang § 17**

nehmers hingegen mangelhaftet, hat der Besteller die allgemeinen Mängelrechte, auch den Nacherfüllungsanspruch aus § 13 Abs. 5 VOB/B bzw. § 635 BGB und die Einrede aus § 641 Abs. 3 BGB.[126]
Eine von Abs. 5 S. 1 abweichende Vereinbarung ist nach Abs. 7 unwirksam. **65**
Kündigt der Unternehmer den Vertrag steht ihm gemäß Abs. 5 S. 2 die **verein-** **66** **barte Vergütung** zu. Er muss sich jedoch dasjenige anrechnen lassen, was er in Folge der Kündigung des Vertrages an Aufwendungen erspart oder durch anderweitige Verwendung seiner Arbeitskraft erwirkt oder böswillig zu erwerben unterlassen hat.

Dieser Vergütungsanspruch des Unternehmers wird erst mit der Abnahme – **67** soweit diese möglich ist – fällig,[127] weil sich der Werkvertrag auch nach Kündigung bezüglich der Fälligkeit der Vergütungsforderung weiterhin nach den werkvertraglichen Regelungen richtet, sodass § 641 Abs. 1 BGB nach wie vor Anwendung findet.[128]

Gemäß § 650f Abs. 5 BGB gilt eine **gesetzliche Vermutung,** dass dem Unter- **68** nehmer zumindest fünf Prozent des Werklohnes der ausstehenden Leistung zustehen. Die Bezugsgröße ist anhand der gesamten nach dem Vertrag geschuldeten Vergütung einschließlich etwaiger Nachträge zu ermitteln.[129] Die Vermutung kann widerlegt werden. Die Regelung soll dem Unternehmer nur den Beweis des Schadens erleichtern und nicht einen Beweis ausschließen.[130] Dem Besteller muss daher konsequenterweise das Recht zugestanden werden, einen niedrigeren Schaden bzw. dem Unternehmer einen höheren Schaden nachzuweisen.[131]

Kündigt der Unternehmer den Vertrag nach Abs. 5 S. 1, müssen die Folgen **69** für das Verhältnis zwischen dem Unternehmer und seinem **Nachunternehmer** beachtet werden. Der Unternehmer ist berechtigt, seinen Nachunternehmern nach § 8 Abs. 1 VOB/B bzw. § 649 S. 1 BGB zu kündigen. Dadurch haben die Nachunternehmer gemäß § 8 Abs. 1 Nr. 2 VOB/B bzw. § 649 S. 2 BGB einen Anspruch auf die gesamte vereinbarte Vergütung abzüglich dessen, was sie durch die Vertragsbeendigung erspart haben. Die danach noch an den Nachunternehmer zu zahlende Vergütung kann der Unternehmer im Rahmen der Abrechnung nach § 650f Abs. 5 S. 2 BGB gegenüber dem Besteller geltend machen.[132]

E. Vollstreckung

Verklagt der Unternehmer den Besteller auf Stellung einer Sicherheit, richtet **70** sich der **Streitwert** nach dem Betrag der zu sichernden Forderung.[133] Ein Urteil, mit dem der Besteller zur Stellung einer Sicherheitsleistung nach § 650f BGB verurteilt wird, ist in der Hauptsache ohne Sicherheitsleistung vollstreckbar.[134] Erfüllt der Besteller den Anspruch trotz eines gegen ihn ergangen Urteils nicht, kann der Anspruch gegen ihn vollstreckt werden. In der **Zwangsvollstreckung** ist jedoch

---

[126] Leinemann/Hilgers BGB § 648a aF Rn. 65.
[127] BGH NZBau 2006, 569.
[128] BGH NZBau 2006, 569.
[129] Ingenstau/Korbion/Joussen Anh. 1 Rn. 244.
[130] Messerschmidt/Voit/Cramer BGB § 650f Rn. 166.
[131] Ingenstau/Korbion/Joussen Anh. 1 Rn. 245.
[132] Leinemann/Hilgers BGB § 648a aF Rn. 68.
[133] OLG Stuttgart NJW-RR 2012, 1418.
[134] KG IBRRS 2018, 2853.

Anhang § 17   VOB Teil B

zu beachten, dass der Besteller bezüglich der Art der Sicherheit ein Wahlrecht hat, welches eine nicht vertretbare Handlung iSd § 888 ZPO darstellt. Die Zwangsvollstreckung kann daher nicht durch die Beauftragung des Gerichtsvollziehers eingeleitet werden. Der Unternehmer muss einen Antrag gemäß § 888 ZPO auf Androhung eines Zwangsgeldes beim Prozessgericht des ersten Rechtszuges stellen.[135]

71 Mit Erhalt der Sicherheit erlangt der Unternehmer jedoch nicht gleichzeitig **Liquidität**. Denn auch eine durch Urteil erlangte Sicherheit kann der Unternehmer gemäß § 650e Abs. 2 BGB erst dann verwerten, wenn der Besteller den Vergütungsanspruch anerkennt, oder durch ein vorläufig vollstreckbares Urteil zur Zahlung der Vergütung verurteilt wurde und die Voraussetzungen vorliegen, unter denen die Zwangsvollstreckung begonnen werden darf.

72 Ein **Anerkenntnis** des Bestellers ist nur selten zu erwarten. Der Unternehmer muss mithin eine weitere Klage auf Zahlung seiner Vergütung erheben. Den dadurch entstehenden zeitlichen Aufwand zweier hintereinander folgender Klagen kann der Unternehmer dadurch vermeiden, dass er seine Begehren verbunden in einer Klage gemeinsam verfolgt. Er sollte daher bei einer Klage auf Stellung einer Sicherheit diese immer mit der Klage auf Zahlung der Vergütung verbinden. Das Gericht kann in einem solchem Fall grundsätzlich über den Sicherungsanspruch durch Teilurteil entscheiden, wenn die Klage bezüglich der Werklohnforderung noch nicht entscheidungsreif ist.[136]

73 Die zu § 648a BGB aF herrschende Diskussion, ob dem Unternehmer ein Anspruch auf Sicherheitsleistung auch nach Abnahme der Werkleistung zusteht, hatte sich nach der Neufassung der Vorschrift durch das FoSiG erledigt. Gemäß § 648a Abs. 1 S. 3 BGB aF und nun § 650f Abs. 1 S. 3 BGB wird der Anspruch des Unternehmers auf Sicherheit nicht durch eine Abnahme ausgeschlossen.[137]

74 **Verweigert der** Besteller **die Stellung einer Sicherheit,** berechtigt dies den Unternehmer zur Verweigerung der Mängelbeseitigung. Der Unternehmer darf jedoch die Mängelbeseitigung nicht endgültig verweigern. Ansonsten kann er sich auf ein Leistungsverweigerungsrecht wegen einer ausstehenden Sicherheit nicht mehr berufen.[138] Eine Sicherheit nach § 650f BGB kann der Unternehmer auch nach Kündigung des Vertrages durch den Besteller verlangen.[139] Während der Anspruch auf Sicherheit nach der Altfassung des § 648a BGB aF nach Kündigung nur dann bestand, wenn der Besteller noch Mängelansprüche geltend gemacht hat,[140] reicht es aus, wenn dem Unternehmer ein Vergütungsanspruch zusteht.[141] Der BGH war aufgrund der Neufassung des § 648a BGB aF von seiner früheren Rechtsprechung abgewichen, weil das Gesetz konsequent auf das Sicherungsinteresse des Unternehmers abstellte, welches solange bestehe, wie dieser Vergütungsanspruch nicht befriedigt worden sei. Nach der Neuregelung des § 648 Abs. 1 S. 1 BGB aF reiche es daher für einen Anspruch des Unternehmers gegen den Besteller auf Leistung einer Sicherheit aus, dass dem Unternehmer noch ein Vergütungsanspruch zustehe.[142]

---

[135] So auch Leinemann/Hilgers BGB § 648a aF Rn. 69; aA: Schulze-Hagen BauR 2010, 354.
[136] OLG Frankfurt a. M. NZBau 2013, 48.
[137] Bereits zuvor: BGH NZBau 2004, 259; BGH NZBau 2004, 261.
[138] BGH NZBau 2008, 55; krit. dazu Schliemann/Hildebrandt ZfIR 2004, 278.
[139] BGH NZBau 2014, 343.
[140] BGH NZBau 2004, 264.
[141] BGH NZBau 2014, 343.
[142] So auch: Messerschmidt/Voit/Cramer BGB § 650f Rn. 171.

F. Rückgabe der Sicherheit

Die Sicherheit ist nach vollständiger Erfüllung der Vergütungsansprüche des Unternehmers an den Besteller **zurückzugeben**.[143] Dies gilt auch dann, wenn der Sicherungszweck aus anderen Gründen entfallen ist, beispielsweise weil der gesicherte Vergütungsanspruch des Unternehmers verjährt ist.[144] Entsprechendes muss gelten, wenn der Sicherungszweck teilweise entfällt. In diesem Fall besteht ein Anspruch des Bestellers auf eine Teilfreigabe der Sicherheit.[145] Der Sicherungszweck entfällt auch dann, wenn der Besteller den Saldo der Schlussrechnung berechtigterweise in einem solchen Umfang kürzt, dass dem Unternehmer unter Berücksichtigung der bereits bezahlten Vergütung kein darüberhinausgehender Anspruch mehr zusteht.[146]

Diese Grundsätze gelten nicht, wenn **Schlussrechnungskürzungen** strittig sind. Dann muss der Unternehmer die erhaltene Sicherheit erst zurückgeben, wenn die berechtigten Vergütungsansprüche rechtskräftig festgestellt oder durch den Besteller anerkannt und diese Ansprüche vollständig erfüllt worden sind. Stellt sich heraus, dass die Schlussrechnungskürzung durch den Besteller berechtigt war, stehen dem Besteller Schadensersatzansprüche wegen Verzögerung der Rückgabe der Sicherheit gegen den Unternehmer zu.[147]

Regelmäßig wird nicht davon auszugehen sein, dass der Besteller einen Anspruch auf **Reduzierung der Sicherheit** hat, wenn er die Vergütungsansprüche des Unternehmers teilweise erfüllt.[148] Die Reduzierung der Sicherheit ist der Systematik des § 650f Abs. 1 BGB fremd. Danach steht es dem Unternehmer von Anfang an zu, unter Androhung der Leistungsverweigerung die Höhe der von ihm geforderten Sicherheit zu ermitteln. Dies muss sich auch zeitlich weiter fortsetzen. Folglich kann der Unternehmer im weiteren Verlauf nach Erhalt der Sicherheit entscheiden, in welcher Höhe ihm bis zur Beendigung des Vertrages noch sicherungsfähige Ansprüche gegen den Besteller zustehen könnten und ob diese gesichert werden sollen.[149]

Nichts anderes kann gelten, wenn die Sicherheit durch Stellung einer Bürgschaft erbracht wurde. Enthält die Bürgschaft eine automatische Reduzierungsklausel dahingehend, dass beim Unternehmer eingegangene Abschlagszahlungen jeweils in dieser Höhe den Bürgschaftsbetrag mindern, ist diese Klausel gemäß § 650f Abs. 7 BGB unzulässig.

Der Besteller kann mithin die gestellte Sicherheit erst zurückverlangen, wenn dem Unternehmer kein Werklohnanspruch mehr zusteht. Daran ändert sich auch nichts, wenn der Unternehmer seiner Verpflichtung zur Schlussrechnungslegung nicht nachkommt und der Besteller gemäß § 14 Abs. 4 VOB/B selbständig eine Schlussrechnung erstellt.[150] Ist die Schlussrechnung nicht prüfbar, reicht dies nicht

---

[143] Messerschmidt/Voit/Cramer BGB § 650f Rn. 178.
[144] Ingenstau/Korbion/Joussen Anh. 1 Rn. 293; Leinemann/Hilgers BGB § 648a aF Rn. 80.
[145] Leinemann/Hilgers BGB § 648a aF Rn. 80.
[146] Leinemann/Hilgers BGB § 648a aF Rn. 80; Messerschmidt/Voit/Cramer BGB § 650f Rn. 180.
[147] OLG Frankfurt a. M. NZBau 2009, 719.
[148] Leinemann/Hilgers BGB § 648a aF Rn. 79.
[149] Leinemann/Hilgers BGB § 648a aF Rn. 79.
[150] Leinemann/Hilgers BGB § 648a aF Rn. 82.

als Nachweis aus, dass ein weitergehender Vergütungsanspruch des Unternehmers nicht mehr besteht.[151]

G. Kosten der Sicherheitsleistung

80 Gemäß § 650f Abs. 3 BGB hat der Unternehmer die üblichen **Kosten der Sicherheitsleistung** bis zu einem Höchstsatz von 2 % für das Jahr zu erstatten. Der Besteller erlangt dadurch einen Kostenerstattungsanspruch. Fallen höhere Kosten für die Sicherheitsleistung an, muss er diese dem Unternehmer nicht erstatten. Sind die Kosten hingegen geringer, kann der Besteller lediglich die tatsächlich entstanden Kosten beanspruchen. Der Unternehmer ist aber nur verpflichtet, die üblichen Kosten der Sicherheitsleistung zu erstatten. Darunter sind solche Kosten zu verstehen, die regelmäßig von dem entsprechenden Sicherungsgeber für Sicherheiten gleicher Art bei Kunden vergleichbarer Bonität berechnet werden.[152]

81 Der Besteller kann für die Kosten der Sicherheitsleistung keinen Vorschuss verlangen, weil das Gesetz selbst von einem Erstattungsanspruch spricht, die Kosten mithin zunächst entstanden sein müssen, bevor sie eingefordert werden können.

82 Eine Ausnahme der Erstattungspflicht besteht nach § 650f Abs. 3 S. 2 BGB, wenn eine Sicherheit wegen Einwendungen des Bestellers gegen den Vergütungsanspruch des Unternehmers aufrechterhalten werden muss und die Einwendungen sich als unbegründet erweisen.

83 Werden dem Sicherungsverlangen des Unternehmers Einwendungen entgegengehalten (zB erhebliche Einbehalte von fälligen Abschlagsrechnungen unter Berufung auf streitige Mängel, Gegenforderungen usw) und stellt sich im Nachhinein heraus, dass diese unbegründet waren, muss der Unternehmer denjenigen Anteil der Kosten, der dem Wert der zu Unrecht geltend gemachten Einwendungen entspricht, nicht erstatten.[153]

H. Abbedingung des Anspruches

84 Gemäß § 650f Abs. 7 BGB ist eine von den Vorschriften der Absätze 1–5 abweichende Vereinbarung unwirksam. Dabei kommt es nicht darauf an, ob die Abweichung in Allgemeinen Geschäftsbedingungen enthalten ist oder individualvertraglich vereinbart wurde.[154] Gleiches gilt auch im Rahmen eines VOB/B-Vertrages.[155]

85 Grundsätzlich gilt, dass eine direkte oder auch nur indirekte Verknüpfung zwischen der Anforderung der Sicherheit gemäß § 650f BGB mit der vorherigen oder gleichzeitigen Erfüllung einer dem Unternehmer belastenden vertraglichen Verpflichtung, eine unzulässige Abbedingung des § 650f BGB darstellt und damit ein Verstoß gegen Abs. 7 begründet.[156] Deshalb sind vertragliche Regelungen,

---

[151] OLG Frankfurt a. M. NZBau 2009, 719.
[152] Leinemann/Hilgers BGB § 648a aF Rn. 74.
[153] Leinemann/Hilgers BGB § 648a aF Rn. 77.
[154] BGH NZBau 2001, 129.
[155] Messerschmidt/Voit/Cramer BGB § 650f Rn. 7.
[156] Leinemann/Hilgers BGB § 648a aF Rn. 83.

§ 650f BGB Bauhandwerkersicherung **Anhang § 17**

wonach der Unternehmer die Sicherheit erst nach Stellung einer Vertragserfüllungsbürgschaft erhalten soll, unwirksam, weil dadurch das unbedingte Sicherungsrecht des Unternehmers abbedungen wird.[157] Auch jede andere Beschränkung des Sicherungsrechts, ist daher unwirksam.

Umstritten ist hingegen, ob Abs. 7 auch Abweichungen verbietet, die zu Gunsten des Unternehmers vereinbart werden.[158] Für die Zulässigkeit einer solchen Begründung spricht, dass § 650f BGB dem Schutz des Unternehmers dient und somit eine zu seinen Gunsten getroffene Vereinbarung nicht unter Abs. 7 subsumiert werden kann. 86

Von Abs. 7 werden hingegen nicht solche Vereinbarungen erfasst, die dem Unternehmer weitere Sicherheiten einräumen.[159] Das folgt daraus, dass § 650f BGB ausschließlich ein Sicherungsverlangen nach Vertragsschluss betrifft und nicht ein solches, dass aufgrund einer im Vertrag vereinbarten Sicherungsabrede besteht.[160] Die Vorschrift des § 650f Abs. 7 BGB soll nicht Vereinbarungen der Parteien hinsichtlich einer im Bauvertrag geregelten Sicherheitenbestellung beschränken.[161] 87

I. Verjährung

Der Anspruch des Unternehmers gegen den Besteller auf Stellung einer Sicherheit unterliegt der **Regelverjährung gemäß §§ 195, 199 BGB** und verjährt mithin in drei Jahren. Der Anspruch des Unternehmers ist als verhaltener Anspruch iSd § 271 BGB einzuordnen. Der Anspruch ist jederzeit, aber nur auf Verlangen des Berechtigten zu erfüllen.[162] Er ist erst entstanden, wenn der Unternehmer die Erfüllung des Anspruches verlangt, also die Sicherheit nach § 650f Abs. 1 BGB anfordert. Es reicht hingegen nicht aus, dass der Bauvertrag abgeschlossen wurde, weil dies dem Unternehmer lediglich die Möglichkeit einräumt, eine Sicherheit zu verlangen.[163] 88

Von der Verjährungsfrist für den Anspruch auf Stellung einer Sicherheit ist die Verjährungsfrist des Anspruches des Unternehmers gegen den Sicherungsgeber (zumeist der Bürge) aus der übergebenen Sicherheit abzugrenzen. Dieser Anspruch verjährt regelmäßig innerhalb der Regelverjährung, beginnend mit der Fälligkeit der Hauptforderung.[164] Da § 650f Abs. 2 S. 2 BGB regelt, dass bei vorläufig vollstreckbaren Urteilen aus der Sicherheit erst dann geleistet werden muss, wenn die Voraussetzungen der Zwangsvollstreckung vorliegen, kann in diesem Fall die Verjährung erst dann beginnen, wenn der Unternehmer die von ihm nach § 708 ff. ZPO zu verbringende Sicherheit geleistet hat.[165] 89

---

[157] Kniffka/Koeble Kompendium BauR Rn. 34; Grüneberg/Retzlaff BGB § 650f Rn. 22.
[158] Für die Zulässigkeit solcher Vereinbarungen: Leinemann/Klaftgroß NJW 1995, 2521; Leinemann/Hilgers BGB § 648a aF Rn. 85; abl. hingegen: Ingenstau/Korbion/Joussen Anh. 1 Rn. 286.
[159] BGH NZBau 2006, 569; 2001, 129.
[160] BGH NZBau 2010, 495.
[161] BGH NZBau 2010, 495.
[162] Leinemann/Hilgers BGB § 648a aF Rn. 91; aA: Schmitz BauR 2009, 714.
[163] So auch Grüneberg/Ellenberger § 199 Rn. 8.
[164] BGH NZBau 2008, 377.
[165] Leinemann/Hilgers BGB § 648 aF Rn. 92.

§ 18 Streitigkeiten

(1) ¹Liegen die Voraussetzungen für eine Gerichtsstandvereinbarung nach § 38 der Zivilprozessordnung vor, richtet sich der Gerichtsstand für Streitigkeiten aus dem Vertrag nach dem Sitz der für die Prozessvertretung des Auftraggebers zuständigen Stelle, wenn nichts anderes vereinbart ist. ²Sie ist dem Auftragnehmer auf Verlangen mitzuteilen.

(2)
1. ¹Entstehen bei Verträgen mit Behörden Meinungsverschiedenheiten, so soll der Auftragnehmer zunächst die der auftraggebenden Stelle unmittelbar vorgesetzte Stelle anrufen. ²Diese soll dem Auftragnehmer Gelegenheit zur mündlichen Aussprache geben und ihn möglichst innerhalb von 2 Monaten nach der Anrufung schriftlich bescheiden und dabei auf die Rechtsfolgen des Satzes 3 hinweisen. ³Die Entscheidung gilt als anerkannt, wenn der Auftragnehmer nicht innerhalb von 3 Monaten nach Eingang des Bescheides schriftlich Einspruch beim Auftraggeber erhebt und dieser ihn auf die Ausschlussfrist hingewiesen hat.
2. ¹Mit dem Eingang des schriftlichen Antrages auf Durchführung eines Verfahrens nach Nummer 1 wird die Verjährung des in diesem Antrag geltend gemachten Anspruchs gehemmt. ²Wollen Auftraggeber oder Auftragnehmer das Verfahren nicht weiter betreiben, teilen sie dies dem jeweils anderen Teil schriftlich mit. ³Die Hemmung endet 3 Monate nach Zugang des schriftlichen Bescheides oder der Mitteilung nach Satz 2.

(3) ¹Daneben kann ein Verfahren zur Streitbeilegung vereinbart werden. ²Die Vereinbarung sollte mit Vertragsabschluss erfolgen.

(4) ¹Bei Meinungsverschiedenheiten über die Eigenschaft von Stoffen und Bauteilen, für die allgemein gültige Prüfungsverfahren bestehen, und über die Zulässigkeit oder Zuverlässigkeit der bei der Prüfung verwendeten Maschinen oder angewendeten Prüfungsverfahren kann jede Vertragspartei nach vorheriger Benachrichtigung der anderen Vertragspartei die materialtechnische Untersuchung durch eine staatliche oder staatlich anerkannte Materialprüfungsstelle vornehmen lassen; deren Feststellungen sind verbindlich. ²Die Kosten trägt der unterliegende Teil.

(5) Streitfälle berechtigen den Auftragnehmer nicht, die Arbeiten einzustellen.

Literatur: Altschwager Das Schiedsgutachterverfahren nach § 18 Nr. 3 VOB/B – ein vergessenes Verfahren?, BauR 1991, 157; Boldt Vorläufige baubegleitende Streitentscheidung, 2008; Fuchs Obiter dictum zu § 18 Nr. 1 VOB/B: Zeit zum Handeln für den DVA!, BauR 2009, 1029; Kaiser Die vertragsrechtliche Bedeutung des § 18 Nr. 2 S. 3 VOB/B, BB 1978, 1548; Kues/Kaminsky Druck auf den Auftraggeber: Leistungsverweigerungsrechte des Auftragnehmers bei Streitigkeiten im Zusammenhang mit Nachträgen, BauR 2008, 1368; Kuffer Leistungsverweigerungsrecht bei verweigerten Nachtragsverhandlungen, ZfBR 2004, 110; Leinemann VOB-Bauvertrag: Leistungsverweigerungsrecht des Bauunternehmers wegen fehlender Nachtragsbeauftragung?, NJW 1998, 3672; Lembcke Rechtsnatur des Verfahrens mit der vorgesetzten Stelle nach § 18 Nr. 2 VOB/B, BauR 2009, 1666; Merkens Außergerichtliche Streitbeilegung nach § 18 VOB/B, NZBau 2008, 150; Rutsatz/Englert Gerichtsstandsvereinbarung des § 18 Nr. 1 VOB/B auch für private Auftraggeber?, NZBau 2002, 22; Vygen

Streitigkeiten § 18

Leistungsverweigerungsrecht des Auftragnehmers bei Änderungen des Bauentwurfs gemäß § 1 Nr. 3 VOB/B oder Anordnung von zusätzlichen Leistungen gemäß § 1 Nr. 4 VOB/B?, BauR 2005, 431; Weise Ist die Bau-ARGE Kaufmann?, NJW-Spezial 2005, 405.

Übersicht

Rn.

A. Einführung 1
B. Kommentierung 4
  I. Gerichtsstandsvereinbarung (Abs. 1) 4
    1. Kaufleute, juristische Personen des öffentlichen Rechts und Sondervermögen 8
    2. Kaufmannseigenschaft 9
    3. Juristische Personen des öffentlichen Rechts und Sondervermögen 10
    4. Beschränkung der Prorogation auf die örtliche Zuständigkeit 11
    5. Keine Anwendbarkeit der Vorschrift auf private Auftraggeber 12
    6. Die für die Prozessvertretung des Auftraggebers zuständige Stelle 15
  II. Streitschlichtungsverfahren mit Behörden (Abs. 2) 17
    1. Öffentlicher Auftraggeber 18
    2. Entscheidung der vorgesetzten Stelle 19
    3. Rechtsfolgenbelehrung und Anerkenntnisfiktion 22
    4. AGB-Festigkeit der Anerkenntnisfiktion 27
    5. Verfahren nach § 18 Abs. 2 beinhaltet Stillhalteabkommen . 29
    6. Verjährungshemmung durch Verfahrenseinleitung 30
  III. Vereinbarung eines Verfahrens zur Streitbeilegung (Abs. 3) 32
  IV. Schiedsgutachten von Materialprüfungsstellen (Abs. 4) 37
    1. Meinungsverschiedenheiten über die Eigenschaften von Stoffen oder Bauteilen (Abs. 4 Alt. 1) 38
    2. Meinungsverschiedenheiten über die Zulässigkeit und Zuverlässigkeit der bei der Prüfung verwendeten Maschinen oder angewendeten Prüfungsverfahren (Abs. 4 Alt. 2) 42
    3. Verfahren, Verbindlichkeit der Feststellungen 43
    4. Kosten des Verfahrens 46
    5. Verjährungshemmung 49
  V. Keine Arbeitseinstellung bei Streitfällen (Abs. 5) 50
    1. § 18 Abs. 5 hat lediglich klarstellende Funktion 51
    2. Leistungsverweigerungsrecht des Auftragnehmers bei Überschreitung der Anordnungsbefugnis durch den Auftraggeber 52
    3. Leistungsverweigerungsrecht des Auftragnehmers bei verweigerter Nachtragsbeauftragung 53

A. Einführung

§ 18 ist etwas unglücklich mit „Streitigkeiten" betitelt. Tatsächlich beinhaltet **1** die Bestimmung ein Instrumentarium zur Streitlösung bzw. Streitvermeidung und regelt darüber hinaus Zuständigkeitsfragen. Lediglich Absatz 1, der sich mit dem Gerichtsstand bei Klagen des Auftragnehmers gegen den Auftraggeber beschäftigt, und Abs. 5, der als Ausprägung des bauvertraglichen Kooperationsgedankens klarstellt, dass Streitfälle den Auftragnehmer nicht zu einer Leistungseinstellung berechtigen sollen, enthalten dabei verbindliche Vorgaben. Die Abs. 2, 3 und 4 enthalten jeweils fakultative Regelungen zur Streitlösung bzw. -schlichtung.

2   Die Vorschrift wird insgesamt nicht unkritisch gesehen, von den Vertragsparteien allerdings auch nicht selten in ihrer Bedeutung unterschätzt. Vorschlägen des Instituts für Baurecht Freiburg i. Br. eV zur Streichung der damaligen Nummern 1 und 4[1] (jetzt Abs. 1 und 5) ist der Verdingungsausschuss allerdings nicht gefolgt. Auf dessen Empfehlung hin wurde allerdings mit der VOB/B Fassung 2006 der seitdem unveränderte § 18 Abs. 3 und damit eine Anregung an die Bauvertragsparteien aufgenommen, idealerweise bereits mit Vertragsschluss ein insoweit frei gewähltes Streitbeilegungsverfahren zu implementieren.

3   Das seit dem 1.1.2018 geltende neue gesetzliche Bauvertragsrecht beinhaltet keine dem § 18 inhaltlich ähnliche Vorschrift und somit kein Regelwerk zur Streitlösung und Streitvermeidung. § 18 wird demnach auch weiterhin dann, wenn die VOB/B nicht unverändert als Ganzes vereinbart worden ist und deren Bestimmungen somit einer AGB-Inhaltskontrolle unterliegen, einer solchen standhalten, da keine gesetzliche Regelung besteht, von der in § 18 abgewichen wird, so dass auch keine Unvereinbarkeit mit wesentlichen Grundgedanken einer gesetzlichen Regelung (vgl. § 307 Abs. 2 Nr. 1 BGB) vorliegen kann.

B. Kommentierung

I. Gerichtsstandsvereinbarung (Abs. 1)

4   § 18 Abs. 1 stellt klar, dass sich in denjenigen Fällen, in denen die Voraussetzungen für eine Gerichtsstandsvereinbarung nach § 38 ZPO erfüllt sind, der Gerichtsstand für Streitigkeiten aus dem Vertrag nach dem Sitz der für die Prozessvertretung des Auftraggebers zuständigen Stelle richten soll, wenn insoweit nichts anderes vereinbart worden ist.

5   Soweit § 38 ZPO dies zulässt, können die Bauvertragsparteien unter Beachtung der dortigen Vorgaben eine Vereinbarung über den Gerichtsstand für den Fall einer späteren zivilgerichtlichen Streitigkeit treffen. Tun sie dies nicht, ist bei Einbeziehung der VOB/B in den Vertrag über § 18 Abs. 1 automatisch eine Gerichtsstandsvereinbarung getroffen, soweit dies nach § 38 ZPO zulässig ist. Dies hält einer Inhaltskontrolle nach §§ 307 ff. BGB stand, da in Bauverträgen die formularmäßige Vereinbarung eines Gerichtsstands zulässig ist.[2]

6   §§ 12 ff. ZPO enthalten Regelungen zum allgemeinen Gerichtsstand bzw. einer Vielzahl von möglichen besonderen Gerichtsständen. Nach § 38 Abs. 1 ZPO kann allerdings auch ein nach diesen Vorschriften an sich unzuständiges Gericht zuständig werden, wenn die Vertragsparteien dies vereinbaren. Durch diese sogenannte Prorogation kann ein fehlender Gerichtsstand begründet werden. Eine solche Vereinbarung ist indes nur dann wirksam, wenn – dies stellt § 38 Abs. 1 ZPO klar – die vertragsschließenden Kaufleute, juristische Personen des öffentlichen Rechts oder öffentlich-rechtliche Sondervermögen sind. Darüber hinaus kann eine Gerichtsstandsvereinbarung getroffen werden, wenn mindestens eine

---

[1] Institut für Baurecht Freiburg i. Br. e. V., BauR 2009, 699.
[2] OLG Stuttgart BauR 1999, 683; OLG Oldenburg NJW-RR 1996, 1486; Leinemann/Franz, 8. Auflage, § 18 Rn. 14.

Streitigkeiten § 18

der Vertragsparteien keinen allgemeinen Gerichtsstand im Inland hat, § 38 Abs. 2 S. 1 ZPO. Im Übrigen kann gemäß § 38 Abs. 3 ZPO eine Gerichtsstandsvereinbarung auch noch nach Entstehen einer Streitigkeit durch schriftliche Vereinbarung begründet werden.

Eine Vereinbarung über den Gerichtstand ist grundsätzlich nicht formgebunden. Sie muss daher nur in den gesetzlich genannten Fällen schriftlich erfolgen und ist ansonsten formfrei, also auch stillschweigend möglich.[3] Wird die VOB/B in den Vertrag einbezogen, und liegen die Voraussetzungen des § 38 ZPO vor, bedarf es daher für die Vereinbarung eines Gerichtsstands gemäß § 18 Abs. 1 keiner weiteren Regelungen. 7

1. Kaufleute, juristische Personen des öffentlichen Rechts und Sondervermögen. Nur Kaufleute, juristische Personen des öffentlichen Rechts und Sondervermögen sind zur Prorogation befugt. Dabei müssen beide Parteien diese Voraussetzungen erfüllen.[4] 8

2. Kaufmannseigenschaft. Kaufmann ist dabei, wer ein Handelsgewerbe betreibt und somit gemäß § 1 Abs. 2 HGB jeder Gewerbebetrieb, es sei denn, dass das Unternehmen einen in kaufmännischer Weise eingerichteten Geschäftsbetrieb nach Art und Umfang seiner Tätigkeit nicht erfordert. Bauunternehmen fallen somit regelmäßig unter den Kaufmannsbegriff des § 1 Abs. 2 HGB und sind damit zugleich prorogationsbefugt iSd § 38 ZPO. Bau-ARGEN sind – anders als andere BGB-Außengesellschaften – im Rechtssinne wie Kaufleute zu behandeln, wenn alle ihre Gesellschafter Kaufleute iSd § 1 Abs. 2 HGB sind.[5] Angehörige freier Berufe und damit auch Architekten gehören indes nicht zum Kreis der Prorogationsfähigen.[6] 9

3. Juristische Personen des öffentlichen Rechts und Sondervermögen. Juristische Personen des öffentlichen Rechts sind die Bundesrepublik Deutschland und die Bundesländer sowie als weitere Gebietskörperschaften des öffentlichen Rechts, Gemeinden und Kreise. Ferner zählen hierzu rechtsfähige Körperschaften, Anstalten und Stiftungen des öffentlichen Rechts, zB die Bundesagentur für Arbeit, Sozialversicherungsträger und kommunale Versorgungskassen, die Kirchen, Religionsgemeinschaften, Universitäten und Universitätskrankenhäuser, Handwerkskammern und -innungen, etc.[7] Schließlich sind auch Sondervermögen des Bundes prorogationsfähig, darunter die aus dem Staatshaushalt des Bundes und der Bundesländer ausgegliederten und gesondert geführten Vermögensmassen wie das ERP-Sondervermögen, die Lastenausgleichsfonds oder das BEV.[8] 10

4. Beschränkung der Prorogation auf die örtliche Zuständigkeit. Auch wenn es sich bei den Vertragsparteien um Kaufleute, juristische Personen des öffentlichen Rechts und/oder öffentlich-rechtliche Sondervermögen handelt, kann doch gleichwohl nicht jedwedes Zivilgericht über § 18 Abs. 1 durch Vereinbarung zum zuständigen Gericht erhoben werden. Vielmehr verdeutlicht der 11

---

[3] Zöller/Schultzky, ZPO, § 38 Rn. 20.
[4] Leinemann/Franz § 18 Rn. 14; Zöller/Schultzky, ZPO, § 38 Rn. 13.
[5] Leinemann/Franz § 18 Rn. 14; Weise NJW-Spezial 2005, 405; BeckOK ZPO/Toussaint ZPO § 38 Rn. 23–27.2.
[6] MK/Patzina ZPO § 38 Rn. 17; BeckOK ZPO/Toussaint ZPO § 38 Rn. 24.
[7] Einen guten Überblick bietet Zöller/Vollkommer ZPO § 50 Rn. 13, mwN.
[8] MK/Patzina, ZPO § 38 Rn. 16.

§ 18

Verweis in § 18 Abs. 1 auf § 38 ZPO auch, dass insoweit nur eine Regelung im Hinblick auf die örtliche Zuständigkeit, nicht jedoch über die sachliche Zuständigkeit (§§ 23 ff. GVG) getroffen werden kann. Zwar kann nach § 38 ZPO Gegenstand der Prorogation auch die sachliche und die internationale Zuständigkeit des Gerichts sein. § 18 Abs. 1 kommt aber angesichts seines insoweit eindeutigen Wortlauts nur Bedeutung für die Bestimmung der örtlichen Zuständigkeit einer zivilgerichtlichen Auseinandersetzung der Bauvertragsparteien zu.[9]

12 **5. Keine Anwendbarkeit der Vorschrift auf private Auftraggeber.** Dem Wortlaut des § 18 Abs. 1 ist keine Einschränkung dahingehend zu entnehmen, dass dieser nur auf öffentliche Auftraggeber Anwendung finden können sollte. Gleichwohl ist die Vorschrift nach Auffassung des Bundesgerichtshofs von ihrer Entstehungsgeschichte her und auch hinsichtlich ihres Sinnes und Zwecks auf private Auftraggeber nicht anwendbar.[10]

13 Ungeachtet der insbesondere in der Kommentarliteratur geäußerten Kritik[11] ist dieses Ergebnis richtig. Die Gegenmeinung, die den Wortlaut der Vorschrift des § 18 Abs. 1 sowie eine vermeintliche bei einer Beschränkung des Anwendungsbereichs auf öffentliche Auftraggeber entstehende Schlechterstellung des privaten Auftraggebers für sich anführt,[12] übersieht bereits, dass der in § 18 Abs. 1 verwendete Begriff der „für die Prozessvertretung zuständigen Stelle" nur im Kontext mit einem öffentlichen Auftraggeber Sinn ergibt. Private Auftraggeber mögen zwar über eine zentrale Rechtsabteilung verfügen. Diese muss indes keineswegs die „für die Prozessvertretung zuständige Stelle" des privaten Auftraggebers sein. Ganz anders stellt sich die Situation beim öffentlichen Auftraggeber dar. Dort kann diese Stelle aufgrund von landesverwaltungsrechtlichen Regelungen nicht nur eine übergeordnete Stelle der vertragsschließenden Behörde,[13] sondern auch eine vollkommen andere Behörde sein als diejenige, die im Vertrag als Auftraggeber genannt ist.[14] Eine vergleichbare Situation stellt sich mangels entsprechender Rechtssetzungskompetenz bei privaten Auftraggebern offensichtlich nicht.

14 Mit einer Beschränkung des Anwendungsbereichs des § 18 Abs. 1 auf öffentliche Auftraggeber ist schließlich auch keine Schlechterstellung von privaten Auftraggebern verbunden. Denn diesen ist das Recht und die Möglichkeit zum Abschluss einer die örtliche Zuständigkeit des anzurufenden Gerichts regelnden Gerichtsstandsvereinbarung ja keineswegs genommen, sondern über § 38 ZPO bei Vorliegen der dortigen Voraussetzungen möglich – diese sind uneingeschränkt auch bei Anwendung des § 18 Abs. 1 maßgeblich.[15]

---

[9] Leinemann/Franz § 18 Rn. 19.

[10] Streitig, wie hier BGH NJW 2009, 1974; so auch OLG Brandenburg NJW-RR 1997, 1518; zustimmend Leinemann/Franz, § 18 Rn. 24; Beck VOB/B/Kölbl VOB/B § 18 Abs. 1 Rn. 8; Fuchs BauR 2009, 1029; Englert NZBau 2002, 22 (23); Englert BauR 1995, 779; aA Ingenstau/Korbion-Joussen, § 18 Abs. 1 Rn. 19; Lembcke, IBR 2010, 1234.

[11] Ausführl. Ingenstau/Korbion/Joussen § 18 Abs. 1 Rn. 19; Kapellmann/Messerschmidt/Merkens § 18 Rn. 2; Leinemann/Franz § 18 Rn. 24.

[12] So insbesondere Ingenstau/Korbion/Joussen § 18 Abs. 1 Rn. 19.

[13] So ist zB in Niedersachen die zuständige Stelle für die Prozessvertretung der jeweiligen Geschäftsbereiche der Niedersächsischen Landesbehörde für Straßenbau und Verkehr deren Zentrale in Hannover.

[14] So wird zB der Freistaat Bayern gemäß § 1 iVm § 2 Abs. 1 S. 1 der Verordnung über die gerichtliche Vertretung des Freistaates Bayern (VertrV) vor den ordentlichen Gerichten durch die Dienststellen des Landesamtes für Finanzen vertreten.

[15] Zutr. Beck VOB/B/Kölbl § 18 Abs. 1 Rn. 9.

Streitigkeiten **§ 18**

6. Die für die Prozessvertretung des Auftraggebers zuständige Stelle. 15
Die Ermittlung der für die Prozessvertretung des Auftraggebers zuständigen Stelle
sollte in ihrer Bedeutung vom Auftragnehmer keineswegs unterschätzt werden.
Zwar hemmt auch eine beim örtlich unzuständigen Gericht eingereichte Klage
die Verjährung der klagegegenständlichen Ansprüche.[16] Gleichwohl sollte und
kann eine Diskussion über die örtliche Zuständigkeit des angerufenen Gerichts
von vornherein vermieden werden, wenn die für die Prozessvertretung des (öffentlichen) Aufraggebers zuständige staatliche Stelle[17] sorgfältig ermittelt wird.

Diese Ermittlung ist in der Praxis nicht immer einfach. Von der über § 18 Abs. 1 16
S. 2 eingeräumten Möglichkeit, vom öffentlichen Auftraggeber im Zweifelsfall
Auskunft über die für dessen Prozessvertretung zuständige Stelle zu verlangen,
sollte daher Gebrauch gemacht werden.

II. Streitschlichtungsverfahren mit Behörden (Abs. 2)

§ 18 Abs. 2 enthält Regelungen für ein fakultatives außergerichtliches Streitbei- 17
legungsverfahren bei Meinungsverschiedenheiten im Zusammenhang mit VOB/
B-Bauverträgen, bei denen eine Behörde Auftraggeber ist. Der Auftragnehmer
ist somit nicht verpflichtet, vor einer gerichtlichen Auseinandersetzung mit einem
öffentlichen Auftraggeber zunächst das in § 18 Abs. 2 beschriebene Verfahren
durchzuführen; ebenso wenig kann der öffentliche Auftraggeber durch einen auftragnehmerseitigen Antrag auf Durchführung dieses Verfahrens bei der hierfür
zuständigen, seinem Auftraggeber vorgesetzten Stelle hierzu gezwungen werden.

1. Öffentlicher Auftraggeber. Um als Auftragnehmer ein Streitbeilegungs- 18
verfahren nach § 18 Abs. 2 einleiten zu können, muss es sich bei dessen Vertragspartner um einen öffentlichen Auftraggeber, mithin eine Behörde, handeln. Hierunter fallen insbesondere, aber nicht abschließend öffentlich-rechtliche
Körperschaften wie der Bund, die Länder und Gemeinden, da diese über Dienststellen in einem hierarchischen Aufbau mit bestehenden Aufsichtsfunktionen verfügen[18] und ausweislich § 18 Abs. 2 Nr. 1 S. 1 die der auftraggebenden Stelle
unmittelbar vorgesetzte Stelle angerufen werden soll. Bei Gemeinden ist indes
streitig, inwieweit die für die Gemeinde zuständige Kommunalaufsicht als die der
Gemeinde unmittelbar vorgesetzte Stelle iSd § 18 Abs. 2 Nr. 1 anzusehen ist.[19]
Zutreffend wird man davon ausgehen müssen, dass dies nicht der Fall ist, da die
Kommunalaufsicht nur die Rechtsaufsichtsbehörde der Gemeinde, nicht jedoch
zugleich auch deren Fachaufsicht ist und die Rechtsaufsicht allein die Gemeinde
als auftraggebende Stelle nicht wirksam an die Entscheidung zu binden vermag.[20]

2. Entscheidung der vorgesetzten Stelle. Ausweislich § 18 Abs. 2 Nr. 1 S. 2 19
soll die angerufene Stelle dem Auftragnehmer zunächst Gelegenheit zur mündlichen Aussprache einräumen und diesen im Anschluss sodann innerhalb von zwei
Monaten schriftlich bescheiden, wobei der Auftragnehmer auf die Rechtsfolgen
des Satzes 3 hingewiesen werden soll.

---

[16] BGH NJW 1978, 1058.
[17] Vgl. zur staatlichen Stelle LG Dessau-Roßlau IBR 2008, 131.
[18] Ingenstau/Korbion/Joussen § 18 Abs. 2 Rn. 5; Leinemann/Franz § 18 Rn. 35.
[19] So Ingenstau/Korbion/Joussen § 18 Abs. 2 Rn. 12;Leupertz/v. Wietersheim/Passarge VOB/B § 18 Rn. 13; wie hier Beck VOB/B/Kölbl § 18 Abs. 2 Rn. 11; Leinemann/
Franz § 18 Rn. 38; Heiermann/Riedl/Rusam/Mansfeld Rn. 10.
[20] Beck VOB/B/Kölbl § 18 Abs. 2 Rn. 11; Leinemann/Franz § 18 Rn. 38.

§ 18

20 Weder die mündliche Aussprachemöglichkeit noch der Zeitraum von zwei Monaten zur schriftlichen Bescheidung des Auftragnehmers sind dabei verbindlich, wie bereits der Charakter der Bestimmung als Soll-Vorschrift verdeutlicht. Demnach muss also die angerufene Stelle nicht zu einer mündlichen Aussprache einladen; tut sie dies, besteht andererseits auch keine Verpflichtung des Auftragnehmers, hieran teilzunehmen, wenn er seinen bereits schriftlich vorgebrachten Standpunkt zu der im Streit stehenden Frage nicht noch einmal mündlich erläutern will.[21] Die angerufene Stelle soll dann, muss aber nicht innerhalb von zwei Monaten nach ihrer Anrufung den Auftragnehmer schriftlich bescheiden. § 18 Abs. 2 Nr. 1 S. 2 enthält mithin keine echte Frist, sondern auch insoweit nur eine Sollbestimmung im Sinne einer Zielvorgabe.[22] Folgerichtig werden an eine Nichtbescheidung innerhalb der vorgesehenen zwei Monate auch keine Sanktionen oder gar Rechtsansprüche für den Auftragnehmer geknüpft,[23] und zwar auch dann nicht, wenn die Bescheidung geraume Zeit, also deutlich mehr als die vorgesehenen zwei Monate auf sich warten lässt.[24] Schließlich ist die angerufene Stelle auch nicht verpflichtet, den Auftragnehmer schriftlich zu bescheiden[25] – dies ist ihr allerdings zu empfehlen, da bei lediglich mündlicher Mitteilung der gefundenen Entscheidung die Rechtswirkungen des Bescheids nicht eintreten – sowohl die Anerkenntniswirkung des § 18 Abs. 2 Nr. 1 S. 3 wie auch die Hemmungsregelung des § 18 Abs. 2 Nr. 2 S. 3 setzen nämlich jeweils einen schriftlichen Bescheid voraus.[26]

21 Der Bescheid der angerufenen Stelle ist rechtlich als verbindliches Angebot zur Streitbeilegung gemäß dem konkreten Inhalt des Bescheids anzusehen,[27] so dass jedenfalls im Falle des ausdrücklichen Einverständnisses des Auftragnehmers ein außergerichtlicher Vergleich iSd § 779 BGB zustande kommt.[28] Soweit teilweise vertreten wird, dass die Entscheidung der vorgesetzten Stelle eine Leistungsbestimmung iSd § 315 Abs. 1 BGB darstellen würde,[29] wird übersehen, dass eine Entscheidung in einem Verfahren nach § 18 Abs. 2 regelmäßig erst nach der Ausführung der streitgegenständlichen Leistung getroffen wird – wäre diese eine (inhaltliche) Leistungsbestimmung, dann wäre die konkret im Streit stehende Werkleistung des Auftragnehmers zuvor noch gar nicht fällig gewesen, da die Leistungsbestimmung – auch durch einen Dritten – Fälligkeitsvoraussetzung ist.

22 **3. Rechtsfolgenbelehrung und Anerkenntnisfiktion.** § 18 Abs. 2 Nr. 1 S. 2 sieht vor, dass die angerufene Stelle den Auftragnehmer in ihrem Bescheid

---

[21] Kapellmann/Messerschmidt/Merkens § 18 Rn. 21; Beck VOB/B/Kölbl § 18 Abs. 2 Rn. 17.

[22] Kapellmann/Messerschmidt/Merkens § 18 Rn. 21; Leinemann/Franz § 18 Rn. 39.

[23] Beck VOB/B/Kölbl § 18 Abs. 2 Rn. 20; Leinemann/Franz § 18 Rn. 39; Kapellmann/Messerschmidt/Merkens § 18 Rn. 22.

[24] LG Bonn NJW-RR 1995, 1487; aA Ingenstau/Korbion/Joussen § 18 Abs. 2 Rn. 14, der einen Neunmonatszeitraum bis zur Bescheidung als „unzulässig" ansieht, dies indes ohne Begründung.

[25] Beck VOB/B/Kölbl § 18 Abs. 2 Rn. 23; Kapellmann/Messerschmidt/Merkens § 18 Rn. 22.

[26] So zutreffend Kapellmann/Messerschmidt/Merkens § 18 Rn. 24; Beck VOB/B/Kölbl § 18 Abs. 2 Rn. 23.

[27] Kaiser BB 1978, 1548; Leinemann/Franz § 18 Rn. 40.

[28] Zu den Folgen bei nicht ausdrücklichem Einverständnis des Auftragnehmers vgl. sogleich.

[29] Lembcke BauR 2009, 1666 (1671).

Streitigkeiten **§ 18**

über dessen Rechtsfolgen informiert. Diese sind in § 18 Abs. 2 Nr. 1 S. 3 geregelt. Danach gilt die Entscheidung der angerufenen Stelle als anerkannt, wenn der Auftragnehmer nicht innerhalb von drei Monaten nach dem Eingang des Bescheids schriftlich Einspruch beim Auftraggeber erhebt – vorausgesetzt, der Auftragnehmer wurde zuvor im Bescheid auf ebendiese Bestimmung hingewiesen. Die Dreimonatsfrist für den schriftlichen Einspruch des Auftragnehmers beim Auftraggeber beginnt mit dem Eingang des Bescheids beim Auftragnehmer; der Bescheid muss diesem im Sinne der §§ 130 ff. BGB zugehen.[30] Die Fristberechnung folgt sodann den §§ 187 ff. BGB.[31] Sie beginnt demnach mit dem Tag nach dem Zugang des Bescheides, § 187 Abs. 1 BGB. Falls der letzte Tag der Frist auf einen Sonntag, einen allgemein anerkannten Feiertag oder einen Sonnabend fällt, so tritt an die Stelle dieses Tages nach § 193 Abs. 1 BGB der nächste Werktag.

Will der Auftragnehmer Einspruch gegen den Bescheid einlegen, so muss er 23 dies schriftlich tun. Da die VOB/B Allgemeine Geschäftsbedingungen darstellt, handelt es sich insoweit um eine gewillkürte Schriftform.[32] Diese ist gemäß § 127 Abs. 2 BGB auch bei telekommunikativer Übermittlung des Einspruchs, also mittels Telefax oder E-Mail gewahrt.[33] Nach dem Wortlaut des § 18 Abs. 2 Nr. 1 S. 3 ist der Einspruch beim Auftraggeber zu erheben. Dies ist insoweit ungewöhnlich, da dieser den mit dem Einspruch angegriffenen Bescheid selbst gar nicht erlassen hat. Daher wird vertreten, dass es dem Auftragnehmer frei stehen solle, den Einspruch wahlweise beim Auftraggeber oder bei der den Bescheid erlassenden vorgesetzten Stelle einlegt.[34] Der insoweit eindeutige Wortlaut des § 18 Abs. 2 Nr. 1 S. 3 lässt eine solche Auslegung allerdings nicht zu; auch Sinn und Zweck der Vorschrift gebieten es nicht, dem Auftragnehmer hier ein Wahlrecht einzuräumen.[35] Dem Auftragnehmer, der die Dreimonatsfrist wahren will, ist somit dringend anzuraten, den Einspruch beim Auftraggeber und nicht bei der den angegriffenen Bescheid erlassenden vorgesetzten Stelle zu erheben. Die Frist ist allerdings auch dann gewahrt, wenn der Auftragnehmer den Einspruch zwar fälschlicherweise bei der vorgesetzten Stelle erhebt, diese ihn allerdings noch innerhalb der Frist des § 18 Abs. 2 Nr. 1 S. 3 an den Auftraggeber weiterleitet, so dass der Einspruch dort noch rechtzeitig eingeht.[36]

Der Einspruch des Auftragnehmers muss weder als solcher bezeichnet werden, 24 noch ist dieser zwingend zu begründen. Allerdings muss aus ihm erkennbar werden, dass der Auftragnehmer sich gegen den Bescheid der unmittelbar vorgesetzten Stelle wehren will.[37] Der Einspruch kann sich auf Teile des Bescheids beschränken,

---

[30] Ingenstau/Korbion/Joussen § 18 Abs. 2 Rn. 15; Leinemann/Franz § 18 Rn. 43; Kapellmann/Messerschmidt/Merkens VOB/B § 18 Rn. 23; Beck VOB/B/Kölbl VOB/B § 18 Abs. 2 Rn. 24.
[31] Ingenstau/Korbion/Joussen § 18 Abs. 2 Rn. 19.
[32] Kapellmann/Messerschmidt/Merkens § 18 Rn. 25, Leinemann/Franz § 18 Rn. 43.
[33] Grüneberg/Ellenberger BGB § 127 Rn. 2; Beck VOB/B/Kölbl VOB/B § 18 Abs. 2 Rn. 28; zweifelnd bei E-Mail-Übermittlung Ingenstau/Korbion/Joussen § 18 Abs. 2 Rn. 18, der insoweit als Wirksamkeitsvoraussetzung ein Einscannen eines unterschriebenen Dokuments und dessen Versand zB im pdf-Format verlangt.
[34] Glöckner/v. Berg/Christiansen/Geiss VOB/B § 18 Rn. 16; FKZGM/Zanner/Franke VOB/B § 18 Rn. 65; Ingenstau/Korbion/Joussen VOB/B § 18 Abs. 2 Rn. 20.
[35] Beck VOB/B/Kölbl § 18 Abs. 2 Rn. 29.
[36] Beck VOB/B/Kölbl § 18 Abs. 2 Rn. 29.
[37] Ingenstau/Korbion/Joussen § 18 Abs. 2 Rn. 20; Beck VOB/B/Kölbl VOB/B § 18 Abs. 2 Rn. 31.

§ 18

wenn dieser sich auf der Basis des Antrags des Antragsstellers auf verschiedene voneinander trenn- und somit teilbare Punkte bezieht.[38]

25 Versäumt der Auftragnehmer die Dreimonatsfrist des § 18 Abs. 2 Nr. 1 S. 3, so gilt die Entscheidung der vorgesetzten Stelle als anerkannt, wenn der Auftraggeber den Auftragnehmer zuvor auf die Ausschlussfrist hingewiesen hat. Diese Vorschrift ist sehr unglücklich formuliert,[39] erlässt doch schließlich den mit dem Einspruch anzugreifenden Bescheid die dem Auftraggeber unmittelbar vorgesetzte Stelle und nicht der Auftraggeber selbst. Man wird daher den ausweislich § 18 Abs. 2 Nr. 1 S. 3 erforderlichen Hinweis des Auftraggebers auf die Ausschlussfrist entgegen des dortigen Wortlauts auch und gerade dann als erfüllt ansehen müssen, wenn er seitens der vorgesetzten Stelle erfolgt.[40]

26 Ein Einspruchsrecht des Auftraggebers gegen die Entscheidung der ihm unmittelbar vorgesetzten Behörde ist nicht vorgesehen. Dies ist angesichts des für öffentliche Auftraggeber typischen hierarchischen Aufbaus mit bestehenden Aufsichts- und Weisungsrechten der vorgesetzten Stelle zunächst verständlich, führt aber zu dogmatischen Schwierigkeiten bei der rechtlichen Qualifizierung der Anerkenntniswirkung.[41] Für den Auftragnehmer soll dabei nach überwiegender Auffassung in der baurechtlichen Literatur der Bescheid der vorgesetzten Stelle ein rechtsgeschäftliches und empfangsbedürftiges Angebot des Auftraggebers gemäß den §§ 130, 145 ff. BGB zu einer Beilegung der Meinungsverschiedenheit im Sinne des Inhalts des Bescheids darstellen.[42] Bereits dies ist zweifelhaft,[43] stammt dieses doch gerade nicht vom Auftraggeber, sondern von dessen vorgesetzter Stelle. Noch weniger überzeugend ist allerdings die Qualifikation des Unterlassens eines Einspruchs seitens des Auftragnehmers gegen den Bescheid als konkludente Annahme[44] oder die rechtliche Begründung der Bindungswirkung über einen Verzicht auf eine ausdrückliche Annahmeerklärung gemäß § 151 S. 1 BGB,[45] wobei bereits übersehen wird, dass nach dieser Vorschrift nur der Zugang der Annahmeerklärung entbehrlich sein kann, nicht aber die Erklärung der Annahme selbst.[46] Auch ein „Anerkenntnis" kann zur Begründung der Rechtswirkung des § 18 Abs. 2 Nr. 1 S. 2 nicht überzeugend herangezogen werden: Die Annahme eines konstitutiven Schuldanerkenntnisses muss in allen Fällen, in denen der Auftragnehmer nicht ausdrücklich schriftlich sein Einverständnis mit dem Bescheid der vorgesetzten Stelle erklärt, am Schriftformerfordernis des § 781 BGB scheitern.[47] Richtigerweise wird man annehmen müssen, dass die Parteien bereits

---

[38] Kapellmann/Messerschmidt/Merkens § 18 Rn. 27, unter Hinweis auf OLG Köln 20.3.2007 – 24 U 170/05, BeckRS 2013, 8539.

[39] So zutr. Beck VOB/B/Kölbl § 18 Abs. 2 Rn. 40.

[40] Beck VOB/B/Kölbl § 18 Abs. 2 Rn. 41.

[41] S. die Meinungsübersicht bei Lembcke BauR 2009, 1666 (1667); vgl. auch Ingenstau/Korbion/Joussen § 18 Abs. 2 Rn. 24; Beck VOB/B/Kölbl § 18 Abs. 2 Rn. 43; Kapellmann/Messerschmidt/Merkens § 18 Rn. 28.

[42] Ingenstau/Korbion/Joussen § 18 Abs. 2 Rn. 24; Kapellmann/Messerschmidt/Merkens § 18 Rn. 28; Merkens NZBau 2008, 150 (151).

[43] Daub/Piel/Soergel/Steffani § 18 Rn. 18, 25, nehmen an, dass bei unterlassenem Einspruch eine Vereinbarung, also ein Vergleich iSd § 779 zustande kommt.

[44] So aber Nicklisch/Weick/Nicklisch § 18 Rn. 17.

[45] So Ingenstau/Korbion/Joussen § 18 Abs. 2 Rn. 24.

[46] So zutreffend Beck VOB/B/Kölbl § 18 Abs. 2 Rn. 43; Grüneberg/Ellenberger BGB § 151 Rn. 1.

[47] So zutreffend Kapellmann/Messerschmidt/Merkens § 18 Rn. 28.

mit Abschluss des Vertrags, in den die VOB/B wirksam einbezogen worden ist, vereinbaren, dass im Falle einer späteren Durchführung eines Verfahrens nach § 18 Abs. 2 und der Anrufung der dem Auftraggeber unmittelbar vorgesetzten Stelle durch den Auftragnehmer die spätere Entscheidung der vorgesetzten Stelle als verbindlich gilt, wenn der Auftragnehmer keinen Einspruch einlegt, dass also das Unterlassen der Einspruchseinlegung die Wirkung eines Einverständnisses mit dem Bescheid haben soll.[48] Erhebt der Aufragnehmer keinen Einspruch, treten die Rechtswirkungen der bereits bei Vertragsschluss getroffenen Vereinbarung mit Ablauf der Einspruchsfrist des § 18 Abs. 2 Nr. 1 S. 3 ein.[49]

4. AGB-Festigkeit der Anerkenntnisfiktion. Die Bestimmung des § 18 Abs. 2 Nr. 1 S. 3 und dort die Anerkenntniswirkung hält einer AGB-Inhaltskontrolle stand[50] und verstößt nicht gegen § 308 Nr. 5 BGB, wonach fingierte Erklärungen bei Unterlassen einer bestimmten Handlung (hier: Schweigen/Untätigbleiben auf den Bescheid der vorgesetzten Stelle) nur unter den dort genannten einschränkenden Voraussetzungen zulässig sind. Denn § 18 Abs. 2 Nr. 1 S. 3 sieht einen ausdrücklichen Hinweis auf die Bedeutung und Folgen eines Schweigens des Auftragnehmers ebenso vor wie eine mit drei Monaten ausreichend lange bemessene Frist zur Abgabe der Einspruchserklärung.

Die Anerkenntniswirkung bei unterbliebenem Einspruch birgt ein erhebliches Haftungspotential für den den Auftragnehmer vertretenden Rechtsanwalt. Dies gilt insbesondere dann, wenn der Rechtsanwalt erst nach Beendigung des Verfahrens nach § 18 Abs. VOB/B mit einem ablehnenden Bescheid mandatiert wird. Der Anwalt wird sich bei Beauftragung durch den Auftragnehmer eines mit einem öffentlichen Auftraggeber geschlossenen VOB/B-Vertrags zur Haftungsvermeidung stets danach zu erkundigen haben, ob vor seiner Beauftragung ein Verfahren nach § 18 Abs. 2 VOB/B durchgeführt worden ist, ob insoweit bereits eine Entscheidung nach § 18 Abs. 2 Nr. 1 VOB/B erfolgt und wenn ja, wann dies geschehen ist. Andernfalls droht mit Ablauf der Einspruchsfrist bei gleichwohl erhobener Klage von vornherein ein Scheitern bei der Durchsetzung der von der Entscheidung umfassten Ansprüche.

5. Verfahren nach § 18 Abs. 2 beinhaltet Stillhalteabkommen. Entscheiden sich die Vertragsparteien für die Durchführung eines Verfahrens nach § 18 Abs. 2 und wird sodann durch den Auftragnehmer die der auftraggebenden Stelle unmittelbar vorgesehene Stelle angerufen, so führt dies zu einem Stillhalteabkommen (pactum de non petendo). Ein solches Stillhalteabkommen, das auch stillschweigend getroffen werden kann, ist nämlich dann anzunehmen, wenn der Schuldner aufgrund einer rechtsgeschäftlichen Vereinbarung berechtigt sein soll, vorübergehend die Leistung zu verweigern und der Gläubiger sich umgekehrt der Möglichkeit begeben hat, seine Ansprüche jederzeit weiterzuverfolgen.[51] Denn Ziel eines Stillhalteabkommens ist es unter anderem, eine gerichtliche Auseinandersetzung über eine strittige Forderung einstweilen zu verhindern.[52] So liegt der Fall

---

[48] Beck VOB/B/Kölbl § 18 Abs. 2 Rn. 34 ff.; Kapellmann/Messerschmidt/Merkens § 18 Rn. 28.
[49] Kapellmann/Messerschmidt/Merkens § 18 Rn. 28.
[50] Leinemann/Franz § 18 Rn. 45; Ingenstau/Korbion/Joussen § 18 Abs. 2 Rn. 25; Heiermann/Riedl/Rusam/Mansfeld § 18 Rn. 11.
[51] BGH NJW 2000, 2661 (2662); BGH NJW 2002, 1488.
[52] BGH NJW 2002, 1488.

§ 18 VOB Teil B

auch bei einem Verfahren nach § 18 Abs. 2 zur Klärung von Meinungsverschiedenheiten.[53] Für die Dauer des Verfahrens begibt sich der Gläubiger eines Anspruchs somit der Möglichkeit, seine Ansprüche jederzeit weiterzuverfolgen. Dient das Verfahren nach § 18 Abs. 2 der Beantwortung der Frage, welche Leistung der Auftragnehmer konkret schuldet und somit der Klärung des Leistungsinhalts, dann ist der Auftragnehmer somit bis zur Entscheidung der angerufenen Stelle berechtigt, die Erbringung dieser Leistung vorübergehend zu verweigern. Eine gleichwohl innerhalb dieser Zeit erfolgende Frist- oder Nachfristsetzung zur Leistungserbringung seitens des Auftraggebers geht in diesem Fall ins Leere und kann insbesondere keinen Verzug des Auftragnehmers begründen.[54] Selbst wenn sich indes der Auftragnehmer zur Zeit der Einleitung des Verfahrens nach § 18 Abs. 2 bereits im Verzug mit der Leistungserbringung befinden sollte, entfaltet eine Nachfristsetzung des Auftraggebers, womöglich unter Kündigungsandrohung nach §§ 5 Abs. 4, 8 Abs. 3, keine Wirkung. Denn die Bestimmung des Leistungsinhalts ist Fälligkeitsvoraussetzung für die Leistungserbringung, so dass ein Verzug in der Leistungsausführung für die Dauer der Klärung des Leistungsinhalts im Rahmen eines Verfahrens nach § 18 Abs. 2 nicht bestehen kann. Die Situation entspricht dabei derjenigen bei Vereinbarung eines Schiedsgutachtervertrags zur Klärung des Vertragsinhalts. Auch für diesen Fall hat der Bundesgerichtshof zu Recht entschieden, dass der Schiedsgutachtervertrag in der Regel eine stillschweigende Vereinbarung enthält, dass der Gläubiger für die Dauer der Erstattung des Schiedsgutachtens gegen den Schuldner nicht vorgehen werde und der Schuldner berechtigt ist, die Leistung jedenfalls vorübergehend zu verweigern.[55]

30 **6. Verjährungshemmung durch Verfahrenseinleitung.** § 18 Abs. 2 Nr. 2 stellt klar, dass mit Eingang des Antrags auf Durchführung eines Verfahrens nach § 18 Abs. 2 die Verjährung des im Antrag geltend gemachten Anspruchs gehemmt ist. Die Verjährung weiterer, nicht im Antrag enthaltener Ansprüche des Auftragnehmers wird dagegen nicht gehemmt. Der Auftragnehmer wird daher sorgfältig prüfen, welche Ansprüche er in seinen Antrag aufnehmen wird, wenn er sich einmal für die Durchführung eines Verfahrens nach § 18 Abs. 2 entschieden hat.

31 Die Verjährungshemmung beginnt mit dem Eingang[56] des Antrags bei der unmittelbar vorgesetzten Stelle und nicht erst mit dessen möglicherweise erst später eintretendem Zugang.[57] Sie endet entweder drei Monate nach Zugang des schriftlichen Bescheids der unmittelbar vorgesetzten Stelle beim Auftragnehmer oder drei Monate nach Zugang einer Mitteilung des Auftraggebers oder des Auftragnehmers an die jeweils andere Vertragspartei, das Verfahren nicht weiter betreiben zu wollen. Will der Auftragnehmer somit seine mit Bescheid der unmittelbar vorgesetzten Stelle zurückgewiesenen Ansprüche weiter verfolgen, so genügt die schriftliche Erklärung des Einspruchs hierfür allein auch deshalb nicht, da der Einspruch selbst keine verjährungshemmende Wirkung hat. Der Auftragnehmer wird, will er eine erneute Hemmung der Verjährung erreichen, zusätzlich eines der in § 204 BGB aufgeführten Verfahren zur Rechtsverfolgung einleiten müssen.

---

[53] So ausdr. für den Fall einer Vereinbarung der Vertragsparteien zur Anrufung einer VOB-Schiedsstelle BGH NJW 2002, 1488.
[54] So für das Schiedsgutachterverfahren nach § 18 Abs. 4 auch Ingenstau/Korbion/Joussen § 18 Abs. 4 Rn. 14; Altschwager BauR 1991, 157 (158).
[55] BGH BauR 1990, 86 ff.
[56] Ingenstau/Korbion/Joussen § 18 Abs. 2 Rn. 29.
[57] so irrig v. Wietersheim/Passarge, Bauvertragsrecht nach BGB und VOB/B, § 18 Rn. 19.

Streitigkeiten **§ 18**

III. Vereinbarung eines Verfahrens zur Streitbeilegung (Abs. 3)

§ 18 Abs. 3 sieht die Möglichkeit der Vertragsparteien vor, neben dem Streit- 32
schlichtungsverfahren nach § 18 Abs. 2 ein anderes Verfahren zur Streitbeilegung
zu vereinbaren, wobei diese Vereinbarung, sollten sich die Parteien hierzu ent-
schließen, mit Vertragsschluss erfolgen soll.

Die Vorschrift wurde im Zuge der Neufassung der VOB/B 2006 eingeführt 33
und damit begründet, dass sich die Regelungen zu § 18 Abs. 2 bewährt hätten.[58]
Da § 18 Abs. 2 nur auf Verträge mit Behörden, also mit öffentlichen Auftraggebern
Anwendung findet, an vielen Verträgen, bei denen die VOB/B wirksam vereinbart
worden ist, allerdings keine öffentlichen Auftraggeber beteiligt sind, eröffnet somit
§ 18 Abs. 3 die Möglichkeit, auch bei solchen Vertragskonstellationen ein außergerichtliches Verfahren zur Streitbelegung zu vereinbaren. Dabei beinhaltet die Vorschrift indes nicht mehr als den Hinweis auf diese Möglichkeit und regelt damit
etwas ohnehin Selbstverständliches[59] – auch ohne § 18 Abs. 3 stand es
den Parteien eines VOB/B-Vertrags frei, alternative außergerichtliche Streitbeilegungsverfahren vertraglich vorzusehen. Der Weg zu den staatlichen Gerichten soll
dabei durch § 18 Abs. 3 nicht eingeschränkt werden.[60]

Nach § 18 Abs. 3 S. 2 soll die Vereinbarung eines Verfahrens zur Streitbeilegung 34
mit Vertragsabschluss erfolgen. Auch diese Regelung ist – wie bereits der Wortlaut
verdeutlicht – nicht verpflichtend und schließt spätere Vereinbarungen über die
Durchführung eines Streitbeilegungsverfahrens somit keineswegs aus.[61]

Auch nach der Wahl eines bestimmten Streitbeilegungsverfahrens sind die Par- 35
teien frei.[62] § 18 Abs. 3 beschränkt den Kreis der infrage kommenden Verfahren
auch nicht auf solche Streitbeilegungsverfahren, die nicht kontradiktorischer
Natur sind.[63] Solche Verfahren werden allerdings den Regelfall darstellen.

Die Vereinbarung eines Streitbeilegungsverfahrens ist schließlich auch grund- 36
sätzlich formfrei möglich. Zu beachten sind aber etwaige für das jeweilige Verfahren geltende Formvorschriften, wie zB § 1031 ZPO für das Schiedsverfahren.

IV. Schiedsgutachten von Materialprüfungsstellen (Abs. 4)

§ 18 Abs. 4 enthält eine Sonderregelung bei Streitigkeiten der Bauvertragspar- 37
teien über die Eigenschaften von Stoffen oder Bauteilen, für die allgemein gültige
Prüfungsverfahren bestehen, einerseits und über die Zulässigkeit oder Zuverlässigkeit der bei der Prüfung verwendeten Maschinen oder angewendeten Prüfungsverfahren anderseits. Bestehen diese, kann jede Partei ein verbindliches Schiedsgutachten in der Form einer materialtechnischen Untersuchung durch eine
staatliche oder anerkannte Materialprüfungsstelle verlangen. Im Unterschied zu
§ 18 Abs. 2 VOB/B findet § 18 Abs. 4 VOB/B nicht nur bei öffentlichen, sondern auch bei privaten Auftraggebern Anwendung.[64]

---

[58] Boldt Streitentscheidung Rn. 98; Leinemann/Franz § 18 Rn. 48.
[59] Leinemann/Franz § 18 Rn. 48.
[60] Leinemann/Franz § 18 Rn. 52; Beck VOB/B/Kölbl § 18 Abs. 3 Rn. 8.
[61] Ingenstau/Korbion/Joussen § 18 Abs. 3 Rn. 5; Beck VOB/B/Kölbl § 18 Abs. 3 Rn. 6.
[62] Einen Überblick über verschiedene mögliche Streitbeilegungsverfahren geben Beck VOB/B/Kölbl § 18 Abs. 3 Rn. 9 ff.
[63] So aber Leinemann/Franz § 18 Rn. 51; wie hier Beck VOB/B/Kölbl § 18 Abs. 3 Rn. 5.
[64] Kapellmann/Messerschmidt/Merkens § 18 Rn. 31; Beck VOB/B/Kölbl VOB/B § 18 Abs. 4 Rn. 2.

§ 18

38 **1. Meinungsverschiedenheiten über die Eigenschaften von Stoffen oder Bauteilen (Abs. 4 Alt. 1).** § 18 Abs. 4 regelt in seiner ersten Alternative das Recht der Bauvertragsparteien, bei Meinungsverschiedenheiten über die Eigenschaften von Stoffen oder Bauteilen, für die allgemein gültige Prüfungsverfahren existieren, eine Untersuchung durch eine staatliche oder staatlich anerkannte Materialprüfungsstelle zu verlangen.

39 Damit eine solche Untersuchung, deren Ergebnis gemäß § 18 Abs. 4 S. 1 verbindlich sein soll, Erfolg versprechend ist, müssen für die Stoffe oder Bauteile, deren Untersuchung verlangt wird, allgemeine Prüfungsverfahren existieren, die geeignet sind, die Eigenschaften der Stoffe oder Bauteile zu bewerten. Dies sind solche Verfahren nach den jeweils im konkreten Fall einschlägigen DIN- oder EN-Vorschriften.[65]

40 Als Stoffe iSd § 18 Abs. 4 zählen diejenigen Materialen, die bei der Herstellung des Bauwerks Verwendung finden, mithin Baustoffe, Bauhilfsstoffe und Betriebsstoffe.[66] Baustoffe sind dabei diejenigen Materialien, die unbearbeitet, be- oder verarbeitet in das Bauwerk eingehen, ohne dass diesen dabei eine eigenständige Funktion zukommt,[67] wie beispielsweise Sand, Kies, Zement, Bewehrungsstahl, Steine, etc.[68] Bauhilfsstoffe sind dagegen solche Stoffe, die selbst nicht durch Be- oder Verarbeitung in das Bauwerk eingehen, sondern lediglich im Zuge der Bauausführung als Hilfsmittel Verwendung finden, beispielsweise Schaltafeln.[69] Betriebsstoffe sind schließlich Stoffe, die für den Betrieb von Baumaschinen benötigt werden, zB Diesel, Schmier- und Reinigungsmittel, aber auch Baustrom.[70] Bauteile wiederum sind Produkte aus Baustoffen, die eine eigenständige Funktion im Bauwerk erhalten, wie Fenster, Türen, Leitungsrohre oder Estriche.[71]

41 Welche Eigenschaften konkret untersucht werden können, regelt § 18 Abs. 4 nicht. Gemeint sind nur Sacheigenschaften bezogen auf Qualitätsmerkmale des Stoffs oder Bauteils,[72] beispielsweise Größe,[73] Gewicht, Materialzusammensetzung, Herkunft,[74] Festigkeit, etc,[75] nicht hingegen der Preis oder Wert des zu untersuchenden Materials.[76] Der Begriff der Eigenschaften ist dabei wie das Merkmal der Beschaffenheit in § 13 Abs. 1 zu verstehen.[77]

42 **2. Meinungsverschiedenheiten über die Zulässigkeit oder Zuverlässigkeit der bei der Prüfung verwendeten Maschinen oder angewendeten**

---

[65] Kapellmann/Messerschmidt/Merkens § 18 Rn. 33; Ingenstau/Korbion/Joussen § 18 Abs. 4 Rn. 4.
[66] Beck VOB/B/Kölbl § 18 Abs. 4 Rn. 10; Kapellmann/Messerschmidt/Merkens § 18 Rn. 32.
[67] Beck VOB/B/Kölbl § 18 Abs. 4 Rn. 11.
[68] Beck VOB/B/Kölbl § 18 Abs. 4 Rn. 11.
[69] Beck VOB/B/Kölbl § 18 Abs. 4 Rn. 12.
[70] Beck VOB/B/Kölbl § 18 Abs. 4 Rn. 13.
[71] Beck VOB/B/Kölbl § 18 Abs. 4 Rn. 14.
[72] Ingenstau/Korbion/Joussen § 18 Abs. 4 Rn. 3; NWJS/Nicklisch § 18 Rn. 19.
[73] RGZ 101, 68.
[74] RGZ 124, 116.
[75] Weitere Beispiele bei Heiermann/Riedl/Rusam/Mansfeld § 18 Rn. 19; Kapellmann/Messerschmidt/Merkens § 18 Rn. 32.
[76] Allg. Auffassung, vgl. Heiermann/Riedl/Rusam/Mansfeld § 18 Rn. 19; Ingenstau/Korbion/Joussen § 18 Abs. 4 Rn. 3; Leinemann/Franz § 18 Rn. 62.
[77] Dort unter § 13 A Rn. 24 ff.

Streitigkeiten **§ 18**

Prüfungsverfahren (Abs. 4 Alt. 2). Die zweite Alternative des § 18 Abs. 4 betrifft Meinungsverschiedenheiten über die Zulässigkeit oder Zuverlässigkeit der bei der Prüfung verwendeten Maschinen oder angewendeten Prüfungsverfahren, setzt also voraus, dass zuvor bereits eine Prüfung von Stoffen oder Bauteilen im Sinne der ersten Alternative stattgefunden hat[78] und ermöglicht die Überprüfung des dortigen Ergebnisses im Hinblick auf das Prüfungsverfahren und die dabei zum Einsatz gekommene Technik.

3. Verfahren, Verbindlichkeit der Feststellungen. § 18 Abs. 4 sieht vor, **43** dass diejenige Partei, die eine Materialprüfungsstelle einschalten und somit ein Verfahren nach dieser Vorschrift einleiten will, die andere Partei hierüber vorab benachrichtigt. Diese Vorabinformation kann auch mündlich erfolgen, sollte indes zu Beweiszwecken schriftlich fixiert und auf eine Weise übermittelt werden, die den Beweis des Zugangs ermöglicht.[79] Unterbleibt die Information der anderen Partei vor der Verfahrenseinleitung, sind die späteren Feststellungen der Materialprüfstelle nicht verbindlich.[80]

Weitere Verfahrensvorschriften enthält § 18 Abs. 4 nicht. Weder besteht eine **44** Verpflichtung der über die Einleitung des Verfahrens informierten Partei, hieran teilzunehmen oder sich zu beteiligen, noch ist die Materialprüfungsstelle verpflichtet, die Parteien anzuhören oder zu einem Ortstermin zu laden. Findet ein solcher in Abwesenheit der ordnungsgemäß vor Verfahrenseinleitung informierten Partei statt, bleiben die Feststellungen der Materialprüfstelle auch dann verbindlich, wenn die Ladung einer Partei zum Ortstermin unterblieben ist.[81] Es besteht schließlich auch keine Verpflichtung der Materialprüfstelle, der Partei, die sie nicht angerufen hat, rechtliches Gehör zu gewähren – auch wenn dies nicht erfolgt, ist die Entscheidung gleichwohl verbindlich.[82]

Bei den Feststellungen der Materialprüfungsstelle handelt es sich rechtlich um **45** ein Schiedsgutachten.[83] Verbindlich sind insoweit allerdings lediglich die darin festgestellten Tatsachen,[84] an diese ist sodann auch ein später womöglich mit der Sache befasstes staatliches Gericht gebunden.[85] Diese Bindung besteht nur dann nicht, wenn das Schiedsgutachten der Materialprüfungsstelle offenbar unrichtig ist.[86] Dies ist bereits dann der Fall, wenn die Ausführungen so lückenhaft sind, dass ein Fachmann das Ergebnis aus dem Zusammenhang des Gutachtens nicht überprüfen kann[87] – dass sich die Unrichtigkeit einem unbefangenen Beobachter aufdrängt, ist dagegen nicht erforderlich.[88]

---

[78] NWJS/Nicklisch § 18 Rn. 19; Ingenstau/Korbion/Joussen § 18 Abs. 4 Rn. 5.
[79] Beck VOB/B/Kölbl § 18 Abs. 4 Rn. 23.
[80] BGH ZfBR 1999, 85; OLG Celle NJW-RR 1995, 1046.
[81] OLG Celle NJW-RR 1995, 1046.
[82] BGHZ 6, 335 (339); BGH NJW 1955, 665; OLG Celle NJW-RR 1995, 1046.
[83] Ingenstau/Korbion/Joussen § 18 Abs. 4 Rn. 18.; Heiermann/Riedl/Rusam/Mansfeld § 18 Rn. 22; Leinemann/Franz § 18 Rn. 67; Kapellmann/Messerschmidt/Merkens § 18 Rn. 38.
[84] Leinemann/Franz § 18 Rn. 69; Kapellmann/Messerschmidt/Merkens § 18 Rn. 38.
[85] BGH NJW-RR 1988, 506; OLG Bremen NJW-RR 2009, 1294; OLG Frankfurt a. M. VersR 1982, 759; BLAH ZPO vor § 1025 Rn. 17.
[86] BGH WM 1976, 269 (270).
[87] BGH DB 1988, 2698; BGH NJW-RR 1991, 228; BGH NJW 1991, 2698; OLG Köln NJW-RR 1997, 1412 (1413); NWJS/Nicklisch § 18 Rn. 22.
[88] BGH WM 1976, 269 (270); NWJS/Nicklisch § 18 Rn. 22.

§ 18

46 **4. Kosten des Verfahrens.** Kostenschuldner der eingeschalteten Materialprüfungsstelle ist im Außenverhältnis zu dieser diejenige Partei, die sie angerufen hat.
47 Im Innenverhältnis trägt die Kosten des Tätigwerdens der Materialprüfungsstelle der unterliegende Teil, § 18 Abs. 4 S. 2, also diejenige Partei, deren Behauptungen im Rahmen der Feststellungen der Materialprüfungsstelle nicht bestätigt worden sind.[89] Da die Bestimmung des § 18 Abs. 4 S. 2 der Regelung des § 91 ZPO folgt, wird man entsprechend § 92 ZPO verfahren und die Kosten aufteilen müssen, wenn die Feststellungen der Materialprüfungsstelle die Aussagen der Verfahrensbeteiligten jeweils nur zum Teil bestätigen.[90]
48 Da die Materialprüfungsstelle keine Kostenentscheidung trifft, muss über ihre Kosten gegebenenfalls eine gerichtliche Entscheidung herbeigeführt werden, wenn sich die Parteien nicht einigen können.[91]

49 **5. Verjährungshemmung.** Bei dem Verfahren nach § 18 Abs. 4 handelt es sich um ein Begutachtungsverfahren iSd § 204 Abs. 1 Nr. 8 BGB. Durch seine Einleitung wird daher die Verjährung von Ansprüchen, die Gegenstand der Begutachtung sind, gehemmt.[92] Die Gegenauffassung, die darauf abstellt, dass ausweislich § 204 Abs. 1 Nr. 8 BGB nur der Beginn eines vereinbarten Begutachtungsverfahrens verjährungshemmende Wirkung haben solle, eine Hemmung daher bei einseitiger Einleitung eines Verfahrens nach § 18 Abs. 4 ausgeschlossen sei,[93] übersieht, dass die Parteien mit Einbeziehung der VOB/B in den Vertrag bereits die Schiedsgutachterabrede getroffen haben, die somit nicht erneut bestätigt werden muss.[94]

V. Keine Arbeitseinstellung bei Streitfällen (Abs. 5)

50 Gemäß § 18 Abs. 5 sollen Streitfälle den Auftragnehmer nicht dazu berechtigen, die Arbeiten einzustellen.

51 **1. § 18 Abs. 5 hat lediglich klarstellende Funktion.** § 18 verwendet uneinheitliche Begrifflichkeiten für Differenzen zwischen Auftraggeber und Auftragnehmer. § 18 Abs. 1 spricht von „Streitigkeiten aus dem Vertrag", in § 18 Abs. 2 und 4 ist von „Meinungsverschiedenheiten" die Rede, und nach § 18 Abs. 5 schließlich sollen „Streitfälle" nicht zur Arbeitseinstellung berechtigen können. Hieraus wird überwiegend abgeleitet, dass § 18 Abs. 5 über die in den Abs. 1–4 geregelten Streitigkeiten/Meinungsverschiedenheiten hinaus für alle Fälle gelten soll, in denen Streit – ggf. auch ein Rechtsstreit – zwischen Auftraggeber und

---

[89] Ingenstau/Korbion/Joussen § 18 Abs. 4 Rn. 26; Leinemann/Franz § 18 Rn. 71; Kapellmann/Messerschmidt/Merkens § 18 Rn. 39.
[90] Ingenstau/Korbion/Joussen § 18 Abs. 4 Rn. 26; Kapellmann/Messerschmidt/Merkens § 18 Rn. 39; NWJS/Nicklisch § 18 Rn. 24.
[91] Kapellmann/Messerschmidt/Merkens § 18 Rn. 39; Beck VOB/B/Kölbl § 18 Abs. 4 Rn. 46; Leinemann/Franz § 18 Rn. 72.
[92] Streitig, wie hier BGHZ 232, 364 Rn. 12 = NZBau 2022, 334 Rn. 12; OLG Celle, NJW-RR 1995, 1046 (1047) (zu § 202 BGB aF); HRR/Mansfeld VOB/B § 18 Rn. 23; Messerschmidt/Voit/Voit VOB/B § 18 Rn. 4; Beck VOB/B/Kölbl § 18 Abs. 4 Rn. 29.
[93] Kapellmann/Messerschmidt/Merkens § 18 Rn. 38; Leinemann/Franz § 18 Rn. 70.
[94] Wie hier Beck VOB/B/Kölbl § 18 Abs. 4 Rn. 29.

Auftragnehmer besteht.[95] Dies erscheint allerdings angesichts der Begriffsvielfalt gerade nicht zwingend. Im Ergebnis kommt es hierauf allerdings ohnehin nicht an, besteht doch Einigkeit, dass Leistungsverweigerungsrechte, die dem Auftragnehmer etwa nach § 16 Abs. 5 Nr. 5 oder nach gesetzlichen Vorschriften zustehen, von § 18 Abs. 5 nicht berührt werden.[96] § 18 Abs. 5 enthält daher nicht mehr als eine bloße Klarstellung dahingehend, dass das bloße Bestehen einer Streitigkeit/Meinungsverschiedenheit für sich allein keinesfalls eine Arbeitseinstellung seitens des Auftragnehmers rechtfertigen kann und hat somit nur deklaratorischen Charakter.[97]

2. Leistungsverweigerungsrecht des Auftragnehmers bei Überschreitung der Anordnungsbefugnis durch den Auftraggeber. Unbeschadet von § 18 Abs. 5 kann der Auftragnehmer demnach die Arbeiten beispielsweise dann einstellen, wenn der Auftraggeber die ihm zustehenden Befugnisse zur Anordnung geänderter oder zusätzlicher Leistungen überschreitet.[98] Um einen Fall der Einrede des nichterfüllten Vertrages gemäß § 320 BGB handelt es sich dabei nicht, da es bei einer auftraggeberseitigen Überschreitung des Anordnungsrechts nach § 1 Abs. 3, 4 bereits dem Grunde nach an einer Leistungsverpflichtung des Auftragnehmers fehlt.[99] Will der Auftragnehmer ein solches Leistungsverweigerungsrecht ausüben, muss er beweisen, dass der Auftraggeber seine Anordnungsbefugnisse überschritten und somit unberechtigt Leistungen von ihm gefordert hat.[100] 52

3. Leistungsverweigerungsrecht des Auftragnehmers bei verweigerter Nachtragsbeauftragung. Der Auftragnehmer kann ferner die Leistung einstellen, wenn sich der Auftraggeber seinerseits weigert, Nachtragsleistungen zu beauftragen. Sofern der Auftraggeber schon dem Grunde nach eine Einigung zur Vergütungsfähigkeit einer geänderten oder zusätzlichen Leistung ablehnt, ist das Leistungsverweigerungsrecht des Auftragnehmers unbestritten.[101] Es steht lediglich unter dem Vorbehalt der Angemessenheit – wegen nur geringfügiger in Rede stehender Ansprüche wäre die Ausübung der Leistungsverweigerung unbillig.[102] Steht nur eine Einigung zur Höhe der Nachtragsforderung aus, wird man restriktiver sein müssen und ein Leistungsverweigerungsrecht des Auftragnehmers nur dann annehmen können, wenn zunächst überhaupt eine nachtragsfähige Leistung iSd § 2 Abs. 5, 6 gegeben ist, der Auftragnehmer hierüber ein prüffähiges Nachtragsangebot vorgelegt hat, dieses aber vom Auftraggeber trotz entsprechender 53

---

[95] Ingenstau/Korbion/Joussen § 18 Abs. 5 Rn. 1; Kapellmann/Messerschmidt/Merkens § 18 Rn. 40; Leinemann/Franz § 18 Rn. 74; NWJS/Nicklisch § 18 Rn. 24.

[96] BGH BauR 1996, 378 (381); OLG Köln NJW 2017, 493; Ingenstau/Korbion/Joussen § 18 Abs. 5 Rn. 1; Kapellmann/Messerschmidt/Merkens § 18 Rn. 40; Leinemann/Franz § 18 Rn. 74; NWJS/Nicklisch § 18 Rn. 24; vgl. allgemein zu Leistungsverweigerungsrechten des Auftragnehmers Kues/Kaminsky BauR 2008, 1368 ff.

[97] BGH NJW 1996, 1346 (1348); Kues/Kaminsky BauR 2008, 1368 (1371); Merkens NZBau 2008, 150 (153); Kuffer ZfBR 2004, 110 (113); Vygen BauR 2005, 431 (432).

[98] Kues/Kaminsky BauR 2008, 1368 (1371).

[99] Kues/Kaminsky BauR 2008, 1368 (1371).

[100] Ingenstau/Korbion/Keldungs § 1 Abs. 3 Rn. 18; Kues/Kaminsky BauR 2008, 1368 (1371).

[101] BGH BauR 2008, 1131 ff. mAnm Leinemann; BGH BauR 2004, 1613 (1615); OLG Jena NZBau 2005, 341; Kuffer ZfBR 2004, 110.

[102] BGH BauR 2008, 1131 ff.; Leinemann NJW 1998, 3672 (3675); Kues/Kaminsky BauR 2008, 1368 (1372).

Anhang § 18 Übersicht und Erläuterungen zu den FIDIC-Vertragsmustern

Aufforderung nicht verhandelt oder beauftragt worden ist und die weitere Leistung für den Auftragnehmer unzumutbar ist, wobei diese Voraussetzungen kumulativ vorliegen müssen.[103] Darüber hinaus dürfen auch keine berechtigten Gegenforderungen und/oder Einbehalte des Auftraggebers bestehen, aufgrund von deren Höhe der Auftraggeber die Bezahlung des streitigen Nachtrags ohnehin verweigern könnte.[104]

Übersicht und Erläuterungen zu den FIDIC Conditions of Contract

Red Book – **Conditions of Contract for Construction**
Yellow Book – **Conditions of Contract for Plant and Design-Build**
Silver Book – **Conditions of Contract for EPC/Turnkey Projects**

Literatur: Baker/Mellors/Chalmers/Lavers, FIDIC Contracts: Law and Practice, 2009; Berger, Neuverhandlungs-, Revisions- und Spruchklauseln im internationalen Wirtschaftsvertragsrecht, RIW 2000, 1, 4; Booen, The Three Major New FIDIC Books, ICLR 2000, 24, 29; Boecken/Freiburg/Krapfl, How does the new German construction law affect the implementation of the 2017 FIDIC Siver Book?, CLI 2019, 9; Böckstiegel, Vertragsgestaltung und Streiterledigung in der Bauindustrie und im Anlagenbau (II), 1995; Bonke/Stumpf, Das FIDIC Yellow Book 2017: Neuer Vertragsstandard für den Anlagenbau im Lichte des deutschen AGB-Rechts, NZBau 2018, 449; Bunni, Construction Insurance, 1986; Bunni, The FIDIC Forms of Contract, The 4th Edition of the Red Book, 1991; Döser, Anglo-Amerikanische Vertragsstrukturen in deutschen Vertriebs-, Lizenz- und sonstigen Vertikalverträgen, NJW 2000, 1451; Corbett, FIDIC, 4th Edition – A practical Legal Guide, 1991, 296 f.; Corbett, FIDIC's New Rainbow 1st Edition – An Advance?, ICLR 2000, 253; Dünnweber, Vertrag zur Erstellung einer schlüsselfertigen Industrieanlage im internationalen Wirtschaftsverkehr, 1984; Gaede, An unfortunate Shift from FIDIC's Tradition of being evenhanded and focusing on the best Interests of the Project, ICLR 2000, 477; Gillion/Cottrell, New FIDIC Yellow Book (2017): A case of when more (words) mean less (clarity)?, ICLR 2017, 349; Goedel, Was ist ein Dispute Adjudication Board?, IBR 2000, 298; Hickson, Construction Insurance, Management and Claims. A Guide for Contractors, 1987; Hillig, Die Mängelhaftung des Bauunternehmers im deutschen und englischen Recht, 2010; Hilgers/Kaminsky, Anlagenbau im In- und Ausland, 2012; Hök, FIDIC Red Book, Erläuterungen und Übersetzung, 1999; Hök, FIDIC Yellow Book, Erläuterungen und Übersetzung, 1999; Hök, FIDIC Silver Book, Erläuterungen und Übersetzung, 1999; Hök, Handbuch des internationalen und ausländischen Baurechts, 2012; Hök, Engineer und Dispute Adjudication Board in FIDIC-Verträgen: Entwicklung, Grundlagen und rechtliche Einordnung, ZfBR 2007, 416; Hök, Zur Sprachregelung in den FIDIC-Verträgen, ZfBR 2005, 332; Huse/Abdulkarim/Almoayyed, Understanding and Negotiating Turnkey Contracts, 2020; Jaeger/Hök, FIDIC – A Guide for Practitioners, 2009; Joussen, Der Industrieanlagenvertrag, 1996; Jayns, The New Colour in FIDIC's Rainbow: The Trial Edition of the Orange Book, ICLR 1995, 367; Koch/Magnus/Winkler v. Mohrenfels, IPR und Rechtsvergleichung, 4. Aufl. 2010; Kus/Markus/Steding, FIDIC's new Silver Book under the German Standard Form Contracts Act, ICLR 1999, 542; Lappe, Risikoverteilung bei Turn-Key-Projekten des internationalen Industrieanlagenbaus, 1987, 137 ff.; Mahnken/Schramke, Die neue FIDIC Conditions of Contract 2017, insbesondere des FIDIC Yellow Book, BauR 2018, 739; Mallmann, Bau- und Anlagenbauver-

---

[103] BGH BauR 2000, 409; OLG Düsseldorf BauR 1995, 706; OLG Dresden NJW-RR 1998, 672; Kues/Kaminsky BauR 2008, 1368 (1372 f.) mwN.
[104] Kues/Kaminsky BauR 2008, 1368 (1373).

Übersicht und Erläuterungen zu den FIDIC-Vertragsmustern **Anhang § 18**

trag nach den FIDIC-Standardbedingungen, 2002; Nicklisch, Sonderrisiken bei Bau- und Anlagenverträgen (Teil I – Sonderrisiken und Ansprüche auf Fristverlängerung und Mehrvergütung, BB 1991, Beilage 15; Quack, § 1 Nr. 3 VOB/B: Darf der Auftraggeber auch die Bauzeit und den Bauablauf ändern?, IBR 2004, 558; Reithmann/Martiny/Thode, Internationales Vertragsrecht, 9. Aufl. 2021; Schmitthoff, Export Trade: The Law and Practice of International Trade, 12. Ed. 2012; Roquette, Am Ende des Regenbogens – Die neuen FIDIC Dispute Adjudication/Avoidance Boards, SchiedsVZ 2018, 233; Schneider, Die Abnahme in der Praxis internationaler Bau- und Anlagenverträge, ZfBR 1984, 101; Schramke/Yazdani, Adjudikation nach den FIDIC Conditions of Contract: Effektiver Rechtsschutz oder Aufblähung des Streitbeilegungsverfahrens, BauR 2004, 1073; Seppala, FIDIC's New Standard Forms of Contract: Force Majeure, Claims, Disputes and other Clauses, ICLR 2000, 235; Sigulla, Handbuch Projekte und Projektfinanzierung, 2001; Thode, Nachträge wegen gestörten Bauablaufs im VOB/B-Vertrag – Eine kritische Bestandsaufnahme, ZfBR 2004, 214; Thode, Änderungsbefugnis des Bauherrn in § 1 Nr. 3 VOB/B, BauR 2008, 155; v. Oppen, Der internationale Industrieanlagenvertrag, 2001.

Übersicht

	Rn.
A. Einleitung	1
B. Kommentierung	8
I. Rechtsnatur, anwendbares Recht und Rechtswahl	8
1. Rechtsnatur	8
2. Anwendbares Recht und Rechtswahl	12
3. Fehlende Rechtswahl	17
a) Kaufverträge	18
b) Dienstverträge	19
c) Werkverträge	20
d) Außervertragliche Ansprüche	22
e) Zusammenfassung	26
II. Aufbau des FIDIC Red, Yellow und Silver Book	27
1. Red Book	28
2. Yellow Book	30
3. Silver Book	32
III. Zustandekommen des Vertrages, Vertragsparteien	36
1. Auftragsvergabe und Vertragsschluss	36
2. Die Vertragsbeteiligten	42
a) Employer	42
b) Contractor	43
c) Beratender Ingenieur (Engineer)	45
d) Employer's Representative – Silver Book	69
e) Nachunternehmer (Subcontractor), benannte Nachunternehmer (nominated Subcontractor) und Lieferanten	74
IV. Art und Umfang der Leistung	85
1. Die Vertragsbestandteile und deren Rangfolge	85
a) First Edition 1999	85
b) Second Edition 2017	87
2. Vertragliche Pflichten der Parteien	88
a) Die Pflichten und die Planungsverantwortung des Contractor	88
b) Pflichten des Employer	104
3. Anordnungsrecht und Leistungsänderungsforderungen	106
4. Verfahren bei Leistungsänderungen	115

Kaminsky

Anhang § 18 Übersicht und Erläuterungen zu den FIDIC-Vertragsmustern

	Rn.
a) First Edition 1999	115
b) Second Edition 2017	116
5. Änderungsvorschläge des Contractor (Value Engineering)	117
V. Vergütung	118
1. Allgemeines	118
2. Anpassung der Vergütung bei Massenänderungen	124
3. Anpassung der Vergütung bei Änderungsvorschlägen des Contractor (Value Engineering)	128
4. Anpassung der Vergütung bei geänderter Rechtslage	129
5. Anpassung der Vergütung wegen Änderung der Kosten	130
6. Keine Anpassung des Vertragspreises bei fehlender Anordnung bzw. Genehmigung	132
7. Änderungen im Rahmen der Second Edition 2017	133
VI. Genehmigungen	139
1. Die Baugenehmigung für das Projekt	139
2. Sonstige Genehmigungen	140
VII. Ausführung	141
1. Personal, Gerät, Material und technische Ausführung (Staff and Labour, Plant Materials, Workmanship)	141
a) Personal und Gerät, Ziff. 6	142
b) Material und technische Ausführung, Ziff. 7	149
VIII. Ausführungsfristen	157
1. Ausführungsfrist (Time for Completion)	157
2. Baubeginn (Commencement Date)	158
3. Bauzeitenplan	159
4. Second Edition 2017	160
IX. Behinderung und Unterbrechung der Ausführung	161
1. Folgen einer fehlenden oder verspäteten Aufforderung zum Baubeginn	161
2. Anpassung des Bauzeitenplans durch den Contractor	162
a) First Edition 1999	162
b) Second Edition 2017	164
3. Verlängerung der Ausführungsfrist (Extension of Time for Completion)	169
4. Bauzeitverzögerungen durch höhere Gewalt (Force Majeure)	177
5. Durchsetzung von Bauzeitverlängerungsansprüchen	179
6. Verlangsamte Bauabläufe	183
7. Darstellung eines gestörten Bauablaufs im Rahmen einer gerichtlichen Durchsetzung	184
X. Risiko- und Gefahrenverteilung	186
1. Zu den Risiken und Gefahren im Allgemeinen	186
a) Vom Employer zu tragende Risiken (Red, Yellow und Silver Book)	187
b) Vom Contractor zu tragende Risiken (Red, Yellow und Silver Book)	189
2. Das Baugrundrisiko	191
a) Die Verteilung des Baugrundrisikos nach dem Yellow Book	193
b) Die Verteilung des Baugrundrisikos nach dem Silver Book	196
c) Second Edition 2017	198

	Rn.
3. Höhere Gewalt (Force Majeure)	199
a) First Edition 1999	199
b) Second Edition 2017	207
XI. Kündigung durch den Employer	209
1. Kündigung aus besonderem Grund (Ziff. 15.1–15.4)	210
2. Freie Kündigung, Ziff. 15.5	217
3. Second Edition 2017	221
XII. Kündigung durch den Contractor	223
1. Einstellung bzw. Reduzierung der Leistungen des Contractor	224
2. Kündigung	227
3. Second Edition 2017	231
XIII. Beiderseitiges Kündigungsrecht	233
XIV. Haftung der Vertragsparteien	237
1. Allgemeine Haftungsbestimmungen der Ziff. 17	237
2. Haftung des Contractor	239
3. Haftung des Employer	243
4. Haftung bei nicht erreichten Leistungs- und Betriebswerten	247
5. Haftungsbeschränkungen	249
6. Second Edition 2017	251
7. Haftung des Employer für fehlerhafte Handlungen des Engineers	254
XV. Vertragsstrafe und Schadenersatz (Delay Damages)	255
XVI. Die „Abnahme" bzw. Bauwerksübernahme (Taking Over)	261
1. Allgemeines	261
2. Fertigstellungstest (Test on Completion)	263
a) First Edition 1999	263
b) Second Edition 2017	268
3. Bauwerksübernahme (Taking Over)	269
a) First Edition 1999	269
b) Second Edition 2017	271
4. Teilübernahme (Taking Over of Parts of the Works)	272
a) Regelungen im Red und Yellow Book	273
b) Keine Regelungen im Silver Book	279
5. Tests after Completion	280
6. Defects Liability	285
XVII. Aufmaß und Aufmaßbewertung	286
XVIII. Mängelansprüche	290
a) First Edition 1999	290
b) Second Edition 2017	301
XIX. Abrechnung und Zahlung	304
1. Vorläufige Zahlungen und Vorauszahlungen	306
2. Zahlungen auf Interim Payment Certificates – Abschlagszahlungen	311
3. Zahlung auf das Final Statement Certificate – Schlusszahlung	315
a) Statement of Completion	317
b) Application for Final Payment Certificate	318
c) Discharge und Final Payment Certificate	321
d) Cessation of Employer's Liability (Haftungsbefreiung)	323
4. Weitere Zahlungsansprüche des Contractor	324

Anhang § 18 Übersicht und Erläuterungen zu den FIDIC-Vertragsmustern

	Rn.
5. Anspruch auf Verzugszinsen	328
6. Regelungen des Yellow und Silver Book	329
7. Second Edition 2017	330
XX. Stundenlohnarbeiten	331
XXI. Sicherheiten und Versicherungen	332
1. Überblick über die Arten von Sicherheiten	332
2. Inhalt und Formalien der Sicherheiten	336
3. Geltungsdauer der Sicherheit	340
4. Anwendbares Recht bei Streitigkeiten rund um die Sicherheiten, URDG und URCB	342
5. Die Sicherheiten im Einzelnen	348
5.1 Garantie der Muttergesellschaft (Anhang A)	348
5.2 Angebotssicherheit (Anhang B)	351
5.3 Erfüllungssicherheit (Anhang C und D)	352
5.4 Vorauszahlungsgarantie (Anhang E)	360
5.5 Sicherheitseinbehalt	364
5.6 Garantie für Zahlungseinbehalte (Anhang F)	366
5.7 Zahlungsgarantie des Employer (Anhang G)	368
6. Versicherungen (Insurance), Ziff. 18	372
XXII. Claims und Streitigkeiten	380
1. Second Edition 2017: Aufsplittung in zwei Bestimmungen	381
2. Erste Stufe: Entscheidung des Engineers bzw. des Employer über Ansprüche des Unternehmers	385
3. Zweite Stufe: Streitbeilegungsstelle („Dispute Adjudication Board")	389
4. Dritte Stufe: Schiedsverfahren (Arbitration)	398
5. Second Edition 2017: Neue Ziff. 20 – Employer's and Contractor's Claims	402
6. Second Edition 2017: Neue Ziff. 21 – Disputes and Arbitration	410

A. Einleitung

1 Der **internationale Verband nationaler Vereinigungen beratender Ingenieure im Bauwesen (FIDIC)** mit Sitz in Genf hat standardisierte Musterverträge für Bau-, insbesondere Auslandsbauvorhaben entwickelt, die einem ausgeglichenen Kräfteverhältnis der jeweiligen Vertragsparteien dienen sollen. Die nachfolgenden Erläuterungen zu den FIDIC Conditions of Contract sollen dabei einen ersten Überblick über die Inhalte der in der Praxis mit Abstand **am häufigsten** verwendeten FIDIC-Regelwerke, dem **Red Book,** dem **Yellow Book** und dem **Silver Book** vermitteln.

2 Die FIDIC-Vertragsbedingungen blieben über viele Jahre konstant und inhaltlich unverändert. Seit 1999 bis einschließlich 2017 lagen insoweit die First Editions des Red, Yellow und Silver Books vor und wurden diese als Grundlage einer Vielzahl von Verträgen vereinbart. Im **Dezember 2017** wurde sodann von der FIDIC eine **Second Edition des Red, Yellow und Silver Books** veröffentlicht. Die Grundprinzipien des FIDIC-Vertragsregimes blieben dabei zwar unangetastet. Indes wurden alle drei Regelwerk in einzelnen Punkten signifikant überarbeitet bzw. ergänzt, wobei Ziel der Überarbeitung im Wesentlichen eine **gesteigerte Klarheit der Vertragsbedingungen** und eine damit verbundene **Reduzierung**

Übersicht und Erläuterungen zu den FIDIC-Vertragsmustern **Anhang § 18**

des Streitpotentials zwischen den Vertragsbeteiligten gewesen ist. Dabei wurde in Ansehung der Tatsache, dass die FIDIC-Vertragsbedingungen auch auf eine Vielzahl von Verträgen Anwendung finden, bei denen Englisch nicht die Muttersprache der vertragsschließenden Parteien ist, zugleich auf eine sprachliche Vereinfachung der Regelungen hingewirkt, um eine noch weitere Verbreitung und größere Akzeptanz der Regelwerke zu erreichen und zugleich eine **Vereinfachung der Übersetzung** der FIDIC-Vertragsbedingungen zu ermöglichen.

Es ist zumindest fraglich, ob das Ziel der Vereinfachung auch tatsächlich erreicht 3 worden ist. Denn schließlich sind Red, Yellow und Silver Book in der Second Edition deutlich umfangreicher geworden und umfassen nunmehr jeweils mehr als 160 Textseiten.

Die Struktur der Regelwerke blieb dabei allerdings weitestgehend unverändert. Allerdings bestehen die General Conditions nunmehr aus **21 statt vormals 20 Vertragsklauseln**, da Ziff. 20 (Claims, Disputes and Arbitration) in zwei Klauseln aufgeteilt wurde und Ziff. 20 nunmehr Claims sowohl des Employer wie auch des Contractor regelt und die vormals ebenfalls in Ziff. 20 enthaltenen Bestimmungen zu Streitigkeiten zwischen den Vertragsbeteiligten nunmehr in eine neue Ziff. 21 (Disputes and Arbitration) ausgelagert worden sind. Darüber hinaus wurden einzelne Sub-Clauses innerhalb des Gesamtregelwerkes neu lokalisiert, bei denen im Zuge der Überarbeitung der Regelwerke festgestellt worden war, dass diese strukturell zuvor unglücklich platziert gewesen sind. Schließlich wurden diverse bei der Anwendung der First Edition identifizierte Schwächen einzelner Bestimmungen behoben. So wurden beispielsweise dir Anforderungen an Mitteilungen (Notices) präzisiert und die Kommunikation unter den Vertragsbeteiligten insgesamt detaillierter geregelt. Auch Funktion und Aufgaben des Engineers werden in der Second Edition deutlich präziser geregelt als zuvor.

In ihren allgemeinen Erläuterungen zur Second Edition des Red, Yellow und 4 Silver Books hat die FIDIC klargestellt, dass die First Edition 1999 der Regelwerke auch weiterhin genutzt werden kann. Die Second Edition 2017 ersetzt somit nicht etwa per 1.1.2018 die First Edition 1999. Vielmehr werden First und Second Edition des Red, Yellow und Silver Books für unbestimmte Zeit nebeneinander Anwendung finden, was nicht zuletzt auch der Tatsache geschuldet sein dürfte, dass Red, Yellow und Silver Book regelmäßig bei Großprojekten mit internationalem bzw. transnationalem Bezug und mit einer jeweils mehrjährigen Errichtungsphase als Vertragsgrundlage einbezogen werden.

Erfahrungsberichte zu Projekten, bei denen bereits die Second Edition 2017 5 des Red, Yellow oder Silver Books vereinbart worden sind, existieren auch weiterhin kaum. Ebenso wenig ist zum Erscheinungszeitpunkt dieser Kommentierung eine belastbare Aussage zur Akzeptanz der Neuregelungen oder darüber möglich, inwieweit die von der FIDIC mit der Second Edition von Red, Yellow und Silver Book verfolgen Ziele durch die im Vergleich zur First Edition erfolgten Ergänzungen und Überarbeitungen der Regelwerke tatsächlich erreicht werden. In der Praxis zeigt sich, dass auch weiterhin FIDIC-Verträge auf der Grundlage der First Edition 1999 abgeschlossen werden und Elemente aus der Second Edition und den dortigen General Conditions in die Particular Conditions des konkreten Vertrags implementiert werden. Die nachfolgende Kommentierung wird sich daher auch vor diesem Hintergrund weiterhin an der First Edition 1999 orientieren und dieser die maßgeblichen Modifikationen im Rahmen der Second Edition 2017 gegenüberstellen. Dabei werden die jeweils maßgeblichen und bedeutsamen Änderungen, die die Regelwerke in der Second Edition erfahren haben, bei den

Anhang § 18 Übersicht und Erläuterungen zu den FIDIC-Vertragsmustern

einzelnen erläuterten Bestimmungen jeweils in einem Zusatz dargestellt und ggf. der Regelung in der First Edition gegenübergestellt.

6   Die FIDIC-Regelwerke erhielten ihre Namen wegen ihrer jeweils farblichen Einbände. Dabei ist das **Red Book** (Conditions of Contract for Construction) anzuwenden auf Bauvorhaben, in denen üblicherweise der Employer die Projektplanung erbringt. Das **Yellow Book** (Conditions of Contract for Plant and Design-Build) ist gedacht für die Planung von Bauvorhaben in eigener Verantwortung des Contractor, aber unter der Kontrolle des Employer. Ebenfalls gedacht für die Planung von Bauvorhaben in eigener Verantwortung des Contractor ist das **Silver Book** (Conditions of Contract for EPC/Turnkey Projects), bei dem jedoch unter anderem die Funktion des beratenden Ingenieurs entfällt. Außerdem ist der Contractor insoweit für eine umfassende und richtige Planung selbst verantwortlich.

7   **Daneben** existieren zwar noch weitere von der FIDIC herausgegebene Standardvertragsmuster, wie das **Green Book** (Short Form of Contract – ein vereinfachtes Vertragsmuster für weniger komplexe Projekte mit geringem Auftragsvolumen und kurzer Bauzeit), das **Gold Book** (Conditions of Contract for Design, Build and Operate Projects – faktische Erweiterung des Yellow Book und eignet sich für Planungs- und Bauleistungen, die gekoppelt sind an eine Leistungsverpflichtung des ausführenden Unternehmens auch im Hinblick auf den späteren Betrieb der Anlage), das **Blue Book** (Form of Contract for Dredging and Reclamation Works – spezifische Sonderregeln für Nassbagger- und Landgewinnungsarbeiten) und das **White Book** (Client/Consultant Model Services Agreement – regelt das Vertragsverhältnis zwischen Employer und beratenden Ingenieur), die ebenso wie die zuvor genannten Regelwerke jeweils für spezifische Anwendungsgebiete entworfen wurden. In der jüngeren Vergangenheit (2011) wurde zudem noch ein **Vertragsmuster für das Vertragsverhältnis zwischen Haupt- und Nachunternehmer** (Conditions of Subcontract for Construction) herausgegeben. Schließlich erschien 2019 das **Emerald Book** (Underground Works). All diese letztgenannten Vertragsmuster kommen indes in der Praxis weit seltener zur Anwendung und sollen daher in den nachfolgenden Erläuterungen nur eine untergeordnete Rolle einnehmen.

B. Kommentierung

I. Rechtsnatur, anwendbares Recht und Rechtswahl

8   **1. Rechtsnatur.** Bei den FIDIC-Bedingungen handelt es sich um eine gleichförmige Vertragspraxis.[1] Sie stellen kein transnationales oder überstaatliches Recht dar, auf das sich die Parteien etwa berufen können, wenn ihr Vertrag Lücken enthält.[2] Es fehlt an einem entsprechenden Handelsbrauch oder einer gewohnheitsrechtlichen Verfestigung.[3] Damit ist eine **vertragliche Einbeziehung der FIDIC-Regelwerke** für deren Anwendbarkeit **unumgänglich**.

9   Die FIDIC-Bedingungen sind im Lichte des englischen Common Law zu verstehen. In der Rechtspraxis des Common Law werden außerordentlich **detail-**

---

[1] Canaris, Handelsrecht, § 22 Rn. 24.
[2] Hök, FIDIC Red Book, Erläuterungen und Übersetzung, 10.
[3] Mallmann, Bau- und Anlagenbauvertrag nach den FIDIC-Standardbedingungen, 2002, S. 31.

lierte **Verträge** verwendet, die sich vor allem durch eine Vielzahl von Definitionen vertraglicher Begriffe auszeichnen.[4] So auch sämtliche FIDIC-Regelwerke, in denen jeweils **im Abschnitt General Conditions** unter Ziff. 1.1 die für das konkrete Vertragswerk relevanten **Begrifflichkeiten definiert** sind.

Ebenso wie auch die VOB sind die vorformulierten FIDIC-Vertragswerke **Allgemeine Geschäftsbedingungen**.[5] Sofern das Vertragsstatut also deutsches Recht ist, sind auch die entsprechenden AGB-Bestimmungen zu beachten. Die praktische Anwendbarkeit der AGB-Bestimmungen ist gleichwohl sehr selten, weil in internationalen Bau- und Anlagenbauverträgen kaum deutsches Recht zur Anwendung kommt. 10

Dessen ungeachtet wird diskutiert, ob überhaupt eine inhaltliche Kontrolle der FIDIC-Klauselwerke bei Eröffnung des Anwendungsbereichs der § 305 ff. BGB stattzufinden habe.[6] Während einerseits vorgetragen wird, dass die europarechtlichen Grundfreiheiten eine nationale Kontrolle von international verwendeten Vertragsbestimmungen verbieten,[7] sind andere Stimmen der Ansicht, dass die FIDIC-Klauselwerke von einer internationalen Organisation bzw. einem Berufsverband ohne Rechtsetzungskompetenz herausgegeben werden, weshalb eine ganze Reihe der FIDIC-Bestimmungen als unwirksam anzusehen sind.[8] Ähnlich argumentiert der Bundesgerichtshof in einem Verbraucherfall, zu dem er im Ergebnis der Ansicht ist, das inländische Interessen an einem funktionierenden Verbraucherschutz dem Streben nach internationaler Rechtseinheit vorgehen, weshalb es der Zweck des AGB-Rechts gebieten würde, auch weltweit verwendete Klauseln einer gerichtlichen Kontrolle zu unterwerfen.[9] Doch auch ein im internationalen Geschäftsverkehr tätiger Unternehmer ist im Hinblick auf unangemessene AGB schutzwürdig. Bei Anwendbarkeit des deutschen Rechts unterliegen demnach auch die FIDIC-Bedingungen einer AGB-rechtlichen Inhaltskontrolle.[10] Das sieht auch eine vermittelnde Meinung so,[11] wenngleich mit einer anderen Begründung.[12] 11

2. Anwendbares Recht und Rechtswahl. Weil die FIDIC-Regelungen keine eigene supranationale Rechtsordnung bilden, bedarf es im Falle der Vereinbarung eines FIDIC-Vertrages stets der Klärung, welches nationale Recht auf das Vertragsverhältnis anwendbar sein soll. Im Regelfall gilt das von den Parteien Vereinbarte bzw. ist diejenige Rechtsordnung anzuwenden, mit der der Vertrag die engste Verbindung aufweist. 12

Die Rechtswahl selbst kann ausdrücklich oder konkludent erfolgen. Sie kann auf Teile des Vertrages beschränkt sein und zudem jederzeit, also auch nachträglich, 13

---

[4] Döser NJW 2000, Anglo-amerikanische Vertragsstrukturen in deutschen Vertriebs-, Lizenz- und sonstigen Vertikalverträgen, 1451.

[5] MVHdB IV WirtschaftsR III/Rosener, 5. Aufl. 2002, 624; Roquette/Schweiger, Vertragsbuch Privates Baurecht, 3. Auflage 2020, Rn. 56.

[6] Ausführlich Mallmann, FIDIC-Standardbedingungen, S. 59 f.

[7] Mallmann, FIDIC-Standardbedingungen, S. 60.

[8] Roquette/Schweiger, Vertragsbuch Privates Baurecht, 3. Auflage 2020, Rn. 57 f.

[9] BGHZ 86, 284.

[10] Ulmer/Brandner/Hensen/H. Schmidt, AGB-Recht, Kommentar zu den §§ 305–310 BGB und zum UKlaG, 10. Aufl. 2006, BGB Anh. § 305 Rn. 31.

[11] Ulmer/Brandner/Hensen/H. Schmidt, AGB-Recht, Kommentar zu den §§ 305–310 BGB und zum UKlaG, 10. Aufl. 2006, BGB Anh. § 305 Rn. 31.

[12] Leinemann VOB/B/Hilgers/Kaminsky, 8. Aufl., Rn. 18.

Anhang § 18 Übersicht und Erläuterungen zu den FIDIC-Vertragsmustern

vereinbart werden, Art. 3 Abs. 1, 2 ROM I-VO. Erfolgt die Rechtswahl stillschweigend, muss sich dies nach Art. 3 Abs. 1 S. 2 ROM I-VO „eindeutig aus den Bestimmungen des Vertrages oder aus den Umständen des Falles ergeben". In der Regel erfolgt eine stillschweigende Rechtswahl in der Feststellung eines bestimmten Gerichtsstandes oder Schiedsgerichtes.[13]

14   Bei einem Bau- und Anlagenbauvertrag ist indes eine ausdrückliche **Rechtswahl** die Regel.[14] Dabei können die Parteien **grundsätzlich**[15] das auf den Vertrag anzuwendende Recht, **frei** wählen. In der EU[16] ergibt sich das ausdrücklich aus Art. 3 Abs. 1 Rom I-VO.[17] Wählbar ist dabei jede staatliche Rechtsordnung,[18] wobei ein räumlicher und sachlicher Bezug der gewählten Rechtsordnung zum Sachverhalt nicht erforderlich ist. Lediglich eine Einschränkung sieht Art. 3 Abs. 3 ROM I-VO vor: Wenn kein Auslandsbezug besteht, ist auch keine Rechtsordnung eines anderen Staates anwendbar. Eine **„künstliche Internationalisierung"** scheitert demnach.[19]

15   Wird die Rechtswahl ausdrücklich getroffen, entscheiden sich die Parteien in der Praxis häufig für das schweizerische oder das schwedische Rechts[20] oder die Geltung eines anderen „neutralen Rechts", also die Rechtsordnung eines dritten Staates, dessen Recht als ausgewogen und interessengerecht angesehen wird.[21] Doch auch hierbei ist Vorsicht geboten, denn die gewünschte Neutralität ist oftmals nicht gegeben. Vielfach kennt sich eine Vertragspartei mit dem Inhalt der (vermeintlich) neutralen Rechtsordnung bestens aus oder hat bereits einschlägige Erfahrungen. Dies wiederum führt oft zu Missverständnissen und erhöht die Streitanfälligkeit stark. Daher sollte die Rechtswahl eine wohl überlegte Entscheidung der Parteien sein und ihren Erfahrungen und Kenntnissen Rechnung tragen.

16   Außerdem ist bei der Rechtswahl von Vorteil, wenn die gewählte Rechtsordnung in derselben Sprache abgefasst ist wie der Vertrag. Denn der juristische Inhalt des Vertrages ist in diesem Fall am Besten mit den auf ihn anzuwendenden gesetzlichen Bestimmungen vergleichbar. Wird eine andere Rechtsordnung gewählt, sollten die Parteien bereits bei Vertragsschluss darauf achten, dass der Vertragsinhalt mit den anzuwendenden gesetzlichen Vorschriften harmoniert.

17   **3. Fehlende Rechtswahl.** Wurde zwischen den Parteien **keine** ausdrückliche oder stillschweigende **Rechtswahl getroffen,** entscheiden objektive Kriterien über das anwendbare Recht. Der sodann einschlägige **Art. 4 ROM I-VO** differenziert dabei nach Vertragsarten wie folgt:

---

[13] Koch/Magnus/Winkler v. Mohrenfels, IPR und Rechtsvergleichung, § 5 Rn. 10.
[14] Vgl. Schneider ZfBR 1984, 101; v. Oppen, Der internationale Industrieanlagenvertrag, S. 79.
[15] Ausnahmen sind in nichtindustrialisierten Staaten denkbar.
[16] Mit Ausnahme von Dänemark.
[17] Verordnung (EG) Nr. 593/2008 des europäischen Parlaments und des Rates vom 17.6.2008 über das auf außervertragliche Schuldverhältnisse anzuwendende Recht (Rom II), ABl. 2008 L 177, 6.
[18] Die Rechtswahl selbst stellt einen sog. „kollisionsrechtlichen Verweisungsvertrag" dar, dessen Wirksamkeit sich nach Art. 10, 11 und 13 ROM I-VO richtet, Art. 3 Abs. 5 ROM I-VO. Im Regelfall ist das Recht maßgebend, welches zur Anwendung käme, wäre der Vertrag wirksam geschlossen worden, Art. 10 Abs. 1 ROM I-VO.
[19] MüKo/Martiny Rom-VO Art. 3 Rn. 4.
[20] Vgl. Reithmann/Martiny/Thode, Internationales Vertragsrecht, Rn. 1116.
[21] Leinemann VOB/B/Hilgers/Kaminsky, 8. Aufl., Rn. 30.

Übersicht und Erläuterungen zu den FIDIC-Vertragsmustern **Anhang § 18**

a) Kaufverträge. Bei Kaufverträgen gilt das Recht des Staates, in dem der 18
Verkäufer seinen gewöhnlichen Aufenthaltsort hat, Art. 4 Abs. 1 Buchst. a
ROM I-VO.
Zu beachten ist jedoch, dass bei Kaufverträgen vorrangig vor dem gewählten
Recht regelmäßig das UN-Kaufrecht (CISG)[22] gilt. Zu den Waren im Sinne des
UN-Kaufrechts gehören auch Industrieanlagen.[23] Da die Regelungen des UN-
Kaufrechts teilweise nicht weit genug reichen und nicht ausreichend individuali-
siert sind, sind sie im Anlagengeschäft – bezogen auf den Einzelfall – besser
regelmäßig auszuschließen.[24]

b) Dienstverträge. Bei Dienstverträgen gilt das Recht des Staates, in dem 19
der Dienstleister seinen gewöhnlichen Aufenthaltsort hat, Art. 4 Abs. 1 Buchst. b
ROM I-VO.

c) Werkverträge. Bei Werkverträgen gilt das Recht des Staates, in dem der 20
Unternehmer seinen gewöhnlichen Aufenthaltsort hat, Art. 4 Abs. 1 Buchst. c
ROM I-VO.
Dementsprechend würde der transnationale (Anlagen-)Bauvertrag dem Recht 21
am Sitz des Bauunternehmers unterliegen.[25] Zu beachten ist aber, dass in Fällen,
in denen sich aus der Gesamtschau und den Umständen eine engere Verbindung
zu einem anderen Staat ergibt, das Recht dieses Staates anzuwenden ist, Art. 4
Abs. 3 ROM I-VO. Ist die Bestimmung der anzuwendenden Rechts auch über
diesen Weg nicht möglich, ist das Recht anzuwenden, zu dem die engste Verbindung besteht, Art. 4 Abs. 4 ROM I-VO. Möglich ist daher also auch, dass der
Ort der Baustelle maßgeblich ist.[26]

d) Außervertragliche Ansprüche. Bei außervertraglichen Ansprüchen rich- 22
tet sich das anwendbare Recht nach den Bestimmungen der ROM II-VO, in der
nach Ansprüchen und innerhalb derer stufenweise je nach engerer Verbindung
des Sachverhalts zum Recht eines Staates wie folgt differenziert wird:

aa) Unerlaubte Handlungen. Bei Ansprüchen aus unerlaubter Handlung 23
richtet sich das anwendbare Recht:
– nach dem Recht des Staates, in dem der Schaden eingetreten ist, Art. 4 Abs. 1
 ROM II-VO, aber:
– vorrangig nach dem Recht des Staates, in dem beide Parteien ihren gewöhnlichen Aufenthalt haben, Art. 4 Abs. 2 ROM II-VO, aber:
– vorrangig nach dem Recht des Staates, zu dem eine noch engere Verbindung
 besteht, Art. 4 Abs. 3 ROM II-VO.

bb) Ungerechtfertigte Bereicherung. Bei Ansprüchen aus ungerechtfertig- 24
ter Bereicherung richtet sich das anwendbare Recht:
– nach dem Recht des Staates, dem das zugrunde liegende Rechtsverhältnis
 unterliegt, Art. 10 Abs. 1 ROM II-VO, aber:

---

[22] Convention on the International Sale of Goods vom 11.4.1980, BGBl. II 588.
[23] Joussen, Der Industrieanlagenvertrag, § 10 Rn. 2.
[24] Hierzu vgl. Leinemann VOB/B/Hilgers/Kaminsky, 8. Aufl., Rn. 36.
[25] Vgl. BGH RIW 1999, 456; OLG Hamm OLGR 1993, 161; Reithmann/Martiniy/
Thode, Internationales Vertragsrecht, Rn. 1116.
[26] Hök, Handbuch des internationalen und ausländischen Baurechts, § 4 Rn. 48 ff.

Anhang § 18 Übersicht und Erläuterungen zu den FIDIC-Vertragsmustern

- wenn das Recht nicht bestimmt werden kann, nach dem Recht des Staates, in dem beide Parteien ihren gewöhnlichen Aufenthaltsort haben, Art. 10 Abs. 2 ROM II-VO, aber:
- wenn auch danach das Recht nicht bestimmt werden kann, nach dem Recht des Staates, in dem die ungerechtfertigte Bereicherung eingetreten ist, Art. 10 Abs. 3 ROM II-VO, aber:
- vorranging nach dem Recht desjenigen Staates, zu dem offensichtlich eine noch engere Verbindung besteht, Art. 10 Abs. 4 ROM II-VO.

cc) Geschäftsführung ohne Auftrag. Bei Ansprüchen aus Geschäftsführung ohne Auftrag richtet sich das anwendbare Recht:
- nach dem Recht des Staates, dem das zugrunde liegende Rechtsverhältnis unterliegt, Art. 11 Abs. 1 ROM II-VO, aber:
- wenn das Recht nicht bestimmt werden kann, nach dem Recht des Staates, in dem beide Parteien ihren gewöhnlichen Aufenthaltsort haben, Art. 11 Abs. 2 ROM II-VO, aber:
- wenn auch danach das Recht nicht bestimmt werden kann, nach dem Recht des Staates, in dem die Geschäftsführung erfolgt, Art. 11 Abs. 3 ROM II-VO, aber:
- vorranging das Recht desjenigen Staates, zu dem offensichtlich eine noch engere Verbindung besteht, Art. 11 Abs. 4 ROM II-VO.

25 **dd) Verschulden bei Vertragsverhandlungen (c.i.c.).** Bei Ansprüchen aus Verschulden bei Vertragsverhandlungen (c.i.c.) richtet sich das anwendbare Recht:
- nach dem Recht des Staates, dessen Recht anzuwenden wäre, wenn der Vertrag geschlossen worden wäre, Art. 12 Abs. 1 ROM II-VO, aber:
- wenn das Recht nicht bestimmt werden kann, nach dem Recht des Staates, in dem der Schaden eingetreten ist, Art. 12 Abs. 2 Buchst. a ROM II-VO, aber:
- wenn das Recht nicht bestimmt werden kann, nach dem Recht des Staates, in dem beide Parteien ihren gewöhnlichen Aufenthaltsort haben, Art. 12 Abs. 2 Buchst. b ROM II-VO, aber:
- vorranging zu obigen Nr. 2, 3 nach dem Recht desjenigen Staates, zu dem offensichtlich eine noch engere Verbindung besteht, Art. 12 Abs. 2 Buchst. c ROM II-VO.

26 **e) Zusammenfassung.** Das auf den jeweiligen Vertrag anzuwendende Recht kann demnach von verschiedenen Staaten und Gerichten jeweils unterschiedlich bestimmt werden. Aus diesem Grund ist es von entscheidender Bedeutung, welches nationale Gericht oder Schiedsgericht über die Streitigkeiten und somit über das anzuwendende Recht entscheidet. Dementsprechend kann schon durch eine **Gerichtsstandvereinbarung** oder allein durch die Anrufung eines nationalen Gerichts die Bestimmung des anzuwendenden Rechts maßgeblich beeinflusst werden.

II. Aufbau des FIDIC Red, Yellow und Silver Book

27 Das FIDIC Red, Yellow und Silver Book sind formal nahezu identisch. Für ihre Inhalte gilt das jedoch nicht.

Den Anfang bildet jeweils ein **Vorwort** (Foreword). Hier finden sich Anwendungsempfehlungen und Schemata zu typischen Bauabläufen. Ihm folgen die **General Conditions** (Allgemeine Vertragsbedingungen), die aus Definitionen und Klauseln zu den wichtigsten Begrifflichkeiten und Inhalten des Bauablaufs bestehen und den Kerninhalt des jeweiligen Regelwerks darstellen. Den General Conditions folgt schließlich ein **Anhang mit den General Conditions of Dispute Adjudication Agreement.** Verlangt der Wortlaut einer Klausel weitere Angaben, sind die Angaben im Anhang des Angebots **(Appendix to Tender)** angesprochen, wobei zu ergänzende Daten entweder vom Besteller vorgegeben oder aber vom Unternehmer eingesetzt werden. Die Vertragsbedingungen sind so konzipiert, dass eine Anpassung an die individuellen Wünsche der Parteien bzw. an die Besonderheiten des Bauvorhabens ohne große Umformulierungen möglich ist. Regelungen, die nach den Vorstellungen der Parteien nicht angewandt werden sollen, können einfach gestrichen werden. Sofern die Parteien Unterklauseln in den Vertrag einbeziehen wollen, finden sich dort jeweils Regelungen, die von den Verfassern der meisten Verträge für anwendbar erachtet worden sind.[27]

1. Red Book. Das Red Book ist für **Bauvorhaben gedacht, in denen übli-** 28 **cherweise der Employer die Projektplanung erbringt.** Es handelt sich dabei **regelmäßig** um einen **Einheitspreisvertrag,** bei dem vom Besteller zur Abwicklung ein beratender Ingenieur (Engineer) eingesetzt wird.

Die General Conditions des Red Book umfassen insgesamt 20 (First Edition 29 1999) bzw. 21 (Second Edition 2017) Klauseln. Im Anschluss daran findet sich der Leitfaden für die Abfassung von Particular Conditions (Guidance for the Preparation of Particular Conditions), in dem Abwandlungen und Ergänzungen der General Conditions oder Empfehlungen für Zusatzregelungen dargestellt sind. Außerdem umfassen die Guidance for the Preparation of Particular Conditions Muster für das Vertragsangebot (Letter of Tender), für die Vertragsurkunde (Contract Agreement) und für eine Streitschlichtungsvereinbarung (Dispute Adjutication Agreement).

2. Yellow Book. Im Yellow Book wird ein Muster für einen **design & build** 30 **Vertrag (DB-Vertrag)** abgebildet. **Danach verpflichtet sich der Unternehmer sowohl zur Planung als auch zur Ausführung,** hier zur Errichtung einer **schlüsselfertigen** Anlage. Vergütet wird der Unternehmer über einen zu vereinbarenden **Pauschalfestpreis.** Zur Abwicklung des Vorhabens wird – wie schon beim Red Book – ein vom Besteller ernannter Engineer eingesetzt, der eine Vielzahl von Aufgaben in bautechnischer Hinsicht, im Bereich Streitschlichtung und -entscheidung sowie im Bereich Baukoordinierung und Bauleitung übernimmt.

Auch das Vertragsmuster des Yellow Book enthält insgesamt 20 (First Edition 31 1999) bzw. 21 (Second Edition 2017) Klauseln als General Conditions, die sich wiederum in zahlreiche Unterklauseln gliedern. Daneben enthält das Yellow Book eine Anleitung zur Erstellung Besonderer Vertragsbedingungen (Guidance), diverse Mustervereinbarungen für die Streitschlichtungsstelle, einen Vorschlag für ein Angebotsschreiben (Letter of Tender), ein Muster für einen Anhang zum Angebot (Appendix to Tender) und ein Vertragsdokument (Contract Agreement).

3. Silver Book. Ähnlich wie das Yellow Book ist auch das Silver Book ein 32 komplettes Vertragswerk über ein **schlüsselfertig** zu erstellendes Vorhaben zum **Pauschalfestpreis.** Es zielt auf den Abschluss eines **design & build-Vertrages (DB-Vertrag)** ab, bei dem der **Unternehmer neben der Ausführung auch die Planung übernimmt.** Im Unterschied zum Yellow Book (und auch zum

---

[27] Hök, FIDIC Yellow Book, Erläuterungen und Übersetzung, S. 24.

Anhang § 18 Übersicht und Erläuterungen zu den FIDIC-Vertragsmustern

Red Book) **entfällt** jedoch beim Silver Book die **Funktion des beratenden Ingenieurs (Engineer)**; zudem ist der Contractor insoweit für eine umfassende und richtige Planung selbst verantwortlich. Daher spricht man beim Silver Book von einem EPCT-Vertrag (Engineering Procurement Construction Turnkey Contract). Geschuldet ist demnach ausdrücklich neben der schlüsselfertigen Herstellung auch die Inbetriebnahme der Anlage. Entwickelt ist das Silver Book dabei für EPCT-Verträge, die sowohl als BOT-Vertrag (build-operate-transfer-Vertrag) ausgestaltet sein können, als auch für den technischen Anlagenbau. Ein BOT-Vertrag bedeutet, dass der Unternehmer die Anlage dem Besteller überträgt, nachdem er diese erstellt und für eine gewisse Zeit betrieben hat.[28]

33 Das Silver Book enthält – ebenso wie schon das Red und das Yellow Book – 20 (First Edition 1999) bzw. 21 (Second Edition 2017) General Conditions mit jeweils weiteren Unterklauseln. Daneben umfasst das Silver Book eine Anleitung zur Vorbereitung der Besonderen Bedingungen (Guidance for the Preparation of Particular Conditions), Allgemeine Bedingungen einer Streitschlichtungsvereinbarung (General Conditions of Dispute Adjudication Agreement), Verfahrensregeln (Procedural Rules), ein Angebotsschreiben (Letter of Tender), ein Vertragsdokument (Contract Agreement), zwei Muster für eine Streitschlichtungsvereinbarung sowie eine Reihe von Mustern für Bankgarantien und -bürgschaften.

34 Entwickelt wurde das Silver Book speziell für solche Bauvorhaben, bei denen es den Vertragsparteien und dort insbesondere dem Besteller in besonderem Maße auf die Preis- und Terminsicherheit ankommt. Der Unternehmer übernimmt dabei deutlich mehr Risiken, als das beim Red und beim Yellow Book der Fall ist, wobei hierzu vor allem das Bodenrisiko gehört.[29] Einige Stimmen in der Literatur bezeichnen das Silver Book daher als unausgewogen.[30] Die überwiegende Übertragung der Risiken auf den Unternehmer ist jedoch durchaus gewollt. Deshalb sollte – und wird regelmäßig – der erhöhten Risikoübernahme auch eine entsprechend höhere Vergütung gegenüberstehen.[31]

35 Gerade wegen der ganz gravierenden Risikoerhöhung für den Unternehmer sollte das Silver Book vernünftigerweise dann nicht als Vertragsgrundlage dienen,
– wenn der Unternehmer keine ausreichende Zeit hat, die Anforderungen und Informationen des Bestellers zu prüfen und die notwendigen Pläne, Studien und Risikoeinschätzungen zu erstellen;
– wenn der Unternehmer das Gelände, auf dem das Vorhaben verwirklicht werden soll, nicht ausreichend inspizieren kann;
– wenn die Arbeiten des Unternehmers vom Besteller selbst überwacht und kontrolliert oder die Bauzeichnungen überprüft werden sollen;
– wenn Zwischenzahlungen der Höhe nach von einer offiziellen Stelle oder anderen Dritten festgestellt werden soll, da das Silver Book monatliche Zahlungen an den Unternehmer auf Basis von ihm verfasster Anträge vorsieht.

III. Zustandekommen des Vertrages, Vertragsparteien

36 **1. Auftragsvergabe und Vertragsschluss.** Ein Vertrag kann durch Abgabe eines **Letter of Tender** und Annahme durch einen **Letter of Acceptance** zustande kommen.

---

[28] v. Oppen, Der internationale Industrieanlagenvertrag, S. 32.
[29] FIDIC Silver Book, General Conditions, 4.12 lit. c.
[30] Gaede ICLR 2000, 477 ff.
[31] Hök, FIDIC Silver Book, Erläuterungen und Übersetzung, S. 7.

Übersicht und Erläuterungen zu den FIDIC-Vertragsmustern **Anhang § 18**

Aus dem **Letter of Tender** geht der ermittelte – vorläufige – Vertragspreis 37
hervor. Insoweit stellt er ein **verbindliches Angebot** zum Abschluss eines Bau- bzw. Anlagenbauvertrags dar, welches die Erklärung des Bieters enthält, die ausgeschriebenen Leistungen zu dem genannten Preis übernehmen zu wollen. Das Angebot ist dabei bis zu dem Datum bindend, das in das im Appendix to Tender vorgesehene Formular für den Letter of Tender eingetragen wurde.

Mit dem **Letter of Acceptance** wird der Letter of Tender schließlich durch 38
den Employer angenommen und der Zuschlag erteilt. Es handelt sich insoweit um eine formale Annahmeerklärung, durch die der Vertrag zwischen Employer und Contractor regelmäßig zustande kommt.[32]

Für den Fall, dass eine solche formale Annahmeerklärung fehlt, erfolgt der 39
Vertragsschluss durch die spätere **Unterzeichnung der Vertragsurkunde (Contract Agreement)**.[33] Somit wird der Vertrag ggf. erst verhältnismäßig spät durch das **Contract Agreement** in Kraft gesetzt. Gemäß Ziff. 1.6 hat die Unterzeichnung des Contract Agreement innerhalb von **28 Tagen nach Zugang des Letter of Acceptance** zu erfolgen.

In Rechtsordnungen, die das Zustandekommen eines Vertrages durch die Erteilung des Zuschlages vorsehen, hat das Contract Agreement lediglich deklaratorischen Charakter.[34] Etwas anderes gilt nur, wenn im Zuge der Vertragsverhandlungen der Bauvertragsparteien noch umfangreiche Abreden im Hinblick auf Sachverhalte getroffen werden müssen, die nicht Gegenstand des Ausschreibungsverfahrens gewesen sind. Möglicherweise stehen nämlich für diese Fälle die essentialia negotii erst nach dem Erhalt des Letter of Acceptance fest, so dass in diesen Fällen der Vertragsschluss erst mit Unterzeichnung des Contract Agreement gem. Ziff. 1.6 erfolgt, wobei sich hierzu eine klarstellende Regelung im Rahmen einer Particular Condition empfiehlt. 40

In den FIDIC-Regelwerken nicht enthalten sind **Regelungen** oder Aussagen 41
zu dem eigentlichen Vergabeverfahren. Zwingende nationale Vorschriften sowie die Bedingungen, die **der Projektfinanzierer** stellt, sind daher **zu beachten**. So enthalten beispielsweise die Vertragsbedingungen der Weltbank eigene und insoweit einzuhaltende Vergabe- und Vertragsbedingungen.

2. Die Vertragsbeteiligten. a) Employer. Wenn im deutschen Recht vom 42
Besteller (so im BGB-Werksvertragsrecht) oder Auftraggeber (so in der VOB/B) die Rede ist, meinen die FIDIC-Standardbedingungen damit den Employer. Dahinter stehen im Anwendungsbereich der FIDIC-Regelwerke häufig Staaten, staatliche oder staatlich kontrollierte und/oder finanzierte Organisationen oder auch staatseigene Unternehmen.[35] Das liegt darin begründet, dass es sich bei Projekten, für deren Realisierung die FIDIC-Standardbedingungen als geltendes Vertragswerk vereinbart werden, häufig um Infrastrukturvorhaben handelt.

---

[32] Mallmann FIDIC-Standardbedingungen, S. 128, 145 f.; Dünnweber, Schlüsselfertige Industrieanlage, S. 19; Booen ICLR 2000, 24 (29).

[33] Ein Muster für das Contract Agreement findet sich in den „Forms".

[34] Anders beim Silver Book: Ziff. 1.6 stellt dort klar, dass der Vertrag an dem Tag in Kraft tritt, der im Contract Agreement erwähnt wird; ein Letter of Acceptance ist dort nicht vorgesehen.

[35] Mallmann FIDIC-Standardbedingungen, S. 86; Schmidthoff, Export Trade, Rn. 25-001; Böckstiegel, Vertragsgestaltung und Streiterledigung in der Bauindustrie und im Anlagenbau (II) Einführung, S. 1.

Anhang § 18 Übersicht und Erläuterungen zu den FIDIC-Vertragsmustern

43 **b) Contractor.** Im Anwendungsbereich der FIDIC-Regelwerke wird der Unternehmer (so im BGB-Werkvertragsrecht) bzw. Auftragnehmer (so in der VOB/B) als Contractor bezeichnet. Einschränkungen oder Vorgaben, was die mögliche Unternehmereinsatzform anbelangt, kennen die FIDIC-Regelwerke dabei nicht. Contractor können daher sowohl Einzelunternehmer als auch Arbeitsgemeinschaften oder Konsortien sein. In der Regel übernimmt dabei der Contractor die Verpflichtung, das gesamte Bauwerk zu erstellen bzw. im Anlagenbaubereich die gesamte Anlage zu liefern und zu errichten. Man spricht insoweit von einer Generalunternehmervergabe.

44 Häufig erfolgt indes auch eine Generalübernehmervergabe. Hierbei übernimmt der Generalübernehmer typischerweise selbst keine Bauleistungen, sondern lediglich die für die Vorhabenplanung notwendigen Koordinierungs- und Managementaufgaben. Die eigentliche Bauleistung lässt er regelmäßig durch einen von ihm beauftragten Generalunternehmer ausführen. Er besitzt folglich eine Art „Zwischenposition", ohne dabei selbst Bauherr zu sein.

45 **c) Beratender Ingenieur (Engineer).** Die FIDIC-Regelwerke des Red und Yellow Book erwähnen neben dem Employer und dem Contractor eine weitere wichtige Person, den **beratenden Ingenieur (Engineer).**

46 **aa) Rechtliche Stellung und Bestellung des Engineers.** Wenngleich der Bauvertrag regelmäßig zwischen dem Employer und dem Contractor geschlossen wird, begleitet der Engineer nach dem Yellow Book eine wichtige Funktion bei der Realisierung des Bauvorhabens und der Vertragsadministration. Als Vertreter des Employer plant und überwacht er das Projekt. Ungeachtet seiner Kompetenzen im technischen Bereich und der Kompetenz, Subunternehmer (Subcontractor) und Materialien freizugeben, ist der Engineer berechtigt, mittels Anordnungen und sonstigen Festlegungen (Determinations) Uneinigkeiten zwischen den Parteien zu beenden, damit das Projekt dadurch nicht gefährdet ist.

47 Wie bereits angedeutet, ist der Engineer selbst **nicht Partei des Bau- oder Anlagenbauvertrages.** Er ist Beauftragter des Employer und insoweit von diesem auf der Basis eines gesonderten Vertrages[36] beauftragt. Allerdings ergeben sich seine Rechte und Pflichten im Hinblick auf den Eingriff in das Vertragsverhältnis zwischen dem Employer und dem Contractor ausschließlich aus dem eigentlichen Bauvertrag dieser Vertragsparteien. Die Grundlage für sein rechtliches „Dürfen" ergibt sich wiederum aus seinem Vertrag mit dem Employer und einer hierzu eventuell gesondert ausgestellten Vollmacht.

48 Die Identität des beratenden Ingenieurs ist im Appendix to Tender anzugeben, Ziff. 1.1.2.4. Dabei kann der Engineer sowohl eine natürliche als auch eine juristische Person sein. Wenngleich nach Ziff. 3.5 die Festlegungen des Engineers regelmäßig „fair" und unter Berücksichtigung aller relevanten Umstände zu treffen sind, zeigt sich in der Praxis häufig, dass er nicht ganz so unabhängig und unparteiisch agiert, wie es das FIDIC Yellow Book voraussetzt. Regelmäßig steht der Engineer im Zweifel dem Employer näher.

49 Da das System des FIDIC-Yellow Book die Existenz eines Engineers voraussetzt und die Pflicht zu dessen Beauftragung nach Ziff. 3.1 Abs. 1 S. 1 dem Employer obliegt, kommen Ansprüche des Contractor wegen Behinderung in Betracht, sofern der Engineer nicht rechtzeitig bestellt oder bei dessen Ausfall nicht unver-

---

[36] Die FIDIC bietet hier für das speziell auf Red und Yellow Book abgestimmte White Book an.

züglich ein neuer beauftragt wird.[37] Denn ohne den Engineer können beispielsweise keine Subunternehmer (Ziff. 4.4 lit. b) oder Material eingesetzt werden. Darüber hinaus ist auch ein Kündigungsrecht des Contractor gem. Ziff. 16.2 Abs. 1 denkbar.[38]

bb) Kompetenzen des Engineers. Immer dann, wenn der Vertrag den bera- 50 tenden Ingenieur ein **Recht zur Erteilung von Anordnungen** oder sonstigen Festlegungen gewährt, verlangen die Conditions in Ziff. 3.5 eine „fair determination".

Der Engineer im Rahmen seiner Entscheidungen mithin darauf zu achten, dass 51 diese fair und in Übereinstimmung mit dem Vertrag getroffen werden, wobei er angemessene Rücksicht auf alle relevanten Umstände zu nehmen hat.[39]

Nicht geregelt ist hingegen die Frage, inwieweit diese Vorgaben für alle Hand- 52 lungen des Engineers anzuwenden ist oder ob sie nur für dessen Entscheidungen geltend. Mangels ausdrücklicher Anordnung ist daher eine solche Verallgemeinerung abzulehnen, wenn sich aus dem jeweils anwendbaren Recht nichts anderes ergibt.[40] Nicht erlaubt ist es dem Engineer, den Vertrag gänzlich zu ändern, was in Ziff. 3.1 Abs. 2 ausdrücklich festgelegt ist. Hierauf kann sich der Contractor unabhängig von der dem konkreten Vertrag zu Grunde liegenden Rechtsordnung auch verlassen. Bekräftigt wird dies zum einen durch Ziff. 3.1 Abs. 5 lit. b, wonach der Engineer nicht berechtigt ist, eine der Parteien von einer ihr obliegenden vertraglichen Pflicht oder Verantwortlichkeit zu entbinden, sowie durch Ziff. 3.1 Abs. 5 lit. c, wonach der Contractor allein durch eine Zustimmung, Zertifizierung oder ähnliches durch den Engineer nicht von seiner Haftung für die betreffende Tätigkeit befreit wird. Dies jedenfalls so lange, soweit der Vertrag dem Engineer nicht gerade eine entsprechende Kompetenz einräumt. Grundsätzlich **darf** der Engineer zur Erfüllung seiner Pflichten Aufgaben an ihm nachgeordnete Mitarbeiter (President, Engineer, Assistant) **delegieren**, Ziff. 3.2. Eine entsprechende **Unterbevollmächtigung muss jedoch klar umgrenzt sein** und darf den Unterbevollmächtigten nicht erlauben, Entscheidungen (Determination) nach Ziff. 3.5 zu treffen, wenn es die Vertragsparteien nicht ausdrücklich erlauben. Um sich insoweit im rechtssicheren Bereich zu bewegen, sollte der Contractor sich der Reichweite der Untervollmacht bewusst sein und diese kennen. Kommt es zu Zweifeln darüber, ob eine Maßnahme eines Unterbevollmächtigten getroffen werden durfte, so kann der Contractor den Engineer anrufen und diesem zu einer eigenen Entscheidung zwingen. Neben der Kompetenz zum Erlass einer Entscheidung (Determination) nach Ziff. 3.5 stellt der Engineer des Weiteren die Übernahmebescheinigungen (Taking-Over-Certificates), Ziff. 10.2 Abs. 1 S. 2, Erfüllungsbescheinigungen (Performance-Certificates), Ziff. 11.9, Zwischenbescheinigungen (Interim Payment Certificates), Ziff. 14.3 und 14.6, Schlusszahlungsbescheinigungen (Final Payment Certifactes), Ziff. 14.11 und 14.13 aus. Weitere Aufgaben des Engineers findet sich unter anderem in folgenden Klauseln:
– Ziff. 8.1 Notice to Commence
– Ziff. 8.6 Rate of Progress Instruction
– Ziff. 12.1 Aufmaß der erbrachten Leistungen

---

[37] Vgl. Mallmann FIDIC-Standardbedingungen, S. 116.
[38] Vgl. Mallmann FIDIC-Standardbedingungen, S. 117.
[39] Roquette/Schweiger, Vertragsbuch Privates Baurecht, 3. Auflage 2020, Rn. 131.
[40] Anders Corbett ICLR 2000, 253 (256); Mallmann FIDIC-Standardbedingungen, S. 121 ff., der das Fehlen einer allgemeinen Neutralitätspflicht kritisiert.

Anhang § 18 Übersicht und Erläuterungen zu den FIDIC-Vertragsmustern

- Ziff. 13.1 Leistungsänderung (Variations) und
- Ziff. 20.1 Genehmigung/Ablehnung von Nachträgen (Claims) des Constractor zu erfüllen.

53 **cc) Zustimmungsvorbehalte und Anordnungsrecht des Engineers.** Bei Anwendung des FIDIC Red und Yellow Book können gem. Ziff. 3.1 Abs. 3 bis Vertragsschluss Zustimmungsvorbehalte für Handlungen des Engineers in die Particular Conditions aufgenommen werden.

54 Nach Vertragsschluss ist dies dem Employer verwehrt, es sei denn der Contractor stimmt weiteren Beschränkungen der Vollmacht des Engineers zu. Der Contractor darf sich sogar darauf verlassen, dass der Engineer sich das Einverständnis (Placet) des Employer eingeholt hat, bevor er eine zustimmungspflichtige Handlung vornimmt, Ziff. 3.1 Abs. 4.

55 Dem Engineer obliegt ab dem Zeitpunkt seiner Bestellung bis zum Ablauf der Gewährleistungsfrist das **Recht,** dem Contractor gegenüber Anordnungen im Zusammenhang mit dessen Leistungserbringung und der Mängelbeseitigung zu erteilen.[41]

56 Eine Besonderheit besteht im Zusammenhang mit vorläufigen Zahlungen. Hier hat der Engineer das Recht, anzuordnen, welche konkreten Leistungen der Unternehmer für die vorläufig an ihn gezahlten Beträge ausführen muss oder von wem dieser Material oder Anlagen zu beschaffen hat. Damit hat der Employer letztlich eine erhebliche Einflussmöglichkeit auf die Leistungen des Contractor.[42] So lässt sich beispielsweise über das Instrument der Provisional Sums eine Fabrikatvorgabe erreichen, da der Engineer berechtigt ist, auch derartige Vorgaben hinsichtlich der Verwendung der vorläufig gezahlten Beträge zu treffen.

57 **dd) Festlegungen (Determinations) des Engineers.** Die in Ziff. 3.5 geregelte Befugnis des Engineers, im Falle von Uneinigkeiten **Festlegungen (Determinations)** treffen zu können, ist eine der wichtigsten Kompetenz des Engineers. Zu beachten ist insoweit jedoch, dass die Entscheidungskompetenz dem Engineer nur in den Fällen zukommt, die im Vertrag ausdrücklich geregelt sind. Ziff. 3.5 sieht insoweit in folgenden Fällen eine Festlegungskompetenz:
Ziff. 4.7, Ziff. 4.19, Ziff. 4.20, Ziff. 4.24, Ziff. 7.4, Ziff. 8.9, Ziff. 9.4, Ziff. 10.2, Ziff. 10.3, Ziff. 11.8, Ziff. 12.4, Ziff. 13.3, Ziff. 13.7, Ziff. 15.3, Ziff. 16.1, Ziff. 17.4, Ziff. 19.4 und Ziff. 20.1.

58 Ziel dieser Festlegungskompetenz ist die Vermeidung von Streitigkeiten. Die Tatsache, dass der Engineer letztlich im Lager des Employer steht, wird durch die Korrekturmöglichkeit des DAB aufgefangen.

59 Bei seinen Festlegungen hat der Engineer einen objektiven Maßstab zugrunde zu legen. Dazu gehört auch, dass die Entscheidung im Einklang mit den vertraglichen Abreden stehen muss. Insbesondere ist die im Vertrag vereinbarte Risikoverteilung dabei stets zu beachten und einzuhalten.

60 In welchem Zeitraum der Engineer seine Entscheidung zu treffen hat, ist in den FIDIC-Vertragsmustern wiederum nicht geregelt. Allerdings besteht nach Ziff. 1.3 die Pflicht, dass der Engineer seine Festlegungen schriftlich zu verfassen und auch zu begründen hat. An die Begründung sind jedoch verhältnismäßig niedrige, jedenfalls deutlich geringere Anforderungen als beim DAB zu stellen.

---

[41] hierzu näher unter Art und Umfang der Leistung, → Rn. 85 ff.
[42] So zu Recht Mallmann FIDIC-Standardbedingungen, S. 238 ff.

Ausreichend ist insoweit ein Mindestmaß an Begründung, die es der unterlegenen Partei erlaubt, die Entscheidung nachzuvollziehen und überprüfen[43] zu lassen.

Für den Fall, dass eine Partei mit der Entscheidung des Engineers nicht einverstanden ist, hat sie diese dennoch einzuhalten und zu befolgen, wenngleich ihm die Anrufung des DAB offensteht. Lediglich bei Rechtsmissbrauch oder einer bewusst grob falschen Entscheidung hat die Pflicht, der Festlegung Folge zu leisten, Grenzen. Problematisch ist allerdings, dass die FIDIC-Regelwerke keine Anfechtungsfrist vorsehen. Die durch die Festlegung des Engineers obsiegende Partei kann sich folglich nicht nach einer gewissen Zeit auf den Bestand der Festlegung verlassen, selbst wenn die unterliegende Partei nicht unverzüglich das DAB anruft.

ee) Second Edition 2017. Die **Funktion und der Aufgabenbereich des Engineers** wurde im Rahmen der Second Edition 2017 von Red, Yellow und Silver Book im Vergleich zur First Edition deutlich **modifiziert.** Dadurch soll die Rolle des Engineers weiter gestärkt werden.

Dabei wurde zunächst der Tatsache Rechnung getragen, dass es sich beim Engineer häufig um eine juristische Person handelt, die sodann auf der Projektbaustelle durch eine konkrete Person repräsentiert wird. Vor diesem Hintergrund wurde ein neuer Sub-Clause 3.3 eingefügt, der Stellung und Aufgabe dieses konkreten Vertreters des Engineers („Engineers Representative") regelt.

Klargestellt wurde ferner, dass der Engineer in geeigneter Weise qualifiziert und erfahren und darüber hinaus in der Lage sein muss, flüssig in der vereinbarten **Vertragssprache** zu kommunizieren. Letzteres ist von besonderer Bedeutung, wurde doch bislang häufig bei Auswahl und Bestellung des Engineers der Bedeutung der Fähigkeit des Engineers zur Kommunikation mit den Vertragsbeteiligten in der Vertragssprache nicht hinreichend Rechnung getragen, was negative Auswirkung auf die grundsätzliche Fähigkeit des Engineers hatte, überhaupt „fair determinations" bei Meinungsverschiedenheiten der Vertragsparteien treffen zu können.

Das in der First Edition von Red und Yellow Book noch in der dortigen Ziff. 3.5 geregelte Recht des Engineers, Anordnungen („determinations") auszusprechen, findet sich in der Second Edition nunmehr in Ziff. 3.7. Dabei wurde bei der Neuregelung deutlicher als zuvor herausgestellt, dass der **Engineer bei Erlass einer Determination neutral („neutrally") handeln soll,** wobei „neutral" in diesem Fall nicht als unabhängig („independant"), sondern als unparteiisch („non-partisan") zu verstehen ist. Darüber hinaus wurde in der Second Edition des Red und Yellow Books das Procedere im Zusammenhang mit dem Ausspruch einer Determination verfeinert und dabei das primäre Ziel einer einvernehmlichen Verständigung der Parteien betont. So soll der Engineer grundsätzlich bestrebt sein, die Parteien zu einer Einigung zu bewegen („endeavour to encourage Parties to agreement") und im Falle einer Verständigung diese schriftlich niederzulegen (Ziff. 3.7.1) und nur im Falle ausbleibender Einigung eine Determination treffen. Kann der Engineer keine Einigung feststellen, und spricht er gleichwohl keine Determination aus, gilt der dem Engineer zur Entscheidung vorgelegte Claim als abgelehnt bzw. zurückgewiesen und ist dieser als Streitigkeit („Dispute") zu qualifizieren und mithin von der durch die Ablehnung beschwer-

---

[43] hierzu näher unter Claims und Streitigkeiten, Rn. 380 ff.

Anhang § 18   Übersicht und Erläuterungen zu den FIDIC-Vertragsmustern

ten Partei ggf. dem Dispute Avoidance/Adjudication Board (DAAB) zur Entscheidung vorzulegen, wobei es insoweit keiner „Notice of Dissationsfaction" bedarf.

66   Ohnehin wurde in der Second Edition 2017 des Red und Yellow Books der **Anwendungsbereich für Determinations** seitens des Engineers erheblich **ausgeweitet.** Während in der First Edition 1999 der Engineer nur über Ansprüche („Claims") mittels einer Determination zu entscheiden hatte, ist in der Second Edition nunmehr klargestellt, dass der Engineer auch bei Uneinigkeiten im Hinblick auf Mengenermittlungen („Measurement", nur Red Book) und mengenbedingten Preisanpassungen („Valuation of the Works", nur Red Book), bei Meinungsverschiedenheiten über auf eine Änderung („Variation") zurückzuführende Bauzeitverlängerung („Extension of Time") und/oder Preisanpassung, bei Abweichungen des tatsächlichen Bauablaufs vom Bauablaufplan („Programme") und etwaigen diesbezüglichen Auswirkungen auf den Zahlungsplan („Schedule of Payments"), bei Uneinigkeit über die dem Contractor zu zahlende Vergütung für eigens für das Bauvorhaben gefertigte und bereits auf die Baustelle gelieferte Bauteile oder Anlagenkomponenten („Plant and Material intended for the Works"), bei Meinungsverschiedenheiten über die Höhe eines auszustellenden „Interim Payment Certificate" und schließlich auch bezüglich etwaiger Mängel der Leistungen des Contractor und den damit verbundenen Mangelbeseitigungsaufwendungen („Cost of Remedying Defects") zum Erlass einer Determination befugt ist.

67   Steht zwischen den Parteien im Streit, ob eine Entscheidung des Engineers als Leistungsänderungsanordnung („Variation") zu qualifizieren ist, regelt Ziff. 3.5 (Red und Yellow Book 2017) bzw. Ziff. 3.4 (Silver Book 2017), dass der Contractor in diesem Fall den Engineer (Red und Yellow Book) bzw. den Employer (Silver Book) darüber mittels einer „Notice" informieren kann, dass er vom Vorliegen einer „Variation" ausgeht. Der Engineer bzw. der Employer kann sodann entscheiden, ob es das Vorliegen einer „Variation" bestätigt oder seine Entscheidung zurückzieht bzw. abändert. Erfolgt dies nicht in der hierfür vorgesehenen Zeit, gilt die Entscheidung des Engineers (Red, Yellow Book) bzw. Employer (Silver Book) als zurückgenommen („revoked").

68   Ziff. 3.8 der Second Edition sieht schließlich ein neu geregeltes Procedere für Management Meetings vor. Der Engineer kann insoweit die Teilnahme an solchen Besprechungen fordern, wobei hieran je nach konkretem projektbezogenem Erfordernis auch weitere Beteiligte neben den Vertragsparteien und dem Engineer teilnehmen können (beispielsweise weitere gewerkebezogen beauftragte Contractor, Lieferanten, etc). Über die Besprechung und die dort getroffenen Abreden ist seitens des Engineers ein Protokoll zu erstellen.

69   **d) Employer's Representative – Silver Book. aa) First Edition 1999.** Da das FIDIC Silver Book auf den Einsatz eines Engineers verzichtet, sieht es an dessen Stelle den **Bauherrenvertreter (Employer's Representative)** neben den eigentlichen Vertragsparteien vor. Dieser ist regelmäßig – wenngleich nicht zwingend – **Mitarbeiter des Employer** und wird von diesem auch bestellt. Er kann – wie schon beim Engineer – sowohl eine natürliche als auch eine juristische Person sein. Ebenso wie der Engineer ist auch er erster Ansprechpartner des Contractor.

70   Der Employer ist jedoch nicht verpflichtet, einen Employer's Representative zu bestellen, vgl. Ziff. 3.1 Abs. 1 S. 1. Wird aber Ziff. 3.1 der General Conditions bei Vertragsschluss gestrichen, scheidet eine nachträgliche Bestellung eines Employer's Representativ aus. Anderenfalls kann der Employer ihn durch schriftliche

Anzeige an den Contractor mit 14 Kalendertagen[44] Vorlaufzeit abberufen oder austauschen.

Der Employer's Repräsentativ ist **weisungsgebundener Vertreter des Employer.** Den Umfang seiner Vertretungsmacht bestimmt der Employer nach freiem Ermessen. Der Contractor kann sich allerdings darauf verlassen, dass der Employer's Repräsentativ umfassend (nicht aber zur Erklärung der Kündigung) zur Vertretung befugt ist, solange der Employer ihm nicht schriftlich Gegenteiliges mitteilt. Damit kann der Employer's Representative insbesondere Anordnungen nach Ziff. 3.4 und Festlegungen (Determinations) nach Ziff. 3.5 erlassen, wobei auch das Silver Book eine „fair determination" fordert. 71

Da die Kompetenz zur Entscheidung von Uneinigkeiten zwischen den Parteien bei Geltung des FIDIC Silver Book dem Employer bzw. dem von ihm eingesetzten Employer's Repräsentative obliegt, wird eine Partei damit zum „Richter in eigener Sache" gemacht.[45] Kann er sich mit dem Employer nicht einigen, riskiert er eine „determination". Will der Contractor die Bindungswirkung einer sodann zu erwartenden für ihn ungünstigen „determination" verhindern, kann er nur gem. Ziff. 3.5 Abs. 2 S. 2 Silver Book durch eine Art **„Protestnote" (notice of dissatisfaction),** die er innerhalb von 14 Tagen ab Erhalt der „determination" schriftlich formulieren und an den Employer senden muss, verhindern. Weitere formelle Anforderungen müssen dabei nicht erfüllt werden. Insbesondere ist eine Begründung der „notice of dissatisfaction" nicht notwendig. Versäumt er allerdings diese Pflicht, muss er entsprechend der „determination" handeln bzw. diese umsetzen. Dem Contractor hilft dann nur noch eine Anfechtung vor dem DAB. Der Contractor sollte folglich bei Vertragsschluss auf eine Streichung oder Beschränkung dieser einseitigen Eingriffsrechte drängen. 72

bb) Second Edition 2017. Anders als in der First Edition, in der die Benennung eines **Employer's Representatives** fakultativ vorgesehen war, ist die Bestellung eines solchen Vertreters gemäß Ziff. 3.7 Silver Book 2017 durch den Employer nunmehr **verpflichtend geregelt.** Der Employer's Representative ist sodann zuständig für den Umgang mit Ansprüchen („Claims") der Parteien (Ziff. 3.5 Silver Book 2017). Ähnlich wie bereits beim Engineer wurde auch bezüglich des Employer's Representative in der Second Edition des Silver Books dessen Unabhängigkeit betont, die indes – noch stärker als beim Engineer – nur auf dem Papier bestehen dürfte, ist doch davon auszugehen, dass auch im Anwendungsbereich der Second Edition 2017 der Employer's Representative regelmäßig ein namentlich benannter Mitarbeiter des Employer selbst sein wird. 73

e) Nachunternehmer (Subcontractor), benannte Nachunternehmer (nominated Subcontractor) und Lieferanten. aa) First Edition 1999. Obgleich der **Nachunternehmer** selbst **nicht Partei des Bauvertrages** zwischen Employer und Contractor ist, sondern ausschließlich zum Contractor in einem Vertragsverhältnis steht hat er eine tragende Rolle im Zusammenhang mit der Herstellung des vom Contractor geschuldeten Werkes inne. Gleiches gilt für Lieferanten von Anlagen- und Systemkomponenten, die – anders als der klassische Nachunternehmer – ganz überwiegend auf Basis eines Kaufvertrages tätig werden. 74

Im Verhältnis zum Employer ist der Contractor für seinen Subcontractor voll verantwortlich. Dessen Handlungen und Verschulden werden ihm zugerechnet. 75

---

[44] nach Ziff. 1.1.3.9 ist unter dem Begriff „Day" stets der „Calender Day" zu verstehen.
[45] So zu Recht Mallmann FIDIC-Standardbedingungen, S. 129.

Anhang § 18 Übersicht und Erläuterungen zu den FIDIC-Vertragsmustern

Subcontractor und Lieferant sind – nach der Direktion des deutschen Rechts – **Erfüllungsgehilfen des Contractor** (§ 278 BGB). Üblicherweise wird diese Rechtsfolge in internationalen Vertragsmustern durch entsprechende vertragliche Regelungen hergestellt.[46]

76 Weil der Employer regelmäßig ein großes Interesse daran hat, den Nachunternehmereinsatz zu beschränken, um die von ihm gewünschte technische Qualität sowie die wirtschaftliche Leistungsfähigkeit seines Contractor sicherzustellen, hat der Employer regelmäßig ein gewisses Kontrollbedürfnis. Um dem Rechnung zu tragen, findet sich in den Bau- und Anlageverträgen regelmäßig ein **Verbot, die gesamte Leistung an einen Subcontractor unterzuvergeben.** Das stellen auch die FIDIC-Vertragsmuster in **Ziff. 4.4 Abs. 1** klar, ohne jedoch eindeutige Schranken zu definieren.[47] Insofern ist es zu empfehlen, zusätzliche Vereinbarungen zu konkreten Einschränkungen und Kontrollmechanismen zu treffen.

77 Häufig verpflichten die Vertragsbedingungen des Employer den Contractor einen beabsichtigten Nachunternehmereinsatz vor Ausführungsbeginn anzuzeigen. Um insoweit Rechtssicherheit und Beweisbarkeit sicherzustellen, sollte gleichzeitig vorgegeben werden, welche Textform diese Anzeige zu haben hat und welche Nachweise und Informationen zur technischen und wirtschaftlichen Leistungsfähigkeit des Subcontractor vom Contractor in diesem Zusammenhang vorzulegen sind. Will der Employer über diese bloße Information hinaus ein Vetorecht haben, muss er die Beauftragung des Subcontractor von seiner Zustimmung abhängig machen, wobei auch diese schriftlich erteilt werden sollte, um spätere Streitigkeiten an dieser Stelle zu vermeiden. Das **Red und** das **Yellow Book** sehen einen solchen **Zustimmungsvorbehalt in Ziff. 4.4 Abs. 2 lit. b** für alle nicht schon im Vertrag aufgeführten Subcontractor **vor**. Bei Anwendung des **Silver Book** ist eine entsprechende **Vereinbarung** in den Particular Conditions **notwendig.**

78 Reine Anzeigeverpflichtungen sind unproblematisch. Anders ist dies, wenn der Subcontractor genehmigt werden muss. Dies könnte den Contractor zur Entfernung eines nicht genehmigten Subcontractors verpflichten und gar ein Recht zur Kündigung aus wichtigem Grund generieren.

Der Employer kann den Contractor außerdem vertraglich verpflichten, Kontrollmechanismen an seinen Subcontractor weiterzugeben, um so auch die Sub-Sub-Vergaben kontrollieren zu können.

79 In konkreten Fallgestaltungen ist es sinnvoll, dem Employer das Recht einzuräumen, für bestimmte besonders bedeutsame Leistungsteile einen Nachunternehmer des Contractor selbst auszuwählen und den Contractor zu verpflichten, diesen sodann zu binden. In diesen Fällen spricht man vom sogenannten **Nominated Subcontractor**. In **Ziff. 4.5 des Yellow und Silver Book** finden sich dazu konkrete Regelungen, **im Red Book** hingegen nicht. Dort **bedarf es einer ausdrücklichen ergänzenden Vereinbarung**, wenn dem Employer das Recht eingeräumt werden soll, vor oder nach Vergabe Nachunternehmer zu benennen.

80 In der Phase der Auftragsvergabe besteht einmal die Möglichkeit, dass der Employer einen Subcontractor vorgibt (Nominated Subcontractor). Daneben gibt es die Variante, dass der Contractor seinen Subcontractor selbst auswählt und diesen gegenüber dem Employer benennt. In beiden Fällen wird ein Subcontractor rechtlich bindend „nominiert". Ist der Zuschlag dann erteilt, ist der Contractor

---

[46] Vgl. Ziff. 4.4 FIDIC Yellow Book.
[47] Hilgers/KaminskyLeinemann, VOB/B/Hilgers/Kaminsky, 8. Aufl., Rn. 118.

verpflichtet, die entsprechende Teilleistung durch den benannten Subcontractor ausführen zu lassen. Die insoweit notwendige Verpflichtung des Subcontractors kann einmal dadurch erfolgen, dass dieser ein bindendes Angebot mit ausreichend langer Bindefrist abgibt, durch Vertrag oder einen durch die Auftragserteilung an den Contractor aufschiebend bedingten Nachunternehmervertrag geschehen.

Der Contractor begeht eine Pflichtverletzung, wenn er die Leistung letztlich 81 doch nicht durch den Nominated Subcontractor ausführen lässt. Die damit einhergehende Rechtsfolge richtet sich nach dem jeweiligen Vertrag, nach dem ein Kündigungsrecht oder eine Vertragsstrafe denkbar ist, sofern dies vereinbart wurde.

Will der Employer bzw. dessen Engineer in der Phase nach Vertragsschluss 82 einen Subcontractor vorgeben, muss dem Contractor ein nachträgliches Ablehnungsrecht zustehen. Das ergibt sich im Ergebnis aus Ziff. 4.5. des Yellow und Silver Book, in der darauf abgestellt wird, dass der Contractor den sodann vorgegebenen Subcontractor beauftragen muss, sofern es keinen Grund für eine „reasonable objection" gibt. Rechtlich ist diese Vorgabe eine Änderungsanordnung. Dem wird Ziff. 4.5 des Yellow und Silver Book gerecht, indem sie jeweils auf Ziff. 13 (Variation and Adjustments) verweisen.

bb) Second Edition 2017. In der Second Edition 2017 des Red, Yellow und 83 Silver Books wurde die Möglichkeit vorgesehen, eine Einschränkung des Umfangs der Arbeiten, die der Contractor an Nachunternehmer weiter zu vergeben beabsichtigt, zu vereinbaren. Ziffer 5.1 des Red Book bzw. Ziff. 4.4 im Yellow und Silver Book 2017 regeln insoweit, dass eine entsprechende **Beschränkung des Anteils an Nachunternehmerleistungen** in den „Contract Data" als Teil der Particular Conditions aufgenommen werden kann.

Erfolgt eine solche Regelung nicht, gilt insoweit keine weitergehende 84 Beschränkung des Rechts zur Nachunternehmervergabe als vereinbart: Es bleibt dann dabei, dass der Contractor grundsätzlich die gesamten Leistungen („the whole of the Works") an Nachunternehmer weiter zu vergeben berechtigt ist.

IV. Art und Umfang der Leistung

1. Die Vertragsbestandteile und deren Rangfolge. a) First Edition 1999. 85
Die Art und der Umfang der auszuführenden Leistung bestimmt – wie auch in der VOB/B – der gesamte Vertrag mit all seinen Vertragsbestandteilen, welche in Ziff. 1.1.1.1 aufgelistet sind. Bei Anwendung des FIDIC Red Book gehören dazu:
- das Angebotsschreiben **(Letter of Tender),**
- die Annahmeerklärung **(Letter of Acceptance),**
- die Vertragsurkunde **(Contract Agreement),**
- der Anhang **(Addenda),**
- die Vertragsbedingungen **(Conditions of Contract),** wobei unterschieden wird zwischen den Allgemeinen Vertragsbedingungen **(General Conditions)** und den Besonderen Vertragsbedingungen **(Particular Conditions),**
- die Leistungsbeschreibung **(Specification),**
- die Pläne und Zeichnungen **(Drawings)** und
- die Listen und Tabellen **(Schedules).**

Im Falle von **Widersprüchen** zwischen den Vertragsunterlagen gilt **Ziff. 1.5,** 86 die – vergleichbar mit § 1 Abs. 2 – eine **Kollisionsregelung** mit folgender (abnehmender) Rangfolge enthält:
- Contract Agreement
- Letter of Tender

Anhang § 18 Übersicht und Erläuterungen zu den FIDIC-Vertragsmustern

- Particular Conditions
- General Conditions
- Specifications
- Drawings
- Schedules und alle eventuell sonst noch vorhandene Vertragsunterlagen.

87 **b) Second Edition 2017.** Im Rahmen der Second Edition von Red, Yellow und Silver Book wurde insbesondere die **Struktur der Particular Conditions modifiziert.** Diese bestehen nunmehr aus zwei Teilen, namentlich „**Contract Data**" einerseits und „**Special Conditions**" andererseits.

88 **2. Vertragliche Pflichten der Parteien. a) Die Pflichten und die Planungsverantwortung des Contractor.** Als **Hauptleistungspflicht** des Contractor **definiert Ziff. 4.1** die mangelfreie Planung und Ausführung/Herstellung der Werkleistung/des Werks nach dem im Vertrag festgelegten Umfang und in Übereinstimmung mit den Anweisungen des Engineers. Der Contractor schuldet insoweit im Sinne einer verschuldensunabhängigen Erfolgshaftung die **bestimmungsgemäße Herstellung**[48] des Werks bzw. der Anlage. Im Falle von Herstellungsfehlern oder Mängeln kommt es auf ein Verschulden des Contractor nicht an. Die Hauptleistungspflicht führt letztlich zu einer **Erfolgshaftung.**[49] Demnach schützt den Contractor selbst eine sorgfältige und den anerkannten Regeln der Technik entsprechende Ausführung nicht, wenn sein Werk gleichwohl nicht bestimmungsgemäß hergestellt oder mit Mängeln behaftet ist.[50]

89 Hinsichtlich des geschuldeten Inhalts und dem Umfang der Leistungspflicht sind – wie auch im Rahmen des Geltungsbereichs der VOB/B – die konkret zwischen den Parteien getroffenen Vereinbarungen und dabei – allerdings zunächst nur bei Red Book – insbesondere das **Leistungsverzeichnis (Bill of Quantities)** maßgeblich, wobei auch bei FIDIC-Verträgen zwischen detaillierter und funktionaler Leistungsbeschreibung unterschieden wird. Bei der in Ziff. 4.12 formulierten Hauptleistungspflicht des Contractor handelt es sich demnach nur um eine ergänzungsbedürftige Rahmenvereinbarung.[51]

90 **aa) Die Planungsverantwortung des Contractor.** Im Geltungsbereich **des Red Book** obliegt dem **Contractor keine Planungsverantwortung,** es sei denn, dies wird im Vertrag ausdrücklich abweichend in den Particular Conditions geregelt. Eine **umfassende Planungsverantwortlichkeit** des Contractor ist **lediglich im Yellow und Silver Book vorgesehen,** wobei diese Verantwortlichkeit in beiden Vertragswerken differenziert geregelt ist:

91 Nach dem **Yellow Book** hat der Contractor die Planung zu erstellen und ist für deren Richtigkeit bzw. Umsetzbarkeit verantwortlich. Er kann sich diesbezüglich aber grundsätzlich auf die Planungsvorgaben des Employer verlassen, Ziff. 5.1., die er lediglich auf Vollständigkeit und Richtigkeit zu untersuchen hat, Ziff. 5.1 Abs. 3.

92 Für den Fall, dass die Angaben des Employer unvollständig und/oder fehlerhaft sind, muss er dies binnen einer im Anhang zum Angebot (Appendix to Tender) benannten Frist dem Engineer mitteilen, Ziff. 5.1 Abs. 3 S. 2. Dieser entscheidet

---

[48] Ziff. 4.1 verwendet die Formulierung „fit for such purposes", die die verschuldensunabhängige Erfolgshaftung des Contractor besonders deutlich macht.
[49] Zutreffend Mallmann FIDIC-Standardbedingungen, S. 164.
[50] Mallmann FIDIC-Standardbedingungen, S. 164; Corbett ICLR 2000, 253 (266).
[51] Mallmann FIDIC-Standardbedingungen, S. 167.

Übersicht und Erläuterungen zu den FIDIC-Vertragsmustern **Anhang § 18**

dann, ob ein Fall von „Variations and Adjustments" gem. Ziff. 13 vorliegt und der Contractor einen Anspruch auf Erhöhung der Vergütung und ggf. Verlängerung der Bauzeit hat. Ein solcher Anspruch ist indes immer dann ausgeschlossen, wenn ein sorgfältiger Bieter den Fehler oder die Unvollständigkeit bei der Besichtigung der Baustelle oder auf anderem Weg vor Angebotsabgabe hätte feststellen können und müssen.

Nach Ziff. 5.2 Abs. 3 ist der Contractor verpflichtet, die von ihm erstellten 93 Planungsunterlagen dem Engineer zur Prüfung und anschließenden Freigabe zu übermitteln. Dieser hat die Planungsunterlagen sodann nach Ziff. 5.2 Abs. 6 (a), (i) innerhalb von max. **21 Tagen** auf Vertragskonformität hin zu prüfen. Bis zum Erhalt einer Zustimmung oder bis zum Ablauf der 21-Tages-Frist darf der Contractor die Planung nicht umsetzen. Läuft die Frist fruchtlos ab, wird die **Zustimmung** des Engineers **vermutet**, Ziff. 5.2 (a) iii). In diesem Zusammenhang bleibt indes zu berücksichtigen, dass selbst eine ausdrückliche Zustimmung des Engineers nicht zu einer Haftungsbefreiung des Contractor für Planungsfehler führt, vgl. Ziff. 5.2 Abs. 8.

Beanstandet der Engineer die Planung, muss sie entsprechend überarbeitet und 94 erneut vorgelegt werden, Ziff. 5.2 Abs. 5 S. 2.

Die Planung selbst hat sich gem. Ziff. 5.4 Abs. 1 S. 1 an den technischen Stan- 95 dards, Bau- und Umweltgesetzen bzw. Produktbestimmungen des Ausführungslandes sowie denjenigen ergänzenden und/oder abweichenden Vorgaben zu richten, die sich in den Employers Requirements finden. Ziff. 5. 4. stellt für die Beurteilung der Vertragskonformität der Planungsleistungen insoweit klar, dass diejenigen Vorschriften maßgeblich sind, die zum Zeitpunkt einer vollständigen oder teilweisen Bauwerksübernahme durch den Employer gelten (Taking Over, Ziff. 10). Gab es seit Angebotserstellung Änderungen innerhalb dieser Bestimmungen, wobei insoweit das sogenannte **Base Date** (28 Tage vor Angebotsabgabe, vgl. Ziff. 1.1.3.1) maßgeblich ist, steht dem Contractor für den damit einhergehenden zusätzlichen Planungs- und Ausführungsaufwand unter Umständen eine zusätzliche Vergütung nach Ziff. 13.7 zu. Er kann hierzu gem. Ziff. 5.4 Abs. 3 einen entsprechenden Anpassungsvorschlag unterbreiten, über den der Engineer zu entscheiden hat.

Neben der Erstellung der zur Errichtung des Bauwerks benötigten Planung 96 sieht Ziff. 5.6 für den Contractor die Verpflichtung vor, **fortlaufend Bestandspläne (As-Built Documents)** zu erstellen und dem Employer zukommen zu lassen.

Schließlich hat der Contractor außerdem nach Beendigung der eigentlichen 97 Leistungsausführung, aber noch vor Durchführung der Funktionstests (Tests on Completion) die Betriebs- und Wartungshandbücher zur Verfügung zu stellen. Diese haben so hinreichend detailliert zu sein, dass sie den Employer in die Lage versetzen, das Bauwerk oder die Anlage zu nutzen oder zu betreiben, instand zu halten, ggf. abzubauen und wiederherzustellen sowie zu reparieren.

Die Planungsverantwortung des Contractor im Silver Book ist erheblich weit- 98 reichender. Während sich der Contractor beim Yellow Book auf Planungsvorgaben des Employer jedenfalls grundsätzlich verlassen können sollte, wird ihm im Silver Book auch das **Risiko** hinsichtlich der **Vollständigkeit und Fehlerfreiheit** ebendieser Angaben des Employer übertragen (Ziff. 5. 1). Hierzu wird unwiderlegbar vermutet, dass der Contractor die Employer's Requirements vor Abgabe seines Angebots untersucht und geprüft hat, wobei es dabei unbeachtlich ist, ob ihm dies hinreichend ermöglicht wurde. Ziff. 5.1 Abs. 2 S. 1 stellt hierzu klar,

Kaminsky 1155

Anhang § 18 Übersicht und Erläuterungen zu den FIDIC-Vertragsmustern

dass der Employer für etwaige Irrtümer, Ungenauigkeiten und Lücken in den Employer's Requirements nicht verantwortlich ist. Seine Haftung ist nur dann eingeschränkt, wenn zur Verfügung gestellte und für die Planung relevante Unterlagen nach dem Vertrag als unabänderlich galten oder ausdrücklich der Verantwortlichkeit des Employer unterstellt sind. Außerdem haftet er nicht für die Employer-seitige Definition hinsichtlich des Bestimmungszwecks des herzustellenden Bauwerks oder von Teilen desselben und auch nicht hinsichtlich der vom Employer aufgestellten Kriterien für die Tests einer Anlage und deren späteren Betrieb.

Ob dieser ganz gravierenden Risikoerhöhung für den Unternehmer sollte das Silver Book vernünftigerweise nicht als Vertragsgrundlage dienen,
– wenn der Unternehmer keine ausreichende Zeit hat, die Anforderungen und Informationen des Bestellers zu prüfen und die notwendigen Pläne, Studien und Risikoeinschätzungen zu erstellen;
– wenn der Unternehmer das Gelände, auf dem das Vorhaben verwirklicht werden soll, nicht ausreichend inspizieren kann;
– wenn die Arbeiten des Unternehmers vom Besteller selbst überwacht und kontrolliert oder die Bauzeichnungen überprüft werden sollen;
– wenn Zwischenzahlungen der Höhe nach von einer offiziellen Stelle oder anderen Dritten festgestellt werden soll, da das Silver Book monatliche Zahlungen an den Unternehmer auf Basis von ihm verfasster Anträge vorsieht.

99 In der **Second Edition 2017** des Red, Yellow und Silver Books wurden nur wenige maßgebliche Änderungen im Hinblick auf Planungsverantwortlichkeiten des Contractor implementiert. So wurde in Ziff. 5.1 die erforderliche Qualifikation der Planer betont und klargestellt, dass diese nach dem einschlägigen und auf den Vertrag anwendbaren Recht qualifiziert sein müssen.

100 Obliegt dem Contractor nach dem Yellow Book Planungsverantwortung, so hatte der Contractor nach Ziff. 5.2 der First Edition 1999 die von ihm erstellten Planungsunterlagen dem Engineer zur Genehmigung bzw. Zustimmung („approval") vorzulegen. Der Engineer konnte die im vorlegenten Unterlagen sodann entweder zurückweisen oder genehmigen, letzteres wahlweise mit kommentierenden Anmerkungen oder unkommentiert. In der Second Edition 2017 wurde nunmehr in Ziff. 5.2 auf das Erfordernis einer expliziten Genehmigung oder Zustimmung des Engineers bezüglich der Planungsunterlagen des Contractor verzichtet. Beanstandet der Engineer die Pläne, so muss er diesen **widersprechen; ein nicht erfolgter Widerspruch** („no-objection") gilt sodann grundsätzlich als **Zustimmung.**

101 In Ziff. 5.8 des Yellow Books wurde ein präzisiertes Procedere für den Fall geregelt, dass Pläne, die ursprünglich seitens des Engineers nicht beanstandet worden sind, sich später doch als überarbeitungsbedürftig herausstellen. Solche Planunterlagen hat der Contractor zu überarbeiten und neu vorzulegen.

102 **bb) Weitere Pflichten des Contractor.** Weitere (Neben)Pflichten des Contractor sind in Ziff. 4 aller FIDIC-Vertragsmuster zu finden, die insoweit nahezu inhaltsgleich sind.[52]

103 Ein **erheblicher Unterschied** besteht jedoch im Falle des **Auftretens von unvorhersehbaren physischen Bedingungen auf der Baustelle.** Während

---
[52] Eine Übersicht aller in Ziff. 4 genannten (Neben) Pflichten findet sich bei Leinemann, VOB/B/Hilgers/Kaminsky, 6. Aufl., Rn. 250.

Ziff. 4.12 des **Red und Yellow Book** den Contractor verpflichten, den Engineer bei Auftreten derartiger Umstände so schnell wie möglich zu unterrichten sowie die Arbeiten nur unter Beachtung von dessen Anweisungen fortzusetzen und dem Contractor zusätzlich einen Anspruch auf Bauzeitverlängerung und Vergütungsanpassung zusteht, sieht das **Silver Book** ob der dortigen erheblich gesteigerten Risikoallokation auf den Contractor vor, dass – wenn im Vertrag nichts anderes geregelt ist – der Contractor so zu behandeln ist, als hätte er die Umstände vorhergesehen. Er bleibt also im Regime des Silver Book voll für die hindernden Umstände verantwortlich.[53]

b) Pflichten des Employer. Grundsätzlich obliegt dem Employer als **Hauptleistungspflicht die Bezahlung** der Bauleistung, Ziff. 14. 104

Weitere Verpflichtungen finden sich in Ziff. 2; darüber hinaus ist auch die Pflicht zur Mitwirkung bei der Abnahme (Ziff. 10) ist eine wesentliche Pflicht des Employer. Daneben beinhaltet Ziff. 4 weitere Mitwirkungspflichten des Employer wie beispielsweise die in Ziff. 4.10 geregelte Pflicht zur Information des Contractor über Oberflächenbeschaffenheit und hydrologische Verhältnisse der Baustelle vor dem gesamten Base Date. 105

3. Anordnungsrecht und Leistungsänderungsforderungen. Ebenso wie die VOB/B sehen auch das Red, Yellow und Silver Book grundsätzlich das Recht des Employer vor, einseitig Anordnungen zu treffen. Beim Red und Yellow Book steht das Anordnungsrecht dabei dem von dem Employer beauftragten Engineer zu, Ziff. 3.3.[54] Beim Silver Book obliegt dieses dem Employer selbst bzw. seinem von ihm beauftragten Employer's Representative. 106

Gem. Ziff. 3.3 Abs. 2 S. 2 haben Anordnungen des Engineers **schriftlich** zu erfolgen **oder müssen** zumindest **schriftlich** durch den Contractor **bestätigt werden**.[55] Erfolgt eine schriftliche Bestätigung des Contractor, so hat der Engineer die Möglichkeit, dieser binnen zweier Kalendertage ab Erhalt zu widersprechen. Widerspricht er innerhalb dieser Zeit nicht, wird die Anordnung so wie in der schriftlichen Bestätigung formuliert für beide Parteien bindend.[56] 107

Auch Ziff. 13.1 Abs. 1 stellt klar, dass der Engineer jederzeit vor Ausstellung des Taking Over Certificate Leistungsänderungen fordern darf. Insoweit kann er die Leistungsänderung entweder einseitig anordnen oder aber den Contractor zur Abgabe eines Änderungsvorschlags auffordern. 108

Wird der Contractor vom Engineer (oder beim Silver Book vom Employer selbst) zur Unterbreitung eines Änderungsvorschlages aufgefordert, hat er gem. Ziff. 13.3 Abs. 1 unverzüglich darauf zu antworten. Mit seiner Antwort hat er entweder die Gründe dafür anzugeben, warum er der Aufforderung nicht Folge leisten kann oder – soweit ihm das möglich ist – den geforderten Änderungsvorschlag zu unterbreiten. Dabei hat er den Änderungsvorschlag unter Berücksichtigung etwaiger Modifikationen sowie der Auswirkungen auf den Bauzeitenplan und das Aufmaß der neuen/geänderten Leistungen zu beschreiben. 109

Auf den Änderungsvorschlag des Contractor hat der Engineer (bzw. der Employer beim Silver Book) seinerseits unverzüglich zu reagieren, das heißt ihn wahlweise anzunehmen oder abzulehnen. In der Zeit bis zur Antwort des Engineers 110

---

[53] Vgl. Hilgers/Kaminsky, Anlagenbau- im In- und Ausland, Rn. 804.
[54] hierzu näher Leinemann, VOB/B/Hilgers/Kaminsky, 8. Aufl., Rn. 77 ff.
[55] vgl. zur Schriftform auch Ziff. 1.3.
[56] Mallmann FIDIC-Standardbedingungen, S. 121.

Anhang § 18 Übersicht und Erläuterungen zu den FIDIC-Vertragsmustern

darf der Contractor die Leistungen jedoch nicht verzögern oder gar einstellen, Ziff. 13.3 Abs. 2 S. 2. Gemäß Ziff. 13.3 Abs. 3 erfolgen Leistungsänderungsanordnungen – auch soweit sie auf Basis eines Vorschlags des Contractor erfolgen – stets durch den Engineer gegenüber dem Contractor. Der Contractor hat dabei den Empfang der Leistungsänderungsanordnung zu bestätigen.

111 Im Anschluss daran hat der Contractor die Leistungsänderung auszuführen und dahingehende Anordnungen bzw. Aufforderungen des Engineers zu befolgen. Eine Ausnahme hierzu besteht nach Ziff. 13.1 Abs. 2 nur dann, wenn der Contractor die zur Umsetzung der Leistungsänderung notwendigen Materialien und/ oder Geräte nicht rechtzeitig zur Ausführung der geänderten Leistung beschaffen kann und er dies dem Engineer unverzüglich anzeigt. In diesem Fall hat der Engineer sodann das Recht, die Anordnung zur Leistungsänderung wahlweise zurückzunehmen, zu bestätigen oder entsprechend abzuändern. Diese Wahlmöglichkeit des Engineers ist zwar grundsätzlich zu begrüßen. Ziff. 13.1 Abs. 2 ist indes insoweit unglücklich, als dass die Vorschrift die Folgen für den Contractor im Falle einer (vorläufig) nicht umsetzbaren Leistungsänderungsanordnung aus seiner Sicht nicht regelt. Es bleibt zum Beispiel ungeklärt, ob er sodann untätig bleiben und die Entscheidung des Engineers bzw. bei Uneinigkeit gar des DAB/ DAAB oder des Schiedsgerichts abwarten darf. Letzteres kann dann ggf. zu einer nicht unerheblichen Bauverzögerung führen. Handelt es sich stattdessen lediglich um ein rein formales Recht des Contractor, blieben die Bestimmungen angesichts des Rechts des Engineers, die Leistungsanordnung zu bestätigen und hierdurch den Contractor zur Leistungsausführung zu veranlassen, ein „stumpfes Schwert".[57]

112 Weitergehende Rechte des Contractor, den Leistungsänderungsanordnungen des Engineers zu widersprechen, enthält Ziff. 13.1 nicht. In der 4th Edition des Red Book war das noch anders. Danach bestand für den Contractor gem. Klausel 51.1 S. 1 noch die Möglichkeit, einer Leistungsänderungsanordnung zu widersprechen, wenn diese entweder nicht notwendig oder unangemessen war.[58] Der Verzicht auf eine solche Regelung in der aktuellen Fassung des Red Book kann wohl nur dahingehend verstanden werden, dass ein solches Recht des Contractor nicht mehr bestehen soll.[59] Das Ergebnis erscheint indes fragwürdig. In der Konsequenz sollte daher in jedem Fall eine Regelung in den Particular Conditions angestrebt werden, wonach Leistungsänderungen notwendig und angemessen sein müssen.

113 Im Gegensatz zum Geltungsbereich der VOB/B, wo die noch überwiegende Meinung davon ausgeht, dass dem Employer hinsichtlich der Bauzeit kein einseitiges Anordnungsrecht – auch nicht hinsichtlich einer vorübergehenden Stilllegung – zusteht,[60] kann der Engineer bzw. beim Silver Book der Employer nach Ziff. 8.8 jederzeit eine **vorübergehende Einstellung der Arbeit** anordnen.

114 Daneben hat der Engineer bzw. der Employer in all denjenigen Fällen, in denen es zu Verzögerungen des Baufortschritts kommt, die keinen Bauzeitverlängerungs-

---

[57] Hierauf weisen Roquette/Otto PrivBauR-Vertragsbuch Privates Baurecht, 2. Auflage, F.II. Rn. 181; Leinemann, VOB/B/Hilgers/Kaminsky, 8. Aufl., Rn. 375 zu Recht hin.

[58] Mallmann FIDIC-Standardbedingungen, S. 237; Corbett, FIDIC, 4th Edition – A practical Legal Guide, S. 296 f.; Bunni, The FIDIC Forms of Contract, The 4th Edition of the Red Book, S. 303 f.

[59] Mallmann FIDIC-Standardbedingungen, S. 237; Roquette/Schweiger, Vertragsbuch Privates Baurecht, 3. Auflage 2020, Rn. 270 ff.

[60] OLG Hamm BauR 2005, 1480 (1481); LG Hamburg BauR 2004, 1347; Thode ZfBR 2004, 214 (221 ff.); Thode BauR 2008, 155; Quack IBR 2004, 558.

anspruch begründen, das **Recht zur Anordnung von Beschleunigungsmaßnahmen,** Ziff. 8.6. Dieses Anordnungsrecht besteht bereits dann, wenn der tatsächlich erzielte Baufortschritt hinter demjenigen aus dem aktuell vorliegenden Bauzeitenplan zurückbleibt. Eine solche Regelung existiert in der VOB/B nicht. Nach § 5 Abs. 3 kann der Auftraggeber bekanntlich erst dann einschreiten, wenn Ausführungsfristen offenbar nicht eingehalten werden können. Die bloße Verlangsamung des Baufortschritts reicht dafür nicht aus.

4. Verfahren bei Leistungsänderungen. a) First Edition 1999. Grundsätzlich greift hier Ziff. 13.3, wenngleich diese Vorschrift etwas unglücklich formuliert ist, weil sie lediglich den Fall einer Leistungsänderung regelt, die infolge einer Aufforderung des Engineers gegenüber dem Contractor zur Abgabe eines Änderungsvorschlages, der auch angenommen wurde, zustande kam. Nicht geregelt ist hingegen in Ziff. 13.3 wie bei einer einseitigen Änderungsanordnung des Engineers zu verfahren ist. 115

b) Second Edition 2017. Steht zwischen den Parteien im Streit, ob eine Entscheidung des Engineers als Leistungsänderungsanordnung („Variation") zu qualifizieren ist, regelt Ziff. 3.5 (Red und Yellow Book 2017) bzw. Ziff. 3.4 (Silver Book 2017), dass der Contractor in diesem Fall den Engineer (Red und Yellow Book) bzw. den Employer (Silver Book) darüber mittels einer „Notice" informieren kann, dass er vom Vorliegen einer „Variation" ausgeht. Der Engineer bzw. der Employer kann sodann entscheiden, ob es das Vorliegen einer „Variation" bestätigt oder seine Entscheidung zurückzieht bzw. abändert. Erfolgt dies nicht in der hierfür vorgesehenen Zeit, gilt die Entscheidung des Engineers (Red, Yellow Book) bzw. Employer (Silver Book) als zurückgenommen („revoked"). 116

5. Änderungsvorschläge des Contractor (Value Engineering). Wenngleich der Contractor selbstredend den Leistungsgegenstand nicht einseitig abändern kann, so hat er im Geltungsbereich der FIDIC-Bestimmungen dennoch die Möglichkeit, sich initiativ leistungsgestaltend einzubringen. Denn resultierend aus dem Kooperationsprinzip, welches bereits aus dem deutschen Bauvertragsrecht bekannt ist und auch unter dem Regime der FIDIC-Standardbedingungen gilt, ist der Contractor berechtigt, seinerseits eigene Änderungsvorschläge, die zur Verbesserung der Projektrealisierung dienen, zu unterbreiten. Eine entsprechende Regelung findet sich im Ziff. 13.2. Danach kann der Contractor jederzeit **schriftliche Vorschläge unterbreiten,** die eine **Verbesserung des Bauablaufs** bedeuten und somit die **Fertigstellung beschleunigen,** die **Kosten** für die Herstellung, den Unterhalt und den Betrieb **reduzieren,** die **Effizienz** oder den **Wert des Bauwerks erhöhen** oder **auf sonstige Weise von Vorteil** sind.[61] 117

V. Vergütung

1. Allgemeines. Ähnlich wie im deutschen Recht – hier § 2 – enthalten auch die FIDIC-Regelwerke mit Ziff. 13 jeweils eine zentrale Norm, die sich inhaltlich mit Leistungsänderungen und deren Auswirkungen auf die vereinbarte Vergütung beschäftigt. Im Zusammenspiel zwischen einer Leistungsänderung und der daraus resultierenden Preisanpassung ergeben sich jedoch große Unterschiede zwischen den verschiedenen FIDIC-Regelwerken. 118

---

[61] Zur Vergütungsfolge → Rn. 128.

Anhang § 18 Übersicht und Erläuterungen zu den FIDIC-Vertragsmustern

119 So ist in Ziffer 13.1 Abs. 3 **(nur) Red Book** eine **Auflistung von möglichen Leistungsänderungen** enthalten. Hierbei handelt es sich um Mengenänderungen (Ziff. 13 Abs. 3 (a)), Qualitäts- bzw. Eigenschaftsänderungen von Leistungsteilen (Ziff. 13 Abs. 3 (b)), Änderungen bezüglich Größe, Lage und/oder des Ausmaßes von jedem Leistungsteil (Ziff. 13 Abs. 3 (c)), Nichtausführung/Entfall bestimmter Arbeiten, es sei denn, diese werden durch andere ausgeführt (Ziff. 13 Abs. 3 (d)), jedwede Art von zusätzlichen Arbeiten, Anlagen, Materialien oder Dienstleistungen, die für das Werk erforderlich sind oder werden (einschließlich erforderlicher gemeinsamer Fertigstellungstests, Probebohrungen und anderer Tests bzw. Nachprüfungen – Ziff. 13 Abs. 3 (d)) und schließlich Veränderungen im Bauablauf (Ziff. 13 Abs. 3 (f)).

120 Im **Yellow und Silver Book** gibt es **keine vergleichbare Auflistung,** was ersichtlich dem dortigen Pauschalpreischarakter der Vertragsmuster zusammenhängt. Daher empfiehlt es sich, dass die Parteien im Falle der Anwendbarkeit des Yellow und Silver Book bei Vertragsschluss in den Particular Conditions eine vergleichbare Aufstellung zu den verschiedenen Arten von möglichen Leistungsänderungen aufnehmen. Die auf einen Einheitspreisvertrag zugeschnittenen Variations sind dabei selbstredend auszuklammern.[62]

121 Die **preisliche Bewertung einer Leistungsänderung** ist im Yellow Book schwieriger als im Red Book. Im Red Book wird insoweit auf die dortige Ziff. 12 („Measurements and Evaluation") und das darin geregelte Procedere verwiesen. Im Yellow Book soll hingegen nach Ziff. 3.5 („Determinations") verfahren werden, mithin soll der Engineer eine Einigung herbeiführen. Gelingt es ihm nicht, insoweit eine „fair determination" zu treffen, kann der Contractor lediglich noch unter den Voraussetzungen der Ziff. 20 das DAB anrufen und ggf. anschließend das Schiedsgericht. Streitigkeiten lassen sich so kaum vermeiden, weshalb diese Regelung kaum praktikabel ist. Sinnvoll ist daher auch an dieser Stelle, bei Vertragsschluss in den Particular Conditions eine Regelung zu treffen, welche die Kriterien für eine Preisänderung im Falle von Leistungsänderungen festlegt.

122 Letzteres gilt insbesondere bei Anwendbarkeit des Silver Book. Dort findet sich – anders als im Red und auch im Yellow Book – keinerlei Regelung für die Preisbildung bei Vorliegen einer Leistungsänderung, weshalb entsprechende Vorgaben in den Particular Conditions unbedingt zu empfehlen sind.

123 Zu den Preisanpassungsmöglichkeiten der Ziff. 13 im Einzelnen:

2. Anpassung der Vergütung bei Massenänderungen. Stellt sich **bei** Anwendbarkeit des Red Book nach Durchführung eines Aufmaßes eine **Massenänderung** heraus, richtet sich die **Preisanpassung nach Ziff. 12.3.** Danach ist ein neuer Einheitspreis unter den Voraussetzungen der Ziff. 12.3 Abs. 2 Red Book zu bilden.

124 Voraussetzung ist zunächst eine **Mengenabweichung** im Vergleich zu den Angaben im Leistungsverzeichnis („Bill of Quantities") oder anderen Vertragsbestandteilen von **mindestens 10 %**. Das insoweit ermittelte **Ergebnis der Mengenabweichung** muss sodann zusammen mit dem ursprünglich vereinbarten Einheitspreis insgesamt zu einer **Überschreitung des Vertragspreises von 0,01 %** führen und die **Kostenerhöhung pro** von der Mengenänderung betroffener **Einheit muss mehr als 1 %** betragen. Außerdem darf der **Einheitspreis** der

---

[62] Roquette/Schweiger, Vertragsbuch Privates Baurecht, 3. Auflage 2020, Rn. 285ff, 288f.

Übersicht und Erläuterungen zu den FIDIC-Vertragsmustern **Anhang § 18**

von der Mengenänderung betroffenen Position **nicht als Festpreis vereinbart** sein, denn auch dann scheidet eine Preisanpassung aus. Diese **Voraussetzungen** müssen **kumulativ** vorliegen.

Dementsprechend legt der Engineer im Wege einer so genannten Evaluation 125 den Vertragspreis („Contract Price") unter Berücksichtigung der vereinbarten Aufmaßregeln (vgl. Ziff. 12.2) fest. Die Parteien haben insoweit nach Ziff. 3.5 („Determinations") zu verfahren, mithin zunächst einen Einigungsversuch zu unternehmen. Erst wenn das nicht gelingt, ist der Engineer berechtigt, eigenständig eine „fair determination" zu treffen. Ist der Contractor mit dieser Entscheidung nicht einverstanden bleibt ihm nur noch der Weg über das DAB.

Für die Zeit bis zur Einigung über den neuen Einheitspreis bzw. dessen abschlie- 126 ßende Feststellung sollen die Parteien zunächst einen vorläufigen Einheitspreis bilden, Ziff. 12.3 Abs. 4. Außerdem hat der Engineer dem Contractor ein Interim Payment Certificate (siehe Ziff. 1.1.4.7) auszustellen, um ihm den Erhalt von Abschlagszahlungen zu ermöglichen.

Im Falle von Massenänderungen wegen entfallener Teilleistungen und bei feh- 127 lender Festsetzung eines neuen Preises kann der Engineer nach Ziff. 12.4 einen Zuschlag zum Vertragspreis gemäß dem in Ziff. 3.5 geregelten Prozedere ermitteln. Damit sollen die trotz des Wegfalls entstandenen Kosten gedeckt werden, die bei Nichtwegfall bezahlt worden wären, sofern nicht eine Erstattung der entfallenen Kosten über die Vergütung von alternativen Arbeiten – ähnlich einem Gemeinkostenausgleich – erfolgen kann.

3. Anpassung der Vergütung bei Änderungsvorschlägen des Contrac- 128 **tor (Value Engineering).**[63] Die FIDIC-Bestimmungen sehen schließlich auch dann eine **Vergütungsanpassungsregel** vor, wenn sich der Contractor mit seinen Änderungsvorschlägen durchgesetzt hat und sich dadurch die Kosten des Bauwerks nicht in einem Teil desselben verringert haben. Damit der Contractor dadurch nicht benachteiligt wird, gelangt er über Ziff. 13.2 Abs. 3 in derartigen Fallkonstellationen zu einer Sondervergütung. Er kann die Hälfte der Differenz zwischen der Minderung der Abrechnungssumme und derjenigen des Wertes des Bauwerks beanspruchen. Insoweit soll für den Contractor ein Anreiz geschaffen werden, technisch sinnvolle Vorschläge selbst dann zu unterbreiten, wenn sie eine Reduzierung der für die Herstellung des Bauwerks aufzuwendenden Kosten bedeuten würden.[64]

4. Anpassung der Vergütung bei geänderter Rechtslage. Um den Con- 129 tractor davor zu schützen, dass nachträglich die Preise durch eine Änderung der Rechtslage in dem Land, in dem das Projekt umgesetzt wird, politisch „reguliert" werden, regelt Ziff. 13.7, dass insoweit der Employer das Risiko für hierdurch entstehende zusätzliche Kosten trägt. Dabei ist es unerheblich, ob diese Kosten durch den Erlass neuer, durch die Änderung bestehender Vorschriften oder gar durch eine geänderte Auslegung solcher Vorschriften seitens der nationalen Rechtsprechung entstehen.

5. Anpassung der Vergütung wegen Änderung der Kosten. Ändern sich 130 die Kosten im Rahmen eines Bauvorhabens, besteht über Ziff. 13.8 des Red und Yellow Book die Möglichkeit, den Preis entsprechend anzupassen. **Ziff. 13.8 Red und Yellow Book** gibt eine Berechnungsformel vor, die einer Wertsicherungs-

---

[63] Zum Recht des Contractor, Änderungsvorschläge zu unterbreiten, → Rn. 117.
[64] Mallmann FIDIC-Standardbedingungen, S. 238 f.

Kaminsky   1161

Anhang § 18 Übersicht und Erläuterungen zu den FIDIC-Vertragsmustern

klausel gleicht.[65] Voraussetzung für eine solche Preisanpassung ist jedoch, dass die Parteien im Zuge des Vertragsschlusses die dafür entsprechenden Anpassungsdaten in den Anhang zum Angebot („Appendix to tender") eintragen und mit der Fromel ausgefüllt haben. Andernfalls kommt Ziff. 13.8 Red und Yellow Book nicht zur Anwendung.

131 Das **Silver Book** kennt **keine solche Regelung**, insbesondere keine Berechnungsformel, sondern gibt lediglich vor, dass eine Preisanpassung mit den Vorgaben bzw. Vereinbarungen in den Particular Conditions im Einklang stehen müssen.

132 **6. Keine Anpassung des Vertragspreises bei fehlender Anordnung bzw. Genehmigung.** Ähnlich der Regelung in § 2 Abs. 8 Nr. 1 stellt Ziffer 13.1 Abs. 3 klar, dass der Contractor keine einseitigen Veränderungen und/oder Modifizierungen des Leistungssolls vornehmen kann und darf. Wenn also der Engineer einer solchen vom Contractor initiierten Leistungsänderung nicht zustimmt oder diese nicht genehmigt, scheidet eine Vergütungsanpassung aus.

133 **7. Änderungen im Rahmen der Second Edition 2017.** Ziff. 13 („Variations and Adjustments") wurde im Zuge der Second Edition des Red, Yellow und Silver Books deutlich modifiziert und ergänzt.

134 Die First Edition 1999 des Red, Yellow und Silver Books sah keine Möglichkeit zur **Anordnung eines teilweisen Entfalls von Leistungen** durch den Engineer (Red und Yellow Book) bzw. Employer (Silver Book) vor. Ziff. 13.1 und 13.2 der Second Edition regeln diesen Fall nunmehr dahingehend, dass auch ein solcher Leistungsentfall eine Leistungsänderung („Variation") darstellen kann, auf die sich die Parteien verständigen können. Erfolgt eine solche Verständigung, so kann der Contractor einen Anspruch auf den ihn diesbezüglich entgangenen Gewinn sowie weitere ihm durch den Leistungsentfall entstehende Schäden (auch Folgeschäden!) geltend machen. Um die Geltendmachung auch eines solchen indirekten Schadens zu ermöglichen, wurde in Ziff. 1.15 (Red Book, Yellow Book) bzw. Ziff. 1.14 (Silver Book) jeweils eine Bestimmung neu eingefügt, die klarstellt, dass solche Schäden von dem grundsätzlichen Ausschluss der Haftung für Folgeschäden („indirect losses") ausgenommen sein sollen.

135 Entscheidend erweitert wurden schließlich die Rechte des Contractor, einer **Leistungsänderungsanordnung** des Engineers (Red und Yellow Book) bzw. Employer (Silver Book) ausnahmsweise zu **widersprechen**. Ein solcher Widerspruch ist nunmehr ausweislich Ziff. 13.1 explizit (auch) dann möglich, wenn die Leistungsänderung für den Contractor unvorhersehbar („unforeseeable") gewesen ist sowie dann, wenn die Leistungsänderung nachteilige Auswirkungen auf die Verpflichtung des Contractor zur Erfüllung der Sicherheits- und Gesundheitsanforderungen („health and safety obligations") bzw. Anforderungen des Umweltschutzes nach sich zieht. Im Yellow und Silver Book wurde zusätzlich ein Recht des Contractor zum Widerspruch gegen eine „Variation Order" für den Fall geregelt, dass die Umsetzung der Leistungsänderung die Tauglichkeit des Bauwerks für den vertraglich vereinbarten Zweck („fitness for purpose") negativ beeinflussen würde.

136 Bezüglich des Verfahrens bei Leistungsänderungen sieht die Second Edition 2017 nunmehr **zwei Alternativen** vor, namentlich die angeordnete Leistungsänderung („Variation by Instruction", Ziff. 13.3.1) und die **Aufforderung zur Abgabe eines Angebots des Contractor bezüglich einer Leistungsände-**

---

[65] Mallmann FIDIC-Bedingungen, S. 241; Berger RIW 2000, 1 (4).

rung („Variation by Request for Proposal", Ziff. 13.2). Wird der Contractor zur Abgabe eines Angebots bezüglich einer Leistungsänderung aufgefordert, liegt insoweit aber (noch) keine Anordnung der Leistungsänderung vor, ist der Contractor nunmehr berechtigt, die Kosten für die Erstellung des Angebots zu beanspruchen.

Weitere Änderungen zum Verfahren bei Leistungsänderungen finden sich in Ziff. 1.9 („Error in the Employer's Requirements", nur Yellow Book), Ziff. 4.7.3 des Red und Yellow Books („Agreement or Determination of rectification measures, delay and/or Cost"), Ziff. 8.7 („Rate of Progress", Red, Yellow und Silver Book), Ziff. 13.6 („Adjustment for Changes in Laws", Red, Yellow und Silver Book) sowie Ziff. 17.2 („Liability for Care of the Works", Red, Yellow und Silver Book). All diese Bestimmungen stellen nunmehr explizit klar, dass insoweit das in Ziffer 13.1 und 13.2 beschriebene Verfahren bei Leistungsänderungen Anwendung findet. 137

Ziff. 13.6 („Adjustment for Changes in Laws", vormals Ziff. 13.7) sieht ein Recht des Contractor auf Preisanpassung nunmehr auch für den Fall vor, dass Genehmigungen und/oder Erlaubnisse, die zur Erfüllung der vertraglichen Verpflichtungen des Contractor erforderlich sind, nach Auftragserteilung geändert werden oder deren Aufrechterhaltung über die Bauzeit mit Kosten verbunden ist, die nicht vom Angebotspreis umfasst sind. Umgekehrt kann der Employer eine **Preisreduzierung** verlangen, falls sich eine Änderung des auf den Vertrag anzuwendenden Rechts kostensenkend auswirkt. 138

VI. Genehmigungen

1. Die Baugenehmigung für das Projekt. Obgleich die Planungsverantwortung bei Anwendung des Yellow und Silver Book beim Contractor liegt, trägt dennoch der **Employer das Risiko, ob und wann** die **Baugenehmigung für das Projekt** erteilt wird.[66] Beim Red Book ist das eine Selbstverständlichkeit, denn hier trägt der Contractor keinerlei Planungsverantwortung. Gleiches gilt für die etwaig benötigte Betriebsgenehmigung. Dabei setzen die FIDIC-Vertragsmuster die Verantwortung des Employer implizit voraus. 139

Für den Fall, dass sich nachträglich die Baugenehmigung ändert – etwa durch nachträgliche Leistungsänderungen –, ergeben sich die Rechtsfolgen für die Leistungszeit und Vergütung aus der spezielleren Vorschrift der Ziff. 13.3 für Variations.

2. Sonstige Genehmigungen. Alle sonstigen Genehmigungen, hat der Contractor auf eigenes Risiko einzuholen. Dies ergibt sich aus der Ausgestaltung der Unterstützungspflicht des Employer nach Ziff. 2.2 sowie aus zahlreichen Einzelvorschriften, zB Ziff. 4.6. 140

VII. Ausführung

1. Personal, Gerät, Material und technische Ausführung (Staff and Labour, Plant Materials, Workmanship). Ähnlich wie § 4 enthalten die Ziffern 6 und 7 des Red, Yellow und Silver Book Regelungen sowohl hinsichtlich des Personals des Auftragnehmers als auch zur Art und Weise der Leistungsausführung sowie den geplanten bzw. einzusetzenden Materialen. 141

---

[66] Ausweislich Ziff. 2.2 soll die Baugenehmigung zum Projektstart bereits vorliegen.

Anhang § 18   Übersicht und Erläuterungen zu den FIDIC-Vertragsmustern

a) **Personal und Gerät, Ziff. 6. aa) First Edition 1999.** Grundsätzlich **obliegt es dem Contractor,** die Realisierung des Projektes mit dem dafür benötigten Personal sicherzustellen, dh entsprechend **Arbeitskräfte einzustellen und vorzuhalten.** Hierzu gehört nach Ziff. 6.1 auch, für deren Vergütung, Verpflegung, Unterbringung sowie den Transport auf und von der Baustelle zu sorgen. Die Anzahl des von ihm auf der Baustelle eingesetzten Personals hat er dem Engineer (beim Silver Book dem Employer selbst) mitzuteilen und gleichzeitig eine entsprechende Aufstellung darüber sowie über das/die von ihm verwendete Gerät/Ausrüstung zu übergeben, Ziff. 6.10. Das Anwerben oder Einstellen von Personal des Employer ist ihm nach Ziff. 6.3 untersagt.

142 **Tarif- oder Mindestlöhne darf der Contractor nicht unterschreiten,** Ziff. 6.2.[67]

Daneben ist der Contractor nach Ziff. 6.4 verpflichtet, die einschlägigen Arbeitsrechtsbestimmungen und Vorschriften des Arbeitsschutzes, der Arbeitssicherheit sowie des Ein- und Ausreiserechts für das Personal zu wahren.

143 Außerdem besteht nach Ziff. 6.5 für den Contractor die Verpflichtung, die Arbeit während örtlicher Feiertage und Ruhetage sowie außerhalb der im Appendix to Tender festgehaltenen Arbeitszeiten ruhen zu lassen. Eine Ausnahme hiervon ist lediglich im Falle davon abweichender getroffener Vereinbarungen möglich.

144 Der Contractor hat nach Ziff. 6.7 jederzeit angemessene **Vorkehrungen zur Erhaltung der Gesundheit und Sicherheit seines Personals** zu treffen, insbesondere die zur Vermeidung von Seuchen notwendigen sozialen und hygienischen Bedürfnisse sicherzustellen sowie einen Unfallbeauftragten einzusetzen.

145 Weiterhin obliegen dem Contractor während der gesamten Ausführungszeit **diverse Prüfungs- und Überwachungspflichten.** Er hat insbesondere Sorge für die **Aufsicht bei der Planung, Anordnung, Führung, Leitung, Untersuchung sowie Überprüfung der Bauarbeiten** zu tragen, wofür er ausreichend geschultes, qualifiziertes und über hinreichende Sprachkenntnisse verfügendes Personal bereitstellen muss, Ziff. 6.9. Sollte einmal kein angemessen qualifiziertes und geeignetes Personal im Einsatz sein, benennt Ziff. 6.9 Abs. 1 lit. a–d diverse Umstände, bei deren Vorliegen der Engineer (beim Silver Book der Employer) berechtigt sein soll, diese Personen der Baustelle zu verweisen.

146 **bb) Second Edition 2017.** Ziff. 6 wurde im Rahmen der Second Edition weitestgehend unverändert beibehalten, enthält aber gleichwohl eine interessante Neuerung.

147 So wurde in Ziff. 6.12 eine Bestimmung über das „Key Personnel" des Contractor eingefügt. Geregelt ist nunmehr, dass der Contractor sein **Bauleitungspersonal** mit Schlüsselfunktionen bei der Erbringung der Bauleistungsverpflichtung (dies wird dem Begriff des „Key Personnel" noch am nächsten kommen) im Angebot („Tender") zu benennen hat und dieses ohne Zustimmung des Engineers **nicht auswechseln** darf.

148 Ferner wurden auch in Ziff. 6 wie an verschiedenen anderen Stellen in der Second Edition des Red, Yellow und Silver Books die **Dokumentationspflichten** des Contractor weiter **vertieft.** Dieser muss seinen Personaleinsatz, die eingesetzten Geräte und verwendeten Materialien sowie auch „Temporary Works"

---

[67] Allerdings gibt es Stimmen in der Literatur, die in dieser Vorgabe eine systemwidrige soziale und quasi öffentlich-rechtliche Komponente sehen, für die kein Anlass besteht, vgl. Mallmann FIDIC-Standardbedingungen, S. 179 unter Verweis auf Jynes ICLR 1995, 367 (381); Huse, Understanding and Negotiating Turnkey Contracts, Rn. 9–5.

Übersicht und Erläuterungen zu den FIDIC-Vertragsmustern **Anhang § 18**

dokumentieren und im Rahmen dieser Dokumentation die Arbeitsleistung, Arbeitsort und Arbeitszeit mit erläutern, also faktisch ein Bautagebuch führen. Während dies auf der einen Seite weiteren administrativen Aufwand für den Contractor nach sich zieht, bildet eine solche Dokumentation auf der anderen Seite eine verbesserte Tatsachenbasis für einen etwaigen bauzeitbedingten Anspruch des Contractor, da er im Rahmen dieses Claims auf die voranstehend beschriebene Dokumentation zurückgreifen kann.

b) Material und technische Ausführung, Ziff. 7. aa) First Edition 1999. 149
Die an das Bauwerk bzw. an die Anlage gestellten Qualitätsanforderungen sind in Ziff. 7 geregelt, die insoweit den **Qualitätsstandard (Ziff. 7.1)** definiert. Demnach hat der Contractor das geschuldete Werk sorgfältig, insbesondere im Rahmen des vertraglich Vereinbarten herzustellen sowie seine Arbeiten fachgerecht und in Übereinstimmung mit der anerkannten **„Good Practice"** auszuführen. Die dafür erforderlichen Arbeiten und Maßnahmen hat er mit geeigneter Ausrüstung und mittels ungefährlicher Materialien zu bewerkstelligen, soweit der Vertrag hierzu keine abweichende Regelung enthält.

Die Ziffern 7.2, 7.3 und 7.4 sehen schließlich diverse **Muster sowie die** 150 **Durchführung von Inspektionen und Testläufen** zur Kontrolle über die Einhaltung der Qualitätsanforderungen vor.

Wurden die Qualitätsanforderungen nicht eingehalten, kann der Engineer 151 (beim Silver Book der Employer) vom Contractor die Entfernung nicht vertragsgemäßer Anlagen und Materialien von der Baustelle verlangen und ihn anweisen, diese durch vertragsgemäße zu ersetzen bzw. die Arbeiten neu und vertragsgemäß auszuführen, Ziff. 7.6. Kommt der Contractor einer solchen Aufforderung nicht nach, hat der Employer das **Recht zur Ersatzvornahme.** Damit einhergehende Kosten können im Verfahren nach Ziff. 2.5 ersetzt verlangt werden, wobei „Sowieso-Kosten" anspruchskürzend zu berücksichtigen sind.

Je nach anwendbarem nationalen Recht geht das Eigentum von gelieferten 152 Materialien und Anlagenteilen wahlweise bei Anlieferung auf die Baustelle oder dann, wenn der Contractor dafür eine entsprechende Vergütung gemäß Ziff. 8.10 fordern kann, auf den Employer über, vgl. Ziff. 7.7. Entscheidend ist der jeweils frühere mögliche Zeitpunkt.

Schlussendlich hat der Contractor nach Ziff. 7.8 sämtliche **Gebühren, Pacht-** 153 **zinsen und sonstige Zahlungen** zu tragen, die für außerhalb der Baustelle gewonnene Rohstoffe anfallen und/oder die Entsorgung von Abbruch- und Aushubmaterial und anderen Stoffen betreffen, sofern auf der Baustelle kein Entsorgungsplatz vorgesehen und in der Leistungsbeschreibung (Bill of Quantities) nichts anderes geregelt ist.

bb) Second Edition 2017. Ziff. 7 wurde im Rahmen der Second Edition 154 inhaltlich lediglich maßvoll geändert. Die wesentlichste Änderung betrifft dabei die Ziff. 7.4 („Testing"). Es obliegt nunmehr explizit dem Contractor, für die Durchführung von Tests **Wasser und Elektrizität** bereitzustellen, falls diese für das „Testing" erforderlich sind. Der Contractor hat schließlich den Engineer mit angemessenem zeitlichem Vorlauf über Zeit und Ort der anstehenden Tests zu informieren, um den **Mitarbeitern des Employer** eine Teilnahme an den Tests zu ermöglichen. Auf eine solche Teilnahme von Mitarbeitern des Employer wurde in der First Edition noch nicht hingewiesen, dort sollte lediglich dem Engineer die Teilnahme ermöglicht werden, der nunmehr nicht erwähnt wird. Hierbei handelt es sich wohl um ein **redaktionelles Versehen,** da die weiteren Bestim-

Anhang § 18 Übersicht und Erläuterungen zu den FIDIC-Vertragsmustern

mungen der Ziff. 7 sich sodann wiederum nur auf den Engineer beziehen und beispielsweise die Folgen des Nichterscheinens des Engineers bei den Tests regeln.

155 Will bzw. muss der Engineer Zeit und/oder Ort abändern, so ist er nunmehr zum Ausspruch einer diesbezüglichen „Variation Order" angehalten. Auch dies erscheint eher unglücklich, handelt es sich hierbei doch um ein zeitintensives Procedere, was gegebenenfalls bei gravierenden Änderungen des Testverfahrens sinnvoll sein mag, aber kaum bei bloßen Zeit- oder Ortsveränderungen.

156 In Ziff. 7.7 („Ownership of Plant and Materials") wurde klargestellt, dass der Employer **Eigentum** an allen Teilen der Anlage/des Bauwerks und an den Materialien erwerben soll, soweit dies nicht im Widerspruch zu zwingenden Regelungen des auf den Vertrag anwendbaren nationalen Rechts steht. Zuvor war unklar, inwieweit auch nicht zwingendes nationales Recht einem Eigentumserwerb des Employer ausschließen konnte. Die Neuregelung dürfte hier zu gesteigerter Klarheit im Spannungsverhältnis zwischen Vertrag und dem auf diesen anwendbaren Recht beitragen.

VIII. Ausführungsfristen

157 **1. Ausführungsfrist (Time for Completion).** Wie auch im deutschen Recht ist auch bei Bauvorhaben, auf die die FIDIC-Regelwerke angewandt werden, der **zeitliche Ablauf des Bauvorhabens** für beide Vertragsparteien von erheblicher Bedeutung. Denn der Employer ist naturgemäß an der **termingerechten Fertigstellung des Bauwerks oder der Anlage** interessiert, um so die **pünktliche Inbetriebnahme** zu ermöglichen. Regelmäßig beeinflussen zeitabhängige Faktoren die Kalkulation des Employer. Hierzu zählen beispielsweise die Haushaltsplanung, Zinszahlungen für Kredite, Miete und Pacht sowie Wirtschaftlichkeitsberechnungen im Hinblick auf eine spätere Veräußerbarkeit des Bauwerks oder die Betriebsaufnahme. Korrespondierend zu § 5 Abs. 1, wonach der Contractor die Ausführung nach verbindlichen Fristen (Vertragsfristen) zu erbringen hat, sehen daher auch die FIDIC-Regelwerke in Ziff. 8.2 die Erbringung der Bauleistung innerhalb der sog. **Time of Completion** (vgl. Ziff. 1.1.3.3.) vor. Diese wird regelmäßig im Appendix to Tender von den Parteien bei Vertragsschluss vermerkt. Ziff. 8.2. stellt insoweit auch klar, dass **innerhalb dieses Zeitfensters** auch die Fertigstellungstests (Test on Completion) sowie alle Arbeiten, die Voraussetzung für die spätere Bauwerksübernahme (Taking Over of the Works) sind, beendet werden müssen.[68] Insgesamt sehen das Red, das Yellow und das Silver Book deutlich detailliertere Regelungen zu bauzeitlichen Aspekten vor als beispielsweise die VOB/B.

158 **2. Baubeginn (Commencement Date).** Nach **Ziff. 8.1 Abs. 1 S. 1** teilt grundsätzlich der Engineer (bzw. beim Silver Book der Employer) dem Contractor mit, wann dieser mit der Ausführung zu beginnen hat. Diese Mitteilung muss spätestens **sieben Tage vor Baubeginn** erfolgen. Fehlt eine solche Anzeige, und wurde auch keine von Ziff. 8.1 Abs. 1 S. 1 abweichende vertragliche Vereinbarung zwischen den Parteien des Bauvertrages getroffen, sieht Ziff. 8.1 Abs. 1 S. 2 vor, dass der Baubeginn sodann innerhalb von 42 Tagen nach Erhalt des Letter of Acceptance erfolgen soll. Bei Anwendung des Silver Books wird insoweit auf die

---

[68] Vgl. zu Test on Completion und Taking Over of The Works and Sections ausführlich unter → Rn. 263 ff. sowie 269 ff.

Übersicht und Erläuterungen zu den FIDIC-Vertragsmustern **Anhang § 18**

Auffangregelung in Ziff. 1.6 verwiesen, da dort ein Letter of Acceptance vorgesehen ist.

3. Bauzeitenplan. Anders als im Anwendungsbereich der VOB/B hat der Contractor im Red, Yellow und Silver Book die Pflicht, einen **Zeitplan über die von ihm zu erbringenden Arbeiten zu erstellen und an den Employer zu übergeben** hat, Ziff. 8.3. Gemäß Ziff. 8.1 hat dies innerhalb von **28 Tagen nach Erhalt der Baubeginnanzeige** zu erfolgen. Sobald der Employer den Bauzeitenplan von dem Contractor erhalten hat, ist er verpflichtet, diesen binnen 21 Tagen zu prüfen und etwaige Beanstandungen kundzutun. Kommt es tatsächlich zu Beanstandungen, hat der Contractor gem. Ziff. 8.3 Abs. 4 die (erneute) Pflicht zur Überarbeitung. Andernfalls gilt fortan der insoweit geprüfte Zeitplan.

159

4. Second Edition 2017. Nach dem im Gold Book (First Edition 2008) eine entsprechende Regelung bereits enthalten war, wurde im Zuge der Second Edition 2017 in Ziff. 8 („Commencement, Delay and Suspension") in Red, Yellow und Silver Book korrespondierend eine neue Ziff. 8.4 eingefügt, die ein **Frühwarnsystem** („Advanced Warning") **bei sich abzeichnenden Problemen** vorsieht. Danach soll jede Partei die jeweils andere Partei und dem Engineer (entfällt beim Silver Book) frühzeitig über potentielle Probleme informieren und vor deren potentiellen Eintritt auf solche Sachverhalte und/oder Umstände hinweisen, die a) negative Auswirkungen auf die Arbeit des Personals des Contractor haben, b) die Tauglichkeit der Leistungen nach Fertigstellung nachteilig beeinflussen können oder c) zu einer Erhöhung des Vertragspreises und/oder d) einer Bauverzögerung für das gesamte Bauvorhaben oder Teile hiervon führen können. Der Engineer kann sodann den Contractor gem. Ziff. 13.3.2 zur Abgabe eines Leistungsänderungsangebots („Variation by Request für Proposal") auffordern, welches die angekündigten potentiell negativen Auswirkungen ausschließt oder reduziert – eine sehr praxistaugliche Regelung, die in der VOB/B leider keine Entsprechung findet.

160

IX. Behinderung und Unterbrechung der Ausführung

1. Folgen einer fehlenden oder verspäteten Aufforderung zum Baubeginn. Red, Yellow und Silver Book enthalten keine Regelungen bezüglich der **Folgen einer verspäteten Aufforderung** zum Ausführungsbeginn. Die in **Ziff. 8.4** vorgesehene Bauzeitanpassung sieht ausdrücklich nur die Fallkonstellationen **nach Auftragserteilung** vor. Gleichwohl wird aus dieser Vorschrift vereinzelt geschlossen, dass dem Contractor im Fall des Ausbleibens einer Baubeginnanzeige seitens des Engineers mit Ablauf von 42 Tagen nach Erhalt des Letter of Acceptance oder des Wirksamwerdens des Vertrages (beim Silver Book) automatisch ein Anspruch auf Bauzeitverlängerung und wohl auch Preisanpassung zustehen muss.[69] Allerdings kommt Ziff. 8.4 Abs. 1 lit. e als Anspruchsgrundlage nicht in Betracht. Nach deren ausdrücklichen Wortlaut sind davon nur Sachverhalte auf der Baustelle (on the site) erfasst. Gleichwohl empfiehlt sich, dass der Contractor auch im Fall einer verzögerten Aufforderung zum Ausführungsbeginn dem Employer (Silver Book) bzw. dem Engineer eine Verlängerung der Ausführungszeit gem. Sub-Clause 20.1 anzeigt.

161

---

[69] EIC Contractor's Guide to the FIDIC Conditions of Contract for Construction, dort zu Ziff. 8.1; Roquette/Schweiger, Vertragsbuch Privates Baurecht, 3. Aufl., Rn. 194.

Anhang § 18 Übersicht und Erläuterungen zu den FIDIC-Vertragsmustern

162 **2. Anpassung des Bauzeitenplans durch den Contractor. a) First Edition 1999.** Kommt es zu zeitlichen Verschiebungen im Zuge des Bauvorhabens, ist der Bauzeitenplan vom Contractor entsprechend zu überarbeiten und zu aktualisieren. Die gleiche Verpflichtung hat er, wenn der Employer die Übergabe eines überarbeiteten Zeitplans verlangt. Auch dieses Procedere kennt die VOB/B nicht: Nach der VOB/B führen Behinderungen und Störungen, für die der Employer verantwortlich ist, zu Bauzeitverlängerungsansprüchen, ohne dass der Contractor verpflichtet wäre, einen gegebenenfalls vorliegenden Bauzeitenplan entsprechend zu aktualisieren oder gar an den Employer zu übergeben. In der Konsequenz kommt es häufig zu Streitigkeiten der Parteien, wenn dann am Ende des Bauvorhabens störungsmodifizierte Bauzeitenpläne mit fortgeschriebenen Terminen beim Employer vorgelegt werden. Die FIDIC-Regelwerke verlagern diese – möglicherweise auch streitige – Auseinandersetzung sinnvollerweise in die Bauphase vor und ermöglichen so eine zeitnahe Reaktion auf Störungen im Bauablauf.

163 Ziff. 8.3 Abs. 3 regelt neben diversen weiteren Pflichten des Contractor dessen Verpflichtung, bei Ereignissen, die zu Verzögerungen bei der Durchführung des Projektes führen, dem Engineer bzw. Employer einen **überarbeiteten bzw. aktualisierten Bauzeitenplan** vorzulegen. Dieser hat die Auswirkungen angezeigter Verzögerungen entsprechend zu würdigen. Außerdem beginnt mit der Anzeige die Frist von 28 Tagen gem. Ziff. 20.1 zu laufen. Bleibt sie ungenutzt, verliert der Contractor seine Ansprüche auf Bauzeitverlängerung und Mehrvergütung.[70]

164 **b) Second Edition 2017.** Ziffer 8.3 wurde in der Second Edition des Red, Yellow und Silver Books modifiziert, um der Bedeutung der **Fortschreibung des Bauzeitenplans** („Programme") nochmals gesteigert Rechnung zu tragen. Ob des mit der fortlaufenden Aktualisierung von Bauzeitenplänen verbundenen Personal- und Zeitaufwand ist der Contractor gut beraten, diesen Aufwand preislich bei der Kalkulation seines Angebots zu berücksichtigen und Personal für die Erbringung dieser Leistung vorzuhalten.

165 Ausweislich Ziffer 8.3 hat der Contractor binnen 28 Tagen nach Erhalt einer Information („Notice") über den Baubeginn („Commencement Date") einen ersten Bauzeitenplan vorzulegen. Für dessen Erstellung ist ein Softwareprogramm zu verwenden, welches entweder in den Employer's Requirements explizit festgelegt worden ist, andernfalls ein solches, mit dem auch der Engineer arbeiten kann. Diesbezüglich ist mithin idealerweise in den Particular Conditions und dort in den Contract Data eine entsprechende Festlegung zu treffen. Der Bauzeitenplan ist durch den Contractor immer dann aktualisiert fortzuschreiben, wenn dieser den aktuellen Baufortschritt nicht mehr abbildet („ceases to reflect the actual progress") oder in anderer Weise im Widerspruch zu den vertraglichen Verpflichtungen des Contractor steht („inconsistent with the Contractor's obligations"). Hierauf wird man eine **Verpflichtung des Contractor** ableiten müssen, initiativ Fehler jedenfalls in der aktuellen vorgelegten Fassung seines Bauzeitenplans durch Vorlage eines um diese **Fehler** bereinigten Bauzeitenplans **zu korrigieren.**

166 Auch inhaltlich wurden die Anforderungen an den vom Contractor vorzulegenden Bauzeitenplan präzisiert und erweitert. So hat dieser den Baubeginn und die vertraglich vereinbarte Bauzeit auszuweisen, falls vereinbart auch gesondert für einzelne **Leistungsteile.** Er muss ferner aufzeigen, wann der Contractor konkret

---

[70] Vgl. hierzu → Rn. 386.

Zugang zur Baustelle („Site") oder bestimmten Baustellenbereichen benötigt. Grundsätzlich sind nicht nur der **kritische Weg** der Baumaßnahme durch eine entsprechende **Verknüpfung** aufzuzeigen, sondern auch vorhandene Zeitpuffer bei logisch terminlich verknüpften Leistungen sowie **Feiertage und Betriebsferien**, an denen der Contractor nicht auf der Baustelle tätig sein wird. **Sensible Liefertermine** für Material oder Anlagenbestandteile sind gleichermaßen im Bauzeitenplan anzugeben. Bei Fortschreibungen des ursprünglichen Bauzeitenplans ist der aktuelle Baufortschritt abzubilden. Dabei sind bereits eingetretene Verzögerungen im Bauablauf auszuweisen und die zeitliche (Neu-)Disposition der noch ausstehenden Arbeiten deutlich zu machen.

Schließlich hat der Contractor (im Rahmen seiner Verpflichtung zur Fortschreibung des Bauzeitenplans) **Lösungsvorschläge** zu unterbreiten und auszuweisen, wie bereits eingetretene Verzögerungen des Baufortschritts in Ansehung der Time for Completion aufgeholt werden können und damit im Ergebnis initiativ Beschleunigungsmöglichkeiten aufzuzeigen. 167

Der Engineer (Red und Yellow Book) bzw. der Employer (Silver Book) ist sodann verpflichtet, den vom Contractor übermittelten Bauzeitenplan zu prüfen. Weist er den Bauzeitenplan als nicht vertragskonform („non-compliant with the Contract or the Contractor's obligations") oder nicht den tatsächlichen Baufortschritt im Sinne der voranstehenden Ausführungen abbildend zurück, ist der Contractor verpflichtet, den Bauzeitenplan zu überarbeiten und neu vorzulegen. Erfolgt keine solche Zurückweisung seitens des Engineers (Red und Yellow Book) bzw. Employer (Silver Book), wird eine Zustimmung fingiert und der (neue) Bauzeitenplan gilt insoweit als vereinbart und umzusetzen. 168

3. Verlängerung der Ausführungsfrist (Extension of Time for Completion). 169

Diejenigen Umstände und Sachverhaltskonstellationen, nach denen der Contractor einen **Anspruch auf Verlängerung der Bauzeit (Extension of Time for Completion)** hat, sind grundsätzlich eingehend (aber nicht abschließend) in **Ziff. 8.4** der FIDIC-Bestimmungen geregelt, wobei sich die dort jeweils genannten Anspruchstatbestände des Silver Book von denen des Red und Yellow Book etwas unterscheiden.

Nach den Grundsätzen in **Ziff. 8.4 Abs. 1 des Red and Yellow Book** steht dem Contractor ein Bauzeitverlängerungsanspruch zu: 170
- bei **Leistungsänderungen** – soweit eine Bauzeitverlängerung für diese Fälle nicht bereits gemäß Ziff. 13 vereinbart worden ist[71] – oder bei **substantiellen Mengenänderung** (lit. a),
- bei Verzögerungen die nach dem Vertrag zu einem Recht auf Bauzeitverlängerung führen (lit. b),
- bei **extrem widrigen klimatischen Bedingungen** (lit. c),
- wenn infolge einer Epidemie oder von Regierungsmaßnahmen **unvorhersehbare Einschränkungen** in der Verfügbarkeit von Arbeitskraft oder Material die Konsequenzen sind (lit. d) sowie
- bei **jeder Art von Verzögerung** (delay), **Behinderung** (impediment) oder **Einschränkung** (prevention), **die vom Verantwortungsbereich Employer,** dessen Personal oder anderen für ihn arbeitenden Nachunternehmer zuzuordnen sind (lit. e).

---

[71] Vgl. hierzu → Rn. 110 ff.

Anhang § 18 Übersicht und Erläuterungen zu den FIDIC-Vertragsmustern

171 „**Verzögerungen**", die nach **Ziff. 8.4 lit. b** zu bewerten sind, finden sich in Ziff. 1.9 Abs. 2 (Delayed Drawing and Instructions), in Ziff. 2.1 Abs. 3a (Right of Access tot he Site), in Ziff. 4.7 Abs. 3a (Setting Out), in Ziff. 4.12 Abs. 4a (Unforeseeable Physical Conditions), in Ziff. 4.24 Abs. 2a (Fossils), in Ziff. 7.4 Abs. 5a (Testing), in Ziff. 8.5a (Delays Caused by Authorities), in Ziff. 8.9 Abs. 1a (Consequences of Suspension), in Ziff. 13.7 Abs. 2a (Adjustments for Changes in Legislation), in Ziff. 16.1 Abs. 4a (Contractor's Entitlement to Suspend Work), in Ziff. 17.4 Abs. 2a (Consequences of Employer's Risks) und Ziff. 19.4 Abs. 1a (Consequences of Force Majeure).

172 Kommt es zu von Behörden verursachten Verzögerungen, führt dies gem. **Ziff. 8.5** Red and Yellow Book nur dann zu einem Bauzeitverlängerungsanspruch des Employer, wenn diese für ihn nicht vorhersehbar waren und er sich grundsätzlich gesetzeskonform verhalten hat. Die hierzu korrespondierende Bestimmung in Ziff. 8.5 des Silver Book ist sprachlich zwar etwas anders gefasst, inhaltlich im Wesentlichen aber gleich.

173 Im Silver Book existieren weniger geregelte Ansprüche des Contractor auf Bauzeitverlängerung. So **kennt das Silver Book keinen Anspruch** auf Bauzeitverlängerung **bei extrem widrigen klimatischen Bedingungen** und **unvorhersehbaren Einschränkungen** in der Verfügbarkeit von Arbeitskraft oder Material als Folge einer Epidemie oder von Regierungsmaßnahmen. Gleiches gilt systembedingt **bei** substantiellen **Mengenänderungen** einer vertraglichen Leistungsposition. Im Übrigen sind die Vorschriften des Red, Yellow and Silver Book aber inhaltsgleich.

174 Auch die Frage, wie der Anspruch auf Bauzeitverlängerung zu berechnen ist, wird in Ziff. 8.4 nicht beantwortet. Eine Regelung, wie sie § 6 Abs. 4 vorsieht, enthalten die FIDIC-Regelwerke nicht. Daher wird die **Berechnung des Anspruchs auf Bauzeitverlängerung** regelmäßig **Schwierigkeiten** bereiten.[72] Denn auch bei FIDIC-Verträgen wird bei Wegfall einer vom Employer zu vertretenden Verzögerung ein zeitlicher Zuschlag für die Wiederaufnahme der Arbeit benötigt werden, welcher Bestandteil des Gesamt-Bauzeitverlängerungsanspruchs sein muss. Auch sind Fälle denkbar, in denen eine kürze Fristverlängerung ausreicht.[73]

175 Die Frage, wie bei **von Dritten verursachten Störungssachverhalten**[74] vorzugehen ist und welche Ansprüche der Contractor sodann hat, beantworten die FIDIC-Regelwerke ebenfalls nicht. Auch eine Art Auffangtatbestand ist in den FIDIC-Regelwerken nicht enthalten. An dieser Stelle wird also regelmäßig nur die Auslegung des Vertrages zu einem Ergebnis führen.

176 Mögliche mit einer Bauzeitverlängerung im Zusammenhang stehende **Vergütungsansprüche**[75] können sich aus den zum Bauzeitverlängerungsanspruch oben genannten Ziffern ergeben, aber auch aus Ziff. 10.2 (Taking Over of Parts of

---

[72] MVHdB IV WirtschaftsR III/Rosener, S. 640.

[73] Vgl. MVHdB IV WirtschaftsR III/Rosener, S. 640; Nicklisch, Sonderrisiken bei Bau- und Anlagenverträgen (Teil I – Sonderrisiken und Ansprüche auf Fristverlängerung und Mehrvergütung), BB 1991, Beilage 15, Rn. 3 ff.

[74] Derartige Sachverhalte (wie zB fehlende oder verspätet fertiggestellte Vorunternehmerleistungen) können im Anwendungsbereich der VOB/B sowie des Werkvertragsrechts des BGB über § 642 BGB erfasst werden, wenn dem Employer eine Mitwirkungspflicht oblag, die er verletzt hat.

[75] Vgl. Leinemann VOB/B/Hilgers/Kaminsky, 8. Aufl., Rn. 484 – hier findet sich eine Tabelle, die eine Übersicht über die im Red, Yellow und Silver Book enthaltenen Ansprüche auf Mehrvergütung bzw. Preisanpassung infolge von Bauzeitverlängerung gibt.

the Works), aus Ziff. 10.3 Abs. 3a (Interference with Tests on Completion), aus Ziff. 11.2 (Cost of Remedying Defects), aus Ziff. 11.8 (Contractor to Search), aus Ziff. 12.4 (Omissions), aus Ziff. 13.2 (Value Engineering), aus Ziff. 15.5 (Employer's Entitlement to Termination), aus Ziff. 16.4 (Payment on Termination), aus Ziff. 19.6 (Optional Termination, Payment and Release) und Ziff. 19.7 (Release from Performance under the Law).

4. Bauzeitverzögerungen durch höhere Gewalt (Force Majeure).[76] Lassen sich Verzögerungen infolge von höherer Gewalt nicht verhindern und hat er das Vorliegen höherer Gewalt nach Ziff. 19.2 Abs. 1 auch angezeigt, steht dem Contractor ein **Anspruch auf Bauzeitverlängerung bzw. Kostenerstattung nach Ziff. 19.4**[77] zu. Wagnis und Gewinn sind hingegen nicht erstattungsfähig.

Kommt es zu einer Behinderung der Ausführung und dauert diese länger als **84 Tage ununterbrochen oder über einen Zeitraum vom 140 Tagen mit Unterbrechung** an, kann jede der Parteien den Vertrag gem. Ziff. 19.6 überdies auch kündigen.

5. Durchsetzung von Bauzeitverlängerungsansprüchen.[78] Zur Durchsetzung seiner Ansprüche auf Bauzeitverlängerung und/oder auf zusätzliche Vergütung hat der Contractor diese dem Engineer (nach dem Silver Book dem Employer) gegenüber unverzüglich, jedoch **binnen 28 Tagen** ab Kenntnis bzw. Kennenmüssen der maßgeblichen Umstände, **anzuzeigen und** auch innerhalb dieser Frist **zu begründen** sowie die Folgen der Verzögerung aufzuzeigen, Ziff. 20.1 Abs. 1. Dabei kann er sich jedoch auf das Wesentliche beschränken.[79] Diese Frist ist eine **echte Ausschlussfrist**. Hält der Contractor die Frist nicht ein, verliert er seine Bauzeitverlängerungs- und zusätzlichen Vergütungsansprüche und der Employer wird dann von jedweder Haftung für etwaige Folgen der Bauzeitverzögerung befreit, **Ziff. 20.1 Abs. 2.**

Neben der in Ziff. 20.1 Abs. 1 enthaltenen Anzeigefrist sieht Ziff. 20.1 Abs. 3 vor, dass der Contractor dem Engineer die nach dem Vertrag erforderlichen **Anzeigen** (notices) **und** die für die geltend gemachten Ansprüche relevanten **Informationen fortlaufend übermittelt**. Außerdem hat der Contractor die dafür relevanten Unterlagen für eine etwaig gewünschte Einsichtnahme durch den Engineer zur Verfügung zu halten, Ziff. 20.1 Abs. 4. Insoweit ebenfalls von der VOB/B abweichend, hat der Contractor den geltend gemachten Anspruch sodann **innerhalb von 42 Tagen** ab Kenntnis bzw. Kennenmüssen **sowohl dem Grunde als auch der Höhe nach vollständig zu ermitteln** und dem Engineer die entsprechenden Unterlagen zur Verfügung zu stellen, **Ziff. 20.1 Abs. 5.**

Dauern die anspruchsrelevanten Umstände fort oder entwickeln sie sich weiter, so ist die Anspruchsbegründung lediglich vorläufig. In diesem Fall hat der Contractor dem Engineer jeden Monat eine **aktualisierte (vorläufige) Anspruchsbegründung** vorzulegen. Sobald die anspruchsbegründenden Umstände nicht mehr fortdauern bzw. sich nicht mehr weiterentwickeln, hat der Contractor sodann innerhalb von 28 Tagen eine endgültige Anspruchsbegründung an den

---

[76] Der Begriff der Force Majeure wurde in der Second Edition 2017 durch „Exceptional Events" ersetzt, vgl. hierzu unter → Rn. 207.
[77] Vgl. hierzu auch → Rn. 205.
[78] Zur gerichtlichen Durchsetzung auch → Rn. 184 ff.
[79] Jaeger/Hök, FIDIC – A Guide for Practitioners, S. 376; Roquette/Otto PrivBauR-Brück F II. Rn. 239.

Anhang § 18 Übersicht und Erläuterungen zu den FIDIC-Vertragsmustern

Engineer zu übermitteln. **Versäumt der Contractor** die Erfüllung einer oder mehrerer der genannten Voraussetzungen, führt dies nicht zwangsläufig zum Verlust des vollständigen Anspruchs.[80] Vielmehr wird dies bei der Beurteilung des Anspruchs auf Bauzeitverlängerung oder auf zusätzliche Vergütung entsprechend und in der Regel anspruchskürzend berücksichtigt.[81]

182 Im Unterschied zur VOB/B muss der vom Contractor geltend gemachte **Anspruch innerhalb von 42 Tagen nach Eingang der vollständigen Anspruchsbegründung** zumindest dem Grunde nach geprüft werden, denn nach **Ziff. 20.1 Abs. 6** hat der **Engineer** (im Falle des Silver Book der Employer) dazu entsprechend **Stellung zu nehmen** sowie seine Auffassung zu begründen. Dabei ist zu beachten, dass nach **Ziff. 20.1 Abs. 7** der Contractor für den Fall einer unzureichenden Anspruchsbegründung zumindest den Vergütungsanteil verlangen kann, der substantiiert von ihm begründet wurde. Kommt es zu **Meinungsverschiedenheiten** zwischen den Parteien, so hat der **Engineer** gem. **Ziff. 3.5** eine **Einigung** herbeizuführen bzw. die notwendigen **Feststellungen** zu treffen. Abschließend stellt Ziff. 20.1 Abs. 9 ergänzend klar, dass Ziff. 20.1 die übrigen Vertragsbestimmungen nicht ersetzt, sondern nur ergänzt.

183 **6. Verlangsamte Bauabläufe.** Im Gegensatz zu dem soeben Gesagten befasst sich **Ziff. 8.6** inhaltlich mit **verlangsamten** Bauabläufen. Immer dann, wenn die Bautätigkeit das vereinbarte Tempo nicht erreicht oder sich verlangsamt und dies nicht auf Gründen beruht, die einen Bauzeitverlängerungsanspruch des Contractor zur Folge haben, so kann der Engineer (beim Silver Book der Employer) vom Contractor die **Vorlage eines neuen Bauablauf- und Bauzeitenplans** mit Erläuterungen gem. Ziff. 8.3 verlangen. Darin hat der Contractor darzustellen, wie und mit welchen Mitteln er den Baufortschritt zu beschleunigen beabsichtigt, damit er die von ihm geschuldeten Arbeiten gleichwohl innerhalb der time for completion vollenden kann. **Demnach hat der Engineer bzw. der Employer in all denjenigen Fällen, in denen es zu Verzögerungen des Baufortschritts kommt, die keinen Bauzeitverlängerungsanspruch begründen, das Recht zur Anordnung von Beschleunigungsmaßnahmen.** Dieses Anordnungsrecht besteht bereits dann, wenn der tatsächlich erzielte Baufortschritt hinter demjenigen aus dem aktuell vorliegenden Bauzeitenplan zurückbleibt.

184 **7. Darstellung eines gestörten Bauablaufs im Rahmen einer gerichtlichen Durchsetzung.** Da auch bei Bau- und Anlagenbauvorhaben unter dem Regime der FIDIC-Regelungen Störungen im Bauablauf zum Baustellenalltag gehören, stellt sich auch insoweit die Frage, wie ein Bauzeitverlängerungsanspruch gerichtlich aufbereitet werden kann, um Aussicht auf Erfolg zu haben.

185 In Deutschland gibt es bis heute keine einheitliche, verbindliche oder jedenfalls allgemein anerkannte Methodik zur gutachterlichen Aufbereitung gestörter Bauabläufe.[82] Im englischen Recht sind zwar die Anforderungen an eine schlüssige und nachvollziehbare Darstellung eines gestörten Bauablaufs dem deutschen Recht ähnlich, und es existieren zumindest eine Reihe von Anleitungen (Guidelines) für die Aufarbeitung von Behinderungs- und Störungssachverhalten. All das

---

[80] Roquette/Otto PrivBauR-Brück F II. Rn. 240.
[81] Roquette/Otto PrivBauR-Brück F II. Rn. 240.
[82] Zum Stand der Anforderungen des BGH an die Darstellung eines gestörten Bauablaufs siehe Leinemann VOB/B/Hilgers/Kaminsky, 8. Aufl., Rn. 320 ff.; BGH BauR 2005, 857 ff.; BGH BauR 2005, 861 ff.

Übersicht und Erläuterungen zu den FIDIC-Vertragsmustern **Anhang § 18**

und selbst die Tatsache, dass die Guidelines teilweise Berechnungsformeln zur Kostenhöhe beinhalten, ist indes keine Garantie dafür, eine rechtssichere Darstellung und Berechnung des Bauzeitverlängerungsanspruchs gewährleisten zu können. Aus diesem Grund werden auch bei Bauverträgen unter dem Regime des FIDIC Red, Yellow und Silver Book noch zahlreiche Meinungsverschiedenheiten bzw. Streitigkeiten aufkommen.[83]

X. Risiko- und Gefahrenverteilung

1. Zu den Risiken und Gefahren im Allgemeinen. Im Hinblick auf die 186 Verteilung der Risiken und Gefahren unterscheiden sich die FIDIC-Regelwerke teilweise erheblich von den Regelungen der VOB/B. Die **Risikozuordnung auf den Contractor** ist dabei **sehr weitgehend**. Das trifft insbesondere auf das Yellow und Silver Book zu, nach denen der Contractor all diejenigen Risiken trägt, die nicht ausdrücklich dem Employer zugewiesen sind. Neben dem bereits erwähnten Genehmigungsrisiko[84] verteilen sich die in den FIDIC-Bestimmungen des Red, Yellow und Silver Book auf den Contractor und den Employer wie folgt:

a) Vom Employer zu tragende Risiken (Red, Yellow und Silver Book). 187 Der Umfang der vom Employer zu tragenden Risiken ist eher übersichtlich. Er ist verantwortlich für:
– Leistungsänderungen (Variations), Ziff. 8.4 lit. a, 13.3,
– von ihm zu verantwortende Bauablaufstörungen, Ziff. 8.4,
– Gesetzesänderungen nach dem Base Date,[85] Ziff. 13.7 lit. a und b,
– Schäden[86] an der Anlage durch Krieg, Aufruhr, Unruhen etc, Ziff. 17.3, 17.4 Abs./S. 4 lit. a und b und
– bei höherer Gewalt (Force Majeure), Ziff. 19.1, 19.4 lit. a und b,
wobei insoweit eine geteilte Verantwortlichkeit vom Employer und Contractor besteht.

Im Rahmen der Second Edition 2017 wurde der noch in der First Edition 1999 188 verwendete Begriff der „Force Majeure" aufgegeben und durch **„Exceptional Event"** (vgl. Ziff. 18, vormals Ziff. 19) ersetzt, der zuvor bereits im Gold Book (First Edition 2008) Verwendung gefunden hatte, um insoweit eine Vereinheitlichung der Terminologie zu erreichen.[87]

b) Vom Contractor zu tragende Risiken (Red, Yellow und Silver 189 **Book).** Alle übrigen Risiken treffen grundsätzlich den Contractor. Vorrangig haftet der Contractor für:
– die Materialverfügbarkeit,
– Mengenänderungen (nur beim Yellow und Silver Book; das Red Book behandelt, weil es auf einen Einheitspreisvertrag auf Basis eines vom Employer erstellen Leistungsverzeichnisses zugeschnitten ist, Mengenänderungen gem. Ziff. 13.1 Abs. 3 als Unterfall einer Variation mit der Folge, dass der Employer auch die Verantwortung trägt),
– Materialpreis- und Arbeitskostenänderungen,
– Inflationsrisiko,

---
[83] Vgl. zum Ganzen auch Hilgers/Kaminsky, Anlagenbau im In- und Ausland, Rn. 995.
[84] vgl. hierzu → Rn. 199.
[85] Definition siehe Ziff. 1.1.3.1.
[86] davon ausgenommen sind Folgeschäden.
[87] hierzu unter → Rn. 207 ff.

Anhang § 18 Übersicht und Erläuterungen zu den FIDIC-Vertragsmustern

- Streik beim Contractor und/oder seinen Subcontractor,
- Folgeschäden am Bauwerk bzw. der Anlage sowie mittelbare Schäden infolge von Krieg, Aufruhr, Unruhen etc,
- Schäden durch Naturkatastrophen, sofern diese nicht als Force Majeure (First Edition)/Exceptional Event (Second Edition) zu qualifizieren sind, sowie
- alle Risiken, die vertraglich nicht ausdrücklich dem Empoyer zugewiesen sind.

190 Bei Anwendung des Silver Book trägt der Contractor noch folgende zusätzliche und weitgehenden Risiken:
- die Richtigkeit der seitens des Employer zur Verfügung gestellten Informationen über die örtlichen Verhältnisse der Baustelle (Site Data), Ziff. 4.10
- die Richtigkeit der Employer's Requirements, Ziff. 5.1 und
- jegliche nicht vorhersehbare Schwierigkeiten und/oder Kosten („unforeseen difficulties/costs"), Ziff. 4.12 lit. b und c (folglich auch nicht erkannte Baugrundprobleme!).

191 **2. Das Baugrundrisiko.** Neben den soeben genannten Risiken ist das Baugrundrisiko ein wesentliches Risiko, weil es ebenso undurchschaubar, vielfältig und unberechenbar ist wie der Baugrund selbst. Auftretende Probleme im Zusammenhang mit dem Baugrund können zu erheblichen Verzögerungen bei der Bauausführung führen und sind regelmäßig mit hohen Mehrkosten verbunden. Aus diesen Gründen ist die Verteilung des Baugrundrisikos zwischen Employer und Contractor von großer Bedeutung.

192 Die FIDIC-Standardvertragsbedingungen differenzieren insoweit zwischen physischen Bedingungen („unforeseeable physical conditions", Ziff. 4.12) einerseits und Gegenständen von geologischem oder archäologischem Wert andererseits (Ziff. 4.24). FIDIC Yellow und Silver Book unterscheiden sich dabei erheblich hinsichtlich der Verteilung für physische Hindernisse, wohingegen geologische und archäologische Funde in beiden Regelwerken gleich geregelt sind. Im Einzelnen:

193 **a) Die Verteilung des Baugrundrisikos nach dem Yellow Book.** Wenngleich bei Anwendung des FIDIC Yellow Book **im Grundsatz der Employer** das **Risiko** trägt, **dass die ausgeschriebenen Baugrundverhältnisse den tatsächlich angetroffenen Bodenverhältnissen entsprechen,** so wird dennoch durchaus eine Risikoteilung vorgenommen, vgl. Ziff. 4.12. Denn auch der Contractor hat zum Teil Risiken im Zusammenhang mit physischen Hindernissen zu übernehmen, wenn er im Zeitpunkt der Angebotsabgabe ihm zugängliche Informationen – obwohl erkennbar – nicht berücksichtigt, er keine schriftliche Behinderungsanzeige an den Engineer richtet, der Fertigstellungstermin trotz der Behinderung aber unter Verbrauch des zeitlichen Puffers im Bauzeitenplan nicht überschritten wird oder sich Erleichterungen an anderen Stellen ergeben, die zu anzurechnenden Kosteneinsparungen führen. Die Grenze dieser Kosteneinsparungen liegt freilich beim Vertragspreis, es kommt also nicht zu einer Reduzierung der Vergütung. Es findet vielmehr eine Bilanzierung der Mehrkosten wegen schlechteren angetroffenen Bodenbedingungen mit **Kosteneinsparungen wegen besser als erwarteten Bedingungen** statt.

194 Danach hat der Contractor im Umkehrschluss Anspruch auf Bauzeitverlängerung und Kostenersatz:[88]

---

[88] Der insoweit verwendete Begriff „Cost" enthält keine Gewinnmarge, Ziff. 1.1.4.3. Damit handelt es sich nur um einen Anspruch auf Erstattung der durch die physischen Hindernisse beim Contractor angefallenen Mehrkosten.

Übersicht und Erläuterungen zu den FIDIC-Vertragsmustern **Anhang § 18**

- Wenn der Contractor durch die physischen Hindernisse in der Ausführung seiner vertraglich geschuldeten Leistungen **behindert** ist. Unter physischen Hindernissen versteht Ziff. 4.12 insoweit natürliche, künstliche oder sonstige physische Hindernisse oder Verschmutzungen, die ausdrücklich unterirdische und hydrologische Bedingungen einschließen. Davon ausgenommen und abzugrenzen sind klimatische Bedingungen bzw. geologische oder archäologische Gegenstände. Für diese enthält Ziff. 4.24 eine gesonderte Bestimmung.
- Wenn die physischen Hindernisse für den Contractor **unvorhersehbar** waren. Maßstab ist dabei, ob ein erfahrener Contractor im Zeitpunkt der Angebotsabgabe das Hindernis vernünftigerweise hätte vorhersehen, dh anhand der Ausschreibungsunterlagen sehen können.[89] Demnach darf sich der Contractor auf die vom Employer übergebenen Unterlagen, wie beispielsweise das Baugrundgutachten oder statische Berechnungen zur Gründung, verlassen.
- Wenn der Contractor **die Behinderung** dem Engineer unverzüglich **schriftlich angezeigt** hat. Die Benachrichtigung (notice) hat den inhaltlichen Anforderungen der Ziff. 4.12 zu entsprechen und ist **Anspruchsvoraussetzung.**
- Wenn der Contractor durch die unvorhersehbaren physischen Hindernisse eine **Bauzeitverzögerung und/oder Mehrkosten erlitten** hat, wobei die bereits angesprochenen Kosteneinsparungen wegen besser als erwarteten Bodenverhältnissen entsprechend anzurechnen sind.

Das Risiko für im Baugrund befindliche geologische und/oder archäologische **195** Gegenstände trägt der Employer selbst, vgl. Ziff. 4.24. Daraus resultierende Ansprüche des Contractor bestehen unabhängig davon, ob, wann und in welcher Form er die Behinderung angezeigt hat. Auch eine Anrechnung von etwaigen Ersparnissen durch verbesserte Bodenverhältnisse muss er sich nicht gefallen lassen. In derartigen Fällen hat der Contractor den Anweisungen des Engineers nachzukommen. Entstehen aus diesen Anordnungen Mehrkosten oder Bauzeitverzögerungen, richten sich die Ansprüche des Contractor nach den Regelungen über Leistungsänderungen (Variations) in Ziff. 13. Die diesbezüglichen Regelungen sind – wenngleich systematisch unzutreffend – in Ziff. 4 Yellow Book verortet, was jedoch entwicklungshistorische Gründe hat.[90]

b) Die Verteilung des Baugrundrisikos nach dem Silver Book. Das **196** FIDIC Silver Book überträgt das **Risiko unvorhergesehener Baugrundverhältnisse uneingeschränkt** auf den **Contractor,** soweit sie nicht ausdrücklich dem Employer durch den Vertrag zugeordnet werden. Er hat keine Ansprüche auf Erstattung der bauzeitbedingten Mehrkosten oder auf Verlängerung der Bauzeit. Nach Ziff. 4.12 Silver Book **wird** vielmehr **vermutet,** dass der Contracor **alle erforderlichen Informationen zur Risikoevaluierung** erhalten hat. Außerdem wird darin festgelegt, dass der Contractor mit erfolgter Unterschrift unter den Vertrag die totale Verantwortung dafür übernimmt, dass er alle Schwierigkeiten und Kosten für die erfolgreiche Leistungserbringung vorhergesehen hat und dass der Contract Price durch unvorhergesehene Schwierigkeiten oder Kosten nicht verändert wird. Ausnahmen davon bestehen nur, im Falle höherer Gewalt (Force Majeure bzw. Exceptional Events in der Second Edition) und bei geologischen bzw. archäologischen Funden, vgl. Ziff. 4.24.

Nochmals verschärft wird das Risiko dadurch, dass der Contractor das Risiko **197** für vom Employer zur Verfügung gestellte Unterlagen und dessen Planung über-

---

[89] vgl. Definition „Unforeseeable" in Ziff. 1.1.6.8.
[90] Mallmann FIDIC-Standardbedingungen, S. 269.

Anhang § 18 Übersicht und Erläuterungen zu den FIDIC-Vertragsmustern

nimmt. Die logische Folge dieser generellen Risikoübertragung ist eine Verteuerung des Angebotspreises aufgrund zwingend einzukalkulierender Risikovorsorgepositionen. Das nimmt die FIDIC indes in Kauf.

198 c) **Second Edition 2017.** In der Second Edition des Red und Yellow Books wurde die Bestimmung der Ziff. 4.12 betreffend den Umgang mit **unvorhersehbaren physischen Bedingungen** („unforeseeable physical conditions") modifiziert und dabei insbesondere das Procedere beim Auftreten solcher Bedingungen präziser geregelt. Der Contractor hat den Engineer über das Vorliegen solcher Bedingungen mit einer entsprechenden „Notice" zu informieren. Sodann ist es Aufgabe des Engineers, den ihm mitgeteilten Sachverhalt zu überprüfen und sodann ggf. eine Anweisung („Instruction") auszusprechen, wie mit den angetroffenen Bedingungen seitens des Contractor umzugehen ist. Der Contractor steht ein **Anspruch auf Bauzeitverlängerung und Mehrvergütung** für die auf die unvorhersehbaren Bedingungen zurückzuführenden Erschwernisse zu. Der Engineer soll dabei nach der in der Second Edition 2017 neu eingefügten Ziff. 3.7 grundsätzlich bestrebt sein, die Parteien zu einer Einigung zu bewegen („endeavour to encourage Parties to agreement") und im Falle einer Verständigung diese schriftlich niederzulegen (Ziff. 3.7.1) und nur im Falle einer ausbleibenden Einigung eine Determination treffen. Kann der Engineer keine Einigung feststellen, und spricht er gleichwohl keine Determination aus, gilt der dem Engineer zur Entscheidung vorgelegte Claim als abgelehnt bzw. zurückgewiesen.

199 3. **Höhere Gewalt (Force Majeure). a) First Edition 1999.** Insbesondere bei Langzeitverträgen wie Bau- und Anlagenverträgen sind Vereinbarungen zu Fällen **höherer Gewalt (Force Majeure)** von großer Bedeutung und entsprechend häufig.[91] Der Begriff der höheren Gewalt ist in Ziff. 19 definiert und regelt hiermit im Zusammenhang stehende Rechte und Pflichten der Beteiligten.

200 Dem deutschen Recht sehr ähnlich,[92] wird **Force Majeure** demnach als ein **außergewöhnliches Ereignis** oder als ein **außergewöhnlicher Umstand** definiert,

– das bzw. der von der betroffenen Partei **nicht beeinflusst oder gesteuert** werden kann (Ziff. 19.1 lit. a),
– gegen das bzw. den die betroffene Partei bis zum Abschluss des Vertrages **vernünftigerweise keine Vorkehrungen treffen konnte** (Ziff. 19.1 lit. b),
– das bzw. der nach seinem Eintritt von der betroffenen Partei **in zumutbarer Weise nicht verhindert oder überwunden werden konnte** (Ziff. 19.1 lit. c) und
– das bzw. der im Wesentlichen **nicht der anderen Partei zugeschrieben** werden kann (Ziff. 19.1 lit. d).

201 Die insoweit genannten Voraussetzungen müssen kumulativ vorliegen. Auf das Tatbestandsmerkmal der Unvorhersehbarkeit des späteren Ereignisses wird dabei verzichtet, weshalb die Definition im Ergebnis weiter gefasst ist als im deutschen Recht.[93]

---

[91] So zu Recht Mallmann FIDIC-Standardbedingungen, S. 274; Dünnweber, Schlüsselfertige Industrieanlage, S. 109 ff.: Lappe, Risikoverteilung bei Turn-Key-Projekten des internationalen Industrieanlagenbaus, S. 137 ff.; Berger RIW 2000, 1 (4); Seppala ICLR 2000, 235 (240 ff.).
[92] vgl. BGHZ 7, 338 (339); BGHZ 109, 8 (14); BGHZ 159, 19.
[93] Seppala ICLR 2000, 235 (241).

Übersicht und Erläuterungen zu den FIDIC-Vertragsmustern **Anhang § 18**

In Ziff. 19.2 sind Beispiele[94] aufgezählt, bei denen man von dem Vorliegen höherer Gewalt ausgehen kann. Dabei ist zu berücksichtigen, dass die in Ziff. 19.2 genannten Beispiele nur bei Vorliegen der Voraussetzungen von Ziff. 19.2 Abs. 1 als Force Majeure zu qualifizieren sind. 202

Außerdem muss berücksichtigt werden, dass eine nach den FIDIC-Bestimmungen vorliegende höhere Gewalt **nationale Unmöglichkeitsregelungen nicht** etwa **verdrängt,** Ziff. 19.7. In einem solchen Fall ist dies der anderen Partei anzuzeigen. Die Folge dessen ist, dass die Parteien von der weiteren Durchführung des Vertrages befreit werden und sich die Vergütung sodann nach Ziff. 19.6 bestimmt. 203

Nach den Ziff. 19.2 Abs. 1 und 19.3 Abs. 2 sind das Vorliegen höherer Gewalt sowie die damit einhergehenden Folgen **binnen 14 Tagen,** gerechnet ab Kenntnis oder Kennenmüssen der maßgeblichen Umstände, **anzuzeigen** und nach Entfall wieder abzumelden. Wenn es sich nicht um Zahlungsverpflichtungen handelt, ist die insoweit handelnde Partei bei Einhaltung dieser Bestimmungen von der Ausführung der betroffenen Leistung befreit. Solange die Force Majeure anhält, haben sich die Parteien zu bemühen, die Verzögerungen möglichst gering zu halten, vgl. Ziff. 19.3 Abs. 1. 204

Lassen sich Verzögerungen nicht verhindern, und hat er das Vorliegen höherer Gewalt nach Ziff. 19.2 Abs. 1 angezeigt, steht dem Contractor ein **Anspruch auf Bauzeitverlängerung bzw. Kostenerstattung** zu, **Ziff. 19.4.**[95] 205

Aus Ziff. 20.1 ergeben sich weitere Voraussetzungen, die der Contractor zu erfüllen hat. Demnach ist geregelt, dass der Engineer (beim Silver Book der Employer) nach Erhalt einer Anzeige nach Ziff. 3.5 zu verfahren hat, das heißt er hat sodann eine Einigung mit dem Contractor herbeizuführen oder geeignete Festlegungen zu treffen. 206

b) Second Edition 2017. Die FIDIC hat den Begriff der „Force Majeure" in der Second Edition aufgegeben und durch „Exceptional Events" ersetzt. Im Übrigen findet sich der nahezu gleiche Inhalt der ehemaligen Ziffer 19 der First Edition nunmehr in Ziff. 18. Die Definition von „Exceptional Events" entspricht inhaltlich derjenigen von „Force Majeure". Die FIDIC hielt es jedoch vor dem Hintergrund der Tatsache, dass in vielen Jurisdiktionen mit kodifiziertem Zivilrecht ein eingeprägtes Verständnis des Begriffs der „Force Majeure" vorherrscht, welches jedoch nicht zwingend mit demjenigen der FIDIC übereinstimmen muss, für angezeigt, einen weniger vor dem Hintergrund nationalen Rechts vorbelasteten Begriff zu verwenden. 207

In Ziff. 18.1 wurden **Streiks und Aussperrungen** nunmehr als gesonderter Fall von „Exceptional Events" ausgewiesen, da die vormalige Zuordnung zusammen mit Unruhen, Aufständen und Aufruhr (riot, commotion, disorder) zu Recht als unpassend angesehen worden ist. 208

XI. Kündigung durch den Employer

Bei der Kündigung des Vertrags durch den Employer wird auch bei den FIDIC-Regelwerken – ähnlich der VOB/B – zwischen einer Kündigung aus besonderem Grund (Ziff. 15.1–15.4) und einer freien Kündigung (Ziff. 15.5) unterschieden. 209

---

[94] Mallmann FIDIC-Standardbedingungen, S. 275, bezeichnet die Auflistung in Ziff. 19.1 Abs. 2 als „Regelbeispiele" und „Mischlösung aus abstrakter Generalklausel und Enumerationsprinzip".

[95] Vgl. hierzu auch → Rn. 177.

Anhang § 18 Übersicht und Erläuterungen zu den FIDIC-Vertragsmustern

210   **1. Kündigung aus besonderem Grund (Ziff. 15.1–15.4).** Erfüllt der Contractor die ihm nach dem Vertrag obliegenden Verpflichtungen aus Gründen, die in Ziff. 15.2 aufgezählt sind, nicht, besteht zugunsten des Employer ein Recht zur Kündigung aus besonderem Grund (Good Cause). Zu den in Ziff. 15.2 genannten Gründen gehören zunächst:
   – dass der Contractor die vereinbarte **Erfüllungssicherheit nicht stellt** oder einer berechtigten Abhilfeaufforderung (Notice to Correct) nicht fristgerecht nachkommt,
   – dass der Contractor die **Arbeiten einstellt** oder anderweitig zu erkennen gibt, dass er seinen vertraglichen Verpflichtungen nicht nachkommen wird,
   – dass der Contractor es versäumt, seine Arbeiten nach den Bestimmungen der Ziff. 8 (Beginn, Verzögerung, Einstellung), der Ziff. 7.5 (Zurückweisung) oder der Ziff. 7.6 (Nachbesserung) zu erbringen oder
   – dass der Contractor **ohne Zustimmung** des Employer einen **Subunternehmer** mit der Ausführung der ihm übertragenen Leistungen beauftragt, vgl. Ziff. 15.2 Abs. 1 lit. a–d.

211   Darüber hinaus nennt Ziff. 15.2 Abs. 1 noch weitere Gründe, nach denen eine Kündigung aus besonderen Gründen auch ohne vorherige Ankündigung erfolgen kann. So kann der Employer nach Ziff. 15.2 Abs. 1 lit. e und f in den Fällen von **Insolvenz und Liquidation** bzw. **Bestechung** und sonstiger **Vorteilsannahme** des Contractor die Kündigung fristlos erklären.

212   Gem. Ziff. 15.2 Abs. 2 muss der Employer die Kündigung zwei Wochen vor Ausspruch zunächst ankündigen, will er aus einem der vorgenannten besonderen Gründe das Vertragsverhältnis einseitig beenden. Insoweit ist die nach Ziff. 15.2 Abs. 2 erforderliche Ankündigung vergleichbar mit der Kündigungsandrohung in § 4 Abs. 7, § 5 Abs. 4 und § 8 Abs. 2. Damit soll dem Contractor die Gelegenheit gegeben werden, sein Verhalten zu korrigieren, um eine Kündigung noch abwenden zu können.

213   Der Employer wird im Falle einer Kündigung aus besonderem Grund nicht in seinen Rechten beschränkt, vgl. Ziff. 15.2 Abs. 3. Sowohl vertragliche als auch gesetzliche Ansprüche bleiben ihm erhalten.

214   Der gekündigte Contractor hat die Baustelle zu verlassen, ist aber gleichwohl u.a. verpflichtet, dem Engineer alle benötigten Güter, Dokumente und Planungsunterlagen zu übergeben, die er für den Employer angefertigt hat oder die für ihn angefertigt wurden, vgl. Ziff. 15.2 Abs. 4. Darüber hinaus hat der Contractor die Nachunternehmerverträge zu übertragen und die in der Kündigung enthaltenen Maßnahmen zum Schutz für Leben, Eigentum und Sicherheit auf der Baustelle umzusetzen. Der Employer darf die Arbeiten fortführen bzw. an Dritte vergeben, wobei er die dafür vom Contractor erhaltenen Güter, Unterlagen und Pläne weiter nutzen darf, Ziff. 15.2 Abs. 5. Für den Fall, dass der Employer Forderungen gegen den Contractor hat, kann er gem. Ziff. 15.2 Abs. 6 die Geräte und die Ausrüstung des Contractor verwerten und seine Forderungen entsprechend befriedigen. Etwaige Erlöse, die über seine Forderungen hinausgehen, hat er selbstverständlich an den Contractor auszuzahlen. Gibt der Employer hingegen das Gerät und die Ausrüstung des Contractor frei, muss er den Contractor darüber entsprechend informieren. Der Contractor hat sodann die Beseitigung der Geräte/der Ausrüstung auf seine eignen Kosten und sein eigenes Risiko zu veranlassen.

215   Die vom Contractor erbrachten Leistungen, Stoffe, Unterlagen und sonstigen Leistungen sind möglichst einvernehmlich vom Engineer bzw. im Silver Book vom Employer zu bewerten, Ziff. 15.3. Gelingt eine solche einvernehmliche

Lösung nicht, hat der Engineer (bzw. beim Silver Book der Employer) dies eigenständig nach Ziff. 3.5 vorzunehmen.

Außerdem kann der Employer gem. Ziff. 15.4 etwaigen Zahlungsansprüchen 216
des gekündigten Contractor mit Schadenersatzansprüchen oder der Geltendmachung eines Zurückbehaltungsrechts entgegentreten und mit diesen Gegenansprüchen aufrechnen.

2. Freie Kündigung, Ziff. 15.5. Red Book, Yellow Book und Silver Book 217
ist es gemein, dass der Employer den Vertrag auch jederzeit nach seinem Belieben frei kündigen kann. Erforderlich ist hierfür eine Anzeige des Employer gegenüber dem Contractor.

Wirksam wird die Kündigung sodann **28 Tage nach Erhalt der Anzeige** 218
oder Rückgabe der Erfüllungssicherheit, je nachdem, welche Bedingung früher eintritt.

Nicht erlaubt ist es dem Employer indes, den Vertrag zu kündigen, um die 219
Arbeiten sodann selbst oder durch einen anderen Contractor ausführen zu lassen.[96]

Der Contractor hat nach Ausspruch einer freien Kündigung seitens des Emplo- 220
yer entsprechend Ziff. 16.3 seine Arbeiten zu beenden und die Baustelle zu räumen. Anders als im deutschen Recht kann er keine Vergütung beanspruchen. Er hat lediglich einen Erstattungsanspruch (Ziff. 19.6.). Danach kann der Contractor indes nur diejenigen Kosten erstattet verlangen, die ihm infolge seiner bisherigen Arbeiten sowie für gelieferte Anlagen und verwendetes Material entstanden sind. Ihm ist daher zu empfehlen, diese ihn benachteiligende Regelung über eine individualvertragliche Regelung in den Particular Contitions abzuändern.[97]

3. Second Edition 2017. Die Regelungen zum **Kündigungsrecht** des 221
Employer gem. Ziff. 15 wurden in der Second Edition 2017 **neu strukturiert** und zur Steigerung der Regelungsklarheit weiter detailliert. Im Wesentlichen wurde dabei der Weg zu einer (wirksamen) Kündigung des Employer nunmehr Schritt für Schritt beschrieben. Stellt der Employer einen zur Kündigung nach dieser Bestimmung berechtigenden Sachverhalt fest, hat er dem Contractor zunächst eine „Notice to correct" zukommen zu lassen, um dem Contractor die Möglichkeit einzuräumen, ein etwaiges vertragswidriges Verhalten abzustellen. Kommt der Contractor der „Notice to correct" nicht nach, ist diesem durch den Employer grundsätzliche in einem zweiten Schritt die beabsichtigte Vertragskündigung anzuzeigen (ausgenommen bei Insolvenz des Contractor oder bei Verwicklung des Contractor in einen Korruptionsfall, wo der Employer sogleich kündigen kann). Besteht der Kündigungsgrund auch nach Ankündigung/Androhung der Kündigung seitens des Employer fort, kann letzterer sodann die Kündigungserklärung („Notice on termination") aussprechen, die wie schon bisher zu einer sofortigen Vertragsbeendigung führt.

Ferner wurden in Ziff. 15 weitere Sachverhalte aufgeführt, die den Employer 222
bei Vorliegen der jeweiligen Voraussetzungen zur außerordentlichen Vertragskündigung berechtigen. Von besonderer Relevanz dürfte dabei zunächst das **Kündigungsrecht des Employer** in dem Fall sein, dass der **Contractor** einer bindenden **Entscheidung des Dispute Avoidance/Adjudication Boards nicht Folge leistet** und hiermit seine materiellrechtlichen Vertragspflichten verletzt. Zur Kündigung soll der Employer zudem nunmehr auch dann berechtigt sein,

---

[96] Jäger/Hök, FIDIC – A Guide for Pracitioners, S. 319.
[97] Leinemann VOB/B/Hilgers/Kaminsky, 8. Aufl., Rn. 426.

Anhang § 18 Übersicht und Erläuterungen zu den FIDIC-Vertragsmustern

wenn sich der Contractor mit der Erbringung der ihm übertragenen Leistungen derart in Verzug befindet, dass die auf die Bauverzögerung zurückzuführenden (direkten) Schäden des Employer den insoweit in den „Contract Data" als Teil der Particular Conditions niedergelegten Maximalbetrag übersteigen. Auch in diesem Fall soll dem Employer die Möglichkeit der sofortigen Vertragsbeendigung zustehen, um nicht weitergehende Schäden zu erleiden, die er nicht vom Contractor ersetzt verlangen könnte.

XII. Kündigung durch den Contractor

223   Auch der Contractor kann bei Pflichtverletzungen des Engineers oder Employer seine Arbeiten einstellen und den Vertrag einseitig durch Kündigung beenden (Suspension and Termination by Contractor). Eine entsprechende Regelung hierfür findet sich in Ziff. 16.

224   **1. Einstellung bzw. Reduzierung der Leistungen des Contractor.** Nach Ziff. 16.1 der FIDIC-Regelwerke Red Book und Yellow Book hat der Contractor die Möglichkeit seine Leistungen einzustellen oder zumindest zu reduzieren, wenn entweder der Engineer entgegen Ziff. 14.6 kein Interim Payment Certificate bescheinigt oder der Employer gegen seine Verpflichtungen aus Ziff. 2.4 (Employer's Financial Arrangements) bzw. 14.7 (Payment) verstößt. Voraussetzung ist jeweils, dass der Contractor dies mindestens 21 Tage vorher gegenüber dem Employer angezeigt hat.

225   Ob der Contractor seine Leistungen sodann gänzlich einstellt oder nur reduziert, kann er grundsätzlich frei wählen. Er sollte dabei aber die Verhältnismäßigkeit zwischen der Pflichtverletzung und der von ihm gewählten Gegenmaßnahme gewahrt bleiben.

226   Wählt der Contractor die Arbeitseinstellung, bleiben seine Rechte aus Ziff. 14.8 (Delayed Payment) und 16.2 (Kündigung) unberührt. Allerdings hat er nach Ziff. 16.1 Abs. 3 seine Arbeiten wieder aufzunehmen, wenn der Engineer oder der Employer die angezeigte Pflichtverletzung beseitigt. Sind dem Contractor Kosten durch die Einstellung oder Reduzierung seiner Leistungen entstanden oder verzögert sich dadurch die Fertigstellung, hat er nach Ziff. 16.1 Abs. 4 iVm Ziff. 20.1 Ansprüche auf Bauzeitverlängerung sowie Kostenerstattung zuzüglich eines angemessenen Gewinnausgleichs.

Zur Durchsetzung seiner Ansprüche hat der Contractor diese gegenüber dem Engineer anzuzeigen. Der Engineer hat daraufhin eine Einigung herbeizuführen bzw. entsprechende Festlegungen vorzunehmen.[98]

227   **2. Kündigung.** Gem. Ziff. 16.2 hat der Contractor ein Recht zur Kündigung des Vertrages, wenn:
– er nach Ziff. 16.1 angeforderte Finanzierungsunterlagen nicht innerhalb von 42 Tagen nach Aufforderung erhält,
– der Engineer nicht innerhalb von 56 Tagen nach Erhalt der Rechnung ein Payment Certificate ausgestellt hat (nur Red Book und Yellow Book),
– der Employer die Zahlungsfrist von 42 Tagen nach Fälligkeit (Ziff. 14.7) nicht eingehalten hat,
– der Employer seine Vertragspflichten im Wesentlichen nicht erfüllt,

---

[98] Mallmann FIDIC-Standardbedingungen, S. 264.

– der Employer gegen seine ihm nach Ziff. 1.6[99] oder Ziff. 1.7 obliegenden Pflichten verstößt,
– die Arbeiten über einen längeren Zeitraum eingestellt werden[100] und dies nach Ziff. 8.11 den gesamten Ablauf des Bauvorhabens beeinträchtigt oder
– bei Insolvenz oder Liquidation des Employer bzw. bei in der Person des Employer sonst vorliegenden insolvenzähnlichen Gründen.

Außerdem bestimmt Ziff. 16.2 Abs. 2, dass – wie auch der Employer – der Contractor eine beabsichtigte Kündigung 14 Tage vorher ankündigen muss. Davon ausgenommen ist eine Kündigung in den Fällen der Ziff. 16.2 Abs. 1 lit. f und g, in denen die einseitige Vertragsaufhebung fristlos möglich ist. Ebenso wie der Employer behält der Contractor seine im Übrigen bestehenden vertraglichen und gesetzlichen Ansprüche, Ziff. 16.2 Abs. 3. 228

Nach erfolgter Kündigung ist der Contractor berechtigt und verpflichtet, seine Arbeiten mit Ausnahme derer, die der Engineer zum Schutz von Leben, Eigentum oder Sicherheit anordnet, unverzüglich einzustellen, Ziff. 16.3 lit. a. Daneben hat er diejenigen Anlagen, Materialien und Unterlagen herauszugeben, für die er bereits vergütet wurde (Ziff. 16.3 lit. b) sowie alle sonstigen Güter von der Baustelle zu verbringen (Ziff. 16.3 lit. c). Die von ihm geleistete Erfüllungssicherheit ist ihm unverzüglich vom Employer zurückzugeben. 229

Die Vergütung des Contractor richtet nach Ziff. 19.6, das heißt der Engineer hat den Wert der erbrachten Leistungen festzustellen und über ein Payment Certificate zu bescheinigen. Dabei hat das Payment Certificate 230
– die Beträge für die ausgeführten Leistungen (Ziff. 19.6 Abs. 2 lit. a),
– die Kosten der Anlagen und des Materials, soweit für die vertraglich geschuldete Leistung erforderlich (lit. b),
– alle Kosten, die dem Contractor im Vertrauen auf die Vertragsdurchführung entstanden sind (lit. c),
– Kosten für den Rückbau und Transport etwaiger Baubehelfe (lit. d) sowie
– die Kosten für die Rückführung des Personals (lit. e) aufzuführen und zu bescheinigen.

Daneben hat der Contractor Anspruch auf entgangenen Gewinn und etwaige Verluste und Schäden, soweit diese durch die Kündigung entstanden sind.[101]

3. Second Edition 2017. Korrespondierend zu der detaillierteren Beschreibung der den Employer zur Kündigung berechtigenden Sachverhalte und des diesbezüglich zu wahrenden Procedere wurden auch die Regelungen zur auftragnehmerseitigen Kündigung unter Ziff. 16 („Suspension and Termination by Contractor") angepasst. Hinsichtlich des bei einer Kündigung durch den Contractor einzuhaltenden schrittweisen Verfahrens kann insoweit auf die Ausführungen oben zur auftraggeberseitigen Kündigung verwiesen werden.[102] 231

Auch für den Contractor finden sich in der Neuregelung der Ziff. 16 neue zur Kündigung berechtigende Sachverhalte. So soll der Contractor nunmehr auch zur Kündigung berechtigt sein, wenn er nicht binnen angemessener Frist vom Employer den Baubeginn („Commencement Date") mitgeteilt bekommt. Erreicht der 232

---

[99] Nur Red Book und Yellow Book.
[100] vgl. das dem Auftragnehmer zustehende Sonderkündigungsrecht nach § 6 Abs. 7 VOB/B.
[101] Jäger/Hök, FIDIC – A Guide for Practitioners, S. 323; Mallmann FIDIC-Standardbedingungen, S. 265.
[102] hierzu unter → Rn. 221 f.

Anhang § 18 Übersicht und Erläuterungen zu den FIDIC-Vertragsmustern

Contractor schließlich eine für ihn günstige Entscheidung des Dispute Avoidance/ Adjudication Boards, und kommt der Employer dieser für ihn bindenden Entscheidung nicht nach und macht sich hierdurch vertragsbrüchig, so kann der Contractor ebenfalls den Vertrag gem. Ziff. 16 Red, Yellow und Silver Book kündigen.

XIII. Beiderseitiges Kündigungsrecht

233   Ebenso wie die Regelungen der VOB/B kennen auch die FIDIC-Regelwerke ein beidseitiges Kündigungsrecht der Vertragsparteien, wenn die Ausführung der Arbeiten über einen längeren Zeitraum unterbrochen sind.[103]

234   So ist es nach **Ziff. 19.6** der FIDIC-Bestimmungen beiden Parteien erlaubt, den Vertrag zu kündigen, wenn die Ausführung der Arbeiten durch **höhere Gewalt** (Force Majeure) behindert wird und die **Behinderungen** entweder **über einen Zeitraum von 84 Tagen ununterbrochen oder** aber **über einen Zeitraum von 140 Tagen mit Unterbrechungen andauern.** Der Begriff der höheren Gewalt ist in Ziff. 19.1 definiert.[104]

235   Die kündigende Partei hat die **Kündigung** dem Vertragspartner **anzuzeigen. Sieben Tage nach Erhalt der Anzeige ist die Kündigung sodann wirksam.**

236   In der **Folge** hat der Unternehmer seine **Arbeiten einzustellen** und die **Baustelle zu beräumen,** Ziff. 16.3. Aufgabe des Engineers ist es schließlich, den **Wert der erbrachten Leistungen festzustellen** und durch ein **Payment Certificate** zu testieren, Ziff. 19.6 Abs. 2. Inhaltlich hat das Payment Certificate wiederum:
– die Beträge für die ausgeführten Arbeiten,
– die Kosten der Anlagen und des Materials (soweit für die vertraglich geschuldete Leistung erforderlich),
– alle Kosten, die dem Contractor im Vertrauen auf die Vertragsdurchführung entstanden sind,
– die Kosten für den Rückbau und Transport etwaiger Baubehelfe sowie
– die Kosten für die Rückführung von Personal
zu umfassen.

XIV. Haftung der Vertragsparteien

237   **1. Allgemeine Haftungsbestimmungen der Ziff. 17.** Allgemeine Bestimmungen zur Haftung von Employer und Contractor finden sich in **Ziff. 17** des Red, Yellow und Silver Book.

238   So finden sich in Ziff. 17.1 **wechselseitige Haftungsfreistellungen für Körper- und Sachschäden.** Geregelt sind insoweit hauptsächlich Sachverhalte, welche die vertragliche Leistung nicht unmittelbar betreffen. In Ziff. 17.5 ist überdies der Schutz von Urheber- und gewerblichen Schutzrechten geregelt.

239   **2. Haftung des Contractor.** Regelungen zur Haftung des Contractor für seine Leistungen und den zu erreichenden Vertragszweck finden sich in Ziff. 17.2. Danach trägt der Contractor vom Commencement Day bis zur Ausstellung des Taking Over Certificate die volle Verantwortung für seine Leistungen und die

---

[103] Die VOB/B kennt ein beidseitiges Kündigungsrecht bei einer Unterbrechung der Ausführung von mehr als 3 Monaten, § 6 Abs. 7.
[104] Vgl. zum Thema höhere Gewalt (Force Majeure) Rn. 199 ff.

Übersicht und Erläuterungen zu den FIDIC-Vertragsmustern **Anhang § 18**

von ihm eingebrachten Güter. Doch auch für Arbeiten, die zum Zeitpunkt der Ausstellung des Taking Over Certificate noch ausstehen, bleibt der Contractor weiterhin verantwortlich.

Außerdem haftet der Contractor für sämtliche **Verluste und Schäden,** die 240 erst nach Ausstellung des Taking Over Certificate entstehen oder sich zeigen, wenn und soweit sie auf eine von ihm zu vertretende Ursache zurückzuführen sind, Ziff. 17.2 Abs. 4.

Daneben finden sich im Red, Yellow und Silver Book weitere Haftungstatbe- 241 stände, nach denen der Contractor dem Employer haftet. In Betracht kommt beispielsweise die Haftung des Contractor wegen
- unnötiger Behinderungen infolge **unzureichender Koordination** seiner Arbeiten mit denen anderer Gewerke (Ziff. 4.6 Yellow und Silver Book),
- **Terminverzug** (Ziff. 8.7 Red, Yellow und Silver Book),
- infolge von **Mängeln an seiner Leistung** entstandener Mängelbeseitigungs- und Ersatzvornahmekosten (Ziff. 5, 7. 11 Red, Yellow und Silver Book),
- einer von ihm zu verantwortenden **Vertragsbeendigung** (Ziff. 15.4c Red, Yellow und Silver Book) sowie
- **IP-Verletzungen,** die auf die Leistungen des Contractor zurückzuführen sind (Ziff. 17.5 Red, Yellow und Silver Book).

In den FIDIC-Regelwerken findet sich indes keine Bestimmung, die etwa eine 242 generelle und über die geregelten Haftungsfälle hinausgehende Haftung des Contractor, wie etwa für Fahrlässigkeit oder für eingetretene Vermögensschäden, normiert. Daher, und um im Falle einer Anwendbarkeit nationalen Rechts unliebsame Überraschungen zu vermeiden, sollte die Aufnahme besonders sorgfältig formulierter, auf das konkrete Bauvorhaben zugeschnittener Regelungen in den Particular Conditions umgesetzt werden.

3. Haftung des Employer. Gem. Ziff. 17.3 haftet der Employer für Auswir- 243 kungen und Folgen infolge von **Krieg, Aufständen und Naturgewalten.** Die insoweit in Ziff. 17.3 lit. f und g erwähnten Haftungstatbestände, welche sich auf die Betriebnahme und die Benutzung bzw. um die Inbesitznahme von Teilleistungen sowie um Planungsleistungen des Employer oder eines in dessen Verantwortung handelnden Dritten beziehen, finden sich indes nur im Red und Yellow Book.

Bei Anwendbarkeit des Silver Book ist für derartige Haftungstatbestände kein 244 Raum, denn hier liegt die Planungsverantwortlichkeit nahezu ausschließlich beim Contractor. Ziff. 5.1 Abs. 1 S. 1 stellt insoweit ausdrücklich klar, dass der Employer für etwaige Irrtümer, Ungenauigkeiten oder Lücken in den Employer's Requirements nicht verantwortlich ist. Dies selbst dann nicht, wenn der Employer selbst von der Richtigkeit und Vollständigkeit seiner Planungsvorgaben ausgeht oder ausgegangen ist. In Ziff. 5.1 Abs. 2 S. 3 wird das noch einmal bekräftigt. Schließlich findet sich im Silver Book auch keine Regelung zur Haftung des Employer bei einer vorzeitigen Inbetrieb- oder Inbesitznahme von Teilleistungen des Contractor. Vielmehr werden Teilleistungen in Ziff. 10.2 dort im Regelfall ausgeschlossen, es sei denn in den Particular Conditions oder anderswo ist vertraglich Abweichendes geregelt.

Hat sich ein Risiko, welches vom Employer zu tragen ist, realisiert, und sind 245 dem Contractor dadurch Verluste oder Schäden an seinen Arbeiten, Materialien oder Unterlagen entstanden, hat er den Engineer (bzw. den Employer im Silver Book) darüber zu informieren. Der Engineer bzw. der Employer entscheiden in

Anhang § 18 Übersicht und Erläuterungen zu den FIDIC-Vertragsmustern

diesem Fall, ob und wenn ja wie die Verluste und Schäden vom Contractor zu beseitigen sind, Ziff. 17.4 Abs. 1. Der Contractor hat sodann einen **Anspruch auf Kostenerstattung** – und in den Fällen von Ziff. 17.3 lit. f und g des Red und Yellow Books auch des entgangenen Gewinns – sowie einen **Anspruch auf Bauzeitverlängerung**.[105]

246 Um seine Ansprüche nicht zu verlieren, muss der Contractor seine Ansprüche gegenüber dem Engineer bzw. dem Employer binnen 28 Tagen anzeigen.

247 **4. Haftung bei nicht erreichten Leistungs- und Betriebswerten.** Der Contractor schuldet ein mangelfreies und zur Erreichung des vertraglich vereinbarten Zwecks geeignetes Werk. Das entspricht einer Erfolgshaftung des Contractor.[106] Aus diesem Grund ist es unabdingbar, dass die Parteien in den Particular Conditions exakt regeln, was genau das Bauwerk oder die Anlage später können sollen. Hierzu gehören beispielsweise die zu erfüllenden Leistungs-, Verbrauchs- und Emissionswerte ebenso wie Betriebsbedingungen, Wartungsvorgaben und Wartungsanforderungen sowie gegebenenfalls zu berücksichtigende geologische, klimatische und infrastrukturelle Besonderheiten am Ausführungsort, die – so insbesondere bei Anlagenbauvorhaben – Einfluss auf den Betrieb und die Leistungsfähigkeit der Anlage haben.

248 Allerdings enthalten die FIDIC-Regelwerke keine Bestimmungen für den Fall, dass die errichtete Anlage die vorgegebenen Leistungs- und/oder Betriebswerte nicht erreicht. Will also der Employer den Contractor dafür in Anspruch nehmen, sind ebenfalls exakte Vereinbarungen in den Particular Conditions nötig – jedenfalls dann, wenn auf den Vertrag angloamerikanisches Recht anwendbar ist. In diesem Fall sollten der Umfang des Nachbesserungsrechts, soweit möglich diesbezügliche Terminvorgaben und gegebenenfalls auch pauschale Vertragspreisminderungen vereinbart werden. In Erwägung gezogen werden kann auch eine Anpassung der Defects Notification Period.

249 **5. Haftungsbeschränkungen.** In Ziff. 17.6 sehen Red, Yellow und Silver Book diverse Haftungsbeschränkungen vor. Demnach ist keine der Parteien der jeweils anderen gegenüber verantwortlich für
– den Verlust des Gebrauchswerts der Bauleistungen,
– den entgangenen Gewinn, entgangene Auftragserteilungen bzw. Verträge
– sowie solche mittelbaren Verluste und Schäden, die nicht in den Ziff. 16.4 (Payment on Termination) oder 17.1 (Indemnities) geregelt sind.

250 Daneben ist gem. Ziff. 17.6 Abs. 2 die Haftung des Contractor ausdrücklich auf die **vereinbarte Haftungssumme** oder, falls eine solche nicht vereinbart wurde, die **Auftragssumme** begrenzt. Mit letzterer Grenze gibt Ziff. 17.6 zudem einen Maßstab für individuelle Haftungssummen vor. Allerdings relativiert sich die Haftungsbegrenzung insoweit, als dass die Regelungen in Ziff. 4.19 (Electricity, Water and Gas), Ziff. 4.20 (Employer's Equipment and Free-Issue Material), Ziff. 17.1 (Indemnities) und Ziff. 17.5 (Intellectual and Industrial Property Rights) unberührt bleiben. Eine Deckelung der Haftung greift jedoch nicht im Fall der Ziff. 17.1, mithin bei vom Contractor verursachten Sachschäden. Gleiches gilt bei IP-Verletzungen (Ziff. 17.5). In beiden Fällen kann eine Haftungsbeschränkung nur über eine Vereinbarung in den Particular Conditions erreicht werden. Bei Anwendbarkeit des deutschen Rechts stellt sich dabei jedoch die Frage der

---

[105] Jäger/Hök, FIDIC – A Guide for Partitioners, S. 340.
[106] Zutreffend Mallmann FIDIC-Standardbedingungen, S. 164.

AGB-Festigkeit der Haftungsbeschränkung.[107] Bei Anwendbarkeit angloamerikanischen Rechts stellen sich derartige Probleme indes nicht. Hier ist lediglich eine präzise Formulierung der Haftungsbeschränkung erforderlich, denn für Sachverhalte, die nicht ausdrücklich und unmissverständlich von einer Haftung ausgenommen sind, haftet der Verursacher grundsätzlich unbegrenzt.

6. Second Edition 2017. Die Second Edition des Red, Yellow und Silver Books bringt einige maßgebliche Änderungen insbesondere im Hinblick auf die Möglichkeiten der Haftung sowie Haftungsbegrenzung mit sich. 251

Eine erste entscheidende Änderung neben derjenigen der Überschrift (von „Risk and Resposibility" zu „Care of the Works and Indemnities") findet sich dabei nicht in Ziffer 17, sondern in Ziff. 1.15. So wurde die **Regelung zur Haftungsbegrenzung** aus Ziff. 17.6 in die Ziff. 1 („General Provisions") verschoben und dort als **neue Ziff. 1.15** ergänzt. Dies erklärt auch die neue Bezeichnung der Ziff. 17. 252

Auch darüber hinaus hat Ziff. 17 einige Änderungen erfahren. Ziff. 17.1 beschäftigt sich nunmehr mit der Verantwortlichkeit des Contractor für seine Leistungen und die von ihm eingebrachten Güter (vormals Ziff. 17.2), während Ziff. 17.2 näher dazu ausführt, wann der Contractor haftbar oder nicht haftbar ist für Schäden oder Verluste, die auf seine Leistungen zurückzuführen sind. Regelungen zum geistigen Eigentum und zu IP-Rechten finden sich neuerdings in Ziff. 17.3 (statt vormals in Ziff. 17.5). Die ursprünglich in Ziff. 17.1 der First Edition enthaltene Regelung zur Haftungsfreistellung („Indemnities") wurde auf zwei neue Regelungen aufgeteilt, nämlich Ziff. 17.4 („Indemnities by Contractor") und Ziff. 17.5 („Indemnities by Employer"). Ergänzend wurde in Ziff. 17.6 eine **neue Regelung für „Shared Indemnities"** implementiert. 253

7. Haftung des Employer für fehlerhafte Handlungen des Engineers. Aufgrund der vertraglichen Verbindung zwischen Ingenieur und Employer ist der Engineer **Erfüllungsgehilfe des Employer** iSd § 278 BGB. Für die Verletzung vertraglicher Pflichten durch den Engineer haftet folglich der Employer. Auch hier ergeben sich also bekannte Parallelen zum deutschen Recht. Der Contractor darf sich demnach darauf verlassen, dass der Engineer im Namen des Employer handelt, wenn dieser im Rahmen seiner Projektmanagementaufgabe agiert. 254

Pflichtverletzungen des Engineers führen zu vertraglichen Ansprüchen des Contractor.[108] Zu benennen sind hier insbesondere
- das Recht zur Leistungseinstellung bei unterlassener Zertifizierung des Interim Payment Certificate, Ziff. 16.1 Abs. 1;
- Bauzeitverlängerungs- und Kostenerstattungsansprüche infolge der Leistungseinstellung, Ziff. 16.1. Abs. 4 und schließlich
- das Recht zur Kündigung, Ziff. 16.2 lit. a und d.

---

[107] Vgl. hierzu Leinemann/Hilgers/Kaminsky, 8. Aufl., Rn. 452.

[108] Gesetzliche Ansprüche richten sich nach dem jeweils zugrunde liegenden Recht. Gilt deutsches Recht, dürfte eine Haftung des Employer für den Engineer regelmäßig an der Exkulpation nach § 831 BGB scheitern. Direktansprüche des Contractor gegen den Engineer können sich gleichfalls aus dem jeweils geltenden Gesetzen ergeben. In Deutschland sind Ansprüche nach §§ 823 ff. BGB denkbar. Eine Schutzwirkung zugunsten des Contractor entfaltet der Vertrag zwischen Employer und Engineer aber nicht, weshalb direkte vertragliche Ansprüche ausgeschlossen sind.

Anhang § 18   Übersicht und Erläuterungen zu den FIDIC-Vertragsmustern

XV. Vertragsstrafe und Schadenersatz (Delay Damages)

255   Schafft es der Contractor nicht, den vereinbarten **Fertigstellungstermin** einzuhalten, so kann der Employer von ihm einen **verschuldensunabhängigen Schadenersatz (Delay Damages)** fordern, Ziff. 8.7. Dabei differenziert der Anspruch nicht danach, ob der ursprünglich vereinbarte Fertigstellungstermin oder ein nachträglich nach Ziff. 8.3 neu festgelegte Termin nicht eingehalten worden ist.

256   Eine Vertragsstrafenregelung ist in Ziff. 8.7 aber nicht zu sehen.[109] Es fehlt der Regelung an der für eine Vertragsstrafenregelung typischen Doppelwirkung (Erleichterung der Schadensbeweisführung und zugleich Zwangsmittel). Ohnehin sind Vertragsstrafenregelungen im englischen Recht unwirksam.[110] Hinzu kommt, dass bei vereinbarter Anwendbarkeit des deutschen Rechts und formularmäßiger Verwendung der FIDIC-Bedingungen die Regelung der Ziff. 8.7 als Allgemeine Geschäftsbedingungen gelten und wegen Verstoß nach § 307 BGB unwirksam sein würde, wenn man sie als Vertragsstrafenregelung ansehen wollte.[111] Dogmatisch zutreffender ist daher die Einordnung als pauschalierter Schadenersatz.

257   Für die **Höhe** der Delay Damages sind die **Dauer der Verzögerung** und die **vertraglich für den Verzögerungsschaden vereinbarten Tagessätze** maßgebend, auf die sich die Parteien im Appendix to Tender geeinigt haben. Zu beachten ist indes, dass nationale Rechtsordnungen oder hierzu ergangene Rechtsprechung teilweise eine **Höhenbegrenzung für Vertragsstrafen- bzw. pauschalierte Schadenersatzansprüche** vorsehen.[112] Die Anleitung (Guidance) zu Ziff. 8.7 des Red, Yellow und Silver Book weist hierauf ausdrücklich hin.

258   Der Anspruch selbst ist im Wege des Employer Claim nach Ziff. 2.5 geltend zu machen. Der **Zeitpunkt,** ab wann der verzögerungsbedingte Schadenersatz geltend gemacht werden kann, ist ebenfalls in Ziff. 2.5 verankert, wonach der Employer seine Ansprüche grundsätzlich **so bald wie möglich** anzumelden hat. Das Recht zur Kündigung nach Ziff. 8.7 Abs. 2 S. 1 bleibt von der Geltendmachung des Schadensatzes unberührt. Zum Schadenersatz können Kosten nach Ziff. 8.6 Abs. 2 hinzukommen.

259   Anders als in der VOB/B bleibt unter dem Regime der FIDIC-Regelungen der Contractor auch im Falle der Beanspruchung eines pauschalierten Schadenersatzes durch den Employer weiterhin zur Erfüllung und mithin dazu verpflichtet, das Werk fertigzustellen.

260   Das nach nationalen Vorschriften bestehende Recht, Schadenersatz wegen einer verzögerten Bauausführung zu verlangen, wird von dem vertraglichen Anspruch auf Delay Damages grundsätzlich verdrängt, Ziff. 8.7 Abs. 2 S. 1. Eine Ausnahme gilt nur dann, wenn der Employer den Vertrag kündigt. In diesem Fall kann er nach Ziff. 15.4 alle ihm entstandenen Schäden vom Contractor verlangen, wobei er dabei die Haftungsgrenze der Ziff. 17.6 zu beachten hat.

---

[109] A.A. Hök, FIDIC-Vertragsmuster, S. 74; Kus/Markus/Steding ICLR 1999, 542.

[110] Murdoch/Hughes, Construction Contracts. Law and Management, S. 38, 309; Hillig, Die Mängelhaftung des Bauunternehmers im deutschen und englischen Recht, S. 246.

[111] Kus/Markus/Steding ICLR 1999, 542.

[112] Vgl. hierzu Leinemann/Leinemann/Gorny FIDIC-Standardbedingungen, 8. Aufl., § 17 Rn. 22 ff.

XVI. Die „Abnahme" bzw. Bauwerksübernahme (Taking Over)

1. Allgemeines. Die in den FIDIC-Regelwerken vorgesehene Bauwerksübernahme (Taking Over) entspricht nur ansatzweise dem Konzept der Abnahme nach deutschem Recht.

So sieht insbesondere das Red Book eine Reihe von Regelungen vor, die es nach der VOB/B nicht gibt, wie beispielsweise die Vorbereitung der Bauwerksübernahme und dabei die Durchführung von Funktionstests (Test on Completion, vgl. Ziff. 9) sowie die Regelungen zur Mängelhaftung. Darüber hinaus sind an die Bauwerksübernahme keine vergleichbaren Rechtsfolgen wie an die Abnahme im VOB/B-Vertrag geknüpft. Allein schon vor diesem Hintergrund ist es ratsam, den Begriff der „Abnahme" nicht zu verwenden und stattdessen von der „Bauwerksübernahme" zu sprechen.

2. Fertigstellungstest (Test on Completion). a) First Edition 1999. In Ziff. 9 des Red, Yellow und Silver Book ist die Durchführung von Fertigstellungstests (Test on Completion) durch den Employer vor der Bauwerksübernahme vorgesehen. Wenngleich die Regelungen in den genannten FIDIC-Standardregelwerken grundsätzlich ähnlich sind, sind diejenigen im Yellow und Silver Book hinsichtlich der Art und Weise der durchzuführenden Tests deutlich ausführlicher beschrieben. So wird im Yellow und Silver Book anlagenspezifisch zwischen

– pre-commissioning tests (Grundinspektion der Anlage, ein „kalter" Funktionstest vor der eigentlichen Funktionsprüfung),
– commissioning tests (spezifizierte Funktionsprüfung unter allen späteren Einsatzbedingungen der Anlage) und
– trial operation (Probelauf, Test der Anlage auf Zuverlässigkeit entsprechend der vertraglich getroffenen Vorgaben)

unterschieden. Diese Tests sind nacheinander durchzuführen, wobei auch der Abschluss der trial operation (noch) nicht zur Bauwerksübernahme führt, Ziff. 9.1 Abs. 5.[113]

Nach Ziff. 9.1 Abs. 1 hat der Contractor für die Durchführung der Tests on Completion zunächst Handbücher, Bedienungsanleitungen sowie die sog. „as built"-Unterlagen (siehe Ziff. 4.1 Abs. 5 lit. d) auszuhändigen und den Employer mindestens 21 Tage vor den Fertigstellungstests zu informieren. Sofern keine gesonderte Vereinbarung existiert, hat die eigentliche Testdurchführung binnen 14 Tagen an einem oder mehreren vom Engineer (Red und Yellow Book) bzw. vom Employer (Silver Book) festzulegenden Tagen stattzufinden. Employer bzw. Engineer können an diesen Tests teilnehmen. Ihre Teilnahme haben sie dem Contractor mindestens 24 Stunden vorher mitzuteilen, Ziff. 7.4 Abs. 4. Sind sie letztlich entgegen ihrer Anzeige bei den Tests on Completion nicht zugegen, dürfen die Tests gleichwohl durchgeführt werden, wenn und soweit der Engineer bzw. der Employer zuvor keine anderslautende Anweisung erteilt haben.

Nach erfolgreichem Testdurchlauf erhält der Engineer darüber vom Contractor einen entsprechenden Bericht, Ziff. 9.1 Abs. 3 Red Book, Ziff. 9.1 Abs. 6 Yellow und Silver Book.

Für den Fall, dass die **Tests** on Completion **fehlschlagen,** kann auf verschiedene Arten reagiert werden. So können der Engineer (Red Book) bzw. der Employer (Yellow and Silver Book) eine Wiederholung der Tests fordern, wenn

---

[113] Hilgers/Kaminsky, Anlagenbau im In- und Ausland, Rn. 890.

Anhang § 18 Übersicht und Erläuterungen zu den FIDIC-Vertragsmustern

die Fertigstellungstests erstmals scheitern. Das gleiche Recht steht auch dem Contractor zu (Ziff. 9.3). Scheitern die Tests erneut, können Engineer bzw. Employer entweder die erneute Wiederholung anordnen (Retesting) oder das Werk bzw. den getesteten Leistungsteil endgültig **zurückweisen,** wenn der Employer das Werk bzw. die Leistung nicht nutzen kann. Im Falle einer abschließenden und endgültigen Zurückweisung hat der Contractor alle erhaltenen Zahlungen zurückzuerstatten und darüber hinaus die Kosten und Schäden des Employer zu tragen – eine extrem weitgehende und für den Contractor soweit hoch riskante Regelung.[114] Daneben kommen erforderliche Rückbaukosten sowie der Mehraufwand bei Einschaltung eines neuen Contractor in Betracht. Waren hingegen die Wiederholungstests erfolgreich, ist dem Contractor auf Verlangen eine Bauwerksübernahmebescheinigung (Taking Over Certificate) auszustellen.

267 Verzögert der Employer grundlos die Durchführung der Fertigstellungstests so kann der Contractor Ansprüche auf Bauzeitverlängerung und Erstattung der verzögerungsbedingten Kosten sowie Zahlung eines angemessenen Gewinns geltend machen (Ziff. 9.2 Abs. 1 S. 1, Ziff. 7.4 Abs. 5 und Ziff. 10.3).

268 **b) Second Edition 2017.** In der Second Edition des Red, Yellow und Silver Books sind insbesondere **die Anforderungen an die Vorbereitung der „Tests on Completion"** in Ziff. 9.1 **präzisiert** worden. Danach hat der Contractor dem Engineer (Red und Yellow Book) bzw. dem Employer (Silver Book) eine detaillierte Darstellung des vorgesehenen Testprogramms zu übermitteln. Hält der Contractor die „Tests on Completion" für erfolgreich abgeschlossen, so hat er Engineer bzw. Employer diesbezüglich einen bestätigten Bericht („certified report") über den erfolgreichen Abschluss der Tests zur Verfügung zu stellen. Der Engineer (Red, Yellow Book) bzw. der Employer (Silver Book) hat diesen Bericht zu prüfen und den Contractor ggf. im Anschluss hieran zu informieren, wenn er entweder den Test für nicht erfolgreich abgeschlossen oder den Testbericht für nicht vertragskonform erachtet.

269 **3. Bauwerksübernahme (Taking Over). a) First Edition 1999.** Wie schon erwähnt, unterscheidet sich die Bauwerksübernahme insbesondere auf der Rechtsfolgenseite erheblich von der Abnahme nach der VOB/B. Das Taking Over führt weder zu einem Verlust von nicht vorbehaltenen Gewährleistungsrechten für bereits zu diesem Zeitpunkt bekannte Mängel noch zu einem Gefahren- und/oder Eigentumsübergang. Auch die Gewährleistungszeit beginnt nicht mit dem Taking Over, sondern erst nach Ablauf der Defects Notification Period (Ziff. 1.1.3.7). Gleiches gilt für die Fälligkeit der Schlusszahlung. Schließlich tritt auch keine Beweislastumkehr hinsichtlich der Mangelfreiheit erbrachter Leistungen ein.

270 Das Taking Over ist gem. Ziff. 10.1 stets dann durchzuführen, wenn die Arbeiten vertragskonform und entsprechend der Bestimmungen der Ziff. 8.2 (Time for Completion) fertiggestellt sind und eine Bauwerksübernahmebescheinigung (Taking Over Certificate) ausgestellt worden bzw. ein entsprechender Zustand durch Fiktion eingetreten ist. **Geringfügige Restleistungen bzw. unwesentliche Mängel,** welche eine Ingebrauchnahme nicht substanziell beeinträchtigen, stehen einem **Taking Over nicht entgegen** (Ziff. 10.1 Abs. 3 lit. a). Der Contractor kann den Engineer (Red und Yellow Book) bzw. den Employer (Silver Book) frühestens 14 Tage vor dem voraussichtlichen Fertigstellungs- und Über-

---

[114] Hilgers/Kaminsky, Anlagenbau im In- und Ausland, Rn. 894.

nahmezeitpunkt um die Ausstellung eines Taking Over Certificate bitten. Der Engineer bzw. der Employer haben darauf binnen 28 Tagen zu reagieren (Ziff. 10.3). Dabei kann dieser je nach Vorliegen der Übernahmevoraussetzungen entweder das Taking Over Certificate ausstellen (Ziff. 10.1 Abs. 3 (a)) oder die Ausstellung einer Bauwerksübernahmebescheinigung begründet zurückzuweisen, wobei er in diesem Fall die noch auszuführenden Arbeiten zu benennen hat (Ziff. 10.1 Abs. 3 (b)). Reagiert der Engineer bzw. der Employer nicht innerhalb der 28 Tage oder weist er die Aufforderung zur Ausstellung eines Taking Over Certificates zurück, obgleich die erbrachten Arbeiten im Wesentlichen vertragsgerecht erbracht worden sind, gilt es mit Ablauf der 28-Tages-Frist als erteilt, Ziff. 10.1 Abs. 4. Ziff. 10.3 enthält schließlich eine weitere Fiktion, für den Fall, dass der Contractor durch Verschulden des Employer für einen Zeitraum von mehr als 14 Tagen an einer Durchführung der Tests on Completion gehindert gewesen ist.

b) Second Edition 2017. Ist der Contractor zur Übergabe von „as-built 271 records" und/oder Betriebs- und Wartungsanleitungen verpflichtet, oder hat der Contractor das Personal des Employer in der Bedienung der Anlage einzuführen und dieses zu schulen (Red Book: nur wenn dies in den „Specifications" so vorgesehen ist; Silver Book: nur wenn dies in den Employer's Requirements geregelt wurde), so gelten die Leistungen des Contractor erst dann als übernahmereif („ready for taking-over"), wenn der Engineer bzw. Employer nach Prüfung mitgeteilt hat, keine Einwände gegen die ihm überlassenen Unterlagen bzw. die durchgeführten Trainings zu haben („Notice of No-objection") oder eine solche Mitteilung fingiert wird.

4. Teilübernahme (Taking Over of Parts of the Works). Bei der Frage, 272 ob Teilübernahmen grundsätzlich möglich sind, ist zwischen dem Red und dem Yellow Book auf der einen Seite und dem Silver Book auf der anderen Seite zu unterscheiden.

a) Regelungen im Red und Yellow Book. Ziff. 10.2 des Red Book und 273 des Yellow Book erlaubt grundsätzlich auch eine Teilübernahme von Bauwerksabschnitten.

Zu den Fragen, wie sich die **Ingebrauchnahme von Teilen des Werkes** vor 274 Erstellung des Taking Over Certificate auswirkt oder wie mit ausstehenden Test on Completion nach Ausstellung eines Taking Over Certificate für Teilbereiche der Gesamtleistung umzugehen ist, sind dort ebenfalls ausführliche Regelungen enthalten.

Geregelt ist dort ferner, wie mit Kosten, die dem Contractor im Zusammen- 275 hang mit dem Taking Over oder der Ingebrauchnahme von Bauwerksteilen entstehen bzw. entstanden sind, umzugehen ist und wie sich die Übernahme von Werksteilen oder Werkabschnitten im Fall eines Verzuges mit der Gesamtleistung auswirkt. Wann indes eine **Teilübernahme** stattzufinden hat, oder ob es hierfür eines ausdrücklichen Teilübernahmeverlangens des Contractor bedarf, erfährt keine Regelung. Gleiches gilt auch für die Frage, ob der Engineer nach entsprechender Abstimmung mit dem Employer einseitig Teilübernahmen erklären darf. Daher, und um sich spätere Diskussionen über die Teilübernahmereife sowie über die Formalien der Teilübernahme zu ersparen, sollten die Parteien in den Particular Conditions entsprechende Regelungen dazu festlegen.

Anhang § 18 Übersicht und Erläuterungen zu den FIDIC-Vertragsmustern

276 Gemäß Ziff. 10.2 Abs. 1 entscheidet der Employer, ob und wenn ja in welchem Umfang eine Teilübernahme durch den Engineer ausgesprochen werden kann.

277 Solange das Taking Over Certificate nicht durch den Engineer ausgestellt ist, darf der Employer keine Teile des Bauwerks oder der Anlage in Gebrauch nehmen oder nutzen, es sei denn die Ingebrauchnahme ist nur vorübergehender Natur. Tut er dies dennoch, gilt der Bau- bzw. Anlagenteil als übernommen, und die Gefahr für diesen Teil geht auf den Employer über. Gleichzeitig hat der Contractor das Recht, für diesen Teil des Bauwerks bzw. der Anlage ein entsprechendes Taking Over Certificate zu erhalten. Wird dieses erteilt, muss dem Contractor unverzüglich die Gelegenheit gegeben werden, noch ausstehende Tests on Completion rechtzeitig vor Ablauf der Defects Notification Period (hierzu gleich) durchzuführen. Für den Fall, dass dem Contractor außerdem durch die vorzeitige Teil-Nutzung bzw. Teil-Ingebrauchnahme Kosten entstanden sind und er diese nach dem Vertrag nicht zu tragen hat, muss er das dem Engineer entsprechend anzeigen und kann die Kosten sodann gem. Ziff. 10.2 Abs. 4, Ziff. 20.1 vom Employer ersetzt verlangen.

278 Sofern schließlich ein Taking Over Certificate für einen Teil des Werks bzw. der Anlage ausgestellt worden ist, sich der Contractor gleichwohl mit der Gesamtfertigstellung in Verzug befindet und die Time for Completion insoweit überschritten ist, so ist der auf der Basis des Appendix to Tender geregelten Tagessatzes ermittelte Verzugsschaden durch den Engineer entsprechend zu reduzieren. Dabei ist das Verfahren gem. Ziff. 3.5 einzuhalten.

279 b) Keine Regelungen im Silver Book. Das Silver Book kennt hingegen solche Regelungen nicht. Dies liegt darin begründet, dass eine Aussage über die Funktionsfähigkeit der schlüsselfertig herzustellenden Anlage regelmäßig erst mit deren kompletten Fertigstellung getroffen werden kann. Hier **schließt** demnach Ziff. 10.2 vielmehr für den Regelfall **Teilübernahmen aus.** Eine Ausnahme besteht nur dann, wenn beispielsweise die Particular Conditions an anderer Stelle im Vertragswerk derartige Teilübernahmen vorsehen sind. Eine solche Vereinbarung bietet sich vor allem dann an, wenn in sich abgrenzbare Leistungsteile im Zuge der Anlagenfertigstellung später überbaut werden und somit einer belastbaren Aussage über deren Vertragskonformität zwangsläufig entzogen sind.

280 5. Tests after Completion. Um zu überprüfen, ob die Anlage oder das Werk die vertraglich vereinbarten Standards erfüllt und die festgelegten Leistungs- und Betriebswerte erreicht, werden sog. Tests after Completion durchgeführt. Diese sind insbesondere für den Anlagenbau – und hier vor allem im Kraftwerksbau – typisch und daher im Yellow und Silver Book ausdrücklich vorgesehen. Allerdings unterscheiden sich die Bestimmungen beider Bücher hinsichtlich der Aufgabenverteilung bei der Durchführung des Tests erheblich.

281 Bei Anwendung des **Yellow Book** ist der Employer derjenige, der die Tests durchführt. Er hat das dafür erforderliche Material und Personal sowie die Energieversorgung beizustellen, Ziff. 12.1 lit. a und b Yellow Book.

282 Nach den Bestimmungen des Silver Book ist der Employer hingegen nur zur Bereitstellung von Energie, Betriebsstoffen und Material verpflichtet. Die eigentliche Durchführung der Tests sowie die Bereitstellung von hierzu geeignetem Personal obliegt dem Contractor, vgl. Ziff. 12.1 lit. a und b Silver Book.

283 Bei der Frage, wann die Tests after Completion durchgeführt werden sollen, beinhaltet Ziff. 12.1 Abs. 2 S. 1 Yellow und Silver Book eine einheitliche Regelung. Demnach haben die Tests sinnvoller Weise so bald wie möglich nach der

Bauwerksübernahme (Taking Over) durch den Employer zu erfolgen. Entstehen Verzögerungen, und hat diese der Employer zu vertreten, hat der Contractor nach Ziff. 12.2 Abs. 1 Yellow und Silver Book Anspruch auf Erstattung der ihm dadurch entstandenen Kosten. Allerdings ist hierbei das Procedere der Determination (Ziff. 3.5) und der Contractor Claims (Ziff. 20.1) zu beachten und einzuhalten.

Im **Falle eines Scheiterns** der Tests after Completion können beide Parteien 284 eine **Wiederholung** verlangen, Ziff. 12.3 Yellow und Silver Book. Führt auch dies nicht zu einem Bestehen der Tests, kann dies gleichwohl fingiert werden. Dies setzt allerdings voraus, dass die Parteien im Vertrag einen Betrag für die Non-Performance Damages festgesetzt oder zumindest eine Berechnungsformel dazu vereinbart haben, Ziff. 12.4 lit. b Yellow und Silver Book. Außerdem muss der Contractor diesen Betrag innerhalb der Defects Notification Period an den Employer zahlen. Ebenfalls möglich ist eine Fiktion, wenn der Contractor nach dem Scheitern der Tests after Completion für das Retesting Änderungsvorschläge unterbreitet, deren Umsetzung das Bestehen der Tests ermöglichen könnte, und der Contractor die Möglichkeit erhält, die entsprechenden Änderungen auch umzusetzen. Eine Nachbesserungspflicht des Contractor entfällt sodann.[115]

6. Defects Liability. An die Bauwerksübernahme (Taking Over) schließt sich 285 die Phase der **Defects Liability**[116] eine Art Wartefrist an, vgl. Ziff. 11. Innerhalb dieser Wartefrist beginnt auch die sog. **Defects Notification Period** zu laufen, in der noch ausstehende Arbeiten fertigzustellen und etwaige Mängel zu beseitigen sind.[117]

XVII. Aufmaß und Aufmaßbewertung

Die Aufmaßnahme und Aufmaßbewertung ist ausschließlich in Ziff. 12 des 286 Red Book geregelt. Allerdings ist Ziff. 12 des Red Book ausschließlich auf Einheitspreisverträge – die bei Anwendbarkeit des Red Book üblicherweise vorliegen – anwendbar. Kommt das Red Book doch einmal auf einen Pauschalvertrag zur Anwendung, wird richtigerweise empfohlen, Ziff. 12 komplett zu streichen, vgl. die Anleitung (Guidance) zu Ziff. 14.

Anders als im Anwendungsbereich der VOB/B ist nach Ziff. 12.1 Red Book 287 stets der **Engineer** der **Initiator der Aufmaßnahme**. Er hat dem Contractor das Aufmaßbegehren anzuzeigen. Ein gemeinsames Aufmaß kann der Contractor daher nicht einleiten. Daher ist es empfehlenswert, dass die Parteien in den Particular Condition eine praxistaugliche Regelung zur gemeinsamen Aufmaßnahme auf Veranlassung des Contractor vereinbaren, andernfalls kommt es in der Praxis bei Leistungen, die im Zuge des Baufortschritts überbaut werden, regelmäßig zu Schwierigkeiten bei der Ermittlung der Abrechnungsmassen.

Versäumt der Employer die gemeinsame Aufmaßnahme, obwohl ihm diese 288 vom Engineer entsprechend angezeigt wurde und die Teilnahme möglich gewesen wäre, ermöglicht Ziff. 12.1 Abs. 3 eine Abnahmefiktion.

Ebenso gelten vom Engineer durchgeführte Untersuchen und/oder Prüfungen 289 von Aufmaßunterlagen als gebilligt und insoweit genehmigt, sofern der Contractor trotz Möglichkeit und Ankündigung an der Prüfung nicht teilgenommen hat,

---

[115] Hilgers/Kaminsky, Anlagenbau im In- und Ausland, Rn. 907.
[116] Ausführlich und instruktiv Hillig, Die Mängelhaftung des Bauunternehmers im deutschen und englischen Recht, 2010.
[117] vgl. hierzu ausführlich unter → Rn. 291 ff.

Anhang § 18 Übersicht und Erläuterungen zu den FIDIC-Vertragsmustern

Ziff. 12.1 Abs. 4 und 5. Der Contractor ist daher gut beraten, wenn er bei einer Aufmaßnahme besondere Vorsicht walten lässt. Denn unter Umständen können einseitige Feststellungen des Engineers zu preisrelevanten Massenermittlungen führen.

XVIII. Mängelansprüche

290 a) **First Edition 1999.** Nach Bauwerksübernahme (Taking Over) sowie insbesondere nach Erstellung und Übergabe des Taking Over Certificate beginnt die sog. **Defects Notification Period** zu laufen, in der noch ausstehende Arbeiten fertigzustellen und etwaige Mängel zu beseitigen sind.

291 Die Defects Notification Period beträgt regelmäßig ein Jahr, es sei denn, die Parteien haben eine anderweitige Regelung im Vertrag getroffen. In dieser Zeit sind alle restlichen Arbeiten innerhalb einer vom Engineer zu bestimmenden angemessenen Frist (Ziff. 11.1a) fertigzustellen und etwaige Mängel und auf Kosten des Contractor zu beseitigen, sofern die Mängel in seinen Verantwortungsbereich fallen.

292 Die **Defects Notification Period** ist eine **reine Anzeigefrist.** Wenn in dieser Zeit Mängel angezeigt werden, sind (anders als beim VOB/B- bzw. BGB-Bauvertrag) keine weiteren verjährungshemmenden Maßnahmen seitens des Employer einzuleiten.

293 Kann das Werk insgesamt oder zum Teil aufgrund eines Mangels oder Schadens nicht bestimmungsgemäß genutzt werden, steht dem Employer gem. Ziff. 11.3 das Recht zu, eine **Verlängerung der Defects Notification Period** von insgesamt bis **zu maximal 2 Jahren** zu verlangen.

Selbst wenn es also zwischenzeitlich zu einer vorübergehenden Leistungseinstellung nach Ziff. 8.8 (Suspension of Work) oder nach Ziff. 16.1 (Contractor's Entitlement to suspend Work) kommt, haftet der Contractor für Mängel oder Schäden, die nach Ablauf der 2 Jahre Verlängerung auftreten nicht mehr, vgl. Ziff. 11.3 Abs. 2.

294 Für den Fall, dass die vom Engineer gesetzte Frist zur Erbringung der Restleistungen sowie zur Mängelbeseitigung [s. oben] fruchtlos verstrichen ist, kann der Employer oder der in seinem Namen handelnde Engineer dem Contractor eine Nachfrist setzen, Ziff. 11.4.

295 Bleibt auch diese Nachfrist ungenutzt, ist der Employer wahlweise zur Durchführung der **Ersatzvornahme auf Kosten des Contractor oder** zu einer **angemessenen Reduzierung des Vertragspreises** berechtigt. Bestehen Mängel, die den Nutzen oder die Gebrauchsfähigkeit ausschließen, kann der Vertrag ganz oder teilweise gekündigt werden. Wählt der Employer diese Option, hat er zudem das Recht, die gesamte Vergütung für die Arbeiten zurückzuverlangen und kann die Erstattung des ihm dadurch entstehenden Finanzierungs-, Rückbau- und Demontageaufwandes sowie die Kosten für die Rücksendung der Anlagen und Materialien des Contractor fordern.

296 Daneben hat der Employer im Rahmen der Defects Notification Period die Möglichkeit, die Entfernung von Gegenständen und Anlagen von der Baustelle zu Reparaturzwecken zu verlangen, den Engineer einzuschalten und die Wiederholung von Funktionstests zu fordern (Ziff. 11.6) sowie dem Contractor die Erforschung der Ursachen zu festgestellten Mängeln aufgeben (Ziff. 11.8). Ist der Contractor im Ergebnis dessen nicht für den Mangel verantwortlich, kann er die ihm entstandenen Kosten zzgl. eines Gewinnaufschlags von dem Employer erstattet

Übersicht und Erläuterungen zu den FIDIC-Vertragsmustern **Anhang § 18**

verlangen. Möglich ist es in diesem Fall auch, dass der Engineer den zu erstattenden Betrag festlegt und darauf ein entsprechender Aufschlag erhoben wird.

Wird der Contractor indes seinen Verpflichtungen während der Defects Notification Period gerecht, hat ihm der Engineer innerhalb von 28 Tagen nach Ablauf der Defects Notification Period eine **Erfüllungsbescheinigung (Performance Certification)** zu erteilen. Wurde die Erfüllungsbescheinigung nicht erteilt, obwohl die Voraussetzung dafür vorlagen, gilt die Erteilung nach Ablauf der 28 Tage als fiktiv erfolgt. 297

Schließlich stellt Ziff. 11.9 im letzten Satz klar, dass nur die Erfüllungsbescheinigung (Performance Certification) eine Abnahme der Arbeiten (Acceptance of the Works) bewirken soll. 298

Klarstellend bestimmt Ziff. 11.10 zudem, dass der Contractor auch noch nach ausgestellter Erfüllungsbescheinigung die geschuldeten, aber nicht vollständig erbrachten Leistungen bis zum Ablauf der Gewährleistungsfrist, welche in der Regel ein Jahr bis eineinhalb Jahre beträgt, erbringen muss. 299

Nach Erhalt der Erfüllungsbescheinigung (Performance Certification) hat der Contractor die Baustelle vollständig zu räumen. Ziff. 11.11. Kommt er dieser Verpflichtung nicht nach, kann der Employer diesbezüglichin die Ersatzvornahme gehen mit der Folge, die ihm dadurch entstandenen Kosten erstattet zu verlangen. Daneben darf er das auf der Baustelle verbliebene Eigentum des Contractor veräußern. 300

b) Second Edition 2017. Ist eine Mangelbeseitigung durch den Contractor nur dadurch möglich, dass Bauteile oder Anlagenbestandteile von der Baustelle entfernt werden, und begehrt der Contractor hierzu die Zustimmung des Engineers bzw. Employer, so stellt Ziff. 11.5 in der Fassung der Second Edition 2017 nunmehr klar, dass der Contractor den Engineer bzw. Employer über die beabsichtigte Entfernung der Bauteile oder Anlagenbestandteile von der Baustelle zu Mangelbeseitigungszwecken mittels einer „Notice" zu informieren hat. Darin hat der Contractor aufzuzeigen, welche Teile konkret entfernt werden müssen und welchen Mangel diese aufweisen. Ferner hat er Angaben zum Transport der Teile und deren Versicherung für die Dauer der Entfernung von der Baustelle zu machen und schließlich darzulegen, mit welchem Zeitaufwand er für die Mangelbeseitigung und den Wiedereinbau der Teile rechnet. 301

Sind nach einer durchgeführten Mangelbeseitigung zuvor durchgeführte Tests zu wiederholen, regelt Ziff. 11.6 („Further Tests after Remedying Defects") in der Fassung der Second Edition 2017 nunmehr, dass der Contractor dem Engineer (Red und Yellow Book) bzw. dem Employer (Silver Book) eine **Angebot für die zu wiederholenden Test**s zu unterbreiten hat, welches Engineer bzw. Employer wahlweise annehmen oder im Falle fehlender Vertragskonformität bzw. im Falle der Einschätzung der vom Contractor angebotenen Wiederholungstest als unzureichend modifizierte Wiederholungstests anweisen können. 302

Ziff. 11.7 („Right of Access after Taking Over") wurde schließlich dahingehend modifiziert, dass der Contractor darüber mittels einer Notice zu informieren hat, wann und wofür er nach erfolgtem Taking Over Zugang zur Baustelle benötigt. Engineer bzw. Employer haben hierauf fristgerecht Stellung zu nehmen. Wird dem Contractor das **Zugangsrecht unberechtigt verweigert,** kann der Contractor nach Ziff. 11.7 Ansprüche geltend machen, insofern wurde ein neuer „Contractor's Claim" implementiert. 303

Anhang § 18 Übersicht und Erläuterungen zu den FIDIC-Vertragsmustern

XIX. Abrechnung und Zahlung

304 Ebenso wie die VOB/B enthalten auch die FIDIC-Standardmuster umfassende Regelungen zu den Zahlungsmodalitäten. Dabei unterscheiden die FIDIC-Regelungen zwischen Vorauszahlungen, Abschlagszahlungen und der Schlusszahlung.

305 Liegen die Zahlungsvoraussetzungen vor, haben die Zahlungen des Employer innerhalb bestimmter zeitlicher Fristen zu erfolgen, Ziff. 14.7.

306 **1. Vorläufige Zahlungen und Vorauszahlungen.** Auf Anordnung des Engineers sind **vorläufige Zahlungen (Provisional Sum)** an den Contractor, beispielsweise für die Beschaffung von Materialien oder Anlagen sowie zur Vergütung von eingeschalteten Nachunternehmern möglich, Ziff. 13.5.[118]

307 Von den soeben erwähnten vorläufigen Zahlungen (Provisional Sum) sind **Vorauszahlungen zu unterscheiden.** Gem. Ziff. 14.2 kann der Contractor unter bestimmten Voraussetzungen zinsfreie Vorauszahlungen beanspruchen. Hierfür muss sein Angebot Vorauszahlungen vorsehen und er muss Sicherheit in entsprechender Höhe und bis zur Rückzahlung der Vorauszahlungen leisten sowie zur Vorauszahlung unter Beachtung der Vorgaben von Ziff. 14.3 auffordern.[119]

308 Der Engineer hat daraufhin ein **Interim Payment Certificate** auszustellen, Ziff. 14.3. Bei Vorliegen aller Voraussetzungen hat der Employer die Vorauszahlung sodann innerhalb von 42 Tagen nach Ausstellung des Letter of Acceptance oder 21 Tage nach Erhalt der Performance Security und Advance Payment Security zu leisten, Ziff. 14.7 Abs. 1 lit. a.

309 Erhaltene Vorauszahlungen sind „zurückzuzahlen" bzw. mit Zahlungsansprüchen des Contractor zu verrechnen. Die Rückzahlung wird über prozentuale Abschläge in den Payment Certificates abgewickelt, Ziff. 14.2 Abs. 5. Danach sind die Abschläge zuerst bei den Payment Certificates vorzunehmen, bei denen die Summe der bestätigten Zwischenzahlungen (Vorauszahlungen, Abzüge und Rückzahlung zurückbehaltener Beträge sind nicht mitzuzählen) 10 % der vereinbarten Auftragssumme abzgl. etwaiger Provisional Sums (Ziff. 13.5 und 1.1.4.10) übersteigt.

310 Solange die Vorauszahlung noch nicht zurückgezahlt wurde, ist darüber hinaus von dem Betrag jedes Payment Certificates (auch hier ohne Vorauszahlungen, Abzüge und Rückzahlung zurückbehaltener Beträge) ein Abschlag von 25 % in der Währung der Vorauszahlung vorzunehmen. Für den Fall, dass die Vorauszahlung bis zur Ausstellung des Taking Over Certificate oder bis zur Kündigung des Vertrages nach Ziff. 15, 16 und 19 nicht vollständig zurückgezahlt ist, hat der Contractor den sofort fällig werdenden Restbetrag an den Employer zu entrichten, vgl. Ziff. 14.2 Abs. 6.

311 **2. Zahlungen auf Interim Payment Certificates – Abschlagszahlungen.** Daneben sehen die FIDIC-Vertragsmuster mit Abschlagszahlungen vergleichbare Zahlungen,[120] nämlich Zahlungen auf sog. Interim Payment Certificates vor. Ein Interim Payment Certificate wird vom Engineer auf entsprechende Anforderung des Contractor (idR eine Abschlagsrechnung) erstellt und anschließend an den Employer übermittelt. Den darin ausgewiesenen Betrag hat der Employer schließlich innerhalb von 56 Werktagen, gerechnet ab Übermittlung der Rechnung

---

[118] Mallmann FIDIC-Standardbedingungen, S. 238 f.
[119] vgl. auch Mallmann FIDIC-Standardbedingungen, S. 221.
[120] Roquette/Schweiger, Vertragsbuch Privates Baurecht, 3. Auflage, Rn. 301.

und der zugehörigen Unterlagen an den Engineer, zu zahlen (Ziff. 14.7 Abs. 1 lit. b).[121]

In Ziff. 14.3 sind die für die Ausstellung eines Interim Payment Certificate **312** notwendigen Voraussetzungen festgelegt. Eine dieser Voraussetzungen ist, dass der Contractor jeden Monat eine Rechnung zu stellen hat, welche die angeforderte Vergütung nachvollziehbar belegt. Dabei muss die Rechnung
- gem. lit. a den Wert der ausgeführten Leistungen,
- gem. lit. b etwaige Preisänderungen gem. Ziff. 13.7 und 13.8,
- gem. lit. c Einbehalte,
- gem. lit. d Vorauszahlungen und Rückzahlungen gem. Ziff. 14.2,
- gem. lit. e Beträge für Anlagen und Materialien gem. Ziff. 14.5,
- gem. lit. f fällig gewordene Zuschläge oder Abschläge sowie
- gem. lit. g alle Abschläge, die in vorangegangenen Payment Certificates ausgewiesen wurden,

enthalten und ausweisen. Außerdem ist der jeweilige abgerechnete Baufortschritt durch aussagekräftige Unterlagen zu belegen. Die erhaltenen Unterlagen hat der Engineer (beim Silver Book der Employer) innerhalb von 28 Tagen zu prüfen, den insoweit geprüften Vergütungsanspruch durch ein Interim Payment Certificate zu bescheinigen und dieses dann an den Employer zu übermitteln, vgl. Ziff. 14.6 Abs. 1.

Die Ausstellung eines Interim Payment Certificate darf nur im **Ausnahmefall** **313** **verweigert** werden, so zB, wenn ein ggf. vereinbarter Mindestbetrag nicht erreicht wurde (Ziff. 14.6 Abs. 2) oder wenn Leistungen nicht vertragsgerecht erbracht wurden (Ziff. 14.6 Abs. 3).[122]

Das Interim Payment Certificate ist jedoch **kein verbindliches Prüfergeb-** **314** **nis**.[123] Ziff. 16.6 Abs. 4 bestimmt ausdrücklich, dass der Engineer etwaige Fehler jederzeit korrigieren kann.

3. Zahlung auf das Final Statement Certificate – Schlusszahlung. Nach **315** Stellung der **Schlussrechnung** durch den Contractor **(Final Statement) ist ein sog. Final Statement Certificate auszustellen.** Die sodann zu tätigende Schlusszahlung hat der Employer innerhalb von **56 Tagen,** nachdem er das Final Statement Certificate vom Engineer erhalten hat, zu leisten (Ziff. 14.7 Abs. 1 lit. c).

Der Erteilung des Final Statement Certificate geht jedoch zunächst ein **316** **umfangreiches Rechnungsprüfungsprocedere** voran, was bei Streitigkeiten über die Höhe der Schlussrechnung zu einer im Ergebnis zügigeren Lösung führen soll. Engineer und Contractor können folglich streitige Teile der Schlussrechnung diskutieren, damit der Contractor anschließend die sodann unstreitigen Teile der Schlussrechnung zügig vergütet erhält. Zu dem Rechnungsprüfungsprocedere gehören die Erstellung eines Statement of Completion (Ziff. 14.10), gefolgt von der Application for Final Payment Certificate (Ziff. 14.11), der zu erklärenden Discharge (Ziff. 14.12) und – nur im Red und Yellow Book – der eigentlichen Ausstellung des Zertifikats (Issue of Final Payment Certificate (Ziff. 14.13)). Bei Anwendung des Silver Book ist der „final amount due" binnen 42 Tagen zu zahlen, wenn das Final Statement vorliegt und die Discharge erklärt wurde.

---

[121] Jäger/Hök, FIDIC – A Guide for Practitioners, S. 303.
[122] Jäger/Hök, FIDIC – A Guide for Practitioners, S. 300.
[123] Mallmann, FIDIC-Standardbedingungen, S. 222.

Anhang § 18 Übersicht und Erläuterungen zu den FIDIC-Vertragsmustern

317 **a) Statement of Completion.** Bevor eine Schlussrechnung (Final Statement) erstellt wird, hat der Contractor gem. Ziff. 14.10 innerhalb von 84 Tagen nach Erhalt der Abnahmebescheinigung (Taking Over Certificate) ein sog. **Statement of Completion (Rechnung nach Fertigstellung)** zu erstellen. Es handelt sich insoweit um eine Art Voreinschätzung zur Höhe der Vergütungsforderung, die der Contractor beabsichtigt, mit seiner alsbald zu erstellenden Schlussrechnung zu verlangen. Dieses Statement of Completion hat
– den Wert aller bis zur Erteilung des Taking Over Certificate vertragsgerecht erbrachten Leistungen,
– alle weiteren Beträge, die der Contractor für fällig hält und
– eine Schätzung all derjenigen Beträge auszuweisen, von denen der Contractor meint, dass diese noch fällig werden.

Das Statement Completion hat der Engineer sodann zu prüfen und anschließend ein entsprechendes Interim Payment Certificate auszustellen. Einzelheiten hierzu sind Ziff. 14.6 zu entnehmen. Zweck dieser Vorgehensweise ist, dem Engineer die erleichterte Prüfung der noch zu erstellenden endgültigen Schlussrechnung zu ermöglichen.[124]

318 **b) Application for Final Payment Certificate.** Gem. Ziff. 14.11 Abs. 1 hat der Contractor dem Engineer (im Silver Book dem Employer) zur weiteren Vorbereitung der Schlussrechnung innerhalb von **56 Tagen nach Erhalt des Performance Certificate einen Schlussrechnungsentwurf nebst Aufforderung zur Erstellung des Final Payment Certificates** zu übermitteln. In den Entwurf ist der Wert aller nach dem Vertrag erbrachten Leistungen sowie alle weiteren vom Contractor beanspruchten Beträge aufzunehmen. Die insoweit getätigten Angaben hat der Contractor durch entsprechende Unterlagen zu belegen. Sofern die beigebrachten Unterlagen zur Prüfung des geltend gemachten Anspruchs nicht ausreichen oder der Engineer (bzw. beim Silver Book der Employer) die geltend gemachten Ansprüche nicht anerkennt, hat der Contractor dem Engineer (bzw. Employer) die vernünftiger Weise zur Prüfung benötigten (weiteren) Unterlagen ergänzend zur Verfügung zu stellen und Änderungen, über die sich der Contractor und der Engineer (bzw. Employer) schließlich einigen, in die Schlussrechnung aufzunehmen.

319 Sind sodann alle Differenzen geklärt, ist die eigentliche Schlussrechnung (Final Statement) von dem Contractor vorzubereiten und anschließend an den Engineer bzw. dem Employer (beim Silver Book) zu übermitteln.

320 Bestehen hingegen doch noch Meinungsverschiedenheiten, hat der Engineer bzw. der Employer über die unstreitigen Ansprüche ein Interim Payment Certificate zu erstellen und an den Employer zu übergeben. Sodann heißt es, eine Einigung zu den noch strittigen Punkten zu finden, denn die Schlussrechnung kann erst dann erstellt werden, wenn diese einer abschließenden Klärung zugeführt wurden. Insoweit stehen die Möglichkeiten nach Ziff. 20.4 und 20.5 zur Verfügung, vgl. Ziff. 14.11 Abs. 3.

321 **c) Discharge und Final Payment Certificate.** Ist die Schlussrechnung schließlich erstellt, hat der Contractor zusammen mit der Übermittlung der Schlussrechnung eine schriftliche **Erklärung** dazu abzugeben, **dass die Schlussrechnung die insgesamt geforderte Vergütung abschließend beziffert (Discharge)**, Ziff. 14.12. Nur wenn neben der Schlussrechnung auch die Dis-

---

[124] Roquette/Schweiger, Vertragsbuch Privates Baurecht, 3. Auflage, Rn. 306.

charge vorliegt, muss der Engineer bei Anwendung des Red Book und Yellow Book innerhalb von 28 Tagen das Final Payment Certificate erstellen und an den Contractor übermitteln, Ziff. 14.13. Inhaltlich hat das Final Payment Certificate abschließend den fälligen Zahlungsanspruch des Contractor sowie alle wechselseitig geleisteten und geschuldeten Beträge auszuweisen. Liegen die Voraussetzungen der Ziff. 14.11 und 14.12 nicht vor, das heißt hat der Contractor die Schlussrechnung bzw. die Discharge nicht beigebracht, hat der Engineer ihn zur Erfüllung aufzufordern. Für den Fall, dass der Contractor dieser Aufforderung innerhalb von 28 Tagen nicht nachkommt, hat der Engineer gem. Ziff. 14.13 Abs. 2 über den seiner Ansicht nach noch fälligen Betrag ein Final Statement Certificate zu erstellen.

Bei Anwendung des Silver Book bleibt zu beachten, dass Ziff. 14.13 auf Ziff. 14.17 (Timing of Payment) verweist, wonach die Schlusszahlung innerhalb von 42 Tagen nach Erhalt des Final Statements und erklärter Discharge zu leisten ist.

d) Cessation of Employer's Liability (Haftungsbefreiung). Wenn sodann die Schlussrechnung gelegt, die Discharge erklärt und das Final Payment Certificate erteilt wurde, sieht Ziff. 14.14 im Red, Yellow und Silver Book eine umfassende Haftungsbefreiung des Employer vor **(Cessation of Employer's Liability).**[125] Danach wird der Employer grundsätzlich von jeglicher Haftung und für alle Umstände befreit, die sich aus dem Vertrag ergeben oder damit im Zusammenhang stehen.

Ausnahmen von der Haftungsbefreiung listet Ziff. 14.14 abschließend auf. Demnach haftet der Employer für solche Ansprüche weiterhin,

– für die der Contractor einen entsprechenden Betrag in der Schlussrechnung und in der Rechnung nach Fertigstellung (Statement of Completion), Ziff. 14.10 aufgenommen hat,
– die erst nach Erstellung des Taking Over Certificate entstanden sind oder
– die aus Betrug oder grob fahrlässigem Fehlverhalten des Employer resultieren.

4. Weitere Zahlungsansprüche des Contractor. Weitere Zahlungsansprüche des Contractor können sich schließlich auch aus einem vereinbarten Zahlungsplan oder Vorschlägen zur quartalsweisen Zahlung ergeben, Ziff. 14.4. Nach Ziff. 14.5 sind auch Zahlungen für Anlagen und Materialien möglich, die für das Werk oder dessen Herstellung benötigt werden und die sich auf die Preisbildung auswirken.

Die Fälligkeit zur **Auflösung und Auszahlung etwaiger Einbehalte** ist in Ziff. 14.9 geregelt. Demnach ist vorgesehen, dass 50 % des Einbehalts nach Erteilung des Taking Over Certificate (Ziff. 10) und die restlichen 50 % unmittelbar nach Ablauf der Defects Notification Period (Ziff. 11) auszubezahlen sind.

Sind von dem Contractor im Rahmen der Defects Liability noch Leistungen zu erbringen, darf der Engineer auch weiterhin einen entsprechenden Betrag einbehalten, wobei sich die Höhe des zulässigen Einbehalts nach den voraussichtlichen Kosten für diese Leistungen richtet, Ziff. 14.9 Abs. 3.

Verhält sich das Taking Over Certificate nur über Teilleistungen, reduzieren sich die vorgenannten Beträge auf 40 % des auf diese Teilleistungen entfallenden Teils des voraussichtlichen Gesamtvertragspreises.

---

[125] Nach einer anderen Ansicht reicht die Schlussrechnungslegung und die erklärte Discharge für den Eintritt der Haftungsbefreiung aus, vgl. Roquette/Schweiger, Vertragsbuch Privates Baurecht, 3. Auflage, Rn. 308 ff.

Anhang § 18 Übersicht und Erläuterungen zu den FIDIC-Vertragsmustern

328 **5. Anspruch auf Verzugszinsen.** Bei Nichteinhaltung der in Ziff. 14.7 genannten Zahlungsfristen kann der Contractor Verzugszinsen in Höhe von **3 Prozentpunkten** über dem Leitzins der Zentralbank des Landes, in dessen Währung der Vertragspreis zu zahlen ist, verlangen (Ziff. 14.8). Diese **Regelung ist abdingbar.** Einer besonderen Anzeige oder Bescheinigung bedarf es für den Zinsanspruch nicht; etwaige weitere Ansprüche bleiben daneben bestehen.[126]

329 **6. Regelungen des Yellow und Silver Book.** Sowohl das Yellow als auch das Silver Book behandeln Pauschalpreisverträge, deren Abrechnungsmodalitäten deutlich einfacher geregelt sind, die bei Bedarf aber auch um zusätzliche Vereinbarungen ergänzt werden können. Etwaige Teilzahlungen sind bei beiden Regelwerken gesondert zu vereinbaren.

330 **7. Second Edition 2017.** Die Second Edition 2017 beinhaltet eine Reihe von Änderungen im Hinblick auf die Zahlungsmodalitäten. Die maßgeblichsten Neuerungen sind dabei Folgende:
– In Ziff. 14.2 findet sich eine neue Regelung zu **Vorauszahlungssicherheiten.** Muss die Vorauszahlungssicherheit wegen erhöhter Vorauszahlungen seitens des Employer angepasst werden, und kommt der Contractor dieser Verpflichtung nicht nach, so ist der Employer berechtigt, bereits geleistete Vorauszahlungen zurückzuverlangen. **Die Frist zur Leistung einer Vorauszahlung** bei entsprechender Vereinbarung und Beibringung einer Vorauszahlungssicherheit seitens des Contractor wurde von 42 Tagen **auf 35 Tage verkürzt.**
– Eine zusätzliche Vergütung, die dem Contractor seitens des Dispute Avoidance/Adjudication Boards (DAAB) zugesprochen wird, ist ohne vorherige Ausstellung eines „Payment Certificates" und auch ohne vorherige „Notice" zur Zahlung fällig, vgl. Ziff. 21.4.3.
– Nach Ziff. 14.4 in der First Edition war der Contractor nur dann zur Vorlage eines aktualisierten Zahlungsplans angehalten, wenn der tatsächliche Leistungsfortschritt hinter dem nach dem Vertrag vorgesehenen zurückblieb. Nunmehr stellt Ziff. 14.4 klar, dass ein **geänderter Zahlungsplan** vorgelegt werden kann, wenn der Leistungsfortschritt von dem vertraglich insoweit getroffenen Regelungen abweicht („differs"). Dies eröffnet dem Contractor die Möglichkeit, eine Anpassung des Zahlungsplans auch dann zu beanspruchen, wenn ein **schnellerer Leistungsfortschritt** als ursprünglich bei Gestaltung des Zahlungsplans angenommen festgestellt werden kann.
– Wie bereits in der First Edition sieht auch die Second Edition in Ziff. 14.5 vor, dass Material und Anlagenteile bezahlt werden können, wenn sie versandt oder angeliefert, aber noch nicht verbaut worden sind. Nach der First Edition konnte der Contractor, nachdem er die Anlieferung der Materialien oder Teile nachgewiesen hatte, die Vergütung hierfür sogleich in Rechnung stellen, so dass diese Gegenstand des nächsten „Interim Payment Certificates" sein konnte. Nunmehr verweist Ziff. 14.5 allerdings auf das Procedere für „Determinations" seitens des Engineers (Ziff. 3.7 Second Edition). Dies hat die für den Contractor ausgesprochen unglückliche **Folge,** dass dem Engineer sodann **bis zu 84 Tagen Zeit für eine Entscheidung** zusteht, wohingegen nach der First Edition unverzüglich hätte Zahlung geleistet werden können. Binnen dieser 84 Tage werden Material und/oder Teile indes regelmäßig bereits eingebaut worden

---

[126] Mallmann FIDIC-Standardbedingungen, S. 263.

sein, so dass der Zahlungsfluss an den Contractor durch diese Neuregelung nicht wie eigentlich intendiert verbessert wird, sondern im Gegenteil deutlich verzögert werden kann.
- Ziff. 14.6.1 räumt dem Contractor das Recht ein, vom Engineer eine Abschrift/Kopie jedes „Interim Payment Certificates" zu erhalten, in der der Engineer jegliche **Abweichungen** zwischen dem beanspruchten Zahlungsbetrags und demjenigen, der zertifiziert wird, darzustellen und zu **erläutern** hat. Ebenso hat der Engineer nunmehr etwaige **Einbehalte** („Withholdings") gegenüber dem Contractor zu erläutern.
- Ziff. 14.6.3 enthält eine neue Regelung zur **Korrektur bzw. Änderung** eines ausgestellten **„Interim Payment Certificates"**. Kommt der Engineer einem Änderungsbegehren des Contractor nicht nach, kann letzterer nunmehr eine „Determination" des Engineers nach Ziff. 3.7 verlangen, ohne dass insoweit eine Frist für ein solches Verlangen geregelt worden wäre.
- **Verspätete Zahlungen** sind wie gehabt zu verzinsen, wobei der anzuwendende **Zinssatz** in der Second Edition 2017 modifiziert worden ist.
- Die **Auszahlung von Sicherheitseinbehalten** („release of retention money") wurde in Ziff. 14.9 neu und für den Contractor erneut unglücklich geregelt. Während nach der First Edition die Auszahlung eines Sicherheitseinbehalts seitens des Engineers außerhalb des normalen Zahlungsflusses und ohne vorherige Ausstellung eines „Interim Payment Certificates" vorgesehen war, muss nunmehr auch ein auszuzahlender Sicherheitseinbehalt im „Interim Payment Certificate" aufgeführt werden. Dies führt zu einer **Verzögerung** der Auszahlung mindestens um den Zeitraum, der dem Engineer für die Ausstellung des Zertifikats zur Verfügung steht (56 Tage).
- Ziff. 14.11 führt in der Second Edition 2017 die Möglichkeit des Contractor ein, ein **„Partially Agreed Final Statement"** zu erlangen, welches die unstreitigen und die streitigen Forderungen ausweist. Auf ein solches „Partially Agreed Final Statement" ist kein „Final Payment Certificate" auszustellen, sondern wegen dessen nicht abschließenden Charakters ein „Interim Payment Certificate", nach dessen Erstellung binnen 28 Tagen Zahlung seitens des Employer zu leisten ist.
- Wie schon in der First Edition ist der Contractor auch nach Ziff. 14.12 der Second Edition mit Abgabe seines „Final Statements" verpflichtet, eine Erklärung abzugeben, dass die Schlussrechnung die insgesamt geforderte Vergütung grundsätzlich abschließend beziffert („Discharge"). Die **Verpflichtung zur abschließenden Bezifferung** der Ansprüche wurde in der Second Edition **gelockert.** Ausgeklammert werden dürfen dabei allerdings nur solche Ansprüche, die Gegenstand eines Verfahrens vor dem DAAB oder eines Schiedsgerichtsverfahrens sind, nicht aber auch solche, über die der Engineer noch nach Ziff. 3.7 („Determinations") zu befinden hat oder zu denen zwar bereits eine „Determination" vorliegt, aber noch keine weiteren Verfahrensschritte (DAAB/Schiedsgerichtsverfahren) veranlasst worden sind.
- Ziff. 14.14 („Cessation of Employer's Liability") sieht in der Second Edition vor, dass der Employer von Ansprüchen des Contractor befreit ist, die dieser nach Erhalt des „Final Payment Certificates" geltend machen will, sofern solche Ansprüche nicht gemäß Ziff. 20.2 binnen 56 Tagen nach Erhalt des „Final Payment Certificates" erhoben worden sind. Der Contractor ist daher mehr denn je gut beraten, solche Claims unverzüglich geltend zu machen.

Anhang § 18 Übersicht und Erläuterungen zu den FIDIC-Vertragsmustern

XX. Stundenlohnarbeiten

331 Fallen im Rahmen eines Einheitspreisvertrages Leistungsänderungen geringfügigen und nebensächlichen Ausmaßes an, können diese gem. Ziff. 13.6 des Red Book und des Silver Book auf Anordnung des Engineers auch auf Stundenlohnbasis erbracht werden. Voraussetzung dafür ist, dass der Vertrag ein entsprechendes Stundenlohnpreisverzeichnis enthält, Ziff. 13.6 Abs. 1 S. 2. Der Contractor hat in diesem Fall umfangreiche Dokumentationspflichten. So hat er dem Engineer alle ihm vorliegenden Preisangebote bereits vor der Bestellung von Gütern für die auf Stundenlohnbasis zu erbringenden Arbeiten vorzulegen. Nur bei Vorlage sämtlicher Rechnungen, Quittungen und Kontoauszügen erhält der Contractor Zahlungen. Sind alle Voraussetzungen erfüllt, erhält der Contractor eine vom Engineer unterzeichnete Rechnungskopie zurück.

XXI. Sicherheiten und Versicherungen

332 **1. Überblick über die Arten von Sicherheiten.** Die FIDIC-Regelwerke Red-, Yellow- und Silver Book kennen folgende Arten von Sicherheitsleistungen:[127]

Parent Company Guarantee	Garantie der Muttergesellschaft
Tender Security	Angebotssicherheit
Performance Security – Demand Guarantee	Erfüllungssicherheit – Garantie auf Anfordern
Performance Security – Surety Bond	Erfüllungssicherheit – Surety Bond
Advance Payment Guarantee	Vorauszahlungsgarantie
Retention Money	Sicherungseinbehalt
Retention Money Guarantee	Garantie für Einbehalte
Payment Guarantee	Zahlungsgarantie

Sie tragen damit dem Sicherheitsbedürfnis der Parteien konsequent Rechnung. Eine grundsätzliche Verpflichtung zur Stellung einer Sicherheit findet sich in den FIDIC-Regelwerken indes nicht. Es ist stets eine entsprechende Vereinbarung der Parteien notwendig. Fehlt eine solche, ist keine der Parteien gehalten, der jeweils anderen Partei eine Sicherheit zu leisten.

333 In den Anhängen A – G des jeweiligen Abschnitts CC „Guidance" befinden sich FIDIC-Musterformulare zu den Sicherheiten. Diese sollen bei der Erstellung von Vereinbarungen zu von den Parteien zu stellenden Sicherheiten helfen und können von den Parteien wunschgemäß ausgefüllt und gegebenenfalls angepasst werden. Doch auch diese Musterformulare müssen ausdrücklich in den Vertrag einbezogen werden, um Gültigkeit zu erlangen. Damit bleiben sowohl die Vereinbarung selbst als auch die Ausgestaltung etwaiger Sicherheiten allein den Parteien überlassen.

334 Wie die obige Darstellung der Arten von Sicherheitsleistungen zeigt, wird grundsätzlich zwischen **Retentions** (Sicherungseinbehalte), **Guarantees** (Garantien) und **Surety Bonds** (Erfüllungssicherheiten) unterschieden. Wie dabei die Abgrenzung zwischen den Guarantees (Garantien) und den Surety Bonds (Erfüllungssicherheiten) erfolgt, kann nicht einheitlich beantwortet werden. Es hängt ganz wesentlich davon ab, welches nationale Recht auf die Sicherheit Anwendung

---

[127] Baker/Mellors/Chalmers/Lavers, FIDIC Contracts: Law and Practice, 7.155, 379 f.

findet, weshalb die Parteien auch besonderes Augenmerk auf die Rechtswahl legen sollten.[128]

Schließlich unterscheiden die FIDIC-Regelwerke – wie auch das deutsche Recht – zwischen akzessorischen Sicherheiten, dh solchen, die von dem Bestand der Hauptforderung abhängen, und nicht akzessorischen Sicherheiten, also solchen, die von der Hauptforderung unabhängig sind. Des Weiteren schlagen die FIDIC-Musterformulare Sicherheiten vor, nach denen der Sicherungsgeber schon auf eine formelle Anforderung hin zu leisten verpflichtet ist **(on demand Guarantees)**, insoweit vergleichbar mit einer nach deutschem Recht existierenden **Bürgschaft auf erstes Anfordern**. 335

2. Inhalt und Formalien der Sicherheiten. Nach dem Red, Yellow und Silver Book haben die Sicherheiten, die zugunsten des Employer auszustellen sind, einer bestimmten „Form" zu entsprechen. Gemeint ist damit in erster Linie, dass die inhaltliche Ausgestaltung als „Formular" festgelegt werden soll, was die Bezugnahme auf die erwähnten FIDIC-Musterformulare in den Anhängen A – G des jeweiligen Abschnitts CC „Guidance" nahelegt. Für den Fall, dass kein bestimmtes Formular vereinbart wurde, ist entscheidend, ob der Employer das verwendete Formular billigt, wobei der Employer seine Billigung nicht unbegründet verweigern oder verspätet erklären darf, Ziff. 1.3. 336

Wurde keine Vereinbarung getroffen, steht dem Employer außerdem das Recht zu, die vom Contractor für die auszustellende Sicherheit ausgesuchte Bank oder Versicherungsgesellschaft abzulehnen. Gleiches gilt auch für die Rechtsordnung auf deren Basis die Sicherheit ausgestellt wurde, wobei auch hier jeweils Ziff. 1.3. zur Anwendung kommt, wonach die Billigung nicht unbegründet verweigert werden darf. 337

Streitigkeiten können demnach nur vermieden werden, wenn die Parteien einen konkreten Mustertext vereinbaren und dabei auch Angaben zum Aussteller der Sicherheit und zur geltenden Rechtsordnung in den Particular Conditions vereinbaren. 338

Rein auf der Seite der einzuhaltenden Formalien ist insbesondere zu prüfen, ob die nach nationalem Recht geltenden Schriftform- und Beurkundungserfordernisse ausreichend beachtet wurden. 339

3. Geltungsdauer der Sicherheit. Red, Yellow und Silver Book sehen regelmäßig eine **Befristung der Sicherheiten** vor, nach deren Ablauf die Sicherheit an den Sicherungsgeber zurückzugeben ist. 340

Weil in der Regel nicht vorhersehbar und mithin auch nicht eindeutig bestimmbar ist, für welchen Zeitraum genau der Begünstigte durch die Sicherheit abgesichert werden soll, sehen die General Conditions vor, dass die Sicherheit rechtzeitig vor ihrem Ablauf zu verlängern ist. Erfolgt keine rechtzeitige Verlängerung, darf der Begünstigte den vollen Betrag in Anspruch nehmen. Der Employer sollte indes nicht versäumen, die Auszahlung vor Ablauf der (unverlängerten) Befristung zu verlangen. Andernfalls läuft er Gefahr, keine neue Sicherheit zu erhalten, oder mit seiner Forderung ganz auszufallen. 341

4. Anwendbares Recht bei Streitigkeiten rund um die Sicherheiten, URDG und URCB. Fehlt eine Rechtswahl, richten sich die Bestimmungen des anwendbaren Rechts jedenfalls aus deutscher Sicht nach Art. 4 Rom I. 342

---

[128] hierzu unter I.1. → Rn. 12 ff.

Anhang § 18 Übersicht und Erläuterungen zu den FIDIC-Vertragsmustern

343 Bei Streitigkeiten über die Frage, ob und wofür eine Sicherheit zu leisten ist, ist das Statut der Sicherungsabrede – im Fall der FIDIC Verträge die in den besonderen Vertragsbedingungen vereinbarte Rechtsordnung anzuwenden. Das Statut der Sicherungsabrede entscheidet hingegen über den Eintritt des Sicherungsfalls, den Umfang und die Auslegung der Sicherheit. Nach den Musterformularen der FIDIC Verträge ergibt sich das für die Sicherheiten anwendbare Recht zumeist aus den „Einheitlichen Regelungen der Internationalen Handelskammer" („ICC Uniform Rules"). Folglich haben das Statut der Sicherheiten und das der Sicherungsabrede also unterschiedliche Anknüpfungspunkte und müssen demnach nicht übereinstimmen.

344 Bei der Frage, welches Recht auf die Mustersicherheiten der FIDIC Veträge zur Anwendung kommt, ist zwischen der „Uniform Rules for Demand Guarantees" (URDG)[129] und der „Uniform Rules for Contract Bonds" (URCB)[130] zu unterscheiden.

345 Die URDG sind – hier in der von der Internationalen Handelskammer unter Nr. 458 heraus gegebenen Fassung – auf die „Demand Guarantees" (Garantie auf erstes Anfordern) anzuwenden. Das legen die Musterformulare (Anhang B, C, E, F und G) fest. Inzwischen stehen die URDG aber auch schon in einer neuen Fassung als ICC-Veröffentlichung Nr. 758 zur Verfügung, die vielfach sehr viel klarer und präziser ausgestaltet ist. Daher sollte stets geprüft werden, ob sich eine entsprechende Änderung des Verweises in den Musterformularen anbietet.

346 Die URCB sind auf die Surety Bond (Annex D, Erfüllungssicherheiten) anzuwenden, und zwar in der von der Internationalen Handelskammer als Veröffentlichung Nr. 524 herausgegebenen Fassung.

347 Die „Uniform Rules" enthalten neben den Regelungen zum anwendbaren Recht auch Bestimmungen zum Gerichtsstand sowie zu konkreten Verpflichtungen für den Sicherungsgeber, den Begünstigten und den Schuldner. Damit sind im Hinblick auf die Sicherheiten die Auslegungsmöglichkeiten begrenzt. So sieht Artikel 34 der URDG Nr. 758 für die „Demand Guarantees" vor, dass sich das anwendbare Recht nach dem Geschäftssitz des Garantiegebers richtet. Artikel 35 URDG Nr. 758 sieht hierzu ergänzend vor, dass für alle Streitigkeiten im Zusammenhang mit der Garantie das Gericht im Land des ausstellenden Garantiegebers zuständig ist. Bzgl. der „Surety Bonds" gilt hingegen Artikel 8 der URCB. Wurde danach keine Rechtswahl getroffen, richtet sich das anwendbare Recht nach dem (Haupt-) Vertrag; bei einem FIDIC-Vertrag also nach der in den Particular Conditions festgelegt Rechtsordnung. Daneben ist die Schiedsgerichtsordnung der Internationalen Handelskammer ICC (Rules of Conciliation and Arbitration of the International Chamber of Commerce) anwendbar.

348 **5. Die Sicherheiten im Einzelnen. 5.1 Garantie der Muttergesellschaft (Anhang A).** Hierbei handelt es sich um eine Sicherheit, die von der Muttergesellschaft des Contractor zur Absicherung aller ihm obliegenden vertraglichen Verpflichtungen und Verbindlichkeiten ausgestellt wird. Sie ist keine Sicherheit auf erstes Anfordern und auch nicht befristet. Inhaltliche Regelungen zur Garantie der Muttergesellschaft finden sich in den FIDIC-Vertragsbedingungen nicht. Allerdings finden sich Hinweise in den Erläuterungen zur Erstellung der Ausschreibungsunterlagen (Notes on the Preparation of Tender Documents) sowie

---

[129] ICC Publication Nr. 458, 1992; ICC Publication Nr. 758, 2010.
[130] ICC Publication Nr. 524, 1993.

im Abschnitt Guidance zu Ziff. 1.4. Hiernach soll in die Anweisungen an die Bieter (Instructions to Tenderers) die Verpflichtung des Bieters zur Stellung einer Garantie der Muttergesellschaft aufgenommen werden mit der Folge, dass sie bereits mit Angebotsabgabe zu übergeben ist.

Das aber ist regelmäßig problematisch. Denn zum einen weiß der Ausschreibende zum Zeitpunkt der Ausschreibung noch nicht, welcher Bieter sich an der Angebotsabgabe beteiligen wird. Zum anderen wird in vielen Konzernen die Stellung einer solchen Garantie per se abgelehnt. **349**

Welches Recht auf die Muttergesellschaft anzuwenden ist, bestimmt Anhang A des Musterformulars, wonach das Recht anzuwenden ist, das auch auf den FIDIC-Vertrag anzuwenden ist. Darüber hinaus ist die Schiedsgerichtsordnung der Internationalen Handelskammer (ICC) anwendbar. **350**

5.2 Angebotssicherheit (Anhang B). Die Angebotssicherheit ist mit dem Angebot abzugeben und mithin eine Sicherheit auf Anfordern. Sie sichert beispielsweise Fälle, in denen der Bieter sein Angebot zurückzieht, sich weigert, den Vertrag nach Zuschlag zu unterschreiben oder aber den Vertrag zwar unterschreibt, aber keine Erfüllungssicherheit nach Ziff. 4.2 vorlegt. Sie unterliegt den „Uniform Rules for Demand Guarantees" (URDG). **351**

5.3 Erfüllungssicherheit (Anhang C und D). Sie wird vom Contractor zur Sicherung des gegen ihn bestehenden Erfüllungsanspruchs auf seine Kosten gestellt, Ziff. 4.2. Über welche Höhe und in welcher Währung die Sicherheit gestellt werden soll, ist regelmäßig im Anhang zum Angebot festgelegt. Fehlt eine solche Vorgabe, ist Ziff. 4.2 nicht anwendbar, und eine Erfüllungssicherheit braucht dann nicht gestellt zu werden. **352**

Die Erfüllungssicherheit kann einmal als **Garantie auf erstes Anfordern** (Anlage C) **oder** als **Surety Bond** (Anlage D) ausgestaltet werden. Damit im Zuge der Vertragsabwicklung keine Streitigkeiten über die Ausgestaltung aufkommen, sollten die Vertragsparteien bereits bei Vertragsschluss genau festlegen, welche der beiden Ausgestaltungsmöglichkeiten sie wählen. **353**

Vereinbaren die Parteien eine Erfüllungssicherheit, und wird diese vom Contractor entgegen der Vereinbarung letztlich nicht vorgelegt, hat der Employer insbesondere a) das Recht, den Vertrag mit einer Frist von 14 Tagen zu kündigen, vgl. Ziff. 15.2 (a), b) das Recht, Abschlagszahlungen nicht zu bestätigen und auszuzahlen, vgl. Ziff. 14.6, c) das Recht, Vorauszahlungen zu verweigern, vgl. Ziff. 14.7 und d) das Recht, dem Contractor den Zugang zur Baustelle zu verweigern, vgl. Ziff. 2.1. **354**

Hat der Contractor jedoch die vereinbarte Erfüllungssicherheit vorgelegt, kann diese nur unter folgenden (alternativen) Voraussetzungen in Anspruch genommen werden: **355**
- wenn es der Contractor versäumt, die Erfüllungssicherheit rechtzeitig zu verlängern;
- wenn es der Contractor versäumt, innerhalb von 42 Tagen einen fälligen Betrag an den Employer zu zahlen, der diesem entweder aufgrund einer Einigung mit dem Contractor oder einer Festlegung gemäß Ziff. 2.5 oder Ziff. 20 zusteht;
- wenn der Contractor auf eine entsprechende Anzeige des Employer hin bei Vorliegen einer Pflichtwidrigkeit nicht innerhalb von 42 Tagen Abhilfe leistet;
- wenn der Employer zur Kündigung gem. Ziff. 15.2 (Termination by Employer) berechtigt ist, wobei nicht zwingend die Kündigung auch erklärt werden muss.

Anhang § 18 Übersicht und Erläuterungen zu den FIDIC-Vertragsmustern

356 Sowohl der Betrag als auch die Währung der Erfüllungssicherheit ist in dem Anhang zum Angebot (Red and Yellow Book) bzw. in die Particular Conditions (Silver Book) aufzunehmen. Außerdem können die Parteien vereinbaren, dass sich die Höhe des Sicherheitsbetrages nach Ausstellung des Taking Over Certificate um einen bestimmten, von den Parteien festzulegenden Prozentsatz reduziert. Auch hierzu findet sich ein entsprechender Mustertext in den Musterformularen zur Erfüllungssicherheit (Anlage C und D).

357 Die Frage, für welche Dauer die Erfüllungssicherheit zu stellen ist, wird in den General Conditions geregelt. So muss der Contractor nach Ziff. 4.2 die Gültigkeit und die Vollstreckbarkeit der Erfüllungssicherheit sicherstellen, bis er die Arbeiten ausgeführt und fertiggestellt sowie etwaige Mängel beseitigt hat.

358 Hiervon gibt es in der Praxis häufig vertraglich vereinbarte Abweichungen. So wird der Contractor in der Praxis regelmäßig verpflichtet, die Erfüllungssicherheit bis zur Ausstellung der Erfüllungsbescheinigung (Performance Certificate) gem. Ziff. 11.9 beizustellen. Darüber hinaus hat der Employer nach Ziff. 4.2 die Erfüllungssicherheit innerhalb von 21 Tagen an den Contractor zurückzugeben, nachdem dieser eine Kopie des Performance Certificate erhalten hat (Red and Yellow Book) bzw. berechtigt ist, dass Performance Certificate zu erhalten (Silver Book). Für den Fall, dass der Employer den Vertrag nach Ziff. 15.5 frei kündigt, wird die Kündigung erst mit Rückgabe der Erfüllungssicherheit wirksam. Kündigt indes der Contractor den Vertrag nach Ziff. 16.2, so hat der Employer die Erfüllungssicherheit nach Ziff. 16.4 (a) unverzüglich zurückzugeben.

359 In der Ausgestaltung einer Garantie auf erstes Anfordern gelten für die Erfüllungssicherheit die URGD. Auf die Erfüllungssicherheit in der Ausgestaltung des Surety Bond finden die URCB Anwendung.[131]

360 **5.4 Vorauszahlungsgarantie (Anhang E).** Zur Aufnahme der Arbeiten und für die Planung kann der Contractor eine Vorauszahlung fordern, Ziff. 14.2. In diesem Fall muss er indes eine Vorauszahlungsbürgschaft in entsprechender Höhe an den Employer übergeben. Dabei ist die Gesamtsumme der Vorauszahlung sowie ggf. die Anzahl der einzelnen Raten und die geltende Währung im Anhang zum Angebot (Red und Yellow Book) bzw. in den Particular Conditions (Silver Book) festzulegen. Sind dort keine Regelungen zur Vorauszahlung vorgesehen, ist Ziff. 14.2 nicht anwendbar; ein Vorauszahlungsanspruch besteht dann nicht.

361 Die Vorauszahlungsbürgschaft kann jeweils um die vom Contractor zurückgezahlten Vorauszahlungsbeträge reduziert werden, muss jedoch ungeachtet dessen bis zur vollständigen Rückzahlung der Vorauszahlung gültig und vollstreckbar sein. Die Rückzahlung erfolgt dabei regelmäßig durch einen prozentualen Abzug auf die einzelnen Abschlagszahlungen (Zwischenzahlungsbescheinigungen).

362 Daneben kann der Contractor auch eine Vorauszahlung für Anlagen und Materialen verlangen, wenn er im Gegenzug eine Bankgarantie in gleicher Höhe und Währung an den Employer überreicht, Ziff. 14.5.

363 Auch die Vorauszahlungsgarantie ist eine Sicherheit auf Anfordern, für die die URDG gilt.

364 **5.5 Sicherheitseinbehalt.** Der Sicherheitseinbehalt ist in Ziff. 14.3 geregelt und sichert den Employer nach dem „Taking Over" im Falle einer nur unvollständig bzw. mangelhaft vom Contractor erbrachten Leistung ab. Der Contractor hat insoweit bei der Ermittlung des von ihm beanspruchten Zwischenzahlungsbetra-

---

[131] Roquette/Schweiger, Vertragsbuch Privates Baurecht, 3. Auflage, Rn. 348.

Übersicht und Erläuterungen zu den FIDIC-Vertragsmustern **Anhang § 18**

ges die entsprechenden Einbehalte abzuziehen, Ziff. 14.3 (c). Er hat sich dabei an dem Prozentsatz festhalten zu lassen, den die Parteien in den Particular Conditions (Silver Book) bzw. im Anhang zum Angebot (Red und Yellow Book) bei Vertragsschluss festgelegt haben. Der maximal mögliche Einbehalt richtet sich dabei nach dem (ebenfalls) vereinbarten Limit.

Für die Auszahlung des Einbehalts gibt Ziff. 14.9 Absatz 1 vor, dass diese in 365 zwei Raten erfolgt, wobei die erste Rate zu zahlen ist, wenn das Taking Over Certificate ausgestellt wurde und zusätzlich (bei Anwendung des Yellow und Silver Book) die Leistungen alle geschuldeten Tests bestanden haben. Die zweite Rate ist schließlich unverzüglich nach Ablauf der letzten Defects Notification Period auszuzahlen, Ziff. 14.9 Absatz 2. Für eventuell noch auszuführende Mängelbeseitigungsleistungen oder für durchzuführende Tests nach Fertigstellung kann der Employer aber noch den dafür voraussichtlich anfallenden Betrag zurückhalten.

5.6 Garantie für Zahlungseinbehalte (Anhang F). Sowohl das Red als 366 auch das Yellow und das Silver Book enthalten die Möglichkeit, dass der Contractor einen Teil des Einbehalts durch eine geeignete Garantie ablösen kann. Hierzu muss er dem Employer eine Garantie für die Einbehalte (**"Retention Money Guarantee"**) übergeben, die in Höhe und Währung dem Einbehalt entsprechen und hinsichtlich Form und Aussteller vom Employer gebilligt werden muss. In Anhang F findet sich ein entsprechendes Musterformular.

Die Garantie für Zahlungseinbehalte ist eine Sicherheit auf erstes Anfordern, 367 die der Contractor beistellen muss, bis er die Arbeiten fertig gestellt und die Mängel beseitigt hat. Auf sie finden die URDG Anwendung.

5.7 Zahlungsgarantie des Employer (Anhang G). Auf der Suche nach 368 einem Musterformular für die Zahlungsgarantie zur Absicherung der Zahlungsansprüche des Contractor wird man im Red, Yellow und Silver Book jeweils im Anhang G des Abschnitts Guidance zur Erstellung der Particular Conditions fündig. Nach der Erläuterung zu Art. 14 im Abschnitt Guidance ist das Muster für den Fall vorgesehen, dass der Contractor die Finanzierung der Baumaßnahme unterstützt. Das kann zum Beispiel dadurch geschehen, dass er hohe Einbehalte oder einen verzögerten Zahlungsplan akzeptiert und damit ein erhöhtes Vorleistungsrisiko trägt. Die Zahlungsgarantie des Employer dient folglich dazu, dem beim Contractor insoweit bestehendem erhöhten Sicherheitsbedürfnis Rechnung zu tragen.

Nach der Muster-Sicherungsabrede, die auch entsprechend in die Particular 369 Conditions aufgenommen werden sollte, muss der Employer die Zahlungsgarantie auf seine eigenen Kosten beschaffen. Sie ist zurückzugeben, wenn der Employer seine vertraglichen Pflichten erfüllt hat.

Sowohl das Musterformular der Zahlungsgarantie als auch die Muster-Siche- 370 rungsabrede können auch dann verwendet werden, wenn der Contractor sein "normales" Vorleistungsrisiko durch eine Zahlungsgarantie des Employer abgesichert wissen will. Die Garantie kann als Sicherheit für alle Zahlungsansprüche des Contractor verwendet werden. Besonderheiten sind dabei nicht zu beachten.

Die Zahlungsgarantie ist eine Sicherheit auf erstes Anfordern, für die die 371 URDG gelten.

6. Versicherungen (Insurance), Ziff. 18. Weil Bauvorhaben regelmäßig mit 372 hohen Risiken verbunden sind, besteht bei den Vertragsparteien unabhängig der vorgenannten Sicherheiten ein starkes Bedürfnis finanzielle Risiken über Versiche-

Anhang § 18 Übersicht und Erläuterungen zu den FIDIC-Vertragsmustern

rungen zu decken bzw. einzugrenzen.[132] Dem sind auch die FIDIC-Vertragsmuster gerecht geworden, in dem sie in Ziff. 18 ausführlich die von den Parteien abzuschließenden Versicherungen behandeln.[133] Diejenige Partei, welche konkret versicherungspflichtig ist, wird als **Insuring Party** bezeichnet.[134]

373 Ganz allgemein gültig ist, dass die Versicherungsbedingungen der Zustimmung des Employer bedürfen, Ziff. 18.1. Umgekehrt ist das nicht erforderlich. Außerdem hat der jeweilige Versicherungsnehmer der anderen Partei innerhalb einer dafür individuell vereinbarten Frist (die Vereinbarung findet sich im Appendix to Tender beim Red und Yellow Book und in den Particular Conditions beim Silver Book) den Nachweis über den Versicherungsabschluss und die erste Prämienzahlung zu erbringen sowie Kopien der Versicherungspolicen vorzulegen, Ziff. 18.1 Abs. 6. Des Weiteren ist in Ziff. 18.1 Abs. 5 verankert, dass im Versicherungsfall in derjenigen Währung zu leisten ist, in der der jeweils konkret versicherte Schaden zu erstatten ist.

374 Zu versichern sind nach Ziff. 18.2 Bauleistung(en), Anlagen und Materialien sowie Dokumente des Contractor, Ziff. 18.2. Außerdem zu versichern sind Personen- und Sachschäden (Ziff. 18.3) und das Personal des Contractor und ggf. dasjenige seiner Nachunternehmer (Ziff. 18.4).

375 Schließt eine Partei keine Versicherung ab, obgleich sie dazu verpflichtet ist, so kann die andere Partei den entsprechenden Versicherungsschutz auf Kosten der versicherungspflichtigen Partei selbst einholen, Ziff. 18.10.

376 Die eigentliche **Bauwerks- bzw. Bauleistungsversicherung** wird regelmäßig vom Contractor abgeschlossen.[135] Sie soll Employer und Contractor gemeinsam begünstigen[136] und ist **zweistufig** ausgestaltet.[137] Zunächst soll sie alle versicherten Risiken bis zur Ausstellung des Taking-Over Certificates abdecken, weshalb insoweit tatsächlich eine gemeinsame Begünstigung von Employer und Contractor aus der Versicherung vorliegt. Nach dem Taking-Over soll die Bauleistungsversicherung bis zur Erteilung des Performance Certificates noch weiter solche Schäden absichern, für die der Contractor verantwortlich ist und die ihre Ursache entweder in einem Sachverhalt haben, der bereits vor dem Taking-Over aufgetreten ist oder auf spätere Handlungen des Contractor oder seiner Erfüllungsgehilfen zurückgeführt werden kann.

377 Außerdem muss die Versicherung auch dem Employer nach Ziff. 17.3 zugewiesene Risiken abdecken. Eine Ausnahme von dieser Vorgabe ist nur in den Fällen zulässig, in denen eine Versicherung zu wirtschaftlich vernünftigen Bedingungen nicht zu erlagen ist.

378 Von dem Contractor zu versichern sind zudem nach Ziff. 18.3 Personen- und Sachschäden, für die beide Parteien verantwortlich sind. Im Appendix to Tender

---

[132] Vgl. Hickson, Construction Insurance, Management and Claims. A Guide for Contractors, S. 10–1; Mallmann, FIDIC-Standardbestimmungen, S. 278; vgl. allgemein zur Versicherung von Großprojekten Sigulla, Handbuch Projekte und Projektfinanzierung, Rn. 509 ff.

[133] Bunni ICLR 2001, 523 (526 f., 532 ff.), kritisiert die Ausgestaltung der FIDIC-Bedingungen im Hinblick auf Versicherungen grundsätzlich und unterbreitet Alternativvorschläge.

[134] Bunni ICLR 2001, 523 (526), kritisiert auch diese Terminologie als missverständlich.

[135] Baker/Mellors/Chalmers/Lavers, FIDIC Contracts: Law and Practice, 7.101, 368, weisen zu Recht darauf hin, dass Ziff. 18.2 grundsätzlich offenlässt, wer die Versicherung abschließt und insoweit von der „Insuring Party" spricht.

[136] Bunni, Construction Insurance, S. 197 f., stellt die Nachteile einer nicht beidseitig begünstigenden Bauleistungsversicherung heraus.

[137] Mallmann FIDIC-Standardbestimmungen, S. 280.

Übersicht und Erläuterungen zu den FIDIC-Vertragsmustern **Anhang § 18**

(Red und Yellow Book) bzw. in den Particular Conditions (Silver Book) ist dafür eine entsprechende Mindestdeckungssumme anzugeben. Wurde dem nicht Rechnung getragen, ist Ziff. 18.3 nicht anwendbar.

Schließlich ist die Versicherung für Personenschäden, die Angestellte des Con- 379 tractor erleiden können, von diesem abzuschließen, vgl. Ziff. 18.4. Der Employer soll insoweit von Schäden freigestellt werden, es sei denn, sie sind auf ein eigenes Fehlverhalten oder das seiner Angestellten zurückzuführen.

XXII. Claims und Streitigkeiten

In Ziff. 20 der FIDIC-Regelwerke (Red, Yellow und Silver Book) sind Verfah- 380 rensbestimmungen festgelegt, wie die Vertragsparteien im Falle von Streitigkeiten im Zusammenhang mit der Geltendmachung von Ansprüchen des Contractor auf zusätzliche Vergütung oder Bauzeitverlängerung sowie bei Streitigkeiten untereinander vorzugehen haben. Vorgesehen ist insoweit ein dreistufiges System, mit dem die Parteien ihre Differenzen lösen sollen.

1. Second Edition 2017: Aufsplittung in zwei Bestimmungen. Neben 381 den Befugnissen und Aufgaben des Engineers (Ziff. 3, siehe oben) wurden die **Bestimmungen zu Claims und Streitigkeiten** im Zuge der Second Edition des Red, Yellow und Silver Books am weitreichendsten **inhaltlich überarbeitet und modifiziert.**

Dies zeigt sich bereits daran, dass der ursprünglich in einer Bestimmung, 382 namentlich Ziff. 20 („Claims, Disputes and Arbitration") zusammengefasste Inhalt nunmehr in der Second Edition 2017 auf **zwei Klauseln** (Ziff. 20, „Employer's and Contractor's Claims", und Ziff. 21, „Disputes and Arbitration") **aufgeteilt** worden ist. Hiermit soll unter anderem verdeutlicht werden, dass „Claim" und „Streitigkeit" keinesfalls inhaltlich gleich zu setzen sind und der **kooperative Grundgedanke** der FIDIC-Regelwerke noch stärker betont werden.

Bei Gelegenheit der Aufteilung des Regelungsinhalts der vormaligen Ziff. 20 383 in Red, Yellow und Silver Book wurde zugleich eine strukturelle Schwäche der First Edition 1999 beseitigt. Die **neue Ziff. 20** Second Edition 2017 („Employer's and Contractor's Claims") ist nunmehr für **Ansprüche beider Vertragsparteien** einschlägig. Vormals regelte Ziff. 20 der First Edition von Red, Yellow und Silver Book nur Claims des Contractor, während Claims des Employer unter Ziff. 2 geregelt wurden. Nunmehr finden sich **Regelungen zum Umgang mit Claims beider Vertragsparteien in einer Bestimmung,** die zudem deutlich herausstellt, dass Claims des Contractor wie auch des Employer denselben Regeln zu folgen haben und mithin gleich zu behandeln sind.

Ziff. 21 der Second Edition 2017 des Red, Yellow und Silver Books befasst 384 sich sodann ausschließlich mit Streitigkeiten der Parteien. Dabei wurde der Grundgedanke der Streitvermeidung noch stärker betont als bislang, was sich unter anderem auch daran zeigt, dass das „Dispute Adjudication Board" (DAB) in **„Dispute Avoidance/Adjudication Board" (DAAB)** umbenannt worden ist, um herauszustellen, dass es primäre Aufgabe dieser Einrichtung ist, streitige Auseinandersetzungen zwischen den Vertragsparteien im Sinne einer Konfliktschlichtung schnell aufzulösen und zu entscheiden.

2. Erste Stufe: Entscheidung des Engineers bzw. des Employer über 385 **Ansprüche des Unternehmers.** Soweit der Unternehmer seinerseits Zahlungs- und/oder Bauzeitverlängerungsansprüche für berechtigt hält, so hat er diese

Anhang § 18 Übersicht und Erläuterungen zu den FIDIC-Vertragsmustern

zunächst gegenüber dem Engineer bzw. bei Anwendung des Silver Book gegenüber dem Employer selbst anzuzeigen, indem er diejenigen Gründe und Umstände aufzeigt, nach denen die Ansprüche bestehen sollen, Ziff. 20.1. Über darüberhinausgehende Ansprüche darf der Engineer nicht befinden.

386 Die **Anzeige** hat dabei zeitnah, spätestens jedoch innerhalb von **28 Tagen nach Kenntnis oder Kennenmüssen** der Gründe und Umstände, die seinem Anspruch zu Grunde liegen, zu erfolgen. Nur wenn diese Frist eingehalten wird, kommt eine Verlängerung der Bauzeit bzw. die Zahlung einer Zusatzvergütung auch in Betracht.

387 Neben der reinen Anzeige muss binnen **42 Tagen,** gerechnet ab Kenntniserlangung bzw. dem Zeitpunkt, ab dem die Kenntniserlangung möglich war, eine vollständige und substantiierte Begründung der Ansprüche eingereicht werden.

388 Der Engineer bzw. bei Anwendung des Silver Books der Employer, hat wiederum innerhalb von **weiteren 42 Tagen** nach Einreichung der Anspruchsbegründung den Anspruch zu bestätigen oder aber im Falle einer Ablehnung des Anspruchs, diese zu begründen. Im Einzelfall können die Parteien dafür auch eine andere Frist vereinbaren.

389 **3. Zweite Stufe: Streitbeilegungsstelle („Dispute Adjudication Board").**[138] Für den Fall, dass eine Partei mit der Entscheidung des Engineers bzw. bei Anwendbarkeit des Silver Books dem Employer nicht einverstanden ist, oder es sich um Streitigkeiten zu Ansprüchen handelt, über die der Engineer nicht befinden darf, kann nach Ziff. 20.4 Abs. 1 jede Vertragspartei im zweiten Schritt das „Dispute Adjudication Board" (DAB) anrufen und insoweit eine Entscheidung der Streitbeilegungsstelle erwirken. Dazu bedarf es einer schriftlichen Vorlage unter Bezug auf diese Bestimmung, wobei sowohl die andere Partei als auch (bei Anwendbarkeit des Red Book und des Yellow Book) der Engineer eine Kopie davon zu erhalten haben. Fristen, innerhalb derer das DAB anzurufen ist, enthalten die FIDIC-Regelwerke nicht.[139] Die Parteien können daher die streitigen Sachverhalte auch sammeln, um sie am Ende des Projektes gebündelt durch die Streitbeilegungsstelle klären zu lassen.[140]

390 Neben der soeben genannten Möglichkeit, einen Streit der Parteien durch das DAB beizulegen, ist es auch möglich, das DAB nur bzgl. einer Beratung hinzuziehen.[141] In diesem Fall müssen die Parteien gemeinsam eine entsprechende Anfrage an das DAB richten, Ziff. 20.5 Abs. 8.[142]

391 Das DAB muss jedoch zunächst eingerichtet werden. Der Zeitpunkt, wann die Einrichtung des DAB zu erfolgen hat, ist in den FIDIC-Regelwerken unterschiedlich geregelt. Nach Ziff. 20.2 Abs. 1 des Red Books verpflichten sich die Parteien das DAB zu einem im Anhang zum Angebot bestimmten Zeitpunkt zu bestellen. Im Yellow Book und auch im Silver Book hingegen wird bestimmt, dass das DAB innerhalb von 28 Tagen nach Anzeige einer Partei, das DAB anrufen zu wollen, zu bestellen ist.

392 Wie viele **Mitglieder** (Adjudicators) das DAB hat, wird im Anhang zum Angebot festgelegt, Ziff. 20.1 Abs. 2. Dabei bietet es sich an, die Zahl der Mitglieder

---

[138] Allgemein zum DAB auch: Goedel IBR 2000, 298.
[139] Ausnahme: Gold Book.
[140] Jaeger/Hök, FIDIC – A Guide for Pracitioners, S. 414.
[141] Das Gold Book fordert die Vertragsparteien sogar auf, die beratende Funktion des DAB zur Vermeidung von Streitigkeiten zu nutzen.
[142] Goedel IBR 2000, 298.

Übersicht und Erläuterungen zu den FIDIC-Vertragsmustern **Anhang § 18**

von der Projektgröße abhängig zu machen.[143] Soll die Besetzung des DAB nur mit einem Mitglied erfolgen, müssen sich die Parteien über die Person einig sein, Ziff. 20.3 Abs. 1. Für den Fall, dass das DAB aus drei Mitgliedern bestehen soll, ernennt zunächst jede Vertragspartei seinen Adjudicator. Diese wiederum haben sich sodann auf einen Vorsitzenden – dem dritten Mitglied – zu einigen, den die Parteien bestätigen müssen, Ziff. 20.3 Abs. 3. Welche Qualifikation die Mitglieder mitbringen müssen, geben die FIDIC-Regelwerke nicht vor. Zu empfehlen ist, die Qualifikation der Adjudicators von der Art des Projektes abhängig zu machen.[144] Entscheidend ist dabei letztlich, ob die im Streit stehenden Fragestellungen eher von einem Techniker oder von einem Juristen beantwortet werden können. Je nach Erfordernis ist dann entweder ein Jurist oder ein Techniker als Adjudicator zu bestimmen, wobei im Hinblick auf die Bedeutung der Entscheidung des DAB bei der Mitgliederauswahl mit Bedacht agiert werden sollte. Auch einen Ersatz-Adjudicator können die Parteien gemeinsam festlegen. Können sich die Parteien hingegen nicht auf die Benennung eines Einzel-Adjudicators oder einen Vorsitzenden bzw. einen Ersatz- Adjudikator einigen, kann die Benennung auf die FIDIC oder die International Chamber of Commerce übertragen werden (Ziff. 20.3.), wenn nicht die Particular Conditions ein alternatives Verfahren vorgeben.[145] Dadurch anfallende Kosten haben die Parteien je zur Hälfte zu übernehmen, Ziff. 20.3 S. 3.

Wird das DAB zum Zwecke der Streitbeilegung angerufen, sind ihm unverzüglich alle entscheidenden Dokumente und Informationen vorzulegen und ist ihm – sofern erforderlich – Zugang zur Baustelle zu gewähren, Ziff. 20.4 Abs. 3. **Nach Anrufung des DAB** hat dieses **binnen 84 Tagen** seine **Entscheidung** einschließlich der ihr zugrundeliegenden Gründe den Parteien mitzuteilen, Ziff. 20.4 Abs. 4. Diese Frist kann durch einen Vorschlag der Streitbeilegungsstelle verlängert oder verkürzt werden, wenn beide Parteien diesem Vorschlag zustimmen.

Darüber hinausgehende Verfahrensvorgaben enthalten die FIDIC-Vertragsmuster nicht. Hier ist der Appendix zu den General Conditions, Titel „General Conditions of Dispute Adjucation Agreements" einschlägig. Danach haben beide Parteien das Recht, jeweils ihre Sicht der Dinge darzustellen. Eine mündliche Verhandlung wird ebenfalls empfohlen. Daneben können die Parteien noch weitere Verfahrensbestimmungen in den Particular Conditions regeln.[146]

Die **Entscheidung** des DAB ist für beide Vertragsparteien **vorläufig** (hierzu gleich näher) **bindend**.[147] Beide Parteien haben sie mithin sogleich zu beachten und umzusetzen, unabhängig davon, ob sie mit der Entscheidung des DAB einverstanden sind oder nicht. Damit einhergehend steht dem Contractor auch kein Leistungsverweigerungsrecht zu, es sei denn der Vertrag sei gekündigt oder aufgehoben, Ziff. 20.4 Abs. 4.

Die **Kosten des DAB** und auch die eines etwaig notwendigen Sachverständigen haben die Parteien jeweils hälftig zu tragen, Ziff. 20.2 Abs. 6. Zu beachten ist, dass eine Vollstreckung der Entscheidung des DAB nach den meisten nationalen Rechtsordnungen nicht möglich ist, da – so ausdrücklich in Ziff. 20.4 Abs. 3 S. 2 geregelt – das DAB gerade kein Schiedsgericht ist.[148]

---

[143] Leinemann VOB/B/Hilgers/Kaminsky, 8. Aufl., Rn. 491.
[144] So auch: Roquette/Otto PrivBauR/Brück, 2. Aufl., F.II. Rn. 252.
[145] Schramke/Yazdani BauR 2004, 1073 (1074).
[146] Roquette/Otto PrivBauR/Brück, 2. Aufl., F.II. Rn. 249.
[147] Leinemann VOB/B/Hilgers/Kaminsky, 6. Aufl., Rn. 455; Hök ZfBR 2007, 416 ff.
[148] Zutreffend: Schramke/Yazdani BauR 2004, 1073 (1076).

Anhang § 18 Übersicht und Erläuterungen zu den FIDIC-Vertragsmustern

Ist eine der Parteien mit der Entscheidung des DAB nicht einverstanden, hat sie die Möglichkeit, dies der anderen Vertragspartei innerhalb von 28 Tagen entsprechend mitteilen, Ziff. 20.4 Abs. 5. Diese **Notice of Dissatisfaction** ist zwingende Voraussetzung, damit im Rahmen eines sich dann anschließenden Schiedsverfahrens eine inhaltliche Überprüfung stattfinden kann.[149] Andernfalls wird die Entscheidung des DAB bindend, Ziff. 20.4 Abs. 7.

397 Vor Einleitung des Schiedsverfahrens sind die Parteien gem. Ziff. 20.5 indes zunächst gehalten, innerhalb von 56 Tagen den Versuch einer gütlichen Einigung **(Amicable Settlement)** zu unternehmen. Verfahrensvorgaben sehen die FIDIC-Regelwerke hierzu nicht vor. Hier sollten die Parteien eine entsprechende Verfahrensordnung vereinbaren, beispielsweise die Amicable Dispute Resolution der ICC.[150] Fehlen derartige Verfahrensregeln, wird der Versuch, sich innerhalb der vorgegebenen 56 Tage gütlich zu einigen, regelmäßig scheitern, da die jeweils andere Partei bereits die Einleitung des Amicable Settlement unterbinden wird. Da stets dann, wenn die Parteien innerhalb der 56 Tage keine einvernehmliche Einigung herbeiführen, das Schiedsverfahren stattfindet (anders nur bei entsprechender Vereinbarung), führt Ziff. 20.5 in den Fällen, in denen sich die Parteien nicht auf Verfahrensregeln geeinigt haben, lediglich zu einer Verzögerung bis zur endgültigen Entscheidung. Denkbar wäre daher, dass die Parteien in den Particular Conditions die Geltung der Ziff. 20.5 grundsätzlich ausschließen.

398 **4. Dritte Stufe: Schiedsverfahren (Arbitration).** Kann der Streit unter Anwendung der zuvor genannten Streitbeilegungsmöglichkeiten nicht beendet werden, sieht Ziff. 20.6 als dritte Instanz die endgültige Beendigung der Differenzen im Wege des Schiedsverfahrens vor. Die Entscheidung des Schiedsgerichts ist sodann verbindlich und endgültig.[151] Das Schiedsverfahren kommt auch dann zur Anwendung, wenn sich eine Partei nicht an die bindend gewordene Entscheidung des DAB hält (Ziff. 20.7) oder wenn ein DAB gar nicht erst eingerichtet wurde (Ziff. 20.8). Nicht entscheidend ist, ob das Bauvorhaben schon beendet ist. Das Schiedsverfahren kann bereits vor Fertigstellung der Arbeiten eingeleitet werden, Ziff. 20.6 Abs. 4.

399 Umfassende Schiedsverfahrensregeln enthalten die FIDIC-Regelwerke nicht. Nach den FIDIC-Regelwerken ist lediglich die Anzahl der Schiedsrichter mit drei (vgl. Ziff. 20.6 Abs. 1 lit. b) sowie die Verfahrenssprache vorgegeben, wobei als Verfahrenssprache diejenige gilt, die von den Parteien gem. Ziff. 1.4 gewählt wurde (vgl. Ziff. 20.6 Abs. 1 lit. c).

400 Darüberhinausgehende Verfahrensregeln können die Parteien in den Particular Conditions frei festlegen.[152] Dies gilt insbesondere für den Sitz des Schiedsgerichts. Haben die Parteien hingegen keine Verfahrensregeln festgelegt bzw. vereinbart, gilt die Schiedsordnung der International Chamber of Commerce,[153] Ziff. 20.6 Abs. 1 lit. a.

---

[149] Leinemann VOB/B/Hilgers/Kaminsky, 6. Aufl., Rn. 457.

[150] http://sharpview.de/fileadmin/ICC_Dokumente/ADRRegeln_ICC.pdf.

[151] Hök ZfBR 2004, 416 (422).

[152] In Deutschland kommt neben der Vereinbarung der SGO-Bau auch die Anwendung der Schiedsordnung der Deutschen Institution für Schiedsgerichtsbarkeit (DIS) in Betracht. Die SGO-Bau kann unter http://www.baurecht-ges.de/sgo01072005.pdf eingesehen werden und die Schiedsgerichtsordnung der DIS (in der deutschsprachigen Fassung) unter http://www.dis-arb.de/download/dis-scho98_05_deu_eur.pdf.

[153] In der englischen Fassung einsehbar unter: http://www.iccw-bo.org/uploadedFiles/Court/Arbitration/other/rules_arb:english.pdf.

Das **Schiedsgericht ist nicht an das Ergebnis des DAB gebunden** und stets frei in seiner Entscheidung. Es darf insoweit die Entscheidungen des Engineers sowie der Streitbeilegungsstelle nachprüfen und abändern und ist auch nicht gehindert, den Engineer als Zeugen zu vernehmen (Ziff. 20.6 Abs. 2 und 3). Außerdem ist es ihm erlaubt, neue Tatsachen und Beweise zu berücksichtigen. Die FIDIC-Regelwerke kennen insoweit keine Präklusion.[154]

5. Second Edition 2017: Neue Ziff. 20 – Employer's and Contractor's Claims. Wie bereits oben dargestellt worden ist, wurden im Zug der Second Edition des Red, Yellow und Silver Books die Regelungen zu den Claims einerseits und Streitigkeiten andererseits voneinander getrennt.

Ziff. 20 des Red, Yellow und Silver Books befasst sich in der Second Edition nunmehr ausschließlich mit den **gegenseitigen Claims der Vertragsparteien.** Dabei wurden die in der First Edition systematisch unglücklich in der dortigen Ziff. 2 geregelten Claims des Employer nunmehr zusammen mit den Claims des Contractor in einer Vorschrift behandelt. Die Employer Claims folgen nunmehr prinzipiell demselben Schema wie diejenigen des Contractor, was eine zu begrüßende Vereinheitlichung und zugleich Vereinfachung darstellt.

Ziff. 20.2 der Second Edition beschreibt nunmehr Schritt für Schritt das von Employer wie Contractor gleichermaßen zu befolgende Procedere bei der Geltendmachung eines Claims. Dabei wurden die einzelnen bereit in der First Edition 1999 vorgesehenen Schritte (Notice of Claim/fully detailed Claim/Engineer's agreement or determination) beibehalten, diese aber weit umfangreicher als zuvor erläutert.

Die **Anzeige eines Claims** („Notice of Claim") hat zeitnah, spätestens jedoch **innerhalb von 28 Tagen nach Kenntnis oder Kennenmüssen der Gründe und Umstände,** die dem Anspruch zu Grunde liegen, zu erfolgen. Inhaltlich ist die „Notice of Claim" ausreichend, wenn dieser eine schriftliche Beschreibung der anspruchsbegründenden Umstände zu entnehmen ist, wobei die Anzeige explizit als „Notice of Claim" zu bezeichnen ist. Innerhalb von **84 Tagen** muss die anspruchstellende Partei (Employer oder Contractor) ihren Anspruch detailliert und **vollständig begründet** haben. Ein solcher „fully detailed claim" muss schließlich Aussagen zu den Vertragsgrundlagen und deren behaupteten Änderungen und/oder eine rechtliche Begründung des geltend gemachten Anspruchs enthalten.

Versäumt die anspruchstellende Partei die 28-Tage-Frist für die „Notice of Claim", oder begründet sie ihren Claim nicht innerhalb von 84 Tagen, so gilt die „Notice of Claim" als unwirksam und der Claim ist grundsätzlich verfristet und bleibt daher bereits aus formalen Gründen erfolglos. Da die erheblichen Folgen einer solchen Verfristung regelmäßig Gegenstand von Streitigkeiten der Vertragsbeteiligten bei FIDIC-Verträgen gewesen sind, wurde in der Second Edition nunmehr eine Regelung getroffen, die der jeweils anspruchstellenden Partei eine **Argumentation** dahingehend ermöglicht, dass ihr Anspruch entweder **nicht verspätet angezeigt** wurde **oder** dass **Gründe vorgelegen haben, die eine spätere Anzeige rechtfertigen** können. In diesem Fall hat die sich auf solche Umstände berufende Partei die diesbezüglichen Argumente in ihrer Anspruchsbegründung („fully detailed Claim") vorzubringen. Der Engineer (Red und Yellow Book) bzw. der Employer's Representative (Silver Book) sollen sodann die vorge-

---

[154] Leinemann VOB/B/Hilgers/Kaminsky, 8. Aufl., Rn. 522.

Anhang § 18 Übersicht und Erläuterungen zu den FIDIC-Vertragsmustern

brachten Argumente der anspruchsstellenden Partei bei ihrer Entscheidung („agreement or determination") berücksichtigen. Wie eine solche Berücksichtigung auszusehen hat, wird indes nicht geregelt, obschon hier auf Ziff. 20.1 (a) des Gold Books (First Edition) hätte zurückgegriffen werden können, die es dem DAB (bzw. nunmehr DAAB) erlaubt, den Einwand der Verfristung der Anzeige bei der Entscheidungsfindung unbeachtet zu lassen, wenn die seitens der anspruchsstellenden Partei vorgebrachten Argumente für die spätere Anzeige eine solche Entscheidung rechtfertigen. Den vertragsschließenden Parteien ist daher auch weiterhin unbedingt zu empfehlen, ihre Anzeigen von Ansprüchen innerhalb der 28-Tage-Frist vorzulegen, um sich Diskussionen über die Rechtzeitigkeit der Anspruchsanzeige zu ersparen.

407 Umgekehrt ist auch der Engineer bzw. der Employer's Representative angehalten, in vorgegebener Zeit zu reagieren, wenn er die Verfristungswirkung eines verspätet angezeigten oder verspätet begründeten Claims herbeiführen will. Weist er nicht binnen 14 Tagen nach Erhalt einer „Notice of Claim" auf deren Verspätung hin, oder weist er einen Claim nach Ablauf von 84 Tagen nicht entsprechend zurück, obschon dieser nicht hinreichend begründet worden ist, so gilt der Claim insoweit (jedenfalls unter formellen Gesichtspunkten) als wirksam.

408 Wie bereits in der First Edition des Red, Yellow und Silver Books findet sich auch in der Second Edition keine Aussage dazu, welche Angaben ein „fully detailed claim" konkret enthalten soll. Streit über die ausreichende bzw. nicht ausreichende Begründung eines Claims bleibt somit auch weiterhin vorprogrammiert. Daran ändert auch die Tatsache nichts, dass der Engineer nunmehr von der anspruchsstellenden Partei **ergänzende Angaben** („additonal particulars") zu ihrem Claim verlangen kann, wobei er beschreiben soll, welche weiteren Angaben er aus welchem Grund zur Entscheidung über den Claim zu benötigen glaubt, da dies nicht als verpflichtende Vorgabe an den Engineer vorgesehen ist.

409 Beinhaltet ein Claim bauzeitliche Aspekte, so war es bisher für die anspruchsstellende Partei besonders schwierig, einen „fully detailed Claim" innerhalb der hierfür vorgesehenen Zeit (84 Tage, Verlängerung nur nach expliziter diesbezüglicher Verständigung mit dem Engineer möglich) vorzulegen, da zu dem Zeitpunkt, zu dem der „fully detailed Claim" spätestens vorgelegt werden muss, die bauzeitlichen Folgen und damit auch deren mögliche monetären Auswirkungen häufig noch nicht abschließend feststehen werden. Die Second Edition des Red Yellow und Silver Books versucht, diese Schwierigkeit nunmehr mit **Regelungen zu sich fortlaufend entwickelnden Ansprüchen** („Claims with continuing effect" zu entschärfen. Die anspruchsstellende Partei muss bei solchen sich fortentwickelnden Ansprüchen nunmehr monatlich vorläufige (Neu-)Bewertungen („interim particulars") ihres Claims vorlegen, wobei klargestellt ist, dass der Claim bis zum Abschluss der fortlaufenden Entwicklung als **vorläufig** gilt. Für die erstmalige fristgerechte Vorlage eines „fully detailed Claims" bleiben die „interim particulars" unbeachtlich. Der Anspruchssteller ist aber in jedem Fall gut beraten, schon in seiner Anspruchsanzeige und erst recht in der Anspruchsbegründung darauf hinzuweisen, dass die zeitlichen und/oder monetären Folgen des Claims noch nicht abschließend beurteilt werden können und der Claim daher als vorläufig anzusehen ist.

410 **6. Second Edition 2017: Neue Ziff. 21 – Disputes and Arbitration.** Die Regelungen zu Streitigkeiten sowie zur Arbitration wurden in der Second Edition des Red, Yellow und Silver Book aus Ziff. 20 herausgelöst und finden sich nun separat in einer neuen Ziff. 21.

Übersicht und Erläuterungen zu den FIDIC-Vertragsmustern **Anhang § 18**

Die Regelungen in Ziff. 21 enthalten eine Reihe von bedeutsamen Neuerungen im Vergleich zu den Bestimmungen in Ziff. 20 der First Edition: 411
- Das „Dispute Adjudication Board (DAB)" wurde in „**Dispute Avoidance/ Adjudication Board**" (**DAAB**) unbenannt, um den Streitvermeidungscharakter der Tätigkeit des Boards stärker zu betonen und klarzustellen, dass ein Claim nicht zwingend eine Streitigkeit darstellen muss.
- Das DAAB ist nunmehr grundsätzlich als **„standing DAAB"** (und **nicht als ad hoc-Einrichtung**) vorgesehen.
- Angelehnt an das Gold Book (First Edition 2008) wurde eine Regelung implementiert, die es den Parteien ermöglicht, das DAAB informell anzurufen, um Unterstützung bei der Lösung von Meinungsverschiedenheiten zu erhalten, bevor das DAAB offiziell anzurufen wäre.
- Seitens des DAAB (oder nachfolgend des Schiedsgerichts) **zugesprochene Vergütungsansprüche** sind **sofort zur Zahlung fällig,** ohne dass hierüber zuvor ein „payment certificate" auszustellen oder eine Benachrichtigung („Notice") auszusprechen wäre.
- Es wurde klargestellt, dass **Entscheidungen des DAAB auch für den Engineer** (und nicht nur für die Vertragsparteien) explizit **verbindlich** sind.
- Ist der Anspruchssteller oder der Anspruchsgegner mit der Entscheidung des DAAB nicht einverstanden, so wurde nunmehr klargestellt, dass sich eine dann angezeigte „Notice of Dissatisfaction" auf **abgrenzbare Teile der Entscheidung des DAAB** beziehen kann und darf. Nur der nicht angegriffene Teil der Entscheidung des DAAB ist sodann für die Parteien und den Engineer verbindlich.
- Die **Nichtbefolgung einer bindenden Entscheidung des DAAB** kann von der insoweit betroffenen Partei explizit zum **Gegenstand des Schiedsgerichtsverfahrens** gemacht werden.
- Die vor Einleitung des Schiedsgerichtsverfahrens vorgesehene **Zeitspanne für eine gütliche Einigung** („Amicable Settlement") wurde von 56 Tagen auf **28 Tage verkürzt.**

Während der weit überwiegende Teil der Neuregelungen ausdrücklich zu begrüßen ist, muss die verbindlich vorgesehene Einrichtung eines für die Projektdauer vorzuhaltenden DAAB („standing DAAB") kritisch gesehen werden. Gerade bei kleineren oder mittelgroßen Projekten und solchen, bei denen die Bauleistungen innerhalb eines sehr engen Terminkorridors auszuführen sind, wird ein „standing DAAB" den zur Verfügung stehenden Kostenrahmen sprengen und wird diese nur dann erfolgreich eingerichtet werden und arbeiten können, wenn beiden Vertragsparteien die mit der dauerhaften Einrichtung und Vorhaltung des DAAB verbundenen Kosten bewusst sind. Denn schließlich ist es der Contractor (vgl. Ziff. 6 der General Conditions of Dispute Adjudication Agreement), der bezüglich der Bezahlung der Mitglieder des DAAB in Vorleistung zu gehen und deren Rechnungen zu begleichen hat, bevor er – soweit nicht anders geregelt – vom Employer die Hälfte der von ihm verauslagten Kosten erstattet verlangen kann. Man wird vor diesem Hintergrund davon ausgehen müssen, dass Employer und Conctrator häufig von ihrer Möglichkeit Gebrauch machen werden, die Einrichtung des DAAB in den Particular Conditions abweichend zu regeln und ein DAAB ad hoc nur oder erst dann zu bestimmen und einzurichten, wenn eine Streitigkeit vorliegt. Damit würde indes die Neuregelung weitestgehend ins Leere laufen. 412

Kaminsky 1213

Anhang: Altfassungen VOB Teil B

Inhaltsübersicht

	Seite
1. **VOB/B 2012 vom 13. Juli 2012** (BAnz. Beil. Nr. 155a Oktober 2012)	1217
2. **VOB/B 2009 vom 31. Juli 2009** (BAnz Beil. Nr. 15 v. 15. Oktober 2009)	1235
3. **VOB/B 2006 vom 4. September 2006** (BAnz Beil. Nr. 196a v. 18. Oktober 2006)	1253
4. **VOB/B vom 12. September 2002** (BAnz. Beil. Nr. 202a v. 29. Oktober. 2002)	1271

1. Vergabe- und Vertragsordnung für Bauleistungen (VOB) Teil B: Allgemeine Vertragsbedingungen für die Ausführung von Bauleistungen

– Ausgabe 2012 –[1, 2, 3, 4]
Vom 13. Juli 2012 (BAnz. Nr. 155a)
zuletzt geänd. durch ÄndVwV v. 26.6.2012 (BAnz AT 13.7.2012 B3)

§ 1 Art und Umfang der Leistung

(1) ¹Die auszuführende Leistung wird nach Art und Umfang durch den Vertrag bestimmt. ²Als Bestandteil des Vertrags gelten auch die Allgemeinen Technischen Vertragsbedingungen für Bauleistungen (VOB/C).

(2) Bei Widersprüchen im Vertrag gelten nacheinander:
1. die Leistungsbeschreibung,
2. die Besonderen Vertragsbedingungen,
3. etwaige Zusätzliche Vertragsbedingungen,
4. etwaige Zusätzliche Technische Vertragsbedingungen,
5. die Allgemeinen Technischen Vertragsbedingungen für Bauleistungen,
6. die Allgemeinen Vertragsbedingungen für die Ausführung von Bauleistungen.

(3) Änderungen des Bauentwurfs anzuordnen, bleibt dem Auftraggeber vorbehalten.

(4) ¹Nicht vereinbarte Leistungen, die zur Ausführung der vertraglichen Leistung erforderlich werden, hat der Auftragnehmer auf Verlangen des Auftraggebers mit auszuführen, außer wenn sein Betrieb auf derartige Leistungen nicht eingerichtet ist. ²Andere Leistungen können dem Auftragnehmer nur mit seiner Zustimmung übertragen werden.

§ 2 Vergütung

(1) Durch die vereinbarten Preise werden alle Leistungen abgegolten, die nach der Leistungsbeschreibung, den Besonderen Vertragsbedingungen, den Zusätzlichen Vertragsbedingungen, den Zusätzlichen Technischen Vertragsbedingungen,

---

[1] **Amtl. Anm.:** Diese Allgemeinen Geschäftsbedingungen werden durch den DVA ausschließlich zur Anwendung gegenüber Unternehmen, juristischen Personen des öffentlichen Rechts und öffentlich-rechtlichen Sondervermögens empfohlen (§ 310 BGB).

[2] Die VOB Teil B Ausgabe 2009 ersetzt den Teil B der Vergabe- und Vertragsordnung für Bauleistungen v. 4.9.2006 (BAnz. Nr. 196a, 1). Einzelheiten der Änderungen ergeben sich aus den Hinweisen zur VOB Teile A und B Ausgabe 2009. Die VOB Teil B Ausgabe 2009 ist gemeinsam mit der Änderung der Vergabeverordnung (VgV) **mWv 11.6.2010** in Kraft getreten.

[3] Siehe hierzu auch die Bekanntmachung.

[4] Die Änderungen durch VwV v. 7.1.2016 (BAnz. AT 19.1.2016 B3 S. 71) treten **mit unbestimmtem Datum** in Kraft und sind im Text noch nicht berücksichtigt.

Anhang VOB/B 2012

den Allgemeinen Technischen Vertragsbedingungen für Bauleistungen und der gewerblichen Verkehrssitte zur vertraglichen Leistung gehören.

(2) Die Vergütung wird nach den vertraglichen Einheitspreisen und den tatsächlich ausgeführten Leistungen berechnet, wenn keine andere Berechnungsart (z. B. durch Pauschalsumme, nach Stundenlohnsätzen, nach Selbstkosten) vereinbart ist.

(3)
1. Weicht die ausgeführte Menge der unter einem Einheitspreis erfassten Leistung oder Teilleistung um nicht mehr als 10 v. H. von dem im Vertrag vorgesehenen Umfang ab, so gilt der vertragliche Einheitspreis.
2. Für die über 10 v. H. hinausgehende Überschreitung des Mengenansatzes ist auf Verlangen ein neuer Preis unter Berücksichtigung der Mehr- oder Minderkosten zu vereinbaren.
3. Bei einer über 10 v. H. hinausgehenden Unterschreitung des Mengenansatzes ist auf Verlangen der Einheitspreis für die tatsächlich ausgeführte Menge der Leistung oder Teilleistung zu erhöhen, soweit der Auftragnehmer nicht durch Erhöhung der Mengen bei anderen Ordnungszahlen (Positionen) oder in anderer Weise einen Ausgleich erhält. Die Erhöhung des Einheitspreises soll im Wesentlichen dem Mehrbetrag entsprechen, der sich durch Verteilung der Baustelleneinrichtungs- und Baustellengemeinkosten und der Allgemeinen Geschäftskosten auf die verringerte Menge ergibt. Die Umsatzsteuer wird entsprechend dem neuen Preis vergütet.
4. Sind von der unter einem Einheitspreis erfassten Leistung oder Teilleistung andere Leistungen abhängig, für die eine Pauschalsumme vereinbart ist, so kann mit der Änderung des Einheitspreises auch eine angemessene Änderung der Pauschalsumme gefordert werden.

(4) Werden im Vertrag ausbedungene Leistungen des Auftragnehmers vom Auftraggeber selbst übernommen (z. B. Lieferung von Bau-, Bauhilfs- und Betriebsstoffen), so gilt, wenn nichts anderes vereinbart wird, § 8 Absatz 1 Nummer 2 entsprechend.

(5) ¹Werden durch Änderung des Bauentwurfs oder andere Anordnungen des Auftraggebers die Grundlagen des Preises für eine im Vertrag vorgesehene Leistung geändert, so ist ein neuer Preis unter Berücksichtigung der Mehr- oder Minderkosten zu vereinbaren. ²Die Vereinbarung soll vor der Ausführung getroffen werden.

(6)
1. Wird eine im Vertrag nicht vorgesehene Leistung gefordert, so hat der Auftragnehmer Anspruch auf besondere Vergütung. Er muss jedoch den Anspruch dem Auftraggeber ankündigen, bevor er mit der Ausführung der Leistung beginnt.
2. Die Vergütung bestimmt sich nach den Grundlagen der Preisermittlung für die vertragliche Leistung und den besonderen Kosten der geforderten Leistung. Sie ist möglichst vor Beginn der Ausführung zu vereinbaren.

(7)
1. Ist als Vergütung der Leistung eine Pauschalsumme vereinbart, so bleibt die Vergütung unverändert. Weicht jedoch die ausgeführte Leistung von der vertraglich vorgesehenen Leistung so erheblich ab, dass ein Festhalten an der Pauschalsumme nicht zumutbar ist (§ 313 BGB), so ist auf Verlangen ein Ausgleich unter Berücksichtigung der Mehr- oder Minderkosten zu gewähren.

Für die Bemessung des Ausgleichs ist von den Grundlagen der Preisermittlung auszugehen.
2. Die Regelungen der Absatz 4, 5 und 6 gelten auch bei Vereinbarung einer Pauschalsumme.
3. Wenn nichts anderes vereinbart ist, gelten die Nummern 1 und 2 auch für Pauschalsummen, die für Teile der Leistung vereinbart sind; Absatz 3 Nummer 4 bleibt unberührt.

(8)
1. Leistungen, die der Auftragnehmer ohne Auftrag oder unter eigenmächtiger Abweichung vom Auftrag ausführt, werden nicht vergütet. Der Auftragnehmer hat sie auf Verlangen innerhalb einer angemessenen Frist zu beseitigen; sonst kann es auf seine Kosten geschehen. Er haftet außerdem für andere Schäden, die dem Auftraggeber hieraus entstehen.
2. Eine Vergütung steht dem Auftragnehmer jedoch zu, wenn der Auftraggeber solche Leistungen nachträglich anerkennt. Eine Vergütung steht ihm auch zu, wenn die Leistungen für die Erfüllung des Vertrags notwendig waren, dem mutmaßlichen Willen des Auftraggebers entsprachen und ihm unverzüglich angezeigt wurden. Soweit dem Auftragnehmer eine Vergütung zusteht, gelten die Berechnungsgrundlagen für geänderte oder zusätzliche Leistungen der Absätze 5 oder 6 entsprechend.
3. Die Vorschriften des BGB über die Geschäftsführung ohne Auftrag (§§ 677 ff. BGB) bleiben unberührt.

(9)
1. Verlangt der Auftraggeber Zeichnungen, Berechnungen oder andere Unterlagen, die der Auftragnehmer nach dem Vertrag, besonders den Technischen Vertragsbedingungen oder der gewerblichen Verkehrssitte, nicht zu beschaffen hat, so hat er sie zu vergüten.
2. Lässt er vom Auftragnehmer nicht aufgestellte technische Berechnungen durch den Auftragnehmer nachprüfen, so hat er die Kosten zu tragen.

(10) Stundenlohnarbeiten werden nur vergütet, wenn sie als solche vor ihrem Beginn ausdrücklich vereinbart worden sind (§ 15).

§ 3 Ausführungsunterlagen

(1) Die für die Ausführung nötigen Unterlagen sind dem Auftragnehmer unentgeltlich und rechtzeitig zu übergeben.

(2) Das Abstecken der Hauptachsen der baulichen Anlagen, ebenso der Grenzen des Geländes, das dem Auftragnehmer zur Verfügung gestellt wird, und das Schaffen der notwendigen Höhenfestpunkte in unmittelbarer Nähe der baulichen Anlagen sind Sache des Auftraggebers.

(3) [1]Die vom Auftraggeber zur Verfügung gestellten Geländeaufnahmen und Absteckungen und die übrigen für die Ausführung übergebenen Unterlagen sind für den Auftragnehmer maßgebend. [2]Jedoch hat er sie, soweit es zur ordnungsgemäßen Vertragserfüllung gehört, auf etwaige Unstimmigkeiten zu überprüfen und den Auftraggeber auf entdeckte oder vermutete Mängel hinzuweisen.

(4) Vor Beginn der Arbeiten ist, soweit notwendig, der Zustand der Straßen und Geländeoberfläche, der Vorfluter und Vorflutleitungen, ferner der baulichen Anlagen im Baubereich in einer Niederschrift festzuhalten, die vom Auftraggeber und Auftragnehmer anzuerkennen ist.

(5) Zeichnungen, Berechnungen, Nachprüfungen von Berechnungen oder andere Unterlagen, die der Auftragnehmer nach dem Vertrag, besonders den Technischen Vertragsbedingungen, oder der gewerblichen Verkehrssitte oder auf besonderes Verlangen des Auftraggebers (§ 2 Absatz 9) zu beschaffen hat, sind dem Auftraggeber nach Aufforderung rechtzeitig vorzulegen.

(6)
1. Die in Absatz 5 genannten Unterlagen dürfen ohne Genehmigung ihres Urhebers nicht veröffentlicht, vervielfältigt, geändert oder für einen anderen als den vereinbarten Zweck benutzt werden.
2. An DV-Programmen hat der Auftraggeber das Recht zur Nutzung mit den vereinbarten Leistungsmerkmalen in unveränderter Form auf den festgelegten Geräten. Der Auftraggeber darf zum Zwecke der Datensicherung zwei Kopien herstellen. Diese müssen alle Identifikationsmerkmale enthalten. Der Verbleib der Kopien ist auf Verlangen nachzuweisen.
3. Der Auftragnehmer bleibt unbeschadet des Nutzungsrechts des Auftraggebers zur Nutzung der Unterlagen und der DV-Programme berechtigt.

§ 4 Ausführung

(1)
1. Der Auftraggeber hat für die Aufrechterhaltung der allgemeinen Ordnung auf der Baustelle zu sorgen und das Zusammenwirken der verschiedenen Unternehmer zu regeln. Er hat die erforderlichen öffentlich-rechtlichen Genehmigungen und Erlaubnisse – z. B. nach dem Baurecht, dem Straßenverkehrsrecht, dem Wasserrecht, dem Gewerberecht – herbeizuführen.
2. Der Auftraggeber hat das Recht, die vertragsgemäße Ausführung der Leistung zu überwachen. Hierzu hat er Zutritt zu den Arbeitsplätzen, Werkstätten und Lagerräumen, wo die vertragliche Leistung oder Teile von ihr hergestellt oder die hierfür bestimmten Stoffe und Bauteile gelagert werden. Auf Verlangen sind ihm die Werkzeichnungen oder andere Ausführungsunterlagen sowie die Ergebnisse von Güteprüfungen zur Einsicht vorzulegen und die erforderlichen Auskünfte zu erteilen, wenn hierdurch keine Geschäftsgeheimnisse preisgegeben werden. Als Geschäftsgeheimnis bezeichnete Auskünfte und Unterlagen hat er vertraulich zu behandeln.
3. Der Auftraggeber ist befugt, unter Wahrung der dem Auftragnehmer zustehenden Leitung (Absatz 2) Anordnungen zu treffen, die zur vertragsgemäßen Ausführung der Leistung notwendig sind. Die Anordnungen sind grundsätzlich nur dem Auftragnehmer oder seinem für die Leitung der Ausführung bestellten Vertreter zu erteilen, außer wenn Gefahr im Verzug ist. Dem Auftraggeber ist mitzuteilen, wer jeweils als Vertreter des Auftragnehmers für die Leitung der Ausführung bestellt ist.
4. Hält der Auftragnehmer die Anordnungen des Auftraggebers für unberechtigt oder unzweckmäßig, so hat er seine Bedenken geltend zu machen, die Anordnungen jedoch auf Verlangen auszuführen, wenn nicht gesetzliche oder behördliche Bestimmungen entgegenstehen. Wenn dadurch eine ungerechtfertigte Erschwerung verursacht wird, hat der Auftraggeber die Mehrkosten zu tragen.

(2)
1. Der Auftragnehmer hat die Leistung unter eigener Verantwortung nach dem Vertrag auszuführen. Dabei hat er die anerkannten Regeln der Technik und

die gesetzlichen und behördlichen Bestimmungen zu beachten. Es ist seine Sache, die Ausführung seiner vertraglichen Leistung zu leiten und für Ordnung auf seiner Arbeitsstelle zu sorgen.
2. Er ist für die Erfüllung der gesetzlichen, behördlichen und berufsgenossenschaftlichen Verpflichtungen gegenüber seinen Arbeitnehmern allein verantwortlich. Es ist ausschließlich seine Aufgabe, die Vereinbarungen und Maßnahmen zu treffen, die sein Verhältnis zu den Arbeitnehmern regeln.

(3) Hat der Auftragnehmer Bedenken gegen die vorgesehene Art der Ausführung (auch wegen der Sicherung gegen Unfallgefahren), gegen die Güte der vom Auftraggeber gelieferten Stoffe oder Bauteile oder gegen die Leistungen anderer Unternehmer, so hat er sie dem Auftraggeber unverzüglich – möglichst schon vor Beginn der Arbeiten – schriftlich mitzuteilen; der Auftraggeber bleibt jedoch für seine Angaben, Anordnungen oder Lieferungen verantwortlich.

(4) [1]Der Auftraggeber hat, wenn nichts anderes vereinbart ist, dem Auftragnehmer unentgeltlich zur Benutzung oder Mitbenutzung zu überlassen:
1. die notwendigen Lager- und Arbeitsplätze auf der Baustelle,
2. vorhandene Zufahrtswege und Anschlussgleise,
3. vorhandene Anschlüsse für Wasser und Energie. Die Kosten für den Verbrauch und den Messer oder Zähler trägt der Auftragnehmer, mehrere Auftragnehmer tragen sie anteilig.

(5) [1]Der Auftragnehmer hat die von ihm ausgeführten Leistungen und die ihm für die Ausführung übergebenen Gegenstände bis zur Abnahme vor Beschädigung und Diebstahl zu schützen. [2]Auf Verlangen des Auftraggebers hat er sie vor Winterschäden und Grundwasser zu schützen, ferner Schnee und Eis zu beseitigen. [3]Obliegt ihm die Verpflichtung nach Satz 2 nicht schon nach dem Vertrag, so regelt sich die Vergütung nach § 2 Absatz 6.

(6) [1]Stoffe oder Bauteile, die dem Vertrag oder den Proben nicht entsprechen, sind auf Anordnung des Auftraggebers innerhalb einer von ihm bestimmten Frist von der Baustelle zu entfernen. [2]Geschieht es nicht, so können sie auf Kosten des Auftragnehmers entfernt oder für seine Rechnung veräußert werden.

(7) [1]Leistungen, die schon während der Ausführung als mangelhaft oder vertragswidrig erkannt werden, hat der Auftragnehmer auf eigene Kosten durch mangelfreie zu ersetzen. [2]Hat der Auftragnehmer den Mangel oder die Vertragswidrigkeit zu vertreten, so hat er auch den daraus entstehenden Schaden zu ersetzen. [3]Kommt der Auftragnehmer der Pflicht zur Beseitigung des Mangels nicht nach, so kann ihm der Auftraggeber eine angemessene Frist zur Beseitigung des Mangels setzen und erklären, dass er ihm nach fruchtlosem Ablauf der Frist den Auftrag entziehe (§ 8 Absatz 3).

(8)
1. Der Auftragnehmer hat die Leistung im eigenen Betrieb auszuführen. Mit schriftlicher Zustimmung des Auftraggebers darf er sie an Nachunternehmer übertragen. Die Zustimmung ist nicht notwendig bei Leistungen, auf die der Betrieb des Auftragnehmers nicht eingerichtet ist. Erbringt der Auftragnehmer ohne schriftliche Zustimmung des Auftraggebers Leistungen nicht im eigenen Betrieb, obwohl sein Betrieb darauf eingerichtet ist, kann der Auftraggeber ihm eine angemessene Frist zur Aufnahme der Leistung im eigenen Betrieb setzen und erklären, dass er ihm nach fruchtlosem Ablauf der Frist den Auftrag entziehe (§ 8 Absatz 3).

Anhang VOB/B 2012

2. Der Auftragnehmer hat bei der Weitervergabe von Bauleistungen an Nachunternehmer die Vergabe- und Vertragsordnung für Bauleistungen Teile B und C zugrunde zu legen.
3. Der Auftragnehmer hat die Nachunternehmer dem Auftraggeber auf Verlangen bekannt zu geben.

(9) [1]Werden bei Ausführung der Leistung auf einem Grundstück Gegenstände von Altertums-, Kunst- oder wissenschaftlichem Wert entdeckt, so hat der Auftragnehmer vor jedem weiteren Aufdecken oder Ändern dem Auftraggeber den Fund anzuzeigen und ihm die Gegenstände nach näherer Weisung abzuliefern. [2]Die Vergütung etwaiger Mehrkosten regelt sich nach § 2 Absatz 6. [3]Die Rechte des Entdeckers (§ 984 BGB) hat der Auftraggeber.

(10) [1]Der Zustand von Teilen der Leistung ist auf Verlangen gemeinsam von Auftraggeber und Auftragnehmer festzustellen, wenn diese Teile der Leistung durch die weitere Ausführung der Prüfung und Feststellung entzogen werden. [2]Das Ergebnis ist schriftlich niederzulegen.

§ 5 Ausführungsfristen

(1) [1]Die Ausführung ist nach den verbindlichen Fristen (Vertragsfristen) zu beginnen, angemessen zu fördern und zu vollenden. [2]In einem Bauzeitenplan enthaltene Einzelfristen gelten nur dann als Vertragsfristen, wenn dies im Vertrag ausdrücklich vereinbart ist.

(2) [1]Ist für den Beginn der Ausführung keine Frist vereinbart, so hat der Auftraggeber dem Auftragnehmer auf Verlangen Auskunft über den voraussichtlichen Beginn zu erteilen. [2]Der Auftragnehmer hat innerhalb von 12 Werktagen nach Aufforderung zu beginnen. [3]Der Beginn der Ausführung ist dem Auftraggeber anzuzeigen.

(3) Wenn Arbeitskräfte, Geräte, Gerüste, Stoffe oder Bauteile so unzureichend sind, dass die Ausführungsfristen offenbar nicht eingehalten werden können, muss der Auftragnehmer auf Verlangen unverzüglich Abhilfe schaffen.

(4) Verzögert der Auftragnehmer den Beginn der Ausführung, gerät er mit der Vollendung in Verzug, oder kommt er der in Absatz 3 erwähnten Verpflichtung nicht nach, so kann der Auftraggeber bei Aufrechterhaltung des Vertrages Schadensersatz nach § 6 Absatz 6 verlangen oder dem Auftragnehmer eine angemessene Frist zur Vertragserfüllung setzen und erklären, dass er ihm nach fruchtlosem Ablauf der Frist den Auftrag entziehe (§ 8 Absatz 3).

§ 6 Behinderung und Unterbrechung der Ausführung

(1) [1]Glaubt sich der Auftragnehmer in der ordnungsgemäßen Ausführung der Leistung behindert, so hat er es dem Auftraggeber unverzüglich schriftlich anzuzeigen. [2]Unterlässt er die Anzeige, so hat er nur dann Anspruch auf Berücksichtigung der hindernden Umstände, wenn dem Auftraggeber offenkundig die Tatsache und deren hindernde Wirkung bekannt waren.

(2)
1. Ausführungsfristen werden verlängert, soweit die Behinderung verursacht ist:
   a) durch einen Umstand aus dem Risikobereich des Auftraggebers,

b) durch Streik oder eine von der Berufsvertretung der Arbeitgeber angeordnete Aussperrung im Betrieb des Auftragnehmers oder in einem unmittelbar für ihn arbeitenden Betrieb,
c) durch höhere Gewalt oder andere für den Auftragnehmer unabwendbare Umstände.
2. Witterungseinflüsse während der Ausführungszeit, mit denen bei Abgabe des Angebots normalerweise gerechnet werden musste, gelten nicht als Behinderung.

(3) ¹Der Auftragnehmer hat alles zu tun, was ihm billigerweise zugemutet werden kann, um die Weiterführung der Arbeiten zu ermöglichen. ²Sobald die hindernden Umstände wegfallen, hat er ohne weiteres und unverzüglich die Arbeiten wieder aufzunehmen und den Auftraggeber davon zu benachrichtigen.

(4) Die Fristverlängerung wird berechnet nach der Dauer der Behinderung mit einem Zuschlag für die Wiederaufnahme der Arbeiten und die etwaige Verschiebung in eine ungünstigere Jahreszeit.

(5) Wird die Ausführung für voraussichtlich längere Dauer unterbrochen, ohne dass die Leistung dauernd unmöglich wird, so sind die ausgeführten Leistungen nach den Vertragspreisen abzurechnen und außerdem die Kosten zu vergüten, die dem Auftragnehmer bereits entstanden und in den Vertragspreisen des nicht ausgeführten Teils der Leistung enthalten sind.

(6) ¹Sind die hindernden Umstände von einem Vertragsteil zu vertreten, so hat der andere Teil Anspruch auf Ersatz des nachweislich entstandenen Schadens, des entgangenen Gewinns aber nur bei Vorsatz oder grober Fahrlässigkeit. ²Im Übrigen bleibt der Anspruch des Auftragnehmers auf angemessene Entschädigung nach § 642 BGB unberührt, sofern die Anzeige nach Absatz 1 Satz 1 erfolgt oder wenn Offenkundigkeit nach Absatz 1 Satz 2 gegeben ist.

(7) ¹Dauert eine Unterbrechung länger als 3 Monate, so kann jeder Teil nach Ablauf dieser Zeit den Vertrag schriftlich kündigen. ²Die Abrechnung regelt sich nach den Absätzen 5 und 6; wenn der Auftragnehmer die Unterbrechung nicht zu vertreten hat, sind auch die Kosten der Baustellenräumung zu vergüten, soweit sie nicht in der Vergütung für die bereits ausgeführten Leistungen enthalten sind.

§ 7 Verteilung der Gefahr

(1) Wird die ganz oder teilweise ausgeführte Leistung vor der Abnahme durch höhere Gewalt, Krieg, Aufruhr oder andere objektiv unabwendbare vom Auftragnehmer nicht zu vertretende Umstände beschädigt oder zerstört, so hat dieser für die ausgeführten Teile der Leistung die Ansprüche nach § 6 Absatz 5; für andere Schäden besteht keine gegenseitige Ersatzpflicht.

(2) Zu der ganz oder teilweise ausgeführten Leistung gehören alle mit der baulichen Anlage unmittelbar verbundenen, in ihre Substanz eingegangenen Leistungen, unabhängig von deren Fertigstellungsgrad.

(3) ¹Zu der ganz oder teilweise ausgeführten Leistung gehören nicht die noch nicht eingebauten Stoffe und Bauteile sowie die Baustelleneinrichtung und Absteckungen. ²Zu der ganz oder teilweise ausgeführten Leistung gehören ebenfalls nicht Hilfskonstruktionen und Gerüste, auch wenn diese als Besondere Leistung oder selbständig vergeben sind.

Anhang VOB/B 2012

§ 8 Kündigung durch den Auftraggeber

(1)
1. Der Auftraggeber kann bis zur Vollendung der Leistung jederzeit den Vertrag kündigen.
2. Dem Auftragnehmer steht die vereinbarte Vergütung zu. Er muss sich jedoch anrechnen lassen, was er infolge der Aufhebung des Vertrags an Kosten erspart oder durch anderweitige Verwendung seiner Arbeitskraft und seines Betriebs erwirbt oder zu erwerben böswillig unterlässt (§ 649 BGB).

(2)
1. Der Auftraggeber kann den Vertrag kündigen, wenn der Auftragnehmer seine Zahlungen einstellt, von ihm oder zulässigerweise vom Auftraggeber oder einem anderen Gläubiger das Insolvenzverfahren (§§ 14 und 15 InsO) beziehungsweise ein vergleichbares gesetzliches Verfahren beantragt ist, ein solches Verfahren eröffnet wird oder dessen Eröffnung mangels Masse abgelehnt wird.
2. Die ausgeführten Leistungen sind nach § 6 Absatz 5 abzurechnen. Der Auftraggeber kann Schadensersatz wegen Nichterfüllung des Restes verlangen.

(3)
1. Der Auftraggeber kann den Vertrag kündigen, wenn in den Fällen des § 4 Absätze 7 und 8 Nummer 1 und des § 5 Absatz 4 die gesetzte Frist fruchtlos abgelaufen ist (Entziehung des Auftrags). Die Entziehung des Auftrags kann auf einen in sich abgeschlossenen Teil der vertraglichen Leistung beschränkt werden.
2. Nach der Entziehung des Auftrags ist der Auftraggeber berechtigt, den noch nicht vollendeten Teil der Leistung zu Lasten des Auftragnehmers durch einen Dritten ausführen zu lassen, doch bleiben seine Ansprüche auf Ersatz des etwa entstehenden weiteren Schadens bestehen. Er ist auch berechtigt, auf die weitere Ausführung zu verzichten und Schadensersatz wegen Nichterfüllung zu verlangen, wenn die Ausführung aus den Gründen, die zur Entziehung des Auftrags geführt haben, für ihn kein Interesse mehr hat.
3. Für die Weiterführung der Arbeiten kann der Auftraggeber Geräte, Gerüste, auf der Baustelle vorhandene andere Einrichtungen und angelieferte Stoffe und Bauteile gegen angemessene Vergütung in Anspruch nehmen.
4. Der Auftraggeber hat dem Auftragnehmer eine Aufstellung über die entstandenen Mehrkosten und über seine anderen Ansprüche spätestens binnen 12 Werktagen nach Abrechnung mit dem Dritten zuzusenden.

(4) ¹Der Auftraggeber kann den Auftrag entziehen, wenn der Auftragnehmer aus Anlass der Vergabe eine Abrede getroffen hatte, die eine unzulässige Wettbewerbsbeschränkung darstellt. ²Die Kündigung ist innerhalb von 12 Werktagen nach Bekanntwerden des Kündigungsgrundes auszusprechen. ³Absatz 3 gilt entsprechend.

(5) Die Kündigung ist schriftlich zu erklären.

(6) Der Auftragnehmer kann Aufmaß und Abnahme der von ihm ausgeführten Leistungen alsbald nach der Kündigung verlangen; er hat unverzüglich eine prüfbare Rechnung über die ausgeführten Leistungen vorzulegen.

(7) Eine wegen Verzugs verwirkte, nach Zeit bemessene Vertragsstrafe kann nur für die Zeit bis zum Tag der Kündigung des Vertrags gefordert werden.

§ 9 Kündigung durch den Auftragnehmer

(1) Der Auftragnehmer kann den Vertrag kündigen:
1. wenn der Auftraggeber eine ihm obliegende Handlung unterlässt und dadurch den Auftragnehmer außerstande setzt, die Leistung auszuführen (Annahmeverzug nach §§ 293 ff. BGB),
2. wenn der Auftraggeber eine fällige Zahlung nicht leistet oder sonst in Schuldnerverzug gerät.

(2) ¹Die Kündigung ist schriftlich zu erklären. ²Sie ist erst zulässig, wenn der Auftragnehmer dem Auftraggeber ohne Erfolg eine angemessene Frist zur Vertragserfüllung gesetzt und erklärt hat, dass er nach fruchtlosem Ablauf der Frist den Vertrag kündigen werde.

(3) ¹Die bisherigen Leistungen sind nach den Vertragspreisen abzurechnen. ²Außerdem hat der Auftragnehmer Anspruch auf angemessene Entschädigung nach § 642 BGB; etwaige weitergehende Ansprüche des Auftragnehmers bleiben unberührt.

§ 10 Haftung der Vertragsparteien

(1) Die Vertragsparteien haften einander für eigenes Verschulden sowie für das Verschulden ihrer gesetzlichen Vertreter und der Personen, deren sie sich zur Erfüllung ihrer Verbindlichkeiten bedienen (§§ 276, 278 BGB).

(2)
1. Entsteht einem Dritten im Zusammenhang mit der Leistung ein Schaden, für den auf Grund gesetzlicher Haftpflichtbestimmungen beide Vertragsparteien haften, so gelten für den Ausgleich zwischen den Vertragsparteien die allgemeinen gesetzlichen Bestimmungen, soweit im Einzelfall nichts anderes vereinbart ist. Soweit der Schaden des Dritten nur die Folge einer Maßnahme ist, die der Auftraggeber in dieser Form angeordnet hat, trägt er den Schaden allein, wenn ihn der Auftragnehmer auf die mit der angeordneten Ausführung verbundene Gefahr nach § 4 Absatz 3 hingewiesen hat.
2. Der Auftragnehmer trägt den Schaden allein, soweit er ihn durch Versicherung seiner gesetzlichen Haftpflicht gedeckt hat oder durch eine solche zu tarifmäßigen, nicht auf außergewöhnliche Verhältnisse abgestellten Prämien und Prämienzuschlägen bei einem im Inland zum Geschäftsbetrieb zugelassenen Versicherer hätte decken können.

(3) Ist der Auftragnehmer einem Dritten nach den §§ 823 ff. BGB zu Schadensersatz verpflichtet wegen unbefugten Betretens oder Beschädigung angrenzender Grundstücke, wegen Entnahme oder Auflagerung von Boden oder anderen Gegenständen außerhalb der vom Auftraggeber dazu angewiesenen Flächen oder wegen der Folgen eigenmächtiger Versperrung von Wegen oder Wasserläufen, so trägt er im Verhältnis zum Auftraggeber den Schaden allein.

(4) Für die Verletzung gewerblicher Schutzrechte haftet im Verhältnis der Vertragsparteien zueinander der Auftragnehmer allein, wenn er selbst das geschützte Verfahren oder die Verwendung geschützter Gegenstände angeboten oder wenn der Auftraggeber die Verwendung vorgeschrieben und auf das Schutzrecht hingewiesen hat.

(5) Ist eine Vertragspartei gegenüber der anderen nach den Absätzen 2, 3 oder 4 von der Ausgleichspflicht befreit, so gilt diese Befreiung auch zugunsten ihrer

gesetzlichen Vertreter und Erfüllungsgehilfen, wenn sie nicht vorsätzlich oder grob fahrlässig gehandelt haben.

(6) [1]Soweit eine Vertragspartei von dem Dritten für einen Schaden in Anspruch genommen wird, den nach den Absätzen 2, 3 oder 4 die andere Vertragspartei zu tragen hat, kann sie verlangen, dass ihre Vertragspartei sie von der Verbindlichkeit gegenüber dem Dritten befreit. [2]Sie darf den Anspruch des Dritten nicht anerkennen oder befriedigen, ohne der anderen Vertragspartei vorher Gelegenheit zur Äußerung gegeben zu haben.

§ 11 Vertragsstrafe

(1) Wenn Vertragsstrafen vereinbart sind, gelten die §§ 339 bis 345 BGB.

(2) Ist die Vertragsstrafe für den Fall vereinbart, dass der Auftragnehmer nicht in der vorgesehenen Frist erfüllt, so wird sie fällig, wenn der Auftragnehmer in Verzug gerät.

(3) Ist die Vertragsstrafe nach Tagen bemessen, so zählen nur Werktage; ist sie nach Wochen bemessen, so wird jeder Werktag angefangener Wochen als 1/6 Woche gerechnet.

(4) Hat der Auftraggeber die Leistung abgenommen, so kann er die Strafe nur verlangen, wenn er dies bei der Abnahme vorbehalten hat.

§ 12 Abnahme

(1) Verlangt der Auftragnehmer nach der Fertigstellung – gegebenenfalls auch vor Ablauf der vereinbarten Ausführungsfrist – die Abnahme der Leistung, so hat sie der Auftraggeber binnen 12 Werktagen durchzuführen; eine andere Frist kann vereinbart werden.

(2) Auf Verlangen sind in sich abgeschlossene Teile der Leistung besonders abzunehmen.

(3) Wegen wesentlicher Mängel kann die Abnahme bis zur Beseitigung verweigert werden.

(4)
1. Eine förmliche Abnahme hat stattzufinden, wenn eine Vertragspartei es verlangt. Jede Partei kann auf ihre Kosten einen Sachverständigen zuziehen. Der Befund ist in gemeinsamer Verhandlung schriftlich niederzulegen. In die Niederschrift sind etwaige Vorbehalte wegen bekannter Mängel und wegen Vertragsstrafen aufzunehmen, ebenso etwaige Einwendungen des Auftragnehmers. Jede Partei erhält eine Ausfertigung.
2. Die förmliche Abnahme kann in Abwesenheit des Auftragnehmers stattfinden, wenn der Termin vereinbart war oder der Auftraggeber mit genügender Frist dazu eingeladen hatte. Das Ergebnis der Abnahme ist dem Auftragnehmer alsbald mitzuteilen.

(5)
1. Wird keine Abnahme verlangt, so gilt die Leistung als abgenommen mit Ablauf von 12 Werktagen nach schriftlicher Mitteilung über die Fertigstellung der Leistung.
2. Wird keine Abnahme verlangt und hat der Auftraggeber die Leistung oder einen Teil der Leistung in Benutzung genommen, so gilt die Abnahme nach

Ablauf von 6 Werktagen nach Beginn der Benutzung als erfolgt, wenn nichts anderes vereinbart ist. Die Benutzung von Teilen einer baulichen Anlage zur Weiterführung der Arbeiten gilt nicht als Abnahme.
3. Vorbehalte wegen bekannter Mängel oder wegen Vertragsstrafen hat der Auftraggeber spätestens zu den in den Nummern 1 und 2 bezeichneten Zeitpunkten geltend zu machen.

(6) Mit der Abnahme geht die Gefahr auf den Auftraggeber über, soweit er sie nicht schon nach § 7 trägt.

§ 13 Mängelansprüche

(1) ¹Der Auftragnehmer hat dem Auftraggeber seine Leistung zum Zeitpunkt der Abnahme frei von Sachmängeln zu verschaffen. ²Die Leistung ist zur Zeit der Abnahme frei von Sachmängeln, wenn sie die vereinbarte Beschaffenheit hat und den anerkannten Regeln der Technik entspricht. ³Ist die Beschaffenheit nicht vereinbart, so ist die Leistung zur Zeit der Abnahme frei von Sachmängeln,
1. wenn sie sich für die nach dem Vertrag vorausgesetzte, sonst
2. für die gewöhnliche Verwendung eignet und eine Beschaffenheit aufweist, die bei Werken der gleichen Art üblich ist und die der Auftraggeber nach der Art der Leistung erwarten kann.

(2) ¹Bei Leistungen nach Probe gelten die Eigenschaften der Probe als vereinbarte Beschaffenheit, soweit nicht Abweichungen nach der Verkehrssitte als bedeutungslos anzusehen sind. ²Dies gilt auch für Proben, die erst nach Vertragsabschluss als solche anerkannt sind.

(3) Ist ein Mangel zurückzuführen auf die Leistungsbeschreibung oder auf Anordnungen des Auftraggebers, auf die von diesem gelieferten oder vorgeschriebenen Stoffe oder Bauteile oder die Beschaffenheit der Vorleistung eines anderen Unternehmers, haftet der Auftragnehmer, es sei denn, er hat die ihm nach § 4 Absatz 3 obliegende Mitteilung gemacht.

(4)
1. Ist für Mängelansprüche keine Verjährungsfrist im Vertrag vereinbart, so beträgt sie für Bauwerke 4 Jahre, für andere Werke, deren Erfolg in der Herstellung, Wartung oder Veränderung einer Sache besteht, und für die vom Feuer berührten Teile von Feuerungsanlagen 2 Jahre. Abweichend von Satz 1 beträgt die Verjährungsfrist für feuerberührte und abgasdämmende Teile von industriellen Feuerungsanlagen 1 Jahr.
2. Ist für Teile von maschinellen und elektrotechnischen/elektronischen Anlagen, bei denen die Wartung Einfluss auf Sicherheit und Funktionsfähigkeit hat, nichts anderes vereinbart, beträgt für diese Anlagenteile die Verjährungsfrist für Mängelansprüche abweichend von Nummer 1 zwei Jahre, wenn der Auftraggeber sich dafür entschieden hat, dem Auftragnehmer die Wartung für die Dauer der Verjährungsfrist nicht zu übertragen; dies gilt auch, wenn für weitere Leistungen eine andere Verjährungsfrist vereinbart ist.
3. Die Frist beginnt mit der Abnahme der gesamten Leistung; nur für in sich abgeschlossene Teile der Leistung beginnt sie mit der Teilabnahme (§ 12 Absatz 2).

(5)
1. Der Auftragnehmer ist verpflichtet, alle während der Verjährungsfrist hervortretenden Mängel, die auf vertragswidrige Leistung zurückzuführen sind, auf

seine Kosten zu beseitigen, wenn es der Auftraggeber vor Ablauf der Frist schriftlich verlangt. Der Anspruch auf Beseitigung der gerügten Mängel verjährt in 2 Jahren, gerechnet vom Zugang des schriftlichen Verlangens an, jedoch nicht vor Ablauf der Regelfristen nach Absatz 4 oder der an ihrer Stelle vereinbarten Frist. Nach Abnahme der Mängelbeseitigungsleistung beginnt für diese Leistung eine Verjährungsfrist von 2 Jahren neu, die jedoch nicht vor Ablauf der Regelfristen nach Absatz 4 oder der an ihrer Stelle vereinbarten Frist endet.
2. Kommt der Auftragnehmer der Aufforderung zur Mängelbeseitigung in einer vom Auftraggeber gesetzten angemessenen Frist nicht nach, so kann der Auftraggeber die Mängel auf Kosten des Auftragnehmers beseitigen lassen.

(6) Ist die Beseitigung des Mangels für den Auftraggeber unzumutbar oder ist sie unmöglich oder würde sie einen unverhältnismäßig hohen Aufwand erfordern und wird sie deshalb vom Auftragnehmer verweigert, so kann der Auftraggeber durch Erklärung gegenüber dem Auftragnehmer die Vergütung mindern (§ 638 BGB).

(7)
1. Der Auftragnehmer haftet bei schuldhaft verursachten Mängeln für Schäden aus der Verletzung des Lebens, des Körpers oder der Gesundheit.
2. Bei vorsätzlich oder grob fahrlässig verursachten Mängeln haftet er für alle Schäden.
3. Im Übrigen ist dem Auftraggeber der Schaden an der baulichen Anlage zu ersetzen, zu deren Herstellung, Instandhaltung oder Änderung die Leistung dient, wenn ein wesentlicher Mangel vorliegt, der die Gebrauchsfähigkeit erheblich beeinträchtigt und auf ein Verschulden des Auftragnehmers zurückzuführen ist. Einen darüber hinausgehenden Schaden hat der Auftragnehmer nur dann zu ersetzen,
    a) wenn der Mangel auf einem Verstoß gegen die anerkannten Regeln der Technik beruht,
    b) wenn der Mangel in dem Fehlen einer vertraglich vereinbarten Beschaffenheit besteht oder
    c) soweit der Auftragnehmer den Schaden durch Versicherung seiner gesetzlichen Haftpflicht gedeckt hat oder durch eine solche zu tarifmäßigen, nicht auf außergewöhnliche Verhältnisse abgestellten Prämien und Prämienzuschlägen bei einem im Inland zum Geschäftsbetrieb zugelassenen Versicherer hätte decken können.
4. Abweichend von Absatz 4 gelten die gesetzlichen Verjährungsfristen, soweit sich der Auftragnehmer nach Nummer 3 durch Versicherung geschützt hat oder hätte schützen können oder soweit ein besonderer Versicherungsschutz vereinbart ist.
5. Eine Einschränkung oder Erweiterung der Haftung kann in begründeten Sonderfällen vereinbart werden.

§ 14 Abrechnung

(1) ¹Der Auftragnehmer hat seine Leistungen prüfbar abzurechnen. ²Er hat die Rechnungen übersichtlich aufzustellen und dabei die Reihenfolge der Posten einzuhalten und die in den Vertragsbestandteilen enthaltenen Bezeichnungen zu verwenden. ³Die zum Nachweis von Art und Umfang der Leistung erforderlichen Mengenberechnungen, Zeichnungen und andere Belege sind beizufügen. ⁴Ände-

rungen und Ergänzungen des Vertrags sind in der Rechnung besonders kenntlich zu machen; sie sind auf Verlangen getrennt abzurechnen.

(2) ¹Die für die Abrechnung notwendigen Feststellungen sind dem Fortgang der Leistung entsprechend möglichst gemeinsam vorzunehmen. ²Die Abrechnungsbestimmungen in den Technischen Vertragsbedingungen und den anderen Vertragsunterlagen sind zu beachten. ³Für Leistungen, die bei Weiterführung der Arbeiten nur schwer feststellbar sind, hat der Auftragnehmer rechtzeitig gemeinsame Feststellungen zu beantragen.

(3) Die Schlussrechnung muss bei Leistungen mit einer vertraglichen Ausführungsfrist von höchstens 3 Monaten spätestens 12 Werktage nach Fertigstellung eingereicht werden, wenn nichts anderes vereinbart ist; diese Frist wird um je 6 Werktage für je weitere 3 Monate Ausführungsfrist verlängert.

(4) Reicht der Auftragnehmer eine prüfbare Rechnung nicht ein, obwohl ihm der Auftraggeber dafür eine angemessene Frist gesetzt hat, so kann sie der Auftraggeber selbst auf Kosten des Auftragnehmers aufstellen.

§ 15 Stundenlohnarbeiten

(1)
1. Stundenlohnarbeiten werden nach den vertraglichen Vereinbarungen abgerechnet.
2. Soweit für die Vergütung keine Vereinbarungen getroffen worden sind, gilt die ortsübliche Vergütung. Ist diese nicht zu ermitteln, so werden die Aufwendungen des Auftragnehmers für Lohn- und Gehaltskosten der Baustelle, Lohn- und Gehaltsnebenkosten der Baustelle, Stoffkosten der Baustelle, Kosten der Einrichtungen, Geräte, Maschinen und maschinellen Anlagen der Baustelle, Fracht-, Fuhr- und Ladekosten, Sozialkassenbeiträge und Sonderkosten, die bei wirtschaftlicher Betriebsführung entstehen, mit angemessenen Zuschlägen für Gemeinkosten und Gewinn (einschließlich allgemeinem Unternehmerwagnis) zuzüglich Umsatzsteuer vergütet.

(2) Verlangt der Auftraggeber, dass die Stundenlohnarbeiten durch einen Polier oder eine andere Aufsichtsperson beaufsichtigt werden, oder ist die Aufsicht nach den einschlägigen Unfallverhütungsvorschriften notwendig, so gilt Absatz 1 entsprechend.

(3) ¹Dem Auftraggeber ist die Ausführung von Stundenlohnarbeiten vor Beginn anzuzeigen. ²Über die geleisteten Arbeitsstunden und den dabei erforderlichen, besonders zu vergütenden Aufwand für den Verbrauch von Stoffen, für Vorhaltung von Einrichtungen, Geräten, Maschinen und maschinellen Anlagen, für Frachten, Fuhr- und Ladeleistungen sowie etwaige Sonderkosten sind, wenn nichts anderes vereinbart ist, je nach der Verkehrssitte werktäglich oder wöchentlich Listen (Stundenlohnzettel) einzureichen. ³Der Auftraggeber hat die von ihm bescheinigten Stundenlohnzettel unverzüglich, spätestens jedoch innerhalb von 6 Werktagen nach Zugang, zurückzugeben. ⁴Dabei kann er Einwendungen auf den Stundenlohnzetteln oder gesondert schriftlich erheben. ⁵Nicht fristgemäß zurückgegebene Stundenlohnzettel gelten als anerkannt.

(4) ¹Stundenlohnrechnungen sind alsbald nach Abschluss der Stundenlohnarbeiten, längstens jedoch in Abständen von 4 Wochen, einzureichen. ²Für die Zahlung gilt § 16.

Anhang VOB/B 2012

(5) Wenn Stundenlohnarbeiten zwar vereinbart waren, über den Umfang der Stundenlohnleistungen aber mangels rechtzeitiger Vorlage der Stundenlohnzettel Zweifel bestehen, so kann der Auftraggeber verlangen, dass für die nachweisbar ausgeführten Leistungen eine Vergütung vereinbart wird, die nach Maßgabe von Absatz 1 Nummer 2 für einen wirtschaftlich vertretbaren Aufwand an Arbeitszeit und Verbrauch von Stoffen, für Vorhaltung von Einrichtungen, Geräten, Maschinen und maschinellen Anlagen, für Frachten, Fuhr- und Ladeleistungen sowie etwaige Sonderkosten ermittelt wird.

§ 16[5] Zahlung

(1)
1. Abschlagszahlungen sind auf Antrag in möglichst kurzen Zeitabständen oder zu den vereinbarten Zeitpunkten zu gewähren, und zwar in Höhe des Wertes der jeweils nachgewiesenen vertragsgemäßen Leistungen einschließlich des ausgewiesenen, darauf entfallenden Umsatzsteuerbetrages. Die Leistungen sind durch eine prüfbare Aufstellung nachzuweisen, die eine rasche und sichere Beurteilung der Leistungen ermöglichen muss. Als Leistungen gelten hierbei auch die für die geforderte Leistung eigens angefertigten und bereitgestellten Bauteile sowie die auf der Baustelle angelieferten Stoffe und Bauteile, wenn dem Auftraggeber nach seiner Wahl das Eigentum an ihnen übertragen ist oder entsprechende Sicherheit gegeben wird.
2. Gegenforderungen können einbehalten werden. Andere Einbehalte sind nur in den im Vertrag und in den gesetzlichen Bestimmungen vorgesehenen Fällen zulässig.
3. Ansprüche auf Abschlagszahlungen werden binnen 21 Tagen nach Zugang der Aufstellung fällig.
4. Die Abschlagszahlungen sind ohne Einfluss auf die Haftung des Auftragnehmers; sie gelten nicht als Abnahme von Teilen der Leistung.

(2)
1. Vorauszahlungen können auch nach Vertragsabschluss vereinbart werden; hierfür ist auf Verlangen des Auftraggebers ausreichende Sicherheit zu leisten. Diese Vorauszahlungen sind, sofern nichts anderes vereinbart wird, mit 3 v. H. über dem Basiszinssatz[6] des § 247 BGB zu verzinsen.

---

[5] Siehe hierzu auch die Anlage zur VwV v. 26.6.2012 (BAnz. AT 13.7.2012 B3) (Hinweise zu § 16).

[6] Gem. Bekanntmachung der Deutschen Bundesbank beträgt der Basiszinssatz.
- ab 1.1.2002 **2,57 %** (Bek. v. 28.12.2001, BAnz. 2002 Nr. 3, 98).
- ab 1.7.2002 **2,47 %** (Bek. v. 25.6.2002, BAnz. Nr. 118, 14538).
- ab 1.1.2003 **1,97 %** (Bek. v. 30.12.2002, BAnz. 2003 Nr. 2, 76).
- ab 1.7.2003 **1,22 %** (Bek. v. 24.6.2003, BAnz. Nr. 117, 13744).
- ab 1.1.2004 **1,14 %** (Bek. v. 30.12.2003, BAnz. Nr. 2, 69).
- ab 1.7.2004 **1,13 %** (Bek. v. 29.6.2004, BAnz. Nr. 122, 14246).
- ab 1.1.2005 **1,21 %** (Bek. v. 30.12.2004, BAnz. Nr. 1, 6).
- ab 1.7.2005 **1,17 %** (Bek. v. 28.6.2005, BAnz. Nr. 122, 10041).
- ab 1.1.2006 **1,37 %** (Bek. v. 29.12.2005, BAnz. Nr. 1, 2).
- ab 1.7.2006 **1,95 %** (Bek. v. 27.6.2006, BAnz. Nr. 191, 4754).
- ab 1.1.2007 **2,70 %** (Bek. v. 28.12.2006, BAnz. Nr. 245, 7463).
- ab 1.7.2007 **3,19 %** (Bek. v. 28.6.2007, BAnz. Nr. 117, 6530).

2. Vorauszahlungen sind auf die nächstfälligen Zahlungen anzurechnen, soweit damit Leistungen abzugelten sind, für welche die Vorauszahlungen gewährt worden sind.

(3)
1. Der Anspruch auf Schlusszahlung wird alsbald nach Prüfung und Feststellung fällig, spätestens innerhalb von 30 Tagen nach Zugang der Schlussrechnung. Die Frist verlängert sich auf höchstens 60 Tage, wenn sie aufgrund der besonderen Natur oder Merkmale der Vereinbarung sachlich gerechtfertigt ist und ausdrücklich vereinbart wurde. Werden Einwendungen gegen die Prüfbarkeit unter Angabe der Gründe nicht bis zum Ablauf der jeweiligen Frist erhoben, kann der Auftraggeber sich nicht mehr auf die fehlende Prüfbarkeit berufen. Die Prüfung der Schlussrechnung ist nach Möglichkeit zu beschleunigen. Verzögert sie sich, so ist das unbestrittene Guthaben als Abschlagszahlung sofort zu zahlen.
2. Die vorbehaltlose Annahme der Schlusszahlung schließt Nachforderungen aus, wenn der Auftragnehmer über die Schlusszahlung schriftlich unterrichtet und auf die Ausschlusswirkung hingewiesen wurde.
3. Einer Schlusszahlung steht es gleich, wenn der Auftraggeber unter Hinweis auf geleistete Zahlungen weitere Zahlungen endgültig und schriftlich ablehnt.
4. Auch früher gestellte, aber unerledigte Forderungen werden ausgeschlossen, wenn sie nicht nochmals vorbehalten werden.
5. Ein Vorbehalt ist innerhalb von 28 Tagen nach Zugang der Mitteilung nach den Nummern 2 und 3 über die Schlusszahlung zu erklären. Er wird hinfällig, wenn nicht innerhalb von weiteren 28 Tagen – beginnend am Tag nach Ablauf der in Satz 1 genannten 28 Tage – eine prüfbare Rechnung über die vorbehaltenen Forderungen eingereicht oder, wenn das nicht möglich ist, der Vorbehalt eingehend begründet wird.
6. Die Ausschlussfristen gelten nicht für ein Verlangen nach Richtigstellung der Schlussrechnung und -zahlung wegen Aufmaß-, Rechen- und Übertragungsfehlern.

(4) In sich abgeschlossene Teile der Leistung können nach Teilabnahme ohne Rücksicht auf die Vollendung der übrigen Leistungen endgültig festgestellt und bezahlt werden.

- ab 1.1.2008 **3,32 %** (Bek. v. 28.12.2007, BAnz. Nr. 242, 8415).
- ab 1.7.2008 **3,19 %** (Bek. v. 24.6.2008, BAnz. Nr. 94, 2232).
- ab 1.1.2009 **1,62 %** (Bek. v. 30.12.2008, BAnz. 2009 Nr. 1, 6).
- ab 1.7.2009 **0,12 %** (Bek. v. 30.6.2009, BAnz. Nr. 95, 2302).
- ab 1.1.2010 **0,12 %** (Bek. v. 29.12.2009, BAnz. Nr. 198, 4582).
- ab 1.7.2010 **0,12 %** (Bek. v. 29.6.2010, BAnz. Nr. 96, 2264).
- ab 1.1.2011 **0,12 %** (Bek. v. 28.12.2010, BAnz. Nr. 199, 4388).
- ab 1.7.2011 **0,37 %** (Bek. v. 30.6.2011, BAnz. Nr. 96, 2314).
- ab 1.1.2012 **0,12 %** (Bek. v. 27.12.2011, BAnz. Nr. 197, 4659).
- ab 1.7.2012 **0,12 %** (Bek. v. 26.6.2012, BAnz. AT 28.6.2012 B3).
- ab 1.1.2013 **[[minus]]0,13 %** (Bek. v. 28.12.2012, BAnz. AT 31.12.2012 B8).
- ab 1.7.2013 **[[minus]]0,38 %** (Bek. v. 25.6.2013, BAnz. AT 27.6.2013 B4).
- ab 1.1.2014 **[[minus]]0,63 %** (Bek. v. 30.12.2013, BAnz. AT 31.12.2013 B7).
- ab 1.7.2014 **[[minus]]0,73 %** (Bek. v. 24.6.2014, BAnz. AT 26.6.2014 B5).
- ab 1.1.2015 **[[minus]]0,83 %** (Bek. v. 30.12.2014, BAnz. AT 31.12.2014 B12).
- ab 1.7.2015 **[[minus]]0,83 %** (Bek. v. 30.6.2015, BAnz. AT 1.7.2015 B6.

(5)
1. Alle Zahlungen sind aufs Äußerste zu beschleunigen.
2. Nicht vereinbarte Skontoabzüge sind unzulässig.
3. Zahlt der Auftraggeber bei Fälligkeit nicht, so kann ihm der Auftragnehmer eine angemessene Nachfrist setzen. Zahlt er auch innerhalb der Nachfrist nicht, so hat der Auftragnehmer vom Ende der Nachfrist an Anspruch auf Zinsen in Höhe der in § 288 Absatz 2 BGB angegebenen Zinssätze, wenn er nicht einen höheren Verzugsschaden nachweist. Der Auftraggeber kommt jedoch, ohne dass es einer Nachfristsetzung bedarf, spätestens 30 Tage nach Zugang der Rechnung oder der Aufstellung bei Abschlagszahlungen in Zahlungsverzug, wenn der Auftragnehmer seine vertraglichen und gesetzlichen Verpflichtungen erfüllt und den fälligen Entgeltbetrag nicht rechtzeitig erhalten hat, es sei denn, der Auftraggeber ist für den Zahlungsverzug nicht verantwortlich. Die Frist verlängert sich auf höchstens 60 Tage, wenn sie aufgrund der besonderen Natur oder Merkmale der Vereinbarung sachlich gerechtfertigt ist und ausdrücklich vereinbart wurde.
4. Der Auftragnehmer darf die Arbeiten bei Zahlungsverzug bis zur Zahlung einstellen, sofern eine dem Auftraggeber zuvor gesetzte angemessene Frist erfolglos verstrichen ist.

(6) [1]Der Auftraggeber ist berechtigt, zur Erfüllung seiner Verpflichtungen aus den Absätzen 1 bis 5 Zahlungen an Gläubiger des Auftragnehmers zu leisten, soweit sie an der Ausführung der vertraglichen Leistung des Auftragnehmers aufgrund eines mit diesem abgeschlossenen Dienst- oder Werkvertrags beteiligt sind, wegen Zahlungsverzugs des Auftragnehmers die Fortsetzung ihrer Leistung zu Recht verweigern und die Direktzahlung die Fortsetzung der Leistung sicherstellen soll. [2]Der Auftragnehmer ist verpflichtet, sich auf Verlangen des Auftraggebers innerhalb einer von diesem gesetzten Frist darüber zu erklären, ob und inwieweit er die Forderungen seiner Gläubiger anerkennt; wird diese Erklärung nicht rechtzeitig abgegeben, so gelten die Voraussetzungen für die Direktzahlung als anerkannt.

§ 17 Sicherheitsleistung

(1)
1. Wenn Sicherheitsleistung vereinbart ist, gelten die §§ 232 bis 240 BGB, soweit sich aus den nachstehenden Bestimmungen nichts anderes ergibt.
2. Die Sicherheit dient dazu, die vertragsgemäße Ausführung der Leistung und die Mängelansprüche sicherzustellen.

(2) Wenn im Vertrag nichts anderes vereinbart ist, kann Sicherheit durch Einbehalt oder Hinterlegung von Geld oder durch Bürgschaft eines Kreditinstituts oder Kreditversicherers geleistet werden, sofern das Kreditinstitut oder der Kreditversicherer
1. in der Europäischen Gemeinschaft oder
2. in einem Staat der Vertragsparteien des Abkommens über den Europäischen Wirtschaftsraum oder
3. in einem Staat der Vertragsparteien des WTO-Übereinkommens über das öffentliche Beschaffungswesen
zugelassen ist.

(3) Der Auftragnehmer hat die Wahl unter den verschiedenen Arten der Sicherheit; er kann eine Sicherheit durch eine andere ersetzen.

(4) ¹Bei Sicherheitsleistung durch Bürgschaft ist Voraussetzung, dass der Auftraggeber den Bürgen als tauglich anerkannt hat. ²Die Bürgschaftserklärung ist schriftlich unter Verzicht auf die Einrede der Vorausklage abzugeben (§ 771 BGB); sie darf nicht auf bestimmte Zeit begrenzt sein und muss nach Vorschrift des Auftraggebers ausgestellt sein. ³Der Auftraggeber kann als Sicherheit keine Bürgschaft fordern, die den Bürgen zur Zahlung auf erstes Anfordern verpflichtet.

(5) ¹Wird Sicherheit durch Hinterlegung von Geld geleistet, so hat der Auftragnehmer den Betrag bei einem zu vereinbarenden Geldinstitut auf ein Sperrkonto einzuzahlen, über das beide nur gemeinsam verfügen können („Und-Konto"). ²Etwaige Zinsen stehen dem Auftragnehmer zu.

(6)
1. Soll der Auftraggeber vereinbarungsgemäß die Sicherheit in Teilbeträgen von seinen Zahlungen einbehalten, so darf er jeweils die Zahlung um höchstens 10 v. H. kürzen, bis die vereinbarte Sicherheitssumme erreicht ist. Sofern Rechnungen ohne Umsatzsteuer gemäß § 13b UStG gestellt werden, bleibt die Umsatzsteuer bei der Berechnung des Sicherheitseinbehalts unberücksichtigt. Den jeweils einbehaltenen Betrag hat er dem Auftragnehmer mitzuteilen und binnen 18 Werktagen nach dieser Mitteilung auf ein Sperrkonto bei dem vereinbarten Geldinstitut einzuzahlen. Gleichzeitig muss er veranlassen, dass dieses Geldinstitut den Auftragnehmer von der Einzahlung des Sicherheitsbetrags benachrichtigt. Absatz 5 gilt entsprechend.
2. Bei kleineren oder kurzfristigen Aufträgen ist es zulässig, dass der Auftraggeber den einbehaltenen Sicherheitsbetrag erst bei der Schlusszahlung auf ein Sperrkonto einzahlt.
3. Zahlt der Auftraggeber den einbehaltenen Betrag nicht rechtzeitig ein, so kann ihm der Auftragnehmer hierfür eine angemessene Nachfrist setzen. Lässt der Auftraggeber auch diese verstreichen, so kann der Auftragnehmer die sofortige Auszahlung des einbehaltenen Betrags verlangen und braucht dann keine Sicherheit mehr zu leisten.
4. Öffentliche Auftraggeber sind berechtigt, den als Sicherheit einbehaltenen Betrag auf eigenes Verwahrgeldkonto zu nehmen; der Betrag wird nicht verzinst.

(7) ¹Der Auftragnehmer hat die Sicherheit binnen 18 Werktagen nach Vertragsabschluss zu leisten, wenn nichts anderes vereinbart ist. ²Soweit er diese Verpflichtung nicht erfüllt hat, ist der Auftraggeber berechtigt, vom Guthaben des Auftragnehmers einen Betrag in Höhe der vereinbarten Sicherheit einzubehalten. ³Im Übrigen gelten die Absätze 5 und 6 außer Nummer 1 Satz 1 entsprechend.

(8)
1. Der Auftraggeber hat eine nicht verwertete Sicherheit für die Vertragserfüllung zum vereinbarten Zeitpunkt, spätestens nach Abnahme und Stellung der Sicherheit für Mängelansprüche zurückzugeben, es sei denn, dass Ansprüche des Auftraggebers, die nicht von der gestellten Sicherheit für Mängelansprüche umfasst sind, noch nicht erfüllt sind. Dann darf er für diese Vertragserfüllungsansprüche einen entsprechenden Teil der Sicherheit zurückhalten.
2. Der Auftraggeber hat eine nicht verwertete Sicherheit für Mängelansprüche nach Ablauf von 2 Jahren zurückzugeben, sofern kein anderer Rückgabezeitpunkt vereinbart worden ist. Soweit jedoch zu diesem Zeitpunkt seine geltend

gemachten Ansprüche noch nicht erfüllt sind, darf er einen entsprechenden Teil der Sicherheit zurückhalten.

§ 18 Streitigkeiten

(1) ¹Liegen die Voraussetzungen für eine Gerichtsstandvereinbarung nach § 38 der Zivilprozessordnung vor, richtet sich der Gerichtsstand für Streitigkeiten aus dem Vertrag nach dem Sitz der für die Prozessvertretung des Auftraggebers zuständigen Stelle, wenn nichts anderes vereinbart ist. ²Sie ist dem Auftragnehmer auf Verlangen mitzuteilen.

(2)
1. Entstehen bei Verträgen mit Behörden Meinungsverschiedenheiten, so soll der Auftragnehmer zunächst die der auftraggebenden Stelle unmittelbar vorgesetzte Stelle anrufen. Diese soll dem Auftragnehmer Gelegenheit zur mündlichen Aussprache geben und ihn möglichst innerhalb von 2 Monaten nach der Anrufung schriftlich bescheiden und dabei auf die Rechtsfolgen des Satzes 3 hinweisen. Die Entscheidung gilt als anerkannt, wenn der Auftragnehmer nicht innerhalb von 3 Monaten nach Eingang des Bescheides schriftlich Einspruch beim Auftraggeber erhebt und dieser ihn auf die Ausschlussfrist hingewiesen hat.
2. Mit dem Eingang des schriftlichen Antrages auf Durchführung eines Verfahrens nach Nummer 1 wird die Verjährung des in diesem Antrag geltend gemachten Anspruchs gehemmt. Wollen Auftraggeber oder Auftragnehmer das Verfahren nicht weiter betreiben, teilen sie dies dem jeweils anderen Teil schriftlich mit. Die Hemmung endet 3 Monate nach Zugang des schriftlichen Bescheides oder der Mitteilung nach Satz 2.

(3) ¹Daneben kann ein Verfahren zur Streitbeilegung vereinbart werden. ²Die Vereinbarung sollte mit Vertragsabschluss erfolgen.

(4) ¹Bei Meinungsverschiedenheiten über die Eigenschaft von Stoffen und Bauteilen, für die allgemein gültige Prüfungsverfahren bestehen, und über die Zulässigkeit oder Zuverlässigkeit der bei der Prüfung verwendeten Maschinen oder angewendeten Prüfungsverfahren kann jede Vertragspartei nach vorheriger Benachrichtigung der anderen Vertragspartei die materialtechnische Untersuchung durch eine staatliche oder staatlich anerkannte Materialprüfungsstelle vornehmen lassen; deren Feststellungen sind verbindlich. ²Die Kosten trägt der unterliegende Teil.

(5) Streitfälle berechtigen den Auftragnehmer nicht, die Arbeiten einzustellen.

2. Vergabe- und Vertragsordnung für Bauleistungen (VOB) Teil B: Allgemeine Vertragsbedingungen für die Ausführung von Bauleistungen

– Ausgabe 2009 –[1, 2, 3, 4]
Vom 31. Juli 2009 (BAnz. Nr. 155a)

§ 1 Art und Umfang der Leistung

(1) [1]Die auszuführende Leistung wird nach Art und Umfang durch den Vertrag bestimmt. [2]Als Bestandteil des Vertrags gelten auch die Allgemeinen Technischen Vertragsbedingungen für Bauleistungen (VOB/C).

(2) Bei Widersprüchen im Vertrag gelten nacheinander:
1. die Leistungsbeschreibung,
2. die Besonderen Vertragsbedingungen,
3. etwaige Zusätzliche Vertragsbedingungen,
4. etwaige Zusätzliche Technische Vertragsbedingungen,
5. die Allgemeinen Technischen Vertragsbedingungen für Bauleistungen,
6. die Allgemeinen Vertragsbedingungen für die Ausführung von Bauleistungen.

(3) Änderungen des Bauentwurfs anzuordnen, bleibt dem Auftraggeber vorbehalten.

(4) [1]Nicht vereinbarte Leistungen, die zur Ausführung der vertraglichen Leistung erforderlich werden, hat der Auftragnehmer auf Verlangen des Auftraggebers mit auszuführen, außer wenn sein Betrieb auf derartige Leistungen nicht eingerichtet ist. [2]Andere Leistungen können dem Auftragnehmer nur mit seiner Zustimmung übertragen werden.

§ 2 Vergütung

(1) Durch die vereinbarten Preise werden alle Leistungen abgegolten, die nach der Leistungsbeschreibung, den Besonderen Vertragsbedingungen, den Zusätzlichen Vertragsbedingungen, den Zusätzlichen Technischen Vertragsbedingungen, den Allgemeinen Technischen Vertragsbedingungen für Bauleistungen und der gewerblichen Verkehrssitte zur vertraglichen Leistung gehören.

---

[1] **Amtl. Anm.:** Diese Allgemeinen Geschäftsbedingungen werden durch den DVA ausschließlich zur Anwendung gegenüber Unternehmen, juristischen Personen des öffentlichen Rechts und öffentlich-rechtlichen Sondervermögens empfohlen (§ 310 BGB).

[2] Die VOB Teil B Ausgabe 2009 ersetzt den Teil B der Vergabe- und Vertragsordnung für Bauleistungen v. 4.9.2006 (BAnz. Nr. 196a, 1). Einzelheiten der Änderungen ergeben sich aus den Hinweisen zur VOB Teile A und B Ausgabe 2009. Die VOB Teil B Ausgabe 2009 ist gemeinsam mit der Änderung der Vergabeverordnung (VgV) **mWv 11.6.2010** in Kraft getreten.

[3] Siehe hierzu auch die Bekanntmachung.

[4] Die Änderungen durch VwV v. 7.1.2016 (BAnz. AT 19.1.2016 B3 S. 71) treten **mit unbestimmtem Datum** in Kraft und sind im Text noch nicht berücksichtigt.

Anhang VOB/B 2009

(2) Die Vergütung wird nach den vertraglichen Einheitspreisen und den tatsächlich ausgeführten Leistungen berechnet, wenn keine andere Berechnungsart (z. B. durch Pauschalsumme, nach Stundenlohnsätzen, nach Selbstkosten) vereinbart ist.

(3)
1. Weicht die ausgeführte Menge der unter einem Einheitspreis erfassten Leistung oder Teilleistung um nicht mehr als 10 v. H. von dem im Vertrag vorgesehenen Umfang ab, so gilt der vertragliche Einheitspreis.
2. Für die über 10 v. H. hinausgehende Überschreitung des Mengenansatzes ist auf Verlangen ein neuer Preis unter Berücksichtigung der Mehr- oder Minderkosten zu vereinbaren.
3. Bei einer über 10 v. H. hinausgehenden Unterschreitung des Mengenansatzes ist auf Verlangen der Einheitspreis für die tatsächlich ausgeführte Menge der Leistung oder Teilleistung zu erhöhen, soweit der Auftragnehmer nicht durch Erhöhung der Mengen bei anderen Ordnungszahlen (Positionen) oder in anderer Weise einen Ausgleich erhält. Die Erhöhung des Einheitspreises soll im Wesentlichen dem Mehrbetrag entsprechen, der sich durch Verteilung der Baustelleneinrichtungs- und Baustellengemeinkosten und der Allgemeinen Geschäftskosten auf die verringerte Menge ergibt. Die Umsatzsteuer wird entsprechend dem neuen Preis vergütet.
4. Sind von der unter einem Einheitspreis erfassten Leistung oder Teilleistung andere Leistungen abhängig, für die eine Pauschalsumme vereinbart ist, so kann mit der Änderung des Einheitspreises auch eine angemessene Änderung der Pauschalsumme gefordert werden.

(4) Werden im Vertrag ausbedungene Leistungen des Auftragnehmers vom Auftraggeber selbst übernommen (z. B. Lieferung von Bau-, Bauhilfs- und Betriebsstoffen), so gilt, wenn nichts anderes vereinbart wird, § 8 Absatz 1 Nummer 2 entsprechend.

(5) [1]Werden durch Änderung des Bauentwurfs oder andere Anordnungen des Auftraggebers die Grundlagen des Preises für eine im Vertrag vorgesehene Leistung geändert, so ist ein neuer Preis unter Berücksichtigung der Mehr- oder Minderkosten zu vereinbaren. [2]Die Vereinbarung soll vor der Ausführung getroffen werden.

(6)
1. Wird eine im Vertrag nicht vorgesehene Leistung gefordert, so hat der Auftragnehmer Anspruch auf besondere Vergütung. Er muss jedoch den Anspruch dem Auftraggeber ankündigen, bevor er mit der Ausführung der Leistung beginnt.
2. Die Vergütung bestimmt sich nach den Grundlagen der Preisermittlung für die vertragliche Leistung und den besonderen Kosten der geforderten Leistung. Sie ist möglichst vor Beginn der Ausführung zu vereinbaren.

(7)
1. Ist als Vergütung der Leistung eine Pauschalsumme vereinbart, so bleibt die Vergütung unverändert. Weicht jedoch die ausgeführte Leistung von der vertraglich vorgesehenen Leistung so erheblich ab, dass ein Festhalten an der Pauschalsumme nicht zumutbar ist (§ 313 BGB), so ist auf Verlangen ein Ausgleich unter Berücksichtigung der Mehr- oder Minderkosten zu gewähren. Für die Bemessung des Ausgleichs ist von den Grundlagen der Preisermittlung auszugehen.

2. Die Regelungen der Absatz 4, 5 und 6 gelten auch bei Vereinbarung einer Pauschalsumme.
3. Wenn nichts anderes vereinbart ist, gelten die Nummern 1 und 2 auch für Pauschalsummen, die für Teile der Leistung vereinbart sind; Absatz 3 Nummer 4 bleibt unberührt.

(8)
1. Leistungen, die der Auftragnehmer ohne Auftrag oder unter eigenmächtiger Abweichung vom Auftrag ausführt, werden nicht vergütet. Der Auftragnehmer hat sie auf Verlangen innerhalb einer angemessenen Frist zu beseitigen; sonst kann es auf seine Kosten geschehen. Er haftet außerdem für andere Schäden, die dem Auftraggeber hieraus entstehen.
2. Eine Vergütung steht dem Auftragnehmer jedoch zu, wenn der Auftraggeber solche Leistungen nachträglich anerkennt. Eine Vergütung steht ihm auch zu, wenn die Leistungen für die Erfüllung des Vertrags notwendig waren, dem mutmaßlichen Willen des Auftraggebers entsprachen und ihm unverzüglich angezeigt wurden. Soweit dem Auftragnehmer eine Vergütung zusteht, gelten die Berechnungsgrundlagen für geänderte oder zusätzliche Leistungen der Absätze 5 oder 6 entsprechend.
3. Die Vorschriften des BGB über die Geschäftsführung ohne Auftrag (§§ 677 ff. BGB) bleiben unberührt.

(9)
1. Verlangt der Auftraggeber Zeichnungen, Berechnungen oder andere Unterlagen, die der Auftragnehmer nach dem Vertrag, besonders den Technischen Vertragsbedingungen oder der gewerblichen Verkehrssitte, nicht zu beschaffen hat, so hat er sie zu vergüten.
2. Lässt er vom Auftragnehmer nicht aufgestellte technische Berechnungen durch den Auftragnehmer nachprüfen, so hat er die Kosten zu tragen.

(10) Stundenlohnarbeiten werden nur vergütet, wenn sie als solche vor ihrem Beginn ausdrücklich vereinbart worden sind (§ 15).

§ 3 Ausführungsunterlagen

(1) Die für die Ausführung nötigen Unterlagen sind dem Auftragnehmer unentgeltlich und rechtzeitig zu übergeben.

(2) Das Abstecken der Hauptachsen der baulichen Anlagen, ebenso der Grenzen des Geländes, das dem Auftragnehmer zur Verfügung gestellt wird, und das Schaffen der notwendigen Höhenfestpunkte in unmittelbarer Nähe der baulichen Anlagen sind Sache des Auftraggebers.

(3) ¹Die vom Auftraggeber zur Verfügung gestellten Geländeaufnahmen und Absteckungen und die übrigen für die Ausführung übergebenen Unterlagen sind für den Auftragnehmer maßgebend. ²Jedoch hat er sie, soweit es zur ordnungsgemäßen Vertragserfüllung gehört, auf etwaige Unstimmigkeiten zu überprüfen und den Auftraggeber auf entdeckte oder vermutete Mängel hinzuweisen.

(4) Vor Beginn der Arbeiten ist, soweit notwendig, der Zustand der Straßen und Geländeoberfläche, der Vorfluter und Vorflutleitungen, ferner der baulichen Anlagen im Baubereich in einer Niederschrift festzuhalten, die vom Auftraggeber und Auftragnehmer anzuerkennen ist.

Anhang VOB/B 2009

(5) Zeichnungen, Berechnungen, Nachprüfungen von Berechnungen oder andere Unterlagen, die der Auftragnehmer nach dem Vertrag, besonders den Technischen Vertragsbedingungen, oder der gewerblichen Verkehrssitte oder auf besonderes Verlangen des Auftraggebers (§ 2 Absatz 9) zu beschaffen hat, sind dem Auftraggeber nach Aufforderung rechtzeitig vorzulegen.

(6)
1. Die in Absatz 5 genannten Unterlagen dürfen ohne Genehmigung ihres Urhebers nicht veröffentlicht, vervielfältigt, geändert oder für einen anderen als den vereinbarten Zweck benutzt werden.
2. An DV-Programmen hat der Auftraggeber das Recht zur Nutzung mit den vereinbarten Leistungsmerkmalen in unveränderter Form auf den festgelegten Geräten. Der Auftraggeber darf zum Zwecke der Datensicherung zwei Kopien herstellen. Diese müssen alle Identifikationsmerkmale enthalten. Der Verbleib der Kopien ist auf Verlangen nachzuweisen.
3. Der Auftragnehmer bleibt unbeschadet des Nutzungsrechts des Auftraggebers zur Nutzung der Unterlagen und der DV-Programme berechtigt.

§ 4 Ausführung

(1)
1. Der Auftraggeber hat für die Aufrechterhaltung der allgemeinen Ordnung auf der Baustelle zu sorgen und das Zusammenwirken der verschiedenen Unternehmer zu regeln. Er hat die erforderlichen öffentlich-rechtlichen Genehmigungen und Erlaubnisse – z. B. nach dem Baurecht, dem Straßenverkehrsrecht, dem Wasserrecht, dem Gewerberecht – herbeizuführen.
2. Der Auftraggeber hat das Recht, die vertragsgemäße Ausführung der Leistung zu überwachen. Hierzu hat er Zutritt zu den Arbeitsplätzen, Werkstätten und Lagerräumen, wo die vertragliche Leistung oder Teile von ihr hergestellt oder die hierfür bestimmten Stoffe und Bauteile gelagert werden. Auf Verlangen sind ihm die Werkzeichnungen oder andere Ausführungsunterlagen sowie die Ergebnisse von Güteprüfungen zur Einsicht vorzulegen und die erforderlichen Auskünfte zu erteilen, wenn hierdurch keine Geschäftsgeheimnisse preisgegeben werden. Als Geschäftsgeheimnis bezeichnete Auskünfte und Unterlagen hat er vertraulich zu behandeln.
3. Der Auftraggeber ist befugt, unter Wahrung der dem Auftragnehmer zustehenden Leitung (Absatz 2) Anordnungen zu treffen, die zur vertragsgemäßen Ausführung der Leistung notwendig sind. Die Anordnungen sind grundsätzlich nur dem Auftragnehmer oder seinem für die Leitung der Ausführung bestellten Vertreter zu erteilen, außer wenn Gefahr im Verzug ist. Dem Auftraggeber ist mitzuteilen, wer jeweils als Vertreter des Auftragnehmers für die Leitung der Ausführung bestellt ist.
4. Hält der Auftragnehmer die Anordnungen des Auftraggebers für unberechtigt oder unzweckmäßig, so hat er seine Bedenken geltend zu machen, die Anordnungen jedoch auf Verlangen auszuführen, wenn nicht gesetzliche oder behördliche Bestimmungen entgegenstehen. Wenn dadurch eine ungerechtfertigte Erschwerung verursacht wird, hat der Auftraggeber die Mehrkosten zu tragen.

(2)
1. Der Auftragnehmer hat die Leistung unter eigener Verantwortung nach dem Vertrag auszuführen. Dabei hat er die anerkannten Regeln der Technik und

die gesetzlichen und behördlichen Bestimmungen zu beachten. Es ist seine Sache, die Ausführung seiner vertraglichen Leistung zu leiten und für Ordnung auf seiner Arbeitsstelle zu sorgen.
2. Er ist für die Erfüllung der gesetzlichen, behördlichen und berufsgenossenschaftlichen Verpflichtungen gegenüber seinen Arbeitnehmern allein verantwortlich. Es ist ausschließlich seine Aufgabe, die Vereinbarungen und Maßnahmen zu treffen, die sein Verhältnis zu den Arbeitnehmern regeln.

(3) Hat der Auftragnehmer Bedenken gegen die vorgesehene Art der Ausführung (auch wegen der Sicherung gegen Unfallgefahren), gegen die Güte der vom Auftraggeber gelieferten Stoffe oder Bauteile oder gegen die Leistungen anderer Unternehmer, so hat er sie dem Auftraggeber unverzüglich – möglichst schon vor Beginn der Arbeiten – schriftlich mitzuteilen; der Auftraggeber bleibt jedoch für seine Angaben, Anordnungen oder Lieferungen verantwortlich.

(4) [1]Der Auftraggeber hat, wenn nichts anderes vereinbart ist, dem Auftragnehmer unentgeltlich zur Benutzung oder Mitbenutzung zu überlassen:
1. die notwendigen Lager- und Arbeitsplätze auf der Baustelle,
2. vorhandene Zufahrtswege und Anschlussgleise,
3. vorhandene Anschlüsse für Wasser und Energie. Die Kosten für den Verbrauch und den Messer oder Zähler trägt der Auftragnehmer, mehrere Auftragnehmer tragen sie anteilig.

(5) [1]Der Auftragnehmer hat die von ihm ausgeführten Leistungen und die ihm für die Ausführung übergebenen Gegenstände bis zur Abnahme vor Beschädigung und Diebstahl zu schützen. [2]Auf Verlangen des Auftraggebers hat er sie vor Winterschäden und Grundwasser zu schützen, ferner Schnee und Eis zu beseitigen. [3]Obliegt ihm die Verpflichtung nach Satz 2 nicht schon nach dem Vertrag, so regelt sich die Vergütung nach § 2 Absatz 6.

(6) [1]Stoffe oder Bauteile, die dem Vertrag oder den Proben nicht entsprechen, sind auf Anordnung des Auftraggebers innerhalb einer von ihm bestimmten Frist von der Baustelle zu entfernen. [2]Geschieht es nicht, so können sie auf Kosten des Auftragnehmers entfernt oder für seine Rechnung veräußert werden.

(7) [1]Leistungen, die schon während der Ausführung als mangelhaft oder vertragswidrig erkannt werden, hat der Auftragnehmer auf eigene Kosten durch mangelfreie zu ersetzen. [2]Hat der Auftragnehmer den Mangel oder die Vertragswidrigkeit zu vertreten, so hat er auch den daraus entstehenden Schaden zu ersetzen. [3]Kommt der Auftragnehmer der Pflicht zur Beseitigung des Mangels nicht nach, so kann ihm der Auftraggeber eine angemessene Frist zur Beseitigung des Mangels setzen und erklären, dass er ihm nach fruchtlosem Ablauf der Frist den Auftrag entziehe (§ 8 Absatz 3).

(8)
1. Der Auftragnehmer hat die Leistung im eigenen Betrieb auszuführen. Mit schriftlicher Zustimmung des Auftraggebers darf er sie an Nachunternehmer übertragen. Die Zustimmung ist nicht notwendig bei Leistungen, auf die der Betrieb des Auftragnehmers nicht eingerichtet ist. Erbringt der Auftragnehmer ohne schriftliche Zustimmung des Auftraggebers Leistungen nicht im eigenen Betrieb, obwohl sein Betrieb darauf eingerichtet ist, kann der Auftraggeber ihm eine angemessene Frist zur Aufnahme der Leistung im eigenen Betrieb setzen und erklären, dass er ihm nach fruchtlosem Ablauf der Frist den Auftrag entziehe (§ 8 Absatz 3).

Anhang VOB/B 2009

2. Der Auftragnehmer hat bei der Weitervergabe von Bauleistungen an Nachunternehmer die Vergabe- und Vertragsordnung für Bauleistungen Teile B und C zugrunde zu legen.
3. Der Auftragnehmer hat die Nachunternehmer dem Auftraggeber auf Verlangen bekannt zu geben.

(9) ^{1}Werden bei Ausführung der Leistung auf einem Grundstück Gegenstände von Altertums-, Kunst- oder wissenschaftlichem Wert entdeckt, so hat der Auftragnehmer vor jedem weiteren Aufdecken oder Ändern dem Auftraggeber den Fund anzuzeigen und ihm die Gegenstände nach näherer Weisung abzuliefern. ^{2}Die Vergütung etwaiger Mehrkosten regelt sich nach § 2 Absatz 6. ^{3}Die Rechte des Entdeckers (§ 984 BGB) hat der Auftraggeber.

(10) ^{1}Der Zustand von Teilen der Leistung ist auf Verlangen gemeinsam von Auftraggeber und Auftragnehmer festzustellen, wenn diese Teile der Leistung durch die weitere Ausführung der Prüfung und Feststellung entzogen werden. ^{2}Das Ergebnis ist schriftlich niederzulegen.

§ 5 Ausführungsfristen

(1) ^{1}Die Ausführung ist nach den verbindlichen Fristen (Vertragsfristen) zu beginnen, angemessen zu fördern und zu vollenden. ^{2}In einem Bauzeitenplan enthaltene Einzelfristen gelten nur dann als Vertragsfristen, wenn dies im Vertrag ausdrücklich vereinbart ist.

(2) ^{1}Ist für den Beginn der Ausführung keine Frist vereinbart, so hat der Auftraggeber dem Auftragnehmer auf Verlangen Auskunft über den voraussichtlichen Beginn zu erteilen. ^{2}Der Auftragnehmer hat innerhalb von 12 Werktagen nach Aufforderung zu beginnen. ^{3}Der Beginn der Ausführung ist dem Auftraggeber anzuzeigen.

(3) Wenn Arbeitskräfte, Geräte, Gerüste, Stoffe oder Bauteile so unzureichend sind, dass die Ausführungsfristen offenbar nicht eingehalten werden können, muss der Auftragnehmer auf Verlangen unverzüglich Abhilfe schaffen.

(4) Verzögert der Auftragnehmer den Beginn der Ausführung, gerät er mit der Vollendung in Verzug, oder kommt er der in Absatz 3 erwähnten Verpflichtung nicht nach, so kann der Auftraggeber bei Aufrechterhaltung des Vertrages Schadensersatz nach § 6 Absatz 6 verlangen oder dem Auftragnehmer eine angemessene Frist zur Vertragserfüllung setzen und erklären, dass er ihm nach fruchtlosem Ablauf der Frist den Auftrag entziehe (§ 8 Absatz 3).

§ 6 Behinderung und Unterbrechung der Ausführung

(1) ^{1}Glaubt sich der Auftragnehmer in der ordnungsgemäßen Ausführung der Leistung behindert, so hat er es dem Auftraggeber unverzüglich schriftlich anzuzeigen. ^{2}Unterlässt er die Anzeige, so hat er nur dann Anspruch auf Berücksichtigung der hindernden Umstände, wenn dem Auftraggeber offenkundig die Tatsache und deren hindernde Wirkung bekannt waren.

(2)
1. Ausführungsfristen werden verlängert, soweit die Behinderung verursacht ist:
   a) durch einen Umstand aus dem Risikobereich des Auftraggebers,

b) durch Streik oder eine von der Berufsvertretung der Arbeitgeber angeordnete Aussperrung im Betrieb des Auftragnehmers oder in einem unmittelbar für ihn arbeitenden Betrieb,
c) durch höhere Gewalt oder andere für den Auftragnehmer unabwendbare Umstände.
2. Witterungseinflüsse während der Ausführungszeit, mit denen bei Abgabe des Angebots normalerweise gerechnet werden musste, gelten nicht als Behinderung.

(3) ¹Der Auftragnehmer hat alles zu tun, was ihm billigerweise zugemutet werden kann, um die Weiterführung der Arbeiten zu ermöglichen. ²Sobald die hindernden Umstände wegfallen, hat er ohne weiteres und unverzüglich die Arbeiten wieder aufzunehmen und den Auftraggeber davon zu benachrichtigen.

(4) Die Fristverlängerung wird berechnet nach der Dauer der Behinderung mit einem Zuschlag für die Wiederaufnahme der Arbeiten und die etwaige Verschiebung in eine ungünstigere Jahreszeit.

(5) Wird die Ausführung für voraussichtlich längere Dauer unterbrochen, ohne dass die Leistung dauernd unmöglich wird, so sind die ausgeführten Leistungen nach den Vertragspreisen abzurechnen und außerdem die Kosten zu vergüten, die dem Auftragnehmer bereits entstanden und in den Vertragspreisen des nicht ausgeführten Teils der Leistung enthalten sind.

(6) ¹Sind die hindernden Umstände von einem Vertragsteil zu vertreten, so hat der andere Teil Anspruch auf Ersatz des nachweislich entstandenen Schadens, des entgangenen Gewinns aber nur bei Vorsatz oder grober Fahrlässigkeit. ²Im Übrigen bleibt der Anspruch des Auftragnehmers auf angemessene Entschädigung nach § 642 BGB unberührt, sofern die Anzeige nach Absatz 1 Satz 1 erfolgt oder wenn Offenkundigkeit nach Absatz 1 Satz 2 gegeben ist.

(7) ¹Dauert eine Unterbrechung länger als 3 Monate, so kann jeder Teil nach Ablauf dieser Zeit den Vertrag schriftlich kündigen. ²Die Abrechnung regelt sich nach den Absätzen 5 und 6; wenn der Auftragnehmer die Unterbrechung nicht zu vertreten hat, sind auch die Kosten der Baustellenräumung zu vergüten, soweit sie nicht in der Vergütung für die bereits ausgeführten Leistungen enthalten sind.

§ 7 Verteilung der Gefahr

(1) Wird die ganz oder teilweise ausgeführte Leistung vor der Abnahme durch höhere Gewalt, Krieg, Aufruhr oder andere objektiv unabwendbare vom Auftragnehmer nicht zu vertretende Umstände beschädigt oder zerstört, so hat dieser für die ausgeführten Teile der Leistung die Ansprüche nach § 6 Absatz 5; für andere Schäden besteht keine gegenseitige Ersatzpflicht.

(2) Zu der ganz oder teilweise ausgeführten Leistung gehören alle mit der baulichen Anlage unmittelbar verbundenen, in ihre Substanz eingegangenen Leistungen, unabhängig von deren Fertigstellungsgrad.

(3) ¹Zu der ganz oder teilweise ausgeführten Leistung gehören nicht die noch nicht eingebauten Stoffe und Bauteile sowie die Baustelleneinrichtung und Absteckungen. ²Zu der ganz oder teilweise ausgeführten Leistung gehören ebenfalls nicht Hilfskonstruktionen und Gerüste, auch wenn diese als Besondere Leistung oder selbständig vergeben sind.

Anhang VOB/B 2009

§ 8 Kündigung durch den Auftraggeber

(1)
1. Der Auftraggeber kann bis zur Vollendung der Leistung jederzeit den Vertrag kündigen.
2. Dem Auftragnehmer steht die vereinbarte Vergütung zu. Er muss sich jedoch anrechnen lassen, was er infolge der Aufhebung des Vertrags an Kosten erspart oder durch anderweitige Verwendung seiner Arbeitskraft und seines Betriebs erwirbt oder zu erwerben böswillig unterlässt (§ 649 BGB).

(2)
1. Der Auftraggeber kann den Vertrag kündigen, wenn der Auftragnehmer seine Zahlungen einstellt, von ihm oder zulässigerweise vom Auftraggeber oder einem anderen Gläubiger das Insolvenzverfahren (§§ 14 und 15 InsO) beziehungsweise ein vergleichbares gesetzliches Verfahren beantragt ist, ein solches Verfahren eröffnet wird oder dessen Eröffnung mangels Masse abgelehnt wird.
2. Die ausgeführten Leistungen sind nach § 6 Absatz 5 abzurechnen. Der Auftraggeber kann Schadensersatz wegen Nichterfüllung des Restes verlangen.

(3)
1. Der Auftraggeber kann den Vertrag kündigen, wenn in den Fällen des § 4 Absätze 7 und 8 Nummer 1 und des § 5 Absatz 4 die gesetzte Frist fruchtlos abgelaufen ist (Entziehung des Auftrags). Die Entziehung des Auftrags kann auf einen in sich abgeschlossenen Teil der vertraglichen Leistung beschränkt werden.
2. Nach der Entziehung des Auftrags ist der Auftraggeber berechtigt, den noch nicht vollendeten Teil der Leistung zu Lasten des Auftragnehmers durch einen Dritten ausführen zu lassen, doch bleiben seine Ansprüche auf Ersatz des etwa entstehenden weiteren Schadens bestehen. Er ist auch berechtigt, auf die weitere Ausführung zu verzichten und Schadensersatz wegen Nichterfüllung zu verlangen, wenn die Ausführung aus den Gründen, die zur Entziehung des Auftrags geführt haben, für ihn kein Interesse mehr hat.
3. Für die Weiterführung der Arbeiten kann der Auftraggeber Geräte, Gerüste, auf der Baustelle vorhandene andere Einrichtungen und angelieferte Stoffe und Bauteile gegen angemessene Vergütung in Anspruch nehmen.
4. Der Auftraggeber hat dem Auftragnehmer eine Aufstellung über die entstandenen Mehrkosten und über seine anderen Ansprüche spätestens binnen 12 Werktagen nach Abrechnung mit dem Dritten zuzusenden.

(4) [1]Der Auftraggeber kann den Auftrag entziehen, wenn der Auftragnehmer aus Anlass der Vergabe eine Abrede getroffen hatte, die eine unzulässige Wettbewerbsbeschränkung darstellt. [2]Die Kündigung ist innerhalb von 12 Werktagen nach Bekanntwerden des Kündigungsgrundes auszusprechen. [3]Absatz 3 gilt entsprechend.

(5) Die Kündigung ist schriftlich zu erklären.

(6) Der Auftragnehmer kann Aufmaß und Abnahme der von ihm ausgeführten Leistungen alsbald nach der Kündigung verlangen; er hat unverzüglich eine prüfbare Rechnung über die ausgeführten Leistungen vorzulegen.

(7) Eine wegen Verzugs verwirkte, nach Zeit bemessene Vertragsstrafe kann nur für die Zeit bis zum Tag der Kündigung des Vertrags gefordert werden.

§ 9 Kündigung durch den Auftragnehmer

(1) Der Auftragnehmer kann den Vertrag kündigen:
1. wenn der Auftraggeber eine ihm obliegende Handlung unterlässt und dadurch den Auftragnehmer außerstande setzt, die Leistung auszuführen (Annahmeverzug nach §§ 293 ff. BGB),
2. wenn der Auftraggeber eine fällige Zahlung nicht leistet oder sonst in Schuldnerverzug gerät.

(2) ¹Die Kündigung ist schriftlich zu erklären. ²Sie ist erst zulässig, wenn der Auftragnehmer dem Auftraggeber ohne Erfolg eine angemessene Frist zur Vertragserfüllung gesetzt und erklärt hat, dass er nach fruchtlosem Ablauf der Frist den Vertrag kündigen werde.

(3) ¹Die bisherigen Leistungen sind nach den Vertragspreisen abzurechnen. ²Außerdem hat der Auftragnehmer Anspruch auf angemessene Entschädigung nach § 642 BGB; etwaige weitergehende Ansprüche des Auftragnehmers bleiben unberührt.

§ 10 Haftung der Vertragsparteien

(1) Die Vertragsparteien haften einander für eigenes Verschulden sowie für das Verschulden ihrer gesetzlichen Vertreter und der Personen, deren sie sich zur Erfüllung ihrer Verbindlichkeiten bedienen (§§ 276, 278 BGB).

(2)
1. Entsteht einem Dritten im Zusammenhang mit der Leistung ein Schaden, für den auf Grund gesetzlicher Haftpflichtbestimmungen beide Vertragsparteien haften, so gelten für den Ausgleich zwischen den Vertragsparteien die allgemeinen gesetzlichen Bestimmungen, soweit im Einzelfall nichts anderes vereinbart ist. Soweit der Schaden des Dritten nur die Folge einer Maßnahme ist, die der Auftraggeber in dieser Form angeordnet hat, trägt er den Schaden allein, wenn ihn der Auftragnehmer auf die mit der angeordneten Ausführung verbundene Gefahr nach § 4 Absatz 3 hingewiesen hat.
2. Der Auftragnehmer trägt den Schaden allein, soweit er ihn durch Versicherung seiner gesetzlichen Haftpflicht gedeckt hat oder durch eine solche zu tarifmäßigen, nicht auf außergewöhnliche Verhältnisse abgestellten Prämien und Prämienzuschlägen bei einem im Inland zum Geschäftsbetrieb zugelassenen Versicherer hätte decken können.

(3) Ist der Auftragnehmer einem Dritten nach den §§ 823 ff. BGB zu Schadensersatz verpflichtet wegen unbefugten Betretens oder Beschädigung angrenzender Grundstücke, wegen Entnahme oder Auflagerung von Boden oder anderen Gegenständen außerhalb der vom Auftraggeber dazu angewiesenen Flächen oder wegen der Folgen eigenmächtiger Versperrung von Wegen oder Wasserläufen, so trägt er im Verhältnis zum Auftraggeber den Schaden allein.

(4) Für die Verletzung gewerblicher Schutzrechte haftet im Verhältnis der Vertragsparteien zueinander der Auftragnehmer allein, wenn er selbst das geschützte Verfahren oder die Verwendung geschützter Gegenstände angeboten oder wenn der Auftraggeber die Verwendung vorgeschrieben und auf das Schutzrecht hingewiesen hat.

(5) Ist eine Vertragspartei gegenüber der anderen nach den Absätzen 2, 3 oder 4 von der Ausgleichspflicht befreit, so gilt diese Befreiung auch zugunsten ihrer

gesetzlichen Vertreter und Erfüllungsgehilfen, wenn sie nicht vorsätzlich oder grob fahrlässig gehandelt haben.

(6) ¹Soweit eine Vertragspartei von dem Dritten für einen Schaden in Anspruch genommen wird, den nach den Absätzen 2, 3 oder 4 die andere Vertragspartei zu tragen hat, kann sie verlangen, dass ihre Vertragspartei sie von der Verbindlichkeit gegenüber dem Dritten befreit. ²Sie darf den Anspruch des Dritten nicht anerkennen oder befriedigen, ohne der anderen Vertragspartei vorher Gelegenheit zur Äußerung gegeben zu haben.

§ 11 Vertragsstrafe

(1) Wenn Vertragsstrafen vereinbart sind, gelten die §§ 339 bis 345 BGB.

(2) Ist die Vertragsstrafe für den Fall vereinbart, dass der Auftragnehmer nicht in der vorgesehenen Frist erfüllt, so wird sie fällig, wenn der Auftragnehmer in Verzug gerät.

(3) Ist die Vertragsstrafe nach Tagen bemessen, so zählen nur Werktage; ist sie nach Wochen bemessen, so wird jeder Werktag angefangener Wochen als 1/6 Woche gerechnet.

(4) Hat der Auftraggeber die Leistung abgenommen, so kann er die Strafe nur verlangen, wenn er dies bei der Abnahme vorbehalten hat.

§ 12 Abnahme

(1) Verlangt der Auftragnehmer nach der Fertigstellung – gegebenenfalls auch vor Ablauf der vereinbarten Ausführungsfrist – die Abnahme der Leistung, so hat sie der Auftraggeber binnen 12 Werktagen durchzuführen; eine andere Frist kann vereinbart werden.

(2) Auf Verlangen sind in sich abgeschlossene Teile der Leistung besonders abzunehmen.

(3) Wegen wesentlicher Mängel kann die Abnahme bis zur Beseitigung verweigert werden.

(4)
1. Eine förmliche Abnahme hat stattzufinden, wenn eine Vertragspartei es verlangt. Jede Partei kann auf ihre Kosten einen Sachverständigen zuziehen. Der Befund ist in gemeinsamer Verhandlung schriftlich niederzulegen. In die Niederschrift sind etwaige Vorbehalte wegen bekannter Mängel und wegen Vertragsstrafen aufzunehmen, ebenso etwaige Einwendungen des Auftragnehmers. Jede Partei erhält eine Ausfertigung.
2. Die förmliche Abnahme kann in Abwesenheit des Auftragnehmers stattfinden, wenn der Termin vereinbart war oder der Auftraggeber mit genügender Frist dazu eingeladen hatte. Das Ergebnis der Abnahme ist dem Auftragnehmer alsbald mitzuteilen.

(5)
1. Wird keine Abnahme verlangt, so gilt die Leistung als abgenommen mit Ablauf von 12 Werktagen nach schriftlicher Mitteilung über die Fertigstellung der Leistung.
2. Wird keine Abnahme verlangt und hat der Auftraggeber die Leistung oder einen Teil der Leistung in Benutzung genommen, so gilt die Abnahme nach

Ablauf von 6 Werktagen nach Beginn der Benutzung als erfolgt, wenn nichts anderes vereinbart ist. Die Benutzung von Teilen einer baulichen Anlage zur Weiterführung der Arbeiten gilt nicht als Abnahme.
3. Vorbehalte wegen bekannter Mängel oder wegen Vertragsstrafen hat der Auftraggeber spätestens zu den in den Nummern 1 und 2 bezeichneten Zeitpunkten geltend zu machen.

(6) Mit der Abnahme geht die Gefahr auf den Auftraggeber über, soweit er sie nicht schon nach § 7 trägt.

§ 13 Mängelansprüche

(1) ¹Der Auftragnehmer hat dem Auftraggeber seine Leistung zum Zeitpunkt der Abnahme frei von Sachmängeln zu verschaffen. ²Die Leistung ist zur Zeit der Abnahme frei von Sachmängeln, wenn sie die vereinbarte Beschaffenheit hat und den anerkannten Regeln der Technik entspricht. ³Ist die Beschaffenheit nicht vereinbart, so ist die Leistung zur Zeit der Abnahme frei von Sachmängeln,
1. wenn sie sich für die nach dem Vertrag vorausgesetzte, sonst
2. für die gewöhnliche Verwendung eignet und eine Beschaffenheit aufweist, die bei Werken der gleichen Art üblich ist und die der Auftraggeber nach der Art der Leistung erwarten kann.

(2) ¹Bei Leistungen nach Probe gelten die Eigenschaften der Probe als vereinbarte Beschaffenheit, soweit nicht Abweichungen nach der Verkehrssitte als bedeutungslos anzusehen sind. ²Dies gilt auch für Proben, die erst nach Vertragsabschluss als solche anerkannt sind.

(3) Ist ein Mangel zurückzuführen auf die Leistungsbeschreibung oder auf Anordnungen des Auftraggebers, auf die von diesem gelieferten oder vorgeschriebenen Stoffe oder Bauteile oder die Beschaffenheit der Vorleistung eines anderen Unternehmers, haftet der Auftragnehmer, es sei denn, er hat die ihm nach § 4 Absatz 3 obliegende Mitteilung gemacht.

(4)
1. Ist für Mängelansprüche keine Verjährungsfrist im Vertrag vereinbart, so beträgt sie für Bauwerke 4 Jahre, für andere Werke, deren Erfolg in der Herstellung, Wartung oder Veränderung einer Sache besteht, und für die vom Feuer berührten Teile von Feuerungsanlagen 2 Jahre. Abweichend von Satz 1 beträgt die Verjährungsfrist für feuerberührte und abgasdämmende Teile von industriellen Feuerungsanlagen 1 Jahr.
2. Ist für Teile von maschinellen und elektrotechnischen/elektronischen Anlagen, bei denen die Wartung Einfluss auf Sicherheit und Funktionsfähigkeit hat, nichts anderes vereinbart, beträgt für diese Anlagenteile die Verjährungsfrist für Mängelansprüche abweichend von Nummer 1 zwei Jahre, wenn der Auftraggeber sich dafür entschieden hat, dem Auftragnehmer die Wartung für die Dauer der Verjährungsfrist nicht zu übertragen; dies gilt auch, wenn für weitere Leistungen eine andere Verjährungsfrist vereinbart ist.
3. Die Frist beginnt mit der Abnahme der gesamten Leistung; nur für in sich abgeschlossene Teile der Leistung beginnt sie mit der Teilabnahme (§ 12 Absatz 2).

(5)
1. Der Auftragnehmer ist verpflichtet, alle während der Verjährungsfrist hervortretenden Mängel, die auf vertragswidrige Leistung zurückzuführen sind, auf

seine Kosten zu beseitigen, wenn es der Auftraggeber vor Ablauf der Frist schriftlich verlangt. Der Anspruch auf Beseitigung der gerügten Mängel verjährt in 2 Jahren, gerechnet vom Zugang des schriftlichen Verlangens an, jedoch nicht vor Ablauf der Regelfristen nach Absatz 4 oder der an ihrer Stelle vereinbarten Frist. Nach Abnahme der Mängelbeseitigungsleistung beginnt für diese Leistung eine Verjährungsfrist von 2 Jahren neu, die jedoch nicht vor Ablauf der Regelfristen nach Absatz 4 oder der an ihrer Stelle vereinbarten Frist endet.

2. Kommt der Auftragnehmer der Aufforderung zur Mängelbeseitigung in einer vom Auftraggeber gesetzten angemessenen Frist nicht nach, so kann der Auftraggeber die Mängel auf Kosten des Auftragnehmers beseitigen lassen.

(6) Ist die Beseitigung des Mangels für den Auftraggeber unzumutbar oder ist sie unmöglich oder würde sie einen unverhältnismäßig hohen Aufwand erfordern und wird sie deshalb vom Auftragnehmer verweigert, so kann der Auftraggeber durch Erklärung gegenüber dem Auftragnehmer die Vergütung mindern (§ 638 BGB).

(7)
1. Der Auftragnehmer haftet bei schuldhaft verursachten Mängeln für Schäden aus der Verletzung des Lebens, des Körpers oder der Gesundheit.
2. Bei vorsätzlich oder grob fahrlässig verursachten Mängeln haftet er für alle Schäden.
3. Im Übrigen ist dem Auftraggeber der Schaden an der baulichen Anlage zu ersetzen, zu deren Herstellung, Instandhaltung oder Änderung die Leistung dient, wenn ein wesentlicher Mangel vorliegt, der die Gebrauchsfähigkeit erheblich beeinträchtigt und auf ein Verschulden des Auftragnehmers zurückzuführen ist. Einen darüber hinausgehenden Schaden hat der Auftragnehmer nur dann zu ersetzen,
    a) wenn der Mangel auf einem Verstoß gegen die anerkannten Regeln der Technik beruht,
    b) wenn der Mangel in dem Fehlen einer vertraglich vereinbarten Beschaffenheit besteht oder
    c) soweit der Auftragnehmer den Schaden durch Versicherung seiner gesetzlichen Haftpflicht gedeckt hat oder durch eine solche zu tarifmäßigen, nicht auf außergewöhnliche Verhältnisse abgestellten Prämien und Prämienzuschlägen bei einem im Inland zum Geschäftsbetrieb zugelassenen Versicherer hätte decken können.
4. Abweichend von Absatz 4 gelten die gesetzlichen Verjährungsfristen, soweit sich der Auftragnehmer nach Nummer 3 durch Versicherung geschützt hat oder hätte schützen können oder soweit ein besonderer Versicherungsschutz vereinbart ist.
5. Eine Einschränkung oder Erweiterung der Haftung kann in begründeten Sonderfällen vereinbart werden.

§ 14 Abrechnung

(1) ¹Der Auftragnehmer hat seine Leistungen prüfbar abzurechnen. ²Er hat die Rechnungen übersichtlich aufzustellen und dabei die Reihenfolge der Posten einzuhalten und die in den Vertragsbestandteilen enthaltenen Bezeichnungen zu verwenden. ³Die zum Nachweis von Art und Umfang der Leistung erforderlichen Mengenberechnungen, Zeichnungen und andere Belege sind beizufügen. ⁴Ände-

Anhang VOB/B 2009

rungen und Ergänzungen des Vertrags sind in der Rechnung besonders kenntlich zu machen; sie sind auf Verlangen getrennt abzurechnen.

(2) [1]Die für die Abrechnung notwendigen Feststellungen sind dem Fortgang der Leistung entsprechend möglichst gemeinsam vorzunehmen. [2]Die Abrechnungsbestimmungen in den Technischen Vertragsbedingungen und den anderen Vertragsunterlagen sind zu beachten. [3]Für Leistungen, die bei Weiterführung der Arbeiten nur schwer feststellbar sind, hat der Auftragnehmer rechtzeitig gemeinsame Feststellungen zu beantragen.

(3) Die Schlussrechnung muss bei Leistungen mit einer vertraglichen Ausführungsfrist von höchstens 3 Monaten spätestens 12 Werktage nach Fertigstellung eingereicht werden, wenn nichts anderes vereinbart ist; diese Frist wird um je 6 Werktage für je weitere 3 Monate Ausführungsfrist verlängert.

(4) Reicht der Auftragnehmer eine prüfbare Rechnung nicht ein, obwohl ihm der Auftraggeber dafür eine angemessene Frist gesetzt hat, so kann sie der Auftraggeber selbst auf Kosten des Auftragnehmers aufstellen.

§ 15 Stundenlohnarbeiten

(1)
1. Stundenlohnarbeiten werden nach den vertraglichen Vereinbarungen abgerechnet.
2. Soweit für die Vergütung keine Vereinbarungen getroffen worden sind, gilt die ortsübliche Vergütung. Ist diese nicht zu ermitteln, so werden die Aufwendungen des Auftragnehmers für Lohn- und Gehaltskosten der Baustelle, Lohn- und Gehaltsnebenkosten der Baustelle, Stoffkosten der Baustelle, Kosten der Einrichtungen, Geräte, Maschinen und maschinellen Anlagen der Baustelle, Fracht-, Fuhr- und Ladekosten, Sozialkassenbeiträge und Sonderkosten, die bei wirtschaftlicher Betriebsführung entstehen, mit angemessenen Zuschlägen für Gemeinkosten und Gewinn (einschließlich allgemeinem Unternehmerwagnis) zuzüglich Umsatzsteuer vergütet.

(2) Verlangt der Auftraggeber, dass die Stundenlohnarbeiten durch einen Polier oder eine andere Aufsichtsperson beaufsichtigt werden, oder ist die Aufsicht nach den einschlägigen Unfallverhütungsvorschriften notwendig, so gilt Absatz 1 entsprechend.

(3) [1]Dem Auftraggeber ist die Ausführung von Stundenlohnarbeiten vor Beginn anzuzeigen. [2]Über die geleisteten Arbeitsstunden und den dabei erforderlichen, besonders zu vergütenden Aufwand für den Verbrauch von Stoffen, für Vorhaltung von Einrichtungen, Geräten, Maschinen und maschinellen Anlagen, für Frachten, Fuhr- und Ladeleistungen sowie etwaige Sonderkosten sind, wenn nichts anderes vereinbart ist, je nach der Verkehrssitte werktäglich oder wöchentlich Listen (Stundenlohnzettel) einzureichen. [3]Der Auftraggeber hat die von ihm bescheinigten Stundenlohnzettel unverzüglich, spätestens jedoch innerhalb von 6 Werktagen nach Zugang, zurückzugeben. [4]Dabei kann er Einwendungen auf den Stundenlohnzetteln oder gesondert schriftlich erheben. [5]Nicht fristgemäß zurückgegebene Stundenlohnzettel gelten als anerkannt.

(4) [1]Stundenlohnrechnungen sind alsbald nach Abschluss der Stundenlohnarbeiten, längstens jedoch in Abständen von 4 Wochen, einzureichen. [2]Für die Zahlung gilt § 16.

Anhang VOB/B 2009

(5) Wenn Stundenlohnarbeiten zwar vereinbart waren, über den Umfang der Stundenlohnleistungen aber mangels rechtzeitiger Vorlage der Stundenlohnzettel Zweifel bestehen, so kann der Auftraggeber verlangen, dass für die nachweisbar ausgeführten Leistungen eine Vergütung vereinbart wird, die nach Maßgabe von Absatz 1 Nummer 2 für einen wirtschaftlich vertretbaren Aufwand an Arbeitszeit und Verbrauch von Stoffen, für Vorhaltung von Einrichtungen, Geräten, Maschinen und maschinellen Anlagen, für Frachten, Fuhr- und Ladeleistungen sowie etwaige Sonderkosten ermittelt wird.

§ 16 Zahlung

(1)
1. Abschlagszahlungen sind auf Antrag in möglichst kurzen Zeitabständen oder zu den vereinbarten Zeitpunkten zu gewähren, und zwar in Höhe des Wertes der jeweils nachgewiesenen vertragsgemäßen Leistungen einschließlich des ausgewiesenen, darauf entfallenden Umsatzsteuerbetrages. Die Leistungen sind durch eine prüfbare Aufstellung nachzuweisen, die eine rasche und sichere Beurteilung der Leistungen ermöglichen muss. Als Leistungen gelten hierbei auch die für die geforderte Leistung eigens angefertigten und bereitgestellten Bauteile sowie die auf der Baustelle angelieferten Stoffe und Bauteile, wenn dem Auftraggeber nach seiner Wahl das Eigentum an ihnen übertragen ist oder entsprechende Sicherheit gegeben wird.
2. Gegenforderungen können einbehalten werden. Andere Einbehalte sind nur in den im Vertrag und in den gesetzlichen Bestimmungen vorgesehenen Fällen zulässig.
3. Ansprüche auf Abschlagszahlungen werden binnen 18 Werktagen nach Zugang der Aufstellung fällig.
4. Die Abschlagszahlungen sind ohne Einfluss auf die Haftung des Auftragnehmers; sie gelten nicht als Abnahme von Teilen der Leistung.

(2)
1. Vorauszahlungen können auch nach Vertragsabschluss vereinbart werden; hierfür ist auf Verlangen des Auftraggebers ausreichende Sicherheit zu leisten. Diese Vorauszahlungen sind, sofern nichts anderes vereinbart wird, mit 3 v. H. über dem Basiszinssatz des § 247 BGB zu verzinsen.
2. Vorauszahlungen sind auf die nächstfälligen Zahlungen anzurechnen, soweit damit Leistungen abzugelten sind, für welche die Vorauszahlungen gewährt worden sind.

(3)
1. Der Anspruch auf die Schlusszahlung wird alsbald nach Prüfung und Feststellung der vom Auftragnehmer vorgelegten Schlussrechnung fällig, spätestens innerhalb von 2 Monaten nach Zugang. Werden Einwendungen gegen die Prüfbarkeit unter Angabe der Gründe hierfür nicht spätestens innerhalb von 2 Monaten nach Zugang der Schlussrechnung erhoben, so kann der Auftraggeber sich nicht mehr auf die fehlende Prüfbarkeit berufen. Die Prüfung der Schlussrechnung ist nach Möglichkeit zu beschleunigen. Verzögert sie sich, so ist das unbestrittene Guthaben als Abschlagszahlung sofort zu zahlen.
2. Die vorbehaltlose Annahme der Schlusszahlung schließt Nachforderungen aus, wenn der Auftragnehmer über die Schlusszahlung schriftlich unterrichtet und auf die Ausschlusswirkung hingewiesen wurde.

3. Einer Schlusszahlung steht es gleich, wenn der Auftraggeber unter Hinweis auf geleistete Zahlungen weitere Zahlungen endgültig und schriftlich ablehnt.
4. Auch früher gestellte, aber unerledigte Forderungen werden ausgeschlossen, wenn sie nicht nochmals vorbehalten werden.
5. Ein Vorbehalt ist innerhalb von 24 Werktagen nach Zugang der Mitteilung nach den Nummern 2 und 3 über die Schlusszahlung zu erklären. Er wird hinfällig, wenn nicht innerhalb von weiteren 24 Werktagen – beginnend am Tag nach Ablauf der in Satz 1 genannten 24 Werktage – eine prüfbare Rechnung über die vorbehaltenen Forderungen eingereicht oder, wenn das nicht möglich ist, der Vorbehalt eingehend begründet wird.
6. Die Ausschlussfristen gelten nicht für ein Verlangen nach Richtigstellung der Schlussrechnung und -zahlung wegen Aufmaß-, Rechen- und Übertragungsfehlern.

(4) In sich abgeschlossene Teile der Leistung können nach Teilabnahme ohne Rücksicht auf die Vollendung der übrigen Leistungen endgültig festgestellt und bezahlt werden.

(5)
1. Alle Zahlungen sind aufs äußerste zu beschleunigen.
2. Nicht vereinbarte Skontoabzüge sind unzulässig.
3. Zahlt der Auftraggeber bei Fälligkeit nicht, so kann ihm der Auftragnehmer eine angemessene Nachfrist setzen. Zahlt er auch innerhalb der Nachfrist nicht, so hat der Auftragnehmer vom Ende der Nachfrist an Anspruch auf Zinsen in Höhe der in § 288 Absatz 2 BGB angegebenen Zinssätze, wenn er nicht einen höheren Verzugsschaden nachweist.
4. Zahlt der Auftraggeber das fällige unbestrittene Guthaben nicht innerhalb von 2 Monaten nach Zugang der Schlussrechnung, so hat der Auftragnehmer für dieses Guthaben abweichend von Nummer 3 (ohne Nachfristsetzung) ab diesem Zeitpunkt Anspruch auf Zinsen in Höhe der in § 288 Absatz 2 BGB angegebenen Zinssätze, wenn er nicht einen höheren Verzugsschaden nachweist.
5. Der Auftragnehmer darf in den Fällen der Nummern 3 und 4 die Arbeiten bis zur Zahlung einstellen, sofern die dem Auftraggeber zuvor gesetzte angemessene Nachfrist erfolglos verstrichen ist.

(6) [1]Der Auftraggeber ist berechtigt, zur Erfüllung seiner Verpflichtungen aus den Absätzen 1 bis 5 Zahlungen an Gläubiger des Auftragnehmers zu leisten, soweit sie an der Ausführung der vertraglichen Leistung des Auftragnehmers aufgrund eines mit diesem abgeschlossenen Dienst- oder Werkvertrags beteiligt sind, wegen Zahlungsverzugs des Auftragnehmers die Fortsetzung ihrer Leistung zu Recht verweigern und die Direktzahlung die Fortsetzung der Leistung sicherstellen soll. [2]Der Auftragnehmer ist verpflichtet, sich auf Verlangen des Auftraggebers innerhalb einer von diesem gesetzten Frist darüber zu erklären, ob und inwieweit er die Forderungen seiner Gläubiger anerkennt; wird diese Erklärung nicht rechtzeitig abgegeben, so gelten die Voraussetzungen für die Direktzahlung als anerkannt.

§ 17 Sicherheitsleistung

(1)
1. Wenn Sicherheitsleistung vereinbart ist, gelten die §§ 232 bis 240 BGB, soweit sich aus den nachstehenden Bestimmungen nichts anderes ergibt.

Anhang VOB/B 2009

2. Die Sicherheit dient dazu, die vertragsgemäße Ausführung der Leistung und die Mängelansprüche sicherzustellen.

(2) Wenn im Vertrag nichts anderes vereinbart ist, kann Sicherheit durch Einbehalt oder Hinterlegung von Geld oder durch Bürgschaft eines Kreditinstituts oder Kreditversicherers geleistet werden, sofern das Kreditinstitut oder der Kreditversicherer
1. in der Europäischen Gemeinschaft oder
2. in einem Staat der Vertragsparteien des Abkommens über den Europäischen Wirtschaftsraum oder
3. in einem Staat der Vertragsparteien des WTO-Übereinkommens über das öffentliche Beschaffungswesen

zugelassen ist.

(3) Der Auftragnehmer hat die Wahl unter den verschiedenen Arten der Sicherheit; er kann eine Sicherheit durch eine andere ersetzen.

(4) [1]Bei Sicherheitsleistung durch Bürgschaft ist Voraussetzung, dass der Auftraggeber den Bürgen als tauglich anerkannt hat. [2]Die Bürgschaftserklärung ist schriftlich unter Verzicht auf die Einrede der Vorausklage abzugeben (§ 771 BGB); sie darf nicht auf bestimmte Zeit begrenzt sein und muss nach Vorschrift des Auftraggebers ausgestellt sein. [3]Der Auftraggeber kann als Sicherheit keine Bürgschaft fordern, die den Bürgen zur Zahlung auf erstes Anfordern verpflichtet.

(5) [1]Wird Sicherheit durch Hinterlegung von Geld geleistet, so hat der Auftragnehmer den Betrag bei einem zu vereinbarenden Geldinstitut auf ein Sperrkonto einzuzahlen, über das beide nur gemeinsam verfügen können („Und-Konto"). [2]Etwaige Zinsen stehen dem Auftragnehmer zu.

(6)
1. Soll der Auftraggeber vereinbarungsgemäß die Sicherheit in Teilbeträgen von seinen Zahlungen einbehalten, so darf er jeweils die Zahlung um höchstens 10 v. H. kürzen, bis die vereinbarte Sicherheitssumme erreicht ist. Sofern Rechnungen ohne Umsatzsteuer gemäß § 13b UStG gestellt werden, bleibt die Umsatzsteuer bei der Berechnung des Sicherheitseinbehalts unberücksichtigt. Den jeweils einbehaltenen Betrag hat er dem Auftragnehmer mitzuteilen und binnen 18 Werktagen nach dieser Mitteilung auf ein Sperrkonto bei dem vereinbarten Geldinstitut einzuzahlen. Gleichzeitig muss er veranlassen, dass dieses Geldinstitut den Auftragnehmer von der Einzahlung des Sicherheitsbetrags benachrichtigt. Absatz 5 gilt entsprechend.
2. Bei kleineren oder kurzfristigen Aufträgen ist es zulässig, dass der Auftraggeber den einbehaltenen Sicherheitsbetrag erst bei der Schlusszahlung auf ein Sperrkonto einzahlt.
3. Zahlt der Auftraggeber den einbehaltenen Betrag nicht rechtzeitig ein, so kann ihm der Auftragnehmer hierfür eine angemessene Nachfrist setzen. Lässt der Auftraggeber auch diese verstreichen, so kann der Auftragnehmer die sofortige Auszahlung des einbehaltenen Betrags verlangen und braucht dann keine Sicherheit mehr zu leisten.
4. Öffentliche Auftraggeber sind berechtigt, den als Sicherheit einbehaltenen Betrag auf eigenes Verwahrgeldkonto zu nehmen; der Betrag wird nicht verzinst.

(7) [1]Der Auftragnehmer hat die Sicherheit binnen 18 Werktagen nach Vertragsabschluss zu leisten, wenn nichts anderes vereinbart ist. [2]Soweit er diese Verpflich-

tung nicht erfüllt hat, ist der Auftraggeber berechtigt, vom Guthaben des Auftragnehmers einen Betrag in Höhe der vereinbarten Sicherheit einzubehalten. ³Im Übrigen gelten die Absätze 5 und 6 außer Nummer 1 Satz 1 entsprechend.

(8)
1. Der Auftraggeber hat eine nicht verwertete Sicherheit für die Vertragserfüllung zum vereinbarten Zeitpunkt, spätestens nach Abnahme und Stellung der Sicherheit für Mängelansprüche zurückzugeben, es sei denn, dass Ansprüche des Auftraggebers, die nicht von der gestellten Sicherheit für Mängelansprüche umfasst sind, noch nicht erfüllt sind. Dann darf er für diese Vertragserfüllungsansprüche einen entsprechenden Teil der Sicherheit zurückhalten.
2. Der Auftraggeber hat eine nicht verwertete Sicherheit für Mängelansprüche nach Ablauf von 2 Jahren zurückzugeben, sofern kein anderer Rückgabezeitpunkt vereinbart worden ist. Soweit jedoch zu diesem Zeitpunkt seine geltend gemachten Ansprüche noch nicht erfüllt sind, darf er einen entsprechenden Teil der Sicherheit zurückhalten.

§ 18 Streitigkeiten

(1) ¹Liegen die Voraussetzungen für eine Gerichtsstandvereinbarung nach § 38 der Zivilprozessordnung vor, richtet sich der Gerichtsstand für Streitigkeiten aus dem Vertrag nach dem Sitz der für die Prozessvertretung des Auftraggebers zuständigen Stelle, wenn nichts anderes vereinbart ist. ²Sie ist dem Auftragnehmer auf Verlangen mitzuteilen.

(2)
1. Entstehen bei Verträgen mit Behörden Meinungsverschiedenheiten, so soll der Auftragnehmer zunächst die der auftraggebenden Stelle unmittelbar vorgesetzte Stelle anrufen. Diese soll dem Auftragnehmer Gelegenheit zur mündlichen Aussprache geben und ihn möglichst innerhalb von 2 Monaten nach der Anrufung schriftlich bescheiden und dabei auf die Rechtsfolgen des Satzes 3 hinweisen. Die Entscheidung gilt als anerkannt, wenn der Auftragnehmer nicht innerhalb von 3 Monaten nach Eingang des Bescheides schriftlich Einspruch beim Auftraggeber erhebt und dieser ihn auf die Ausschlussfrist hingewiesen hat.
2. Mit dem Eingang des schriftlichen Antrages auf Durchführung eines Verfahrens nach Nummer 1 wird die Verjährung des in diesem Antrag geltend gemachten Anspruchs gehemmt. Wollen Auftraggeber oder Auftragnehmer das Verfahren nicht weiter betreiben, teilen sie dies dem jeweils anderen Teil schriftlich mit. Die Hemmung endet 3 Monate nach Zugang des schriftlichen Bescheides oder der Mitteilung nach Satz 2.

(3) ¹Daneben kann ein Verfahren zur Streitbeilegung vereinbart werden. ²Die Vereinbarung sollte mit Vertragsabschluss erfolgen.

(4) ¹Bei Meinungsverschiedenheiten über die Eigenschaft von Stoffen und Bauteilen, für die allgemein gültige Prüfungsverfahren bestehen, und über die Zulässigkeit oder Zuverlässigkeit der bei der Prüfung verwendeten Maschinen oder angewendeten Prüfungsverfahren kann jede Vertragspartei nach vorheriger Benachrichtigung der anderen Vertragspartei die materialtechnische Untersuchung durch eine staatliche oder staatlich anerkannte Materialprüfungsstelle vornehmen lassen; deren Feststellungen sind verbindlich. ²Die Kosten trägt der unterliegende Teil.

(5) Streitfälle berechtigen den Auftragnehmer nicht, die Arbeiten einzustellen.

3. Vergabe- und Vertragsordnung für Bauleistungen (VOB) Teil B: Allgemeine Vertragsbedingungen für die Ausführung von Bauleistungen (VOB/B)

In der Fassung der Bekanntmachung vom 4. September 2006[1]
BAnz. Nr. 196a v. 18.10.2006
geänd. durch VOB Teil B 2009 v. 31.7.2009 (BAnz. S. 1)

[Nichtamtliche Inhaltsübersicht
- § 1 Art und Umfang der Leistung
- § 2 Vergütung
- § 3 Ausführungsunterlagen
- § 4 Ausführung
- § 5 Ausführungsfristen
- § 6 Behinderung und Unterbrechung der Ausführung
- § 7 Verteilung der Gefahr
- § 8 Kündigung durch den Auftraggeber
- § 9 Kündigung durch den Auftragnehmer
- § 10 Haftung der Vertragsparteien
- § 11 Vertragsstrafe
- § 12 Abnahme
- § 13 Mängelansprüche
- § 14 Abrechnung
- § 15 Stundenlohnarbeiten
- § 16 Zahlung
- § 17 Sicherheitsleistung
- § 18 Streitigkeiten]

§ 1 Art und Umfang der Leistung

(1) Die auszuführende Leistung wird nach Art und Umfang durch den Vertrag bestimmt. Als Bestandteil des Vertrags gelten auch die Allgemeinen Technischen Vertragsbedingungen für Bauleistungen (VOB/C).

(2) Bei Widersprüchen im Vertrag gelten nacheinander:
1. die Leistungsbeschreibung,
2. die Besonderen Vertragsbedingungen,
3. etwaige Zusätzliche Vertragsbedingungen,
4. etwaige Zusätzliche Technische Vertragsbedingungen,
5. die Allgemeinen Technischen Vertragsbedingungen für Bauleistungen,
6. die Allgemeinen Vertragsbedingungen für die Ausführung von Bauleistungen.

(3) Änderungen des Bauentwurfs anzuordnen, bleibt dem Auftraggeber vorbehalten.

---

[1] Neubekanntmachung der VOB/B idF der Bek. v. 12.9.2002 (BAnz. Nr. 202a) in der ab 1.11.2006 geltenden Fassung.

Anhang VOB/B 2006

(4) Nicht vereinbarte Leistungen, die zur Ausführung der vertraglichen Leistung erforderlich werden, hat der Auftragnehmer auf Verlangen des Auftraggebers mit auszuführen, außer wenn sein Betrieb auf derartige Leistungen nicht eingerichtet ist. Andere Leistungen können dem Auftragnehmer nur mit seiner Zustimmung übertragen werden.

§ 2 Vergütung

(1) Durch die vereinbarten Preise werden alle Leistungen abgegolten, die nach der Leistungsbeschreibung, den Besonderen Vertragsbedingungen, den Zusätzlichen Vertragsbedingungen, den Zusätzlichen Technischen Vertragsbedingungen, den Allgemeinen Technischen Vertragsbedingungen für Bauleistungen und der gewerblichen Verkehrssitte zur vertraglichen Leistung gehören.

(2) Die Vergütung wird nach den vertraglichen Einheitspreisen und den tatsächlich ausgeführten Leistungen berechnet, wenn keine andere Berechnungsart (z. B. durch Pauschalsumme, nach Stundenlohnsätzen, nach Selbstkosten) vereinbart ist.

(3)
1. Weicht die ausgeführte Menge der unter einem Einheitspreis erfassten Leistung oder Teilleistung um nicht mehr als 10 v. H. von dem im Vertrag vorgesehenen Umfang ab, so gilt der vertragliche Einheitspreis.
2. Für die über 10 v. H. hinausgehende Überschreitung des Mengenansatzes ist auf Verlangen ein neuer Preis unter Berücksichtigung der Mehr- oder Minderkosten zu vereinbaren.
3. Bei einer über 10 v. H. hinausgehenden Unterschreitung des Mengenansatzes ist auf Verlangen der Einheitspreis für die tatsächlich ausgeführte Menge der Leistung oder Teilleistung zu erhöhen, soweit der Auftragnehmer nicht durch Erhöhung der Mengen bei anderen Ordnungszahlen (Positionen) oder in anderer Weise einen Ausgleich erhält. Die Erhöhung des Einheitspreises soll im Wesentlichen dem Mehrbetrag entsprechen, der sich durch Verteilung der Baustelleneinrichtungs- und Baustellengemeinkosten und der Allgemeinen Geschäftskosten auf die verringerte Menge ergibt. Die Umsatzsteuer wird entsprechend dem neuen Preis vergütet.
4. Sind von der unter einem Einheitspreis erfassten Leistung oder Teilleistung andere Leistungen abhängig, für die eine Pauschalsumme vereinbart ist, so kann mit der Änderung des Einheitspreises auch eine angemessene Änderung der Pauschalsumme gefordert werden.

(4) Werden im Vertrag ausbedungene Leistungen des Auftragnehmers vom Auftraggeber selbst übernommen (z. B. Lieferung von Bau-, Bauhilfs- und Betriebsstoffen), so gilt, wenn nichts anderes vereinbart wird, § 8 Nr. 1 Abs. 2 entsprechend.

(5) Werden durch Änderung des Bauentwurfs oder andere Anordnungen des Auftraggebers die Grundlagen des Preises für eine im Vertrag vorgesehene Leistung geändert, so ist ein neuer Preis unter Berücksichtigung der Mehr- oder Minderkosten zu vereinbaren. Die Vereinbarung soll vor der Ausführung getroffen werden.

(6)
1. Wird eine im Vertrag nicht vorgesehene Leistung gefordert, so hat der Auftragnehmer Anspruch auf besondere Vergütung. Er muss jedoch den Anspruch

dem Auftraggeber ankündigen, bevor er mit der Ausführung der Leistung beginnt.
2. Die Vergütung bestimmt sich nach den Grundlagen der Preisermittlung für die vertragliche Leistung und den besonderen Kosten der geforderten Leistung. Sie ist möglichst vor Beginn der Ausführung zu vereinbaren.

(7)
1. Ist als Vergütung der Leistung eine Pauschalsumme vereinbart, so bleibt die Vergütung unverändert. Weicht jedoch die ausgeführte Leistung von der vertraglich vorgesehenen Leistung so erheblich ab, dass ein Festhalten an der Pauschalsumme nicht zumutbar ist (§ 313 BGB), so ist auf Verlangen ein Ausgleich unter Berücksichtigung der Mehr- oder Minderkosten zu gewähren. Für die Bemessung des Ausgleichs ist von den Grundlagen der Preisermittlung auszugehen.
2. Die Regelungen der Nr. 4, 5 und 6 gelten auch bei Vereinbarung einer Pauschalsumme.
3. Wenn nichts anderes vereinbart ist, gelten die Absätze 1 und 2 auch für Pauschalsummen, die für Teile der Leistung vereinbart sind; Nummer 3 Abs. 4 bleibt unberührt.

(8)
1. Leistungen, die der Auftragnehmer ohne Auftrag oder unter eigenmächtiger Abweichung vom Auftrag ausführt, werden nicht vergütet. Der Auftragnehmer hat sie auf Verlangen innerhalb einer angemessenen Frist zu beseitigen; sonst kann es auf seine Kosten geschehen. Er haftet außerdem für andere Schäden, die dem Auftraggeber hieraus entstehen.
2. Eine Vergütung steht dem Auftragnehmer jedoch zu, wenn der Auftraggeber solche Leistungen nachträglich anerkennt. Eine Vergütung steht ihm auch zu, wenn die Leistungen für die Erfüllung des Vertrags notwendig waren, dem mutmaßlichen Willen des Auftraggebers entsprachen und ihm unverzüglich angezeigt wurden. Soweit dem Auftragnehmer eine Vergütung zusteht, gelten die Berechnungsgrundlagen für geänderte oder zusätzliche Leistungen der Nummer 5 oder 6 entsprechend.
3. Die Vorschriften des BGB über die Geschäftsführung ohne Auftrag (§§ 677 ff. BGB) bleiben unberührt.

(9)
1. Verlangt der Auftraggeber Zeichnungen, Berechnungen oder andere Unterlagen, die der Auftragnehmer nach dem Vertrag, besonders den Technischen Vertragsbedingungen oder der gewerblichen Verkehrssitte, nicht zu beschaffen hat, so hat er sie zu vergüten.
2. Lässt er vom Auftragnehmer nicht aufgestellte technische Berechnungen durch den Auftragnehmer nachprüfen, so hat er die Kosten zu tragen.

(10) Stundenlohnarbeiten werden nur vergütet, wenn sie als solche vor ihrem Beginn ausdrücklich vereinbart worden sind (§ 15).

§ 3 Ausführungsunterlagen

(1) Die für die Ausführung nötigen Unterlagen sind dem Auftragnehmer unentgeltlich und rechtzeitig zu übergeben.

(2) Das Abstecken der Hauptachsen der baulichen Anlagen, ebenso der Grenzen des Geländes, das dem Auftragnehmer zur Verfügung gestellt wird, und das

Anhang VOB/B 2006

Schaffen der notwendigen Höhenfestpunkte in unmittelbarer Nähe der baulichen Anlagen sind Sache des Auftraggebers.

(3) Die vom Auftraggeber zur Verfügung gestellten Geländeaufnahmen und Absteckungen und die übrigen für die Ausführung übergebenen Unterlagen sind für den Auftragnehmer maßgebend. Jedoch hat er sie, soweit es zur ordnungsgemäßen Vertragserfüllung gehört, auf etwaige Unstimmigkeiten zu überprüfen und den Auftraggeber auf entdeckte oder vermutete Mängel hinzuweisen.

(4) Vor Beginn der Arbeiten ist, soweit notwendig, der Zustand der Straßen und Geländeoberfläche, der Vorfluter und Vorflutleitungen, ferner der baulichen Anlagen im Baubereich in einer Niederschrift festzuhalten, die vom Auftraggeber und Auftragnehmer anzuerkennen ist.

(5) Zeichnungen, Berechnungen, Nachprüfungen von Berechnungen oder andere Unterlagen, die der Auftragnehmer nach dem Vertrag, besonders den Technischen Vertragsbedingungen, oder der gewerblichen Verkehrssitte oder auf besonderes Verlangen des Auftraggebers (§ 2 Nr. 9) zu beschaffen hat, sind dem Auftraggeber nach Aufforderung rechtzeitig vorzulegen.

(6)
1. Die in Nummer 5 genannten Unterlagen dürfen ohne Genehmigung ihres Urhebers nicht veröffentlicht, vervielfältigt, geändert oder für einen anderen als den vereinbarten Zweck benutzt werden.
2. An DV-Programmen hat der Auftraggeber das Recht zur Nutzung mit den vereinbarten Leistungsmerkmalen in unveränderter Form auf den festgelegten Geräten. Der Auftraggeber darf zum Zwecke der Datensicherung zwei Kopien herstellen. Diese müssen alle Identifikationsmerkmale enthalten. Der Verbleib der Kopien ist auf Verlangen nachzuweisen.
3. Der Auftragnehmer bleibt unbeschadet des Nutzungsrechts des Auftraggebers zur Nutzung der Unterlagen und der DV-Programme berechtigt.

§ 4 Ausführung

(1)
1. Der Auftraggeber hat für die Aufrechterhaltung der allgemeinen Ordnung auf der Baustelle zu sorgen und das Zusammenwirken der verschiedenen Unternehmer zu regeln. Er hat die erforderlichen öffentlich-rechtlichen Genehmigungen und Erlaubnisse – z. B. nach dem Baurecht, dem Straßenverkehrsrecht, dem Wasserrecht, dem Gewerberecht – herbeizuführen.
2. Der Auftraggeber hat das Recht, die vertragsgemäße Ausführung der Leistung zu überwachen. Hierzu hat er Zutritt zu den Arbeitsplätzen, Werkstätten und Lagerräumen, wo die vertragliche Leistung oder Teile von ihr hergestellt oder die hierfür bestimmten Stoffe und Bauteile gelagert werden. Auf Verlangen sind ihm die Werkzeichnungen oder andere Ausführungsunterlagen sowie die Ergebnisse von Güteprüfungen zur Einsicht vorzulegen und die erforderlichen Auskünfte zu erteilen, wenn hierdurch keine Geschäftsgeheimnisse preisgegeben werden. Als Geschäftsgeheimnis bezeichnete Auskünfte und Unterlagen hat er vertraulich zu behandeln.
3. Der Auftraggeber ist befugt, unter Wahrung der dem Auftragnehmer zustehenden Leitung (Nummer 2) Anordnungen zu treffen, die zur vertragsgemäßen Ausführung der Leistung notwendig sind. Die Anordnungen sind grundsätzlich nur dem Auftragnehmer oder seinem für die Leitung der Ausführung bestellten

Vertreter zu erteilen, außer wenn Gefahr im Verzug ist. Dem Auftraggeber ist mitzuteilen, wer jeweils als Vertreter des Auftragnehmers für die Leitung der Ausführung bestellt ist.

4. Hält der Auftragnehmer die Anordnungen des Auftraggebers für unberechtigt oder unzweckmäßig, so hat er seine Bedenken geltend zu machen, die Anordnungen jedoch auf Verlangen auszuführen, wenn nicht gesetzliche oder behördliche Bestimmungen entgegenstehen. Wenn dadurch eine ungerechtfertigte Erschwerung verursacht wird, hat der Auftraggeber die Mehrkosten zu tragen.

(2)
1. Der Auftragnehmer hat die Leistung unter eigener Verantwortung nach dem Vertrag auszuführen. Dabei hat er die anerkannten Regeln der Technik und die gesetzlichen und behördlichen Bestimmungen zu beachten. Es ist seine Sache, die Ausführung seiner vertraglichen Leistung zu leiten und für Ordnung auf seiner Arbeitsstelle zu sorgen.
2. Er ist für die Erfüllung der gesetzlichen, behördlichen und berufsgenossenschaftlichen Verpflichtungen gegenüber seinen Arbeitnehmern allein verantwortlich. Es ist ausschließlich seine Aufgabe, die Vereinbarungen und Maßnahmen zu treffen, die sein Verhältnis zu den Arbeitnehmern regeln.

(3) Hat der Auftragnehmer Bedenken gegen die vorgesehene Art der Ausführung (auch wegen der Sicherung gegen Unfallgefahren), gegen die Güte der vom Auftraggeber gelieferten Stoffe oder Bauteile oder gegen die Leistungen anderer Unternehmer, so hat er sie dem Auftraggeber unverzüglich – möglichst schon vor Beginn der Arbeiten – schriftlich mitzuteilen; der Auftraggeber bleibt jedoch für seine Angaben, Anordnungen oder Lieferungen verantwortlich.

(4) Der Auftraggeber hat, wenn nichts anderes vereinbart ist, dem Auftragnehmer unentgeltlich zur Benutzung oder Mitbenutzung zu überlassen:
1. die notwendigen Lager- und Arbeitsplätze auf der Baustelle,
2. vorhandene Zufahrtswege und Anschlussgleise,
3. vorhandene Anschlüsse für Wasser und Energie. Die Kosten für den Verbrauch und den Messer oder Zähler trägt der Auftragnehmer, mehrere Auftragnehmer tragen sie anteilig.

(5) Der Auftragnehmer hat die von ihm ausgeführten Leistungen und die ihm für die Ausführung übergebenen Gegenstände bis zur Abnahme vor Beschädigung und Diebstahl zu schützen. Auf Verlangen des Auftraggebers hat er sie vor Winterschäden und Grundwasser zu schützen, ferner Schnee und Eis zu beseitigen. Obliegt ihm die Verpflichtung nach Satz 2 nicht schon nach dem Vertrag, so regelt sich die Vergütung nach § 2 Nr. 6.

(6) Stoffe oder Bauteile, die dem Vertrag oder den Proben nicht entsprechen, sind auf Anordnung des Auftraggebers innerhalb einer von ihm bestimmten Frist von der Baustelle zu entfernen. Geschieht es nicht, so können sie auf Kosten des Auftragnehmers entfernt oder für seine Rechnung veräußert werden.

(7) Leistungen, die schon während der Ausführung als mangelhaft oder vertragswidrig erkannt werden, hat der Auftragnehmer auf eigene Kosten durch mangelfreie zu ersetzen. Hat der Auftragnehmer den Mangel oder die Vertragswidrigkeit zu vertreten, so hat er auch den daraus entstehenden Schaden zu ersetzen. Kommt der Auftragnehmer der Pflicht zur Beseitigung des Mangels nicht nach, so kann ihm der Auftraggeber eine angemessene Frist zur Beseitigung des

Anhang VOB/B 2006

Mangels setzen und erklären, dass er ihm nach fruchtlosem Ablauf der Frist den Auftrag entziehe (§ 8 Nr. 3).

(8)
1. Der Auftragnehmer hat die Leistung im eigenen Betrieb auszuführen. Mit schriftlicher Zustimmung des Auftraggebers darf er sie an Nachunternehmer übertragen. Die Zustimmung ist nicht notwendig bei Leistungen, auf die der Betrieb des Auftragnehmers nicht eingerichtet ist. Erbringt der Auftragnehmer ohne schriftliche Zustimmung des Auftraggebers Leistungen nicht im eigenen Betrieb, obwohl sein Betrieb darauf eingerichtet ist, kann der Auftraggeber ihm eine angemessene Frist zur Aufnahme der Leistung im eigenen Betrieb setzen und erklären, dass er ihm nach fruchtlosen Ablauf der Frist den Auftrag entziehe (§ 8 Nr. 3).
2. Der Auftragnehmer hat bei der Weitervergabe von Bauleistungen an Nachunternehmer die Vergabe- und Vertragsordnung für Bauleistungen, Teile B und C, zugrunde zu legen.
3. Der Auftragnehmer hat die Nachunternehmer dem Auftraggeber auf Verlangen bekannt zu geben.

(9) Werden bei Ausführung der Leistung auf einem Grundstück Gegenstände von Altertums-, Kunst- oder wissenschaftlichem Wert entdeckt, so hat der Auftragnehmer vor jedem weiteren Aufdecken oder Ändern dem Auftraggeber den Fund anzuzeigen und ihm die Gegenstände nach näherer Weisung abzuliefern. Die Vergütung etwaiger Mehrkosten regelt sich nach § 2 Nr. 6. Die Rechte des Entdeckers (§ 984 BGB) hat der Auftraggeber.

(10) Der Zustand von Teilen der Leistung ist auf Verlangen gemeinsam von Auftraggeber und Auftragnehmer festzustellen, wenn diese Teile der Leistung durch die weitere Ausführung der Prüfung und Feststellung entzogen werden. Das Ergebnis ist schriftlich niederzulegen.

§ 5 Ausführungsfristen

(1) Die Ausführung ist nach den verbindlichen Fristen (Vertragsfristen) zu beginnen, angemessen zu fördern und zu vollenden. In einem Bauzeitenplan enthaltene Einzelfristen gelten nur dann als Vertragsfristen, wenn dies im Vertrag ausdrücklich vereinbart ist.

(2) Ist für den Beginn der Ausführung keine Frist vereinbart, so hat der Auftraggeber dem Auftragnehmer auf Verlangen Auskunft über den voraussichtlichen Beginn zu erteilen. Der Auftragnehmer hat innerhalb von 12 Werktagen nach Aufforderung zu beginnen. Der Beginn der Ausführung ist dem Auftraggeber anzuzeigen.

(3) Wenn Arbeitskräfte, Geräte, Gerüste, Stoffe oder Bauteile so unzureichend sind, dass die Ausführungsfristen offenbar nicht eingehalten werden können, muss der Auftragnehmer auf Verlangen unverzüglich Abhilfe schaffen.

(4) Verzögert der Auftragnehmer den Beginn der Ausführung, gerät er mit der Vollendung in Verzug, oder kommt er der in Nummer 3 erwähnten Verpflichtung nicht nach, so kann der Auftraggeber bei Aufrechterhaltung des Vertrages Schadensersatz nach § 6 Nr. 6 verlangen oder dem Auftragnehmer eine angemessene Frist zur Vertragserfüllung setzen und erklären, dass er ihm nach fruchtlosem Ablauf der Frist den Auftrag entziehe (§ 8 Nr. 3).

Anhang VOB/B 2006

§ 6 Behinderung und Unterbrechung der Ausführung

(1) Glaubt sich der Auftragnehmer in der ordnungsgemäßen Ausführung der Leistung behindert, so hat er es dem Auftraggeber unverzüglich schriftlich anzuzeigen. Unterlässt er die Anzeige, so hat er nur dann Anspruch auf Berücksichtigung der hindernden Umstände, wenn dem Auftraggeber offenkundig die Tatsache und deren hindernde Wirkung bekannt waren.

(2)
1. Ausführungsfristen werden verlängert, soweit die Behinderung verursacht ist:
   a) durch einen Umstand aus dem Risikobereich des Auftraggebers,
   b) durch Streik oder eine von der Berufsvertretung der Arbeitgeber angeordnete Aussperrung im Betrieb des Auftragnehmers oder in einem unmittelbar für ihn arbeitenden Betrieb,
   c) durch höhere Gewalt oder andere für den Auftragnehmer unabwendbare Umstände.
2. Witterungseinflüsse während der Ausführungszeit, mit denen bei Abgabe des Angebots normalerweise gerechnet werden musste, gelten nicht als Behinderung.

(3) Der Auftragnehmer hat alles zu tun, was ihm billigerweise zugemutet werden kann, um die Weiterführung der Arbeiten zu ermöglichen. Sobald die hindernden Umstände wegfallen, hat er ohne weiteres und unverzüglich die Arbeiten wiederaufzunehmen und den Auftraggeber davon zu benachrichtigen.

(4) Die Fristverlängerung wird berechnet nach der Dauer der Behinderung mit einem Zuschlag für die Wiederaufnahme der Arbeiten und die etwaige Verschiebung in eine ungünstigere Jahreszeit.

(5) Wird die Ausführung für voraussichtlich längere Dauer unterbrochen, ohne dass die Leistung dauernd unmöglich wird, so sind die ausgeführten Leistungen nach den Vertragspreisen abzurechnen und außerdem die Kosten zu vergüten, die dem Auftragnehmer bereits entstanden und in den Vertragspreisen des nicht ausgeführten Teils der Leistung enthalten sind.

(6) Sind die hindernden Umstände von einem Vertragsteil zu vertreten, so hat der andere Teil Anspruch auf Ersatz des nachweislich entstandenen Schadens, des entgangenen Gewinns aber nur bei Vorsatz oder grober Fahrlässigkeit. Im Übrigen bleibt der Anspruch des Auftragnehmers auf angemessene Entschädigung nach § 642 BGB unberührt, sofern die Anzeige nach Nr. 1 Satz 1 erfolgt oder wenn Offenkundigkeit nach Nr. 1 Satz 2 gegeben ist.

(7) Dauert eine Unterbrechung länger als 3 Monate, so kann jeder Teil nach Ablauf dieser Zeit den Vertrag schriftlich kündigen. Die Abrechnung regelt sich nach den Nummern 5 und 6; wenn der Auftragnehmer die Unterbrechung nicht zu vertreten hat, sind auch die Kosten der Baustellenräumung zu vergüten, soweit sie nicht in der Vergütung für die bereits ausgeführten Leistungen enthalten sind.

§ 7 Verteilung der Gefahr

(1) Wird die ganz oder teilweise ausgeführte Leistung vor der Abnahme durch höhere Gewalt, Krieg, Aufruhr oder andere objektiv unabwendbare vom Auftragnehmer nicht zu vertretende Umstände beschädigt oder zerstört, so hat dieser für die ausgeführten Teile der Leistung die Ansprüche nach § 6 Nr. 5; für andere Schäden besteht keine gegenseitige Ersatzpflicht.

Anhang VOB/B 2006

(2) Zu der ganz oder teilweise ausgeführten Leistung gehören alle mit der baulichen Anlage unmittelbar verbundenen, in ihre Substanz eingegangenen Leistungen, unabhängig von deren Fertigstellungsgrad.

(3) Zu der ganz oder teilweise ausgeführten Leistung gehören nicht die noch nicht eingebauten Stoffe und Bauteile sowie die Baustelleneinrichtung und Absteckungen. Zu der ganz oder teilweise ausgeführten Leistung gehören ebenfalls nicht Baubehelfe, z. B. Gerüste, auch wenn diese als Besondere Leistung oder selbständig vergeben sind.

§ 8 Kündigung durch den Auftraggeber

(1)
1. Der Auftraggeber kann bis zur Vollendung der Leistung jederzeit den Vertrag kündigen.
2. Dem Auftragnehmer steht die vereinbarte Vergütung zu. Er muss sich jedoch anrechnen lassen, was er infolge der Aufhebung des Vertrags an Kosten erspart oder durch anderweitige Verwendung seiner Arbeitskraft und seines Betriebs erwirbt oder zu erwerben böswillig unterlässt (§ 649 BGB).

(2)
1. Der Auftraggeber kann den Vertrag kündigen, wenn der Auftragnehmer seine Zahlungen einstellt, von ihm oder zulässigerweise vom Auftraggeber oder einem anderen Gläubiger das Insolvenzverfahren (§§ 14 und 15 InsO) beziehungsweise ein vergleichbares gesetzliches Verfahren beantragt ist, ein solches Verfahren eröffnet wird oder dessen Eröffnung mangels Masse abgelehnt wird.
2. Die ausgeführten Leistungen sind nach § 6 Nr. 5 abzurechnen. Der Auftraggeber kann Schadensersatz wegen Nichterfüllung des Restes verlangen.

(3)
1. Der Auftraggeber kann den Vertrag kündigen, wenn in den Fällen des § 4 Nr. 7 und 8 Abs. 1 und des § 5 Nr. 4 die gesetzte Frist fruchtlos abgelaufen ist (Entziehung des Auftrags). Die Entziehung des Auftrags kann auf einen in sich abgeschlossenen Teil der vertraglichen Leistung beschränkt werden.
2. Nach der Entziehung des Auftrags ist der Auftraggeber berechtigt, den noch nicht vollendeten Teil der Leistung zu Lasten des Auftragnehmers durch einen Dritten ausführen zu lassen, doch bleiben seine Ansprüche auf Ersatz des etwa entstehenden weiteren Schadens bestehen. Er ist auch berechtigt, auf die weitere Ausführung zu verzichten und Schadensersatz wegen Nichterfüllung zu verlangen, wenn die Ausführung aus den Gründen, die zur Entziehung des Auftrags geführt haben, für ihn kein Interesse mehr hat.
3. Für die Weiterführung der Arbeiten kann der Auftraggeber Geräte, Gerüste, auf der Baustelle vorhandene andere Einrichtungen und angelieferte Stoffe und Bauteile gegen angemessene Vergütung in Anspruch nehmen.
4. Der Auftraggeber hat dem Auftragnehmer eine Aufstellung über die entstandenen Mehrkosten und über seine anderen Ansprüche spätestens binnen 12 Werktagen nach Abrechnung mit dem Dritten zuzusenden.

(4) Der Auftraggeber kann den Auftrag entziehen, wenn der Auftragnehmer aus Anlass der Vergabe eine Abrede getroffen hatte, die eine unzulässige Wettbewerbsbeschränkung darstellt. Die Kündigung ist innerhalb von 12 Werktagen nach Bekanntwerden des Kündigungsgrundes auszusprechen. Nummer 3 gilt entsprechend.

(5) Die Kündigung ist schriftlich zu erklären.

(6) Der Auftragnehmer kann Aufmaß und Abnahme der von ihm ausgeführten Leistungen alsbald nach der Kündigung verlangen; er hat unverzüglich eine prüfbare Rechnung über die ausgeführten Leistungen vorzulegen.

(7) Eine wegen Verzugs verwirkte, nach Zeit bemessene Vertragsstrafe kann nur für die Zeit bis zum Tag der Kündigung des Vertrags gefordert werden.

§ 9 Kündigung durch den Auftragnehmer

(1) Der Auftragnehmer kann den Vertrag kündigen:
1. wenn der Auftraggeber eine ihm obliegende Handlung unterlässt und dadurch den Auftragnehmer außerstande setzt, die Leistung auszuführen (Annahmeverzug nach §§ 293 ff. BGB),
2. wenn der Auftraggeber eine fällige Zahlung nicht leistet oder sonst in Schuldnerverzug gerät.

(2) Die Kündigung ist schriftlich zu erklären. Sie ist erst zulässig, wenn der Auftragnehmer dem Auftraggeber ohne Erfolg eine angemessene Frist zur Vertragserfüllung gesetzt und erklärt hat, dass er nach fruchtlosem Ablauf der Frist den Vertrag kündigen werde.

(3) Die bisherigen Leistungen sind nach den Vertragspreisen abzurechnen. Außerdem hat der Auftragnehmer Anspruch auf angemessene Entschädigung nach § 642 BGB; etwaige weitergehende Ansprüche des Auftragnehmers bleiben unberührt.

§ 10 Haftung der Vertragsparteien

(1) Die Vertragsparteien haften einander für eigenes Verschulden sowie für das Verschulden ihrer gesetzlichen Vertreter und der Personen, deren sie sich zur Erfüllung ihrer Verbindlichkeiten bedienen (§§ 276, 278 BGB).

(2)
1. Entsteht einem Dritten im Zusammenhang mit der Leistung ein Schaden, für den auf Grund gesetzlicher Haftpflichtbestimmungen beide Vertragsparteien haften, so gelten für den Ausgleich zwischen den Vertragsparteien die allgemeinen gesetzlichen Bestimmungen, soweit im Einzelfall nicht anderes vereinbart ist. Soweit der Schaden des Dritten nur die Folge einer Maßnahme ist, die der Auftraggeber in dieser Form angeordnet hat, trägt er den Schaden allein, wenn ihn der Auftragnehmer auf die mit der angeordneten Ausführung verbundene Gefahr nach § 4 Nr. 3 hingewiesen hat.
2. Der Auftragnehmer trägt den Schaden allein, soweit er ihn durch Versicherung seiner gesetzlichen Haftpflicht gedeckt hat oder durch eine solche zu tarifmäßigen, nicht auf außergewöhnliche Verhältnisse abgestellten Prämien und Prämienzuschlägen bei einem im Inland zum Geschäftsbetrieb zugelassenen Versicherer hätte decken können.

(3) Ist der Auftragnehmer einem Dritten nach §§ 823 ff. BGB zu Schadensersatz verpflichtet wegen unbefugten Betretens oder Beschädigung angrenzender Grundstücke, wegen Entnahme oder Auflagerung von Boden oder anderen Gegenständen außerhalb der vom Auftraggeber dazu angewiesenen Flächen oder

Anhang VOB/B 2006

wegen der Folgen eigenmächtiger Versperrung von Wegen oder Wasserläufen, so trägt er im Verhältnis zum Auftraggeber den Schaden allein.

(4) Für die Verletzung gewerblicher Schutzrechte haftet im Verhältnis der Vertragsparteien zueinander der Auftragnehmer allein, wenn er selbst das geschützte Verfahren oder die Verwendung geschützter Gegenstände angeboten oder wenn der Auftraggeber die Verwendung vorgeschrieben und auf das Schutzrecht hingewiesen hat.

(5) Ist eine Vertragspartei gegenüber der anderen nach den Nummern 2, 3 oder 4 von der Ausgleichspflicht befreit, so gilt diese Befreiung auch zugunsten ihrer gesetzlichen Vertreter und Erfüllungsgehilfen, wenn sie nicht vorsätzlich oder grob fahrlässig gehandelt haben.

(6) Soweit eine Vertragspartei von dem Dritten für einen Schaden in Anspruch genommen wird, den nach Nummern 2, 3 oder 4 die andere Vertragspartei zu tragen hat, kann sie verlangen, dass ihre Vertragspartei sie von der Verbindlichkeit gegenüber dem Dritten befreit. Sie darf den Anspruch des Dritten nicht anerkennen oder befriedigen, ohne der anderen Vertragspartei vorher Gelegenheit zur Äußerung gegeben zu haben.

§ 11 Vertragsstrafe

(1) Wenn Vertragsstrafen vereinbart sind, gelten die §§ 339 bis 345 BGB.

(2) Ist die Vertragsstrafe für den Fall vereinbart, dass der Auftragnehmer nicht in der vorgesehenen Frist erfüllt, so wird sie fällig, wenn der Auftragnehmer in Verzug gerät.

(3) Ist die Vertragsstrafe nach Tagen bemessen, so zählen nur Werktage; ist sie nach Wochen bemessen, so wird jeder Werktag angefangener Wochen als 1/6 Woche gerechnet.

(4) Hat der Auftraggeber die Leistung abgenommen, so kann er die Strafe nur verlangen, wenn er dies bei der Abnahme vorbehalten hat.

§ 12 Abnahme

(1) Verlangt der Auftragnehmer nach der Fertigstellung – gegebenenfalls auch vor Ablauf der vereinbarten Ausführungsfrist – die Abnahme der Leistung, so hat sie der Auftraggeber binnen 12 Werktagen durchzuführen; eine andere Frist kann vereinbart werden.

(2) Auf Verlangen sind in sich abgeschlossene Teile der Leistung besonders abzunehmen.

(3) Wegen wesentlicher Mängel kann die Abnahme bis zur Beseitigung verweigert werden.

(4)
1. Eine förmliche Abnahme hat stattzufinden, wenn eine Vertragspartei es verlangt. Jede Partei kann auf ihre Kosten einen Sachverständigen zuziehen. Der Befund ist in gemeinsamer Verhandlung schriftlich niederzulegen. In die Niederschrift sind etwaige Vorbehalte wegen bekannter Mängel und wegen Vertragsstrafen aufzunehmen, ebenso etwaige Einwendungen des Auftragnehmers. Jede Partei erhält eine Ausfertigung.

2. Die förmliche Abnahme kann in Abwesenheit des Auftragnehmers stattfinden, wenn der Termin vereinbart war oder der Auftraggeber mit genügender Frist dazu eingeladen hatte. Das Ergebnis der Abnahme ist dem Auftragnehmer alsbald mitzuteilen.

(5)
1. Wird keine Abnahme verlangt, so gilt die Leistung als abgenommen mit Ablauf von 12 Werktagen nach schriftlicher Mitteilung über die Fertigstellung der Leistung.
2. Wird keine Abnahme verlangt und hat der Auftraggeber die Leistung oder einen Teil der Leistung in Benutzung genommen, so gilt die Abnahme nach Ablauf von 6 Werktagen nach Beginn der Benutzung als erfolgt, wenn nichts anderes vereinbart ist. Die Benutzung von Teilen einer baulichen Anlage zur Weiterführung der Arbeiten gilt nicht als Abnahme.
3. Vorbehalte wegen bekannter Mängel oder wegen Vertragsstrafen hat der Auftraggeber spätestens zu den in den Absätzen 1 und 2 bezeichneten Zeitpunkten geltend zu machen.

(6) Mit der Abnahme geht die Gefahr auf den Auftraggeber über, soweit er sie nicht schon nach § 7 trägt.

§ 13 Mängelansprüche

(1) Der Auftragnehmer hat dem Auftraggeber seine Leistung zum Zeitpunkt der Abnahme frei von Sachmängeln zu verschaffen. Die Leistung ist zur Zeit der Abnahme frei von Sachmängeln, wenn sie die vereinbarte Beschaffenheit hat und den anerkannten Regeln der Technik entspricht. Ist die Beschaffenheit nicht vereinbart, so ist die Leistung zur Zeit der Abnahme frei von Sachmängeln,
1. wenn sie sich für die nach dem Vertrag vorausgesetzte, sonst
2. für die gewöhnliche Verwendung eignet und eine Beschaffenheit aufweist, die bei Werken der gleichen Art üblich ist und die der Auftraggeber nach der Art der Leistung erwarten kann.

(2) Bei Leistungen nach Probe gelten die Eigenschaften der Probe als vereinbarte Beschaffenheit, soweit nicht Abweichungen nach der Verkehrssitte als bedeutungslos anzusehen sind. Dies gilt auch für Proben, die erst nach Vertragsabschluß als solche anerkannt sind.

(3) Ist ein Mangel zurückzuführen auf die Leistungsbeschreibung oder auf Anordnungen des Auftraggebers, auf die von diesem gelieferten oder vorgeschriebenen Stoffe oder Bauteile oder die Beschaffenheit der Vorleistung eines anderen Unternehmers, haftet der Auftragnehmer, es sei denn, er hat die ihm nach § 4 Nr. 3 obliegende Mitteilung gemacht.

(4)
1. Ist für Mängelansprüche keine Verjährungsfrist im Vertrag vereinbart, so beträgt sie für Bauwerke 4 Jahre, für andere Werke, deren Erfolg in der Herstellung, Wartung oder Veränderung einer Sache besteht und für die vom Feuer berührten Teile von Feuerungsanlagen 2 Jahre. Abweichend von Satz 1 beträgt die Verjährungsfrist für feuerberührte und abgasdämmende Teile von industriellen Feuerungsanlagen 1 Jahr.
2. Ist für Teile von maschinellen und elektrotechnischen/elektronischen Anlagen, bei denen die Wartung Einfluss auf Sicherheit und Funktionsfähigkeit hat,

Anhang VOB/B 2006

nichts anderes vereinbart, beträgt für diese Anlagenteile die Verjährungsfrist für Mängelansprüche abweichend von Abs. 1 zwei Jahre, wenn der Auftraggeber sich dafür entschieden hat, dem Auftragnehmer die Wartung für die Dauer der Verjährungsfrist nicht zu übertragen; dies gilt auch, wenn für weitere Leistungen eine andere Verjährungsfrist vereinbart ist.

3. Die Frist beginnt mit der Abnahme der gesamten Leistung; nur für in sich abgeschlossene Teile der Leistung beginnt sie mit der Teilabnahme (§ 12 Nr. 2).

(5)

1. Der Auftragnehmer ist verpflichtet, alle während der Verjährungsfrist hervortretenden Mängel, die auf vertragswidrige Leistung zurückzuführen sind, auf seine Kosten zu beseitigen, wenn es der Auftraggeber vor Ablauf der Frist schriftlich verlangt. Der Anspruch auf Beseitigung der gerügten Mängel verjährt in 2 Jahren, gerechnet vom Zugang des schriftlichen Verlangens an, jedoch nicht vor Ablauf der Regelfristen nach Nummer 4 oder der an ihrer Stelle vereinbarten Frist. Nach Abnahme der Mängelbeseitigungsleistung beginnt für diese Leistung eine Verjährungsfrist von 2 Jahren neu, die jedoch nicht vor Ablauf der Regelfristen nach Nummer 4 oder der an ihrer Stelle vereinbarten Frist endet.

2. Kommt der Auftragnehmer der Aufforderung zur Mängelbeseitigung in einer vom Auftraggeber gesetzten angemessenen Frist nicht nach, so kann der Auftraggeber die Mängel auf Kosten des Auftragnehmers beseitigen lassen.

(6) Ist die Beseitigung des Mangels für den Auftraggeber unzumutbar oder ist sie unmöglich oder würde sie einen unverhältnismäßig hohen Aufwand erfordern und wird sie deshalb vom Auftragnehmer verweigert, so kann der Auftraggeber durch Erklärung gegenüber dem Auftragnehmer die Vergütung mindern (§ 638 BGB).

(7)

1. Der Auftragnehmer haftet bei schuldhaft verursachten Mängeln für Schäden aus der Verletzung des Lebens, des Körpers oder der Gesundheit.

2. Bei vorsätzlich oder grob fahrlässig verursachten Mängeln haftet er für alle Schäden.

3. Im Übrigen ist dem Auftraggeber der Schaden an der baulichen Anlage zu ersetzen, zu deren Herstellung, Instandhaltung oder Änderung die Leistung dient, wenn ein wesentlicher Mangel vorliegt, der die Gebrauchsfähigkeit erheblich beeinträchtigt und auf ein Verschulden des Auftragnehmers zurückzuführen ist. Einen darüber hinausgehenden Schaden hat der Auftragnehmer nur dann zu ersetzen,
   a) wenn der Mangel auf einem Verstoß gegen die anerkannten Regeln der Technik beruht,
   b) wenn der Mangel in dem Fehlen einer vertraglich vereinbarten Beschaffenheit besteht oder
   c) soweit der Auftragnehmer den Schaden durch Versicherung seiner gesetzlichen Haftpflicht gedeckt hat oder durch eine solche zu tarifmäßigen, nicht auf außergewöhnliche Verhältnisse abgestellten Prämien und Prämienzuschlägen bei einem im Inland zum Geschäftsbetrieb zugelassenen Versicherer hätte decken können.

4. Abweichend von Nummer 4 gelten die gesetzlichen Verjährungsfristen, soweit sich der Auftragnehmer nach Absatz 3 durch Versicherung geschützt hat oder

hätte schützen können oder soweit ein besonderer Versicherungsschutz vereinbart ist.
5. Eine Einschränkung oder Erweiterung der Haftung kann in begründeten Sonderfällen vereinbart werden.

§ 14 Abrechnung

(1) Der Auftragnehmer hat seine Leistungen prüfbar abzurechnen. Er hat die Rechnungen übersichtlich aufzustellen und dabei die Reihenfolge der Posten einzuhalten und die in den Vertragsbestandteilen enthaltenen Bezeichnungen zu verwenden. Die zum Nachweis von Art und Umfang der Leistung erforderlichen Mengenberechnungen, Zeichnungen und andere Belege sind beizufügen. Änderungen und Ergänzungen des Vertrags sind in der Rechnung besonders kenntlich zu machen; sie sind auf Verlangen getrennt abzurechnen.

(2) Die für die Abrechnung notwendigen Feststellungen sind dem Fortgang der Leistung entsprechend möglichst gemeinsam vorzunehmen. Die Abrechnungsbestimmungen in den Technischen Vertragsbedingungen und den anderen Vertragsunterlagen sind zu beachten. Für Leistungen, die bei Weiterführung der Arbeiten nur schwer feststellbar sind, hat der Auftragnehmer rechtzeitig gemeinsame Feststellungen zu beantragen.

(3) Die Schlussrechnung muss bei Leistungen mit einer vertraglichen Ausführungsfrist von höchstens 3 Monaten spätestens 12 Werktage nach Fertigstellung eingereicht werden, wenn nichts anderes vereinbart ist; diese Frist wird um je 6 Werktage für je weitere 3 Monate Ausführungsfrist verlängert.

(4) Reicht der Auftragnehmer eine prüfbare Rechnung nicht ein, obwohl ihm der Auftraggeber dafür eine angemessene Frist gesetzt hat, so kann sie der Auftraggeber selbst auf Kosten des Auftragnehmers aufstellen.

§ 15 Stundenlohnarbeiten

(1)
1. Stundenlohnarbeiten werden nach den vertraglichen Vereinbarungen abgerechnet.
2. Soweit für die Vergütung keine Vereinbarungen getroffen worden sind, gilt die ortsübliche Vergütung. Ist diese nicht zu ermitteln, so werden die Aufwendungen des Auftragnehmers für Lohn- und Gehaltskosten der Baustelle, Lohn- und Gehaltsnebenkosten der Baustelle, Stoffkosten der Baustelle, Kosten der Einrichtungen, Geräte, Maschinen und maschinellen Anlagen der Baustelle, Fracht-, Fuhr- und Ladekosten, Sozialkassenbeiträge und Sonderkosten, die bei wirtschaftlicher Betriebsführung entstehen, mit angemessenen Zuschlägen für Gemeinkosten und Gewinn (einschließlich allgemeinem Unternehmerwagnis) zuzüglich Umsatzsteuer vergütet.

(2) Verlangt der Auftraggeber, dass die Stundenlohnarbeiten durch einen Polier oder eine andere Aufsichtsperson beaufsichtigt werden, oder ist die Aufsicht nach den einschlägigen Unfallverhütungsvorschriften notwendig, so gilt Nummer 1 entsprechend.

(3) Dem Auftraggeber ist die Ausführung von Stundenlohnarbeiten vor Beginn anzuzeigen. Über die geleisteten Arbeitsstunden und den dabei erforderlichen,

Anhang VOB/B 2006

besonders zu vergütenden Aufwand für den Verbrauch von Stoffen, für Vorhaltung von Einrichtungen, Geräten, Maschinen und maschinellen Anlagen, für Frachten, Fuhr- und Ladeleistungen sowie etwaige Sonderkosten sind, wenn nichts anderes vereinbart ist, je nach der Verkehrssitte werktäglich oder wöchentlich Listen (Stundenlohnzettel) einzureichen. Der Auftraggeber hat die von ihm bescheinigten Stundenlohnzettel unverzüglich, spätestens jedoch innerhalb von 6 Werktagen nach Zugang, zurückzugeben. Dabei kann er Einwendungen auf den Stundenlohnzetteln oder gesondert schriftlich erheben. Nicht fristgemäß zurückgegebene Stundenlohnzettel gelten als anerkannt.

(4) Stundenlohnrechnungen sind alsbald nach Abschluss der Stundenlohnarbeiten, längstens jedoch in Abständen von 4 Wochen, einzureichen. Für die Zahlung gilt § 16.

(5) Wenn Stundenlohnarbeiten zwar vereinbart waren, über den Umfang der Stundenlohnleistungen aber mangels rechtzeitiger Vorlage der Stundenlohnzettel Zweifel bestehen, so kann der Auftraggeber verlangen, dass für die nachweisbar ausgeführten Leistungen eine Vergütung vereinbart wird, die nach Maßgabe von Nummer 1 Abs. 2 für einen wirtschaftlich vertretbaren Aufwand an Arbeitszeit und Verbrauch von Stoffen, für Vorhaltung von Einrichtungen, Geräten, Maschinen und maschinellen Anlagen, für Frachten, Fuhr- und Ladeleistungen sowie etwaige Sonderkosten ermittelt wird.

§ 16 Zahlung

(1)
1. Abschlagszahlungen sind auf Antrag in möglichst kurzen Zeitabständen oder zu den vereinbarten Zeitpunkten zu gewähren, und zwar in Höhe des Wertes der jeweils nachgewiesenen vertragsgemäßen Leistungen einschließlich des ausgewiesenen, darauf entfallenden Umsatzsteuerbetrages. Die Leistungen sind durch eine prüfbare Aufstellung nachzuweisen, die eine rasche und sichere Beurteilung der Leistungen ermöglichen muss. Als Leistungen gelten hierbei auch die für die geforderte Leistung eigens angefertigten und bereitgestellten Bauteile sowie die auf der Baustelle angelieferten Stoffe und Bauteile, wenn dem Auftraggeber nach seiner Wahl das Eigentum an ihnen übertragen ist oder entsprechende Sicherheit gegeben wird.
2. Gegenforderungen können einbehalten werden. Andere Einbehalte sind nur in den im Vertrag und in den gesetzlichen Bestimmungen vorgesehenen Fällen zulässig.
3. Ansprüche auf Abschlagszahlungen werden binnen 18 Werktagen nach Zugang der Aufstellung fällig.
4. Die Abschlagszahlungen sind ohne Einfluss auf die Haftung des Auftragnehmers; sie gelten nicht als Abnahme von Teilen der Leistung.

(2)
1. Vorauszahlungen können auch nach Vertragsabschluss vereinbart werden; hierfür ist auf Verlangen des Auftraggebers ausreichende Sicherheit zu leisten. Diese Vorauszahlungen sind, sofern nichts anderes vereinbart wird, mit 3 v. H. über dem Basiszinssatz des § 247 BGB zu verzinsen.
2. Vorauszahlungen sind auf die nächstfälligen Zahlungen anzurechnen, soweit damit Leistungen abzugelten sind, für welche die Vorauszahlungen gewährt worden sind.

Anhang VOB/B 2006

(3)
1. Der Anspruch auf die Schlusszahlung wird alsbald nach Prüfung und Feststellung der vom Auftragnehmer vorgelegten Schlussrechnung fällig, spätestens innerhalb von 2 Monaten nach Zugang. Werden Einwendungen gegen die Prüfbarkeit unter Angabe der Gründe hierfür nicht spätestens innerhalb von 2 Monaten nach Zugang der Schlussrechnung erhoben, so kann der Auftraggeber sich nicht mehr auf die fehlende Prüfbarkeit berufen. Die Prüfung der Schlussrechnung ist nach Möglichkeit zu beschleunigen. Verzögert sie sich, so ist das unbestrittene Guthaben als Abschlagszahlung sofort zu zahlen.
2. Die vorbehaltlose Annahme der Schlusszahlung schließt Nachforderungen aus, wenn der Auftragnehmer über die Schlusszahlung schriftlich unterrichtet und auf die Ausschlusswirkung hingewiesen wurde.
3. Einer Schlusszahlung steht es gleich, wenn der Auftraggeber unter Hinweis auf geleistete Zahlungen weitere Zahlungen endgültig und schriftlich ablehnt.
4. Auch früher gestellte, aber unerledigte Forderungen werden ausgeschlossen, wenn sie nicht nochmals vorbehalten werden.
5. Ein Vorbehalt ist innerhalb von 24 Werktagen nach Zugang der Mitteilung nach den Absätzen 2 und 3 über die Schlusszahlung zu erklären. Er wird hinfällig, wenn nicht innerhalb von weiteren 24 Werktagen – beginnend am Tag nach Ablauf der in Satz 1 genannten 24 Werktage – eine prüfbare Rechnung über die vorbehaltenen Forderungen eingereicht oder, wenn das nicht möglich ist, der Vorbehalt eingehend begründet wird.
6. Die Ausschlussfristen gelten nicht für ein Verlangen nach Richtigstellung der Schlussrechnung und -zahlung wegen Aufmaß-, Rechen- und Übertragungsfehlern.

(4) In sich abgeschlossene Teile der Leistung können nach Teilabnahme ohne Rücksicht auf die Vollendung der übrigen Leistungen endgültig festgestellt und bezahlt werden.

(5)
1. Alle Zahlungen sind aufs äußerste zu beschleunigen.
2. Nicht vereinbarte Skontoabzüge sind unzulässig.
3. Zahlt der Auftraggeber bei Fälligkeit nicht, so kann ihm der Auftragnehmer eine angemessene Nachfrist setzen. Zahlt er auch innerhalb der Nachfrist nicht, so hat der Auftragnehmer vom Ende der Nachfrist an Anspruch auf Zinsen in Höhe der § 288 BGB angegebenen Zinssätze, wenn er nicht einen höheren Verzugsschaden nachweist.
4. Zahlt der Auftraggeber das fällige unbestrittene Guthaben nicht innerhalb von 2 Monaten nach Zugang der Schlussrechnung, so hat der Auftragnehmer für dieses Guthaben abweichend von Absatz 3 (ohne Nachfristsetzung) ab diesem Zeitpunkt Anspruch auf Zinsen in Höhe der in § 288 BGB angegebenen Zinssätze, wenn er nicht einen höheren Verzugsschaden nachweist.
5. Der Auftragnehmer darf in den Fällen der Absätze 3 und 4 die Arbeiten bis zur Zahlung einstellen, sofern die dem Auftraggeber zuvor gesetzte angemessene Nachfrist erfolglos verstrichen ist.

(6) Der Auftraggeber ist berechtigt, zur Erfüllung seiner Verpflichtungen aus den Nummern 1 bis 5 Zahlungen als Gläubiger des Auftragnehmers zu leisten, soweit sie an der Ausführung der vertraglichen Leistung des Auftragnehmers aufgrund eines mit diesem abgeschlossenen Dienst- und Werkvertrags beteiligt sind, wegen Zahlungsverzugs des Auftragnehmers die Fortsetzung ihrer Leistung zu

Anhang VOB/B 2006

Recht verweigern und die Direktzahlung die Fortsetzung der Leistung sicherstellen soll. Der Auftragnehmer ist verpflichtet, sich auf Verlangen des Auftraggebers innerhalb einer von diesem gesetzten Frist darüber zu erklären, ob und inwieweit er die Forderungen seiner Gläubiger anerkennt; wird diese Erklärung nicht rechtzeitig abgegeben, so gelten die Voraussetzungen für die Direktzahlung als anerkannt.

§ 17 Sicherheitsleistung

(1)
1. Wenn Sicherheitsleistung vereinbart ist, gelten die §§ 232 bis 240 BGB, soweit sich aus den nachstehenden Bestimmungen nichts anderes ergibt.
2. Die Sicherheit dient dazu, die vertragsgemäße Ausführung der Leistung und die Mängelansprüche sicherzustellen.

(2) Wenn im Vertrag nichts anderes vereinbart ist, kann Sicherheit durch Einbehalt oder Hinterlegung von Geld oder durch Bürgschaft eines Kreditinstituts oder Kreditversicherers geleistet werden, sofern das Kreditinstitut oder der Kreditversicherer
1. in der Europäischen Gemeinschaft oder
2. in einem Staat der Vertragsparteien des Abkommens über den Europäischen Wirtschaftsraum oder
3. in einem Staat der Vertragsparteien des WTO-Übereinkommens über das öffentliche Beschaffungswesen
4. zugelassen ist.

(3) Der Auftragnehmer hat die Wahl unter den verschiedenen Arten der Sicherheit; er kann eine Sicherheit durch eine andere ersetzen.

(4) Bei Sicherheitsleistung durch Bürgschaft ist Voraussetzung, dass der Auftraggeber den Bürgen als tauglich anerkannt hat. Die Bürgschaftserklärung ist schriftlich unter Verzicht auf die Einrede der Vorausklage abzugeben (§ 771 BGB); sie darf nicht auf bestimmte Zeit begrenzt sein und muss nach Vorschrift des Auftraggebers ausgestellt sein. Der Auftraggeber kann als Sicherheit keine Bürgschaft fordern, die dem Bürgen zur Zahlung auf erstes Anfordern verpflichtet.

(5) Wird Sicherheit durch Hinterlegung von Geld geleistet, so hat der Auftragnehmer den Betrag bei einem zu vereinbarenden Geldinstitut auf ein Sperrkonto einzuzahlen, über das beide nur gemeinsam verfügen können („Und-Konto"). Etwaige Zinsen stehen dem Auftragnehmer zu.

(6)
1. Soll der Auftraggeber vereinbarungsgemäß die Sicherheit in Teilbeträgen von seinen Zahlungen einbehalten, so darf er jeweils die Zahlung um höchstens 10 v. H. kürzen, bis die vereinbarte Sicherheitssumme erreicht ist. Sofern Rechnungen ohne Umsatzsteuer gemäß § 13b UStG gestellt werden, bleibt die Umsatzsteuer bei der Berechnung des Sicherheitseinbehalts unberücksichtigt. Den jeweils einbehaltenen Betrag hat er dem Auftragnehmer mitzuteilen und binnen 18 Werktagen nach dieser Mitteilung auf ein Sperrkonto bei dem vereinbarten Geldinstitut einzuzahlen. Gleichzeitig muss er veranlassen, dass dieses Geldinstitut den Auftragnehmer von der Einzahlung des Sicherheitsbetrags benachrichtigt. Nr. 5 gilt entsprechend.

2. Bei kleineren oder kurzfristigen Aufträgen ist es zulässig, dass der Auftraggeber den einbehaltenen Sicherheitsbetrag erst bei der Schlusszahlung auf ein Sperrkonto einzahlt.
3. Zahlt der Auftraggeber den einbehaltenen Betrag nicht rechtzeitig ein, so kann ihm der Auftragnehmer hierfür eine angemessene Nachfrist setzen. Lässt der Auftraggeber auch diese verstreichen, so kann der Auftragnehmer die sofortige Auszahlung des einbehaltenen Betrags verlangen und braucht dann keine Sicherheit mehr zu leisten.
4. Öffentliche Auftraggeber sind berechtigt, den als Sicherheit einbehaltenen Betrag auf eigenes Verwahrgeldkonto zu nehmen; der Betrag wird nicht verzinst.

(7) Der Auftragnehmer hat die Sicherheit binnen 18 Werktagen nach Vertragsabschluss zu leisten, wenn nichts anderes vereinbart ist. Soweit er diese Verpflichtung nicht erfüllt hat, ist der Auftraggeber berechtigt, vom Guthaben des Auftragnehmers einen Betrag in Höhe der vereinbarten Sicherheit einzubehalten. Im Übrigen gelten die Nummern 5 und 6 außer Abs. 1 Satz 1 entsprechend.

(8)
1. Der Auftraggeber hat eine nicht verwertete Sicherheit für die Vertragserfüllung zum vereinbarten Zeitpunkt, spätestens nach Abnahme und Stellung der Sicherheit für Mängelansprüche zurückzugeben, es sei denn, dass Ansprüche des Auftraggebers, die nicht von der gestellten Sicherheit für Mängelansprüche umfasst sind, noch nicht erfüllt sind. Dann darf er für diese Vertragserfüllungsansprüche einen entsprechenden Teil der Sicherheit zurückhalten.
2. Der Auftraggeber hat eine nicht verwertete Sicherheit für Mängelansprüche nach Ablauf von 2 Jahren zurückzugeben, sofern kein anderer Rückgabezeitpunkt vereinbart worden ist. Soweit jedoch zu diesem Zeitpunkt seine geltend gemachten Ansprüche noch nicht erfüllt sind, darf er einen entsprechenden Teil der Sicherheit zurückhalten.

§ 18 Streitigkeiten

(1) Liegen die Voraussetzungen für eine Gerichtsstandvereinbarung nach § 38 Zivilprozessordnung vor, richtet sich der Gerichtsstand für Streitigkeiten aus dem Vertrag nach dem Sitz der für die Prozessvertretung des Auftraggebers zuständigen Stelle, wenn nichts anderes vereinbart ist. Sie ist dem Auftragnehmer auf Verlangen mitzuteilen.

(2)
1. Entstehen bei Verträgen mit Behörden Meinungsverschiedenheiten, so soll der Auftragnehmer zunächst die der auftraggebenden Stelle unmittelbar vorgesetzte Stelle anrufen. Diese soll dem Auftragnehmer Gelegenheit zur mündlichen Aussprache geben und ihn möglichst innerhalb von 2 Monaten nach der Anrufung schriftlich bescheiden und dabei auf die Rechtsfolgen des Satzes 3 hinweisen. Die Entscheidung gilt als anerkannt, wenn der Auftragnehmer nicht innerhalb von 3 Monaten nach Eingang des Bescheides schriftlich Einspruch beim Auftraggeber erhebt und dieser ihn auf die Ausschlussfrist hingewiesen hat.
2. Mit dem Eingang des schriftlichen Antrages auf Durchführung eines Verfahrens nach Absatz 1 wird die Verjährung des in diesem Antrag geltend gemachten Anspruchs gehemmt. Wollen Auftraggeber oder Auftragnehmer das Verfahren nicht weiter betreiben, teilen sie dies dem jeweils anderen Teil schriftlich mit.

Anhang VOB/B 2006

Die Hemmung endet 3 Monate nach Zugang des schriftlichen Bescheides oder der Mitteilung nach Satz 2.

(3) Daneben kann ein Verfahren zur Streitbeilegung vereinbart werden. Die Vereinbarung sollte mit Vertragsabschluss erfolgen.

(4) Bei Meinungsverschiedenheiten über die Eigenschaft von Stoffen und Bauteilen, für die allgemeingültige Prüfungsverfahren bestehen, und über die Zulässigkeit oder Zuverlässigkeit der bei der Prüfung verwendeten Maschinen oder angewendeten Prüfungsverfahren kann jede Vertragspartei nach vorheriger Benachrichtigung der anderen Vertragspartei die materialtechnische Untersuchung durch eine staatliche oder staatlich anerkannte Materialprüfungsstelle vornehmen lassen; deren Feststellungen sind verbindlich. Die Kosten trägt der unterliegende Teil.

(5) Streitfälle berechtigen den Auftragnehmer nicht, die Arbeiten einzustellen.

4. Vergabe- und Vertragsordnung für Bauleistungen (VOB) Teil B: Allgemeine Vertragsbedingungen für die Ausführung von Bauleistungen

In der Fassung der Bekanntmachung vom 12. September 2002
BAnz. Beil. Nr. 202a v. 29.10.2002

[Nichtamtliche Inhaltsübersicht
§ 1 Art und Umfang der Leistung
§ 2 Vergütung
§ 3 Ausführungsunterlagen
§ 4 Ausführung
§ 5 Ausführungsfristen
§ 6 Behinderung und Unterbrechung der Ausführung
§ 7 Verteilung der Gefahr
§ 8 Kündigung durch den Auftraggeber
§ 9 Kündigung durch den Auftragnehmer
§ 10 Haftung der Vertragsparteien
§ 11 Vertragsstrafe
§ 12 Abnahme
§ 13 Mängelansprüche
§ 14 Abrechnung
§ 15 Stundenlohnarbeiten
§ 16 Zahlung
§ 17 Sicherheitsleistung
§ 18 Streitigkeiten]

§ 1 Art und Umfang der Leistung

(1) Die auszuführende Leistung wird nach Art und Umfang durch den Vertrag bestimmt. Als Bestandteil des Vertrages gelten auch die Allgemeinen Technischen Vertragsbedingungen für Bauleistungen.

(2) Bei Widersprüchen im Vertrag gelten nacheinander:
1. die Leistungsbeschreibung,
2. die Besonderen Vertragsbedingungen,
3. etwaige Zusätzliche Vertragsbedingungen,
4. etwaige Zusätzliche Technische Vertragsbedingungen,
5. die Allgemeinen Technischen Vertragsbedingungen für Bauleistungen,
6. die Allgemeinen Vertragsbedingungen für die Ausführung von Bauleistungen.

(3) Änderungen des Bauentwurfs anzuordnen, bleibt dem Auftraggeber vorbehalten.

(4) Nicht vereinbarte Leistungen, die zur Ausführung der vertraglichen Leistung erforderlich werden, hat der Auftragnehmer auf Verlangen des Auftraggebers mit auszuführen, außer wenn sein Betrieb auf derartige Leistungen nicht einge-

Anhang VOB/B 2002

richtet ist. Andere Leistungen können dem Auftragnehmer nur mit seiner Zustimmung übertragen werden.

§ 2 Vergütung

(1) Durch die vereinbarten Preise werden alle Leistungen abgegolten, die nach der Leistungsbeschreibung, den Besonderen Vertragsbedingungen, den Zusätzlichen Vertragsbedingungen, den Zusätzlichen Technischen Vertragsbedingungen, den Allgemeinen Technischen Vertragsbedingungen für Bauleistungen und der gewerblichen Verkehrssitte zur vertraglichen Leistung gehören.

(2) Die Vergütung wird nach den vertraglichen Einheitspreisen und den tatsächlich ausgeführten Leistungen berechnet, wenn keine andere Berechnungsart (z. B. durch Pauschalsumme, nach Stundenlohnsätzen, nach Selbstkosten) vereinbart ist.

(3)
1. Weicht die ausgeführte Menge der unter einem Einheitspreis erfassten Leistung oder Teilleistung um nicht mehr als 10 v. H. von dem im Vertrag vorgesehenen Umfang ab, so gilt der vertragliche Einheitspreis.
2. Für die über 10 v. H. hinausgehende Überschreitung des Mengenansatzes ist auf Verlangen ein neuer Preis unter Berücksichtigung der Mehr- oder Minderkosten zu vereinbaren.
3. Bei einer über 10 v. H. hinausgehenden Unterschreitung des Mengenansatzes ist auf Verlangen der Einheitspreis für die tatsächlich ausgeführte Menge der Leistung oder Teilleistung zu erhöhen, soweit der Auftragnehmer nicht durch Erhöhung der Mengen bei anderen Ordnungszahlen (Positionen) oder in anderer Weise einen Ausgleich erhält. Die Erhöhung des Einheitspreises soll im Wesentlichen dem Mehrbetrag entsprechen, der sich durch Verteilung der Baustelleneinrichtungs- und Baustellengemeinkosten und der Allgemeinen Geschäftskosten auf die verringerte Menge ergibt. Die Umsatzsteuer wird entsprechend dem neuen Preis vergütet.
4. Sind von der unter einem Einheitspreis erfassten Leistung oder Teilleistung andere Leistungen abhängig, für die eine Pauschalsumme vereinbart ist, so kann mit der Änderung des Einheitspreises auch eine angemessene Änderung der Pauschalsumme gefordert werden.

(4) Werden im Vertrag ausbedungene Leistungen des Auftragnehmers vom Auftraggeber selbst übernommen (z. B. Lieferung von Bau-, Bauhilfs- und Betriebsstoffen), so gilt, wenn nichts anderes vereinbart wird, § 8 Nr. 1 Abs. 2 entsprechend.

(5) Werden durch Änderung des Bauentwurfs oder andere Anordnungen des Auftraggebers die Grundlagen des Preises für eine im Vertrag vorgesehene Leistung geändert, so ist ein neuer Preis unter Berücksichtigung der Mehr- oder Minderkosten zu vereinbaren. Die Vereinbarung soll vor der Ausführung getroffen werden.

(6)
1. Wird eine im Vertrag nicht vorgesehene Leistung gefordert, so hat der Auftragnehmer Anspruch auf besondere Vergütung. Er muß jedoch den Anspruch dem Auftraggeber ankündigen, bevor er mit der Ausführung der Leistung beginnt.

2. Die Vergütung bestimmt sich nach den Grundlagen der Preisermittlung für die vertragliche Leistung und den besonderen Kosten der geforderten Leistung. Sie ist möglichst vor Beginn der Ausführung zu vereinbaren.

(7)
1. Ist als Vergütung der Leistung eine Pauschalsumme vereinbart, so bleibt die Vergütung unverändert. Weicht jedoch die ausgeführte Leistung von der vertraglich vorgesehenen Leistung so erheblich ab, dass ein Festhalten an der Pauschalsumme nicht zumutbar ist (§ 242 BGB), so ist auf Verlangen ein Ausgleich unter Berücksichtigung der Mehr- oder Minderkosten zu gewähren. Für die Bemessung des Ausgleichs ist von den Grundlagen der Preisermittlung auszugehen. Nummern 4, 5 und 6 bleiben unberührt.
2. Wenn nichts anderes vereinbart ist, gilt Absatz 1 auch für Pauschalsummen, die für Teile der Leistung vereinbart sind; Nummer 3 Abs. 4 bleibt unberührt.

(8)
1. Leistungen, die der Auftragnehmer ohne Auftrag oder unter eigenmächtiger Abweichung vom Auftrag ausführt, werden nicht vergütet. Der Auftragnehmer hat sie auf Verlangen innerhalb einer angemessenen Frist zu beseitigen; sonst kann es auf seine Kosten geschehen. Er haftet außerdem für andere Schäden, die dem Auftraggeber hieraus entstehen.
2. Eine Vergütung steht dem Auftragnehmer jedoch zu, wenn der Auftraggeber solche Leistungen nachträglich anerkennt. Eine Vergütung steht ihm auch zu, wenn die Leistungen für die Erfüllung des Vertrags notwendig waren, dem mutmaßlichen Willen des Auftraggebers entsprachen und ihm unverzüglich angezeigt wurden. Soweit dem Auftragnehmer eine Vergütung zusteht, gelten die Berechnungsgrundlagen für geänderte oder zusätzliche Leistungen der Nummer 5 oder 6 entsprechend.
3. Die Vorschriften des BGB über die Geschäftsführung ohne Auftrag (§§ 677 ff. BGB) bleiben unberührt.

(9)
1. Verlangt der Auftraggeber Zeichnungen, Berechnungen oder andere Unterlagen, die der Auftragnehmer nach dem Vertrag, besonders den Technischen Vertragsbedingungen oder der gewerblichen Verkehrssitte, nicht zu beschaffen hat, so hat er sie zu vergüten.
2. Lässt er vom Auftragnehmer nicht aufgestellte technische Berechnungen durch den Auftragnehmer nachprüfen, so hat er die Kosten zu tragen.

(10) Stundenlohnarbeiten werden nur vergütet, wenn sie als solche vor ihrem Beginn ausdrücklich vereinbart worden sind (§ 15).

§ 3 Ausführungsunterlagen

(1) Die für die Ausführung nötigen Unterlagen sind dem Auftragnehmer unentgeltlich und rechtzeitig zu übergeben.

(2) Das Abstecken der Hauptachsen der baulichen Anlagen, ebenso der Grenzen des Geländes, das dem Auftragnehmer zur Verfügung gestellt wird, und das Schaffen der notwendigen Höhenfestpunkte in unmittelbarer Nähe der baulichen Anlagen sind Sache des Auftraggebers.

(3) Die vom Auftraggeber zur Verfügung gestellten Geländeaufnahmen und Absteckungen und die übrigen für die Ausführung übergebenen Unterlagen sind

Anhang VOB/B 2002

für den Auftragnehmer maßgebend. Jedoch hat er sie, soweit es zur ordnungsgemäßen Vertragserfüllung gehört, auf etwaige Unstimmigkeiten zu überprüfen und den Auftraggeber auf entdeckte oder vermutete Mängel hinzuweisen.

(4) Vor Beginn der Arbeiten ist, soweit notwendig, der Zustand der Straßen und Geländeoberfläche, der Vorfluter und Vorflutleitungen, ferner der baulichen Anlagen im Baubereich in einer Niederschrift festzuhalten, die vom Auftraggeber und Auftragnehmer anzuerkennen ist.

(5) Zeichnungen, Berechnungen, Nachprüfungen von Berechnungen oder andere Unterlagen, die der Auftragnehmer nach dem Vertrag, besonders den Technischen Vertragsbedingungen, oder der gewerblichen Verkehrssitte oder auf besonderes Verlangen des Auftraggebers (§ 2 Nr. 9) zu beschaffen hat, sind dem Auftraggeber nach Aufforderung rechtzeitig vorzulegen.

(6)
1. Die in Nummer 5 genannten Unterlagen dürfen ohne Genehmigung ihres Urhebers nicht veröffentlicht, vervielfältigt, geändert oder für einen anderen als den vereinbarten Zweck benutzt werden.
2. An DV-Programmen hat der Auftraggeber das Recht zur Nutzung mit den vereinbarten Leistungsmerkmalen in unveränderter Form auf den festgelegten Geräten. Der Auftraggeber darf zum Zwecke der Datensicherung zwei Kopien herstellen. Diese müssen alle Identifikationsmerkmale enthalten. Der Verbleib der Kopien ist auf Verlangen nachzuweisen.
3. Der Auftragnehmer bleibt unbeschadet des Nutzungsrechts des Auftraggebers zur Nutzung der Unterlagen und der DV-Programme berechtigt.

§ 4 Ausführung

(1)
1. Der Auftraggeber hat für die Aufrechterhaltung der allgemeinen Ordnung auf der Baustelle zu sorgen und das Zusammenwirken der verschiedenen Unternehmer zu regeln. Er hat die erforderlichen öffentlich-rechtlichen Genehmigungen und Erlaubnisse – z. B. nach dem Baurecht, dem Straßenverkehrsrecht, dem Wasserrecht, dem Gewerberecht – herbeizuführen.
2. Der Auftraggeber hat das Recht, die vertragsgemäße Ausführung der Leistung zu überwachen. Hierzu hat er Zutritt zu den Arbeitsplätzen, Werkstätten und Lagerräumen, wo die vertragliche Leistung oder Teile von ihr hergestellt oder die hierfür bestimmten Stoffe und Bauteile gelagert werden. Auf Verlangen sind ihm die Werkzeichnungen oder andere Ausführungsunterlagen sowie die Ergebnisse von Güteprüfungen zur Einsicht vorzulegen und die erforderlichen Auskünfte zu erteilen, wenn hierdurch keine Geschäftsgeheimnisse preisgegeben werden. Als Geschäftsgeheimnis bezeichnete Auskünfte und Unterlagen hat er vertraulich zu behandeln.
3. Der Auftraggeber ist befugt, unter Wahrung der dem Auftragnehmer zustehenden Leitung (Nummer 2) Anordnungen zu treffen, die zur vertragsgemäßen Ausführung der Leistung notwendig sind. Die Anordnungen sind grundsätzlich nur dem Auftragnehmer oder seinem für die Leitung der Ausführung bestellten Vertreter zu erteilen, außer wenn Gefahr im Verzug ist. Dem Auftraggeber ist mitzuteilen, wer jeweils als Vertreter des Auftragnehmers für die Leitung der Ausführung bestellt ist.

4. Hält der Auftragnehmer die Anordnungen des Auftraggebers für unberechtigt oder unzweckmäßig, so hat er seine Bedenken geltend zu machen, die Anordnungen jedoch auf Verlangen auszuführen, wenn nicht gesetzliche oder behördliche Bestimmungen entgegenstehen. Wenn dadurch eine ungerechtfertigte Erschwerung verursacht wird, hat der Auftraggeber die Mehrkosten zu tragen.

(2)
1. Der Auftragnehmer hat die Leistung unter eigener Verantwortung nach dem Vertrag auszuführen. Dabei hat er die anerkannten Regeln der Technik und die gesetzlichen und behördlichen Bestimmungen zu beachten. Es ist seine Sache, die Ausführung seiner vertraglichen Leistung zu leiten und für Ordnung auf seiner Arbeitsstelle zu sorgen.
2. Er ist für die Erfüllung der gesetzlichen, behördlichen und berufsgenossenschaftlichen Verpflichtungen gegenüber seinen Arbeitnehmern allein verantwortlich. Es ist ausschließlich seine Aufgabe, die Vereinbarungen und Maßnahmen zu treffen, die sein Verhältnis zu den Arbeitnehmern regeln.

(3) Hat der Auftragnehmer Bedenken gegen die vorgesehene Art der Ausführung (auch wegen der Sicherung gegen Unfallgefahren), gegen die Güte der vom Auftraggeber gelieferten Stoffe oder Bauteile oder gegen die Leistungen anderer Unternehmer, so hat er sie dem Auftraggeber unverzüglich – möglichst schon vor Beginn der Arbeiten – schriftlich mitzuteilen; der Auftraggeber bleibt jedoch für seine Angaben, Anordnungen oder Lieferungen verantwortlich.

(4) Der Auftraggeber hat, wenn nichts anderes vereinbart ist, dem Auftragnehmer unentgeltlich zur Benutzung oder Mitbenutzung zu überlassen:
1. die notwendigen Lager- und Arbeitsplätze auf der Baustelle,
2. vorhandene Zufahrtswege und Anschlussgleise,
3. vorhandene Anschlüsse für Wasser und Energie. Die Kosten für den Verbrauch und den Messer oder Zähler trägt der Auftragnehmer, mehrere Auftragnehmer tragen sie anteilig.

(5) Der Auftragnehmer hat die von ihm ausgeführten Leistungen und die ihm für die Ausführung übergebenen Gegenstände bis zur Abnahme vor Beschädigung und Diebstahl zu schützen. Auf Verlangen des Auftraggebers hat er sie vor Winterschäden und Grundwasser zu schützen, ferner Schnee und Eis zu beseitigen. Obliegt ihm die Verpflichtung nach Satz 2 nicht schon nach dem Vertrag, so regelt sich die Vergütung nach § 2 Nr. 6.

(6) Stoffe oder Bauteile, die dem Vertrag oder den Proben nicht entsprechen, sind auf Anordnung des Auftraggebers innerhalb einer von ihm bestimmten Frist von der Baustelle zu entfernen. Geschieht es nicht, so können sie auf Kosten des Auftragnehmers entfernt oder für seine Rechnung veräußert werden.

(7) Leistungen, die schon während der Ausführung als mangelhaft oder vertragswidrig erkannt werden, hat der Auftragnehmer auf eigene Kosten durch mangelfreie zu ersetzen. Hat der Auftragnehmer den Mangel oder die Vertragswidrigkeit zu vertreten, so hat er auch den daraus entstehenden Schaden zu ersetzen. Kommt der Auftragnehmer der Pflicht zur Beseitigung des Mangels nicht nach, so kann ihm der Auftraggeber eine angemessene Frist zur Beseitigung des Mangels setzen und erklären, dass er ihm nach fruchtlosem Ablauf der Frist den Auftrag entziehe (§ 8 Nr. 3).

Anhang VOB/B 2002

(8)
1. Der Auftragnehmer hat die Leistung im eigenen Betrieb auszuführen. Mit schriftlicher Zustimmung des Auftraggebers darf er sie an Nachunternehmer übertragen. Die Zustimmung ist nicht notwendig bei Leistungen, auf die der Betrieb des Auftragnehmers nicht eingerichtet ist. Erbringt der Auftragnehmer ohne schriftliche Zustimmung des Auftraggebers Leistungen nicht im eigenen Betrieb, obwohl sein Betrieb darauf eingerichtet ist, kann der Auftraggeber ihm eine angemessene Frist zur Aufnahme der Leistung im eigenen Betrieb setzen und erklären, dass er ihm nach fruchtlosen Ablauf der Frist den Auftrag entziehe (§ 8 Nr. 3).
2. Der Auftragnehmer hat bei der Weitervergabe von Bauleistungen an Nachunternehmer die Vergabe- und Vertragsordnung für Bauleistungen zugrunde zu legen.
3. Der Auftragnehmer hat die Nachunternehmer dem Auftraggeber auf Verlangen bekanntzugeben.

(9) Werden bei Ausführung der Leistung auf einem Grundstück Gegenstände von Altertums-, Kunst- oder wissenschaftlichem Wert entdeckt, so hat der Auftragnehmer vor jedem weiteren Aufdecken oder Ändern dem Auftraggeber den Fund anzuzeigen und ihm die Gegenstände nach näherer Weisung abzuliefern. Die Vergütung etwaiger Mehrkosten regelt sich nach § 2 Nr. 6. Die Rechte des Entdeckers (§ 984 BGB) hat der Auftraggeber.

(10) Der Zustand von Teilen der Leistung ist auf Verlangen gemeinsam von Auftraggeber und Auftragnehmer festzustellen, wenn diese Teile der Leistung durch die weitere Ausführung der Prüfung und Feststellung entzogen werden. Das Ergebnis ist schriftlich niederzulegen.

§ 5 Ausführungsfristen

(1) Die Ausführung ist nach den verbindlichen Fristen (Vertragsfristen) zu beginnen, angemessen zu fördern und zu vollenden. In einem Bauzeitenplan enthaltene Einzelfristen gelten nur dann als Vertragsfristen, wenn dies im Vertrag ausdrücklich vereinbart ist.

(2) Ist für den Beginn der Ausführung keine Frist vereinbart, so hat der Auftraggeber dem Auftragnehmer auf Verlangen Auskunft über den voraussichtlichen Beginn zu erteilen. Der Auftragnehmer hat innerhalb von 12 Werktagen nach Aufforderung zu beginnen. Der Beginn der Ausführung ist dem Auftraggeber anzuzeigen.

(3) Wenn Arbeitskräfte, Geräte, Gerüste, Stoffe oder Bauteile so unzureichend sind, dass die Ausführungsfristen offenbar nicht eingehalten werden können, muss der Auftragnehmer auf Verlangen unverzüglich Abhilfe schaffen.

(4) Verzögert der Auftragnehmer den Beginn der Ausführung, gerät er mit der Vollendung in Verzug oder kommt er der in Nummer 3 erwähnten Verpflichtung nicht nach, so kann der Auftraggeber bei Aufrechterhaltung des Vertrages Schadenersatz nach § 6 Nr. 6 verlangen oder dem Auftragnehmer eine angemessene Frist zur Vertragserfüllung setzen und erklären, dass er ihm nach fruchtlosem Ablauf der Frist den Auftrag entziehe (§ 8 Nr. 3).

Anhang VOB/B 2002

§ 6 Behinderung und Unterbrechung der Ausführung

(1) Glaubt sich der Auftragnehmer in der ordnungsgemäßen Ausführung der Leistung behindert, so hat er es dem Auftraggeber unverzüglich schriftlich anzuzeigen. Unterlässt er die Anzeige, so hat er nur dann Anspruch auf Berücksichtigung der hindernden Umstände, wenn dem Auftraggeber offenkundig die Tatsache und deren hindernde Wirkung bekannt waren.

(2)
1. Ausführungsfristen werden verlängert, soweit die Behinderung verursacht ist:
   a) durch einen Umstand aus dem Risikobereich des Auftraggebers,
   b) durch Streik oder eine von der Berufsvertretung der Arbeitgeber angeordnete Aussperrung im Betrieb des Auftragnehmers oder in einem unmittelbar für ihn arbeitenden Betrieb,
   c) durch höhere Gewalt oder andere für den Auftragnehmer unabwendbare Umstände.
2. Witterungseinflüsse während der Ausführungszeit, mit denen bei Abgabe des Angebots normalerweise gerechnet werden musste, gelten nicht als Behinderung.

(3) Der Auftragnehmer hat alles zu tun, was ihm billigerweise zugemutet werden kann, um die Weiterführung der Arbeiten zu ermöglichen. Sobald die hindernden Umstände wegfallen, hat er ohne weiteres und unverzüglich die Arbeiten wiederaufzunehmen und den Auftraggeber davon zu benachrichtigen.

(4) Die Fristverlängerung wird berechnet nach der Dauer der Behinderung mit einem Zuschlag für die Wiederaufnahme der Arbeiten und die etwaige Verschiebung in eine ungünstigere Jahreszeit.

(5) Wird die Ausführung für voraussichtlich längere Dauer unterbrochen, ohne dass die Leistung dauernd unmöglich wird, so sind die ausgeführten Leistungen nach den Vertragspreisen abzurechnen und außerdem die Kosten zu vergüten, die dem Auftragnehmer bereits entstanden und in den Vertragspreisen des nicht ausgeführten Teils der Leistung enthalten sind.

(6) Sind die hindernden Umstände von einem Vertragsteil zu vertreten, so hat der andere Teil Anspruch auf Ersatz des nachweislich entstandenen Schadens, des entgangenen Gewinns aber nur bei Vorsatz oder grober Fahrlässigkeit.

(7) Dauert eine Unterbrechung länger als 3 Monate, so kann jeder Teil nach Ablauf dieser Zeit den Vertrag schriftlich kündigen. Die Abrechnung regelt sich nach den Nummern 5 und 6; wenn der Auftragnehmer die Unterbrechung nicht zu vertreten hat, sind auch die Kosten der Baustellenräumung zu vergüten, soweit sie nicht in der Vergütung für die bereits ausgeführten Leistungen enthalten sind.

§ 7 Verteilung der Gefahr

(1) Wird die ganz oder teilweise ausgeführte Leistung vor der Abnahme durch höhere Gewalt, Krieg, Aufruhr oder andere objektiv unabwendbare vom Auftragnehmer nicht zu vertretende Umstände beschädigt oder zerstört, so hat dieser für die ausgeführten Teile der Leistung die Ansprüche nach § 6 Nr. 5; für andere Schäden besteht keine gegenseitige Ersatzpflicht.

(2) Zu der ganz oder teilweise ausgeführten Leistung gehören alle mit der baulichen Anlage unmittelbar verbundenen, in ihre Substanz eingegangenen Leistungen, unabhängig von deren Fertigstellungsgrad.

Anhang VOB/B 2002

(3) Zu der ganz oder teilweise ausgeführten Leistung gehören nicht die noch nicht eingebauten Stoffe und Bauteile sowie die Baustelleneinrichtung und Absteckungen. Zu der ganz oder teilweise ausgeführten Leistung gehören ebenfalls nicht Baubehelfe, z. B. Gerüste, auch wenn diese als Besondere Leistung oder selbständig vergeben sind.

§ 8 Kündigung durch den Auftraggeber

(1)
1. Der Auftraggeber kann bis zur Vollendung der Leistung jederzeit den Vertrag kündigen.
2. Dem Auftragnehmer steht die vereinbarte Vergütung zu. Er muss sich jedoch anrechnen lassen, was er infolge der Aufhebung des Vertrags an Kosten erspart oder durch anderweitige Verwendung seiner Arbeitskraft und seines Betriebs erwirbt oder zu erwerben böswillig unterlässt (§ 649 BGB).

(2)
1. Der Auftraggeber kann den Vertrag kündigen, wenn der Auftragnehmer seine Zahlungen einstellt oder das Insolvenzverfahren beziehungsweise ein vergleichbares gesetzliches Verfahren beantragt oder ein solches Verfahren eröffnet wird oder dessen Eröffnung mangels Masse abgelehnt wird.
2. Die ausgeführten Leistungen sind nach § 6 Nr. 5 abzurechnen. Der Auftraggeber kann Schadenersatz wegen Nichterfüllung des Restes verlangen.

(3)
1. Der Auftraggeber kann den Vertrag kündigen, wenn in den Fällen des § 4 Nr. 7 und 8 Abs. 1 und des § 5 Nr. 4 die gesetzte Frist fruchtlos abgelaufen ist (Entziehung des Auftrags). Die Entziehung des Auftrags kann auf einen in sich abgeschlossenen Teil der vertraglichen Leistung beschränkt werden.
2. Nach der Entziehung des Auftrags ist der Auftraggeber berechtigt, den noch nicht vollendeten Teil der Leistung zu Lasten des Auftragnehmers durch einen Dritten ausführen zu lassen, doch bleiben seine Ansprüche auf Ersatz des etwa entstehenden weiteren Schadens bestehen. Er ist auch berechtigt, auf die weitere Ausführung zu verzichten und Schadenersatz wegen Nichterfüllung zu verlangen, wenn die Ausführung aus den Gründen, die zur Entziehung des Auftrags geführt haben, für ihn kein Interesse mehr hat.
3. Für die Weiterführung der Arbeiten kann der Auftraggeber Geräte, Gerüste, auf der Baustelle vorhandene andere Einrichtungen und angelieferte Stoffe und Bauteile gegen angemessene Vergütung in Anspruch nehmen.
4. Der Auftraggeber hat dem Auftragnehmer eine Aufstellung über die entstandenen Mehrkosten und über seine anderen Ansprüche spätestens binnen 12 Werktagen nach Abrechnung mit dem Dritten zuzusenden.

(4) Der Auftraggeber kann den Auftrag entziehen, wenn der Auftragnehmer aus Anlass der Vergabe eine Abrede getroffen hatte, die eine unzulässige Wettbewerbsbeschränkung darstellt. Die Kündigung ist innerhalb von 12 Werktagen nach Bekanntwerden des Kündigungsgrundes auszusprechen. Nummer 3 gilt entsprechend.

(5) Die Kündigung ist schriftlich zu erklären.

(6) Der Auftragnehmer kann Aufmaß und Abnahme der von ihm ausgeführten Leistungen alsbald nach der Kündigung verlangen; er hat unverzüglich eine prüfbare Rechnung über die ausgeführten Leistungen vorzulegen.

(7) Eine wegen Verzugs verwirkte, nach Zeit bemessene Vertragsstrafe kann nur für die Zeit bis zum Tag der Kündigung des Vertrags gefordert werden.

§ 9 Kündigung durch den Auftragnehmer

(1) Der Auftragnehmer kann den Vertrag kündigen:
a) wenn der Auftraggeber eine ihm obliegende Handlung unterlässt und dadurch den Auftragnehmer außerstande setzt, die Leistung auszuführen (Annahmeverzug nach §§ 293 ff. BGB),
b) wenn der Auftraggeber eine fällige Zahlung nicht leistet oder sonst in Schuldnerverzug gerät.

(2) Die Kündigung ist schriftlich zu erklären. Sie ist erst zulässig, wenn der Auftragnehmer dem Auftraggeber ohne Erfolg eine angemessene Frist zur Vertragserfüllung gesetzt und erklärt hat, dass er nach fruchtlosem Ablauf der Frist den Vertrag kündigen werde.

(3) Die bisherigen Leistungen sind nach den Vertragspreisen abzurechnen. Außerdem hat der Auftragnehmer Anspruch auf angemessene Entschädigung nach § 642 BGB; etwaige weitergehende Ansprüche des Auftragnehmers bleiben unberührt.

§ 10 Haftung der Vertragsparteien

(1) Die Vertragsparteien haften einander für eigenes Verschulden sowie für das Verschulden ihrer gesetzlichen Vertreter und der Personen, deren sie sich zur Erfüllung ihrer Verbindlichkeiten bedienen (§§ 276, 278 BGB).

(2)
1. Entsteht einem Dritten im Zusammenhang mit der Leistung ein Schaden, für den auf Grund gesetzlicher Haftpflichtbestimmungen beide Vertragsparteien haften, so gelten für den Ausgleich zwischen den Vertragsparteien die allgemeinen gesetzlichen Bestimmungen, soweit im Einzelfall nicht anderes vereinbart ist. Soweit der Schaden des Dritten nur die Folge einer Maßnahme ist, die der Auftraggeber in dieser Form angeordnet hat, trägt er den Schaden allein, wenn ihn der Auftragnehmer auf die mit der angeordneten Ausführung verbundene Gefahr nach § 4 Nr. 3 hingewiesen hat.
2. Der Auftragnehmer trägt den Schaden allein, soweit er ihn durch Versicherung seiner gesetzlichen Haftpflicht gedeckt hat oder durch eine solche zu tarifmäßigen, nicht auf außergewöhnliche Verhältnisse abgestellten Prämien und Prämienzuschlägen bei einem im Inland zum Geschäftsbetrieb zugelassenen Versicherer hätte decken können.

(3) Ist der Auftragnehmer einem Dritten nach §§ 823 ff. BGB zu Schadenersatz verpflichtet wegen unbefugten Betretens oder Beschädigung angrenzender Grundstücke, wegen Entnahme oder Auflagerung von Boden oder anderen Gegenständen außerhalb der vom Auftraggeber dazu angewiesenen Flächen oder wegen der Folgen eigenmächtiger Versperrung von Wegen oder Wasserläufen, so trägt er im Verhältnis zum Auftraggeber den Schaden allein.

(4) Für die Verletzung gewerblicher Schutzrechte haftet im Verhältnis der Vertragsparteien zueinander der Auftragnehmer allein, wenn er selbst das geschützte Verfahren oder die Verwendung geschützter Gegenstände angeboten oder wenn

Anhang VOB/B 2002

der Auftraggeber die Verwendung vorgeschrieben und auf das Schutzrecht hingewiesen hat.

(5) Ist eine Vertragspartei gegenüber der anderen nach den Nummern 2, 3 oder 4 von der Ausgleichspflicht befreit, so gilt diese Befreiung auch zugunsten ihrer gesetzlichen Vertreter und Erfüllungsgehilfen, wenn sie nicht vorsätzlich oder grob fahrlässig gehandelt haben.

(6) Soweit eine Vertragspartei von dem Dritten für einen Schaden in Anspruch genommen wird, den nach Nummern 2, 3 oder 4 die andere Vertragspartei zu tragen hat, kann sie verlangen, dass ihre Vertragspartei sie von der Verbindlichkeit gegenüber dem Dritten befreit. Sie darf den Anspruch des Dritten nicht anerkennen oder befriedigen, ohne der anderen Vertragspartei vorher Gelegenheit zur Äußerung gegeben zu haben.

§ 11 Vertragsstrafe

(1) Wenn Vertragsstrafen vereinbart sind, gelten die §§ 339 bis 345 BGB.

(2) Ist die Vertragsstrafe für den Fall vereinbart, dass der Auftragnehmer nicht in der vorgesehenen Frist erfüllt, so wird sie fällig, wenn der Auftragnehmer in Verzug gerät.

(3) Ist die Vertragsstrafe nach Tagen bemessen, so zählen nur Werktage; ist sie nach Wochen bemessen, so wird jeder Werktag angefangener Wochen als 1/6 Woche gerechnet.

(4) Hat der Auftraggeber die Leistung abgenommen, so kann er die Strafe nur verlangen, wenn er dies bei der Abnahme vorbehalten hat.

§ 12 Abnahme

(1) Verlangt der Auftragnehmer nach der Fertigstellung – gegebenenfalls auch vor Ablauf der vereinbarten Ausführungsfrist – die Abnahme der Leistung, so hat sie der Auftraggeber binnen 12 Werktagen durchzuführen; eine andere Frist kann vereinbart werden.

(2) Auf Verlangen sind in sich abgeschlossene Teile der Leistung besonders abzunehmen.

(3) Wegen wesentlicher Mängel kann die Abnahme bis zur Beseitigung verweigert werden.

(4)
1. Eine förmliche Abnahme hat stattzufinden, wenn eine Vertragspartei es verlangt. Jede Partei kann auf ihre Kosten einen Sachverständigen zuziehen. Der Befund ist in gemeinsamer Verhandlung schriftlich niederzulegen. In die Niederschrift sind etwaige Vorbehalte wegen bekannter Mängel und wegen Vertragsstrafen aufzunehmen, ebenso etwaige Einwendungen des Auftragnehmers. Jede Partei erhält eine Ausfertigung.
2. Die förmliche Abnahme kann in Abwesenheit des Auftragnehmers stattfinden, wenn der Termin vereinbart war oder der Auftraggeber mit genügender Frist dazu eingeladen hatte. Das Ergebnis der Abnahme ist dem Auftragnehmer alsbald mitzuteilen.

(5)
1. Wird keine Abnahme verlangt, so gilt die Leistung als abgenommen mit Ablauf von 12 Werktagen nach schriftlicher Mitteilung über die Fertigstellung der Leistung.
2. Wird keine Abnahme verlangt und hat der Auftraggeber die Leistung oder einen Teil der Leistung in Benutzung genommen, so gilt die Abnahme nach Ablauf von 6 Werktagen nach Beginn der Benutzung als erfolgt, wenn nichts anderes vereinbart ist. Die Benutzung von Teilen einer baulichen Anlage zur Weiterführung der Arbeiten gilt nicht als Abnahme.
3. Vorbehalte wegen bekannter Mängel oder wegen Vertragsstrafen hat der Auftraggeber spätestens zu den in den Absätzen 1 und 2 bezeichneten Zeitpunkten geltend zu machen.

(6) Mit der Abnahme geht die Gefahr auf den Auftraggeber über, soweit er sie nicht schon nach § 7 trägt.

§ 13 Mängelansprüche

(1) Der Auftragnehmer hat dem Auftraggeber seine Leistung zum Zeitpunkt der Abnahme frei von Sachmängeln zu verschaffen. Die Leistung ist zur Zeit der Abnahme frei von Sachmängeln, wenn sie die vereinbarte Beschaffenheit hat und den anerkannten Regeln der Technik entspricht. Ist die Beschaffenheit nicht vereinbart, so ist die Leistung zur Zeit der Abnahme frei von Sachmängeln,
1. wenn sie sich für die nach dem Vertrag vorausgesetzte, sonst
2. für die gewöhnliche Verwendung eignet und eine Beschaffenheit aufweist, die bei Werken der gleichen Art üblich ist und die der Auftraggeber nach der Art der Leistung erwarten kann.

(2) Bei Leistungen nach Probe gelten die Eigenschaften der Probe als vereinbarte Beschaffenheit, soweit nicht Abweichungen nach der Verkehrssitte als bedeutungslos anzusehen sind. Dies gilt auch für Proben, die erst nach Vertragsabschluß als solche anerkannt sind.

(3) Ist ein Mangel zurückzuführen auf die Leistungsbeschreibung oder auf Anordnungen des Auftraggebers, auf die von diesem gelieferten oder vorgeschriebenen Stoffe oder Bauteile oder die Beschaffenheit der Vorleistung eines anderen Unternehmers, haftet der Auftragnehmer, es sei denn, er hat die ihm nach § 4 Nr. 3 obliegende Mitteilung gemacht.

(4)
1. Ist für Mängelansprüche keine Verjährungsfrist im Vertrag vereinbart, so beträgt sie für Bauwerke 4 Jahre, für Arbeiten an einem Grundstück und für die vom Feuer berührten Teile von Feuerungsanlagen 2 Jahre. Abweichend von Satz 1 beträgt die Verjährungsfrist für feuerberührte und abgasdämmende Teile von industriellen Feuerungsanlagen 1 Jahr.
2. Bei maschinellen und elektrotechnischen/elektronischen Anlagen oder Teilen davon, bei denen die Wartung Einfluss auf die Sicherheit und Funktionsfähigkeit hat, beträgt die Verjährungsfrist für Mängelansprüche abweichend von Absatz 1 2 Jahre, wenn der Auftraggeber sich dafür entschieden hat, dem Auftragnehmer die Wartung für die Dauer der Verjährungsfrist nicht zu übertragen.
3. Die Frist beginnt mit der Abnahme der gesamten Leistung; nur für in sich abgeschlossene Teile der Leistung beginnt sie mit der Teilabnahme (§ 12 Nr. 2).

Anhang VOB/B 2002

(5)
1. Der Auftragnehmer ist verpflichtet, alle während der Verjährungsfrist hervortretenden Mängel, die auf vertragswidrige Leistung zurückzuführen sind, auf seine Kosten zu beseitigen, wenn es der Auftraggeber vor Ablauf der Frist schriftlich verlangt. Der Anspruch auf Beseitigung der gerügten Mängel verjährt in 2 Jahren, gerechnet vom Zugang des schriftlichen Verlangens an, jedoch nicht vor Ablauf der Regelfristen nach Nummer 4 oder der an ihrer Stelle vereinbarten Frist. Nach Abnahme der Mängelbeseitigungsleistung beginnt für diese Leistung eine Verjährungsfrist von 2 Jahren neu, die jedoch nicht vor Ablauf der Regelfristen nach Nummer 4 oder der an ihrer Stelle vereinbarten Frist endet.
2. Kommt der Auftragnehmer der Aufforderung zur Mängelbeseitigung in einer vom Auftraggeber gesetzten angemessenen Frist nicht nach, so kann der Auftraggeber die Mängel auf Kosten des Auftragnehmers beseitigen lassen.

(6) Ist die Beseitigung des Mangels für den Auftraggeber unzumutbar oder ist sie unmöglich oder würde sie einen unverhältnismäßig hohen Aufwand erfordern und wird sie deshalb vom Auftragnehmer verweigert, so kann der Auftraggeber durch Erklärung gegenüber dem Auftragnehmer die Vergütung mindern (§ 638 BGB).

(7)
1. Der Auftragnehmer haftet bei schuldhaft verursachten Mängeln für Schäden aus der Verletzung des Lebens, des Körpers oder der Gesundheit.
2. Bei vorsätzlich oder grob fahrlässig verursachten Mängeln haftet er für alle Schäden.
3. Im Übrigen ist dem Auftraggeber der Schaden an der baulichen Anlage zu ersetzen, zu deren Herstellung, Instandhaltung oder Änderung die Leistung dient, wenn ein wesentlicher Mangel vorliegt, der die Gebrauchsfähigkeit erheblich beeinträchtigt und auf ein Verschulden des Auftragnehmers zurückzuführen ist. Einen darüber hinausgehenden Schaden hat der Auftragnehmer nur dann zu ersetzen,
   a) wenn der Mangel auf einem Verstoß gegen die anerkannten Regeln der Technik beruht,
   b) wenn der Mangel in dem Fehlen einer vertraglich vereinbarten Beschaffenheit besteht oder
   c) soweit der Auftragnehmer den Schaden durch Versicherung seiner gesetzlichen Haftpflicht gedeckt hat oder durch eine solche zu tarifmäßigen, nicht auf außergewöhnliche Verhältnisse abgestellten Prämien und Prämienzuschlägen bei einem im Inland zum Geschäftsbetrieb zugelassenen Versicherer hätte decken können.
4. Abweichend von Nummer 4 gelten die gesetzlichen Verjährungsfristen, soweit sich der Auftragnehmer nach Absatz 3 durch Versicherung geschützt hat oder hätte schützen können oder soweit ein besonderer Versicherungsschutz vereinbart ist.
5. Eine Einschränkung oder Erweiterung der Haftung kann in begründeten Sonderfällen vereinbart werden.

§ 14 Abrechnung

(1) Der Auftragnehmer hat seine Leistungen prüfbar abzurechnen. Er hat die Rechnungen übersichtlich aufzustellen und dabei die Reihenfolge der Posten

einzuhalten und die in den Vertragsbestandteilen enthaltenen Bezeichnungen zu verwenden. Die zum Nachweis von Art und Umfang der Leistung erforderlichen Mengenberechnungen, Zeichnungen und andere Belege sind beizufügen. Änderungen und Ergänzungen des Vertrags sind in der Rechnung besonders kenntlich zu machen; sie sind auf Verlangen getrennt abzurechnen.

(2) Die für die Abrechnung notwendigen Feststellungen sind dem Fortgang der Leistung entsprechend möglichst gemeinsam vorzunehmen. Die Abrechnungsbestimmungen in den Technischen Vertragsbedingungen und den anderen Vertragsunterlagen sind zu beachten. Für Leistungen, die bei Weiterführung der Arbeiten nur schwer feststellbar sind, hat der Auftragnehmer rechtzeitig gemeinsame Feststellungen zu beantragen.

(3) Die Schlussrechnung muss bei Leistungen mit einer vertraglichen Ausführungsfrist von höchstens 3 Monaten spätestens 12 Werktage nach Fertigstellung eingereicht werden, wenn nichts anderes vereinbart ist; diese Frist wird um je 6 Werktage für je weitere 3 Monate Ausführungsfrist verlängert.

(4) Reicht der Auftragnehmer eine prüfbare Rechnung nicht ein, obwohl ihm der Auftraggeber dafür eine angemessene Frist gesetzt hat, so kann sie der Auftraggeber selbst auf Kosten des Auftragnehmers aufstellen.

§ 15 Stundenlohnarbeiten

(1)
1. Stundenlohnarbeiten werden nach den vertraglichen Vereinbarungen abgerechnet.
2. Soweit für die Vergütung keine Vereinbarungen getroffen worden sind, gilt die ortsübliche Vergütung. Ist diese nicht zu ermitteln, so werden die Aufwendungen des Auftragnehmers für Lohn- und Gehaltskosten der Baustelle, Lohn- und Gehaltsnebenkosten der Baustelle, Stoffkosten der Baustelle, Kosten der Einrichtungen, Geräte, Maschinen und maschinellen Anlagen der Baustelle, Fracht-, Fuhr- und Ladekosten, Sozialkassenbeiträge und Sonderkosten, die bei wirtschaftlicher Betriebsführung entstehen, mit angemessenen Zuschlägen für Gemeinkosten und Gewinn (einschließlich allgemeinem Unternehmerwagnis) zuzüglich Umsatzsteuer vergütet.

(2) Verlangt der Auftraggeber, dass die Stundenlohnarbeiten durch einen Polier oder eine andere Aufsichtsperson beaufsichtigt werden, oder ist die Aufsicht nach den einschlägigen Unfallverhütungsvorschriften notwendig, so gilt Nummer 1 entsprechend.

(3) Dem Auftraggeber ist die Ausführung von Stundenlohnarbeiten vor Beginn anzuzeigen. Über die geleisteten Arbeitsstunden und den dabei erforderlichen, besonders zu vergütenden Aufwand für den Verbrauch von Stoffen, für Vorhaltung von Einrichtungen, Geräten, Maschinen und maschinellen Anlagen, für Frachten, Fuhr- und Ladeleistungen sowie etwaige Sonderkosten sind, wenn nichts anderes vereinbart ist, je nach der Verkehrssitte werktäglich oder wöchentlich Listen (Stundenlohnzettel) einzureichen. Der Auftraggeber hat die von ihm bescheinigten Stundenlohnzettel unverzüglich, spätestens jedoch innerhalb von 6 Werktagen nach Zugang, zurückzugeben. Dabei kann er Einwendungen auf den Stundenlohnzetteln oder gesondert schriftlich erheben. Nicht fristgemäß zurückgegebene Stundenlohnzettel gelten als anerkannt.

Anhang VOB/B 2002

(4) Stundenlohnrechnungen sind alsbald nach Abschluss der Stundenlohnarbeiten, längstens jedoch in Abständen von 4 Wochen, einzureichen. Für die Zahlung gilt § 16.

(5) Wenn Stundenlohnarbeiten zwar vereinbart waren, über den Umfang der Stundenlohnleistungen aber mangels rechtzeitiger Vorlage der Stundenlohnzettel Zweifel bestehen, so kann der Auftraggeber verlangen, dass für die nachweisbar ausgeführten Leistungen eine Vergütung vereinbart wird, die nach Maßgabe von Nummer 1 Abs. 2 für einen wirtschaftlich vertretbaren Aufwand an Arbeitszeit und Verbrauch von Stoffen, für Vorhaltung von Einrichtungen, Geräten, Maschinen und maschinellen Anlagen, für Frachten, Fuhr- und Ladeleistungen sowie etwaige Sonderkosten ermittelt wird.

§ 16 Zahlung

(1)
1. Abschlagszahlungen sind auf Antrag in Höhe des Wertes der jeweils nachgewiesenen vertragsgemäßen Leistungen einschließlich des ausgewiesenen, darauf entfallenden Umsatzsteuerbetrags in möglichst kurzen Zeitabständen zu gewähren. Die Leistungen sind durch eine prüfbare Aufstellung nachzuweisen, die eine rasche und sichere Beurteilung der Leistungen ermöglichen muss. Als Leistungen gelten hierbei auch die für die geforderte Leistung eigens angefertigten und bereitgestellten Bauteile sowie die auf der Baustelle angelieferten Stoffe und Bauteile, wenn dem Auftraggeber nach seiner Wahl das Eigentum an ihnen übertragen ist oder entsprechende Sicherheit gegeben wird.
2. Gegenforderungen können einbehalten werden. Andere Einbehalte sind nur in den im Vertrag und in den gesetzlichen Bestimmungen vorgesehenen Fällen zulässig.
3. Abschlagszahlungen werden binnen 18 Werktagen nach Zugang der Aufstellung fällig.
4. Die Abschlagszahlungen sind ohne Einfluss auf die Haftung des Auftragnehmers; sie gelten nicht als Abnahme von Teilen der Leistung.

(2)
1. Vorauszahlungen können auch nach Vertragsabschluss vereinbart werden; hierfür ist auf Verlangen des Auftraggebers ausreichende Sicherheit zu leisten. Diese Vorauszahlungen sind, sofern nichts anderes vereinbart wird, mit 3 v. H. über dem Basiszinssatz des § 247 BGB zu verzinsen.
2. Vorauszahlungen sind auf die nächstfälligen Zahlungen anzurechnen, soweit damit Leistungen abzugelten sind, für welche die Vorauszahlungen gewährt worden sind.

(3)
1. Der Anspruch auf die Schlusszahlung wird alsbald nach Prüfung und Feststellung der vom Auftragnehmer vorgelegten Schlussrechnung fällig, spätestens innerhalb von 2 Monaten nach Zugang. Die Prüfung der Schlussrechnung ist nach Möglichkeit zu beschleunigen. Verzögert sie sich, so ist das unbestrittene Guthaben als Abschlagszahlung sofort zu zahlen.
2. Die vorbehaltlose Annahme der Schlusszahlung schließt Nachforderungen aus, wenn der Auftragnehmer über die Schlusszahlung schriftlich unterrichtet und auf die Ausschlusswirkung hingewiesen wurde.

Anhang VOB/B 2002

3. Einer Schlusszahlung steht es gleich, wenn der Auftraggeber unter Hinweis auf geleistete Zahlungen weitere Zahlungen endgültig und schriftlich ablehnt.
4. Auch früher gestellte, aber unerledigte Forderungen werden ausgeschlossen, wenn sie nicht nochmals vorbehalten werden.
5. Ein Vorbehalt ist innerhalb von 24 Werktagen nach Zugang der Mitteilung nach den Absätzen 2 und 3 über die Schlusszahlung zu erklären. Er wird hinfällig, wenn nicht innerhalb von weiteren 24 Werktagen eine prüfbare Rechnung über die vorbehaltenen Forderungen eingereicht oder, wenn das nicht möglich ist, der Vorbehalt eingehend begründet wird.
6. Die Ausschlussfristen gelten nicht für ein Verlangen nach Richtigstellung der Schlussrechnung und -zahlung wegen Aufmaß-, Rechen- und Übertragungsfehlern.

(4) In sich abgeschlossene Teile der Leistung können nach Teilabnahme ohne Rücksicht auf die Vollendung der übrigen Leistungen endgültig festgestellt und bezahlt werden.

(5)
1. Alle Zahlungen sind aufs äußerste zu beschleunigen.
2. Nicht vereinbarte Skontoabzüge sind unzulässig.
3. Zahlt der Auftraggeber bei Fälligkeit nicht, so kann der Auftragnehmer eine angemessene Nachfrist setzen. Zahlt er auch innerhalb der Nachfrist nicht, sohat der Auftragnehmer vom Ende der Nachfrist an Anspruch auf Zinsen in Höhe der § 288 BGB angegebenen Zinssätze, wenn er nicht einen höheren Verzugsschaden nachweist.
4. Zahlt der Auftraggeber das fällige unbestrittene Guthaben nicht inerhalb von 2 Monaten nach Zugang der Schlussrechnung, so hat der Auftragnehmer für dieses Guthaben abweichend von Absatz 3 (ohne Nachfristsetzung) ab diesem Zeitpunkt Anspruch auf Zinsen in Höhe der in § 288 BGB angegebenen Zinssätze, wenn er nicht einen höheren Verzugsschaden nachweist.
5. Der Auftragnehmer darf in den Fällen der Absätze 3 und 4 die Arbeiten bis zur Zahlung einstellen, sofern eine dem Auftraggeber eine zuvor gesetzte angemessene Nachfrist erfolglos verstrichen ist.

(6) Der Auftraggeber ist berechtigt, zur Erfüllung seiner Verpflichtungen aus den Nummern 1 bis 5 Zahlungen an Gläubiger des Auftragnehmers zu leisten, soweit sie an der Ausführung der vertraglichen Leistung des Auftragnehmers die Fortsetzung ihrer Leistung zu Recht verweigern und die Direktzahlung die Fortsetzung der Leistung sicherstellen soll. Der Auftragnehmer ist verpflichtet, sich auf Verlangen des Auftraggebers innerhalb einer von diesem gesetzten Frist darüber zu erklären, ob und inwieweit er die Forderungen seiner Gläubiger anerkennt; wird diese Erklärung nicht rechtzeitig abgegeben, so gelten die Voraussetzungen für die Direktzahlung als anerkannt.

§ 17 Sicherheitsleistung

(1)
1. Wenn Sicherheitsleistung vereinbart ist, gelten die §§ 232 bis 240 BGB, soweit sich aus den nachstehenden Bestimmungen nichts anderes ergibt.
2. Die Sicherheit dient dazu, die vertragsgemäße Ausführung der Leistung und die Mängelansprüche sicherzustellen.

Anhang VOB/B 2002

(2) Wenn im Vertrag nichts anderes vereinbart ist, kann Sicherheit durch Einbehalt oder Hinterlegung von Geld oder durch Bürgschaft eines Kreditinstituts oder Kreditversicherers geleistet werden, sofern das Kreditinstitut oder der Kreditversicherer
1. in der Europäischen Gemeinschaft oder
2. in einem Staat der Vertragsparteien des Abkommens über den Europäischen Wirtschaftsraum oder
3. in einem Staat der Vertragsparteien des WTO-Übereinkommens über das öffentliche Beschaffungswesen

zugelassen ist.

(3) Der Auftragnehmer hat die Wahl unter den verschiedenen Arten der Sicherheit; er kann eine Sicherheit durch eine andere ersetzen.

(4) Bei Sicherheitsleistung durch Bürgschaft ist Voraussetzung, dass der Auftraggeber den Bürgen als tauglich anerkannt hat. Die Bürgschaftserklärung ist schriftlich unter Verzicht auf die Einrede der Vorausklage abzugeben (§ 771 BGB); sie darf nicht auf bestimmte Zeit begrenzt sein und muss nach Vorschrift des Auftraggebers ausgestellt sein. Der Auftraggeber kann als Sicherheit keine Bürgschaft fordern, die dem Bürgen zur Zahlung auf erstes Anfordern verpflichtet.

(5) Wird Sicherheit durch Hinterlegung von Geld geleistet, so hat der Auftragnehmer den Betrag bei einem zu vereinbarenden Geldinstitut auf ein Sperrkonto einzuzahlen, über das beide Parteien nur gemeinsam verfügen können. Etwaige Zinsen stehen dem Auftragnehmer zu.

(6)
1. Soll der Auftraggeber vereinbarungsgemäß die Sicherheit in Teilbeträgen von seinen Zahlungen einbehalten, so darf er jeweils die Zahlung um höchstens 10 v. H. kürzen, bis die vereinbarte Sicherheitssumme erreicht ist. Den jeweils einbehaltenen Betrag hat er dem Auftragnehmer mitzuteilen und binnen 18 Werktagen nach dieser Mitteilung auf Sperrkonto bei dem vereinbarten Geldinstitut einzuzahlen. Gleichzeitig muß er veranlassen, dass dieses Geldinstitut den Auftragnehmer von der Einzahlung des Sicherheitsbetrags benachrichtigt. Nr. 5 gilt entsprechend.
2. Bei kleineren oder kurzfristigen Aufträgen ist es zulässig, dass der Auftraggeber den einbehaltenen Sicherheitsbetrag erst bei der Schlusszahlung auf ein Sperrkonto einzahlt.
3. Zahlt der Auftraggeber den einbehaltenen Betrag nicht rechtzeitig ein, so kann ihm der Auftragnehmer hierfür eine angemessene Nachfrist setzen. Lässt der Auftraggeber auch diese verstreichen, so kann der Auftragnehmer die sofortige Auszahlung des einbehaltenen Betrags verlangen und braucht dann keine Sicherheit mehr zu leisten.
4. Öffentliche Auftraggeber sind berechtigt, den als Sicherheit einbehaltenen Betrag auf eigenes Verwahrgeldkonto zu nehmen; der Betrag wird nicht verzinst.

(7) Der Auftragnehmer hat die Sicherheit binnen 18 Werktagen nach Vertragsabschluss zu leisten, wenn nichts anderes vereinbart ist. Soweit er diese Verpflichtung nicht erfüllt hat, ist der Auftraggeber berechtigt, vom Guthaben des Auftragnehmers einen Betrag in Höhe der vereinbarten Sicherheit einzubehalten. Im Übrigen gelten die Nummern 5 und 6 außer Abs. 1 Satz 1 entsprechend.

(8)
1. Der Auftraggeber hat eine nicht verwertete Sicherheit für die Vertragserfüllung zum vereinbarten Zeitpunkt, spätestens nach Abnahme und Stellung der

Sicherheit für Mängelansprüche zurückzugeben, es sei denn, dass Ansprüche des Auftraggebers, die nicht von der gestellten Sicherheit für Mängelansprüche umfasst sind, noch nicht erfüllt sind. Dann darf er für diese Vertragserfüllungsansprüche einen entsprechenden Teil der Sicherheit zurückhalten.
2. Der Auftraggeber hat eine nicht verwertete Sicherheit für Mängelansprüche nach Ablauf von 2 Jahren zurückzugeben, sofern kein anderer Rückgabezeitpunkt vereinbart worden ist. Soweit jedoch zu diesem Zeitpunkt seine geltend gemachten Ansprüche noch nicht erfüllt sind, darf er einen entsprechenden Teil der Sicherheit zurückhalten.

§ 18 Streitigkeiten

(1) Liegen die Voraussetzungen für eine Gerichtsstandsvereinbarung nach § 38 Zivilprozessordnung vor, richtet sich der Gerichtsstand für Streitigkeiten aus dem Vertrag nach dem Sitz der für die Prozessvertretung des Auftraggebers zuständigen Stelle, wenn nichts anderes vereinbart ist. Sie ist dem Auftragnehmer auf Verlangen mitzuteilen.

(2)
1. Entstehen bei Verträgen mit Behörden Meinungsverschiedenheiten, so soll der Auftragnehmer zunächst die der auftraggebenden Stelle unmittelbar vorgesetzte Stelle anrufen. Diese soll dem Auftragnehmer Gelegenheit zur mündlichen Aussprache geben und ihm möglichst innerhalb von 2 Monaten nach der Anrufung schriftlich bescheiden und dabei auf die Rechtsfolgen des Satzes 3 hinweisen. Die Entscheidung gilt als anerkannt, wenn der Auftragnehmer nicht innerhalb von 3 Monaten nach Eingang des Bescheides schriftlich Einspruch beim Auftraggeber erhebt und dieser ihn auf die Ausschlussfrist hingewiesen hat.
2. Mit dem Eingang des schriftlichen Antrages auf Durchführung eines Verfahrens nach Absatz 1 wird die Verjährung des in diesem Antrag geltend gemachten Anspruchs gehemmt. Wollen Auftraggeber oder Auftragnehmer das Verfahren nicht weiter betreiben, teilen sie dies dem jeweils anderen Teil schriftlich mit. Die Hemmung endet 3 Monate nach Zugang des schriftlichen Bescheides oder der Mitteilung nach Satz 2.

(3) Bei Meinungsverschiedenheiten über die Eigenschaft von Stoffen und Bauteilen, für die allgemeingültige Prüfungsverfahren bestehen, und über die Zulässigkeit oder Zuverlässigkeit der bei der Prüfung verwendeten Maschinen oder angewendeten Prüfungsverfahren kann jede Vertragspartei nach vorheriger Benachrichtigung der anderen Vertragspartei die materialtechnische Untersuchung durch eine staatliche oder staatlich anerkannte Materialprüfungsstelle vornehmen lassen; deren Feststellungen sind verbindlich. Die Kosten trägt der unterliegende Teil.

(4) Streitfälle berechtigen den Auftragnehmer nicht, die Arbeiten einzustellen.

Sachregister

Fette Zahlen = §§; magere Zahlen = Randnummern

Abhilfepflicht des AN 5 22 ff.
- Nichtbefolgung **5** 49
- Rechtsfolgen bei Verletzung **5** 25 ff.

Abnahme der Leistung 12
- in Abwesenheit des AN **12** 141 ff.
- Anfechtung **12** 42 f.
- Anspruch auf – **12** 48 ff., 88 ff.
- Ausschluss der Fiktion durch AGB **12** 36
- bedingte – **12** 39 f.
- Begriff **12** 11 ff.
- Entbehrlichkeit bei Kündigung **16** 91
- Erklärung **12** 37
- fiktive – **12** 7 f., 35 f., 83, 90 f., 144 ff.
- fiktive Teil- **12** 105
- Form **12** 27 ff.
- Formen **12** 104 f.
- förmliche – **12** 28 ff., 121 ff.
- Frist **12** 84 ff., 92 ff.
- durch Fristablauf **12** 152
- Gefahrübergang **12** 62 f., 169
- durch Inbenutzungnahme **12** 159 ff.
- Klage auf – **12** 49 ff.
- konkludente – **12** 30 ff., 125, 145
- nach Kündigung **8** 147 ff.
- in einer Leistungskette **12** 53 ff.
- Mängelhaftung nach – **13** 5 ff.
- Mängelhaftung vor – **4** 137 ff.
- öffentlich-rechtliche – **12** 12 f.
- Protokollierung **12** 29, 135 ff.
- rechtsgeschäftliche – **12** 15
- Regelung in den FIDIC-Regelwerken **18 Anh: FIDIC CoC** 261 ff.
- mit Sachverständigem **12** 132 ff.
- technische – **12** 14
- Teilabnahme **12** 95 ff.; **16** 153 ff.
- Terminbestimmung **12** 127 ff.
- als Verjährungsbeginn **13** 254
- Verlangen **12** 84 ff., 98, 127 ff.
- Vertretung **12** 44 ff.
- Verweigerung **12** 109 ff.
- Verzug **9** 29
- Vollstreckung **12** 50 ff.
- als Voraussetzung für die Fälligkeit der Schlussrechnung **16** 88 ff.
- Voraussetzungen **12** 20 ff.
- unter Vorbehalt der Mängelansprüche **12** 72 ff., 166 ff.
- unter Vorbehalt einer Vertragsstrafe **11** 45 ff.
- Wirkungen **12** 56 ff., 106 ff.
- bei Wohneigentum **12** 41

Abnahmeverweigerung
- wegen wesentlicher Mängel **12** 109 ff.
- Wirkungen **12** 116 ff.

Abrechnung 14 1 ff.
- AGB-Problematik **14** 50 ff.
- Begriff **14** 2
- nach BGB-Bauvertrag **14** 3 ff.
- Ermittlung der Grundlagen **14** 64 ff.
- Ersatzvornahme durch den AG **14** 110 ff., 119 ff.
- Fehlen einer prüfbaren – **14** 113 ff.
- Form **14** 29 f.
- Fristen **15** 90 ff.
- Korrektur **14** 48
- nach Kündigung
 8 55 ff., 87 ff., 118 ff., 150 ff.;
 9 136, 165, 204; **14** 24
- Leistungsänderungen **14** 40 ff.
- Leistungsfeststellung, gemeinsame **14** 66 ff.
- materielle Fehlerhaftigkeit **14** 28 ff.
- Nachfristsetzung **14** 116 ff.
- von Nachtragsleistung **14** 27 f.
- Nachweise **14** 35 ff.
- Pflicht des AN **14** 11 f., 15 ff.
- Prüffähigkeit, → s. *Prüfbarkeit der Abrechnung*
- Prüfungsfrist **16** 73 ff.
- Rechtsfolgen einer fehlerhaften – **14** 34 ff.
- Regelung in den FIDIC-Regelwerken **18 Anh: FIDIC CoC** 304 ff.
- Schlussrechnung, → s. *dort*
- Selbstvornahme des AG **15** 123 f.
- von Stundenlohnarbeiten **15** 1 ff., 89 ff.
- Teilabrechnung **16** 153 ff.
- Übersichtlichkeit **14** 33 f.
- Voraussetzungen **14** 31 ff.

Abrede, wettbewerbsbeschränkende 8 123 ff.

Abschlagszahlungen 6 276; **16** 1 ff., 6 ff.
- Abschlagsintervalle **16** 11 f.
- nach Änderungsanordnung **1** 81
- Fälligkeit **15** 98 f.; **16** 27 ff.

1289

Sachregister

- Gegenrechte des AN **16** 36 ff.
- Höhe **16** 31 ff.
- Leistungsnachweis **16** 17 ff.
- Nichtzahlung **16** 42 ff.
- nach Preisanpassung **2** 90 f.
- Prozessuales **16** 50 ff.
- Regelung in den FIDIC-Regelwerken **18 Anh: FIDIC CoC** 311 ff.
- Rückzahlung **16** 139 ff.
- auf Schadensersatzforderungen **6** 171
- Sicherheitsleistung **16** 25
- Skontoabzüge **16** 162 ff.
- für Stoffe und Bauteile **16** 20 ff.
- Überzahlung **16** 139 ff.
- Umsatzsteuer **16** 35
- Vereinbarung in allgemeinen Geschäftsbedingungen **16** 48 ff.
- Verhältnis zur Schlussrechnung **16** 45 ff.
- Verjährung **16** 44
- Verzug **16** 42
- Voraussetzungen **16** 9 ff.
- im Werklieferungsvertrag **Einf.** 70
- Wirkung **16** 39 ff.
- Zurückbehaltungsrecht **16** 16 f.

Abschlagszahlungssicherheiten 16 25

Adressat
- der Bedenkenanzeige nach § 4 Nr. 3 **4** 87; **13** 197
- der Behinderungsanzeige nach § 6 Nr. 1 **6** 29
- des Stundenlohnzettels **15** 65

allgemein anerkannte Regeln der Technik, → s. anerkannte Regeln der Technik

Allgemeine Bestimmung für die Vergabe von Bauleistungen (VOB/A) Einf. 2; **1** 53 ff.
- Auslegung **1** 53 ff.

Allgemeine Geschäftsbedingungen
- Abgrenzung **11** 24 f.
- Abrechnung von Stundenlohnarbeiten **15** 100 f.
- Abrechnungspflicht **14** 50 ff.
- Abschlagszahlungen **16** 48 ff.
- Anerkenntnisfiktion **15** 83 ff.
- Aufsichtsvergütung **15** 49 f.
- Ausführungsfristen **5** 58 ff.
- Ausführungsunterlagen **3** 40 ff.
- Auslegung **Einf.** 30 ff.; **1** 59
- Ausschluss der Abnahmefiktion **12** 36
- Ausschluss der gesamtschuldnerischen Haftung **10** 56
- Ausschluss des Rechts zur ordentlichen Kündigung **8** 45
- Ausschluss des Sicherheitenaustauschrechts **17** 89 ff.
- Ausschluss des Sicherheitenwahlrechts **17** 89 ff.
- Ausschluss von Nachforderungen nach Schlusszahlung **16** 147 f.
- Bestimmtheitsgebot **11** 27
- Beweislast **11** 26
- Direktzahlungen an Dritte **16** 202 f.
- Einbeziehung **Einf.** 11 ff.
- Ersatzvornahme der Abrechnung **14** 133 f.
- Freistellungspflicht **10** 72
- Gefahrtragung **7** 7, 25
- gemeinsame Leistungsfeststellung **14** 92 ff.
- Gesamtschuldnerausgleich **10** 42, 52
- Haftungsausschluss bei versicherten oder versicherbaren Schäden **10** 47 ff.
- Haftungsbeschränkungen **13** 468 ff.
- Individualabrede **11** 24 f.
- Inhaltskontrolle **Einf.** 26 ff.
- isolierte Vereinbarung der VOB-Verjährung **13** 13 f., 275 f.
- Komplettheitsklausel **1** 44
- Kündigungsrecht des AG **4** 208 ff.; **8** 154 ff.
- Leistungsverweigerungsrecht **16** 194
- Mängelansprüche **13** 11 ff.
- Mängelbeseitigungspflicht **4** 208 ff.; **13** 355 ff.
- Mehrvergütung für Planungsleistungen **2** 559
- Minderung **13** 404 ff.
- Öffnungsklauseln **Einf.** 54; **13** 211, 273 f.
- Privilegierung der VOB/B **13** 11 ff.
- Rechtsfolgen der Unwirksamkeit **Einf.** 40
- Schadensersatz wegen Mängeln **13** 475 ff.
- Schlussrechnung **14** 108
- Sicherheitsleistung **17** 46 ff.
- Stellen durch den Verwender **11** 24 ff.
- Stundenlohnvereinbarung **2** 574; **15** 33 f.
- Transparenzgebot **Einf.** 36 ff.; **2** 44 ff.; **11** 27
- überraschende Klauseln **Einf.** 25
- unangemessene Benachteiligung **Einf.** 33 ff.
- Unklarheitenregel **2** 44 ff.
- Verbraucherverträge **Einf.** 12 ff.; **1** 63 ff.
- Vereinbarung der VOB als Ganzes **Einf.** 63; **1** 168; **13** 274 ff., 355 ff.
- Vergütung vertraglich nicht geschuldeter Leistungen **2** 547 ff.
- Verjährung von Mängelansprüchen **13** 213 ff., 272 ff., 355 ff.
- Vertragsstrafen **11** 21 ff., 59

1290

Sachregister

- Verzögerungen **5** 58 ff.
- VOB/B als – **Einf.** 7 ff.
- Vorauszahlungen **16** 63
- Vorrang der Individualabrede **Einf.** 24
- Weiternutzungs- und Verbrauchsrecht **8** 164

Allgemeine Geschäftskosten
2 57, 74, 88 f., 109; **6** 158, 265
- ersparte – **8** 69

allgemeine Ordnung auf der Baustelle
4 6 ff.

Allgemeine Technische Vertragsbedingungen für Bauleistungen (ATV)
Einf. 4; **2** 23 f.
- Einbeziehung in AGB **1** 62 ff.
- Inhaltskontrolle **1** 65
- Planungsaufgaben **3** 6
- Prüfungs- und Hinweispflichten **4** 66
- Stellung gegenüber Verbrauchern **1** 63 ff.
- Verhältnis zu den anerkannten Regeln der Technik **1** 61 f.
- als Vertragsbestandteil **1** 60 ff.

Allgemeine Versicherungsbedingen (AHB) 13 460

Amtshaftung 10 32

Änderungsanordnung 1 73 ff.;
2 288 ff., 364 f.; **6** 44
- Abgabe **1** 99 f.
- Abgrenzung **1** 88 ff., 116 ff.
- Abschlagszahlungen **1** 81; **2** 254 ff.
- Arbeitskräfte **1** 108
- Arbeitsmittel **1** 108
- Bauablauf **1** 105 ff.
- Bauentwurf **1** 103 ff.
- Baugrundverhältnisse **1** 109 ff.
- zu den Bauumständen **1** 105 ff., 109 ff.; **2** 295; **6** 44
- zur Bauzeit **1** 112 ff.; **2** 296; **6** 131
- nach Bedenkenhinweis **13** 204
- nach BGB-Bauvertrag **1** 74 ff., 114 f.
- und eigenmächtige Änderungen **1** 95
- und einvernehmliche Änderungen **1** 94
- Erheblichkeit **2** 496 ff.
- nach FIDIC Conditions of Contract **18 Anh: FIDIC CoC** 106 ff.
- Form **1** 97a
- Inhaltskontrolle **1** 166 ff.
- Konkretisierungsbedürftigkeit **1** 102
- Konsensprinzip **1** 87
- Kooperationsgebot **1** 87
- und Mehrvergütungsansprüche **1** 90 ff.
- Nachunternehmer **1** 108
- Preisanpassung **1** 128 f.; **2** 172, 204 ff.
- Rechtsfolgen einer unwirksamen – **1** 145 ff.
- Rechtsfolgen einer wirksamen – **1** 126 ff.
- und Schadensersatzansprüche **1** 90 ff.
- und Störung der Geschäftsgrundlage **1** 93
- Streitigkeiten über Höhe der Vergütung **1** 152
- Streitigkeiten über Vergütungsrelevanz **1** 148 ff.
- und Teilkündigung **1** 89
- unzweckmäßige – **2** 305
- ohne Verhandlungsphase **1** 101
- und Verlangen zusätzlicher Leistungen **1** 88
- bei Verzögerung des Bauablaufs **6** 68 ff.
- Voraussetzungen **1** 96 ff., 116 ff.
- Weigerungsrecht des AN **1** 78
- Zugang **1** 99 f.
- Zumutbarkeit für den AN **1** 122 ff.

Änderungsarbeiten 13 224

anderweitiger Erwerb 8 70 ff.
- böswillig unterlassener – **8** 72

anerkannte Regeln der Technik
1 39a, 61 f.; **4** 43; **8** 13; **13** 29 ff., 457
- Abgrenzung von anderen Technikstandards **13** 57 ff.
- Änderung nach Vertragsschluss **2** 303
- Beurteilungszeitpunkt **13** 47 ff.
- Definition **13** 54 f.
- DIN-Normen **13** 63 ff.
- Einordnung **13** 37 ff.
- Inhalt **13** 54 f.
- Konkretisierung durch technische Regelwerke **13** 73 ff.
- Planungsaufgaben **3** 6
- Prüfungs- und Hinweispflichten **4** 65
- Unterschreitung **13** 44 ff.

Anerkenntnis 2 363m 527 ff.;
16 41, 83 ff.
- als Bauhandwerkersicherung **17 Anh: 650f BGB** 36 f.
- Beweislast **2** 544 f.
- deklaratorisches – **14** 78 ff.; **15** 75
- Fiktion im Schlichtungsverfahren **18** 22 ff.
- nachträgliches – **2** 527 ff.
- Neubeginn der Verjährung **13** 268
- durch Stundenlohnzettel **15** 75 ff.

Anfechtung
- der Abnahmeerklärung **12** 42 f.
- wegen arglistiger Täuschung **1** 32
- des Bauvertrages **1** 32 f.
- wegen Eigenschaftsirrtums **1** 32
- einvernehmlich getroffener Feststellungen **14** 15 ff.
- wegen Erklärungsirrtums **1** 33

1291

Sachregister

- wegen Kalkulationsirrtums **1** 33; **2** 178 ff.
- wegen widerrechtlicher Drohung **12** 43

Angebot 1 10 ff.;
18 Anh: FIDIC CoC 37
- Irrtumsanfechtung **1** 33

Angebotskalkulation 2 133
- Anfechtung **1** 33; **2** 179 ff.
- Offenlegung **14** 46

Annahmeerklärung 1 10 ff.; **18 Anh: FIDIC CoC**
- modifizierte – **1** 11

Annahmeverzug 6 223 ff., 239 ff.; **9** 29
- Aufwendungsersatz **6** 193
- Beweislast **6** 273
- Dauer **6** 251 ff.
- Kausalität **6** 245
- Kündigung **9** 37 f., 48 ff.
- Leistungsbereitschaft **6** 243 f.
- Rechtsfolgen **9** 148 ff.
- Schadensersatz **9** 187 ff.
- Verschuldensunabhängigkeit **6** 248
- Voraussetzungen **6** 231 ff.

Anordnungen des AG 4 25 ff.
- andere – **2** 304
- Änderungsanordnung, → *s. dort*
- Bedenken gegen – **4** 31 ff.
- nach Bedenkenhinweis **13** 201
- bei Behinderungen der Ausführung **6** 68 f.
- nach FIDIC Conditions of Contract **18 Anh: FIDIC CoC** 106 ff.
- Haftungsausschluss des AN wegen mangelhafter – **10** 44 ff.
- mangelhafte – **4** 31 ff.; **13** 181 ff.
- notwendige – **4** 28 ff.
- unzweckmäßige – **2** 305

Anpassungspflicht des AN 6 65 ff.

Anzeigepflicht
- Adressat **4** 87; **6** 29; **13** 197
- bei Ausführungsbeginn **5** 21
- bei Behinderungen **6** 22 ff., 117, 247
- bei Funden **4** 179 ff.
- bei Stundenlohnarbeiten **15** 52 ff.
- bei Wegfall der Behinderung des Bauablaufs **6** 74

Äquivalenzstörung 2 175
- Opfergrenze **2** 474, 490 ff.

Arbeitseinstellung
- Verhältnismäßigkeit **16** 193
- bei Zahlungsverzug des AG **16** 188 ff.;
  → *vgl. a. Leistungsverweigerungsrecht*

Architekt
- Abnahme durch – **12** 45
- Bauhandwerkersicherung
  17 Anh: 650f BGB 10
- als Erfüllungsgehilfe **2** 551; **4** 99; **10** 13
- nicht bevollmächtigter – **2** 517
- Sicherungshypothek
  17 Anh: 650e BGB 9
- Verkehrssicherungspflichten **10** 27

Architektenbindung 1 28

arglistige Täuschung
- Anfechtung **1** 32 f.
- Darlegungs- und Beweislast **13** 247
- Entbehrlichkeit der Fristsetzung **8** 2
- Verjährung von Mängelansprüchen
  12 70; **13** 240 ff.

ATV, → *s. Allgemeine Technische Vertragsbedingungen (ATV)*

Aufmaß
- Anspruch auf Erstellung **9** 166
- Bindungswirkung des gemeinsamen – **14** 82 ff.
- gemeinsames – **14** 70 ff.
- nach Kündigung **8** 145 f.
- Regelung in den FIDIC-Regelwerken
  18 Anh: FIDIC CoC 286 ff.

Aufrechnung
- vor der Abnahme **11** 57
- mit Auszahlungsanspruch des AN
  17 158
- mit Schadensersatzanspruch **13** 353
- als schlusszahlungsgleiche Erklärung
  16 116
- mit verjährten Forderungen **13** 270

Aufruhr 7 14

Aufsichtspersonal
- AGB-Problematik der Vergütung
  15 49 f.
- Anordnung des Einsatzes **15** 42 ff.
- Begriff **15** 40 f.
- Erforderlichkeit **15** 45 f.
- Vergütung **15** 37 ff., 48

Aufwendungen
- Ersatz bei Selbstvornahme des AG
  13 336 ff.
- ersparte – **6** 270; **8** 64 ff.
- hypothetische – **6** 143

Aufwendungsersatz
- bei Annahmeverzug des AG
  9 159, 184 ff.
- bei Gläubigerverzug **6** 193
- bei Leistung ohne Auftrag **2** 512, 542 f.
- bei Selbstvornahme des AG **13** 336 ff.
- bei Verletzung der Mitwirkungspflichten
  6 193, 258

Ausforschung 13 130

Ausführung der Bauleistung 4 1 ff.
- Anordnungsrecht des AG **4** 25 ff.
- Bedenken gegen die Art der – **4** 71 ff.
- Behinderung, → *s. Behinderung der Ausführung*

Sachregister

- eigenverantwortliche – **4** 39 ff.
- Unterbrechung **6** 1 ff.
- Verzug **5** 45 ff.

Ausführung nicht geschuldeter Leistungen 2 507 ff.
- AGB **2** 547 ff.
- Anzeige **2** 541
- Aufwendungsersatz **2** 512, 542 f.
- Beseitigungspflicht **2** 521 f.
- Beweislast **2** 544 f.
- Fristsetzung **2** 521 f.
- Genehmigung **2** 517, 531
- Rechtsfolgen **2** 542 f.
- Schadensersatzanspruch **2** 523 ff.
- Vergütung **2** 526 ff., 538 ff.
- Verjährung des Vergütungsanspruches **2** 546

Ausführungsart
- Anordnungsrecht des AG **2** 294 ff.
- mangelnde Erkennbarkeit der Eignung **13** 208

Ausführungsbeginn 5 17 ff.
- Abrufrecht des AG **5** 19 ff.
- Anzeigepflicht **5** 21
- Auskunftspflicht des AG **5** 17 ff.
- Kündigung wegen Verzögerung des – **8** 163
- verzögertes Vergabeverfahren **2** 382 ff.
- Verzögerung **5** 44

Ausführungsfristen 5 6 ff.
- Abhilfepflicht bei Nichteinhaltung **5** 22 ff.
- AGB-Problematik **5** 58 ff.; **6** 286
- automatische Verlängerung **6** 60
- Berechnung der Verlängerung **6** 80, 91 ff.
- Beweislast **6** 101
- fehlende Vereinbarung **5** 17 ff.
- Fertigstellung vor Ablauf **5** 48
- Nichteinhaltung **5** 25 ff.
- ohne vertragliche Bestimmung **5** 17 ff.
- Puffer **6** 67, 83
- schuldhafte Nichteinhaltung **5** 28 ff.
- Verlängerung **5** 46; **6**; **18 Anh: FIDIC CoC** 169 ff.
- Vertragsstrafe bei Überschreitung **11** 40
- Verzug **5** 28 ff.

Ausführungspläne
- Abweichung von Leistungsbeschreibung **2** 468
- fehlende – **6** 44
- Leistungsfeststellung **14** 73

Ausführungsrisiko 1 41 ff.

Ausführungsunterlagen 3 1 ff.
- Begriff **3** 7
- Maßgeblichkeit **3** 23 f.

- nötige – **3** 9
- Nutzungsrechte **3** 43
- Prüfungs- und Hinweispflichten des AN **3** 25 ff.
- Rechtzeitigkeit der Übergabe **3** 11, 36
- Regelung der Übergabe in AGB **3** 46
- Unentgeltlichkeit der Übergabe **3** 10
- Urheberschutz des AN **3** 40 ff.
- Verbindlichkeit **3** 23 f.
- Vergütungsanspruch des AN **3** 39
- Vorlagepflicht des AG **3** 7 ff.
- Vorlagepflicht des AN **3** 35 ff.; **4** 21
- Werkzeichnungen **4** 21

Ausführungsverantwortung 3 3 ff.

Ausführungsvorbereitung 3 1 ff.
- fehlende Mitwirkung des AG **3** 14 ff.
- grundstücksbezogene – **3** 12 f.

Auslegung
- allgemeine Grundsätze **1** 38 ff.
- allgemeiner Geschäftsbedingungen **Einf.** 30 f.; **1** 59
- des Bauvertrages **1** 38 ff.
- ergänzende – **1** 94; **2** 303; **6** 191
- gesetzesnahe – **1** 84
- nach gewerblicher Verkehrssitte **2** 28 f.
- der Kündigungserklärung **8** 22
- der Leistungsbeschreibung **2** 34 ff.
- der Leistungsbeschreibung im Vergabeverfahren **1** 53a
- der Soll-Beschaffenheit **13** 119 ff.
- des Verbraucherbauvertrages **1** 52
- bei Vergabe durch VOB/A **1** 53 ff.

Aussperrung 6 46 ff.

Bauablaufstörungen 6 1 ff.
Bauausführungsfehler 13 85g
Bauentwurf
- Änderungen **1** 73 ff.; **2** 274, 288 ff., 304, 480, 499 ff.; → s.a. Änderungsanordnung
- Begriff **1** 103 ff.; **2** 292 f., 304
- und Werkerfolg **1** 114 f.

Bauforderungssicherungsgesetz 1 27
Baugenehmigung 6 123; **18 Anh: FIDIC CoC** 139 f.
- fehlende – **6** 21, 44
- Mitwirkungspflicht des AG auf Einholung **4** 12 ff.

Baugeräteliste 6 153
Baugrundrisiko 4 80; **6** 44; **13** 185 f.; **18 Anh: FIDIC CoC** 192 ff.
Baugrundverhältnisse 1 47
- Änderungsanordnung **1** 105 ff., 109 ff.
- Baureife **6** 232
- Beschreibung im Vergabeverfahren **1** 54 f.
- Prüfungs- und Hinweispflichten des AN **4** 80

1293

Sachregister

- Weiterarbeit bei vertragswidrigem Zustand **1** 109 ff.

Bauhandwerkersicherung 17 Anh: 650f BGB 1 ff.
- abweichende Vereinbarungen **17 Anh: 650f BGB** 84 ff.
- Anerkenntnis **17 Anh: 650f BGB** 36 f.
- Anspruch **17 Anh: 650f BGB** 4
- Art der Sicherheit **17 Anh: 650f BGB** 27 ff.
- Berechtigte **17 Anh: 650f BGB** 7 ff.
- Besteller **17 Anh: 650f BGB** 16 ff.
- Bürgschaft **17 Anh: 650f BGB** 27 ff.
- Fristsetzung **17 Anh: 650f BGB** 50 ff.
- Höhe der Sicherheit **17 Anh: 650f BGB** 41 ff.
- Kosten **17 Anh: 650f BGB** 80 ff.
- Nebenforderungen **17 Anh: 650f BGB** 39 f.
- Rechtsfolgen der Nichtleistung **17 Anh: 650f BGB** 54 ff.
- Reduzierung **17 Anh: 650f BGB** 77 ff.
- Rückgabepflicht **17 Anh: 650f BGB** 75 ff.
- Rücktritt wegen fehlender Stellung **8** 8
- Verbraucher **17 Anh: 650f BGB** 20 ff.
- Verjährung **17 Anh: 650f BGB** 88 ff.
- Vollstreckung **17 Anh: 650f BGB** 70 ff.

Bauleistungsversicherung 7 26 ff.

Bauleiter
- als Erfüllungsgehilfe **13** 245
- Haftung **10** 27
- Kosten **6** 157
- nicht bevollmächtigter – **2** 517
- Organisations- und Kontrollpflichten **13** 250 ff.

Baumaterial 18 Anh: FIDIC CoC 141 ff.
- Einsatzfähigkeit **1** 110
- Erstattungsfähigkeit der Kosten **6** 152 ff.
- fehlender Vorrat **5** 30
- Kostensteigerung **2** 192
- Recht zur Weiterbenutzung **8** 116 f., 164
- Verkehrssicherungspflichten **10** 26; → vgl. a. Stoffe

Bausoll 2 214 ff.; **6** 1
- Abweichungen **2** 219 f., 278, 457
- Änderungen **2** 219
- Beweislast **1** 48 ff.
- Ermittlung **1** 8 ff., 38 ff.
- Globalpauschalvertrag **2** 458, 473 ff.
- Pauschalpreisvertrag **2** 463 ff.
- Unbestimmtheit **1** 48 ff.

Baustelle 4 6

Baustelleneinrichtung
- Baustelleneinrichtungsplan **4** 8

- Kosten **6** 157; **15** 26 f.; → s.a. Baustellengemeinkosten
- Kündigung wegen unzureichender – **8** 162
- Recht zur Weiterbenutzung **8** 116 f., 164
- Schadensersatz für Vorhaltung **6** 138
- Wiederherstellung **6** 87

Baustellengemeinkosten 2 57, 73, 109 f., 206 ff., 232, 244 ff.; **6** 157, 264

Baustellenordnungsplan 4 8
Baustellenverordnung 4 9
Baustoffe, → s. Stoffe
Baustopp 6 31, 44
Bauteile
- Ausreißer **13** 191
- Begriff **16** 21
- Beseitigung vertragswidriger – **4** 126 ff.
- Mängel auf Grund vom AG gelieferter – **13** 184 ff.
- Mängel auf Grund vom AG vorgeschriebener – **13** 187 ff.
- Prüfungs- und Hinweispflicht des AN **4** 78 ff.
- Streitigkeiten über Eigenschaften **18** 36 ff.
- Übereignung **16** 20 ff.
- Verwendungsrisiko **13** 190

Bauteillieferungsverträge
- Einbeziehung der VOB/B **Einf.** 65 ff.

Bauträger
- Bauhandwerkersicherung **17 Anh: 650f BGB** 11

Bauträgerverträge
- Einbeziehung der VOB/B **Einf.** 60 ff.
- Form **1** 15

Bauvertrag
- Anfechtung **1** 32 ff.; **2** 180 ff.
- Auslegung **1** 38 ff.
- Beendigung **8; 9**
- Form **1** 14 ff.
- mit funktionaler Leistungsbestimmung **2** 472 f.
- Nichtigkeit **1** 23 ff., 34 ff.
- Sittenwidrigkeit **1** 34 ff.
- Widerruf **1** 23 ff.
- Zustandekommen **1** 9 ff.

Bauwerk
- Begriff **13** 222; **17 Anh: 650f BGB** 6
- Mängelfristen **13** 214 ff.
- Verjährung von Leistungen an einem – **13** 225

Bauzeit
- Änderungsanordnung **1** 112 ff.
- Anpassung **1** 142 ff.

Sachregister

- Pufferzeiten **1** 91, 143
- Verlängerung der – **1** 91; **6** 1 ff.; → *vgl. auch Behinderung der Ausführung*
- Verlängerungsanspruch bei Mehrmengen **2** 146

Bauzeitenplan 4 8; **5** 13 ff.; **18 Anh: FIDIC CoC** 159, 162 ff.
- Hinfälligkeit **11** 19

Bedarfspositionen 6 44

Bedenken
- gegen die Leistung anderer Unternehmer **4** 81 ff.
- wegen der Sicherung gegen Unfallgefahren **4** 76 ff.
- gegen die vom AG gelieferten Stoffe oder Bauteile **4** 78 ff.
- gegen die vorgesehene Art der Ausführung **4** 71 ff.

Bedenkenanzeige des AN 1 45; **4** 51 ff.; **13** 195 ff.
- Adressat **4** 87; **13** 197
- zu den Ausführungsunterlagen **3** 25 ff.
- fehlende Reaktion des AG **6** 44
- Form **4** 85
- Inhalt **4** 88
- Mitverschulden des AG **4** 97 ff.
- Reaktion des AG **13** 198 ff.
- Rechtsfolgen **4** 89 ff.
- unterlassene – **4** 94 ff.; **13** 205 ff.
- unzureichende – **13** 205 ff.
- bei unzweckmäßigen Anordnungen des AG **4** 31 ff.
- Zeitpunkt **4** 86; → *vgl. a. Hinweispflicht*

Behinderung der Ausführung 5 46; **6** 1 ff.
- Abgrenzung zu Unmöglichkeit **6** 8 f.
- Abgrenzung zum Stillstand **6** 17
- Anpassungspflicht des AN **6** 65 ff.
- Anzeigepflicht **6** 22 ff., 117, 247
- Begriff **6** 10 ff.
- von beiden Parteien zu vertretende – **6** 61 ff., 136
- Beschleunigungsmaßnahmen **6** 68 f., 135
- Beweislast **6** 64, 79, 101
- BGB-Bauvertrag **6** 6
- höhere Gewalt **6** 52 ff.
- Kausalität **6** 12 f., 61 ff.
- durch mehrere AN **6** 205
- Offenkundigkeit **6** 30 ff.
- Primärverzögerungen **6** 84 f.
- Produktivitätsverluste **6** 85, 90, 146
- Rechtfertigung **6** 129 ff.
- Regelungen in den FIDIC-Regelwerken **18 Anh: FIDIC CoC** 161 ff.
- Schadensersatzanspruch des AG **6** 78 ff., 199 ff.
- Schadensersatzanspruch des AN **6** 113 ff.
- Schutz- und Sicherungspflichten des AN **6** 65 ff.
- Sekundärverzögerungen **6** 86 ff.
- Streik **6** 46 ff.
- Verlängerung der Ausführungsfristen **6** 41 ff., 80 ff., 90
- Vertragsstrafe **6** 39; **11** 40 f.
- Weiterführung der Arbeiten **6** 36

Behinderung des Ausführung
- Beschleunigungsmaßnahmen **6** 68 ff.
- Informationspflicht des AN **6** 74

Behinderungsanzeige 6 22 ff., 247
- Adressat **6** 29
- AGB-rechtliche Wirksamkeit **6** 286
- Beweislast **6** 40
- Entbehrlichkeit **6** 30 ff.
- Form **6** 25
- Inhalt **6** 27
- Rechtsfolgen **6** 33
- Unterlassen der – **6** 34 ff.
- Unwirksamkeit **6** 34 ff.
- Zeitpunkt **6** 27

behördliche Bestimmungen 4 44
- Leistungsverweigerungsrecht bei Verstoß gegen – **13** 203

Belohnung 11 12
Beratungspflichtverletzung 11 52
Bereicherung, ungerechtfertigte
2 507, 520, 549 f.; **16** 142
- anwendbares Recht **18 Anh: FIDIC CoC** 24

Beschädigungen
- durch den AG **7** 18 f.
- durch Dritte **4** 116 f.; **6** 235; **7** 2 ff.
- Gefahrtragung **7** 2 ff.
- Haftung für – **10**
- Versicherungsschutz **10** 47 ff.

Beschaffenheit
- anerkannte Regeln der Technik **13** 29 ff., 37 ff.; → *vgl. a. dort*
- Eignung für die gewöhnliche Verwendung **13** 35 f., 89 ff.
- Eignung für die vereinbarte Verwendung **13** 26, 34, 86 ff., 458
- Proben **13** 161 ff.
- übliche – **13** 35, 89 ff.

Beschleunigung
- Anordnungsrecht des AG **1** 112 f.; **2** 294 ff.; **6** 68 ff.
- des Bauablaufs **1** 112 f.; **6** 68 ff.
- Kosten **6** 162, 211
- Maßnahmen des AN **6** 87
- Prämien **11** 12
- der Prüfung der Schlussrechnung **16** 86 ff.

1295

Sachregister

- der Zahlung des AG **16** 161
Beseitigung
- Fristsetzung **4** 130
- von Mängeln, → *s. Mängelbeseitigung*
- nicht geschuldeter Leistungen **2** 521 ff.
- von Schnee und Eis **4** 122
- Selbsthilferecht des AG **4** 132 ff.
- vertragswidriger Stoffe und Bauteile **4** 126 ff.
Besondere Vertragsbedingungen (BVB) 1 70; **2** 17 ff.
Bestechung 8 13; **18 Anh: FIDIC CoC** 211
Bestimmung der Praxistauglichkeit einer Bauweise 13 84
Beweislast
- Anpassungspflicht des AN nach § 6 Abs. 3 **6** 79
- Ausführungsfristverlängerung **6** 101
- Behinderung der Ausführung **6** 64
- Behinderungsanzeige nach § 6 Abs. 1 **6** 40
- Kündigung **8** 172 ff.
- Mängelbeseitigungsanspruch **13** 283 f.
- Preisanpassungsanspruch **2** 257 f., 311
- Prüfungs- und Hinweispflicht **4** 101 f.
- Sachmängel **8** 176; **12** 66 f.; **13** 98 ff., 413 ff.
- Schadensersatzanspruch gem. § 8 Abs. 3 **8** 177
- Schadensersatzanspruch wegen Behinderung nach § 6 Abs. 6 **6** 177 ff., 273
- Stundenlohnvergütung **15** 18 ff., 35 f.
- Stundenlohnzettel **15** 86 ff.
- Symptomtheorie **13** 98 ff.
- Vergütungsanspruch **2** 544 f.; **15** 126 ff.
- Vergütungsanspruch nach Kündigung **8** 175
- Verjährung der Mängelansprüche **13** 219
- Verschulden **10** 18
- Vertragsstrafe **11** 75
- Verzug **5** 41; **6** 64
- Voraussetzungen des vorzeitigen Gefahrübergangs **7** 24
BGB-Bauvertrag 1 4 ff.
- Abrechnung **14** 3 ff.
- Bauhandwerkersicherung **17 Anh: 650f BGB**
- Behinderung und Unterbrechung der Ausführung **6** 6
- einstweiliger Rechtsschutz **1** 157 ff.
- Mängelansprüche **13** 10 ff.
- Mängelsicherheiten **17** 33 ff.
- Nachtragsleistungen **2** 317 f.
- Preisbestimmung **1** 137 ff.
- Sicherungshypothek **17 Anh: 650e BGB**

- Stundenlohnverträge **15** 6 ff.
- Vertragsänderungsrecht **1** 74 ff., 114 f., 124
Bodenverhältnisse, → *s. Baugrundverhältnisse*
Bürgschaft 17 62 ff., 100 ff.
- Akzessorietät **17** 111 ff.
- auf erstes Anfordern **17** 115 ff.
- als Bauhandwerkersicherung **17 Anh: 650f BGB** 27 ff.
- Form **17** 106 ff.
- Frist für die Stellung **17** 165 ff.
- selbstschuldnerische – **17** 108 ff.
- Verjährung **17** 123 ff.
- Vertragserfüllungsbürgschaft **17** 21 ff.
Cent-Preise 2 172
Contractor 18 Anh: FIDIC CoC 43 f.
- Hauptleistungspflichten **18 Anh: FIDIC CoC** 88 ff.
- Planungsverantwortung **18 Anh: FIDIC CoC** 90 ff.
Datenverarbeitungsprogramme 4 43 ff.
deliktische Haftung 10 23 ff.
- anwendbares Recht **18 Anh: FIDIC CoC** 23
- beider Vertragsparteien **10** 34
- Entnahme von Boden **10** 53 ff.
- Gesamtschuldnerausgleich **10** 36
- gesamtschuldnerische – **10** 36 ff.
- Schutzgesetze **10** 28 f.
- unbefugtes Betreten oder Beschädigung angrenzender Grundstücke **10** 53 ff.
- Verrichtungsgehilfen **10** 30
- Versperrung von Wegen oder Wasserläufen **10** 53 ff.
Design & build Vertrag 18 Anh: FIDIC CoC 30 f.
Deutscher Vergabe- und Vertragsausschuss für Bauleistungen (DVA) 1 7, 86
Diebstahl 7 17
- Kündigung wegen – **8** 13
- Schutz vor – **4** 119
Dienstvertrag 18 Anh: FIDIC CoC 19
Differenzhypothese 6 142 ff.
DIN-Normen 1 39a; **4** 112; **10** 26; **13** 63 ff.
- Prüfungs- und Hinweispflichten **13** 192 ff.
- Rechtsnatur **13** 68 f.
Direktzahlungen an Dritte 16 196 ff.
- AGB-Problematik **16** 202 ff.
- Erklärungspflicht **16** 198
- Insolvenz des AG **16** 200 f.
Drittschadensliquidation 13 419
Eigenleistung 4 163 ff.

Sachregister

Einheitspreis 1 118
- Abrechnung bei geändertem **14** 40 ff.
- Mengenänderungen **2** 139
- überhöhter – **1** 36; **2** 155 ff.
- untersetzter – **2** 172

Einheitspreislisten 6 141

Einheitspreisvertrag 2 123
- Allgemeines **2** 54 ff.
- Bausoll **2** 214 ff.
- Kalkulationsfreiheit **2** 152 ff.
- Mengenänderungen **2** 138 ff.
- Sittenwidrigkeit **2** 159, 176
- Teilleistungen **8** 57
- Vergütung **5** 51 ff.
- Vergütung bei Kündigung **8** 57
- Vergütungsanspruch **2** 93

Einrede des nicht erfüllten Vertrages 4 148; **5** 57; **11** 42; **13** 361 ff.; **16** 188 ff.

einseitiges Anweisungsrecht des AG 1 16a

einstweilige Verfügung 1 82, 155 ff.; **2** 92; **6** 186 f.
- auf Eintragung einer Vormerkung **17 Anh: 650e BGB** 43 ff.

Employer 18 Anh: FIDIC CoC 42
- Anordnungsrecht **18 Anh: FIDIC CoC** 106 ff.
- Hauptleistungspflichten **18 Anh: FIDIC CoC** 104 ff.

Entdeckerrechte des AN 4 179 ff.

entgangener Gewinn 6 166 ff., 216 ff., 266 f.; **13** 449

Entziehung des Auftrags 8; 9; → *vgl. a. Kündigung*

Erfüllungsanspruch 5 57

Erfüllungsgehilfe
- Architekt als – **2** 551; **4** 99; **10** 13
- Arglist **13** 245
- Bauleiter **13** 245
- Gesamtschuldnerausgleich **10** 63 ff.
- Haftung für – **7** 12; **10** 11 ff.; **13** 418, 434
- Haftungsausschluss **10** 15
- Ingenieur als – **18 Anh: FIDIC CoC** 254
- Nachunternehmer als – **4** 171
- Statiker als – **10** 13
- Vorunternehmer als – **4** 99; **10** 14

Erfüllungsverweigerung
- Kündigung wegen – **8** 11

Ersatz von Mehraufwendungen 6 193

Ersatzvornahme 6 271; **8** 106 ff.; **14** 129 ff.
- Schlussrechnung **14** 110 ff., 119 ff.
- Vorschuss **8** 111

Eventualpositionen 6 44, 141

Fachwissen 4 63 ff., 204

Fälligkeit
- mit Abnahme **12** 62 f.
- der Abschlagszahlungen **16** 27 ff.
- der Ausführung **5** 1 ff.
- einheitliche – **16** 92 ff.
- des Schadensersatzanspruchs wegen Behinderung nach § 6 Abs. 2 **6** 276
- des Schadensersatzanspruchs wegen Behinderung nach § 6 Abs. 6 **6** 170 ff., 220
- der Schlussrechnung **14** 110 ff.; **16** 88 ff.
- der Schlusszahlung **16** 65 ff.
- der Stundenlohnabrechnung **15** 98 f.
- des Vergütungsanspruchs **Einf.** 69; **8** 95 f.; **9** 163 ff.; **12** 62 f.

Fertigstellung 12 21 ff.; **18 Anh: FIDIC CoC** 317
- Mitteilung **12** 152 ff.

Fertigstellungstest 18 Anh: FIDIC CoC 263 ff.

Feststellungsklage 1 155; **8** 68; **13** 481 f.
- Zwischenfeststellungsklage **8** 180

FIDIC Conditions of Contract 18 Anh: FIDIC CoC 1 ff.
- Abnahme **18 Anh: FIDIC CoC** 261 ff.
- Abrechnung **18 Anh: FIDIC CoC** 304 ff.
- anwendbares Recht **18 Anh: FIDIC CoC** 12 ff.
- Art und Umfang der Leistung **18 Anh: FIDIC CoC** 85 ff.
- Aufbau **18 Anh: FIDIC CoC** 27 ff.
- Aufmaß **18 Anh: FIDIC CoC** 286 ff.
- Ausführungsfristen **18 Anh: FIDIC CoC** 157 ff.
- Bauwerksübernahme **18 Anh: FIDIC CoC** 261 ff., 269 ff.
- Behinderung und Unterbrechung der Ausführung **18 Anh: FIDIC CoC** 161 ff.
- beratender Ingenieur **18 Anh: FIDIC CoC** 45 ff.
- Contractor **18 Anh: FIDIC CoC** 43 f.
- Employer **18 Anh: FIDIC CoC** 42
- Kündigungsrecht **18 Anh: FIDIC CoC** 209 ff.
- Leistungsausführung **18 Anh: FIDIC CoC** 141 ff.
- Mängelansprüche **18 Anh: FIDIC CoC** 290 ff.
- Pflichten der Parteien **18 Anh: FIDIC CoC** 88 ff.
- Rechtsnatur **18 Anh: FIDIC CoC** 8 ff.
- Rechtswahl **18 Anh: FIDIC CoC** 12 ff.
- Red Book **18 Anh: FIDIC CoC** 28 f.

1297

Sachregister

- Risikotragung
  18 Anh: FIDIC CoC 186 ff.
- Schadensersatz
  18 Anh: FIDIC CoC 237 ff.
- Sicherheitsleistungen
  18 Anh: FIDIC CoC 332 ff.
- Silver Book **18 Anh: FIDIC CoC** 32 ff.
- Streitigkeiten
  18 Anh: FIDIC CoC 380 ff.
- Vergütung **18 Anh: FIDIC CoC** 118 ff.
- Vertragsbestandteile
  18 Anh: FIDIC CoC 85 ff.
- Vertragsparteien
  18 Anh: FIDIC CoC 42 ff.
- Vertragsschluss
  18 Anh: FIDIC CoC 36 ff.
- Vertragsstrafe
  18 Anh: FIDIC CoC 237 ff.
- Yellow Book
  18 Anh: FIDIC CoC 30 f.
- Zahlungsmodalitäten
  18 Anh: FIDIC CoC 304 ff.

Forderungssicherungsgesetz (FoSiG) Einf. 46 ff.

Freistellungspflicht 10 67 ff.
- Verletzung **10** 70 f.

Fristen 5 1 ff.
- für die Abrechnung von Stundenlohnarbeiten **15** 90 ff.
- Ausführungsfristen, → s. dort
- Ausführungsfristen nach den FIDIC-Regelwerken
  18 Anh: FIDIC CoC 157 ff.
- Definition **5** 3 ff.
- einvernehmliche Änderung **5** 16
- Einzelfristen **5** 13
- Gewährleistungsfristen **13** 209 ff.
- Nichteinhaltung der Ausführungsfristen **5** 25 ff.
- Rückgabe von Stundenzetteln **15** 72 ff.
- Verlängerung der Ausführungsfristen **6** 41 ff.
- Vertragsfristen **5** 11 ff.
- Vertragsstrafe bei Überschreitung **11** 40
- zur Vorlage der Stundenlohnzettel **15** 67 ff.
- Zwischenfristen **5** 14; **11** 35

Fristsetzung 8 14, 35; **9** 111 ff.; **16** 169 ff.
- zur Abnahme **12** 87 ff.
- Angemessenheit **8** 101 ff.; **9** 113 f.; **13** 322 f.
- zur Beseitigung vertragswidriger Stoffe und Bauteile **4** 130
- Entbehrlichkeit **5** 41; **8** 14, 102 ff.; **13** 328 ff.; **16** 175 ff.
- bei Fehlen einer prüfbaren Schlussrechnung **14** 113 ff.
- vor Kündigung **8** 14, 99 ff.
- zur Leistung einer Bauhandwerkersicherung **17 Anh: 650f BGB** 50 ff.
- zur Mängelbeseitigung **4** 155 ff.; **13** 287 ff., 320 ff.
- zur Schlussrechnung **14** 116 ff.
- vor Selbstvornahme **13** 287 ff.

Fristverlängerung
- automatische Ausführungs- **6** 60
- behinderungsbedingte - **6** 7 ff.
- Berechnung **6** 80 ff., 91 ff.
- Beweislast **6** 64, 101
- Zuschlagsfrist **2** 384

Fundanzeige 4 179 ff.

funktionale Leistungsbestimmung 2 473

funktionaler Herstellungsbegriff 2 300 f., 407 f.

Funktionalitätsrisiko 1 45

Funktionstauglichkeit 1 39a ff.; **13** 33, 84 ff.
- ästhetische - **1** 40
- Bedenkenhinweis **1** 45
- Beurteilung durch Sachverständigengutachten **13** 126
- erhebliche Beeinträchtigung **13** 427 ff.

Fürsorgepflichten 4 134

Garantieversprechen 11 8; **13** 217
Gebäudeeinsturz 10 31
Gefahr für Leib und Leben 4 35
Gefahrtragung 4 103 f.; **6** 194; **7** 1 ff.
- AGB-Problematik **7** 7
- im Rahmen der FIDIC-Regelwerke
  18 Anh: FIDIC CoC 186 ff.

Gefahrübergang
- durch Abnahme **12** 62 f., 169
- abweichende Vereinbarungen **7** 25
- Beweislast **7** 24
- Leistungsgefahr **7** 3 f.
- Vergütungsgefahr **7** 3 ff.; **12** 62 f., 169
- vorzeitiger - **7** 1 ff., 24

Geldschuld 6 125
Generalunternehmerleistung 3 6; **12** 53 ff.
Gerichtsstandsvereinbarung 18 4 ff.
Gesamtschuldner
- AG und AN als - **10** 36 ff.
- Freistellungsanspruch **10** 67 ff.
- Regress im Innenverhältnis **10** 37 ff.

Gesamtschuldnerausgleich
- AGB-Problematik **10** 42, 52
- Ausschluss bei versicherten oder versicherbaren Schäden **10** 47 ff.
- bei deliktischer Haftung **10** 36
- Freistellung von Ansprüchen geschädigter Dritter **10** 67 ff.

Sachregister

- gestörter – **10** 35
- Privilegierung von Erfüllungsgehilfen **10** 63 ff.

Geschäftsführung ohne Auftrag **2** 217, 507 ff., 538 ff., 547 ff.
- anwendbares Recht **18 Anh: FIDIC CoC** 24

Geschäftsgeheimnisse 4 23

Geschäftsgrundlage 1 36; **2** 483 ff.;
→ s.a. *Störung der Geschäftsgrundlage*

Gewährleistungsfrist
- abweichende Vereinbarungen **13** 211 ff.
- bei arglistiger Täuschung **13** 240 ff.
- bei Bauwerksleistungen **13** 221 ff.
- Beginn **13** 254 ff.
- Beweislast **13** 219
- bei Feuerungsanlagen **13** 229 f.
- bei gemischter Leistung **13** 236 f.
- Hemmung **13** 256 ff.
- bei Mängeln von Bauleistungen **13** 221 ff.
- bei maschinellen und elektrotechnischen/elektronischen Anlagen **13** 231 ff.
- Neubeginn **13** 238, 268
- Prozessuales **13** 277
- Quasi-Neubeginn **13** 308 ff., 357
- Rechtsfolgen des Ablaufs **13** 269 ff.
- Verkürzung **13** 211 ff.
- Verlängerung **13** 214 ff.
- bei versicherten oder versicherbarer Schäden **13** 239, 467
- vertragliche Regelungen **13** 272 ff.
- bei Werken, deren Erfolg in der Herstellung, Wartung oder Veränderung einer Sache besteht **13** 226 ff.

Gewährleistungsfristen 13 209 ff.

Gewerbeanmeldung 1 32

gewerbliche Schutzrechte 10 57 ff.

gewerbliche Verkehrssitte 2 26 ff.

Gewinnstreben 2 158

Gläubigerverzug, → s. *Annahmeverzug*

Grundurteil 6 186 f.

Grundwasser 1 109; **4** 122

Gutachten
- Bedeutung im Prozess **13** 108 ff.
- Schiedsgutachten **1** 154
- unbrauchbare – **13** 132

Gutachterkosten 6 213; **13** 452, 463

gutes Geschäft 2 164

Haftpflichtbestimmungen 10 22

Haftpflichtversicherung 10 47 ff.; **13** 459 ff., 467

Haftung
- Ausschluss wegen fehlerhafter Anordnung des AG **10** 44 ff.
- deliktische –, → s. *dort*
- gegenüber Dritten **10** 19 ff.
- für Erfüllungsgehilfen **7** 12; **10** 11 ff.
- im Rahmen der FIDIC-Regelwerke **18 Anh: FIDIC CoC** 237 ff.
- Freistellung von Ansprüchen geschädigter Dritter **10** 67 ff.
- für Gebäudeeinsturz **10** 31
- gesamtschuldnerische – **10** 36 ff.
- für gesetzliche Vertreter **10** 10
- gestörtes Gesamtschuldverhältnis **10** 35
- Haftungsbefreiung des AN gem. § 13 Abs. 3 **13** 169 ff.
- Mitverschulden **10** 17
- aus nachbarrechtlichem Ausgleichsanspruch **10** 33
- für Organe **10** 10
- für Sachmängel, → s. *Mangelansprüche*
- Staatshaftung **10** 32
- wegen Verletzung gewerblicher Schutzrechte **10** 57 ff.
- für Verrichtungsgehilfen **10** 30
- Verschulden **10** 4 ff.
- verschuldensunabhängige – **10** 33
- vertragliche – **10** 1 ff.
- vertragliche Einschränkung oder Erweiterung **13** 468 ff.
- vertraglicher Ausschluss **10** 15, 35
- für Vorunternehmerleistungen **10** 14

Haftungsausschluss 10 35
- nach Bedenkenanzeige **4** 93 ff.
- nach § 13 Abs. 3 **13** 169 ff.
- für Verhalten von Erfüllungsgehilfen **10** 15
- bei Versicherungsschutz des AN **10** 47 ff.

Haftungsbeschränkungen
- nach den FIDIC-Regelwerken **18 Anh: FIDIC CoC** 248 ff.

Handwerkerbörsen 1 12, 37

Handwerksrolle 1 32; **8** 11

Hemmung der Verjährung 13 256 ff.
- durch Begutachtung durch Materialprüfungsstelle **18** 48
- durch Begutachtung **18** 49
- durch Schlichtungsverfahren **18** 29 f.
- bei Leistungsverweigerungsrecht **13** 267
- durch Rechtsverfolgung **13** 262 ff.
- durch Verfahren vor Streitbeilegungsstelle **18** 29 f.
- durch Verhandlungen **13** 257 ff.

Herstellerrichtlinien 13 78 ff.

Herstellkosten 2 73

hindernde Umstände 6 116 ff.

Hinterlegung von Geld 17 61, 128 ff.
- Frist **17** 165 ff.

Hochwasserschutz 6 58

Sachregister

höhere Gewalt 6 52 ff.; **7** 10 ff.;
18 Anh: FIDIC CoC 177 f., 199 ff.
in sich abgeschlossener Teil der Leistung 12 99 ff.
Inbenutzungnahme 12 159 ff.
Ingenieur
– Abnahme **11** 51
– Bauhandwerkersicherung
  17 Anh: 650f BGB 10
– beratender –
  18 Anh: FIDIC CoC 45 ff.
– als Erfüllungsgehilfe **2** 337;
  18 Anh: FIDIC CoC 254
– Koppelungsverbot **1** 28
– Sicherungshypothek
  17 Anh: 650e BGB 9
– Verkehrssicherungspflichten **10** 27
Inhaltskontrolle
– der ATV **1** 65
– Beschränkung **Einf.** 45 ff.
– der VOB/B **Einf.** 26 ff., 56 ff.
– Preisanpassung **1** 140
– Vertragsstrafen **11** 22 f.
Insolvenz des AN 8 158; **16** 200 f.
– außerordentliche Kündigung wegen –
  8 13, 76 ff.
– Rückgabe von Sicherheiten **17** 185 ff.
– Vergütungsanspruch **8** 87 ff.
Instandsetzung 13 224
Interessenfortfall 8 113
Internationaler Verband nationaler Vereinigungen beratender Ingenieure im Bauwesen (FIDIC) 18 Anh: FIDIC CoC
juristische Personen des öffentlichen Rechts
– Einbeziehung von AGB **Einf.** 16
– Prorogationsfähigkeit **18** 10
– Sicherheitsleistung **17** 161 ff.;
  17 Anh: 650f BGB 17 f.
Kalkulationsfreiheit 2 153 f.
Kalkulationsirrtum 1 33; **2** 178 ff.
Kaufmann
– Begriff **18** 9
Kaufrecht
– Abgrenzung zum Werkvertragsrecht
  Einf. 68 ff.
– Anwendbarkeit **Einf.** 65 ff.
– Fälligkeit des Kaufpreisanspruches
  Einf. 69
Kaufvertrag 18 Anh: FIDIC CoC 18
– mit Montageverpflichtung **Einf.** 66 f.
Kausalität 6 133 ff.
– der Behinderung der Ausführung
  6 61 ff.
– Beweislast **6** 177 ff.

– Doppelkausalität **6** 63, 206
– Gesamtkausalität **6** 62, 206
– haftungsausfüllende – **6** 145; **13** 419
– haftungsbegründende – **6** 178;
  13 417, 431
– kumulative – **6** 136
– Mitverschulden **4** 97 ff.; **10** 17; **13** 205
Klage
– auf Abnahme **12** 49 ff.
– auf Abschlagszahlung **16** 50 ff.
– auf Mängelbeseitigung **13** 359
– auf Schadensersatz wegen Mängeln
  13 475 ff.
– auf Schlussrechnung **14** 109
– auf Schlusszahlung **16** 149 ff.
– auf Stellung einer Sicherheit
  17 Anh: 650f BGB 55
– auf Stundenlohnvergütung **15** 128
– auf Werklohn **13** 407 ff.; **14** 56 ff.
Kompletttheitsklausel 1 43, 116
– Pauschalpreisvertrag **2** 470
Konventionalstrafe, → *s. Vertragsstrafe*
Kooperationspflicht 1 87; **2** 358 ff., 422;
  6 22; **9** 47, 75
Koordinationspflichten des AG 4 4 ff.
Koppelungsverbot 1 28
Kosten
– Allgemeine Geschäftskosten **2** 74, 109;
  6 158, 265
– Baustellengemeinkosten **2** 57, 73, 109 f.;
  6 157, 264
– der Baustellenräumung **6** 4, 283
– der Baustellenvorhaltung **6** 260 ff.
– Beteiligung des AG **13** 454
– ersparte – **8** 64 ff.
– Geschäftskosten **2** 88 ff.
– Gutachterkosten **2** 430; **13** 452
– Herstellkosten **2** 73
– kurzfristig nicht abbaubare – **2** 234
– der Mängelbeseitigung **4** 147, 161;
  13 297 ff., 440 ff.
– Materialkosten **2** 108, 192
– Personalkosten **2** 192; **15** 25
– Sachkosten **15** 26
– Schadensermittlungskosten **6** 160
– Selbstkosten **2** 74, 84
– Sowieso-Kosten **13** 206, 304 ff., 391
– unterdeckte Einzelkosten **2** 235, 256
– des Wasser- und Energieverbrauchs
  4 107; → *vgl. a. Schaden*
**Kostenerstattungsanspruch des AG
13** 332 ff.
Kostenvorschussanspruch 2 522; **8** 111;
  13 341 ff.
**Kostenvorschussanspruch des AG
13** 341 ff.
– Abrechnung **13** 349 ff.

Sachregister

- Ausschluss **13** 343
- Entlassen **13** 348
- gerichtliche Durchsetzung **13** 368 ff.
- Rückerstattung **13** 349 ff.
- Umfang **13** 344 ff.
- **Kündigung 8** 39 ff.
- Abgrenzung zum Rücktritt **8** 4
- Abrechnung nach – **14** 24
- durch den AG **4** 152 ff., 169; **8** 1 ff.
- AGB-Problematik **8** 154 ff.
- durch den AN **8** 13; **9**
- Androhung **9** 34
- wegen Arbeitseinstellung des AN **16** 193
- Ausschluss des Rechts zur – durch AGB **8** 45
- außerordentliche – **1** 152; **8** 9 ff., 76 ff.
- Begründung **9** 137
- aus besonderem Grund **18 Anh: FIDIC CoC** 209 ff.
- Bestimmtheit **9** 120 ff.
- nach BGB **8** 5 ff.
- Darlegungs- und Beweislast **8** 172 ff.
- wegen Drohung mit Arbeitseinstellung **8** 11
- durch den Employer **18 Anh: FIDIC CoC** 209 ff., 224 ff.
- Erklärung **8** 21 ff., 142 ff.; **9** 116 ff.
- ersparte Kosten **8** 64 ff.
- Form **8** 23, 142 ff.; **9** 123 ff.
- freie – **18 Anh: FIDIC CoC** 217
- Fristsetzung **8** 14, 99 ff.
- Gründe **8** 99 ff.
- innerhalb angemessener Frist **8** 27
- wegen Insolvenz des AN **8** 77 ff.
- wegen längerer Unterbrechung **6** 278 ff.
- Mängelansprüche nach – **8** 33 ff., 92 ff.
- wegen Mängeln **8** 160 f.
- Nachschieben von Gründen im Prozess **8** 179
- wegen Nachunternehmereinsatz **4** 169
- wegen Nichtleistung einer Bauhandwerkersicherung **17 Anh: 650f BGB** 64 ff.
- ordentliche – **8** 44 ff.
- wegen Pflichtverletzung **8** 97 ff.
- Prozessuales **8** 172 ff.
- Rechtsfolgen **8** 28 ff.; **9** 146 ff.
- mangels Stellung einer Bauhandwerkersicherheit **8** 8
- wegen Täuschung über Eignungsbefähigung **8** 11
- Teilkündigung **4** 160; **8** 13, 75, 103 ff., 165
- Umdeutung **8** 51 ff.; **9** 141 ff.
- wegen unberechtigter Änderungsanordnung **1** 146
- wegen unterlassener Mitwirkung des AG **6** 195; **9** 14
- wegen unzulässiger Absprachen im Vergabeverfahren **8** 123 ff., 132 ff.
- nach unzumutbarer Änderungsanordnung **1** 125
- Vergütungsanspruch **8** 31, 55 ff., 150 ff.
- Vertragsstrafe **11** 63
- Vertretung **8** 24 f.
- wegen Verzugs **5** 57; **6** 195
- aus wichtigem Grund **8** 9 ff.
- wegen Zahlungsverzugs des AG **9** 65 ff.
- Zeitpunkt **8** 27
- Zugang **9** 117 ff.
- Zurückweisung **8** 26

Leistungsbereitschaft 6 132, 243 f.
Leistungsbeschreibung 1 38 ff., 69; **2** 4 ff.
- Auslegung **2** 34 ff.
- fehlerhafte – **1** 120
- durch Leistungsprogramm **2** 9 ff.
- durch Leistungsverzeichnis **2** 7 f.; → s.a. dort
- mangelhafte – **13** 177 ff.
- unklare – **1** 48 ff.
- Vorbemerkungen **2** 19
- Widersprüchlichkeit **2** 15, 40 ff.

Leistungsfeststellung, gemeinsame 14 66 ff.
- AGB-rechtliche Wirksamkeit der Verpflichtung **14** 92 ff.
- Art **14** 73 ff.
- Aufforderung zur – **14** 70 ff.
- Beteiligung Dritter **14** 84
- Beweislast **14** 96
- Bindungswirkung **14** 82 ff.
- Fernbleiben des AG **14** 85 ff.
- Zeitpunkt **14** 69

Leistungsgefahr 4 115; **7** 3 f.
Leistungsnachweis 16 17 ff.
Leistungsprogramm 2 9 ff.
Leistungsverweigerung 5 38 f.
Leistungsverweigerungsrecht 6 44
- nach Bedenkenhinweis **13** 203
- Druckzuschlag **13** 363
- Einschränkung durch AG **16** 194
- bei Gefahr für Leib und Leben **4** 35
- Hemmung der Verjährung **13** 267
- bei Mängelansprüchen **11** 42; **13** 361 ff.
- bei Nichterfüllung **4** 148; **5** 57
- bei Nichtleistung einer Bauhandwerkersicherung **17 Anh: 650f BGB** 59 ff.
- bei Streitigkeiten **18** 49 ff.
- bei unberechtigter Anordnung **1** 146 f.; **18** 51
- bei verweigerter Nachtragsbeauftragung **2** 350 ff.; **18** 52

1301

Sachregister

- bei verweigerter Preisvereinbarung 2 350 ff., 429
- bei Zahlungsverzug des AG **16** 188 ff.

Leistungsverzeichnis 1 41 ff.; **2** 4 ff., 7 f.
- fehlerhaftes – **1** 43, 46, 120, 175 f.

Lieferanten 18 Anh: FIDIC CoC 74 ff.

Lieferung
- von Baustoffen **2** 269
- von Bauteilen **Einf.** 65 ff.; **13** 184
- einer Bauleistung gleichgestellte – **16** 20 ff.

Mahnung 5 32 ff.; **6** 97, 202 f.; **11** 29
- Entbehrlichkeit **5** 38 ff.; **11** 44
- Selbstmahnung **6** 202

Makler und Bauträgerverordnung (MaBV) 1 29

Mangel 13 278 ff.
- und anerkannte Regeln der Technik **13** 29 ff.
- baulicher Anlagen **13** 435 f.
- Begriff **13** 20, 129
- Beschaffenheitsvereinbarung **13** 26 ff.; → *vgl. a. Beschaffenheit*
- Beurteilung durch Sachverständigengutachten **13** 108 ff.
- Beweislast **8** 176; **13** 98 ff., 413
- durch fehlerhafte Anordnung des AG **13** 181 ff.
- durch fehlerhafter Leistungsbeschreibung **13** 177 ff.
- Freiheit **13** 19 ff.
- funktioneller Begriff **13** 33
- Herstellerrichtlinien **13** 78 ff.
- Kriterien **13** 31 ff.
- optischer – **13** 389, 401
- der Risikosphäre des AB zuzuordnender – **13** 169 ff.
- substantiierte Darlegung im Bauprozess **13** 98 ff.
- Symptomtheorie **13** 98 ff., 291
- durch unzureichende Stoffe oder Bauteile **13** 184 ff.
- durch unzureichende Vorunternehmerleistungen **13** 192 ff.
- durch unzureichenden Baugrund **13** 185 f.
- Vertragsstrafe **11** 43, 72
- weiterfressender – **1** 26
- wesentlicher **12** 113
- wesentlicher – **13** 425 ff.

Mangelansprüche
- Ausschluss gem. § 13 Abs. 3 **13** 169 ff.
- Beschränkung durch allgemeine Geschäftsbedingungen **13** 90 ff.
- Beweislast **13** 98 ff.
- Minderung **13** 368 ff.
- Prozessuales **13** 98 ff.
- Selbstvornahme **13** 278 ff.
- Sicherheitsleistung **17** 180 ff.
- Verjährung **13** 209 ff.

Mängelansprüche 13
- nach Abnahme **13** 5 ff.
- Anwendbarkeit **4** 137 ff.
- Beschaffenheitsvereinbarung **13** 25 f.
- Beweislast **12** 66 f.
- nach BGB-Bauvertrag **13** 10 ff.
- Erfüllungsanspruch **5** 57
- nach den FIDIC-Regelwerken **18 Anh: FIDIC CoC** 247 f.
- nach Kündigung **8** 33 ff., 92 ff.; **9** 167 ff.
- Kündigungsrecht **4** 152 ff.
- Leistungsverweigerungsrecht **4** 148; **11** 42; **13** 361 ff.
- Mängelbeseitigung, → *s. dort*
- Mitverschulden des AG **13** 303 ff.; → *s.a. dort*
- Regelung in den FIDIC-Regelwerken **18 Anh: FIDIC CoC** 290 ff.
- Schadensersatzanspruch **5** 50; **13** 410 ff.
- Schadensersatzanspruch des AG **4** 147
- Selbstvornahme **4** 161
- Sicherheitsleistung **17** 28 ff.
- Verjährung **12** 68 ff.; **13** 209 ff.
- Verlust **12** 72 ff.
- vor Abnahme **4** 137 ff.
- Vorbehalt **12** 72 ff.

Mängelbeseitigung
- Anspruch auf – **4** 143 ff.; **13** 278 ff.
- Darlegungs- und Beweislast **13** 283 ff., 338 ff.
- Fristsetzung zur – **13** 320 ff.
- Inhalt und Umfang des Anspruchs **13** 293 ff.
- Kosten **4** 147; **13** 297 ff., 440 ff.
- Kostenbeteiligung des AG **13** 302 ff.
- Kündigung wegen Weigerung **8** 11
- Leistungsverweigerungsrecht **13** 361 ff.
- Mitverantwortung des AG **13** 302 ff.
- Neuherstellung **4** 143 ff.; **13** 296
- Prozessuales **13** 358 ff.
- Recht zur Einstellung **16** 188 ff.
- Selbstvornahme, → *s. dort*
- Unmöglichkeit **13** 379 ff.
- Unverhältnismäßigkeit **13** 335, 384 ff.
- Unzumutbarkeit **13** 376 ff.
- Verjährung **13** 312 ff.
- Verwirkung **4** 158
- Voraussetzungen **13** 280 ff.
- Vorteilsausgleichung **13** 306
- Wahlrecht des AG **13** 294 ff.; → *vgl. a. Nachbesserung*

Mängelbeseitigungsaufforderung **4** 154 ff.; **13** 321 ff.
- Bestimmtheit **13** 290

Sachregister

- Form **13** 287 ff.
- Fristsetzung **4** 155 ff.
- Symptomtheorie **13** 291
- Verlängerung der Verjährung **13** 308 ff.

Mängeleinrede 11 42; **13** 361 ff.
- bei Abschlagszahlungen **16** 16 f.

Mangelfolgeschaden 12 80;
13 455 ff., 463

Mängelrüge 12 166 ff.; **17** 127
- Reichweite **13** 103
- unberechtigte – **13** 300

Materialkosten 13 297
- Erhöhung **2** 192
- ersparte – **8** 67
- Erstattung **6** 152
- als Preisgrundlage **2** 279

Materialprüfungsstelle 18 36 ff.

Mediation 1 154

Mehrkosten
- Abrechnung **8** 118 ff.
- Ausgleichsanspruch **4** 36 ff.
- bei Behinderungen **6** 207
- Beweislast **8** 177
- ersparte – **8** 64 ff.
- nach Fundanzeige **4** 186 f.
- bei Kündigung **8** 64 ff., 106 ff.
- Pauschalpreisvertrag **2** 462
- Restfertigstellungsmehrkosten **6** 215; **8** 106 ff., 177
- Vorschuss **8** 111

Mengenänderungen 2 94 ff.;
18 Anh: FIDIC CoC 123 ff.
- Ausgleichsberechnung **2** 238 ff.
- Bauzeitverlängerungsanspruch **2** 146
- Bindung an den „alten Preis"
2 177 ff., 194
- Mengenmehrung **2** 139; **6** 44
- Mengenminderung **2** 139
- durch unsorgfältige Planung **2** 254
- Vergütungspflicht **2** 70 ff.

Mengenmehrung 1 118; **2** 139; **6** 44
- Äquivalenzstörung **2** 175
- Preisanpassung **2** 139

Mengenminderung 1 118; **2** 229 ff.
- Einheitspreiserhöhung **2** 231 ff.
- Preisanpassung **2** 139

merkantiler Minderwert 13 453

Mietausfall 6 218

Minderkosten 2 503

Minderung 13 372 ff.
- Berechnung **13** 396 ff.
- Einschränkung durch allgemeine Geschäftsbedingungen **13** 404 ff.
- Erklärung **13** 393
- Prozessuales **13** 407 ff.
- Rückzahlungsanspruch **13** 395
- Umfang **13** 394 ff.
- Voraussetzungen **13** 375 ff.

Minderwert
- merkantiler – **13** 453
- technischer – **13** 398

Mitbenutzungsrechte des AN 4 105 ff.

Mitverschulden 2 152; **4** 131 ff.; **10** 17; **13** 205, 303 ff.
- bei fehlender/unzureichender Bedenkenanzeige **4** 97 ff.

Mitwirkungshandlungen des AG
- allgemeine Ordnung auf der Baustelle **4** 6 ff.
- Einholung behördlicher Genehmigungen und Erlaubnisse **4** 10 ff.
- erforderliche – **6** 236 ff.
- Erfüllungsgehilfen **3** 22
- Folgen unterlassener – **6** 249
- Kündigung wegen Verletzung der –
6 195; **9** 14, 49 ff.
- als Obliegenheiten **3** 15 ff.; **4** 14 ff.
- rechtliche Einordnung **4** 10 ff.; **6** 118 f.; **9** 41 ff.
- Rechtsfolgen bei Verletzung **3** 14 ff.
- bei Verzögerungen **6** 32
- Verzug **6** 223 ff., 231 ff.; **9** 52

nachbarrechtlicher Ausgleichsanspruch 10 33

Nachbesserung 8 34
- Neubeginn der Verjährung **13** 238;
→ *s.a. Mängelbeseitigung*

Nachforderungen 16 101 ff., 147 f.

Nachfristsetzung, → *s. Fristsetzung*

Nachlässe 2 195 f.
- auf Nachträge **2** 316

Nachträge 2 346 ff.; **13** 301
- Abrechnung **14** 27 f., 40 ff.
- Bearbeitungskosten **2** 317 ff.
- Gutachterkosten **2** 430
- Kündigung wegen Ablehnung **8** 13
- Nachlässe **2** 316
- Sicherheitsleistung für Mängelansprüche **17** 32
- Verweigerung der Beauftragung **2** 350 ff.

Nachtragsbearbeitungskosten 2 317 ff.

Nachtragsleistung 14 5a

Nachtragsvereinbarung 2 363 ff.
- Bindungswirkung **2** 363 ff.
- Lösung von – **2** 364

Nachunternehmer 4 163 ff.;
18 Anh: FIDIC CoC 74 ff.
- Anordnungen zu – **1** 108
- als Erfüllungsgehilfe **13** 434;
18 Anh: FIDIC CoC 75 ff.
- als Erfüllungsgehilfen **13** 245
- Organisationsverschulden **13** 251

1303

Sachregister

- Preise **2** 395 ff.
Nachunternehmereinsatz 4 163 ff.
- Änderungsanordnung **1** 108
- Bekanntgabe **4** 176
- ersparte Kosten **8** 68
- unberechtigter – **4** 169 ff.
- Voraussetzungen **4** 167 ff.
- Zurechnung **4** 171
- Zustimmung des AG **4** 167
Nachunternehmervertrag
- Einbeziehung der VOB/B und VOB/C **4** 172 ff.
Nachweis der Bauleistung 16 17 ff.
Naturereignisse 6 53 ff.; **7** 15
Neuherstellung 4 146
- Anspruch auf – **13** 296
- Unverhältnismäßigkeit **13** 388
Nichtigkeit
- Ansprüche aus §§ 823 ff. BGB **1** 26a
- des Bauvertrages **1** 25 ff., 34 ff.
- einer Vertragsstrafenvereinbarung **11** 18
Null-positionen 6 212, 218; **2** 248 ff.
Nutzungsausfall 6 212, 218; **13** 449 ff.
Nutzungsrechte 2 557 ff.; **4** 45

objektiven Anknüpfungstatsachen
13 85f
Obliegenheiten 3 15 ff.; **4** 14 ff.;
6 118 f., 231 ff.; **9** 45 ff.
Offenkundigkeit hindernder Umstände
6 30 ff.
öffentliche Auftraggeber
- Forderung von Sicherheitsleistungen **17** 4 f.
- Sicherheitsleistung **17** 161 ff.
- Streitigkeiten – **18** 17 ff.
- Vergabeverfahrensrisiko **2** 382 ff.
öffentlich-rechtliche Genehmigungen
8 20
- Mitwirkungspflicht des AG auf Einholung **4** 10 ff.
- Versagung **6** 21
öffentlich-rechtliche Sondervermögen
17 162
- Einbeziehung von AGB **Einf.** 16, 50
- Prorogationsfähigkeit **18** 10
- Sicherheitsleistung
17 Anh: 650f BGB 17
- als Verwender **Einf.** 11
Öffnungsklauseln Einf. 54
Ohne-Rechnung-Abrede 1 25 f.
Organisationsobliegenheiten 13 248 ff.
- Darlegungs- und Beweislast **13** 252 f.

Pauschalpreisvertrag
- Abrechnung bei vorzeitiger Beendigung **14** 25 f.
- Abschlagszahlungen **16** 31 ff.

- Bausoll **2** 463 ff.
- Begriff **2** 452 ff.
- Detail – **2** 466 ff.
- Global – **2** 472 ff.
- Leistungs-Soll **2** 462 ff.
- Mengenrisiko **2** 461
- Planungsleistungen **2** 482
- Planungsverantwortung **3** 6
- Preisanpassung **2** 442 f.
- Risikotragung **2** 474 ff.
- Schlussrechnung **16** 70
- Störung der Geschäftsgrundlage **2** 483 ff.
- Teilleistungen **2** 466 f., 504; **8** 58 ff.
- Vergütung bei Kündigung **8** 58 ff.
Pauschalsumme 2 452 ff., 504
- Änderungen **2** 252 f.
- Störung der Geschäftsgrundlage **2** 483 ff.
- Teil- **2** 504
Personal 18 Anh: FIDIC CoC 141 ff.
Personalkosten 2 192; **6** 147; **15** 25
- ersparte – **8** 66
Planungsleistungen
- Anwendung der VOB/B **5** 55 ff.
- Einbeziehung der VOB/B in Verträge über – **Einf.** 63 ff.
- beim Global-Pauschalvertrag **2** 482
- Mehrvergütung in AGB **2** 562
- Nachtragsbearbeitung **2** 317 ff.
- Nachtragsbearbeitungskosten
2 317 ff., 560 f.
- Vergütungsanspruch **2** 552 ff.
Planungssoll 2 554 ff.
Planungsunterlagen
- Eigentum **2** 557 ff.
- Einbeziehung in den Vertrag **1** 50
- Haftung bei mangelhaften – **4** 99
- Nutzungsrechte **2** 557 ff.
- Übergabepflicht **2** 555 ff.
- unzureichende Übergabe – **6** 44
- Vergütungsanspruch **2** 551 ff., 559
- verspätete Übergabe – **6** 134
Planungsverantwortung 1 102; **2** 124 ff.;
3 3 ff.; **18 Anh: FIDIC CoC** 88
Planungsverträge Einf. 63 f.
Preisabsprachen 1 31; **8** 125, 129
Preisanpassung 2 76 ff.
- Abschläge **1** 141; **2** 91 f.
- bei Änderung der Preisgrundlagen
2 306 ff.
- bei Änderungsanordnung **1** 127a; **2** 204
- Anspruch auf –, → s. *Preisanpassungsanspruch*
- Berechnungsmethoden **1** 130 ff.
- nach BGB-Bauvertragsrecht **1** 137 ff.;
- Bindung an den „alten Preis"
2 177 ff., 194

Sachregister

- nach FIDIC Conditions of Contract **18 Anh: FIDIC CoC** 123 ff.
- Inhaltskontrolle **1** 140
- nach marktüblicher Vergütung **2** 102
- bei Mengenmehrung **2** 133
- nach Selbstkosten **2** 84
- Sicherheiten **1** 141b
- nach statistischen Preisindizes **2** 84
- wegen Störung der Geschäftsgrundlage **8** 16 ff.
- bei Stundenlohnarbeiten **15** 115 ff.
- bei unberechtigter Änderungsanordnung **1** 147
- nach Urkalkulation **2** 90
- durch Urteil **1** 130 f.
- Vereinbarung **2** 277 ff., 306 ff., 426 ff.
- Verhandlungen **2** 358, 363, 377
- auf Verlangen **2** 138, 226 ff., 237

Preisanpassungsanspruch
- Abdingbarkeit durch AGB **2** 261 ff. 370
- Abdingbarkeit durch Individualvereinbarung **2** 264, 371
- Ankündigungspflicht **2** 314, 405, 420 ff.
- Beweislast **2** 257 f., 366 f.
- Frist **2** 259 f.
- Höhe **2** 51 ff.
- maßgeblicher Zeitpunkt **2** 308
- Rechtsfolgen **2** 306 ff.
- Verjährung **2** 259 f., 368 f.

Preisbindung 2 363, 392, 402
- Ausnahmen **2** 177

Preisgefahr 7 3 ff.

Proben 4 128 f.
- Abweichungen **13** 163
- mangelhafte – **13** 168
- als vereinbarte Beschaffenheit **13** 161 ff.

Prorogation, → *s. Gerichtsstandsvereinbarung*

Prüfbarkeit der Abrechnung 14 4 ff.; **16** 71 f.
- AGB-rechtliche Wirksamkeit der Verpflichtung **14** 50 ff.
- Ausschluss von Einwänden gegen – **16** 79 f.
- Einwendungen **14** 7a
- fehlende – **14** 21 ff., 113 ff.; **16** 77 f.
- Folgen **14** 7 f.
- Maßstab **14** 18 ff.
- Prozessuales **14** 56 ff.
- Teilweise – **16** 72, 99

Prüfungs- und Hinweispflicht 4 51 ff.; **13** 195 ff.
- Art der Ausführung **4** 71 ff.
- Baugrundverhältnisse **4** 80
- Beweislast **4** 101 f.
- Grenzen **4** 63 ff.
- Maßstab **4** 63 ff.
- Mitverschulden des AG **4** 97 ff.
- als Nebenpflicht **4** 56 f.
- Rechtsfolgen eines Verstoßes **13** 205 ff.
- Stoffe oder Bauteile **4** 78 ff.
- Unfallgefahren **4** 76 ff.
- der VOB/C **4** 66
- Vorunternehmerleistungen **4** 81 ff.; **13** 192
- Zeitpunkt **4** 58 ff.
- Zumutbarkeit **4** 68 ff.

Prüfungs- und Rügeobliegenheit nach § 377 HGB Einf. 60, 71 ff.

Qualitäts- und Komfortstandards 1 51

Rangklausel 1 67 f.

Räumung der Baustelle 6 4, 283

Rechnung, → *s. Abrechnung*

Rechtswahl 18 Anh: FIDIC CoC 12 ff.
- fehlende – **18 Anh: FIDIC CoC** 17

Rentabilitätsvermutung 6 143, 153

Reugeld 11 11

Rückforderungsansprüche des AG 16 138 ff.
- vor Schlussrechnung **16** 143
- Verjährung **16** 144 ff.

Rücktritt
- Abgrenzung zur Kündigung **8** 2 f.
- wegen Störung der Geschäftsgrundlage **8** 16 ff.
- Verhältnis zu sonstigen gesetzlichen Regelungen **8** 4a
- vertragliches Recht zum – **8** 20
- wegen Verzugs **8** 7

Sachverständige
- Abnahme durch – **12** 47
- Anhörung vor Abfassung der Beweisfrage **13** 142 ff.
- Bedeutung im Prozess **13** 108 ff.
- Bestimmung der Soll-Beschaffenheit **13** 119 ff.
- Einweisung des Richters **13** 145
- Feststellung der anerkannten Regeln der Technik **13** 81 ff.
- Hinzuziehung bei Abnahme **12** 132 ff.
- Kooperation mit den Gerichten **13** 135 ff.
- Preisvereinbarung **2** 428

Sanierungskonzept 13 295

Schaden
- abstrakte Berechnung **6** 142
- Allgemeine Geschäftskosten, → *s. dort*
- Anschlussaufträge **6** 163
- an baulichen Anlagen **13** 435 f.
- Baustellengemeinkosten **6** 264; → *s. dort*
- Baustellenräumung **6** 283
- Baustellenvorhaltung **6** 260 ff.

Sachregister

- Begleitschäden 4 150
- Berechnung 6 138 ff., 207 ff., 254
- Beschleunigungskosten 6 162, 211, 263
- entgangener Gewinn
  6 166 ff., 216 ff., 266 f.
- ersparte Aufwendungen 6 257, 270
- Finanzierungskosten 6 218
- Gerätekosten 6 152 ff.
- Gutachterkosten 13 452, 463
- durch Haftpflichtversicherung gedeckter – 10 47 ff.; 13 459 ff.
- Höhe 13 440 ff.
- Kausalität 6 205 ff.
- Kosten der Ermittlung 6 160, 213
- Kostenbeteiligung des AG 13 466
- an Leben, Körper und Gesundheit
  13 415 ff.
- Lohn- und Preissteigerungen 6 261
- Mängelbeseitigungskosten 13 440 ff.
- Mangelfolgeschaden 12 80;
  13 299, 455 ff., 463
- Materialkosten 6 152 ff.
- Mietausfallschaden 6 218
- Nutzungsausfall 6 212; 13 450 ff.
- Nutzungsvorteile 13 466
- Ohnehin-Kosten 6 144
- Personalkosten 6 147
- durch Preis- und Lohnsteigerungen
  6 150
- Produktivitätsverluste 6 148
- Prozesskosten 13 463
- Rentabilitätsvermutung 6 143
- Schadensminderungspflicht 13 454
- Stillstand 6 149
- Transportkosten 6 156
- typischer – 6 146
- Umsatzsteuer 6 164; 13 447 f.
- Verzögerungsschaden 6 199 ff., 249 ff.;
  9 188; 16 182 ff.
- Vorfinanzierungszinsen 6 161
- Vorteilsausgleichung 6 214; 13 306, 466
- **Schadensersatz** 4 149 ff.; 9 187 ff.
- Abdingbarkeit durch AGB 6 287 ff.
- Abschlagszahlung auf – 16 13
- AGB-Problematik 13 475 ff.
- und Änderungsanordnung 1 90 ff.
- wegen Arbeitseinstellung des AN 16 193
- wegen Behinderung der Ausführung
  6 78, 113 ff., 199 ff.
- wegen Beratungspflichtverletzung 11 52
- Berechnung der Schadenshöhe 6 138 ff.,
  207 ff.; → vgl. a. Schaden
- Beweislast 6 273; 8 177
- wegen Ersatzvornahme 8 106 ff.
- Exkulpation 6 127
- Fälligkeit 6 170 ff.
- Folgeschäden 4 150
- gerichtliche Durchsetzung 13 475 ff.
- großer – 13 455 ff.
- wegen Interessenfortfall 8 113 ff.
- Kausalität 6 133 ff.; 13 414
- kleiner – 13 424
- Leistungsbereitschaft 6 132
- wegen Mängeln 4 150; 13 410 ff.
- wegen nicht geschuldeten Leistungen
  2 523 ff.
- wegen Nichterfüllung 8 113 ff.
- wegen Planverzugs 6 134
- wegen positiver Vertragsverletzung 2 193
- Prozessuales 13 471 ff.
- Rechtfertigung 6 129 ff.
- Rechtswidrigkeit 6 129 ff.
- Regelung in den FIDIC-Regelwerken
  18 Anh: FIDIC CoC 237 ff.
- Schadenshöhe 6 137 ff., 254 ff.; → s.a.
  Schaden
- Schadensminderungspflicht 13 454
- Sicherheiten 6 175
- statt der ganzen Leistung 13 465
- statt der Leistung 8 6
- wegen Stillstands 6 149
- wegen unerlaubter Handlungen,
  → s. deliktische Haftung
- wegen unlauterem Wettbewerbs 8 130
- wegen Unterbrechung der Ausführung
  6 113 ff.
- wegen unterlassener Behinderungsanzeige 6 37 ff.
- wegen unterlassener Mitwirkung des AG
  6 113 ff., 223 ff.; 13 415 ff.
- wegen unzweckmäßigen Anordnungen
  des AG 4 38
- Verjährung 6 173, 221, 277
- Verschulden 6 118 ff., 180 ff.; 10 1 ff.;
  13 431 ff.
- wegen Verschulden bei Vertragsschluss
  2 193, 372
- wegen verschuldeter wesentlicher Mängel 13 423 ff.
- wegen Verstößen gegen das Vergaberecht 1 30
- Vertragswidrigkeit 6 129 ff.
- wegen Verzögerung 5 50; 6 199 ff.;
  9 187 ff.; 16 168 ff.
- **Schadensminderungspflicht** 6 65, 165;
  13 454
- **Schatzfund** 4 183 ff.
- **Schiedsgutachten** 1 154
- von Materialprüfungsstellen 18 36 ff.
- zur Zustandssicherung 3 32
- **Schiedsverfahren** 1 154;
  18 Anh: FIDIC CoC 398 ff.

Sachregister

Schlichtungsverfahren 18 17 ff.
- Anerkenntnisfiktion **18** 22 ff.
- Stillhalteabkommen **18** 28

Schlussrechnung 16 68 ff.
- AGB-rechtliche Wirksamkeit der Fristenregelung der VOB **14** 109
- Begriff **14** 100 f.; **16** 68
- beschleunigte Prüfung **16** 86 ff.
- Einreichungsfrist **14** 102 ff.
- Ersatzvornahme durch den AG **14** 110 ff., 119 ff.
- Erstellungspflicht **14** 11 f.
- Fälligkeit **14** 97 ff.; **15** 98 f.; **16** 88 ff.
- Feststellung **16** 70 ff., 82
- Folgen nicht rechtzeitiger Einreichung – **14** 110 ff.
- Fristversäumung **14** 106 f.
- Hinweis auf Wirkung **16** 110 ff.
- Kostenerstattungsanspruch des AG **14** 129 ff.
- Nachfristsetzung **14** 116 ff.
- Obliegenheit **14** 10
- Prüfbarkeit **16** 71 f.; → *vgl. a. Prüfbarkeit der Abrechnung*
- Prüfungsfrist **16** 73 ff.
- Prüfungspflicht **16** 70 ff.
- Regelung in den FIDIC-Regelwerken **18 Anh: FIDIC CoC** 315 ff.
- Rückforderung vor – **16** 143
- Rüge fehlender Prüfbarkeit **16** 77 f.
- Teilschlussrechnung **15** 98; **16** 153 ff.
- unbestrittenes Guthaben **16** 87
- Verhältnis zur Abschlagszahlung **16** 45 ff.
- Verjährung **16** 94 ff.
- Wirkung **16** 92 ff.

Schlusszahlung 16 64 ff.
- Abschlusswirkung **16** 107
- Ausschlusswirkung **16** 101 ff., 134 ff.
- Begriff **16** 104 ff.
- Fälligkeit **16** 65 ff., 88 ff.
- Form des Hinweises **16** 113
- Hinweispflicht **16** 110 ff.
- Prozessuales **16** 149 ff.
- Rückforderung **16** 143
- schlusszahlungsgleiche Erklärung **16** 114 ff.
- Skontoabzüge **16** 162 ff.
- Teilschlusszahlung **16** 153 ff.
- Überzahlung **16** 142
- Verjährung **16** 94 ff.
- unter Vorbehalt **16** 118 ff.
- Wirkungen **16** 109

schlusszahlungsgleiche Erklärung 16 114 ff.

Schmiergeldzahlungen 1 34
- Kündigung wegen – **8** 11

Schönheitsfehler 13 388, 401

Schriftform
- Abnahmeprotokoll **12** 135 ff.
- Bedenkenmitteilung nach § 4 Abs. 3 **4** 6, 85
- Behinderungsanzeige **6** 25
- Bürgschaft **17** 106 ff.
- gewillkürte – **1** 16
- Hinweis auf Schlusszahlungswirkung **16** 113
- Kündigung nach § 6 Abs. 7 **6** 279
- Kündigung nach § 8 **8** 142 ff.
- Kündigung nach § 9 **9** 33, 123 ff.
- Kündigungserklärung **8** 23
- Mängelbeseitigungsverlangen **13** 287 ff.
- Stundenlohnzettel **15** 66
- Zustandsfeststellung **4** 191
- Zustimmung zum Nachunternehmereinsatz **4** 167

Schutzpflichten des AG 6 44

Schutzpflichten des AN 4 111 ff.
- allgemeine – **4** 117 ff.
- besondere – **4** 122 ff.
- Gefahrtragung **4** 114
- Vergütung von Maßnahmen **4** 125
- bei Verzögerung des Bauablaufs **6** 66

Schwarzarbeit 1 25 f.
- Kündigung des AN **8** 13
- „ohne-Rechnung-Abrede" **1** 25a

Selbstausführung des AN 4 163 ff.

Selbsthilferecht des AG 4 132 ff.

Selbstkosten 2 69, 74 f., 84
- Erstattungsvertrag **14** 45

Selbstübernahme von Leistungsteilen durch den AG 2 265 ff., 498
- Abdingbarkeit **2** 272 f.
- Erheblichkeitsschwelle **2** 498
- Rechtsfolgen **2** 270 f.
- Voraussetzungen **2** 267 ff.

Selbstvornahme 4 153, 161; **13** 278 ff., 320
- der Abrechnung bei Stundenlohnvergütung **15** 123 f.
- Kostenerstattungsanspruch **13** 332 ff.
- Kostenvorschussanspruch **13** 341 ff.
- unberechtigte – **13** 354 ff.
- Verjährung **4** 162
- Voraussetzungen **13** 317 ff.

Sicherheits- und Gesundheitsschutzkoordinatoren (SiGeKo) 15 45

Sicherheitsabrede 17 14 ff.
- Form **17** 18 f.
- Inhalt **17** 16 ff.

Sicherheitseinbehalt 13 364; **16** 108; **17** 59 f., 135 ff.; **18 Anh: FIDIC CoC** 364 f.
- Benachrichtigungspflicht **17** 147 ff.

1307

Sachregister

- Einzahlungspflicht auf Sperrkonto **17** 143 ff.
- Höhe **17** 139 ff.
- Mitteilungspflicht **17** 138
- Nichteinzahlung des Sicherheitsbetrages **17** 151 ff.
- Zahlung bei Schlusszahlung **17** 148 ff.
- von Zahlungen in Teilbeträgen **17** 136 ff.
- Zahlungsgarantie des Employers **18 Anh: FIDIC CoC** 368 ff.

Sicherheitsleistung 16 25; **17**
- Angebotssicherheit **18 Anh: FIDIC CoC** 351
- anwendbares Recht **18 Anh: FIDIC CoC** 342 ff.
- Art der Sicherheit **18 Anh: FIDIC CoC** 332 ff.
- Arten **17** 58 ff.; **18 Anh: FIDIC CoC** 348 ff.
- Ausschluss des Austauschrechts in AGB **17** 89 ff.
- Ausschluss des Wahlrechts in AGB **17** 89 ff.
- Austauschsicherheit **17** 69 ff.
- Befristung **18 Anh: FIDIC CoC** 340 f.
- im BGB-Bauvertrag **17** 33 ff., 55, 65
- Bürgschaft **16** 57 f.; **17** 62 ff., 100 ff.
- Erfüllungssicherheit **18 Anh: FIDIC CoC** 352 ff.
- Erweiterung des Sicherungszwecks **17** 39
- formularmäßige Vereinbarung **17** 46 ff.
- Fristen **17** 165 ff., 170 ff.
- Garantie der Muttergesellschaft **18 Anh: FIDIC CoC** 348 ff.
- Garantie für Zahlungseinbehalte **18 Anh: FIDIC CoC** 366
- Herausgabe **17** 76 ff.
- durch Hinterlegung von Geld **17** 61, 128 ff.
- Höhe **17** 42 ff.
- für Mängelansprüche **17** 28 ff., 180 ff.
- durch öffentliche AG **17** 161 ff.
- bei Schadensersatz wegen Behinderung **6** 175
- Sicherheitseinbehalt **17** 59 f., 135 ff.; **18 Anh: FIDIC CoC** 364 f.
- Sicherungsabrede **17** 14 ff.
- Sicherungsfall **17** 40 f.
- Sicherungshypothek **17 Anh: 650e BGB** 1 ff.
- Sicherungszweck **17** 20 ff.
- Umtauschrecht des AN **17** 69 ff.
- Verletzung der Sicherheitsabrede **17** 85
- Verlust des Anspruches **17** 85
- Versicherungen **18 Anh: FIDIC CoC** 372 ff.
- vertragliche Vereinbarung **17** 58
- Vertragserfüllungssicherheit **17** 21 ff., 170 ff.
- Verwahrgeldkonto **17** 161 ff.
- für Vorauszahlungen **16** 57 f.; **18 Anh: FIDIC CoC** 360 ff.
- Wahlrecht des AN **17** 68
- Wegfall des Austauschrechts **17** 88
- im Werklieferungsvertrag **Einf.** 70
- Zinsen **17** 132 ff.
- und Zurückbehaltungsrecht **17** 6 ff.

Sicherungshypothek 17 Anh: 650e BGB 1 ff.
- Abtretung **17 Anh: 650e BGB** 61
- am Baugrundstück des Bestellers **17 Anh: 650e BGB** 13 ff.
- Durchsetzbarkeit **17 Anh: 650e BGB** 40 ff.
- durch einstweilige Verfügung **17 Anh: 650e BGB** 43 ff.
- Inhalt **17 Anh: 650e BGB** 40 ff.
- sicherungsfähige Forderungen **17 Anh: 650e BGB** 22 ff.
- Sicherungsobjekt **17 Anh: 650e BGB** 19 ff.
- vertraglicher Ausschluss **17 Anh: 650e BGB** 62
- Vormerkung **17 Anh: 650e BGB** 42
- Vorrang **17 Anh: 650e BGB** 59 f.

Sicherungsmaßnahmen 6 284 f.

Sittenwidrigkeit
- Einheitspreisvertrag **2** 176
- Schmiergeldabrede **1** 34 ff.
- Vergütung **1** 35 ff.; **2** 159
- bei Verstößen gegen das Vergaberecht **1** 30
- Vertragsstrafe **11** 18

Skontoabzüge 2 195 f.; **16** 162 ff.
Sondervorschläge 3 6
Spekulationspreise 2 155 ff., 170
Sperrpausen 6 57
Staatshaftung 10 32
Stand der Technik 13 57 ff., 125
Stand von Wissenschaft und Technik 13 60 ff.
- anerkannter Stand der Technik **13** 62a

Stillstand 6 17, 149

Stoffe
- Ausreißer **13** 191
- Bedenken wegen der Güte der gelieferten – **4** 78 ff.
- Begriff **16** 22
- Beseitigung vertragswidriger – **4** 126 ff.
- Mängel auf Grund vom AG gelieferter/vorgeschriebener – **13** 184 ff.

Sachregister

- Streitigkeiten über Eigenschaften **18** 37 ff.
- Übereignung **16** 20 ff.
- verspätete Bereitstellung **6** 44
- Verwendungsrisiko **13** 190
- **Störung der Geschäftsgrundlage** **1** 33, 36; **2** 156, 173 ff., 194, 483 ff.; **6** 192; **8** 16
- und Änderungsanordnung **1** 93
- Äquivalenzstörung **2** 175, 449 ff.
- Kündigung wegen Verweigerung der Vertragsanpassung **8** 11
- des Pauschalpreisvertrages **2** 483 ff.
- Vertragsstrafe **11** 20
- **Strafversprechen,** → *s. Vertragsstrafe*
- **Streik 6** 46 ff.; **7** 16
- **Streitbeilegungsstelle** **18 Anh: FIDIC CoC** 389 ff.
- **Streitbeilegungsverfahren 1** 153 ff.
- **Streitigkeiten 18** 1 ff.
- über Anpassung der Vergütung **1** 148 ff.
- Begutachtung durch Materialprüfungsstelle **18** 37 ff.
- über den Beseitigungsanspruch des AG **4** 136
- über Eigenschaften von Stoffen und Bauteilen **18** 37 ff.
- Gerichtsstandsvereinbarung **18** 4 ff.
- Leistungsverweigerungsrecht **18** 49 ff.
- mit öffentlichem AG **18** 17 ff.
- Regelung in den FIDIC-Regelwerken **18 Anh: FIDIC CoC** 380 ff.
- Schiedsverfahren **18 Anh: FIDIC CoC** 398 ff.
- Schlichtungsverfahren **18** 17 ff.
- Streitbeilegungsstelle **18** 17 ff.; **18 Anh: FIDIC CoC** 289 ff.
- über Umfang der Stundenlohnarbeiten **15** 104 ff.
- Vereinbarung über Streitbeilegungsverfahren **18** 31 ff.
- **Stundenlohnvertrag 2** 563 ff.
- Abrechnung **14** 45; **15** 1 ff.
- Abrechnungsfristen **15** 90 f.
- Abrechnungspflicht **15** 89 ff.
- AGB-Problematik **2** 574; **15** 33 f.
- Anzeigepflicht **15** 52 ff.
- Aufsichtsvergütung **15** 37 ff.
- Beweislast **15** 18 ff.
- BGB-Bauvertrag **15** 6 ff.
- Neuberechnung der Vergütung **15** 115 ff.
- Prozessuales **15** 35 f.
- Rechtsfolgen bei fehlender – **2** 572
- Regelung in den FIDIC-Regelwerken **18 Anh: FIDIC CoC** 331

- Stundenlohnzettel, → *s. dort*
- vereinbarte Vergütung **15** 12 ff.
- Vergütung ohne Vereinbarung **15** 18 ff.
- Vergütungshöhe **15** 12 ff.
- Wirksamkeitsvoraussetzungen **2** 566 ff.
- Zeitpunkt der Vereinbarung **2** 570 f.
- Zweifel am Umfang der Leistung **15** 111 ff.
- **Stundenlohnzettel 15** 63 ff.
- Adressat **15** 65
- AGB-Problematik **15** 83 ff.
- als Anerkenntnis **15** 75 ff.
- Darlegungs- und Beweislast **15** 86 ff.
- Einreichungspflicht **15** 63
- Einwendungen **15** 76
- Form **15** 66
- Inhalt **15** 63 ff.
- Nachträge **15** 63c
- Prozessuales **15** 86 ff.
- Prüfungs- und Rückgabepflicht **15** 72 ff.
- Rückgabefrist **15** 78 f.
- sekundäre Darlegungslast **15** 63b
- verspätete Rückgabe **15** 108 ff.
- Vorlagefristen **15** 67 ff.
- **Symptomtheorie 13** 98 ff., 291
- **Tagesbaustellen 6** 57
- **technische Regelwerke 13** 63 ff.
- Prüfungsaufbau **13** 76 f.
- Vermutungswirkung **13** 73 ff.
- **Teilkündigung 4** 160; **8** 75, 103 f.
- und Änderungsanordnung **1** 89, 125, 146
- **Teilleistungen**
- Abnahme **12** 99 ff.
- Abrechnung nach Kündigung **8** 118 ff., 150 ff.; **9** 202 ff.
- Einzelkosten **2** 72 f., 120, 140 f., 234 f.
- Funktionsprüfung **4** 194
- mangelhafte – **8** 92 ff.
- Nachbearbeitungskosten **2** 317 ff.
- nicht mehr erbrachte – **8** 63 ff.
- Pauschalpreis **2** 504 f.; **8** 58 ff.
- Selbstübernahme durch den AG **2** 265 ff.
- Vergütung bei Kündigung **8** 55 ff.
- Wegfall **8** 49 ff.
- Zustandsfeststellung **4** 193 f.
- **Teilurteil 6** 186 f.
- **Textform 1** 97 f.
- Abdingbarkeit **1** 97c
- Aufhebung durch AGB **1** 97d
- des Verlangens zusätzlicher Leistungen **1** 174
- kein Textformerfordernis **1** 98 ff.
- Nichteinhaltung seit 1.1.2018 **1** 97e
- **Transparenzgebot Einf.** 36 ff.; **2** 44 ff.

1309

Sachregister

Überlassungspflichten des AG 4 105 ff.
Überwachungspflichtverletzung 6 45;
 13 250; 18 Anh: FIDIC CoC 145
Überwachungsrecht des AG 4 17 ff.
- Recht auf Verlangen erforderlicher Auskünfte 4 22
Überzahlung des AN 16 138 ff.
Umsatzsteuer 2 30 ff.; 6 164, 219;
 13 447 f.
- Abschlagszahlungen 16 35
- bei Schadensersatz wegen Behinderung 6 268
unabwendbare Umstände 6 54; 7 10 ff.;
 → vgl. a. höhere Gewalt
unerlaubte Handlung, → s. deliktische Haftung
Unfallgefahren 4 76 ff.
Unfallverhütungsvorschriften 10 6, 26
- Vergütung des erforderlichen Aufsichtspersonals 15 45 f.
unlauterer Wettbewerb
- Kündigung 8 123 ff., 132 ff.
- Regelung in AGB 8 129
- Schadensersatz 8 130
Unmöglichkeit 1 42; 6 8 f.
- anfängliche – 6 19
- der Mängelbeseitigung 13 379 ff.
- nachträgliche – 6 20
- Teilunmöglichkeit 6 8 f.
- vorübergehende – 6 18
- wirtschaftliche – 13 384 ff.
Unterbrechung der Ausführung
 6 1 ff., 6, 102 ff.
- Abnahmepflicht 6 112
- Begriff 6 17, 104
- Kündigungsrecht bei längerer – 6 278 ff.
- Rechtfertigung 6 129 ff.
- Rechtsfolgen 6 110 ff.
- Regelungen in den FIDIC-Regelwerken 18 Anh: FIDIC CoC 161 ff.
- Schadensersatzansprüche des AG 6 199 ff.
- Schadensersatzansprüche des AN 6 113 ff.
- Unzumutbarkeit 6 279
- Voraussetzungen 6 103 ff.
Unternehmer Einf. 16;
 17 Anh: 650f BGB 5
Unzumutbarkeit
- der Änderungsanordnung 1 122a f.
- der Fortsetzung des Vertrages 8 10
- der Leistungserbringung 9 62 f.
- der Mängelbeseitigung 13 376 ff., 384 ff.
- der Nachfristsetzung 13 328 ff.
- der Prüfungs- und Hinweispflicht 4 68 ff.

- der Unterbrechung der Ausführung 6 279
Urheberrecht 3 40 ff.; 10 58
Urkalkulation 1 130 ff.; 2 84
Verbraucherbauvertrag Einf. 12 ff.;
 1 14a, 63 ff.
- Abschluss 1 52
- Auslegung 1 52
- Bauhandwerkersicherung
 17 Anh: 650f BGB 20 ff.
- Form 1 14a
- Widerruflichkeit 1 24
Verfallklauseln 11 10, 20, 29
Vergabeverfahren 1 13
- Auslegung der Leistungsbeschreibung 1 53a
- Mehrvergütungsanspruch wegen Verzögerung 2 382 ff.
- Preisanpassung 2 392 ff.
- Sicherheitsleistung 17 4 f.
- Spekulationspreise 2 155
- unzulässige Absprachen 8 123 ff., 132 ff.
- Verstöße 1 30
- Vertragsschluss 1 13
- Verzögerung 2 382 ff.
- Zuschlag 1 13; 2 382 ff.
Vergabeverfahrensrisiko 2 382 ff.
Vergütung 2
- Abrechnung, → s. dort
- Abrechnung von Stundenlohnarbeiten 15 89 ff.
- Abschlagszahlungen 16 1 ff.
- bei Annahmeverzug des AG 9 68 f.
- Anpassung 1 127a; 2 76 ff., 82, 275 f.;
 18 Anh: FIDIC CoC 123 ff.; → s.a. Preisanpassung
- Anspruchserhaltung 7 20
- nach Aufmaß 2 58
- des Aufsichtspersonals 15 37 ff.
- Berechnung 2 51 ff.
- Berechnungsmethoden 2 89, 94 ff., 212
- Beschleunigung 16 161
- für besondere Leistungen 2 406, 425
- Beweislast 2 67; 8 175; 15 35 f.
- nach BGB-Bauvertragsrecht 2 1 ff.
- Bindung an den „alten Preis" 2 177 ff., 194
- Cent-Preise 2 172
- Direktzahlungen an Dritte 16 196 ff.
- Dissens 2 65 ff.
- Einheitspreisvertrag 2 53 ff., 123
- Ermittlungsmethoden 2 229 ff.
- Fälligkeit 9 76 f.; 12 64 f.; 15 98 f.
- fehlende Vereinbarung 15 18 ff.
- nach FIDIC Conditions of Contract
 18 Anh: FIDIC CoC 118 ff.

Sachregister

- für geänderte Leistungen **2** 274 ff.
- wegen Gefahrtragung **6** 194
- Gewinnstreben **2** 158, 167
- Höhe **2** 51 ff., 229 ff.
- Kalkulationsfreiheit **2** 153 f.
- nach Kündigung
  8 31, 55 ff., 87 ff., 118 ff., 150 ff.; **9** 69
- maßgeblicher Zeitpunkt zur Ermittlung
  15 30 ff.
- Nachlässe, → s. dort
- Neuberechnung **2** 366; **15** 115 ff.
- für nicht geschuldete Leistungen
  2 514 ff., 523
- Nichtzahlung **9** 67 ff.
- Null-Positionen **1** 119; **2** 248 ff.
- für Planungsleistungen **2** 551 ff.
- für Planungsunterlagen **2** 555 ff.
- Rückzahlung **16** 138 ff.
- Schutzmaßnahmen **4** 125
- Sicherungseinbehalt **17** 135 ff.
- Sittenwidrigkeit **1** 35 ff.; **2** 159, 176
- Skontoabzüge **16** 162 ff.
- Störung der Geschäftsgrundlage
  2 156, 173 ff., 194, 483 ff.
- von Stundenlohnarbeiten **2** 566 ff.;
  15 1 ff.
- für Teilleistungen **2** 72; **9** 163
- überhöhte – **1** 35 ff.
- Überzahlung des AN **16** 138 ff.
- übliche – **2** 64, 84; **15** 20 ff.
- bei Monopolstrukturen **15** 20a
- Umsatzsteuer **2** 30 ff.
- ungewöhnlich niedrige – **1** 37
- vereinbarte – **2** 3 ff.
- ohne Vereinbarung **2** 64 ff.
- Verjährung **2** 433 ff.
- Verwirkung **2** 433 ff.
- Verzug **9** 65 ff.; **16** 160 ff., 168 ff.
- Vorauszahlungen **16** 53 ff.;
  18 Anh: FIDIC CoC 306f ff.
- Zahlungsbestimmungen **16** 160 ff.
- für zusätzliche Leistungen
  2 370 ff., 404 ff.
- bei Zweifeln zum Umfang der Leistung
  15 104 ff.

Vergütungsrisiko 1 41 ff.; **4** 115

Verjährung
- von Abschlagszahlungen **16** 44
- des Anspruchs auf Ersatz der Selbstvornahmekosten **4** 162
- des Anspruchs auf Schadensersatz wegen unterlassender Mitwirkungshandlungen
  6 277
- des Anspruchs auf Stellung einer Bauhandwerkersicherung
  17 Anh: 650f BGB 88 ff.
- des Anspruchs auf Verzugsschaden
  6 221 f.
- Beginn **12** 68 ff.; **16** 95 ff.
- der Bürgschaftsschuld **17** 123 ff.
- Hemmung **13** 256 ff.; → s.a. dort
- bei Instandsetzungs- und Veränderungsarbeiten **13** 227
- der Mängelansprüche **13** 209 ff.; → s.a. Gewährleistungsfrist
- der Mängelbeseitigungsleistung
  13 312 ff.
- des Mehrkostenersatzanspruchs **8** 118
- Neubeginn **13** 268
- des Preisanpassungsanspruchs
  2 259 f., 368 f.
- Rechtsfolgen **13** 269 ff.
- regelmäßige – **13** 240 ff., 248 ff.;
  16 94 ff.
- der Rückforderungsansprüche des AG
  16 158
- des Schadensersatzanspruchs wegen Behinderung **6** 173 f., 221 f.
- des Schlusszahlungsanspruches
  16 94 ff., 144 ff.
- des Vergütungsanspruches **2** 546
- des Vertragsstrafenanspruchs **11** 76
- des zusätzlichen Vergütungsanspruchs
  2 433 ff.

Verkehrssicherungspflichten 10 25 ff.

Verlangen
- der Abhilfe **5** 22 ff.
- der Abnahme **12** 84 ff., 98, 127 ff.
- des Einsatzes von Aufsichtspersonal
  15 42 ff.
- der Preisanpassung
  2 172, 226 ff., 237, 493
- von Schutzmaßnahmen **4** 122 ff.
- der Übergabe der Planungsunterlagen
  2 555 ff.
- zusätzlicher Leistungen **1** 173 ff.;
  2 405 ff.
- der Zustandsfeststellung **4** 203 f.

Verlangen nicht vereinbarter Leistungen 1 173 ff.; **2** 405 ff.
- Inhaltskontrolle **1** 181
- Rechtsfolgen **1** 179 ff.
- Voraussetzungen **1** 174 ff.

Verletzung des Lebens, des Körpers oder der Gesundheit 13 415 ff.

Verrichtungsgehilfen 10 30

Verschulden 6 118 ff.; **10** 1 ff.; **13** 432 ff.;
16 180
- Auswahl- und Überwachungsverschulden **10** 30
- Beweislast **10** 18
- Fahrlässigkeit **10** 6 ff.; **13** 420 ff.

1311

Sachregister

- Geldforderungen **9** 89
- gesetzliche Vermutung **10** 18
- Maßstab **13** 431 ff.
- Mitverschulden, → *s. dort*
- Nichteinhaltung der Ausführungsfristen **5** 28 ff.
- Organisationsverschulden **13** 248 ff.
- Vermutung **6** 180 ff.
- Vorsatz **10** 5; **13** 420 ff.
- Zurechnung **6** 234; **10** 9 ff.

Verschulden bei Vertragsverhandlungen (c.i.c.) 18 Anh: FIDIC CoC 25

Versicherungsschutz
- alleinige Haftung des AN bei – **10** 47
- Gewährleistungsfrist **13** 239
- für Schäden des AG **13** 459 ff.
- bei Schädigung Dritter **10** 19 ff.

Vertrag mit Schutzwirkung für Dritte 4 50; **13** 419

Vertragsabschluss 1 9 ff.
- FIDIC Conditions of Contract **18 Anh: FIDIC CoC** 36 ff.
- Form **1** 14 ff.
- im Internet **1** 12
- Schriftform **1** 16
- Verbraucherbauvertrag **1** 52
- beim Vergabeverfahren **1** 13
- Vertretung **1** 17 ff.

Vertragsaufhebung 8 19
- Beweislast **8** 178

Vertragsbestandteile 1 66 ff.

Vertragsfristen 5 11 ff.

Vertragsstrafe 6 39; **11**
- Abdingbarkeit der Verwirkung **11** 39
- Abgrenzung **11** 6 ff.
- Abtretbarkeit des Anspruchs **11** 5
- AGB-rechtliche Wirksamkeit **11** 21 ff.
- Akzessorietät **11** 3 ff.
- Anrechnung auf Schadensersatzanspruch **11** 74
- Begriff **11** 1
- Bemessung **8** 152 f.
- Bemessung in AGB **11** 31 ff.
- Berechnung **11** 60 ff.
- Bestimmtheit **11** 15
- Bestimmung der Höhe durch Dritte **11** 17
- Beweislast **11** 75
- nach BGB-Recht **11** 13 ff.
- Form **11** 16
- bei Fristverlängerung **6** 96
- Herabsetzung **11** 18, 66 ff.
- Hinfälligwerden **11** 19 ff.
- Höhe **11** 31 ff.
- bei Kündigung durch den AG **8** 152 f.
- bei mangelhafter Leistung **11** 72
- bei Nichterfüllung **11** 71
- Nichtigkeit **11** 18
- pauschalierte – **11** 9
- Regelung in den FIDIC-Regelwerken **18 Anh: FIDIC CoC** 255 ff.
- als Schadensposten bei Behinderung **6** 208
- Sittenwidrigkeit **11** 18
- Störung der Geschäftsgrundlage **11** 20
- Tagessatzhöhe **11** 34 ff.
- bei Unterlassungspflichtverletzungen **11** 38
- Verfallklausel **11** 9
- Verhältnis zu Schadensersatzanspruch **11** 73 f.
- Verhältnis zum Erfüllungsanspruch **11** 70 ff.
- Verjährung **11** 76
- Verwirkung **11** 37 ff.
- Verzug **11** 28 ff.
- Voraussetzungen **11** 13 ff.
- Vorbehalt bei Annahme **11** 45 ff.
- Wirksamkeit der Vereinbarung **11** 14
- Zweck **11** 2
- bei Zwischenfristüberschreitungen **11** 35

Vertretung 1 17 ff.
- bei Abnahme **12** 44 ff.
- Duldungs-/Anscheinsvollmacht **1** 19; **12** 46
- Gesamtschuldnerausgleich bei gesetzlicher **10** 63 ff.
- öffentlich-rechtlich verfasster Rechtsträger **1** 21 ff.
- ohne Vertretungsmacht **1** 20; **2** 517
- Vollmacht des Architekten **1** 17 ff.; **12** 45

Verwirkung
- des Mängelbeseitigungsanspruchs **4** 158
- des Preisanpassungsanspruchs **2** 259 f., 368 f.
- des zusätzlichen Vergütungsanspruchs **2** 433 ff.

Verzögerung
- des Ausführungsbeginns **5** 25 ff., 44
- des Bauablaufs **18 Anh: FIDIC CoC** 183; **6**; → *s.a. Behinderung der Ausführung*
- beidseitige Verursachung **5** 35 ff.
- Beschleunigungsmaßnahmen **6** 135
- Kündigung wegen – **6** 278 ff.; **8** 11, 163
- aus dem Risikobereich des Auftraggebers **6** 44
- Schadensersatzanspruch des AG **6** 78 f., 199 ff.
- Schadensersatzanspruch des AN **6** 113 ff.
- des Vergabeverfahrens **2** 382 ff.

1312

Sachregister

- Verschulden **5** 28 ff.
- Vertragsstrafe **11** 35 ff.
- der Vollendung der Ausführung **5** 25 ff.

Verzug 5 28 ff.; **6** 96 ff.; **13** 473
- mit der Abnahme der Leistung **9** 52 ff.
- durch Abnahmeverweigerung **12** 116 f.
- mit Abschlagszahlungen **16** 42
- Annahmeverzug, → *s. dort*
- Arbeitseinstellung **16** 188 ff.
- Beweislast **5** 41; **6** 220
- Ende **16** 185
- Fristsetzung **16** 170 ff.
- Geldforderungen **9** 89
- Kalendertermine **6** 97
- Kündigung wegen – **8** 163; **9** 48 ff., 65 ff.
- Mahnung **5** 32 ff., 38 ff.; **6** 97, 202 ff.; **11** 29
- mit den Mitwirkungshandlungen des AG **6** 223 ff., 239 ff.; **9** 50 ff.
- Rücktritt wegen – **8** 7
- Schuldnerverzug des AG **9** 65 ff.; **16** 168 ff.
- Schuldnerverzug des AN **5** 45 ff.; **6** 199 ff.
- sonstiger Schuldner- **9** 70 ff.
- Verschulden **6** 108, 124 ff., 180 ff., 204; **9** 88 ff.; **16** 180 f.
- Vertragsstrafe **11** 28 ff., 40
- Verzugsschaden **9** 86, 188; **16** 182 ff.
- Verzugszinsen **16** 182 ff.
- Vollendung der Ausführung **5** 28 ff., 45 ff.
- Voraussetzungen **6** 199 ff.

VOB
- als allgemeine Geschäftsbedingungen **Einf.** 7 ff., 11 ff.
- Bezugnahme in AGB **Einf.** 29 ff.
- dynamische Verweisung auf – **Einf.** 55
- Einbeziehung **Einf.** 11 ff.
- Einbeziehung in Bauteillieferungsverträge **Einf.** 65 ff.
- Einbeziehung in Bauträgerverträge **Einf.** 60 ff.
- Einbeziehung in kombinierte Verträge **Einf.** 64
- Einbeziehung in Planungsverträge **Einf.** 63 f.
- Einbeziehung in sonstige Verträge **Einf.** 57 ff.
- Entwicklung **Einf.** 5 ff.
- Inhaltskontrolle **Einf.** 26 ff., 56; **1** 166 ff.; **13** 274 ff.
- Privilegierung im AGB-Recht **13** 11 ff.
- Rechtsnatur **Einf.** 7 ff.
- statische Verweisung auf – **Einf.** 55

- Vereinbarung als Ganzes in AGB **13** 274 ff., 355 ff.
- Verhältnis zum BGB-Bauvertragsrecht **1** 4 ff.
- Verhältnis zum Werkvertragsrecht **Einf.** 10
- VOB/A **Einf.** 2
- VOB/C **Einf.** 4
- Zweck **Einf.** 1 ff.

Vollendung der Ausführung 5 10

Vollstreckung
- des Abnahmeanspruchs **12** 50 ff.
- aus Bauhandwerkersicherung **17 Anh: 650f BGB** 70 ff.

Vorauszahlungen 16 53 ff.
- Anrechnung **16** 59 ff.
- nachträgliche Vereinbarung **16** 55 f.
- Regelung in der FIDIC-Regelwerken **18 Anh: FIDIC CoC** 311 ff.
- Rückzahlung **16** 139 ff.
- Sicherheit **16** 57 f.
- Überzahlung **16** 139 ff.
- Vereinbarung in allgemeinen Geschäftsbedingungen **16** 63
- Zinsen **16** 58

Vorbehalt
- Begründung **16** 125 ff.
- Frist **16** 121 ff.
- von Mängelansprüchen **12** 72 ff., 166 ff.
- bei Schlusszahlung **16** 118 ff.
- einer Vertragsstrafe bei Abnahme **11** 45 ff.

vorkalkulatorische Preisfortschreibung 1 130 ff.; **2** 76 ff., 137 ff., 197 ff., 211 f., 242 ff.
- Bezugspositionen **2** 198 ff.
- Kostenansätze **2** 204 f.
- Leistungsansätze **2** 205
- Vertragspreisniveau **2** 201 ff.

Vorleistungspflicht
- des AG **6** 196
- des AN **16** 6 ff.

Vorteilsausgleichung 6 214; **13** 306
- Mieteinnahmen **13** 466
- Steuervorteile **13** 466

Vorunternehmerleistungen 6 118 ff.
- Haftung **10** 14
- Mängel durch – **13** 192 ff.
- mangelhafte – **6** 44, 227 ff.
- Mitverschulden **4** 100
- Prüfungs- und Hinweispflicht des AN **4** 81 ff.
- Untersuchungspflicht des AG **13** 192 ff.
- verspätete – **6** 44
- Zurechnung **4** 100; **6** 233

Wagnis 2 75; **6** 266 f.
- ersparte – **8** 70

1313

Sachregister

- Zuschläge **6** 159
- **Wegfall der Geschäftsgrundlage,**
  → s. *Störung der Geschäftsgrundlage*
- **Weiterführung der Arbeiten 6** 36
- **Werke deren Erfolg in der Herstellung, Wartung oder Veränderung einer Sache besteht 13** 226 ff.
- **Werkvertrag Einf.** 10; **18 Anh: FIDIC CoC** 20 f.
  - Abgrenzung zum Kaufvertrag **Einf.** 68 ff.
- **Werkzeichnungen 4** 21
- **wettbewerbsbeschränkende Abreden 8** 123 ff., 132 ff.
- **Widerruf**
  - des Sicherheitsversprechens **17 Anh: 650f BGB** 31
  - des Verbraucherbauvertrages **1** 24
- **Winterschäden 4** 122
- **Witterungseinflüsse 6** 55 f., 88 f., 235; **7** 15
- **Wucher 2** 159 ff.
- **Zahlungsunfähigkeit 8** 13
- **Zerstörung der Leistung 4** 114; **7** 1 ff., 19
- **Zug-um-Zug-Verurteilung 13** 367
- **Zurückbehaltungsrecht**
  - bei Abschlagszahlungen **16** 16 f.
  - und Sicherheitsleistung **17** 6 ff.
  - bei verjährten Forderungen **13** 270
- **zusätzliche Leistungen**
  - Abrechnung **2** 62 f.
  - Erheblichkeitsschwelle **2** 502
  - Vergütung **2** 404 ff., 425
- **Zusätzliche Technische Vertragsbedingungen (ZTV) 1** 72; **2** 22 f.
- **Zusätzliche Vertragsbedingungen (ZVB) 1** 71; **2** 20 ff.
- **Zuschlag**
  - Dissens **2** 385 ff.
  - im Vergabeverfahren **1** 13; **2** 382 ff.
  - wegen Verschiebung in ungünstigere Jahreszeit **6** 89
  - verzögerte Erteilung – **2** 382 ff.
  - für Wagnis und Gewinn **2** 244 f.; **6** 159
  - für Wiederaufnahme der Arbeit **6** 87
- **Zustandsfeststellung 4** 188 f.
  - einseitige **4** 207
  - Form **4** 191
  - Rechtsfolgen **4** 205 ff.
  - Verlangen **4** 203 f.
- **Zustandssicherung 3** 30 ff.
- **Zutrittsrecht des AG 4** 20
- **Zwischenfeststellungsklage 6** 276; **8** 180